Duden Band 6

Der Duden in zwölf Bänden

Das Standardwerk zur deutschen Sprache

Herausgegeben vom Wissenschaftlichen Rat
der Dudenredaktion:
Dr. Kathrin Kunkel-Razum
Dr. Werner Scholze-Stubenrecht
Dr. Matthias Wermke (Vorsitzender)

1. Rechtschreibung
2. Stilwörterbuch
3. Bildwörterbuch
4. Grammatik
5. Fremdwörterbuch
6. **Aussprachewörterbuch**
7. Herkunftswörterbuch
8. Synonymwörterbuch
9. Richtiges und gutes Deutsch
10. Bedeutungswörterbuch
11. Redewendungen
12. Zitate und Aussprüche

Duden

Aussprachewörterbuch

6., überarbeitete und aktualisierte Auflage

Bearbeitet von Max Mangold
in Zusammenarbeit mit der Dudenredaktion

Duden Band 6

Dudenverlag
Mannheim · Leipzig · Wien · Zürich

Autor:
Prof. Dr. Max Mangold

Redaktionelle Bearbeitung
Dr. Franziska Münzberg

Herstellung Monika Schoch

Die **Duden-Sprachberatung** beantwortet Ihre Fragen
zu Rechtschreibung, Zeichensetzung, Grammatik u. Ä.
montags bis freitags zwischen 8:00 und 18:00 Uhr.
Aus Deutschland: **0190 8 70098** oder **09001 870098** (1,86 € pro Minute aus dem Festnetz).
Aus Österreich: **0900 844144** (1,80 € pro Minute aus dem Festnetz).
Aus der Schweiz: **0900 383360** (3,13 CHF pro Minute aus dem Festnetz).
Unter www.duden-suche.de können Sie mit einem Online-Abo auch per Internet in ausgewählten Dudenwerken nachschlagen.

Bibliografische Information der Deutschen Bibliothek
Die Deutsche Bibliothek verzeichnet diese Publikation in der Deutschen Nationalbibliografie; detaillierte bibliografische Daten sind im Internet über http://dnb.ddb.de abrufbar.

Typografie Farnschläder & Mahlstedt Typografie, Hamburg
Umschlaggestaltung Bender+Büwendt, Berlin
Satz A–Z Satztechnik GmbH, Mannheim (PageOne, alfa Media Partner GmbH)
Druck und Bindearbeit Graphische Betriebe Langenscheidt, Berchtesgaden
Printed in Germany
ISBN-13: 978-3-411-04066-7
ISBN-10: 3-411-04066-1
www.duden.de

Vorwort

Eine einheitliche, allgemein verständliche Aussprache unterstützt die Verständigung zwischen Menschen aus verschiedenen Berufen und mit unterschiedlichem sozialem und kulturellem Hintergrund. Sie erleichtert Nichtmuttersprachlern das Erlernen des Deutschen als Zweit- oder Drittsprache und fördert so in den deutschsprachigen Ländern die Integration von Zuwanderern, in anderen Ländern die Attraktivität des Deutschen als einer faszinierenden Fremdsprache, die zu erlernen sich lohnt.

Damit dieses gesprochene Standarddeutsch, eigentlich eine Idealvorstellung, eine lebendige Realisierung erhalten kann, bedarf es einer in sich schlüssigen, leicht erlernbaren Gebrauchsnorm für die Lautung. Die Standardlautung, wie sie das Duden-Aussprachewörterbuch vermittelt, stellt einen Ausgleich zwischen Schriftnähe und ungezwungenem Sprechen dar, gepflegt und alltagstauglich zugleich. Sie ist überregional, einheitlich und sowohl deutlicher als auch stärker durch das Schriftbild bestimmt als die Umgangssprache. Dabei orientiert sie sich nicht mehr an der heute etwas künstlich wirkenden traditionellen Bühnenaussprache, die sich für das ausdrucksvolle Sprechen über weite Distanzen und ohne technische Hilfsmittel eignet. Wesentlich für die Entwicklung der Standardlautung ist heute das gesprochene Deutsch in den Medien, in Bildungseinrichtungen und – man denke an Vorträge, Präsentationen, Besprechungen – in den unterschiedlichsten Berufssparten, nicht zuletzt auch in der Privatwirtschaft. Zur Kommunikationsfähigkeit, die eine der wichtigsten Voraussetzungen für den beruflichen Erfolg ist, gehört auch die Fertigkeit, die eigene Aussprache zielgruppen- und situationsgerecht einzufärben. Vor allem im privaten Umfeld und im vertraulichen Gespräch gibt es Situationen, in denen Dialekt oder regionale Umgangssprache angemessen sind, während beim Sprechen vor einer größeren Hörerschaft die überregionale Standardlautung bessere Dienste leistet. Und anders als man glauben mag, haben nur wenige gewandte Rednerinnen und Redner diese Standardlautung gleichsam „in die Wiege gelegt bekommen“.

Die im ersten Teil des Dudenbandes 6 formulierten Ausspracheprinzipien lassen sich ohne viel Aufwand erlernen. Gezeigt wird, wie das Internationale Phonetische Alphabet (IPA) zu lesen ist, wie einzelne Laute zu artikulieren sind, wie Buchstaben und Buchstabenkombinationen normgerecht ausgesprochen werden und wo die wichtigsten Unterschiede zwischen regionaler (Umgangs)sprache und überregionaler Gebrauchsnorm liegen. Im konkreten Zweifelsfall – gerade auch bei fremdsprachlichen Eigennamen – bietet das Wörterverzeichnis mit seinen mehr als 130 000 Einträgen schnelle und verlässliche Hilfe. Neue Wörter, geografische Namen, Personennamen sowie Namen bekannter Institutionen, die für das Zeitgeschehen von Bedeutung sind, wurden für die vorliegende 6. Auflage ergänzt. Neben aktuellen Nachschlagewerken dienten die Nachrichtensendungen deutschsprachiger Rundfunk- und Fernsehanstalten, die deutschsprachige Presse sowie das Internet und Kurzinterviews mit Spezialisten aus den unterschiedlichsten Fachgebieten als Datenbasis für die Auswahl der neu aufgenommenen Stichwörter und für die Darstellung ihrer Aussprache in internationaler Lautschrift.

Die Dudenredaktion schätzt sich glücklich, den Bearbeiter der 1. bis 4. Auflage des Duden-Aussprachewörterbuchs, Herrn Professor Dr. Max Mangold, Professor für Phonetik und Phonologie an der Universität des Saarlandes im Ruhestand, auch für die Neubearbeitung dieser 6. Auflage gewonnen zu haben. Ihm gilt einmal mehr der besondere Dank der Dudenredaktion.

Mannheim, im August 2005
Der Wissenschaftliche Rat der Dudenredaktion

Inhalt

Einführung

A. Sinn und Zweck des Aussprachewörterbuches

Der Mensch spricht in Wörtern. Wenn jemand sagt: „Hans, komm!“, dann weiß er, dass er zwei Wörter gesprochen hat, nämlich *Hans* und *komm.* Er weiß es mehr oder weniger bewusst, gleichgültig, ob er schreiben und lesen kann oder nicht. Auch der Analphabet weiß, was ein Wort ist. So gibt es in Sprachen, die keine Schrift besitzen, durchaus Ausdrücke, die so viel wie „Wort“ bedeuten. Der Mensch ist also – auch ohne besondere Vorbereitung – in der Lage, gesprochene Sätze in kleinere Teile, d. h. in Wörter, zu zerlegen.

Schwieriger ist es hingegen für den gewöhnlichen Sprecher, ein einzelnes Wort weiter zu zerlegen und zu entscheiden, wie viele und was für Laute darin stecken. Es scheint, dass der Laut im Bewusstsein viel weniger vorhanden ist als das Wort. In der Tat hat die Menschheit lange gebraucht, bis sie es fertig brachte, Wörter in Laute zu zerlegen und die Laute mithilfe von Buchstaben in der Schrift wiederzugeben, wie dies heute etwa in der deutschen Buchstabenschrift der Fall ist. Hier entspricht im Allgemeinen ein Buchstabe einem Laut. So hat *Hans* die vier Laute [h], [a], [n], [s] und die vier Buchstaben *H, a, n, s.* Allerdings entsprechen sich die Anzahl der Laute und die Anzahl der Buchstaben nicht immer: In *komm* spricht man drei Laute ([kɔm]), schreibt aber vier Buchstaben *(k, o, m, m).* Ferner wird nicht selten ein und derselbe Laut mit verschiedenen Buchstaben wiedergegeben. So erscheint der [f]-Laut als *F* in *Folge* [ˈfɔlɡə], aber als *V* in *Volk* [fɔlk].

Dazu kommt, dass dasselbe Wort verschieden ausgesprochen werden kann, z. B. *rösten* als [ˈrøːstn̩] (mit langem ö) oder als [ˈrœstn̩] (mit kurzem ö). Schließlich gibt es Wörter, die gleich geschrieben werden, aber verschieden lauten und verschiedene Bedeutung haben: *Heroin* [heroˈiːn] (mit betontem i) bedeutet ‚ein Rauschmittel‘. *Heroin* [heˈroːɪn] (mit betontem o) bedeutet ‚Heldin‘. Besondere Schwierigkeiten bereitet die Aussprache der Fremdwörter und der Namen: *Jeep* spricht man nicht [jeːp], sondern [d͜ʒiːp], und *Soest* spricht sich nicht [zøːst] (mit langem ö), sondern [zoːst] (mit langem o). Die Buchstaben lassen z. B. auch nicht erkennen, dass in *Saarbrücken* das ü stark betont wird, während in *Zweibrücken* nicht das ü, sondern das ei stark betont wird, also: [zaːɐ̯ˈbrʏkn̩], aber [ˈt͜sva͜ibrʏkn̩].

Diese Gründe machen es notwendig, neben der üblichen Schrift eine besondere Lautschrift zu verwenden, eine Schrift, die die Aussprache unmissverständlich wiedergibt.

B. Die Lautschrift

Am besten eignet sich für die Angabe der Aussprache die heute am weitesten verbreitete Lautschrift, das Alphabet der International Phonetic Association (IPA; früher: Association Phonétique Internationale, API), die so genannte internationale Lautschrift (vgl. S. 14–16). Aus Rücksicht auf den Leser wird in diesem Buch nur eine beschränkte Zahl der Zeichen der internationalen Lautschrift verwendet.

Zeichen der internationalen Lautschrift

In der ersten Spalte stehen die im Wörterverzeichnis verwendeten grundlegenden Zeichen der IPA, in der zweiten steht eine vereinfachte Erklärung oder Bezeichnung des Zeichens (vgl. auch S. 14–16).

a helles a
ɑ dunkles a
ɐ abgeschwächtes a
ʌ abgeschwächtes dunkles a
b b-Laut
β nicht voll geschlossenes b
ç Ichlaut
ɕ ßj-Laut
d d-Laut
ð stimmhafter englischer th-Laut
ð̞ stimmhafter spanischer th-Laut
e geschlossenes e
ɛ offenes e
ə Murmellaut
f f-Laut
ɡ g-Laut
ɣ geriebenes g
h h-Laut
i geschlossenes i
ɪ offenes i
ɨ zwischen i und u ohne Lippenrundung
j j-Laut
k k-Laut
l l-Laut
ɫ dunkles l
ʎ lj-Laut
m m-Laut
n n-Laut
ɲ nj-Laut
ŋ ng-Laut
o geschlossenes o
ɔ offenes o
ø geschlossenes ö
œ offenes ö
p p-Laut
q hinterer k-Laut
r r-Laut
s ß-Laut
ʃ sch-Laut
t t-Laut
θ stimmloser englischer th-Laut
u geschlossenes u
ʊ offenes u
ʉ zwischen ü und u
v w-Laut
w englischer w-Laut
x Achlaut
y geschlossenes ü
ʏ offenes ü
ɥ konsonantisches ü
z s-Laut („weich")
ʑ sj-Laut („weich")
ʒ sch-Laut („weich")

Sonstige Zeichen der Lautschrift

| Stimmritzenverschlusslaut (Glottalstopp, „Knacklaut“) im Deutschen, z. B. beạcht! [bə'|axt]; wird vor Vokal am Wortanfang weggelassen, z. B. Ạst [ast], eigentlich: [|ast].

' Stimmritzenverschlusslaut (Glottalstopp) in Fremdsprachen.

: Längezeichen, bezeichnet Länge des unmittelbar davor stehenden Lautes (besonders bei Vokalen), z. B. ba̲de ['ba:də].

:: Überlänge, bezeichnet Überlänge des unmittelbar davor stehenden Vokals.

˜ Zeichen für nasale (nasalierte) Vokale, z. B. Fond [fõ:].

ˈ Hauptbetonung, steht unmittelbar vor der hauptbetonten Silbe, z. B. Ạffe ['afə], Apothe̲ke [apo'te:kə].

ˌ Nebenbetonung, steht unmittelbar vor der nebenbetonten Silbe, wird selten verwendet; z. B. Ba̲hnhofstraße ['ba:nho:fˌʃtra:sə]. Für Japanisch vgl. S. 127, Litauisch S. 128, Norwegisch S. 118–119, Schwedisch S. 122–123 und Serbokroatisch S. 123.

ˌ Zeichen für silbischen Konsonanten, steht unmittelbar unter dem Konsonanten, z. B. Bụ̈ffel ['bʏfl̩].

̯ ̆ Halbkreis, untergesetzt oder übergesetzt, bezeichnet unsilbischen Vokal, z. B. Stu̲die ['ʃtu:di̯ə]. Für Japanisch vgl. S. 127.

‿ kennzeichnet im Deutschen die Affrikaten sowie Diphthonge, z. B. Pụtz [pʊt͜s], we̲i̲t [va͜it].

- Bindestrich, bezeichnet Silbengrenze, z. B. Gastrospạsmus [gas-tro'spas-mʊs].

Zeichen der Lautschrift für deutsche Aussprache

Die unten stehende Tabelle bringt Lautzeichen und Lautzeichenkombinationen, wie sie bei deutscher, z. T. bei dänischer Aussprache im Wörterverzeichnis verwendet werden. In der ersten Spalte steht das Lautzeichen oder die Lautzeichenkombination, in der zweiten Spalte ein Beispiel dazu in Rechtschreibung, in der dritten Spalte das Beispiel in Lautschrift.

a	hat	hat
a:	Bahn	ba:n
ɐ	Ober	'o:bɐ
ɐ̯	Uhr	u:ɐ̯
ã	Pensee	pã'se:
ã:	Gourmand	gʊr'mã:
ai̯	weit	vai̯t
au̯	Haut	hau̯t
b	Ball	bal
ç	ich	ɪç
d	dann	dan
d͡ʒ	Gin	d͡ʒɪn
e	Methan	me'ta:n
e:	Beet	be:t
ɛ	hätte	'hɛtə
ɛ:	wähle	'vɛ:lə
ɛ̃	timbrieren	tɛ̃'bri:rən
ɛ̃:	Timbre	'tɛ̃:brə
ə	halte	'haltə
f	Fass	fas
g	Gast	gast
h	hat	hat
i	vital	vi'ta:l
i:	viel	fi:l
i̯	Studie	'ʃtu:di̯ə
ɪ	bist	bɪst
j	ja	ja:
k	kalt	kalt
l	Last	last
l̩	Nabel	'na:bl̩
m	Mast	mast
m̩	großem	'gro:sm̩
n	Naht	na:t
n̩	baden	'ba:dn̩
ŋ	lang	laŋ
o	Moral	mo'ra:l
o:	Boot	bo:t
o̯	loyal	lo̯a'ja:l
õ	Fondue	fõ'dy:
õ:	Fond	fõ:
ɔ	Post	pɔst
ø	Ökonom	øko'no:m
ø:	Öl	ø:l
œ	göttlich	'gœtlɪç
œ̃	Lundist	lœ̃'dɪst
œ̃:	Parfum	par'fœ̃:
ɔy̯	Heu	hɔy̯
p	Pakt	pakt
p͡f	Pfahl	p͡fa:l
r	Rast	rast
s	Hast	hast
ʃ	schal	ʃa:l
t	Tal	ta:l
t͡s	Zahl	t͡sa:l
t͡ʃ	Matsch	mat͡ʃ
u	kulant	ku'lant
u:	Hut	hu:t
u̯	aktuell	ak'tu̯ɛl
ʊ	Pult	pʊlt
ui̯	pfui!	p͡fui̯
v	was	vas
x	Bach	bax
y	Mykene	my'ke:nə
y:	Rübe	'ry:bə
y̌	Tuilerien	ty̌ilə'ri:ən
ʏ	füllt	fʏlt
z	Hase	'ha:zə
ʒ	Genie	ʒe'ni:
|	beamtet	bə'|amtət

Von diesen Zeichen und Zeichenkombinationen werden [ai̯ au̯ ɔy̯ ui̯ p͡f t͡s t͡ʃ d͡ʒ |] nicht für fremdsprachliche Aussprache verwendet.

Für ʰ (hochgestelltes h) vgl. S. 57, für ʿ vgl. S. 57, für ˳ ˚ (kleiner Kreis, untergesetzt oder übergesetzt) vgl. S. 55; für die Ziffern 1 bis 6 vgl. Birmanisch S. 127, Chinesisch S. 115, Thai S. 127, Vietnamesisch S. 127.

Zeichen der Lautschrift für fremdsprachliche Aussprache

Die unten stehende Tabelle bringt die wichtigsten der Lautzeichen, die ausschließlich bei fremdsprachlicher Aussprache im Wörterverzeichnis erscheinen. In der ersten Spalte steht das Lautzeichen, in der zweiten Spalte ein Beispiel dazu in der Buchstabenschrift der Rechtschreibung, in der dritten Spalte die sprachliche Zugehörigkeit der Aussprache und die Lautschrift des Beispiels.

aɪ	Mike	*engl.* maɪk	ĩ̯	Wrọński	*poln.* ˈvrɔĩ̯ski
aʊ	Browne	*engl.* braʊn	ł	Devọll	*alban.* deˈvoł
ɑ	Ba̲rnes	*engl.* bɑːnz	ʎ	Sevịlla	*span.* seˈβiʎa
æ	Bradley	*engl.* ˈbrædlɪ	ɲ	Cognạc	*fr.* kɔˈɲak
ʌ	Hull	*engl.* hʌl	oʊ	Bọw	*engl.* boʊ
β	Habạna	*span.* aˈβana	ɔɪ	Rọy	*engl.* rɔɪ
ɕ	Siẹdlce	*poln.* ˈɕɛdltsɛ	q	Kạsbegi	*georg.* ˈqazbegi
ð	Sutherland	*engl.* ˈsʌðələnd	θ	Heath	*engl.* hiːθ
ð̞	Guzmán	*span.* guð̞ˈman	ʉ	Huskvarna	*schwed.* ˌhʉːskvɑːrna
eɪ	Kate	*engl.* keɪt	ʊə	Drury	*engl.* ˈdrʊərɪ
ɛə	Blair	*engl.* blɛə	w	Wịlkes	*engl.* wɪlks
ɪə	Lear	*engl.* lɪə	ɥ	Guyọt	*fr.* gɥiˈjo
ɣ	Tarragọna	*span.* tarraˈɣona	ʑ	Ziębịce	*poln.* ʑɛmˈbitsɛ
ɨ	Gromỵko	*russ.* graˈmɨkɐ			

Kennzeichnung der betonten Längen und Kürzen im Stichwort

Wir haben für alle Benutzer, die nur über die Hauptbetonung eines Wortes unterrichtet sein wollen, diese Betonung auch im Stichwort selbst angegeben, und zwar bei Kürze (auch bei Halblänge) durch untergesetzten Punkt, bei Länge durch untergesetzten Strich. Nur dort, wo die Aussprache des betreffenden Vokals stark vom deutschen Lautwert abweicht oder die Betonung schwankt, unterblieb diese Kennzeichnung. Werden bei einem Stichwort deutsche und davon abweichende fremde Aussprache angegeben, dann bezieht sich der unter dem Stichwort stehende Punkt oder Strich auf die deutsche Aussprache.

THE INTERNATIONAL PHONETIC ALPHABET (revised to 1993, updated 1996)

CONSONANTS (PULMONIC)

	Bilabial	Labiodental	Dental	Alveolar	Postalveolar	Retroflex	Palatal	Velar	Uvular	Pharyngeal	Glottal
Plosive	p b			t d		ʈ ɖ	c ɟ	k ɡ	q ɢ		ʔ
Nasal	m	ɱ		n		ɳ	ɲ	ŋ	ɴ		
Trill	ʙ			r					ʀ		
Tap or Flap				ɾ		ɽ					
Fricative	ɸ β	f v	θ ð	s z	ʃ ʒ	ʂ ʐ	ç ʝ	x ɣ	χ ʁ	ħ ʕ	h ɦ
Lateral fricative				ɬ ɮ							
Approximant		ʋ		ɹ		ɻ	j	ɰ			
Lateral approximant				l		ɭ	ʎ	ʟ			

Where symbols appear in pairs, the one to the right represents a voiced consonant. Shaded areas denote articulations judged impossible.

CONSONANTS (NON-PULMONIC)

Clicks		Voiced implosives		Ejectives	
ʘ	Bilabial	ɓ	Bilabial	ʼ	Examples:
ǀ	Dental	ɗ	Dental/alveolar	pʼ	Bilabial
ǃ	(Post)alveolar	ʄ	Palatal	tʼ	Dental/alveolar
ǂ	Palatoalveolar	ɠ	Velar	kʼ	Velar
ǁ	Alveolar lateral	ʛ	Uvular	sʼ	Alveolar fricative

VOWELS

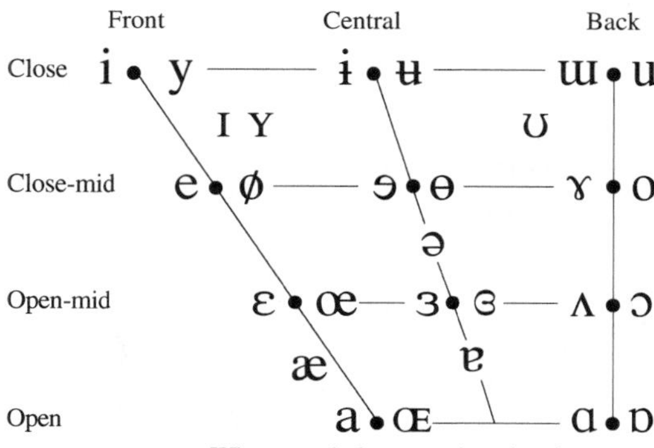

Where symbols appear in pairs, the one to the right represents a rounded vowel.

OTHER SYMBOLS

ʍ	Voiceless labial-velar fricative	ɕ ʑ	Alveolo-palatal fricatives
w	Voiced labial-velar approximant	ɺ	Alveolar lateral flap
ɥ	Voiced labial-palatal approximant	ɧ	Simultaneous ʃ and x
ʜ	Voiceless epiglottal fricative		
ʢ	Voiced epiglottal fricative		
ʡ	Epiglottal plosive		

Affricates and double articulations can be represented by two symbols joined by a tie bar if necessary.

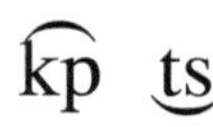

SUPRASEGMENTALS

ˈ	Primary stress	
ˌ	Secondary stress	ˌfoʊnəˈtɪʃən
ː	Long	eː
ˑ	Half-long	eˑ
̆	Extra-short	ĕ
|	Minor (foot) group	
‖	Major (intonation) group	
.	Syllable break	ɹi.ækt
‿	Linking (absence of a break)	

TONES AND WORD ACCENTS

LEVEL			CONTOUR		
e̋ or	˥	Extra high	ě or	˩˥	Rising
é	˦	High	ê	˥˩	Falling
ē	˧	Mid	e᷄	˦˥	High rising
è	˨	Low	e᷅	˩˨	Low rising
ȅ	˩	Extra low	e᷈	˧˦˧	Rising-falling
↓		Downstep	↗		Global rise
↑		Upstep	↘		Global fall

DIACRITICS Diacritics may be placed above a symbol with a descender, e.g. ŋ̊

̥	Voiceless	n̥ d̥	̤	Breathy voiced	b̤ a̤	̪	Dental	t̪ d̪
̬	Voiced	s̬ t̬	̰	Creaky voiced	b̰ a̰	̺	Apical	t̺ d̺
ʰ	Aspirated	tʰ dʰ	̼	Linguolabial	t̼ d̼	̻	Laminal	t̻ d̻
̹	More rounded	ɔ̹	ʷ	Labialized	tʷ dʷ	̃	Nasalized	ẽ
̜	Less rounded	ɔ̜	ʲ	Palatalized	tʲ dʲ	ⁿ	Nasal release	dⁿ
̟	Advanced	u̟	ˠ	Velarized	tˠ dˠ	ˡ	Lateral release	dˡ
̠	Retracted	e̠	ˤ	Pharyngealized	tˤ dˤ	̚	No audible release	d̚
̈	Centralized	ë	̴	Velarized or pharyngealized	ɫ			
̽	Mid-centralized	e̽	̝	Raised	e̝	(ɹ̝ = voiced alveolar fricative)		
̩	Syllabic	n̩	̞	Lowered	e̞	(β̞ = voiced bilabial approximant)		
̯	Non-syllabic	e̯	̘	Advanced Tongue Root	e̘			
˞	Rhoticity	ɚ a˞	̙	Retracted Tongue Root	e̙			

C. Zur Einrichtung des Wörterverzeichnisses

I. Zeichen von besonderer Bedeutung

... *Drei Punkte* stehen bei der Auslassung von Teilen eines Stichwortes oder der Lautschrift, z. B. **Po̲dium** ˈpoːdi̯ʊm, **...ien** ...i̯ən. Bei Auslassung von Teilen der Lautschrift wurde im Allgemeinen zum Mindesten das letzte mit der vorausgehenden Lautschrift übereinstimmende Zeichen gesetzt, z. B. **kapriziö̲s** kapriˈt͜si̯øːs, **-e** ...øːzə.

[ ] Die *eckigen Klammern* stehen:
1. wenn angegeben werden soll, dass der eingeklammerte Teil des Stichwortes, der geschrieben werden kann oder nicht, für die Aussprache unerheblich ist, z. B. **Tho̲rp[e]** *engl.* θɔːp;
2. wenn angegeben werden soll, dass der eingeklammerte Teil der Lautschrift ausgesprochen werden kann oder nicht, z. B. **Entente** ãˈtãːt[ə];
3. wenn angegeben werden soll, dass der eingeklammerte Teil des Stichwortes nur dann mitzusprechen ist, wenn er geschrieben wird, z. B. **McCle̩llan[d]** *engl.* məˈklɛlən[d];
4. bei phonetischen (allophonischen) Lautschriften in der Einführung, wenn sie von der Rechtschreibung oder von den zwischen Schrägstrichen stehenden phonemischen Lautschriften abgehoben werden sollen, z. B. **Bier** /biːr/ [biːɐ̯].

// Die *Schrägstriche* kennzeichnen phonemische Lautschrift, z. B. **Junior** /ˈjuːnioːr/.

- Der *waagerechte Strich* vertritt das Stichwort oder dessen Entsprechung in der Lautschrift buchstäblich, z. B. **The̲ma** ˈteːma, **-ta** -ta.

–ˈ– *Waagerechte Striche,* die die Silben eines Stichwortes buchstäblich wiedergeben, bedeuten *in Verbindung mit einem senkrechten Strich,* dass die zuvor angegebene Aussprache auch in der durch den senkrechten Strich gekennzeichneten Betonung gilt, z. B. **Pirmin** ˈpɪrmiːn, –ˈ– (also auch: pɪrˈmiːn).

® Als *Warenzeichen* geschützte Wörter sind durch das Zeichen ® kenntlich gemacht. Etwaiges Fehlen dieses Zeichens bietet keine Gewähr dafür, dass es sich hier um ein Freiwort handelt, das von jedermann benutzt werden darf.

II. Auswahl der Stichwörter

1. Gattungsbezeichnungen

Als Grundlage für die Auswahl der Stichwörter dienten Duden, Rechtschreibung, 21. Auflage, Mannheim 1996, sowie Duden, Deutsches Universalwörterbuch, 3. Auflage, Mannheim 1996. Fast alle darin enthaltenen einfachen Erbwörter und Lehnwörter wurden übernommen. Präfigierte und zusammengesetzte Verben wurden im Allgemeinen nur dann aufgenommen, wenn der zweite Teil des Verbs allein nicht vorkommt. So wurden z. B. die Verben befleißen und ausmergeln aufgenommen, weil *fleißen und *mergeln allein nicht existieren. Dagegen wurden etwa die Verben beachten und aussäen nicht berücksichtigt, weil die einfachen Verben achten und säen verzeichnet sind. Lautlich interessante und schwierige Ableitungen (beweglich, einig) und Zusammensetzungen (hochherzig) haben weitgehend Aufnahme gefunden. Grundsätzlich wurden alle Wörter berücksichtigt, für die mehr als eine Aussprache oder Betonung angezeigt erscheint (rösten ['rø:stn̩], *auch:* ['rœstn̩]; Radar [ra'da:ɐ̯], *auch:* ['ra:da:ɐ̯]).

Darüber hinaus ist das Wortgut des Duden-Fremdwörterbuchs, 6. Auflage, Mannheim 1997, fast vollständig in diesen Band eingegangen. Zusätzliche Wörter, besonders Fremdwörter, lieferten neuere Publikationen aus dem Dudenverlag, allgemeine Nachschlagewerke, Fachwörterbücher, Aussprachewörterbücher und zweisprachige Wörterbücher sowie Hörfunk- und Fernsehsendungen.

2. Eigennamen

Ein großer Teil der Eigennamen stammt aus den unter „Gattungsbezeichnungen" erwähnten Quellen. Für die übrigen Namen wurden Ortsverzeichnisse, Atlanten, Karten, Fahrpläne, biografische Wörterbücher u. a. herangezogen. Ferner wurden Hörfunk- und Fernsehsender abgehört.

Im Vordergrund stehen deutsche Namen. Aber auch fremdsprachliche Namen sind zahlreich vertreten. Im Übrigen waren für die Auswahl der Eigennamen folgende Werke maßgebend: Meyers Enzyklopädisches Lexikon in 25 Bänden, Mannheim 1971–1979; Meyers Taschenlexikon Musik in 3 Bänden, Mannheim 1984; Der Literatur-Brockhaus, Mannheim 1988; Meyers Großes Handlexikon, Mannheim 1996; ferner The Random House Dictionary of the English Language, Second Edition Unabridged, New York 1987. Für die Schreibung fremdsprachlicher Eigennamen wurde Meyers Enzyklopädisches Lexikon in 25 Bänden zugrunde gelegt.

III. Anordnung und Behandlung der Stichwörter

1. Allgemeines

a Stichwörter sind **halbfett** gedruckt, ebenso ihre vollständig oder teilweise angegebenen Flexionsformen.

b Die *Reihenfolge* der Stichwörter ist abclich und hält sich an die in den Dudenbänden übliche Alphabetisierungsweise. Fremdsprachliche Stichwörter werden wie deutsche eingeordnet. Schwedisches ö z. B. erscheint dort, wo ö im deutschen Alphabet erscheint, d. h. nach o und nicht nach ä wie im Schwedischen. Buchstaben mit diakritischen Zeichen (ś, ź) werden wie die entsprechenden gewöhnlichen Buchstaben (s, z) eingeordnet.

c *Gleich lautende und gleich geschriebene* Stichwörter mit verschiedener Bedeutung werden nur einmal angeführt, z. B. **Bä̱r** bɛ:ɐ̯. (In diesem Falle kann Bär das Tier bezeichnen oder ein Eigenname sein.)

d *Gleich geschriebene, aber verschieden lautende* Stichwörter mit verschiedener Bedeutung können als getrennte Stichwörter erscheinen, z. B. [1]**Be̱de** (Abgabe) 'be:də, [2]**Bede** (Eigenname) *engl.* bi:d.

e Als *Verweisstichwörter* stehen:
1. die an anderer Stelle des Alphabets einzuordnenden Pluralformen, vor allem von Fremdwörtern, z. B. **Larghi** vgl. Largo. Bei der Singularform ist dann die Pluralform noch einmal, und zwar hier mit ihrer Aussprache, aufgeführt, z. B. **Lạrgo** 'largo, **...ghi** ...gi.
2. Steigerungsformen von umlautenden Adjektiven, z. B. **nässer** vgl. nass.

2. Angegebene Flexionsformen

Flektierte Formen werden im Allgemeinen angegeben, wenn die Flexion lautverändernde Wirkung auf das Stichwort ausübt.

a *Umlautformen bei Substantiven und Adjektiven*
Beispiele: Ạcker ['akɐ], Ạ̈cker ['ɛkɐ]; kạlt [kalt], kạ̈lter ['kɛltɐ].

b *Starke und unregelmäßige Formen der Verben*
Diese Formen erscheinen als selbstständige Stichwörter ohne Verweis auf die Grundform.
Beispiele: bö̱te ['bø:tə], dạchte ['daxtə].

c *Regelmäßige Formen der Verben*
Diese Formen erscheinen bei der Grundform, wenn sie lautverändernd sind.
Beispiel: bịnden ['bɪndn̩], bịnd! [bɪnt].

d *Fremde Pluralformen*
Beispiele: Lạrgo ['largo], Lạrghi ['largi]; The̱ma ['te:ma], -ta [-ta].

e *Sonstige flektierte Formen*

1. Der Wechsel von [p/b], [t/d], [k/g], [f/v], [s/z], und zwar bei Substantiven und Adjektiven mindestens an zwei Formen, bei Verben an zwei oder drei Formen.

Beispiele: Ta̲g [ta:k], -e ['ta:gə]; lo̲s [lo:s], -e ['lo:zə]; re̲den ['re:dn̩], re̲d! [re:t]; ra̲sen ['ra:zn̩], ra̲s! [ra:s], ra̲st [ra:st].

2. Der Wechsel [ç/x], und zwar im Zusammenhang mit den Umlautformen.

Beispiel: Bạch [bax], Bạ̈che ['bɛçə].

3. Der Wechsel [g/ç], und zwar bei Substantiven und Adjektiven mindestens durch zwei, bei Verben durch drei Formen.

Beispiel: Pfẹnnig ['p͡fɛnɪç], -e [...ɪgə]; bạ̈ndigen ['bɛndɪgn̩], bạ̈ndig! ['bɛndɪç], bạ̈ndigt ['bɛndɪçt].

4. Die Verschiebung der Betonung bei der Pluralbildung.

Beispiel: Exkava̲tor [ɛkska'va:to:ɐ̯], -en [...va'to:rən].

5. Die Flexionsformen von Substantiven, bei denen eine Lautveränderung eintritt, ohne dass sie rechtschreiblich sichtbar wird.

Beispiel: Chassi̲s ʃa'si:, des - ...i:[s], die - ...i:s.

3. Nicht angegebene Flexionsformen und Ableitungen

a Die flektierten Formen, bei denen die Flexion keine lautverändernde Wirkung auf das Stichwort ausübt, fehlen alle. Man findet also z. B. nicht: mạch! [max] neben: mạchen ['maxn̩] oder za̲hlst [t͡sa:lst] neben: za̲hlen ['t͡sa:lən]. Wenn bei Ableitungen keine Lautänderung eintritt, so fehlen sie meistens. Man findet also z. B. nicht: Prẹllung ['prɛlʊŋ], aber: prẹllen ['prɛlən].

b Folgende Wechsel oder Änderungen bei Flexionsformen werden nicht verzeichnet:
1. Der Wechsel [i/i:], [e/e:], [ɛ/ɛ:], [y/y:], [ø/ø:], [u/u:], [o/o:], [ã/ã:], [ɛ̃/ɛ̃:], [õ/õ:] unbetont am Wortende vor einem mit Konsonant beginnenden Suffix.

Beispiele: Pụlli ['pʊli], Pụllis ['pʊli:s]; Kạnnä ['kanɛ], Kạnnäs ['kanɛ:s]; ẹchoen ['ɛçoən], ẹchot ['ɛço:t]; A̲u̲to ['a̯uto], A̲u̲tos ['a̯uto:s]; Pavillon ['pavɪljõ], Pạvillons ['pavɪljõ:s]. Pụllis, A̲u̲tos (zu: A̲u̲to), Pạvillons, The̲mas usw. werden nicht gebracht.

Im Falle von [a] sind in jener Stellung [a] und [a:] möglich.

Beispiel: The̲ma ['te:ma], The̲mas ['te:mas] oder ['te:ma:s].

2. Der Wechsel [əm/m̩], [ən/n̩] (vgl. S. 37–40)

Beispiele: kle̲i̲n [kla̯in], kle̲i̲nem ['kla̯inəm]; gro̲ß [gro:s], gro̲ßem ['gro:sm̩]; lạng [laŋ], lạngen ['laŋən]; we̲i̲t [va̯it], we̲i̲ten ['va̯itn̩]; Cọchem ['kɔxm̩], Cọchemer ['kɔxəmɐ]. kle̲i̲nem, gro̲ßem, lạngen (Adjektiv), we̲i̲ten (Adjektiv), Cọchemer usw. werden nicht gebracht.

3. Der Wechsel [r/ɐ̯] (vgl. S. 54–55)

Beispiel: fü̲hren ['fy:rən], fü̲hr! [fy:ɐ̯], fü̲hrst [fy:ɐ̯st]; U̲hr [u:ɐ̯], U̲hren ['u:rən]; Jubila̲r [jubi'la:ɐ̯], Jubila̲rin [jubi'la:rɪn]. fü̲hr!, fü̲hrst, U̲hren, Jubila̲rin usw. werden nicht gebracht.

4. Der Wechsel [l̩/əl, l], [ɐ/ər, r] (vgl. S. 37–38, 40; 40–41)

Beispiele: rạscheln [ˈraʃl̩n], rạschle [ˈraʃlə]; fạ̈chern [ˈfɛçɐn], fạ̈chre [ˈfɛçrə], Fạ̈cherung [ˈfɛçərʊŋ]. rạschle, fạ̈chre, Fạ̈cherung usw. werden nicht gebracht.

5. Verschmelzung von [t] plus [s] und [ʃ] zu den Affrikaten [t͜s] und [t͜ʃ]

Beispiele: Ra̱t [ra:t], Ra̱ts [ra:t͜s]; we̱i̱t [va͜it], we̱i̱tst [va͜it͜st]; Brẹcht [brɛçt], brẹchtsch [brɛçt͜ʃ]. Ra̱ts, we̱i̱tst, brẹchtsch usw. werden nicht gebracht.

Dies trifft auch zu, wenn es sich um das Fugen-s bei Zusammensetzungen handelt.

Beispiel: Ra̱t [ra:t], Ra̱tsherr [ˈra:t͜shɛr].

6. Veraltete Flexionsformen bei Namen, deren Flexionsendung mit einem Vokal beginnt. Bei ihnen findet der Wechsel [p/b, t/d, k/g, f/v, s/z] statt.

Beispiele: Bẹrtold [ˈbɛrtɔlt], Bẹrtoldens [ˈbɛrtɔldn̩s]; Hạns [hans], Hạnsens [ˈhanzn̩s].

c Femininformen zu Maskulina auf -or werden im Allgemeinen nicht angegeben. Sie werden wie der Plural der Maskulina betont. Beispiel: Senato̱rin [zenaˈto:rɪn] (vgl. Senato̱ren [zenaˈto:rən]).

d Die englische Pluralendung [ɪz] kann deutsch [ɪs], [əs] oder [ɛs] gesprochen werden. Beispiel: countesses [*engl.* ˈkaʊntɪsɪz], Countesses [ˈka͜untɪsɪs, ...səs, ...sɛs]. Vgl. S. 859–860, Jones, Wells.

4. Nicht verzeichnete Aussprachevarianten

a Der Vokal [ɛ:] kann auch [e:] gesprochen werden: Kä̱hne [ˈkɛ:nə], auch: [ˈke:nə]; Prä̱ses [ˈprɛ:zɛs], auch: [ˈpre:zɛs]; Kạnnäs [ˈkanɛ:s], auch: [ˈkane:s]. Die [e:]-Aussprache wird gewöhnlich nicht angegeben (vgl. u. a. S. 20, 36, 70–73, 79, 81).

b Der unbetonte Vokal [ɛ] kann auch [e] gesprochen werden, wenn [ɛ] in betonter Stellung [ɛ:] bzw. [e:] gesprochen würde (vgl. oben Prä̱ses): Präsi̱den [prɛˈzi:dn̩], auch: [preˈzi:dn̩]; Kạnnä [ˈkanɛ], auch: [ˈkane]. Gewöhnlich wird nur die [ɛ]-Aussprache angegeben (vgl. u. a. S. 20, 36, 67, 72–73, 81).

c Wo neben [ɪ ɛ a ʏ œ ʊ ɔ] + [r] auch [ɪ ɛ a ʏ œ ʊ ɔ] + [ɐ̯] gesprochen werden kann, wird nur die Aussprache mit [r] angegeben. Beispiele: wịrr [vɪr] (ohne [vɪɐ̯]), Hẹrz [hɛrt͜s] (ohne [hɛɐ̯t͜s]). Vgl. S. 43, 54–55.

d Wo sowohl [a:ɐ̯] als auch [a:r] ausgesprochen werden kann, wird nur die Aussprache mit [a:ɐ̯] angegeben. Beispiele: Ha̱a̱r [ha:ɐ̯] (ohne [ha:r]), Fa̱hrt [fa:ɐ̯t] (ohne [fa:rt]). Vgl. S. 54.

e Das betonte Suffix -it [i:t] (Mineralien, Chemikalien) kann auch [ɪt] gesprochen werden: Sulfit [zʊlˈfi:t], auch: [zʊlˈfɪt] (nicht verzeichnet).

f Das betonte Suffix -ik [i:k] (meist griechischen Ursprungs) kann auch [ɪk] gesprochen werden: Republik [repuˈbli:k], auch: [repuˈblɪk] (nicht verzeichnet).

g Der Plural der Substantive auf unbetont -tron (Geräte) kann auch auf -trone betont werden. Dabei wird betont [i: e: ɛ: a: y: ø: u: o:] zu [i e ɛ a y ø u o] (vgl. S. 20): Zyklotrone [ˈt͜sy:klotro:nə]; auch: [t͜sykloˈtro:nə] (nicht verzeichnet).

5. Flexionsformen von Präfixbildungen und zusammengesetzten Wörtern

Werden für ein einfaches Wort Flexionsformen angegeben, dann werden diese bei den Präfixbildungen und zusammengesetzten Wörtern, die das einfache Wort enthalten, gewöhnlich nicht wiederholt.

Beispiel: ạbgängig [ˈapgɛŋɪç] (nicht auch: -e [...ɪgə] wie bei dem einfachen Wort gängig).

Kommt das einfache Wort selbstständig nicht vor, dann werden bei der Präfixbildung und dem zusammengesetzten Wort alle jene Flexionsformen angegeben, die beim einfachen Wort angegeben worden wären.

Beispiel: erbo̲sen [ɛɐ̯ˈbo:zn̩], erbo̲s! [ɛɐ̯ˈbo:s], erbo̲st [ɛɐ̯ˈbo:st].

6. Die Behandlung der synkopierten Formen

a Zur Auslassung des **e** bei Endungen vgl. Dudenband 1 – Die deutsche Rechtschreibung, 23. Auflage, Mannheim, 2004 S. 26.

Bei Verben auf -eln und -ern wird die Form mit dem ausgelassenen (synkopierten) **e** angegeben, wenn durch diesen Ausfall die Laute [b d g v z] mit den Lauten [r l n] zusammentreffen.

Beispiele: bü̲geln [ˈby:gl̩n], bü̲gle [ˈby:glə]; kna̲u̲sern [ˈknau̯zɐn], kna̲u̲sre [ˈknau̯zrə].

b Die dichterische Auslassung des **i** in -ig- (e̲w’ge) wird nicht angegeben. In diesen synkopierten Formen wird der Apostroph im Allgemeinen nicht gesprochen. Man spricht [ˈe:fgə], ebenso le̲i̲d’ge [ˈlai̯tgə]. Geht aber dem Apostroph [k] oder [g] voraus – diese Fälle dürften jedoch sehr selten sein –, dann ist der Apostroph als [ɪ] zu sprechen: zu̲g’ge [ˈt͜su:gɪgə].

7. Stichwörter mit verschiedener Betonung und verschiedener Bedeutung

Haben Verben je nach Betonung verschiedene Bedeutungen, dann wird dieser Unterschied ohne Erklärung der verschiedenen Bedeutungen durch arabische Ziffern angezeigt, z. B. durchdringen: 1. ˈdʊrçdrɪŋən 2. –ˈ––. Wer den Bedeutungsunterschied nachsehen will, muss Band 1, 9 oder 10 der 12-bändigen Dudenreihe oder das „Deutsche Universalwörterbuch“ benutzen.

Stehen bei einem Stichwort mit unterschiedlichen Betonungen keine arabischen Ziffern, dann heißt das, dass bei beiden Betonungen die Bedeutung dieselbe ist, z. B. durchblättern [ˈdʊrçblɛtɐn, –ˈ––].

8. Sprachangaben

Lautschrift und evtl. dabeistehende Sprachangaben in Kursivschrift (*dt., engl., fr.* u. a.) betreffen ausschließlich die Aussprache des Stichwortes. Sie sagen nichts über die Herkunft des Stichwortes aus.

a *Deutsche Aussprache*
Steht zwischen dem Stichwort und seiner Lautschrift keine Sprachangabe, dann gibt die Lautschrift die deutsche Aussprache an.
Beispiele: Ha̲u̲s [hau̯s], Petro̲nius [pe'tro:ni̯ʊs], Lịssabon ['lɪsabɔn].

b *Fremdsprachliche Aussprache*
Steht zwischen einem Stichwort und seiner Lautschrift eine Sprachangabe (kursiv gedruckte Abkürzung; vgl. S. 24), dann gibt die Lautschrift die Aussprache in der betreffenden Sprache an.
Beispiel: Crawford *engl.* 'krɔ:fəd.

c *Deutsche und fremdsprachliche Aussprache*
Folgen bei einem Stichwort einer Lautschrift ohne Sprachangabe Lautschriften mit einer oder mehreren fremden Sprachangaben, dann gibt die Lautschrift ohne Sprachangabe die deutsche, die Lautschrift mit Sprachangabe die fremde Aussprache wieder.
Beispiel: Elvi̲ra [ɛl'vi:ra], *span.* [ɛl'ßira], *engl.* [ɛl'vaɪərə].

In diesen Fällen steht die deutsche Aussprache immer an erster Stelle. In der Reihenfolge der fremden Aussprachen liegt keine Wertung.

d *Gemischt deutsche und fremdsprachliche Aussprache*
Wird der eine Teil des Stichwortes deutsch, der andere aber fremdsprachlich ausgesprochen, so steht zwischen den Sprachangaben ein Bindestrich.
Beispiel: Fa̲rthing *dt.-engl.* ['fa:ɐ̯ðɪŋ]; [ð] ist englisch, [a:ɐ̯] deutsch, der Rest sowohl englisch als auch deutsch.

e *Identische deutsche und fremdsprachliche Lautschrift*
Haben Deutsch und Fremdsprache dieselbe Lautschrift, so steht dt. (= deutsch) vor der Fremdsprachenangabe.
Beispiel: Hịll [*dt., engl.* hɪl].

9. Besondere Hinweise

a *Rechtschreibung der Stichwörter*
Grundsätzlich halten wir uns auch in diesem Band an die geltende Rechtschreibung, jedoch ohne dass einzelne Schreibungen als Duden-Empfehlungen zu gelten hätten. Der Zweck des Buches erforderte es, dass wir in vielen Fällen, vor allem bei Namen aus Sprachen, die nicht mit lateinischen Buchstaben geschrie-

ben werden, Mehrfachschreibungen aufnehmen mussten. Schließlich wurden aus Raumgründen gelegentlich zwei Wörter zu einem Stichwort zusammengefasst, z. B. Arnd und Arndt zu: Arnd[t], weil in beiden Fällen die Aussprache [arnt] ist. Gerade hier zeigt sich, dass dieses Buch nur zur Feststellung einer Aussprache dient, aber nicht als Rechtschreibbuch benutzt werden kann.

ⓑ *Seltene Flexionsformen*

Die Tatsache, dass wir für seltene Flexionsformen die Aussprache angeben, bedeutet nicht, dass wir diese Formen zum Gebrauch empfehlen. Wir geben sie aus Gründen der Vollständigkeit an.

Beispiel: bewạld! [bəˈvalt]. (Diese Form ist in dichterischer Sprache denkbar.)

10. Im Wörterverzeichnis für Sprachen verwendete Abkürzungen

afgh.	afghanisch (Paschto)
afr.	afrikaans
alban.	albanisch
amh.	amharisch
bask.	baskisch
birm.	birmanisch
bras.	brasilianisch
bret.	bretonisch
bulgar.	bulgarisch
chin.	chinesisch
dän.	dänisch
dt.	deutsch
engl.	englisch
estn.	estnisch
fär.	färöisch
finn.	finnisch
fr.	französisch
georg.	georgisch
grönl.	grönländisch
hebr.	hebräisch
indon.	indonesisch
isl.	isländisch
it.	italienisch
jap.	japanisch
kat.	katalanisch
korean.	koreanisch
lett.	lettisch
lit.	litauisch
mad.	madagassisch
mak.	makedonisch
neugr.	neugriechisch
niederl.	niederländisch
niedersorb.	niedersorbisch
norw.	norwegisch
obersorb.	obersorbisch
pers.	persisch
poln.	polnisch
port.	portugiesisch
rät.	rätoromanisch
rumän.	rumänisch
russ.	russisch
schwed.	schwedisch
serbokr.	serbokroatisch
slowak.	slowakisch
slowen.	slowenisch
span.	spanisch
tschech.	tschechisch
türk.	türkisch
ukr.	ukrainisch
ung.	ungarisch
vietn.	vietnamesisch
weißruss.	weißrussisch

D. Aussprache deutscher Affixe

I. Suffixe und Suffixfolgen

-bar	[ba:ɐ̯]	-ert	[ɐt]	-ling	[lɪŋ]
-chen	[çən]	-es	[əs]	-lings	[lɪŋs]
-e	[ə]	-est	[əst]	-los	[lo:s]
-e͜i	['a͜i]	-et	[ət]	-lose	[lo:zə]
-el	[əl/l̩]	-haft	[haft]	-losigkeit	[lo:zɪçka͜it]
-elchen	[əlçən/l̩çən]	-haftig	[haftɪç]	-ner	[nɐ]
-ele͜i	[ə'la͜i]	-haftigkeit	[haftɪçka͜it]	-nerin	[nərɪn]
-eln	[əln/l̩n]	-heit	[ha͜it]	-nis	[nɪs]
-elnd	[əlnt/l̩nt]	-ich	[ɪç]	-nisse	[nɪsə]
-elnde	[əlndə/l̩ndə]	-icht	[ɪçt]	-s	[s]
-elst	[əlst/l̩st]	-ig	[ɪç]	-sal	[za:l]
-elt	[əlt/l̩t]	-ige	[ɪgə]	-sam	[za:m]
-em	[əm/m̩]	-igen	[ɪgn̩]	-sch	[ʃ]
-en	[ən/n̩]	-igkeit	[ɪçka͜it]	-schaft	[ʃaft]
-end	[ənt/n̩t]	-iglich	[ɪklɪç]	-sche	[ʃə]
-ende	[əndə/n̩də]	-igs	[ɪçs]	-st	[st]
-entlich	[əntlɪç/n̩tlɪç]	-igst	[ɪçst]	-t	[t]
-er	[ɐ]	-igt	[ɪçt]	-te	[tə]
-erchen	[ɐçən]	-in	[ɪn]	-tel	[tl̩]
-ere͜i	[ə'ra͜i]	-innen	[ɪnən]	-tum	[tu:m]
-erich	[ərɪç]	-isch	[ɪʃ]	-tümele͜i	[ty:mə'la͜i]
-erin	[ərɪn]	-keit	[ka͜it]	-tümeln	[ty:ml̩n]
-erisch	[ərɪʃ]	-lei	[la͜i]	-tümler	[ty:mlɐ]
-erl	[ɐl]	-lein	[la͜in]	-tümlerin	[ty:mlərɪn]
-ern	[ɐn]	-ler	[lɐ]	-tümlich	[ty:mlɪç]
-ernd	[ɐnt]	-lerin	[lərɪn]	-ung	[ʊŋ]
-ernde	[ɐndə]	-lich	[lɪç]	-wärts	[vɛrt͜s]
-erst	[ɐst]	-lichen	[lɪçn̩]		

Bemerkungen

1. Bei Hinzutritt von [s], [ʃ] und [ʃə] an ein vorausgehendes [t] ergeben sich die Affrikaten [t͜s] bzw. [t͜ʃ]; z. B. Ra̲ts [ra:t͜s], kạntsch [kant͜ʃ], brẹchtsche ['brɛçt͜ʃə].
2. Für den Wechsel [əl/l̩] vgl. S. 37–38, 40; für den Wechsel [əm/m̩] vgl. S. 37–38; für den Wechsel [ən/n̩] vgl. S. 37–40.

II. Präfixe

be-	[bə]	er-	[ɛɐ̯]	ver-	[fɛɐ̯]
ent-	[ɛnt]	ge-	[gə]	zer-	[t͜sɛɐ̯]

E. Grundlagen

I. Grundbegriffe

1. Laute (Phone) und ihre Eigenschaften

Ein Laut (Phon) unterscheidet sich von einem anderen zum einen durch verschiedene Qualität, d.h. durch verschiedene Klangfarbe (z.B. [a] gegenüber [o]) oder durch Verschiedenheit des hervorgebrachten Geräuschs (z.B. [f] gegenüber [s]).

Zum anderen können Laute eine unterschiedliche Länge ([Zeit]dauer, Quantität) haben: [a] in *Bạnn* [ban] ist kurz, [a:] in *Ba̱hn* [ba:n] ist lang; [m] in *Stro̱m* [ʃtro:m] ist kurz, [mm] in *Stro̱mmenge* [ˈʃtro:mmɛŋə] ist lang.

Auch die Stärke (Intensität), mit der Laute ausgesprochen werden, kann verschieden sein. So besitzt in *Bạrras* [ˈbaras] das erste [a] eine größere Intensität als das zweite.

Und schließlich können sich Vokale und stimmhafte Konsonanten durch verschiedene Tonhöhe (musikalischer Akzent, Intonation) unterscheiden. Man vergleiche etwa ein fragendes *So?* mit einem sachlich feststellenden *So.*

Laute (Phone) schreibt man gewöhnlich in eckigen Klammern [ ].

2. Phonem

Zwei Laute sind verschiedene Phoneme, wenn sie in derselben lautlichen Umgebung vorkommen können und verschiedene Wörter unterscheiden. So sind z.B. [m] und [l] verschiedene Phoneme, denn erstens treten sie in derselben lautlichen Umgebung auf (z.B. vor [a] in *Mạtte* [ˈmatə] und *Lạtte* [ˈlatə]), und zweitens unterscheiden sie verschiedene Wörter (z.B. *Mạtte* [ˈmatə] und *Lạtte* [ˈlatə]). Phoneme und mit Phonemen geschriebene Wörter setzt man zwischen schräge Striche: /m/, /l/; /ˈmatə/, /ˈlatə/.

Wörter, die sich nur durch ein einziges Phonem unterscheiden, heißen Minimalpaare (minimale Paare). Minimalpaare sind z.B. folgende Wörter:

/i:/ : /o:/	Ki̱e̱l : Ko̱hl	/p/ : /b/	pạcke : bạcke
/ɪ/ : /ɛ/	fịt : fẹtt	/t/ : /m/	Tạsse : Mạsse
/e:/ : /ʏ/	fe̱hle : fụ̈lle	/k/ : /t͜s/	Ka̱hn : Za̱hn
/a:/ : /a/	Ra̱te : Rạtte	/n/ : /l/	Gne̱i̱s : Gle̱i̱s
/ʏ/ : /œ/	Hụ̈lle : Họ̈lle	/l/ : /r/	Lịppe : Rịppe
/ø:/ : /õ:/	Bö̱ : Bon	/f/ : /v/	Fạll : Wạll
/o:/ : /a͜u/	ro̱h : ra̱u̱	/s/ : /ʃ/	Bụs : Bụsch
/ɔ/ : /a͜u/	vọll : fa̱u̱l	/s/ : /z/	Mu̱ße : Mu̱se
/a͜i/ : /ɔ͜y/	E̱i̱le : E̱u̱le	/p͜f/ : /t͜s/	Trọpf : Trọtz
/a͜u/ : /ɛ̃:/	Ta̱u̱ : Teint	/t͜s/ : /d͜ʒ/	Zịnn : Gịn

Ein einzelnes Phonem kann stellungsbedingte und freie Varianten (Allophone) haben. Daneben kann es auch zu Variation zwischen mehreren Phonemen kommen (Phonemvariation).

3. Stellungsbedingte Varianten

Stellungsbedingte Varianten können keine Wörter unterscheiden und nicht in derselben lautlichen Umgebung auftreten. So sind bei einem kleinen Wort- und Formenschatz der Laut [ç] – wie in *dịch* [dɪç] – und der Laut [x] – wie in *Dạch* [dax] – stellungsbedingte Varianten ein und desselben Phonems, das wir /x/ schreiben können.[1] Erstens kommt [ç] nicht in der lautlichen Umgebung vor, in der [x] auftritt, und umgekehrt: [ç] tritt gewöhnlich nach den vorderen Vokalen ([ɪ œ] u. a.) und nach Konsonanten wie in *dịch* [dɪç], *mạnch* [manç] auf, während [x] nach nichtvorderen Vokalen wie [ʊ a ɔ] auftritt, z. B. in *Dạch* [dax]. Somit schließen sich [x] und [ç] in derselben lautlichen Umgebung gegenseitig aus. Zweitens kann man mit [ç] und [x] nicht verschiedene Wörter unterscheiden: Wenn man für *Dạch* statt [dax] [daç] sagt, weicht man zwar von der Standardaussprache ab, hat damit aber kein neues Wort geschaffen.

4. Freie (fakultative) Varianten

Freie Varianten eines Phonems sind verschiedene Laute, die in derselben lautlichen Umgebung auftreten können, ohne Wörter zu unterscheiden. In der Standardaussprache sind vor Vokal das mehrschlägige Zungenspitzen-R [r], das einschlägige Zungenspitzen-R [ɾ], das gerollte Zäpfchen-R [ʀ] und das Reibe-R [ʁ] freie Varianten des Phonems /r/. In *Rạtte* z. B. sind alle vier R-Aussprachen möglich. Verschiedene Wörter ergeben sich dadurch nicht.

5. Phonemvariation

Es kommt vor, dass in bestimmten Wörtern ein Phonem durch ein anderes ersetzt werden kann, ohne dass sich die Bedeutung ändert. Man nennt das Phonemvariation. Sie ist in der Standardaussprache selten (z. B. *jenseits* /ˈje:nza͜it͜s/, /ˈjɛnza͜it͜s/, wobei /e:/ und /ɛ/ verschiedene Phoneme sind).

---

1 Bei einem sehr großen Wort- und Formenschatz, wie man ihm im Rechtschreibduden (^{23}2004) und im Duden-Fremdwörterbuch (^{8}2005) begegnet, ist man gezwungen, [ç] und [x] als zwei verschiedene Phoneme zu betrachten, da beide in derselben lautlichen Umgebung auftreten können; so etwa vor /a/ am Wortanfang, z. B. /ç/ in *Chari̲tin* /çaˈri:tɪn/ gegenüber /x/ in *Chassidịsmus* /xasiˈdɪsmʊs/. Auch Wortpaare wie *Ku̲hchen* /ˈku:çən/ (‚kleine Kuh') und *Ku̲chen* /ˈku:xən/ können dafür angeführt werden, /ç/ und /x/ als verschiedene Phoneme zu betrachten.

6. Silbe (Sprechsilbe) und Silbengrenze (lautliche)

Im Unterschied zu der inhaltlich-grammatischen Einheit Morphem ist die Silbe (Sprechsilbe) eine lautliche Größe, nämlich die kleinste Lautfolge, die sich bei der Untergliederung des Redestroms ergibt. Sie wird vom Sprecher als kleinste Einheit des Kraftaufwandes beim Sprechen empfunden.

Eine Silbe kann aus einem Einzelvokal (*o̱h!* [oː]), einem Diphthong (*au̲!* [a͜u]) oder aus deren Kombination mit Konsonanten bestehen (*au̲s* [a͜us], *schrụmpfst* [ʃrʊmp͜fst]), wobei die auf einen Vokal endende Silbe offen, die auf einen Konsonanten endende geschlossen genannt wird. Ein Wort wiederum kann eine oder mehrere Silben haben, z. B. *re̱d!* [reːt], *re̱de!* [ˈreː-də], *re̱dete* [ˈreː-də-tə]. Dabei heißt der besonders hervortretende Laut Silbenträger (Silbengipfel). Als solche treten meistens Vokale auf, aber auch Konsonanten, besonders [m n ŋ l r]. Man sagt dann, [m n ŋ l r] seien silbisch, und schreibt genauer: [m̩ n̩ ŋ̍ l̩ r̩]. So wird in der Standardaussprache *re̱den* wie [ˈreːdn̩] gesprochen, wobei [eː] Silbenträger der ersten Silbe und [n̩] Silbenträger der zweiten Silbe ist.

Treten Vokale als Nichtsilbenträger auf, dann nennt man sie unsilbisch. So ist im Diphthong [a͜u] des Wortes *Ha̲u̲s* [ha͜us] der Vokal [u] unsilbisch, während der Vokal [a] silbisch, d. h. Silbenträger, ist. In der Standardaussprache treten [i u y o] unsilbisch auf, z. B. in *sexuẹll* [zɛˈksu̯ɛl]. Besonders Vokale mit hoher Zungenlage wie [i u y] kommen unsilbisch vor.

Die Silbengrenze markiert das Zusammentreffen zweier Silben (z. B. *re̱den* [ˈreː-dn̩])[1].

II. Lautklassen

Sprachlaute pflegt man in zwei große Gruppen (Lautklassen) einzuteilen, in Vokale (Selbstlaute) und Konsonanten (Mitlaute).

1. Vokale (Selbstlaute)

Vokale (Selbstlaute) sind Laute, bei denen die Stimmlippen im Kehlkopf schwingen und die Atemluft ungehindert durch den Mund ausströmt.

(a) Zungen- und Lippenstellung

Von der Stellung des Zungenrückens und der Lippen hängt vor allem die Klangfarbe ab (vgl. Zeichnungen S. 29–30).

α) Höhe der Zunge (Vertikallage der Zunge)

Je weiter oben der höchste Punkt des Zungenrückens liegt, desto höher (geschlossener) ist ein Vokal. Bei [iː] in *Ki̱no* [ˈkiːno] ist der höchste Punkt des Zun-

1 Zu einer Diskussion der zahlreichen Silbendefinitionen vgl. W. D. Ortmann: Sprechsilben im Deutschen. München 1980, S. III–XXXVI.

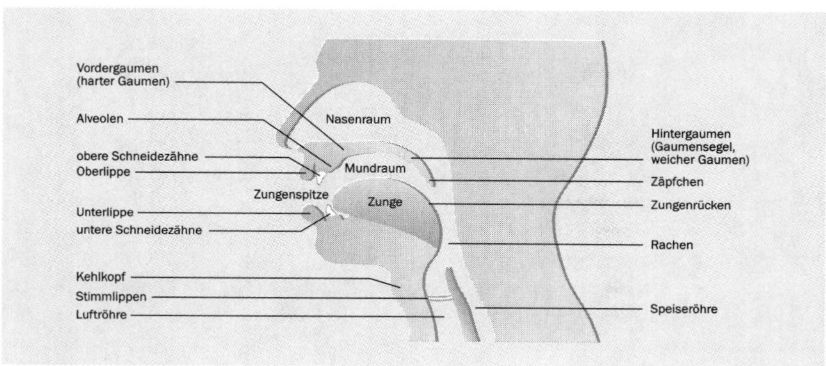

Querschnitt durch die Sprechwerkzeuge

genrückens höher als bei [e:] in *Mehl* [me:l]. Man sagt auch, [i:] sei geschlossener als [e:] bzw. [e:] offener als [i:].

β) Horizontallage der Zunge
Je weiter vorn im Mund der höchste Punkt des Zungenrückens ist, desto heller ist ein Vokal; je weiter hinten der höchste Punkt des Zungenrückens ist, desto dunkler ist er. Bei [i:] in *biete* ist der höchste Punkt des Zungenrückens vorn. Bei [u:] in *gut* [gu:t] ist er hinten, bei [ə] in *mache* [ˈmaxə] ist er in der Mitte. Man sagt auch, [i:] sei ein vorderer, [u:] ein hinterer Vokal.

γ) Lippenstellung
Vokale werden mit gerundeten oder ungerundeten Lippen gesprochen. Bei [y:] in *übel* [ˈy:bl̩] sind die Lippen gerundet, bei [i:] in *Biene* [ˈbi:nə] sind sie nicht gerundet (ungerundet). Man sagt auch, [y:] sei gerundet (labial) und [i:] ungerundet (illabial, nicht labial).

b Vokalviereck

Den Bereich des Mundraumes, in dem die Vokale gebildet werden, stellt – etwas vereinfacht – das so genannte *Vokalviereck* auf der Zeichnung Seite 30 oben dar (unten eine ergänzte Vergrößerung). Mit seiner Hilfe lässt sich die Zungenstellung der Vokale am besten zeigen. Dabei ist zu beachten, dass hier nicht Vokale einer bestimmten Sprache dargestellt werden, sondern Bezugsvokale (Standardvokale), auf welche die einzelsprachlichen Vokale bezogen werden können. Von diesen Vokalen sind [i ɪ e ɛ æ a ɨ ə ɐ ɤ ʌ ɑ] ungerundet und [y ʏ ø œ ʉ u ʊ o ɔ ɒ] gerundet.

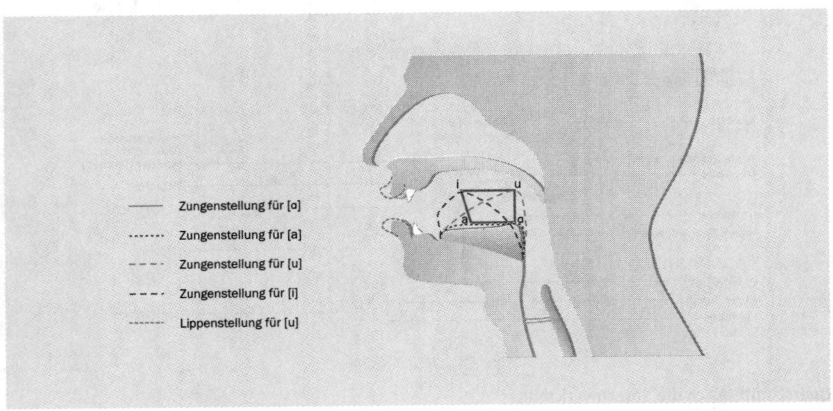

Sprechwerkzeuge mit Vokalviereck im Mundraum

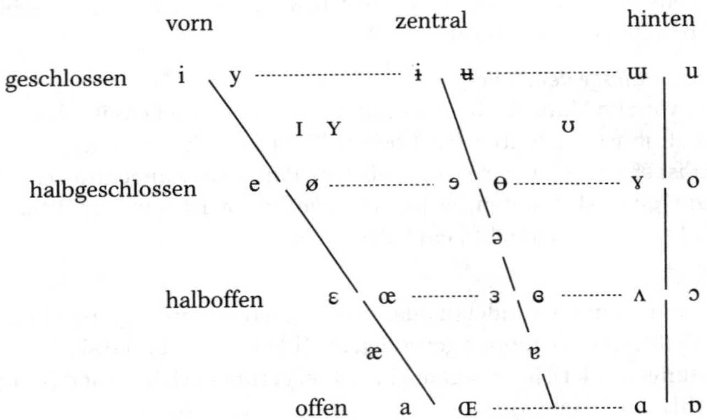

IPA-Vokalviereck[1]

Ⓒ Diphthonge

Im Gegensatz zu den Monophthongen (einfachen Vokalen) bestehen Diphthonge (Zwielaute, Doppellaute) aus zwei Vokalen, von denen der eine silbisch (Silbenträger) und der andere unsilbisch ist. Ist der erste Vokal silbisch und der zweite unsilbisch (vgl. [au̯] in *Haus* [hau̯s]), so heißt der Diphthong fallend; im umgekehrten Fall steigend (vgl. [i̯ə] in *Studie* [ˈʃtu:di̯ə]). Genauer gesagt sind Diphthonge Gleitlaute, bei denen die Zunge oder die Zunge zusammen mit den Lippen eine Gleitbewegung von einem Vokal zu einem anderen durchführt.

---

1 Nachdruck mit freundlicher Genehmigung der IPA.

(d) Orale und nasale Vokale
Die deutschen Vokale sind gewöhnlich oral (Mundvokale), wobei das Gaumensegel angehoben ist und den Nasenraum verschließt, der deshalb keinen Resonanzraum bilden kann. Dagegen ist bei den nasalen Vokalen (Nasalvokalen, Nasenvokalen; besser: nasalierten Vokalen) das Gaumensegel gesenkt und der Durchgang zum Nasenraum, der einen Resonanzraum bildet, geöffnet. Nasale Vokale finden sich v. a. in Fremdwörtern aus dem Französischen (vgl. [õ:] in *Garçon* [gar'sõ:]).

2. Konsonanten (Mitlaute)

Konsonanten (Mitlaute) sind Laute, bei denen ausströmende Atemluft während einer gewissen Zeit gehemmt (gestoppt) oder eingeengt wird.

(a) Artikulationsart (Artikulationsmodus, Überwindungsmodus)
Unter Artikulationsart versteht man die Art des Durchgangs und der Behinderung des Luftstroms bei der Lautbildung.

α) Verschlusslaute (Sprenglaute, Momentanlaute, Klusile, Explosive, Plosive, Mutae)
Bei den Verschlusslauten wird ein Verschluss gebildet, die Luft wird während einer gewissen Zeit am Ausströmen gehindert: [p b t d k g ǀ].

β) Nasenlaute (Nasale, Nasalkonsonanten)
Bei den Nasenlauten entweicht die Luft durch die Nase. Der Mund ist geschlossen: [m ɱ n ŋ].

γ) Seitenlaute (Laterale)
Bei den Seitenlauten entweicht die Luft nicht durch den Mund in seiner ganzen Breite, sondern nur auf einer oder auf beiden Seiten der Zunge: [l].

δ) Schwinglaute (Zitterlaute, Gerollte, mehrschlägige Laute, Vibranten)
Bei den Schwinglauten schwingt die Zungenspitze oder das Zäpfchen hin und her (vibriert, rollt): [r ʀ].

ε) Geschlagene Laute (einschlägige Laute)
Bei den geschlagenen Lauten schlägt die Zungenspitze nur einmal: [ɾ].

ζ) Reibelaute (Engelaute, Frikative, Spiranten)
Bei den Reibelauten wird die ausströmende Luft eingeengt. Es entsteht ein Reibegeräusch: [f v θ ð s z ʃ ʒ ç j x ɣ ʁ h]. [s z ʃ ʒ] nennt man Zischlaute (Sibilanten); bei ihnen wird zusätzlich in der vorderen Zungenmitte eine Längsrille gebildet.

η) Affrikaten
Affrikaten sind eng zusammen ausgesprochene, zu derselben Silbe gehörende Verschluss- und Reibelaute mit ungefähr gleicher Artikulationsstelle (homorgan): [p͜f], [t͜s] u. a.

b Artikulationsstelle (Hauptartikulationen)

Darunter ist die Stelle zu verstehen, wo die (beiden) an der konsonantischen Hauptartikulation beteiligten Organe gegeneinander wirken (zusammentreffen) (vgl. Zeichnungen S. 29, 47–53).

α) Lippenlaute (Bilabiale)

Bei den Lippenlauten artikulieren Unter- und Oberlippe gegeneinander: [p b m].

β) Lippenzahnlaute (Labiodentale)

Bei den Lippenzahnlauten artikuliert die Unterlippe gegen die oberen Schneidezähne: [ɱ f v].

γ) Zahnlaute (Dentale) und Alveolare

Bei den Zahnlauten und Alveolaren artikuliert die Zungenspitze oder der vorderste Zungenrücken gegen die oberen Schneidezähne oder gegen die Alveolen: [t d n l r ɾ θ ð s z].

δ) Palatoalveolare

Bei den Palatoalveolaren artikuliert die Zungenspitze oder der vordere Zungenrücken gegen den hinteren Teil der Alveolen oder den vordersten Teil des Vordergaumens: [ʃ ʒ].

ε) Vordergaumenlaute (Palatale)

Bei den Vordergaumenlauten artikuliert der vordere Zungenrücken gegen den Vordergaumen: [ɲ ç j].

ζ) Hintergaumenlaute (Velare)

Bei den Hintergaumenlauten artikuliert der hintere Zungenrücken gegen den Hintergaumen: [k ɡ ŋ x].

η) Zäpfchenlaute (Gaumenzäpfchenlaute, Halszäpfchenlaute, Uvulare)

Bei den Zäpfchenlauten artikuliert der hinterste Teil des Zungenrückens gegen das Zäpfchen: [ʀ ʁ].

θ) Stimmritzenlaute (Kehlkopflaute, Glottale, Laryngale)

Die Stimmritzenlaute werden in der Stimmritze (Glottis = Spalt zwischen den Stimmlippen) gebildet: [| h].

c Stimmhaftigkeit (Sonorität)

Schwingen die Stimmlippen im Kehlkopf, dann ist der Konsonant stimmhaft. Das Schwingen lässt sich leicht nachprüfen, indem man die Hand an den Kehlkopf legt. So ist in der Standardlautung zum Beispiel [z] in *Sọnne* [ˈzɔnə] oder in *Ha̱se* [ˈhaːzə] stimmhaft. Schwingen die Stimmbänder nicht, dann ist der Konsonant stimmlos, z. B. bei [s] in *Hạss* [has] oder in *hạsse* [ˈhasə]. Stimmhafte Verschlusslaute heißen auch Mediä: [b d ɡ], stimmlose Verschlusslaute Tenues: [p t k].

d **Stärke (Intensität)**
Konsonanten können als starke (Fortes) oder schwache Konsonanten (Lenes) gesprochen werden.

e **Behauchung (Aspiration)**
Konsonanten sind behaucht (aspiriert), wenn auf sie eine mehr oder weniger große Menge frei ausströmender Atemluft folgt. In der Standardlautung ist z. B. [p] in *Pạss* [pas] stark behaucht, also: [pʰas].

f **Zusätzliche Artikulationen (sekundäre Artikulationen)**
Zusätzlich zu den oben besprochenen Hauptartikulationen können Konsonanten sekundär artikuliert werden. Hier ist besonders die Labialisierung zu erwähnen, bei der zusätzlich zur Hauptartikulation die Lippen wie beim Sch-Laut [ʃ] in der Standardlautung vorgestülpt werden; ferner die Palatalisierung, bei der zusätzlich der vordere Zungenrücken angehoben wird, z. B. russ. [bʲ] in Bely ['bʲɛłɨj] (im Wörterverzeichnis: ['bjɛlɨj]); schließlich die Velarisierung, bei der zusätzlich der hintere Zungenrücken angehoben wird, z. B. engl. [ł] in Bolt [boʊłt] (im Wörterverzeichnis: [boʊlt]).

F. Genormte Lautung

Die deutsche Sprache wird nicht völlig einheitlich ausgesprochen; es gibt eine ganze Reihe landschaftlicher und durch die soziale Schichtung bedingter Unterschiede in der Aussprache. Wiederholt hat man versucht, die Aussprache zu normen, ähnlich wie man die Rechtschreibung genormt hat. Es zeigt sich jedoch, dass es leichter ist, eine bestimmte Schreibung festzulegen als eine bestimmte Aussprache. Schreibung lässt sich auf dem Papier jederzeit und dauernd sichtbar festhalten. Das Gesprochene lässt sich weniger leicht festhalten. Um es zu beschreiben, braucht man u. a. eine genaue Lautschrift, die der normale Leser nicht ohne weiteres lesen oder gar nachsprechen kann. Während die Schreibnorm als amtliche Rechtschreibregelung durchgesetzt werden konnte, ist es bisher nicht gelungen, eine Aussprachenorm, eine verbindlich festgelegte Lautung mit demselben Erfolg durchzusetzen.

Die älteste bekannte, 1898 geschaffene genormte Lautung ist die so genannte „Bühnenaussprache" von Theodor Siebs, die in erster Linie eine einheitliche Aussprache auf der Bühne ermöglichen sollte, dann aber eine viel weiter gehende Geltung erlangte. Sie ist mehrmals überarbeitet worden. Die 13. Auflage erschien 1922 unter dem Titel „Deutsche Bühnenaussprache – Hochsprache". 1957 kam die 16. Auflage mit dem Titel „Siebs Deutsche Hochsprache" und dem Untertitel „Bühnenaussprache" heraus (vgl. S. 62–63). 1969 erschien die 19. Auflage unter dem Titel „Siebs – Deutsche Aussprache" mit dem Untertitel „Reine und gemäßigte Hochlautung mit Aussprachewörterbuch". Die Bühnenaussprache ist in den letzten Jahrzehnten durch eine neue Norm abgelöst worden, die als Standardaussprache oder als Standardlautung bezeichnet wird.

I. Standardlautung

Die Aussprache der deutschen Schriftsprache hat sich im 20. Jahrhundert, besonders seit den 50er-Jahren, teilweise geändert, nicht zuletzt deshalb, weil das (klassische) Theater seine Rolle als Träger einer Einheitsaussprache weitgehend an Rundfunk und Fernsehen abgeben musste. Dieser Entwicklung hat zuerst das „Wörterbuch der deutschen Aussprache" (1964) und im Anschluss daran das „Duden-Aussprachewörterbuch" (^{2}1974) Rechnung getragen, in dem die neue Einheitsaussprache, die vor allem die Aussprache geschulter Rundfunk- und Fernsehsprecher wiedergibt, unter der Bezeichnung „Standardaussprache" (Standardlautung) beschrieben wird. Die wesentlichen Züge dieser Standardlautung sind folgende:

1. Sie ist eine Gebrauchsnorm, die der Sprechwirklichkeit nahe kommt. Sie erhebt jedoch keinen Anspruch darauf, die vielfältigen Schattierungen der gesprochenen Sprache vollständig widerzuspiegeln.

2. Sie ist überregional. Sie enthält keine typisch landschaftlichen Ausspracheformen.
3. Sie ist einheitlich. Varianten (freie Varianten und Phonemvariation) werden ausgeschaltet oder auf ein Mindestmaß beschränkt.
4. Sie ist schriftnah, d. h., sie wird weitgehend durch das Schriftbild bestimmt.
5. Sie ist deutlich, unterscheidet die Laute einerseits stärker als die Umgangslautung, andererseits schwächer als die zu erhöhter Deutlichkeit neigende Bühnenaussprache.

In den vergangenen Jahren wiederholt gemachte Versuche, innerhalb der Standardlautung verschiedene Formstufen (formelles, langsames, vertrauliches, schnelles usw. Sprechen) zu beschreiben und zu normen, haben bisher nicht zu einheitlichen und eindeutigen Ergebnissen geführt. Deshalb haben wir uns in diesen Bereichen auch nur auf den Hinweis auf S. 67, 3. beschränkt.

1. Vokale

a Vokalphoneme

Unter Berücksichtigung eines größeren Wort- und Formenschatzes (vgl. Fußnote 1, S. 27) können folgende Vokalphoneme (ihre Aussprache in [ ]) angenommen werden:

/i:/	[i: i i̯]	/a/	[a]	/u:/	[u: u u̯]	/ɔy̯/[1]	[ɔy̯]
/ɪ/	[ɪ]	/y:/	[y: y y̆]	/ʊ/	[ʊ]	/ɛ̃:/	[ɛ̃: ɛ̃]
/e:/	[e: e]	/ʏ/	[ʏ]	/o:/	[o: o o̯]	/ã:/	[ã: ã]
/ɛ:/	[ɛ:]	/ø:/	[ø: ø]	/ɔ/	[ɔ]	/œ̃:/	[œ̃: œ̃]
/ɛ/	[ɛ]	/œ/	[œ]	/ai̯/[1]	[ai̯]	/õ:/	[õ: õ]
/a:/	[a:]	/ə/	[ə]	/au̯/[1]	[au̯]		

Bemerkungen zu den Vokalphonemen

1. Es ist üblich, [m̩], [n̩], [l̩] und [ɐ] als die Phonemfolgen /əm/, /ən/, /əl/ und /ər/ aufzufassen (z. B. *grọßem* /ˈgro:səm/ [ˈgro:sm̩], *bẹsser* /ˈbɛsər/ [ˈbɛsɐ]).
2. Die steigenden Diphthonge wie [i̯ə i̯ɔ y̆i: u̯ə o̯a] u. a. lassen sich als die Phonemfolgen /i:ə i:ɔ y:i: u:ə o:a/ u. a. auffassen (z. B. *Stu̲die* /ˈʃtu:di:ə/ [ˈʃtu:di̯ə]).
3. Die fallenden Diphthonge mit [ɐ̯] als zweitem Bestandteil (so genannte „zentrierende" Diphthonge) lassen sich als Phonemfolgen /langer Vokal/ + /r/ auffassen (z. B. *Bi̲er* /bi:r/ [bi:ɐ̯]).
4. Der fallende Diphthong /ui̯/ [ui̯] kommt nur in wenigen Interjektionen und Eigennamen vor (z. B. *pfu̲i!* /pfui̯/ [pfui̯]).

---

1 Es gibt auch Auffassungen, wonach die hier als Einzelphoneme betrachteten Diphthonge /ai̯ au̯ ɔy̯/ Phonemfolgen von je zwei Phonemen darstellen.

5. Die Vokale [ɛ:] und z. T. [ɛ] können durch [e:] bzw. [e] ersetzt werden. Beispiel: Kähne, Polonaise, Präsiden; sowohl ['kɛ:nə], [polo'nɛ:zə], [prɛ'zi:dn̩] als auch ['ke:nə], [polo'ne:zə], [pre'zi:dn̩]. Vgl. S. 21.
6. In der differenzierten „Gymnasialaussprache"[1] gibt es betont die zusätzlichen Phoneme /i/ [i], /e/ [e], /y/ [y], /u/ [u], /o/ [o] (vgl. z. B. *Epitheton* /e:'pite:tɔn/ [e'pitetɔn]; in der einfachen Gymnasialaussprache werden diese Phoneme durch die Phoneme /ɪ ɛ ʏ ʊ ɔ/ ersetzt (*Epitheton* /e:'pɪte:tɔn/ [e'pɪtetɔn]); in deutscher Aussprache treten dafür die Phoneme /i: e: y: u: o:/ ein (*Epitheton* /e:'pi:te:tɔn/ [e'pi:tetɔn]). In diesem Buch wird auf die Wiedergabe der differenzierten, im Allgemeinen auch der einfachen Gymnasialaussprache verzichtet. Wer bestrebt ist, betonte Vokale in Fremdwörtern griechischen und lateinischen Ursprungs im Sinne der Gymnasialaussprache mit der Quantität der Ursprungssprache auszusprechen, wird zu diesem Zweck griechische und lateinische Wörterbücher und Grammatiken mit Quantitätsangaben zurate ziehen müssen. Er müsste dann z. B. *psychologisch* /psy:ço:'logɪʃ/ [psyço'logɪʃ] (oder /psy:ço:'lɔgɪʃ/ [psyço'lɔgɪʃ]), *Daten* /'datən/ ['datn̩], *Lektor* /'le:kto:r/ ['le:kto:ɐ̯], *Skriptum* /'skri:ptʊm/ ['skri:ptʊm] aussprechen. Es gibt auch eine hyperkorrekte Gymnasialaussprache, in der von einigen Sprechern – entgegen der deutschen Aussprache – in betonter Stellung griechische oder lateinische Kürze als Länge und griechische oder lateinische Länge als Kürze gesprochen wird, z. B. mystisch (griechisch kurzes y; deutsche Aussprache: mystisch), theoretisch (griechisch langes e; deutsche Aussprache: theoretisch).
7. Unter den Fremdphonemen verbreiten sich zunehmend die englischen Diphthonge [eɪ oʊ], wofür deutsch [e: o:] gesprochen wird: Lady ['leɪdi] (deutsch: ['le:di]), Show [ʃoʊ] (deutsch: [ʃo:]).

b Klangfarbe

a) Lautbestand

Orale Monophthonge: [i: i i̯ ɪ e: e ɛ: ɛ a: a y: y y̆ ʏ ø: ø œ ə ɐ u: u u̯ ʊ o: o o̯ ɔ]; nasale Monophthonge: [ɛ̃: ɛ̃ ã: ã œ̃: œ̃ õ: õ]; Diphthonge: [a͜i a͜u ɔ͜y].[2]

Die Artikulation der Monophthonge und Diphthonge ist aus den folgenden Vokalvierecken ersichtlich[3]:

1 M. Mangold: Deutsche Vokale und Gymnasialaussprache. In: Sprechwissenschaft und Kommunikation, Sprache und Sprechen, Bd. 3. Kastellaun 1972, S. 79–92.

2 Phonetisch genauer wäre die Schreibung [aɪ̯ aʊ̯ ɔʏ̯]; andere schreiben dafür [ae ao ɔø] u. Ä.

3 Dabei bedeutet ● ‚Vokal ohne Lippenrundung', ○ ‚Vokal mit Lippenrundung'.

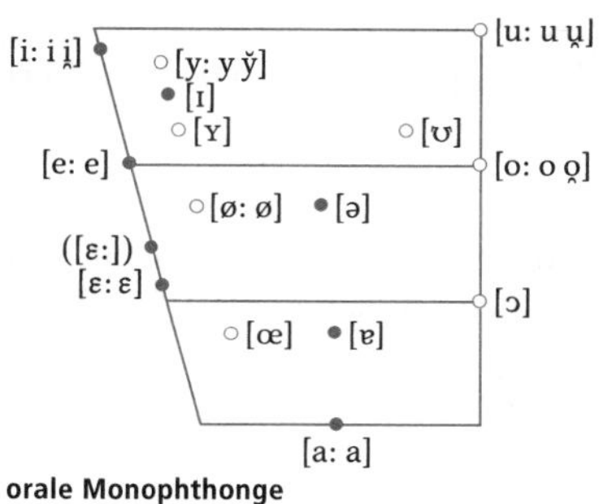

orale Monophthonge

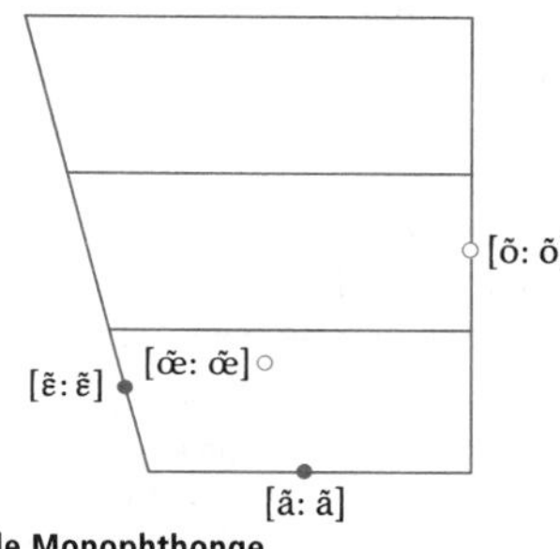

nasale Monophthonge

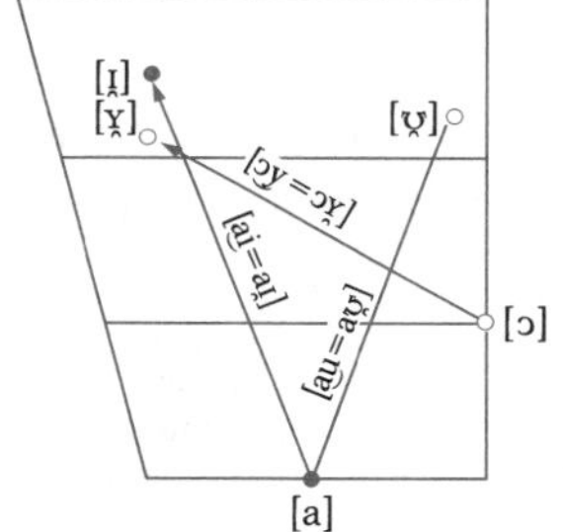

Diphthonge [a͜i a͜u ɔ͜y]

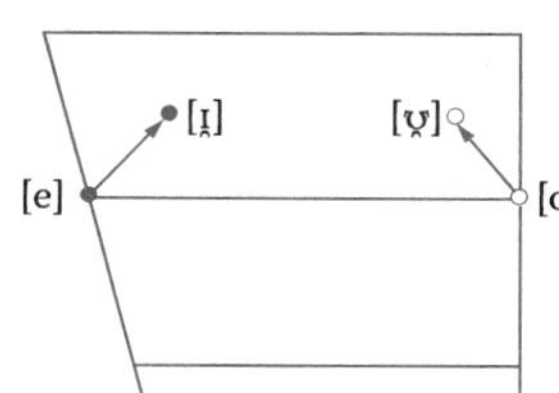

englische Diphthonge [eɪ oʊ]

Die Aussprache von /ə/ + /m/, /n/, /l/

Die Phonemfolgen /əm/, /ən/, /əl/ werden nur bei langsamer und deutlicher Aussprache als [əm], [ən], [əl], gewöhnlich aber als [m̩] (silbisches *m*), [n̩] (silbisches *n*; in bestimmten Stellungen auch [m̩] bzw. [ŋ̍]) und [l̩] (silbisches *l*) gesprochen:

	Rechtschreibung	phonemisch	Aussprache normal	Aussprache langsam, deutlich
/əm/	gro̱ßem Co̱chem schwa̱rzem	/ˈgro:səm/ /ˈkɔxəm/ /ˈʃvart͜səm/	[ˈgro:sm̩] [ˈkɔxm̩] [ˈʃvart͜sm̩]	[ˈgro:səm] [ˈkɔxəm] [ˈʃvart͜səm]
/ən/	ha̱ben ha̱tten Ha̱ken	/ˈha:bən/ /ˈhatən/ /ˈha:kən/	[ˈha:bn̩] auch: [ˈha:bm̩] [ˈhatn̩] [ˈha:kn̩] auch: [ˈha:kŋ̍]	[ˈha:bən] [ˈhatən] [ˈha:kən]
/əl/	Na̱bel Hi̱mmel Lö̱ffel	/ˈna:bəl/ /ˈhɪməl/ /ˈlœfəl/	[ˈna:bl̩] [ˈhɪml̩] [ˈlœfl̩]	[ˈna:bəl] [ˈhɪməl] [ˈlœfəl]

Im Folgenden werden die Bedingungen beschrieben, unter denen bei Normalaussprache /əm/ als [m̩] oder [əm], /ən/ als [n̩] (inklusive [m̩], [ŋ̍]) oder [ən] und /əl/ als [l̩] oder [əl] gesprochen werden.

Aussprache von /əm/:
/əm/ wird als [m̩] (silbisches *m*) gesprochen am Wortende oder vor Konsonant, und zwar nach den Reibelauten [f v s z ʃ ʒ ç x] und nach den Affrikaten [p͡f t͡s t͡ʃ d͡ʒ]:

ti̱e̱fem .... [ˈtiːfm̩]
passi̱vem .... [paˈsiːvm̩]
nạssem .... [ˈnasm̩]
lo̱sem .... [ˈloːzm̩]
rạschem .... [ˈraʃm̩]
lạrgem .... [ˈlarʒm̩]
wẹlchem .... [ˈvɛlçm̩]
wạchem .... [ˈvaxm̩]
Cọchem .... [ˈkɔxm̩]
Cọchems .... [ˈkɔxm̩s]
stụmpfem .... [ˈʃtʊmp͡fm̩]
stọlzem .... [ˈʃtɔlt͡sm̩]
de̱u̱tschem .... [ˈdɔ͜yt͡ʃm̩]

In den übrigen Stellungen wird /əm/ als [əm] gesprochen, und zwar vor und nach Vokal, nach den Verschlusslauten [p b t d k g], nach den Nasenlauten [m n ŋ], nach dem Seitenlaut [l] und nach [r]:

Cọchemer .... [ˈkɔxəmɐ]
na̱hem .... [ˈnaːəm]
zä̱hem .... [ˈt͡sɛːəm]
sche̱u̱em .... [ˈʃɔ͜yəm]
knạppem .... [ˈknapəm]
mụ̈rbem .... [ˈmʏrbəm]
A̱tem .... [ˈaːtəm]
blö̱dem .... [ˈbløːdəm]
strạckem .... [ˈʃtrakəm]
fe̱i̱gem .... [ˈfa͜igəm]
dụmmem .... [ˈdʊməm]
kle̱i̱nem .... [ˈkla͜inəm]
lạngem .... [ˈlaŋəm]
hẹllem .... [ˈhɛləm]
wịrrem .... [ˈvɪrəm]

Aussprache von /ən/:
/ən/ wird als [n̩] (silbisches *n*) gesprochen am Wortende oder vor Konsonant, wenn die vorausgehende Silbe kein [n̩] enthält, und zwar:

- nach den Verschlusslauten [p b t d k g]:

  knạppen .... [ˈknapn̩]
  hạlben .... [ˈhalbn̩]
  hạtten .... [ˈhatn̩]
  Wẹlten .... [ˈvɛltn̩]
  dọppelten .... [ˈdɔpl̩tn̩]
  re̱denden .... [ˈreːdn̩dən]
  ha̱y̱dnsch .... [ˈha͜idn̩ʃ]
  bịndenden .... [ˈbɪndn̩dən]
  nä̱hernden .... [ˈnɛːɐndn̩]
  kra̱u̱lenden .... [ˈkra͜uləndn̩]
  Bạlkens .... [ˈbalkn̩s]
  rọ̈ntgenden .... [ˈrœntgn̩dən]

  Anstelle von [pn̩], [bn̩], [kn̩], [gn̩] wird im Allgemeinen häufiger [pm̩], [bm̩], [kŋ̍], [gŋ̍] gesprochen:

  knạppen .... [ˈknapm̩]
  hạlben .... [ˈhalbm̩]
  Bạlken .... [ˈbalkŋ̍]
  rọ̈ntgen .... [ˈrœntgŋ̍]

Das geschieht weniger häufig vor [t d n l s z ʃ ʒ t͡s t͡ʃ d͡ʒ]:

rọntgend	[ˈrœntgŋ̍t]	Fụnkens	[ˈfʊŋkŋ̍s]
li̱e̱bende	[ˈli:bm̩də]	Tro̱pennacht	[ˈtro:pm̩naxt]
Bạckenzahn	[ˈbakŋ̍t͡sa:n]		

- nach den Reibelauten [f v s z ʃ ʒ ç x] (außer in dem Verkleinerungssuffix *-chen* [çən]):

schạrfen	[ˈʃarfn̩]	fọrschen	[ˈfɔrʃn̩]
akti̱ven	[akˈti:vn̩]	Lo̱gen	[ˈlo:ʒn̩]
hạssende	[ˈhasn̩də]	Bạrchent	[ˈbarçn̩t]
brẹmsen	[ˈbrɛmzn̩]	lạchendes	[ˈlaxn̩dəs]

- nach den Affrikaten [p͡f t͡s t͡ʃ d͡ʒ]:

Họpfens	[ˈhɔp͡fn̩s]	pạntschen	[ˈpant͡ʃn̩]
Kạtzen	[ˈkat͡sn̩]	managen	[ˈmɛnɪd͡ʒn̩]

In den übrigen Stellungen wird /ən/ als [ən] gesprochen, und zwar:

- vor Vokal:

E̱bene	[ˈe:bənə]	Wüstene̱i̱	[vy:stəˈnai̯]
e̱benes	[ˈe:bənəs]	Gụ̈rzenich	[ˈgʏrt͡sənɪç]

- nach Vokal:

na̱hen	[ˈna:ən]	Re̱i̱hen	[ˈrai̯ən]
Bö̱en	[ˈbø:ən]	A̱u̱en	[ˈau̯ən]

- nach den Nasenlauten [m n ŋ]:

za̱hmen	[ˈt͡sa:mən]	ọ̈ffnend	[ˈœfnənt]
quạlmende	[ˈkvalməndə]	lạngen	[ˈlaŋən]
fẹrnen	[ˈfɛrnən]	bạngend	[ˈbaŋənt]

- nach dem Seitenlaut [l]:

Wa̱hlen	[ˈva:lən]	e̱i̱tlen	[ˈai̯tlən]
e̱dlen	[ˈe:dlən]	he̱i̱klen	[ˈhai̯klən]
passa̱blen	[paˈsa:blən]	quịrlend	[ˈkvɪrlənt]

- nach [r]:

wa̱hren	[ˈva:rən]	sa̱u̱bren	[ˈzau̯brən]
wịrren	[ˈvɪrən]	po̱wren	[ˈpo:vrən]
te̱u̱ren	[ˈtɔy̯rən]	ụnsren	[ˈʊnzrən]

- nach [j]:

Bo̲jen	['bo:jən]	Taillen	['taljən]
schwo̲jenden	['ʃvo:jəndn̩]	tạljenden	['taljəndn̩]

- wenn in der vorausgehenden Silbe [n̩] auftritt:

A̲pensen	['a:pn̩zən]	rei̲ßenden	['rai̯sn̩dən]
bịndenden	['bɪndn̩dən]	họrchenden	['hɔrçn̩dən]

- in dem Verkleinerungssuffix *-chen* [çən]:

Frau̲chen	['frau̯çən]	Kü̲gelchen	['ky:gl̩çən]
Mä̲dchen	['mɛ:tçən]	Kịnderchen	['kɪndɐçən]

Aussprache von /əl/:
/əl/ wird als [l̩] (silbisches *l*) gesprochen am Wortende oder vor Konsonant, und zwar nach den Verschlusslauten [p b t d k g], nach den Nasenlauten [m n ŋ], nach den Reibelauten [f v s z ʃ ʒ ç x] und nach den Affrikaten [p͡f t͡s t͡ʃ d͡ʒ]:

Pu̲del	['pu:dl̩]	Lọ̈ffel	['lœfl̩]
Hịmmel	['hɪml̩]	Gịpfel	['gɪp͡fl̩]

In den übrigen Stellungen wird /əl/ als [əl] gesprochen, und zwar vor und nach Vokal und nach [r]:

Eselei̲	[e:zə'lai̯]	Pleu̲el	['plɔy̯əl]
pịngelig	['pɪŋəlɪç]	Va̲rel	['fa:rəl]

Die Aussprache von /ə/ + /r/
Die Phonemfolge /ər/ (orthographisch meist *-er*) wird bei normalem Sprechen am Wortende und vor Konsonant gewöhnlich als [ɐ] (silbisches, „vokalisches" *r*) gesprochen. Nur bei sehr langsamer und deutlicher Aussprache kann dafür auch [ɐʶ] ([ɐ] + schwaches Reibe-R) eintreten[1]:

	Rechtschreibung	phonemisch	Aussprache normal	 sehr langsam, sehr deutlich
/ər/	nä̲her Wạsser	/'nɛ:ər/ /'vasər/	['nɛ:ɐ] ['vasɐ]	['nɛ:ɐʶ] ['vasɐʶ]

1 Im Kunstgesang gilt für /ər/ immer [ər] ([r] = mehrschlägiges Zungenspitzen-R), z. B. *Wạsser* ['vasər], *Wạssers* ['vasərs].

näher	[ˈnɛːɐ]
Seher	[ˈzeːɐ]
Bauer	[ˈbau̯ɐ]
Bauers	[ˈbau̯ɐs]
Baur	[ˈbau̯ɐ]
Kentaur	[kɛnˈtau̯ɐ]
Wạsser	[ˈvasɐ]
Wạssers	[ˈvasɐs]
kauernder	[ˈkau̯ɐndɐ]
Hụnderter	[ˈhʊndɐtɐ]
Zauderers	[ˈt͜sau̯dərɐs]
fụ̈rchterlich	[ˈfʏrçtɐlɪç]
Dụmmerjan	[ˈdʊmɐjaːn]
ạndersartig	[ˈandɐsǀaːɐ̯tɪç]
Wạsserjungfer	[ˈvasɐjʊŋfɐ]
Dạmpferfahrt	[ˈdamp͡fɐfaːɐ̯t]

Vor Vokal wird die Phonemfolge /ər/ als [ər] gesprochen:

Feerie	[feəˈriː]
Szenerie	[st͜senəˈriː]
Wegerich	[ˈveːgərɪç]
zögere	[ˈt͜søːgərə]
sauberes	[ˈzau̯bərəs]
Teuerung	[ˈtɔy̯ərʊŋ]
Weigerung	[ˈvai̯gərʊŋ]
Schießerei	[ʃiːsəˈrai̯]

C Betonung und Länge silbischer Vokale

In deutscher Aussprache kommen alle oralen Monophthonge und alle Diphthonge mit Ausnahme von [i e y ø ə ɐ u o] betont vor. Die langen Nasalvokale treten meist betont, die kurzen Nasalvokale nur unbetont auf.
Unbetont kommen alle oralen Monophthonge, alle Diphthonge und die kurzen Nasalvokale vor. Lange Vokale erscheinen selten unbetont, besonders selten vor betonter Silbe. Lange Nasalvokale sind unbetont sehr selten (z. B. *Pạvillons* [ˈpavɪljõːs]).

Vokale in betonter Stellung:

[iː]	mieden	[ˈmiːdn̩]
[ɪ]	Mịtte	[ˈmɪtə]
[eː]	lege	[ˈleːgə]
[ɛː]	Bären	[ˈbɛːrən]
[ɛ]	hạ̈tte	[ˈhɛtə]
[aː]	rate	[ˈraːtə]
[a]	hạtte	[ˈhatə]
[yː]	müde	[ˈmyːdə]
[ʏ]	Hụ̈rde	[ˈhʏrdə]
[øː]	mögen	[ˈmøːgn̩]
[œ]	Gọ̈tter	[ˈgœtɐ]
[uː]	Muße	[ˈmuːsə]
[ʊ]	Bụtter	[ˈbʊtɐ]
[oː]	rote	[ˈroːtə]
[ɔ]	Mọtte	[ˈmɔtə]
[ai̯]	reite	[ˈrai̯tə]
[au̯]	außen	[ˈau̯sn̩]
[ɔy̯]	heute	[ˈhɔy̯tə]
[ɛ̃ː]	Pointe	[ˈpo̯ɛ̃ːtə]
[ãː]	Gourmand	[gʊrˈmãː]
[œ̃ː]	Parfum	[parˈfœ̃ː]
[õː]	Garçon	[garˈsõː]

Vokale in unbetonter Stellung:

[i:]	Mụttis	['mʊti:s]
[i]	Mụtti	['mʊti]
[ɪ]	Spinnerei̲	[ʃpɪnə'ra͜i]
[e:]	E̲u̲gen	['ɔ͜yge:n]
[e]	lebẹndig	[le'bɛndɪç]
[ɛ:]	Sche̲u̲säler	['ʃɔ͜yzɛ:lɐ]
[ɛ]	ẹlend	['e:lɛnt]
[a:]	Gro̲bian	['gro:bi̯a:n]
[a]	Mo̲nat	['mo:nat]
[y:]	Bịstümer	['bɪsty:mɐ]
[y]	düpi̲e̲ren	[dy'pi:rən]
[ʏ]	Schnüffele̲i̲	[ʃnʏfə'la͜i]
[ø:]	Blödele̲i̲	[blø:də'la͜i]
[ø]	möbli̲e̲ren	[mø'bli:rən]
[œ]	Nörgele̲i̲	[nœrgə'la͜i]
[ə]	ạlle	['alə]
[ɐ]	Wạsser	['vasɐ]
[u:]	De̲mut	['de:mu:t]
[u]	U̲hu	['u:hu]
[ʊ]	Putzere̲i̲	[pʊt͜sə'ra͜i]
[o:]	Kle̲i̲nod	['kla͜ino:t]
[o]	Forẹlle	[fo'rɛlə]
[ɔ]	Ạmboss	['ambɔs]
[a͜i]	Streitere̲i̲	[ʃtra͜itə'ra͜i]
[a͜u]	Brauere̲i̲	[bra͜uə'ra͜i]
[ɔ͜y]	Meutere̲i̲	[mɔ͜ytə'ra͜i]
[ɛ̃]	impair	[ɛ̃'pɛ:ɐ̯]
[ã]	engagi̲e̲ren	[ãga'ʒi:rən]
[œ̃]	Lundịst	[lœ̃'dɪst]
[õ]	foncé	[fõ'se:]

d Die unsilbischen Vokale [i̯ y̆ u̯ o̯]

[i y u] werden vor Vokal gewöhnlich unsilbisch gesprochen, d. h. als [i̯ y̆ u̯], wobei [i̯] am leichtesten und [y̆] am wenigsten leicht auszusprechen ist. Vor unbetontem Vokal wird [i] nach [r] nicht so leicht unsilbisch wie vor betontem Vokal (also eher unsilbisch in *glorio̲s* als in *Glo̲ria*):

Aka̲zie [a'ka:t͜si̯ə], Fe̲rien ['fe:ri̯ən], Glo̲ria ['glo:ri̯a], glorio̲s [glo'ri̯o:s], Li̲byen ['li:by̆ən], manuẹll [ma'nu̯ɛl], Natio̲n [na't͜si̯o:n].

Unbetont werden [i y u] jedoch vor Vokalen silbisch gesprochen, d. h. als [i y u], und zwar

- wenn [p b t d k g m n f v s ʃ ç x] + [m n r l] oder [kv] vorausgehen:
  Amphi̲truo [am'fi:truo], Amphi̲tryo [am'fi:tryo], Dọchmius ['dɔxmiʊs], Insịgnien [ɪn'zɪgniən], Na̲trium ['na:triʊm], Ọmnium ['ɔmniʊm], Onu̲phrio [o'nu:frio], Patriạrch [patri'arç], Quietịst [kvie'tɪst].
- oft dann, wenn [i y u] zu einem Wortteil gehören, mit dem eine bestimmte bekannte lexikalische Bedeutung verbunden wird:
  Bienna̲le [biɛ'na:lə] (*Bi-* bedeutet ‚zwei'), Biolo̲ge [bio'lo:gə] (*Bio-* bedeutet ‚Leben'), Dua̲l [du'a:l] (*Du-* bedeutet ‚zwei'), myo̲p [my'o:p] (*my-* bedeutet ‚sich schließen').

Die Lautfolgen [i̯i: i̯i i̯ɪ i̯y: i̯y i̯ʏ y̆y: y̆y y̆ʏ y̆u: y̆u y̆ʊ u̯i: u̯i u̯y: u̯y u̯ʏ u̯u: u̯u u̯ʊ] kommen im Allgemeinen nicht vor. Dafür stehen [ii: ii iɪ] usw.:

lini̲i̲eren [lini'i:rən], Va̲kuum ['va:kuʊm]; (aber:) Tuileri̲en [ty̆ilə'ri:ən], Linguịst [lɪŋ'gu̯ɪst], Stu̲dium ['ʃtu:di̯ʊm].

[o] wird unbetont vor [a a:] unsilbisch gesprochen, wenn in der Schrift oi, oy stehen:

loya̲l [lo̯a'ja:l], Memoiren [me'mo̯a:rən].

e Ersatz von Lautfolgen und Vokalen

Folgende Lautfolgen und Vokale können ersetzt werden:

Ersatz von [ɪr] usw. durch [i:ɐ̯] usw.
Am Wortende und vor Konsonant können unbetont [ɪr ʏr ʊr] durch [i:ɐ̯ y:ɐ̯ u:ɐ̯] ersetzt werden (vgl. S. 52–55):

Saphir [ˈza:fɪr] > [ˈza:fi:ɐ̯], Zephyr [ˈt͡se:fʏr] > [ˈt͡se:fy:ɐ̯], Femurs [ˈfe:mʊrs] > [ˈfe:mu:ɐ̯s].

Ersatz von [i] usw. durch [ɪ] usw.
Vor Wortfugen in griechischen und lateinischen Wörtern können [i y u o] durch [ɪ ʏ ʊ ɔ] ersetzt werden, wenn mehrere Konsonantenbuchstaben folgen (ausgenommen *b, c, ch, d, f, g, k, p, ph, t, th + l, r*); dabei verschiebt sich die lautliche Silbengrenze:

Epispadie [epi-spaˈdi:] > [epɪs-paˈdi:], Polyspermie [poly-spɛrˈmi:] > [polʏs-pɛrˈmi:], Manuskript [manu-ˈskrɪpt] > [manʊs-ˈkrɪpt], Apostasie [apo-staˈzi:] > [apɔs-taˈzi:].

2. Konsonanten

a Konsonantenphoneme

Unter Berücksichtigung eines größeren Wort- und Formenschatzes (vgl. Fußnote 1, S. 27) können folgende Konsonantenphoneme (ihre Aussprache in [ ]) angenommen werden[1]:

/p/	[p]	/n/	[n]	(/ð/	[ð])[3]	/x/	[x]
/b/	[b]	/ŋ/	[ŋ]	/s/	[s]	/h/	[h]
/t/	[t]	/l/	[l]	/z/	[z]	/p͜f/[4]	[p͜f]
/d/	[d]	/r/	[r ɐ̯][2]	/ʃ/	[ʃ]	/t͜s/[4]	[t͜s]
/k/	[k]	/f/	[f]	/ʒ/	[ʒ]	/t͜ʃ/[4]	[t͜ʃ]
/g/	[g]	/v/	[v]	/ç/	[ç]	/d͜ʒ/[4]	[d͜ʒ]
/m/	[m]	(/θ/	[θ])[3]	/j/	[j]		

1 Der Stimmritzenverschlusslaut [|] ist kein eigentliches Konsonantenphonem, sondern ein Grenzsignal. Er signalisiert vor Vokal den Wortanfang und die Fuge in Präfixbildungen und zusammengesetzten Wörtern, z. B. *anekeln* [ˈ|an|e:kl̩n], *beachten* [bəˈ|axtn̩].

2 [r ɐ̯] sind die beiden stellungsbedingten Varianten von /r/ (zu seinen freien Varianten vgl. S. 52–55). Zu den stellungsbedingten Varianten anderer Phoneme vgl. S. 55–57.

3 Die fremden Phoneme /θ/ und /ð/ sind selten. Sie finden sich in wenigen, meist aus dem Englischen stammenden Fremdwörtern.

4 Nach anderen Auffassungen sind /p͜f t͜s t͜ʃ d͜ʒ/ nicht Einzelphoneme, sondern Phonemfolgen von je zwei Phonemen (/p/ + /f/ usw.).

Konsonanten

		Lippenlaute		Lippenzahnlaute		Zahnlaute		Vordergaumenlaute		Hintergaumenlaute		Zäpfchenlaute		Stimmritzenlaute	
		stimmlos	stimmhaft	stimmlos	stimmhaft	stimmlos	stimmhaft	stimmlos	stimmhaft	stimmlos	stimmhaft	stimmlos	stimmhaft	stimmlos	stimmhaft
Verschlusslaute	stark	p				t				k				|	
	schwach		b				d				g				
Nasenlaute			m				n				ŋ				
Seitenlaute							l								
Schwinglaute							r						ʀ		
geschlagene Laute							ɾ								
Reibelaute	stark			f		(θ) s ʃ		ç		x				h	
	schwach				v		(ð) z ʒ		j				ʁ		

b **Artikulationsart**

Nach der Artikulationsart geordnet, ergeben sich folgende Konsonantengruppen:

Verschlusslaute [p b t d k g ʔ]:

[p]	Pạnne	['panə]	[k]	kahl	[ka:l]
[b]	Bau	[bau̯]	[g]	Gạst	[gast]
[t]	Tau	[tau̯]	[ʔ]	Verein	[fɛɐ̯'ʔai̯n]
[d]	dạnn	[dan]			

Nasenlaute [m n ŋ]:

[m]	Mạst	[mast]
[n]	Nẹst	[nɛst]
[ŋ]	lạng	[laŋ]

Seitenlaut [l]:

[l]	Laut	[lau̯t]

Schwinglaute [r = r ʀ]:

[r], [ʀ]	Rạst	[rast], [ʀast]

geschlagener Laut [r = ɾ]:

[ɾ]	Rạst	[ɾast]

Reibelaute [f v s z ʃ ʒ ç j x r (= ʁ) h (θ ð)]:

[f]	fạst	[fast]	[j]	ja	[ja:]
[v]	wạs	[vas]	[x]	ạch!	[ax]
[s]	Mạst	[mast]	[ʁ]	Rạst	[ʁast]
[z]	Hase	['ha:zə]	[h]	Hạlt	[halt]
[ʃ]	Schau	[ʃau̯]	([θ]	Thrịller	[*dt.-engl.* 'θrɪlɐ])
[ʒ]	Genie	[ʒe'ni:]	([ð]	Fathom	[*dt.-engl.* 'fɛðm̩])
[ç]	ịch	[ɪç]			

Affrikaten [p͡f[1] t͡s t͡ʃ d͡ʒ]:

[p͡f]	Pfau	[p͡fau̯]	[t͡ʃ]	Tschẹche	['t͡ʃɛçə]
[t͡s]	Zahl	[t͡sa:l]	[d͡ʒ]	Gịn	[d͡ʒɪn]

1 [p͡f] ist im ersten Teil [p] bilabial, im zweiten [f] labiodental.

C Artikulationsstelle

Nach der Artikulationsstelle geordnet, ergeben sich folgende Konsonantengruppen:

Lippenlaute [p b m]:

[p] Pạnne ['panə]
[b] Bau [bau̯]
[m] Maus [mau̯s]

Lippenzahnlaute [f v]:

[f] fạst [fast]
[v] wạs [vas]

Zahnlaute (**Alveolare** und **Palatoalveolare** inbegriffen)

Dental bis alveolar sind [t d n l r ɾ s z t͜s (θ ð)]; palatoalveolar und zusätzlich mit gerundeten Lippen gesprochen (labialisiert) sind [ʃ ʒ t͜ʃ d͜ʒ]:

[t] Tau [tau̯]
[d] dạnn [dan]
[n] Nẹst [nɛst]
[l] Laut [lau̯t]
[r] Rạst [rast]
[ɾ] Rạst [ɾast]
[s] wạs [vas]
[z] Hase ['ha:zə]

[t͜s] Zahl [t͜sa:l]
[ʃ] Schau [ʃau̯]
[ʒ] Genie [ʒe'ni:]
[t͜ʃ] Tschẹche ['t͜ʃɛçə]
[d͜ʒ] Gịn [d͜ʒɪn]
([θ] Thrịller [*dt.-engl.* 'θrɪlɐ])
([ð] Fathom [*dt.-engl.* 'fɛðm̩])

Vordergaumenlaute [ç j]; **Hintergaumenlaute** [k g ŋ x]:

[ç] mịch [mɪç]
[j] jụng [jʊŋ]
[k] kạlt [kalt]

[g] Gạst [gast]
[ŋ] lạng [laŋ]
[x] ạch! [ax]

Zäpfchenlaute [ʀ] (gerollt), [ʁ] (Reibelaut):

[ʀ] Rạst [ʀast]
[ʁ] Rạst [ʁast]

Stimmritzenlaute [| h]:

[|] Verein [fɛɐ̯'|ai̯n]
[h] Hạst [hast]

d Artikulation der einzelnen Konsonanten[1]

Verschlusslaute

Lippenverschlusslaute [p b]
Das Gaumensegel (Hintergaumen) schließt den Durchgang vom Rachen zum Nasenraum ab. Unter- und Oberlippe bilden einen Verschluss:

Lippenverschlusslaute [p b]

Pạnne...... [ˈpanə]
Kạppe...... [ˈkapə]
Kạpsel..... [ˈkapsl̩]
Lạmpe..... [ˈlampə]
Kạp.......... [kap]
Bạll.......... [bal]
Blẹch....... [blɛç]
Ra̲be........ [ˈra:bə]
e̲bnen...... [ˈe:bnən]

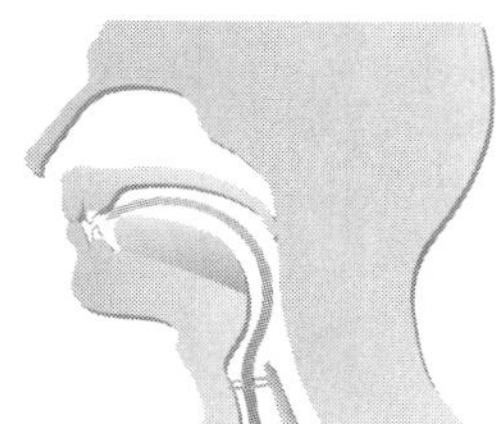

Zahnverschlusslaute [t d]
Das Gaumensegel (Hintergaumen) schließt den Durchgang vom Rachen zum Nasenraum ab. Die Zungenspitze (bzw. der vorderste Teil des Zungenrückens) bildet an den oberen Schneidezähnen oder an den Alveolen einen Verschluss:

Zahnverschlusslaute [t d]

Tạnne....... [ˈtanə]
hạtte......... [ˈhatə]
wịttre........ [ˈvɪtrə]
kạnnte...... [ˈkantə]
hạt............. [hat]
Do̲m.......... [do:m]
dre̲i̲............ [drai̯]
Mo̲de........ [ˈmo:də]
e̲dle........... [ˈe:dlə]

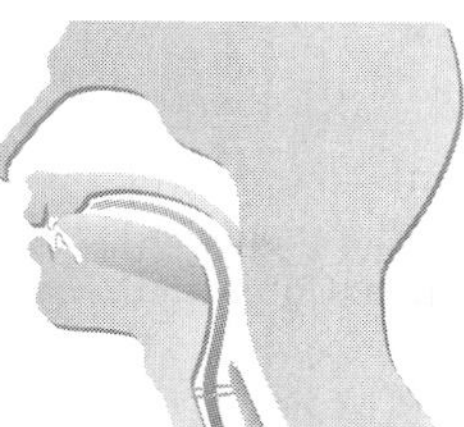

1 Zur Stimmhaftigkeit vgl. S. 55–56, zur Stärke S. 56, zur Behauchung S. 56–57.

Hintergaumenverschlusslaute [k g]
Das Gaumensegel (Hintergaumen) schließt den Durchgang vom Rachen zum Nasenraum ab. Der hintere Zungenrücken bildet am Hintergaumen einen Verschluss:

Hintergaumenverschlusslaute [k g]

Kạnne .... ['kanə]
Hạcke .... ['hakə]
wịckle .... ['vɪklə]
Ạnker .... ['aŋkɐ]
Pạck .... [pak]
Gạns .... [gans]
grẹll .... [grɛl]
La̲ge .... ['la:gə]
ma̲gre .... ['ma:grə]

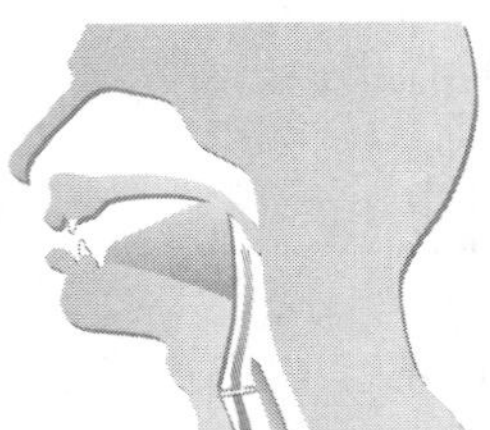

Stimmritzenverschlusslaut [|]
Das Gaumensegel (Hintergaumen) schließt den Durchgang vom Rachen zum Nasenraum ab. Die Stimmlippen im Kehlkopf bilden einen Verschluss:

Ạffe .... ['afə]
(eigentlich: .... ['|afə])
Ạbart .... ['ap|a:ɐ̯t]
(eigentlich: .... ['|ap|a:ɐ̯t])
verạchten .... [fɛɐ̯'|axtn̩]
beạchten .... [bə'|axtn̩]
desavoui̲eren .... [dɛs|avu'i:rən]
Deẹmphasis .... [de'|ɛmfazɪs]
Antaci̲d .... [ant|a'ts̑i:t]
(eigentlich: .... [|ant|a'ts̑i:t])

Nasenlaute[1]

Lippennasenlaut [m]
Das Gaumensegel (Hintergaumen) ist gesenkt und lässt den Durchgang vom Rachen zum Nasenraum offen. Unter- und Oberlippe bilden einen Verschluss:

Lippennasenlaut [m]

Mạst .... [mast]
rạmme ...... ['ramə]
Ạmnion .... ['amniɔn]
Lạmpe ...... ['lampə]
Dạmm ...... [dam]
Hẹlm .... [hɛlm]
ti̲efem .... ['ti:fm̩]

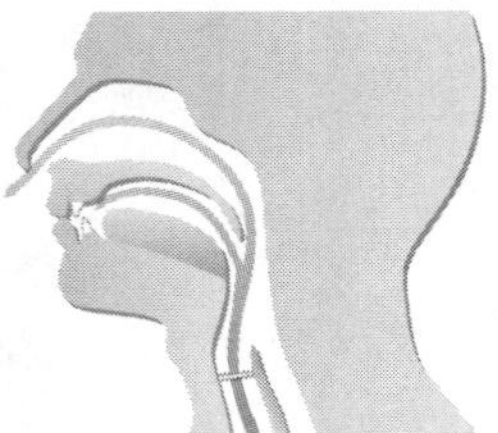

1 Zu silbischem *m* [m̩], *n* [n̩] und [ŋ̍] vgl. S. 37–40.

Zahnnasenlaut [n]

Das Gaumensegel (Hintergaumen) ist gesenkt und lässt den Durchgang vom Rachen zum Nasenraum offen. Die Zungenspitze (bzw. der vorderste Teil des Zungenrückens) bildet an den oberen Schneidezähnen oder an den Alveolen einen Verschluss:

Zahnnasenlaut [n]

Na̲ht	[na:t]
Wạnne	[ˈvanə]
ạndre	[ˈandrə]
nạnnte	[ˈnantə]
Bạnn	[ban]
Kọ̈ln	[kœln]
re̲den	[ˈre:dn̩]

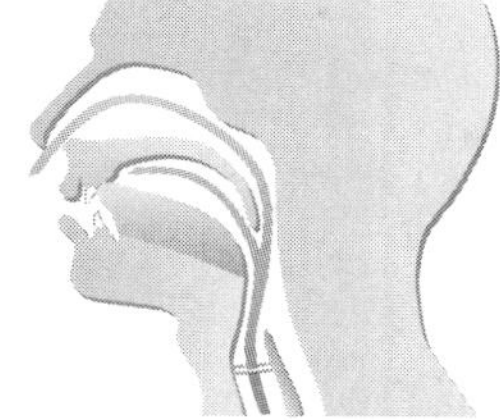

Hintergaumennasenlaut [ŋ]

Das Gaumensegel (Hintergaumen) ist gesenkt und lässt den Durchgang vom Rachen zum Nasenraum offen. Der hintere Zungenrücken bildet am Hintergaumen einen Verschluss:

Hintergaumennasenlaut [ŋ]

lạnge	[ˈlaŋə]
hạngle	[ˈhaŋlə]
schlịngre	[ˈʃlɪŋrə]
Ạ̈ngste	[ˈɛŋstə]
Ạngel	[ˈaŋl̩]
Fạng	[faŋ]

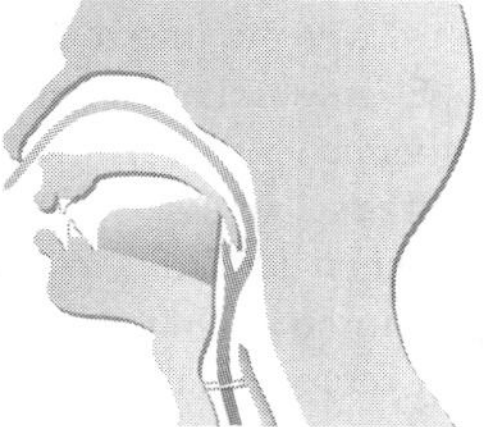

Seitenlaut [l]

Das Gaumensegel (Hintergaumen) schließt den Durchgang vom Rachen zum Nasenraum ab. Die Zungenspitze (bzw. der vorderste Teil des Zungenrückens) bildet in der Mitte an den oberen Schneidezähnen oder an den Alveolen einen Verschluss (vgl. Zahnverschlusslaute [t d] S. 47), wobei sie seitlich nicht abschließt (zum silbischen *l* [l̩] vgl. S. 37–38, 40):

La̲ge	[ˈla:gə]	Bạll	[bal]
Fạlle	[ˈfalə]	Kẹrl	[kɛrl]
Hịlfe	[ˈhɪlfə]	Hịmmel	[ˈhɪml̩]
ba̲u̲mle	[ˈba͜umlə]		

Reibelaute

Lippenzahnreibelaute [f v]
Das Gaumensegel (Hintergaumen) schließt den Durchgang vom Rachen zum Nasenraum ab. Die Unterlippe nähert sich bis zur Berührung der Unterkante der oberen Schneidezähne, wobei sich eine Enge bildet:

Lippenzahnreibelaute [f v]

fạst .... [fast]
Ạffe .... ['afə]
Lẹfze .... ['lɛft͡sə]
Hịlfe .... ['hɪlfə]
Wọlf .... [vɔlf]
Wịlle .... ['vɪlə]
Wrạck ...... [vrak]
U̲we .... ['uːvə]
Mạlve .... ['malvə]

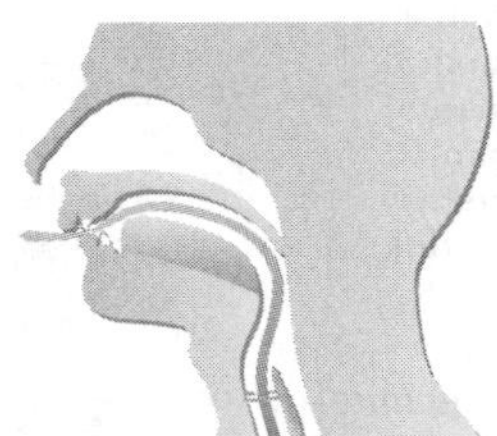

Zahnreibelaute [s z] ([θ ð])
Bei [s z] schließt das Gaumensegel (Hintergaumen) den Durchgang vom Rachen zum Nasenraum ab, der vorderste Teil des Zungenrückens nähert sich den oberen Schneidezähnen oder den Alveolen, und die Zungenspitze kommt an die unteren Schneidezähne zu liegen. Es entsteht eine Enge zwischen dem vordersten Zungenrücken einerseits und den oberen Schneidezähnen oder den Alveolen anderseits. Es kann sich auch die Zungenspitze selbst den oberen Schneidezähnen nähern; in diesem Fall entsteht eine Enge zwischen der Zungenspitze und den oberen Schneidezähnen. Bei den verschiedenen genannten Artikulationen befindet sich im vorderen Zungenrücken eine sich vorn stark verengende Längsrille.

Bei den meist aus dem Englischen stammenden [θ ð] nähert sich die Zungenspitze den oberen Schneidezähnen, oder sie schiebt sich zwischen die oberen und unteren Schneidezähne; dabei bildet sich auf dem Zungenrücken keine Längsrille. Das Gaumensegel (Hintergaumen) schließt den Durchgang vom Rachen zum Nasenraum ab:

Zahnreibelaute [s z]

Cịty .... ['sɪti]
Slịp .... [slɪp]
Tạsse .... ['tasə]
Kạsten .... ['kastn̩]
Hạls .... [hals]
Sọnne .... ['zɔnə]
Ha̲se .... ['haːzə]
Ẹlse .... ['ɛlzə]
kna̲u̲sre ...... ['knau̯zrə]
(Thrịller ..... [*dt.-engl.* 'θrɪlɐ])
(Fathom ..... [*dt.-engl.* 'fɛðm̩])

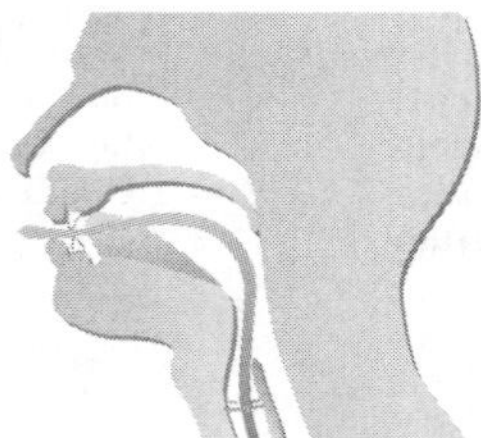

Palatoalveolare Reibelaute [ʃ ʒ]
Das Gaumensegel (Hintergaumen) schließt den Durchgang vom Rachen zum Nasenraum ab. Der vorderste Teil des Zungenrückens nähert sich den hinteren Alveolen und dem vordersten Teil des Vordergaumens, wobei die Zungenspitze sich hinter den oberen oder unteren Schneidezähnen befindet. Es entsteht eine Enge zwischen dem vordersten Teil des Zungenrückens einerseits und den Alveolen sowie dem vordersten Teil des Vordergaumens anderseits. (Es kann sich auch die Zungenspitze den Alveolen und dem vordersten Teil des Vordergaumens nähern; in diesem Fall entsteht eine Enge zwischen Zungenspitze einerseits und den Alveolen sowie dem vordersten Teil des Vordergaumens anderseits.) Bei den genannten Artikulationen befindet sich im vorderen Zungenrücken eine Längsrille, die weiter hinten liegt und weniger eng ist als bei [s] und [z]. Sowohl bei [ʃ] als auch bei [ʒ] werden die Lippen stark vorgestülpt (Labialisierung):

Palatoalveolare Reibelaute [ʃ ʒ]

Scha̲le .... [ˈʃaːlə]
Stạll .... [ʃtal]
Tạsche ...... [ˈtaʃə]
rạschle ...... [ˈraʃlə]
fạ̈lsche ...... [ˈfɛlʃə]
hạrsch .... [harʃ]
Mẹnsch .... [mɛnʃ]
Geni̲e .... [ʒeˈniː]
Ga̲ge .... [ˈgaːʒə]

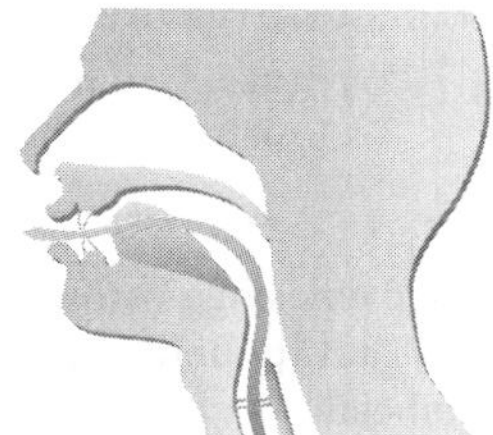

Vordergaumenreibelaute [ç j]
Das Gaumensegel (Hintergaumen) schließt den Durchgang vom Rachen zum Nasenraum ab. Der vordere Zungenrücken nähert sich dem Vordergaumen. Zwischen dem vorderen Zungenrücken und dem Vordergaumen entsteht eine Enge (sie kann bei [j] weniger stark sein):

Vordergaumenreibelaute [ç j]

Chemi̲e ...... [çeˈmiː]
Sịchel .... [ˈzɪçl̩]
nụ̈chtern .... [ˈnʏçtɐn]
ịch .... [ɪç]
Rẹcht .... [rɛçt]
ja̲gen .... [ˈjaːgn̩]
Fjọrd .... [fjɔrt]
Bo̲je .... [ˈboːjə]
Tạille .... [ˈtaljə]

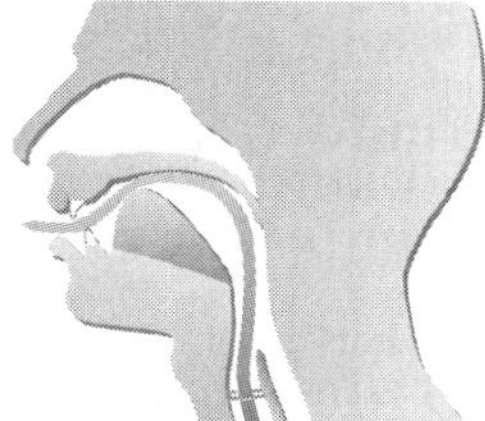

Hintergaumenreibelaut [x]
Das Gaumensegel (Hintergaumen) schließt den Durchgang vom Rachen zum Nasenraum ab. Der hintere Zungenrücken nähert sich dem Hintergaumen. Zwischen dem hinteren Zungenrücken und dem Hintergaumen entsteht eine Enge:

Hintergaumenreibelaut [x]

Chassidismus .... [xasiˈdɪsmʊs]
autochthon .... [au̯tɔxˈtoːn]
Achat .... [aˈxaːt]
Buche .... [ˈbuːxə]
doch .... [dɔx]
Wucht .... [vʊxt]

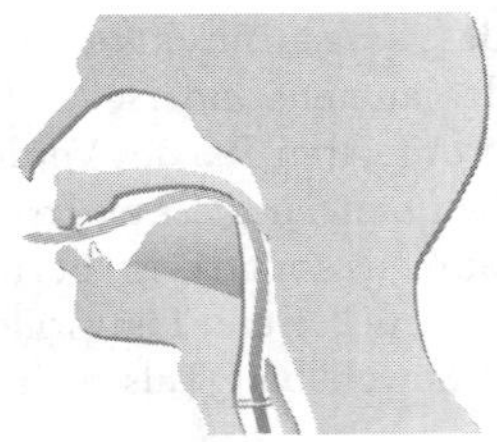

Stimmritzenreibelaut [h]
Das Gaumensegel (Hintergaumen) schließt den Durchgang vom Rachen zum Nasenraum ab und die Stimmritze (Ritze zwischen den Stimmlippen) wird etwas verengt:

Haft ...... [haft]
Hirt ...... [hɪrt]
Uhu .... [ˈuːhu]
Ahorn ..... [ˈaːhɔrn]
vehement ... [veheˈmɛnt]
Vehikel .... [veˈhiːkl̩]

Affrikaten [p͡f t͡s t͡ʃ d͡ʒ]
Alle Affrikaten stellen eine enge Verbindung aus Verschluss- und Reibelaut dar: [p͡f] aus Lippenverschlusslaut [p] und Lippenzahnreibelaut [f], [t͡s] aus Zahnverschlusslaut [t] und Zahnreibelaut [s], [t͡ʃ] aus Zahnverschlusslaut [t] und palatoalveolarem Reibelaut [ʃ] und [d͡ʒ] aus Zahnverschlusslaut [d] und palatoalveolarem Reibelaut [ʒ]:

Pfahl.............. [p͡faːl]
Pflanze .... [ˈp͡flant͡sə]
Apfel .... [ˈap͡fl̩]
Karpfen......... [ˈkarp͡fn̩]
Topf............... [tɔp͡f]
Krampf.......... [kramp͡f]
Zahn.............. [t͡saːn]
Zweck .... [t͡svɛk]
Katze............. [ˈkat͡sə]
Kerze............. [ˈkɛrt͡sə]
Herz .... [hɛrt͡s]
Kranz .... [krant͡s]

tschilpen .... [ˈt͡ʃɪlpn̩]
tschüs!............... [t͡ʃyːs]
Watsche............ [ˈvaːt͡ʃə]
pantschen......... [ˈpant͡ʃn̩]
Klatsch .... [klat͡ʃ]
Mantsch............ [mant͡ʃ]
Dschungel......... [ˈd͡ʒʊŋl̩]
Dschunke.......... [ˈd͡ʒʊŋkə]
Loggia................ [ˈlɔd͡ʒa]
Hadschi .... [ˈhaːd͡ʒi]
Manager............ [ˈmɛnɪd͡ʒɐ]
Hedschra........... [ˈhɛd͡ʒra]

Artikulation von /r/
Das Phonem /r/ hat zwei wesentliche Artikulationen: 1. konsonantisches *r* [r], 2. vokalisches *r* [ɐ̯] (vgl. auch /ər/ auf S. 40–41).

Konsonantisches r [r]

Die verschiedenen Arten von konsonantischem r [r]

Beim konsonantischen *r* lassen sich – je nach Bedarf und Genauigkeit – mehrere Untergruppen von Artikulationen unterscheiden: Zungenspitzen-R und Zäpfchen-R; Zungenspitzen-R, Zäpfchen-R und Reibe-R; mehrschlägiges Zungenspitzen-R, einschlägiges Zungenspitzen-R, Zäpfchen-R und Reibe-R.

1. Reibe-R (genaues Zeichen: [ʁ]):
   Das Gaumensegel (Hintergaumen) schließt den Durchgang vom Rachen zum Nasenraum ab. Der hintere Zungenrücken nähert sich dem Zäpfchen, wobei eine Enge entsteht.
2. Zäpfchen-R (genaues Zeichen: [ʀ]):
   Das Gaumensegel (Hintergaumen) schließt den Durchgang vom Rachen zum Nasenraum ab. Der hintere Zungenrücken nähert sich dem Zäpfchen, das mehrere Male gegen den hinteren Zungenrücken schlägt.
3. Mehrschlägiges Zungenspitzen-R (gerolltes Zungenspitzen-R; genaues Zeichen: [r]):
   Das Gaumensegel (Hintergaumen) schließt den Durchgang vom Rachen zum Nasenraum ab, und die Zungenspitze schlägt zwei- bis dreimal gegen die oberen Schneidezähne oder gegen die Alveolen.
4. Einschlägiges Zungenspitzen-R (genaues Zeichen: [ɾ]):
   Die Zungenspitze schlägt einmal gegen die oberen Schneidezähne oder gegen die Alveolen (sonst wie beim mehrschlägigen Zungenspitzen-R).

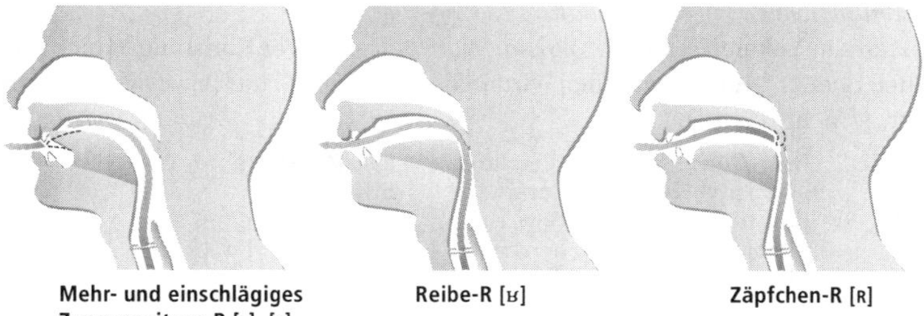

Mehr- und einschlägiges Zungenspitzen-R [r], [ɾ] **Reibe-R [ʁ]** **Zäpfchen-R [ʀ]**

Verwendung der [r]-Arten

Bei den ausgebildeten Berufssprechern des Rundfunks und Fernsehens sowie den Berufsschauspielern auf der Bühne und im Film überwiegt deutlich das Reibe-R [ʁ]; doch findet man bei Schauspielern oft auch Zäpfchen-R [ʀ] (mehrschlägig), weniger oft ein- und mehrschlägiges Zungenspitzen-R [ɾ r]. Für den Kunstgesang gilt mehrschlägiges Zungenspitzen-R [r] (gerolltes Zungenspitzen-R).

Die Verwendung der verschiedenen [r]-Arten hängt auch von Inhalt, Stil und Sprechlage ab. Bei zunehmender Deutlichkeit und zunehmendem Nachdruck werden vermehrt Zäpfchen-R und Zungenspitzen-R mit steigender Zahl von Zäpfchen- bzw. Zungenspitzenschlägen verwendet. Im Folgenden schreiben wir im Allgemeinen für alle Arten von konsonantischem *r* einfach [r].

Vokalisches r [ɐ̯]

Das vokalische r [ɐ̯] ist ein unsilbischer Vokal. Es hat dieselbe Qualität wie der silbische Vokal [ɐ], z. B. in O̲ber [ˈoːbɐ] (vgl. S. 40–41). Bei langsamer und deutlicher Aussprache kann für [ɐ̯] auch [ɐ̯ʶ] (= [ɐ̯] + schwaches Reibe-R [ʶ]) eintreten, z. B. zẹrr! [t͜sɛɐ̯ʶ], Ha̲a̲r [haːɐ̯ʶ], Bi̲e̲r [biːɐ̯ʶ], erfạssen [ɛɐ̯ʶˈfasn̩]. Die Zeichenfolge [ɐ̯ʶ] wird im Weiteren nicht verwendet.

Vorkommen von [r] **und** [ɐ̯]

1. *Konsonantisches r* [r]

Vor silbischem und unsilbischem Vokal; vor [j]:

Ra̲t	[raːt]	Fe̲rien	[ˈfeːri̯ən]
Rhe̲u̲ma	[ˈrɔ͜yma]	ạlbre	[[ˈalbrə]
Fa̲hrer	[ˈfaːrɐ]	ụnsre	[ˈʊnzrə]
zẹrren	[ˈt͜sɛrən]	Za̲hnrad	[ˈt͜saːnraːt]
Diarrhö̲	[diaˈrøː]	Hra̲ban	[ˈraːban]
zö̲gere	[ˈt͜søːgərə]	Sachạrja	[zaˈxarja]

2. *Konsonantisches r* [r], *auch vokalisches r* [ɐ̯]

Nach den kurzen Vokalen [ɪ ɛ ʏ œ a ʊ ɔ] am Wortende oder vor Konsonant (nicht vor [j]; vgl. auch oben, 1). Im Allgemeinen wird in der Lautschrift nur [r] verwendet, z. B. Fọrm [fɔrm] (nicht [fɔɐ̯m]).

zẹrr!	[t͜sɛr]/[t͜sɛɐ̯]	Wẹtzlar	[ˈvɛt͜slar]/[ˈvɛt͜slaɐ̯]
dụ̈rr	[dʏr]/[dʏɐ̯]	Fọrm	[fɔrm]/[fɔɐ̯m]
ọ̈rtlich	[ˈœrtlɪç]/[ˈœɐ̯tlɪç]	Ge̲y̲sir	[ˈga͜izɪr]/[ˈga͜izɪɐ̯]
dọrt	[dɔrt]/[dɔɐ̯t]	hẹrrlich	[ˈhɛrlɪç]/[ˈhɛɐ̯lɪç]
dọrrt	[dɔrt]/[dɔɐ̯t]	Spẹrrfrist	[ˈʃpɛrfrɪst]/[ˈʃpɛɐ̯frɪst]

3. *Vokalisches r* [ɐ̯] *oder konsonantisches r* [r]

Nach dem langen a [aː] am Wortende oder vor Konsonant (nicht vor [j]). Im Allgemeinen wird in der Lautschrift nur [ɐ̯] verwendet, z. B. Ha̲a̲r [haːɐ̯] (nicht [haːr]).

Ha̲a̲r	[haːɐ̯]/[haːr]	pa̲a̲rst	[paːɐ̯st]/[paːrst]
Ba̲rt	[baːɐ̯t]/[baːrt]	Ba̲rschaft	[ˈbaːɐ̯ʃaft]/[ˈbaːrʃaft]
Ha̲rz	[haːɐ̯t͜s]/[haːrt͜s]	Ha̲a̲rband	[ˈhaːɐ̯bant]/[ˈhaːrbant]

4. *Vokalisches r* [ɐ̯]

a) Nach den langen Vokalen [i: e: ɛ: y: ø: u: o: ã:]:

Bi̲er	[bi:ɐ̯]	fu̲hrst	[fu:ɐ̯st]
fä̲hrst	[fɛ:ɐ̯st]	O̲hr	[o:ɐ̯]
Tü̲r	[ty:ɐ̯]	Genre	[ʒã:ɐ̯]
hö̲rt	[hø:ɐ̯t]	Le̲hrling	['le:ɐ̯lɪŋ]
U̲hr	[u:ɐ̯]	O̲hrfeige	['o:ɐ̯fai̯gə]

b) In den Präfixen *er-, ver-, zer-* und in *herbei, hernach, hernieder, hervor, herzu:*

ero̲bern	[ɛɐ̯'|o:bɐn]	herna̲ch	[hɛɐ̯'na:x]
erfạssen	[ɛɐ̯'fasn̩]	Verlụst	[fɛɐ̯'lʊst]
herbe̲i	[hɛɐ̯'bai̯]	zerle̲gen	[t͡sɛɐ̯'le:gn̩]

e **Stimmhaftigkeit**

Voll stimmlos sind die Konsonanten [p t k | f s ʃ ç x h p͡f t͡s t͡ʃ (θ)]:

[p]	Pạnne	['panə]	[ç]	Lịcht	[lɪçt]
[t]	Ta̲t	[ta:t]	[x]	Dạch	[dax]
[k]	Kạlk	[kalk]	[h]	Hạls	[hals]
[|]	beạchte	[bə'|axtə]	[p͡f]	Pfa̲hl	[p͡fa:l]
[f]	Fạll	[fal]	[t͡s]	Za̲hl	[t͡sa:l]
[s]	Lạst	[last]	[t͡ʃ]	tschịng!	[t͡ʃɪŋ]
[ʃ]	Schạft	[ʃaft]	([θ]	Thrịller	[*dt.-engl.* 'θrɪlɐ])

Weitgehend stimmhaft oder schwach stimmhaft bis fast stimmlos sind die Konsonanten [b d g v z ʒ j ʁ d͡ʒ (ð)].

– Sie sind schwach stimmhaft bis fast stimmlos (hier: [b̥ d̥ g̊ v̥ z̥ ʒ̊ j̊ r (=ʁ̥) d͡ʒ̊ (ð̥)]) nach den stimmlosen Konsonanten [p t k f s ʃ ç x p͡f t͡s t͡ʃ (θ)]:

[b̥]	Kạsba	['kasb̥a]	[ʒ̊]	Họlzjalousie	['hɔlt͡sʒ̊aluzi:]
[d̥]	ạbdanken	['apd̥aŋkn̩]	[j̊]	wẹgjagen	['vɛkj̊a:gn̩]
[g̊]	ro̲tgelb	['ro:tg̊ɛlp]	[ʁ̥]	wạrten	['vartn̩] (=['vaʁ̥tn̩])
[v̥]	Ạbwurf	['apv̥ʊrf]	[d͡ʒ̊]	O̲bstjuice	['o:pstd͡ʒ̊u:s]
[z̥]	Ạbsicht	['apz̥ɪçt]			

– Sie sind weitgehend stimmhaft in allen übrigen Stellungen (hier: [b d g v z ʒ j r (= ʁ) d͜ʒ (ð)]):

Bạll	[bal]	E̱inbahn	[ˈa͜inba:n]
bra̱u̱n	[bra͜un]	Geni̱e̱	[ʒeˈni:]
hạlbe	[ˈhalbə]	Gara̱ge	[gaˈra:ʒə]
Wa̱hl	[va:l]	rangi̱e̱ren	[rãˈʒi:rən]
wrịngen	[ˈvrɪŋən]	Ja̱hr	[ja:ɐ̯]
Vo̱rwahl	[ˈfo:ɐ̯va:l]	Tạlje	[ˈtaljə]
Lavẹndel	[laˈvɛndl̩]	We̱i̱njahr	[ˈva͜inja:ɐ̯]
po̱wre	[ˈpo:vrə]	fa̱hren	[ˈfa:rən] (= [ˈfa:ʁən])
Sa̱hne	[ˈza:nə]	Dschụnke	[ˈd͜ʒʊŋkə]
Va̱se	[ˈva:zə]	Manager	[ˈmɛnɪd͜ʒɐ]
Brẹmse	[ˈbrɛmzə]	Ba̱u̱mdschungel	[ˈba͜umd͜ʒʊŋl̩]
la̱be	[ˈla:bə]	(Fathom	[*dt.-engl.* ˈfɛðm̩])

Stimmhaft sind die Konsonanten [m n ŋ l r (= r ɾ ʀ)]:

Ma̱hl	[ma:l]	lạng	[laŋ]	Rạng	[raŋ]
nạss	[nas]	la̱hm	[la:m]	wạrm	[varm]

f **Stärke (Intensität)**

Starke Konsonanten (Fortes) sind [p t k f s ʃ ç x p͜f t͜s t͜ʃ (θ)]:

[p]	Pạnne	[ˈpanə]	[ç]	ịch	[ɪç]
[t]	Ta̱u̱	[ta͜u]	[x]	ạch!	[ax]
[k]	kạlt	[kalt]	[p͜f]	Pfa̱u̱	[p͜fa͜u]
[f]	fạst	[fast]	[t͜s]	Za̱hl	[t͜sa:l]
[s]	wạs	[vas]	[t͜ʃ]	Tschẹche	[ˈt͜ʃɛçə]
[ʃ]	Scha̱u̱	[ʃa͜u]	([θ]	Thrịller	[*dt.-engl.* ˈθrɪlɐ])

Schwache Konsonanten (Lenes) sind [b d g v z ʒ j r (= ʁ) d͜ʒ (ð)]:

[b]	Ba̱u̱	[ba͜u]	[ʒ]	Geni̱e̱	[ʒeˈni:]
[d]	dạnn	[dan]	[j]	ja̱	[ja:]
[g]	Gạst	[gast]	[ʁ]	ro̱t	[ro:t] (= [ʁo:t])
[v]	wạs	[vas]	[d͜ʒ]	Gịn	[d͜ʒɪn]
[z]	Ha̱se	[ˈha:zə]	([ð]	Fathom	[*dt.-engl.* ˈfɛðm̩])

Für die übrigen Konsonanten, d. h. [ǀ m n ŋ l r (= r ɾ ʀ) h], ist der Unterschied stark/schwach nicht wichtig.

g **Behauchung (Aspiration)**

Behaucht können die Konsonanten [p t k] sein. Die übrigen Konsonanten, d. h. [b d g m n ŋ l r (= r ɾ ʀ ʁ) f v s z ʃ ʒ ç j x h p͜f t͜s t͜ʃ d͜ʒ (θ ð)], sind immer unbehaucht.

Unbehaucht sind [p t k]

– in [ps pʃ ks kʃ], wenn zwischen [p] und [s], [p] und [ʃ], [k] und [s], [k] und [ʃ] keine Silbengrenze liegt:

Psi̱	[psi:]	Xe̱nie	['kse:ni̯ə]
mọpsen	['mɔpsn̩]	Ẹchse	['ɛksə]
Ẹrbse	['ɛrpsə]	Hẹxe	['hɛksə]
Rạps	[raps]	Hexa̱n	[hɛ'ksa:n]
Pschọrr	[pʃɔr]	We̱gs	[ve:ks]
rụppsche	['rʊpʃə]	gscha̱mig	['kʃa:mɪç]
kạlbsche	['kalpʃə]	hẹcksche	['hɛkʃə]

– im ersten Teil von [pp], [pb], [tt], [td], [kk], [kg] (vgl. S. 58):

ạbpassen	['appʰasn̩]	entdẹcken	[ɛnt'dɛk‘n̩]
Le̱i̱bbinde	['lai̯pbɪndə]	Rụ̈ckkehr	['rʏkkʰe:ɐ̯]
enttä̱u̱schen	[ɛnt'tʰɔy̯ʃn̩]	wẹggehen	['vɛkge:ən]

Behaucht sind [p t k] in den übrigen Stellungen, und zwar:

– stark bis sehr stark behaucht (hier [pʰ tʰ kʰ]) am Wortanfang und am Wortende vor einer Pause; besonders in betonter Silbe vor dem betonten Vokal, wenn in der Silbe kein [s] oder [ʃ] vorausgeht; ferner sind stark bis sehr stark behaucht: [t] in *-tum* und [k] in *-keit* sowie in deren Ableitungen:

Pạck	[pʰakʰ]	Ta̱t	[tʰa:tʰ]	Ạnteil	['antʰai̯l]
prạll	[pʰral]	Talẹnt	[tʰa'lɛntʰ]	kẹck	[kʰɛkʰ]
Pne̱u̱	[pʰnɔy̯]	vita̱l	[vi'tʰa:l]	ịrrtümlich	['ɪrtʰy:mlɪç]
Ạnprall	['anpʰral]	subti̱l	[zʊp''tʰi:l]	E̱i̱nsamkeit	['ai̯nza:mkʰai̯tʰ]

– mittelstark bis schwach behaucht in den restlichen Stellungen (hier [p‘ t‘ k‘]):

Lịppe	['lɪp‘ə]	re̱dlich	['re:t‘lɪç]
tạppte	['tʰap‘t‘ə]	wịttre	['vɪt‘rə]
kọpple	['kʰɔp‘lə]	Stạll	[ʃt‘al]
li̱eblich	['li:p‘lɪç]	Wịrtschaft	['vɪrt‘ʃaftʰ]
ka̱pre	['kʰa:p‘rə]	Mụ̈cke	['mʏk‘ə]
Spa̱ß	[ʃp‘a:s]	hạckte	['hak‘t‘ə]
Li̱ebschaft	['li:p‘ʃaftʰ]	wịckle	['vɪk‘lə]
abstrạkt	[ap''st‘rak‘tʰ]	mö̱glich	['mø:k‘lɪç]
hạtte	['hat‘ə]	lọckre	['lɔk‘rə]
Rạthke	['rat‘k‘ə]	Skạlp	[sk‘alpʰ]
rụ̈ttle	['rʏt‘lə]	Bele̱gschaft	[bə'le:k‘ʃaftʰ]

Anmerkung: Mit zunehmender Deutlichkeit und mit zunehmendem Nachdruck nimmt auch die Behauchung zu.

ⓗ Lange Konsonanten[1]

Lange Konsonanten kommen in einfachen Wörtern nicht vor; hier sind alle Konsonanten kurz:

Rate ['ra:tə], Ratte ['ratə], Roggen ['rɔgn̩], schmuggle ['ʃmʊglə], Wahhabit [vaha'bi:t], wattieren [va'ti:rən].

Lange Konsonanten kommen nur in der Wortfuge bei Ableitungen, Präfixbildungen und zusammengesetzten Wörtern sowie zwischen Wörtern im Satzinneren vor, die ohne Pause nacheinander gesprochen werden. Sie werden nur einmal gebildet (eingesetzt) und aufgehoben (abgesetzt), nicht jedoch in der Mitte, wo sich eine Silbengrenze befindet:

abpassen ['appasn̩], Geschirrreinigung [gə'ʃɪrrai̯nɪgʊŋ], Fehlleistung ['fe:llai̯stʊŋ], Lauffeuer ['lau̯ffɔy̯ɐ], mich Chemiker [mɪç'çe:mikɐ], Passskandal ['passkanda:l], wahllos ['va:llo:s], Waschschüssel ['vaʃʃʏsl̩].

Folgende lange Konsonanten kommen nicht vor: [bb dd gg ll ŋŋ vv zz ʒʒ jj hh]. Darüber hinaus gibt es auch keine langen Affrikaten; im Falle von [p͡fp͡f] (wie *Kopfpflaster* ['kɔp͡fp͡flastɐ]), [t͡st͡s], [t͡ʃt͡ʃ] muss zwischen [p͡f] und [p͡f] usw. immer neu eingesetzt werden. [d͡ʒd͡ʒ] kommt nicht vor.

ⓘ Stimmlose und stimmhafte Konsonanten gleicher Artikulationsart und -stelle im Kontakt

Treten stimmlose und stimmhafte Konsonanten gleicher Artikulationsart und -stelle ohne Zwischenpause hintereinander auf, d. h. [pb td kg fv sz ʃʒ çj], dann wird von [p] zu [b], von [t] zu [d] usw. die Artikulation unverändert beibehalten. Zwischen [p] und [b] usw. befindet sich eine Silbengrenze (vgl. auch das Folgende):

ab Baden [ap'ba:dn̩], abbrennen ['apbrɛnən], Haussuchung ['hau̯szu:xʊŋ], Pechjahr ['pɛçja:ɐ̯], Raddampfer ['ra:tdamp͡fɐ], Weggenosse ['ve:kgənɔsə].

3. Silbentrennung (lautliche)

Wir haben der besseren Lesbarkeit wegen in der Lautschrift auf eine durchgehende Kennzeichnung der lautlichen Silbengrenze verzichtet, schreiben also nicht *nationalisieren* [na-t͡si̯o-na-li-'zi:-rən], sondern [nat͡si̯onali'zi:rən]. Da aber die lautliche Silbengrenze ein wesentlicher Teil der Lautform eines Wortes ist, führen wir hier wenigstens die wichtigsten Trennungsregeln auf. Einzelne Regeln sind umstritten. So findet man anderswo etwa Adler ['a:t-lɐ] (hier: ['a:-dlɐ]), Fragment [frag-'mɛnt] (hier: [fra-'gmɛnt]).

1. Wo die Rechtschreibung zwischen Wörtern einen Zwischenraum lässt, ist eine lautliche Silbengrenze:

   Ich weiß es nicht [ɪç-vai̯s-|ɛs-nɪçt].

---

1 Lautschriftliche Wiedergabe durch Doppelschreibung ([pp rr ʃʃ] usw.).

2. In zusammengesetzten Wörtern ist die Silbengrenze in der Wortfuge:
Ạngstschweiß ['aŋst-ʃvai̯s], Gẹldhunger ['gɛlt-hʊŋɐ], Le̲bensangst ['le:bn̩s|aŋst].

3. Auf die deutschen Präfixe *be-, ent-, er-, ge-, ver-, zer-* folgt eine Silbengrenze:
beạchten [bə-'|axtn̩], bestre̲i̲ten [bə-'ʃtrai̯tn̩], entsa̲gen [ɛnt-'za:gn̩], zerre̲i̲ßen [t͜sɛɐ̯-'rai̯sn̩].

4. Vor den Ableitungssilben *-bar, -chen, -haft, -heit, -keit, -lein, -ler, -lich, -ling, -lings, -los, -ner, -nis, -sal, -sam, -schaft, -sel* [zl̩], *-tum, -wärts* liegt eine Silbengrenze:
Gebịrgler [gə'bɪrk-lɐ], Knä̲blein ['knɛ:p-lai̯n], lẹnkbar ['lɛŋk-ba:ɐ̯], mö̲glich ['mø:k-lɪç], Schụ̈rzchen ['ʃʏrt͜s-çən].

5. Zwischen gleichen Lauten liegt eine Silbengrenze:
ạbpassen ['ap-pasn̩], e̲i̲nnehmen ['ai̯n-ne:mən], Fi̲lii ['fi:li-i], Ka̲naan ['ka:na-an], Zoologi̲e̲ [t͜so-olo'gi:].

6. Zwischen zwei silbischen Vokalen, die zusammenstoßen, liegt eine Silbengrenze:
Da̲naer ['da:na-ɐ], Fi̲lii ['fi:li-i], Na̲trium ['na:tri-ʊm].

7. In der Folge Vokal + Konsonant + Vokal liegt die Silbengrenze zwischen dem ersten Vokal und dem folgenden Konsonanten:
A̲hle ['a:-lə], Hẹcke ['hɛ-kə], lạnge ['la-ŋə], mạche ['ma-xə], Ma̲ße ['ma:-sə], Wạsser ['va-sɐ].

8. Zwischen einem stimmlosen Verschlusslaut ([p t k]) und folgendem [b d g v z ʒ d͜ʒ] liegt im Wortinneren eine Silbengrenze:
ạbbitten ['ap-bɪtn̩], ạbdanken ['ap-daŋkn̩], ạbwärts ['ap-vɛrt͜s], Ạbsage ['ap-za:gə], Mä̲gde ['mɛ:k-də], Wẹltgenie ['vɛlt-ʒeni:].

9. [i̯ y̆ u̯ o̯ b d g | v z ʒ j h d͜ʒ] haben keine Silbengrenze unmittelbar nach sich:
Ka̲lium ['ka:li̯ʊm], e̲i̲nengen ['ai̯n|ɛŋən], A̲dler ['a:-dlɐ], fa̲sre ['fa:-zrə], Fragmẹnt [fra-'gmɛnt], Hẹdschra ['hɛ-d͜ʒra], Jä̲hheit ['jɛ:hai̯t], magnetisch [ma'gne:tɪʃ], po̲wre ['po:-vrə], Re̲dner ['re:-dnɐ].

10. Vor [b d g v z ʒ d͜ʒ] ist im Inneren einfacher Wörter eine Silbengrenze:
Hẹdschra ['hɛ:-d͜ʒra], lẹsbisch ['lɛs-bɪʃ], Na̲be ['na:-bə], nọ̈rgle ['nœr-glə], Pịlsner ['pɪl-znɐ], re̲gle ['re:-glə], ụnsre ['ʊn-zrə].

11. Vor [|h] liegt eine Silbengrenze:
ạbhauen ['ap-hau̯ən], beạcht! [bə'|axt], e̲i̲nengen ['ai̯n-|ɛŋən].

12. [ɐ̯ m̩ n̩ l̩] haben keine Silbengrenze unmittelbar vor sich:
fä̲hrt [fɛ:ɐ̯t], Lọ̈ffel ['lœfl̩], re̲den ['re:dn̩], va̲gem ['va:gm̩].

13. Zwischen gleichen Zeichen der Lautschrift liegt eine Silbengrenze:
fọrttraben ['fɔrt-tra:bn̩], ụmmähen ['ʊm-mɛ:ən].

14. Die Zeichen für Hauptbetonung [ˈ] und Nebenbetonung [ˌ] stehen immer in einer Silbengrenze:
Prosaịst [proza-ˈɪst], Regi̲e̲rungsrat [re-ˈgiːrʊŋs-ˌraːt].

4. Wortbetonung

a *Einfache Wörter*
In einfachen Wörtern ist gewöhnlich die erste Silbe betont:
Ạcker, E̲kel, E̲lend, E̲rde, re̲det, Ta̲ges.

b *Abgeleitete Wörter*
In abgeleiteten Wörtern ist gewöhnlich die erste Silbe betont:
lạngsam, le̲sbar, Mạnnschaft, Mö̲glichkeiten.

c *Präfixbildungen*
Die Präfixe *be-, ent-, er-, ge-, ver-, zer-* sind nicht betont:
beạchten, Begrịff, entfẹrnen, Verfạll.

d *Zusammengesetzte Wörter und Verbzusätze*
In zweigliedrigen zusammengesetzten Wörtern ist gewöhnlich der erste Teil stärker betont (hauptbetont) als der zweite (nebenbetont). Der Nebenton wird in der Lautschrift gewöhnlich nicht bezeichnet:
Sche̲i̲nwerfer [ˈʃa̲i̲nvɛrfɐ] (genauer: [ˈʃa̲i̲nˌvɛrfɐ]); Regi̲e̲rungsrat [reˈgiːrʊŋsraːt] (genauer: [reˈgiːrʊŋsˌraːt]).

In dreigliedrigen Zusammensetzungen ist der erste Teil am stärksten, der zweite am zweitstärksten, der dritte am drittstärksten betont, wenn die Zusammensetzung aus dem ersten Teil einerseits und dem zweiten + dritten Teil andererseits besteht:
Dạmpfschifffahrt [ˈdamp̲f̲ˌʃɪffaːɐ̯t] (bestehend aus *Dampf + Schifffahrt,* Formel: a + [b + c]).

Dagegen ist der erste Teil am stärksten betont, der zweite am drittstärksten und der dritte am zweitstärksten, wenn die Zusammensetzung aus dem ersten + zweiten Teil einerseits und dem dritten Teil andererseits besteht:
Dạmpfschifffahrt [ˈdamp̲f̲ʃɪfˌfaːɐ̯t] (bestehend aus *Dampfschiff + Fahrt,* Formel: [a + b] + c).

Ab-, an-, aus-, bei-, ein-, nach-, wieder- sind meistens betont.
Ạbweg, a̲u̲sfahren, be̲i̲stehend, E̲i̲ngriff.

Da-, dar-, durch-, her-, hier-, hin-, hinter-, in-, miss-, ob-, über-, um-, un-, unter-, voll-, vor-, wider-, zu- kommen betont und unbetont vor:
dụrchgehen, durchge̲hen, Ịnbegriff, infọlge.

e *Abweichende Betonungen*

Die Ableitungssuffixe *-ei* und *-ieren* sind betont:

Bücherei, halbieren, polieren, Polizei.

Bei gefühlsmäßiger (emphatischer) Betonung und gelegentlich auch sonst können Zusammensetzungen auf beiden Teilen betont sein:

Erzhalunke, haarscharf, neunhundert.

In bestimmten zweigliedrigen Zusammensetzungen kommt auch Betonung auf dem zweiten Bestandteil vor:

Hohepriester, liebkosen, Rechtsaußen.

Auch in bestimmten dreigliedrigen Zusammensetzungen kommt oft Betonung auf dem zweiten Bestandteil vor:

Dreikäsehoch, Fünfeuroschein, Vierzimmerwohnung.

Aneinanderreihungen mit und ohne *und* sind auf allen Teilen oder auf dem letzten Teil betont:

Maul- und Klauenseuche/Maul- und Klauenseuche, rotweißrot/rotweißrot.

Bei Gegensatzbetonung kann jede beliebige Silbe, die kein [ə] enthält, betont werden:

nicht erfassen, sondern verfassen; Menschenfreund (im Gegensatz zu einem nicht ausdrücklich genannten *Menschenfeind*).

Abkürzungen, die mit den Buchstabennamen ausgesprochen werden, sind auf dem letzten Teil betont, häufig vorkommende auch auf dem ersten:

BGB [be:ge'be:]; Lkw [ɛlka:'ve:] (auch:) ['ɛlkave].

Für Fremdwörter und fremde Namen lassen sich keine allgemeinen Betonungsregeln aufstellen. Bei einzelnen fremden Adjektiven auf *-al, -ell, -iv* und bei einzelnen Fremdwörtern (bes. griechischen und lateinischen), die als zusammengesetzt empfunden werden, findet man zunehmend – besonders fachsprachlich – Verlagerung der Betonung auf die erste Silbe:

national > national, personell > personell, positiv > positiv, international > international, Psychologie > Psychologie, Telefon > Telefon.

Auch bei einzelnen aus dem Französischen stammenden Fremdwörtern, die materielle Gegenstände bezeichnen, besteht Neigung zur Anfangsbetonung:

Camembert [kamã'bɛ:ɐ̯] > ['kaməmbe:ɐ̯], Chevreau [ʃə'vro:] > ['ʃɛvro], Chiffon [ʃɪ'fõ:] > ['ʃɪfõ].

Namen haben oft abweichende Betonung:

Berlin, Fontane, Heilbronn, Roswitha.

II. Bühnenaussprache

1. Allgemeine Bemerkungen

Die Bühnenaussprache[1] ist eine ideale Norm, die der Sprechwirklichkeit weniger nah kommt als die oben beschriebene Standardlautung. Wie diese ist sie überregional, zeichnet sich aber durch größere Einheitlichkeit, Schriftnähe und Deutlichkeit aus. Vor allem für das klassische Versdrama diente sie als Aussprachenorm vom Ausgang des neunzehnten Jahrhunderts bis in die Zeit zwischen den beiden Weltkriegen. Sie ist auch heute noch weitgehend die Aussprachenorm des Kunstgesanges.

Im Folgenden skizzieren wir die Hauptunterschiede zwischen Standardlautung und Bühnenaussprache, indem wir von der Standardlautung ausgehen. Die vor dem Zeichen > stehende Form gehört der Standardlautung an, die nach dem Zeichen > stehende Form der Bühnenaussprache. Das Zeichen > ist hier nicht geschichtlich zu verstehen; es bedeutet also nicht, dass die eine Form aus der anderen hervorgegangen ist. Wir benutzen für die Standardlautung im Allgemeinen die Umschrift, wie sie im Wörterverzeichnis erscheint.

2. Bemerkungen zu einzelnen lautlichen Erscheinungen

(a) *Unsilbische Vokale*

Die unsilbischen Vokale [i̯ y̆ u̯ o̯] der Standardlautung (vgl. S. 42) erscheinen in der Bühnenaussprache (bis 1957) als die silbischen Vokale [i y u o], doch wird [i̯] nicht völlig abgelehnt.

Beispiele: Aktio̲n [akˈt͜si̯o:n] > [akt͜siˈo:n], loya̲l [lo̯aˈja:l] > [loaˈja:l], sexuẹll [zɛˈksu̯ɛl] > [zɛksuˈɛl].

(b) [ə] *am Wortende*

[ə] der Standardlautung am Wortende in griechischen und lateinischen Wörtern (lateinisch -e; griechisch -ε, -η) erscheint in der Bühnenaussprache gewöhnlich als [e]:

Beispiele: be̲ne [ˈbe:nə] > [ˈbe:ne], He̲be [ˈhe:bə] > [ˈhe:be], Psy̲che [ˈpsy:çə] > [ˈpsy:çe].

(c) *Nasalvokale*

Wenn in der Standardlautung [õ: õ] neben [ɔŋ] und [ã: ã] neben [aŋ] erscheinen, so treten in der Bühnenaussprache [ɔŋ] und [aŋ] nicht auf.

Beispiele: Bonbon [bɔŋˈbɔŋ], [bõˈbõ:] > [bõˈbõ:]; Chance [ˈʃã:s[ə]], [ˈʃaŋs[ə]] > [ˈʃã:sə].

---

1 Siebs, Theodor, Deutsche Bühnenaussprache – Hochsprache, 14. Aufl., Köln 1927. – Siebs – Deutsche Hochsprache, 16. Aufl., Berlin 1957.

d *Silbisches m, n, l*

Die silbischen Konsonanten [m̩], [n̩], [l̩] der Standardlautung (vgl. S. 37–40) erscheinen in der Bühnenaussprache als [əm], [ən], [əl].

Beispiele: blạssem ['blasm̩] > ['blasəm]; Fa̲den ['fa:dn̩] > ['fa:dən]; Ha̲ydn ['ha͜idn̩] > ['ha͜idən]; Hö̩lzel ['hœlt͜sl̩] > ['hœlt͜səl], Hö̩lzl ['hœlt͜sl̩] > ['hœlt͜səl].

e *Silbischer Vokal* [ɐ]

Anstelle des Vokals [ɐ] der Standardlautung (vgl. S. 40–41) wird in der Bühnenaussprache [ər] (= [əɾ], nach 1957 auch [əʀ]) gesprochen.

Beispiele: bẹsser ['bɛsɐ] > ['bɛsər], Kenta̲u̲r [kɛn'ta͜uɐ] > [kɛn'ta͜uər], Kịnderchen ['kɪndɐçən] > ['kɪndərçən].

f *Unsilbisches vokalisches r* [ɐ̯]

Der unsilbische Vokal [ɐ̯] der Standardlautung (vgl. S. 52–55) erscheint in der Bühnenaussprache als [r] (=[ɾ], nach 1957 auch [ʀ]).

Beispiele: fü̲r [fy:ɐ̯] > [fy:r], fü̲hrst [fy:ɐ̯st] > [fy:rst], Ha̲a̲r [ha:ɐ̯] > [ha:r], verfạssen [fɛɐ̯'fasn̩] > [fɛr'fasən].

g *Konsonantisches r* [r]

Anstelle von gerolltem Zungenspitzen-R [r], geschlagenem Zungenspitzen-R [ɾ], Zäpfchen-R [ʀ] oder Reibe-R [ʁ] der Standardlautung (vgl. S. 53–54) wird in der Bühnenaussprache gerolltes Zungenspitzen-R [r] oder geschlagenes Zungenspitzen-R [ɾ] gesprochen – so bis 1957, nach 1957 auch gerolltes Zäpfchen-R [ʀ].

	Standardlautung	**Bühnenaussprache/Siebs**	
		bis 1957	**nach 1957**
Bre̲i	[bra͜i], [bɾa͜i], [bʀa͜i], [bʁa͜i]	[bra͜i], [bɾa͜i]	[bra͜i], [bɾa͜i], [bʀa͜i]
wịrr	[vɪr], [vɪɾ], [vɪʀ], [vɪʁ]	[vɪr], [vɪɾ]	[vɪr], [vɪɾ], [vɪʀ]

h *Stimmhaftigkeit von Konsonanten*

Wo [b d g v z ʒ j d͡ʒ (ð)] in der Standardlautung (vgl. S. 55) schwach stimmhaft bis stimmlos, d. h. [b̥ d̥ g̊ v̥ z̥ ʒ̊ j̊ d̥͡ʒ̊ (ð̥)], sind, erscheinen sie in der Bühnenaussprache als stimmhaft.

Beispiele: Ạbsicht ['apz̥ɪçt] > ['apzɪçt], Kạsba ['kasb̥a] > ['kasba], rö̩ntgen ['rœntg̊n̩] > ['rœntgən].

i *Behauchung (Aspiration)* (vgl. S. 56–57)

Wo die Standardlautung [p t k] nicht behaucht, tut es auch die Bühnenaussprache nicht. Wo die Standardlautung [p t k] behaucht, neigt die Bühnenaussprache allgemein zu stärkerer Behauchung; dies gilt besonders für Stellungen, wo in der Standardlautung die Behauchung mittelstark bis schwach ist. Eine eindeutige Regelung der Behauchung hat es in der Bühnenaussprache nicht gegeben.

G. Ungenormte Lautung

Außerhalb der Standardlautung kann man zwei Arten von ungenormter Lautung unterscheiden: die *Umgangslautung,* die weniger deutlich und schriftnah ist als die Standardlautung, und die *Überlautung,* die deutlicher und schriftnäher ist als die Standardlautung. Beide Lautungen sind ungenormt.

I. Umgangslautung[1]

Die Umgangslautung herrscht je nach Gegend[2], sozialer Schicht und Sprechlage in der gewöhnlichen Unterhaltung zu Hause, auf der Straße und im Betrieb vor und wird für die Wiedergabe sprachlich und inhaltlich weniger anspruchsvoller Texte verwendet. Oft bedient man sich ihrer auch, wenn man sich an ein breiteres Publikum wendet, wie dies gelegentlich im Fernsehen, im Film und im Rundfunk geschieht. Da die Umgangslautung gegenüber der Standardlautung durch einen schwer übersehbaren Reichtum an individuellen, regionalen und sozialen Abstufungen gekennzeichnet ist, muss ihre umfassende systematische Darstellung als unmöglich gelten. In den folgenden Bemerkungen werden deshalb vor allem häufige Erscheinungen der Umgangslautung besprochen, allerdings ohne Angaben zur räumlichen Verbreitung. Auch muss immer damit gerechnet werden, dass einzelne dieser Erscheinungen in bestimmten Gebieten als unfein gelten, während sie anderswo lediglich als fremdartig abgelehnt werden.

1. Bemerkungen zu den Vokalen

a *Kürzung langer Vokale*

In bestimmten einsilbigen Wörtern können betonte lange Vokale vor folgendem Konsonanten gekürzt werden:

Bad [ba:t] > [bat], Glas [gla:s] > [glas], grob [gro:p] > [grɔp].

b *Ersatz von unbetonten* [e ɛ] *durch* [ə]

Nicht am Wortanfang stehendes unbetontes kurzes geschlossenes *e* [e] und unbetontes kurzes offenes *e* [ɛ] können durch [ə] ersetzt werden:

arretieren [are'ti:rən] > [arə'ti:rən], genetisch [ge'ne:tɪʃ] > [gə'ne:tɪʃ], investieren [ɪnvɛs'ti:rən] > [ɪnvəs'ti:rən], Karies ['ka:ri̯ɛs] > ['ka:ri̯əs], molekular [moleku'la:ɐ̯] > [moləku'la:ɐ̯].

---

1 Bei der lautschriftlichen Wiedergabe erscheint lediglich der jeweils infrage kommende Teil des Wortes in der Umgangslautung, der Rest wird nach der Standardaussprache umschrieben. Die vor dem Zeichen > stehenden Formen gehören im Allgemeinen der Standardaussprache an, die übrigen der Umgangslautung. Das Zeichen > ist dabei nicht so zu verstehen, als sei die eine Form aus der anderen hervorgegangen.

2 Vgl. W. König, Atlas zur Aussprache des Schriftdeutschen in der Bundesrepublik Deutschland, 2 Bde., Ismaning 1989.

c *Ersatz der Nasalvokale*
Die Nasalvokale können durch [ɛŋ aŋ œŋ ɔŋ] ersetzt werden:
Embonpoint [ãbõ'po̯ɛ̃:] > [aŋbɔŋ'po̯ɛŋ], Ensemble [ã'sã:bl̩] > [aŋ'saŋbl̩], Fond [fõ:] > [fɔŋ], Impromptu [ɛ̃prõ'ty:] > [ɛŋprɔŋ'ty:], Parfum [par'fœ̃:] > [par'fœŋ], Teint [tɛ̃:] > [tɛŋ].

Ferner können die Nasalvokale ersetzt werden durch:

- [ɛm am œm ɔm] vor [p b]:
  Empire [ã'pi:ɐ̯] > [am'pi:ɐ̯], L'hombre ['lõ:brə] > ['lɔmbrə].
- [ɛn an œn ɔn] vor [t d s z ʃ ʒ]:
  Chance ['ʃã:sə] > ['ʃansə], Entente [ã'tã:tə] > [an'tantə].
- [ɛŋ aŋ œŋ ɔŋ] vor [k g]:
  Engobe [ã'go:bə] > [aŋ'go:bə], Enquete [ã'ke:tə] > [aŋ'ke:tə].

d *Ersatz von* [y: y ʏ] *(geschrieben: y) durch* [i: i ɪ]
hysterisch [hʏs'te:rɪʃ] > [hɪs'te:rɪʃ], physikalisch [fyzi'ka:lɪʃ] > [fizi'ka:lɪʃ], Rhythmus ['rʏtmʊs] > ['rɪtmʊs], System [zʏs'te:m] > [zɪs'te:m].

e *Ersatz von* [i e y ø u o] *durch* [ɪ ɛ ʏ œ ʊ ɔ]
Nicht am Wortende stehende unbetonte [i e y ø u o] können vor Konsonant durch [ɪ ɛ ʏ œ ʊ ɔ] ersetzt werden:
Methylen [mety'le:n] > [mɛtʏ'le:n], Politologie [politolo'gi:] > [pɔlɪtɔlɔ'gi:], voluminös [volumi'nø:s] > [vɔlʊmɪ'nø:s].

2. Bemerkungen zu den Konsonanten

a *Ersatz von* [ç] *durch* [k]
[ç] kann in der Endung *-ig* am Wortende und vor Konsonant durch [k] ersetzt werden:
einig ['ai̯nɪç] > ['ai̯nɪk], predigt ['pre:dɪçt] > ['pre:dɪkt], vereinigt [fɛɐ̯'|ai̯nɪçt] > [fɛɐ̯'|ai̯nɪkt], wenigstens ['ve:nɪçstn̩s] > ['ve:nɪkstn̩s], wichtig ['vɪçtɪç] > ['vɪçtɪk].

In Fremdwörtern kann [ç] vor Vokal, besonders am Wortanfang, durch [k] ersetzt werden:
Charitin [ça'ri:tɪn] > [ka'ri:tɪn], Chemie [çe'mi:] > [ke'mi:], China ['çi:na] > ['ki:na], Chylus ['çy:lʊs] > ['ky:lʊs].

b *Ersatz von* [g k] *(geschrieben: g)*
Zwischen vorderen Vokalen ([ə] einbegriffen) kann [g] durch [j] oder [ç] ersetzt werden:
legen ['le:gn̩] > ['le:jən], ['le:çn̩].

Im Wortinnern kann [g] vor Vokal nach [l] oder [r] durch [j] ersetzt werden:
Felge ['fɛlgə] > ['fɛljə], Sorge ['zɔrgə] > ['zɔrjə].

Vor stimmlosen Konsonanten und am Wortende kann [k] nach vorderen Vokalen und nach [l r] durch [ç] ersetzt werden:

legt [le:kt] > [le:çt], Sarg [zark] > [zarç], Sieg [zi:k] > [zi:ç].

Vor stimmlosen Konsonanten und am Wortende kann [k] nach hinteren Vokalen ([a a:] einbegriffen) durch [x] ersetzt werden:

gesagt [gə'za:kt] > [gə'za:xt], Smaragd [sma'rakt] > [sma'raxt], Zug [t͡su:k] > [t͡su:x].

c *Ersatz von* [n] *durch* [m/ɱ/ŋ]

[np nb nm] können durch [mp mb mm] ersetzt werden:

anpassen ['anpasn̩] > ['ampasn̩], einbauen ['a͡inba͡uən] > ['a͡imba͡uən], einmachen ['a͡inmaxn̩] > ['a͡immaxn̩].

[nf nv] können durch [ɱf ɱv] ersetzt werden:

anfangen ['anfaŋən] > ['aɱfaŋən], einwerfen ['a͡invɛrfn̩] > ['a͡iɱvɛrfn̩], fünf [fʏnf] > [fʏɱf], Invasion [ɪnva'zi̯o:n] > [ɪɱva'zi̯o:n].

[nk ng nx] können durch [ŋk ŋg ŋx] ersetzt werden:

ein Chan [a͡in 'xa:n] > [a͡iŋ 'xa:n], eingreifen ['a͡ingra͡ifn̩] > ['a͡iŋgra͡ifn̩], Einkauf ['a͡inka͡uf] > ['a͡iŋka͡uf], Ingress [ɪn'grɛs] > [ɪŋ'grɛs].

d *Kürzung langer Konsonanten*

Lange Konsonanten ([pp tt kk mm ll] usw.; vgl. S. 58) können durch einfache Konsonanten ([p t k m l] usw.) ersetzt werden, auch nach Ersatz von [nm], [sz], [sʃ] usw. durch [mm], [ss], [ʃʃ] usw. (vgl. vorangehenden und folgenden Absatz):

abpassen ['appasn̩] > ['apasn̩], Annahme ['anna:mə] > ['ana:mə], Aussage ['a͡usza:gə] > ['a͡ussa:gə]/['a͡usa:gə], Aussprache ['a͡usʃpra:xə] > ['a͡uʃʃpra:xə]/['a͡uʃpra:xə], einmachen ['a͡inmaxn̩] > ['a͡immaxn̩]/['a͡imaxn̩], Waschschüssel ['vaʃʃʏsl̩] > ['vaʃʏsl̩].

e *Ersatz von* [sʃ] *durch* [ʃʃ] *oder* [ʃ]

[sʃ] kann durch [ʃʃ] oder [ʃ] ersetzt werden:

Ausschank ['a͡usʃaŋk] > ['a͡uʃʃaŋk], es scheint [ɛs'ʃa͡int] > [ɛʃ'ʃa͡int], es stinkt [ɛs'ʃtɪŋkt] > [ɛʃ'ʃtɪŋkt], Aussprache ['a͡uʃpra:xə].

f *Ersatz von* [pf ts tʃ] *durch* [p͡f t͡s t͡ʃ]

In der Wortfuge können [pf ts tʃ] durch [p͡f t͡s t͡ʃ] ersetzt werden. Die lautliche Silbengrenze erscheint dann vor oder nach [p͡f t͡s t͡ʃ]:

Abfall ['apfal] > ['ap͡fal], Hutschachtel ['hu:tʃaxtl̩] > ['hu:t͡ʃaxtl̩], Wertskala ['ve:ɐ̯tska:la] > ['ve:ɐ̯t͡ska:la].

g *Ersatz von* [ʒ d͡ʒ] *durch* [ʃ t͡ʃ]

[ʒ d͡ʒ] können durch [ʃ t͡ʃ] ersetzt werden:

Blamage [bla'ma:ʒə] > [bla'ma:ʃə], Genie [ʒe'ni:] > [ʃe'ni:], Gin [d͡ʒɪn] > [t͡ʃɪn], Journalist [ʒʊrna'lɪst] > [ʃʊrna'lɪst].

(h) *Ersatz von* [sp st] *durch* [ʃp ʃt]
Im Wortinnern können [sp st] durch [ʃp ʃt] ersetzt werden, wenn zwischen [s] und [p]/[t] eine Morphemgrenze empfunden wird:
Inspẹktor [ɪnˈspɛkto:ɐ̯] > [ɪnˈʃpɛkto:ɐ̯], inspiri̲e̲ren [ɪnspiˈri:rən] > [ɪnʃpiˈri:rən], Konstitutio̲n [kɔnstituˈtsi̯o:n] > [kɔnʃtituˈtsi̯o:n].

(i) *Ersatz von* [gm gn] *durch* [ŋm ŋn] *in Fremdwörtern*
Im Innern von Fremdwörtern können [gm gn] durch [ŋm ŋn] ersetzt werden. Dabei verschiebt sich die Silbengrenze vor [m n]:
Magne̲t [maˈgne:t] > [maŋˈne:t], Magnifizẹnz [magnifiˈtsɛnts] > [maŋnifiˈtsɛnts], Phlẹgma [ˈflɛgma] > [ˈflɛŋma], sigma̲tisch [zɪˈgma:tɪʃ] > [zɪŋˈma:tɪʃ], Signa̲l [zɪˈgna:l] > [zɪŋˈna:l].

3. Schwache Wortformen

Pronomen und Artikel, häufig verwendete Formen der Verben *haben, sein, werden, sollen, wollen* u. a., häufig verwendete (besonders einsilbige) Präpositionen, Konjunktionen und Adverbien können beim schnellen Sprechen unter Änderung der Vokale und unter Verlust von Vokalen und Konsonanten je nach Tempo und Stellung mehr oder weniger abgeschwächt werden, wobei die so entstandenen schwachen Formen z. T. je nach Gegend verschieden sind.
Wenn du gehst, ... [vɛn du: ge:st] > [vɛn də ge:st]. Was haben sie denn der Frau gesagt? [vas ˈha:bn̩ zi: dɛn de:ɐ̯ frau̯ gəˈza:kt] > [vas han zə n dɐ frau̯ gəˈza:t].

II. Überlautung

Die Überlautung ist deutlicher und schriftnäher als die Standardlautung. Man verwendet sie, wenn höchste Deutlichkeit verlangt wird (Diktat, laute Umgebung, große Entfernung zwischen Sprecher und Hörer), z. T. auch im Gesang, im elementaren Lese- und Rechtschreibeunterricht, beim Vorlesen durch ungeschulte Sprecher. Hier werden nur wichtige Merkmale aufgeführt. (Alle Umschriften sind in Überlautung.)

1. Bemerkungen zu den Vokalen

(a) *Längung unbetonter Vokale*
Die unbetonten Vokale [i e y ø u o ɛ̃ ã õ œ̃] werden gelängt; [i̯ y̆ u̯ o̯] werden silbisch und lang:
Hypertrophi̲e̲ [hy:pʰɛrtʰro:ˈfi:], lebẹndig [le:ˈbɛndɪç], Politi̲k [pʰo:li:ˈtʰi:kʰ], Stu̲dium [ˈʃtʰu:di:ʊm].

Die unbetonten Vokale [ɛ a] werden gelängt, wenn sie in der Standardlautung in betonter Stellung als [ɛ: a:] gesprochen würden.
Appara̲t [apʰa:ˈra:tʰ], Präsi̲den [pʰrɛ:ˈzi:dɛn] (vgl. mit betontem [ɛ:]: Prä̲ses [ˈpʰrɛ:zɛs]), Zäsu̲r [tsɛ:ˈzu:r].

b *Ersatz von* [ə] *durch* [e eː ɛ]
[ə] wird durch [e] oder [eː] bzw. durch [ɛ] ersetzt:
A̱tem [ˈaːtʰɛm]; gro̱ßes [ˈgroːsɛs]; ma̤che [ˈmaxe]/[ˈmaxeː]/[ˈmaxɛ]; re̱det [ˈreːdɛtʰ].

c *Ersatz von* [m̩], [n̩], [l̩], [ɐ] *durch* [ɛm], [ɛn], [ɛl], [ɛr]
Die silbischen Konsonanten [m̩], [n̩], [l̩] werden durch [ɛm], [ɛn], [ɛl], der Vokal [ɐ] durch [ɛr] ersetzt:
bö̱sem [ˈbøːzɛm], ma̤chen [ˈmaxɛn], Schlṳ̈ssel [ˈʃlʏsɛl], Wa̤sser [ˈvasɛr].

d *Ersatz von* [ɐ̯] *durch* [r]
Der unsilbische Vokal [ɐ̯] (vokalisches *r*) wird durch [r] ersetzt (vgl. auch S. 54–55):
erfa̱hr! [ɛrˈfaːr], hö̱rst [høːrstʰ].

2. Bemerkungen zu den Konsonanten

a *Behauchung von* [p t k]
[p t k] sind immer stark behaucht (außer in [ps pʃ ks kʃ], wenn [ps] usw. zu derselben Silbe gehören):
a̤bbrennen [ˈapʰbrɛnɛn], a̤bpassen [ˈapʰpʰasɛn], Ra̱ddampfer [ˈraːtʰdampfɛr], we̤ggehen [ˈvɛkʰgeːhɛn], we̤gstecken [ˈvɛkʰʃtʰɛkʰɛn].

b *Aussprache von* /r/
/r/ (meist geschrieben *r, rr, rrh*) wird als gerolltes Zungenspitzen-R [r] oder als gerolltes Zäpfchen-R [ʀ] gesprochen.

c *Aussprache von h*
Der Buchstabe *h* zwischen Vokalen wird als [h] gesprochen:
E̱he [ˈeːhe]/[ˈeːheː]/[ˈeːhɛ], ge̱hen [ˈgeːhɛn], zi̱ehest [ˈt͡siːhɛstʰ].

H. Deutsche Aussprachelehre

Die folgende Zusammenstellung zeigt, wie die Buchstaben in der Standardlautung zu sprechen sind. Sie gilt für die meisten deutschen Wörter (gelb, Kiste, lachen), für die meisten griechischen und lateinischen Fremdwörter (Geologie, Konservatorium), aber auch für viele deutsche Eigennamen (Bremen, Lessing), für viele anderssprachige Wörter (Chianti, Garage, Lady) und fremde Eigennamen (Aristoteles, Kongo) mit deutscher Aussprache. Sie berücksichtigt auch einfache unflektierte und z. T. flektierte Wörter (Haus, Hauses) und z. T. Ableitungen (Äuglein, Vöglein). Nicht erfasst wurde die Regel, dass [i e ɛ y ø u o ɛ̃ ã õ] unbetont am Wortende vor den Suffixen [s], [st], [t] und -chen [çən] durch [i: e: ɛ: y: ø: u: o: ɛ̃: ã: õ:] ersetzt werden, während [a] in derselben Stellung [a] bleibt oder [a:] wird; Beispiele: A̲u̲to [ˈa͜uto], aber A̲u̲tos [ˈa͜uto:s]; Ẹcho [ˈɛço], aber ẹchot [ˈɛço:t]; The̲ma [ˈte:ma], daneben The̲mas [ˈte:mas] oder [ˈte:ma:s] (vgl. S. 20). Auch die Verschmelzung von [t] plus [s] und [ʃ] zu [t͜s] und [t͜ʃ] blieb z. T. unberücksichtigt; Beispiel: Mạtt [mat], aber: Mạtts [mat͜s] (vgl. S. 21). Die Zusammenstellung berücksichtigt nicht die Wortfuge in Präfixbildungen (ent-sagen) und in zusammengesetzten Wörtern (Bahn-geleise). Zur richtigen Anwendung unserer Regeln müssen die Präfixbildungen in Präfix plus einfaches Wort und die zusammengesetzten Wörter in einfache Wörter zerlegt werden. Wir haben dann z. B. das Präfix ent-, die einfachen Wörter sagen, Bahn und Geleise, auf die sich unsere Regeln anwenden lassen. Das bedeutet, dass Wörter wie Bahngeleise als Bahn plus Geleise zu sprechen sind, nämlich [ba:n] + [gəˈla͜izə], d. h. [ˈba:ngəla͜izə], nicht [ˈba:ŋgəla͜izə].

Wir konnten auch nicht alle möglichen Aussprachen von Buchstabenfolgen berücksichtigen. Unter der Buchstabenfolge eu erwähnen wir Fälle wie Muse̲um [muˈze:ʊm], I̲leus [ˈi:leʊs] nicht. Sie sind nach den Regeln unter den Buchstaben e und u zu sprechen.

In unserer Zusammenstellung unterscheiden wir durchgehend zwischen Buchstaben und Lauten. Vokale und Konsonanten sind Laute. Vokalbuchstaben und Konsonantenbuchstaben sind die Buchstaben der Rechtschreibung. Vokalbuchstaben sind: a, ä, á, à, â, å, ã, e, é, è, ê, i, í, ì, î, o, ö, ó, ò, ô, u, ü, ù, ú, û, y. Konsonantenbuchstaben sind: b, c, ç, d, f, g, h, j, k, l, m, n, ñ, p, q, r, s, ß, t, v, w, x, z.

a

Betont

1. spricht man langes a [a:]:

   a) wenn im Stamm nur ein Konsonantenbuchstabe (außer x), nur ph oder nur th folgt:

   A̲thos [ˈa:tɔs], Gra̲f [gra:f], Gra̲ph [gra:f], ha̲b! [ha:p], ha̲b-t [ha:pt], Ma̲ß [ma:s], ma̲ß-t [ma:st], Ta̲g [ta:k], Wa̲g-nis [ˈva:knɪs], wa̲g-st [va:kst]

b) wenn mehrere Konsonantenbuchstaben folgen, aber eine Nebenform oder der Stamm langes a [aː] hat:
nagle [ˈnaːglə] (Nebenform: nagele [ˈnaːgələ]), Wagner [ˈvaːgnɐ] (Stamm: wag[e]n [ˈvaːg[ə]n])

c) vor bl, br, cl, cr, dl, dr, fl, fr, gl, gr, kl, kr, phl, phr, pl, pr, qu, thl, thr, tl, tr:
Adler [ˈaːdlɐ], Afra [ˈaːfra], Natron [ˈnaːtrɔn], Pentathlon [pɛntˈ|aːtlɔn]

d) vor einem zur nächsten Silbe gehörenden Vokal:
Ai [ˈaːi], ais [ˈaːɪs], Chaos [ˈkaːɔs], Menelaus [meneˈlaːʊs], Sais [ˈzaːɪs]

e) meist am Wortende:
a [aː], da [daː], Papa [paˈpaː], Trara [traˈraː], Ulema [uleˈmaː]

f) in einzelnen Wörtern, deren Stamm mit -ach endet:
brach, Brach-e, brachliegen, gemach, Gemach, nach, Schmach, sprach, Sprach-e, stach u. a.

g) in einzelnen Wörtern mit -a+r+s, sch, t, z:
Art, arten, artig, Arzt (neben: Arzt), Barsch, Bart, Harz, Quarz, schwart!, zart u. a.

h) in französischen Wörtern auf -ard [aːɐ̯] und -art [aːɐ̯]:
Bayard [baˈjaːɐ̯], Ekart [eˈkaːɐ̯], Foulard [fuˈlaːɐ̯]

i) in einzelnen Wörtern, deren Stamm mit -atsch endet:
Bratsche, Karbatsche, Latsch, Latsche (Schuh), Ratsche, Tatsche, Tratsch, Watsche (neben: Watsche), watscheln (neben: watscheln)

j) in:
drasch, Drasch, Jagd, Magd, Papst, Schlaks u. a.

2. spricht man kurzes a [a]:

a) vor x oder vor mehreren zum Stamm gehörenden Konsonantenbuchstaben (sofern nicht unter a, „Betont“, 1 erfasst):
Dach [dax], Fall [fall], fass-t [fast], lax [laks], Pack [pak], Pass [pas], rasch [raʃ], zapple [ˈt͜saplə]

b) im Präfix a- [a]:
alogisch [ˈaloːgɪʃ], apolitisch [ˈapoliːtɪʃ]

c) in:
ab, am, Ammoniak, an, Ananas, as, As, Atlas, das, Fiaker, Grammatik, hat, Januar, Kanapee, Kanevas, Kap, Kosak, Madam[e], man, Massaker, Nachbar, Paletot, Papa, Papchen, Paprika, Salmiak, Tram, Walfisch, Walnuss, was u. a.

3. spricht man in englischen Wörtern:

a) kurzes offenes e [ɛ] (englische Aussprache: [æ]):
Camping [ˈkɛmpɪŋ] ([*engl.* ˈkæmpɪŋ]), Catch [kɛt͜ʃ] ([*engl.* kæt͜ʃ])

b) langes geschlossenes e [eː] (englische Aussprache: [eɪ]):
Cape [keːp] ([*engl.* keɪp]), Safe [zeːf] ([*engl.* seɪf])

c) langes offenes e [ɛː] vor r plus Vokalbuchstabe (vgl. S. 21; englische Aussprache: [ɛə]):
Sharing [ˈʃɛːrɪŋ], Square [skvɛːɐ̯]

Unbetont

1. spricht man kurzes a [a]:
   a) in nichtletzter Silbe:
   chaotisch [ka'o:tɪʃ], Paket [pa'ke:t], Pastell [pas'tɛl], Syllabus ['zʏlabʊs]
   b) am Wortende:
   Aula ['au̯la], Pascha ['paʃa], Uvula ['u:vula]
   c) am Wortende vor x oder vor mehreren Konsonantenbuchstaben:
   Borax ['bo:raks], Kobalt ['ko:balt], Wallach ['valax]
   d) am Wortende vor einem Konsonantenbuchstaben (sofern nicht unten unter 2 erfasst):
   Dollar ['dɔlar], Monat ['mo:nat], Zykas ['tsy:kas]
2. spricht man langes a [a:]:
   a) in den deutschen Ableitungssilben -bar, -sal, -sam:
   langsam ['laŋza:m], Schicksal ['ʃɪkza:l], zahlbar ['tsa:lba:ɐ̯]
   b) meistens in -ian:
   Enzian ['ɛntsi̯a:n], Grobian ['gro:bi̯a:n], Thymian ['ty:mi̯a:n]
   c) oft vor Konsonant, wenn eine Nebenform betont ein langes a [a:] hat:
   Schakal ['ʃa:ka:l] (Nebenform: Schakal [ʃa'ka:l])
   d) in Ableitungen auf -ei, wenn in der einfachen Form die entsprechende Silbe langes a [a:] hat:
   Malerei [ma:lə'rai̯] (zu: malen), Raterei [ra:tə'rai̯] (zu: raten)
   e) in:
   Balsam, Februar, Heimat, Heirat, Jaguar, Januar, Leichnam u. a.

ä

Betont

1. spricht man langes offenes e [ɛ:] (vgl. S. 21):
   a) wenn im Stamm nur ein Konsonantenbuchstabe (außer x), nur ph oder nur th folgt:
   äß-t [ɛ:st], Äther ['ɛ:tɐ], Bär [bɛ:ɐ̯], Erträg-nis [ɛɐ̯'trɛ:knɪs], gär-te ['gɛ:ɐ̯tə], Mäd-chen ['mɛ:tçən]
   b) wenn mehrere Konsonantenbuchstaben folgen, aber eine Nebenform oder der Stamm langes offenes e [ɛ:] hat:
   Mäkler ['mɛ:klɐ] (Stamm: mäk[e]l ['mɛ:k[ə]l), näsle ['nɛ:zlə] (Nebenform: näsele ['nɛ:zələ])
   c) wenn verwandte Formen mit langem a [a:] (vgl. a, „Betont", 1) und aa [a:] vorkommen:
   Älchen ['ɛ:lçən] (zu: Aal [a:l]), bräche ['brɛ:çə] (zu: brach [bra:x])

d) am Stamm- oder Wortende:
sä-st [zɛ:st], sä! [zɛ:]

e) vor einem zur nächsten Silbe gehörenden Vokal:
Apogäum [apoˈgɛ:ʊm], Gäa [ˈgɛ:a], säe! [ˈzɛ:ə], Trochäus [trɔˈxɛ:ʊs]

f) vor bl, br, cl, cr, dl, dr, gl, gr, kl, kr, phl, phr, pl, pr, qu, thl, thr, tl, tr:
Äquer [ˈɛ:kvɐ], Phädra [ˈfɛ:dra]

g) in einzelnen Wörtern, deren Stamm mit -ätsch endet:
ätsch!, Grätsche, Kardätsche, Kartätsche, Rätsche

h) in:
Gebärde, gemäß, nächst, Rätsel, Städte (neben: Städte) u. a.

2. spricht man kurzes offenes e [ɛ] vor x oder vor mehreren zum Stamm gehörenden Konsonantenbuchstaben (sofern nicht unter 1 erfasst):
fällen [ˈfɛlən], Fässchen [ˈfɛsçən], Gäste [ˈgɛstə], Mäxchen [ˈmɛksçən], Wäscher [ˈvɛʃɐ]

Unbetont

1. spricht man kurzes offenes e [ɛ] (vgl. S. 21):
äolisch [ɛˈo:lɪʃ], Kannä [ˈkanɛ], Läpperei [lɛpəˈrai̯], präsent [prɛˈzɛnt]

2. spricht man langes offenes e [ɛ:] (vgl. S. 21):
a) in Ableitungen von Wörtern unter a, „Unbetont“, 2:
Grobiänchen [ˈgro:bi̯ɛ:nçən], Scheusäler [ˈʃɔyzɛ:lɐ]

b) in Ableitungen auf -ei, wenn in der einfachen Form die entsprechende Silbe langes offenes e [ɛ:] (vgl. S. 21) hat:
Quälerei [kvɛ:ləˈrai̯] (zu: quälen), Schäkerei [ʃɛ:kəˈrai̯] (zu: schäkern)

à

Man spricht kurzes a [a] in französischen und italienischen Wörtern:
à la baisse [a la ˈbɛ:s], a metà [a meˈta]

aa

Man spricht langes a [a:]:
Aal [a:l], aast [a:st], Maat [ma:t], Saal [za:l], Waage [ˈva:gə]

ae

1. Man spricht wie ä (vgl. ä) in Fremdwörtern und Namen (vgl. S. 21):
Baer [bɛ:ɐ̯], Laternae magicae [laˈtɛrnɛ ˈma:gitsɛ]

2. Man spricht langes a [a:] in bestimmten norddeutschen Namen:
Baesweiler [ˈba:svai̯lɐ], Raesfeld [ˈra:sfɛlt]

ah

Betont

spricht man langes a [a:]:

fahnd! [fa:nt], mahne ['ma:nə], nah [na:], nahst [na:st], wahrst [va:ɐ̯st]

Unbetont

1. spricht man langes a [a:] in Ableitungen auf -ei, wenn in der einfachen Form die entsprechende Silbe langes a [a:] hat:
   Fahrerei [fa:rə'rai̯] (zu: fahren), Prahlerei [pra:lə'rai̯] (zu: prahlen)
2. spricht man kurzes a [a] in Fremdwörtern am Wortende:
   Allah ['ala], inschallah [ɪn'ʃala], Korah ['ko:ra]

äh

Man spricht langes offenes e [ɛ:] (vgl. S. 21):

mähe ['mɛ:ə], näh! [nɛ:], nähst [nɛ:st], Zähheit ['t͜sɛ:hai̯t], Zählerei [t͜sɛ:lə'rai̯]

ai

1. Man spricht den Diphthong [ai̯] in einfachen deutschen Wörtern und in einzelnen Fremdwörtern:
   Bonsai ['bɔnzai̯], Hai [hai̯], Lakai [la'kai̯], Maizena [mai̯'t͜se:na], Taifun [tai̯'fu:n]
2. In französischen Wörtern spricht man unbetont kurzes offenes e [ɛ] (vgl. S. 21), betont meist langes offenes e [ɛ:] (vgl. S. 21):
   Baiser [bɛ'ze:], Baisse ['bɛ:sə], Defaitist [defɛ'tɪst]
3. In englischen Wörtern spricht man betont langes geschlossenes e [e:] oder langes offenes e [ɛ:] (vgl. S. 21):
   Claim [kle:m], fair [fɛ:ɐ̯], Trainer ['trɛ:nɐ]

ain

Man spricht in französischen Wörtern am Wortende oder vor Konsonant unbetont kurzes nasales e [ɛ̃], betont langes nasales e [ɛ̃:]:

Bain-Marie [bɛ̃ma'ri:], Refrain [rə'frɛ̃:], Souterrain [zutɛ'rɛ̃:]

am

Man spricht in französischen Wörtern am Wortende oder vor Konsonant unbetont kurzes nasales a [ã], betont langes nasales a [ã:]:

Chambriere [ʃãbri'e:rə], Estampe [ɛs'tã:p]

an

Man spricht in französischen Wörtern am Wortende oder vor Konsonant unbetont kurzes nasales a [ã], betont langes nasales a [ã:]:

Cancan [kã'kã:], Nuance ['ny̆ã:sə], Tantieme [tã'ti̯e:mə]

au

1. Man spricht den Diphthong [au̯] in deutschen Wörtern und den meisten nicht englischen oder nicht französischen Fremdwörtern:
Auto ['au̯to], bauen ['bau̯ən], Haus [hau̯s], traumatisch [trau̯'ma:tɪʃ]

2. Man spricht betont langes geschlossenes o [o:] in französischen Wörtern:
Chauvi ['ʃo:vi], Debauche [de'bo:ʃə], Hausse ['ho:sə], Sauce ['zo:sə]

3. Man spricht in französischen Wörtern unbetont meist kurzes geschlossenes o [o], weniger häufig kurzes offenes o [ɔ]:
Chaudeau [ʃo'do:], chauffieren [ʃɔ'fi:rən], Chauvinist [ʃovi'nɪst]

äu

Man spricht den Diphthong [ɔy̯]:
bläu! [blɔy̯], Häuser ['hɔy̯zɐ], täuschen ['tɔy̯ʃn̩], Träumerei [trɔy̯mə'rai̯]

aw

Man spricht langes geschlossenes o [o:] in englischen Wörtern:
Lawntennis ['lo:ntɛnɪs], Squaw [skvo:], Yawl [jo:l]

ay

1. Man spricht den Diphthong [ai̯] vor allem in deutschen Eigennamen:
Bayern ['bai̯ɐn], Haydn ['hai̯dn̩], Kayser ['kai̯zɐ], Raygras ['rai̯gra:s]

2. Man spricht in englischen Wörtern betont langes geschlossenes e [e:], unbetont kurzes geschlossenes e [e] (englische Aussprache: [eɪ]):
Essay ['ɛse] ([*engl.* 'ɛseɪ]), Okay [o'ke:] ([*engl.* oʊ'keɪ])

b

1. Man spricht [b]:
a) am Wortanfang:
Bach [bax], Bdellium ['bdɛli̯ʊm], blau [blau̯], Brot [bro:t], Bulle ['bʊlə]
b) im Wortinneren vor Vokal, vor [m̩, n̩, l̩]:
Abend ['a:bn̩t], Ambo ['ambo], Gabel ['ga:bl̩], Kasba ['kasba], liebem ['li:bm̩], Narbe ['narbə]
c) vor l, n, r, wenn sie zum Stamm gehören oder eine Nebenform b + e hat:
ebnen ['e:bnən] (Stamm: eb[e]n ['e:b[ə]n]), kable ['ka:blə] (Nebenform: kabele ['ka:bə-lə])

2. Man spricht [p]:
a) am Wortende:
ab [ap], gelb [gɛlp], Klub [klʊp], Lob [lo:p], wirb! [vɪrp]

b) vor stimmlosen Konsonanten:
abcha̲sisch [apˈxa:zɪʃ], Ẹrbse [ˈɛrpsə], hụ̈bsch [hʏpʃ], Klụbs [klʊps], we̲bt [ve:pt]

c) vor d, g im Wortinneren:
Gelụ̈bde [gəˈlʏpdə], Lie̲bden [ˈli:pdn̩], Nẹbgen [ˈnɛpgn̩], Rhabdo̲m [rapˈdo:m]

d) vor den Ableitungssilben -bar, -chen, -haft, -heit, -lein, -lich, -ling, -lings, -los, -nis, -sal, -sam, -sel, -schaft, -tum, -wärts:
ạbwärts [ˈapvɛrt͜s], La̲bsal [ˈla:pza:l], Lie̲bchen [ˈli:pçən], lö̲blich [ˈlø:plɪç]

bb

1. Man spricht [b]:
a) im Wortinneren vor Vokal, vor [n̩, l̩]:
ẹbben [ˈɛbn̩], Họbby [ˈhɔbi], Rạbbi [ˈrabi], Schibbo̲leth [ʃɪˈbo:lɛt], wạbbelt [ˈvabl̩t]

b) vor l, r, wenn sie zum Stamm gehören oder eine Nebenform bb + e hat:
Gạbbro [ˈgabro] (Stamm: gạbbr [gabr]), drịbble [ˈdrɪblə] (Nebenform: drịbbele [ˈdrɪbələ])

2. Man spricht [p]:
a) am Wortende:
ẹbb! [ɛp], krạbb! [krap], rọbb! [rɔp], schrụbb! [ʃrʊp]

b) vor stimmlosen Konsonanten:
ẹbbt [ɛpt], krạbbst [krapst], schrụbbtest [ˈʃrʊptəst]

c) vor den Ableitungssilben -bar, -chen, -haft, -heit, -lein, -lich, -ling, -lings, -los, -nis, -sal, -sam, -schaft, -sel, -tum, -wärts:
ẹbblos [ˈɛplo:s], ẹbbwärts [ˈɛpvɛrt͜s], Krạ̈bbchen [ˈkrɛpçən]

c

1. Man spricht [k] vor a, l, o, r, u:
Café [kaˈfe:], Clown [kla͜un], Cour [ku:ɐ̯], Crew [kru:], Curé [kyˈre:]

2. Man spricht den z-Laut [t͜s] vor ä (ae), e, i, ö (oe), y in griechischen und lateinischen Wörtern:
Cä̲sar [ˈt͜sɛ:zar], Cịrce [ˈt͜sɪrt͜sə], Cycla̲men [t͜syˈkla:mən], Regi̲na Coe̲li [reˈgi:na ˈt͜sø:li]

3. Man spricht stimmloses („scharfes“) s [s] vor e, é, è, ê, i, y in englischen, französischen und spanischen Wörtern:
Aktri̲ce [akˈtri:sə], Cẹnt [sɛnt], Centa̲vo [sɛnˈta:vo], Cincho̲na [sɪnˈt͜ʃo:na], Glacé [glaˈse:]

4. Man spricht den tsch-Laut [t͜ʃ] vor e, i in italienischen Wörtern:
Cicisbe̲o [t͜ʃit͜ʃɪsˈbe:o], Cinquecẹnto [t͜ʃɪŋkveˈt͜ʃɛnto]

ç

Man spricht stimmloses („scharfes“) s [s]:
Aperçu [apɛrˈsy:], Curaça̲o [kyraˈsa:o], Garçon [garˈsõ:]

cc

1. Man spricht [k] vor a, l, o, r, u:
Accompagna̲to [akɔmpan'ja:to], Accụrsius [a'kʊrzi̯ʊs], Eccle̲sia [ɛ'kle:zi̯a]
2. Man spricht [k] plus z-Laut, d. h. [kt͜s], vor e, i in lateinischen Wörtern:
Ạccius ['akt͜si̯ʊs], Cocce̲jus [kɔk't͜se:jʊs], Ẹcce ['ɛkt͜sə]
3. Man spricht den tsch-Laut [t͜ʃ] vor e, i in italienischen Wörtern:
accelerạndo [at͜ʃele'rando]

cch

1. Man spricht [k] in italienischen Wörtern:
Malọcchi [ma'lɔki], Malọcchio [ma'lɔki̯o], Stracchi̲no [stra'ki:no]
2. Man spricht den Achlaut [x] in griechischen und lateinischen Wörtern:
Bacchana̲l [baxa'na:l], Grạcchen ['graxn̩], Sacchari̲n [zaxa'ri:n]

cci

Man spricht den tsch-Laut [t͜ʃ] vor a, o, u in italienischen Wörtern:
Acciaccatu̲ra [at͜ʃaka'tu:ra], Bọccia ['bɔt͜ʃa], Caprịccio [ka'prɪt͜ʃo]

ch

1. Man spricht den Ichlaut [ç]:
a) im Wortinneren und am Wortende nach ä, e, i, ö, ü, y (nach vorderen Vokalen), nach den Diphthongen [a͜i], [ɔ͜y] oder nach Konsonant:
Bạ̈che ['bɛçə], Ẹlch [ɛlç], e̲u̲ch [ɔ͜yç], ịch [ɪç], mạnch [manç], mọ̈chte ['mœçtə], psy̲chisch ['psy:çɪʃ], zụ̈chte ['t͜sʏçtə]
b) in der Ableitungssilbe -chen:
Fra̲u̲chen ['fra͜uçən], Hä̲u̲schen ['hɔ͜ysçən], Papa̲chen [pa'pa:çən]
c) vor allem in griechischen Wörtern am Wortanfang vor ä (ae), e, i, ö (oe), y, oft auch nach a, o in Zusammensetzungen mit solchen Wörtern:
Biochemi̲e̲ [bioçe'mi:], Chärone̲a [çɛro'ne:a], Chemi̲e̲ [çe'mi:], Chini̲n [çi'ni:n], Chö̲rilus ['çø:rilʊs], Chy̲lus ['çy:lʊs]
d) in weniger häufigen griechischen Wörtern am Wortanfang vor a, o, u oder vor Konsonant, z. T. auch nach a, o in Zusammensetzungen mit solchen Wörtern:
Cha̲ris ['ça:rɪs], Chla̲mys ['çla:mʏs], Chore̲u̲t [ço'rɔ͜yt], chtho̲nisch ['çto:nɪʃ], Chu̲s [çu:s], Isochạsme [izo'çasmə]
2. Man spricht den Achlaut [x]:
a) im Wortinneren und am Wortende nach a, o, u (nach [a], [a:] oder hinteren Vokalen), nach au [a͜u]:
Bạch [bax], epocha̲l [epɔ'xa:l], ho̲ch [ho:x], Ra̲u̲ch [ra͜ux], Tu̲ch [tu:x]

b) selten am Wortanfang in Fremdwörtern, besonders vor a in hebräischen Wörtern:
Chanukka [xanʊ'ka:], Chasan [xa'za:n], Chlyst [xlʏst], Chnum [xnu:m]

3. Man spricht [k]:
a) in deutschen Wörtern nach Vokal vor einem zum Stamm gehörenden s:
Eidechse ['aidɛksə], Ochse ['ɔksə], wechsle ['vɛkslə], Wuchs [vu:ks]

b) am Wortanfang in deutschen Eigennamen:
Cham [ka:m], Chemnitz ['kɛmnɪts], Chiemsee ['ki:mze:], Chur [ku:ɐ̯]

c) in griechischen Wörtern, besonders am Wortanfang vor a, l, o, r:
Charta ['karta], Chlor [klo:ɐ̯], Chorea [ko're:a], Chronik ['kro:nɪk]

d) in italienischen Wörtern:
Chianti ['ki̯anti], Maraschino [maras'ki:no], Marchese [mar'ke:zə]

4. Man spricht den sch-Laut [ʃ] in französischen Wörtern:
Chassis [ʃa'si:], Cochon [kɔ'ʃõ:], Penchant [pã'ʃã:]

5. Man spricht den tsch-Laut [t͜ʃ] in den meisten englischen Wörtern, in einigen den tsch-Laut [t͜ʃ] oder den sch-Laut [ʃ]:
chartern ['t͜ʃartɐn] oder ['ʃartɐn], Chief [t͜ʃi:f], Chutney ['t͜ʃatni]

6. Man spricht den tsch-Laut [t͜ʃ] in spanischen Wörtern:
Chinchilla [t͜ʃɪn't͜ʃɪla], Gaucho ['gau̯t͜ʃo], Macho ['mat͜ʃo]

ci

Man spricht den tsch-Laut [t͜ʃ] in italienischen Wörtern vor a, e, o, u:
Caciocavallo [kat͜ʃoka'valo], Ciacona [t͜ʃa'ko:na]

ck

Man spricht [k]:
Bock [bɔk], Hecke ['hɛkə], Knicks [knɪks], wackle ['vaklə]

cs

Man spricht den tsch-Laut [t͜ʃ] in ungarischen Wörtern:
Csárdás ['t͜ʃardas], Csikós ['t͜ʃi:ko:ʃ]

d

1. Man spricht [d]:
a) am Wortanfang:
Dame ['da:mə], drei [drai̯], dwars [dvars], Dynamik [dy'na:mɪk]

b) im Wortinneren vor Vokal, vor [m̩, n̩, l̩]:
Adel ['a:dl̩], ander ['andɐ], blödem ['blø:dm̩], Felder ['fɛldɐ], Rhabdom [rap'do:m]

c) vor l, n, r, wenn sie zum Stamm gehören oder eine Nebenform d + e hat:
Hạndlung ['handlʊŋ] (Stamm: hạnd[e]l ['hand[ə]l]), ru̲dre ['ru:drə] (Nebenform: ru̲dere ['ru:dərə])

2. Man spricht [t]:
a) am Wortende:
Ba̲d [ba:t], e̲rd! [e:ɐ̯t], Gẹld [gɛlt], Oxi̲d [ɔ'ksi:t], Wạnd [vant]

b) vor stimmlosen Konsonanten und vor g, m, n, v, w:
Admira̲l [atmi'ra:l], Ẹdgar ['ɛtgar], wịdmen ['vɪtmən], Wọdka ['vɔtka]

c) vor den Ableitungssilben -bar, -chen, -haft, -heit, -lein, -lich, -ling, -lings, -los, -nis, -sal, -sam, -schaft, -tum, -wärts:
bere̲dsam [bə're:tza:m], fre̲u̲ndlich ['frɔy̯ntlɪç], le̲i̲dlos ['la̯itlo:s], Mä̲dchen ['mɛ:tçən]

d) meist im lateinischen Präfix ad- vor Konsonantenbuchstaben (außer vor r):
Adhärẹnz [athɛ'rɛnts], Adjụnkt [at'jʊŋkt], Advoka̲t [atvo'ka:t]

3. d ist stumm am Wortende in französischen Wörtern:
Bouleva̲rd [bulə'va:ɐ̯], Fond [fõ:], Rechaud [re'ʃo:]

dd

1. Man spricht [d]:
a) im Wortinneren vor Vokal, vor [n̩, l̩]:
addi̲eren [a'di:rən], jịddisch ['jɪdɪʃ], Klạdden ['kladn̩], Tọddy ['tɔdi]

b) vor l, r, wenn sie zum Stamm gehören oder eine Nebenform dd + e hat:
Pạddler ['padlɐ] (Stamm: pạdd[e]l ['pad[ə]l]), schnọddrig ['ʃnɔdrɪç] (Nebenform: schnọdderig ['ʃnɔdərɪç])

2. Man spricht [t]:
a) am Wortende:
Mọdd [mɔt], pạdd! [pat]

b) vor den Ableitungssilben -bar, -chen, -haft, -heit, -lein, -lich, -ling, -lings, -los, -nis, -sal, -sam, -schaft, -tum, -wärts:
pạddbar ['patba:ɐ̯]

[d]ds

Man spricht [t͜s] am Wortende oder vor t:
Mọdds [mɔt͜s], pạddst [pat͜st], Ra̲ds [ra:t͜s], re̲dst [re:t͜st]

[d]dsch

1. Man spricht den dsch-Laut [d͜ʒ] am Wortanfang und meistens im Wortinneren:
Dschụngel ['d͜ʒʊŋl̩], Ha̲dschi ['ha:d͜ʒi], Hẹdschra ['hɛd͜ʒra]

2. Man spricht den tsch-Laut [t͡ʃ] in -d + sch[e] (Ableitungssuffix -sch[e]) und am Wortende:
Ha̱d[d]sch [ha:t͡ʃ], Lọdsch [lɔt͡ʃ], Wịldsch[e] ['vɪlt͡ʃ[ə]]

dt

Man spricht [t]:
bere̱dt [bə're:t], gesa̱ndt [gə'zant], lä̱dt [lɛ:t], Stä̱dte ['ʃtɛ:tə], verwa̱ndt [fɛɐ̯'vant]

e

Betont

1. spricht man langes geschlossenes e [e:]:
a) wenn im Stamm nur ein Konsonantenbuchstabe (außer x), nur ph oder nur th folgt:
de̱m [de:m], de̱n [de:n], de̱r [de:ɐ̯], e̱r [e:ɐ̯], fe̱g-t [fe:kt], Isone̱phe [izo'ne:fə], le̱s-t [le:st], Te̱thys ['te:tʏs], We̱g-s [ve:ks]
b) wenn mehrere Konsonantenbuchstaben folgen, aber eine Nebenform oder der Stamm langes geschlossenes e [e:] hat:
e̱dle ['e:dlə] (Nebenform: e̱dele ['e:dələ]), re̱gnen ['re:gnən] (Stamm: re̱g[e]n ['re:g[ə]n])
c) vor bl, br, cl, cr, dl, dr, fl, fr, gl, gr, kl, kr, phl, phr, pl, pr, qu, thl, thr, tl, tr:
Alle̱gro [a'le:gro], E̱phraim ['e:fraɪm], Le̱pra ['le:pra], Re̱quiem ['re:kviɛm], Ze̱bra ['t͡se:bra]
d) vor einem zur nächsten Silbe gehörenden Vokal:
Andre̱as [an'dre:as], prote̱isch [pro'te:ɪʃ], Se̱en ['ze:ən], Tede̱um [te'de:ʊm]
e) am Wortende:
Ade̱ [a'de:], Akme̱ [ak'me:], je̱ [je:], Koine̱ [kɔ͡ʏ'ne:], Re̱ [re:]
f) in:
bere̱dt, Beschwe̱rde, E̱rde, e̱rst, E̱rz (auch: Ẹrz), He̱rd, He̱rde, Ke̱bse, Ke̱ks, Kre̱bs, Me̱ltau, ne̱bst, Schwe̱rt, ste̱ts, we̱rden, We̱rmut, We̱rt, we̱rt u. a.

2. spricht man kurzes offenes e [ɛ]:
a) vor x oder vor mehreren zum Stamm gehörenden Konsonantenbuchstaben (sofern nicht unter 1 erfasst):
Drẹss [drɛs], fẹsch [fɛʃ], Hẹxe ['hɛksə], Kẹrbe ['kɛrbə], mẹssen ['mɛsn̩], Pẹch [pɛç]
b) in:
cẹs, Chẹf, dẹs, Dẹs, ẹs, Ẹs, ẹtliche, gẹn, gẹs, Hẹrberge, Hẹrzog, Hotẹl, plemplẹm, Reliẹf, Rẹn, Sowjẹt, wẹg, wẹs u. a.

3. spricht man langes offenes e [ɛ:] (vgl. S. 21):
a) in französisch -ers [ɛ:ɐ̯], -ert [ɛ:ɐ̯]; in französisch -eille [ɛ:jə]:
Boute̱ille [bu'tɛ:jə], Desse̱rt [dɛ'sɛ:ɐ̯]
b) neben langem geschlossenem e [e:] in weiteren französischen Wörtern:
Enque̱te [ã'kɛ:t(ə)], lege̱r [le'ʒɛ:ɐ̯], Pie̱ce ['pi̯ɛ:s(ə)] u. a.

Unbetont

1. spricht man kurzes geschlossenes e [e]:
   a) vor einem Konsonantenbuchstaben (außer x), vor bl, br, cl, cr, dl, dr, gl, gr, kl, kr, ph, phl, phr, pl, pr, qu, th, thl, thr, tl, tr + Vokalbuchstabe:
   elegạnt [ele'gant], Metrono̱m [metro'no:m], Mephịsto [me'fɪsto], Negri̱to [ne'gri:to], Nephri̱tis [ne'fri:tɪs]

   b) vor Vokal:
   A̱rea ['a:rea], Cọchleae ['kɔxleɛ], Eozä̱n [eo'tsɛ:n], Koffei̱n [kɔfe'i:n], Thea̱ter [te'a:tɐ], Theologi̱e [teolo'gi:]

   c) am Wortende nach Vokal in nicht unmittelbar nachtoniger Silbe in weniger häufigen Fremdwörtern und fremden Namen:
   A̱loe ['a:loe], Bẹnzoe ['bɛnt͡soe], Si̱mile ['zi:mile]

   d) meistens in den lateinischen Präfixen de- und re-:
   despera̱t [despe'ra:t], destrukti̱v [destrʊk'ti:f], Reflẹx [re'flɛks], refraktä̱r [refrak'tɛ:ɐ̯]

   e) in:
   jedẹnnoch [je'dɛnɔx], jedọch [je'dɔx], lebẹndig [le'bɛndɪç]

2. spricht man kurzes offenes e [ɛ]:
   a) in emp-, ent-, er-, her-, ver-, zer-:
   empfịnden [ɛm'p͡fɪndn̩], erfạssen [ɛɐ̯'fasn̩], herei̱n [hɛ'ra͜in], Verra̱t [fɛɐ̯'ra:t]

   b) vor x oder vor mehreren zum Stamm gehörenden Konsonantenbuchstaben in Fremdwörtern (sofern nicht unter 1 erfasst):
   Ko̱dex ['ko:dɛks], lexika̱lisch [lɛksi'ka:lɪʃ], Mentho̱l [mɛn'to:l], Resso̱rt [rɛ'so:ɐ̯], zentralisi̱eren [t͡sɛntrali'zi:rən]

   c) nachtonig vor Konsonant, wenn eine Nebenform oder eine kürzere verwandte Form betontes kurzes offenes e [ɛ] hat:
   Te̱zett ['te:t͡sɛt] (Nebenform: Tezẹtt [te't͡sɛt]), ịmpotent ['ɪmpotɛnt] (Nebenform: impotẹnt [ɪmpo'tɛnt])

   d) vor Konsonant am Wortende, vor allem in griechischen und lateinischen Wörtern, besonders wenn das Wort ähnlich wie in der Fremdsprache geschrieben wird:
   Cọrtes ['kɔrtɛs], De̱bet ['de:bɛt], Hẹrpes ['hɛrpɛs], Ka̱ries ['ka:ri̯ɛs], Schibbo̱leth [ʃɪ'bo:lɛt]

   e) in:
   E̱len[tier] ['e:lɛn[ti:ɐ̯]], e̱lend ['e:lɛnt], E̱lend ['e:lɛnt] u. a.

3. spricht man [ə]:
   a) in deutschen Wörtern nachtonig, vor allem in Endungen:
   Ạlte ['altə], rọstet ['rɔstət], sau̱berere ['za͜ubərərə], ụnsere ['ʊnzərə], wu̱chernde ['vu:xɐndə]

b) wegen -el /əl/ [əl], [l̩] vgl. S. 37–38, 40; wegen -em /əm/ [əm], [m̩] vgl. S. 37–38; wegen -en /ən/ [ən], [n̩] vgl. S. 37–40; wegen -er /ər/ [ər], [ɐ] vgl. S. 40–41

c) in den Präfixen be- und ge-:
beachten [bəˈlaxtn̩], Bezirk [bəˈtsɪrk], geahnt [gəˈla:nt], Gewand [gəˈvant]

d) bei griechischen, lateinischen und anderen Fremdwörtern in der Endung, besonders wenn sie von der Endung in der Fremdsprache verschieden ist:
Oase [oˈa:zə], Sonate [zoˈna:tə], These [ˈte:zə], Woiwode [vɔy̯ˈvo:də]

e) in französischen Wörtern:
vortonig, besonders vor Konsonant plus Vokal:
Chevalier [ʃəvaˈli̯e:], Koschenille [kɔʃəˈnɪljə], Premier [prəˈmi̯e:]

oft am Wortende nach Konsonant:
Chaine [ˈʃɛ:nə], Clique [ˈklɪkə], Sauce [ˈzo:sə]

in -ement [əˈmã:]; oft in -ette [ɛtə], -ille [ɪl[j]ə], -otte [ɔtə]:
Deplacement [deplasəˈmã:], Manschette [manˈʃɛtə], Marotte [maˈrɔtə]

in -age [a:ʒə], -aise [ɛ:zə], -euse [ø:zə]:
Coiffeuse [ko̯aˈfø:zə], Ekossaise [ekɔˈsɛ:zə], Garage [gaˈra:ʒə]

4. spricht man langes geschlossenes e [e:] in Ableitungen auf -ei, wenn in der einfachen Form die entsprechende Silbe langes geschlossenes e [e:] hat:
Eselei [e:zəˈla̯i] (zu: Esel), Weberei [ve:bəˈra̯i] (zu: weben)

e ist stumm am Wortende in englischen und französischen Wörtern:
Bonhomme [bɔˈnɔm], Cape [ke:p], Frame [fre:m], Madame [maˈdam], Pipeline [ˈpa̯ipla̯in], Revue [rəˈvy:]

é

Man spricht in französischen Wörtern betont langes geschlossenes e [e:], unbetont kurzes geschlossenes e [e]:
Café [kaˈfe:], Negligé [negliˈʒe:], Séance [zeˈã:sə], Séparée [zepaˈre:]

ê

Man spricht in französischen Wörtern betont langes offenes e [ɛ:] (vgl. S. 21), unbetont kurzes offenes e [ɛ] (vgl. S. 21):
tête-à-tête [tɛtaˈtɛ:t]

ea

Man spricht meist langes geschlossenes i [i:] in englischen Wörtern, weniger häufig langes geschlossenes e [e:] und kurzes offenes e [ɛ]:
Beat [bi:t], Break [bre:k], Clearing [ˈkli:rɪŋ], Readymade [ˈrɛdime:t], Seal [zi:l], Steak [ste:k], Steamer [ˈsti:mɐ], Team [ti:m], Tearoom [ˈti:ru:m]

eau

Man spricht in französischen Wörtern betont langes geschlossenes o [o:], unbetont kurzes geschlossenes o [o]:
Beauté [bo'te:], Chapeau [ʃa'po:], Niveau [ni'vo:], Nouveauté [nuvo'te:]

ee

1. Man spricht:
   a) betont langes geschlossenes e [e:]:
   Frikassee [frika'se:], Idee [i'de:], leerst [le:ɐ̯st], See [ze:], Tee [te:]

   b) unbetont langes geschlossenes e [e:] in Ableitungen auf -ei, wenn in der einfachen Form die entsprechende Silbe langes geschlossenes e [e:] hat; in anderen Fällen kurzes geschlossenes e [e]:
   Leererei [le:rə'rai̯], Reederei [re:də'rai̯]
   Kanapee ['kanape], paneelieren [pane'li:rən], Porree ['pɔre]
2. Man spricht in englischen Wörtern betont langes geschlossenes i [i:], unbetont kurzes geschlossenes i [i]:
   Jeep [dʒi:p], Peer [pi:ɐ̯], Toffee ['tɔfi]

ée

Man spricht langes geschlossenes e [e:]:
Dragée [dra'ʒe:], Séparée [zepa're:]

eh

Man spricht langes geschlossenes e [e:] in deutschen Wörtern:
gehe ['ge:ə], hehlen ['he:lən], Hehlerei [he:lə'rai̯], Reh [re:], Wehr [ve:ɐ̯]

ei

Man spricht den Diphthong [ai̯] in deutschen Wörtern und in den meisten Fremdwörtern:
Bein [bai̯n], Eidetik [ai̯'de:tɪk], Eis [ai̯s], reißen ['rai̯sn̩], Sauerei [zau̯ə'rai̯]

eih

Man spricht den Diphthong [ai̯] in deutschen Wörtern:
leih! [lai̯], Leiherei [lai̯ə'rai̯], Reihe ['rai̯ə], Weih [vai̯], Weihling ['vai̯lɪŋ]

ein

Man spricht in französischen Wörtern vor Konsonantenbuchstabe unbetont kurzes nasales e [ɛ̃], betont langes nasales e [ɛ̃:]:
Enceinte [ã'sɛ̃:t], Pleinpouvoir [plɛ̃pu'vo̯a:ɐ̯], Teint [tɛ̃:]

em

Man spricht in französischen Wörtern vor Konsonantenbuchstabe unbetont kurzes nasales a [ã], betont langes nasales a [ã:]:
Empire [ã'pi:ɐ̯], Ensemble [ã'sã:bl̩], Rembours [rã'bu:ɐ̯]

en

Man spricht in französischen Wörtern:
1. vor Konsonantenbuchstabe unbetont kurzes nasales a [ã], betont langes nasales a [ã:]:
Departement [departə'mã:], Détente [de'tã:t], Pendant [pã'dã:]
2. langes nasales e [ɛ̃:] betont nach i oder nach y am Wortende:
Bohemien [boe'mi̯ɛ̃:], Citoyen [sito̯a'jɛ̃:], Doyen [do̯a'jɛ̃:]

er

Man spricht langes geschlossenes e [e:] am Wortende in französischen Wörtern:
Baiser [bɛ'ze:], Diner [di'ne:], Lever [lə've:], Premier [prə'mi̯e:]

et

Man spricht langes geschlossenes e [e:] am Wortende in französischen Wörtern:
Bonnet [bɔ'ne:], Cachet [ka'ʃe:], Toupet [tu'pe:]

eu

1. Man spricht den Diphthong [ɔy̯] in deutschen und griechischen Wörtern:
Euphorie [ɔy̯fo'ri:], heute ['hɔy̯tə], neun [nɔy̯n], Rheuma ['rɔy̯ma]
2. Man spricht in französischen Wörtern:
a) betont meist langes geschlossenes ö [ø:]:
Coiffeuse [ko̯a'fø:zə], Jeu [ʒø:], Milieu [mi'li̯ø:], Redakteur [redak'tø:ɐ̯]
b) unbetont meist kurzes geschlossenes ö [ø]:
Dejeuner [deʒø'ne:], pasteurisieren [pastøri'zi:rən], Voyeurismus [vo̯ajø'rɪsmʊs]

ew

Man spricht betont langes geschlossenes u [u:] in einigen englischen Wörtern:
Crew [kru:], News [nju:s], Review [ri'vju:]

ey

1. Man spricht den Diphthong [ai̯] vor allem in Eigennamen:
Ceylon ['tsai̯lɔn], Dilthey ['dɪltai̯], Meyer ['mai̯ɐ]
2. Man spricht in englischen Wörtern am Wortende kurzes geschlossenes i [i] (z. T. auch: [ai̯], [e]):
Hockey ['hɔki], Jockey ['dʒɔke] (auch: ['dʒɔki], ['dʒɔkai̯]), Trolley ['trɔli]

f

Man spricht [f]:

a̲u̲f [au̯f], Fạch [fax], Hạrfe ['harfə], Refọrm [re'fɔrm], Tạft [taft]

ff

Man spricht [f]:

Affä̲re [a'fɛ:rə], Ạffe ['afə], Affrika̲te [afri'ka:tə], mụfflig ['mʊflɪç], schạff! [ʃaf]

g

1. Man spricht [g]:
   a) am Wortanfang vor Vokalen und stimmhaften Konsonanten:
   Ga̲s [ga:s], Gdịngen ['gdɪŋən], Gẹns [gɛns], gle̲i̲ch [glai̯ç], Gmụnd [gmʊnt], Gna̲de ['gna:də], gra̲u̲ [grau̯]

   b) im Wortinneren vor Vokal, vor [m̩, n̩, l̩]:
   E̲gel ['e:gl̩], La̲ge ['la:gə], Sọrge ['zɔrgə], we̲nigen ['ve:nɪgn̩], vulgä̲r [vʊl'gɛ:ɐ̯]

   c) vor l, n, r, wenn sie zum Stamm gehören oder eine Nebenform g + e hat:
   re̲gne ['re:gnə] (Stamm: re̲g[e]n ['re:g[ə]n]), se̲gle ['ze:glə] (Nebenform: se̲gele ['ze:gələ])

   d) in griechischen und lateinischen Wörtern vor l, m, n, r:
   Agla̲i̲a [a'glai̯a], Agrono̲m [agro'no:m], Mạgma ['magma], Signa̲l [zɪ'gna:l]

2. Man spricht [k]:
   a) am Wortende:
   ạrg [ark], fọlg! [fɔlk], la̲g [la:k], Mẹtzg [mɛt͜sk], rọ̈ntg! [rœntk], wẹg [vɛk], We̲g [ve:k]

   b) vor stimmlosen Konsonanten, vor d:
   bugsi̲e̲ren [bʊ'ksi:rən], Gschna̲sfest ['kʃna:sfɛst], le̲gt [le:kt], Mạgda ['makda]

   c) vor den Ableitungssilben -bar, -chen, -haft, -heit, -lein, -lich, -ling, -lings, -los, -nis, -sal, -sam, -schaft, -sel, -tum, -wärts:
   bewe̲glich [bə've:klɪç], Fe̲i̲gling ['fai̯klɪŋ], tra̲gbar ['tra:kba:ɐ̯], Wa̲gnis ['va:knɪs]

   d) in der Endung -ig, wenn die Ableitungssilbe -lich unmittelbar folgt:
   kö̲niglich ['kø:nɪklɪç], le̲diglich ['le:dɪklɪç], mạ̈nniglich ['mɛnɪklɪç]

   e) in:
   Kö̲nigreich ['kø:nɪkrai̯ç]

3. Man spricht den Ichlaut [ç] in der Endung -ig:
   a) am Wortende:
   bö̲ig ['bø:ɪç], e̲i̲nig ['ai̯nɪç], Kö̲nig ['kø:nɪç], zwe̲i̲sprachig ['t͜svai̯ʃpra:xɪç]

   b) vor Konsonant, wenn nicht die Ableitungssilbe -lich unmittelbar folgt:
   e̲i̲nigst ['ai̯nɪçst], vere̲i̲nigt [fɛɐ̯'lai̯nɪçt], zwạnzigste ['t͜svant͜sɪçstə], zwạnzigjährig ['t͜svant͜sɪçjɛ:rɪç], zwạnzigteilig ['t͜svant͜sɪçtai̯lɪç]

4. Man spricht den sch-Laut [ʒ] in französischen Wörtern am Wortanfang und im Wortinneren vor e, é, è, ê, i, y:
changi̲e̲ren [ʃãˈʒiːrən], Gara̲ge [gaˈraːʒə], Ge̲ne [ʒɛːn], Gile̲t [ʒiˈleː], Negligé [negliˈʒeː]

5. Man spricht den dsch-Laut [d͜ʒ] in italienischen und z. T. in englischen Wörtern am Wortanfang und im Wortinneren vor e, i:
age̲vole [aˈd͜ʒeːvole], Gẹntry [ˈd͜ʒɛntri], Gịn [d͜ʒɪn], Girạndola [d͜ʒiˈrandola]

gg

1. Man spricht [g]:
a) im Wortinneren vor Vokal, vor [n̩, l̩]:
Ẹgge [ˈɛgə], fẹrgge [ˈfɛrge], grọggy [ˈgrɔgi], Knịgge [ˈknɪgə], Rọggen [ˈrɔgn̩]
b) vor l, r, wenn sie zum Stamm gehören oder eine Nebenform gg + e hat:
bạggre [ˈbagrə] (Nebenform: bạggere [ˈbagərə]), Schmụggler [ˈʃmʊglɐ] (Stamm: schmụgg[e]l [ˈʃmʊg[ə]l]), tọ̈rrgle [ˈtœrglə] (Nebenform: tọ̈rrgele [ˈtœrgələ])

2. Man spricht [k]:
a) am Wortende:
Brịgg [brɪk], egg! [ɛk], fẹrgg! [fɛrk], flạgg! [flak], lọgg! [lɔk]
b) vor stimmlosen Konsonanten:
ẹggst [ɛkst], fẹrggt [fɛrkt], jọggst [d͜ʒɔkst], lọggt [lɔkt], lọggte [ˈlɔktə]
c) vor den Ableitungssilben -bar, -chen, -haft, -heit, -lein, -lich, -ling, -lings, -los, -nis, -sal, -sam, -sel, -schaft, -tum, -wärts:
ẹggbar [ˈɛkbaːɐ̯], lọggbar [ˈlɔkbaːɐ̯]

3. Man spricht den dsch-Laut [d͜ʒ] in italienischen Wörtern vor i:
Lọggien [ˈlɔd͜ʒi̯ən], solfeggi̲e̲ren [zɔlfɛˈd͜ʒiːrən]

gh

Man spricht [g] vor Vokal, besonders in italienischen Wörtern:
Ghẹtto [ˈgɛto], Larghẹtto [larˈgɛto], Jo̲ghurt [ˈjoːgʊrt], Sọrghum [ˈzɔrgʊm]

[g]gi

Man spricht den dsch-Laut [d͜ʒ] in italienischen Wörtern vor a, o, u, sonst [d͜ʒi]:
Arpẹggio [arˈpɛd͜ʒo], gioco̲so [d͜ʒoˈkoːzo], giụsto [ˈd͜ʒʊsto], Ragio̲ne [raˈd͜ʒoːnə]

gli

Man spricht [lj] in italienischen Wörtern vor a, e, o, u, sonst [lji]:
Antikạglien [antiˈkaljən], Imbrọgli [ɪmˈbrɔlji], Intạglio [ɪnˈtaljo], Passacạglia [pasaˈkalja]

gn

Man spricht [nj] in französischen und italienischen Wörtern:
Bạgno [ˈbanjo], Champạgner [ʃamˈpanjɐ], Gnọcchi [ˈnjɔki], Kọgnak [ˈkɔnjak], Vigogne [viˈgɔnjə]

gni

Man spricht [nji] in italienischen Wörtern:
Bạgni [ˈbanji], Sẹgni [ˈzɛnji]

gu

Man spricht [g] am Wortanfang und im Wortinneren in französischen und spanischen Wörtern vor e, i:
Aiguillẹtte [ɛgiˈjɛtə], Guerrịlla [gɛˈrɪlja], Guilloti̲ne [gɪljoˈti:nə]

h

1. Man spricht [h]:
   a) am Wortanfang in deutschen und in den meisten fremden Wörtern:
   Hạls [hals], Hausse [ˈho:sə], Họbby [ˈhɔbi], Hỵmne [ˈhʏmnə]
   b) in Ausrufewörtern zwischen Vokalen:
   ahạ! [aˈha], aho̲i̲! [aˈhɔy̆], juhe̲! [juˈhe:], oho̲! [oˈho:]
   c) zwischen Vokalen in den meisten Fremdwörtern:
   Bu̲hurt [ˈbu:hʊrt], Mahago̲ni [mahaˈgo:ni], Mohä̲r [moˈhɛ:ɐ̯], Vehi̲kel [veˈhi:kl̩]
   d) in:
   A̲horn [ˈa:hɔrn], O̲heim [ˈo:hai̯m], Schu̲hu [ˈʃu:hu], U̲hu [ˈu:hu]
2. Sonst ist h stumm im Inneren und am Ende deutscher Wörter:
   e̲he [ˈe:ə], E̲i̲nweihung [ˈai̯nvai̯ʊŋ], le̲i̲hst [lai̯st], schmä̲hlich [ˈʃmɛ:lɪç], si̲e̲h! [zi:]
3. h ist stumm im Inneren und oft am Anfang französischer Wörter:
   Bonhomi̲e̲ [bɔnoˈmi:], Hautgout [oˈgu:], Honneurs [ɔˈnø:ɐ̯s] (auch: [hɔ...])

i

Betont

1. spricht man langes geschlossenes i [i:]:
   a) wenn im Stamm nur ein Konsonantenbuchstabe (außer x), nur ph oder nur th folgt:
   Benzi̲n [bɛnˈt͜si:n], gi̲b! [gi:p], gi̲b-t [gi:pt], Li̲thium [ˈli:ti̯ʊm], Si̲pho [ˈzi:fo]
   b) wenn mehrere Konsonantenbuchstaben folgen, aber eine Nebenform oder der Stamm langes geschlossenes i [i:] hat:
   erwi̲dre [ɛɐ̯ˈvi:drə] (Nebenform: erwi̲dere [ɛɐ̯ˈvi:dərə]), wi̲drig [ˈvi:drɪç] (Stamm: wi̲d[e]r [ˈvi:d[ə]r])

c) vor bl, br, cl, cr, dl, dr, fl, fr, gl, gr, kl, kr, phl, phr, pl, pr, qu, thl, thr, tl, tr:
bi̱blisch [ˈbiːblɪʃ], Mi̱thras [ˈmiːtras], Tri̱plum [ˈtriːplʊm], Zi̱trus [ˈt͜siːtrʊs]

d) vor einem zur nächsten Silbe gehörenden Vokal:
Bri̱o [ˈbriːo], Mani̱en [maˈniːən], Pi̱us [ˈpiːʊs], Schi̱er [ˈʃiːɐ], Zi̱on [ˈt͜siːɔn]

e) am Wortende:
Hali̱ [haˈliː], Kroki̱ [kroˈkiː], Pli̱ [pliː], Schi̱ [ʃiː], Xi̱ [ksiː]

f) in:
Li̱vre [ˈliːvrə], Ni̱sche [ˈniːʃə], pi̱ksen [ˈpiːksn̩] u. a.

2. spricht man kurzes offenes i [ɪ]:
a) vor x oder vor mehreren zum Stamm gehörenden Konsonantenbuchstaben (sofern nicht unter i, „Betont", 1 erfasst):
Bịss [bɪs], Bịsses [ˈbɪsəs], Lịst [lɪst], mịld [mɪlt], mịxen [ˈmɪksn̩], Wịtz [vɪt͜s]

b) in:
Aprịl, bịn, bịs, Bịstum, cịs, Clịque, dịs, Fịnish [ˈfɪnɪʃ], fịs, fịt, Gambịt, gịs, Hịmbeere, hịn, hịs, Hịt, ịm, ịn, Kapịtel, Klimbịm, Krịm, mịt, Quịz, Slịp, -zịg, Zịther u. a.

3. spricht man den Diphthong [a͜i] in einigen englischen Wörtern:
Pile [pa͜il], Pipeline [ˈpa͜ipla͜in], Spikes [ʃpa͜iks], timen [ˈta͜imən]

Unbetont

1. spricht man kurzes geschlossenes i [i]:
a) vor einem Konsonantenbuchstaben (außer x), vor bl, br, cl, cr, dl, dr, gl, gr, kl, kr, ph, phl, phr, pl, pr, qu, th, thl, thr, tl, tr + Vokalbuchstabe:
Antiquitä̱t [antikviˈtɛːt], Diplo̱m [diˈploːm], vita̱l [viˈtaːl], Zitro̱ne [t͜siˈtroːnə]

b) vor Vokal: nach b, c, ch, d, f, g, k, p, ph, qu, s, t, th, v, w, x, z + l, m, n, r; nach ml, mn, mr; nach nl, nm, nr (vgl. S. 42):
Ạmnion [ˈamniɔn], Hạfnium [ˈhafniʊm], Henriẹtta [hɛnriˈɛta], Mạnlius [ˈmanliʊs], Quietịst [kvieˈtɪst], Tria̱ge [triˈaːʒe]

c) am Wortende:
Fa̱muli [ˈfaːmuli], Fi̱lii [ˈfiːlii], Gụmmi [ˈgʊmi], Pọrti [ˈpɔrti]

d) z. T. in griechischen und lateinischen Zusammensetzungen mit -i-, wenn die Zusammensetzung gefühlt wird und wo sonst kurzes offenes i [ɪ] zu erwarten ist:
Epista̱se [epiˈstaːzə], Hemisphä̱re [hemiˈsfɛːrə], Peristy̱l [periˈstyːl]

e) in:
Livre̱e̱, Persifla̱ge u. a.

2. spricht man unsilbisches i [i̯] vor einem zu derselben Silbe gehörenden Vokal (vgl. S. 42):
Natio̱n [naˈt͜si̯oːn], Po̱dium [ˈpoːdi̯ʊm], potenziẹll [potɛnˈt͜si̯ɛl], Stu̱die [ˈʃtuːdi̯ə]

3. spricht man kurzes offenes i [ɪ]:
   a) vor x oder vor mehreren zum Stamm gehörenden Konsonantenbuchstaben (sofern nicht unter 1 erfasst):
   fixi̲e̲ren [fɪˈksi:rən], Kristạll [krɪsˈtal], Millio̲n [mɪˈli̯o:n], quitti̲e̲ren [kvɪˈti:rən]

   b) vor Konsonant am Wortende:
   De̲fizit [ˈde:fit͜sɪt], Fo̲rint [ˈfo:rɪnt], gra̲tis [ˈgra:tɪs], Kọchin [ˈkœçɪn]

   c) in der Endung -ig am Wortende, vor Vokal, vor m̩, n̩, l̩ oder vor Konsonant; in hin-:
   e̲i̲nig [ˈa͜inɪç], e̲i̲nige [ˈa͜inɪgə], gee̲i̲nigt [gəˈ|a͜inɪçt], hine̲i̲n [hɪˈna͜in], kö̲niglich [ˈkø:nɪk-lɪç], we̲nigem [ˈve:nɪgm̩]

4. spricht man langes geschlossenes i [i:]:
   a) nachtonig vor Konsonant, wenn eine Nebenform oder eine kürzere verwandte Form betontes langes geschlossenes i [i:] hat:
   pạssiv [ˈpasi:f] (Nebenform: passi̲v [paˈsi:f])

   b) in -im (hebräische Mehrzahlendung) und meist in deutschen Eigennamen auf -in, z. T. in Gattungsbezeichnungen auf -in oder -ir:
   Bạldachin [ˈbaldaxi:n], Ẹrwin [ˈɛrvi:n], Họ̈lderlin [ˈhœldɐli:n], Se̲raphim [ˈze:rafi:m], Vạmpir [ˈvampi:ɐ̯]

5. spricht man den Diphthong [a͜i] in einigen englischen Wörtern:
   Outsider [ˈa͜utsa͜idɐ], Pipeline [ˈpa͜ipla͜in], timst [ta͜imst]

ie

Betont

1. spricht man langes geschlossenes i [i:]:
   Bi̲e̲st [bi:st], di̲e̲ [di:], geschri̲e̲en [gəˈʃri:ən], Ni̲e̲te [ˈni:tə], si̲e̲ [zi:], wi̲e̲ [vi:], Mani̲e̲ [maˈni:], Brasseri̲e̲ [brasəˈri:]

2. spricht man kurzes offenes i [ɪ] in:
   Viertel [ˈfɪrtl̩], vierzehn [ˈfɪrt͜se:n], vierzig [ˈfɪrt͜sɪç]

Unbetont

1. spricht man kurzes geschlossenes i [i] in:
   vielle̲i̲cht [fiˈla͜içt]; wie- [vi-]: wieso̲ [viˈzo:], wiewo̲hl [viˈvo:l]

2. spricht man langes geschlossenes i [i:] in Ableitungen auf -ei, wenn in der einfachen Form die entsprechende Silbe langes geschlossenes i [i:] hat:
   Spielere̲i̲ [ʃpi:ləˈra͜i] (zu: spi̲e̲len), Zierere̲i̲ [t͜si:rəˈra͜i] (zu: zi̲e̲ren)

3. spricht man [i̯ə] für -ie in nicht englischen Fremdwörtern:
   Lịlie [ˈli:li̯ə], Stu̲die [ˈʃtu:di̯ə]

4. spricht man [i] für -ie in manchen englischen Fremdwörtern:
   Groupie [ˈgru:pi], Quịckie [ˈkvɪki], Zọmbie [ˈt͜sɔmbi]

ieh

Man spricht langes geschlossenes i [i:]:

Vieh [fi:], zieh! [tsi:], ziehen ['tsi:ən], Zieherei [tsi:ə'rai], ziehst [tsi:st]

ier

In der französischen Endung spricht man z. T. [i:ɐ̯], z. T. [i̯e:]:

Bankier [baŋ'ki̯e:], Barbier [bar'bi:ɐ̯], Offizier [ɔfi'tsi:ɐ̯], Portier [pɔr'ti̯e:]

ig

Wegen der Aussprache der Endung -ig siehe g, 1 b, 2 d, e; 3 a, b; ferner i, „Unbetont", 3 c.

ih

Man spricht langes geschlossenes i [i:] in deutschen Wörtern, besonders in Namen:

Ihle ['i:lə], ihm [i:m], ihn [i:n], ihr [i:ɐ̯], ihrzen ['i:ɐ̯tsn̩], Schlemihl ['ʃle:mi:l]

ill

In französischen Wörtern spricht man z. T. [j], z. T. [lj] nach Vokalbuchstaben:

Kanaille [ka'naljə], mouillieren [mu'ji:rən], Tailleur [ta'jø:ɐ̯]

im

Man spricht in französischen Wörtern vor Konsonantenbuchstabe unbetont kurzes nasales e [ɛ̃], betont langes nasales e [ɛ̃:]:

impair [ɛ̃'pɛ:ɐ̯], Impromptu [ɛ̃prõ'ty:], Timbre ['tɛ̃:brə]

j

1. Man spricht den ~~sch~~-Laut [ʒ] in französischen, den d~~sch~~-Laut [dʒ] in englischen, den Achlaut [x] in spanischen Wörtern:

   Jeep [dʒi:p], Jobber ['dʒɔbɐ], Jota ['xɔta], Jupon [ʒy'põ:]

2. Sonst spricht man [j]:

   Boje ['bo:jə], Jagd [ja:kt], junior ['ju:ni̯o:ɐ̯], schwojen ['ʃvo:jən]

k

Man spricht [k]:

Alk [alk], kalt [kalt], Kino ['ki:no], Kognak ['kɔnjak], link [lɪŋk], Lok [lɔk], piksen ['pi:ksn̩]

kk

Man spricht [k]:

Akklamation [aklama'tsi̯o:n], Kokke ['kɔkə], Okkasion [ɔka'zi̯o:n], okklusiv [ɔklu'zi:f]

kq

Man spricht [k] in:
akquiri̲e̲ren [akvi'ri:rən], Akqui̲se [a'kvi:zə]

l

1. Man spricht [l]:
bla̲u̲ [bla̯u], Fẹld [fɛlt], Lạnd [lant], Quịrl [kvɪrl], Te̲i̲l [ta̯il], Wẹls [vɛls]
2. Man spricht silbisches l [l̩] nach [p b t d k g m n ŋ f v s z ʃ ç x p͡f t͡s t͡ʃ] am Wortende (besonders in bajuwarischen Wörtern):
Axolọtl [akso'lɔtl̩], Dịrndl ['dɪrndl̩], Kre̲ml ['kre:ml̩], Li̲e̲sl [li:zl̩], Vo̲gl ['fo:gl̩]
3. Wegen -el /əl/ [əl], [l̩] vgl. S. 37–38, 40

ll

1. Man spricht [l]:
ạlle ['alə], fụ̈ll! [fʏl], fụ̈llst [fʏlst], Kristạll [krɪs'tal]
2. In einigen französischen Wörtern spricht man [j] nach i:
Papillo̲te [papi'jo:tə], Vermillon [vɛrmi'jõ:]
3. Man spricht [lj] in spanischen und einigen französischen Wörtern:
brillạnt [brɪl'jant], Kamarịlla [kama'rɪlja], Lla̲nos ['lja:nɔs]

m

1. Man spricht [m]:
engem ['ɛŋəm], ka̲m [ka:m], Lạmpe ['lampə], mịschen ['mɪʃn̩], Tme̲sis ['tme:zɪs]
2. Wegen -em /əm/ [əm], [m̩] vgl. S. 37–38.

mm

Man spricht [m]:
bekọ̈mmlich [bə'kœmlɪç], hẹmme ['hɛmə], kommu̲n [kɔ'mu:n], stạmmle ['ʃtamlə]

n

1. Man spricht [n]:
a) in deutschen Wörtern (außer vor g, k):
Bịnse ['bɪnzə], mạnch [manç], Na̲ht [na:t], Pla̲n [pla:n], Zẹntren ['t͡sɛntrən]
b) in Fremdwörtern außer vor c (gesprochen: [k]), g (gesprochen: [g]), k, qu, x (vgl. 1 c):
Insuli̲n [ɪnzu'li:n], Kọncha ['kɔnça], Pne̲u̲ [pnɔ̯y], Pụnsch [pʊnʃ]

c) in den griechischen oder lateinischen Präfixen con-, kon- (auch: [ŋ] vor [k], [g]), en-, in-, syn-:
Enkaustik [ɛn'kaustɪk], Kongress [kɔn'grɛs] (auch: [kɔŋ'grɛs]), synchron [zʏn'kro:n]

2. Man spricht den ng-Laut [ŋ]:
a) in deutschen Wörtern vor k:
Anker ['aŋkɐ], sinkst [zɪŋkst], Unke ['ʊŋkə], wankt [vaŋkt]
b) in Fremdwörtern vor c (gesprochen: [k]), g (gesprochen: [g]), k, qu, x (vgl. 1 c; vgl. ng):
Delinquent [delɪŋ'kvɛnt], Sphinx [sfɪŋks], Tangens ['taŋgɛns]

3. Man spricht silbisches n [n̩] nach [p b t d k g] am Wortende:
Haydn ['haidn̩], Ibn ['ɪbn̩]

4. Wegen -en /ən/ [ən], [n̩] vgl. S. 37–40.

ñ

Man spricht [nj]:
Cañon ['kanjɔn, kan'jo:n], Doña ['dɔnja], Señor [zɛn'jo:ɐ̯]

ng

Man spricht den ng-Laut [ŋ] in deutschen und in einigen fremden Wörtern:
Angst [aŋst], bringen ['brɪŋən], Gong [gɔŋ], Länge ['lɛŋə], Zeitung ['tsaitʊŋ]

nn

Man spricht [n]:
Annalen [a'na:lən], bannt [bant], donnre ['dɔnrə], Konnex [kɔ'nɛks], Tanne ['tanə]

o

Betont

1. spricht man langes geschlossenes o [o:]:
a) wenn im Stamm nur ein Konsonantenbuchstabe (außer x), nur ph oder nur th folgt:
groß [gro:s], hol! [ho:l], hol-st [ho:lst], Philosoph [filo'zo:f], stoß-t [ʃto:st], tob-t [to:pt]
b) wenn mehrere Konsonantenbuchstaben folgen, aber eine Nebenform oder der Stamm langes geschlossenes o [o:] hat:
Jodler ['jo:dlɐ] (Stamm: jod[e]l ['jo:d[ə]l]), lodre ['lo:drə] (Nebenform: lodere ['lo:dərə])
c) vor bl, br, cl, cr, dl, dr, fl, fr, gl, gr, kl, kr, phl, phr, pl, pr, qu, thl, thr, tl, tr:
Allotria [a'lo:tria], Koblenz ['ko:blɛnts], Kobra ['ko:bra], Kolloquium [kɔ'lo:kviʊm]
d) vor einem zur nächsten Silbe gehörenden Vokal:
Boa ['bo:a], Goi ['go:i], Protozoen [proto'tso:ən], troisch ['tro:ɪʃ]

e) am Wortende:
Büro̱ [by'ro:], Hallo̱ [ha'lo:], ho̱! [ho:], Klo̱ [klo:], Pro̱ [pro:]

f) in einigen Wörtern mit -ost-:
Jo̱st, Klo̱ster, O̱stern, Pro̱st, Tro̱st u. a.

g) in französischen Wörtern auf -or + d, p, t (gesprochen: [o:ɐ̯]):
d'acco̱rd [da'ko:ɐ̯], Ko̱rps [ko:ɐ̯], Resso̱rt [rɛ'so:ɐ̯]

h) in:
ho̱ch, Jo̱ghurt, Ko̱ks, Lo̱tse, Mo̱nd, Mo̱ntag, O̱bst, Pro̱pst, Vo̱gt u. a.

2. spricht man kurzes offenes o [ɔ]:
a) vor x oder vor mehreren zum Stamm gehörenden Konsonantenbuchstaben (sofern nicht unter 1 erfasst):
bọxe ['bɔksə], Pọst [pɔst], rọsst [rɔst], vọll [fɔl], Zọpf [t͡sɔp͡f], Zọrn [t͡sɔrn]

b) in:
Brọmbeere, Grọg, Grọs [grɔs] (12 Dutzend), Họchzeit (Eheschließung), Họffart ['hɔfart], Jọt, Lọg, Lọk, Lọrbeer, Mọb, ọb, Rọkoko, vọm, vọn, vọrn (vorne), Vọrteil, vọrwärts (auch: Vo̱rteil, vo̱rwärts) u. a.

Unbetont

1. spricht man kurzes geschlossenes o [o]:
a) vor einem Konsonantenbuchstaben (außer x), vor bl, br, cl, cr, dl, dr, gl, gr, kl, kr, ph, phl, phr, pl, pr, qu, th, thl, thr, tl, tr + Vokalbuchstabe:
Bora̱t [bo'ra:t], Sophrosy̱ne [zofro'zy:nə], Troglody̱t [troglo'dy:t]

b) vor einem zur nächsten Silbe gehörenden Vokal:
Geoi̱d [geo'i:t], Oa̱se [o'a:zə], Poe̱m [po'e:m], Zoologie [t͡soolo'gi:]

c) am Wortende:
ạnno ['ano], dẹsto ['dɛsto], I̱hro ['i:ro], Kaka̱o [ka'ka:o], Ma̱o ['ma:o]

d) z. T. in griechischen und lateinischen Zusammensetzungen mit -o-, wenn die Zusammensetzung gefühlt wird und wo sonst kurzes offenes o [ɔ] zu erwarten ist (vgl. S. 43):
Apostasie̱ [aposta'zi:], Biosko̱p [bio'sko:p], Prospẹkt [pro'spɛkt]

2. spricht man kurzes offenes o [ɔ]:
a) vor x oder vor mehreren zum Stamm gehörenden Konsonantenbuchstaben (sofern nicht unter „Betont", 1 erfasst):
Mo̱loch ['mo:lɔx], ossa̱l [ɔ'sa:l], Porta̱l [pɔr'ta:l], Toxi̱n [tɔ'ksi:n]

b) vor Konsonant am Wortende:
Bịschof ['bɪʃɔf] (auch: ['bɪʃo:f]), He̱rold ['he:rɔlt], Pa̱thos ['pa:tɔs], Ysop ['i:zɔp]

3. Man spricht langes geschlossenes o [o:]:
a) nachtonig vor Konsonant, wenn eine Nebenform oder eine kürzere verwandte Form betontes langes geschlossenes o [o:] hat:
alogisch ['alo:gɪʃ] (verwandte Form: logisch ['lo:gɪʃ])

b) in Ableitungen auf -ei, wenn in der einfachen Form die entsprechende Silbe langes geschlossenes o [o:] hat:
Mogelei [mo:gə'lai̯] (zu: mogeln), Vogtei [fo:k'tai̯] (zu: Vogt)

c) in der unbetonten Endung -or:
Doktor ['dɔkto:ɐ̯], Korridor ['kɔrido:ɐ̯], Tumor ['tu:mo:ɐ̯]

d) in:
Almosen ['almo:zn̩], Herzog ['hɛrts̮o:k], Kleinod ['klai̯no:t] u. a.

ö

Betont

1. spricht man langes geschlossenes ö [ø:]:
a) wenn im Stamm nur ein Konsonantenbuchstabe (außer x), nur ph oder nur th folgt:
Größe ['grø:sə], hör! [hø:ɐ̯], hör-st [hø:ɐ̯st], Köthen ['kø:tn̩], Synalöphe [zyna'lø:fə]

b) wenn mehrere Konsonantenbuchstaben folgen, aber eine Nebenform oder der Stamm langes geschlossenes ö [ø:] hat:
trödle ['trø:dlə] (Nebenform: trödele ['trø:dələ]), Trödler ['trø:dlɐ] (Stamm: tröd[e]l ['trø:d[ə]l])

c) wenn verwandte Formen mit langem geschlossenem o [o:] bestehen (vgl. o, „Betont", 1; oo):
höchst [hø:çst] (zu: hoch [ho:x]), trösten ['trø:stn̩] (zu: Trost [tro:st])

d) vor einem zur nächsten Silbe gehörenden Vokal:
böig ['bø:ɪç], Epopöe [epo'pø:ə], Pyorrhöen [pyɔ'rø:ən]

e) am Wortende:
Bö [bø:], Diarrhö [dia'rø:]

f) in:
Behörde, Gehöft (auch: Gehöft), Österreich, Röste (auch: Röste), rösten (auch: rösten) u. a.

2. spricht man kurzes offenes ö [œ] vor x oder vor mehreren zum Stamm gehörenden Konsonantenbuchstaben (sofern nicht unter 1 erfasst):
flösse ['flœsə], Föxchen ['fœksçən], Götter ['gœtɐ], löschen ['lœʃn̩]

Unbetont

1. spricht man kurzes geschlossenes ö [ø]:
   a) vor einem Konsonantenbuchstaben (außer x), vor bl, br, cl, cr, dl, dr, gl, gr, kl, kr, ph, phl, phr, pl, pr, qu, th, thl, thr, tl, tr + Vokalbuchstabe:
   Diözese [diøˈtseːzə], möblieren [møˈbliːrən], ökonomisch [økoˈnoːmɪʃ]

   b) vor Vokal:
   böotisch [bøˈoːtɪʃ], Homöopath [homøoˈpaːt], Onomatopöie [onomatopøˈiː]

   c) in:
   Stöchiometrie [ʃtøçi̯omeˈtriː]

2. spricht man kurzes offenes ö [œ]:
   a) vor x oder vor mehreren zum Stamm gehörenden Konsonantenbuchstaben (sofern nicht unter 1 erfasst):
   Klöppelei [klœpəˈlai̯], Östrogen [œstroˈgeːn], Pörkölt [ˈpœrkœlt]

   b) in:
   Bischöfe [ˈbɪʃœfə] (neben: [ˈbɪʃøːfə])

3. spricht man langes geschlossenes ö [øː]:
   a) in Ableitungen von Wörtern unter o, „Unbetont", 3 c, d:
   Kleinödchen [ˈklai̯nøːtçən], Korridörchen [ˈkɔridøːɐ̯çən]

   b) in Ableitungen auf -ei, wenn in der einfachen Form die entsprechende Silbe langes geschlossenes ö [øː] hat:
   Döserei [døːzəˈrai̯] (zu: dösen), Flöterei [fløːtəˈrai̯] (zu: flöten)

   c) in:
   Bischöfe [ˈbɪʃøːfə] (neben: [ˈbɪʃœfə])

oa

Man spricht betont langes geschlossenes o [oː] in einigen englischen Wörtern:
Goal [goːl], Roadster [ˈroːtstɐ], Roastbeef [ˈroːstbiːf], Toast [toːst]

oe

1. Man spricht wie den Buchstaben ö (vgl. ö) in Fremdwörtern und Namen:
   Foerster [ˈfœrstɐ], Goethe [ˈgøːtə], Goetheanum [gøteˈaːnʊm], Laboe [laˈbøː]
2. Man spricht langes geschlossenes o [oː] in bestimmten norddeutschen Namen:
   Coesfeld [ˈkoːsfɛlt], Itzehoe [ɪtsəˈhoː], Soest [zoːst]

öe

Man spricht langes geschlossenes ö [øː] in -rrhöe (Einzahl), z. T. in -pöe (Einzahl):
Diarrhöe [diaˈrøː], Menorrhöe [menɔˈrøː], Pharmakopöe [farmakoˈpøː]

oeu (œu)

Man spricht betont langes geschlossenes ö [øː] in französischen Wörtern:
Cœur [køːɐ̯], Sœur [zøːɐ̯]

oh

Man spricht langes geschlossenes o [oː]:
Bohnerei [boːnəˈrai̯], droht [droːt], Lohe [ˈloːə], roh [roː], verrohst [fɛɐ̯ˈroːst]

öh

Man spricht langes geschlossenes ö [øː]:
flöh! [fløː], Höhe [ˈhøːə], Köhlerei [køːləˈrai̯], löhnen [ˈløːnən], Söhnchen [ˈzøːnçən]

oi

1. Man spricht den Diphthong [ɔy̑]:
ahoi! [aˈhɔy̑], Koine [kɔy̑ˈneː], Konvoi [ˈkɔnvɔy̑], schwoien [ˈʃvɔy̑ən]
2. Man spricht [o̯aː] oder [o̯a] in französischen Wörtern:
Boudoir [buˈdo̯aːɐ̯], Memoiren [meˈmo̯aːrən], Oktroi [ɔkˈtro̯a], Toilette [to̯aˈlɛtə]
3. Man spricht langes geschlossenes o [oː] in bestimmten Namen, besonders in rheinischen Ortsnamen:
Grevenbroich [greːvn̩ˈbroːx], Roisdorf [ˈroːsdɔrf], Voigt [foːkt]

oin

Man spricht betont [o̯ɛ̃ː], unbetont [o̯ɛ̃] in französischen Wörtern, wenn kein Vokalbuchstabe folgt:
Appoint [aˈpo̯ɛ̃ː], Pointe [ˈpo̯ɛ̃ːtə], pointiert [po̯ɛ̃ˈtiːɐ̯t]

om

Man spricht betont langes nasales o [õː], unbetont kurzes nasales o [õ] in französischen Wörtern, wenn am Wortende oder vor Konsonanten kein Vokalbuchstabe folgt:
Aplomb [aˈplõː], L'hombre [ˈlõːbrə], ombriert [õˈbriːɐ̯t]

on

Man spricht betont langes nasales o [õː], unbetont kurzes nasales o [õ] in französischen Wörtern, wenn kein Vokalbuchstabe oder kein h folgt (z. T. auch: [ɔŋ] in einzelnen Wörtern):
Bonbon [bõˈbõː] (auch: [bɔŋˈbɔŋ]), foncé [fõˈseː], Jongleur [ʒõˈgløːɐ̯]

oo

1. Man spricht langes geschlossenes o [o:]:
   Boot [bo:t], Moor [mo:ɐ̯], Soor [zo:ɐ̯], Zoo [t͜so:]
2. Man spricht langes geschlossenes u [u:] oder kurzes offenes u [ʊ] in englischen Wörtern:
   Boom [bu:m], Footing ['fʊtɪŋ], Look [lʊk], Looping ['lu:pɪŋ], Pool [pu:l], Zoom [zu:m]

ou

1. Betont spricht man meistens langes geschlossenes u [u:] in französischen Wörtern.
   Bravour [bra'vu:ɐ̯], Cour [ku:ɐ̯], Poule [pu:l], Route ['ru:tə]
2. Unbetont spricht man ou in französischen Wörtern wie den Buchstaben u (vgl. u), d. h. als kurzes geschlossenes u [u] oder kurzes offenes u [ʊ]:
   Boudoir [bu'do̯a:ɐ̯], Camouflage [kamu'fla:ʒə], Journalịst [ʒʊrna'lɪst]
3. Man spricht den Diphthong [a͜u] in englischen Wörtern:
   Couch [ka͜ut͜ʃ], Count [ka͜unt], knock-out [nɔk'|a͜ut], outen ['a͜utn̩]

ow

Man spricht bei englischen Wörtern in einigen Fällen den Diphthong [a͜u], in anderen langes geschlossenes o [o:]:
Bowle ['bo:lə], Clown [kla͜un], Cowboy ['ka͜ubɔ͜y], Slowfox ['slo:fɔks]

oy

1. Man spricht den Diphthong [ɔ͜y] in englischen Wörtern:
   Boy [bɔ͜y], Boykọtt [bɔ͜y'kɔt], Lloyd [lɔ͜yt], Toys [tɔ͜ys]
2. Man spricht [o̯aj] in französischen Wörtern:
   Doyen [do̯a'jɛ̃:], loyal [lo̯a'ja:l], Loyalität [lo̯ajali'tɛ:t]

p

1. Man spricht [p]:
   Mụmps [mʊmps], Ọper ['o:pɐ], Pạnne ['panə], prạll [pral], Stụlpe ['ʃtʊlpə]
2. p ist stumm am Wortende in französischen Wörtern:
   Contrecoup [kõtrə'ku:], Coup [ku:], Drạp [dra]

pf

Man spricht [p͜f]:
Kạmpf [kamp͜f], Pfeil [p͜fa͜il], Pflaume ['p͜fla͜umə], Pfrọpf [p͜frɔp͜f]

ph

Man spricht [f]:
Ạphthen [ˈaftn̩], Apokry̲ph [apoˈkry:f], Phi̲ [fi:], Philịster [fiˈlɪstɐ], Phlọx [flɔks]

pp

Man spricht [p]:
Appẹll [aˈpɛl], Dẹpp [dɛp], tipptọpp [tɪpˈtɔp], stọppst [ʃtɔpst]

pph

Man spricht [p͡f] oder [f]:
Sạppho [ˈzap͡fo] oder [ˈzafo], Sẹpphoris [ˈzɛp͡fɔrɪs] oder [ˈzɛfɔrɪs]

qu

1. Man spricht [k] plus w-Laut [v], d. h. [kv]:
   Qua̲l [kva:l], Quạntum [ˈkvantʊm], Quịrl [kvɪrl], Reli̲quie [reˈli:kvi̯ə]
2. Man spricht [k] in französischen und spanischen Wörtern:
   Enque̲te [ãˈke:t], Quai [ke:], Quebrạcho [keˈbrat͡ʃo], Queue [kø:]

r

1. Man spricht [r]:
   Kẹrl [kɛrl], Ra̲be [ˈra:bə], rü̲hren [ˈry:rən], Zwịrn [t͡svɪrn]
2. Man spricht [ɐ] am Wortende und vor Konsonant nach den Diphthongen [a͡i a͡u ɔ͡y]:
   Kenta̲u̲r [kɛnˈta͡uɐ], Ma̲i̲r [ˈma͡iɐ], Ma̲y̲rhofer [ˈma͡iɐho:fɐ], Sitieirgi̲e̲ [ziti̯a͡iɐrˈgi:]
3. Wegen -er /ər/ [ər], [ɐ] vgl. S. 40–41.
4. Wegen r /r/ [r], [ɐ̯] vgl. S. 52–55.
5. r ist stumm in der französischen Endung -er und z. T. in -ier:
   Croupie̲r [kruˈpi̯e:], Dine̲r [diˈne:], Portie̲r [pɔrˈti̯e:], Soupe̲r [zuˈpe:]

rh

Man spricht [r]:
Rhabạrber [raˈbarbɐ], Rhe̲u̲ma [ˈrɔ͡yma], Rhe̲i̲n [ra͡in], Rhö̲n [rø:n]

rr

Man spricht [r] (vgl. S. 52–55):
Arrẹst [aˈrɛst], Bạrren [ˈbarən], Nạrr [nar], Tẹrror [ˈtɛro:ɐ̯], zụrrt [t͡sʊrt]

rrh

Man spricht [r] (vgl. S. 52–55):
Diarrhö̲ [diaˈrø:], Katạrrh [kaˈtar], Menorrhagi̲e̲ [menɔraˈgi:], Mỵrrhe [ˈmʏrə]

s ....

1. Man spricht stimmhaftes („weiches“) s [z]:
   a) am Wortanfang vor Vokalen:
   Saal [za:l], Saison [zɛˈzõ:], Sedum [ˈze:dʊm], sexy [ˈzɛksi], sind [zɪnt], Sohn [zo:n], Sufi [ˈzu:fi]

   b) im Wortinneren zwischen Vokalen, zwischen Vokal und [m̩ n̩ l̩]:
   Basen [ˈba:zn̩], Chose [ˈʃo:zə], Esel [ˈe:zl̩], näsele [ˈnɛ:zələ], These [ˈte:zə]

   c) nach Vokal in ls, ms, ns, rs vor Vokal, vor [m̩ n̩ l̩]:
   Amsel [ˈamzl̩], Binse [ˈbɪnzə], Felsen [ˈfɛlzn̩], Korso [ˈkɔrzo], Linsen [ˈlɪnzn̩]

   d) vor l, n, r, wenn eine Nebenform s + e hat:
   fasle [ˈfa:zlə] (Nebenform: fasele [ˈfa:zələ]), unsre [ˈʊnzrə] (Nebenform: unsere [ˈʊnzərə]), winsle [ˈvɪnzlə] (Nebenform: winsele [ˈvɪnzələ])

   e) in den Ableitungssilben -sal, -sam:
   langsam [ˈlaŋza:m], Mühsal [ˈmy:za:l], ratsam [ˈra:tza:m], Schicksal [ˈʃɪkza:l]

   f) in der Ableitungssilbe -sel nach l, m, n, ng, r:
   Füllsel [ˈfʏlzl̩], Gerinnsel [gəˈrɪnzl̩], Mitbringsel [ˈmɪtbrɪŋzl̩]

   g) im Inneren besonders lateinischer und griechischer Wörter nach stimmlosen Konsonanten und vor Vokal, vor allem wenn vor dem s eine Wortfuge gefühlt wird:
   absolut [apzoˈlu:t], Obsidian [ɔpziˈdi̯a:n], Rhapsode [rapˈzo:də] (auch: [raˈpso:də])

2. Man spricht stimmloses („scharfes“) s [s]:
   a) am Wortende:
   aus [au̯s], das [das], Gas [ga:s], Hals [hals], Konkurs [kɔnˈkʊrs]

   b) am Wortanfang vor b, c (gesprochen: [k] oder [t͜s]), vor ch (gesprochen: [ç] oder [k]), vor f, g, k, l, m, n, ph, q, v, w, z (gesprochen: [t͜s]):
   Sbirre [ˈsbɪrə], Scala [ˈska:la], Schisma [ˈsçɪsma], Swing [svɪŋ], Szene [ˈst͜se:nə]

   c) am Wortanfang vor p und t, besonders in weniger häufigen Fremdwörtern (dafür meistens auch: [ʃ]):
   Speech [spi:tʃ], Stoa [ˈsto:a] (auch: [ˈʃto:a]), Stock (Vorrat) [stɔk]

   d) im Wortinneren vor stimmhaften Konsonanten in Fremdwörtern und vor allem dann, wenn keine Nebenform mit stimmhaftem s [z] besteht:
   Asbest [asˈbɛst], Gleisner [ˈglai̯snɐ], Islam [ɪsˈla:m], Ismus [ˈɪsmʊs], Osram [ˈɔsram]

   e) im Wortinneren nach b, ch, ck, f, g, k, p:
   Erbse [ˈɛrpsə], höchst [hø:çst], Kapsel [ˈkapsl̩], Ochse [ˈɔksə], Schickse [ˈʃɪksə]

   f) im Wortinneren vor c (gesprochen: [k] oder [t͜s]), ch (gesprochen: [ç]), f, k, p, ph, q, t, z (gesprochen: [t͜s]):
   Eschatologie [ɛsçatoloˈgi:], fasten [ˈfastn̩], Wespe [ˈvɛspə]

g) im Wortinneren nach Nasalvokalen:
Chanson [ʃãˈsõ:], Konsommee [kõsɔˈme:], Pensee [pãˈse:]

h) in der Ableitungssilbe -sel nach Konsonanten (nicht nach l, m, n, ng, r):
Geschreibsel [gəˈʃraipsl̩], Häcksel [ˈhɛksl̩], Schabsel [ˈʃa:psl̩]

i) vor den Ableitungssilben -bar, -chen, -haft, -heit, -lein, -lich, -ling, -lings, -los, -nis, -schaft, -tum, -wärts:
Blüschen [ˈbly:sçən], boshaft [ˈbo:shaft], lösbar [ˈlø:sba:ɐ̯], löslich [ˈlø:slɪç]

k) in:
heisa! [ˈhaisa] (neben: [ˈhaiza]), Tausendsasa [ˈtauzn̩tsasa]

3. Man spricht den sch-Laut [ʃ]:
a) am Wortanfang vor p und t in deutschen Wörtern und in häufigeren Fremdwörtern:
Spalier [ʃpaˈli:ɐ̯], spät [ʃpɛ:t], Stein [ʃtain], streng [ʃtrɛŋ], Student [ʃtuˈdɛnt]

b) am Wortanfang vor p und t, z. T. in weniger häufigen Fremdwörtern (daneben meist auch: [sp], [st]):
Sputum [ˈʃpu:tʊm] (auch: [ˈsp...], Stoa [ˈʃto:a] (auch: [ˈst...])

4. s ist stumm am Wortende in französischen Wörtern:
apropos [aproˈpo:], Fauxpas [foˈpa], Glacis [glaˈsi:], Refus [rəˈfy:]

sc

Man spricht den sch-Laut [ʃ] vor e, i in italienischen Wörtern:
crescendo [krɛˈʃɛndo], scemando [ʃeˈmando], trascinando [traʃiˈnando]

sch

1. Man spricht den sch-Laut [ʃ]:
Busch [bʊʃ], rasche [ˈraʃlə], Scheck [ʃɛk], schlau [ʃlau], Schule [ˈʃu:lə]

2. Man spricht [sk] in italienischen Wörtern:
Maraschino [marasˈki:no], Scherzo [ˈskɛrtso]

3. Man spricht [s] plus Ichlaut, d. h. [sç], in einigen griechischen Wörtern (daneben z. T. auch den sch-Laut [ʃ], besonders am Wortanfang):
Eschatologie (nur: [ɛsçatoloˈgi:]), schizophren [sçitsoˈfre:n] (meist: [ʃi...])

sci

Man spricht den sch-Laut [ʃ] vor a, o, u in italienischen Wörtern:
Pasta asciutta [ˈpasta aˈʃʊta], sciolto [ˈʃɔlto], strisciando [strɪˈʃando]

sh

Man spricht den sch-Laut [ʃ] in englischen Wörtern:
Cashew [ˈkɛʃu], Finish [ˈfɪnɪʃ], shocking [ˈʃɔkɪŋ], Shunt [ʃant]

ß

Man spricht stimmloses („scharfes“) s [s]:
Ma̲ß [ma:s], re̲i̲ßt [ra͜ist], sto̲ßen [ˈʃto:sn̩], stö̲ßt [ʃtø:st], Stra̲ße [ˈʃtra:sə]

ss

Man spricht stimmloses („scharfes“) s [s]:
Chassi̲s [ʃaˈsi:], fạsst [fast], Kụ̈rbisse [ˈkʏrbɪsə], lạssen [ˈlasn̩], lạ̈sst [lɛst], mịsslich [ˈmɪslɪç], Pạss [pas]

t

1. Man spricht [t]:
Ạst [ast], Ạtlas [ˈatlas], Bastio̲n [basˈti̯o:n], Mixtio̲n [mɪksˈti̯o:n], Stạmm [ʃtam], Toma̲te [toˈma:tə], tre̲u̲ [trɔ͜y]
2. Man spricht den z-Laut [t͜s] vor unsilbischem i [i̯] plus Vokal in lateinischen Wörtern, wenn a, c, e, i, k, l, m, n, o, p, r, u vorausgeht:
Ạktien [ˈakt͜si̯ən], Konsọrtium [kɔnˈzɔrt͜si̯ʊm], Ratio̲n [raˈt͜si̯o:n], Sciẹntia [ˈst͜si̯ɛnt͜si̯a]
3. t ist stumm am Wortende in französischen Wörtern:
Depo̲t [deˈpo:], Eta̲t [eˈta:], Komple̲t [kõˈple:], Point [po̯ɛ̃:], Teint [tɛ̃:]

tch

Man spricht den tsch-Laut [t͜ʃ] in englischen Wörtern:
Catch [kɛt͜ʃ], Match [mɛt͜ʃ], Pịtchpine [ˈpɪt͜ʃpa͜in]

th

1. Man spricht [t]:
Athle̲t [atˈle:t], Eoli̲th [eoˈli:t], Tho̲r [to:ɐ̯], Thro̲n [tro:n], Zịther [ˈt͜sɪtɐ]
2. Man spricht den englischen stimmlosen („scharfen“) th-Laut [θ] bei englischen Wörtern in deutsch-englischer Aussprache:
Cọmmonwealth [*dt.-engl.* ˈkɔmənvɛlθ], Thrịller [*dt.-engl.* ˈθrɪlɐ]
3. Man spricht den englischen stimmhaften („weichen“) th-Laut [ð] bei bestimmten Wörtern in deutsch-englischer Aussprache:
Fa̲rthing [*dt.-engl.* ˈfa:ɐ̯ðɪŋ], on the rọcks [*dt.-engl.* ɔn ðə ˈrɔks]

ts

Man spricht den z-Laut [t͜s]:
Ra̲ts [ra:t͜s], Rä̲tsel [ˈrɛ:t͜sl̩], schịltst [ʃɪlt͜st], Tsạntsa [ˈt͜sant͜sa], Wịrts [vɪrt͜s]

tsch

Man spricht den tsch-Laut [t͜ʃ]:
Quạtsch [kvat͜ʃ], Tschẹche [ˈt͜ʃɛçə], tra̲tschen [ˈtra:t͜ʃn̩], Zwẹtsche [ˈt͜svɛt͜ʃə]

tt

Man spricht [t]:

Bruttium ['brʊti̯ʊm], Fagott [fa'gɔt], Kitt [kɪt], Mitte ['mɪtə], Schotter ['ʃɔtɐ], zittre ['t͡sɪtrə]

tth

Man spricht [t]:

Matthäus [ma'tɛ:ʊs], Matthias [ma'ti:as]

tz

Man spricht den z-Laut [t͡s]:

Chintz [t͡ʃɪnt͡s], Katze ['kat͡sə], Spatz [ʃpat͡s], Witzling ['vɪt͡slɪŋ]

u

Betont

1. spricht man langes geschlossenes u [u:]:

a) wenn im Stamm nur ein Konsonantenbuchstabe (außer x), nur ph oder nur th folgt:

Anakoluth [anako'lu:t], Fuß [fu:s], Gut-s [gu:t͡s], ruß-t [ru:st], schul-t [ʃu:lt]

b) wenn mehrere Konsonantenbuchstaben folgen, aber eine Nebenform oder der Stamm langes geschlossenes u [u:] hat:

fusle ['fu:zlə] (Nebenform: fusele ['fu:zələ]), Hufner ['hu:fnɐ] (Stamm: huf[e]n ['hu:f(ə)n])

c) vor bl, br, cl, cr, dl, dr, fl, fr, gl, gr, kl, kr, phl, phr, pl, pr, thl, thr, tl, tr:

Gudrun ['gu:dru:n], Nutria ['nu:tria], Rubrum ['ru:brʊm], Stuprum ['ʃtu:prʊm]

d) vor einem zur nächsten Silbe gehörenden Vokal:

Dual ['du:a:l], Duo ['du:o], luisch ['lu:ɪʃ], Skua ['sku:a], tue ['tu:ə]

e) am Wortende:

du [du:], Gnu [gnu:], nanu! [na'nu:], Peru [pe'ru:], Tabu [ta'bu:]

f) in einigen Wörtern mit -uch-, -usch-, -ust-, -utsch-:

Blust, Bruch (= Sumpf; häufiger: Bruch), Buch, Buche, Buchstabe, Dusche (neben: Dusche), duster, Eunuch, Fluch, Huchen, Husten, Knust, knutschen, Kuchen, Nutsche, plustern, prusten, Puste, Ruch (auch: Ruch), Schuster, suchen, Tarbusch, Tuch, Wucher, wusch, Wust (Unrat) u. a.

g) in:

Geburt, Pups, wuchs, Wuchs u. a.

2. spricht man kurzes offenes u [ʊ]:

a) vor x oder vor mehreren zum Stamm gehörenden Konsonantenbuchstaben (sofern nicht unter 1 erfasst):

bewusst [bə'vʊst], Brust [brʊst], Busch [bʊʃ], Fluss [flʊs], Furt [fʊrt], Hund [hʊnt], Luchs [lʊks], Lux [lʊks], Mutter ['mʊtɐ], Wunsch [vʊnʃ]

b) in:
Bụs, Kapụt, Klụb, plụs, Rụm, ụm, ụn-, Ụrteil u. a.

3. spricht man langes geschlossenes ü [y:] in französischen Wörtern:
Avenuen [avəˈny:ən], Aperçu [apɛrˈsy:], Coiffure [ko̯aˈfy:ɐ̯]

4. spricht man kurzes offenes ü [ʏ] in französischen Wörtern:
brut [brʏt], fryste [frʏst], Nocturne [nɔkˈtʏrn]

5. spricht man kurzes a [a] oder weniger häufig kurzes offenes ö [œ] in englischen Wörtern (englische Aussprache [ʌ]):
Cut [kœt, kat], Pumps [pœmps], Shuttle [ˈʃatl̩], Truck [trak]

Unbetont

1. spricht man kurzes geschlossenes u [u]:
a) vor einem Konsonantenbuchstaben (außer x), vor bl, br, cl, cr, dl, dr, gl, gr, kl, kr, ph, phl, phr, pl, pr, th, thl, thr, tr + Vokalbuchstabe:
Duplika̱t [dupliˈka:t], Musi̱k [muˈzi:k], Ruthe̱nium [ruˈte:ni̯ʊm]

b) vor Vokal: nach b, c, ch, d, f, g, k, p, ph, s, t, th, v, w, x, z + l, m, n, r (vgl. S. 42):
Altruịst [altruˈɪst], Fe̱bruar [ˈfe:brua:ɐ̯], Influẹnza [ɪnfluˈɛnt͜sa]

c) am Wortende:
Ạkku [ˈaku], E̱mu [ˈe:mu], Gu̱ru [ˈgu:ru], U̱hu [ˈu:hu], Ze̱bu [ˈt͜se:bu]

d) z. T. in griechischen und lateinischen Zusammensetzungen mit -u-, wenn die Zusammensetzung gefühlt wird und wo sonst kurzes offenes u [ʊ] zu erwarten ist:
Bustrophedọn [bustrofeˈdɔn], Manuskrịpt [manuˈskrɪpt]

2. spricht man unsilbisches u [u̯] vor einem zu derselben Silbe gehörenden Vokal (vgl. S. 42):
Linguịst [lɪŋˈgu̯ɪst], Manua̱l [maˈnu̯a:l], sexuẹll [zɛˈksu̯ɛl], Sta̱tue [ˈʃta:tu̯ə]

3. spricht man kurzes offenes u [ʊ]:
a) vor x oder vor mehreren zum Stamm gehörenden Konsonantenbuchstaben (sofern nicht unter 1 erfasst):
bugsi̱e̱ren [bʊˈksi:rən], kurrẹnt [kʊˈrɛnt], luxi̱e̱ren [lʊˈksi:rən], Rụsse [ˈrʊsə]

b) vor Konsonant am Wortende:
Da̱tum [ˈda:tʊm], Ka̱u̱tschuk [ˈkau̯t͜ʃʊk], LI̱NUX [ˈli:nʊks], mi̱nus [ˈmi:nʊs]

4. spricht man langes geschlossenes u [u:]:
a) in Ableitungen auf -ei, wenn in der einfachen Form die entsprechende Silbe betontes langes u [u:] hat:
Hudele̱i̱ [hu:dəˈlai̯] (zu: hu̱deln), Wuchere̱i̱ [vu:xəˈrai̯] (zu: wu̱chern)

b) in dem Ableitungssuffix -tum:
Ạltertum [ˈaltɐtu:m], Bịstum [ˈbɪstu:m]

5. spricht man kurzes geschlossenes ü [y] in französischen Wörtern vor einem Konsonantenbuchstaben oder vor einem zur nächsten Silbe gehörenden Vokal:
Bruitismus [bryi'tɪsmʊs], gluant [gly'ɑ̃:], Kommuniqué [kɔmyni'ke:]

6. spricht man unsilbisches ü [y̌] in französischen Wörtern vor einem zu derselben Silbe gehörenden Vokal (vgl. S. 42):
Nuance ['ny̌ɑ̃:sə], Tuilerien [ty̌ilə'ri:ən]

7. spricht man kurzes offenes ü [ʏ] oder kurzes geschlossenes ü [y] in französischen Wörtern meist vor mehreren Konsonantenbuchstaben:
Bulletin [bʏl'tɛ̃:], Surrealismus [zʏrea'lɪsmʊs] (neben: [zʊr...]), Budget [by'dʒe:]

8. Man spricht den w-Laut [v] in qu (ausgenommen qu, 2):
Antiqua [an'ti:kva], Qual [kva:l], Quelle ['kvɛlə], Quirl [kvɪrl], Quotient [kvo'tsi̯ɛnt],
ebenso in einigen französischen Wörtern vor i:
Biskuit [bɪs'kvi:t], Etui [ɛt'vi:], Suite ['svi:tə]

ü

Betont

1. spricht man langes geschlossenes ü [y:]:
a) wenn im Stamm nur ein Konsonantenbuchstabe (außer x) folgt:
Füße ['fy:sə], Gemüt [gə'my:t], grüß-t [gry:st], Tüte ['ty:tə], Vestibül [vɛsti'by:l]
b) wenn mehrere Konsonantenbuchstaben folgen, aber eine Nebenform oder der Stamm langes geschlossenes ü [y:] hat:
bügle ['by:glə] (Nebenform: bügele ['by:gələ]), Lügner ['ly:gnɐ] (Stamm: lüg[e]n ['ly:g[ə]n])
c) wenn verwandte Formen mit langem geschlossenem u [u:] bestehen (vgl. u, „Betont", 1):
hüsteln ['hy:stl̩n] (zu: Husten ['hu:stn̩]), Tücher ['ty:çɐ] (zu: Tuch [tu:x])
d) am Wortende:
atü [a'ty:], hottehü [hɔtə'hy:], Menü [me'ny:], Parvenü [parvə'ny:]
e) in:
düster, Küchlein (kleiner Kuchen; Küken), Nüster (auch: Nüster), Plüsch (auch: Plüsch), Rübsen, Rüsche, Trüsche (auch: Trüsche), wüst, Wüste u. a.

2. spricht man kurzes offenes ü [ʏ]:
a) vor x oder vor mehreren zum Stamm gehörenden Konsonantenbuchstaben (sofern nicht unter 1 erfasst):
Büx [bʏks], füllen ['fʏlən], rüsten ['rʏstn̩], stülpen ['ʃtʏlpn̩], wüsste ['vʏstə]
b) in:
gebürtig [gə'bʏrtɪç], Gelübde [gə'lʏpdə] u. a.

Unbetont

1. spricht man kurzes geschlossenes ü [y]:
   a) vor einem Konsonantenbuchstaben + Vokalbuchstaben:
   amüsieren [amy'zi:rən], Büro [by'ro:], debütieren [deby'ti:rən]

   b) am Wortende:
   Akü-sprache ['akyʃpra:xə]

2. spricht man kurzes offenes ü [ʏ] vor mehreren zum Stamm gehörenden Konsonantenbuchstaben:
   Küsterei [kʏstə'rai̯], reüssieren [reʏ'si:rən], süffisant [zʏfi'zant]

3. spricht man langes geschlossenes ü [y:]:
   a) in -mütig und -tüm-:
   demütig ['de:my:tɪç], reumütig ['rɔ͜ymy:tɪç], altertümlich ['altɐty:mlɪç], Bistümer ['bɪsty:mɐ]

   b) in Ableitungen auf -ei, wenn in der einfachen Form die entsprechende Silbe langes geschlossenes ü [y:] hat:
   Bücherei [by:çə'rai̯] (zu: Bücher), Wüstenei [vy:stə'nai̯] (zu: Wüste)

ue

1. Man spricht wie ü (vgl. ü) in bestimmten Namen:
   Duesterberg ['dy:stɐbɛrk], Mueller ['mʏlɐ]
2. Man spricht langes geschlossenes u [u:] in bestimmten Namen:
   Buer [bu:ɐ̯], Kues [ku:s]

uh

Man spricht langes geschlossenes u [u:]:
Buhlerei [bu:lə'rai̯], fuhrst [fu:ɐ̯st], Kuh [ku:], Ruhe ['ru:ə]

üh

Man spricht langes geschlossenes ü [y:]:
früh [fry:], rührst [ry:ɐ̯st], Schühchen ['ʃy:çən], Wühlerei [vy:lə'rai̯]

ui

Man spricht langes geschlossenes ü [y:] in bestimmten Namen:
Duisburg ['dy:sbʊrk], Juist [jy:st]

um

Man spricht langes nasales ö [œ̃:] in:
Parfum [par'fœ̃:]

v

1. Man spricht den f-Laut [f]:
   a) in deutschen Wörtern und in einigen wenigen häufig gebrauchten Fremdwörtern:
   Lạrve ['larfə], Nẹrven ['nɛrfn̩], Vẹrs [fɛrs], Vo̱gel ['fo:gl̩], vọn [fɔn]
   b) am Wortende und vor stimmlosen Konsonanten:
   akti̱v [ak'ti:f], akti̱vst [ak'ti:fst], drivt [drai̯ft], Levko̱je [lɛf'ko:je], lu̱vt [lu:ft]
   c) vor den Ableitungssilben -bar, -chen, -haft, -heit, -lein, -lich, -ling, -lings, -los, -nis, -sal, -sam, -schaft, -tum, -wärts:
   lu̱vbar ['lu:fba:ɐ̯], lu̱vwärts ['lu:fvɛrts], Stö̱vchen ['ʃtø:fçən]
2. Sonst spricht man den w-Laut [v]:
   akti̱ve [ak'ti:və], nervö̱s [nɛr'vø:s], Violi̱ne [vi̯o'li:nə], Voka̱l [vo'ka:l]

w

1. Man spricht den w-Laut [v]:
   Lö̱we ['lø:və], po̱wre ['po:vrə], Wạtt [vat], wạs [vas], Wrạck [vrak]
2. Man spricht den f-Laut [f]:
   a) vor stimmlosen Konsonanten und am Wortende:
   Litẹwka [li'tɛfka], Lö̱wchen ['lø:fçən], sto̱w! [ʃto:f], sto̱wst [ʃto:fst]
   b) vor den Ableitungssilben -bar, -chen, -haft, -heit, -lein, -lich, -ling, -lings, -los, -nis, -sal, -sam, -schaft, -sel, -tum, -wärts:
   sto̱wbar ['ʃto:fba:ɐ̯]
3. w ist stumm in den meisten deutschen Namen auf -ow:
   Bü̱low ['by:lo], Pạnkow ['paŋko], Tẹltower ['tɛltoɐ]

wh

Man spricht den w-Laut [v]:
Whịpcord ['vɪpkɔrt], Whịsky ['vɪski], Whịst [vɪst]

ww

Man spricht den w-Laut [v] in:
Strụwwelkopf ['ʃtrʊvl̩kɔpf], Strụwwelpeter ['ʃtrʊvl̩pe:tɐ]

x

Man spricht [ks]:
Hẹxe ['hɛksə], luxi̱eren [lʊ'ksi:rən], Tạxe ['taksə], Xylopho̱n [ksylo'fo:n]

y

Betont

1. spricht man langes geschlossenes ü [y:]:
a) wenn im Stamm nur ein Konsonantenbuchstabe (außer x), nur ch, ph oder th folgt:
Alkyl-s [alˈky:ls], Mythos [ˈmy:tɔs], Psyche [ˈpsy:çə], Triglyph [triˈgly:f]
b) vor bl, br, chl, chr, cl, cr, dl, dr, gl, gr, kl, kr, phl, phr, pl, pr, th, thl, thr, tl, tr:
Hybris [ˈhy:brɪs], Hydra [ˈhy:dra], Typhlon [ˈty:flɔn], zyprisch [ˈt͡sy:prɪʃ]
c) vor einem zur nächsten Silbe gehörenden Vokal:
Dryas [ˈdry:as], Dyas [ˈdy:as], Zyathus [ˈt͡sy:atʊs]
d) am Wortende:
My [my:], Ny [ny:]
2. spricht man kurzes offenes ü [ʏ]:
a) vor x oder vor mehreren zum Stamm gehörenden Konsonantenbuchstaben (sofern nicht unter 1 erfasst):
Abyssus [aˈbʏsʊs], Hymne [ˈhʏmnə], Myrrhe [ˈmʏrə], Pyxis [ˈpʏksɪs]
b) in:
Amaryl [amaˈrʏl]
3. spricht man wie i (vgl. i) in vereinzelten Namen und Fremdwörtern:
Gysi [ˈgi:zi], Kyffhäuser [ˈkɪfhɔyzɐ], Schwyz [ʃvi:t͡s], Ylang-Ylang [ˈi:laŋˈli:laŋ], Ysop [ˈi:zɔp] u. a.
4. spricht man den Diphthong [a͜i] in englischen Wörtern:
dry [dra͜i], Flyer [ˈfla͜iɐ], Nylon [ˈna͜ilɔn]

Unbetont

1. spricht man kurzes geschlossenes ü [y]:
a) vor einem Konsonantenbuchstaben (außer x), vor bl, br, chl, chr, cl, cr, dl, dr, gl, gr, kl, kr, ph, phl, phr, pl, pr, th, thl, thr, tl, tr + Vokalbuchstabe:
Dynastie [dynasˈti:], Hygrometer [hygroˈme:tɐ], Typhlitis [tyˈfli:tɪs], Zypresse [t͡syˈprɛsə]
b) vor Vokal: nach b, c, ch, d, f, g, k, p, ph, s, t, th, v, w, x, z + l, m, n, r (vgl. S. 42):
Bryonie [bryˈo:ni̯ə], Dryade [dryˈa:də], Kryoskop [kryoˈsko:p], Phlyaken [flyˈa:kn̩]
c) am Wortende:
Platy [ˈpla:ty]
d) z. T. in griechischen Zusammensetzungen mit -y-, wenn die Zusammensetzung gefühlt wird und wo sonst kurzes offenes ü [ʏ] zu erwarten ist (vgl. S. 43):
Bradykardie [bradykarˈdi:], Polyspermie [polyspɛrˈmi:]
e) in psych- (zu: Psyche):
Psychiater [psyˈçi̯a:tɐ], Psychologe [psyçoˈlo:gə]

2. spricht man unsilbisches ü [y̆] vor einem zu derselben Silbe gehörenden Vokal (vgl. S. 42):
   Karyopse [ka'ry̆ɔpsə], Kyaxares [ky̆a'ksa:rɛs], Zyanose [tsy̆a'no:zə]
3. spricht man kurzes offenes ü [ʏ]:
   a) vor x oder vor mehreren zum Stamm gehörenden Konsonantenbuchstaben (sofern nicht unter 1 erfasst):
   abyssal [abʏ'sa:l], Hypnose [hʏp'no:zə], Myxom [mʏ'kso:m], Pygmäe [pʏ'gmɛ:ə]
   b) vor Konsonant am Wortende:
   Onyx ['o:nʏks], Satyr ['za:tʏr], Tethys ['te:tʏs]
4. spricht man kurzes geschlossenes i [i] am Wortende in deutschen Namen und englischen Wörtern:
   Dandy ['dɛndi], Geigy ['gaigi], groggy ['grɔgi], Lady ['le:di], Sherry ['ʃɛri]
5. spricht man kurzes geschlossenes i [i] (auch: [y]) in:
   Zylinder [tsi'lɪndɐ] (auch: [tsy'lɪndɐ])
6. Man spricht den Konsonanten [j] in einigen nicht griechischen Fremdwörtern vor Vokal:
   Kyu [kju:], Rayon [rɛ'jõ:], Riyal [ri'ja:l], Yohimbin [johɪm'bi:n]

z

1. Man spricht den z-Laut [ts] in deutschen, griechischen, lateinischen, italienischen und anderssprachigen Wörtern:
   Flöz [flø:ts], sforzando [sfɔr'tsando], Zar [tsa:ɐ̯], Zentrum ['tsɛntrʊm], Zoo [tso:]
2. Man spricht stimmhaftes („weiches“) s [z] in wenigen englischen, französischen und anderssprachigen Fremdwörtern:
   Gaze ['ga:zə], Vezier [ve'zi:ɐ̯], Zero ['ze:ro], Zoom (Objektiv) [zu:m] (auch: [tso:m])
3. Man spricht stimmloses („scharfes“) s [s] in:
   Bronze ['brõ:sə], Quiz [kvɪs]
4. z ist stumm am Wortende in französischen Wörtern:
   Cachenez [kaʃ'ne:], gardez! [gar'de:], Pincenez [pɛ̃s'ne:]

zz

Man spricht den z-Laut [ts]:
Razzia ['ratsi̯a], Skizze ['skɪtsə], Strizzi ['ʃtrɪtsi], Terrazzo [tɛ'ratso]

I. Zur Aussprache fremder Sprachen[1]

Für die meisten Stichwörter, die keine Eigennamen sind, wird eine deutsche Aussprache gegeben; Beispiele: Doyen [do̯aˈjɛ̃ː], die französische Aussprache [dwaˈjɛ̃] fehlt; Quiz [kvɪs], die englische Aussprache [kwɪz] fehlt. Leser, die sich für die fremdsprachliche Aussprache solcher Stichwörter interessieren, können folgende Nachschlagewerke zurate ziehen: 1. im Literaturverzeichnis (S. 858–860) angeführte fremdsprachige Aussprachewörterbücher, 2. fremdsprachige einsprachige Wörterbücher und Nachschlagewerke mit Ausspracheangaben, 3. zweisprachige Wörterbücher mit Angabe der fremdsprachlichen Aussprache.

Eigennamen aus toten Sprachen, aus dem Arabischen und einigen anderen Sprachen erscheinen mit deutscher Aussprache; Beispiele: Aristo̲teles [arɪsˈtoːtelɛs], Ạbd Al Hami̲d [ˈapt alhaˈmiːt]. Eigennamen aus Indien und einigen anderen Ländern haben englische Lautschrift; Beispiel: Bangalo̲re [bæŋgəˈlɔː]. Für einige bekannte Eigennamen kann die Aussprache deutsch und fremdsprachlich sein; Beispiele: Pari̲s [paˈriːs, *fr.* paˈri], Shakespeare [ˈʃeːkspiːɐ̯, *engl.* ˈʃeɪkspɪə]. Für die meisten Eigennamen – besonders für weniger bekannte – wird die Aussprache in der Fremdsprache gegeben; Beispiele: Estorịl [*port.* ɪʃtuˈril], Saint-Louịs [*fr.* sɛ̃ˈlwi], Schenẹctady [*engl.* skɪˈnɛktədɪ]. – Als Mindestforderung darf gelten, dass die Betonung (Stärkebetonung) beachtet wird; Beispiele: Kẹkkonen, U̲ranus; nicht: Kekko̲nen, Ura̲nus.

Im Übrigen entscheiden u. a. folgende Umstände bei der Forderung nach einer mehr oder weniger fremdsprachegerechten Aussprache nicht eingedeutschter Wörter:

Verbreitung einer Fremdsprache
Da z. B. das Englische als Fremdsprache im deutschen Sprachgebiet eine viel größere Bedeutung hat als das Russische, wird man bestrebt sein, das Englische eher echt fremdsprachlich auszusprechen als das Russische.

Nachbarschaft einer Fremdsprache
Im österreichischen Bundesland Kärnten wird man eher als in Schleswig-Holstein versuchen, das Slowenische echt slowenisch auszusprechen. In Schleswig-Holstein wird man sich mehr als in Kärnten darum bemühen, das Dänische echt dänisch auszusprechen.

Länge der Textteile
Je länger nicht unterbrochene fremdsprachliche Teile innerhalb eines deutschen Textes sind, umso mehr versucht man, sie nach der Fremdsprache auszusprechen. John Fitzgerald Kennedy wird man mehr englisch aussprechen als Kennedy allein.

---

1 Eine Ergänzung zu diesem Kapitel ist der Duden-Beitrag Nr. 13: Mangold, Max: Aussprachelehre der bekannteren Fremdsprachen, Mannheim, 1964.

Wichtigkeit und Geltungsdauer der Wörter
Beim Namen einer in die Geschichte eingehenden Persönlichkeit ist die richtige Aussprache eher angebracht als bei Namen rasch vergessener Tagesberühmtheiten.

Gesprächsgegenstand und das Verhältnis zwischen Sprecher und Hörer
Wenn ein deutschsprachiger Fachmann vor einem des Portugiesischen unkundigen Publikum über portugiesische Literatur spricht, so wird er dennoch portugiesische Namen möglichst portugiesisch aussprechen. Im Fernsehen wird ein Fußballreporter sich nur wenig um die echt portugiesische Aussprache der Namen portugiesischer Fußballspieler bemühen; erstens wäre der Aufwand zu hoch, zweitens würde eine allzu portugiesische Aussprache die angesprochenen Fernsehzuschauer nur unnötig ablenken und befremden. Es bleibt daher weitgehend dem Einfühlungsvermögen und Geschick des Sprechenden überlassen, die im Wörterverzeichnis gegebenen fremdsprachlichen Aussprachen so zu benutzen, wie es ihm, den Hörenden und der Sprechlage entspricht.

Im Folgenden werden für bestimmte Fremdsprachen Aussprachetabellen gebracht, ferner kurze Bemerkungen zur Betonung und Aussprache weiterer Fremdsprachen.

I. Aussprachetabellen

Die Aussprachetabellen zeigen, welche Buchstaben welchen Lauten in der betreffenden Sprache entsprechen, wenn nötig in Abhängigkeit von der Stellung der Buchstaben und Laute, wobei unter Stellung die vorausgehenden und folgenden Buchstaben oder Laute zu verstehen sind. Außerdem zeigen sie auch die Betonung und die Häufigkeit. Für die einzelnen Regeln wird zum besseren Verständnis ein Beispielwort mit voller fremdsprachlicher Lautschrift geboten. Aufgenommen sind Buchstaben, deren Aussprache für den deutschsprachigen Leser ungewohnt oder schwierig erscheinen mag. Die Tabellen sollen ihm helfen, eine allzu abwegige Aussprache fremdsprachlicher Wörter zu vermeiden. Sie erheben keinen Anspruch auf Vollständigkeit und versetzen ihn somit nicht in die Lage, für ganze Wörter fremdsprachliche Lautschriften zu erstellen.

Albanisch

Buchstabe	Laut	Beispiel
c	[ts]	Cẹmi [ˈtsemi]
ç	[tʃ]	Çạmi [ˈtʃami]
dh	[ð]	Dhịmo [ˈðimo]
ë	[ə]	Vlọrë [ˈvlorə]
g	[gj]	Gjọka [ˈgjoka]
ll	[ɫ]	Llẹshi [ˈɫeʃi]
q	[kj]	Qạfa [ˈkjafa]
s	[s]	Sạko [ˈsako]
sh	[ʃ]	Shẹhu [ˈʃehu]
th	[θ]	Thẹthi [ˈθeθi]
v	[v]	Vạsa [ˈvasa]
x	[dz]	Xẹga [ˈdzega]
xh	[dʒ]	Họxha [ˈhodʒa]
y	[y]	Ỵpi [ˈypi]
z	[z]	Zẹka [ˈzeka]
zh	[ʒ]	Zhẹpa [ˈʒepa]

[kj, gj] ist genauer: [tɕ, dʑ] (z. B. Gjọka [ˈgjoka], genauer: [ˈdʑoka]). Betonte Vokale sind halblang bis kurz, unbetonte Vokale sind kurz. Die Betonung liegt je nach Wort auf einer bestimmten Silbe.

Brasilianisch

Buchstabe	Laut	Stellung	Beispiel
ão	[ɐ̃u̯]		Cão [kɐ̃u̯]
c	[s]	vor *e, i*	Cipó [siˈpɔ]
	[k]	in anderen Stellungen	Café [kaˈfɛ]
ç	[s]		Içá [iˈsa]
ch	[ʃ]		Chạves [ˈʃavis]
e	[i]	unbetont am Wortende	Ạcre [ˈakri]
é	[ɛ]		Café [kaˈfɛ]
ém	[ẽi̯]		Belém [beˈlẽi̯]
es	[is]	am Wortende	Chạves [ˈʃavis]
g	[ʒ]	vor *e, i*	Magé [maˈʒɛ]
	[g]	in anderen Stellungen	Gạrça [ˈgarsa]
gu	[g]	vor *e, i*	Guịnda [ˈginda]
h	stumm		Hervạl [erˈval]
j	[ʒ]		Jaicós [ʒai̯ˈkɔs]
lh	[ʎ]		Fịlho [ˈfiʎu]
nh	[ɲ]		Varginha [varˈʒiɲa]
o	[u]	unbetont am Wortende	Pạulo [ˈpau̯lu]
ó	[ɔ]		Cipó [siˈpɔ]
ô	[o]		Antônio [ɐnˈtoni̯u]
os	[us]	unbetont am Wortende	Quạdros [ˈku̯adrus]
ou	[o]		Ouro [ˈoru]
qu	[k]	vor *e, i*	Quixadá [kiʃaˈda]
s	[z]	zwischen Vokalen	José [ʒoˈzɛ]
	[s]	in anderen Stellungen	Souza [ˈsoza]

Buchstabe	Laut	Stellung	Beispiel
ss	[s]		Pạssos ['pasus]
v	[v]		Vạsques ['vaskis]
x	[ʃ]		Xingụ [ʃiŋ'gu]
z	[s]	am Wortende	Vạz [vas]
	[z]	in anderen Stellungen	Zé [zɛ]

Betonte Vokale sind halblang bis kurz, unbetonte Vokale sind kurz. Für die Betonung und ihre Bezeichnung vgl. Portugiesisch, S. 121.

Chinesisch

Schreibung	Schreibung	Lautung
a	a	a
ai	ai	ai̯
an	an	an
ang	ang	aŋ
ao	ao	au̯
ba	pa	ba
bai	pai	bai̯
ban	pan	ban
bang	pang	baŋ
bao	pao	bau̯
bei	pei	bei̯
ben	pen	bən
beng	peng	bəŋ
bi	pi	bi
bian	pien	bi̯ɛn
biao	piao	bi̯au̯
bie	pieh	bi̯ɛ
bin	pin	bɪn
bing	ping	bɪŋ
bo	po	bɔ
bu	pu	bu
ca	ts'a	tsa
cai	ts'ai	tsai̯
can	ts'an	tsan
cang	ts'ang	tsaŋ
cao	ts'ao	tsau̯
ce	ts'e	tsʌ
cei	(ts'ei)	tsei̯
cen	ts'en	tsən
ceng	ts'eng	tsəŋ
cha	ch'a	tʃa
chai	ch'a	tʃai̯
chan	ch'ai	tʃan

Schreibung	Schreibung	Lautung
chang	ch'ang	tʃaŋ
chao	ch'ao	tʃau̯
che	ch'e	tʃʌ
chen	ch'en	tʃən
cheng	ch'eng	tʃəŋ
chi	ch'ih	tʃɨ
chong	ch'ung	tʃʊŋ
chou	ch'ou	tʃou̯
chu	ch'u	tʃu
chua	ch'ua	tʃu̯a
chuai	ch'uai	tʃu̯ai̯
chuan	ch'uan	tʃu̯an
chuang	ch'uang	tʃu̯aŋ
chui	ch'ui	tʃu̯ei̯
chun	ch'un	tʃu̯ən
chuo	ch'o, ch'uo	tʃu̯ɔ
ci	tz'u	tsɨ
cong	ts'ung	tsʊŋ
cou	ts'ou	tsou̯
cu	ts'u	tsu
cuan	ts'uan	tsu̯an
cui	ts'ui	tsu̯ei̯
cun	ts'un	tsu̯ən
cuo	ts'o, ts'uo	tsu̯ɔ
da	ta	da
dai	tai	dai̯
dan	tan	dan
dang	tang	daŋ
dao	tao	dau̯
de	te	dʌ
dei	tei	dei̯
den	(ten)	dən
deng	teng	dəŋ

Schreibung	Schreibung	Lautung
di	ti	di
dian	tien	di̯ɛn
diao	tiao	di̯au̯
die	tieh	di̯ɛ
ding	ting	dɪŋ
diu	tiu	di̯ou̯
dong	tung	dʊŋ
dou	tou	dou̯
du	tu	du
duan	tuan	du̯an
dui	tui	du̯ei̯
dun	tun	du̯ən
duo	to	du̯ɔ
e	e, o	ʌ
en	en	ən
er	erh	ʌr
fa	fa	fa
fan	fan	fan
fang	fang	faŋ
fei	fei	fei̯
fen	fen	fən
feng	feng	fəŋ
fo	fo	fɔ
fou	fou	fou̯
fu	fu	fu
ga	ka	ga
gai	kai	gai̯
gan	kan	gan
gang	kang	gaŋ
gao	kao	gau̯
ge	ke, ko	gʌ
gei	kei	gei̯
gen	ken	gən
geng	keng	gəŋ
gong	kung	gʊŋ
gou	kou	gou̯
gu	ku	gu
gua	kua	gu̯a
guai	kuai	gu̯ai̯
guan	kuan	gu̯an
guang	kuang	gu̯aŋ
gui	kuei	gu̯ei̯
gun	kun	gu̯ən
guo	kuo	gu̯ɔ
ha	ha	xa
hai	hai	xai̯
han	han	xan

Schreibung	Schreibung	Lautung
hang	hang	xaŋ
hao	hao	xau̯
he	he, heh, ho	xʌ
hei	hei	xei̯
hen	hen	xən
heng	heng	xəŋ
hong	hung	xʊŋ
hou	hou	xou̯
hu	hu	xu
hua	hua	xu̯a
huai	huai	xu̯ai̯
huan	huan	xu̯an
huang	huang	xu̯aŋ
hui	hui	xu̯ei̯
hun	hun	xu̯ən
huo	huo	xu̯ɔ
ji	chi	dʑi
jia	chia	dʑi̯a
jian	chien	dʑi̯ɛn
jiang	chiang	dʑi̯aŋ
jiao	chiao	dʑi̯au̯
jie	chie, chieh	dʑi̯ɛ
jin	chin	dʑɪn
jing	ching	dʑɪŋ
jiong	chiung	dʑi̯ʊŋ
jiu	chiu	dʑi̯ou̯
ju	chü	dʑy
juan	chüan	dʑy̆ɛn
jue	chüeh	dʑy̆ɛ
jun	chün	dʑʏn
ka	k'a	ka
kai	k'ai	kai̯
kan	k'an	kan
kang	k'ang	kaŋ
kao	k'ao	kau̯
ke	k'e, k'eh, k'o	kʌ
kei	k'ei	kei̯
ken	k'en	kən
keng	k'eng	kəŋ
kong	k'ung	kʊŋ
kou	k'ou	kou̯
ku	k'u	ku
kua	k'ua	ku̯a
kuai	k'uai	ku̯ai̯
kuan	k'uan	ku̯an
kuang	k'uang	ku̯aŋ

Schreibung	Schreibung	Lautung
kui	k’uei	ku̯ei̯
kun	k’un	ku̯ən
kuo	k’uo	ku̯ɔ
la	la	la
lai	lai	lai̯
lan	lan	lan
lang	lang	laŋ
lao	lao	lau̯
le	le, leh	lʌ
lei	lei	lei̯
leng	leng	ləŋ
li	li	li
lia	lia	li̯a
lian	lien	li̯ɛn
liang	liang	li̯aŋ
liao	liao	li̯au̯
lie	lieh	li̯ɛ
lin	lin	lɪn
ling	ling	lɪŋ
liu	liou	li̯ou̯
long	lung	lʊŋ
lou	lou	lou̯
lu	lu	lu
lü	lü	ly
luan	luan	lu̯an
lüan	lüan	ly̆ɛn
lüe	lüeh, lioh	ly̆ɛ
lun	lun	lu̯ən
lün	lün	lʏn
luo	lo	lu̯ɔ
ma	ma	ma
mai	mai	mai̯
man	man	man
mang	mang	maŋ
mao	mao	mau̯
mei	mei	mei̯
men	men	mən
meng	meng	məŋ
mi	mi	mi
mian	mien	mi̯ɛn
miao	miao	mi̯au̯
mie	mieh	mi̯ɛ
min	min	mɪn
ming	ming	mɪŋ
miu	miu	mi̯ou̯
mo	mo	mɔ
mou	mou	mou̯

Schreibung	Schreibung	Lautung
mu	mu	mu
na	na	na
nai	nai	nai̯
nan	nan	nan
nang	nang	naŋ
nao	nao	nau̯
nei	nei	nei̯
nen	nen	nən
neng	neng	nəŋ
ni	ni	ni
nian	nien	ni̯ɛn
niang	niang	ni̯aŋ
niao	niao	ni̯au̯
nie	nieh	ni̯ɛ
nin	nin	nɪn
ning	ning	nɪŋ
niu	niu	ni̯ou̯
nong	nung	nʊŋ
nou	nou	nou̯
nu	nu	nu
nü	nü	ny
nuan	nuan	nu̯an
nüe	nüeh	ny̆ɛ
nun	nun	nu̯ən
nuo	no	nu̯ɔ
ou	ou	ou̯
pa	p’a	pa
pai	p’ai	pai̯
pan	p’an	pan
pang	p’ang	paŋ
pao	p’ao	pau̯
pei	p’ei	pei̯
pen	p’en	pən
peng	p’eng	pəŋ
pi	p’i	pi
pian	p’ien	pi̯ɛn
piao	p’iao	pi̯au̯
pie	p’ieh	pi̯ɛ
pin	p’in	pɪn
ping	p’ing	pɪŋ
po	p’o	pɔ
pou	p’ou	pou̯
pu	p’u	pu
qi	ch’i	tɕi
qia	ch’ia	tɕi̯a
qian	ch’ien	tɕi̯ɛn
qiang	ch’iang	tɕi̯aŋ

Schreibung	Schreibung	Lautung
qiao	ch’iao	tɕi̯au̯
qie	ch’ieh	tɕi̯ɛ
qin	ch’in	tɕɪn
qing	ch’ing	tɕɪŋ
qiong	ch’iung	tɕi̯ʊŋ
qiu	ch’iu	tɕi̯ou̯
qu	ch’ü	tɕy
quan	ch’üan, ts’üan	tɕy̆ɛn
que	ch’üeh, ch’üoh	tɕy̆ɛ
qun	ch’ün	tɕʏn
ran	jan	ran
rang	jang	raŋ
rao	jao	rau̯
re	je	rʌ
ren	jen	rən
reng	jeng	rəŋ
ri	jih	rɨ
rong	jung	rʊŋ
rou	jou	rou̯
ru	ju	ru
rua	(jua)	ru̯a
ruan	juan	ru̯an
rui	jui	ru̯ei̯
run	jun	ru̯ən
ruo	jo	ru̯ɔ
sa	sa	sa
sai	sai	sai̯
san	san	san
sang	sang	saŋ
sao	sao	sau̯
se	se, seh	sʌ
sei	(sei)	sei̯
sen	sen	sən
seng	seng	səŋ
sha	sha	ʃa
shai	shai	ʃai̯
shan	shan	ʃan
shang	shang	ʃaŋ
shao	shao	ʃau̯
she	she, sheh	ʃʌ
shei	(shei)	ʃei̯
shen	shen	ʃən
sheng	sheng	ʃəŋ
shi	shih	ʃɨ
shou	shou	ʃou̯
shu	shu	ʃu
shua	shua	ʃu̯a
shuai	shuai	ʃu̯ai̯
shuan	shuan	ʃu̯an
shuang	shuang	ʃu̯aŋ
shui	shui	ʃu̯ei̯
shun	shun	ʃu̯ən
shuo	shuo	ʃu̯ɔ
si	ssu	sɨ
song	sung	sʊŋ
sou	sou	sou̯
su	su	su
suan	suan	su̯an
sui	sui	su̯ei̯
sun	sun	su̯ən
suo	so, suo	su̯ɔ
ta	t’a	ta
tai	t’ai	tai̯
tan	t’an	tan
tang	t’ang	taŋ
tao	t’ao	tau̯
te	t’e, t’eh	tʌ
tei	(tei)	tei̯
teng	t’eng	təŋ
ti	t’i	ti
tian	t’ien	ti̯ɛn
tiao	t’iao	ti̯au̯
tie	t’ieh	ti̯ɛ
ting	t’ing	tɪŋ
tong	t’ung	tʊŋ
tou	t’ou	tou̯
tu	t’u	tu
tuan	t’uan	tu̯an
tui	t’ui	tu̯ei̯
tun	t’un	tu̯ən
tuo	t’o, t’uo	tu̯ɔ
wa	wa	u̯a
wai	wai	u̯ai̯
wan	wan	u̯an
wang	wang	u̯aŋ
wei	wei	u̯ei̯
wen	wen	u̯ən
weng	weng	u̯əŋ
wo	wo	u̯ɔ
wu	wu	u̯u
xi	hsi, si	ɕi
xia	hsia	ɕi̯a

Schreibung	Schreibung	Lautung
xian	hsien, sien	ɕi̯ɛn
xiang	hsiang, siang	ɕi̯aŋ
xiao	hsiao, siao	ɕi̯au̯
xie	hsieh, sieh	ɕi̯ɛ
xin	hsin, sin	ɕɪn
xing	hsing, sing	ɕɪŋ
xiong	hsiung	ɕi̯ʊŋ
xiu	hsiu, siu	ɕi̯ou̯
xu	hsü, sü	ɕy
xuan	hsüan, süan	ɕy̆ɛn
xue	hsüeh, süeh	ɕy̆ɛ
xun	hsün, sün	ɕʏn
ya	ya	i̯a
yan	yen	i̯ɛn
yang	yang	i̯aŋ
yao	yao	i̯au̯
ye	yeh	i̯ɛ
yi	i	i̯i
yin	yin	i̯ɪn
ying	ying	i̯ɪŋ
yong	yung	i̯ʊŋ
you	yu	i̯ou̯
yu	yü	i̯y
yuan	yüan	y̆ɛn
yue	yüeh, yo	y̆ɛ
yun	yün	i̯ʏn
za	tsa	dza
zai	tsai	dzai̯
zan	tsan	dzan
zang	tsang	dzaŋ
zao	tsao	dzau̯

Schreibung	Schreibung	Lautung
ze	tse	dzʌ
zei	tsei	dzei̯
zen	tsen	dzən
zeng	tseng	dzəŋ
zha	cha	dʒa
zhai	chai	dʒai̯
zhan	chan	dʒan
zhang	chang	dʒaŋ
zhao	chao	dʒau̯
zhe	che, cheh	dʒʌ
zhen	chen	dʒən
zheng	cheng	dʒəŋ
zhi	chih	dʒɨ
zhong	chung	dʒʊŋ
zhou	chou	dʒou̯
zhu	chu	dʒu
zhua	chua	dʒu̯a
zhuai	chuai	dʒu̯ai̯
zhuan	chuan	dʒu̯an
zhuang	chuang	dʒu̯aŋ
zhui	chui	dʒu̯ei̯
zhun	chun	dʒu̯ən
zhuo	cho, chuo	dʒu̯ɔ
zi	tzu	dzɨ
zong	tsung	dzʊŋ
zou	tsou	dzou̯
zu	tsu	dzu
zuan	tsuan	dzu̯an
zui	tsui	dzu̯ei̯
zun	tsun	dzu̯ən
zuo	tso, tsuo	dzu̯ɔ

Die oben stehende Tabelle bringt die chinesischen Silben in der ersten Spalte in Pinyin-Transkription, in der zweiten Spalte in Wade-Transkription (genauer: Wade-Giles-Transkription) und in der dritten Spalte in Lautschrift.

Im Wörterverzeichnis wird überwiegend Pinyin-Transkription verwendet unter Verzicht auf Wade-Transkription. Steht dort vor der Lautschrift die Abkürzung *chin.*, so steht das Stichwort in Pinyin. [p, t, k, tɕ, tʃ] sind stark behaucht, [b, d, g, dʑ, dʒ] sind stimmlos und unbehaucht. Ziffern hinter der Lautschrift bezeichnen die den einzelnen Silben innewohnenden Töne: 1 hoch-flach (Zeichen: ¯), 2 hoch-steigend (Zeichen: ´), 3 tief-fallend-steigend (Zeichen: ˇ), 4 hoch-fallend (Zeichen: `). Die Zeichen ¯ ´ ˇ ` werden in diesem Buch nicht verwendet. Beispiel: Beihai *chin.* bei̯xai̯ 33; der innewohnende Ton von bei̯ ist der Ton 3, ebenso derjenige von xai̯.

Italienisch

Buchstabe	Laut	Stellung	Beispiel
c	[tʃ]	vor *e, i*	Ci̱no [ˈtʃi:no]
	[k]	in anderen Stellungen	Ca̱ro [ˈka:ro]
cc	[ttʃ]	vor *e, i*	Bạcci [ˈbattʃi]
	[kk]	in anderen Stellungen	Sạcco [ˈsakko]
cch	[kk]		Mạcchi [ˈmakki]
cci	[ttʃ]	bei nicht gesprochenem *i*	Bạccio [ˈbattʃo]
ch	[k]		Chia̱ra [ˈki̯a:ra]
ci	[tʃ]	bei nicht gesprochenem *i*	Cia̱no [ˈtʃa:no]
g	[dʒ]	vor *e, i*	Gi̱na [ˈdʒi:na]
	[g]	in anderen Stellungen	Gạlli [ˈgalli]
gg	[ddʒ]	vor *e, i*	Mạggi [ˈmaddʒi]
ggi	[ddʒ]	bei nicht gesprochenem *i*	Mạggia [ˈmaddʒa]
gh	[g]		Ghi̱ta [ˈgi:ta]
gi	[dʒ]	bei nicht gesprochenem *i*	Giạnni [ˈdʒanni]
gl	[ʎʎ]	zwischen Vokal und gesprochenem *i*	Gịgli [ˈdʒiʎʎi]
gli	[ʎʎ]	zwischen Vokalen	Ọglio [ˈɔʎʎo]
gn	[ɲɲ]	zwischen Vokalen	Cạgni [ˈkaɲɲi]
s	[s]	zwischen Vokalen	Pi̱sa [ˈpi:sa]
	[z]	zwischen Vokalen	Bru̱sio [ˈbru:zi̯o]
	[z]	vor *b, d, g, l, m, n, r, v*	Casla̱no [kazˈla:no]
	[s]	in anderen Stellungen	Sạnti [ˈsanti]
sc	[sk]	vor *a, o, u*	Scọtto [ˈskɔtto]
	[sk]	vor Konsonant	Scrọffa [ˈskrɔffa]
	[ʃ]	am Wortanfang vor *e, i*	Scẹlba [ˈʃɛlba]
	[ʃʃ]	zwischen Vokal und *e, i*	Crẹsci [ˈkreʃʃi]
sch	[sk]		Schịcchi [ˈskikki]
sci	[ʃ]	am Wortanfang bei nicht gesprochenem *i*	Sciụtti [ˈʃutti]
	[ʃʃ]	zwischen Vokalen bei nicht gesprochenem *i*	Brẹscia [ˈbreʃʃa]
v	[v]		Vi̱co [ˈvi:ko]
z	[tts]	zwischen Vokalen	Fabrịzi [faˈbrittsi]
	[ddz]	zwischen Vokalen	Azẹglio [adˈdzɛʎʎo]
	[ts]	in anderen Stellungen	Zọppi [ˈtsɔppi]
	[dz]	in anderen Stellungen	Zạcchi [ˈdzakki]
zz	[tts]		Arẹzzo [aˈrettso]
	[ddz]		Gọzzo [ˈgɔddzo]

Doppelbuchstaben bezeichnen lange Laute; *pp* ist [pp], *ll* ist [ll] usw.; Beispiel: Cappuccịlli [kapputˈtʃilli]. Am häufigsten ist die zweitletzte Silbe betont (z. B. Vero̱na), weniger häufig die drittletzte Silbe (z. B. U̱dine). *à, é, è, ì, ó, ò, ù* bezeichnen betonte Vokale (z. B. Cantù [kanˈtu]).

Neugriechisch

Buchstabe	Laut	Stellung	Beispiel
ch	[ç]	vor *e, i*	Chịos [ˈçiɔs]
	[x]	in anderen Stellungen	Chọra [ˈxɔra]
d	[ð]	meistens	Delfị [ðɛlˈfi]
	[d]	neugr. ντ	Dạra [ˈdara]
ds	[dz]		Dsịni [ˈdzini]
g	[ɣ]	meistens	Grạmmos [ˈɣramɔs]
	[g]	neugr. γκ	Gụra [ˈgura]
s	[z]	neugr. ζ	Sạkinthos [ˈzakinθɔs]
	[s]	neugr. ς	Ạrgos [ˈarɣɔs]
	[s]	neugr. σ, meistens	Sẹsi [ˈsɛsi]

Betonte Vokale sind halblang bis kurz, unbetonte Vokale sind kurz. Die Betonung liegt je nach Wort auf einer der drei letzten Silben.

Niederländisch

Buchstabe	Laut	Stellung	Beispiel
ae	[a:]		Laeken [ˈla:kə]
au	[ɔu̯]		Audra [ˈɔu̯drɑ]
c	[s]	vor *e, i*	Cịtters [ˈsɪtərs]
	[k]	in anderen Stellungen	Claes [kla:s]
eeuw	[e:w]	vor Vokal	Le̲e̲uwe [ˈle:wə]
	[e:u̯]	in anderen Stellungen	Le̲e̲uw [le:u̯]
ei	[ɛi̯]		Heilo̲o̲ [hɛi̯ˈlo:]
en	[ə]	am Wortende	Lẹiden [ˈlɛi̯də]
eu	[ø:]		Deurne [ˈdø:rnə]
g	[ɣ]		Gịlze [ˈɣɪlzə]
gg	[ɣ]		Brugge [ˈbrʏɣə]
ie	[i:]	vor *r*	Die̲ren [ˈdi:rə]
	[i]	in anderen Stellungen	Piet [pit]
ieuw	[iw]	vor Vokal	Nieuwerkerk [ˈniwərkɛrk]
	[iu̯]	in anderen Stellungen	Nieuwpoort [ˈniu̯po:rt]
ij	[ɛi̯]		Rijssen [ˈrɛi̯sə]
ng	[ŋ]		Ạngel [ˈɑŋəl]
oe	[u:]	vor *r*	Boer [bu:r]
	[u]	in anderen Stellungen	Hoek [huk]
oei	[ui̯]		Hoei [hui̯]
ooi	[o:i̯]		Lo̲o̲i [lo:i̯]
ou	[ɔu̯]		Gọuda [ˈɣɔu̯dɑ]
s	[s]		Soest [sust]
sch	[sx]	am Wortanfang	Schịnnen [ˈsxɪnə]
	[sx]	z. T. im Wortinneren	Ẹnschede [ˈɛnsxəde]
	[s]	in anderen Stellungen	Bọsch [bɔs]

Buchstabe	Laut	Stellung	Beispiel
u	[y:]	vor *r* plus Vokal	Buren ['by:rə]
	[y]	vor anderem Konsonantenbuchstaben plus Vokal	Drunen ['drynə]
	[ʏ]	meist in anderen Stellungen betont	Brussel ['brʏsəl]
ui	[œi̯]		Buinen ['bœi̯nə]
uu	[y:]	vor *r*	Ruur [ry:r]
uy	[œi̯]		Buys [bœi̯s]
v	[v]		Vlieland ['vlilɑnt]
w	[w]		Wijk [wɛi̯k]
y	[ɛi̯]		Dyck [dɛi̯k]
z	[z]		Zuilen ['zœi̯lə]

b, d, g werden am Wortende [p, t, x] gesprochen. Die Betonung ist ungefähr wie im Deutschen.

Norwegisch

Buchstabe	Laut	Stellung	Beispiel
æ	[æ:]		Ænes [ˌæ:ne:s]
	[æ]		Lærdal ['lærda:l]
	[e:]		Mæl [me:l]
å	[o:]		Bålen [ˌbo:lən]
	[ɔ]		Tårstad [ˌtɔrsta]
au	[œy̆]		Haug [hœy̆g]
ei	[ɛi̯]		Gẹilo [ˌjɛi̯lu]
g	[j]	meist vor betontem *e, i, y*	Gy̱l [jy:l]
gj	[j]		Gje̱ving [ˌje:viŋ]
hj	[j]		Hjẹllum [ˌjɛlʉm]
hv	[v]		Hvịtsten ['vitste:n]
k	[ç]	meist vor betontem *e, i, y*	Ki̱sa [ˌçi:sa]
kj	[ç]		Kjose [ˌçu:sə]
lj	[j]		Lja̱n [ja:n]
o	[u:]		Lonin [ˌlu:nin]
	[u]		Onsaker [ˌunsa:kər]
	[o:]		Ho̱v [ho:v]
	[ɔ]		Họlla [ˌhɔla]
ø	[ø:]		Høle [ˌhø:lə]
	[œ]		Dønna [ˌdœna]
øy	[œi̯]		Gåsøy [ˌgo:sœi̯]
s	[s]		Søster ['sœstər]
sj	[ʃ]		Sjoa [ˌʃu:a]
sk	[ʃ]	vor betontem *e, i, y*	Ski̱ [ʃi:]
skj	[ʃ]		Skjåk [ʃo:k]

Buchstabe	Laut	Stellung	Beispiel
u	[ʉ:]		Sul [sʉ:l]
	[ʉ]		Sunde [ˌsʉndə]
	[u]		Kumle [ˌkumlə]
v	[v]		Vinje [ˌvinjə]
y	[y:]		Byre [ˌby:rə]
	[y]		Bykle [ˌbyklə]

Die Betonung ist ungefähr wie im Schwedischen (vgl. Schwedisch, S. 123).

Polnisch

Buchstabe	Laut	Stellung	Beispiel
ą	[õ]	vor *ch, f, rz, s, ś, sz, w, z, ż, ź*	Gąsawa [gõ'sava]
	[ɔm]	vor *b, p*	Gąbin ['gɔmbin]
	[ɔn]	vor *c, ć, cz, d, drz, dz, dż, dź, t, trz*	Bączek ['bɔntʃɛk]
	[ɔŋ]	vor *g, k*	Bąk [bɔŋk]
c	[tɕ]	vor *i*	Cisówka [tɕi'sufka]
	[ts]	in anderen Stellungen	Potocka [pɔ'tɔtska]
ć	[tɕ]		Oćwięka [ɔtɕ'fjɛka]
ch	[x]		Chojnów ['xɔjnuf]
ci	[tɕ]	vor Vokal	Ciemnice [tɕɛm'nitsɛ]
cz	[tʃ]		Czersk [tʃɛrsk]
ę	[ɛ̃]	vor *ch, f, rz, s, ś, sz, w, z, ż, ź*	Stęszew ['stɛ̃ʃɛf]
	[ɛm]	vor *b, p*	Dęblin ['dɛmblin]
	[ɛn]	vor *c, ć, cz, d, drz, dz, dż, dź, t, trz*	Będzin ['bɛndʑin]
	[ɛŋ]	vor *g, k*	Łęg [u̯ɛŋk]
h	[x]		Hel [xɛl]
ł	[u̯]		Wisła ['visu̯a]
ń	[ĩ̯]	nach Vokal vor *ch, f, rz, s, ś, sz, w, z, ż, ź*	Biliński [bi'lĩ̯ski]
	[i̯ŋ]	vor *g, k*	Mońki ['mɔi̯ŋki]
	[i̯n]	am Wortende nach Vokal	Toruń ['tɔrui̯n]
ó	[u]		Góra ['gura]
rz	[ʒ]		Rzęszów ['ʒɛʃuf]
s	[ɕ]	vor *i*	Sinko ['ɕiŋkɔ]
	[s]	in anderen Stellungen	Sąsek ['sasɛk]
ś	[ɕ]		Ośno ['ɔɕnɔ]
si	[ɕ]	vor Vokal	Sianów ['ɕanuf]
sz	[ʃ]		Szadek ['ʃadɛk]
w	[v]		Witos ['vitɔs]
y	[ɨ]		Bytom ['bɨtɔm]

Buchstabe	Laut	Stellung	Beispiel
z	[ʑ]	vor *i*	Zịn [ʑin]
	[z]	in anderen Stellungen	Zawạda [za'vada]
ż	[ʒ]		Żarọwo [ʒa'rɔvɔ]
ź	[ʑ]		Rogọźno [rɔ'gɔʑnɔ]
zi	[ʑ]	vor Vokal	Ziẹmba ['ʑɛmba]

b, d, g, rz, w, z, ż, ź werden am Wortende [p, t, k, ʃ, f, s, ʃ, ɕ] gesprochen. Betonte Vokale sind halblang bis kurz, unbetonte Vokale sind kurz. Die Betonung liegt meistens auf der zweitletzten Silbe.

Portugiesisch

Buchstabe	Laut	Stellung	Beispiel
ã	[ɐ̃]		Lousã [lo'zɐ̃]
ães	[ɐ̃i̯ʃ]		Guimarães [gimɐ'rɐ̃i̯ʃ]
ão	[ɐ̃u̯]		Cão [kɐ̃u̯]
c	[s]	vor *e, i*	Cẹlso ['sɛlsu]
	[k]	in anderen Stellungen	Casạl [kɐ'zal]
ç	[s]		Bạço ['basu]
b	[b]	am Wortanfang	Bạça ['basɐ]
	[b]	nach *l, m, r*	Pombạl [pom'bal]
	[β]	in anderen Stellungen	Bọbo ['boβu]
ch	[ʃ]		Chiạdo ['ʃi̯aðu]
d	[d]	am Wortanfang	Douro ['doru]
	[d]	nach *l, n, r*	Cạldas ['kaldɐʃ]
	[ð]	in anderen Stellungen	Vidạgo [vi'ðaɣu]
é	[ɛ]		Évora ['ɛvurɐ]
ê	[e]		Zêzere ['zezərə]
ei	[ɐi̯]		Leirịa [lɐi̯'riɐ]
em	[ɐ̃i̯]	am Wortende	Lạjem ['laʒɐ̃i̯]
ém	[ɐ̃i̯]		Belém [bə'lɐ̃i̯]
g	[ʒ]	vor *e, i*	Gịl [ʒil]
	[g]	am Wortanfang (nicht vor *e, i*)	Góis [gɔi̯ʃ]
	[g]	nach *l, n, r* (nicht vor *e, i*)	Felgạr [fɛl'gar]
	[ɣ]	in anderen Stellungen	Lạgos ['laɣuʃ]
gu	[g]	am Wortanfang vor *e, i*	Guiné [gi'nɛ]
		nach *l, n, r* vor *e, i*	Angueira [ɐŋ'gei̯rɐ]
	[ɣ]	vor *e, i* in anderen Stellungen	Aguiạr [ɐ'ɣi̯ar]
h	stumm		Họrta ['ɔrtɐ]
j	[ʒ]		Juncạl [ʒuŋ'kal]
lh	[ʎ]		Batạlha [bɐ'taʎɐ]
nh	[ɲ]		Marịnha [mɐ'riɲɐ]
o	[u]	unbetont meistens	Cạstro ['kaʃtru]

Buchstabe	Laut	Stellung	Beispiel
ó	[ɔ]		Póvoa ['pɔvu̯ɐ]
ões	[õi̯ʃ]		Camões [ka'mõi̯ʃ]
ou	[o]		Douro ['doru]
qu	[k]	vor *e, i*	Quental [ken'tal]
s	[s]	am Wortanfang	Sá [sa]
	[s]	nach Konsonantenbuchstabe	Cẹlso ['sɛlsu]
	[z]	zwischen Vokalen	Casạl [kɐ'zal]
	[ʒ]	vor *b, d, g, l, n, r, v, z*	Lisbọa [liʒ'boɐ]
	[ʃ]	am Wortende	Lạgos ['laɣuʃ]
	[ʃ]	vor *c, f, p, q, t*	Cọsta ['kɔʃtɐ]
ss	[s]		Bissạu [bi'sau̯]
v	[v]		Ịvo ['ivu]
x	[ʃ]	meistens	Xịre ['ʃirə]
z	[z]	vor Vokal	Zêzere ['zezərə]
	[ʃ]	am Wortende	Vạz [vaʃ]

Betonte Vokale sind halblang bis kurz, unbetonte Vokale sind kurz. Die Betonung ist in der Schrift folgendermaßen gekennzeichnet: a) Wörter, die auf Konsonantenbuchstabe plus a, am, as, e, em, ens, es, o, os enden, sind auf der zweitletzten Silbe betont, z. B. Cọsta ['kɔʃtɐ], Lạjem ['laʒɐ̃i̯], Chạves ['ʃavɪʃ]. b) Wörter, die auf i oder u plus a, as, o, os enden, sind auf dem i oder u betont, z. B. Leirịa [lɐi̯'riɐ], Rossịo [rru'siu]. c) Der Akut und der Zirkumflex bezeichnen betonten Vokal, z. B. Mortágua [mɔr'taɣu̯ɐ], Grijó [gri'ʒɔ], Grândola ['grɐndulɐ]. d) In den übrigen Fällen wird die letzte Silbe betont, z. B. Lousã [lo'zɐ̃], Portugạl [purtu'ɣal], Quelụz [kɛ'luʃ], Ribeirão [rriβɐi̯'rɐ̃u̯].

Rumänisch

Buchstabe	Laut	Stellung	Beispiel
ă	[ə]		Măcịn [mə'tʃin]
â	[ɨ]		Pârvạn [pɨr'van]
c	[tʃ]	vor *e, i*	Cenạd [tʃe'nad]
	[k]	in anderen Stellungen	Cîrna ['kɨrna]
ch	[k]		Tạche ['take]
ci	[tʃ]	vor *o, u*	Ciục [tʃuk]
e	[i̯e]	nach Vokal	Ploeşti [plo'i̯eʃtj]
	[e]	in anderen Stellungen meistens	Merẹşti [me'reʃtj]
g	[dʒ]	vor *e, i*	Gịnta ['dʒinta]
	[g]	in anderen Stellungen	Galạţi [ga'latsj]
gh	[g]		Ghịca ['gika]
gi	[dʒ]	vor *o, u*	Giubẹga [dʒu'bega]
î	[ɨ]		Bîrlạd [bɨr'lad]
j	[ʒ]		Dẹj [deʒ]
s	[s]		Sirẹt [si'ret]

Buchstabe	Laut	Stellung	Beispiel
ş	[ʃ]		Ạrgeş [ˈardʒeʃ]
ţ	[ts]		Hạţeg [ˈhatseg]
v	[v]		Vasile [vaˈsile]
z	[z]		Zạra [ˈzara]

Betonte Vokale sind halblang bis kurz, unbetonte Vokale sind kurz. Die Betonung liegt je nach Wort auf einer bestimmten Silbe.

Schwedisch

Buchstabe	Laut	Stellung	Beispiel
å	[oː]		Åsaka [ˌoːsaka]
	[ɔ]		Långsele [ˈlɔŋsɛlə]
g	[j]	am Wortanfang vor *ä, e, i, ö, y*	Gọ̈sta [ˌjœsta]
	[j]	nach *l, r* am Wortende	Bẹrg [bærj]
	[j]	z. T. nach *l, r* im Wortinneren	Hẹlgum [ˌhɛljʊm]
	[ŋ]	zwischen kurzem Vokal und n	Tegnér [tɛŋˈneːr]
	[g]	in anderen Stellungen meistens	Gla̲n [glɑːn]
gj	[j]	am Wortanfang	Gje̲rstad [ˈjæːrstɑːd]
hj	[j]	am Wortanfang	Hjo [juː]
k	[ç]	meist am Wortanfang vor *ä, e, i, ö, y*	Ki̲l [çiːl]
	[k]	in anderen Stellungen	Ka̲lix [ˈkɑːliks]
kj	[ç]	am Wortanfang	Kjellén [çɛˈleːn]
lj	[j]	am Wortanfang	Ljụnga [ˌjʊŋa]
o	[uː]		Fole [ˌfuːlə]
	[u]		Okna [ˌukna]
	[oː]		Ho̲v [hoːv]
	[ɔ]		Bọlmen [ˈbɔlmən]
ö	[øː]		Kö̲ping [ˌçøːpiŋ]
	[œː]		Örebro [œrəˈbruː]
	[œ]		Östersụnd [œstərˈsʊnd]
s	[s]		Sa̲la [ˌsɑːla]
sj	[ʃ]	am Wortanfang	Sjö̲ström [ˌʃøːstrœm]
sk	[ʃ]	am Wortanfang vor *ä, e, i, ö, y*	Skọ̈ld [ʃœld]
	[ʃ]	z. T. im Wortinneren vor *ä, e, i, ö, y*	Ạskim [ˌaʃim]
skj	[ʃ]		Ạskjum [ˌaʃʊm]
stj	[ʃ]		Stjälpet [ˈʃɛlpət]
u	[ʉː]		Umeå [ˌʉːməoː]
	[ʊ]		Lụnd [lʊnd]

Buchstabe	Laut	Stellung	Beispiel
v	[v]		Vi̱sby [ˈviːsby]
y	[yː]		My̱ra [ˌmyːra]
	[y]		Gỵljen [ˌjyljən]
z	[s]		Zạnder [ˈsandər]

Die Betonung (Stärkebetonung) ist ähnlich der deutschen. Dazu kommt in mehrsilbigen Wörtern musikalische Betonung (musikalischer Akzent). Der einfache Ton (Akut) ist fallender Ton auf der stärkebetonten Silbe; er wird durch hochgestelltes Betonungszeichen gekennzeichnet, z. B. Tåkern [ˈtoːkərn]. Der Doppelton (Gravis) ist fallender Ton auf der Silbe mit Hauptstärkebetonung und höher fallender Ton auf der folgenden Silbe, bei zusammengesetzten Wörtern auf der stärkebetonten Silbe des zweiten Wortes. Der Doppelton wird durch tiefgestelltes Betonungszeichen angegeben, z. B. Lomma [ˌluma].

Serbokroatisch

Buchstabe	Laut	Beispiel
c	[ts]	Crẹt [tsrɛt]
ć	[tɕ]	Bịhać [ˌbihaːtɕ]
č	[tʃ]	Čịovo [ˈtʃiɔvɔ]
đ	[dʑ]	Đo̱rđe [ˈdʑɔːrdʑɛ]

Buchstabe	Laut	Beispiel
s	[s]	Su̱sak [ˌsuːsak]
š	[ʃ]	Šạbac [ˈʃabats]
z	[z]	Bro̱z [brɔːz]
ž	[ʒ]	Ži̱kin [ˌʒiːkin]

Vokale können kurz oder lang sein (z. B. Pẹtar [ˈpɛtar], Be̱lić [ˌbɛːlitɕ]). In mehrsilbigen Wörtern ist die Betonung (Stärkebetonung) nie auf der letzten Silbe. Die Stärkebetonung ist mit musikalischer Betonung (musikalischer Akzent) gekoppelt. Das hochgestellte Betonungszeichen gibt Stärkebetonung plus fallende musikalische Betonung an, z. B. Bọsna [ˈbɔsna], Ka̱rlovac [ˈkaːrlɔvats]. Das tiefgestellte Betonungszeichen gibt Stärkebetonung plus steigende musikalische Betonung an, z. B. Grạdiška [ˌgradiʃka], Li̱vno [ˌliːvnɔ]. Einsilbige Wörter haben fallende musikalische Betonung, z. B. Bro̱z [brɔːz].

Slowenisch

Buchstabe	Laut	Stellung	Beispiel
c	[ts]		Ce̱glo [ˈtseːglɔ]
č	[tʃ]		Če̱pno [ˈtʃɛːpnɔ]
h	[x]		Pa̱ha [ˈpaːxa]
l	[l]	vor Vokal	La̱ško [ˈlaːʃkɔ]
	[u̯]	in anderen Stellungen	Se̱lnik [ˈseːu̯nik]
s	[s]		Se̱la [ˈseːla]
š	[ʃ]		Šo̱mat [ˈʃoːmat]

Buchstabe	Laut	Stellung	Beispiel
v	[v]	vor Vokal, *r, l;* zwischen *r* und *j*	Vra̱ta ['vra:ta]
	[u̯]	in anderen Stellungen	Be̱vk [be:u̯k]
z	[z]		Za̱la ['za:la]
ž	[ʒ]		Ža̱ga ['ʒa:ga]

b, d, g, z, ž werden am Wortende [p, t, k, s, ʃ] gesprochen (z. B. Gra̱d [gra:t]). *e* ist je nachdem [e:], [ɛ:], [e], [ɛ] oder [ə]; *o* [o:], [ɔ:], [o], [ɔ]. Betonte Vokale sind je nachdem lang oder kurz, unbetonte Vokale sind kurz. Die Betonung liegt je nach Wort auf einer bestimmten Silbe.

Spanisch

Buchstabe	Laut	Stellung	Beispiel
b	[b]	am Wortanfang	Bạrco ['barko]
	[b]	nach *m*	Ambạto [am'bato]
	[β]	in anderen Stellungen	Cạbra ['kaβra]
c	[θ]	vor *e, i*	Cịnca ['θiŋka]
	[k]	in anderen Stellungen	Cọca ['koka]
ch	[tʃ]		Chạco ['tʃako]
d	[d]	am Wortanfang	Darío [da'rio]
	[d]	nach *l, n*	Ạndes ['andes]
	[ð]	in anderen Stellungen	Prạdo ['praðo]
g	[x]	vor *e, i*	Gịl [xil]
	[g]	am Wortanfang (nicht vor *e, i*)	Gọya ['goja]
	[g]	nach *n* (nicht vor *e, i*)	Ạnga ['aŋga]
	[ɣ]	zwischen Vokalen (nicht vor *e, i*)	Lagụna [la'ɣuna]
	[ɣ]	nach *b, d, f, l, r, s, t, v, z* (nicht vor *e, i*)	Bụrgos ['burɣos]
	[ɣ]	vor *b, d, l, m, n, r, s, t* (nicht am Wortanfang; nicht nach *n*)	Almạgro [al'maɣro]
gu	[g]	am Wortanfang vor *e, i*	Guillén [gi'ʎen]
		zwischen *n* und *e, i*	Manguẹra [maŋ'gera]
	[ɣ]	in anderen Stellungen vor *e, i*	Aguilạr [aɣi'lar]
h	stumm		Habạna [a'βana]
j	[x]		José [xo'se]
ll	[ʎ]		Llạnes ['ʎanes]
ñ	[ɲ]		Mịño ['miɲo]
qu	[k]		Quiché [ki'tʃe]
s	[z]	vor *b, d, g* [ɣ], *l, m, n, v*	Ịsla ['izla]
	[s]	in anderen Stellungen	Sọsa ['sosa]

Buchstabe	Laut	Stellung	Beispiel
ü	[u̯]		Güimạr [gu̯i'mar]
v	[b]	am Wortanfang	Valdés [bal'des]
	[b]	nach *n*	Convẹnio [kɔm'benio̯]
	[β]	in anderen Stellungen	Ávila ['aβila]
x	[x]	z. T.	Oaxạca [oa'xaka]
y	[j]	vor Vokal	Yụste ['juste]
	[i̯]	in anderen Stellungen	Alcọy [al'kɔi̯]
z	[ð̞]	vor *b, d, g* [ɣ], *l, m, n, v*	Guzmán [guð̞'man]
	[θ]	in anderen Stellungen	Zẹa ['θea]

Betonte Vokale sind halblang bis kurz, unbetonte Vokale sind kurz. In hispanoamerikanischer Aussprache gibt es im Allgemeinen kein [θ], [ð̞] und [ʎ]. [θ] wird durch [s] ersetzt, [ð̞] durch [z] und [ʎ] meist durch [j]. Die Betonung ist in der Schrift folgendermaßen gekennzeichnet: a) Wörter, die auf einen silbischen Vokal, auf n oder s enden, sind auf der zweitletzten Silbe betont, z. B. Cuẹva ['ku̯eβa], Tọrres ['tɔrrɛs], Vịrgen ['birxen], Tenọrio [te'norio̯]. b) Wörter, die nicht auf einen silbischen Vokal, n oder s enden, sind auf der letzten Silbe betont, z. B. Alcọy [al'kɔi̯], Miguẹl [mi'ɣɛl]. c) Vokale mit Akut sind betont, z. B. Colón [ko'lɔn], Málaga ['malaɣa].

Tschechisch

Buchstabe	Laut	Beispiel
a	[a]	Prạha ['praha]
á	[a:]	Tábor ['ta:bɔr]
c	[ts]	Vạcov ['vatsɔf]
č	[tʃ]	Čạpek ['tʃapɛk]
ch	[x]	Chẹb [xɛp]
di	[dji]	Dịviš ['djiviʃ]
dí	[dji:]	Dívčice ['dji:ftʃitsɛ]
e	[ɛ]	Dẹsna ['dɛsna:]
é	[ɛ:]	Stéblová ['stɛ:blɔva:]
ě	[jɛ]	Dědov ['djɛdɔf]
i	[i]	Smịlov ['smilɔf]
í	[i:]	Písek ['pi:sɛk]
ň	[nj]	Bykáň ['bika:nj]
ni	[nji]	Nịžbor ['njiʒbɔr]
ní	[nji:]	Níhov ['nji:hɔf]
o	[ɔ]	Sọkol ['sɔkɔl]

Buchstabe	Laut	Beispiel
ou	[ɔu̯]	Kọut [kɔu̯t]
ř	[rʒ]	Dvọřák ['dvɔrʒa:k]
s	[s]	Ọsek ['ɔsɛk]
š	[ʃ]	Bẹneš ['bɛnɛʃ]
ť	[tj]	Họšťka ['hɔʃtjka]
ti	[tji]	Tịchy ['tjixi:]
tí	[tji:]	Tištín ['tjiʃtji:n]
u	[u]	Mụcha ['muxa]
ú	[u:]	Ústí ['u:stji:]
ů	[u:]	Mạrtinů ['martjinů]
v	[v]	Vrána ['vra:na]
y	[i]	Lysá ['lisa:]
ý	[i:]	Týn [ti:n]
z	[z]	Znọjmo ['znɔjmɔ]
ž	[ʒ]	Žạtec ['ʒatɛts]

b, d, h, ř, v, z, ž werden am Wortende [p, t, x, rʃ, f, s, ʃ] gesprochen (z. B. Bọchov ['bɔxɔf]). Die Betonung liegt auf der ersten Silbe.

Türkisch

Buchstabe	Laut	Beispiel
ağ	[ɑ:]	Alạdag [ɑ'lɑdɑ:]
c	[dʒ]	Họca ['hɔdʒɑ]
ç	[tʃ]	Çẹsme ['tʃɛsmɛ]
e	[ɛ]	Ẹfes ['ɛfɛs]
eğ	[ɛj]	Ẹğil ['ɛjil]
ı	[ɨ]	Işịklı [ɨ'ʃɨklɨ]
i	[i]	Dẹnizli ['dɛnizli]
ığ	[ɨ:]	Elâzığ [ɛla:'zɨ:]
iğ	[i:]	Niğde ['ni:dɛ]
o	[ɔ]	Bọlu ['bɔlu]
ö	[œ]	İnönü ['inœny]
oğ	[ɔ:]	Boğazlạr [bɔ:ɑz'lɑr]

Buchstabe	Laut	Beispiel
öğ	[œj]	Öğụ̈n [œ'jyn]
s	[s]	Sancạk [sɑn'dʒɑk]
ş	[ʃ]	Bạşköy ['bɑʃkœi̯]
u	[u]	Ẹrzurum ['ɛrzurum]
ü	[y]	Kọ̈prülü ['kœpryly]
uğ	[u:]	Uğrạş [u:'rɑʃ]
üğ	[y:]	Üğrụ̈m [y:'rym]
v	[v]	Envẹr [ɛn'vɛr]
y	[j]	Yenịce [jɛ'nidʒɛ]
z	[z]	Dẹnizli ['dɛnizli]

[ɨ] wird weiter hinten artikuliert, also eher entrundetes [u]. *y* ist [i̯] nach Vokal (z. B. Haydạr [hɑi̯'dɑr]). Vokale sind meistens kurz. Die Betonung ist eher schwach. Sie liegt bei Eigennamen je nachdem auf einer bestimmten Silbe (z. B. Ạnkara, Edịrne, Torọs).

Ungarisch

Buchstabe	Laut	Beispiel
a	[ɔ]	Aba ['ɔbɔ]
á	[a:]	Bárczi ['ba:rtsi]
c	[ts]	Cẹgléd ['tsɛgle:d]
cs	[tʃ]	Csẹpel ['tʃɛpɛl]
cz	[ts]	Bárczi ['ba:rtsi]
e	[ɛ]	Pẹst [pɛʃt]
é	[e:]	Pécs [pe:tʃ]
gy	[dj]	Győr [djø:r]
i	[i]	Kịs [kiʃ]
í	[i:]	Vízi ['vi:zi]
ly	[j]	Kịrály ['kira:j]
ny	[nj]	Nyúl [nju:l]
o	[o]	Szọlnok ['solnok]

Buchstabe	Laut	Beispiel
ó	[o:]	Nógrád ['no:gra:d]
ö	[ø]	Bọ̈rcs [børtʃ]
ő	[ø:]	Győr [djø:r]
s	[ʃ]	Sáska ['ʃa:ʃkɔ]
sz	[s]	Szabó ['sɔbo:]
ty	[tj]	Tyụkod ['tjukod]
u	[u]	Bụda ['budɔ]
ú	[u:]	Nyúl [nju:l]
ü	[y]	Bụ̈k [byk]
ű	[y:]	Szűr [Sy:r]
v	[v]	Vác [va:ts]
z	[z]	Zala ['zɔlɔ]
zs	[ʒ]	Zsụrk [ʒurk]

y wird bei Personennamen am Wortende meistens als [i] gesprochen (z. B. Ady ['ɔdi]). Lange Konsonanten werden in der Schrift durch Doppelschreibung gekennzeichnet (z. B. Lịppó ['lippo:]); zu merken sind: cc [tts], ccs [ttʃ], ddzs [ddʒ], ggy [ddj], lly [jj], ssz [ss], zzs [ʒʒ] (z. B. Họsszú ['hossu:]). Die Betonung liegt auf der ersten Silbe.

II. Betonung und Aussprache weiterer Fremdsprachen

1. Betonung (Stärkebetonung)

ⓐ Auf der ersten Silbe (Anfangsbetonung): estnisch, färöisch, finnisch, georgisch, isländisch, lettisch, niedersorbisch, obersorbisch, slowakisch.

ⓑ Auf der drittletzten Silbe: makedonisch.

ⓒ Auf der letzten Silbe (Endbetonung): französisch, Khmer, persisch.

ⓓ Je nach Wort auf einer bestimmten Silbe: afghanisch, bulgarisch, hebräisch, indonesisch, katalanisch, litauisch, madagassisch, rätoromanisch, russisch, ukrainisch, weißrussisch.

ⓔ Etwa wie im Deutschen: dänisch, englisch.

2. Tonhöhe (musikalische Betonung; Silbentöne)

ⓐ Birmanisch: 1 hoch-schwachfallend-kurz, 2 tief-schwachfallend-lang, 3 hochfallend-lang, 4 hoch-fallend-kurz.

ⓑ Japanisch: Silben mit kurzem Vokal oder mit silbischem n [n̩] können hoch oder tief sein. Vor dem Zeichen ˈ und nach dem Zeichen ˌ sind sie tief, in den übrigen Fällen hoch (Jamạgata [jaˈmaˌgata]: [ja], [ga], [ta] sind tief, [ma] ist hoch). Silben mit langem Vokal können hoch, hochtief, tief, tiefhoch sein (Ko̲fu [koˈ:fu]; [o:] ist in der ersten Hälfte tief, in der zweiten hoch; [fu] ist hoch).

ⓒ Litauisch: Betonte lange Silben haben fallenden Ton (Stoßton; Zeichen: ˈ) oder steigenden Ton (Schleifton; Zeichen: ˌ).

ⓓ Thai: 1 mittel, 2 tief, 3 fallend, 4 hoch, 5 steigend.

ⓔ Vietnamesisch: 1 flach, 2 steigend (´), 3 fallend (`), 4 fallend-steigend (?), 5 tiefsteigend (˜), 6 tief (.). Die orthographischen Zeichen ´ ` ? ˜ . werden im Wörterverzeichnis nicht verwendet.

3. Aussprache

ⓐ Estnisch: *ä* ist [æ], *õ* ist [o] ohne Lippenrundung. Lange Vokale: Sä̲ä̲re [ˈsæ:rɛ], überlange Vokale: Ku̲u̲salu [ˈku::salu]. Lange Konsonanten: Sịppa [ˈsippɑ], überlange Konsonanten: Vạtta [ˈvætt:ɑ].

ⓑ Finnisch: *ä* ist [æ], *y* [y]. Kurze Laute: Pọri [ˈpɔri], lange Laute: Hy̲y̲ppä [ˈhy:ppæ].

ⓒ Indonesisch: *c* ist [tʃ] (Kụcing [ˈkutʃɪŋ]), *j* [dʒ] (Jakạrta [dʒaˈkarta]), *ng* [ŋ] (Selạngor [səˈlaŋɔr]), *s* [s], *w* [w], *y* [j] (Surabạya [suraˈbaja]).

ⓓ Japanisch: [i̥], [u̥] bezeichnen schwach gesprochene [i], [u].

ⓔ Lettisch: Übergesetzter Querstrich bezeichnet in der Rechtschreibung langen Vokal (Rīga [ˈri:ga]).
c ist [ts], *č* [tʃ], *ģ* [gj], *ķ* [kj], *ļ* [lj], *ņ* [nj], *o* [u̯ɔ], *s* [s], *š* [ʃ], *z* [z], *ž* [ʒ].

f Litauisch: *a* ist [aː, a, æː, æ, ɛ], *ą* [aː, æː], *c* [ts], *č* [tʃ], *e* [ɛː, ɛ, æː, æ], *ę* [ɛː, æː], *ė* [eː], *i* [ɪ, i̯, j], *o* [oː, ɔ], *s* [s], *š* [ʃ], *u* [ʊ], *ų* [uː], *ū* [uː], *v* [v], *y* [iː], *z* [z], *ž* [ʒ].

g Slowakisch: *ä* ist [ɛ] oder [æ], *ľ* [lj], *ĺ* [l̩ː], *ó* [ɔː], *ô* [u̯ɔ], *ŕ* [r̩ː]. *d, l, n, t* sind [dj, lj, nj, tj] vor *e, i, í* (Tiso [ˈtjisɔ]). *v* ist [u̯] nach Vokal vor Konsonant und am Wortende (Pravda [ˈprau̯da]).

A a

a, A a:, *engl.* eɪ, *fr.* ɑ, *it.*, *span.* a
ä, Ä ɛ:
α, A 'alfa
à a
Aa *dt.*, *niederl.* a:
Aa (*Kinderspr.* Kot) a'|a
Aach a:x
Aachen 'a:xn̩
Aafjes *niederl.* 'a:fi̯əs
Aage *dän.* 'o:u̯ə
Aagje *niederl.* 'a:ɣi̯ə
Aaiún *span.* aa'jun
Aak[e] 'a:k[ə]
Aakjær *dän.* 'o:'kɛ:'ɐ̯
Äakus 'ɛ:akʊs
Aalbæk *dän.* 'o:lbeg
Aal[buch] 'a:l[bu:x]
aalen, Aalen 'a:lən
Aalenien ale'ni̯ɛ̃:
Aalenium a'le:ni̯ʊm
aalglatt 'a:l'glat
Aall *norw.* o:l
Aalsmeer *niederl.* a:ls'me:r
Aalst *niederl.* a:lst
Aalten *niederl.* 'a:ltə
Aalto *finn.* 'ɑ:ltɔ
Aaltonen *finn.* 'ɑ:ltɔnɛn
Äänekoski *finn.* 'æ:nɛkɔski
Aanrud *norw.* ˌo:nrʉ:d
Aar a:ɐ̯
Aarabesque, -s ara'bɛsk
Aarau 'a:rau̯
Aarberg a:ɐ̯'bɛrk, '--
Aarburg 'a:ɐ̯bʊrk
Aardenburg *niederl.* 'a:rdənbʏrx
Aare 'a:rə
Aargau 'a:ɐ̯gau̯
Aarlen *niederl.* 'a:rlə
Aaron 'a:rɔn, *rumän.* 'aron
Aarschot *niederl.* 'a:rsxɔt
Aarwangen a:ɐ̯'vaŋən
Aas a:s, **-e** 'a:zə, **Äser** 'ɛ:zɐ
aasen 'a:zn̩, **aas!** a:s, **aast** a:st
Aasen *norw.* 'o:sən
aasig 'a:zɪç, **-e** ...ɪgə
Aast a:st, **Äster** 'ɛ:stɐ
ab ap

¹Aba (arab. Mantel) a'ba:
²Aba (Name) 'a:ba, *engl.* 'ɑ:bɑ:, ɑ:'bɑ:, *fr.* a'ba, *ung.* 'ɔbɔ
Abaco *engl.* 'æbəkoʊ, *it.* 'a:bako
Abadan *pers.* ɑbɑ'dɑ:n
Abaddon aba'do:n
Abade *pers.* ɑbɑ'de
Abai *russ.* a'baj
abaissieren abɛ'si:rən
Abaka a'ba[:]ka
Abakaliki *engl.* ɑ:bɑ:kɑ:'li:ki:
Abakan *russ.* aba'kan
Abakus 'a:bakʊs
Abälard abɛ'lar[t], '---
Abalienation ap|ali̯ena'tsi̯o:n
abalienieren ap|ali̯e'ni:rən
a ballata a ba'la:ta
Abalone aba'lo:nə
Abancay *span.* aβaŋ'kai̯
Abandon abã'dõ:
Abandonnement abãdɔnə'mã:
abandonnieren abãdɔ'ni:rən
Abano *it.* 'a:bano
Abanto *span.* a'βanto
Abart 'ap|a:ɐ̯t
à bas a'ba
Abasa *russ.* aba'za
Abaschidse *georg.* 'abaʃidze
Abaschiri *jap.* a'baˌʃiri
Abasie aba'zi:, **-n** ...i:ən
Abastumani *russ.* abɐstu'mani
Abate a'ba:tə, **...ti** ...ti
Abatis aba'ti:, **des -** ...i:[s]
abatisch a'ba:tɪʃ
Abatjour aba'ʒu:ɐ̯
Abaton 'a:batɔn, *auch:* 'ab..., **...ta** ...ta
a battuta a ba'tu:ta
Abaziskus aba'tsɪskʊs
Abazissus aba'tsɪsʊs
Abba[ch] 'aba[x]
Abbadide aba'di:də
Abbadie *fr.* aba'di
Abbado *it.* ab'ba:do
Abbadona aba'do:na
Abbagnano *it.* abbaɲ'ɲa:no
Abbas a'ba:s, *fr.* ab'bɑ:s, *pers.* æb'bɑ:s, *engl.* ə'bɑ:s, ə'bæs, 'æbəs
Abbasi aba'zi:
Abbaside aba'zi:de
Abbassamento abasa'mɛnto
Abbate a'ba:tə, **...ti** ...ti
Abbatini *it.* abba'ti:ni
Abbattimento abati'mɛnto
Abbazia *it.* abbat'tsi:a
Abbe 'abe, 'abə, a'be:

Abbé a'be:
abbeeren 'apbe:rən
Abbellimento abɛli'mɛnto
Abbeville *fr.* ab'vil, *engl.* 'æbɪvɪl
Abbevillien abəvɪ'li̯ɛ̃:
Abbey *engl.* 'æbɪ
Abbiategrasso abbi̯ate'grasso
Abbo 'abo
Abbondio *it.* ab'bondi̯o
Abbotsford *engl.* 'æbətsfəd
Abbotsholme *engl.* 'æbətshoʊm
Abbot[t] *engl.* 'æbət
Abbrändler 'apbrɛntlɐ
Abbreviation abrevi̯a'tsi̯o:n
Abbreviator abre'vi̯a:to:ɐ̯, **-en** ...i̯a'to:rən
Abbreviatur abrevi̯a'tu:ɐ̯
abbreviieren abrevi'i:rən
Abbt apt
Abbud a'bu:t
Abc a:be:'tse:, abe'tse:
ABC *engl.* eɪbi:'si:
A.B.C. *span.* aβe'θe
Abc-Buch abe'tse:bu:x
Abcdarier abetse'da:ri̯ɐ
Abcdarium abetse'da:ri̯ʊm, **...ien** ...i̯ən
Abcdarius abetse'da:ri̯ʊs, **...ii** ...ii
Abchase ap'xa:zə
Abchasien ap'xa:zi̯ən
abchasisch ap'xa:zɪʃ
abclich abe'tse:lɪç
ABC-Staaten abe'tse:ʃta:tn̩
Abd apt
abdachen 'apdaxn̩
Abdalagís *span.* aβðala'xis
Abd Al Asis 'apt al|a'zi:s
Abd Al Hamid 'apt alha'mi:t
Abd Al Kadir 'apt al'ka:dɪr
Abd Allah 'apt a'la:, ap'dala
Abd Al Madschid 'apt alma'dʒi:t
Abd Al Malik 'apt al'malɪk
Abd Al Mumin 'apt al'mʊmɪn
Abd Al Wahhab 'apt alva'ha:p
Abd Ar Rahman 'apt arax'ma:n
Abd El Krim apdɛl'kri:m
Abdera ap'de:ra
Abderhalden 'apdɐhaldn̩
Abderit apde'ri:t
Abd Er Rahman apdɛrax'ma:n
Abdias ap'di:as, 'apdi̯as
Abdić *serbokr.* 'abditɕ
Abdikation apdika'tsi̯o:n

A

abdikativ apdikaˈtiːf, **-e** ...iːvə
abdizieren apdiˈt͡siːrən
Abdomen apˈdoːmən, **...mina** ...mina
abdominal apdomiˈnaːl
abducens apˈduːt͡sɛns
Abduh ˈapdʊx
Abduktion apdʊkˈt͡si̯oːn
Abduktor apˈdʊktoːɐ̯, **-en** ...ˈtoːrən
Abdulino *russ.* abˈdulinɐ
Abdullah apˈdʊla, apdʊˈlaː; *engl.* æbˈdʌlə
Abduzens apˈduːt͡sɛns
abduzieren apduˈt͡siːrən
Abe *jap.* aˈbe
Abece aːbeːˈt͡seː, abeˈt͡seː
Abecedarier abet͡seˈdaːri̯ɐ
Abecedarium abet͡seˈdaːri̯ʊm, **...ien** ...ri̯ən
Abecedarius abet͡seˈdaːri̯ʊs, **...ii** ...ii
abecedieren abet͡seˈdiːrən
abecelich abeˈt͡seːlɪç
Abeceschütze abeˈt͡seːʃʏt͡sə
Abéché *fr.* abeˈʃe
Abee aˈbeː, *auch:* ˈabe
Abeille *fr.* aˈbɛj
Abel ˈaːbl̩, *fr.* aˈbɛl, *engl.* eɪbl
Abélard *fr.* abeˈlaːr
Ābele *lett.* ˈaːbele
Abelespiel ˈaːbələʃpiːl
Abelin ˈaːbəliːn
Abelit abeˈliːt
Abell *dän.* ˈɛːˀbl̩
Abellio *fr.* abɛˈljo
Abelmoschus aːbl̩ˈmɔʃʊs, ˈaːbl̩mɔʃʊs, **-se** ...ʊsə
Abenberg ˈaːbn̩bɛrk
Abencerrage, Abencerraje *span.* aβenθɛˈrraxe
Abend ˈaːbn̩t, **-e** ...n̩də
abendlich ˈaːbn̩tlɪç
Abendrot[h] ˈaːbn̩troːt
abends ˈaːbn̩t͡s
a beneplacito a beneˈplaːt͡ʃito
Abengourou *fr.* abɛŋguˈru
Åbenrå *dän.* obn̩ˈroːˀ
Abensberg ˈaːbn̩sbɛrk
Abenteuer ˈaːbn̩tɔyɐ
Abenteuerin ˈaːbn̩tɔyərɪn
abenteuerlich ˈaːbn̩tɔyɐlɪç
abenteuern ˈaːbn̩tɔyɐn
Abenteurer ˈaːbn̩tɔyrɐ
Abenteurerin ˈaːbn̩tɔyrərɪn
Abeokuta *engl.* ɑːbeɪoʊˈkuːtɑː
Abeozen *fr.* abeɔˈzɛn
aber ˈaːbɐ
Abercarn *engl.* æbəˈkɑːn
Abercorn *engl.* ˈæbəkɔːn
Abercrombie, Abercromby *engl.* ˈæbəkrʌmbɪ
Aberdare *engl.* æbəˈdɛə
Aberdeen *engl.* æbəˈdiːn
Aberdeen... ˈɛbɐdiːn...
Abergavenny *engl.* æbəgəˈvɛnɪ
Abergelei *engl.* æbəˈgɛlɪ
abergläubisch ˈaːbɐglɔybɪʃ
aberhundert ˈaːbɐhʊndɐt, *auch:* ˈ--ˈ--
aberkennen ˈap|ɛɐ̯kɛnən, *selten:* --ˈ--
Aberli ˈaːbɐli
abermals ˈaːbɐmaːls
Abernathy *engl.* ˈæbənæθɪ
aberrant ap|ɛˈrant
Aberration ap|ɛraˈt͡si̯oːn
aberrieren ap|ɛˈriːrən
Abersychan *engl.* æbəˈsɪkən
Abert ˈaːbɐt
abertausend ˈaːbɐtau̯zn̩t, *auch:* ˈ--ˈ--
Abertillery *engl.* æbətɪˈlɛərɪ
Aberwitz ˈaːbɐvɪt͡s
Aberystwyth *engl.* æbəˈrɪstwɪθ
Abessinien abɛˈsiːni̯ən
Abessinier abɛˈsiːni̯ɐ
abessinisch abɛˈsiːnɪʃ
Abessiv ˈap|ɛsiːf, **-e** ...iːvə
Abetone *it.* abeˈtoːne
Abetz ˈaːbɛt͡s
abflauen ˈapflau̯ən
Abgar ˈapgar
abgefeimt ˈapgəfai̯mt
abgefuckt ˈapgəfakt
Abgeordnete ˈapgə|ɔrdnətə
abgeschmackt ˈapgəʃmakt
Abgötterei apgœtəˈrai̯
abgraten ˈapgraːtn̩
abgründig ˈapgrʏndɪç
abgrundtief ˈapgrʊntˈtiːf
abhagern ˈaphaːgɐn, **...gre** ...grə
abhanden apˈhandn̩
abhin apˈhɪn
abhold ˈaphɔlt
abhorreszieren aphɔrɛsˈt͡siːrən
abhorrieren aphɔˈriːrən
Abi (Abitur) ˈabi
Äbi ˈɛːbi
Abia[s] aˈbiːa[s]
Abich[t] ˈaːbɪç[t]
Abidjan abiˈd͡ʒaːn, *fr.* abidˈʒã
Abies ˈaːbi̯ɛs
Abietinsäure abi̯eˈtiːnzɔyrə
Abigail abiˈgai̯l, ˈaːb..., *engl.* ˈæbɪgeɪl
Abiko *jap.* aˈbiko
Abildgaard *dän.* ˈabilgɔːˀɐ̯
Abilene *engl.* ˈæbəliːn
Ability *engl.* əˈbɪlətɪ
Abimelech aˈbiːmɛlɛç, abiˈmeː...
Abingdon *engl.* ˈæbɪŋdən
Abington *engl.* ˈæbɪŋtən
ab initio ap iˈniːt͡si̯o
Abinsk *russ.* aˈbinsk
Abiogenese abi̯ogeˈneːzə
Abiogenesis abi̯oˈgeːnezɪs, *auch:* ... gɛn...
Abiose aˈbi̯oːzə
Abiosis aˈbi̯oːzɪs, aˈbiːozɪs
abiotisch aˈbi̯oːtɪʃ
Abiotrophie abi̯otroˈfiː, **-n** ...iːən
Abisag ˈaːbizak
Abiseo *span.* aβiˈseo
Abisko *schwed.* ˈɑːbisku
Abitur abiˈtuːɐ̯
Abiturient abituˈri̯ɛnt
Abiturium abiˈtuːri̯ʊm, **...ien** ...i̯ən
abjekt apˈjɛkt
abjizieren apjiˈt͡siːrən
Abjudikation apjudikaˈt͡si̯oːn
abjudizieren apjudiˈt͡siːrən
Abjuration apjuraˈt͡si̯oːn
abjurieren apjuˈriːrən
Abkaik apˈkaik
abkanzeln ˈapkant͡sl̩n
abkapiteln ˈapkapɪtl̩n
Abkömmling ˈapkœmlɪŋ
abkrageln ˈapkraːgl̩n, **kragle ab** ˈkraːglə ˈap
abkragen ˈapkraːgn̩, **krag ab!** ˈkraːk ˈap, **abkragt** ˈapkraːkt
Abkunft ˈapkʊnft, **Abkünfte** ˈapkʏnftə
Ablaktation aplaktaˈt͡si̯oːn, abl...
ablaktieren aplakˈtiːrən, abl...
ablandig ˈaplandɪç, **-e** ...ɪgə
Ablass ˈaplas, **Ablässe** ˈaplɛsə
Ablation aplaˈt͡si̯oːn, abl...
Ablativ ˈablatiːf, ˈapl..., **-e** ...iːvə
Ablativus absolutus ˈablatiːvʊs apzoˈluːtʊs, ˈapl... -, ...ˈtiːvʊs -
Ablegat apleˈgaːt
Ableitner ˈaplai̯tnɐ
Ablemann *engl.* ˈeɪblmən
Ablepharie ablefaˈriː
Ablepsie ablɛˈpsiː
Ablessimow *russ.* aˈbljesimɐf

A

Ablokation aploka'tsio:n, abl...
ablozieren aplo'tsi:rən, abl...
Abluentia ablu'ɛntsia, apl...
Ablution ablu'tsio:n, apl...
abmatten 'apmatn̩
abmeiern 'apmaiɐn
abmergeln 'apmɛrgl̩n, **...gle** ...glə
Abnahme 'apna:mə
Abnaki *engl.* æb'nɑ:kɪ
Abnegation apnega'tsio:n
Abner 'apnɐ
abnorm ap'nɔrm
abnormal 'apnɔrma:l, *auch:* --'-
Abnormität apnɔrmi'tɛ:t
Abo 'abo
Åbo *schwed.* 'o:bu
Abodrit abo'dri:t
Abohar *engl.* ə'boʊhə
Aboisso *fr.* abɔi'so
abolieren abo'li:rən
Abolition aboli'tsio:n
Abolitionismus abolitsio'nɪsmʊs
Abolitionist abolitsio'nɪst
Abomey *fr.* abɔ'mɛ
abominabel abomi'na:bl̩, **...ble** ...blə
Abondio *it.* a'bondio
Abonnement abɔnə'mã:
Abonnent abɔ'nɛnt
abonnieren abɔ'ni:rən
aboral ap|o'ra:l, *auch:* '---
Aborigine ap|o'ri:gine, *auch:* ɛbə'rɪdʒini
[1]**Abort** (Abtritt) a'bɔrt, *auch:* 'ap|ɔrt
[2]**Abort** (Fehlgeburt) a'bɔrt
abortieren abɔr'ti:rən, ap|ɔ...
abortiv abɔr'ti:f, ap|ɔ..., **-e** ...i:və
Abortivum abɔr'ti:vʊm, ap|ɔ..., **...va** ...va
Abortus a'bɔrtʊs, ap'|ɔ..., **die** - ...tu:s
Abotrit abo'tri:t
About *fr.* a'bu
ab ovo ap 'o:vo
Abrachius a'braxiʊs, **...ien** ...iən
Abraham 'a:braham, *engl.* 'eɪbrəhæm, *span.* aβra'am, *niederl.* 'a:brɑhɑm, 'a:brɑm
Abraham a Sancta Clara 'a:braham a 'zaŋkta 'kla:ra
Abrahamit abraha'mi:t
Abrahams 'a:brahams, *engl.* 'eɪbrəhæmz
Abrakadabra a:braka'da:bra, *auch:* '---'--
Abram *engl.* 'eɪbrəm, *russ.* a'bram
Abramow *russ.* a'bramɐf
Abrams *engl.* 'eɪbrəmz
Abrantes *port.* ɐ'βrɐ̃ntɪʃ
Ábrányi *ung.* 'a:bra:nji
Abrasax abra'zaks
Abrasch 'a:braʃ
Abrasio ap'ra:zio, a'br..., **-nen** ...ra'zio:nən
Abrasion abra'zio:n, apr...
Abrasit abra'zi:t
Abrassimow *russ.* a'brasimɐf
Abravanel abrava'ne:l
Abraxas a'braksas
abreagieren 'apreagi:rən
Abreaktion 'apreaktsio:n
Abrechte 'aprɛçtə
Abrégé abre'ʒe:
Abreu *bras.* a'breu
Abri a'bri:
Abrieb 'apri:p, **-es** ...i:bəs
Abrogans 'aprogans, 'abr...
Abrogation aproga'tsio:n, abr...
abrogieren apro'gi:rən, abr...
Abrotin abro'ti:n
Abrud *rumän.* a'brud
abrupt ap'rʊpt, a'brʊpt
Abruzzen a'brʊtsn̩
Abruzzi *it.* a'bruttsi
Abs aps
Absalom 'apsalɔm
Absalon *dän.* 'absælɔn
Absam 'apsam
Abschalom 'apʃalɔm
Abschatz 'apʃats
abschätzig 'apʃɛtsɪç, **-e** ...ɪgə
Abscheu 'apʃɔy
abscheulich ap'ʃɔylɪç
Abschied 'apʃi:t, **-es** ...i:dəs
abschlaffen 'apʃlafn̩
abschlägig 'apʃlɛ:gɪç
abschotten 'apʃɔtn̩
abschüssig 'apʃʏsɪç, **-e** ...ɪgə
absehbar 'apze:ba:ɐ̯, *auch:* -'--
abseit, A... ap'zait
abseitig 'apzaitɪç
abseits, A... 'apzaits
Absence a'psã:s, **-n** ...sn̩
absent ap'zɛnt
Absentee apzɛn'ti:
absentieren apzɛn'ti:rən
Absentismus apzɛn'tɪsmʊs
Absenz ap'zɛnts
absichtlich 'apzɪçtlɪç, *auch:* -'--
Absil *fr.* ap'sil
Absinth ap'zɪnt
Absinthismus apzɪn'tɪsmʊs
Absinthium ap'zɪntiʊm
absolut apzo'lu:t
Absolution apzolu'tsio:n
Absolutismus apzolu'tɪsmʊs
Absolutist apzolu'tɪst
Absolutorium apzolu'to:riʊm, **...ien** ...iən
Absolvent apzɔl'vɛnt
absolvieren apzɔl'vi:rən
absonderlich ap'zɔndɐlɪç
Absorbens ap'zɔrbɛns, **...nzien** ...'bɛntsiən, **...ntia** ...'bɛntsia
Absorber ap'zɔrbɐ
absorbieren apzɔr'bi:rən
Absorption apzɔrp'tsio:n
absorptiv apzɔrp'ti:f, **-e** ...i:və
abspecken 'apʃpɛkn̩
abspenstig 'apʃpɛnstɪç, **-e** ...ɪgə
abstatten 'apʃtatn̩
Abstention apstɛn'tsio:n
Abstieg 'apʃti:k, **-es** ....i:gəs
abstinent, A... apsti'nɛnt
Abstinenz apsti'nɛnts
Abstract 'ɛpstrɛkt, *auch:* 'apstrakt
abstrahieren apstra'hi:rən
abstrakt ap'strakt
Abstraktion apstrak'tsio:n
abstraktiv apstrak'ti:f, **-e** ...i:və
Abstraktum ap'straktʊm, **...ta** ...ta
abstrus ap'stru:s, **-e** ...u:zə
Absud 'apzu:t, *auch:* -'-, **-e** ...u:də
absurd ap'zʊrt, **-e** ...rdə
Absurdismus apzʊr'dɪsmʊs
Absurdist apzʊr'dɪst
Absurdität apzʊrdi'tɛ:t
Absyrtos ap'zʏrtɔs
abszedieren apstse'di:rən
Abszess aps'tsɛs
abszindieren apstsɪn'di:rən
Abszisin apstsi'zi:n
Abszisse aps'tsɪsə
Abt apt, **Äbte** 'ɛptə
Abtei ap'tai
Abteil ap'tail, *auch:* '--
[1]**Abteilung** (das Abtrennen) 'aptailʊŋ
[2]**Abteilung** (der durch Abtren-

nen entstandene Teil) ap'tailʊŋ
Abtenau 'aptənau
Äbtissin ɛp'tɪsɪn
Abtrag 'aptra:k, **-es** ...a:gəs, **Abträge** 'aptrɛ:gə
abträglich 'aptrɛ:klɪç
abtrünnig 'aptrʏnɪç, **-e** ...ɪgə
Abu 'a:bu, *auch:* 'abu
Abubacer abu'ba:tsɐ
Abu Bakr 'abu 'bakɐ
Abu Bekr 'abu 'bɛkɐ
Abu Dhabi 'abu 'da:bi
Abu Firas 'abu fi'ra:s
Abu Hanifa 'abu ha'ni:fa
Abu Hassan 'abu 'hasan
Abuja *engl.* ə'bu:dʒə
Abu Jakub 'abu ja'ku:p
Abu Kamal 'abu ka'ma:l
Abu Kamil 'abu 'ka:mɪl
Abukir abu'ki:ɐ̯
Abukuma *jap.* a'bukuma
Abul Ala Al Maarri 'abʊl a'la: alma'|ari
Abul Atahija 'abʊl a'ta:hija
Abul Faradsch 'abʊl 'faratʃ
Abul Fida 'abʊl fi'da:
Abul Hassan 'abʊl 'hasan
Abulie abu'li:, **-n** ...i:ən
abulisch a'bu:lɪʃ
Abul Wafa Al Busdschani 'abʊl va'fa: albʊs'dʒa:ni
Abu Maschar 'abu 'maʃar
Abuna a'bu:na
abundant abʊn'dant
Abundanz abʊn'dants
Abu Nuwas 'abu nu'va:s
Abu Rauwasch 'abu rau'va:ʃ
ab urbe condita ap 'ʊrbə 'kɔndita
Abusch 'a:bʊʃ
Abu Simbel 'abu 'zɪmbl̩
Abu Sir [Al Malak] 'abu 'zi:ɐ̯ [al'malak]
abusiv ap|u'zi:f, *auch:* abu'zi:f, **-e** ...i:və
Abusus ap'|u:zʊs, **die** - ...zu:s
Abu Tammam 'abu ta'ma:m
Abu Tig 'abu 'ti:k
Abutilon a'bu:tilɔn
abwärts 'apvɛrts
abwegig 'apve:gɪç, **-e** ...ɪgə
abwesend 'apve:zn̩t, **-e** ...n̩də
Åby *schwed.* ˌo:by
Åbybro *dän.* oby'brʊ:'
Abydos a'by:dɔs
abyssal, A... abʏ'sa:l
abyssisch a'bʏsɪʃ
Abyssus a'bʏsʊs
abzüglich 'aptsy:klɪç
Académie française *fr.* akademifrã'sɛ:z
Academy Award ɛ'kɛdəmi ɛ'vo:ɐ̯t
Acajou... aka'ʒu:...
Acajutla *span.* aka'xutla
Acamar aka'mar
Acámbaro *span.* a'kambaro
Acancéh *span.* akan'θe
Acanthis a'kantɪs
a cappella a ka'pɛla
a capriccio a ka'prɪtʃo
Acapulco *span.* aka'pulko
Acarigua *span.* aka'riɣu̯a
Acatzingo *span.* aka'tsiŋgo
Acayucan *span.* aka'jukan
Accademia *it.* akka'dɛ:mi̯a
Accardo *it.* ak'kardo
accelerando atʃele'rando
Accent aigu a'ksã: tɛ'gy:, **-s -s** a'ksã: zɛ'gy:
Accent circonflexe, -s -s a'ksã: sɪrkõ'flɛks
Accent grave, -s -s a'ksã: 'gra:f
Accentus ak'tsɛntʊs, **die -** ...tu:s
Accessoire aksɛ'so̯a:ɐ̯, **-s** ...[s]
Acciaccatura atʃaka'tu:ra
Acciaioli *it.* attʃa'i̯ɔ:li
Acciaiuoli *it.* attʃai̯'u̯ɔ:li
Accipies... ak'tsi:pi̯ɛs...
Accipiter ak'tsi:pitɐ
Accius 'aktsi̯ʊs
Accolti *it.* ak'kɔlti
Accompagnato akɔmpan'ja:to, **...ti** ...ti
Accoramboni *it.* akkoram'bo:ni
accordando akɔr'dando
accordante akɔr'dantə
Accordatura akɔrda'tu:ra
Accoudoir aku'do̯a:ɐ̯
Account ɛ'kaunt
Accountant ɛ'kauntn̩t
Accra 'akra, *engl.* ə'krɑ:
accrescendo akrɛ'ʃɛndo
Accrington *engl.* 'ækrɪŋtən
Accrochage akrɔ'ʃa:ʒə
Accroche-cœur akrɔʃ'kø:ɐ̯
Accursius a'kʊrzi̯ʊs
accusativus cum infinitivo akuza'ti:vʊs kʊm ɪnfini'ti:vo
Aceh *indon.* 'atʃɛh
Acella® a'tsɛla
Acer 'a:tsɐ
Aceraceae atse'ra:tseɛ
Acerenza *it.* atʃe'rɛntsa
Acerolakirsche atse'ro:lakɪrʃə
Acerra *it.* a'tʃɛrra
Acetaldehyd a'tse:t|aldehy:t
Acetale atse'ta:lə
Acetat atse'ta:t
Aceton atse'to:n
Acetonämie atsetonɛ'mi:, **-n** ...i:ən
Acetonurie atsetonu'ri:, **-n** ...i:ən
Acetophenon atsetofe'no:n
Acetum a'tse:tʊm
Acetyl atse'ty:l
Acetylen atsety'le:n
Acetylenid atsetyle'ni:t, **-e** ...i:də
Acetylid atsety'li:t, **-e** ...i:də
acetylieren atsety'li:rən
Acevedo *span.* aθe'βeðo
ach!, Ach ax
Achäa a'xɛ:a
Achab 'axap
Achad 'axat
Achäer a'xɛ:ɐ
Achaia a'xa:ja, a'xai̯a
Achaier a'xa:jɐ, a'xai̯ɐ
Achaimenide axai̯me'ni:də
achäisch a'xɛ:ɪʃ
Achalasie axala'zi:, **-n** ...i:ən
Achalm 'axalm
Achalziche *russ.* axal'tsɨxɪ
Achämenide axɛme'ni:də
Achäne a'xɛ:nə
Achard 'axart, *fr.* a'ʃa:r
Acharnä a'xarnɛ, *neugr.* axar'nɛ
Acharnar axar'na:ɐ̯
Achas 'a[:]xas
Achat a'xa:t
achaten a'xa:tn̩
Achatius a'xa:tsi̯ʊs
Achaz a'xa:ts, 'a[:]xats
Achbar, Al al|ax'ba:ɐ̯
Achdar ax'da:ɐ̯
Ache 'axə, 'a:xə
Achebe *engl.* ə'tʃeɪbɪ
Acheirie axai̯'ri:, **-n** ...i:ən
Acheiropoeta axai̯ropo'e:ta
Achelis a'xe:lɪs
Acheloos axe'lo:ɔs, *neugr.* axɛ'lɔɔs
Achema a'xe:ma
Achenbach 'axn̩bax
Achenheim 'axn̩hai̯m
Achenpass 'a:xn̩pas
Achensee 'a:xn̩ze:
Achenwall 'axn̩val
Acher[n] 'axɐ[n̩]
Achernar axɛr'na:ɐ̯

Acheron ˈaxerɔn
acherontisch axeˈrɔntɪʃ
Acheson *engl.* ˈætʃɪsn
Acheuléen aʃøleˈɛ̃:
Achil *engl.* ˈækɪl
Achill aˈxɪl, *engl.* ˈækɪl
Achille *fr.* aˈʃil
Achillea axɪˈle:a
Achilleion axɪˈlai̯ɔn
Achilleis axɪˈle:ɪs
Achilles aˈxɪlɛs
Achilleus aˈxɪlɔy̆s
Achillini *it.* akilˈli:ni
Achillodynie axɪlodyˈni:
Achim ˈaxɪm
Achior aˈxi̯o:ɐ̯
Achirie axiˈri:, **-n** ...i:ən
achlamydeisch axlamyˈde:ɪʃ
Achlaut ˈaxlau̯t
Achleitner ˈaxlai̯tnɐ
Achlorhydrie aklo:ɐ̯hyˈdri:
Achloropsie aklorɔˈpsi:
Achmadulina *russ.* axmaˈdu-linɐ
Achmatowa *russ.* axˈmatɐvɐ
Achmed ˈaxmɛt
Achmim axˈmi:m
Acholie axoˈli:
Achoris ˈaxorɪs
Achroit akroˈi:t
Achromasie akromaˈzi:, **-n** ...i:ən
Achromat akroˈma:t
Achromatin akromaˈti:n
Achromatismus akromaˈtɪs-mʊs
Achromatopsie akromatɔˈpsi:, **-n** ...i:ən
Achromie akroˈmi:, **-n** ...i:ən
Achse ˈaksə
Achsel ˈaksl̩
achsig ˈaksɪç, **-e** ...ɪgə
acht, Acht axt
Achtal ˈaxtal
achte ˈaxtə
Achteck ˈaxt|ɛk
achteinhalb ˈaxt|ai̯nˈhalp
achtel, A... ˈaxtl̩
achten ˈaxtn̩
ächten ˈɛçtn̩
achtens ˈaxtn̩s
achter, A... ˈaxtɐ
achteraus ˈaxtɐ|au̯s
Achterberg *niederl.* ˈɑxtərbɛrx
Achterhoek *niederl.* ˈɑxtərhuk
achterlei ˈaxtɐˈlai̯
achterlich ˈaxtɐlɪç
Achtermann ˈaxtɐman
achtern ˈaxtɐn
Achternbusch ˈaxtɐnbʊʃ
Achterwasser ˈaxtɐvasɐ
achtfach ˈaxtfax
achtfältig ˈaxtfɛltɪç, **-e** ...ɪgə
Achtflach ˈaxtflax
Achtflächner ˈaxtflɛçnɐ
achthundert ˈaxtˈhʊndɐt
achtjährig ˈaxtjɛ:rɪç, **-e** ...ɪgə
achtmal ˈaxtma:l
achtmalig ˈaxtma:lɪç, **-e** ...ɪgə
Achtmeter axtˈme:tɐ
Achtopol *bulgar.* ɐxˈtɔpol
Achtpfennigmarke axt-ˈpfɛnɪçmarkə
achtsam ˈaxtza:m
Achtstundentag axt-ˈʃtʊndn̩ta:k
achtstündig ˈaxtʃtʏndɪç, **-e** ...ɪgə
achttägig ˈaxttɛ:gɪç, **-e** ...ɪgə
achttausend ˈaxtˈtau̯znt
Achttausender ˈaxtˈtau̯zn̩dɐ
Achtuba *russ.* ˈaxtubɐ
achtundeinhalb ˈaxt|ʊnt-|ai̯nˈhalp
achtundzwanzig ˈaxt-|ʊntˈtsvantsɪç
Achtung ˈaxtʊŋ
achtungsvoll ˈaxtʊŋsfɔl
Achtyrka *russ.* axˈtɨrkɐ
Achtyrski *russ.* axˈtɨrskij
achtzehn ˈaxtse:n
achtzig, A... ˈaxtsɪç
achtziger, A... ˈaxtsɪgɐ
Achtzigerin ˈaxtsɪgərɪn
Achtzigerjahre ˈaxtsɪgɐja:rə
achtzigerlei ˈaxtsɪgɐˈlai̯
achtzigfach ˈaxtsɪçfax
achtzigjährig ˈaxtsɪçjɛ:rɪç, **-e** ...ɪgə
achtzigmal ˈaxtsɪçma:l
achtzigste ˈaxtsɪçstə
achtzigstel, A... ˈaxtsɪçstl̩
achtzöllig ˈaxttsœlɪç, **-e** ...ɪgə
Achtzylinder ˈaxttsilɪndɐ, *auch:* ...tsyl...
achtzylindrig ˈaxttsilɪndrɪç, *auch:* ...tsyl...
Achundow *russ.* aˈxundɐf
Achwerdow *russ.* axˈvjɛrdɐf
Achylie axyˈli:, aç..., **-n** ...i:ən
ächzen ˈɛçtsn̩
Aci *it.* ˈa:tʃi
Acid ˈɛsɪt
Acida vgl. Acidum
Acidimetrie atsidimeˈtri:
Acidität atsidiˈtɛ:t
acidoklin atsidoˈkli:n
acidophil atsidoˈfi:l
Acidose atsiˈdo:zə
Acidum ˈa:tsidʊm, **...da** ...da
Acidur® atsiˈdu:ɐ̯
Acier *fr.* aˈsje
Acireale *it.* atʃireˈa:le
Acis ˈa:tsɪs
[1]**Acker** ˈakɐ, **Äcker** ˈɛkɐ
[2]**Acker** (Name) ˈakɐ, *fr.* aˈkɛ:r
Acker, van *niederl.* vɑn ˈɑkər
Ackerknecht ˈakɐknɛçt
Ackermann ˈakɐman, *fr.* akɛr-ˈman
Ackermennig ˈakɐmɛnɪç, **-e** ...ɪgə
ackern ˈakɐn
Ackja ˈakja
Ackté *schwed.* akˈte:
Acolman *span.* aˈkɔlman
Acoluthus akoˈlu:tʊs
Acoma *engl.* ˈækəmɔ:
Aconcagua *span.* akɔŋˈkaɣu̯a
à condition a kõdiˈsi̯õ:
Aconitin akoniˈti:n
Aconitum akoˈni:tʊm
Aconquija *span.* akɔŋˈkixa
Acontius aˈkɔntsi̯ʊs
a conto a ˈkɔnto
Açores *port.* ɐˈsorɪʃ
Acosta *niederl.* ɑˈkɔstɑ, *span.* aˈkɔsta, *port.* ɐˈkɔʃtɐ
Acquaviva *it.* akku̯aˈvi:va
Acqui *it.* ˈakku̯i
Acquit aˈki:
Acrab aˈkra:p, ˈakrap
[1]**Acre** (Flächenmaß) ˈe:kɐ
[2]**Acre** (Name) *bras.* ˈakri, *span.* ˈakre
Acridin akriˈdi:n
Acrolein akroleˈi:n
Acronal akroˈna:l
across the board *dt.-engl.* ɛˈkrɔs ðə ˈbo:ɐ̯t
Acryl aˈkry:l
Acrylan akryˈla:n
Acrylat akryˈla:t
Act ɛkt
Acta Apostolorum ˈakta apɔs-toˈlo:rʊm
Acta Martyrum ˈakta ˈmarty-rʊm
Actant akˈtã:
Acta Sanctorum ˈakta zaŋk-ˈto:rʊm
Actinide aktiˈni:də
Actinium akˈti:ni̯ʊm
Actio ˈaktsi̯o
Actiographie aktsi̯ograˈfi:
Action ˈɛkʃn̩
Action directe akˈsi̯õ: diˈrɛkt

A

Action française ak'si̯õ: frã-'sɛ:s
Actium 'akts̮i̯ʊm
Actius Sincerus 'akts̮i̯ʊs zɪn-'ts̮e:rʊs
Acton *engl.* 'æktən
Actopan *span.* ak'topan
actum ut supra 'aktʊm ʊt 'zu:pra
Actus 'aktʊs
Açu *bras.* a'su
Acuña *span.* a'kuɲa
ad at
Ada *dt., it.* 'a:da, *engl.* 'eɪdə
Adabei 'a:dabai̯
ad absurdum at ap'zʊrdʊm
ADAC a:de:|a:'ts̮e:
ad acta at 'akta
ad aequales at ɛ'kva:le:s
adagietto, A… ada'dʒɛto
adagio, A… a'da:dʒo
adagissimo ada'dʒɪsimo
Adaher a'da:hɐr
Adair *engl.* ə'dɛə
Adaja *span.* a'ðaxa
Ada Kaleh *rumän.* 'ada ka'le
Adaktylie adakty'li:
Adalar 'a:dalar
Adalbero adal'be:ro, 'a:dal-be:ro
Adalbert 'a:dalbɛrt
Adalberta adal'bɛrta
Adalberto *it.* adal'bɛrto
Adalbod 'a:dalbɔt
Adaldag 'a:dalda:k
Adalgar 'a:dalgar
Adalgisa adal'gi:za, *it.* adal-'dʒi:za
Adalgot 'a:dalgɔt
Adalhard 'a:dalhart
Adalin® ada'li:n
Adalrich 'a:dalrɪç
Adalwin 'a:dalvi:n
Adam 'a:dam, *niederl.* 'a:dɑm, *fr.* a'dã, *engl.* 'ædəm, *russ.* a'dam, *poln.* 'adam
Ádám *ung.* 'a:da:m
Adamantina *bras.* adɐmɐn-'tina
Adamantinom adamanti'no:m
Adamaoua *fr.* adama'wa
Adamas 'a:damas, **…manten** ada'mantn̩
Adamastor ada'masto:ɐ̯
Adamaua ada'mau̯a
Adama van Scheltema *niederl.* 'a:dəma vɑn 'sxɛltəma
Adamberger 'a:dambɛrgɐ
Adamclisi *rumän.* adamkli'si
Adam de la Halle *fr.* adãdla'al
Adamec *tschech.* 'adamɛts
Adamello *it.* ada'mɛllo
Adami *it.* a'da:mi
Adamič *slowen.* a'da:mitʃ
Adamit ada'mi:t
Adamkus *lit.* a.damkʊs
Adamo *it.* a'da:mo, *fr.* ada'mo
Adamov *tschech.* 'adamɔf, *fr.* ada'mɔf
Adamowitsch (Nachn.) *russ.* ada'mɔvitʃ
Adams *engl.* 'ædəmz
Adamsit adam'zi:t
Adamson *engl.* 'ædəmsn
Adana *türk.* 'ɑdɑnɑ
Adapazarı *türk.* ɑ'dɑpɑzɑ.rɨ
Adaptabilität adaptabili'tɛ:t
Adaptation adapta'ts̮i̯o:n
Adapter a'daptɐ
adaptieren adap'ti:rən
Adaption adap'ts̮i̯o:n
adaptiv adap'ti:f, **-e** …i:və
Adaptometer adapto'me:tɐ
Adäquanz adɛ'kvants̮, at|ɛ…
adäquat adɛ'kva:t, at|ɛ…, *auch:* '- - -
Adar a'da:ɐ̯
Adare *engl.* ə'dɛə
a dato a 'da:to
ad calendas graecas at ka'lɛn-da:s 'grɛ:ka:s
Adcock *engl.* 'ædkɔk
Adda 'ada, *it.* 'adda
Addams *engl.* 'ædəmz
Addaura *it.* ad'da:u̯ra
adde! 'adə
Addend a'dɛnt, **-en** …ndn̩
Addendum a'dɛndʊm, **…da** …da
addental atdɛn'ta:l, '- - -
Adder *engl.* 'ædə
Adderley *engl.* 'ædəlɪ
addieren a'di:rən
Addington *engl.* 'ædɪŋtən
Addinsell *engl.* 'ædɪnsɛl
addio a'di:o
Addis Abeba 'adɪs 'a[:]beba, *auch:* - a'be:ba, *amh.* addis abɐba
Addis Alam 'adɪs 'a:lam
Addison *engl.* 'ædɪsn
Additament adita'mɛnt
Additamentum adita'mɛn-tʊm, **…ta** …ta
Addition adi'ts̮i̯o:n
additional adits̮i̯o'na:l
additiv, A… adi'ti:f, **-e** …i:və
Additive 'ɛditi:f
addizieren adi'ts̮i:rən
Addo 'ado, *engl.* 'ædoʊ
Adduktion adʊk'ts̮i̯o:n
Adduktor a'dʊkto:ɐ̯, **-en** …'to:rən
ade, [1]**Ade** a'de:
[2]**Ade** (Name) *engl.* eɪd
Adebar 'a:dəbar
Adel 'a:dl̩
[1]**Adelaide** (Vorn.) adela'i:də, *engl.* 'ædəleɪd
[2]**Adelaide** (austr. Stadt) *engl.* 'ædəleɪd
Adélaïde *fr.* adela'id
Adelard 'a:dəlart
Adelberg 'a:dl̩bɛrk
Adelbert 'a:dl̩bɛrt
Adelboden 'a:dl̩bo:dn̩, - - '- -
Adelchi *it.* a'dɛlki
Adele a'de:lə
Adelebsen 'a:dəlɛpsn̩
Adelegg 'a:dəlɛk
Adelgund 'a:dl̩gʊnt
Adelgunde a:dl̩'gʊndə
Adelgundis a:dl̩'gʊndɪs
Adelhausen a:dl̩'hau̯zn̩
Adelheid 'a:dl̩hai̯t
Adelhelm 'a:dl̩hɛlm
Adélie *fr.* ade'li
adelig 'a:dəlɪç, **-e** …ɪgə
Adelma a'dɛlma
adeln 'a:dl̩n, **adle** 'a:dlə
Adelphie adɛl'fi:, **-n** …i:ən
Adelphogamie adɛlfoga'mi:, **-n** …i:ən
Adelphokarpie adɛlfokar'pi:, **-n** …i:ən
Adelram 'a:dl̩ram
Adelsberg 'a:dl̩sbɛrk
Adelsheim 'a:dl̩shai̯m
Adeltrud 'a:dl̩tru:t
Adelung 'a:dəlʊŋ
Adelwin 'a:dl̩vi:n
Ademar 'a:dəmar
Ademtion adɛm'ts̮i̯o:n
Aden 'a:dn̩, *engl.* eɪdn
Adenau[er] 'a:dənau̯[ɐ]
Adenet *fr.* ad'nɛ
Adenin ade'ni:n
Adenitis ade'ni:tɪs, **…itiden** …ni'ti:dn̩
Adenohypophyse adenohypo-'fy:zə
adenoid adeno'i:t, **-e** …i:də
Adenom ade'no:m
Adenoma ade'no:ma, **-ta** -ta
adenomatös adenoma'tø:s, **-e** …ø:zə
adenös ade'nø:s, **-e** …ø:zə

Adenosin adenoˈzi:n
Adenotomie adenotoˈmi:, **-n** ...i:ən
adenotrop adenoˈtro:p
Adenovirus adenoˈvi:rʊs
Adeodatus adeoˈda:tʊs, adeˈo:datʊs
Adept aˈdɛpt
Ader ˈa:dɐ
Äderchen ˈɛ:dɐçən
aderig ˈa:dərɪç, **-e** ...ɪgə
äderig ˈɛ:dərɪç, **-e** ...ɪgə
Adermin adɛrˈmi:n
ädern ˈɛ:dɐn, **ädre** ˈɛ:drə
Adespota aˈdɛspota
Adessiv ˈat|ɛsi:f, **-e** ...i:və
à deux cordes a ˈdø: ˈkɔrt
à deux mains a ˈdø: ˈmɛ̃:
Adgo ˈatgo
Adhärens atˈhɛ:rɛns, **...nzien** athɛˈrɛntsi̯ən
adhärent athɛˈrɛnt
Adhärenz athɛˈrɛnts
adhärieren athɛˈri:rən
Adhäsion athɛˈzi̯o:n
adhäsiv athɛˈzi:f, **-e** ...i:və
Adhémar *fr.* adeˈma:r
Adherbal atˈhɛrbal
adhibieren athiˈbi:rən
ad hoc at ˈhɔk, *auch:* at ˈho:k
ad hominem at ˈho:minɛm
ad honorem at hoˈno:rɛm
Adhortation athɔrtaˈtsi̯o:n
adhortativ athɔrtaˈti:f, **-e** ...i:və
Adhortativ ˈathɔrtati:f, **-e** ...i:və
Adi ˈadi
Adiabate adiaˈba:tə
adiabat[isch] adiaˈba:t[ɪʃ]
Adiadochokinese adiadɔxokiˈne:zə
Adiantum aˈdi̯antʊm
Adiaphon adiaˈfo:n
Adiaphoron adiˈa:forɔn, **...ra** ...ra
Adickes ˈa:dɪkəs
adieu!, A... aˈdi̯ø:
Adieux, Les lezaˈdi̯ø:
Adige *it.* ˈa:didʒe
Adigrat ˈa:digra:t
Ädikula ɛˈdi:kula, **...lä** ...lɛ
Ädil ɛˈdi:l
Ädilität ɛdiliˈtɛ:t
ad infinitum at ɪnfiˈni:tʊm
Adinol adiˈno:l
ad interim at ˈɪnterɪm
Adipinsäure adiˈpi:nzɔyrə
Adipocire adipoˈsi:ɐ̯
adipös adiˈpø:s, **-e** ...ø:zə
Adipositas adiˈpo:zitas
Adipsie adɪˈpsi:
Ädipsos *neugr.* ɛðiˈpsɔs
Adirondacks *engl.* ædɪˈrɔndæks
à discrétion a dɪskreˈsi̯õ:
Adi Ugri ˈa:di ˈu:gri, *amh.* adi ugri
Adiuretin adiureˈti:n
Adıvar *türk.* adɨˈvar
Adıyaman *türk.* aˈdɨjaman
Adjazent atjaˈtsɛnt
adjazieren atjaˈtsi:rən
Adjektion atjɛkˈtsi̯o:n
adjektiv ˈatjɛkti:f, *auch:* --ˈ-, **-e** ...i:və
Adjektiv ˈatjɛkti:f, **-e** ...i:və
adjektivieren atjɛktiˈvi:rən
adjektivisch ˈatjɛkti:vɪʃ, *auch:* --ˈ--
Adjektivum ˈatjɛkti:vʊm, *auch:* --ˈ--, **...va** ...va
Adjoint aˈdʒo̯ɛ̃:
Adjud *rumän.* adˈʒud
Adjudikation atjudikaˈtsi̯o:n
adjudikativ atjudikaˈti:f, **-e** ...i:və
adjudizieren atjudiˈtsi:rən
adjungieren atjʊŋˈgi:rən
Adjunkt[e] atˈjʊŋkt[ə]
Adjustage atjʊsˈta:ʒə
adjustieren atjʊsˈti:rən
Adjutant atjuˈtant
Adjutantur atjutanˈtu:ɐ̯
Adjutor atˈju:to:ɐ̯, **-en** atjuˈto:rən
Adjutum atˈju:tʊm
Adjuvans ˈatjuvans, *auch:* atˈju:vans, **...nzien** atjuˈvantsi̯ən, **...ntia** atjuˈvantsi̯a
Adjuvant atjuˈvant
Adlatus atˈla:tʊs, aˈdl..., **...ti** ...ti
Adler ˈa:dlɐ, *russ.* ˈadlɪr, *engl.* ˈædlə
Adlerberg ˈa:dlɐbɛrk
Adlercreutz *schwed.* ˌa:dlərkrœi̯ts
Adlerkosteletz ˈa:dlɐˌkɔstəlɛts
Adlersfeld ˈa:dlɐsfɛlt
Adlersparre *schwed.* ˌa:dlərsparə
Adlgasser ˈa:dl̩gasɐ
ad libitum at ˈli:bitʊm
adlig ˈa:dlɪç, **-e** ...ɪgə
Adligat atliˈga:t, adl...
Adliswil adlɪsˈvi:l
Adlon ˈa:dlɔn
ad maiorem Dei gloriam at maˈjo:rɛm ˈde:i ˈglo:ri̯am
ad manum medici at ˈma:nʊm ˈme:ditsi
ad manus medici at ˈma:nu:s ˈme:ditsi
Admet[e] atˈme:t[ə]
Admeto *it.* adˈmɛ:to
Admetos atˈme:tɔs
Administration atmɪnɪstraˈtsi̯o:n
administrativ atmɪnɪstraˈti:f, **-e** ...i:və
Administrator atmɪnɪsˈtra:to:ɐ̯, **-en** ...raˈto:rən
administrieren atmɪnɪsˈtri:rən
admirabel atmiˈra:bl̩, **...ble** ...blə
Admiral atmiˈra:l
Admiralität atmiraliˈtɛ:t
Admiralty *engl.* ˈædmərəltɪ
Admiration atmiraˈtsi̯o:n
admirieren atmiˈri:rən
Admission atmɪˈsi̯o:n
Admittanz atmɪˈtants
ad modum at ˈmo:dʊm
Admoni *russ.* adˈmɔni
admonieren atmoˈni:rən
Admonition atmoniˈtsi̯o:n
Admont ˈatmɔnt
ad multos annos at ˈmʊlto:s ˈano:s
ADN a:de:ˈ|ɛn
Adnet ˈadnɛt
Adnex atˈnɛks
Adnexitis atnɛˈksi:tɪs, **...itiden** ...ksiˈti:dn̩
adnominal atnomiˈna:l
ad notam at ˈno:tam
Ado ˈa:do
[1]Adobe (Lehmziegel) aˈdo:bə
[2]Adobe® *engl.* əˈdoʊbɪ
ad oculos at ˈo:kulo:s
Ado-Ekiti *engl.* ˈa:doʊˈɛkɪti:
Adolar ˈa:dola:ɐ̯
adoleszent adolɛsˈtsɛnt
Adoleszenz adolɛsˈtsɛnts
Adolf *dt., niederl.* ˈa:dɔlf, *schwed.* ˈa:dɔlf
Adolfine adɔlˈfi:nə
Adolfo *span.* aˈðɔlfo
Adolph ˈa:dɔlf
Adolphe *fr.* aˈdɔlf
Adolphseck a:dɔlfsˈ|ɛk
Adolphus *engl.* əˈdɔlfəs
Adonai adoˈna:i
Adoneus adoˈne:ʊs
Adoni *engl.* əˈdoʊnɪ
Adonia aˈdo:ni̯a

A

Adonis a'do:nɪs
adonisch a'do:nɪʃ
Adonius a'do:ni̯ʊs
Adony *ung.* 'ɔdonj
Adoptianismus adɔpt͡si̯a'nɪs-mʊs
adoptieren adɔp'ti:rən
Adoption adɔp't͡si̯o:n
Adoptiv... adɔp'ti:f...
Ador *fr.* a'dɔ:r
adorabel ado'ra:bl̩, **...ble** ...blə
adoral at|o'ra:l
Adorant ado'rant
Adoration adora't͡si̯o:n
Adorazione adora't͡si̯o:nə
Adorf 'a:dɔrf
adorieren ado'ri:rən
Adorno a'dɔrno
Adossement adɔsə'mã:
adossieren adɔ'si:rən
adoucieren adu'si:rən
Adoula *fr.* adu'la
Adoum *span.* a'ðun
Adour *fr.* a'du:r
ad patres at 'pa:tre:s
ad publicandum at publi'kan-dʊm
Adra *span.* 'aðra
Adradas *span.* a'ðraðas
Adrammelech a'dramɛlɛç, --'--
Adramyttion adra'mʏti̯ɔn
Adrano *it.* a'dra:no
Adrar *fr.* a'dra:r
Adrasteia adras'tai̯a
Adrast[os] a'drast[ɔs]
ad referendum at refe'rɛndʊm
ad rem at 'rɛm
Adrema® a'dre:ma
adremieren adre'mi:rən
Adrenalin adrena'li:n
adrenalotrop adrenalo'tro:p
Adrenarche adre'narçə
adrenogenital adrenogeni'ta:l
Adrenosteron adrenoste'ro:n
Adressant adrɛ'sant
Adressat adrɛ'sa:t
Adresse a'drɛsə
adressieren adrɛ'si:rən
adrett a'drɛt
Adria 'a:dria, *it.* 'a:dri̯a
Adriaan *niederl.* 'a:dria:n
Adriaen *niederl.* 'a:dria:n
Adriaenssen *niederl.* 'a:dria:nsən
Adrian 'a:dria:n, *engl.* 'eɪdrɪən
Adriana *dt., it.* adri'a:na
Adriane adri'a:nə
Adriani *it.* adri'a:ni
Adriano *it.* adri'a:no
Adrianopel adria'no:pl̩
Adriatica *it.* adri'a:tika
Adriatico *it.* adri'a:tiko
adriatisch adri'a:tɪʃ
Adrien *fr.* adri'ɛ̃
Adrienne *dt., fr.* adri'ɛn
adrig 'a:drɪç, **-e** ...ɪgə
ädrig 'ɛ:drɪç, **-e** ...ɪgə
Adrio 'a:drio
Adrittura adrɪ'tu:ra
ad saturationem at zatura-'t͡si̯o:nɛm
Adscharien a'd͡ʒa:ri̯ən
adscharisch a'd͡ʒa:rɪʃ
Adschdabijja at͡ʃda'bi:ja
Adschlun a'd͡ʒlu:n
Adschman a'd͡ʒma:n
Adsorbat atzɔr'ba:t
Adsorbens at'zɔrbɛns, **...nzien** ...'bɛnt͡si̯ən, **...ntia** ...'bɛn-t͡si̯a
Adsorber at'zɔrbɐ
adsorbieren atzɔr'bi:rən
Adsorption atzɔrp't͡si̯o:n
adsorptiv atzɔrp'ti:f, **-e** ...i:və
ad spectatores at spɛkta-'to:re:s
Adstrat at'stra:t
Adstringens at'strɪŋgɛns, **...nzien** ...'gɛnt͡si̯ən, **...ntia** ...'gɛnt͡si̯a
adstringieren atstrɪŋ'gi:rən
Adua 'a:du̯a, *amh.* adwa
a due a 'du:e
Äduer 'ɛ:du̯ɐ
Adula *it.* 'a:dula
Adular adu'la:ɐ̯
Adulis a'du:lɪs
adult a'dʊlt
Adulter a'dʊltɐ
Adultera a'dʊltera
Adult School 'ɛdalt 'sku:l
A-Dur 'a:du:ɐ̯, *auch:* '-'-
ad usum [Delphini] at 'u:zʊm [dɛl'fi:ni]
ad usum medici, -- proprium at 'u:zʊm 'me:dit͡si, -- 'pro:pri̯ʊm
ad valorem at va'lo:rɛm
Advantage ɛt'va:ntɪt͡ʃ
Advektion atvɛk't͡si̯o:n
advektiv atvɛk'ti:f, **-e** ...i:və
Adveniat at've:ni̯at
Advent at'vɛnt
Adventismus atvɛn'tɪsmʊs
Adventist atvɛn'tɪst
Adventitia atvɛn'ti:t͡si̯a
adventiv atvɛn'ti:f, **-e** ...i:və
Adventure ɛt'vɛnt͡ʃɐ
Adverb at'vɛrp, **-ien** ...rbi̯ən
adverbal atvɛr'ba:l, '---
adverbial atvɛr'bi̯a:l
adverbiell atvɛr'bi̯ɛl
Adverbium at'vɛrbi̯ʊm, **...ia** ...i̯a
Adversaria atvɛr'za:ri̯a
Adversarien atvɛr'za:ri̯ən
adversativ atvɛrza'ti:f, **-e** ...i:və
Advertisement ɛt'vø:ɐ̯tɪs-mənt, ɛt'vœrt...
Advertiser 'ɛtvɐtai̯zɐ
Advertising [Agency] 'ɛtvɐtai̯-zɪŋ ['e:d͡ʒn̩si]
ad vitrum at 'vi:trʊm
Advocatus Dei atvo'ka:tʊs 'de:i, **...ti -** ...ti -
Advocatus Diaboli atvo'ka:tʊs di'a:boli, **...ti -** ...ti -
ad vocem at 'vo:t͡sɛm
Advokat atvo'ka:t
Advokatur atvoka'tu:ɐ̯
Ady *ung.* 'ɔdi
Adygea ady'ge:a
adygeisch ady'ge:ɪʃ
Adyger a'dy:gɐ
Adygien a'dy:gi̯ən
adygisch a'dy:gɪʃ
Adynamandrie adynaman'dri:
Adynamie adyna'mi:, **-n** ...i:ən
adynamisch ady'na:mɪʃ, *auch:* '----
Adynamogynie adynamo-gy'ni:
Adyton 'a:dytɔn, **...ta** ...ta
Adzopé *fr.* adzɔ'pe
Aeby 'ɛ:bi
Aechmea ɛç'me:a
Aedon a'e:dɔn
AEG® a:|e:'ge:
Aegeri 'ɛ:gəri
Aehrenthal 'ɛ:rənta:l
Aelfric *engl.* 'ælfrɪk
Aelia Capitolina 'ɛ:li̯a kapito-'li:na
Aelianus ɛ'li̯a:nʊs
Aelius 'ɛ:li̯ʊs
Aelst *niederl.* a:lst
Aemilius ɛ'mi:li̯ʊs
Aenobarbus aeno'barbʊs
Aepinus ɛ'pi:nʊs
Aerämie aerɛ'mi:, **-n** ...i:ən
Aereboe 'ɛ:ɐ̯bo
Aerenchym aerɛn'çy:m
Aerial ae'ri̯a:l
aerifizieren aerifi't͡si:rən
aeril ae'ri:l

A

aerisch a'e:rɪʃ
Ærø *dän.* 'e:rʏ:'
aero..., Aero... a'e:ro..., 'ɛ:ro...
aerob ae'ro:p, **-e** ...o:bə
Aerobat[ik] aero'ba:t[ɪk]
Aerobic ɛ'ro:bɪk
Aerobier ae'ro:bi̯ɐ
Aerobiont aero'bi̯ɔnt
Aerobios aero'bi:ɔs
Aerobiose aero'bi̯o:zə
Aerobus a'e:robʊs, **-se** ...ʊsə
Aerodrom aero'dro:m
Aerodynamik aerody'na:mɪk
Aerodynamiker aerody'na:mikɐ
aerodynamisch aerody'na:mɪʃ
Aeroflot aero'flɔt, *russ.* aɛra'flɔt
aerogen aero'ge:n
Aerogramm aero'gram
Aerograph aero'gra:f
Aerokartograph aerokarto'gra:f
Aeroklimatologie aeroklimatolo'gi:
Aeroklub a'e:roklʊp
Aerolith aero'li:t
Aerologie aerolo'gi:
aerologisch aero'lo:gɪʃ
Aeromantie aeroman'ti:
Aeromechanik aerome'ça:nɪk
Aeromedizin aeromedi'tsi:n
Aerometer aero'me:tɐ
Aeronaut[ik] aero'naut[ɪk]
Aeronautiker aero'nautikɐ
Aéronavale *fr.* aerɔna'val
Aeronavigation aeronaviga'tsi̯o:n
Aeronomie aerono'mi:, **-n** ...i:ən
Aerophagie aerofa'gi:, **-n** ...i:ən
Aerophobie aerofo'bi:, **-n** ...i:ən
Aerophon aero'fo:n
Aerophor aero'fo:ɐ̯
Aerophotogrammetrie aerofotograme'tri:
Aerophyt aero'fy:t
Aeroplan aero'pla:n
Ærøskøbing *dän.* 'e:rʏskʏ:'bɪŋ
Aerosol aero'zo:l
aerosolieren aerozo'li:rən
Aerostatik aero'sta:tɪk
aerostatisch aero'sta:tɪʃ
Aerotaxe a'e:rotaksə
Aerotaxis aero'taksɪs
Aerotel aero'tɛl
Aerotherapie aerotera'pi:, **-n** ...i:ən
aerotherm aero'tɛrm
Aerotrain a'e:rotrɛ̃:
Aerotropismus aerotro'pɪsmʊs
Aerozin aero'tsi:n
Aerschot *niederl.* 'a:rsxɔt
Aerssen *niederl.* 'a:rsə
Ærtholmene *dän.* 'ɛɐ̯dhɔlmənə
Aerts[en] *niederl.* 'a:rts[ə]
Aeschbacher 'ɛʃbaxɐ
Aesti 'ɛ:sti, 'ɛsti
Äetes ɛ'e:tɛs
Aethusa ɛ'tu:za
Aetit ae'ti:t
Aetius a'e:tsi̯ʊs
Aetosaurus aeto'zaurʊs, **...rier** ...ri̯ɐ
Afanasjew *russ.* afa'nasjɪʃ
Afanasjewitsch *russ.* afa'nasjɪvitʃ
Afanasjewna *russ.* afa'nasjɪvnɐ
Afanasjewo *russ.* afa'nasjɪvɐ
Afanassi *russ.* afa'nasij
afebril afe'bri:l, *auch:* '---
affabel a'fa:bl̩, **...ble** ...blə
Affaire, Affäre a'fɛ:rə
Affatomie afato'mi:, **-n** ...i:ən
Äffchen 'ɛfçən
Affe 'afə
Affekt a'fɛkt
Affektation afɛkta'tsi̯o:n
affektieren afɛk'ti:rən
affektiert afɛk'ti:ɐ̯t
Affektion afɛk'tsi̯o:n
affektioniert afɛktsi̯o'ni:ɐ̯t
affektiv afɛk'ti:f, **-e** ...i:və
Affektivität afɛktivi'tɛ:t
affektuos afɛk'tu̯o:s, **-e** ...o:zə
affektuös afɛk'tu̯ø:s, **-e** ...ø:ze
äffen 'ɛfn̩
affengeil 'afn̩'gail
Affenhitze 'afn̩'hɪtsə
Afferei afə'rai
Äfferei ɛfə'rai
afferent afe'rɛnt
Afferenz afe'rɛnts
affettuoso afɛ'tu̯o:zo
Affichage afɪ'ʃa:ʒə, afi...
Affiche a'fɪʃə, *auch:* a'fi:ʃə
affichieren afɪ'ʃi:rən, afi'ʃ...
Affidavit afi'da:vɪt
affig 'afɪç, **-e** ...ɪgə
affigieren afi'gi:rən
Affiliation afili̯a'tsi̯o:n
affiliieren afili'i:rən
affin a'fi:n
Äffin 'ɛfɪn
Affinage afi'na:ʒə
Affination afina'tsi̯o:n
affiné afi'ne:
affinieren afi'ni:rən
Affinität afini'tɛ:t
Affinor a'fi:no:ɐ̯, **-en** afi'no:rən
Affirmation afɪrma'tsi̯o:n
affirmativ afɪrma'ti:f, **-e** ...i:və
Affirmative afɪrma'ti:və
affirmieren afɪr'mi:rən
äffisch 'ɛfɪʃ
Affix a'fɪks, 'afɪks
Affixoid afɪkso'i:t, **-e** ...i:də
affizieren afi'tsi:rən
Affligem *niederl.* 'ɑflɪɣɛm
Affligemensis aflige'mɛnzɪs
afflitto a'flɪto
Affodill afo'dɪl
Affoltern 'afɔltɐn
affrettando afrɛ'tando
Affrikata afri'ka:ta
Affrikate afri'ka:tə
affrizieren afri'tsi:rən
Affront a'frõ:, *auch:* a'frɔnt, **des -s** a'frõ:s, *auch:* a'frɔnts, **die -s** a'frõ:s, **die -e** a'frɔntə
affrontieren afrɔn'ti:rən
affrös a'frø:s, **-e** ...ø:zə
Affry *fr.* a'fri
Afghalaine afga'lɛ:n
Afghan af'ga:n, '--
Afghane af'ga:nə
Afghani af'ga:ni
afghanisch af'ga:nɪʃ
Afghanistan af'ga:nɪsta:n, ...tan
Afinogenow *russ.* afina'gjɛnɐf
AFL *engl.* eɪ-ɛf'ɛl
Aflatoxin aflatɔ'ksi:n
Aflenz 'aflɛnts
AFN *engl.* eɪ-ɛf'ɛn
afokal afo'ka:l
à fond a 'fõ:
à fonds perdu a 'fõ: pɛr'dy:
Afonso *port.* ɐ'fõsu
à forfait a fɔr'fɛ:
a fortiori a fɔr'tsi̯o:ri
Afra 'a:fra
Afrahat 'afraha:t, --'-
Afrancesados *span.* afranθe'saðos
Afranius a'fra:ni̯ʊs
a fresco a 'frɛsko
Africanthropus afri'kantropʊs
Africanus afri'ka:nʊs
Afrika 'a:frika, *auch:* 'af...

Afrikaander afriˈka:ndɐ
afrikaans afriˈka:ns, **-e** ...nzə
Afrikaans afriˈka:ns
Afrikana afriˈka:na
Afrikander afriˈkandɐ
Afrikaner afriˈka:nɐ
afrikanisch afriˈka:nɪʃ
Afrikanist[ik] afrikaˈnɪst[ɪk]
Afrikanthropus afriˈkantropʊs
Afro *it.* ˈa:fro
afroasiatisch ˈa:fro|aˈzi̯a:tɪʃ, *auch:* ˈafr...
Afrolook ˈa:frolʊk, ˈaf...
Afschar afˈʃa:ɐ̯
Afschari afˈʃa:ri
Afşin *türk.* ɑfˈʃin
After ˈaftɐ
Aftershave ˈa:ftɐʃe:f
Aftonbladet *schwed.* ˌaftɔnbla:dət
Afula *hebr.* aˈfula
Afyon *türk.* ˈɑfjɔn
Afzelia afˈt͡se:li̯a
Afzelius *schwed.* afˈse:liʊs
Ag, AG a:ˈge:
Aga ˈa:ga
Agabos ˈa:gabɔs
Agadès *fr.* agaˈdɛs
Agadir *fr.* agaˈdi:r
ägadisch ɛˈga:dɪʃ
Agafja *russ.* aˈgafjjɐ
Ägäis ɛˈgɛ:ɪs
ägäisch ɛˈgɛ:ɪʃ
Aga Khan ˈa:ga ˈka:n
Agalaktie agalakˈti:, **-n** ...i:ən
agam aˈga:m
Agamemnon agaˈmɛmnɔn
Agamet agaˈme:t
Agamie agaˈmi:
Agamist agaˈmɪst
Agamogonie agamogoˈni:
Agaña *engl.* ɑ:ˈgɑ:njɑ:
Aganoor Pompilj *it.* agaˈnɔ:or pomˈpi:li
Agap *russ.* aˈgap
Agapanthus agaˈpantʊs, **...thi** ...ti
Agape aˈga:pə
Agapet[us] agaˈpe:t[ʊs]
Agapi *russ.* aˈgapij
Agapornis agaˈpɔrnɪs
Agar-Agar ˈa[:]garˈ|a[:]gar
Agardh *schwed.* ˌɑ:gard
Agartala *engl.* ˈægətəlɑ:
Agartz ˈa:gart͡s
Agasias aˈga:zi̯as
Agasse *fr.* aˈgas
Agassiz *fr.* agaˈsi, *engl.* ˈægəsɪ
Agata *it.* ˈa:gata
Agatha ˈa:gata, *engl.* ˈægəθə
Agathe aˈga:tə
Agathias aˈga:ti̯as
Agatho ˈa:gato
Agathokles aˈga:toklɛs
Agathon ˈa:gatɔn
ägatisch ɛˈga:tɪʃ
Agave aˈga:və
Agawam *engl.* ˈægəwɔm
Agazzari *it.* agadˈdza:ri
Agboville *fr.* agbɔˈvil
Agdasch *russ.* agˈdaʃ
Agde *fr.* agd
Age e:t͡ʃ
Åge *dän.* ˈo:u̯ə
Agee *engl.* ˈeɪdʒɪ
Agen *fr.* aˈʒɛ̃
Agena aˈge:na
Agence France-Presse *fr.* aʒãsfrãsˈprɛs
Agence Havas *fr.* aʒãsaˈvɑ:s
Agenda aˈgɛnda
agendarisch agɛnˈda:rɪʃ
Agende aˈgɛndə
Agenesie ageneˈzi:
Agenor aˈge:no:ɐ̯
Agens ˈa:gɛns, **...nzien** aˈgɛnt͡si̯ən
Agent aˈgɛnt
Agentie agɛnˈt͡si:, **-n** ...i:ən
agentieren agɛnˈti:rən
Agent provocateur, -s -s aˈʒã: provokaˈtø:ɐ̯
Agentur agɛnˈtu:ɐ̯
Agenzia *it.* adʒenˈtsi:a
Agenzien vgl. Agens
Ager ˈa:gɐ
Ageratum aˈge:ratʊm
Ägerisee ˈɛ:gərize:
Agerpres *rumän.* adʒerˈpres
Agesilaos ageziˈla:ɔs
Agesilaus ageziˈla:ʊs
Ägeus ˈɛ:gɔy̆s
Ageusie agɔy̆ˈzi:, **-n** ...i:ən
agevole aˈdʒe:vole
Agfa® ˈakfa
Agfacolor® akfakoˈlo:ɐ̯
Agger ˈagɐ
Aggie *engl.* ˈægɪ
Aggiornamento adʒɔrnaˈmɛnto
Agglomerat aglomeˈra:t
Agglomeration aglomeraˈt͡si̯o:n
agglomerieren aglomeˈri:rən
Agglutination aglutinaˈt͡si̯o:n
agglutinieren aglutiˈni:rən
Agglutinin aglutiˈni:n
Agglutinogen aglutinoˈge:n
Aggravation agravaˈt͡si̯o:n
aggravieren agraˈvi:rən
Aggregat agreˈga:t
Aggregation agregaˈt͡si̯o:n
aggregieren agreˈgi:rən
Aggressin agrɛˈsi:n
Aggression agrɛˈsi̯o:n
aggressiv agrɛˈsi:f, **-e** ...i:və
aggressivieren agrɛsiˈvi:rən
Aggressivität agrɛsiviˈtɛ:t
Aggressor aˈgrɛso:ɐ̯, **-en** agrɛˈso:rən
Aggri..., Aggry... ˈagri...
Aggsbach ˈaksbax
Aggtelek *ung.* ˈɔktɛlɛk
Agha ˈa:ga
Aghlabide aglaˈbi:də
Agiade aˈgi̯a:də
Ägid ɛˈgi:t
Ägide ɛˈgi:də
Ägidius ɛˈgi:di̯ʊs
Ägidler ɛˈgi:tlɐ
Agien vgl. Agio
agieren aˈgi:rən
agil aˈgi:l
agile ˈa:dʒile
Agilität agiliˈtɛ:t
Agilolfinger ˈa:gilɔlfɪŋɐ
Ägilops ˈɛ:gilɔps
Agilulf ˈa:gilʊlf
Agimund ˈa:gimʊnt
Agin *russ.* ˈagin
Ägina ɛˈgi:na
Agincourt *fr.* aʒɛ̃ˈku:r
Äginete ɛgiˈne:tə
äginetisch ɛgiˈne:tɪʃ
Aginskoje *russ.* aˈginskɐjɐ
Agio ˈa:dʒo, *auch:* ˈa:ʒi̯o, **Agien** ˈa:dʒi̯ən, *auch:* ˈa:ʒi̯ən
Ägion ˈɛ:gi̯ɔn
Agiotage aʒi̯oˈta:ʒə
Agioteur aʒi̯oˈtø:ɐ̯
agiotieren aʒi̯oˈti:rən
Ägir ˈɛ:gɪr
Agîrbiceanu *rumän.* agɨrbiˈt͡ʃe̯anu
Agirre *bask.* aɣirrɛ
Agis ˈa:gɪs
Ägis ˈɛ:gɪs
Ägisth[us] ɛˈgɪst[ʊs]
Agitatio agiˈta:t͡si̯o, **-nen** ...taˈt͡si̯o:nən
Agitation agitaˈt͡si̯o:n
agitato adʒiˈta:to
Agitator agiˈta:to:ɐ̯, **-en** agitaˈto:rən
agitatorisch agitaˈto:rɪʃ
agitieren agiˈti:rən
Agitprop agɪtˈprɔp

Aglaia a'gla:ja, a'glai̯a
Aglauros a'glau̯rɔs
Aglobulie aglobu'li:
Aglossie aglɔ'si:, **-n** ...i:ən
Aglykon agly'ko:n
Agma 'agma
Agnano *it.* aɲ'ɲa:no
Agnat a'gna:t
Agnatha a'gna:ta
Agnathie agna'ti:, **-n** ...i:ən
Agnation agna'tsi̯o:n
Agnelli *it.* aɲ'ɲɛlli
Agnes 'agnɛs
Agnès *fr.* a'ɲɛs
Agnese *it.* aɲ'ɲɛ:ze
Agnesi *it.* aɲ'ɲɛ:zi
Agnetendorf a'gne:tn̩dɔrf
Agnew *engl.* 'ægnju:
Agni 'agni
Agnition agni'tsi̯o:n
Agnolo *it.* 'aɲɲolo
Agnomen a'gno:mən, **...mina** ...mina
Agnon *hebr.* ag'nɔn
Agnosie agno'zi:, **-n** ...i:ən
Agnostiker a'gnɔstikɐ
agnostisch a'gnɔstɪʃ
Agnostizismus agnɔsti'tsɪsmʊs
agnostizistisch agnɔsti'tsɪstɪʃ
Agnostus a'gnɔstʊs, **...ti** ...ti
agnoszieren agnɔs'tsi:rən
Agnus Dei 'agnʊs 'de:i
Agogik a'go:gɪk
agogisch a'go:gɪʃ
Agogo ɛ 'go:go
à gogo a go'go:
Agon a'go:n
agonal ago'na:l
Agone a'go:nə
Agonie ago'ni:, **-n** ...i:ən
Agonist[ik] ago'nɪst[ɪk]
Agonistiker ago'nɪstikɐ
Agop 'agɔp
Ägophonie ɛgofo'ni:
[1]**Agora** (Markt) ago'ra:
[2]**Agora** (Münze) ago'ra, **...rot** ...'rɔt
Agorakritos ago'ra:kritɔs
Agoraphobie agorafo'bi:
Agordat 'a:gɔrda:t, *amh.* ak'ordat
Agosti *it.* a'gosti
Agostini *it.* agos'ti:ni
Agostino *it.* agos'ti:no
Ágost[on] *ung.* 'a:goʃt[on]
Agou[l]t *fr.* a'gu
Agra 'a:gra, *engl.* 'ɑ:grə
Agraffe a'grafə
Agram 'a:gram
Agrammatismus agrama'tɪsmʊs
Agranulozytose agranulotsy'to:ze
Agrapha 'a:grafa, 'ag...
Agraphie agra'fi:, **-n** ...i:ən
agrar..., A... a'gra:ɐ̯...
Agrarier a'gra:ri̯ɐ
agrarisch a'gra:rɪʃ
Agras *neugr.* 'aɣras
Agreement ɛ'gri:mənt
Agrégé agre'ʒe:
agreieren agre'i:rən
Agrell *schwed.* a'grɛl
Agrément agre'mã:
Agrest a'grɛst
Ağri *türk.* 'ɑ:rɨ
Agricius a'gri:tsi̯ʊs
Agricola a'gri:kola
ägrieren ɛ'gri:rən
Agrigent agri'gɛnt
Agrigento *it.* agri'dʒɛnto
Agrikultur agrikʊl'tu:ɐ̯
Agrimonia agri'mo:ni̯a
Agrinion a'gri:ni̯ɔn, *neugr.* a'ɣrinjɔn
Agrippa a'grɪpa
Agrippina agrɪ'pi:na, *it.* agrip'pi:na
agro..., Agro... 'a:gro...
Agrochemie agroçe'mi:
Agronom agro'no:m
Agronomie agrono'mi:
Agropyrum agro'py:rʊm
Agrostemma agro'stɛma
Agrostis a'grɔstɪs
Agrostologie agrɔstolo'gi:
Agrumen a'gru:mən
Agrumi *it.* a'gru:mi
Agrypnie agrʏp'ni:, **-n** ...i:ən
Agrys *russ.* a'grɨs
Agt *niederl.* ɑxt
Agthe 'aktə
Agua *span.* 'aɣu̯a
Aguada[s] *span.* a'ɣu̯aða[s]
Aguadilla *span.* aɣu̯a'ðiʎa
Aguado *span.* a'ɣu̯aðo
Agua Prieta *span.* 'aɣu̯a 'pri̯eta
Aguas *span.* 'aɣu̯as
Aguascalientes *span.* aɣu̯aska'li̯entes
Águeda *port.* 'aɣəðɐ, *span.* 'aɣeða
Aguesseau *fr.* agɛ'so
Aguiar *port.* ɐ'ɣi̯ar, *bras.* a'gi̯ar
Aguilar *span.* aɣi'lar
Águilas *span.* 'aɣilas
Aguilera *span.* aɣi'lera
Aguirre *span.* a'ɣirrɛ
Aguja a'gʊxa
Agujari *it.* agu'i̯a:ri
Agulhas a'gʊljas, *engl.* ə'gʊləs, *port.* ɐ'ɣuʎɐʃ
Agung *indon.* 'agʊŋ
Agusan *span.* a'ɣusan
Agustí *span.* aɣus'ti
Agustín *span.* aɣus'tin
Agustini *span.* aɣus'tini
Aguti a'gu:ti
Ägypten ɛ'gʏptn̩
Ägypter ɛ'gʏptɐ
Ägyptienne ɛʒɪ'psi̯ɛn
ägyptisch ɛ'gʏptɪʃ
Ägyptologe ɛgʏpto'lo:gə
Ägyptologie ɛgʏptolo'gi:
ägyptologisch ɛgʏpto'lo:gɪʃ
Ägyptus ɛ'gʏptʊs
Agyrte a'gʏrtə
ah!, Ah a:, *auch:* a
äh! ɛ:, *auch:* ɛ
Aha 'a:ha
aha! a'ha:, *auch:* a'ha
Ahab 'a:hap
Ahaggar a'hagar, aha'ga:ɐ̯
Ahar a'har, *pers.* æ'hær
Ahas 'a:has
Ahasja a'hasja
Ahasver ahas've:ɐ̯, *auch:* –'––
ahasverisch ahas've:rɪʃ
Ahasverus ahas've:rʊs
Ahaus 'a:hau̯s
ahemitonisch 'ahemito:nɪʃ
Ahern[e] *engl.* ə'hə:n
Ahfir *fr.* a'fi:r
Ahidjo *fr.* aid'ʒo
ahistorisch 'ahɪsto:rɪʃ
Ahl Al Kitab 'axl̩ alki'ta:p
Ahlat *türk.* ɑh'lɑt, '––
Ahlbeck 'a:lbɛk
Ahlden 'a:ldn̩
Ahle 'a:lə
Ahlefeldt *dän.* 'ɛ:ləfeld
Ahlem 'a:ləm
Ahlen 'a:lən
Ahlers-Hestermann 'a:lɐs'hɛstɐman
Ahlgren *schwed.* ˌɑ:lgre:n
Ahlgrimm 'a:lgrɪm
Ahlhorn 'a:lhɔrn
Ahlihakk axli'hak
Ahlin *schwed.* a'li:n
Ahlqvist *schwed.* ˌɑ:lkvist
Ahlsen 'a:lzn̩
Ahlström *schwed.* ˌɑ:lstrœm
Ahmad 'axmat

A

Ahmadabad *engl.* 'ɑ:mədəbæd
Ahmadi 'axmadi
Ahmadijja axma'di:ja
Ahmadpur *engl.* 'ɑ:mədpʊə
Ahmed 'axmɛt
Ahmedabad *engl.* 'ɑ:mədəbæd
Ahmedî *türk.* ɑhmɛ'di
Ahmednagar *engl.* 'ɑ:mədnəgə
Ahmes 'axmɛs
Ahmet *türk.* ɑh'mɛt
Ahming 'a:mɪŋ
Ahmose ax'mo:zə
Ahn[a] 'a:n[a]
ahnden 'a:ndn̩, **ahnd!** a:nt
Ahne 'a:nə
ähneln 'ɛ:nl̩n
ahnen, A... 'a:nən
Ahnfrau 'a:nfrau̯
ähnlich 'ɛ:nlɪç
Ahnlund *schwed.* ˌɑ:nlʊnd
Aho *finn.* 'ɑhɔ
ahoi! a'hɔy̆
Ahorn 'a:hɔrn
Ahr a:ɐ̯
Ahram, Al al|ax'ra:m
Ahrbleichert 'a:ɐ̯blai̯çɐt
Ähre 'ɛ:rə
Ahrenberg *schwed.* ˌɑ:rənbærj
Ahrens 'a:rəns
Ahrensbök a:rəns'bø:k, '−−−
Ahrensburg 'a:rənsbʊrk
Ahrenshoop a:rəns'ho:p
...ährig ...ˌ|ɛ:rɪç, **-e** ...ɪgə
Ahriman 'a:riman, *pers.* æhri-'mæn
Ahrweiler 'a:ɐ̯vai̯lɐ
Ahtamar *türk.* 'ɑhtɑmɑr
Ahtisaari *finn.* 'ɑhtisɑ:ri
Ahuachapán *span.* au̯atʃa'pan
Ahura Masdah 'ahura 'masda
Ahvenanmaa *finn.* 'ɑhvɛnɑnmmɑ:
Ahwas *pers.* æh'vɑ:z
Ai 'a:i, *auch:* a'i:
Aia 'a:ja, 'ai̯a
Aiakos 'a:jakɔs, 'ai̯akɔs
Aias 'a:jas, 'ai̯as
Aibling[er] 'ai̯blɪŋ[ɐ]
Aicard *fr.* ɛ'ka:r
Aich[a] 'ai̯ç[a]
Aichach 'ai̯çax
Aichbühl 'ai̯çby:l
Aichel 'ai̯çl̩
Aichinger 'ai̯çɪŋɐ
Aichmophobie ai̯çmofo'bi:, **-n** ...i:ən
Aida *dt., it.* a'i:da
AIDA a'i:da
Aide ɛ:t, **-n** 'ɛ:dn̩

Aïdé *engl.* aɪ'deɪ
Aide-Mémoire 'ɛ:tme'mo̯a:ɐ̯
Aidoiomanie ai̯dɔy̆oma'ni:
Aids e:ts
Aietes ai̯'e:tɛs
Aigai 'ai̯gai̯
Aigen 'ai̯gn̩
Aigeus 'ai̯gɔy̆s
Aigi *russ.* aj'gi
Aigina ai̯'gi:na
Aigisthos ai̯'gɪstɔs
Aigner 'ai̯gnɐ
Aigospotamoi ai̯gɔspota'mɔy̆
Aigrette ɛ'grɛtə
Aigues-Mortes *fr.* ɛg'mɔrt
Aiguière ɛ'gi̯ɛ:rə, ...i̯ɛ:rə
Aiguille *fr.* ɛ'gɥij
Aiguillette ɛgi'jɛtə
Aiguillon *fr.* ɛgɥi'jõ
Aigyptos ai̯'gʏptɔs
Aihun *chin.* ai̯xu̯ən 42
Aijubide ai̯ju'bi:də
Aiken *engl.* 'eɪkɪn
Aikido ai̯'ki:do
Ailerons ɛlə'rõ:
Ailey *engl.* 'eɪlɪ
Ailianos ai̯'li̯a:nɔs
Aimara *span.* ai̯ma'ra
Aimard *fr.* ɛ'ma:r
Aimé[e] *fr.* ɛ'me
Aimorés *bras.* ai̯mo'rɛs
Ain ai̯n, *fr.* ɛ̃
Aïn-Beïda *fr.* ainbɛi'da
Aïn-Benian *fr.* ainbe'njan
Ainmiller 'ai̯nmɪlɐ
Aïn-Sefra *fr.* ainse'fra
Ainsworth *engl.* 'eɪnzwə[:]θ
Aïn-Témouchent *fr.* aintemu-'ʃɛnt
Aintree *engl.* 'eɪntrɪ:
Ainu 'ai̯nu
Aiolos 'ai̯olɔs
Air ɛ:ɐ̯
Aïr *fr.* a'i:r
Aira 'ai̯ra
Airbag 'ɛ:ɐ̯bɛk
Airbrush 'ɛ:ɐ̯braʃ
Airbus 'ɛ:ɐ̯bʊs
Air-Condition 'ɛ:ɐ̯kɔnˌdɪʃn̩
Air-Conditioner 'ɛ:ɐ̯kɔn-ˌdɪʃənɐ
Air-Conditioning 'ɛ:ɐ̯kɔn-ˌdɪʃnɪŋ
Airdrie *engl.* 'ɛədrɪ
Aire *engl.* ɛə, *fr.* ɛ:r, *port.* 'ai̯rə
Airedale[r] 'ɛ:ɐ̯de:lɐ
Air Force 'ɛ:ɐ̯fo:ɐ̯s
Air France *fr.* ɛr'frã:s
Airfresh 'ɛ:ɐ̯frɛʃ

Airglow 'ɛ:ɐ̯glo:
Airlift 'ɛ:ɐ̯lɪft
Airline[r] 'ɛ:ɐ̯lai̯n[ɐ]
Airmail 'ɛ:ɐ̯me:l
Airolo *it.* ai̯'rɔ:lo
Airotor ɛ'ro:to:ɐ̯, **-en** ɛro-'to:rən
Airport 'ɛ:ɐ̯po:ɐ̯t, 'ɛ:ɐ̯pɔrt
Airterminal 'ɛ:ɐ̯tø:ɐ̯mɪnl̩, ...tœrm...
Airy *engl.* 'ɛərɪ
ais 'a:ɪs
Aisch ai̯ʃ
Aischa 'a:ɪʃa
Aischines 'ai̯sçinɛs
Aischylos 'ai̯sçylɔs
ais-Moll 'a:ɪsmɔl, *auch:* '−−'−
Aisne ɛ:n, *fr.* ɛn
Aisopos ai̯'zo:pɔs, 'ai̯zopɔs
Aissore ai̯'so:rə
Aist[e] 'ai̯st[ə]
Aistis *lit.* 'a:i̯stɪs
Aistulf 'ai̯stʊlf
Aisuwakamatsu *jap.* a'izuwa-kaˌmatsu̥
Aitel 'ai̯tl̩
Aithra 'ai̯tra
Aitken *engl.* 'eɪtkɪn
Aitmatow *russ.* ajt'matɐf
Aitos *bulgar.* 'ajtos
Aitrach 'ai̯trax
Aitschi *jap.* 'aˌitʃi̥
Aitzema *niederl.* 'a:i̯tsəmɑ
Aitzing 'ai̯tsɪŋ
Aiud *rumän.* a'i̯ud
Aiwasowski *russ.* ajva'zɔfskij
Aix *fr.* ɛks
Aix-en-Provence *fr.* ɛksãprɔ-'vã:s
Aix-la-Chapelle *fr.* ɛkslaʃa'pɛl
Aix-les-Bains *fr.* ɛksle'bɛ̃
Aizpute *lett.* 'ai̯spʊte
Aja 'a:ja
Ajabe *jap.* 'aˌjabe
Ajaccio *fr.* aʒak'sjo
Ajagus *russ.* ajɪ'gus
Ajalbert *fr.* aʒal'bɛ:r
Ajan *russ.* a'jan
Ajanta *engl.* ə'dʒæntə
Ajatollah aja'tɔla
Ajax 'a:jaks, 'ai̯aks, *niederl.* 'a:jɑks, *engl.* 'eɪdʒæks
Ajaxerle 'a:jaksɐlə
Ājion *neugr.* 'ɛjɔn
Ajion Oros *neugr.* 'ajɔn 'ɔrɔs
Ajka *ung.* 'ɔjkɔ
Ajmer *engl.* ædʒ'mɪə
Ajoie *fr.* a'ʒwa
Ajour... a'ʒu:ɐ̯...

A

à jour a'ʒu:ɐ̯
ajourieren aʒu'ri:rən
Ajowanöl ajo'va:n|ø:l
Ajuthia a'ju:ti̯a
Akaba 'akaba
Akabira *jap.* a'kabira
Akademie akade'mi:, **-n** ...i:ən
Akademiker aka'de:mikɐ
akademisch aka'de:mɪʃ
akademisieren akademi'zi:rən
Akademismus akade'mɪsmʊs
Akademist akade'mɪst
Akadien a'ka:di̯ən
Akajew *russ.* a'kajɪf
Akakios a'ka:ki̯ɔs
Akalit® aka'li:t
Akalkulie akalku'li:, **-n** ...i:ən
Akanje 'a:kanjə
Akanthit akan'ti:t
Akanthose akan'to:zə
Akanthus a'kantʊs
Akardiakus akar'di:akʊs
Akardius a'kardi̯ʊs
Akariasis aka'ri:azɪs
Akarine aka'ri:nə
Akarinose akari'no:zə
Akarizid akari'tsi:t, **-e** ...i:də
Akarnanien akar'na:ni̯ən
Akaroidharz akaro'i:tha:ɐ̯ts
Akarusräude 'a:karʊsrɔydə
Akaryont aka'ry̆ɔnt
Akaschi *jap.* 'a,kaʃi̯
akatalektisch akata'lɛktɪʃ
Akathistos a'ka:tɪstɔs
Akatholik 'akatoli:k, *auch:* ---'-
akausal akau̯'za:l, *auch:* '---
akaustisch a'kau̯stɪʃ
Akazie a'ka:tsi̯ə
Akbar 'akbar
Akdeniz *türk.* 'ɑkdɛ,niz
Åke *schwed.* ,o:kə
Akeldamach a'kɛldamax
Akelei akə'lai̯, *auch:* 'a:kəlai̯
Aken 'a:kn̩, *niederl.* 'a:kə
Akenside *engl.* 'eɪkɪnsaɪd
akephal ake'fa:l
Akershus *norw.* akərs'hʉ:s
Åkes[s]on *schwed.* ,o:kəsɔn
Akhisar *türk.* 'ɑkhi,sɑr
Aki 'a:ki
Akiba a'ki:ba
Akif *türk.* ɑ:'kif
Akihito *jap.* a'ki,hi̯to
Akim *russ.* a'kim
Akimenko *russ.* aki'mjɛnkɐ
Akimov *russ.* a'kimɐf
Akin *türk.* ɑ'kin
Akinakes aki'na:kɛs
Akinese aki'ne:zə
Akinesie akine'zi:
Akineten aki'ne:tn̩
akinetisch aki'ne:tɪʃ
Akis 'a:kɪs, *türk.* a'kis
Akischima *jap.* a'ki̯ʃima
Akita *jap.* 'a,ki̯ta
Akjab 'akjap
Akka[d] 'aka[t]
akkadisch a'ka:dɪʃ
Akkerman (Ort) akɐ'man
Akkeschi *jap.* a'kkeʃi
Akklamation aklama'tsi̯o:n
akklamieren akla'mi:rən
Akklimatisation aklimatiza'tsi̯o:n
akklimatisieren aklimati'zi:rən
Akko *hebr.* 'akɔ
Akkolade ako'la:də
akkommodabel akɔmo'da:bl̩, ...**ble** ...blə
Akkommodation akɔmoda'tsi̯o:n
akkommodieren akɔmo'di:rən
Akkommodometer akɔmodo'me:tɐ
Akkompagnement akɔmpanjə'mã:
akkompagnieren akɔmpan'ji:rən
Akkompagnist akɔmpan'jɪst
Akkord a'kɔrt, **-e** ...rdə
akkordant, A... akɔr'dant
Akkordanz akɔr'dants
Akkordeon a'kɔrdeɔn
Akkordeonist akɔrdeo'nɪst
akkordieren akɔr'di:rən
Akkordik a'kɔrdɪk
akkordisch a'kɔrdɪʃ
akkouchieren aku'ʃi:rən, akʊ'ʃ...
Akkra 'akra
akkreditieren akredi'ti:rən
Akkreditiv akredi'ti:f, **-e** ...i:və
Akkreszenz akrɛs'tsɛnts
akkreszieren akrɛs'tsi:rən
Akku 'aku
Akkulturation akʊltura'tsi̯o:n
akkulturieren akʊltu'ri:rən
Akkumulat akumu'la:t
Akkumulation akumula'tsi̯o:n
Akkumulator akumu'la:to:ɐ̯, **-en** ...la'to:rən
akkumulieren akumu'li:rən
akkurat aku'ra:t
Akkuratesse akura'tɛsə
Akkusation akuza'tsi̯o:n
Akkusativ 'akuzati:f, **-e** ...i:və
Akkusativierung akuzati'vi:rʊŋ
Aklavik *engl.* ə'klɑ:vɪk
Akline a'kli:nə
Akme ak'me:
Akmeismus akme'ɪsmʊs
Akmeist akme'ɪst
Akmolinsk *russ.* ak'mɔlinsk
Akne 'aknə
Ako *jap.* 'a,ko:
Akoasma ako'asma
Akola *engl.* ə'koʊlə
Akoluth ako'lu:t
Akoluthie akolu'ti:, **-n** ...i:ən
Akolyth ako'ly:t
Akon 'a:kɔn
Akonit ako'ni:t
Akonitin akoni'ti:n
Akonto a'kɔnto
Akorie ako'ri:, **-n** ...i:ən
Akosmismus akɔs'mɪsmʊs
Akosmist akɔs'mɪst
Akosombo *engl.* ækoʊ'sɔmboʊ
akotyledon akotyle'do:n
Akotyledone akotyle'do:nə
akquirieren akvi'ri:rən
Akquise a'kvi:zə
Akquisiteur akvizi'tø:ɐ̯
Akquisition akvizi'tsi̯o:n
Akquisitor akvi'zi:to:ɐ̯, **-en** ...zi'to:rən
akquisitorisch akvizi'to:rɪʃ
Akrab 'akrap
Akragas 'a:kragas
akral a'kra:l
Akranes *isl.* 'a:kranɛ:s
Akranier a'kra:ni̯ɐ
Akratopege akrato'pe:gə
Akratotherme akrato'tɛrmə
Akren 'a:krən
Akrenzephalon akrɛn'tse:falɔn, ...**la** ...la
Akribie akri'bi:
akribisch a'kri:bɪʃ
akribistisch akri'bɪstɪʃ
Akridin akri'di:n
Akritas a'kri:tas
akritisch 'akri:tɪʃ
akroamatisch akroa'ma:tɪʃ
Akrobat[ik] akro'ba:t[ɪk]
Akrodynie akrody'ni:, **-n** ...i:ən
Akrodystonie akrodʏsto'ni:, **-n** ...i:ən
akrokarp akro'karp
Akrokephale akroke'fa:lə
Akrokephalie akrokefa'li:, **-n** ...i:ən

A

Akrolein akrole'i:n
Akrolith akro'li:t
Akromegalie akromega'li:, **-n** ...i:ən
Akromikrie akromi'kri:, **-n** ...i:ən
Akron *engl.* 'ækrɔn
akronychisch akro'nʏçɪʃ
akronyktisch akro'nʏktɪʃ
Akronym akro'ny:m
akropetal akrope'ta:l
Akrophonie akrofo'ni:
akrophonisch akro'fo:nɪʃ
Akropolis a'kro:polɪs, *neugr.* a'krɔpɔlis; **...len** akro'po:lən
Akrostichon a'krɔstɪçɔn, **...cha** ...ça
Akroteleuton akro'te:lɔytɔn, **...ta** ...ta
Akroter akro'te:ɐ̯
Akroterie akro'te:ri̯ə
Akroterion akro'te:ri̯ɔn, **...ien** ...i̯ən
Akroterium akro'te:ri̯ʊm, **...ien** ...i̯ən
Akrotismus akro'tɪsmʊs
Akrozephale akrot͡se'fa:lə
Akrozephalie akrot͡sefa'li:, **-n** ...i:ən
Akrozyanose akrot͡sy̆a'no:zə
Akrylsäure a'kry:lzɔyrə
äks! ɛ:ks
Aksaray *türk.* 'ɑksɑˌrɑi̯
Akşehir *türk.* 'ɑkʃɛˌhir
Aksum 'aksʊm, a'ksu:m, *amh.* aksum
Akt akt
Akta vgl. Aktum
Aktaion ak'tai̯ɔn
Aktant ak'tant
Aktäon ak'tɛ:ɔn
Aktau *russ.* ak'tau
Akte 'aktə
Aktei ak'tai̯
Akteur ak'tø:ɐ̯
Aktie 'akt͡si̯ə
Aktin ak'ti:n
Aktinide akti'ni:də
Aktinie ak'ti:ni̯ə
Aktinität aktini'tɛ:t
Aktinium ak'ti:ni̯ʊm
Aktinograph aktino'gra:f
Aktinolith aktino'li:t
Aktinometer aktino'me:tɐ
Aktinometrie aktinome'tri:
aktinomorph aktino'mɔrf
Aktinomykose aktinomy'ko:zə
Aktinomyzet aktinomy't͡se:t
¹Aktion (Handlung) ak't͡si̯o:n
²Aktion (Kap) 'akti̯ɔn, *neugr.* 'aktjɔn
aktional akt͡si̯o'na:l
Aktionär akt͡si̯o'nɛ:ɐ̯
Aktionismus akt͡si̯o'nɪsmʊs
Aktionist akt͡si̯o'nɪst
Aktium 'akt͡si̯ʊm
aktiv ak'ti:f, *auch:* '--, **-e** ...i:və
¹Aktiv (Tatform) 'akti:f, **-e** ...i:və
²Aktiv (Arbeitsgruppe) ak'ti:f, **-e** ...i:və
Aktiva ak'ti:va
Aktivator akti'va:to:ɐ̯, **-en** ...va'to:rən
Aktive ak'ti:və
aktivieren akti'vi:rən
Aktivin akti'vi:n
aktivisch ak'ti:vɪʃ, *auch:* '---
Aktivismus akti'vɪsmʊs
Aktivist akti'vɪst
Aktivitas ak'ti:vitas
Aktivität aktivi'tɛ:t
Aktivstoff ak'ti:fʃtɔf
Aktivum ak'ti:vʊm, **...va** ...va
Aktjubinsk *russ.* ak'tjubinsk
Aktor 'akto:ɐ̯, **-en** ak'to:rən
Aktrice ak'tri:sə
aktual ak'tu̯a:l
aktualisieren aktu̯ali'zi:rən
Aktualismus aktu̯a'lɪsmʊs
aktualistisch aktu̯a'lɪstɪʃ
Aktualität aktu̯ali'tɛ:t
Aktuar ak'tu̯a:ɐ̯
Aktuarius ak'tu̯a:ri̯ʊs, **...ien** ...i̯ən
Aktuator ak'tu̯a:to:ɐ̯, **-en** aktu̯a'to:rən
aktuell ak'tu̯ɛl
Aktum 'aktʊm, **Akta** 'akta
Aktuogeologie aktu̯ogeolo'gi:
Aktus 'aktʊs, **die -** ...tu:s
Akuem a'ku̯e:m
Akuität akui'tɛ:t
Akumetrie akume'tri:
Akune *jap.* a'ku̯ne
Akunian aku'ni̯a:n
Akupressur akuprɛ'su:ɐ̯
Akupunkteur akupʊŋk'tø:ɐ̯
akupunktieren akupʊŋk'ti:rən
Akupunktur akupʊŋk'tu:ɐ̯
Akupunkturist akupʊŋktu'rɪst
Akureyri *isl.* 'a:kʏrei̯rɪ
Akusmatiker akʊs'ma:tikɐ
Aküsprache 'akyʃpra:xə
Akustik a'kʊstɪk
Akustiker a'kʊstikɐ
akustisch a'kʊstɪʃ
Akustochemie akʊstoçe'mi:
akut, A... a'ku:t
Akutagawa *jap.* a'ku̯taˌgawa
Akyab *engl.* æk'jæb, '--
Akyn 'a:kʏn
akzedieren akt͡se'di:rən
Akzeleration akt͡selera't͡si̯o:n
Akzelerator akt͡sele'ra:to:ɐ̯, **-en** ...ra'to:rən
akzelerieren akt͡sele'ri:rən
Akzent ak't͡sɛnt
Akzentuation akt͡sɛntu̯a't͡si̯o:n
akzentuell akt͡sɛn'tu̯ɛl
akzentuieren akt͡sɛntu'i:rən
Akzepisse akt͡se'pɪsə
Akzept ak't͡sɛpt
akzeptabel akt͡sɛp'ta:bl̩, **...ble** ...blə
Akzeptant akt͡sɛp'tant
Akzeptanz akt͡sɛp'tant͡s
Akzeptation akt͡sɛpta't͡si̯o:n
akzeptieren akt͡sɛp'ti:rən
Akzeptor ak't͡sɛpto:ɐ̯, **-en** ...'to:rən
Akzess ak't͡sɛs
Akzession akt͡sɛ'si̯o:n
Akzessist akt͡sɛ'sɪst
Akzessit ak't͡sɛsɪt
Akzessorietät akt͡sɛsori̯e'tɛ:t
akzessorisch akt͡sɛ'so:rɪʃ
Akzessorium akt͡sɛ'so:ri̯ʊm, **...ien** ...i̯ən
Akzidens 'akt͡sidɛns, **...nzien**, **...ntien** ...'dɛnt͡si̯ən
Akzidentalien akt͡sidɛn'ta:li̯ən
akzidentell akt͡sidɛn'tɛl
akzidentiell akt͡sidɛn't͡si̯ɛl
Akzidenz akt͡si'dɛnt͡s
Akzidenzien akt͡si'dɛnt͡si̯ən
akzipieren akt͡si'pi:rən
Akzise ak't͡si:zə
Al (Vorname) *engl.* æl
Ala *dt., it.* 'a:la
à la a la
alaaf a'la:f
à la baisse a la 'bɛ:s
Alabama ala'ba:ma, *engl.* ælə'bæmə
Alabaster ala'bastɐ
Alabastron a'la:bastrɔn, **...ren** ala'bastrən
à la bonne heure! a la bɔ'nø:ɐ̯
Alaca [Hüyük] *türk.* 'ɑlɑd͡ʒɑ [hy'jyk]
à la carte a la 'kart
Alacoque *fr.* ala'kɔk

A

Alaḍağ *türk.* ɑ'lɑdɑ:
Ạladin 'aladi:n
Alagi̱r *russ.* ala'gir
Alagọas *bras.* ala'goas
Alagoịnhas *bras.* ala'gu̯iɲas
Alagón *span.* ala'ɣɔn
à la hausse a la 'o:s
Alạ̣i *russ.* a'laj
Alain *fr.* a'lɛ̃
Alais *fr.* a'lɛs
à la jardinière a la ʒardi'ni̯ɛ:ʀ̥
Alajuẹla *span.* ala'xu̯ela
A̱lalach 'a:lalax
Alaleo̱na *it.* alale'o:na
Alali̱e ala'li:, **-n** ...i:ən
à la longue a la 'lõ:k
Alama̱c, ...a̱k ala'ma:k
Alama̱in, Al al|ala'ma̱in
à la maison a la mɛ'zõ:
Alamán *span.* ala'man
Alamạnne ala'manə
Alamạnni *it.* ala'manni
Alameda *engl.* ælə'mi:də
Alaméricaine alameri'kɛ:n
à la meunière a la mø'ni̯ɛ:ʀ̥
Alamo *engl.* 'æləmoʊ
Alamo̱de... ala'mo:də...
à la mọde a la 'mɔt
alamo̱disch ala'mo:dɪʃ
Alamogo̱rdo *engl.* æləmə-'gɔ:doʊ
Álamos *span.* 'alamos
Ala̱n a'la:n
Alana̱te ala'na:tə
[1]**A̱land** (Fisch) 'a:lant, **-e** ...ndə
[2]**A̱land** (Fluss) 'a:lant
Åland *schwed.* 'o:lan[d]
Ala̱ne a'la:nə
Alani̱n ala'ni:n
Alạnt a'lant
Ala̱nus ab Ịnsulis a'la:nʊs ap 'ɪnzuli:s
Alạnya *türk.* ɑ'lɑnjɑ
Alaotra *mad.* a'lotrə
Alapạjewsk *russ.* ala'pajɪfsk
Alạrbus a'larbʊs
Alarcón *span.* alar'kɔn
Ala̱rd *fr.* a'la:r
A̱larich 'a:larɪç
Alạrm a'larm
alarmi̱eren alar'mi:rən
Ạlas *span., indon.* 'alas
Alaşehir *türk.* ɑ'lɑʃɛˌhir
Alạska a'laska, *engl.* ə'læskə
Alạssio *it.* a'lassi̯o
Alastair alas'tɛ:ʀ̥, *engl.* 'æləstɛə
Alạstrim a'lastrɪm

à la sui̱te a la 'sy̆ɪt
Ala̱tri *it.* a'la:tri
Alạtyr *russ.* a'latɨrj
Alaui̱t ala̱u'i:t
Ala̱un a'la̱un
ala̱unig a'la̱unɪç, **-e** ...ɪgə
alaunisi̱eren ala̱uni'zi:rən
Álava *span.* 'alaβa
Alawerdi̱ *russ.* alɐvɪr'di
Alawi̱t ala'vi:t
Alayrạc *fr.* alɛ'rak
Ạlb alp
Ạlba *dt., it.* 'alba, *span.* 'alβa
Albace̱te *span.* alβa'θete
Ạlba Iu̱lia *rumän.* 'alba 'i̯ulia
Ạlba Lọnga 'alba 'lɔŋga
Ạlban 'alba:n, *auch:* –'–
Alba̱ner al'ba:nɐ
Albane̱se *it.* alba'ne:se
Alba̱ni *it.* al'ba:ni
Alba̱nia al'ba:ni̯a
Alba̱nien al'ba:ni̯ən
alba̱nisch al'ba:nɪʃ
Alba̱no *it.* al'ba:no
Albanolo̱ge albano'lo:gə
Albanologi̱e albanolo'gi:
Alba̱nus al'ba:nʊs
Albany *engl.* 'ɔ:lbənɪ
Albare̱llo alba'rɛlo, **...lli** ...li
Albate̱nius alba'te:ni̯ʊs
Ạlbatros 'albatrɔs, **-se** ...ɔsə
Ạlbdruck 'alpdrʊk
Ạlbe 'albə, *niederl.* 'ɑlbə, *it.* 'albe
Albe̱do al'be:do
Albedome̱ter albedo'me:tɐ
Albee *engl.* 'ɔ:lbi:
Albemarle *engl.* 'ælbəmɑ:l, *span.* alβe'marle
Albẹna *bulgar.* ɐl'bɛnɐ
Albẹnga *it.* al'bɛŋga
Albéniz al'be:nɪs, *span.* al'βeniθ
Ạlber 'albɐ
Albẹrche *span.* al'βɛrtʃe
Albẹrdi *span.* al'βɛrði
Ạlberdingk Thijm *niederl.* 'ɑlbərdɪŋk 'tɛi̯m
Albere̱i albə'ra̱i
Albères, Monts *fr.* mõzal'bɛ:r
Albẹrge al'bɛrgə
Albẹrgo al'bɛrgo, **...ghi** ...gi
Albe̱ri *it.* al'bɛ:ri
Albéri̱c *fr.* albe'rik
Ạlberich 'albərɪç
Alberi̱co *it.* albe'ri:ko
Alberi̱que *span.* alβe'rike
ạlbern, Ạ... 'albɐn
Ạlbero 'albero

Alberobẹllo *it.* albero'bɛllo
Albero̱ni *it.* albe'ro:ni
Ạlbers 'albɐs
Ạlbert 'albɛrt, *engl.* 'ælbət, *fr.* al'bɛ:r, *schwed.* 'albært, *niederl.* 'ɑlbərt
Albẹrta al'bɛrta, *engl.* æl'bə:tə
Albertạzzi *it.* alber'tattsi
Albẹrti *dt., it.* al'bɛrti, *span.* al'βɛrti
Alberti̱na albɛr'ti:na
Alberti̱ne albɛr'ti:nə, *fr.* albɛr-'tin
Albertinẹlli *it.* alberti'nɛlli
Alberti̱ni *it.* alber'ti:ni
alberti̱nisch albɛr'ti:nɪʃ
Alberti̱num albɛr'ti:nʊm
Alberti̱nus albɛr'ti:nʊs
Albẹrtis *it.* al'bɛrtis
Albẹrtisch al'bɛrtɪʃ
Albẹrto *it.* al'bɛrto, *span.* al'βɛrto, *port.* al'bɛrtu
Alberton *engl.* 'ælbətən
Albertotypi̱e albɛrtoty'pi:, **-n** ...i:ən
Ạlberts 'albɛrts
Albẹrtus al'bɛrtʊs, *niederl.* ɑl'bɛrtʏs
Albertvịlle *fr.* albɛr'vil
Ạlbertz 'albɛrts
Ạlberus 'alberʊs
Ạlbhard, ...rt 'alphart
Albi *fr.* al'bi
Albica̱stro albi'kastro
Ạlbich 'albɪç
Albigẹnser albi'gɛnzɐ
Albigeois *fr.* albi'ʒwa
Ạlbiker 'albikɐ
Albikla̱s albi'kla:s, **-e** ...a:zə
Albin 'albi:n, *auch:* al'bi:n; *schwed.* 'albin
Albi̱ne al'bi:nə
Albi̱ni *dt., it.* al'bi:ni
Albinịsmus albi'nɪsmʊs
albini̱tisch albi'ni:tɪʃ
Albi̱no *dt., it.* al'bi:no
Albino̱ni *it.* albi'no:ni
albino̱tisch albi'no:tɪʃ
Albinova̱nus albino'va:nʊs
Albi̱nus al'bi:nʊs
Ạlbion 'albi̯ɔn, *engl.* 'ælbɪən
Albi̱reo al'bi:reo
Ạlbis 'albɪs
Albi̱t al'bi:t
Ạlbizzi *it.* 'albittsi
Albịzzie al'bɪtsi̯ə
Alblasserdạm *niederl.* ɑlblɑ-sər'dɑm
Ạlbo *span.* 'alβo

A

Albocácer *span.* alβo'kaθεr
Alboin 'alboi:n
Albolit® albo'li:t
Alboni *it.* al'bo:ni
Alborán *span.* alβo'ran
Ålborg *dän.* 'ɔlbɔɐ̯'
Albornoz *span.* alβɔr'nɔθ
Albrecht 'albrεçt, *slowen.* 'a:lbrεxt
Albrechtsberger 'albrεçts-bεrgɐ
Albrechtsburg 'albrεçtsbʊrk
Albret *fr.* al'brε
Albrici *it.* al'bri:tʃi
Albright *engl.* 'ɔ:lbraɪt
Albrizzi *it.* al'brittsi
Albtraum 'alptraum
Albuch 'a:lbu:x
Albufera *span.* alβu'fera
Albugo al'bu:go, **...gines** ...gine:s
Albuin 'albui:n
Albújar *span.* al'βuxar
Albula 'albula
Album 'albʊm
Albumen al'bu:mən
Albumin albu'mi:n
Albuminat albumi'na:t
Albuminimeter albumini-'me:tɐ
albuminoid albumino'i:t, **-e** ...i:də
albuminös albumi'nø:s, **-e** ...ø:zə
Albuminurie albuminu'ri:, **-n** ...i:ən
Albumose albu'mo:zə
Albuquerque *engl.* 'ælbəkə:kɪ, *port.* albu'kεrkə
Alburquerque *span.* alβur-'kεrke
Albury *engl.* 'ɔ:lbərɪ
Albus 'albʊs, **-se** ...ʊsə
Alcácer do Sal *port.* al'kasεr du 'sal
Alcáçovas *port.* al'kasuvɐʃ
alcäisch al'tsε:ɪʃ
Alcalá [de Guadaira] *span.* alka'la [ðe ɣu̯a'ðai̯ra]
Alcamo *it.* 'alkamo
Alcañiz *span.* alka'ɲiθ
Alcantara® alkan'ta:ra
Alcántara *span.* al'kantara
Alcaraz *span.* alka'raθ
Alcarraza alka'rasa, *span.* alka'rraθa
Alcatraz *engl.* 'ælkətræz, --'-
Alcäus al'tsε:ʊs
Alcazaba *span.* alka'θaβa
Alcázar al'ka:zar, *span.* al'ka-θar
Alceo *it.* al'tʃε:o
Alcest al'tsεst
Alceste al'tsεstə, *fr.* al'sεst, *it.* al'tʃεste
Alchemie alçe'mi:, **-n** ...i:ən
Alchemilla alçe'mɪla
Älchen 'ε:lçən
Alchimie alçi'mi:, **-n** ...i:ən
Alchimist alçi'mɪst
Alchymie alçy'mi:, **-n** ...i:ən
Alciato *it.* al'tʃa:to
Alciat[us] al'tsi̯a:t[ʊs]
Alcibiades altsi'bi:adεs
Alcide *it.* al'tʃi:de
Alcindas al'sɪndas, *span.* al'θindas
Alcindor *fr.* alsε̃'dɔ:r
Alcipe *port.* al'sipə
Alcira *span.* al'θira
Alcobaça *port.* alku'βasɐ
Alcoforado *port.* alkufu'raðu
Alcolea *span.* alko'lea
Alcopops 'alkopɔps
al corso al 'kɔrzo
Alcotest® alko'tεst, '---
Alcott *engl.* 'ɔ:lkət
Alcover *kat.* əlku'βe, *span.* alko'βεr
Alcoy *span.* al'kɔi̯
Alcyone al'tsy̆o:nə, *auch:* al'tsy:one
alcyonisch al'tsy̆o:nɪʃ
Aldabra *engl.* æl'dæbrə
Aldamon 'aldamɔn
Aldan *russ.* al'dan
Aldanow *russ.* al'danɐf
Aldebaran aldeba'ra:n, *auch:* ...'ba:ran
Aldebrand 'aldəbrant
Aldeburgh *engl.* 'ɔ:ldbərə
Aldecoa *span.* alde'koa
Aldegrever 'aldəgre:vɐ
Aldegund 'aldəgʊnt
Aldegunde aldə'gʊndə
Aldegundis alde'gʊndɪs
Aldehyd alde'hy:t, **-e** ...y:də
Aldemar 'aldəmar
Alden *engl.* 'ɔ:ldən
Aldenburg 'aldn̩bʊrk
Aldenhoff 'aldn̩hɔf
Aldenhoven 'aldn̩ho:fn̩
al dente al'dεntə
Alder 'aldɐ
Alderamin aldera'mi:n
Aldergrove *engl.* 'ɔ:ldəgroʊv
Alderman, ...men 'ɔldɐmən
Alderney *engl.* 'ɔ:ldənɪ
Aldersbach 'aldɐsbax
Aldershot *engl.* 'ɔ:ldəʃɔt
Aldhelm 'althεlm
Aldine al'di:nə
Aldingen 'aldɪŋən
Aldington *engl.* 'ɔ:ldɪŋtən
Aldobrandini *it.* aldobran-'di:ni
Aldolase aldo'la:zə
Aldose al'do:zə
Aldosteron aldoste'ro:n
Aldous *engl.* 'ɔ:ldəs
Aldoxim aldɔ'ksi:m
Aldrey® 'aldrai̯
Aldrich *engl.* 'ɔ:ldrɪtʃ
Aldridge *engl.* 'ɔ:ldrɪdʒ
Aldrin *engl.* 'ɔ:ldrɪn
Aldringen 'aldrɪŋən
Aldringer 'aldrɪŋɐ
Aldrovandi *it.* aldro'vandi
Aldus 'aldʊs
Ale e:l
alea iacta est 'a:lea 'jakta 'εst
Aleander ale'andɐ
Aleandro *it.* ale'andro
Aleardi *it.* ale'ardi
Aleatorik alea'to:rɪk
aleatorisch alea'to:rɪʃ
Alechinsky *fr.* aleʃε̃s'ki
Alec[k] *engl.* 'ælɪk
Alecsandri *rumän.* aleksan'dri
Alectorolophus alεkto'ro:lo-fʊs
Alecu *rumän.* a'leku
Alegre *bras.* a'legri
Alegrete *bras.* ale'greti
Alegría *span.* ale'ɣria
Aleisk *russ.* a'ljejsk
Aleixandre *span.* alei̯k'sandre
Alejandro *span.* alε'xandro
Alejchem a'lεjxεm
Aleksandar *serbokr.* a͵lεk-sa:ndar
Aleksandrów Kujawski *poln.* alε'ksandruf ku'jafski
Aleksandrów Łódzki *poln.* alε'ksandruf 'u̯utski
Aleksinac *serbokr.* ͵alεksinats
Alekto a'lεkto
Alemagna *it.* ale'maɲɲa
Alemán *span.* ale'man
Alemanne alə'manə
Alemannia alə'mani̯a
Alemannien alə'mani̯ən
alemannisch alə'manɪʃ
Alembert *fr.* alã'bε:r
Além-Paraíba *bras.* a'lẽi̯mpa-ra'iba
Alencar *bras.* aleŋ'kar

A

Alençon *fr.* alã'sõ
Alentejo *port.* ɐlen'tɐʒu
Aleotti *it.* ale'ɔtti
Aleph 'a:lɛf
Aleppo a'lɛpo
Aleramo *it.* ale'ra:mo
alert a'lɛrt
Alert *engl.* ə'lə:t
Aleš *tschech.* 'alɛʃ
Alès *fr.* a'lɛs
Alesia a'le:zi̯a
Alessandri *span.* ale'sandri
Alessandria *it.* ales'sandri̯a
Alessandro *it.* ales'sandro
Alessi *it.* a'lɛssi
Ålesund *norw.* ˌo:ləsʉn
Aletsch... a'lɛtʃ..., 'a:lɛtʃ...
Aleukämie alɔykɛ'mi:, **-n** ...i:ən
aleukämisch alɔy'kɛ:mɪʃ
Aleuron a'lɔyrɔn
Aleuten ale'u:tn̩
Alewyn 'a:ləvi:n
Alex 'a:lɛks
Alexander alɛ'ksandɐ, *engl.* ælɪg'zɑ:ndə
Alexandersbad alɛ'ksandɐs-ba:t
Alexandr *russ.* alɪk'sandr
Alexandra alɛ'ksandra, *engl.* ælɪg'zɑ:ndrə
Alexandre *fr.* alɛk'sã:dr
Alexandrescu *rumän.* aleksan-'dresku
Alexandrette alɛksan'drɛt, *fr.* alɛksã'drɛt
Alexandria alɛ'ksandria, *auch:* alɛksan'dri:a; *engl.* ælɪg-'zɑ:ndrɪə, *rumän.* aleksan-'dria
Alexandrien alɛ'ksandriən
Alexandrija *russ.* alɪksan'drijɐ
Alexandrine alɛksan'dri:nə
Alexandriner alɛksan'dri:nɐ
alexandrinisch alɛksan'dri:nɪʃ
Alexandrinus alɛksan'dri:nʊs
Alexandrit alɛksan'dri:t
Alexandropolis alɛksan-'dro:polɪs
Alexandros alɛ'ksandrɔs
Alexandrow *russ.* alɪk'sandrɐf
Alexandrowitsch *russ.* alɪk-'sandrɐvitʃ
Alexandrowna *russ.* alɪk'san-drɐvnɐ
Alexandrowsk *russ.* alɪk'san-drɐfsk
Alexandru *rumän.* alek'san-dru
Alexandrupolis *neugr.* alɛksan'ðrupɔlis
Alexei *russ.* alɪk'sjej
Alexejew *russ.* alɪk'sjejɪf
Alexejewitsch *russ.* alɪk'sjejɪ-vitʃ
Alexejewka *russ.* alɪk'sjejɪfkɐ
Alexejewna *russ.* alɪk'sjejɪvnɐ
Alexia a'lɛksi̯a
Alexianer alɛ'ksi̯a:nɐ
Alexie alɛ'ksi:, **-n** ...i:ən
Alexin *russ.* a'ljɛksin
Alexine alɛ'ksi:nə
Alexios a'lɛksi̯ɔs
Alexis a'lɛksɪs, *fr.* alɛk'si
Alexiu *neugr.* alɛk'siu
Alexius a'lɛksi̯ʊs
alezithal aletsi'ta:l
Alf *dt., schwed.* alf, *dän.* æl'f
Alfa 'alfa
Alfalfa al'falfa
Alfano *it.* al'fa:no
alfanzen al'fantsn̩
Alfanzerei alfantsə'rai̯
Alfarabi alfa'ra:bi
Alfaro *span.* al'faro
Alfa Romeo 'alfa ro'me:o
Alfeld 'a:lfɛlt
Alfenas *bras.* al'fenas
Alfenid alfe'ni:t, **-es** ...i:dəs
Alférez *span.* al'fereθ
Alferon alfe'ro:n
Alfhild 'alfhɪlt
Alfieri *it.* al'fi̯ɛ:ri
al fine al'fi:nə
Alfinger 'alfɪŋɐ
Alfio *it.* 'alfi̯o
Alföld[i] *ung.* 'ɔlføld[i]
Alfons 'alfɔns
Alfonsa al'fɔnza
Alfonsín *span.* alfɔn'sin
Alfonsinisch alfɔn'zi:nɪʃ
Alfonsisch al'fɔnzɪʃ
Alfonso *it., span.* al'fɔnso
Alfraganus alfra'ga:nʊs
Alfred 'alfre:t, *engl.* 'ælfrɪd, *fr.* al'frɛd, *dän.* 'æl'frəð, *schwed.* 'alfrɛd
Alfreda al'fre:da
Alfrede al'fre:də
Alfredo *span.* al'freðo, *port.* al'freðu, *it.* al'fre:do
al fresco al'frɛsko
Alfreton *engl.* 'ɔ:lfrɪtən
Alfried 'alfri:t
Alfrink *niederl.* 'ɑlfrɪŋk
Alfsön 'alfsœn
Alfuren al'fu:rən
Alfvén *schwed.* al've:n
Algae 'algɛ
Algardi *it.* al'gardi
Algarotti *it.* alga'rɔtti
Algarrobo *span.* alɣa'rrɔβo
Algarve *dt., port.* al'garvə
Algazel alga'ze:l
Algazi *fr.* algɑ'zi
Alge 'algə
Algebra 'algebra, **...ren** al'ge:brən
algebraisch alge'bra:ɪʃ
Algeciras *span.* alxe'θiras
Algemeen Handelblad *niederl.* 'ɑlxəme:n 'hɑndəlblɑt
Algemesí *span.* alxeme'si
Algenib alge'ni:p
Alger *fr.* al'ʒe, *engl.* 'ældʒə
Algérie *fr.* alʒe'ri
Algerien al'ge:ri̯ən
algerisch al'ge:rɪʃ
Algernon *engl.* 'ældʒənən
Algérois *fr.* alʒe'rwa
Algesie alge'zi:, **-n** ...i:ən
Algesimeter algezi'me:tɐ
Algesiologie algezi̯olo'gi:
Alghero *it.* al'gɛ:ro
Algier 'alʒi:ɐ̯
Algin al'gi:n
Alginat algi'na:t
Algirdas *lit.* 'algɪrdas
Algoa *engl.* æl'goʊə
Algogene algo'ge:nə
[1]**Algol** (Stern) al'go:l, *auch:* '‒‒
[2]**Algol** (Formelsprache) 'algɔl
Algolagnie algola'gni:, **-n** ...i:ən
Algologe algo'lo:gə
Algologie algolo'gi:
algologisch algo'lo:gɪʃ
algomanisch algo'ma:nɪʃ
Algometer algo'me:tɐ
algomisch al'go:mɪʃ
Algonkin al'gɔŋkɪn
algonkisch al'gɔŋkɪʃ
Algonkium al'gɔŋki̯ʊm
Algonquin *engl.* æl'gɔŋk[w]ɪn
Algorab algo'ra:p
algorithmisch algo'rɪtmɪʃ
Algorithmus algo'rɪtmʊs
Algraphie algra'fi:, **-n** ...i:ən
Algren *engl.* 'ɔ:lgrɪn
Alhama *span.* a'lama
Alhambra al'hambra, *span.* a'lambra, *engl.* æl'hæmbrə
Alhandra *port.* ɐ'ʎɐndrɐ
Alhaurín *span.* alau̯'rin
Alhazen alha'tse:n
Alhidade alhi'da:də

A

Al-Hoceima *fr.* alɔsɛjˈma
Ali ˈa:li, *auch:* ˈali, aˈli:; *engl.* ˈælɪ, ˈɑ:lɪ
Alia vgl. Aliud
Alia (Name) *alban.* aˈlia
Aliakmon *neugr.* aˈljakmɔn
Älian[us] ɛˈli̯a:n[ʊs]
alias ˈa:li̯as
Ali-Bairamly *russ.* aˈlibɐjramˈlɨ
Aliberti *it.* aliˈbɛrti
Alibi ˈa:libi
Alicante *span.* aliˈkante
Alice (Vorn.) aˈli:sə, *engl.* ˈælɪs, *fr.* aˈlis, *it.* aˈli:tʃe
Alide aˈli:də
Alien *engl.* ˈeɪlɪən
Alienation ali̯enaˈt͡si̯o:n
Alieni aˈli̯e:ni
alienieren ali̯eˈni:rən
Alife *it.* aˈli:fe
Aligarh *engl.* ˈælɪgɑ:
Aliger *russ.* aliˈgjɛr
Alighieri *it.* aliˈgi̯ɛ:ri
Alignement alɪnjəˈmã:
alignieren alɪnˈji:rən
Aligny *fr.* aliˈɲi
Alijew *russ.* aˈlijɪf
alimentär alimɛnˈtɛ:ɐ̯
Alimentation alimɛntaˈt͡si̯o:n
Alimente aliˈmɛntə
alimentieren alimɛnˈti:rən
a limine a ˈli:mine
Alin *schwed.* aˈli:n
Alin[e]a aˈli:n[e]a
alineieren alineˈi:rən
Alingsås *schwed.* aliŋsˈo:s
Alione *it.* aˈli̯o:ne
aliphatisch aliˈfa:tɪʃ
Ali Portuk ˈa:li ˈpɔrtʊk
aliquant aliˈkvant
Aliquippa *engl.* ælɪˈkwɪpə
aliquot aliˈkvɔt
Aliquote aliˈkvo:tə
Alişar Hüyük *türk.* ɑliˈʃɑr hyˈjyk
Aliscans *fr.* alisˈkã
Aliseda *span.* aliˈseða
Alisma aˈlɪsma
Alismaceae alɪsˈma:t͡seɛ
Aliso ˈa:lizo, aˈli:zo
Alison *engl.* ˈælɪsn
Alitalia *it.* aliˈta:li̯a
alitieren aliˈti:rən
Alitta aˈlɪta
Aliud ˈa:li̯ʊt, **...ia** ...i̯a
Älius ˈɛ:li̯ʊs
Aliwal *engl.* ˈælɪwəl
Alix ˈa:lɪks, *fr.* aˈliks, *engl.* ˈælɪks

Alizarin alit͡saˈri:n
Aljabjew *russ.* aˈljabjɪf
aljamiadisch alxaˈmi̯a:dɪʃ
Aljamiado *span.* alxaˈmi̯aðo
Aljochin *russ.* aˈljɔxin
Aljoscha *russ.* aˈljɔʃɐ
Aljoschka *russ.* aˈljɔʃkɐ
Aljubarrota *port.* alʒuβɐˈrrotɐ
Aljustrel *port.* alʒuʃˈtrɛl
Alk alk
Alkahest alkaˈhɛst
Al Kaida al ˈka͜ida, - ˈka:ida
Alkaios alˈka͜iɔs
alkäisch alˈkɛ:ɪʃ
Alkalde alˈkaldə
Alkali alˈka:li, *auch:* ˈalkali, **...ien** alˈka:li̯ən
Alkaliämie alkali̯ɛˈmi:, **-n** ...i:ən
Alkalimetrie alkalimeˈtri:
alkalin alkaˈli:n
Alkalinität alkaliniˈtɛ:t
alkalisch alˈka:lɪʃ
alkalisieren alkaliˈzi:rən
Alkalität alkaliˈtɛ:t
Alkaloid alkaloˈi:t, **-e** ...i:də
Alkalose alkaˈlo:zə
Alkamenes alˈka:menɛs
Alkan alˈka:n
Alkanna alˈkana
Alkasar alˈka:zar
Alkäus alˈkɛ:ʊs
Alkazar alˈka:zar, *auch:* alkaˈt͡sa:ɐ̯, alˈka:t͡sar
Alkazid... alkaˈt͡si:t...
Alke ˈalkə
[1]**Alken** (Stoff) alˈke:n
[2]**Alken** (Name) ˈalkn̩
Alkeste alˈkɛstə
Alkestis alˈkɛstɪs
Alkibiades alkiˈbi:adɛs
Alkindi alˈkɪndi
Alkine alˈki:nə
Alkinoos alˈki:noɔs
Alkiphron ˈalkifrɔn
Alkje ˈalkjə
Alkmaar *niederl.* ˈɑlkma:r
Alkmaion alkˈma͜iɔn
Alkman alkˈma:n, ˈ––
alkmanisch alkˈma:nɪʃ
Alkmäon alkˈmɛ:ɔn
Alkmäonide alkmɛoˈni:də
Alkmar *niederl.* ˈɑlkmɑr
Alkmene alkˈme:nə
Alkmeonide alkmeoˈni:də
Alkmund ˈalkmʊnt
Alkohol ˈalkoho:l
Alkoholat alkohoˈla:t
Alkoholika alkoˈho:lika

Alkoholiker alkoˈho:likɐ
alkoholisch alkoˈho:lɪʃ
alkoholisieren alkoholiˈzi:rən
Alkoholismus alkohoˈlɪsmʊs
[1]**Alkor** (Stern) alˈko:ɐ̯, *auch:* ˈ––
[2]**Alkor** (Folie) ˈalko:ɐ̯
Alkoran alkoˈra:n
Alkoven (Bettnische) alˈko:vn̩, *auch:* ˈalko:vn̩
Alkuin ˈalkui:n
Alkyl alˈky:l
Alkylation alkylaˈt͡si̯o:n
Alkylen alkyˈle:n
alkylieren alkyˈli:rən
Alkyone alˈky̆o:nə, alˈky:one
alkyonisch alˈky̆o:nɪʃ
all, All al
allabendlich alˈ|a:bn̩tlɪç
allabends alˈ|a:bn̩t͡s
alla breve ˈala ˈbre:və
Allacci *it.* alˈlattʃi
Allach ˈalax
Allachästhesie alaxɛsteˈzi:, **-n** ...i:ən
Allah ˈala, aˈla:
Allahabad *engl.* æləhəˈbɑ:d
Allais *fr.* aˈlɛ
alla marcia ˈala ˈmartʃa
Allan *engl.* ˈælən
Allantoin alantoˈi:n
Allantois aˈlantoɪs
alla polacca ˈala poˈlaka
alla prima ˈala ˈpri:ma
allargando alarˈgando
alla rinfusa ˈala rɪnˈfu:za
Allasch ˈalaʃ
alla tedesca ˈala teˈdɛska
Allativ ˈalati:f, **-e** ...i:və
alla turca ˈala ˈtʊrka
Allautal ala͜uˈta:l
alla zingarese ˈala t͡sɪŋgaˈre:zə
allbekannt ˈalbəkant
allda alˈda:
alldem alˈde:m
alldeutsch ˈaldɔyt͡ʃ
alldieweil aldi:ˈva͜il
alle, A... ˈalə
alledem aləˈde:m
Allee aˈle:, **-n** ...e:ən
Allegat aleˈga:t
Allegation alegaˈt͡si̯o:n
Allegheny *engl.* ælɪˈgeɪnɪ
allegieren aleˈgi:rən
Allegorese alegoˈre:zə
Allegorie alegoˈri:, **-n** ...i:ən
allegorisch aleˈgo:rɪʃ
allegorisieren alegoriˈzi:rən
Allegorismus alegoˈrɪsmʊs

A

Allégret *fr.* ale'grɛ
allegretto, A... ale'grɛto
Allegri *it.* al'le:gri
allegro, A... a'le:gro
allein a'lain
alleinig a'lainɪç, **-e** ...ɪgə
allel, A... a'le:l
Allelie ale'li:
Allelomorphismus alelomɔr'fɪsmʊs
Allelopathie alelopa'ti:
alleluja[h]! ale'lu:ja
allemal 'alə'ma:l
Allemand *fr.* al'mã
Allemande alə'mã:də
Allen *engl.* 'ælən
Allenburg 'alənbʊrk
Allenby *engl.* 'ælənbɪ
Allende *span.* a'ʎende
Allendorf 'aləndɔrf
allenfalls 'alən'fals, *auch:* '---
allenfallsig 'alənfalzɪç, **-e** ...ɪgə
Allensbach 'alənsbax
Allenstein 'alənʃtain
allenthalben 'alənt'halbn̩
Allentown *engl.* 'æləntaʊn
Alleppey *engl.* ə'lɛpɪ
Aller 'alɐ, *span.* a'ʎɛr
allerallerletzte 'alɐ|alɐ'lɛtstə
allerart 'alɐ'|a:ɐ̯t
Allerbarmer 'al|ɛɐ̯'barmɐ
allerbeste 'alɐ'bɛstə
allerchristlichst 'alɐ'krɪstlɪçst
allerdings 'alɐ'dɪŋs
allerenden 'alɐ'|ɛndn̩
allererste 'alɐ'|e:ɐ̯stə
allerg a'lɛrk, **-e** ...rgə
Allergen alɛr'ge:n
Allergie alɛr'gi:, **-n** ...i:ən
Allergiker a'lɛrgikɐ
allergisch a'lɛrgɪʃ
Allergologe alɛrgo'lo:gə
Allergologie alɛrgolo'gi:
Allergose alɛr'go:zə
allerhand 'alɐ'hant
Allerheiligen 'alɐ'hailɪgn̩
allerheiligst 'alɐ'hailɪçst
Allerheiligste 'alɐ'hailɪçstə
allerhöchst 'alɐ'hø:çst
allerlei, A... 'alɐ'lai
allerletzt 'alɐ'lɛtst
allerliebst 'alɐ'li:pst
Allermannsharnisch 'alɐmans͵harnɪʃ
allermeist 'alɐ'maist
allernächst 'alɐ'nɛ:çst
allerorten 'alɐ'|ɔrtn̩
allerorts 'alɐ'|ɔrts
Allersberg 'alɐsbɛrk
Allerseelen 'alɐ'ze:lən
allerseits 'alɐ'zaits
allerwärts 'alɐ'vɛrts
allerwege 'alɐ've:gə
allerwegs 'alɐ've:ks
Allerweltskerl 'alɐ'vɛlts'kɛrl
allerwenigstens 'alɐ've:nɪçstn̩s
Allerwerteste 'alɐ've:ɐ̯təstə
alles 'aləs
allesamt 'alə'zamt
Allesbesserwisser 'aləs'bɛsɐvɪsɐ
Allesbrenner 'aləsbrɛnɐ
Allevard *fr.* al'va:r
allewege 'alə've:gə
allez! a'le:
allezeit 'alə'tsait
allfällig 'alfɛlɪç, *auch:* -'--
allfallsig 'alfalzɪç, **-e** ...ɪgə
allfarbig 'alfarbɪç
Allgäu[er] 'algɔy[ɐ]
allgäuisch 'algɔyɪʃ
allgemach 'algə'ma:x
allgemein 'algə'main
Allgemeinbefinden 'algə'mainbəfɪndn̩
Allgemeinheit 'algə'mainhait
Allgewalt 'algəvalt
Allheilmittel al'hailmɪtl̩
Allheit 'alhait
Allia *it.* 'allia
Alliance *fr.* a'ljã:s, *engl.* ə'laɪəns
Allianz a'liants
Alliaria a'lia:ria
Allibone *engl.* 'ælɪboʊn
Allicin ali'tsi:n
Allier *fr.* a'lje
Alligation aliga'tsio:n
Alligator ali'ga:to:ɐ̯, **-en** ...ga'to:rən
alliieren ali'i:rən
Alliierte ali'i:ɐ̯tə
Alliin ali'i:n
all-inclusive 'o:l|ɪn'klu:zɪf
Allingham *engl.* 'ælɪŋəm
Allio *it.* 'allio, *fr.* a'ljo
Allional alio'na:l
Allison *engl.* 'ælɪsn
Alliteration alɪtera'tsio:n
alliterieren alɪte'ri:rən
allitisch a'li:tɪʃ
Allium 'aliʊm
Allizin ali'tsi:n
alljährlich 'al'jɛ:ɐ̯lɪç
alllebendig 'alle'bɛndɪç
allliebend al'li:bn̩t, **-e** ...n̩də
Allmacht 'almaxt
allmächtig al'mɛçtɪç, **-e** ...ɪgə
allmählich al'mɛ:lɪç
Allmeind al'maint, **-en** ...ndn̩
Allmend al'mɛnt, **-en** ...ndn̩
Allmende al'mɛndə
Allmers 'almɐs
allmonatlich 'al'mo:natlɪç
allnächtlich 'al'nɛçtlɪç
Alloa *engl.* 'æloʊə
Allobar alo'ba:ɐ̯
Allobroger a'lo:brogɐ
Allochorie aloko'ri:
allochromatisch alokro'ma:tɪʃ
allochthon alɔx'to:n
Allod a'lo:t, **-e** ...o:də
allodial alo'dia:l
Allodifikation alodifika'tsio:n
Allodifizierung alodifi'tsi:rʊŋ
Allodium a'lo:diʊm, **...ien** ...iən
Allodoli *it.* al'lɔ:doli
Allogamie aloga'mi:
allogam[isch] alo'ga:m[ɪʃ]
allogen alo'ge:n
Allokarpie alokar'pi:
Allokation aloka'tsio:n
Allokution aloku'tsio:n
allometrisch alo'me:trɪʃ
allomorph, A... alo'mɔrf
Allomorphie alomɔr'fi:
Allon *hebr.* a'lɔn
all'ongarese al|ɔŋga're:zə
Allonge a'lõ:ʒə
all'ongharese al|ɔŋga're:zə
Allons, enfants de la patrie! *fr.* alõzãfãdlapa'tri[ə]
allons! a'lõ:
allonym, A... alo'ny:m
Allopath alo'pa:t
Allopathie alopa'ti:
Allophon alo'fo:n
Alloplastik alo'plastɪk
Allopolyploidie alopolyploi'di:
Allori *it.* al'lɔ:ri
Allorrhizie alɔri'tsi:
Allorto *it.* al'lɔrto
Allosem alo'ze:m
allothigen aloti'ge:n
Allotria a'lo:tria
allotriomorph alotrio'mɔrf
allotrop alo'tro:p
allotroph alo'tro:f
Allotropie alotro'pi:
all'ottava al|ɔ'ta:va
Alloxan alɔ'ksa:n

A

allozieren alo'tsi:rən
all right! o:l'rait
Allround... o:l'raunt
Allrounder o:l'raundɐ
Allroundman, ...men o:l'rauntmɛn
Allschwil 'alʃvi:l
allseitig 'alzaitɪç
Allseitigkeit 'alzaitɪçkait
allseits 'alzaits
All-Star... 'o:lsta:ɐ̯...
Allstedt 'alʃtɛt
Allston *engl.* 'ɔ:lstən
allstündlich 'al'ʃtʏntlɪç
Alltag 'alta:k, **-e** ...a:gə
alltäglich 'al'tɛ:klɪç, '--- *(an Wochentagen)*, -'-- *(täglich, gewohnt)*
alltags 'alta:ks
allüberall 'al|y:bɐ'|al
all'ungherese al|ʊŋge're:zə
all'unisono al|u'ni:zono
Allüre a'ly:rə
Allusion alu'zi̯o:n
alluvial alu'vi̯a:l
Alluvion alu'vi̯o:n
Alluvium a'lu:vi̯ʊm
Allvater 'alfa:tɐ
allverehrt 'alfɛɐ̯'|e:ɐ̯t
allweil 'alvail
Allwetterjäger al'vɛtɐjɛ:gɐ
allwissend 'al'vɪsn̩t, **-e** ...n̩də
Allwissenheit 'al'vɪsn̩hait
allwöchentlich 'al'vœçn̩tlɪç
Allyl... a'ly:l...
Allylen aly'le:n
allzeit 'al'tsait
allzu 'altsu:
allzuhauf 'altsu'hauf
allzumal 'altsu'ma:l
allzusammen 'altsu'zamən
Alm alm
Alma 'alma, *engl.* 'ælmə, *fr.* al'ma
Alma-Ata *russ.* al'maa'ta
Almadén *span.* alma'ðen
Almagest alma'gɛst
Almagro *span.* al'maɣro
Almalyk *russ.* alma'lɨk
Alma Mater 'alma 'ma:tɐ
Almanach 'almanax
Almandin alman'di:n
Almannagjá *isl.* 'almanagjau̯
Almansa *span.* al'mansa
Almansor al'manzo:ɐ̯
Almanzor *span.* alman'θɔr
Almásfüzitő *ung.* 'ɔlma:ʃfy-zitø:
Alma-Tadema *niederl.* 'ɑlma-'ta:dəma
Almaviva *it.* alma'vi:va
Alme 'almə
Almeida *port.* al'mɐi̯ðɐ
Almelo *niederl.* 'ɑlməlo
Almemar alme'ma:ɐ̯
Almemor alme'mo:ɐ̯
almen 'almən
Almendralejo *span.* almendra-'lɛxo
Almenrausch 'almənrauʃ
Almere *niederl.* ɑl'me:rə
Almeria *span.* alme'ria
Almetjewsk *russ.* alj'mjetjɪfsk
Almgren *schwed.* ˌalmgre:n
Älmhult *schwed.* ˌɛlmhʊlt
Almirante *span.* almi'rante
Almodóvar *span.* almo'ðoβar
Almohade almo'ha:də
Almonde *niederl.* ɑl'mɔndə
Almonte *span.* al'mɔnte
Almoravide almora'vi:də
Almorchón *span.* almɔr'tʃɔn
Almosen 'almo:zn̩
Almosenier almozə'ni:ɐ̯
Almquist *schwed.* ˌalmkvist
Almrausch 'almrauʃ
Almukantarat almu'kantarat
Almuñécar *span.* almu'ɲekar
Almute al'mu:tə
Almut[h] 'almu:t
Alnæs *norw.* ˌalne:s
Alnar *türk.* ɑl'nɑr
Alnico 'alniko
Alnilam alni'la:m
Alnus 'alnʊs
Aloe 'a:loe, **-n** ...oən
alogisch 'alo:gɪʃ, *auch:* -'--
Alois 'a:loɪs, ...oi:s
Aloisi *it.* alo'i:zi
Aloisia alo'i:zi̯a
Aloisius alo'i:zi̯ʊs
Alomar *kat.* əlu'ma
Alonnisos *neugr.* a'lɔnisɔs
Alonso *span.* a'lɔnso
Alopecurus alope'ku:rʊs
Alopezie alope'tsi:, **-n** ...i:ən
Alor *indon.* 'alɔr
Alorna *port.* ɐ'lɔrnɐ
Alost *fr.* a'lɔst
Alouette *fr.* a'lwɛt
aloxieren alɔ'ksi:rən
Aloys 'a:loɪs, ...oi:s
Aloysia alo'i:zi̯a, alo'y:zi̯a
Aloysius alo'i:zi̯ʊs, alo'y:...
Alp alp
Alpacca al'paka
Alpaerts *niederl.* 'ɑlpa:rts
Alpaka al'paka
Alpanor al'pa:no:ɐ̯
al pari al 'pa:ri
Alpbach 'alpbax
Alpdruck 'alpdrʊk
Alpe 'alpə, *it.* 'alpe
Alpe-d'Huez *fr.* alpə'dɥɛ:z
alpen, A... 'alpn̩
Alpena *engl.* æl'pi:nə
Alpenvorland alpn̩'fo:ɐ̯lant, '----
Alpera *span.* al'pera
Alpers 'alpɐs
Alpes 'alpe:s, *fr.* alp
Alpes-Maritimes *fr.* alpmari-'tim
Alpetragius alpe'tra:gi̯ʊs
Alpha 'alfa, *engl.* 'ælfə
Alphabet alfa'be:t
alphabetisch alfa'be:tɪʃ
alphabetisieren alfabeti'zi:rən
Alpha Centauri 'alfa tsɛn'tauri
alphamerisch alfa'me:rɪʃ
Alphand *fr.* al'fã
alphanumerisch alfanu'me:rɪʃ
Alpha privativum 'alfa priva-'ti:vʊm
[1]**Alphard, ...rt** (Vorn.) 'alphart
[2]**Alphard** (Stern) al'fart
Alphatron 'alfatro:n
Alpheios al'faiɔs
Alphekka al'fɛka
Alphen *niederl.* 'ɑlfə
Alpheus al'fe:ʊs
Alphonse *fr.* al'fõ:s
Alphonsus al'fɔnzʊs
Alpi *it.* 'alpi
Alpiden al'pi:dn̩
Alpilles *fr.* al'pij
alpin al'pi:n
Alpinade alpi'na:də
Alpinarium alpi'na:ri̯ʊm, ...ien ...i̯ən
Alpines *fr.* al'pin
Alpini *it.* al'pi:ni
Alpiniade alpi'ni̯a:də
Alpinismus alpi'nɪsmʊs
Alpinist[ik] alpi'nɪst[ɪk]
Alpinum al'pi:nʊm
Alpirsbach 'alpɪrsbax
Älpler 'ɛlplɐ
Alpnach 'alpnax
Alpsee 'alpze:
Alptraum 'alptraum
Alpujarras *span.* alpu'xarras
al-Qaida al'kaida, al'ka:ida
Alraun[e] al'raun[ə]
al riverso al ri'vɛrzo
al rovescio al ro'vɛʃo

Alrun ˈalru:n
Alruna alˈru:na
Alrune alˈru:nə
als als
Als *dän.* ælˀs
Alsace *fr.* alˈzas
Alsatia alˈza:t͜si̯a
Alsbach ˈalsbax
alsbald alsˈbalt
alsbaldig alsˈbaldɪç
alsdann alsˈdan
Alsdorf ˈalsdɔrf
al secco al ˈzɛko
al segno al ˈzɛnjo
Alsen[born] ˈalzn̩[bɔrn]
Alsfeld ˈalsfɛlt
Alsineae alˈzi:neɛ
Alsip *engl.* ˈɔ:lsɪp
Alsleben ˈalsle:bn̩
also ˈalzo
Als-ob alsˈ|ɔp
alsobald alzoˈbalt
alsogleich alzoˈglai̯ç
Alsop *engl.* ˈɔ:lsəp
Alsten *norw.* ˌalste:n
Alster ˈalstɐ
Alsterbro *schwed.* alstərˈbru:
Alstom® *fr.* alˈstɔm
Alströmer *schwed.* ˌɑ:lstrœmər
alt, Alt alt
Alta *norw.* ˈalta
Altaelv *norw.* ˈaltaɛlv
Altafjord *norw.* ˈaltafju:r
Altai alˈtai̯, *russ.* alˈtaj
Altaiden altaˈi:dn̩
Altair alˈta:ɪr
altaisch alˈta:ɪʃ
Altamira *span.* altaˈmira
Altamirano *span.* altamiˈrano
Altammann ˈalt|aman, ˈ–ˈ––
Alta Moda ˈalta ˈmo:da
Altamont[e] *engl.* ˈæltəmɔnt
Altamura *it.* altaˈmu:ra
Altan alˈta:n, *türk.* ɑlˈtɑn
Altar alˈta:ɐ̯, **Altäre** alˈtɛ:rə
Altarist altaˈrɪst
Altasiat ˈalt|aˈzi̯a:t
Altaussee ˈalt|au̯se:
Alta Verapaz *span.* ˈalta βeraˈpaθ
Altazimut altat͜siˈmu:t
Altbach ˈaltbax
Altbayern ˈaltbai̯ɐn
altbekannt ˈaltbəˈkant
Alt-Berlin altbɛrˈli:n
altbewährt ˈaltbəˈvɛ:ɐ̯t
Altbunzlau altˈbʊnt͜slau̯
altdeutsch ˈaltdɔy̯t͜ʃ
Altdorf[er] ˈaltdɔrf[ɐ]
altehrwürdig ˈaltˈ|e:ɐ̯vʏrdɪç
alteingeführt ˈaltˈ|ai̯ngəfy:ɐ̯t
alteingesessen ˈaltˈ|ai̯ngəzɛsn̩
Alteisen ˈalt|ai̯zn̩
Alte Land ˈaltə ˈlant
Alten ˈaltn̩
Altena ˈaltəna, *niederl.* ˈɑltənɑ
Altenau ˈaltənau̯
Altenbeken altn̩ˈbe:kn̩
Altenberg ˈaltn̩bɛrk
Altenberge altn̩ˈbɛrgə
Altenbourg ˈaltn̩bʊrk
Altenburg ˈaltn̩bʊrk
Altencelle altn̩ˈt͜sɛlə
Altendorf ˈaltn̩dɔrf
Altenesch altn̩ˈ|ɛʃ
Altenhausen altn̩ˈhau̯zn̩
Altenkirchen ˈaltn̩kɪrçn̩, ––ˈ––
Altenmarkt (Österreich) ˈaltn̩markt
Altenstadt ˈaltn̩ʃtat
Altensteig ˈaltn̩ʃtai̯k
Altenstein ˈaltn̩ʃtai̯n
Altenstetter ˈaltn̩ʃtɛtɐ
Altentreptow altn̩ˈtre:pto
Alter ˈaltɐ
älter ˈɛltɐ
Alterans ˈalterans, **...nzien** ...ˈrant͜si̯ən
altera pars ˈaltera ˈpars
Alteration alteraˈt͜si̯o:n
Alter Ego ˈaltɐ ˈe:go, – ˈɛgo
alterieren alteˈri:rən
...alterig ...ˌ|altərɪç, **-e** ...ɪgə
altern ˈaltɐn
Alternant altɛrˈnant
Alternanz altɛrˈnant͜s
Alternat altɛrˈna:t
alternatim altɛrˈna:tɪm
Alternation altɛrnaˈt͜si̯o:n
alternativ altɛrnaˈti:f, **-e** ...i:və
Alternative altɛrnaˈti:və
Alternator altɛrˈna:to:ɐ̯, **-en** ...naˈto:rən
alternieren altɛrˈni:rən
alterprobt ˈalt|ɛɐ̯ˈpro:pt
Altertum ˈaltɐtu:m, **...tümer** ...ty:mɐ
Altertümelei altɐty:məˈlai̯
altertümeln ˈaltɐty:mln̩
Altertümler ˈaltɐty:mlɐ
altertümlich ˈaltɐty:mlɪç
Älteste ˈɛltəstə
Altfrid ˈaltfri:t
altgedient ˈaltgəˈdi:nt
altgewohnt ˈaltgəˈvo:nt
Altglashütten altgla:sˈhʏtn̩
Althäa alˈtɛ:a
Althaia alˈtai̯a
Althaus ˈalthau̯s
Althee alˈte:ə
Altheide altˈhai̯də
Alt-Heidelberg altˈhai̯dl̩bɛrk
Altheim ˈalthai̯m
althergebracht ˈaltˈhe:ɐ̯gəbraxt
altherkömmlich ˈaltˈhe:ɐ̯kœmlɪç
Altherr ˈalthɛr
Altherrenschaft altˈhɛrənʃaft
Althing ˈaltɪŋ
althochdeutsch ˈaltho:xdɔy̯t͜ʃ
Althofen altˈho:fn̩
Althoff ˈalthɔf
Althorp *engl.* ˈɔ:lθɔ:p
Althusius altˈhu:zi̯ʊs
Altichiero *it.* altiˈki̯ɛ:ro
Altieri *it.* alˈti̯ɛ:ri
Altigraph altiˈgra:f
Altimeter altiˈme:tɐ
Altin alˈti:n
Altis ˈaltɪs
Altissimo *it.* alˈtissimo
Altist[in] alˈtɪst[ɪn]
Altjahrabend ˈaltja:ɐ̯|a:bn̩t, –ˈ–––
altjüngferlich altˈjʏŋfɐlɪç
Altjungfernstand altˈjʊŋfɐnʃtant
Altkastilien ˈaltkasˈti:li̯ən
Altkatholik ˈaltkatoˈli:k
altkatholisch ˈaltkaˈto:lɪʃ
Altkatholizismus ˈaltkatoliˈt͜sɪsmʊs
altklug ˈaltˈklu:k, **-e** ...gə
Altkönig ˈaltkø:nɪç
Alt Landsberg altˈlant͜sbɛrk
Altleiningen altˈlai̯nɪŋən
ältlich ˈɛltlɪç
Alt-Lübeck altˈly:bɛk
Altlünen altˈly:nən
Altman *engl.* ˈɔ:ltmən
Altmann ˈaltman
Altmark ˈaltmark
Altmeier, ...meyer ˈaltmai̯ɐ
altmodisch ˈaltmo:dɪʃ
Altmühl ˈaltmy:l
Altmünster altˈmʏnstɐ
Altnikol ˈaltni:kɔl
altnordisch ˈaltˈnɔrdɪʃ
Alto *span.* ˈalto, *engl.* ˈæltoʊ
Alto Adige *it.* ˈalto ˈa:didʒe
Alto Douro *port.* ˈaltu ˈðoru
Altokumulus altoˈku:mulʊs
Altolaguirre *span.* altolaˈɣirrɛ
Altomonte altoˈmɔntə
Altomünster altoˈmʏnstɐ

Alton *engl.* ˈɔːltən
Ạltona ˈaltona, *engl.* ælˈtoʊnə
Ạltoona *engl.* ælˈtuːnə
Ạlto Paraná *bras.* ˈaltu parɐˈna, *span.* ˈalto paraˈna
Altostra̱tus altoˈstraːtʊs
Altọ̈tting altˈ|œtɪŋ
Ạltpreußen ˈaltprɔysn̩
Ạltranstädt ˈaltranʃtɛt, -ˈ--
Ạltraud ˈaltra͜ut
Altreichskanzler ˈaltra͜içskant͜slɐ, ˈ-ˈ---
...altrig ...|altrɪç, **-e** ...ɪgə
Altrincham *engl.* ˈɔːltrɪŋəm
Ạltrip[p] ˈaltrɪp
Alt-Ro̱m altˈroːm
Ạltrud ˈaltruːt
Altruịsmus altruˈɪsmʊs
Altruịst altruˈɪst
Alt Ruppi̱n altrʊˈpiːn
Altschẹwsk *russ.* alˈtʃɛfsk
Ạltsohl ˈaltzoːl
Ạltstadt ˈaltʃtat
Ạltstätten ˈaltʃtɛtn̩
Ạltstetten ˈaltʃtɛtn̩
Ạltswert ˈalt͜sveːɐ̯t
Ạlttestamentler ˈalttɛstaˌmɛntlɐ
Ạlttitschein ˈalttɪtʃa͜in
ạltüberlie̱fert ˈalt|yːbɐˈliːfɐt
¹**Ạltus** ˈaltʊs, **...ti** ...ti
²**Ạltus** (Ort) *engl.* ˈæltəs
Ạltvater ˈaltfaːtɐ
ạltväterisch ˈaltfɛːtərɪʃ
ạltvertra̱ut ˈaltfɛɐ̯ˈtra͜ut
Ạltvordern ˈaltfɔrdɐn
Ạltwegg ˈaltwɛk
Altwe̱ibersommer altˈva͜ibɐzɔmɐ
Altwie̱d altˈviːt
Alt-Wie̱n altˈviːn
Alty̱n alˈtyːn
Altzẹlla altˈt͜sɛla
A̱lu ˈaːlu
Aludu̱r® aluˈduːɐ̯
Ạlūksne *lett.* ˈaluːksne
Alumbrạdos *span.* alumˈbraðos
Alu̱men aˈluːmən
alumeti̱eren alumeˈtiːrən
Alumina̱t alumiˈnaːt
aluminie̱ren alumiˈniːrən
Alumini̱t alumiˈniːt
Alumi̱nium aluˈmiːni̯ʊm
Aluminothermi̱e aluminotɛrˈmiː
Alumna̱t alʊmˈnaːt
Alụmne aˈlʊmnə
Alụmnus aˈlʊmnʊs
Alum Rọck *engl.* ˈæləm ˈrɔk
Aluni̱t aluˈniːt
Alụnno *it.* aˈlunno
Alụpka *russ.* aˈlupkɐ
Alụschta *russ.* aˈluʃtɐ
Alusi̱l® aluˈziːl
Ạlva *it.* ˈalva, *port.* ˈalvɐ, *span.* ˈalβa
Alvạr *span.* alˈβar
Alvarạdo *span.* alβaˈraðo
Álvares *bras.* ˈalvaris, *port.* ˈalvɐrɪʃ
Alvarez *engl.* ˈælvərɛz, ælˈvɑːrɛz
Álvarez *span.* ˈalβareθ
Alva̱ro *it.* alˈvaːro
Álvaro ˈalvaro, *span.* ˈalβaro, *port.* ˈalvɐru
Alveạr *span.* alβeˈar
Ạlvensleben ˈalvn̩sleːbn̩
alveola̱r, A... alveoˈlaːɐ̯
alveolä̱r alveoˈlɛːɐ̯
alveolarisie̱ren alveolariˈziːrən
Alveo̱le alveˈoːlə
Ạlverdes ˈalvɛrdɛs
Ạlverdissen ˈalvɐdɪsn̩
Ạlvermann ˈalvɐman
Ạlvesta *schwed.* ˌalvəsta
Alviạni *it.* alˈvi̯aːni
Alvin *engl.* ˈælvɪn
Ạlving ˈalvɪŋ
Ạ̈lvsborg *schwed.* ˈɛlvsbɔrj
Ạlwa ˈalva
Alwar *engl.* ˈælwə
Ạlwegbahn ˈalveːkˌbaːn
Ạlwin ˈalviːn
Alwi̱na alˈviːna
Alwi̱ne alˈviːnə
Alxe̱nor alˈkseːnoːɐ̯
Ạlxinger ˈalksɪŋɐ
Alyạttes aˈly̆atɛs
Alypios aˈlyːpi̯ɔs
Alytụs *lit.* aliːˈtʊs
Ạlz alt͜s
Ạlžběta *tschech.* ˈalʒbjɛta
Ạlzenau ˈalt͜səna͜u
Alzẹtte *fr.* alˈzɛt
Ạlzey ˈalt͜sa͜i
Ạlzheimer ˈalt͜sha͜imɐ
ạm am
a. m. (vormittags) eːˈ|ɛm
ama̱bile aˈmaːbile
Amade̱o *it.* amaˈdɛːo
Amade̱us *dt., schwed.* amaˈdeːʊs
Amadis amaˈdiːs, aˈmaːdɪs
Amadís *span.* amaˈðis
Ama̱do aˈmaːdo, *bras.* ɐˈmadu
Amadọr *span.* amaˈðɔr
Amadọra *port.* ɐmɐˈðorɐ
Amạgasaki *jap.* aˈmagaˌsaki̯
Amager *dän.* ˈamaːʼ
Ạmagi *jap.* ˈaˌmagi
ạmagnetisch ˈamagneːtɪʃ
amakri̱n amaˈkriːn
Åmål *schwed.* ˈoːmoːl
Ama̱larich aˈmaːlarɪç
Amalasụntha amalaˈzʊnta
Amalaswịntha amalaˈsvɪnta
Amaleki̱ter amaleˈkiːtɐ
A̱maler ˈaːmalɐ
Amạlfi *it.* aˈmalfi
Amalga̱m amalˈgaːm
Amalgamatio̱n amalgamaˈt͜si̯oːn
amalgamie̱ren amalgaˈmiːrən
Ama̱lia aˈmaːli̯a
Amália *port.* ɐˈmali̯ɐ
Amaliạs *neugr.* amaˈljas
Ama̱lie aˈmaːli̯ə
Amalner *engl.* əˈmælnɪə
A̱malrich ˈaːmalrɪç
Amạlrik *russ.* aˈmaljrik
Amalthe̱a amalˈteːa
Amalthe̱ia amalˈta͜ia
Amambạy *span.* amamˈbai̯
Amạn *rumän.* aˈman
Amạnda aˈmanda
Amạndus aˈmandʊs
Amani̱ta amaˈniːta
Ạmann ˈaman, *fr.* aˈman
Amant aˈmãː
Amanuẹnsis amaˈnu̯ɛnzɪs, **...nses** ...zeːs
Ama̱n Ullạh aˈmaːn ʊˈlaː
Amanzimtoti *engl.* əmænzɪmˈtoʊtɪ
Amapá *bras.* ɐmaˈpa
Amapạla *span.* amaˈpala
Amar *fr.* aˈmaːr, *türk.* ˈɑmɑr
Ama̱ra aˈmaːra
amarạnt, A... amaˈrant
Amarapurạ *engl.* æməˈrɑːpʊˈrɑː
Amara̱vati *engl.* æməˈrɑːvətɪ
Amarẹlle amaˈrɛlə
Amarẹtto amaˈrɛto, **...tti** ...ti
Ama̱ri *it.* aˈmaːri
Amarịllo *engl.* æməˈrɪloʊ, *span.* amaˈriʎo
Amạrna aˈmarna
Amaro̱ne amaˈroːnə
Ạmaru ˈamaru
Ama̱rum aˈmaːrʊm, **...ra** ...ra
Amarỵl amaˈrʏl
Amarỵllis amaˈrʏlɪs
Ama̱sis aˈmaːzɪs

A

amassieren amaˈsiːrən
Amasya *türk.* ˈɑmɑsjɑ, –ˈ––
Amata aˈmaːta
Amateur amaˈtøːɐ̯
Amateurismus amatøˈrɪsmʊs
Amathus ˈaːmatʊs
Amati *it.* aˈmaːti
Amatique *span.* amaˈtike
Amatitlán *span.* amatitˈlan
Amato *it.* aˈmaːto
Amatrix aˈmaːtrɪks
Amatus aˈmaːtʊs
Amaurose amau̯ˈroːzə
Amause aˈmau̯zə
Amaya *span.* aˈmaja
Amazonas amaˈt͡soːnas, *span.* amaˈθonas, *bras.* ɐmaˈzonas
Amazone amaˈt͡soːnə
Amazonenstrom amaˈt͡soːnənʃtroːm
Amazonien amaˈt͡soːni̯ən
Amazonit amat͡soˈniːt
Ambala *engl.* əmˈbɑːlə
Ambassade ambaˈsaːdə, *auch:* ãb...
Ambassadeur ambasaˈdøːɐ̯, *auch:* ãb...
Ambassador *engl.* æmˈbæsədə
Ambato *span.* amˈbato
Ambatolampy *mad.* ambatuˈlampi
Ambatondrazaka *mad.* ambatundrəˈzakə
Ambe ˈambə
[1]Amber ˈambɐ
[2]Amber (Bernstein) ˈɛmbɐ
[3]Amber (Name) *engl.* ˈæmbə
Amberg ˈambɛrk
Ambergau ˈambɐgau̯
Amberger ˈambɛrgɐ
Ambesser ˈambɛsɐ
Ambiance *fr.* ãˈbjãːs
ambidexter ambiˈdɛkstɐ
Ambidextrie ambidɛksˈtriː, **-n** ...iːən
Ambiente amˈbi̯ɛntə
ambieren amˈbiːrən
ambig amˈbiːk, **-e** ...iːgə
ambigu, A... ãbiˈgyː
ambigue amˈbiːgu̯ə
Ambiguität ambiguiˈtɛːt
ambiguos ambiˈgu̯oːs, **-e** ...oːzə
Ambilobe *mad.* ambiluˈbe
Ambiorix amˈbiːorɪks
Ambition ambiˈt͡si̯oːn
ambitionieren ambit͡si̯oˈniːrən
ambitiös ambiˈt͡si̯øːs, **-e** ...øːzə
Ambitus ˈambitʊs, **die -** ...tuːs
ambivalent ambivaˈlɛnt
Ambivalenz ambivaˈlɛnt͡s
Ambivius amˈbiːvi̯ʊs
Ambler *engl.* ˈæmblə
Amblygonit amblygoˈniːt
Amblyopie amblyǀoˈpiː, **-n** ...iːən
Amblypoden amblyˈpoːdn̩
[1]Ambo (Ambe) ˈambo
[2]Ambo ˈambo, **-nen** amˈboːnən
Ambodifototra *mad.* ambudiˈfututrə
Amboina amˈbɔy̑na
Amboise *fr.* ãˈbwaːz
Amboland ˈambolant
[1]Ambon (Lesepult) ˈambɔn, **-en** amˈboːnən
[2]Ambon (Insel) *indon.* ˈambɔn
Ambositra *mad.* amˈbusitrə
Amboss ˈambɔs
Amboy *engl.* ˈæmbɔɪ
Ambozeptor amboˈt͡sɛptoːɐ̯, **-en** ...ˈtoːrən
Ambra ˈambra
Ambrakia amˈbraːki̯a
ambrakisch amˈbraːkɪʃ
Ambras ˈambras
Ambraser ˈambrazɐ
Ambre *fr.* ãːbr
Ambriz *port.* ɐmˈbriʃ
Ambrizete *port.* ɐmbriˈzetə
Ambrogini *it.* ambroˈd͡ʒiːni
Ambrogio *it.* amˈbrɔːd͡ʒo
Ambroise *fr.* ãˈbrwaːz
Ambrone amˈbroːnə
Ambros ˈambrɔs
Ambrosia amˈbroːzi̯a
Ambrosiana *it.* ambroˈzi̯aːna
ambrosianisch ambroˈzi̯aːnɪʃ
Ambrosio *it.* amˈbrɔːzi̯o
ambrosisch amˈbroːzɪʃ
Ambrosius amˈbroːzi̯ʊs
Ambrus *ung.* ˈɔmbruʃ
ambulant ambuˈlant
Ambulanz ambuˈlant͡s
ambulatorisch ambulaˈtoːrɪʃ
Ambulatorium ambulaˈtoːri̯ʊm, **...ien** ...i̯ən
ambulieren ambuˈliːrən
Amden ˈamdn̩
Ameca *span.* aˈmeka
Amecameca *span.* amekaˈmeka
Amédé[e] *fr.* ameˈde
Amedeo *it.* ameˈdɛːo
Ameise ˈaːmai̯zə
Ameland *niederl.* ˈaːməlɑnt
Amelanesier amelaˈneːzi̯ɐ
Amelia aˈmeːli̯a, *it.* aˈmɛːli̯a
[1]Amelie (Vorname) ˈameli, ameˈliː, aˈmeːli̯ə
[2]Amelie ameˈliː, **-n** ...iːən
Amélie *fr.* ameˈli
Amélie-les-Bains *fr.* amelileˈbɛ̃
Ameling *niederl.* ˈaːməlɪŋ
Amelioration ameli̯oraˈt͡si̯oːn
ameliorieren ameli̯oˈriːrən
Amelius aˈmeːli̯ʊs
Ameller *fr.* amɛˈlɛːr
Amelung[en] ˈaːməlʊŋ[ən]
Amelungsborn ˈaːməlʊŋsbɔrn
Amelunxen ˈaːməlʊŋksn̩
amen, A... ˈaːmɛn, ...mən
Amenaide amenaˈiːdə
Amenais ameˈnaːɪs
Am Ende am ˈɛndə
Amendement amãdəˈmãː
amendieren amɛnˈdiːrən
Amendment ɛˈmɛntmənt
Amendola *it.* aˈmɛndola
Amenemhet amenɛmˈheːt
Amenemopet ameneˈmoːpɛt
Amenerdis ameˈnɛrdɪs
Amenhotep amɛnˈhoːtɛp
Amenmose amɛnˈmoːzə
Amenophis ameˈnoːfɪs
Amenorrhö, ...öe amenɔˈrøː, **...rrhöen** ...ˈrøːən
amenorrhoisch amenɔˈroːɪʃ
Amenta *it.* aˈmɛnta
Amentia aˈmɛnt͡si̯a, **...iae** ...i̯ɛ
Amen-User amɛnˈǀuːzɐ
Amenz aˈmɛnt͡s
Amerbach ˈamɐbax
America *engl.* əˈmɛrɪkə
Americaine ameriˈkɛːn
American ɛˈmɛrikn̩, *engl.* əˈmɛrɪkən
Americana ameriˈkaːna, *bras.* ɐmeriˈkɐna
Americanismo amerikaˈnɪsmo
American Legion ɛˈmɛrikn̩ ˈliːd͡ʒn̩
American Way of Life ɛˈmɛrikn̩ ˈveː ɔf ˈlai̯f
Americium ameˈriːt͡si̯ʊm
Americo *it.* ameˈriːko
Americus *engl.* əˈmɛrɪkəs
Amerighi *it.* ameˈriːgi
Amerigo *it.* ameˈriːgo
Amerika aˈmeːrika
Amerikaner ameriˈkaːnɐ
amerikanisch ameriˈkaːnɪʃ
amerikanisieren amerikaniˈziːrən

A

Amerikanismus amerika'nɪsmʊs
Amerikanist[ik] amerika'nɪst[ɪk]
amerindisch ame'rɪndɪʃ
Amerling 'a:mɐlɪŋ
Amerongen *niederl.* 'a:mərɔŋə
Amersfoort *niederl.* 'a:mərsfo:rt
Amery 'ameri, *engl.* 'eɪmərɪ
Améry *fr.* ame'ri
Ames *engl.* eɪmz
Amesbury *engl.* 'eɪmzbərɪ
a metà a me'ta
amethodisch 'ameto:dɪʃ
Amethyst ame'tʏst
Ametrie ame'tri:, **-n** ...i:ən
ametrisch a'me:trɪʃ
Ametropie ametro'pi:, **-n** ...i:ən
Ameublement amøblə'mã:
AMEXCO a'mɛksko
Amfisa *neugr.* 'amfisa
Amfiteatrow *russ.* amfitɪ'atrɐf
Amfortas am'fɔrtas
Amga *russ.* am'ga
Amgun *russ.* am'gunj
Amhara am'ha:ra
amharisch am'ha:rɪʃ
Amherst *engl.* 'æməst
Ami 'ami
Amiant a'mi̯ant
Amias 'a:mi̯as, *engl.* 'eɪmɪəs
Amichai *hebr.* ami'xaj
Amici[s] *it.* a'mi:tʃi[s]
Amicitia ami'ts̮i:ts̮i̯a
Amico *it.* a'mi:ko
Amicus a'mi:kʊs
Amid a'mi:t, **-e** ...i:də
Amidase ami'da:zə
Amido... a'mi:do...
Amiel *fr.* a'mjɛl
Amiens *fr.* a'mjɛ̃
Amiet 'ami̯ɛt
Amigoni *it.* ami'go:ni
Amikron ami'kro:n
Amikt a'mɪkt
Amilcare *it.* a'milkare
Ämilia ɛ'mi:li̯a
Ämilie ɛ'mi:li̯ə
Ämilius ɛ'mi:li̯ʊs
Amimie ami'mi:, **-n** ...i:ən
Amin a'mi:n
Aminierung ami'ni:rʊŋ
Amino... a'mi:no...
Aminoplast amino'plast
Amintore *it.* a'mintore
Amir *pers.* æ'mi:r
Amira a'mi:ra

Amiranten ami'rantn̩
Amis, AMIS 'a:mɪs, *engl.* 'eɪmɪs
Amische 'a:mɪʃə
Amitose ami'to:zə
Amixie amɪ'ksi:
Amlasch *pers.* æm'læʃ
¹Amman 'aman
²Amman (Jordanien) a'ma:n
Ammanati *it.* amma'na:ti
Ammann 'aman, **Ammänner** 'amɛnɐ
Amme 'amə
Ammer[bach] 'amɐ[bax]
Ammergau 'amɐgau̯
Ammerland 'amɐlant
Ammersee 'amɐze:
Ammers-Küller *niederl.* 'ɑmərs'kʏlər
Ammiana a'mi̯a:na
Ammianus a'mi̯a:nʊs
Ammin... a'mi:n...
¹Ammon (ägypt. Gott; Familienname) 'amɔn
²Ammon (Ammonium) a'mo:n
Ammoniak amo'ni̯ak, *auch:* '---
ammoniakalisch amoni̯a'ka:lɪʃ
Ammoniakat amoni̯a'ka:t
Ammonifikation amonifika'ts̮i̯o:n
ammonifizieren amonifi'ts̮i:rən
Ammonios a'mo:ni̯ɔs
Ammonit[er] amo'ni:t[ɐ]
Ammonium a'mo:ni̯ʊm
Ammons *engl.* 'æmənz
Ammonshorn 'amɔnshɔrn
AMMRE 'amre
Amneris am'ne:rɪs
Amnesie amne'zi:, **-n** ...i:ən
Amnestie amnɛs'ti:, **-n** ...i:ən
amnestieren amnɛs'ti:rən
amnestisch am'nɛstɪʃ
Amnesty 'ɛmnəsti
Amnion 'amni̯ɔn
Amnioskop amnio'sko:p
Amnioskopie amniosko'pi:, **-n** ...i:ən
Amniot amni'o:t
Amnokkang *korean.* amnokkaŋ
amöbäisch amø'bɛ:ɪʃ
Amöbäum amø'bɛ:ʊm, **...bäa** ...'bɛ:a
Amöbe a'mø:bə

Amöbiasis amø'bi:azɪs, **...iasen** ...'bi̯a:zn̩
amöboid amøbo'i:t, **-e** ...i:də
Amoibaion amɔy̯'bai̯ɔn, **...baia** ...'bai̯a
Amok 'a:mɔk, *auch:* a'mɔk
Amol *pers.* ɑ'mol
a-Moll 'a:mɔl, *auch:* '-'-
Amom a'mo:m
amön a'mø:n
Amöna a'mø:na
Amonasro amo'nasro, *it.* amo'nazro
Amöneburg a'mø:nəbʊrk
Amönität amøni'tɛ:t
Amonn 'amɔn
Amönomanie amønoma'ni:
Amontons *fr.* amõ'tõ
Amor 'a:mo:ɐ̯
Amoral 'amora:l
amoralisch 'amora:lɪʃ
Amoralismus amora'lɪsmʊs, '-----
Amoralist amora'lɪst, '----
Amoralität amorali'tɛ:t
Amorbach 'a:mo:ɐ̯bax
Amorce[s] a'mɔrs
Amorette amo'rɛtə
Amor fati 'a:mo:ɐ̯ 'fa:ti
Amorgos *neugr.* amɔr'ɣɔs
Amorim *span.* amo'rin, *port.* ɐmu'rĩ
Amoriter amo'ri:tɐ
Amorosa amo'ro:za
amoroso amo'ro:zo
amorph a'mɔrf
Amorphie amɔr'fi:, **-n** ...i:ən
amorphisch a'mɔrfɪʃ
Amorphismus amɔr'fɪsmʊs
amortisabel amɔrti'za:bl̩, **...ble** ...blə
Amortisation amɔrtiza'ts̮i̯o:n
amortisieren amɔrti'zi:rən
Amos 'a:mɔs, *engl.* 'eɪməs
Amosis a'mo:zɪs
Amour a'mu:ɐ̯
Amour bleu a'mu:ɐ̯ 'blø:
Amouren a'mu:rən
amourös amu'rø:s, **-e** ...ø:zə
Amoy a'mɔy̯
Amparo *bras.* ɐm'paru
Ampel 'ampl̩
Ampelographie ampelogra'fi:
Ampelopsis ampe'lɔpsɪs
Amper 'ampɐ
Ampere am'pe:ɐ̯
Ampère *fr.* ã'pɛ:r
Amperemeter ampe:ɐ̯'me:tɐ
Amperestunde ampe:ɐ̯'ʃtʊndə

Ampex® 'ampɛks
Ampezzo *it.* am'pettso
Ampfer 'ampfɐ
Ampferer 'ampfərɐ
Ampfing 'ampfɪŋ
Amphetamin amfeta'mi:n
Amphiaraos amfia'ra:ɔs
amphib am'fi:p, **-e** ...i:bə
Amphibie am'fi:bi̯ə
amphibisch am'fi:bɪʃ
Amphibium am'fi:bi̯ʊm, **...ien** ...i̯ən
amphibol, A... amfi'bo:l
Amphibolie amfibo'li:, **-n** ...i:ən
Amphibolit amfibo'li:t
Amphibrachys am'fi:braxʏs
Amphidromie amfidro'mi:, **-n** ...i:ən
Amphigonie amfigo'ni:
amphikarp amfi'karp
Amphikarpie amfikar'pi:
Amphikranie amfikra'ni:, **-n** ...i:ən
Amphiktyone amfɪk'ty̆o:nə
Amphiktyonie amfɪkty̆o'ni:, **-n** ...i:ən
Amphimacer, ...zer am'fi:matsɐ
amphimiktisch amfi'mɪktɪʃ
Amphimixis amfi'mɪksɪs
Amphiole® am'fi̯o:lə
Amphion am'fi:ɔn
Amphioxus am'fi̯ɔksʊs
amphipneustisch amfi'pnɔy̆stɪʃ
Amphipoden amfi'po:dn̩
Amphipolis am'fi:polɪs
Amphiprostylos amfi'prɔstylɔs, **...len** ...ro'sty:lən
Amphissa am'fɪsa
amphistomatisch amfisto'ma:tɪʃ
Amphitheater am'fi:tea:tɐ
amphitheatralisch amfitea'tra:lɪʃ
Amphitrite amfi'tri:tə
Amphitruo am'fi:truo
Amphitryo am'fi:tryo
Amphitryon am'fi:tryɔn
Amphora 'amfora, **...ren** ...'fo:rən
Amphore am'fo:rə
amphoter amfo'te:ɐ̯
Amphotropin® amfotro'pi:n
Amplidyne ampli'dy:nə
Amplifikation amplifika'tsi̯o:n
Amplifikativ... amplifika'ti:f...
Amplifikativum amplifika'ti:vʊm, **...va** ...va
amplifizieren amplifi'tsi:rən
Amplitude ampli'tu:də
Amposta *span.* am'pɔsta
Ampsivarier ampsi'va:ri̯ɐ
Ampudia *span.* am'puði̯a
Ampulle am'pʊlə
Ampurdán *span.* ampur'ðan
Ampurias *span.* am'puri̯as
Amputation amputa'tsi̯o:n
amputieren ampu'ti:rən
Amr 'amɐ
Amras 'amras
Amraser 'amrazɐ
Amravati *engl.* æm'rɑ:vətɪ
Amrei 'amrai̯
Amrilkais amrɪl'kai̯s
Amriswil amrɪs'vi:l
Amritsar *engl.* æm'rɪtsə
Amroha *engl.* æm'roʊhə
Amrum 'amrʊm
Amsberg 'amsbɛrk
Amsdorf 'amsdɔrf
Amsel 'amzl̩
Amsler 'amzlɐ
Amstel *niederl.* 'ɑmstəl
Amstelmeer *niederl.* ɑmstəl'me:r
Amstelveen *niederl.* ɑmstəl've:n
Amsterdam amstɐ'dam, *auch:* '– – –, *niederl.* ɑmstər'dɑm, *engl.* 'æmstə'dæm, *fr.* amstɛr'dam; **-er** ...amɐ
Amstetten am'ʃtɛtn̩
Amstrad® *engl.* 'æmstræd
Amt amt, **Ämter** 'ɛmtɐ
Amtei am'tai̯
amten 'amtn̩
Amthor 'amto:ɐ̯
amtieren am'ti:rən
Amu-Darja *russ.* a'mudarj'ja
Amulett amu'lɛt
Amun 'a:mʊn
Amund Ringnes *engl.* 'ɑ:mən 'rɪŋneɪs
Amundsen 'a:mʊntsn̩, *norw.* ˌa:mʉnsən
Amur a'mu:ɐ̯, *russ.* a'mur
Amursk *russ.* a'mursk
amüsant amy'zant
Amuse-Gueule amy:s'gœl
Amüsement amyzə'mã:
Amusie amu'zi:
amüsieren amy'zi:rən
amusisch 'amu:zɪʃ
Amwrossijewka *russ.* am'vrɔsijɪfkɐ
Amy *engl.* 'eɪmɪ, *fr.* a'mi
Amygdalin amʏkda'li:n
amygdaloid amʏkdalo'i:t, **-e** ...i:də
Amygdalus a'mʏkdalʊs
Amyklä a'my:klɛ
Amyl... a'my:l...
Amylase amy'la:zə
Amylen amy'le:n
amyloid amylo'i:t, **-e** ...i:də
Amyloidose amyloi'do:zə
Amylolyse amylo'ly:zə
amylolytisch amylo'ly:tɪʃ
amylophil amylo'fi:l
Amylose amy'lo:zə
Amylum a'my:lʊm
Amyntas a'mʏntas
Amyot *fr.* a'mjo
amythisch 'amy:tɪʃ
an an
ana 'ana
[1]**Ana** (Sammlung von Aussprüchen) 'a:na
[2]**Ana** (Vorn.) *span.* 'ana, *port.* 'ɐnɐ
Anabaptismus anabap'tɪsmʊs
Anabaptist anabap'tɪst
Anabar *russ.* ana'bar
Anabasis a'na:bazɪs
anabatisch ana'ba:tɪʃ
Anabel 'anabɛl, *engl.* 'ænəbɛl
Anabiose ana'bi̯o:zə
anabol ana'bo:l
Anabolie anabo'li:, **-n** ...i:ən
Anabolikum ana'bo:likʊm, **...ka** ...ka
Anabolismus anabo'lɪsmʊs
Anacharsis ana'çarzɪs, ana'xa..., *fr.* anakar'sis
Anachoret anaço're:t, anaxo..., anako...
Anachronismus anakro'nɪsmʊs
anachronistisch anakro'nɪstɪʃ
Anacidität an|atsidi'tɛ:t
Anaco *span.* a'nako
Anaconda *engl.* ænə'kɔndə
Anadiplose anadi'plo:zə
Anadiplosis ana'di:plozɪs, **...sen** ...di'plo:zn̩
Anadolu *türk.* ɑ'nɑdɔlu
Anadyomene ana'dy̆o:mene, ...dy̆o'me:nə
Anadyr *russ.* a'nadɨrj
anaerob an|ae'ro:p, **-e** ...o:bə
Anaerobier an|ae'ro:bi̯ɐ
Anaerobiont an|aero'bi̯ɔnt
Anaerobiose an|aero'bi̯o:zə
Anafi *neugr.* a'nafi

Anagallis ana'galɪs
Anagenese anage'ne:zə
Anaglyphe ana'gly:fə
Anagni *it.* a'naɲɲi
Anagnorisis ana'gno:rizɪs
Anagnost ana'gnɔst
Anagoge anago'ge:, ana'go:gə
anagogisch ana'go:gɪʃ
Anagramm ana'gram
anagrammatisch anagra'ma:tɪʃ
Anaheim *engl.* 'ænəhaɪm
Anahita a'na:hita
Anáhuac *span.* a'nau̯ak
Anaimalai *engl.* ə'naɪməlaɪ
Anakardie ana'kardi̯ə
Anaklasis a'na:klazɪs
anaklastisch ana'klastɪʃ
Anaklet ana'kle:t
anaklitisch ana'kli:tɪʃ
anakoluth, A... anako'lu:t
Anakoluthie anakolu'ti:
Anakonda ana'kɔnda
Anakreon a'na:kreɔn
Anakreontik anakre'ɔntɪk
Anakreontiker anakre'ɔntikɐ
anakreontisch anakre'ɔntɪʃ
Anakrusis a'na:kruzɪs, *auch:* ana'kru:zɪs, **...krusen** ana'kru:zn̩
Anakusis ana'ku:zɪs
anal a'na:l
Analava *mad.* ana'lavə
Analcim anal'tsi:m
Analekten ana'lɛktn̩
analektisch ana'lɛktɪʃ
Analeptikum ana'lɛptikʊm, **...ka** ...ka
analeptisch ana'lɛptɪʃ
Analgen an|al'ge:n
Analgesie an|alge'zi:, **-n** ...i:ən
Analgetikum an|al'ge:tikʊm, **...ka** ...ka
analgetisch an|al'ge:tɪʃ
Analgie an|al'gi:, **-n** ...i:ən
anallaktisch an|a'laktɪʃ
analog ana'lo:k, **-e** ...o:gə
Analoga vgl. Analogon
Analogat analo'ga:t
Analogie analo'gi:, **-n** ...i:ən
Analogismus analo'gɪsmʊs
Analogon a'na:logɔn, **...ga** ...ga
Analphabet an|alfa'be:t, *auch:* '----
Analphabetismus an|alfabe'tɪsmʊs
Analysand analy'zant, **-en** ...dn̩
Analysator analy'za:to:ɐ̯, **-en** analyza'to:rən
Analyse ana'ly:zə
analysieren analy'zi:rən
Analysis a'na:lyzɪs, **...ysen** ana'ly:zn̩
Analyst ana'lʏst, 'ɛnəlɪst
Analytik ana'ly:tɪk
Analytiker ana'ly:tikɐ
analytisch ana'ly:tɪʃ
Anambas *indon.* a'nambas
Anämie anɛ'mi:, **-n** ...i:ən
anämisch a'nɛ:mɪʃ
Anamnese anam'ne:zə
Anamnesis a'namnezɪs, **...mnesen** ...m'ne:zn̩
anamnestisch anam'nɛstɪʃ
anamnetisch anam'ne:tɪʃ
Anamnier a'namniɐ
Anamorphose anamɔr'fo:zə
Anamorphot anamɔr'fo:t
Anamur *türk.* ɑ'nɑmur
Anan *jap.* 'a.nan̩
Ananas 'ananas
[1]**Anand** (Mulk Raj) *engl.* 'ɑ:nænd
[2]**Anand** (Stadt) *engl.* ə'nænd
Ananda 'a:nanda
Ananias ana'ni:as
Ananino *russ.* a'nanjinɐ
Ananit ana'ni:t
Anankasmus anaŋ'kasmʊs
Anankast anaŋ'kast
Ananke a'naŋkə
Anantapodoton ananta'po:dotɔn, **-ta** ...ta
Anantapur *engl.* ə'næntəpʊə
Anantnag *engl.* ə'næntnɑ:g
Ananuri *russ.* ana'nuri
Ananym ana'ny:m
Anapa *russ.* a'napɐ
ana partes aequales 'ana 'parte:s ɛ'kva:le:s
Anapäst ana'pɛ:st
Anaphase ana'fa:zə
Anapher a'na[:]fɐ
Anaphora a'na:fora, **...rä** ...rɛ
Anaphorese anafo're:zə
anaphorisch ana'fo:rɪʃ
Anaphrodisiakum an|afrodi'zi:akʊm, **...ka** ...ka
Anaphrodisie an|afrodi'zi:, **-n** ...i:ən
anaphylaktisch anafy'laktɪʃ
Anaphylaxie anafyla'ksi:, **-n** ...i:ən
Anápolis *bras.* ɐ'napulis
Anaptyxe anap'tʏksə
Anarchie anar'çi:, **-n** ...i:ən
anarch[isch] a'narç[ɪʃ]
Anarchismus anar'çɪsmʊs
Anarchist anar'çɪst
Anarcho a'narço
Anarchosyndikalismus anarçozʏndika'lɪsmʊs
Anarchosyndikalist anarçozʏndika'lɪst
Anäresis a'nɛ:rezɪs, an'|ɛ:..., **...resen** anɛ're:zn̩, an|ɛ...
Anarthrie an|ar'tri:, **-n** ...i:ən
Anasarka ana'zarka
Anasarkie anazar'ki:
Anasazi *engl.* ɑ:nə'sɑ:zɪ
Anastas *russ.* anas'tas
Anastase *fr.* anas'tɑ:z
Anastasia *dt., it.* anas'ta:zi̯a
Anastasio *span.* anas'tasi̯o
Anastasios anas'ta:zi̯ɔs
Anastasis a'nastazɪs
Anastasius anas'ta:zi̯ʊs
Anastasjewitsch *russ.* anas'tasjɪvitʃ
Anastasjewna *russ.* anas'tasjɪvnɐ
Anastassi *russ.* anas'tasij
Anastassija *russ.* anas'tasijɐ
anastatisch ana'sta:tɪʃ
Anästhesie anɛste'zi:, **-n** ...i:ən
anästhesieren anɛste'zi:rən
Anästhesin® anɛste'zi:n
Anästhesiologe anɛstezi̯o'lo:gə
Anästhesiologie anɛstezi̯olo'gi:
Anästhesist anɛste'zɪst
Anästhetikum anɛs'te:tikʊm, **...ka** ...ka
anästhetisch anɛs'te:tɪʃ
anästhetisieren anɛsteti'zi:rən
Anastigmat an|astɪ'gma:t
Anastomose anasto'mo:zə
Anastrophe a'nastrofe, **-n** ana'stro:fn̩
Anastylose anasty'lo:zə
Anatevka ana'tɛfka
Anatexis ana'tɛksɪs
Anathem ana'te:m
Anathema a'na:tema, **-ta** ana'te:mata
anathematisieren anatemati'zi:rən
anational 'anatsi̯ona:l
Anatol ana'to:l, '---
Anatole *fr.* ana'tɔl

A

Anatoli *russ.* ana'tɔlij
Anatolien ana'to:li̯ən
Anatolios ana'to:li̯ɔs
anatolisch ana'to:lɪʃ
Anatoljewitsch *russ.* ana'tɔljɪvitʃ
Anatoljewna *russ.* ana'tɔljɪvnɐ
Anatom ana'to:m
Anatomie anato'mi:, **-n** ...i:ən
anatomieren anato'mi:rən
anatomisch ana'to:mɪʃ
Anatozismus anato'tsɪsmus
anatrop ana'tro:p
Anatto a'nato
Añatuya *span.* aɲa'tuja
Anau *russ.* a'nau
Anaxagoras ana'ksa:goras
anaxial 'an|aksi̯a:l, *auch:* --'-
Anaximander anaksi'mandɐ
Anaximandros anaksi'mandrɔs
Anaximenes ana'ksi:menɛs
Anazidität an|atsidi'tɛ:t
anazyklisch ana'tsy:klɪʃ
anbandeln 'anbandl̩n, **anbandle** 'anbandlə
anbändeln 'anbɛndl̩n, **anbändle** 'anbɛndlə
anbei an'bai̯, *auch:* '--
anberaumen 'anbə,rau̯mən
anbiedern 'anbi:dɐn, **anbiedre** ...i:drə
anbuffen 'anbʊfn̩
Ancaster *engl.* 'æŋkæstə
Ancelin *fr.* ã'slɛ̃
Ancelot *fr.* ã'slo
anceps 'antsɛps
Ančerl *tschech.* 'antʃɛrl
Ancerville *fr.* ãsɛr'vil
Ancher *dän.* 'aŋ'gɐ
Anchesenamun ançeze'na:mʊn
Anchesenpepi ançezɛn'pe:pi
Anchieta *span.* an'tʃi̯eta
Anchises an'çi:zɛs
Anchnesneferibre ançnɛsnefe-ri'bre:
Anchorage *engl.* 'æŋkərɪdʒ
Anchorman 'ɛŋkɐmɛn, **...men** ...mɛn
Anchorwoman 'ɛŋkɐ,vʊmən, **...men** ...,vɪmɪn
Anchose an'ʃo:zə
Anchovis an'ço:vɪs, an'ʃo:vɪs
Anchusa an'çu:za
Anciennität ãsi̯ɛni'tɛ:t
Ancien Régime ã'si̯ɛ̃: re'ʒi:m
Ancillon *fr.* ãsi'jõ
Anckarström *schwed.* ,aŋkarstrœm
Ancón *span.* aŋ'kɔn
Ancona *it.* aŋ'ko:na
ancora aŋ'ko:ra
Ancre *fr.* ã:kr
Ancud *span.* aŋ'kuð
Ancus 'aŋkʊs
Ancylus 'antsylʊs
Ancyra an'tsy:ra
Anczyc *poln.* 'antʃɨts
and ɛnt, *engl.* ænd, ənd
Anda 'anda, *ung.* 'ɔndɔ
Andacht 'andaxt
andächtig 'andɛçtɪç, **-e** ...ɪgə
andächtiglich 'andɛçtɪklɪç
Åndalsnes *norw.* ,ɔnda:lsne:s
Andalucía *span.* andalu'θia
Andalusien anda'lu:zi̯ən
Andalusier anda'lu:zi̯ɐ
andalusisch anda'lu:zɪʃ
Andalusit andalu'zi:t
Andaman *engl.* 'ændəmæn
Andamanen anda'ma:nən
Andamaner anda'ma:nɐ
Andamento anda'mɛnto
andante, A... an'dantə
andantino, A... andan'ti:no
Andapa *mad.* an'dapə
andauen 'andau̯ən
Anday *türk.* ɑn'dɑi̯
Andechs 'andɛks
Andel 'andl̩
Andelfingen 'andl̩fɪŋən
Andelsbuch 'andl̩sbu:x
Anden 'andn̩
Andenes *norw.* ,andəne:s
Anderberg *schwed.* ,andərbærj
andere 'andərə
anderenfalls 'andərənfals
andererseits 'andərɐzai̯ts
Andergeschwisterkind 'andɐgəʃvɪstɐ,kɪnt, ---'---
Anderlecht *niederl.* 'ɑndərlɛxt
Anderlingen 'andɐlɪŋən
Anderloni *it.* ander'lo:ni
Anderlues *fr.* ãdɛr'ly
andermal 'andɐma:l
Andermatt 'andɐmat
ändern 'ɛndɐn, **ändre** 'ɛndrə
Andernach 'andɐnax
andernfalls 'andɐnfals
anderorts 'andɐ|ɔrts
anders 'andɐs
Anders 'andɐs, *engl.* 'ændəz, *dän.* 'anɐs, *schwed.* ,andərs, *poln.* 'andɛrs
andersartig 'andɐs|a:ɐ̯tɪç
Andersch 'andɐʃ
anderseits 'andɐzai̯ts
Andersen 'andɐzn̩, *dän.* 'anɐsn̩
andersherum 'andɐshɛrʊm
Anderson *engl.* 'ændəsn
andersrum 'andɐsrʊm
Anderssen 'andɐsn̩
Andersson *schwed.* ,andərsɔn
anderssprachig 'andɐsʃpra:xɪç
anderswie 'andɐsvi:
anderswo 'andɐsvo:
anderswoher 'andɐsvo'he:ɐ̯
anderswohin 'andɐsvo'hɪn
Anderten 'andɐtn̩
anderthalb 'andɐt'halp, **-e** ...bə
anderthalbfach 'andɐt'halpfax
anderwärtig 'andɐvɛrtɪç, **-e** ...ɪgə
anderwärts 'andɐvɛrts
anderweit 'andɐvai̯t
Andes *span.* 'andes
Andesin ande'zi:n
Andesit ande'zi:t
Andhra 'andra, *engl.* 'ɑ:ndrə
Andi 'andi
andin an'di:n
Andischan *russ.* andi'ʒan
Andlau, ...law 'andlau̯
Andler 'andlɐ, *fr.* ã'dlɛ:r
Andokides an'do:kides
Andong *korean.* andoŋ, *chin.* andʊŋ 11
Andørja *norw.* ,ancærja
Andorn 'andɔrn
Andorra an'dɔra, *span.* an'dɔrra
Andorraner andɔ'ra:nɐ
Andover *engl.* 'ændoʊvə
Andøy *norw.* ,ancœi̯
Andrä, ...rae 'andrɛ
Andrada e Silva *bras.* ɐn'drada i 'silva
Andrade *port.* ɐn'draðə, *bras.* ɐn'dradi, *span.* an'draðe
Andradina *bras.* ɐndra'dina
Andragoge andra'go:gə
Andragogik andra'go:gɪk
András *ung.* 'ɔndra:ʃ
Andrason an'dra:zɔn
Andrássy *ung.* 'ɔndra:ʃi
andre 'andrə
Andre *engl.* 'ændrɪ
André an'dre:, ã'dre:, *fr.* ã'dre, *port.* ɐn'drɛ
Andrea an'dre:a, *it.* an'drɛ:a
Andreae an'dre:ɛ

A

Andreas anˈdreːas, *dän.* ænˈdrɪːˀæs
Andree ˈandre
Andrée *schwed.* anˈdreː
Andreescu *rumän.* andreˈi̯esku
Andreew *bulgar.* ɐnˈdrɛɛf
Andrei *russ.* anˈdrjej
Andreini *it.* andreˈiːni
Andrejew *russ.* anˈdrjejɪf
Andrejewitsch *russ.* anˈdrjejɪvitʃ
Andrejewna *russ.* anˈdrjejɪvnɐ
Andrejewski *russ.* anˈdrjejɪfskij
Andreotti *it.* andreˈɔtti
Andréou *fr.* ãdreˈu
andrerseits ˈandrɐzai̯ts
Andres ˈandrəs
Andrés *span.* anˈdres
Andresen anˈdreːzn̩
Andreus *niederl.* ɑnˈdreːʏs
Andrew[s] *engl.* ˈændruː[z]
Andria *it.* ˈandri̯a
Andrian ˈandri̯aːn
Andrić *serbokr.* ˌandritɕ
Andrienne *fr.* ãdriˈɛn
Andriessen *niederl.* ˈɑndrisə
Andrieu[x] *fr.* ãdriˈø
Andrjusch[k]a *russ.* anˈdrjuʃ[k]ɐ
Androblastom androblasˈtoːm
Androclus ˈandroklʊs
Androdiözie androdiøˈt͜siː
Androgamet androgaˈmeːt
Androgamon androgaˈmoːn
androgen, A... androˈgeːn
Androgenese androgeˈneːzə
androgyn androˈgyːn
Androgynie androgyˈniː
Androgynophor androgynoˈfoːɐ̯
Android androˈiːt, **-e** ...iːdə
Androide androˈiːdə
Androklus ˈandroklʊs
Androloge androˈloːgə
Andrologie androloˈgiː
andrologisch androˈloːgɪʃ
Andromache anˈdroːmaxe
Andromanie andromaˈniː, **-n** ...iːən
Andromeda anˈdroːmeda
Andromonözie andromonøˈt͜siː
Andronicus (bei Shakespeare) anˈdroːnikʊs
Andronikos androˈniːkɔs
Andronikus androˈniːkʊs
Andronowo *russ.* anˈdrɔnɐvɐ
androphil androˈfiːl
Androphilie androfiˈliː, **-n** ...iːən
Androphor androˈfoːɐ̯
Andropow *russ.* anˈdrɔpɐf
Andros ˈandrɔs, *engl.* ˈændrɔs, *neugr.* ˈanðrɔs
Androspermium androˈspɛrmi̯ʊm, **...ien** ...i̯ən
Androspore androˈspoːrə
Androsteron androsteˈroːn
Androuet *fr.* ãˈdrwɛ
Andrözeum androøˈt͜seːʊm
Andrussowo *russ.* anˈdrusɐvɐ
Andrychów *poln.* anˈdrɨxuf
Andrzej *poln.* ˈandʒʒɛj
Andrzejewski *poln.* andʒʒɛˈjɛfski
Andscho *jap.* ˈaˌnd͜ʒoː
Andújar *span.* anˈduxar
Andy *engl.* ˈændɪ
Äneas ɛˈneːas
Anécho *fr.* aneˈʃo
anecken ˈan|ɛkn̩
Aného *fr.* aneˈo
Äneide ɛneˈiːdə
Aneidylismus an|ai̯dyˈlɪsmʊs
aneinander an|ai̯ˈnandɐ
Äneis ɛˈneːɪs
Aneisa aˈnai̯za
Anekdötchen anɛkˈdøːtçən
Anekdote anɛkˈdoːtə
Anekdotik anɛkˈdoːtɪk
anekdotisch anɛkˈdoːtɪʃ
Anelastizität an|elastit͜siˈtɛːt
Anelektrolyt an|elɛktroˈlyːt
Anelli *it.* aˈnɛlli
Anellierung anɛˈliːrʊŋ
Anemochoren anemoˈkoːrən
Anemochorie anemokoˈriː
anemogam anemoˈgaːm
Anemogamie anemogaˈmiː
anemogen anemoˈgeːn
Anemogramm anemoˈgram
Anemograph anemoˈgraːf
Anemologie anemoloˈgiː
Anemometer anemoˈmeːtɐ
Anemone aneˈmoːnə
anemophil anemoˈfiːl
Anemoskop anemoˈskoːp
Anemostat® anemoˈstaːt
Anemotaxis anemoˈtaksɪs
Anemotropograph anemotropoˈgraːf
Anemotropometer anemotropoˈmeːtɐ
Anenergie an|enɛrˈgiː
Anenzephalie an|ɛnt͜sefaˈliː: **-n** ...iːən
Äneolithikum ɛneoˈliːtikʊm
äneolithisch ɛneoˈliːtɪʃ
Anepigrapha an|eˈpiːgrafa
anerbieten ˈan|ɛɐ̯biːtn̩
Anergie an|ɛrˈgiː, **-n** ...iːən
anergisch anˈ|ɛrgɪʃ
Anerio *it.* aˈnɛːri̯o
anerkennen ˈan|ɛɐ̯kɛnən, *seltener:* --ˈ--
Aneroid aneroˈiːt, **-e** ...iːdə
Anerosie an|eroˈziː, **-n** ...iːən
Anerythropsie an|erytrɔˈpsiː, **-n** ...iːən
Anet *fr.* aˈnɛ
Anethol aneˈtoːl
Anethum aˈneːtʊm
Aneto *span.* aˈneto
aneuploid an|ɔyploˈiːt, **-e** ...iːdə
Aneuploidie an|ɔyploiˈdiː
Aneurie anɔyˈriː, **-n** ...iːən
[1]**Aneurin** (Vitamin) anɔyˈriːn
[2]**Aneurin** (Name) *engl.* əˈnaɪərɪn
Aneurysma anɔyˈrʏsma
anfeinden ˈanfai̯ndn̩, **feind an!** ˈfai̯nt ˈan
anfersen ˈanfɛrzn̩, **fers an!** ˈfɛrs ˈan, **anferst** ˈanfɛrst
Anfinsen *engl.* ˈænfɪnsən
Anfixe ˈanfɪksə
Anfortas anˈfɔrtas
Anfossi *it.* anˈfɔssi
anfreunden ˈanfrɔyndn̩, **freund an!** ˈfrɔynt ˈan
Angara *russ.* angaˈra
Angaria aŋˈgaːri̯a
Angarien... aŋgaˈriːən...
Angarsk *russ.* anˈgarsk
Angeberei angeːbəˈrai̯
angeblich ˈangeːplɪç
angefuckt ˈangəfakt
angeheitert ˈangəhai̯tɐt
Angehrn ˈangeːɐ̯n
Angel ˈaŋl̩
Ángel *span.* ˈaŋxɛl
Angela ˈaŋgela, *auch:* aŋˈgeːla; *it.* ˈandʒela, *engl.* ˈændʒɪlə
Ángela *span.* ˈaŋxela
Angèle *fr.* ãˈʒɛl
Ángeles *span.* ˈaŋxeles
Ängelholm *schwed.* ɛŋəlˈhɔlm
Angeli ˈaŋgeli, *it.* ˈandʒeli
Angelica aŋˈgeːlika
Angelico *it.* anˈdʒɛːliko
Angelika aŋˈgeːlika
Angelina *it.* andʒeˈliːna
Angelini *it.* andʒeˈliːni

A

Angelinus aŋge'li:nʊs
Angélique *fr.* ãʒe'lik
Angell *engl.* 'eɪndʒəl, *norw.* aŋ'gɛl
Angellier *fr.* ãʒɛ'lje
angeln, A... 'aŋl̩n
Angelo *it.* 'andʒelo
Angelolatrie aŋgelola'tri:
Angelologie aŋgelolo'gi:
Angeloni *it.* andʒe'lo:ni
Angelos 'aŋgelɔs
Angelotti *it.* andʒe'lɔtti
Angelou *engl.* 'ændʒəlu:
Angelow *bulgar.* 'aŋgɛlof
Angelsachse 'aŋl̩zaksə
angelsächsisch 'aŋl̩zɛksɪʃ
Angelucci *it.* andʒe'luttʃi
Angelus 'aŋgelʊs
Angely ãʒə'li:
Anger 'aŋɐ
Angera *it.* an'dʒɛ:ra
Angerapp 'aŋərap
Angerburg 'aŋɐbʊrk
Angerer 'aŋərɐ
Angermair 'aŋɐmai̯ɐ
Ångermanälven *schwed.* ˌɔŋərmanɛlvən
Ångermanland *schwed.* 'ɔŋərmanlan[d]
Angermund 'aŋɐmʊnt
Angermünde aŋɐ'mʏndə
Angers *fr.* ã'ʒe
Angevin *fr.* ãʒ'vɛ̃
angevinisch ãʒə'vi:nɪʃ
Anghel *rumän.* 'aŋgel
Angie *engl.* 'ændʒɪ
Angiitis aŋgi'i:tɪs, **...itiden** aŋgii'ti:dn̩
Angilbert 'aŋgɪlbɛrt
Angina aŋ'gi:na
Angina [Pectoris] aŋ'gi:na ['pɛktorɪs]
anginös aŋgi'nø:s, **-e** ...ø:zə
Angiogramm aŋgi̯o'gram
Angioletti *it.* andʒo'letti
Angiolieri *it.* andʒo'li̯ɛ:ri
Angiolina *it.* andʒo'li:na
Angiolini *it.* andʒo'li:ni
Angiolo *it.* 'andʒolo
Angiologie aŋgi̯olo'gi:
Angiom aŋ'gi̯o:m
Angioma aŋ'gi̯o:ma, **-ta** -ta
Angiopathie aŋgi̯opa'ti:, **-n** ...i:ən
Angiose aŋ'gi̯o:zə
Angiospermen aŋgi̯o'spɛrmən
Angklung 'aŋklʊŋ
Angkor 'aŋko:ɐ̯, *Khmer* ɑŋ'ku̯ɔ:

Anglaise ã'glɛ:zə
Anglebert *fr.* ãglə'bɛ:r
Angler 'aŋlɐ
Anglés *span.* aŋ'gles
Anglesea, Anglesey *engl.* 'æŋglsɪ
Angles-sur-l'Anglin *fr.* ãgləsyr-lã'glɛ̃
Angleur *fr.* ã'glœ:r
Anglia 'aŋglia, *engl.* 'æŋgljə
Anglien 'aŋgliən
Anglikaner aŋgli'ka:nɐ
anglikanisch aŋgli'ka:nɪʃ
Anglikanismus aŋglika'nɪs-mʊs
anglisch 'aŋ[g]lɪʃ
anglisieren aŋgli'zi:rən
Anglist[ik] aŋ'glɪst[ɪk]
Anglizismus aŋgli'tsɪsmʊs
Angloamerikaner aŋglo-|ameri'ka:nɐ, *auch:* '-------
anglofranzösisch aŋglofran-'tsø:zɪʃ, *auch:* '-----
Anglokatholizismus aŋgloka-toli'tsɪsmʊs
Anglomane aŋglo'ma:nə
Anglomanie aŋgloma'ni:
anglonormannisch aŋglonɔr-'manɪʃ, *auch:* '-----
anglophil aŋglo'fi:l
Anglophilie aŋglofi'li:
anglophob aŋglo'fo:p, **-e** ...o:bə
Anglophobie aŋglofo'bi:
Angmagssalik *grönl.* ɑmmɑ-sɑ'lik
Angol *span.* aŋ'gɔl
Angola aŋ'go:la, *port.* ɐŋ'gɔlɐ
Angolaner aŋgo'la:nɐ
Angolar aŋgo'la:ɐ̯
Angophrasie aŋgofra'zi:, **-n** ...i:ən
Angora aŋ'go:ra
Angostura® aŋgɔs'tu:ra
Angoulême *fr.* ãgu'lɛm
Angoumois *fr.* ãgu'mwa
Angra do Heroismo *port.* 'ɐŋgrɐ ðu i'ru̯iʒmu
Angrapa *russ.* an'grapɐ
Angra Pequena *port.* 'ɐŋgrɐ pə'kenɐ
Angraria aŋ'gra:ri̯a
Angren *russ.* an'grjɛn
Angrivarier aŋgri'va:ri̯ɐ
Angry Young Men 'ɛŋgri 'jaŋ 'mɛn
Angst aŋst, **Ängste** 'ɛŋstə
Angster 'aŋgstɐ

ängstigen 'ɛŋstɪgn̩, **ängstig!** 'ɛŋstɪç, **ängstigt** 'ɛŋstɪçt
ängstlich 'ɛŋstlɪç
Ångström 'ɔŋstrø:m, *auch:* 'aŋ..., *schwed.* ˌɔŋstrœm
Anguier *fr.* ã'gje
Anguilla *engl.* æŋ'gwɪlə
Anguilletten ãgi'jɛtn̩
Anguillotten ãgi'jɔtn̩
Anguissola *it.* aŋgu̯is'sɔ:la
angular aŋgu'la:ɐ̯
Angus 'aŋgʊs, *engl.* 'æŋgəs
anhägern 'anhɛ:gɐn, **anhägre** 'anhɛ:grə
Anhalt[er] 'anhalt[ɐ]
Anhaltiner anhal'ti:nɐ
anhand an'hant
anhänglich 'anhɛŋlɪç
Anhängsel 'anhɛŋzl̩
Anhava *finn.* 'ɑnhɑvɑ
Anhedonie anhedo'ni:
anheim an'hai̯m
anheimeln 'anhai̯ml̩n
anheischig 'anhai̯ʃɪç
Anheliose anhe'li̯o:zə
anhemitonisch anhemi'to:nɪʃ
Anhidrose anhi'dro:zə
Anhidrosis anhi'dro:zɪs, **...oses** ...o:ze:s
Anhilte an'hɪltə
anhin 'anhɪn
Anholt 'anhɔlt, *dän.* 'ænhɔl'd
Anh-Tho' *vietn.* ai̯ɲ θə 11
Anhui *chin.* anxu̯ei̯ 11
Anhwei 'anxvai̯
Anhydrämie anhydrɛ'mi:
Anhydrid anhy'dri:t, **-e** ...i:də
Anhydrit anhy'dri:t
Ani vgl. Anus
Aníbal *span.* a'nißal
Anicet *fr.* ani'sɛ
Anicetus ani'tse:tʊs
Aniche *fr.* a'niʃ
Änigma ɛ'nɪgma, **-ta** -ta
änigmatisch ɛnɪ'gma:tɪʃ
änigmatisieren ɛnɪgmati-'zi:rən
Anilin ani'li:n
Anima 'a:nima
animal[isch] ani'ma:l[ɪʃ]
animalisieren animali'zi:rən
Animalismus anima'lɪsmʊs
Animalität animali'tɛ:t
Animateur anima'tø:ɐ̯
Animation anima'tsi̯o:n
Animatismus anima'tɪsmʊs
animativ anima'ti:f, **-e** ...i:və
animato ani'ma:to

Animator ani'ma:to:ɐ̯, **-en** ...ma'to:rən
animieren ani'mi:rən
Animismus ani'mɪsmʊs
Animist ani'mɪst
Animo 'a:nimo
animos ani'mo:s, **-e** ...o:zə
Animosität animozi'tɛ:t
animoso ani'mo:zo
Animuccia *it.* ani'muttʃa
Animus 'a:nimʊs
Anina *rumän.* a'nina
Anion 'an[|]i̯o:n, ...i̯ɔn, **-en** a'ni̯o:nən, an'[|]i̯...
Anis a'ni:s, *auch:* 'a[:]nɪs, **-e** a'ni:zə, *auch:* 'a[:]nizə
Anisette ani'zɛt
anisodont an|izo'dɔnt
Anisogamie an|izoga'mi:, **-n** ...i:ən
Anisomorphie an|izomɔr'fi:
Anisophyllie an|izofʏ'li:
anisotrop an|izotro:p
Anisotropie an|izotro'pi:
Anissija *russ.* a'nisijɐ
Anita a'ni:ta, *span.* a'nita, *engl.* ə'ni:tə
Anitra a'ni:tra
Aniwa *russ.* a'nivɐ
Anja 'anja
Anjala *finn.* 'ɑnjɑlɑ
Anjou *fr.* ã'ʒu
Anjouan *fr.* ã'ʒwã
Anjou-Plantagenet *engl.* ã:'ʒu:plæn'tædʒɪnɪt
Anju *korean.* andʒu
Anjut[k]a *russ.* a'njut[k]ɐ
Anka 'aŋka, *engl.* 'æŋkə
Ankara 'aŋkara, *türk.* 'ɑŋkɑrɑ
Anke 'aŋkə
Ankeny *engl.* 'æŋkənɪ
[1]**Anker** 'aŋkɐ
[2]**Anker** (Name) 'aŋkɐ, *norw.* ˌaŋkər, *dän.* 'aŋgɐ
ankern 'aŋkɐn
Anklam 'aŋklam
Ankober 'ankobɐ, *amh.* aŋkobɛr
Ankömmling 'ankœmlɪŋ
Ankunft 'ankʊnft
Ankylose aŋky'lo:zə
Ankylostomiase aŋkylosto'mi̯a:zə
Ankylostomiasis aŋkylosto'mi:azɪs, ...**sen** ...'mi̯a:zn̩
Ankylostomose aŋkylosto'mo:zə
ankylotisch aŋky'lo:tɪʃ
Ankylotom aŋkylo'to:m

Ankyra aŋ'ky:ra, 'aŋkyra
Anlass 'anlas, **Anlässe** 'anlɛsə
anlässlich 'anlɛslɪç
Anlernling 'anlɛrnlɪŋ
anlieken 'anli:kn̩
anmaßend 'anma:sn̩t, **-e** ...n̩də
Anmut 'anmu:t
Ann *engl.* æn
Ånn *schwed.* ɔn
[1]**Anna** (Vorn.) 'ana, *engl.* 'ænə, *it., poln.* 'anna, *russ.* 'annɐ
[2]**Anna** (ind. Münze) a'na:
Annaba a'na:ba, *fr.* ana'ba
Annabel 'anabɛl, *engl.* 'ænəbɛl
Annabella ana'bɛla, *engl.* ænə'bɛlə
Annabelle *fr.* anna'bɛl
Annaberg 'anabɛrk
Annaburg 'anabʊrk
Annahme 'anna:mə
Annaka *jap.* a'n̩naka
Annalen a'na:lən
Annalin ana'li:n
Annalist[ik] ana'lɪst[ɪk]
Annam 'anam
Annamit ana'mi:t
Annan 'anan, *engl.* 'ænən, ə'nɑ:n
Annapolis *engl.* ə'næpəlɪs
Annapurna ana'pʊrna
Ann Arbor *engl.* æn 'ɑ:bə
Annaten a'na:tn̩
Annatto a'nato
Ännchen 'ɛnçən
Anne 'anə, *engl.* æn, *fr.* ɑ:n, an
Änne 'ɛnə
Annecy *fr.* an'si
Annedore 'anədo:rə
Annegret 'anəgre:t
annektieren anɛk'ti:rən
Annele 'anələ
Anneliden ane'li:dn̩
Anneli[e] 'anəli
Annelies 'anəli:s
Anneliese 'anəli:zə
Annelore 'anəlo:rə
Annemarie 'anəmaˌri:
Annemasse *fr.* an'mas, an'mɑ:s
Annemirl 'anəmɪrl
Annenkow *russ.* 'annɪnkɐf
Annenski *russ.* 'annɪnskij
Annerl 'anɐl
Annerose 'anəro:zə
Annerstedt *schwed.* ˌanərstɛt
Annette a'nɛtə
Annex a'nɛks
Annexion anɛ'ksi̯o:n

Annexionismus anɛksi̯o'nɪsmʊs
Annexionist anɛksi̯o'nɪst
Annexitis anɛ'ksi:tɪs, ...**itiden** anɛksi'ti:dn̩
Anni 'ani
Änni 'ɛni
Annibale *it.* an'ni:bale
anni currentis 'ani kʊ'rɛntɪs
Annie 'ani, *engl.* 'ænɪ
anni futuri 'ani fu'tu:ri
Annihilation anihila'tsi̯o:n
annihilieren anihi'li:rən
Annina a'ni:na, *it.* an'ni:na
anni praeteriti 'ani prɛ'te:riti
Anniston *engl.* 'ænɪstən
Anniversar anivɛr'za:ɐ̯
Anniversarium anivɛr'za:ri̯ʊm, ...**ien** ...i̯ən
anno, A... 'ano
Annobón *span.* ano'βɔn
anno currente 'ano ku'rɛntə
anno Domini 'ano 'do:mini
Annomination anomina'tsi̯o:n
Annonay *fr.* anɔ'nɛ
Annonce a'nõ:sə, *auch:* a'nɔŋsə
Annonceuse anõ'sø:zə, *auch:* anɔŋ'sø:zə
annoncieren anõ'si:rən, *auch:* anɔŋ'si:rən
Annone a'no:nə
Anno santo *it.* 'anno 'santo
Annotation anota'tsi̯o:n
annotieren ano'ti:rən
Annuarium a'nu̯a:ri̯ʊm, ...**ia** ...i̯a, ...**ien** ...i̯ən
annuell a'nu̯ɛl
Annuität anui'tɛ:t
annullieren anʊ'li:rən
Annulus 'anulʊs, ...**li** ...li
Annuntiation anʊntsi̯a'tsi̯o:n
Annunziata *it.* annun'tsi̯a:ta
Annunziaten anʊn'tsi̯a:tn̩
Annunziazione anʊntsi̯a'tsi̯o:nə
Annunzio, d' *it.* dan'nuntsi̯o
Annuschka *russ.* 'annuʃkɐ
Annweiler 'anvai̯lɐ
Anny *engl.* 'ænɪ
Anoa a'no:a
Anode a'no:də
anöden 'an|ø:dn̩, **öd an!** 'ø:t 'an
anodisch a'no:dɪʃ
Anodynum ano'dy:nʊm, ...**na** ...na
anogen ano'ge:n
Anoia a'nɔya

A

Anolyt ano'ly:t
anom a'no:m
anomal ano'ma:l, *auch:* '---
Anomalie anoma'li:, **-n** ...i:ən
anomalistisch anoma'lɪstɪʃ
Anomaloskop anomalo'sko:p
Anomie ano'mi:, **-n** ...i:ən
anomisch a'no:mɪʃ
anonym ano'ny:m
Anonyma a'no:nyma
anonymisieren anonymi'zi:rən
Anonymität anonymi'tɛ:t
Anonymus a'no:nymʊs, **...mi** ...mi, **...men** ano'ny:mən
Anopheles a'no:felɛs
Anophthalmie an|ɔftal'mi:, **-n** ...i:ən
Anopie an|o'pi:, **-n** ...i:ən
anopistographisch an|opɪsto'gra:fɪʃ
Anopsie an|ɔ'psi:, **-n** ...i:ən
Anorak 'anorak
anorektal anorek'ta:l
Anorektikum an|o'rɛktikʊm, **...ka** ...ka
Anorexie an|orɛ'ksi:
Anorganiker an|ɔr'ga:nikɐ
anorganisch 'an|ɔrga:nɪʃ, *auch:* --'--
Anorgasmie an|ɔrgas'mi:, **-n** ...i:ən
anormal 'anɔrma:l
Anorthit anɔr'ti:t
Anorthosit anɔrto'zi:t
Anosmie an|ɔs'mi:
Anosognosie anozogno'zi:
Anostose an|ɔs'to:zə
anotherm ano'tɛrm
Anothermie anotɛr'mi:
Anouilh *fr.* a'nuj
Anoxämie an|ɔksɛ'mi:
Anoxie an|ɔ'ksi:, **-n** ...i:ən
anoxisch an'|ɔksɪʃ
Anoxybiose an|ɔksy'bi̯o:zə
Anoxyhämie an|ɔksyhɛ'mi:
anprangern 'anpraŋɐn
Anqing *chin.* antɕɪŋ 14
Anquetil *fr.* ãk'til
Anquetin *fr.* ãk'tɛ̃
Anrath[er] 'anra:t[ɐ]
anreichern 'anrai̯çɐn
Anrep *schwed.* ˌanre:p
anrüchig 'anrʏçɪç, **-e** ...ɪgə
ans ans
Ans *fr.* ã:s
ANSA *it.* 'ansa
Ansager 'anza:gɐ, *dän.* 'æn'sɛ:'ɐ
Ansaldo *it.* an'saldo
ansässig 'anzɛsɪç, **-e** ...ɪgə
Ansbach 'ansbax
Anscharius ans'ça:ri̯ʊs
Anschero-Sudschensk *russ.* an'ʒɛrɐ'sudʒənsk
Anschluss 'anʃlʊs
Anschovis an'ʃo:vɪs
Anschütz-Kaempfe 'anʃʏts-'kɛmpfə
Anse aux Meadows, L' *engl.* 'læns oʊ 'mɛdoʊz
Anseele *niederl.* ɑn'se:lə, '---
Ansegisel 'anzəgi:zl̩
Anselm 'anzɛlm
Anselma an'zɛlma
Anselme *fr.* ã'sɛlm
Anselmi *it.* an'sɛlmi
Anselmo *it., span.* an'sɛlmo
Anserma *span.* an'sɛrma
Ansermet *fr.* ãsɛr'mɛ
Ansfelden ans'fɛldn̩
Ansgar[d] 'ansgar[t]
Ansgarius ans'ga:ri̯ʊs
Anshan *chin.* anʃan 11
Anshelm 'anshɛlm
Anshun *chin.* anʃu̯ən 14
ANSI 'anzi
Ansiedelei anzi:də'lai̯
Anson *engl.* ænsn
Ansonia *engl.* æn'soʊnɪə
ansonst[en] an'zɔnst[n̩]
Ansorge 'anzɔrgə
Anstalt 'anʃtalt
anstatt an'ʃtat
anstelle an'ʃtɛlə
Anstellerei anʃtɛlə'rai̯
anstellig 'anʃtɛlɪç
Anstey *engl.* 'ænstɪ
Anstieg 'anʃti:k, **-es** ...i:gəs
Anstruther *engl.* 'ænstrʌðə
Antacid ant|a'tsi:t, **-e** ...i:də
Antacidum ant'|a:tsidʊm, **...da** ...da
Antagonismus antago'nɪsmʊs
Antagonist antago'nɪst
Antaios an'tai̯ɔs
Antakya *türk.* ɑn'tɑkjɑ
Antal *ung.* 'ɔntɔl
Antalaha *mad.* antə'lahə
Antalgikum ant'|algikʊm, **...ka** ...ka
Antalkidas an'talkidas
Antalya *türk.* ɑn'tɑljɑ
Antananarivo antanana'ri:vo, *mad.* antananə'rivu
Antapex ant'|a:pɛks, **...pizes** ...pitse:s
Antaphrodisiakum ant|afrodi'zi:akʊm, **...ka** ...ka
Antara Ibn Schaddad 'antara 'ɪbn̩ ʃa'da:t
Antares an'ta:rɛs, 'antarɛs
Antarktika ant'|arktika
Antarktis ant'|arktɪs
antarktisch ant'|arktɪʃ
Antarthritikum ant|ar'tri:tikʊm, **...ka** ...ka
antasthenisch ant|as'te:nɪʃ
Antäus an'tɛ:ʊs
Antazidum ant'|a:tsidʊm, **...da** ...da
Ante 'antə, *serbokr.* ˌa:ntɛ
Antebrachium ante'braxi̯ʊm, **...ia** ...i̯a
ante Christum [natum] 'antə 'krɪstʊm ['na:tʊm]
ante cibum 'antə 'tsi:bʊm
antedatieren anteda'ti:rən
antediluvianisch antedilu'vi̯a:nɪʃ
Antegnati *it.* anteɲ'ɲa:ti
anteigen 'antai̯gn̩, **teig an!** 'tai̯k 'an, **anteigt** 'antai̯kt
Anteil 'antai̯l
Anteilnahme 'antai̯lna:mə
Antelami *it.* an'tɛ:lami
ante meridiem 'antə me'ri:di̯ɛm
Antemetikum ant|e'me:tikʊm, **...ka** ...ka
ante mortem 'antə 'mɔrtɛm
Antenne an'tɛnə
Antenor an'te:no:ɐ̯
Antepänultima antepɛ'nʊltima, **...mä** ...mɛ
Antependium ante'pɛndi̯ʊm, **...ien** ...i̯ən
Antepirrhem antepɪ're:m
anteponieren antepo'ni:rən
ante portas 'antə 'pɔrta:s
Anteposition antepozi'tsi̯o:n
Antequera *span.* ante'kera
Antero *port.* ɐn'tɛru
Anteros 'anterɔs
Antes 'antəs
Antezedens ante'tse:dɛns, **...nzien** ...tse'dɛntsi̯ən
antezedent antetse'dɛnt
Antezedenz antetse'dɛnts
antezedieren antetse'di:rən
Antezessor ante'tsɛso:ɐ̯, **-en** ...'so:rən
Antheil *engl.* 'æntaɪl
Anthelium an'te:li̯ʊm, **...ien** ...i̯ən

A

Anthelminthikum anthɛlˈmɪntikʊm, **...ka** ...ka
anthelminthisch anthɛlˈmɪntɪʃ
Anthem *engl.* ˈænθəm
Anthemion anˈteːmi̯ɔn, **...ien** ...i̯ən
Anthemios anˈteːmi̯ɔs
Anthemis ˈantemɪs
Anthere anˈteːrə
Antheridium anteˈriːdi̯ʊm, **...ien** ...i̯ən
Anthes ˈantəs
Anthese anˈteːzə
Anthidrotikum anthiˈdroːtikʊm, **...ka** ...ka
Anthocyan antoˈtsy̆aːn
Anthologia (Anthologie) antoloˈgiːa
Anthologie antoloˈgiː, **-n** ...iːən
Anthologion antoˈloːgi̯ɔn, **...ia** ...i̯a, **...ien** ...i̯ən
anthologisch antoˈloːgɪʃ
Anthologium antoˈloːgi̯ʊm, **...ia** ...i̯a, **...ien** ...i̯ən
Antholyse antoˈlyːzə
Anthony *engl.* ˈæntənɪ
Anthoxanthin antɔksanˈtiːn
Anthozoon antoˈtsoːɔn, **...zoen** ...tsoːən
Anthozyan antoˈtsy̆aːn
Anthracen antraˈtseːn
Anthrachinon antraçiˈnoːn
Anthraknose antrakˈnoːzə
Anthrakose antraˈkoːzə
Anthrax ˈantraks
Anthrazen antraˈtseːn
anthrazit, A... antraˈtsiːt
Anthriscus anˈtrɪskʊs
Anthropobiologie antropobioloˈgiː
Anthropochoren antropoˈkoːrən
Anthropochorie antropokoˈriː
anthropogen antropoˈgeːn
Anthropogenese antropogeˈneːzə
Anthropogenetik antropogeˈneːtɪk
Anthropogenie antropogeˈniː
Anthropogeographie antropogeograˈfiː
Anthropogonie antropogoˈniː
Anthropographie antropograˈfiː
anthropoid antropoˈiːt, **-e** ...iːdə
Anthropolatrie antropolaˈtriː
Anthropologe antropoˈloːgə
Anthropologie antropoloˈgiː
anthropologisch antropoˈloːgɪʃ
Anthropologismus antropoloˈgɪsmʊs
Anthropometer antropoˈmeːtɐ
Anthropometrie antropomeˈtriː
anthropometrisch antropoˈmeːtrɪʃ
anthropomorph antropoˈmɔrf
anthropomorphisieren antropomɔrfiˈziːrən
Anthropomorphismus antropomɔrˈfɪsmʊs
Anthroponose antropoˈnoːzə
Anthroponym antropoˈnyːm
Anthroponymie antroponyˈmiː
Anthroponymik antropoˈnyːmɪk
Anthropophag antropoˈfaːk, **-en** ...aːgn̩
Anthropophage antropoˈfaːgə
Anthropophagie antropofaˈgiː
anthropophob antropoˈfoːp, **-e** ...oːbə
Anthropophobie antropofoˈbiː
Anthropos ˈantropɔs
Anthroposoph antropoˈzoːf
Anthroposophie antropozoˈfiː
anthropozentrisch antropoˈtsɛntrɪʃ
Anthropozoen antropoˈtsoːən
Anthropozoonose antropotsooˈnoːzə
Anthropus ˈantropʊs
Anthurie anˈtuːri̯ə
Anthurium anˈtuːri̯ʊm, **...ien** ...i̯ən
Anthygrondose anthyˈgroːndoːzə
anti ˈanti
Antialkoholiker anti|alkoˈhoːlikɐ, *auch:* ˈ-------
Antiapex antiˈ|aːpɛks, **...pizes** ...pitseːs
Antiasthmatikum anti|astˈmaːtikʊm, **...ka** ...ka
antiautoritär anti|autoriˈtɛːɐ̯, *auch:* ˈ------
antiauxochrom anti|auksoˈkroːm
Antibabypille antiˈbeːbipɪlə
antibakteriell antibakteˈri̯ɛl, *auch:* ˈ-----
Antibarbarus antiˈbarbarʊs, **...ri** ...ri
Antibes *fr.* ãˈtib
Antibiont antiˈbi̯ɔnt
Antibiose antiˈbi̯oːzə
Antibiotikum antiˈbi̯oːtikʊm, **...ka** ...ka
antibiotisch antiˈbi̯oːtɪʃ
Antiblock ˈantiblɔk
Antiblockier... antiblɔˈkiːɐ̯...
Antichambre, -s ãtiˈʃãːbrə
antichambrieren antiʃamˈbriːrən
Antichrese antiˈçreːzə
antichretisch antiˈçreːtɪʃ
Antichrist ˈantikrɪst
Antichthone antiˈçtoːnə
anticipando antitsiˈpando
Anticosti *engl.* æntɪˈkɔstɪ
Antidepressivum antideprɛˈsiːvʊm, **...va** ...va
Antiderapant antideraˈpant
Antidiabetikum antidiaˈbeːtikʊm, **...ka** ...ka
Antidiarrhoikum antidiaˈroːikʊm, **...ka** ...ka
Antidot antiˈdoːt
Antidotarium antidoˈtaːri̯ʊm, **...ien** ...i̯ən
Antidoton anˈtiːdotɔn, **...ta** ...ta
Antidual antiduˈaːl
Antidumping... ˈantidampɪŋ..., --ˈ--...
Antietam *engl.* ænˈtiːtəm
Antifaschismus antifaˈʃɪsmʊs, *auch:* ˈ-----
Antifaschist antifaˈʃɪst, *auch:* ˈ----
Antifebrilia antifeˈbriːli̯a
Antifebrin antifeˈbriːn
Antiferment ˈantifɛrmɛnt
antiferromagnetisch antifɛromaˈgneːtɪʃ
Antifouling ˈantifaulɪŋ, --ˈ--
Antigen antiˈgeːn
antigliss ˈantiglɪs
Antigonä, ...nae anˈtiːgonɛ
Antigone anˈtiːgone
Antigonos anˈtiːgonɔs
Antigonus anˈtiːgonʊs
Antigua anˈtiːgu̯a, *engl.* ænˈtiːgə, *span.* anˈtiɣu̯a
Antiguaner antiˈgu̯aːnɐ
antiguanisch antiˈgu̯aːnɪʃ
Antihistaminikum antihɪstaˈmiːnikʊm, **...ka** ...ka
Antihormon ˈantihɔrmoːn
antik anˈtiːk

Antikaglien anti'kaljən
Antikathode, Antikatode antika'to:də, *auch:* '-----
Antike an'ti:kə
antikisieren antiki'zi:rən
antiklerikal antikleri'ka:l, *auch:* '-----
Antiklerikalismus antiklerika'lɪsmʊs, *auch:* '-------
Antiklimax anti'kli:maks
antiklinal antikli'na:l
Antiklinale antikli'na:lə
Antikline anti'kli:nə
Antikoagulans antiko'|a:gulans, **...ntia** ...o|agu'lantsi̯a, **...ntien** ...o|agu'lantsi̯ən
Antikonzeption antikɔntsɛp'tsi̯o:n
antikonzeptionell antikɔntsɛptsi̯o'nɛl
Antikörper 'antikœrpɐ
Antikritik antikri'ti:k, *auch:* '----
Antikritikus anti'kri:tikʊs, **...izi** ...itsi, **...kusse** ...kʊsə
antikritisch 'antikri:tɪʃ, *auch:* --'--
Antilabe anti'la:bə
Antilegomenon antile'go:menɔn, **...na** ...na
Antilibanon 'anti'li:banɔn
Antilla[s] *span.* an'tiʎa[s]
Antillen an'tɪlən, *niederl.* ɑn'tɪlə
Antilles *fr.* ã'tij
Antilochos an'ti:lɔxɔs
Antilochus an'ti:lɔxʊs
Antilogarithmus antiloga'rɪtmʊs
Antilogie antilo'gi:, **-n** ...i:ən
Antilope anti'lo:pə
Antim *bulgar.* 'antim
Antimachiavell antimaki̯a'vɛl
Antimachiavellismus antimaki̯avɛ'lɪsmʊs
Antimachos an'ti:maxɔs
Antimano *span.* an'timano
Antimaterie antima'te:ri̯ə, *auch:* '-----
Antimetabole antimeta'bo:lə
antimetaphysisch antimeta'fy:zɪʃ, *auch:* '------
Antimetathesis antime'ta:tezɪs
Antimetrie antime'tri:
antimetrisch anti'me:trɪʃ
Antimilitarismus antimilita'rɪsmʊs, *auch:* '-------
Antimodernisteneid antimodɛr'nɪstn̩|ai̯t
Antimon anti'mo:n
antimonarchisch antimo'narçɪʃ, *auch:* '-----
Antimonat antimo'na:t
Antimonit antimo'ni:t
Antimoralismus antimora'lɪsmʊs, *auch:* '------
Antimoralist antimora'lɪst, *auch:* '-----
Antineuralgikum antinɔy̯'ralgikʊm, **...ka** ...ka
Antineutron anti'nɔy̯trɔn, **-en** ...'tro:nən
Antinomie antino'mi:, **-n** ...i:ən
antinomisch anti'no:mɪʃ
Antinomismus antino'mɪsmʊs
Antinomist antino'mɪst
Antinoos an'ti:noɔs
Antinous an'ti:noʊs
Antioch *engl.* 'æntɪɔk
antiochenisch antiɔ'xe:nɪʃ
Antiochia anti'ɔxi̯a, antiɔ'xi:a
Antiochien anti'ɔxi̯ən
Antiochier anti'ɔxi̯ɐ
Antiochos an'ti:ɔxɔs
Antiochus an'ti:ɔxʊs
Antiope an'ti:ope
Antioquia *span.* an'ti̯oki̯a
Antioxidans anti'|ɔksidans, **...ntien** ...'dantsi̯ən
antioxidantieren anti|ɔksidan'ti:rən
Antioxydans anti'|ɔksydans, **...ntien** ...'dantsi̯ən
antioxydantieren anti|ɔksydan'ti:rən
Antiozonans anti|o'tso:nans, **...ntien** ...tso'nantsi̯ən
Antiozonant anti|otso'nant
Antipassat antipa'sa:t
Antipasto anti'pasto
Antipater an'ti:patɐ
Antipathie antipa'ti:, **-n** ...i:ən
antipathisch anti'pa:tɪʃ
Antipatros an'ti:patrɔs
Antiperistaltik antiperi'staltɪk
Antiphanes an'ti:fanɛs
Antiphlogistikum antiflo'gɪstikʊm, **...ka** ...ka
Antipholus an'ti:folʊs
[1]Antiphon (liturg. Wechselgesang) anti'fo:n
[2]Antiphon (Name) 'antifɔn
antiphonal antifo'na:l
Antiphonale antifo'na:lə, **...lien** ...li̯ən
Antiphonar antifo'na:ɐ̯, **-ien** ...ri̯ən
Antiphone anti'fo:nə
Antiphonie antifo'ni:, **-n** ...i:ən
antiphonisch anti'fo:nɪʃ
Antiphrase anti'fra:zə
Antipnigos anti'pni:gɔs
Antipode anti'po:də
Antipodes *engl.* æn'tɪpədi:z
Antiproton anti'pro:tɔn, **-en** ...ro'to:nən
Antiptose antɪp'to:zə
Antipyrese antipy're:zə
Antipyretikum antipy're:tikʊm, **...ka** ...ka
antipyretisch antipy're:tɪʃ
Antipyrin® antipy'ri:n
Antiqua an'ti:kva
Antiquar anti'kva:ɐ̯
Antiquariat antikva'ri̯a:t
antiquarisch anti'kva:rɪʃ
Antiquarium anti'kva:ri̯ʊm
antiquieren anti'kvi:rən
Antiquität antikvi'tɛ:t
Antirachitikum antira'xi:tikʊm, **...ka** ...ka
Antirakete 'antirake:tə
Antiraketenrakete antira'ke:tn̩rake:tə
Antirheumatikum antirɔy̯'ma:tikʊm, **...ka** ...ka
Antirrhinum antɪ'ri:nʊm
antisem anti'ze:m
Antisemit antize'mi:t, *auch:* '----
antisemitisch antize'mi:tɪʃ, *auch:* '-----
Antisemitismus antizemi'tɪsmʊs, *auch:* '------
Antisepsis anti'zɛpsɪs
Antiseptik anti'zɛptɪk
Antiseptikum anti'zɛptikʊm, **...ka** ...ka
antiseptisch anti'zɛptɪʃ
Antiserum anti'ze:rʊm, **...ra** ...ra
Antiskabiosum antiska'bi̯o:zʊm, **...sa** ...za
Antiskating 'antiske:tɪŋ, --'--
Antispasmodikum antispas'mo:dikʊm, **...ka** ...ka
Antispast anti'spast
Antispastikum anti'spastikʊm, **...ka** ...ka
Antistar 'antiʃta:ɐ̯, 'antista:ɐ̯
Antistatik anti'sta:tɪk
antistatisch anti'sta:tɪʃ

A

Antistes anˈtɪstɛs, **...tites** ...tiˑte:s
Antisthenes anˈtɪstenɛs
Antistrophe antiˈstro:fə, antiˈʃt..., *auch:* ˈ----
Antitaurus antiˈtaurʊs
Antithese antiˈte:zə, *auch:* ˈ----
Antithetik antiˈte:tɪk
antithetisch antiˈte:tɪʃ
Antitoxin antitɔˈksi:n
Antitranspirant antitranspiˈrant
Antitrinitarier antitriniˈta:ri̯ɐ
antitrinitarisch antitriniˈta:rɪʃ
antitriptisch antiˈtrɪptɪʃ
Antitussivum antitʊˈsi:vʊm, **...va** ...va
Antium ˈantsi̯ʊm
Antivertex antiˈvɛrtɛks
antizipando antitsiˈpando
Antizipation antitsipaˈtsi̯o:n
antizipativ antitsipaˈti:f, **-e** ...i:və
antizipatorisch antitsipaˈto:rɪʃ
antizipieren antitsiˈpi:rən
antizyklisch antiˈtsy:klɪʃ
antizyklonal antitsykloˈna:l
Antizyklone antitsyˈklo:nə, *auch:* ˈ-----
Antizymotikum antitsyˈmo:tikʊm, **...ka** ...ka
Antje ˈantjə
Äntje ˈɛntjə
Antlia ˈantlia
Antlitz ˈantlɪts
Antode anˈto:də
Antofagasta *span.* antofaˈɣasta
Antogast ˈantogast
Antoine *fr.* ãˈtwan
Antoinette antoaˈnɛtə, *fr.* ãtwaˈnɛt
Antoing[t] *fr.* ãˈtwɛ̃
Antöke anˈtø:kə
Antokolski *russ.* antaˈkɔljskij
[1]**Anton** (Vorn.) ˈanto:n, *niederl.* ˈɑntɔn, *russ.* anˈtɔn, *tschech.* ˈantɔn
[2]**Anton** (Mark) anˈto:n
Antona *it.* anˈtɔ:na
Antonella *it.* antoˈnɛlla
Antonelli *it.* antoˈnɛlli
Antonello *it.* antoˈnɛllo
Antonescu *rumän.* antoˈnesku
Antoni *it.* anˈtɔ:ni, *poln.* anˈtɔni, *russ.* anˈtɔnij
Antonia anˈto:ni̯a
Antoniazzo *it.* antoˈni̯attso
Antonides *niederl.* ɑnˈto:nidɛs
Antonie anˈto:ni̯ə
Antonín *tschech.* ˈantɔnji:n
Antonina *it.* antoˈni:na, *russ.* antaˈninɐ
Antoninus antoˈni:nʊs
Antonio anˈto:ni̯o, *it.* anˈtɔ:ni̯o, *span.* anˈtoni̯o
António *port.* ɐnˈtɔni̯u
Antonioni *it.* antoˈni̯o:ni
Antoniou antoˈni:u
Antonius anˈto:ni̯ʊs
Antonomasie antonomaˈzi:, **-n** ...i:ən
Antonow *russ.* anˈtɔnɐf
Antonowitsch *russ.* anˈtɔnɐvitʃ
Antonowna *russ.* anˈtɔnɐvnɐ
Antony *fr.* ãtɔˈni
antonym, A... antoˈny:m
Antonymie antonyˈmi:, **-n** ...i:ən
Antrag ˈantra:k, **Anträge** ˈantrɛ:gə
Antrazit *russ.* antraˈtsɨt
Antrim *engl.* ˈæntrɪm
Antrobus ˈantrobʊs
Antrotomie antrotoˈmi:, **-n** ...i:ən
Antsirabe *mad.* antsirəˈbe
Antsiranana *mad.* antsiˈranənə
Antunes *port.* ɐnˈtunɪʃ
Antwerpen antˈvɛrpn̩, ˈ---, *niederl.* ˈɑntwɛrpə
Antwort ˈantvɔrt
antworten ˈantvɔrtn̩
Anubis aˈnu:bɪs
Anukleobiont anukleoˈbi̯ɔnt
Anulus ˈa:nulʊs, **...li** ...li
an und für sich an ʊnt ˈfy:ɐ̯ zɪç, ---ˈ-
Anundfürsichsein anǀʊntˈfy:ɐ̯zɪçzain, ---ˈ--
Anuradhapura *engl.* əˈnʊərəˈdəˈpʊərə
Anuren aˈnu:rən
Anurie anǀuˈri:, **-n** ...i:ən
Anus ˈa:nʊs, **Ani** ˈa:ni
Anus praeter ˈa:nʊs ˈprɛ:tɐ
Anvers *fr.* ãˈvɛ:r, *belg.-fr.* ãˈvɛrs
anvertrauen ˈanfɛɐ̯trauən, *seltener:* --ˈ--
Anwalt ˈanvalt, **Anwälte** ˈanvɛltə
Anwältin ˈanvɛltɪn
Anwar anˈva:ɐ̯, *indon.* ˈanwar
anwidern ˈanvi:dɐn, **anwidre** ˈanvi:drə
Anxur ˈaŋksʊr
Anyang *chin.* an-i̯aŋ 12
Anyte ˈa:nyte
Anzengruber ˈantsn̩gru:bɐ
anzeps ˈantsɛps
anzestral antsɛsˈtra:l
Anzilotti *it.* antsiˈlɔtti, andzi...
Anzin *fr.* ãˈzɛ̃
Anzio *it.* ˈantsi̯o
Anzoátegui *span.* anθoˈateɣi
anzüglich ˈantsy:klɪç
ANZUS *engl.* ˈænzəs
a.o. a:ˈǀo:
Aöde aˈø:də
Äolien ɛˈo:li̯ən
Äol[i]er ɛˈo:l[i̯]ɐ
Äoline ɛoˈli:nə
Äolis ˈɛ:olɪs
äolisch ɛˈo:lɪʃ
Äolsharfe ˈɛ:ɔlsharfə
Äolus ˈɛ:olʊs
Aomori *jap.* aˈo,mori
Äon ɛˈo:n, *auch:* ˈɛ:ɔn, **-en** ɛˈo:nən
Aorist aoˈrɪst
Aorta aˈɔrta
Aortalgie aɔrtalˈgi:, **-n** ...i:ən
Aortitis aɔrˈti:tɪs, **...itiden** ...tiˈti:dn̩
Aosta *it.* aˈɔsta
Aoste *fr.* aˈɔst
AP (Associated Press) *engl.* eɪˈpi:
[1]**Apache** (Gauner) aˈpaxə
[2]**Apache** (Indianerstamm) aˈpatʃə, aˈpaxə
Apafi, ...fy *ung.* ˈɔpɔfi
Apagoge apaˈgo:gə, apagoˈge:
apagogisch apaˈgo:gɪʃ
Apalache apaˈlatʃə, apaˈlaxə
Apalachicola *engl.* æpəlætʃɪˈkoʊlə
apallisch aˈpalɪʃ
Apamea apaˈme:a
Apameia apaˈmaia
Apanage apaˈna:ʒə
apanagieren apanaˈʒi:rən
Aparecida *bras.* apareˈsida
Aparri *span.* aˈparri
apart aˈpart
Aparte aˈpartə
Apartheid aˈpa:ɐ̯thait
Apartment aˈpartmənt, aˈpa:ɐ̯t...
Apastron aˈpastrɔn
Apathie apaˈti:
apathisch aˈpa:tɪʃ

apathogen apatoˈge:n
Apatin *serbokr.* aˌpati:n
Apatit apaˈti:t
Apatity *russ.* apaˈtitɨ
Apatride apaˈtri:də
Apatsche aˈpatʃə
Apec ˈa:pɛk, *engl.* ˈeɪpɛk
Apeiron ˈa:pai̯rɔn
Apel ˈa:pl̩
Apeldoorn *niederl.* ˈa:pəldo:rn
Apella aˈpɛla
Apelles aˈpɛlɛs
Apelt ˈa:pl̩t
Apemantus apeˈmantʊs
Apen ˈa:pn̩
Apennin apɛˈni:n
Apenrade a:pn̩ˈra:də
aper ˈa:pɐ
Aperçu apɛrˈsy:
Aperiens aˈpe:ri̯ɛns, **...ntia** apeˈri̯ɛntsi̯a, **...nzien** apeˈri̯ɛntsi̯ən
aperiodisch ˈaperi̯o:dɪʃ
Aperitif aperiˈti:f
Aperitivum aperiˈti:vʊm, **...va** ...va
Aperjis *neugr.* aˈpɛrjis
apern ˈa:pɐn
Apéro apeˈro:
Apersonalismus apɛrzonaˈlɪsmʊs
aperspektivisch ˈapɛrspɛkti:vɪʃ
Apertometer apɛrtoˈme:tɐ
Apertur apɛrˈtu:ɐ̯
apetal apeˈta:l
Apex ˈa:pɛks, **Apizes** ˈa:pitse:s
Apfel ˈapfl̩, **Äpfel** ˈɛpfl̩
Apfelsine apfl̩ˈzi:nə
Aphakie afaˈki:
Aphärese afɛˈre:zə
Aphäresis aˈfɛ:rezɪs, **...sen** afɛˈre:zn̩
Aphasie afaˈzi:, **-n** ...i:ən
Aphasiker aˈfa:zikɐ
Aphel aˈfe:l
Aphelandra afeˈlandra
Aphelium aˈfe:li̯ʊm, **...ien** ...i̯ən
Aphemie afeˈmi:, **-n** ...i:ən
Aphon... aˈfo:n...
Aphonie afoˈni:, **-n** ...i:ən
Aphorismus afoˈrɪsmʊs
Aphoristik afoˈrɪstɪk
Aphoristiker afoˈrɪstikɐ
aphoristisch afoˈrɪstɪʃ
aphotisch aˈfo:tɪʃ
Aphrasie afraˈzi:, **-n** ...i:ən
Aphrodisiakum afrodiˈzi:akʊm, **...ka** ...ka
Aphrodisie afrodiˈzi:, **-n** ...i:ən
aphrodisisch afroˈdi:zɪʃ
Aphrodite afroˈdi:tə
aphroditisch afroˈdi:tɪʃ
Aphthe ˈaftə
Aphylle aˈfʏlə
Aphyllie afʏˈli:
aphyllisch aˈfʏlɪʃ
Apia *engl.* əˈpi:ə, ɑ:ˈpi:ɑ:
a piacere a pi̯aˈtʃe:rə
Apian[us] aˈpi̯a:n[ʊs]
Apiarium aˈpi̯a:ri̯ʊm, **...ien** ...i̯ən
Apicius aˈpi:tsi̯ʊs
apikal apiˈka:l
Apin *indon.* ˈapɪn
Apirie apiˈri:
Apis ˈa:pɪs
Apitz ˈa:pɪts
Aplvor *engl.* æpˈaɪvə
Aplanat aplaˈna:t
Aplasie aplaˈzi:, **-n** ...i:ən
aplastisch aˈplastɪʃ
Aplazentalier aplatsɛnˈta:li̯ɐ
Aplit aˈpli:t
Aplomb aˈplõ:
APN *russ.* apɛˈɛn
Apnoe aˈpno:ə
APO, Apo ˈa:po
Apochromat apokroˈma:t
apod aˈpo:t, **-e** ...o:də
Apodeiktik apoˈdai̯ktɪk
Apoden aˈpo:dn̩
Apodiktik apoˈdɪktɪk
apodiktisch apoˈdɪktɪʃ
Apodisation apodizaˈtsi̯o:n
Apodosis aˈpo:dozɪs, **...osen** apoˈdo:zn̩
Apodyterion apodyˈte:ri̯ɔn, **...ien** ...i̯ən
Apodyterium apodyˈte:ri̯ʊm, **...ien** ...i̯ən
Apoenzym apo|ɛnˈtsy:m
Apoferment apofɛrˈmɛnt
Apogalaktikum apogaˈlaktikʊm
apogam apoˈga:m
Apogamie apogaˈmi:
Apogäum apoˈgɛ:ʊm
Apograph apoˈgra:f
Apographon aˈpo:grafɔn, **...pha** ..fa
Apokalypse apokaˈlʏpsə
Apokalyptik apokaˈlʏptɪk
Apokalyptiker apokaˈlʏptikɐ
apokalyptisch apokaˈlʏptɪʃ
Apokamnose apokamˈno:zə
apokarp apoˈkarp
Apokarpium apoˈkarpi̯ʊm
Apokarterese apokarteˈre:zə
Apokatastase apokataˈsta:zə
Apokatastasis apokaˈtastazɪs, **...stasen** ...ˈsta:zən
Apökie apøˈki:, **-n** ...i:ən
Apokoinu apokɔy̯ˈnu:
Apokope aˈpo:kope, **-n** apoˈko:pn̩
apokopieren apokoˈpi:rən
apokrin apoˈkri:n
apokryph, A... apoˈkry:f
Apokryphon aˈpo:kryfɔn, **...pha** ...fa, **...phen** apoˈkry:fn̩
Apolda aˈpɔlda
apolitisch ˈapoli:tɪʃ, *auch:* ‒‒ˈ‒‒
Apoll aˈpɔl
Apollinaire *fr.* apɔlliˈnɛ:r
Apollinarios apɔliˈna:ri̯ɔs
Apollinaris apɔliˈna:rɪs
apollinisch apɔˈli:nɪʃ
Apollinopolis apɔliˈno:polɪs
Apollo aˈpɔlo
Apollodoros apɔloˈdo:rɔs
Apollon *russ.* apalˈlɔn, *fr.* apɔlˈlõ
Apollonia apɔˈlo:ni̯a
Apollonios apɔˈlo:ni̯ɔs
apollonisch apɔˈlo:nɪʃ
Apollonius apɔˈlo:ni̯ʊs
Apollos aˈpɔlɔs
Apolog apoˈlo:k, **-e** ...o:gə
Apologet[ik] apoloˈge:t[ɪk]
apologetisieren apologetiˈzi:rən
Apologie apoloˈgi:, **-n** ...i:ən
apologisch apoˈlo:gɪʃ
apomiktisch apoˈmɪktɪʃ
Apomixis apoˈmɪksɪs
Apomorphin apomɔrˈfi:n
Aponeurose apoˈnɔy̯ˈro:zə
Apopemptikon apoˈpɛmptikɔn, **...ka** ...ka
apophantisch apoˈfantɪʃ
Apophis aˈpo:fɪs
Apophonie apofoˈni:
Apophthegma apoˈftɛgma, **-ta** -ta
apophthegmatisch apoftɛˈgma:tɪʃ
Apophyllit apofʏˈli:t
Apophyse apoˈfy:zə
Apoplektiker apoˈplɛktikɐ
apoplektisch apoˈplɛktɪʃ
Apoplexie apoplɛˈksi:, **-n** ...i:ən

Aporem apo're:m
aporematisch apore'ma:tɪʃ
Aporetik apo're:tɪk
Aporetiker apo're:tikɐ
aporetisch apo're:tɪʃ
Aporie apo'ri:, **-n** ...i:ən
Aporinosis apori'no:zɪs
Aporisma apo'rɪsma, **...ta** ...ta
Aporogamie aporoga'mi:
Aposiopese apozi̯o'pe:zə
Aposporie apospo'ri:
Apostasie aposta'zi:, **-n** ...i:ən
Apostat apɔs'ta:t
Apostata a'pɔstata
Apostel a'pɔstl̩
Apostem apo'ste:m
Aposteriori apɔste'ri̯o:ri
a posteriori a pɔste'ri̯o:ri
aposteriorisch apɔste'ri̯o:rɪʃ
Apostilb apo'stɪlp
Apostille apɔs'tɪlə
Apostolat apɔsto'la:t
Apostolidis *neugr.* apɔstɔ'liðis
Apostoliker apɔs'to:likɐ
Apostolikum apɔs'to:likʊm
apostolisch apɔs'to:lɪʃ
Apostolizität apɔstolit͜si'tɛ:t
Apostolos a'pɔstolɔs
Apostroph apo'stro:f
Apostrophe a'pɔstrofe, apo'stro:fə, **-n** apo'stro:fn̩
apostrophieren apostro'fi:rən
Apothecium apo'te:t͜si̯ʊm, **...ien** ...i̯ən
Apotheke apo'te:kə
Apotheker apo'te:kɐ
Apotheose apote'o:zə
apotheotisch apote'o:tɪʃ
Apothezium apo'te:t͜si̯ʊm, **...ien** ..i̯ən
a potiori a po't͜si̯o:ri
Apotome apoto'me:
Apotropaion apo'tro:pai̯ɔn, **...aia** ...ai̯a
apotropäisch apotro'pɛ:ɪʃ
Apotropäum apotro'pɛ:ʊm
Appalachen apa'laxn̩
Appalachian *engl.* æpə'leɪtʃɪən, **-s** ...nz
Apparat apa'ra:t
apparativ apara'ti:f, **-e** ...i:və
Apparatschik apa'ratʃɪk
Apparatur apara'tu:ɐ̯
apparent apa'rɛnt
Appartement apartə'mã:
Appassionata apasi̯o'na:ta
appassionato apasi̯o'na:to
Appeal ɛ'pi:l
Appeasement ɛ'pi:smənt
Appel 'apl̩, *niederl.* 'ɑpəl
Appell a'pɛl
appellabel apɛ'la:bl̩, **...ble** ...blə
Appellant apɛ'lant
Appellat apɛ'la:t
Appellation apɛla't͜si̯o:n
appellativ apɛla'ti:f, **-e** ...i:və
Appellativ 'apɛlati:f, **-e** ...i:və
Appellativum apɛla'ti:vʊm, **...va** ...va
appellieren apɛ'li:rən
Appendektomie apɛndɛkto'mi:, **-n** ...i:ən
Appendix a'pɛndɪks, **...dices, ...dizes** ...dit͜se:s
Appendizitis apɛndi't͜si:tɪs, **...itiden** ...t͜si'ti:dn̩
Appennini *it.* appen'ni:ni
Appennino *it.* appen'ni:no
Appenzell apn̩'t͜sɛl, '---
Appersonierung apɛrzo'ni:rʊŋ
Appert *fr.* a'pɛ:r
Appertinens a'pɛrtinɛns, **...nzien** ...'nɛnt͜si̯ən
Apperzeption apɛrt͜sɛp't͜si̯o:n
apperzipieren apɛrt͜si'pi:rən
Appetenz ape'tɛnt͜s
Appetit ape'ti:t
Appetizer 'ɛpətai̯zɐ
Appia *fr.* ap'pja
Appian a'pi̯a:n
Appiani *it.* ap'pi̯a:ni
Appiano *it.* ap'pi̯a:no
Appianos a'pi̯a:nɔs
Appingedam *niederl.* ɑpɪŋə'dɑm
Appische Straße 'apɪʃə 'ʃtra:sə
applanieren apla'ni:rən
applaudieren aplau̯'di:rən
Applaus a'plau̯s, **-e** ...au̯zə
Apple[ton] *engl.* 'æpl[tən]
applikabel apli'ka:bl̩, **...ble** ...blə
Applikant apli'kant
Applikation aplika't͜si̯o:n
Applikator apli'ka:to:ɐ̯, **-en** ...ka'to:rən
Applikatur aplika'tu:ɐ̯
applizieren apli't͜si:rən
Appoggiatur apɔd͜ʒa'tu:ɐ̯
Appoggiatura apɔd͜ʒa'tu:ra
Appoint a'po̯ɛ̃:
Appomattox *engl.* æpə'mætəks
apponieren apo'ni:rən
Apponyi *ung.* 'ɔponji
apport!, Apport a'pɔrt
apportieren apɔr'ti:rən
Apportl a'pɔrtl̩
Apposition apozi't͜si̯o:n
appositionell apozit͜si̯o'nɛl
appositiv apozi'ti:f, **-e** ...i:və
appraisiv aprɛ'zi:f, **-e** ...i:və
Apprehension aprehɛn'zi̯o:n
apprehensiv aprehɛn'zi:f, **-e** ...i:və
Appreteur apre'tø:ɐ̯
appretieren apre'ti:rən
Appretur apre'tu:ɐ̯
Approach ɛ'pro:t͜ʃ
Approbation aproba't͜si̯o:n
approbatur apro'ba:tʊr
approbieren apro'bi:rən
Approche a'prɔʃ[ə], **-n** ...ʃn̩
approchieren aprɔ'ʃi:rən
Appropriation apropria't͜si̯o:n
Approvisation aproviza't͜si̯o:n
approvisionieren aprovizi̯o'ni:rən
Approximation aprɔksima't͜si̯o:n
approximativ aprɔksima'ti:f, **-e** ...i:və
Approximativ 'aprɔksimati:f, **-e** ...i:və
Apraxie apra'ksi:, **-n** ...i:ən
Apraxin *russ.* a'praksin
Après-midi d'un faune *fr.* aprɛmididœ'fo:n
Après nous le déluge! *fr.* aprɛnulde'ly:ʒ
Après-Ski aprɛ'ʃi:
Après-Swim aprɛ'svɪm
Aprica *it.* a'pri:ka
apricot apri'ko:
Apries 'a:priɛs
Aprikose apri'ko:zə
April a'prɪl
Aprilow *bulgar.* ɐ'prilof
a prima vista a 'pri:ma 'vɪsta
Apriori apri'o:ri
a priori a pri'o:ri
apriorisch apri'o:rɪʃ
Apriorismus aprio'rɪsmʊs
Apriorist aprio'rɪst
apropos apro'po:
Aprosdokese aprɔsdo'ke:zə
aprosdoketisch aprɔsdo'ke:tɪʃ
Aprosdoketon aprɔs'do:ketɔn, **...ta** ...ta
Aprosexie aprozɛ'ksi:, **-n** ...i:ən
Apscheron[sk] *russ.* apʃə'rɔn[sk]
Apside a'psi:də
apsidial apsi'di̯a:l

Apsis 'apsɪs, **Apsiden** a'psi:dn̩
Apt *dt., fr.* apt
Apterie apte'ri:, **-n** ...i:ən
apterygot aptery'go:t
aptieren ap'ti:rən
Aptitude 'ɛptitju:t
Aptyalismus aptÿa'lɪsmʊs
apuanisch a'pu̯a:nɪʃ
Apucarana *bras.* apuka'rɐna
Apuchtin *russ.* a'puxtin
Apulejus apu'le:jʊs
Apulien a'pu:li̯ən
Apure *span.* a'pure
Apurímac *span.* apu'rimak
Apus 'a:pʊs
Apyrexie apyrɛ'ksi:, **-n** ...i:ən
Aqua destillata 'a:kva dɛstɪ'la:ta
Aquädukt akvɛ'dʊkt
Aquae Sextiae 'a:kvɛ 'zɛkstḭɛ
äqual ɛ'kva:l
Aquamanile akvama'ni:lə
Aquamarin akvama'ri:n
Aquanaut[ik] akva'nau̯t[ɪk]
Aquaplaning akva'pla:nɪŋ, 'a:k...
Aquarell akva'rɛl
aquarellieren akvarɛ'li:rən
Aquarellist akvarɛ'lɪst
Aquarianer akva'ri̯a:nər
Aquarist[ik] akva'rɪst[ɪk]
Aquarium a'kva:ri̯ʊm, **...ien** ...i̯ən
Aquatel akva'tɛl
Aquatinta akva'tɪnta
aquatisch a'kva:tɪʃ
Äquativ 'ɛ:kvati:f, **-e** ...i:və
Aquatone... akva'to:n...
Äquator ɛ'kva:to:ɐ̯, **-en** ɛkva'to:rən
Äquatoreal ɛkvatore'a:l
äquatorial, Ä... ɛkvato'ri̯a:l
à quatre a 'katrə
à quatre mains a 'katrə 'mɛ̃:
à quatre partis a 'katrə par'ti:
Aquavit akva'vi:t
Äquer 'ɛ:kvɐ
Äquidensite ɛkvidɛn'zi:tə
äquidistant ɛkvidɪs'tant
Aquifer akvi'fe:ɐ̯
äquiglazial ɛkvigla'tsi̯a:l
Äquiglaziale ɛkvigla'tsi̯a:lə
Aquila 'a:kvila, *it.* 'a:ku̯ila
Aquilegia akvi'le:gi̯a
Aquileia *it.* aku̯i'lɛ:i̯a
Aquileja akvi'le:ja
äquilibrieren ɛkvili'bri:rən
Äquilibrismus ɛkvili'brɪsmʊs
Äquilibrist[ik] ɛkvili'brɪst[ɪk]
Äquilibrium ɛkvi'li:briʊm
Aquilina akvi'li:na
äquimolar ɛkvimo'la:ɐ̯
äquimolekular ɛkvimoleku'la:ɐ̯
Aquin a'kvi:n, *fr.* a'kɛ̃
Aquincum a'kvɪŋkʊm
Aquino *it.* a'ku̯i:no, *span.* a'kino
äquinoktial ɛkvinɔk'tsi̯a:l
Äquinoktium ɛkvi'nɔktsi̯ʊm, **...ien** ...i̯ən
äquipollent ɛkvipɔ'lɛnt
Äquipollenz ɛkvipɔ'lɛnts
Aquitanien akvi'ta:ni̯ən
aquitanisch akvi'ta:nɪʃ
Äquität ɛkvi'tɛ:t
äquivalent, A... ɛkviva'lɛnt
Äquivalenz ɛkviva'lɛnts
äquivok ɛkvi'vo:k
Äquivokation ɛkvivoka'tsi̯o:n
Ar (Flächenmaß) a:ɐ̯
Ara 'a:ra
Ära 'ɛ:ra
Arabella ara'bɛla
Araber 'arabɐ, *auch:* a'ra:bɐ
arabesk ara'bɛsk
Arabeske ara'bɛskə
Arabien a'ra:bi̯ən
Arabinose arabi'no:zə
Arabis 'a:rabɪs
arabisch a'ra:bɪʃ
Arabist[ik] ara'bɪst[ɪk]
Arabit ara'bi:t
Aracaju *bras.* araka'ʒu
Arachis 'a:raxɪs
Arachnide arax'ni:də
Arachnitis arax'ni:tɪs, **...itiden** ...ni'ti:dn̩
Arachnodaktylie araxnodakty'li:, **-n** ...i:ən
arachnoid araxno'i:t, **-e** ...i:də
Arachnoide araxno'i:də
Arachnoidea araxno'i:dea
Arachnoiditis araxnoi'di:tɪs, **...iditiden** ...di'ti:dn̩
Arachnologe araxno'lo:gə
Arachnologie araxnolo'gi:
Arachthos *neugr.* 'araxθɔs
Arad 'a:rat, *ung.* 'ɔrɔd, *hebr., rumän.* a'rad
Arae Flaviae 'a:rɛ 'fla:vi̯ɛ
Arafat 'arafat, ara'fa:t
Arafura *indon.* ara'fura
Aragall *span.* ara'ɣal
Arago *fr.* ara'go
Aragon *fr.* ara'gõ
Aragón *span.* ara'ɣɔn
Aragona *it.* ara'go:na
Aragonese arago'ne:zə
Aragonien ara'go:ni̯ən
Aragonier ara'go:ni̯ɐ
aragonisch ara'go:nɪʃ
Aragonit arago'ni:t
Aragua *span.* a'raɣu̯a
Araguaia *bras.* ara'gu̯ai̯a
Araguari *bras.* aragu̯a'ri
Aragwi *russ.* a'ragvi
[1]**Arai** (Gedicht) a'rai̯
[2]**Arai** *jap.* a'rai
Araiz[a] *span.* a'rai̯θ[a]
Arak *pers.* æ'rɑ:k
Araktschejew *russ.* arak'tʃejɪf
Aral® a'ra:l
Aralar *span.* ara'lar
Aralie a'ra:li̯ə
Aralsee 'a:ra[:]lze:
Aralsk *russ.* a'raljsk
Aramäa ara'mɛ:a
Aramäer ara'mɛ:ɐ
aramäisch ara'mɛ:ɪʃ
Aran *engl.* 'ærən
Arand[i]a *span.* a'rand[i̯]a
Arango *span.* a'raŋgo
Aranha *bras.* a'rɐɲa
Aranjuez *span.* araŋ'xu̯eθ, *Schiller* a'ranxu̯ɛs
Arany[os] *ung.* 'ɔrɔnj[oʃ]
Aranzini aran'tsi:ni
Arao *jap.* a'rao
Aräometer arɛo'me:tɐ
Arapaho *engl.* ə'ræpəhoʊ
Arapaima arapa'i:ma
Ärar ɛ'ra:ɐ̯
Arara a'ra:ra
Ararat 'a:rarat, *auch:* 'ararat, *engl.* 'ærəræt
ärarisch ɛ'ra:rɪʃ
Araschnia a'rasçnia
Araspe a'raspə
Arator a'ra:to:ɐ̯
Aratos a'ra:tɔs
Arauca *span.* a'rau̯ka
Araucaria arau̯'ka:ri̯a
Arauco *span.* a'rau̯ko
Araújo *bras.* ara'uʒu
Araukaner arau̯'ka:nɐ
Araukarie arau̯'ka:ri̯ə
Arausio a'rau̯zi̯o
Aravalli *engl.* ə'rɑ:vəlɪ
Arawake ara'va:kə
Arax *russ.* a'raks
Araxá *bras.* ara'ʃa
Araxes a'raksɛs
Arazzo a'ratso, **...zzi** ...tsi
Arbaud, ...beau *fr.* ar'bo
Arbeit 'arbai̯t
arbeiten 'arbai̯tn̩

A

Arbela ar'be:la
Arbenz 'arbɛnt͜s, *span.* ar'βenθ
Arber 'arbɐ, *engl.* 'ɑ:bə
Arbes *tschech.* 'arbɛs
Arbil ar'bi:l
Arbiter 'arbitɐ
Arbitrage arbi'tra:ʒə
arbiträr arbi'trɛ:ɐ̯
Arbitrarität arbitrari'tɛ:t
Arbitration arbitra'tsi̯o:n
Arbitrator arbi'tra:to:ɐ̯, **-en** ...tra'to:rən
arbitrieren arbi'tri:rən
Arbitrium ar'bi:triʊm, **...ia** ...ia
Arbó *span.* ar'βo, *kat.* ər'βo
Arboga *schwed.* ˌarbo:ga
Arbogast 'arbogast
Arbois de Jubainville *fr.* arbwadʒybɛ̃'vil
Arbon 'arbo:n
Arborea *it.* arbo'rɛ:a
Arboreal arbore'a:l
Arboretum arbo're:tʊm
Arboviren arbo'vi:rən
Arbovirose arbovi'ro:zə
Arbrissel *fr.* arbri'sɛl
Arbroath *engl.* ɑ:'broʊθ
Arbués *span.* ar'βu̯es
Arbuse ar'bu:zə
[1]**Arbusow** (dt.-balt. Familienname) ar'bu:zɔf
[2]**Arbusow** *russ.* ar'buzɐf
Arbuthnot *engl.* ɑ:'bʌθnət
Arc *fr.* ark
Arca *it.* 'arka
Arcachon *fr.* arka'ʃõ
Arcadelt *niederl.* 'ɑrkadɛlt
Arcadia *engl.* ɑ:'keɪdɪə
Arcadius ar'ka:di̯ʊs
Arcangelo *it.* ar'kandʒelo
Arcata *engl.* ɑ:'keɪtə
Arc de Triomphe *fr.* arkdətri'õ:f
Arce *it.* 'artʃe, *span.* 'arθe
Arcesius ar'tse:zi̯ʊs
Archaik ar'ça:ɪk
Archaiker ar'ça:ikɐ
Archaikum ar'ça:ikʊm
Archäikum ar'çɛ:ikʊm
archaisch ar'ça:ɪʃ
archäisch ar'çɛ:ɪʃ
archaisieren arçai'zi:rən
Archaismus arça'ɪsmʊs
Archaist arça'ɪst
Archangelos *neugr.* ar'xaŋgelɔs
Archangelsk ar'çaŋl̩sk, ar'çaŋgelsk, *russ.* ar'xangɪljsk
Archanthropinen arçantro'pi:nən
Archäologe arçɛo'lo:gə
Archäologie arçɛolo'gi:
archäologisch arçɛo'lo:gɪʃ
Archäometrie arçɛome'tri:
Archäophyt arçɛo'fy:t
Archäopteris arçɛ'ɔpterɪs, **...iden** arçɛɔpte'ri:dn̩
Archäopteryx arçɛ'ɔpterʏks, **...ryges** arçɛɔp'te:ryge:s
Archäozoikum arçɛo'tso:ikʊm
[1]**Arche** (Kasten) 'arçə
[2]**Arche** (Anfang) ar'çe:
Archeget arçe'ge:t
Archegoniaten arçego'ni̯a:tn̩
Archegonium arçe'go:ni̯ʊm, **...ien** ...i̯ən
Archelaos arçe'la:ɔs
Archelaus arçe'la:ʊs
Archena *span.* ar'tʃena
Archenholz 'arçn̩hɔlt͜s
Archenzephalon arçɛn'tse:falɔn
Archer *engl.* 'ɑ:tʃə
Archespor arçe'spo:ɐ̯
Archetyp arçe'ty:p, *auch:* '---
Archetypus arçe'ty:pʊs
Archeus ar'çe:ʊs
Archey *engl.* 'ɑ:tʃɪ
Archias 'arçi̯as
Archibald 'arçibalt, *engl.* 'ɑ:tʃɪbɔ:ld
Archidamos arçi'da:mɔs
Archidiakon arçidia'ko:n
Archidiakonat arçidiako'na:t
Archigonie arçigo'ni:
Archilexem arçilɛ'kse:m
Archilochius arçilɔ'xi:ʊs
Archilochos ar'çi:lɔxɔs
Archimandrit arçiman'dri:t
Archimedes arçi'me:dɛs
archimedisch, A... arçi'me:dɪʃ
Archipel arçi'pe:l
Archipelagos arçi'pe:lagɔs
Archipenko arçi'pɛŋko, *russ.* ar'xipɪnkɐ, *engl.* ɑ:kɪ'pɛŋkoʊ
Archiphonem arçifo'ne:m
Archipoeta arçipo'e:ta
Archipowa *russ.* ar'xipɐvɐ
Archipresbyter arçi'prɛsbytɐ
Archisposa arçi'spo:za
Architekt arçi'tɛkt
Architektonik arçitɛk'to:nɪk
architektonisch arçitɛk'to:nɪʃ
Architektur arçitɛk'tu:ɐ̯
architektural arçitɛktu'ra:l
Architrav arçi'tra:f, **-e** ...a:və
Archiv ar'çi:f, **-e** ...i:və
Archivalien arçi'va:li̯ən
archivalisch arçi'va:lɪʃ
Archivar arçi'va:ɐ̯
archivieren arçi'vi:rən
Archivistik arçi'vɪstɪk
Archivolte arçi'vɔltə
Archon 'arçɔn, **-ten** ar'çɔntn̩
Archont ar'çɔnt
Archontat arçɔn'ta:t
Archytas ar'çy:tas
Arcimboldi *it.* artʃim'bɔldi
Arciniegas *span.* arθi'ni̯eɣas
Arcipelago *it.* artʃi'pɛ:lago
Arcis-sur-Aube *fr.* arsisy'ro:b
Arciszewski *poln.* artɕi'ʃɛfski
arco, Arco 'arko
Arcole *it.* 'arkole
Arcos *span.* 'arkos, *fr.* ar'ko:s
Arctocephalus arkto'tse:falʊs
Arcus 'arkʊs, **die -** ...ku:s
Arda *bulgar.* 'ardɐ
Ardabil arda'bi:l, *pers.* ærdæ'bi:l
Årdal *norw.* ˌo:rda:l
Ardea *dt., it.* 'ardea
Ardeal *rumän.* ar'de̯al
Ardebil arde'bi:l
Ardèche *fr.* ar'dɛʃ
Ardelius *schwed.* ar'de:liʊs
Arden *engl.* ɑ:dn
Ardenne ar'dɛn
Ardennen ar'dɛnən
Ardennes *fr.* ar'dɛn
ardente ar'dɛntə
Ardey 'ardai̯
Ardigò *it.* ardi'gɔ
Ardinghello *it.* ardiŋ'gɛllo
Arditi *it.* ar'di:ti
ardito ar'di:to
Ardmore *engl.* 'ɑ:dmɔ:
Ardometer® ardo'me:tɐ
Ardrossan *engl.* ɑ:'drɔsən
Ards *engl.* ɑ:dz
Arduin 'ardui:n
Are 'a:rə
Åre *schwed.* ˌo:rə
Area 'a:rea, **Areen** a're:ən
areal, A... are'a:l
Arecibo *span.* are'θiβo
Areflexie areflɛ'ksi:, **-n** ...i:ən
Areia[s] *bras.* a'rei̯a[s]
Arekanuss a're:kanʊs
Arelat[e] are'la:t[ə]
Aremorica are'mo:rika
Arena a're:na, *span.* a'rena
Arenal *span.* are'nal

A

Arenas *span.* aˈrenas
Arenberg ˈaːrənbɛrk
Arend ˈaːrənt
Arenda aˈrɛnda
Arendal *norw.* ˌaːrəndaːl
Arends ˈaːrənts
Arendsee aːrəntˈzeː
Arendt ˈaːrənt
Arène *fr.* aˈrɛn
Arenenberg aˈreːnənbɛrk
Arens[burg] ˈaːrəns[bʊrk]
Arenski *russ.* aˈrjɛnskij
Areopag areoˈpaːk, **-e** ...aːgə
Areopagita areopaˈgiːta
Arequipa *span.* areˈkipa
Ares ˈaːrɛs
Åreskutan *schwed.* ˌoːrə-skʉːtan
Årestrup *dän.* ˈɔːrəsdrʊb
Aretaios areˈtai̯ɔs
Aretalogie aretaloˈgiː, **-n** ...iːən
[1]**Arete** (Name) aˈreːtə
[2]**Arete** (Tugend) areˈteː
Arethusa areˈtuːza
Aretin ˈaretiːn
Aretino *it.* areˈtiːno
Aretologie aretoloˈgiː
Arévalo *span.* aˈreβalo
Arezzo *it.* aˈrettso
Arfe *span.* ˈarfe
arg ark, **-e** ˈargə, **ärger** ˈɛrgɐ
Arg ark
Argali ˈargali
Argaña *span.* arˈɣaɲa
Argand *fr.* arˈgã
Argar *span.* arˈɣar
Argelander argeˈlandɐ
Argen ˈargn̩
Argens (Fluss) *fr.* arˈʒɛ̃ːs
Argens, d *fr.* darˈʒãːs
Argensola *span.* arxenˈsola
Argenson *fr.* arʒãˈsõ
Argenta *span.* arˈxenta
Argentan argɛnˈtaːn, *fr.* arʒãˈtã
Argentera *it.* ardʒenˈtɛːra
Argenteuil *fr.* arʒãˈtœj
Argentière *fr.* arʒãˈtjɛːr
Argentina *span.* arxenˈtina
Argentine argɛnˈtiːnə
Argentinien argɛnˈtiːni̯ən
Argentinier argɛnˈtiːni̯ɐ
argentinisch argɛnˈtiːnɪʃ
Argentino *span.* arxenˈtino
Argentit argɛnˈtiːt
Argenton *fr.* arʒãˈtõ
Argentoratum argɛntoˈraːtʊm
Argentum arˈgɛntʊm

ärger, Ä... ˈɛrgɐ
Argerich ˈargərɪç, *span.* arxeˈritʃ
ärgern ˈɛrgɐn, **ärgre** ˈɛrgrə
Argeș *rumän.* ˈardʒeʃ
Arghezi *rumän.* arˈgezi
Arginase argiˈnaːzə
Arginin argiˈniːn
Arginusen argiˈnuːzn̩
Argiope arˈgiːope
Argiver arˈgiːvɐ
Argo[lis] ˈargo[lɪs]
argolisch arˈgoːlɪʃ
Argon ˈargɔn, arˈgoːn
Argonaut argoˈnau̯t
Argonne *fr.* arˈgɔn
Argonnen arˈgɔnən
Argopuro *indon.* argoˈpuro
Argos ˈargɔs, *neugr.* ˈarɣɔs
Argostolion *neugr.* arɣɔsˈtɔljɔn
Argot arˈgoː
Argote *span.* arˈɣote
Argotismus argoˈtɪsmʊs
ärgste ˈɛrkstə
Arguedas *span.* arˈɣeðas
Argüelles *span.* arˈɣu̯eʎes
Argüello *span.* arˈɣu̯eʎo
Argument arguˈmɛnt
Argumentation argumɛntaˈtsi̯oːn
argumentativ argumɛntaˈtiːf, **-e** ...iːvə
argumentatorisch argumɛntaˈtoːrɪʃ
argumentieren argumɛnˈtiːrən
Argumentum e Contrario arguˈmɛntʊm eː kɔnˈtraːri̯o
Argun (Quellfluss des Amurs) *russ.* arˈgunj
Argus ˈargʊs, *engl.* ˈɑːgəs
Argwohn ˈarkvoːn
argwöhnen ˈarkvøːnən
argwöhnisch ˈarkvøːnɪʃ
Argyll, Argyle *engl.* ɑːˈgaɪl
Argyrie argyˈriː, **-n** ...iːən
Århus *dän.* ˈɔːˀhuːˀs
Arhythmie arʏtˈmiː, **-n** ...iːən
Ari ˈaːri
Ariadne aˈri̯adnə, *auch:* aˈri̯atnə
Arialdus aˈri̯aldʊs
Ariana *fr.* arjaˈna
Ariane aˈri̯aːnə, *fr.* aˈrjan
Arianer aˈri̯aːnɐ
arianisch aˈri̯aːnɪʃ
Arianismus ari̯aˈnɪsmʊs
Arias *span.* ˈari̯as

Aribert ˈaːribɛrt
Ariboflavinose ariboflaviˈnoːzə
Arica *span.* aˈrika
Ariccia *it.* aˈrittʃa
Aricia aˈriːtsi̯a
arid aˈriːt, **-e** ...iːdə
Arida *jap.* ˈaˌrida
Aridaeus, ...äus ariˈdɛːʊs
Ariditat aridiˈtɛːt
Arie ˈaːri̯ə
Ariège *fr.* aˈrjɛːʒ
Ariel ˈaːri̯eːl, *auch:* ...i̯ɛl
Arier ˈaːri̯ɐ
Aries ˈaːri̯ɛs
Arietta aˈri̯ɛta
Ariette aˈri̯ɛtə
Arif ˈaːrɪf, *türk.* ɑˈrif
Arigo aˈriːgo
Ariha aˈriːha
Arillus aˈrɪlʊs, **Arilli** aˈrɪli
Arima *engl.* əˈriːmə
Arimaspen ariˈmaspn̩
Arimatäa arimaˈtɛːa
Arimathia arimaˈtiːa
Arindal ˈaːrɪndal
Arion aˈriːɔn
arios aˈri̯oːs, **-e** ...oːzə
arioso aˈri̯oːzo
Arioso aˈri̯oːzo, **...si** ...zi
Ariost aˈri̯ɔst
Ariosti *it.* aˈri̯ɔsti
Ariosto *it.* aˈri̯ɔsto
Ariovist ari̯oˈvɪst
arisch ˈaːrɪʃ
Arisch, Al al|aˈriːʃ
Arischima *jap.* aˈriʃima
arisieren ariˈziːrən
Aristagoras arɪsˈtaːgoras
Aristaios arɪsˈtai̯ɔs
Aristan aˈrɪstan
Aristarchos arɪsˈtarçɔs
Aristeas aˈrɪsteas, arɪsˈteːas
Aristeides arɪsˈtai̯dɛs
Aristeus aˈrɪstɔy̯s
Aristide *fr.* arisˈtid
Aristides arɪsˈtiːdɛs
Aristie arɪsˈtiː, **-n** ...iːən
Aristipp[os] arɪsˈtɪp[ɔs]
Aristobulos arɪstoˈbuːlɔs
Aristodemos arɪstoˈdeːmɔs
Aristodemus arɪstoˈdeːmʊs
Aristogeiton arɪstoˈgai̯tɔn
Aristogiton arɪstoˈgiːtɔn
Aristokrat arɪstoˈkraːt
Aristokratie arɪstokraˈtiː, **-n** ...iːən
Aristol arɪsˈtoːl

A

Aristolọchia arısto'lɔxi̯a, **...ien** ...i̯ən
Aristo̱menes arıs'to:menɛs
Arịston a'rıstɔn
Aristoni̱kos arısto'ni:kɔs
Aristony̱m arısto'ny:m
Aristo̱phanes arıs'to:fanɛs
Aristophane̱us arıstofa'ne:ʊs
aristopha̱nisch arısto'fa:nıʃ
Aristo̱teles arıs'to:telɛs
Aristote̱liker arısto'te:likɐ
aristote̱lisch, A... arısto'te:lıʃ
Aristotelịsmus arıstote'lısmʊs
Ạristow *russ.* 'aristɐf
Aristọxenos arıs'tɔksenɔs
Ạrita *jap.* 'aˌrita
Arithme̱tik arıt'me:tık
Arithme̱tiker arıt'me:tikɐ
arithme̱tisch arıt'me:tıʃ
Arithmogri̱ph arıtmo'gri:f
Arithmologi̱e arıtmolo'gi:
Arithmomani̱e arıtmoma'ni:, **-n** ...i:ən
Arithmomanti̱e arıtmoman'ti:
Ari̱us a'ri:ʊs
Arịza *span.* a'riθa
Arizo̱na ari'tso:na, *engl.* ærı'zoʊnə
Årjäng *schwed.* 'o:rjɛŋ
Ạrjissa Magụla *neugr.* 'arjisa ma'ɣula
Arka̱de ar'ka:də
Arkadẹlphia *engl.* ɑ:kə'dɛlfıə
Arkạdi *russ.* ar'kadij
Arka̱dien ar'ka:di̯ən
Arka̱dier ar'ka:di̯ɐ
arkadi̱eren arka'di:rən
Arka̱dios ar'ka:di̯ɔs
arka̱disch ar'ka:dıʃ
Arka̱n... ar'ka:n...
[1]**Arkạnsas** (US-Staat) ar'kanzas, *engl.* 'ɑ:kənsɔ:
[2]**Arkạnsas** (Fluss) ar'kanzas, *engl.* ɑ:'kænzəs
Arkansi̱t arkan'zi:t
Arka̱num ar'ka:nʊm, **...na** ...na
Ạrkas 'arkas
Arkebu̱se arke'bu:zə
Arkebusi̱er arkebu'zi:ɐ̯
Arkele̱y̱ arkə'lai̯
Arkesila̱os arkezi'la:ɔs
Arko̱na ar'ko:na
Arko̱se ar'ko:zə
Arkoso̱l arko'zo:l
Arkoso̱lium arko'zo:li̯ʊm, **...ien** ...i̯ən
Ạrktiker 'arktikɐ
Ạrktis 'arktıs
ạrktisch 'arktıʃ
Ạrktos 'arktɔs
Arktu̱r ark'tu:ɐ̯
Arktu̱rus ark'tu:rʊs
Arkuballịste arkuba'lıstə
Ạrkus 'arkʊs, **die -** ...ku:s
A̱rkwright *engl.* 'ɑ:kraıt
Arland *fr.* ar'lã
Ạrlberg 'arlbɛrk
Arlecchi̱no arlɛ'ki:no, **...ni** ...ni
Ạrles *fr.* arl
Ạrlesheim 'arləshai̯m
Arlésiẹnne *fr.* arle'zjɛn
Arlẹtte *dt., fr.* ar'lɛt
A̱rlington *engl.* 'ɑ:lıŋtən
Arlon *fr.* ar'lõ
ạrm arm, **ạ̈rmer** 'ɛrmɐ
Ạrm arm
Arma̱da ar'ma:da
Armagẹddon arma'gɛdɔn
Arma̱gh *engl.* ɑ:'mɑ:
Armagnạc arman'jak, *fr.* arma'ɲak
Armagna̱ke arman'ja:kə
Arman[d] *fr.* ar'mã
Ạrmansperg 'armanspɛrk
Arma̱rium ar'ma:ri̯ʊm, **...ia** ...i̯a, **...ien** ...i̯ən
Ạrmas *span.* 'armas
Armato̱le arma'to:lə
Armatu̱r arma'tu:ɐ̯
Armawịr *russ.* arma'vir
Ạrmbrust 'armbrʊst
Ạrmco-Eisen® 'armko|ai̯zn̩
Arme̱e ar'me:, **-n** ...e:ən
Ạ̈rmel 'ɛrml̩
Armeleu̱teviertel armə'lɔy̯təfırtl̩
...ärmelig ...ˌ|ɛrməlıç, **-e** ...ıgə
Armẹnia *span.* ar'meni̯a
Arme̱nien ar'me:ni̯ən
Arme̱nier ar'me:ni̯ɐ
arme̱nisch ar'me:nıʃ
Armentières *fr.* armã'tjɛ:r
ärmer vgl. arm
Armesünder armə'zʏndɐ
Ạrmfeldt *schwed.* ˌarmfɛlt
Ạrmgard 'armgart
Armi̱da *it.* ar'mi:da
A̱rmidale *engl.* 'ɑ:mıdeıl
Armi̱de ar'mi:də
armi̱eren ar'mi:rən
...armig ...ˌ|armıç, **-e** ...ıgə
Armịlla ar'mıla
Armilla̱r... armı'la:ɐ̯...
Armilla̱ria armı'la:ri̯a
Ạrmin 'armi:n
Arminia̱ner armi'ni̯a:nɐ
arminia̱nisch armi'ni̯a:nıʃ
Arminianịsmus armini̯a'nısmʊs
Armi̱nio *it.* ar'mi:ni̯o
Armi̱nius ar'mi:ni̯ʊs
ạ̈rmlich 'ɛrmlıç
...ärmlig ...ˌ|ɛrmlıç, **-e** ...ıgə
Armoria̱l armo'ri̯a:l
Armo̱rica, ...ika ar'mo:rika
armorika̱nisch armori'ka:nıʃ
A̱rmstrong *engl.* 'ɑ:mstrɔŋ
Armsü̱nderglocke arm'zʏndɐglɔkə
Armu̱re ar'my:rə
Armü̱re ar'my:rə
Ạrmut 'armu:t
Armute̱i̱ armu'tai̯
Ạrn[ach] 'arn[ax]
Arnạldo *it., span.* ar'naldo
Ạrnarson *isl.* 'ardnarsɔn
Ạrnau 'arnau̯
Arnau[l]d, ...[l]t *fr.* ar'no
Arna̱u̱te ar'nau̯tə
Ạrnd[t] arnt
Ạrne 'arnə, *dän.* 'aɐ̯nə, *schwed.* ˌɑ:rnə, *engl.* ɑ:n
Ạrneburg 'arnəbʊrk
Arnẹll *engl.* ɑ:'nɛl
Arnér *schwed.* ar'ne:r
Ạrnesson 'arnəsɔn
Ạrnessön 'arnəsœn
Ạrneth 'arnɛt
Ạrnfried 'arnfri:t
Arnfri̱ede arn'fri:də
Ạrnheim 'arnhai̯m
Ạrnhem *niederl.* 'ɑrnhɛm, 'ɑrnəm, *engl.* 'ɑ:nəm
Ạrni 'arni
Ạrnica, ...ika 'arnika
Arnịches *span.* ar'nitʃes
Ạrnim 'arnım
Ạrno *dt., it.* 'arno, *engl.* 'ɑ:noʊ
Arno̱bius ar'no:bi̯ʊs
Ạrnold 'arnɔlt, *engl.* ɑ:nld
Arnọldi ar'nɔldi
Arnoldsha̱i̱n arnɔlts'hai̯n
A̱rnoldson *schwed.* ˌɑ:rnɔldsɔn
Ạrnoldstein 'arnɔltʃtai̯n
Arnọlfo *it.* ar'nɔlfo
Arnould, ...noux *fr.* ar'nu
Ạrnøy *norw.* ˌa:rnœi̯
Ạrnsberg 'arnsbɛrk
Ạrnsdorf 'arnsdɔrf
Ạrnstadt 'arnʃtat
Ạrnstein 'arnʃtai̯n
Arnswạlde arns'valdə
Ạrnulf 'arnʊlf
Arọlas *span.* a'rolas
Arọldo *it.* a'rɔldo

Arolsen 'a:rɔlzn̩
Arom a'ro:m
Aroma a'ro:ma, **-ta** -ta
Aromagramm aroma'gram
Aromat aro'ma:t
aromatisch aro'ma:tɪʃ
aromatisieren aromati'zi:rən
Aromune aro'mu:nə
Aron 'a:rɔn, *it.* 'a:ron, *fr.* a'rõ
Arona *it.* a'ro:na
Aronson *schwed.* ˌɑ:rɔnsɔn
Arosa a'ro:za, *span.* a'rosa
Aroser a'ro:zɐ
Arouet *fr.* a'rwɛ
Arp arp
Arpad 'arpat
Árpád *ung.* 'a:rpa:d
Arpade ar'pa:də
Arpeggiatur arpɛdʒa'tu:ɐ̯
Arpeggien ar'pɛdʒi̯ən
arpeggieren arpɛ'dʒi:rən
arpeggio, A... ar'pɛdʒo
Arpeggione arpɛ'dʒo:nə
Arpi *it.* 'arpi
Arpino *it.* ar'pi:no, *engl.* ɑ:'pi:noʊ
Arrabal *fr.* ara'bal, *span.* arra'βal
Arrábida *port.* ɐ'rraβiðɐ
Arrah *engl.* 'ærə
Arrak 'arak
Arran *engl.* 'ærən
Arrangement arãʒə'mã:, araŋʒ...
Arrangeur arã'ʒø:ɐ̯, araŋ'...
arrangieren arã'ʒi:rən, araŋ'...
Arras 'aras, *fr.* a'rɑ:s
Arrau *span.* a'rrau̯
Array ɛ're:
Arrazzo a'ratso, **...zzi** ...tsi
Arrende a'rɛndə
Arrest a'rɛst
Arrestant arɛs'tant
Arrestat arɛs'ta:t
Arrestation arɛsta'tsi̯o:n
Arrestatorium arɛsta'to:ri̯ʊm
Arrêt a'rɛ:, **des -s** a'rɛ:[s], **die -s** a'rɛ:s
arretieren are'ti:rən
arretinisch are'ti:nɪʃ
Arretium a're:tsi̯ʊm
Arrha 'ara
Arrhenatherum arena'te:rʊm
Arrhenius *schwed.* a're:niʊs
Arrhenoblastom arenoblas'to:m
Arrhenogenie arenoge'ni:, **-n** ...i:ən
arrhenoid areno'i:t, **-e** ...i:də
Arrhenoidie arenoi'di:, **-n** ...i:ən
Arrhenotokie arenoto'ki:
arrhenotokisch areno'to:kɪʃ
Arrhythmie arʏt'mi:, **-n** ...i:ən
arrhythmisch 'arʏtmɪʃ
Arria 'ari̯a
Arrian[us] a'ri̯a:n[ʊs]
Arriaza *span.* a'rri̯aθa
Arrieregarde a'ri̯e:ɐ̯gardə
Arrieta *span.* a'rri̯eta
Arrigo *it.* ar'ri:go
Arrival ɛ'raivl̩
arrivederci arive'dɛrtʃi
arrivieren ari'vi:rən
Arrivist ari'vɪst
arrogant aro'gant
Arroganz aro'gants
arrondieren arɔn'di:rən, arõ...
Arrondissement arõdɪsə'mã:
Arrosement arozə'mã:
arrosieren aro'zi:rən
Arrosion aro'zi̯o:n
Arroux *fr.* a'ru
Arrow[rock] *engl.* 'æroʊ[rɔk]
Arrowroot 'ɛroru:t
Arroyo *span.* a'rrɔjo
Arrupe *span.* a'rrupe
Arsakide arza'ki:də
Ars Amandi 'ars a'mandi
Arsamas *russ.* arza'mas
Ars amatoria 'ars ama'to:ri̯a
Ars antiqua 'ars an'ti:kva
Arsazide arza'tsi:də
Arsch arʃ, *auch:* a:ɐ̯ʃ, **Ärsche** 'ɛrʃə, *auch:* 'ɛ:ɐ̯ʃə
Arschin ar'ʃi:n
Ars Dictandi 'ars dɪk'tandi
Arsen ar'ze:n
Arsena 'arzena
Arsenal arze'na:l, *engl.* 'ɑ:sɪnl
Arsenat arze'na:t
Arsène *fr.* ar'sɛn
Arseni *russ.* ar'sjenij
Arsenid arze'ni:t, **-e** ...i:də
arsenieren arze'ni:rən
Arsenik ar'ze:nɪk
Arsenit arze'ni:t
Arsenius ar'ze:ni̯ʊs
Arsenjew *russ.* ar'sjenjɪf
Arsenolith arzeno'li:t
Arsidas 'arzidas
Arsin ar'zi:n
Arsinoe ar'zi:noe
Arsir 'arzɪr, ar'zi:ɐ̯
Arsis 'arzɪs
Arsizio *it.* ar'sittsi̯o
Arslantaş *türk.* ɑr'slɑntɑʃ
Ars Moriendi 'ars mo'ri̯ɛndi
Ars nova 'ars 'no:va
Arsonval *fr.* arsõ'val
Ars povera 'ars 'po:vera
Art a:ɐ̯t, *engl.* ɑ:t
Arta *dt., neugr., it.* 'arta
Artajo *span.* ar'taxo
Artamane arta'ma:nə
Artaphernes arta'fɛrnɛs
Artaria *it.* ar'ta:ri̯a
Artaschat *russ.* arta'ʃat
Artaserse *it.* arta'sɛrse
Artaud *fr.* ar'to
Artaxata ar'taksata
Artaxerxes arta'ksɛrksɛs
Art brut 'a:ɐ̯ 'brʏt
Art déco 'a:ɐ̯ 'de:ko
Artdirector 'a:ɐ̯tdiˌrɛktɐ
arte (Fernsehen) 'artə
Arteaga *span.* arte'aɣa
artefakt, A... arte'fakt
artefiziell artefi'tsi̯ɛl
Artel ar'tɛl, ar'tjɛl
Artemi *russ.* ar'tjemij
Artemidor artemi'do:ɐ̯
Artemidoros artemi'do:rɔs
Artemidorus artemi'do:rʊs
Artemis 'artemɪs
Artemisia *dt., it.* arte'mi:zi̯a
Artemision arte'mi:zi̯ɔn
arten 'a:ɐ̯tn̩
Arte povera 'artə 'po:vera
Arterie ar'te:ri̯ə
arteriell arte'ri̯ɛl
Arteriitis arteri'i:tɪs, **...itiden** ...rii'ti:dn̩
Arteriogramm arteri̯o'gram
Arteriographie arteri̯ogra'fi:, **-n** ...i:ən
Arteriole arte'ri̯o:lə
Arteriosklerose arteri̯oskle'ro:zə
arteriosklerotisch arteri̯oskle'ro:tɪʃ
Arterit arte'ri:t
Artern 'artɐn
artesisch ar'te:zɪʃ
Artes liberales 'arte:s libe'ra:le:s
Artevelde *niederl.* 'ɑrtəvɛldə
Arth[a] 'art[a]
Arthois *fr.* ar'twa
Arthralgie artral'gi:, **-n** ...i:ən
Arthritiker ar'tri:tikɐ
Arthritis ar'tri:tɪs, **...itiden** ...ri'ti:dn̩
arthritisch ar'tri:tɪʃ
Arthritismus artri'tɪsmʊs
Arthrodese artro'de:zə
arthrogen artro'ge:n

Arthroli̱th artro'li:t
Arthropathi̱e artropa'ti:, **-n** ...i:ən
Arthroplạstik artro'plastɪk
Arthropo̱den artro'po:dn̩
Arthro̱se ar'tro:zə
Arthro̱sis ar'tro:zɪs
Ạrthur 'artʊr, *engl.* 'ɑ:θə, *fr.* ar'ty:r
Ạrthurhaus 'artʊrhau̯s
Ạrthus 'artʊs, *fr.* ar'tys
artifiziẹll artifi'tsi̯ɛl
a̱rtig 'a:ɐ̯tɪç, **-e** ...ɪgə
Artị̄gas *span.* ar'tiɣas
Artịk *russ.* ar'tik
Artikel ar'ti:kl̩, *auch:* ...tɪkl̩
artikula̱r artiku'la:ɐ̯
Artikula̱ten artiku'la:tn̩
Artikulatio̱n artikula'tsi̯o:n
artikulato̱risch artikula'to:rɪʃ
artikuli̱eren artiku'li:rən
Artillerie 'artɪləri:, *auch:* ---'-, **-n** ...i:ən
Artillerist 'artɪlərɪst, *auch:* ---'-
Artiodạctyla artsi̯o'daktyla
Artisan arti'zã:
Artischọcke arti'ʃɔkə
Artịst[ik] ar'tɪst[ɪk]
Artjọm *russ.* ar'tjɔm
Artjọmowsk[i] *russ.* ar'tjɔmɐfsk[ij]
A̱rtland 'a:ɐ̯tlant
Ạrtlenburg 'artlənbʊrk
Ạrtmann 'artman
A̱rt nouveau 'a:ɐ̯ nu'vo:
Artois ar'to̯a, *fr.* ar'twa
Artôt *fr.* ar'to
Artothe̱k arto'te:k
Ạrtur 'artʊr
Artu̱ro *it.* ar'tu:ro
Ạrtus 'artʊs
Artu̱si *it.* ar'tu:zi
Ạrtvin *türk.* 'ɑrtvin
Ạru *indon.* 'aru
Aruạk a'ru̯ak
Aru̱ba a'ru:ba, *niederl.* ɑ'ru:bɑ
Aruna̱chal *engl.* ærʊ'nɑ:tʃəl
Arundel *engl.* 'ærəndl
Aru̱sha *engl.* ə'ru:ʃə
Ạrva 'arva
Arvada *engl.* ɑ:'vædə
Arva̱l... ar'va:l...
Ạrve 'arvə, *fr.* arv
Arvẹrner ar'vɛrnɐ
Arvịda *engl.* ɑ:'vaɪdə, *fr.* arvi'da
Ạrvika *schwed.* ˌarvi:ka
Arvira̱gus arvi'ra:gʊs
A̱rwed 'arve:t
A̱rx arks
Ary̱l a'ry:l
A̱rys 'a:rɪs, *russ.* a'rɨsj
Ạrz arts
Ạrzberg 'artsbɛrk
Arzew *fr.* ar'zø
Ạrzfeld 'artsfɛlt
Arzibạschew *russ.* artsɨ'baʃəf
Arzne̱i a:ɐ̯ts'nai̯, *auch:* arts...
Arzt a:ɐ̯tst, *auch:* artst, **Ärzte** 'ɛ:ɐ̯tstə, *auch:* 'ɛrtstə
Ärztin 'ɛ:ɐ̯tstɪn, *auch:* 'ɛrtstɪn
ärztlich 'ɛ:ɐ̯tstlɪç, *auch:* 'ɛrtstlɪç
Arzú *span.* ar'θu
ạs, [1]Ạs as
[2]Ạs (Münzeinheit) as, **-se** 'asə
[3]Ạs (Name) *niederl.* ɑs
Ạš *tschech.* aʃ
Ås *schwed.* o:s, **-ar** ˌo:sar
Asaba̱ *engl.* ɑ:sɑ:'bɑ:
Asạchi *rumän.* a'saki
Ạsad 'asat
Asadi̱ *pers.* æsæ'di:
A̱sa foe̱tida 'a:za 'fø:tida
Asafö̱tida aza'fø:tida
Asạhikawa *jap.* a'sahi̥ˌkawa
Asạhi Schimbun *jap.* a'sahi̥-ʃiˌm̩bun
Asạka *jap.* a'saka
A̱sam 'a:zam
Asạnde a'zandə
Asansol *engl.* æsən'soʊl
Asạnt a'zant
Åsar vgl. Ås
Asarhạddon azar'hadɔn
Asbẹst as'bɛst, *russ.* az'bjɛst
Asbẹstos *engl.* æs'bɛstəs
Asbesto̱se asbɛs'to:zə
Ạsbjørnsen *norw.* 'asbjœrnsən
Asbury *engl.* 'æzbərɪ
Asca̱nio *it.* as'ka:ni̯o
Asca̱nius as'ka:ni̯ʊs
Ascẹnsion *engl.* ə'sɛnʃən
Ascetony̱m astseto'ny:m
Ạsch aʃ, *niederl.* ɑs
Ạscha 'aʃa, *russ.* a'ʃa
Ạschach 'aʃax
Aschạffenburg a'ʃafn̩bʊrk
Aschạjew *russ.* a'ʒajɪf
Ascham *engl.* 'æskəm
Aschạnti a'ʃanti
Ascha̱rit aʃa'ri:t
ạschble̱ich 'aʃ'blai̯ç
Aschchabạd *russ.* aʃxa'bat
Ạsche 'aʃə
Ä̱sche 'ɛʃə
Ạscheberg 'aʃəbɛrk
Ạschenbrödel 'aʃn̩brø:dl̩
Ạschendorf 'aʃn̩dɔrf
Ạschenputtel 'aʃn̩pʊtl̩
Ạscher 'aʃɐ
Ä̱scher 'ɛʃɐ
Aschermịttwoch aʃɐ'mɪtvɔx
Ạschersleben 'aʃɐsle:bn̩
ạschfa̱hl 'aʃ'fa:l
Ạschheim 'aʃhai̯m
Aschị̄betsu *jap.* a'ʃiˌbetsu
ạschig 'aʃɪç, **-e** ...ɪgə
Aschị̄ja *jap.* a'ʃija
Aschịkaga *jap.* a'ʃi̥kaˌga
Ä̱schines 'ɛ[:]ʃinɛs
Aschkena̱s aʃke'na:s
Aschkenasi̱m aʃke'na:zi:m, ...na'zi:m
Aschmu̱n aʃ'mu:n
Ạschoff 'aʃɔf
Ascho̱ka a'ʃo:ka
Aschraf *pers.* æʃ'ræf
A̱schram 'a:ʃram
Ạschschur 'aʃʊr
Aschto̱ret aʃ'to:rɛt
Aschu̱g a'ʃu:k, **-en** ...u:gn̩
Aschu̱ge a'ʃu:gə
Aschwagho̱scha aʃva'go:ʃa
äschyle̱isch, Ä... ɛʃy'le:ɪʃ
Ä̱schylos 'ɛʃylɔs, 'ɛ:ʃylɔs
Ä̱schylus 'ɛʃylʊs, 'ɛ:ʃylʊs
A̱SCII-... 'aski...
Asci̱tes as'tsi:tɛs
Ạscoli *it.* 'askoli
Ascomyce̱tes askomy'tse:te:s
Asco̱na *it.* as'ko:na
Ascorbi̱n... askɔr'bi:n...
Ascot *engl.* 'æskət
As-Dur 'asdu:ɐ̯, *auch:* '-'-
A̱se 'a:zə
Å̱se 'o:sə
Ase̱a Brown Bove̱ri a'ze:a 'brau̯n bo've:ri
ASEAN *engl.* 'æsɪæn
Asebi̱e aze'bi:
a sẹcco a 'zɛko
Aseitä̱t azei'tɛ:t
Åsele *schwed.* 'o:sələ
Asemi̱e aze'mi:, **-n** ...i:ən
A̱semissen 'a:zəmɪsn̩
ä̱sen 'ɛ:zn̩, **ä̱s!** ɛ:s, **ä̱st** ɛ:st
Asẹpsis a'zɛpsɪs
Asẹptik a'zɛptɪk
asẹptisch a'zɛptɪʃ
A̱ser 'a:zɐ
Ä̱ser vgl. Aas
Aserbaidscha̱n azɛrbai̯'dʒa:n, *russ.* azɪrbaj'dʒan

Aserbeidschan azɛrbai̯ˈdʒa:n, *pers.* ɑzærbɑi̯ˈdʒɑ:n
asexual ˈazɛksu̯a:l, *auch:* --ˈ-
Asexualität ˈazɛksu̯alitɛ:t, *auch:* ----ˈ-
asexuell ˈazɛksu̯ɛl, *auch:* --ˈ-
Asgard ˈasgart
Asgeir[sson] *isl.* ˈau̯sgjɛi̯r[sɔn]
Asger ˈasgɐ
Ashbery *engl.* ˈæʃbərɪ
Ashburnham *engl.* æʃˈbə:nəm
Ashburton *engl.* æʃˈbə:tn
Ashdod *hebr.* aʃˈdɔd
Asheboro *engl.* ˈæʃbəroʊ
Asheville *engl.* ˈæʃvɪl
Ashfield *engl.* ˈæʃfi:ld
Ashford *engl.* ˈæʃfəd
Ashington *engl.* ˈæʃɪŋtən
Ashkenazy aʃkeˈna:zi
Ashland *engl.* ˈæʃlənd
Ashmole *engl.* ˈæʃmoʊl
Ashmore *engl.* ˈæʃmɔ:
Ashqelon *hebr.* aʃkɛˈlɔn
Ashtabula *engl.* æʃtəˈbju:lə
Ashton ˈɛʃtɔn, *engl.* ˈæʃtən
Ashton-under-Lyne *engl.* ˈæʃtən ˈʌndə ˈlaɪn
Asiago *it.* aˈzi̯a:go
Asialie azi̯aˈli:
Asianismus azi̯aˈnɪsmʊs
Asiat aˈzi̯a:t
asiatisch aˈzi̯a:tɪʃ
Asiderit azideˈri:t
Asiderose azideˈro:zə
Asien ˈa:zi̯ən
Asiento aˈzi̯ɛnto
Asimov *engl.* ˈæzɪmɔf
Asimow *russ.* aˈzimɐf
Asín *span.* aˈsin
Asinara *it.* asiˈna:ra
Asinius aˈzi:ni̯ʊs
Asinus ˈa:zinʊs
Asioli *it.* aˈzi̯ɔ:li
Asir aˈzi:ɐ̯
Asis *pers.* æˈzi:z
Asjut asˈju:t
Ask ask
Askalaphus asˈka:lafʊs
Askalon ˈaskalɔn
Askanien asˈka:ni̯ən
Askanier asˈka:ni̯ɐ
Askanija-Nowa *russ.* asˈkanijɐˈnɔvɐ
Askanios asˈka:ni̯ɔs
Askari asˈka:ri
Askariasis askaˈri:azɪs
Askaris ˈaskarɪs, **...iden** ...ˈri:dn̩
Askenase askeˈna:zə
Askenazy *poln.* askɛˈnazi
Aškenazy *tschech.* ˈaʃkɛnazi
Asker *norw.* ˌaskər
Aškerc *slowen.* ˈa:ʃkɛrts
Askersund *schwed.* askərˈsʊnd
Askese asˈke:zə
Asket[ik] asˈke:t[ɪk]
Asketiker asˈke:tikɐ
Askim *norw.* ˌaʃim
Askja *isl.* ˈaskja
asklepiadeisch asklepi̯aˈde:ɪʃ
Asklepiades askleˈpi:adɛs
Asklepiadeus asklepi̯aˈde:ʊs, **...ei** ...ˈde:i
Asklepios asˈkle:pi̯ɔs
Asklepius asˈkle:pi̯ʊs
Asklund *schwed.* ˌasklʊnd
Askogon askoˈgo:n
Askomyzet askomyˈt͜se:t
Askorbin... askɔrˈbi:n...
Äskulap ɛskuˈla:p
Askus ˈaskʊs, **Aszi** ˈast͜si
Aslak[sen] ˈaslak[sn̩]
Aslan ˈaslan
Asmara asˈma:ra
Asmodi asˈmo:di
as-Moll ˈasmɔl, *auch:* ˈ-ˈ-
Asmus[sen] ˈasmʊs[n̩]
Asnières *fr.* aˈnjɛ:r
Asnyk *poln.* ˈasnɨk
Asolo *it.* ˈa:zolo
asomatisch ˈazoma:tɪʃ, *auch:* --ˈ--
Asomnie azɔmˈni:, **-n** ...i:ən
Äsop[us] ɛˈzo:p[ʊs]
Asow *russ.* aˈzɔf
Asowsches Meer ˈa:zɔfʃəs ˈme:ɐ̯, aˈzɔfʃəs –
asozial ˈazot͜si̯a:l, *auch:* --ˈ-
Asozialität azot͜si̯aliˈtɛ:t
Aspang ˈaspaŋ
Asparagin asparaˈgi:n
Asparagus asˈpa:ragʊs, *auch:* aspaˈra:gʊs
Asparuch *bulgar.* ɐspɐˈrux
Aspasia asˈpa:zi̯a
Aspāzija *lett.* ˈaspa:zɪja
Aspe ˈaspə
Aspekt asˈpɛkt
Aspelt ˈasplt
Aspen *engl.* ˈæspən
Aspendos asˈpɛndɔs
Aspenström *schwed.* ˌaspənstrœm
Asper ˈaspɐ
Asperg ˈaspɛrk
aspergieren aspɛrˈgi:rən
Aspergillose aspɛrgɪˈlo:zə
Aspergill[us] aspɛrˈgɪl[ʊs]
aspermatisch aspɛrˈma:tɪʃ
Aspermatismus aspɛrmaˈtɪsmʊs
Aspermie aspɛrˈmi:
Aspern ˈaspɐn
Aspersion aspɛrˈzi̯o:n
Aspersorium aspɛrˈzo:ri̯ʊm, **...ien** ...i̯ən
Aspertini *it.* asperˈti:ni
Asperula asˈpe:rula
Asphalt asˈfalt, ˈ--
asphaltieren asfalˈti:rən
asphaltisch asˈfaltɪʃ
Asphodelus asˈfo:delʊs
Asphodill asfoˈdɪl
asphyktisch asˈfʏktɪʃ
Asphyxie asfʏˈksi:, **-n** ...i:ən
Aspidistra aspiˈdɪstra
Aspidium asˈpi:di̯ʊm
Aspik asˈpi:k; *auch:* asˈpɪk, ˈ--
Aspirant aspiˈrant
Aspirantur aspiranˈtu:ɐ
Aspirata aspiˈra:ta, **....tä** ...tɛ
Aspirateur aspiraˈtø:ɐ̯
Aspiration aspiraˈt͜si̯o:n
Aspirator aspiˈra:to:ɐ̯, **-en** ...aˈto:rən
aspiratorisch aspiraˈto:rɪʃ
aspirieren aspiˈri:rən
Aspirin® aspiˈri:n
Aspirometer aspiroˈme:tɐ
Aspisviper ˈaspɪsvi:pɐ
Asplenium asˈple:ni̯ʊm
Asplit® asˈpli:t
Asplund *schwed.* ˌasplʊnd
Aspromonte *it.* aspromonte
Asquith *engl.* ˈæskwɪθ
Asra[el] ˈasra[e:l], *auch:* ˈasra[ɛl]
aß a:s
Ass as
Assab ˈasap
Assad ˈasat
Assafjew *russ.* aˈsafjɪf
Assagai asaˈgai̯
assai aˈsai̯
Assam ˈasam, *engl.* æˈsæm
Assan ˈasan
assanieren asaˈni:rən
Assaph ˈasaf
Assassine asaˈsi:nə
Assaut aˈso:
Asscher-Pinkhof *niederl.* ˈɑsərpɪŋkhɔf
Asse ˈasə, *niederl.* ˈɑsə
äße ˈɛ:sə
Assebroek *niederl.* ˈɑsəbruk

Asseburg ˈasəbʊrk
Assejew *russ.* aˈsjejɪf
Assekurant asekuˈrant
Assekuranz asekuˈrant͜s
Assekurat asekuˈraːt
assekurieren asekuˈriːrən
Assel ˈasl̩
Asselijn *niederl.* ˈɑsəlɛi̯n
Assemblage asãˈblaːʒə
Assemblee asãˈbleː, **-n** ...eːən
Assemblée nationale, -s -s *fr.* asãblenasjɔˈnal
Assembler ɛˈsɛmblɐ
Assembling ɛˈsɛmblɪŋ
Assen *niederl.* ˈɑsə, *bulgar.* ɐˈsɛn
Assenede *niederl.* ˈɑsəneːdə
Assenowgrad *bulgar.* ɐˈsɛnovgrat
Assens *dän.* ˈæsn̩s
assentieren asɛnˈtiːrən
Asser ˈasɐ, *niederl.* ˈɑsər
Asserato aseˈraːto, *it.* asse...
asserieren aseˈriːrən
Assertion asɛrˈt͜si̯oːn
assertorisch asɛrˈtoːrɪʃ
Asservat asɛrˈvaːt
asservieren asɛrˈviːrən
Assessment ɛˈsɛsmənt
Assessor aˈsɛsoːɐ̯, **-en** asɛˈsoːrən
assessoral asɛsoˈraːl
assessorisch asɛˈsoːrɪʃ
Asset ˈɛsɛt
Assibilation asibilaˈt͜si̯oːn
assibilieren asibiˈliːrən
Assiduität asiduiˈtɛːt
Assiette aˈsi̯ɛtə
Assignant asɪˈgnant
Assignat asɪˈgnaːt
Assignatar asɪgnaˈtaːɐ̯
Assignate asɪˈgnaːtə
assignieren asɪˈgniːrən
Assimilat asimiˈlaːt
Assimilation asimilaˈt͜si̯oːn
assimilatorisch asimilaˈtoːrɪʃ
assimilieren asimiˈliːrən
Assiniboin[e] *engl.* əˈsɪnɪbɔɪn
Assis *bras.* aˈsis
Assisen aˈsiːzn̩
Assisi aˈsiːzi, *it.* asˈsiːzi
Assist ɛˈsɪst
Assistent asɪsˈtɛnt
Assistenz asɪsˈtɛnt͜s
assistieren asɪsˈtiːrən
Aßlar ˈaslar
Aßling ˈaslɪŋ
Aßmann ˈasman
Aßmannshausen asmansˈhau̯zn̩
Associated Press *engl.* əˈsoʊʃɪeɪtɪd ˈprɛs
Associé asoˈsi̯eː
Assoluta asoˈluːta
Assonanz asoˈnant͜s
assortieren asɔrˈtiːrən
Assortiment asɔrtiˈmɛnt
Assoziation asot͜si̯aˈt͜si̯oːn
assoziativ asot͜si̯aˈtiːf, **-e** ...iːvə
assoziieren asot͜siˈiːrən
ASSR *russ.* aɛs-ɛsˈɛr
Assuan aˈsu̯aːn
assumieren asuˈmiːrən
Assumptio aˈsʊmpt͜si̯o
Assumptionist asʊmpt͜si̯oˈnɪst
Assumtion asʊmˈt͜si̯oːn
Assunta aˈsʊnta
Assur ˈasʊr
Assurbanipal asʊrˈbaːnipal
Assureelinien asyˈreːliːni̯ən
Assurnasirpal asʊrˈnaːzɪrpal
Assynt *engl.* ˈæsɪnt
Assyrer aˈsyːrɐ
Assyrien aˈsyːri̯ən
Assyrier aˈsyːri̯ɐ
Assyriologe asyri̯oˈloːgə
Assyriologie asyri̯oloˈgiː
assyrisch aˈsyːrɪʃ
Ast ast, **Äste** ˈɛstə
Asta, AStA ˈasta
Astafjew *russ.* asˈtafjɪf
Astaire *engl.* əsˈtɛə
Astaroth ˈastaroːt
Astarte asˈtartə
Astasie astaˈziː, **-n** ...iːən
astasieren astaˈziːrən
Astat aˈstaːt, asˈt...
astatisch aˈstaːtɪʃ, asˈt...
Ästchen ˈɛstçən
asten ˈastn̩
Asten *niederl.* ˈɑstə
ästen ˈɛstn̩
Aster ˈastɐ
Äster vgl. Aast
Asteria asˈteːri̯a
asterisch asˈteːrɪʃ
Asteriskus asteˈrɪskʊs
Asterismus asteˈrɪsmʊs
Asterix ˈasterɪks
Astérix *fr.* asteˈriks
Asteroid asteroˈiːt, **-en** ...iːdn̩
Asteronym asteroˈnyːm
Asthenie asteˈniː, **-n** ...iːən
Astheniker aˈsteːnikɐ, asˈt...
asthenisch aˈsteːnɪʃ, asˈt...
Asthenopie astenoˈpiː
Asthenosphäre astenoˈsfɛːrə
Ästhesie ɛsteˈziː
Ästhet[ik] ɛsˈteːt[ɪk]
Ästhetiker ɛsˈteːtikɐ
ästhetisch ɛsˈteːtɪʃ
ästhetisieren ɛstetiˈziːrən
Ästhetizismus ɛstetiˈt͜sɪsmʊs
Ästhetizist ɛstetiˈt͜sɪst
Asthma ˈastma
Asthmatiker astˈmaːtikɐ
asthmatisch astˈmaːtɪʃ
Asti *it.* ˈasti
ästig ˈɛstɪç, **-e** ...ɪgə
astigmatisch astɪˈgmaːtɪʃ
Astigmatismus astɪgmaˈtɪsmʊs
Astilbe aˈstɪlbə, asˈt...
Ästimation ɛstimaˈt͜si̯oːn
ästimieren ɛstiˈmiːrən
Ästivation ɛstivaˈt͜si̯oːn
Astolfo *it., span.* asˈtɔlfo
Ästometer ɛstoˈmeːtɐ
Aston *engl.* ˈæstən
Astor ˈastoːɐ̯, *engl.* ˈæstə, ˈæstɔː
Astorga *span.* asˈtɔrɣa
Astoria asˈtoːri̯a, *engl.* æsˈtɔːrɪə
Åstorp *schwed.* ˈoːstɔrp
ASTRA ˈastra
Astrachan ˈastraxa[ː]n, *russ.* ˈastrɐxɐnj
Astragal astraˈgaːl
Astragalus asˈtraːgalʊs, **...li** ...li
astral asˈtraːl
Astralon astraˈloːn
Astrid ˈastriːt, *schwed.* ˈastrid
Astrild asˈtrɪlt, **-e** ...ldə
Astrognosie astrognoˈziː
Astrograph astroˈgraːf
Astrographie astrograˈfiː, **-n** ...iːən
Astrolabium astroˈlaːbi̯ʊm, **...ien** ...i̯ən
Astrolatrie astrolaˈtriː
Astrologe astroˈloːgə
Astrologie astroloˈgiː
astrologisch astroˈloːgɪʃ
Astromantie astromanˈtiː
Astrometeorologie astrometeoroloˈgiː
Astrometer astroˈmeːtɐ
Astrometrie astromeˈtriː
Astronaut[ik] astroˈnau̯t[ɪk]
Astronom astroˈnoːm
Astronomie astronoˈmiː
astronomisch astroˈnoːmɪʃ
astrophisch ˈastroːfɪʃ, *auch:* –ˈ––

Astrophotographie astrofotogra'fi:
Astrophotometrie astrofotome'tri:
Astrophyllit astrofʏ'li:t
Astrophysik astrofy'zi:k
astrophysikalisch astrofyzi'ka:lɪʃ
Astrophysiker astro'fy:zikɐ
Astrospektroskopie astrospɛktrosko'pi:
Astrow *russ.* 'astrɐf
Ästuar ɛs'tu̯a:ɐ̯, **...rien** ...ri̯ən
Asturias *span.* as'turi̯as
Asturien as'tu:ri̯ən
Asturier as'tu:ri̯ɐ
asturisch as'tu:rɪʃ
Astutuli as'tu:tuli
Astuzie femminili *it.* as'tuttsi̯e femmi'ni:li
Astyages as'ty:agɛs
Astyanax as'ty:anaks
ASU 'a:zu
Asunción *span.* asun'θi̯ɔn
Asyl a'zy:l
Asylant azy'lant
Asylierung azy'li:rʊŋ
Asymblastie azʏmblas'ti:
Asymmetrie azʏme'tri:, **-n** ...i:ən
asymmetrisch 'azʏme:trɪʃ, *auch:* --'--
Asymptote azʏm'pto:tə
asymptotisch azʏm'pto:tɪʃ
asynchrom azʏn'kro:m
asynchron 'azʏnkro:n, *auch:* --'-
asyndetisch 'azʏnde:tɪʃ, *auch:* --'--
Asyndeton a'zʏndetɔn, **...ta** ...ta
Asynergie azynɛr'gi:, azʏnlɛr..., **-n** ...i:ən
Asystolie azʏsto'li:, **-n** ...i:ən
aszendent, A... astsɛn'dɛnt
Aszendenz astsɛn'dɛnts
aszendieren astsɛn'di:rən
Aszension astsɛn'zi̯o:n
Aszese as'tse:zə
Aszet[ik] as'tse:t[ɪk]
Aszetiker as'tse:tikɐ
aszetisch as'tse:tɪʃ
Aszi vgl. Askus
Aszites as'tsi:tɛs
Atabeg ata'bɛk
Atacama *span.* ata'kama
Atahualpa *span.* ata'u̯alpa
Atair a'ta:ɪr
Atakpamé *fr.* atakpa'me
ataktisch a'taktɪʃ, *auch:* '---
Atalanta *it.* ata'lanta
Atalante ata'lantə
Ataman ata'ma:n
Atami *jap.* 'a͵tami
Atanas *bulgar.* ɐtɐ'nas
Atar *fr.* a'ta:r
Ataraktikum ata'raktikʊm, **...ka** ...ka
Ataraxie atara'ksi:
Atargatis a'targatɪs
Atascadero *engl.* ətæskə'dɛəroʊ
Atassi a'tasi
Atatürk *türk.* ɑtɑ'tyrk
Ataúlfo *span.* ata'ulfo
Atavismus ata'vɪsmʊs
atavistisch ata'vɪstɪʃ
Ataxie ata'ksi:, **-n** ...i:ən
Atay *türk.* ɑ'tɑi̯
Atbara 'atbara
Atbassar *russ.* adba'sar
Atchison *engl.* 'ætʃɪsn
Ate 'a:tə
Atebrin ate'bri:n
Atelektase atelɛk'ta:zə
Atelie ate'li:, **-n** ...i:ən
Atelier ate'li̯e:, atə...
Atellane atɛ'la:nə
Atem 'a:təm
a tempo a 'tɛmpo
Atérien ate'ri̯ɛ̃:
Ath *fr.* at
Athabasca *engl.* æθə'bæskə
Athabasken ata'baskn̩
Athalarich a'ta:larɪç
Athalia a'ta:li̯a
Athamas a'ta:mas, 'a:tamas
Äthan ɛ'ta:n
Äthanal ɛta'na:l
Athanarich a'ta:narɪç
Athanas a'ta:nas
Athanasia ata'na:zi̯a
Athanasiadis *neugr.* aθana'sjaðis
Athanasianisch atana'zi̯a:nɪʃ
Athanasianum atana'zi̯a:nʊm
Athanasie atana'zi:
Athanasios ata'na:zi̯ɔs
Athanatismus atana'tɪsmʊs
Äthanol ɛta'no:l
Athapasken ata'paskn̩
Athaulf ata'ʊlf
Athaumasie atau̯ma'zi:
Atheismus ate'ɪsmʊs
Atheist ate'ɪst
Athelie ate'li:, **-n** ...i:ən
athematisch 'atema:tɪʃ, *auch:* --'--
Äthen ɛ'te:n
Athen[a] a'te:n[a]
Athenagoras ate'na:goras
Athenaios ate'nai̯ɔs
Athenais ate'na:ɪs
Athenäum ate'nɛ:ʊm
Athenäus ate'nɛ:ʊs
Athene a'te:nə
Athénée *fr.* ate'ne
Athener a'te:nɐ
athenisch a'te:nɪʃ
Athenodoros ateno'do:rɔs
Athenodorus ateno'do:rʊs
Athens *engl.* 'æθɪnz
Äther 'ɛ:tɐ
ätherisch ɛ'te:rɪʃ
ätherisieren ɛteri'zi:rən
atherman atɛr'ma:n
Atherom ate'ro:m
atheromatös ateroma'tø:s, **-e** ...ø:zə
Atheromatose ateroma'to:zə
Atherosklerose ateroskle'ro:zə
Atherton *engl.* 'æθətən
Athesie ate'zi:, **-n** ...i:ən
Athesis 'a:tezɪs
Athesmie atɛs'mi:, **-n** ...i:ən
Athetese ate'te:zə
Athetose ate'to:zə
Äthin ɛ'ti:n
Athinä *neugr.* a'θinɛ
Athinaiki *neugr.* aθinai'ki
Äthiopianismus ɛti̯opi̯a'nɪsmʊs
Äthiopien ɛ'ti̯o:pi̯ən
Äthiopier ɛ'ti̯o:pi̯ɐ
äthiopisch ɛ'ti̯o:pɪʃ
Äthiopismus ɛti̯o'pɪsmʊs
Athis 'a:tɪs, *fr.* a'tis
at his best ɛt hɪs 'bɛst
Athlet[ik] at'le:t[ɪk]
Athletiker at'le:tikɐ
athletisch at'le:tɪʃ
Athlone *engl.* æθ'loʊn
Athol *engl.* 'æθɔ:l, 'æθəl
At-home ɛt'ho:m
Athos 'a:tɔs, *neugr.* 'aθɔs
Äthrioskop ɛtrio'sko:p
Athus *fr.* a'tys
Äthyl ɛ'ty:l
Äthylen ɛty'le:n
Athymie aty'mi:, **-n** ...i:ən
Ätiologie ɛti̯olo'gi:
ätiologisch ɛti̯o'lo:gɪʃ
ätiotrop ɛti̯o'tro:p
Atitlán *span.* atit'lan
at its best ɛt ɪts 'bɛst
Atkár *ung.* 'ɔtka:r

Atkarsk *russ.* at'karsk
Atkin[s] *engl.* 'ætkın[z]
Atkinson *engl.* 'ætkınsn
Atlan *fr.* a'tlã
Atlant at'lant
Atlanta *engl.* ət'læntə
Atlanten vgl. ¹Atlas
Atlanthropus at'lantropʊs, **...pi** ...pi
Atlantic *engl.* ət'læntık
Atlántico *span.* at'lantiko
Atlântico *port.* ɐ'tlɐntiku
Atlantik at'lantık
Atlantikum at'lantikʊm
Atlantique *fr.* atlã'tik
Atlantis at'lantıs
atlantisch at'lantıʃ
Atlantosaurus atlanto'zaurʊs, **...rier** ...ri̯ɐ
¹Atlas 'atlas, **Atlasse** 'atlasə, **Atlanten** at'lantn̩
²Atlas (Name) 'atlas, *fr.* a'tlɑ:s
atlassen 'atlasn̩
Atlético *span.* at'letiko
Atli 'atli
Atlixco *span.* at'lisko
Atman 'a:tman
atmen 'a:tmən
Atmidometer atmido'me:tɐ
...atmig ...|a:tmıç, **-e** ...ıgə
Atmokausis atmo'kauzıs
Atmometer atmo'me:tɐ
atmophil atmo'fi:l
Atmosphäre atmo'sfɛ:rə
Atmosphärenüberdruck atmosfɛ:rən'|y:bɐdrʊk
Atmosphärilien atmosfɛ'ri:li̯ən
atmosphärisch atmo'sfɛ:rıʃ
Atmosphärographie atmosfɛrogra'fi:
Atmosphärologie atmosfɛrolo'gi:
Ätna 'ɛ:tna, 'ɛtna
Ätolien ɛ'to:li̯ən
Ätolier ɛ'to:li̯ɐ
ätolisch ɛ'to:lıʃ
Atoll a'tɔl
Atom a'to:m
atomar ato'ma:ɐ̯
Atomiseur atomi'zø:ɐ̯
atomisieren atomi'zi:rən
Atomismus ato'mısmʊs
Atomist[ik] ato'mıst[ık]
Atomium a'to:mi̯ʊm
Atomizer 'atomaizɐ, 'ɛt...
Aton 'a:tɔn, a'to:n
Atona vgl. Atonon
atonal 'atona:l, *auch:* --'-
Atonalist atona'lıst
Atonalität atonali'tɛ:t
Atonie ato'ni:, **-n** ...i:ən
atonisch a'to:nıʃ
Atonon 'a:tonɔn, 'at..., **Atona** 'a:tona, 'atona
Atophan® ato'fa:n
Atopie ato'pi:, **-n** ...i:ən
Atossa a'tɔsa
Atout a'tu:
à tout prix a 'tu: 'pri:
atoxisch 'atɔksıʃ, *auch:* -'--
Atrak *pers.* æ'træk
atramentieren atramɛn'ti:rən
Atrani *it.* a'tra:ni
Atrato *span.* a'trato
Atrecht *niederl.* 'a:trɛxt
Atrek *russ.* a'trjɛk
Atresie atre'zi:, **-n** ...i:ən
Atreus 'a:trɔy̯s
Atri *it.* 'a:tri
Atrichie atrı'çi:, **-n** ...i:ən
Atride a'tri:də
Atrium 'a:triʊm, **...ien** ...i̯ən
atrop a'tro:p
Atropa 'a:tropa
Atrophie atro'fi:, **-n** ...i:ən
atrophieren atro'fi:rən
atrophisch a'tro:fıʃ
Atropin atro'pi:n
Atropos 'a:tropɔs
Atrozität atrotsi'tɛ:t
ätsch! ɛ:tʃ
Atschinsk *russ.* 'atʃinsk
Atschissai *russ.* atʃi'saj
Atsugi *jap.* a'tsugi
Atta 'ata
Attac a'tak
attacca a'taka
Attaché ata'ʃe:
Attachement ataʃə'mã:
attachieren ata'ʃi:rən
Attack ɛ'tɛk
Attacke a'takə
attackieren ata'ki:rən
Attaignant *fr.* atɛ'ɲã
Attalos 'atalɔs
Attar *pers.* æt'tɑ:r
Attarin 'atari:n
Attavante degli Attavanti *it.* atta'vante 'deʎʎi atta'vanti
Attenborough *engl.* 'ætnbrə
Attendorn 'atn̩dɔrn
Attentat 'atn̩ta:t, *auch:* atɛn'ta:t
Attentäter 'atn̩tɛ:tɐ, *auch:* atɛn'tɛ:tɐ
attentieren atɛn'ti:rən
Attention! *fr.* atã'sjõ
Attentismus atɛn'tısmʊs
Attentist atɛn'tıst
Atterberg *schwed.* ˌatərbærj
Atterbom *schwed.* ˌatərbum
Attersee 'atɐze:
Attest a'tɛst
Attestation atɛsta'tsi̯o:n
attestieren atɛs'ti:rən
Ätti 'ɛti
Attica *engl.* 'ætıkə
Atticus 'atikʊs
Attika 'atika
Attila 'atila, *it.* 'attila, *ung.* 'ɔttilɔ
Attilio *it.* at'ti:li̯o
Attinghausen 'atıŋhau̯zn̩
attirieren ati'ri:rən
Attis 'atıs
attisch 'atıʃ
Attitude ati'ty:t
Attitüde ati'ty:də
Attizismus ati'tsısmʊs
Attizist ati'tsıst
Attleboro *engl.* 'ætlbərə
Attlee *engl.* 'ætlı
Attnang 'atnaŋ
Atto... 'ato...
Attolico *it.* at'tɔ:liko
Attonität atoni'tɛ:t
Attorney ɛ'tø:ɐ̯ni, ɛ'tœrni
Attractant ɛ'trɛktn̩t
Attrait a'trɛ:
Attraktion atrak'tsi̯o:n
attraktiv atrak'ti:f, **-e** ...i:və
Attraktivität atraktivi'tɛ:t
Attrappe a'trapə
attrappieren atra'pi:rən
attribuieren atribu'i:rən
Attribut atri'bu:t
attributiv atribu'ti:f, *auch:* '----, **-e** ...i:və
Attritionismus atritsi̯o'nısmʊs
Attu *engl.* 'ætu:
Attuarier a'tu̯a:ri̯ɐ
Attwood *engl.* 'ætwʊd
atü a'ty:
Atum 'a:tʊm, a'tu:m
Åtvidaberg *schwed.* o:tvida'bærj
Atwater *engl.* 'ætwɔ:tə
Atwood *engl.* 'ætwʊd
atypisch 'aty:pıʃ, *auch:* -'--
Atys 'a:tʏs
Atzel 'atsl̩
atzen 'atsn̩
ätzen 'ɛtsn̩
Atzmon ats'mɔn
au!, Au au̯

Aua, AUA 'aua
Aub aup
Aubade *fr.* o'bad
Aubagne *fr.* o'baɲ
Aubanel *fr.* oba'nɛl
Aube *fr.* o:b
Auber *fr.* o'bɛ:r
aubergine, A... obɛr'ʒi:nə
Auberjonois *fr.* obɛrʒɔ'nwa
Aubert 'aubɐt, *fr.* o'bɛ:r
Aubervilliers *fr.* obɛrvi'lje
Aubespine *fr.* obɛs'pin
Aubignac *fr.* obi'ɲak
Aubigné *fr.* obi'ɲe
Aubigny *fr.* obi'ɲi
Aubin *fr.* o'bɛ̃
Aubing 'aubɪŋ
Aubonne *fr.* o'bɔn
Aubrac *fr.* o'brak
Aubrietie aubri'e:tsi̯ə
Aubry *fr.* o'bri
Auburn *engl.* 'ɔ:bən
Auburtin 'aubʊrti:n
Aubusson obʏ'sõ:, *fr.* oby'sõ
Aucassin et Nicolette *fr.* okasɛ̃eniko'lɛt
auch aux
Auch *fr.* o:ʃ
Auchel 'auxl̩, *fr.* o'ʃɛl
Auchinleck *engl.* ɔ:kɪn'lɛk
Auckland *engl.* 'ɔ:klənd
au contraire o: kõ'trɛ:ɐ̯
au courant o: ku'rã:
Auctoritas auk'to:ritas
Aucuba au'ku:ba
Aude *fr.* o:d
Audefroi le Bâtard *fr.* odəfrwalbɑ'ta:r
Auden *engl.* ɔ:dn
Audenarde *fr.* od'nard
Audi 'audi
audiatur et altera pars au'di̯a:tʊr ɛt 'altera 'pars
Audiberti *fr.* odibɛr'ti
Audienz au'di̯ɛnts
Audierne *fr.* o'djɛrn
Audifax 'audifaks
Audimax audi'maks, '---
Audincourt *fr.* odɛ̃'ku:r
Audio 'audi̯o
Audiogramm audi̯o'gram
Audiologe audi̯o'lo:gə
Audiologie audi̯olo'gi:
Audiometer audi̯o'me:tɐ
Audiometrie audi̯ome'tri:
audiometrisch audi̯o'me:trɪʃ
Audion 'audi̯ɔn, **-en** au'di̯o:nən
Audio-Video... 'audi̯o'vi:deo...
Audiovision audi̯ovi'zi̯o:n
audiovisuell audi̯ovi'zu̯ɛl
Audiphon audi'fo:n
Audisio *fr.* odi'zjo
Audit 'o:dɪt
Auditeur audi'tø:ɐ̯
[1]**Audition** audi'tsi̯o:n
[2]**Audition** (Veranstaltung) o'dɪʃn̩
Audition colorée odi'sjõ: kolo're:
auditiv audi'ti:f, **-e** ...i:və
Auditor au'di:to:ɐ̯, **-en** audi'to:rən
Auditorium audi'to:ri̯ʊm, **...ien** ...i̯ən
Auditorium maximum audi'to:ri̯ʊm 'maksimʊm
Auditus au'di:tʊs
Audoux *fr.* o'du
Audran *fr.* o'drã
Audrey *engl.* 'ɔ:drɪ
Audubon *engl.* 'ɔ:dəbɔn
Aue 'auə
Auer[bach] 'auɐ[bax]
Auerhahn 'auɐha:n
Auernheimer 'auɐnhaimɐ
Auerochs 'auɐ|ɔks
Auersperg 'auɐspɛrk
Auerstedt 'auɐʃtɛt
Auerswald 'auɐsvalt
Auesow *russ.* au'ɛzɐf
auf auf
au fait o: 'fɛ:
aufbahren 'aufba:rən
aufeinander auf|ai'nandɐ
Aufeinanderfolge auf|ai'nandɐfɔlgə
Aufenau 'aufənau
Aufenthalt 'auf|ɛnthalt
auferlegen 'auf|ɛɐ̯le:gn̩, *seltener:* --'--
Auffenberg 'aufn̩bɛrk
aufforsten 'auffɔrstn̩
aufgagen 'aufgɛgn̩, **gag auf** 'gɛk 'auf, **gagt auf** 'gɛkt 'auf
aufgleisen 'aufglaizn̩, **gleis auf!** 'glais 'auf, **gleist auf** 'glaist 'auf
aufgrund auf'grʊnt
Aufhausen auf'hauzn̩
Aufidius au'fi:di̯ʊs
Aufidus 'aufidʊs
Aufkirchen auf'kɪrçn̩
aufklaren 'aufkla:rən
auflandig 'auflandɪç, **-e** ...ɪgə
aufm 'aufm̩
aufn 'aufn̩
äufnen 'ɔyfnən
au four o: 'fu:ɐ̯
aufpeppen 'aufpɛpn̩
aufrecht, Au... 'aufrɛçt
aufrechterhalten 'aufrɛçt|ɛɐ̯haltn̩
Aufruhr 'aufru:ɐ̯
Aufrührer 'aufry:rɐ
aufrührerisch 'aufry:rərɪʃ
aufs aufs
aufsässig 'aufzɛsɪç, **-e** ...ɪgə
Aufschnaiter 'aufʃnaitɐ
Aufschneiderei aufʃnaidə'rai
aufseiten auf'zaitn̩
Aufseß 'aufzɛs
aufständern 'aufʃtɛndɐn, **ständre auf** 'ʃtɛndrə 'auf
Aufstieg 'aufʃti:k, **-es** ...i:gəs
Auftrag 'auftra:k, **-es** ...a:gəs, **Aufträge** 'auftrɛ:gə
Auftropfstein 'auftrɔpf.ʃtain
auf und ab 'auf ʊnt 'ap
auf und davon 'auf ʊnt da'fɔn
Aufwand 'aufvant, **-es** ...ndəs
aufwärts 'aufvɛrts
Aufwasch 'aufvaʃ
Aufwiegelei aufvi:gə'lai
aufwiegeln 'aufvi:gl̩n, **wiegle auf** 'vi:glə auf
auf Zeit auf 'tsait
Augapfel 'auk|apfl̩
Auge 'augə
Augeias au'gaias
Äugelchen 'ɔygl̩çən
äugeln 'ɔygl̩n, **äugle** 'ɔyglə
äugen 'ɔygn̩, **äug!** ɔyk, **äugt** ɔykt
Augenblick 'augn̩blɪk, *auch:* --'-
augenblicklich 'augn̩blɪklɪç, *auch:* --'--
Augenblicksereignis 'augn̩blɪks|ɛɐ̯.|aignɪs
Augendienerei augn̩di:nə'rai
augenscheinlich 'augn̩ʃainlɪç, *auch:* --'--
Auger *fr.* o'ʒe
Augereau *fr.* o'ʒro
Augias au'gi:as, 'augi̯as
Augier *fr.* o'ʒje
...äugig ...|ɔygɪç, **-e** ...ɪgə
Augit au'gi:t
Äuglein 'ɔyklain
Augment au'gmɛnt
Augmentation augmɛnta'tsi̯o:n
Augmentativ 'augmɛntati:f, **-e** ...i:və
Augmentativum augmɛnta'ti:vʊm, **...va** ...va

A

augmentieren au̯gmɛnˈtiːrən
au gratin oː graˈtɛ̃ː
Augsburg ˈau̯ksbʊrk
Augsburger ˈau̯ksbʊrgɐ
augsburgisch ˈau̯ksbʊrgɪʃ
Augspross ˈau̯kʃprɔs
Augspurg ˈau̯kspʊrk
Augst au̯kst
Augstein ˈau̯kʃtai̯n
Augur ˈau̯gʊr, **-en** au̯ˈguːrən
augurieren au̯guˈriːrən
[1]**August** (Monat) au̯ˈgʊst
[2]**August** (Name) ˈau̯gʊst, *poln.* ˈau̯gust, *schwed.* ˈau̯gʊst
Augusta au̯ˈgʊsta, *engl.* ɔːˈgʌstə, *it.* au̯ˈgusta
Augustana au̯gʊsˈtaːna
Augusta Rauracorum, – Treverorum, – Vindelicorum au̯ˈgʊsta rau̯raˈkoːrʊm, – treveˈroːrʊm, – vɪndeliˈkoːrʊm
Auguste au̯ˈgʊstə, *fr.* oˈgyst
augusteisch, A... au̯gʊsˈteːɪʃ
Augustenburg au̯ˈgʊstn̩bʊrk
Augustin ˈau̯gʊstiːn, *auch:* --ˈ-; der liebe Augustin *nur:* ˈ---; *fr.* ogysˈtɛ̃
Augustine au̯gʊsˈtiːnə
Augustiner au̯gʊsˈtiːnɐ
Augustinus au̯gʊsˈtiːnʊs
Augustiny au̯gʊsˈtiːni
Augusto *span.* au̯ˈɣusto
Augustów *poln.* au̯ˈgustuf
Augustulus au̯ˈgʊstulʊs
Augustus[burg] au̯ˈgʊstʊs[bʊrk]
Aukrust *norw.* ˌœy̆krʉst
Auktion au̯kˈtsi̯oːn
Auktionator au̯ktsi̯oˈnaːtoːɐ̯, **-en** ...naˈtoːrən
auktionieren au̯ktsi̯oˈniːrən
auktorial au̯ktoˈri̯aːl
Aukube au̯ˈkuːbə
Aul (Zeltlager) au̯l
Aula ˈau̯la
Aulard *fr.* oˈlaːr
Auld *engl.* ɔːld
Aulén *schwed.* au̯ˈleːn
Aulendorf ˈau̯ləndɔrf
Auletik au̯ˈleːtɪk
Aulis ˈau̯lɪs
Aulne *fr.* oːn
Aulnoy[e] *fr.* oˈnwa
Aulodie au̯loˈdiː, **-n** ...iːən
Aulos ˈau̯lɔs, **Auloi** ˈau̯lɔy̆
Auma ˈau̯ma
Aumale *fr.* oˈmal
Aumerle *fr.* oˈmɛrl
au naturel oː natyˈrɛl
Aune ˈau̯nə
Aunis *fr.* oˈnis
Aunjetitz ˈau̯njətɪts
au pair oː ˈpɛːɐ̯
au porteur oː pɔrˈtøːɐ̯
Aura ˈau̯ra
aural au̯ˈraːl
Auramin au̯raˈmiːn
Aurangabad *engl.* aʊrəŋgɑːˈbɑːd
Aurar vgl. Eyrir
auratisch au̯ˈraːtɪʃ
Auray *fr.* ɔˈrɛ
Aurbacher ˈau̯ɐbaxɐ
Aurea Mediocritas ˈau̯rea meˈdi̯oːkritas
Aurei vgl. Aureus
Aurel[ia] au̯ˈreːl[i̯a]
Aurelian[us] au̯reˈli̯aːn[ʊs]
Aurelie au̯ˈreːli̯ə
Aurelio *span.* au̯ˈreli̯o
Aurelius au̯ˈreːli̯ʊs
Aurell *schwed.* au̯ˈrɛl
Aureole au̯reˈoːlə
Aureomycin® au̯reomyˈtsiːn
Aurès *fr.* ɔˈrɛs
Aureus ˈau̯reʊs, **Aurei** ˈau̯rei
Auric *fr.* ɔˈrik
Aurica ˈau̯rika
Aurich ˈau̯rɪç
Auricoste *fr.* ɔriˈkɔst
Aurifaber au̯riˈfaːbɐ
Auriga au̯ˈriːga
Aurignac orɪnˈjak, *fr.* ɔriˈɲak
Aurignacien orɪnjaˈsi̯ɛ̃ː
Aurigny *fr.* ɔriˈɲi
Aurikel au̯ˈriːkl̩
aurikular au̯rikuˈlaːɐ̯
aurikulär au̯rikuˈlɛːɐ̯
Aurillac *fr.* ɔriˈjak
Auriol *fr.* ɔˈrjɔl
Auripigment au̯ripɪˈgmɛnt
Auripunktur au̯ripʊŋkˈtuːɐ̯
Aurispa *it.* au̯ˈrispa
Aurlandsfjord *norw.* ˌœy̆rlansfjuːr
Aurora au̯ˈroːra, *engl.* ɔːˈrɔːrə, *span.* au̯ˈrora
Aurore *fr.* ɔˈrɔːr
Auroville *engl.* ˈɔːroʊvɪl
Aurum ˈau̯rʊm
Aurunker au̯ˈrʊŋkɐ
aus, Aus au̯s
ausbaken ˈau̯sbaːkn̩
ausbauchen ˈau̯sbau̯xn̩
ausbogen ˈau̯sboːgn̩, **bog aus!** ˈboːk ˈau̯s, **ausbogt** ˈau̯sboːkt
ausbojen ˈau̯sboːjən, **...[ge]bojet** ...[gə]ˌboːjət, **ausbojete** ˈau̯sboːjətə, **boje aus!** ˈboːjə ˈau̯s
ausbooten ˈau̯sboːtn̩
ausbuchten ˈau̯sbʊxtn̩
ausbürgern ˈau̯sbʏrgɐn, **ausbürgre** ˈau̯sbʏrgrə
ausbüxen ˈau̯sbʏksn̩
Auschwitz ˈau̯ʃvɪts
Ausculum ˈau̯skulʊm
ausdrücklich ˈau̯sdrʏklɪç, *auch:* -ˈ--
ausdünnen ˈau̯sdʏnən
auseinander au̯s|ai̯ˈnandɐ
Auseinandersetzung au̯s|ai̯ˈnandɐzɛtsʊŋ
Auseklis *lett.* ˈau̯seklɪs
ausfitten ˈau̯sfɪtn̩
ausflippen ˈau̯sflɪpn̩
Ausflügler ˈau̯sflyːklɐ
ausführlich ˈau̯sfyːɐ̯lɪç, *auch:* -ˈ--
ausgangs ˈau̯sgaŋs
ausgebufft ˈau̯sgəbʊft
ausgerechnet *Adjektiv* ˈau̯sgərɛçnət, *auch:* ˈ--ˈ--
ausgeschamt ˈau̯sgəʃaːmt
ausgezeichnet *Adjektiv* ˈau̯sgətsai̯çnət, *auch:* ˈ--ˈ--
ausgiebig ˈau̯sgiːbɪç, **-e** ...ɪgə
aushändigen ˈau̯sˌhɛndɪgn̩, **händig aus!** ˈhɛndɪç ˈau̯s, **aushändigt** ˈau̯shɛndɪçt
aushäusig ˈau̯shɔy̆zɪç, **-e** ...ɪgə
aushebern ˈau̯sheːbɐn, **aushebre** ˈau̯sheːbrə
ausixen ˈau̯s|ɪksn̩
auskehlen ˈau̯skeːlən
ausklarieren ˈau̯sklaˌriːrən
ausknocken ˈau̯snɔkn̩
auskoffern ˈau̯skɔfɐn
auskolken ˈau̯skɔlkn̩
auskömmlich ˈau̯skœmlɪç
Auskultant au̯skʊlˈtant
Auskultation au̯skʊltaˈtsi̯oːn
Auskultator au̯skʊlˈtaːtoːɐ̯, **-en** ...taˈtoːrən
auskultatorisch au̯skʊltaˈtoːrɪʃ
auskultieren au̯skʊlˈtiːrən
Auskunft ˈau̯skʊnft, **...künfte** ...kʏnftə
Auskunftei au̯skʊnfˈtai̯
Auslad ˈau̯slaːt, **-es** ...aːdəs
Ausland ˈau̯slant
Ausländer ˈau̯slɛndɐ
Ausländerei au̯slɛndəˈrai̯
ausländisch ˈau̯slɛndɪʃ

A

auslandsdeutsch 'auslants-dɔytʃ
Auslass 'auslas, **...lässe** ...lɛsə
Auslug 'auslu:k, **-es** ...u:gəs
ausm 'ausm̩
ausmarchen 'ausmarçn̩
ausmergeln 'ausmɛrgl̩n, **merg-le aus!** 'mɛrglə 'aus
ausmitteln 'ausmɪtl̩n
ausmittig 'ausmɪtɪç, **-e** ...ɪgə
ausmugeln 'ausmu:gl̩n, **mugle aus!** 'mu:glə 'aus
Ausnahme 'ausna:mə
Ausoner 'auzonɐ
Ausonia au'zo:ni̯a, *it.* au'zɔ:ni̯a, *span.* au'soni̯a
Ausonius au'zo:ni̯ʊs
auspfarren 'auspfarən
Auspitz 'auspɪts
Auspizium aus'pi:tsi̯ʊm, **...ien** ...i̯ən
auspowern 'auspo:vɐn, **powre aus!** 'po:vrə 'aus
aussätzig 'auszɛtsɪç, **-e** ...ɪgə
Ausschlachterei ausʃlaxtə'rai
ausschließlich 'ausʃli:slɪç, *auch:* '-'--, -'--
Aussee au'se:
außen, Au... 'ausn̩
außenbords 'ausn̩bɔrts
Außenpolitik 'ausn̩politi:k
außenpolitisch 'ausn̩poli:tɪʃ
außer 'ausɐ
Außerachtlassung ausɐ-'|axtlasʊŋ
außeramtlich 'ausɐ|amtlɪç
außerdem 'ausɐde:m, --'-
äußere, Äu... 'ɔysərə
außergewöhnlich 'ausɐgə-vø:nlɪç
außerhalb 'ausɐhalp
Außerkurssetzung ausɐ'kʊrs-zɛtsʊŋ
äußerlich 'ɔysɐlɪç
äußerln 'ɔysɐln
außermittig 'ausɐmɪtɪç, **-e** ...ɪgə
äußern 'ɔysɐn
außerordentlich 'ausɐ-'|ɔrdn̩tlɪç
außerplanmäßig 'ausɐ-ˌpla:nmɛ:sɪç
Außerrhoden 'ausɐro:dn̩
äußerst 'ɔysɐst
außerstand ausɐ'ʃtant, *auch:* '---
außerstande ausɐ'ʃtandə, *auch:* '----
äußerstenfalls 'ɔysɐstn̩'fals
außertourlich 'ausɐtu:ɐ̯lɪç
Aussig 'ausɪç
aussöhnen 'auszø:nən
Ausspann 'ausʃpan
Ausständler 'ausʃtɛntlɐ
ausstatten 'ausʃtatn̩
Aust-Agder *norw.* ˌœÿstagdər
Austen *engl.* 'ɔstɪn
Austenit auste'ni:t
austenitisieren austeniti-'zi:rən
Auster 'austɐ, *engl.* 'ɔ:stə
Austerity ɔs'tɛriti
Austerlitz 'austɐlɪts
Austin *engl.* 'ɔstɪn
austonnen 'austɔnən
Austrag 'austra:k, **-es** ...a:gəs, **...träge** ...trɛ:gə
Austrägler 'austrɛ:klɐ
austral, A... aus'tra:l
Australasien aus'tra:l|a:zi̯ən
Australia *engl.* ɔs'treɪljə
australid austra'li:t, **-e** ...i:də
Australien aus'tra:li̯ən
Australier aus'tra:li̯ɐ
australisch aus'tra:lɪʃ
australoid australo'i:d, **-e** ...i:də
Australopithecinae australo-pite'tsi:nɛ
Australopithecinen, ...ezinen australopite'tsi:nən
Australopithecus australo-'pi:tekʊs
Austrasien aus'tra:zi̯ən
Austreberta austre'bɛrta
Austria 'austria, *engl.* 'ɔstrɪə
Austrian Airlines *engl.* 'ɔstrɪən 'ɛəlaɪnz
Austriazismus austria'tsɪsmʊs
Austrien 'austriən
Austromarxismus austro-mar'ksɪsmʊs
Austvågøy *norw.* ˌœÿstvɔgœi̯
ausufern 'aus|u:fɐn
auswärtig 'ausvɛrtɪç, **-e** ...ɪgə
auswärts 'ausvɛrts
Ausweis 'ausvais, **-e** ...aizə
Auswürfling 'ausvʏrflɪŋ
Auszüger 'austsy:gɐ
Auszügler 'austsy:klɐ
Autan *fr.* o'tã
autark au'tark
Autarkie autar'ki:, **-n** ...i:ən
auteln 'autl̩n
auterg au'tɛrk, **-e** ...rgə
Auteuil *fr.* o'tœj
Authari 'autari
Authentie autɛn'ti:
authentifizieren autɛntifi-'tsi:rən
Authentik au'tɛntɪk
authentisch au'tɛntɪʃ
authentisieren autɛnti'zi:rən
Authentizität autɛntitsi'tɛ:t
authigen auti'ge:n
Autismus au'tɪsmʊs
Autist au'tɪst
Auto 'auto
Autoaggression auto-|agrɛ'si̯o:n
Autobiograf autobio'gra:f
Autobiografie autobiogra'fi:, **-n** ...i:ən
Autobus 'autobʊs, **-se** ...ʊsə
Autocar 'autoka:ɐ̯
Autochore auto'ko:rə
Autochorie autoko'ri:
Autochrom auto'kro:m
autochthon autɔx'to:n
Autocoder auto'ko:dɐ
Autocross 'autokrɔs
Autocue 'o:tokju:
Autodafé autoda'fe:
Autodeterminismus autode-tɛrmi'nɪsmʊs
Autodidakt autodi'dakt
Autodigestion autodigɛs'ti̯o:n
Autodrom auto'dro:m
autodynamisch autody'na:mɪʃ
Autoerotik auto|e'ro:tɪk, *auch:* '-----
Autoerotismus auto-|ero'tɪsmʊs, *auch:* '------
autogam auto'ga:m
Autogamie autoga'mi:
autogen auto'ge:n
Autogiro auto'ʒi:ro
Autognosie autogno'zi:
Autogramm auto'gram
autograph, A... auto'gra:f
Autographie autogra'fi:, **-n** ...i:ən
autographieren autogra'fi:rən
Autographilie autografi'li:
Autogravüre autogra'vy:rə
Autohypnose autohʏp'no:zə, '-----
Autointoxikation auto-|ɪntɔksika'tsi̯o:n
Autokarpie autokar'pi:
Autokatalyse autokata'ly:zə
autokephal autoke'fa:l
Autokephalie autokefa'li:
Autokinese autoki'ne:zə
Autokino 'autoki:no
Autoklav auto'kla:f, **-en** ...a:vn̩

A

autoklavieren au̯tokla'vi:rən
Autokrat au̯to'kra:t
Autokratie au̯tokra'ti:, **-n** ...i:ən
Autolycus au̯'to:lykʊs
Autolykos au̯'to:lykɔs
Autolyse au̯to'ly:zə
autolytisch au̯to'ly:tɪʃ
Automat au̯to'ma:t
Automatie au̯toma'ti:, **-n** ...i:ən
Automatik au̯to'ma:tɪk
Automation au̯toma't͜si̯o:n
Automatisation au̯tomatiza't͜si̯o:n
automatisch au̯to'ma:tɪʃ
automatisieren au̯tomati'zi:rən
Automatismus au̯toma'tɪsmʊs
Automatograph au̯tomato'gra:f
Automedon au̯'to:medɔn
Automixis au̯to'mɪksɪs
automobil, A... au̯tomo'bi:l
Automobilismus au̯tomobi'lɪsmʊs
Automobilist au̯tomobi'lɪst
automorph au̯to'mɔrf
Automorphismus au̯tomɔr'fɪsmʊs
autonom au̯to'no:m
Autonomie au̯tono'mi:, **-n** ...i:ən
Autonomisierung au̯tonomi'zi:rʊŋ
Autonomist au̯tono'mɪst
autonym au̯to'ny:m
Autophilie au̯tofi'li:
Autopilot 'au̯topilo:t
Autoplastik au̯to'plastɪk
Autopoiese au̯topɔy'e:zə
autopoietisch au̯topɔy'e:tɪʃ
Autopolyploidie au̯topolyploi'di:
Autopsie au̯tɔ'psi:, **-n** ...i:ən
Autor 'au̯to:ɐ̯, **-en** au̯'to:rən
Autoradiogramm au̯toradi̯o'gram
Autoradiographie au̯toradi̯ogra'fi:
Autoreverse 'au̯torivø:ɐ̯s, ...vœrs; ---'-
Autorin au̯'to:rɪn
Autorisation au̯toriza't͜si̯o:n
autorisieren au̯tori'zi:rən
autoritär au̯tori'tɛ:ɐ̯
Autorität au̯tori'tɛ:t
autoritativ au̯torita'ti:f, **-e** ...i:və
Autosemantikon au̯toze'mantikɔn, **...ka** ...ka
Autosex 'au̯tozɛks
Autoskopie au̯tosko'pi:, **-n** ...i:ən
autoskopisch au̯to'sko:pɪʃ
Autosom au̯to'zo:m
Autostereotyp au̯tostereo'ty:p
Autostopp 'au̯toʃtɔp
Autostrada au̯to'stra:da
Autosuggestion au̯tozʊgɛs'ti̯o:n
autosuggestiv au̯tozʊgɛs'ti:f, **-e** ...i:və
Autotomie au̯toto'mi:, **-n** ...i:ən
Autotoxin au̯totɔ'ksi:n
Autotransformator au̯totransfɔr'ma:to:ɐ̯, **-en** ...ma'to:rən
Autotransfusion au̯totransfu'zi̯o:n
autotroph au̯to'tro:f
Autotrophie au̯totro'fi:
Autotropismus au̯totro'pɪsmʊs
Autotypie au̯toty'pi:, **-n** ...i:ən
autotypisch au̯to'ty:pɪʃ
Autovakzin[e] au̯tovak't͜si:n[ə]
Autoxidation au̯tɔksida't͜si̯o:n
autozephal au̯tot͜se'fa:l
Autozid... au̯to't͜si:t...
Autozoom 'au̯tozu:m
Autran[s] *fr.* o'trã
Autreau *fr.* o'tro
autsch! au̯tʃ
aut simile au̯t 'zi:mile
autumnal au̯tʊm'na:l
Autun *fr.* o'tœ̃
Autunit au̯tu'ni:t
Auvergne o'vɛrnjə, *fr.* o'vɛrɲ
Auw au̯
auweh! au̯'ve:
auwei[a]! au̯'vai̯[a]
Auwera 'au̯vəra
Auwers 'au̯vɐs
Auxcousteaux *fr.* okus'to
Auxerre *fr.* o'sɛ:r
aux fines herbes o 'fi:n 'zɛrp
auxiliar au̯ksi'li̯a:ɐ̯
Auxin au̯'ksi:n
auxochrom au̯kso'kro:m
Auxonne *fr.* o'sɔn
Auxospore au̯kso'spo:rə
auxotroph au̯kso'tro:f
Auzinger 'au̯t͜sɪŋɐ
Ava 'a:va, *engl.* 'ɑ:və, 'eɪvə
Available-Light-... ɛ've:ləbl̩'lai̯t...
Aval a'val
avalieren ava'li:rən
Avalist ava'lɪst
Avallon *fr.* ava'lõ
Avalon *engl.* 'ævəlɔn
Avance a'vã:sə
Avancement avãsə'mã:
avancieren avã'si:rən
Avancini *it.* avan'tʃi:ni
Avancinus avan't͜si:nʊs
Avanos *türk.* 'ɑvɑnɔs
Avantage avã'ta:ʒə
Avantageur avãta'ʒø:ɐ̯
Avantgarde a'vã:gardə, avã'gardə, *fr.* avã'gard
Avantgardismus avãgar'dɪsmʊs
Avantgardist avãgar'dɪst
avanti, A... *it.* a'vanti
Avanturin avantu'ri:n
Avare a'va:rə
Avaricum a'va:rikʊm
Avatar ava'ta:ɐ̯
ave!, A... 'a:ve
Avebury *engl.* 'eɪvbərɪ
Avec a'vɛk
Aved *fr.* a'vɛd
Aveiro *port.* ɐ'vɐi̯ru
Aveline *fr.* a'vlin
Avellaneda *span.* aβeʎa'neða
Avellino *it.* avel'li:no
Ave-Maria 'a:vema'ri:a
Avempace avɛm'pa:t͜sə
Avena a've:na
Avenarius ave'na:ri̯ʊs
Avenary ave'na:ri
Avenches *fr.* a'vã:ʃ
Avenel *fr.* av'nɛl
Avenida ave'ni:da
Aventin avɛn'ti:n
Aventinus avɛn'ti:nʊs
Aventis® a'vɛntɪs
Aventiure avɛn'ty:rə
Aventüre avɛn'ty:rə
Aventurier avãty'ri̯e:
Aventurin avɛntu'ri:n
Avenue avə'ny:, **-n** ...y:ən
average, A... 'ɛvərɪtʃ
Averbo a'vɛrbo
Avercamp *niederl.* 'a:vərkɑmp
Averell *engl.* 'eɪvərəl
Averescu *rumän.* ave'resku
avernalisch avɛr'na:lɪʃ
Averner a'vɛrnɐ
avernisch a'vɛrnɪʃ
Avernus a'vɛrnʊs
Averoff, ...ph *neugr.* a'verɔf
Averroes a'vɛroɛs

Averroismus avɛroˈɪsmʊs
[1]**Avers** (Vorderseite; Abfindung) aˈvɛrs, **-e** ...rzə
[2]**Avers** (Ort in der Schweiz) ˈa:fɐs
[1]**Aversa** vgl. Aversum
[2]**Aversa** (Name) *it.* aˈvɛrsa
Aversal... avɛrˈza:l...
Aversion avɛrˈzi̯o:n
Aversional... avɛrzi̯oˈna:l...
aversionieren avɛrzi̯oˈni:rən
Aversum aˈvɛrzʊm, **...sa** ...za
avertieren avɛrˈti:rən
Avertin® avɛrˈti:n
Avertissement avɛrtɪsəˈmã:
Avery *engl.* ˈeɪvərɪ
Avesta *schwed.* ˌɑ:vəsta
Aveyron *fr.* avɛˈrõ
Avezzano *it.* avedˈdza:no
Avianca *span.* aˈβi̯aŋka
Avian[i]us aˈvi̯a:n[i̯]ʊs
Aviano *it.* aˈvi̯a:no
Aviarium aˈvi̯a:ri̯ʊm, **...ien** ...i̯ən
Aviatik aˈvi̯a:tɪk
Aviatiker aˈvi̯a:tikɐ
Avicenna aviˈt͜sɛna
Avienus aˈvi̯e:nʊs
Avigliana *it.* aviʎˈʎa:na
Avignon avɪnˈjõ:, *fr.* aviˈɲõ
Ávila *span.* ˈaβila
Avilés *span.* aβiˈles
avirulent ˈavirulɛnt
Avis aˈvi:, *auch:* aˈvi:s, **des -** aˈvi:[s], **die -** aˈvi:s, **-e** aˈvi:zə
avisieren aviˈzi:rən
Aviso aˈvi:zo
Avista... aˈvɪsta...
a vista a ˈvɪsta
Avitaminose avitamiˈno:zə
Avivage aviˈva:ʒə
avivieren aviˈvi:rən
Avocado avoˈka:do
Avocato avoˈka:to
Avogadro *it.* avoˈga:dro
Avoirdupois avo̯ardyˈpo̯a, ˌɛvɐdəˈpɔy̯s
Avokado avoˈka:do
Avokato avoˈka:to
Avon *engl.* ˈeɪvən
Avosmediano avɔsmeˈdi̯a:no
Avranches *fr.* aˈvrã:ʃ
Avunkulat avʊŋkuˈla:t
Avus ˈa:vʊs
Avyžius *lit.* aˌvi:ʒjʊs
AWACS ˈa[:]vaks, ˈɛvɛks
Awadschi *jap.* ˈaˌwadʒi
Aware aˈva:rə
awarisch aˈva:rɪʃ
Awatscha *russ.* aˈvatʃɐ
Awe *engl.* ɔ:
Awertschenko *russ.* aˈvjɛrtʃɪnkɐ
Awesta aˈvɛsta
awestisch aˈvɛstɪʃ
Awgust *russ.* ˈavgust
Awram *russ.* avˈram
Awwakum *russ.* avvaˈkum
Axai *russ.* akˈsaj
Axakow *russ.* akˈsakɐf
Axel ˈaksl̩, *niederl.* ˈɑksəl, *schwed.* ˌaksəl, ˈ--
Axel-Heiberg-Land ˈaksl̩ˈhai̯bɛrklant, *engl.* ˈæksəlˈhaɪbə:glænd
Axelrod *engl.* ˈækslrɔd
Axen[berg] ˈaksn̩[bɛrk]
Axenfeld ˈaksn̩fɛlt
Axenstraße ˈaksn̩ʃtra:sə
Axerophthol akseroˈfto:l
axial aˈksi̯a:l
Axialität aksi̯aliˈtɛ:t
axillar aksɪˈla:ɐ̯
Axinia aˈksi:ni̯a
Axinit aksiˈni:t
Axinja *russ.* akˈsinjjɐ
Axiologie aksi̯oloˈgi:, **-n** ...i:ən
axiologisch aksi̯oˈlo:gɪʃ
Axiom aˈksi̯o:m
Axiomatik aksi̯oˈma:tɪk
axiomatisch aksi̯oˈma:tɪʃ
axiomatisieren aksi̯omatiˈzi:rən
Axiometer aksi̯oˈme:tɐ
Axioti *neugr.* aˈksjɔti
Axjonow *russ.* akˈsjɔnɐf
Ax-les-Thermes *fr.* aksleˈtɛrm
Axminster *engl.* ˈæksmɪnstə
Axminsterteppich ˈɛksmɪnstɐtɛpɪç
Axolotl aksoˈlɔtl̩
Axon ˈaksɔn, **-e[n]** aˈkso:nə[n]
Axonometrie aksonomeˈtri:, **-n** ...i:ən
axonometrisch aksonoˈme:trɪʃ
Axt akst, **Äxte** ˈɛkstə
Axtafa *russ.* akstaˈfa
Axu *russ.* akˈsu
Axular *bask.* aʃular
Ayacucho *span.* ajaˈkutʃo
Ayala *span.* aˈjala
Ayamonte *span.* ajaˈmɔnte
Ayatollah ajaˈtɔla
Ayckbourn *engl.* ˈeɪkbɔ:n
Aycliffe *engl.* ˈeɪklɪf
Aydın *türk.* ˈɑi̯dɨn
Ayers Rock *engl.* ˈɛəz ˈrɔk
Ayler *engl.* ˈeɪlə
Aylesbury *engl.* ˈeɪlzbərɪ
Aymará *span.* ai̯maˈra
Aymé *fr.* ɛˈme
Ayr *engl.* ɛə
Ayren[hoff] ˈai̯rən[hɔf]
Ayrer ˈai̯rɐ
Aysén *span.* ai̯ˈsen
Aytoun *engl.* eɪtn
Ayub *engl.* ˈɑ:jʊb, ...ju:b
Ayuntamiento ajʊntaˈmi̯ento
Ayurveda ajʊrˈve:da
Ayutthaya *Thai* ajudthaˈja: 1411
Ayvalık *türk.* ˈɑi̯vɑlɨk
Azalea aˈt͜sa:lea
Azalee at͜saˈle:ə
Azalie aˈt͜sa:li̯ə
Azambuja *port.* ɐzɐmˈbuʒɐ
Azaña *span.* aˈθaɲa
Azania *engl.* əˈzeɪnɪə
Azara *span.* aˈθara
Azarol... at͜saˈro:l...
Azarole at͜saˈro:lə
Azcapotsalco *span.* askapoˈtsalko
Azeglio *it.* adˈdzɛʎʎo
Azema aˈt͜se:ma
Azemmour *fr.* azɛmˈmu:r
azentrisch ˈat͜sɛntrɪʃ
azeotrop at͜seoˈtro:p
azephal at͜seˈfa:l
Azephale at͜seˈfa:lə
Azephalie at͜sefaˈli:, **-n** ...i:ən
Azeriden at͜seˈri:dn̩
Azetaldehyd aˈt͜se:t|aldehy:t, **-es** ...y:dəs
Azetat at͜seˈta:t
Azevedo azeˈve:do, *bras.* azeˈvedu, *port.* ɐzəˈveðu
Azid aˈt͜si:t, **-e** ...i:də
Azikiwe *engl.* ɑ:zi:ˈki:weɪ
Azilien aziˈli̯ɛ̃:
Azimut at͜siˈmu:t
azimutal at͜simuˈta:l
Azincourt *fr.* azɛ̃ˈku:r
Azine aˈt͜si:nə
azinös at͜siˈnø:s, **-e** ...ø:zə
Aznar *span.* aðˈnar
Aznavour *fr.* aznaˈvu:r
Azo... ˈat͜so...
Azobenzol at͜sobɛnˈt͜so:l
Azóguez *span.* aˈθoɣeθ
Azoikum aˈt͜so:ikʊm
azoisch aˈt͜so:ɪʃ
Azol aˈt͜so:l

B

Azolinus atso'li:nʊs
Azone *it.* at'tso:ne
Azoospermie atsoospɛr'mi:, **-n** ...i:ən
Azor *hebr.* a'zɔr
Azorella atso'rɛla
Azoren a'tso:rən
Azorín *span.* aθo'rin
Azorubin atsoru'bi:n
Azotämie atsotɛ'mi:, **-n**...i:ən
Azote *fr.* a'zɔt
azotieren atso'ti:rən
Azotobakter atsoto'baktɐ
Azotobakterin atsotobakte'ri:n
Azotogen atsoto'ge:n
Azotorrhö, ...öe atsotɔ'rø:, **...rrhöen** ...'rø:ən
Azoturie atsotu'ri:, **-n**...i:ən
Azpeitia *span.* aθ'pɛitia
Azrou *fr.* a'zru
Azteke ats'te:kə
Azua *span.* 'aθua
Azuaga *span.* a'θuaɣa
Azuay *span.* a'θuai
Azubi a'tsu:bi, 'a[:]tsubi
Azucena *it.* addzu'tʃɛ:na, *span.* aθu'θena
Azuela *span.* a'θuela
Azuer *span.* a'θuɛr
Azuero *span.* a'θuero
Azuga *rumän.* a'zuga
Azul *span.* a'θul
Azulejos atsu'lɛxɔs, asu..., *span.* aθu'lɛxos
Azulen atsu'le:n
Azur a'tsu:ɐ
Azuree... atsu're:...
azuriert atsu'ri:ɐt
Azurit atsu'ri:t
azurn a'tsu:ɐn
Azusa *engl.* ə'zu:sə
Azyanopsie atsyanɔ'psi:, **-n** ...i:ən
Azygie atsy'gi:
azygisch a'tsy:gɪʃ
azygos atsy'go:s, **-e** ...o:zə
azyklisch 'atsy:klɪʃ, *auch:* –'––
azymisch a'tsy:mɪʃ
Azymit atsy'mi:t
Azymon 'a:tsymɔn, 'ats..., **...ma** ...ma
Azzalino atsa'li:no
Azzilo 'atsilo
Azzo 'atso, *it.* 'attso
Azzone *it.* at'tso:ne
Azzurri a'tsʊri, *it.* ad'dzurri

B *b*

b, B be:, *engl.* bi:, *fr.*, *span.* be, *it.* bi
β, B 'be:ta
Bâ *fr.* bɑ
Baade 'ba:də
Baader 'ba:dɐ
Baal *dt.*, *niederl.* ba:l
Baalbek 'ba:lbɛk, –'–
Baal-Hanan 'ba:al'ha:nan
Baal Schem Tov 'ba:l 'ʃe:m 'to:f
Baamonde *span.* baa'mɔnde
Baar ba:ɐ, *tschech.* ba:r
Baaren *niederl.* 'ba:rə
Baarle *niederl.* 'ba:rlə
Baarn *niederl.* ba:rn
Baas ba:s, **-e** 'ba:zə
Baath ba:t
Bååth *schwed.* bo:t
Bab ba:p, *pers.* bɑ:b
baba ba'ba
bäbä bɛ'bɛ
[1]**Baba** (Großmutter) 'ba:ba
[2]**Baba** (türk. Titel) ba'ba:
[3]**Baba** (Name) *mak.*, *rumän.* 'baba, *türk.* bɑ'bɑ
Babadag *rumän.* baba'dag
Babahoyo *span.* baβa'ojo
Babajewski *russ.* bɐba'jɛfskij
Baba Mustapha 'ba:ba 'mʊstafa
Babar *indon.* 'babar
Babbage *engl.* 'bæbɪdʒ
babbeln 'babl̩n, **babble** 'bablə
[1]**Babbitt** (Durchschnittsmensch; Metall) 'bɛbɪt
[2]**Babbitt** (Name) *engl.* 'bæbɪt
Babcock 'bapkɔk, *engl.* 'bæbkɔk
Babeck 'ba:bɛk
Babekan 'ba:beka:n, babe'ka:n
Babel 'ba:bl̩, *russ.* 'babɪlj
Babelino babe'li:no
Bab el Mandeb 'ba:p ɛl 'mandɛp
Babelon *fr.* ba'blõ
Babelsberg 'ba:bl̩sbɛrk

Babelthuap *engl.* bɑ:bəl'tu:ɑ:p
Babenberger 'ba:bn̩bɛrgɐ
Babenhausen ba:bn̩'hauzn̩
Babeș *rumän.* 'babeʃ
Babesien ba'be:ziən
Babett ba'bɛt
Babette ba'bɛtə, *fr.* ba'bɛt
Babeuf *fr.* ba'bœf
Babi *pers.* bɑ'bi:
Babia Góra *poln.* 'babja 'gura
Babia Hora *slowak.* 'babja 'hɔra
Babić *serbokr.* 'babitɕ
Babieca *span.* ba'βieka
Babi Jar *russ.* 'babij 'jar
Babilonie babilo'ni:
Babinet *fr.* babi'nɛ
Babing[er] 'ba:bɪŋ[ɐ]
Babington *engl.* 'bæbɪŋtən
Babinski ba'bɪnski, *fr.* babɛ̃s'ki
Babirussa babi'rʊsa
Babismus ba'bɪsmʊs
Babist ba'bɪst
Babits *ung.* 'bɔbitʃ
Babka *engl.* 'bæbkə
Babo 'ba:bo
Babœuf *fr.* ba'bœf
Babol *pers.* bɑ'bol
Babolsar *pers.* bɑbol'sær
Babouvismus babu'vɪsmʊs
Babrios 'ba:briɔs
Babrius 'ba:briʊs
Babst bapst
Babu 'ba:bu
Babuin 'ba:bui:n
Babur 'ba:bʊr
Baburen *niederl.* bɑ'by:rə
Babusche ba'bʊʃə, ba'bu:ʃə
Babuschka 'ba[:]bʊʃka
Baby 'be:bi
Babyboom[er] 'be:bibu:m[ɐ]
Babycar 'be:bika:ɐ
Babydoll 'be:bidɔl, ––'–
Babyface 'be:bife:s
Babylon 'ba:bylɔn, *engl.* 'bæbɪlən
Babylonien baby'lo:niən
Babylonier baby'lo:niɐ
babylonisch baby'lo:nɪʃ
Babylook 'be:bilʊk
babysitten 'be:bizɪtn̩
Babysitter 'be:bizɪtɐ
babysittern 'be:bizɪtɐn
Babysitting 'be:bizɪtɪŋ
Bacabal *bras.* baka'bal
Bacall *engl.* bə'kɔ:l
Bacău *rumän.* ba'kəu
Baccaloni *it.* bakka'lo:ni

Baccarat 'bakara
Bacchanal baxa'na:l, **-ien** ...li̯ən
Bacchant ba'xant
Bacchelli *it.* bak'kɛlli
Bacchiacca *it.* bak'ki̯akka
Bacchiocchi *it.* bak'ki̯ɔkki
bacchisch 'baxɪʃ
Bacchius ba'xi:ʊs, **...ien** ...i:ən
Bacchus 'baxʊs
Bacchylides ba'xy:lidɛs
Bacci *it.* 'battʃi
Baccio *it.* 'battʃo
Bacewicz *poln.* ba'tsɛvitʃ
Bach bax, **Bäche** 'bɛçə
bachab bax'|ap
Bacharach 'baxarax, *engl.* 'bækəræk
Bachauer 'baxau̯ɐ
Bachaumont *fr.* baʃo'mõ
Bache 'baxə
Bachelard *fr.* ba'ʃla:r
Bachelin *fr.* ba'ʃlɛ̃
Bachelor 'bɛtʃəlɐ
Bachelor of Arts 'bɛtʃəlɐ ɔf 'a:ɐ̯ts
Bachelor of Laws 'bɛtʃəlɐ ɔf 'lo:s
Bachelor of Sciences 'bɛtʃəlɐ ɔf 'sai̯ənsɪs
Bachem 'baxm̩
Bachér ba'xe:ɐ̯
Baches 'baxəs
Bachiacca *it.* ba'ki̯akka
Bachja Ibn Pakuda 'baxja 'ɪbn̩ pa'ku:da
Bachler 'baxlɐ
Bächler 'bɛçlɐ
Bachman[n] 'baxman
Bachmetjew *russ.* bax'mjetjɪf
Bachofen 'bax|o:fn̩
Bachtaran *pers.* bɑxtæ'rɑ:n
Bachtiar *pers.* bæxti'ɑ:r
Bachtiare bax'ti̯a:rə
Bachtiari bax'ti̯a:ri
Bächtold 'bɛçtɔlt
Bachtschissarai *russ.* bɐxtʃisa'raj
Baciccia *it.* ba'tʃittʃa
Bacile ba'tʃi:lə, **...li** ...li
Bacílek *tschech.* 'batsi:lɛk
Bacillus ba'tsɪlʊs, **...li** ...li
back, ¹Back (seemänn.) bak
²Back (Verteidiger) bɛk
³Back (Name) *engl.* bæk
Bäck *dt., schwed.* bɛk
Bačka *serbokr.* 'ba:tʃka:
Backbord 'bakbɔrt, **-e** ...rdə
Bäckchen 'bɛkçən
Backe 'bakə
backen, B... 'bakn̩
...backen ...ˌbakn̩
Backer *niederl.* 'bɑkər
Bäcker 'bɛkɐ
Bäckerei bɛkə'rai̯
Backfire 'bɛkfai̯ɐ
Backfisch 'bakfɪʃ
Backgammon bɛk'gɛmən
Background 'bɛkgrau̯nt
Backhand 'bɛkhɛnt
Backhaus 'bakhau̯s
Backhendl 'bakhɛndl̩
Backhuysen *niederl.* 'bɑkhœi̯zə
...backig ...ˌbakɪç, **-e** ...ɪgə
...bäckig ...ˌbɛkɪç, **-e** ...ɪgə
Backlash 'bɛklɛʃ
Bäckler 'bɛklɐ
Backlist 'bɛklɪst
Backlund *schwed.* ˌbaklʊnd
Backnang 'baknaŋ
Backofen 'bak|o:fn̩
Backoffen 'bak|ɔfn̩
Backslash 'bɛkslɛʃ
Backspring 'bɛksprɪŋ
Backstag 'bakʃta:k, **-e** ...a:gə
backstage 'bɛkste:tʃ
Backström *schwed.* ˌbakstrœm
bäckt bɛkt
Backtracking 'bɛktrɛkɪŋ
Backup 'bɛk|ap, –'–
Backus-Naur... 'bakʊs'nau̯ɐ...
Bacmeister 'bakmai̯stɐ
Baco 'ba:ko
Baçó *kat.* bə'so
Bacolod *span.* bako'lɔð
Bacon 'be:kn̩, *engl.* 'beɪkən, *fr.* ba'kõ
Baconsky *rumän.* ba'konski
Bacovia *rumän.* ba'kovia
Bacquehem 'bakhɛm
Bács[ka] *ung.* 'ba:tʃ[kɔ]
Baculard *fr.* baky'la:r
Baculus 'ba:kulʊs
Bačvice *serbokr.* 'batʃvitsɛ
Baczyński *poln.* ba'tʃɨi̯ski
Bad ba:t, **-es** 'ba:dəs, **Bäder** 'bɛ:dɐ
Badacsony *ung.* 'bɔdɔtʃonj
Badajoz *span.* baða'xɔθ
Badalona *span.* baða'lona
Badari ba'da:ri
Bądarzewska-Baranowska *poln.* bɔnda'ʒɛfskabara'nɔfska
Badem 'ba:dəm
baden 'ba:dn̩, **bad!** ba:t
Baden 'ba:dn̩
Baden-Baden 'ba:dn̩'ba:dn̩
Badener 'ba:dənɐ
Badeni ba'de:ni
Baden-Powell *engl.* beɪdn'poʊəl, ...'paʊəl
Badenser ba'dɛnzɐ
badensisch ba'dɛnzɪʃ
Badenweiler ba:dn̩'vai̯lɐ
Baden-Württemberg 'ba:dn̩'vʏrtəmbɛrk
Bader 'ba:dɐ
Bäder vgl. Bad
Badgastein ba:tgas'tai̯n
Badge bɛtʃ
Badia ba'di:a, **...ien** ...i:ən
Badinage badi'na:ʒə
Badinerie badinə'ri:, **-n** ...i:ən
Badings *niederl.* 'ba:dɪŋs
Badinski *bulgar.* 'badinski
badisch 'ba:dɪʃ
Badius 'ba:di̯ʊs
Badlands *engl.* 'bædlændz
Badminton 'bɛtmɪntn̩
Badoglio *it.* ba'dɔʎʎo
Badt bat
Badtrip 'bɛt'trɪp
Badura ba'du:ra
Baeck bɛk
Baedeker 'bɛ:dəkɐ
Baegert 'ba:gɐt
Baehr bɛ:ɐ̯
Baekelmans *niederl.* 'ba:kəlmɑns
Baelen *niederl.* 'ba:lə
Baena *span.* ba'ena
Baensch bɛnʃ
Baer bɛ:ɐ̯
Baerl ba:ɐ̯l
Baerle *niederl.* 'ba:rlə
Baertling *schwed.* ˌbærtliŋ
Baertsoen *niederl.* 'ba:rtsun
Bærum *norw.* ˌbæ:rʉm
Baerze *niederl.* 'ba:rzə
Baesecke 'bɛ:zəkə
Baessler 'bɛslɐ
Baesweiler 'ba:svai̯lɐ
Baetica 'bɛ:tika
Baetis 'bɛ:tɪs
Baeumker 'bɔymkɐ
Baeyer 'bai̯ɐ
Baez *engl.* baɪ'ɛz, '––
Baeza *span.* ba'eθa
Bafang *fr.* ba'faŋ
Bafel 'ba:fl̩
baff baf
Baffin *engl.* 'bæfɪn
Bafile *it.* ba'fi:le
BAföG, Bafög 'ba:fœk
Bafoussam *fr.* bafu'sam

B

Bafra *türk.* ˈbɑfrɑ
Bag bɛk
Bagage baˈgaːʒə
Bagamoyo bagaˈmoːjo
Bagasse baˈgasə
Bagassose bagaˈsoːzə
Bagatelle bagaˈtɛlə
bagatellisieren bagatɛliˈziːrən
Bagdad ˈbakdat
Bagdader ˈbakdadɐ
Bage *engl.* beɪdʒ
Bagé *brasilian.* baˈʒɛ
Bagehot *engl.* ˈbædʒət
Bagel (Verlag) baˈʒɛl
Bagge ˈbagə
Bagger ˈbagɐ
baggern ˈbagɐn, **baggre** ˈbagrə
Baggesen ˈbagəzn̩
Baggings ˈbɛgɪŋs
Baggypants ˈbɛgipɛnts
Baghlan *afgh.* bæɣˈlɑn
Bagirmi baˈgɪrmi
Baglione *it.* baʎˈʎoːne
Baglioni *it.* baʎˈʎoːni
Bagnères-de-Bigorre *fr.* baɲɛrdəbiˈgɔːr
Bagnères-de-Luchon *fr.* baɲɛrdəlyˈʃõ
Bagnes *fr.* baɲ
Bagneux *fr.* baˈɲø
Bagni *it.* ˈbaɲɲi
[1]**Bagno** (Kerker) ˈbanjo, **Bagni** ˈbanji
[2]**Bagno** (Name) *it.* ˈbaɲɲo
Bagnolet *fr.* baɲɔˈlɛ
Bagot ˈbaːgɔt, *engl.* ˈbægət
Bagramjan *russ.* bɐgraˈmjan
Bagratide bagraˈtiːdə
Bagration *russ.* bɐgrɐtiˈɔn
Bagrationowsk *russ.* bɐgrɐtiˈɔnɐfsk
Bagratunier bagraˈtuːni̯ɐ
Bagrizki *russ.* baˈgritskij
Bagrjana *bulgar.* bɐˈgrjanɐ
Baguette baˈgɛt, **-n** ...tn̩
Baguio *span.* baˈɣio
Baguirmi *fr.* bagirˈmi
bah! baː
bäh! bɛː
Bahadur baˈhaːdʊr
Bahai bahaˈiː
Bahaismus bahaˈɪsmʊs
Bahama[n]er bahaˈmaː[n]ɐ
bahama[n]isch bahaˈmaː[n]ɪʃ
Bahama[s] baˈhaːma[s], *engl.* bəˈhɑːmə[z]
Bahamer baˈhaːmɐ
bahamisch baˈhaːmɪʃ
Bahamonde *span.* baaˈmɔnde
Bahar ˈbahaːɐ, *pers.* bæˈhɑːr
Bahasa Indonesia *indon.* baˈhasa ɪndoˈnɛsi̯a
Bahawalpur *engl.* bəˈhɑːwəlpʊə
Bahdanowitsch *weißruss.* bɐɣdɐˈnovitʃ
bähen ˈbɛːən
Baher Dar *amh.* bahər dar
Bahia *bras.* baˈia
Bahía Blanca *span.* baˈia ˈβlaŋka
Bahlsen® ˈbaːlzn̩
Bahlui *rumän.* baxˈlui̯
Bahmani ˈbaxmani
Bahn[sen] ˈbaːn[zn̩]
Bahöl baˈhøːl
Bahr baːɐ̯
Bähr bɛːɐ̯
Bahrain baˈrai̯n, baxˈrai̯n
Bahr Al Arab ˈbaxɐ alˈ|arap
Bahr Al Asrak ˈbaxɐ alˈ|azrak
Bahr Al Gabal ˈbaxɐ alˈgabal
Bahr Al Ghasal ˈbaxɐ algaˈzaːl
Bahrdt baːɐ̯t
Bahre ˈbaːrə
Bahrfeldt ˈbaːɐ̯fɛlt
Bahrijja baxˈriːja
Bahro ˈbaːro
Baht baːt
Bahuschewitsch *weißruss.* bɐɣuˈʃɛvitʃ
Bahuwrihi bahuˈvriːhi
Ba Huyên Thanh-Quan *vietn.* ba hu̯i̯ən θai̯n ku̯an 3611
Bai bai̯
Baia *it.* ˈbaːi̯a
Baiae ˈbai̯ɛ
Baia Mare *rumän.* ˈbai̯a ˈmare
Baiao bai̯ˈaːo
Baião *bras.* baˈi̯ɐ̃u̯
Baia Sprie *rumän.* ˈbai̯a ˈsprie
Baibars bai̯ˈbars
Băicoi *rumän.* bəˈkoi̯
Baida, Al albai̯ˈdaː
Baidawi bai̯ˈdaːvi
Baier ˈbai̯ɐ
Baiera ˈbai̯əra, bai̯ˈeːra
Baiersbronn bai̯ɐsˈbrɔn
Baiersdorf ˈbai̯ərsdɔrf
Baïf *fr.* baˈif
Baigneuse bɛnˈjøːzə
Baikal ˈbai̯kal, *auch:* –ˈ– *russ.* bajˈkal
Baikonur *russ.* bɐjkaˈnur
Baile Átha Cliath *engl.* blɑːˈkliə
Băile Herculane *rumän.* ˈbəile herkuˈlane
Bailén *span.* bai̯ˈlen
Băilești *rumän.* bəiˈleʃtj
Bailey *engl.* ˈbeɪlɪ
Bailiff ˈbeːlɪf
Bailli *fr.* baˈji
Bailliage baˈjaːʒə
Baillie *engl.* ˈbeɪlɪ
Baillot *fr.* baˈjo
Bailly *fr.* baˈji
Baily *engl.* ˈbeɪlɪ
Bainbridge *engl.* ˈbeɪnbrɪdʒ
Bain[es] *engl.* beɪn[z]
Baini *it.* baˈiːni
Bain-Marie bɛ̃maˈriː
Bainville *fr.* bɛ̃ˈvil
Bairak bai̯ˈrak
Bairam bai̯ˈram
Baird *engl.* bɛəd, *poln.* bɛrt
Baire *fr.* bɛːr
Bairiki *engl.* baɪˈriːkiː
bairisch ˈbai̯rɪʃ
Bairnsdale *engl.* ˈbɛənzdeɪl
Baiser bɛˈzeː
Baisse ˈbɛːsə
Baissier bɛˈsi̯eː
Bait bai̯t
Baitin bai̯ˈtiːn
Baja *ung.* ˈbɔjɔ
Bajä ˈbaːjɛ
Baja California *span.* ˈbaxa kaliˈfɔrni̯a
Bajadere bajaˈdeːrə
Bajasid bajaˈziːt
Baja Verapaz *span.* ˈbaxa βeraˈpaθ
Bajazzo baˈjatso
Bajer *dän.* ˈbai̯ɐ
Bajocien baʒoˈsi̯ɛ̃ː
Bajonett bajoˈnɛt
bajonettieren bajonɛˈtiːrən
Bajram Curri *alban.* bai̯ˈram ˈtsurri
Bajus ˈbaːjʊs
Bajuware bajuˈvaːrə
bajuwarisch bajuˈvaːrɪʃ
Bajza *ung.* ˈbɔjzɔ, *slowak.* ˈbai̯za
Bakal *russ.* baˈkal
Bakalow *bulgar.* bɐˈkalof
Bakar *serbokr.* ˌbakar
Bakchos ˈbakçɔs
Bakchylides bakˈçyːlidɛs
Bake ˈbaːkə
Bakel ˈbaːkl̩, *fr.* baˈkɛl
Bakelit® bakəˈliːt
Bakema *niederl.* ˈbaːkəmɑ
Baker *engl.* ˈbeɪkə

Bakerloo *engl.* beɪkəˈluː
Bakersfield *engl.* ˈbeɪkəzfiːld
Bakhuizen *niederl.* ˈbɑkhœi̯zə
Baki *türk.* bɑːˈki
Bakić *serbokr.* ˈbakitɕ
Bakin *jap.* baˈkin
Bakkalaureat bakalau̯reˈaːt
Bakkalaureus bakaˈlau̯reʊs, **...ei** ...ei
Bakkarat ˈbakara[t], ...ˈra
Bakken ˈbakn̩, *dän.* ˈbagn̩
Bakker *niederl.* ˈbɑkər
Baklanow *russ.* baˈklanɐf
Baklava ˈbaklava, *türk.* bɑklɑˈvɑ
Bakócz *ung.* ˈbɔkoːts
Bakony *ung.* ˈbɔkonj
Bakonyer baˈkoːni̯ɐ
Bakov *tschech.* ˈbakɔf
Bakschejew *russ.* bakˈʃejɪf
Bakschisch ˈbakʃɪʃ
Bakst *fr.* bakst
Bakteriämie bakteri̯ɛˈmiː, **-n** ...iːən
Bakterie bakˈteːri̯ə
bakteriell bakteˈri̯ɛl
Bakteriologe bakteri̯oˈloːgə
Bakteriologie bakteri̯oloˈgiː
bakteriologisch bakteri̯oˈloːgɪʃ
Bakteriolyse bakteri̯oˈlyːzə
Bakteriolysin bakteri̯olyˈziːn
bakteriolytisch bakteri̯oˈlyːtɪʃ
Bakteriophage bakteri̯oˈfaːgə
Bakteriose bakteˈri̯oːzə
Bakteriostase bakteri̯oˈstaːzə
bakteriostatisch bakteri̯oˈstaːtɪʃ
Bakteriotherapie bakteri̯oteraˈpiː, **-n** ...iːən
Bakterium bakˈteːri̯ʊm, **...ien** ...i̯ən
Bakteriurie bakteri̯uˈriː
bakterizid, B... bakteriˈtsiːt, **-e** ...iːdə
Baktr[i]a ˈbaktr[i]a
Baktriana baktriˈaːna
Baktrien ˈbaktriən
baktrisch ˈbaktrɪʃ
Baku ˈbaːku; *russ.* baˈku
Bakuba baˈkuːba
Bakunin *russ.* baˈkunin
Baky ˈbaːki
Balabanow *bulgar.* bɐlɐˈbanof
Balachna *russ.* bɐlaxˈna
Balaena baˈlɛːna
Balaguer *span.* balaˈɣɛr, *kat.* bələˈɣe
Balakirew *russ.* baˈlakirɪf
Balaklawa *russ.* bɐlaˈklavɐ
Balakowo *russ.* bɐlaˈkɔvɐ
Balalaika balaˈlai̯ka
Balance baˈlãːs[ə], baˈlaŋs[ə], **-n** ...sn̩
Balancé balãˈseː, balaŋˈseː
Balancement balãsəˈmãː, balaŋsəˈmãː
Balance of Power ˈbɛləns ɔf ˈpau̯ɐ
Balanchine *engl.* ˈbæləntʃiːn
balancieren balãˈsiːrən, balaŋˈsiːrən
Balandrino balanˈdriːno
Balanitis balaˈniːtɪs, **...itiden** ...niˈtiːdn̩
Balanoposthitis balanopɔsˈtiːtɪs, **...itiden** ...tiˈtiːdn̩
Balard *fr.* baˈlaːr
Balaschicha *russ.* bɐlaˈʃɨxɐ
Balaschow *russ.* bɐlaˈʃɔf
Balassa[gyarmat] *ung.* ˈbɔlɔʃʃɔ[djɔrmɔt]
Balassi *ung.* ˈbɔlɔʃʃi
Balata ˈbalata, *auch:* baˈlaːta
Balaton *ung.* ˈbɔlɔton
Balatonfüred *ung.* ˈbɔlɔtonfyrɛd
Balatum ˈbalatʊm, *auch:* baˈlaːtʊm
Balawat balaˈvaːt
Balázs *ung.* ˈbɔlaːʒ
Balban balˈbaːn
Balbek ˈbaːlbɛk
Balbier balˈbiːɐ̯
balbieren balˈbiːrən
Balbín *tschech.* ˈbalbiːn
Balbina balˈbiːna
Balbinus balˈbiːnʊs
Balbo *it.* ˈbalbo
Balboa balˈboːa, *span.* balˈβoa
Balbuena *span.* balˈβu̯ena
Balbulus ˈbalbulʊs
Bălcescu *rumän.* bəlˈtʃesku
Balchasch *russ.* balˈxaʃ
Balchin *engl.* ˈbɔːltʃɪn
Balch [Springs] *engl.* ˈbɔːltʃ [ˈsprɪŋz]
bald balt
Baldachin ˈbaldaxiːn, *auch:* --ˈ-
Baldassare *it.* baldasˈsaːre
Balde ˈbaldə
Bälde ˈbɛldə
Baldegger See ˈbaldɛgɐ ˈzeː
Baldeneysee ˈbaldənai̯zeː
Baldensperger ˈbaldn̩spɛrgɐ, *fr.* baldɛ̃spɛrˈʒe
Balder ˈbaldɐ
Baldewin ˈbaldəviːn
Baldi *it.* ˈbaldi
baldig ˈbaldɪç, **-e** ...ɪgə
Baldini *it.* balˈdiːni
Baldinucci *it.* baldiˈnuttʃi
baldmöglichst ˈbaltˈmøːklɪçst
Baldovinetti *it.* baldoviˈnetti
Baldovino *it.* baldoˈviːno
baldowern balˈdoːvɐn, **...wre** ...vrə
Baldr ˈbaldɐ
Baldrian ˈbaldriaːn
Balduin ˈbalduiːn
Baldung ˈbaldʊŋ
Baldur ˈbaldʊr, *isl.* ˈbaldʏr
Baldus de Ubaldis ˈbaldʊs deː uˈbaldiːs
Baldwin *engl.* ˈbɔːldwɪn
Bale *engl.* beɪl
Bâle *fr.* bɑːl
Balearen baleˈaːrən
Baleares *span.* baleˈares
balearisch baleˈaːrɪʃ
Balen *niederl.* ˈbaːlə
Balenit baleˈniːt
Balester baˈlɛstɐ
Balestra baˈlɛstra
Balfas *indon.* ˈbalfas
Balfour *engl.* ˈbælfə
Balg balk, **-es** ...gəs, **Bälge** ˈbɛlgə, **Bälger** ˈbɛlgɐ
Balga[ch] ˈbalga[x]
Balgarija *bulgar.* bəlˈgarijɐ
Balge ˈbalgə
Bälge vgl. Balg
balgen ˈbalgn̩, **balg!** balk, **balgt** balkt
Bälger vgl. Balg
Balgerei balgəˈrai̯
Balhorn ˈbalhɔrn
Bali ˈbaːli, *indon.* ˈbali
Balıkesir *türk.* bɑˈlɨkɛˌsir
Balikpapan *indon.* balɪkˈpapan
Balilla *it.* baˈlilla
balinesisch baliˈneːzɪʃ
Balingen ˈbaːlɪŋən
Baliński *poln.* baˈli̯ski
Bálint *ung.* ˈbaːlint
Baliol *engl.* ˈbeɪlɪəl
Baljana ˈbaljana
Balje ˈbaljə
Balk balk, *niederl.* bɑlk
Balkan ˈbalkaːn, *serbokr.* ˌbalkaːn, *bulgar.* bɐlˈkan
balkanisch balˈkaːnɪʃ
balkanisieren balkaniˈziːrən
Balkanologe balkanoˈloːgə
Balkanologie balkanoloˈgiː

Balkare bal'ka:rə
Bälkchen 'bɛlkçən
Balke 'balkə
Balken 'balkn̩
Balkh *afgh.* bælx
Balkon bal'kõ:; *auch:* bal'kɔŋ, bal'ko:n, **des -s** ...kõ:s, *auch:* ...kɔŋs, ...ko:ns, **die -s** ...kõ:s, *auch:* ...kɔŋs, **die -e** ...ko:nə
[1]**Ball** bal, **Bälle** 'bɛlə
[2]**Ball** (Name) bal, *engl.* bɔ:l
Balladares *span.* baʎa'ðares
Ballade ba'la:də
balladesk bala'dɛsk
Ballad-Opera *engl.* 'bæləd-ˌɔpərə
Balladur *fr.* bala'dy:r
Ballance *engl.* 'bæləns
Ballantyne *engl.* 'bæləntaɪn
Ballarat *engl.* bælə'ræt, '--'-, '---
Ballard *engl.* 'bæləd, *fr.* ba'la:r
Ballast 'balast, *auch:* ba'last
Ballawatsch 'balavat͜ʃ
Bälle vgl. Ball
Ballei ba'la͜i
Ballek *slowak.* 'baljɛk
ballen, B... 'balən
Ballén *span.* ba'ʎen
Ballenstedt 'balənʃtɛt
Balleny *engl.* 'bælənɪ
Ballerina balə'ri:na
Ballerine balə'ri:nə
Ballerino balə'ri:no
ballern, B... 'balɐn
Balleron 'balərɔn
Ballerup *dän.* 'bæl'ərʊb
Ballester *span.* baʎes'tɛr
ballestern ba'lɛstɐn
Ballesteros *span.* baʎes'teros
Ballestrem 'baləstre:m, ba'lɛstrɛm
Ballett ba'lɛt
Balletteuse balɛ'tø:zə
Ballettomane balɛto'ma:nə
Ballhorn 'balhɔrn
ballhornisieren balhɔrni'zi:rən
Ballif *fr.* ba'jif
ballig 'balɪç, **-e** ...ɪgə
Ballin 'bali:n
Ballina *engl.* 'bælɪnə
Ballinger *engl.* 'bælɪndʒə
Balliol *engl.* 'beɪlɪəl
Ballismus ba'lɪsmʊs
Balliste ba'lɪstə
Ballistik ba'lɪstɪk
Ballistiker ba'lɪstikɐ
ballistisch ba'lɪstɪʃ
Ballistokardiographie balɪstokardi̯ogra'fi:, **-n** ...i:ən
Ballit ba'li:t
Ballo in maschera *it.* 'ballo im'maskera
[1]**Ballon** ba'lõ:, *auch:* ba'lɔŋ, ba'lo:n, **des -s** ba'lõ:s, *auch:* ba'lɔŋs, ba'lo:ns, **die -s** ba'lõ:s, *auch:* ba'lɔŋs, **die -e** ba'lo:nə
[2]**Ballon** (Name) *fr.* ba'lõ
Ballonett balo'nɛt
Ballon[s] d'Essai ba'lõ: dɛ'sɛ:
Ballooning bə'lu:nɪŋ
[1]**Ballot** (Warenballen) ba'lo:
[2]**Ballot** (geheime Abstimmung) 'bɛlət
Ballota ba'lo:ta
Ballotade balo'ta:də
Ballotage balo'ta:ʒə
ballotieren balo'ti:rən
Ballotine balo'ti:nə
Ballwin *engl.* 'bɔ:lwɪn
Bally 'bali, *fr.* ba'li, ba'ji, *engl.* 'bɑ:lɪ
Ballyhoo 'bɛlihu:, --'-
Ballymena *engl.* bælɪ'mi:nə
Balm balm
Balmaceda *span.* balma'θeða
Balme 'balmə
Balmer 'balmɐ
Balmes *span.* 'balmes
Balmont *russ.* balj'mɔnt
Balmoral *engl.* bæl'mɔrəl
Balmung 'balmʊŋ
Balneographie balneogra'fi:, **-n** ...i:ən
Balneologie balneolo'gi:
balneologisch balneo'lo:gɪʃ
Balneophysiologie balneofyzi̯olo'gi:
Balneotherapie balneotera'pi:
Bal paré, -s -s 'bal pa're:
Balsa 'balza
Balsam 'balza:m; **-e** ...za:mə, *auch:* ...'za:mə
Balsamão *port.* balsɐ'mɐ̃u̯
balsamieren balza'mi:rən
Balsamine balza'mi:nə
balsamisch bal'za:mɪʃ
Balsamo *it.* 'balsamo
Balsas *bras., span.* 'balsas
Balser 'balzɐ
Balsthal 'balsta:l
Balta *russ.* 'baltɐ
Baltard *fr.* bal'ta:r
Baltazarini *it.* baltaddza'ri:ni
Balte 'baltə
Balthasar 'baltazar
Balthe 'baltə
Balthus *fr.* bal'tys
Baltia 'balti̯a
Baltikum 'baltikʊm
Baltimore 'baltimo:ɐ̯, *engl.* 'bɔ:ltɪmɔ:
baltisch 'baltɪʃ
Baltischport baltɪʃ'pɔrt
Baltisk *russ.* bal'tijsk
Baltistik bal'tɪstɪk
Baltrum 'baltrʊm
Baltrušaitis *lit.* baltrʊ'ʃa:i̯tɪs
Baltsa 'balt͜sa
Baltschik *bulgar.* bɐl'tʃik
Bałtyk *poln.* 'bau̯tɨk
Baltzar 'balt͜sar
Baluba ba'lu:ba, *fr.* balu'ba
Bałucki *poln.* ba'u̯utski
Baluschek 'baluʃɛk
Baluster ba'lʊstɐ
Balustrade balʊs'tra:də
Baluze *fr.* ba'ly:z
Balve 'balvə
Balyk ba'lʏk
Balz bal͜ts
Bälz bɛl͜ts
Balzac *fr.* bal'zak
Balzan *it.* bal'tsan
Balze *fr.* balz
balzen 'bal͜tsn̩
Balzico *it.* 'baltsiko
Bam *pers.* bæm
BAM *russ.* bam
Bamako 'ba[:]mako, ba'ma[:]ko, *fr.* bama'ko
Bambara bam'ba:ra, 'bambara
Bamberg 'bambɛrk
Bamberger 'bambɛrgɐ
bambergisch 'bambɛrgɪʃ
Bambi 'bambi
Bambina bam'bi:na
Bambino bam'bi:no, **...ni** ...ni
Bambocciade bambɔ't͜ʃa:də
Bambule bam'bu:lə
Bambus 'bambʊs, **-s** ...ʊsə
Bambuti bam'bu:ti
Bamian *afgh.* bɑ'mi̯ɑn
Bamigoreng bamigo'rɛŋ
Bamm bam
Bammel 'baml̩
bammeln 'bamln̩
Bamperletsch 'bampɐlɛt͜ʃ
[1]**Ban** (Würdenträger) ba:n
[2]**Ban** (Maß) ban
[3]**Ban** (Münze) ba:n, **-i** ...ni
banal ba'na:l
banalisieren banali'zi:rən
Banalität banali'tɛ:t

B

Banane ba'na:nə
Banat ba'na:t, *serbokr.* ˌbana:t, *rumän.* ba'nat
Bánát *ung.* 'ba:na:t
Banater ba'na:tɐ
Banause ba'naʊ̯zə
banausisch ba'naʊ̯zɪʃ
Bancban[us] baŋk'ba:n[ʊs]
Bances *span.* 'banθes
Banchieri *it.* baŋ'ki̯ɛ:ri
Banchs *span.* baŋks
Banco *it.* 'baŋko
Bancroft *engl.* 'bæŋkrɔft
band bant
[1]**Band** bant, **-e** 'bandə, **Bände** 'bɛndə, **Bänder** 'bɛndɐ
[2]**Band** (Gruppe von Musikern) bɛnt
[1]**Banda** 'banda, **...de** 'bandə
[2]**Banda** (Name) *indon.* 'banda, *engl.* 'bændə
Bandage ban'da:ʒə
bandagieren banda'ʒi:rən
Bandagist banda'ʒɪst
Bandak *norw.* ˌbandak
Bandana ban'da:na
Bandar *engl.* 'bændə, *indon.* 'bandar, *pers.* bæn'dær
Bandaranaike *engl.* bændərə'naɪkɪ, bɑ:ndrɑ:'ni:kɪ
Bandar Seri Begawan *indon.* 'bandar sə'ri ba'gawan
Bändchen 'bɛntçən
bände 'bɛndə
[1]**Bande** 'bandə
[2]**Bande** vgl. [1]Banda
Bände vgl. [1]Band
Bandeau bã'do:
Bandeira *bras.* bɐn'dei̯ra
Bandeirante *bras.* bɐndei̯'rɐnti
Bandel 'bandl̩
Bändel 'bɛndl̩
Bandelier bandə'li:ɐ̯
Bandello *it.* ban'dɛllo
banden 'bandn̩
Bänder vgl. [1]Band
Banderilla bandə'rɪlja
Banderillero bandərɪl'je:ro
bändern 'bɛndɐn, **bändre** 'bɛndrə
Banderole bandə'ro:lə
banderolieren bandəro'li:rən
bändigen 'bɛndɪgn̩, **bändig!** 'bɛndɪç, **bändigt** 'bɛndɪçt
Bandinelli *it.* bandi'nɛlli
Bandırma *türk.* 'bandɨrma
Bandit ban'di:t
Bandleader 'bɛntli:dɐ
Bandola ban'do:la
Bandoneon ban'do:neɔn
Bandonion ban'do:ni̯ɔn, **...ien** ...i̯ən
Bändsel 'bɛnts̮l̩
Bandung *indon.* 'bandʊŋ
Bandura ban'du:ra
Bandurria ban'dʊri̯a
Bandy 'bɛndi
Băneasa *rumän.* bə'ne̯asa
Banér *schwed.* ba'ne:r
Banes *span.* 'banes
Báñez *span.* 'baɲeθ
Bañeza *span.* ba'ɲeθa
Banff *engl.* bæmf
Bánffy *ung.* 'ba:nfi
bang baŋ, **bänger** 'bɛŋɐ
Bang *dt., dän.* baŋ
Bangale baŋ'ga:lə
bangalisch baŋ'ga:lɪʃ
Bangalore *engl.* bæŋgə'lɔ:
Bangassou *fr.* bãga'su
Bang-Ba-Lân *vietn.* baŋ ba lən 321
Bangbu *chin.* baŋbu 44
Bangbuxe 'baŋbʊksə
Bangbüx[e] 'baŋbʏks[ə]
bange 'baŋə, **bänger** 'bɛŋɐ
Bangemann 'baŋəman
bangen 'baŋən
Banggai *indon.* 'baŋgai̯
Bangka *indon.* 'baŋka
Bangkok 'baŋkɔk
Bangladesch baŋgla'dɛʃ
bänglich 'bɛŋlɪç
Bangnis 'baŋnɪs, **-se** ...ɪsə
Bangor *engl.* 'bæŋgə
Bangs *engl.* bæŋz
Bangui *fr.* bã'gi
Bangweolosee baŋve'o:loze:
Banha 'banha
Bani vgl. [3]Ban
Banijas bani'ja:s
Banim *engl.* 'beɪnɪm
Bani Masar 'bani ma'za:ɐ̯
Bani Sadr *pers.* bæ'ni: 'sædr
Bani Suwaif 'bani zu'vai̯f
Banja Luka *serbokr.* 'ba:nja: ˌlu:ka
Banjan 'banjan
Banjarmasin *indon.* bandʒar'masɪn
Banjo 'banjo, *auch:* 'bɛndʒo, 'bandʒo
Banjul *engl.* 'bændʒu:l, –'–
Bank baŋk, **Bänke** 'bɛŋkə
Bánk *ung.* ba:ŋk
Banka 'baŋka
Bánk bán *ung.* 'ba:ŋg 'ba:n
Bänkchen 'bɛŋkçən
Bänkellied 'bɛŋkl̩li:t
Banker 'bɛŋkɐ, *auch:* 'baŋkɐ
bankerott baŋkə'rɔt
Bankert 'baŋkɐt
Bankett[e] baŋ'kɛt[ə]
bankettieren baŋkɛ'ti:rən
Bankier baŋ'ki̯e:
Banking 'bɛŋkɪŋ
Bankiva... baŋ'ki:va...
Banko 'baŋko
Bank of England *engl.* 'bæŋk əv 'ɪŋglənd
Bankomat baŋko'ma:t
bankrott, B... baŋ'krɔt
Bankrotteur baŋkrɔ'tø:ɐ̯
bankrottieren baŋkrɔ'ti:rən
Banks[town] *engl.* 'bæŋks[taʊn]
Bann ban, *engl.* bæn
bannen 'banən
Banner 'banɐ
bannig 'banɪç
Banning *niederl.* 'bɑnɪŋ, *engl.* 'bænɪŋ
Bänninger 'bɛnɪŋɐ
Baños *span.* 'baɲos
Banquo 'baŋko
bansai! 'banzai̯
Banschaft 'ba:nʃaft
Banse 'banzə
bansen 'banzn̩, **bans!** bans, **banst** banst
Bansin ban'zi:n
Banská Bystrica *slowak.* 'banska: 'bistritsa
Bantam 'bantam
Bantin ban'ti:n
Banting *engl.* 'bæntɪŋ
Bantock *engl.* 'bæntək
Bantu 'bantu
Bantuist[ik] bantu'ɪst[ɪk]
Bantustan 'bantʊsta[:]n
Bantz[er] 'bants̮[ɐ]
Banu 'ba:nu, **Bani** 'ba:ni
Bănulescu *rumän.* bənu'lesku
Banus 'ba:nʊs
Banville *fr.* bã'vil
Banyuls-sur-Mer *fr.* banjylssyr'mɛ:r
Banyuwangi *indon.* banju'waŋi
Banz bants̮
banzai! 'banzai̯
Bánzer *span.* 'banθɛr
Baobab 'ba:obap
Bao-Đai *vietn.* bau̯ dai̯ 46
Baoding *chin.* bau̯dɪŋ 44
Baoji *chin.* bau̯dʑi 31

Baotou *chin.* bau̯tou̯ 12
Bạphomet 'bafomɛt
Baptịsmus bap'tɪsmʊs
Baptịst[a] bap'tɪst[a]
Baptịste *fr.* ba'tist
Baptiste̲rium baptɪs'te:ri̯ʊm, **...ien** ...i̯ən
ba̲r, ¹Ba̲r ba:ɐ̯
²Ba̲r (Name) ba:ɐ̯, *russ.* bar, *serbokr.* bar, ba:r, *engl.* bɑ:
Bä̲r bɛ:ɐ̯
Barabạ *russ.* bɐra'ba
Barabbas 'ba[:]rabas, ba'rabas
Bara̲ber ba'ra:bɐ
bara̲bern ba'ra:bɐn, **...bre** ...brə
Barạbinsk *russ.* ba'rabinsk
Baracạldo *span.* bara'kaldo
¹Ba̲rack 'ba:rak
²Bạrack (Schnaps) 'baratsk
Barạcke ba'rakə
Baracọa *span.* bara'koa
Barada̲us bara'dɛ:ʊs
Bărăgạn *rumän.* bərə'gan
Barạjas *span.* ba'raxas
Ba̲rak 'ba:rak, *hebr.* ba'rak
Bạrák *tschech.* 'bara:k
Baranagar *engl.* 'bærənəgə
Barana̲uskas *lit.* bara'na:u̯skas
Barạnović *serbokr.* ba,ranɔvitɕ
Barạnowitschi *russ.* ba'ranɐvitʃi
Barante *fr.* ba'rã:t
Bárány *ung.* 'ba:ra:nj
Baranya *ung.* 'bɔrɔnjɔ
Bạrataschwili *georg.* 'barathaʃwili
Baratie̲ri *it.* bara'ti̯ɛ:ri
Barạtt ba'rat
Baratterie̲ baratə'ri:, **-n** ...i:ən
barattie̲ren bara'ti:rən
Baratỵnski *russ.* bɐra'tɨnskij
Bạrazk (Schnaps) 'baratsk
Bạrb barp
Barbacẹna *bras.* barba'sena
Barba̲dier bar'ba:di̯ɐ
barba̲disch bar'ba:dɪʃ
Barbados bar'ba:dɔs, 'barbadɔs; *engl.* bɑ:'beɪdoʊz
Barbaka̲ne barba'ka:nə
Barba̲r bar'ba:ɐ̯
Bạrbara *dt., it.* 'barbara, *engl.* 'bɑ:bərə, *poln.* bar'bara
Barbare̲i barba'rai̯
Barbarẹske barba'rɛskə
Bạrbari *it.* 'barbari
Barbari̲no *it.* barba'ri:no
barba̲risch bar'ba:rɪʃ
Barbarịsmus barba'rɪsmʊs
Bạrbaro *it.* 'barbaro
Barbarọssa barba'rɔsa
Barbạstro *span.* bar'βastro
Bạ̈rbchen 'bɛrpçən
Bạrbe 'barbə, *fr.* barb
Barbe bleue *fr.* barbə'blø
Ba̲rbecue 'ba:ɐ̯bɪkju:
Barbediẹnne *fr.* barbə'djɛn
bä̲rbeißig 'bɛ:ɐ̯bai̯sɪç, **-e** ...ɪgə
Bạ̈rbel 'bɛrbl̩
Ba̲rber *engl.* 'bɑ:bə
Barbe̲ra bar'be:ra, *it.* bar'bɛ:ra
Barberi̲na *it.* barbe'ri:na
Barberi̲ni *it.* barbe'ri:ni
Barberi̲no *it.* barbe'ri:no
Ba̲rberton *engl.* 'bɑ:bətən
Barbès *fr.* bar'bɛs
Barbẹtte bar'bɛtə
Barbey d'Aurevilly *fr.* barbɛdɔrvi'ji
Bạrbi *dt., it.* 'barbi
Bạrbie 'barbi
¹Barbie̲r bar'bi:ɐ̯
²Barbiẹr (Name) *fr.* bar'bje
Barbie̲re *it.* bar'bi̯ɛ:re
barbie̲ren bar'bi:rən
Barbie̲ri *it.* bar'bi̯ɛ:ri
Barbirọlli *engl.* bɑ:bɪ'rɔlɪ
Bạrbiton 'barbitɔn
Bạrbitos 'barbitɔs
Barbitu̲r... barbi'tu:ɐ̯...
Barbitura̲t barbitu'ra:t
Barbizon *fr.* barbi'zõ
Barbọsa *port.* bɐr'bɔzɐ
Ba̲rbour *engl.* 'bɑ:bə
Bạrbu *rumän.* 'barbu
Barbu̲da bar'bu:da, *engl.* bɑ:'bu:də
Barbusse *fr.* bar'bys
Bạrby 'barbi
Bạrč *slowak.* bartʃ
Bạrca *span.* 'barka
Barcelọna bartse'lo:na, *span.* barθe'lona
Barcha̲n bar'ça:n
Bạrchent 'barçn̩t
Bạrches 'barçəs
Ba̲rclay[s] *engl.* 'bɑ:klɪ[z]
Barcsay *ung.* 'bɔrtʃɔi
Barczẹwo *poln.* bar'tʃɛvɔ
Ba̲rdal *norw.* ˌba:rda:l
bardau̲z! bar'dau̯ts
Bạrde 'bardə
Bardeen *engl.* bɑ:'di:n
Bạrdejov *slowak.* 'bardjɛi̯ɔu̯
Bạrdeleben 'bardəle:bn̩
Bardẹm *span.* bar'ðem
Bárdenas *span.* 'barðenas
Bạrdhi *alban.* 'barði
Bạrdi *it.* 'bardi
bardie̲ren bar'di:rən
Bardie̲t bar'di:t
Bardi̲tus bar'di:tʊs, **die -** ...tu:s
Bạrdo 'bardo, *fr.* bar'do, *poln.* 'bardɔ
Bạrdolf, ...ph 'bardɔlf
Bardoli̲no *it.* bardo'li:no
Bárdos[sy] *ung.* 'ba:rdoʃ[i]
Bardọt *fr.* bar'do
Bardowick bardo'vi:k, '---
Barẹa *span.* ba'rea
Barège ba'rɛ:ʒə
Barège[s] *fr.* ba'rɛ:ʒ
Barẹilly *engl.* bə'reɪlɪ
Barẹlli *it.* ba'rɛlli
Ba̲renboim 'ba:rənbɔym
Ba̲rendsz *niederl.* 'ba:rənts
Bä̲renstein 'bɛ:rənʃtai̯n
Ba̲renthin 'ba:rənti:n
Ba̲rents 'ba:rənts, *niederl.* 'ba:rənts
Ba̲rentsburg *norw.* 'ba:rəntsbʉrg
Ba̲rentsz *niederl.* 'ba:rənts
Barẹtt ba'rɛt
Barẹtti *it.* ba'retti
ba̲rfuß 'ba:ɐ̯fu:s
Ba̲rfüßer 'ba:ɐ̯fy:sɐ
bạrg, B... bark
Ba̲rgaining 'ba:ɐ̯gənɪŋ
bạ̈rge 'bɛrgə
Ba̲rge ba:ɐ̯tʃ
Bargẹllo *it.* bar'dʒɛllo
bạrgen, B... 'bargn̩
Barghe̲er bar'ge:ɐ̯
Bargọne *fr.* bar'gɔn
Bargusịn *russ.* bɐrgu'zin
Barham *engl.* 'bærəm
Ba̲ri *it.* 'ba:ri
Ba̲ribal 'ba:ribal
bä̲rig 'bɛ:rɪç, **-e** ...ɪgə
Bari̲le ba'ri:lə, **...li** ...li
Barịlla ba'rɪlja
Barilọche *span.* bari'lotʃe
Barịnas *span.* ba'rinas
Baring *engl.* 'bɛərɪŋ
Bárinkay *ung.* 'ba:riŋkɔi
Bariola̲ge bari̯o'la:ʒə
Ba̲ri Pale̲se *it.* 'ba:ri pa'le:se
Barisal *engl.* 'bærɪsɔ:l
Barisa̲nus bari'za:nʊs
ba̲risch 'ba:rɪʃ
Barịto *indon.* ba'rito
Bariton 'ba[:]ritɔn, **-e** ...o:nə
Bariton̲al barito'na:l
Baritonịst barito'nɪst
Ba̲rium 'ba:ri̯ʊm

B

Bark[a] 'bark[a]
Barkane bar'ka:nə
Barkarole barka'ro:lə
Barkas 'barkas
Barkasse bar'kasə
Barke 'barkə
Barkeeper 'ba:ɐ̯ki:pɐ
Barker *engl.* 'bɑ:kə
Barkerole barkə'ro:lə
Barkette bar'kɛtə
Barkhausen 'barkhauzn̩
Barkide bar'ki:də
Barking *engl.* 'bɑ:kɪŋ
Barkla *engl.* 'bɑ:klə
Barkley, ...ly *engl.* 'bɑ:klɪ
Bar Kochba 'ba:ɐ̯ 'kɔxba
Barkone bar'ko:nə
Barksdale *engl.* 'bɑ:ksdeɪl
Barlaam 'barlaam
Barlach 'barlax
Bärlapp 'bɛ:ɐ̯lap
Barläus bar'lɛ:ʊs
Bar-le-Duc *fr.* barlə'dyk
Barletta *it.* bar'letta
Barlog 'barlɔk
Barlow *engl.* 'bɑ:loʊ
Bärme 'bɛrmə
Barmekide barme'ki:də
barmen, B... 'barmən
Barmer 'barmɐ
barmherzig barm'hɛrtsɪç
Bar-Mizwa ba:ɐ̯'mɪtsva
Barmstedt 'barmʃtɛt
Barn[a] 'barn[a]
Barnaba *it.* 'barnaba
Barnabas 'barnabas
Barnabe 'barnabe
Barnabit barna'bi:t
Barnard *engl.* 'bɑ:nəd
Barnardo *engl.* bɑ:'nɑ:doʊ
Bärnau 'bɛrnau
Barnaul *russ.* bɐrna'ul
Barnay 'barnai
Bärnbach 'bɛrnbax
Barnenez *fr.* barnə'ne
Barnes *engl.* bɑ:nz
Barnet *engl.* 'bɑ:nɪt, *span.* bar'nɛt
Barnett *engl.* 'bɑ:nɪt
Barneveld *niederl.* 'barnəvɛlt
Barnevelt *niederl.* 'barnəvɛlt
Barney *engl.* 'bɑ:nɪ
Barnhelm 'barnhɛlm
Barnim 'barnɪm, **-er** -ɐ
Barnowsky bar'nɔfski
Barnsley *engl.* 'bɑ:nzlɪ
Barnstaple *engl.* 'bɑ:nstəpl
Barntrup 'barntrʊp
Barnum *engl.* 'bɑ:nəm
Barocci *it.* ba'rɔttʃi
barock, B... ba'rɔk
barockal barɔ'ka:l
barockisieren barɔki'zi:rən
Baroda *engl.* bə'roʊdə
Barogramm baro'gram
Barograph baro'gra:f
Baroja *span.* ba'rɔxa
Barolo ba'ro:lo
Barometer baro'me:tɐ
Barometrie barome'tri:
barometrisch baro'me:trɪʃ
[1]**Baron** (Freiherr) ba'ro:n
[2]**Baron** (Eigenname) *fr.* bɑ'rõ, *hebr.* ba'rɔn
Baronat baro'na:t
Baroncelli barɔn'tʃeli, *it.* baron'tʃɛlli
Barone *it.* ba'ro:ne
Baronesse baro'nɛsə
Baronet 'baronɛt, 'bɛronɛt, *engl.* 'bærənɪt
Baronie baro'ni:, **-n** ...i:ən
Baronin ba'ro:nɪn
baronisieren baroni'zi:rən
Baronius ba'ro:ni̯ʊs
Barothermograph barotɛrmo'gra:f
Barotse ba'ro:tsə
Barquisimeto *span.* barkisi'meto
Barr *fr.* ba:r, *engl.* bɑ:
Barra *engl.* 'bærə, *it., span., bras.* 'barra
Barrabas 'barabas
Barraca[s] *span.* ba'rraka[s]
Barracco *it.* bar'rakko
Barrage ba'ra:ʒə
Barrakuda bara'ku:da
Barrancabermeja *span.* barraŋkaβɛr'mɛxa
Barranco *span.* ba'rraŋko, *port.* bɐ'rrɐŋku
Barranquilla *span.* barraŋ'kiʎa
[1]**Barras** (Militär) 'baras
[2]**Barras** (Name) *fr.* ba'rɑ:s
Barraud, ...ault *fr.* ba'ro
Barre 'barə, *fr.* ba:r
Barré ba're:
Barreda *span.* ba'rrɛða
Barreiro *port.* bɐ'rrei̯ru
Barrel 'bɛrəl, *auch:* 'barəl
Barrême *fr.* ba'rɛm
Barren 'barən
Barren Grounds *engl.* 'bærən 'graʊndz
Barrère *fr.* ba'rɛ:r
Barrès *fr.* ba'rɛs
Barrett *engl.* 'bærət
Barretter ba'rɛtɐ
Barrie[r] *engl.* 'bærɪ[ə]
Barriere ba'ri̯e:rə
Barrikade bari'ka:də
barrikadieren barika'di:rən
Barrili *it.* bar'ri:li
Barring 'barɪŋ
Barrington *engl.* 'bærɪŋtən
Barrio *span.* 'barri̯o
Barrios *span.* 'barri̯os
Barrique ba'rɪk, *fr.* ba'rik
Barrister 'bɛrɪstɐ, *engl.* 'bærɪstə
Barritus ba'ri:tʊs, **die -** ...tu:s
Barroccio *it.* bar'rɔttʃo
Barrois *fr.* ba'rwa
Barros *span.* 'barrɔs, *bras.* 'barrus, *port.* 'barruʃ
Barroso *port.* bɐ'rrozu
Barrow *engl.* 'bæroʊ
Barry *engl.* 'bærɪ, *fr.* ba'ri
Barrymore *engl.* 'bærɪmɔ:
Barsani bar'za:ni
barsch barʃ
Barsch ba:ɐ̯ʃ
Barschai *russ.* bar'ʃaj
Barschel 'barʃl̩
Barsinghausen barzɪŋ'hauzn̩
Barsoi bar'zɔy
barst barst
bärste 'bɛrstə
Barstow *engl.* 'bɑ:stoʊ
Bar-sur-Aube *fr.* barsy'ro:b
[1]**Bart** ba:ɐ̯t, **Bärte** 'bɛ:ɐ̯tə
[2]**Bart** (Name) *fr.* ba:r, *sorb.* bart, *rumän.* bart
Bärtchen 'bɛ:ɐ̯tçən
Barte 'bartə
Bartel 'bartl̩, *poln.* 'bartɛl
Bartels 'bartl̩s
Barten 'bartn̩
Bartenstein 'bartn̩ʃtain
Barter 'ba:ɐ̯tɐ
Barterl 'bartɐl
Bartfeld 'bartfɛlt
Barth ba:ɐ̯t, bart
Barthel 'bartl̩
Barthélemy *fr.* bartel'mi
Barthélemy-Saint-Hilaire *fr.* bartelmisẽti'lɛ:r
Barthes *fr.* bart
Bartholdi *fr.* bartɔl'di
Bartholdy bar'tɔldi
Bartholinus barto'li:nʊs
Bartholomä bar'to:lomɛ
Bartholomäus bartolo'mɛ:ʊs
Bartholomé *fr.* bartɔlɔ'me
Bartholomew *engl.* bɑ:'θɔləmju:

B

Barthou *fr.* bar'tu
bärtig 'bɛ:ɐ̯tɪç, **-e** ...ɪgə
Bartın *türk.* 'bɑrtɨn
Bartlett *engl.* 'bɑ:tlɪt
Bartning 'bartnɪŋ
Barto *russ.* bar'tɔ
Bartók 'bartɔk, *ung.* 'bɔrto:k
Bartold 'bartɔlt, *russ.* 'bartɐljt
Bartoli *it.* 'bartoli
Bartolini *it.* barto'li:ni
Bartolo *it.* 'bartolo
Bartolomé *span.* bartolo'me
Bartolomeo *it.* bartolo'mɛ:o, *span.* bartolo'meo
Bartolozzi *it.* barto'lɔttsi
Bartolus 'bartolʊs
Bartolus de Sassoferrato 'bartolʊs de: zasofɛ'ra:to
Barton *engl.* bɑ:tn
Bartoš *tschech.* 'bartɔʃ
Bartoszewski *poln.* bartɔ'ʃɛfski
Bartoszyce *poln.* bartɔ'ʃɨtsɛ
Bartow 'barto, *engl.* 'bɑ:toʊ
Bartsch ba:ɐ̯tʃ, bartʃ
Bartucci *it.* bar'tuttʃi
Baruch 'ba:rʊx, *engl.* bə'ru:k
Baruta *span.* ba'ruta
Barutsche ba'rʊtʃə
Bärwalde bɛ:ɐ̯'valdə
Barycz *poln.* 'barɨtʃ
Barye *fr.* ba'ri
Barylli ba'rʏli
Barymetrik bary'me:trɪk
Baryon 'ba:ry̆ɔn, **-en** ba'ry̆o:nən
Baryschnikow *russ.* ba'rɨʃnikɐf
Barysphäre bary'sfɛ:rə
Baryt ba'ry:t
Baryton 'ba:rytɔn
Barytonese baryto'ne:zə
Barytonon ba'ry:tonon, **...na** ...ona
baryzentrisch bary'tsɛntrɪʃ
Baryzentrum bary'tsɛntrʊm, **...tra** ...tra
Barzel 'bartsl
Barzelletta bartse'lɛta
Barzelletta bartsɛ'lɛta
Barzun *fr.* bar'zœ̃, *engl.* 'bɑ:zʌn
Basaiti *it.* baza'i:ti
basal, B... ba'za:l
Basaliom baza'li̯o:m
Basalt ba'zalt
Basan *fr.* ba'zã
Basanavičius *lit.* basa'na:vɪtʃjʊs
Basane ba'za:nə
Basar ba'za:ɐ̯
Basarab *rumän.* basa'rab
Basarabia *rumän.* basa'rabia
Basch *fr.* baʃ
Bäschen 'bɛ:sçən
Baschenis *it.* bas'kɛ:nis
Baschkire baʃ'ki:rə
Baschkirien baʃ'ki:ri̯ən
baschkirisch baʃ'ki:rɪʃ
Baschkirow *russ.* baʃ'kirɐf
Baschlakow 'baʃlakɔf
Baschlik 'baʃlɪk
Bascho *jap.* ba'ʃo:
Baschow *russ.* ba'ʒɔf
[1]Base 'ba:zə
[2]Base (im Baseballspiel; Stützpunkt) be:s
Baseball[er] 'be:sbo:l[ɐ]
Basedow 'ba:zədo
Basedowoid bazədovo'i:t, **-e** ...i:də
Basel 'ba:zl̩
Baselbiet 'ba:zl̩bi:t
Baselitz 'ba:zəlɪts
Baselland ba:zl̩'lant
Basel-Stadt ba:zl̩'ʃtat
Baseman, ...men 'be:smɛn
Basement 'be:smənt
Basic, BASIC 'be:sɪk
Basidie ba'zi:di̯ə
Basidiospore bazidi̯o'spo:rə
Basie *engl.* 'beɪsɪ
basieren ba'zi:rən
...basig ...ba:zɪç, **-e** ...ɪgə
basiklin bazi'kli:n
[1]Basil (Schafleder) ba'zi:l
[2]Basil (Name) ba'zi:l, 'ba:zi:l, *engl.* bæzl
Basilán *span.* basi'lan
basilar bazi'la:ɐ̯
Basil Basilowitsch ba'zi:l ba'zi:lovɪtʃ
Basildon *engl.* 'bæzldən
Basile *it.* ba'zi:le
Basileios bazi'lai̯ɔs, ba'zi:lai̯ɔs
Basileus bazi'lɔy̆s
Basilianer bazi'li̯a:nɐ
Basilicata *it.* bazili'ka:ta
Basilides ba'zi:lidɛs
Basilie ba'zi:li̯ə
Basilika ba'zi:lika
basilikal bazili'ka:l
Basilikum ba'zi:likʊm
Basilio *it.* ba'zi:li̯o, *span.* ba'sili̯o
Basilios ba'zi:li̯ɔs
Basilisk bazi'lɪsk
Basilius ba'zi:li̯ʊs, bazi'li:ʊs
Basin *fr.* ba'zɛ̃
Basingstoke *engl.* 'beɪzɪŋstoʊk
Basion 'ba:zi̯ɔn
basipetal bazipe'ta:l
basiphil bazi'fi:l
Basis 'ba:zɪs
basisch 'ba:zɪʃ
Basizität bazitsi'tɛ:t
Baske 'baskə
Baskerville *engl.* 'bæskəvɪl
Basketball 'ba[:]skətbal
Baskine bas'ki:nə
baskisch 'baskɪʃ
Basko 'basko
Basküle bas'ky:lə
Baskuntschak *russ.* bɐskun'tʃak
Basler 'ba:zlɐ
Basmanow *russ.* bas'manɐf
Basmati bas'ma:ti
Basnage *fr.* bɑ'na:ʒ
Basoche *fr.* ba'zɔʃ
basophil bazo'fi:l
Basquine bas'ki:nə
Basra 'basra
Basrelief 'barelɪ̯ɛf, --'-
Bas-Rhin *fr.* bɑ'rɛ̃
bass bas
Bass bas, **Bässe** 'bɛsə
Bass *engl.* bæs
Bassa *dt., span.* 'basa
Bassä 'basɛ
Bassajew *russ.* ba'sajɪf
Bassani *it.* bas'sa:ni
Bassanio ba'sa:ni̯o
Bassano [del Grappa] *it.* bas'sa:no [del 'grappa]
Bassarabescu *rumän.* basara'besku
Bassbariton 'basba:ritɔn, '-'---
Bassbuffo 'basbʊfo, '-'--
Basse 'basə
Basse Danse, -s -s *fr.* bɑs'dã:s
Bassein *engl.* bə'seɪn, *birm.* paθeɪ̯ŋ 22
Basselin *fr.* bas'lɛ̃
Basselisse 'baslɪs, -'-
Bassena ba'se:na
Bassenheim 'basn̩hai̯m
Bassermann 'basɐman
Basset ba'se:, 'bɛsɪt
Basseterre *engl.* bæs'tɛə
Basse-Terre *fr.* bɑs'tɛ:r
Bassett ba'sɛt
Bassey *engl.* 'bæsɪ
[1]Bassi vgl. Basso
[2]Bassi (Name) *it.* 'bassi
Bassiafette 'basi̯afɛtə

Bassianus ba'si̯a:nʊs
Bassin ba'sɛ̃:
Bassist ba'sɪst
Basso 'baso, **Bassi** 'basi
Basso continuo 'baso kɔn'ti:nu̯o
Basso ostinato 'baso ɔsti'na:to
Basso seguente 'baso ze'gu̯ɛntə
Bassotti ba'sɔti
Bassow *russ.* 'basɐf
Bassum 'basʊm
Bast bast
basta! 'basta
Bastaard 'basta:ɐ̯t
Båstad *schwed.* ˌbo:sta
Bastard 'bastart, **-e** ...rdə
Bastarda bas'tarda
bastardieren bastar'di:rən
Bastarner bas'tarnɐ
Baste 'bastə
Bastei[n] bas'tai̯[n]
basteln 'bastl̩n
Baster 'bastɐ
Bastet 'bastɛt
Bastia 'basti̯a, *fr.* bas'tja, *it.* bas'ti:a
Bastian 'basti̯a[:]n
Bastianini *it.* basti̯a'ni:ni
Bastiano *it.* bas'ti̯a:no
Bastiat *fr.* bas'tja
Bastida[s] *span.* bas'tiða[s]
Bastide *fr.* bas'tid
Bastien *fr.* bas'tjɛ̃
Bastien-Lepage *fr.* bastjɛ̃l'pa:ʒ
Bastienne *fr.* bas'tjɛn
Bastille bas'ti:jə, *fr.* bas'tij
Bastion bas'ti̯o:n
bastionieren basti̯o'ni:rən
Basto *port.* 'baʃtu
Bastogne *fr.* bas'tɔɲ
Bastonade basto'na:də
Bastrop *engl.* 'bæstrəp
Basuto ba'zu:to
bat ba:t
Bata *span.* 'bata
Bat'a *tschech.* 'batja
[1]**Bataille** (Schlacht) ba'ta:jə, ba'taljə
[2]**Bataille** (Familienname) *fr.* ba'tɑ:j
Bataillon batal'jo:n
Bataisk *russ.* ba'tajsk
Batak *bulgar.* bɐ'tak, *indon.* 'batak
Batalha *port.* bɐ'taʎɐ
Batangas *span.* ba'taŋgas
Batate ba'ta:tə
Bataver 'ba:tavɐ, ba'ta:vɐ
Batavia ba'ta:vi̯a
batavisch ba'ta:vɪʃ
Batch... 'bɛtʃ...
bäte, B... 'bɛ:tə
Bätely 'bɛ:təli
Batemberg *bulgar.* 'batɛmbɛrk
Bates *engl.* beɪts
Bath *engl.* bɑ:θ
Bathik 'ba:tɪk
Bathilde ba'tɪldə
Bathildis ba'tɪldɪs
bathisch 'ba:tɪʃ
Batholith bato'li:t
Bathometer bato'me:tɐ
Bathophobie batofo'bi:, **-n** ...i:ən
Báthori, ...ry *ung.* 'ba:tori
Bathrokephalie batrokefa'li:
Bathrozephalie batrot͜sefa'li:
Bathseba 'bat͜seba, ba't͜se:ba
Bathurst *engl.* 'bæθə:st
bathyal, B... ba'ty̆a:l
Bathygraphie batygra'fi:
bathygraphisch baty'gra:fɪʃ
Bathymeter baty'me:tɐ
Bathyscaph[e] baty'ska:f, **-[e]n** ...fn̩
Bathysphäre baty'sfɛ:rə
Batik 'ba:tɪk
batiken 'ba:tɪkn̩
Batist ba'tɪst
Batista y Zaldívar *span.* ba'tista i θal'dißar
batisten ba'tɪstn̩
Batjuschkow *russ.* 'batjuʃkɐf
Batley *engl.* 'bætlɪ
Batlle y Ordóñez *span.* 'batʎe i ɔr'ðoɲeθ
[1]**Batman** (Name) *türk.* 'bɑtmɑn
[2]**Batman** 'bɛtmɛn, 'batman
Bat-Mirjam *hebr.* 'batmir'jam
Batna *fr.* bat'na
Batoni *it.* ba'to:ni
Baton Rouge *engl.* 'bætən 'ru:ʒ
Batory *poln.* ba'tɔrɨ
Batrachium ba'traxi̯ʊm
Batrachomyomachie batraxomyoma'xi:
Batschka 'batʃka
Batseba 'bat͜seba, ba't͜se:ba
[1]**Battaglia** (Musikstück) ba'talja, **...ien** ...ljən
[2]**Battaglia** (Name) *it.* bat'taʎʎa
Battambang *Khmer* batdɑm'bɑ:ŋ
Battani ba'ta:ni
Battelle *engl.* bə'tɛl
Battement batə'mã:
Battenberg 'batn̩bɛrk, *engl.* 'bætnbə:g
Batter 'bɛtɐ
Batterie batə'ri:, **-n** ...i:ən
Battersea *engl.* 'bætəsɪ
Batteur ba'tø:ɐ̯
Batteux *fr.* ba'tø
Batthyány *ung.* 'bɔttja:ni
Batticaloa *engl.* bætɪkə'loʊə
Battipaglia *it.* batti'paʎʎa
Battista ba'tɪsta, *it.* bat'tista
Battistello *it.* battis'tɛllo
Battisti *it.* bat'tisti
Battistini *it.* battis'ti:ni
Battle *engl.* bætl
Battuta ba'tu:ta
Battute ba'tu:tə
Batu *indon.* 'batu, *türk.* bɑ'tu
Batumi *russ.* ba'tumi
Bat Yam *hebr.* 'bat 'jam
Batz bat͜s, *fr.* bats
Batzen 'bat͜sn̩
Bau bau̯
Baubo 'bau̯bo
Bauch bau̯x, **Bäuche** 'bɔy̯çə
Bauchant *fr.* bo'ʃã
Bauchi *engl.* 'baʊtʃi:
bauchig 'bau̯xɪç, **-e** ...ɪgə
bäuchig 'bɔy̯çɪç, **-e** ...ɪgə
bäuchlings 'bɔy̯çlɪŋs
Baucis 'bau̯t͜sɪs
Baud bau̯t, bo:t
Baude 'bau̯də
Baudelaire *fr.* bo'dlɛ:r
Baudissin 'bau̯dɪsi:n
Bauditz *dän.* 'bau̯dids
Baudot *fr.* bo'do
Baudouin *fr.* bo'dwɛ̃
Baudouin de Courtenay *fr.* bodwɛ̃dkurtə'nɛ
Baudouinville *fr.* bodwɛ̃'vil
Baudricourt *fr.* bodri'ku:r
Baudrier *fr.* bodri'e
Baudrillart *fr.* bodri'ja:r
Baudry *fr.* bo'dri
bauen 'bau̯ən
[1]**Bauer** 'bau̯ɐ
[2]**Bauer** (Name) 'bau̯ɐ, *engl.* 'baʊə, *niederl.* 'bɔu̯wər
Bäuerin 'bɔy̯ərɪn
bäuerisch 'bɔy̯ərɪʃ
Bäuerle 'bɔy̯ɐlə
Bauernfeind 'bau̯ɐnfai̯nt
Bauernfeld 'bau̯ɐnfɛlt
Bauhaus 'bau̯hau̯s
Bauhin 'bau̯hi:n, *fr.* bo'ɛ̃

B

B

Bauland ˈbaulant
Baule ˈbaulə, *fr.* bo:l
Baum baum, **Bäume** ˈbɔymə
Baumann ˈbauman
Baumbach ˈbaumbax
Baumberge ˈbaumbɛrgə
Baumberger ˈbaumbɛrgɐ
Baumégrad boˈme:gra:t
Baumeister ˈbaumaistɐ
baumeln ˈbaumḷn
baumen ˈbaumən
bäumen ˈbɔymən
Baumgart ˈbaumgart
Baumgarten ˈbaumgartn̩
Baumgartenberg baum-gartn̩ˈbɛrk
Baumgartner ˈbaumgartnɐ, *fr.* bomgartˈnɛ:r
Baumholder baumˈhɔldɐ
Bäumler ˈbɔymlɐ
Baunach ˈbaunax
Baunatal ˈbaunata:l
Baunscheidtismus baunʃaiˈtɪs-mʊs
Baunzerl ˈbauntsɐl
Baur ˈbauɐ
bäurisch ˈbɔyrɪʃ
Bauru *bras.* bauˈru
Bausch bauʃ, **Bäusche** ˈbɔyʃə
Bäuschel ˈbɔyʃḷ
bauschen ˈbauʃn̩
Bauschinger ˈbauʃɪŋɐ
Bause ˈbauzə
Bausinger ˈbauzɪŋɐ
Bausznern ˈbausnɐn
Bautastein ˈbautaʃtain
Baute ˈbautə
Bautista *span.* bauˈtista
Bautsch[i] ˈbautʃ[i]
Bautzen ˈbautsn̩
Bauwich ˈbauvɪç
Baux *fr.* bo
Bauxerl ˈbauksɐl
Bauxit bauˈksi:t
bauz! bauts
Bavaria baˈva:ria
Bavink ˈba:fɪŋk
Bawean *indon.* baˈwean
Bax[ter] *engl.* ˈbæks[tə]
Baxterianismus bɛksteriaˈnɪs-mʊs
Bay *engl.* beɪ
Bayamo *span.* baˈjamo
Bayamón *span.* bajaˈmɔn
Bayar *türk.* ˈbɑjɑr
Bayard *fr.* baˈja:r
Bayazit *türk.* ˈbɑjɑzit
Bayburt *türk.* ˈbɑiburt
Bayer ˈbaiɐ, *engl.* ˈbeɪə
bayerisch ˈbaiərɪʃ
Bayern ˈbaiɐn
Bayeux *fr.* baˈjø
Bayez *engl.* beɪz
Baykurt *türk.* bɑiˈkurt
Bayle *fr.* bɛl
Baynard ˈbe:nart
Baynes *engl.* beɪnz
Bayonne *fr.* baˈjɔn, *engl.* beɪ-ˈjoʊn
Bayot *fr.* baˈjo
Bayr ˈbaiɐ
Bayraktar *türk.* bɑirɑkˈtɑr
Bayreuth baiˈrɔyt
bayrisch ˈbairɪʃ
Bayrischzell bairɪʃˈtsɛl
Bayswater *engl.* ˈbeɪzwɔ:tə
Baytown *engl.* ˈbeɪtaʊn
Baza *span.* ˈbaθa
Bazaine *fr.* bɑˈzɛn
Bazán *span.* baˈθan
Bazar baˈza:ɐ̯
Bazard *fr.* bɑˈza:r
Bazel *niederl.* ˈba:zəl
Bazi ˈba:tsi
bazillär batsɪˈlɛ:ɐ̯
Bazille *fr.* baˈzij
Bazillurie batsɪluˈri:
Bazillus baˈtsɪlʊs
Bazin *fr.* bɑˈzɛ̃
Baziotes *engl.* bæzɪˈoʊti:z
Bazooka baˈzu:ka
Bazzani *it.* badˈdza:ni
BBC (britischer Rundfunk) *engl.* bi:bi:ˈsi:
Bdellium ˈbdɛliʊm, **...ien** ...iən
B-Dur ˈbe:du:ɐ̯, *auch:* ˈ–ˈ–
Bea ˈbe:a, *it.* ˈbɛ:a
BEA *engl.* bi:i:ˈeɪ
beabsichtigen bəˈlapzɪçtɪgn̩, **beabsichtig!** ...ɪç, **beabsich-tigt** ...ɪçt
Beach bi:tʃ
Beach-la-mar ˈbi:tʃləˈma:ɐ̯
Beachy Head *engl.* ˈbi:tʃɪ ˈhɛd
Beaconsfield (Disraeli) *engl.* ˈbi:kənzfi:ld
Beadle *engl.* bi:dl
Beaflor ˈbe:aflo:ɐ̯
Beagle ˈbi:gḷ
Beam bi:m
beamen ˈbi:mən
beampeln bəˈlampḷn
Beamte bəˈlamtə
beamtet bəˈlamtət
Bean *engl.* bi:n
beanspruchen bəˈlanʃprʊxn̩
beanstanden bəˈlanʃtandn̩, **beanstand!** ...nt
Bear bɛ:ɐ̯
Beard *engl.* bɪəd
Beardsley *engl.* ˈbɪədzlɪ
Béarn *fr.* beˈarn
Béarnaise... bearˈnɛ:s...
Béarner beˈarnɐ
Beas *engl.* ˈbi:ɑ:s
[1]**Beat** (Takt) bi:t
[2]**Beat** (Vorname) beˈa:t
Beata beˈa:ta
beatae memoriae beˈa:tɛ meˈmo:riɛ
Beata Maria Virgo beˈa:ta marˈi:a ˈvɪrgo
Beate beˈa:tə
beaten ˈbi:tn̩
Beatenberg beˈa:tn̩bɛrk
Beatifikation beatifikaˈtsio:n
beatifizieren beatifiˈtsi:rən
Beatle[s] *engl.* bi:tl[z]
Beatnik ˈbi:tnɪk
Beaton *engl.* bi:tn
Beatpad ˈbi:tpɛt
Beatrice beaˈtri:sə, *it.* bea-ˈtri:tʃe, *engl.* ˈbɪətrɪs
Béatrice *fr.* beaˈtris
Beatrix beˈa:trɪks, ˈbe:atrɪks, *engl.* ˈbɪətrɪks, *niederl.* ˈbe:ɑtrɪks
Beattie, Beatty *engl.* ˈbi:tɪ
Beatus beˈa:tʊs
Beau bo:
Beaucaire *fr.* boˈkɛ:r
Beauce *fr.* bo:s
Beauchamp *engl.* ˈbi:tʃəm, *fr.* boˈʃã
Beaufort ˈbo:fɐt, *fr.* boˈfɔ:r, *engl.* ˈboʊfət
beaufschlagen bəˈlaufʃla:gn̩, **beaufschlag!** ...a:k, **beauf-schlagt** ...a:kt
beaufsichtigen bəˈlaufzɪçtɪgn̩, **beaufsichtig!** ...ɪç, **beauf-sichtigt** ...ɪçt
beaugenscheinigen bə-ˈlaugn̩ʃainɪgn̩, **beaugen-scheinig!** ...ɪç, **beaugen-scheinigt** ...ɪçt
Beau Geste, -x -s *fr.* boˈʒɛst
Beauharnais *fr.* boarˈnɛ
[1]**Beaujolais** (Wein) boʒoˈlɛ:, des - ...lɛ:[s]
[2]**Beaujolais** (Name) *fr.* boʒɔˈlɛ
Beaulieu *fr.* boˈljø
Beaumanoir *fr.* bomaˈnwa:r
Beaumarchais *fr.* bomarˈʃɛ
Beaume *fr.* bo:m
Beaumont *fr.* boˈmõ, *engl.* ˈboʊmənt

Beaune *fr.* bo:n
Beauneveu *fr.* bon'vø
Beauport *fr.* bo'pɔ:r
Beauté bo'te:
beautiful 'bju:tifʊl
Beauty 'bju:ti
Beauvais *fr.* bo'vɛ
Beauvoir *fr.* bo'vwa:r
Beaver *engl.* 'bi:və
Beaverbrook *engl.* 'bi:vəbrʊk
Beavercreek *engl.* 'bi:vəkri:k
Beaverton *engl.* 'bi:vətn
Beazley *engl.* 'bi:zlɪ
Bebber 'bɛbɐ
Bébé be'be:
Bebel 'be:bl̩
beben 'be:bn̩, **beb!** be:p, **bebt** be:pt
Bebenburg 'be:bn̩bʊrk
Bebenhausen be:bn̩'hau̯zn̩
Bebermeyer 'be:bɐmai̯ɐ
Bebey *fr.* be'bɛ
bebildern bə'bɪldɐn, **...dre** ...drə
Bebington *engl.* 'bɛbɪŋtən
Bebitz 'be:bɪt͜s
Bebop 'bi:bɔp
Bebra 'be:bra
bebrillt bə'brɪlt
bebuscht bə'bʊʃt
Bec *fr.* bɛk
Becanus be'ka:nʊs
Bécaud *fr.* be'ko
Beccadelli *it.* bekka'dɛlli
Beccafumi *it.* bekka'fu:mi
Beccaria *it.* bekka'ri:a
Bečej *serbokr.* ˌbɛtʃɛ:j
Becerra *span.* be'θerra
Bech bɛç
Béchamel... beʃa'mɛl...
Béchar *fr.* be'ʃa:r
Bêche-de-Mer bɛʃdə'me:ɐ̯
Bechelaren bɛçə'la:rən
bechern 'bɛçɐn
Becher[t] 'bɛçɐ[t]
Bechet *engl.* 'bɛʃeɪ, *fr.* be'ʃɛ
Bechstein 'bɛçʃtain
Bechterew 'bɛçterɛf, *russ.* 'bjɛxtɪrɪf
becircen bə't͜sɪrt͜sn̩
Beck *dt., engl., fr., niederl., poln.* bɛk
Becke 'bɛkə, *engl.* bɛk
Becken 'bɛkn̩
Beckenbauer 'bɛkn̩bau̯ɐ
Becker 'bɛkɐ, *engl.* 'bɛkə, *dän.* 'bɛgɐ, *fr.* bɛ'kɛ:r
Beckerath 'bɛkəra:t
Becket[t] *engl.* 'bɛkɪt
Beckford *engl.* 'bɛkfəd
Beckley *engl.* 'bɛklɪ
Beckmann 'bɛkman
Beckmesser 'bɛkmɛsɐ
Beckmesserei bɛkmɛsə'rai̯
beckmessern 'bɛkmɛsɐn
Becks *niederl.* bɛks
Beckum 'bɛkʊm
Beckwith *engl.* 'bɛkwɪθ
Becque *fr.* bɛk
Bécquer *span.* 'bekɛr
Becquerel bɛkə'rɛl, *fr.* bɛ'krɛl
Beda 'be:da
bedachen bə'daxn̩
bedacht, B... bə'daxt
bedächtig bə'dɛçtɪç, **-e** ...ɪgə
bedachtsam bə'daxtza:m
Bed and Breakfast *engl.* 'bɛt ɛnt 'brɛkfɛst
Bedarf bə'darf
Bedburdyck bɛtbu:ɐ̯'di:k
Bedburg 'bɛtbʊrk
Beddoes *engl.* 'bɛdoʊz
[1]**Bede** (Abgabe) 'be:də
[2]**Bede** (Eigenname) *engl.* bi:d
Bedel *fr.* bə'dɛl, *engl.* bi:dl, bɪ'dɛl
Bedell *engl.* bi:dl, bɪ'dɛl
bedeppert bə'dɛpɐt
Bedford *engl.* 'bɛdfəd, **-shire** -ʃɪə
Bedié *fr.* be'dje
bedienstet bə'di:nstət
Bédier *fr.* be'dje
Beding bə'dɪŋ
Bedlam *engl.* 'bɛdləm
Bedlington *engl.* 'bɛdlɪŋtən
Bedloe *engl.* 'bɛdloʊ
Bednar *slowak.* 'bɛdnar
Bednorz 'bɛdnɔrt͜s
Bedny *russ.* 'bjɛdnɨj
bedornen bə'dɔrnən
Bedos de Celles *fr.* bədos'dsɛl
Bedrängnis bə'drɛŋnɪs, **-se** ...ɪsə
Bedreddin *türk.* bɛdrɛd'din
Bedregal de Conitzer *span.* beðre'ɣal de konit'sɛr
Bedretto *it.* be'dretto
Bedřich *tschech.* 'bɛdrʒɪx
bedripst bə'drɪpst
Beds *engl.* bɛdz
Beduine bedu'i:nə
bedungen bə'dʊŋən
Bedürfnis bə'dʏrfnɪs, **-se** ...ɪsə
Będzin *poln.* 'bɛndʑin
Beebe *engl.* 'bi:bɪ
Beech[am] *engl.* 'bi:tʃ[əm]
Beecher-Stowe *engl.* 'bi:tʃə-'stoʊ
Beech[e]y *engl.* 'bi:tʃɪ
Beeck[e] 'be:k[ə]
Beeckman *niederl.* 'be:kmɑn
Beefalo 'bi:falo
Beefburger 'bi:fbø:ɐ̯gɐ, ...œrgɐ
Beefeater 'bifli:tɐ
Beefsteak 'bi:fste:k
Beeftea 'bi:fti:
beeiden bə'|ai̯dn̩, **beeid!** bə'|ai̯t
beeidigen bə'|ai̯dɪgn̩, **beeidig!** ...dɪç, **beeidigt** ...dɪçt
beeindrucken bə'|ai̯ndrʊkn̩
beeinflussen bə'|ai̯nflʊsn̩
beeinträchtigen bə'|ai̯ntrɛçtɪgn̩, **beeinträchtig!** ...ɪç, **beeinträchtigt** ...ɪçt
Beel[aerts] *niederl.* 'be:l[a:rts]
beelenden bə'|e:lɛndn̩, **beelend!** bə'|e:lɛnt
Beelitz 'be:lɪt͜s
Beelzebub be'ɛlt͜səbu:p, *auch:* 'be:l...
Beemster *niederl.* 'be:mstər
Beeper 'bi:pɐ
Beer be:ɐ̯, *engl.* bɪə
Beerberg 'be:ɐ̯bɛrk
Beerbohm *engl.* 'bɪəboʊm
beerdigen bə'|e:ɐ̯dɪgn̩, **beerdig!** ...dɪç, **beerdigt** ...dɪçt
Beere 'be:rə
Beerfelden be:ɐ̯'fɛldn̩
Beernaert *niederl.* 'be:rna:rt
Beers *niederl.* be:rs, *engl.* bɪəz
Beer Sheva *hebr.* b'ɛrʃɛ'va
Beeskow 'be:sko
Beeston *engl.* 'bi:stən
Beet[e] 'be:t[ə]
Beethoven 'be:tho:fn̩
Beets *niederl.* be:ts
Beeville *engl.* 'bi:vɪl
befähigen bə'fɛ:ɪgn̩, **befähig!** ...ɪç, **befähigt** ...ɪçt
befahl bə'fa:l
befähle bə'fɛ:lə
Befana *it.* be'fa:na
befangen bə'faŋən
befehden bə'fe:dn̩, **befehd!** bə'fe:t
Befehl bə'fe:l
befehlen bə'fe:lən
befehlerisch bə'fe:lərɪʃ
befehligen bə'fe:lɪgn̩, **befehlig!** ...lɪç, **befehligt** ...lɪçt
Befehlshaber bə'fe:lsha:bɐ
befehlshaberisch bə'fe:lsha:bərɪʃ

B

befeinden bəˈfai̯ndn̩, **befeind!** bəˈfai̯nt
Beffchen ˈbɛfçən
Beffroi bɛˈfro̯a
Beffroy de Reigny *fr.* bɛfrwa-drɛˈɲi
befiedern bəˈfiːdɐn, **befiedre** ...drə
befiehl! bəˈfiːl
befindlich bəˈfɪntlɪç
befleißen bəˈflai̯sn̩
befleißigen bəˈflai̯sɪgn̩, **beflei-ßig!** ...ɪç, **befleißigt** ...ɪçt
befliss[en] bəˈflɪs[n̩]
beflissentlich bəˈflɪsn̩tlɪç
beföhle bəˈføːlə
befohlen bəˈfoːlən
beförstern bəˈfœrstɐn
Befort ˈbeːfɔrt
befremdlich bəˈfrɛmtlɪç
Befremdnis bəˈfrɛmtnɪs, **-se** ...ɪsə
befreunden bəˈfrɔy̆ndn̩, **befreund!** bəˈfrɔy̆nt
befrieden bəˈfriːdn̩, **befried!** bəˈfriːt
befriedigen bəˈfriːdɪgn̩, **befriedig!** ...dɪç, **befriedigt** ...dɪçt
Befugnis bəˈfuːknɪs, **-se** ...ɪsə
befugt bəˈfuːkt
befürworten bəˈfyːɐ̯vɔrtn̩
Beg bɛk, beːk
Bega ˈbeːga, *niederl.* ˈbeːɣɑ
begabt bəˈgaːpt
Begängnis bəˈgɛŋnɪs, **-se** ...ɪsə
begann bəˈgan
begänne bəˈgɛnə
Begard beˈgart, **-en** ...rdn̩
Begarde beˈgardə
Begarelli *it.* begaˈrɛlli
Begas ˈbeːgas
Begasse beˈgasə
Begbick ˈbɛkbɪk
Begebnis bəˈgeːpnɪs, **-se** ...ɪsə
begegnen bəˈgeːgnən
Begehr bəˈgeːɐ̯
Begga ˈbɛga
Beggar's Opera *engl.* ˈbɛgəz ˈɔpərə
Beg[h]ine beˈgiːnə
begichten bəˈgɪçtn̩
Begier[de] bəˈgiːɐ̯[də]
Begin *hebr.* ˈbɛgin
Beginn bəˈgɪn
beginnen bəˈgɪnən
beglaubigen bəˈglau̯bɪgn̩, **beglaubig!** ...ɪç, **beglaubigt** ...ɪçt
Beglerbeg ˈbɛglɐbɛk, ˈbeːglɐ-beːk
Bègles *fr.* bɛgl
Begna *norw.* ˈbɛŋna, ˈbɛgna
begnaden bəˈgnaːdn̩, **begnad!** bəˈgnaːt
begnadet bəˈgnaːdət
begnadigen bəˈgnaːdɪgn̩, **begnadig!** ...ɪç, **begnadigt** ...ɪçt
begnügen bəˈgnyːgn̩, **begnüg!** ...yːk, **begnügt** ...yːkt
Begonie beˈgoːni̯ə
begönne bəˈgœnə
begonnen bəˈgɔnən
begönnern bəˈgœnɐn
begöschen bəˈgøːʃn̩
Begović *serbokr.* ˈbɛːgɔvitɕ
Begräbnis bəˈgrɛːpnɪs, **-se** ...ɪsə
begradigen bəˈgraːdɪgn̩, **begradig!** ...ɪç, **begradigt** ...ɪçt
begrannt bəˈgrant
Béguin *fr.* beˈgɛ̃
Beguine beˈgiːn
Begum ˈbeːgʊm
begünstigen bəˈgʏnstɪgn̩, **begünstig!** ...ɪç, **begünstigt** ...ɪçt
begütert bəˈgyːtɐt
begütigen bəˈgyːtɪgn̩, **begü-tig!** ...ɪç, **begütigt** ...ɪçt
behaart bəˈhaːɐ̯t
behäbig bəˈhɛːbɪç, **-e** ...ɪgə
behagen bəˈhaːgn̩, **behag!** ...aːk, **behagt** ...aːkt
Behaghel beˈhaːgl̩
behaglich bəˈhaːklɪç
Behaim[ing] ˈbeːhai̯m[ɪŋ]
Behaismus behaˈɪsmʊs
Behältnis bəˈhɛltnɪs, **-se** ...ɪsə
Beham ˈbeːham
Behan *engl.* ˈbiːən
behände bəˈhɛndə
Behändigkeit bəˈhɛndɪçkai̯t
behaupten bəˈhau̯ptn̩
Behaviorismus biheviə̯ˈrɪsmʊs
behavioristisch biheviə̯ˈrɪstɪʃ
Behbehan *pers.* behbeˈhɑːn
Beheim ˈbeːhai̯m
beheimaten bəˈhai̯maːtn̩
Behelf bəˈhɛlf
behelligen bəˈhɛlɪgn̩, **behel-lig!** ...ɪç, **behelligt** ...ɪçt
behelmt bəˈhɛlmt
behemdet bəˈhɛmdət
Behemoth beheˈmoːt, *auch:* ˈbeːhemoːt
Behennuss ˈbeːənnʊs
beherzigen bəˈhɛrtsɪgn̩, **beherzig!** ...ɪç, **beherzigt** ...ɪçt
behilflich bəˈhɪlflɪç
Behind bɪˈhai̯nt
Behistan behɪsˈtaːn
Behistun behɪsˈtuːn
Behl[a] ˈbeːl[a]
Behm[er] ˈbeːm[ɐ]
Behn beːn, *engl.* beɪn, bɛn
Behn[c]ke ˈbeːnkə
Behnisch ˈbeːnɪʃ
Behörde bəˈhøːɐ̯də
behördlich bəˈhøːɐ̯tlɪç
behost bəˈhoːst
Behr beːɐ̯
Behrend ˈbeːrənt
Behrens ˈbeːrəns
Behring ˈbeːrɪŋ
Behrisch ˈbeːrɪʃ
Behrman *engl.* ˈbɛəmən
Behrmann ˈbeːɐ̯man
Behsad *pers.* behˈzɑːd
Behschahr *pers.* behˈʃæhr
Behuf bəˈhuːf
behufs bəˈhuːfs
behumpsen bəˈhʊmpsn̩
behumsen bəˈhʊmzn̩, **...ms!** ...ms, **...mst** ...mst
behutsam bəˈhuːtzaːm
bei, Bei bai̯
Beich bai̯ç
Beichte ˈbai̯çtə
beichten ˈbai̯çtn̩
Beichtiger ˈbai̯çtɪgɐ
beidäugig ˈbai̯t|ɔy̆gɪç
Beiderbecke *engl.* ˈbai̯dəbɛk
beiderlei ˈbai̯dɐˈlai̯
beiderseitig ˈbai̯dɐzai̯tɪç
beiderseits ˈbai̯dɐˈzai̯ts
Beiderwand ˈbai̯dɐvant
Beidhänder ˈbai̯thɛndɐ
beidseitig ˈbai̯tzai̯tɪç
beidseits ˈbai̯tzai̯ts
beieinander bai̯|ai̯ˈnandɐ
beiern ˈbai̯ɐn
Beig bai̯k
beige *unflektiert:* beːʃ, *auch:* bɛːʃ; *flektiert:* ˈbeːʒə, *auch:* ˈbɛːʒə
[1]**Beige** (Farbe) beːʃ, *auch:* bɛːʃ
[2]**Beige** (Stapel) ˈbai̯gə
Beigel ˈbai̯gl̩
beigen ˈbai̯gn̩, **beig!** bai̯k, **beigt** bai̯kt
Beignet bɛnˈjeː
Beihai *chin.* bei̯xai̯ 33
Beijing *chin.* bei̯dʑɪŋ 31

B

Beil bail
beileibe bai'laibə
Beilngries bailn'gri:s
Beilstein 'bailʃtain
beim baim
Beimler 'baimlɐ
Bein bain
beinah 'baina:, *auch:* '-'-, -'-
beinahe 'baina:ə, *auch:* '-'--, -'--
Beinbrech 'bainbrɛç
beinhalten bə'|ɪnhaltn̩
beinhart 'bain'hart
...beinig ...ˌbainɪç, **-e** ...ɪgə
Beinum *niederl.* 'bɛi̯nəm
Beinwell 'bainvɛl
Beira *port.* 'bɐi̯rɐ
Beiram bai'ram
Beiramar *port.* bɐi̯rɐ'mar
Beirer 'bairɐ
Beirut bai'ru:t, *auch:* '--
beisammen bai'zamən
Beisasse 'baizasə
beiseite bai'zaitə
Beisel, Beisl 'baizl̩
Beispiel 'baiʃpi:l
beispielshalber 'baiʃpi:lsˌhalbɐ
Beißel 'baisl̩
beißen 'baisn̩
Beißner 'baisnɐ
Beit bait, *engl.* baɪt
Beitel 'baitl̩
Beith *engl.* bi:θ
Beitrag 'baitra:k, **-es** 'baitra:gəs, **Beiträge** 'baitrɛ:gə
Beiuș *rumän.* be'iuʃ
beiwilligen 'baivɪlɪgn̩, **willig bei!** 'vɪlɪç 'bai, **beiwilligt** 'baivɪlɪçt
Beiz[e] 'baits[ə]
beizeiten bai'tsaitn̩
beizen 'baitsn̩
Beja *port.* 'bɐʒɐ
Béja *fr.* be'ʒa
bejahen bə'ja:ən
bejahrt bə'ja:ɐ̯t
Bejaïa *fr.* beʒa'ja
Béjar *span.* 'bɛxar
Béjart *fr.* be'ʒa:r
Bejucal *span.* bɛxu'kal
Bek *russ.* bjɛk
Beka (Libanon) be'ka:
Bekabad *russ.* bɪka'bat
bekalmen bə'kalmən
bekannt bə'kant
Bekassine beka'si:nə
Beke 'be:kə, *engl.* bi:k, *ung.* 'bɛkɛ
Békéscsaba *ung.* 'be:ke:ʃtʃɔbɔ
Békés[y] *ung.* 'be:ke:ʃ[i]
bekiest bə'ki:st
Bekker 'bɛkɐ, *niederl.* 'bɛkər
beklommen bə'klɔmən
bekloppt bə'klɔpt
beknackt bə'knakt
bekömmlich bə'kœmlɪç
beköstigen bə'kœstɪgn̩, **beköstig!** ...ɪç, **beköstigt** ...ɪçt
Bektaschi bɛkta'ʃi:
bekunden bə'kʊndn̩, **bekund!** bə'kʊnt
[1]**Bel** (Maßeinheit) bɛl
[2]**Bel** (babylon. Gottheit) be:l
Bél *ung.* be:l, *slowak.* bɛ:l
Béla 'be:la, *ung.* 'be:lɔ
Bela Crkva *serbokr.* 'bɛ:la: 'tsr̩:kva
Belafonte *engl.* bɛlə'fɔntɪ
Belag bə'la:k, **-es** bə'la:gəs, **Beläge** bə'lɛ:gə
Belaja [Zerkow] *russ.* 'bjɛlɐjɐ ['tsɛrkɐfj]
Belalcázar *span.* belal'kaθar
Belami bɛla'mi:
Bélami *fr.* bela'mi
belämmert bə'lɛmɐt
Belang bə'laŋ
Belar 'be:lar
Belarius be'la:ri̯ʊs
Belarus 'bɛlarʊs, 'be:la..., 'bi̯ɛla...
Belas *port.* 'bɛlɐʃ
Belasco be'lasko, *engl.* bə'læskoʊ
belästigen bə'lɛstɪgn̩, **belästig!** bə'lɛstɪç, **belästigt** bə'lɛstɪçt
Belau *engl.* bə'laʊ
belauben bə'laubn̩, **belaub!** bə'laup, **belaubt** bə'laupt
Belaúnde *span.* bela'unde
Belawan *indon.* bə'lawan
Belbuck 'bɛlbʊk
belcantieren bɛlkan'ti:rən
Belcantist bɛlkan'tɪst
Belcanto bɛl'kanto
Bełchatów *poln.* bɛu̯'xatuf
Belchen 'bɛlçn̩
Belcher *engl.* 'bɛltʃə
Belcredi bɛl'kre:di
Beldahnsee bɛl'da:nze:
Beldibi *türk.* 'bɛldibi
Beldiman *rumän.* beldi'man
Bele 'be:lə
belebt bə'le:pt
Belecke 'be:ləkə
Beleg bə'le:k, **-e** bə'le:gə
beleibt bə'laipt
beleidigen bə'laidɪgn̩, **beleidig!** ...ɪç, **beleidigt** ...ɪçt
Belém *port.* bə'lẽi̯, *bras.* be'lẽi̯
Belemnit belɛm'ni:t
Belén *span.* be'len
Belenense *port.* bələ'nẽsə
Beleño *span.* be'leɲo
belesen bə'le:zn̩
Belesprit bɛlɛs'pri:
Beletage bɛle'ta:ʒə
beleum[un]det bə'lɔym[ʊn]dət
Belevi *türk.* 'bɛlɛvi
Belew *bulgar.* 'bɛlɛf
Belfagor bɛlfa'go:ɐ̯
Belfast 'bɛlfa[:]st, *engl.* bɛl'fɑ:st, '--
belfern 'bɛlfɐn
Belfiore *it.* bel'fi̯o:re
Belfort *fr.* bɛl'fɔ:r
Belforte *it.* bel'fɔrte
Belfried 'bɛlfri:t, **-e** ...i:də
BELGA 'bɛlga
Belgard 'bɛlgart, **-er** ...dɐ
Belgaum *engl.* bɛl'gaʊm
Belge 'bɛlgə
België *niederl.* 'bɛlxiə
Belgien 'bɛlgi̯ən
Belgier 'bɛlgi̯ɐ
Belgioioso *it.* beldʒo'i̯o:so
Belgique *fr.* bɛl'ʒik
belgisch 'bɛlgɪʃ
Belgorod *russ.* 'bjɛlgɐrɐt
Belgorod Dnestrowski *russ.* 'bjɛlgɐrɐd dnɪs'trɔfskij
Belgrad 'bɛlgra:t, **-er** ...a:dɐ
Belgrano *span.* bɛl'ɣrano
Belial 'be:li̯al
Belić *serbokr.* ˌbɛ:litɕ
Belice *it.* be'li:tʃe, *span.* be'liθe
Beli Drim *serbokr.* 'bɛ:li: 'dri:m
beliebig bə'li:bɪç, **-e** ...ɪgə
beliebt bə'li:pt
Belinda be'lɪnda, *engl.* bɪ'lɪndə
Belinde be'lɪndə
Beling 'be:lɪŋ
Belinski *russ.* bɪ'linskij
Belisar 'be:lizar
Belitung *indon.* bə'litʊŋ
Belius 'be:li̯ʊs
Belize *engl.* bə'li:z, *span.* be'liθe

Belizer bəˈliːzɐ
belizisch bəˈliːzɪʃ
Beljajew *russ.* bɪˈljajɪf
Belkacem *fr.* bɛlkaˈsɛm
belkantieren bɛlkanˈtiːrən
Belkanto bɛlˈkanto
Bell *dt., engl.* bɛl
Bella ˈbɛla, *it.* ˈbɛlla
Bellac *fr.* bɛˈlak
Belladonna bɛlaˈdɔna
Belladonnin bɛladɔˈniːn
Bellagio *it.* belˈlaːdʒo
Bellaire *engl.* bɛˈlɛə
Bellamy *engl.* ˈbɛləmɪ, *niederl.* ˈbɛlɑmi
Bellange *fr.* bɛˈlãːʒ
Bellangé *fr.* bɛlãˈʒe
Bellarmin bɛlarˈmiːn
Bellarmino *it.* bellarˈmiːno
Bellastriga bɛlaˈstriːga
Bellatrix bɛˈlaːtrɪks
Bellavista *it.* bellaˈvista
Bellay *fr.* bɛˈlɛ
Bellcaire *span.* bɛlˈkai̯re
Belle-Alliance *fr.* bɛlaˈljãːs
Belleau *fr.* bɛˈlo
Bellechose *fr.* bɛlˈʃoːz
Belle Époque *fr.* bɛleˈpɔk
Bellefleur bɛlˈfløːɐ̯
Bellefontaine *engl.* bɛlˈfaʊntn
Bellegambe *fr.* bɛlˈgãːb
Bellegarde *fr.* bɛlˈgard
Belle Glade *engl.* ˈbɛlgleɪd
Belle-Île *fr.* bɛˈlil
Belle Isle *engl.* bɛˈlaɪl
Belle-Isle *fr.* bɛˈlil
Belle Mère, -s -s *fr.* bɛlˈmɛːr
bellen, B... ˈbɛlən
Belle Rêve *fr.* bɛlˈrɛːv
Bellermann ˈbɛlɐman
Bellerophon bɛˈleːrofɔn
Belletrist[ik] bɛleˈtrɪst[ɪk]
Belleville *engl.* ˈbɛlvɪl, *fr.* bɛlˈvil
Bellevue bɛlˈvyː, *fr.* bɛlˈvy; **-n** ...yːən
Belley *fr.* bɛˈlɛ
Bellheim ˈbɛlhai̯m
Belli *it.* ˈbɛlli
Bellièvre *fr.* bɛˈljɛːvr
Bellin bɛˈliːn
Bellincioni *it.* bellinˈtʃoːni
Belling[en] ˈbɛlɪŋ[ən]
Bellingham *engl.* ˈbɛlɪŋhæm
Bellingshausen bɛlɪŋsˈhau̯zn̩, ˈ----
Bellini *it.* belˈliːni
Bellinzona *it.* bellinˈtsoːna
Bellis ˈbɛlɪs
Bellizist bɛliˈt͜sɪst
Bellman *schwed.* ˈbɛlman
Bellmer ˈbɛlmɐ
Bello ˈbɛlo, *span.* ˈbeʎo, *it.* ˈbɛllo
Belloc *fr.* bɛˈlɔk, *engl.* ˈbɛlɔk
Bellona bɛˈloːna
Bellori *it.* belˈlɔːri
Bellotto *it.* belˈlɔtto
Bellovaker beloˈvaːkɐ
Bellow[s] *engl.* ˈbɛloʊ[z]
Belloy *fr.* bɛlˈwa
Belluno *it.* belˈluːno
Belluschi *it.* belˈluski
Bellville *engl.* ˈbɛlvɪl
Bellwood *engl.* ˈbɛlwʊd
Belmondo *fr.* bɛlmõˈdo
Belmont *engl.* ˈbɛlmɔnt, *fr.* bɛlˈmõ
Belmonte *it.* belˈmonte, *span.* bɛlˈmɔnte, *port.* bɛlˈmontə, *bras.* bɛlˈmonti
Belmopan *engl.* bɛlmoʊˈpæn
Belo *port.* ˈbɛlu
belobigen bəˈloːbɪgn̩, **belobig!** ...ɪç, **belobigt** ...ɪçt
Beloch ˈbeːlɔx
Belo Horizonte *bras.* ˈbɛloriˈzonti
Beloiannisz *ung.* ˈbɛloiɔnnis
Beloit *engl.* bɪˈlɔɪt
Belomorsk *russ.* bɪlaˈmɔrsk
Belorezk *russ.* bɪlaˈrjɛtsk
Belorussija *russ.* bɪlaˈrusijɐ
belorussisch beloˈrʊsɪʃ, *auch:* ˈbeːlorʊsɪʃ, ˈbɛ...
Belotte *fr.* bəˈlɔt
Below ˈbeːlo, *russ.* ˈbjɛləf
Belowescher Heide beloˈvɛʃɐ ˈhai̯də
Belowo *russ.* bɪˈlɔvɐ
Belp bɛlp
Bel-Paese bɛlpaˈeːzə
Belriguardo *it.* belriˈgu̯ardo
Belsazar bɛlˈzaːt͜sar
Belschazzar bɛlˈʃat͜sar
Belsen ˈbɛlzn̩
Belševica *lett.* ˈbelʃevɪtsa
Belt bɛlt
Belton *engl.* ˈbɛltən
Beltramelli *it.* beltraˈmɛlli
Beltrami *it.* belˈtraːmi
Beltrán *span.* bɛlˈtran
Beltrum *niederl.* ˈbɛltrəm
Beltschewa *bulgar.* ˈbɛltʃɛvɐ
Beltschin *bulgar.* bɛlˈtʃin
Beltsville *engl.* ˈbɛltsvɪl
Beltz bɛlt͜s
Belucha *russ.* bɪˈluxɐ
Beluga beˈluːga
belustigen bəˈlʊstɪgn̩, **belustig!** ...ɪç, **belustigt** ...ɪçt
Belutsch[e] beˈluːt͜ʃ[ə], *auch:* beˈlʊt͜ʃ[ə]
Belutschistan beˈluːt͜ʃɪsta[ː]n, *auch:* beˈlʊt͜ʃ...
Belvedere bɛlveˈdeːrə, *it.* belveˈdeːre, *engl.* bɛlvɪˈdɪə
Belvidera bɛlviˈdeːra
Bely *russ.* ˈbjɛlɨj
Belzanor bɛlˈt͜saːnoːɐ̯
belzen ˈbɛlt͜sn̩
Belzig ˈbɛlt͜sɪç
Belzner ˈbɛlt͜snɐ
Belznickel ˈbɛlt͜snɪkl̩
Belzoni *it.* belˈtsoːni
Belzy *russ.* ˈbjeljtsɨ
Bem *poln.* bɛm
Bema ˈbeːma, **-ta** -ta
bemächtigen bəˈmɛçtɪgn̩, **bemächtig!** ...ɪç, **bemächtigt** ...ɪçt
bemängeln bəˈmɛŋl̩n
bemänteln bəˈmɛntl̩n
bemasten bəˈmastn̩
Bemata vgl. Bema
Bembel ˈbɛmbl̩
Bembo *it.* ˈbɛmbo
bemehlen bəˈmeːlən
bemeiern bəˈmai̯ɐn
Bemelmans *engl.* ˈbiːməlmənz
Bemfica *port.* bẽˈfikɐ
Bemidji *engl.* bəˈmɪdʒɪ
Bemis *engl.* ˈbiːmɪs
bemitleiden bəˈmɪtlai̯dn̩, **bemitleid!** ...ai̯t
bemittelt bəˈmɪtl̩t
Bemme ˈbɛmə
bémol beˈmɔl
bemoost bəˈmoːst
Bemposta *port.* bemˈpɔʃtɐ
bemüßigen bəˈmyːsɪgn̩, **bemüßig!** ... ɪç, **bemüßigt** ...ɪçt
bemuttern bəˈmʊtɐn
bemützt bəˈmʏt͜st
Ben *dt., engl., fr.* bɛn
benachbart bəˈnaxbaːɐ̯t
benachrichtigen bəˈnaːxrɪçtɪgn̩, **benachrichtig!** ...ɪç, **benachrichtigt** ...ɪçt
benachteiligen bəˈnaːxtai̯lɪgn̩, **benachteilig!** ...ɪç, **benachteiligt** ...ɪçt
Benaco *it.* beˈnaːko
Ben Akiba bɛn aˈkiːba
benamsen bəˈnaːmzn̩, **benams!** ...ms, **benamst** ...mst

benannt bə'nant
benarbt bə'narpt
Benares be'na:rɛs, *engl.* bɪ'nɑ:rɪz
Benatzky be'natski
benaut bə'naut
Benavente *span.* bena'βente
Benbecula *engl.* bɛn'bɛkjʊlə
Ben Bella bɛn 'bɛla
Benbrook *engl.* 'bɛnbrʊk
Benchley *engl.* 'bɛntʃlɪ
Benckendorff 'bɛŋkn̩dɔrf
Bencovich *it.* 'beŋkovitʃ
Benda *dt., tschech.* 'bɛnda, *fr.* bɛ̃'da
Bendavid bɛn'da:fɪt, ...a:vɪt
Bendemann 'bɛndəman
Bender 'bɛndɐ, *engl.* 'bɛndə
Bendery *russ.* bɪn'dɛrɨ
Bendigo *engl.* 'bɛndɪgoʊ
Bendis 'bɛndɪs
Bendit 'bɛndɪt, *fr.* bɛn'dit
Bendix *dt., engl.* 'bɛndɪks
Bendl 'bɛndl̩
Bendorf 'bɛndɔrf
Bendzin 'bɛntsi:n
bene 'be:nə
Bene Beraq *hebr.* bə'nɛ 'brak
Benecke 'bɛnəkə
Beneckendorff 'bɛnəkn̩dɔrf
benedeien bene'daiən
Benedek 'be:nədɛk, *ung.* 'bɛnɛdɛk
Benedetti bene'dɛti, *it.* bene'detti, *fr.* benedɛt'ti
Benedetto *it.* bene'detto
Benedict *engl.* 'bɛnɪdɪkt
Benedictionale benedɪktsio'na:lə, ...lien ...liən
Benedictis bene'dɪktɪs
Benedictsson *schwed.* ˌbe:nədiktsɔn
Benedictus bene'dɪktʊs
Benedik[t] 'be:nedɪk[t]
Benedikta bene'dɪkta
Benediktbeuern be:nedɪkt'bɔyɐn
Benediktenwand bene'dɪktn̩vant
Benediktiner benedɪk'ti:nɐ
Benediktion benedɪk'tsio:n
Benediktus bene'dɪktʊs
Benedix 'be:nedɪks
benedizieren benedi'tsi:rən
Benefaktor bene'fakto:ɐ̯, **-en** ...'to:rən
Benefit 'be:nəfɪt, 'bɛnəfɪt
Benefiz bene'fi:ts
Benefiziant benefi'tsiant
Benefiziar benefi'tsia:ɐ̯
Benefiziat benefi'tsia:t
Benefizium bene'fi:tsiʊm, **...ien** ...iən
Beneke 'bɛnəkə
Benelli *it.* be'nɛlli
Benelux 'be:nelʊks, *auch:* bene'lʊks
Beneš *tschech.* 'bɛnɛʃ
Benesch 'bɛnɛʃ
Benešová *tschech.* 'bɛnɛʃɔva:
Benet *engl.* 'bɛnɪt
Benét *engl.* bɪ'neɪ
Benevent bene'vɛnt
Benevento *it.* bene'vɛnto
Benevoli *it.* be'nɛ:voli
Benfeld 'bɛnfɛlt, *fr.* bɛn'fɛld
Benfey 'bɛnfai
Benfica *port.* bẽ'fikɐ
Bengal *engl.* bɛŋ'gɔ:l
Bengale[n] bɛŋ'ga:lə[n]
Bengali bɛŋ'ga:li
Bengaline bɛŋga'li:nə
bengalisch bɛŋ'ga:lɪʃ
Bengasi bɛn'ga:zi
Ben-Gavriêl *hebr.* bɛn gavri'el
Bengbu *chin.* bəŋbu 34
Bengel 'bɛŋl̩
Bengkalis *indon.* bəŋ'kalɪs
Bengkulu *indon.* bəŋ'kulu
Bengt *schwed.* bɛŋt
Bengtsfors *schwed.* ˌbɛŋtsfɔrs
Bengtson 'bɛŋtsɔn
Bengtsson *schwed.* ˌbɛŋktsɔn
Benguela *port.* bɛŋ'gɛlɐ
Ben Gurion *hebr.* bɛn gur'jɔn
Ben Hur bɛn 'hu:ɐ̯
Beni *span.* 'beni
Beni-Abbès *fr.* benia'bɛs
Beni Amer 'bɛni 'amɐ
Beniamino *it.* benia'mi:no
Benicarló *span.* benikar'lo
Benicasim *span.* benika'sim
Benicia *engl.* bɪ'ni:ʃə
Benický *slowak.* 'bɛnjitski:
Benidorm *span.* beni'ðɔrm
Benigna be'nɪgna
benigne be'nɪgnə
Benignität benɪgni'tɛ:t
Benigno *it.* be'niɲɲo
Benignus be'nɪgnʊs
Beni Hasan 'bɛni 'hasan
Beni-Mellal *fr.* benimɛl'lal
Benimm bə'nɪm
Benin be'ni:n, *engl.* bɛ'nɪn
Benincasa *it.* beniŋ'ka:sa
Beniner be'ni:nɐ
Bening *niederl.* 'be:nɪŋ
beninisch be'ni:nɪʃ
Beni-Ounif *fr.* beniu'nif
Beni-Saf *fr.* beni'saf
Benito *it.* be'ni:to
Benitoit benito'i:t
Beniuc *rumän.* be'njuk
Benjamin 'bɛnjami:n, *engl.* 'bɛndʒəmɪn, *fr.* bɛ̃ʒa'mɛ̃
Benka *slowak.* 'bɛŋka
Benken[dorf] 'bɛŋkn̩[dɔrf]
Ben Khedda bɛn 'kɛda
Benkowski *bulgar.* bɛŋ'kɔfski
Benlliure y Gil *span.* ben'ʎiu̯re i 'xil
Ben Lomond *engl.* bɛn 'loʊmənd
Ben Macdhui *engl.* bɛn mək'dju:ɪ
ben marcato 'bɛn mar'ka:to
Benmore *engl.* bɛn'mɔ:
Benn *dt., engl.* bɛn
Benndorf 'bɛndɔrf
Benne 'bɛnə
Benneckenstein 'bɛnəkn̩ʃtain
Benner 'bɛnɐ
Bennet[t] *engl.* 'bɛnɪt
Bennettitee bɛnɛti'te:ə
Ben Nevis *engl.* bɛn 'nɛvɪs
Bennewitz 'bɛnəvɪts
Bennigsen 'bɛnɪçsn̩
Benningbroek *niederl.* bɛnɪŋ'bruk
Benning[en] 'bɛnɪŋ[ən]
Bennington *engl.* 'bɛnɪŋtən
Benno 'bɛno
Bennuss 'be:nnʊs
Benny *engl.* 'bɛnɪ
Benois, ...oit, ...oît *fr.* bə'nwa
benommen bə'nɔmən
Benoni *engl.* bə'noʊnɪ, *afr.* bə'no:ni:
benoten bə'no:tn̩
Bénoué *fr.* be'nwe
Benozzo *it.* be'nɔttso
Benrath 'bɛnra:t, *fr.* bɛn'rat
Bensberg 'be:nsbɛrk
Bense 'bɛnzə
Bensenville *engl.* 'bɛnsnvɪl
Benserade *fr.* bɛ̃'srad
Bensheim 'bɛnshaim
Benson *engl.* bɛnsn
Bent *dän.* ben'd, *engl.* bɛnt
ben tenuto 'bɛn te'nu:to
Benthal bɛn'ta:l
Bentham *engl.* 'bɛntəm, ...nθəm
Bentheim 'bɛnthaim
benthonisch bɛn'to:nɪʃ
Benthos 'bɛntɔs
Bên Thuy *vietn.* ben θui 24

B

Bentinck *engl.* ˈbɛntɪŋk
Bentivoglio *it.* bentiˈvɔʎʎo
Bentlage ˈbɛntla:gə
Bentley *engl.* ˈbɛntlɪ
Benton *engl.* ˈbɛntən
Bentonit bɛntoˈni:t
Bentzon *dän.* ˈbendsɔn
Benua *russ.* bɪnuˈa
Benue ˈbe:nu̯ə, *engl.* ˈbeɪnweɪ
Benveniste *fr.* bɛ̃veˈnist
Benvenuta *it.* benveˈnu:ta
Benvenuti *it.* benveˈnu:ti
Benvenuto *it.* benveˈnu:to
Benvolio bɛnˈvo:li̯o
Benxi *chin.* bənçi 31
Benya ˈbɛnja
Benz bɛnts
Benzaldehyd ˈbɛntsǀaldehy:t, **-e** ...y:də
benzen ˈbɛntsn̩
Benzidin bɛntsiˈdi:n
Benzin bɛnˈtsi:n
Benzinger ˈbɛntsɪŋɐ
Benzmann ˈbɛntsman
Benzoat bɛntsoˈa:t
Benzoe ˈbɛntsoe
Benzol bɛnˈtso:l
Benzoyl bɛntsoˈy:l
benzoylieren bɛntsoyˈli:rən
Benzpyren bɛntspyˈre:n
Ben Zwi bɛn ˈtsvi:
Benzyl bɛnˈtsy:l
Beo ˈbe:o
beobachten bəˈǀo:baxtn̩
Beograd *serbokr.* bɛˌɔgrad
Beolco *it.* beˈolko
beordern bəˈǀɔrdɐn, **...dre** ...drə
Beöthy *ung.* ˈbø:ti
Beowulf ˈbe:ovʊlf
Bepp bɛp
Beppa *it.* ˈbɛppa
Beppe *it.* ˈbeppe
Beppo ˈbɛpo, *it.* ˈbɛppo
Beppone *it.* bepˈpo:ne
Beppu *jap.* beˈppu
bequem[en] bəˈkve:m[ən]
Beran *tschech.* ˈbɛran
Béranger *fr.* berɑ̃ˈʒe
Berapp bəˈrap
berappen bəˈrapn̩
Bérar[d] *fr.* beˈra:r
Berat *alban.* beˈrat
Bérat *fr.* beˈra
beratschlagen bəˈra:tʃla:gn̩, **beratschlag!** ...a:k, **beratschlagt** ...a:kt
Berau[n] ˈbe:rau̯[n]
Berber (Volksname, Stadt) ˈbɛrbɐ
Berbera ˈbɛrbera
Berbérati *fr.* bɛrberaˈti
Berberei bɛrbəˈrai̯
Berberian *engl.* bə:ˈbɛrɪən
Berberin bɛrbəˈri:n
Berberis ˈbɛrberɪs
berberisch ˈbɛrbərɪʃ
Berberitze bɛrbəˈrɪtsə
Berceo *span.* bɛrˈθeo
Berceto *it.* berˈtʃe:to
Berceuse bɛrˈsø:zə
Berchem *fr.* bɛrˈʃɛm, *niederl.* ˈbɛrxəm
Berchet *it.* berˈʃɛ
Berching ˈbɛrçɪŋ
Berchmans *niederl.* ˈbɛrxmɑns
Bercht[a] ˈbɛrçt[a]
Berchtesgaden bɛrçtəsˈga:dn̩
Berchtold ˈbɛrçtɔlt
Berck *fr.* bɛrk
Berckheyde *niederl.* ˈbɛrkhɛi̯də
Berditschew *russ.* bɪrˈditʃɪf
Berdjajew *russ.* bɪrˈdjajɪf
Berdjansk *russ.* bɪrˈdjansk
Berdoa ˈbɛrdoa
Berea *engl.* bəˈrɪə
berechenbar bəˈrɛçn̩ba:ɐ̯
Berechia beˈrɛçi̯a
berechtigen bəˈrɛçtɪgn̩, **berechtig!** ...ɪç, **berechtigt** ...ɪçt
beredsam bəˈre:tza:m
beredt bəˈre:t
bereedert bəˈre:dɐt
Bérégovoy *fr.* beregɔˈvwa
Beregowoi *russ.* bɪrɪgaˈvɔj
bereichern bəˈrai̯çɐn
bereit bəˈrai̯t
bereits bəˈrai̯ts
Bereitschaft bəˈrai̯tʃaft
Berend[t] ˈbe:rənt
Berengar ˈbe:rɛŋgar
Bérenger *fr.* berɑ̃ˈʒe
Berenguer *span.* bereŋˈgɛr
Berenice bereˈni:tsə, *it.* bereˈni:tʃe
Bérénice *fr.* bereˈnis
Berenike bereˈni:kə
Berens ˈbe:rəns
Berent *poln.* ˈbɛrɛnt
berenten bəˈrɛntn̩
Beresford *engl.* ˈbɛrɪzfəd
Beresina bereˈzi:na, *auch:* beˈre:zina; *russ.* bɪrɪziˈna
Beresniki *russ.* bɪrɪzniˈki
Béret *fr.* beˈrɛ
Berettyó *ung.* ˈbɛrɛttjo:
[1]**Berg** bɛrk, **-e** ˈbɛrgə
[2]**Berg** (Name) bɛrk, *niederl.* bɛrx, *schwed.* bærj, *norweg.* bærg, *russ.* bjɛrk
Berga ˈbɛrga, *span.* ˈbɛrɣa
bergab bɛrkˈǀap
bergabwärts bɛrkˈǀapvɛrts
Bergama *türk.* ˈbɛrgɑmɑ
Bergamasca bɛrgaˈmaska
Bergamasco *it.* bergaˈmasko
Bergamaske bɛrgaˈmaskə
Bergamasker bɛrgaˈmaskɐ
bergamaskisch bɛrgaˈmaskɪʃ
Bergamín *span.* bɛrɣaˈmin
Bergamo *it.* ˈbɛrgamo
Bergamott... bɛrgaˈmɔt...
Bergamotte bɛrgaˈmɔtə
bergan bɛrkˈǀan
Bergander bɛrˈgandɐ
Berganza bɛrˈgantsa, *span.* bɛrˈɣanθa
bergauf bɛrkˈǀau̯f
bergaufwärts bɛrkˈǀau̯fvɛrts
Bergbom *schwed.* ˌbærjbum
Berge[dorf] ˈbɛrgə[dɔrf]
Bergell bɛrˈgɛl
Bergelson *hebr.* ˈbɛrgɛlsɔn
bergen ˈbɛrgn̩, **bergt** bɛrkt
Bergen ˈbɛrgn̩, *niederl.* ˈbɛrɣə, *norw.* ˈbærgən
Bergen-aan-Zee *niederl.* bɛrɣəna:nˈze:
Bergenfield *engl.* ˈbə:gənfi:ld
Bergengruen ˈbɛrgŋ̍gry:n
Bergenie bɛrˈge:ni̯ə
Bergen op Zoom *niederl.* ˈbɛrɣə ɔp ˈso:m
Berger ˈbɛrgɐ, *schwed.* ˈbærjər, *engl.* ˈbə:gə
Bergerac *fr.* bɛrʒəˈrak
Bergere bɛrˈʒe:rə
Bergerette bɛrʒəˈrɛtə
Bergey *engl.* ˈbə:gɪ
Bergfried ˈbɛrkfri:t, **-e** ...i:də
Berggolz *russ.* bɪrgˈgɔljts
Bergh *engl.* bə:g, *niederl.* bɛrx, *schwed.* bærj
Berghaus ˈbɛrkhau̯s
Bergheim ˈbɛrkhai̯m
Berghe von Trips ˈbɛrgə fɔn ˈtrɪps
berghoch ˈbɛrkho:x
bergig ˈbɛrgɪç, **-e** ...ɪgə
bergisch ˈbɛrgɪʃ
Bergisel bɛrkˈǀi:zl̩
Bergius ˈbɛrgi̯ʊs
Bergkamen bɛrkˈka:mən
Bergkarabach ˈbɛrkkaraˌbax

Bẹrglund *schwed.* ˌbærjlʊnd
Bẹrgman *schwed.* ˈbærjman
Bẹrgmann ˈbɛrkman, *niederl.* ˈbɛrxmɑn, *engl.* ˈbəːgmən
Bẹrgmüller ˈbɛrkmʏlɐ
Bẹrgner ˈbɛrgnɐ
Bergne̲ustadt bɛrkˈnɔyʃtat
Bergogno̲ne *it.* bergoɲˈɲoːne
Bergọnzi *it.* berˈgondzi
Bẹrgslagen *schwed.* ˌbærjslɑːgən
Bẹrgsøe *dän.* ˈbɛɐ̯ʊ̯sʏːˀ
Bergsọn *fr.* bɛrkˈsɔn
Bẹrgstedt *dän.* ˈbɛɐ̯ʊ̯sded
Bẹrgstraße ˈbɛrkʃtraːzə
Bẹrgsträßer ˈbɛrkʃtrɛːsɐ
Bẹrgström *schwed.* ˌbærjstrœm
bergụnter bɛrkˈ|ʊntɐ
Bẹrgzabern ˈbɛrkt͜saːbɐn
Berhampur *engl.* ˈbɛrəmpʊə
Bẹrhard ˈbɛrhart
Beribe̲ri beriˈbeːri
Berịcht bəˈrɪçt
berịchtigen bəˈrɪçtɪgn̩, **berịchtig!** ...ɪç, **berịchtigt** ...ɪçt
Be̲rici *it.* ˈbeːritʃi
Be̲rija ˈbeːrija, *russ.* ˈbjerijɐ
Be̲ring ˈbeːrɪŋ, *dän.* ˈbɪːrɪŋ, *engl.* ˈbɛrɪŋ
berịngen bəˈrɪŋən
Be̲rio *it.* ˈbɛːri̯o
Bériọt *fr.* beˈrjo
Berịsha *alban.* beˈriʃa
Berịsso *span.* beˈriso
Be̲rit ˈbeːrɪt
Bẹrja *span.* ˈbɛrxa
Bẹrk *dt., türk.* bɛrk
Bẹrka ˈbɛrka
Bẹrke ˈbɛrkə
Bẹrkel ˈbɛrkl̩, *niederl.* ˈbɛrkəl
Berkeley *England* ˈbɑːklɪ, *USA* ˈbəːklɪ
Berke̲lium bɛrˈkeːli̯ʊm
Berkley *engl.* ˈbəːklɪ
Berks *engl.* bɑːks
Berkshire *engl.* ˈbɑːkʃɪə
Bẹrkutow *russ.* ˈbjɛrkutɐf
Bẹrl *dt., fr.* bɛrl
Bẹrlage *niederl.* ˈbɛrlaːɣə
Berlạnga *span.* bɛrˈlaŋga
Bẹrleburg ˈbɛrləbʊrk
Berlẹngas *port.* bərˈleŋgɐʃ
Bẹrlepsch ˈbɛrlɛpʃ
Berlewi *poln.* bɛrˈlɛvi, *fr.* bɛrleˈvi
Bẹrlichingen ˈbɛrlɪçɪŋən
Berliẹt *fr.* bɛrˈljɛ
Berli̲n bɛrˈliːn, *engl. Personenname* ˈbəːlɪn, -ˈ-, *Ort in den USA* ˈbəːlɪn
Berlina̲le bɛrliˈnaːlə
Berli̲nchen bɛrˈliːnçən
Bẹrlind ˈbɛrlɪnt
Berlịnde bɛrˈlɪndə
Berli̲ne bɛrˈliːnə
Berli̲ner bɛrˈliːnɐ
berli̲nerisch bɛrˈliːnərɪʃ
berli̲nern bɛrˈliːnɐn
Berlinghie̲ri *it.* berliŋˈgi̯ɛːri
Bẹrlingske ti̲dende *dän.* ˈbɛɐ̯lɪŋsgə ˈtiːðənə
Berlinguẹr *it.* berliŋˈgu̯ɛr
berli̲nisch bɛrˈliːnɪʃ
Berlio̲z *fr.* bɛrˈljoːz
Bẹrlitz ˈbɛrlɪt͜s
Berlọcke bɛrˈlɔkə
Berlusco̲ni *it.* berlusˈkoːni
Berman *engl.* ˈbəːmən, *poln.* ˈbɛrman, *russ.* ˈbjɛrmɐn
Bermange *engl.* bəːˈmãːʒ
Be̲rmann ˈbeːrman
Bẹrme ˈbɛrmə
Bermẹjo *span.* bɛrˈmɛxo
Berme̲o *span.* bɛrˈmeo
Bermu̲da[s] bɛrˈmuːda[s], *engl.* bə[ː]ˈmjuːdə[z]
Bermúdez *span.* bɛrˈmuðeθ
Bermu̲do *span.* bɛrˈmuðo
Bẹrn[a] ˈbɛrn[a]
Bernabe̲i *it.* bernaˈbɛːi̯
Bernạcchi *it.* berˈnakki
Bernadẹtte *fr.* bɛrnaˈdɛt, *engl.* beːnəˈdɛt
Bernadọtte *fr.* bɛrnaˈdɔt, *schwed.* ˌbær...
Bẹrnagie *niederl.* ˈbɛrnɑɣi
Bernal *engl.* bəːˈnæl, bəːnl
Bẹrnald ˈbɛrnalt
Bernạlda *it.* berˈnalda
Bernano̲s *fr.* bɛrnaˈnoːs
Bẹrnard ˈbɛrnart, *fr.* bɛrˈnaːr, *engl. Vorname* ˈbəːnəd, *Familienname auch:* bəːˈnɑːd
Bernạrda bɛrˈnarda
Bernạrdes *port.* bərˈnardɪʃ, *bras.* berˈnardis
Bernárdez *span.* bɛrˈnarðeθ
Bernạrdi *it.* berˈnardi
Bernardin de Saint-Piẹrre *fr.* bɛrnardɛ̃dsɛ̃ˈpjɛːr
Bernardino *it.* bernarˈdiːno, *span.* bɛrnarˈðino
Bernạrdo *it.* berˈnardo, *span.* bɛrˈnarðo
Bernardon bɛrnarˈdõː
Berna̲ri *it.* berˈnaːri
Berna̲rt *fr.* bɛrˈnaːr
Bernáth *ung.* ˈbɛrnaːt
Bernau ˈbɛrnau̯, -ˈ-
Bẹrnauer ˈbɛrnau̯ɐ
Bernay *fr.* bɛrˈnɛ
Bẹrnays ˈbɛrnai̯s
Bẹrnbrunn ˈbɛrnbrʊn
Bẹrnburg ˈbɛrnbʊrk, **-er** ...rgɐ
Bẹrnd bɛrnt
Bẹrndorf ˈbɛrndɔrf
Berneck bɛrˈnɛk, ˈ--
Bẹrneker ˈbɛrnəkɐ
Bẹrner ˈbɛrnɐ
Berners *engl.* ˈbəːnəz
Berne̲uchen bɛrˈnɔyçn̩
Bẹrnhard ˈbɛrnhart, *niederl.* ˈbɛrnɑrt, *schwed.* ˈbæːrnhard
Bernhạrda bɛrnˈharda
Bernhạrde bɛrnˈhardə
Bernhạrdi bɛrnˈhardi
Bernhardi̲n[e] bɛrnharˈdiːn[ə]
Bernhardi̲ner bɛrnharˈdiːnɐ
Bẹrnhardt ˈbɛrnhart, *fr.* bɛrˈnaːr
Bẹrnhart ˈbɛrnhart
Bẹrnheim ˈbɛrnhai̯m
Bẹrnhild ˈbɛrnhɪlt
Bernhịlde bɛrnˈhɪldə
Bẹrni *it.* ˈbɛrni
Berni̲cia bɛrˈniːt͜si̯a
Bẹrnick ˈbɛrnɪk
Berni̲na bɛrˈniːna, *it.* berˈniːna
Bẹrning ˈbɛrnɪŋ
Berni̲ni *it.* berˈniːni
Bernịs *fr.* bɛrˈnis
Bẹrnkastel ˈbɛrnkastl̩
Bẹrnlef ˈbɛrnlɛf
Bẹrno ˈbɛrno
Bẹrnold ˈbɛrnɔlt
Bernoulli bɛrˈnʊli
Berns *niederl.* bɛrns
Bẹrnstadt ˈbɛrnʃtat
Bẹrnstein ˈbɛrnʃtai̯n, *fr.* bɛrnˈstɛn, *engl.* ˈbəːnstaɪn, ...stiːn
Bẹrnstorff ˈbɛrnstɔrf, *dän.* ˈbɛɐ̯ˀnsdɔɐ̯f
Bẹrnt bɛrnt
Bẹrnus ˈbɛrnʊs
Bẹrnuth ˈbɛrnʊt
Bẹrnward ˈbɛrnvart
Be̲ro ˈbeːro
Béroalde de Bervịlle *fr.* bɛrɔalddəbɛrˈvil
Bérọff *fr.* beˈrɔf
Bérọl *fr.* beˈrɔl
Beroli̲na beroˈliːna
Berolinịsmus beroliˈnɪsmʊs

B

Beromünster beːroˈmʏnstɐ, ˈ----

Berossos beˈrɔsɔs

Béroul *fr.* beˈrul

Beroun *tschech.* ˈbɛrɔu̯n

Berquin *fr.* bɛrˈkɛ̃

Berre *fr.* bɛːr

Berrettini *it.* berretˈtiːni

Berrocal *span.* bɛrrɔˈkal

Berruguete *span.* bɛrruˈɣete

Berry ˈbɛri, *fr.* bɛˈri, *engl.* ˈbɛrɪ

Berryman *engl.* ˈbɛrɪmən

Bersagliere bɛrzalˈjeːrə, **...ri** ...ri

Bersenbrück ˈbɛrzn̩brʏk

Berserker bɛrˈzɛrkɐ, *auch:* ˈ---

Bersezio *it.* berˈsɛttsi̯o

Berson ˈbɛrzɔn, *engl.* bəːsn

bersten ˈbɛrstn̩

Bert bɛrt, *fr.* bɛːr, *engl.* bəːt

Berta ˈbɛrta

Bertaut, ...aux *fr.* bɛrˈto

Berté *ung.* ˈbɛrteː

Bertelsen *dän.* ˈbɛɐ̯dl̩sn̩

Bertel[s]mann ˈbɛrtl̩[s]man

Berteroa bɛrˈteːroa, ...eˈroːa

Bertha ˈbɛrta, *engl.* ˈbəːθə

Berthalda bɛrˈtalda

Berthe ˈbɛrtə

Berthelot *fr.* bɛrtəˈlo

Berthier[s] *fr.* bɛrˈtje

Berthild ˈbɛrt[h]ɪlt

Berthilde bɛrˈtɪldə, bɛrtˈhɪldə

Berthold ˈbɛrtɔlt, *auch:* ˈbɛrt-hɔlt

Bertho[l]let *fr.* bɛrtɔˈlɛ

Berthoud *fr.* bɛrˈtu

Berti ˈbɛrti

Bertie *engl.* ˈbəːtɪ

Bertil *schwed.* ˈbærtil

Bertillon *fr.* bɛrtiˈjõ

Bertillonage bɛrtijoˈnaːʒə

Bertin *fr.* bɛrˈtɛ̃

Bertina bɛrˈtiːna

Bertine bɛrˈtiːnə

Bertini *it.* berˈtiːni

Bertinoro *it.* bertiˈnɔːro

Berto *dt., it.* ˈbɛrto

Bertola *it.* berˈtɔːla

Bertold ˈbɛrtɔlt

Bertoldi *it.* berˈtɔldi

Bertoldo *it.* berˈtɔldo

Bertolucci *it.* bertoˈluttʃi

Berton *fr.* bɛrˈtõ

Bertoncini *it.* bertonˈtʃiːni

Bertoni *it.* berˈtoːni

Bertrada bɛrtˈraːda

Bertram ˈbɛrtram, *engl.* ˈbəːtrəm

Bertran *fr.* bɛrˈtrã

Bertrand ˈbɛrtrant, *fr.* bɛrˈtrã, *engl.* ˈbəːtrənd

Bertrant *fr.* bɛrˈtrã

Bertrich ˈbɛrtrɪç

Bertuch ˈbɛrtʊx

berüchtigt bəˈrʏçtɪçt

berücksichtigen bəˈrʏkzɪçtɪɡn̩, **berücksichtig!** ...ɪç, **berücksichtigt** ...ɪçt

Beruete *span.* beˈru̯ete

Beruf bəˈruːf

beruhigen bəˈruːɪɡn̩, **beruhig!** ...ɪç, **beruhigt** ...ɪçt

berühmt bəˈryːmt

Bérulle *fr.* beˈryl

Beruni beˈruːni

Berve ˈbɛrvə

Bervic *fr.* bɛrˈvik

Berwald *schwed.* ˈbæːrvald

Berwanger ˈbeːɐ̯vaŋɐ

Berwick *engl.* ˈbɛrɪk, *USA* ˈbəːwɪk; *fr.* bɛˈrwik

Berwicke ˈbɛrvɪkə

Berwickshire *engl.* ˈbɛrɪkʃɪə

Berwiński *poln.* bɛrˈvii̯ski

Berwyn *engl.* ˈbəːwɪn

Beryl ˈbeːrɪl, *engl.* ˈbɛrɪl

Berylliose berʏˈli̯oːzə

Beryll[ium] beˈrʏl[i̯ʊm]

Berytos beˈryːtɔs

Berzelius bɛrˈt͜seːli̯ʊs, *schwed.* bærˈseːlɪʊs

Berzsenyi *ung.* ˈbɛrʒɛnji

besagt bəˈzaːkt

besaiten bəˈzai̯tn̩

besamen bəˈzaːmən

Besan beˈzaːn, *auch:* ˈbeːzaːn

Besançon *fr.* bəzãˈsõ

besänftigen bəˈzɛnftɪɡn̩, **besänftig!** ...ɪç, **besänftigt** ...ɪçt

Besant *engl.* ˈbɛsənt, ˈbɛzənt, bɪˈzænt

Besatz[ung] bəˈzat͜s[ʊŋ]

Besborodko *russ.* bɪzbaˈrɔtkɐ

beschäftigen bəˈʃɛftɪɡn̩, **beschäftig!** ...ɪç, **beschäftigt** ...ɪçt

Beschau bəˈʃau̯

Bescheid bəˈʃai̯t, **-e** bəˈʃai̯də

bescheiden bəˈʃai̯dn̩, **...dne** ...dnə

bescheinigen bəˈʃai̯nɪɡn̩, **bescheinig!** ...ɪç, **bescheinigt** ...ɪçt

Beschir bɛˈʃiːɐ̯

Beschkow *bulgar.* ˈbɛʃkof

Beschlächt bəˈʃlɛçt

Beschlag bəˈʃlaːk, **Beschläge** bəˈʃlɛːɡə

Beschlagnahme bəˈʃlaːknaːmə

beschlagnahmen bəˈʃlaːknaːmən

beschleunigen bəˈʃlɔynɪɡn̩, **beschleunig!** ...ɪç, **beschleunigt** ...ɪçt

Beschmet bɛʃˈmɛt

beschönigen bəˈʃøːnɪɡn̩, **beschönig!** ...ɪç, **beschönigt** ...ɪçt

Beschores bəˈʃoːrəs

beschrankt bəˈʃraŋkt

beschriften bəˈʃrɪftn̩

Bescht bɛʃt

beschuhen bəˈʃuːən

beschuldigen bəˈʃʊldɪɡn̩, **beschuldig!** ...ɪç, **beschuldigt** ...ɪçt

Beschwer[de] bəˈʃveːɐ̯[də]

beschweren bəˈʃveːrən

Beschwernis bəˈʃveːɐ̯nɪs, **-se** ...ɪsə

beschwichtigen bəˈʃvɪçtɪɡn̩, **beschwichtig!** ...ɪç, **beschwichtigt** ...ɪçt

beschwipst bəˈʃvɪpst

beseelen bəˈzeːlən

beseitigen bəˈzai̯tɪɡn̩, **beseitig!** ...ɪç, **beseitigt** ...ɪçt

Beseler ˈbeːzalɐ

beseligen bəˈzeːlɪɡn̩, **beselig!** ...ɪç, **beseligt** ...ɪçt

Besemschon ˈbeːzmʃoːn

Besen ˈbeːzn̩

besessen bəˈzɛsn̩

besichtigen bəˈzɪçtɪɡn̩, **besichtig!** ...ɪç, **besichtigt** ...ɪçt

Besigheim ˈbeːzɪçhai̯m

Bésigue beˈziːk

Besik beˈziːk

besinnlich bəˈzɪnlɪç

Besitz bəˈzɪt͜s

Beskiden bɛsˈkiːdn̩

Beskidy *poln.* bɛsˈkidɨ

Beskydy *slowak.* ˈbɛskidi

Beslener bɛsˈleːnɐ

Besnard *fr.* bɛˈnaːr

Besnier *fr.* bɛˈnje

besoffen bəˈzɔfn̩

besolden bəˈzɔldn̩, **besold!** ...lt

besonder[s] bəˈzɔndɐ[s]

besonnen bəˈzɔnən

Besorgnis bəˈzɔrknɪs, **-se** ...ɪsə

besorgt bəˈzɔrkt

B

bespiken bəˈʃpai̯kn̩, bəˈs...
Bess *engl.* bɛs
Bessarabien bɛsaˈraːbi̯ən
Bessarion bɛˈsaːri̯ɔn
Bessel ˈbɛsl̩
Besseler ˈbɛsəlɐ
Bessemer ˈbɛsəmɐ, *engl.* ˈbɛsəmə
bessemern ˈbɛsəmɐn
Bessenyei *ung.* ˈbɛʃɛnjɛi
besser, B... ˈbɛsɐ
Bessermäne bɛsɐˈmɛːnə
bessern ˈbɛsɐn
Bessette *fr.* bɛˈsɛt
Bessey, ...ie *engl.* ˈbɛsɪ
Bessières *fr.* bɛˈsjɛːr
Besson ˈbɛsɔn, *fr.* bɛˈsõ
Bessos ˈbɛsɔs
Best *dt., engl., niederl.* bɛst
best... ˈbɛst...
bestallen bəˈʃtalən
bestätigen bəˈʃtɛːtɪgn̩, **bestätig!** ...ɪç, **bestätigt** ...ɪçt
bestatten bəˈʃtatn̩
Bestätter bəˈʃtɛtɐ
Bestätterei bəʃtɛtəˈrai̯
beste, B... ˈbɛstə
bestechlich bəˈʃtɛçlɪç
Besteck bəˈʃtɛk
Besteder bəˈʃteːdɐ
Besteg bəˈʃteːk, **-e** ...gə
Bestelmeyer ˈbɛstl̩mai̯ɐ
bestenfalls ˈbɛstn̩ˈfals
bestens ˈbɛstn̩s
besternt bəˈʃtɛrnt
Bestiaire *fr.* bɛsˈtjɛːr
bestialisch bɛsˈti̯aːlɪʃ
Bestialität bɛsti̯aliˈtɛːt
Bestiarium bɛsˈti̯aːri̯ʊm, **...ien** ...i̯ən
Bestie ˈbɛsti̯ə
bestiefelt bəˈʃtiːfl̩t
bestimmt bəˈʃtɪmt
bestirnt bəˈʃtɪrnt
bestmöglich ˈbɛstˈmøːklɪç
bestoßen bəˈʃtoːsn̩
Bestseller ˈbɛstzɛlɐ
bestuhlen bəˈʃtuːlən
Bestuschew-Rjumin *russ.* bɪsˈtuʒəfˈrjumin
bestusst bəˈʃtʊst
Besuch bəˈzuːx
Bésus *fr.* beˈzys
Besymenski *russ.* bɪziˈmjɛnskij
Bet *engl.* bɛt
Beta ˈbeːta
betagt bəˈtaːkt
Betain betaˈiːn
Betancourt, ...cur *span.* betaŋˈkur
Betanien beˈtaːni̯ən
Betätigung bəˈtɛːtɪgʊŋ
Betatron ˈbeːtatroːn
betäuben bəˈtɔy̯bn̩, **betäub!** bəˈtɔy̯p, **betäubt** bəˈtɔy̯pt
Betaxin® betaˈksiːn
bête bɛːt
Bete ˈbeːtə
Beteigeuze betai̯ˈgɔy̯tsə
beteiligen bəˈtai̯lɪgn̩, **beteilig!** ...ɪç, **beteiligt** ...ɪçt
Betel ˈbeːtl̩
beten ˈbeːtn̩
Betesda beˈtɛsda
beteuern bəˈtɔy̯ɐn
Beth beːt, *engl.* bɛθ
Bethanien beˈtaːni̯ən
Bethe ˈbeːtə, *engl.* ˈbeɪtɪ
Bethel ˈbeːtl̩, *engl.* bɛθl
Bethesda beˈtɛsda, *engl.* bɛˈθɛzdə
Bethge ˈbeːtgə
Bethlehem ˈbeːtlehɛm, *engl.* ˈbɛθlɪhɛm, *afr.* ˈbɛtleːhɛm
bethlehemitisch beːtlehe-ˈmiːtɪʃ
Bethlen *ung.* ˈbɛtlɛn
Bethmann ˈbeːtman
Bethnal *engl.* ˈbɛθnəl
Bethsaida beˈtsai̯da
Bethulia beˈtuːli̯a
Béthune *fr.* beˈtyn
Bethusy-Huc beˈtuːziˈhuːk
Beth Zur ˈbeːt ˈtsuːɐ̯
Beti *fr.* beˈti
betisch ˈbeːtɪʃ
Betise beˈtiːzə
Betjeman *engl.* ˈbɛtʃəmən
Betlehem ˈbeːtlehɛm
Beton beˈtõː, *auch:* beˈtɔŋ, beˈtoːn, **des -s** beˈtõːs, *auch:* beˈtɔŋs, beˈtoːns, **die -s** beˈtõːs, *auch:* beˈtɔŋs, **die -e** beˈtoːnə
Betonie beˈtoːni̯ə
betonieren betoˈniːrən
betonnen bəˈtɔnən
betören bəˈtøːrən
Betracht bəˈtraxt
beträchtlich bəˈtrɛçtlɪç
Betrag bəˈtraːk, **-es** ...aːgəs, **Beträge** bəˈtrɛːgə
Betreff bəˈtrɛf
Betreffnis bəˈtrɛfnɪs, **-se** ...ɪsə
betreffs bəˈtrɛfs
betresst bəˈtrɛst
betreuen bəˈtrɔy̯ən
Betrieb bəˈtriːp, **-e** ...iːbə
betrieblich bəˈtriːplɪç
betriebsam bəˈtriːpzaːm
betrüblich bəˈtryːplɪç
Betrübnis bəˈtryːpnɪs, **-se** ...ɪsə
Betrug bəˈtruːk, **-es** ...gəs
Betrüger bəˈtryːgɐ
Betrügerei bətryːgəˈrai̯
betrügerisch bəˈtryːgərɪʃ
betrunken bəˈtrʊŋkn̩
Betschuana beˈtʃu̯aːna
Bet Shean *hebr.* ˈbɛt ʃɛˈʼan
Betsiboka *mad.* betsiˈbukə
Betsileo *mad.* betsiˈleu̯
Betsy *engl.* ˈbɛtsɪ
Bett bɛt
Bettag ˈbeːttaːk
Bettauer ˈbɛtau̯ɐ
Bette *engl.* bɛt
Bettel ˈbɛtl̩
bettelarm ˈbɛtl̩ˈ|arm
Bettelei bɛtəˈlai̯
Bettelheim ˈbɛtl̩hai̯m
betteln ˈbɛtl̩n
Betteloni *it.* betteˈloːni
betten ˈbɛtn̩
Bettendorf *engl.* ˈbɛtndɔːf
Betterton *engl.* ˈbɛtətn
Betti ˈbɛti, *it.* ˈbetti
Bettina bɛˈtiːna
Bettine bɛˈtiːnə
Bettinelli *it.* bettiˈnɛlli
Bettler ˈbɛtlɐ
Bettola *it.* ˈbettola
Betttuch ˈbɛttuːx
Bettuch ˈbeːttuːx
Betty ˈbɛti, *engl.* ˈbɛtɪ
betucht bəˈtuːxt
Betula ˈbeːtula
Betulaceae betuˈlaːtseɛ
betulich bəˈtuːlɪç
betusam bəˈtuːzaːm
betütern bəˈtyːtɐn
Betuwe *niederl.* ˈbeːtywə
Betz[dorf] ˈbɛts[dɔrf]
Beuche ˈbɔy̯çə
beuchen ˈbɔy̯çn̩
Beuckelaer *niederl.* ˈbøːkəlaːr
Beuel ˈbɔy̯əl
Beuermann ˈbɔy̯ɐman
Beuge ˈbɔy̯gə
beugen ˈbɔy̯gn̩, **beug!** bɔy̯k, **beugt** bɔy̯kt
Beule ˈbɔy̯lə
Beumelburg ˈbɔy̯ml̩bʊrk
beunruhigen bəˈ|ʊnruːɪgn̩, **beunruhig!** ...ɪç, **beunruhigt** ...ɪçt

B

beurgrunzen bəˈlu:ɐ̯grʊntsn̩
beurkunden bəˈlu:ɐ̯kʊndn̩, **beurkund!** ...nt
beurlauben bəˈlu:ɐ̯laubn̩, **beurlaub!** ...laup, **beurlaubt** ...laupt
Beuron ˈbɔyro:n
Beuschel ˈbɔyʃl̩
Beust bɔyst
beut bɔyt
Beute ˈbɔytə
Beutel ˈbɔytl̩
beuteln ˈbɔytl̩n
beuten ˈbɔytn̩
Beuth[en] ˈbɔyt[n̩]
Beuther ˈbɔytɐ
Beutler ˈbɔytlɐ
Beutner ˈbɔytnɐ
Beutnerei bɔytnəˈrai
beutst bɔytst
Beuys bɔys
Bevagna *it.* beˈvaɲɲa
Bevan *engl.* ˈbɛvən
Bevatron ˈbe:vatro:n
Bevensen ˈbe:vn̩zən
Bever ˈbe:vɐ, *niederl.* ˈbe:vər
Bevergern ˈbe:vɐgɛrn
Beveridge *engl.* ˈbɛvərɪdʒ
Beverl[e]y *engl.* ˈbɛvəlɪ
Bevern ˈbe:vɐn
Beverungen ˈbe:vərʊŋən
Beverwijk *niederl.* be:vərˈwɛi̯k
bevettern bəˈfɛtɐn
Bevilacqua *it.* beviˈlakku̯a
Bevin *engl.* ˈbɛvɪn
Bevis ˈbe:vɪs
Bevk *slowen.* be:u̯k
bevölkern bəˈfœlkɐn
bevor bəˈfo:ɐ̯
bevormunden bəˈfo:ɐ̯mʊndn̩, **bevormund!** ...mʊnt
bevorraten bəˈfo:ɐ̯ra:tn̩
bevorrechten bəˈfo:ɐ̯rɛçtn̩
bevorrechtigen bəˈfo:ɐ̯rɛçtɪgn̩, **bevorrechtig!** ...tɪç, **bevorrechtigt** ...tɪçt
bevorschussen bəˈfo:ɐ̯ʃʊsn̩
bevorworten bəˈfo:ɐ̯vɔrtn̩
bevorzugen bəˈfo:ɐ̯tsu:gn̩, **bevorzug!** ...u:k, **bevorzugt** ...u:kt
bewachsen bəˈvaksn̩
bewahrheiten bəˈva:ɐ̯haitn̩
bewalden bəˈvaldn̩, **bewald!** ...lt
bewaldrechten bəˈvaltrɛçtn̩
bewältigen bəˈvɛltɪgn̩, **bewältig!** ...ɪç, **bewältigt** ...ɪçt
bewandert bəˈvandɐt
bewandt bəˈvant
Bewandtnis bəˈvantnɪs, **-se** ...ɪsə
bewegen bəˈve:gn̩, **beweg!** ...e:k, **bewegt** ...e:kt
beweglich bəˈve:klɪç
beweiben bəˈvaibn̩, **beweib!** bəˈvaip, **beweibt** bəˈvaipt
beweihräuchern bəˈvairɔyçɐn
beweinkaufen bəˈvainkaufn̩
Beweis bəˈvais, **-e** ...aizə
Bewerb bəˈvɛrp, **-e** ...rbə
bewerkstelligen bəˈvɛrkʃtɛlɪgn̩, **bewerkstellig!** ...ɪç, **bewerkstelligt** ...ɪçt
Bewick *engl.* ˈbju:ɪk, bjʊɪk
bewilligen bəˈvɪlɪgn̩, **bewillig!** bəˈvɪlɪç, **bewilligt** bəˈvɪlɪçt
bewillkommnen bəˈvɪlkɔmnən
bewimpeln bəˈvɪmpl̩n
bewog bəˈvo:k, **-en** bəˈvo:gn̩
bewöge bəˈvø:gə
Bewuchs bəˈvu:ks
Bewundrer bəˈvʊndrɐ
bewusst bəˈvʊst
Bewusstheit bəˈvʊsthait
bewusstlos bəˈvʊstlo:s
Bex *fr.* bɛ
Bexbach ˈbɛksbax
Bexhill *engl.* ˈbɛksˈhɪl
Bexley *engl.* ˈbɛksli
Bey bai, *türk.* bɛi̯
Beyatlı *türk.* bɛjatˈlɨ
Beyce Sultan *türk.* ˈbɛi̯dʒɛ sulˈtan
Beyen[s] *niederl.* ˈbɛi̯ən[s]
Beyer ˈbaiɐ
Beyeren *niederl.* ˈbɛi̯ərə
Beyerle ˈbaiɐlə
Beyerlein ˈbaiɐlain
Beyle *fr.* bɛl
Beyme ˈbaimə
Beyschlag ˈbaiʃla:k
Beyse ˈbaizə
Beyşehir *türk.* ˈbɛi̯ʃɛˌhir
Beza ˈbe:za
bezastert bəˈtsastɐt
Bezau ˈbe:tsau
Bèze *fr.* bɛ:z
bezichtigen bəˈtsɪçtɪgn̩, **bezichtig!** ...ɪç, **bezichtigt** ...ɪçt
beziehentlich bəˈtsi:əntlɪç
Beziehung bəˈtsi:ʊŋ
Béziers *fr.* beˈzje
beziffern bəˈtsɪfɐn
Bezirk bəˈtsɪrk
bezirzen bəˈtsɪrtsn̩
Bezoar betsoˈa:ɐ̯
Bezold ˈbe:tsɔlt, ˈbɛtsɔlt
Bezruč *tschech.* ˈbɛzrutʃ
Bezug bəˈtsu:k
bezüglich bəˈtsy:klɪç
bezuschussen bəˈtsu:ʃʊsn̩
bezwecken bəˈtsvɛkn̩
Bezzel ˈbɛtsl̩
Bezzenberger ˈbɛtsn̩bɛrgɐ
Bhabha *engl.* ˈbɑ:bɑ:
Bhadgaon *engl.* ˈbædgaʊn
Bhagalpur *engl.* ˈbɑ:gəlpʊə
Bhagawadgita bagavatˈgi:ta
Bhagawata ˈba:gavata
Bhagvan, ...gwan ˈbagvan
Bhaktapur *engl.* ˈbæktəpʊə
Bhakti ˈbakti
Bharat ˈba:rat
Bhasa ˈba:za
Bhaskara Atscharja ˈba:skara aˈtʃa:ri̯a
Bhatpara *engl.* bɑ:tˈpɑ:rə
Bhavnagar *engl.* ˈbaʊnəgə
Bhawabhuti bavaˈbu:ti
Bhikku ˈbɪku
Bhikschu ˈbɪkʃu
Bhil bi:l
Bhiwani *engl.* bɪˈwɑ:nɪ
Bhopal *engl.* boʊˈpɑ:l
Bhubaneswar *engl.* bʊbəˈneɪswə
Bhusawal *engl.* bʊˈsɑ:wəl
Bhutan ˈbu:tan
Bhutaner buˈta:nɐ
bhutanisch buˈta:nɪʃ
Bhutto ˈbʊto, *engl.* ˈbʊtoʊ
bi bi:
Biafra ˈbi̯afra
biafranisch bi̯aˈfra:nɪʃ
Biagio *it.* ˈbi̯a:dʒo
Biak *indon.* ˈbiak
Biała-Podlaska *poln.* ˈbjau̯apɔdˈlaska
Bialas ˈbi̯a:las
Bialik ˈbi̯a:lɪk
Bialla ˈbi̯ala
Białogard *poln.* bjaˈu̯ɔgart
Białoszewski *poln.* bjau̯ɔˈʃɛfski
Białowieska Puszcza *poln.* bjau̯ɔˈvjɛska ˈpuʃtʃa
Białowieża *poln.* bjau̯ɔˈvjɛʒa
Białystok *poln.* bjaˈu̯ɨstɔk
Bianca *it.* ˈbi̯aŋka
Bianchi *it.* ˈbi̯aŋki
Bianciardi *it.* bi̯anˈtʃardi
Bianco *it.* ˈbi̯aŋko
Bianka ˈbi̯aŋka
Biarchie biarˈçi:, **-n** ...i:ən

Biard *fr.* bja:r
Biarritz *fr.* bja'rits
[1]**Bias** (Name) 'bi:as
[2]**Bias** (Vorurteil) 'bi:as, *auch:* 'baiəs
Biasca *it.* 'biaska
Biathlon 'bi:atlɔn
Biba 'bɪba
Bibaculus bi'ba:kulʊs
Bibai *jap.* 'bi,bai
Bibalo *it.* 'bi:balo
bibbern 'bɪbɐn, **bibbre** 'bɪbrə
Bibbiena *it.* bib'biɛ:na
Bibby *engl.* 'bɪbɪ
Bibel 'bi:bl̩
Bibeleskäs 'bɪbələskɛ:s
Bibelot bi'blo:, bibə'lo:
Biber 'bi:bɐ
Biberach 'bi:bərax
Biberbach 'bi:bɐbax
Biberette bibə'rɛtə
Bibergeil 'bi:bɐgail
Biberist 'bi:bərɪst
Bibernelle bi:bɐ'nɛlə
Bibesco *fr.* bibɛs'ko
Bibescu *rumän.* bi'besku
Bibi 'bi:bi
Bibiana bi'bia:na
Bibiena *it.* bi'biɛ:na
Bibliander bibli'andɐ
Biblia Pauperum 'bi:blia 'paupərʊm
Bibliognosie bibliogno'zi:
Bibliograf usw. vgl. Bibliograph usw.
Bibliograph biblio'gra:f
Bibliographie bibliogra'fi:, **-n** ...i:ən
bibliographieren bibliogra'fi:rən
bibliographisch biblio'gra:fɪʃ
Biblioklast biblio'klast
Bibliolatrie bibliola'tri:
Bibliolithen biblio'li:tn̩
Bibliologie bibliolo'gi:
Bibliomane biblio'ma:nə
Bibliomanie biblioma'ni:
Bibliomantie biblioman'ti:
Bibliophage biblio'fa:gə
bibliophil biblio'fi:l
Bibliophilie bibliofi'li:
Bibliophobie bibliofo'bi:
Bibliosophie bibliozo'fi:
Bibliotaph biblio'ta:f
Bibliothek biblio'te:k
Bibliothekar bibliote'ka:ɐ̯
bibliothekarisch bibliote'ka:rɪʃ
Bibliothekographie bibliotekogra'fi:
Bibliothekonomie bibliotekono'mi:
Bibliotherapie bibliotera'pi:
Biblis 'bi:blɪs
biblisch 'bi:blɪʃ
Biblizismus bibli'tsɪsmʊs
Biblizist bibli'tsɪst
Bibra 'bi:bra
Bibracte bi'braktə
Bibulus 'bi:bulʊs
Bicaj *alban.* 'bitsai̯
Bice *it.* 'bi:tʃe
Bicellaglas bi'tsɛlagla:s
Bicester *engl.* 'bɪstə
Bicêtre *fr.* bi'sɛtr
Bichat *fr.* bi'ʃa
Bich-Khê *vietn.* bik xe 21
bichrom 'bi:kro:m, bi'kro:m
Bichromat 'bi:kroma:t, bikro'ma:t
Bichromie bikro'mi:
Bichsel 'bɪksl̩
Bicinium bi'tsi:niʊm, **...ien** ...iən
Bickbeere 'bɪkbe:rə
Bicocca *it.* bi'kɔkka
[1]**Bida** (Neuerung) 'bɪda
[2]**Bida** (Name) *fr.* bi'da, *engl.* bi:'dɑ:, 'bi:də
Bidasoa *span.* biða'soa
Bidault *fr.* bi'do
Bid[d]eford *engl.* 'bɪdɪfəd
Biddle *engl.* bɪdl
Bidens 'bi:dɛns
Bider 'bi:dɐ
biderb bi'dɛrp, **-e** ...rbə
Bidermann 'bi:dɐman
Bidet bi'de:
Bidon bi'dõ:
Bidonville bidõ'vɪl
Bidschar bi'dʒa:ɐ̯
Bie bi:
Bié *port.* biɛ
Bieberstein 'bi:bɐʃtain
Biebl *dt., tschech.* 'bi:bl̩
Biebrich 'bi:brɪç
Biebrza *poln.* 'bjɛbʒa
Biedenkopf 'bi:dn̩kɔpf
bieder 'bi:dɐ, **...dre** ...drə
Biedermann 'bi:dɐman
Biedermeier 'bi:dɐmaiɐ
Biefve *fr.* bjɛ:v
Biege 'bi:gə
biegen 'bi:gn̩, **bieg!** bi:k, **biegt** bi:kt
biegsam 'bi:kza:m
Biel bi:l
Biela 'bi:la, 'biɛ:la
Bielawa *poln.* bjɛ'lava
Bielbrief 'bi:lbri:f
Bielefeld 'bi:ləfɛlt, **-er** ...ldɐ
Bielenstein 'bi:lənʃtain
Bieler 'bi:lɐ
Bielitz 'bi:lɪts
Biella *it.* 'biɛlla
Bielschowsky bɪl'ʃɔfski
Bielsk[i] *poln.* 'bjɛlsk[i]
Bielsko-Biała *poln.* 'bjɛlskɔ-'bjaua
Bielstein 'bi:lʃtain
bien biɛ̃:
Bien[e] 'bi:n[ə]
Bienek 'bi:nɛk
Bienen 'bi:nən
Bienewitz 'bi:nəvɪts
Biengen 'bɪŋən
Biên Hoa *vietn.* biən hua 13
bienn, B... bi'ɛn
biennal biɛ'na:l
Biennale biɛ'na:lə
Bienne *fr.* bjɛn
Biennium bi'ɛniʊm, **...ien** ...iən
Bienville *fr.* bjɛ̃'vil, *engl.* 'bjɛnvɪl
Bier bi:ɐ̯
Bierbaum 'bi:ɐ̯baum
Bierce *engl.* bɪəs
Biere[n] 'bi:rə[n]
bierernst 'bi:ɐ̯|ɛrnst, '–'–
Bierernst 'bi:ɐ̯|ɛrnst
Biermann 'bi:ɐ̯man
Biermer 'bi:ɐ̯mɐ
Biernat *poln.* 'biɛrnat
Biernatzki bɪr'natski
Bierstadt 'bi:ɐ̯ʃtat
Bierut *poln.* 'bjɛrut
Bierutów *poln.* bjɛ'rutuf
Bierutowice *poln.* bjɛrutɔ'vitsɛ
Bierzunski biɛr'tsʊnski
Biesbosch *niederl.* 'bizbɔs
Biese 'bi:zə
Biesenthal 'bi:zn̩ta:l
Biesfliege 'bi:sfli:gə
Biesheuvel *niederl.* 'bishø:vəl
Biest bi:st
Bieszczady *poln.* bjɛʃ'tʃadɨ
Biet bi:t
bieten 'bi:tn̩
Bietigheim 'bi:tɪçhaim
Biff bɪf
bifilar bifi'la:ɐ̯
Bifokal... bifo'ka:l...
Biforium bi'fo:riʊm, **...ien** ...iən
biform bi'fɔrm
Bifurkation bifʊrka'tsio:n

B

Biga, BIGA 'bi:ga
Bigamie biga'mi:, **-n** ...i:ən
bigamisch bi'ga:mɪʃ
Bigamist biga'mɪst
Bigarade biga'ra:də
Bigard *engl.* 'bɪgəd
Bigband 'bɪkbɛnt
Bigbang 'bɪk'bɛŋ
Big Ben *engl.* 'bɪg 'bɛn
Big Brother *dt.-engl.* 'bɪk 'braðɐ
Big Business bɪk 'bɪznɪs, '–'––; *auch:* ...znɛs
Bigeminie bigemi'ni:, **-n** ...i:ən
Bigge 'bɪgə
Bigg[er]s *engl.* 'bɪg[ə]z
Bighorn *engl.* 'bɪghɔ:n
Biglow Papers *engl.* 'bɪgloʊ 'peɪpəz
Bignon *fr.* bi'ɲõ
Bignonie bɪ'gno:ni̯ə
Bigorre *fr.* bi'gɔ:r
Bigos 'bɪgɔs
Bigosch 'bɪgɔʃ
Bigot 'bi:gɔt, *fr.* bi'go
bigott bi'gɔt
Bigotterie bigɔtə'ri:, **-n** ...i:ən
Bigpoint 'bɪkpɔynt
Bihać *serbokr.* ˌbiha:tɕ
Bihar bi'ha:ɐ̯, *engl.* bɪ'hɑ:, *ung.* 'bihɔr
Bihari bi'ha:ri, *ung.* 'bihɔri
Bihé *port.* bi̯ɛ
Bihlmeyer 'bi:lmai̯ɐ
Bihor *rumän.* bi'hor
Bija *russ.* 'bijɐ
bijektiv 'bi:jɛkti:f, *auch:* bijɛk'ti:f, **-e** ...i:və
Bijelić *serbokr.* biˌjɛlitɕ
Bijns *niederl.* bɛi̯ns
Bijou bi'ʒu:
Bijouterie biʒutə'ri:, **-n** ...i:ən
Bijoutier biʒu'ti̯e:
Bika (Libanon) bi'ka:
Bikaner *engl.* bɪkə'nɪə, '–––
Bikarbonat 'bi:karbona:t, *auch:* bikarbo'na:t
Bike[r] 'bai̯k[ɐ]
Bikini bi'ki:ni, *engl.* bɪ'ki:nɪ
bikollateral bikɔlate'ra:l
Bikompositum 'bi:kɔmpo:zi-tʊm, *auch:* bikɔm'p..., **...ta** ...ta
bikonkav bikɔn'ka:f, *auch:* ...kɔŋ..., **-e** ...a:və
bikonvex bikɔn'vɛks
Bikuspidatus bikʊspi'da:tʊs, **...-ti** ...ti
bilabial, B... bila'bi̯a:l, *auch:* 'bi:l...
Bilac *bras.* bi'lak[i]
Bilá Hora *tschech.* 'bi:la: 'hɔra
Bilák *slowak.* 'bila:k
Bilalama bila'la:ma
Bilanz bi'lants
bilanzieren bilan'tsi:rən
Bilaspur *engl.* bɪ'lɑ:spʊə
bilateral 'bi:latera:l, *auch:* bilate'ra:l
Bilateralismus bilatera'lɪsmʊs
Bilateralium bilate'ra:li̯ʊm, **...lia** ...li̯a
Bilaterium bila'te:ri̯ʊm, **...-ia** ...i̯a
Bilbais bɪl'bai̯s
Bilbao bɪl'ba:o, *span.* bil'βao
Bilbaşar *türk.* bilbɑ'ʃɑr
Bilboquet bɪlbo'ke:
Bilch bɪlç
Bild bɪlt, **-er** 'bɪldɐ
Bildchen 'bɪltçən
bilden 'bɪldn̩, **bild!** bɪlt
Bilderchen 'bɪldɐçən
Bilderdijk *niederl.* 'bɪldərdɛi̯k
Bilderstürmerei bɪldɐʃtʏr-mə'rai̯
Bildhauer 'bɪlthau̯ɐ
bildhauern 'bɪlthau̯ɐn
bildhübsch 'bɪlt'hʏpʃ
Bildner 'bɪldnɐ
Bildnerei bɪldnə'rai̯
bildnerisch 'bɪldnərɪʃ
Bildnis 'bɪltnɪs, **-se** ...ɪsə
bildsam 'bɪltza:m
bildschön 'bɪlt'ʃø:n
Bileam 'bi:leam
Bilecik *türk.* 'bilɛdʒik
Bilek 'bi:lɛk
Bilfinger 'bɪlfɪŋɐ
Bilge 'bɪlgə
Bilhana 'bɪlhana
Bilharzie bɪl'hartsi̯ə
Bilharziose bɪlhar'tsi̯o:zə
biliär bi'li̯ɛ:ɐ̯
bilifer bili'fe:ɐ̯
Bilin bi'li:n
Bílina *tschech.* 'bi:lina
bilinear biline'a:ɐ̯, *auch:* 'bi:l...
bilingual bilɪŋ'gu̯a:l, *auch:* 'bi:l...
bilingue, B... bi'lɪŋgu̯ə
bilinguisch bi'lɪŋgu̯ɪʃ
Bilinguismus bilɪŋ'gu̯ɪsmʊs
Bilinguität bilɪŋgui'tɛ:t
biliös bi'li̯ø:s, **-e** ...ø:zə
Bilirubin biliru'bi:n
Bilis 'bi:lɪs
Biliverdin bilivɛr'di:n
Bill *dt., engl.* bɪl
Billancourt *fr.* bijã'ku:r
Billard 'bɪljart, **-e** 'bɪljardə
billardieren bɪljar'di:rən
Billaud *fr.* bi'jo
Billbergie bɪl'bɛrgi̯ə
Bille 'bɪlə
billen 'bɪlən
Billendorf 'bɪləndɔrf
Billerbeck 'bɪlɐbɛk
Billerica *engl.* 'bɪlrɪkə, –'––
[1]**Billetdoux** (Name) *fr.* bijɛ'du
[2]**Billetdoux** (Liebesbrief) bije'du:, **des -** ...u:[s], **die -** ...u:s
Billeteur bɪljɛ'tø:ɐ̯
Billeteuse bɪljɛ'tø:zə
Billett bɪl'jɛt
Billiarde bɪ'li̯ardə
Billie *engl.* 'bɪlɪ
billig 'bɪlɪç, **-e** ...ɪgə
billigen 'bɪlɪgn̩, **billig!** 'bɪlɪç, **billigt** 'bɪlɪçt
Billing 'bɪlɪŋ
Billinger 'bɪlɪŋɐ
Billings *engl.* 'bɪlɪŋz
Billion bɪ'li̯o:n
Billiton bɪ'li:tɔn
Billon bɪl'jõ:
Billot *fr.* bi'jo
Billows *engl.* 'bɪloʊz
Billroth 'bɪlro:t
Billunger 'bɪlʊŋɐ
Billy *engl.* 'bɪlɪ, *fr.* bi'ji
Bilma *fr.* bil'ma
Bilokation biloka'tsi̯o:n
Biloxi *engl.* bɪ'lɔksɪ
Bilsenkraut 'bɪlzn̩krau̯t
Bilston *engl.* 'bɪlstən
Bilux...® 'bi:lʊks...
Bilwiss 'bɪlvɪs
bim, bam! 'bɪm 'bam
bim, bam, bum! 'bɪm 'bam 'bʊm
bim! bɪm
Bimbam 'bɪm'bam
Bimester bi'mɛstɐ
Bimetall 'bi:mɛtal
Bimetallismus bimeta'lɪsmʊs
Bimini *engl.* bɪ'mɪnɪ
Bimmelei bɪmə'lai̯
bimmeln 'bɪmln̩
bimsen 'bɪmzn̩, **bims!** bɪms, **bimst** bɪmst
Bimsstein 'bɪmsʃtai̯n
bin bɪn
binar bi'na:ɐ̯

B

binär bi'nɛ:ɐ̯
binarisch bi'na:rɪʃ
Binarismus bina'rɪsmʊs
Binary Digit 'bai̯nəri 'dɪdʒɪt
Binasco *it.* bi'nasko
Bination bina'tsi̯o:n
binational binatsi̯o'na:l
binaural binau̯'ra:l
Binche *fr.* bɛ̃:ʃ
Binchois *fr.* bɛ̃'ʃwa
Binde 'bɪndə
binden 'bɪndn̩, **bind!** bɪnt
Binder 'bɪndɐ
Binderei bɪndə'rai̯
Binding 'bɪndɪŋ
Bin-el-Ouidane *fr.* binɛlwi'dan
Binet *fr.* bi'nɛ
Bing *engl.* bɪŋ, *norw.* biŋ
Binge 'bɪŋə
Bingel[kraut] 'bɪŋl̩[krau̯t]
Bingen 'bɪŋən
Binger 'bɪŋɐ, *fr.* bɛ̃'ʒe
Bingerbrück bɪŋɐ'brʏk
Bingerville *fr.* bɛ̃ʒɛr'vil
Bingham *engl.* 'bɪŋəm
Binghamton *engl.* 'bɪŋəmtən
Bingo 'bɪŋgo
Bingöl *türk.* 'bingœl
Bin Gorion *hebr.* bin gɔr'jɔn
Binh Đinh *vietn.* biɲ diɲ 36
Binh-Nguyên-Lôc *vietn.* biɲ ŋui̯ən lok 311
binieren bi'ni:rən
Biniou bi'ni̯u:
Bink[e]l 'bɪŋkl̩
Binkis *lit.* 'bɪŋkɪs
Bin Laden bɪn 'la:dn̩
Binnatal 'bɪnata:l
binnen 'bɪnən
binnenbords 'bɪnənbɔrts
Binnenland 'bɪnənlant
Binnig 'bɪnɪç
Binningen 'bɪnɪŋən
Binode bi'no:də
Binokel bi'no:kl̩, *auch:* bi'nɔkl̩
binokeln bi'no:kl̩n, *auch:* bi'nɔkl̩n
binokular, B... binoku'la:ɐ̯
Binom bi'no:m
binomial bino'mi̯a:l
Binsdorf 'bɪnsdɔrf
Binse 'bɪnzə
Binswanger 'bɪnsvaŋɐ
Bintan *indon.* 'bɪntan
Binyon *engl.* 'bɪnjən
Binz[en] 'bɪnts[n̩]
bio..., Bio... 'bi:o...
bioaktiv bio|ak'ti:f, *auch:* 'bi:o..., **-e** ...i:və
Biobibliographie biobibliogra'fi:, **-n** ...i:ən
Bío-Bío *span.* 'bio'βio
Biochemie bioçe'mi:
Biochemiker bio'çe:mikɐ
biochemisch bio'çe:mɪʃ
Biochore bio'ko:rə
Biodynamik biody'na:mɪk
Bioelement 'bi:o|element
biogen, B... bio'ge:n
Biogenese bioge'ne:zə
biogenetisch bioge'ne:tɪʃ
Biogenie bioge'ni:
Biogeographie biogeogra'fi:
biogeographisch biogeo'gra:fɪʃ
Biogeozönose biogeotsø'no:zə
Biograd *serbokr.* 'biɔgra:d
Biograf bio'gra:f
Biografie biogra'fi:, **-n** ...i:ən
biografisch bio'gra:fɪʃ
Biograph usw. vgl. Biograf usw.
Biokatalysator biokataly'za:to:ɐ̯, **-en** ...za'to:rən
Bioklimatologie bioklimatolo'gi:
Bioko 'bi̯o:ko
Biokovo *serbokr.* 'biɔkɔvɔ
Biolith bio'li:t
Biologe bio'lo:gə
Biologie biolo'gi:
Biologismus biolo'gɪsmʊs
biologistisch biolo'gɪstɪʃ
Biolumineszenz biolumines'tsɛnts
Biolyse bio'ly:zə
biolytisch bio'ly:tɪʃ
Biom bi'o:m
Biomant bio'mant
Biomantie bioman'ti:
Biometrie biome'tri:
Biometrik bio'me:trɪk
Biomorphose biomɔr'fo:zə
Biomotor bio'mo:to:ɐ̯, **-en** ...mo'to:rən
Bion 'bi:ɔn, *fr.* bjõ
Bionik bi'o:nɪk
bionisch bi'o:nɪʃ
Bionomie biono'mi:
Biontologie biɔntolo'gi:
Biophor bio'fo:ɐ̯
Biophysik biofy'zi:k
biophysikalisch biofyzi'ka:lɪʃ
Biopsie biɔ'psi:, **-n** ...i:ən
Biorheuse bio'rɔyzə
Biörn bjœrn
Biorrheuse biɔ'rɔyzə
Bios 'bi:ɔs
Biosatellit biozatɛ'li:t
Biose 'bi̯o:zə
Bioskop bio'sko:p
Biosphäre bio'sfɛ:rə
Biostratigraphie biostratigra'fi:
Biot *fr.* bjo
Biotar bio'ta:ɐ̯
Biotechnik bio'tɛçnɪk
biotechnisch bio'tɛçnɪʃ
Biotechnologie biotɛçnolo'gi:
Biotin bio'ti:n
biotisch bi'o:tɪʃ
Biotit bio'ti:t
Biotop bio'to:p
biotrop bio'tro:p
Biotyp[us] bio'ty:p[ʊs]
Bioy *span.* bi̯ɔi̯
biozentrisch bio'tsɛntrɪʃ
Biozid bio'tsi:t, **-e** ...i:də
Biozönologie biotsønolo'gi:
Biozönose biotsø'no:zə
biozönotisch biotsø'no:tɪʃ
biped bi'pe:t, **-e** ...e:də
Bipede bi'pe:də
bipedisch bi'pe:dɪʃ
Bipedität bipedi'tɛ:t
bipolar bipo'la:ɐ̯
Bipolarität bipolari'tɛ:t
Biquadrat 'bi:kvadra:t, *auch:* bikva'dra:t
biquadratisch bikva'dra:tɪʃ, *auch:* 'bi:k...
Biquet bi'ke:
Biran *fr.* bi'rã
Birch bɪrç, *engl.* bə:tʃ
Bircher 'bɪrçɐ
Birck bɪrk
Bird bə:d
Birdie 'bø:ɐ̯di, 'bœrdi
Birdschand *pers.* bir'dʒænd
Birecik *türk.* 'birɛdʒik
Bireme bi're:mə
Birett bi'rɛt
birg! bɪrk
Birge 'bɪrgə
Birger 'bɪrgɐ, *schwed.* 'birjər
Birgit *dt., schwed.* 'bɪrgɪt
Birgitta bɪr'gɪta, *schwed.* bir,gita
birgt bɪrkt
Birjussa *russ.* birju'sa
Birk bɪrk
Birka *schwed.* ,birka
Birkbeck *engl.* 'bə:kbɛk
Birke 'bɪrkə
birken, B... 'bɪrkn̩
Birkenau 'bɪrkənau̯

Birkenfeld ˈbɪrkn̩fɛlt
Birkenhead *engl.* ˈbəːkənhɛd
Birket-Smith *dän.* bi̯ɐ̯gəðˈsmɪð
Bîrlad *rumän.* bɨrˈlad
Birma ˈbɪrma
Birmane bɪrˈmaːnə
birmanisch bɪrˈmaːnɪʃ
Birmingham *engl. England* ˈbəːmɪŋəm, *USA* ˈbəːmɪŋhæm, ...ŋəm
Birnau ˈbɪrnau̯
Birne ˈbɪrnə
Birobidschan *russ.* birɐbiˈdʒan
Birolli *it.* biˈrɔlli
Biron ˈbiːrɔn, *fr.* biˈrõ
Birs bɪrs
Birsfelden bɪrsˈfɛldn̩
birst bɪrst
Birt[en] ˈbɪrt[n̩]
Birtwistle *engl.* ˈbəːtwɪsl
Biruni biˈruːni
Birutsche biˈrʊtʃə
bis bɪs
Bisai *jap.* ˈbiˌsai
Bisam ˈbiːzam
Bisbee *engl.* ˈbɪzbɪ
Biscaya bɪsˈkaːja
Bisceglie *it.* biʃˈʃeʎʎe
bischen ˈbɪʃn̩
Bischkek *russ.* biʃˈkjɛk
Bischof ˈbɪʃɔf, *auch:* ˈbɪʃoːf, **Bischöfe** ˈbɪʃœfə, *auch:* ˈbɪʃøːfə
Bischoff ˈbɪʃɔf
Bischoffwerder ˈbɪʃɔfvɛrdɐ
bischöflich ˈbɪʃœflɪç, *auch:* ˈbɪʃøːflɪç
Bischofsburg ˈbɪʃɔfsbʊrk
Bischofsgrün bɪʃɔfsˈgryːn
Bischofsheim ˈbɪʃɔfshai̯m
Bischofshofen bɪʃɔfsˈhoːfn̩
Bischofskoppe ˈbɪʃɔfskɔpə
Bischofswerda bɪʃɔfsˈvɛrda
Bischofswiesen bɪʃɔfsˈviːzn̩
Bischofszell bɪʃɔfsˈtsɛl
Bischweiler ˈbɪʃvai̯lɐ
Bischwiller *fr.* biʃviˈlɛːr
Bise ˈbiːzə
Biseauschliff biˈzoːʃlɪf
Bisektrix biˈzɛktrɪks, **...trizes** ...ˈtriːtseːs
biserial bizeˈri̯aːl
biseriert bizeˈriːɐ̯t
Biserta biˈzɛrta
Bisexualität bizɛksu̯aliˈtɛːt, *auch:* ˈbiː...
bisexuell bizɛˈksu̯ɛl, *auch:* ˈbiːz...
bisher bɪsˈheːɐ̯
bisherig bɪsˈheːrɪç, **-e** ...ɪgə
Bishop *engl.* ˈbɪʃəp
Bishop's Stortford *engl.* ˈbɪʃəps ˈstɔːtfəd
Bisk *russ.* bijsk
Biskaya bɪsˈkaːja
Biskotte bɪsˈkɔtə
Biskra ˈbɪskra, *fr.* bisˈkra
Biskuit bɪsˈkviːt, *auch:* bɪsˈku̯iːt
Biskupiec *poln.* bisˈkupjɛts
Biskupin *poln.* bisˈkupin
Bisky ˈbɪski
bislang bɪsˈlaŋ
Bismarck ˈbɪsmark, *engl.* ˈbɪzmɑːk
Bismark ˈbɪsmark
bismillah bɪsmɪˈlaː
Bismut ˈbɪsmuːt
Bismutit bɪsmuˈtiːt
Bismutum bɪsˈmuːtʊm
Bison ˈbiːzɔn
Bispel ˈbiːspɛl
Bisque *fr.* bisk
biss, Biss bɪs
Bissagos bɪˈsaːgɔs
Bissau *port.* biˈsau̯
bisschen, B... ˈbɪsçən
bissel ˈbɪsl̩
Bissell *engl.* bɪsl
bissen ˈbɪsn̩
Bissen ˈbɪsn̩, *dän.* ˈbisn̩
bisserl ˈbɪsɐl
Bissier bɪˈsi̯eː
Bissière *fr.* biˈsjɛːr
bissig ˈbɪsɪç, **-e** ...ɪgə
Bissing[en] ˈbɪsɪŋ[ən]
Bisson *fr.* biˈsõ
bist bɪst
Bisten (Lockruf der Haselhenne) ˈbɪstn̩
Bister ˈbɪstɐ
Bisticci *it.* bisˈtittʃi
Bistolfi *it.* bisˈtɔlfi
Bistouri bɪsˈtuːri
Bistrița *rumän.* ˈbistritsa
Bistritz ˈbɪstrɪts
Bistro ˈbɪstro, *auch:* bɪsˈtroː
Bistronnet bɪstrɔˈneː
Bistum ˈbɪstuːm, **Bistümer** ...tyːmɐ
Bisulfat ˈbiːzʊlfaːt, *auch:* bizʊlˈfaːt
Bisulfit ˈbiːzʊlfiːt, *auch:* bizʊlˈf...
bisweilen bɪsˈvai̯lən
Biswind ˈbiːsvɪnt
bisyllabisch bizʏˈlaːbɪʃ, *auch:* ˈbiːz...
Bit[burg] ˈbɪt[bʊrk]
Bitche *fr.* bitʃ
Biterolf ˈbiːtərɔlf
Bithynien biˈtyːni̯ən
Bithynier biˈtyːni̯ɐ
bithynisch biˈtyːnɪʃ
Bitlis *türk.* ˈbitlis
Bitok biˈtɔk, **Bitki** ˈbɪtki
Bitola *mak.* ˈbitɔla
bitonal bitoˈnaːl, *auch:* ˈbiːtonaːl
Bitonalität bitonaliˈtɛːt, *auch:* ˈbiː...
Bitonto *it.* biˈtonto
Bitsch bɪtʃ
bitte, B... ˈbɪtə
Bittel ˈbɪtl̩
bitten ˈbɪtn̩
bitter ˈbɪtɐ
Bitter ˈbɪtɐ, *engl.* ˈbɪtə
bitterböse ˈbɪtɐˈbøːzə
bitterernst ˈbɪtɐˈ|ɛrnst
Bitterfeld ˈbɪtɐfɛlt
Bitterfontein *engl.* ˈbɪtəfɔnteɪn
bitterkalt ˈbɪtɐˈkalt
Bitterling ˈbɪtɐlɪŋ
Bitternis ˈbɪtɐnɪs, **-se** ...ɪsə
bittersüß ˈbɪtɐˈzyːs
Bittner ˈbɪtnɐ
Bitttag ˈbɪttaːk
Bitumen biˈtuːmən, **...mina** ...mina
bitumig biˈtuːmɪç, **-e** ...ɪgə
bituminieren bitumiˈniːrən
bituminös bitumiˈnøːs, **-e** ...øːzə
Bituriger biˈtuːrigɐ
bitzeln ˈbɪtsl̩n
Bitz[ius] ˈbɪts[i̯ʊs]
Biuretreaktion biuˈreːtreaktsi̯oːn
bivalent bivaˈlɛnt, *auch:* ˈbiː...
Bivalenz bivaˈlɛnts, *auch:* ˈbiː...
Bivalven biˈvalvn̩
Bivar *span.* biˈβar
Biwa[k] ˈbiːva[k]
biwakieren bivaˈkiːrən
Bix[by] *engl.* ˈbɪks[bɪ]
Bixio *it.* ˈbiksi̯o
Biya *fr.* biˈja
bizarr biˈtsar
Bizarrerie bitsarəˈriː, **-n** ...iːən
Bize *ung.* ˈbizɛ, *fr.* biːz
Bizeps ˈbiːtsɛps
Bizerte *fr.* biˈzɛrt
Bizet *fr.* biˈzɛ
Bizinie biˈtsiːni̯ə

bizonal 'bi:t͡sona:l
Bizone 'bi:t͡so:nə
bizyklisch bi'tsy:klɪʃ, *auch:* 'bi:...
Bjadulja *weißruss.* bjɐ'duljɐ
Bjarnhof *dän.* 'bjaɐ̯nhɔf
Bjelašnica *serbokr.* ˌbjɛ-la:ʃnitsa
Bjelke 'bjɛlkə
Bjelovar *serbokr.* bjɛˌlɔva:r
Bjerke *norw.* ˌbjærkə
Bjoner *norw.* 'bju:nər
Björkö *schwed.* ˌbjœrkø:
Björling *schwed.* ˌbjœ:rliŋ
Björn bjœrn, *isl.* bjœrdn
Bjørn *dän.* bjœɐ̯', *norw.* bjœ:rn
Bjørneboe *norw.* ˌbjœ:rnəbu:
Björneborg *schwed.* bjœrnə-'bɔrj
Björnson 'bjœrnzɔn
Bjørnson *norw.* 'bjœ:rnsɔn
Björnsson *isl.* 'bjœsɔn
Blaas bla:s
Blabla bla'bla:
Blacas d'Aulps *fr.* blakas'do:p
Blache 'blaxə
Blacher 'blaxɐ
Black blɛk, *engl.* blæk
Blackband 'blɛkbɛnt
Blackbeard *engl.* 'blækbɪəd
Blackbottom 'blɛkbɔtəm
Blackbox 'blɛkbɔks
Blackburn[e] *engl.* 'blækbə:n
Blackett *engl.* 'blækɪt
Blackfeet *engl.* 'blækfi:t
Blackfriars *engl.* blæk'fraɪəz
Blackie 'blɛki, *engl.* 'blækɪ
Blackjack 'blɛkd͡ʒɛk
Blackmail 'blɛkme:l
Blackmore *engl.* 'blækmɔ:
Blackmur *engl.* 'blækmə
Blackout 'blɛk|aut, '–'–, –'–
Blackpanther *dt.- engl.* 'blɛk-'pɛnθɐ
Blackpool *engl.* 'blækpu:l
Blackpower 'blɛk'pauɐ
Blackstone *engl.* 'blækstən
Blacktongue 'blɛk'taŋ
Blacktown *engl.* 'blæktaʊn
Blackwall *engl.* 'blækwɔ:l
Blackwater *engl.* 'blækwɔ:tə
Blackwell *engl.* 'blækwəl
Blackwood *engl.* 'blækwʊd
Blacky 'blɛki
blad bla:t, **-e** 'bla:də
Blade 'bla:də
blaffen 'blafn̩
bläffen 'blɛfn̩

Blaffert 'blafɐt
Blaga *rumän.* 'blaga
Blage 'bla:gə
blagieren bla'gi:rən
Blagodat *russ.* blɐga'datj
Blagoew *bulgar.* blɐ'gɔɛf
Blagoewgrad *bulgar.* blɐ-'gɔɛvgrat
Blagoi *bulgar.* blɐ'gɔj
Blagoweschtschensk *russ.* blɐ-ga'vjeʃtʃɪnsk
Blague 'bla:gə
Blagueur bla'gø:ɐ̯
Blahe 'bla:ə
blähen 'blɛ:ən
Blahoslav *tschech.* 'blahɔslaf
Blaiberg *engl.* 'blaɪbə:g
Blaich blaiç
Blaine *engl.* bleɪn
Blainville *fr.* blɛ̃'vil
Blair *engl.* blɛə
Blais *fr.* blɛ
Blaj *rumän.* blaʒ
Blajvajs *slowen.* 'bla:jva:js
Blake *engl.* bleɪk
Blakelock *engl.* 'bleɪklɔk
blaken 'bla:kn̩
bläken 'blɛ:kn̩
Blakey *engl.* 'bleɪkɪ
blakig 'bla:kɪç, **-e** ...ɪgə
blamabel bla'ma:bl̩, **...ble** ...blə
Blamage bla'ma:ʒə
Blaman *niederl.* 'bla:mɑn
blamieren bla'mi:rən
Blâmont *fr.* blɑ'mõ
Blanc *fr.* blɑ̃
Blanca *span.* 'blaŋka
Blanc de Blancs *fr.* blɑ̃də'blɑ̃
Blanc fixe *fr.* blɑ̃'fiks
Blanchard *fr.* blɑ̃'ʃa:r
Blanche *fr.* blɑ̃:ʃ, *engl.* blɑ:ntʃ, *schwed.* blaŋʃ
Blancheflor blɑ̃ʃə'flo:ɐ̯
blanchieren blɑ̃'ʃi:rən
Blanchot *fr.* blɑ̃'ʃo
Blanckenburg 'blaŋkn̩bʊrk
Blancmanger blɑ̃mɑ̃'ʒe:
Blanco *span.* 'blaŋko
bland blant, **-e** ...ndə
Bland *engl.* blænd
Blanda *dt., isl.* 'blanda
Blandiana *rumän.* blandi'ana
Blandina blan'di:na
Blandine blan'di:nə
Blandrata blan'dra:ta
Blanes *span.* 'blanes
blank blaŋk
Blank (Leerstelle) blɛŋk

Blanka 'blaŋka
Blankenberg 'blaŋkn̩bɛrk
Blankenberge *niederl.* 'blɑŋ-kənbɛrɣə
Blankenburg 'blaŋkn̩bʊrk
Blankenese blaŋkə'ne:zə
Blankenhain 'blaŋkn̩hain
Blanket 'blɛŋkɪt
Blankett blaŋ'kɛt
blanko, B... 'blaŋko
Blanqui *fr.* blɑ̃'ki
Blanquismus blɑ̃'kɪsmʊs
Blanquist blɑ̃'kɪst
Blanton *engl.* 'blæntən
Blantyre *engl.* blæn'taɪə
Blanvalet *fr.* blɑ̃va'lɛ
Blanzat *fr.* blɑ̃'za
Blarer 'bla:rɐ
Blarney *engl.* 'blɑ:nɪ
Blas *span.* blas
Bläschen 'blɛ:sçən
Blaschke 'blaʃkə
Blasco *span.* 'blasko
Blase 'bla:zə
blasen 'bla:zn̩, **blas!** bla:s, **blast** bla:st
Bläser 'blɛ:zɐ
Blaserei bla:zə'rai
Bläserei blɛ:zə'rai
Blasetti *it.* bla'zetti
blasiert bla'zi:ɐ̯t
blasig 'bla:zɪç, **-e** ...ɪgə
Blasis *it.* 'bla:zis
Blasius 'bla:zi̯ʊs
Blaskowitz 'blaskovɪt͡s
Blason bla'zõ:
blasonieren blazo'ni:rən
Blasphemie blasfe'mi:, **-n** ...i:ən
blasphemieren blasfe'mi:rən
blasphemisch blas'fe:mɪʃ
Blasphemist blasfe'mɪst
blass blas, **blässer** 'blɛsɐ
Blass blas
Blässbock 'blɛsbɔk
Blässe 'blɛsə
blassen 'blasn̩
Blässhuhn 'blɛshu:n
blässlich 'blɛslɪç
bläst blɛ:st
Blastem blas'te:m
Blastoderm blasto'dɛrm
Blastogenese blastoge'ne:zə
Blastom blas'to:m
Blastomere blasto'me:rə
Blastomykose blastomy-'ko:zə
Blastomyzet blastomy't͡se:t
Blastophthorie blastofto'ri:

Blastopo̱rus blasto'po:rʊs

Blastozö̱l blasto't͜sø:l

Blastozy̱t blasto't͜sy:t

Blạstula 'blastula, **...lae** ...lɛ

Blạtný *tschech.* 'blatni:

Blạtt blat, **Blạ̈tter** 'blɛtɐ

Blạ̈ttchen 'blɛtçən

blạtten 'blatn̩

blạ̈ttern 'blɛtɐn

Blạtter[n] 'blatɐ[n]

Blạtz blat͜s

Blạ̈tz blɛt͜s

blau̱, Blau̱ bla͜u

Blau̱bart 'bla͜uba:ɐ̯t

Blau̱beu̱ren bla͜u'bɔ͜yrən

Blä̱ue 'blɔ͜yə

blau̱en, B... 'bla͜uən

blä̱uen 'blɔ͜yən

blau̱gelb 'bla͜ugɛlp

Blau̱kopf 'bla͜ukɔp͜f

Blau̱ling 'bla͜ulɪŋ

Blä̱uling 'blɔ͜ylɪŋ

Blaumanis *lett.* 'blau̯manɪs

blau̱rot 'bla͜uro:t

Blåvands Hụk *dän.* blovæns'hʊg, ...hug

Blavạtsky bla'vat͜ski

Blavẹt *fr.* bla'vɛ

Blaydon *engl.* 'bleɪdən

Blaze *fr.* blɑ:z

Blažek *tschech.* 'blaʒɛk

Blazer 'ble:zɐ

Blažková *slowak.* 'blaʃkɔva:

Blẹch[e] 'blɛç[ə]

blẹchen, B... 'blɛçn̩

Blẹckede 'ble:kədə

blẹcken 'blɛkn̩

Ble̱d *slowen.* ble:d

Ble̱dow 'ble:do

Ble̱ek[er] 'ble:k[ɐ]

Blei̱ bla͜i

Blei̱be 'bla͜ibə

blei̱ben 'bla͜ibn̩, **blei̱b!** bla͜ip, **blei̱bt** bla͜ipt

Blei̱berg 'bla͜ibɛrk

Blei̱btreu 'bla͜iptrɔ͜y

Blei̱burg 'bla͜ibʊrk

blei̱ch, B... bla͜iç

Blei̱che 'bla͜içə

blei̱chen 'bla͜içn̩

Blei̱cherode bla͜içə'ro:də

Blei̱chert 'bla͜içɐt

blei̱en 'bla͜iən

blei̱ern 'bla͜iɐn

blei̱schwer 'bla͜i'ʃve:ɐ̯

Ble̱kinge *schwed.* ˌble:kiŋə

Blẹmmyer 'blɛmy̆ɐ

Ble̱myer 'ble:my̆ɐ

Blẹnd blɛnt

Blẹnde 'blɛndə

blẹnden 'blɛndn̩, **blẹnd!** blɛnt

Blẹnheim *engl.* 'blɛnɪm

Blẹnio *it.* 'blɛ:ni̯o

Blẹnkinsop *engl.* 'blɛŋkɪnsɔp

Blennadeni̱tis blɛnade'ni:tɪs, **...iti̱den** ...ni'ti:dn̩

Blennorrhagi̱e blɛnɔra'gi:, **-n** ...i:ən

Blennorrhö̱, Blennorrhöe blɛnɔ'rø:, **...rrhö̱en** ...'rø:ən

Blephari̱tis blefa'ri:tɪs, **...iti̱den** ...ri'ti:dn̩

Blepharochala̱se blefaroça'la:zə

Blepharoklo̱nus blefaro'klo:nʊs, **-se** ...ʊsə

Blepharospạsmus blefaro'spasmʊs

Blériọt *fr.* ble'rjo

Bléry *fr.* ble'ri

Blẹs *niederl.* blɛs

Blẹsse *dt., niederl.* 'blɛsə

blessi̱eren blɛ'si:rən

Blẹssing 'blɛsɪŋ

Blessu̱r blɛ'su:ɐ̯

bleu, B... blø:

Bleu̱el 'blɔ͜yəl

Bleu̱ler 'blɔ͜ylɐ

Bley̱ *engl.* blaɪ

Bley̱er 'bla͜iɐ

Bley̱le 'bla͜ilə

blịch blɪç

Blịcher *dän.* 'blɪgɐ

Blịck blɪk

blịcken 'blɪkn̩

Blịckensdörfer 'blɪkn̩sdœrfɐ

Blịda *fr.* bli'da

bli̱eb bli:p

bli̱eben 'bli:bn̩

Bliẹr *fr.* bli'e

bli̱es, B... bli:s

bli̱ese 'bli:zə

Blieskạstel bli:s'kastl̩

Blịgger 'blɪgɐ

Bligh *engl.* blaɪ

Blịmbing *indon.* 'blɪmbɪŋ

Blịmp blɪmp

Blin *fr.* blɛ̃, *span.* blin

blịnd blɪnt, **-e** ...ndə

Blinda̱ge blɛ̃'da:ʒə

Blind Date 'bla͜int 'de:t

Blịnde 'blɪndə

Blịndekuh 'blɪndəku:

blịndlings 'blɪntlɪŋs

Blịndschleiche 'blɪntʃla͜içə

Blini 'bli:ni, 'blɪni

blịnk blɪŋk

blịnken 'blɪŋkn̩

Blịnker 'blɪŋkɐ

blịnkern 'blɪŋkɐn

blịnzeln 'blɪnt͜sl̩n

Blịss *engl.* blɪs

Blịster 'blɪstɐ

blịstern 'blɪstɐn

Blitar *indon.* 'blitar

Blịtz blɪt͜s

blitzblạnk 'blɪt͜s'blaŋk

blịtzen 'blɪt͜sn̩

Blịtzesschnẹlle 'blɪt͜səs'ʃnɛlə

blịtzsau̱ber 'blɪt͜s'za͜ubɐ

blịtzschnẹll 'blɪt͜s'ʃnɛl

Blịtzstein *engl.* 'blɪtsstaɪn

Blịxen *dän.* 'blɪgsn̩

Blizịński *poln.* bli'ẑĩ̯ski

Blịzzard 'blɪzɐt

Bljụcher *russ.* 'bljuxɪr

^{1}**Blọch** blɔx, **Blọ̈cher** 'blœçɐ

^{2}**Blọch** (Name) *dt., poln.* blɔx, *fr., engl.* blɔk, *dän.* blɔg

blọchen 'blɔxn̩

Blọcher 'blɔxɐ

Blọchmann 'blɔxman

^{1}**Blọck** blɔk, **Blọ̈cke** 'blœkə

^{2}**Blọck** (Name) *dt., fr., niederl.* blɔk

Blocka̱de blɔ'ka:də

blọcken 'blɔkn̩

blocki̱eren blɔ'ki:rən

blọckig 'blɔkɪç, **-e** ...ɪgə

Blọcking 'blɔkɪŋ

Blọcksberg 'blɔksbɛrk

Blọckx *niederl.* blɔks

blö̱d blø:t, **-e** 'blø:də

blö̱de 'blø:də

Blö̱del 'blø:dl̩

blö̱deln 'blø:dl̩n, **...dle** ...dlə

Blö̱dian 'blø:di̯a:n

Blö̱dling 'blø:tlɪŋ

blö̱dsinnig 'blø:tzɪnɪç

Bloe̱m blø:m, *niederl.* blum

Bloemaert *niederl.* 'bluma:rt

Bloemendaal *niederl.* 'blumənda:l

Bloemfontein *engl.* 'blu:mfɔn'teɪn, *afr.* 'blu:mfɔnta͜in

Bloesch blœʃ

Blo̱hm blo:m

Blois *fr.* blwa

Blọk *niederl., russ.* blɔk

blö̱ken 'blø:kn̩

Blọmberg 'blɔmbɛrk, *schwed.* ˌblumbærj

Blọmdahl *schwed.* ˌblumdɑ:l

Blọmfield *engl.* 'blɔmfi:ld

Blọmmaert *niederl.* 'blɔma:rt

Blọmstedt *schwed.* ˌblumstet

blọnd blɔnt, **-e** ...ndə

B

[1]**Blonde** (Frau) ˈblɔndə
[2]**Blonde** (Seidenspitze) ˈblɔndə, *fr.* blõ:d; **-n** ...dn̩
Blondeel *niederl.* blɔnˈde:l
Blondel *fr.* blõˈdɛl
blondieren blɔnˈdi:rən
Blondin *fr.* blõˈdɛ̃
Blondine blɔnˈdi:nə
Blondy *fr.* blõˈdi
Bloodhound ˈblathaunt
Bloody Mary ˈbladi ˈmɛ:ri
Bloom *engl.* blu:m
Bloomberg *engl.* ˈblu:mbə:g
Bloomer ˈblu:mɐ
Bloomfield *engl.* ˈblu:mfi:ld
Bloomington *engl.* ˈblu:mɪŋ-tən
Bloomsbury *engl.* ˈblu:mzbərɪ
Blooteling *niederl.* ˈblo:təlɪŋ
bloß blo:s
Blöße ˈblø:sə
Blount *engl.* blʌnt
Blouson [noir], -s [-s] bluˈzõ: [ˈnoa:ɐ̯]
Blow *engl.* bloʊ
Blow-out ˈblo:ǀaut, –ˈ–
Blow-up ˈblo:ǀap, –ˈ–
Bloy[s] *fr.* blwa
blubbern ˈblʊbɐn, **...bbre** ...brə
Blücher ˈblʏçɐ
Bludenz ˈblu:dɛnts
Bluebaby ˈblu:be:bi
Bluebox ˈblu:bɔks
Bluechip ˈblu:ˈtʃɪp
Bluejeans ˈblu:dʒi:ns
Bluemovie ˈblu:ˈmu:vi
Bluenote ˈblu:no:t
Blues blu:s
Bluescreen ˈblu:skri:n
Bluetooth® *dt.-engl.* ˈblu:tu:θ
Blüette, Bluette blyˈɛtə
Bluff blʊf, *auch:* blaf, blœf
bluffen ˈblʊfn̩, *auch:* ˈblafn̩, ˈblœfn̩
blühen ˈbly:ən
Blüher ˈbly:ɐ
Blühet ˈbly:ət
Bluhm *engl.* blu:m
Bluhme *dän.* ˈblu:mə
Blum blu:m, *fr.* blum, *engl.* blʊm
Blüm bly:m
Blumauer ˈblu:mauɐ
Blumberg ˈblʊmbɛrk, ˈblu:m..., *engl.* ˈblʌmbə:g
Blümchen ˈbly:mçən
Blume ˈblu:mə, *engl.* blu:m
Blümelhuber ˈbly:ml̩hu:bɐ
Blumenau *bras.* blumeˈnau̯
Blumenbach ˈblu:mənbax
Blumenberg ˈblu:mənbɛrk
Blumenfeld ˈblu:mənfɛlt
Blumenholz ˈblu:mənhɔlts
Blumenthal ˈblu:mənta:l
Blumer ˈblu:mɐ
blümerant blyməˈrant
Blumhardt ˈblu:mhart
Blümlisalp bly:mliˈzalp
Blumner ˈblʊmnɐ
Blümner ˈbly:mnɐ
Blunck blʊŋk
Blunden *engl.* ˈblʌndən
Blunt *engl.* blʌnt
Bluntschli ˈblʊntʃli
Blunze ˈblʊntsə
Blüschen ˈbly:sçən
Bluse ˈblu:zə
Blüse ˈbly:zə
blusen ˈblu:zn̩, **blus!** blu:s, **blust** blu:st
blusig ˈblu:zɪç, **-e** ...ɪgə
Blust blu:st
Blut blu:t
[1]**blutarm** (arm an Blut) ˈblu:t-ǀarm
[2]**blutarm** (sehr arm) ˈblu:t-ˈǀarm
blutdürstig ˈblu:tdʏrstɪç, **-e** ...ɪgə
Blüte ˈbly:tə
bluten ˈblu:tn̩
Bluter ˈblu:tɐ
Blüthner ˈbly:tnɐ
blutig ˈblu:tɪç, **-e** ...ɪgə
blutjung ˈblu:tˈjʊŋ
blutrünstig ˈblu:trʏnstɪç, **-e** ...ɪgə
bluttriefend ˈblu:ttri:fn̩t
blutwenig ˈblu:tˈve:nɪç
Bly *engl.* blaɪ
Blyth *engl.* blaɪ[θ], blaɪð
Blythe *engl.* blaɪð
Blytheville *engl.* ˈblaɪðvɪl
Blyton *engl.* blaɪtn
b-Moll ˈbe:mɔl, *auch:* ˈ–ˈ–
BMW® be:ǀɛmˈve:
Bo *it.* bɔ, *engl.* boʊ
Bö bø:, **-en** ˈbø:ən
Bő *ung.* bø:
Boa ˈbo:a
Boabdil boapˈdɪl, *span.* boaβˈðil
BOAC *engl.* bi:oʊ-eɪˈsi:
Boac[o] *span.* boˈak[o]
Boanerges boaˈnɛrgɛs
Board bo:ɐ̯t, bɔrt
Boardinghouse ˈbo:ɐ̯dɪŋhaus, ˈbɔr...
Boas ˈbo:as, *engl.* ˈboʊæz
Boatpeople ˈbo:tpi:pl̩
Boa Vista *bras.* ˈboa ˈvista, *port.* ˈboɐ ˈviʃtɐ
[1]**Bob** (Schlitten) bɔp
[2]**Bob** (Name) *engl.* bɔb
bobben ˈbɔbn̩, **bobb!** bɔp, **bobbt** bɔpt
Bobbio *it.* ˈbɔbbi̯o
[1]**Bobby** (Name) ˈbɔbi, *engl.* ˈbɔbɪ
[2]**Bobby** (Polizist) ˈbɔbi
Bobbycar® ˈbɔbika:ɐ̯
Bober ˈbo:bɐ
Boberg *schwed.* ˌbu:bærj
Bobigny *fr.* bɔbiˈɲi
Bobine boˈbi:nə
Bobinet ˈbo:binɛt, *auch:* bobiˈnɛt
Bobingen ˈbo:bɪŋən
Bobinoir bobiˈnoa:ɐ̯
Böblingen ˈbø:blɪŋən
Böblinger ˈbø:blɪŋɐ
Bobo ˈbo:bo, *span.* ˈboβo
Bobo-Dioulasso *fr.* bɔbodjulaˈso
Boborykin *russ.* bɐbaˈrɨkin
Bóbr *poln.* bubr
Bobrowski boˈbrɔfski
Bobruisk *russ.* baˈbrujsk
Bobsleigh ˈbɔpsle
Bobtail ˈbɔpte:l
Bocage *fr.* bɔˈka:ʒ, *port.* buˈkaʒɪ
Bocanegra *span.* bokaˈneɣra
Bocángel *span.* boˈkaŋxɛl
Boca Raton *engl.* ˈboʊkə rəˈtoʊn
Bocas del Toro *span.* ˈbokaz ðɛl ˈtoro
Boccaccino *it.* bokkatˈtʃi:no
Boccaccio bɔˈkatʃo, *it.* bokˈkattʃo
Boccalini *it.* bokkaˈli:ni
Boccanegra *it.* bokkaˈne:gra
Boccati *it.* bokˈka:ti
Bocche di Cattaro *it.* ˈbokke di ˈkattaro
Boccherini *it.* bokkeˈri:ni
Bocchus ˈbɔxʊs
Boccia ˈbɔtʃa
Boccioni *it.* botˈtʃo:ni
Boch bɔx
Bochara bɔˈxa:ra
Boche bɔʃ
Bocheński *poln.* bɔˈxɛi̯ski
Bocher ˈbɔxɐ

Bọchmann ˈbɔxman
Bọchnia *poln.* ˈbɔxnja
Bọcholt *dt., niederl.* ˈbɔxɔlt
Bo̱chum ˈboːxʊm
Bọck bɔk, **Bö̩cke** ˈbœkə
Böck bøːk, bœk
bọckbeinig ˈbɔkbai̯nɪç
Bö̩ckchen ˈbœkçən
Bọckelmann ˈbɔkl̩man
bö̩ckeln ˈbœkl̩n
Bọckelson ˈbɔkl̩zɔn
bọcken ˈbɔkn̩
Bọckenem ˈbɔkənəm
Bö̱ckh bøːk
bọckig ˈbɔkɪç, **-e** ...ɪɡə
Bö̩ckler ˈbœklɐ
Bọcklet ˈbɔklɛt
Bö̩cklin ˈbœkliːn
Bö̩ckser ˈbœksɐ
Bọckshorn ˈbɔkshɔrn
Bö̩ckstein ˈbœkʃtai̯n
Bọckum-Hö̱vel ˈbɔkʊmˈhøːfl̩
Bocquẹt *fr.* bɔˈkɛ
Bọcska[y] *ung.* ˈbotʃkɔ[i]
Bocuse *fr.* bɔˈkyːz
Bodaibọ *russ.* bɐdai̯ˈbɔ
Boda̱rt *fr.* bɔˈdaːr
Bọdden ˈbɔdn̩
Bo̱de ˈboːdə
Bode̱ga boˈdeːɡa
Bodẹl *fr.* bɔˈdɛl
Bo̱delschwingh ˈboːdl̩ʃvɪŋ
Bọdelsen *dän.* ˈbʊdl̩sn̩
Bo̱den ˈboːdn̩, **Bö̱den** ˈbøːdn̩
Bo̱denbach ˈboːdn̩bax
Bo̱denheim ˈboːdn̩hai̯m, *engl.* ˈboʊdnhaɪm
Bo̱denschatz ˈboːdn̩ʃat͜s
Bo̱densee ˈboːdn̩zeː
Bo̱denstedt ˈboːdn̩ʃtɛt
Bo̱denstein ˈboːdn̩ʃtai̯n
Bodenwẹrder boːdn̩ˈvɛrdɐ
Bo̱dfeld ˈboːtfɛlt
Bodhisạttwa bodiˈzatva
bo̱digen ˈboːdɪɡn̩, **bo̱dig!** ...ɪç, **bo̱digt** ...ɪçt
Bö̱diker ˈbøːdɪkɐ
Bodil *dän.* ˈbʊdil
Bodin *fr.* bɔˈdɛ̃
Bö̱dingen ˈbøːdɪŋən
Bødker *dän.* ˈbʏdɡɐ
Bọdleian *engl.* ˈbɔdlɪən
Bo̱dman ˈboːtman
bo̱dmen ˈboːdmən
Bo̱dmer ˈboːdmɐ
Bodmere̱i boːdməˈrai̯
Bo̱dmershof ˈboːdmɐshoːf
Bo̱do ˈboːdo
Bo̱dø *norw.* ˌbuːdø
Bo̱dolz ˈboːdɔlt͜s
Bodo̱ni *it.* boˈdoːni
Bọdrogkeresztúr *ung.* ˈbodrokkɛrɛstuːr
Bọdrum *türk.* ˈbɔdrum
Bodschnu̱rd *pers.* bodʒˈnuːrd
Bọdt *fr.* bɔt
Bødtcher *dän.* ˈbʏdɡɐ
Bọdy[builder] ˈbɔdi[bɪldɐ]
Bọdybuilding ˈbɔdibɪldɪŋ
Bọdycheck ˈbɔditʃɛk
Bọdydouble ˈbɔdiduːbl̩
Bọdyguard ˈbɔdiɡaːɐ̯t
Bọdy-Mass-Index ˈbɔdimɛs-ˌɪndɛks
Bọdystocking ˈbɔdistɔkɪŋ
Bọdystyling ˈbɔdistai̯lɪŋ
Bọdysuit ˈbɔdisjuːt
Boeck bœk, *niederl.* buk, *norw.* buːk
Boeckl ˈbœkl̩
Boegne̱r *fr.* bøɡˈnɛːr
Bo̱ehm bøːm, *engl.* beɪm, bəːm
Bo̱ehn bøːn
Bo̱ehringer ˈbøːrɪŋɐ
Boeing ˈboːɪŋ, *engl.* ˈboʊɪŋ
Boelcke ˈbœlkə
Bo̱elitz ˈbøːlɪt͜s
Bo̱emund ˈboːəmʊnt
Bö̱en vgl. Bö
Boendale *niederl.* ˈbundaːlə
Boer[de] *niederl.* ˈbuːr[də]
Boere ˈbuːrə
Boerhaave *niederl.* ˈbuːrhaːvə
Boesch bœʃ
Boe̱thius boˈeːt͜si̯ʊs, *auch:* boˈeːti̯ʊs, *schwed.* buˈeːtsiʊs
Bœuf *fr.* bœf
Bœuf Stroganọff ˈbœf strogaˈnɔf
Boeynants *niederl.* ˈbui̯nɑnts
Bo̱fel ˈboːfl̩
Bofe̱se boˈfeːzə
Bọff bɔf
Boffrand *fr.* bɔˈfrã
Bofist ˈboːfɪst, *auch:* boˈfɪst
Bofọrs *schwed.* buːˈfɔrs
Bo̱fu *jap.* ˈboːfu
Bo̱gaers *niederl.* ˈboːɣaːrs
Bogalu̱sa *engl.* boʊɡəˈluːsə
Bo̱gan *engl.* ˈboʊɡən
Bo̱gart *engl.* ˈboʊɡɑːt
Bogạtzky boˈɡat͜ski
Boğạzkale *türk.* bɔːˈɑzkaˌlɛ
Boğạzköy *türk.* bɔːˈɑzkœi̯
Bogdan *russ.* bagˈdan, *alban.* ˈboɡdan, *serbokr.* ˈbɔɡdaːn, *rumän.* boɡˈdan
Bogdạnow *russ.* baɡˈdanɐf
Bogdanọwitsch *russ.* bɐɡdaˈnɔvitʃ
bö̱ge ˈbøːɡə
Bo̱gel ˈboːɡl̩
Bö̱gelchen ˈbøːɡl̩çən
bo̱gen ˈboːɡn̩
Bo̱gen ˈboːɡn̩, **Bö̱gen** ˈbøːɡn̩
Bo̱geng ˈboːɡɛŋ
Bo̱gey ˈboːɡi
Bọghead ˈbɔkhɛt
bo̱gig ˈboːɡɪç, **-e** ...ɪɡə
Bo̱gislaus ˈboːɡɪslau̯s
Bo̱gislaw ˈboːɡɪslaf
Bö̱glein ˈbøːklai̯n
Bo̱gner ˈboːɡnɐ
Bọgnor *engl.* ˈbɔɡnə
Bogoljụbow *russ.* bɐɡaˈljubɐf
Bogoljụbowo *russ.* bɐɡaˈljubɐvɐ
Bogomi̱le boɡoˈmiːlə
Bogomọlez *russ.* bɐɡaˈmɔlɪts
Bogomo̱lezserum boɡoˈmoːlɛt͜szeːrʊm
Bogomọlow *russ.* bɐɡaˈmɔlɐf
Bọgor *indon.* ˈboɡɔr
Bogorọdsk *russ.* bɐɡaˈrɔtsk
Bogọrow *bulgar.* boˈɡɔrof
Bogota *engl.* bəˈɡoʊtə
Bogotá boɡoˈta, *span.* boɣoˈta
Bọgović *serbokr.* ˈbɔɡɔvitɕ
Bo̱gumil ˈboːɡumiːl
Bogumi̱le boɡuˈmiːlə
Bogusłạwski *poln.* bɔɡuˈsu̯afski
Boguszẹwska *poln.* bɔɡuˈʃɛfska
Bogụszów *poln.* bɔˈɡuʃuf
Bọgza *rumän.* ˈboɡza
Bohạtta boˈhata
Bö̱heim ˈbøːhai̯m
Bohe̱me boˈeːm, boˈɛːm; *auch:* boˈheːm, boˈhɛːm
Bohême *fr.* bɔˈɛm
Bohe̱mia boˈheːmi̯a
Bohemien boeˈmi̯ɛ̃ː, *auch:* bohe...
Bohemịst[ik] boheˈmɪst[ɪk]
Bo̱hemund ˈboːəmʊnt
Bohicọn *fr.* bɔiˈkɔn
Bo̱hinj *slowen.* ˈbɔːxinj
Bo̱hl ˈboːl
Bö̱hl[a] ˈbøːl[a]
Bo̱hländer ˈboːlɛndɐ
Bö̱hlau ˈbøːlau̯
Bo̱hle ˈboːlə
Bö̱hlen ˈbøːlən
Bo̱hley ˈboːlai̯
Bö̱hlig ˈbøːlɪç

Bohlin *schwed.* bu'li:n
Böhlitz 'bø:lɪts
Bohm bo:m
böhmakeln 'bø:ma:kl̩n
Böhm[e] 'bø:m[ə]
Böhmen 'bø:mən
Böhmer 'bø:mɐ
Böhmerwald 'bø:mɐvalt
Böhmerwäldler 'bø:mɐvɛltlɐ
böhmisch 'bø:mɪʃ
Böhmisch-Leipa 'bø:mɪʃ'laipa
Bohn bo:n, *engl.* boʊn
Böhnchen 'bø:nçən
Bohne 'bo:nə
bohnen, B... 'bo:nən
Bohner 'bo:nɐ
bohnern 'bo:nɐn
Bohol *span.* bo'ɔl
Bohomolec *poln.* bɔxɔ'mɔlɛts
Bohorič *slowen.* 'bo:xɔritʃ
Bohr *dän.* bʊ:'ɐ̯
bohren 'bo:rən
Bohse 'bo:zə
Böhtlingk 'bø:tlɪŋk
Bohumil 'bo:humi:l, *tschech.* 'bɔhumil
Bohuslän *schwed.* ˌbu:hʊslɛ:n
Bohuslav *tschech.* 'bɔhuslaf
Bohuslaw 'bo:hʊslaf
Boi bɔy
Boian *rumän.* bo'i̯an
Boiardo *it.* bo'i̯ardo
Boie 'bɔyə
Boieldieu *fr.* bɔjɛl'djø, bwa[ɛ]l'djø
böig 'bø:ɪç, **-e** ...ɪgə
Boigne *fr.* bwaɲ
Boileau *fr.* bwa'lo
Boiler 'bɔylɐ
Boilly *fr.* bwa'ji
Boiohemum bojo'he:mʊm
Bois *fr.* bwa
Boisbaudran *fr.* bwabo'drã
Boisbriand *fr.* bwabri'ã
Boise *engl.* 'bɔɪsɪ
boisieren bo̯a'zi:rən
Boismortier *fr.* bwamɔr'tje
Boisrobert *fr.* bwarɔ'bɛ:r
Bois Rosé *fr.* bwaro'ze
Boisserée bo̯asə're:
Boissieu *fr.* bwa'sjø
Boito *it.* 'bɔ:i̯to
Boi[t]zenburg 'bɔytsn̩bʊrk
Bojan *russ.* ba'jan, *bulgar.* bo'jan
Bojana *serbokr.* ˌbɔjana, *bulgar.* bo'janɐ
Bojar bo'ja:ɐ̯
Bojardo *it.* bo'i̯ardo
Boje 'bo:jə
[1]**Bojer** (kelt. Volk) 'bo:jɐ
[2]**Bojer** (norweg. Schriftsteller) *norw.* 'bɔi̯ər
Bojić *serbokr.* ˌbɔ:jitɕ
Bok *engl.* bɔk
Bök bø:k
Bóka *ung.* 'bo:kɔ
Boka Kotorska *serbokr.* 'bɔka ˌkɔtɔrska:
Bokassa *fr.* bɔka'sa
Bokchoris 'bɔkxorɪs
Boker *engl.* 'boʊkə
Bokhara bɔ'xa:ra
Bokmål 'bo:kmo:l
Boknafjord *norw.* ˌbuknafju:r
Boksburg *afr.* 'bɔksbœrx
[1]**Bol** (Tonerdesilikat) bo:l
[2]**Bol** (Eigenname) *niederl.* bɔl
Bola 'bo:la
Bøla *norw.* ˌbø:la
Bolama *port.* bu'lɐmɐ
Bolanden 'bo:landn̩
Bolden *engl.* 'boʊldən
Boldești *rumän.* bol'deʃtj
Boldini *it.* bol'di:ni
Boldrewood *engl.* 'boʊldəwʊd
Bolena *it.* bo'lɛ:na
Bolero bo'le:ro
Boleslaus 'bo:lɛslau̯s
Boleslav 'bo:lɛslaf, *tschech.* 'bɔlɛslaf
Boleslaw 'bo:lɛslaf, *russ.* bɐlɪ'slaf
Bolesław *poln.* bɔ'lɛsu̯af
Bolesławiec *poln.* bɔlɛ'su̯avjɛts
Bolet *span.* bo'lɛt
Boletus bo'le:tʊs, **...ti** ...ti
Boleyn *engl.* bə'lɪn, 'bʊlɪn
Bolgary *russ.* bal'garɨ
Bolger *engl.* 'bɔldʒə
Bolid bo'li:t, **-e** ...i:də
Bolide bo'li:də
Boliden *schwed.* ˌbu:li:dən
Bolingbroke *engl.* 'bɔlɪŋbrʊk
Bolintineanu *rumän.* bolinti'ne̯anu
Bolivar bo'li:var
Bolívar *span.* bo'liβar
Bolivia *span.* bo'liβi̯a
Bolivianer boli'vi̯a:nɐ
bolivianisch boli'vi̯a:nɪʃ
Boliviano boli'vi̯a:no
Bolivien bo'li:vi̯ən
Bolkart 'bɔlkart
bölken 'bœlkn̩
Bolko 'bɔlko
Bölko[w] 'bœlko
Boll bɔl
Böll bœl
Bolland *niederl.* 'bɔlɑnt, *fr.* bɔ'lã
Bollandist bɔlan'dɪst
Bolle 'bɔlə, *fr.* bɔl
Böller 'bœlɐ
böllern 'bœlɐn
Bolletrieholz bole'tri:hɔlts
Bollette bɔ'lɛtə
Bolligen 'bɔlɪgən
Bollnow 'bɔlno
Bollschweiler 'bɔlʃvai̯lɐ
Bollwerk 'bɔlvɛrk
Bolm *engl.* bɔlm
Bolmen *schwed.* 'bɔlmən
Bolo 'bo:lo
Bologna bo'lɔnja, *it.* bo'loɲɲa, bo'lɔɲɲa
Bologne *fr.* bɔ'lɔɲ
Bolognese bolɔn'je:zə, *it.* boloɲ'ɲe:se
Bologneser bolɔn'je:zɐ
bolognesisch bolɔn'je:zɪʃ
Bolometer bolo'me:tɐ
bolometrisch bolo'me:trɪʃ
Bolos 'bo:lɔs
Boloskop bolo'sko:p
Bolotnikow *russ.* ba'lɔtnikɐf
Bolschaja *russ.* balj'ʃajɐ
Bölsche 'bœlʃə, 'bø:lʃə
Bolschewik bɔlʃe'vɪk, **-i** ...ki
bolschewisieren bɔlʃevi'zi:rən
Bolschewismus bɔlʃe'vɪsmʊs
Bolschewist bɔlʃe'vɪst
Bolschoi bɔl'ʃɔy
Bolsena *it.* bol'se:na, ...'sɛ:na
Bolsener bɔl'ze:nɐ
Bolson bɔl'zo:n, ...zɔn
[1]**Bolsover** (engl. Personenname) *engl.* 'bɔlsoʊvə
[2]**Bolsover** (Ort in Derbyshire) *engl.* 'boʊlzoʊvə
Bolstad *norw.* 'bulsta
Bolswert *niederl.* 'bɔlswɛrt
Bolt bɔlt, *engl.* boʊlt
Bolte 'bɔltə
Boltenhagen bɔltn̩'ha:gn̩
Bolton *engl.* 'boʊltən
Boltraffio *it.* bol'traffi̯o
Boltz[mann] 'bɔlts[man]
Bolu *türk.* 'bɔlu
Bolus 'bo:lʊs, **...li** ...li
Bolváry *ung.* 'bolva:ri
Bolyai 'bɔljai̯, *ung.* 'bo:jɔi
Bolz bɔlts
Bolzano bɔl'tsa:no, *it.* bol'tsa:no
bolzen, B... 'bɔltsn̩

Bom *niederl.* bɔm
Boma *fr.* bɔˈma
Bomans *niederl.* ˈbo:mɑns
Bomarzo *it.* boˈmartso
Bomätsche ˈbo:mɛtʃə
bomätschen ˈbo:mɛtʃn̩
Bomba *it.* ˈbomba
Bombage bɔmˈba:ʒə
Bombala *engl.* bɔmˈbɑ:lə
Bombard *fr.* bõˈba:r
Bombarde bɔmˈbardə
Bombardement bɔmbardəˈmã:
bombardieren bɔmbarˈdi:rən
Bombardon bɔmbarˈdõ:
Bombast bɔmˈbast
Bombastus bɔmˈbastʊs
Bombay ˈbɔmbe, *engl.* bɔmˈbeɪ
Bombe ˈbɔmbə
bomben ˈbɔmbn̩, **bomb!** bɔmp, **bombt** bɔmpt
bombenfest ˈbɔmbn̩fɛst, *sehr fest* ˈ--ˈ-
bombensicher ˈbɔmbn̩zɪçɐ, *sehr sicher* ˈ--ˈ--
Bomber ˈbɔmbɐ
Bomberg *engl.* ˈbɔmbə:g
bombieren bɔmˈbi:rən
bombig ˈbɔmbɪç, **-e** ...ɪgə
Bombilla bɔmˈbɪlja
Bombois *fr.* bõˈbwa
Bombus ˈbɔmbʊs
Bombykometer bɔmbykoˈme:tɐ
Bomhard ˈbɔmhart, **-e** ...rdə
Bomhart ˈbɔmhart
Bomilkar boˈmɪlkar
Bommel ˈbɔml̩
Bommerlunder bɔmɐˈlʊndɐ
Bompiani *it.* bomˈpi̯a:ni
Bomu ˈbo:mu
bon bõ:, bɔŋ
[1]**Bon** (Gutschein) bɔŋ, bõ:
[2]**Bon** (Name) *fr.* bõ, *it.* bɔn
Bona ˈbo:na
Bona [Dea] ˈbo:na [ˈde:a]
bonaerensisch bonaeˈrɛnzɪʃ
bona fide ˈbo:na ˈfi:də
Bonaire *niederl.* boˈnɛ:r[ə]
Bonald *fr.* bɔˈnald
Bonampak *span.* bonamˈpak
Bonannus boˈnanʊs
Bonanus boˈna:nʊs
Bonanza boˈnantsa, *span.* boˈnanθa
Bonaparte bonaˈpartə, *fr.* bɔnaˈpart
Bonapartismus bonaparˈtɪsmʊs
Bonapartist bonaparˈtɪst
Bonar *engl.* ˈbɔnə, *indon.* ˈbonar
Bonarelli *it.* bonaˈrɛlli
Bonascia *it.* boˈnaʃʃa
Bonatz ˈbo:nats
Bonaventura bonavɛnˈtu:ra, *it.* ...ven...
Bonbon bõˈbõ:, bɔŋˈbɔŋ
Bonbonniere bõbɔˈni̯e:rə, bɔŋb...
Boncompagni *it.* boŋkomˈpaɲɲi
Boncour[t] *fr.* bõˈku:r
[1]**Bond** (Name) *engl.* bɔnd
[2]**Bond** (Schuldverschreibung) bɔnt
Bondage ˈbɔndɪtʃ
Bondarew *russ.* ˈbɔndɐrɪf
Bondartschuk *russ.* bɐndarˈtʃuk
Bondeli ˈbɔndəli
Bonder® ˈbɔndɐ
bondern ˈbɔndɐn, **bondre** ˈbɔndrə
Bondeson *schwed.* ˌbundəsɔn
Bondeville *fr.* bõdˈvil
Bondoukou *fr.* bõduˈku
Bondur® bɔnˈdu:ɐ̯
Bondy *dt., span.* ˈbɔndi, *fr.* bõˈdi
Bone *engl.* boʊn, *indon.* ˈbone
Bône *fr.* bo:n
Bonebed *engl.* ˈboʊnbɛd
Bonelli *it.* boˈnɛlli
Bönen ˈbø:nən
Boner ˈbo:nɐ
Bonfest ˈbo:nfɛst
Bonfigli *it.* bonˈfiʎʎi
Bonfini *it.* bonˈfi:ni
bongen ˈbɔŋən
Bongo ˈbɔŋgo, *fr.* bõˈgo
Bongor *fr.* bõˈgɔ:r
Bongosi bɔŋˈgo:zi
Bongs bɔŋs
Bönhase ˈbø:nha:zə
Bonheur *fr.* bɔˈnœ:r
Bonhoeffer ˈbo:nhœfɐ, ˈbɔn...
Bonhomie bɔnoˈmi:, **-n** ...i:ən
Bonhomme bɔˈnɔm
Boni vgl. Bonus
Böni ˈbø:ni
Bonifacio *it.* boniˈfa:tʃo, *fr.* bɔnifaˈsjo, *span.* boniˈfaθi̯o
Bonifácio *port.* buniˈfasi̯u, *bras.* boniˈfasi̯u
Bonifatius boniˈfa:tsi̯ʊs
Bonifaz boniˈfa:ts, *auch:* ˈbo:...
Bonifazio *it.* boniˈfattsi̯o
Bonifikation bonifikaˈtsi̯o:n
bonifizieren bonifiˈtsi:rən
Bonilla *span.* boˈniʎa
[1]**Bonin** (dt. Name) boˈni:n
[2]**Bonin** (Inseln) *engl.* ˈboʊnɪn
Bonington *engl.* ˈbɔnɪŋtən
Boninsegna *it.* boninˈseɲɲa
Boniperti *it.* boniˈpɛrti
Bonität boniˈtɛ:t
bonitieren boniˈti:rən
Bonito boˈni:to
Bonitur boniˈtu:ɐ̯
Bonivard *fr.* bɔniˈva:r
Bonjour *fr.* bõˈʒu:r
Bonmot bõˈmo:
Bonn bɔn
Bonnard *fr.* bɔˈna:r
Bonnassieux *fr.* bɔnaˈsjø
Bonnat *fr.* bɔˈna
Bonndorf ˈbɔndɔrf
Bonne ˈbɔnə
Bonnefous *fr.* bɔnˈfus
Bonnefoy *fr.* bɔnˈfwa
Bønnelycke *dän.* ˈbʏnəlʏgə
Bonner ˈbɔnɐ
[1]**Bonnet** (Haube) bɔˈne:
[2]**Bonnet** (Name) *fr.* bɔˈnɛ
Bonnétable *fr.* bɔneˈtabl
Bonneterie bɔnɛt[ə]ˈri:, **-n** ...i:ən
Bonneval *fr.* bɔnˈval
Bonneville *fr.* bɔnˈvil
Bonnier *schwed.* ˈbɔnjər
Bönnigheim ˈbœnɪçhai̯m
Bonnot *fr.* bɔˈno
Bonny *engl.* ˈbɔnɪ
Bono *it.* ˈbɔ:no
Bonomelli *it.* bonoˈmɛlli
Bonomi[ni] *it.* boˈnɔ:mi[ni]
Bononcini *it.* bononˈtʃi:ni
Bonporti *it.* bomˈpɔrti
Bonsai ˈbɔnzai̯
Bonsels ˈbɔnzl̩s
Bonsignori *it.* bonsiɲˈɲo:ri
Bonstetten ˈbo:nʃtɛtn̩, *fr.* bɔnstɛˈtɛn
Bonte ˈbɔntə
Bontempelli *it.* bontemˈpɛlli
Bontempi *it.* bonˈtɛmpi
Bontemps *fr.* bõˈtã
Bontje ˈbɔntjə
Bontoc *span.* bɔnˈtɔk
Bonus ˈbo:nʊs, **Boni** ˈbo:ni
Bonvalot *fr.* bõvaˈlo
Bonvesin *it.* bonveˈzin
Bonvicino *it.* bonviˈtʃi:no

Bonvin *fr.* bõ'vɛ̃
Bonvivant bõvi'vã:
Bonynge *engl.* 'bɔnɪŋ
Bonze 'bɔntsə
Bonzokratie bɔntsokra'ti:, **-n** ...i:ən
Boo *norw.* bu:
Boofke 'bo:fkə
Boogie-Woogie 'bʊgi'vʊgi
Böök *schwed.* bø:k
Booker *engl.* 'bʊkə
Booklet 'bʊklɪt
Boole *engl.* bu:l
[1]**Boom** bu:m
[2]**Boom** (Name) *niederl.* bo:m
boomen 'bu:mən
Boomtown 'bu:mtaun
Boon *niederl.* bo:n, *engl.* bu:n
Boone *engl.* bu:n
Boos bo:s
Boosey *engl.* 'bu:zɪ
Booster 'bu:stɐ
[1]**Boot** (Nachen) bo:t
[2]**Boot** (Name; Schuh) *engl.* bu:t
Bootchen 'bo:tçən
booten 'bu:tn̩
Bootes bo'o:tɛs
Booth bo:t, *engl.* bu:ð
Boothby *engl.* 'bu:ðbɪ
Boothe *engl.* bu:ð, bu:θ
Boothia *engl.* 'bu:θɪə
Böotien bø'o:tsi̯ən
Böotier bø'o:tsi̯ɐ
böotisch bø'o:tɪʃ
Bootle *engl.* bu:tl
Bootlegger 'bu:tlɛgɐ
Boots bu:ts
Bop bɔp
Bopfingen 'bɔpfɪŋən
Bophuthatswana *engl.* boʊpu:ta:t'swa:nə
Bopp[ard] 'bɔp[art]
Boppe 'bɔpə
Boppo 'bɔpo
Boquerón *span.* boke'rɔn
[1]**Bor** (Element) bo:ɐ̯
[2]**Bor** (Name) *russ., tschech., slowen., niederl., türk.* bɔr, *serbokr.* bɔ:r
Bór *poln.* bur
Bora 'bo:ra
Boraccia bo'ratʃa
Borachio bo'ra:ki̯o
Borago bo'ra:go
Borah *engl.* 'bɔ:rə
Boran bo'ra:n
Boraner bo'ra:nɐ
Borås *schwed.* bu'ro:s
Borasdschan *pers.* borɑz'dʒɑ:n
Borat bo'ra:t
Borax 'bo:raks
Borazit bora'tsi:t
Borazol bora'tso:l
Borba *port.* 'bɔrbɐ, *bras.* 'bɔrba, *serbokr.* ˌbɔrba
Borchardt 'bɔrçart
Borchers 'bɔrçɐs
Borchert 'bɔrçɐt
Borchgrevink *norw.* ˌbɔrkgre:viŋk
Borck[e] 'bɔrk[ə]
Bord bɔrt, **-e** ...rdə
Borda 'bɔrda, *fr.* bɔr'da
Börde 'bœrdə
[1]**Bordeaux** (Stadt) bɔr'do:, *fr.* bɔr'do
[2]**Bordeaux** (Wein) bɔr'do:, **des -** ...'do:[s], **die -** ...'do:s
bordeaux[rot] bɔr'do:[ro:t]
Bordelaiser bɔrdə'lɛ:zɐ
Bordelese bɔrdə'le:zə
Bordell bɔr'dɛl
bördeln 'bœrdl̩n, **...dle** ...dlə
Borden *engl.* bɔ:dn
Bordereau bɔrdə'ro:
Bordero bɔrdə'ro:
Borderpreis 'bɔrdɐprais
Bordet *fr.* bɔr'dɛ
Bordewijk *niederl.* 'bɔrdəwɛi̯k
bordieren bɔr'di:rən
Bordighera *it.* bordi'gɛ:ra
Bordj-bou-Arreridj *fr.* bɔrdʒbuare'ridʒ
Bordolo 'bɔrdolo
Bordone *it.* bor'do:ne
Bordoni *it.* bor'do:ni
bordorot bɔr'do:ro:t
Borduas *fr.* bɔr'dɥɑ:s
Bordun bɔr'du:n
Bordüre bɔr'dy:rə
Bore 'bo:rə, *engl.* bɔ:
Boreade bore'a:də
boreal, B... bore'a:l
Boreas 'bo:reas
Borée bo're:
Borel *fr.* bɔ'rɛl, *niederl.* bo'rɛl
Borelli *it.* bo'rɛlli
Boretsch 'bo:rɛtʃ
[1]**Borg** (Name) bɔrk, *schwed.* bɔrj, *engl.* bɔ:g
[2]**Borg** (auf -; Ferkel) bɔrk, **-e** ...rgə
Borgå *schwed.* 'bɔrgo:
Børge *dän.* 'bœɐ̯ɰə
borgen 'bɔrgn̩, **borg!** bɔrk, **borgt** bɔrkt
Borgen *norw.* ˌbɔrgən
Borgentreich 'bɔrgn̩traiç
Borger *niederl.* 'bɔrɣər, *engl.* 'bɔ:gə
Borgerhout *niederl.* bɔrɣər'hɔut
Borges *span.* 'bɔrxes
Borgese *it.* bor'dʒe:se
Borghese *it.* bor'ge:se
Borghesisch bɔr'ge:zɪʃ
Borgholm *schwed.* ˌbɔrjhɔlm
Borgholz 'bɔrkhɔlts
Borgholzhausen bɔrkhɔlts'hauzn̩
Borghorst 'bɔrkhɔrst
Borgia *it.* 'bɔrdʒa
Borgianni *it.* bor'dʒanni
Borgis 'bɔrgɪs
Borglum *engl.* 'bɔ:gləm
Borgo *it.* 'borgo
Borgognone *it.* borgoɲ'ɲo:ne
Borgou *fr.* bɔr'gu
Borgu 'bɔrgu
Borgund *norw.* ˌbɔrgʉn
Borgward 'bɔrkvart
Bori *span.* 'bori
Borid bo'ri:t, **-e** ...i:də
Borinage *fr.* bɔri'na:ʒ
Boris 'bo:rɪs, *russ.* ba'ris, *bulgar.* bo'ris
Boris Godunow 'bo:rɪs go'du:nɔf, *russ.* ba'ris gɐdu'nɔf
Borislaw *russ.* bɐri'slaf, *bulgar.* bori'slaf
Borissoglebsk *russ.* bɐrisa'gljɛpsk
Borissow *russ.* ba'risɐf
Borissowitsch *russ.* ba'risɐvitʃ
Borissowka *russ.* ba'risɐfkɐ
Borissowna *russ.* ba'risɐvnɐ
Borja *span.* 'bɔrxa
Börjeson *schwed.* ˌbœrjəsɔn
Bork[e] 'bɔrk[ə]
Borken 'bɔrkn̩
Borkenau 'bɔrkənau
Borkenstein 'bɔrkn̩ʃtain
Borkh bɔrk
Borkou *fr.* bɔr'ku
Borku 'bɔrku
Borkum 'bɔrkʊm
Borlänge *schwed.* ˌbo:rlɛŋə
Borlaug *engl.* 'bɔ:lɔ:g
Børli *norw.* 'bœ:rli
Borman *niederl.* 'bɔrman, *engl.* 'bɔ:mən
Bormann 'bo:ɐ̯man
Bormio *it.* 'bɔrmi̯o, 'bɔr...
Borms *niederl.* bɔrms

B

Born *dt., fr.* bɔrn
Borna ˈbɔrna
Börne ˈbœrnə
Bornefeld ˈbɔrnəfɛlt
Borneman[n] ˈbɔrnəman
Bornemissza *ung.* ˈbornɛmissɔ
Borneo ˈbɔrneo
Borneol bɔrneˈoːl
Borner ˈbɔrnɐ
Börner ˈbœrnɐ
Bornhak ˈbɔrnhak
Bornheim ˈbɔrnhaim
Bornholm bɔrnˈhɔlm, *dän.* bɔɐ̯nˈhɔlˀm
Bornhöved bɔrnˈhøːfət
Bornier *fr.* bɔrˈnje
borniert bɔrˈniːɐ̯t
Bornit bɔrˈniːt
Bornkamm ˈbɔrnkam
Bornova *türk.* ˈbɔrnɔvɑ
Bornu ˈbɔrnu
Borobudur *indon.* boroˈbudʊr
Borodin boroˈdiːn, *russ.* bɐrɐˈdin
Borodino *russ.* bɐrɐdiˈnɔ
Boroević boˈroːevɪtʃ
Boron *fr.* bɔˈrõ
Borough *engl.* ˈbʌrə
Borovský *tschech.* ˈbɔrɔfskiː
Borowikowski *russ.* bɐrɐviˈkɔfskij
Borowitschi *russ.* bɐrɐviˈtʃi
Borowski *poln.* bɔˈrɔfski
Borraginaceae bɔragiˈnaːtseɛ
Borrago bɔˈraːgo
Borrassá *kat.* burrəˈsa
Borreby *dän.* ˈbɔrabyːˀ
Borrelia bɔˈreːli̯a
Borrelie bɔˈreːli̯ə
Borreliose[n] bɔreˈli̯oːz[n̩]
Borretsch ˈbɔrɛtʃ
Borrhaus ˈbɔrhaus
Borrhus ˈbɔrhuːs
Borries ˈbɔri̯əs
Börries ˈbœri̯əs
Borris *dt., engl.* ˈbɔrɪs
Borromäerin bɔroˈmɛːərɪn
borromäisch bɔroˈmɛːɪʃ
Borromäus bɔroˈmɛːʊs
Borromeo *it.* borroˈmɛːo
Borromini *it.* borroˈmiːni
Borrow *engl.* ˈbɔroʊ
Borșa *rumän.* ˈborʃa
Borsalino® bɔrzaˈliːno
Borsche ˈbɔrʃə
Borschomi *russ.* barˈʒɔmi
Borschtsch bɔrʃtʃ
Börse ˈbœrzə
Borsec *rumän.* ˈborsek
Borsi *it.* ˈborsi
Börsianer bœrˈzi̯aːnɐ
Borsig ˈbɔrzɪç
Borsja *russ.* ˈbɔrzjə
Borso *it.* ˈborso
Börssum ˈbøːɐ̯sʊm
Borst bɔrst
Borstal *engl.* bɔːstl
Borste ˈbɔrstə
borstig ˈbɔrstɪç, **-e** ...ɪgə
Börtchen ˈbœrtçən
Borte ˈbɔrtə
Borten *norw.* ˌburtən
Bortkiewicz bɔrtˈki̯eːvɪtʃ
Bort-les-Orgues *fr.* bɔrleˈzɔrg
Bortnjanski *russ.* bartˈnjanskij
Bortnyik *ung.* ˈbortnjik
Borudscherd *pers.* boruˈdʒerd
Borusse boˈrʊsə
Borussia boˈrʊsi̯a
Borussianer borʊˈsi̯aːnɐ
Borvin ˈbɔrvɪn
Borysthenes boˈrʏstenɛs
Börzsöny *ung.* ˈbørʒønj
bös bøːs, **-e** ˈbøːzə
Bos boːs, *niederl.* bɔs
Bosa ˈboːza
Bosanquet *engl.* ˈboʊznkɪt
Bosanski Brod, - Novi, - Šamac *serbokr.* ˌbɔsanskiː ˈbrɔːd, - ˈnɔviː, - ˈʃamats
Bosatsu ˈboːzatsu, boˈzatsu
Bosau ˈboːzau
Bosboom *niederl.* ˈbɔzboːm
Boscán *span.* bɔsˈkan
Bosch bɔʃ, *niederl.* bɔs, *kat.* bɔsk
böschen ˈbœʃn̩
Boschilow *bulgar.* boˈʒilof
Böschung ˈbœʃʊŋ
Boschvogel *niederl.* ˈbɔsfoːɣəl
Bosco *fr.* bɔsˈko, *it.* ˈbɔsko
Boscoli *it.* ˈbɔskoli
Boscoreale *it.* boskoreˈaːle
böse, B... ˈbøːzə
Bose ˈboːzə, *engl.* boʊs
Bösendorfer ˈbøːzn̩dɔrfɐ
Bosetzky boˈzɛtski
Bösewicht ˈbøːzəvɪçt
boshaft ˈboːshaft
Bosilj *serbokr.* ˌbɔsiːlj
Bösing ˈbøːzɪŋ
Bosio *fr.* boˈzjo, *it.* ˈbɔːzi̯o
Boskett bɔsˈkɛt
Boskoop *niederl.* ˈbɔskoːp
Boskop ˈbɔskɔp
Bošković *serbokr.* ˈbɔʃkɔvitɕ
Boskovsky bɔsˈkɔfski
Bosman *engl.* ˈbɔsmən
Bosna *serbokr.* ˈbɔsna
Bosniake bɔsniˈaːkə
Bosnickel ˈboːsnɪkl̩
Bosnien ˈbɔsniən
Bosnier ˈbɔsniɐ
Bosnigl ˈboːsnɪgl̩
bosnisch ˈbɔsnɪʃ
Boso ˈboːzo
Boson ˈboːzɔn, **-en** boˈzoːnən
Bosper ˈbɔspɐ
bosporanisch bɔspoˈraːnɪʃ
Bosporus ˈbɔsporʊs
Bosquet *fr.* bɔsˈkɛ
Bosruck ˈboːsrʊk
Boss bɔs
Bossangoa *fr.* bɔsaŋgɔˈa
Bossa Nova ˈbɔsa ˈnoːva
Bosschaert *niederl.* ˈbɔsxaːrt
Boßdorf ˈbɔsdɔrf
Bosse ˈbɔsə, *fr.* bɔs
Boßel ˈboːsl̩
bosselieren bɔsəˈliːrən
boßeln ˈboːsl̩n
bosseln ˈbɔsl̩n
Bossert ˈbɔsɐt
Boßhard, ...t ˈbɔshart
Bossi *it.* ˈbɔssi
Bossier City *engl.* ˈboʊʒə ˈsɪtɪ
bossieren bɔˈsiːrən
Bossuet *fr.* bɔˈsɥɛ
Bost *fr.* bɔst
Bostana bɔsˈtaːna
Bostel ˈbɔstl̩
Bostella bɔsˈtɛla
Boston ˈbɔstɔn, *engl.* ˈbɔstən
Bostra ˈbɔstra
Boström *schwed.* ˌbuːstrœm
Boswash *engl.* ˈbɔswɔʃ
Boswell *engl.* ˈbɔzwəl
Bosworth *engl.* ˈbɔzwə[ː]θ
bot boːt
Bot bɔt
Botallo *it.* boˈtallo
Botanik boˈtaːnɪk
Botaniker boˈtaːnikɐ
botanisch boˈtaːnɪʃ
botanisieren botaniˈziːrən
Botany *engl.* ˈbɔtənɪ
Bötchen ˈbøːtçən
böte ˈbøːtə
Bote ˈboːtə
Botel boˈtɛl
Botelho *port.* buˈtɐʎu
Botero *it.* boˈtɛːro, *span.* boˈtero
Botew *bulgar.* ˈbɔtɛf
Botewgrad *bulgar.* ˈbɔtɛvgrat
Botez *rumän.* boˈtez
Both *niederl.* bɔt

B

Botha *afr.* 'bo:ta
Bothe 'bo:tə
Bothmer 'bo:tmɐ
Botho 'bo:to
Bothwell *engl.* 'bɔθwəl
Botjow *bulgar.* 'bɔtjof
Botkin *russ.* 'bɔtkin
Boto 'bo:to, *span.* 'boto, *fr.* bɔ'to
Botokude boto'ku:də
Botoșani *rumän.* boto'ʃanj
Botox® 'bo:tɔks
Botrange *fr.* bɔ'trã:ʒ
Botryomykose botryomy'ko:zə
Botsaris *neugr.* 'bɔtsaris
Bötsch bø:tʃ
Botschaft 'bo:tʃaft
Botsuana bɔ'tsu̯a:na
Botswana bɔ'tsva:na
Bott bɔt
Botta *it.* 'bɔtta, *fr.* bɔ'ta
Bottai *it.* bot'ta:i̯
Böttcher 'bœtçɐ
Böttcherei bœtçə'rai̯
Bottega bɔ'te:ga
Bottelier bɔtə'li:ɐ̯
Botten[g]rube[r] 'bɔtn̩[g]ru:b[ɐ]
Bottenhavet *schwed.* ˌbɔtən-ha:vət
Bottenwiek 'bɔtn̩vi:k
Botter 'bɔtɐ
Bottesini *it.* botte'zi:ni
Böttger 'bœtgɐ
Botticelli *it.* botti'tʃɛlli
Bottich 'bɔtɪç
Bötticher 'bœtɪçɐ
Botticini *it.* botti'tʃi:ni
Botticino *it.* botti'tʃi:no
Böttiger 'bœtɪgɐ, *schwed.* ˌbœtigər
Bottine bɔ'ti:nə
Bottleneck 'bɔtl̩nɛk
Bottler 'bɔtlɐ
Bottlerei bɔtlə'rai̯
bottnisch 'bɔtnɪʃ
Botto *slowak.* 'bɔtɔ
Bottomley *engl.* 'bɔtəmlɪ
Bottoms *engl.* 'bɔtəmz
Bottrop 'bɔtrɔp
Bottschild 'bɔtʃɪlt
Botucatu *bras.* botuka'tu
Botulismus botu'lɪsmʊs
Botwinnik *russ.* bat'vinnik
Botwood *engl.* 'bɔtwʊd
Bouaké *fr.* bwa'ke
Bouar *fr.* bwa:r
Bouarfa *fr.* bwar'fa
Boubker *fr.* bub'kɛ:r
Bouchard *fr.* bu'ʃa:r
Bouchardon *fr.* buʃar'dõ
Bouché, Boucher *fr.* bu'ʃe
Bouchée bu'ʃe:
boucherisieren buʃəri'zi:rən
Bouches-du-Rhône *fr.* buʃdy'ro:n
Bouchet *fr.* bu'ʃɛ
Bouchor *fr.* bu'ʃɔ:r
Boucicault *fr.* busi'ko, *engl.* 'bu:sɪkoʊ
Boucicaut *fr.* busi'ko
Bouclé bu'kle:
Boudier *niederl.* bu'di:r
Boudin *fr.* bu'dɛ̃
Boudoir bu'do̯a:ɐ̯
Boudry *fr.* bu'dri
Boué *fr.* bwe
Boufarik *fr.* bufa'rik
Bouffioulx *fr.* bu'fju
Boufflers *fr.* bu'flɛ:r
Bouffonnerie bʊfɔnə'ri:, **-n** ...i:ən
Bougainville *engl.* 'bu:gənvɪl, *fr.* bugɛ̃'vil
Bougainvillea bugɛ̃'vɪlea
Bougeant *fr.* bu'ʒã
Boughton *engl.* baʊtn
[1]Bougie (Dehnsonde) bu'ʒi:
[2]Bougie (Name) *fr.* bu'ʒi
bougieren bu'ʒi:rən
Bougram, Bougran bu'grã:
Bouguer *fr.* bu'gɛ:r
Bouguereau *fr.* bu'gro
Bouhélier *fr.* bue'lje
Bouhours *fr.* bu'u:r
Bouilhet *fr.* bu'jɛ
Bouillabaisse, -s buja'bɛ:s
Bouillé *fr.* bu'je
Bouillet *fr.* bu'jɛ
[1]Bouillon (Brühe) bʊl'jõ:, bʊl'jɔŋ, bu'jõ:
[2]Bouillon (Name) *fr.* bu'jõ
bouillonieren bʊljo'ni:rən, *auch:* buj...
Bouilly *fr.* bu'ji
Boujad *fr.* bu'ʒad
Boulainvilliers *fr.* bulɛ̃vi'lje
Boulanger *fr.* bulã'ʒe
Boulangerit bulãʒə'ri:t
Boulder *engl.* 'boʊldə
Boule bu:l
Boulenger *fr.* bulã'ʒe
Boulette bu'lɛtə
Boulevard bulə'va:ɐ̯
Boulevardier buləvar'di̯e:
boulevardisieren buləvardi'zi:rən
Boulez *fr.* bu'lɛ:z
Boulle *fr.* bul
Boullongne *fr.* bu'lɔɲ
Boulogne bu'lɔnjə, *fr.* bu'lɔɲ
Boulogner bu'lɔnjɐ
Boulogne-sur-Mer *fr.* bulɔɲsyr'mɛ:r
[1]Boulonnais bulɔ'nɛ:, **des -** ...ɛ:[s], **die -** ...ɛ:s
[2]Boulonnais (Landschaft) *fr.* bulɔ'nɛ
Boulonnaise bulɔ'nɛ:zə
Boult *engl.* boʊlt
Boulton *engl.* 'boʊltən
Boumann 'bau̯man
Boumedien[n]e *fr.* bume'djɛn
Bou Mort *span.* bou̯'mɔr
Bounce bau̯ns
bouncen 'bau̯nsn̩
Bountiful *engl.* 'baʊntɪfʊl
Bounty *engl.* 'baʊntɪ
Bouquet bu'ke:
Bouquet garni, -s -s bu'ke:gar'ni:
Bouquinist buki'nɪst
Bour *fr.* bu:r
Bourbaki *fr.* burba'ki
Bourbon *fr.* bur'bõ, *engl.* 'bə:bən
Bourbone bʊr'bo:nə
bourbonisch bʊr'bo:nɪʃ
Bourbonnais *fr.* burbɔ'nɛ, *engl.* bʊəboʊ'neɪ, bə:'boʊnɪs
Bourbons *fr.* bur'bõ
Bourchier 'bœrtʃi̯ɐ, *engl.* 'baʊtʃə
Bourdaloue *fr.* burda'lu
Bourdelle[s] *fr.* bur'dɛl
Bourdet *fr.* bur'dɛ
Bourdichon *fr.* burdi'ʃõ
[1]Bourdon (Orgelpfeife) bʊr'dõ:
[2]Bourdon[s] (Name) *fr.* bur'dõ
Bourem *fr.* bu'rɛm
Bourette bu'rɛtə
Bourg (Ortsname) *fr.* burk
Bourg-en-Bresse *fr.* burkã'brɛs
bourgeois bʊr'ʒo̯a, **-e** ...'ʒo̯a:zə
Bourgeois bʊr'ʒo̯a, *fr.* bur'ʒwa, **des -** ...a[:s], **die -** ...a:s
Bourgeoisie bʊrʒo̯a'zi:, **-n** ...i:ən
Bourges *fr.* burʒ
Bourget *fr.* bur'ʒɛ
Bourgiba bʊr'gi:ba
Bourgogne bʊr'gɔnjə, *fr.* bur'gɔɲ

B

Bourgognino bʊrgɔn'ji:no, *it.* burgoɲ'ɲi:no
Bourgoin-Jallieu *fr.* burgwɛ̃ʒa'ljø
Bourguiba *fr.* burgi'ba
Bourienne *fr.* bu'rjɛn
Bourke *engl.* bə:k
Bourmont *fr.* bur'mõ
Bourne *engl.* bʊən, bɔ:n, bə:n
Bournemouth *engl.* 'bɔ:nməθ
Bournonville *dän.* buɐ̯nɔŋ'vil
Bournville *engl.* 'bɔ:nvɪl
Bourrée bʊ're:
Bourrette bʊ'rɛtə
Boursault *fr.* bur'so
Bourscheid 'bu:ɐ̯ʃait
Bourtanger Moor 'bu:ɐ̯taŋɐ 'mo:ɐ̯
Bourvil *fr.* bur'vil
Bous bu:s
Bousoño *span.* bou̯'soɲo
Bousouki bu'zu:ki
Bousset *fr.* bu'sɛ
Boussinesq *fr.* busi'nɛsk
Boussingault *fr.* busɛ̃'go
Bousso *fr.* bu'so
Boutade bu'ta:də
Bouteflika *fr.* butefli'ka
Bouteille bu'tɛ:jə, ...'tɛljə
Boutens *niederl.* 'bou̯təns
Bouterwek 'bau̯tɐve:k
Boutique bu'ti:k, **-n** ...kn̩
Bouton bu'tõ:
Boutonniere butɔ'ni̯e:rə
Boutros 'bu:trɔs
Boutroux *fr.* bu'tru
Bouts *niederl.* bou̯ts
Bouverie, La *fr.* labu'vri
Bouvet *fr.* bu'vɛ
Bouvier *fr.* bu'vje
Bouvines *fr.* bu'vin
Bouzouki bu'zu:ki
Bov *dän.* bou̯'
Bova *it.* 'bɔ:va
Bovary *fr.* bɔva'ri
Bové *fr.* bɔ've
Boveri bo've:ri
Bovet *fr.* bɔ'vɛ
Bovidae 'bo:vidɛ
bovin bo'vi:n
Bovino *it.* bo'vi:no
Bovio *it.* 'bɔ:vi̯o
Bovist 'bo:vɪst, bo'vɪst
Bovovakzin bovovak'tsi:n
Bow *engl.* boʊ
Bowden *engl.* boʊdn, baʊdn
Bowdenzug 'bau̯dn̩tsu:k
Bowdi[t]ch *engl.* 'baʊdɪtʃ
Bowdler *engl.* 'baʊdlə
Bowen *engl.* 'boʊɪn
Bowes *engl.* boʊz
Bowie *engl.* 'boʊɪ
Bowiemesser 'bo:vimɛsɐ
Bowle 'bo:lə
bowlen 'bo:lən
Bowler 'bo:lɐ
Bowles *engl.* boʊlz
Bowling 'bo:lɪŋ
Bowman *engl.* 'boʊmən
Bowstring... 'bo:strɪŋ...
Box bɔks
Boxberg 'bɔksbɛrk
Boxcalf 'bɔkskalf, *auch:* 'bɔkska:f
Boxe 'bɔksə
boxen 'bɔksn̩
Boxer 'bɔksɐ
Boxin bɔ'ksi:n
Boxitogorsk *russ.* bɐksita'gɔrsk
Boxkalf 'bɔkskalf, *auch:* ...ka:f
Boy bɔy, *poln.* bɔj
Boyacá *span.* boja'ka
Boyce *engl.* bɔɪs
Boycott *engl.* 'bɔɪkət
Boyd *engl.* bɔɪd
Boydell *engl.* bɔɪ'dɛl
Boyden *engl.* bɔɪdn
Boye *schwed.* ˌbɔjə
Boyen 'bɔyən
Boyer *fr.* bwa'je, *engl.* 'bɔɪə
Boyesen *engl.* 'bɔɪɪsn
Boyet *fr.* bwa'jɛ
Boyfriend 'bɔyfrɛnt
Boygroup 'bɔygru:p
Bô Yin Râ bojɪn'ra:
Boykott bɔy'kɔt
boykottieren bɔykɔ'ti:rən
Boyle *engl.* bɔɪl
Boylesve *fr.* bwa'lɛ:v
Boyne *engl.* bɔɪn
Boyneburg 'bɔynəbʊrk
Boynton *engl.* bɔɪntn
Boyscout 'bɔyskau̯t
Boyson *norw.* 'bɔi̯sɔn
Boz *engl.* bɔz
Bozeman *engl.* 'boʊzmən
Bozen 'bo:tsn̩
Božena *tschech.* 'bɔʒɛna
Božić *serbokr.* 'bɔ:ʒitɕ
Božidarović *serbokr.* bɔʒiˌda:rɔvitɕ
Boznańska *poln.* bɔz'nai̯ska
Bozoum *fr.* bo'zum
Bozzetto bɔ'tsɛto
Braak *niederl.* bra:k
Braaten *norw.* 'bro:tən
Brabançonne *fr.* brabã'sɔn
Brabançons *fr.* brabã'sõ
Brabander *niederl.* 'bra:bandər
Brabant bra'bant, *niederl.* 'bra:bant, *fr.* bra'bã
Brabantio bra'bantsi̯o
Brabazon *engl.* 'bræbəzn
brabbeln 'brabl̩n, **brabble** 'brablə
Brabham *engl.* 'bræbəm
Brač *serbokr.* bra:tʃ
Braça 'brasa
Bracci *it.* 'brattʃi
Bracciano *it.* brat'tʃa:no
Braccio *it.* 'brattʃo
Bracciolini *it.* brattʃo'li:ni
Bracco *it.* 'brakko
brach bra:x
bräche 'brɛ:çə
Brache 'bra:xə
Bracher 'bra:xɐ
Brachet 'bra:xət
brachial bra'xi̯a:l
Brachialgie braxi̯al'gi:, **-n** ...i:ən
Brachiatoren braxi̯a'to:rən
Brachiopode braxi̯o'po:də
Brachistochrone braxɪsto'kro:nə
Brachmann 'braxman
Brachmonat 'bra:xmo:nat
Brachse 'braksə
Brachsen 'braksn̩
Bracht braxt
brachte 'braxtə
brächte 'brɛçtə
Brachvogel 'bra:xfo:gl̩
brachydaktyl braxydak'ty:l
Brachydaktylie braxydakty'li:, **-n** ...i:ən
Brachygenie braxyge'ni:, **-n** ...i:ən
Brachygnathie braxygna'ti:, **-n** ...i:ən
Brachygraphie braxygra'fi:
brachykatalektisch braxykata'lɛktɪʃ
Brachykatalexe braxykata'lɛksə
brachykephal braxyke'fa:l
Brachylalie braxyla'li:
Brachylogie braxylo'gi:, **-n** ...i:ən
Brachypnoe braxy'pno:ə
brachystyl braxy'sty:l
Brachysyllabus braxy'zʏlabʊs, **...syllaben** ...'la:bn̩
brachyzephal braxytse'fa:l

Brachyzephalie braxytse̯fa'li:, **-n** ...i:ən
Brack[e] 'brak[ə]
Brackel 'bra:kl̩
bracken 'brakn̩
Bracken *engl.* 'brækən
Brackenheim 'braknha̯im
Brackenridge *engl.* 'brækənrɪdʒ
Brackett *engl.* 'brækɪt
brackig 'brakɪç, **-e** ...ɪgə
Bräckin 'brɛkɪn
brackisch 'brakɪʃ
Brackmann 'brakman
Bracknell *engl.* 'bræknəl
Brackwede brak've:də
Bracque *fr.* brak
Bracquemond *fr.* brak'mõ
Brad *rumän.* brad
Bradamante *it.* brada'mante
Bradano *it.* 'bra:dano
Bradbury *engl.* 'brædbərɪ
Braddock *engl.* 'brædək
Braddon *engl.* brædn
Brade *engl.* breɪd
Bradenton *engl.* 'breɪdntən
Bradford *engl.* 'brædfəd
Bradlaugh *engl.* 'brædlɔ:
Bradley *engl.* 'brædlɪ
Bradshaw *engl.* 'brædʃɔ:
Bradstreet *engl.* 'brædstri:t
Bradūnas *lit.* bra'du:nas
Bradwardine *engl.* 'brædwədi:n
Brady *engl.* 'breɪdɪ
Bradyarthrie brady|ar'tri:, **-n** ...i:ən
Bradykardie bradykar'di:, **-n** ...i:ən
Bradykinesie bradykine'zi:, **-n** ...i:ən
Bradylalie bradyla'li:, **-n** ...i:ən
Bradyphrasie bradyfra'zi:, **-n** ...i:ən
Bradyphrenie bradyfre'ni:, **-n** ...i:ən
Bradypnoe brady'pno:ə
Bradypus 'bra:dypʊs
Braeburn 'bre:bø:ɐ̯n, ...bœrn
Braekeleer *niederl.* 'bra:kəle:r
Braemar *engl.* breɪ'mɑ:
Bræstrup *dän.* 'bresdrʊb
Braga *port.* 'braɣɐ
Bragaglia *it.* bra'gaʎʎa
Bragança *port.* brɐ'ɣɐ̃sɐ
Brägen 'brɛ:gn̩
Bragg *engl.* bræg
Bragi 'bra:gi
Brahe *dt., dän.* 'bra:ə, *schwed.* ˌbrɑ:ə
Brahm[a] 'bra:m[a]
Brahmagupta brama'gʊpta
Brahmaismus brama'ɪsmʊs
Brahman[as] 'bra:man[as]
Brahmane bra'ma:nə
brahmanisch bra'ma:nɪʃ
Brahmaputra brama'pʊtra, ...pu:tra
Brahmine bra'mi:nə
Brahms bra:ms
Braibant *fr.* brɛ'bã
Braid *engl.* breɪd
Brăila *rumän.* brə'ila
Braille *fr.* braj, brɑ:j
Brailleschrift 'bra:jəʃrɪft
Brăiloiu *rumän.* brəi'loi̯u
Brailowsky bra̯i'lɔfski
Braindrain 'bre:ndre:n
Brain[e] *engl.* breɪn
Braine-le-Comte *fr.* brɛnlə'kõ:t
Braingain 'bre:nge:n
Brainstorming 'bre:nsto:ɐ̯mɪŋ, ...stɔrmɪŋ
Braintree *engl.* 'breɪntri:
Braintrust 'bre:ntrast
Brainwashing 'bre:nvɔʃɪŋ
Braise 'brɛ:zə
braisieren brɛ'zi:rən
Braith bra̯it
Braithwaite *engl.* 'breɪθweɪt
Brake 'bra:kə
Brakel 'bra:kl̩, *niederl.* 'bra:kəl
Bräker 'brɛ:kɐ
Brakhage *engl.* 'breɪkɪdʒ
Brakman *niederl.* 'brɑkmɑn
Brakpan *engl.* 'brækpæn, *afr.* brak'pan
Brakteat brakte'a:t
Braktee brak'te:ə
brakteoid brakteo'i:t, **-e** ...i:də
Brakteole brakte'o:lə
Bram bra:m
Bramah *engl.* 'brɑ:mə
Bramahschloss 'bra:maʃlɔs
Bramante *it.* bra'mante
Bramantino *it.* braman'ti:no
Bramarbas bra'marbas
bramarbasieren bramarba'zi:rən
Brambach 'brambax, 'bra:m...
Brambilla bram'bɪla
Bramburi 'bramburi
Bräme 'brɛ:mə
Bramer *niederl.* 'bra:mər
Bramine bra'mi:nə
Bramme 'bramə
Brampton *engl.* 'bræmptən
Bramsche 'bra:mʃə
Bramsegel 'bra:mze:gl̩
bramsig 'bramzɪç, **-e** ...ɪgə
Bramstedt 'bra:mʃtɛt
Bramwald 'bra:mvalt
Brancas *fr.* brã'kɑ:s
Brancati *it.* braŋ'ka:ti
Branch *engl.* brɑ:ntʃ
Branche 'brã:ʃə
Branchiat bran'çi̯a:t
Branchide bran'çi:də
Branchie 'brançi̯ə
branchiogen brançi̯o'ge:n
Branchiosaurier brançi̯o'za̯urie̯
Branchiosaurus brançi̯o'za̯urʊs
Branchiostoma bran'çi̯ɔstoma
Branco *port., bras.* 'brɐŋku
Brancusi *fr.* brɑ̃ku'si
Brâncuși *rumän.* brɨŋ'kuʃj
[1]**Brand** brant, **Brände** 'brɛndə
[2]**Brand** (Marke) brɛnt
Brandauer 'branda̯uɐ
Brandberg 'brantbɛrk
Brande *engl.* brænd, *dän.* 'brandə
Brände vgl. [1]Brand
Brandeis 'branda̯is, *engl.* 'brændaɪs
branden 'brandn̩, **brand!** brant
Brandenburg 'brandn̩bʊrk
Brandenburger 'brandn̩bʊrgɐ
brandenburgisch 'brandn̩bʊrgɪʃ
Brander 'brandɐ
Brandes *dt., dän.* 'brandəs
Brandi 'brandi
brandig 'brandɪç, **-e** ...ɪgə
Branding 'brɛndɪŋ
Brandis 'brandɪs
Brandl 'brandl̩
Brandmüller 'brantmʏlɐ
Brandner 'brandnɐ
brandneu 'brant'nɔy̯
Brando *engl.* 'brændoʊ
Brandon *engl.* 'brændən
Brandsch brantʃ
brandschatzen 'brantʃa̯tsn̩
Brandstaetter *poln.* brant'stɛtɛr
Brandstetter 'brantʃtɛtɐ
Brändström *schwed.* ˌbrɛndstrœm
Brandt *dt., poln.* brant, *niederl.* brɑnt, *engl.* brænt

B

Brandts brants, *niederl.* brɑnts
Brandy 'brɛndi
Brandys *poln.* 'brandɨs
Brandýs *tschech.* 'brandi:s
Brandywine *engl.* 'brændɪwaɪn
Branflakes 'brɛnfle:ks
Branford *engl.* 'brænfəd
Brangäne braŋ'gɛ:nə
Branicki *poln.* bra'nitski
Braniewo *poln.* bra'njɛvɔ
Branimir *serbokr.* ˌbranimi:r
Branislav *tschech.* 'branjislaf
Branko *serbokr.* 'bra:ŋkɔ
Branković *serbokr.* ˌbra:ŋkɔvitɕ
Branle 'brã:lə
Branner *dän.* 'bran'ɐ
brannte 'brantə
Branntwein 'brantvain
Brant brant, *engl.* brɑ:nt
Brantas *indon.* 'brantas
Brantford *engl.* 'bræntfəd
Branting *schwed.* ˌbrantiŋ
Brantôme *fr.* brã'to:m
Brantzky 'brantski
Braque *fr.* brak
Braren 'bra:rən
Brasch braʃ
Brasidas 'bra:zidas
Bräsig 'brɛ:zɪç
Brasil bra'zi:l, *bras.* bra'zil
Brasilein brazile'i:n
Brasilettoholz brazi'lɛtohɔlts
Brasilia bra'zi:li̯a
Brasília *bras.* bra'zili̯a
Brasilianer brazi'li̯a:nɐ
brasilianisch brazi'li̯a:nɪʃ
Brasilien bra'zi:li̯ən
Brasilin brazi'li:n
Brasillach *fr.* brazi'jak
Brașov *rumän.* bra'ʃov
Brassbound 'bra:sbaunt
Brasschaat *niederl.* brɑs'xa:t
Brass[e] 'bras[ə]
Brassel̩ett brasə'lɛt
brassen, B... 'brasn̩
Brassens *fr.* bra'sɛ̃:s
Brasserie brasə'ri:, **-n** ...i:ən
Brasseur *fr.* bra'sœ:r
Brassica 'brasika
Brassière bra'si̯ɛ:rə, ...i̯e:rə
Brassó *ung.* 'brɔʃʃo:
Brass-Section 'bra:s-'zɛkʃn̩
Břasy *tschech.* 'brʒasi
brät, B... brɛ:t
Bratby *engl.* 'brætbɪ
Brätchen 'brɛ:tçən
bräteln 'brɛ:tl̩n
braten 'bra:tn̩
Brater 'bra:tɐ
Brătescu *rumän.* brə'tesku
Brathwaite *engl.* 'bræθweɪt
Brătianu *rumän.* brə'tjanu
Bratislava bratɪs'la:va, *slowak.* 'bratjislava
Brätling 'brɛ:tlɪŋ
Bratny *poln.* 'bratnɨ
Bratsche 'bra:tʃə
Bratschi 'bratʃi
Bratschist bra'tʃɪst
Bratsk *russ.* bratsk
brätst brɛ:tst
Bratt *schwed.* brat
Brattain *engl.* brætn
Bratteli *norw.* 'bratəli
Brattleboro *engl.* 'brætlbərə
Bräu brɔy
Braubach 'braubax
Brauch braux, **Bräuche** 'brɔyçə
brauchen 'brauxn̩
Brauchitsch 'brauxɪtʃ
bräuchte 'brɔyçtə
Braue 'brauə
brauen 'brauən
Brauer 'brauɐ
Bräuer 'brɔyɐ
Brauerei brauə'rai
Braumann 'brauman
Braumüller 'braumʏlɐ
braun, B... braun
Braunau 'braunau
Braunburg 'braunbʊrk
Braune 'braunə
Bräune 'brɔynə
Brauneis 'braunais
Braunelle brau'nɛlə
bräunen 'brɔynən
Brauner 'braunɐ, *fr.* bro'nɛ:r
Braunfels 'braunfɛls
Bräunig 'brɔynɪç
Braunlage braun'la:gə
bräunlich 'brɔynlɪç
Bräunlingen 'brɔynlɪŋən
Brauns brauns
Braunsberg 'braunsbɛrk
Braunschweig 'braunʃvaik, **-er** ...aigɐ
braunschweigisch 'braunʃvaigɪʃ
Braus braus
Brausche 'brauʃə
Brause 'brauzə
brausen 'brauzn̩, **braus!** braus, **braust** braust
Braut braut, **Bräute** 'brɔytə
Bräutchen 'brɔytçən
Bräutigam 'brɔytɪgam, *auch:* ...ti...
Brautigan *engl.* 'brɔ:tɪgən
Brautlacht 'brautlaxt
bräutlich 'brɔytlɪç
Brautmann 'brautman
Brauweiler 'brauvailɐ
brav bra:f, **-e** 'bra:fə, 'bra:və, **-st** bra:fst
Brava *port.* 'bravɐ
Bravade bra'va:də
Bravais *fr.* bra'vɛ
Bravheit 'bra:fhait
Bråviken *schwed.* ˌbro:vi:kən
bravissimo! bra'vɪsimo
Bravo 'bra:vo, **Bravi** 'bra:vi
bravo! 'bra:vo
Bravour bra'vu:ɐ̯
bravourös bravu'rø:s, **-e** ...ø:zə
Bravur bra'vu:ɐ̯
bravurös bravu'rø:s, **-e** ...ø:zə
Brawe 'bra:və
Braxton *engl.* 'brækstən
Bray brai, *fr.* brɛ, *engl.* breɪ
Braz *bras.* bras
Brazauskas *lit.* bra'za:uskas
Brazdžionis *lit.* braz'dʒjo:nɪs
Brazil *engl.* brə'zɪl
Brazos *engl.* 'bræzoʊs
Brazza *it.* 'brattsa, *fr.* bra'za
Brazzaville *fr.* braza'vil
Brčko *serbokr.* 'br̩tʃkɔ:
BRD be:|ɛr'de:
Brda *poln.* brda
Brdy *tschech.* 'br̩di
Brea span. 'brea, *engl.* 'breɪə
Bréa *fr.* bre'a
break!, B... bre:k
Breakdance[r] 'bre:kda:ns[ɐ]
Breake 'bre:kə
breaken 'bre:kn̩
Break-even-Point 'bre:k-'|i:vn̩pɔynt
Breakspear *engl.* 'breɪkspɪə
Bréal *fr.* bre'al
Bream *engl.* bri:m
Breasted *engl.* 'brɛstɪd
Breaza *rumän.* 'bre̯aza
Breazul *rumän.* 'bre̯azul
Breban *rumän.* bre'ban
Brébeuf *fr.* bre'bœf
Breccie 'brɛtʃə
Brechbühl 'brɛçby:l
Breche 'brɛçə
Brèche de Roland *fr.* brɛʃdərɔ'lã
brechen 'brɛçn̩
Brecher 'brɛçɐ

B

Brechin *engl.* 'bri:kın
Brecht brεçt, *niederl.* brεxt
Breckenridge *engl.* 'brεknrıdʒ
Breckerfeld 'brεkɐfεlt
Breckinridge *engl.* 'brεkınrıdʒ
Brecknock *engl.* 'brεknɔk
Brecknockshire *engl.* 'brεk-nɔkʃıə
Brecksville *engl.* 'brεksvıl
Břeclav *tschech.* 'brʒεtslaf
Brecon *engl.* 'brεkən
Breda 'bre:da, *niederl.* bre'da:, brə'da:
Bredebro *dän.* brıðə'brʊ:ʼ
Bredel 'bre:dl̩
Breden 'bre:dn̩
Bredero *niederl.* 'bre:dəro
Bredius *niederl.* 'bre:diʏs
Bredouille bre'dʊljə
Bredow 'bre:do
Bredstedt 'bre:tʃtεt
Bredt bre:t
Breeches 'brıtʃəs
Breenbergh *niederl.* 'bre:nbεrx
Breg bre:k
Bregaglia *it.* bre'gaʎʎa
Brege 'bre:gə
Bregen 'bre:gn̩
Bregendahl *dän.* 'brı:ʼəndε:ʼl
Bregenz 'bre:gεnts
Bregma 'brεgma, **-ta** -ta
Breguet *fr.* bre'gε
Bréhier *fr.* bre'je
Brehm[er] 'bre:m[ɐ]
Brehna 'bre:na
Brei brai
Breidablik 'braidablık
Breidenstein 'braidn̩ʃtain
breiig 'braiıç, **-e** 'braiıgə
Brein brain
Breisach 'braizax
Breisgau 'braisgau
Breisig 'braizıç
breit, B... brait
Breitbach 'braitbax
Breite 'braitə
breiten 'braitn̩
Breitenau[er] 'braitənau[ɐ]
Breitenbach 'braitn̩bax
Breitenburg 'braitn̩bʊrk
Breitenfeld 'braitn̩fεlt
Breitfuß 'braitfu:s
Breithaupt 'braithaupt
Breithorn 'braithɔrn
Breitinger 'braitıŋɐ
Breitkopf 'braitkɔpf
Breitling 'braitlıŋ
Breitner 'braitnɐ, *niederl.* 'brεitnər
Breitscheid 'braitʃait
Breitungen 'braitʊŋən
Brekelenkam *niederl.* 'bre:kə-lənkɑm
Breker 'bre:kɐ
Brekke *norw.* ˌbrεkə
Breklum 'brεklʊm
Brekzie 'brεktsiə
Brel *fr.* brεl
Bremberg 'brεmbεrk
Brembo *it.* 'brεmbo, 'bre...
Breme 'bre:mə
Bremen 'bre:mən
Bremer 'bre:mɐ, *schwed.* 'bre:mər
Bremerhaven bre:mɐ'ha:fn̩
Bremerton *engl.* 'brεmətən
Bremervörde bre:mɐ'fø:ɐ̯də
Bremgarten 'bre:mgartn̩, 'brεm...
bremisch 'bre:mıʃ
Bremond *fr.* bre'mõ
Bremsberg 'brεmsbεrk
Bremse 'brεmzə
bremseln 'brεmzl̩n, **...le** ...zlə
bremsen 'brεmzn̩, **brems!** brεms, **bremst** brεmst
Bremser 'brεmzɐ
Brend'amour *fr.* brãda'mu:r
Brendel 'brεndl̩
Brenet[s] *fr.* brə'nε
Brenham *engl.* 'brεnəm
Brennan *engl.* 'brεnən
Brenne *fr.* brεn
brennen 'brεnən
Brenner 'brεnɐ, *schwed.* 'brε-nər, *hebr.* 'brεnεr
Brennerei brεnə'rai
Brennero *it.* 'brεnnero
Brennglas 'brεngla:s
Brennilis *fr.* brεni'lis
Brennnessel 'brεnnεsl̩
Brennus 'brεnʊs
Brennwald 'brεnvalt
Brent *engl.* brεnt
Brenta *it.* 'brεnta
Brentano brεn'ta:no
Brente 'brεntə
Brentford *engl.* 'brεntfəd
Brenton *engl.* 'brεntən
Brent Spar *engl.* 'brεnt 'spɑ:
Brentwood *engl.* 'brεntwʊd
Brenz[e] 'brεnts[ə]
brenzeln 'brεntsl̩n
brenzlig 'brεntslıç, **-e** ...ıgə
Brera *it.* 'brε:ra
Brès *fr.* brε
Bresche 'brεʃə
Breschnew 'brεʃnεf, 'brεʃnjεf, *russ.* 'brjεʒnıf
Brescia *it.* 'brεʃʃa
Bresgen 'brεsgn̩
Breslau 'brεslau
Breslauer 'brεslauɐ
breslauisch 'brεslauıʃ
Bressanone *it.* bressa'no:ne
Bresse *fr.* brεs
Breßlau 'brεslau
Bresson *fr.* brε'sõ
Bressoux *fr.* brε'su
Brest *dt., bulgar., fr.* brεst, *russ.* brjεst
Brest-Litowsk 'brεstli'tɔfsk, *russ.* 'brjεstli'tɔfsk
Bret *engl.* brεt
Bretagne bre'tanjə, brə..., *fr.* brə'taɲ; **-er** bre'tanjɐ, brə...
Bretesche bre'tεʃə
Brétigny *fr.* breti'ɲi
Břetislav *tschech.* 'brʒεtjislaf
[1]**Breton** (Name) *fr.* brə'tõ, *engl.* 'brεtən
[2]**Breton** (Hut) brə'tõ:
Bretón de los Herreros *span.* bre'tɔn de los ε'rrεros
Bretone bre'to:nə
bretonisch bre'to:nıʃ
Bretonne *fr.* brə'tɔn
Bretonneau *fr.* brətɔ'no
Bretschneider 'brεtʃnaidɐ
Brett *dt., engl.* brεt
Bretten[tal] 'brεtn̩[ta:l]
brettern 'brεtɐn
Brettl 'brεtl̩
Bretton *engl.* 'brεtən
Bretzel 'brεtsl̩
Bretzenheim 'brεtsn̩haim
Bretzner 'brεtsnɐ
Breuberg 'brɔybεrk
Breuel 'brɔyəl
Breu[er] 'brɔy[ɐ]
Breugel *niederl.* 'brø:ɣəl
Breughel 'brɔygl̩, *niederl.* 'brø:ɣəl
Breuil *fr.* brœj
Breve 'bre:və
Brevet bre've:, brə've:
brevetieren breve'ti:rən
Breviar bre'vi̯a:ɐ̯
Breviarium bre'vi̯a:ri̯ʊm, **...ien** ...i̯ən
Brevier bre'vi:ɐ̯
Breviloquenz brevilo'kvεnts
brevi manu 'bre:vi 'ma:nu
Brevis 'bre:vıs, **...ves** ...ve:s
Brevität brevi'tε:t

B

Břevnov *tschech.* 'brʒɛvnɔf
Brew brɔy
Brewer *engl.* 'bru:ə
Brewster *engl.* 'bru:stə
Breyer 'braie
Breysig 'braizıç
Breytenbach *afr.* 'brəitənbax
Breza *poln.* 'brɛza
Brězan *obersorb.* 'briezan
Brezel 'bre:tsl̩
Brezen 'bre:tsn̩
Březina *tschech.* 'brʒɛzina
Brezno *slowak.* 'brɛznɔ
Brezovački *serbokr.* 'brɛzɔ-vatʃki:
Brialmont *fr.* brial'mõ
Brianchon *fr.* briã'ʃõ
Briançon *fr.* briã'sõ
Briand *fr.* bri'ã
Brianza *it.* bri'antsa
Briard bri'a:ɐ
Bric-à-brac brika'brak
brich! brıç
bricht, B... brıçt
Brickaville *fr.* brika'vil
Bricke 'brıkə
Bride 'bri:də
[1]**Bridge** brıtʃ
[2]**Bridge** (Name) *engl.* brıdʒ
Bridgeport *engl.* 'brıdʒpɔ:t
Bridges *engl.* 'brıdʒız
Bridgeton *engl.* 'brıdʒtən
Bridgetown *engl.* 'brıdʒtaʊn
Bridg[e]water *engl.* 'brıdʒwɔ:tə
Bridgman *engl.* 'brıdʒmən
Bridie *engl.* 'braıdı
bridieren bri'di:rən
Bridlington *engl.* 'brıdlıŋtən
Bridport *engl.* 'brıdpɔ:t
Brie bri:, *fr.* bri
briefen 'bri:fn̩
Brief[ing] 'bri:f[ıŋ]
Brieg bri:k
Briegel 'bri:gl̩
Brielle *niederl.* 'brilə
Brielow 'bri:lo
Brienne *fr.* bri'ɛn
Brienz bri:nts, 'bri:ɛnts
Brierly *engl.* 'braıəlı
Bries bri:s, **-e** 'bri:zə
Brieschen 'bri:sçən
Briesel 'bri:zl̩
Brieselang 'bri:zəlaŋ
Briesen 'bri:zn̩
Brieske 'bri:skə
Briesmann 'bri:sman
briet bri:t
Brieux *fr.* bri'ø
Briey *fr.* bri'ɛ
Brig bri:k
Brigach 'bri:gax
Brigade bri'ga:də
Brigadere *lett.* 'brıgadere
[1]**Brigadier** (Heer) briga'di̯e:
[2]**Brigadier** (Leiter einer Arbeitsbrigade) briga'di̯e:, ...'di:ɐ, **-e** ...'di:rə
Brigadierin briga'di:rın
Brigands *fr.* bri'gã
Brigant[e] bri'gant[ə]
Brigantia bri'gantsi̯a
Brigantine brigan'ti:nə
Brigantinus lacus brigan-'ti:nʊs 'la:kʊs
Brigantium bri'gantsi̯ʊm
Brigg brık
Brig-Glis 'bri:k'gli:s
Briggs *engl.* brıgz
Brigham *engl.* 'brıgəm
Brighella *it.* bri'gɛlla
Brighouse *engl.* 'brıghaʊs
Bright[on] *engl.* braıt[n]
Brigid *engl.* 'brıdʒıd
Brigida 'bri:gida
Brigitta bri'gıta
Brigitte bri'gıtə, *fr.* bri'ʒit
Brignol[l]es brın'jɔl
Brignoni *it.* briɲ'ɲo:ni
Brigue *fr.* brig
Brik *fr., russ.* brik
Brikett bri'kɛt
brikettieren brikɛ'ti:rən
Brikole bri'ko:lə
brikolieren briko'li:rən
Bril *niederl.* brıl
Brilioth *schwed.* 'briliɔt
Brill *dt., engl., niederl.* brıl
brillant, B... brıl'jant
brillante brı'lantə
brillantieren brıljan'ti:rən
Brillantin[e] brıljan'ti:n[ə]
Brillanz brıl'jants
Brillat *fr.* bri'ja
Brille 'brılə
brillieren brıl'ji:rən
Brillonette brıljo'nɛtə
Brillouin *fr.* brij'wɛ̃
Brilon 'bri:lɔn
Brimborium brım'bo:ri̯ʊm
Brimsen 'brımzn̩
Brincken 'brıŋkn̩
Brinckman[n] 'brıŋkman
Brîncoveanu *rumän.* brɨŋko-'ve̯anu
Brîncuși *rumän.* brɨŋ'kuʃj
Brindisi *it.* 'brindizi
Brinell *schwed.* bri'nɛl
bringen 'brıŋən
Brink *afr.* brəŋk, *niederl.* brıŋk
Brinkman *schwed.* 'briŋkman
Brinkmann 'brıŋkman
Brinkmanship 'brıŋkmənʃıp
Brinon *fr.* bri'nõ
Brinton *engl.* 'brıntən
Brinz brınts
Brio 'bri:o
Brioche, -s bri'ɔʃ
Briolетten brio'lɛtn̩
Brioletts brio'lɛts
Brion 'bri:ɔn, 'bri:o:n, *fr.* bri'õ
Brioni *it.* bri'o:ni, *serbokr.* bri.ɔ:ni
brionisch bri'o:nıʃ
brioso bri'o:zo
Briot *fr.* bri'o
brisant bri'zant
Brisanz bri'zants
Brisbane 'brısbe:n, ...bən, *engl.* 'brızbən, ...beın
Briscoe *engl.* 'brıskoʊ
Brise 'bri:zə, *engl.* braıs
Briseis bri'ze:ıs
Brisesoleil *fr.* brizsɔ'lɛj
Brisolett[e] brizo'lɛt[ə]
Brissac *fr.* bri'sak
[1]**Brissago** (Zigarre) brı'sa:go
[2]**Brissago** *it.* bris'sa:go
Brissot *fr.* bri'so
Bristol *engl.* brıstl
Bristow *engl.* 'brıstoʊ
Brisur bri'zu:ɐ
Brit brıt
Britain *engl.* brıtn
Britannia bri'tani̯a, *engl.* brı-'tænıə
Britannicus bri'tanikʊs
Britannien bri'tani̯ən
britannisch bri'tanıʃ
Britannus bri'tanʊs
Brite 'brıtə, 'bri:tə
britisch 'brıtıʃ, 'bri:tıʃ
British *engl.* 'brıtıʃ
British Broadcasting Corporation *engl.* 'brıtıʃ 'brɔ:dkɑ:stıŋ kɔ:pə'reıʃən
British Museum *engl.* 'brıtıʃ mjʊ'zıəm
Britizismus briti'tsısmʊs
Brito *span.* 'brito, *port., bras.* 'britu
Britschka 'brıtʃka
Britta 'brıta, *schwed.* ˌbrita
Britten 'brıtn̩, *engl.* 'brıtən
Britting 'brıtıŋ
Brive-la-Gaillarde *fr.* brivlaga-'jard

B

Brix brɪks, *fr.* bri
Brixen 'brɪksn̩
Brixham *engl.* 'brɪksəm
Brixi *tschech.* 'briksi
Brixlegg brɪks'lɛk
Briza 'bri:tsa
Brizeux *fr.* bri'zø
Brjanka *russ.* 'brjankə
Brjansk *russ.* brjansk
Brjullow *russ.* brju'lɔf
Brjussow *russ.* 'brjusɐf
Brlić *serbokr.* 'br̩litɕ
Brno *tschech.* 'br̩nɔ
Broadcasting 'bro:tka:stɪŋ
Broad Church 'bro:ttʃø:ɐ̯tʃ, ...tʃœrtʃ
Broadmeadows *engl.* 'brɔ:dmɛdoʊz
Broadmoor *engl.* 'brɔ:dmɔ:
Broads *engl.* brɔ:dz
Broadside... 'bro:tzait
Broadway *engl.* 'brɔ:dweɪ
Broadwood *engl.* 'brɔ:dwʊd
Broca *fr.* brɔ'ka
Brocchi *it.* 'brɔkki
Broccoli 'brɔkoli
Brocéliande *fr.* brɔse'ljã:d
Broch brɔx
Broché brɔ'ʃe:
brochieren brɔ'ʃi:rən
Brock *dt., engl.* brɔk
Bröckchen 'brœkçən
Brockdorff 'brɔkdɔrf
bröckelig 'brœkəlɪç, **-e** ...ɪgə
Brockelmann 'brɔkl̩man
bröckeln 'brœkl̩n
brocken, B... 'brɔkn̩
Brockes 'bro:kəs, 'brɔkəs
Brockhaus 'brɔkhaus
bröcklig 'brœklɪç, **-e** ...ɪgə
Brockmann 'brɔkman
Brockton *engl.* 'brɔktən
Brockville *engl.* 'brɔkvɪl
Brod bro:t, *tschech.* brɔt, *serbokr.* brɔ:d
Broda 'bro:da
Brodel 'bro:dl̩
brodeln 'bro:dl̩n ...**dle** ...dlə
Brodem 'bro:dəm
Broder 'bro:dɐ
Broderie brodə'ri:, **-n** ...i:ən
brodieren bro'di:rən
Brodnica *poln.* brɔ'dnitsa
Brodski *russ.* 'brɔtskij
Bródy *ung.* 'bro:di
Brodziński *poln.* brɔ'dʑiski
Broederlam *niederl.* 'brudərlɑm
Broek *niederl.* bruk
Broekhuizen *niederl.* bruk'hœizə
Broer bro:ɐ̯
Brofferio *it.* brof'fɛ:rio
Bröger 'brø:gɐ
[1]**Broglie** (Familienname) *fr.* brɔj
[2]**Broglie** (Ort in Eure) *fr.* brɔ'gli
Brogni *fr.* brɔ'ɲi
Broichweiden bro:x'vaidn̩
Broika 'brɔyka
Broiler 'brɔylɐ
Brok bro:k
Brokat bro'ka:t
Brokatell[e] broka'tɛl[ə]
Brokatello broka'tɛlo
Brokdorf 'brɔkdɔrf, 'bro:k...
Broke *engl.* brʊk
Broken Hill *engl.* 'broʊkən 'hɪl
Broker 'bro:kɐ
Brokkoli 'brɔkoli
Brokoff 'brɔkɔf
Brolsma 'brɔlsma
Brom bro:m
Brombeere 'brɔmbe:rə
Bromberg 'brɔmbɛrk
Brome *engl.* bru:m
Bromelie bro'me:li̯ə
Bromfield *engl.* 'brɔmfi:ld
Bromid bro'mi:t, **-e** ...i:də
bromieren bro'mi:rən
Bromios 'bro:mi̯ɔs
Bromismus bro'mɪsmʊs
Bromit bro'mi:t
Bromley *engl.* 'brɔmlɪ
Bromme 'brɔmə
Bromo *indon.* 'bromo
Bromoderma bromo'dɛrma
Brömsebro *schwed.* brœmsə'bru:
Bromsgrove *engl.* 'brɔmzgroʊv
Bromus 'bro:mʊs
Bronche 'brɔnçə
bronchial brɔn'çi̯a:l
Bronchie 'brɔnçi̯ə
Bronchiektasie brɔnçi̯ɛkta'zi:, **-n** ...i:ən
Bronchiole brɔn'çio:lə
Bronchitis brɔn'çi:tɪs, ...**itiden** ...çi'ti:dn̩
Bronchogramm brɔnço'gram
Bronchopneumonie brɔnçopnɔymo'ni:, **-n** ...i:ən
Bronchoskop brɔnço'sko:p
Bronchoskopie brɔnçosko'pi:, **-n** ...i:ən
Bronchotomie brɔnçoto'mi:, **-n** ...i:ən
Bronchus 'brɔnçʊs
Brøndbyvester-Brøndbyøster *dän.* brœnby'vesdɐbrœnby'ʏsdɐ
Brongniart *fr.* brõ'ɲa:r, brɔ'ɲa:r
Broniewski *poln.* brɔ'njɛfski
Bronikowski broni'kɔfski
Bronislaw 'bro:nɪslaf, *russ.* brɐni'slaf
Bronislawa bronɪs'la:va
Bronn[bach] 'brɔn[bax]
Bronnen 'brɔnən
Bronner 'brɔnɐ
Bronsart 'brɔnzart
Bronschtein *russ.* bran'ʃtjejn
Bronson *engl.* brɔnsn
Bronte *it.* 'bronte
Brontë *engl.* 'brɔntɪ
Brontosaurus brɔnto'zaurʊs, ...**rier** ...ri̯ɐ
Bronx *engl.* brɔŋks
Bronze 'brõ:sə, 'brɔŋsə
bronzen 'brõ:sn̩, 'brɔŋsn̩
bronzieren brõ'si:rən, brɔŋ'...
Bronzino *it.* bron'dzi:no
Bronzit brõ'si:t, brɔŋ'si:t
Broodthaers *niederl.* 'bro:tha:rs
Brook bro:k, *engl.* brʊk
Brooke[s] *engl.* brʊk[s]
Brookfield *engl.* 'brʊkfi:ld
Brookhaven *engl.* brʊk'heɪvən
Brookings *engl.* 'brʊkɪŋz
Brookline *engl.* 'brʊklaɪn
Brooklyn *engl.* 'brʊklɪn
Brookner *engl.* 'brʊknə
Brooks *engl.* brʊks
Broom[e] *engl.* bru:m
Broonzy *engl.* 'bru:nzɪ
Brophy *engl.* 'broʊfɪ
Bror bro:ɐ̯, *schwed.* bru:r
Brosämchen 'bro:zɛ:mçən
Brosame 'bro:za:mə
Brosamer 'bro:za:mɐ
Brosbøll *dän.* 'brɔsbʏl
Brosche 'brɔʃə
Bröschen 'brø:sçən
Broschi *it.* 'brɔski
broschieren brɔ'ʃi:rən
Broschur brɔ'ʃu:ɐ̯
Broschüre brɔ'ʃy:rə
Brösel 'brø:zl̩
Bröselein 'brø:zəlain
bröseln 'brø:zl̩n, ...**sle** 'brø:zlə
Brosio *it.* 'brɔ:zi̯o
Brossage brɔ'sa:ʒə

B

Brossard *fr.* brɔ'sa:r
Brosse[s] *fr.* brɔs
Brosset *fr.* brɔ'sɛ
Brossette *fr.* brɔ'sɛt
brossieren brɔ'si:rən
Broszkiewicz *poln.* brɔʃ'kjɛ-vitʃ
Brot bro:t
Brötchen 'brø:tçən
Brothers *engl.* 'brʌðəz
Brötli 'brø:tli
Brotophilie brotofi'li:
Brotterode brɔtə'ro:də
brotzeln 'brɔtsl̩n
Brouckère *fr.* bru'kɛ:r
Brougham *engl.* brʊm, bru:m, 'bru:əm, 'broʊəm
Broughton *Ort in Northamptonshire* braʊtn, *sonst in England* brɔ:tn
Brouillerie brujə'ri:, **-n** ...i:ən
brouillieren bru'ji:rən
Brouillon bru'jõ:
Brouka *weißruss.* 'broukɐ
Broumov *tschech.* 'brɔumɔf
Brousek *tschech.* 'brɔusɛk
Broussais *fr.* bru'sɛ
Brouwer[s] *niederl.* 'brɔu-wər[s]
Brovik 'bro:vɪk
Browallius *schwed.* bru'valiʊs
Brown braun, *engl.* braʊn
Browne *engl.* braʊn
Brownhills *engl.* 'braʊnhɪlz
Browning *engl.* 'braʊnɪŋ
Brown-Séquard *fr.* brunse-'ka:r, ...kwa:r
Brownsville *engl.* 'braʊnzvɪl
Brownwood *engl.* 'braʊnwʊd
Browser 'brauzɐ
Browsing 'brauzɪŋ
Broye *fr.* brwa
Broz *serbokr.* brɔ:z
Brożek *poln.* 'brɔʒɛk
Brožík *tschech.* 'brɔʒi:k
brr! br̥ *(r̥ = dentaler oder bilabialer Vibrant)*
Brú *fär.* brʉθu
Bruant *fr.* bry'ã
Bruay-en-Artois *fr.* bryɛã-nar'twa
Brubeck *engl.* 'bru:bɛk
Bruce *engl.* bru:s
Brucella bru'tsɛla
Brucellose brutsɛ'lo:zə
[1]**Bruch** (Zerbrochenes) brʊx, **Brüche** 'brʏçə
[2]**Bruch** (Sumpfland) brʊx, *auch:* bru:x, **Brüche** 'brʏçə, *auch:* 'bry:çə
[3]**Bruch** (Name) brʊx, *span.* bruk
Bruchberg 'brʊxbɛrk
Bruche *fr.* bryʃ
Bruchhagen brʊx'ha:gn̩
bruchig 'brʊxɪç, *auch:* 'bru:xɪç, **-e** ...ɪgə
brüchig 'brʏçɪç, **-e** ...ɪgə
Bruchollerie *fr.* bryʃɔl'ri
Bruchsal 'brʊxza:l
Brucin bru'tsi:n
Bruck brʊk
Brück[chen] 'brʏk[çən]
Brücke 'brʏkə
Brücken 'brʏkn̩
Brückenau 'brʏkənau
Brückner 'brʏknɐ, *poln.* 'brɨk-nɛr
Bruck[n]er 'brʊk[n]ɐ
Brüden 'bry:dn̩
Bruder 'bru:dɐ, **Brüder** 'bry:dɐ
Brüderle 'bry:dɐlə
Brudi 'bru:di
Brudziński *poln.* bru'dʑi̯ski
Brueg[h]el 'brɔygl̩, *niederl.* 'brø:ɣəl
Brüel bry:l
Bruerović *serbokr.* bru'ɛ:rɔvitɕ
Brües bry:s
Brueys *fr.* bry'ɛs
Bruges *fr.* bry:ʒ
Brugg brʊk
Brugge *niederl.* 'brʏɣə, *schwed.* ˌbrʊgə
Brügge 'brʏgə
Brüggemann 'brʏgəman
Bruggen *afr.* 'brœxə, *niederl.* 'brʏɣə
Brüggen 'brʏgn̩, *niederl.* 'brʏɣə
Brugger 'brʊgɐ
Brugmann 'bru:kman
Brügnole brʏn'jo:lə
Brugsch brʊkʃ
Brühe 'bry:ə
Bruheim *norw.* ˌbrʉ:hɛi̯m
brühen 'bry:ən
brühheiß 'bry:'hais
brühig 'bry:ɪç, **-e** ...ɪgə
Brühl[mann] 'bry:l[man]
Bruhn[s] bru:n[s]
brühwarm 'bry:'varm
Bruitismus bryi'tɪsmʊs
Brukenthal 'brʊkn̩ta:l
Brukterer 'brʊktərɐ
Brulé *fr.* bry'le
Brulez *niederl.* bry'le:
Brüll brʏl
brüllen 'brʏlən
Brülow 'bry:lo
Brumaire bry'mɛ:r̥
Brum[m]el *fr.* bry'mɛl
Brummell *engl.* 'brʌməl
brummeln 'brʊml̩n
brummen 'brʊmən
Brummen *niederl.* 'brʏmə
Brummi 'brʊmi
brummig 'brʊmɪç, **-e** ...ɪgə
Brun bru:n, *fr.* brœ̃, *norw.* brʉ:n
Brunai *indon.* 'brunai̯
Brunch brantʃ, branʃ
brunchen 'brantʃn̩, 'branʃn̩
Brundage *engl.* 'brʌndɪdʒ
Brundisium brʊn'di:zi̯ʊm
Brune *fr.* bryn
Bruneau *fr.* bry'no
Bruneck bru'nɛk
Brunei *engl.* bru:'naɪ, *indon.* 'brunai̯
Brunel *fr.* bry'nɛl, *engl.* brʊ'nɛl
Brunella bru'nɛla
Brunelle bru'nɛlə
Brünelle bry'nɛlə
Brunelleschi *it.* brunel'leski
Brunellesco *it.* brunel'lesko
Brunet *fr.* bry'nɛ
Brunetière *fr.* bryn'tjɛ:r
brünett bry'nɛt
Brünette bry'nɛtə
Brunetto *it.* bru'netto
Brunfels 'bru:nfɛls
Brunft brʊnft, **Brünfte** 'brʏnftə
brunften 'brʊnftn̩
brunftig 'brʊnftɪç, **-e** ...ɪgə
Brunhild 'bru:nhɪlt, 'brʊn...
Brünhild 'bry:nhɪlt, 'brʏn...
Brunhilde bru:n'hɪldə, brʊn...
Brunholdisstuhl bru:n'hɔldɪs-ʃtu:l, brʊn...
Bruni *dt., it.* 'bru:ni
Brunichilde brunɪ'çɪldə
Brunico *it.* bru'ni:ko
brünieren bry'ni:rən
Brünig 'bry:nɪç
Brüning 'bry:nɪŋ
Brünnchen 'brʏnçən
Brünn[e] 'brʏn[ə]
Brunn[en] 'brʊn[ən]
Brunner 'brʊnɐ
Brunngraber 'brʊngra:bɐ
Bruno *dt., it.* 'bru:no
Brunold 'bru:nɔlt
Brunot *fr.* bry'no
Bruns bru:ns

Brunsburg 'bru:nsbʊrk
Brunsbüttel 'brʊnsbʏtl̩, -'--
Brunsbüttelkoog brʊns-bʏtl̩'ko:k
Brunschvicg *fr.* brœ̃s'vik
Brunshausen brʊns'hau̯zn̩
Brunssum *niederl.* 'brʏnsəm
Brunst brʊnst, **Brünste** 'brʏnstə
Brunstäd 'brʊnʃtɛt
brunsten 'brʊnstn̩
Brunswick 'bru:nsvɪk, *engl.* 'brʌnzwɪk
Brunswik 'brʊnsvi:k
Bruntál *tschech.* 'brunta:l
Bruntje 'bru:ntjə
brunzen 'brʊnt͜sn̩
Brus bru:s
Bruschetta brʊs'kɛta
Brush *engl.* brʌʃ
brüsk brʏsk
brüskieren brʏs'ki:rən
Brusovsky bru'zɔfski
Brussa 'brʊsa
Brussel *niederl.* 'brʏsəl
Brüssel 'brʏsl̩
Brussilow *russ.* bru'silɐf
Brüssler 'brʏslɐ
Brüssow 'brʏso
Brust brʊst, **Brüste** 'brʏstə
Brüstchen 'brʏstçən
brüsten 'brʏstn̩
Brüsterort bry:stɐ'|ɔrt
Brüstung 'brʏstʊŋ
brut brʏt
Brut bru:t
brutal bru'ta:l
brutalisieren brutali'zi:rən
Brutalismus bruta'lɪsmʊs
Brutalität brutali'tɛ:t
Brutalo bru'ta:lo
Brutamonte bruta'mɔntə
brüten 'bry:tn̩
brütig 'bry:tɪç, -e ...ɪgə
Bruto *it.* 'bru:to
Bruton *engl.* bru:tn
Bruttium 'brʊti̯ʊm
brutto 'brʊto
Brutus 'bru:tʊs, *engl.* 'bru:təs
brutzeln 'brʊt͜sl̩n
Bruun *dän.* bru:'n
Brüx brʏks
Bruxelles *fr.* bry'sɛl
Bruxismus brʊ'ksɪsmʊs
Bruxomanie brʊksoma'ni:
Bruyère[s] *fr.* bry'jɛ:r
Bruyn brɔyn, *niederl.* brœi̯n
Bruynèl *niederl.* brœi̯'nɛl
Bruys *niederl.* brœi̯s
Bry bri:
Bryan[t] *engl.* 'braɪən[t]
Bryce *engl.* braɪs
Brycht *poln.* brɨxt
Bryen *fr.* bri'ɛ̃
Bryennios bry'ɛni̯ɔs
Bryll *poln.* brɨl
Bryn Mawr *engl.* brɪn'mɔ:
Bryologie bryolo'gi:
Bryonia bry'o:ni̯a
Bryonie bry'o:ni̯ə
Bryophyt bryo'fy:t
Bryozoon bryo't͜so:ɔn
Brzechwa *poln.* 'bʒɛxfa
Brzeg *poln.* bʒɛk
Brzękowski *poln.* bʒɛŋ'kɔfski
Brześć *poln.* bʒɛɕtɕ
Brzezinski *engl.* bʒɛ'zɪnskɪ
Brzozowski *poln.* bʒɔ'zɔfski
BSE be:|ɛs'|e:
bst! (s = silbisches s)pst
Bub bu:p, **-en** 'bu:bn̩
Buback 'bu:bak
Bubastis bu'bastɪs
Bubblegum 'bablgam
Bübchen 'by:pçən
Bube 'bu:bə
Buben[berg] 'bu:bn̩[bɛrk]
Bubennow *russ.* bubɪn'nɔf
Bubenreuth bu:bn̩'rɔyt
Buber 'bu:bɐ
Büberei by:bə'rai̯
Bubi[kon] 'bu:bi[ko:n]
Bübin 'by:bɪn
Bubis 'bu:bɪs
bübisch 'by:bɪʃ
Büblein 'by:plai̯n
Bubnoff 'bʊbnɔf
Bubnys *lit.* bʊb'ni:s
Bubo 'bu:bo, **-nen** bu'bo:nən
Buçaco *port.* bu'saku
Buca[k] *türk.* 'budʒɑ[k]
Bucaramanga *span.* bukara-'maŋga
Bucchero... 'bʊkero...
Buccina 'bʊkt͜sina, **...nae** ...nɛ
Buccleuch *engl.* bə'klu:
Bucegi *rumän.* bu'tʃedʒ
Bucelin 'bʊt͜səli:n
Bucephalus bu't͜se:falʊs
Bucer 'bʊt͜sɐ
Buch bu:x, **Bücher** 'by:çɐ
Buchanan *engl.* bju:'kænən
Buchan[s] *engl.* 'bʌkən[z]
Buchara bu'xa:ra, *russ.* buxa'ra
Buchare bu'xa:rə
Bucharei buxa'rai̯
Buchari bu'xa:ri
Bucharin *russ.* bu'xarin
Buchau 'bu:xau̯
Buchberger 'bu:xbɛrgɐ
Buchbinder 'bu:xbɪndɐ
Buchbinderei bu:xbɪndə'rai̯
buchbindern 'bu:xbɪndɐn, **...dre** ...drə
Buchdruckerei bu:xdrʊkə'rai̯
Buche 'bu:xə
Buchel 'bu:xl̩
Büchelchen 'by:çl̩çən
Bücheler 'by:çəlɐ
buchen, B... 'bu:xn̩
Buchenland 'bu:xn̩lant
buchenländisch 'bu:xn̩lɛndɪʃ
Buchenwald 'bu:xn̩valt
Bucher 'bu:xɐ
[1]**Bücher** vgl. Buch
[2]**Bücher** (Name) 'by:çɐ
Bücherei by:çə'rai̯
Buchet *fr.* by'ʃɛ
Buchez *fr.* by'ʃe
Buchheim 'bu:xhai̯m
Buchheister 'bu:xhai̯stɐ
Buchholtz 'bu:xhɔlt͜s, *dän.* 'bughɔl'ds
Buchholz[er] 'bu:xhɔlt͜s[ɐ]
Büchi 'by:çi
Buchis 'bu:xɪs
Büchlein 'by:çlai̯n
Buchloe 'bu:xlo:ə
Buchman 'bu:xman, *engl.* 'bʌkmən
Buchmann 'bu:xman
Büchmann 'by:çman
Buchner 'bu:xnɐ
Büchner 'by:çnɐ
Buchol[t]z 'bu:xɔlt͜s
Buchs[baum] 'bʊks[bau̯m]
Büchschen 'bʏksçən
Buchse 'bʊksə
Büchse 'bʏksə
Buchser 'bʊksɐ
Buchstabe 'bu:xʃta:bə
buchstabieren bu:xʃta'bi:rən
buchstäblich 'bu:xʃtɛ:plɪç
Bucht bʊxt, *schwed.* bʊkt
Buchtarma *russ.* buxtar'ma
Buchtel 'bʊxtl̩
Büchtger 'bʏçtgɐ
buchtig 'bʊxtɪç, -e ...ɪgə
Bucina 'bu:t͜sina, **...nae** ...nɛ
Bucintoro butʃɪn'to:ro
Buck *engl.* bʌk, *dän.* bug
Bückeberge 'bʏkəbɛrgə
Bückeburg 'bʏkəbʊrk
Buckel 'bʊkl̩
buckelig 'bʊkəlɪç, -e ...ɪgə
buckeln 'bʊkl̩n

B

bücken, B... ˈbʏkn̩
Buckerl ˈbʊkɐl
Buckingham[shire] *engl.* ˈbʌkɪŋəm[ʃɪə]
Buckinx *niederl.* ˈbʏkɪŋks
Buckland *engl.* ˈbʌklənd
Bucklaw *engl.* ˈbʌklɔ:
Buckle *engl.* bʌkl
bucklig ˈbʊklɪç, **-e** ...ɪɡə
Bückling ˈbʏklɪŋ
Buckner *engl.* ˈbʌknə
Buckow ˈbʊko, ˈbu:ko
Buckram ˈbʊkram
Bucks *engl.* bʌks
Buckskin ˈbʊkskɪn
Buckwitz ˈbʊkvɪts
Bucky ˈbʊki
Bucovina *rumän.* bukoˈvina
București *rumän.* bukuˈreʃtj
Bucyrus *engl.* bju:ˈsaɪərəs
Buczkowski *poln.* butʃˈkɔfski
Buda ˈbu:da, *ung.* ˈbudɔ
Budai *rumän.* ˈbudai̯, *ung.* ˈbudɔi
Budak *serbokr.* ˈbuda:k
Budanzew *russ.* buˈdantsəf
Budapest ˈbu:dapɛst, *ung.* ˈbudɔpɛʃt
Būdavas *lit.* ˌbu:davas
Büdchen ˈby:tçən
Budd *engl.* bʌd
Buddel ˈbʊdl̩
Buddelei bʊdəˈlai̯
buddeln ˈbʊdl̩n, **buddle** ˈbʊdlə
Buddenbrooks ˈbʊdn̩bro:ks
Buddha ˈbʊda
Buddhismus bʊˈdɪsmʊs
Buddhist bʊˈdɪst
Buddingh' *niederl.* ˈbʏdɪŋ
buddisieren bʊdiˈzi:rən
Buddleia bʊˈdlai̯a
Buddleja bʊˈdle:ja
Buddy ˈbadi
Bude ˈbu:də, *engl.* bju:d
Budé *fr.* byˈde
Budějovice *tschech.* ˈbudjɛjɔvitsɛ
Budel ˈbu:dl̩, *niederl.* ˈbydəl
Büdelsdorf ˈby:dl̩sdɔrf
Budenz ˈbu:dɛnts
Büderich ˈby:dərɪç
Buderus buˈde:rʊs
Budge[ll] *engl.* bʌdʒ[l]
Budget byˈdʒe:
budgetär bydʒeˈtɛ:ɐ̯
budgetieren bydʒeˈti:rən
Budike buˈdi:kə
Büdingen ˈby:dɪŋən
Budjonny *russ.* buˈdjɔnnɨj

Büdner ˈby:dnɐ
Budo ˈbu:do
Budoja buˈdo:ja
Budoka buˈdo:ka
Budschak *russ.* budˈʒak
Budweis ˈbʊtvai̯s
Buea *engl.* bu:ˈeɪə
Buena Park *engl.* ˈbweɪnə ˈpɑ:k
Buenaventura *span.* bu̯enaβenˈtura
Buenavista *span.* bu̯enaˈβista
Buenco ˈbu̯ɛŋko
Buendía *span.* bu̯enˈdia
Buenos Aires ˈbu̯e:nɔs ˈai̯rɛs, *span.* ˈbu̯enos ˈai̯res
Buen Retiro ˈbu̯ɛn reˈti:ro, *span.* ˈbu̯en rrɛˈtiro
Buer bu:ɐ̯
Bueren ˈby:rən
Buero *span.* ˈbu̯ero
Büfett byˈfɛt
Büfettier byfɛˈti̯e:
Buff[a] ˈbʊf[a]
Buffalo ˈbafəlo, *engl.* ˈbʌfəloʊ
Büffel ˈbʏfl̩
Büffelei bʏfəˈlai̯
büffeln ˈbʏfl̩n
Buffet bʏˈfe:, *fr.* byˈfɛ
Büffet bʏˈfe:
Buffo ˈbʊfo, **Buffi** ˈbʊfi
Buffon *fr.* byˈfõ
buffonesk bʊfoˈnɛsk
Buffonist bʊfoˈnɪst
Bufotalin bufotaˈli:n
[1]**Bug** (Schiffsvorderteil) bu:k, **Büge** ˈby:ɡə
[2]**Bug** (Name) bu:k, *russ.*, *poln.* buk
Buga *span.* ˈbuɣa
Buganda buˈɡanda
Bugat[t]i buˈɡati, *fr.* byɡaˈti
Bugeaud *fr.* byˈʒo
Bügel ˈby:ɡl̩
bügeln ˈby:ɡl̩n, **bügle** ˈby:ɡlə
Bugenhagen ˈbu:ɡn̩ha:ɡn̩
Bugey *fr.* byˈʒɛ
Bugge *norw.* ˌbʉɡə
Buggy ˈbagi
Bugi ˈbu:ɡi
Bugiardini *it.* budʒarˈdi:ni
Buginese buɡiˈne:zə
Buğra *türk.* bu:ˈrɑ
bugsieren bʊˈksi:rən
Bugspriet ˈbu:kʃpri:t
Bugulma *russ.* buɡulˈma
Buguruslan *russ.* buɡurusˈlan
buh, B... bu:
Buhei buˈhai̯

Bühel ˈby:əl
buhen ˈbu:ən
Buhen ˈbu:hɛn
Buhl bu:l, *dän.* bu:ˈl
Bühl by:l
Buhle ˈbu:lə
buhlen, B... ˈbu:lən
Bühler ˈby:lɐ
Buhlerei bu:ləˈrai̯
Buhne ˈbu:nə
Bühne ˈby:nə
Bührer ˈby:rɐ
Buhturi ˈbʊxturi
Buhurt ˈbu:hʊrt
Buhuși *rumän.* buˈhuʃj
Buiatrik buˈja:trɪk
Buick *engl.* ˈbju:ɪk, bjʊɪk
Bui-Hu'u-Nghia *vietn.* bui̯ hɨu̯ ŋie̯ 355
Builder ˈbɪldɐ
Building ˈbɪldɪŋ
Buin buˈi:n
Buinaxk *russ.* bujˈnaksk
Buisson *fr.* bu̯iˈsõ
Buitenzorg *niederl.* ˈbœi̯tənzɔrx
Bujide buˈji:də
Bujumbura buʒʊmˈbu:ra, buj..., *fr.* buʒumbuˈra
buk, Buk bu:k
Buka *engl.* ˈbu:kə
Bukanier buˈka:ni̯ɐ, *auch:* bukaˈni:ɐ̯
Bukarest ˈbu:karɛst
Bukavu *fr.* bukaˈvu
büke ˈby:kə
Buke ˈbu:kə
Bukentaur bukɛnˈtau̯ɐ
Bukephalos buˈke:falɔs
Bukett buˈkɛt
Bukinist bukiˈnɪst
Bukittinggi *indon.* bukɪtˈtɪŋɡi
Bükk *ung.* bykk
bukkal bʊˈka:l
Buklee buˈkle:
Buko ˈbu:ko
Bukolik buˈko:lɪk
Bukoliker buˈko:likɐ
bukolisch buˈko:lɪʃ
Bukowina bukoˈvi:na
Bukowski *engl.* bjʊˈkɔvskɪ, *russ.* buˈkɔfskij
Bukranion buˈkra:ni̯ɔn, **...nien** ...ni̯ən
Buktenica *serbokr.* bukˌtɛnitsa
Bülach ˈby:lax
Bulat *russ.* buˈlat
Bulatović *serbokr.* ˌbulatɔvitɕ
Bulawayo *engl.* bʊləˈweɪoʊ

Bulawin *russ.* buˈlavin
bulbär bʊlˈbɛ:ɐ̯
Bulbi vgl. Bulbus
bulboid bʊlboˈi:t, **-e** ...i:də
bulbös bʊlˈbø:s, **-e** ...ø:zə
Bülbül ˈbʏlbʏl
Bulbus ˈbʊlbʊs, **...bi** ...bi
Bule buˈle:
Bulette buˈlɛtə
Bulfinch *engl.* ˈbʊlfɪntʃ
Bulgakow *russ.* bulˈgakɐf
Bulganin *russ.* bulˈganin
Bulgare bʊlˈga:rə
Bulgarien bʊlˈga:ri̯ən
bulgarisch bʊlˈga:rɪʃ
Bulgur ˈbʊlgʊr
Bulimie buliˈmi:
bulimisch buˈli:mɪʃ
Bulin[e] buˈli:n[ə]
Bülk bʏlk
Bulk... ˈbʊlk...
Bulkcarrier ˈbalkkɛri̯ɐ
Bulkladung ˈbʊlkla:dʊŋ
Bull *engl.* bʊl, *norw.* bʉl, *fr.* byl
Bulla ˈbʊla, **...ae** ...ˈbʊlɛ
Bullant *fr.* byˈlã
Bullarium bʊˈla:ri̯ʊm, **...ien** ...i̯ən
Bullauge ˈbʊl|augə
Bulldog® ˈbʊldɔk
Bulldogge ˈbʊldɔgə
Bulldozer ˈbʊldo:zɐ
[1]**Bulle** ˈbʊlə
[2]**Bulle** (Name) *fr.* byl
bullerig ˈbʊlərɪç, **-e** ...ɪgə
bullern ˈbʊlɐn
Bulletin bʏlˈtɛ̃:
Bullfinch ˈbʊlfɪntʃ
bullig ˈbʊlɪç **-e** ...ɪgə
Bullinger ˈbʊlɪŋɐ
Bullins *engl.* ˈbʊlɪnz
Bullion ˈbʊli̯ən
Bullitt *engl.* ˈbʊlɪt
Bullock *engl.* ˈbʊlək
bullös bʊˈlø:s, **-e** ...ø:zə
bullosus bʊˈlo:zʊs
bullrig ˈbʊlrɪç, **-e** ...ɪgə
Bull Run *engl.* ˈbʊl ˈrʌn
Bullterrier ˈbʊltɛri̯ɐ
Bully ˈbʊli
Bully-les-Mines *fr.* bylileˈmin
Bulmahn bʊlˈma:n
Bülow ˈby:lo
Bülte ˈbʏltə
Bult[haupt] ˈbʊlt[haupt]
Bultmann ˈbʊltman
Bulwer *engl.* ˈbʊlwə
bum, bum! ˈbʊm ˈbʊm
bum! bʊm
Bumbass ˈbʊmbas
Bumboot ˈbʊmbo:t
Bumbry *engl.* ˈbʌmbrɪ
Bumbum bʊmˈbʊm
Bumerang ˈbu:məraŋ, *auch:* ˈbʊm...
Bumke ˈbʊmkə
Bumm bʊm
Bummel ˈbʊml̩
Bummelant bʊməˈlant
Bummelei bʊməˈlai̯
bummeln ˈbʊmln̩
Bummerl ˈbʊmɐl
bummern ˈbʊmɐn
Bummler ˈbʊmlɐ
bummlig ˈbʊmlɪç, **-e** ...ɪgə
bums! bʊms
bumsen ˈbʊmzn̩, **bums!** bʊms, **bumst** bʊmst
Buna® ˈbu:na
Bunbury *engl.* ˈbʌnbərɪ
Bunčák *slowak.* ˈbuntʃa:k
Bunche *engl.* bʌntʃ
Bund bʊnt, **-es** ˈbʊndəs, **Bünde** ˈbʏndə
Bunda ˈbʊnda
Bundahischn ˈbʊndahɪʃn̩
Bündchen ˈbʏntçən
Bünde ˈbʏndə
Bündel ˈbʏndl̩
Bündelei bʏndəˈlai̯
Bünden ˈbʏndn̩
bündig ˈbʏndɪç, **-e** ...ɪgə
bündisch bʏndɪʃ
Bündner ˈbʏndnɐ
bündnerisch ˈbʏndnərɪʃ
Bündnis ˈbʏntnɪs, **-se** ...ɪsə
Bundy *engl.* ˈbʌndɪ
Bungalow ˈbʊŋgalo
Bunge ˈbʊŋə
Bungee-Jumping ˈbandʒi-dʒampɪŋ
Bungsberg ˈbʊŋsbɛrk
Bunguran *indon.* buˈŋuran
Bunić *serbokr.* ˌbunitɕ
Bunin *russ.* ˈbunin
Bunje ˈbʊnjə
Bunker ˈbʊŋkɐ
Bunker Hill *engl.* ˈbʌŋkə ˈhɪl
bunkern ˈbʊŋkɐn
Bünning ˈbʏnɪŋ
Bunny ˈbani
Bunraku ˈbʊnraku
Bunsen ˈbʊnzn̩
bunt bʊnt
Bunte ˈbʊntə
Bunting *engl.* ˈbʌntɪŋ
Buñuel *span.* buˈɲu̯ɛl
Bunyan *engl.* ˈbʌnjən
Bunyoro bʊnˈjo:ro
Bunzlau ˈbʊntslau̯
Bünzli ˈbʏntsli
Buochs ˈbu:ɔks
Buol ˈbu:ɔl
Buon *it.* bu̯ɔn
Buonaccorsi *it.* bu̯onakˈkorsi
Buonaiuti *it.* bu̯onaˈi̯u:ti
Buonaparte *it.* bu̯onaˈparte
Buonarroti *it.* bu̯onarˈrɔ:ti
Buoncompagni *it.* bu̯oŋkom-ˈpaɲɲi
Buondelmonte *it.* bu̯ondel-ˈmonte
Buono *it.* ˈbu̯ɔ:no
Buononcini *it.* bu̯ononˈtʃi:ni
Buontalenti *it.* bu̯ontaˈlɛnti
Buonvicini *it.* bu̯onviˈtʃi:ni
Buphthalmie bʊftalˈmi:, **-n** ...i:ən
Buphthalmus bʊfˈtalmʊs
Buquoy buˈko̯a, by...
Büraburg ˈby:rabʊrk
Buraida buˈrai̯da
Buraimi buˈrai̯mi
Burak *türk.* buˈrɑk
Buran buˈra:n
Burano *it.* buˈra:no
Burattino buraˈti:no, **...ni** ...ni
Burbach ˈbu:ɐ̯bax
Burbage *engl.* ˈbə:bɪdʒ
Burbank *engl.* ˈbə:bæŋk
Burberry® ˈbø:ɐ̯bəri, ˈbœrb...
Burchard ˈbʊrçart
Burchiello *it.* burˈki̯ɛllo
Burck[hardt] ˈbʊrk[hart]
Burda[ch] ˈbʊrda[x]
Búrdalo *span.* ˈburðalo
Bürde ˈbʏrdə
Burdett[e] *engl.* bə[:]ˈdɛt
Burdo ˈbʊrdo, **-nen** bʊr-ˈdo:nən
Burdur *türk.* ˈburdur
Burdwan *engl.* bʊədˈwɑ:n
Bure ˈbu:rə
Bureau byˈro:
Bureja *russ.* burɪˈja
Buren *niederl.* ˈby:rə, *fr.* byˈrɛn
Büren ˈby:rən
Buresch ˈbu:rɛʃ
Bürette byˈrɛtə
Burg bʊrk, **-en** ˈbʊrgn̩
Burga ˈbʊrga
Burgas *bulgar.* burˈgas
Burgau ˈbʊrgau̯
Burgbernheim bʊrkˈbɛrn-hai̯m

B

Burgdorf ˈbʊrkdɔrf
Bürge ˈbʏrgə
Burgel ˈbʊrgl̩
Bürgel ˈbʏrgl̩
Burgen[land] ˈbʊrgn̩[lant]
Bürgenstock ˈbʏrgn̩ʃtɔk
Burger ˈbʊrgɐ
Bürger ˈbʏrgɐ
bürgerlich ˈbʏrgɐlɪç
Bürgermeister ˈbʏrgɐmai̯stɐ, *auch:* --ˈ--
Burgess *engl.* ˈbə:dʒɪs
Burgfelden bʊrkˈfɛldn̩
Burgfried ˈbʊrkfri:t, **-e** ...i:də
Burgh *engl.* bə:g, ˈbʌrə, *niederl.* bʏrx
Burghard ˈbʊrkhart
Burghausen bʊrkˈhau̯zn̩
Burgheim ˈbʊrkhai̯m
Burghers *engl.* ˈbə:gəz
Burghild ˈbʊrkhɪlt
Burghilde bʊrkˈhɪldə
Burghley *engl.* ˈbə:lɪ
Bürgi ˈbʏrgi
Burgiba bʊrˈgi:ba
Bürgin (Name) ˈbʏrgi:n
Burgk bʊrk
Burgkmair ˈbʊrkmai̯ɐ
Burgkunstadt bʊrkˈkʊnʃtat
Bürglen ˈbʏrglən
Burglengenfeld bʊrkˈlɛŋənfɛlt
Burgos ˈbʊrgɔs, *span.* ˈburɣos
Burgoyne *engl.* ˈbə:gɔɪn, -ˈ-
Burgsdorf[f] ˈbʊrksdɔrf
Burgstädt ˈbʊrkʃtɛt
Burgstall[er] ˈbʊrkʃtal[ɐ]
Burgsteinfurt bʊrkˈʃtai̯nfʊrt
Burgstemmen bʊrkˈʃtɛmən
Burgtonna bʊrkˈtɔna
Burgund bʊrˈgʊnt
Burgunder bʊrˈgʊndɐ
burgundisch bʊrˈgʊndɪʃ
Burgwald ˈbʊrkvalt
Burian *tschech.* ˈburijan
Buri[dan] ˈbu:ri[dan]
burisch ˈbu:rɪʃ
Burjate bʊrˈja:tə
Burjäte bʊrˈjɛ:tə
Burk[art] ˈbʊrk[art]
Burkburnett *engl.* bə:kbə[:]ˈnɛt
Burke *engl.* bə:k
Bürkel ˈbʏrkl̩
Burkhard[t] ˈbʊrkhart
Burkhart ˈbʊrkhart
Burkheim ˈbʊrkhai̯m
Burkina Faso bʊrˈki:na ˈfa:zo
Burkiner bʊrˈki:nɐ
burkinisch bʊrˈki:nɪʃ
Burkitt *engl.* ˈbə:kɪt
Bürklein ˈbʏrklai̯n
Bürkli ˈbʏrkli
Bürkner ˈbʏrknɐ
Burlak bʊrˈla:k
Burleigh *engl.* ˈbə:lɪ
burlesk bʊrˈlɛsk
Burleske bʊrˈlɛskə
Burleson *engl.* ˈbə:lɪsən
Burletta bʊrˈlɛta
Burley *engl.* ˈbə:lɪ
Burlingame *engl.* ˈbə:lɪŋgeɪm
Burlington *engl.* ˈbə:lɪŋtən
Burliuk *engl.* bə:ˈlju:k
Burma ˈbʊrma
Burman *engl.* ˈbə:mən
Burmane bʊrˈma:nə
burmanisch bʊrˈma:nɪʃ
Burmeister ˈbu:ɐ̯mai̯stɐ
Burmese bʊrˈme:zə
burmesisch bʊrˈme:zɪʃ
Burmester ˈbu:rmɛstɐ
Burnacini *it.* burnaˈtʃi:ni
Burnand *fr.* byrˈnɑ̃
Burne[t] *engl.* ˈbə:n[ɪt]
Burnett *engl.* bə[:]ˈnɛt, ˈbə:nɪt
Burney *engl.* ˈbə:nɪ
Burnham *engl.* ˈbə:nəm
Burnie *engl.* ˈbə:nɪ
Burnitz ˈbʊrnɪts
Burnley *engl.* ˈbə:nlɪ
Burnouf *fr.* byrˈnuf
Burn-out ˈbø:ɐ̯n|au̯t, ˈbœrn...
Burns *engl.* bə:nz
Burnside *engl.* ˈbə:nsaɪd
Burnsville *engl.* ˈbə:nzvɪl
Burnus ˈbʊrnʊs, **-se** ...ʊsə
Büro byˈro:
Bürokrat byroˈkra:t
Bürokratie byrokraˈti:, **-n** ...i:ən
bürokratisieren byrokratiˈzi:rən
Bürokratismus byrokraˈtɪsmʊs
Bürokratius byroˈkra:tsi̯ʊs
Bürolist byroˈlɪst
Buron *fr.* byˈrõ
Bürotel byroˈtɛl
Burr *engl.* bə:
Bürresheim ˈbʏrəshai̯m
Burriana *span.* buˈrri̯ana
Burrillville *engl.* ˈbʌrəlvɪl
Burrough[s] *engl.* ˈbʌroʊ[z]
[1]Bursa ˈbʊrza, **-e** ...zɛ
[2]Bursa *türk.* ˈbursɑ
Bürschchen ˈbʏrʃçən
Bursch[e] ˈbʊrʃ[ə]
Burscheid ˈbu:ɐ̯ʃai̯t
burschikos bʊrʃiˈko:s, **-e** ...o:zə
Burschikosität bʊrʃikoziˈtɛ:t
Burse ˈbʊrzə
Bursfelde bʊrsˈfɛldə
Bursitis bʊrˈzi:tɪs, **...itiden** ...ziˈti:dn̩
Burssens *niederl.* ˈbʏrsəns
Burst bø:ɐ̯st, bœrst
Bürstadt ˈby:ɐ̯ʃtat
Bürstchen ˈbʏrstçən
Bürste ˈbʏrstə
Burstyn *engl.* ˈbə:stɪn
Burte ˈbʊrtə
...bürtig ....bʏrtɪç, **-e** ...ɪgə
Burton *engl.* bə:tn
Burtscheid ˈbʊrtʃai̯t
Buru *indon.* ˈburu
Burundi buˈrʊndi
Burund[i]er buˈrʊnd[i̯]ɐ
burundisch buˈrʊndɪʃ
Burwood *engl.* ˈbə:wʊd
Bury ˈbu:ri, *engl. Familienname* ˈbjʊərɪ, ˈbɛrɪ, *engl. Ortsname* ˈbɛrɪ, *fr.* byˈri
Buryja ˈbu:rija
Bury Saint Edmunds *engl.* ˈbɛrɪ sɪnt ˈɛdməndz
Bürzel ˈbʏrtsl̩
Burzenland ˈbʊrtsn̩lant
Burzew *russ.* ˈburtsəf
Bus (Auto) bʊs, **-se** ˈbʊsə
Busbecq *fr.* bysˈbɛk
Busch bʊʃ, **Büsche** ˈbʏʃə
Buschan ˈbʊʃan
Buschehr *pers.* buˈʃehr
Büschel ˈbʏʃl̩
Buschen ˈbʊʃn̩
Büscher ˈbʏʃɐ
Buschido bʊˈʃi:do
Büsching ˈbʏʃɪŋ
Buschir buˈʃi:ɐ̯
Buschmann ˈbʊʃman
Buschor ˈbʊʃo:ɐ̯
Büse ˈby:zə
Busen ˈbu:zn̩
Busenbaum ˈbu:zn̩bau̯m
Busenello *it.* buzeˈnɛllo
Busento *it.* buˈsɛnto
Bushat *alban.* buˈʃat
Bush[bury] *engl.* ˈbʊʃ[bərɪ]
Bushel ˈbʊʃl̩
Bush[e]y *engl.* ˈbʊʃɪ
Busianis *neugr.* buˈzjanis
busig ˈbu:zɪç, **-e** ...ɪgə
Business ˈbɪznɪs, ...nɛs
Busing ˈbasɪŋ
Büsingen ˈby:zɪŋən
Busiris buˈzi:rɪs

Bụsken Huẹt *niederl.* ˈbʏskə hyˈɛt
Buskerud *norw.* ˌbʉskərʉ:
Bụsko Zdrój *poln.* ˈbuskɔ ˈzdruj
Busnois *fr.* byˈnwa
Bu̲solt ˈbu:zɔlt
Buso̲ni *it.* buˈzo:ni
bụsper ˈbʊspɐ
Bụß bʊs
Bụssard ˈbʊsart, **-e** ...rdə
Bu̲ße ˈbu:sə
Bụsse ˈbʊsə
Bụssel ˈbʊsl̩
bụsseln ˈbʊsl̩n
bü̲ßen ˈby:sn̩
Bụssen ˈbʊsn̩
Busse̲r *fr.* byˈsɛ:r
Bụsserl ˈbʊsɐl
Bụssing ˈbasɪŋ
Bụ̈ssing ˈbʏsɪŋ
Busso̲le bʊˈso:lə
Bussọtti *it.* busˈsɔtti
Bussum *niederl.* ˈbʏsəm
Bussy *fr.* byˈsi
Bụsta ˈbʊsta
Bustamạnte *span.* busta-ˈmante
Busta̲ni bʊsˈta:ni
Bụ̈ste ˈbʏstə
Bustẹlli bʊsˈtɛli
Buster *engl.* ˈbʌstə
Bụsti *it.* ˈbusti
Bustie̲r bʏsˈti̯e:
Bụsto *it., span.* ˈbusto
Busto̲rius bʊsˈto:ri̯ʊs
Bustrophedọn bʊstrofeˈdɔn
Busu̲ki buˈzu:ki
Busulụk *russ.* buzuˈluk
Bü̲sum ˈby:zʊm
Butadie̲n butaˈdi̯e:n
Buta̲n buˈta:n
Butano̲l butaˈno:l
Butarẹ *fr.* butaˈre
bụtch bʊtʃ
Bụtcher *engl.* ˈbʊtʃə
Bute *engl.* bju:t
bu̲ten ˈbu:tn̩
Bute̲n buˈte:n
Bu̲tenandt ˈbu:tənant
Bu̲teo ˈbu:teo
Buthelezi *engl.* bu:təˈleɪzɪ
Buti̲ke buˈti:kə
Buti̲ker buˈti:kɐ
Buti̲n buˈti:n
Butino̲ne *it.* butiˈno:ne
Butja̲dingen bʊtˈja:dɪŋən
[1]**Butler** (Diener) ˈbatlɐ, *auch:* ˈbœtlɐ
[2]**Bụtler** (Name) ˈbʊtlɐ, *engl.* ˈbʌtlə
Bụtlerow *russ.* ˈbutlɪrəf
Bụtmir *serbokr.* ˈbutmir
Bu̲to[mus] ˈbu:to[mʊs]
Buto̲r *fr.* byˈtɔ:r
Bü̲tow ˈby:to
Butrịnt *alban.* buˈtrint
Bụtscher ˈbʊtʃɐ
Bụ̈tschli ˈbʏtʃli
Bụtskopf ˈbʊtskɔpf
Bụtt bʊt, *engl.* bʌt
Bụ̈tt bʏt
Bụtte ˈbʊtə, *fr.* byt, *engl.* bju:t
Bụ̈tte ˈbʏtə
Bụttel ˈbʊtl̩
Bụ̈ttel ˈbʏtl̩
Bụ̈tten ˈbʏtn̩
Bụtter ˈbʊtɐ, *engl.* ˈbʌtɐ
Butterfield *engl.* ˈbʌtəfi:ld
Butterfly ˈbatɐflai̯
bụtterig ˈbʊtərɪç, **-e** ...ɪgə
bụttern ˈbʊtɐn
bụtterwe̲ich ˈbʊtɐˈvai̯ç
Butterworth *engl.* ˈbʌtəwə[:]θ
Bụtti *it.* ˈbutti
Bụtting ˈbʊtɪŋ
Bụttje ˈbʊtjə
Bụttjer ˈbʊtjɐ
Bụttlar ˈbʊtlar
Bụttler ˈbʊtlɐ
Bụ̈ttner ˈbʏtnɐ
Button ˈbatn̩
Button-down-... ˈbatn̩ˈdau̯n...
bụttrig ˈbʊtrɪç, **-e** ...ɪgə
Butts *engl.* bʌts
Bụttstädt, ...stedt ˈbʊtʃtɛt
Bụtung *indon.* ˈbutʊŋ
Buturlịn *russ.* buturˈlin
Buty̲l buˈty:l
Butyle̲n butyˈle:n
Butyra̲t butyˈra:t
Butyrome̲ter butyroˈme:tɐ
Bụtz[bach] ˈbʊts[bax]
Bụ̈tzchen ˈbʏtsçən
Bụtze ˈbʊtsə
bụ̈tzen ˈbʏtsn
Bụtzen ˈbʊtsn̩
Bụtzer ˈbʊtsɐ
Bü̲tzow ˈbʏtso, ˈby:tso
Buus *niederl.* bys
Buvẹtte byˈvɛtə
Bụ̈x bʏks
Bụxbaum ˈbʊksbau̯m
Bụxe ˈbʊksə
Bụxheim ˈbʊkshai̯m
Buxtehu̲de bʊkstəˈhu:də
Buxton *engl.* ˈbʌkstən
Bụxtorf ˈbʊkstɔrf
Bụxu *span.* ˈbuksu
Bụxus ˈbʊksʊs
Buyck bɔy̯k
Buy-out ˈbai̯|au̯t
Buyoya̲ *fr.* bujɔˈja
Buys[se] *niederl.* ˈbœi̯s[ə]
Buytewech *niederl.* ˈbœi̯təwɛx
Buzău *rumän.* buˈzəu̯
Buzentau̲r butsɛnˈtau̯ɐ
Buze̲phalus buˈtse:falʊs
Buzụk *alban.* buˈzuk
Buzza̲ti *it.* budˈdza:ti
By̲ *schwed.* by:
Byatt *engl.* ˈbaɪət
By̲blos ˈby:blɔs
Bý̲čí Skála *tschech.* ˈbi:tʃi: ˈska:la
Byck *rumän.* bik
Bỵdgoszcz *poln.* ˈbɨdgɔʃtʃ
bye-bye ˈbai̯ˈbai̯
Bỵgdin *norw.* ˌbygdin
Bỵgdøy *norw.* ˌbygdœi̯
Bỵgholm *dän.* ˈbyghɔlˀm
Bỵkau *weißruss.* ˈbɨkɐu̯
Bykọwski *russ.* bɨˈkɔfskij
Bylany *tschech.* ˈbilani
Byli̲ne byˈli:nə
Bylot *engl.* ˈbaɪlɔt
Byng *engl.* bɪŋ
Bynner *engl.* ˈbɪnə
Byns *niederl.* bɛi̯ns
Bypass ˈbai̯pas, **...pässe** ...pɛsə
Byrd[e] *engl.* bə:d
Bỵrgius ˈbʏrgi̯ʊs
Byrn[e]s *engl.* bə:nz
Byrom *engl.* ˈbaɪərəm
Byron ˈbai̯rən, *engl.* ˈbaɪərən
Byronịsmus bai̯roˈnɪsmʊs
Byrrạnga *russ.* bɨrˈrangɐ
Bỵssus ˈbʏsʊs
Bỵström *schwed.* ˌby:strœm
Bystrzỵca [Kłọdzka] *poln.* bɨʃtʃˈʃɨtsa [ˈku̯ɔtska]
Byte bai̯t
Bỵtom *poln.* ˈbɨtɔm
Bỵtów *poln.* ˈbɨtuf
Byzanti̲ner bytsanˈti:nɐ
byzanti̲nisch bytsanˈti:nɪʃ
Byzantinịsmus bytsantiˈnɪs-mʊs
Byzantinịst[ik] bytsanti-ˈnɪst[ɪk]
Byzantinologie̲ bytsantino-loˈgi:
Byzạntion byˈtsanti̯ɔn
Byzạntium byˈtsantsi̯ʊm
Byzạnz byˈtsants
Bzụra *poln.* ˈbzura

C c C

c, C tse:, *engl.* si:, *fr.* se, *it.* tʃi, *span.* θe
č, Č tʃe:
Caaguazú *span.* kaaɣu̯a'θu
Caamaño *span.* kaa'maɲo
Caazapá *span.* kaaθa'pa
Cab kɛp
Caboletta kaba'lɛta
Caballé *span.* kaβa'ʎe
Caballero kabal'je:ro, *auch:* kava...
Caban ka'bã:
Cabanel *fr.* kaba'nɛl
Cabanilles *span.* kaβa'niʎes
Cabanis *fr.* kaba'nis
Cabanossi kaba'nɔsi
Cabaret kaba're:
Cabat *fr.* ka'ba
Cabcart 'kɛpka:ɐ̯t
Cabell *engl.* kæbl
Cabet *fr.* ka'bɛ
Cabeza de Vaca *span.* ka'βeθa ðe 'βaka
Cabezón *span.* kaβe'θɔn
Cabimas *span.* ka'βimas
Cabinda *port.* kɐ'βindɐ
Cable... ke:bl̩...
Cabo *span.* 'kaβo, *port.* 'kaβu, *bras.* 'kabu
Cabochiens *fr.* kabɔ'ʃjɛ̃
Cabochon kabɔ'ʃõ:
Caboclo ka'bɔklo, *bras.* ka'boklu
Cabora Bassa *port.* ka'βɔrɐ 'βasɐ
Cabot *engl.* 'kæbət
Cabotage kabo'ta:ʒə
Caboto *it.* ka'bɔ:to
Cabo Verde *port.* 'kaβu 'verdə
Cabra *span.* 'kaβra
Cabral *port.* kɐ'βral
Cabrera *span.* ka'βrera
Cabretta ka'brɛta
Cabrio 'ka:brio
Cabriolet kabrio'le:
Čačak *serbokr.* ˌtʃa:tʃak
Cacaxtla *span.* ka'kaxtla
Caccia 'katʃa
Caccini *it.* kat'tʃi:ni
Cáceres *span.* 'kaθeres
Cache kɛʃ, *auch:* kaʃ
Cache-cache kaʃ'kaʃ
Cachelot kaʃə'lɔt
Cachemire kaʃ'mi:ɐ̯
Cachenez kaʃ[ə]'ne:, **des -** ...e:[s], **die -** ...e:s
Cachesex kaʃ[ə]'zɛks
Cachet ka'ʃe:
Cachetage kaʃ'ta:ʒə
Cachetero katʃe'te:ro
Cachí *span.* ka'tʃi
cachieren ka'ʃi:rən
Cachin *fr.* ka'ʃɛ̃
Cachoeira *bras.* ka'ʃu̯eira
Cachot ka'ʃo:
Cachou ka'ʃu:
Cachucha ka'tʃʊtʃa
Cäcilia tsɛ'tsi:li̯a
Cäcilianismus tsɛtsili̯a'nɪsmʊs
Cäcilie tsɛ'tsi:li̯ə
Caciocavallo katʃoka'valo
Cacique *span.* ka'θike
Cactaceae kak'ta:tseɛ
Cacus 'ka:kʊs
CAD kɛt
Cadalso *span.* ka'ðalso
Cadamosto *it.* kada'mosto
Cadarache *fr.* kada'raʃ
Cadaverin kadave'ri:n
Cadbury *engl.* 'kædbərɪ
Čadca *slowak.* 'tʃattsa
Caddie 'kɛdi
Cade *engl.* keɪd
Cadenabbia *it.* kade'nabbi̯a
Cadett ka'dɛt
Cadillac® *fr.* kadi'jak, *engl.* 'kædɪlæk
Cadinen ka'di:nən
Cadix *fr.* ka'diks
Cádiz *span.* 'kaðiθ
Cadmium 'katmiʊm
Cadogan *engl.* kə'dʌgən
Cadolzburg 'ka:dɔltsbʊrk
Cadore *it.* ka'do:re
Cadorna *it.* ka'dorna
Cadou *fr.* ka'du
Cadoudal *fr.* kadu'dal
Cadre 'ka:drə
Caduceus ka'du:tseʊs, **...ei** ...ei
Caduff ka'dʊf
Cadwall 'katval, *engl.* 'kædwɔ:l
Caecilius tsɛ'tsi:li̯ʊs
Caecum 'tsɛ:kʊm, **Caeca** 'tsɛ:ka
Caedmon 'kɛ:tmɔn, *engl.* 'kædmən
Cael[i]us 'tsɛ:l[i̯]ʊs
Caen *fr.* kã
Caere 'tsɛ:rə
Caeremoniale tsɛremo'ni̯a:lə, **...lia** ...li̯a, **...lien** ...li̯ən
Caernarvon *engl.* kɑ:'nɑ:vən
Caerphilly *engl.* kɑ:'fɪlɪ
Caesar 'tsɛ:zar, *engl.* 'si:zə
Caesarea tsɛza're:a
Caesarius tsɛ'za:ri̯ʊs
Caesius 'tsɛ:zi̯ʊs
Caetani *it.* kae'ta:ni
Caetano *port.* kai̯'tɐnu
Cafard ka'fa:ɐ̯
[1]**Café** ka'fe:
[2]**Café** (Name) *bras.* ka'fɛ
Café complet *fr.* kafekõ'plɛ
Café crème *fr.* kafe'krɛm
Cafeteria kafetə'ri:a
Cafeterie kafetə'ri:, **-n** ...i:ən
Cafetier kafe'ti̯e:
Cafetiere kafe'ti̯e:rə
Caffarelli *it.* kaffa'rɛlli
Caffaro *it.* 'kaffaro
Caffe (Maler) ka'fe:
Caffieri *it.* kaf'fi̯ɛ:ri
Cafuso ka'fu:zo
Cagayán *span.* kaɣa'jan
Cage *engl.* keɪdʒ
Cagli *it.* 'kaʎʎi
Cagliari *it.* 'kaʎʎari
Cagliostro *it.* kaʎ'ʎɔstro
Cagnacci *it.* kaɲ'ɲattʃi
Cagnes-sur-Mer *fr.* kaɲsyr'mɛ:r
Cagney *engl.* 'kægnɪ
Cagniard *fr.* ka'ɲa:r
Cagnola *it.* kaɲ'ɲɔ:la
Cagoule *fr.* ka'gul
Caguas *span.* 'kaɣu̯as
Cahier ka'je:
Cahokia *engl.* kə'hoʊkɪə
Cahors *fr.* ka'ɔ:r
Cahours *fr.* ka'u:r
Caicos *engl.* 'keɪkəs
Caillaud, ...aux *fr.* ka'jo
Caillavet *fr.* kaja'vɛ
Caille *fr.* kɑ:j
Caillebotte *fr.* kaj'bɔt
Caillois *fr.* kaj'wa
Cain *fr.* kɛ̃, *engl.* keɪn
Caïn *fr.* ka'ɛ̃
Caine *engl.* keɪn
Cainsdorf 'kainsdɔrf
Ça ira *fr.* sai'ra
Caird *engl.* kɛəd
Cairn[e]s *engl.* kɛənz
Cairngorm *engl.* kɛən'gɔ:m
Caissa ka'ɪsa

C

Caisson kɛˈsõ:
Caithness *engl.* ˈkeɪθnɛs
Čaják *slowak.* ˈtʃaja:k
Cajal *span.* kaˈxal
Cajamarca *span.* kaxaˈmarka
Cajamarquilla *span.* kaxamarˈkiʎa
Cajander *schwed.* kaˈjandər
Cajetan[us] kajeˈta:n[ʊs]
Cajun *engl.* ˈkeɪdʒən
Cajus ˈka:jʊs, ˈga:jʊs
Cakchiquel kaktʃiˈkɛl
Cake ke:k
Cakewalk ˈke:kvo:k
Čaks *lett.* tʃaks
Calabar *engl.* ˈkæləbɑ:
Calabozo *span.* kalaˈβoθo
Calabrese *it.* kalaˈbre:se
Calabria *it.* kaˈla:bri̯a
Calais kaˈlɛ:, *fr.* kaˈlɛ
Calama *span.* kaˈlama
Calamares kalaˈma:rɛs
Calamba *span.* kaˈlamba
Calame *fr.* kaˈlam
Calamus ˈka:lamʊs, **...mi** ...mi
Calanca *it.* kaˈlaŋka
Caland ˈka:lant
calando kaˈlando
Calapán *span.* kalaˈpan
Calar Alto *span.* kaˈlar ˈalto
Călărași *rumän.* kələˈraʃj
Calas *fr.* kaˈlɑ:s
Calasanz *span.* kalaˈsanθ
Calasanza *it.* kalaˈzantsa
Calatafimi *it.* kalataˈfi:mi
Calatayud *span.* kalataˈjuð
Calatrava kalaˈtra:va, *span.* kalaˈtraβa
Calau ˈka:lau̯
Calayos kaˈlajɔs
Calbayog *span.* kalβaˈjɔx
Calbe ˈkalbə
Calcagno kalˈkanjo
Calcaneus kalˈka:neʊs, **...ei** ...ei
Calcar *niederl.* ˈkɑlkɑr
Calceolaria kaltseoˈla:ri̯a, **...ien** ...i̯ən
Calces vgl. Calx
Calchas ˈkalças
Calciferol kaltsifeˈro:l
Calcipot® ˈkaltsipɔt
Calcispongiae kaltsiˈspɔŋgi̯ɛ
Calcit kalˈtsi:t
Calcium ˈkaltsi̯ʊm
Calculus ˈkalkulʊs, **...li** ...li
Calcutta kalˈkʊta, *engl.* kælˈkʌtə
Caldara *it.* kalˈda:ra
Caldarium kalˈda:ri̯ʊm
Caldaro *it.* kalˈda:ro
Caldas *span.*, *bras.* ˈkaldas
Caldas da Rainha *port.* ˈkaldɐʒ ðɐ rrɐˈiɲɐ
Calder *engl.* ˈkɔ:ldə
Caldera kalˈde:ra, *span.* kalˈdera
Calderara *it.* kaldeˈra:ra
Calderón ˈkaldərɔn, *span.* kaldeˈrɔn
Caldwell *engl.* ˈkɔ:ldwəl
Calé kaˈle:
Caledonia kaleˈdo:ni̯a
Calembourdier kalãbʊrˈdi̯e:
Calembour[g] kalãˈbu:ɐ̯
Calenberg ˈka:lənbɛrk
Calendae kaˈlɛndɛ
Calendula kaˈlɛndula, **...lae** ...lɛ
Calepio *it.* kaˈlɛ:pi̯o
Calera *span.* kaˈlera
Calexico *engl.* kəˈlɛksɪkoʊ
Calf kalf, *auch:* ka:f
Čalfa *slowak.* ˈtʃalfa
Calgari *it.* kalˈga:ri
Calgary *engl.* ˈkælgərɪ
Calgon kalˈgo:n
Calhoun *engl.* kælˈhu:n
Cali *span.* ˈkali
Caliari *it.* kaˈli̯a:ri
Caliban ˈka[:]liban, *engl.* ˈkælɪbæn
Caliche kaˈli:tʃə
Calicot kaliˈko:
Calicut *engl.* ˈkælɪkət
California *engl.* kælɪˈfɔ:nɪə, *span.* kaliˈfɔrni̯a
Californium kaliˈfɔrni̯ʊm
Caligula kaˈli:gula
Calima *span.* kaˈlima
Călimănești *rumän.* kəliməˈneʃtj
Calina kaˈli:na
Călinescu *rumän.* kəliˈnesku
Calisher *engl.* ˈkælɪʃə
Calit kaˈli:t
Cälius ˈtsɛ:li̯ʊs
Calixtiner kalɪksˈti:nɐ
Calixt[us] kaˈlɪkst[ʊs]
Call... ˈko:l...
Call[a] ˈkal[a]
Calla[g]han *engl.* ˈkæləhən
Call and Response ˈko:l ɛnt rɪsˈpɔns
Callanetics kɛləˈnɛtɪks
Callao *span.* kaˈʎao
Callas *it.* ˈkallas, *fr.* kaˈlɑ:s
Callboy ˈko:lbɔy
Calles *span.* ˈkaʎes
Callgirl ˈko:lgø:ɐ̯l, ...gœrl
Call-in ko:lˈ|ɪn, ˈ--
Callingcard ˈko:lɪŋka:ɐ̯t
Callisto kaˈlɪsto
Calloc'h *bret.* ˈkalox
Callot *fr.* kaˈlo
Callovien kaloˈvi̯ɛ̃:
Calloway *engl.* ˈkæləweɪ
Callus ˈkalʊs, **-se** ...ʊsə
calmato kalˈma:to
Calme ˈkalmə
Calmette *fr.* kalˈmɛt
Calmi-Rey *fr.* kalmiˈrɛ
Calo ˈka:lo
Calomarde *span.* kaloˈmarðe
Calonder kaˈlɔndɐ
Calonne *fr.* kaˈlɔn
Caloocan *span.* kaloˈokan
Calor ˈka:lo:ɐ̯
Calov ˈka:lɔf, ˈka:lo
Calovius kaˈlo:vi̯ʊs
Caloyos kaˈlo:jɔs
Calpe *span.* ˈkalpe
Calprenède *fr.* kalprəˈnɛd
Calpurnia kalˈpʊrni̯a
Calpurnius kalˈpʊrni̯ʊs
Cals *niederl.* kɑls, *fr.* kals
Caltabellotta *it.* kaltabelˈlɔtta
Caltagirone *it.* kaltadʒiˈro:ne
Caltanissetta *it.* kaltanisˈsetta
Caltex® ˈkaltɛks
Calumet kaluˈmɛt, *fr.* kalyˈmɛ, *engl.* ˈkæljʊmɛt
Calutron ˈka:lutro:n
Calva ˈkalva
[1]**Calvados** *fr.* kalvaˈdo:s
[2]**Calvados** (Schnaps) kalvaˈdɔs
Calvaert *niederl.* ˈkɑlva:rt
Calvaria kalˈva:ri̯a, **...ien** ...i̯ən
Calvé *fr.* kalˈve
Calverley *engl.* ˈkælvəlɪ
Calvi *it.* ˈkalvi, *fr.* kalˈvi
Calvin kalˈvi:n, *fr.* kalˈvɛ̃
calvinisch kalˈvi:nɪʃ
Calvino *it.* kalˈvi:no
Calvisius kalˈvi:zi̯ʊs
Calvities kalˈvi:tsi̯ɛs
Calvo *span.* ˈkalβo
Calw kalf, **-er** ˈkalvɐ
Calx kalks, **Calces** ˈkaltse:s
Calyces vgl. Calyx
calycinisch kalyˈtsi:nɪʃ
Calypso kaˈlɪpso
Calyptra kaˈlʏptra
Calyx ˈka:lʏks, **Calyces** ...lytse:s
Calzabigi *it.* kaltsaˈbi:dʒi
Calzini *it.* kalˈtsi:ni

C

Cam, CAM kɛm
Camacho *span.* ka'matʃo
Camagüey *span.* kama'ɣu̯ɛi̯
Camaieu kama'jø:
Camaino *it.* kama'i:no
Camaj *alban.* 'tsamaj
Camaldoli *it.* ka'maldoli
Câmara *bras.* 'kɐmara, *port.* 'kɐmɐrɐ
Camarera kama're:ra
Camarero kama're:ro
Camargo *fr.* kamar'go, *span.* ka'marɣo
Camargue *fr.* ka'marg
Camarillo *engl.* kæmə'rɪloʊ
Camaro ka'ma:ro
Cambaceres *span.* kamba'θe-res
Cambacérès *fr.* kãbase'rɛs
Camber 'kɛmbɐ
Camberg 'kambɛrk
Camberley *engl.* 'kæmbəlɪ
Cambert *fr.* kã'bɛ:r
Camberwell *engl.* 'kæmbəwəl
Cambiaso *it.* kam'bi̯a:zo
Cambiata kam'bi̯a:ta
[1]**Cambio** (Wechsel) 'kambi̯o, **Cambi** 'kambi
[2]**Cambio** (Name) *it.* 'kambi̯o
Cambium 'kambi̯ʊm
Cambó *kat.* kəm'bo
Cambon *fr.* kã'bõ
Camborne *engl.* 'kæmbɔ:n
Cambrai *fr.* kã'brɛ
Cambria 'kambria
Cambrian *engl.* 'kæmbrɪən
Cambric 'kambrɪk, *engl.* 'keɪm-brɪk
Cambridge *engl.* 'keɪmbrɪdʒ
Cambrium 'kambriʊm
Cambronne *fr.* kã'brɔn
Camburg 'kambʊrk, **-er** ...rgɐ
Camcorder 'kamkɔrdɐ, 'kɛm...
Camden *engl.* 'kæmdən
Camelot kamə'lɔt
Camembert 'kaməmbe:ɐ̯, ...bɛ:ɐ, *auch:* kamã'bɛ:ɐ̯
Camena ka'me:na
Camenzind 'ka:məntsɪnt
Cameo 'kɛmi̯o
Camera obscura 'kamera ɔps-'ku:ra, **...rae ...rae** ...rɛ ...rɛ
Camerarius kame'ra:ri̯ʊs
Camerata kame'ra:ta
Camerino *it.* kame'ri:no
Camerlengo kamɛr'lɛŋgo
Camerloher 'kamɐlo:ɐ
Cameron *engl.* 'kæmərən
Cameronianer kamero'ni̯a:nɐ
Cameroons *engl.* 'kæməru:nz
Cameroun *fr.* kam'run
Camilla ka'mɪla, *it.* ka'milla, *engl.* kə'mɪlə
Camille *fr.* ka'mij
Camillo ka'mɪlo, *it.* ka'millo
Camillus ka'mɪlʊs
Camilo *span.* ka'milo, *port.* kɐ'milu
Caminha *port.* kɐ'miɲɐ
Camino *it.* ka'mi:no, *span.* ka'mino
Camion ka'mi̯õ:
Camionnage kami̯ɔ'na:ʒə
Camionneur kami̯ɔ'nø:ɐ̯
Cammelli *it.* kam'mɛlli
Cammin ka'mi:n
Camões *port.* ka'mõiʃ
Camogli *it.* ka'mɔʎʎi
Camoin *fr.* ka'mwɛ̃
Camon *it.* ka'mɔn
Camón *span.* ka'mɔn
Camonica *it.* ka'mɔ:nika
Camorra ka'mɔra
Camouflage kamu'fla:ʒə
camouflieren kamu'fli:rən
Camp kɛmp
Campagna kam'panja, *it.* kam-'paɲɲa
Campagnola *it.* kampaɲ'ɲɔ:la
Campan *fr.* kã'pã
Campana *it.* kam'pa:na, *span.* kam'pana
Campaña *span.* kam'paɲa
Campanella *it.* kampa'nɛlla
Campanile kampa'ni:lə
Campanini *it.* kampa'ni:ni
Campanula kam'pa:nula, **...lae** ...lɛ
Campanus kam'pa:nʊs
Campari® kam'pa:ri
Campbell *engl.* kæmbl
Campbellit kambɛ'li:t
Campbellton *engl.* 'kæmbltən
Campbeltown *engl.* 'kæmbltaʊn
Campe 'kampə
Campeador *span.* kampea'ðɔr
Campeche *span.* kam'petʃe
Campeche... kam'pɛtʃə...
Campeggi *it.* kam'peddʒi
Campejus kam'pe:jʊs
campen 'kɛmpn̩
Campendonk 'kampn̩dɔŋk
Campenhausen 'kampn̩hau̯zn̩
Camper 'kɛmpɐ
Camper[t] *niederl.* 'kɑmpər[t]
Campesino kampe'zi:no
Camphausen 'kamphau̯zn̩
Campher 'kamfɐ
Camphill *engl.* 'kæmphɪl
Camphuysen *niederl.* 'kɑmp-hœi̯zə
Campi *it.* 'kampi
Campian *engl.* 'kæmpjən
Campidano *it.* kampi'da:no
Campidoglio *it.* kampi'dɔʎʎo
Campiello *it.* kam'pi̯ɛllo
campieren kam'pi:rən
Campigli *it.* kam'piʎʎi
Campignien kãpɪn'jɛ̃:
Campigny *fr.* kãpi'ɲi
Campilit kampi'li:t
Campin *fr.* kã'pɛ̃
Campiña *span.* kam'piɲa
Campina[s] *bras.* kɐm'pina[s]
Campine *fr.* kã'pin
Camping 'kɛmpɪŋ
Campion *engl.* 'kæmpɪən
Campione *it.* kam'pi̯o:ne
Campistron *fr.* kãpis'trõ
[1]**Campo** 'kampo
[2]**Campo** (Name) *it.*, *span.* 'kampo, *port.*, *bras.* 'kɐmpu
Campoamor *span.* kampoa-'mɔr
Campobasso *it.* kampo'basso
Campoformido *it.* kampo'fɔr-mido
Campoformio *it.* kampo'fɔr-mi̯o
Campo Grande *bras.* 'kɐmpu 'grɐndi
Campomanes *span.* kampo-'manes
Campoosorio *span.* kampoo-'sori̯o
Cámpora *span.* 'kampora
Campos *span.* 'kampos, *bras.* 'kɐmpus, *port.* 'kɐmpuʃ
Camposanto kampo'zanto
Campos Salles *bras.* 'kɐmpus 'salis
Campra *fr.* kã'pra
Campus 'kampʊs, *auch:* 'kɛm-pəs
campy 'kɛmpi
Camrose *engl.* 'kæmroʊz
Camus *fr.* ka'my
Canada 'kanada, *engl.* 'kænədə, *fr.* kana'da
Canadian *engl.* kə'neɪdɪən
Canadienne kana'di̯ɛn
Canaille ka'naljə
Çanakkale *türk.* tʃɑ'nɑkkɑ.lɛ
Canal *it.*, *span.* ka'nal
Canal du Centre *fr.* kanaldy-'sã:tr

Canal du Midị *fr.* kanaldymiˈdi
Cana̲le kaˈnaːlə, **...li** ...li
Canalẹjas *span.* kanaˈlɛxas
Canalẹtto *it.* kanaˈlɛtto
Cana̲li *it.* kaˈnaːli
Cana̲lis kaˈnaːlɪs, **...les** ...leːs
Canandaigua *engl.* kænənˈdeɪɡwə
Cananẹa *span.* kanaˈnea
Cañạr *span.* kaˈɲar
Canạrias *span.* kaˈnari̯as
Canari̲e kanaˈriː
Cana̲ris kaˈnaːrɪs
Canạsta kaˈnasta
Canaveral *engl.* kəˈnævərəl
Canaze̲i *it.* kanatˈtsɛːi̯
Canberra *engl.* ˈkænbərə
Cancan kãˈkãː
canceln ˈkɛntsl̩n
Cạncer ˈkantsɐ
Cance̲r en cuirạsse kãˈseːɐ̯ ãː kɥiˈras
cancero̲gen kantseroˈɡeːn
Cancerolo̲ge kantseroˈloːɡə
Canción *span.* kanˈθi̯ɔn
Cancioneiro *port.* kẽsi̯uˈnei̯ru
Cancione̲ro kansi̯oˈneːro, *span.* kanθi̯oˈnero
Cancún *span.* kaŋˈkun
Candạmo *span.* kanˈdamo
Candẹl *span.* kanˈdɛl
Cande̲la *dt.*, *it.* kanˈdeːla
Candelạria *span.* kandeˈlari̯a
Cạndia *it.* ˈkandi̯a
Candia̲no *it.* kanˈdi̯aːno
Cạndid ˈkandɪt
Cạndida ˈkandida
candida̲tus [reverẹndi] ministe̲rii kandiˈdaːtʊs [reveˈrɛndi] mɪnɪsˈteːrii
Candịde *fr.* kãˈdid
Cạndido *it.* ˈkandido
Cạndidus ˈkandidʊs
Candilịs *fr.* kãdiˈlis
Candle-Light-... ˈkɛndl̩lai̯t...
cand. med. ˈkant ˈmeːt, - ˈmɛt
Candọlle *fr.* kãˈdɔl
cand. phil. ˈkant ˈfiːl, - ˈfɪl
Cané *span.* kaˈne
Canebière *fr.* kanˈbjɛːr
Canelọnes *span.* kaneˈlones
Ca̲nes Vena̲tici ˈkaːneːs veˈnaːtitsi
Canẹtti kaˈnɛti
Ca̲neva *it.* ˈkaːneva
Caneva̲ri *it.* kaneˈvaːri
Canfield *engl.* ˈkænfiːld
Cạngo *afr.* ˈkaŋɡoː
Canicattì *it.* kanikatˈti
Cani̲cula kaˈniːkula
Canịglia *it.* kaˈniʎʎa
Cạnik *türk.* ˈdʒanik
Cani̲na *it.* kaˈniːna
Cani̲nus kaˈniːnʊs, **Cani̲ni** kaˈniːni
Ca̲nio ˈkaːni̯o
Cani̲sius kaˈniːzi̯ʊs
Ca̲nis Ma̲jor ˈkaːnɪs ˈmaːjoːɐ̯
Ca̲nis Mi̲nor ˈkaːnɪs ˈmiːnoːɐ̯
Cani̲ties kaˈniːtsi̯ɛs
Ca̲nitz ˈkaːnɪts
Cạnkar *slowen.* ˈtsaːŋkar
Cạnkırı *türk.* ˈtʃaŋkɨrɨ
Canlạssi *it.* kanˈlassi
Cạnna[bich] ˈkana[bɪç]
Cạnnabis ˈkanabɪs
Cạnnae ˈkanɛ
Cannan *engl.* ˈkænən
Cannelé kanəˈleː
Cannelkohle ˈkɛnl̩koːlə
Cannello̲ni kanɛˈloːni
Cạnnes *fr.* kan
Cannẹt, Le *fr.* ləkaˈnɛ
Canning ˈkɛnɪŋ
Cannizza̲ro *it.* kanitˈtsaːro
Cannock *engl.* ˈkænək
Cannon *engl.* ˈkænən
Cannon... ˈkɛnən...
Cạnnstadt ˈkanʃtat
Ca̲no ˈkaːno, *span.* ˈkano
Canọas *bras.* kɐˈnoas
Canoe ˈkaːnu, kaˈnuː
Canogạr *span.* kanoˈɣar
Ca̲non ˈkaːnɔn, **-es** ...noneːs
Cañon ˈkanjɔn, kanˈjoːn
Canon Cịty *engl.* ˈkænjən ˈsɪtɪ
Cano̲nica *it.* kaˈnɔːnika
Cano̲nicus kaˈnoːnikʊs
Canonsburg *engl.* ˈkænənzbəːɡ
Cano̲pus kaˈnoːpʊs
Cano̲sa *it.* kaˈnoːsa
Canọssa *it.* kaˈnɔssa
Canotie̲r kanoˈti̯eː
Cano̲va *it.* kaˈnɔːva
Cánovas *span.* ˈkanoβas
Canrobe̲rt *fr.* kãrɔˈbɛːr
Cansadọ *fr.* kãsaˈdo
Cansevẹr *türk.* dʒansɛˈvɛr
Cạnstein ˈkanʃtai̯n
Cant kɛnt
canta̲bile kanˈtaːbile
Cantạbria *span.* kanˈtaβri̯a
Cantábrico *span.* kanˈtaβriko
Cantacuzinọ *rumän.* kantakuziˈno
Cantạl *fr.* kãˈtal
cantạndo kanˈtando
Canta̲ni *it.* kanˈtaːni
Canta̲r kanˈtaːɐ̯
Cạntaro (Maß) ˈkantaro, **...ri** ...ri
Canta̲te kanˈtaːtə
Cantatịlle *fr.* kãtaˈtij
Cantato̲re *it.* kantaˈtoːre
Cantẹlli *it.* kanˈtɛlli
Canteloube *fr.* kãtˈlub
Cantemịr *rumän.* kanteˈmir
Cạnter ˈkantɐ, *auch:* ˈkɛntɐ
Canterbury *engl.* ˈkæntəbərɪ
Cạnth *schwed.* kant
Cantharidi̲n kantariˈdiːn
Cân Tho' *vietn.* kən θə 31
Cạntica ˈkantika
Canti̲ga kanˈtiːɡa
Cantile̲na kantiˈleːna
Cantilène *fr.* kãtiˈlɛn
Cantillon *fr.* kãtiˈjõ
Cạntium ˈkantsi̯ʊm
Cạnto ˈkanto
Cạnton ˈkantɔn, *engl.* ˈkæntən
Canto̲ni *it.* kanˈtoːni
Cạntor ˈkantoːɐ̯
Cantù *it.* kanˈtu
Cạntus ˈkantʊs, **die -** ˈkantuːs
Cạntus chora̲lis, - figura̲lis, - fịrmus, - mensura̲bilis, - mensura̲tus, - pla̲nus ˈkantʊs koˈraːlɪs, - fiɡuˈraːlɪs, - ˈfɪrmʊs, - mɛnzuˈraːbilɪs, - mɛnzuˈraːtʊs, - ˈplaːnʊs
Canvassing ˈkɛnvəsɪŋ
Canyon[ing] ˈkɛnjən[ɪŋ]
Canzo̲ne kanˈtsoːnə
Canzonie̲re kantsoˈni̯eːrə
Cão *port.* kɐ̃u̯
Cao-Ba-Quat *vietn.* kau̯ ba ku̯at 122
Ca̲o-Da̲i ˈkaːoˈdai̯
Caodaịsmus kaodaˈɪsmʊs
Ca̲orle *it.* ˈkaːorle
Cạpa ˈkapa
Capablạnca *span.* kapaˈβlaŋka
Cápac *span.* ˈkapak
Cap-de-la-Madeleine *fr.* kapdəlamaˈdlɛn
Capdeviẹlle *fr.* kapdəˈvjɛl
Capdevịla *span.* kapðeˈβila
Cape keːp
Cape (Kap) *engl.* keɪp
Capeado̲r kapeaˈdoːɐ̯, **-es** ...oːrɛs
Capẹcchi *it.* kaˈpekki
Cape Cọd *engl.* ˈkeɪp ˈkɔd
Cape Gira̲rdeau *engl.* ˈkeɪp ʒɪˈrɑːdoʊ
Čạpek *tschech.* ˈtʃapɛk
Capẹlla kaˈpɛla

C

Capellanus kapɛ'la:nʊs
Capelle *niederl.* kɑ'pɛlə
Capellio *it.* ka'pɛllio
Capello ka'pɛlo, *it.* ka'pɛllo
Capensis ka'pɛnzɪs
Capestrano *it.* kapes'tra:no
Capet *fr.* ka'pɛ
Capétiens *fr.* kape'sjɛ̃
Cap-Haïtien *fr.* kapai'sjɛ̃
Caphis 'ka:fis
Capistranus kapɪs'tra:nʊs
Capistrum ka'pɪstrʊm, **...ra** ...ra
Capita vgl. Caput
Capitan[t] *fr.* kapi'tã
Capitium ka'pi:tsi̯ʊm, **...ia** ...i̯a
Capito 'ka:pito
capito? ka'pi:to
Capitolinus mons kapito'li:nʊs 'mɔns
Capitulum ka'pi:tulʊm, **...la** ...la
Capizzi *it.* ka'pittsi
Caplet *fr.* ka'plɛ
Capmany *span.* kap'mani, *kat.* kəp'maɲ
Capnio 'kapnio
Capnion 'kapniɔn
Capodichino *it.* kapodi'ki:no
Capodimonte *it.* kapodi'monte
Capodistria *it.* kapo'distri̯a
Capogrossi *it.* kapo'grɔssi
Capone *it.* ka'po:ne, *engl.* kə'poʊn
Caporetto *it.* kapo'retto
Capotasto kapo'tasto, **...sti** ...sti
Capote *engl.* kə'poʊtɪ
Cappel 'kapl̩
Cappelle *niederl.* kɑ'pɛlə
Cappel[l]er 'kapəlɐ
Cappelletti *it.* kappel'letti
Cappenberg 'kapn̩bɛrk
Capp[i]ello *it.* kap'p[i̯]ɛllo
Capponi *it.* kap'po:ni
Cappuccilli *it.* kapput'tʃilli
Cappuccino kapʊ'tʃi:no
Capra *engl.* 'kæprə
Capraia *it.* ka'pra:i̯a
Capranica *it.* ka'pra:nika
Caprarola *it.* kapra'rɔ:la
Capreolus ka'pre:olʊs
Caprera *it.* ka'prɛ:ra
Caprese ka'pre:zə
Capri *it.* 'ka:pri
Capriccio ka'prɪtʃo
capriccioso kaprɪ'tʃo:zo
Caprice ka'pri:sə
Capricornus kapri'kɔrnʊs
Caprivi ka'pri:vi
Caprolactam kaprolak'ta:m
Capron... ka'pro:n...
Capronat kapro'na:t
Caproni *it.* ka'pro:ni
Capsicum 'kapsikʊm
Capsien ka'psi̯ɛ̃:
Captain *engl.* 'kæptɪn
Captatio Benevolentiae kap'ta:tsi̯o benevo'lɛntsi̯ɛ
Capua *it.* 'ka:pua
Capuana *it.* kapu'a:na
Capuchon kapy'ʃõ:
Capucines *fr.* kapy'sin
Capucius ka'pu:tsi̯ʊs
Capulet 'ka:pulɛt
Capuleti *it.* kapu'le:ti
Capuletti kapu'lɛti, *it.* kapu'letti
Capus *fr.* ka'py
Caput 'ka:pʊt, 'kapʊt, **Capita** 'ka:pita, 'kap...
Caput mortuum 'ka:pʊt 'mɔrtuʊm, 'kap...
Caquelon kakə'lõ:
Caquetá *span.* kake'ta
[1]**Car** (Fahrzeug) ka:ɐ̯
[2]**Car** (Name) *serbokr.* tsar
Carabiniere karabi'ni̯e:rə, **...ri** ...ri
Carabobo *span.* kara'βoβo
Caracal *rumän.* ka'rakal
Caracalla kara'kala
Caracas *span.* ka'rakas
Caracciola kara'tʃo:la
Caracciolo *it.* ka'rattʃolo
Caracho ka'raxo
Caradoc *engl.* kə'rædək
Caradosso *it.* kara'dɔsso
Carafa *it.* ka'ra:fa
Caraffa *it.* ka'raffa
Caragiale *rumän.* kara'dʒale
caramba! ka'ramba
Caransebeș *rumän.* karan'sebeʃ
Caraș *rumän.* 'karaʃ
Caratacus ka'ra:takʊs
Carate *it.* ka'ra:te
Carathéodory karateo'do:ri
Caratinga *bras.* kara'tiŋga
Caratti *it.* ka'ratti
Caravaca *span.* kara'βaka
Caravaggio *it.* kara'vaddʒo
Caravan 'ka[:]ravan, kara'va:n
Caravaner 'ka[:]rava:nɐ, kara'va:nɐ
Caravaning 'ka[:]rava:nɪŋ, kara'va:nɪŋ
Caravelle *fr.* kara'vɛl
Carazo *span.* ka'raθo
Carbazol karba'tso:l
Carbid kar'bi:t, **-e** ...i:də
Carbo 'karbo
Carbó *span.* kar'βo, *kat.* kər'βo
carbocyclisch karbo'tsy:klɪʃ
Carbol... kar'bo:l...
Carbolineum karboli'ne:ʊm
Carbon *fr.* kar'bõ
Carbonado karbo'na:do
Carbonari *it.* karbo'na:ri
Carbonat karbo'na:t
Carbondale *engl.* 'kɑ:bəndeɪl
Carboneum karbo'ne:ʊm
Carbonia *it.* kar'bɔ:ni̯a
Carbonyl karbo'ny:l
Carborundum karbo'rʊndʊm
Carcano *it.* 'karkano
Carcassonne *fr.* karka'sɔn
Carchi *span.* 'kartʃi
Carcinoma kartsi'no:ma
Carco *fr.* kar'ko
Carcopino *fr.* karkɔpi'no
Cardano *it.* kar'da:no
Cardanus kar'da:nʊs
Cardarelli *it.* karda'rɛlli
Cardenal *span.* karðe'nal
Cárdenas *span.* 'karðenas
Cardew *engl.* 'kɑ:dju:
Cardiff *engl.* 'kɑ:dɪf
Cardigan 'kardigan
Cardigan[shire] *engl.* 'kɑ:dɪgən[ʃɪə]
Cardillac *fr.* kardi'jak
Cardin *fr.* kar'dɛ̃
Cardinale *it.* kardi'na:le
Cardona *span.* kar'ðona
Cardoso *port.* kɐr'dozu, *brasil.* kar'dozu
Carducci *it.* kar'duttʃi
Carducho *span.* kar'ðutʃo
CARE kɛ:ɐ̯
Carei *rumän.* ka'rei̯
Carême *fr.* ka'rɛm
care of 'kɛ:ɐ̯ 'ɔf
Carew *engl.* kə'ru:
Carey *engl.* 'kɛərɪ
carezzando karɛ'tsando
carezzevole karɛ'tse:vole
Cargilit kargi'li:t
Cariani *it.* ka'ri̯a:ni
CARICOM 'ka:rikɔm
Caridis ka'ri:dɪs
Caries 'ka:ri̯ɛs
Carignano *it.* kariɲ'ɲa:no
Carillon kari'jõ:
Carina ka'ri:na, **...nae** ...nɛ
carinthisch ka'rɪntɪʃ

Carioca ka'ri̯o:ka
Carion 'ka:ri̯ɔn
Caripito *span.* kari'pito
Carissimi *it.* ka'rissimi
Carit *dän.* 'karid
Caritas 'ka:ritas
caritativ karita'ti:f, **-e** ...i:və
Carjacking 'ka:ɐ̯dʒɛkɪŋ
Carl, karl, *schwed.* ka:rl
Carla 'karla
Carle *engl.* ka:l
Carlén *schwed.* kar'le:n
Carleton *engl.* 'ka:ltən
Carletonville *engl.* 'ka:ltənvɪl
Carlevaris *it.* karle'va:ris
Carli *it.* 'karli
Carling *norw.* 'karliŋ
Carlingford *engl.* 'ka:lɪŋfəd
Carli[s]le *engl.* ka:'laɪl
Carlo *dt., it.* 'karlo
Carlone *it.* kar'lo:ne
Carlos 'karlɔs, *span.* 'karlos, *port.* 'karluʃ, *bras.* 'karlus
Carlota *span.* kar'lota
Carlotta kar'lɔta
Carlow *engl.* 'ka:loʊ
Carlowitz 'karlovɪts
Carlsbad *engl.* 'ka:lzbæd
Carl[s]son *schwed.* 'ka:[r]lsɔn
Carlstedt *schwed.* ˌka:[r]lstɛt
Carlsund *schwed.* 'ka:[r]lsʊnd
Carlton *engl.* 'ka:ltən
Carlyle *engl.* ka:'laɪl
Carmagnola *it.* karmaɲ'ɲɔ:la
Carmagnole karman'jo:lə
Carman 'karman, *engl.* 'ka:mən
Carmarthen *engl.* kə'ma:ðən, **-shire** -ʃɪə
Carmel 'karml̩, *engl.* 'ka:məl
Carmela kar'me:la, *span.* kar'mela
Carmelina *it.* karme'li:na
Carmelita *it.* karme'li:ta
[1]**Carmen** 'karmən, *span., rumän.* 'karmen, *fr.* kar'mɛn, *bras.* 'karmẽi̯
[2]**Carmen** 'karmən, **...mina** ...mina
Carmencita *span.* karmen'θita
Carmenta kar'mɛnta
Carmer 'karmɐ
Carmi *engl.* 'ka:maɪ, *hebr.* 'karmi
Carmichael *engl.* ka:'maɪkl
Carmiggelt *niederl.* kar'mɪɣəlt
Carmina burana 'karmina bu'ra:na
Carmona *span.* kar'mona, *port.* kɐr'monɐ
Carmontelle *fr.* karmõ'tɛl
Carnaby *engl.* 'ka:nəbɪ
Carnac *fr.* kar'nak
Carnallit karna'li:t
Carnap 'karnap
Carnarvon *engl.* kə'na:vən, **-shire** -ʃɪə
Carnavalet *fr.* karnava'lɛ
Carné *fr.* kar'ne
Carnegie *engl.* ka:'nɛgɪ, 'ka:nɪgɪ
Carner *kat.* kər'ne
Carnero kar'ne:ro, *span.* kar'nero
Carnet [de Passages], -s [- -] kar'ne: [də pa'sa:ʒə]
Carnevali *it.* karne'va:li
Carney *engl.* 'ka:nɪ
carnivor karni'vo:ɐ̯
Carnot *fr.* kar'no, *rät.* kər'nɔt
Carnotzet *fr.* karnɔt'sɛ
Carnovali *it.* karno'va:li
Carnuntum kar'nʊntʊm
Caro *dt., it.* ka:ro, *span.* 'karo, *engl.* 'ka:roʊ
[1]**Carol** (Name) 'ka:rɔl, *engl.* 'kærəl, *fr.* ka'rɔl, *rumän.* 'karol
[2]**Carol** (Lied) 'kɛrəl
Carola ka'ro:la, *auch:* 'ka:rola
Carolina karo'li:na, *engl.* kærə'laɪnə, *span.* karo'lina, *bras.* karu'lina
Caroline karo'li:nə, *engl.* 'kærəlaɪn, *fr.* karɔ'lin
Carolines *engl.* 'kærəlaɪnz
Carolsfeld 'ka:rɔlsfɛlt
Carolus 'ka:rolʊs, *auch:* ka'ro:lʊs
Caron *fr.* ka'rõ
Carosio *it.* ka'rɔ:zi̯o
Caroso *it.* ka'ro:so
Carossa ka'rɔsa
Carothers *engl.* kə'rʌðəz
Carotin karo'ti:n
Carotinoid karotino'i:t, **-e** ...i:də
Carotis ka'ro:tɪs, **...tiden** karo'ti:dn̩
Caroto *it.* ka'rɔ:to
Carouge *fr.* ka'ru:ʒ
Carp *rumän.* karp
Carpaccio *it.* kar'pattʃo
Carpalia kar'pa:li̯a
Carpaţi *rumän.* kar'patsj
Carpeaux *fr.* kar'po
carpe diem 'karpə 'di:ɛm
Carpelan *schwed.* karpə'la:n
Carpentaria *engl.* ka:pən'tɛərɪə
Carpenter *engl.* 'ka:pɪntə
Carpenter... 'karpn̩tɐ...
Carpentersville *engl.* 'ka:pɪntəzvɪl
Carpentier *fr.* karpã'tje, *span.* karpen'ti̯ɛr
Carpentras *fr.* karpã'tra
Carpi *it.* 'karpi
Carpin kar'pi:n
Carpineti *it.* karpi'ne:ti
Carpinteria *engl.* ka:pɪntə'rɪə
Carpio *span.* 'karpi̯o
Carpioni *it.* kar'pi̯o:ni
Carport 'ka:ɐ̯po:ɐ̯t
Carpus 'karpʊs, **...pi** ...pi
Carpzov 'karpt͜so
Carr *engl.* ka:
Carrà *it.* kar'ra
Carracci *it.* kar'rattʃi
Carranza *span.* ka'rranθa
Carrara ka'ra:ra, *it.* kar'ra:ra
carrarisch ka'ra:rɪʃ
Carrasquilla *span.* karras'kiʎa
Carré *fr.* ka're
Carrel *fr.* ka'rɛl, *engl.* 'kærəl
Carreño *span.* ka'rrɛɲo
Carrer *it.* kar'rɛr
Carrera[s] *span.* ka'rrera[s]
Carrere *span.* ka'rrɛre
Carrero *span.* ka'rrɛro
Carretto *it.* kar'retto
Carrickfergus *engl.* kærɪk'fə:gəs
Carrie *engl.* 'kærɪ
[1]**Carrier** (Name) *fr.* ka'rje
[2]**Carrier** (Transport) 'kɛri̯ɐ
Carriera *it.* kar'ri̯ɛ:ra
Carrière *fr.* ka'rjɛ:r
Carrillo *span.* ka'rriʎo
Carrington *engl.* 'kærɪŋtən
Carrión *span.* ka'rri̯ɔn
Carroll *engl.* 'kærəl
Carrousel *fr.* karu'zɛl
Carry *engl.* 'kærɪ
Çarşamba *türk.* tʃar'ʃamba
Carshalton *engl.* kə'ʃɔ:ltən
Carson *engl.* ka:sn
Carsta 'karsta
Carsten 'karstn̩, *dän.* 'kaɐ̯sdn̩
Carstens 'karstn̩s
Carstensz *niederl.* 'karstəns
Carsulae 'karzulɛ
Cartagena *span.* karta'xena
Cartago *span.* kar'taɣo
Cartan *fr.* kar'tã
Carte blanche, -s -s 'kart 'blã:ʃ

C

Cartellieri *it.* kartel'li̯e:ri
Carter *engl.* 'kɑ:tə
Carteret *fr.* kartə'rɛ, *engl.* 'kɑ:tərɛt
Carteri *it.* kar'tɛ:ri
Carteromaco *it.* karte'rɔ:mako
cartesianisch karte'zi̯a:nɪʃ
cartesisch kar'te:zɪʃ
Cartesius kar'te:zi̯ʊs
Carthage *engl.* 'kɑ:θɪdʒ
Carthago kar'ta:go
Carthamin karta'mi:n
Cartier *fr.* kar'tje
Cartilago karti'la:go, **...gines** ...gine:s
Carton de Wiart *fr.* kartõdə'vja:r
Cartoon kar'tu:n
Cartoonist kartu'nɪst
Cartwright *engl.* 'kɑ:traɪt
Caruaru *bras.* karu̯a'ru
Carúpano *span.* ka'rupano
Carus 'ka:rʊs
Caruso *it.* ka'ru:zo
Carvajal *span.* karβa'xal
Carvalho *port.* kɐr'vaʎu
Carver *engl.* 'kɑ:və
Carving 'ka:ɐ̯vɪŋ
Cary *engl.* 'kɛərɪ
Carzou *fr.* kar'zu
Casa *it.* 'ka:sa
Casablanca kaza'blaŋka, *fr.* kazablã'ka
Casadesus *fr.* kazad'sy
Casa Grande *engl.* 'kɑ:sɑ:'grɑ:ndeɪ
Casale Monferrato *it.* ka'sa:le monfer'ra:to
Casals *kat.* kə'zals, *span.* ka'sals
Casamari *it.* kasa'ma:ri
Casanova kaza'no:va, *it.* kasa'nɔ:va
Cäsar 'tsɛ:zar, **-en** tsɛ'za:rən
Cäsarea tsɛza're:a
Casares *span.* ka'sares
cäsarisch tsɛ'za:rɪʃ
Cäsarismus tsɛza'rɪsmʊs
Cäsarius tsɛ'za:ri̯ʊs
Casaroli *it.* kaza'rɔ:li
Cäsaropapismus tsɛzaropa'pɪsmʊs
Casas *span.* 'kasas
Casas Grandes *span.* 'kasaz 'ɣrandes
Casati *it.* ka'sa:ti
Casaubon *fr.* kazo'bõ
Casca 'kaska
Cascada kas'ka:da
Cascade *engl.* kæs'keɪd
Cascadeur kaska'dø:ɐ
Cascais *port.* kɐʃ'kaiʃ
Cascales *span.* kas'kales
Cascara sagrada 'kaskara za'gra:da
Cascella *it.* kaʃ'ʃɛlla
Cascina (Toskana) *it.* 'kaʃʃina
Casco 'kasko, *engl.* 'kæskoʊ
[1]**Case** (Name) *engl.* keɪs
[2]**Case** (Fall; Behälter) ke:s
Casehistory 'ke:shɪstəri
Casein kaze'i:n
Casel 'ka:zl̩
Casella *it.* ka'sɛlla
Caselli *fr.* kazɛl'li, *it.* ka'sɛlli
Casement *engl.* 'keɪsmənt
Caserta *it.* ka'sɛrta, ka'z...
Casey *engl.* 'keɪsɪ
cash, [1]**Cash** kɛʃ
[2]**Cash** (Name) *engl.* kæʃ
cash and carry 'kɛʃ ɛnt 'kɛri
cash before delivery 'kɛʃ bi'fo:ɐ̯ di'lɪvəri
Cashel *engl.* kæʃl
Cashew 'kɛʃu
Cashflow 'kɛʃflo:
cash on delivery 'kɛʃ ɔn di'lɪvəri
Casimir 'ka:zimi:ɐ̯, *fr.* kazi'mi:r
Casimiri *it.* kazi'mi:ri
Casino ka'zi:no
Casiquiare *span.* kasi'ki̯are
Cäsium 'tsɛ:zi̯ʊm
Caskel 'kaskl̩
Čáslav *tschech.* 'tʃa:slaf
Caslon *engl.* 'kæzlən
Casona *span.* ka'sona
Casorati *it.* kazo'ra:ti
Casoria *it.* ka'sɔ:ri̯a
Caspar 'kaspar
Casparini *it.* kaspa'ri:ni
Caspary kas'pa:ri
Caspe *span.* 'kaspe
Casper 'kaspɐ, *engl.* 'kæspə
Cassa 'kasa
Cassadó *kat.* kəsə'ðo, *span.* kasa'ðo
Cassagnac *fr.* kasa'ɲak
Cassander ka'sandɐ
Cassano *it.* kas'sa:no
Cassapanca kasa'paŋka
Cassata ka'sa:ta
Cassatt *engl.* kə'sæt
Cassava ka'sa:va
Cassavetes *engl.* kæsə'vi:ti:z
Cassegrain *fr.* kɑs'grɛ̃
Cassel *fr.* ka'sɛl, *engl.* kæsl, *schwed.* 'kasəl
Casselberry *engl.* 'kæslbərɪ
Cassell *engl.* kæsl
Cassella ka'sɛla
Cassette ka'sɛtə
Cassianeum kasi̯a'ne:ʊm
Cassianus ka'si̯a:nʊs
Cassibelan kasibe'la:n, *engl.* kæ'sɪbələn
Cassin *fr.* ka'sɛ̃
Cassinari *it.* kassi'na:ri
Cassinet 'kɛsinɛt
Cassini *it.* kas'si:ni, *fr.* kasi'ni
Cassino *it.* kas'si:no
Cassio 'kasi̯o
Cassiodorus kasi̯o'do:rʊs
Cassiopeia kasi̯o'pai̯a
Cassiopeium kasi̯o'pai̯ʊm
Cassirer ka'si:rɐ
Cassis ka'si:s
Cassius 'kasi̯ʊs, *engl.* 'kæsɪəs
Cassola *it.* kas'sɔ:la
Cassone ka'so:nə, **...ni** ...ni
Cassou *fr.* ka'su
Cast ka:st
Castagno *it.* kas'taɲɲo
Castagnola *it.* kastaɲ'ɲɔ:la
Castaldi *it.* kas'taldi
Castan *fr.* kas'tã
Castanheda *port.* kɐʃtɐ'ɲeðɐ
Castaños *span.* kas'taɲos
Casteau *fr.* kas'to
Casteggio *it.* kas'teddʒo
Castelar *span.* kaste'lar
Castelbarco *it.* kastel'barko
Castel del Monte *it.* kas'tɛl del 'monte
Castelein *niederl.* kɑstə'lɛi̯n
Castelfranco *it.* kastel'fraŋko
Castel Gandolfo *it.* kas'tɛl gan'dɔlfo
Castell kas'tɛl
Castellammare *it.* kastellam'ma:re
Castellani *it.* kastel'la:ni
Castellano[s] *span.* kaste'ʎano[s]
Castelli kas'tɛli, *it.* kas'tɛlli
Castellio kas'tɛli̯o, *fr.* kastɛ'ljo
Castellón *span.* kaste'ʎɔn
Castelnau *fr.* kastɛl'no
Castelnuovo *it.* kastel'nu̯ɔ:vo, *span.* kastɛl'nu̯oβo
Castelo *port.* kɐʃ'tɛlu, *bras.* kas'tɛlu
Castelrotto *it.* kastel'rotto
Castelseprio *it.* kastel'sɛ:pri̯o
Castelvecchio *it.* kastel'vɛkki̯o

Castelvetrano *it.* kastelve'tra:no
Castelvetro *it.* kastel've:tro
casten 'ka:stn̩
Casti *it.* 'kasti
Castigliano *it.* kastiʎ'ʎa:no
Castiglione [delle Stiviere] *it.* kastiʎ'ʎo:ne ['delle sti'vi̯ɛ:re]
Castiglion Fiorentino *it.* kastiʎ'ʎon fi̯oren'ti:no
Castiglioni *it.* kastiʎ'ʎo:ni
Castilho *port.* kɐʃ'tiʎu
Castilla *span.* kas'tiʎa
Castillejo[s] *span.* kasti'ʎɛxo[s]
Castillo *span.* kas'tiʎo
Castillon *fr.* kasti'jõ
Casting 'ka:stɪŋ
Casti-Piani kasti'pi̯a:ni
Castize kas'ti:tsə
[1]**Castle** (Name) 'kastlə, *engl.* kɑ:sl
[2]**Castle** (Burg) 'ka:sl̩
Castlebar *engl.* kɑ:sl'bɑ:
Castleford *engl.* 'kɑ:slfəd
Castlemaine *engl.* 'kɑ:slmeɪn
Castlereagh *engl.* 'kɑ:slreɪ
Castletown *engl.* 'kɑ:sltaʊn
Castor, CASTOR 'kasto:ɐ̯
Castoreum kas'to:reʊm
Castra 'kastra
Castracani *it.* kastra'ka:ni
Castrén *schwed.* kas'tre:n
Castres *fr.* kastr
Castries *engl.* kæs'tri:s
Castrismus kas'trɪsmʊs
Castro *it., span.* 'kastro, *bras.* 'kastru, *port.* 'kaʃtru, *engl.* 'kæstroʊ
Castro Alves *bras.* 'kastru 'alvis
Castroismus kastro'ɪsmʊs
Castrop-Rauxel 'kastrɔp'rauksl̩
Castruccio *it.* kas'truttʃo
Castulo 'kastulo
Casuarina kazu̯a'ri:na
Casula 'ka:zula, **...lae** ...lɛ
Casus Belli 'ka:zʊs 'bɛli, **die - -** 'ka:zu:s -
Casus obliquus 'ka:zʊs o'bli:kvʊs, **- ...ui** 'ka:zu:s ...vi
Casus rectus 'ka:zʊs 'rɛktʊs, **- ...ti** 'ka:zu:s ...ti
Cat *engl.* kæt
Catacombe *it.* kata'kombe
Çatal Hüyük *türk.* tʃɑ'tɑl hy'jyk
Catalina *span.* kata'lina
Catalpa ka'talpa
Cataluña *span.* kata'luɲa
Catamarca *span.* kata'marka
Catania *it.* ka'ta:ni̯a
Catanzaro *it.* katan'dza:ro, ...'tsa:ro
Cataracta kata'rakta
Catargiu *rumän.* katar'dʒiu̯
Catarina *port.* kɐtɐ'rinɐ
Catawba *engl.* kə'tɔ:bə
Catboot 'kɛtbo:t
Catch kɛtʃ
Catch-as-catch-can 'kɛtʃlɛs'kɛtʃ'kɛn
catchen 'kɛtʃn̩
Catcher 'kɛtʃɐ
Catcherpromoter 'kɛtʃɐpro'mo:tɐ
Catchup 'kɛtʃap, *auch:* 'kɛtʃɛp
Cateau *fr.* ka'to
Catechine katɛ'çi:nə
Catecholamine katɛçola'mi:nə
Catechu 'katɛçu
Catel ka'tɛl
Catena *it.* ka'te:na
Catenaccio kate'natʃo
Catene ka'te:nə
Caterina *it.* kate'ri:na
Catering 'ke:tərɪŋ
Caterpillar 'kɛtəpɪlɐ
Catesby *engl.* 'keɪtsbɪ
Catgut 'katgʊt, 'kɛtgat
Catharina kata'ri:na
Cathay ka'tai
Cathedra 'ka:tedra, **...drae** ...drɛ
Cather *engl.* 'kæðə
Catherine *engl.* 'kæθərɪn, 'kæθrɪn
Cathérine *fr.* kate'rin
Cathleen *engl.* 'kæθli:n
Cathrein ka'train
Cathrine *fr.* ka'trin
Catilina kati'li:na
Catinat *fr.* kati'na
Catinga ka'tɪŋga
Catlett *engl.* 'kætlɪt
Catlin *engl.* 'kætlɪn
Catlinit katli'ni:t
Cato 'ka:to
Catonsville *engl.* 'keɪtnzvɪl
Catroux *fr.* ka'tru
Cats *niederl.* kɑts
Catskill *engl.* 'kætskɪl
Catsuit 'kɛtsju:t
Catt *dt., fr.* kat, *engl.* kæt
Cattaneo *it.* kat'ta:neo
Cattaro *it.* 'kattaro
Cattell *engl.* kə'tɛl
Cattenom *fr.* kat'nɔm
Cattleya ka'tlai̯a
Cattolica *it.* kat'tɔ:lika
Catull[us] ka'tʊl[ʊs]
Catulus 'ka:tulʊs
Catwalk 'kɛtvɔ:k
Cau *fr.* ko
Caub kaup
Cauca *span.* 'kau̯ka
Cauchon *fr.* ko'ʃõ
Cauchy *fr.* ko'ʃi
Caucus 'kɔ:kəs
Cauda 'kauda
caudal[is] kau'da:l[ɪs]
Caudex 'kaudɛks, **...dices** ...ditse:s
Caudillo kau'dɪljo
Caudium 'kaudi̯ʊm
Cauer 'kauɐ
Caulaincourt *fr.* kolɛ̃'ku:r
Caulfield *engl.* 'kɔ:[l]fi:ld
Caullery *fr.* kol'ri
Caulnes *fr.* ko:n
Caumont *fr.* ko'mõ
Cauquenes *span.* kau̯'kenes
Caura *span.* 'kau̯ra
Caus *fr.* ko
Causa 'kauza
Cause célèbre, -s -s 'ko:s se'lɛ:brə
Causerie kozə'ri:, **-n** ...i:ən
Causeur ko'zø:ɐ̯
Causeuse ko'zø:zə
Causses *fr.* ko:s
Causticum 'kaustikʊm, **...ca** ...ka
Caute *engl.* koʊt
Cauterets *fr.* ko'trɛ, kɔ'trɛ
Cautín *span.* kau̯'tin
Cauwelaert *niederl.* 'kɔu̯wəla:rt
Caux *fr.* ko
Cava vgl. Cavum
Cava (Wein) 'ka:va
Cavaco *port.* kɐ'vaku
Cava de' Tirreni *it.* 'ka:va de tir'rɛ:ni
Cavael ka'va:l
Cavaillé-Coll *fr.* kavaje'kɔl
Cavaillon *fr.* kava'jõ
Cavalcanti *it.* kaval'kanti, *bras.* kaval'kɐ̃nti
Cavaliere kava'li̯e:rə, **...ri** ...ri
Cavalieri *it.* kava'li̯ɛ:ri
Cavalier Poets *engl.* kævə'lɪə 'poʊɪts
Cavalleria kavale'ri:a

C

C

Cavalleria Rusticana *it.* kavalle'ri:a rusti'ka:na
Cavallero *it.* kaval'lɛ:ro
Cavalli *it.* ka'valli
Cavallini *it.* kaval'li:ni
Cavallino *it.* kaval'li:no
Cavallotti *it.* kaval'lɔtti
Cavan *engl.* 'kævən
Cavazzola *it.* kavat'tsɔ:la
Cavazzoni *it.* kavat'tso:ni
Cave *engl.* keɪv
Caveau *fr.* ka'vo
cave canem! 'ka:və 'ka:nɛm
Cavedoni *it.* kave'do:ni
Cavell *engl.* kævl
Cavendish *engl.* 'kævəndɪʃ
Caviceo *it.* kavi'tʃɛ:o
Cavite *span.* ka'βite
Cavos *it.* 'ka:vos
Cavour *it.* ka'vur
Cavtat *serbokr.* ˌtsaftat
Cavum 'ka:vʊm, **...va** ...va
Cawdor *engl.* 'kɔ:də
Cawnpore *engl.* kaʊn'pɔ:
Caxambu *bras.* kaʃẽm'bu
Caxés *span.* ka'xes
Caxias *port.* kɐ'ʃiɐʃ, *bras.* ka'ʃias
Caxton *engl.* 'kækstən
Cayatte *fr.* ka'jat
Cayce *engl.* 'keɪsɪ
Cayenne *fr.* ka'jɛn
Cayes *fr.* kaj
Cayley *engl.* 'keɪlɪ
Caylus *fr.* kɛ'lys
Caymans *engl.* 'keɪmənz
Cayönü *türk.* 'tʃai̯œˌny
Cayrol *fr.* kɛ'rɔl
Cazalis *fr.* kaza'lis
Cazalla *span.* ka'θaʎa
Cazin *fr.* ka'zɛ̃
Cazotte *fr.* ka'zɔt
Cazzati *it.* kat'tsa:ti
CB-Funk t͜se:'be:fʊŋk
CBS *engl.* si:bi:'ɛs
CD-... t͜se:'de:...
CD-ROM t͜se:de:'rɔm
CDU t͜se:de:'|u:
C-Dur 't͜se:du:ɐ̯, *auch:* '–'–
Ceán *span.* θe'an
Ceará *bras.* si̯a'ra
Céard *fr.* se'a:r
Ceaușescu *rumän.* tʃe̯au̯'ʃesku
Cebion® 't͜se:bi̯o:n
CeBIT®, Cebit 't͜se:bɪt
Cebollera *span.* θeβo'ʎera
Cebotari tʃebo'ta:ri
Cebu 't͜se:bu
Cebú *span.* θe'βu
Ceccarelli *it.* tʃekka'rɛlli
Ceccato *it.* tʃek'ka:to
Cecchetti *it.* tʃek'ketti
Cecchi *it.* 'tʃekki
Cecco *it.* 'tʃekko
Cecco del Vecchio 'tʃɛko dɛl 'vɛki̯o
Cech *engl.* sɛtʃ
Čech *tschech.* tʃɛx
Čechy *tschech.* 'tʃɛxi
Cecidie t͜se't͜si:di̯ə
Cecil *engl.* sɛsl
Cécile *fr.* se'sil
Cecilia *it.* tʃe'tʃi:li̯a, *span.* θe'θili̯a
Cecilie t͜se't͜si:li̯ə
Cecilienhof t͜se't͜si:li̯ənho:f
Cecily *engl.* 'sɪsɪlɪ, 'sɛsɪlɪ
Cedar *engl.* 'si:də
Cederborgh *schwed.* ˌse:dərbɔrj
Cederström *schwed.* ˌse:dərstrœm
Cedi 'se:di, *engl.* 'seɪdɪ
Cedille se'di:jə, **-n** ...jən
Cedynia *poln.* tsɛ'dɨnja
Cefalù *it.* tʃefa'lu
Cegléd *ung.* 'tsɛgle:d
Ceiba *span.* 'θei̯βa
Ceilometer t͜sai̯lo'me:tɐ
Ceinturon sɛ̃ty'rõ:
Ceiriog *engl.* 'kaɪərɪɔg
Cela *span.* 'θela
Celadon 't͜se:ladɔn
Čelakovský *tschech.* 'tʃɛlakɔfski:
Celan t͜se'la:n
Celano *it.* tʃe'la:no
Celaya *span.* θe'laja
Celebes t͜se'le:bɛs; *auch:* 't͜se:lebɛs, se'le:bɛs
Čelebonović *serbokr.* tʃɛlɛˌbɔnɔvitɕ
Celebret 't͜se:lebrɛt
Celentano *it.* tʃelen'ta:no
Celerina t͜sele'ri:na, tʃe...
Celesta t͜se'lɛsta, tʃe...
Celestina *span.* θeles'tina
Celia 't͜se:li̯a, *engl.* 'si:lɪə
Celibidache *rumän.* tʃelibi'dake
Céline *fr.* se'lin
Celio *it.* 'tʃɛ:li̯o
Celje *slowen.* 'tsɛ:ljɛ
Cella 't͜sɛla, **Cellae** 't͜sɛlɛ
Cellarius t͜sɛ'la:ri̯us
Celle 't͜sɛlə, *it.* 'tʃɛlle
Cellerar t͜sɛle'ra:ɐ̯
Cellerarius t͜sɛle'ra:ri̯ʊs, **...rii** ...rii
Cellere *it.* 'tʃɛllere
Celli vgl. Cello
Cellier *fr.* sɛ'lje
Celliers *afr.* səl'je:
Cellini *it.* tʃel'li:ni
Cellist tʃɛ'lɪst
Cello 'tʃɛlo, **Celli** ...li
Cellon® t͜sɛ'lo:n
Cellophan[e]® t͜sɛlo'fa:n[ə]
cellophanieren 't͜sɛlofa'ni:rən
Cellula 't͜sɛlula, **...lae** ...lɛ
Celsius 't͜sɛlzi̯ʊs, *schwed.* 'sɛlsi̯ʊs
Celsus 't͜sɛlzʊs
Celtis 't͜sɛltɪs
Celtium 't͜sɛlt͜si̯ʊm
Cemal Süreya *türk.* dʒɛ'mɑl syrɛ'jɑ
Cembalist tʃɛmba'lɪst
Cembalo 'tʃɛmbalo, **...li** ...li
Cena *it.* 'tʃe:na
Cenabum 't͜se:nabʊm
Cénacle *fr.* se'nakl
Cenci *it.* 'tʃɛntʃi
Cendrars *fr.* sɑ̃'dra:r
Cenerentola *it.* tʃene'rɛntola
Ceneri *it.* tʃe:neri
Cennini *it.* tʃen'ni:ni
Cenoman[e] t͜seno'ma:n[ə]
Cenowa *poln.* tsɛ'nɔva
Cent sɛnt, *auch:* t͜sɛnt
CENTAG *engl.* 'sɛntæg
Cental 'sɛntl̩
Centaurus t͜sɛn'tau̯rʊs
Centavo sɛn'ta:vo
Centenar t͜sɛnte'na:ɐ̯
Center 'sɛntɐ, 't͜sɛ...
Centerville *engl.* 'sɛntəvɪl
Centesimo tʃɛn'te:zimo, **...mi** ...mi
Centésimo sɛn'te:zimo
Cent-gardes *fr.* sɑ̃'gard
Centime sɑ̃'ti:m, **des ...s** ...m[s], **die ...s** ...m[s]
Céntimo 'sɛntimo
Centinela *span.* θenti'nela
Centlivre *engl.* sɪnt'lɪvə
¹Cento (Gedicht) 't͜sɛnto, **-nes** t͜sɛn'to:ne:s
²Cento (Name) 't͜sɛnto, *engl.* 'sɛntoʊ, *it.* 'tʃɛnto, *span.* 'θento
Centovalli *it.* tʃento'valli
Central *span.* θen'tral
Central Criminal Court 'sɛntrəl 'krɪmɪnl̩ 'ko:ɐ̯t, - - 'kɔrt
Centralia *engl.* sɛn'treɪlɪə

Central Intelligence Agency 'sɛntrəl ɪn'tɛlɪdʒn̩s 'e:dʒn̩si
Centre... 'sɛntɐ..., 'tsɛ...
Centrosom tsɛntro'zo:m
Centula 'tsɛntula
Centum 'tsɛntʊm
Centurie tsɛn'tu:ri̯ə
Centuripe *it.* tʃen'tu:ripe
Centurium tsɛn'tu:ri̯ʊm
Centweight 'sɛntve:t
Cep *tschech.* tʃɛp
Cephalopode tsefalo'po:de
Cepheiden tsefe'i:dn̩
Cepheus 'tse:fɔys
Cephisus tse'fi:zʊs
Ceprano *it.* tʃe'pra:no
Cepu *indon.* tʃə'pu
Cer tse:ɐ̯
Cera[m] 'tse:ra[m]
Cerano *it.* tʃe'ra:no
Cerbère *fr.* sɛr'bɛ:r
Cerberus 'tsɛrberʊs
Cercamon sɛrka'mɔn
Cerchov *tschech.* 'tʃɛrxɔf
Cercle 'sɛrkl̩, **des -s** ...l̩[s], **die -s** ...l̩[s]
Cerdagne *fr.* sɛr'daɲ
Cerdaña *span.* θɛr'ðaɲa
Cerealien tsere'a:li̯ən
Cerebellar tserebɛ'la:ɐ̯
Cerebellum tsere'bɛlʊm, **...lla** ...la
Cerebotani *it.* tʃerebo'ta:ni
Cerebrum 'tse:rebrʊm, **...ra** ...ra
Cereolus tse're:olʊs, **...li** ...li
Ceres 'tse:rɛs, *engl.* 'sɪəri:z, *span.* 'θeres, *bras.* 'sɛris
Ceresin tsere'zi:n
Ceresio *it.* tʃe'rɛ:zi̯o
Cereus 'tse:reʊs
Cerezo *span.* θe'reθo
Cergy-Pontoise *fr.* sɛrʒipõ'twa:z
Cerha 'tsɛrha
Cerignola *it.* tʃeriɲ'ɲɔ:la
Cerigo *it.* tʃe'ri:go
Cerimon 'tse:rimɔn
Cerinth[us] tse'rɪnt[ʊs]
Cerise sə'ri:s
Cerit tse'ri:t
Čermák *tschech.* 'tʃɛrma:k
Cermets 'sø:ɐ̯mɛts, 'sœrm...
CERN tsɛrn, *fr.* sɛrn
Cerna *rumän.* 'tʃerna
Cernan *engl.* 'sə:nən
Cernăuţ *rumän.* tʃernə'utsj
Cernavodă *rumän.* tʃerna'vodə

Cernay *fr.* sɛr'nɛ
Cernier *fr.* sɛr'nje
Černík *tschech.* 'tʃɛrnji:k
Černohorský *tschech.* 'tʃɛrnɔhɔrski:
Cernuda *span.* θɛr'nuða
Cernuschi *fr.* sɛrnys'ki
Ceroli *it.* tʃe'rɔ:li
Cerone *it.* tʃe'ro:ne
Cerotin... tsero'ti:n...
Cerquetti *it.* tʃer'ku̯etti
Cerquozzi *it.* tʃer'ku̯ɔttsi
Cerretti *it.* tʃer'retti
Cërrik *alban.* tsə'rrik
Cerrito *span.* θɛ'rrito
Cerritos *engl.* sə'ri:təs
Cerro de las Mesas *span.* 'θɛrro ðe laz 'mesas
Cerro de Pasco *span.* 'θɛrrɔ ðe 'pasko
Cerro Largo *span.* 'θɛrrɔ 'larɣo
Cerro Sechín *span.* 'θɛrrɔ se'tʃin
Cersne 'tsɛrsnə
Certaldo *it.* tʃer'taldo
Certon *fr.* sɛr'tõ
Certosa *it.* tʃer'to:za
Cerumen tse'ru:mən
Cerussit tserʊ'si:t
Ceruti *it.* tʃe'ru:ti
Cervantes sɛr'vantɛs, *span.* θɛr'βantes
Cervelat 'sɛrvəla
Červený *tschech.* 'tʃɛrvɛni:
Cervera *span.* θɛr'βera
Cerveteri *it.* tʃer'vɛ:teri
Cervi *it.* 'tʃɛrvi
Cervia *it.* 'tʃɛrvi̯a
Cervices vgl. Cervix
Cervin *fr.* sɛr'vɛ̃
Cervinara *it.* tʃervi'na:ra
Cervini *it.* tʃer'vi:ni
Cervinia *it.* tʃer'vi:ni̯a
Cervino *it.* tʃer'vi:no
Cervinus tsɛr'vi:nʊs
Cervix 'tsɛrvɪks, **Cervices** tsɛr'vi:tse:s
ces tsɛs
Césaire *fr.* se'zɛ:r
Cesalpino *it.* tʃezal'pi:no
Cesar 'tse:zar, *span.* θe'sar
César *fr.* se'za:r, *span.* 'θesar
Cesare *it.* 'tʃe:zare
Cesarec *serbokr.* tsɛ'sarɛts
Cesari *it.* 'tʃe:zari, tʃe'za:ri
Česarić *serbokr.* 'tsɛsaritɕ
Cesarini *it.* tʃeza'ri:ni
Cesarino *it.* tʃeza'ri:no
Cesar[i]o *it.* tʃe'za:r[i̯]o

Cesarotti *it.* tʃeza'rɔtti
Cesbron *fr.* sɛs'brõ
Cesena *it.* tʃe'zɛ:na
Cesenatico *it.* tʃeze'na:tiko
Cesetti *it.* tʃe'zetti
Cesis *lett.* 'tse:sɪs
Česká Kamenice *tschech.* 'tʃɛska: 'kamɛnjitsɛ
Česká Lípa *tschech.* 'tʃɛska: 'li:pa
Česká Republika *tschech.* 'tʃɛska: 'rɛpublika
Česká Třebová *tschech.* 'tʃɛska: 'trʃɛbɔva:
České Budějovice *tschech.* 'tʃɛskɛ: 'budjɛjɔvitsɛ
Československá Republika *tschech.* 'tʃɛskɔslɔvɛnska: 'rɛpublika
Československo *tschech.* 'tʃɛskɔslɔvɛnskɔ
Český Brod *tschech.* 'tʃɛski: 'brɔt
Český Krumlov *tschech.* 'tʃɛski: 'krumlɔf
Ceslaus 'tsɛslaus
Çeşme *türk.* 'tʃɛʃmɛ
Céspedes *span.* 'θespeðes, *it.* 'tʃespedes
Cess[na] *engl.* 'sɛs[nə]
Cessnock *engl.* 'sɛsnɔk
Cesti *it.* 'tʃesti
Cestius 'tsɛsti̯ʊs
c'est la guerre! *fr.* sɛla'gɛ:r
c'est la vie! *fr.* sɛla'vi
Cestodes tsɛs'to:dɛs
Cetaceum tse'ta:tseʊm
Cetatea Albă *rumän.* tʃe'tatea 'albə
ceteris paribus 'tse:teri:s 'pa:ribʊs
ceterum censeo 'tse:terʊm 'tsɛnzeo
Cethegus tse'te:gʊs
Cetina *span.* θe'tina, *serbokr.* ˌtsɛtina
Cetinje *serbokr.* ˌtsɛtinjɛ
cetisch 'tse:tɪʃ
Četnici *serbokr.* 'tʃɛtni:tsi
Cetra *it.* 'tʃe:tra, 'tʃɛ:tra
Cette *fr.* sɛt
Cettineo *serbokr.* tsɛtiˌnɛɔ
Cetus 'tse:tʊs
Ceulen *niederl.* 'kø:lə
Ceuta *span.* 'θeu̯ta
Ceva *it.* 'tʃe:va, 'tʃɛ:va
Cevapcici, Ćevapčići tʃe'vaptʃitʃi
Cevennen se'vɛnən

Cévennes *fr.* se'vɛn
Cevio *it.* 'tʃɛ:vi̯o
Ceyhan *türk.* 'dʒɛi̯han
Ceyhun *türk.* dʒɛi̯'hun
Ceylon 'tsai̯lɔn, *engl.* sɪ'lɔn
Ceylonese tsai̯lo'ne:zə
Cézanne *fr.* se'zan
Cézannismus seza'nɪsmʊs
CFTC *fr.* seɛfte'se
CGT *fr.* seʒe'te
Chaban-Delmas *fr.* ʃabãdɛl'mɑ:s
Chabannes *fr.* ʃa'ban
Chabarowsk *russ.* xa'barɐfsk
Chabert *fr.* ʃa'bɛ:r
Chablais *fr.* ʃa'blɛ
¹**Chablis** (Wein) ʃa'bli:, **des -** ...i:[s], **die -** ...i:s
²**Chablis** (Ort) *fr.* ʃɑ'bli, ʃa'bli
Chabot *fr.* ʃa'bo
Chabrias 'ça:brias
Chabrier *fr.* ʃabri'e
Chabrol *fr.* ʃa'brɔl
Chabur xa'bu:ɐ
Chacao *span.* tʃa'kao
Cha-Cha-Cha 'tʃa'tʃa'tʃa
Chachani *span.* tʃa'tʃani
Chachapoyas *span.* tʃatʃa'pojas
Chaco *span.* 'tʃako
Chaconne ʃa'kɔn, **-n** ...nən
chacun à son goût *fr.* ʃakœasõ'gu
Chadderton *engl.* 'tʃædətən
Chadidscha xa'di:dʒa
Chadourne *fr.* ʃa'durn
Chadschu Kermani *pers.* xɑ'dʒu: kermɑ'ni:
Chadsidakis *neugr.* xadzi'ðakis
Chadsopulos *neugr.* xa'dzɔpulɔs
Chadwick *engl.* 'tʃædwɪk
Chadyschensk *russ.* xa'diʒənsk
Chaefre ça'e:frə
Chagall *fr.* ʃa'gal
Chagas... 'ʃa:gas...
Chagny *fr.* ʃa'ɲi
Chagos *engl.* 'tʃɑ:goʊs
Chagres *span.* 'tʃaɣres
Chagrin ʃa'grɛ̃:
chagrinieren ʃagri'ni:rən
Ch'aho *korean.* tʃhaho
Chahut ʃa'y:
Chailley *fr.* ʃa'jɛ
Chaillot *fr.* ʃa'jo
Chailly *fr.* ʃa'ji
Chain *engl.* tʃeɪn
Chaine 'ʃɛ:n[ə], **-n** ...nən
Chaireddin xai̯rɛ'di:n
Chairemon çai̯'re:mɔn
Chairil *indon.* 'xai̯rɪl
Chairleder 'ʃɛ:ɐ̯le:dɐ
Chairman, ...men 'tʃɛ:ɐ̯mɛn
Chaironeia çai̯ro'nai̯a
Chaise 'ʃɛ:zə
Chaiselongue ʃɛzə'lɔŋ, ...'lõ:k, **-n** ...'lɔŋən, ...'lõ:gn̩, **die -s** ...'lɔŋs
Chaka *engl.* 'tʃɑ:kɑ:
Chakan *pers.* xɑ'kɑ:n
Chakasse xa'kasə
Chakra 'tʃakra
Chaku 'tʃaku
Chalaza 'ça:latsa, **...zen** ça'la:tsən
Chalaze ça'la:tsə
Chalazion ça'la:tsi̯ɔn, **...ien** ...i̯ən
Chalazium ça'la:tsi̯ʊm, **...ien** ...i̯ən
Chalazogamie çalatsoga'mi:, **-n** ...i:ən
¹**Chalcedon** (Stein) kaltse'do:n
²**Chalcedon** (Stadt) çal'tse:dɔn
Chalcidice çal'tsi:ditse
Chaldäa kal'dɛ:a
Chaldäer kal'dɛ:ɐ
chaldäisch kal'dɛ:ɪʃ
Chalder 'kaldɐ
Chaldi 'xaldi
Chalet ʃa'le:
Chaleur Bay *engl.* ʃɑ:'lə: 'beɪ
Chalfont *engl.* 'tʃælfɔnt
Chalgrin *fr.* ʃal'grɛ̃
Chalid 'xa:lɪt
Chalikose çali'ko:zə
Chalil xa'li:l
Chalilowo *russ.* xa'lilɐvɐ
Chalkedon çal'ke:dɔn
Chalkidike çal'ki:dike
Chalkidiki *neugr.* xalkiði'ki
Chalkis 'çalkɪs, *neugr.* xal'kis
Chalkochemigraphie çalkoçemigra'fi:
Chalkogene çalko'ge:nə
Chalkograph çalko'gra:f
Chalkographie çalkogra'fi:
Chalkolith[ikum] çalko'li:t[ikʊm]
chalkophil çalko'fi:l
Chalkose çal'ko:sə
Chalk River *engl.* 'tʃɔ:k 'rɪvə
Challe *fr.* ʃal
Challenger *engl.* 'tʃælɪndʒə
Chalmers *engl.* 'tʃɑ:məz
Châlons-sur-Marne *fr.* ʃɑlõsyr'marn
Chalon-sur-Saône *fr.* ʃalõsyr'so:n
Chalumeau ʃaly'mo:
Chalupka *slowak.* 'xalupka
Chaly ʃa'li:
Chalzedon kaltse'do:n
Chalzidize çal'tsi:ditse
Cham ka:m, *fr.* kam
Chamade ʃa'ma:də
Chamäleon ka'mɛ:leɔn
Chamäphyt çamɛ'fy:t
Chamartín *span.* tʃamar'tin
Chamave ça'ma:və
Chamäzephalie çamɛtsefa'li:, **-n** ...i:ən
Chamberlain 'tʃe:mbɐlɪn, *engl.* 'tʃeɪmbəlɪn
Chamberlen, ...lin *engl.* 'tʃeɪmbəlɪn
Chamber of Commerce 'tʃe:mbɐ ɔf 'kɔmø:ɐ̯s, **- -** ...mœrs
Chambers *engl.* 'tʃeɪmbəz
Chambersburg *engl.* 'tʃeɪmbəzbə:g
Chambertin ʃãbɛr'tɛ̃:
Chambéry *fr.* ʃãbe'ri
Chambly *fr.* ʃã'bli, *engl.* 'ʃæmblɪ
Chambonnières *fr.* ʃãbɔ'njɛ:r
Chambord *fr.* ʃã'bɔ:r
Chambray ʃam'brɛ:
Chambre des Députés 'ʃã:brə de: depy'te:
Chambre garnie, -s -s 'ʃã:brə gar'ni:
Chambre séparée, -s -s 'ʃã:brə zepa're:
Chambriere ʃãbri'e:rə
Chamfort *fr.* ʃã'fɔ:r
Chaminade *fr.* ʃami'nad
Chamisso ʃa'mɪso
Chammurabi xamu'ra:bi
chamois ʃa'mo̯a
Chamois ʃa'mo̯a, **des -** ...a[s]
Chamonix *fr.* ʃamɔ'ni
Chamorro *span.* tʃa'mɔrrɔ
Champ tʃɛmp
Champa 'tʃampa
Champagne ʃam'panjə, *fr.* ʃã'paɲ
champagner, C... ʃam'panjɐ
Champagny *fr.* ʃãpa'ɲi
Champaign *engl.* ʃæm'peɪn
Champaigne *fr.* ʃã'paɲ
Champ-de-Mars *fr.* ʃãd'mars
Champfleury *fr.* ʃãflœ'ri
Champignon 'ʃampɪnjõ, 'ʃã:pɪnjɔŋ

Champigny *fr.* ʃãpiˈɲi
Champion ˈtʃɛmpi̯ən
Championat ʃampi̯oˈnaːt
Champions League ˈtʃɛmpi̯əns ˈliːk
Champlain *fr.* ʃãˈplɛ̃, *engl.* ʃæmˈpleɪn
Champmeslé *fr.* ʃãmɛˈle
Champollion *fr.* ʃãpɔˈljõ
Champs-Élysées *fr.* ʃãzeliˈze
Chamsin xamˈziːn
Chamson *fr.* ʃãˈsõ
Chan kaːn, xaːn
Chañaral *span.* tʃaɲaˈral
Chance ˈʃãːsə; *auch:* ʃãːs, ˈʃaŋs[ə]; **-n** ...sn̩
Chancellor ˈtʃaːnsəlɐ
Chan-Chan *span.* ˈtʃanˈtʃan
Chandamir *pers.* xɑndæˈmiːr
Chandernagor *engl.* tʃændə-nəˈgɔː
Chandigarh *engl.* tʃændɪˈgɑː, ˈ- - -
Chandler *engl.* ˈtʃɑːndlə
Chandos *engl.* ˈ[t]ʃændɔs
Chandra ˈtʃandra
Chandrashekar *engl.* [t]ʃɑːndrəˈʃeɪkɑː
Chanel *fr.* ʃaˈnɛl
Chang tʃaŋ
Changchun *chin.* tʃaŋtʃu̯ən 21
Change ʃãːʃ, *auch:* tʃeːntʃ
changeant, Ch... ʃãˈʒãː
Changement ʃãʒəˈmãː
changieren ʃãˈʒiːrən
Changjiang *chin.* tʃaŋdʑi̯aŋ 11
Changsha *chin.* tʃaŋʃa 21
Changzhou *chin.* tʃaŋdʒou̯ 21
Chania *neugr.* xaˈnja
Chanka *russ.* ˈxankɐ
Channel Islands *engl.* ˈtʃænl ˈaɪləndz
Channing *engl.* ˈtʃænɪŋ
Chanoyu ˈtʃanoju
Chanson ʃãˈsõː
Chanson de Geste, -s - - *fr.* ʃãsõdˈʒɛst
Chanson de Roland *fr.* ʃãsõ-drɔˈlã
Chansonette ʃãsoˈnɛtə
Chansonier ʃãsoˈni̯eː
Chansonière ʃãsoˈni̯eːrə, ...i̯ɛːrə
Chansonnette ʃãsɔˈnɛtə
Chansonnier ʃãsɔˈni̯eː
Chansonnière ʃãsɔˈni̯eːrə, ...i̯ɛːrə
Chantage ʃãˈtaːʒə
Chantal *fr.* ʃãˈtal
Chante ˈxantə
Chantecler *fr.* ʃãtəˈklɛːr
Chantepie de la Saussaye *fr.* ʃãtpidlasoˈsɛ
Chanteuse ʃãˈtøːzə
Chantilly *fr.* ʃãtiˈji
Chantrey *engl.* ˈtʃɑːntrɪ
Chantschew *bulgar.* ˈxantʃɛf
Chanty-Mansisk *russ.* xanˈtɨ-manˈsijsk
Chanukka xanʊˈkaː
Chanum xaˈnʊm
Chanute *engl.* tʃəˈnuːt, *fr.* ʃaˈnyt
Chaos ˈkaːɔs
Chaot[e] kaˈoːt[ə]
Chaotik kaˈoːtɪk
chaotisch kaˈoːtɪʃ
Chapada ʃaˈpaːda
Chapala *span.* tʃaˈpala
Chaparral *span.* tʃapaˈrral
Chapeau ʃaˈpoː
Chapeau claque, -x -s ʃaˈpoː ˈklak
Chapel *engl.* ˈtʃæpəl
Chapelain *fr.* ʃaˈplɛ̃
Chapelcross *engl.* ˈtʃæpəlkrɔs
Chapelle *fr.* ʃaˈpɛl
Chapelou *fr.* ʃaˈplu
Chaperon ʃapəˈrõː
chaperonieren ʃapəroˈniːrən
Chapetones tʃapeˈtoːnɛs, *span.* tʃapeˈtones
Chapí *span.* tʃaˈpi
Chapiteau ʃapiˈtoː, **die ...ux** ...oːs
Chaplain *fr.* ʃaˈplɛ̃
Chaplin *engl.* ˈtʃæplɪn
Chaplinade tʃapliˈnaːdə
chaplinesk tʃapliˈnɛsk
Chapman *engl.* ˈtʃæpmən, *schwed.* ˈçapman
Chappaz *fr.* ʃaˈpa
Chappe *fr.* ʃap
Chappell *engl.* ˈtʃæpəl
Chaps tʃɛps
Chaptal *fr.* ʃapˈtal
chaptalisieren ʃaptaliˈziːrən
Chapu *fr.* ʃaˈpy
Chapultepec *span.* tʃapulte-ˈpɛk
Char *fr.* ʃaːr
Character indelebilis kaˈraktɐ ɪndeˈleːbilɪs
Charade ʃaˈraːdə
Charakter kaˈraktɐ, **-e** ...ˈteːrə
charakterisieren karakteri-ˈziːrən
Charakteristik karakteˈrɪstɪk
Charakteristikum karakteˈrɪs-tikʊm, **...ka** ...ka
charakteristisch karakteˈrɪstɪʃ
Charakterologe karaktero-ˈloːgə
Charakterologie karaktero-loˈgiː
charakterologisch karaktero-ˈloːgɪʃ
Charax ˈçaːraks
Charbin vgl. Harbin
Charcot *fr.* ʃarˈko
Charcuterie ʃarkytəˈriː, **-n** ...iːən
Charcutier ʃarkyˈti̯eː
Chardin *fr.* ʃarˈdɛ̃
Chardonnay *fr.* ʃardɔˈnɛ
Chardonne *fr.* ʃarˈdɔn
Chardonnet *fr.* ʃardɔˈnɛ
Chardonnetseide ʃardɔ-ˈneːzai̯də
Chardschit xarˈdʒiːt
Charente *fr.* ʃaˈrãːt
Charente-Maritime *fr.* ʃarãt-mariˈtim
Chares ˈçaːrɛs
Charg *pers.* xɑːrg
Charga ˈxarga
Charge ˈʃarʒə
Chargé d'Affaires, -s - - ʃarˈʒeː daˈfɛːɐ̯
chargieren ʃarˈʒiːrən
Chari *fr.* ʃaˈri
Charibert ˈkaːribɛrt
Charidschije xariˈdʒiːjə
Charidschit xariˈdʒiːt
Charing Cross *engl.* ˈtʃærɪŋ ˈkrɔs
Charis ˈçaːrɪs, *auch:* ˈçarɪs; **...iten** çaˈriːtn̩
Charis (Name) *neugr.* ˈxaris
Charisius çaˈriːzi̯ʊs
Charisma ˈça[ː]rɪsma, ˈk..., *auch:* çaˈrɪsma, k...; **-ta** çaˈrɪsmata, k...; **Charismen** çaˈrɪsmən, k...
charismatisch çarɪsˈmaːtɪʃ, k...
charitativ karitaˈtiːf, **-e** ...iːvə
Charité ʃariˈteː
Chariten çaˈriːtn̩
Charitin çaˈriːtɪn
Chariton ˈçaːritɔn, *engl.* ˈʃærɪtn
Charivari ʃariˈvaːri
Charkow ˈçarkɔf, *russ.* ˈxarjkɐf
Charlemagne *fr.* ʃarləˈmaɲ
Charleroi *fr.* ʃarləˈrwa
Charles *engl.* tʃɑːlz, *fr.* ʃarl
[1]**Charleston** (Tanz) ˈtʃarlstn̩

²**Charleston** (Stadt) *engl.* ˈtʃɑːlstən
Charlestown *engl.* ˈtʃɑːlztaʊn
Charlet *fr.* ʃarˈlɛ
Charleville *fr.* ʃarləˈvil
Charley, ...lie *engl.* ˈtʃɑːlɪ
Charlier ʃarˈlje
Charlière ʃarlˈli̯eːrə, ...i̯ɛːrə
Charlot *fr.* ʃarˈlo
Charlotta *schwed.* ʃar͵lɔta
¹**Charlotte** (Vorname) ʃarˈlɔtə, *fr., schwed.* ʃarˈlɔt, *engl.* ˈʃɑːlət
²**Charlotte** (Ort) *engl. Michigan* ʃɑːˈlɔt, *engl. North Carolina* ˈʃɑːlət
Charlotte Amalie *engl.* ˈʃɑːlət əˈmɑːlɪə
Charlottenburg ʃarˈlɔtn̩bʊrk, **-er** ...rgɐ
Charlottesville *engl.* ˈʃɑːlətsvɪl
Charlottetown *engl.* ˈʃɑːlət-taʊn
Charlton *engl.* ˈtʃɑːltən
¹**Charly** (Kokain) ˈtʃɑːɐ̯li
²**Charly** (Name) *fr.* ʃarˈli, *engl.* ˈtʃɑːlɪ
Charmanli *bulgar.* ˈxarmɐnli
charmant ʃarˈmant
Charme ʃarm
Charmelaine ʃarməˈlɛːn
Charmes *fr.* ʃarm
Charmettes *fr.* ʃarˈmɛt
Charmeur ʃarˈmøːɐ̯
Charmeuse ʃarˈmøːs
charmieren ʃarˈmiːrən
charming ˈtʃɑːɐ̯mɪŋ
Charmion ˈçarmi̯ɔn
Charmouth *engl.* ˈtʃɑːmaʊθ
Charms *russ.* xarms
Charol[l]ais *fr.* ʃarɔˈlɛ
Charomanie çeromaˈniː, **-n** ...iːən
Charon ˈçaːrɔn
Charonea çeroˈneːa
Charonton *fr.* ʃarõˈtõ
Charpak *fr.* ʃarˈpak
Charpentier *fr.* ʃarpãˈtje
Charrat *fr.* ʃaˈra
Charrière *fr.* ʃaˈrjɛːr
Charron *fr.* ʃaˈrõ
Chart tʃart, tʃaːɐ̯t, *auch:* ʃ...
Charta ˈkarta
Charte ˈʃartə
Charter ˈtʃartɐ, ˈtʃaːɐ̯tɐ, *auch:* ˈʃ...
Charterer ˈtʃartərɐ, ˈtʃaːɐ̯tərɐ, *auch:* ˈʃ...
chartern ˈtʃartɐn, ˈtʃaːɐ̯tɐn, *auch:* ˈʃ...
Charters Towers *engl.* ˈtʃɑːtəz ˈtaʊəz
Chartier *fr.* ʃarˈtje
Chartismus tʃarˈtɪsmʊs, ʃa...
Chartist tʃarˈtɪst, ʃa...
Chartres *fr.* ʃartr
Chartreuse® ʃarˈtrøːzə, *fr.* ʃarˈtrøːz
Chartularia kartuˈlaːri̯a
Chartum karˈtuːm, xa...
Charude xaˈruːdə, ça...
Charybdis çaˈrʏpdɪs
Charzyssk *russ.* xarˈtsɨsk
Chasan xaˈzaːn
Chasare çaˈzaːrə, xa...
¹**Chase** (Name) *engl.* tʃeɪs
²**Chase** (Musik) tʃeːs
Chasechem xaˈzeçɛm
Chaskowo *bulgar.* ˈxaskovo
Chasles *fr.* ʃɑːl
Chasma ˈçasma
Chasmogamie çasmogaˈmiː, **-n** ...iːən
Chasmus ˈçasmʊs, **-se** ...ʊsə
Chassawjurt *russ.* xɐsavˈjurt
Chasse ʃas
Chassecœur *fr.* ʃasˈkœːr
Chassepot... ʃasəˈpoː...
Chasseral *fr.* ʃaˈsral
Chassériau *fr.* ʃaseˈrjo
Chasseron *fr.* ʃaˈsrõ
Chasseur ʃaˈsøːɐ̯
Chassey *fr.* ʃaˈsɛ
Chassid xaˈsiːt, **-im** xasiˈdiːm
Chassidäer xasiˈdɛːɐ̯
Chassidismus xasiˈdɪsmʊs
Chassis ʃaˈsiː, *auch:* ˈʃasi; **des -** ʃaˈsiː[s], *auch:* ˈʃasi[ːs], **die -** ʃaˈsiːs, *auch:* ˈ--
Chastelard *fr.* ʃɑˈtlaːr
Chastelet *fr.* ʃɑˈtlɛ
Chastel[l]ain *fr.* ʃɑˈtlɛ̃
Chasuarier çaˈzu̯aːri̯ɐ
Chasuble ʃaˈzyːbl̩
Chatanga *russ.* ˈxatɐngɐ
Chateau, Châ... ʃaˈtoː
Chateaubriand *fr.* ʃatobriˈã
Châteaubriant *fr.* ʃatobriˈã
Château-d'Oex *fr.* ʃatoˈdɛ
Châteaudun *fr.* ʃatoˈdœ̃
Châteauguay *fr.* ʃatoˈgɛ
Châteauneuf *fr.* ʃatoˈnœf
Châteauneuf-du-Pape *fr.* ʃato-nœfdyˈpap
Châteauroux *fr.* ʃatoˈru
Chatelaine ʃatəˈlɛːn
Châtelard *fr.* ʃɑˈtlaːr
Châtelet *fr.* ʃaˈtlɛ, ʃɑˈtlɛ
Châtelineau *fr.* ʃatliˈno
Châtellerault *fr.* ʃatɛlˈro
Châtelperronien ʃatɛlperoˈni̯ɛ̃ː
Châtel-Saint-Denis *fr.* ʃatɛl-sɛ̃dˈni
Chatenet *fr.* ʃatˈnɛ
Chatham *engl.* ˈtʃætəm
Châtillon *fr.* ʃatiˈjõ, ʃat...
Chat Noir *fr.* ʃaˈnwaːr
Chatonfassung ʃaˈtõːfasʊŋ
Chatrian *fr.* ʃatriˈã
Chatschaturjan *russ.* xɐtʃɐtu-ˈrjan
Chattahoochee *engl.* tʃætə-ˈhuːtʃɪ
Chattanooga *engl.* tʃætəˈnuːgə
Chatte ˈkatə, *auch:* ˈçatə
Chatterji *engl.* ˈtʃætədʒiː
Chatterley *engl.* ˈtʃætəlɪ
Chatterton *engl.* ˈtʃætətn
Chatti ˈxati
Chattuarier xaˈtu̯aːri̯ɐ
Chaucer *engl.* ˈtʃɔːsə
Chauchat *fr.* ʃoˈʃa
Chaudeau ʃoˈdoː
Chaudes-Aigues *fr.* ʃodˈzɛg
Chaudet *fr.* ʃoˈdɛ
Chaudfroid ʃoˈfro̯a
Chaudière *fr.* ʃoˈdjɛr, *engl.* ʃoʊˈdjɛə
Chaudron *fr.* ʃoˈdrõ
Chauffeur ʃɔˈføːɐ̯
Chauffeuse ʃɔˈføːzə
chauffieren ʃɔˈfiːrən
Chauk *engl.* tʃaʊk, *birm.* tʃhau̯ 4
Chauke ˈçau̯kə
Chauliac *fr.* ʃoˈljak
Chaulieu *fr.* ʃoˈljø
Chaulmoograöl tʃoːlˈmuːgra-løːl
Chaulnes *fr.* ʃoːn
Chaumette *fr.* ʃoˈmɛt
Chaumont *fr.* ʃoˈmõ
Chaussee ʃɔˈseː, **-n** ...eːən
chaussieren ʃɔˈsiːrən
Chausson *fr.* ʃoˈsõ
Chautauqua *engl.* ʃəˈtɔːkwə
Chautemps *fr.* ʃoˈtã
Chauvi ˈʃoːvi
Chauvin *fr.* ʃoˈvɛ̃
Chauvinismus ʃoviˈnɪsmʊs
Chauvinist ʃoviˈnɪst
Chauviré *fr.* ʃoviˈre
Chaux-de-Fonds *fr.* ʃodˈfõ
Chavannes *fr.* ʃaˈvan
Chaves *span.* ˈtʃaβes, *port.* ˈʃaviʃ, *bras.* ˈʃavis

Chávez *span.* 'tʃaβeθ
Chavín de Huantar *span.* tʃa'βin de u̯an'tar
Chawaf *fr.* ʃa'waf
Chawer xa've:ɐ̯
Chayefsky *engl.* tʃaɪ'ɛfskɪ
Che *span.* tʃe
Cheb *tschech.* xɛp
Checco 'kɛko
Chechaouen *fr.* ʃeʃa'wɛn
Chech'ŏn *korean.* tʃetʃhɔn
[1]**Check** (Scheck) ʃɛk
[2]**Check** (Behinderung) t͜ʃɛk
checken 't͜ʃɛkn̩
Checker (Name) *engl.* 'tʃɛkə
Check-in 't͜ʃɛk|ɪn, –'–
Checking 't͜ʃɛkɪŋ
Checklist[e] 't͜ʃɛklɪst[ə]
Check-out 't͜ʃɛk|au̯t, –'–
Checkpoint 't͜ʃɛkpɔy̯nt
Check-up 't͜ʃɛk|ap, –'–
Cheddar *engl.* 'tʃɛdə
Cheddarkäse 't͜ʃɛdɐkɛ:zə
Chederschule 'xɛdɐʃu:lə
Cheektowaga *engl.* tʃi:ktə'wɑ:gə
cheerio! 't͜ʃi:ri̯o
Cheerleader 't͜ʃi:ɐ̯li:dɐ
Cheeseburger 't͜ʃi:sbø:ɐ̯gɐ, ...bœrgɐ
Cheever *engl.* 'tʃi:və
Chef ʃɛf
Chef de Mission 'ʃɛf də mɪ'si̯õ:
Chef de Rang 'ʃɛf də 'rã:
Chef d'Œuvre, -s - ʃɛ'dø:vrə
Chefren 'çe:frɛn
Cheilitis ça͜i'li:tɪs, **...itiden** ça͜ili'ti:dn̩
Cheiloschisis ça͜ilo'sçi:zɪs
Cheilosis ça͜i'lo:zɪs
Cheirologie ça͜irolo'gi:
Cheiron 'ça͜irɔn
Cheironomie ça͜irono'mi:
cheironomisch ça͜iro'no:mɪʃ
Cheirospasmus ça͜iro'spasmʊs
Cheirotonie ça͜iroto'ni:, **-n** ...i:ən
Cheju *korean.* tʃedʒu
Cheke *engl.* tʃi:k
Chelard *fr.* ʃə'la:r
Chelčický *tschech.* 'xɛltʃitski:
Chelidonin çelido'ni:n
Cheliff *fr.* ʃe'lif
Chelizere çeli'tse:rə
Chelléen ʃɛle'ɛ̃:
Chelleri *it.* 'kɛlleri
Chelles *fr.* ʃɛl
Chelm xɛlm, çɛlm
Chełm[no] *poln.* 'xɛu̯m[nɔ]
Chełmoński *poln.* xɛu̯'mɔi̯ski
Chelmsford *engl.* 'tʃɛlmsfəd
Chełmża *poln.* 'xɛu̯mʒa
Chelonia çe'lo:ni̯a, **...niae** ...ni̯ɛ
Chelpin 'kɛlpi:n
Chelsea *engl.* 'tʃɛlsɪ
Cheltenham *engl.* 'tʃɛltnəm
Chemcor® çɛm'ko:ɐ̯
Chemiatrie çemi̯a'tri:
Chemie çe'mi:
Chemigraph çemi'gra:f
Chemigraphie çemigra'fi:
Chemikal[ie] çemi'ka:l[i̯ə]
Chemikant çemi'kant
Chemiker 'çe:mikɐ
Chemillé *fr.* ʃəmi'je
Chemilumineszenz çemilumi-nɛs'tsɛnts
Chemin des Dames *fr.* ʃəmɛ̃de'dam
Cheminée *fr.* ʃəmi'ne
Chemin-Petit *fr.* ʃəmɛ̃p'ti
chemisch 'çe:mɪʃ
Chemise ʃə'mi:zə, *fr.* ʃə'mi:z; **-n** ...zn̩
Chemisett[e] ʃəmi'zɛt[ə]
chemisieren çemi'zi:rən
Chemisierkleid ʃəmi'zi̯e:kla͜it
Chemismus çe'mɪsmʊs
Chemnitz 'kɛmnɪts
Chemnizer *russ.* xɪm'nitsər
chemo..., Chemo... 'çe:mo...
Chemolumineszenz çemolumi-nɛs'tsɛnts
Chemonastie çemonas'ti:, **-n** ...i:ən
Chemoresistenz çemorezɪs'tɛnts
Chemorezeptoren çemoretsɛp'to:rən
Chemose çe'mo:zə
Chemosynthese çemozʏn'te:zə
chemotaktisch çemo'taktɪʃ
Chemotaxis çemo'taksɪs
Chemotechniker çemo'tɛçnikɐ
Chemotherapeutikum çemotera'pɔy̯tikʊm, **...ka** ...ka
chemotherapeutisch çemotera'pɔy̯tɪʃ
Chemotherapie çemotera'pi:
Chemotropismus çemotro'pɪsmʊs
Chemurgie çemʊr'gi:
Chen Boda *chin.* tʃənbɔda 222
Chen Duxiu *chin.* tʃənduçi̯ou̯ 124
Chênedollé *fr.* ʃɛndɔ'le
Chenevière *fr.* ʃənə'vjɛ:r
Cheney *engl.* 'tʃi:nɪ, 'tʃeɪnɪ
Chengde *chin.* tʃəŋdʌ 22
Chengdu *chin.* tʃəŋdu 21
Chénier *fr.* ʃe'nje
Chenille ʃə'nɪljə, *auch:* ʃə'ni:jə
Chenonceaux *fr.* ʃənõ'so
Chentechtai çɛn'tɛçta͜i
Chentkaus çɛnt'ka͜us
Chen Yi *chin.* tʃən-i̯i 24
Cheops 'çe:ɔps
Chephren 'çe:frɛn
Chepre 'çe:prə
Chequers *engl.* 'tʃɛkəz
Cher *fr.* ʃɛ:r
Cherasco *it.* ke'rasko
Cheraskow *russ.* xɪ'raskɐf
Chérau *fr.* ʃe'ro
Cherbourg *fr.* ʃɛr'bu:r
Cherbuliez *fr.* ʃɛrby'lje
Cherchel[l] *fr.* ʃɛr'ʃɛl
cherchez la femme! *fr.* ʃɛrʃela'fam
Chéreau *fr.* ʃe'ro
Chéret *fr.* ʃe'rɛ
Cheristane çerɪs'ta:nə
Cherkassky t͜ʃɛr'kaski
Cherokee *engl.* tʃɛrə'ki:, '–––
Cherrapunji *engl.* tʃɛrə'pʊndʒɪ
Cherrybrandy 't͜ʃɛri'brɛndi, 'ʃɛ... -
Cherson *russ.* xɪr'sɔn
Chersones çɛrzo'ne:s, **-e** ...e:zə
Chertsey *engl.* 'tʃə:tsɪ
Cherub 'çe:rʊp, *auch:* 'ke:..., **-im** 'çe:rubi:m, *auch:* 'ke:..., **-inen** çeru'bi:nən, *auch:* 'ke:...
Cherubin 'ke:rubi:n
Cherubini *it.* keru'bi:ni
cherubinisch çeru'bi:nɪʃ
Cherubino *it.* keru'bi:no
Cherusker çe'rʊskɐ
Cherwell *engl.* 'tʃɑ:wəl
Chesapeake *engl.* 'tʃɛsəpi:k
Cheshire *engl.* 'tʃɛʃə
Chessex *fr.* ʃɛ'sɛ
Chester *engl.* 'tʃɛstə
[1]**Chesterfield** (Mantel) 't͜ʃɛstɐfi:lt
[2]**Chesterfield** (Name) *engl.* 'tʃɛstəfi:ld
Chesterton *engl.* 'tʃɛstətən
Cheta *russ.* 'xjɛtɐ
Chetagurow *russ.* xɪta'gurɐf
Cheti 'çe:ti
Chetiter çe'ti:tɐ
Chettle *engl.* tʃɛtl
Chetumal *span.* tʃetu'mal
chevaleresk ʃəvalə'rɛsk

C

C

Chevalerie ʃəvalə'ri:
Chevalier ʃəva'li̯e:, *fr.* ʃəva'lje
Chevallaz *fr.* ʃəva'la
Chevallier *fr.* ʃəva'lje
Chevauleger, -s ʃəvole'ʒe:
Cheveley *engl.* 'tʃi:vlɪ
Chevènement *fr.* ʃəvɛn'mã
Chevetogne *fr.* ʃəv'tɔɲ
Chevillard *fr.* ʃəvi'ja:r
chevillieren ʃəvi'ji:rən, ʃe...
[1]**Cheviot** (Gewebe) 'ʃɛvi̯ɔt, 'tʃɛvi̯ɔt, 'ʃe:vi̯ɔt
[2]**Cheviot** (Name) *engl.* 'tʃi:vɪət, 'tʃɛvɪət
Chevreau ʃə'vro:, 'ʃɛvro
Chevrette ʃə'vrɛt, **-n** ...tn̩
Chevrolet 'ʃɛvrolɛt
Chevron ʃə'vrõ:
Chevy *engl.* 'tʃɛvɪ
Chewinggum 'tʃu:ɪŋgam
Chewsure xɛf'zu:rə
Cheyenne *engl.* ʃaɪ'æn, ʃaɪ'ɛn
Cheyne[y] *engl.* 'tʃeɪn[ɪ]
Cheysson *fr.* ʃɛ'sõ
Chézy *fr.* ʃe'zi
Chi çi:
Chia *it.* 'ki:a
Chiabrera *it.* ki̯a'brɛ:ra
Chiala *it.* 'ki̯a:la
Chian çi̯a:n
Chiang Kai-shek tʃi̯aŋkai̯'ʃɛk
Chiang Mai *Thai* tʃhi̯əŋ'mai̯ 12
Chianti *it.* 'ki̯anti
Chiapa[s] *span.* 'tʃi̯apa[s]
Chiaramonti *it.* ki̯ara'monti
Chiarelli *it.* ki̯a'rɛlli
Chiari *it.* 'ki̯a:ri
Chiarini *it.* ki̯a'ri:ni
Chiaroscuro ki̯arɔs'ku:ro
Chiasmage çi̯as'ma:ʒə
Chiasma opticum 'çi̯asma 'ɔptikʊm
Chiasmus 'çi̯asmʊs
Chiasso *it.* 'ki̯asso
chiastisch 'çi̯astɪʃ
Chiavacci ki̯a'vatʃi
Chiavari *it.* 'ki̯a:vari
Chiavenna *it.* ki̯a'vɛnna, ...'venna
Chiaveri *it.* ki̯a:veri
Chiavette ki̯a'vɛtə
Chibchas *span.* 'tʃiβtʃas
Chibiny *russ.* xi'binɨ
Chibougamau *fr.* ʃibuga'mo
chic ʃɪk
Chicago ʃi'ka:go, *engl.* ʃɪ'kɑ:goʊ
Chicha 'tʃɪtʃa
Chichén-Itzá *span.* tʃi'tʃenit'sa
Chichester *engl.* 'tʃɪtʃɪstə
Chichi ʃi'ʃi:
Chichibio *it.* kiki'bi:o
Chichicastenango *span.* tʃitʃikaste'naŋgo
Chickamauga *engl.* tʃɪkə'mɔ:gə
Chickasaw *engl.* 'tʃɪkəsɔ:
Chickasha *engl.* 'tʃɪkəʃeɪ
Chicken 'tʃɪkn̩
Chiclayo *span.* tʃi'klajo
Chicle 'tʃɪklə
Chico 'tʃi:ko, 'tʃɪko, *span.* 'tʃiko, *engl.* 'tʃi:koʊ
Chicomoztoc *span.* tʃikomoθ'tɔk
Chicopee *engl.* 'tʃɪkəpi:
Chicorée 'ʃɪkore, ʃiko're:
Chicoutimi *fr.* ʃikuti'mi
Chief tʃi:f
Chiemgau 'ki:mgau̯
Chiemsee 'ki:mze:
Chiesa *it.* 'ki̯ɛ:za
Chieti *it.* 'ki̯ɛ:ti
Chiffon 'ʃɪfõ, ʃɪ'fõ:
Chiffonade ʃɪfo'na:də
Chiffonnier ʃɪfɔ'ni̯e:
Chiffonniere ʃɪfɔ'ni̯e:rə
Chiffre 'ʃɪfrə, 'ʃɪfɐ
Chiffreur ʃɪ'frø:ɐ̯
chiffrieren ʃɪ'fri:rən
Chifley *engl.* 'tʃɪflɪ
Chigi *it.* 'ki:dʒi
Chignon ʃɪn'jõ:
Chihuahua *span.* tʃi'u̯au̯a
Chikago ʃi'ka:go
Chilana çi'la:na
Chilbi 'kɪlbi
Child[e] *engl.* tʃaɪld
Childebert 'çɪldəbɛrt
Childerich 'çɪldərɪç
Chile 'tʃi:le, *auch:* 'çi:le, *span.* 'tʃile
Chilene tʃi'le:nə, *auch:* çi...
chilenisch tʃi'le:nɪʃ, *auch:* çi...
Chili 'tʃi:li
Chiliade çi'li̯a:də
Chiliasmus çi'li̯asmʊs
Chiliast çi'li̯ast
Chilies 'tʃɪlɪs
Chililabombwe *engl.* tʃi:li:lɑ:'bɔmbweɪ
Chillán *span.* tʃi'ʎan
Chiller 'tʃɪlɐ
Chillicothe *engl.* tʃɪlɪ'kɔθɪ
Chillida *span.* tʃi'ʎiða
Chillies 'tʃɪlɪs
Chillingworth *engl.* 'tʃɪlɪŋwə[:]θ
Chillon *fr.* ʃi'jõ
Chillón *span.* tʃi'ʎɔn
Chilly 'tʃɪli
Chiloé *span.* tʃilo'e
Chilon 'çi:lɔn
Chilpancingo *span.* tʃilpan'θiŋgo
Chilperich 'çɪlpərɪç
Chiltern *engl.* 'tʃɪltən
Chimaltenango *span.* tʃimalte'naŋgo
Chimära çi'mɛ:ra
Chimäre çi'mɛ:rə
Chimay *fr.* ʃi'mɛ
Chimborasso tʃɪmbo'raso
Chimborazo *span.* tʃimbo'raθo
Chimbote *span.* tʃim'bote
Chimenti *it.* ki'menti, ...'mɛnti
Chimki *russ.* 'ximki
Chimú *span.* tʃi'mu
China 'çi:na
Chinampa tʃi'nampa
Chinandega *span.* tʃinan'deɣa
Chinard *fr.* ʃi'na:r
Chinatown *engl.* 'tʃaɪnətaʊn
chinawhite 'tʃai̯nəvai̯t
Chinchilla tʃɪn'tʃɪla
chin-chin! 'tʃɪn'tʃɪn
Chinchón *span.* tʃin'tʃɔn
Chindwin *engl.* 'tʃɪn'dwɪn, *birm.* tʃhindwiŋ 33
Chiné ʃi'ne:
Chinese çi'ne:zə
Chinesin çi'ne:zɪn
chinesisch çi'ne:zɪʃ
Chingford *engl.* 'tʃɪŋfəd
Chingola *engl.* tʃɪŋ'goʊlɑ:
Chinhae *korean.* tʃinhɛ
chiniert ʃi'ni:ɐ̯t
Chinin çi'ni:n
Chinju *korean.* tʃindʒu
[1]**Chino** (Mischling) 'tʃi:no
[2]**Chino** (Ort) *engl.* 'tʃi:noʊ
Chinois ʃi'no̯a, **des -** ...a[s], **die -** ...as
Chinoiserie ʃino̯azə'ri:, **-n** ...i:ən
Chinolin çino'li:n
Chinon çi'no:n
Chinook *engl.* tʃɪ'nʊk
Chintschin *russ.* 'xintʃin
Chintz tʃɪnts
Chioggia *it.* 'ki̯ɔddʒa
Chionides 'çi̯o:nidɛs
Chionograph çi̯ono'gra:f
chionophil çi̯ono'fi:l
Chios 'çi:ɔs, *neugr.* 'çiɔs
Chip tʃɪp

[1]**Chippendale** (Stil) ˈtʃɪpn̩deːl, ˈʃɪp...
[2]**Chippendale** (Name) *engl.* ˈtʃɪpəndeɪl
Chippenham *engl.* ˈtʃɪpənəm
Chippewa *engl.* ˈtʃɪpəwɑː
Chippeway *engl.* ˈtʃɪpəweɪ
Chippy ˈtʃɪpi
Chips tʃɪps
Chiquimula *span.* tʃikiˈmula
Chiquinquirá *span.* tʃikiŋkiˈra
Chiquita *span.* tʃiˈkita
Chiquitos *span.* tʃiˈkitos
Chirac *fr.* ʃiˈrak
Chiragra ˈçiːragra
Chirico *it.* ˈkiːriko
Chiriguanos *span.* tʃiriˈɣu̯anos
Chirimoya tʃiriˈmoːja
Chiriquí *span.* tʃiriˈki
Chirognomie çirognoˈmiː
Chirogrammatomantie çirogramatomanˈtiː, **-n** ...iːən
Chirograph çiroˈgraːf
Chirographum çiˈroːgrafʊm, **...pha** ...fa, **...phen** ...roˈgraːfn̩
Chirologie çiroloˈgiː
Chiromant çiroˈmant
Chiromantie çiromanˈtiː
Chiron ˈçiːrɔn, *fr.* ʃiˈrõ
Chironja *span.* tʃiˈrɔŋxa
Chironomie çironoˈmiː
Chironomisch çiroˈnoːmɪʃ
Chiropädie çiropɛˈdiː
Chiropraktik çiroˈpraktɪk
Chiropraktiker çiroˈpraktikɐ
Chiroptera çiˈrɔptera
Chiropterogamie çirɔpterogaˈmiː
Chirospasmus çiroˈspasmʊs
Chirotherium çiroˈteːri̯ʊm, **...ien** ...i̯ən
Chirp tʃøːɐ̯p, tʃœrp
Chirripó *span.* tʃirriˈpo
Chirurg çiˈrʊrk, **-en** ...rgn̩
Chirurgie çirʊrˈgiː, **-n** ...iːən
chirurgisch çiˈrʊrgɪʃ
Chisholm *engl.* ˈtʃɪzəm
Chişinău *rumän.* kiʃiˈnəu̯
Chislehurst *engl.* ˈtʃɪzlhəːst
Chispa *span.* ˈtʃispa
Chissano *portug.* ʃiˈsɐnu
Chitarrone kitaˈroːnə
Chitin çiˈtiːn
chitinös çitiˈnøːs, **-e** ...øːzə
Chiton (Kleidung) çiˈtoːn
Chiton (Schnecke) ˈçiːtɔn, **-en** çiˈtoːnən
Chitral *engl.* tʃɪˈtrɑːl
Chitré *span.* tʃiˈtre
Chitrowo *russ.* xitraˈvɔ
Chittagong *engl.* ˈtʃɪtəgɔŋ
Chiusa *it.* ˈki̯uːsa
Chiusi *it.* ˈki̯uːsi
Chivasso *it.* kiˈvasso
Chivers *engl.* ˈtʃɪvəz
[1]**Chiwa** (Teppich) ˈçiːva
[2]**Chiwa** (Ort) ˈçiːva, *russ.* xiˈva
Chladek ˈklaːdɛk
Chladni ˈkladni
Chlaina ˈçlai̯na
Chlamydien klaˈmyːdi̯ən
Chlamydobakterie klamydobakˈteːri̯ə
Chlamys ˈçlaːmʏs
Chläna ˈçlɛːna
Chlebnikow *russ.* ˈxljɛbnikɐf
Chłędowski *poln.* xu̯ɛnˈdɔfski
Chlestakow *russ.* xlɪstaˈkɔf
Chloanthit kloanˈtiːt
Chloasma kloˈasma
Chlodio ˈkloːdi̯o
Chlodomer ˈkloːdomeːɐ̯
Chlodwig ˈkloːtvɪç
Chloe ˈkloːə, ˈçloːə
Chłopicki *poln.* xu̯ɔˈpitski
Chlopow *russ.* ˈxlɔpɐf
Chlor kloːɐ̯
Chloral kloˈraːl
Chloralismus kloraˈlɪsmʊs
Chloramin kloraˈmiːn
Chlorat kloˈraːt
Chloration kloraˈtsi̯oːn
Chloratit kloraˈtiːt
Chlorella kloˈrɛla
chloren ˈkloːrən
Chlorid kloˈriːt, **-e** ...iːdə
chlorieren kloˈriːrən
chlorig ˈkloːrɪç, **-e** ...ɪgə
Chloris ˈkloːrɪs, *fr.* klɔˈris
Chlorit kloˈriːt
chloritisieren kloritiˈziːrən
Chlornatrium kloːɐ̯ˈnaːtriʊm
Chloroform kloroˈfɔrm
chloroformieren klorofɔrˈmiːrən
Chlorom kloˈroːm
Chloromycetin® kloromytseˈtiːn
Chlorophan kloroˈfaːn
Chlorophyll kloroˈfʏl
Chlorophytum kloroˈfyːtʊm
Chlorophyzee klorofyˈtseːə
Chloroplast kloroˈplast
Chlorose kloˈroːzə
Chlot[h]ar ˈkloːtar, *auch:* kloˈtaːɐ̯
Chlothilde kloˈtɪldə
Chlubna *tschech.* ˈxlubna
Chlumberg ˈklʊmbɛrk
Chlumec *tschech.* ˈxlumɛts
Chlumecký kluˈmɛtski
Chlumetz ˈxlʊmɛts
Chlyst xlʏst
Chmel xmɛl
Chmelnizki *russ.* xmɪljˈnitskij
Chmielowski *poln.* xmjɛˈlɔfski
Chňoupek *slowak.* ˈxnjɔu̯pɛk
Chnum xnuːm
Chnumhotep xnʊmˈhoːtɛp
Choane koˈaːnə
Choc ʃɔk
Chocano *span.* tʃoˈkano
Chocholoušek *tschech.* ˈxɔxɔlɔu̯ʃɛk
Cho-Cho-San tʃotʃoˈsan
Chocó *span.* tʃoˈko
Choctaw *engl.* ˈtʃɔktɔː
Chodassewitsch *russ.* xɐdaˈsjevitʃ
Chode ˈxoːdə
Choderlos *fr.* ʃɔdɛrˈlo
Chodkiewicz *poln.* xɔtˈkjɛvitʃ
Chodowiecki kodoˈvi̯ɛtski, ço..., xo...
Chodscheili *russ.* xɐdʒəjˈli
Chodschent *russ.* xaˈdʒɛnt
Chodzież *poln.* ˈxɔdʑɛʃ
Ch'oe Namsŏn *korean.* tʃhwe namsɔn
Choi *pers.* xoi̯
Choirilos ˈçɔyrilɔs
Choiseul *fr.* ʃwaˈzœl, *engl.* ʃwɑːˈzəːl
Choisy *fr.* ʃwaˈzi
Chojna *poln.* ˈxɔjna
Chojnów *poln.* ˈxɔjnuf
Choke[r] ˈtʃoːk[ɐ]
chokieren ʃoˈkiːrən
Chol *span.* tʃɔl
Cholagogum çolaˈgoːgʊm, **...ga** ...ga
Cholämie çolɛˈmiː, **-n** ...iːən
Cholangitis çolaŋˈgiːtɪs
Cholansäure çoˈlaːnzɔyrə
Cholelith çoleˈliːt
Cholelithiasis çoleliˈtiːazɪs
Cholera ˈkoːlera
Cholerese çoleˈreːzə
Choleretikum çoleˈreːtikʊm, **...ka** ...ka
choleretisch çoleˈreːtɪʃ
Choleriker koˈleːrikɐ
Cholerine koleˈriːnə
cholerisch koˈleːrɪʃ
Cholesteatom çolesteaˈtoːm
Cholesterin kolɛsteˈriːn, ço...

Cholẹt *fr.* ʃɔˈlɛ
Cholezysti̱tis çolet͜sʏsˈtiːtɪs, **...iti̱den** ...tiˈtiːdn̩
Cholezystopathi̱e çolet͜sʏstopaˈtiː, **-n** ...iːən
Choliạmbus çoˈli̯ambʊs
Choli̱n çoˈliːn
Chọlm *russ.* xɔlm
Chọlminow *russ.* ˈxɔlminɐf
Cholmogọry *russ.* xɐlmaˈgɔrɨ
Cholm[ond]eley *engl.* ˈtʃʌmlɪ
Chọlmsk *russ.* xɔlmsk
Cho̱lo ˈt͜ʃoːlo, *span.* ˈtʃolo
Cholodenkọ *fr.* ʃɔlɔdɛ̃ˈko
Cholosta̱se çoloˈstaːzə
cholosta̱tisch çoloˈstaːtɪʃ
Chọltitz ˈkɔltɪt͜s
Cholụla *span.* tʃoˈlula
Choluri̱e çoluˈriː, **-n** ...iːən
Cholutẹca *span.* tʃoluˈteka
Choma̱ge ʃoˈmaːʒə
Chomaini̱ *pers.* xomei̯ˈniː
Chọmbo *span.* ˈtʃɔmbo
Chomẹtte *fr.* ʃɔˈmɛt
Chomjakọw *russ.* xɐmɪˈkɔf
Chọmsky *engl.* ˈtʃɔmskɪ
Chọmutov *tschech.* ˈxɔmutɔf
Chọn t͜ʃɔn
Ch'ŏn-an *korean.* tʃhɔnan
Chọn Buri̱ *Thai* ˈtʃhonbuˈriː 111
Chọndren ˈçɔndrən
Chondri̱n çɔnˈdriːn
Chondrioso̱men çɔndrioˈzoːmən
Chondri̱t çɔnˈdriːt
Chondri̱tis çɔnˈdriːtɪs, **...iti̱den** ...riˈtiːdn̩
Chondroblạst çɔndroˈblast
Chondroblasto̱m çɔndroblasˈtoːm
Chondro̱m çɔnˈdroːm
Chondromato̱se çɔndromaˈtoːzə
Chŏn Du-Hwan *korean.* tʃɔnduhwan
Chŏng Ch'ŏl *korean.* tʃɔŋtʃhɔl
Ch'ŏngjin *korean.* tʃhɔŋdʒin
Ch'ŏngju *korean.* tʃhɔŋdʒu
Chongqing *chin.* tʃʊŋtɕɪŋ 24
Ch'ŏng-ŭp *korean.* tʃhɔŋɨp
Chonia̱tes çoˈni̯aːtɛs
Chŏnju *korean.* tʃɔndʒu
Chọnos *span.* ˈtʃonos
Chontạles *span.* tʃɔnˈtales
Chontamẹnti xɔntaˈmɛnti
Chooz *fr.* ʃo
Cho̱p koːp
Chopin *fr.* ʃɔˈpɛ̃
Chopjọr *russ.* xaˈpjɔr
Chọpper ˈtʃɔpɐ
Chopsuey t͜ʃɔˈpsuːi
Cho̱r koːɐ̯, **Chö̱re** ˈkøːrə
Chọra *neugr.* ˈxɔra
Chora̱l koˈraːl, **Chorä̱le** koˈrɛːlə
Chorasa̱n *pers.* xorɑˈsɑːn
Chö̱rchen ˈkøːɐ̯çən
Chọrda ˈkɔrda
Chordapho̱n kɔrdaˈfoːn
Chorda̱ten kɔrˈdaːtn̩
Chọrde ˈçɔrdə, ˈkɔ...
Chordi̱tis kɔrˈdiːtɪs, **...iti̱den** ...diˈtiːdn̩
Chordo̱m kɔrˈdoːm
Chordotona̱l kɔrdotoˈnaːl
Chöre vgl. Chor
Chore̱a koˈreːa
choreafọrm koreaˈfɔrm
Chore̱ge çoˈreːgə, ko...
choreifọrm koreiˈfɔrm
Choreogra̱ph koreoˈgraːf
Choreographi̱e koreograˈfiː, **-n** ...iːən
choreographi̱eren koreograˈfiːrən
choreogra̱phisch koreoˈgraːfɪʃ
Choreomani̱e koreomaˈniː, **-n** ...iːən
Chorẹsm xoˈrɛsm̩, ço..., *russ.* xaˈrjɛzm
Chorẹsmien xoˈrɛsmiən, ço...
Chorẹsmier xoˈrɛsmiɐ, ço...
chorẹsmisch xoˈrɛsmɪʃ, ço...
Choreti̱de koreˈtiːdə
Chore̱us çoˈreːʊs, **...e̱en** ...eːən
Chore̱ut[ik] çoˈrɔyt[ɪk]
Choriạmbus çoˈri̯ambʊs
...chö̱rig ...køːrɪç, **-e** ...ɪgə
Chö̱rilus ˈçøːrilʊs
Chori̱n koˈriːn
Chorioi̱dea kori̯oˈiːdea
Cho̱rion ˈkoːri̯ɔn
Choriozöno̱se çori̯ot͜søˈnoːzə
choripeta̱l koripeˈtaːl
cho̱risch ˈkoːrɪʃ
Chorịst koˈrɪst
Chö̱rlein ˈkøːɐ̯lai̯n
Cho̱rley *engl.* ˈtʃɔːlɪ
Cho̱ro ˈʃoːru, *port.* ˈʃoru
Chorographi̱e çorograˈfiː, ko..., **-n** ...iːən
chorogra̱phisch çoroˈgraːfɪʃ, ko...
Chorologi̱e çoroloˈgiː, ko..., **-n** ...iːən
chorolo̱gisch çoroˈloːgɪʃ, ko...
Chorolọque *span.* tʃoroˈloke
Choromani̱e koromaˈniː, **-n** ...iːən
Choromạński *poln.* xɔrɔˈmai̯ski
Chorramaba̱d *pers.* xorræmɑˈbɑːd
Chorramschahr *pers.* xorræmˈʃæhr
Chortạtsis *neugr.* xɔrˈtatsis
Cho̱rus ˈkoːrʊs, **-se** ...ʊsə
Ch'ŏrwŏn *korean.* tʃhɔrwɔn
Chọrzów *poln.* ˈxɔʒuf
Cho̱se ˈʃoːzə
Chosra̱u xɔsˈrau̯, *pers.* xosˈrou̯
Chọsroes ˈçɔsroɛs
Chọszczno *poln.* ˈxɔʃtʃnɔ
Chọtek *dt., tschech.* ˈxɔtɛk
Chọtěšov *tschech.* ˈxɔtjɛʃɔf
Chotịn *russ.* xaˈtin
Chọtjewitz ˈkɔtjəvɪt͜s
Chọtusice *tschech.* ˈxɔtusitsɛ
Chọtusitz ˈkɔtuzɪt͜s
Chouannerie *fr.* ʃwanˈri
Chouans *fr.* ʃwã
Chou En-la̱i t͜ʃu|ɛnˈlai̯
Chowạnschtschina *russ.* xaˈvanʃtʃinɐ
Chowạnski *russ.* xaˈvanskij
Chow-Chow t͜ʃau̯ˈt͜ʃau̯, *auch:* ʃau̯ˈʃau̯
Chrạbar *bulgar.* ˈxrabər
Chraibi̱ *fr.* ʃrajˈbi
Chrematịstik kremaˈtɪstɪk
Chrẹnnikow *russ.* ˈxrjennikɐf
Chrestien *fr.* kreˈtjɛ̃
Chrestomathi̱e krɛstomaˈtiː, **-n** ...iːən
Chrétien *fr.* kreˈtjɛ̃
Chri̱e ˈçriː[ə], **-n** ˈçriːən
Chrịs *engl.* krɪs
Chri̱sam ˈçriːzam
Chrischo̱na krɪˈʃoːna
Chrịsma ˈçrɪsma
Chrisma̱le çrɪsˈmaːlə, **...lien** ...li̯ən, **...lia** ...li̯a
Chrisma̱rium çrɪsˈmaːri̯ʊm, **...ien** ...i̯ən
Chrismato̱rium çrɪsmaˈtoːri̯ʊm, **...ien** ...i̯ən
Chrịsmon ˈçrɪsmɔn, **...ma** ...ma
Chrịst[a] ˈkrɪst[a]
Chrịstaller ˈkrɪstalɐ
Christchurch *engl.* ˈkraɪsttʃəːtʃ
Christe vgl. Christus
Chrịstea *rumän.* ˈkristea̯
Chrịstel ˈkrɪstl̩
Chrịsten ˈkrɪstn̩, *dän.* ˈkrɪsdn̩
Chrịstenberg ˈkrɪstn̩bɛrk

Christensen *norw.* 'kristənsən, *dän.* 'krɪsdn̩sn̩
Christi vgl. Christus
Christian 'krɪstia̯n, *fr.* kris'tjã, *engl.* 'krɪstʃən, *dän.* 'krɪsdjæn
Christiana *engl.* krɪstɪ'ɑːnə, *afr.* krəsti:'ɑ:na
Christiane krɪs'tia̯:nə
Christiania *norw.* kristi'a:nia
christianisieren krɪstia̯ni'zi:rən
Christianitas krɪs'tia̯:nitas
Christiansborg *dän.* krɪsdjæns'bɔɐ̯'
Christian Science [Monitor] *engl.* 'krɪstʃən 'saɪəns ['mɔnɪtə]
Christiansen 'krɪstia̯nzn̩, *dän.* 'krɪsdjænsn̩, *norw.* 'kristjansən
Christianshåb *dän.* krɪsdjæns'ho:'b
Christiansø *dän.* krɪsdjæns'ʏ:'
Christie['s] *engl.* 'krɪstɪ[z]
Christina krɪs'ti:na, *engl.* krɪs'ti:nə
Christine krɪs'ti:nə, *fr.* kris'tin, *engl.* 'krɪsti:n, –'–
christkatholisch 'krɪstkato:lɪʃ
Christkatholizismus 'krɪstkatolit͜sɪsmʊs
Christkindl 'krɪstkɪndl̩
Christl 'krɪstl̩
Christmas *engl.* 'krɪsməs
Christmaspantomimes *engl.* 'krɪsməs,pæntəmaɪmz
[1]**Christo** vgl. Christus
[2]**Christo** *bulgar.* 'xristo, *engl.* 'krɪstoʊ
Christof 'krɪstɔf
Christoff *it.* 'kristof
Christoffel 'krɪstɔfl̩, *auch:* –'––
Christogramm krɪsto'gram
Christolatrie krɪstola'tri:
Christologie krɪstolo'gi:
christologisch krɪsto'lo:gɪʃ
Christomanos *neugr.* xristɔ'manɔs
Christoph 'krɪstɔf
Christophanie krɪstofa'ni:, **-n** ...i:ən
Christophe *fr.* kris'tɔf
Christophel 'krɪstɔfl̩, *auch:* –'––
Christopher 'krɪstofɐ, *engl.* 'krɪstəfə, *schwed.* kris'tɔfər
Christophine krɪsto'fi:nə
Christophorus krɪs'to:forʊs
Christow *bulg.* 'xristof
Christozentrik krɪsto't͜sɛntrɪk
christozentrisch krɪsto't͜sɛntrɪʃ
Christus 'krɪstʊs, **...ti** ...ti, **...to** ...to, **...tum** ...tʊm, **...te** ...tə, ...te
Christy *engl.* 'krɪstɪ
Chrobak 'xro:bak
Chrobák *slowak.* 'xrɔba:k
Chrobry *poln.* 'xrɔbrɨ
Chrodegang 'kro:dəgaŋ
Chrodegilde krodə'gɪldə
Chrom kro:m
Chroman® kro'ma:n
Chromat kro'ma:t
Chromatid kroma'ti:t, **-en** ...i:dn̩
Chromatie kroma'ti:, **-n** ...i:ən
chromatieren kroma'ti:rən
Chromatik kro'ma:tɪk
Chromatin kroma'ti:n
chromatisch kro'ma:tɪʃ
chromatisieren kromati'zi:rən
Chromatographie kromatogra'fi:
chromatographisch kromato'gra:fɪʃ
Chromatometer kromato'me:tɐ
chromatophil kromato'fi:l
Chromatophor kromato'fo:ɐ̯
Chromatopsie kromatɔ'psi:
Chromatron 'kro:matro:n
Chromax 'kro:maks
Chromidien kro'mi:di̯ən
chromieren kro'mi:rən
Chromit kro'mi:t
chromogen kromo'ge:n
Chromolith kromo'li:t
Chromolithographie kromolitogra'fi:, **-n** ...i:ən
Chromomer kromo'me:ɐ̯
Chromonema kromo'ne:ma
Chromonika kro'mo:nika
Chromophor kromo'fo:ɐ̯
Chromoplast kromo'plast
Chromoproteid kromoprote'i:t, **-e** ...i:də
Chromoskop kromo'sko:p
Chromosom kromo'zo:m
chromosomal kromozo'ma:l
Chromosphäre kromo'sfɛ:rə
Chromotypie kromoty'pi:
Chromozentrum kromo't͜sɛntrʊm
Chronegk 'kro:nɛk
Chronem kro'ne:m
Chronik 'kro:nɪk
Chronika 'kro:nika
chronikalisch kroni'ka:lɪʃ
Chronin kro'ni:n
Chronique scandaleuse, -s -s kro'nɪk skãda'lø:s
chronisch 'kro:nɪʃ
Chronist[ik] kro'nɪst[ɪk]
Chronodistichon krono'dɪstɪçɔn
Chronogramm krono'gram
Chronograph krono'gra:f
Chronographie kronogra'fi:, **-n** ...i:ən
Chronologe krono'lo:gə
Chronologie kronolo'gi:
chronologisch krono'lo:gɪʃ
Chronometer krono'me:tɐ
Chronometrie kronome'tri:, **-n** ...i:ən
chronometrisch krono'me:trɪʃ
Chronophotographie kronofotogra'fi:
Chronos 'kro:nɔs, 'krɔnɔs
Chronoskop krono'sko:p
Chronostichon kro'nɔstɪçɔn
Chronotherm® krono'tɛrm
Chrotta 'krɔta
Chroust krʊst
Chrudim *tschech.* 'xrudjim
Chruschtschow *russ.* xru'ʃtʃɔf
Chrysalide çryza'li:də
Chrysander çry'zandɐ
Chrysantheme kryzan'te:mə
Chrysanthemum çry'zantemʊm, kr...; **...themen** çryzan'te:mən, kr...
Chrysaor çry'za:o:ɐ̯
Chryseis çry'ze:ɪs
chryselephantin çryzelefan'ti:n
Chrysipp[os] çry'zɪp[ɔs]
Chrysler *engl.* 'kraɪzlə
Chrysoberyll çryzobe'rʏl
Chrysochalk çryzo'çalk
Chrysographie çryzogra'fi:
Chrysoidin çryzoi'di:n
Chrysokalk çryzo'kalk
Chrysolith çryzo'li:t
Chrysologus çry'zo:logʊs
Chrysoloras çryzo'lo:ras
Chrysopras çryzo'pra:s, **-e** ...a:zə
Chrysostomos çry'zɔstomɔs
Chrysostomus çry'zɔstomʊs
Chrysothemis çry'zo:temɪs
Chrysotil çryzo'ti:l
Chrzanów *poln.* 'xʃanuf
chthonisch 'çto:nɪʃ
Chubb *engl.* tʃʌb
Chubbschloss® 'tʃapʃlɔs

C

Chubut *span.* tʃuˈβut
Chula Vista *engl.* ˈtʃuːlə ˈvɪstə
Chul[l]pa *span.* ˈtʃulpa
Chums xʊms
Ch'unch'ŏn *korean.* tʃhun-tʃhɔn
Chungju *korean.* tʃuŋdʒu
Chupícuaro *span.* tʃuˈpikuaro
Chuquicamata *span.* tʃukikaˈmata
Chuquisaca *span.* tʃukiˈsaka
Chuquitanta *span.* tʃukiˈtanta
Chur kuːɐ̯
Church tʃøːɐ̯tʃ, tʃœrtʃ
Churcharmy ˈtʃøːɐ̯tʃlaːɐ̯mi, ˈtʃœrtʃ...
Churchill *engl.* ˈtʃəːtʃɪl
Churdin *pers.* xurˈdiːn
Churfirsten ˈkuːɐ̯fɪrstn̩
Churi ˈxuːri
Churri ˈxʊri
Churriguera *span.* tʃurriˈɣera
Churriter xʊˈriːtɐ, kʊ...
churwelsch ˈkuːɐ̯vɛlʃ
Chusestan *pers.* xuzesˈtɑːn
Chutba ˈxʊtba
Chutney ˈtʃatni
Chuwaira xuˈvai̯ra
Chuzpe ˈxʊtspə
Chvostek ˈxvɔstɛk
Chwarismi xvaˈrɪsmi
Chwistek *poln.* ˈxfistɛk
Chybiński *poln.* xɨˈbii̯ski
chylös çyˈløːs, **-e** ...øːzə
Chylurie çyluˈriː, **-n** ...iːən
Chylus ˈçyːlʊs
Chymosin çymoˈziːn
Chymus ˈçyːmʊs
Chypre ˈʃiːprə
Chytil *tschech.* ˈxitjil
Chytilová *tschech.* ˈxitjilɔvaː
Chyträus çyˈtrɛːʊs
CIA *engl.* siːaɪˈeɪ
Ciacona tʃaˈkoːna
Ciaja *it.* ˈtʃaːi̯a
Ciampi *it.* ˈtʃampi
Ciampino *it.* tʃamˈpiːno
Ciano *it.* ˈtʃaːno
ciao! tʃau̯
Ciardi *it.* ˈtʃardi, *engl.* ˈtʃɑːdɪ
CIBA-Geigy® ˈtsiːbaˈgai̯gi
Cibao *span.* θiˈβao
Cibber *engl.* ˈsɪbə
Cibin[ul] *rumän.* tʃiˈbin[ul]
Cíbola *span.* ˈθiβola
Ciborium tsiˈboːri̯ʊm, **...ien** ...i̯ən
CIC *engl.* siːaɪˈsiː
Ciccolini *it.* tʃikkoˈliːni
Cicellis *engl.* ˈsɪslɪs
Cicely *engl.* ˈsɪsɪlɪ
Cicero ˈtsiːtsero, *engl.* ˈsɪsəroʊ
Cicerone tʃitʃeˈroːnə, **...ni** ...ni
Ciceronianer tsitseroˈni̯aːnɐ
ciceronianisch tsitseroˈni̯aːnɪʃ
Ciceronianismus tsitseroni̯aˈnɪsmʊs
ciceronisch tsitseˈroːnɪʃ
Cicisbeo tʃitʃɪsˈbeːo
Cicognani *it.* tʃikoɲˈɲaːni
Cicognini *it.* tʃikoɲˈɲiːni
Ciconia *it.* tʃiˈkɔːni̯a
Cid tsiːt, siːt, *span.* θið, *fr.* sid
Cidre ˈsiːdrə, ...dɐ
Cie. kɔmpaˈniː
Ciechanów *poln.* tɕɛˈxanuf
Ciechocinek *poln.* tɕɛxɔˈtɕinɛk
Cieco *it.* ˈtʃɛːko
Ciénaga *span.* ˈθi̯enaɣa
Cienfuegos *span.* θi̯enˈfu̯eɣos
Cieplice Śląskie Zdrój *poln.* tɕɛˈplitsɛ ˈɕlɔ̃skjɛ ˈzdruj
Cierva *span.* ˈθi̯erβa
Cieszyn *poln.* ˈtɕɛʃin
Cieza *span.* ˈθi̯eθa
cif tsɪf, sɪf
Cifra *it.* ˈtʃiːfra
Cíger *slowak.* ˈtsiːgɛr
Cignani *it.* tʃiɲˈɲaːni
Cigoli *it.* ˈtʃiːgoli
Cikker *slowak.* ˈtsikɛr
Cilacap *indon.* tʃiˈlatʃap
Cilea *it.* tʃiˈlɛːa
Cilenšek ˈtsɪlɛnʃɛk
Cilia ˈtsiːli̯a
Çiller *türk.* tʃilˈlɛr
Cilli, Cilly ˈtsɪli
Cima *it.* ˈtʃiːma
Cimabue *it.* tʃimaˈbuːe
Cimarosa *it.* tʃimaˈrɔːza
Cimarron *engl.* ˈsɪmərən
Cimarrón *span.* θimaˈrrɔn
Cimarrones *span.* θimaˈrrɔnes
Cimiotti *it.* tʃiˈmi̯ɔtti
Cimitile *it.* tʃimiˈtiːle
Cimoszewicz *poln.* tɕimɔˈʃɛvitʃ
Cîmpeni *rumän.* kɨmˈpenj
Cîmpia Turzii *rumän.* kɨmˈpia ˈturzi
Cîmpina *rumän.* ˈkɨmpina
Cîmpulung *rumän.* kɨmpuˈluŋg
Cinca *span.* ˈθiŋka
Cinch sɪntʃ
Cinchona sɪnˈtʃoːna
Cinchonin sɪntʃoˈniːn
Cincinnati *engl.* sɪnsɪˈnætɪ
Cincinnatus tsɪntsɪˈnaːtʊs
Cinderella tsɪndeˈrɛla, *engl.* sɪndəˈrɛlə
Cineast[ik] sineˈast[ɪk]
Cinecittà *it.* tʃinetʃitˈta
Cinelli tʃiˈnɛli
Cinema ˈtʃiːnema, *auch:* ˈsɪnəma
Cinéma sineˈma
Cinemagic sineˈmɛdʒɪk
Cinemascope® sinemaˈskoːp
Cinemathek sinemaˈteːk
Cinephile sineˈfiːlə
Cinerama® sineˈraːma
Cingoli *it.* ˈtʃiŋgoli
Cingria *fr.* sɛ̃griˈa
Cingulum ˈtsɪŋgulʊm, **...la** ...la
Cinna ˈtsɪna
Cino *it.* ˈtʃiːno
Cinq-Mars *fr.* sɛ̃ˈmaːr
Cinquecentist tʃɪŋkvetʃɛnˈtɪst
Cinquecento tʃɪnkveˈtʃɛnto
Cinque Ports *engl.* ˈsɪŋk ˈpɔːts
Cinqueterre *it.* tʃiŋku̯eˈtɛrre
Cintra *port.* ˈsintrɐ
Cinvatbrücke ˈtʃɪnvatbrʏkə
Cinzano® tʃɪnˈtsaːno
CIO *engl.* siːaɪˈoʊ
Ciołkowski *poln.* tɕɔu̯ˈkɔfski
Cione *it.* ˈtʃoːne
Cioran *fr.* sjɔˈrã, *rumän.* tʃoˈran
Ciorbea *rumän.* ˈtʃorbe̯a
Ciotat, La *fr.* lasjɔˈta
Čiovo *serbokr.* ˈtʃiɔvɔ
CIP tsɪp
Ćipiko *serbokr.* ˌtɕipikɔ
Cipollata tʃipɔˈlaːta
Cipollin[o] tʃipɔˈliːn[o]
Cippus ˈtsɪpʊs
Cipra *serbokr.* ˈtsipra
circa ˈtsɪrka
Circarama sɪrkaˈraːma
Circe ˈtsɪrtsə
circensisch tsɪrˈtsɛnzɪʃ
Circinus ˈtsɪrtsinʊs
Circlaere tsɪrˈklɛːrə
Circle *engl.* səːkl
Circleville *engl.* ˈsəːklvɪl
Circolation sɪrkolaˈsi̯õː
Circuit... ˈsøːɐ̯kɪt..., ˈsœrkɪt...
Circulus ˈtsɪrkulʊs, **...li** ...li
Circulus vitiosus ˈtsɪrkulʊs viˈtsi̯oːzʊs, **...li ...si** ...li ...zi
Circus ˈtsɪrkʊs
Ciré siˈreː
Cirebon *indon.* ˈtʃirəbɔn
Cirencester *engl.* ˈsaɪərənsɛstə
Cire perdue ˈsiːɐ̯ pɛrˈdyː
Ciriaco *it.* tʃiˈriːako

:irksena 'tsɪrksəna
:îrlova *rumän.* kɨr'lova
:irò *it.* tʃi'rɔ
:iry *fr.* si'ri
:is tsɪs
:ísař *tschech.* 'tsi:sarʃ
:isco *engl.* 'sɪskoʊ
:is-Dur 'tsɪsdu:ɐ̯, *auch:* '–'–
:isek 'tsi:zɛk
:išinski *obersorb.* tɕi'ʃinski
:isiojanus tsizi̯o'ja:nʊs, **...ni** ...ni
:iskei *engl.* 'sɪskaɪ
.ISL *it.* tʃizl
:islaweng 'tsɪslavɛŋ
:ismar 'tsɪsmar
:is-Moll 'tsɪsmɔl, *auch:* '–'–
:isnădie *rumän.* tʃisnə'die
:isneros *span.* θiz'neros
:issarz 'tsɪsarts
:ista 'tsɪsta
:ister 'tsɪstɐ
:isti 'tʃɪsti
:ita 'tsi:ta
itato loco tsi'ta:to 'lo:ko
:ité *fr.* si'te
:îteaux *fr.* si'to
itissime tsi'tɪsime
:itizenband 'sɪtɪznbɛnt
:itlaltépetl *span.* θitlal'tepɛtl
ito 'tsi:to
itoyen sitoa'jɛ̃:
itral tsi'tra:l
itrat tsi'tra:t
itrin tsi'tri:n
itrine *engl.* sɪ'tri:n
itroën® *fr.* sitrɔ'ɛn
itrus... 'tsi:trʊs...
itrus Heights *engl.* 'saɪtrəs 'haɪts
ittadella *it.* tʃitta'dɛlla
ittà della Pieve *it.* tʃit'tad-'della'pi̯ɛ:ve
ittà del Vaticano *it.* tʃit'tad-delvati'ka:no
ittà di Castello *it.* tʃit'taddi-kas'tɛllo
ity 'sɪti
iuc *rumän.* tʃuk
iudad *span.* θi̯u'ðað
iudadela *span.* θi̯uða'ðela
iudad Real *span.* θi̯u'ðar rrɛ'al
iurlionis *lit.* tʃjʊr'ljo:nɪs
iverchio *it.* tʃi'vɛrki̯o
ivet si've:
ividale *it.* tʃivi'da:le
ivilis tsi'vi:lɪs

Civita Castellana *it.* 'tʃi:vita kastel'la:na
Civitali *it.* tʃivi'ta:li
Civitas Dei 'tsi:vitas 'de:i
Civitavecchia *it.* tʃivita'vɛkki̯a
Cixous *fr.* sik'sus
Claaßen, ...ssen 'kla:sn̩
Clabassi *it.* kla'bassi
Clackmannan *engl.* klæk'mæ-nən
Clacton *engl.* 'klæktən
Clactonien klɛkto'ni̯ɛ̃:
Cladel *fr.* kla'dɛl
Cladocera kla'do:tsera
Claes *schwed.* klɑ:s
Claesson *schwed.* 'klɑ:sɔn
Claes[z] *niederl.* kla:s
Claggart *engl.* 'klægət
Claim kle:m
Clair *fr.* klɛ:r, *engl.* klɛə
Clairau[l]t *fr.* klɛ'ro
Claire 'klɛ:rə, *fr.* klɛ:r, *engl.*klɛə
Clairet klɛ're:
Clairette klɛ'rɛt
Clair-obscur klɛrɔps'ky:ɐ̯
Clairon klɛ'rõ:
Clairton *engl.* klɛətn
Clairvaux *fr.* klɛr'vo
Clairvoyance *fr.* klɛrvwa'jã:s
Clam klam
Clamart *fr.* kla'ma:r
Clan kla:n, *auch:* klɛ[:]n
Clancier *fr.* klã'sje
Claparède *fr.* klapa'rɛd
Clapeyron *fr.* klapɛ'rõ
Clapperton *engl.* 'klæpətn
Clapton *engl.* 'klæptən
Claque 'klak[ə], **-n** ...kn̩
Claqueur kla'kø:ɐ̯
Clara *dt., it.* 'kla:ra, *span.* 'klara, *engl.* 'klɑ:rə, *fr.* kla'ra
Clará *span.* kla'ra
Claramunt *span.* klara'mun
Clare *engl.* klɛə
Cläre 'klɛ:rə
Claremont *engl.* 'klɛəmɔnt
Claremore *engl.* 'klɛəmɔ:
Clarence *engl.* 'klærəns
Clarendon *engl.* 'klærəndən
[1]**Claret** (Bordeauxwein) 'klɛrət
[2]**Claret** (leichter Rotwein) kla're:
[3]**Claret** (Name) *span.* kla'rɛt
Claretie *fr.* klar'ti
Claretiner klare'ti:nɐ
Clarholz 'kla:ɐ̯hɔlts
Clarín *span.* kla'rin
Clarino kla'ri:no, **...ni** ...ni
Clarissa kla'rɪsa *engl.* klə'rɪsə

Clarisse kla'rɪsə
Clark[e] *engl.* klɑ:k
Clarkia 'klarki̯a, **...ien** 'klar-ki̯ən
Clarkie 'klarki̯ə
Clarksburg *engl.* 'klɑ:ksbə:g
Clarksdale *engl.* 'klɑ:ksdeɪl
Clarksville *engl.* 'klɑ:ksvɪl
Claß kla:s
Classen 'kla:sn̩
Clastidium klas'ti:di̯ʊm
Clauberg 'klaubɛrk
Claude *fr.* klo:d
Claudel *fr.* klo'dɛl
Claudia 'klaudi̯a
Claudian[us] klau'di̯a:n[ʊs]
Claudina klau'di:na
Claudine klau'di:nə, *fr.* klo'din
Claudio 'klaudi̯o, *it.* 'kla:udi̯o
Claudius 'klaudi̯ʊs
Clauert 'klauɐt
Clauren 'klaurən
Claus klaus, *niederl.* klɔu̯s
Clausewitz 'klauzəvɪts
Clausius 'klauzi̯ʊs
Claussen *dän.* 'klau̯'sn̩
Clauß[en] 'klau[sn̩]
Clausthal 'klausta:l
Clausthal-Zellerfeld 'klaus-ta:l'tsɛlɐfɛlt
Clausula 'klauzula, **...lae** ...lɛ
clausula rebus sic stantibus 'klauzula 're:bʊs 'zi:k 'stan-tibʊs
Clavé *span.* kla'βe, *fr.* kla've
Clavecin klavə'sɛ̃:
Clavecinist klavəsi'nɪst
Clavel *fr.* kla'vɛl
Clavell *engl.* klə'vɛl
Claver *span.* kla'βɛr
Claves vgl. Clavis
Clavi vgl. Clavus
Clavicembalo klavi'tʃɛmbalo, **...li** ...li
Clavicula kla'vi:kula, **...lae** ...lɛ
Clavigo kla'vi:go
Clavijo *span.* kla'βixo
Clavis 'kla:vɪs, **...ves** ...ve:s
Clavus 'kla:vʊs, **...vi** ...vi
Clays *niederl.* 'kla:ɪs
Clay[ton] *engl.* kleɪ[tn]
clean kli:n
Clear-Air-... 'kli:ɐ̯'|ɛ:ɐ̯...
Clearance 'kli:rəns
Clearfield *engl.* 'klɪəfi:ld
Clearing 'kli:rɪŋ
Clearwater *engl.* 'klɪəwɔ:tə
Cleaver *engl.* 'kli:və
Cleethorpe[s] *engl.* 'kli:θɔ:p[s]

C

C

Cleland *engl.* 'klɛlənd
Clematis kle'ma:tɪs, 'kle:matɪs
Clemen 'kle:mən
Clemenceau *fr.* klemã'so
Clemens *dt., niederl.* 'kle:məns, *engl.* 'klɛmənz
Clement 'kle:mɛnt, *engl.* 'klɛmənt
Clément *fr.* kle'mã
Clemente *it.* kle'mɛnte, *span.* ...mente
Clementi *it.* kle'mɛnti
Clementia kle'mɛntsi̯a
Clementine klemɛn'ti:nə
Clementis *slowak.* 'klɛmɛntis
Clemenza *it.* kle'mɛntsa
Clemm[ys] 'klɛm[ʏs]
Cleomenes kle'o:menɛs
Clérambault *fr.* klerã'bo
Clercq *niederl.* klɛrk
Clerfayt *fr.* klɛr'fɛ
Clerici *it.* 'klɛ:ritʃi
Clericus 'kle:rikʊs
Clerihew *engl.* 'klɛrɪhju:
Clerk klark, kla:ɐ̯k
Clerk[e] *engl.* klɑ:k
Clermont *fr.* klɛr'mõ
Clermont-Ferrand *fr.* klɛrmõfɛ'rã
Clervaux *fr.* klɛr'vo
Cles *it.* kles
Cleve *dt., niederl.* 'kle:və
Cleveland *engl.* 'kli:vlənd
clever 'klɛvɐ
Clever (Name) 'kle:vɐ
Cleverle 'klɛvɐlə
Cleverness 'klɛvɐnɛs
Cleyn klai̯n
Clianthus kli'antʊs
Cliburn *engl.* 'klaɪbən
Cliché kli'ʃe:
Clichy *fr.* kli'ʃi
Clicquot *fr.* kli'ko
Cliffdwellings 'klɪfdvelɪŋs
Cliffhanger 'klɪfhɛŋə
Clifford 'klɪfɔrt, *engl.* 'klɪfəd
Cliffside *engl.* 'klɪfsaɪd
Clif[ton] *engl.* 'klɪf[tən]
Clinch klɪntʃ, klɪnʃ
Clinschor 'klɪnʃo:ɐ̯
Clinton *engl.* 'klɪntən
Clio 'kli:o
Clip[per] 'klɪp[ɐ]
Clipperton *engl.* 'klɪpətən
Clique 'klɪkə, *auch:* 'kli:kə
Clive *engl.* klaɪv
Clivia 'kli:vi̯a, **...ien** ...i̯ən
Clochard *fr.* klɔ'ʃa:r
Clo-Clo klo'klo:
Clodia 'klo:di̯a
Clodion *fr.* klɔ'djõ
Clodius Pulcher 'klo:di̯ʊs 'pʊlkɐ, - ...lçɐ
Cloete *engl.* kloʊ'i:tɪ, 'klu:tɪ
Clog klɔk
Cloisonné klo̯azɔ'ne:
Clölia 'klø:li̯a
Cloning 'klo:nɪŋ
Clonmacnoise *engl.* klɔnmək'nɔɪz
Clonmel *engl.* klɔn'mɛl, '––
Clonus 'klo:nʊs, **-se** ...ʊsə
Cloos klo:s
Cloots *fr.* klɔts, klo:ts
Cloppenburg 'klɔpn̩bʊrk
Cloqué klo'ke:
Clos klo:, **des -** klo:[s], **die -** klo:s
Cloșca *rumän.* 'kloʃka
Close *engl.* kloʊs
Closed Shop 'klo:st 'ʃɔp, –'–
Closener 'klo:zənɐ
Close-up 'klo:s|ap
Closs klɔs
Clostridium klɔs'tri:di̯ʊm
Clotaldo *dt., span.* klo'taldo
Cloth *dt.-engl.* klɔθ
Clou klu:
Clouet *fr.* klu'ɛ
Clough *engl.* klʌf, klu:
Clouzot *fr.* klu'zo
Clovio *it.* 'klɔ:vi̯o
Clovis *fr.* klɔ'vis, *engl.* 'kloʊvɪs
Clown klau̯n, *auch:* klo:n
Clownerie klau̯nə'ri:, **-n** ...i:ən
clownesk klau̯'nɛsk
Clownismus klau̯'nɪsmʊs
Club klʊp
Cluj *rumän.* kluʒ
Clumber... 'klambɐ...
Cluniazenser kluni̯a'tsɛnzɐ
Cluny *fr.* kly'ni
Cluses *fr.* kly:z
Clusius 'klu:zi̯ʊs
Cluster 'klastɐ
Cluytens *fr.* klɥi'tɛ̃:s, *niederl.* 'klœi̯təns
Clyde *engl.* klaɪd
Clydebank *engl.* 'klaɪdbæŋk
c-Moll 'tse:mɔl, *auch:* '–'–
CMOS (Inform.) 'tse:mɔs
Co. (Kompanie) ko:
Coach ko:tʃ
coachen 'ko:tʃn̩
Coaching 'ko:tʃɪŋ
Coagulum ko'|a:gulʊm, **...la** ...la
Coahuila *span.* koa'u̯ila
Coalgate *engl.* 'koʊlgeɪt
Coalville *engl.* 'koʊlvɪl
Coandă *rumän.* 'ko̯andə
Coase *engl.* koʊz
Coast Ranges *engl.* 'koʊst 'reɪndʒɪz
Coat ko:t
Coatbridge *engl.* 'koʊtbrɪdʒ
Coates *engl.* koʊts
Coatesville *engl.* 'koʊtsvɪl
Coating 'ko:tɪŋ
Coats *engl.* koʊts
Coatzacoalcos *span.* koatsako'alkos
Cob kɔp
Cobaea ko'bɛ:a
Cobalt *engl.* 'koʊbɔ:lt
Cobán *span.* ko'βan
Cobb[e] *engl.* kɔb
Cobbett *engl.* 'kɔbɪt
Cobbler 'kɔblɐ
Cobden *engl.* 'kɔbdən
Cobenzl 'ko:bɛntsl̩
Cobergher *niederl.* 'ko:bɛrɣər
Cobh *engl.* koʊv
COBOL 'ko:bɔl
Cobourg *engl.* 'koʊbə:g
Cobra 'ko:bra
Coburg 'ko:bʊrk, *engl.* 'koʊbə:g
Coburn *engl.* 'koʊbən
Coca 'ko:ka, *span.* 'koka
Coca-Cola® koka'ko:la
Cocain koka'i:n
Cocarcinogene kokartsino'ge:nə
Coccaio *it.* kok'ka:i̯o
Cocceji kɔk'tse:ji
Coccejus kɔk'tse:jʊs
Coccioli *it.* 'kɔttʃoli
Coccius 'kɔktsi̯ʊs
Coccus 'kɔkʊs
Cochabamba *span.* kotʃa'βamba
Cochem 'kɔxm̩
Cochenille kɔʃə'nɪljə
Cochin 'kɔtʃɪn, *fr.* kɔ'ʃɛ̃, *engl.* 'koʊtʃɪn
Cochise *engl.* koʊ'tʃi:s
Cochläus kɔx'lɛ:ʊs
Cochlea 'kɔxlea, **...eae** ...eɛ
Cochon kɔ'ʃõ:
Cochonnerie kɔʃɔnə'ri:, **-n** ...i:ən
Cochran[e] *engl.* 'kɔkrən
Cochstedt 'kɔxʃtɛt
Cock *niederl.* kɔk
Cockcroft *engl.* 'koʊkkrɔft, 'kɔkk...

Cọcker... ˈkɔkɐ...
Cọckerell *engl.* ˈkɔkərəl
Cọckerill *engl.* ˈkɔkərɪl
Cọckeysville *engl.* ˈkɔki:zvɪl
Cọckney ˈkɔkni
Cọckpit ˈkɔkpɪt
Cọckroft *engl.* ˈkɔkrɔft, ˈkoʊk...
Cọcktail ˈkɔkte:l
Coclé *span.* koˈkle
Cọco *span.* ˈkoko
Cocoa *engl.* ˈkoʊkoʊ
Cocos-Keeling *engl.* ˈkoʊkəs-ˈki:lɪŋ
Cocteau *fr.* kɔkˈto
Cocy̲tus koˈt͜sy:tʊs
Co̲da ˈko:da
Cọdde *niederl.* ˈkɔdə
Co̲de ko:t, *fr.* kɔd, *engl.* koʊd
Co̲de civi̲l ˈko:t siˈvɪl
Codei̲n kodeˈi:n
Co̲de Napoléon ˈko:t napoleˈõ:
Co̲deswitching ˈko:tsvɪt͜ʃɪŋ
Co̲dex ˈko:dɛks, **Co̲dices** ˈko:dit͜se:s
Co̲dex argẹnteus ˈko:dɛks arˈgɛnteʊs
Co̲dex Ju̲ris Cano̲nici ˈko:dɛks ˈju:rɪs kaˈno:nit͜si
Codicịllus kodiˈt͜sɪlʊs, **...lli** ...li
codi̲eren koˈdi:rən
Cọdlea *rumän.* ˈkodle̯a
Codó *bras.* koˈdɔ
Codomạnnus kodoˈmanʊs
Co̲don ˈko:dɔn, **-en** koˈdo:nən
Codreạnu *rumän.* koˈdre̯anu
Cọdrington *engl.* ˈkɔdrɪŋtən
Codụcci *it.* koˈdutt͜ʃi
Cody *engl.* ˈkoʊdɪ
Coecke *niederl.* ˈkukə
Coelho *port.* ˈku̯ɐʎu, *bras.* ˈku̯eʎu
Coeli̲n t͜søˈli:n
Coẹllo *span.* koˈeʎo
Coen *niederl.* kun
Coesfeld ˈko:sfɛlt
coeta̲n ko|eˈta:n
Coetzee *afr.* kuˈtse:, *engl.* ku:tˈsɪə, ...ˈsi:
Cœur kø:ɐ̯
Cœurass kø:ɐ̯ˈ|as, ˈ--
Cœur d'Alene *engl.* kə:dˈleɪn
Cœur de Lion *fr.* kœrdəˈljõ
Coevorden *niederl.* ˈkuvɔrdə
Cọffeeshop ˈkɔfiʃɔp
Coffei̲n kɔfeˈi:n
Cọffeynagel ˈkɔfenagl̩
Cọffeyville *engl.* ˈkɔfɪvɪl
Cọffin *engl.* ˈkɔfɪn
Coffini̲t kɔfiˈni:t
Cọfre de Perọte *span.* ˈkofre ðe peˈrote
Cọggan *engl.* ˈkɔgən
Coghẹtti *it.* koˈgetti
cọgito, ẹrgo sụm ˈko:gito ˈɛrgo ˈzʊm
cọgnac ˈkɔnjak
[1]**Cognạc** (Ort) *fr.* kɔˈɲak
[2]**Cọgnac®** ˈkɔnjak
Cọgne *fr.* kɔɲ
Cogni̲ard *fr.* kɔˈɲa:r
Cogniẹt *fr.* kɔˈɲɛ
Cogno̲men kɔˈgno:mən, **Cogno̲mina** kɔˈgno:mina
Cogụl *span.* koˈɣul
Cohen ˈko:ən, *selten* koˈhe:n; *fr.* kɔˈɛn, *engl.* ˈkoʊɪn
Co̲hn *dt.*, *fr.* ko:n, *engl.* koʊn
Cohoes *engl.* koʊˈhoʊz
Cohu̲na *engl.* kəˈhu:nə
Coiffeur ko̯aˈfø:ɐ̯
Coiffeuse ko̯aˈfø:zə
Coiffure ko̯aˈfy:ɐ̯, **-n** ...y:rən
Co̲il kɔyl
Cọimbato̲re *engl.* ˈkɔɪmbəˈtɔ:
Coimbra *port.* ˈku̯imbrɐ
Coimbrizẹnser kɔɪmbriˈt͜sɛnzɐ
Coín *span.* koˈin
Coincidẹntia Opposito̲rum ko-|ɪnt͜siˈdɛnt͜si̯a ɔpoziˈto:rʊm
Co̲ing ˈko:ɪŋ
Cointreau® kwɛ̃ˈtro:
Cointrin *fr.* kwɛ̃ˈtrɛ̃
Coir ˈkɔyɐ, koˈi:ɐ̯
Co̲itus ˈko:itʊs, **die -** ...tu:s
Cojẹdes *span.* kɔˈxeðes
Cojutepẹque *span.* kɔxuteˈpeke
Co̲jz *slowen.* tso:jz
[1]**Coke** (Name) *engl.* koʊk, kʊk
[2]**Coke®** (Coca-Cola) ko:k
[1]**Co̲la** *it.* ˈkɔ:la
[2]**Co̲la** vgl. Colon
Colạlto koˈlalto
Cola̲ni koˈla:ni
Colanto̲nio *it.* kolanˈtɔ:ni̯o
Colạs *fr.* kɔˈlɑ
Colascio̲ne kolaˈʃo:nə
Colatịna *bras.* kolaˈtina
col bạsso kɔl ˈbaso
Colbe̲rt *fr.* kɔlˈbɛ:r
Cọlbitz ˈkɔlbɪt͜s
Colbrán *span.* kɔlˈβran
Cọlbrie ˈkɔlbri
Colby *engl.* ˈkoʊlbɪ
Colchạgua *span.* kɔlˈt͜ʃaɣu̯a
Colchester *engl.* ˈkoʊlt͜ʃɪstə
Colchici̲n kɔlçiˈt͜si:n
Cọlchicum ˈkɔlçikʊm
Co̲ldcream ˈko:ltkri:m
Cọlditz ˈkɔldɪt͜s
Co̲ldrubber ˈko:ltrabɐ
Coldstream *engl.* ˈkoʊldstri:m
Col du Perthus *fr.* kɔldypɛrˈtys
Cole *engl.* koʊl
Colebrooke *engl.* ˈkoʊlbrʊk
Coleman *engl.* ˈkoʊlmən
Co̲lenbrander *niederl.* ˈko:lən-brandər
Colẹnso *engl.* kəˈlɛnzoʊ
Coleọpter koleˈɔptɐ
Coleraine *engl.* koʊlˈreɪn, ˈ--
Coleridge *engl.* ˈkoʊlrɪd͜ʒ
Cole̲rus koˈle:rʊs
Cölesti̲n[us] t͜sølɛsˈti:n[ʊs]
Colet *fr.* kɔˈlɛ, *engl.* ˈkɔlɪt
Colẹtta koˈlɛta, *it.* koˈletta
Colẹtte *fr.* kɔˈlɛt
Co̲leus ˈko:leʊs
Coleville *engl.* ˈkoʊlvɪl
Colga̲te kɔlˈga:tə, *engl.* ˈkoʊl-geɪt
Colhuacán *span.* kolu̯aˈkan
Coligny *fr.* kɔliˈɲi
Colijn *niederl.* koˈlɛi̯n
Colịma *span.* koˈlima
Colin *fr.* kɔˈlɛ̃, *engl.* ˈkɔlɪn
Colịnes *fr.* kɔˈlin
Colins *fr.* kɔˈlɛ̃, *engl.* ˈkɔlɪnz
Colise̲o *it.* koliˈzɛ:o
Cö̲lius ˈt͜sø:li̯ʊs
Colla vgl. Collum
cọlla dẹstra ˈkɔla ˈdɛstra
Colla̲ge kɔˈla:ʒə
collagi̲eren kɔlaˈʒi:rən
Collạlto *it.* kolˈlalto
Collạnde kɔˈlandə
cọlla pạrte ˈkɔla ˈpartə
coll'ạrco kɔl ˈarko
Colla̲rd *fr.* kɔˈla:r
Collargo̲l kɔlarˈgo:l
cọlla sinịstra ˈkɔla ziˈnɪstra
Collạsse *fr.* kɔˈlas
Collati̲nus kɔlaˈti:nʊs
Collạzo *span.* koˈʎaθo
collé kɔˈle:
Cọlle *it.* ˈkɔlle
Collé *fr.* kɔˈle
Collecta̲nea kɔlɛkˈta:nea
Cọllege ˈkɔlɪt͜ʃ
Collège kɔˈlɛ:ʃ
Collège de France *fr.* kɔlɛʒdə-ˈfrɑ̃:s
Cọllegeville *engl.* ˈkɔlɪd͜ʒvɪl
Colle̲gium mu̲sicum kɔˈle:gi̯ʊm ˈmu:zikʊm, **...ia** **...ka** ...i̯a ...ka

Colle̱gium pu̱blicum kɔˈleːgi̯ʊm ˈpuːblikʊm, **...ia** **...ka** ...i̯a ...ka
col le̱gno kɔl ˈlɛnjo
Colleo̱ni *it.* kolleˈoːni
Collete̱t *fr.* kɔlˈtɛ
Co̱llett *norw.* ˈkɔlət
Colli̱ander kɔˈli̯andɐ
Co̱llico® ˈkɔliko
^{1}**Co̱llie** (Hund) ˈkɔli
^{2}**Co̱llie** (Ort) *engl.* ˈkɔlɪ
^{1}**Collie̱r** (Schmuck) kɔˈli̯eː
^{2}**Co̱llier** (Name) *engl.* ˈkɔlɪə
Collie̱r de Vénus, -s - - kɔˈli̯eː də veˈnʏs
Collijn *schwed.* kɔˈliːn
Colli̱n *dt., norw.* kɔˈliːn, *fr.* kɔˈlɛ̃
Co̱llingdale *engl.* ˈkɔlɪŋdeɪl
Co̱lling[s]wood *engl.* ˈkɔlɪŋ[z]wʊd
Colli̱no *it.* kolˈliːno
Co̱llins *engl.* ˈkɔlɪnz
Co̱llinsville *engl.* ˈkɔlɪnzvɪl
Collioure *fr.* kɔˈljuːr
Co̱llip *engl.* ˈkɔlɪp
Cö̱lln kœln
Collo̱di *it.* kolˈlɔːdi
Collon *fr.* kɔˈlõ
Collore̱do kɔloˈreːdo, *it.* kolloˈreːdo
Collosse̱um kolɔˈseːʊm, *engl.* kɔləˈsɪəm
Collot d'Herbois *fr.* kɔlodɛrˈbwa
Co̱llum ˈkɔlʊm, **Co̱lla** ˈkɔla
Colman *engl.* ˈkoʊlmən, *span.* ˈkɔlman
Co̱lmar ˈkɔlmar, *fr.* kɔlˈmaːr
Cologne *fr.* kɔˈlɔɲ
Colo̱ma *span.* koˈloma
Coloman ˈkoːloman, *auch:* ˈkɔl...
Colomạnnus koloˈmanʊs
Colomb-Bécha̱r *fr.* kɔlõbeˈʃaːr
Colombe[s] *fr.* kɔˈlõːb
Colombey-les-deux-Égli̱ses *fr.* kɔlõbɛledøzeˈgliːz
Colọmbia *span.* koˈlɔmbi̯a
Colombie̱r *fr.* kɔlõˈbje
Colombi̱na kolɔmˈbiːna
Colombi̱ne kolɔmˈbiːnə
Colọmbo koˈlɔmbo, *it.* koˈlombo, *engl.* kəˈlʌmboʊ
Co̱lon ˈkoːlɔn, **Co̱la** ˈkoːla
Colón *span.* koˈlɔn
Colone̱l koloˈnɛl, *fr.* kɔlɔˈnɛl, *engl.* ˈkəːnəl
Colo̱nia koˈloːni̯a, *span.* koˈloni̯a
Colo̱nia Agrippinẹnsis koˈloːni̯a agrɪpiˈnɛnzɪs
Colonial He̱ights *engl.* kəˈloʊnɪəl ˈhaɪts
Colọnna *it.* koˈlonna
Colọnne *fr.* kɔˈlɔn, *it.* koˈlonne
Color... ˈkoːloːɐ̯..., koˈloːɐ̯...
Colora̱do koloˈraːdo, *engl.* kɔləˈrɑːdoʊ, *span.* koloˈraðo
Coloradoi̱t koloradoˈiːt
^{1}**Cọlt**® (Waffe) kɔlt
^{2}**Colt** (Name) *engl.* koʊlt
Colton *engl.* ˈkoʊltən
Coltrane *engl.* kɔlˈtreɪn
Cọlum *engl.* ˈkɔləm
Colụmba koˈlʊmba
Columba̱n kolʊmˈbaːn
Columba̱rium kolʊmˈbaːri̯ʊm, **...ien** ...i̯ən
Colụmbia koˈlʊmbi̯a, *engl.* kəˈlʌmbɪə
Columbia Broadcasting System *engl.* kəˈlʌmbɪə ˈbrɔːdkɑːstɪŋ ˈsɪstɪm
Colụmbium koˈlʊmbi̯ʊm
Columbrẹtes *span.* kolumˈbretes
Columbus *schwed.* kuˈlʊmbʊs, *engl.* kəˈlʌmbəs
Colume̱lla koluˈmɛla
Cọlville *engl.* ˈkɔlvɪl
Cọlwyn *engl.* ˈkɔlwɪn
Co̱ma Bereni̱ces ˈkoːma bereˈniːt͜seːs
Comạcchio *it.* koˈmakki̯o
Comạnche koˈmant͜ʃə
Comạnder koˈmandɐ
Comăne̱ști *rumän.* koməˈneʃtj
Comạrca *span.* koˈmarka
Comạske koˈmaskə
Comayạgua *span.* komaˈjaɣu̯a
Cọmba ˈkɔmba, *it.* ˈkomba
Combare̱lles, Les *fr.* lekõbaˈrɛl
Combạt *fr.* kõˈba
Combe-Cape̱lle *fr.* kõbkaˈpɛl
Combes *fr.* kõːb
Combin *fr.* kõˈbɛ̃
Combine kɔmˈbai̯n, ˈ‒‒
Cọmbo ˈkɔmbo
Combo̱ni *it.* komˈboːni
Cọmburg ˈkɔmbʊrk
Come-back kamˈbɛk, ˈ‒‒
Cọmecon ˈkɔmekɔn
Come̱dia koˈmeːdi̯a
Comédie-Française *fr.* kɔmedifrãˈsɛːz
Comédi̱e larmoyante *fr.* komeˈdiː larmo̯aˈjãːt
Come-down ˈkamdau̯n
Cọmedy ˈkɔmədi
Come̱nius koˈmeːni̯ʊs
Come quịck, danger! *engl.* ˈkam ˈkvɪk ˈdeːnd͜ʒɐ
Comércio *port.* kuˈmɛrsi̯u
Co̱mer Se̱e ˈkoːmɐ ˈzeː
Co̱mes ˈkoːmɛs, **Co̱mites** ˈkoːmiteːs
co̱me so̱pra ˈkoːmə ˈzoːpra
Comesti̱bles komɛsˈtiːbl̩
Cọmet *engl.* ˈkɔmɪt
Cömete̱rium t͜sømeˈteːri̯ʊm, **...ien** ...i̯ən
Comfort *engl.* ˈkʌmfət
Cọmic ˈkɔmɪk
Cọmicstrip ˈkɔmɪkstrɪp
Comịllas *span.* koˈmiʎas
Comịnes *fr.* kɔˈmin
Comingman, ...men ˈkamɪŋˈmɛn
Coming-out kamɪŋˈlau̯t
Comi̱nius koˈmiːni̯ʊs
Comi̱no *it.* koˈmiːno
COMỊSCO koˈmɪsko
Co̱miso *it.* ˈkɔːmizo
Comịsso *it.* koˈmisso
Comita̱tus komiˈtaːtʊs
Comites vgl. Comes
Commandi̱no *it.* kommanˈdiːno
comme cị, comme çạ *fr.* kɔmˈsi, kɔmˈsa
Comme̱dia dell'Ạrte kɔˈmeːdi̯a dɛl ˈartə
comme il faut kɔmɪlˈfoː
Commendo̱ne *it.* kommenˈdoːne
Cọmmer ˈkɔmɐ
Commerce *engl.* ˈkɔməːs, *fr.* kɔˈmɛrs
Commercial kɔˈmøːɐ̯ʃl̩, kɔˈmœrʃl̩
Commẹrz kɔˈmɛrt͜s
Commịnes *fr.* kɔˈmin
Commi̱s voyageur, - -s kɔˈmiː vo̯ajaˈʒøːɐ̯
Commodi̱anus kɔmoˈdi̯aːnʊs
Commọdity kɔˈmɔditi
cọmmodo ˈkɔmodo
Cọmmodus ˈkɔmodʊs
Cọmmoner ˈkɔmənɐ
Cọmmon Law ˈkɔmən ˈlɔː
Cọmmon Prayer-Book ˈkɔmən ˈprɛːɐ̯bʊk
Cọmmons ˈkɔməns
Cọmmon Sẹnse ˈkɔmən ˈzɛns

Commonwealth [of Nations] *dt.-engl.* 'kɔmənvɛlθ [ɔf 'ne:ʃn̩s]
Commune *fr.* kɔ'myn
Commune Sanctorum kɔ'mu:nə zaŋk'to:rʊm
Communio Sanctorum kɔ'mu:ni̯o zaŋk'to:rʊm
Communiqué kɔmyni'ke:
Communis Opinio kɔ'mu:nɪs o'pi:ni̯o
Commynes *fr.* kɔ'min
Como *it.* 'kɔ:mo
comodo 'ko:modo
Comodoro *span.* komo'ðoro
Comoé *fr.* kɔmɔ'e
Comolli *it.* ko'mɔlli
Comores *fr.* kɔ'mɔ:r
Comorin *engl.* 'kɔmərɪn
Compact Disc kɔm'pakt 'dɪsk, kɔm'pɛkt -
Compagni *it.* kom'paɲɲi
Compagnie kɔmpan'ji:, **-n** ...i:ən
Compagnon kɔmpan'jõ:
Company 'kampəni
Companys *kat.* kum'paɲs, *span.* kɔm'panis
Compaoré *fr.* kõpaɔ're
Comparetti *it.* kompa'retti
Compartimento kɔmparti'mɛnto
Compenius kɔm'pe:ni̯ʊs
Compère *fr.* kõ'pɛ:r
Compiègne *fr.* kõ'pjɛɲ
Compiler kɔm'pailɐ
Compliance kɔm'plai̯əns
Complutenser kɔmplu'tɛnzɐ
Composé kõpo'ze:
Composer kɔm'po:zɐ
Compositae kɔm'po:zitɛ
Compostela *span.* kɔmpɔs'tela
Compound... kɔm'paunt..., *auch:* '--
Comprette® kɔm'prɛtə
Comptant kõ'tã:
Comptoir kõ'to̯a:ɐ̯
Compton *engl.* 'kɔmptən
Compur® kɔm'pu:ɐ̯
Computer kɔm'pju:tɐ
computerisieren kɔmpjutəri'zi:rən
computern kɔm'pju:tɐn
Comstock Lode *engl.* 'kɔmstɔk 'loʊd
Comte *fr.* kõ:t
Comtesse kɔm'tɛs, *auch:* kõ'tɛs, **-n** ...'tɛsn̩
Comuneros *span.* komu'neros

con affetto kɔn a'fɛto
Conakry *fr.* kɔna'kri
con amore kɔn a'mo:rə
Conan *engl.* 'koʊnən, 'kɔnən
con anima kɔn 'a:nima
Conant *engl.* 'kɔnənt
conaxial kɔn|a'ksi̯a:l
con brio kɔn 'bri:o
Conca *it.* 'koŋka
con calore kɔn ka'lo:rə
Concarneau *fr.* kõkar'no
Conceição *port.* kõsɐi̯'sɐ̃ṷ
Concelebratio kɔntsele'bra:tsi̯o
Concentus kɔn'tsɛntʊs, **die -** ...tu:s
Concepción *span.* kɔnθɛp'θi̯ɔn
Conceptart 'kɔnsɛpt|a:ɐ̯t, *auch:* -'--
Conceptio immaculata kɔn'tsɛptsi̯o ɪmaku'la:ta
Concertante kɔntsɛr'tantə, *auch:* kɔntʃɛ...
Concertgebouw *niederl.* kɔn'sɛrtxəbɔṷ
Concertgebouworkest *niederl.* kɔn'sɛrtxəbɔṷɔrˌkɛst
Concertino kɔntʃɛr'ti:no
Concerto grosso kɔn'tʃɛrto 'grɔso, **...ti ...ssi** ...ti ...si
Concerts spirituels kõ'sɛ:ɐ̯ spiri'tyɛl
Concetti kɔn'tʃɛti
[1]**Concha** (Organ) 'kɔnça
[2]**Concha** (Name) *span.* 'kɔntʃa
Conches kõ:ʃ
Conchita *span.* kɔn'tʃita
Conchon *fr.* kõ'ʃõ
Concierge kõ'si̯ɛrʃ
Conciergerie kõsi̯ɛrʒə'ri:
Concini *it.* kon'tʃi:ni, *fr.* kõsi'ni
concitato kɔntʃi'ta:to
Conclusio kɔn'klu:zi̯o, *auch:* kɔŋ...
Concord *engl.* 'kɔŋkɔ:d
Concorde *fr.* kõ'kɔrd
Concordia kɔn'kɔrdi̯a, *auch:* kɔŋ..., *engl.* kɔn'kɔ:dɪə, *span.* kɔŋ'kɔrði̯a
Concours hippique, - -s kõ'ku:ɐ̯ ɪ'pɪk
Conde *span.* 'kɔnde
Condé *fr.* kõ'de
Condensa kɔn'dɛnza
Condensite® kɔndɛn'zi:tə
Condillac *fr.* kõdi'jak
con discrezione kɔn dɪskre'tsi̯o:nə
Conditionalis kɔnditsi̯o'na:lɪs

Conditio sine qua non kɔn'di:tsi̯o 'zi:nə 'kva: 'no:n
Condivi *it.* kon'di:vi
Condoleezza *engl.* kɔndə'li:zə
con dolore kɔn do'lo:rə
Condom *fr.* kõ'dõ
Condon *engl.* 'kɔndən
Condor 'kɔndo:ɐ̯
Condorcet *fr.* kõdɔr'sɛ
Condottiere kɔndɔ'ti̯e:rə, **...ri** ...ri
Condroz *fr.* kõ'dro
Conductus kɔn'dʊktʊs, **die -** ...tu:s
Condwiramurs kɔn'dvi:ramʊrs
Condylus 'kɔndylʊs, **...li** ...li
con effetto kɔn ɛ'fɛto
Conegliano *it.* koneʎ'ʎa:no
con espressione kɔn ɛsprɛ'si̯o:nə
Coney *engl.* 'koʊnɪ
Confalonieri *it.* konfalo'ni̯ɛ:ri
Confédération Française des Travailleurs Chrétiens *fr.* kõfederasjõfrãsɛzdetravajœrkre'tjɛ̃
Confédération Générale du Travail *fr.* kõfederasjõʒeneraldytra'vaj
Confédération Internationale des Sociétés d'Auteurs et Compositeurs *fr.* kõfederasjõɛ̃tɛrnasjɔnaldesɔsjetedotœrzekõpozi'tœ:r
confer 'kɔnfɛr
Conférence kõfe'rã:s, **-n** ...sn̩
Conférencier kõferã'si̯e:
conferieren kɔnfe'ri:rən
Confessio kɔn'fɛsi̯o, **-nes** ...'si̯o:ne:s
Confessio Augustana, - Belgica, - Gallicana, - Helvetica kɔn'fɛsi̯o au̯gʊs'ta:na, - 'bɛlgika, - gali'ka:na, - hɛl've:tika
Confessor kɔn'fɛso:ɐ̯, **-es** ...'so:re:s
Confiteor kɔn'fi:teo:ɐ̯
Confoederatio Helvetica kɔnføde'ra:tsi̯o hɛl've:tika
Conformers kɔn'fo:ɐ̯mɐs
Conforto *it.* kon'fɔrto
con forza kɔn 'fɔrtsa
Confrater kɔn'fra:tɐ, **...tres** ...tre:s
con fuoco kɔn 'fu̯o:ko
Confutatio kɔnfu'ta:tsi̯o
Conga 'kɔŋga
Congar *fr.* kõ'ga:r

C

Cọngleton *engl.* ˈkɔŋgltən
Congọ *fr.* kõˈgo
Congo Bẹlge *fr.* kõgoˈbɛlʒ
Congọnhas *bras.* koŋˈgoɲas
con grazia kɔn ˈgraːtsi̯a
Cọngress of Industrial Organizations *engl.* ˈkɔŋgrɛs əv ɪnˈdʌstrɪəl ɔːgənaɪˈzeɪʃənz
Cọngreve *engl.* ˈkɔngriːv
Công Tum *vietn.* koŋ tum 11
Coni vgl. Conus
Coniferae koˈniːfere
con ịmpeto kɔn ˈɪmpeto
Coninxloo *niederl.* ˈkoːnɪŋkslo
Conjunctiva kɔnjʊŋkˈtiːva
Conjunctivitis kɔnjʊŋktiˈviːtɪs, **...itiden** ...viˈtiːdn̩
con leggierẹzza kɔn lɛdʒeˈrɛtsa
con moto kɔn ˈmoːto
Cọnnacht *engl.* ˈkɔnɔːt
Connaisseur kɔnɛˈsøːɐ̯
Cọnnally *engl.* ˈkɔnəlɪ
Cọnnaught *engl.* ˈkɔnɔːt
Cọnneaut *engl.* ˈkɔnɪɔt
Connẹcticut *engl.* kəˈnɛtɪkət
Connẹction kɔˈnɛkʃn̩
Cọnnellsville *engl.* ˈkɔnlzvɪl
Cọnnelly *engl.* ˈkɔnəlɪ
Connemara *engl.* kɔnɪˈmɑːrə
Cọnner[s] *engl.* ˈkɔnə[z]
Cọnnersville *engl.* ˈkɔnəzvɪl
Cọnnery *engl.* ˈkɔnərɪ
Conni ˈkɔni
Cọnnie *engl.* ˈkɔnɪ
Cọnnolly *engl.* ˈkɔnəlɪ
Cọnny ˈkɔni, *engl.* ˈkɔnɪ
Cönobit tsønoˈbiːt
Cọnolly *engl.* ˈkɔnəlɪ
Conon *fr.* kɔˈnõ
con passione kɔn paˈsi̯oːnə
con pietà kɔn pi̯eˈta
Conques *fr.* kõːk
Cọnquest *engl.* ˈkɔŋkwɛst
Conquịsta *span.* kɔŋˈkista
Cọnrad ˈkɔnraːt, *engl.* ˈkɔnræd
Conradi, ...dy kɔnˈraːdi
Conrart *fr.* kõˈraːr
Cọnring ˈkɔnrɪŋ
Consagra *it.* konˈsaːgra
Consạlvi *it.* konˈsalvi
Conscience *fr.* kõˈsjãːs
Cọnsciousness-Raising ˈkɔnʃəsnɛsˌreːzɪŋ
Consecutio Tẹmporum kɔnzeˈkuːtsi̯o ˈtɛmporʊm
Consẹil *fr.* kõˈsɛj
Consẹnsus kɔnˈzɛnzʊs, **die -** ...zuːs
Consẹnsus commụnis kɔnˈzɛnzʊs kɔˈmuːnɪs
Consẹnsus ọmnium kɔnˈzɛnzʊs ˈɔmniʊm
con sentimẹnto kɔn zɛntiˈmɛnto
Cọnsett *engl.* ˈkɔnsɪt
Considérant *fr.* kõsideˈrã
Consilium Abeụndi kɔnˈziːli̯ʊm abeˈʊndi
Consịstency kɔnˈzɪstn̩si
Consolatio kɔnzoˈlaːtsi̯o, **-nes** ...laˈtsi̯oːneːs
Consommé kõsɔˈmeː
con sordino kɔn zɔrˈdiːno
con spirito kɔn ˈspiːrito
Constable ˈkanstəbl̩, *engl.* ˈkʌnstəbl
Cọnstans ˈkɔnstans, *fr.* kõsˈtã
Constant *engl.* ˈkɔnstənt, *fr.* kõsˈtã
Constanța *rumän.* konˈstantsa
Constantin ˈkɔnstantiːn, *auch:* --ˈ-, *rumän.* konstanˈtin, *fr.* kostãˈtɛ̃
Constantina *span.* kɔnstanˈtina
Constantine *fr.* kõstãˈtin
Constantinẹscu *rumän.* konstantiˈnesku
Constantinus kɔnstanˈtiːnʊs
Constạntius kɔnˈstantsi̯ʊs
Constellation *engl.* kɔnstəˈleɪʃən
Constituante kõstiˈtɥãːt, **-s** ...ãːt, **-n** ...ãːtn̩
Constitución *span.* konstituˈθi̯ɔn
Constrụctio ad Sẹnsum kɔnˈstrʊktsi̯o at ˈzɛnzʊm
Constrụctio apo Koinu kɔnˈstrʊktsi̯o aˈpoː kɔyˈnuː
Constrụctio kata Synesin kɔnˈstrʊktsi̯o kaˈta ˈzyːnezɪn
Consulat *fr.* kõsyˈla
Consulting kɔnˈzaltɪŋ
Contạct... kɔnˈtakt...
Contadọra *span.* kɔntaˈðora
Contagion kɔntaˈgi̯oːn
Container kɔnˈteːnɐ
containerisieren kɔntenəriˈziːrən
Containment kɔnˈteːnmənt
Contạngo kɔnˈtaŋgo, *auch:* kɔnˈtɛŋgo
Cọntarex ˈkɔntarɛks
Contarini *it.* kontaˈriːni
Cọntax® ˈkɔntaks
[1]**Conte** (Erzählung), **-s** *fr.* kõːt
[2]**Cọnte** (Graf) ˈkɔntə, **...ti** ...ti
Conté *fr.* kõˈte
Conteben® kɔnteˈbeːn
Contenance kõtəˈnãːs[ə]
con tenerẹzza kɔn teneˈrɛtsa
Contergan® kɔntɛrˈgaːn
Contẹssa kɔnˈtɛsa
Contessina kɔntɛˈsiːna
Cọntest ˈkɔntɛst
Conthey *fr.* kõˈtɛ
Conti *it.* ˈkonti, *fr.* kõˈti
Continental kɔntinɛnˈtaːl, *engl.* kɔntɪˈnɛntl
Continuo kɔnˈtiːnu̯o
Cọnto *span.* ˈkɔnto
Cọnto de Reis *port.* ˈkontu ðə ˈrrɐi̯ʃ, *bras.* - di ˈrrei̯s
cọntra, C... ˈkɔntra
Contradịctio in adjẹcto kɔntraˈdɪktsi̯o ɪn atˈjɛkto
cọntra legem ˈkɔntra ˈleːgɛm
contraria contrariis kɔnˈtraːri̯a kɔnˈtraːriiːs
Contrạsto kɔnˈtrasto
Contrat social kõˈtraː zoˈsi̯al
contre cœur ˈkõːtrə ˈkøːɐ̯
Contrecoup kõtrəˈkuː
Contredanse kõtrəˈdãːs
Control... kɔnˈtroːl...
Controller kɔnˈtroːlɐ
Controlling kɔnˈtroːlɪŋ
Contụcci *it.* konˈtuttʃi
Conurbation kɔn|ʊrbaˈtsi̯oːn
Cọnus ˈkoːnʊs, **...ni** ...ni
Conveniencegoods kɔnˈviːni̯ənsˌgʊts
Convẹnt kɔnˈvɛnt
Convention nationạle kõvãˈsi̯õː nasi̯oˈnal
Conversano *it.* konverˈsaːno
Convẹrter kɔnˈvɛrtɐ
Convertible Bọnds kɔnˈvøːɐ̯təbl̩ ˈbɔnts, ...vœrt...
Conveyer kɔnˈveːɐ
Convoi kɔnˈvɔy, *auch:* ˈ--
Cọnw[a]y *engl.* ˈkɔnweɪ
Cọnybeare *engl.* ˈkɔnɪbɪə, ˈkʌn...
Cọnz[e] ˈkɔnts[ə]
Coogan *engl.* ˈkuːgən
Cook[e] *engl.* kʊk
Cooktown *engl.* ˈkʊktaʊn
cool kuːl
Cool Clary *engl.* ˈkuːl ˈklærɪ
Coolen *niederl.* ˈkoːlə
Coolidge *engl.* ˈkuːlɪdʒ
Coolness ˈkuːlnɛs
Cooma *engl.* ˈkuːmə
Coomb[e] *engl.* kuːm

Coon Rapids *engl.* 'ku:n 'ræpɪdz
Co op ko'|ɔp
Cooper *engl.* 'ku:pə
Coopman *niederl.* 'ko:pman
Coordinates ko'|o:ɐdinats
Coornhert *niederl.* 'ko:rnhɛrt
Coos[a] *engl.* 'ku:s[ə]
Coover *engl.* 'ku:və
Cop kɔp
Čop *slowen.* tʃo:p
Copacabana *span.* kopaka-'βana, *bras.* kopaka'bɐna
Copán *span.* ko'pan
Cope *engl.* koʊp
Copeau *fr.* kɔ'po
Cöpenick 'kø:pənɪk
Copernicus ko'pɛrnikʊs
Copiague *engl.* 'koʊpeɪg
Copiapó *span.* kopia'po
Ćopić *serbokr.* 'tɕɔ:pitɕ
Copilot 'ko:pilo:t
Copland *engl.* 'kɔplənd, 'koʊp...
Coplé *span.* ko'ple
Coplestone *engl.* 'kɔplstən
Copley *engl.* 'kɔplɪ
Coppard *engl.* 'kɔpəd
Coppé[e] *fr.* kɔ'pe
Coppélia kɔ'pe:lia, *fr.* kɔpe'lja
Coppelius kɔ'pe:liʊs
Copperfield *engl.* 'kɔpəfi:ld
Coppermine *engl.* 'kɔpəmaɪn
Coppet *fr.* kɔ'pɛ
Coppi *it.* 'kɔppi, 'koppi
Coppo *it.* 'kɔppo
Coppola *engl.* 'kɔpələ
Copy... 'kɔpi...
Copyright 'kɔpirait
Coq au Vin 'kɔk o: 'vɛ̃:
Coq d'Or *fr.* kɔk'dɔ:r
Coquelin *fr.* kɔ'klɛ̃
Coquerel *fr.* kɔ'krɛl
Coques *fr.* kɔk
Coquilhatville *fr.* kɔkijat'vil
Coquille ko'ki:jə
Coquimbo *span.* ko'kimbo
Cor ko:ɐ
Cora 'ko:ra
Corabia *rumän.* ko'rabia
Coral Gables *engl.* 'kɔrəl 'geɪblz
Coralli *it.* ko'ralli
Corallina kora'li:na
coram publico 'ko:ram 'pu:bliko
Corato *it.* ko'ra:to
Coray *fr.* kɔ'rɛ
Corazón *span.* kora'θɔn
Corazzini *it.* korat'tsi:ni
Corbeil *fr.* kɔr'bɛj
Corbie *fr.* kɔr'bi
Corbière[s] *fr.* kɔr'bjɛ:r
Corbusier, Le *fr.* ləkɔrby'zje
Corby *engl.* 'kɔ:bɪ
Corcovado *span.* kɔrko'βaðo, *bras.* korko'vadu
Corcy *fr.* kɔr'si
Corcyra [nigra] kɔr'tsy:ra ['ni:gra]
Cord kɔrt
Corda[n] 'kɔrda[n]
Corday *fr.* kɔr'dɛ
Cordele *engl.* kɔ:'di:l, 'kɔ:di:l
Cordelia kɔr'de:lia
Cordeliers *fr.* kɔrdə'lje
Cordes 'kɔrdəs
Cordial Médoc kɔr'dial me'dɔk
Cordier *fr.* kɔr'dje
Cordierit kɔrdie'ri:t
Cordillera *span.* kɔrði'ʎera, **- Blanca** - 'βlaŋka, **- Real** - rrɛ'al
Córdoba 'kɔrdoba, *auch:* ...va, *span.* 'kɔrðoβa
Cordon bleu, -s -s kɔr'dõ: 'blø:
Cordon sanitaire, -s -s kɔr'dõ: zani'tɛ:ɐ
Cordovero *span.* kɔrðo'βero
Corduba 'kɔrduba
Cordula 'kɔrdula
Cordus 'kɔrdʊs
Core ko:ɐ
Corelli *it.* ko'rɛlli, *engl.* kə'rɛlɪ
Coremans *niederl.* 'ko:rəmans
Corena *it.* ko'rɛ:na
Corenzio *it.* ko'rɛntsio
Coresi *rumän.* ko'resi
Corey *engl.* 'kɔ:rɪ
Corfam 'ko:ɐfam
Corfinio *it.* kor'fi:nio
Corfinium kɔr'fi:niʊm
Corfù *it.* kor'fu
Cori 'ko:ri, *engl.* 'kɔ:rɪ, *it.* 'kɔ:ri
Coriano *it.* ko'ria:no
Corigliano Calabro *it.* koriʎ-'ʎa:no 'ka:labro
Corinna ko'rɪna
Corinne *fr.* kɔ'rin
Corinnus ko'rɪnʊs
Corinth ko'rɪnt, *engl.* 'kɔrɪnθ
Corinto *span.* ko'rinto
Coriolano *it.* korio'la:no
Coriolan[us] korio'la:n[ʊs]
Coriolis *fr.* kɔrjɔ'lis
Corippus ko'rɪpʊs
Corisco *span.* ko'risko
Corium 'ko:riʊm
Cork *engl.* kɔ:k
Corliss *engl.* 'kɔ:lɪs
Çorlu *türk.* 'tʃɔrlu
Cormac[k] *engl.* 'kɔ:mæk
Cornamusa kɔrna'mu:za
Cornaro *it.* kor'na:ro
Cornazzano *it.* kornat'tsa:no
Cornea 'kɔrnea, **-e** ...neɛ
Cornedbeef 'ko:ɐnət'bi:f, 'kɔr...
Corneille *fr.* kɔr'nɛj
Cornelia kɔr'ne:lia
Cornelie kɔr'ne:liə
Cornelisz *niederl.* kɔr'ne:lɪs
Cornelius kɔr'ne:liʊs, *niederl.* kɔr'ne:liʏs
Cornell 'kɔrnl̩, *engl.* kɔ:'nɛl
Cornellá *span.* kɔrne'ʎa
Cornelsen kɔr'ne:lzn̩
Cornely kɔr'ne:li
Cornemuse, -s kɔrnə'my:s
Corner 'ko:ɐnɐ
Cornet[s] à Pistons kɔr'ne: a pɪs'tõ:
Cornflakes 'ko:ɐnfle:ks, 'kɔr...
Cornforth *engl.* 'kɔ:nfɔ:θ
Corni vgl. Corno
Corniche *fr.* kɔr'niʃ
Cornichon kɔrni'ʃõ:
Corniglio *it.* kor'niʎʎo
Corning *engl.* 'kɔ:nɪŋ
Corno 'kɔrno, **...ni** ...ni
Corno da Caccia 'kɔrno da 'katʃa
Corno di Bassetto 'kɔrno di ba'sɛto
Cornouaille[s] *fr.* kɔr'nwa:j
Cornova 'kɔrnova
Cornu *fr.* kɔr'ny
Cornutus kɔr'nu:tʊs
Cornwall 'kɔrnval, *engl.* 'kɔ:nwəl
Cornwallis *engl.* kɔ:n'wɔlɪs
Coro *span.* 'koro
Corocoro *span.* koro'koro
Corolla ko'rɔla
Corominas *kat.* kuru'minəs, *span.* koro'minas
Corona ko'ro:na, *engl.* kə'roʊnə
Coronado *span.* koro'naðo, *engl.* kɔrə'na:doʊ
Coronel *span.* koro'nɛl
Coroner 'kɔrənɐ
Coropuna *span.* koro'puna
Corot *fr.* kɔ'ro
Ćorović *serbokr.* 'tɕɔrɔvitɕ

C

Corozal *span.* koro'θal
[1]**Corpora** vgl. Corpus
[2]**Corpora** (Maler) *it.* 'kɔrpora
Corporate Identity 'ko:ɐ̯pərət ai̯'dɛntiti, 'kɔr... -
Corps ko:ɐ̯, **des -** ko:ɐ̯[s], **die -** ko:ɐ̯s
Corps consulaire 'ko:ɐ̯ kõsy'lɛ:ɐ̯
Corps de Ballet 'ko:ɐ̯ də ba'le:
Corps diplomatique 'ko:ɐ̯ diploma'tɪk
Corpus 'kɔrpʊs, **...pora** ...pora
[1]**Corpus Christi** (Sakrament) 'kɔrpʊs 'krɪsti
[2]**Corpus Christi** (Name) *engl.* 'kɔ:pəs 'krɪstɪ
Corpus Christi mysticum 'kɔrpʊs 'krɪsti 'mʏstikʊm
Corpusculum kɔr'pʊskulʊm, **...la** ...la
Corpus Delicti 'kɔrpʊs de'lɪkti
Corpus Inscriptionum Latinarum 'kɔrpʊs ɪnskrɪp'tsi̯o:nʊm lati'na:rʊm
Corpus Juris 'kɔrpʊs 'ju:rɪs
Corpus Juris Canonici 'kɔrpʊs 'ju:rɪs ka'no:nitsi
Corpus Juris Civilis 'kɔrpʊs 'ju:rɪs tsi'vi:lɪs
Corpus luteum 'kɔrpʊs 'lu:teʊm
Corpus Reformatorum 'kɔrpʊs refɔrma'to:rʊm
Corradini *it.* korra'di:ni
Corrado *it.* kor'ra:do
Corral[es] *span.* kɔ'rral[es]
Corrêa *bras.* ko'rrea
Correa[s] *span.* kɔ'rrea[s]
Corregedor kɔreʒe'do:ɐ̯
Correggio kɔ'rɛdʒo, *it.* kor'reddʒo
Corregidor kɔrɛxi'do:ɐ̯
Correia *port.* ku'rrɐi̯ɐ, *bras.* ku'rrei̯a
Correns 'kɔrɛns
Corrente kɔ'rɛntə
Correnti *it.* kor'rɛnti
Correr *it.* kor'rɛr
Corrette *fr.* kɔ'rɛt
Corrèze *fr.* kɔ'rɛ:z
Corrida [de Toros] kɔ'ri:da [de 'to:rɔs]
Corrientes *span.* kɔ'rri̯entes
Corriere della Sera *it.* kor'ri̯ɛ:re 'della 'se:ra
Corrigan *engl.* 'kɔrɪgən
Corrigenda kɔri'gɛnda
Corrigens 'kɔrigɛns, **...ntia** ...'gɛntsi̯a, **...nzien** ...'gɛntsi̯ən
corriger la fortune *fr.* kɔriʒelafɔr'tyn
Corrodi kɔ'ro:di
Corry *engl.* 'kɔrɪ
Corsage kɔr'za:ʒə
Corsari *niederl.* kɔr'sa:ri
Corse *fr.* kɔrs
Corsica *it.* 'kɔrsika
Corsicana *engl.* kɔ:sɪ'kænə
Corsini *it.* kor'si:ni
Corso 'kɔrzo
Cort *niederl.* kɔrt
Cortaillod *fr.* kɔrta'jo
Cortázar *span.* kɔr'taθar
Corte *it.* 'korte, *fr.* kɔr'te
Cortège kɔr'tɛ:ʃ
Cortemaggiore *it.* kortemad'dʒo:re
Cortenuova *it.* korte'nu̯ɔ:va
Corte Real *port.* 'kortə 'rri̯al
Cortes 'kɔrtɛs, *span.* 'kɔrtes
Cortés *span.* kɔr'tes
Cortês *port.* kur'teʃ
Cortex 'kɔrtɛks, **...tices** ...titse:s
Cortez 'kɔrtɛs
Corti 'kɔrti, *it.* 'korti
Corticosteron kɔrtikoste'ro:n
Cortina *it.* kor'ti:na
Cortine kɔr'ti:nə
Cortines *span.* kɔr'tines
Cortisol kɔrti'zo:l
Cortison kɔrti'zo:n
Cortland *engl.* 'kɔ:tlənd
Cortona *it.* kor'to:na
Cortot *fr.* kɔr'to
Coruche *port.* ku'ruʃɪ
Çoruh *türk.* 'tʃɔruh
Çorum *türk.* 'tʃɔrum
Corumbá *bras.* korum'ba
Coruña, La *span.* la ko'ruɲa
Corvallis *engl.* kɔ:'vælɪs
Corvey 'kɔrvai̯
Corvi *it.* 'kɔrvi
Corvin[us] kɔr'vi:n[ʊs]
Corvisart *fr.* kɔrvi'za:r
Corvo *port.* 'korvu, *engl.* 'kɔ:voʊ
Corvus 'kɔrvʊs
Cory 'ko:ri, *engl.* 'kɔ:rɪ
Corydalis ko'ry:dalɪs
Coryell *engl.* kɔ:'jɛl
Coryfin® kory'fi:n
Coryza 'ko:rytsa
Cosa *span.* 'kosa
Cosa Nostra 'ko:za 'nɔstra, *engl.* 'koʊsə 'noʊstrə
Coşbuc *rumän.* koʒ'buk
Cosel 'ko:zl̩
Cosenza *it.* ko'zɛntsa
Cosgrave *engl.* 'kɔzgreɪv
Coshocton *engl.* kə'ʃɔktən
Ćosić *serbokr.* 'tɕɔ:sitɕ
così fan tutte ko'zi: 'fan 'tʊtə, *it.* ko'sif'fan'tutte
Cosima 'ko:zima
Cosimo 'ko:zimo, *it.* 'kɔ:zimo
Cosmas 'kɔsmas
Cosmate kɔs'ma:tə
Cosmea kɔs'me:a, **...een** ...e:ən
Cosmerovius kɔsme'ro:vi̯ʊs
Cosmotron 'kɔsmotro:n
Cossa 'kɔsa, *it.* 'kɔssa
Cossé *fr.* kɔ'se
Cossiga *it.* kos'si:ga
Cossío *span.* ko'sio
Coßmann 'kɔsman
Cossmann 'kɔsman
Cossonay *fr.* kɔsɔ'nɛ
Cossotto *it.* kos'sɔtto
Cossutta *it.* kos'sutta, *span.* ko'suta
cost, insurance, freight 'kɔst ɪn'ʃu:rəns 'fre:t
[1]**Costa** (Rippe) 'kɔsta, **...tae** ...tɛ
[2]**Costa** (Name) *port.* 'kɔʃtɐ, *bras., span., it.* 'kɔsta, *engl., kat.* 'kɔstə, *niederl.* 'kɔstɑ
Costa Brava 'kɔsta 'bra:va, *span.* 'kɔsta 'βraβa
Costa de Oro *span.* 'kɔsta ðe 'oro
Costa do Sol *port.* 'kɔʃtɐ ðu 'sɔl
Costa Mesa *engl.* 'kɔstə 'meɪsə
cost and freight 'kɔst ɛnt 'fre:t
Costanza kɔs'tantsa, *it.* kos'tantsa
Costanzo *it.* kos'tantso
Costard 'kɔstart
Costa Rica 'kɔsta 'ri:ka, *span.* 'kɔsta 'rrika
Costa-Ricaner kɔstari'ka:nɐ
costa-ricanisch kɔstari'ka:nɪʃ
Coste *fr.* kɔst
Costeley *fr.* ko'tlɛ
Costello *engl.* kɔs'tɛloʊ, 'kɔstəloʊ
Costenoble kɔstə'no:bl̩, *fr.* kɔstə'nɔbl
Coster *fr.* kɔs'tɛ:r, *niederl.* 'kɔstər
Costin *rumän.* kos'tin
Costner *engl.* 'kɔstnə

Cosway engl. ˈkɔzweɪ
Coswig ˈkɔsvɪç
Cot *fr.* kɔt
Cota *span.* ˈkota
Cotabato *span.* kotaˈβato
Cotán *span.* koˈtan
Cotarelo *span.* kotaˈrelo
Côte *fr.* ko:t
Côte d'Azur *fr.* kotdaˈzy:r
Côte d'Ivoire *fr.* kotdiˈvwa:r
Côte d'Or *fr.* kotˈdɔ:r
Côtelé kotəˈle:
Coteline kotəˈli:n
Cotentin *fr.* kɔtãˈtɛ̃
Coter *niederl.* ˈko:tər
Cotes *engl.* koʊts
Côtes *fr.* ko:t
Côtes-du-Nord *fr.* kotdyˈnɔ:r
Cotin *fr.* kɔˈtɛ̃
Cotnari *rumän.* kotˈnarj
Cotonou *fr.* kɔtɔˈnu
Cotopaxi *span.* kotoˈpaksi
Cotrubaş *rumän.* kotruˈbaʃ
Cotswold[s] *engl.* ˈkɔtswoʊld[z]
Cotta ˈkɔta
Cottage ˈkɔtɪtʃ
Cottbus ˈkɔtbʊs, **Cottbuser, Cottbusser** ˈkɔtbʊsɐ
Cotte *fr.* kɔt
Cottet *fr.* kɔˈtɛ
Cotti *it.* ˈkɔtti
ottisch ˈkɔtɪʃ
Cotton (Baumwolle) ˈkɔtn̩
Cotton (Name) *engl.* kɔtn, *fr.* kɔˈtõ
ottonisieren kɔtoniˈzi:rən
Cottonwood ˈkɔtn̩vʊt
Coty *fr.* kɔˈti
Coubertin *fr.* kubɛrˈtɛ̃
Coubier *fr.* kuˈbje
ouch kaut͡ʃ
ouchepin *fr.* kuʃˈpɛ̃
oucy *fr.* kuˈsi
oudenhove-Kalergi kudn̩ˈho:vəkaˈlɛrgi
oudray *fr.* kuˈdrɛ
oué ku̯e:, *fr.* kwe
ouéismus ku̯eˈɪsmʊs
ougnac *fr.* kuˈɲak
ouillet *fr.* kuˈjɛ
oulage kuˈla:ʒə
oulee *engl.* ˈku:lɪ
ouleur kuˈlø:ɐ̯
oulis kuˈli:
ouloir kuˈlo̯a:ɐ̯
Coulomb (Einheit) kuˈlõ:, *auch:* kuˈlɔmp
Coulomb (Name) *fr.* kuˈlõ
Coulommier[s] *fr.* kulɔˈmje
Coulondre *fr.* kuˈlõ:dr
Coulsdon *engl.* ˈkoʊlzdən
Council Bluffs *engl.* ˈkaʊnsl ˈblʌfs
Count kaunt
Countdown ˈkauntˈdaun
Counter ˈkauntɐ
Counter Intelligence Corps ˈkauntɐ ɪnˈtɛlɪd͡ʒn̩s ˈko:ɐ̯
Counterpart ˈkauntɐpa:ɐ̯t
Countess ˈkauntɪs, **...essen** ...ˈtɛsn̩
Countrymusic ˈkantrimju:zɪk
Country of the Commonwealth *dt.-engl.* ˈkantri ɔf ðə ˈkɔmənvɛlθ
County ˈkaunti
Coup ku:
Coupage kuˈpa:ʒə
Coup de Main, -s - - ˈku: də ˈmɛ̃:
Coup d'État, -s - ˈku: deˈta:
Coupe kʊp, **-n** ...pn̩
Coupé kuˈpe:
Couperin *fr.* kuˈprɛ̃
Couperus *niederl.* kuˈpe:rʏs
Couplet kuˈple:
Coupon kuˈpõ:, ...pɔŋ
Cour ku:ɐ̯
Cour, la *dän.* laˈku:ɐ̯
Courage kuˈra:ʒə
couragiert kuraˈʒi:ɐ̯t
courant kuˈrant
Courante kuˈrã:t[ə], **-n** ...tn̩
Courbet *fr.* kurˈbɛ
Courbette kʊrˈbɛtə
Courbevoie *fr.* kurbəˈvwa
Courbière *fr.* kurˈbjɛ:r
Courcelles *fr.* kurˈsɛl
Cour des Miracles *fr.* kurdemiˈrɑ:kl
Courier *fr.* kuˈrje
Courmacher ˈku:ɐ̯maxɐ
Courmayeur *fr.* kurmaˈjœ:r
Cournand *fr.* kurˈnã
Cournot *fr.* kurˈno
Couronne d'Or kuˈrɔn ˈdo:ɐ̯
Courouble *fr.* kuˈrubl
Courrèges *fr.* kuˈrɛ:ʒ
Course (Golf) ko:ɐ̯s, kɔrs
[1]**Court** (Tennis) ko:ɐ̯t, kɔrt
[2]**Court** (Name) *fr.* ku:r, *engl.* kɔ:t
Courtage kʊrˈta:ʒə
Courtauld *engl.* ˈkɔ:toʊ[ld]
Courtelary *fr.* kurtəlaˈri
Courteline *fr.* kurtəˈlin
Courtenay *fr.* kurtəˈnɛ
Courtens *niederl.* ˈku:rtəns
Courths-Mahler ˈkʊrt͡sˈma:lɐ
Courtier kʊrˈti̯e:, *fr.* kurˈtje
Courtois *fr.* kurˈtwa
Courtoisie kʊrto̯aˈzi:, **-n** ...i:ən
Courtrai *fr.* kurˈtrɛ
Courvoisier kʊrvo̯aˈzi̯e:, *fr.* kurvwaˈzje
Couscous ˈkʊskʊs
[1]**Cousin** (Vetter) kuˈzɛ̃:
[2]**Cousin** (Name) *fr.* kuˈzɛ̃
Cousine kuˈzi:nə
Cousinet *fr.* kuziˈnɛ
Cousins *engl.* kʌznz
Coussemaker *fr.* kusmaˈkɛ:r
Cousser *fr.* kuˈsɛ:r
Cousteau *fr.* kusˈto
Coustou *fr.* kusˈtu
Coutances *fr.* kuˈtã:s
Coutinho *port.* koˈtiɲu
Coutiño *span.* kou̯ˈtiɲo
Couturat *fr.* kutyˈra
Couture kuˈty:ɐ̯
Couturier kutyˈri̯e:
Couvade kuˈva:də
Couve *fr.* ku:v
Couven *fr.* kuˈvɛ̃
Couvert kuˈve:ɐ̯, ...ˈvɛ:ɐ̯, *auch:* ...ˈvɛrt
Couveuse kuˈvø:zə
Couzijn *niederl.* kuˈzɛi̯n
Covadonga *span.* koβaˈðɔŋga
Covarrubias *span.* koβaˈrruβi̯as
Covasna *rumän.* koˈvasna
Cove *engl.* koʊv
Covent-Garden *engl.* ˈkɔvəntˈgɑ:dn
Coventry *engl.* ˈkɔvəntrɪ
Cover ˈkavɐ
Coverdale *engl.* ˈkʌvədeɪl
covern ˈkavɐn, **covre** ˈkavrə
Cover-up kavɐˈlap, ˈ–––
Coverversion ˈkavɐvø:ɐ̯ʃn̩, ...vœrʃn̩
Covilhã[o] *port.* kuviˈʎɐ̃[u̯]
Covina *engl.* kəˈvi:nə
Covington *engl.* ˈkʌvɪŋtən
Coward *engl.* ˈkaʊəd
Cowboy ˈkaubɔy
Cowell *engl.* ˈkaʊəl
Cowen *engl.* ˈkaʊɪn, ˈkoʊɪn
Cowes *engl.* kaʊz
Cowley *engl.* ˈkaʊlɪ
[1]**Cowper** (Erhitzer) ˈkaupɐ
[2]**Cowper** (Name) *engl.* ˈkaʊpə, ˈku:pə
Cowra *engl.* ˈkaʊrə
Cox *engl.* kɔks

Cọxa ˈkɔksa, **...xae** ...ksɛ
Coxalgi̱a kɔksalˈgiːa
Cọx[c]ie *niederl.* ˈkɔksi
Coxi̱tis kɔˈksiːtɪs, **Coxiti̱den** kɔksiˈtiːdn̩
Cọx' Orange ˈkɔks|oˌrãːʒə, *auch:* ...raŋʒə
Coxsackie *engl.* kʊkˈsækɪ
Coyoacán *span.* kojoaˈkan
Coyo̱te koˈjoːtə
Coypẹl *fr.* kwaˈpɛl
Coyzevọx *fr.* kwazˈvɔks
Cozumẹl *span.* koθuˈmɛl
Cozy *engl.* ˈkoʊzɪ
Cozza̱ni *it.* kotˈtsaːni
Coz[z]ens *engl.* kʌznz
ČR tʃeːˈ|ɛr
Crabb[e] *engl.* kræb
Crabmeat ˈkrɛpmiːt
Cra̱cau ˈkraːka͜u
Crack krɛk
cracken ˈkrɛkn̩
Cracker ˈkrɛkɐ
Cracoviẹnne krakoˈvi̯ɛn
Cra̱cow ˈkraːko
Craddock *engl.* ˈkrædək
Craesbee[c]k *niederl.* ˈkraːzbeːk
Cra̱ft[s] *engl.* krɑːft[s]
Craig[ie] *engl.* ˈkreɪg[ɪ]
Cra̱ilsheim ˈkra͜ilsha͜im
Cra̱inic *rumän.* ˈkrai̯nik
Craiọva *rumän.* kraˈi̯ova
Cra̱mer ˈkraːmɐ
Cramlington *engl.* ˈkræmlɪŋtən
Crạmm kram
Crampton *engl.* ˈkræm[p]tən
Crạmpus ˈkrampʊs, **...pi** ...pi
Cra̱nach ˈkraːnax
Cranbrook *engl.* ˈkrænbrʊk
Crane *engl.* kreɪn
Cranford *engl.* ˈkrænfəd
Cranko *engl.* ˈkræŋkoʊ
Cranmer *engl.* krænmə
Crans *fr.* krã
Cranston *engl.* ˈkrænstən
Crạnz kran͜ts
Crapa̱rt *fr.* kraˈpaːr
Craquelé krakəˈleː
Craquelure krakəˈlyːrə
Crash krɛʃ
Crashaw *engl.* ˈkræʃɔː
Crạsna *rumän.* ˈkrasna
Crạss kras
crạssus, C... ˈkrasʊs
Crater Lake *engl.* ˈkreɪtə ˈleɪk
Cra̱ti *it.* ˈkraːti
Cra̱to ˈkraːto
Crau *fr.* kro
Craûn kra͜un
Crawford *engl.* ˈkrɔːfəd
Crawfordsville *engl.* ˈkrɔːfədzvɪl
Crawl kra͜ul, *auch:* kroːl
Crawley *engl.* ˈkrɔːlɪ
Crạxi *it.* ˈkraksi
Cra̱yer *niederl.* ˈkraːi̯ər
Crayon krɛˈjõː
Crazy Horse *engl.* ˈkreɪzɪˌhɔːs
Cream kriːm
Creạngă *rumän.* ˈkre̯aŋgə
Cre̱as ˈkreːas
Création, -s kreaˈsi̯õː
Crébillon *fr.* krebiˈjõ
Crecquillon *fr.* krekiˈjõ
Crécy *fr.* kreˈsi
Credé kreˈdeː
Cre̱di *it.* ˈkreːdi
cre̱do, qui̱a absụrdum [ẹst] ˈkreːdo ˈkviːa apˈzʊrdʊm [ˈɛst]
cre̱do, ụt intẹlligam ˈkreːdo ˈʊt ɪnˈtɛligam
Cre̱do ˈkreːdo
Cree[k] *engl.* kriː[k]
Creeley *engl.* ˈkriːlɪ
Cre̱glingen ˈkreːglɪŋən
Creịl *fr.* krɛj
Crei̱zenach ˈkra͜it͜sənax
Crẹll[e] ˈkrɛl[ə]
Crẹma *it.* ˈkrɛːma
Crémant kreˈmãː
Crémazie *fr.* kremaˈzi
creme, C... kreːm, *auch:* krɛːm
Crème de la Crème ˈkrɛːm də la ˈkrɛːm
Crème double, -s -s ˈkrɛːm ˈduːbl̩
Crème fraîche, -s -s ˈkrɛːm ˈfrɛʃ
cremen ˈkreːmən, *auch:* ˈkrɛːmən
Cre̱mer ˈkreːmɐ, *engl.* ˈkriːmə
Cre̱mera *it.* ˈkrɛːmera
Crémieux *fr.* kreˈmjø
Cremo̱na *it.* kreˈmoːna
Cre̱mor Tạrtari ˈkreːmoːɐ̯ ˈtartari
Crẹnne *fr.* krɛn
Creo̱le kreˈoːlə
Crêpe krɛp
Crêpe de Chi̱ne, -s - - ˈkrɛp də ˈʃiːn
Crêpe Georgẹtte, -s - ˈkrɛp ʒɔrˈʒɛt
Crêpe lava̱ble, -s -s ˈkrɛp laˈvaːbl̩
Crepeli̱ne krɛpəˈliːn
Crêpe marocain, -s -s ˈkrɛp maroˈkɛ̃ː
Crêpe Satin, -s - ˈkrɛp zaˈtɛ̃ː
Crêpe Suzẹtte, -s - ˈkrɛp zyˈzɛt
Crepon kreˈpõː
Crepuscola̱ri *it.* krepuskoˈlaːri
Crépy *fr.* kreˈpi
Créquị, ...uy *fr.* kreˈki
Crẹs *serbokr.* tsrɛs
Crẹscas ˈkrɛskas
crescẹndo krɛˈʃɛndo
Crescẹndo krɛˈʃɛndo, **...di** ...di
Crescẹntia krɛsˈt͜sɛnt͜si̯a
Crescẹntius krɛsˈt͜sɛnt͜si̯ʊs
Crescẹnzo *it.* krɛʃˈʃɛntso
Crescimbe̱ni *it.* krɛʃʃimˈbɛːni
Crẹspi *it.* ˈkrespi
Crespin *fr.* krɛsˈpɛ̃
Crespi̱no *it.* kresˈpiːno
Crẹspo *span.* ˈkrespo
Cressent *fr.* krɛˈsã
Crẹssida ˈkrɛsida
Cresson *fr.* krɛˈsõ
Crẹstwood *engl.* ˈkrɛstwʊd
Crêt de la Neige *fr.* krɛdlaˈnɛːʒ
Créteịl *fr.* kreˈtɛj
Cre̱ticus ˈkreːtikʊs
Crétin *fr.* kreˈtɛ̃
Cretọnne kreˈtɔn
Creuse *fr.* krøːz
Creusọt *fr.* krøˈzo
Creu̱ßen ˈkrɔysn̩
Creu̱tz krɔyt͜s, *schwed.* krɔi̯ts
Creutzwa̱ld *fr.* krøtsˈvald
Creu̱zberg ˈkrɔyt͜sbɛrk
Creu̱zburg ˈkrɔyt͜sbʊrk
Creuzé de Lesse̱r *fr.* krøzedlɛˈsɛːr
Creu̱zer ˈkrɔyt͜sɐ
Crèvecœur *fr.* krɛvˈkœːr, *engl.* krɛvˈkəː
Creve Coeur *engl.* ˈkriːv ˈkʊə
Crevẹl *fr.* krəˈvɛl
Crevẹtte kreˈvɛtə
Crew kruː
Crewe *engl.* kruː
Crịbbage ˈkrɪbɪtʃ
Crichton *engl.* kraɪtn
Criciúma *bras.* kriˈsi̯uma
Crick *engl.* krɪk
Crikvẹnica *serbokr.* tsrikˌvɛnitsa
Crime kra͜im
Crịmmitschau ˈkrɪmɪt͜ʃa͜u
Cri̱nis ˈkriːnɪs, **...nes** ...neːs
Criollịsmo kriɔlˈjɪsmo
Criọllo kriˈɔljo
Crịppa *it.* ˈkrippa
Crịpps *engl.* krɪps

Criș *rumän.* kriʃ

Crișạn[a] *rumän.* kriˈʃan[a]

Crịsby *engl.* ˈkrɪzbɪ

Crịspi *it.* ˈkrispi

Crispi̱en ˈkrɪspiːn, -ˈ-

Crispi̱n krɪsˈpiːn, *fr.* krisˈpɛ̃

Crispina̱den krɪspiˈnaːdn̩

Crispi̱nus krɪsˈpiːnʊs

Crịsta ˈkrɪsta, **...stae** ...stɛ

Cristịnos *span.* krisˈtinos

Cristobal *engl.* krɪsˈtoʊbəl

Cristóbal *span.* krisˈtoβal

Cristobali̱t krɪstobaˈliːt

Cristo̱fori *it.* krisˈtɔːfori

Cristo̱foro *it.* krisˈtɔːforo

Crịșul Ạlb *rumän.* ˈkriʃul ˈalb

Crịșul Nẹgru *rumän.* ˈkriʃul ˈnegru

Crivẹlli *it.* kriˈvɛlli

Cri̱vitz ˈkriːvɪts

Crkvice *serbokr.* ˌtsr̩kvitsɛ

Crna Gọra *serbokr.* ˈtsr̩ːnaː ˌgɔra

Crnjạnski *serbokr.* tsr̩ˌnjanskiː

Cro̱ce *it.* ˈkroːtʃe

Crọcker *engl.* ˈkrɔkə

Crọckett *engl.* ˈkrɔkɪt

Crọfter ˈkrɔftɐ

Crọfts *engl.* krɔfts

Croisé kro̯aˈzeː

croisi̱ert kro̯aˈziːɐ̯t

Croissant kro̯aˈsãː

Croissẹt *fr.* krwaˈsɛ

Croix *fr.* krwa

Croker *engl.* ˈkroʊkə

Cromagnon... kromanˈjõː...

Cro-Magnon *fr.* kromaˈɲõ

Cromarga̱n® kromarˈgaːn

Crọmarty *engl.* ˈkrɔmətɪ

Crome[r] *engl.* ˈkroʊm[ə]

Crọmlech ˈkrɔmlɛç, ...lɛk

Crommelynck *fr.* krɔmˈlɛ̃ːk

Crompton *engl.* ˈkrʌm[p]tən

Crọmwell *engl.* ˈkrɔmwəl

Cro̱naca *it.* ˈkrɔːnaka

Cro̱nberg ˈkroːnbɛrk

Cro̱negk ˈkroːnɛk

Cronin *engl.* ˈkroʊnɪn

Cronje̱ *afr.* krɔnˈjeː

Crooked Islands *engl.* ˈkrʊkɪd ˈaɪləndz

Crookes *engl.* krʊks

Crooner ˈkruːnɐ

Crọpsey *engl.* ˈkrɔpsɪ

Croquet ˈkrɔkɛt, ...kət, kroˈkɛt

Croquẹtte kroˈkɛt[ə], **-n** ...tn̩

Croqui̱s kroˈkiː, **des -** ...iː[s], **die -** ...iːs

Crọs *fr.* kro

Crosa̱to *it.* kroˈzaːto

Crọsby *engl.* ˈkrɔzbɪ

crọss, C... krɔs

Cross-Country krɔsˈkantri, ˈ---

Crọsse, La *engl.* ləˈkrɔs

Crọssen ˈkrɔsn̩

Crọssing-o̱ver ˈkrɔsɪŋˈ|oːvɐ

Crọssman *engl.* ˈkrɔsmən

Cross-over krɔsˈ|oːvɐ, ˈ---

Crọssrate ˈkrɔsreːt

Crọsstrainer ˈkrɔstrɛːnɐ, ...treː...

Croto̱ne *it.* kroˈtoːne

Cro̱tus Rubia̱nus ˈkroːtʊs ruˈbi̯aːnʊs

Croupa̱de kruˈpaːdə

Croupie̱r kruˈpi̯eː

Croupon kruˈpõː

crouponie̱ren krupoˈniːrən

Croûton kruˈtõː

Crọwe[ll] *engl.* ˈkroʊ[əl]

Crọwfoot *engl.* ˈkroʊfʊt

Crowley *engl.* ˈkroʊlɪ, ˈkraʊlɪ

Crown *engl.* kraʊn

Croy krɔy̯

Crọydon *engl.* krɔɪdn

Crozẹt *fr.* kroˈzɛ

Crozon *fr.* kroˈzõ

Cru kryː

Cruces vgl. Crux

Crụces *span.* ˈkruθes

Cruci̱ferae kruˈtsiːfɛrɛ

Crụciger ˈkruːtsigɐ

Crude̱li *it.* kruˈdɛːli

Cru̱dum ˈkruːdʊm

Crü̱ger ˈkryːgɐ

Cruikshank *engl.* ˈkrʊkʃæŋk

Cruise *engl.* kruːz

Cruise-Missile ˈkruːsˈmɪsa͜il

Cruising ˈkruːzɪŋ

Crumb *engl.* krʌm

Crumblage ˈkramblɪtʃ

Cru̱s kruːs, **Cru̱ra** ˈkruːra

Crụsca *it.* ˈkruska

Crusenstolpe *schwed.* ˌkrʉːsənstɔlpə

Crush... ˈkraʃ...

Cru̱sius ˈkruːzi̯ʊs

Cru̱soe ˈkruːzo, *engl.* ˈkruːsoʊ, ...zoʊ

Crụsta ˈkrʊsta, **...tae** ...tɛ

Crutzen *niederl.* ˈkrʏtsə

Cruveilhie̱r *fr.* kryvɛˈje

Crux krʊks, **Cru̱ces** ˈkruːtseːs

crụx intẹrpretum ˈkrʊks ɪnˈtɛrpretʊm

Cruz *span.* kruθ, *port.* kruʃ, *bras.* krus, *engl.* kruːz

Cruz Ạlta *port.* kruˈzaltɐ, *bras.* ...ta

Cruzeiro kruˈzeːro, *bras.* kruˈzei̯ru

Crwth *dt.-engl.* kruːθ

Cryo̱tron ˈkryːotroːn

Crystal Cịty *engl.* ˈkrɪstl ˈsɪtɪ

Csákány *ung.* ˈtʃaːkaːnj

Csák[y] *ung.* ˈtʃaːk[i]

Csárda ˈtʃarda, *ung.* ˈtʃaːrdɔ

Csárdás ˈtʃardas, *ung.* ˈtʃaːrdaːʃ

Csárdásfürstin ˈtʃardasfʏrstɪn

Csẹnger[y] *ung.* ˈtʃɛŋgɛr[i]

Csẹpel[i] *ung.* ˈtʃɛpɛl[i]

Csẹpelsziget *ung.* ˈtʃɛpɛlsigɛt

Csẹrhát[i] *ung.* ˈtʃɛrhaːt[i]

Csẹrmák *ung.* ˈtʃɛrmaːk

Csẹzmiczey *ung.* ˈtʃɛzmitsɛi

Csi̱kós ˈtʃiːkoːʃ

Csịky *ung.* ˈtʃiki

Csọkor ˈtʃɔkoːɐ̯

Csọma *ung.* ˈtʃomɔ

Csọngrád *ung.* ˈtʃoŋgraːd

Csọntváry *ung.* ˈtʃontvaːri

Csoóri *ung.* ˈtʃoːri

ČSR tʃeː|ɛsˈ|ɛr

ČSSR tʃeː|ɛs|ɛsˈ|ɛr

CSU tseː|ɛsˈ|uː

Csụrka *ung.* ˈtʃurkɔ

ČTK tʃeːteːˈkaː

Cuạdra *span.* ˈku̯aðra

Cuanza *port.* ˈku̯ɐ̃zɐ

Cuauhtémoc *span.* ku̯au̯ˈtemɔk

Cuạutla *span.* ˈku̯au̯tla

Cu̱ba ˈkuːba, *span.* ˈkuβa, *port.* ˈkuβɐ

Cubani̱t kubaˈniːt

Cuban Music ˈkjuːbn̩ ˈmjuːzɪk

Cubatão *bras.* kubaˈtɐ̃u̯

Cu̱be ˈkuːbə

Cubi̱culum kuˈbiːkulʊm, **...la** ...la

Cu̱bitus ˈkuːbitʊs, **...ti** ...ti

Čubrạnović *serbokr.* tʃuˌbranɔvitɕ

Cucarạcha *span.* kukaˈratʃa

Cụcchi *it.* ˈkukki

Cúchụlainn *engl.* kuːˈkʊlɪn

Cucụrbita kuˈkʊrbita, **...tae** ...tɛ

Cúcuta *span.* ˈkukuta

Cucutẹni *rumän.* kukuˈtenj

Cudahy *engl.* ˈkʌdəhɪ

Cudworth *engl.* ˈkʌdwə[ː]θ

Cue kjuː

Cuéllar *span.* ˈku̯eʎar

Cuẹnca *span.* ˈku̯eŋka

C

Cuernavaca *span.* ku̯ɛrnaˈβaka
Cues ku:s
Cuesmes *fr.* kɥɛm
[1]**Cueva** (Tanz) ˈku̯e:va
[2]**Cueva** (Name) *span.* ˈku̯eβa
Cuevas *span.* ˈku̯eβas, *fr.* kɥeˈva:s
Cugir *rumän.* kuˈdʒir
Cui *russ.* kjuˈi
Cuiabá *bras.* kui̯aˈba
cui bono ˈku:i ˈbo:no
Cuicuilco *span.* ku̯iˈku̯ilko
Cuite... kyˈi:t...
Cuitláhuac *span.* ku̯itˈlau̯ak
cuius regio, eius religio ˈku:jʊs ˈre:gi̯o ˈe:jʊs reˈli:gi̯o
Cujacius kuˈja:t͡si̯ʊs
Cujas *fr.* kyˈʒɑ:s
Cukor *engl.* ˈku:kə
Çukurova *türk.* tʃuˈkurɔˌvɑ
Cul de Paris, Culs - - ˈky: də paˈri:
Culdoskop kʊldoˈsko:p
Culebra *engl.* ku:ˈlɛbrə, *span.* kuˈleβra
Culemborg *niederl.* ˈkyləmbɔrx
Culemeyer ˈku:ləmai̯ɐ
Culham *engl.* ˈkʌləm
Culiacán *span.* kuli̯aˈkan
Cullberg *schwed.* ˌkʊlbærj
Cullen *engl.* ˈkʌlɪn
Cullinan *engl.* ˈkʌlɪnən
Cullman *engl.* ˈkʌlmən
Cullmann ˈkʊlman
Culloden *engl.* kəˈlɔdn
Cully *fr.* kyˈji
Culm kʊlm
Culmann ˈku:lman
Culmsee ˈkʊlmze:
Culotte kyˈlɔt, **-n** ...tn̩
Culpa ˈkʊlpa
Culteranist kʊlteraˈnɪst
Cultismo kʊlˈtɪsmo
Cultural Lag ˈkalt͡ʃərəl ˈlɛk
Culver *engl.* ˈkʌlvə
Cumä, Cumae ˈku:mɛ
Cumaná *span.* kumaˈna
Cumarin kumaˈri:n
Cumaron kumaˈro:n
Cumberland *engl.* ˈkʌmbələnd
Cumbernauld *engl.* ˈkʌmbənɔ:ld
Cumbria ˈkʊmbria
Cumbrian *engl.* ˈkʌmbrɪən
cum grano salis kʊm ˈgra:no ˈza:lɪs
Cumhuriyet *türk.* dʒumhu:riˈjɛt
cum infamia kʊm ɪnˈfa:mi̯a
cum laude kʊm ˈlau̯də
Cumming[s] *engl.* ˈkʌmɪŋ[z]
Cumont *fr.* kyˈmõ
cum tempore kʊm ˈtɛmpore
Cumulonimbus kumuloˈnɪmbʊs
Cunard *engl.* kju:ˈnɑ:d, ˈ––
Cunctator kʊŋkˈta:to:ɐ̯, **-en** ...taˈto:rən
Cundinamarca *span.* kundinaˈmarka
Cundrie kʊnˈdri:ə
Cundwiramurs kʊnˈdvi:ramʊrs
Cunene *port.* kuˈnenə
Cuneo *it.* ˈku:neo
Cunha *port.* ˈkuɲɐ, *bras.* ˈkuɲa
Cunhal *port.* kuˈɲal
Cunnilingus kʊniˈlɪŋgʊs
Cunningham[e] *engl.* ˈkʌnɪŋəm
Cuno[w] ˈku:no
Cunqueiro *span.* kuŋˈkɛi̯ro
Cup kap
Cupal kuˈpa:l
Cupar *engl.* ˈku:pə
Cupido kuˈpi:do, *auch:* ˈku:pido
Cuppa ˈkʊpa, **...ae** ˈkʊpɛ
Cupralon® kupraˈlo:n
Cuprama® kuˈpra:ma
Cuprein kupreˈi:n
Cupresa® kuˈpre:za
Ćuprija *serbokr.* ˌtɕuprija
Cupro ˈku:pro
Cuprum ˈku:prʊm
Cupula ˈku:pula, **...lae** ...lɛ
[1]**Curaçao®** (Likör) kyraˈsa:o
[2]**Curaçao** (Name) *niederl.* kyrɑˈsɔu̯
Curan *engl.* ˈkʌrən
Cura posterior ˈku:ra pɔsˈte:ri̯o:ɐ̯
Curare kuˈra:rə
Curarin kuraˈri:n
Curci *it.* ˈkurt͡ʃi
Curcuma ˈkʊrkuma, **...men** kʊrˈku:mən
Curd kʊrt
Cure *fr.* ky:r
Curé kyˈre:
Cureglia *it.* kuˈreʎʎa
Curel *fr.* kyˈrɛl
Curepipe *fr.* kyrˈpip
Cureton *engl.* kjʊətn
Curettage kyrɛˈta:ʒə
Curette kyˈrɛtə
curettieren kyrɛˈti:rən
Curiatier kuˈri̯a:t͡si̯ɐ
Curicó *span.* kuriˈko
[1]**Curie** (Maßeinheit) kyˈri:
[2]**Curie** (Name) *fr.* kyˈri
Curio ˈku:ri̯o
Curitiba *bras.* kuriˈtiba
Curium ˈku:ri̯ʊm
Curius ˈku:ri̯ʊs
Curl *engl.* kə:l
Curler ˈkø:ɐ̯lɐ, ˈkœrlɐ
Curling ˈkø:ɐ̯lɪŋ, ˈkœrlɪŋ
Currency ˈkarənsi
currentis kʊˈrɛntɪs
Curri *alban.* ˈtsurri
curricular kʊrikuˈla:ɐ̯
Curriculum [Vitae] kʊˈri:kulʊm [ˈvi:tɛ]
Currie[r] *engl.* ˈkʌrɪ[ə]
Curros *span.* ˈkurrɔs
Curry ˈkari, ˈkœri
Curschmann ˈkʊrʃman
Cursor ˈkø:ɐ̯zɐ, ˈkœrzɐ
Curt kʊrt
Curtainwall ˈkø:ɐ̯tɪnvɔ:l, ˈkœrt...
Curtea de Argeș *rumän.* ˈkurtea de ˈardʒeʃ
Curti *it.* ˈkurti
Curtin *engl.* ˈkə:tɪn
Curtis *engl.* ˈkə:tɪs, *it.* ˈkurtis
Curtiss *engl.* ˈkə:tɪs
Curtius ˈkʊrt͡si̯ʊs
Curzio *it.* ˈkurtsi̯o
Curzola *it.* ˈkurtsola
Curzon *engl.* kə:zn
Cusa ˈku:za
Cusack *engl.* ˈkju:sæk
Cusanus kuˈza:nʊs
Cusco *span.* ˈkusko
Cushing *engl.* ˈkʊʃɪŋ
Cuspinian[us] kʊspiˈni̯a:n[ʊs]
Custard ˈkastɐt
Custine *fr.* kysˈtin
Custodian kasˈto:di̯ən
Custoza *it.* kusˈtɔddza
Custozza kʊsˈtɔt͡sa
Cut kœt, kat
Cutaway ˈkœtəve, ˈkat...
Cutch *engl.* kʌtʃ
Cuticula kuˈti:kula, **...len** kutiˈku:lən
Cutis ˈku:tɪs
Cutler *engl.* ˈkʌtlə
Cuttack *engl.* kʌˈtæk
cutten ˈkatn̩
Cutter ˈkatɐ
cuttern ˈkatɐn
Cuvée kyˈve:
Cuvier *fr.* kyˈvje
Cuvillier *fr.* kyviˈlje
Cuvilliés kyvɪˈli̯e:, ...viˈje:

Cuxhaven kʊksˈhaːfn̩
Cuyahoga *engl.* kaɪəˈhoʊɡə
Cuyo *span.* ˈkujo
Cuyp[ers] *niederl.* ˈkœi̯p[ərs]
Cuza *rumän.* ˈkuza
Cuzcatlán *span.* kuθkatˈlan
Cuzco *span.* ˈkuθko
Cuzzoni *it.* kutˈtsoːni
Cvetković *serbokr.* ˌtsvɛtkɔvitɕ
Cvijić *serbokr.* ˌtsviːjitɕ
Cvirka *lit.* ˈtsvɪrka
Cvrsnica *serbokr.* ˌtʃvr̩ːsnitsa
Cwmbran *engl.* kʊmˈbrɑːn
Cyan tsy̆aːn
Cyanat tsy̆aˈnaːt
Cybele ˈtsyːbele
Cybersex ˈsai̯bɐzɛks
Cyberspace ˈsai̯bɐspeːs
Cyborg *engl.* ˈsaɪbɔːɡ
Cyclamat tsyklaˈmaːt
Cyclamen tsyˈklaːmən
Cyclisch ˈtsyːklɪʃ
Cyclonium tsyˈkloːni̯ʊm
Cyclops ˈtsyːklɔps, ...**piden** tsykloˈpiːdn̩
Cymbal ˈtsʏmbal
Cymbeline *engl.* ˈsɪmbɪliːn
Cynewulf ˈkyːnəvʊlf, ˈkʏn..., *engl.* ˈkɪnɪwʊlf
Cynthia ˈtsʏnti̯a
Cypern ˈtsyːpɐn
Cyphanthropus tsyˈfantropʊs
Cypress *engl.* ˈsaɪprəs
Cypria ˈtsyːpria
Cyprian[us] tsypriˈaːn[ʊs]
Cyprienne *fr.* sipriˈɛn
Cyrankiewicz *poln.* tsɨraŋˈkjɛvitʃ
Cyrano *fr.* siraˈno
Cyrenaica, Cyrenaika tsyreˈnaːika, *auch:* ...ˈnai̯ka
Cyrene tsyˈreːnə
Cyriac ˈtsyːri̯ak
Cyriacus tsyˈriːakʊs
Cyril *engl.* ˈsɪrɪl
Cyrille *fr.* siˈril
Cyrillisch tsyˈrɪlɪʃ
Cyrill[us] tsyˈrɪl[ʊs]
Cyrus ˈtsyːrʊs
Cysarz ˈtsʏzarts
Cysat ˈtsiːzat
Cythera tsyˈteːra
Cythere tsyˈteːrə
Cytherea tsyteˈreːa
Cytobion® tsytoˈbi̯oːn
Czachórski *poln.* tʃaˈxurski
Czącki *poln.* ˈtʃatski
Czajkowski *poln.* tʃajˈkɔfski
Czaki ˈtʃaki
Czarnowanz ˈtʃarnovants
Czartoryscy *poln.* tʃartɔˈrɨstsɨ
Czartoryski *poln.* tʃartɔˈrɨski
Czech tʃɛç
Czechowicz *poln.* tʃɛˈxɔvitʃ
Czekanowski *poln.* tʃɛkaˈnɔfski
Czeladź *poln.* ˈtʃɛlatɕ
Czenstochau ˈtʃɛnstɔxau̯
Czepko ˈtʃɛpko
Czermak ˈtʃɛrmak
Czernin ˈtʃɛrniːn, –ˈ–
Czernowitz ˈtʃɛrnovɪts
Czerny ˈtʃɛrni, *poln.* ˈtʃɛrnɨ
Czersk *poln.* tʃɛrsk
Czerski ˈtʃɛrski
Czerwenka tʃɛrˈvɛŋka, ˈ–––
Częstochowa *poln.* tʃɛ̃stɔˈxɔva
Czeszko *poln.* ˈtʃɛʃkɔ
Czibulka ˈtʃiːbʊlka, tʃiˈbʊlka
Cziffra *ung.* ˈtsifrɔ
Czinner ˈtsɪnɐ
Czóbel *ung.* ˈtsoːbɛl
Czochralski... tʃɔxˈralski...
Czolbe ˈtʃɔlbə
Czuber ˈtsuːbɐ
Czuczor *ung.* ˈtsutsor
Czyżewski *poln.* tʃɨˈʒɛfski

D *d*

d, D deː, *engl.* diː, *fr., span.* de, *it.* di
δ, Δ ˈdɛlta
da daː
DAAD deː|aː|aːˈdeː
dabehalten ˈdaːbəhaltn̩
dabei daˈbai̯, *hinweisend* ˈdaːbai̯
D'Abernon *engl.* ˈdæbənən
Dabit *fr.* daˈbi
Dabola *fr.* dabɔˈla
Dąbrowa Górnicza *poln.* dɔmˈbrɔva gurˈnitʃa
Dąbrowska *poln.* dɔmˈbrɔfska
Dąbrowski *poln.* dɔmˈbrɔfski
Dacapo daˈkaːpo
da capo da ˈkaːpo
Dacca ˈdaka, *engl.* ˈdækə
d'accord daˈkoːɐ̯
Dach dax, **Dächer** ˈdɛçɐ
Dachau ˈdaxau̯
dachen ˈdaxn̩
Dachla ˈdaːxla
Dachs daks
Dächschen ˈdɛksçən
Dachsel ˈdaksl̩
Dächsel ˈdɛksl̩
dachsen ˈdaksn̩
Dächsin ˈdɛksɪn
Dachstein ˈdaxʃtai̯n
dachte ˈdaxtə
dächte ˈdɛçtə
Dachtel ˈdaxtl̩
Dacier *fr.* daˈsje
Dackel ˈdakl̩
Dacko *fr.* daˈko
Da Costa *niederl.* daˈkɔsta
Dacqué daˈkeː
Dacron® ˈdaːkrɔn, daˈkroːn
Dad dɛt
Dada ˈdada
Dadaismus dadaˈɪsmʊs
Dadaist dadaˈɪst
Dädaleum dɛdaˈleːʊm, ...**leen** ...ˈleːən
dädalisch dɛˈdaːlɪʃ
Dädalus ˈdɛːdalʊs
Daddah *fr.* daˈda
Daddi *it.* ˈdaddi
Daddy ˈdɛdi
Dadelsen ˈdaːdl̩zn̩
Dadier *fr.* daˈdje
dadurch daˈdʊrç, *hinweisend* ˈdaːdʊrç
dadurch, dass ˈdaːdʊrç ˈdas
Daems *niederl.* daːms
Daffinger ˈdafɪŋɐ
Daffke ˈdafkə
Dafni *neugr.* ˈðafni
dafür daˈfyːɐ̯, *hinweisend* ˈdaːfyːɐ̯
dafürhalten, D... daˈfyːɐ̯haltn̩
Dag *schwed.* dɑːɡ
Dagaba ˈdaːɡaba
Dagebüll ˈdaːɡəbʏl
dagegen daˈɡeːɡn̩, *hinweisend* ˈdaːɡeːɡn̩
Dagenham *engl.* ˈdæɡnəm
Dagens Nyheter *schwed.* ˈdɑːɡəns ˌnyːheːtər
Dagermann *schwed.* ˌdɑːɡərman
Dagestan ˈdaːɡɛsta[ː]n, *russ.* dɛɡɪsˈtan
dagestanisch daɡɛsˈtaːnɪʃ
Dagfinn *norw.* ˌdaːɡfin
Daghighi *pers.* dæɣiˈɣiː
Dagincour[t] *fr.* daʒɛ̃ˈkuːr

D

Dagmar 'da[:]kmar, *schwed.* 'dagmar
Dagny 'dagni
Dagö 'da:gø
Dagoba 'da:goba
Dagobert 'da:gobɛrt
Dagomar 'da:gomar
Dagomba da'gɔmba
Dagon da'go:n
Dagover 'da:govɐ
Dagsburg 'da:ksbʊrk
Dagstuhl 'dakʃtu:l
Daguerre *fr.* da'gɛ:r
Daguerreotyp dagɛro'ty:p
Daguerreotypie dagɛroty'pi:
daguerreotypieren dagɛroty-'pi:rən
Dagupan *span.* da'ɣupan
Dahabije daha'bi:jə
daheim, D... da'haim
daher da'he:ɐ̯, *hinweisend* 'da:he:ɐ̯
daher, dass 'da:he:ɐ̯ 'das
daher, weil 'da:he:ɐ̯ 'vail
daherab dahɛ'rap, *hinweisend* 'da:hɛrap
daherkommen da'he:ɐ̯kɔmən
dahier da'hi:ɐ̯
dahin da'hɪn, *hinweisend* 'da:hɪn
dahinab dahɪ'nap, *hinweisend* 'da:hɪnap
dahinauf dahɪ'nauf, *hinweisend* 'da:hɪnauf
dahinaus dahɪ'naus, *hinweisend* 'da:hɪnaus
dahinein dahɪ'nain, *hinweisend* 'da:hɪnain
dahingegen dahɪn'ge:gn̩, *hinweisend* 'da:hɪnge:gn̩
dahingestellt da'hɪngəʃtɛlt
dahinsiechen da'hɪnzi:çn̩
dahinten da'hɪntn̩, *hinweisend* 'da:hɪntn̩
dahinter da'hɪntɐ, *hinweisend* 'da:hɪntɐ
dahinterher dahɪntɐ'he:ɐ̯
dahinunter dahɪ'nʊntɐ, *hinweisend* 'da:hɪnʊntɐ
dahinwärts da'hɪnvɛrts, *hinweisend* 'da:hɪnvɛrts
Dahl *dt., norw.* da:l, *engl., schwed.* dɑ:l
Dahläk *amh.* dahlɛk
Dahlberg *schwed.* ˌdɑ:lbærj
Dähle 'dɛ:lə
Dahle[m] 'da:lə[m]
Dahlen 'da:lən
Dahlgren *schwed.* ˌdɑ:lgre:n
Dahlie 'da:li̯ə
Dahlke 'da:lkə
Dahlmann 'da:lman
Dahlquist *schwed.* ˌdɑ:lkvist
Dahlstierna *schwed.* ˌdɑ:lʃæ:rna
Dahlström 'da:lʃtrø:m
Dahm[e] 'da:m[ə]
Dahmen 'da:mən
Dahn[er] 'da:n[ɐ]
Dahome daho'me:
Dahomeer daho'me:ɐ
dahomeisch daho'me:ɪʃ
Dahomey daho'mɛ:, *fr.* daɔ'mɛ
Dahomeyer daho'mɛ:ɐ
dahomeyisch daho'mɛ:ɪʃ
Dahrendorf 'da:rəndɔrf
Dahschur dax'ʃu:ɐ̯
Dahure da'hu:rə
Daibutsu 'daibʊtsu
Dail Eireann 'da:l 'e:rɪn, *engl.* dɔɪl 'ɛərən
Daily Graphic *engl.* 'deɪlɪ 'græfik
Daily Mirror *engl.* 'deɪlɪ 'mɪrə
Daily Record *engl.* 'deɪlɪ 'rɛkɔ:d
Daily Soap 'de:li 'zo:p
Daimio 'daimi̯o
Daimler 'daimlɐ
DaimlerChrysler® 'daimlɐ-'kraislɐ
Daimonion dai'mo:ni̯ɔn, **...ien** ...i̯ən
Daimyo 'daimi̯o
[1]**Daina** (lett.) 'daina
[2]**Daina** (lit.) dai'na, **Dainos** 'daino:s
Dair As Sur 'daiɐ a'su:ɐ̯
Dairut dai'ru:t
Dairy Belt *engl.* 'dɛərɪ 'bɛlt
Daisne *fr.* dɛn
Daisy 'de:zi, *engl.* 'deɪzɪ
Dajak 'da:jak
Dakapo da'ka:po
Dakar 'dakar, *fr.* da'ka:r
Daker 'da:kɐ
Dakhma 'da:kma
Dakien 'da:ki̯ən
dakisch 'da:kɪʃ
Dakka 'daka
Dakoromane dakoro'ma:nə
Dakoromania dakoro'ma:ni̯a
dakoromanisch dakoro'ma:nɪʃ
Dakota da'ko:ta, *engl.* də-'koʊtə
Đakovica *serbokr.* 'dʑakɔvitsa
Đakovo *serbokr.* 'dʑakɔvɔ
Dakryoadenitis dakryo|ade'ni:tɪs, **...itiden** ...ni'ti:dn̩
Dakryolith dakryo'li:t
Dakryon 'da:kryɔn
Dakryops 'da:kryɔps, **...open** dakry'o:pn̩
Dakryorrhö, ...öe dakryɔ'rø:, **...rrhöen** ...'rø:ən
Dakryozystitis dakryotsʏs-'ti:tɪs, **...itiden** ...ti'ti:dn̩
Daktyle dak'ty:lə
Daktylen vgl. Daktylus
Daktyliomantie daktyli̯o-man'ti:
Daktyliothek daktyli̯o'te:k
daktylisch dak'ty:lɪʃ
Daktylitis dakty'li:tɪs, **...itiden** ...li'ti:dn̩
Daktylo 'daktylo
Daktyloepitrit daktylo|epi'tri:t
Daktylogramm daktylo'gram
Daktylograph daktylo'gra:f
daktylographieren daktylogra-'fi:rən
Daktylogrypose daktylogry-'po:zə
Daktylologie daktylolo'gi:, **-n** ....i:ən
Daktylomegalie daktylome-ga'li:, **-n** ....i:ən
Daktyloskopie daktylosko'pi:, **-n** ....i:ən
Daktylus 'daktylʊs, **...len** dak-'ty:lən
Dal *schwed.* dɑ:l, *russ.* dalj
Daladier *fr.* dala'dje
Dalai-Lama 'da:lai'la:ma
Dalälv *schwed.* ˌdɑ:lɛlv
Daland 'da:lant
Dalarna *schwed.* ˌdɑ:larna
Đa Lat *vietn.* da lat 36
Dalbe 'dalbə
Dalben 'dalbn̩
Dalberg 'da:lbɛrk, *fr.* dal'bɛrg
Dalbergia dal'bɛrgi̯a, **...ien** ...i̯ən
dalberig 'dalbərɪç, **-e** ...ɪgə
dalbern 'dalbɐn, **dalbre** 'dalbrə
D'Albert *fr.* dal'bɛ:r
Dalbono *it.* dal'bɔ:no
dalbrig 'dalbrɪç, **-e** ...ɪgə
Dalby *engl.* 'dɔ:lbɪ
Dalcroze *fr.* dal'kro:z
Dale *engl.* deɪl, *niederl.* 'da:lə, *norw.* ˌda:lə
Däle 'dɛ:lə
Dalekarlien dale'karli̯ən
Dalem *niederl.* 'da:ləm
D'Alema *it.* da'lɛ:ma

D'Alembert *fr.* dalã'bɛ:r
Daleminze dale'mɪntsə
Dalen *niederl.* 'da:lə, *norw.* ˌda:lən
Dalén *schwed.* da'le:n
Dalfinger 'dalfɪŋɐ
Dalgarno *engl.* dæl'gɑ:noʊ
Dalheim 'da:lhaim
Dalhousie *engl.* dæl'haʊzɪ
Dalí *span.* da'li, *kat.* də'li
Dalian *chin.* dalien 42
Dalías *span.* da'lias
Dalibor *tschech.* 'dalibɔr
Dalida *fr.* dali'da
Dalila da'li:la, *fr.* dali'la
Dalimil *tschech.* 'dalimil
Dalin *schwed.* da'li:n
dalisch 'da:lɪʃ
Dalk[auer] 'dalk[auɐ]
Dalkeith *engl.* dæl'ki:θ
dalken 'dalkn̩
dalkert 'dalkɐt
Dall *engl.* dɔ:l
Dall'Abaco *it.* dal'la:bako
Dallapiccola *it.* dalla'pikkola
Dallas *engl.* 'dæləs
Dalleochin daleɔ'xi:n
Dalle[s] 'dalə[s]
dalli! 'dali
Dall'Ongaro *it.* dal'loŋgaro
Dalmacija *serbokr.* ˌdalma:tsija
Dalman 'da[:]lman
Dalmand *ung.* 'dɔlmɔnd
Dalmatien dal'ma:tsiən
Dalmatik dal'ma:tɪk
Dalmatika dal'ma:tika
Dalmatin *slowen.* 'da:lmatin
Dalmatinac *serbokr.* dalma'ti:nats
Dalmatiner dalma'ti:nɐ
dalmatinisch dalma'ti:nɪʃ
dalmatisch dal'ma:tɪʃ
Dalmau *kat.* dəl'mau̯
Dalni *russ.* 'daljnij
Dálnoki *ung.* 'da:lnoki
Daloa *fr.* dalɔ'a
Dalou *fr.* da'lu
Dalriada dal'ria:da
Dalrymple *engl.* dæl'rɪmpl
dal segno dal 'zɛnjo
Dalsgaard *dän.* 'dæl'sgɔ:'ɐ̯
Đalski *serbokr.* 'dʑa:lski:
Dalsland *schwed.* 'dɑ:lsland
Dalton, D'A... *engl.* 'dɔ:ltən
Daltonismus dalto'nɪsmʊs
Daltschew *bulgar.* 'daltʃɛf
Daluege da'ly:gə
Dalwigk 'da:lvɪk
Daly *engl.* 'deɪlɪ
Dam *niederl.* dɑm, *dän.* dam'
Dama 'da:ma
damalig 'da:ma:lɪç, **-e** ...ɪgə
damals 'da:ma:ls
Damanhur daman'hu:ɐ̯
Damão *port.* dɐ'mɐ̃u̯
Damara da'ma:ra, 'da:mara
Damaris 'da:marɪs
Damas 'da:mas, *fr.* da'mɑ:s
Damaschke da'maʃkə
Damaskinos *neugr.* ðamaski'nɔs
Damaskios da'maskiɔs
Damaskus da'maskʊs
Dámaso *span.* 'damaso
Damassé dama'se:
Damassin dama'sɛ̃:
Damast da'mast
damasten da'mastn̩
Damasus 'da:mazʊs
Damaszener damas'tse:nɐ
damaszenisch damas'tse:nɪʃ
Damaszenus damas'tse:nʊs
damaszieren damas'tsi:rən
Damawand *pers.* dæmɑ'vænd
Dambock 'dambɔk
Dambrauskas *lit.* dam'bra:u̯skas
D'Ambray *fr.* dã'brɛ
Dämchen 'dɛ:mçən
[1]**Dame** 'da:mə
[2]**Dame** (Titel) de:m, *engl.* deɪm
Dame blanche *fr.* dam'blã:ʃ
Damebrett 'da:məbrɛt
Dämel 'dɛ:ml̩
dämelich 'dɛ:məlɪç
Damen 'da:mən
Damenweg 'da:mənve:k
Damghan *pers.* dɑm'ɣɑ:n
Damhirsch 'damhɪrʃ
Damian da'mia:n, *auch:* 'da:mia:n
Damiani *it.* da'mia:ni
Damiano *it.* da'mia:no
Damião *port.* dɐ'miɐ̃u̯
Damiette da'miɛt[ə], *fr.* da'mjɛt
Damiri da'mi:ri
Damis 'da:mɪs, *fr.* da'mis
damisch 'da:mɪʃ
damit da'mɪt, *hinweisend* 'da:mɪt, *Konjunktion* da'mɪt
Damjan[ow] *bulgar.* dɐ'mjan[of]
Dämlack 'dɛ:mlak
damledern 'damle:dɐn
dämlich 'dɛ:mlɪç
Damm dam, **Dämme** 'dɛmə
Dammam da'ma:m
Dammar 'damar
Dammarafichte da'ma:rafɪçtə
dämmen 'dɛmən
Damme[n] 'damə[n]
Dämmer 'dɛmɐ
dämm[e]rig 'dɛm[ə]rɪç, **-e** ...ɪgə
dämmern 'dɛmɐn
dammlich 'damlɪç
Damnation de Faust *fr.* dɑnasjõd'fo:st
damnatur dam'na:tʊr
Damno 'damno
Damnum 'damnʊm, **...na** ...na
Damodar *engl.* 'dɑ:moʊdɑ:
Damokles 'da:moklɛs
Damon 'da:mɔn
Dämon 'dɛ:mɔn, **-en** dɛ'mo:nən
dämonenhaft dɛ'mo:nənhaft
Dämonie dɛmo'ni:, **-n** ...i:ən
dämonisch dɛ'mo:nɪʃ
dämonisieren dɛmoni'zi:rən
Dämonismus dɛmo'nɪsmʊs
Dämonium dɛ'mo:niʊm, **...ien** ...iən
Dämonologie dɛmonolo'gi:, **-n** ...i:ən
Dämonomanie dɛmonoma'ni:, **-n** ...i:ən
Dämonopathie dɛmonopa'ti:, **-n** ...i:ən
Damophon 'da:mofɔn
Dampf dampf, **Dämpfe** 'dɛmpfə
dampfen 'dampfn̩
dämpfen 'dɛmpfn̩
Dampfer 'dampfɐ
Dämpfer 'dɛmpfɐ
dämpfig 'dɛmpfɪç, **-e** ...ɪgə
[1]**Dampfschifffahrt** (Dampferverkehr) 'dampfˌʃɪffa:ɐ̯t
[2]**Dampfschifffahrt** (Fahrt mit dem Dampfschiff) 'dampfʃɪfˌfa:ɐ̯t
Dampier *engl.* 'dæmpjə
Dampierre *fr.* dã'pjɛ:r
Damrosch 'damrɔʃ, *engl.* 'dæmrɔʃ
Damüls da'mʏls
Damwild 'damvɪlt
Dan da:n, *dän.* dɛ:'n, *engl.* dæn, *russ.* dan
Dana *engl.* 'deɪnə
danach da'na:x, *hinweisend* 'da:na:x
Danae 'da:nae
Danaer 'da:naɐ
Danaide dana'i:də

D

Da̱nakil ˈdaːnakɪl
Đa Năng *vietn.* da nai̯ŋ 35
Da̱naos ˈdaːnaɔs
Da̱naus ˈdaːnaʊ̯s
Danbury *engl.* ˈdænbərɪ
Danby *engl.* ˈdænbɪ
Dance *engl.* dɑːns
Da̱ncefloor ˈdaːnsfloːɐ̯
Dạncing ˈdaːnsɪŋ
Dạnckelmann ˈdaŋkl̩man
Dancọ *fr.* dɑ̃ˈko
Dancourt *fr.* dɑ̃ˈkuːr
Dạndara ˈdandara
Dandelin *fr.* dɑ̃ˈdlɛ̃
Dandenong *engl.* ˈdændənɔŋ
Dạnderyd *schwed.* ˌdandəryːd
[1]**Dandin** *fr.* dɑ̃ˈdɛ̃
[2]**Dạndin** (ind. Dichter) ˈdandiːn
Dạndliker ˈdɛndlikɐ
Dạndolo *it.* ˈdandolo
Dandong *chin.* dandʊŋ 11
Dandridge *engl.* ˈdændrɪdʒ
Dandrieu *fr.* dɑ̃driˈø
Dandy ˈdɛndi
Dandyịsmus dɛndiˈɪsmʊs
Dane *engl.* deɪn
Dä̱ne ˈdɛːnə
daneben daˈneːbn̩, *hinweisend* ˈdaːneːbn̩
Da̱nebrog ˈdaːnəbroːk
Dạněk *tschech.* ˈdanjɛk
Danelagh *engl.* ˈdeɪnlɔː
Dä̱nemark ˈdɛːnəmark
Dạnew *bulgar.* ˈdanɛf
Da̱newerk ˈdaːnəvɛrk
dạng daŋ
dạnge ˈdɛŋə
Danger *engl.* ˈdeɪndʒə
Dạnhauser ˈdanhaʊ̯zɐ
Dania *engl.* ˈdeɪnɪə
Dạničić *serbokr.* ˌdanitʃitɕ
danie̱den daˈniːdn̩
danie̱der daˈniːdɐ
Da̱niel ˈdaːni̯eːl, *auch:* ...i̯ɛl, *engl.* ˈdænjəl, *fr.* daˈnjɛl, *schwed.* ˌdɑːniɛl, *port., bras.* dɐˈni̯ɛl
Danie̱la daˈni̯eːla
Danie̱le *it.* daˈni̯ɛːle
Daniell *engl.* ˈdænjəl
Daniẹlla daˈni̯ɛla
Danielle *fr.* daˈnjɛl
Daniẹllo daˈni̯ɛlo
Daniélou *fr.* danjeˈlu
Daniels *engl.* ˈdænjəlz
Da̱nielson *schwed.* ˌdɑːniɛlsɔn
Da̱nielsson *isl.* ˈdaːniɛlsɔn
Daniịl *russ.* dɐniˈil
Daniịlowna *russ.* dɐniˈilɐvnɐ
Danijẹl *russ.* dɐniˈjelj
Dä̱niker ˈdɛːnikɐ
Dạnil *serbokr.* ˌdanil
Danịla *russ.* daˈnilɐ
Danilẹwski *russ.* dɐniˈljɛfskij
Danilo *it.* daˈniːlo, *serbokr.* ˌdanilɔ
Danịlow *russ.* daˈnilɐf
Dani̱lowitz daˈniːlovɪts
Danilọwski *poln.* daniˈu̯ɔfski
Daninọs *fr.* daniˈnoːs
Da̱nioth ˈdaːni̯ɔt
dä̱nisch ˈdɛːnɪʃ
danisie̱ren daniˈziːrən
dänisie̱ren dɛniˈziːrən
dạnk, D... daŋk
dạnkbar ˈdaŋkbaːɐ̯
dạnken ˈdaŋkn̩
dạnkenswert ˈdaŋkn̩sveːɐ̯t
Dạnkl ˈdaŋkl̩
Dạnkmar ˈdaŋkmar
Dạnkrad ˈdaŋkraːt
Dạnkward, ...rt ˈdaŋkvart
Danmark *dän.* ˈdænmaɐ̯g
dạnn, D... dan
Dạnnecker ˈdanɛkɐ
Dạnnemora *schwed.* ˌdanəmuːra
dạnnen ˈdanən
Dạnnenberg ˈdanənbɛrk
Dannevirke *engl.* ˈdænvəːk
Dannreuther *engl.* ˈdænrɔɪtə
D'Annụnzio *it.* danˈnuntsi̯o
Danny *engl.* ˈdænɪ
dạnnzumal ˈdantsumaːl
Danse maca̱bre ˈdɑ̃ːs maˈkaːbrə
Dạnszky ˈdanski
Dantan *fr.* dɑ̃ˈtɑ̃
Dạntas *port.* ˈdɐntɐʃ, *bras.* ˈdɐntas
Dạnte Alighie̱ri ˈdantə aliˈgi̯eːri, *it.* ˈdante aliˈgi̯ɛːri
Dạntes ˈdantəs
dantẹsk danˈtɛsk
Dạnti *it.* ˈdanti
dạntisch, D... ˈdantɪʃ
Danton *fr.* dɑ̃ˈtõ
Dạntschow *bulgar.* ˈdantʃof
Dantyszek *poln.* danˈtɨʃɛk
Danu̱bius daˈnuːbi̯ʊs
Danu̱ta daˈnuːta
Danvers *engl.* ˈdænvəz
Danville *engl.* ˈdænvɪl
Dany *fr.* daˈni
Dạnza *it.* ˈdantsa
Dạnzi ˈdantsi
Dạnzig ˈdantsɪç
Dạnziger ˈdantsɪgɐ
Dao ˈdaːo, daʊ̯
Dão *port.* dɐ̃ʊ̯
Dapertụtto dapɛrˈtʊto
Dạphne ˈdafnə, *engl.* ˈdæfnɪ
Dạphnia ˈdafnia, **...ien** ...i̯ən
Dạphnie ˈdafni̯ə
Daphni̱n dafˈniːn
Dạphnis ˈdafnɪs
Da Pọnte daˈpɔntə, *it.* dapˈponte
Daqing *chin.* datɕɪŋ 44
Daquin *fr.* daˈkɛ̃
da̱r daːɐ̯
Dạra (Syrien) ˈdara
Dara̱b *pers.* dɑˈrɑːb
Darabụkka daraˈbʊka
daran daˈran, *hinweisend* ˈdaːran
Dara̱n *pers.* dɑˈrɑːn
darạnsetzen daˈranzɛtsn̩
Darány[i] *ung.* ˈdɔraːnj[i]
Dạrasi ˈdarazi
darauf daˈraʊ̯f, *hinweisend* ˈdaːraʊ̯f
daraufhin daraʊ̯fˈhɪn, *hinweisend* ˈdaːraʊ̯fhɪn
daraus daˈraʊ̯s, *hinweisend* ˈdaːraʊ̯s
dạrben ˈdarbn̩, **dạrb!** darp, **dạrbt** darpt
Da̱rbietung ˈdaːɐ̯biːtʊŋ
Darbịst darˈbɪst
Darbouka darˈbuːka
Darboux *fr.* darˈbu
Darbu̱ka darˈbuːka
Da̱rby *engl.* ˈdɑːbɪ
Darbyst darˈbɪst
Darcẹt *fr.* darˈsɛ
Darcy *fr.* darˈsi
Dardanẹllen dardaˈnɛlən
Dạrdaner ˈdardanɐ
Darda̱nius darˈdaːni̯ʊs
Dạrdanos ˈdardanɔs
Dareikọs daraɪ̯ˈkɔs
darein daˈraɪ̯n, *hinweisend* ˈdaːraɪ̯n
dare̱inreden daˈraɪ̯nreːdn̩
Dare̱ios daˈraɪ̯ɔs
Dar-el-Beïdạ *fr.* darɛlbɛjˈda
Da̱res ˈdaːrɛs
Daressala̱m darɛsaˈlaːm
Darẹt *fr.* daˈrɛ
dạrf darf
Darfu̱r darˈfuːɐ̯
Dạrg dark, **-e** ...gə
Dargi̱ner darˈgiːnɐ
Dargomyschski *russ.* dɐrgaˈmɨʃskij

Dargwa 'dargva
[1]**Dari** (Sorgho) 'da:ri
[2]**Dari** (Sprache) da'ri:
Daria da'ri:a
Darién *span.* da'ri̯en
darin da'rɪn, *hinweisend* 'da:rɪn
darinnen da'rɪnən
Dario *it.* 'da:ri̯o
Darío *span.* da'rio
Darius da'ri:ʊs, *fr.* da'rjys
Darjeeling *engl.* dɑ:'dʒi:lɪŋ
Darjes 'darjəs
Dark dark
Darkehmen dar'ke:mən
Darkhorse 'da:ɐ̯k'ho:ɐ̯s
Darlan *fr.* dar'lã
Darley *engl.* 'dɑ:lɪ
[1]**Darling** (Liebling) 'da:ɐ̯lɪŋ
[2]**Darling** (Name) *engl.* 'dɑ:lɪŋ
Darlington *engl.* 'dɑ:lɪŋtən
Darłowo *poln.* da'ru̯ɔvɔ
Darm darm, **Därme** 'dɛrmə
Därmchen 'dɛrmçən
Darmesteter *fr.* darm[ɛ]ste'tɛ:r
Darmstadt 'darmʃtat
Darmstädter 'darmstɛtɐ
darmstädtisch 'darmʃtɛtɪʃ
Darna 'darna
darnach dar'na:x, *auch:* '--
Darnand *fr.* dar'nã
darneben dar'ne:bn̩
darnieder dar'ni:dɐ
Darnley *engl.* 'dɑ:nlɪ
darob da'rɔp, *hinweisend* 'da:rɔp
Darre 'darə
Darré da're:
Darre Gas *pers.* dær're 'gæz
darren 'darən
D'Arrest da'rɛ:
Darrieux *fr.* da'rjø
Darß dars
Darßer 'darsɐ
Darsteller 'da:ɐ̯ʃtɛlɐ
Dart[ford] *engl.* 'dɑ:t[fəd]
Dartmoor *engl.* 'dɑ:tmɔ:
Dartmouth *engl.* 'dɑ:tməθ
Darts da:ɐ̯ts
Dartun 'da:ɐ̯tu:n
Daru *fr.* da'ry, *engl.* 'dɑ:ru:
darüber da'ry:bɐ, *hinweisend* 'da:ry:bɐ
darum da'rʊm, *hinweisend* 'da:rʊm
darumlegen da'rʊmle:gn̩
darunter da'rʊntɐ, *hinweisend* 'da:rʊntɐ

Darvas *ung.* 'dɔrvɔʃ
Darwen *engl.* 'dɑ:wɪn
Darwin 'darvi:n, *engl.* 'dɑ:wɪn
darwinisch dar'vi:nɪʃ
Darwinismus darvi'nɪsmʊs
Darwinist darvi'nɪst
darwinsch 'darvi:nʃ
Darzau 'dartsau̯
das das
Das *engl., pers.* dɑ:s
Dasai *jap.* 'da,zai
Dasberg 'da:sbɛrk
Daschawa *russ.* da'ʃavɐ
Daschkessan *russ.* dɐʃkɪ'san
Daschkowa *russ.* 'daʃkɐvɐ
Dascht daʃt
Dasein 'da:zai̯n
daselbst da'zɛlpst
Dasent *engl.* 'deɪsənt
Daser 'da:zɐ
Dash dɛʃ
dasig 'da:zɪç, **-e** ...ɪgə
dasitzen 'da:zɪtsn̩
Dasius 'da:zi̯ʊs
dasjenige 'dasje:nɪgə
Daskalow *bulgar.* dɐskɐ'lɔf
Daskyleion dasky'lai̯ɔn
dass das
Dass *norw.* das
Dassault *fr.* da'so
Dassel 'dasl̩
dasselbe das'zɛlbə
Dassin *engl.* 'dæsɪn, dæ'sɪn, *fr.* da'sɛ̃
dastehen 'da:ʃte:ən
Dasymeter dazy'me:tɐ
Dasypodius dazy'po:di̯ʊs
Daszyński *poln.* da'ʃi̯ĩski
DAT (Digitaltonband) dat
Datarie data'ri:
Date de:t
Datei da'tai̯
Daten vgl. Datum
Datex 'da:tɛks
Dathan 'da:tan
Dathen da'te:n
Dathenus da'te:nʊs
datieren da'ti:rən
Dating 'de:tɪŋ
Datis 'da:tɪs
Dativ 'da:ti:f, **-e** ...i:və
dativisch da'ti:vɪʃ
Dativus ethicus da'ti:vʊs 'e:tikʊs, **...vi ...ci** ...vi ...itsi
dato 'da:to
Datolith dato'li:t
Datong *chin.* datʊŋ 42
Datscha 'datʃa
Datsche 'datʃə

Datta *engl.* 'dætə
Dattel[n] 'datl̩[n]
Datterich 'datərɪç
datum 'da:tʊm
Datum 'da:tʊm, **Daten** 'da:tn̩
Datura da'tu:ra
Dau[b] dau̯[p]
Daube 'dau̯bə
Daubel 'dau̯bl̩
Dauberval *fr.* dobɛr'val
daubieren do'bi:rən
Daubigny *fr.* dobi'ɲi
Däubler 'dɔy̯blɐ
Daucher 'dau̯xɐ
Daud, Da-Ud da'u:t
Daudet *fr.* do'dɛ
Dauer 'dau̯ɐ
dauern 'dau̯ɐn
dauernd 'dau̯ɐnt, **-e** ...ndə
Dauerseller 'dau̯ɐzɛlɐ
Daugava *lett.* 'dau̯gava
Daugavpils *lett.* 'dau̯gafpɪls
Dauha, Ad a'dau̯ha
Daulatschah *pers.* dou̯læt'ʃɑ:h
Däumchen 'dɔy̯mçən
Daume[n] 'dau̯mə[n]
Daumer 'dau̯mɐ
Daumier *fr.* do'mje
Däumling 'dɔy̯mlɪŋ
Daumont do'mõ:
Daun dau̯n
da- und dorthin 'da: ʊnt 'dɔrthɪn
Daune 'dau̯nə
Dauner 'dau̯nɐ
Dauphin do'fɛ̃:, *fr.* do'fɛ̃, *engl.* 'dɔ:fɪn
Dauphiné dofi'ne:, *fr.* dofi'ne
Daure da'u:rə
Dau Rud *pers.* 'dou̯ 'ru:d
Daus dau̯s, **Dauses** 'dau̯zəs, **Däuser** 'dɔy̯zɐ
Dausset *fr.* do'sɛ
Daut[he] 'dau̯t[ə]
Dauthendey 'dau̯tn̩dai̯
Dautzenberg *niederl.* 'dɔu̯tsənbɛrx
Dauzat *fr.* do'za
Davanzati *it.* davan'tsa:ti
Davao *span.* da'βao
Dave *engl.* deɪv
Davel *fr.* da'vɛl
Davenant *engl.* 'dævɪnənt
Davenport *engl.* 'dævnpɔ:t
Daventry *engl.* 'dævəntrɪ
Davičo *serbokr.* 'davitʃɔ
David 'da:fɪt, *auch:* 'da:vɪt, *niederl.* 'da:vɪt, *engl.* 'deɪvɪd, *fr.* da'vid, *span.* da'βið

D

D

Davida daˈviːda
Davidis daˈviːdɪs
Davids *engl.* ˈdeɪvɪdz
Davidsohn ˈdaːfɪtzoːn, *auch:* ˈdaːvɪ...
Davidson *engl.* ˈdeɪvɪdsn
Davie[s] *engl.* ˈdeɪvɪ[s]
Davignon *fr.* daviˈɲõ
Davila *it.* ˈdaːvila
Dávila *span.* ˈdaβila
Daviler *fr.* daviˈlɛːr
Davioud *fr.* daˈvju
Davis ˈdeːvɪs, *engl.* ˈdeɪvɪs
Davisianismus davizi̯aˈnɪsmʊs, dev...
Davisson ˈdaːvɪsɔn, *engl.* ˈdeɪvɪsn
Davit ˈdɛvɪt, ˈdeːvɪt
Davitt *engl.* ˈdævɪt
davon daˈfɔn, *hinweisend* ˈdaːfɔn
davonkommen daˈfɔnkɔmən
davor daˈfoːɐ̯, *hinweisend* ˈdaːfoːɐ̯
Davos daˈvoːs, **-er** ...oːzɐ
Davou[s]t *fr.* daˈvu
Davy ˈdeːvi, *engl.* ˈdeɪvɪ
Davysch ˈdeːvɪʃ
dawai daˈvai̯
Dawes *engl.* dɔːz
Dawid *russ.* daˈvit
Dawidenko *russ.* dɐviˈdjɛnkɐ
dawider daˈviːdɐ, *hinweisend* ˈdaːviːdɐ
dawiderreden daˈviːdɐreːdn̩
Dawidowitsch *russ.* daˈvidɐvitʃ
Dawidowna *russ.* daˈvidɐvnɐ
Dawison *poln.* daˈvisɔn
Dawley *engl.* ˈdɔːlɪ
Dawson *engl.* dɔːsn
Dawyd *russ.* daˈvɨt
Dawydow *russ.* daˈvɨdɐf
Dawydowitsch *russ.* daˈvɨdɐvitʃ
Dawydowna *russ.* daˈvɨdɐvnɐ
Dax *fr.* daks
DAX® daks
Day *engl.* deɪ
Dayan *hebr.* daˈjan
Daycruiser ˈdeːkruːzɐ
Dayton *engl.* deɪtn
Daytona Beach *engl.* deɪˈtoʊnə ˈbiːtʃ
Dazien ˈdaːtsi̯ən
Dazier ˈdaːtsi̯ɐ
dazisch ˈdaːtsɪʃ
Dazit daˈtsiːt
dazu daˈtsuː, *hinweisend* ˈdaːtsuː
dazugehörig daˈtsuːɡəhøːrɪç, **-e** ...ɪɡə
dazuhalten daˈtsuːhaltn̩
dazumal ˈdaːtsumaːl
dazwischen daˈtsvɪʃn̩, *hinweisend* ˈdaːtsvɪʃn̩
dazwischenfahren daˈtsvɪʃn̩faːrən
D-Day ˈdiːdeː
DDR deːdeːˈlɛr
DDT® deːdeːˈteː
D-Dur ˈdeːduːɐ̯, *auch:* ˈ-ˈ-
De Aar *afr.* də ˈɑːr
Deacon *engl.* ˈdiːkən
Deadfreight ˈdɛtfreːt
Deadheat ˈdɛthiːt
Deadline ˈdɛtlai̯n
Deadweight ˈdɛtveːt
deaggressivieren de|agrɛsiˈviːrən
Deák *ung.* ˈdɛaːk
Deakin *engl.* ˈdiːkɪn
deaktivieren de|aktiˈviːrən
Deakzentuierung de|aktsɛntuˈiːrʊŋ
Deal diːl
dealen ˈdiːlən
Dealer ˈdiːlɐ
Dealu *rumän.* ˈde̯alu
De Amicis *it.* de aˈmiːtʃis
Dean (Dekan) diːn
Dean[e] *engl.* diːn
Deanna *engl.* dɪˈænə
Dearborn *engl.* ˈdɪəbɔːn
Dearne *engl.* dəːn
Deaspiration de|aspiraˈtsi̯oːn
Déat *fr.* deˈa
Death Valley *engl.* ˈdɛθ ˈvælɪ
Deauville *fr.* doˈvil
Debakel deˈbaːkl̩
Debardage debarˈdaːʒə
Debardeur debarˈdøːɐ̯
debardieren debarˈdiːrən
debarkieren debarˈkiːrən
Debatte deˈbatə
Debatter deˈbatɐ
debattieren debaˈtiːrən
Debauche deˈboːʃ[ə], **-n** ...ʃn̩
debauchieren deboˈʃiːrən
De Beers *engl.* dəˈbɪəz
Debeljanow *bulgar.* dɛbɛˈljanof
Debellation debɛlaˈtsi̯oːn
Debes ˈdeːbəs
Debet ˈdeːbɛt
Dębica *poln.* dɛmˈbitsa
debil deˈbiːl
Debilität debiliˈtɛːt
Debit deˈbiːt, deˈbiː
debitieren debiˈtiːrən
Debitor ˈdeːbitoːɐ̯, **-en** debiˈtoːrən
Dęblin *poln.* ˈdɛmblin
deblockieren deblɔˈkiːrən
Dębno *poln.* ˈdɛmbnɔ
De Boer *niederl.* dəˈbuːr
de Boor deˈboːɐ̯
Debora deˈboːra
Deborah deˈboːra, *engl.* ˈdɛbərə
Deborin *russ.* dɪˈbɔrin
De Bosis it. de ˈbɔːzis
debouchieren debuˈʃiːrən
Debra Markos *amh.* dɛbrɛ markʼos
Debra Tabor *amh.* dɛbrɛ tabor
Debré *fr.* dəˈbre
Debrecen *ung.* ˈdɛbrɛtsɛn
Debreczin ˈdɛbrɛtsiːn
Debre[c]ziner ˈdɛbrɛtsiːnɐ
Debroey *niederl.* dəˈbrui̯
Debrot *niederl.* dəˈbrɔt
Debrunner ˈdeːbrʊnɐ
Debucourt *fr.* dəbyˈkuːr
Debugging diˈbaɡɪŋ
Debunking diˈbaŋkɪŋ
Debussy *fr.* dəbyˈsi
Debüt deˈbyː
Debütant debyˈtant
debütieren debyˈtiːrən
Debye *niederl.* dəˈbɛi̯ə
Decadence dekaˈdãːs
Decamerone *it.* dekameˈroːne
Decamps *fr.* dəˈkã
Dečani *serbokr.* ˈdɛtʃaːni
de Castries *fr.* dəˈkastr
Decatur *engl.* dɪˈkeɪtə
Decay diˈkeː
Decazes *fr.* dəˈkɑːz
Decazeville *fr.* dəkazˈvil
Decca ˈdɛka, *engl.* ˈdɛkə
Deccan *engl.* ˈdɛkən
Decebalus deˈtseːbalʊs
Decembrio *it.* deˈtʃɛmbri̯o
Deception Island *engl.* dɪˈsɛpʃən ˈaɪlənd
Dechanat deçaˈnaːt
Dechanei deçaˈnai̯
Dechant dɛˈçant, *auch:* ˈ--, **-en** dɛˈçantn̩
Dechantei deçanˈtai̯
Decharge deˈʃarʒə
dechargieren deʃarˈʒiːrən
DECHEMA ˈdeːçema
Dechen[d] ˈdɛçn̩[t]
Decher ˈdɛçɐ
Dechet deˈʃeː
dechiffrieren deʃɪˈfriːrən

Dechsel ˈdɛksl̩
Déchy *ung.* ˈdeːtʃi
Decidua deˈtsiːdu̯a, **-e** ...u̯ɛ
Decimomannu *it.* detʃimoˈmannu
Decimus ˈdeːtsimʊs
Děčín *tschech.* ˈdjɛtʃiːn
Děčínské stěny *tschech.* ˈdjɛtʃiːnskɛː ˈstjɛni
deciso deˈtʃiːzo
Decius ˈdeːtsi̯ʊs
Deck[e] ˈdɛk[ə]
Deckel ˈdɛkl̩
deckeln ˈdɛkl̩n
decken ˈdɛkn̩
Decker ˈdɛkɐ, *niederl.* ˈdɛkər
Decoder deˈkoːdɐ
decodieren dekoˈdiːrən
Decoding diˈkoːdɪŋ
Decollage dekɔˈlaːʒə
Decollagist dekɔlaˈʒɪst
Décollement dekɔləˈmãː
Décolleté dekɔlˈteː
Decorated Style ˈdɛkəreːtɪt ˈstai̯l
Decorte *niederl.* dəˈkɔrtə
Découpage dekuˈpaːʒə
decouragieren dekuraˈʒiːrən
decouragiert dekuraˈʒiːɐ̯t
Decourcelle *fr.* dəkurˈsɛl
Decourt deˈkuːɐ̯
Découvert dekuˈveːɐ̯, ...vɛːɐ̯
decrescendo dekrɛˈʃɛndo
Decrescendo dekrɛˈʃɛndo, **...di** ...di
Decroly *fr.* dəkrɔˈli
Decroux *fr.* dəˈkru
Decubitus deˈkuːbitʊs
de dato deː ˈdaːto
Dedeağaç *türk.* ˈdɛdɛɑːˌɑtʃ
Dedecius deˈdeːtsi̯ʊs
Dedekind ˈdeːdəkɪnt
Dederon ˈdeːderɔn
Dedham *engl.* ˈdɛdəm
Dedijer *serbokr.* ˌdedijɛr
Dedikation dedikaˈtsi̯oːn
Dedinac *serbokr.* dɛˈdiːnats
deditieren dediˈtiːrən
dedizieren dediˈtsiːrən
Dedo ˈdeːdo
Dédougou *fr.* deduˈgu
Dedreux *fr.* dəˈdrø
Deduktion dedʊkˈtsi̯oːn
deduktiv dedʊkˈtiːf, **-e** ...iːvə
deduzieren deduˈtsiːrən
Dee *engl.* diː
Deemphasis deˈ|ɛmfazɪs
Deep deːp
Deepfreezer ˈdiːpfriːzɐ
Deeping *engl.* ˈdiːpɪŋ
Deer[e] *engl.* dɪə
Deerfield *engl.* ˈdɪəfiːld
Deern deːɐ̯n
Deesis ˈdeːezɪs, **Deesen** deˈeːzn̩
Deeskalation de|ɛskalaˈtsi̯oːn
deeskalieren de|ɛskaˈliːrən
Deez deːts
DEFA ˈdeːfa
de facto deː ˈfakto
De-facto-... deˈfakto...
Defaitismus defɛˈtɪsmʊs
Defaitist defɛˈtɪst
Defäkation defɛkaˈtsi̯oːn
defäkieren defɛˈkiːrən
De Falla *span.* de ˈfaʎa
Defatigation defatigaˈtsi̯oːn
Defätismus defɛˈtɪsmʊs
Defätist defɛˈtɪst
defäzieren defɛˈtsiːrən
defekt, D... deˈfɛkt
defektiv defɛkˈtiːf, **-e** ...iːvə
Defektivität defɛktiviˈtɛːt
Defektivum defɛkˈtiːvʊm, **...va** ...va
Defektur defɛkˈtuːɐ̯
Defemination defeminaˈtsi̯oːn
Défense musculaire deˈfãːs myskyˈlɛːɐ̯
Defensionale defɛnzi̯oˈnaːlə
defensiv defɛnˈziːf, **-e** ...iːvə
Defensive defɛnˈziːvə
Defensivität defɛnziviˈtɛːt
Defensor deˈfɛnzoːɐ̯, **-en** ...ˈzoːrən
Defensor Fidei deˈfɛnzoːɐ̯ ˈfiːdei
Defereggen ˈdɛfərɛgn̩
Deferentitis deferɛnˈtiːtɪs,
Deferenz defeˈrɛnts
deferieren defeˈriːrən
Deferveszenz defɛrvɛsˈtsɛnts
Defferre *fr.* dəˈfɛːr
Defiance (USA) *engl.* dɪˈfaɪəns
Defibrator defiˈbraːtoːɐ̯, **-en** ...raˈtoːrən
Defibreur defiˈbrøːɐ̯
Defibrillation defibrɪlaˈtsi̯oːn
Defibrillator defibrɪˈlaːtoːɐ̯, **-en** ...laˈtoːrən
defibrinieren defibriˈniːrən
deficiendo defiˈtʃɛndo
Deficitspending ˈdɛfɪsɪtspɛndɪŋ
Defiguration defiguraˈtsi̯oːn
defigurieren defiguˈriːrən
Defilee defiˈleː, **-n** ...eːən
defilieren defiˈliːrən
Definiendum defiˈni̯ɛndʊm, **...da** ...da
Definiens deˈfiːni̯ɛns, **...nientia** defiˈni̯ɛntsi̯a
definieren defiˈniːrən
definit defiˈniːt
Definition definiˈtsi̯oːn
definitiv definiˈtiːf, **-e** ...iːvə
Definitivum definiˈtiːvʊm, **...va** ...va
Definitor defiˈniːtoːɐ̯, **-en** ...niˈtoːrən
definitorisch definiˈtoːrɪʃ
Defixion defɪˈksi̯oːn
defizient, D... defiˈtsi̯ɛnt
Defizit ˈdeːfitsɪt
defizitär defitsiˈtɛːɐ̯
Deflagration deflagraˈtsi̯oːn
Deflagrator deflaˈgraːtoːɐ̯, **-en** ...raˈtoːrən
Deflation deflaˈtsi̯oːn
deflationär deflatsi̯oˈnɛːɐ̯
deflationistisch deflatsi̯oˈnɪstɪʃ
deflatorisch deflaˈtoːrɪʃ
deflektieren deflɛkˈtiːrən
Deflektor deˈflɛktoːɐ̯, **-en** deflɛkˈtoːrən
Deflexion deflɛˈksi̯oːn
Defloration defloraˈtsi̯oːn
deflorieren defloˈriːrən
Defoe dəˈfoː, *engl.* dəˈfoʊ
De Forest *engl.* dəˈfɔrɪst
deform deˈfɔrm
Deformation defɔrmaˈtsi̯oːn
deformieren defɔrˈmiːrən
Deformität defɔrmiˈtɛːt
Defrance *fr.* dəˈfrãːs
Defraudant defrau̯ˈdant
Defraudation defrau̯daˈtsi̯oːn
defraudieren defrau̯ˈdiːrən
Defregger ˈdeːfrɛgɐ
Defresne *fr.* dəˈfrɛn
Defroster deˈfrɔstɐ
deftig ˈdɛftɪç, **-e** ...ɪgə
Degagement degaʒəˈmãː
degagieren degaˈʒiːrən
Degas *fr.* dəˈgɑ
De Geer *schwed.* dəˈjæːr
Degen ˈdeːgn̩
Degenau ˈdeːgənau̯
Degener ˈdeːgənɐ
Degeneration degeneraˈtsi̯oːn
degenerativ degeneraˈtiːf, **-e** ...iːvə
degenerieren degeneˈriːrən
Degenfeld ˈdeːgn̩fɛlt
Degenhard[t] ˈdeːgn̩hart
Degerfors *schwed.* ˌdeːgərfɔrs

Degerloch ˈde:gɐlɔx
Degeyter *fr.* dəʒɛˈtɛ:r, *niederl.* dəˈɣɛi̯tər
Deggendorf ˈdɛgn̩dɔrf
deglacieren deglaˈsi:rən
D'Églantine *fr.* deglãˈtin
Degler ˈde:glɐ
Deglutination deglutinaˈt͜si̯o:n
Deglutition deglutiˈt͜si̯o:n
Degorgement degɔrʒəˈmã:
degorgieren degɔrˈʒi:rən
Degout deˈgu:
degoutant deguˈtant
degoutieren deguˈti:rən
Degradation degradaˈt͜si̯o:n
degradieren degraˈdi:rən
degraissieren degrɛˈsi:rən
Degras deˈgra, **des -** ...a[s]
Degrelle *fr.* dəˈgrɛl
Degression degrɛˈsi̯o:n
degressiv degrɛˈsi:f, **-e** ...i:və
de Gruyter deˈgrɔytɐ
Degtjarsk *russ.* dɪkˈtjarsk
DEGUSSA deˈgʊsa
Degustation degʊstaˈt͜si̯o:n
de gustibus non est disputandum de: ˈgʊstibʊs ˈno:n ˈɛst dɪspuˈtandʊm
degustieren degʊsˈti:rən
Deguy *fr.* dəˈgi
Dehaene *niederl.* dəˈha:nə
De Havilland *engl.* dəˈhævɪlənd
Dehio deˈhi:o
Dehiszenz dehɪsˈt͜sɛnt͜s
Dehler ˈde:lɐ
Dehmel[t] ˈde:ml̩[t]
Dehn[e] ˈde:n[ə]
dehnen ˈde:nən
Dehodencq *fr.* dəɔˈdɛ̃:k
De Hooch *niederl.* dəˈho:x
Dehors deˈo:ɐ̯[s]
Dehra Dun *engl.* ˈdɛərə ˈdu:n
Dehumanisation dehumanizaˈt͜si̯o:n
Dehydrase dehyˈdra:zə
Dehydratation dehydrataˈt͜si̯o:n
Dehydration dehydraˈt͜si̯o:n
dehydratisieren dehydratiˈzi:rən
dehydrieren dehyˈdri:rən
Dehydrogenase dehydrogeˈna:zə
Deianira dejaˈni:ra, dai̯a...
Deibel ˈdai̯bl̩
Deich dai̯ç
deichen ˈdai̯çn̩
Deichsel ˈdai̯ksl̩
deichseln ˈdai̯ksl̩n
Deicke ˈdai̯kə
Deidesheim ˈdai̯dəshai̯m
Deifikation deifikaˈt͜si̯o:n
deifizieren deifiˈt͜si:rən
Deighton *engl.* deɪtn
Dei gratia ˈde:i ˈgra:t͜si̯a
deiktisch ˈdai̯ktɪʃ, *auch:* deˈɪktɪʃ
Deime ˈdai̯mə
Deimling ˈdai̯mlɪŋ
Deimos ˈdai̯mɔs
dein dai̯n
Deineka *russ.* dɪjˈnjɛkɐ
deiner ˈdai̯nɐ
deinerseits ˈdai̯nɐˈzai̯t͜s
deinesgleichen ˈdai̯nəsˈglai̯çn̩
deinesteils ˈdai̯nəsˈtai̯ls
deinethalben ˈdai̯nətˈhalbn̩
deinetwegen ˈdai̯nətˈve:gn̩
deinetwillen ˈdai̯nətˈvɪlən
Deinhardstein ˈdai̯nhartʃtai̯n
deinige ˈdai̯nɪgə
Deinking deˈ|ɪŋkɪŋ
Deinokrates dai̯ˈno:kratɛs
Deiphobus deˈi:fobʊs
Deirdre *engl.* ˈdɪədrɪ
Deismus deˈɪsmʊs
Deiss dai̯s
Deißinger ˈdai̯sɪŋɐ
Deißmann ˈdai̯sman
[1]**Deist** deˈɪst
[2]**Deist** (Name) dai̯st
Deister ˈdai̯stɐ
Deiwel ˈdai̯vl̩
Deixel ˈdai̯ksl̩
Deixis ˈdai̯ksɪs
Dej *rumän.* deʒ
Déjà-vu deʒaˈvy:
Dejbjerg *dän.* ˈdai̯bjɛɐ̯ˀu̯
Dejekt deˈjɛkt
Dejektion dejɛkˈt͜si̯o:n
Dejeuner deʒøˈne:
dejeunieren deʒøˈni:rən
Dejotarus deˈjo:tarʊs
de jure de: ˈju:rə
De-jure-... deˈju:rə...
Deka ˈdɛka
Dekabrist dekaˈbrɪst
Dekade deˈka:də
dekadent dekaˈdɛnt
Dekadenz dekaˈdɛnt͜s
dekadisch deˈka:dɪʃ
Dekaeder dekaˈ|e:dɐ
Dekagramm dekaˈgram, *auch:* ˈdɛk..., ˈde:k...
De Kalb *engl.* dəˈkælb
Dekaliter dekaˈli:tɐ, *auch:* ...ˈlɪtɐ, *auch:* ˈdɛk..., ˈde:k...
Dekalkier... dekalˈki:ɐ̯...
Dekalo deˈka:lo, **...li** ...li
Dekalog dekaˈlo:k, **-es** ...o:gəs
Dekameron deˈka:merɔn
Dekameter dekaˈme:tɐ, *auch:* ˈdɛk..., ˈde:k...
Dekan deˈka:n
Dekanat dekaˈna:t
dekandrisch deˈkandrɪʃ
Dekanei dekaˈnai̯
dekantieren dekanˈti:rən
dekapieren dekaˈpi:rən
Dekapitation dekapitaˈt͜si̯o:n
dekapitieren dekapiˈti:rən
Dekapode dekaˈpo:də
Dekapolis deˈka:polɪs
Dekapsulation dekapsulaˈt͜si̯o:n
dekaptieren dekapˈti:rən
Dekar deˈka:ɐ̯
Dekare deˈka:rə
dekartellieren dekartɛˈli:rən
dekartellisieren dekartɛliˈzi:rən
Dekaster dekaˈste:ɐ̯
Dekasyllabus dekaˈzʏlabʊs, **...bi** ...bi
Dekateur dekaˈtø:ɐ̯
dekatieren dekaˈti:rən
Dekatron ˈde:katro:n
Dekatur dekaˈtu:ɐ̯
Dekelea dekeˈle:a
Dekeleia deˈke:lai̯a
Dekelia *neugr.* ðɛˈkɛlja
Deken *niederl.* ˈde:kə
Dekhan ˈdɛkan
Dekker *engl.* ˈdɛkə, *niederl.* ˈdɛkər
Deklamation deklamaˈt͜si̯o:n
Deklamator deklaˈma:to:ɐ̯, **-en** ...maˈto:rən
Deklamatorik deklamaˈto:rɪk
deklamatorisch deklamaˈto:rɪʃ
deklamieren deklaˈmi:rən
Deklarant deklaˈrant
Deklaration deklaraˈt͜si̯o:n
deklarativ deklaraˈti:f, **-e** ...i:və
deklaratorisch deklaraˈto:rɪʃ
deklarieren deklaˈri:rən
deklassieren deklaˈsi:rən
de Klerk *afr.* dəˈklɛrk
deklinabel dekliˈna:bl̩, **...ble** ...blə
Deklination deklinaˈt͜si̯o:n
Deklinator dekliˈna:to:ɐ̯, **-en** deklinaˈto:rən
Deklinatorium deklinaˈto:ri̯ʊm, **...ien** ...i̯ən
deklinieren dekliˈni:rən

Deklinometer deklino'me:tɐ
dekliv de'kli:f, **-e** ...i:və
Dekobra *fr.* dəkɔ'bra
dekodieren deko'di:rən
Dekokt de'kɔkt
Dekolleté, ...etee dekɔl'te:
dekolletieren dekɔl'ti:rən
Dekolonisation dekoloniza'tsi̯o:n
dekolonisieren dekoloni'zi:rən
dekolorieren dekolo'ri:rən
Dekompensation dekɔmpɛnza'tsi̯o:n
dekomponieren dekɔmpo'ni:rən
Dekomposition dekɔmpozi'tsi̯o:n
dekompositorisch dekɔmpozi'to:rɪʃ
Dekompositum dekɔm'po:zitʊm, **...ta** ...ta
Dekompression dekɔmprɛ'si̯o:n
dekomprimieren dekɔmpri'mi:rən
Dekonditionation dekɔnditsi̯ona'tsi̯o:n
Dekonstruktivismus dekɔnstrʊkti'vɪsmʊs
Dekontamination dekɔntamina'tsi̯o:n
dekontaminieren dekɔntami'ni:rən
Dekonzentration dekɔntsɛntra'tsi̯o:n
dekonzentrieren dekɔntsɛn'tri:rən
De Kooning *engl.* də'ku:nɪŋ
Dekor de'ko:ɐ̯
Dekorateur dekora'tø:ɐ̯
Dekoration dekora'tsi̯o:n
dekorativ dekora'ti:f, **-e** ...i:və
dekorieren deko'ri:rən
Dekorit® deko'ri:t
Dekort de'ko:ɐ̯, *auch:* de'kɔrt
dekortieren dekɔr'ti:rən
Dekorum de'ko:rʊm
Dekostoff 'de:koʃtɔf
DEKRA 'de:kra
Dekrement dekre'mɛnt
dekrepit dekre'pi:t
Dekrepitation dekrepita'tsi̯o:n
dekrepitieren dekrepi'ti:rən
dekrescendo dekrɛ'ʃɛndo, **...di** ...di
Dekreszenz dekrɛs'tsɛnts
Dekret de'kre:t
Dekretale dekre'ta:lə, **...lien** ...li̯ən
Dekretalist dekreta'lɪst
dekretieren dekre'ti:rən
Dekretist dekre'tɪst
dekryptieren dekrʏp'ti:rən
Dekubitus de'ku:bitʊs
Dekumat[en]land deku'ma:t[n̩]lant
dekupieren deku'pi:rən
Dekurie de'ku:ri̯ə
Dekurio de'ku:ri̯o, **-nen** deku'ri̯o:nən
dekussieren dekʊ'si:rən
Dekuvert deku've:ɐ̯, ...vɛ:ɐ̯
dekuvrieren deku'vri:rən
Dela 'de:la
Delaborde *fr.* dəla'bɔrd
Delacroix *fr.* dəla'krwa
Delafield *engl.* 'dɛləfi:ld
De la Force *fr.* dəla'fɔrs
De Lagarde *fr.* dəla'gard
De la Gardie *schwed.* dəla'gardi
Delalande *fr.* dəla'lã:d
De la Mare *engl.* dɛlə'mɛə
Delambre *fr.* də'lã:br
Delamere *engl.* 'dɛləmɪə
Delamination delamina'tsi̯o:n
Delamon 'de:lamɔn
De la Motte-Fouqué də la 'mɔtfu'ke:
Delamuraz *fr.* dəlamy'ra
Deland *England* 'di:lənd, *USA* də'lænd
De Land *engl.* də'lænd
Delan[e]y *engl.* də'leɪnɪ
Delannoy *fr.* dəla'nwa
[1]**Delano** (Vorname, Berg) *engl.* 'dɛlənoʊ
[2]**Delano** (Stadt) *engl.* dɪ'leɪnoʊ
De la Pasture *engl.* də'læpətɪə
Delaquis *fr.* dəla'ki
Delarive *fr.* dəla'ri:v
De la Rive *fr.* dəla'ri:v
Delaroche *fr.* dəla'rɔʃ
De la Roche *fr.* dəla'rɔʃ, *engl.* dɛlə'rɔ:ʃ
Delarue-Mardrus *fr.* dəlarymar'drys
Delat de'la:t
Delation dela'tsi̯o:n
delatorisch dela'to:rɪʃ
Delattre *fr.* də'latr
Delaunay *fr.* dəlo'nɛ
Delavigne *fr.* dəla'viɲ
Delavrancea *rumän.* dela'vrantʃe̯a
[1]**Delaware** (Indianer) dela'va:rə
[2]**Delaware** (Staat in den USA) 'dɛləvɛ:ɐ̯, *engl.* 'dɛləwɛə
De la Warr *engl.* 'dɛləwɛə
Delay *engl.* dɪ'leɪ
Delblanc *schwed.* dɛl'blaŋk
Delbos *fr.* dɛl'bɔs
Delbrück 'dɛlbrʏk
Delcassé *fr.* dɛlka'se
deleatur, D... dele'a:tʊr
Delécluze *fr.* dəle'kly:z
Deledda *it.* de'lɛdda
Delegat dele'ga:t
Delegation delega'tsi̯o:n
Delegatur delega'tu:ɐ̯
de lege ferenda de: 'le:gə fe'rɛnda
de lege lata de: 'le:gə 'la:ta
delegieren dele'gi:rən
delektabel delɛk'ta:bl̩, **...ble** ...blə
delektieren delɛk'ti:rən
Delémont *fr.* dəle'mõ
Delen *niederl.* 'de:lə
Delesse *fr.* də'lɛs
deletär dele'tɛ:ɐ̯
Deletion dele'tsi̯o:n
Delfi *neugr.* ðɛl'fi
Delfin dɛl'fi:n
Delft *niederl.* dɛlft
Delfter 'dɛlftɐ
Delfzijl *niederl.* dɛlf'sɛi̯l
Delgado *span.* dɛl'ɣaðo, *port.* dɛl'gaðu
Delhi 'de:li, *engl.* 'dɛlɪ
Delia 'de:li̯a
Deliberation delibera'tsi̯o:n
Deliberativ... delibera'ti:f...
deliberieren delibe'ri:rən
Delibes *fr.* də'lib, *span.* de'liβes
Delicado *span.* deli'kaðo
Delicias *span.* de'liθi̯as
Delicious dɪ'lɪʃəs
Delicius de'li:tsi̯ʊs
delikat deli'ka:t
Delikatesse delika'tɛsə
Delikt de'lɪkt
Delila[h] de'li:la
Delille *fr.* də'lil
De Lillo *engl.* də'lɪloʊ
Delimitation delimita'tsi̯o:n
delimitieren delimi'ti:rən
delineavit deline'a:vɪt
delinquent, D... delɪŋ'kvɛnt
Delinquenz delɪŋ'kvɛnts
Delios 'de:li̯ɔs
Delir de'li:ɐ̯
delirant deli'rant
delirieren deli'ri:rən

D

deliriös deliˈri̯øːs, **-e** ...øːzə
Delirium deˈliːri̯ʊm, **...ien** ...i̯ən
Delirium tremens deˈliːri̯ʊm ˈtreːmɛns
delisch ˈdeːlɪʃ
Delisle *fr.* dəˈlil
Delitzsch ˈdeːlɪtʃ
Delius ˈdeːli̯ʊs, *engl.* ˈdiːlɪəs
deliziös deliˈt͜si̯øːs, **-e** ...øːzə
Delizius deˈliːt͜si̯ʊs
Delkredere dɛlˈkreːdərə
Dell *engl.* dɛl
Della Casa *it.* ˈdɛlla ˈkaːsa
Della Ciaja *it.* ˈdɛlla ˈtʃaːi̯a
Delle ˈdɛlə, *fr.* dɛl
Deller *engl.* ˈdɛlə
Dellinger ˈdɛlɪŋɐ
Delluc *fr.* dɛˈlyk
Dellys *fr.* dɛˈlis
Delmarva *engl.* dɛlˈmɑːvə
Delmenhorst ˈdɛlmənhɔrst
delogieren deloˈʒiːrən
Delon *fr.* dəˈlõ
Deloney *engl.* dəˈloʊnɪ
De Long *engl.* dəˈlɔŋ
Delorges *fr.* dəˈlɔrʒ
Delorko *serbokr.* dɛˈlɔrkɔ
Delorme *fr.* dəˈlɔrm
Delors *fr.* dəˈlɔːr
Delos ˈdeːlɔs
Delp dɛlp
Delphi ˈdɛlfi
Delphin dɛlˈfiːn
Delphinarium dɛlfiˈnaːri̯ʊm, **...ien** ...i̯ən
Delphinin dɛlfiˈniːn
Delphinologe dɛlfinoˈloːgə
Delphinus dɛlˈfiːnʊs
delphisch ˈdɛlfɪʃ
Delray Beach *engl.* ˈdɛlreɪ ˈbiːtʃ
Del Rio *engl.* dɛlˈriːoʊ
Delsberg ˈdɛlsbɛrk
Delsenbach ˈdɛlzn̩bax
Delta ˈdɛlta, *engl.* ˈdɛltə
Delta Amacuro *span.* ˈdɛlta amaˈkuro
Delteil *fr.* dɛlˈtɛj
Deltgen ˈdɛltgn̩
Deltoid dɛltoˈiːt, **-e** ...iːdə
Deltschew *bulgar.* ˈdɛltʃɛf
Delusion deluˈzi̯oːn
delusorisch deluˈzoːrɪʃ
de Luxe də ˈlʏks
De-Luxe-... dəˈlʏks...
Delvau[x] *fr.* dɛlˈvo
Delville *fr.* dɛlˈvil
Delvincourt *fr.* dɛlvɛ̃ˈkuːr
Delwig *russ.* ˈdjeljvik
Delysid delyˈziːt
dem deːm
Demades deˈmaːdɛs
DEMAG ˈdeːmak
Demagoge demaˈgoːgə
Demagogie demagoˈgiː, **-n** ...iːən
demagogisch demaˈgoːgɪʃ
de Maizière *fr.* dəmɛˈzjɛːr
Demanda *span.* deˈmanda
Demangeon *fr.* dəmɑ̃ˈʒõ
Demant (Diamant) ˈdeːmant, *auch:* deˈmant
demanten deˈmantn̩
Demantius deˈmant͜si̯ʊs
Demantoid demantoˈiːt, **-e** ...iːdə
Demaratos demaˈraːtɔs
Demarch deˈmarç
Demarche deˈmarʃ[ə], **-n** ...ʃn̩
Demarkation demarkaˈt͜si̯oːn
demarkieren demarˈkiːrən
Demarne *fr.* dəˈmarn
Demarteau *fr.* dəmarˈto
demaskieren demasˈkiːrən
Dematerialisation demateri̯alizaˈt͜si̯oːn
Demawend demaˈvɛnt
Dembowski *poln.* dɛmˈbɔfski
Demedts *niederl.* dəˈmɛts
Demelee demeˈleː
Demen vgl. Demos
dementgegen ˈdeːm|ɛntˈgeːgn̩
Dementi deˈmɛnti
Dementia deˈmɛnt͜si̯a, **-e** ...t͜si̯ɛ
Dementia praecox deˈmɛnt͜si̯a ˈprɛːkɔks
Dementia senilis deˈmɛnt͜si̯a zeˈniːlɪs
dementieren demɛnˈtiːrən
dementsprechend ˈdeːm|ɛntˈʃprɛçn̩t, **-e** ...n̩də
Demenz deˈmɛnt͜s
Demerit demeˈriːt
Demer[s] *niederl.* ˈdeːmər[s]
Demerthin ˈdeːmɐtiːn
Demeter deˈmeːtɐ, *serbokr.* ˌdɛmɛtɛr
Demetrias deˈmeːtrias
Demetrio *it.* deˈmɛːtri̯o
Demetrios deˈmeːtriɔs
Demetrius deˈmeːtriʊs
demgegenüber ˈdeːmgeːgn̩ˈlyːbɐ
demgemäß ˈdeːmgəˈmɛːs
Demid *russ.* dɪˈmit
Demidow *russ.* dɪˈmidɐf
Demidowitsch *russ.* dɪˈmidɐvitʃ
Demidowna *russ.* dɪˈmidɐvnɐ
Demijohn ˈdeːmidʒɔn
demilitarisieren demilitariˈziːrən
De Mille *engl.* dəˈmɪl
Demimonde dəmiˈmõːdə
Demineralisation demineralizaˈt͜si̯oːn
Deming *engl.* ˈdɛmɪŋ
deminutiv deminuˈtiːf, **-e** ...iːvə
Demirel *türk.* dɛmiˈrɛl
Demirkazık *türk.* dɛˈmirkɑˌzɨk
demi-sec dəmiˈzɛk
Demission demɪˈsi̯oːn
Demissionär demɪsi̯oˈnɛːɐ̯
demissionieren demɪsi̯oˈniːrən
Demitz ˈdeːmɪt͜s
Demiurg demiˈʊrk, **-en** ...rgn̩
Demivierge dəmiˈvi̯ɛrʃ
Demjan *russ.* dɪmjˈjan
Deml *tschech.* ˈdɛml̩
Demmin dɛˈmiːn
Demmler ˈdɛmlɐ
demnach ˈdeːmˈnaːx
demnächst ˈdeːmˈnɛːçst
Demo ˈdeːmo, *auch:* ˈdɛmo
Demobilisation demobilizaˈt͜si̯oːn
demobilisieren demobiliˈziːrən
Demobilmachung demoˈbiːlmaxʊŋ
Democracia *span.* demoˈkraθi̯a
Democrazia Cristiana *it.* demokratˈtsiːa krisˈti̯aːna
Democrazia Italiana *it.* demokratˈtsiːa itaˈli̯aːna
Democritus deˈmoːkritʊs
démodé demoˈdeː
Demodokos deˈmoːdokɔs
Demodulation demodulaˈt͜si̯oːn
Demodulator demoduˈlaːtoːɐ̯, **-en** demodulaˈtoːrən
demodulieren demoduˈliːrən
Demograph demoˈgraːf
Demographie demograˈfiː, **-n** ...iːən
demographisch demoˈgraːfɪʃ
Demoiselle demo̯aˈzɛl, də..., **-n** ...lən
Demökologie demøkoloˈgiː
Demokrat demoˈkraːt
Demokratie demokraˈtiː, **-n** ...iːən
demokratisch demoˈkraːtɪʃ
demokratisieren demokratiˈziːrən

Demokratismus demokra'tɪsmʊs
Demokrit demo'kri:t
Demokritos de'mo:kritɔs
Demolder *fr.* dəmɔl'dɛ:r
demolieren demo'li:rən
Demolition demoli'tsi̯o:n
demonetisieren demoneti'zi:rən
Demoni de'mo:ni
demonomisch demo'no:mɪʃ
Demonstrant demɔn'strant
Demonstration demɔnstra'tsi̯o:n
demonstrativ, D... demɔnstra'ti:f, **-e** ...i:və
Demonstrativum demɔnstra'ti:vʊm, **...va** ...va
Demonstrator demɔn'stra:to:ɐ̯, **-en** ...ra'to:rən
demonstrieren demɔn'stri:rən
Demontage demɔn'ta:ʒə
demontieren demɔn'ti:rən
Demophilos de'mo:filɔs
Demopolis *engl.* dɪ'mɔpəlɪs
Demoralisation demoraliza'tsi̯o:n
demoralisieren demorali'zi:rən
de Morgan *engl.* də'mɔ:gən
de mortuis nil nisi bene de:'mɔrtui:s 'ni:l 'ni:zi 'be:nə
Demos 'de:mɔs
Demoskop demo'sko:p
Demoskopie demosko'pi:
Demosthenes de'mɔstenɛs
demosthenisch, D... demɔs'te:nɪʃ
Demotike demoti'ke:
demotisch de'mo:tɪʃ
Demotistik demo'tɪstɪk
Demotivation demotiva'tsi̯o:n
demotivieren demoti'vi:rən
Dempf dɛmpf
Dempo *indon.* 'dɛmpo
Demski 'dɛmski
Demulgator demʊl'ga:to:ɐ̯, **-en** demʊlga'to:rən
demulgieren demʊl'gi:rən
Demulzens de'mʊltsɛns, **...ntia** ...'tsɛntsi̯a, **...nzien** ...'tsɛntsi̯ən
Demus 'de:mʊs
Demut 'de:mu:t
Demuth *engl.* də'mu:θ
demütig 'de:my:tɪç, **-e** ...gə
demütigen 'de:my:tɪgn̩, **demütig!** ...ɪç, **demütigt** ...ɪçt
demütiglich 'de:my:tɪklɪç

Demy *fr.* də'mi
demzufolge 'de:mtsu'fɔlgə
den de:n
Denain *fr.* də'nɛ̃
Denar de'na:ɐ̯
Denaturalisation denaturaliza'tsi̯o:n
denaturalisieren denaturali'zi:rən
denaturieren denatu'ri:rən
denazifizieren denatsifi'tsi:rən
Denbigh, ...by *engl.* 'dɛnbɪ
Denck[er] 'dɛŋk[ɐ]
Dender *niederl.* 'dɛndər
Dendera 'dɛndera
Dendermonde *niederl.* dɛndər'mɔndə
Dendre *fr.* dã:dr
Dendrit dɛn'dri:t
Dendrobios dɛndro'bi:ɔs
Dendrochronologie dɛndrokronolo'gi:
Dendrologe dɛndro'lo:gə
Dendrologie dɛndrolo'gi:
dendrologisch dɛndro'lo:gɪʃ
Dendrometer dɛndro'me:tɐ
Deneb 'dɛnɛp
Denebola de'ne:bola
denen 'de:nən
Deneuve *fr.* də'nœ:v
Dengel 'dɛŋl̩
dengeln 'dɛŋl̩n
Denghoog 'dɛŋho:k
Dengler 'dɛŋlɐ
Denguefieber 'dɛŋgefi:bɐ
Deng Xiaoping *chin.* dəŋɕi̯au̯pɪŋ 132
Den Haag de:n 'ha:k, *niederl.* dɛn 'ha:x
Denham *engl.* 'dɛnəm
De Nicola *it.* de ni'kɔ:la
Denier de'ni̯e:, də...
Denifle 'de:niflə
Denikin *russ.* dɪ'nikin
Deniliquin *engl.* də'nɪlɪkwɪn
Denim® 'de:nɪm, 'dɛnɪm
Denis 'de:nɪs, *dt., engl.* 'dɛnɪs, *fr.* də'ni
Denise *fr.* də'ni:z
Denison *engl.* 'dɛnɪsn
Denissow *russ.* dɪ'nisɐf
denitrieren deni'tri:rən
Denitrifikation denitrifika'tsi̯o:n
denitrifizieren denitrifi'tsi:rən
Denizli *türk.* dɛ'nizli, '–––
Denk dɛŋk
denken 'dɛŋkn̩
Denkendorf 'dɛŋkn̩dɔrf

Denkmal 'dɛŋkma:l, **...mäler** ...mɛ:lɐ
Denktaş *türk.* dɛŋk'taʃ
denn dɛn
Denneborg 'dɛnəbɔrk
Denner[t] 'dɛnɐ[t]
Dennery *fr.* dɛn'ri
Dennewitz 'dɛnəvɪts
Dennie *engl.* 'dɛnɪ
Dennis[on] *engl.* 'dɛnɪs[n]
dennoch 'dɛnɔx
dennschon 'dɛnʃo:n
Denny *engl.* 'dɛnɪ
Denobilitation denobilita'tsi̯o:n
denobilitieren denobili'ti:rən
Denomination denomina'tsi̯o:n
Denominativ 'de:nominati:f, **-e** ...i:və
Denominativum denomina'ti:vʊm, **...va** ...va
denominieren denomi'ni:rən
Denon *fr.* də'nõ
Denotat deno'ta:t
Denotation denota'tsi̯o:n
denotativ denota'ti:f, **-e** ...i:və
Denotator deno'ta:to:ɐ̯, **-en** ...ta'to:rən
Denouement denu'mã:
Denpasar *indon.* dɛm'pasar
Dens dɛns, **Dentes** 'dɛnte:s
Densimeter dɛnzi'me:tɐ
Densität dɛnzi'tɛ:t
Densitometer dɛnzito'me:tɐ
Densitometrie dɛnzitome'tri:
Densograph dɛnzo'gra:f
Densometer dɛnzo'me:tɐ
Densușianu *rumän.* densu'ʃjanu
Dent *engl.* dɛnt
Dentagra 'dɛntagra
dental, D... dɛn'ta:l
Dentalgie dɛntal'gi:, **-n** ...i:ən
Dentalis dɛn'ta:lɪs, **...les** ...le:s
dentalisieren dɛntali'zi:rən
Dente *it.* 'dɛnte
dentelieren dãtə'li:rən
Dentelles *fr.* dã'tɛl
Dentes vgl. Dens
Dentice *it.* 'dɛntitʃe
Dentifikation dɛntifika'tsi̯o:n
Dentikel dɛn'ti:kl̩
Dentin dɛn'ti:n
Dentist dɛn'tɪst
Dentition dɛnti'tsi̯o:n
dentogen dɛnto'ge:n
Dentologie dɛntolo'gi:
Denton *engl.* 'dɛntən

D'Entrecasteaux Islands *engl.* dɑ:ntrəkɑ:s'toʊ 'aɪləndz
Denudation denuda'tsi̯o:n
denuklearisieren denukleari'zi:rən
Denunziant denʊn'tsi̯ant
Denunziat denʊn'tsi̯a:t
Denunziation denʊntsi̯a'tsi̯o:n
denunziatorisch denʊntsi̯a'to:rɪʃ
denunzieren denʊn'tsi:rən
Denver *engl.* 'dɛnvə
Denzinger 'dɛntsɪŋɐ
Deo 'de:o
Deodat deo'da:t
Deodatus deo'da:tʊs, de'o:datʊs
Deodorant de|odo'rant
deodorieren de|odo'ri:rən
deodorisieren de|odori'zi:rən
Deo gratias! 'de:o 'gra:tsi̯a:s
Deontik de'ɔntɪk
deontisch de'ɔntɪʃ
Deontologie deontolo'gi:
Deo optimo maximo 'de:o 'ɔptimo 'maksimo
De Palma *engl.* də'pælmə
Depardieu *fr.* dəpar'djø
Departement departə'mã:
departemental departəmã'ta:l
Department di'pa:ɐ̯tmənt
Departure di'pa:ɐ̯tʃɐ
Depauw *niederl.* də'pɔu̯
Dependance depã'dã:s, **-n** ...sn̩
Dependenz depɛn'dɛnts
dependenziell depɛndɛn'tsi̯ɛl
De Pere *engl.* də'pɪə
Depersonalisation depɛrzonaliza'tsi̯o:n
Depesche de'pɛʃə
depeschieren depɛ'ʃi:rən
Depew *engl.* də'pju:
Dephlegmation deflɛgma'tsi̯o:n
Dephlegmator deflɛ'gma:to:ɐ̯, **-en** ...ma'to:rən
dephlegmieren deflɛ'gmi:rən
depigmentieren depɪgmɛn'ti:rən
Depilation depila'tsi̯o:n
Depilatorium depila'to:ri̯ʊm, **...ien** ...i̯ən
depilieren depi'li:rən
Deplacement deplasə'mã:
deplacieren depla'si:rən, *auch:* ...a'tsi:...
deplatzieren depla'tsi:rən
deplatziert depla'tsi:ɐ̯t
Depletion deple'tsi̯o:n
deplorabel deplo'ra:bl̩, **...ble** ...blə
Depolarisation depolariza'tsi̯o:n
Depolarisator depolari'za:to:ɐ̯, **-en** ...za'to:rən
depolarisieren depolari'zi:rən
Depolymerisation depolymeriza'tsi̯o:n
Deponat depo'na:t
Deponens de'po:nɛns, **...nentia** depo'nɛntsi̯a, **...nenzien** depo'nɛntsi̯ən
Deponent depo'nɛnt
Deponie depo'ni:, **-n** ...i:ən
deponieren depo'ni:rən
Depopulation depopula'tsi̯o:n
Deport de'pɔrt, *auch:* de'po:ɐ̯
Deportation depɔrta'tsi̯o:n
deportieren depɔr'ti:rən
Depositar depozi'ta:ɐ̯
Depositär depozi'tɛ:ɐ̯
Depositen depo'zi:tn̩
Deposition depozi'tsi̯o:n
Depositorium depozi'to:ri̯ʊm, **...ien** ...i̯ən
Depositum de'po:zitʊm, **...ta** ...ta
depossedieren depɔse'di:rən
Depot de'po:
depotenzieren depotɛn'tsi:rən
Depp[e] 'dɛp[ə]
deppert 'dɛpɐt
Depravation deprava'tsi̯o:n
depravieren depra'vi:rən
Deprekation depreka'tsi̯o:n
Depression deprɛ'si̯o:n
depressiv deprɛ'si:f, **-e** ...i:və
Depressivität deprɛsivi'tɛ:t
Depretiation depretsi̯a'tsi̯o:n
depretiieren depretsi̯'i:rən
Depretis *it.* de'prɛ:tis
Deprez *fr.* də'pre
deprezieren depre'tsi:rən
deprimieren depri'mi:rən
Deprivation depriva'tsi̯o:n
deprivieren depri'vi:rən
De profundis de: pro'fʊndi:s
Deptford *engl.* 'dɛtfəd
Depurans de'pu:rans, **...ntia** depu'rantsi̯a, **...nzien** depu'rantsi̯ən
Deputant depu'tant
Deputat depu'ta:t
Deputation deputa'tsi̯o:n
deputieren depu'ti:rən
dequalifizieren deku̯alifi'tsi:rən
de Quincey *engl.* də'kwɪnsɪ
der de:ɐ̯
Derain *fr.* də'rɛ̃
Derangement derãʒə'mã:, deraŋʒ...
derangieren derã'ʒi:rən, deraŋ'...
derart 'de:ɐ̯'|a:ɐ̯t
derartig 'de:ɐ̯'|a:ɐ̯tɪç
derb dɛrp, **-e** 'dɛrbə
Derbent *russ.* dɪr'bjɛnt
derbkomisch 'dɛrp'ko:mɪʃ
Derbolav 'dɛrbolaf
[1]**Derby** (Ort) *England* 'dɑ:bɪ, *USA* 'də:bɪ
[2]**Derby** (Pferderennen) 'dɛrbi
Derbyshire *engl.* 'dɑ:bɪʃɪə
Dercetas dɛr'tse:tas
Đerdap *serbokr.* ˌdʑɛrda:p
Derealisation derealiza'tsi̯o:n
deregulieren deregu'li:rən
dereierend dere'i:rənt, **-e** ...ndə
dereinst de:ɐ̯'|ainst
dereinstens de:ɐ̯'|ainstn̩s
dereinstig de:ɐ̯'|ainstɪç
dereistisch dere'ɪstɪʃ
Derek 'de:rɛk
Derelikti on derelɪk'tsi̯o:n
derelinquieren derelɪŋ'kvi:rən
Derème *fr.* də'rɛm
deren 'de:rən
Derenburg 'de:rənbʊrk
Derennes *fr.* də'rɛn
derenthalben 'de:rənt'halbn̩
derentwegen 'de:rənt've:gn̩
derentwillen 'de:rənt'vɪlən
derer 'de:rɐ
Derfflinger 'dɛrflɪŋɐ
dergestalt 'de:ɐ̯gə'ʃtalt
dergleichen 'de:ɐ̯'glaiçn̩
De Ridder *engl.* də'rɪdə
de rigueur də ri'gø:ɐ̯
Derivans 'de:rivans, **...ntia** deri'vantsi̯a, **...nzien** deri'vantsi̯ən
Derivat deri'va:t
Derivation deriva'tsi̯o:n
derivativ, D... deriva'ti:f, *auch:* 'de:rivati:f, **-e** ...i:və
Derivativum deriva'ti:vʊm, **...va** ...va
Derivator deri'va:to:ɐ̯, **-en** ...va'to:rən
derivieren deri'vi:rən
derjenige 'de:ɐ̯je:nɪgə
Derk dɛrk
Derketo 'dɛrketo
derlei 'de:ɐ̯'lai̯
Derleth 'dɛrlɛt, ...lət

Derma 'dɛrma, **-ta** -ta
dermal dɛr'ma:l
dermaleinst 'de:ɐ̯ma:l'lainst
dermalen 'de:ɐ̯ma:lən, *auch:* –'––
Dermalgie dɛrmal'gi:, **-n** ...i:ən
dermalig 'de:ɐ̯ma:lɪç, *auch:* –'––, **-e** ...ɪgə
dermaßen 'de:ɐ̯'ma:sn̩
Dermatikum dɛr'ma:tikʊm, **...ka** ...ka
dermatisch dɛr'ma:tɪʃ
Dermatitis dɛrma'ti:tɪs, **...itiden** ...ati'ti:dn̩
dermatogen dɛrmato'ge:n
Dermatoid® dɛrmato'i:t, **-e** ...i:də
Dermatol® dɛrma'to:l
Dermatologe dɛrmato'lo:gə
Dermatologie dɛrmatolo'gi
Dermatolysis dɛrmato'ly:zɪs
Dermatom dɛrma'to:m
Dermatomyiasis dɛrmato-my'i:azɪs
Dermatomykose dɛrmatomy-'ko:zə
Dermatomyom dɛrmato-my'o:m
Dermatophyton dɛrmato-'fy:tɔn
Dermatoplastik dɛrmato'plas-tɪk
Dermatopsie dɛrmatɔ'psi:
dermatoptisch dɛrma'tɔptɪʃ
Dermatose dɛrma'to:zə
Dermatozoon dɛrmato'tso:ɔn, **...zoen** ...'tso:ən
Dermatozoonose dɛrmato-tsoo'no:zə
Dermograph dɛrmo'gra:f
Dermographie dɛrmogra'fi:, **-n** ...i:ən
Dermographismus dɛrmogra-'fɪsmʊs
Dermoid dɛrmo'i:t, **-e** ...'i:də
Dermoplastik dɛrmo'plastik
Dermota dɛr'mo:ta, 'dɛrmota
dermotrop dɛrmo'tro:p
Dermoûth *niederl.* 'dɛrmut
Der Mouw *niederl.* dɛr'mɔu̯
Dermulo *it.* der'mu:lo
Dernbach 'dɛrnbax
Dernburg 'dɛrnbʊrk
Dernesch 'dɛrnɛʃ
Dernier Cri, -s -s dɛr'ni̯e: 'kri:
Dero 'de:ro
Derogation deroga'tsi̯o:n
derogativ deroga'ti:f, **-e** ...i:və
derogatorisch deroga'to:rɪʃ
derogieren dero'gi:rən
derohalben 'de:ro'halbn̩
Deroute de'ru:t[ə], **-n** ...tn̩
Déroute *fr.* de'rut
derowegen 'de:ro've:gn̩
Derra 'dɛra
Derrick 'dɛrɪk
Derrida *fr.* dɛri'da
Derris 'dɛrɪs
Derry *engl.* 'dɛrɪ
Derschawin *russ.* dɪr'ʒavin
derselbe de:ɐ̯'zɛlbə
derselbige de:ɐ̯'zɛlbɪgə
Dertinger 'dɛrtɪŋɐ
Deruet *fr.* də'rɥɛ
Deruta *it.* de'ru:ta
Derviş *türk.* dɛr'viʃ
derweil 'de:ɐ̯'vai̯l
derweile[n] 'de:ɐ̯'vai̯lə[n]
Derwent *engl.* 'də:wənt, 'dɑ:w...
Derwisch 'dɛrvɪʃ
Déry *ung.* 'de:ri
derzeit 'de:ɐ̯'tsai̯t
derzeitig 'de:ɐ̯'tsai̯tɪç
des, Des dɛs
De Sabata *it.* de 'sa:bata
Desaguadero *span.* desaɣu̯a-'ðero
Desai *engl.* dɛ'saɪ
Desaix *fr.* də'sɛ
desaktivieren dɛs|akti'vi:rən, deza...
desaminieren dɛs|ami'ni:rən, deza...
Desani *engl.* dɛ'sɑ:nɪ
Desannexion dɛs|anɛ'ksi̯o:n, deza...
Desargues *fr.* de'zarg
desarmieren dɛs|ar'mi:rən, deza...
Desaster de'zastɐ
Désaugiers *fr.* dezo'ʒje
Desault *fr.* də'so
desavouieren dɛs|avu'i:rən, deza...
Desbordes *fr.* de'bɔrd
Descamps *fr.* de'kã
Descartes *fr.* de'kart
Descaves *fr.* de'ka:v
Desch dɛʃ
Deschamps *fr.* de'ʃã
Deschanel *fr.* deʃa'nɛl
Deschler 'dɛʃlɐ
Deschner 'dɛʃnɐ
Deschnjow *russ.* dɪʒ'njɔf
Deschwanden 'de:ʃvandn̩
Descort dɛ'ko:ɐ̯
Des Coudres *fr.* de'kudr
Desdemona dɛsde'mo:na, *it.* dez'dɛ:mona
Des-Dur 'dɛsdu:ɐ̯, *auch:* '–'–
Deseine *fr.* də'sɛn
Desengagement dɛs-|ãgaʒə'mã:, dezã...
Desensibilisation dezɛnzibili-za'tsi̯o:n
Desensibilisator dezɛnzibili-'za:to:ɐ̯, **-en** ...za'to:rən
desensibilisieren dezɛnzibili-'zi:rən
Desenzano *it.* dezen'tsa:no
Desertas, Ilhas *port.* 'iʎɐʒ ðə'zɛrtɐʃ
Deserteur dezɛr'tø:ɐ̯
desertieren dezɛr'ti:rən
Desertifikation dezɛrtifika-'tsi̯o:n
Desertion dezɛr'tsi̯o:n
desfalls 'dɛs'fals
Desforges *fr.* de'fɔrʒ
Desful *pers.* dez'fu:l
desgleichen 'dɛs'glai̯çn̩
Des Grieux *fr.* degri'ø
Déshabillé dezabi'je:
deshalb 'dɛs'halp
Deshoulières *fr.* dezu'ljɛ:r
desiderabel dezide'ra:bl̩, **...ble** ....blə
desiderat, D... dezide'ra:t
Desiderativum dezidera-'ti:vʊm, **...va** ...va
Desideratum dezide'ra:tʊm, **...ta** ...ta
Desideria dezi'de:ri̯a
Desiderio *it.* desi'dɛ:ri̯o
Desiderium dezi'de:ri̯ʊm, **...ien** ...i̯ən, **...ia** ...i̯a
Desiderius dezi'de:ri̯ʊs
Design di'zai̯n
Designat dezɪ'gna:t
Designation dezɪgna'tsi̯o:n
Designator dezɪ'gna:to:ɐ̯, **...en** ...a'to:rən
designatus dezɪ'gna:tʊs
Designer di'zai̯nɐ
designieren dezɪ'gni:rən
Desillusion dɛs|ɪlu'zi̯o:n, dezɪlu'zi̯o:n
desillusionieren dɛs-|ɪluzi̯o'ni:rən, dezɪ...
Desillusionismus dɛs-|ɪluzi̯o'nɪsmʊs, dezɪ...
Desinfektion dɛs|ɪnfɛk'tsi̯o:n, dezɪ...
Desinfektor dɛs|ɪn'fɛkto:ɐ̯, dezɪ..., **-en** ...'to:rən
Desinfiziens dɛs|ɪn'fi:tsi̯ɛns,

dezɪ..., ...**ntia** ...fiˈtsi̯ɛntsi̯a, ...**nzien** ...fiˈtsi̯ɛntsi̯ən
desinfizieren dɛs|ɪnfiˈtsi:rən, dezɪ...
Desinformation dɛs|ɪnfɔrmaˈtsi̯o:n, dezɪ...
Desintegration dɛs|ɪntegraˈtsi̯o:n, dezɪ...
Desintegrator dɛs|ɪnteˈgra:to:ɐ̯, dezɪ..., **-en** ...raˈto:rən
desintegrieren dɛs|ɪnteˈgri:rən, dezɪ...
Desinteresse dɛs|ɪntəˈrɛsə, dezɪ..., ˈdɛs|ɪ...
Desinteressement dɛs|ɛ̃tərɛsəˈmã:, dezɛ̃...
desinteressiert dɛs|ɪntərɛˈsi:ɐ̯t, dezɪ..., ˈdɛs|ɪ...
Desinvestition dɛs|ɪnvɛstiˈtsi̯o:n, dezɪ...
Désinvolture dezɛ̃vɔlˈty:ɐ̯
Desio *it.* ˈdɛ:zi̯o
Désirade *fr.* deziˈrad
Désirée *fr.* deziˈre
desistieren dezɪsˈti:rən
Desjardins *fr.* deʒarˈdɛ̃
Desjatine dɛsjaˈti:nə
Desk... ˈdɛsk...
Deskription deskrɪpˈtsi̯o:n
deskriptiv deskrɪpˈti:f, **-e** ...i:və
Deskriptivismus deskrɪptiˈvɪsmʊs
Deskriptor desˈkrɪpto:ɐ̯, **-en** ...ˈto:rən
Deslandres *fr.* deˈlã:dr
Desmarées *fr.* demaˈre
Desmarets de Saint-Sorlin *fr.* demarɛdsɛ̃sɔrˈlɛ̃
Desmin dɛsˈmi:n
Desmitis dɛsˈmi:tɪs, **Desmitiden** dɛsmiˈti:dn̩
Desmodont dɛsmoˈdɔnt
Desmoid dɛsmoˈi:t, **-e** ...ˈi:də
Des Moines *engl.* dɪˈmɔɪn[z]
Desmolasen dɛsmoˈla:zn̩
Desmologie dɛsmoloˈgi:
Desmond *engl.* ˈdɛzmənd
Desmoulins *fr.* demuˈlɛ̃
Desna *russ.* dɪsˈna
Desnica *serbokr.* ˌdɛsnitsa
Desnos *fr.* dɛsˈnɔs, ...no:s
Desnoyer[s] *fr.* denwaˈje
Desodorans dɛs|oˈdo:rans, dezo..., ...**ntia** ...doˈrantsi̯a, ...**nzien** ...doˈrantsi̯ən
desodorieren dɛs|odoˈri:rən, dezo...
desodorisieren dɛs|odoriˈzi:rən, dezo...
desolat dezoˈla:t
Desordre deˈzɔrdɐ, *auch:* ...drə
Desorganisation dɛs|ɔrganizaˈtsi̯o:n, dezɔ...
desorganisieren dɛs|ɔrganiˈzi:rən, dezɔ...
desorientiert dɛs|ori̯ɛnˈti:ɐ̯t, dezo...
Désormière *fr.* dezɔrˈmjɛ:r
Desornamentado... dɛs|ɔrnamɛnˈta:do..., dezɔ...
Desorption dezɔrpˈtsi̯o:n
De Soto *engl.* dəˈsoʊtoʊ
Desoxidation dɛs|ɔksidaˈtsi̯o:n, dezɔ...
desoxidieren dɛs|ɔksiˈdi:rən, dezɔ...
Desoxyribose dɛs|ɔksyriˈbo:zə, dezɔ...
despektieren despɛkˈti:rən
despektierlich despɛkˈti:ɐ̯lɪç
Desperado dɛspeˈra:do
desperat dɛspeˈra:t
Desperation dɛsperaˈtsi̯o:n
Despériers *fr.* depeˈrje
Despiau *fr.* dɛsˈpjo
Despina *it.* desˈpi:na
Des Places *fr.* deˈplas
Des Plaines *engl.* dɛs ˈpleɪnz
Despoina ˈdɛspɔyna
Desportes *fr.* deˈpɔrt
Despot dɛsˈpo:t
Despotie dɛspoˈti:, **-n** ...i:ən
despotisch dɛsˈpo:tɪʃ
despotisieren dɛspotiˈzi:rən
Despotismus dɛspoˈtɪsmʊs
Despréaux *fr.* depreˈo
Despre[t]z *fr.* deˈpre
Desquamation dɛskvamaˈtsi̯o:n
Des Roches *fr.* deˈrɔʃ, *engl.* ˈdeɪ ˈrɔʃ
Dessalines *fr.* desaˈlin
dessaretisch dɛsaˈre:tɪʃ
Dessau[er] ˈdɛsau̯[ɐ]
desselben dɛsˈzɛlbn̩
dessen ˈdɛsn̩
dessenthalben ˈdɛsn̩tˈhalbn̩
dessentwegen ˈdɛsn̩tˈve:gn̩
dessentwillen ˈdɛsn̩tˈvɪlən
Dessert dɛˈse:ɐ̯, dɛˈsɛ:ɐ̯; *auch:* dɛˈsɛrt
Dessewffy *ung.* ˈdɛʒø:fi
Dessì *it.* desˈsi
Dessin dɛˈsɛ̃:
Dessinateur dɛsinaˈtø:ɐ̯
dessinieren dɛsiˈni:rən
Dessoir dɛˈsoa:ɐ̯
Dessous dɛˈsu:, **des -** dɛˈsu:[s], **die -** dɛˈsu:s
destabilisieren dɛstabiliˈzi:rən
Destillat dɛstɪˈla:t
Destillateur dɛstɪlaˈtø:ɐ̯
Destillation dɛstɪlaˈtsi̯o:n
destillativ dɛstɪlaˈti:f, **-e** ...i:və
Destillator dɛstɪˈla:to:ɐ̯, **-en** ...laˈto:rən
Destille dɛsˈtɪlə
destillieren dɛstɪˈli:rən
Destimulator destimuˈla:to:ɐ̯, **-en** ...laˈto:rən
Destinatar dɛstinaˈta:ɐ̯
Destinatär dɛstinaˈtɛ:ɐ̯
Destination dɛstinaˈtsi̯o:n
Destinn ˈdɛstɪn
destituieren dɛstituˈi:rən
Destitution dɛstituˈtsi̯o:n
D'Estivet *fr.* dɛstiˈvɛ
desto ˈdɛsto
Destose dɛsˈto:zə
Destouches *fr.* deˈtuʃ
Destour *fr.* dɛsˈtu:r
destra mano ˈdɛstra ˈma:no
Destrée *fr.* dɛsˈtre
destruieren dɛstruˈi:rən
Destruktion dɛstrʊkˈtsi̯o:n
destruktiv dɛstrʊkˈti:f, **-e** ...i:və
Destur dɛsˈtu:ɐ̯
Destutt de Tracy *fr.* dɛstytdətraˈsi
desultorisch dezʊlˈto:rɪʃ
deswegen ˈdɛsˈve:gn̩
deszendent, D... dɛstsɛnˈdɛnt
Deszendenz dɛstsɛnˈdɛnts
deszendieren dɛstsɛnˈdi:rən
Deszensus dɛsˈtsɛnzʊs, **die -** ...zu:s
détaché, D... detaˈʃe:
Detachement detaʃəˈmã:
Detacheur detaˈʃø:ɐ̯
Detacheuse detaˈʃø:zə
detachieren detaˈʃi:rən
Detachur detaˈʃu:ɐ̯
Detail deˈtai̯
Détaille *fr.* deˈtɑ:j
detaillieren detaˈji:rən
Detaillist detaˈjɪst
Detektei detɛkˈtai̯
Detektiv detɛkˈti:f, **-e** ...i:və
detektivisch detɛkˈti:vɪʃ
Detektor deˈtɛktoɐ̯, **-en** ...ˈto:rən
Détente deˈtã:t
Detention detɛnˈtsi̯o:n
Deterding *niederl.* ˈde:tərdɪŋ

Detergens deˈtɛrgɛns, **...ntia** ...ˈgɛntsi̯a, **...nzien** ...ˈgɛntsi̯ən
Deterioration deteri̯oraˈtsi̯oːn
Deteriorativum deteri̯oraˈtiːvʊm, **...va** ...iːva
deteriorieren deteri̯oˈriːrən
Determinante detɛrmiˈnantə
Determination detɛrminaˈtsi̯oːn
determinativ, D... detɛrminaˈtiːf, **-e** ...iːvə
Determinativum detɛrminaˈtiːvʊm, **...va** ...va
determinieren detɛrmiˈniːrən
Determinismus detɛrmiˈnɪsmʊs
Determinist detɛrmiˈnɪst
detestabel detɛsˈtaːbl̩, **...ble** ...blə
detestieren detɛsˈtiːrən
Detlef ˈdeːtlɛf, *auch:* ˈdɛtlɛf
Detmar ˈdeːtmar, *auch:* ˈdɛt...
Detmold ˈdɛtmɔlt
Detmolder ˈdɛtmɔldɐ
Detonation detonaˈtsi̯oːn
Detonator detoˈnaːtoːɐ̯, **-en** ...naˈtoːrən
detonieren detoˈniːrən
Detraktion detrakˈtsi̯oːn
Detrick *engl.* ˈdɛtrɪk
Detriment detriˈmɛnt
detritogen detritoˈgeːn
Detritus deˈtriːtʊs
Detroit diˈtrɔyt, *engl.* dəˈtrɔɪt
Detskoje Selo *russ.* ˈdjɛtskɐjɐ sɪˈlɔ
Dettelbach ˈdɛtl̩bax
Dettifoss *isl.* ˈdɛhtɪfɔs
Dettingen ˈdɛtɪŋən
detto ˈdɛto
Detumeszenz detumɛsˈtsɛnts
detur ˈdeːtʊr
Detva *slowak.* ˈdjɛtva
Detxepare *bask.* detʃepare
Deubel ˈdɔybl̩
Deuce djuːs
deucht[e] ˈdɔyçt[ə]
Deukalion dɔyˈkaːli̯ɔn
deukalionisch dɔykaˈli̯oːnɪʃ
Deulino *russ.* dɪˈulinɐ
Deurne *niederl.* ˈdøːrnə
Deus *port.* deu̯ʃ, *bras.* deu̯s
Deus absconditus ˈdeːʊs apsˈkɔnditʊs
Deusdedit deːʊsˈdeːdɪt, deˈʊsdedɪt
Deus ex Machina ˈdeːʊs ɛks ˈmaxina, **Dei - -** ˈdeːi - -
Deussen ˈdɔysn̩
Deut dɔyt
Deutelei dɔytəˈlai̯
deuteln ˈdɔytl̩n
deuten, D... ˈdɔytn̩
Deuter ˈdɔytɐ
Deuteragonist dɔyteragoˈnɪst
Deuteranomalie dɔyteranomaˈliː, **-n** ...iːən
Deuteranopie dɔyteran|oˈpiː, **-n** ...iːən
Deuterei dɔytəˈrai̯
Deuterium dɔyˈteːri̯ʊm
Deuteroanomalie dɔytero|anomaˈliː, **-n** ...iːən
Deuterojesaja dɔyterojeˈzaːja
Deuteron ˈdɔyterɔn, **...onen** ...ˈroːnən
deuteronomisch dɔyteroˈnoːmɪʃ
Deuteronomist dɔyteronoˈmɪst
Deuteronomium dɔyteroˈnoːmi̯ʊm
Deuterostomier dɔyteroˈstoːmi̯ɐ
...deutig ...ˌdɔytɪç, **-e** ...ɪgə
Deutinger ˈdɔytɪŋɐ
Deutler ˈdɔytlɐ
deutlich ˈdɔytlɪç
Deutoplasma dɔytoˈplasma
deutsch, [1]**D...** dɔytʃ
[2]**Deutsch** (Name) dɔytʃ, *engl.* dɔɪtʃ, *fr.* dœtʃ
Deutsch-Altenburg ˈdɔytʃˈ|altn̩bʊrk
Deutschamerikaner ˈdɔytʃ|amerikaːnɐ, ––––ˈ––
deutschamerikanisch ˈdɔytʃ|amerikaːnɪʃ, ––––ˈ––
Deutschbein ˈdɔytʃbai̯n
Deutschendorf ˈdɔytʃn̩dɔrf
Deutsches Eck ˈdɔytʃəs ˈɛk
Deutsch Eylau ˈdɔytʃˈ|ai̯lau̯
Deutsch Krone ˈdɔytʃˈkroːnə
Deutschkundler ˈdɔytʃkʊntlɐ
deutschkundlich ˈdɔytʃkʊntlɪç
Deutschland ˈdɔytʃlant
Deutschlandsberg dɔytʃˈlantsbɛrk
Deutschlehrer ˈdɔytʃleːrɐ
Deutschmeister ˈdɔytʃmai̯stɐ
Deutschordensritter dɔytʃˈ|ɔrdn̩srɪtɐ
Deutschösterreich dɔytʃˈ|øːstərai̯ç
Deutschritterorden dɔytʃˈrɪtɐ|ɔrdn̩, ˈ–––ˌ––
deutschschweizerisch ˈdɔytʃʃvai̯tsərɪʃ
deutschsprachig ˈdɔytʃʃpraːxɪç
deutschsprachlich ˈdɔytʃʃpraːxlɪç
Deutschsprechen ˈdɔytʃʃprɛçn̩
Deutschtum ˈdɔytʃtuːm
Deutschtümelei dɔytʃtyːməˈlai̯
Deutschtümler ˈdɔytʃtyːmlɐ
Deutschunterricht ˈdɔytʃ|ʊntɐrɪçt
Deutsch-Wagram dɔytʃˈvaːgram
Deutschwissenschaft ˈdɔytʃvɪsn̩ʃaft
Deutung ˈdɔytʊŋ
Deutz[ie] ˈdɔyts[i̯ə]
Deuxpièces døˈpi̯ɛːs
Deux-Sèvres *fr.* døˈsɛːvr
Deva *rumän.* ˈdeva
Déva[i] *ung.* ˈdeːvɔ[i]
Deval *fr.* dəˈval
De Valera *engl.* dəvəˈlɛərə
Devalvation devalvaˈtsi̯oːn
devalvationistisch devalvatsi̯oˈnɪstɪʃ
devalvatorisch devalvaˈtoːrɪʃ
devalvieren devalˈviːrən
Devastation devastaˈtsi̯oːn
devastieren devasˈtiːrən
Develi *türk.* ˈdɛveli
Developer diˈvɛləpɐ
Devens *engl.* ˈdɛvənz
Deventer *niederl.* ˈdeːvəntər
deverbativ, D... devɛrbaˈtiːf, *auch:* ˈdeːvɛrbatiːf, **-e** ...iːvə
Deverbativum devɛrbaˈtiːvʊm, **...va** ...va
Devereux *engl.* ˈdɛvəruː[ks]
Devéria *fr.* dəveˈrja
Deveroux ˈdeːveru
devestieren devɛsˈtiːrən
Devestition devɛstiˈtsi̯oːn
Devestitur devɛstiˈtuːɐ̯
Devèze *fr.* dəˈvɛːz
deviant deˈvi̯ant
Devianz deˈvi̯ants
Deviation devi̯aˈtsi̯oːn
Deviationist devi̯atsi̯oˈnɪst
Devienne *fr.* dəˈvjɛn
deviieren deviˈiːrən
Deville *fr.* dəˈvil
Devils Lake *engl.* ˈdɛvɪlz ˈleɪk
Devis *engl.* ˈdɛvɪs
Devise deˈviːzə
devital deviˈtaːl
devitalisieren devitaliˈziːrən
Devizes *engl.* dɪˈvaɪzɪz
Devlin *engl.* ˈdɛvlɪn

D

Devoll *alban.* de'voł
Devolution devolu'tsi̯o:n
devolvieren devɔl'vi:rən
[1]**Devon** (Erdg.) de'vo:n
[2]**Devon** (Name) *engl.* dɛvn
devonisch de'vo:nɪʃ
Devonport *engl.* 'dɛvnpɔ:t
Devonshire *engl.* 'dɛvnʃɪə
devorieren devo'ri:rən
devot de'vo:t
Devotio moderna de'vo:tsi̯o mo'dɛrna
Devotion devo'tsi̯o:n
devotional devotsi̯o'na:l
Devotionalien devotsi̯o'na:li̯ən
Devoto *it.* de'vɔ:to
Devrient de'fri:nt, *auch:* dəvri'ɛ̃:
Dewadasi deva'da:zi
Dewanagari deva'na:gari
Dewar *engl.* 'dju:ə
Dewasne *fr.* də'vɑ:n
Dewet *afr.* də'vɛt
De Wette de'vɛtə
Dewey *engl.* 'dju:ɪ
Dewsbury *engl.* 'dju:zbərɪ
Dexiographie dɛksi̯ogra'fi:
dexiographisch dɛksi̯o'gra:fɪʃ
Dextran dɛks'tra:n
Dextrin dɛks'tri:n
dextrogyr dɛkstro'gy:ɐ̯
Dextrokardie dɛkstrokar'di:, **-n** ...i:ən
Dextropur® dɛkstro'pu:ɐ̯
Dextrose dɛks'tro:zə
Deyssel *niederl.* 'dɛi̯səl
Dez[em] 'de:ts[ɛm]
Dezember de'tsɛmbɐ
Dezemvir de'tsɛmvɪr
Dezemvirat detsɛmvi'ra:t
Dezennium de'tsɛni̯ʊm, **...ien** ...i̯ən
dezent de'tsɛnt
dezentral detsɛn'tra:l
Dezentralisation detsɛntraliza'tsi̯o:n
dezentralisieren detsɛntrali'zi:rən
Dezenz de'tsɛnts
Dezerebration detserebra'tsi̯o:n
Dezernat detsɛr'na:t
Dezernent detsɛr'nɛnt
Dezett de'tsɛt
Deziar detsi'|a:ɐ̯, *auch:* 'de:tsi...
Dezibel detsi'bɛl, *auch:* 'de:tsi...
dezidieren detsi'di:rən
Dezigramm detsi'gram, *auch:* 'de:tsi...
Deziliter detsi'li:tɐ, *auch:* 'de:tsi..., ...lɪtɐ
dezimal detsi'ma:l
Dezimale detsi'ma:lə
dezimalisieren detsimali'zi:rən
Dezimation detsima'tsi̯o:n
Dezime 'de:tsimə, de'tsi:mə
Dezimeter detsi'me:tɐ, *auch:* 'de:tsi...
dezimieren detsi'mi:rən
Dezisionismus detsizi̯o'nɪsmʊs
dezisiv detsi'zi:f, **-e** ...i:və
Dezister detsi'ste:ɐ̯, *auch:* 'de:tsi...
Dežman *serbokr.* ˌdɛʒman
DGB de:ge:'be:
Dhahran da'ra:n, dax'ra:n
Dhaka 'daka, *engl.* 'dækə, 'dɑ:kə
Dharma 'darma
Dhau dau̯
Dhaulagiri dau̯la'gi:ri
Dhaw dau̯
Dhlomo *engl.* 'dloʊmoʊ
D'Hondt tɔnt, *niederl.* dɔnt
Dhorme *fr.* dɔrm
D'Hôtel *fr.* do'tɛl
Dhoti 'do:ti
Dhulia *engl.* 'du:lɪə
Dia 'di:a
Diabas dia'ba:s, **-e** ...a:zə
Diabelli dia'bɛli
Diabetes [mellitus] dia'be:tɛs ['mɛlitʊs]
Diabetiker dia'be:tikɐ
diabetisch dia'be:tɪʃ
Diabetologe diabeto'lo:gə
Diabetologie diabetolo'gi:
Diabolie diabo'li:
Diabolik dia'bo:lɪk
diabolisch dia'bo:lɪʃ
Diabolo di'a:bolo
Diabolos di'a:bolɔs
Diabolus di'a:bolʊs
Diabon® dia'bo:n
Diabrosis dia'bro:zɪs
Diachronie diakro'ni:
diachron[isch] dia'kro:n[ɪʃ]
Diadem dia'de:m
Diadoche dia'dɔxə
Diagenese diage'ne:zə
Diaghilev *fr.* djagi'lɛf
Diaglyphe dia'gly:fə
diaglyphisch dia'gly:fɪʃ
Diagnose dia'gno:zə
Diagnostik dia'gnɔstɪk
Diagnostiker dia'gnɔstikɐ
Diagnostikon dia'gnɔstikɔn, **...ka** ...ka
diagnostisch dia'gnɔstɪʃ
diagnostizieren diagnɔsti'tsi:rən
diagonal, D... diago'na:l
Diagonale diago'na:lə
Diagoras di'a:goras
Diagramm dia'gram
Diagraph dia'gra:f
Diahyponym diahypo'ny:m, 'di:a...
Diakaustik dia'kau̯stɪk
diakaustisch dia'kau̯stɪʃ
Diakon dia'ko:n
Diakonat diako'na:t
Diakonie diako'ni:
Diakonikon diakoni'kɔn, **Diakonika** diakoni'ka
diakonisch dia'ko:nɪʃ
Diakonisse diako'nɪsə
Diakonissin diako'nɪsɪn
Diakonus di'a:konʊs, **Diakone[n]** dia'ko:nə[n]
Diakos *neugr.* 'ðjakɔs
Diakrise dia'kri:zə
Diakrisis di'a:krizɪs, **Diakrisen** dia'kri:zn̩
diakritisch dia'kri:tɪʃ
diaktin diak'ti:n
Dialekt dia'lɛkt
dialektal dialɛk'ta:l
Dialektik dia'lɛktɪk
Dialektiker dia'lɛktikɐ
dialektisch dia'lɛktɪʃ
Dialektologie dialɛktolo'gi:
dialektologisch dialɛkto'lo:gɪʃ
Diallag dia'la:k, **-e** ...a:gə
Diallele dia'le:lə
Dialog dia'lo:k, **-e** ...o:gə
dialogisch dia'lo:gɪʃ
dialogisieren dialogi'zi:rən
Dialogismus dialo'gɪsmʊs
Dialogist dialo'gɪst
Dialypetale dialype'ta:lə
Dialysat dialy'za:t
Dialysator dialy'za:to:ɐ̯, **-en** ...za'to:rən
Dialyse dia'ly:zə
dialysieren dialy'zi:rən
dialytisch dia'ly:tɪʃ
diamagnetisch diama'gne:tɪʃ
Diamagnetismus diamagne'tɪsmʊs
Diamant dia'mant
Diamante *span.* di̯a'mante
diamanten dia'mantn̩
Diamantina *bras.* di̯emɐn'tina

iamantine diaman'ti:nə
iamantit diaman'ti:t
IAMAT, Diamat dia'mat
iameter dia'me:tɐ
iametral diame'tra:l
iametrisch dia'me:trɪʃ
iamid dia'mi:t, **-es** ...i:dəs
iamin dia'mi:n
iamond *engl.* 'daɪəmənd
iana *dt., it.* 'di̯a:na, *span.* 'di̯ana, *engl.* daɪ'ænə
iane *fr.* djan
ianetik dia'ne:tɪk
ianoetik diano'e:tɪk
ianoetisch diano'e:tɪʃ
iapason dia'pa:zɔn, *auch:* diapa'zo:n, **-e** ...pa'zo:nə
iapause dia'pau̯zə
iapedese diape'de:zə
iaphan dia'fa:n
iaphanie diafa'ni:, **-n** ...i:ən
iaphanität diafani'tɛ:t
iaphanoskop diafano'sko:p
iaphanoskopie diafano-sko'pi:, **-n** ...i:ən
iaphonie diafo'ni:, **-n** ...i:ən
iaphora di'a:fora
iaphorese diafo're:zə
iaphoretikum diafo're:tikʊm, ...**ka** ...ka
iaphoretisch diafo're:tɪʃ
iaphragma dia'fragma
iaphthorese diafto're:zə
iaphthorit diafto'ri:t
iaphyse dia'fy:zə
iapir dia'pi:ɐ̯
iapositiv diapozi'ti:f, *auch:* 'di:a..., **-e** ...i:və
iärese diɛ're:zə
iäresis di'ɛ:rezɪs, **Diäresen** diɛ're:zn̩
iario *span.* 'di̯ari̯o, *port.* 'di̯a-ri̯u, *it.* di'a:ri̯o
iarium 'di̯a:ri̯ʊm, ...**ien** ...i̯ən
iarrhö, ...**öe** dia'rø:, ...**rrhöen** ...'rø:ən
iarrhöisch dia'rø:ɪʃ
iarthrose diar'tro:zə
ias *port.* 'diɐʃ, *bras.* 'dias
iaschist dia'sçɪst, dia'ʃɪst
iaskeuast diaskɔy̯'ast
iaskop dia'sko:p
iaskopie diasko'pi:, **-n** ...i:ən
iaspor dia'spo:ɐ̯
iaspora di'aspora
iastase dia'sta:zə
iastema dia'ste:ma, **-ta** -ta
iastole di'astole, *auch:* dia-'sto:lə, **-n** dia'sto:lən

diastolisch dia'sto:lɪʃ
diastrat[isch] dia'stra:t[ɪʃ]
diät, D... di'ɛ:t
Diätar diɛ'ta:ɐ̯
diätarisch diɛ'ta:rɪʃ
Diäten di'ɛ:tn̩
Diätetik diɛ'te:tɪk
Diätetikum diɛ'te:tikʊm, ...**ka** ...ka
diätetisch diɛ'te:tɪʃ
Diathek dia'te:k
diatherman diatɛr'ma:n
Diathermanität diatɛrmani-'tɛ:t
Diathermansie diatɛrman'zi:
Diathermie diatɛr'mi:
Diathese dia'te:zə
Diäthylen diɛty'le:n
diätisch di'ɛ:tɪʃ
Diätistin diɛ'tɪstɪn
Diatomee diato'me:ə, **-n** ...me:ən
Diatomit diato'mi:t
Diatonik dia'to:nɪk
diatonisch dia'to:nɪʃ
diatopisch dia'to:pɪʃ
Diatret... dia'tre:t...
Diatribe dia'tri:bə
Diavolo di'a:volo, ...**li** ...li
Diaz *it.* 'di:ats, *port.* 'diɐʃ
Díaz *span.* 'diaθ
Diaz de la Peña *fr.* djazdəla-pe'nja
Diazed... dia'tse̯t...
Diazin dia'tsi:n
Diazotypie diatsoty'pi:
Dib *fr.* dib
Diba 'di:ba
dibbeln 'dɪbl̩n, **dibble** 'dɪblə
Dibbuk 'dɪbʊk
Dibdin *engl.* 'dɪbdɪn
Dibelius di'be:li̯ʊs
Dibër *alban.* 'dibər
D'Iberville *engl.* 'daɪbəvɪl
Dibothriocephalus dibotrio-'tse:falʊs
Dibrachys 'di:braxʏs
Dibrugarh *engl.* 'dɪbrʊgə
Dicenta *span.* di'θenta
Dicentra di'tsɛntra, ...**rae** ...rɛ
dich dɪç
Dichasium dɪ'ça:zi̯ʊm, ...**ien** ...i̯ən
Dichogamie dɪçoga'mi:
Dichoreus diço're:ʊs, ...**reen** ...re:ən
dichotom dɪço'to:m
Dichotomie dɪçoto'mi:, **-n** ...i:ən

Dichroismus dikro'ɪsmʊs
dichroitisch dikro'i:tɪʃ
Dichrom di'kro:m...
Dichromasie dikroma'zi:, **-n** ...i:ən
Dichromat dikro'ma:t
Dichromatopsie dikroma-tɔ'psi:, **-n** ...i:ən
Dichromie dikro'mi:, **-n** ...i:ən
Dichroskop dikro'sko:p
dicht dɪçt
Dichte 'dɪçtə
dichten 'dɪçtn̩
Dichter 'dɪçtɐ
dichterisch 'dɪçtərɪʃ
Dichterling 'dɪçtɐlɪŋ
dichthalten 'dɪçthaltn̩
Dichtigkeit 'dɪçtɪçkai̯t
Dichtl 'dɪçtl̩
Dichtung 'dɪçtʊŋ
dick dɪk
Dick *dt., engl.* dɪk
Dicke 'dɪkə
Dickens *engl.* 'dɪkɪnz
Dickenson *engl.* 'dɪkɪnsn
Dickey *engl.* 'dɪkɪ
Dickicht 'dɪkɪçt
Dickie *engl.* 'dɪkɪ
Dickinson *engl.* 'dɪkɪnsn
Dickson 'dɪksɔn, *engl.* dɪksn
Dickte 'dɪktə
Dicktuerei dɪktu:ə'rai̯
Dicle *türk.* 'didʒlɛ
Dictionnaire dɪksi̯ɔ'nɛ:ɐ̯
Didaktik di'daktɪk
Didaktiker di'daktikɐ
didaktisch di'daktɪʃ
didaktisieren didakti'zi:rən
Didaskalia didaska'li:a
Didaskalien didas'ka:li̯ən
Didaxe di'daksə
Diday *fr.* di'dɛ
Diddley *engl.* 'dɪdlɪ
dideldum! di:dl̩'dʊm
dideldumdei! di:dl̩dʊm'dai̯
Diderot *fr.* di'dro
Didgeridoo *engl.* dɪdʒərɪ'du:
Didier *fr.* di'dje
Didimotichon *neugr.* ðiði'mɔti-xɔn
Didion *engl.* 'dɪdɪən
Dido 'di:do
Didot di'do:, *fr.* di'do
Didring *schwed.* ˌdi:drɪŋ
Didschla 'dɪdʒla
Didym di'dy:m
Didyma 'di:dyma
Didymitis didy'mi:tɪs, **Didymi-tiden** didymi'ti:dn̩

D

D

Didymos 'di:dymɔs
Didymus 'di:dymʊs
didynamisch didy'na:mɪʃ
die di:
Die *fr.* di
Dieb di:p, **-e** 'di:bə
Diebenkorn *engl.* 'di:bənkɔ:n
Dieberei di:bə'rai
diebessicher 'di:bəszɪçɐ
diebisch 'di:bɪʃ
Diebitsch 'di:bɪtʃ
Diebstahl 'di:pʃta:l
Dieburg 'di:bʊrk
Dieck[er]hoff 'di:k[ɐ]hɔf
Dieckmann 'di:kman
Diedenhofen 'di:dn̩ho:fn̩
Dieder (Vieleck) di'|e:dɐ
Diederichs 'di:dərɪçs
Diefenbaker *engl.* 'di:fənbeɪkə
Dief[f]enbach 'di:fn̩bax
Diegese die'ge:zə
diegetisch die'ge:tɪʃ
Diego 'di̯e:go, *span.* 'di̯eɣo, *it.* 'di̯ɛ:go, *engl.* 'djeɪgoʊ
Diégo-Suarez *fr.* djegosɥa'rɛs, ...rɛ:z
Diehard 'daiha:ɐ̯t
Diehl di:l, *fr.* dil
diejenige 'di:je:nɪgə
Diek[irch] 'di:k[ɪrç]
Diele 'di:lə
Dielektrikum die'lɛktrikʊm, ...ka ...ka
dielektrisch die'lɛktrɪʃ
dielen 'di:lən
Dielmann 'di:lman
Diels[dorf] 'di:ls[dɔrf]
Diem[e] 'di:m[ə]
Diemel 'di:ml̩
Diemelstadt 'di:ml̩ʃtat
[1]**Diemen** (Feim) 'di:mən
[2]**Diemen** *niederl.* 'dimə
Diémer *fr.* dje'mɛ:r
Dien di'e:n
Dienbienphu 'di̯en'bi̯en'fu:
Điên Biên Phu *vietn.* di̯ən bi̯ən fu 114
dienen 'di:nən
Diener 'di:nɐ
dienern 'di:nɐn
Dienst[ag] 'di:nst[a:k]
Dienstagabend di:nsta:k-'|a:bn̩t, '--'--
dienstägig 'di:nstɛ:gɪç
dienstäglich 'di:nstɛ:klɪç
dienstags 'di:nsta:ks
Dientzenhofer 'di:ntsn̩ho:fɐ
Diepenbee[c]k *niederl.* 'dipənbe:k
Diepenbrock *niederl.* 'dipənbrɔk
Diepgen 'di:pgn̩
Diephold 'di:pɔlt
Diepholz 'di:phɔlts
Diepoldinger 'di:pɔldɪŋɐ
Dieppe *fr.* djɛp
Dierauer 'di:rauɐ
Dierdorf 'di:ɐ̯dɔrf
Dierk[ow] 'di:ɐ̯k[o]
Dierx *fr.* djɛrks
dies di:s, **-e** 'di:zə
Dies [academicus] 'di:ɛs [aka-'de:mikʊs]
Dies ater 'di:ɛs 'a:tɐ
Diesbach 'di:sbax
diesbezüglich 'di:sbətsy:klɪç
diese 'di:zə
Diese di'e:zə
Diesel 'di:zl̩
dieselbe di:'zɛlbə
dieselbige di:'zɛlbɪgə
dieseln 'di:zl̩n, **diesle** 'di:zlə
dieser 'di:zɐ
dieserart 'di:zɐ|a:ɐ̯t
dieserhalb 'di:zɐhalp
dieses 'di:zəs
diesfalls 'di:sfals
diesig 'di:zɪç, **-e** ...ɪgə
Dies Irae 'di:ɛs 'i:rɛ
Diesis 'di:ezɪs, **Diesen** di'e:zn̩
diesjährig 'di:sjɛ:rɪç
Dieskau 'di:skau
diesmal 'di:sma:l
diesmalig 'di:sma:lɪç, **-e** ...ɪgə
diesseitig 'di:szaitɪç
diesseits 'di:szaits
Dießen 'di:sn̩
Diessenhofen 'di:sn̩ho:fn̩
Diest *niederl.* dist
Diesterweg 'di:stɐve:k
Dietbald 'di:tbalt
Dietbert 'di:tbɛrt
Dieter 'di:tɐ
Dieterich 'di:tərɪç
Dieterle 'di:tɐlə
Dietfried 'di:tfri:t
Dietfurt 'di:tfʊrt
Dietger 'di:tgɛr
Dieth di:t
Diethelm 'di:thɛlm
Diether 'di:tɐ, 'di:thɛr
Diethild 'di:thɪlt
Diethilde di:t'hɪldə
Dietikon 'di:tiko:n
Dietkirchen 'di:tkɪrçn̩, -'--
Dietl 'di:tl̩
Dietlind 'di:tlɪnt
Dietlinde di:t'lɪndə
Dietmar 'di:tmar
Dietmund 'di:tmʊnt
Dietram 'di:tram
Dietramszell di:trams'tsɛl
Dietrich 'di:trɪç
Dietrichson *norw.* 'di:triksɔn
Dietrichstein 'di:trɪçʃtain
Dietrici, ...cy di'tri:tsi
Dietterlin 'di:tɐli:n
Diettrich 'di:trɪç
Dietz[e] 'di:ts[ə]
Dietzenbach 'di:tsn̩bax
Dietzenschmidt 'di:tsn̩ʃmɪt
Dietzfelbinger di:ts'fɛlbɪŋɐ
Dietzsch di:tʃ
Dieudonné *fr.* djødɔ'ne
Dieu le veut! *fr.* djøl'vø
Dieupart *fr.* djø'pa:r
Dieussart *fr.* djø'sa:r
Dieuze *fr.* djø:z
Dievenow 'di:vəno
dieweil di:'vail
Diez di:ts
Díez *span.* 'dieθ
Diezel 'di:tsl̩
Diezmann 'di:tsman
Diffalco dɪ'falko, **...chi** ...ki
Diffamation dɪfama'tsi̯o:n
diffamatorisch dɪfama'to:rɪʃ
Diffamie dɪfa'mi:, **-n** ...i:ən
diffamieren dɪfa'mi:rən
Differdange *fr.* difɛr'dã:ʒ
Differdingen 'dɪfɐdɪŋən
different dɪfə'rɛnt
Differenz dɪfə'rɛnts
differenzial, D... dɪfərɛn'tsi̯a:l
Differenziat dɪfərɛn'tsi̯a:t
Differenziation dɪfərɛntsia-'tsi̯o:n
Differenziator dɪfərɛn-'tsi̯a:to:ɐ̯, **-en** ...i̯a'to:rən
differenziell dɪfərɛn'tsi̯ɛl
differenzieren dɪfərɛn'tsi:rən
differieren dɪfə'ri:rən
diffizil dɪfi'tsi:l
Diffluenz dɪflu'ɛnts
difform dɪ'fɔrm
Difformität dɪfɔrmi'tɛ:t
diffrakt dɪ'frakt
Diffraktion dɪfrak'tsi̯o:n
diffundieren dɪfʊn'di:rən
diffus dɪ'fu:s, **-e** ...u:zə
Diffusat dɪfu'za:t
Diffusion dɪfu'zi̯o:n
Diffusor dɪ'fu:zo:ɐ̯, **-en** dɪfu-'zo:rən
Digamma di'gama
Digby *engl.* 'dɪgbɪ
digen di'ge:n

Digenis dige'nɪs
digerieren dige'ri:rən
Digest 'daɪ̯dʒɛst
Digesten di'gɛstn̩
Digestif digɛs'ti:f
Digestion digɛs'ti̯o:n
digestiv digɛs'ti:f, **-e** ...i:və
Digestivum digɛs'ti:vʊm, **...va** ...va
Digestor di'gɛsto:ɐ̯, **-en** ...'to:rən
Diggelmann 'dɪgl̩man
Digger 'dɪgɐ
Digges *engl.* dɪgz
Digimatik digi'ma:tɪk
Digit 'dɪdʒɪt
digital digi'ta:l
Digitalis digi'ta:lɪs
digitalisieren digitali'zi:rən
Digitaloid digitalo'i:t, **-e** ...i:də
Digitoxin digitɔ'ksi:n
Digitus 'di:gitʊs, **...ti** ...ti
Diglossie diglɔ'si:, **-n** ...i:ən
Diglyph di'gly:f
Digne *fr.* diɲ
Dignitar dɪgni'ta:ɐ̯
Dignitär dɪgni'tɛ:ɐ̯
Dignität dɪgni'tɛ:t
digorisch di'go:rɪʃ
Digramm di'gram
Digraph di'gra:f
Digression digrɛ'si̯o:n
Digul *indon.* 'digʊl
digyn di'gy:n
dihybrid dihy'bri:t, 'di:h...; **-e** ...i:də
Dihybride dihy'bri:də, 'di:h...
Dijambus di'jambʊs
Dijck, Dijk daɪ̯k, *niederl.* dɛi̯k
Dijkstra *niederl.* 'dɛi̯kstra
Dijon *fr.* di'ʒõ
dijudizieren dijudi'tsi:rən
Dikaryont dika'ry̆ɔnt
Dikasterion dikas'te:ri̯ɔn, **...ien** ...i̯ən
Dikasterium dikas'te:ri̯ʊm, **...ien** ...i̯ən
Dike 'di:kə
diklin di'kli:n
dikotyl diko'ty:l
Dikotyle diko'ty:lə
Dikotyledone dikotyle'do:nə
Dikrotie dikro'ti:, **-n** ...i:ən
Diksmuide *niederl.* dɪks'mœi̯də
Dikta vgl. Diktum
Diktam 'dɪktam
diktando dɪk'tando
Diktant dɪk'tant
Diktaphon dɪkta'fo:n
Diktat dɪk'ta:t
Diktator dɪk'ta:to:ɐ̯, **-en** dɪkta'to:rən
diktatorial dɪktato'ri̯a:l
diktatorisch dɪkta'to:rɪʃ
Diktatur dɪkta'tu:ɐ̯
diktieren dɪk'ti:rən
Diktion dɪk'tsi̯o:n
Diktionär dɪktsi̯o'nɛ:ɐ̯
Diktonius *schwed.* dik'tu:niʊs
Diktum 'dɪktʊm, **...ta** ...ta
Diktus 'dɪktʊs
Diktyogenese dɪkty̆oge'ne:zə
Diktys 'dɪktʏs
Đilas *serbokr.* ˌdʑilas
dilatabel dila'ta:bl̩, **...ble** ...blə
Dilatabiles dila'ta:bile:s
Dilatation dilata'tsi̯o:n
Dilatator dila'ta:to:ɐ̯, **-en** dilata'to:rən
dilatieren dila'ti:rən
Dilation dila'tsi̯o:n
Dilatometer dilato'me:tɐ
dilatorisch dila'to:rɪʃ
Dildo 'dɪldo
Dilemma di'lɛma, **-ta** -ta
dilemmatisch dilɛ'ma:tɪʃ
Dilettant dilɛ'tant
dilettantisch dilɛ'tantɪʃ
Dilettantismus dilɛtan'tɪsmʊs
dilettieren dilɛ'ti:rən
Díli *port.* 'dili
Dilich 'di:lɪç
Diligence dili'ʒã:s, **-n** -sn̩
Diligenz dili'gɛnts
Dilke *engl.* dɪlk
Dill *dt., engl.* dɪl
Dille[nburg] 'dɪlə[nbʊrk]
Dillens *niederl.* 'dɪləns
Dilliger 'dɪligɐ
Dillingen 'dɪlɪŋən
Dillinger 'dɪlɪŋɐ, *engl.* 'dɪlɪndʒə
Dillis 'dɪlɪs
Dillmann 'dɪlman
Dillon *fr.* di'lõ, *engl.* 'dɪlən
Dilong *slowak.* 'dilɔŋk
Dilos *neugr.* 'ðilɔs
Dilsberg 'dɪlsbɛrk
Dilthey 'dɪltaɪ̯
diluieren dilu'i:rən
Dilution dilu'tsi̯o:n
diluvial dilu'vi̯a:l
Diluvium di'lu:vi̯ʊm, **...ien** ...i̯ən
Dimafon dima'fo:n
Dîmbovița *rumän.* 'dɨmbovitsa
Dime daɪ̯m
Dimension dimɛn'zi̯o:n
dimensional dimɛnzi̯o'na:l
dimensionieren dimɛnzi̯o'ni:rən
dimer di'me:ɐ̯
Dimerisation dimeriza'tsi̯o:n
Dimeter 'di:metɐ
Dimini *neugr.* ði'mini
Diminuendo dimi'nu̯ɛndo, **...di** ...di
diminuieren diminu'i:rən
Diminution diminu'tsi̯o:n
diminutiv, D... diminu'ti:f, **-e** ...i:və
Diminutivum diminu'ti:vʊm, **...va** ...va
Dimission dimɪ'si̯o:n
Dimissionär dimɪsi̯o'nɛ:ɐ̯
Dimissoriale dimɪso'ri̯a:lə, **...ien** ...i̯ən
Dimitar *bulgar.* di'mitər
Dimitri *russ.* di'mitrij
Dimitrije *serbokr.* diˌmitrijɛ
Dimitrijević *serbokr.* diˌmitrijɛvitɕ
Dimitroff 'dɪmitrɔf, dimi'trɔf
Dimitrovgrad *serbokr.* 'dimitrɔvgrad
Dimitrow *bulgar.* dimi'trɔf
Dimitrowa *bulgar.* dimi'trɔvɐ
Dimitrowgrad *bulgar.* di'mitrovgrat, *russ.* dimitrav'grat
Dimitrowo *bulgar.* di'mitrovo
dimittieren dimɪ'ti:rən
Dimmer 'dɪmɐ
di molto di 'mɔlto
Dimona *hebr.* dimɔ'na
dimorph di'mɔrf
Dimorphie dimɔr'fi:, **-n** ...i:ən
Dimorphismus dimɔr'fɪsmʊs
Dimotiki *neugr.* ðimɔti'ki
Dimow *bulgar.* 'dimof
DIN® di:n
Dina 'di:na
Dinah 'di:na, *engl.* 'daɪnə
Dinamo *russ.* di'namɐ, *serbokr.* 'dinamɔ
Dinan *fr.* di'nã
Dinanderie dinandə'ri:, **-n** ...i:ən
Dinant *fr.* di'nã
Dinar di'na:ɐ̯, *serbokr.* 'dina:r
Dinard *fr.* di'na:r
Dinariden dina'ri:dn̩
dinarisch di'na:rɪʃ
Dindigul *engl.* 'dɪndɪgʊl
Dindorf 'dɪndɔrf
D'Indy *fr.* dɛ̃'di
Dine *engl.* daɪn

Diner di'ne:
Dinescu *rumän.* di'nesku
Ding dɪŋ
Dingelchen 'dɪŋl̩çən
Dingelstädt 'dɪŋl̩ʃtɛt
Dingelstedt 'dɪŋl̩ʃtɛt
dingen 'dɪŋən
Dingerchen 'dɪŋɐçən
Dinghofer 'dɪŋho:fɐ
Dingi, Dinghy 'dɪŋgi
Dingle *engl.* dɪŋgl
Dingler 'dɪŋlɐ
Dinglinger 'dɪŋlɪŋɐ
Dingo 'dɪŋgo
Dingolfing 'dɪŋgɔlfɪŋ
Dings[bums] 'dɪŋs[bʊms]
Dingsda 'dɪŋsda:
Dingsfelden 'dɪŋsfɛldn̩, *auch:* –'––
Dingskirchen 'dɪŋskɪrçn̩, *auch:* –'––
Đinh-Hung *vietn.* diŋ huŋ 11
Dini *it.* 'di:ni
dinieren di'ni:rən
Dining... 'dai̯nɪŋ...
Dinis, Diniz *port.* də'niʃ, *bras.* di'nis
Dink[a] 'dɪŋk[a]
Dinkel 'dɪŋkl̩
Dinkelsbühl 'dɪŋkl̩sby:l
Dinner 'dɪnɐ
[1]**Dino** (Name) *it.* 'di:no
[2]**Dino** (Saurier) 'di:no
Dinokrates di'no:kratɛs
Dinorah di'no:ra
Dinosaurier dino'zau̯ri̯ɐ
Dinosaurus dino'zau̯rʊs
Dinotherium dino'te:ri̯ʊm, ...ien ...i̯ən
Dinslaken 'dɪnsla:kn̩
Dinu *rumän.* 'dinu
Dio 'di:o
Diode di'|o:də
Diodor di̯o'do:ɐ̯
Diodorus di̯o'do:rʊs
Diogenes 'di̯o:genɛs
Diogo *port.* 'di̯oɣu
Diokles 'di:oklɛs
Diokletian di̯okle'tsi̯a:n
Diolefin di̯ole'fi:n
Diolen® di̯o'le:n
Diomede *it.* dio'mɛ:de, *engl.* 'daɪəmi:d
Diomedes di̯o'me:dɛs
[1]**Dion** (Name) 'di:ɔn, *fr.* djõ
[2]**Dion** (Direktion, Division) di̯o:n
Dione 'di̯o:nə
Dionissi *russ.* dia'nisij
Dionys di̯o'ny:s
Dionysia di̯o'ny:zi̯a
Dionysien di̯o'ny:zi̯ən
Dionysios di̯o'ny:zi̯ɔs
dionysisch di̯o'ny:zɪʃ
Dionysius di̯o'ny:zi̯ʊs
Dionysos 'di̯o:nyzɔs
Diop *fr.* djɔp
diophantisch di̯o'fantɪʃ
Diophantos di̯o'fantɔs
Diopsid diɔ'psi:t, **-e** ...i:də
Dioptas diɔp'ta:s, **-e** ...a:zə
Diopter di'ɔptɐ
Dioptrie diɔp'tri:, **-n** ...i:ən
Dioptrik di'ɔptrɪk
dioptrisch di'ɔptrɪʃ
Dioptrometer diɔptro'me:tɐ
Dior *fr.* djɔ:r
Diorama dio'ra:ma
Diori *fr.* djɔ'ri
Diorismus dio'rɪsmʊs
Diorit dio'ri:t
Dioskur di̯ɔs'ku:ɐ̯
Dioskurides di̯ɔs'ku:ride:s
Diospolis magna, - parva 'di̯ɔs-polɪs 'magna, - 'parva
Diotima 'di̯o:tima, *auch:* di̯o-'ti:ma
Diouf *fr.* djuf
Diourbel *fr.* djur'bɛl
Dioxan diɔ'ksa:n
Dioxid 'di:|ɔksi:t, *auch:* di-|ɔ'ksi:t, **-e** ...i:də
Dioxin diɔ'ksi:n
diözesan, D... diøtse'za:n
Diözese diø'tse:zə
Diözie diø'tsi:
diözisch di'ø:tsɪʃ
Diözismus diø'tsɪsmʊs
Dip dɪp
Dipeptid dipɛp'ti:t, **-e** ...i:də
Dipeptidase dipɛpti'da:zə
Diphilos 'di:filɔs
Diphtherie dɪfte'ri:, **-n** ...i:ən
diphtherisch dɪf'te:rɪʃ
Diphtheritis dɪfte'ri:tɪs
diphtheroid dɪftero'i:t, **-e** ...i:də
Diphthong dɪf'tɔŋ
Diphthongie dɪftɔŋ'gi:, **-n** ...i:ən
diphthongieren dɪftɔŋ'gi:rən
diphthongisch dɪf'tɔŋɪʃ
diphyletisch dify'le:tɪʃ
Diphyllobothrium difylo-'bo:triʊm, ...**ien** ...iən
diphyodont difyo'dɔnt
Diplakusis dipla'ku:zɪs
Diplegie diple'gi:, **-n** ...i:ən
Diplex... 'di:plɛks...
Diplodokus diplo'do:kʊs
Diploe di'plo:ə
diploid diplo'i:t, **-e** ...i:də
Diploidie diploi'di:
Diplokokkus diplo'kɔkʊs
Diplom di'plo:m
Diplomand diplo'mant, **-en** ...dn̩
Diplomat diplo'ma:t
Diplomatie diploma'ti:
Diplomatik diplo'ma:tɪk
Diplomatiker diplo'ma:tikɐ
diplomatisch diplo'ma:tɪʃ
diplomieren diplo'mi:rən
Diplont di'plɔnt
Diplopie diplo'pi:
diplostemon diploste'mo:n
Dipnoi 'dɪpnoi
Dipodie dipo'di:, **-n** ...i:ən
dipodisch di'po:dɪʃ
Dipol 'di:po:l
Dippel 'dɪpl̩
dippen 'dɪpn̩
Dippoldiswalde dɪpɔldɪs'valdə
Dipsomane dɪpso'ma:nə
Dipsomanie dɪpsoma'ni:, **-n** ...i:ən
Diptam 'dɪptam
Dipteren dɪp'te:rən
Dipteros 'dɪpterɔs, ...**roi** ...ɔy
Diptychon 'dɪptʏçɔn, ...**cha** ...ça
Dipylon 'di:pylɔn
dir di:ɐ̯
Dirac *engl.* dɪ'ræk
Dirae 'di:rɛ
Directcosting di'rɛktkɔstɪŋ
Directmailing di'rɛktme:lɪŋ
Directoire dirɛk'to̯a:ɐ̯
Diredaua dire'dau̯a, *amh.* dərre dawa
direkt di'rɛkt
Direktion dirɛk'tsi̯o:n
direktiv dirɛk'ti:f, **-e** ...i:və
Direktive dirɛk'ti:və
Direktor di'rɛkto:ɐ̯, **-en** ...'to:rən
Direktorat dirɛkto'ra:t
direktorial dirɛkto'ri̯a:l
Direktorin dirɛk'to:rɪn
Direktorium dirɛk'to:ri̯ʊm, ...**ien** ...i̯ən
Direktrice dirɛk'tri:sə
Direktrix di'rɛktrɪks
Direttissima dirɛ'tɪsima
direttissimo dirɛ'tɪsimo
Direx 'di:rɛks
Dirge dø:ɐ̯tʃ, dœrtʃ

Dirham 'dɪrham
Dirhem 'dɪrhɛm
Dirichlet diri'kle:
Dirigat diri'ga:t
Dirigent diri'gɛnt
dirigieren diri'gi:rən
Dirigismus diri'gɪsmʊs
dirigistisch diri'gɪstɪʃ
dirimieren diri'mi:rən
Dirk *dt., niederl.* dɪrk, *engl.* də:k
Dirke 'dɪrkə
Dirks *dt., niederl.* dɪrks
Dirksen 'dɪrksn̩, *engl.* də:ksn
Dirndl 'dɪrndl̩
Dirn[e] 'dɪrn[ə]
Dirr dɪr
Dirschau 'dɪrʃau̯
Dirttrack... 'dø:ɐ̯ttrɛk..., 'dœrt...
Diruta *it.* di'ru:ta
Dis, ¹Dis dɪs
Dis (Ort) *pers.* dez
Disac[c]harid dizaxa'ri:t, 'di:z..., -e ...i:də
Disagio dɪs'|a:dʒo, ...a:ʒi̯o
disambiguieren dɪs|ambigu'i:rən
Disc... 'dɪsk...
Discantus dɪs'kantʊs, die - ...tu:s
Disciples of Christ di'saipl̩s ɔf 'krai̯st
Disclaimer dɪs'kle:mɐ
Discman® 'dɪskmɛn
Disco 'dɪsko
Discount... dɪs'kau̯nt...
Discounter dɪs'kau̯ntɐ
Discoverer *engl.* dɪs'kʌvərə
Discovery *engl.* dɪs'kʌvərɪ
disculpieren dɪskʊl'pi:rən
Dis-Dur 'dɪsdu:ɐ̯, *auch:* '-'-
Disen 'di:zn̩
Disengagement dɪs|ɪn'ge:tʃmənt, '----
Disentis 'di:zn̩tɪs
Diseur di'zø:ɐ̯
Diseuse di'zø:zə
disgruent dɪsgru'ɛnt
Disharmonie dɪsharmo'ni:, -n ...i:ən
disharmonieren dɪsharmo'ni:rən
disharmonisch dɪshar'mo:nɪʃ
Disibodenberg dizi'bo:dn̩bɛrk
Disjektion dɪsjɛk'tsi̯o:n
disjunkt dɪs'jʊŋkt
Disjunktion dɪsjʊŋk'tsi̯o:n
disjunktiv dɪsjʊŋk'ti:f, -e ...i:və
Disk... 'dɪsk...
Diskant dɪs'kant
Diskette dɪs'kɛtə
¹Disko 'dɪsko
²Disko (Insel) *dän.* 'disgʊ
Diskographie dɪskogra'fi:
diskoidal dɪskoi'da:l
Diskologie dɪskolo'gi:
Diskomyzet dɪskomy'tse:t
Diskont dɪs'kɔnt
diskontieren dɪskɔn'ti:rən
diskontinuierlich dɪskɔntinu'i:ɐ̯lɪç
Diskontinuität dɪskɔntinui'tɛ:t
Diskonto dɪs'kɔnto, ...ti ...ti
Diskopathie dɪskopa'ti:, -n ...i:ən
diskordant dɪskɔr'dant
Diskordanz dɪskɔr'dants
Diskothek dɪsko'te:k
Diskothekar dɪskote'ka:ɐ̯
Diskredit 'dɪskredi:t
diskreditieren dɪskredi'ti:rən
diskrepant dɪskre'pant
Diskrepanz dɪskre'pants
diskret dɪs'kre:t
Diskretion dɪskre'tsi̯o:n
diskretionär dɪskretsi̯o'nɛ:ɐ̯
Diskriminante dɪskrimi'nantə
Diskrimination dɪskrimina'tsi̯o:n
Diskriminator dɪskrimi'na:to:ɐ̯, -en ...na'to:rən
diskriminieren dɪskrimi'ni:rən
diskurrieren dɪskʊ'ri:rən
Diskurs dɪs'kʊrs, -e ...rzə
diskursiv dɪskʊr'zi:f, -e ...i:və
Diskus 'dɪskʊs, -se ...ʊsə
Diskussion dɪskʊ'si̯o:n
diskutabel dɪsku'ta:bl̩, ...ble ...blə
Diskutant dɪsku'tant
diskutieren dɪsku'ti:rən
Dislokation dɪsloka'tsi̯o:n
disloyal dɪslo̯a'ja:l, *auch:* '---
dislozieren dɪslo'tsi:rən
Dismal Swamp *engl.* 'dɪzməl 'swɔmp
Dismembration dɪsmɛmbra'tsi̯o:n
Dismembrator dɪsmɛm'bra:to:ɐ̯, -en ...ra'to:rən
dis-Moll 'dɪsmɔl, *auch:* '-'-
Disna *russ.* dis'na
Disney *engl.* 'dɪznɪ
Disneyland *engl.* 'dɪznɪlænd
Dispache dɪs'paʃə
Dispacheur dɪspa'ʃø:ɐ̯
dispachieren dɪspa'ʃi:rən
disparat dɪspa'ra:t
Disparität dɪspari'tɛ:t
Dispatcher dɪs'pɛtʃɐ
Dispens dɪs'pɛns, -e ...nzə
dispensabel dɪspɛn'za:bl̩, ...ble ...blə
Dispensaire... dɪspɛn'zɛ:ɐ̯..., ...pã's...
Dispensarium dɪspɛn'za:ri̯ʊm, ...ien ...i̯ən
Dispensation dɪspɛnza'tsi̯o:n
Dispensatorium dɪspɛnza'to:ri̯ʊm, ...ien ...i̯ən
dispensieren dɪspɛn'zi:rən
Dispergens dɪs'pɛrgɛns, ...tia, ...'gɛntsi̯a, ...zien ...'gɛntsi̯ən
dispergieren dɪspɛr'gi:rən
Dispermie dispɛr'mi:, -n ...i:ən
dispers dɪs'pɛrs, -e ...rzə
Dispersants dɪs'pø:ɐ̯sn̩ts, ...pœrsn̩ts
Dispersion dɪspɛr'zi̯o:n
Dispersität dɪspɛrzi'tɛ:t
Dispersoid dɪspɛrzo'i:t, -e ...i:də
Dispersum dɪs'pɛrzʊm
Displaced Person dɪs'ple:st 'pø:ɐ̯sn̩, -'pœrsn̩
Display dɪs'ple:, *engl.* ...'pleɪ
Displayer dɪs'ple:ɐ
Dispondeus dispɔn'de:ʊs, ...deen ...de:ən
Disponende dɪspo'nɛndə
Disponent dɪspo'nɛnt
disponibel dɪspo'ni:bl̩, ...ble ...blə
Disponibilität dɪsponibili'tɛ:t
disponieren dɪspo'ni:rən
Disposition dɪspozi'tsi̯o:n
dispositiv dɪspozi'ti:f, -e ...i:və
Dispositor dɪs'po:zito:ɐ̯, -en dɪspozi'to:rən
Disproportion dɪsprɔpɔr'tsi̯o:n
disproportional dɪsprɔpɔrtsi̯o'na:l
Disproportionalität dɪsprɔpɔrtsi̯onali'tɛ:t
disproportioniert dɪsprɔpɔrtsi̯o'ni:ɐ̯t
Disput dɪs'pu:t
disputabel dɪspu'ta:bl̩, ...ble ...blə
Disputant dɪspu'tant
Disputation dɪsputa'tsi̯o:n
disputieren dɪspu'ti:rən

Disqualifikation dɪskvalifika'tsi̯o:n
disqualifizieren dɪskvalifi'tsi:rən
D'Israeli, Disraeli *engl.* dɪz'reɪlɪ
Diss dɪs
dissecans 'dɪsekans
Dissemination dɪsemina'tsi̯o:n
disseminiert dɪsemi'ni:ɐ̯t
Dissen 'dɪsn̩
Dissens dɪ'sɛns, **-e** ...nzə
Dissenter dɪ'sɛntɐ
dissentieren dɪsɛn'ti:rən
Dissepiment dɪsepi'mɛnt
Dissertant dɪsɛr'tant
Dissertation dɪsɛrta'tsi̯o:n
dissertieren dɪsɛr'ti:rən
dissident, D... dɪsi'dɛnt
Dissidenz dɪsi'dɛnts
Dissidien dɪ'si:di̯ən
dissidieren dɪsi'di:rən
Dissimilation dɪsimila'tsi̯o:n
dissimilieren dɪsimi'li:rən
Dissimulation dɪsimula'tsi̯o:n
dissimulieren dɪsimu'li:rən
Dissipation dɪsipa'tsi̯o:n
dissipieren dɪsi'pi:rən
dissolubel dɪso'lu:bl̩, **...ble** ...blə
dissolut dɪso'lu:t
Dissolution dɪsolu'tsi̯o:n
Dissolvens dɪ'sɔlvɛns, **...ntia** ...'vɛntsi̯a, **...nzien** ...'vɛntsi̯ən
dissolvieren dɪsɔl'vi:rən
dissonant dɪso'nant
Dissonanz dɪso'nants
dissonieren dɪso'ni:rən
Dissousgas dɪ'su:ga:s
dissozial dɪso'tsi̯a:l
Dissozialität dɪsotsi̯ali'tɛ:t
Dissoziation dɪsotsi̯a'tsi̯o:n
dissoziieren dɪsotsi'i:rən
Disstress 'dɪstrɛs
Dissuasion dɪsu̯a'zi̯o:n
distal dɪs'ta:l
Distanz dɪs'tants
distanzieren dɪstan'tsi:rən
Distar dɪs'ta:ɐ̯
Distel 'dɪstl̩, *fr.* dis'tɛl
Distelbarth 'dɪstl̩ba:ɐ̯t
Disteli 'dɪstəli
Distelrasen 'dɪstl̩ra:zn̩
Disthen dɪs'te:n
distich dɪs'tɪç
Distichiasis dɪstɪ'çi:azɪs, **...iasen** ...'çi̯a:zn̩
Distichie dɪstɪ'çi:, **-n** ...i:ən
distichitisch dɪstɪ'çi:tɪʃ
Distichomythie dɪstɪçomy'ti:
Distichon 'dɪstɪçɔn
Distingem dɪstɪŋ'ge:m
distinguieren dɪstɪŋ'gi:rən, *auch:* ...gu'i:rən
distinkt dɪs'tɪŋkt
Distinktion dɪstɪŋk'tsi̯o:n
distinktiv dɪstɪŋk'ti:f, **-e** ...i:və
Distler 'dɪstlɐ
Distorsion dɪstɔr'zi̯o:n
distrahieren dɪstra'hi:rən
Distraktion dɪstrak'tsi̯o:n
Distraktor dɪs'trakto:ɐ̯, **-en** ...'to:rən
Distribuent dɪstri'bu̯ɛnt
distribuieren dɪstribu'i:rən
Distribution dɪstribu'tsi̯o:n
distributional dɪstributsi̯o'na:l
distributionell dɪstributsi̯o'nɛl
distributiv dɪstribu'ti:f, **-e** ...i:və
Distributivum dɪstribu'ti:vʊm, **...va** ...va
District of Columbia *engl.* 'dɪstrɪkt əv kə'lʌmbɪə
Distrikt dɪs'trɪkt
Distrito Federal *bras.* dis'tritu fede'ral, *span.* dis'trito feðe'ral
Diszession dɪstsɛ'si̯o:n
Disziplin dɪstsi'pli:n
disziplinär dɪstsipli'nɛ:ɐ̯
Disziplinar... dɪstsipli'na:ɐ̯...
disziplinarisch dɪstsipli'na:rɪʃ
disziplinell dɪstsipli'nɛl
disziplinieren dɪstsipli'ni:rən
diszipliniert dɪstsipli'ni:ɐ̯t
Diszision dɪstsi'zi̯o:n
Diszission dɪstsɪ'si̯o:n
Dit di:, *fr.* di
Ditetrode dite'tro:də
Dithmarschen 'dɪtmarʃn̩
Dithyrambe dity'rambə
dithyrambisch dity'rambɪʃ
Dithyrambos dity'rambɔs
Dithyrambus dity'rambʊs
dito, D... 'di:to
Ditrochäus ditrɔ'xɛ:ʊs, **...äen** ...ɛ:ən
Dittberner 'dɪtbɛrnɐ
Dittchen 'dɪtçən
Ditte 'dɪtə
Ditters[dorf] 'dɪtɐs[dɔrf]
Dittes 'dɪtəs
Dittographie dɪtogra'fi:, **-n** ...i:ən
Dittologie dɪtolo'gi:, **-n** ...i:ən
Ditzen[bach] 'dɪtsn̩[bax]
Ditzingen 'dɪtsɪŋən
Diu *port.* diu̯
Diurese diu're:zə
Diuretikum diu're:tikʊm, **...ka** ...ka
Diuretin® diure'ti:n
diuretisch diu're:tɪʃ
Diurnal di̯ʊr'na:l
Diurnale di̯ʊr'na:lə, **...lia** ...li̯a
Diurnum 'di̯ʊrnʊm
Diva 'di:va
Divan 'di:va:n, *pers.* di'vɑ:n, *türk.* di:'vɑn
Diverbium di'vɛrbi̯ʊm, **...ia** ...i̯a, **...ien** ...i̯ən
divergent divɛr'gɛnt
Divergenz divɛr'gɛnts
divergieren divɛr'gi:rən
divers di'vɛrs, **-e** ...rzə
Diversa di'vɛrza
Diversant divɛr'zant
Diverse di'vɛrzə
Diversifikation divɛrzifika'tsi̯o:n
diversifizieren divɛrzifi'tsi:rən
Diversion divɛr'zi̯o:n
divertieren divɛr'ti:rən
Divertikel divɛr'ti:kl̩
Divertikulitis divɛrtiku'li:tɪs
Divertikulose divɛrtiku'lo:zə
Divertimento divɛrti'mɛnto, **...ti** ...ti
Divertissement divɛrtɪsə'mã:
Divico 'di:viko
divide et impera 'di:vide ɛt 'ɪmpera
Dividend divi'dɛnt, **-en** ...ndn̩
Dividende divi'dɛndə
dividieren divi'di:rən
Dividivi divi'di:vi
Divina Commedia di'vi:na kɔ'me:di̯a, *it.* - kom'mɛ:di̯a
Divination divina'tsi̯o:n
divinatorisch divina'to:rɪʃ
Divinität divini'tɛ:t
Divinópolis *bras.* divi'nɔpulis
Divis di'vi:s, **-e** ...i:zə
Diviš *tschech.* 'djiviʃ
divisi di'vi:zi
Division divi'zi̯o:n
Divisionär divizi̯o'nɛ:ɐ̯
Divisionismus divizi̯o'nɪsmʊs
Divisor di'vi:zo:ɐ̯, **-en** divi'zo:rən
Divisorium divi'zo:ri̯ʊm, **...ien** ...i̯ən
Divo *fr.* di'vo
Divriği *türk.* 'divriji
Divulgator divʊl'ga:to:ɐ̯, **-en** ...ga'to:rən

Divulsion divʊl'zio:n
Divus 'di:vʊs
Diwan 'di:va:n; *pers.* di'vɑ:n, *türk.* di:'vɑn
Diwnogorsk *russ.* divna'gɔrsk
Dix *dt., engl.* dɪks, *fr.* diks
Dixelius *schwed.* dik'se:liʊs
Dixence *fr.* dik'sã:s
Dixie[land] 'dɪksi[lɛnt]
Dixon *engl.* dɪksn, *russ.* 'diksɐn
Diyarbakır *türk.* di'jɑrbɑˌkɨr
dizygot 'di:tsygo:t
Dizzy *engl.* 'dɪzɪ
DJ *engl.* di:'dʒeɪ
Dj... vgl. auch Đ..., J...
Djak djak
Djamaa dʒa'ma:a
Djamileh *fr.* dʒami'le
Djanna 'dʒana
Djebel *fr.* dʒe'bɛl
Djedkare djɛtka're:
Djelfa *fr.* dʒɛl'fa
Djemila *fr.* dʒemi'la
Djemmal *fr.* dʒɛm'mal
Djerba[h] *fr.* dʒɛr'ba
Djérid *fr.* dʒe'rid
Djérissa *fr.* dʒeri'sa
Djibouti *fr.* dʒibu'ti
Djidjelli *fr.* dʒidʒɛl'li
Djoser 'djo:zɐ
Djoshegan djoʃe'ga:n
Djougou *fr.* dʒu'gu
Djuma 'dʒʊma
Djurgården *schwed.* ˌjʉ:rgo:rdən
Djursland *dän.* 'dju:'ɐslæn'
Długosz *poln.* 'duugɔʃ
Dmitri *russ.* 'dmitrij
Dmitrijew *russ.* 'dmitrijɪf
Dmitrijewitsch *russ.* 'dmitrijɪvitʃ
Dmitrijewna *russ.* 'dmitrijɪvnɐ
Dmitrow *russ.* 'dmitrɐf
Dmochowski *poln.* dmɔ'xɔfski
d-Moll 'de:mɔl, *auch:* '–'–
Dmowski *poln.* 'dmɔfski
Dmytryk *engl.* 'dmɪtrɪk
Dnepr *russ.* dnjɛpr
Dneprodserschinsk *russ.* dnɪprɐdzɪr'ʒɨnsk
Dneproges *russ.* dnɪpra'gɛs
Dnepropetrowsk *russ.* dnɪprɐpɪ'trɔfsk
Dnestr *russ.* dnjɛstr
Dnjepr 'dnjɛpɐ
Dnjepropetrowsk dnjɛpropɛ'trɔfsk
Dnjestr 'dnjɛstɐ
Dno *russ.* dnɔ
do, Do do:
Đoan-Thi-Điêm *vietn.* duan θi diəm 364
Dobbiaco *it.* dob'bia:ko
Dobbs [Ferry] *engl.* 'dɔbz ['fɛrɪ]
Döbel 'dø:bl̩
Döbeln 'dø:bl̩n
Doberan dobə'ra:n
Döbereiner 'dø:bəraine
Doberlug 'do:bɐlʊk
Dobermann 'do:bɐman
Dobi *ung.* 'dobi
Dobiáš *tschech.* 'dɔbia:ʃ
Dobles *span.* 'dobles
Döblin 'dø:bli:n, dø'bli:n
Doboj *serbokr.* 'dɔbɔj
Doboz[y] *ung.* 'doboz[i]
Dobra *dt., poln.* 'dɔbra
Döbraberg 'dø:brabɛrk
Dobraczyński *poln.* dɔbra'tʃɨĩski
Dobratsch 'do:bratʃ
Dobre Miasto *poln.* 'dɔbrɛ 'mjastɔ
Dobretsberger 'do:brɛtsbɛrgɐ
Dobrew *bulgar.* 'dɔbrɛf
Dobrilugk 'do:brilʊk
Dobrogea *rumän.* do'brodʒea
Dobrogeanu *rumän.* dobro'dʒeanu
Dobroljubow *russ.* dɐbra'ljubɐf
Dobromierz *poln.* dɔ'brɔmjɛʃ
Dobromila 'dɔbromila
Dobrović *serbokr.* ˌdɔ:brɔvitɕ
Dobrovský *tschech.* 'dɔbrɔfski:
Dobrowolsk[i] *russ.* dɐbra'vɔljsk[ij]
Dobrudscha do'brʊdʒa, *bulgar.* 'dɔbrudʒɐ
Dobrynin *russ.* da'brɨnin
Dobschütz 'dɔpʃʏts
Dobson *engl.* dɔbsn
Dobtschinski *russ.* 'dɔptʃinskij
Dobzhansky dɔp'ʃanski
Doccia *it.* 'dottʃa
Doce, Rio *bras.* 'rriu 'dosi
Docen do'tse:n
docendo discimus do'tsɛndo 'dɪstsimʊs
doch[misch] 'dɔx[mɪʃ]
Dochmius 'dɔxmiʊs, **...ien** ...iən
Docht dɔxt
Dock[e] 'dɔk[ə]
docken 'dɔkn̩
Docking 'dɔkɪŋ
Doctor 'dɔkto:ɐ̯, **-es** dɔk'to:re:s
Doctor of Laws 'dɔktɐ ɔf 'lɔ:s
Doctorow *engl.* 'dɔktərou
Documenta doku'mɛnta
Dóczi *ung.* 'do:tsi
Dodd[ridge] *engl.* 'dɔd[rɪdʒ]
Dodds *engl.* dɔdz
Dodekadik dode'ka:dɪk
dodekadisch dode'ka:dɪʃ
Dodekaeder dodeka'|e:dɐ
Dodekalog dodeka'lo:k, **-es** ...o:gəs
Dodekanes dodeka'ne:s
Dodekanisos *neugr.* ðɔðɛ'kanisɔs
Dodekaphonie dodekafo'ni:
dodekaphonisch dodeka'fo:nɪʃ
Dodekaphonist dodekafo'nɪst
Dodekapolis dode'ka:polɪs
Doderer 'do:dərɐ
Döderlein 'dø:dɐlain
Dodge *engl.* dɔdʒ
Dodgson *engl.* dɔdʒsn
[1]**Dodo** (Vorname) 'do:do, do'do:
[2]**Dodo** (Vogel) 'do:do
Dodoma do'do:ma, *engl.* doʊ'doʊmɑ:
Dodona do'do:na
dodonäisch dodo'nɛ:ɪʃ
Dodsley *engl.* 'dɔdzlɪ
Doebbelin 'dœbəli:n
Doeberl 'dø:bɐl
Doebler 'dø:blɐ
Doehring 'dø:rɪŋ
Doelenstücke 'du:lənʃtʏkə
Does *niederl.* dus
Doesburg *niederl.* 'duzbʏrx
Doeskin® 'do:skɪn
Doetinchem *niederl.* 'dutɪŋxɛm
Doff *engl.* dɔf
Döffingen 'dœfɪŋən
Doflein 'do:flain
Dogaressa doga'rɛsa
Dogberry *engl.* 'dɔgbɛrɪ
Dogcart 'dɔkart
Doge 'do:ʒə, *auch:* 'do:dʒə
Dogge 'dɔgə
Dogger 'dɔgɐ, *engl.* 'dɔgə
Dögling 'dø:klɪŋ
Dogma 'dɔgma
Dogmatik dɔ'gma:tɪk
Dogmatiker dɔ'gma:tikɐ
dogmatisch dɔ'gma:tɪʃ
dogmatisieren dɔgmati'zi:rən
Dogmatismus dɔgma'tɪsmʊs
dogmatistisch dɔgma'tɪstɪʃ

Dọgskin ˈdɔkskɪn
Do̱ha ˈdo:ha
Doherty *engl.* ˈdoʊətɪ
Dö̱hl dø:l
Do̱hle ˈdo:lə
Do̱hm[a] ˈdo:m[a]
Do̱hna ˈdo:na
Dohna̱nyi doˈna:ni
Dohnányi doˈna:ni, *ung.* ˈdohna:nji
Do̱hne ˈdo:nə
Do̱hrn do:ɐ̯n
Doida̱lses dɔy̯ˈdalzɛs
Dọină *rumän.* ˈdoi̯nə
Dọiro *port.* ˈdoi̯ru
Dọisy *engl.* ˈdɔɪzɪ
do it yoursẹlf ˈdu: ɪt ju:ɐ̯ˈzɛlf
Dọjran *mak.* ˈdɔjran
Doke̱t doˈke:t
Doketịsmus dokeˈtɪsmʊs
Dokimasi̱e dokimaˈzi:
Dokimasiologi̱e dokimazi̯oloˈgi:
Dokimạstik dokiˈmastɪk
dokimạstisch dokiˈmastɪʃ
Dọkkum *niederl.* ˈdɔkəm
Dokschụkino *russ.* dakˈʃukinɐ
dọktern ˈdɔktɐn
Dọktor ˈdɔkto:ɐ̯, **-en** dɔkˈto:rən
Doktorạnd dɔktoˈrant, **-en** ...ndn̩
Doktora̱t dɔktoˈra:t
doktori̱eren dɔktoˈri:rən
Doktorin dɔkˈto:rɪn, *auch:* ˈdɔktorɪn
Doktoringenieur ˈdɔkto:ɐ̯|ɪnʒeni̯ø:ɐ̯, ----ˈ-
Doktri̱n dɔkˈtri:n
doktrinä̱r, D... dɔktriˈnɛ:ɐ̯
Doktrinarịsmus dɔktrinaˈrɪsmʊs
doktrinẹll dɔktriˈnɛl
Do̱ku ˈdo:ku
Dokumẹnt dokuˈmɛnt
Dokumentalịst dokumɛntaˈlɪst
Dokumenta̱r dokumɛnˈta:ɐ̯
dokumenta̱risch dokumɛnˈta:rɪʃ
Dokumentarịst dokumɛntaˈrɪst
Dokumentatio̱n dokumɛntaˈtsi̯o:n
Dokumenta̱tor dokumɛnˈta:to:ɐ̯, **-en** ...taˈto:rən
dokumenti̱eren dokumɛnˈti:rən
Do̱kus ˈdo:kʊs, **-se** ...ʊsə
Do̱kusoap ˈdo:kuzo:p
Do̱l do:l
Dolabẹlla dolaˈbɛla
Do̱lamon ˈdo:lamɔn
Dola̱n doˈla:n
Dọlanský *tschech.* ˈdɔlanski:
Dolanti̱n dolanˈti:n
Dọlby ˈdɔlbi
Dọlce *it.* ˈdoltʃe
Dolcefarniẹnte dɔltʃəfa:ɐ̯ˈni̯ɛntə
dọlce [fa̱r niẹnte] ˈdɔltʃə [ˈfa:ɐ̯ ˈni̯ɛntə]
Dọlce Sti̱l nu̱ovo ˈdɔltʃə ˈsti:l ˈnu̯o:vo
Dọlce Vi̱ta ˈdɔltʃə ˈvi:ta
Dọlch dɔlç
Dọlci *it.* ˈdoltʃi
Dolcian ˈdɔltsi̯a:n, -ˈ-
dolcịssimo dɔlˈtʃɪsimo
Dọlde ˈdɔldə
Dọldenhorn ˈdɔldn̩hɔrn
Dọldinger ˈdɔldɪŋɐ
Dọldrums ˈdɔldrʊms
[1]**Do̱le** ˈdo:lə
[2]**Dole** (Name) *fr.* dɔl, *engl.* doʊl
Dôle *fr.* do:l
dolẹndo doˈlɛndo
Dole̱njsko *slowen.* dɔˈle:njskɔ
dolẹnte doˈlɛntə
Doleri̱t doleˈri:t
Do̱les ˈdo:ləs
Dolẹt *fr.* dɔˈlɛ
Dọležal *slowak.* ˈdɔljɛʒal
Dọlf dɔlf
Dolfi̱n dɔlˈfi:n, *it.* dolˈfin
Dolga̱ne dɔlˈga:nə
Dolgẹll[e]y *engl.* dɔlˈgɛθlɪ
Dọ̈lger ˈdœlgɐ
Dolgoprụdny *russ.* dɐlgaˈprudnɪj
Dolgorụki *russ.* dɐlgaˈrukij
Doliche̱nus dolɪˈçe:nʊs
dolichokepha̱l dolɪçokeˈfa:l
dolichozepha̱l dolɪçotseˈfa:l
Dolichozepha̱le dolɪçotseˈfa:lə
Dolichozephali̱e dolɪçotsefaˈli:, **-n** ...i:ən
doli̱eren doˈli:rən
Dolin *engl.* ˈdoʊlɪn
Dolịna *russ.* daˈlinɐ
Doli̱nar *slowen.* dɔˈli:nar
Doli̱ne doˈli:nə
Dọlinsk *russ.* ˈdɔlinsk
Dọlj *rumän.* dolʒ
dọll dɔl
Dọ̈ll[ach] ˈdœl[ax]
Dọllar ˈdɔlar
Dọllart ˈdɔlart, *niederl.* ˈdɔlɑrt
Dọllbord ˈdɔlbɔrt
Dọlle ˈdɔlə
Dọllen ˈdɔlən
Dọllfuß ˈdɔlfu:s
dolli̱eren dɔˈli:rən
Dọ̈llinger ˈdœlɪŋɐ
Dọlling[er] ˈdɔlɪŋ[ɐ]
Dọllmann ˈdɔlman
Dollọ *fr.* dɔˈlo
Dọllond *engl.* ˈdɔlənd
Dọlly ˈdɔli, *engl.* ˈdɔlɪ
Dolma̱ dɔlˈma:
Dọlman ˈdɔlman
Dọlmar ˈdɔlmar
Dolmatọwski *russ.* dɐlmaˈtɔfskij
Dọlmen ˈdɔlmən
Dọlmetsch ˈdɔlmɛtʃ
dọlmetschen ˈdɔlmɛtʃn̩
Dọlmetscher ˈdɔlmɛtʃɐ
Dọlní Věstonice *tschech.* ˈdɔlnji: ˈvjɛstɔnjitsɛ
Dolomi̱t doloˈmi:t
Dolomi̱ten doloˈmi:tn̩
Dolomi̱ti *it.* doloˈmi:ti
Dolo̱res doˈlo:rɛs, *span.* doˈlores
doloro̱s doloˈro:s, **-e** ...o:zə
dolorö̱s doloˈrø:s, **-e** ...ø:zə
Doloro̱sa doloˈro:za
doloro̱so doloˈro:zo
dolo̱s doˈlo:s, **-e** ...o:zə
Dọlphi *engl.* ˈdɔlfɪ
Dọlphin *engl.* ˈdɔlfin
Dolton *engl.* ˈdoʊltən
Do̱lus [dirẹctus, - eventua̱lis] ˈdo:lʊs [diˈrɛktʊs, - evɛnˈtu̯a:lɪs]
Do̱m[a] ˈdo:m[a]
Do̱magk ˈdo:mak
Domain doˈme:n
Domä̱ne doˈmɛ:nə
domania̱l domaˈni̯a:l
Doma̱nig doˈma:nɪk
Dọmanović *serbokr.* dɔmanɔvitɕ
Dọmaška *obersorb.* ˈdomaʃka
Dọmaškojc *niedersorb.* ˈdomaʃkɔjts
Dọmaslaw ˈdɔmaslaf
Domạt *fr.* dɔˈma
Doma̱tium doˈma:tsi̯ʊm, **...ien** ...i̯ən
Dọmažlice *tschech.* ˈdɔmaʒlitsɛ
Domba̱sle *fr.* dõˈbɑ:l
Dombes *fr.* dõ:b
Dombro̱wa dɔmˈbro:va
Dombrọwski dɔmˈbrɔfski

Dọmburg *niederl.* 'dɔmbʏrx
Dôme *fr.* do:m
Do̱mela *niederl.* 'do:məlɑ
Domenchi̱na *span.* domen-'tʃina
Doménech *span.* do'menɛk
Dome̱nica *it.* do'me:nika
Domenichi̱no *it.* domeni'ki:no
Dome̱nico *it.* do'me:niko
Domenti̱jan *serbokr.* dɔmɛnˌti-jan
Domesday Book *engl.* 'du:mzdeɪˌbʊk
Domesti̱k domɛs'ti:k
Domestikatio̱n domɛstika-'tsi̯o:n
Domesti̱ke domɛs'ti:kə
domestizie̱ren domɛsti'tsi:rən
Do̱mgraf 'do:mgra:f
Domi̱n do'mi:n
Do̱mina 'do:mina, ...nä ...nɛ
domina̱l domi'na:l
dominạnt domi'nant
Dominạnte domi'nantə
Dominantsẹptakkord dominant'zɛpt|akɔrt
Dominantsepti̱menakkord dominantzɛp'ti:mən|akɔrt
Dominạnz domi'nants
Domina̱t domi'na:t
Dominatio̱n domina'tsi̯o:n
Domịngo do'mɪŋgo, *span.* do'miŋgo
Domínguez *span.* do'miŋgeθ
Dominguín *span.* domiŋ'gin
Dọminic *engl.* 'dɔmɪnɪk
Domi̱nica do'mi:nika; *engl.* dɔmɪ'ni:kə, doʊ'mɪnɪkə
Domi̱nicus do'mi:nikʊs
dominie̱ren domi'ni:rən
Do̱minik 'do:minɪk
Dominika̱ner domini'ka:nɐ
dominika̱nisch domini'ka:nɪʃ
Domi̱nikus do'mi:nikʊs
Domịnion do'mɪni̯ən, ...ien ...i̯ən
Dominịque *fr.* dɔmi'nik
Domi̱nium do'mi:ni̯ʊm, ...ien ...i̯ən
Do̱mino 'do:mino, *engl.* 'dɔmɪ-noʊ
Do̱minus vobịscum! 'do:minʊs vo'bɪskʊm
Domitia̱n[us] domi'tsi̯a:n[ʊs]
Domitịlla domi'tɪla
Domi̱tius do'mi:tsi̯ʊs
Dö̱mitz 'dø:mɪts
Domizellar domitsɛ'la:ɐ̯
Domizi̱l domi'tsi:l
domizilie̱ren domitsi'li:rən
Domlẹschg dɔm'lɛʃk
Dọmmitzsch 'dɔmɪtʃ
Dọmnick 'dɔmnɪk
Domodẹdowo *russ.* dɐma'djɛ-dɐvɐ
Domodọssola *it.* domo'dɔssola
Domowina domo'vi:na, *auch:* 'do:movina, 'dɔm...
Do̱mpfaff 'do:mpfaf
Dompteur dɔmp'tø:ɐ̯
Dompteuse dɔmp'tø:zə, **-n** ...zn̩
Dọmra 'dɔmra
Dom Remi̱ *fr.* dõre'mi, dõrə'mi
Domremy *fr.* dõre'mi, dõrə'mi
Dọmröse 'dɔmrø:zə
Dọn *engl., russ., span.* dɔn
Dona vgl. Donum
Dọña 'dɔnja, *span.* 'doɲa
Dọña Ana *span.* 'doɲa 'ana
Dona̱do *span.* do'naðo
Donado̱ni *it.* dona'do:ni
Dọnalbain *engl.* 'dɔnlbeɪn
Do̱nald 'do:nalt, *engl.* dɔnld
Do̱nar 'do:nar
Dona̱rit dona'ri:t
[1]**Do̱nat** (moderner Name) 'do:nat, *engl.* 'doʊnæt, *russ.* da'nat
[2]**Dona̱t** (alter Name) do'na:t
Dona̱ta do'na:ta
Donata̱r dona'ta:ɐ̯
Donatẹllo *it.* dona'tɛllo
Do̱nath 'do:nat
Dona̱ti *it.* do'na:ti
Donatio̱n dona'tsi̯o:n
Donatịsmus dona'tɪsmʊs
Donatịst dona'tɪst
Dona̱to *it.* do'na:to
Donato̱ni *it.* dona'to:ni
Dona̱tor do'na:to:ɐ̯, **-en** dona-'to:rən
Dona̱tus do'na:tʊs
Do̱nau 'do:nau̯
Donauẹschingen do:nau̯-'|ɛʃɪŋən
Do̱naumoos 'do:nau̯mo:s
Do̱nauried 'do:nau̯ri:t
Donauwö̱rth do:nau̯'vø:ɐ̯t
Do̱nawitz 'do:navɪts
Donbạss *russ.* dan'bas
Don Bọsco *it.* dom'bɔsko
Don Cạrlos dɔn'karlɔs, *span.* dɔŋ'karlos, *it.* doŋ'karlos
Dọncaster *engl.* 'dɔŋkəstə
Dọnčević *serbokr.* ˌdɔ:ntʃɛvitɕ
Donegal done'ga:l, 'do:nega:l, *engl.* dɔnɪ'gɔ:l
Donela̱itis *lit.* do:næ'la:i̯tɪs
Dö̱ner 'dø:nɐ
Dönerkeba̱b dønɐke'bap
Do̱nez 'do:nɛts, *russ.* da'njɛts
Donẹzk *russ.* da'njɛtsk
Dọng dɔŋ
Đông Đăng *vietn.* doŋ dai̯ŋ 31
Dọngen *niederl.* 'dɔŋə
Dông Ho'i *vietn.* doŋ həi̯ 32
Don Giovạnni *it.* dondʒo'vanni
Dọngola 'dɔŋgola
Dongtinghu *chin.* dʊŋtɪŋxu 422
Dö̱nhoff 'dø:nhɔf
Do̱ni *it.* 'do:ni
Do̱nici *rumän.* 'donitʃ
Dö̱nitz 'dø:nɪts
Donizẹtti *it.* donid'dzetti
Dọnja 'dɔnja
Donjon dõ'ʒõ:
Don Juan dɔn'xu̯an, dɔn'ju:an, *span.* dɔŋ'xu̯an, *fr.* do'ʒɥã
Dọnker *niederl.* 'dɔŋkər
Dö̱nkes 'dœŋkəs
Dọnkey 'dɔŋki
Donleavy *engl.* dɔn'li:vɪ
[1]**Dọnna** (Herrin) 'dɔna
[2]**Dọnna** (Name) *engl.* 'dɔnə
Dọnnan *engl.* 'dɔnən
Donnay *fr.* dɔ'nɛ
Donne *engl.* dʌn, dɔn
Dọnnelly *engl.* 'dɔnlɪ
Dọnner 'dɔnɐ
Dọnnerlịttchen! 'dɔnɐ'lɪtçən
Dọnnerlụ̈ttchen! 'dɔnɐ'lʏtçən
dọnnern 'dɔnɐn
Dọnnersberg 'dɔnɐsbɛrk
Dọnnersmarck 'dɔnɐsmark
Dọnnerstag 'dɔnɐsta:k
Dọnnerwetter 'dɔnɐvɛtɐ
Dọnnerwẹtter! 'dɔnɐ'vɛtɐ
Dö̱nniges 'dœnɪgəs
Donon *fr.* dɔ'nõ
Donọso *span.* do'noso
Donostia *span.* do'nɔsti̯a
Dọnovan *engl.* 'dɔnəvən
Don Pasqua̱le *it.* dompas-'ku̯a:le
Don Quichọtte dɔnki'ʃɔt, dõ...
Donquichotterie̱ dɔnkiʃɔtə'ri:, dõ..., **-n** ...i:ən
Donquichottia̱de dɔnkiʃɔ-'ti̯a:də, dõ...
Don Quijote, Don Quixo̱te dɔn-ki'xo:tə, *span.* dɔŋki'xote
Donskoi *russ.* dan'skɔj
Dont dɔnt
Dontgeschäft 'dõ:gəʃɛft
Döntjes 'dœntjəs, 'dø:ntjəs

D

Donum ˈdo:nʊm, **Dona** ˈdo:na
Donut ˈdo:nat
doodeln ˈdu:dl̩n, **doodle** ˈdu:dlə
doof do:f
Doolaard *niederl.* ˈdo:la:rt
Doolittle *engl.* ˈdu:lɪtl
Doomer *niederl.* ˈdo:mər
Doon[e] *engl.* du:n
Dopamin dopaˈmi:n
Dope do:p
dopen ˈdo:pn̩, *auch:* ˈdɔpn̩
Döpfner ˈdœp͜fnɐ
Doping ˈdo:pɪŋ, *auch:* ˈdɔpɪŋ
Döpler ˈdø:plɐ
Dopolavoro *it.* dopolaˈvo:ro
Doppel ˈdɔpl̩
doppeldeutig ˈdɔpl̩dɔytɪç
doppeln ˈdɔpl̩n
doppelzüngig ˈdɔpl̩t͜sʏŋɪç, **-e** ...ɪgə
Dopper *niederl.* ˈdɔpər
Doppik ˈdɔpɪk
doppio movimento ˈdɔpi̯o moviˈmɛnto
Doppler ˈdɔplɐ
Dopsch dɔpʃ
Dor do:ɐ̯
Dora ˈdo:ra, *it.* ˈdɔ:ra, *engl.* ˈdɔ:rə
Dora Baltea *it.* ˈdɔ:ra ˈbaltea
Dorabella doraˈbɛla
Dorada *span.* doˈraða
Dorade doˈra:də
Dorado doˈra:do
Doran *engl.* ˈdɔ:rən
Dorant doˈrant
Dora Riparia *it.* ˈdɔ:ra riˈpa:ri̯a
Dorat *fr.* dɔˈra
Dorati doˈra:ti
Doráti *ung.* ˈdora:ti
Dorazio *it.* doˈrattsi̯o
Dorchain *fr.* dɔrˈʃɛ̃
Dorchen ˈdo:ɐ̯çən
Dorchester *engl.* ˈdɔ:tʃɪstə
Dorcigny *fr.* dɔrsiˈɲi
Đorđe, Djordje *serbokr.* ˈdʑɔ:rdʑɛ
Đorđić, Djordjić *serbokr.* ˈdʑɔ:rdʑitɕ
Dordogne dɔrˈdɔnjə, *fr.* dɔrˈdɔɲ
Dordrecht *niederl.* ˈdɔrdrɛxt
Dore ˈdo:rə, *fr.* dɔ:r
Doré *fr.* dɔˈre
Doreen *engl.* dɔ:ˈri:n, ˈ––
Dorer ˈdo:rɐ
Dorestad *niederl.* ˈdo:rəstɑt
Doret *fr.* dɔˈrɛ
Dorett[e] doˈrɛt[ə]
Dorf dɔrf, **Dörfer** ˈdœrfɐ
Dörfchen ˈdœrfçən
Dorfen ˈdɔrfn̩
Dörf[f]el ˈdœrfl̩
Dörfler ˈdœrflɐ
Dorfsame ˈdɔrfza:mə
Dorgelès *fr.* dɔrʒəˈlɛs
[1]**Doria** (Name) ˈdo:ri̯a, *it.* ˈdɔ:ri̯a
[2]**Doria** (Donner und -!) ˈdo:ri̯a
Dorian *engl.* ˈdɔ:rɪən
[1]**Doriden** (Töchter des Nereus) doˈri:dn̩
[2]**Doriden**® doriˈde:n
Dorier ˈdo:ri̯ɐ
Dorigny *fr.* dɔriˈɲi
Dorina doˈri:na
Doriot *fr.* dɔˈrjo
Doris ˈdo:rɪs, *engl.* ˈdɔrɪs
DORIS ˈdo:rɪs
dorisch ˈdo:rɪʃ
Dorit[t] ˈdo:rɪt
Dorking *engl.* ˈdɔ:kɪŋ
Dorlandus dɔrˈlandʊs
Dorle ˈdo:ɐ̯lə
Dormagen ˈdɔrma:gn̩
Dörmann ˈdø:ɐ̯man
Dormeuse dɔrˈmø:zə
Dormitorium dɔrmiˈto:ri̯ʊm, **...ien** ...i̯ən
Dormont *engl.* ˈdɔ:mɔnt
Dorn dɔrn, **Dörner** ˈdœrnɐ
Dorna[ch] ˈdɔrna[x]
Dörnberg ˈdœrnbɛrk
Dornbirn ˈdɔrnbɪrn
Dornburg ˈdɔrnbʊrk
Dörnchen ˈdœrnçən
Dorneck dɔrˈnɛk
Dorner ˈdɔrnɐ
Dörner vgl. Dorn
Dornhan ˈdɔrnha:n
Dornicht ˈdɔrnɪçt
Dornier dɔrˈni̯e:
dornig ˈdɔrnɪç, **-e** ...ɪgə
Dörnigheim ˈdœrnɪçhai̯m
Dorno ˈdɔrno
Dornröschen ˈdɔrnrø:sçən
Dornstetten dɔrnˈʃtɛtn̩
Doro ˈdo:ro
Doromanie doromaˈni:
Doronicum doˈro:nikʊm
Dorosch *russ.* ˈdɔrɐʃ
Doroschenko *russ.* dɐraˈʃɛnkɐ
Dorothea doroˈte:a
Dorothee ˈdo:rote, doroˈte:[ə]
Dorotheos doˈro:teɔs, doroˈte:ɔs
Dorotheum doroˈte:ʊm
Dorothy *engl.* ˈdɔrəθɪ
Dorotić *serbokr.* ˌdɔrɔtitɕ
Dorpat ˈdɔrpat
Dörpfeld ˈdœrpfɛlt
Dorpmüller ˈdɔrpmʏlɐ
Dörr[e] ˈdœr[ə]
dorren ˈdɔrən
dörren ˈdœrən
Dorrien *engl.* ˈdɔrɪən
Dörrie[s] ˈdœri̯ə[s]
dorsal, D... dɔrˈza:l
Dorsale dɔrˈza:lə
Dorsch dɔrʃ
Dorset ˈdɔrzɛt, *engl.* ˈdɔ:sɪt
Dorsey *engl.* ˈdɔ:sɪ
dorsiventral dɔrzivɛnˈtra:l
dorsoventral dɔrzovɛnˈtra:l
Dorst *dt., niederl.* dɔrst
Dorsten ˈdɔrstn̩
dort dɔrt
Dortchen ˈdo:ɐ̯tçən
Dort[h]e ˈdo:ɐ̯tə
Dört[h]e ˈdø:ɐ̯tə
dorther ˈdɔrtˈhe:ɐ̯, –ˈ–, *hinweisend* ˈ––
dorthin ˈdɔrtˈhɪn, –ˈ–, *hinweisend* ˈ––
dorthinab ˈdɔrthɪˈnap, ––ˈ–, *hinweisend* ˈ–––
dorthinaus ˈdɔrthɪˈnau̯s, ––ˈ–, *hinweisend* ˈ–––
Dorticós *span.* dɔrtiˈkɔs
dortig ˈdɔrtɪç, **-e** ...ɪgə
Dortka ˈdɔrtka
Dortmund ˈdɔrtmʊnt
Dortmunder ˈdɔrtmʊndɐ
dortseitig ˈdɔrtzai̯tɪç
dortseits ˈdɔrtzai̯t͜s
dortselbst ˈdɔrtˈzɛlpst, –ˈ–, *hinweisend* ˈ––
dortzulande ˈdɔrtt͜suˌlandə
Dorval *fr.* dɔrˈval, *engl.* dɔ:ˈvɑ:l
Doryphoros doˈry:forɔs
Dos do:s, **Dotes** ˈdo:te:s
DOS® dɔs
dos à dos ˈdo:zaˈdo:
Dosalo ˈdo:zalo
Dos and Don'ts ˈdu:s ɛnt ˈdo:nt͜s
Dos Caminos *span.* dɔs kaˈminos
Döschen ˈdø:sçən
Dose ˈdo:zə
dösen ˈdø:zn̩, **dös!** dø:s, **döst** dø:st
Dosfel *niederl.* ˈdɔsfəl
dosieren doˈzi:rən
dösig ˈdø:zɪç, **-e** ...ɪgə
Dosimeter doziˈme:tɐ

Dosimetrie dozime'tri:
Dosio *it.* 'dɔ:zi̯o
Dosis 'do:zɪs
Dositheos do'zi:teɔs
Dos Passos *engl.* dɔs'pæsɔs
Dospewski *bulgar.* dos'pɛfski
Dos Santos *port.* duʃ 'sɐntuʃ
Dossena *it.* dos'se:na
Dossi *it.* 'dɔssi
Dossier dɔ'si̯e:
dossieren dɔ'si:rən
Dossow 'dɔso
Dost[al] 'dɔst[al]
Dostojewski dɔsto'jɛfski, *russ.* dɐsta'jɛfskij
Dotal... do'ta:l...
Dotation dota'tsi̯o:n
Dotes vgl. Dos
Dothan *engl.* 'doʊθən
dotieren do'ti:rən
Dotter 'dɔtɐ
dotterig 'dɔtərɪç, **-e** ...ɪgə
Dotti *it.* 'dɔtti
Döttingen 'dœtɪŋən
Dottore *it.* dot'to:re
Dottrens *fr.* dɔ'trɑ̃
Dou *niederl.* dɔu̯
Douai *fr.* dwɛ
Douala *fr.* dwa'la
Douane 'du̯a:nə
Douanier du̯a'ni̯e:
Douarnenez *fr.* dwarnə'ne
Douaumont *fr.* dwo'mõ
doubeln 'du:bl̩n, **double** 'du:blə
Doublage du'bla:ʒə
Double 'du:bl̩
Doublé du'ble:
Doublebind 'dabl̩baint
Doubleday *engl.* 'dʌbldeɪ
Doubleface 'du:bl̩fa:s, 'dabl̩fe:s
doublieren du'bli:rən
Doublure du'bly:rə
Doubrava *tschech.* 'dɔu̯brava
Doubs *fr.* du
doucement dusə'mɑ̃:
Douceur du'sø:ɐ̯
Douéra *fr.* dwe'ra
Douffet *fr.* du'fɛ
Dougga *fr.* dug'ga
Dougherty *engl.* 'doʊətɪ
Doughnut 'do:nat
Doughton *engl.* daʊtn
Doughty *engl.* 'daʊtɪ
[1]**Douglas** *engl.* 'dʌgləs
[2]**Douglas**® 'du:glas
Douglas-Home *engl.* 'dʌgləs'hju:m
Douglasie du'gla:zi̯ə
Douglass *engl.* 'dʌgləs
Douglasskop dagləs'sko:p
Douglastanne 'du:glastanə
Douhet *it.* du'ɛ
Doumer *fr.* du'mɛ:r
Doumergue *fr.* du'mɛrg
Doumic *fr.* du'mik
Dounreay *engl.* 'du:nreɪ
Doupion du'pi̯õ:
Doupovské hory *tschech.* 'dɔu̯pɔfskɛ: 'hɔri
Dour *fr.* du:r
Dourado[s] *bras.* do'radu[s]
Dourine du'ri:n
Douro *port.* 'doru
do ut des 'do: ʊt 'dɛs, - - 'de:s
Doutiné duti'ne:
Douvermann 'dau̯vɐman
Douwes *niederl.* 'dɔu̯wəs
doux du:
Dove 'do:və, *engl.* dʌv
Dover 'do:vɐ, *engl.* 'doʊvə
Dovifat 'do:vifat
Dovre[fjell] *norw.* 'dɔvrə[fjɛl]
Dow[den] *engl.* daʊ[dn]
Dow-Jones-... 'dau̯'dʒo:ns...
Dowland *engl.* 'daʊlənd
Dowlas *engl.* 'daʊləs
Down... dau̯n...
down dau̯n
Downers Grove *engl.* 'daʊnəz 'groʊv
Downes *engl.* daʊnz
Downey *engl.* 'daʊnɪ
Downing *engl.* 'daʊnɪŋ
Download 'dau̯nlo:t
downloaden 'dau̯nlo:dn̩, **...d!** ...o:t, **load down!** lo:t dau̯n
Downpatrick *engl.* daʊn'pætrɪk
Downs *engl.* daʊnz
Dowschenko *russ.* dav'ʒɛnkɐ
Dowson *engl.* daʊsn
Doxa 'dɔksa
Doxale dɔ'ksa:lə
Doxaton *neugr.* ðɔksa'tɔn
Doxograph dɔkso'gra:f
Doxologie dɔksolo'gi:, **-n** ...i:ən
Doyen do̯a'jɛ̃:
Doyle *engl.* dɔɪl
Dozent do'tsɛnt
Dozentur dotsɛn'tu:ɐ̯
dozieren do'tsi:rən
Dózsa *ung.* 'do:ʒɔ
Dr. 'dɔkto:ɐ̯
Drabble *engl.* dræbl
Drac *fr.* drak
Drach[e] 'drax[ə]
Drachen[fels] 'draxn̩[fɛls]
Drachmann *dän.* 'dragmæn
Drachme 'draxmə
Drachten *niederl.* 'drɑxtə
Dracontius dra'kɔntsi̯ʊs
Dracula 'dra:kula
Dracut *engl.* 'dreɪkət
Draeseke 'drɛ:zəkə
Draga *serbokr.* 'dra:ga
Dragahn dra'ga:n
Drăgășani *rumän.* drəgə'ʃanj
Drage 'dra:gə
Dragee, ...gée dra'ʒe:
Drageoir dra'ʒo̯a:ɐ̯
Dräger 'drɛ:gɐ
Drageur dra'ʒø:ɐ̯
Draggen 'dragn̩
Draghi *it.* 'dra:gi
dragieren dra'ʒi:rən
Dragist dra'ʒɪst
Drago *it.* 'dra:go, *span.* 'draɣo, *serbokr.* ˌdra:gɔ
Drăgoiu *rumän.* drə'goi̯
Dragoman (Dolmetscher) 'dra:goma:n
Dragomir 'dra:gomi:ɐ̯
Dragon dra'go:n
Dragonade drago'na:də
Dragoner dra'go:nɐ
Dragonetti *it.* drago'netti
Dragoni *it.* dra'go:ni
Dragowitsche drago'vɪtʃə
Dragqueen 'drɛkkvi:n
Draguignan *fr.* dragi'ɲɑ̃
Dragun dra'gu:n
drahn dra:n
Drahrer 'dra:rɐ
Draht dra:t, **Drähte** 'drɛ:tə
drahten 'dra:tn̩
drähtern 'drɛ:tɐn
Drain drɛ̃:
Drainage drɛ'na:ʒə
drainieren drɛ'ni:rən
Drais drai̯s
Draisine drai̯'zi:nə, *auch:* drɛ'zi:nə
Drake *engl.* dreɪk
Drakensberge 'dra:kn̩sbɛrgə
Drako 'dra:ko
Drakon 'dra:kɔn
drakonisch dra'ko:nɪʃ
Drakontiasis drakɔn'ti:azɪs
Drakunkulose drakʊŋku'lo:zə
drall, D... dral
Dralon® 'dra:lɔn
[1]**Drama** (Stadt) *neugr.* 'ðrama
[2]**Drama** 'dra:ma
Dramatik dra'ma:tɪk
Dramatiker dra'ma:tikɐ

D

dramatisch draˈma:tɪʃ
dramatisieren dramatiˈzi:rən
Dramatis Personae ˈdra:matɪs pɛrˈzo:nɛ
Dramaturg dramaˈtʊrk, **-en** ...rgn̩
Dramaturgie dramatʊrˈgi:, **-n** ...i:ən
dramaturgisch dramaˈtʊrgɪʃ
Dramburg ˈdrambʊrk
Dramma per musica ˈdrama pɛr ˈmu:zika, **Dramme - -** ˈdramə - -
Drammen *norw.* ˈdramən
Dramolett dramoˈlɛt
dran dran
Drän drɛ:n
Dränage drɛˈna:ʒə
Drancy *fr.* drãˈsi
dränen ˈdrɛ:nən
drang, D... draŋ
dränge ˈdrɛŋə
Drängelei drɛŋəˈla͜i
drängeln ˈdrɛŋl̩n
drängen ˈdrɛŋən
Drängerei drɛŋəˈra͜i
Drangiane draŋˈgi̯a:nə
Drangsal ˈdraŋza:l
drangsalieren draŋzaˈli:rən
Drangsnes *isl.* ˈdra͜uŋ̊snɛ:s
dränieren drɛˈni:rən
Drank draŋk
drankommen ˈdrankɔmən
Dranmor ˈdranmo:ɐ̯
Dransfeld ˈdransfɛlt
Drap dra:
Drapa ˈdra:pa, **Drapur** ˈdra:pʊr
Drapé draˈpe:
Drapeau draˈpo:
Draper *engl.* ˈdrɛɪpə
Draperie drapəˈri:, **-n** ...i:ən
drapieren draˈpi:rən
drapp drap
Drapur vgl. Drapa
drasch, D... dra:ʃ
dräsche ˈdrɛ:ʃə
Drašković *serbokr.* ˈdraʃkɔvitɕ
Drastik ˈdrastɪk
Drastikum ˈdrastikʊm, **...ka** ...ka
drastisch ˈdrastɪʃ
Dratzigsee ˈdra:t͜sɪçze:
Drau dra͜u
dräuen ˈdrɔ͜yən
drauf dra͜uf
Draufgänger ˈdra͜ufgɛŋɐ
draufgängerisch ˈdra͜ufgɛŋərɪʃ
draufgehen ˈdra͜ufge:ən
drauflosgehen dra͜ufˈlo:sge:ən
draus dra͜us
Drausensee ˈdra͜uzn̩ze:
draußen ˈdra͜usn̩
Drava *slowen., serbokr.* ˈdra:va
Dráva *ung.* ˈdra:vɔ
Drave ˈdra:və
Drawäne draˈvɛ:nə
Drawback ˈdrɔ:bɛk
Drawida draˈvi:da, *auch:* ˈdra:vida
drawidisch draˈvi:dɪʃ
Drawingroom ˈdrɔ:ɪŋru:m
Drawsko Pomorskie *poln.* ˈdrafskɔ pɔˈmɔrskjɛ
Drayton *engl.* drɛɪtn
Drazäne draˈt͜sɛ:nə
Drd[l]a *tschech.* ˈdr̩d[l]a
Dreadlocks ˈdrɛtlɔks
Dreadnought ˈdrɛtno:t
Dreamteam ˈdri:mti:m
Dreber ˈdre:bɐ
Drebkau ˈdrɛpka͜u
drechseln ˈdrɛksl̩n
Drechsler ˈdrɛkslɐ
Drechslerei drɛksləˈra͜i
Dreck drɛk
Dredsche ˈdrɛd͜ʒə
Drees *niederl.* dre:s
Dreesch dre:ʃ
Dregger ˈdrɛgɐ
Dregowitsche dregoˈvɪt͜ʃə
Dreh dre:
drehen ˈdre:ən
Dreher ˈdre:ɐ
Dreherei dre:əˈra͜i
drei dra͜i
Dreiachteltakt dra͜iˈ|axtl̩takt
Dreieck ˈdra͜i|ɛk
dreieckig ˈdra͜i|ɛkɪç
Dreieich ˈdra͜i|a͜iç
Dreieichenhain dra͜i|a͜içn̩ˈha͜in
dreieinhalb ˈdra͜i|a͜inˈhalp
dreieinig dra͜iˈ|a͜inɪç
Dreieinigkeit dra͜iˈ|a͜inɪçka͜it
Dreier ˈdra͜iɐ
dreierlei ˈdra͜iɐˈla͜i
dreifach ˈdra͜ifax
Dreifaltigkeit dra͜iˈfaltɪçka͜it
Dreifarbendruck dra͜iˈfarbn̩drʊk
Dreifelderwirtschaft dra͜iˈfɛldɐvɪrtʃaft
Dreifingerfaultier dra͜iˈfɪŋɐfa͜ulti:ɐ̯
Dreifuss ˈdra͜ifu:s
dreigestrichen ˈdra͜igəʃtrɪçn̩
Drei Gleichen dra͜i ˈgla͜içn̩
Dreigroschenoper dra͜iˈgrɔʃn̩|o:pɐ
Dreiheit ˈdra͜iha͜it
Dreiherr[e]nspitze dra͜iˈhɛr[ə]nʃpɪt͜sə
dreihundert ˈdra͜iˈhʊndɐt
Dreikaiserzusammenkunft dra͜iˈka͜izɐt͜suzamənkʊnft
Dreikant[er] ˈdra͜ikant[ɐ]
dreikantig ˈdra͜ikantɪç
Dreikäsehoch dra͜iˈkɛ:zəho:x
Dreikönige dra͜iˈkø:nɪgə
Dreiländertreffen dra͜iˈlɛndɐtrɛfn̩
Dreiling ˈdra͜ilɪŋ
dreimal ˈdra͜ima:l
dreimalig ˈdra͜ima:lɪç, **-e** ...ɪgə
Dreimaster ˈdra͜imastɐ
dreimastig ˈdra͜imastɪç
Dreimeilenzone dra͜iˈma͜ilənt͜so:nə
Dreimonatsziel dra͜iˈmo:nat͜st͜si:l
drein dra͜in
dreinblicken ˈdra͜inblɪkn̩
Dreipass ˈdra͜ipas
Dreiphasenstrom dra͜iˈfa:zn̩ʃtro:m
DreiSat, 3sat ˈ dra͜izat
Dreischrittregel dra͜iˈʃrɪtre:gl̩
dreischürig ˈdra͜iʃy:rɪç, **-e** ...ɪgə
Dreiser *engl.* ˈdraɪzə
Dreisesselberg dra͜iˈzɛsl̩bɛrk
dreißig ˈdra͜isɪç
dreißigjährig ˈdra͜isɪçjɛ:rɪç
dreist dra͜ist
dreistückweise dra͜iˈʃtʏkva͜izə
Dreistufenrakete dra͜iˈʃtu:fn̩rake:tə
Dreitagefieber dra͜iˈta:gəfi:bɐ
dreitausend ˈdra͜iˈta͜uznt
Dreitausender ˈdra͜iˈta͜uzn̩dɐ
dreiundeinhalb ˈdra͜i|ʊnt|a͜inˈhalp
dreiundzwanzig ˈdra͜i|ʊntˈt͜svant͜sɪç
dreiviertellang dra͜iˈfɪrtl̩laŋ
Dreiviertelliterflasche dra͜ifɪrtl̩ˈli:tɐflaʃə, ...ˈlɪt...
Dreiviertelmehrheit dra͜iˈfɪrtl̩me:ɐ̯ha͜it
Dreiviertelstunde ˈdra͜ifɪrtl̩ˈʃtʊndə
Dreivierteltakt dra͜iˈfɪrtl̩takt
Dreiwegekatalysator dra͜iˈve:gəkatalyza:to:ɐ̯, **-en** ...zato:rən
dreizehn ˈdra͜it͜se:n
dreizehnhundert ˈdra͜it͜se:nˈhʊndɐt

Dreizimmerwohnung drai̯ˈt͜sɪmɐvo:nʊŋ

Drei Zinnen drai̯ ˈt͜sɪnən

Drell drɛl

dremmeln ˈdrɛml̩n

Drempel ˈdrɛmpl̩

Drensteinfurt drɛnˈʃtai̯nfʊrt

Drent[h]e *niederl.* ˈdrɛntə

Dres. dɔkˈto:re:s

Dresche ˈdrɛʃə

dreschen ˈdrɛʃn̩

Dresden ˈdre:sdn̩

Dresden-Altstadt dre:sdn̩ˈ|altʃtat

Dresdener ˈdre:sdənɐ

Dresden-Neustadt dre:sdn̩ˈnɔy̯ʃtat

Dresdner ˈdre:sdnɐ

Dress drɛs

Dressat drɛˈsa:t

Dressel ˈdrɛsl̩

Dresseur drɛˈsø:ɐ̯

dressieren drɛˈsi:rən

Dressing ˈdrɛsɪŋ

Dressinggown ˈdrɛsɪŋgau̯n

Dressler ˈdrɛslɐ

Dressman, ...men ˈdrɛsmɛn

Dressur drɛˈsu:ɐ̯

Dreux *fr.* drø

Drevet *fr.* drəˈvɛ

Drewenz ˈdre:vɛnt͜s

Drewitz ˈdre:vɪt͜s

Drewjane drɛˈvja:nə

Drews dre:fs, *engl.* dru:z

Dreyer ˈdrai̯ɐ

Dreyfus ˈdrai̯fu:s, *fr.* drɛˈfys

Dreyse ˈdrai̯zə

Drezdenko *poln.* drɛzˈdɛŋkɔ

Dr. ... habil. ˈdɔkto:ɐ̯... haˈbi:l

Dr. h. c. ˈdɔkto:ɐ̯ ha:ˈt͜se:

Dr. h. c. mult. ˈdɔkto:ɐ̯ ha:t͜se:ˈmʊlt

dribbeln ˈdrɪbl̩n, **dribble** ˈdrɪblə

Dribbling ˈdrɪblɪŋ

Driburg ˈdri:bʊrk

Driebergen *niederl.* ˈdribɛrɣə

Driesch dri:ʃ

Driesen ˈdri:zn̩

Driessler ˈdri:slɐ

Drieu *fr.* driˈø

Drift drɪft

driften ˈdrɪftn̩

driftig ˈdrɪftɪç, **-e** ...ɪgə

Drigo *it.* ˈdri:go

Drilch drɪlç

Drill drɪl

drillen ˈdrɪlən

Drillich ˈdrɪlɪç

Drilling ˈdrɪlɪŋ

drin drɪn

Drin *alban.* drin

Drina *serbokr.* ˌdri:na

Dr.-Ing. ˈdɔkto:ɐ̯|ɪŋ, *auch:* ˈdɔkto:ɐ̯ˈ|ɪŋ

dringen ˈdrɪŋən

Dringenberg ˈdrɪŋənbɛrk

dringend ˈdrɪŋənt, **-e** ...ndə

dringlich ˈdrɪŋlɪç

Drink drɪŋk

Drinkwater *engl.* ˈdrɪŋkwɔ:tə

drinnen ˈdrɪnən

Drinow *bulgar.* ˈdrinof

drinsitzen ˈdrɪnzɪt͜sn̩

drisch! drɪʃ

Drischel ˈdrɪʃl̩

drischt drɪʃt

dritt[e] ˈdrɪt[ə]

Drittel ˈdrɪtl̩

dritteln ˈdrɪtl̩n

drittens ˈdrɪtn̩s

Dritte-Welt-... drɪtəˈvɛlt...

dritthöchst ˈdrɪtˈhø:çst

drittletzt ˈdrɪtˈlɛt͜st

Drittteil ˈdrɪttai̯l

Drive drai̯f

Drive-in drai̯ˈvɪn, drai̯fˈ|ɪn, *auch:* ˈ--

driven ˈdrai̯vn̩, **driv!** drai̯f, **drivt** drai̯ft

Driver ˈdrai̯vɐ, *engl.* ˈdraɪvə

Dr. jur. ˈdɔkto:ɐ̯ ˈju:ɐ̯

Dr. med. ˈdɔkto:ɐ̯ ˈme:t, - ˈmɛt

Dr. med. dent. ˈdɔkto:ɐ̯ ˈme:t ˈdɛnt, - ˈmɛt -

Dr. med. vet. ˈdɔkto:ɐ̯ ˈme:t ˈvɛt, - ˈmɛt -

drob drɔp

droben ˈdro:bn̩

Drobeta *rumän.* droˈbeta

Droemer ˈdrø:mɐ

dröge ˈdrø:gə

Droge ˈdro:gə

Drogerie drogəˈri:, **-n** ...i:ən

Drogheda *engl.* ˈdrɔɪɪdə

Drogist droˈgɪst

Drogo ˈdro:go

Drogobytsch *russ.* draˈgɔbɨt͜ʃ

Droguett *span.* droˈɣɛt

drohen ˈdro:ən

Drohn[e] ˈdro:n[ə]

dröhnen ˈdrø:nən

Drohung ˈdro:ʊŋ

Droitwich *engl.* ˈdrɔɪtwɪt͜ʃ

Drolerie droləˈri:, **-n** ...i:ən

drollig ˈdrɔlɪç, **-e** ...ɪgə

Drolshagen ˈdrɔlsha:gn̩, -ˈ--

Drôme *fr.* dro:m

Dromedar dromeˈda:ɐ̯, *auch:* ˈdro:meda:ɐ̯

Drömling ˈdrø:mlɪŋ

Drommete drɔˈme:tə

Dronte ˈdrɔntə

Drontheim ˈdrɔnthai̯m

Dropkick ˈdrɔpkɪk

Drop-out ˈdrɔp|au̯t, -ˈ-

droppen ˈdrɔpn̩

Drops drɔps

Dropshot ˈdrɔpʃɔt

drosch drɔʃ

drösche ˈdrœʃə

Droschke ˈdrɔʃkə

Droschschin *russ.* ˈdrɔʒʒɨn

dröseln ˈdrø:zl̩n, **drösle** ˈdrø:zlə

Drosendorf ˈdro:zn̩dɔrf

Drosera ˈdro:zera

Drosinis *neugr.* ðrɔˈsinis

Drosograph drozoˈgra:f

Drosometer drozoˈme:tɐ

Drosophila droˈzo:fila, **...lae** ...lɛ

Drossel ˈdrɔsl̩

Drosselbart ˈdrɔsl̩ba:ɐ̯t

drosseln ˈdrɔsl̩n

Drossen ˈdrɔsn̩

Drossenfeld ˈdrɔsn̩fɛlt

Drost *dt., niederl.* drɔst

Droste-Hülshoff ˈdrɔstəˈhʏlshɔf

Drostei drɔsˈtai̯

Drottningholm *schwed.* drɔtnɪŋˈhɔlm

Drouais *fr.* druˈɛ

Drouet *fr.* druˈɛ

Drouyn de Lhuys *fr.* druɛ̃dəˈlɥis

Droylsden *engl.* ˈdrɔɪlzdən

Droysen ˈdrɔy̯zn̩

Droz *fr.* dro:z, *fr.-schweiz.* dro

Dr. phil. ˈdɔkto:ɐ̯ ˈfi:l, - ˈfɪl

Dr. phil. nat. ˈdɔkto:ɐ̯ ˈfi:l ˈnat, - ˈfɪl -

Dr. rer. nat. ˈdɔkto:ɐ̯ ˈre:ɐ̯ ˈnat

Dr. rer. pol. ˈdɔkto:ɐ̯ ˈre:ɐ̯ ˈpɔl

Dr. theol. ˈdɔkto:ɐ̯ ˈte:ɔl, - teˈɔl

drüben ˈdry:bn̩

drüber ˈdry:bɐ

Druck drʊk, **Drücke** ˈdrʏkə

drucken ˈdrʊkn̩

drücken ˈdrʏkn̩

Druckerei drʊkəˈrai̯

Drückerei drʏkəˈrai̯

drucksen ˈdrʊksn̩

Drude ˈdru:də

Drudel ˈdru:dl̩

Druey *fr.* dryˈɛ

D

Drugstore ˈdrakstoːɐ̯
Drugulin ˈdruːguliːn
Druide druˈiːdə
drum drʊm
Drum dram
Drumew *bulgar.* ˈdrumɛf
Drumherum drʊmhɛˈrʊm
Drumlin ˈdrʊmlɪn, *auch:* ˈdramlɪn
Drummer ˈdramɐ
Drummond *engl.* ˈdrʌmənd, *bras.* druˈmõ
Drummondville *engl.* ˈdrʌməndvɪl
Drummoyne *engl.* drʌˈmɔɪn
Drumont *fr.* dryˈmõ
Drums drams
Drum und Dran ˈdrʊm ʊnt ˈdran
drunten ˈdrʊntn̩
drunter ˈdrʊntɐ
Druon *fr.* dryˈõ
Drury *engl.* ˈdrʊərɪ
Drusch drʊʃ
Druschba *bulgar., russ.* ˈdruʒbɐ
Drüschen ˈdryːsçən
Druschina druˈʃiːna
Druschinin *russ.* druˈʒɨnin
Druschkowka *russ.* druʃˈkɔfkɐ
Druse ˈdruːzə
Drüse ˈdryːzə
drusig ˈdruːzɪç, **-e** ...ɪgə
drüsig ˈdryːzɪç, **-e** ...ɪgə
Drwęca *poln.* ˈdrvɛntsa
dry drai̯
Dryada dryˈaːda
Dryade dryˈaːdə
Dryander dryˈandɐ
Dryas ˈdryːas
Dryden *engl.* draɪdn
Dryfarming ˈdrai̯farmɪŋ
Drygalski dryˈgalski
Dryopithekus dryoˈpiːtekʊs
Držić *serbokr.* ˌdr̩ːʒitɕ
Dschafar ˈdʒafar
Dschagga ˈdʒaga
Dschaina ˈdʒai̯na
Dschainismus dʒai̯ˈnɪsmʊs
Dschalal-Abad *russ.* dʒaˈlala-ˈbat
Dschalaloddin *pers.* dʒælɑlod-ˈdiːn
Dschalil *russ.* dʒaˈlilj
Dschambul *russ.* dʒamˈbul
Dschami *pers.* dʒɑˈmiː
Dschanide dʒaˈniːdə
Dschanin dʒaˈniːn
Dschankoi *russ.* dʒanˈkɔj
Dscharir dʒaˈriːɐ̯
Dschasira dʒaˈziːra
Dschebel ˈdʒɛbl̩, ˈdʒeːbl̩
Dschellaba ˈdʒɛlaba
Dscherba ˈdʒɛrba
Dscheskasgan *russ.* dʒəskaz-ˈgan
Dschetygara *russ.* dʒətɨgaˈra
Dschibran dʒiˈbraːn
Dschibuti dʒiˈbuːti
Dschidda ˈdʒɪda
Dschiggetai dʒɪgeˈtai̯
Dschihad dʒiˈhaːt
Dschina ˈdʒiːna
Dschingis Khan ˈdʒɪŋgɪs ˈkaːn
Dschinismus dʒiˈnɪsmʊs
Dschinn dʒɪn
Dschodo ˈdʒoːdo
Dscholfa *pers.* dʒolˈfɑː
Dschonke ˈdʒɔŋkə
Dschowaini *pers.* dʒoveiˈniː
Dschugaschwili *russ.* dʒuga-ˈʃvili
Dschumblat dʒʊmˈblaːt
Dschungel ˈdʒʊŋl̩
Dschunke ˈdʒʊŋkə
Dschuscheghan dʒʊʃeˈgaːn
Dserschinsk[i] *russ.* dzɪr-ˈʒɨnsk[ij]
Dsungare tsʊŋˈgaːrə
Dsungarei tsʊŋgaˈrai̯
dsungarisch tsʊŋˈgaːrɪʃ
du, Du duː
dual duˈaːl
Dual ˈduːaːl, duˈaːl; **-e** duˈaːlə
Duala ˈdu̯aːla
Dualis duˈaːlɪs
dualisieren dualiˈziːrən
Dualismus duaˈlɪsmʊs
Dualist duaˈlɪst
Dualität dualiˈtɛːt
Duane *engl.* dweɪn
Duarte *span.* ˈdu̯arte, *port.* ˈdu̯artə
Dubai duˈbai̯, ˈduːbai̯
Dubarry *fr.* dybaˈri
Du Bartas *fr.* dybarˈtɑːs
Dubasse duˈbasə
Dubbels *niederl.* ˈdʌbəls
Dubbing ˈdabɪŋ
Dubbo *engl.* ˈdʌboʊ
Dubček *slowak.* ˈduptʃɛk
Dübel ˈdyːbl̩
Du Bellay *fr.* dybɛˈlɛ
dübeln ˈdyːbl̩n, **düble** ˈdyːblə
Düben ˈdyːbn̩
Dübendorf ˈdyːbn̩dɔrf
Dubia, Dubien vgl. Dubium
Dubinsky *engl.* duːˈbɪnskɪ
dubios duˈbi̯oːs, **-e** ...oːzə
dubiös duˈbi̯øːs, **-e** ...øːzə
Dubiosa duˈbi̯oːza
Dubiosen duˈbi̯oːzn̩
Dubislav ˈduːbɪslaf
Dubitatio dubiˈtaːtsi̯o, **-nes** ...taˈtsi̯oːneːs
dubitativ dubitaˈtiːf, **-e** ...iːvə
Dubitativ ˈduːbitatiːf, **-e** ...iːvə
Dubium ˈduːbi̯ʊm, **...ia** ...i̯a, **...ien** ...i̯ən
Dublee duˈbleː
Dublette duˈblɛtə
dublieren duˈbliːrən
Dublin ˈdablɪn, *engl.* ˈdʌblɪn
Dublone duˈbloːnə
Dublüre duˈblyːrə
Dubna *russ.* dubˈna
Dubnica *tschech.* ˈdubnjitsa
Dubno *russ.* ˈdubnɐ
Dubois *fr.* dyˈbwa
Du Bois *engl.* duːˈbɔɪs, *fr.* dyˈbwa
Du Bois-Reymond *fr.* dybwa-rɛˈmõ
Du Bos, Dubos *fr.* dyˈbɔs
Dubreuil, Du B... *fr.* dyˈbrœj
Dubrovnik *serbokr.* ˌdubrɔːvniːk
Dubs[ky] ˈdʊps[ki]
Dubufe *fr.* dyˈbyf
Dubuffet *fr.* dybyˈfɛ
Dubuque *engl.* dəˈbjuːk
Duc *fr.* dyk
[1]**Duca** (Herzog) *it.* ˈduːka
[2]**Duca** (Name) *rumän.* ˈduka
Du Camp, Ducamp *fr.* dyˈkã
Du Cange, Ducange *fr.* dyˈkãːʒ
Ducasse *fr.* dyˈkas
Duccio *it.* ˈduttʃo
Duce *it.* ˈduːtʃe
Ducento *it.* duˈtʃɛnto
Ducerceau *fr.* dysɛrˈso
Duces vgl. Dux
Duchamp *fr.* dyˈʃã
Du Châtel *fr.* dyʃɑˈtɛl
Du Châtelet *fr.* dyʃɑˈtlɛ, dy-ʃaˈtlɛ
Duchcov *tschech.* ˈduxtsɔf
Duchenne *fr.* dyˈʃɛn
Duchesne *fr.* dyˈʃɛn
Duchesnea dyˈʃɛːnea
Duchessa duˈkɛsa
Duchesse dyˈʃɛs, **-n** dyˈʃɛsn̩
Duchoborze dʊxoˈbɔrtsə
Ducht dʊxt
Dučić *serbokr.* ˈdutʃitɕ
Duci[s] *fr.* dyˈsi[s]
Duck *engl.* dʌk

Duckdalbe ˈdʊkdalbə
Dückdalbe ˈdʏkdalbə
ducken ˈdʊkn̩
Duckmäuser ˈdʊkmɔyzɐ
Duclos *fr.* dyˈklo
Ducommun *fr.* dykɔˈmœ̃
Ducos *fr.* dyˈko
Ducroz *fr.* dyˈkro
Ductus ˈdʊktʊs, **die** - ...tu:s
Duda ˈdu:da
Dudajew *russ.* duˈdajɪf
Duddell *engl.* dʌˈdɛl
Du Deffand *fr.* dydɛˈfã
Dudek *engl.* ˈdu:dɛk
Dudelange *fr.* dyˈdlã:ʒ
dudeldumdei! du:dl̩dʊmˈdai̯
Dudelei du:dəˈlai̯
Dudeler ˈdu:dəlɐ
Düdelingen ˈdy:dəlɪŋən
dudeln ˈdu:dl̩n, **dudle** ˈdu:dlə
Dudelsack ˈdu:dl̩zak
Duden ˈdu:dn̩
Duderstadt ˈdu:dɐʃtat
Dudevant *fr.* dydˈvã
Dudinka *russ.* duˈdinkɐ
Dudinzew *russ.* duˈdintsəf
Dudith *ung.* ˈduditʃ
Dudler ˈdu:dlɐ
Dudley *engl.* ˈdʌdlɪ
Dudo ˈdu:do
Dudok *niederl.* ˈdydɔk
Dudow *bulgar.* ˈdudof
Dudweiler ˈdʊtvai̯lɐ
due *it.* ˈdu:e
Duecento *it.* dueˈtʃɛnto
Duell duˈɛl
Duellant duɛˈlant
duellieren duɛˈli:rən
Duenja ˈdu̯ɛnja, *span.* ˈdu̯eɲa
Duero ˈdu̯e:ro, *span.* ˈdu̯ero
Duesterberg ˈdy:stɐbɛrk
Duett duˈɛt
Duettino duɛˈti:no, **...ni** ...ni
Du Fail *fr.* dyˈfaj
Dufay, Du Fay *fr.* dyˈfɛ
duff dʊf
Duff *engl.* dʌf
Duffel *niederl.* ˈdʏfəl
Düffel ˈdʏfl̩
Dufferin *engl.* ˈdʌfərɪn
Dufflecoat ˈdafl̩ko:t
Duffy *engl.* ˈdʌfɪ
Dufour *fr.* dyˈfu:r
Dufourcq *fr.* dyˈfurk
Dufrénoy *fr.* dyfreˈnwa
Dufresne *fr.* dyˈfrɛn
Dufresnoy *fr.* dyfrɛˈnwa
Dufresny *fr.* dyfrɛˈni
Duft dʊft, **Düfte** ˈdʏftə
dufte ˈdʊftə
duften ˈdʊftn̩
duftig ˈdʊftɪç, **-e** ...ɪgə
Du Fu *chin.* dufu 43
Dufy *fr.* dyˈfi
Du Gard *fr.* dyˈga:r
Dugento *it.* duˈdʒɛnto
Dughet *fr.* dyˈgɛ
Dugi Otok *serbokr.* ˈdugi: ˌɔtɔk
Dugong ˈdu:gɔŋ
Dugonics *ung.* ˈdugonitʃ
Duguesclins *fr.* dygeˈklɛ̃
Duguit *fr.* dyˈgi
Duhamel *fr.* dyaˈmɛl
Duhem *fr.* dyˈɛm
Duhm du:m
Duhn[en] ˈdu:n[ən]
Duhr du:ɐ̯
Dühring[er] ˈdy:rɪŋ[ɐ]
Duiker *niederl.* ˈdœi̯kər
Duilius duˈi:li̯ʊs
Duineser duiˈne:zɐ
Duinkerken *niederl.* ˈdœi̯nkɛrkə
Duino *it.* duˈi:no
Duisberg ˈdy:sbɛrk
Duisburg ˈdy:sbʊrk
Duisdorf ˈdy:sdɔrf
Duitschew *bulgar.* ˈdujtʃɛf
Dujardin *fr.* dyʒarˈdɛ̃
du jour dy: ˈʒu:ɐ̯
Dukagjini *alban.* dukaˈgjini
Dukas ˈdu:kas; *fr.* dyˈka, *auch:* dyˈkɑ:s
Dukaten duˈka:tn̩
Duk-Duk ˈdʊkˈdʊk, ˈ––
Duke *engl.* dju:k
Düker ˈdy:kɐ
Dukes *engl.* dju:ks
Dukla *tschech., poln.* ˈdukla
duktil dʊkˈti:l
Duktilität dʊktiliˈtɛ:t
Duktor ˈdʊkto:ɐ̯, **-en** dʊkˈto:rən
Duktus ˈdʊktʊs
Dulac *fr.* dyˈlak
Dulaurens *fr.* dylɔˈrã:s
Dulbecco *engl.* dʌlˈbɛkoʊ
Dülberg ˈdʏlbɛrk
Dulcamara *it.* dulkaˈma:ra
Dulce *span.* ˈdulθe
Dulcimer ˈdalsimɐ
Dulcin dʊlˈt͜si:n
Dulcinea *span.* dulθiˈnea
dulden ˈdʊldn̩, **duld!** dʊlt
duldsam ˈdʊltza:m
Dülfer ˈdʏlfɐ
Dulichius duˈlɪçi̯ʊs
Dülken ˈdʏlkn̩
Dullenried ˈdʊlənri:t
Duller ˈdʊlɐ
Dulles *engl.* ˈdʌlɪs
Dullin *fr.* dyˈlɛ̃
Dülmen ˈdʏlmən
Dulon[g] *fr.* dyˈlõ
Dult dʊlt
Duluth *engl.* dəˈlu:θ
Dulzian ˈdʊlt͜si̯a:n, –ˈ–
Dulzin dʊlˈt͜si:n
Dulzinea dʊlt͜siˈne:a, **...neen** ...ne:ən
Duma ˈdu:ma
Dumaguete *span.* dumaˈɣete
Dumain *engl.* djʊˈmeɪn, *fr.* dyˈmɛ̃
Dumas *fr.* dyˈmɑ
Du Maurier *engl.* dju:ˈmɔ:rɪeɪ
Dumbarton *engl.* dʌmˈbɑ:tn
Ďumbier *slowak.* ˈdjumbi̯ɛr
Dumbshow ˈdamʃo:
[1]**Dumdum** (Geschoss) dʊmˈdʊm
[2]**Dumdum** (Name) *engl.* ˈdʌmdʌm
Dumesnil *fr.* dymeˈnil
Dumézil *fr.* dymeˈzil
Dumfries *engl.* dʌmˈfri:s
Dumitrescu *rumän.* dumiˈtresku
Dumitriu *rumän.* dumiˈtriu
Dumka ˈdʊmka, **...ki** ...ki
dumm dʊm, **dümmer** ˈdʏmɐ
dummdreist ˈdʊmdrai̯st
Dummejungenstreich dʊməˈjʊŋənʃtrai̯ç
dümmer vgl. dumm
Dümmer ˈdʏmɐ
Dummerjan ˈdʊmɐja:n
Dummian ˈdʊmi̯a:n, ...i̯an
Dümmler ˈdʏmlɐ
dümmlich ˈdʏmlɪç
Dummrian ˈdʊmria:n, ...ian
Dummy ˈdami
Dumonstier *fr.* dymõˈtje
Dumont *fr.* dyˈmõ, *bras.* duˈmõ
Du Mont, DuM... *fr.* dyˈmõ
Dumont d'Urville *fr.* dymõdyrˈvil
Dumoulin *fr.* dymuˈlɛ̃
Dumouriez *fr.* dymuˈrje
Dump damp
dümpeln ˈdʏmpl̩n
Dumper ˈdampɐ, *auch:* ˈdʊmpɐ
dumpf dʊmpf
dumpfig ˈdʊmpfɪç, **-e** ...ɪgə
Dumping ˈdampɪŋ
Dumpling ˈdamplɪŋ

D

Dumy ˈdu:mi
dun du:n
Dün dy:n
Duna *ung.* ˈdunɔ
Düna ˈdy:na
Dünaburg ˈdy:nabʊrk
Dunaiszky *ung.* ˈdunɔiski
Dunaj *tschech.* ˈdunaj, *slowak.* ˈdunai̯
Dunajec *poln.* duˈnajɛts, *slowak.* ˈdunajɛts
Dunajewski *russ.* dunaˈjɛfskij
Dunant *fr.* dyˈnã
Dunántúl *ung.* ˈduna:ntu:l
Dunărea *rumän.* ˈdunərea̯
Dunaújvaros *ung.* ˈdunɔu:jva:roʃ
Dunav *serbokr.* ˈdunav
Dunaw *bulgar.* ˈdunɐf
Dunaway *engl.* ˈdʌnəweɪ
[1]**Dunbar** *engl.* dʌnˈbɑ:
[2]**Dunbar** (US Dichter) ˈdʌnbɑ:
Dunbarton *engl.* dʌnˈbɑ:tn
Duncan *engl.* ˈdʌŋkən
Duncanville *engl.* ˈdʌŋkənvɪl
Dunciade dʊnˈts̮i̯a:də
Duncker ˈdʊŋkɐ
[1]**Dundalk** *engl.* dʌnˈdɔ:k
[2]**Dundalk** (USA) *engl.* ˈdʌndɔ:k
Dundas *engl.* dʌnˈdæs, ˈ--
Dundee *engl.* dʌnˈdi:
Dunderlandsdal *norw.* ˈdʉndərlansda:l
Dundonald *engl.* dʌnˈdɔnld
Dune ˈdu:nə
Düne ˈdy:nə
Dunedin *engl.* dʌnˈi:dɪn
Dünen ˈdy:nən
Dunfermline *engl.* dʌnˈfə:mlɪn
Dung dʊŋ
Dungane dʊŋˈga:nə
Dungau ˈdu:ngau̯
düngen ˈdʏŋən
Dungeness *engl.* dʌndʒɪˈnɛs
Dunham *engl.* ˈdʌnəm
Duni *it.* ˈdu:ni
Dunikowski *poln.* duniˈkɔfski
Dunit duˈni:t
Dunja ˈdʊnja, *russ.* ˈdunjɐ
Dunjasch[k]a *russ.* duˈnjaʃ[k]ɐ
dunkel ˈdʊŋkl̩
Dünkel ˈdʏŋkl̩
dunkelblau ˈdʊŋkl̩blau̯
dünkelhaft ˈdʏŋkl̩haft
dunkeln ˈdʊŋkl̩n
dünken ˈdʏŋkn̩
Dunker ˈdʊŋkɐ
Dunkerque *fr.* dœ̃ˈkɛrk
Dunking ˈdaŋkɪŋ
Dünkirchen ˈdy:nkɪrçn̩
Dunkirk *engl.* dʌnˈkə:k
Dunkmann ˈdʊŋkman
Dun Laoghaire *engl.* dʌnˈlɪərɪ
Dunlap *engl.* ˈdʌnləp
Dunlop *engl.* ˈdʌnlɔp
Dunmore *engl.* dʌnˈmɔ:
dünn dʏn
Dünne ˈdʏnə
Dunn[e] *engl.* dʌn
Dunnville *engl.* ˈdʌnvɪl
Dunois *fr.* dyˈnwa
Dunoyer *fr.* dynwaˈje
Duns dʊns, *engl.* dʌnz
Dunsany *engl.* dʌnˈseɪnɪ
Dunsel ˈdʊnzl̩
Dunsinane *engl.* ˈdʌnsɪneɪn, -ˈ--, --ˈ-
Duns Scotus ˈdʊns ˈsko:tʊs
Dunst dʊnst, **Dünste** ˈdʏnstə
Dunstable *engl.* ˈdʌnstəbl
Dunstan *engl.* ˈdʌnstən
dunsten ˈdʊnstn̩
dünsten ˈdʏnstn̩
dunstig ˈdʊnstɪç, **-e** ...ɪgə
Düntzer ˈdʏnts̮ɐ
Dünung ˈdy:nʊŋ
Duo ˈdu:o
duodenal duodeˈna:l
Duodenitis duodeˈni:tɪs, **...nitiden** ...niˈti:dn̩
Duodenum duoˈde:nʊm, **...na** ...na
Duodez duoˈde:ts̮
duodezimal duodets̮iˈma:l
Duodezime duoˈde:ts̮imə
Duole duˈo:lə
Duolit® duoˈli:t
Duonelaitis *lit.* du̯ʌnæˈla:i̯tɪs
Dupanloup *fr.* dypãˈlu
Duparc *fr.* dyˈpark
dupen ˈdu:pn̩
Dupérac *fr.* dypeˈrak
Duperron *fr.* dypɛˈrõ
Duphly *fr.* dyˈfli
düpieren dyˈpi:rən
Dupin, Du Pin *fr.* dyˈpɛ̃
Dupla vgl. Duplum
Duplay *fr.* dyˈplɛ
Dupleix *fr.* dyˈplɛks
Duplessis *fr.* dyplɛˈsi
Du Plessys *fr.* dyplɛˈsi
Duplet duˈple:
Duplett duˈplɛt
Duplex... ˈdu:plɛks...
duplieren duˈpli:rən
Duplik duˈpli:k
Duplikat dupliˈka:t
Duplikation duplikaˈts̮io:n
Duplikator dupliˈka:to:ɐ̯, **-en** ...kaˈto:rən
Duplikatur duplikaˈtu:ɐ̯
duplizieren dupliˈts̮i:rən
Duplizität duplits̮iˈtɛ:t
Duployé *fr.* dyplwaˈje
Duplum ˈdu:plʊm, **...la** ...la
Dupong *fr.* dyˈpõ
Dupont *fr.* dyˈpõ
Du Pont *fr.* dyˈpõ, *engl.* djʊˈpɔnt, ˈdju:pɔnt
Duport *fr.* dyˈpɔ:r
Düppel ˈdʏpl̩
Duprat *fr.* dyˈpra
Dupré, ...ez *fr.* dyˈpre
Duprè *it.* duˈprɛ
Dupren dyˈpre:n
Dups dʊps
Dupuis, ...uy *fr.* dyˈpɥi
Dupuytren *fr.* dypɥiˈtrɛ̃
Duque ˈdu:kə
Duque de Caxias *bras.* ˈduki di kaˈʃias
Duquesa duˈke:za
Duquesne *fr.* dyˈkɛn, *engl.* dʊˈkeɪn
Duquesnois, ...noy *fr.* dykɛˈnwa
Du Quoin *engl.* djʊˈkɔɪn
Dur du:ɐ̯
Dura ˈdu:ra
durabel duˈra:bl̩, **...ble** ...blə
dural, D... duˈra:l
Duralumin® ˈdu:ralumi:n
Dura Mater ˈdu:ra ˈma:tɐ
Durán *span.* duˈran
Durance *fr.* dyˈrã:s
Durand *fr.* dyˈrã, *engl.* dəˈrænd
Durandal *fr.* dyrãˈdal
Durandus de Sancto Porciano duˈrandʊs de: ˈzaŋkto pɔrˈts̮ia:no
Durango *span.* duˈraŋgo, *engl.* dəˈræŋgoʊ
Đuranović *serbokr.* dʑuˈra:nɔvitɕ
Durant *fr.* dyˈrã, *engl.* dəˈrænt
Durante *it.* duˈrante
Durantis duˈrantɪs
Duranty *fr.* dyrãˈti
Durão *bras.* duˈrɐ̃ũ̯
Duras *fr.* dyˈrɑ:s
durativ ˈdu:rati:f, *auch:* duraˈti:f, **-e** ...i:və
Durax® ˈdu:raks
Durazno *span.* duˈraθno
Durazzo *it.* duˈrattso
Durban ˈdʊrban, *engl.* ˈdə:bən
Durbar ˈdʊrba:ɐ̯, -ˈ-

Durbin *engl.* ˈdəːbɪn
Durbridge *engl.* ˈdəːbrɪdʒ
Durčanský *slowak.* ˈdurtʃanskiː
durch, D... dʊrç
durchackern ˈdʊrç|akɐn
durcharbeiten 1. ˈdʊrç|arbaitn̩ 2. –ˈ– – –
Durcharbeitung ˈdʊrç|arbaitʊŋ
durchatmen ˈdʊrç|aːtmən
durchaus dʊrçˈ|aus, *auch:* ˈ–ˈ–, ˈ– –
durchbacken 1. ˈdʊrçbakn̩ 2. –ˈ– –
durchbeben dʊrçˈbeːbn̩
durchbeißen 1. ˈdʊrçbaisn̩ 2. –ˈ– –
durchbekommen ˈdʊrçbəkɔmən
durchberaten ˈdʊrçbəraːtn̩
durchbetteln 1. ˈdʊrçbɛtl̩n 2. –ˈ– –
durchbeuteln ˈdʊrçbɔytl̩n
durchbiegen ˈdʊrçbiːgn̩
durchbilden ˈdʊrçbɪldn̩
Durchbildung ˈdʊrçbɪldʊŋ
durchblasen 1. ˈdʊrçblaːzn̩ 2. –ˈ– –
durchblättern ˈdʊrçblɛtɐn, –ˈ– –
durchbläuen ˈdʊrçblɔyən
Durchblick ˈdʊrçblɪk
durchblicken ˈdʊrçblɪkn̩
durchblitzen dʊrçˈblɪtsn̩
durchbluten 1. ˈdʊrçbluːtn̩ 2. –ˈ– –
durchblutet dʊrçˈbluːtət
Durchblutung dʊrçˈbluːtʊŋ
durchbohren 1. ˈdʊrçboːrən 2. –ˈ– –
Durchbohrung dʊrçˈboːrʊŋ
durchboxen ˈdʊrçbɔksn̩
durchbraten ˈdʊrçbraːtn̩
durchbrausen 1. ˈdʊrçbrauzn̩ 2. –ˈ– –
durchbrechen 1. ˈdʊrçbrɛçn̩ 2. –ˈ– –
Durchbrechung dʊrçˈbrɛçʊŋ
durchbrennen ˈdʊrçbrɛnən
durchbringen ˈdʊrçbrɪŋən
Durchbruch ˈdʊrçbrʊx, **...brüche** ...brʏçə
durchbuchstabieren ˈdʊrçbuːxʃtabiːrən
durchbummeln 1. ˈdʊrçbʊml̩n 2. –ˈ– –
durchbürsten ˈdʊrçbʏrstn̩
durchchecken ˈdʊrçtʃɛkn̩
durchdenken 1. ˈdʊrçdɛŋkn̩ 2. –ˈ– –
durchdiskutieren ˈdʊrçdɪskutiːrən
durchdrängen ˈdʊrçdrɛŋən
durchdrehen ˈdʊrçdreːən
durchdringen 1. ˈdʊrçdrɪŋən 2. –ˈ– –
Durchdringung dʊrçˈdrɪŋʊŋ
durchdröhnen dʊrçˈdrøːnən
durchdrucken ˈdʊrçdrʊkn̩
durchdrücken ˈdʊrçdrʏkn̩
durchdrungen dʊrçˈdrʊŋən
durchduften dʊrçˈdʊftn̩
durchdürfen ˈdʊrçdʏrfn̩
durcheilen 1. ˈdʊrç|ailən 2. –ˈ– –
durcheinander dʊrç|aiˈnandɐ
Durcheinander dʊrç|aiˈnandɐ, ˈ– – – –
durchexerzieren ˈdʊrç|ɛksɛrtsiːrən
durchfahren 1. ˈdʊrçfaːrən 2. –ˈ– –
Durchfahrt ˈdʊrçfaːɐ̯t
Durchfall ˈdʊrçfal
durchfallen 1. ˈdʊrçfalən 2. –ˈ– –
durchfärben ˈdʊrçfɛrbn̩
durchfaulen ˈdʊrçfaulən
durchfaxen ˈdʊrçfaksn̩
durchfechten ˈdʊrçfɛçtn̩
durchfedern ˈdʊrçfeːdɐn
durchfegen 1. ˈdʊrçfeːgn̩ 2. –ˈ– –
durchfeiern 1. ˈdʊrçfaiɐn 2. –ˈ– –
durchfeilen ˈdʊrçfailən
durchfetten ˈdʊrçfɛtn̩
durchfeuchten dʊrçˈfɔyçtn̩
durchfilzen ˈdʊrçfɪltsn̩
durchfinden ˈdʊrçfɪndn̩
durchflammen dʊrçˈflamən
durchflechten 1. ˈdʊrçflɛçtn̩ 2. –ˈ– –
durchfliegen 1. ˈdʊrçfliːgn̩ 2. –ˈ– –
durchfließen 1. ˈdʊrçfliːsn̩ 2. –ˈ– –
Durchflug ˈdʊrçfluːk
durchfluten 1. ˈdʊrçfluːtn̩ 2. –ˈ– –
durchformen ˈdʊrçfɔrmən
durchforschen dʊrçˈfɔrʃn̩
Durchforschung dʊrçˈfɔrʃʊŋ
durchforsten dʊrçˈfɔrstn̩
durchfragen ˈdʊrçfraːgn̩
durchfressen 1. ˈdʊrçfrɛsn̩ 2. –ˈ– –
durchfrieren 1. ˈdʊrçfriːrən 2. –ˈ– –
Durchfuhr ˈdʊrçfuːɐ̯
durchführen ˈdʊrçfyːrən
durchfunkeln dʊrçˈfʊŋkl̩n
durchfurchen dʊrçˈfʊrçn̩
durchfüttern ˈdʊrçfʏtɐn
Durchgang ˈdʊrçgaŋ
Durchgänger ˈdʊrçgɛŋɐ
durchgängig ˈdʊrçgɛŋɪç
durchgeben ˈdʊrçgeːbn̩
durchgedreht ˈdʊrçgədreːt
durchgehen 1. ˈdʊrçgeːən 2. –ˈ– –
durchgehend 1. ˈdʊrçgeːənt 2. –ˈ– –; **-e** ...ndə
durchgehends ˈdʊrçgeːənts
durchgeistigt dʊrçˈgaistɪçt
durchgestalten ˈdʊrçgəʃtaltn̩
durchgliedern ˈdʊrçgliːdɐn, –ˈ– –
durchglühen 1. ˈdʊrçglyːən 2. –ˈ– –
durchgraben ˈdʊrçgraːbn̩
durchgreifen ˈdʊrçgraifn̩
durchgucken ˈdʊrçgʊkn̩
durchhaben ˈdʊrçhaːbn̩
durchhalten ˈdʊrçhaltn̩
durchhängen ˈdʊrçhɛŋən
durchhauen 1. ˈdʊrçhauən 2. –ˈ– –
durchhecheln ˈdʊrçhɛçl̩n
durchheizen ˈdʊrçhaitsn̩
durchhelfen ˈdʊrçhɛlfn̩
Durchhieb ˈdʊrçhiːp
durchirren dʊrçˈ|ɪrən
durchixen ˈdʊrç|ɪksn̩
durchjagen 1. ˈdʊrçjaːgn̩ 2. –ˈ– –
durchkämmen 1. ˈdʊrçkɛmən 2. –ˈ– –
durchkämpfen 1. ˈdʊrçkɛmpfn̩ 2. –ˈ– –
durchkauen ˈdʊrçkauən
durchkitzeln ˈdʊrçkɪtsl̩n
durchklettern 1. ˈdʊrçklɛtɐn 2. –ˈ– –
durchklingen 1. ˈdʊrçklɪŋən 2. –ˈ– –
durchknöpfen ˈdʊrçknœpfn̩
durchkommen ˈdʊrçkɔmən
durchkomponieren ˈdʊrçkɔmponiːrən
durchkönnen ˈdʊrçkœnən
durchkosten 1. ˈdʊrçkɔstn̩ 2. –ˈ– –
durchkramen ˈdʊrçkraːmən, –ˈ– –

D

D

durchkreuzen 1. ˈdʊrçkrɔy̯tsn̩
2. -ˈ--
Durchkreuzung dʊrçˈkrɔy̯tsʊŋ
durchkriechen 1. ˈdʊrçkri:çn̩
2. -ˈ--
durchladen ˈdʊrçla:dn̩
Durchlass ˈdʊrçlas, **...lässe** ...lɛsə
durchlassen ˈdʊrçlasn̩
durchlässig ˈdʊrçlɛsɪç
Durchlaucht ˈdʊrçlau̯xt, *auch:* -ˈ-
durchlauchtig dʊrçˈlau̯xtɪç, **-e** ...ɪgə
durchlauchtigst dʊrçˈlau̯xtɪçst
durchlaufen 1. ˈdʊrçlau̯fn̩
2. -ˈ--
durchleben dʊrçˈle:bn̩
durchleiden dʊrçˈlai̯dn̩
durchlesen ˈdʊrçle:zn̩, -ˈ--
durchleuchten 1. ˈdʊrçlɔy̯çtn̩
2. -ˈ--
Durchleuchtung dʊrçˈlɔy̯çtʊŋ
durchliegen ˈdʊrçli:gn̩
durchlochen dʊrçˈlɔxn̩
durchlöchern dʊrçˈlœçɐn
durchlüften 1. ˈdʊrçlʏftn̩
2. -ˈ--
Durchlüfter dʊrçˈlʏftɐ
Durchlüftung dʊrçˈlʏftʊŋ
durchmachen ˈdʊrçmaxn̩
Durchmarsch ˈdʊrçmarʃ
durchmarschieren ˈdʊrçmarʃi:rən
durchmessen 1. ˈdʊrçmɛsn̩
2. -ˈ--
Durchmesser ˈdʊrçmɛsɐ
durchmischen 1. ˈdʊrçmɪʃn̩
2. -ˈ--
durchmüssen ˈdʊrçmʏsn̩
durchmustern ˈdʊrçmʊstɐn, -ˈ--
Durchmusterung ˈdʊrçmʊstərʊŋ, -ˈ---
durchnagen ˈdʊrçna:gn̩, -ˈ--
Durchnahme ˈdʊrçna:mə
durchnässen dʊrçˈnɛsn̩
durchnehmen ˈdʊrçne:mən
durchnummerieren ˈdʊrçnʊməri:rən
durchorganisieren ˈdʊrç|ɔrganizi:rən
durchörtern dʊrçˈ|œrtɐn
durchpausen ˈdʊrçpau̯zn̩
durchpeitschen ˈdʊrçpai̯tʃn̩
durchpflügen 1. ˈdʊrç-pfly:gn̩
2. -ˈ--
durchprüfen ˈdʊrçpry:fn̩
durchprügeln ˈdʊrçpry:gl̩n
durchpulsen dʊrçˈpʊlzn̩
durchqueren dʊrçˈkve:rən
durchrasen 1. ˈdʊrçra:zn̩
2. -ˈ--
durchrationalisieren ˈdʊrçratsi̯onalizi:rən
durchrauschen 1. ˈdʊrçrau̯ʃn̩
2. -ˈ--
durchrechnen ˈdʊrçrɛçnən
durchregnen 1. ˈdʊrçre:gnən
2. -ˈ--
durchreichen ˈdʊrçrai̯çn̩
Durchreise ˈdʊrçrai̯zə
durchreisen 1. ˈdʊrçrai̯zn̩
2. -ˈ--
durchreißen ˈdʊrçrai̯sn̩
durchreiten 1. ˈdʊrçrai̯tn̩
2. -ˈ--
durchrennen 1. ˈdʊrçrɛnən
2. -ˈ--
durchrieseln 1. ˈdʊrçri:zl̩n
2. -ˈ--
durchringen ˈdʊrçrɪŋən
durchrinnen 1. ˈdʊrçrɪnən
2. -ˈ--
durchrosten ˈdʊrçrɔstn̩
durchrutschen ˈdʊrçrʊtʃn̩
durchrütteln ˈdʊrçrʏtl̩n
durchs dʊrçs
Durchsage ˈdʊrçza:gə
durchsagen ˈdʊrçza:gn̩
Durchsatz ˈdʊrçzats
durchsaufen 1. ˈdʊrçzau̯fn̩
2. -ˈ--
durchschallen 1. ˈdʊrçʃalən
2. -ˈ--
durchschaubar dʊrçˈʃau̯ba:ɐ̯
durchschauen 1. ˈdʊrçʃau̯ən
2. -ˈ--
durchschauern dʊrçˈʃau̯ɐn
durchscheinen 1. ˈdʊrçʃai̯nən
2. -ˈ--
durchscheuern ˈdʊrçʃɔy̯ɐn
durchschießen 1. ˈdʊrçʃi:sn̩
2. -ˈ--
durchschimmern 1. ˈdʊrçʃɪmɐn
2. -ˈ--
durchschlafen 1. ˈdʊrçʃla:fn̩
2. -ˈ--
Durchschlag ˈdʊrçʃla:k
durchschlagen 1. ˈdʊrçʃla:gn̩
2. -ˈ--
durchschlagend 1. ˈdʊrçʃla:gn̩t
2. -ˈ--; **-e** ...n̩də
durchschlägig ˈdʊrçʃlɛ:gɪç
durchschleichen 1. ˈdʊrçʃlai̯çn̩
2. -ˈ--
durchschleusen ˈdʊrçʃlɔy̯zn̩
Durchschlupf ˈdʊrçʃlʊpf
durchschlüpfen ˈdʊrçʃlʏpf̩n
durchschmoren ˈdʊrçʃmo:rən
durchschmuggeln ˈdʊrçʃmʊgl̩n
durchschneiden 1. ˈdʊrçʃnai̯dn̩
2. -ˈ--
Durchschnitt ˈdʊrçʃnɪt
durchschnittlich ˈdʊrçʃnɪtlɪç
durchschnüffeln ˈdʊrçʃnʏfl̩n, -ˈ--
durchschossen dʊrçˈʃɔsn̩
durchschreiben ˈdʊrçʃrai̯bn̩
durchschreiten 1. ˈdʊrçʃrai̯tn̩
2. -ˈ--
Durchschuss ˈdʊrçʃʊs
durchschütteln ˈdʊrçʃʏtl̩n
durchschwärmen dʊrçˈʃvɛrmən
durchschweifen dʊrçˈʃvai̯fn̩
durchschwimmen 1. ˈdʊrçʃvɪmən 2. -ˈ--
durchschwitzen ˈdʊrçʃvɪtsn̩, -ˈ--
durchsegeln 1. ˈdʊrçze:gl̩n
2. -ˈ--
durchsehen ˈdʊrçze:ən
durchsetzen 1. ˈdʊrçzɛtsn̩
2. -ˈ--
durchseuchen dʊrçˈzɔy̯çn̩
Durchsicht ˈdʊrçzɪçt
durchsichtig ˈdʊrçzɪçtɪç
durchsickern ˈdʊrçzɪkɐn
durchsieben 1. ˈdʊrçzi:bn̩
2. -ˈ--
durchsitzen ˈdʊrçzɪtsn̩
durchsonnt dʊrçˈzɔnt
durchsprechen ˈdʊrçʃprɛçn̩
durchspringen 1. ˈdʊrçʃprɪŋən
2. -ˈ--
durchstarten ˈdʊrçʃtartn̩
durchstechen 1. ˈdʊrçʃtɛçn̩
2. -ˈ--
Durchstecherei dʊrçʃtɛçəˈrai̯
durchstehen ˈdʊrçʃte:ən
durchsteigen 1. ˈdʊrçʃtai̯gn̩
2. -ˈ--
Durchstich ˈdʊrçʃtɪç
durchstöbern dʊrçˈʃtø:bɐn
Durchstoß ˈdʊrçʃto:s
durchstoßen 1. ˈdʊrçʃto:sn̩
2. -ˈ--
durchstrahlen dʊrçˈʃtra:lən
durchstreichen 1. ˈdʊrçʃtrai̯çn̩
2. -ˈ--
durchstreifen dʊrçˈʃtrai̯fn̩
durchströmen 1. ˈdʊrçʃtrø:mən 2. -ˈ--
durchsuchen 1. ˈdʊrçzu:xn̩
2. -ˈ--

Durchsuchung dʊrç'zu:xʊŋ
durchtanzen 1. 'dʊrçtantsn̩ 2. -'--
durchtoben dʊrç'to:bn̩
durchtosen dʊrç'to:zn̩
durchtrainieren 'dʊrçtrɛni:rən, ...ren
durchtränken dʊrç'trɛŋkn̩
durchtreiben 'dʊrçtraibn̩
durchtrennen 'dʊrçtrɛnən, -'--
durchtreten 'dʊrçtre:tn̩
durchtrieben dʊrç'tri:bn̩
durchwachen 1. 'dʊrçvaxn̩ 2. -'--
durchwachsen 1. 'dʊrçvaksn̩ 2. -'--
durchwagen 'dʊrçva:gn̩
durchwählen 'dʊrçvɛ:lən
durchwalken 'dʊrçvalkn̩
durchwalten dʊrç'valtn̩
durchwandern 1. 'dʊrçvandɐn 2. -'--
durchwärmen 'dʊrçvɛrmən, -'--
durchwaten 1. 'dʊrçva:tn̩ 2. -'--
durchweben 1. 'dʊrçve:bn̩ 2. -'--
durchweg 'dʊrçvɛk, *auch:* -'-
durchwegs 'dʊrçve:ks, *auch:* -'-
durchwehen dʊrç've:ən
durchweichen 1. 'dʊrçvaiçn̩ 2. -'--
durchwinden 1. 'dʊrçvɪndn̩ 2. -'--
durchwintern dʊrç'vɪntɐn
Durchwinterung dʊrç'vɪntərʊŋ
durchwirken 1. 'dʊrçvɪrkn̩ 2. -'--
durchwitschen 'dʊrçvɪtʃn̩
durchwollen 'dʊrçvɔlən
durchwuchern dʊrç'vu:xɐn
durchwühlen 1. 'dʊrçvy:lən 2. -'--
durchzählen 'dʊrçtsɛ:lən
durchzechen 1. 'dʊrçtsɛçn̩ 2. -'--
durchzeichnen 'dʊrçtsaiçnən
durchziehen 1. 'dʊrçtsi:ən 2. -'--
Durchzieher 'dʊrçtsi:ɐ
durchzittern dʊrç'tsɪtɐn
durchzucken dʊrç'tsʊkn̩
Durchzug 'dʊrçtsu:k
Durchzügler 'dʊrçtsy:klɐ
durchzwängen 'dʊrçtsvɛŋən

Đurđević *serbokr.* 'dʑu:rdʑɛvitɕ
Durdreiklang 'du:ɐ̯draiklaŋ
Düren 'dy:rən
Durendal 'du:rəndal, *fr.* dyrã'dal
Dürer 'dy:rɐ
Duret, ...rey *fr.* dy'rɛ
dürfen 'dʏrfn̩
D'Urfey *engl.* 'də:fɪ
durfte 'dʊrftə
dürfte 'dʏrftə
dürftig 'dʏrftɪç, **-e** ...ɪgə
Durham *engl.* 'dʌrəm
Durianbaum 'du:ri̯anbaum
Duribreux *fr.* dyri'brø
Durieux *fr.* dy'rjø
Durine du'ri:nə
Duris 'du:rɪs
Durit du'ri:t
Durkheim *fr.* dyr'kɛm
Dürkheim 'dʏrkhaim
Durkó *ung.* 'durko:
Durlach 'dʊrlax
Durmitor *serbokr.* dur,mitɔr
Dürn[e] 'dʏrn[ə]
Dürnkrut 'dʏrnkrʊt
Dürnstein 'dʏrnʃtain
Duro *port.* 'duru
Duroc *fr.* dy'rɔk
Durochromgalvano duro'kro:mgalva:no
Duroplast duro'plast
dürr, Dürr dʏr
Durra 'dʊra
Dürre 'dʏrə
Durrell *engl.* 'dʌrəl
Dürrenberg 'dʏrənbɛrk
Dürrenmatt 'dʏrənmat
Durrer 'dʊrɐ
Durrës *alban.* 'durrəs
Dürrheim 'dʏrhaim
Dürrnberg 'dʏrnbɛrk
Dürrson 'dʏrzɔn
Durry *fr.* dy'ri
Durst dʊrst
dursten 'dʊrstn̩
dürsten 'dʏrstn̩
durstig 'dʊrstɪç, **-e** ...ɪgə
Durtain *fr.* dyr'tɛ̃
Duru *fr.* dy'ry
Durum... 'du:rʊm...
Duruy *fr.* dy'rɥi
Du Ry *fr.* dy'ri
Durych *tschech.* 'durix
Duryea *engl.* 'dʊərjeɪ
Dušan *serbokr.* ˌduʃan
Duschanbe *russ.* duʃam'bɛ
Dusche 'dʊʃə, *auch:* 'du:ʃə

Duschek 'dʊʃɛk
duschen 'dʊʃn̩, *auch:* 'du:ʃn̩
Duschkin *russ.* 'duʃkin
Duse *it.* 'du:ze
Düse 'dy:zə
Dušek *tschech.* 'duʃɛk
Dusel 'du:zl̩
Duselei du:zə'lai
duselig 'du:zəlɪç, **-e** ...ɪgə
düselig 'dy:zəlɪç, **-e** ...ɪgə
duseln 'du:zl̩n, **dusle** 'du:zlə
düsen 'dy:zn̩, **düs!** dy:s, **düst** dy:st
Dusík *slowak., tschech.* 'dusi:k
duslig 'du:zlɪç, **-e** ...ɪgə
Dusnok *ung.* 'duʃnok
Du Sommerard *fr.* dysɔm'ra:r
Dussault *fr.* dy'so
Dussek 'dʊsɛk
Dussel 'dʊsl̩
Düssel[dorf] 'dʏsl̩[dɔrf]
Dusselei dʊsə'lai
dusselig 'dʊsəlɪç, **-e** ...ɪgə
dusslig 'dʊslɪç, **-e** ...ɪgə
[1]Dust (Dunst, Staub) dʊst
[2]Dust (Teestaub) dast
duster 'du:stɐ
düster, D... 'dy:stɐ
düstern 'dy:stɐn
Düsternis 'dy:stɐnɪs, **-se** ...ɪsə
Duszniki Zdrój *poln.* duʃ'niki 'zdruj
Dutchman, ...men 'datʃmɛn
Dutertre, Du T... *fr.* dy'tɛrtr
Dutilleux *fr.* dyti'jø
Dutoit *fr.* dy'twa
Du Toit *afr.* də'to:i̯
Dutourd *fr.* dy'tu:r
Dutra *bras.* 'dutra
Dutroux *fr.* dy'tru
Dutschke 'dʊtʃkə
Dutt (Name) *engl.* dʌt
Dutt[e] 'dʊt[ə]
Dutton *engl.* dʌtn
Duttweiler 'dʊtvailɐ
Dutyfree... 'dju:tifri:...
Dutzend 'dʊtsn̩t, **-e** ...n̩də
dutzendweise 'dʊtsn̩tvaizə
Duumvir du'ʊmvɪr **...ri** ...viri
Duumvirat duʊmvi'ra:t
Duun *norw.* dʉ:n
Duval *fr.* dy'val
Duva[l]lier *fr.* dyva'lje
Duve *fr.* dy:v
Duveneck *engl.* 'du:vənɛk
Duverg[i]er *fr.* dyvɛr'ʒ[j]e
Duvernois *fr.* dyvɛr'nwa
Duvet *fr.* dy'vɛ
Duvetine dʏf'ti:n

D

Duveyrier *fr.* dyvɛ'rje
Duvieusart *fr.* dyvjø'za:r
Duvivier *fr.* dyvi'vje
Duvoisin *fr.* dyvwa'zɛ̃
Duwock 'du:vɔk
[1]**Dux** (Führer) dʊks, **Duces** 'du:tse:s
[2]**Dux** (Name) dʊks, *fr.* dyks
Duxbury *engl.* 'dʌksbərɪ
Duyckinck *engl.* 'daɪkɪŋk
Duyse *niederl.* 'dœi̯sə
Duyster *niederl.* 'dœi̯stər
Düzce *türk.* 'dyzdʒɛ
duzen 'du:tsn̩
Dvořák 'dvɔrʒak, *tschech.* 'dvɔrʒa:k
Dvořáková *tschech.* 'dvɔrʒa:kɔva:
Dvorský *slowak.* 'dvɔrski:
Dvůr Králové *tschech.* 'dvu:r 'kra:lɔvɛ:
D-Wagen 'de:va:gn̩
Dwaita 'dvai̯ta
Dwandwa 'dvandva
dwars dvars
Dweil dvai̯l
Dwiggins *engl.* 'dwɪgɪnz
Dwight *engl.* dwaɪt
Dwin *russ.* dvin
Dwina 'dvi:na, *russ.* dvi'na
Dwinger 'dvɪŋɐ
Dwinsk *russ.* dvinsk
Dyade dy'a:də
Dyadik dy'a:dɪk
dyadisch dy'a:dɪʃ
Dyarchie dyar'çi:, **-n** ...i:ən
Dyas 'dy:as
dyassisch dy'asɪʃ
Dyb[b]uk 'dʏbʊk
Dybenko *russ.* di'bjenkɐ
Dyce *engl.* daɪs
Dyck, van fan 'dai̯k, van -, *niederl.* vɑn 'dɛi̯k
Dyckerhoff 'di:kɐhɔf
Dyer *engl.* 'daɪə
Dyersburg *engl.* 'daɪəzbə:g
Dygasiński *poln.* dɨga'ɕi̯ski
Dygat *poln.* 'dɨgat
Dyggve *dän.* 'dygvə
Dyhrenfurt 'di:rənfʊrt
Dyk di:k, *tschech.* dik, *niederl.* dɛi̯k
Dykstra *niederl.* 'dɛi̯kstrɑ
Dylan *engl.* 'dɪlən
Dymow *russ.* 'dɨmɐf
Dymschiz *russ.* 'dɨmʃits
dyn, Dyn dy:n
Dynameter dyna'me:tɐ
Dynamik dy'na:mɪk
Dynamis 'dy:namɪs
dynamisch dy'na:mɪʃ
dynamisieren dynami'zi:rən
Dynamismus dyna'mɪsmʊs
dynamistisch dyna'mɪstɪʃ
Dynamit dyna'mi:t
Dynamo dy'na:mo, *auch:* 'dy:namo
Dynamograph dynamo'gra:f
dynamometamorph dynamometa'mɔrf
Dynamometamorphismus dynamometamɔr'fɪsmʊs
Dynamometamorphose dynamometamɔr'fo:zə
Dynamometer dynamo'me:tɐ
Dynast dy'nast
Dynastie dynas'ti:, **-n** ...i:ən
Dynatron 'dy:natro:n
Dynode dy'no:də
Dyophysit dyofy'zi:t
Dyophysitismus dyofyzi'tɪsmʊs
Dyopol dyo'po:l
Dyopson dyɔ'pso:n
Dyothelet dyote'le:t
Dyrhólaey *isl.* 'dɪrhou̯laɛi̯
Dyrrhachium dʏ'raxi̯ʊm
Dysakusis dʏs|a'ku:zɪs, dyza...
Dysarthrie dʏs|ar'tri:, dyza..., **-n** ...i:ən
Dysarthrose dʏs|ar'tro:zə, dyza...
Dysästhesie dʏs|ɛste'zi:, dyzɛ...
Dysautonomie dʏs|au̯tono'mi:, dyzau̯..., **-n** ...i:ən
Dysbakterie dʏsbakte'ri:, **-n** ...i:ən
Dysbasie dʏsba'zi:, **-n** ...i:ən
Dysbulie dʏsbu'li:
Dyscholie dʏsço'li:
Dyschromie dʏskro'mi:, **-n** ...i:ən
Dysenterie dʏs|ɛnte'ri:, dyzɛ..., **-n** ...i:ən
dysenterisch dʏs|ɛn'te:rɪʃ, dyzɛ...
Dysergie dʏs|ɛr'gi:, dyzɛ...
Dysfunktion dʏsfʊŋk'tsi̯o:n
Dysglossie dʏsglɔ'si:, **-n** ...i:ən
Dysgnathie dʏsgnati:, **-n** ...i:ən
Dysgrammatismus dʏsgrama'tɪsmʊs
Dyshidrosis dʏshi'dro:zɪs
Dyskalkulie dʏskalku'li:
Dyskeratose dʏskera'to:zə
Dyskinesie dʏskine'zi:, **-n** ...i:ən
Dyskolie dʏsko'li:
Dyskolos 'dʏskolɔs
Dyskranie dʏskra'ni:, **-n** ...i:ən
Dyskrasie dʏskra'zi:, **-n** ...i:ən
Dyslalie dʏsla'li:, **-n** ...i:ən
Dyslexie dʏslɛ'ksi:, **-n** ...i:ən
dysmel dʏs'me:l
Dysmelie dʏsme'li:, **-n** ...i:ən
Dysmenorrhö, ...öe dʏsmenɔ'rø:, **...rrhöen** ...'rø:ən
Dysodil dʏs|o'di:l, dyzo...
Dyson *engl.* daɪsn
Dysontogenie dʏs|ɔntoge'ni:, dyzɔ...
Dysosmie dʏs|ɔs'mi:, dyzɔ..., **-n** ...i:ən
Dysosphresie dʏs|ɔsfre'zi:, dyzɔ..., **-n** ...i:ən
Dysostose dʏs|ɔs'to:zə, dyzɔ...
Dyspareunie dʏsparɔy̯'ni:, **-n** ...i:ən
Dyspepsie dʏspɛ'psi:, **-n** ...i:ən
dyspeptisch dʏs'pɛptɪʃ
Dysphagie dʏsfa'gi:, **-n** ...i:ən
Dysphasie dʏsfa'zi:, **-n** ...i:ən
Dysphonie dʏsfo'ni:, **-n** ...i:ən
Dysphorie dʏsfo'ri:, **-n** ...i:ən
dysphorisch dʏs'fo:rɪʃ
dysphotisch dʏs'fo:tɪʃ
Dysphrasie dʏsfra'zi:, **-n** ...i:ən
Dysphrenie dʏsfre'ni:, **-n** ...i:ən
Dysplasie dʏspla'zi:, **-n** ...i:ən
dysplastisch dʏs'plastɪʃ
Dyspnoe dʏs'pno:ə
Dysprosium dʏs'pro:zi̯ʊm
Dysproteinämie dʏs'proteinɛ'mi:, **-n** ...i:ən
Dysteleologie dʏsteleolo'gi:
Dysthymie dʏsty'mi:, **-n** ...i:ən
Dysthyreose dʏstyre'o:zə
Dystokie dʏsto'ki:, **-n** ...i:ən
Dystonie dʏsto'ni:, **-n** ...i:ən
Dystopie dʏsto'pi:, **-n** ...i:ən
dystopisch dʏs'to:pɪʃ
dystroph dʏs'tro:f
Dystrophie dʏstro'fi:, **-n** ...i:ən
Dystrophiker dʏs'tro:fikɐ
Dysurie dʏs|u'ri:, dyzu'ri:, **-n** ...i:ən
Dyszephalie dʏstsefa'li:, **-n** ...i:ən
Dytiscus dy'tɪskʊs, **....ci** ...stsi
Dytron dy'tro:n
Džamonja *serbokr.* 'dʒamɔnja
Działdowo *poln.* dʑau̯'dɔvɔ
Działoszyce *poln.* dʑau̯ɔ'ʃitsɛ

Dziątzko ˈtsi̯atsko
Dzibilchaltún *span.* tsißiltʃalˈtun
Dzierzgoń *poln.* ˈdʑɛʒgɔi̯n
Dzierzon ˈtsi̯ɛrʒɔn
Dzierżon *poln.* ˈdʑɛrʒɔn
Dzierżoniów *poln.* dʑɛrˈʒɔnjuf
Dzików *poln.* ˈdʑikuf
D-Zug ˈde:tsu:k

E e

e, E e:, *engl.* i:, *fr.* ə, *it.*, *span.* e
ε, E ˈɛpsilɔn
η, H ˈe:ta
Eadmer *engl.* ˈɛdmə
Eadmund *engl.* ˈɛdmənd
Eads *engl.* i:dz
Eagan *engl.* ˈi:gən
Eagle ˈi:gl̩
Eakins *engl.* ˈeɪkɪnz
Ealing *engl.* ˈi:lɪŋ
Eames *engl.* eɪmz, i:mz
Eamon *engl.* ˈeɪmən
Eanes *port.* ˈi̯ɐnɪʃ
Earhart *engl.* ˈɛəhɑ:t
Earl ø:ɐ̯l, œrl
Earle *engl.* ə:l
Earl Grey ˈø:ɐ̯l ˈgre:, ˈœrl -
Earl of Home *engl.* ˈə:l əv ˈhju:m
Earlom *engl.* ˈə:ləm
Earl's Court *engl.* ˈɛ:lz ˈkɔ:t
Early English *engl.* ˈə:lɪ ˈɪŋglɪʃ
Earth[a] *engl.* ˈə:θ[ə]
Easley *engl.* ˈi:zlɪ
East *engl.* i:st
East Anglia *engl.* ˈi:st ˈæŋglɪə
Eastbourne *engl.* ˈi:stbɔ:n
East Gwillimbury *engl.* ˈi:st ˈgwɪləmbərɪ
Easthampton *engl.* i:stˈhæmptən
East Kilbride *engl.* i:st kɪlˈbraɪd
Eastlake *engl.* ˈi:stleɪk
Eastland *engl.* ˈi:stlənd
Eastleigh *engl.* ˈi:stli:
Eastman *engl.* ˈi:stmən
Easton *engl.* ˈi:stən
Eastport *engl.* ˈi:stpɔ:t
East Rockaway *engl.* ˈi:st ˈrɔkəweɪ
East Side *engl.* ˈi:st ˈsaɪd
Eastwood *engl.* ˈi:stwʊd
easy ˈi:zi
Easygoing... ˈi:zigo:ɪŋ...
Easyrider ˈi:zirai̯dɐ
Eat-Art ˈi:|a:ɐ̯t
Eaton *engl.* i:tn
Eaubonne *fr.* oˈbɔn
Eau Claire *engl.* oʊˈklɛə
Eau de Vie ˈo: də ˈvi:
Eau forte ˈo: ˈfɔrt
Eaux-Bonnes *fr.* oˈbɔn
Eaux-Chaudes *fr.* oˈʃo:d
Eau[x] de Cologne ˈo: də koˈlɔnjə
Eau[x] de Javel ˈo: də ʒaˈvɛl
Eau[x] de Labarraque ˈo: də labaˈrak
Eau[x] de Parfum ˈo: də parˈfœ̃:
Eau[x] de Toilette ˈo: də toa̯ˈlɛt
Eban ˈe:ban, *hebr.* ɛˈvɛn
Ebba ˈɛba
Ebbe ˈɛbə
ebben ˈɛbn̩, **ebb!** ɛp, **ebbt** ɛpt
Ebbinghaus ˈɛbɪŋhau̯s
Ebbo ˈɛbo
Ebbw Vale *engl.* ˈɛbu: ˈveɪl
Ebe *it.* ˈɛ:be
Ebel ˈe:bl̩
Ebeleben ˈe:bəle:bn̩
Ebeling ˈe:bəlɪŋ
eben ˈe:bn̩
Eben *tschech.* ˈɛbɛn
ebenbürtig ˈe:bn̩bʏrtɪç
ebenda ˈe:bn̩ˈda:, *hinweisend* --ˈ-
ebendaher ˈe:bn̩daˈhe:ɐ̯, *hinweisend* e:bn̩ˈda:he:ɐ̯
ebendahin ˈe:bn̩daˈhɪn, *hinweisend* e:bn̩ˈda:hɪn
ebendann ˈe:bn̩ˈdan, *hinweisend* --ˈ-
ebendarum ˈe:bn̩daˈrʊm, *hinweisend* e:bn̩ˈda:rʊm
ebendaselbst ˈe:bn̩daˈzɛlpst
ebender ˈe:bn̩ˈde:ɐ̯, *hinweisend* --ˈ-
ebenderselbe ˈe:bn̩de:ɐ̯ˈzɛlbə, *hinweisend* ---ˈ--
ebendeshalb ˈe:bn̩dɛsˈhalp, *hinweisend* --ˈ--
ebendeswegen ˈe:bn̩dɛsˈve:gn̩, *hinweisend* --ˈ---
ebendieser ˈe:bn̩ˈdi:zɐ, *hinweisend* --ˈ--
ebendort ˈe:bn̩ˈdɔrt, *hinweisend* --ˈ-
ebendortselbst ˈe:bn̩dɔrtˈzɛlpst
Ebene ˈe:bənə
Ebenezer ebeˈne:tsɐ, *engl.* ɛbɪˈni:zə
ebenfalls ˈe:bn̩fals
Ebenfurth ˈe:bn̩fʊrt
Ebenholz ˈe:bn̩hɔlts
ebenieren ebeˈni:rən
Ebenist ebeˈnɪst
ebenjener ˈe:bn̩ˈje:nɐ, *hinweisend* --ˈ--
Ebenrode e:bn̩ˈro:də
Ebensee ˈe:bn̩ze:
ebenso ˈe:bn̩zo:
Eberau ˈe:bərau̯
Eber[bach] ˈe:bɐ[bax]
Eberesche ˈe:bɐ|ɛʃə
Eberharda e:bɐˈharda
Eberhard[t] ˈe:bɐhart
Eberhart *engl.* ˈeɪbəhɑ:t
Eberhild ˈe:bɐhɪlt
Eberhilde e:bɐˈhɪldə
Eberl[e] ˈe:bɐl[ə]
Eberlein ˈe:bɐlai̯n
Eberlin ˈe:bɐli:n
Ebermannstadt ˈe:bɐmanʃtat
Ebermayer ˈe:bɐmai̯ɐ
Ebernand ˈe:bɐnant
Ebern[burg] ˈe:bɐn[bʊrk]
Ebers[bach] ˈe:bɐs[bax]
Ebersberg ˈe:bɐsbɛrk
Ebersmünster e:bɐsˈmʏnstɐ
Eberstein ˈe:bɐʃtai̯n
Eberswalde e:bɐsˈvaldə
Ebert[h] ˈe:bɐt
Eberwein ˈe:bɐvai̯n
Eberwin ˈe:bɐvi:n
Eberz ˈe:bɐts
Ebhardt ˈe:phart
Ebing[en] ˈe:bɪŋ[ən]
Ebionit ebi̯oˈni:t
Ebko ˈɛpko
ebnen ˈe:bnən
Ebner ˈe:bnɐ
Ebnung ˈe:bnʊŋ
Ebo ˈe:bo
Ebola ˈe:bola
Eboli ˈe:boli, *it.* ˈɛ:boli
Éboli *span.* ˈeßoli
Ébolowa *fr.* ebɔlɔˈwa
Ebonit eboˈni:t
Ebony *engl.* ˈɛbənɪ
Éboué *fr.* eˈbwe
Ebrach ˈe:brax
Ebrard ˈe:brart
Ébrié *fr.* ebriˈe

E

Ebro ˈe:bro, *span.* ˈeβro
Ebroin ˈe:broi:n
Ebstein ˈɛpʃtai̯n
Ebstorf ˈɛpstɔrf
Ebullioskop ebʊli̯oˈsko:p
Ebullioskopie ebʊli̯oskoˈpi:
Eburacum ebuˈra:kʊm
Eburneation ebʊrneaˈt͡si̯o:n
Eburnifikation ebʊrnifika-ˈt͡si̯o:n
Eburodunum eburoˈdu:nʊm
Eburone ebuˈro:nə
Eça de Queirós *port.* ˈɛsɐ ðə kɐi̯ˈrɔʃ
Ecaille eˈkai̯
Ecart eˈka:ɐ̯
Ecarté ekarˈte:
Ecbasis Captivi ˈɛkbazɪs kap-ˈti:vi
Eccard ˈɛkart
ecce!, Ecce ˈɛkt͡sə
Ecce-Homo ˈɛkt͡səˈho:mo
Ecchondrose ɛkçɔnˈdro:zə
Eccles *engl.* ɛklz
Ecclesia [militans, - patiens] ɛˈkle:zi̯a [ˈmi:litans, - ˈpa:t͡si̯ɛns]
Ecclesiastes ɛkleˈzi̯astɛs
Ecclesia triumphans ɛˈkle:zi̯a triˈʊmfans
Ecco ˈɛko
Ecdyson ɛkdyˈzo:n
Ecevit *türk.* ɛdʒɛˈvit
Échallens *fr.* eʃaˈlã
Échappé eʃaˈpe:
Echappement eʃapəˈmã:
echappieren eʃaˈpi:rən
Echarpe eˈʃarp
echauffieren eʃɔˈfi:rən
Echec eˈʃɛk
Echegaray *span.* etʃeɣaˈrai̯
Echelle eˈʃɛl, **-n** ...lən
Echelon eʃəˈlõ:
echelonieren eʃəloˈni:rən
Echeveria ɛtʃeˈve:ri̯a, **...ien** ...i̯ən
Echeverría *span.* etʃeβɛˈrria
Echidna ɛˈçɪdna, *auch:* ɛˈçɪtna
Echinacea ɛçinaˈt͡se:a
Echinit ɛçiˈni:t
Echinoderme ɛçinoˈdɛrmə
Echinokaktus ɛçinoˈkaktʊs
Echinokokkose ɛçinokɔˈko:zə
Echinokokkus ɛçinoˈkɔkʊs
Echinus ɛˈçi:nʊs
Echnaton ˈɛçnatɔn
Echo ˈɛço
echoen ˈɛçoən
Echographie ɛçograˈfi:, **-n** ...i:ən
Echokinesie ɛçokineˈzi:, **-n** ...i:ən
Echolalie ɛçolaˈli:, **-n** ...i:ən
Echomatismus ɛçomaˈtɪsmʊs
Echomimie ɛçomiˈmi:
Echophrasie ɛçofraˈzi:, **-n** ...i:ən
Echopraxie ɛçopraˈksi:, **-n** ...i:ən
Echothymie ɛçotyˈmi:
Echse ˈɛksə
echt ɛçt
Echter[dingen] ˈɛçtɐ[dɪŋən]
Echtermeyer ˈɛçtɐmai̯ɐ
Echtern[ach] ˈɛçtɐn[ax]
Echtsilber ˈɛçtzɪlbɐ
echtsilbern ˈɛçtzɪlbɐn
Echuca *engl.* ɪˈtʃu:kə
Écija *span.* ˈeθixa
Eck ɛk
Eckard[t] ˈɛkart
Eckart ˈɛkart
Eckartsberga ɛkart͡sˈbɛrga
Eckartshausen ɛkart͡sˈhau̯zn̩
Eckbert ˈɛkbɛrt
Eckbrecht ˈɛkbrɛçt
Eckchen ˈɛkçən
Ecke ˈɛkə
Eckehard, ...rt ˈɛkəhart
ecken ˈɛkn̩
Eckener ˈɛkənɐ
Ecker[berg] ˈɛkɐ[bɛrk]
Eckermann ˈɛkɐman
Eckern ˈɛkɐn
Eckernförde ɛkɐnˈfø:ɐ̯də
Eckersberg ˈɛkɐsbɛrk
Eckert ˈɛkɐt
Eckeward ˈɛkəvart
Eckhard[t], ...rt ˈɛk[h]art
Eckhel ˈɛkl̩
eckig ˈɛkɪç, **-e** ...ɪgə
Eckmann ˈɛkman
Eckmühl ˈɛkmy:l
Eckstein ˈɛkʃtai̯n
Eckstine *engl.* ˈɛkstaɪn
Eclair eˈklɛ:ɐ̯
Écluse *fr.* eˈkly:z
Eco *it.* ˈɛ:ko
Econ ˈe:kɔn
Écône *fr.* eˈko:n
Economiser iˈkɔnomai̯zɐ
Economist, The *engl.* ðɪ ɪˈkɔnə-mɪst
Economo ekoˈno:mo
Economy iˈkɔnəmi
e contrario e: kɔnˈtra:ri̯o
Ecossais ekɔˈsɛ:, **des -** ...ɛ:[s]
Ecossaise ekɔˈsɛ:zə
Écouen *fr.* eˈkwã
Ecraséleder ekraˈze:le:dɐ
écrasez l'infâme *fr.* ekrɑzelɛ̃-ˈfɑ:m
ecru eˈkry:
Ecstasy ˈɛkstəzi
Ecu, ECU eˈky:
Ecuador eku̯aˈdo:ɐ̯, *span.* eku̯aˈðɔr
Ecuadorianer eku̯adoˈri̯a:nɐ
ecuadorianisch eku̯adoˈri̯a:nɪʃ
Ed *engl.* ɛd, *schwed.* e:d
ed. ˈe:didɪt
Ed. eˈdi:t͡si̯o, ediˈt͡si̯o:n, *engl.* ɪˈdɪʃən
Éd. *fr.* ediˈsjõ
Edam ˈe:dam, *niederl.* eˈdɑm
Edamer ˈe:damɐ
edaphisch eˈda:fɪʃ
Edaphon ˈe:dafɔn
edd. ediˈde:rʊnt
Edda ˈɛda, *it.* ˈedda
Eddi[e] *engl.* ˈɛdɪ
Eddington *engl.* ˈɛdɪŋtən
eddisch ˈɛdɪʃ
Eddy *engl.* ˈɛdɪ
Eddystone *engl.* ˈɛdɪstən
[1]**Ede** *dt., niederl.* ˈe:də
[2]**Ede** (Nigeria) *engl.* ˈɛɪdeɪ
Édéa *fr.* edeˈa
Edeka ˈe:deka
edel ˈe:dl̩, **edle** ˈe:dlə
Edel ˈe:dl̩, *engl.* i:dl
Edelbert ˈe:dl̩bɛrt
Edelény *ung.* ˈɛdɛle:nj
Edelfeldt *schwed.* ˌe:dəlfɛlt
Edelgard ˈe:dl̩gart
Edelhagen ˈe:dl̩ha:gn̩
Edelinck *niederl.* ˈe:dəlɪŋk
Edeling ˈe:dəlɪŋ
Edelman *engl.* ˈɛdlmən
Edelmann ˈe:dl̩man
Edelmut ˈe:dl̩mu:t
edelmütig ˈe:dl̩my:tɪç, **-e** ...ɪgə
Edelschrott ˈe:dl̩ʃrɔt
Edelsheim ˈe:dl̩shai̯m
Edeltrud ˈe:dl̩tru:t
Edelweiß ˈe:dl̩vai̯s
Eden ˈe:dn̩, *engl.* i:dn
Edenkoben ˈe:dn̩ko:bn̩
Edentate edɛnˈta:tə
Edenvale *engl.* ˈi:dnveɪl
Eder[kopf] ˈe:dɐ[kɔp͡f]
Edersee ˈe:dɐze:
Edessa eˈdɛsa
Edewecht ˈe:dəvɛçt
Edfelt *schwed.* ˌe:dfɛlt
Edfu ˈɛtfu

Edgar 'ɛtgar, *engl.* 'ɛdgə, *fr.* ɛd'ga:r
Edgardo *it.* ed'gardo
Edge[rton] *engl.* 'ɛdʒ[ətn]
Edgewood *engl.* 'ɛdʒwʊd
Edgeworth *engl.* 'ɛdʒwə[:]θ
Edgü *türk.* ɛd'gy
Edgware *engl.* 'ɛdʒwɛə
ediderunt edi'de:rʊnt
edidit 'e:didɪt
edieren e'di:rən
Edikt e'dɪkt
Edina *engl.* ɪ'daɪnə
Edinburg 'e:dɪnbʊrk, *engl.* 'ɛdɪnbə:g
Edinburgh *engl.* 'ɛdɪnbərə
Edinger 'e:dɪŋɐ
Edip *türk.* ɛ'dip
Edirne *türk.* ɛ'dirnɛ
Edison 'e:dizɔn, *engl.* 'ɛdɪsn
Edith 'e:dɪt, *engl.* 'i:dɪθ, *fr.* e'dit
Editha e'di:ta
Editio castigata e'di:tsi̯o kasti'ga:ta, **-nes ...tae** edi'tsi̯o:ne:s ...tɛ
Edition edi'tsi̯o:n
Editio princeps e'di:tsi̯o 'prɪntsɛps, **-nes ...cipes** edi'tsi̯o:ne:s ...tsipe:s
[1]**Editor** 'e:dito:ɐ̯, *auch:* e'di:to:ɐ̯, **-en** edi'to:rən
[2]**Editor** (EDV) 'ɛdɪtɐ
Editorial edito'ri̯a:l, edi'to:ri̯əl
editorisch edi'to:rɪʃ
Edle 'e:dlə
Edling[er] 'e:dlɪŋ[ɐ]
Edmar 'ɛtmar
Edmer *engl.* 'ɛdmə
Edmond *fr.* ɛd'mõ, *engl.* 'ɛdmənd
Edmondo *it.* ed'mondo
Edmonds *engl.* 'ɛdməndz
Edmonton *engl.* 'ɛdməntən
Edmund 'ɛtmʊnt, *engl.* 'ɛdmənd
Edmundo *span.* ɛð'mundo
Edmundston *engl.* 'ɛdmənstən
Edna 'ɛtna, *engl.* 'ɛdnə
Edo 'e:do, *jap.* e'do
Edoardo *it.* edo'ardo
Edom 'e:dɔm
Edomiter edo'mi:tɐ
Edouard *fr.* e'dwa:r
Edqvist *schwed.* ˌe:dkvist
Edremit *türk.* 'ɛdrɛmit
Edrisi e'dri:zi
Edriside edri'zi:də
Edrita e'dri:ta
Edschmid 'e:tʃmɪt, 'ɛt...
Edsel *engl.* ɛdsl
Eduard 'e:du̯art, *schwed.* 'e:dvard
Eduardo *span.* e'ðu̯arðo
Edukation eduka'tsi̯o:n
Edukt e'dʊkt
E-Dur 'e:du:ɐ̯, *auch:* '–'–
Edutainment ɛdju'te:nmənt
Edvard *norw.* 'ɛdvard, *schwed.* 'e:dvard
Edvige *fr.* ɛd'vi:ʒ
Edward 'ɛtvart, *engl.* 'ɛdwəd, *poln.* 'ɛdvart
Edwards *engl.* 'ɛdwədz
Edwardsville *engl.* 'ɛdwədzvɪl
Edwin 'ɛtvi:n, *engl.* 'ɛdwɪn
Edwina *engl.* ɛd'wi:nə
Edzard 'ɛtsart
Eeckhout *niederl.* 'e:khɔu̯t
Eeden *niederl.* 'e:də
Eekhoud *niederl.* 'e:khɔu̯t
Eeklo *niederl.* 'e:klo
Eem *niederl.* e:m
Eemshaven *niederl.* 'e:msha:və
Eemskanaal *niederl.* 'e:mskɑna:l
Eesteren *niederl.* 'e:stərə
Eesti *estn.* 'ɛ:sti
Efate *engl.* ɛfɑ:tɪ
EFE *span.* 'efe
Efendi e'fɛndi
Eferding 'e:fɐdɪŋ
Efes *türk.* 'ɛfɛs
Efeu 'e:fɔy
Effeff ɛf'ǀɛf, *auch:* '–'–, '––
Effekt ɛ'fɛkt
Effekten ɛ'fɛktn̩
Effekthascherei ɛfɛkthaʃə'rai̯
effektiv, E... ɛfɛk'ti:f, **-e** ...i:və
Effektivität ɛfɛktivi'tɛ:t
Effektor ɛ'fɛkto:ɐ̯, **-en** ...'to:rən
effektuieren ɛfɛktu'i:rən
Effel *fr.* ɛ'fɛl
Effemination ɛfemina'tsi̯o:n
effeminieren ɛfemi'ni:rən
Effen *niederl.* 'ɛfə
Effendi ɛ'fɛndi
efferens 'ɛferɛns
efferent ɛfe'rɛnt
efferveszieren ɛfɛrvɛs'tsi:rən
Effet ɛ'fe:
effettuoso ɛfɛ'tu̯o:zo
Effi 'ɛfi
Efficiency ɛ'fɪʃnsi
Effie 'ɛfi, *engl.* 'ɛfɪ
Effigy Mound *engl.* 'ɛfɪdʒɪ 'maʊnd
effilieren ɛfi'li:rən
Effilochés ɛfilɔ'ʃe:
effizient ɛfi'tsi̯ɛnt
Effizienz ɛfi'tsi̯ɛnts
effizieren ɛfi'tsi:rən
Efflation ɛfla'tsi̯o:n
Effloreszenz ɛflorɛs'tsɛnts
effloreszieren ɛflorɛs'tsi:rən
effluieren ɛflu'i:rən
Effluvium ɛ'flu:vi̯ʊm, **...ien** ...i̯ən
Effner 'ɛfnɐ
Effrem *it.* 'effrem
Effusiometer ɛfuzi̯o'me:tɐ
Effusion ɛfu'zi̯o:n
effusiv ɛfu'zi:f, **-e** ...i:və
Efik *engl.* 'ɛfɪk
Eforie *rumän.* efo'rie
Efraim 'e:fraɪm
EFTA 'ɛfta
Eftaliotis *neugr.* ɛfta'ljɔtis
EG e:'ge:
Ega *span.* 'eɣa, *port.* 'ɛɣɐ
Egadi *it.* 'ɛ:gadi
[1]**egal** (gleichgültig) e'ga:l
[2]**egal** (dauernd) 'e:ga[:]l
egalisieren egali'zi:rən
egalitär egali'tɛ:ɐ̯
Egalitarismus egalita'rɪsmʊs
Egalität egali'tɛ:t
Égalité *fr.* egali'te
Egan *engl.* 'i:gən
Egart 'e:gart
Egas *span.* 'eɣas
Egas Moniz *port.* 'ɛɣɐʒ mu'niʃ
Egbert 'ɛkbɛrt, *engl.* 'ɛgbə:t
Egberta ɛk'bɛrta
Egbrecht 'ɛkbrɛçt
Ege *türk.* ɛ'gɛ
Egedacher 'e:gədaxɐ
Egede *dän.* 'ɪ:əðə
Egedesminde *dän.* ɪəðəs'mɪnə
Egedius *norw.* e'ge:diʉs
Egel[l] 'e:gl̩
Egeln 'e:gl̩n
Egen 'e:gn̩
Egenolff 'e:gənɔlf
Egenter 'e:gn̩tɐ
Eger 'e:gɐ, *ung.* 'ɛgɛr
Egeria e'ge:ri̯a
Egerländer 'e:gɐlɛndɐ
Egerling 'e:gɐlɪŋ
Egerton *engl.* 'ɛdʒətn
Egeskov *dän.* 'ɪ:əsgɔu̯ˀ
Egesta e'gɛsta
Egestion egɛs'ti̯o:n
Egestorff 'e:gəstɔrf

E

Egg ɛk
Egge ˈɛgə, *norw.* ˌɛgə
Eggebrecht ˈɛgəbrɛçt
eggen ˈɛgn̩, **egg!** ɛk, **eggt** ɛkt
Eggenberg ˈɛgn̩bɛrk
Eggenburg ˈɛgn̩bʊrk
Eggenfelden ɛgn̩ˈfɛldn̩
Eggenschwiler ˈɛgn̩ʃviːlɐ
Egger ˈɛgɐ, *fr.* ɛgˈʒɛːr
Egger-Lienz ˈɛgɐˈliːɛnt͜s
Eggers ˈɛgɐs, *engl.* ˈɛgəz
Eggert[h] ˈɛgɐt
Eggesin ɛgəˈziːn
Eggestein ˈɛgəʃtai̯n
Egghead ˈɛkhɛt
Eggius ˈɛgi̯ʊs
Eggjum *norw.* ˌɛjjʉm
Eggleston *engl.* ˈɛglztən
Eggmühl ˈɛkmyːl
Egg-Nog[g] ˈɛknɔk
Egid eˈgiːt
Egil ˈeːgɪl, ˈɛgɪl; *dän.* ˈɪːgil
Egill ˈeːgɪl, ˈɛgɪl
Egilsson *isl.* ˈɛi̯jɪlsɔn
Eginald ˈeːginalt
Eginetico *it.* edʒiˈnɛːtiko
Eginhard, ...rt ˈeːgɪnhart
Egino ˈeːgino
Eginolf ˈeːginɔlf
Egisheim ˈeːgɪshai̯m
Egk ɛk
Eglamour ˈeːglamuːɐ̯, *engl.* ˈɛgləmɔː
Eglantine eglanˈtiːnə
Egle ˈeːglə
Egli ˈeːgli
Eglinton *engl.* ˈɛglɪntən
Eglisau ˈeːglizau̯
Eglītis *lett.* ˈegliːtɪs
Egloff[stein] ˈeːglɔf[ʃtai̯n]
Eglofs ˈeːglɔfs
eglomisieren eglomiˈziːrən
Egmond aan Zee *niederl.* ˈɛɣmɔnt aːn ˈzeː
Egmont *dt., engl.* ˈɛgmɔnt
egnatisch ɛˈgnaːtɪʃ
ego, Ego ˈeːgo, *auch:* ˈɛgo
Egoismus egoˈɪsmʊs
Egoist egoˈɪst
egoistisch egoˈɪstɪʃ
Egolzwil eːgɔlt͜sˈviːl
egoman egoˈmaːn
Egomanie egomaˈniː
Egon ˈeːgɔn
Egotismus egoˈtɪsmʊs
Egotist egoˈtɪst
Egoutteur egʊˈtøːɐ̯
Egozentrik egoˈt͜sɛntrɪk
Egozentriker egoˈt͜sɛntrikɐ
egozentrisch egoˈt͜sɛntrɪʃ
Egozentrizität egot͜sɛntrit͜siˈtɛːt
Egranus eˈgraːnʊs
egrenieren egreˈniːrən
egressiv egrɛˈsiːf, **-e** ...iːvə
Egtved *dän.* ˈɪːtvɪð
Eguren *span.* eˈɣuren
Egyptienne eʒɪˈpsi̯ɛn, egɪpˈt͜si̯ɛn
eh! eː
Ehard ˈeːhart
ehe, Ehe ˈeːə
Ehec ˈeːhɛk
ehedem ˈeːəˈdeːm
ehegestern ˈeːəgɛstɐn
ehelich[en] ˈeːəlɪç[n̩]
ehemalig ˈeːəmaːlɪç, **-e** ...ɪgə
ehemals ˈeːəmaːls
eher[n] ˈeːɐ[n]
ehestens ˈeːəstn̩s
Ehime *jap.* ˈeˌhime
Ehingen ˈeːɪŋən
Ehinger ˈeːɪŋɐ
Ehle *dt., schwed.* ˈeːlə
Ehlers ˈeːlɐs
Ehm[ann] ˈeːm[an]
Ehm[c]ke ˈeːmkə
Ehmsen ˈeːmzn̩
ehrbar ˈeːɐ̯baːɐ̯
Ehre ˈeːrə
Ehregott ˈeːrəgɔt
ehren ˈeːrən
Ehrenberg ˈeːrənbɛrk
Ehrenbreitstein eːrənˈbrai̯tʃtai̯n
Ehrenburg ˈeːrənbʊrk
Ehrencron *dän.* ˈɪːrənkrʊːˀn
Ehrenfels ˈeːrənfɛls
Ehrenfest ˈeːrənfɛst
Ehrenfried ˈeːrənfriːt
Ehrenfriedersdorf eːrənˈfriːdɐsdɔrf
ehrenhaft, E... ˈeːrənhaft
Ehrenhausen eːrənˈhau̯zn̩
ehrenrührig ˈeːrənryːrɪç
Ehrenstein ˈeːrənʃtai̯n
Ehrenstrahl ˈeːrənʃtraːl
Ehrensvärd *schwed.* ˌeːrənsvæːrd
Ehrentraud ˈeːrəntrau̯t
Ehrentrud ˈeːrəntruːt
ehrerbietig ˈeːɐ̯lɛɐ̯biːtɪç, **-e** ...ɪgə
Ehreshoven ˈeːrəshoːfn̩
Ehret ˈeːrɛt
Ehrfurcht ˈeːɐ̯fʊrçt
ehrfürchtig ˈeːɐ̯fʏrçtɪç, **-e** ...ɪgə
Ehrgeiz ˈeːɐ̯gai̯t͜s
ehrgeizig ˈeːɐ̯gai̯t͜sɪç
Ehrhard[t] ˈeːɐ̯hart
Ehringsdorf ˈeːrɪŋsdɔrf
Ehrismann ˈeːrɪsman
Ehrle ˈeːɐ̯lə
ehrlich, E... ˈeːɐ̯lɪç
Ehrling *schwed.* ˌæːrliŋ
ehrsam ˈeːɐ̯zaːm
Ehrwald ˈeːɐ̯valt
Ehrwürden ˈeːɐ̯vʏrdn̩
ehrwürdig ˈeːɐ̯vʏrdɪç
ei!, Ei ai̯
eia! ˈai̯a
eiapopeia! ai̯apoˈpai̯a, ˈ– – –ˈ– –
Eibar *span.* ɛi̯ˈβar
Eibe ˈai̯bə
eiben ˈai̯bn̩
Eibenschütz ˈai̯bn̩ʃʏt͜s
Eibenstock ˈai̯bn̩ʃtɔk
Eibesfeld ˈai̯bəsfɛlt
Eibisch ˈai̯bɪʃ
Eibl ˈai̯bl̩
Eibsee ˈai̯pzeː
Eich[berg] ˈai̯ç[bɛrk]
Eiche ˈai̯çə
Eichel ˈai̯çl̩
Eichelhäher ˈai̯çl̩hɛːɐ
eichen, Ei... ˈai̯çn̩
Eichendorf[f] ˈai̯çn̩dɔrf
Eichhorn ˈai̯çhɔrn
Eichhörnchen ˈai̯çhœrnçən
Eichler ˈai̯çlɐ
Eichmann ˈai̯çman
Eichner ˈai̯çnɐ
Eichrodt ˈai̯çroːt
Eichsfeld ˈai̯çsfɛlt
Eichstätt ˈai̯çʃtɛt
Eickstedt ˈai̯kʃtɛt
Eid ai̯t, **-e** ˈai̯də
Eidam ˈai̯dam
Eidechschen ˈai̯dɛksçən
Eidechse ˈai̯dɛksə
Eidem *norw., schwed.* ˈɛi̯dəm
Eider[däne] ˈai̯dɐ[dɛːnə]
Eiderdaune ˈai̯dɐdau̯nə
Eiderstedt ˈai̯dɐʃtɛt
Eidetik ai̯ˈdeːtɪk
Eidetiker ai̯ˈdeːtikɐ
eidetisch ai̯ˈdeːtɪʃ
Eidgenosse ˈai̯tgənɔsə
eidgenössisch ˈai̯tgənœsɪʃ
eidlich ˈai̯tlɪç
Eidlitz ˈai̯dlɪt͜s
Eidologie ai̯doloˈgiː, **-n** ...iːən
Eidolon ˈai̯dolɔn, **...la** ...la
Eidophor ai̯doˈfoːɐ̯
Eidos ˈai̯dɔs
Eidsvoll *norw.* ˈɛi̯dsvɔl
Eier[mann] ˈai̯ɐ[man]

El-Fajum ɛlfai̯ˈju:m
Eifel ˈai̯fl̩
Eifer ˈai̯fɐ
eifern ˈai̯fɐn
Eifersucht ˈai̯fɐzʊxt
Eifersüchtelei ai̯fɐzʏçtəˈlai̯
eifersüchtig ˈai̯fɐzʏçtɪç
Eiff ai̯f
Eiffel ˈai̯fl̩, *fr.* ɛˈfɛl
Eiffelturm ˈai̯fl̩tʊrm
Eifler ˈai̯flɐ
eifrig ˈai̯frɪç, **-e** ...ɪɡə
eigen, Ei... ˈai̯ɡn̩
Eigenart ˈai̯ɡn̩|a:ɐ̯t
eigenartig ˈai̯ɡn̩|a:ɐ̯tɪç
Eigenbrötelei ai̯ɡn̩brø:təˈlai̯
Eigenbrötler ˈai̯ɡn̩brø:tlɐ
Eigenbrötlerei ai̯ɡn̩brø:tləˈrai̯
eigenbrötlerisch ˈai̯ɡn̩brø:tlərɪʃ
eigenhändig ˈai̯ɡn̩hɛndɪç
eigenmächtig ˈai̯ɡn̩mɛçtɪç
eigennützig ˈai̯ɡn̩nʏtsɪç, **-e** ...ɪɡə
eigens ˈai̯ɡn̩s
Eigenschaft ˈai̯ɡn̩ʃaft
eigensinnig ˈai̯ɡn̩zɪnɪç
eigenständig ˈai̯ɡn̩ʃtɛndɪç
eigensüchtig ˈai̯ɡn̩zʏçtɪç
eigentlich ˈai̯ɡn̩tlɪç
Eigentum ˈai̯ɡn̩tu:m
Eigentümer ˈai̯ɡn̩ty:mɐ
eigentümlich ˈai̯ɡn̩ty:mlɪç
eigenwillig ˈai̯ɡn̩vɪlɪç
Eiger ˈai̯ɡɐ
Eigernordwand ai̯ɡɐˈnɔrtvant
Eigil ˈai̯ɡɪl
eignen ˈai̯ɡnən
eigner, Ei... ˈai̯ɡnɐ
Eignung ˈai̯ɡnʊŋ
Eigtved *dän.* ˈai̯dvɪð
Eijkman *niederl.* ˈɛi̯kmɑn
Eike ˈai̯kə
Eiko ˈai̯ko
Eikonal ai̯koˈna:l
Eiland ˈai̯lant, **-e** ...ndə
Eilbert ˈai̯lbɛrt
Eilberta ai̯lˈbɛrta
Eilbertus ai̯lˈbɛrtʊs
Eildon *engl.* ˈi:ldən
Eile ˈai̯lə
Eileen *engl.* ˈaɪli:n
eilen ˈai̯lən
Eilenburg ˈai̯lənbʊrk
Eilendorf ˈai̯ləndɔrf
eilends ˈai̯lənts
eilfertig ˈai̯lfɛrtɪç
Eilfried ˈai̯lfri:t
Eilhard, ...rt ˈai̯lhart
Eilif ˈai̯lɪf
eilig ˈai̯lɪç, **-e** ...ɪɡə
Eilika ˈai̯lika
Eiliko ˈai̯liko
Eilrad ˈai̯lra:t
Eilrich ˈai̯lrɪç
Eilsen ˈai̯lzn̩
Eiltraud ˈai̯ltrau̯t
Eiltrud ˈai̯ltru:t
Eimer[t] ˈai̯mɐ[t]
Eimmart ˈai̯mart
ein ai̯n
Einakter ˈai̯n|aktɐ
einander ai̯ˈnandɐ
Einar ˈai̯nar, *isl.* ˈɛi̯nar
einarmig ˈai̯n|armɪç
Einarsson *isl.* ˈɛi̯narsɔn
einäschern ˈai̯n|ɛʃɐn
Einaudi *it.* ei̯ˈna:u̯di
einäugig ˈai̯n|ɔʏ̯ɡɪç, **-e** ...ɪɡə
Einback ˈai̯nbak
einballieren ˈai̯nbali:rən
Einband ˈai̯nbant
einbändig ˈai̯nbɛndɪç, **-e** ...ɪɡə
Einbeck ˈai̯nbɛk
Einbeere ˈai̯nbe:rə
Einbrenne ˈai̯nbrɛnə
Einbruch ˈai̯nbrʊx, **Einbrüche** ˈai̯nbrʏçə
einbuchten ˈai̯nbʊxtn̩
einbürgern ˈai̯nbʏrɡɐn, **einbürgre** ˈai̯nbʏrɡrə
Eincentstück ai̯nˈsɛntʃtʏk, *auch:* ...ˈts...
eindellen ˈai̯ndɛlən
eindeutig ˈai̯ndɔʏ̯tɪç
eindeutschen ˈai̯ndɔʏ̯tʃn̩
Eindhoven *niederl.* ˈɛi̯ntho:və
Eindringling ˈai̯ndrɪŋlɪŋ
Eindruck ˈai̯ndrʊk
eindrücklich ˈai̯ndrʏklɪç
eineiig ˈai̯n|ai̯ɪç, **-e** ...ɪɡə
eineindeutig ˈai̯n|ai̯ndɔʏ̯tɪç
eineinhalb ˈai̯n|ai̯nˈhalp
Einem ˈai̯nəm
einen ˈai̯nən
einer, Ei... ˈai̯nɐ
einerlei, Ei... ˈai̯nɐˈlai̯
einerseits ˈai̯nɐˈzai̯ts
eines ˈai̯nəs
eines[teils] ˈai̯nəs[ˈtai̯ls]
Eineurostück ai̯nˈ|ɔʏ̯roʃtʏk
einfach ˈai̯nfax
Einfall ˈai̯nfal
Einfalt ˈai̯nfalt
einfältig ˈai̯nfɛltɪç
Einfeld ˈai̯nfɛlt
Einfelder ˈai̯nfɛldɐ
einförmig ˈai̯nfœrmɪç, **-e** ...ɪɡə
einfrieden ˈai̯nfri:dn̩, **fried ein!** ˈfri:t ˈai̯n
einfriedigen ˈai̯nfri:dɪɡn̩, **friedig ein!** ˈfri:dɪç ˈai̯n, **einfriedigt** ˈai̯nfri:dɪçt
ein für alle Mal ˈai̯n fy:ɐ̯ aləˈma:l, - - ˈaləma:l
Eingang ˈai̯nɡaŋ
eingangs ˈai̯nɡaŋs
eingeboren ˈai̯nɡəbo:rən
eingedenk ˈai̯nɡədɛŋk
eingefleischt ˈai̯nɡəflai̯ʃt
eingefuchst ˈai̯nɡəfʊkst
eingehend ˈai̯nɡe:ənt, **-e** ...ndə
eingemeinden ˈai̯nɡəmai̯ndn̩, **gemeind ein!** ɡəˈmai̯nt ˈai̯n
Eingerichte ˈai̯nɡərɪçtə
eingeschlechtig ˈai̯nɡəʃlɛçtɪç
Eingeständnis ˈai̯nɡəʃtɛntnɪs, **-se** ...ɪsə
eingestrichen ˈai̯nɡəʃtrɪçn̩
Eingeweide ˈai̯nɡəvai̯də
eingleisen ˈai̯nɡlai̯zn̩, **gleis ein!** ˈɡlai̯s ˈai̯n, **eingleist** ˈai̯nɡlai̯st
eingleisig ˈai̯nɡlai̯zɪç
einhalbmal ai̯nˈhalpma:l
Einhalt ˈai̯nhalt
einhändig ˈai̯nhɛndɪç
einhändigen ˈai̯nhɛndɪɡn̩, **händig ein!** ˈhɛndɪç ˈai̯n, **einhändigt** ˈai̯nhɛndɪçt
Einhard, ...rt ˈai̯nhart
einhäusig ˈai̯nhɔʏ̯zɪç
einheimisch ˈai̯nhai̯mɪʃ
einheimsen ˈai̯nhai̯mzn̩, **heims ein!** ˈhai̯ms ˈai̯n, **einheimst** ˈai̯nhai̯mst
Einheit ˈai̯nhai̯t
einheitlich ˈai̯nhai̯tlɪç
einhellig ˈai̯nhɛlɪç, **-e** ...ɪɡə
einherfahren ai̯nˈhe:ɐ̯fa:rən
Einherier ai̯nˈhe:ri̯ɐ
Einhorn ˈai̯nhɔrn
Einhufer ˈai̯nhu:fɐ
einhufig ˈai̯nhu:fɪç, **-e** ...ɪɡə
einhundert ˈai̯nˈhʊndɐt
einig ˈai̯nɪç, **-e** ...ɪɡə
einige ˈai̯nɪɡə
einigeln ˈai̯n|i:ɡl̩n, **igle ein** ˈi:ɡlə ˈai̯n
einigen ˈai̯nɪɡn̩, **einig!** ˈai̯nɪç, **einigt** ˈai̯nɪçt
einigermaßen ˈai̯nɪɡɐˈma:sn̩
Einigkeit ˈai̯nɪçkai̯t
einjährig ˈai̯njɛ:rɪç
Einjährig-Freiwilliger ˈai̯njɛ:rɪçˈfrai̯vɪlɪɡɐ
einkampfern ˈai̯nkampfɐn

E

E

einkapseln 'ainkapsl̩n
Einkehr 'ainke:ɐ̯
einkellern 'ainkɛlɐn
einkerkern 'ainkɛrkɐn
Einkind 'ainkɪnt
einkremen 'ainkre:mən, *auch:* ...rɛ:mən
Einkünfte 'ainkʏnftə
Einlass 'ainlas, **Einlässe** ...lɛsə
einlässlich 'aɪnlɛslɪç
einliegend 'ainli:gn̩t, **-e** ...n̩də
einmähdig 'ainmɛ:dɪç, **-e** ...ɪgə
einmal 'ainma:l
Einmaleins ainma:l'|ains
einmalig 'ainma:lɪç, *nachdrücklich* '–'––, **-e** ...ɪgə
einmännig 'ainmɛnɪç, **-e** ...ɪgə
Einmarkstück ain'mark-ʃtʏk
einmastig 'ainmastɪç
Einmeterbrett ain'me:tɐbrɛt
einmütig 'ainmy:tɪç, **-e** ...ɪgə
Einnahme 'ainna:mə
einnehmend 'ainne:mənt, **-e** ...ndə
Einnehmerei ainne:mə'rai
einnorden 'ainnɔrdn̩, **nord ein!** 'nɔrt 'ain
Eino *finn.* 'ɛinɔ
Einöd 'ain|ø:t
Einöde 'ain|ø:də
Einödriegel 'ain|ø:tri:gl̩
Einparteiensystem ainpar-'taiənzʏste:m
einpfarren 'ainpfarən
Einphasenstrom ain'fa:zn̩ʃtro:m
einpolig 'ainpo:lɪç, **-e** ...ɪgə
einprägsam 'ainprɛ:kza:m
einreihig 'ainraiɪç, **-e** ...ɪgə
Einruhr 'ainru:ɐ̯
eins ains
Einsaat 'ainza:t
einsam 'ainza:m
einsargen 'ainzargn̩, **sarg ein!** 'zark 'ain, **einsargt** 'ainzarkt
Einsattelung 'ainzatəlʊŋ
einschalen 'ainʃa:ln̩
einschichtig 'ainʃɪçtɪç
Einschiebsel 'ainʃi:psl̩
einschläf[e]rig 'ainʃlɛ:f[ə]rɪç, **-e** ...ɪgə
einschläfernd 'ainʃlɛ:fɐnt, **-e** ...ndə
einschläfig 'ainʃlɛ:fɪç, **-e** ...ɪgə
einschlägig 'ainʃlɛ:gɪç
einschließlich 'ainʃli:slɪç
einschneidend 'ainʃnaidn̩t, **-e** ...n̩də
Einschrieb 'ainʃri:p, **-es** ...i:bəs
einschüchtern 'ainʃʏçtɐn
einschürig 'ainʃy:rɪç, **-e** ...ɪgə
einseitig 'ainzaitɪç
Einser 'ainzɐ
einsichtig 'ainzɪçtɪç
Einsiedel 'ainzi:dl̩
Einsiedelei ainzi:də'lai
Einsiedeln 'ainzi:dl̩n
Einsiedler 'ainzi:dlɐ
einsilbig 'ainzɪlbɪç
einsitzig 'ainzɪtsɪç, **-e** ...ɪgə
Einspänner 'ainʃpɛnɐ
einspännig 'ainʃpɛnɪç
einspurig 'ainʃpu:rɪç
einst, Ei... ainst
Einstein 'ainʃtain
Einsteinium ain'ʃtainiʊm
einstens 'ainstn̩s
Einstieg 'ainʃti:k, **-es** ...i:gəs
einstig 'ainstɪç, **-e** ...ɪgə
einstimmig 'ainʃtɪmɪç
einstmalig 'ainstma:lɪç, **-e** ...ɪgə
einstmals 'ainstma:ls
einstöckig 'ainʃtœkɪç
einstufen 'ainʃtu:fn̩
einstufig 'ainʃtu:fɪç
einstweilen 'ainst'vailən
einstweilig 'ainst'vailɪç, **-e** ...ɪgə
eintausend 'ain'tauzn̩t
einteigen 'aintaign̩, **teig ein!** 'taik 'ain, **einteigt** 'aintaikt
einteilig 'aintailɪç
Eintel 'aintl̩
Einthoven *niederl.* 'ɛintho:və
eintönig 'aintø:nɪç, **-e** ...ɪgə
Eintracht 'aintraxt
einträchtig 'aintrɛçtɪç
einträchtiglich 'aintrɛçtɪklɪç
Eintrag 'aintra:k, **-es** 'aintra:gəs, **Einträge** 'aintrɛ:gə
einträglich 'aintrɛ:klɪç
eintreibbar 'aintraipba:ɐ̯
eintretendenfalls 'aintre:tn̩dən'fals
eintüten 'ainty:tn̩
ein und derselbe 'ain ʊnt de:ɐ̯'zɛlbə
einundeinhalb 'ain|ʊnt-|ain'halp
einundzwanzig 'ain-|ʊnt'tsvantsɪç
einverleiben 'ainfɛɐ̯laibn̩, **verleib ein!** fɛɐ̯'laip 'ain, **einverleibt** 'ainfɛɐ̯laipt
Einvernahme 'ainfɛɐ̯na:mə
einvernehmen 'ainfɛɐ̯ne:mən
einverstanden 'ainfɛɐ̯ʃtandn̩
Einverständnis 'ainfɛɐ̯ʃtɛntnɪs, **-se** ...ɪsə
Einwaage 'ainva:gə
Einwand 'ainvant, **-es** 'ainvandəs, **Einwände** ...vɛndə
einwandfrei 'ainvantfrai
einwärts 'ainvɛrts
einwertig 'ainve:ɐ̯tɪç
einwilligen 'ainvɪlɪgn̩, **willig ein!** 'vɪlɪç 'ain, **einwilligt** 'ainvɪlɪçt
Einwohner 'ainvo:nɐ
Einzahl 'aintsa:l
einzehig 'aintse:ɪç
einzeilig 'aintsailɪç
Einzel 'aintsl̩
Einzeller 'aintsɛlɐ
einzellig 'aintsɛlɪç
einzeln 'aintsl̩n
einzig 'aintsɪç, **-e** ...ɪgə
einzigartig 'aintsɪç|a:ɐ̯tɪç, *nachdrücklich* '––'––
Einzigeine 'aintsɪç'|ainə
Einzüger 'aintsy:gɐ
Eion 'aiɔn
Eipel 'aipl̩
Eipper[le] 'aipɐ[lə]
Eire *engl.* 'ɛərə
Éire 'a:iri, 'i:ri; *engl.* 'ɛərə
Eirene ai're:nə
Eirik *norw.* ˌɛirik
Eiríksjökull *isl.* 'ɛirixsjœ:kʏdl
Eiríkur *isl.* 'ɛiri:kʏr
eirund, Ei... 'airʊnt, **-e** ...ndə
eis, ²Eis (Tonbezeichnung) 'e:ɪs
¹Eis (gefrorenes Wasser) ais, **-es** 'aizəs
Eisack 'aizak
Eisbrenner 'aisbrɛnɐ
Eiselen 'aizələn
Eiselsberg 'aizl̩sbɛrk
eisen 'aizn̩, **eis!** ais, **eist** aist
Eisen 'aizn̩, *fr.* ɛ'zɛn
Eisenach 'aizənax
Eisenbahn 'aizn̩ba:n
Eisenbart[h] 'aizn̩ba:ɐ̯t
Eisenberg 'aizn̩bɛrk, *engl.* 'aɪzənbə:g
Eisenburg 'aizn̩bʊrk
Eisenerz[er] 'aizn̩|e:ɐ̯ts[ɐ], ...|ɛrts[ɐ]
eisenhaltig 'aizn̩haltɪç
eisenhart 'aizn̩'hart
Eisenhofer 'aizn̩ho:fɐ
Eisenhoit 'aizn̩hɔyt
Eisenhower 'aizn̩hauɐ, *engl.* 'aɪzənhaʊə

Eisenhut ˈai̯zn̩hu:t
Eisenhüttenstadt ai̯zn̩ˈhʏtn̩ʃtat
Eisenia ai̯ˈze:ni̯a
Eisenmann ˈai̯zn̩man
Eisenmenger ˈai̯zn̩mɛŋɐ
Eisenreich ˈai̯znrai̯ç
Eisenschtein ˈai̯zn̩ʃtai̯n, *russ.* ejzɪnˈʃtejn
eisenschüssig ˈai̯zn̩ʃʏsɪç, **-e** ...ɪgə
Eisenstadt ˈai̯zn̩ʃtat
Eisenstein ˈai̯zn̩ʃtai̯n
Eisenwurzen ˈai̯zn̩vʊrtsn̩
Eiserfeld ˈai̯zɐfɛlt
eisern, Ei... ˈai̯zɐn
Eisfeld ˈai̯sfɛlt
Eisfjord ˈai̯sfjɔrt
Eisgarn ˈai̯sgarn
Eisgruber ˈai̯sgru:bɐ
Eisheiligen ˈai̯shai̯lɪgn̩
eisig ˈai̯zɪç, **-e** ...ɪgə
eiskalt ˈai̯sˈkalt
Eisleben ˈai̯sle:bn̩
Eisleber ˈai̯sle:bɐ
Eisler ˈai̯slɐ
Eisling[en] ˈai̯slɪŋ[ən]
Eismeer ˈai̯sme:ɐ̯
Eisner ˈai̯snɐ, *tschech.* ˈajznɛr
Eisriesenwelt ˈai̯sri:zn̩vɛlt
Eiß[e] ˈai̯s[ə]
Eist ai̯st
Eisteddfod *engl.* aɪsˈtɛðvɔd
Eistrup ˈai̯strʊp
eitel, Ei... ˈai̯tl̩
Eitelberger ˈai̯tl̩bɛrgɐ
Eitelfriedrich ˈai̯tl̩fri:drɪç, ˈ−−ˈ−−, −−ˈ−−
Eitelkeit ˈai̯tl̩kai̯t
Eiter ˈai̯tɐ
eiterig ˈai̯tərɪç, **-e** ...ɪgə
eitern ˈai̯tɐn
Eitner ˈai̯tnɐ
Eitoku *jap.* ˈe.:toku
Eitorf ˈai̯tɔrf
Eitrem *norw.* ˌɛi̯trɛm
eitrig ˈai̯trɪç **-e** ...ɪgə
Eitz[en] ˈai̯tsn̩
Eiweiß ˈai̯vai̯s
Eizaguirre *span.* ɛi̯θaˈɣirrɛ
Eizes ˈai̯tsəs
Ejaculatio praecox ejakuˈla:tsi̯o ˈprɛ:kɔks
Ejakulat ejakuˈla:t
Ejakulation ejakulaˈtsi̯o:n
ejakulieren ejakuˈli:rən
Ejektion ejɛkˈtsi̯o:n
Ejektiv ejɛkˈti:f, **-e** ...i:və
Ejektor eˈjɛkto:ɐ̯, **-en** ...ˈto:rən
Ejgil *dän.* ˈai̯gil
ejizieren ejiˈtsi:rən
Ejlert ˈai̯lɐt, *dän.* ˈai̯ˈlɐd
Ejlif ˈai̯lɪf
Ejnar ˈai̯nar, *schwed.* ˈɛi̯nar
Ejner *dän.* ˈai̯nɐ
ejusdem mensis eˈjʊsdɛm ˈmɛnzɪs
Ejvind *dän.* ˈai̯vɪnˀ
Ekart eˈka:ɐ̯
Ekarté ekarˈte:
Ekbatana ɛkˈba:tana
Ekbert ˈɛkbɛrt
Ekchondrom ɛkçɔnˈdro:m
Ekchondrose ɛkçɔnˈdro:zə
Ekchymose ɛkçyˈmo:zə
Ekdal ˈe:kdal
ekdemisch ɛkˈde:mɪʃ
Ekdyson ɛkdyˈzo:n
ekel, E... ˈe:kl̩
ekelig ˈe:kəlɪç, **-e** ...ɪgə
ekeln ˈe:kl̩n
Ekelöf *schwed.* ˌe:kəlø:v
Ekelund *schwed.* ˌe:kəlʊnd
Ekenäs *schwed.* ˌe:kənɛ:s
Ekert ˈe:kɐt
Ekhof ˈe:kho:f, ˈɛk...
Ekibastus *russ.* ekibasˈtus
Ekkehard, ...rt ˈɛkəhart
Ekklesia ɛˈkle:zi̯a
Ekklesiastes ɛkleˈzi̯astɛs
Ekklesiastik ɛkleˈzi̯astɪk
Ekklesiastikus ɛkleˈzi̯astikʊs
ekklesiogen ɛklezi̯oˈge:n
Ekklesiologie ɛklezi̯oloˈgi:
ekkrin ɛˈkri:n
Ekkyklema ɛˈky:klema, **...klemen** ɛkyˈkle:mən
Eklaireur eklɛˈrø:ɐ̯
Eklampsie ɛklamˈpsi:, ek...; **-n** ...i:ən
Eklampsismus ɛklamˈpsɪsmʊs, ek...
eklamptisch ɛkˈlamptɪʃ, eˈk...
Eklat eˈkla:
eklatant eklaˈtant
Eklektiker ɛkˈlɛktikɐ, eˈk...
eklektisch ɛkˈlɛktɪʃ, eˈk...
Eklektizismus ɛklɛktiˈtsɪsmʊs, ek...
eklektizistisch ɛklɛktiˈtsɪstɪʃ, ek...
eklig ˈe:klɪç, **-e** ...ɪgə
Eklipse ɛkˈlɪpsə, eˈk...
Ekliptik ɛkˈlɪptɪk, eˈk...
ekliptikal ɛklɪptiˈka:l, ek...
ekliptisch ɛkˈlɪptɪʃ, eˈk...
Ekloge ɛkˈlo:gə, eˈk...
Eklogit ɛkloˈgi:t, ek...
Eklund *schwed.* ˌe:klʊnd
Ekman *schwed.* ˌe:kman
Ekmnesie ɛkmneˈzi:, **-n** ...i:ən
Eknoia ɛkˈnɔy̯a
Ekofisk *norw.* ˈe:kufisk
Ekonomiser iˈkɔnomai̯zɐ
Ekossaise ekɔˈsɛ:zə
Ekphorie ɛkfoˈri:, **-n** ...i:ən
Ekphym ɛkˈfy:m
Ekpyrosis ɛkˈpy:rozɪs
Ekrasit ekraˈzi:t
Ekron ˈe:krɔn
ekrü eˈkry:
Eksjö *schwed.* ˌe:kʃø:
Ekstase ɛkˈsta:zə, ɛksˈta:zə
Ekstatik ɛkˈsta:tɪk, ɛksˈt...
Ekstatiker ɛkˈsta:tikɐ, ɛksˈt...
ekstatisch ɛkˈsta:tɪʃ, ɛksˈt...
Ekstrophie ɛkstroˈfi:, **-n** ...i:ən
Ektase ɛkˈta:zə
Ektasie ɛktaˈzi:, **-n** ...i:ən
Ektasis ˈɛktazɪs, **...sen** ɛkˈta:zn̩
Ektenie ɛkteˈni:, **-n** ...i:ən
Ekthlipsis ˈɛktlɪpsɪs, *auch:* −ˈ−−; **...sen** ɛkˈtlɪpsn̩
Ekthym ɛkˈty:m
ekto..., E... ˈɛkto...
Ektoderm ɛktoˈdɛrm
Ektodermose ɛktodɛrˈmo:zə
Ektodesmen ɛktoˈdɛsmən
Ektomie ɛktoˈmi:, **-n** ...i:ən
...ektomiert (z. B. gastrektomiert) ...ɛktoˈmi:ɐ̯t
Ektoparasit ɛktoparaˈzi:t
ektophytisch ɛktoˈfy:tɪʃ
Ektopie ɛktoˈpi:, **-n** ...i:ən
ektopisch ɛkˈto:pɪʃ
Ektoplasma ɛktoˈplasma
Ektosit ɛktoˈzi:t
Ektoskelett ɛktoskeˈlɛt, ˈ−−−−
Ektoskopie ɛktoskoˈpi:, **-n** ...i:ən
Ektotoxin ɛktotɔˈksi:n
ektotroph ɛktoˈtro:f
Ektrodaktylie ɛktrodaktyˈli:, **-n** ...i:ən
Ektromelie ɛktromeˈli:, **-n** ...i:ən
Ektropion ɛkˈtro:pi̯ɔn, **...ien** ...i̯ən
Ektropium ɛkˈtro:pi̯ʊm, **...ien** ...i̯ən
Ektypus ˈɛkty:pʊs, −ˈ−−, **...pen** ɛkˈty:pn̩
Ekuador eku̯aˈdo:ɐ̯
Ekuadorianer eku̯adoˈri̯a:nɐ
ekuadorianisch eku̯adoˈri̯a:nɪʃ
Ekwensi *engl.* ɛˈkwɛnsɪ

E

E

Ekzem ɛk'tse:m
Ekzematiker ɛktse'ma:tikɐ
Ekzematoid ɛktsemato'i:t, **-e** ...i:də
ekzematös ɛktsema'tø:s, **-e** ...ø:zə
El (Gott) e:l
Elaborat elabo'ra:t
elaboriert elabo'ri:ɐ̯t
Elagabal e'la:gabal, ela'ga:bal
Elagabalus ela'ga:balʊs
Elaidin elai'di:n
Elain ela'i:n
Elaine *engl.* ɪ'leɪn
Elaiosom elaio'zo:m
EL AL ɛl'|a:l
El-Alamein ɛl|ala'main
Elam 'e:lam
elamisch e'la:mɪʃ
elamitisch ela'mi:tɪʃ
Elan e'la:n, *auch:* e'lã:
Elan vital e'lã: vi'tal
Eläolith elɛo'li:t
Eläoplast elɛo'plast
elaphitisch ela'fi:tɪʃ
Elara e'la:ra
El-Argar... *span.* elar'ɣar...
El-Asnam *fr.* ɛlas'nam
Elast[ik] e'last[ɪk]
elastisch e'lastɪʃ
Elastizität elastitsi'tɛ:t
Elastomer elasto'me:ɐ̯
Elat 'e:lat, *hebr.* e'lat
Elatea ela'te:a
Elateia ela'taja
Elatere ela'te:rə
Elath 'e:lat, *hebr.* e'lat
Elativ 'e:lati:f, **-e** ...i:və
Elatos 'e:latɔs
Elâzığ *türk.* ɛla'zɨ:, '---
[1]**Elba** (Insel) 'ɛlba, *it.* 'elba
[2]**Elba** (Fluss) *it.* 'ɛlba
elbabwärts 'ɛlp'|apvɛrts
Elbasan *alban.* ɛlba'san
elbaufwärts 'ɛlp'|aufvɛrts
Elbe 'ɛlbə
Elberfeld ɛlbɐ'fɛlt, *auch:* '---
Elbert 'ɛlbɛrt
Elbert[on] *engl.* 'ɛlbət[ən]
Elbertzhagen 'ɛlbɐtsha:gn̩
Elbeuf *fr.* ɛl'bœf
Elb-Florenz 'ɛlpflorɛnts
Elbherzogtümer 'ɛlphɛr-tso:kty:mɐ
Elbing[en] 'ɛlbɪŋ[ən]
Elbingerode ɛlbɪŋə'ro:də
elbisch 'ɛlbɪʃ
Elbistan *türk.* ɛlbis'tɑn
Elbląg *poln.* 'ɛlblɔŋk
Elbmarschen 'ɛlpmarʃn̩
Elbogen 'ɛlbo:gn̩
Elbrus 'ɛlbrʊs, *russ.* elj'brus
Elbsandsteingebirge ɛlp'zant-ʃtaingəbɪrgə
Elbseitenkanal ɛlp'zaitn̩kana:l
Elburs ɛl'bʊrs, *pers.* æl'borz
El Cajon *engl.* ɛl kə'hoʊn
Elcano *span.* ɛl'kano
Elch ɛlç
Elche *span.* 'ɛltʃe
Elchingen 'ɛlçɪŋən
Elchowo *bulgar.* 'ɛlxovo
Eldagsen 'ɛldaksn̩, 'e:l...
Elde[na] 'ɛldə[na]
Elderstatesman, ...men 'ɛldɐ̯-'ste:tsmən
Eldgjá *isl.* 'ɛldgjaụ
El-Djem *fr.* ɛl'dʒɛm
El-Djouf *fr.* ɛl'dʒuf
ELDO 'ɛldo
Eldon *engl.* 'ɛldən
Eldorado ɛldo'ra:do, *span.* ɛldo'raðo
El Dorado *engl.* ɛl də'rɑ:doʊ
Eldridge *engl.* 'ɛldrɪdʒ
Elea e'le:a
Eleanor *engl.* 'ɛlɪnə
Eleanora *engl.* ɛlɪə'nɔ:rə
Eleasar ele'a:zar
Eleate ele'a:tə
eleatisch ele'a:tɪʃ
Eleatismus elea'tɪsmʊs
Eleazar ele'a:tsar, *engl.* ɛlɪ'eɪzə
Electra e'lɛktra, *engl.* ɪ'lɛktrə
Electrola elɛk'tro:la
Elefant ele'fant
Elefantiasis elefan'ti:azɪs, ...asen ...'tia:zn̩
Elefsis *neugr.* ɛlɛf'sis
elegant ele'gant
Elegant ele'gã:
Eleganz ele'gants
Elegeion ele'gaiɔn
Elegiambus ele'giambʊs
Elegie ele'gi:, **-n** ...i:ən
Elegiker e'le:gikɐ
elegisch e'le:gɪʃ
Eleison e'laizɔn, e'le:izɔn
Elektion elɛk'tsio:n
elektiv elɛk'tif, **-e** ...i:və
Elektor e'lɛkto:ɐ̯, **-en** ...'to:rən
Elektorat elɛkto'ra:t
Elektra e'lɛktra
Elektret elɛk'tre:t
Elektride elɛk'tri:də
Elektrifikation elɛktrifika-'tsio:n
elektrifizieren elɛktrifi'tsi:rən
Elektrik e'lɛktrɪk
Elektriker e'lɛktrikɐ
elektrisch e'lɛktrɪʃ
elektrisieren elɛktri'zi:rən
Elektrizität elɛktritsi'tɛ:t
elektro..., E... e'lɛktro...
Elektroakustik elɛktro-|a'kʊstɪk, -'-----
elektroakustisch elɛktro-|a'kʊstɪʃ, -'-----
Elektroanalyse elɛktro-|ana'ly:zə, -'------
Elektrochemie elɛktroçe'mi:, -'----
elektrochemisch elɛktro-'çe:mɪʃ, -'----
Elektrochirurgie elɛktro-çirʊr'gi:, -'-----
Elektrochord elɛktro'kɔrt, **-e** ...rdə
Elektrocolor... elɛktro-'ko:lo:ɐ̯..., ...ko'lo:ɐ̯
Elektrode elɛk'tro:də
Elektrodialyse elɛktrodia-'ly:zə, -'------
Elektrodynamik elɛktrody-'na:mɪk, -'-----
elektrodynamisch elɛktrody-'na:mɪʃ, -'-----
Elektrodynamometer elɛktro-dynamo'me:tɐ
Elektroendosmose elɛktro-|ɛndɔs'mo:zə
Elektroenergie elɛktro|enɛrgi:
Elektroenzephalogramm elɛktro|ɛntsefalo'gram
Elektroenzephalographie elɛktro|ɛntsefalogra'fi:
Elektroerosion elɛktro-|ero'zio:n
Elektrographie elɛktrogra'fi:
Elektroherd e'lɛktrohe:ɐ̯t, **-e** ...he:ɐ̯də
Elektroindustrie e'lɛktro-|ɪndʊstri:
Elektrojet e'lɛktrodʒɛt
elektrokalorisch elɛktroka-'lo:rɪʃ, -'-----
Elektrokardiogramm elɛktro-kardio'gram
Elektrokardiograph elɛktro-kardio'gra:f
Elektrokardiographie elɛktro-kardiogra'fi:
Elektrokatalyse elɛktrokata-'ly:zə
Elektrokaustik elɛktro'kaustɪk
Elektrokauter elɛktro'kautɐ

Elektrokoagulation elɛktrokolagula'tsi̯o:n
Elektrolumineszenz elɛktrolumines'tsɛnts
Elektrolunge e'lɛktrolʊŋə
Elektrolyse elɛktro'ly:zə
Elektrolyseur elɛktroly'zø:ɐ̯
elektrolysieren elɛktroly'zi:rən
Elektrolyt elɛktro'ly:t
Elektromagnet elɛktroma'gne:t, –'– – – –
Elektromagnetismus elɛktromagne'tɪsmʊs, –'– – – – – –
elektromechanisch elɛktrome'ça:nɪʃ, –'– – – – –
Elektrometall e'lɛktrometal
Elektrometallurgie elɛktrometalʊr'gi:
Elektrometer elɛktro'me:tɐ
Elektromobil elɛktromo'bi:l
Elektromotor e'lɛktro,mo:to:ɐ̯, *auch:* ...mo,to:ɐ̯
elektromotorisch elɛktromo'to:rɪʃ
Elektromyogramm elɛktromyo'gram
[1]**Elektron** (negatives Elementarteilchen) 'e:lɛktrɔn, *auch:* e'lɛktrɔn, elɛk'tro:n, **-en** elɛk'tro:nən
[2]**Elektron**® (Leichtmetalllegierung) e'lɛktrɔn
Elektronenoptik elɛk'tro:nən|ɔptɪk
Elektronik elɛk'tro:nɪk
Elektroniker elɛk'tro:nikɐ
elektronisch elɛk'tro:nɪʃ
Elektronium® elɛk'tro:ni̯ʊm, **...ien** ...i̯ən
elektronographisch elɛktrono'gra:fɪʃ
Elektroofen e'lɛktro|o:fn̩
Elektroosmose elɛktro|ɔs'mo:zə
Elektropathologie elɛktropatolo'gi:
elektrophil elɛktro'fi:l
elektrophob elɛktro'fo:p, **-e** ...o:bə
Elektrophon elɛktro'fo:n
Elektrophor elɛktro'fo:ɐ̯
Elektrophorese elɛktrofo're:zə
elektrophoretisch elɛktrofo're:tɪʃ
Elektrophysiologie elɛktrofyzi̯olo'gi:
elektropolieren elɛktropo'li:rən, –'– – – – –
Elektroschock e'lɛktroʃɔk
Elektroskop elɛktro'sko:p
Elektrostal *russ.* elɪktra'stalj
Elektrostatik elɛktro'sta:tɪk
elektrostatisch elɛktro'sta:tɪʃ
Elektrostriktion elɛktrostrɪk'tsi̯o:n
Elektrotechnik elɛktro'tɛçnɪk, –'– – – –
Elektrotherapie elɛktrotera'pi:, –'– – – – –
Elektrothermie elɛktrotɛr'mi:
elektrothermisch elɛktro'tɛrmɪʃ
Elektrotomie elɛktroto'mi:, **-n** ...i:ən
Elektrotonus elɛktro'to:nʊs
Elektrotypie elɛktroty'pi:
Elektrum e'lɛktrʊm
Element ele'mɛnt
elementar elemɛn'ta:ɐ̯
elementarisch elemɛn'ta:rɪʃ
Elementarität elemɛntari'tɛ:t
Elemér *ung.* 'ɛlɛme:r
Elemi e'le:mi
Elen 'e:lɛn
Elena *it.* 'ɛ:lena, *span.* e'lena, *bulgar.* ɛ'lɛnɐ, *port.* i'lenɐ, *bras.* e'lena
Elenchus e'lɛnçʊs, **...chi** ...çi
elend 'e:lɛnt, **-e** ...ndə
Elend 'e:lɛnt, **-es** ...ndəs
elendig 'e:lɛndɪç, *nachdrücklich* '–'– –, **-e** ...ɪgə
elendiglich 'e:lɛndɪklɪç, *nachdrücklich* '–'– – –
Elenktik e'lɛŋktɪk
Elentier 'e:lɛnti:ɐ̯
Eleonora eleo'no:ra, *engl.* ɛlɪə'nɔ:rə
Eleonore eleo'no:rə
Éléonore *fr.* eleɔ'nɔ:r
Elephanta ele'fanta
Elephantiasis elefan'ti:azɪs, **...asen** ...'ti̯a:zn̩
Elephantine elefan'ti:nə
Elephas 'e:lefas
Elert 'e:lɐt
Eleudron elɔy'dro:n
Eleusa ele'u:za
Eleusinien elɔy'zi:ni̯ən
eleusinisch elɔy'zi:nɪʃ
Eleusis e'lɔyzɪs
Eleuthera *engl.* ɪ'lju:θərə
Eleutherius elɔy'te:ri̯ʊs
Eleutheronomie elɔyterono'mi:
Eleutherus e'lɔyterʊs
Elevation eleva'tsi̯o:n
Elevator ele'va:to:ɐ̯, **-en** eleva'to:rən
Eleve e'le:və
elf, Elf ɛlf
Elfas 'ɛlfas
Elfe 'ɛlfə
elfeinhalb 'ɛlf|ai̯n'halp
Elfeld 'ɛlfɛlt
Elfenbein 'ɛlfn̩bai̯n
Elfenbeinküste 'ɛlfn̩bai̯nkʏstə
elferlei 'ɛlfɐ'lai̯
elffach 'ɛlffax
Elfgen 'ɛlfgn̩
Elfi[e] 'ɛlfi
elfmal 'ɛlfma:l
elfmalig 'ɛlfma:lɪç, **-e** ...ɪgə
Elfmeter ɛlf'me:tɐ
Elfort 'ɛlfɔrt
Elfriede ɛl'fri:də
elftausend 'ɛlf'tau̯znt̩
elfte 'ɛlftə
elftel, E... 'ɛlftl̩
elftens 'ɛlftn̩s
elfundeinhalb 'ɛlf|ʊnt|ai̯n'halp
Elga 'ɛlga
Elgar 'ɛlga:ɐ̯, *engl.* 'ɛlgɑ:
Elgg ɛlk
[1]**Elgin** (britischer Name) *engl.* 'ɛlgɪn
[2]**Elgin** (Illinois) *engl.* 'ɛldʒɪn
El-Goléa *fr.* ɛlgɔle'a
Elgon *engl.* 'ɛlgɔn
El Greco ɛl 'grɛko, *span.* ɛl 'ɣreko
Elhafen 'ɛlha:fn̩
El-Harrach *fr.* ɛlar'rɑ:ʃ
Elhen 'ɛlhɛn
Eli 'e:li, *engl.* 'i:laɪ
Elia *it.* e'li:a, *engl.* 'i:lɪə
Eliade *rumän.* eli'ade
Eliakim e'li̯a:kɪm
Eliane e'li̯a:nə
Elias e'li:as, *engl.* ɪ'laɪəs, *schwed.* ɛ,li:as, *niederl.* e'li:ɑs
Elías *span.* e'lias
elidieren eli'di:rən
Elie *engl.* 'i:lɪ
Élie *fr.* e'li
Elieser e'li̯e:zɐ
Eliezer *engl.* ɛlɪ'i:zə
Eligio *it.* e'li:dʒo
Eligius e'li:gi̯ʊs
Elihu *engl.* ɪ'laɪhju:
Elija e'li:ja
Elijah *engl.* ɪ'laɪdʒə
Elimar 'e:limar
Elimeia eli'mai̯a
Elimination elimina'tsi̯o:n

eliminieren elimiˈniːrən
Elin *schwed.* ˈeːlin
Eline eˈliːnə
Elinor *engl.* ˈɛlɪnə
Elin Pelin *bulgar.* ɛˈlimpɛˈlin
Elio *span.* ˈeli̯o
Eliot[t] *engl.* ˈɛlɪət
Elipandus eliˈpandʊs
Eliphalet *engl.* ɪˈlɪfəlɪt
Elis ˈeːlɪs
Elisa eˈliːza
Elisabeta *rumän.* elisaˈbeta
Elisabeth eˈliːzabɛt, *engl.* ɪˈlɪzəbəθ, *schwed.* eˈliːsabɛt
Élisabeth *fr.* elizaˈbɛt
Elisabethanisch elizabeˈtaːnɪʃ
Elisabethinerin elizabeˈtiːnərɪn
Élisabethville *fr.* elizabɛtˈvil
Elisabetta *it.* elizaˈbɛtta
elisch ˈeːlɪʃ
Elischen eˈliːsçən
Elise eˈliːzə
Eliseit ˈeːlizai̯t
Elisha *engl.* ɪˈlaɪʃə
Elísio *port.* iˈlizi̯u
Elision eliˈzi̯oːn
Elista *russ.* eˈlistɐ
elitär eliˈtɛːɐ̯
Elite eˈliːtə
Elitis *neugr.* ɛˈlitis
Elitisierung elitiˈziːrʊŋ
Elitismus eliˈtɪsmʊs
Elixier elɪˈksiːɐ̯
Eliza *engl.* ɪˈlaɪzə, *poln.* ɛˈliza
Elizabeth *engl.* ɪˈlɪzəbəθ
Elizabethan *engl.* ɪlɪzəˈbiːθən
Elizabethton *engl.* ɪlɪzəˈbɛθtən
Elizabethtown *engl.* ɪˈlɪzəbəθtaʊn
elizitieren elit͜siˈtiːrən
El-Jadida *fr.* ɛlʒadiˈda
eljen! ˈɛljɛn, ˈeːljən
Elk *niederl.* ɛlk
Elkab ɛlˈkaːp
El Kaida ɛl ˈkai̯da, - ˈkaːida
Elkan ˈɛlkan, *engl.* ˈɛlkən
Elke ˈɛlkə
Elkhart *engl.* ˈɛlkhɑːt
Elkin[s] *engl.* ˈɛlkɪn[z]
Elko ˈɛlko, *engl.* ˈɛlkoʊ
Ella ˈɛla, *engl.* ˈɛlə
Ellas *neugr.* ɛˈlas
Ellbogen ˈɛlboːgn̩
Elle ˈɛlə
Ellef Ringnes Island *engl.* ˈɛləf ˈrɪŋnɛs ˈaɪlənd
Ellegaard *dän.* ˈeləgɔːˀɐ̯
Ellen ˈɛlən
Ellenbogen ˈɛlənboːgn̩
Ellenrieder ˈɛlənriːdɐ
Ellensburg *engl.* ˈɛlɪnzbəːg
Eller[t] ˈɛlɐ[t]
Ellery *engl.* ˈɛlərɪ
Ellesmere *engl.* ˈɛlzmɪə
Elli ˈɛli
Ellice *engl.* ˈɛlɪs
Ellicott *engl.* ˈɛlɪkət
Ellida ɛˈliːda
Ellingen ˈɛlɪŋən
Ellington *engl.* ˈɛlɪŋtən
Ellinor ˈɛlinoːɐ̯, *engl.* ˈɛlɪnə
Elliot[t] *engl.* ˈɛlɪət
Ellipse ɛˈlɪpsə
ellipsoid, E... ɛlɪpsoˈiːt, **-e** ...iːdə
elliptisch ɛˈlɪptɪʃ
Elliptizität ɛlɪptit͜siˈtɛːt
Ellis[on] *engl.* ˈɛlɪs[n]
Ellok ˈɛllɔk
Ellora *engl.* ɛˈlɔːrə
Ellrich ˈɛlrɪç
Ellsworth *engl.* ˈɛlzwə[ː]θ
Ellwangen ˈɛlvaŋən
Ellwood *engl.* ˈɛlwʊd
Elly ˈɛli
Elm ɛlm
Elman ˈɛlman, *engl.* ˈɛlmən
Elmar ˈɛlmar
Elmendorf[f] ˈɛlməndɔrf
Elmer *schwed.* ˈɛlmər
Elmhurst *engl.* ˈɛlmhəːst
Elmira ɛlˈmiːra, *engl.* ɛlˈmaɪərə
Elmire ɛlˈmiːrə
Elmo ˈɛlmo
Elmont *engl.* ˈɛlmɔnt
El Monte *engl.* ɛlˈmɔntɪ
Elmsfeuer ˈɛlmsfɔyɐ
Elmshorn ɛlmsˈhɔrn
Elmwood *engl.* ˈɛlmwʊd
Eloah eˈloːa, **Elohim** eloˈhiːm
Elodea eˈloːdea
Eloesser ˈeːlo|ɛsɐ
Eloge eˈloːʒə
Elogium eˈloːgi̯ʊm, **...ia** ...i̯a
Elohim vgl. Eloah
Elohist eloˈhɪst
Éloi *fr.* eˈlwa
E-Lok ˈeːlɔk
Elongation elɔŋgaˈt͜si̯oːn
eloquent eloˈkvɛnt
Eloquenz eloˈkvɛnt͜s
El-Oued *fr.* ɛlˈwɛd
Eloxal® elɔˈksaːl
eloxieren elɔˈksiːrən
Eloy *span.* eˈlɔi̯
Éloy *fr.* eˈlwa
El Paso *span.* ɛl ˈpaso, *engl.* ɛl ˈpæsoʊ
Elpenor ɛlˈpeːnoːɐ̯
Elphinstone *engl.* ˈɛlfɪnstən
Elpidio *it.* elˈpiːdi̯o
Elpore ɛlˈpoːrə
El Reno *engl.* ɛl ˈriːnoʊ
Elritze ˈɛlrɪt͜sə
Elroy *engl.* ˈɛlrɔɪ
Elsa ˈɛlza, *engl.* ˈɛlsə, *it.* ˈelsa, *schwed.* ˌɛlsa
Elsabe ˈɛlzabə, ɛlˈzaːbə
El Salvador ɛl zalvaˈdoːɐ̯, *span.* ɛl salβaˈðɔr
Elsan ˈɛlzan
Elsass ˈɛlzas, **Elsasses** ˈɛlzasəs
Elsässer, Elsaesser ˈɛlzɛsɐ
elsässisch ˈɛlzɛsɪʃ
Elsbe ˈɛlsbə
Elsbeth ˈɛlsbɛt
El Segundo *engl.* ɛl səˈgʌndoʊ
Elseke ˈɛlzəkə
Else[lein] ˈɛlzə[lai̯n]
Elsene *niederl.* ˈɛlsənə
Elsevier *niederl.* ˈɛlzəviːr
Elsfleth ˈɛlsfleːt
Elsgau ˈɛlsgau̯
Elsheim[er] ˈɛlshai̯m[ɐ]
Elshol[t]z ˈɛlshɔlt͜s
Elsi ˈɛlzi
Elsie ˈɛlzi, *engl.* ˈɛlsɪ
Elsing *niederl.* ˈɛlsɪŋ
Elsinore *engl.* ɛlsɪˈnɔː, ˈ−−−
Elskamp *niederl.* ˈɛlskɑmp
Elslein ˈɛlslai̯n
Elsler, Elßler ˈɛlslɐ
Elsner ˈɛlsnɐ, *poln.* ˈɛlsnɛr
Elson *engl.* ɛlsn
Elspe ˈɛlspə
Elspeet *niederl.* ˈɛlspeːt
Elspeth *engl.* ˈɛlspɛθ
Elsschott *niederl.* ˈɛlsxɔt
Elst *niederl.* ɛlst
Elster ˈɛlstɐ, *norw.* ˈɛlstər
Elsterberg ˈɛlstɐbɛrk
Elsterwerda ɛlstɐˈvɛrda
Elstra ˈɛlstra
Elsy ˈɛlzi
Elten ˈɛltn̩, *niederl.* ˈɛltə
Elter[lein] ˈɛltɐ[lai̯n]
Eltern ˈɛltɐn
Eltmann ˈɛltman
Elton *engl.* ˈɛltən, *russ.* eljˈtɔn
Eltville ɛltˈvɪlə, ˈ−−−
eltvillerisch ɛltˈvɪlərɪʃ, ˈ−−−−
Eltz ɛlt͜s
Éluard *fr.* eˈlɥaːr
Eluat eˈlu̯aːt
eluieren eluˈiːrən

Elukubration elukubra'tsi̯o:n
Eluru *engl.* ɛ'lʊru:
Elution elu'tsi̯o:n
Eluvial elu'vi̯a:l...
Eluvium e'lu:vi̯ʊm, **...ien** ...i̯ən
Elvas *port.* 'ɛlvɐʃ
Elvestad *norw.* ˌɛlvəsta
Elvira ɛl'vi:ra, *it.* el'vi:ra, *span.* ɛl'βira, *engl.* ɛl'vaɪərə
Elvire *fr.* ɛl'vi:r
Elvis *engl.* 'ɛlvɪs
Elvsted 'ɛlfste:t
Elwenspoek 'ɛlvn̩spø:k
Elwert 'ɛlvɛrt
Elwood *engl.* 'ɛlwʊd
Elwyn *engl.* 'ɛlwɪn
Ely 'e:li, *engl.* 'i:lɪ
Ély *fr.* e'li
Elymas 'e:lymas
Elymer 'e:lymɐ
Elyot *engl.* 'ɛlɪət
Elyria *engl.* ɪ'lɪərɪə
elysäisch ely'zɛ:ɪʃ
Elysee eli'ze:
Élysée *fr.* eli'ze
elysieren ely'zi:rən
elysisch e'ly:zɪʃ
Elysium e'ly:zi̯ʊm
Elytron 'e:lytrɔn, **Elytren** e'ly:trən
Elz[ax] 'ɛlts[ax]
Elżbieta *poln.* ɛlʒ'bjɛta
Elze (Alfeld) 'e:ltsə
Elzevier *niederl.* 'ɛlzəvi:r
Elzevir 'ɛlzəvi:ɐ̯
Elzeviriana ɛlzəvi'ri̯a:na
Elzie *engl.* 'ɛlzɪ
Email e'mai̯
E-Mail 'i:me:l
Email brun e'mai̯ 'brœ̃:
Emaille e'maljə, e'mai̯, **-n** e'maljən, e'mai̯ən
Emailleur ema'jø:ɐ̯, emal'jø:ɐ̯
emaillieren ema'ji:rən, emal'ji:rən
Eman e'ma:n
Emanation emana'tsi̯o:n
Emanatismus emana'tɪsmʊs
emanieren ema'ni:rən
Emanometer emano'me:tɐ
Emants *niederl.* 'e:mɑnts
Emanuel e'ma:nu̯e:l, *auch:* ...u̯ɛl
Emanuela ema'nu̯e:la
Emanuele *it.* emanu'ɛ:le
Emanze e'mantsə
Emanzipation emantsipa'tsi̯o:n
emanzipativ emantsipa'ti:f, **-e** ...i:və
emanzipatorisch emantsipa'to:rɪʃ
emanzipieren emantsi'pi:rən
Emaskulation emaskula'tsi̯o:n
Emaskulator emasku'la:to:ɐ̯, **-en** ...la'to:rən
emaskulieren emasku'li:rən
Emba *russ.* 'ɛmbɐ
Embach 'ɛmbax
Emballage ãba'la:ʒə
emballieren ãba'li:rən
embarassieren ãbara'si:rən
Embargo ɛm'bargo
Embarras ãba'ra, **des -** ...ra[s], **die -** ...ras
Embaterien ɛmba'te:ri̯ən
Embden 'ɛmpdn̩
embetieren ãbe'ti:rən
Embla 'ɛmbla
Emblem ɛm'ble:m, *auch:* ã'ble:m
Emblematik ɛmble'ma:tɪk, *auch:* ãble'ma:tɪk
emblematisch ɛmble'ma:tɪʃ, *auch:* ãb...
Embolie ɛmbo'li:, **-n** ...i:ən
emboliform ɛmboli'fɔrm
Embolismus ɛmbo'lɪsmʊs
Embolophrasie ɛmbolofra'zi:, **-n** ...i:ən
Embolus 'ɛmbolʊs, **...li** ...li
Embonpoint ãbõ'po̯ɛ̃:
Embouchure ãbu'ʃy:rə
embrassieren ãbra'si:rən
Embros 'ɛmbrɔs
embrouillieren ãbru'ji:rən
Embrun *fr.* ã'brœ̃
Embrunais *fr.* ãbry'nɛ
Embryo 'ɛmbryo, **-nen** ...y'o:nən
Embryogenese ɛmbryoge'ne:zə
Embryogenie ɛmbryoge'ni:
Embryologie ɛmbryolo'gi:
embryonal ɛmbryo'na:l
embryonisch ɛmbry'o:nɪʃ
Embryopathie ɛmbryopa'ti:
Embryotomie ɛmbryoto'mi:
Emd e:mt, **Emdes** 'e:mdəs
Emde 'ɛmdə
emden 'e:mdn̩, **emd!** e:mt
Emden 'ɛmdn̩
Emdet 'e:mdət
Emendation emenda'tsi̯o:n
emendieren emen'di:rən
Emeran emə'ra:n
Emerentia eme'rɛntsi̯a
Emerenz eme'rɛnts
Emergenz emɛr'gɛnts
emergieren emɛr'gi:rən
Emerich 'ɛmərɪç
Emerit eme'ri:t
emeritieren emeri'ti:rən
emeritus e'me:ritʊs
Emeritus e'me:ritʊs, **...ti** ...ti
emers e'mɛrs, **-e** e'mɛrzə
Emersion emɛr'zi̯o:n
Emerson *engl.* 'ɛməsn
Emery *engl.* 'ɛmərɪ
Emesa 'e:meza
Emesis 'e:mezɪs
Emetikum e'me:tikʊm, **...ka** ...ka
emetisch e'me:tɪʃ
Emeute e'mø:t[ə], **-n** ...tn̩
Emge 'ɛmgə
EMI 'e:mi
Emich 'e:mɪç
Emigrant emi'grant
Emigration emigra'tsi̯o:n
emigrieren emi'gri:rən
Émi Koussi *fr.* emiku'si
Emi Kussi 'e:mi 'ku:si
Emil 'e:mi:l, *engl.* eɪ'mi:l, *dän.* ɪ'mi:ˀl, *schwed.* 'e:mil
Émile *fr.* e'mil
Emilia *dt., it.* e'mi:li̯a, *engl.* ɪ'mɪlɪə, *span.* e'mili̯a
Emilie e'mi:li̯ə, *engl.* 'ɛmɪlɪ, *schwed.* 'ɛmili
Emilio *it.* e'mi:li̯o
Emílio *port.* i'miliu, *bras.* e'm...
Emily *engl.* 'ɛmɪlɪ
Emin *serbokr.* ˌɛmin, *türk.* ɛ'min
Emine *bulgar.* 'ɛminɛ
eminent emi'nɛnt
Eminenz emi'nɛnts
Eminescu *rumän.* emi'nesku
Eminovici *rumän.* e'minovitʃ
Emin Pascha e'mi:n 'paʃa
Emir 'e:mɪr, *auch:* e'mi:ɐ̯, **-e** 'e:mi:rə, e'mi:rə
Emirat emi'ra:t
emisch 'e:mɪʃ
Emissär emɪ'sɛ:ɐ̯
Emission emɪ'si̯o:n
Emittent emɪ'tɛnt
Emitter e'mɪtɐ
emittieren emɪ'ti:rən
Emlin, ...lyn *engl.* 'ɛmlɪn
Emma 'ɛma, *engl.* 'ɛmə, *fr.* ɛm'ma, *niederl.* 'ɛmɑ
Emmanuel *fr.* ema'nɥɛl, *engl.* ɪ'mænjʊəl
Emmaus 'ɛmaʊs, *engl.* ɛ'meɪəs

E

Emmchen 'ɛmçən
Emme 'ɛmə
Emmeline ɛmə'li:nə, *engl.* 'ɛmɪli:n
Emmeloord *niederl.* 'ɛməlo:rt
Emmelsum 'ɛml̩zʊm
Emmen 'ɛmən, *niederl.* 'ɛmə
Emmenagogum ɛmena'go:gʊm, **...ga** ga
Emmendingen 'ɛməndɪŋən
Emmental[er] 'ɛmənta:l[ɐ]
Emmer 'ɛmɐ
Emmeram 'ɛməram
Emmeran 'ɛməra:n
Emmerich 'ɛmərɪç
Emmerick 'ɛmərɪk
Emmeritze 'ɛmərɪtsə
Emmerling 'ɛmɐlɪŋ
Emmet *engl.* 'ɛmɪt
Emmetropie ɛmetro'pi:
Emmi 'ɛmi
Emmich 'ɛmɪç
Emmie *engl.* 'ɛmɪ
Emmius 'ɛmi̯ʊs
Emmo 'ɛmo
Emmy 'ɛmi, *engl.* 'ɛmɪ
EMNID 'ɛmni:t, ...nɪt
Emo *it.* 'ɛ:mo
e-Moll 'e:mɔl, *auch:* '-'-
Emolliens e'mɔli̯ɛns, **...ientia** ...'li̯ɛntsi̯a, **...ienzien** emɔ'li̯ɛntsi̯ən
Emolument emolu'mɛnt
Emotion emo'tsi̯o:n
emotional emotsi̯o'na:l
Emotionale emotsi̯o'na:lə
emotionalisieren emotsi̯onali'zi:rən
Emotionalismus emotsi̯ona'lɪsmʊs
Emotionalität emotsi̯onali'tɛ:t
emotionell emotsi̯o'nɛl
emotiv emo'ti:f, **-e** ...i:və
Emotivität emotivi'tɛ:t
EMPA 'ɛmpa
Empathie ɛmpa'ti:
Empedocle *it.* em'pɛ:dokle
Empedokles ɛm'pe:doklɛs
Empereur ãpə'rø:ɐ̯
empfahl ɛm'pfa:l
empfähle ɛm'pfɛ:lə
empfand ɛm'pfant
empfände ɛm'pfɛndə
empfanden ɛm'pfandn̩
Empfang ɛm'pfaŋ, **Empfänge** ɛm'pfɛŋə
empfangen ɛm'pfaŋən
Empfänger ɛm'pfɛŋɐ
empfänglich ɛm'pfɛŋlɪç
Empfängnis ɛm'pfɛŋnɪs, **-se** ...ɪsə
empfehlen ɛm'pfe:lən
empfiehl! ɛm'pfi:l
Empfindelei ɛmpfɪndə'lai̯
empfinden ɛm'pfɪndn̩, **empfind!** ɛm'pfɪnt
empfindlich ɛm'pfɪntlɪç
empfindsam ɛm'pfɪntza:m
Empfingen 'ɛmpfɪŋən
empföhle ɛm'pfø:lə
empfohlen ɛm'pfo:lən
empfunden ɛm'pfʊndn̩
Emphase ɛm'fa:zə
emphatisch ɛm'fa:tɪʃ
Emphysem ɛmfy'ze:m
emphysematisch ɛmfyze'ma:tɪʃ
Emphyteuse ɛmfy'tɔyzə
[1]**Empire** ã'pi:ɐ̯
[2]**Empire** 'ɛmpai̯ɐ
Empirem ɛmpi're:m
Empirie ɛmpi'ri:
Empiriker ɛm'pi:rikɐ
Empiriokritizismus ɛmpiri̯okriti'tsɪsmʊs
Empiriokritizist ɛmpiri̯okriti'tsɪst
empirisch ɛm'pi:rɪʃ
Empirismus ɛmpi'rɪsmʊs
Empirist ɛmpi'rɪst
Emplacement ãplasə'mã:
Emplastrum ɛm'plastrʊm, **...ra** ...ra
Employé ãplo̯a'je:
employieren ãplo̯a'ji:rən
Empoli *it.* 'empoli
empor ɛm'po:ɐ̯
Empore ɛm'po:rə
empören ɛm'pø:rən
Emporia *engl.* ɛm'pɔ:rɪə
Emporium ɛm'po:ri̯ʊm, **...ien** ...i̯ən
emporkommen ɛm'po:ɐ̯kɔmən
Empress *engl.* 'ɛmprɪs
Empressement ãprɛsə'mã:
Empson *engl.* ɛmpsn
Empusa ɛm'pu:za
Empyem ɛm'pÿe:m
empyreisch ɛmpy're:ɪʃ
Empyreum ɛmpy're:ʊm
empyreumatisch ɛmpyrɔy'ma:tɪʃ
Ems ɛms
Emscher 'ɛmʃɐ
Emsdetten ɛms'dɛtn̩
Emser 'ɛmzɐ
emsig 'ɛmzɪç, **-e** ...ɪgə
Emsland 'ɛmslant
Emu 'e:mu
Emulation emula'tsi̯o:n
Emulgator emʊl'ga:to:ɐ̯, **-en** ...ga'to:rən
emulgieren emʊl'gi:rən
Emulsin emʊl'zi:n
Emulsion emʊl'zi̯o:n
Emundantia emʊn'dantsi̯a
E-Musik 'e:muzi:k
En *rät.* e:n
Enakiter ena'ki:tɐ
Enakskinder 'e:nakskɪndɐ
Enallage ɛn'|alage, e'na...; ɛn|ala'ge:, ena...
Enanthem ɛn|an'te:m, ena...
enantiotrop ɛn|anti̯o'tro:p, ena...
Enantiotropie ɛn|anti̯otro'pi:, ena...
Enargit enar'gi:t
Enarthron ɛn'|artrɔn
Enarthrose ɛn|ar'tro:zə, ena...
Enation ena'tsi̯o:n
en avant ã: na'vã:
en bloc ã: 'blɔk
en cabochon ã: kabɔ'ʃõ:
en canaille ã: ka'nai̯
encanaillieren ãkana'ji:rən
Encarnación *span.* eŋkarna'θi̯ɔn
en carrière ã: ka'ri̯ɛ:ɐ̯
Enceinte ã'sɛ̃:t[ə], **-n** ã'sɛ̃:tn̩
Enceladus ɛn'tse:ladʊs
Encephalitis ɛntsefa'li:tɪs, **...litiden** ...li'ti:dn̩
Encephalon ɛn'tse:falɔn, **...la** ...la
enchantiert ãʃã'ti:ɐ̯t
enchassieren ãʃa'si:rən
Enchassure ãʃa'sy:rə
Encheirese ɛnçai̯'re:zə
Encheiresis Naturae ɛn'çai̯rezɪs na'tu:rɛ
Enchilada ɛntʃi'la:da, ...çi...
Enchiridion ɛnçi'ri:di̯ɔn, **...dien** ...di̯ən
enchondral ɛnçɔn'dra:l
Enchondrom ɛnçɔn'dro:m
Encina *span.* en'θina
Encke 'ɛŋkə
Enckell *schwed.* 'ɛŋkəl
Encoder ɛn'ko:dɐ
Encoding ɛn'ko:dɪŋ
Encounter ɛn'kau̯ntɐ
encouragieren ãkura'ʒi:rən
Encrinus ɛn'kri:nʊs, **...ni** ...ni
Encruzilhada *bras.* iŋkruzi'ʎada
Encyclopédie *fr.* ãsiklɔpe'di

Endaortitis ɛndaɔrˈtiːtɪs, **...rtitiden** ...rtiˈtiːdn̩
Endarteriitis ɛndarteriˈiːtɪs, **...riitiden** ...riiˈtiːdn̩
Endchen ˈɛntçən
Ende ˈɛndə
Endeavo[u]r *engl.* ɪnˈdɛvə
Endecasillabo ɛndekaˈzɪlabo, **...bi** ...bi
Endecha ɛnˈdɛtʃa
Endeffekt ˈɛnt|ɛfɛkt
Endel[l] ˈɛndl̩
endeln ˈɛndl̩n, **endle** ˈɛndlə
Endemie ɛndeˈmiː, **-n** ...iːən
endemisch ɛnˈdeːmɪʃ
Endemismus endeˈmɪsmʊs
Endemiten ɛndeˈmiːtn̩
enden ˈɛndn̩, **end!** ɛnt
Enden *niederl.* ˈɛndə
Ender ˈɛndɐ
...ender ...|ɛndɐ
Enderby *engl.* ˈɛndəbɪ
Enderle ˈɛndɐlə
Enderlein ˈɛndɐlai̯n
endermal ɛndɛrˈmaːl
Enders ˈɛndɐs, *engl.* ˈɛndəz
endesmal ɛndɛsˈmaːl
en détail ãː deˈtai̯
Endicott *engl.* ˈɛndɪkət
endigen ˈɛndɪgn̩, **endig!** ˈɛndɪç, **endigt** ˈɛndɪçt
Endingen ˈɛndɪŋən
Endivie ɛnˈdiːvi̯ə
Endler ˈɛndlɐ
endlich ˈɛntlɪç
Endlicher ˈɛntlɪçɐ
Endobiont endoˈbi̯ɔnt
Endobiose endoˈbi̯oːzə
Endocarditis endokarˈdiːtɪs, **...ditiden** ...diˈtiːdn̩
Endocardium endoˈkardi̯ʊm, **...ien** ...i̯ən
endochondral endoçɔnˈdraːl
Endocranium endoˈkraːni̯ʊm, **...ien** ...i̯ən
Endodermis endoˈdɛrmɪs
Endoenzym endo|ɛnˈtsyːm
Endogamie endogaˈmiː
endogen endoˈgeːn
Endoios ɛnˈdɔyɔs
Endokannibalismus endokanibaˈlɪsmʊs
Endokard endoˈkart, **-e** ...rdə
Endokarditis endokarˈdiːtɪs, **...ditiden** ...diˈtiːdn̩
Endokardium endoˈkardi̯ʊm, **...ien** ...i̯ən
Endokardose endokarˈdoːzə
Endokarp endoˈkarp
Endokranium endoˈkraːni̯ʊm, **...ien** ...i̯ən
endokrin endoˈkriːn
Endokrinie endokriˈniː
Endokrinologe endokrinoˈloːgə
Endokrinologie endokrinoloˈgiː
Endolymphe endoˈlʏmfə
Endolysine endolyˈziːnə
Endometriose endometriˈoːzə
Endometritis endomeˈtriːtɪs, **...ritiden** ...riˈtiːdn̩
Endometrium endoˈmeːtriʊm, **...ien** ...i̯ən
endomorph endoˈmɔrf
Endomorphie endomɔrˈfiː
Endomorphismus endomɔrˈfɪsmʊs
Endomorphose endomɔrˈfoːzə
Endomyces, ...yzes endoˈmyːtseːs
Endophlebitis endofleˈbiːtɪs, **...bitiden** ...biˈtiːdn̩
Endophyt endoˈfyːt
Endoplasma endoˈplasma
endoplasmatisch endoplasˈmaːtɪʃ
Endoprothese endoproˈteːzə
Endor ˈɛndoːɐ̯
Endorphin ɛndɔrˈfiːn
Endoskelett endoskeˈlɛt
Endoskop endoˈskoːp
Endoskopie endoskoˈpiː, **-n** ...iːən
endosmatisch ɛndɔsˈmaːtɪʃ
Endosmose ɛndɔsˈmoːzə
Endosperm endoˈspɛrm
Endospore endoˈspoːrə
Endost ɛnˈdɔst
Endothel endoˈteːl
Endotheliom endoteˈli̯oːm
Endotheliose endoteˈli̯oːzə
Endothelium endoˈteːli̯ʊm, **...ien** ...i̯ən
endotherm endoˈtɛrm
endothym endoˈtyːm
Endotoxine endotɔˈksiːnə
endotroph endoˈtroːf
endozentrisch endoˈtsɛntrɪʃ
Endre *ung.* ˈɛndrɛ
Endres ˈɛndrəs
Endrikat ˈɛndrikat
Endrőd[i] *ung.* ˈɛndrøːd[i]
Endrödy ˈɛndrødi
Endter ˈɛntɐ
Enduring Freedom *engl.* ɪnˈdjʊərɪŋ ˈfriːdəm
Enduro ɛnˈduːro
Endymion ɛnˈdyːmi̯ɔn
Enea *it.* eˈnɛːa
Energeia eˈnɛrgai̯a
Energetik enɛrˈgeːtɪk
Energetiker enɛrˈgeːtikɐ
energetisch enɛrˈgeːtɪʃ
energico eˈnɛrdʒiko
Energide enɛrˈgiːdə
Energie enɛrˈgiː, **-n** ...iːən
energisch eˈnɛrgɪʃ
energochemisch enɛrgoˈçeːmɪʃ
Enervation enɛrvaˈtsi̯oːn
enervieren enɛrˈviːrən
Enesco eˈnɛsko, *fr.* enɛsˈko
Enescu *rumän.* eˈnesku
Enez *türk.* ˈɛnɛz
en face ãː ˈfas
en famille ãː faˈmiː
Enfantin *fr.* ãfãˈtɛ̃
Enfant terrible, -s -s ãˈfãː tɛˈriːbl̩
Enfield *engl.* ˈɛnfiːld
enfilieren ãfiˈliːrən
enflammieren ãflaˈmiːrən
Enfle ˈãːfl̩, **des -s** ...l̩[s], **die -s** ...l̩s
Enfleurage ãfløˈraːʒə
eng ɛŋ
Engadin ˈɛŋgadiːn, *auch:* --ˈ-
Engadina *it.* eŋgaˈdiːna
Engadiner ɛŋgaˈdiːnɐ
[1]**Engagement** ãgaʒəˈmãː
[2]**Engagement** (politische und/oder militärische Verpflichtung, Interessiertheit) ɛnˈgeːtʃmənt
engagieren ãgaˈʒiːrən
en garde ãː ˈgart
Engastrimant ɛngastriˈmant
engbrüstig ˈɛŋbrʏstɪç, **-e** ...ɪgə
Enge ˈɛŋə
Engel[berg] ˈɛŋl̩[bɛrk]
Engelbert ˈɛŋl̩bɛrt
Engelberta ɛŋl̩ˈbɛrta
Engelbrecht ˈɛŋl̩brɛçt, *schwed.* ˌɛŋəlbrɛkt, *niederl.* ˈɛŋəlbrɛxt
Engelbrechtsen *niederl.* ˈɛŋəlbrɛxtsə
Engelbrechtson *schwed.* ˌɛŋəlbrɛktsɔn
Engelbrekt[sson] *schwed.* ˈɛŋəlbrɛkt[sɔn]
Engelhard[t] ˈɛŋl̩hart
Engelhart ˈɛŋl̩hart
Engelhorn ˈɛŋl̩hɔrn
Engelhus ˈɛŋl̩huːs
Engelke ˈɛŋl̩kə

E

Ẹngelland ˈɛŋl̩lant
Ẹngelman *niederl.* ˈɛŋəlman
Ẹngelmann ˈɛŋl̩man
¹Ẹngels (dt. Name) ˈɛŋl̩s
²Ẹngels (Stadt) ˈɛŋl̩s, *russ.* ˈɛngɪljs
Ẹngelsburg ˈɛŋl̩sbʊrk
ẹngelschö̲n ˈɛŋl̩ˈʃøːn
Engelszẹll ɛŋl̩sˈt͜sɛl
ẹngen, Ẹ... ˈɛŋən
Ẹnger ˈɛŋɐ
Ẹngerling ˈɛŋɐlɪŋ
Ẹngern ˈɛŋɐn
Ẹngers ˈɛŋɐs
Ẹngert[h] ˈɛŋɐt
Ẹngesser ˈɛŋəsɐ
Ẹnghaus ˈɛŋhau̯s
Enghien *fr.* ãˈgɛ̃, *belg.-fr. auch:* ãˈgjɛ̃
Ẹngholm ˈɛŋhɔlm
Engiadi̲na *rät.* ɛndʒɐˈdinɐ
Engineering ɛndʒiˈniːrɪŋ
Engischi̲ki ɛŋgiˈʃiːki
Ẹngland ˈɛŋlant, *engl.* ˈɪŋglənd
Ẹngländer ˈɛŋlɛndɐ
Ẹnglein ˈɛŋlai̯n
Ẹngler ˈɛŋlɐ
Ẹnglewood *engl.* ˈɛŋglwʊd
ẹnglisch, Ẹ... ˈɛŋlɪʃ
English [spoken] ˈɪŋlɪʃ [ˈspoːkn̩]
Englishwaltz ˈɪŋlɪʃˈvoːlt͜s
englisi̲eren ɛŋ[g]liˈziːrən
ẹngmaschig ˈɛŋmaʃɪç
Engo̲be ãˈgoːbə
engobi̲eren ãgoˈbiːrən
Engorgement ãgɔrʒəˈmãː
Engrạmm ɛnˈgram
en grọs ãː ˈgroː
Engrossịst ãgrɔˈsɪst
ẹngstirnig ˈɛŋʃtɪrnɪç, **-e** ...ɪgə
Ẹngstrand ˈɛŋstrant
Ẹngström *schwed.* ˌɛŋstrœm
Enharmo̲nik ɛnharˈmoːnɪk
enharmo̲nisch ɛnharˈmoːnɪʃ
Ẹnhuber ˈɛnhuːbɐ
Ẹ̣NIAC *engl.* ˈɛnɪæk
Enid *engl.* ˈiːnɪd
Enigma eˈnɪgma
enigma̲tisch ɛnɪˈgmaːtɪʃ
Eni̲te eˈniːtə
Eni̲wetok *engl.* ɛˈniːwətɔk, ɛnɪˈwiːtɔk
Enjambement ãʒãbəˈmãː
enkausti̲eren ɛnkau̯sˈtiːrən
Enkau̲stik ɛnˈkau̯stɪk
enkau̲stisch ɛnˈkau̯stɪʃ
Ẹnk[e] ˈɛŋk[ə]
Ẹnkel ˈɛŋkl̩
Ẹnkenbach ˈɛŋkn̩bax
Enkhuizen *niederl.* ɛŋkˈhœi̯zə
Enki̲du ɛŋˈkiːdu
Ẹnking ˈɛŋkɪŋ
Enkla̲ve ɛnˈklaːvə
Enkli̲se ɛnˈkliːzə
Ẹnklisis ˈɛnklizɪs, **Enkli̲sen** ɛnˈkliːzn̩
Enkli̲tikon ɛnˈkliːtikɔn, **...ka** ...ka
enkli̲tisch ɛnˈkliːtɪʃ
enkodi̲eren ɛnkoˈdiːrən
Enkọlpion ɛnˈkɔlpi̯ɔn, **...ien** ...i̯ən
Enkomiạst[ik] ɛnkoˈmi̯ast[ɪk]
Enko̲mion ɛnˈkoːmi̯ɔn, **...ien** ...i̯ən
Enko̲mium ɛnˈkoːmi̯ʊm, **...ien** ...i̯ən
Ẹnköping *schwed.* ˈeːnçøːpɪŋ
Enkulturatio̲n ɛnkʊlturaˈt͜si̯oːn
en mạsse ãː ˈmas
en miniature ãː mini̯aˈtyːɐ̯
Ẹnna *it.* ˈɛnna, *dän.* ˈɛnæ
Ennecce̲rus ɛnɛkˈt͜seːrʊs
Ẹnnepe ˈɛnəpə
Ennery *fr.* ɛnˈri
ẹnnet ˈɛnət
ẹnnetbergisch ˈɛnətbɛrgɪʃ
ẹnnetbirgisch ˈɛnətbɪrgɪʃ
Ẹnniger[loh] ˈɛnɪgɐ[loː]
Ẹnnis *engl.* ˈɛnɪs
Enniskịllen *engl.* ɛnɪsˈkɪlɪn
Ẹnnius ˈɛni̯ʊs
Ẹnno ˈɛno
Enno̲dius ɛˈnoːdi̯ʊs
Ẹnns ɛns
Ennui̲ ãˈnɥiː
ennuyant ãnyˈjant, an..., ...ˈjãː; **-e** ...jantə
ennuyi̲eren ãnyˈjiːrən, an...
Enobạrbus enoˈbarbʊs
E̲noch ˈeːnɔx, *engl.* ˈiːnɔk
enophthạlmisch ɛn|ɔfˈtalmɪʃ, enɔ...
Enophthạlmus ɛn|ɔfˈtalmʊs, enɔ...
enọrm eˈnɔrm
Enormitä̲t enɔrmiˈtɛːt
Ẹnosis *neugr.* ˈɛnɔsis
Enosto̲se ɛn|ɔsˈtoːzə, enɔ...
en passant ãː paˈsãː
en pleine carrière ãː ˈplɛːn kaˈri̯ɛːɐ̯
en profi̲l ãː proˈfiːl
Enqueli̲nes *fr.* ãˈklin
Enque̲te ãˈkeːt[ə], ãˈkɛːt[ə], **-n** ...tn̩
E̲nquist *schwed.* ˈeːnkvist
enragi̲ert ãraˈʒiːɐ̯t
enrhümi̲ert ãryˈmiːɐ̯t
Enri̲ca *it.* enˈriːka
Enri̲co *it.* enˈriːko
Ẹnright *engl.* ˈɛnraɪt
Enri̲que *span.* enˈrrike
Enri̲ques *it.* enˈriːku̯es
Enríquez *span.* enˈrrikeθ
enrolli̲eren ãrɔˈliːrən
Ẹnron® ˈɛnrɔn
en route ãː ˈruːt
Ẹns (das Seiende) ɛns
Ẹnschede *niederl.* ˈɛnsxədə
Ẹnsdorf ˈɛnsdɔrf
Ensemble ãˈsãːbl̩, **des -s** ...l̩[s], **die -s** ...l̩[s]
Ensenạda *span.* enseˈnaða
Ẹnsheim ˈɛnshai̯m
Ensila̲ge ãsiˈlaːʒə
Ẹnsingen ˈɛnzɪŋən
Ẹnsinger ˈɛnzɪŋɐ
Ẹnsisheim ˈɛnzɪshai̯m
Ẹnslin ˈɛnsliːn
Ẹnsor *niederl.* ˈɛnsɔr
Ẹnßlin ˈɛnsliːn
Enstati̲t ɛnstaˈtiːt
en sui̲te ãː ˈsviːt
Entamö̲ben ɛntaˈmøːbn̩
entanonymysieren ɛnt|anonymiˈziːrən
Entari̲ ɛntaˈriː
entạschen ɛntˈ|aʃn̩
Enta̲se ɛnˈtaːzə
Ẹntasis ˈɛntazɪs, **Enta̲sen** ɛnˈtaːzn̩
entbe̲hren ɛntˈbeːrən
entbei̲nen ɛntˈbai̯nən
entblö̲den ɛntˈbløːdn̩, **entblö̲d!** ɛntˈbløːt
entblö̲ßen ɛntˈbløːsn̩
Ẹntchen ˈɛntçən
Entdẹcker ɛntˈdɛkɐ
Ẹnte ˈɛntə
Entẹbbe *engl.* ɛnˈtɛbi
entei̲sen ɛntˈ|ai̯zn̩, **entei̲s!** ɛntˈ|ai̯s, **entei̲st** ɛntˈ|ai̯st
entei̲senen ɛntˈ|ai̯zənən
Entelechi̲e ɛntelɛˈçiː, **-n** ...iːən
entelẹchisch ɛnteˈlɛçɪʃ
Ẹntenbühl ˈɛntn̩byːl
Entente ãˈtãːt[ə], **-n** ...tn̩
Entente cordiạle ãˈtãːt kɔrˈdi̯al
Ẹnter ˈɛntɐ
Entera vgl. Enteron
entera̲l ɛnteˈraːl
Enteralgi̲e ɛnteralˈgiː, **-n** ...iːən
Ẹnterich ˈɛntərɪç
Enteri̲tis ɛnteˈriːtɪs, **Enteriti̲den** ɛnteriˈtiːdn̩

entern ˈɛntɐn
Enteroanastomose ɛntero-|anastoˈmoːzə
enterogen enteroˈgeːn
Enterokinase ɛnterokiˈnaːzə
Enteroklyse ɛnteroˈklyːzə
Enteroklysma ɛnteroˈklʏsma, **-ta** -ta
Enterokokken ɛnteroˈkɔkn̩
Enterokolitis ɛnterokoˈliːtɪs, **...litiden** ...liˈtiːdn̩
Enterolith ɛnteroˈliːt
Enteromyiase ɛnteromyiˈaːzə
Enteron ˈɛnterɔn, **...ra** ...ra
Enteroneurose ɛnteronɔy-ˈroːzə
Enteroptose ɛnterɔpˈtoːzə
Enterorrhagie ɛnterɔraˈgiː, **-n** ...iːən
Enterosit ɛnteroˈziːt
Enteroskop ɛnteroˈskoːp
Enteroskopie ɛnteroskoˈpiː, **-n** ...iːən
Enterostomie ɛnterostoˈmiː, **-n** ...iːən
Enterotomie ɛnterotoˈmiː, **-n** ...iːən
Enterovirus ɛnteroˈviːrʊs
Enterozele ɛnteroˈtseːlə
Enterozoon ɛnteroˈtsoːɔn, **-zoen** ...oːən, **-zoa** ...oːa
Enterprise *engl.* ˈɛntəpraɪz
Enters *engl.* ˈɛntəz
Entertainer ˈɛntɐteːnɐ, --ˈ--
Entertainment ɛntɐˈteːnmənt
entetiert ãteˈtiːɐ̯t
Entfelder ˈɛntfɛldɐ
entfernen ɛntˈfɛrnən
entgegen ɛntˈgeːgn̩
entgegengesetzt ɛntˈgeːgn̩gə-zɛtst
entgegengesetztenfalls ɛnt-ˈgeːgn̩gəzɛtstn̩ˈfals
entgegenkommen ɛnt-ˈgeːgn̩kɔmən
entgegnen ɛntˈgeːgnən
entgeistert ɛntˈgaistɐt
Entgelt ɛntˈgɛlt
entgleisen ɛntˈglaizn̩, **ent-gleis!** ɛntˈglais, **entgleist** ɛntˈglaist
entgotten ɛntˈgɔtn̩
entgöttern ɛntˈgœtɐn
entgraten ɛntˈgraːtn̩
entgräten ɛntˈgrɛːtn̩
Enthalpie ɛntalˈpiː
enthaltsam ɛntˈhaltzaːm
enthaupten ɛntˈhauptn̩
Enthelminthen ɛnthɛlˈmɪntn̩
enthumanisieren ɛnthumani-ˈziːrən
enthusiasmieren ɛntuziaS-ˈmiːrən
Enthusiasmus ɛntuˈziasmʊs
Enthusiast ɛntuˈziast
Enthymem ɛntyˈmeːm
entideologisieren ɛnt-|ideologiˈziːrən
Entität ɛntiˈtɛːt
entjungfern ɛntˈjʊŋfɐn
entkoffeinieren ɛntkɔfei-ˈniːrən
entkorken ɛntˈkɔrkn̩
entkräften ɛntˈkrɛftn̩
entlang ɛntˈlaŋ
entlarven ɛntˈlarfn̩
entlauben ɛntˈlaubn̩, **entlaub!** ɛntˈlaup, **entlaubt** ɛntˈlaupt
Entlebuch ˈɛntləbuːx
entledigen ɛntˈleːdɪgn̩, **entle-dig!** ɛntˈleːdɪç, **entledigt** ɛntˈleːdɪçt
entlegen ɛntˈleːgn̩
entleiben ɛntˈlaibn̩, **entleib!** ɛntˈlaip, **entleibt** ɛntˈlaipt
entmachten ɛntˈmaxtn̩
entmenschen ɛntˈmɛnʃn̩
entmilitarisieren ɛntˈmilitari-ˈziːrən
entminen ɛntˈmiːnən
entmündigen ɛntˈmʏndɪgn̩, **entmündig!** ɛntˈmʏndɪç, **entmündigt** ɛntˈmʏndɪçt
entmutigen ɛntˈmuːtɪgn̩, **ent-mutig!** ɛntˈmuːtɪç, **entmu-tigt** ɛntˈmuːtɪçt
entmythisieren ɛntmytiˈziːrən
entmythologisieren ɛntmyto-logiˈziːrən
Entnahme ɛntˈnaːmə
entnazifizieren ɛntnatsifi-ˈtsiːrən
Entoblast ɛntoˈblast
Entoderm ɛntoˈdɛrm
entodermal ɛntodɛrˈmaːl
entomogam ɛntomoˈgaːm
Entomogamie ɛntomogaˈmiː
Entomologe ɛntomoˈloːgə
Entomologie ɛntomoloˈgiː
entomologisch ɛntomoˈloːgɪʃ
Entoparasit ɛntoparaˈziːt
Entophyten ɛntoˈfyːtn̩
entopisch ɛnˈtoːpɪʃ
Entoplasma ɛntoˈplasma
entoptisch ɛnˈtɔptɪʃ
Entoskopie ɛntoskoˈpiː, **-n** ...iːən
entotisch ɛnˈtoːtɪʃ
Entourage ãtuˈraːʒə
En-tout-Cas ãtuˈkaː, **des -** ...aː[s], **die -** ...aːs
Entoxismus ɛntɔˈksɪsmʊs
Entozoon ɛntoˈtsoːɔn, **...zoen** ...tsoːən, **...zoa** ...tsoːa
entpflichten ɛntˈpflɪçtn̩
entpulpen ɛntˈpʊlpn̩
Entr'acte ãˈtrakt
Entrada ɛnˈtraːda
Entreacte, Entreakt ãtrəˈ|akt, ãˈtrakt
Entrecasteaux *fr.* ãtrəkasˈto
Entrechat ãtrəˈʃa[ː]
Entrecote ãtrəˈkoːt
Entree ãˈtreː
Entrefilet ãtrəfiˈleː
Entrelacs ãtrəˈla[ː], **des -** ...aː[s], ...a[s]; **die -** ...a[ː]s
Entremés ɛntreˈmɛs
Entremetier ãtrameˈtieː
Entremets ãtrəˈmeː, **des -** ...eː[s], **die -** ...eːs
Entremont *fr.* ãtrəˈmõ
entre nous ˈãːtrə ˈnuː
Entrepeñas *span.* entreˈpeɲas
Entrepot ãtrəˈpoː
Entrepreneur ãtrəprəˈnøːɐ̯
Entreprise ãtrəˈpriːzə
Entre Ríos *span.* ˈɛntrɛ ˈrrios
Entresol ãtrəˈsɔl
Entrevue ãtrəˈvyː, **...uen** ...yːən
entrez! ãˈtreː
entrieren ãˈtriːrən
entrinden ɛntˈrɪndn̩, **...d!** ...nt
entrisch ˈɛntrɪʃ
Entropie ɛntroˈpiː, **-n** ...iːən
Entropium ɛnˈtroːpiʊm, **...pien** ...piən
entrümpeln ɛntˈrʏmpl̩n
Entscheid ɛntˈʃait, **-e** ...aidə
entscheidend ɛntˈʃaidn̩t, **-e** ... n̩də
entschieden ɛntˈʃiːdn̩
entschleiern ɛntˈʃlaiɐn
entschlossen ɛntˈʃlɔsn̩
Entschluss ɛntˈʃlʊs
entschuldbar ɛntˈʃʊltbaːɐ̯
entschuldigen ɛntˈʃʊldɪgn̩, **entschuldig!** ɛntˈʃʊldɪç, **ent-schuldigt** ɛntˈʃʊldɪçt
entschweren ɛntˈʃveːrən
entseelt ɛntˈzeːlt
entsetzlich ɛntˈzɛtslɪç
entseuchen ɛntˈzɔyçn̩
entsittlichen ɛntˈzɪtlɪçn̩
entsprechend ɛntˈʃprɛçn̩t, **-e** ...n̩də

E

entstalinisieren ɛntʃtalini'zi:rən, ɛntʃt...
entstofflichen ɛnt'ʃtɔflɪçn̩
enttrümmern ɛnt'trʏmɐn
entvölkern ɛnt'fœlkɐn
entweder 'ɛntve:dɐ, *auch:* –'– –
Entweder-oder 'ɛntve:dɐ'|o:dɐ
Entwistle *engl.* 'ɛntwɪsl
entwöhnen ɛnt'vø:nən
entziffern ɛnt'tsɪfɐn
entzückend ɛnt'tsʏkn̩t, **-e** ...n̩də
entzundern ɛnt'tsʊndɐn, **...dre** ...drə
entzündlich ɛnt'tsʏntlɪç
entzwei[en] ɛnt'tsvai̯[ən]
Enugu *engl.* ɛ'nu:gu:
Enukleation enuklea'tsi̯o:n
enukleieren enukle'i:rən
Enumeration enumera'tsi̯o:n
enumerieren enume'ri:rən
Enunziation enʊntsi̯a'tsi̯o:n
Enurese enu're:zə
Envelope *engl.* 'ɛnvəloʊp
Enveloppe ãvə'lɔp[ə], **-n** ... pn̩
Enver *alban.* en'ver, *türk.* ɛn'vɛr
Envers ã've:ɐ̯, ã'vɛ:ɐ̯, **des -** ...ɐ̯[s], **die -** ...ɐ̯s
Environment ɛn'vai̯rənmənt
environmental ɛnvirɔnmɛn'ta:l
Environtologie ɛnvirɔntolo'gi:
en vogue ã: 'vo:k
Envoyé ãvo̯a'je:
Enz ɛnts
Enzensberger 'ɛntsn̩sbɛrgɐ
Enzephala vgl. Enzephalon
Enzephalitis ɛntsefa'li:tɪs, **...litiden** ...li'ti:dn̩
Enzephalogramm ɛntsefalo'gram
Enzephalographie ɛntsefalogra'fi:, **-n** ...i:ən
Enzephalomalazie ɛntsefalomala'tsi:, **-n** ...i:ən
Enzephalon ɛn'tse:falɔn, **...la** ...la
Enzephalorrhagie ɛntsefalɔra'gi:, **-n** ...i:ən
Enzephalozele ɛntsefalo'tse:lə
Enzian 'ɛntsi̯a:n
Enzinas *span.* en'θinas
Enz[i]o 'ɛnts[i̯]o
Enzyklika ɛn'tsy:klika
enzyklisch ɛn'tsy:klɪʃ
Enzyklopädie ɛntsyklopɛ'di:, **-n** ...i:ən
Enzyklopädiker ɛntsyklo'pɛ:dikɐ
enzyklopädisch ɛntsyklo'pɛ:dɪʃ
Enzyklopädist ɛntsyklopɛ'dɪst
Enzym ɛn'tsy:m
enzymatisch ɛntsy'ma:tɪʃ
Enzymologie ɛntsymolo'gi:
enzystieren ɛntsʏs'ti:rən
Eoban[us] eo'ba:n[ʊs]
Eobiont eo'bi̯ɔnt
eo ipso 'e:o 'ɪpso
Eolienne eo'li̯ɛn
Eolith eo'li:t
Eolithikum eo'li:tikʊm
Eos 'e:ɔs
Eosander eo'zandɐ
eosinieren eozi'ni:rən
eosinophil eozino'fi:l
Eötvös *ung.* 'øtvøʃ
eozän, E... eo'tsɛ:n
Eozoikum eo'tso:ikʊm
eozoisch eo'tso:ɪʃ
Eozoon eo'tso:ɔn
Epagoge epago'ge:
epagogisch epa'go:gɪʃ
Epakme epak'me:
Epakris 'e:pakrɪs
Epakte e'paktə
Epameinondas epamai̯'nɔndas
Epaminondas epami'nɔndas
Epanalepse epana'lɛpsə
Epanalepsis epa'na:lɛpsɪs, **...epsen** ...na'lɛpsn̩
Epanaphora epa'na:fora, **...rä** ...rɛ
Epanodos e'pa:nodɔs, **...doi** ...dɔy̆
Eparch e'parç
Eparchie epar'çi:, **-n** ...i:ən
Epaulett[e] epo'lɛt[ə]
Epave e'pa:və
Epe *dt., niederl.* 'e:pə
Épée *fr.* e'pe
Epeirogenese epai̯roge'ne:zə
Epeirophorese epai̯rofo're:zə
Epeiros e'pai̯rɔs
Epeisodion epai̯'zo:di̯ɔn, **...dia** ...di̯a
Ependym epɛn'dy:m
Ependymom epɛndy'mo:m
Epenthese epɛn'te:zə
Epenthesis e'pɛntezɪs, **..thesen** ...'te:zn̩
epenthetisch epɛn'te:tɪʃ
Eperies 'ɛpɛri̯ɛs
Eperjes *ung.* 'ɛpɛrjɛʃ
Épernay *fr.* epɛr'nɛ
Epexegese epɛkse'ge:zə
epexegetisch epɛkse'ge:tɪʃ
Ephebe e'fe:bə
Ephebie efe'bi:
ephebisch e'fe:bɪʃ
Ephedra 'e:fedra, **...drae** ...rɛ
Ephedrin® efe'dri:n
Epheliden efe'li:dn̩
ephemer efe'me:ɐ̯
Ephemera e'fe:mera
Ephemeride efeme'ri:də
Ephemeris e'fe:merɪs
ephemerisch efe'me:rɪʃ
Ephemerophyt efemero'fy:t
Epheser 'e:fezɐ
ephesisch e'fe:zɪʃ
Ephesos 'e:fezɔs
Ephesus 'e:fezʊs
Ephete e'fe:tə
Ephialtes e'fi̯altɛs
Ephidrose efi'dro:zə
Ephippium e'fɪpi̯ʊm, **...ien** ...i̯ən
Ephor e'fo:ɐ̯
Ephorat efo'ra:t
Ephorie efo'ri:, **-n** ...i:ən
Ephoros 'e:forɔs, **...ren** e'fo:rən
Ephorus 'e:forʊs, **...ren** e'fo:rən
Ephraim 'e:fraɪm
Ephräm e'frɛ:m, 'e:frɛm
Epi *engl.* 'ɛɪpɪ, *fr.* e'pi
Epibiont epi'bi̯ɔnt
Epibiose epi'bi̯o:zə
Epibolie epibo'li:
Epicedium epi'tse:di̯ʊm, **...ia** ...i̯a
Epicharm[os] epi'çarm[ɔs]
Epicondylus epi'kɔndylʊs, **-li** ...li
Epicönum epi'tsø:nʊm, **...na** ...na
Epidamnos epi'damnɔs
Epidamnus epi'damnʊs
Epidauros epi'dau̯rɔs
Epidaurus epi'dau̯rʊs
Epidawros *neugr.* ɛpi'ðavrɔs
Epideiktik epi'dai̯ktɪk
epideiktisch epi'dai̯ktɪʃ
Epidemie epide'mi:, **-n** ...i:ən
Epidemiologe epidemi̯o'lo:gə
Epidemiologie epidemi̯olo'gi:
epidemiologisch epidemi̯o'lo:gɪʃ
epidemisch epi'de:mɪʃ
epidermal epidɛr'ma:l
Epidermis epi'dɛrmɪs
Epidermoid epidɛrmo'i:t, **-e** ...i:də

epidermoidal epidɛrmoiˈda:l
Epidermophyt epidɛrmoˈfy:t
Epidermophytie epidɛrmo-fyˈti:, **-n** ...i:ən
Epidiaskop epidiaˈsko:p
Epididymis epiˈdi:dymɪs, **...miden** epididyˈmi:dn̩
Epididymitis epididyˈmi:tɪs, **...mitiden** ...miˈti:dn̩
Epidot epiˈdo:t
Epigaion epiˈga̯i̯ɔn
epigäisch epiˈgɛ:ɪʃ
Epigastrium epiˈgastriʊm, **...ien** ...i̯ən
Epigenes eˈpi:genɛs
Epigenese epigeˈne:zə
epigenetisch epigeˈne:tɪʃ
Epiglottis epiˈglɔtɪs
Epiglottitis epiglɔˈti:tɪs, **...ottitiden** ...ɔtiˈti:dn̩
epigonal epigoˈna:l
Epigonation epigoˈna:ti̯ɔn, **...ien** ...i̯ən
Epigone epiˈgo:nə
Epigonos eˈpi:gonɔs
Epigramm epiˈgram
Epigrammatik epigraˈma[:]tɪk
Epigrammatiker epigra-ˈma[:]tɪkɐ
epigrammatisch epigra-ˈma[:]tɪʃ
Epigrammatist epigramaˈtɪst
Epigraph[ik] epiˈgra:f[ɪk]
Epigraphiker epiˈgra:fikɐ
epigyn epiˈgy:n
Epik ˈe:pɪk
Epikanthus epiˈkantʊs
Epikard epiˈkart, **-es** ...rdəs
Epikarp epiˈkarp
Epikarpium epiˈkarpi̯ʊm, **...ien** ...i̯ən
Epikedeion epiˈke:da̯i̯ɔn, **...deia** ...da̯i̯a
Epiker ˈe:pikɐ
Epikie epiˈki:
Epiklese epiˈkle:zə
Epikondylitis epikɔndyˈli:tɪs, **...litiden** ...liˈti:dn̩
epikontinental epikɔntinɛn-ˈta:l
Epikotyl epikoˈty:l
Epikrise epiˈkri:zə
Epiktet[os] epɪkˈte:t[ɔs]
Epikur epiˈku:ɐ̯
Epikureer epikuˈre:ɐ
epikureisch, E... epikuˈre:ɪʃ
Epikureismus epikureˈɪsmʊs
epikurisch, E... epiˈku:rɪʃ
Epikuros epiˈku:rɔs
Epilation epilaˈtsi̯o:n
Epilepsie epilɛˈpsi:, **-n** ...i:ən
epileptiform epilɛptiˈfɔrm
Epileptiker epiˈlɛptikɐ
epileptisch epiˈlɛptɪʃ
epileptoid epilɛptoˈi:t, **-e** ...i:də
epilieren epiˈli:rən
Epilimnion epiˈlɪmniɔn, **...ien** ...i̯ən
Epilimnium epiˈlɪmniʊm, **...ien** ...i̯ən
Epilog epiˈlo:k, **-e** ...o:gə
Epimeleia epimeˈla̯i̯a
Epimelet epimeˈle:t
Epimenides epiˈme:nidɛs
epimetheisch epimeˈte:ɪʃ
Epimetheus epiˈme:tɔy̯s
Épinal *fr.* epiˈnal
Epinastie epinasˈti:
epinastisch epiˈnastɪʃ
Épinay *fr.* epiˈnɛ
Epinephritis epineˈfri:tɪs, **...ritiden** ...riˈti:dn̩
Épinglé epɛ̃ˈgle:
Epinikion epiˈni:ki̯ɔn, **...ien** ...i̯ən
Epipaläolithikum epipalɛo-ˈli:tikʊm
Epiphanes eˈpi:fanɛs
Epiphania epiˈfa:ni̯a, ...faˈni:a
Epiphanias epiˈfa:ni̯as
Epiphanie epifaˈni:
Epiphanien... epiˈfa:ni̯ən...
Epiphanius epiˈfa:ni̯ʊs
Epiphänomen epifɛnoˈme:n
Epipharynx epiˈfa:rʏŋks
Epiphora eˈpi:fora, **...rä** ...rɛ
Epiphyllum epiˈfʏlʊm
Epiphyse epiˈfy:zə
Epiphyt epiˈfy:t
Epiploon eˈpi:ploɔn, **...loa** ...loa
epirogen epiroˈge:n
Epirogenese epirogeˈne:zə
epirogenetisch epirogeˈne:tɪʃ
Epirot epiˈro:t
Epirrhem epɪˈre:m
Epirrhema eˈpɪrema, **-ta** epɪ-ˈre:mata
Epirus eˈpi:rʊs
episch ˈe:pɪʃ
Episcopus eˈpɪskopʊs
Episem epiˈze:m
Episemem epizeˈme:m
Episiotomie epizi̯otoˈmi:, **-n** ...ɪ:ən
Episit epiˈzi:t
Episkleritis episkleˈri:tɪs, **...ritiden** ...riˈti:dn̩
Episkop epiˈsko:p
episkopal epɪskoˈpa:l
Episkopale epɪskoˈpa:lə
Episkopalismus epɪskopaˈlɪs-mʊs
Episkopalist epɪskopaˈlɪst
Episkopat epɪskoˈpa:t
Episkopus eˈpɪskopʊs, **...pi** ...pi
Episode epiˈzo:də
episodisch epiˈzo:dɪʃ
Epispadie epispaˈdi:, **-n** ...i:ən
Epispastikum epiˈspastikʊm, **...ka** ...ka
Epistase epiˈsta:zə
Epistasie epistaˈzi:, **-n** ...i:ən
Epistasis epiˈsta:zɪs
epistatisch epiˈsta:tɪʃ
Epistaxis epiˈstaksɪs
Epistel eˈpɪstl̩
Epistemologie epɪstemoloˈgi:
epistemologisch epɪstemo-ˈlo:gɪʃ
Epistolae obscurorum virorum eˈpɪstolɛ ɔpskuˈro:rʊm viˈro:rʊm
Epistolar epɪstoˈla:ɐ̯
Epistolarium epɪstoˈla:ri̯ʊm, **...ien** ...i̯ən
Epistolographie epɪstolo-graˈfi:, **-n** ...i:ən
epistomatisch epistoˈma:tɪʃ
Epistropheus eˈpɪstrofɔy̯s, epi-ˈstro:feʊs
Epistyl epiˈsty:l
Epistylion epiˈsty:li̯ɔn, **...ien** ...i̯ən
Epitaph epiˈta:f
Epitaphium epiˈta:fi̯ʊm, **...ien** ...i̯ən
Epitasis eˈpi:tazɪs, **...asen** epi-ˈta:zn̩
Epitaxie epitaˈksi:, **-n** ...i:ən
Epithalamion epitaˈla:mi̯ɔn, **...ien** ...i̯ən
Epithalamium epitaˈla:mi̯ʊm, **...ien** ...i̯ən
Epithel epiˈte:l
epithelial epiteˈli̯a:l
Epitheliom epiteˈli̯o:m
Epithelisation epitelizaˈtsi̯o:n
Epithelium epiˈte:li̯ʊm, **...ien** ...i̯ən
Epithem epiˈte:m
Epithese epiˈte:zə
Epitheton eˈpi:tetɔn, **...ta** ...ta
Epitheton ornans eˈpi:tetɔn

E

'ɔrnans, **...ta ...antia** ...ta ɔr'nantsi̯a
epitok epi'to:k
Epitokie epito'ki:
Epitomator epito'ma:to:ɐ̯, **-en** ...ma'to:rən
Epitome e'pi:tome, **-n** epi'to:mən
Epitrachelion epitra'xe:li̯ɔn, **...ien** ...i̯ən
E
Epitrit epi'tri:t
Epitrope epi'tro:pə
Epizentral... epitsɛn'tra:l...
Epizentrum epi'tsɛntrʊm
Epizeuxis epi'tsɔyksɪs
epizoisch epi'tso:ɪʃ
Epizone epi'tso:nə
Epizoon epi'tso:ɔn, **...zoen** ...tso:ən, **...zoa** ...'tso:a
Epizoonosen epitsoo'no:zn̩
Epizootie epitsoo'ti:, **-n** ...i:ən
Epizykel epi'tsy:kl̩
Epizykloide epitsyklo'i:də
epochal epɔ'xa:l
[1]**Epoche** (Zeit) e'pɔxə
[2]**Epoche** (Zurückhaltung) epɔ'xe:
Epode e'po:də
epodisch e'po:dɪʃ
Epona 'e:pona
Eponym epo'ny:m
Eponymos e'po:nymɔs
Epopöe epo'pø:ə, *auch:* ...'pø:, **-n** ...ø:ən
Epopt e'pɔpt
Epos 'e:pɔs
Epoxid epɔ'ksi:t, **-e** ...i:də
Epoxyd epɔ'ksy:t, **-e** ...y:də
Epp[an] 'ɛp[an]
Eppelheim 'ɛpl̩hai̯m
Eppelsheimer 'ɛpl̩shai̯mɐ
Eppendorf 'ɛpn̩dɔrf
Epper 'ɛpɐ
Eppich 'ɛpɪç
Epping *dt., engl.* 'ɛpɪŋ
Eppingen 'ɛpɪŋən
Eppler 'ɛplɐ
Eppstein 'ɛpʃtai̯n
Eprouvette epru'vɛt, **-n** ...tn̩
Epsilon 'ɛpsilɔn
Epsom *engl.* 'ɛpsəm
Epstein 'ɛpʃtai̯n, *engl.* 'ɛpstaɪn, *fr.* ɛp'stɛn
Epte *fr.* ɛpt
Epulis e'pu:lɪs, **...liden** epu'li:dn̩
Equalizer 'i:kvəlai̯zɐ
Equerre 'ɛkɛrə
Equestrik e'kvɛstrɪk
Equicola *it.* e'ku̯i:kola
Equidae 'e:kvidɛ
Equiden e'kvi:dn̩
equilibrieren ekvili'bri:rən
Equilibrist[ik] ekvili'brɪst[ɪk]
Equipage ek[v]i'pa:ʒə
Equipe e'ki:p, e'kɪp, **-n** ...pn̩
equipieren ek[v]i'pi:rən
Equipment i'kvɪpmənt
Equisetum ekvi'ze:tʊm
Equites 'e:kvite:s
er, Er e:ɐ̯
erachten ɛɐ̯'|axtn̩
Eranos 'e:ranɔs
Érard *fr.* e'ra:r
Erasistratos era'zɪstratɔs
erasmisch, E... e'rasmɪʃ
Erasmus e'rasmʊs, *engl.* ɪ'ræzməs
Erast[us] e'rast[ʊs]
Erath 'e:rat
Erato e'ra:to, *auch:* 'e:rato
Eratosthenes era'tɔstenɛs
Erb ɛrp, *fr.* ɛrb
Erba *it.* 'ɛrba
Erbach 'ɛrbax
Erbadel 'ɛrp|a:dl̩
Erbakan *türk.* 'ɛrbɑkɑn
Erbarmedich ɛɐ̯'barmədɪç
erbarmen, E... ɛɐ̯'barmən
erbärmlich ɛɐ̯'bɛrmlɪç
erbarmungslos ɛɐ̯'barmʊŋslo:s
Erbe 'ɛrbə
erben 'ɛrbn̩, **erb!** ɛrp, **erbt** ɛrpt
Erben 'ɛrbn̩, *tschech.* ...bɛn
Erbendorf 'ɛrbn̩dɔrf
Erbeskopf 'ɛrbəskɔpf
erbeten ɛɐ̯'be:tn̩
erbeuten ɛɐ̯'bɔytn̩
erbfähig 'ɛrpfɛ:ɪç
Erbgroßherzog ɛrp'gro:shɛrtso:k, '-,---
Erbil ɛr'bi:l, *türk.* ɛr'bil
erbittern ɛɐ̯'bɪtɐn
Erbium 'ɛrbi̯ʊm
Erblassenschaft 'ɛrplasn̩ʃaft
Erblasser 'ɛrplasɐ
erblich 'ɛrplɪç
erblich[en] (von: erbleichen) ɛɐ̯'blɪç[n̩]
erblinden ɛɐ̯'blɪndn̩, **erblind!** ɛɐ̯'blɪnt
erblos 'ɛrplo:s
erbosen ɛɐ̯'bo:zn̩, **erbos!** ɛɐ̯'bo:s, **erbost** ɛɐ̯'bo:st
erbötig ɛɐ̯'bø:tɪç, **-e** ...ɪgə
Erbschaft 'ɛrpʃaft
Erbse 'ɛrpsə
Erchanger 'ɛrçaŋɐ
Ercilla *span.* ɛr'θiʎa
Erciyas dağı *türk.* 'ɛrdʒijɑs dɑ:'ɨ
Erckmann-Chatrian *fr.* ɛrkmanʃatri'ã
Ercolani *it.* erko'la:ni
Ercolano *it.* erko'la:no
Ercole *it.* 'ɛrkole
Erda 'e:ɐ̯da
erdacht ɛɐ̯'daxt
Erdbeere 'e:ɐ̯tbe:rə
Erde 'e:ɐ̯də
Erdély[i] *ung.* 'ɛrde:j[i]
erden 'e:ɐ̯dn̩, **erd!** e:ɐ̯t
erdenkbar ɛɐ̯'dɛŋkba:ɐ̯
erdig 'e:ɐ̯dɪç, **-e** ...ɪgə
Erding 'e:ɐ̯dɪŋ, 'ɛrdɪŋ
Erdlen 'e:ɐ̯dlən
Erdmann 'e:ɐ̯tman
Erdmännchen 'e:ɐ̯tmɛnçən
Erdmannsdorf[f] 'e:ɐ̯tmansdɔrf
Erdmannsdörffer 'e:ɐ̯tmansdœrfɐ
Erdmut 'e:ɐ̯tmu:t
Erdmut[h]e e:ɐ̯t'mu:tə
Erdoğan *türk.* 'ɛrdɔ:ɑn, --'-
erdolchen ɛɐ̯'dɔlçn̩
erdölhöffig 'e:ɐ̯t|ø:l,hœfɪç, **-e** ...ɪgə
erdreisten ɛɐ̯'drai̯stn̩
Erdrusch ɛɐ̯'drʊʃ
Erebos 'e:rebɔs
Erebus 'e:rebʊs, *engl.* 'ɛrɪbəs
Erec 'e:rɛk
Erechtheion erɛç'tai̯ɔn
Erechtheum erɛç'te:ʊm
Erechtheus e'rɛçtɔy̯s
Erede *it.* e'rɛ:de
Ereğli *türk.* 'ɛrɛi̯li
Ereignis ɛɐ̯'|ai̯gnɪs, **-se** ...ɪsə
Erek 'e:rɛk
erektil erɛk'ti:l
Erektion erɛk'tsi̯o:n
Erembodegem *niederl.* e:rəm'bo:dəɣɛm
eremisch e're:mɪʃ
Eremit ere'mi:t
Eremitage eremi'ta:ʒə
Eremitagen *dän.* ɪrəmi'tɛ:sjən
Eremitei eremi'tai̯
Eremurus ere'mu:rʊs
Eren 'e:rən
Erenburg *russ.* ɛrɪn'burk
Erepsin erɛ'psi:n
Eresburg 'e:rəsbʊrk
Eresos 'e:rezɔs
erethisch e're:tɪʃ

Erethismus ereˈtɪsmʊs
Eretria eˈreːtria
Erewan ereˈvaːn, ...van
Erez Jisrael ˈeːrets jɪsraˈeːl
erfahren ɛɐ̯ˈfaːrən
Erfinder ɛɐ̯ˈfɪndɐ
erfinderisch ɛɐ̯ˈfɪndərɪʃ
Erfolg ɛɐ̯ˈfɔlk, **-e** ...lgə
Erfolghascherei ɛɐ̯fɔlkhaʃəˈrai̯
erfolglos ɛɐ̯ˈfɔlkloːs
erforderlich ɛɐ̯ˈfɔrdɐlɪç
Erfordernis ɛɐ̯ˈfɔrdɐnɪs, **-se** ...ɪsə
erfrechen ɛɐ̯ˈfrɛçn̩
erfreulich ɛɐ̯ˈfrɔylɪç
Erftal® ɛrfˈtaːl
Erft[stadt] ˈɛrft[ʃtat]
Erfurt ˈɛrfʊrt, **-er** -ɐ
Erfurth ˈɛrfʊrt
Erg ɛrk
Ergani *türk.* ˈɛrgɑni
ergänzen ɛɐ̯ˈgɛntsn̩
Ergasiolipophyt ɛrgazi̯olipoˈfyːt
Ergasiophygophyt ɛrgazi̯ofygoˈfyːt
Ergasiophyt ɛrgazi̯oˈfyːt
ergastisch ɛrˈgastɪʃ
Ergastoplasma ɛrgastoˈplasma
Ergativ ˈɛrgatiːf, **-e** ...iːvə
ergattern ɛɐ̯ˈgatɐn
Ergebnis ɛɐ̯ˈgeːpnɪs, **-se** ...ɪsə
ergiebig ɛɐ̯ˈgiːbɪç, **-e** ...ɪgə
ergo bibamus ˈɛrgo biˈbaːmʊs
Ergoden ɛrˈgoːdn̩
Ergograph ɛrgoˈgraːf
Ergographie ɛrgograˈfiː
Ergologie ɛrgoloˈgiː
Ergometer ɛrgoˈmeːtɐ
Ergon ɛrˈgoːn
Ergonomie ɛrgonoˈmiː
Ergonom[ik] ɛrgoˈnoːm[ɪk]
Ergostat ɛrgoˈstaːt
Ergosterin ɛrgosteˈriːn
Ergotamin ɛrgotaˈmiːn
Ergotherapeut ɛrgoteraˈpɔyt
Ergotherapie ɛrgoteraˈpiː, **-n** ...iːən
Ergotin® ɛrgoˈtiːn
Ergotismus ɛrgoˈtɪsmʊs
Ergotoxin ɛrgotɔˈksiːn
ergotrop ɛrgoˈtroːp
ergötzen ɛɐ̯ˈgœtsn̩
Ergriffensein ɛɐ̯ˈgrɪfn̩zai̯n
erhaben ɛɐ̯ˈhaːbn̩
erhältlich ɛɐ̯ˈhɛltlɪç
Erhard[t], ...rt ˈeːɐ̯hart
erheblich ɛɐ̯ˈheːplɪç
erheitern ɛɐ̯ˈhai̯tɐn
erhitzen ɛɐ̯ˈhɪtsn̩
erholsam ɛɐ̯ˈhoːlzaːm
Eric *engl.* ˈɛrɪk, *schwed.* ˌeːrik
Ericeira *port.* iriˈsɐi̯rɐ
Erich ˈeːrɪç
Erichtho eˈrɪçto
Erichthonios erɪçˈtoːni̯ɔs
Ericsson *schwed.* ˌeːriksɔn
Eridanos eˈriːdanɔs
Eridanus eˈriːdanʊs
Eridon ˈeːridɔn
Eridu ˈeːridu
Erie *engl.* ˈɪərɪ
Erigeron eˈriːgerɔn
erigibel eriˈgiːbl̩, **...ble** ...blə
erigieren eriˈgiːrən
Erik ˈeːrɪk, *schwed.* ˌeːrik
[1]Erika (Vorn.) ˈeːrika
[2]Erika (Pflanze) ˈeːrika, *selten:* eˈriːka
Erikazee erikaˈtseːə
Eriksson *schwed.* ˌeːriksɔn
Erin ˈeːrɪn, *engl.* ˈɪərɪn
Eringer ˈeːrɪŋɐ
Erinna eˈrɪna
erinnerlich ɛɐ̯ˈ|ɪnɐlɪç
erinnern ɛɐ̯ˈ|ɪnɐn
Erinnophilie erɪnofiˈliː
Erinnye eˈrɪnÿə
Erinnys eˈrɪnʏs, **...yen** eˈrɪnÿən
Eris ˈeːrɪs
Eriskirch ˈeːrɪskɪrç
Erismann ˈeːrɪsman
Eristhawi *georg.* ˈeristhawi
Eristik eˈrɪstɪk
Eristiker eˈrɪstikɐ
eristisch eˈrɪstɪʃ
Erith *engl.* ˈɪərɪθ
eritis sicut Deus ˈeːritɪs ˈziːkʊt ˈdeːʊs
Eritrea eriˈtreːa, *it.* eriˈtrɛːa
Eritreer eriˈtreːɐ
eritreisch eriˈtreːɪʃ
Eriugena eˈri̯uːgena
Eriwan eriˈvaːn, ...van
Erizzo *it.* ˈɛːrittso
Erk[a] ˈɛrk[a]
erkahlen ɛɐ̯ˈkaːlən
erkalten ɛɐ̯ˈkaltn̩
erkecken ɛɐ̯ˈkɛkn̩
Erkel *ung.* ˈɛrkɛl
Erkelenz ˈɛrkəlɛnts
erkenntlich ɛɐ̯ˈkɛntlɪç
Erkenntnis ɛɐ̯ˈkɛntnɪs, **-se** ...ɪsə
Erker ˈɛrkɐ
Erkko *finn.* ˈɛrkkɔ
erklecklich ɛɐ̯ˈklɛklɪç
Erkrath ˈɛrkraːt
erkühnen ɛɐ̯ˈkyːnən
erkunden ɛɐ̯ˈkʊndn̩, **erkund!** ɛɐ̯ˈkʊnt
erkundigen ɛɐ̯ˈkʊndɪgn̩, **erkundig!** ɛɐ̯ˈkʊndɪç, **erkundigt** ɛɐ̯ˈkʊndɪçt
Erl ɛrl
Erlach ˈɛrlax
Erlag ɛɐ̯ˈlaːk, **-es** ...aːgəs, **Erläge** ɛɐ̯ˈlɛːgə
Erlander *schwed.* ærˈlandər
erlangen ɛɐ̯ˈlaŋən
Erlangen ˈɛrlaŋən
Erlanger (Name) ˈɛrlaŋɐ, *fr.* ɛrlãˈʒe, *engl.* ˈəːlæŋə
Erlass ɛɐ̯ˈlas, **Erlässe** ɛɐ̯ˈlɛsə
erlässlich ɛɐ̯ˈlɛslɪç
Erlau ˈɛrlau̯
erlauben ɛɐ̯ˈlau̯bn̩, **erlaub!** ...au̯p, **erlaubt** ...au̯pt
erlaucht, E... ɛɐ̯ˈlau̯xt
Erlauf ˈɛrlau̯f
[1]Erle ˈɛrlə
[2]Erle (Vorn.) *engl.* əːl
Erlebach ˈɛrləbax
Erlebnis ɛɐ̯ˈleːpnɪs, **-se** ...ɪsə
erledigen ɛɐ̯ˈleːdɪgn̩, **erledig!** ɛɐ̯ˈleːdɪç, **erledigt** ɛɐ̯ˈleːdɪçt
Erlembald ˈɛrləmbalt
erlen ˈɛrlən
Erlenmeyer ˈɛrlənmai̯ɐ
Erler ˈɛrlɐ
erlernbar ɛɐ̯ˈlɛrnbaːɐ̯
Erlingsson *isl.* ˈɛrliŋsɔn
Erlkönig ˈɛrlkøːnɪç
erlogen ɛɐ̯ˈloːgn̩
Erlös ɛɐ̯ˈløːs, **-e** ...øːzə
erlustigen ɛɐ̯ˈlʊstɪgn̩, **erlustig!** ɛɐ̯ˈlʊstɪç, **erlustigt** ɛɐ̯ˈlʊstɪçt
Erlynne *engl.* ˈəːlɪn
Erma ˈɛrma
ermächtigen ɛɐ̯ˈmɛçtɪgn̩, **ermächtig!** ɛɐ̯ˈmɛçtɪç, **ermächtigt** ɛɐ̯ˈmɛçtɪçt
Erman ˈɛrman
Ermanarich ˈɛrmanarɪç, ɛrˈmaːnarɪç
Ermanrich ˈɛrmanrɪç
Ermatinger ˈɛrmatɪŋɐ
ermatten ɛɐ̯ˈmatn̩
Ermeland ˈɛrməlant
Ermelind ˈɛrməlɪnt
Ermelinde ɛrməˈlɪndə
Ermelo *niederl.* ˈɛrməlo
Ermenonville *fr.* ɛrmənõˈvil
Ermes ˈɛrməs
ermessbar ɛɐ̯ˈmɛsbaːɐ̯
Ermina ɛrˈmiːna
Erminio *it.* erˈmiːni̯o

E

Erminold ˈɛrminɔlt
Erminone ɛrmiˈnoːnə
Ermitage ɛrmiˈtaːʒə
Ermitasch *russ.* ɛrmiˈtaʃ
Ermland ˈɛrmlant
Ermländer ˈɛrmlɛndɐ
ermländisch ˈɛrmlɛndɪʃ
ermöglichen ɛɐ̯ˈmøːklɪçn̩
Ermos ˈɛrmɔs
Ermsleben ˈɛrmsleːbn̩
ermüden ɛɐ̯ˈmyːdn̩, **ermüd!** ɛɐ̯ˈmyːt
Ermundure ɛrmʊnˈduːrə
ermuntern ɛɐ̯ˈmʊntɐn
Ermupolis *neugr.* ɛrˈmupɔlis
ermutigen ɛɐ̯ˈmuːtɪɡn̩, **ermutig!** ɛɐ̯ˈmuːtɪç, **ermutigt** ɛɐ̯ˈmuːtɪçt
Ern eːɐ̯n
Erna ˈɛrna
Ernährer ɛɐ̯ˈnɛːrɐ
Ernakulam *engl.* əːˈnɑːkələm
Ernani *fr.* ɛrnaˈni, *it.* erˈnaːni
Erne ˈɛrnə, *engl.* əːn
Erné ɛrˈneː
Ernemann ˈɛrnəman
Ernest ˈɛrnɛst, *fr.* ɛrˈnɛst, *engl.* ˈəːnɪst
Ernesta ɛrˈnɛsta, *span.* erˈnesta
Ernestine ɛrnɛsˈtiːnə, *engl.* ˈəːnɪstiːn
ernestinisch ɛrnɛsˈtiːnɪʃ
Ernesto *it.* erˈnɛsto, *span.* erˈnesto, *port.* irˈnɛʃtu, *bras.* erˈnɛstu
Ernestus ɛrˈnɛstʊs
erneuen ɛɐ̯ˈnɔyən
Erni ˈɛrni
erniedrigen ɛɐ̯ˈniːdrɪɡn̩, **erniedrig!** ɛɐ̯ˈniːdrɪç, **erniedrigt** ɛɐ̯ˈniːdrɪçt
Erno ˈɛrno
Ernő *ung.* ˈɛrnøː
ernst ɛrnst
Ernst *dt.*, *niederl.* ɛrnst, *schwed.* æːrnst, *engl.* əːnst
Ernte ˈɛrntə
ernten ˈɛrntn̩
ernüchtern ɛɐ̯ˈnʏçtɐn
erobern ɛɐ̯ˈ|oːbɐn, **erobre** ɛɐ̯ˈ|oːbrə
Erode *engl.* ɛˈroʊd
erodieren eroˈdiːrən
erogen eroˈɡeːn
Erogenität erogeniˈtɛːt
Eroica, ...ka eˈroːika
eroico eˈroːiko
Eros ˈeːrɔs
Erosion eroˈzi̯oːn
erosiv eroˈziːf, **-e** ...iːvə
Erostess erɔsˈtɛs
Erotema eˈroːtema, **-ta** eroˈteːmata
Erotematik eroteˈmaːtɪk
erotematisch eroteˈmaːtɪʃ
Eroten eˈroːtn̩
Erotica eˈroːtika
Erotical eˈroːtikl̩
Erotik eˈroːtɪk
Erotiker eˈroːtikɐ
Erotikon eˈroːtikɔn, **...ka** ...ka
erotisch eˈroːtɪʃ
erotisieren erotiˈziːrən
Erotismus eroˈtɪsmʊs
Erotizismus erotiˈtsɪsmʊs
Erotokritos *neugr.* ɛrɔˈtɔkritɔs
Erotologie erotoloˈɡiː
Erotomane erotoˈmaːnə
Erotomanie erotomaˈniː
Erpel ˈɛrpl̩
Erpf ɛrpf̩
erpicht ɛɐ̯ˈpɪçt
Erpingham *engl.* ˈəːpɪŋəm, ...ŋhæm
erpresserisch ɛɐ̯ˈprɛsərɪʃ
erquicken ɛɐ̯ˈkvɪkn̩
Errachidia *fr.* ɛrraʃiˈdja
Errante *it.* erˈrante
Errard *fr.* ɛˈraːr
errare humanum est ɛˈraːrə huˈmaːnʊm ˈɛst
erratbar ɛɐ̯ˈraːtbaːɐ̯
erratisch ɛˈraːtɪʃ
Erratum ɛˈraːtʊm **...ta** ...ta
Errhinum ɛˈriːnʊm, **...na** ...na
Er-Riad ɛˈri̯aːt
Errol *engl.* ˈɛrəl
Errungenschaft ɛɐ̯ˈrʊŋənʃaft
Ersatz ɛɐ̯ˈzats
Ersch ɛrʃ
erschlaffen ɛɐ̯ˈʃlafn̩
erschröcklich ɛɐ̯ˈʃrœklɪç
erschweren ɛɐ̯ˈʃveːrən
Erschwernis ɛɐ̯ˈʃveːɐ̯nɪs, **-se** ...ɪsə
erschwinglich ɛɐ̯ˈʃvɪŋlɪç
Erse ˈɛrzə, *engl.* əːs
ersetzbar ɛɐ̯ˈzɛtsbaːɐ̯
ersisch ˈɛrzɪʃ
Erskine *engl.* ˈəːskɪn
Ersoy *türk.* ɛrˈsɔi̯
Ersparnis ɛɐ̯ˈʃpaːɐ̯nɪs, **-se** ...ɪsə
ersprießlich ɛɐ̯ˈʃpriːslɪç
erst eːɐ̯st
erstarken ɛɐ̯ˈʃtarkn̩
erstatten ɛɐ̯ˈʃtatn̩
erstaunlich ɛɐ̯ˈʃtau̯nlɪç
erste ˈeːɐ̯stə
erstehen ɛɐ̯ˈʃteːən
Erste-Hilfe-... eːɐ̯stəˈhɪlfə...
erstens ˈeːɐ̯stn̩s
erstklassig ˈeːɐ̯stklasɪç
Erstling ˈeːɐ̯stlɪŋ
erstmalig ˈeːɐ̯stmaːlɪç, **-e** ...ɪɡə
erstmals ˈeːɐ̯stmaːls
erstrangig ˈeːɐ̯straŋɪç
erstrebenswert ɛɐ̯ˈʃtreːbn̩sveːɐ̯t
erststellig ˈeːɐ̯stʃtɛlɪç
erstunken ɛɐ̯ˈʃtʊŋkn̩
Ertebølle *dän.* ˈɛɐ̯dəbʏlə
Ertem *türk.* ɛrˈtɛm
Erthal ˈɛrtaːl
Ertheneburg ˈɛrteːnəbʊrk
Ertl ˈɛrtl̩
Ertler ˈɛrtlɐ
erträglich ɛɐ̯ˈtrɛːklɪç
Erträgnis ɛɐ̯ˈtrɛːknɪs, **-se** ...ɪsə
ertüchtigen ɛɐ̯ˈtʏçtɪɡn̩, **ertüchtig!** ɛɐ̯ˈtʏçtɪç, **ertüchtigt** ɛɐ̯ˈtʏçtɪçt
erübrigen ɛɐ̯ˈ|yːbrɪɡn̩, **erübrig!** ɛɐ̯ˈ|yːbrɪç, **erübrigt** ɛɐ̯ˈ|yːbrɪçt
Erudition erudiˈtsi̯oːn
eruieren eruˈiːrən
Eruktation erʊktaˈtsi̯oːn
eruktieren erʊkˈtiːrən
eruptieren erʊpˈtiːrən
Eruption erʊpˈtsi̯oːn
eruptiv erʊpˈtiːf, **-e** ...iːvə
Erve ˈɛrvə
Ervi *finn.* ˈɛrvi
Ervin[e] *engl.* ˈəːvɪn
erwachsen ɛɐ̯ˈvaksn̩
erwarmen ɛɐ̯ˈvarmən
Erwein ˈɛrvai̯n
Erweis ɛɐ̯ˈvai̯s, **-e** ɛɐ̯ˈvai̯zə
erweislich ɛɐ̯ˈvai̯slɪç
Erwerb ɛɐ̯ˈvɛrp, **-es** ɛɐ̯ˈvɛrbəs
erwidern ɛɐ̯ˈviːdɐn, **...dre** ...drə
erwiesen ɛɐ̯ˈviːzn̩
erwiesenermaßen ɛɐ̯ˈviːzənɐˈmaːsn̩
Erwin ˈɛrviːn, *engl.* ˈəːwɪn
Erwine ɛrˈviːnə
erwirken ɛɐ̯ˈvɪrkn̩
erwischen ɛɐ̯ˈvɪʃn̩
Erwitte ˈɛrvɪtə
Erxleben ˈɛrksleːbn̩
Erycin® eryˈtsiːn
erymanthisch eryˈmantɪʃ
Erymanthos eryˈmantɔs
Erymanthus eryˈmantʊs
Erysichthon eryˈzɪçtɔn

Erysipel eryzi'pe:l
Erysipelas ery'zi:pelas
Erysipeloid eryzipelo'i:t, **-es** ...i:dəs
Erythea ery'te:a, **...theen** ...te:ən
Erythem ery'te:m
Erythematodes erytema'to:dɛs
Erythräa ery'trɛ:a
Erythrai 'e:rytrai
erythräisch ery'trɛ:ɪʃ
Erythrämie erytrɛ'mi:, **-n** ...i:ən
Erythrasma ery'trasma
Erythrin ery'tri:n
Erythrismus ery'trɪsmʊs
Erythrit ery'tri:t
Erythroblast erytro'blast
Erythroblastose erytroblas'to:zə
Erythrodermie erytrodɛr'mi:, **-n** ...i:ən
Erythrokonten erytro'kɔntn̩
Erythrolyse erytro'ly:zə
Erythromelalgie erytromelal'gi:, **-n** ...i:ən
Erythromelie erytrome'li:, **-n** ...i:ən
Erythromit erytro'mi:t
Erythropathie erytropa'ti:, **-n** ...i:ən
Erythrophage erytro'fa:gə
Erythrophobie erytrofo'bi
Erythroplasie erytropla'zi:, **-n** ...i:ən
Erythropoese erytropo'e:zə
Erythropsie erytrɔ'psi:, **-n** ...i:ən
Erythrosin erytro'zi:n
Erythrozyt erytro'tsy:t
Erythrozytolyse erytrotsyto'ly:zə
Erythrozytose erytrotsy'to:zə
Eryx 'e:rʏks
Erz (Mineral) e:ɐ̯ts, ɛrts
erz..., Erz... *1. bei Titeln* 'ɛrts..., *Betonung* '–-, '–––*usw., z. B.* Erzabt 'ɛrts|apt, Erzpriester 'ɛrtspri:stɐ; *2. zur Verstärkung* 'ɛrts..., *Betonung* '–'–, '–'––, '––'––, '–'––– *usw., z. B.* erzdumm 'ɛrts'dʊm, Erzhalunke 'ɛrtsha'lʊŋkə
Erzabt 'ɛrts|apt
Erzähler ɛɐ̯'tsɛ:lɐ
Erzamt 'ɛrts|amt
Erzberger 'e:ɐ̯tsbɛrgɐ, 'ɛrts...
Erzbischof 'ɛrtsbɪʃɔf
erzböse 'ɛrts'bø:zə
Erzdiözese 'ɛrtsdiøtse:zə
erzdumm 'ɛrts'dʊm
[1]**erzen** (mit »Er« anreden) 'e:ɐ̯tsn̩
[2]**erzen** (von Erz) 'e:ɐ̯tsn̩, 'ɛrtsn̩
Erzen *alban.* er'zen
Erzengel 'ɛrts|ɛŋl̩
Erzeugnis ɛɐ̯'tsɔyknɪs, **-se** ...ɪsə
erzfaul 'ɛrts'faul
Erzgebirge 'e:ɐ̯tsgəbɪrgə, 'ɛrts...
Erzhalunke 'ɛrtsha'lʊŋkə
Erzherzog 'ɛrtshɛrtso:k
Erzherzogin 'ɛrtshɛrtso:gɪn
Erzherzog-Thronfolger 'ɛrtshɛrtso:k'tro:nfɔlgɐ
Erzherzogtum 'ɛrtshɛrtso:ktu:m
Erzieher ɛɐ̯'tsi:ɐ
Erzincan *türk.* 'ɛrzindʒan
Erzlump 'ɛrts'lʊmp
Erzpriester 'ɛrtspri:stɐ
Erzschelm 'ɛrts'ʃɛlm
Erzsébet *ung.* 'ɛrʒe:bɛt
Erzurum *türk.* 'ɛrzurum
Erzvater 'ɛrtsfa:tɐ
es, Es ɛs
ESA (European Space Agency) 'e:za
Esajas *schwed.* e,sajas
Esaki *engl.* ɪ'sa:kɪ
Esau 'e:zau
Esbjerg *dän.* 'esbjɛɐ̯'u̯
Esbo *schwed.* 'ɛsbo
Escalopes ɛska'lɔp[s]
Escalus 'ɛskalʊs, *engl.* 'ɛskələs
Escamillo ɛska'mɪljo, *span.* eska'miʎo
Escanaba *engl.* ɛskə'na:bə
Escanes 'ɛskanɛs
Escape ɪs'ke:p
Escartefigue *fr.* ɛskartə'fig
Escaut *fr.* ɛs'ko
Eschatologie ɛsçatolo'gi:, **-n** ...i:ən
eschatologisch ɛsçato'lo:gɪʃ
Esch[ax] 'ɛʃ[ax]
Eschborn ɛʃ'bɔrn
Esche[de] 'ɛʃə[də]
Eschen[bach] 'ɛʃn̩[bax]
Eschenburg 'ɛʃn̩bʊrk
Escher 'ɛʃɐ, *niederl.* 'ɛsər
Escherich 'ɛʃərɪç
Eschershausen 'ɛʃɐshauzn̩, ––'––
Eschkol *hebr.* ɛʃ'kɔl
Eschmann 'ɛʃman
Eschpai *russ.* ɪʃ'paj
Eschscholtz 'ɛʃɔlts
Eschschol[t]zia ɛ'ʃɔltsi̯a, **...ien** ...i̯ən
Eschstruth 'ɛʃʃtru:t
Eschwege 'ɛʃve:gə
Eschweiler 'ɛʃvailɐ
Escobar *span.* esko'βar, *port.* ɪʃku'βar
Escondido *engl.* ɛskən'di:doʊ
Escorial ɛsko'ri̯a:l, *span.* esko'ri̯al
Escosura *span.* esko'sura
Escoublac *fr.* ɛsku'blak
Escudero *span.* esku'ðero
Escudo ɛs'ku:do, *port.* ɪʃ'kuðu
Escuintla *span.* es'ku̯intla
Esdras 'ɛsdras
Esdrelon ɛs'dre:lɔn
Es-Dur 'ɛsdu:ɐ̯, *auch:* '–'–
Esel 'e:zl̩
Eselei e:zə'lai
Eseler 'e:zəlɐ
Esens 'e:zn̩s
Esero *bulgar.* 'ɛzɛro
Esfahan *pers.* esfæ'ha:n
Esher *engl.* 'ɛʃə
Eskader ɛs'ka:dɐ
Eskadra ɛs'ka:dra
Eskadron ɛska'dro:n
Eskalade ɛska'la:də
eskaladieren ɛskala'di:rən
Eskalation ɛskala'tsi̯o:n
eskalieren ɛska'li:rən
Eskamotage ɛskamo'ta:ʒə
Eskamoteur ɛskamo'tø:ɐ̯
eskamotieren ɛskamo'ti:rən
Eskapade ɛska'pa:də
Eskapismus ɛska'pɪsmʊs
eskapistisch ɛska'pɪstɪʃ
Eskariol ɛska'ri̯o:l
Eskarpe ɛs'karpə
eskarpieren ɛskar'pi:rən
Eskarpin ɛskar'pɛ̃:
Esker 'ɛskɐ
Eskil *schwed.* ,ɛskil, *dän.* 'esgil
Eskilstuna *schwed.* ,ɛskilstʉ:na
Eskimo 'ɛskimo
eskimoisch ɛski'mo:ɪʃ
Eskimonna ɛski'mɔna
eskimotieren ɛskimo'ti:rən
Eskişehir *türk.* ɛs'kiʃɛ,hir
Eskompte ɛs'kõ:t
eskomptieren ɛskõ'ti:rən
Eskorial ɛsko'ri̯a:l
Eskorte ɛs'kɔrtə
eskortieren ɛskɔr'ti:rən
Eskudo ɛs'ku:do
Eslava *span.* ez'laβa
Esmarch 'ɛsmarç

Esmeralda ɛsmeˈralda
Esmeraldas *span.* ezmeˈraldas
es-Moll ˈɛsmɔl, *auch:* ˈ-ˈ-
Esna ˈɛsna
Esne ˈɛsnə
Esnik ˈɛsnɪk, -ˈ-
Esoterik ezoˈteːrɪk
Esoteriker ezoˈteːrikɐ
esoterisch ezoˈteːrɪʃ
Espada ɛsˈpaːda
Espadrille ɛspaˈdriːjə
Espagne *fr.* ɛsˈpaɲ
Espagnole ɛspanˈjoːlə
Espagnolette ɛspanjoˈlɛtə
Espan ˈɛspan
España *span.* esˈpaɲa
Española *span.* espaˈɲola
Esparbès *fr.* ɛsparˈbɛs
Esparsette ɛsparˈzɛtə
Espartero *span.* esparˈtero
Esparto ɛsˈparto
Espe ˈɛspə
Espelkamp ˈɛspl̩kamp
espen ˈɛspn̩
Espérance ɛspeˈrãːs, **-n** ...sn̩
Esperantist ɛsperanˈtɪst
Esperanto ɛspeˈranto
Esperantologe ɛsperantoˈloːgə
Esperantologie ɛsperantoloˈgiː
Espina *span.* esˈpina
Espinel *span.* espiˈnɛl
Espinela ɛspiˈneːla
espirando ɛspiˈrando
Espírito Santo *port.* ɪʃˈpiritu ˈsɐntu, *bras.* isˈpiritu ˈsɐntu
Espiritu Santo *engl.* ɛɪsˈpiːrɪtuː ˈsɑːntoʊ
Espíritu Santo *span.* esˈpiritu ˈsanto
Esplá *span.* esˈpla
Esplanade ɛsplaˈnaːdə
Espoo *finn.* ˈɛspɔː
Esposito *it.* esˈpɔːzito
Espressivo ɛsprɛˈsiːvo, **...vi** ...vi
Espresso ɛsˈprɛso, **...ssi** ...si
Esprit ɛsˈpriː, *fr.* ɛsˈpri
Esprit de Corps ɛsˈpriː də ˈkoːɐ̯
Espriu *kat.* əsˈpriu̯
Espronceda *span.* esprɔnˈθeða
Espy *engl.* ˈɛspɪ
Esquilin ɛskviˈliːn
Esquilino *it.* esku̯iˈliːno
Esquire ɛsˈkvai̯ɐ
Esquivel *span.* eskiˈβɛl
Esra ˈɛsra
ESRO ˈɛsro
Esrum *dän.* ˈesrʊm
Ess ɛs
Essäer ɛˈsɛːɐ
Essai ˈɛse, ɛˈseː
Essaouira *fr.* ɛsawiˈra
Essay ˈɛse, ɛˈseː
Essayist[ik] ɛseˈɪst[ɪk]
Esse ˈɛsə
Esseg ˈɛsɛk
Esseger ˈɛsɛgɐ
essen, ¹E... ˈɛsn̩
²Essen (Name) ˈɛsn̩, *niederl.* ˈɛsə
essendisch ɛˈsɛndɪʃ
Essendon *engl.* ˈɛsndən
¹Essener (zu: ²Essen) ˈɛsənɐ
²Essener (Essäer) ɛˈseːnɐ
Essential[s] ɛˈsɛnʃl̩[s]
Essenwein ˈɛsn̩vai̯n
Essenz ɛˈsɛnt͜s
Essenzia ɛˈsɛnt͜si̯a
essenzial ɛsɛnˈt͜si̯aːl
Essenzialien ɛsɛnˈt͜si̯aːli̯ən
essenziell ɛsɛnˈt͜si̯ɛl
Esser ˈɛsɐ, *niederl.* ˈɛsər
Esserei ɛsəˈrai̯
Essex *engl.* ˈɛsɪks
Essexit ɛsɛˈksiːt
Essig ˈɛsɪç, **-e** ...ɪgə
Essiv ˈɛsiːf
Eßling[en] ˈɛslɪŋ[ən]
Esso® ˈɛso
Essonne[s] *fr.* ɛˈsɔn
Esswood *engl.* ˈɛswʊd
Est *fr.* ɛst
Establishment ɪsˈtɛblɪʃmənt
Estado do Rio *bras.* isˈtadu du ˈrriu
Estados Unidos do Brasil *bras.* isˈtaduz uˈniduz du braˈzil
Estafette ɛstaˈfɛtə
Estahbanat *pers.* estæhbɑˈnɑːt
Estakade ɛstaˈkaːdə
Estamin ɛstaˈmiːn
Estaminet ɛstamiˈneː
Estampe ɛsˈtãːp[ə], **-n** ...pn̩
Estancia *span.* esˈtanθi̯a
Estância *bras.* isˈtẽsi̯a
Estang *fr.* ɛsˈtã
Estanislao *span.* estanizˈlao
Estanzia ɛsˈtant͜si̯a, ...nsi̯a
Estaunié *fr.* ɛstoˈnje
Estavayer *fr.* ɛstavaˈje
¹Este (zu: Estland) ˈeːstə, *auch:* ˈɛstə
²Este (it. Name) *it.* ˈɛste
³Este (Fluss) ˈɛstə
Esteban *span.* esˈteβan
Estébanez *span.* esˈteβaneθ
Estelí *span.* esteˈli
Estell *engl.* ɛsˈtɛl
Estella ɛsˈtɛla, *span.* esˈteʎa
Estelle *engl., fr.* ɛsˈtɛl
Estenssoro *span.* estenˈsoro
Estepona *span.* esteˈpona
Ester ˈɛstɐ, *span.* esˈtɛr
Esterase ɛsteˈraːzə
Esterházy ˈɛstɐhaːzi
Estes *engl.* ˈɛstɪz, ...tɪs
Estevan *engl.* ˈɛstɪvæn
Estevão *port.* ɪʃˈtɐvɐ̃u̯, *bras.* isˈtɐvɐ̃u̯
Estève *fr.* ɛsˈtɛːv
Esther ˈɛstɐ, *engl.* ˈɛstə, ˈɛsθə, *fr.* ɛsˈtɛːr
Estienne *fr.* eˈtjɛn
Estil® ɛsˈtiːl
estinguendo ɛstɪŋˈgu̯ɛndo
estinto ɛsˈtɪnto
Estland ˈeːstlant, *auch:* ˈɛs...
Estländer ˈeːstlɛndɐ, *auch:* ˈɛs...
estländisch ˈeːstlɛndɪʃ, *auch:* ˈɛs...
estnisch ˈeːstnɪʃ, *auch:* ˈɛs...
Estomihi ɛstoˈmiːhi
Estonia ɛsˈtoːni̯a
Estoril *port.* ɪʃtuˈril
Estournelles *fr.* ɛsturˈnɛl
Estrada *span.* esˈtraða
Estrade ɛsˈtraːdə
Estragon ˈɛstragɔn
Estrangelo ɛsˈtraŋgelo
Estrée[s] *fr.* eˈtre, ɛsˈtre
Estrées-Saint-Denis *fr.* ɛstresɛ̃dˈni
Estrêla *port.* ɪʃˈtrelɐ
Estrella ɛsˈtrɛla, *span.* esˈtreʎa, *port.* ɪʃˈtrelɐ, *bras.* isˈtrela
Estremadura ɛstremaˈduːra, *span.* estremaˈðura, *port.* ɪʃtrəmɐˈðurɐ
Estrich ˈɛstrɪç
Estrup *dän.* ˈesdrʊb
Eszék *ung.* ˈɛseːk
Eszett ɛsˈt͜sɛt
Esztergom *ung.* ˈɛstɛrgom
Eszterházy *ung.* ˈɛstɛrhaːzi
et ɛt, *fr.* e
Eta ˈeːta
ETA *span.* ˈeta
etablieren etaˈbliːrən
Etablissement etablɪsəˈmãː
Etage eˈtaːʒə
Etagere etaˈʒeːrə
Etalage etaˈlaːʒə
etalieren etaˈliːrən
et alii ɛt ˈaːlii
Etalon etaˈlõː

Etalonnage etalɔˈnaːʒə
Etamin[e] etaˈmiːn[ə]
Étampes *fr.* eˈtãːp
Etappe eˈtapə
Etat eˈtaː
etatisieren etatiˈziːrən
Etatismus etaˈtɪsmʊs
etatistisch etaˈtɪstɪʃ
États généraux eˈtaː ʒeneˈroː
Etats provinciaux eˈtaː provɛ̃ˈsi̯oː
Etazismus etaˈtsɪsmʊs
et cetera ɛt ˈtseːtera
Etcherelli *fr.* ɛtʃerɛˈli
et cum spiritu tuo ɛt kʊm ˈspiːritu ˈtuːo
Etelka *ung.* ˈɛtɛlkɔ
Étendard *fr.* etãˈdaːr
Eteokles eˈteːoklɛs
Eteokreter eteoˈkreːtɐ
etepetete eːtəpeˈteːtə, ...pəˈt...
eternisieren etɛrniˈziːrən
Eternit® etɛrˈniːt
Etesami *pers.* etesɑˈmiː
Etesien eˈteːzi̯ən
Étex *fr.* eˈtɛks
Ethan *engl.* ˈiːθən
Ethanograph etanoˈgraːf
Ethel ˈeːtl, *engl.* ˈɛθəl
Ethelbert ˈeːtl̩bɛrt, *engl.* ˈɛθəlbəːt
Ethelred ˈeːtl̩reːt, *engl.* ˈɛθəlrɛd
Ethelreda eːtl̩ˈreːda, *engl.* ɛθəlˈriːdə
Ether ˈeːtɐ
Ethere[d]ge *engl.* ˈɛθərɪdʒ
Ethik ˈeːtɪk
Ethiker ˈeːtikɐ
Ethikotheologie etikoteoloˈgiː
ethisch ˈeːtɪʃ
Ethnarch ɛtˈnarç
Ethnie ɛtˈniː, **-n** ...iːən
ethnisch ˈɛtnɪʃ
Ethnograf usw. vgl. Ethnograph usw.
Ethnograph ɛtnoˈgraːf
Ethnographie ɛtnograˈfiː
ethnographisch ɛtnoˈgraːfɪʃ
Ethnologe ɛtnoˈloːgə
Ethnologie ɛtnoloˈgiː
ethnologisch ɛtnoˈloːgɪʃ
Ethnos ˈɛtnɔs
Ethnozentrismus ɛtnotsɛnˈtrɪsmʊs
Ethologe etoˈloːgə
Ethologie etoloˈgiː
ethologisch etoˈloːgɪʃ
Ethos ˈeːtɔs
Ethyl eˈtyːl
Etichonen etɪˈçoːnən
Étiemble *fr.* eˈtjãːbl
Etienne eˈti̯ɛn, *fr.* eˈtjɛn
Étienne *fr.* eˈtjɛn
Etikett[e] etiˈkɛt[ə]
etikettieren etikɛˈtiːrən
Etiolement eti̯oləˈmãː
etiolieren eti̯oˈliːrən
etisch ˈeːtɪʃ
Etkin *span.* ˈetkin
Etlar *dän.* ˈedla
etliche ˈɛtlɪçə
Etmal ˈɛtmaːl
Etna *it.* ˈɛtna, *engl.* ˈɛtnə
Étoile *fr.* eˈtwal
Eton *engl.* iːtn
Etonian *engl.* iːˈtoʊnɪən
Etoscha eˈtɔʃa
Etowah *engl.* ˈɛtəwɑː
Etrag ɛɐ̯ˈtraːk, **-es** ɛɐ̯ˈtraːgəs, **Erträge** ɛɐ̯ˈtrɛːgə
Etraktion ɛkstrakˈtsi̯oːn
Étretat *fr.* etrəˈta
Etrich ˈɛtrɪç
Etropole *bulgar.* ˈɛtropolɛ
Etruria eˈtruːri̯a
Etrurien eˈtruːri̯ən
Etrusker eˈtrʊskɐ
etruskisch eˈtrʊskɪʃ
Etsch ɛtʃ
Ett[a] ˈɛt[a]
Ettal ˈɛttaːl
Ettelbrück ˈɛtl̩brʏk
Etten *niederl.* ˈɛtə
Ettenheim ˈɛtn̩haim
Etter ˈɛtɐ
Etterbeek *niederl.* ˈɛtərbeːk, *fr.* ɛtɛrˈbɛk
Ettingshausen ˈɛtɪŋshauzn̩
Ettling[en] ˈɛtlɪŋ[ən]
Ettlinger ˈɛtlɪŋɐ
Ettore *it.* ˈɛttore
Etty *engl.* ˈɛtɪ
Etüde eˈtyːdə
Etui ɛtˈviː, eˈtÿiː
etwa ˈɛtva
etwaig ˈɛtvaɪç, ɛtˈvaːɪç, **-e** ...ɪgə
etwas, E... ˈɛtvas
etwelche ˈɛtvɛlçə
Etyma vgl. Etymon
etymisch eˈtyːmɪʃ
Etymologe etymoˈloːgə
Etymologie etymoloˈgiː, **-n** ...iːən
etymologisch etymoˈloːgɪʃ
etymologisieren etymologiˈziːrən
Etymon ˈeːtymɔn, **...ma** ...ma
Et-Zeichen ˈɛttsaiçn̩
Etzel ˈɛtsl̩
Etzenbach ˈɛtsn̩bax
Etzlaub ˈɛtslaup
Etzná *span.* edzˈna
Eu (Name) *fr.* ø
Euagoras ɔyˈaːgoras
Euagrius ɔyˈaːgriʊs
Eubakterie ɔybakteˈriː
Eubakterien ɔybakˈteːri̯ən
Eubigheim ˈɔybɪçhaim
Eubiotik ɔyˈbi̯oːtɪk
Euböa ɔyˈbøːa
Euboia ˈɔybɔya
euböisch ɔyˈbøːɪʃ
Eubuleus ɔyˈbuːlɔys
Eubulides ɔyˈbuːlidɛs
Eubulie ɔybuˈliː
Eubulos ɔyˈbuːlɔs
euch, Euch ɔyç
Eucharistie ɔyçarɪsˈtiː, **-n** ...iːən
Eucharistiner ɔyçarɪsˈtiːnɐ
eucharistisch ɔyçaˈrɪstɪʃ
Euchologion ɔyçoˈloːgi̯ɔn
Eucken ˈɔykn̩
Euclid *engl.* ˈjuːklɪd
Eudämonie ɔydɛmoˈniː
Eudämonismus ɔydɛmoˈnɪsmʊs
Eudämonist ɔydɛmoˈnɪst
Eudemos ɔyˈdeːmɔs
Eudes *fr.* øːd
Eudiometer ɔydi̯oˈmeːtɐ
Eudiometrie ɔydi̯omeˈtriː
Eudist øˈdɪst
Eudokia ɔyˈdoːki̯a
Eudoxia ɔyˈdɔksi̯a, *span.* eu̯ˈðɔksi̯a
Eudoxie ɔydɔˈksiː, **-n** ...iːən
Eudoxius ɔyˈdɔksi̯ʊs
Eudoxos ɔyˈdɔksɔs
euer ˈɔyɐ
euere ˈɔyərə
Euergie ɔyɛrˈgiː
euerseits ˈɔyɐˈzaits
euersgleichen ˈɔyɐsˈglaiçn̩
euerthalben ˈɔyɐtˈhalbn̩
euertwegen ˈɔyɐtˈveːgn̩
euertwillen ˈɔyɐtˈvɪlən
Eufaula *engl.* juːˈfɔːlə
Eufor, EUFOR ˈɔyfoːɐ̯
Euganeen ɔygaˈneːən
Euganei *it.* eu̯ˈgaːnei
Eugen ˈɔygeːn, *auch:* –ˈ–
Eugen, Prinz ˈprɪnts ɔyˈgeːn
Eugene *engl.* juːˈdʒeɪn; ˈjuːdʒiːn, –ˈ–

Eugène *fr.* øˈʒɛn
Eugenetik ɔ͜ygeˈneːtɪk
eugenetisch ɔ͜ygeˈneːtɪʃ
Eugenia ɔ͜yˈgeːni̯a, *span.* eu̯ˈxeni̯a
Eugenie ɔ͜yˈgeːni̯ə
Eugénie *fr.* øʒeˈni
Eugenik ɔ͜yˈgeːnɪk
Eugeniker ɔ͜yˈgeːnikɐ
Eugenio *it.* eu̯ˈdʒɛːni̯o, *span.* eu̯ˈxeni̯o
Eugénio *port.* eu̯ˈʒɛni̯u
eugenisch ɔ͜yˈgeːnɪʃ
Eugenius ɔ͜yˈgeːni̯ʊs
Euglena ɔ͜yˈgleːna
Eugnathie ɔ͜ygnaˈtiː
euhedral ɔ͜yheˈdraːl
Euhemerismus ɔ͜yhemeˈrɪsmʊs
euhemeristisch ɔ͜yhemeˈrɪstɪʃ
Euhemeros ɔ͜yˈheːmerɔs
Euhominine ɔ͜yhomiˈniːnə
Eukalyptus ɔ͜ykaˈlʏptʊs
Eukaryonten ɔ͜ykaˈry̆ɔntn̩
Eukinetik ɔ͜ykiˈneːtɪk
Euklas ɔ͜yˈklaːs, **-es** ...aːzəs
Eukleides ɔ͜yˈklai̯dɛs
Euklid ɔ͜yˈkliːt
euklidisch ɔ͜yˈkliːdɪʃ
Eukolie ɔ͜ykoˈliː
eukon ɔ͜yˈkoːn
Eukrasie ɔ͜ykraˈziː
Eulalia ɔ͜yˈlaːli̯a, *span.* eu̯ˈlali̯a
Eulalie ɔ͜yˈlaːli̯ə
Eulalius ɔ͜yˈlaːli̯ʊs
Eulan® ɔ͜yˈlaːn
eulanisieren ɔ͜ylaniˈziːrən
Eule ˈɔ͜ylə
Eulenberg ˈɔ͜ylənbɛrk
Eulenburg ˈɔ͜ylənbʊrk
Eulengebirge ˈɔ͜ylə̃ŋgəbɪrgə
Eulenspiegel ˈɔ͜ylənʃpiːgl̩
Eulenspiegelei ɔ͜ylənʃpiːgəˈlai̯
Euler ˈɔ͜ylɐ
Euler-Chelpin ˈɔ͜ylɐˈkɛlpiːn
Euless *engl.* ˈjuːlɪs
Eulogie ɔ͜yloˈgiː, **-n** ...iːən
Eulogius ɔ͜yˈloːgi̯ʊs
Eumaios ɔ͜yˈmai̯ɔs
Eumäus ɔ͜yˈmɛːʊs
Eumel ˈɔ͜yml̩
Eumelos ɔ͜yˈmeːlɔs
Eumenes ˈɔ͜ymenɛs
Eumenide ɔ͜ymeˈniːdə
Eumolpide ɔ͜ymɔlˈpiːdə
Eunapios ɔ͜yˈnaːpi̯ɔs
Eunice *engl.* ˈjuːnɪs
Eunomia ɔ͜yˈnoːmi̯a, ɔ͜ynoˈmiːa
Eunuch ɔ͜yˈnuːx
Eunuchismus ɔ͜ynuˈxɪsmʊs
Eunuchoidismus ɔ͜ynuxoiˈdɪsmʊs
Euonymus ɔ͜yˈoːnymʊs
Eupathe[o]skop ɔ͜ypate[o]ˈskoːp
Eupator ˈɔ͜ypatoːɐ̯, ɔ͜yˈpaːtoːɐ̯
Eupatoria ɔ͜ypaˈtoːri̯a
Eupatride ɔ͜ypaˈtriːdə
eupelagisch ɔ͜ypeˈlaːgɪʃ
Eupen ˈɔ͜ypn̩, *fr.* øˈpɛn, *niederl.* ˈøːpə
Euphanie ɔ͜yˈfaːni̯ə
Euphemia ɔ͜yˈfeːmi̯a
Euphemismus ɔ͜yfeˈmɪsmʊs
euphemistisch ɔ͜yfeˈmɪstɪʃ
Euphonie ɔ͜yfoˈniː, **-n** ...iːən
euphonisch ɔ͜yˈfoːnɪʃ
Euphonium ɔ͜yˈfoːni̯ʊm, **...ien** ...i̯ən
Euphorbia ɔ͜yˈfɔrbi̯a, **...ien** ...i̯ən
Euphorbie ɔ͜yˈfɔrbi̯ə
Euphorbium ɔ͜yˈfɔrbi̯ʊm
Euphorie ɔ͜yfoˈriː, **-n** ...iːən
Euphorion ɔ͜yˈfoːri̯ɔn
euphorisch ɔ͜yˈfoːrɪʃ
euphorisieren ɔ͜yforiˈziːrən
euphotisch ɔ͜yˈfoːtɪʃ
Euphrat ˈɔ͜yfrat
Euphronios ɔ͜yˈfroːni̯ɔs
Euphronius ɔ͜yˈfroːni̯ʊs
Euphrosyne ɔ͜yfroˈzyːnə
Euphues *engl.* ˈjuːfʊiːz
Euphuismus ɔ͜yfuˈɪsmʊs
euphuistisch ɔ͜yfuˈɪstɪʃ
euploid ɔ͜yploˈiːt, **-e** ...iːdə
Euploidie ɔ͜yploiˈdiː
Eupnoe ɔ͜yˈpnoːə
Eupolis ˈɔ͜ypolɪs
Eupraxie ɔ͜ypraˈksiː
eurafrikanisch ɔ͜yrafriˈkaːnɪʃ
eurasiatisch ɔ͜yraˈzi̯aːtɪʃ
Eurasien ɔ͜yˈraːzi̯ən
Eurasier ɔ͜yˈraːzi̯ɐ
eurasisch ɔ͜yˈraːzɪʃ
Euratom ɔ͜yraˈtoːm
eure ˈɔ͜yrə
Eure *fr.* œːr
Eure-et-Loire *fr.* œreˈlwaːr
Eureka ˈɔ͜yreka, *engl.* jʊəˈriːkə
eurerseits ˈɔ͜yrɐˈzai̯ts
euresgleichen ˈɔ͜yrəsˈglai̯çn̩
eurethalben ˈɔ͜yrətˈhalbn̩
euretwegen ˈɔ͜yrətˈveːgn̩
euretwillen ˈɔ͜yrətˈvɪlən
Eurhythmie ɔ͜yrʏtˈmiː
Eurhythmik ɔ͜yˈrʏtmɪk
Eurich ˈɔ͜yrɪç, *engl.* ˈjʊərɪk
Euridice *it.* eu̯riˈdiːtʃe
eurige ˈɔ͜yrɪgə
Euriphile ɔ͜yˈriːfile
euripideisch ɔ͜yripiˈdeːɪʃ
Euripides ɔ͜yˈriːpidɛs
Euripos ɔ͜yˈriːpɔs
Euristeo ɔ͜yrɪsˈteːo
Euro ˈɔ͜yro
Euro... ˈɔ͜yro...
Eurocent ˈɔ͜yrosɛnt, *auch:* ...tsɛnt
Eurocity ˈɔ͜yroˈsɪti
Eurokrat ɔ͜yroˈkraːt
EUROP ɔ͜yˈroːp
Europa ɔ͜yˈroːpa
Europäer ɔ͜yroˈpɛːɐ
europäid ɔ͜yropɛˈiːt, **-e** ...iːdə
europäisch ɔ͜yroˈpɛːɪʃ
europäisieren ɔ͜yropɛiˈziːrən
europid ɔ͜yroˈpiːt, **-e** ...iːdə
Europide ɔ͜yroˈpiːdə
Europium ɔ͜yˈroːpi̯ʊm
Europol ˈɔ͜yropoːl
Europoort *niederl.* ˈøːropoːrt
Europos ɔ͜yroˈpɔs
eurosibirisch ɔ͜yroziˈbiːrɪʃ
Eurospace ˈjuːrospeːs
Eurotas ɔ͜yˈroːtas
Eurotel ɔ͜yroˈtɛl
Eurotron ˈɔ͜yrotroːn
Eurovision ɔ͜yroviˈzi̯oːn
Euryalos ɔ͜yˈryːalɔs
Euryanthe ɔ͜yryˈlantə
Eurybiades ɔ͜yryˈbiːadɛs
eurychor ɔ͜yryˈkoːɐ̯
Eurydice ɔ͜yˈryːditse, ɔ͜yryˈdiːtsə
Eurydike ɔ͜yˈryːdike, ɔ͜yryˈdiːkə
euryhalin ɔ͜yryhaˈliːn
Euryklea ɔ͜yryˈkleːa
Eurykleia ɔ͜yryˈklai̯a
Eurymedon ɔ͜yˈryːmedɔn
euryök ɔ͜yryˈløːk
euryoxybiont ɔ͜yry|ɔksyˈbi̯ɔnt
euryphag ɔ͜yryˈfaːk, **-e** ...aːgə
Euryprosopie ɔ͜yryprozoˈpiː
eurysom ɔ͜yryˈzoːm
Eurystheus ɔ͜yˈrʏstɔ͜ys
eurytherm ɔ͜yryˈtɛrm
Eurythmie ɔ͜yrʏtˈmiː
eurytop ɔ͜yryˈtoːp
Eusebianer ɔ͜yzeˈbi̯aːnɐ
Eusebie ɔ͜yzeˈbiː
Eusebio *span.* eu̯ˈseβi̯o
Eusébio *port.* eu̯ˈzɛβi̯u
Eusebius ɔ͜yˈzeːbi̯ʊs
Euskirchen ˈɔ͜yskɪrçn̩
Eußerthal ˈɔ͜ysɐtaːl
Eustacchio *it.* eu̯sˈtakki̯o
Eustach ɔ͜ysˈtax

Eustache *fr.* øs'taʃ
Eustachi *it.* eus'ta:ki
Eustachi... ɔys'taxi...
Eustachio *it.* eus'ta:kio
eustachisch ɔys'taxɪʃ
Eustachius ɔys'taxiʊs
Eustaquio *span.* eus'takio
Eustasie ɔysta'zi:, **-n** ...i:ən
Eustathios ɔys'ta:tiɔs
Eustathius ɔys'ta:tiʊs
eustatisch ɔy'sta:tɪʃ
Eustochium ɔy'stɔxiʊm
Eustress 'ɔystrɛs
Eutektikum ɔy'tɛktikʊm, **...ka** ...ka
eutektisch ɔy'tɛktɪʃ
Eutektoid ɔytɛkto'i:t, **-e** ...i:də
EUTELSAT 'ɔytɛlzat
Euter 'ɔytɐ
Euterpe ɔy'tɛrpə
Euthanasie ɔytana'zi:
Euthydemos ɔyty'de:mɔs
Euthymides ɔy'ty:midɛs
Euthymie ɔyty'mi:
Euthymios ɔy'ty:miɔs
Eutin ɔy'ti:n
Eutokie ɔyto'ki:
Eutonie ɔyto'ni:
Eutopie ɔyto'pi:
eutrop ɔy'tro:p
eutroph ɔy'tro:f
Eutrophie ɔytro'fi:
eutrophieren ɔytro'fi:rən
Eutropius ɔy'tro:piʊs
Eutyches 'ɔytʏçɛs
Eutychides ɔy'tʏçidɛs
Euwe *niederl.* 'ø:wə
Euxeinos ɔy'ksainɔs, 'ɔyksainɔs
Euxinus ɔy'ksi:nʊs, 'ɔyksinʊs
Euzkadi *bask.* euskaði
Euzone ɔy'tso:nə
Ev e:f
Eva 'e:fa, *auch:* 'e:va, *engl.* 'i:və, *span.* 'eβa, *it.* 'ɛ:va
Eva *ung.* 'ɛvɔ
Evadne e'vadnə, ...atnə
Evagrius e'va:griʊs
Evakuation evakua'tsio:n
evakuieren evaku'i:rən
Evald *schwed.* 'e:vald
Evaluation evalua'tsio:n
evaluativ evalua'ti:f, **-e** ...i:və
evaluieren evalu'i:rən
Evalvation evalva'tsio:n
evalvieren eval'vi:rən
Evander e'vandɐ, *engl.* ɪ'vændə
Evangele evaŋ'ge:lə
Evangeliar evaŋge'lia:ɐ, **-ien** ...riən
Evangeliarium evaŋge'lia:riʊm, **...ien** ...iən
evangelikal evaŋgeli'ka:l
Evangelimann evaŋ'ge:liman
Evangelisation evaŋgeliza'tsio:n
evangelisch evaŋ'ge:lɪʃ
evangelisieren evaŋgeli'zi:rən
Evangelist evaŋge'lɪst
Evangelistar evaŋgelɪs'ta:ɐ
Evangelistarium evaŋgelɪs'ta:riʊm
Evangelistas *span.* eβaŋxe'listas
Evangelisti *it.* evandʒe'listi
Evangelium evaŋ'ge:liʊm, **...ien** ...iən
Evans 'ɛvans, *engl.* 'ɛvənz
Evanston *engl.* 'ɛvənstən
Evansville *engl.* 'ɛvənzvɪl
Evaporation evapora'tsio:n
Evaporator evapo'ra:to:ɐ, **-en** ...a'to:rən
evaporieren evapo'ri:rən
Evaporimeter evapori'me:tɐ
Evaporographie evaporogra'fi:
Evasion eva'zio:n
evasiv eva'zi:f, **-e** ...i:və
evasorisch eva'zo:rɪʃ
Evatt *engl.* 'ɛvət
Evchen 'e:fçən
Eve 'e:fə, 'e:və, *engl.* i:v
Ève *fr.* ɛ:v
Evektion evɛk'tsio:n
Evelin 'e:vəli:n
Eveline 'e:vəli:n; evə'li:nə, eve'l..., *engl.* 'i:vlɪn, 'ɛvlɪn, 'ɛvɪli:n
Éveline *fr.* e'vlin
Evelyn 'e:vəli:n, *engl.* 'i:vlɪn, 'ɛvlɪn
Evenement evenə'mã:
Evenepoel *niederl.* 'e:vənəpul
Evening News *engl.* 'i:vnɪŋ 'nju:z
Evensmo *norw.* 'e:vənsmu:
Event i'vɛnt
Eventail evã'tai
Eventration evɛntra'tsio:n
eventual evɛn'tua:l
Eventualität evɛntuali'tɛ:t
eventualiter evɛn'tua:litɐ
eventuell evɛn'tuɛl
Everaert *niederl.* 'e:vəra:rt
Everding 'e:vɐdɪŋ
Everdingen *niederl.* 'e:vərdɪŋə
Everest *dt., engl.* 'ɛvərɛst
Everett *engl.* 'ɛvrɛt
Evergem *niederl.* 'e:vərɣəm
Everglades *engl.* 'ɛvəgleɪdz
Everglaze® 'ɛvɐgle:s
Evergood *engl.* 'ɛvəgʊd
evergreen, E... 'ɛvɐgri:n
Everl[e]y *engl.* 'ɛvəlɪ
Everling 'e:vɐlɪŋ
Evers 'e:vɐs, *engl.* 'ɛvəz
Eversberg 'e:vɐsbɛrk
Everstein 'e:vɐʃtain
Evertebrat evɛrte'bra:t
Evert[on] *engl.* 'ɛvət[n]
Everybody's Darling 'ɛvribɔdi:s 'da:ɐlɪŋ
Everyman *engl.* 'ɛvrɪmæn
Evesham *engl.* 'i:vʃəm
Evi 'e:fi
Évian-les-Bains evjãle'bɛ̃
Evidement evidə'mã:
evident evi'dɛnt
Evidenz evi'dɛnts
Eviktion evɪk'tsio:n
evinzieren evɪn'tsi:rən
Evipan® evi'pa:n
Eviration evira'tsio:n
Eviszeration evɪstsera'tsio:n
Evita e'vi:ta, *span.* e'βita
evoe 'e:voe
Evokation evoka'tsio:n
evokativ evoka'ti:f, **-e** ...i:və
evokatorisch evoka'to:rɪʃ
Évolène *fr.* evɔ'lɛn
Evolute evo'lu:tə
Evolution evolu'tsio:n
evolutionär evolutsio'nɛ:ɐ
Evolutionismus evolutsio'nɪsmʊs
Evolutionist evolutsio'nɪst
Evolvente evɔl'vɛntə
evolvieren evɔl'vi:rən
Evonymus e'vo:nymʊs
Évora *port.* 'ɛvurɐ
Evorsion evɔr'zio:n
evozieren evo'tsi:rən
Evren *türk.* ɛv'rɛn
Évreux *fr.* e'vrø
Évry *fr.* e'vri
evviva! ɛ'vi:va
Evzone ɛf'tso:nə
Ewald 'e:valt, *dän.* 'ɪ:væl'
Ewangelatos *neugr.* ɛvaŋgɛ'latɔs
Ewe 'e:ve
Ewell *engl.* 'ju:əl
Ewene e've:nə
Ewenke e'vɛŋkə
ewenkisch e'vɛnkɪʃ
Ewer 'e:vɐ

E

Ewers 'e:vɐs, *niederl.* 'e:wərs
EWG e:ve:'ge:
ewig 'e:vɪç, **-e** ...ɪgə
Ewigkeit 'e:vɪçkai̯t
ewiglich 'e:vɪklɪç
Ewigweibliche 'e:vɪç'vai̯plɪçə
Ewing *engl.* 'ju:ɪŋ
Eworth *engl.* 'ju:əθ
Ewtimi *bulgar.* ɛf'timi
ex ɛks
ex abrupto ɛks ap'rʊpto, -a'br...
ex aequo ɛks 'ɛ:kvo
Exaggeration ɛksagera'tsi̯o:n
exaggerieren ɛksage'ri:rən
Exairese ɛksai̯'re:zə, ɛks|ai̯...
exakt ɛ'ksakt
Exaltation ɛksalta'tsi̯o:n
exaltieren ɛksal'ti:ren
Examen ɛ'ksa:mən, **Examina** ɛ'ksa:mina
Examinand ɛksami'nant, **-en** ...ndn̩
Examinator ɛksami'na:to:ɐ̯, **-en** ...na'to:rən
Examinatorium ɛksamina-'to:ri̯ʊm, **...ien** ...i̯ən
examinieren ɛksami'ni:rən
Exanie ɛksa'ni:, **-n** ...i:ən
ex ante ɛks 'antə
Exanthem ɛksan'te:m, ɛks|a...
exanthematisch ɛksante-'ma:tɪʃ, ɛks|a...
Exanthropie ɛksantro'pi:, ɛks-|a...
Exaration ɛksara'tsi̯o:n
Exarch ɛ'ksarç, ɛks'|arç
Exarchat ɛksar'ça:t, ɛks|a...
Exartikulation ɛksartikula-'tsi̯o:n, ɛks|a...
Exaudi ɛ'ksau̯di, ɛks'|au̯di
Exazerbation ɛksatsɛrba'tsi̯o:n
ex cathedra ɛks 'ka:tedra
Excelsior ɛks'tsɛlzi̯o:ɐ̯, *engl.* ɪk'sɛlsɪə
Exceptio ɛks'tsɛptsi̯o, **-nes** ...'tsi̯o:ne:s
Exceptio Doli ɛks'tsɛptsi̯o 'do:li
Exceptio plurium ɛks'tsɛptsi̯o 'plu:ri̯ʊm
Exchange ɪks'tʃe:ntʃ, **-n** ...ndʒn̩
Exchequer ɪks'tʃɛkɐ
Excitans 'ɛkstsitans, **...ntia** ...'tantsi̯a, **...nzien** ...'tan-tsi̯ən
excudit ɛks'ku:dɪt
ex definitione ɛks defini-'tsi̯o:nə
Exe *engl.* ɛks
exeat 'ɛkseat
Exedra 'ɛksedra, **Exedren** ɛ'kse:drən
Exegese ɛkse'ge:zə
Exeget[ik] ɛkse'ge:t[ɪk]
exegieren ɛkse'gi:rən
Exekias ɛ'kse:ki̯as
Exekration ɛksekra'tsi̯o:n
exekrieren ɛkse'kri:rən
Exekutant ɛkseku'tant
exekutieren ɛkseku'ti:rən
Exekution ɛkseku'tsi̯o:n
exekutiv ɛkseku'ti:f, **-e** ...i:və
Exekutive ɛkseku'ti:və
Exekutor ɛkse'ku:to:ɐ̯, **-en** ...ku'to:rən
exekutorisch ɛkseku'to:rɪʃ
Exempel ɛ'ksɛmpl̩
Exemplar ɛksɛm'pla:ɐ̯
exemplarisch ɛksɛm'pla:rɪʃ
Exemplarismus ɛksɛmpla'rɪs-mʊs
exempli causa ɛ'ksɛmpli 'kau̯za
Exemplifikation ɛksɛmplifika-'tsi̯o:n
exemplifikatorisch ɛksɛmplifi-ka'to:rɪʃ
exemplifizieren ɛksɛmplifi-'tsi:rən
exemt ɛ'ksɛmt
Exemtion ɛksɛm'tsi̯o:n
exen 'ɛksn̩
Exenteration ɛksɛntera'tsi̯o:n
exenterieren ɛksɛnte'ri:rən
Exequatur ɛkse'kva:tʊr
Exequien ɛ'kse:kviən
exequieren ɛkse'kvi:rən
Exercitium ɛksɛr'tsi:tsi̯ʊm, **...ien** ...i̯ən
Exergie ɛksɛr'gi:, **-n** ...i:ən
exergon[isch] ɛksɛr'go:n[ɪʃ]
exerzieren ɛksɛr'tsi:rən
Exerzitium ɛksɛr'tsi:tsi̯ʊm, **...ien** ...i̯ən
ex est 'ɛks 'ɛst
Exeter *engl.* 'ɛksɪtə
exeunt 'ɛkseʊnt
ex falso quodlibet ɛks 'falzo 'kvɔtlibɛt
Exfoliation ɛksfoli̯a'tsi̯o:n
Exhairese ɛkshai̯'re:zə
Exhalation ɛkshala'tsi̯o:n
exhalieren ɛksha'li:rən
Exhärese ɛkshɛ're:zə
Exhaustion ɛkshau̯s'ti̯o:n
exhaustiv ɛkshau̯s'ti:f, **-e** ...i:və
Exhaustor ɛks'hau̯sto:ɐ̯, **-en** ...'to:rən
Exheredation ɛkshereda'tsi̯o:n
exheredieren ɛkshere'di:rən
exhibieren ɛkshi'bi:rən
Exhibition ɛkshibi'tsi̯o:n
exhibitionieren ɛkshibitsi̯o-'ni:rən
Exhibitionismus ɛkshibitsi̯o-'nɪsmʊs
Exhibitionist ɛkshibitsi̯o'nɪst
Exhorte ɛks'hɔrtə
Exhumation ɛkshuma'tsi̯o:n
exhumieren ɛkshu'mi:rən
Exi 'ɛksi
Exigenz ɛksi'gɛnts
exigieren ɛksi'gi:rən
Exiguität ɛksigui'tɛ:t
Exiguus ɛ'ksi:guʊs
Exil ɛ'ksi:l
exilieren ɛksi'li:rən
exilisch ɛ'ksi:lɪʃ
eximieren ɛksi'mi:rən
Exin[e] ɛ'ksi:n[ə]
existent ɛksɪs'tɛnt
Existenz ɛksɪs'tɛnts
Existenzia ɛksɪs'tɛntsi̯a
existenzial ɛksɪstɛn'tsi̯a:l
Existenzial... ɛksɪstɛn'tsi̯a:l...
Existenzialien ɛksɪstɛn-'tsi̯a:li̯ən
Existenzialismus ɛksɪstɛntsi̯a-'lɪsmʊs
Existenzialist ɛksɪstɛntsi̯a'lɪst
Existenzialität ɛksɪstɛntsi̯ali-'tɛ:t
existenziell ɛksɪstɛn'tsi̯ɛl
existieren ɛksɪs'ti:rən
Exitus 'ɛksitʊs
ex juvantibus ɛks ju'vantibʊs
Exkaiser 'ɛkskai̯zɐ
Exkardination ɛkskardina-'tsi̯o:n
Exkavation ɛkskava'tsi̯o:n
Exkavator ɛkska'va:to:ɐ̯, **-en** ...va'to:rən
exkavieren ɛkska'vi:rən
Exklamation ɛksklama'tsi̯o:n
exklamatorisch ɛksklama-'to:rɪʃ
exklamieren ɛkskla'mi:rən
Exklave ɛks'kla:və
exkludieren ɛksklu'di:rən
Exklusion ɛksklu'zi̯o:n
exklusiv ɛksklu'zi:f, **-e** ...i:və
exklusive ɛksklu'zi:və
Exklusivität ɛkskluzivi'tɛ:t

Exkommunikation ɛkskɔmunika'tsi̯o:n
exkommunizieren ɛkskɔmuni'tsi:rən
Exkoriation ɛkskori̯a'tsi̯o:n
Exkrement ɛkskre'mɛnt
Exkreszenz ɛkskrɛs'tsɛnts
Exkret ɛks'kre:t
Exkretion ɛkskre'tsi̯o:n
exkretorisch ɛkskre'to:rɪʃ
Exkulpation ɛkskʊlpa'tsi̯o:n
exkulpieren ɛkskʊl'pi:rən
Exkurs ɛks'kʊrs, **-e** ...rzə
Exkursion ɛkskʊr'zi̯o:n
Exkusation ɛkskuza'tsi̯o:n
Exl 'ɛksl̩
exlex ɛks'lɛks
Exlibris ɛks'li:bri:s
Exlo *niederl.* 'ɛkslo
Exmatrikel ɛksma'tri:kl̩
Exmatrikulation ɛksmatrikula'tsi̯o:n
exmatrikulieren ɛksmatriku'li:rən
Exminister 'ɛksminɪstɐ
Exmission ɛksmɪ'si̯o:n
exmittieren ɛksmɪ'ti:rən
Exmoor *engl.* 'ɛksmɔ:
Exmouth *engl.* 'ɛksmaʊθ
Exner 'ɛksnɐ
ex nexu ɛks 'nɛksu
ex nunc ɛks 'nʊŋk
Exobiologie ɛksobiolo'gi:
Exocet *engl.* 'ɛksoʊsɛt
Exodermis ɛkso'dɛrmɪs
Exodos 'ɛksodɔs, **...doi** ...dɔy
Exodus 'ɛksodʊs, **-se** ...ʊsə
ex officio ɛks ɔ'fi:tsi̯o
Exogamie ɛksoga'mi:
exogen ɛkso'ge:n
Exokannibalismus ɛksokaniba'lɪsmʊs
Exokarp ɛkso'karp
exokrin ɛkso'kri:n
exomorph ɛkso'mɔrf
Exoneration ɛksonera'tsi̯o:n
exonerieren ɛksone'ri:rən
Exonym ɛkso'ny:m
Exonymon ɛ'kso:nymɔn, **...ma** ...ma
ex opere operato ɛks 'o:pere ope'ra:to
Exophorie ɛksofo'ri:
exophthalmisch ɛksɔf'talmɪʃ, ɛks|ɔ...
Exophthalmus ɛksɔf'talmʊs, ɛks|ɔ...
exophytisch ɛkso'fy:tɪʃ
exorbitant ɛksɔrbi'tant
Exorbitanz ɛksɔrbi'tants
Exordium ɛ'ksɔrdi̯ʊm, **...ia** ...i̯a
ex oriente lux ɛks o'ri̯ɛntə 'lʊks
exorzieren ɛksɔr'tsi:rən
exorzisieren ɛksɔrtsi'zi:rən
Exorzismus ɛksɔr'tsɪsmʊs
Exorzist ɛksɔr'tsɪst
Exoskelett ɛksoske'lɛt
Exosmose ɛksɔs'mo:zə, ɛks|ɔ...
Exosphäre ɛkso'sfɛ:rə
Exostose ɛksɔs'to:zə, ɛks|ɔ...
Exotarium ɛkso'ta:ri̯ʊm, **...ien** ...i̯ən
Exot[e] ɛ'kso:t[ə]
Exoteriker ɛkso'te:rikɐ
exoterisch ɛkso'te:rɪʃ
exotherm ɛkso'tɛrm
Exotik ɛ'kso:tɪk
Exotika ɛ'kso:tika
exotisch ɛ'kso:tɪʃ
Exotismus ɛkso'tɪsmʊs
ex ovo ɛks 'o:vo
Exozentrikum ɛkso'tsɛntrikʊm, **...ka** ...ka
exozentrisch ɛkso'tsɛntrɪʃ
Expander ɛks'pandɐ
expandieren ɛkspan'di:rən
expansibel ɛkspan'zi:bl̩, **...ble** ...blə
Expansion ɛkspan'zi̯o:n
Expansionist ɛkspanzi̯o'nɪst
expansiv ɛkspan'zi:f, **-e** ...i:və
Expatriation ɛkspatri̯a'tsi̯o:n
expatriieren ɛkspatri'i:rən
Expedient ɛkspe'di̯ɛnt
expedieren ɛkspe'di:rən
Expedit ɛkspe'di:t
Expedition ɛkspedi'tsi̯o:n
expeditiv ɛkspedi'ti:f, **-e** ...i:və
Expeditor ɛkspe'di:to:ɐ̯, **-en** ...di'to:rən
Expeditus ɛkspe'di:tʊs
Expektorans ɛks'pɛktorans, **...ntia** ...'rantsi̯a, **...nzien** ...'rantsi̯ən
Expektorantium ɛkspɛkto'rantsi̯ʊm, **...ia** ...i̯a
Expektoration ɛkspɛktora'tsi̯o:n
expektorieren ɛkspɛkto'ri:rən
expellieren ɛkspɛ'li:rən
Expensen ɛks'pɛnzn̩
expensiv ɛkspɛn'zi:f, **-e** ...i:və
Experiment ɛksperi'mɛnt
experimental ɛksperimɛn'ta:l
Experimentator ɛksperimɛn'ta:to:ɐ̯, **-en** ...ta'to:rən
experimentell ɛksperimɛn'tɛl
experimentieren ɛksperimɛn'ti:rən
Experimentismus ɛksperimɛn'tɪsmʊs
Experimentum Crucis ɛksperi'mɛntʊm 'kru:tsɪs
expert ɛks'pɛrt
Experte ɛks'pɛrtə
Expertise ɛkspɛr'ti:zə
expertisieren ɛkspɛrti'zi:rən
Explanation ɛksplana'tsi̯o:n
explanativ ɛksplana'ti:f, **-e** ...i:və
explanieren ɛkspla'ni:rən
Explantat ɛksplan'ta:t
Explantation ɛksplanta'tsi̯o:n
Expletiv ɛksple'ti:f, **-e** ...i:və
explicit, E... 'ɛksplitsɪt
Explikation ɛksplika'tsi̯o:n
explizieren ɛkspli'tsi:rən
explizit ɛkspli'tsi:t
explizite ɛks'pli:tsite
explodieren ɛksplo'di:rən
Exploit ɛks'plo̯a
Exploitation ɛksplo̯ata'tsi̯o:n
Exploiteur ɛksplo̯a'tø:ɐ̯
exploitieren ɛksplo̯a'ti:rən
Explorand ɛksplo'rant, **-en** ...ndn̩
Exploration ɛksplora'tsi̯o:n
Explorator ɛksplo'ra:to:ɐ̯, **-en** ...ra'to:rən
exploratorisch ɛksplora'to:rɪʃ
Explorer ɛks'plo:rɐ
explorieren ɛksplo'ri:rən
explosibel ɛksplo'zi:bl̩, **...ble** ...blə
Explosibilität ɛksplozibili'tɛ:t
Explosion ɛksplo'zi̯o:n
explosiv ɛksplo'zi:f, **-e** ...i:və
Explosiva ɛksplo'zi:va
Explosive ɛksplo'zi:və
Explosivität ɛksplozivi'tɛ:t
Exponat ɛkspo'na:t
Exponent ɛkspo'nɛnt
Exponential... ɛksponɛn'tsi̯a:l...
exponentiell ɛksponɛn'tsi̯ɛl
exponieren ɛkspo'ni:rən
Export ɛks'pɔrt
Exporteur ɛkspɔr'tø:ɐ̯
exportieren ɛkspɔr'ti:rən
Exposé ɛkspo'ze:
Expositi vgl. Expositus
Exposition ɛkspozi'tsi̯o:n
expositorisch ɛkspozi'to:rɪʃ

E

Expositur ɛkspozi'tu:ɐ̯
Expositus ɛks'po:zitʊs, **...ti** ...ti
ex post [facto] ɛks 'pɔst ['fakto]
express ɛks'prɛs
Express ɛks'prɛs, *engl.* ɪks'prɛs, *fr.* ɛks'prɛs
Expression ɛksprɛ'si̯o:n
Expressionismus ɛksprɛsi̯o'nɪsmʊs
Expressionist ɛksprɛsi̯o'nɪst
expressis verbis ɛks'prɛsi:s 'vɛrbi:s
expressiv ɛksprɛ'si:f, **-e** ...i:və
Expressivität ɛksprɛsivi'tɛ:t
ex professo ɛks pro'fɛso
Expromission ɛkspromɪ'si̯o:n
Expropriateur ɛkspropria'tø:ɐ̯
Expropriation ɛkspropria'ts̮i̯o:n
expropriieren ɛkspropri'i:rən
Expulsion ɛkspʊl'zi̯o:n
expulsiv ɛkspʊl'zi:f, **-e** ...i:və
exquisit ɛkskvi'zi:t
Exsekration ɛkszekra'ts̮i̯o:n
exsekrieren ɛksze'kri:rən
Exsikkans ɛks'zɪkans, **...kkanzien** ...'kants̮i̯ən, **...kkantia** ...'kants̮i̯a
Exsikkat ɛkszɪ'ka:t
Exsikkation ɛkszɪka'ts̮i̯o:n
exsikkativ ɛkszɪka'ti:f, **-e** ...i:və
Exsikkator ɛkszɪ'ka:to:ɐ̯, **-en** ...ka'to:rən
Exsikkose ɛkszɪ'ko:zə
ex silentio ɛks zi'lɛnts̮i̯o
Exspektant ɛkspɛk'tant
Exspektanz ɛkspɛk'tants̮
exspektativ ɛkspɛkta'ti:f, **-e** ...i:və
Exspiration ɛkspira'ts̮i̯o:n
exspiratorisch ɛkspira'to:rɪʃ
exspirieren ɛkspi'ri:rən
Exspoliation ɛkspoli̯a'ts̮i̯o:n
exspoliieren ɛkspoli'i:rən
Exstirpation ɛkstɪrpa'ts̮i̯o:n
Exstirpator ɛkstɪr'pa:to:ɐ̯, **-en** ...pa'to:rən
exstirpieren ɛkstɪr'pi:rən
Exsudat ɛkszu'da:t
Exsudation ɛkszuda'ts̮i̯o:n
exsudativ ɛkszuda'ti:f, **-e** ...i:və
ex tacendo ɛks ta'ts̮ɛndo
Extemporale ɛkstɛmpo'ra:lə, **...lien** ...li̯ən
Extempore ɛks'tɛmpore
ex tempore ɛks 'tɛmpore
extemporieren ɛkstɛmpo'ri:rən
Extended ɛks'tɛndɪt
Extender ɛks'tɛndɐ
extendieren ɛkstɛn'di:rən
extensibel ɛkstɛn'zi:bl̩, **...ble** ...blə
Extensibilität ɛkstɛnzibili'tɛ:t
Extension ɛkstɛn'zi̯o:n
extensional ɛkstɛnzi̯o'na:l
Extensität ɛkstɛnzi'tɛ:t
extensiv ɛkstɛn'zi:f, **-e** ...i:və
extensivieren ɛkstɛnzi'vi:rən
Extensivität ɛkstɛnzivi'tɛ:t
Extensor ɛks'tɛnzo:ɐ̯, **-en** ...'zo:rən
Exter 'ɛkstɐ
Exterieur ɛkste'ri̯ø:ɐ̯
Exteriorität ɛksteri̯ori'tɛ:t
Extermination ɛkstɛrmina'ts̮i̯o:n
exterminieren ɛkstɛrmi'ni:rən
extern ɛks'tɛrn
Externa vgl. Externum
Externalisation ɛkstɛrnaliza'ts̮i̯o:n
externalisieren ɛkstɛrnali'zi:rən
Externat ɛkstɛr'na:t
Externe ɛks'tɛrnə
Externist ɛkstɛr'nɪst
Externsteine 'ɛkstɐnʃtai̯nə
Externum ɛks'tɛrnʊm, **...na** ...na
exterozeptiv ɛksterots̮ɛp'ti:f, **-e** ...i:və
exterrestrisch ɛkstɛ'rɛstrɪʃ
exterritorial ɛkstɛrito'ri̯a:l
exterritorialisieren ɛkstɛritori̯ali'zi:rən
Exterritorialität ɛkstɛritori̯ali'tɛ:t
Extinkteur ɛkstɪŋk'tø:ɐ̯
Extinktion ɛkstɪŋk'ts̮i̯o:n
Exton *engl.* 'ɛkstən
extorquieren ɛkstɔr'kvi:rən
Extorsion ɛkstɔr'zi̯o:n
extra, E... 'ɛkstra
extra ecclesiam nulla salus 'ɛkstra ɛ'kle:zi̯am 'nʊla 'za:lʊs
extrafein 'ɛkstrafai̯n
extrafloral ɛkstraflo'ra:l
extragalaktisch ɛkstraga'laktɪʃ
extragenital ɛkstrageni'ta:l
Extrahent ɛkstra'hɛnt
extrahieren ɛkstra'hi:rən
extraintestinal ɛkstra|ɪntɛsti'na:l
extrakorporal ɛkstrakɔrpo'ra:l
Extrakt ɛks'trakt
Extrakteur ɛkstrak'tø:ɐ̯
extraktiv ɛkstrak'ti:f, **-e** ...i:və
extralingual ɛkstralɪŋ'gu̯a:l
extramundan ɛkstramʊn'da:n
extramural ɛkstramu'ra:l
extra muros 'ɛkstra 'mu:ro:s
extran ɛks'tra:n
Extraneer ɛks'tra:neɐ
Extraneus ɛks'tra:neʊs, **...neer** ...neɐ
extraordinär ɛkstra|ɔrdi'nɛ:ɐ̯
Extraordinariat ɛkstra|ɔrdina'ri̯a:t
Extraordinarium ɛkstra|ɔrdi'na:ri̯ʊm, **...ien** ...i̯ən
Extraordinarius ɛkstra|ɔrdi'na:ri̯ʊs, **...ien** ...i̯ən
extra ordinem 'ɛkstra 'ɔrdinɛm
extraperitoneal ɛkstraperitone'a:l
extrapleural ɛkstraplɔy̯'ra:l
Extrapolation ɛkstrapola'ts̮i̯o:n
extrapolieren ɛkstrapo'li:rən
Extraposition ɛkstrapozi'ts̮i̯o:n
Extrapunitivität ɛkstrapunitivi'tɛ:t
Extrasystole ɛkstra'zʏstole, *auch:* ...zʏs'to:lə, **-n** ...zʏs'to:lən
extratensiv ɛkstratɛn'zi:f, **-e** ...i:və
Extraterrestrik ɛkstratɛ'rɛstrɪk
extraterrestrisch ɛkstratɛ'rɛstrɪʃ
extrauterin ɛkstra|ute'ri:n
extravagant ɛkstrava'gant, *auch:* '- - - -
Extravaganz ɛkstrava'gants̮, *auch:* '- - - -
Extravaganza *engl.* ɛkstrævə'gænzə
extravagieren ɛkstrava'gi:rən
Extravasat ɛkstrava'za:t
Extravasation ɛkstravaza'ts̮i̯o:n
Extraversion ɛkstravɛr'zi̯o:n
extravertiert ɛkstravɛr'ti:ɐ̯t
extrazellulär ɛkstrats̮ɛlu'lɛ:ɐ̯
extrem, E... ɛks'tre:m
Extrema vgl. Extremum
Extremadura *span.* estrema'ðura
extremisieren ɛkstremi'zi:rən

Extremismus ɛkstreˈmɪsmʊs
Extremist ɛkstreˈmɪst
Extremität ɛkstremiˈtɛːt
Extremum ɛksˈtreːmʊm, **...ma** ...ma
extrinsisch ɛksˈtrɪnzɪʃ
Extrophie ɛkstroˈfiː, **-n** ...iːən
extrors ɛksˈtrɔrs, **-e** ...rzə
extrovertiert ɛkstrovɛrˈtiːɐ̯t
Extruder ɛksˈtruːdɐ
extrudieren ɛkstruˈdiːrən
Extrusion ɛkstruˈzi̯oːn
extrusiv ɛkstruˈziːf, **-e** ...iːvə
ex tunc ɛks ˈtʊŋk
exuberans ɛˈksuːberans
exuberant ɛksubeˈrant
Exuberanz ɛksubeˈrant͜s
Exulant ɛksuˈlant
exulieren ɛksuˈliːrən
Exulzeration ɛksʊlt͜seraˈt͜si̯oːn, ɛks|ʊ...
exulzerieren ɛksʊlt͜seˈriːrən, ɛks|ʊ...
Exundation ɛksʊndaˈt͜si̯oːn, ɛks|ʊ...
exundieren ɛksʊnˈdiːrən, ɛks|ʊ...
ex ungue leonem ɛks ˈʊŋgu̯ə leˈoːnɛm
ex usu ɛks ˈuːzu
Exuvial... ɛksuˈvi̯aːl...
Exuvie ɛˈksuːvi̯ə
Exvoto ɛksˈvoːto
ex voto ɛks ˈvoːto
Exxon *engl.* ˈɛksɔn
Exzedent ɛkst͜seˈdɛnt
exzedieren ɛkst͜seˈdiːrən
exzellent ɛkst͜sɛˈlɛnt
Exzellenz ɛkst͜sɛˈlɛnt͜s
exzellieren ɛkst͜sɛˈliːrən
excelsior!, Exzelsior ɛksˈt͜sɛlzi̯oːɐ̯
Exzenter ɛksˈt͜sɛntɐ
exzentrik ɛksˈt͜sɛntrɪk
Exzentriker ɛksˈt͜sɛntrikɐ
exzentrisch ɛksˈt͜sɛntrɪʃ
Exzentrizität ɛkst͜sɛntrit͜siˈtɛːt
Exzeption ɛkst͜sɛpˈt͜si̯oːn
Exzeptionalismus ɛkst͜sɛpt͜si̯onaˈlɪsmʊs
exzeptionell ɛkst͜sɛpt͜si̯oˈnɛl
exzeptiv ɛkst͜sɛpˈtiːf, **-e** ...iːvə
exzerpieren ɛkst͜sɛrˈpiːrən
Exzerpt ɛksˈt͜sɛrpt
Exzerption ɛkst͜sɛrpˈt͜si̯oːn
Exzerptor ɛksˈt͜sɛrptoːɐ̯, **-en** ...ˈtoːrən
Exzess ɛksˈt͜sɛs
exzessiv ɛkst͜sɛˈsiːf, **-e** ...iːvə
exzidieren ɛkst͜siˈdiːrən
exzipieren ɛkst͜siˈpiːrən
Exzision ɛkst͜siˈzi̯oːn
exzitabel ɛkst͜siˈtaːbl̩, **...ble** ...blə
Exzitabilität ɛkst͜sitabiliˈtɛːt
Exzitans ˈɛkst͜sitans, **...ntia** ...ˈtant͜si̯a, **...nzien** ...ˈtant͜si̯ən
Exzitation ɛkst͜sitaˈt͜si̯oːn
exzitativ ɛkst͜sitaˈtiːf, **-e** ...iːvə
Exzitatorium ɛkst͜sitaˈtoːri̯ʊm, **...ien** ...i̯ən
exzitieren ɛkst͜siˈtiːrən
Eyach ˈai̯ax
Eyadéma *fr.* ejadeˈma
Eyb ai̯p
Eybers *afr.* ˈəi̯bərs
Eybl ˈai̯bl̩
Eybler ˈai̯blɐ
Eyck ai̯k, *niederl.* ɛi̯k
Eydtkau ˈai̯tkau̯
Eydtkuhnen ai̯tˈkuːnən
Eyecatcher ˈai̯kɛt͜ʃɐ
Eyeliner ˈai̯lai̯nɐ
Eyeword ˈai̯vøːɐ̯t, ...vœrt
Eyjafjallajökull *isl.* ˈɛi̯jafjadlajœːkʏdl
Eyk *niederl.* ɛi̯k
Eyke ˈai̯kə
Eylert ˈai̯lɐt
Eymericus ai̯meˈriːkʊs
Eynard *fr.* ɛˈnaːr
Eynsford *engl.* ˈeɪnsfəd
Eyolf ˈai̯ɔlf
Eyra ˈai̯ra
Eyre *engl.* ɛə
Eyrir ˈai̯rɪr, **Aurar** ˈau̯rar
Eyskens *niederl.* ˈɛi̯skəns
Eysler ˈai̯slɐ
Eysoldt ˈai̯zɔlt
Eysselsteijn *niederl.* ˈɛi̯səlstɛi̯n
Eysturoy *fär.* ˈɛstʊrɔːi̯
Eyth[ra] ˈai̯t[ra]
Eyvind Skaldaspillir *norw.* ˈɛi̯vin ˈskaldaspilir
Eyzinger ˈai̯t͜sɪŋɐ
Ezechias eˈt͜seːçi̯as
Ezechiel eˈt͜seːçi̯eːl, *auch:* ...i̯ɛl
Ezekiel *engl.* ɪˈziːkɪəl
Ezeriņš *lett.* ˈezerɪnjʃ
Ezinge *niederl.* ˈeːzɪŋə
Ezio *it.* ˈɛttsi̯o
Ezjon ˈɛt͜sjɔn
Ezra *engl.* ˈɛzrə
Ezzelin ɛt͜səˈliːn
Ezzelino *it.* ettseˈliːno
Ezzes ˈɛt͜səs
Ezzo ˈɛt͜so

F f

f, F *dt., engl., fr.* ɛf, *it.* ˈɛffe, *span.* ˈefe
fa faː
Faak faːk
Fabbri *it.* ˈfabbri
Fabbrizzi *it.* fabˈbrittsi
Fabel ˈfaːbl̩
fabelhaft ˈfaːbl̩haft
fabeln ˈfaːbl̩n, **fable** ˈfaːblə
Faber ˈfaːbɐ, *engl.* ˈfeɪbə, *dän.* ˈfɛːˀbɐ
Faber du Faur ˈfaːbɐ dyː ˈfoːɐ̯
Fabert *fr.* faˈbɛːr
Fabia ˈfaːbi̯a
Fabian ˈfaːbi̯aːn, *engl.* ˈfeɪbɪən
Fabiani *it.* faˈbi̯aːni
Fabianist fabi̯aˈnɪst
Fabianus faˈbi̯aːnʊs
Fabier ˈfaːbi̯ɐ
Fabio ˈfaːbi̯o, *span.* ˈfaβi̯o
[1]**Fabiola** (Vorname) faˈbi̯oːla
[2]**Fabiola** (Heilige) faˈbiːola
Fabismus faˈbɪsmʊs
Fabius ˈfaːbi̯ʊs, *fr.* faˈbjys
Fable ˈfaːbl̩
Fableau, -x faˈbloː
Fable convenue, -s -s ˈfaːblə kõvəˈnyː
Fabliau, -x fabliˈoː
Fabre *fr.* fabr
Fabri *dt., it.* ˈfaːbri, *fr.* faˈbri
Fábri *ung.* ˈfaːbri
Fabriano *it.* fabriˈaːno
Fabrice *fr.* faˈbris
Fabricius faˈbriːt͜si̯ʊs, *niederl.* fɑˈbritsiʏs
Fabrik faˈbriːk
Fabrikant fabriˈkant
Fabrikat fabriˈkaːt
Fabrikation fabrikaˈt͜si̯oːn
fabrikatorisch fabrikaˈtoːrɪʃ
Fabris *it.* ˈfaːbris
Fabritius faˈbriːt͜si̯ʊs, *niederl.* fɑˈbritsiʏs
Fabrizi *it.* faˈbrittsi
fabrizieren fabriˈt͜siːrən
Fabrizio *it.* faˈbrittsi̯o

Fabry 'fa:bri, *fr.* fa'bri, *slowak.* 'fabri
Fábry *ung.* 'fa:bri
fabula docet 'fa:bula 'do:tsɛt
Fabulant fabu'lant
fabulieren fabu'li:rən
Fabulist fabu'lɪst
fabulös fabu'lø:s, **-e** ...ø:zə
Faburden 'fɛbɐdn̩
Fabvier *fr.* fa'vje
Fabvre *fr.* fɑ:vr
Fabyan *engl.* 'feɪbɪən
fac fak
Faccio *it.* 'fattʃo
Face fa:s, **-n** 'fa:sn̩
Facelifting 'fe:slɪftɪŋ
Facette fa'sɛtə
facettieren fasɛ'ti:rən
Fach fax, **Fächer** 'fɛçɐ
...fach ...fax
fächeln 'fɛçl̩n
fachen 'faxn̩
Fächer 'fɛçɐ
fächern 'fɛçɐn
Fachingen 'faxɪŋən
Fachsimpel 'faxzɪmpl̩
Fachsimpelei faxzɪmpə'lai
fachsimpeln 'faxzɪmpl̩n
Facialis fa'tsi̯a:lɪs
Facies 'fa:tsi̯ɛs, *Plural* 'fa:tsi̯e:s
Facies abdominalis 'fa:tsi̯ɛs apdomi'na:lɪs
Facies gastrica 'fa:tsi̯ɛs 'gastrika
Facies hippocratica 'fa:tsi̯ɛs hɪpo'kra:tika
Facies leonina 'fa:tsi̯ɛs leo'ni:na
Fackel 'fakl̩
fackeln 'fakl̩n
Façon fa'sõ:
Façon de parler fa'sõ: də par'le:
Façonné fasɔ'ne:
Fact fɛkt
Faction 'fɛkʃn̩
Factoring 'fɛktərɪŋ
Facture fak'ty:rə
Facultas Docendi fa'kʊltas do'tsɛndi
fad fa:t, **-e** 'fa:də
Fadaise fa'dɛ:zə
Fada n'Gourma *fr.* fadangur'ma
Fädchen 'fɛ:tçən
Faddei *russ.* fad'djej
fade 'fa:də
Fadejew *russ.* fa'djejɪf
fädeln 'fɛ:dl̩n, **fädle** 'fɛ:dlə
Faden 'fa:dn̩, **Fäden** 'fɛ:dn̩
fadendünn 'fa:dn̩'dʏn
fadenscheinig 'fa:dn̩ʃainɪç, **-e** ...ɪgə
Fader *span.* fa'ðɛr
Fadesse fa'dɛs
Fadheit 'fa:thait
fädig 'fɛ:dɪç, **-e** ...ɪgə
Fadiman *engl.* 'fædɪmən
Fading 'fe:dɪŋ
Fadinger 'fa:dɪŋɐ
fadisieren fadi'zi:rən
Fädlerin 'fɛ:dlərɪn
Fado 'fa:do, *port.* 'faðu
Fadrus 'fa:drʊs
Faeces 'fɛ:tse:s
Faenza *it.* fa'ɛntsa
Faesi 'fɛ:zi
Fafner 'fa:fnɐ
Fafnir 'fa:fnɪr
Făgăraș *rumän.* fəgə'raʃ
Fagaraseide fa'ga:razaidə
Fagerberg *schwed.* ˌfɑ:gərbærj
Fagerholm *schwed.* ˌfɑ:gərhɔlm
Fagersta *schwed.* ˌfɑ:gərsta
Fagiuoli *it.* fa'dʒu̯ɔ:li
Fagnano *it.* faɲ'ɲa:no, *span.* faɣ'nano
Fagott fa'gɔt
Fagottino fagɔ'ti:no
Fagottist fagɔ'tɪst
Faguet *fr.* fa'gɛ
Fagunwa *engl.* fɑ:'gu:nwɑ:
Fagus *fr.* fa'gys
Fahd (saud. König) faxt
Fähe 'fɛ:ə
fahen 'fa:ən
fähig 'fɛ:ɪç, **-e** ...ɪgə
fahl fa:l
Fahlbeck *schwed.* ˌfɑ:lbɛk
Fahlström *schwed.* ˌfɑ:lstrœm
Fähnchen 'fɛ:nçən
fahnden 'fa:ndn̩, **fahnd!** fa:nt
Fahne 'fa:nə
Fähnrich 'fɛ:nrɪç
Fahr fa:ɐ̯
Fåhraeus *schwed.* fo:'re:ʊs
Fährde 'fɛ:ɐ̯də
Fähre 'fɛ:rə
fahren 'fa:rən
Fahrenheit 'fa:rənhait
Fahrenkamp 'fa:rənkamp
Fahrer 'fa:rɐ
Fahrerei fa:rə'rai
fahrig 'fa:rɪç, **-e** ...ɪgə
fahrlässig 'fa:ɐ̯lɛsɪç
Fahrnis 'fa:ɐ̯nɪs, **-se** ...ɪsə
Fährnis 'fɛ:ɐ̯nɪs, **-se** ...ɪsə
Fahrrad 'fa:ɐ̯ra:t
fährt fɛ:ɐ̯t
Fahrt fa:ɐ̯t
Fährte 'fɛ:ɐ̯tə
Faial *port.* fɐ'i̯al
Faible 'fɛ:bl̩
Faichtmayr 'faiçtmaiɐ
Faidherbe *fr.* fɛ'dɛrb
Faidit *fr.* fɛ'di
Faido *it.* fa'i:do
Faijum fai'ju:m
Faille fai, 'faljə
Failletine faiə'ti:nə, faljə'ti:nə
Fainéant fɛne'ã:
fair fɛ:ɐ̯
Fairbairn *engl.* 'fɛəbɛən
Fairbank[s] *engl.* 'fɛəbæŋk[s]
Fairborn *engl.* 'fɛəbɔ:n
Fairfax *engl.* 'fɛəfæks
Fairfield *engl.* 'fɛəfi:ld
Fairhaven *engl.* 'fɛəheɪvən
Fairmont *engl.* 'fɛəmɔnt
Fairness 'fɛ:ɐ̯nɛs
Fairplay 'fɛ:ɐ̯'ple:
Fairport *engl.* 'fɛəpɔ:t
Fairview *engl.* 'fɛəvju:
Fairway 'fɛ:ɐ̯ve:
Fairweather *engl.* 'fɛəwɛðə
Fairychess 'fɛ:ri'tʃɛs
Faisal 'faizal
Faiseur fɛ'zø:ɐ̯
Faisi *pers.* fei̯'zi:
Faistauer 'faistauɐ
Faistenberger 'faistn̩bɛrgɐ
Fait accompli 'fɛ: takõ'pli:, **-s -s** 'fɛ: zakõ'pli:
Faith and Order *dt.-engl.* 'fe:θ ɛnt 'o:ɐ̯dɐ, -- 'ɔrdɐ
Faizabad *afgh.* fæi̯zɑ'bɑd
Fajans *poln.* 'fajans
Fajardo *span.* fa'xarðo
fäkal fɛ'ka:l
Fäkalien fɛ'ka:li̯ən
Fakfak *indon.* 'fakfak
Fakih 'fa:kɪç
Fakir 'fa:ki:ɐ̯
Fakse *dän.* 'fagsə
Faksimile fak'zi:mile
faksimilieren fakzimi'li:rən
Fakt fakt
Fakta vgl. Faktum
Faktage fak'ta:ʒə
Faktion fak'tsi̯o:n
faktiös fak'tsi̯ø:s, **-e** ...ø:zə
Faktis 'faktɪs
faktisch 'faktɪʃ
faktitiv fakti'ti:f, *auch:* '---; **-e** ...i:və

Faktitiv 'faktiti:f, **-e** ...i:və
Faktitivum fakti'ti:vʊm, **...va** ...va
Faktizität faktitsi'tɛ:t
Faktographie faktogra'fi:
faktologisch fakto'lo:gɪʃ
Faktor 'fakto:ɐ̯, **-en** fak'to:rən
Faktorei fakto'rai̯
faktoriell fakto'ri̯ɛl
Faktotum fak'to:tʊm
Faktum 'faktʊm, **Fakta** 'fakta
Faktur fak'tu:ɐ̯
Faktura fak'tu:ra
fakturieren faktu'ri:rən
Fakturist faktu'rɪst
fäkulent fɛku'lɛnt
Fäkulom fɛku'lo:m
Fakultas fa'kʊltas, **...täten** ...'tɛ:tn̩
Fakultät fakʊl'tɛ:t
fakultativ fakʊlta'ti:f, **-e** ...i:və
Falafel fa'lafl̩, ...'la:...
Falaisen fa'lɛ:zn̩
Falaise[s] *fr.* fa'lɛ:z
Falange fa'laŋə, *span.* fa'laŋxe
Falangist falaŋ'gɪst
Falasche fa'laʃə
Fałat *poln.* 'fau̯at
Falb falp, **-e** 'falbə
Falbe 'falbə
Falbel 'falbl̩
fälbeln 'fɛlbl̩n, **fälble** 'fɛlblə
Falcão *port., bras.* fal'kɐ̃ũ̯
Falco *dt., it.* 'falko
Falcon *engl.* 'fɔ:lkən, *fr.* fal'kõ
Falcón *span.* fal'kɔn
Falcone *it.* fal'ko:ne
Falconer *engl.* 'fɔ:[l]knə
Falconet *fr.* falkɔ'nɛ
Falconetto *it.* falko'netto
Falconieri *it.* falko'ni̯ɛ:ri
Faldella *it.* fal'dɛlla
Faldistorium faldɪs'to:ri̯ʊm, **...ien** ...i̯ən
Faleński *poln.* fa'lɛĩ̯ski
Falerii fa'le:rii
Falerner fa'lɛrnɐ
Falguière *fr.* fal'gjɛ:r
Falieri *it.* fa'li̯ɛ:ri
Faliero *it.* fa'li̯ɛ:ro
fälisch 'fɛ:lɪʃ
Falisker fa'lɪskɐ
Falk *dt., norw.* falk, *ung.* fɔlk, *engl.* fɔ:[l]k
Falkberget *norw.* ˌfalkbærgə
Falke[nau] 'falkə[nau̯]
Falkenberg 'falkn̩bɛrk, *schwed.* ˌfalkənbærj
Falkenburg 'falkn̩bʊrk
Falkenhagen falkn̩'ha:gn̩
Falkenhausen 'falkn̩hau̯zn̩
Falkenhayn 'falkn̩hai̯n
Falkenhorst 'falkn̩hɔrst
Falkenier falkə'ni:ɐ̯
Falkenrehde falkn̩'re:də
Falkensee 'falkn̩ze:
Falkenstein 'falkn̩ʃtai̯n
Falkirk *engl.* 'fɔ:lkə:k
Falkland [Dependency] *engl.* 'fɔ:[l]klənd [dɪ'pɛndənsɪ]
Falklandinseln 'falklant|ɪnzl̩n
[1]Falkner 'falknɐ
[2]Falkner (Name) 'falknɐ, *engl.* 'fɔ:[l]knə
Falknerei falknə'rai̯
Falko 'falko
Falkonett falko'nɛt
Falköping *schwed.* 'fa:lçø:pɪŋ
Fall fal, **Fälle** 'fɛlə
Falla 'falja, *span.* 'faʎa
Fallaci *it.* fal'la:tʃi
Fallada 'falada
Fallas *engl.* 'fæləs, *span.* 'faʎas
Fallazien fa'la:tsi̯ən
Falldin *schwed.* fɛl'di:n
Falle 'falə
Fälle vgl. Fall
fallen 'falən
fällen 'fɛlən
Fallenter 'faləntɐ
Fallen Timbers *engl.* 'fɔ:lən 'tɪmbəz
Fallersleben 'falɐsle:bn̩
Fallet *fr.* fa'lɛ
fallibel fa'li:bl̩, **...ble** ...blə
Fallibilismus falibi'lɪsmʊs
Fallibilität falibili'tɛ:t
fallieren fa'li:rən
Fallières *fr.* fa'ljɛ:r
fällig 'fɛlɪç, **-e** ...ɪgə
Falliment fali'mɛnt
Fallingbostel falɪŋ'bɔstl̩
Fallissement falɪsə'mã:
fallit, F... fa'li:t, *auch:* ...lɪt
Fallmerayer 'falmərai̯ɐ
Falloppio *it.* fal'lɔppi̯o
Falloppius fa'lɔpi̯ʊs
Fallot[t] fa'lɔt
Fallout fo:l'|au̯t, '--
Falloux *fr.* fa'lu
Fallreep 'falre:p
Fall River *engl.* 'fɔ:l 'rɪvə
falls fals
Falls fals, *engl.* fɔ:lz
fällt fɛlt
Falmouth *engl.* 'fælməθ
Falott fa'lɔt
Falsa vgl. Falsum
falsch, F... falʃ
fälschen 'fɛlʃn̩
Falschmünzerei falʃmʏntsə'rai̯
False Bay *engl.* 'fɔ:ls 'beɪ
Falsett fal'zɛt
falsettieren falzɛ'ti:rən
Falsettist falzɛ'tɪst
Falsifikat falzifi'ka:t
Falsifikation falzifika'tsi̯o:n
falsifizieren falzifi'tsi:rən
Falsobordone falzobɔr'do:nə, **...si...ni** ...zi...ni
Falstaff *dt., it.* 'falstaf, *engl.* 'fɔ:lsta:f
Falster 'falstɐ, *dän.* 'fæl'sdɐ
Falsum 'falzʊm, **Falsa** 'falza
Falte 'faltə
fälteln 'fɛltl̩n
falten 'faltn̩
Falter 'faltɐ
Fălticeni *rumän.* fəlti'tʃenj
faltig 'faltɪç, **-e** ...ɪgə
...fältig ...fɛltɪç, **-e** ...ɪgə
Faltings 'faltɪŋs
Faludi *ung.* 'fɔludi
Falun *schwed.* ˌfa:lʊn
Falz falts
falzen 'faltsn̩
falzig 'faltsɪç, **-e** ...ɪgə
Fama 'fa:ma
Famagusta fama'gʊsta
Famenne *fr.* fa'mɛn
Famiglia Pontificia *it.* fa'miʎʎa ponti'fi:tʃa
familiär fami'li̯ɛ:ɐ̯
Familiare fami'li̯a:rə
familiarisieren famili̯ari'zi:rən
Familiarität famili̯ari'tɛ:t
Familie fa'mi:li̯ə
Familismus fami'lɪsmʊs
Faminzyn *russ.* 'famintsɨn
famos fa'mo:s, **-e** ...o:zə
Famula 'fa:mula, **...lä** ...lɛ
Famulant famu'lant
Famulatur famula'tu:ɐ̯
famulieren famu'li:rən
Famulus 'fa:mulʊs, **-se** ...ʊsə, **...li** 'fa:muli
Fan fɛn
Fana *norw.* ˌfa:na
Fanal fa'na:l
Fanariote fana'ri̯o:tə
Fanatiker fa'na:tikɐ
fanatisch fa'na:tɪʃ
fanatisieren fanati'zi:rən
Fanatismus fana'tɪsmʊs
Fancelli *it.* fan'tʃɛlli
Fanck faŋk
Fanconi *it.* faŋ'ko:ni

F

Fancy 'fɛnsi
fand fant
Fandango fan'daŋgo
Fandarole fanda'ro:lə
fände 'fɛndə
fanden 'fandn̩
Fándly *slowak.* 'fa:ndli
Fanega fa'ne:ga
Fáñez *span.* 'faɲeθ
Fanfani *it.* fan'fa:ni
Fanfare fan'fa:rə
Fanfaron fãfa'rõ:
Fanfaronade fãfaro'na:də
Fang faŋ, **Fänge** 'fɛŋə
fangen 'faŋən
Fangen *norw.* ˌfaŋən
Fänger 'fɛŋɐ
Fangio *it.* 'fandʒo
fängisch 'fɛŋɪʃ
Fanglomerat fanglome'ra:t
Fango 'faŋgo
fängt fɛŋt
Faninal 'faninal
Fan Kuan *chin.* fankuan 41
Fanni 'fani
Fannie *engl.* 'fænɪ
Fanning *engl.* 'fænɪŋ
Fannings 'fɛnɪŋs
Fanny 'fani, *engl.* 'fænɪ, *fr.* fa'ni
Fano *it.* 'fa:no
Fanø *dän.* 'fɛ:nʏ:'
Fanon fa'nõ:
Fanone fa'no:nə, **...ni** ...ni
Fansago *it.* fan'sa:go
Fant fant
Fantasia fanta'zi:a
Fantasie fanta'zi:, **-n** ...i:ən
fantasieren fanta'zi:rən
Fantasterei fantastə'rai
fantastico fan'tastiko
Fantast[ik] fan'tast[ɪk]
fantastisch fan'tastɪʃ
Fantasy 'fɛntəzi
Fanti *it.* 'fanti
Fantin-Latour *fr.* fãtẽla'tu:r
Fantuzzi *it.* fan'tuttsi
Fanzago *it.* fan'tsa:go
Fanzine 'fɛnzi:n
FAO ɛf|a:'|o:, *engl.* ɛf-eɪ'oʊ
Farabi fa'ra:bi
Farad fa'ra:t
Faraday 'farade, *engl.* 'færədɪ
Faradisation faradiza'tsio:n
faradisch fa'ra:dɪʃ
faradisieren faradi'zi:rən
Faradotherapie faradotera'pi:
Farafangana *mad.* farəfaŋ'ganə
Farafra fa'ra:fra
Farah Diba 'fa:ra 'di:ba
Farandole faran'do:lə
Farasan fara'za:n
Farasdak fa'rasdak
Farbe 'farbə
färben 'fɛrbn̩, **färb!** fɛrp, **färbt** fɛrpt
...farben ...farbn̩
Färber 'fɛrbɐ
Färberei fɛrbə'rai
farbig 'farbɪç, **-e** ...ɪgə
farblich 'farplɪç
farblos 'farplo:s
Farce 'farsə
Farceur far'sø:ɐ̯
Farchi 'farçi
farcieren far'si:rən
Far East Rand *engl.* 'fɑ:'ri:st 'rænd
Fareham *engl.* 'fɛərəm
Farel *fr.* fa'rɛl
farewell fɛ:ɐ̯'vɛl
Farewell *engl.* 'fɛəwɛl
Farfa *it.* 'farfa
Farfalle far'falə
Farge 'fargə
Farghani far'ga:ni
Fargo *engl.* 'fɑ:goʊ
Fargue[s] *fr.* farg
Faria *port.* fɐ'riɐ
Faribault *engl.* 'færɪboʊ
Farin fa'ri:n
Farina *it.* fa'ri:na
Farinacci *it.* fari'nattʃi
Farinade fari'na:də
Farinata *it.* fari'na:ta
Farinati *it.* fari'na:ti
Farinelli *it.* fari'nɛlli
Färinger 'fɛ:rɪŋɐ
färingisch 'fɛ:rɪŋɪʃ
Farini *it.* fa'ri:ni
Färinseln 'fɛ:ɐ̯lɪnzl̩n
Farkas 'farkas, *ung.* 'fɔrkɔʃ
Farley *engl.* 'fɑ:lɪ
Farlow *engl.* 'fɑ:loʊ
Farm farm
Farman *engl.* 'fɑ:mən, *fr.* far'mã
[1]Farmer 'farmɐ
[2]Farmer (Name) *engl.* 'fɑ:mə
Farmington *engl.* 'fɑ:mɪŋtən
Farn farn
Farnaby *engl.* 'fɑ:nəbɪ
Farnborough *engl.* 'fɑ:nbərə
Farn[e] *engl.* fɑ:n
Farnese *it.* far'ne:se
Farnesina *it.* farne'zi:na
farnesisch far'ne:zɪʃ
Farnham *engl.* 'fɑ:nəm
Farn[s]worth *engl.* 'fɑ:n[z]wə[:]θ
[1]Faro (Pharus) 'fa:ro
[2]Faro (Name) *port., bras.* 'faru
Fårö *schwed.* ˌfo:rø:
Färöer fɛ'rø:ɐ, *auch:* 'fɛ:røɐ
färöisch fɛ'rø:ɪʃ, *auch:* 'fɛ:røɪʃ
Farquhar *engl.* 'fɑ:k[w]ə
Farragut *engl.* 'færəgət
[1]Farrar *engl.* 'færə
[2]Farrar (Geraldine) *engl.* fə'rɑ:
Farre 'farə
Farrell *engl.* 'færəl, *span.* fa'rrɛl
Farrère *fr.* fa'rɛ:r
Farrochi *pers.* færro'xi:
Farrow *engl.* 'færoʊ
Farrukhabad *engl.* fə'rʊkəbæd
Fars *pers.* fɑ:rs
Färse 'fɛrzə
Farsestan *pers.* fɑrses'tɑ:n
Farthing *dt.-engl.* 'fa:ɐ̯ðɪŋ
Faruffini *it.* faruf'fi:ni
Faruk fa'ru:k
Farvel, Kap *dän.* kab faɐ̯'vɛl
Farwell *engl.* 'fɑ:wɛl
Fas fa:s
Fasa *pers.* fæ'sɑ:
Fasan fa'za:n
Fasänchen fa'zɛ:nçən
Fasanerie fazanə'ri:, **-n** ...i:ən
Fasano *it.* fa'za:no
Fasces 'fastse:s
Fasch[e] 'faʃ[ə]
faschen 'faʃn̩
Fäschen 'fɛ:sçən
faschieren fa'ʃi:rən
Faschine fa'ʃi:nə
Fasching 'faʃɪŋ
Faschingsdienstag 'faʃɪŋs'di:nsta:k
Faschir 'fa:ʃɪr
faschisieren faʃi'zi:rən
Faschismus fa'ʃɪsmʊs
Faschist fa'ʃɪst
faschistisch fa'ʃɪstɪʃ
faschistoid faʃɪsto'i:t, **-e** ...i:də
Faschoda fa'ʃo:da
Fasci *it.* 'faʃʃi
Fascio *it.* 'faʃʃo
Fase 'fa:zə
Fasel 'fa:zl̩
Faselei fa:zə'lai
faseln 'fa:zl̩n, **fasle** 'fa:zlə
fasen 'fa:zn̩, **fas!** fa:s, **fast** fa:st
fasennackt 'fa:zn̩'nakt
Faser 'fa:zɐ
Fäserchen 'fɛ:zɐçən

faserig 'fa:zərɪç, **-e** ...ɪgə
fasern 'fa:zɐn, **fasre** 'fa:zrə
Fashion 'fɛʃn̩
fashionabel faʃi̯o'na:bl̩, **...ble** ...blə
fashionable 'fɛʃənəbl̩
Fashionable Novel *engl.* 'fɛʃənəbl̩ 'nɔvl̩
Fäslein 'fɛ:slai̯n
Fasler 'fa:zlɐ
Fasnacht 'fasnaxt
Fasolo *it.* fa'zɔ:lo
Fasolt 'fa:zɔlt
fasrig 'fa:zrɪç, **-e** ...ɪgə
Fass fas, **Fässer** 'fɛsɐ
Fassa *it.* 'fassa
Fassade fa'sa:də
Fassatal 'fasata:l
Faßbaender, ...bänder, ...bender 'fasbɛndɐ
Fassbind 'fasbɪnt
Faßbinder 'fasbɪndɐ
Fässchen 'fɛsçən
fassen 'fasn̩
Fässer vgl. Fass
Fassette fa'sɛtə
Fassion fa'si̯o:n
fasslich 'faslɪç
Fasson fa'sõ:
fassonieren faso'ni:rən
Fast fast
Fast *engl.* fɑ:st
Fastage fas'ta:ʒə
Fastback 'fa:stbɛk
Fastbreak 'fa:stbre:k
Fastelabend 'fastl̩|a:bn̩t
fasten, F... 'fastn̩
Fastenrath 'fastn̩ra:t
Fastfood 'fa:stfu:t
Fasti 'fasti
fastidiös fasti'di̯ø:s, **-e** ...ø:zə
Fasting *norw.* 'fastiŋ
Fastnacht 'fastnaxt
Fastow *russ.* 'fastɐf
Fastrada fas'tra:da
Faszes 'fastse:s
fazial fas'tsi̯a:l
Fasziation fastsi̯a'tsi̯o:n
Faszie 'fastsi̯ə
Faszikel fas'tsi:kl̩
faszikulieren fastsiku'li:rən
Faszination fastsina'tsi̯o:n
faszinieren fastsi'ni:rən
Faszinosum fastsi'no:zʊm
Fasziolose fastsi̯o'lo:zə
Fata vgl. Fatum
Fatah, Al al'fata
fatal fa'ta:l
Fatalismus fata'lɪsmʊs
Fatalist fata'lɪst
Fatalität fatali'tɛ:t
Fata Morgana 'fa:ta mɔr'ga:na
Fatemide fate'mi:də
Fath *fr.* fat
Fathom *dt.-engl.* 'fɛðm̩
fatieren fa'ti:rən
fatigant fati'gant
Fatige fa'ti:gə
fatigieren fati'gi:rən
Fatigue fa'ti:gə
Fatiha 'fa:tiha
Fatima 'fa:tima
Fátima *port.* 'fatimɐ
Fatime 'fa:timə
Fatimide fati'mi:də
Fatinitza fati'nɪtsa
Fatio *fr.* fa'sjo
Fatjanowo *russ.* fatj'janɐvɐ
Fatra *slowak.* 'fatra
Fatsia 'fatsi̯a, **...ien** ...i̯ən
Fattore *it.* fat'to:re
Fattori *it.* fat'to:ri
Fatuität fatui'tɛ:t
Fatum 'fa:tʊm, **Fata** 'fa:ta
Fatwa 'fatva
Fatzke 'fatskə
Faubourg fo'bu:ɐ̯
Fauces 'fau̯tse:s
fauchen 'fau̯xn̩
Fauchet *fr.* fo'ʃɛ
Faucille[s] *fr.* fo'sij
faukal fau̯'ka:l
faukalisieren fau̯kali'zi:rən
faul fau̯l
Faulconbridge *engl.* 'fɔ:[l]kənbrɪdʒ
Fäule 'fɔy̯lə
faulen 'fau̯lən
Faulenbach 'fau̯lənbax
faulenzen 'fau̯lɛntsn̩
Faulenzer 'fau̯lɛntsɐ
Faulenzerei fau̯lɛntsə'rai̯
Faulhaber 'fau̯lha:bɐ
faulig 'fau̯lɪç, **-e** ...ɪgə
Faulk[ner] *engl.* 'fɔ:k[nə]
Faulmann 'fau̯lman
Fäulnis 'fɔy̯lnɪs
Faun[a] 'fau̯n[a]
Faune *fr.* fo:n
faunisch 'fau̯nɪʃ
Faunist[ik] fau̯'nɪst[ɪk]
Faunus 'fau̯nʊs
Faupel 'fau̯pl̩
Faure *fr.* fɔ:r
Fauré *fr.* fɔ're
Fauresmith *engl.* 'fɑʊəsmɪθ
Fauriel *fr.* fɔ'rjɛl
Faurndau 'fau̯ɐndau̯
Fauske *norw.* ˌfœy̆skə
Fausse fo:s, **-n** 'fo:sn̩
Fausset *engl.* 'fɔsɪt
[1]**Faust** fau̯st, **Fäuste** 'fɔy̯stə
[2]**Faust** (Name) fau̯st, *fr.* fo:st
Fausta 'fau̯sta, *it.* 'fau̯sta
Fäustchen 'fɔy̯stçən
faustdick 'fau̯st'dɪk
Fäuste vgl. Faust
Fäustel 'fɔy̯stl̩
fausten 'fau̯stn̩
faustgroß 'fau̯stgro:s
Faustin *fr.* fos'tɛ̃
Faustina fau̯s'ti:na, *it.* fau̯s'ti:na, *span.* fau̯s'tina
Faustino *it.* fau̯s'ti:no, *span.* ...tino
faustisch 'fau̯stɪʃ
Fäustling 'fɔy̯stlɪŋ
Fausto *it., span.* 'fau̯sto
Faustulus 'fau̯stulʊs
Faustus 'fau̯stʊs
faute de mieux 'fo:t də 'mi̯ø:
Fauteuil *fr.* fo'tœj
Fautfracht 'fau̯tfraxt
Fautrier *fr.* fotri'e
Fauves *fr.* fo:v
Fauvismus fo'vɪsmʊs
Fauvist fo'vɪst
Faux Ami[s] 'fo:za'mi:
Fauxbourdon fobʊr'dõ:
Faux-Monnayeurs *fr.* fomɔnɛ'jœ:r
Fauxpas fo'pa, **des -** ...pa[s], **die -** ...pas
Favart *fr.* fa'va:r
Favela fa've:la
Favenz fa'vɛnts
Faverolleshuhn fa'vrɔlhu:n
Faversham *engl.* 'fævəʃəm
Favi vgl. Favus
Favignana *it.* faviɲ'ɲa:na
Favismus fa'vɪsmʊs
favorabel favo'ra:bl̩, **...ble** ...blə
Favorinus favo'ri:nʊs
Favoris favo'ri:
favorisieren favori'zi:rən
Favorit favo'ri:t
Favorita *it.* favo'ri:ta
Favorite favo'ri:tə
Favoriten favo'ri:tn̩
Favre *fr.* fɑ:vr
Favretto *it.* fa'vretto
Favus 'fa:vʊs, **Favi** 'fa:vi
Fawkes *engl.* fɔ:ks
Fawórski *russ.* fa'vɔrskij
Fax faks
Faxabucht 'faksabʊxt

Faxaflói *isl.* 'faxsafloui̯
Faxe 'faksə
faxen 'faksn̩
Fay *engl.* feɪ
Faydherbe *fr.* fɛ'dɛrb
Faye *fr.* faj
Fayence fa'jã:s, **-n** ...sn̩
Fayencerie fajãsə'ri:, **-n** ...i:ən
Fayette *engl.* feɪ'ɛt
Fayetteville *engl.* 'feɪɛtvɪl
Fayol[le] *fr.* fa'jɔl
Fayrfax *engl.* 'fɛəfæks
Fazelet fat͜sə'lɛt
Fazenda fa'zɛnda, fa't͜sɛnda
Fazenet fat͜sə'nɛt
Fäzes 'fɛ:t͜se:s
Fazetie fa't͜se:t͜si̯ə
fazial fa't͜si̯a:l
Fazialis fa't͜si̯a:lɪs
faziell fa't͜si̯ɛl
Fazies 'fa:t͜si̯ɛs, *Plural* 'fa:t͜si̯e:s
Fazilettlein fat͜si'lɛtlai̯n
Fazilität fat͜sili'tɛ:t
Fazinettlein fat͜si'nɛtlai̯n
Fazio *it.* 'fattsi̯o
Fazit 'fa:t͜sɪt
Fazzini *it.* fat'tsi:ni
FBI *engl.* ɛfbi:'aɪ
F'Deri[c]k *fr.* fde'rik
FDJ ɛfde:'jɔt
FDP ɛfde:'pe:
F-Dur 'ɛfdu:ɐ̯, *auch:* '–'–
Fearnley *norw.* 'færnli
Feather *engl.* 'fɛðə
Feature 'fi:t͜ʃɐ
featuren 'fi:t͜ʃɐn
Feber 'fe:bɐ
febril fe'bri:l
Febris 'fe:brɪs
Februar 'fe:brua:ɐ̯
Febvre *fr.* fɛ:vr
Fécamp *fr.* fe'kã
Fechner 'fɛçnɐ
Fechser 'fɛksɐ
fechten 'fɛçtn̩
Fechter 'fɛçtɐ, *engl.* 'fɛktə
fecit 'fe:t͜sɪt
Feckes 'fɛkəs
Fedajin feda'ji:n
Feddersen 'fɛdɐzn̩
Feddo 'fɛdo
Feder 'fe:dɐ
Federal Bureau of Investigation 'fɛdərəl bju'ro: ɔf ɪnvɛsti'ge:ʃn̩
Federal District *engl.* 'fɛdərəl 'dɪstrɪkt
Federativna Narodna Republika Jugoslavija *serbokr.* 'fɛdɛrati:vna: ˌna:rɔdna: rɛˌpublika juˌgɔsla:vija
Federer 'fe:dərɐ
Fédéric *fr.* fede'rik
Federico *it.* fede'ri:ko, *span.* feðe'riko
federig 'fe:dərɪç, **-e** ...ɪgə
Federighi *it.* fede'ri:gi
Federigo *it.* fede'ri:go, *span.* feðe'riɣo
federleicht 'fe:dɐ'lai̯çt
Federling 'fe:dɐlɪŋ
Federmann 'fe:dɐman
federn 'fe:dɐn, **fedre** 'fe:drə
Federn 'fe:dɐn
Federsee 'fe:dɐze:
Federspiel 'fe:dɐʃpi:l
federweiß 'fe:dɐ'vai̯s
Federzoni *it.* feder'tso:ni
Fedi *it.* 'fe:di
Fedin *russ.* 'fjedin
Fedja *russ.* 'fjedjɐ
Fedka *russ.* 'fjetjkɐ
Fedkowytsch *ukr.* fɛtj'kɔvɪt͜ʃ
Fedor 'fe:do:ɐ̯
Fedora fe'do:ra
Fedorenko *russ.* fɪda'rjɛnkɐ
Fedorowski *russ.* fɪda'rɔfskij
Fedossejew *russ.* fɪda'sjejɪf
Fedot *russ.* fi'dɔt
Fedotow *russ.* fɪ'dɔtɐf
Fedotowitsch *russ.* fɪ'dɔtɐvit͜ʃ
Fedotow[n]a *russ.* fɪ'dɔtɐv[n]ɐ
Fedra *it.* 'fɛ:dra, *span.* 'feðra
Fedrico fe'dri:ko
fedrig 'fe:drɪç, **-e** ...ɪgə
Fedtschenko *russ.* 'fjettʃɪnkɐ
Fee fe:, **-n** 'fe:ən
Feedback 'fi:tbɛk
feeden 'fi:dn̩, **feed!** fi:t
Feeder 'fi:dɐ
Feelie 'fi:li
Feeling 'fi:lɪŋ
Feer fe:ɐ̯, *fr.* fɛ:r
Feerie feə'ri:, fe'ri:; **-n** ...i:ən
Feet vgl. Foot
Fefe 'fe:fə
Fege 'fe:gə
fegen 'fe:gn̩, **feg!** fe:k, **fegt** fe:kt
Fegnest 'fe:knɛst
fegnesten 'fe:knɛstn̩
Fegsel 'fe:ksl̩
Feh[de] 'fe:[də]
Fehenberger 'fe:ənbɛrgɐ
Fehér *ung.* 'fɛhe:r
fehl, F... fe:l
fehlen 'fe:lən
Fehler 'fe:lɐ
Fehling 'fe:lɪŋ
Fehmarn[belt] 'fe:marn[bɛlt]
Fehn fe:n
Fehr fe:ɐ̯
Fehrbellin fe:ɐ̯bɛ'li:n
Fehrenbach 'fe:rənbax
Fehrle 'fe:ɐ̯lə
Fehrs fe:ɐ̯s
Fehse 'fe:zə
Fei *it.* 'fɛ:i̯
Feichtmayr 'fai̯çtmai̯ɐ
feien 'fai̯ən
Feier 'fai̯ɐ
Feierabend 'fai̯ɐ|a:bn̩t
feierlich 'fai̯ɐlɪç
feiern 'fai̯ɐn
Feiertag 'fai̯ɐta:k
feiertäglich 'fai̯ɐtɛ:klɪç
feiertags 'fai̯ɐta:ks
feig fai̯k, **-e** 'fai̯gə
Feige 'fai̯gə
Feigenwinter 'fai̯gn̩vɪntɐ
Feigling 'fai̯klɪŋ
Feijenoord *niederl.* 'fɛi̯əno:rt
Feijó *port.* fɐi̯'ʒɔ, *bras.* fei̯'ʒɔ
Feijóo *span.* fɛi̯'xoo
feil fai̯l
Feilchen 'fai̯lçən
Feilding *engl.* 'fi:ldɪŋ
Feile 'fai̯lə
feilen 'fai̯lən
Feiler 'fai̯lɐ
Feilicht 'fai̯lɪçt
Feilner 'fai̯lnɐ
feilschen 'fai̯lʃn̩
Feim[e] 'fai̯m[ə]
Feimen 'fai̯mən
Feind fai̯nt, **-e** 'fai̯ndə
fein[d] 'fai̯n[t]
feindlich 'fai̯ntlɪç
feindselig 'fai̯ntze:lɪç
Feine 'fai̯nə
feinen 'fai̯nən
feinfühlig 'fai̯nfy:lɪç, **-e** ...ɪgə
feinglied[e]rig 'fai̯ngli:d[ə]rɪç
Feininger 'fai̯nɪŋɐ, *engl.* 'faɪnɪŋə
Feinsliebchen fai̯ns'li:pçən
Feinstwaage 'fai̯nstva:gə
Feira *port.* 'fɐi̯rɐ, *bras.* 'fei̯ra
Feirefiz 'fai̯rəfi:t͜s
Feisal 'fai̯zal
feiß fai̯s
feist, F... fai̯st
Feistmantel 'fai̯stmantl̩
Feistritz 'fai̯strɪt͜s
Feitel 'fai̯tl̩
Feith *niederl.* fɛi̯t

Feito *span.* ˈfɛi̯to
feixen ˈfai̯ksn̩
Fejér *ung.* ˈfɛjeːr
Fejes *ung.* ˈfɛjɛʃ
Feješ *serbokr.* ˈfɛjɛʃ
Feke *engl.* fiːk, *türk.* ˈfɛkɛ
Fekete *ung.* ˈfɛkɛtɛ
fekund feˈkʊnt, **-e** ...ndə
Fekundation fekʊndaˈt͜si̯oːn
Fekundität fekʊndiˈtɛːt
Felbel ˈfɛlbl̩
Felber ˈfɛlbɐ
Felbiger ˈfɛlbɪɡɐ
Felchen ˈfɛlçn̩
Feld fɛlt, **-er** ˈfɛldɐ
feldaus fɛltˈ|au̯s
Feldbach ˈfɛltbax
Feldbauer ˈfɛltbau̯ɐ
Feldberg ˈfɛltbɛrk
feldein fɛltˈ|ai̯n
Felder ˈfɛldɐ
Feldes ˈfɛldəs
Feldhaus ˈfɛlthau̯s
Feldkeller ˈfɛltkɛlɐ
Feldkirch ˈfɛltkɪrç
Feldkirchen fɛltˈkɪrçn̩
Feldman *poln.* ˈfɛldman, *serbokr.* ˌfɛldman, *engl.* ˈfɛldmən
Feldmarschall ˈfɛltmarʃal
Feldmarschallleutnant ˈfɛltmarʃalˈlɔy̯tnant
Feldmoching fɛltˈmɔxɪŋ
Feldsberg ˈfɛlt͜sbɛrk
Feldscher ˈfɛltʃeːɐ̯
Feldscherer ˈfɛltʃeːrɐ
Feldspat ˈfɛltʃpaːt
Feldtkeller ˈfɛltkɛlɐ
Feld-Wald-und-Wiesen-... ˈfɛltˈvalt|ʊntˈviːzn̩...
Feldwebel ˈfɛltveːbl̩
Feldweibel ˈfɛltvai̯bl̩
Felge ˈfɛlɡə
felgen ˈfɛlɡn̩, **felg!** fɛlk, **felgt** fɛlkt
Félibien *fr.* feliˈbjɛ̃
Félibres *fr.* feˈlibr
Felice *it.* feˈliːtʃe
Felicia feˈliːt͜si̯a, *engl.* fɪˈlɪsɪə, *span.* feˈliθi̯a
Feliciano *span.* feliˈθi̯ano, *port.* fəliˈsi̯ɐnu
Felicidad *span.* feliθiˈðað
Félicien *fr.* feliˈsjɛ̃
Felicitas feˈliːt͜sitas
Félicité *fr.* felisiˈte
Feliden feˈliːdn̩
Feliks *poln.* ˈfɛliks
Feliński *poln.* fɛˈli̯ski
Felipa *span.* feˈlipa
Felipe *span.* feˈlipe
Feliu i Codina *kat.* fəˈliu̯ i kuˈðinə
Felix ˈfeːlɪks, *engl.* ˈfiːlɪks
Félix *fr.* feˈliks, *span.* ˈfeliks, *port.* ˈfɛliʃ
Felixmüller ˈfeːlɪksmʏlɐ
Felixstowe *engl.* ˈfiːlɪkstoʊ
Felizia feˈliːt͜si̯a
Felizian feˈliːt͜si̯aːn
Felizitas feˈliːt͜sitas
Felke ˈfɛlkə
Fell fɛl
Fellache fɛˈlaxə
Fellagha *fr.* fɛllaˈɡa
Fellah fɛˈlaː
Fellatio fɛˈlaːt͜si̯o
fellationieren fɛlat͜si̯oˈniːrən
Fellatrix fɛˈlaːtrɪks, **...izen** fɛlaˈtriːt͜sn̩
Fellbach ˈfɛlbax
Felleisen ˈfɛl|ai̯zn̩
Fellenberg ˈfɛlənbɛrk
Feller ˈfɛlɐ
Fellerer ˈfɛlərɐ
fellieren fɛˈliːrən
Fellin fɛˈliːn
Felling *engl.* ˈfɛlɪŋ
Fellini *it.* felˈliːni
Fellner ˈfɛlnɐ
Fellow ˈfɛlo
Fellowship ˈfɛloʃɪp
Fellowtraveller ˈfɛlotrɛvəlɐ
Felmayer ˈfɛlmai̯ɐ
Felmy ˈfɛlmi
Felonie feloˈniː, **-n** ...iːən
Fels fɛls, **-en** ˈfɛlzn̩
Felsberg ˈfɛlsbɛrk
felsenfest ˈfɛlzn̩ˈfɛst
Felsenstein ˈfɛlzn̩ʃtai̯n
felsig ˈfɛlzɪç, **-e** ...ɪɡə
Felsina *it.* ˈfɛlsina
Felsing ˈfɛlzɪŋ
Felsit fɛlˈziːt
Felten ˈfɛltn̩
Feltham (Ort) *engl.* ˈfɛltəm
Feltin *fr.* fɛlˈtɛ̃
Felton *engl.* ˈfɛltən
Feltre *it.* ˈfeltre
Feltrinelli *it.* feltriˈnɛlli
Feluke feˈluːkə
Feme ˈfeːmə
Femel ˈfeːml̩
femeln ˈfeːmln̩
Femgericht ˈfeːmɡərɪçt
Femidom femiˈdoːm
Feminat femiˈnaːt
Feminell femiˈnɛl
feminieren femiˈniːrən
feminin femiˈniːn
Femininum ˈfeːminiːnʊm, **...na** ...na
Feminisation feminizaˈt͜si̯oːn
feminisieren feminiˈziːrən
Feminismus femiˈnɪsmʊs
Feminist femiˈnɪst
Feminität feminiˈtɛːt
femisch ˈfeːmɪʃ
Femme fatale, -s -s ˈfam faˈtal
Femmes savantes *fr.* famsaˈvɑ̃ːt
Femø *dän.* ˈfemʏːˀ
femoral femoˈraːl
Femto... fɛmto...
Femunden *norw.* ˌfeːmʉnən
Femur ˈfeːmʊr, **Femora** ˈfeːmora
[1]**Fen** (Moor) fɛn
[2]**Fen** (Name) *engl.* fɛn
Fenaroli *it.* fenaˈrɔːli
Fench[el] ˈfɛnç[l̩]
Fendant fɑ̃ˈdɑ̃ː
Fender ˈfɛndɐ
Fendi ˈfɛndi
Fendrich ˈfɛndrɪç
Fenek ˈfɛnɛk
Fenella feˈnɛla, *engl.* fɪˈnɛlə
Fénelon *fr.* fenˈlõ
Fenerbahçe *türk.* fɛˈnɛrbɑhˌtʃɛ
Fengjie *chin.* fəŋd͜ʑi̯ɛ 42
Fengshui fɛŋˈʃui̯
Feng Yuxiang *chin.* fəŋ-i̯yɕi̯aŋ 242
Fenhe *chin.* fənxʌ 22
Fenier ˈfeːni̯ɐ
Fenimore *engl.* ˈfɛnɪmɔː
Fenis ˈfeːnis
Feniso *span.* feˈniso
Fenn[ek] ˈfɛn[ɛk]
Fennich ˈfɛnɪç
Fennosarmatia fɛnozarˈmaːt͜si̯a
fennosarmatisch fɛnozarˈmaːtɪʃ
Fennoskandia fɛnoˈskandi̯a
fennoskandisch fɛnoˈskandɪʃ
Fenoglio *it.* feˈnɔʎʎo
Fenrir ˈfɛnrɪr
Fenriswolf ˈfɛnrɪsvɔlf
Fens, The *engl.* ðə ˈfɛnz
Fenster ˈfɛnstɐ
fensterln ˈfɛnstɐln
...fenstrig ...ˌfɛnstrɪç, **-e** ...ɪɡə
Fenton ˈfɛntɔn, *engl.* ˈfɛntən
Fényes *ung.* ˈfeːnjɛs
Fenz fɛnt͜s
fenzen ˈfɛnt͜sn̩

Feo *it.* ˈfɛːo
Feodor ˈfeːodoːɐ̯, *russ.* fɪˈɔdɐr
Feodora *russ.* fɪaˈdɔrɐ
Feodorowitsch *russ.* fɪˈɔdɐrɐvitʃ
Feodorowna *russ.* fɪˈɔdɐrɐvnɐ
Feodossij *russ.* fɪaˈdɔsij
Feodossija *russ.* fɪaˈdɔsijɐ
Feodossijewitsch *russ.* fɪaˈdɔsijɪvitʃ
Feodossijewna *russ.* fɪaˈdɔsijɪvnɐ
Feodot *russ.* fɪaˈdɔt
Feodotija *russ.* fɪaˈdɔtijɐ
Feodum ˈfeːodʊm
Feofan *russ.* fɪaˈfan
Feralien feˈraːli̯ən
Feramors ˈfeːramɔrs
Feraoun *fr.* feraˈun
Ferber ˈfɛrbɐ, *engl.* ˈfəːbə
Ferch fɛrç
Ferdausi *pers.* ferdou̯ˈsiː
Ferdi ˈfɛrdi
Ferdinand ˈfɛrdinant, *engl.* ˈfəːdɪnænd, *fr.* fɛrdiˈnã, *schwed.* ˈfæːrdinand
Ferdinánd *ung.* ˈfɛrdinaːnd
Ferdinande fɛrdiˈnandə, *fr.* fɛrdiˈnãːd
Ferdinando *it.* ferdiˈnando
Ferdl ˈfɛrdl̩
Ferdynand *poln.* fɛrˈdɨnant
Ferenc *ung.* ˈfɛrɛnts
Ferencsik *ung.* ˈfɛrɛntʃik
Ferencz[i] *ung.* ˈfɛrɛnts[i]
Ferenczy *ung.* ˈfɛrɛntsi
Fergana fɛrˈgaːna, *russ.* fɪrgaˈna
Ferge ˈfɛrgə
ferggen ˈfɛrgn̩, **fergg!** fɛrk, **ferggt** fɛrkt
Fergie *engl.* ˈfəːgɪ
Fergus *engl.* ˈfəːgəs
Fergus[s]on *engl.* ˈfəːgəsn
Feri *ung.* ˈfɛri
Feria ˈfeːri̯a, **Feriae** ˈfeːri̯ɛ
ferial feˈri̯aːl
Fériana *fr.* ferjaˈna
Ferien ˈfeːri̯ən
Ferienčik *slowak.* ˈfɛri̯ɛntʃiːk
Feriman *pers.* feriˈmɑːn
Ferkel ˈfɛrkl̩
ferkeln ˈfɛrkl̩n
Ferkéssédougou *fr.* fɛrkesedu'gu
Ferlach ˈfɛrlax
Ferleiten fɛrˈlai̯tn̩
Ferlin *schwed.* færˈliːn
Ferlinghetti *engl.* fəːlɪŋˈgɛtɪ
Ferlosio *span.* fɛrˈlosi̯o
ferm fɛrm
fermamente fɛrmaˈmɛntə
Ferman fɛrˈmaːn
Fermanagh *engl.* fəˈmænə
Fermat *fr.* fɛrˈma
Fermate fɛrˈmaːtə
Ferme fɛrm, **-n** ...mən
Ferment fɛrˈmɛnt
Fermentation fɛrmɛntaˈtsi̯oːn
fermentativ fɛrmɛntaˈtiːf, **-e** ...iːvə
fermentieren fɛrmɛnˈtiːrən
Fermi *it.* ˈfermi
Fermion fɛrˈmi̯oːn
Fermium ˈfɛrmi̯ʊm
Fermo *it.* ˈfermo
fern fɛrn
Fern *engl.* fəːn
fernab fɛrnˈ|ap
Fernambuk... fɛrnamˈbuːk...
Fernán *span.* fɛrˈnan
Fernand *fr.* fɛrˈnã
Fernandel *fr.* fɛrnãˈdɛl
Fernandes, ...es *port.* fərˈnɐndɪʃ, *bras.* ferˈnɐndis
Fernandez *fr.* fɛrnãˈdɛːz
Fernández *span.* fɛrˈnandeθ
Fernando *dt., span.* fɛrˈnando, *it.* ferˈnando, *port.* fərˈnɐndu, *bras.* ferˈnɐndu
Fernando de Noronha *bras.* ferˈnɐndu di noˈroɲa
Fernando Póo *span.* fɛrˈnando ˈpoo
Fernão *port.* fərˈnɐ̃u̯, *bras.* ferˈnɐ̃u̯
Fernau ˈfɛrnau̯
Ferndale *engl.* ˈfəːndeɪl
Ferne ˈfɛrnə
ferner, F... ˈfɛrnɐ
fernerhin ˈfɛrnɐhɪn, *auch:* ˈ‒‒ˈ‒
fernerweitig ˈfɛrnɐvai̯tɪç
Ferney *fr.* fɛrˈnɛ
Ferneyhough *engl.* ˈfəːnɪhoʊ
fernher ˈfɛrnˈheːɐ̯
fernhin ˈfɛrnˈhɪn
Fernkorn ˈfɛrnkɔrn
Fernost ˈfɛrnˈ|ɔst
fernöstlich ˈfɛrnˈ|œstlɪç
Fernow ˈfɛrno, *engl.* ˈfɛənoʊ
Fernpass ˈfɛrnpas
fernsehen ˈfɛrnzeːən
fernsprechen ˈfɛrnʃprɛçn̩
feroce feˈroːtʃə
Feronia feˈroːni̯a
Ferozepur *engl.* fəˈroʊzpɔː
Ferraghan fɛraˈgaːn
Ferrand *fr.* fɛˈrã
Ferrando *it.* ferˈrando
Ferrandus fɛˈrandʊs
Ferrani *it.* ferˈraːni
Ferrant *span.* fɛˈrran
Ferrante *it.* ferˈrante
Ferranti *engl.* fəˈræntɪ
Ferrara fɛˈraːra, *it.* ferˈraːra, *span.* fɛˈrrara
Ferrari *it.* ferˈraːri, *fr.* fɛraˈri
Ferraris *it.* ferˈraːris
Ferras *fr.* fɛˈrɑːs
Ferrassie, La *fr.* lafɛraˈsi
Ferrata *it.* ferˈraːta
Ferrater *kat.* fərrəˈte
Ferravilla *it.* ferraˈvilla
Ferreira *port.* fəˈrrɐi̯rɐ, *bras.* feˈrrei̯ra
Ferreiro *span.* fɛˈrrɛi̯ro
Ferrer *kat.* fəˈrre, *fr.* fɛˈrɛːr, *span.* fɛˈrrɛr, *engl.* fəˈrɛə
Ferreri *it.* ferˈrɛːri
Ferrero *it.* ferˈrɛːro
Ferret[te] *fr.* fɛˈrɛ[t]
Ferretti *it.* ferˈretti
Ferri *it.* ˈfɛrri
Ferrié *fr.* fɛˈrje
Ferrier *engl.* ˈfɛrɪə, *fr.* fɛˈrje
Ferrière[s] *fr.* fɛˈrjɛːr
Ferrini *it.* ferˈriːni
Ferris *engl.* ˈfɛrɪs
Ferrisalz ˈfɛrizalts
Ferrit fɛˈriːt
Ferro ˈfɛro, *it.* ˈfɛrro, *port.* ˈfɛrru
ferro..., F... ˈfɛro...
Ferrograph fɛroˈgraːf
Ferrol *span.* fɛˈrrɔl
Ferromagnetika fɛromaˈgneːtika
ferromagnetisch fɛromaˈgneːtɪʃ
Ferromagnetismus fɛromagneˈtɪsmʊs
Ferroniere fɛroˈni̯eːrə
Ferronnerie *fr.* fɛrɔnˈri
Ferrosalz ˈfɛrozalts
Ferrosilit fɛroziˈliːt
Ferroskop fɛroˈskoːp
Ferrotypie fɛrotyˈpiː, **-n** ...iːən
Ferrucci *it.* ferˈruttʃi
Ferruccio *it.* ferˈruttʃo
Ferrum ˈfɛrʊm
Ferry ˈfɛri, *fr.* fɛˈri, *engl.* ˈfɛrɪ
Ferse ˈfɛrzə
Fersen *schwed.* ˈfærsən
Ferstel ˈfɛrstl̩
fertig ˈfɛrtɪç, **-e** ...ɪgə

fertigen ˈfɛrtɪɡn̩, **fertig!** ˈfɛr-tɪç, **fertigt** ˈfɛrtɪçt
fertil fɛrˈtiːl
Fertilisation fɛrtilizaˈtsi̯oːn
Fertilität fɛrtiliˈtɛːt
Fertő[d] *ung.* ˈfɛrtøː[d]
fervent fɛrˈvɛnt
Féry *fr.* feˈri
fes, **¹Fes** (Tonbezeichnung) fɛs
²Fes (Kopfbedeckung) feːs, **-e** ˈfeːzə
³Fes (Ort) feːs, *auch:* fɛːs
Fescennium fɛsˈtsɛni̯ʊm
Fesch fɛʃ
Fesch *fr.* fɛʃ, *niederl.* fɛs
Feschak ˈfɛʃak
Fescoggia *it.* fesˈkɔddʒa
Fesan fɛˈsaːn
Fessel ˈfɛsl̩
fesseln ˈfɛsl̩n
Fessenden *engl.* ˈfɛsndən
Fessenheim ˈfɛsn̩hai̯m
Fessler ˈfɛslɐ
fest, **Fest** fɛst
Festa *it.* ˈfɛsta
Feste ˈfɛstə
festen ˈfɛstn̩
Festenburg ˈfɛstn̩bʊrk
festigen ˈfɛstɪɡn̩, **festig!** ˈfɛstɪç, **festigt** ˈfɛstɪçt
Festigkeit ˈfɛstɪçkai̯t
Festina lente! fɛsˈtiːna ˈlɛntə
Festival ˈfɛstivl̩, ˈfɛstival
Festivalier fɛstivaˈli̯eː
Festivität fɛstiviˈtɛːt
festivo fɛsˈtiːvo
Festland ˈfɛstlant
festländisch ˈfɛstlɛndɪʃ
Festnahme ˈfɛstnaːmə
Feston fɛsˈtõː
festonieren fɛstoˈniːrən
festoso fɛsˈtoːzo
Festung ˈfɛstʊŋ
Festus ˈfɛstʊs, *engl.* ˈfɛstəs
Feszenninen fɛstsɛˈniːnən
Fet (Fötus) feːt
Fet (Name) *russ.* fjɛt
Feta ˈfeːta
fetal feˈtaːl
Fete ˈfeːtə, *auch:* ˈfɛːtə
Fetești *rumän.* feˈteʃtj
Fethiye *türk.* ˈfɛthiːjɛ
Fetialen feˈtsi̯aːlən
Fetieren feˈtiːrən
Fétis *fr.* feˈtis
Fetisch ˈfeːtɪʃ
fetischisieren fetɪʃiˈziːrən
Fetischismus fetɪˈʃɪsmʊs
Fetischist fetɪˈʃɪst
Fetogenese fetogeˈneːzə
Fetometrie fetomeˈtriː
fett, **F...** fɛt
Fette ˈfɛtə
fetten ˈfɛtn̩
Fetti *it.* ˈfetti
fettig ˈfɛtɪç, **-e** ...ɪɡə
fettleibig ˈfɛtlai̯bɪç, **-e** ...ɪɡə
Fettuccine fɛtʊˈtʃiːnə
Fetus ˈfeːtʊs, **-se** ...ʊsə
Fetwa ˈfɛtva
Fetzchen ˈfɛtsçən
fetzeln ˈfɛtsl̩n
fetzen, **F...** ˈfɛtsn̩
fetzig ˈfɛtsɪç, **-e** ...ɪɡə
feucht, **F...** fɔy̆çt
Feuchte ˈfɔy̆çtə
feuchten, **F...** ˈfɔy̆çtn̩
Feuchtersleben ˈfɔy̆çtɐsleːbn̩
feuchtfröhlich ˈfɔy̆çtˈfrøːlɪç
Feuchtigkeit ˈfɔy̆çtɪçkai̯t
Feuchtmayer ˈfɔy̆çtmai̯ɐ
Feuchtwangen ˈfɔy̆çtvaŋən
Feuchtwanger ˈfɔy̆çtvaŋɐ
feudal fɔy̆ˈdaːl
feudalisieren fɔy̆daliˈziːrən
Feudalismus fɔy̆daˈlɪsmʊs
feudalistisch fɔy̆daˈlɪstɪʃ
Feudalität fɔy̆daliˈtɛːt
Feudel ˈfɔy̆dl̩
feudeln ˈfɔy̆dl̩n, **feudle** ˈfɔy̆dlə
Feuer ˈfɔy̆ɐ
Feuerbach ˈfɔy̆ɐbax
feuerjo ˈfɔy̆ɐjo
Feuerland ˈfɔy̆ɐlant, **...länder** ...lɛndɐ
feuerrot ˈfɔy̆ɐˈroːt
feuersicher ˈfɔy̆ɐzɪçɐ
feuerwerken ˈfɔy̆ɐvɛrkn̩
Feuillade *fr.* fœˈjad
Feuillage føˈjaːʒə
Feuillanten føˈjantn̩
Feuillants føˈjãː
Feuillère *fr.* fœˈjɛːr
Feuillet *fr.* fœˈjɛ
Feuilleton føjəˈtõː, *auch:* ˈføːjətõ
feuilletonisieren føjətoniˈziːrən
Feuilletonismus føjətoˈnɪsmʊs
Feuilletonist føjətoˈnɪst
Feuilletonistik føjətoˈnɪstɪk
Feulner ˈfɔy̆lnɐ
Feure *fr.* fœːr
feurig ˈfɔy̆rɪç, **-e** ...ɪɡə
feurio ˈfɔy̆ri̯o
Féval *fr.* feˈval
Fex (Narr) fɛks
Fey fai̯
Feydeau *fr.* fɛˈdo
Feyder *fr.* fɛˈdɛːr
Feyerabend ˈfai̯ɐ|aːbn̩t
Feynman *engl.* ˈfaɪnmən
¹Fez (Spaß) feːts
²Fez (Kopfbedeckung) feːts, feːs
³Fez (Stadt) *fr.* fɛːz
Fezensac *fr.* fəzãˈsak
ff ɛfˈ|ɛf
Ffestiniog *engl.* fɛsˈtɪnɪɔɡ
FFI *fr.* ɛfɛˈfi
Fiacre *fr.* fjakr
Fiacrius ˈfi̯aːkri̯ʊs
Fiaker ˈfi̯akɐ
Fiale ˈfi̯aːlə
Fialho *port.* ˈfi̯aʎu
Fial[k]a *tschech.* ˈfial[k]a
Fiammetta fi̯aˈmɛta, *it.* fi̯amˈmetta
Fianarantsoa *mad.* fi̯anaranˈtsu
fianchettieren fi̯aŋkɛˈtiːrən
Fianchetto fi̯aŋˈkɛto
Fianna Fail *engl.* ˈfiːənə ˈfɔɪl
fiant ˈfiːant
Fiasco ˈfi̯asko, **...chi** ...ki
Fiasella *it.* fi̯aˈzɛlla
Fiasko ˈfi̯asko
fiat ˈfiːat
Fiat® *it.* ˈfiːat
fiat justitia, et pereat mundus ˈfiːat jʊsˈtiːtsi̯a ɛt ˈpeːreat ˈmʊndʊs
Fibel ˈfiːbl̩
Fiber ˈfiːbɐ
Fibich *tschech.* ˈfibix
Fibiger *dän.* ˈfiːˀbiɡɐ
Fibonacci *it.* fiboˈnattʃi
fibrillär fibrɪˈlɛːɐ̯
Fibrille fiˈbrɪlə
fibrillieren fibrɪˈliːrən
Fibrin fiˈbriːn
Fibrinogen fibrinoˈɡeːn
Fibrinolyse fibrinoˈlyːzə
fibrinös fibriˈnøːs, **-e** ...øːzə
Fibrinurie fibrinuˈriː
Fibroblast fibroˈblast
Fibrocartilago fibrokartiˈlaːɡo
Fibroelastose fibro|elasˈtoːzə
Fibroin fibroˈiːn
Fibrom fiˈbroːm
Fibromatose fibromaˈtoːzə
Fibromyom fibromyˈoːm
fibrös fiˈbrøːs, **-e** ...øːzə
Fibrozyt fibroˈtsyːt
¹Fibula (Fibel, Spange) ˈfiːbula, **Fibuln** ˈfiːbʊln

[2]**Fibula** (Wadenbein) ˈfiːbula, **...lae** ...lɛ
Ficaria fiˈkaːri̯a, **...iae** ...i̯ɛ
Fichard ˈfɪçart
Fiche (Spiel, Filmmarke) fiːʃ
ficht fɪçt
Fichte ˈfɪçtə
Fichtelberg ˈfɪçtl̩bɛrk
fichten ˈfɪçtn̩
Fichu fiˈʃyː
Fici vgl. Ficus
Ficino *it.* fiˈtʃiːno
Fick fɪk
ficken ˈfɪkn̩
Ficker ˈfɪkɐ
Fickfack ˈfɪkfak
fickfacken ˈfɪkfakn̩
Fickfackerei fɪkfakəˈrai̯
Ficksburg *engl.* ˈfɪksbəːg
Fiction ˈfɪkʃn̩
Ficus ˈfiːkʊs, **...ci** ˈfiːtsi
Fideikommiss fideikɔˈmɪs, ˈfiːdei...
Fideismus fideˈɪsmʊs
Fideist fideˈɪst
fidel fiˈdeːl
[1]**Fidel** (Violine) ˈfiːdl̩
[2]**Fidel** (Name) *span.* fiˈðɛl
Fidelio fiˈdeːli̯o
Fidelis fiˈdeːlɪs
Fidelismo fideˈlɪsmo
Fidelismus fideˈlɪsmʊs
Fidelist fideˈlɪst
Fidelitas fiˈdeːlitas
Fidelität fideliˈtɛːt
Fidenae fiˈdeːnɛ
Fidenza *it.* fiˈdɛntsa
Fides ˈfiːdɛs
FIDESZ *ung.* ˈfidɛs
Fidibus ˈfiːdibʊs
FIDO *engl.* ˈfaɪdoʊ
Fidschi ˈfɪdʒi
Fidschianer fɪˈdʒi̯aːnɐ
fidschianisch fɪˈdʒi̯aːnɪʃ
Fidulität fiduliˈtɛːt
Fidus ˈfiːdʊs
Fiduz fiˈduːts
Fiduziant fiduˈtsi̯ant
Fiduziar fiduˈtsi̯aːɐ̯
fiduzit!, Fiduzit fiˈduːtsɪt
Fieber ˈfiːbɐ
Fieberbrunn fiːbɐˈbrʊn
fieberig ˈfiːbərɪç, **-e** ...ɪgə
fiebern ˈfiːbɐn, **fiebre** ˈfiːbrə
Fiebig ˈfiːbɪç
fiebrig ˈfiːbrɪç, **-e** ...ɪgə
Fiecht[er] ˈfiːçt[ɐ]
Fiedel ˈfiːdl̩
fiedeln ˈfiːdl̩n, **fiedle** ˈfiːdlə
Fieder ˈfiːdɐ
Fiedler ˈfiːdlɐ, *engl.* ˈfiːdlə
Fiekchen ˈfiːkçən
Fieke ˈfiːkə
fiel fiːl
Field... ˈfiːlt...
Field[ing] *engl.* ˈfiːld[ɪŋ]
Fieldistor ˈfiːldɪstoːɐ̯, *auch:* –ˈ––, **-en** ...ˈtoːrən
Fiene ˈfiːnə
fiepen ˈfiːpn̩
Fier *alban.* ˈfier
Fierabras ˈfi̯eːrabras, *fr.* fjɛraˈbrɑ
Fierant fi̯əˈrant, fi̯eˈrant
Fieravanti *it.* fi̯eraˈvanti
Fierboys *fr.* fjɛrˈbwa
fieren ˈfiːrən
Fierlinger ˈfiːɐ̯lɪŋɐ, *tschech.* ˈfiːrliŋgɛr
fiero ˈfi̯eːrɔ
Fierro *span.* ˈfi̯ɛrrɔ
fies fiːs, **-e** ˈfiːzə
Fiesch fiːʃ
Fieschi *it.* ˈfi̯eski
Fiesco ˈfi̯ɛsko, *it.* ˈfi̯esko
Fieseler ˈfiːzəlɐ
Fiesling ˈfiːslɪŋ
Fiesole *it.* ˈfi̯ɛːzole
Fiesta [de la Raza] ˈfi̯ɛsta [deː la ˈrasa]
Fiet[j]e ˈfiːt[j]ə
Fietz fiːts
Fifa, FIFA ˈfiːfa
Fife *engl.* faɪf
Fiffi ˈfɪfi
Fifth Avenue *engl.* ˈfɪfθ ˈævɪnjuː
fifty-fifty ˈfɪftiˈfɪfti
Figaro *dt., it.* ˈfiːgaro, *fr.* figaˈro
Fight fai̯t
fighten ˈfai̯tn̩
Fighter ˈfai̯tɐ
Figini *it.* fiˈdʒiːni
Figl ˈfiːgl̩
Figline Valdarno *it.* fiʎˈʎiːne valˈdarno
Figner *russ.* ˈfignɪr
Figueira *span.* fiˈɣei̯ra
Figueira da Foz *port.* fiˈɣei̯rɐ ðɐ ˈfɔʃ
Figueiredo *port.* fiɣɐi̯ˈreðu, *bras.* figei̯ˈredu
Figueras *span.* fiˈɣeras
Figueredo *span.* fiɣeˈreðo
Figueres *span.* fiˈɣeres
Figueroa *span.* fiɣeˈroa
Figuig *fr.* fiˈgig
Figuli *slowak.* ˈfiguli
Figulus ˈfiːgulʊs
Figur fiˈguːɐ̯
Figura etymologica fiˈguːra etymoˈloːgika, **...ae ...ae** ...rɛ ...tsɛ
figural figuˈraːl
Figuralität figuraliˈtɛːt
Figurant figuˈrant
Figuration figuraˈtsi̯oːn
figurativ figuraˈtiːf, **-e** ...iːvə
Figürchen fiˈgyːɐ̯çən
figurieren figuˈriːrən
...figurig ...fiˌguːrɪç, **-e** ...ɪgə
Figurine figuˈriːnə
figürlich fiˈgyːɐ̯lɪç
Fiji *engl.* ˈfiːdʒiː
Fike ˈfiːkə
Fiken ˈfiːkn̩
Fikh fɪk
Fiktion fɪkˈtsi̯oːn
fiktional fɪktsi̯oˈnaːl
fiktionalisieren fɪktsi̯onaliˈziːrən
Fiktionalismus fɪktsi̯onaˈlɪsmʊs
fiktiv fɪkˈtiːf, **-e** ...iːvə
Fil-à-Fil filaˈfɪl
Filage fiˈlaːʒə
Filament filaˈmɛnt
Filanda fiˈlanda
Filaret[a] *russ.* filaˈrjɛt[ɐ]
Filarete *it.* filaˈrɛːte
Filaria fiˈlaːri̯a; **...iae** ...i̯ɛ, **...ien** ...i̯ən
filar il tuono fiˈlaːɐ̯ ɪl ˈtu̯oːno
Filariose filaˈri̯oːzə
Filatow *russ.* fiˈlatɐf
Filbinger ˈfɪlbɪŋɐ
Filchner ˈfɪlçnɐ
Filder[stadt] ˈfɪldɐ[ʃtat]
fil di voce ˈfɪl diː ˈvoːtʃə
File fai̯l
Filelfo *it.* fiˈlɛlfo
Filet fiˈleː
Filete fiˈleːtə
filetieren fileˈtiːrən
Filho *bras.* ˈfiʎu
Filia hospitalis ˈfiːli̯a hɔspiˈtaːlɪs, **...ae ...les** ...li̯ɛ ...leːs
Filial... fiˈli̯aːl...
Filiale fiˈli̯aːlə
Filialist fili̯aˈlɪst
Filiation fili̯aˈtsi̯oːn
Filibert ˈfiːlibɛrt
Filiberta filiˈbɛrta
Filiberto *it.* filiˈbɛrto, *span.* filiˈβɛrto
[1]**Filibuster** (Pirat) filiˈbʊstɐ

²Filibuster (Verschleppungstaktik) fili'bastɐ
Filicaia *it.* fili'ka:ia
filieren fi'li:rən
filiform fili'fɔrm
Filigran fili'gra:n
Filii vgl. Filius
Filimon *russ.* fili'mɔn, *rumän.* fili'mon
Filinto *port.* fi'lintu
Filip *tschech.* 'filip
Filipe *port.* fə'lipə
Filipescu *rumän.* fili'pesku
Filipina fili'pi:na
Filipinas *span.* fili'pinas
Filipino fili'pi:no
Filipović *serbokr.* 'filipɔvitɕ
Filipow *bulgar.* 'filipof
Filipowicz *poln.* fili'pɔvitʃ
Filipp *russ.* fi'lipp
Filippo *it.* fi'lippo
Filippone filı'po:nə
Filippowitsch *russ.* fi'lippɐvitʃ
Filippowna *russ.* fi'lippɐvnɐ
Filipstad *schwed.* filip'stɑ:d
Filius 'fi:li̯ʊs, ...**lii** ...lii
Fillebrown *engl.* 'fılbraʊn
Fillér 'fılɐ, 'fıle:ɐ̯
Filling 'fılıŋ
Filliou *fr.* fi'lju
Fillmore *engl.* 'fılmɔ:
Filloy *span.* fi'ʎɔi̯
Film fılm
Filmen 'fılmən
Filmer (Name) *engl.* 'fılmə
filmisch 'fılmıʃ
Filmogen fılmo'ge:n
Filmographie fılmogra'fi:, **-n** ...i:ən
Filmothek fılmo'te:k
Filo 'fi:lo
Filosel filo'zɛl
Filou fi'lu:
Filow *bulgar.* 'filof
Fils (Name, Münze) fıls
Fils (Sohn) fıs
Filter 'fıltɐ
filtern 'fıltɐn
Filtrat fıl'tra:t
Filtration fıltra'tsi̯o:n
filtrieren fıl'tri:rən
Fil[t]z fılts
Filüre fi'ly:rə
filzen 'fıltsn̩
Filzokrat fıltso'kra:t
Filzokratie fıltsokra'ti:, **-n** ...i:ən
Fimbrie 'fımbriə
Fimbulwinter 'fımbʊlvıntɐ
Fimmel 'fıml̩
Fina, FINA 'fi:na
final, F... fi'na:l
Finaldecay 'fai̯nl̩di'ke:
Finale fi'na:lə
Finale Ligure *it.* fi'na:le 'li:gure
Finalis fi'na:lıs, ...**les** ...le:s
Finalismus fina'lısmʊs
Finalist fina'lıst
Finalität finali'tɛ:t
Financial Times *engl.* faı'nænʃəl 'taımz
Financier finã'si̯e:
Finanz[en] fi'nants̮[n̩]
Finanzer fi'nants̮ɐ
finanziell finan'ts̮i̯ɛl
Finanzier finan'tsi̯e:
finanzieren finan'ts̮i:rən
finassieren fina'si:rən
Finca 'fıŋka
Finch[ley] *engl.* 'fıntʃ[lı]
Finck[en] 'fıŋk[n̩]
Finckenstein 'fıŋkn̩ʃtai̯n
Finckh fıŋk
Findeisen 'fınt|ai̯zn̩
Findel[kind] 'fındl̩[kınt]
finden 'fındn̩, **find!** fınt
Fin de Siècle 'fɛ̃: də 'zi̯ɛ:kl̩
findig 'fındıç, **-e** ...ıgə
Findlay *engl.* 'fındleı
Findling 'fıntlıŋ
Fine 'fi:nə, *engl.* fai̯n, *fr.* fin
Fine Gael *engl.* 'fın 'geıl
Finelli *it.* fi'nɛlli
Fines Herbes 'fi:n 'zɛrp
Finesse fi'nɛsə
Finette fi'nɛt
fing fıŋ
Fingal 'fıŋgal, *engl.* 'fıŋgəl
Finger 'fıŋɐ
...fingerig ...fıŋərıç, **-e** ...ıgə
Fingerling 'fıŋɐlıŋ
fingern 'fıŋɐn
Fingerzeig 'fıŋɐts̮ai̯k, **-e** ...ai̯gə
fingieren fıŋ'gi:rən
Fini 'fi:ni, *it.* 'fi:ni, *span.* 'fini
Finiguerra *it.* fini'gu̯ɛrra
Finimeter fini'me:tɐ
Finis 'fi:nıs
Finish 'fınıʃ
finishen 'fınıʃn̩
finishieren fını'ʃi:rən
Finissage finı'sa:ʒə
Finisseur finı'sø:ɐ̯
Finistère *fr.* finis'tɛ:r
Finisterre *span.* finis'tɛrrɛ
finit fi'ni:t
Finitismus fini'tısmʊs
Finitum fi'ni:tʊm, ...**ta** ...ta
Fink[e] 'fıŋk[ə]
Finkelstein 'fıŋkl̩ʃtai̯n
Finken 'fıŋkn̩
Finkenwerder fıŋkn̩'vɛrdɐ
Finkenzeller 'fıŋkn̩ts̮ɛlɐ
Finkler 'fıŋklɐ
Finland *schwed.* 'finland
Finlandia fın'landi̯a
Finlay *engl.* 'fınleı
Finley *engl.* 'fınlı
Finn *dt., engl.* fın, *dän.* fın'
Finnair 'fınɛ:ɐ̯
Finnbogadóttir *isl.* 'fınbɔ:ɣadou̯htır
Finn-Dingi, ...ghy 'fındıŋgi
Finne 'fınə
Finnegan *engl.* 'fınıgən
Finney *engl.* 'fını
Finni 'fıni
finnig 'fınıç, **-e** ...ıgə
Finnin 'fının
finnisch 'fınıʃ
Finnissy *engl.* 'fınısı
Finnland 'fınlant
Finnländer 'fınlɛndɐ
finnländisch 'fınlɛndıʃ
finnlandisieren fınlandi'zi:rən
Finnmark 'fınmark, *norw.* ˌfinmark
Finnmarksvidda *norw.* ˌfinmarksvida
finnougrisch fıno'|u:grıʃ
Finnougrist[ik] fıno|u'grıst[ık]
Finnwal 'fınva:l, ...val
Finow[furt] 'fi:no[fʊrt]
Finsbury *engl.* 'fınzbərı
Finsch fınʃ
Finsen *dän.* 'fın'sn̩
Finspång *schwed.* ˌfinspɔŋ
finster 'fınstɐ
Finsteraarhorn fınstɐ'|a:ɐ̯hɔrn
Finsterer 'fınstərɐ
Finsterling 'fınstɐlıŋ
Finsterlohr 'fınstɐlo:ɐ̯
Finstermünz 'fınstɐmʏnts̮
finstern 'fınstɐn
Finsternis 'fınstɐnıs, **-se** ...ısə
Finsterwalde fınstɐ'valdə
Finsterwalder (Nachn.) 'fınstɐvaldɐ
Finte 'fıntə
fintieren fın'ti:rən
finzelig 'fınts̮əlıç, **-e** ...ıgə
Finžgar *slowen.* 'fi:nʒgar
finzlig 'fınts̮lıç, **-e** ...ıgə
fioco 'fi̯o:ko
Fioravanti *it.* fi̯ora'vanti
Fiordiligi *it.* fi̯ordi'li:dʒi
Fiorelli *it.* fi̯o'rɛlli

F

Fiorẹnzo *it.* fi̯o'rɛntso
Fiorẹtte fi̯o'rɛtə
Fiori *it.* 'fi̯o:ri
Fiorillo fi̯o'rɪlo, *it.* fi̯o'rillo
Fioritur fi̯ori'tu:ɐ̯
Fips fɪps
fipsen 'fɪpsn̩
fipsig 'fɪpsɪç, **-e** ...ɪgə
Fiqh fɪk
Fịrat *türk.* fɨ'rɑt
Firbank *engl.* 'fə:bæŋk
Firdausi fɪr'dau̯zi
Firẹnze *it.* fi'rɛntse
Firenzuola *it.* firen'tsu̯ɔ:la
Firestone *engl.* 'faɪəstoʊn
Firkụsny fɪr'kʊsni
Fịrkušný *tschech.* 'firkuʃni:
Fịrlefanz 'fɪrləfants
Firlefanzerei fɪrləfantsə'rai̯
fịrm fɪrm
Fịrma 'fɪrma
Firmamẹnt fɪrma'mɛnt
Fịrmelung 'fɪrməlʊŋ
fịrmen 'fɪrmən
Fịrmian 'fɪrmi̯a:n
Fịrmicus 'fɪrmikʊs
firmieren fɪr'mi:rən
Firmilian fɪrmi'li̯a:n
Firmin *fr.* fir'mɛ̃
Firminy *fr.* firmi'ni
Fịrmling 'fɪrmlɪŋ
Firmware 'fø:ɐ̯mvɛ:ɐ̯, 'fœrm...
firn, F... fɪrn
Fịrne 'fɪrnə
Fịrner 'fɪrnɐ
Fịrnis 'fɪrnɪs, **-se** ...ɪsə
fịrnissen 'fɪrnɪsn̩
Fịrs *russ.* firs
Fịrst fɪrst
first class 'fø:ɐ̯st 'kla:s, 'fœrst -
First-Day-Cover 'fø:ɐ̯st-'de:'kavɐ, 'fœrst...
First Lady 'fø:ɐ̯st 'le:di, 'fœrst -, - ...dies - ...di:s
Firth *engl.* fə:θ
Firusabad *pers.* firuzɑ'bɑ:d
fịs, Fịs, FỊS fɪs
Fịsch fɪʃ
Fịschart (Name) 'fɪʃart
Fịschbach[er] 'fɪʃbax[ɐ]
Fịschbeck 'fɪʃbɛk
fịschen, F... 'fɪʃn̩
Fịschenz 'fɪʃɛnts
Fịscher 'fɪʃɐ, *tschech., ung.* 'fiʃɛr
Fischerei fɪʃə'rai̯
Fischhausen fɪʃ'hau̯zn̩
Fịschhof 'fɪʃho:f
fịschig 'fɪʃɪç, **-e** ...ɪgə
Fịschinger 'fɪʃɪŋɐ
Fịschland 'fɪʃlant
Fịs-Dur 'fɪsdu:ɐ̯, *auch:* '-'-
Fisẹttholz fi'zɛthɔlts
Fịsh *engl.* fɪʃ
Fịshbourne *engl.* 'fɪʃbən
Fịsher *engl.* 'fɪʃə
Fịshguard *engl.* 'fɪʃgɑ:d
Fịshing for Cọmpliments 'fɪʃɪŋ fo:ɐ̯ 'kɔmplimənts
Fịshta *alban.* 'fiʃta
Fisimatẹnten fizima'tɛntn̩
Fiskal fɪs'ka:l
Fiskaline fɪska'li:nə
fiskalisch fɪs'ka:lɪʃ
Fịsk[e] *engl.* fɪsk
Fịskus 'fɪskʊs
Fịsmes *fr.* fim
fịs-Moll 'fɪsmɔl, *auch:* '-'-
Fisole fi'zo:lə
fịsselig 'fɪsəlɪç, **-e** ...ɪgə
fissil fɪ'si:l
Fissilität fɪsili'tɛ:t
Fission fɪ'si̯o:n
Fissur fɪ'su:ɐ̯
Fịst[el] 'fɪst[l̩]
fịsteln 'fɪstl̩n
Fịstfucking 'fɪstfakɪŋ
Fistoulari *engl.* fɪstʊ'lɑ:rɪ
Fịstula 'fɪstula, **...lae** ...lɛ
fịt fɪt
Fita 'fi:ta
Fịtch[burg] *engl.* 'fɪtʃ[bə:g]
Fịtger 'fɪtgɐ
Fitis 'fi:tɪs, **-se** ...ɪsə
Fịtness 'fɪtnɛs
Fịtsche 'fɪtʃə
fịtten, F... 'fɪtn̩
Fịttich, ...ig 'fɪtɪç
[1]Fịtting (Verbindungsstück) 'fɪtɪŋ
[2]Fịtting (Name) *engl.* 'fɪtɪŋ
Fitzalan *engl.* fɪts'ælən
Fịtzbohne 'fɪtsbo:nə
Fitzcharles *engl.* fɪts'tʃɑ:lz
Fitzclarence *engl.* fɪts'klærəns
Fitzdọttrel *engl.* fɪts'dɔtrəl
Fịtze 'fɪtsə
Fitzẹdward *engl.* fɪts'ɛdwəd
fịtzen 'fɪtsn̩
Fitzgeorge *engl.* fɪts'dʒɔ:dʒ
Fitzgẹrald *engl.* fɪts'dʒɛrəld
FitzGẹrald *engl.* fɪts'dʒɛrəld
Fitzgịbbon *engl.* fɪts'gɪbən
Fitzgreene *engl.* fɪts'gri:n
Fitzhardinge *engl.* fɪts'hɑ:dɪŋ
Fitzhạrris *engl.* fɪts'hærɪs
Fitzherbert *engl.* fɪts'hə:bət
Fitzhugh *engl.* fɪts'hju:
Fitzjames *engl.* fɪts'dʒeɪmz
Fitzjọhn *engl.* fɪts'dʒɔn
Fitzmaurice *engl.* fɪts'mɔrɪs
Fitzpatrick *engl.* fɪts'pætrɪk
Fitzrandolph *engl.* fɪts'rændɔlf
[1]Fitzrọy (Nachn.) *engl.* fɪts'rɔɪ
[2]Fitzroy (erdk. Name) *engl.* 'fɪtsrɔɪ, -'-
Fitzsịmmons *engl.* fɪts'sɪmənz
Fitzstephen *engl.* fɪts'sti:vn
Fitzurse *engl.* fɪts'ə:s
Fitzwalter *engl.* fɪts'wɔ:ltə
Fitzwater *engl.* fɪts'wɔ:tə
Fitzwịlliam *engl.* fɪts'wɪljəm
Fitzwygram *engl.* fɪts'waɪgrəm
Fiumaner fi̯u'ma:nɐ
Fiumara fi̯u'ma:ra
Fiumare fi̯u'ma:rə
Fiume 'fi̯u:mə, *it.* 'fi̯u:me
Fiumer 'fi̯u:mɐ
Fiumicino *it.* fi̯umi'tʃi:no
fiumisch 'fi̯u:mɪʃ
Five Fọrks *engl.* 'faɪv 'fɔ:ks
Five o'Clọck 'fai̯f o'klɔk
Five o'Clọck Tea 'fai̯f o'klɔk'ti:
Fives fai̯fs
fịx fɪks
Fịxa vgl. Fixum
Fixage fɪ'ksa:ʒə
Fixateur fɪksa'tø:ɐ̯
Fixation fɪksa'tsi̯o:n
Fixativ fɪksa'ti:f, **-e** ...i:və
Fixator fɪ'ksa:to:ɐ̯, **-en** fɪksa-'to:rən
fịxen 'fɪksn̩
Fịxer 'fɪksɐ
fixieren fɪ'ksi:rən
Fịxing 'fɪksɪŋ
Fixịsmus fɪ'ksɪsmʊs
Fịxum 'fɪksʊm, **Fịxa** 'fɪksa
Fizeau *fr.* fi'zo
Fịzz fɪs
Fjäll fjɛl
Fjärd fjɛrt, **-es** 'fjɛrdəs
Fjẹld fjɛlt, **-es** 'fjɛldəs
Fjẹll fjɛl
Fjodor 'fjo:do:ɐ̯, *russ.* 'fjɔdɐr
Fjọdorow *russ.* 'fjɔdɐrɐf
Fjọdorowitsch *russ.* 'fjɔdɐrɐvitʃ
Fjọdorowna *russ.* 'fjɔdɐrɐvnɐ
Fjọkla *russ.* 'fjɔklɐ
Fjọrd fjɔrt, **-e** 'fjɔrdə
FKK[ler] ɛfka:'ka:[lɐ]
Fla-... 'fla:...
Flạb flap
Flạccus 'flakʊs
flạch, F... flax
...flach ...flax

Fläche 'flɛçə
flächig 'flɛçɪç, **-e** ...ɪgə
...flächner ...flɛçnɐ
Flachs[e] 'flaks[ə]
flachsen 'flaksn̩
flächsen 'flɛksn̩
Flacius 'fla:tsi̯ʊs
Flack *engl.* flæk
flacken 'flakn̩
flackerig 'flakərɪç, **-e** ...ɪgə
flackern 'flakɐn
flackrig 'flakrɪç, **-e** ...ɪgə
Flacon fla'kõ:
Flacourt *fr.* fla'ku:r
Flacourtie fla'kʊrtsi̯ə
Flad fla:t
Fladen 'fla:dn̩
Flader 'fla:dɐ
fladerig 'fla:dərɪç, **-e** ...ɪgə
fladern 'fla:dɐn, **...dre** ...drə
Flädle 'flɛ:tlə
fladrig 'fla:drɪç, **-e** ...ɪgə
Fladungen 'fla:dʊŋən
Flagellant flagɛ'lant
Flagellantismus flagɛlan'tɪs-mʊs
Flagellat flagɛ'la:t
Flagellation flagɛla'tsi̯o:n
Flagelle fla'gɛlə
Flagellomanie flagɛloma'ni:
Flagellum fla'gɛlʊm, **...lien** ...li̯ən
Flageolett flaʒo'lɛt
Flagg *engl.* flæg
Flagge 'flagə
flaggen 'flagn̩, **flagg!** flak, **flaggt** flakt
flagrant fla'grant
Flagstad 'flakʃtat, *norw.* ˌflaksta:
Flagstaff *engl.* 'flægstɑ:f
Flahau[l]t *fr.* fla'o
Flaherty *engl.* 'flɛətɪ
Flaiano *it.* fla'i̯a:no
Flair flɛ:ɐ̯
Flaischlen 'flai̯ʃlən
Flak flak
Flake 'fla:kə
Flakon fla'kõ:
Flamand *fr.* fla'mã
Flambeau flã'bo:
Flambee flã'be:
Flamberg 'flambɛrk, **-e** ...rgə
flambieren flam'bi:rən
flamboyant flãbo̯a'jant
Flamboyant flãbo̯a'jã:
Flame 'fla:mə
Flamen 'fla:me:n, **...mines** 'fla:mine:s

Flamenco fla'mɛŋko
Flameng *fr.* fla'mɛ̃:g
Flamenga fla'mɛŋga
Flamengo fla'mɛŋgo
Flame-out fle:m'|au̯t, '‒‒
Flamin 'fla:mɪn
Flämin 'flɛ:mɪn
Flamines vgl. Flamen
Fläming 'flɛ:mɪŋ
Flamingo fla'mɪŋgo
Flaminio *it.* fla'mi:ni̯o
Flaminius fla'mi:ni̯ʊs
flämisch 'flɛ:mɪʃ
Flamisol flami'zo:l
Flamländer 'fla:mlɛndɐ
flamländisch 'fla:mlɛndɪʃ
Flammarion *fr.* flama'rjõ
Flamme 'flamə
Flammé fla'me:
flammen 'flamən
flämmen 'flɛmən
Flammeri 'flaməri
flammig 'flamɪç, **-e** ...ɪgə
Flamsteed *engl.* 'flæmsti:d
Flanagan *engl.* 'flænəgən
Flandern 'flandɐn
Flandes *span.* 'flandes
Flandin *fr.* flã'dɛ̃
Flandre *fr.* flã:dr
Flandrin *fr.* flã'drɛ̃
flandrisch 'flandrɪʃ
Flanell fla'nɛl
flanellen fla'nɛlən
Flaneur fla'nø:ɐ̯
flanieren fla'ni:rən
Flanke 'flaŋkə
flanken 'flaŋkn̩
Flankerl 'flaŋkɐl
flankieren flaŋ'ki:rən
Flannagan *engl.* 'flænəgən
Flansch flanʃ
flanschen 'flanʃn̩
Flap flɛp
Flappe 'flapə
flappen 'flapn̩
Flapper 'flɛpɐ
Flaps flaps
flapsig 'flapsɪç, **-e** ...ɪgə
Flare flɛ:ɐ̯
Fläschchen 'flɛʃçən
Flasche 'flaʃə
Flaser 'fla:zɐ
Flash flɛʃ
Flash-back 'flɛʃbɛk
Flashlight 'flɛʃlai̯t
Flaška *tschech.* 'flaʃka
flasrig 'fla:zrɪç, **-e** ...ɪgə
flat, F... flɛt
Flathead[s] *engl.* 'flæthɛd[z]

Flatsche 'flatʃə, *auch:* 'fla:tʃə
Flatschen 'flatʃn̩, *auch:* 'fla:tʃn̩
Flatter 'flatɐ
Flatterie flatə'ri:, **-n** ...i:ən
flatterig 'flatərɪç, **-e** ...ɪgə
flattern 'flatɐn
Flatteur fla'tø:ɐ̯
flattieren fla'ti:rən
flattrig 'flatrɪç, **-e** ...ɪgə
Flatulenz flatu'lɛnts
Flatus 'fla:tʊs, **die -** ...tu:s
flau flau̯
Flaubert *fr.* flo'bɛ:r
Flaum[er] 'flau̯m[ɐ]
flaumig 'flau̯mɪç, **-e** ...ɪgə
Flaus flau̯s, **-e** 'flau̯zə
Flausch flau̯ʃ
Flause 'flau̯zə
flautando flau̯'tando
flautato flau̯'ta:to
Flaute 'flau̯tə
Flauto 'flau̯to, **...ti** ...ti
Flauto piccolo 'flau̯to 'pɪkolo, **...ti ...li** ...ti ...li
Flauto traverso 'flau̯to tra'vɛrzo, **...ti ...si** ...ti ...zi
Flavia 'fla:vi̯a
Flavian fla'vi̯a:n
Flavier 'fla:vi̯ɐ
Flavio *it.* 'fla:vi̯o
Flavius 'fla:vi̯ʊs
Flavon fla'vo:n
Flavus 'fla:vʊs
Flavy *fr.* fla'vi
Flawil 'fla:vi:l, fla'vi:l
Flaxman *engl.* 'flæksmən
Fläz flɛ:ts
fläzen 'flɛ:tsn̩
fläzig 'flɛ:tsɪç, **-e** ...ɪgə
Fleance *engl.* 'fli:əns
Flebbe 'flɛbə
Flèche *fr.* flɛʃ
Fléchier *fr.* fle'ʃje
Flechse 'flɛksə
flechsig 'flɛksɪç, **-e** ...ɪgə
Flechsig 'flɛksɪç
Flechte 'flɛçtə
flechten 'flɛçtn̩
Flechtheim 'flɛçthai̯m
Fleck flɛk
flecken, F... 'flɛkn̩
Flecker *engl.* 'flɛkə
Fleckerl 'flɛkɐl
fleckig 'flɛkɪç, **-e** ...ɪgə
Fledderer 'flɛdərɐ
fleddern 'flɛdɐn, **fleddre** 'flɛdrə
Fledermaus 'fle:dɐmau̯s
Fleece fli:s

[1]**Fleet** (Kanal) fle:t
[2]**Fleet** (Name) *engl.* fli:t
Fleet Street *engl.* ˈfli:tstri:t
Fleetwood *engl.* ˈfli:twʊd
Fleg *fr.* flɛg
Flegel ˈfle:gl̩
Flegelei fle:gəˈlai̯
flegeln ˈfle:gl̩n, **flegle** ˈfle:glə
flehen ˈfle:ən
flehentlich ˈfle:əntlɪç
Fleier ˈflai̯ɐ
Fleimstal ˈflai̯msta:l
Flein[er] ˈflai̯n[ɐ]
Fleisch[er] ˈflai̯ʃ[ɐ]
Fleischerei flai̯ʃəˈrai̯
fleischern ˈflai̯ʃɐn
fleischig ˈflai̯ʃɪç, **-e** ...ɪgə
Fleischmann ˈflai̯ʃman
Fleiß flai̯s
Fleißer ˈflai̯sɐ
fleißig ˈflai̯sɪç, **-e** ...ɪgə
Fleiverkehr ˈflai̯fɛɐ̯ke:ɐ̯
Flekkefjord *norw.* ˌflɛkəfju:r
flektieren flɛkˈti:rən
Flémal[le] *fr.* fleˈmal
Fleming ˈfle:mɪŋ, *engl.* ˈflɛmɪŋ, *schwed.* ˌfle:miŋ
Flemming ˈflɛmɪŋ, *dän.* ˈfle-mɪŋ
Flen *schwed.* fle:n
flennen ˈflɛnən
Flennerei flɛnəˈrai̯
Flensburg ˈflɛnsbʊrk
Flers *fr.* flɛ:r
Flesch flɛʃ
Flesserl ˈflɛsɐl
Fletcher *engl.* ˈflɛtʃə
fletschen ˈflɛtʃn̩
fletschern ˈflɛtʃɐn
Flett[ner] ˈflɛt[nɐ]
Fletz fle:ts, *auch:* flɛts
fleucht flɔyçt
fleugt flɔykt
Fleur flø:ɐ̯
Fleuret fløˈre:
Fleurette fløˈrɛt
Fleurin fløˈri:n
Fleuriot *fr.* flœˈrjo
Fleurist fløˈrɪst
[1]**Fleuron** (Blumenzierat) fløˈrõ:
[2]**Fleuron** (Name) *dän.* flʏˈrɔŋ
Fleurop ˈflɔyrɔp, ˈflø:rɔp, flɔy-ˈro:p, fløˈro:p
Fleurs du mal *fr.* flœrdyˈmal
Fleury *fr.* flœˈri
fleußt flɔyst
Fleute ˈflø:tə
Fléville *fr.* fleˈvil
Flevoland *niederl.* ˈfle:volɑnt
Flex flɛks
Flexaton ˈflɛksatɔn
Flexen ˈflɛksn̩
flexibel flɛˈksi:bl̩, **...ble** ...blə
Flexibilität flɛksibiliˈtɛ:t
Flexible Response ˈflɛksəbl̩ rɪsˈpɔns
Flexiole® flɛˈksi̯o:lə
Flexion flɛˈksi̯o:n
Flexiv flɛˈksi:f, **-e** ...i:və
flexivisch flɛˈksi:vɪʃ
Flexner *engl.* ˈflɛksnə
Flexodruck ˈflɛksodrʊk
Flexor ˈflɛkso:ɐ̯, **-en** flɛ-ˈkso:rən
Flexur flɛˈksu:ɐ̯
Flibustier fliˈbʊsti̯ɐ
Flic flɪk
Flicflac flɪkˈflak
flicht flɪçt
Flick flɪk
Flickel ˈflɪkl̩
flicken ˈflɪkn̩
Flickenschildt ˈflɪkn̩ʃɪlt
Flickerei flɪkəˈrai̯
Flickflack ˈflɪkflak
Flida ˈfli:da
Flieboot ˈfli:bo:t
Flieden ˈfli:dn̩
Flied[n]er ˈfli:d[n]ɐ
Flieg fli:k
Fliege ˈfli:gə
fliegen ˈfli:gn̩, **flieg!** fli:k, **fliegt** fli:kt
Fliegerei fli:gəˈrai̯
fliehen ˈfli:ən
Fliese ˈfli:zə
fliesen ˈfli:zn̩, **flies!** fli:s, **fliest** fli:st
Fließ fli:s
fließen ˈfli:sn̩
Fliffis ˈflɪfɪs
Flight... ˈflai̯t...
Flijer *russ.* fliˈjɛr
flimmern ˈflɪmɐn
Flims flɪms
Flinck *niederl.* flɪŋk
Flinders *engl.* ˈflɪndəz
Flindt flɪnt, *dän.* flɪnˀd
Flin Flon *engl.* ˈflɪnflɔn
flink flɪŋk
Flinsberg ˈflɪnsbɛrk
Flinse ˈflɪnzə
Flinserl ˈflɪnzɐl
Flint *dt., engl.* flɪnt
Flinte ˈflɪntə
Flintshire *engl.* ˈflɪntʃɪə
Flinz flɪnts
Flip flɪp
Flipchart ˈflɪptʃart, ...tʃa:ɐ̯rt; *auch:* ...pʃ...
Flipflop ˈflɪpflɔp
flippen ˈflɪpn̩
Flipper ˈflɪpɐ
flippern ˈflɪpɐn
flirren ˈflɪrən
Flirt flø:ɐ̯t, flœrt, flɪrt
flirten ˈflø:ɐ̯tn̩, ˈflœrtn̩, ˈflɪrtn̩
Flit[ner] ˈflɪt[nɐ]
Flitscherl ˈfli:tʃɐl
Flittchen ˈflɪtçən
Flitter ˈflɪtɐ
flittern ˈflɪtɐn
Flitz flɪts
flitzen ˈflɪtsn̩
FLN *fr.* ɛfɛˈlɛn
Float flo:t
floaten ˈflo:tn̩
Floating ˈflo:tɪŋ
Flobertgewehr ˈflo:bɛrtgəve:ɐ̯; *auch:* floˈbe:ɐ̯..., floˈbɛ:ɐ̯...
flocht flɔxt
flöchte ˈflœçtə
Flöckchen ˈflœkçən
Flocke ˈflɔkə
flocken ˈflɔkn̩
flockig ˈflɔkɪç, **-e** ...ɪgə
Flockprint ˈflɔkprɪnt
Floconné flokɔˈne:
Flodden *engl.* flɔdn
Flödel ˈflø:dl̩
Flodoard ˈflo:doart, *fr.* flɔ-dɔˈa:r
Floericke ˈflø:rɪkə
flog flo:k
flöge ˈflø:gə
Flögel ˈflø:gl̩
flogen ˈflo:gn̩
Fløgstad *norw.* ˌflœksta
flogt flo:kt
flögt flø:kt
floh flo:
Floh flo:, **Flöhe** ˈflø:ə
Flöha ˈflø:a
flöhe[n] ˈflø:ə[n]
Flokati floˈka:ti
Flóki Vilgerdarson *norw.* ˈflo:ki ˈvilgərdarsɔn
Flokkulation flɔkulaˈtsi̯o:n
Flomborn ˈflɔmbɔrn
Flom[en] ˈflo:m[ən]
Flood *engl.* flʌd
Floor flo:ɐ̯
Flop flɔp
floppen ˈflɔpn̩
Floppy[disk] ˈflɔpi[dɪsk]
Floquet *fr.* flɔˈkɛ

Flor flo:ɐ̯
[1]**Flora** (Pflanzenwelt) 'flo:ra
[2]**Flora** (Name) 'flo:ra, *engl.* 'flɔ:rə, *it.* 'flɔ:ra, *span.* 'flora, *norw.* ˌflu:ra
Floral Park *engl.* 'flɔ:rəl 'pɑ:k
Flörchinger 'flœrçɪŋɐ
Flore *fr.* flɔ:r
Floreal flore'a:l
floreat 'flo:reat
Florence *engl.* 'flɔrəns, *fr.* flɔ'rɑ̃:s
Florencia *span.* flo'renθi̯a
Florencio *span.* flo'renθi̯o
Florens 'flo:rɛns
Florent *fr.* flɔ'rɑ̃
Florentin 'flo:rɛnti:n, *fr.* flɔrɑ̃'tɛ̃
Florentine florɛn'ti:nə
Florentiner florɛn'ti:nɐ
Florentini florɛn'ti:ni
florentinisch florɛn'ti:nɪʃ
Florentino *it.* floren'ti:no
Florentinum florɛn'ti:nʊm
Florenz (Ort) flo'rɛnt͜s
Florenz (Nach-, Vorname) 'flo:rɛnt͜s
Florenze flo'rɛnt͜sə
flore pleno 'flo:rə 'ple:no
Flores (Blüten) 'flo:re:s
Flores (Name) 'flo:rɛs, *span.* 'flores, *port.* 'florɪʃ, *bras.* 'floris, *indon.* 'florɛs
Florestan 'flo:rɛsta:n, *fr.* flɔrɛs'tɑ̃
Florestano *it.* flores'ta:no
Floreszenz florɛs'tsɛnt͜s
Florett[a] flo'rɛt[a]
florettieren florɛ'ti:rən
Florey *engl.* 'flɔ:rɪ
Flori 'flo:ri
Florian 'flo:ri̯a:n, *engl.* 'flɔ:rɪən, *fr.* flɔ'rjɑ̃, *tschech.* 'florijan
Florián *span.* flo'ri̯an
Floriano *port.* flu'ri̯ɐnu, *bras.* flo'r...
Florianópolis *bras.* flori̯e'nɔpulis
florid flo'ri:t, **-e** ...i:də
Florida 'flo:rida, *engl.* 'flɔrɪdə, *span.* flo'riða
Floridablanca *span.* floriða'ßlaŋka
Floridsdorf 'flo:rɪt͜sdɔrf
florieren flo'ri:rən
Florileg flori'le:k, **-e** ...e:gə
Florilegium flori'le:gi̯ʊm, **...ien** ...i̯ən
Florimund 'flo:rimʊnt
[1]**Florin** (Gulden) flo'ri:n, *engl.* 'flɔrɪn
[2]**Florin** (Name) 'flo:ri:n, flo'ri:n, *fr.* flɔ'rɛ̃
Florina *neugr.* 'flɔrina
Florio *engl.* 'flɔ:rɪoʊ, *it.* 'flɔ:ri̯o
Floris *fr.* flɔ'ris, *niederl.* 'flo:rɪs
Florissant *engl.* 'flɔrɪsənt
Florist[ik] flo'rɪst[ɪk]
Florizel 'flo:rizɛl, *engl.* 'flɔrɪzɛl
Floro 'flo:ro, *span.* 'floro
Flörsheim 'flø:ɐ̯shai̯m
Florus 'flo:rʊs
Flory *engl.* 'flɔ:rɪ
Floskel 'flɔskl̩
floss flɔs
Floß flo:s, **Flöße** 'flø:sə
flösse 'flœsə
Flosse 'flɔsə
flossen 'flɔsn̩
flößen 'flø:sn̩
Flossenbürg 'flɔsn̩bʏrk
...flosser ...ˌflɔsɐ
Flößerei flø:sə'rai̯
...flossig ...ˌflɔsɪç, **-e** ...ɪgə
Flotation flota't͜si̯o:n
flotativ flota'ti:f, **-e** ...i:və
Flote *fr.* flɔt
Flöte 'flø:tə
flöten 'flø:tn̩
Flothuis *niederl.* 'flɔthœi̯s
flotieren flo'ti:rən
Flotigol floti'go:l
Flötist flø'tɪst
Flötner 'flø:tnɐ
Flotol flo'to:l
Flotow 'flo:to
flott, F... flɔt
Flotte 'flɔtə, *fr.* flɔt
flottieren flɔ'ti:rən
Flottille flɔ'tɪl[j]ə
flottweg 'flɔt'vɛk
Flotzmaul 'flɔt͜smau̯l
Flourens *fr.* flu'rɛ̃:s
Flournoy *fr.* flur'nwa
Flow flo:
Flowerpower 'flau̯ɐ'pau̯ɐ
Flower[s] *engl.* 'flaʊə[z]
Floy[d] *engl.* flɔɪ[d]
Fløyen *norw.* 'flœi̯ən
Flöz flø:t͜s
Fluat flu'a:t
fluatieren flua'ti:rən
Fluch flu:x, **Flüche** 'fly:çə
fluchen 'flu:xn̩
Flucht flʊxt
fluchten 'flʊxtn̩
flüchten 'flʏçtn̩
fluchtig 'flʊxtɪç, **-e** ...ɪgə
flüchtig 'flʏçtɪç, **-e** ...ɪgə
Flüchtling 'flʏçtlɪŋ
Flück[iger] 'flʏk[ɪgɐ]
Flud flu:t, **-e** 'flu:də
Fludd *engl.* flʌd
Flüe 'fly:[ə]
Flüela 'fly:ɛla
Flüelen 'fly:ɛlən
Flüeli 'fly:ɛli
Fluellen flu'ɛlən, *engl.* flʊ'ɛlɪn
Flug flu:k, **-es** 'flu:gəs, **Flüge** 'fly:gə
Flügel 'fly:gl̩
...flügelig ...ˌfly:gəlɪç, **-e** ...ɪgə
flügeln 'fly:gl̩n, **flügle** 'fly:glə
flügge, F... 'flʏgə
Flüggen 'flʏgn̩
flugs flʊks
Fluh flu:, **Flühe** 'fly:ə
Flüh[li] 'fly:[li]
Flühvogel 'fly:fo:gl̩
fluid flu'i:t, **-e** ...i:də
Fluid 'flu:i:t, *auch:* flu'i:t, **-e** ...i:də
fluidal flui'da:l
Fluidics flu'i:dɪks
Fluidik flu'i:dɪk
Fluidum 'flu:idʊm, **...da** ...da
Fluke 'flu:kə
Fluktuation flʊktu̯a't͜si̯o:n
fluktuieren flʊktu'i:rən
Flums flʊms
Flunder 'flʊndɐ
Flunkerei flʊŋkə'rai̯
flunkern 'flʊŋkɐn
Flunsch flʊnʃ
Fluor 'flu:o:ɐ̯
Fluor albus 'flu:o:ɐ̯ 'albʊs
Fluorescein fluorɛst͜se'i:n
Fluoreszenz fluorɛs't͜sɛnt͜s
fluoreszieren fluorɛs't͜si:rən
Fluoreszin fluorɛs't͜si:n
Fluorid fluo'ri:t, **-e** ...i:də
fluorieren fluo'ri:rən
Fluorit fluo'ri:t
fluorogen fluoro'ge:n
Fluorometer fluoro'me:tɐ
Fluorometrie fluorome'tri:
fluorometrisch fluoro'me:'trɪʃ
fluorophor, F... fluoro'fo:ɐ̯
Fluorose fluo'ro:zə
fluppen 'flʊpn̩
Flur flu:ɐ̯
Flürscheim 'fly:ɐ̯ʃai̯m
fluschen 'flu:ʃn̩
Fluse 'flu:zə
Flush flaʃ
Flushing *engl.* 'flʌʃɪŋ

Fluss flʊs, **Flüsse** ˈflʏsə
flussab[wärts] flʊsˈ|ap[vɛrts]
Flussal… flʊˈsa:l…
flussauf[wärts] flʊsˈ|auf[vɛrts]
Flüsschen ˈflʏsçən
Flüsse vgl. Fluss
flüssig ˈflʏsɪç, **-e** …ɪgə
Flussspat ˈflʊsʃpa:t
Flüsterer ˈflʏstərɐ
flüstern ˈflʏstɐn
Flut flu:t
Flüte ˈfly:tə
fluten ˈflu:tn̩
flutschen ˈflʊtʃn̩
Flutter ˈflatɐ
fluvial fluˈvi̯a:l
fluviatil fluvi̯aˈti:l
fluvioglazial fluvi̯oglaˈtsi̯a:l
Fluviograph fluvi̯oˈgra:f
Fluxion flʊˈksi̯o:n
Flux[us] ˈflʊks[ʊs]
Fly[-by] ˈflai̯[bai̯]
Flyer ˈflai̯ɐ
Flygare *schwed.* ˌfly:garə
Flying Dutchman, - …men ˈflai̯ɪŋ ˈdatʃmɛn
Flymobil ˈflai̯mobi:l, --ˈ-
Flynn *engl.* flɪn
Flynt *engl.* flɪnt
Fly-over flai̯ˈ|o:vɐ, ˈ---
Fly River *engl.* ˈflaɪ ˈrɪvə
Flysch flɪʃ
f-Moll ˈɛfmɔl, *auch:* ˈ-ˈ-
Fo *it.* fɔ
fob fɔp
Focaccia foˈkatʃa
Foce del Sele *it.* ˈfo:tʃe del ˈsɛ:le
Foch *fr.* fɔʃ
focht fɔxt
föchte ˈfœçtə
Focillon *fr.* fɔsiˈjõ
Fock fɔk, *ung.* fok
Focke ˈfɔkə, *engl.* fɔk
Focșani *rumän.* fokˈʃanj
föderal fødeˈra:l
föderalisieren føderaliˈzi:rən
Föderalismus føderaˈlɪsmʊs
Föderalist føderaˈlɪst
Föderat fødeˈra:t
Föderation føderaˈtsi̯o:n
föderativ føderaˈti:f, **-e** …i:və
föderieren fødeˈri:rən
Foerster ˈfœrstɐ, *engl.* ˈfə:stə, *tschech.* ˈfɛrstɛr
Foertsch fœrtʃ
Fofanow *russ.* ˈfɔfɐnɐf
Fog fɔk
Fogarasch fogaˈraʃ
Fogazzaro *it.* fogatˈtsa:ro
Fogelberg *schwed.* ˌfo:gəlbærj
Fogelström *schwed.* ˌfo:gəlstrœm
Foggia *it.* ˈfɔddʒa
Fogo *port.* ˈfoɣu
Fogosch ˈfɔgɔʃ
fohlen, F… ˈfo:lən
Föhn fø:n
föhnen ˈfø:nən
föhnig ˈfø:nɪç, **-e** …ɪgə
Fohnsdorf ˈfo:nsdɔrf
Fohr fo:ɐ̯
Föhr fø:ɐ̯
Föhre ˈfø:rə
föhren ˈfø:rən
Foiano *it.* foˈi̯a:no
Foidl ˈfɔy̯dl̩
Foie[s] gras *fr.* ˈfwa ˈgra
Foix *fr.* fwa
Foka *russ.* ˈfɔkɐ
fokal foˈka:l
Fokin *russ.* ˈfɔkin
Fokine *fr.* fɔˈkin, *engl.* ˈfɔ:kɪn
Fokker *niederl.* ˈfɔkər
Fokometer fokoˈme:tɐ
Fokus ˈfo:kʊs, **-se** …ʊsə
fokussieren fokʊˈsi:rən
Folchart ˈfɔlçart
Foldal ˈfɔldal
Folder ˈfo:ldɐ
Foldes ˈfɔldɛs
Földes *ung.* ˈføldɛʃ
Folengo *it.* foˈleŋgo
Foley *engl.* ˈfoʊlɪ
Folge ˈfɔlgə
folgen ˈfɔlgn̩, **folg!** fɔlk, **folgt** fɔlkt
folgend ˈfɔlgn̩t, **-e** …n̩də
folgendergestalt ˈfɔlgn̩dɐgəˈʃtalt
folgendermaßen ˈfɔlgn̩dɐˈma:sn̩
folgenderweise ˈfɔlgn̩dɐˈvai̯zə
folgern ˈfɔlgɐn, **folgre** ˈfɔlgrə
folglich ˈfɔlklɪç
[1]**Folgore** (San Gimignano) *it.* folˈgo:re
[2]**Folgore** *it.* ˈfolgore
folgsam ˈfɔlkza:m
[1]**Folia** (Tanzmelodie) foˈli:a, **…ien** foˈli:ən
[2]**Folia** vgl. Folium
Foliant foˈli̯ant
[1]**Folie** ([Metall]blatt) ˈfo:li̯ə
[2]**Folie** (Torheit) foˈli:, **-n** …i:ən
Folies-Bergère *fr.* fɔlibɛrˈʒɛ:r
Foligno *it.* foˈliɲɲo
foliieren foliˈi:rən
Folinsäure foˈli:nzɔy̯rə
folio, F… ˈfo:li̯o
Folium ˈfo:li̯ʊm, **…ia** …i̯a
Folk fo:k
Folke ˈfɔlkə, *schwed.* ˌfɔlkə
Folkestone *engl.* ˈfoʊkstən
Folketing ˈfɔlkətɪŋ, *dän.* ˈfɔlgətɪŋˀ
Folkevise ˈfɔlkəvi:zə
Folklore fɔlkˈlo:rə, *auch:* ˈ---
Folklorist[ik] fɔlkloˈrɪst[ɪk]
Folkmusic ˈfo:kmju:zɪk
Folko ˈfɔlko
Folksong ˈfo:kzɔŋ
Folkung[er] ˈfɔlkʊŋ[ɐ]
Folkwang ˈfɔlkvaŋ
Follain *fr.* fɔˈlɛ̃
Follen ˈfɔlən, *engl.* ˈfɔlɪn
Follette fɔˈlɛtə
Folliculitis fɔlikuˈli:tɪs, **…itiden** …liˈti:dn̩
Follikel fɔˈli:kl̩
follikular fɔlikuˈla:ɐ̯
follikulär fɔlikuˈlɛ:ɐ̯
Follikulitis fɔlikuˈli:tɪs, **…itiden** …liˈti:dn̩
Folquet *fr.* fɔlˈkɛ
Folsäure ˈfo:lzɔy̯rə
Folsom *engl.* ˈfoʊlsəm
Folter ˈfɔltɐ
foltern ˈfɔltɐn
Foltz, Folz fɔlts
Foma *russ.* faˈma
Fomalhaut fomalˈhau̯t
Foment foˈmɛnt
Fomentation fomɛntaˈtsi̯o:n
Fomin *russ.* faˈmin
Fon fo:n
Fön® fø:n
foncé fõˈse:
Fonck fɔŋk, *fr.* fõ:k
Fond fõ:
Fonda *engl.* ˈfɔndə
Fondaco ˈfɔndako, **…chi** …ki
Fondant fõˈdã:
Fond du Lac *engl.* ˈfɔndʒəlæk
Fondi *it.* ˈfondi
Fonds fõ:, **des -** fõ:[s], **die -** fõ:s
Fondue fõˈdy:
Fønhus *norw.* ˈfø:nhʉ:s
fono, F… fo:no…
Fons fɔns
Fonseca *span.* fɔnˈseka, *port.* fõˈsekɐ, *bras.* fõˈseka
Font (Zeichensatz) fɔnt
Fontainas *fr.* fõtɛˈnɑ:s
Fontaine *fr.* fõˈtɛn, *engl.* fɔnˈteɪn, ˈ--
Fontainebleau *fr.* fõtɛnˈblo

Fontana fɔn'ta:na, *it.* fon'ta:na, *span.* fɔn'tana, *engl.* fɔn'tænə
Fontane fɔn'ta:nə, *fr.* fõ'tan
Fontäne fɔn'tɛ:nə
Fontanelle fɔnta'nɛlə
Fontanes *fr.* fõ'tan
Fontanesi *it.* fonta'ne:si
Fontange fõ'tã:ʒə
Fontanges *fr.* fõ'tã:ʒ
Font-de-Gaume *fr.* fõd'go:m
Fonte [Avellana] *it.* 'fonte [avel'la:na]
Fontebasso *it.* fonte'basso
Fontéchevade *fr.* fõteʃ'vad
Fontenay fõt'nɛ
Fontenay-sous-Bois *fr.* fõtnɛsu'bwa
Fontenelle *fr.* fõt'nɛl
Fontenoy *fr.* fõtə'nwa
Fontes *port.* 'fontɪʃ, *bras.* 'fontis
Fontevrault *fr.* fõtə'vro
Fonteyn *engl.* fɔn'teɪn
Fonteyne *niederl.* fɔn'tɛi̯nə
Fonwisin *russ.* fan'vizin
Fooddesigner 'fu:tdizai̯nɐ
[1]**Foot** (Maß) fʊt, **Feet** fi:t
[2]**Foot** (Name) *engl.* fʊt
Football 'fʊtbo:l
Footcandle 'fʊtkɛndl̩
Foote *engl.* fʊt
Footing 'fʊtɪŋ
Footscray *engl.* 'fʊtskreɪ
Footsie 'fʊtsi
Foppa *it.* 'fɔppa
foppen 'fɔpn̩
Fopperei fɔpə'rai̯
Föppl 'fœpl̩
Fora vgl. Forum
Forain *fr.* fɔ'rɛ̃
Foraker *engl.* 'fɔrɪkə
Foramen fo'ra:mən, **...mina** ...mina
Foraminifere foramini'fe:rə
Foramiti fora'mi:ti
FORATOM fora'to:m
Forbach 'fɔrbax, *fr.* fɔr'bak
Forberg 'fɔrbɛrk
Forbes *engl.* fɔ:bz
Forbin *fr.* fɔr'bɛ̃
Forcados *engl.* fɔ:k'ɑ:doʊs
Force (Kraft) fɔrs, **-n** ...sn̩
Force (Name) *engl.* fɔ:s
Force de Frappe 'fɔrs də 'frap
Forcellini *it.* fortʃel'li:ni
Force majeure 'fɔrs ma'ʒø:ɐ̯
Force Ouvrière 'fɔrs uvri'ɛ:ɐ̯
Forceps 'fɔrtsɛps, **...cipes** ...tsipe:s
Forch[e] 'fɔrç[ə]
Forchhammer 'fɔrçhamɐ
Forchheim 'fɔrçhai̯m
Forchtenberg 'fɔrçtn̩bɛrk
Forchtenstein 'fɔrçtn̩ʃtai̯n
forcieren fɔr'si:rən
Forckenbeck 'fɔrkn̩bɛk
Ford fɔrt, *engl.* fɔ:d, *poln.* fɔrt
Förde 'fø:ɐ̯də
fordern 'fɔrdɐn, **fordre** 'fɔrdrə
fördern 'fœrdɐn, **fördre** 'fœrdrə
Fördernis 'fœrdɐnɪs, **-se** ...ɪsə
Fordismus fɔr'dɪsmʊs
Fordyce *engl.* 'fɔ:daɪs
Före 'fø:rə
Forecaddie 'fo:ɐ̯kɛdi, 'fɔr...
Forechecking 'fo:ɐ̯tʃɛkɪŋ, 'fɔr...
Forehand 'fo:ɐ̯hɛnt, 'fɔr...
Foreign Office *engl.* 'fɔrɪn 'ɔfɪs
Forel *fr.* fɔ'rɛl
Forelle fo'rɛlə
Foreman *engl.* 'fɔ:mən
Forensalbesitz forɛn'za:lbəzɪts
forensisch fo'rɛnzɪʃ
Forest 'fo:rɛst, *engl.* 'fɔrɪst, *fr.* fɔ'rɛ
Forester *engl.* 'fɔrɪstə
Forestier *fr.* fɔrɛs'tje
Forestville *engl.* 'fɔrɪstvɪl
Forêt, ...ey, ...ez *fr.* fɔ'rɛ
Forfait fɔr'fɛ:
forfaitieren fɔrfɛ'ti:rən
Forfar *engl.* 'fɔ:fə
Forfeit 'fo:ɐ̯fɪt
Forggensee 'fɔrgn̩ze:
Forint 'fo:rɪnt
Forke 'fɔrkə
Forkel 'fɔrkl̩
forkeln 'fɔrkl̩n
Forkenbeck 'fɔrkn̩bɛk
Forks *engl.* fɔ:ks
Forlana fɔr'la:na
Forlane fɔr'la:nə
Forlani *it.* for'la:ni
Forle 'fɔrlə
Forlì *it.* for'li
Form fɔrm
Formaggio fɔr'madʒo
formal, F... fɔr'ma:l
Formaldehyd 'fɔrm|aldehy:t, *auch:* ...'hy:t, **-es** ...y:dəs
Formalien fɔr'ma:li̯ən
Formalin® fɔrma'li:n
formalisieren fɔrmali'zi:rən
Formalismus fɔrma'lɪsmʊs
Formalist fɔrma'lɪst
Formalität fɔrmali'tɛ:t
formaliter fɔr'ma:litɐ
Formamid fɔrma'mi:t, **-es** ...i:dəs
Forman *engl.* 'fɔ:mən, *tschech.* 'fɔrman
Formans 'fɔrmans, **...ntia** fɔr'mantsi̯a, **...nzien** fɔr'mantsi̯ən
Formant fɔr'mant
Format fɔr'ma:t
formatieren fɔrma'ti:rən
Formation fɔrma'tsi̯o:n
formativ, F... fɔrma'ti:f, **-e** ...i:və
Formbach 'fɔrmbax
Forme fruste 'fɔrm 'frʏst
Formel 'fɔrml̩
Formel-1-... ,fɔrml̩'|ai̯ns...
formell fɔr'mɛl
formen 'fɔrmən
Forment *kat.* fur'men
Formentera *span.* fɔrmen'tera
Formerei fɔrmə'rai̯
Formia *it.* 'fɔrmi̯a
Formiat fɔr'mi̯a:t
formidabel fɔrmi'da:bl̩, **...ble** ...blə
formieren fɔr'mi:rən
Formikarium fɔrmi'ka:ri̯ʊm
Formikatio fɔrmi'ka:tsi̯o
förmlich 'fœrmlɪç
Formol® fɔr'mo:l
Formosa fɔr'mo:za, *span.* fɔr'mosa, *bras.* for'mɔza
Formosus fɔr'mo:zʊs
Formschneyder 'fɔrmʃnai̯dɐ
Formular fɔrmu'la:ɐ̯
formulieren fɔrmu'li:rən
Formyl fɔr'my:l
Fornæs *dän.* 'fɔɐ̯nes
Fornarina *it.* forna'ri:na
Forner *span.* fɔr'nɛr
Fornix 'fɔrnɪks, **...ices** ...nitse:s
Foro romano *it.* 'fɔ:ro ro'ma:no
Forqueray *fr.* fɔrkə'rɛ
Forrer 'fɔrɐ
Forres[t] *engl.* 'fɔrɪs[t]
Forrestal *engl.* 'fɔrəstl
Forrester *engl.* 'fɔrɪstə
forsch fɔrʃ
Forsch *russ.* fɔrʃ
Forsche 'fɔrʃə
förscheln 'fœrʃl̩n
forschen 'fɔrʃn̩
Forseti 'fɔrzeti
Forssell *schwed.* fɔr'sɛl

Forßmann 'fɔrsman
Forst fɔrst
Forster 'fɔrstɐ, *engl.* 'fɔ:stə
Förster 'fœrstɐ
Försterei fœrstə'rai
Forsthoff 'fɔrsthɔf
Forsting 'fɔrstɪŋ
Forsyte Saga *engl.* 'fɔ:saɪt 'sɑ:gə
Forsyth *engl.* fɔ:'saɪθ, '--
Forsythie fɔr'zy:tsi̯ə, *auch:* fɔr'zy:ti̯ə
fort fɔrt
[1]**Fort** (Festungswerk) fo:ɐ̯, *engl.* fɔ:t, *fr.* fɔ:r
[2]**Fort** (Name) *fr.* fɔ:r
fortab fɔrt'|ap
Fortaleza *bras.* forta'leza
fortan fɔrt'|an
Fort Beauséjour *fr.* fɔrbose'ʒu:r, *engl.* 'fɔ:t boʊseɪ'ʒʊə
fortbringen 'fɔrtbrɪŋən
Fort-Dauphin *fr.* fɔrdo'fɛ̃
Fort-de-France *fr.* fɔrdə'frã:s
forte 'fɔrtə
Forte 'fɔrtə, **Forti** 'fɔrti
Forteguerri *it.* forte'gu̯erri
fortepiano fɔrtə'pi̯a:no
Fortepiano fɔrtə'pi̯a:no, **...ni** ...ni
Fortes vgl. Fortis
Fortescue *engl.* 'fɔ:tɪskju:
fortes fortuna adjuvat 'fɔrte:s fɔr'tu:na 'atjuvat
Fortezza *it.* for'tettsa
Fort-Gouraud *fr.* fɔrgu'ro
Forth fɔrt, *engl.* fɔ:θ
forthin fɔrt'hɪn
Forti vgl. Forte
Fortifikation fɔrtifika'tsi̯o:n
fortifikatorisch fɔrtifika'to:rɪʃ
fortifizieren fɔrtifi'tsi:rən
Fortin *fr.* fɔr'tɛ̃
Fortinbras 'fɔrtɪnbras, *engl.* 'fɔ:tɪnbræs
Fortis 'fɔrtɪs, **Fortes** 'fɔrte:s
fortissimo fɔr'tɪsimo
Fortissimo fɔr'tɪsimo, **...mi** ...mi
Fort-Lamy *fr.* fɔrla'mi
Fortner 'fɔrtnɐ
FORTRAN 'fɔrtran
Förtsch fœrtʃ
Fort Schewtschenko *russ.* 'fɔrt ʃəf'tʃɛnkɐ
Fortschritt 'fɔrtʃrɪt
Fortsetzung 'fɔrtzɛtsʊŋ
Fortuna fɔr'tu:na
Fortunat fɔrtu'na:t, *fr.* fɔrty'na, *russ.* fɐrtu'nat
Fortunata fɔrtu'na:ta
Fortunato *it.* fortu'na:to
Fortunatow *russ.* fɐrtu'natɐf
Fortunatus fɔrtu'na:tʊs
Fortune fɔr'ty:n, *fr.* fɔr'tyn, *engl.* 'fɔ:tʃu:n, 'fɔ:tʃən
Fortuné *fr.* fɔrty'ne
Fortüne fɔr'ty:nə
Fortunio fɔr'tu:ni̯o, *fr.* fɔrty'njo
Fortuny *kat.* fur'tuɲ, *span.* fɔr'tuni
fortwährend 'fɔrtvɛ:rənt, **-e** ...ndə
Forum 'fo:rʊm, **Fora** 'fo:ra
Forward 'fo:ɐ̯vɐt
Forza del destino *it.* 'fɔrtsa del des'ti:no
forzando fɔr'tsando
Forzano *it.* for'tsa:no
forzato fɔr'tsa:to
Forzeps 'fɔrtsɛps, **...zipes** ...tsipe:s
Fos *fr.* fo:s, fɔs
Fosbury *engl.* 'fɔzbərɪ
Fosbury... 'fɔsbəri...
Foscari *it.* 'foskari
Foscarini *it.* foska'ri:ni
Foscolo *it.* 'foskolo
Fosdick *engl.* 'fɔzdɪk
Fose 'fo:zə
Foshan *chin.* fɔʃan 21
Fosna *norw.* ˌfu:sna
Foss *engl.* fɔs
Fossa 'fɔsa, **Fossae** 'fɔsɛ
Fossano *it.* fos'sa:no
Fossanova *it.* fossa'nɔ:va
Foße 'fo:sə
Fosse *fr.* fo:s, *engl.* fɔs
fossil fɔ'si:l
Fossil fɔ'si:l, **-ien** -i̯ən
Fossilisation fɔsiliza'tsi̯o:n
fossilisieren fɔsili'zi:rən
Fossula 'fɔsula, **...lae** ...lɛ
Foster *engl.* 'fɔstə
Fot *russ.* fɔt
Föt fø:t
fötal fø'ta:l
Fothergill *engl.* 'fɔðəgɪl
Fotheringhay *engl.* 'fɔðərɪŋgeɪ
Foti *russ.* 'fɔtij
fötid fø'ti:t, **-e** ...i:də
Fotina *russ.* fa'tinɐ
Foto 'fo:to
fotogen foto'ge:n
Fotogenität fotogeni'tɛ:t
Fotograf foto'gra:f
Fotografie fotogra'fi:, **-n** ...i:ən
fotografieren fotogra'fi:rən
fotografisch foto'gra:fɪʃ
Fotokopie fotoko'pi:, **-n** ...i:ən
fotokopieren fotoko'pi:rən
Fotomodell 'fo:tomodɛl
Fötor 'fø:to:ɐ̯
Fotothek foto'te:k
fototrop foto'tro:p
Fototropie fototro'pi:
Fotovoltaik fotovɔl'ta:ɪk
Fotozinkographie fotoṭsɪŋkogra'fi:, **-n** ...i:ən
Fötus 'fø:tʊs, **-se** ...ʊsə
Fotze 'fɔtsə
Fötzel 'fœtsl̩
fotzen 'fɔtsn̩
Foucauld, ...lt *fr.* fu'ko
Fouché, ...cher *fr.* fu'ʃe
Fouchet *fr.* fu'ʃɛ
Foucquet *fr.* fu'kɛ
foudroyant fudro̯a'jã:, ...jant, **-e** ...jantə
Fougère[s] *fr.* fu'ʒɛ:r
foul, Foul faul
Foulard fu'la:ɐ̯
Foulardine fular'di:n
Fould *fr.* fuld
Foulé fu'le:
Foulelfmeter 'faul|ɛlfme:tɐ
foulen 'faulən
Foulis *engl.* faʊlz
Foullon *fr.* fu'lõ
Foulque[s] *fr.* fulk
Foumban *fr.* fum'ban
Fountain *engl.* 'faʊntɪn
Fouqué fu'ke:, *fr.* fu'ke
Fouquet *fr.* fu'kɛ
Fouquier *fr.* fu'kje
Fourage fu'ra:ʒə
Fourberies de Scapin *fr.* furbəridska'pɛ̃
Fourcroy *fr.* fur'krwa
Fourdrinier *engl.* fʊə'drɪnɪə
Fourestier *fr.* furɛs'tje
Fourgon fʊr'gõ:
[1]**Fourier** (Unteroffizier) fu'ri:ɐ̯
[2]**Fourier** (Name) *fr.* fu'rje
Fourierismus furi̯e'rɪsmʊs
Fourletterword *engl.* fɔ:lɛtə'wə:d
Fourmies *fr.* fur'mi
Fournet *fr.* fur'nɛ
Fourneyron *fr.* furnɛ'rõ
Fournié, ...ier *fr.* fur'nje
Fourniture fʊrni'ty:ɐ̯, **-n** ...rən
Fourquet *fr.* fur'kɛ
Fourrure fʊ'ry:ɐ̯
Fouta-Djalon *fr.* futadʒa'lõ

Fovea ˈfoːvea, **Foveae** ˈfoːveɛ
Foveola foˈveːola, **...lae** ...lɛ
Fowler *engl.* ˈfaʊlə
Fowles *engl.* faʊlz
Fox *dt., engl., span.* fɔks
Foxborough *engl.* ˈfɔksbərə
Foxe *engl.* fɔks
Foxhound ˈfɔkshaunt
Foxterrier ˈfɔkstɛri̯ɐ
Foxtrott ˈfɔkstrɔt
Foyatier *fr.* fwajaˈtje, fɔja...
Foyer foaˈjeː
Fpolisario fpoliˈzaːri̯o, *span.* fpoliˈsari̯o
Fra fraː
Fracas fraˈka, **des -** ...ka[s]
Fracastoro *it.* frakasˈtɔːro
Fracchia *it.* ˈfrakki̯a
Fracht[er] ˈfraxt[ɐ]
Frack frak, **Fräcke** ˈfrɛkə
Fraenkel ˈfrɛŋkl̩
Fraga *span.* ˈfraɣa
Frage ˈfraːgə
Frägeln ˈfrɛːgl̩n, **frägle** ˈfrɛːglə
Fragen ˈfraːgn̩, **frag!** fraːk, **fragt** fraːkt
Fragerei fraːgəˈrai̯
Frage-und-Antwort-Spiel ˈfraːgə|ʊntˈ|antvɔrtʃpiːl
Fragil fraˈgiːl
Fragilität fragiliˈtɛːt
Fraglich ˈfraːklɪç
Fraglos ˈfraːkloːs
Fragment fraˈgmɛnt
Fragmentär fragmɛnˈtɛːɐ̯
Fragmentarisch fragmɛnˈtaːrɪʃ
Fragmentation fragmɛntaˈtsi̯oːn
Fragmentieren fragmɛnˈtiːrən
Fragner ˈfraːgnɐ
Fragonard *fr.* fragɔˈnaːr
Fragwürdig ˈfraːkvʏrdɪç
Frähn frɛːn
Frais frɛːs
Frais frai̯s, **-en** ˈfrai̯zn̩
Fraise ˈfrɛːs, ...ɛːzə
Fraise ˈfrɛːs, ...ɛːzə
Fraise (Halskrause; Backenbart) ˈfrɛːzə
Fraisen ˈfrai̯zn̩
Fraize *fr.* frɛːz
Fraktal, F... frakˈtaːl
Fraktion frakˈtsi̯oːn
Fraktionell fraktsi̯oˈnɛl
Fraktionieren fraktsi̯oˈniːrən
Fraktur frakˈtuːɐ̯
Fram *norw.* fram
Fra Mauro *it.* framˈmaːu̯ro
Frambösie frambøˈziː, **-n** ...iːən

Frame freːm, **-n** ...mən
Framingham (USA) *engl.* ˈfreɪmɪŋhæm
Frana ˈfraːna, **Frane** ˈfraːnə
[1]**Franc, -s** frãː
[2]**Franc** (Name) fraŋk
Franca *it., span.* ˈfraŋka, *bras.* ˈfrɐŋka
Français *fr.* frãˈsɛ
Française frãˈsɛːzə
Français fondamental frãˈsɛː fõdamãˈtal
Françaix *fr.* frãˈsɛ
Francavilla *it.* fraŋkaˈvilla
France *fr.* frãːs
France-Presse *fr.* frãsˈprɛs
Frances *engl.* ˈfrɑːnsɪs
Francés *span.* franˈθes
Francesca franˈtʃɛska, *it.* franˈtʃeska
Francescatti *it.* frantʃesˈkatti, *fr.* frãsɛskaˈti
Francesch *span.* franˈθesk
Franceschini *it.* frantʃesˈkiːni
Francesco franˈtʃɛsko, *it.* franˈtʃesko
France-Soir *fr.* frãsˈswaːr
Franceville *fr.* frãsˈvil
Franche-Comté *fr.* frãʃkõˈte
Franches-Montagnes *fr.* frãʃmõˈtaɲ
Franchet d'Esperey *fr.* frãʃɛdɛspəˈrɛ
Franchetti *it.* fraŋˈketti
Francheville *fr.* frãʃˈvil
[1]**Franchise** frãˈʃiːzə
[2]**Franchise** (Vertrieb) ˈfrɛntʃai̯s
Franchising ˈfrɛntʃai̯zɪŋ
Franchy ˈfraŋki
Francia ˈfrantsi̯a, *it.* ˈfrantʃa, *span.* ˈfranθi̯a
Franciabigio *it.* frantʃaˈbiːdʒo
Franciade *fr.* frãˈsjad
Francien *fr.* frãˈsjɛ̃
Francine *fr.* frãˈsin
Francis *engl.* ˈfrɑːnsɪs, *fr.* frãˈsis
Francisca *span.* franˈθiska, *port.* frɐ̃ˈsiʃkɐ, *bras.* ...siska
Francisco *span.* franˈθisko, *port.* frɐ̃ˈsiʃku, *bras.* ...sisku
Francisque *fr.* frãˈsisk
Francistown *engl.* ˈfrɑːnsɪstaʊn
Franciszek *poln.* franˈtɕiʃɛk
Francium ˈfrantsi̯ʊm
Franck fraŋk, *fr.* frãːk, *niederl.* frɑŋk, *engl.* fræŋk
Francke ˈfraŋkə
Francken *niederl.* ˈfrɑŋkə

Franckenstein ˈfraŋkn̩ʃtai̯n
Franc-Nohain *fr.* frãnɔˈɛ̃
franco ˈfraŋko
Franco *it., span.* ˈfraŋko, *port., bras.* ˈfrɐŋku
François *fr.* frãˈswa
Françoise *fr.* frãˈswaːz
Franconia fraŋˈkoːni̯a
Franc-Tireur *fr.* frãtiˈrœːr
Frane vgl. Frana
Franek *poln.* ˈfranɛk
Frangipane *it.* frandʒiˈpaːne
Franglais *fr.* frãˈglɛ
Franičević *serbokr.* fraˈnitʃɛvitɕ
Franje ˈfranjə
Franjo *serbokr.* ˌfraːnjɔ
Franju *fr.* frãˈʒy
frank, [1]**Frank** fraŋk
[2]**Frank** (Name) fraŋk, *engl.* fræŋk, *fr.* frãːk, *russ.* frank
Franka ˈfraŋka
Frankatur fraŋkaˈtuːɐ̯
Franke ˈfraŋkə
Fränkel ˈfrɛŋkl̩
Franken ˈfraŋkn̩
Frankenalb ˈfraŋkn̩|alp
Frankenau ˈfraŋkənau̯
Frankenberg ˈfraŋkn̩bɛrk
Frankenfeld ˈfraŋkn̩fɛlt
Frankenhausen fraŋkn̩ˈhau̯zn̩
Frankenhöhe ˈfraŋkn̩høːə
Frankenstein ˈfraŋkn̩ʃtai̯n
Frankenthal ˈfraŋkn̩taːl
Frankenwald ˈfraŋkn̩valt
Frankfort *engl.* ˈfræŋkfət
Frankfurt ˈfraŋkfʊrt
Frankfurter ˈfraŋkfʊrtɐ, *engl.* ˈfræŋkfəːtə
frankfurtisch ˈfraŋkfʊrtɪʃ
frankieren fraŋˈkiːrən
Fränkin ˈfrɛŋkɪn
fränkisch ˈfrɛŋkɪʃ
Frankl ˈfraŋkl̩
Frankland *engl.* ˈfræŋklənd
Franklin *engl.* ˈfræŋklɪn, *fr.* frãˈklɛ̃
Franklinisation fraŋklinizaˈtsi̯oːn
franko ˈfraŋko
Franko ˈfraŋko, *ukr.* franˈkɔ
Frankobert ˈfraŋkobɛrt
Frankokanadier ˈfraŋkokanaːdi̯ɐ
Frankomane fraŋkoˈmaːnə
Frankomanie fraŋkomaˈniː
Frankopan *serbokr.* fraŋˌkɔpaːn
frankophil fraŋkoˈfiːl

F

Frankophilie frankofi'li:
frankophob frankoˈfo:p, **-e** ...o:bə
Frankophobie frankofoˈbi:
frankophon frankoˈfo:n
Frankophonie frankofoˈni:
Frankreich ˈfrankraiç
Franks[ton] *engl.* ˈfræŋks[tən]
Franktireur frãtiˈrø:ɐ̯, *auch:* frankt...
Franqueville *fr.* frãkˈvil
Frans *niederl.* frɑns
Fränschen ˈfrɛnsçən
Franse ˈfranzə
fransen ˈfranzn̩, **frans!** frans, **franst** franst
fransig ˈfranzɪç, **-e** ...ɪgə
František *tschech.* ˈfrantjiʃɛk
Františkovy Lázně *tschech.* ˈfrantjiʃkɔvi ˈla:znjɛ
Frantz[en] ˈfrants[n̩]
Franz frants, *fr.* frã:s
Franzburg ˈfrantsbʊrk
Fränzchen ˈfrɛntsçən
Fränze ˈfrɛntsə
franzen ˈfrantsn̩
Franzén *schwed.* franˈse:n
Franzensbad ˈfrantsn̩sba:t
Franzensfeste ˈfrantsn̩sfɛstə
Franzi ˈfrantsi
Fränzi ˈfrɛntsi
Franzien ˈfrantsi̯ən
Franziska franˈtsɪska
Franziskaner frantsɪsˈka:nɐ
Franziskus franˈtsɪskʊs
Franzius ˈfrantsi̯ʊs
Franz Joseph ˈfrants ˈjo:zɛf
Fränzl ˈfrɛntsl̩
Franzmann ˈfrantsman
Franzos (Name) franˈtso:s, ˈ--
Franzose franˈtso:zə
Französelei frantsø:zəˈlai
französeln franˈtsø:zl̩n, **französle** franˈtsø:zlə
französieren frantsøˈzi:rən
Französin franˈtsø:zɪn
französisch franˈtsø:zɪʃ
französisieren frantsøziˈzi:rən
Frapan ˈfra:pan
Frapié *fr.* fraˈpje
frappant fraˈpant
Frappé, Frappee fraˈpe:
frappieren fraˈpi:rən
Frascati *it.* frasˈka:ti
Frasch fraʃ, *engl.* frɑ:ʃ
Fräsdorn ˈfrɛ:sdɔrn
Fräse ˈfrɛ:zə
fräsen ˈfrɛ:zn̩, **fräs!** frɛ:s, **fräst** frɛ:st

Fraser *engl.* ˈfreɪzə
Fräser ˈfrɛ:zɐ
Frash *engl.* fræʃ
Frashër[i] *alban.* ˈfraʃər[i]
Frasne[s] *fr.* frɑ:n
Frasquita *span.* frasˈkita
fraß, F... fra:s
fräße ˈfrɛ:sə
Frastanz ˈfrastants
Frate ˈfra:tə
Fratellini *it.* fratelˈli:ni
Frater ˈfra:tɐ, **Fratres** ˈfra:tre:s
Fraternisation fratɛrniza-ˈtsi̯o:n
fraternisieren fratɛrniˈzi:rən
Fraternität fratɛrniˈtɛ:t
Fraternité fratɛrniˈte:
Frati *it.* ˈfra:ti
Fratres vgl. Frater
Fratres minores ˈfra:tre:s miˈno:re:s
Fratz frats
Frätzchen ˈfrɛtsçən
Fratze ˈfratsə
Frau frau̯
Fraubrunnen frau̯ˈbrʊnən
Frauchen ˈfrau̯çən
fraudulös frau̯duˈlø:s, **-e** ...ø:zə
Frauenalb frau̯ənˈ|alp
Frauenburg ˈfrau̯ənbʊrk
Frauenchiemsee frau̯ən-ˈki:mze:
Frauenfeld ˈfrau̯ənfɛlt
Fraueninsel ˈfrau̯ən|ɪnzl̩
Frauenlob ˈfrau̯ənlo:p
Frauenrechtlerin ˈfrau̯ənrɛçtlə-rɪn
Frauenroth frau̯ənˈro:t
Frauenstein ˈfrau̯ənʃtain
Frauenzell ˈfrau̯əntsɛl
Frau Holle frau̯ ˈhɔlə
Frauke ˈfrau̯kə
Fraulautern frau̯ˈlau̯tɐn
Fräulein ˈfrɔylain
fraulich ˈfrau̯lɪç
Fraunhofer ˈfrau̯nho:fɐ
Fraustadt ˈfrau̯ʃtat
Frawaschi fraˈvaʃi
Fray Bentos *span.* ˈfrai̯ ˈβentos
Frayn *engl.* freɪn
Frazer *engl.* ˈfreɪzə
Frazier *engl.* ˈfreɪʒɪə
Freak fri:k
frech, F... frɛç
Frechen ˈfrɛçn̩
Fréchette *fr.* freˈʃɛt
Frechling ˈfrɛçlɪŋ
Frechulf ˈfrɛçʊlf
Freckenhorst ˈfrɛkn̩hɔrst

Freckleben ˈfrɛkle:bn̩
Fred fre:t, frɛt, *engl.* frɛd
Freddie ˈfrɛdi, *engl.* ˈfrɛdɪ
Freddy ˈfrɛdi
Fredeburg ˈfre:dəbʊrk
Fredegar ˈfre:dəgar
Fredegund ˈfre:dəgʊnt
Fredegunde fre:dəˈgʊndə
Fredensborg *dän.* ˈfrɪ:ˀðn̩sbɔɐ̯ˀ
Frederic *engl.* ˈfrɛdrɪk
Frédéric *fr.* fredeˈrik
Fredericia *dän.* frɪðəˈrɪdsjæ
Frederick *engl.* ˈfrɛdrɪk
Fredericksburg *engl.* ˈfrɛdrɪks-bə:g
Frederico *port.* frəðəˈriku
Fredericton *engl.* ˈfrɛdrɪktən
Frederik *dt., niederl.* ˈfre:dərɪk, *dän.* ˈfreðərəg
Frederiksberg *dän.* freðərəgs-ˈbɛɐ̯ˀu̯
Frederiksborg *dän.* freðərəgs-ˈbɔɐ̯ˀ
Frederikshåb *dän.* freðərəgs-ˈho:ˀb
Frederikshavn *dän.* freðərəgs-ˈhau̯ˀn
Frederikssund *dän.* freðərəgs-ˈsʊnˀ
Frederikstad *norw.* ˈfre:dərik-sta:d
Frederiksværk *dän.* freðərəgs-ˈvɛɐ̯g
Fredeswitha fredɛsˈwi:ta
Fredholm *schwed.* ˌfre:dhɔlm
Fredi *it.* ˈfre:di
Fredonia *engl.* fri:ˈdoʊnɪə
Fredrik *schwed.* ˈfre:drik
Fredrika *schwed.* fredˌri:ka
Fredrikshamn *schwed.* fre:driksˈhamn
Fredrikstad *norw.* ˈfrɛdriksta
Fredro *poln.* ˈfrɛdrɔ
free alongside ship ˈfri: ɛˈlɔŋ-zait ˈʃɪp
Freeclimber ˈfri:klaimɐ
Freeclimbing ˈfri:klaimɪŋ
Freeden ˈfre:dn̩
Freedom *engl.* ˈfri:dəm
Freehold ˈfri:ho:lt
Freeholder ˈfri:ho:ldɐ
Freelance ˈfri:la:ns
Freeling *engl.* ˈfri:lɪŋ
Freeman *engl.* ˈfri:mən
free on board ˈfri: ɔn ˈbo:ɐ̯t, -- ˈbɔrt
free on waggon ˈfri: ɔn ˈvɛgn̩
Freeport *engl.* ˈfri:pɔ:t
Freese ˈfre:zə

Freesie ˈfreːzi̯ə
Freestyle ˈfriːstail̯
Freetown *engl.* ˈfriːtaʊn
Freeze friːs
Fregatte freˈgatə
Fregattvogel freˈgatfoːgl̩
Frege ˈfreːgə
Fregellae freˈgɛlɛ
Fréhel *fr.* freˈɛl
Frehne ˈfreːnə
frei frai̯
Frei frai̯, *engl.* fraɪ, *fr.* frɛ, *span.* frɛi̯
Freia ˈfrai̯a
Freiberg ˈfrai̯bɛrk
Freiberge ˈfrai̯bɛrgə
Freibeuter ˈfrai̯bɔy̯tɐ
Freiburg ˈfrai̯bʊrk
Freidank ˈfrai̯daŋk
freien ˈfrai̯ən
Freienhagen frai̯ənˈhaːgn̩
Freienwalde frai̯ənˈvaldə
freigebig ˈfrai̯geːbɪç, **-e** ...ɪgə
Freigeisterei frai̯gai̯stəˈrai̯
Freigrafschaft ˈfrai̯ˌgraːfʃaft
Freiham ˈfrai̯ham
Freihandbücherei ˈfrai̯hantbyːçərai̯
freihändig ˈfrai̯hɛndɪç
Freiheit ˈfrai̯hai̯t
freiheraus frai̯hɛˈrau̯s
Freihung ˈfrai̯ʊŋ
Freiin ˈfrai̯ɪn
Freilassing frai̯ˈlasɪŋ
freilich ˈfrai̯lɪç
Freiligrath ˈfrai̯ligraːt, ...lɪçr...
Freilitzsch ˈfrai̯lɪtʃ
Freimann (Ort) frai̯ˈman
Freimaurer ˈfrai̯mau̯rɐ
Freimaurerei frai̯mau̯rəˈrai̯
freimaurerisch ˈfrai̯mau̯rərɪʃ
Freimut ˈfrai̯muːt
freimütig ˈfrai̯myːtɪç, **-e** ...ɪgə
Freinet *fr.* frɛˈnɛ
Freinsheim ˈfrai̯nshai̯m
Freir ˈfrai̯ɐ
Freire *port.* ˈfrɐi̯rə, *bras.* ˈfrei̯ri, *span.* ˈfrɛi̯re
Freisass[e] ˈfrai̯zas[ə]
Freischärler ˈfrai̯ʃɛːɐ̯lɐ
Freischütz[e] ˈfrai̯ʃʏts[ə]
Freising ˈfrai̯zɪŋ
Freisinn ˈfrai̯zɪn
Freisler ˈfrai̯slɐ
Freistadt ˈfrai̯ʃtat
Freistett ˈfrai̯ʃtɛt
Freitag ˈfrai̯taːk
Freitags ˈfrai̯taːks
Freital ˈfrai̯taːl
Freitas *port.* ˈfrɐi̯tɐʃ, *bras.* ˈfrei̯tas
Freite ˈfrai̯tə
Freiung ˈfrai̯ʊŋ
Freiwaldau ˈfrai̯valdau̯
freiwillig ˈfrai̯vɪlɪç
Freiwillige ˈfrai̯vɪlɪgə
Freixenet® frɛʃəˈnɛt
Fréjus *fr.* freˈʒys
Frelimo freˈliːmo, *port.* frɛˈlimu
Frelinghuysen *engl.* ˈfriːlɪŋhaɪzn
Fremantle *engl.* ˈfriːmæntl
fremd frɛmt, **-e** ˈfrɛmdə
fremdartig ˈfrɛmt|aːɐ̯tɪç
Fremde ˈfrɛmdə
fremdeln ˈfrɛmdl̩n, **fremdle** ˈfrɛmdlə
fremden ˈfrɛmdn̩, **fremd!** frɛmt
fremdländisch ˈfrɛmtlɛndɪʃ
Fremdling ˈfrɛmtlɪŋ
Fremdtümelei frɛmttyːməˈlai̯
fremdwörteln ˈfrɛmtvœrtl̩n
Fremdwörterei frɛmtvœrtəˈrai̯
Frémiet *fr.* freˈmjɛ
Fréminet *fr.* fremiˈnɛ
Fremitus ˈfreːmitʊs
Fremont *engl.* ˈfriːmɔnt
Frénaud *fr.* freˈno
Frenay *fr.* frəˈnɛ
French *engl.* frɛntʃ
Frenchknicker ˈfrɛntʃnɪkɐ
Freneau *engl.* frɪˈnoʊ
Frénet *fr.* freˈnɛ
frenetisch freˈneːtɪʃ
Freni *it.* ˈfreːni
Frens frɛns
Frenssen ˈfrɛnsn̩
Fren[t]zel ˈfrɛntsl̩
Frenulum ˈfreːnulʊm, **...la** ...la
frequent freˈkvɛnt
Frequenta® freˈkvɛnta
Frequentant frekvɛnˈtant
Frequentation frekvɛntaˈtsi̯oːn
Frequentativ ˈfreːkvɛntatiːf, **-e** ...iːvə
Frequentativum frekvɛntaˈtiːvʊm, **...va** ...va
frequentieren frekvɛnˈtiːrən
Frequenz freˈkvɛnts
Frere *engl.* frɪə
Frère *fr.* frɛːr
Freren ˈfreːrən
Frère-Orban *fr.* frɛrɔrˈbã
Frères *fr.* frɛːr
Frescobaldi *it.* freskoˈbaldi
Frese ˈfreːzə
Fresenius freˈzeːni̯ʊs
Freske ˈfrɛskə
Fresko ˈfrɛsko
Fresnay[e] *fr.* frɛˈnɛ
Fresnel *fr.* frɛˈnɛl
Fresnes *fr.* frɛn
Fresno *engl.* ˈfrɛznoʊ
Fressalien frɛˈsaːli̯ən
Fresse ˈfrɛsə
fressen ˈfrɛsn̩
Fresserei frɛsəˈrai̯
Fret frɛt
Freteur freˈtøːɐ̯
fretieren freˈtiːrən
Frett[chen] ˈfrɛt[çən]
fretten ˈfrɛtn̩
frettieren frɛˈtiːrən
Freuchen ˈfrɔy̯çn̩, *dän.* ˈfrɔi̯ˀgn̩
Freud frɔy̯t
Freude ˈfrɔy̯də
Freudenberg ˈfrɔy̯dn̩bɛrk
Freudenberger ˈfrɔy̯dn̩bɛrgɐ
Freudenstadt ˈfrɔy̯dn̩ʃtat
Freudent[h]al ˈfrɔy̯dn̩taːl
Freudianer frɔy̯ˈdi̯aːnɐ
freudig ˈfrɔy̯dɪç, **-e** ...ɪgə
freudlos ˈfrɔy̯tloːs
freuen ˈfrɔy̯ən
Freuler ˈfrɔy̯lɐ
Freumbichler ˈfrɔy̯mbɪçlɐ
[1]**Freund** ˈfrɔy̯nt, **-e** ˈfrɔy̯ndə
[2]**Freund** (Name) frɔy̯nt, *dän.* frɔi̯ˀnd
Freundin ˈfrɔy̯ndɪn
freundlich ˈfrɔy̯ntlɪç
Freundt frɔy̯nt
frevel, F... ˈfreːfl̩
freveln ˈfreːfl̩n
freventlich ˈfreːfn̩tlɪç
Frevler ˈfreːflɐ
frevlerisch ˈfreːflərɪʃ
Frey frai̯, *fr.* frɛ
Freya ˈfrai̯a
Freyburg ˈfrai̯bʊrk
Freycinet *fr.* frɛsiˈnɛ
Freyenstein ˈfrai̯ənʃtai̯n
Freyer ˈfrai̯ɐ
Freyja ˈfrai̯ja
Freylinghausen ˈfrai̯lɪŋhau̯zn̩
Freyr ˈfrai̯ɐ
Freyre *span.* ˈfrɛi̯re, *bras.* ˈfrei̯ri
Freyssinet *fr.* frɛsiˈnɛ
Freystadt ˈfrai̯ʃtat
Freytag[h] ˈfrai̯taːk
Freyung ˈfrai̯ʊŋ
Frezzi *it.* ˈfrettsi
Fria *fr.* friˈa
Friaul friˈau̯l
Fribourg *fr.* friˈbuːr

F

Frič *tschech.* fritʃ
Frick *dt., engl.* frɪk
Fricka ˈfrɪka
Fricke ˈfrɪkə
Fricker ˈfrɪkɐ, *engl.* ˈfrɪkə
Fricsay ˈfrɪtʃai̯, *ung.* ˈfritʃɔi
Frida ˈfri:da
Frída *tschech.* ˈfri:da
Fridatte friˈdatə
Fridegård *schwed.* ˌfri:dəgo:rd
Fridell *schwed.* friˈdɛl
Friderici fride'ri:tsi
Fridericus fride'ri:kʊs
friderizianisch frideri'tsi̯a:nɪʃ
Fridingen ˈfri:dɪŋən
Fridjónsson *isl.* ˈfrɪðjou̯nsɔn
Fridley *engl.* ˈfrɪdlɪ
Fridolin ˈfri:doli:n
Fridtjof *dän.* ˈfridjɔf
Fried *dt., tschech.* fri:t, *engl.* fri:d
Frieda ˈfri:da
Friedan *engl.* fri:ˈdæn
Friedberg ˈfri:tbɛrk
Friedbert ˈfri:tbɛrt
Friedburg ˈfri:tbʊrk
Friede ˈfri:də
Friedeberg ˈfri:dəbɛrk
Friedebert ˈfri:dəbɛrt
Friedeburg ˈfri:dəbʊrk
Friedegund ˈfri:dəgʊnt
Friedegunde fri:dəˈgʊndə
Friedek ˈfri:dɛk
Friedel ˈfri:dl̩
Friedell ˈfri:dɛl, friˈdɛl, *fr.* friˈdɛl
Friedemann ˈfri:dəman
Frieden ˈfri:dn̩
Friedenau fri:dəˈnau̯
Friedensburg ˈfri:dn̩sbʊrk
Frieder ˈfri:dɐ
Friederich[s] ˈfri:dərɪç[s]
Friederici fride'ri:tsi
Friederike fri:dəˈri:kə
Friedersdorf ˈfri:dɐsdɔrf
Friedewalde fri:dəˈvaldə
Friedgar ˈfri:tgar
Friedger ˈfri:tgɛr
Friedgund ˈfri:tgʊnt
Friedhelm ˈfri:thɛlm
Friedhof ˈfri:tho:f
Friedjung ˈfri:tjʊŋ
Friedkin *engl.* ˈfri:dkɪn
Friedl ˈfri:dl̩
Friedlaender ˈfri:tlɛndɐ
Friedland ˈfri:tlant
Friedländer ˈfri:tlɛndɐ
friedländisch ˈfri:tlɛndɪʃ
friedlich ˈfri:tlɪç
Friedlieb ˈfri:tli:p
friedlos ˈfri:tlo:s
Friedman *engl.* ˈfri:dmən
Friedmann ˈfri:tman
Friedo[lin] ˈfri:do[li:n]
Friedreich ˈfri:drai̯ç
Friedrich ˈfri:drɪç
Friedrichroda fri:drɪçˈro:da
Friedrichsdor ˈfri:drɪçsdo:ɐ̯
Friedrichsdorf ˈfri:drɪçsdɔrf
Friedrichshafen ˈfri:drɪçsha:fn̩
Friedrichshagen fri:drɪçsˈha:gn̩
Friedrichshall ˈfri:drɪçshal, ‿‿ˈ‿
Friedrichsruh fri:drɪçsˈru:
Friedrichstadt ˈfri:drɪçʃtat
Friedrichsthal ˈfri:drɪçsta:l
friedsam ˈfri:tza:m
friedselig ˈfri:tze:lɪç
Friel *engl.* fri:l
friemeln ˈfri:ml̩n
Friendly *engl.* ˈfrɛndlɪ
Friendswood *engl.* ˈfrɛndzwʊd
frieren ˈfri:rən
[1]**Fries** (Gesimsstreifen) fri:s, **-e** ˈfri:zə
[2]**Fries** (Name) *dt., engl.* fri:s
Friesach ˈfri:zax
Friesack ˈfri:zak
Friese ˈfri:zə
Friesel ˈfri:zl̩
Friesen ˈfri:zn̩
friesisch ˈfri:zɪʃ
Friesland ˈfri:slant, *niederl.* ˈfrislɑnt
Friesländer ˈfri:slɛndɐ
friesländisch ˈfri:slɛndɪʃ
Frieso ˈfri:zo
Friesoythe fri:sˈlɔy̆tə
Friesz *fr.* friˈɛs
Frigen® friˈge:n
Frigg frɪk
frigid friˈgi:t, **-e** ...i:də
Frigidaire® friʒiˈdɛ:ɐ̯, *auch:* frigiˈdɛ:ɐ̯, fridʒi...
Frigidär friʒiˈdɛ:ɐ̯
Frigidarium frigiˈda:ri̯ʊm, **...ien** ...i̯ən
frigide friˈgi:də
Frigidität frigidiˈtɛ:t
Frigorimeter frigoriˈme:tɐ
Frigyes *ung.* ˈfridjɛʃ
Friis *norw.* fri:s, *dän.* fri:ˀs
Frija ˈfri:ja
Frikadelle frikaˈdɛlə
Frikandeau frikanˈdo:
Frikandelle frikanˈdɛlə
Frikassee frikaˈse:
frikassieren frikaˈsi:rən
frikativ, F... frikaˈti:f, **-e** ...i:və
Frikativum frikaˈti:vʊm, **...va** ...va
Friktiograph frɪktsi̯oˈgra:f
Friktion frɪkˈtsi̯o:n
Frimaire friˈmɛ:ɐ̯
Friml *engl.* ˈfrɪməl
Frimley *engl.* ˈfrɪmlɪ
Frimmersdorf ˈfrɪmɐsdɔrf
Fringeli ˈfrɪŋgeli
Frings frɪŋs
Frinton *engl.* ˈfrɪntən
Friquet *fr.* friˈkɛ
Frisbee® ˈfrɪsbi
frisch, F... frɪʃ
frischauf! frɪʃˈlau̯f
frischbacken ˈfrɪʃbakn̩
Frische ˈfrɪʃə
frischen ˈfrɪʃn̩
Frisching ˈfrɪʃɪŋ
Frischlin ˈfrɪʃli:n
Frischling ˈfrɪʃlɪŋ
Frischmann ˈfrɪʃman
Frischmuth ˈfrɪʃmu:t
frischweg frɪʃˈvɛk
Frisco ˈfrɪsko, *engl.* ˈfrɪskoʊ
Frisé[e] friˈze:
Frisella friˈzɛla
Friseur friˈzø:ɐ̯
Friseuse friˈzø:zə
frisieren friˈzi:rən
Frisoni *it.* friˈzo:ni
Frisör friˈzø:ɐ̯
friss! frɪs
frisst, Frist frɪst
fristen ˈfrɪstn̩
Frisur friˈzu:ɐ̯
Fritfliege ˈfrɪtfli:gə
Frith *engl.* frɪθ
Frithigern ˈfri:tigɛrn
Frithjof ˈfrɪtjɔf, *norw.* ˈfritjɔf
Fritillaria fritɪˈla:ri̯a, **...ien** ...i̯ən
Fritjof *schwed.* ˈfritjɔf
Frits *niederl.* frɪts
Fritsch frɪtʃ
Frittate frɪˈta:tə
Fritte ˈfrɪtə
fritten ˈfrɪtn̩
Fritter ˈfrɪtɐ
Fritteuse frɪˈtø:zə
frittieren frɪˈti:rən
Frittung ˈfrɪtʊŋ
Frittüre frɪˈty:rə
...fritze ...frɪtsə
Fritz[i] ˈfrɪts[i]
Fritzlar ˈfrɪtslar
Fritzsche ˈfrɪtʃə

Friuli *it.* fri'u:li
frivol fri'vo:l
Frivolität frivoli'tɛ:t
Fro fro:
Fröbe 'frø:bə
Fröbel 'frø:bl̩
Froben 'fro:bn̩
Frobenius fro'be:ni̯ʊs
Froberger 'fro:bɛrgɐ
Frobisher *engl.* 'froʊbɪʃə
Froburg 'fro:bʊrk
Frode *dän.* 'frʊ:ðə
Fröding *schwed.* ˌfrø:dɪŋ
Froebel 'frø:bl̩
Froelich 'frø:lɪç
Frœschviller *fr.* frɛʃvi'lɛ:r
Frög frø:k
froh fro:
Frohburg 'fro:bʊrk
Froheit 'fro:hai̯t
fröhlich, F... 'frø:lɪç
Fröhlichianer frø:lɪ'çi̯a:nɐ
frohlocken fro'lɔkn̩
Frohman *engl.* 'froʊmən
Frohmut 'fro:mu:t
frohmütig 'fro:my:tɪç, **-e** ...ɪgə
Frohner 'fro:nɐ
Frohnleiten fro:n'lai̯tn̩
Frohschammer 'fro:ʃamɐ
Froissart *fr.* frwa'sa:r
Froissé fro̯a'se:
froissieren fro̯a'si:rən
Frol *russ.* frɔl
Frolenko *russ.* fra'ljɛnkɐ
Frölich[er] 'frø:lɪç[ɐ]
Fromage fro'ma:ʒə
Fromage de Brie, -s - - fro-'ma:ʒə də 'bri:
Frombork *poln.* 'frɔmbɔrk
Frome *(UK) engl.* fru:m
Froment *fr.* frɔ'mã
Fromentin *fr.* frɔmã'tɛ̃
Fromiller 'fro:mɪlɐ
fromm frɔm, **frömmer** 'frœmɐ
Fromm *dt., engl.* frɔm
Frommel 'frɔml̩
Frömmelei frœmə'lai̯
frömmeln 'frœmln̩
frommen 'frɔmən
frömmer vgl. fromm
Frömmigkeit 'frœmɪçkai̯t
Fron fro:n
Fronde (Fron) 'fro:ndə
Fronde (Auflehnung) 'frõ:də
fronden 'fro:ndn̩, **frond!** fro:nt
Fröndenberg 'frœndn̩bɛrk
Frondeszenz frɔndɛs'tsɛnts
Frondeur frõ'dø:ɐ̯
Frondienst 'fro:ndi:nst
frondieren frõ'di:rən
Frondizi *span.* frɔn'diθi
frondos frɔn'do:s, **-e** ...o:zə
fronen 'fro:nən
frönen 'frø:nən
Fronleichnam fro:n'lai̯çna:m
Frons frɔns, **Frontes** 'frɔnte:s
Front frɔnt
frontal frɔn'ta:l
Frontale frɔn'ta:lə, **...lien** ...li̯ən
Frontalität frɔntali'tɛ:t
Frontenac *fr.* frõt'nak
Frontera[s] *span.* frɔn'tera[s]
Frontes vgl. Frons
Frontfrau 'frɔntfrau̯
Frontier *engl.* 'frʌntɪə, –'–
Frontignan *fr.* frõti'ɲã
Frontinus frɔn'ti:nʊs
Frontismus frɔn'tɪsmʊs
Frontispiz frɔnti'spi:ts
Frontman, -men 'frɔntmɛn, *auch:* 'frant...
Frontmann 'frɔntman
Fronto 'frɔnto
Frontogenese frɔntoge'ne:zə
Frontolyse frɔnto'ly:zə
Front Range *engl.* 'frʌnt 'reɪndʒ
fror fro:ɐ̯
fröre 'frø:rə
Frosch frɔʃ, **Frösche** 'frœʃə
Froschauer 'frɔʃau̯ɐ
Fröschchen 'frœʃçən
Fröschweiler 'frœʃvai̯lɐ
Frosinone *it.* frozi'no:ne
[1]**Frost** frɔst, **Fröste** 'frœstə
[2]**Frost** (Name) *engl.* frɔst
fröstelig 'frœstəlɪç, **-e** ...ɪgə
frösteln 'frœstl̩n
Froster 'frɔstɐ
frostig 'frɔstɪç, **-e** ...ɪgə
fröstlig 'frœstlɪç, **-e** ...ɪgə
Fröstling 'frœstlɪŋ
Frottage frɔ'ta:ʒə
Frotté, Frottee frɔ'te:
Frotteur frɔ'tø:ɐ̯
frottieren frɔ'ti:rən
Frottola 'frɔtola, **...olen** frɔ-'to:lən
Frotzelei frɔtsə'lai̯
frotzeln 'frɔtsl̩n
Froude *engl.* fru:d
Froufrou fru'fru:
Froumund 'frau̯mʊnt
Frowin 'fro:vi:n
Frucht frʊxt, **Früchte** 'frʏçtə
fruchtbar 'frʊxtba:ɐ̯
fruchten 'frʊxtn̩
fruchtig 'frʊxtɪç, **-e** ...ɪgə
Fructose frʊk'to:zə
Fructuosus frʊk'tu̯o:zʊs
Frueauf 'fry:|au̯f
Frug *russ.* fruk
frugal fru'ga:l
Frugalität frugali'tɛ:t
Frugivore frugi'vo:rə
Frugoni *it.* fru'go:ni
früh, Früh fry:
Frühe 'fry:ə
Früher 'fry:ɐ
Frühjahr 'fry:ja:ɐ̯
frühmorgens fry:'mɔrgn̩s
Frühstück 'fry:ʃtʏk
frühstücken 'fry:ʃtʏkn̩
frühzeitig 'fry:tsai̯tɪç
Fruin *niederl.* frœi̯n
Fruktidor frʏkti'do:ɐ̯
Fruktifikation frʊktifika'tsi̯o:n
fruktifizieren frʊktifi'tsi:rən
Fruktivore frʊkti'vo:rə
Fruktose frʊk'to:zə
Früling 'fry:lɪŋ
Frumentius fru'mɛntsi̯ʊs
Frumerie *schwed.* ˌfrʊməri
Frumkin *russ.* 'frumkin
Frundsberg 'frʊntsbɛrk
Frunse *russ.* 'frunzɪ
Fruote fru'o:tə
Fruška gora *serbokr.* 'fruʃka: ˌgɔra
Frust frʊst
fruste frʏst
frustran frʊs'tra:n
Frustration frʊstra'tsi̯o:n
frustratorisch frʊstra'to:rɪʃ
frustrieren frʊs'tri:rən
Frute 'fru:tə
Frutigen 'fru:tign̩
Frutolf 'fru:tɔlf
Frutt frʊt
Frutti 'frʊti, *it.* 'frutti
Frutti di Mare 'frʊti di 'ma:rə
Fruttuaria *it.* frut'tu̯a:ri̯a
Fry *engl.* fraɪ
Frycz *poln.* frɨtʃ
Frýd *tschech.* fri:t
Frýdek-Místek *tschech.* 'fri:dɛk'mi:stɛk
Fryderyk *poln.* frɨ'dɛrɨk
Frýdlant *tschech.* 'fri:dlant
Frye *engl.* fraɪ
Fryxell *schwed.* fryk'sɛl
FTSE 'fʊtsi
Fuà *it.* fu'a
Fuad fu'a:t
[1]**Fuchs** (Tier) fʊks, **Füchse** 'fʏksə

[2]**Fụchs** (Name) fʊks, *engl.* fu:ks
Fụ̈chschen ˈfʏksçən
fụchsen ˈfʊksn̩
Fụchsie ˈfʊksi̯ə
fụchsig ˈfʊksɪç, **-e** ...ɪgə
Fuchsi̱n fʊˈksi:n
Fụ̈chsin ˈfʏksɪn
Fụchskauten ˈfʊkskau̯tn̩
fụchsrot ˈfʊksro:t
fụchsschwänzeln ˈfʊksʃvɛnt͡sl̩n
fụchsschwänzen ˈfʊksʃvɛnt͡sn̩
fụchsteu̱felswịld ˈfʊksˈtɔy̯fl̩sˈvɪlt
fụchswịld ˈfʊksˈvɪlt
Fụchtel ˈfʊxtl̩
fụchteln ˈfʊxtl̩n
fụchtig ˈfʊxtɪç, **-e** ...ɪgə
Fučik *tschech.* ˈfutʃi:k
Fuci̱ner fuˈt͡ʃi:nɐ
Fuci̱ni *it.* fuˈt͡ʃi:ni
Fu̱cino *it.* ˈfu:t͡ʃino
fụddeln ˈfʊdl̩n, **fụddle** ˈfʊdlə
fu̱deln ˈfu:dl̩n, **fu̱dle** ˈfu:dlə
Fu̱der ˈfu:dɐ
fu̱dit ˈfu:dɪt
Fudschai̱ra fuˈd͡ʒai̯ra
Fụdschi *jap.* ˈfuˌd͡ʒi
Fudschịeda *jap.* fuˈd͡ʒieda
Fudschija̱ma fud͡ʒiˈja:ma
Fụdschijoschida *jap.* ˈfud͡ʒijoʃida
Fudschịnomija *jap.* fuˈd͡ʒinomija
Fụdschisan *jap.* ˈfuˌd͡ʒisan
Fudschịsawa *jap.* fuˈd͡ʒisawa
Fudschiwa̱ra fud͡ʒiˈva:ra, *jap.* fuˈd͡ʒiwara
Fuẹgo *span.* ˈfu̯eɣo
Fuel *engl.* fjʊəl, ˈfju:əl
Fuengirọla *span.* fu̯eŋxiˈrola
Fuenllạna *span.* fu̯enˈʎana
Fuẹnte Obejụna *span.* ˈfu̯ente oβɛˈxuna
Fuenteovejụna *span.* fu̯enteoβɛˈxuna
Fuẹntes *span.* ˈfu̯entes
Fue̱ro ˈfu̯e:ro
Fuẹrtes *span.* fu̯ɛrtes, *engl.* ˈfjʊəti:z
Fuerteventụra *span.* fu̯ɛrteβenˈtura
Fü̱essli ˈfy:ɛsli
Fu̱eter ˈfu:ɛtɐ
Fü̱etrer ˈfy:ɛtrɐ
Fụffzehn ˈfʊft͡se:n
Fụffziger ˈfʊft͡sɪgɐ
Fu̱fu ˈfu:fu
Fu̱g fu:k
Fu̱ga *it.* ˈfu:ga
fuga̱l fuˈga:l
Fugard *engl.* ˈf[j]u:gɑ:d
fuga̱to fuˈga:to
Fuga̱to fuˈga:to, **...ti** ...ti
Fugazitä̱t fugat͡siˈtɛ:t
Fu̱ge ˈfu:gə
fu̱gen ˈfu:gn̩, **fu̱g!** fu:k, **fu̱gt** fu:kt
fü̱gen ˈfy:gn̩, **fü̱g!** fy:k, **fü̱gt** fy:kt
Fü̱ger ˈfy:gɐ
Fugẹtte fuˈgɛtə
Fụgger ˈfʊgɐ
Fuggerei̱ fʊgəˈrai̯
Fughẹtta fuˈgɛta, **...tten** ...ɛtn̩
fugi̱eren fuˈgi:rən
fü̱glich ˈfy:klɪç
fü̱gsam ˈfy:kza:m
Fu̱gu ˈfu:gu
fü̱hlen ˈfy:lən
Fu̱hlrott ˈfu:lrɔt
Fu̱hlsbüttel ˈfu:lsbʏtl̩
Fü̱hmann ˈfy:man
Fü̱hner ˈfy:nɐ
fu̱hr, F... fu:ɐ̯
Fu̱hre ˈfu:rə
fü̱hren ˈfy:rən
Fü̱hrer ˈfy:rɐ
Fü̱hrich ˈfy:rɪç
Fu̱ji *engl.* ˈfu:d͡ʒɪ
Fujian *chin.* fud͡ʑi̯ɛn 24
Fujimọri *span.* fuxiˈmori
Fukaze̱en fukaˈt͡se:ən
Fu̱kien ˈfu:ki̯ɛn
Fụks *tschech.* fuks
Fukụi *jap.* fu̯ˈkui
Fukụjama *jap.* fu̯ˈkuˌjama
Fukụoka *jap.* fu̯ˈkuˌoka
Fukụsawa *jap.* fu̯ˈkuzawa
Fukụschima *jap.* fu̯ˈkuˌʃima
Fụlbe ˈfʊlbə
Fụlbert ˈfʊlbɛrt, *fr.* fylˈbɛ:r
Fụlbright *engl.* ˈfʊlbraɪt
Fụlcher ˈfʊlkɐ
Fụlda ˈfʊlda
Fụldaer ˈfʊldaɐ
fụldisch ˈfʊldɪʃ
Fulgẹncio *span.* fulˈxenθi̯o
Fulgẹntius fʊlˈgɛnt͡si̯ʊs
Fulgurạnt[e] fʊlguˈrant[ə]
Fulguri̱t fʊlguˈri:t
Fụlham *engl.* ˈfʊləm
Fuli̱go fuˈli:go, **...gines** ...gine:s
Fulldrẹss ˈfʊlˈdrɛs
Fụ̈lle ˈfʏlə
fụ̈llen, F... ˈfʏlən
Fụller *engl.* ˈfʊlə
Fụ̈ller ˈfʏlɐ
Fullere̱ne fʊleˈre:nə
Fụllerton *engl.* ˈfʊlətən
Fullhouse ˈfʊlˈhau̯s
fụ̈llig ˈfʏlɪç, **-e** ...ɪgə
Fụ̈llsel ˈfʏlzl̩
Fullservice ˈfʊlˈzø:ɐ̯vɪs, ...ˈzœrvɪs
Fullspeed ˈfʊlˈspi:t
Fụll-Time... ˈfʊltai̯m...
fụlly fashioned ˈfʊli ˈfɛʃn̩t
fulminạnt fʊlmiˈnant
Fulminạnz fʊlmiˈnant͡s
Fulmina̱t fʊlmiˈna:t
Fü̱löp ˈfy:lœp, *ung.* ˈfyløp
Fụlpmes ˈfʊlpmɛs
Fụlton *engl.* ˈfʊltən
Fụlvia ˈfʊlvi̯a
Fụlvius ˈfʊlvi̯ʊs
Fụlwood *engl.* ˈfʊlwʊd
Fumaro̱le fumaˈro:lə
Fumé fyˈme:
Fụmmel ˈfʊml̩
fụmmeln ˈfʊml̩n
Fumoir fyˈmo̯a:ɐ̯
Funạbaschi *jap.* fuˈnaˌbaʃi
Funafu̱ti funaˈfu:ti, *engl.* fu:nəˈfu:tɪ
Funchạl *port.* fũˈʃal
Fụnd fʊnt, **-e** ˈfʊndə
Fụnda ˈfʊnda, **...dae** ...dɛ
Fundamẹnt fʊndaˈmɛnt
fundamenta̱l fʊndamɛnˈta:l
Fundamentalịsmus fʊndamɛntaˈlɪsmʊs
Fundamentalịst fʊndamɛntaˈlɪst
fundamenti̱eren fʊndamɛnˈti:rən
Fundatio̱n fʊndaˈt͡si̯o:n
Fụ̈ndchen ˈfʏntçən
Fụnder ˈfʊndɐ, *dän.* ˈfɔnˀdɐ, ˈfɔnɐ
Fụndi ˈfʊndi
fundi̱eren fʊnˈdi:rən
fụ̈ndig ˈfʏndɪç, **-e** ...ɪgə
Fụndus [dota̱lis, instrụctus] ˈfʊndʊs [doˈta:lɪs, ɪnˈstrʊktʊs]
Fundy *engl.* ˈfʌndɪ
fune̱bre fyˈne:brə
Fü̱nen ˈfy:nən
funera̱le funeˈra:lə
Funera̱lien funeˈra:li̯ən
Fụnes *span.* ˈfunes
Funès *fr.* fyˈnɛs
fụ̈nf fʏnf
Fünfcẹntstück fʏnfˈsɛntʃtʏk, *auch:* ...ˈt͡s...

fünfeinhalb ˈfʏnflainˈhalp
Fünfer ˈfʏnfɐ
fünferlei ˈfʏnfɐˈlai
Fünfeuroschein fʏnfˈlɔyroʃain
fünffach ˈfʏnffax
fünffältig ˈfʏnffɛltɪç
Fünffrankenstück fʏnfˈfraŋkn̩ʃtʏk
Fünfhaus fʏnfˈhaus
fünfhundert ˈfʏnfˈhʊndɐt
Fünfjahresplan fʏnfˈja:rəspla:n
Fünfjahrplan fʏnfˈja:ɐ̯pla:n
Fünfkirchen fʏnfˈkɪrçn̩
Fünfliber fʏnfˈli:bɐ
fünfmarkstückgroß fʏnfˈmarkʃtʏkgro:s
Fünfstetten ˈfʏnfʃtɛtn̩
Fünfstromland fʏnfˈʃtro:mlant
fünft fʏnft
Fünftagefieber fʏnfˈta:gəfi:bɐ
fünftausend ˈfʏnfˈtauzn̩t
fünfte ˈfʏnftə
fünftel, F... ˈfʏnftl̩
fünftens ˈfʏnftn̩s
Fünfuhrtee ˈfʏnflu:ɐ̯te:, –ˈ––
fünfundzwanzig ˈfʏnflʊntˈtsvantsɪç
Funfur ˈfanfø:ɐ̯, ...fœr
fünfzehn ˈfʏnftse:n
fünfzig ˈfʏnftsɪç
Fünfziger ˈfʏnftsɪgɐ
Fungi vgl. Fungus
fungibel fʊŋˈgi:bl̩, **...ble** ...blə
Fungibilien fʊŋgiˈbi:li̯ən
Fungibilität fʊŋgibiliˈtɛ:t
fungieren fʊŋˈgi:rən
Fungistatikum fʊŋgiˈsta:tikʊm, **...ka** ...ka
fungizid, F... fʊŋgiˈtsi:t, **-e** ...i:də
fungös fʊŋˈgø:s, **-e** ...ø:zə
Fungosität fʊŋgoziˈtɛ:t
Fungus ˈfʊŋgʊs, **...gi** ...gi
Funhof ˈfu:nho:f
Funi *dt., it.* ˈfu:ni
Funiculaire fynikyˈlɛ:ɐ̯
Funiculus fuˈni:kulʊs, **...li** ...li
funikulär funikuˈlɛ:ɐ̯
Funikular... funikuˈla:ɐ̯...
Funikulitis funikuˈli:tɪs, **...litiden** ...liˈti:dn̩
Funk (Rundfunk) fʊŋk
Funk (Musik) faŋk
Funk (Name) fʊŋk, *poln.* fuŋk, *engl.* fʌŋk
Funke ˈfʊŋkə
funkeln ˈfʊŋkl̩n
funkelnagelneu ˈfʊŋkl̩ˈna:gl̩ˈnɔy
funken, F... ˈfʊŋkn̩
Funkie ˈfʊŋki̯ə
funkig (zu: [2]Funk) ˈfaŋkɪç, **-e** ...ɪgə
funkisch ˈfʊŋkɪʃ
Funktiolekt fʊŋktsi̯oˈlɛkt
Funktion fʊŋkˈtsi̯o:n
funktional fʊŋktsi̯oˈna:l
Funktionalismus fʊŋktsi̯onaˈlɪsmʊs
Funktionalität fʊŋktsi̯onaliˈtɛ:t
Funktionar fʊŋktsi̯oˈna:ɐ̯
Funktionär fʊŋktsi̯oˈnɛ:ɐ̯
funktionell fʊŋktsi̯oˈnɛl
funktionieren fʊŋktsi̯oˈni:rən
Funktiv fʊŋkˈti:f, **-e** ...i:və
Funktor ˈfʊŋkto:ɐ̯, **-en** ...ˈto:rən
Funsel ˈfʊnzl̩
Funzel ˈfʊntsl̩
Fuoruscito fu̯oruˈʃi:to, **...ti** ...ti
für fy:ɐ̯
Furage fuˈra:ʒə
furagieren furaˈʒi:rən
Furan fuˈra:n
fürbass fy:ɐ̯ˈbas
Fürbitte ˈfy:ɐ̯bɪtə
fürbitten, F... ˈfy:ɐ̯bɪtn̩
Furca ˈfʊrka, **Furcae** ˈfʊrtsɛ
Furche ˈfʊrçə
furchen ˈfʊrçn̩
furchig ˈfʊrçɪç, **-e** ...ɪgə
Furcht fʊrçt
Fürchtegott ˈfʏrçtəgɔt
fürchten ˈfʏrçtn̩
furchtsam ˈfʊrçtza:m
Furck fʊrk
fürder[hin] ˈfʏrdɐ[hɪn]
füreinander fy:ɐ̯laiˈnandɐ
Furetière *fr.* fyrˈtjɛ:r
Furgler ˈfʊrglɐ
Furiant fuˈri̯ant, ˈfu:r...
furibund furiˈbʊnt, **-e** ...ndə
Furie ˈfu:ri̯ə
Furier fuˈri:ɐ̯
Furini *it.* fuˈri:ni
Furio *it.* ˈfu:ri̯o
fürio! ˈfy:ri̯o
furios fuˈri̯o:s, **-e** ...o:zə
furioso fuˈri̯o:zo
Furioso fuˈri̯o:zo, **...si** fuˈri̯o:zi
Furius ˈfu:ri̯ʊs
Furka ˈfʊrka
Furlana fʊrˈla:na
Furlane fʊrˈla:nə
Furler ˈfʊrlɐ
fürlieb fy:ɐ̯ˈli:p
Furmanow *russ.* ˈfurmɐnɐf
Furnadschiew *bulgar.* furˈnadʒiɛf
Fürnberg ˈfʏrnbɛrk
Furneaux *engl.* ˈfə:noʊ
fürnehm ˈfy:ɐ̯ne:m
Furness *engl.* ˈfə:nɪs
Furnier fʊrˈni:ɐ̯
furnieren fʊrˈni:rən
Furniss *engl.* ˈfə:nɪs
Furnival[l] *engl.* ˈfə:nɪvəl
Furor ˈfu:ro:ɐ̯
Furore fuˈro:rə
Furor poeticus, - teutonicus ˈfu:ro:ɐ̯ poˈe:tikʊs, - tɔyˈto:nikʊs
Furphy *engl.* ˈfə:fɪ
Furrer ˈfʊrɐ
fürs fy:ɐ̯s
Fürsorge ˈfy:ɐ̯zɔrgə
fürsorgerisch ˈfy:ɐ̯zɔrgərɪʃ
fürsorglich ˈfy:ɐ̯zɔrklɪç
Fürsprache ˈfy:ɐ̯ʃpra:xə
Fürsprech[er] ˈfy:ɐ̯ʃprɛç[ɐ]
Fürst fʏrst
Fürstabt ˈfʏrstˈlapt
Fürstbischof ˈfʏrstˈbɪʃɔf
fürsten ˈfʏrstn̩
Fürstenau ˈfʏrstənau
Fürstenberg ˈfʏrstn̩bɛrk
Fürstenfeld ˈfʏrstn̩fɛlt
Fürstenfeldbruck fʏrstn̩fɛltˈbrʊk
Fürstenzell fʏrstn̩ˈtsɛl
Fürsterzbischof ˈfʏrstˈlɛrtsbɪʃɔf
Fürstinmutter ˈfʏrstɪnˈmʊtɐ
fürstlich ˈfʏrstlɪç
Furta *ung.* ˈfurtɔ
Furt[er] ˈfʊrt[ɐ]
Furth fʊrt
Fürth fʏrt
Furtmeyr ˈfʊrtmaiɐ
Furttenbach ˈfʊrtn̩bax
Furtwangen ˈfʊrtvaŋən
Furtwängler ˈfʊrtvɛŋlɐ
Furunkel fuˈrʊŋkl̩
Furunkulose furʊŋkuˈlo:zə
Füruzan *türk.* fyruˈzɑn
fürwahr fy:ɐ̯ˈva:ɐ̯
Fürwitz ˈfy:ɐ̯vɪts
Fürwort ˈfy:ɐ̯vɔrt
Furz fʊrts, **Fürze** ˈfʏrtsə
furzen ˈfʊrtsn̩
Furzewa *russ.* ˈfurtsəvɐ
Fusa ˈfu:za, **Fusae** ˈfu:zɛ
Fusariose fuzaˈri̯o:zə
Fusarium fuˈza:ri̯ʊm, **...ien** ...i̯ən
Fuschelei fʊʃəˈlai

F

fuscheln ˈfʊʃl̩n
fuschen ˈfʊʃn̩
fuschern ˈfʊʃɐn
Fusel ˈfuːzl̩
fuseln ˈfuːzl̩n, **fusle** ˈfuːzlə
Fushun *chin.* fuʃu̯ən 34
fusiform fuziˈfɔrm
Füsilier fyziˈliːɐ̯
füsilieren fyziˈliːrən
Füsillade fyziˈjaːdə
Fusilli fuˈzɪli
Fusinato *it.* fuziˈnaːto
Fusion fuˈzi̯oːn
fusionieren fuzi̯oˈniːrən
Fusit fuˈziːt
Fuß fuːs, **Füße** ˈfyːsə
Fuss fuːs
Fußball[er] ˈfuːsbal[ɐ]
fußbreit, F... ˈfuːsbrai̯t
Füßchen ˈfyːsçən
Fussel ˈfʊsl̩
fusselig ˈfʊsəlɪç, **-e** ...ɪɡə
fußeln ˈfuːsl̩n
fusseln ˈfʊsl̩n
füßeln ˈfyːsl̩n
fußen ˈfuːsn̩
Füssen ˈfʏsn̩
Fussenegger ˈfʊsənɛɡɐ
...füßer ...fyːsɐ
fußhoch ˈfuːshoːx
...füßig ...fyːsɪç, **-e** ...ɪɡə
fußlang ˈfuːslaŋ
...füßler ...fyːslɐ
Füßli ˈfyːsli
fusslig ˈfʊslɪç, **-e** ...ɪɡə
Füßling ˈfyːslɪŋ
Fuß[s]tapfe ˈfuːs[ʃ]tap͡fə
fußtief ˈfuːstiːf
Fust fʊst, fuːst
Füst *ung.* fyʃt
Fustage fʊsˈtaːʒə
Fustanella fʊstaˈnɛla
Fustel *fr.* fysˈtɛl
Fusti ˈfʊsti
Fustikholz ˈfʊstɪkhɔlt͡s
Fusuma ˈfuːzuma
Füterer ˈfyːtərɐ
Futhark ˈfuːθark
futieren fuˈtiːrən
futil fuˈtiːl
Futilität futiliˈtɛːt
Futon ˈfuːtɔn
futsch fʊtʃ
Futschu *jap.* ˈfu̥tʃuː
Futter ˈfʊtɐ
Futterage fʊtəˈraːʒə
Futteral fʊtəˈraːl
futtern ˈfʊtɐn
füttern ˈfʏtɐn

Futur fuˈtuːɐ̯
[1]**Futura** (Schrift) fuˈtuːra
[2]**Futura** vgl. Futurum
Futura exakta vgl. Futurum exaktum
Future ˈfjuːtʃɐ
futurisch fuˈtuːrɪʃ
Futurismus futuˈrɪsmʊs
Futurist[ik] futuˈrɪst[ɪk]
Futurologe futuroˈloːɡə
Futurologie futuroloˈɡiː
futurologisch futuroˈloːɡɪʃ
Futurum fuˈtuːrʊm, **...ra** ...ra
Futurum exaktum fuˈtuːrʊm ɛˈksaktʊm, **...ra ...ta** ...ra ...ta
Fux fʊks
Fuxin *chin.* fuɕɪn 41
Fuzel ˈfuːt͡sl̩
fuzeln ˈfuːt͡sl̩n
Fuzerl ˈfuːt͡sɐl
Fuzhou *chin.* fudʒou̯ 21
Fuzulî *türk.* fuzuːˈli
Fuzz... ˈfas...
Fuzzi ˈfʊt͡si
Fuzzy... ˈfazi...
Fylgja ˈfʏlɡja, **...jur** ...jʊr
Fylke ˈfʏlkə
Fyn *dän.* fyːˀn
Fyt *niederl.* fɛi̯t

g, G geː, *engl.* dʒiː, *fr.* ʒe, *it.* dʒi, *span.* xe
γ, Γ ˈgama
Gäa ˈɡɛːa
Gaál *ung.* gaːl
gab gaːp
Gabardine ˈɡabardiːn, *auch:* gabarˈdiːn[ə]
Gabaschwili *georg.* ˈgabaʃwili
Gabbatha ˈgabata
[1]**Gabbro** (Gestein) ˈɡabro
[2]**Gabbro** (Name) *it.* ˈɡabbro
gäbe ˈɡɛːbə
[1]**Gabe** ˈɡaːbə
[2]**Gabe** (Name) *bulgar.* ˈgabɛ
Gabel ˈɡaːbl̩

Gabelentz ˈɡaːbəlɛnt͡s
gabelig ˈɡaːbəlɪç, **-e** ...ɪɡə
Gabelle gaˈbɛlə
gabeln ˈɡaːbl̩n, **gable** ˈɡaːblə
Gabelsberger ˈɡaːbl̩sbɛrɡɐ
Gabelung ˈɡaːbəlʊŋ
gaben ˈɡaːbn̩
Gabes ˈɡaːbɛs
Gabès *fr.* gaˈbɛs
Gabi ˈɡaːbi
Gabicce *it.* gaˈbittʃe
Gabin *fr.* gaˈbɛ̃
Gabinius gaˈbiːni̯ʊs
Gabirol gabiˈroːl, *span.* gaβiˈrɔl
Gabitschwadse *georg.* ˈgabitʃhwadze
Gable *engl.* geɪbl
Gäblein (Gäbelchen) ˈɡɛːblai̯n
Gablen[t]z ˈɡaːblɛnt͡s
Gabler ˈɡaːblɐ
gablig ˈɡaːblɪç, **-e** ...ɪɡə
Gablonz ˈɡaːblɔnt͡s
Gablung ˈɡaːblʊŋ
Gabo *engl.* ˈɡɑːbə, ˈɡɑːboʊ
Gabon *fr.* gaˈbõ
Gabor *engl.* ˈɡɑːbɔː, ɡəˈbɔː
Gábor *ung.* ˈgaːbor
Gaboriau *fr.* gabɔˈrjo
Gaborone gaboˈroːnə, *engl.* gæbəˈroʊnɪ
Gabriel ˈɡaːbrieːl, *auch:* ...iɛl, *engl.* ˈɡeɪbrɪəl, *fr.* gabriˈɛl, *span.* gaˈβri̯ɛl, *port.* gɐˈβri̯ɛl, *schwed.* ˌɡɑːbriəl
Gabriela gabriˈeːla, *span.* gaˈβri̯ela, *port.* gaˈβri̯ɛlɐ
Gabriele gabriˈeːlə, *it.* gabriˈɛːle
Gabrieli *it.* gabriˈɛːli
Gabrielle *fr.* gabriˈɛl
Gabrielli *it.* gabriˈɛlli
Gabriello *it.* gabriˈɛllo
Gabrilowitsch *russ.* gɐbriˈlɔvitʃ
Gabrowo *bulgar.* ˈgabrovo
gabst gaːpst
gabt gaːpt
Gabun[er] gaˈbuːn[ɐ]
gabunisch gaˈbuːnɪʃ
Gaby ˈɡaːbi, *fr.* gaˈbi, *engl.* ˈɡæbɪ, ˈɡɑːbɪ
Gace Brulé *fr.* gasbryˈle
Gachard *fr.* gaˈʃaːr
Gachet *fr.* gaˈʃɛ
Gackelei gakəˈlai̯
gackeln ˈɡakl̩n
gackern ˈɡakɐn
gacksen ˈɡaksn̩

Gad ga:t
Gadamer 'ga:damɐ
Gadames ga'da:mɛs
Gadara 'ga:dara
Gadda *it.* 'gadda
Gadd[h]afi ga'da:fi
Gaddi *it.* 'gaddi
Gaddis *engl.* 'gædɪs
Gade *dän.* 'gɛ:ðə
Gadebusch 'ga:dəbʊʃ
Gaden 'ga:dn̩
Gadenne *fr.* ga'dɛn
Gadget 'gɛdʒɪt
Gadijew *russ.* ga'dijɪf
Gadolinit gadoli'ni:t
Gadolinium gado'li:ni̯ʊm
Gadschibekow *russ.* gɐdʒɨ'bjɛkɐf
Gadsden *engl.* 'gædzdən
Gadshill *engl.* 'gædzhɪl
Gaede 'gɛ:də
Găești *rumän.* gə'i̯eʃtj
Gaeta *it.* ga'e:ta
Gaétan *fr.* gae'tã
Gaetani *it.* gae'ta:ni
Gaetano *it.* gae'ta:no
Gaewolf 'gɛ:vɔlf
Gafencu *rumän.* ga'feŋku
Gaffel 'gafl̩
gaffen 'gafn̩
Gafferei gafə'rai̯
Gaffky 'gafki
Gaffney *engl.* 'gæfnɪ
Gaffori *it.* gaf'fɔ:ri
Gaffron 'gafrɔn
Gaffurio *it.* gaf'fu:ri̯o
Gafsa 'gafsa, *fr.* gaf'sa
Gafuri *russ.* gɐfu'ri
Gag gɛk
Gaga ga'ga
Gagaku 'ga:gaku
Gagarin *russ.* ga'garin
Gagat ga'ga:t
Gagause gaga'u:zə
Gagausien gaga'u:zi̯ən
gagausisch gaga'u:zɪʃ
Gage 'ga:ʒə
Gage (Name) *engl.* geɪdʒ
Gagern 'ga:gɐn
Gaggenau 'gagənau̯
Gagger 'gɛgɐ
Gagini *it.* ga'dʒi:ni
Gagist ga'ʒɪst
Gagliano *it.* gaʎ'ʎa:no
Gagliarde gal'jardə
Gagliardi gal'jardi, *it.* gaʎ'ʎardi
Gagman, Gagmen 'gɛkmɛn
Gagnebin *fr.* gaɲ'bɛ̃
Gagnoa *fr.* gaɲɔ'a
Gagra *russ.* 'gagrɐ
Gaguin *fr.* ga'gɛ̃
Gahanna *engl.* gə'hænə
Gahmuret 'ga:murɛt, 'gaxm...
Gahn *schwed.* gɑ:n
gähnen 'gɛ:nən
Gahnit ga'ni:t
Gahse 'ga:zə
Gaia 'gai̯a
Gaibach 'gai̯bax
Gaidar *russ.* gaj'dar
gaiement ge'mã:
Gail gai̯l, *engl.* geɪl, *fr.* gaj
Gaildorf 'gai̯ldɔrf
Gaillac *fr.* ga'jak
[1]**Gaillard** (Bruder Lustig) ga'ja:r
[2]**Gaillard** (Name) *fr.* ga'ja:r, *engl.* gɪl'jɑ:d
Gaillarde ga'jardə
Gaillardia ga'jardi̯a, **...ien** ...i̯ən
gaîment ge'mã:
Gaines[ville] *engl.* 'geɪnz[vɪl]
Gainsborough *engl.* 'geɪnzbərə
Gainsbourg *fr.* gɛ̃z'bu:r
gaio 'gai̯o
Gairdner *engl.* 'gɛədnə
Gai saber 'gai̯ za'be:ɐ̯
Gai savoir 'gɛ: za'vo̯a:ɐ̯
Gaiser 'gai̯zɐ
Gaisford *engl.* 'geɪsfəd
Gaismair, ...ayr 'gai̯smai̯ɐ
Gaita 'gai̯ta
Gaithersburg *engl.* 'geɪθəzbə:g
Gaitskell *engl.* 'geɪtskəl
Gaius 'gai̯ʊs
Gaj *slowen.* ga:j
Gajda 'gai̯da
Gajdusek *engl.* 'gaɪdʊʃɛk
Gajomart ga'jo:mart
Gajus 'ga:jʊs
Gal (Galilei) gal
Gál ga:l
Gala 'ga:la, *auch:* 'gala
Galaad *fr.* gala'ad
Galabija gala'bi:ja
Galabow *bulgar.* 'gələbof
Galaction *rumän.* galak't[s]jon
Galago ga'la:go
Galahad *engl.* 'gæləhæd
Galaktagogum galakta'go:gʊm, **...ga** ...ga
Galaktionow *russ.* gɐlɐkti'ɔnɐf
galaktisch ga'laktɪʃ
Galaktologie galaktolo'gi:
Galaktometer galakto'me:tɐ
Galaktorrhö, ...öe galaktɔ'rø:, **...rrhöen** ...'rø:ən
Galaktose galak'to:zə
Galaktosidase galaktozi'da:zə
Galaktostase galakto'sta:zə
Galaktosurie galaktozu'ri:, **-n** ...i:ən
Galaktozele galakto'tse:lə
Galalith® gala'li:t
[1]**Galan** (Liebhaber) ga'la:n
[2]**Galan** (Name) *russ.* ga'lan
Galán *span.* ga'lan
galant ga'lant
Galanta *slowak.* 'galanta
Galánta *ung.* 'gɔla:ntɔ
Galanterie galantə'ri:, **-n** ...i:ən
Galanthomme, -s galan'tɔm
Galantine galan'ti:nə
Galantuomo galan'tu̯o:mo, **...mini** ...mini
Galápagos *span.* ga'lapaɣos
Galapagosinseln ga'la[:]pagɔs|ɪnzl̩n
Galashiels *engl.* gælə'ʃi:lz
Galata 'ga:lata, *türk.* gɑ'lɑtɑ
Galatea gala'te:a
Galateia gala'tai̯a
Galateo *it.* gala'tɛ:o
Galater 'ga:latɐ
Galathea gala'te:a
Galathee gala'te:
Galați *rumän.* ga'latsj
Galatien ga'la:tsi̯ən
galatisch ga'la:tiʃ
Galatz ga'lats, 'gal..., 'ga:l...
Galax *engl.* 'geɪlæks
Galaxias gala'ksi:as
Galaxie gala'ksi:, **-n** gala'ksi:ən
Galaxis ga'laksɪs, **...ien** gala'ksi:ən
Galaxy *engl.* 'gæləksɪ
Galba 'galba
Galban[um] 'galban[ʊm]
Galbraith (USA) *engl.* 'gælbreɪθ
Gałczyński *poln.* gau̯'tʃi̯ĩski
Galdhöpigg *norw.* ˌgalhø:pig
Galdino *it.* gal'di:no
Galdós *span.* gal'dɔs
Gale *engl.* geɪl
Gäle 'gɛ:lə
Galeasse gale'asə
Galeazzo *it.* gale'attso
Galeere ga'le:rə
[1]**Galen** (Name) 'ga:lən, *engl.* 'geɪlɪn
[2]**Galen** (altgr. Arzt) ga'le:n

Galenik ga'le:nɪk
Galenikum ga'le:nikʊm, **...ka** ...ka
galenisch, G... ga'le:nɪʃ
Galenit gale'ni:t
Galenus ga'le:nʊs
Galeone gale'o:nə
Galeota *it.* gale'o:ta
Galeot[e] gale'o:t[ə]
Galeotto *it.* gale'ɔtto
Galera ga'le:ra
Galerie galə'ri:, **-n** ...i:ən
Galerist galə'rɪst
Galerius ga'le:ri̯ʊs
Galesburg *engl.* 'geɪlzbə:g
Galette ga'lɛtə
Galgant gal'gant
Galgen 'galgn̩
Galiani *it.* ga'li̯a:ni
Galibier *fr.* gali'bje
Galicia *span.* ga'liθi̯a
Galicien ga'li:t͡si̯ən
Galicier ga'li:t͡si̯ɐ
galicisch ga'li:t͡sɪʃ
Galicja *poln.* ga'litsja
Galiläa gali'lɛ:a
Galiläer gali'lɛ:ɐ
galiläisch gali'lɛ:ɪʃ
Galilei gali'le:i, *it.* gali'lɛ:i̯
Galileo gali'le:o
Galimard *fr.* gali'ma:r
Galimathias galima'ti:as
Galimberti *it.* galim'bɛrti
Galina *russ.* ga'linɐ
Galinde ga'lɪndə
Galindo *span.* ga'lindo
[1]**Galion** (Schiffsteil) ga'li̯o:n
[2]**Galion** (Name) *engl.* 'gælɪən
Galione ga'li̯o:nə
Galiote ga'li̯o:tə
Galipot gali'po:
gälisch 'gɛ:lɪʃ
Galitsch *russ.* 'galitʃ
Galitzin ga'lɪt͡sɪn, 'galɪt͡sɪn
Galium 'ga:li̯ʊm
Galivate gali'va:tə
Galizien ga'li:t͡si̯ən
Galizier ga'li:t͡si̯ɐ
galizisch ga'li:t͡sɪʃ
Galizyn ga'lɪt͡sɪn, 'galit͡sɪn
Galja *russ.* 'galjɐ
Galjass gal'jas
Galjon gal'jo:n
Galjot gal'jo:t
Gall[a] 'gal[a]
Galla[g]her *engl.* 'gæləhə
Gallaktion *russ.* gɐllɐkti'ɔn
Galland 'galant, *fr.* ga'lã
Gallarate *it.* galla'ra:te
Gallarati *it.* galla'ra:ti
Gallardo *span.* ga'ʎarðo
Gallas 'galas
Gallat ga'la:t
Gallatin *engl.* 'gælətɪn
Gallaudet *engl.* gælə'dɛt
[1]**Galle** 'galə
[2]**Galle** (Name) 'galə, *fr.* gal, *niederl.* 'ɣɑlə, *engl.* gɑ:l, gæl
Gallé *fr.* ga'le
Galléglas ga'le:gla:s
Gallego *span.* ga'ʎeɣo
Gállego *span.* 'gaʎeɣo
Gallegos *span.* ga'ʎeɣos
Gallehus *dän.* 'gæləhu:'s
Gallén *schwed.* ga'le:n
gallenbitter 'galən'bɪtɐ
Gallenga *it.* gal'leŋga
Gallén-Kallela *schwed.* ga'le:n'kalǝla
Galleria gale'ri:a
Gallert 'galɐt, *auch:* ga'lɛrt
Gallerte ga'lɛrtə, *auch:* 'galɐtə
gallertig ga'lɛrtɪç, *auch:* 'galɐtɪç, **-e** ...ɪgə
Galli *it.* 'galli
Galliarde ga'jardə
Gallicius ga'li:t͡si̯ʊs
Gallico *it.* 'galliko, *engl.* 'gælɪkoʊ
Galliculus ga'li:kulʊs
Gallien 'gali̯ən
Gallieni *fr.* galje'ni
Gallienus ga'li̯e:nʊs
Gallier 'gali̯ɐ
Galliera *it.* gal'li̯ɛ:ra
gallieren ga'li:rən
gallig 'galɪç, **-e** ...ɪgə
gallikanisch gali'ka:nɪʃ
Gallikanismus galika'nɪsmʊs
Gallimard *fr.* gali'ma:r
Gallin ga'li:n
Gallina *it.* gal'li:na
Galling[er] 'galɪŋ[ɐ]
Gallio 'gali̯o
Gallion ga'li̯o:n
Gallipoli ga'li:poli, *it.* gal'li:poli
gallisch 'galɪʃ
gallisieren gali'zi:rən
Gallitzin ga'lɪt͡sɪn, 'galit͡sɪn
Gallium 'gali̯ʊm
Gällivare *schwed.* 'jɛlivɑ:rə
Gallizismus gali't͡sɪsmʊs
Galljambus gal'jambʊs
Gallmeyer 'galmai̯ɐ
Gallo *it.* 'gallo, *span.* 'gaʎo
Gallois *fr.* ga'lwa
Gallomane galo'ma:nə
Gallomanie galoma'ni:
Gallon 'gɛlən
Gallone ga'lo:nə
gallophil galo'fi:l
Gallophilie galofi'li:
gallophob galo'fo:p, **-e** ...o:bə
Gallophobie galofo'bi:
Galloromania galoro'ma:ni̯a
galloromanisch, G... galoro'ma:nɪʃ
Galloway *engl.* 'gæləweɪ
Gallup 'galʊp, *auch:* 'gɛləp; *engl.* 'gæləp
Galluppi *it.* gal'luppi
Gallura *it.* gal'lu:ra
Gallus 'galʊs
Gallwitz 'galvɪt͡s
Galmei gal'mai̯, *auch:* '––
Galois *fr.* ga'lwa
Galomir 'ga:lomi:ɐ̯
Galon ga'lõ:
Galone ga'lo:nə
galonieren galo'ni:rən
Galopin galo'pɛ̃:
Galopp ga'lɔp
Galoppade galɔ'pa:də
Galopper ga'lɔpɐ
galoppieren galɔ'pi:rən
Galosche ga'lɔʃə
Galotti ga'lɔti
Galswintha gal'svɪnta
Galsworthy *engl.* 'gɔ:lzwə:ðɪ
galt, G... galt
gälte 'gɛltə
Galtgarben 'galtgarbn̩
Galt[on] *engl.* gɔ:lt[n]
Galtonie gal'to:ni̯ə
Galtür gal'ty:ɐ̯
Galtvieh 'galtfi:
Galuppi *it.* ga'luppi
Galuth ga'lu:t
Galvani *it.* gal'va:ni
Galvanisation galvaniza't͡si̯o:n
galvanisch gal'va:nɪʃ
Galvaniseur galvani'zø:ɐ̯
galvanisieren galvani'zi:rən
Galvanismus galva'nɪsmʊs
Galvano gal'va:no
Galvanographie galvanogra'fi:
Galvanokaustik galvano'kau̯stɪk
Galvanokauter galvano'kau̯tɐ
Galvanometer galvano'me:tɐ
galvanometrisch galvano'me:trɪʃ
Galvanoplastik galvano'plastɪk
galvanoplastisch galvano'plastɪʃ

Galvanopunktur galvanopʊŋk-ˈtuːɐ̯
Galvanoskop galvanoˈskoːp
Galvanostegie galvanosteˈgiː
Galvanotaxis galvanoˈtaksɪs
Galvanotechnik galvano-ˈtɛçnɪk
Galvanotherapie galvanote-raˈpiː
Galvanotropismus galvanotro-ˈpɪsmʊs
Galvanotypie galvanotyˈpiː
Galvão *port., bras.* galˈvɐ̃u̯
Galveston *engl.* ˈgælvɪstən
Gálvez *span.* ˈgalβeθ
Galway *engl.* ˈgɔːlweɪ
Gama ˈgaːma, *span.* ˈgama, *port.* ˈgɐmɐ, *bras.* ˈgɐma
Gamaliel gaˈmaːli̯eːl, *auch:* ...i̯ɛl
Gamander gaˈmandɐ
Gamasche gaˈmaʃə
Gamasidiose gamaziˈdi̯oːzə
Gamay *fr.* gaˈmɛ
Gambade gamˈbaːdə, *auch:* gɑ̃ˈb...
Gambang ˈgambaŋ
Gambara *it.* ˈgambara
Gambe ˈgambə
Gambetta gamˈbɛta, *fr.* gɑ̃bɛˈta
Gambia ˈgambi̯a, *engl.* ˈgæm-bɪə
Gambie *fr.* gɑ̃ˈbi
[1]**Gambier** (Staatsangehöriger von Gambia) ˈgambi̯ɐ
[2]**Gambier** (Name) *engl.* ˈgæm-bɪə, *fr.* gɑ̃ˈbje
Gambir ˈgambɪr
gambisch ˈgambɪʃ
Gambist gamˈbɪst
Gambit gamˈbɪt
Gamble *engl.* gæmbl
Gamboa *span.* gamˈboa
Gambrinus gamˈbriːnʊs
Gameboy ˈgeːmbɔy̯
Gamelan ˈgaːməlan
Gamelang ˈgaːməlaŋ
Gamelin *fr.* gamˈlɛ̃
Gamelle gaˈmɛlə
Gameshow ˈgeːmʃoː
Gamet gaˈmeːt
Gametangiogamie gametaŋ-gi̯ogaˈmiː
Gametangium gameˈtaŋgi̯ʊm, **...ien** ...i̯ən
Gametogamie gametogaˈmiː
Gametogenese gametoge-ˈneːzə
Gametopathie gametopaˈtiː, **-n** ...iːən
Gametophyt gametoˈfyːt
Gametozyt gametoˈt͜syːt
Gamillscheg ˈgamɪlʃɛk
Gamin gaˈmɛ̃ː
Gaming ˈgamɪŋ
Gamle by *dän.* ˈgamlə ˈbyːˀ
Gamma[rus] ˈgama[rʊs]
Gammazismus gamaˈt͜sɪsmʊs
Gamme ˈgamə
Gammel ˈgaml̩
gammelig ˈgaməlɪç, **-e** ...ɪgə
Gammelin gaməˈliːn
gammeln ˈgamln̩
Gammertingen ˈgamɐtɪŋən
Gammler ˈgamlɐ
gammlig ˈgamlɪç, **-e** ...ɪgə
Gammon ˈgɛmən
Gamone gaˈmoːnə
Gamont gaˈmɔnt
gamophob gamoˈfoːp, **-e** ...oːbə
gamotrop gamoˈtroːp
Gamow *engl.* ˈgæmaʊ
Gampsodaktylie gampsodak-tyˈliː, **-n** ...iːən
Gams gams
Gamsachurdia *georg.* ˈgamsa-xurdia
Gamsatow *russ.* gamˈzatɐf
Gämsbock ˈgɛmsbɔk
Gämse ˈgɛmzə
Gan gaːn, *fr.* gɑ̃
Gana ˈgaːna, *span.* ˈgana
Ganache gaˈnaʃ
Ganasche gaˈnaʃə
Ganassi *it.* gaˈnassi
Ganauser ˈganau̯zɐ
Gance *fr.* gɑ̃ːs
[1]**Gand** (Schuttfeld) gant, **-en** ˈgandn̩, **Gänder** ˈgɛndɐ
[2]**Gand** (Name) *fr.* gɑ̃
Ganda ˈganda
Gandak *engl.* ˈgændək
Gander *engl.* ˈgændə
Ganderkesee ˈgandɐkəzeː
Gandersheim ˈgandɐshai̯m
Gandhara ganˈdaːra
Gandharwa ganˈdaːɐ̯va
Gandhi ˈgandi, *engl.* ˈgændɪ, ˈgɑːndiː
Gandhinagar *engl.* ˈgɑːndiːnəgə
Gandía *span.* ganˈdia
Gandinus ganˈdiːnʊs
Gandscha *russ.* ganˈd͜ʒa
Gane *rumän.* ˈgane
Ganeff ˈganɛf
Ganelon *fr.* ganˈlõ
Ganerbe ˈgaːn|ɛrbə
Ganescha gaˈneːʃa
Ganew *bulgar.* ˈganɛf
gäng gɛŋ
[1]**Gang** gaŋ, **Gänge** ˈgɛŋə
[2]**Gang** (Bande) gɛŋ
Ganganagar *engl.* ˈgæŋ-gɑːnəgə
Ganganelli *it.* gaŋgaˈnɛlli
Gängelei gɛŋəˈlai̯
gängeln ˈgɛŋl̩n
Ganges ˈgaŋgɛs, *auch:* ˈgaŋəs; *fr.* gɑ̃ːʒ
Ganghofer ˈgaŋhoːfɐ
gängig ˈgɛŋɪç, **-e** ...ɪgə
Gangliom gaŋgliˈoːm
Ganglion ˈgaŋ[g]liɔn, **...ien** ...iən
ganglionär gaŋglioˈnɛːɐ̯
Ganglionitis gaŋglioˈniːtɪs, **...nitiden** ...niˈtiːdn̩
Ganglioplegikum gaŋglio-ˈpleːgikʊm, **...ka** ...ka
Ganglitis gaŋˈgliːtɪs, **...litiden** ...liˈtiːdn̩
Gangolf ˈgaŋgɔlf
Gangrän[e] gaŋˈgrɛːn[ə]
gangräneszieren gaŋgrɛnɛs-ˈt͜siːrən
gangränös gaŋgrɛˈnøːs, **-e** ...øːzə
Gangspill ˈgaŋʃpɪl
Gangster ˈgɛŋstɐ
Gangtok *engl.* ˈgɑːŋtɔk, ˈgæŋ...
gang und gäbe ˈgaŋ ʊnt ˈgɛːbə
Gangway ˈgɛŋveː
Ganivet *span.* ganiˈβɛt
Ganjiang *chin.* gand͜ʑiaŋ 41
Ganoblast ganoˈblast
Ganoid... ganoˈiːt...
Ganoiden ganoˈiːdn̩
Ganoin ganoˈiːn
Ganosis ˈgaːnozɪs, **...osen** gaˈnoːzn̩
Ganove gaˈnoːvə
Gans gans, **Gänse** ˈgɛnzə
Gänsbacher ˈgɛnsbaxɐ
Gansberg ˈgansbɛrk
Gänschen ˈgɛnsçən
Ganser ˈganzɐ
Gänserich ˈgɛnzərɪç
Gänserndorf ˈgɛnzɐndɔrf
Gansevoort *engl.* ˈgænzvɔːt
Gansfort ˈgansfɔrt, *niederl.* ˈɣansfɔrt
Ganshof *niederl.* ˈɣanshɔf

G

Ganshoren *niederl.* 'ɣɑnshoːrə, *fr.* gɑ̃sɔ'rɛn
Gạnsljunge 'ganzljʊŋə
Gansu *chin.* gansu 14
Gạnt gant
Ganteaume *fr.* gɑ̃'toːm
Gạnter 'gantɐ
Ganvié *fr.* gɑ̃'vje
Ganyme̱d gany'meːt, *auch:* 'gaː...
Ganyme̱des gany'meːdɛs
gạnz, Gạnz gant͜s
Gạ̈nze 'gɛnt͜sə
gạnzgar 'gant͜sgaːɐ̯
Gạnzhorn 'gant͜shɔrn
gạ̈nzlich 'gɛnt͜slɪç
Gaọ *fr.* ga'o
Gap *fr.* gap, *engl.* gæp
Gapọn *russ.* ga'pɔn
ga̱r gaːɐ̯
Gara̱ge ga'raːʒə
garagi̱eren gara'ʒiːrən
Garagịst gara'ʒɪst
Garai *ung.* 'gɔrɔi
Garamạnte gara'mantə
Garamond gara'mõː
Garand *engl.* 'gærənd
Garanhuns *bras.* garɐ'ɲũs
Garạnt ga'rant
Garanti̱e garan'tiː, **-n** ...iːən
garanti̱eren garan'tiːrən
Garạšanin *serbokr.* ga'raʃanin
Garaudy *fr.* garo'di
Ga̱raus 'gaːɐ̯|au̯s
Garay *span.* ga'rai̯, *ung.* 'gɔrɔi
Gạrbe 'garbə
Gạrbo *dt., it.* 'garbo, *schwed.* 'garbu
Ga̱rborg *norw.* ˌgaːrbɔr[g]
Gạrbsen 'garpsn̩
Garção *port.* gɐr'sɐ̃u̯
Gạrching 'garçɪŋ
Garcia *fr.* gar'sja, *port.* gɐr'siɐ, *kat.* gər'siə
García [Villạda] *span.* gar'θia [βi'ʎaða]
Garcilạso *span.* garθi'laso
Garcin *fr.* gar'sɛ̃
Garçon gar'sõː
Garçọnne gar'sɔn, **-n** ...nən
Garçonnière garsɔ'ni̯ɛːrə, ...i̯ɛːrə
Gạrd gart, *fr.* gaːr, *schwed.* gɑːrd
Gạrda *it.* 'garda
Gardạnne *fr.* gar'dan
Gạrdariki 'gardariːki
¹Gạrde (Wache) 'gardə
²Gạrde (Name) *fr.* gard
Gardeduko̱rps gardədy'koːɐ̯, **des -** ...ɐ̯[s]
Gardekorps gardə'koːɐ̯, '---, **des -** ...ɐ̯[s]
Gạrdelegen 'gardəleːgn̩
Gardẹl[le] *fr.* gar'dɛl
Gardẹlli *it.* gar'dɛlli
Gardemange̱r gardəmɑ̃'ʒeː
Ga̱rden *engl.* gɑːdn
Gardena *engl.* gɑː'diːnə, *it.* gar'deːna
Garde̱nie gar'deːni̯ə
Ga̱rden of the Gọds *engl.* 'gɑːdn əv ðə 'gɔdz
Gardero̱be gardə'roːbə
Garderobie̱r gardəro'bi̯eː
Garderobie̱re gardəro'bi̯eːrə
Gạrder Se̱e 'gardɐ 'zeː
garde̱z! gar'deː
Gardi̱ne gar'diːnə
Ga̱rdiner *engl.* 'gɑːdnə
Gạrding 'gardɪŋ
Gardịst gar'dɪst
Ga̱rdner *engl.* 'gɑːdnə
Gardon *fr.* gar'dõ
Gardo̱ne *it.* gar'doːne
Gárdony[i] *ung.* 'gaːrdonj[i]
Ga̱re 'gaːrə
ga̱ren 'gaːrən
gä̱ren 'gɛːrən
Garẹth *it.* ga'rɛt, *kat.* gə'rɛt
Garfagna̱na *it.* garfaɲ'ɲaːna
Ga̱rfield [He̱ights] *engl.* 'gɑːfiːld ['haɪts]
Gargạllo *span.* gar'ɣaʎo
Garga̱no *it.* gar'gaːno
Gargạntua gar'gantu̯a, *fr.* gar-gɑ̃'tɥa
gargarisi̱eren gargari'ziːrən
Gargarịsma garga'rɪsma, **-ta** -ta
Garga̱s *fr.* gar'gɑːs
Gargiụllo *it.* gar'dʒullo
Ga̱rgrave *engl.* 'gɑːgreɪv
Garibạldi *it.* gari'baldi
Garigli̱ano *it.* gariʎ'ʎaːno
Garịgue *fr.* ga'rig
Gạrin *russ.* 'garin
Garizi̱m gari't͜siːm
Ga̱rland *engl.* 'gɑːlənd
Garlạnda *it.* gar'landa
Garlạndia gar'landi̯a
Gạrmisch 'garmɪʃ
Garmond gar'mõː
Gạrn garn
Garnạsch gar'naʃ
Garneau *fr.* gar'no
Garne̱le gar'neːlə
Ga̱rner *engl.* 'gɑːnə
Ga̱rnet[t] *engl.* 'gɑːnɪt
garni̱ gar'niː
¹Garni̱er (Marine) gar'niːɐ̯
²Garni̱er (Name) *fr.* gar'nje
garni̱eren gar'niːrən
Garnieri̱t garni̯e'riːt
Garniso̱n garni'zoːn
garnisoni̱eren garnizo'niːrən
Garnitu̱r garni'tuːɐ̯
Garo̱falo *it.* ga'rɔːfalo
Ga̱ro Hịlls *engl.* 'gɑːroʊ 'hɪlz
Garọnne *fr.* ga'rɔn
Garọtte ga'rɔtə
garotti̱eren garɔ'tiːrən
Garouạ *fr.* ga'rwa
Garouille ga'ruːjə
Gạrrel 'garəl
Garrẹtt *port.* gɐ'rrɛt, *engl.* 'gærət
Garrick *engl.* 'gærɪk
Garrido *span.* ga'rriðo
Garrigou *fr.* gari'gu
Garrịgue[s] *fr.* ga'rig
Garrison *engl.* 'gærɪsn
Gạrrit 'garɪt
Garron *engl.* 'gærən
Garro̱s *fr.* ga'roːs
Garrọtte ga'rɔtə
garrotti̱eren garɔ'tiːrən
Garry *engl.* 'gærɪ
Gạrschin *russ.* 'garʃɨn
Garserạn garze'ran
Ga̱rson *engl.* gɑːsn
Gạrstedt 'garʃtɛt
gạrstig 'garstɪç, **-e** ...ɪgə
Gạrt gart
gạ̈rteln 'gɛrtl̩n
Gạrten 'gartn̩, **Gạ̈rten** 'gɛrtn̩
Gạrtenaere 'gartənɛːrə
Gạrter 'gartɐ, *engl.* 'gɑːtə
Ga̱rth *engl.* gɑːθ
Gạrtner 'gartnɐ
Gạ̈rtner 'gɛrtnɐ
Gärtnere̱i gɛrtnə'rai̯
gạ̈rtnern 'gɛrtnɐn
Gạrtz gart͜s
Garúa *span.* ga'rua
Ga̱ruda 'gaːruda
Gä̱rung 'gɛːrʊŋ
Gạrve 'garvə
Ga̱rvey *engl.* 'gɑːvɪ
Ga̱rvin *engl.* 'gɑːvɪn
Gary *engl.* 'gærɪ, *fr.* ga'ri
Garz gart͜s, gaːɐ̯t͜s
Garzweiler 'ga[ː]rt͜svai̯lɐ
Ga̱s gaːs, **-e** 'gaːzə
Ga̱sa 'gaːza
Gasca̱r *fr.* gas'kar
Gạsch *amh.* gaʃ

Gaschurn ga'ʃʊrn
Gascogne *fr.* gas'kɔɲ
Gascoigne, ...oyne *engl.* 'gæs-kɔɪn
Gasel[e] ga'ze:l[ə]
gasen 'ga:zn̩, **gas!** ga:s, **gast** ga:st
Gasherbrum *engl.* 'gæʃəbrʊm
gasieren ga'zi:rən
gasifizieren gazifi'tsi:rən
gasig 'ga:zɪç, **-e** ...ɪgə
Gaskell *engl.* 'gæskəl
Gaskogner gas'kɔnjɐ
Gaskonade gasko'na:də
Gasli *russ.* gaz'li
Gaslini *it.* gaz'li:ni
Gasnawide gasna'vi:də
Gasolin® gazo'li:n
Gasometer gazo'me:tɐ
Gaspar *span., bras.* gas'par, *port.* gɐʃ'par, *niederl.* 'ɣas-pɑr
Gáspár *ung.* 'ga:ʃpa:r
Gaspara *it.* 'gaspara
Gasparini *it.* gaspa'ri:ni
Gasparo gas'pa:ro, *it.* 'gasparo
Gasparone *it.* gaspa'ro:ne
Gasparri *it.* gas'parri
Gaspé *fr.* gas'pe, *engl.* 'gæspeɪ, -'-
Gasperi *it.* 'gasperi
Gaspra *russ.* 'gasprɐ
Gasquet *fr.* gas'kɛ, *engl.* gæs-'keɪ
Gass gas, *engl.* gæs
Gassaus gas'|aus
Gässchen 'gɛsçən
Gasse 'gasə
Gassein gas'|ain
Gassendi *fr.* gasɛ̃'di
Gasser 'gasɐ, *engl.* 'gæsə
Gasset *span.* ga'sɛt
Gassi 'gasi
Gässlein 'gɛslain
Gaßmann 'gasman
Gassmann 'gasman, *it.* 'gaz-man
Gast gast, **Gäste** 'gɛstə
Gastein gas'tain
Gaster 'gastɐ, *fr.* gas'tɛ:r, *engl.* 'gɑ:stə, *rumän.* 'gaster
Gasterei gastə'rai
Gastew *russ.* 'gastɪf
gastieren gas'ti:rən
gastlich 'gastlɪç
Gastoldi *it.* gas'tɔldi
Gaston *fr.* gas'tõ
Gastone *it.* gas'to:ne
Gastonia *engl.* gæs'toʊnɪə
Gasträa gas'trɛ:a, **...äen** ...ɛ:ən
gastral gas'tra:l
Gastralgie gastral'gi:, **-n** ...i:ən
Gastrektasie gastrɛkta'zi:, **-n** ...i:ən
Gastrektomie gastrɛkto'mi:, **-n** ...i:ən
Gästrikland *schwed.* 'jɛstrik-lan[d]
Gastrin gas'tri:n
gastrisch 'gastrɪʃ
Gastritis gas'tri:tɪs, **...ritiden** ...ri'ti:dn̩
Gastrizismus gastri'tsɪsmʊs
Gastroanastomose gastro-|anasto'mo:zə
Gastrodiaphanie gastrodia-fa'ni:, **-n** ...i:ən
gastroduodenal gastroduode-'na:l
Gastroduodenitis gastroduo-de'ni:tɪs, **...itiden** ...ni'ti:dn̩
Gastrodynie gastrody'ni:, **-n** ...i:ən
gastroenterisch gastro-|ɛn'te:rɪʃ
Gastroenteritis gastro-|ɛnte'ri:tɪs, **...ritiden** ...ri'ti:dn̩
Gastroenterokolitis gastro-|ɛnteroko'li:tɪs, **...litiden** ...li'ti:dn̩
Gastroenterologe gastro-|ɛntero'lo:gə
Gastroenterostomie gastro-|ɛnterosto'mi:, **-n** ...i:ən
gastrogen gastro'ge:n
gastrointestinal gastro-|ɪntɛsti'na:l
Gastrolith gastro'li:t
Gastrologie gastrolo'gi:
Gastrolyse gastro'ly:zə
Gastromalazie gastromala'tsi:, **-n** ...i:ən
Gastromant gastro'mant
Gastromegalie gastromega'li:, **-n** ...i:ən
Gastromyzet gastromy'tse:t
Gastronom gastro'no:m
Gastronomie gastrono'mi:
Gastroparese gastropa're:zə
Gastropathie gastropa'ti:, **-n** ...i:ən
Gastropexie gastropɛ'ksi:, **-n** ...i:ən
Gastroplastik gastro'plastɪk
Gastroplegie gastrople'gi:, **-n** ...i:ən
Gastropode gastro'po:də
Gastroptose gastrɔp'to:zə
Gastrorrhagie gastrɔra'gi:, **-n** ...i:ən
Gastrose gas'tro:zə
Gastroskop gastro'sko:p
Gastroskopie gastrosko'pi:, **-n** ...i:ən
Gastrosoph gastro'zo:f
Gastrosophie gastrozo'fi:
Gastrospasmus gastro'spas-mʊs
Gastrostomie gastrosto'mi:, **-n** ...i:ən
Gastrotomie gastroto'mi:, **-n** ...i:ən
Gastrotrichen gastro'trɪçn̩
Gastrozöl gastro'tsø:l
Gastrula 'gastrula
Gastrulation gastrula'tsi̯o:n
Gat gat
Gate ge:t
Gatefold 'ge:tfo:lt
Gatersleben 'ga:tɐsle:bn̩
Gates *engl.* geɪts
Gateshead *engl.* 'geɪtshɛd
Gathas 'ga:tas
Gâtinais *fr.* gɑti'nɛ
Gatineau *fr.* gati'no, *engl.* 'gæt-noʊ
Gatlinburg *engl.* 'gætlɪnbə:g
Gatling *engl.* 'gætlɪŋ
Gatooma *engl.* gə'tu:mə
Gatow 'ga:to
Gatsch gatʃ
Gatt gat
GATT gat, *engl.* gæt
Gattamelata *it.* gattame'la:ta
Gatte 'gatə
gatten 'gatn̩
Gatter 'gatɐ
Gatterer 'gatərɐ
Gatterich 'gatərɪç
Gattermann 'gatɐman
Gatti *it.* 'gatti, *fr.* gat'ti
gattieren ga'ti:rən
Gattinara *it.* gatti'na:ra
Gattschina *russ.* 'gattʃinɐ
Gattung 'gatʊŋ
Gätuler gɛ'tu:lɐ
Gatún *span.* ga'tun
Gatwick *engl.* 'gætwɪk
Gau, GAU gau
Gäu gɔy
Gau-Algesheim gau-'|algəshaim
Gaube 'gaubə, *fr.* go:b
Gaubert *fr.* go'bɛ:r
Gaucelm *fr.* go'sɛlm
Gauch gaux, **Gäuche** 'gɔyçə

G

Gaucher ˈgauxɐ, *fr.* goˈʃe
Gauchheil ˈgauxhail
Gauchismus goˈʃɪsmʊs
Gauchist goˈʃɪst
Gaucho ˈgautʃo
Gauck gauk
Gaudeamus gaudeˈaːmʊs
Gaudee gauˈdeː
Gaudefroy *fr.* godˈfrwa
Gaudentius gauˈdɛntsi̯ʊs
Gaudenz ˈgaudɛnts
Gaudi ˈgaudi
Gaudí *span.* gau̯ˈði, *kat.* gəu̯ˈði
gaudieren gauˈdiːrən
Gaudig ˈgaudɪç
Gaud[i]o *it.* ˈgaːu̯d[i̯]o
Gaudium ˈgaudi̯ʊm
Gaudy ˈgaudi
Gäuer ˈgɔyɐ
Gauermann ˈgauɐman
Gaufe ˈgaufə
Gaufel ˈgaufl̩
Gaufrage goˈfraːʒə
Gaufré goˈfreː
gaufrieren goˈfriːrən
Gaugain *fr.* goˈgɛ̃
Gaugamela gaugaˈmeːla
Gauge geːtʃ
Gauguin *fr.* goˈgɛ̃
Gauhati *engl.* gaʊˈhɑːtɪ
Gaukelei gaukəˈlai
gaukeln ˈgaukl̩n
Gaukler ˈgauklɐ
[1]**Gaul** gaul, **Gäule** ˈgɔylə
[2]**Gaul** gaul, *fr.* goːl
Gaula ˈgaula, *span.* ˈgau̯la, *norw.* ˌgœy̆la
Gaulanitis gaulaˈniːtɪs
Gaulhofer ˈgaulhoːfɐ
Gaulle, de *fr.* dəˈgoːl
Gaullismus goˈlɪsmʊs
Gaullist goˈlɪst
[1]**Gault** (Geol.) goːlt
[2]**Gault** (Name) *engl.* gɔːlt
Gaultheria gɔlˈteːri̯a
Gaultier *fr.* goˈtje
Gaumata gauˈmaːta
gaumen, G… ˈgaumən
Gaumont *fr.* goˈmõ
Gauner ˈgaunɐ
Gaunerei gaunəˈrai
gaunern ˈgaunɐn
Gaunt *engl.* gɔːnt
Gaupe ˈgaupə
Gaupp gaup
Gaur ˈgauɐ, *engl.* ˈgaʊə
Gaurisankar gauriˈzaŋkar
Gauß[berg] ˈgaus[bɛrk]
Gausta[d] *norw.* ˌgœy̆sta
Gautama ˈgautama
Gautar ˈgautar
Gaute ˈgautə
Gautesön ˈgautəzœn
Gaut[h]ier *fr.* goˈtje
Gauting ˈgautɪŋ
Gautsch[brief] ˈgautʃ[briːf]
Gautsche ˈgautʃə
gautschen ˈgautʃn̩
Gauvain *fr.* goˈvɛ̃
Gáva *ung.* ˈgaːvɔ
Gavarni[e] *fr.* gavarˈni
Gavault, …veaux *fr.* gaˈvo
Gavazzeni *it.* gavatˈtsɛːni
Gave *fr.* gaːv
Gaveston *engl.* ˈgævɪstən
Gavial gaˈvi̯aːl
Gavidia *span.* gaˈβiði̯a
Gaviniès *fr.* gaviˈnjɛs
Gävle *schwed.* ˈjɛːvlə
Gävleborg *schwed.* jɛːvləˈbɔrj
Gavlovič *slowak.* ˈgau̯lɔvitʃ
Gavotte gaˈvɔt[ə], **-n** …tn̩
Gavroche *fr.* gaˈvrɔʃ
Gawain ˈgaːvain
Gawan ˈgaːvan
Gawein[stal] ˈgaːvain[staːl]
Gawler *engl.* ˈgɔːlə
Gawriil *russ.* gavriˈil
Gawrila *russ.* gaˈvrilɐ
Gawrilow *russ.* gaˈvrilɐf
Gawrilowitsch *russ.* gaˈvrilɐvitʃ
Gawrilowna *russ.* gaˈvrilɐvnɐ
Gawrjuscha *russ.* gaˈvrjuʃɐ
gay, [1]**Gay** geː
[2]**Gay** (Name) *engl.* geɪ, *fr.* ge
Gaya *engl.* ˈgaɪə, *fr.* gaˈja
Gaya ciencia ˈgaːja ˈtsi̯ɛntsi̯a
Gayal ˈgaːjal, gaˈjaːl
Gaylord *engl.* ˈgeɪlɔːd
Gay-Lussac *fr.* gɛlyˈsak
Gaynor *engl.* ˈgeɪnə
Gaza ˈgaːza
Gazankulu *engl.* gɑːzɑːnˈkuːluː
Gaze ˈgaːzə
Gazelle gaˈtsɛlə
Gazes ˈgaːtsɛs
Gazette gaˈtsɛtə, *auch:* gaˈzɛtə
Gazi ˈgaːzi
Gaziantep *türk.* gɑːˈziɑnˌtɛp
Gazpacho gasˈpatʃo
Gazzaniga *it.* gaddzaˈniːga
Gazzeloni *it.* gaddzeˈloːni
Gbell gbɛl
G.B.S. *engl.* dʒiːbiːˈɛs
Gdańsk *poln.* gdai̯sk
Gdingen ˈgdɪŋən
G-Dur ˈgeːduːɐ̯, *auch:* ˈ–ˈ–
Gdynia *poln.* ˈgdɨnja
[1]**Ge** (Göttin) geː
[2]**Ge** (Maler) *russ.* gjɛ
Geächtete gəˈ|ɛçtətə
Geächze gəˈ|ɛçtsə
Geäder gəˈ|ɛːdɐ
Geäfter gəˈ|ɛftɐ
Gealbere gəˈ|albərə
Geantiklinale ge|antikliˈnaːlə
geartet gəˈ|aːɐ̯tət
Geäse gəˈ|ɛːzə
Geäst gəˈ|ɛst
Geb geːp
Gebabbel gəˈbabl̩
Gebäck gəˈbɛk
Gebalge gəˈbalgə
Gebälk[e] gəˈbɛlk[ə]
Gebände gəˈbɛndə
gebar gəˈbaːɐ̯
Gebärde gəˈbɛːɐ̯də
gebärden gəˈbɛːɐ̯dn̩, **gebärd!** gəˈbɛːɐ̯t
gebaren, G… gəˈbaːrən
gebären gəˈbɛːrən
Gebarung gəˈbaːrʊŋ
gebauchpinselt gəˈbauxpɪnzl̩t
Gebäude gəˈbɔydə
Gebein gəˈbain
[1]**Gebel** (dt. Name) ˈgeːbl̩
[2]**Gebel** (Berg; arab.) ˈgeːbl̩, ˈgɛbl̩, …bɛl
Gebelfer gəˈbɛlfɐ
Gebell[e] gəˈbɛl[ə]
geben ˈgeːbn̩, **gebt** geːpt
Gebende gəˈbɛndə
Gebenedeite gəbeneˈdaitə
Gebeno ˈgeːbəno
Geber (arab.) ˈgeːbɛr
Gebesee ˈgeːbəzeː
Gebet gəˈbeːt
gebeten gəˈbeːtn̩
Gebettel gəˈbɛtl̩
gebeut gəˈbɔyt
Gebhard[t] ˈgɛphart
Gebhart ˈgɛphart, *fr.* geˈbaːr
gebier! gəˈbiːɐ̯
gebiert gəˈbiːɐ̯t
Gebiet gəˈbiːt
gebieterisch gəˈbiːtərɪʃ
Gebild gəˈbɪlt, **-e** …ldə
Gebilde gəˈbɪldə
Gebimmel gəˈbɪml̩
Gebinde gəˈbɪndə
Gebirge gəˈbɪrgə
gebirgig gəˈbɪrgɪç, **-e** …ɪgə
Gebirgler gəˈbɪrklɐ
Gebirol gebiˈroːl
Gebiss gəˈbɪs
gebissen gəˈbɪsn̩

Geblaffe gə'blafə
Geblase gə'bla:zə
Gebläse gə'blɛ:zə
Gebler 'ge:blɐ
geblichen gə'blɪçn̩
geblieben gə'bli:bn̩
Geblödel gə'blø:dl̩
Geblök[e] gə'blø:k[ə]
geblumt gə'blu:mt
geblümt gə'bly:mt
Geblüt gə'bly:t
gebogen gə'bo:gn̩
gebogt gə'bo:kt
geboren gə'bo:rən
geborgen gə'bɔrgn̩
geborsten gə'bɔrstn̩
Gebot gə'bo:t
geboten gə'bo:tn̩
Gebräch[e] gə'brɛ:ç[ə]
gebracht gə'braxt
Gebräme gə'brɛ:mə
gebrannt gə'brant
Gebräu gə'brɔy
gebrauchen gə'brauxn̩
gebräuchlich gə'brɔyçlɪç
Gebraus gə'braus, **-es** ...auzəs
Gebrause gə'brauzə
Gebrech[e] gə'brɛç[ə]
Gebrechen gə'brɛçn̩
gebrechlich gə'brɛçlɪç
Gebresten gə'brɛstn̩
gebrochen gə'brɔxn̩
Gebröckel gə'brœkl̩
Gebrodel gə'bro:dl̩
Gebrüder gə'bry:dɐ
Gebrüll gə'brʏl
Gebrumm[e] gə'brʊm[ə]
Gebrummel gə'brʊml̩
Gebsattel 'gɛpzatl̩
Gebser 'gɛpsɐ
Gebück gə'bʏk
Gebühr gə'by:ɐ̯
gebühren gə'by:rən
gebührlich gə'by:ɐ̯lɪç
Gebührnis gə'by:ɐ̯nɪs, **-se** ...ɪsə
Gebums gə'bʊms, **-es** ...mzəs
Gebumse gə'bʊmzə
Gebund gə'bʊnt, **-es** ...ndəs
gebunden gə'bʊndn̩
Geburt gə'bu:ɐ̯t
gebürtig gə'bʏrtɪç, **-e** ...ɪgə
Gebüsch gə'bʏʃ
Gebweiler 'ge:pvailɐ
Gebze *türk.* 'gɛbzɛ
gechintzt gə'tʃɪntst
Geck gɛk
Gecko 'gɛko, **-nen** gɛ'ko:nən
Géczy *ung.* 'ge:tsi
Ged *engl.* gɛd, dʒɛd
gedacht gə'daxt
Gedächtnis gə'dɛçtnɪs, **-se** ...ɪsə
gedackt gə'dakt
Gedalja ge'dalja
Gedanke gə'daŋkə
Gedanken gə'daŋkn̩
gedanklich gə'daŋklɪç
Gedärm[e] gə'dɛrm[ə]
Gedat ge'da:t
Gedda *schwed.* ˌjɛda, *it.* 'dʒɛdda
Geddes *engl.* 'gɛdɪs
Gedeck gə'dɛk
Gedeih gə'dai
gedeihen, G... gə'daiən
gedeihlich gə'dailɪç
Gedeler 'ge:dəlɐ
Gedenkemein gə'dɛŋkəmain
Gedeon 'ge:deɔn, *russ.* gɪdɪ'ɔn
Gedern 'ge:dɐn
gedeucht gə'dɔyçt
Gedicht gə'dɪçt
gediegen gə'di:gn̩
gedieh[en] gə'di:[ən]
Gedimin ge'di:mɪn
Gediminas *lit.* gædɪ'mɪnas
Gedinge gə'dɪŋə
Gédinne *fr.* ʒe'din
Gediz *türk.* 'gɛdiz
Gedok 'ge:dɔk
Gedon 'ge:dɔn
Gedöns gə'dø:ns, **-es** ...zəs
Gedränge gə'drɛŋə
Gedrängel gə'drɛŋl̩
Gedröhn[e] gə'drø:n[ə]
gedroschen gə'drɔʃn̩
Gedrosia ge'dro:zi̯a
Gedrosien ge'dro:zi̯ən
gedrungen gə'drʊŋən
Gedser *dän.* 'gɪsɐ, 'gesɐ
Gedudel gə'du:dl̩
Geduld gə'dʊlt
geduldig gə'dʊldɪç, **-e** ...ɪgə
gedungen gə'dʊŋən
gedunsen gə'dʊnzn̩
gedurft gə'dʊrft
Gedymin *poln.* gɛ'dɨmin
Geehrte gə'|e:ɐ̯tə
geeignet gə'|aignət
Geel *niederl.* ɣe:l
Geelong *engl.* dʒi:'lɔŋ
Geer *niederl.* ɣe:r
Geeraerts *niederl.* 'ɣe:ra:rts
Geerd ge:ɐ̯t
Geerken 'ge:ɐ̯kn̩
Geert ge:ɐ̯t, *niederl.* ɣe:rt
Geertgen *niederl.* 'ɣe:rtxə
Geest[e] 'ge:st[ə]
Geesthacht ge:st'haxt
Geez ge:ts, ge'e:ts, ge:s, *amh.* gə'əz
Gefach gə'fax, **Gefächer** gə'fɛçɐ
Gefahr gə'fa:ɐ̯
gefährden gə'fɛ:ɐ̯dn̩, **gefährd!** gə'fɛ:ɐ̯t
Gefahre gə'fa:rə
gefährlich gə'fɛ:ɐ̯lɪç
gefahrlos gə'fa:ɐ̯lo:s
Gefährt[e] gə'fɛ:ɐ̯t[ə]
Gefälle gə'fɛlə
gefällig gə'fɛlɪç
gefälligst gə'fɛlɪçst
Gefältel gə'fɛltl̩
gefangen gə'faŋən
Gefängnis gə'fɛŋnɪs, **-se** ...ɪsə
Gefasel gə'fa:zl̩
Gefaser gə'fa:zɐ
Gefäß gə'fɛ:s
Gefecht gə'fɛçt
Gefege gə'fe:gə
Gefeilsche gə'failʃə
gefeit gə'fait
Gefell gə'fɛl
Gefels gə'fɛls, **-es** ...lzəs
gefenstert gə'fɛnstɐt
Gefertigte gə'fɛrtɪçtə
Geffcken 'gɛfkn̩
Geffrey *engl.* 'dʒɛfrɪ
Geffroy *fr.* ʒɛ'frwa
Gefiedel gə'fi:dl̩
Gefieder gə'fi:dɐ
gefiedert gə'fi:dɐt
Gefilde gə'fɪldə
gefinkelt 'gə'fɪŋklt
Gefion 'ge:fi̯ɔn
Geflacker gə'flakɐ
Geflatter gə'flatɐ
Geflecht gə'flɛçt
Geflenne gə'flɛnə
Geflimmer gə'flɪmɐ
Geflissenheit gə'flɪsn̩hait
geflissentlich gə'flɪsn̩tlɪç
geflochten gə'flɔxtn̩
geflogen gə'flo:gn̩
geflohen gə'flo:ən
geflossen gə'flɔsn̩
Gefluche gə'flu:xə
Gefluder gə'flu:dɐ
Geflügel gə'fly:gl̩
geflügelt gə'fly:gl̩t
Geflunker gə'flʊŋkɐ
Geflüster gə'flʏstɐ
gefochten gə'fɔxtn̩
Gefolge gə'fɔlgə
Gefrage gə'fra:gə
gefräßig gə'frɛ:sɪç, **-e** ...ɪgə

G

Gefrees gəˈfreːs
Gefreite gəˈfra͜itə
gefressen gəˈfrɛsn̩
Gefrett gəˈfrɛt
Gefrieß gəˈfriːs
gefroren gəˈfroːrən
Gefrotzel gəˈfrɔt͜sl̩
Gefüge gəˈfyːgə
gefügig gəˈfyːgɪç, **-e** ...ɪgə
Gefühl gəˈfyːl
geführig gəˈfyːrɪç, **-e** ...ɪgə
Gefummel gəˈfʊml̩
gefunden gəˈfʊndn̩
Gefunkel gəˈfʊŋkl̩
gefürstet gəˈfʏrstət
Gegacker gəˈgakɐ
gegangen gəˈgaŋən
gegeben gəˈgeːbn̩
gegebenenfalls gəˈgeːbənənˈfals
gegen ˈgeːgn̩
Gegenbau[e]r ˈgeːgn̩ba͜uɐ
Gegend ˈgeːgn̩t, **-en** ...n̩dən
gegeneinander geːgn̩|a͜iˈnandɐ
gegenlenken ˈgeːgn̩lɛŋkn̩
gegensätzlich ˈgeːgn̩zɛt͜slɪç
gegenseitig ˈgeːgn̩za͜itɪç
gegenständig ˈgeːgn̩ʃtɛndɪç
gegenständlich ˈgeːgn̩ʃtɛntlɪç
gegenstimmig ˈgeːgn̩ʃtɪmɪç
gegenstromig ˈgeːgn̩ʃtroːmɪç, **-e** ...ɪgə
gegenströmig ˈgeːgn̩ʃtrøːmɪç, **-e** ...ɪgə
Gegenteil ˈgeːgn̩ta͜il
gegenteilig ˈgeːgn̩ta͜ilɪç
gegenüber, G... geːgn̩ˈ|yːbɐ
Gegenwart ˈgeːgn̩vart
gegenwärtig ˈgeːgn̩vɛrtɪç, *auch:* --ˈ--, **-e** ...ɪgə
gegessen gəˈgɛsn̩
Gegirre gəˈgɪrə
geglichen gəˈglɪçn̩
geglitten gəˈglɪtn̩
Geglitzer gəˈglɪt͜sɐ
geglommen gəˈglɔmən
Gegner ˈgeːgnɐ
gegolten gəˈgɔltn̩
gegoren gəˈgoːrən
gegossen gəˈgɔsn̩
gegriffen gəˈgrɪfn̩
Gegrinse gəˈgrɪnzə
Gegröle gəˈgrøːlə
Gegrunze gəˈgrʊnt͜sə
Gehabe gəˈhaːbə
gehaben, G... gəˈhaːbn̩
gehabt gəˈhaːpt
Gehader gəˈhaːdɐ
Gehalt gəˈhalt, **Gehälter** gəˈhɛltɐ
Gehämmer gəˈhɛmɐ
Gehampel gəˈhampl̩
gehandikapt gəˈhɛndikɛpt
Gehänge gəˈhɛŋə
gehangen gəˈhaŋən
geharnischt gəˈharnɪʃt
gehässig gəˈhɛsɪç, **-e** ...ɪgə
Gehäuse gəˈhɔ͜yzə
gehaut gəˈha͜ut
Geheck[e] gəˈhɛk[ə]
Geheeb gəˈheːp
Gehege gəˈheːgə
geheim gəˈha͜im
Geheimbündelei gəha͜imbʏndəˈla͜i
Geheimbündler gəˈha͜imbʏntlɐ
Geheimnis gəˈha͜imnɪs, **-se** ...ɪsə
Geheimniskrämerei gəha͜imnɪskrɛːməˈra͜i
Geheimnistuerei gəha͜imnɪstuːəˈra͜i
Geheimtuer gəˈha͜imtuːɐ
Geheimtuerei gəha͜imtuːəˈra͜i
Geheiß gəˈha͜is
gehen ˈgeːən
Gehenk gəˈhɛŋk
gehenkelt gəˈhɛŋkl̩t
Gehenna geˈhɛna
Geher ˈgeːɐ
Gehetze gəˈhɛt͜sə
geheuer gəˈhɔ͜yɐ
Geheul gəˈhɔ͜yl
Gehilfe gəˈhɪlfə
Gehirn gəˈhɪrn
gehl geːl
Gehlchen ˈgeːlçən
Gehlen[burg] ˈgeːlən[bʊrk]
Gehlhaar ˈgeːlhaːɐ̯
gehoben gəˈhoːbn̩
Gehöft gəˈhœft, gəˈhøːft
Gehöhne gəˈhøːnə
geholfen gəˈhɔlfn̩
Gehölz gəˈhœlt͜s
Geholze gəˈhɔlt͜sə
Gehopse gəˈhɔpsə
Gehör gəˈhøːɐ̯
gehörig gəˈhøːrɪç, **-e** ...ɪgə
Gehörn gəˈhœrn
gehorsam, G... gəˈhoːɐ̯zaːm
Gehrcke ˈgeːɐ̯kə
Gehrden ˈgeːɐ̯dn̩
Gehre ˈgeːrə
gehren, G... ˈgeːrən
Gehrts geːɐ̯t͜s
Gehrung ˈgeːrʊŋ
Gehtnichtmehr ˈgeːtnɪçtmeːɐ̯
Gehudel gəˈhuːdl̩
Gehupe gəˈhuːpə
Gehüpfe gəˈhʏp͜fə
Gei[bel] ˈga͜i[bl̩]
geien ˈga͜iən
Geier[sberg] ˈga͜iɐ[sbɛrk]
Geifer ˈga͜ifɐ
geif[e]rig ˈga͜if[ə]rɪç, **-e** ...ɪgə
geifern ˈga͜ifɐn
Geige ˈga͜igə
geigen ˈga͜ign̩, **geig!** ga͜ik, **geigt** ga͜ikt
Geiger ˈga͜igɐ
Geigy® ˈga͜igi
Geijer *schwed.* ˈjɛi̯ər
Geijerstam *schwed.* ˌjɛi̯ərstam
Geikie *engl.* ˈgiːkɪ
geil ga͜il
Geilamir ˈga͜ilamiːɐ̯
Geile ˈga͜ilə
geilen ˈga͜ilən
Geilenkirchen ˈga͜ilənkɪrçn̩
Geiler ˈga͜ilɐ
Geilinger ˈga͜ilɪŋɐ
Geilo *norw.* ˌjɛi̯lu
Gein (Stoff) geˈiːn
Geinitz ˈga͜inɪt͜s
Geiranger *norw.* ˌgɛi̯raŋər, ˌjɛi̯...
[1]**Geisa** vgl. Geison
[2]**Geisa** (Name) ˈga͜iza
Geisberg ˈga͜isbɛrk
Geise ˈga͜izə
Geisel ˈga͜izl̩, *bras.* ˈgai̯zɛl
Geiselgasteig ga͜izl̩gasˈta͜ik, --ˈ--
Geiselhöring ga͜izl̩ˈhøːrɪŋ
Geiselmann ˈga͜izl̩man
Geiseltal ˈga͜izl̩taːl
Geisenfeld ˈga͜izn̩fɛlt
Geisenheim ˈga͜izn̩ha͜im
Geiser ˈga͜izɐ
Geiserich ˈga͜izərɪç
Geisha ˈgeːʃa, *auch:* ˈga͜iʃa
Geising[en] ˈga͜izɪŋ[ən]
Geisler ˈga͜islɐ
Geislingen ˈga͜islɪŋən
Geismar ˈga͜ismar
Geison ˈga͜izɔn, **Geisa** ˈga͜iza
Geiß ga͜is
Geißel, Geissel ˈga͜isl̩
geißeln ˈga͜isl̩n
Geissendörfer ˈga͜isn̩dœrfɐ
Geißler, Geissler ˈga͜islɐ
Geist ga͜ist
geistern ˈga͜istɐn
geistig ˈga͜istɪç, **-e** ...ɪgə
geistig-seelisch ˈga͜istɪçˈzeːlɪʃ
Geistinger ˈga͜istɪŋɐ

geistlich 'gaistlıç
Geitau 'gaitau
Geitel 'gaitl̩
Geithain 'gaithain
Geitler 'gaitlɐ
Geitlinger 'gaitlıŋɐ
Geitonogamie gaitonoga'mi:
Geiz gaits
geizen 'gaitsn̩
geizig 'gaitsıç, **-e** ...ıgə
Gejammer gə'jamɐ
Gejauchze gə'jauxtsə
Gejaule gə'jaulə
Gejiu *chin.* gʌdzi̯ou̯ 44
Gejodel gə'jo:dl̩
Gejohle gə'jo:lə
Gekälk gə'kɛlk
gekannt gə'kant
Gekeife gə'kaifə
Gekicher gə'kıçɐ
Gekläff[e] gə'klɛf[ə]
Geklapper gə'klapɐ
Geklatsche gə'klatʃə
Geklimper gə'klımpɐ
Geklingel gə'klıŋl̩
Geklirr[e] gə'klır[ə]
geklommen gə'klɔmən
Geklopfe gə'klɔpfə
Geklüft[e] gə'klʏft[ə]
geklungen gə'klʊŋən
Geknatter gə'knatɐ
gekniffen gə'knıfn̩
Geknirsche gə'knırʃə
Geknister gə'knıstɐ
gekonnt gə'kɔnt
geköpert gə'kø:pɐt
gekoren gə'ko:rən
Gekrächze gə'krɛçtsə
Gekrakel gə'kra:kl̩
Gekrätz gə'krɛts
Gekratze gə'kratsə
Gekräusel gə'krɔyzl̩
Gekreisch[e] gə'kraiʃ[ə]
gekrischen gə'krıʃn̩
Gekritzel gə'krıtsl̩
gekrochen gə'krɔxn̩
Gekröse gə'krø:zə
Gel ge:l
Gela 'ge:la, *it.* 'dʒɛ:la, *russ.* 'gjɛlɐ
Gelabber gə'labɐ
Gelaber gə'la:bɐ
Gelächter gə'lɛçtɐ
gelackmeiert gə'lakmaiɐt
Gelage gə'la:gə
Gelläger gə'lɛ:gɐ
gelahrt gə'la:ɐ̯t
Gelände gə'lɛndə
Geländer gə'lɛndɐ

gelang gə'laŋ
gelänge gə'lɛŋə
Gelar ge'la:ɐ̯
Gelärme gə'lɛrmə
Gelasius ge'la:zi̯ʊs
Gelasma ge'lasma, **-ta** -ta
Gelass gə'las
gelassen gə'lasn̩
Gelassi *russ.* gı'lasij
Gelatine ʒela'ti:nə
gelatinieren ʒelati'ni:rən
gelatinös ʒelati'nø:s, **-e** ...ø:zə
Gelatit ʒela'ti:t
Geläuf gə'lɔyf
Gelaufe gə'laufə
geläufig gə'lɔyfıç
gelaunt gə'launt
Geläut[e] gə'lɔyt[ə]
gelb gɛlp, **-e** 'gɛlbə
Gelbe 'gɛlbə
Gelber 'gɛlbɐ
gelblich 'gɛlplıç
Gelbling 'gɛlplıŋ
Gelbveigelein gɛlp'faigəlain
Gelcoat 'ge:lko:t, 'dʒɛlko:t
Geld gɛlt, **-er** 'gɛldɐ
Gelder[land] *niederl.* 'ɣɛl-dər[lɑnt]
Geldern 'gɛldɐn
geldlich 'gɛltlıç
Geldner 'gɛldnɐ
geldrisch 'gɛldrıʃ
Geldrop *niederl.* 'ɣɛldrɔp
Gelee ʒe'le:, *auch:* ʒə'le:
Gelée *fr.* ʒə'le
Geleen *niederl.* ɣə'le:n
Gelée royale ʒe'le: roa'jal, ʒə... -
Gelege gə'le:gə
gelegen gə'le:gn̩
Gelegenheit gə'le:gn̩hait
gelegentlich gə'le:gn̩tlıç
gelehrig gə'le:rıç, **-e** ...ıgə
Geleier gə'laiɐ
Geleise gə'laizə
...geleisig ...gəˌlaizıç, **-e** ...ıgə
Geleit[e] gə'lait[ə]
gelenk, G... gə'lɛŋk
gelenkig gə'lɛŋkıç, **-e** ...ıgə
Geleucht[e] gə'lɔyçt[ə]
Gelibolu *türk.* gɛ'libɔlu
Gelichter gə'lıçtɐ
Gelidium ge'li:di̯ʊm
geliehen gə'li:ən
gelieren ʒe'li:rən, *auch:* ʒə...
Gelifraktion gelifrak'tsi̯o:n
Gelimer 'ge:limɛr
Gélin *fr.* ʒe'lɛ̃
gelind gə'lınt, **-e** ...ndə

gelinde gə'lındə
Gelindigkeit gə'lındıçkait
gelingen, G... gə'lıŋən
Gelispel gə'lıspl̩
gelitten gə'lıtn̩
gell, gell? gɛl
Gell *engl.* gɛl, dʒɛl
gelle? 'gɛlə
Gellée *fr.* ʒə'le
gellen, G... 'gɛlən
Gelléri *ung.* 'gɛlle:ri
Gellerstedt *schwed.* ˌjɛlərstɛt
Gellert 'gɛlɐt
Gellért[hegy] *ung.* 'gɛl-le:rt[hɛdj]
Gelli *it.* 'dʒɛlli
Gelligaer *engl.* gɛθlı'gɛə
Gellius 'gɛli̯ʊs
Gellner *tschech.* 'gɛlnɛr
Gelman *russ.* 'gjɛlmɐn, *span.* 'xɛlman
Gelnhausen gɛln'hauzn̩
Gelnica *slowak.* 'gɛlnjitsa
Gelo 'ge:lo
Gelöbnis gə'lø:pnıs, **-se** ...ısə
Gelobtland gə'lo:ptlant
Gelock[e] gə'lɔk[ə]
gelogen gə'lo:gn̩
Gelolepsie gelolɛ'psi:, **-n** ...i:ən
Gelon 'ge:lɔn
Geloplegie gelople'gi:, **-n** ...i:ən
geloschen gə'lɔʃn̩
Gelotripsie gelotrı'psi:, **-n** ...i:ən
Gelse (Mücke) 'gɛlzə
Gelsenberg 'gɛlzn̩bɛrk
Gelsenkirchen gɛlzn̩'kırçn̩
Gelsted *dän.* 'gɛlsdeð
gelt, gelt? gɛlt
gelten 'gɛltn̩
Geltinger Birk 'gɛltıŋɐ 'bırk
Geltrú *span.* xɛl'tru
Gelübde gə'lʏpdə
Gelumpe gə'lʊmpə
Gelünge gə'lʏŋə
gelungen gə'lʊŋən
Gelüst[e] gə'lʏst[ə]
gelüsten, G... gə'lʏstn̩
gelüstig gə'lʏstıç, **-e** ...ıgə
Gelze 'gɛltsə
gelzen 'gɛltsn̩
Gelzer 'gɛltsɐ
GEMA 'ge:ma
gemach gə'ma:x
Gemach gə'ma:x, **Gemächer** gə'mɛ:çɐ

G

gemächlich gəˈmɛːçlɪç, *auch:* ...mɛç...

Gemächt[e] gəˈmɛçt[ə]

Gemahl gəˈmaːl

Gemälde gəˈmɛːldə

Gemara geˈmaːra, gemaˈraː

Gemarchen gəˈmarçn̩

Gemarkung gəˈmarkʊŋ

gemäß gəˈmɛːs

...gemäß ...gəˌmɛːs

Gematrie gemaˈtriː

Gemäuer gəˈmɔyɐ

Gemauschel gəˈmau̯ʃl̩

Gembloux *fr.* ʒãˈblu

Gemecker gəˈmɛkɐ

Gemeck[e]re gəˈmɛk[ə]rə

gemein gəˈmai̯n

Gemeinde gəˈmai̯ndə

Gemeindeutsch gəˈmai̯ndɔy̯tʃ

gemeindlich gəˈmai̯ntlɪç

Gemeine gəˈmai̯nə

gemeinhin gəˈmai̯nhɪn

gemeiniglich gəˈmai̯nɪklɪç

Gemeinlebarn gəmai̯nˈleːbarn

Gemeinnutz gəˈmai̯nnʊt͡s

gemeinnützig gəˈmai̯nnʏt͡sɪç, **-e** ...ɪgə

gemeinplätzlich gəˈmai̯nplɛt͡slɪç

gemeinsam gəˈmai̯nzaːm

Gemelli *it.* dʒeˈmɛlli

Gemellus geˈmɛlʊs, **...lli** ...li

Gemen ˈgeːmən

Gemenge gəˈmɛŋə

Gemengsel gəˈmɛŋzl̩

gemessen gəˈmɛsn̩

Gemetzel gəˈmɛt͡sl̩

gemieden gəˈmiːdn̩

Geminata gemiˈnaːta, **...tä** ...tɛ

Gemination geminaˈt͡si̯oːn

Geminiani *it.* dʒemiˈni̯aːni

geminieren gemiˈniːrən

Geminos ˈgeːminɔs

Geminus ˈgeːminʊs, **...ni** ...ni

Gemisch gəˈmɪʃ

Gemlik *türk.* ˈgɛmlik

[1]**Gemma** (Stern) ˈgɛma

[2]**Gemma** (Name) ˈgɛma, *it.* ˈdʒɛmma

Gemme ˈgɛmə

Gemmi ˈgɛmi

Gemmingen ˈgɛmɪŋən

Gemmoglyptik gɛmoˈglʏptɪk

Gemmologe gɛmoˈloːgə

Gemmologie gɛmoloˈgiː

Gemmula ˈgɛmula, **...lae** ...lɛ

gemocht gəˈmɔxt

gemolken gəˈmɔlkn̩

Gemünd gəˈmʏnt

Gemünden gəˈmʏndn̩

Gemunkel gəˈmʊŋkl̩

Gemurmel gəˈmʊrml̩

Gemurre gəˈmʊrə

Gemüse gəˈmyːzə

gemusst gəˈmʊst

Gemüt gəˈmyːt

gen gɛn

Gen geːn

genannt gəˈnant

genant ʒeˈnant

Genantin® genanˈtiːn

Genappe *fr.* ʒəˈnap

genas gəˈnaːs

genäschig gəˈnɛʃɪç, **-e** ...ɪgə

genäse gəˈnɛːzə

genasen gəˈnaːzn̩

Genast ˈgeːnast

genau gəˈnau̯

Genauigkeit gəˈnau̯ɪçkai̯t

genauso gəˈnau̯zoː

Genazino genaˈt͡siːno

Gendarm ʒanˈdarm, *auch:* ʒãˈd...

Gendarmerie ʒandarməˈriː, *auch:* ʒãd..., **-n** ...iːən

Gendebien *fr.* ʒãdəˈbjɛ̃

Genderstudies ˈdʒɛndɐstadiːs

Gendringen *niederl.* ˈɣɛndrɪŋə

Gendron *fr.* ʒãˈdrõ

[1]**Gene** (Zwang, Unbehagen) ʒɛːn, *auch:* ˈʒeːnə, ˈʒɛːnə

[2]**Gene** (Name) *engl.* dʒiːn

Genealoge geneaˈloːgə

Genealogie genealoˈgiː, **-n** ...iːən

genealogisch geneaˈloːgɪʃ

Genée *fr.* ʒəˈne

genehm gəˈneːm

genehmigen gəˈneːmɪgn̩, **genehmig!** ... ɪç, **genehmigt** ...ɪçt

Geneleos geˈneːleɔs

Genelli dʒeˈnɛli

Genera vgl. Genus

General genəˈraːl, **Generäle** genəˈrɛːlə

General ... *span.* xeneˈral ...

Generalat genəraˈlaːt

Generale genəˈraːlə; **...lien** ...li̯ən, **...lia** ...li̯a

Generalfeldmarschall genəraːlˈfɛltmarʃal

Generalgouverneur genəˈraːlguvɛrnøːɐ̯

Generalife *span.* xeneraˈlife

Generalisation genəralizaˈt͡si̯oːn

generalisieren genəraliˈziːrən

Generalissimus genəraˈlɪsimʊs, **-se** ...ʊsə, **...mi** ...mi

Generalist genəraˈlɪst

Generalitat *kat.* ʒənərəliˈtat

Generalität genəraliˈtɛːt

generaliter genəˈraːlitɐ

Generalleutnant genəˈraːllɔy̯tnant

Generalmajor genəˈraːlmajoːɐ̯

General Motors [Corporation] *engl.* ˈdʒɛnərəl ˈmoʊtəz [kɔːpəˈreɪʃən]

Generaloberst genəˈraːl|oːbɐst

Generalstäbler genəˈraːlʃtɛːplɐ

Generatianismus genərat͡si̯aˈnɪsmʊs

Generatio aequivoca genəˈraːt͡si̯o ɛˈkviːvoka

Generation genəraˈt͡si̯oːn

Generatio primaria genəˈraːt͡si̯o priˈmaːri̯a

Generatio spontanea genəˈraːt͡si̯o spɔnˈtaːnea

generativ genəraˈtiːf, **-e** ...iːvə

Generativist genəratiˈvɪst

Generativität genərativiˈtɛːt

Generator genəˈraːtoːɐ̯, **-en** genəraˈtoːrən

Genera Verbi vgl. Genus Verbi

generell genəˈrɛl

generieren genəˈriːrən

generisch geˈneːrɪʃ

Género chico *span.* ˈxenero ˈtʃiko

generös genəˈrøːs, *auch:* ʒe..., **-e** ...øːzə

Generosität genəroziˈtɛːt, *auch:* ʒe...

Generoso *it.* dʒeneˈroːso

Genese geˈneːzə

genesen gəˈneːzn̩, **genes!** gəˈneːs, **genest** gəˈneːst

Genesios geˈneːzi̯ɔs

Genesis ˈgeːnezɪs, *auch:* ˈgɛn...; *engl.* ˈdʒɛnəsɪs

Genesius geˈneːzi̯ʊs

Genestet *niederl.* ˈɣeːnəstɛt

Genesung gəˈneːzʊŋ

Genet, Genêt *fr.* ʒəˈnɛ

Genethliakon geneˈtliːakɔn, **...ka** ...ka

Genetik geˈneːtɪk

Genetiker geˈneːtikɐ

genetisch geˈneːtɪʃ

Genetiv ˈgeːnetiːf, **-e** ...iːvə

Genette ʒəˈnɛt[ə], ʒeˈn..., **-n** ...tn̩
Geneva *engl.* dʒəˈni:və
Genève *fr.* ʒəˈnɛ:v
Genever ʒeˈne:vɐ, ʒəˈn..., geˈn...
Geneviève *fr.* ʒənˈvjɛ:v
Genevois, ...ix *fr.* ʒənˈvwa
Genèvre *fr.* ʒəˈnɛ:vr
Genezareth geˈne:tsarɛt
Genf[er] ˈgɛnf[ɐ]
genferisch ˈgɛnfərɪʃ
Geng gɛŋ
Genga *it.* ˈdʒeŋga, ˈdʒɛŋga
Gengenbach ˈgɛŋənbax
genial[isch] geˈni̯a:l[ɪʃ]
Genialität geni̯aliˈtɛ:t
Géniaux *fr.* ʒeˈnjo
Genick gəˈnɪk
Genie ʒeˈni:
Genien vgl. Genius
genieren ʒeˈni:rən
genießen gəˈni:sn̩
Genil *span.* xeˈnil
Genisa geˈni:za
Génissiat *fr.* ʒeniˈsja
Genista geˈnɪsta
genital geniˈta:l
Genitale geniˈta:lə, **...lien** ...li̯ən
Genitalität genitaliˈtɛ:t
Genitiv ˈge:niti:f, **-e** ...i:və
Genitivus geniˈti:vʊs, **...vi** ...vi
Genitschesk *russ.* gɪˈnitʃɪsk
Genius ˈge:ni̯ʊs, **...ien** ...i̯ən
Genius epidemicus ˈge:ni̯ʊs epiˈde:mikʊs
Genius Loci ˈge:ni̯ʊs ˈlo:tsi
Genius Morbi ˈge:ni̯ʊs ˈmɔrbi
Geniza geˈni:za
Genk *niederl.* ɣɛŋk
Genkinger ˈgɛŋkɪŋɐ
Genlis *fr.* ʒãˈlis
Gennadi *russ.* gɪnˈnadij
Gennadios gɛˈna:di̯ɔs
Gennadius gɛˈna:di̯ʊs
Gennargentu *it.* dʒennarˈdʒɛntu
Gennaro *it.* dʒenˈna:ro
gennematisch gɛneˈma:tɪʃ
gennemisch gɛˈne:mɪʃ
Gennep ˈgɛnəp, *niederl.* ˈɣɛnəp
Gennesaret gɛˈne:zarɛt
Gennevilliers *fr.* ʒɛnviˈlje
Genofefa genoˈfe:fa
Génolhac *fr.* ʒenɔˈlak
Genom geˈno:m
genommen gəˈnɔmən
Genörgel gəˈnœrgl̩
Genos ˈgɛnɔs, *auch:* ˈge:nɔs
genoss gəˈnɔs
genösse gəˈnœsə
Genosse gəˈnɔsə
genossen gəˈnɔsn̩
Genossenschaft gəˈnɔsn̩ʃaft
Genosssame gəˈnɔsza:mə
Genotyp[us] genoˈty:p[ʊs]
Genova *it.* ˈdʒɛ:nova
Genovefa genoˈfe:fa, *auch:* ...ve:fa
Genovés *span.* xenoˈβes
Genovese *it.* dʒenoˈve:se
Genoveva genoˈfe:fa, *auch:* genoˈve:va; *span.* xenoˈβeβa
Genozid genoˈtsi:t, **-e** ...i:də, **-ien** ...i:di̯ən
Genre ˈʒã:rə, *auch:* ʒã:ɐ̯, ˈʒaŋɐ
Genro ˈgɛnro
Gens gɛns, **Gentes** ˈgɛnte:s
Genscher ˈgɛnʃɐ
Genserich ˈgɛnzərɪç
Gensfleisch ˈgɛnsflai̯ʃ
Gensler ˈgɛnslɐ
[1]Gent (Stutzer) dʒɛnt
[2]Gent (Stadt) gɛnt, *niederl.* ɣɛnt
Gentbrugge *niederl.* ɣɛndˈbrʏxə
Gentes vgl. Gens
Genthin gɛnˈti:n
Gentiana gɛnˈtsi̯a:na
gentil ʒɛnˈti:l, ʒãˈti:l
Gentil *fr.* ʒãˈti, *port.* ʒenˈtil
Gentile *it.* dʒenˈti:le
Gentilen gɛnˈti:lən
Gentileschi *it.* dʒentiˈleski
Gentilhomme ʒãtiˈjɔm
Gentilini *it.* dʒentiˈli:ni
Gentilly *fr.* ʒãtiˈji
Gentleman, ...men ˈdʒɛntl̩mɛn
gentlemanlike ˈdʒɛntl̩mɛnlai̯k
Gentleman's Agreement ˈdʒɛntl̩mɛns ɛˈgri:mənt
Gentlemen vgl. Gentleman
Gentlemen's Agreement ˈdʒɛntl̩mɛns ɛˈgri:mənt
Gentofte *dän.* ˈgentɔfdə
Gentry ˈdʒɛntri
Gentz gɛnts
Genua ˈge:nu̯a
Genuese geˈnu̯e:zə
Genueser geˈnu̯e:zɐ
genuesisch geˈnu̯e:zɪʃ
genug gəˈnu:k
Genüge gəˈny:gə
genügen gəˈny:gn̩, **genüg!** gəˈny:k, **genügt** gəˈny:kt
genügend gəˈny:gn̩t, **-e** ...n̩də
genugsam gəˈnu:kza:m
genügsam gəˈny:kza:m
Genugtuung gəˈnu:ktu:ʊŋ
genuin genuˈi:n
Genu recurvatum ˈge:nu rekʊrˈva:tʊm
Genus ˈge:nʊs, *auch:* ˈgɛn..., **Genera** ˈge:nera, *auch:* ˈgɛn...
Genus proximum ˈge:nʊs ˈprɔksimʊm, *auch:* ˈgɛn... -
Genuss gəˈnʊs, **Genüsse** gəˈnʏsə
Genüssling gəˈnʏslɪŋ
Genusssucht gəˈnʊszʊxt
Genus Verbi ˈge:nʊs ˈvɛrbi, *auch:* ˈgɛn... -, **Genera -** ˈge:nera -, *auch:* ˈgɛn... -
Genzmer ˈgɛntsmɐ
Geo ˈge:o
geoantiklinal geo|antikliˈna:l
Geoantiklinale geo|antikliˈna:lə
Geobiont geoˈbi̯ɔnt
Geobotanik geoboˈta:nɪk
geobotanisch geoboˈta:nɪʃ
Geochemie geoçeˈmi:
geochemisch geoˈçe:mɪʃ
Geochronologie geokronoloˈgi:
Geodäsie geodɛˈzi:
Geodät geoˈdɛ:t
Geode geˈo:də
Geodepression geodeprɛˈsi̯o:n
Geodreieck ˈge:odrai̯|ɛk
Geodynamik geodyˈna:mɪk
Geoffrey *engl.* ˈdʒɛfrɪ
Geoffrin *fr.* ʒɔˈfrɛ̃
Geoffroi, ...oy *fr.* ʒɔˈfrwa
Geofraktur geofrakˈtu:ɐ̯
Geofredo *span.* xeoˈfreðo
Geogenese geogeˈne:zə
Geogenie geogeˈni:
Geognosie geognoˈzi:
Geognost geoˈgnɔst
Geogonie geogoˈni:
Geograf usw. vgl. Geograph usw.
Geograph geoˈgra:f
Geographie geograˈfi:
geographisch geoˈgra:fɪʃ
geöhrt gəˈ|ø:ɐ̯t
Geoid geoˈi:t, **-es** ...i:dəs
Geoisotherme geo|izoˈtɛrmə

G

G

Geojurisprudenz geojurɪspru'dɛnts
geojuristisch geoju'rɪstɪʃ
geokarp geo'karp
Geokarpie geokar'pi:
Geokorona geoko'ro:na
geokrat geo'kra:t
Geologe geo'lo:gə
Geologie geolo'gi:
geologisch geo'lo:gɪʃ
Geomantie geoman'ti:
Geomantik geo'mantɪk
Geomedizin geomedi'tsi:n
Geometer geo'me:tɐ
Geometrie geome'tri:, **-n** ...i:ən
geometrisch geo'me:trɪʃ
Geomontographie geomɔnto-gra'fi:
Geomorphologie geomɔrfo-lo'gi:
Geonym geo'ny:m
Geoökonomie geo|økono'mi:
geopathisch geo'pa:tɪʃ
Geophage geo'fa:gə
Geophagie geofa'gi:
Geophon geo'fo:n
Geophysik geofy'zi:k
geophysikalisch geofyzi'ka:lɪʃ
Geophysiker geo'fy:zikɐ
Geophyt geo'fy:t
Geoplastik geo'plastɪk
Geopolitik geopoli'ti:k
geopolitisch geopo'li:tɪʃ
Geoponici geo'po:nitsi
Geopsychologie geɔpsyço-lo'gi:
Georg 'ge:ɔrk, ge'ɔrk; *schwed.* 'je:ɔrj
[1]**George** (dt. Vorn.) ʒɔrʃ
[2]**George** (dt. Nachn.) ge'ɔrgə
[3]**George** (Name) *engl.* dʒɔ:dʒ, *fr.* ʒɔrʒ
[1]**Georges** (Vorn.) *fr.* ʒɔrʒ
[2]**Georges** (Nachn.) ge'ɔrgəs, *fr.* ʒɔrʒ
Georgescu *rumän.* dʒeor-'dʒesku
Georgetown, George Town *engl.* 'dʒɔ:dʒtaʊn
Georgette *fr.* ʒɔr'ʒɛt
Georgi ge'ɔrgi, *russ.* gɪ'ɔrgij, *bulgar.* 'gjɔrgi
[1]**Georgia** (Vorn.) ge'ɔrgia
[2]**Georgia** (USA) *engl.* 'dʒɔ:dʒə
Georgia Augusta ge'ɔrgia au'gʊsta
Georgiades geɔr'gia:dɛs
Georgian Bay *engl.* 'dʒɔ:dʒən 'beɪ
Georgie *engl.* 'dʒɔ:dʒɪ
Georgien ge'ɔrgiən
Georgier ge'ɔrgiɐ
Georgiew *bulgar.* gjor'giɛf
Georgii ge'ɔrgi
Georgijewitsch *russ.* gɪ'ɔrgijɪ-vitʃ
Georgijewna *russ.* gɪ'ɔrgijɪvnɐ
Georgijewsk *russ.* gɪ'ɔrgijɪfsk
Georgika ge'ɔrgika
Georgina *engl.* dʒɔ:'dʒi:nə
Georgine geɔr'gi:nə
Georgios ge'ɔrgiɔs
georgisch ge'ɔrgɪʃ
Georgiu-Desch *russ.* gɪar'giu-'dɛʃ
Georgius ge'ɔrgiʊs
Georgsmarienhütte geɔrksma-'ri:ənhʏtə, -----'--
Geosphäre geo'sfɛ:rə
Geostatik geo'sta:tɪk
geostationär geoʃtatsio'nɛ:ɐ
geostatisch geo'sta:tɪʃ
geostrophisch geo'stro:fɪʃ
Geosutur geozu'tu:ɐ
geosynklinal geozʏnkli'na:l
Geosynklinale geozʏnkli'na:lə
Geotaxis geo'taksɪs
Geotektonik geotɛk'to:nɪk
geotektonisch geotɛk'to:nɪʃ
Geotherapie geotera'pi:
geothermisch geo'tɛrmɪʃ
Geothermometer geotɛrmo-'me:tɐ
geotrop geo'tro:p
Geotropismus geotro'pɪsmʊs
Geotroposkop geotropo'sko:p
Geotumor geo'tu:mo:ɐ
Geozentrik geo'tsɛntrɪk
geozentrisch geo'tsɛntrɪʃ
Geozoologie geotsoolo'gi:
geozyklisch geo'tsy:klɪʃ
Gepa 'ge:pa
Gepäck gə'pɛk
Gepard 'ge:part, **-e** ...rdə
Gepfeife gə'pfaifə
gepfiffen gə'pfɪfn̩
gepflogen gə'pflo:gn̩
Gephyrophobie gefyrofo'bi:, **-n** ...i:ən
Gepide ge'pi:də
Gepiep[s]e gə'pi:p[s]ə
Geplänkel gə'plɛŋkl̩
Geplapper gə'plapɐ
Geplärr[e] gə'plɛr[ə]
Geplätscher gə'plɛtʃɐ
Geplauder gə'plaudɐ
Gepoche gə'pɔxə
Gepolter gə'pɔltɐ
Gepräge gə'prɛ:gə
Geprahle gə'pra:lə
Gepränge gə'prɛŋə
Geprassel gə'prasl̩
gepriesen gə'pri:zn̩
Gequake gə'kva:kə
Gequäke gə'kvɛ:kə
Gequassel gə'kvasl̩
Gequatsche gə'kvatʃə
Gequengel gə'kvɛŋl̩
Gequeng[e]le gə'kvɛŋ[ə]lə
Gequieke gə'kvi:kə
Gequietsche gə'kvi:tʃə
gequollen gə'kvɔlən
[1]**Ger** (Spieß) ge:ɐ
[2]**Ger** (Name) *fr.* ʒɛ:r
Gera 'ge:ra
Gerabronn ge:ra'brɔn
gerad..., G... gə'ra:t...
gerade, G... gə'ra:də
geradeaus gəra:də'laus
geradeheraus gəra:dəhɛ'raus
geradehin gəra:də'hɪn
geradenwegs gə'ra:dn̩ve:ks
geradeso gə'ra:dəzo:
gerade[s]wegs gə'ra:də[s]ve:ks
geradezu gə'ra:dətsu:, ---'-
geradsinnig gə'ra:tzɪnɪç
Geragoge gera'go:gə
Geragogik gera'go:gɪk
Gerald 'ge:ralt, *engl.* 'dʒɛrəld
Geralde ge'raldə
Geraldin 'ge:raldi:n
Geraldine geral'di:nə, *engl.* 'dʒɛrəldi:n
Geraldton *engl.* 'dʒɛrəltn
Géraldy *fr.* ʒeral'di
Gerangel gə'raŋl̩
Geranie ge'ra:niə
Geraniol gera'nio:l
Geranium ge'ra:niʊm, **...ien** ...iən
Gerank[e] gə'raŋk[ə]
gerannt gə'rant
Gerant ʒe'rant
Gerard 'ge:rart, *engl.* 'dʒɛrɑ:d, -'-, *niederl.* 'ɣe:rɑrt
Gérard *fr.* ʒe'ra:r
Gérardmer *fr.* ʒerar'me
Gerardo *span.* xe'rarðo
Gerardus ge'rardʊs
Geras 'ge:ras
Gerasa 'ge:raza
Geraschel gə'raʃl̩
Gerassel gə'rasl̩
Gerassim *russ.* gɪ'rasim

erassimow *russ.* gɪˈrasimɐf
erassimowitsch *russ.* gɪˈrasimɐvitʃ
erassimowna *russ.* gɪˈrasimɐvnɐ
erät gəˈrɛ:t
eratewohl gəra:təˈvo:l, *auch:* –ˈ–––
eratter gəˈratɐ
eraufe gəˈraufə
eraum gəˈraum
eräumde gəˈrɔymdə
eräumig gəˈrɔymɪç, **-e** ...ɪgə
eraune gəˈraunə
eräusch gəˈrɔyʃ
eräusper gəˈrɔyspɐ
erben ˈgɛrbn̩, **gerb!** gɛrp, **gerbt** gɛrpt
erber ˈgɛrbɐ, *engl.* ˈgə:bə
erbera ˈgɛrbera
erberei gɛrbəˈrai
erberga gɛrˈbɛrga
erbert ˈgɛrbɛrt, *fr.* ʒɛrˈbɛ:r
erbino *it.* dʒerˈbi:no
erborg ˈge:ɐ̯bɔrk
erbrandy *niederl.* ɣɛrˈbrandi
erbstedt ˈgɛrpʃtɛt
erbulieren gɛrbuˈli:rən
erbulur gɛrbuˈlu:ɐ̯
erburg ˈge:ɐ̯bʊrk
erchunoff *span.* xɛrtʃuˈnɔf
erd gɛrt
erda ˈgɛrda
erdauen gɛrˈdauən
erecht gəˈrɛçt
erechtigkeit gəˈrɛçtɪçkait
erechtsame gəˈrɛçtza:mə
erecse *ung.* ˈgɛrɛtʃɛ
erede gəˈre:də
ereime gəˈraimə
eremia *it.* dʒereˈmi:a
erenne gəˈrɛnə
erenot ˈge:rəno:t
erenuk ˈge:rənʊk
ereon ˈge:reɔn
eretsried ge:rətsˈri:t
erfalke ˈge:ɐ̯falkə
ergely *ung.* ˈgɛrgɛj
ergovia gɛrˈgo:vi̯a
erhaert *niederl.* ˈɣe:ra:rt
erhard ˈge:ɐ̯hart, *engl.* ˈgɛrəd
erharde ge:ɐ̯ˈhardə
erhardine ge:ɐ̯harˈdi:nə
erhardsen *norw.* ˈgæ:rhartsən
erhardt ˈge:ɐ̯hart, *fr.* ʒeˈra:r
erhart ˈge:ɐ̯hart
erhild ˈge:ɐ̯hɪlt
erhilde ge:ɐ̯ˈhɪldə

Gerhoh ˈge:ɐ̯ho:
Geri ˈge:ri
Geriater geˈri̯a:tɐ
Geriatrie geri̯aˈtri:
Geriatrikum geˈri̯a:trikʊm, **...ka** ...ka
geriatrisch geˈri̯a:trɪʃ
Géricault *fr.* ʒeriˈko
Gericht gəˈrɪçt
gerieben gəˈri:bn̩
geriehen gəˈri:ən
gerieren geˈri:rən
Geriesel gəˈri:zl̩
gering gəˈrɪŋ
Gering ˈge:rɪŋ
geringfügig gəˈrɪŋfy:gɪç, **-e** ...ɪgə
geringschätzig gəˈrɪŋʃɛtsɪç, **-e** ...ɪgə
Geringswalde ge:rɪŋsˈvaldə
Gerinne gəˈrɪnə
Gerinnsel gəˈrɪnzl̩
Gerippe gəˈrɪpə
Geriss gəˈrɪs
gerissen gəˈrɪsn̩
geritten gəˈrɪtn̩
Gerkan ˈgɛrkan
Gerke (Vorn.) ˈge:ɐ̯kə
Gerko ˈge:ɐ̯ko
Gerl[ach] ˈgɛrl[ax]
Gerlache *fr.* ʒɛrˈlaʃ
Gerlafingen ˈgɛrlafɪŋən
Gerland ˈgɛrlant
Gerle ˈgɛrlə
Gerlier *fr.* ʒɛrˈlje
Gerlind ˈge:ɐ̯lɪnt
Gerlinde ge:ɐ̯ˈlɪndə
Gerling[en] ˈgɛrlɪŋ[ən]
Gerloff ˈgɛrlɔf
Gerlos ˈgɛrlɔs
Gerlsdorfer ˈgɛrlsdɔrfɐ
Germ gɛrm
Germain *fr.* ʒɛrˈmɛ̃
Germaine *fr.* ʒɛrˈmɛn
German ˈgɛrman, *engl.* ˈdʒə:mən, *russ.* ˈgjermɐn
Germán *span.* xɛrˈman
Germana gɛrˈma:na
Germane gɛrˈma:nə
Germani *it.* dʒerˈma:ni
Germania gɛrˈma:ni̯a
Germanicum gɛrˈma:nikʊm
Germanicus gɛrˈma:nikʊs
Germanien gɛrˈma:ni̯ən
Germaniker gɛrˈma:nikɐ
[1]**Germanin** (weibl. Germane) gɛrˈma:nɪn
[2]**Germanin**® (Arznei) gɛrmaˈni:n

germanisch gɛrˈma:nɪʃ
germanisieren gɛrmaniˈzi:rən
Germanismus gɛrmaˈnɪsmʊs
Germanist[ik] gɛrmaˈnɪst[ɪk]
Germanium gɛrˈma:ni̯ʊm
germanophil gɛrmanoˈfi:l
Germanophilie gɛrmanofiˈli:
germanophob gɛrmanoˈfo:p, **-e** ...o:bə
Germanophobie gɛrmanofoˈbi:
Germanos gɛrˈma:nɔs
germanotyp gɛrmanoˈty:p
Germantown *engl.* ˈdʒə:mən-taʊn
Germanus gɛrˈma:nʊs
Germany *engl.* ˈdʒə:mənɪ
Germar ˈgɛrmar
Germer ˈgɛrmɐ, *fr.* ʒɛrˈmɛ:r, *engl.* ˈgə:mə
Germering ˈgɛrmərɪŋ
Germersheim ˈgɛrmɐshaim
Germi *it.* ˈdʒɛrmi
germinal gɛrmiˈna:l
Germinal ʒɛrmiˈnal
Germinalie gɛrmiˈna:li̯ə
Germination gɛrminaˈtsi̯o:n
germinativ gɛrminaˈti:f, **-e** ...i:və
Germiston *engl.* ˈdʒə:mɪstən
Germonprez *niederl.* ˈɣɛrmɔnpre, ––ˈ–
Germont *fr.* ʒɛrˈmõ
Germund ˈgɛrmʊnt
gern[e] ˈgɛrn[ə]
Gernhardt ˈgɛrnhart
Gernot ˈge:ɐ̯no:t, ˈgɛr...
Gernrode gɛrnˈro:də
Gernsbach ˈgɛrnsbax
Gernsheim ˈgɛrnshaim
Gero ˈge:ro
Gerö ˈge:rø
Gerő *ung.* ˈgɛrø:
Geröchel gəˈrœçl̩
gerochen gəˈrɔxn̩
Geroderma geroˈdɛrma
Gerohygiene gerohyˈgi̯e:nə
Gerok ˈge:rɔk
Gerolamo *it.* dʒeˈrɔ:lamo
Gerold ˈge:rɔlt
Geroldseck ˈge:rɔlts|ɛk
Gerolf ˈge:rɔlf
Geröll[e] gəˈrœl[ə]
Gerolstein ˈge:rɔlʃtain
Gerolzhofen ge:rɔltsˈho:fn̩
Gerolzhöfer ge:rɔltsˈhø:fɐ
Gérome *fr.* ʒeˈrɔm
Gerona *span.* xeˈrona
Geronimo *it.* dʒeˈrɔ:nimo

Gerónimo *span.* xeˈronimo
geronnen gəˈrɔnən
Geront geˈrɔnt
Géronte *fr.* ʒeˈrõ:t
Gerontokratie gerɔntokraˈti:, **-n** ...i:ən
Gerontologe gerɔntoˈlo:gə
Gerontologie gerɔntoloˈgi:
Gerow *bulgar.* ˈgɛrof
Gerresheim ˈgɛrəshai̯m
Gerretson *niederl.* ˈɣɛrətsɔn
Gerrit ˈgɛrɪt, *niederl.* ˈɣɛrɪt
Gerry *engl.* ˈgɛrɪ, ˈdʒɛrɪ
Gers *fr.* ʒɛ:r, ʒɛrs
Gersau ˈgɛrzau̯
Gerschom ˈgɛrʃɔm
Gersdorf[f] ˈgɛrsdɔrf
Gersfeld ˈgɛrsfɛlt
Gershwin *engl.* ˈgə:ʃwɪn
Gerson ˈgɛrzɔn, *poln.* ˈgɛrsɔn, *russ.* ˈgjɛrsɐn, *fr.* ʒɛrˈsõ, *niederl.* ˈɣɛrsɔn
Gerstäcker ˈgɛrstɛkɐ
Gerste ˈgɛrstə
Gerstel ˈgɛrstl̩
Gerstenberg ˈgɛrstn̩bɛrk
Gerstenmaier ˈgɛrstn̩mai̯ɐ
Gerster ˈgɛrstɐ
Gersthof[en] gɛrstˈho:f[n̩]
Gerstl ˈgɛrstl̩
Gerstner ˈgɛrstnɐ
Gert[a] ˈgɛrt[a]
Gerte ˈgɛrtə
Gertel ˈgɛrtl̩
Gerti ˈgɛrti
gertig ˈgɛrtɪç, **-e** ...ɪgə
Gertler ˈgɛrtlɐ
Gertraud ˈgɛrtrau̯t
Gertraude gɛrˈtrau̯də
Gertraut ˈgɛrtrau̯t
Gertrud ˈgɛrtru:t
Gertrude gɛrˈtru:də, *engl.* ˈgə:tru:d, *fr.* ʒɛrˈtryd
Gertrudis *span.* xɛrˈtruðis
Gerty ˈgɛrti
Geruch gəˈrʊx, **Gerüche** gəˈrʏçə
Gerücht gəˈrʏçt
Gerufe gəˈru:fə
Gerumpel gəˈrʊmpl̩
Gerümpel gəˈrʏmpl̩
Gerundium geˈrʊndi̯ʊm, **...ien** ...i̯ən
Gerundiv gerʊnˈdi:f, **-e** ...i:və
gerundivisch gerʊnˈdi:vɪʃ
Gerundivum gerʊnˈdi:vʊm, **...va** ...va
Gerung ˈge:rʊŋ
gerungen gəˈrʊŋən
Gerusalemme liberata *it.* dʒeruzaˈlɛmme libeˈra:ta
Gerusia geruˈzi:a
Gerusie geruˈzi:
Gerüst gəˈrʏst
Gerüttel gəˈrʏtl̩
[1]**Gervais**® (Käse) ʒɛrˈvɛ:, **des -** ...ɛ:[s], **die -** ...ɛ:s
[2]**Gervais** (Name) *fr.* ʒɛrˈvɛ
Gervase *engl.* ˈdʒə:vəs
Gervasio *it.* dʒerˈva:zi̯o, *span.* xɛrˈβasi̯o
Gervasius gɛrˈva:zi̯ʊs
Gervinus gɛrˈvi:nʊs
Gerwald ˈge:ɐ̯valt
Gerwassi *russ.* gɪrˈvasij
Gerwig ˈgɛrvɪç
Gerwin ˈgɛrvi:n
Geryon ˈge:ryɔn
Gerzen ˈgɛrtsn̩, *russ.* ˈgjɛrtsən
ges, Ges gɛs
Gês *bras.* ʒes
Gesa ˈge:za
Gesabber gəˈzabɐ
Gesäge gəˈzɛ:gə
gesalzen gəˈzaltsn̩
gesamt, G... gəˈzamt
gesamtdeutsch gəˈzamtdɔytʃ
Gesamtdeutschland gəˈzamtdɔytʃlant
gesamthaft gəˈzamthaft
gesandt gəˈzant
Gesandte gəˈzantə
Gesandtschaft gəˈzantʃaft
Gesang gəˈzaŋ, **Gesänge** gəˈzɛŋə
Gesarol gezaˈro:l
Gesäß gəˈzɛ:s
Gesätz gəˈzɛts
Gesäuge gəˈzɔygə
Gesause gəˈzau̯zə
Gesäuse gəˈzɔyzə
Gesäusel gəˈzɔyzl̩
Geschäft gəˈʃɛft
geschäftig gəˈʃɛftɪç, **-e** ...ɪgə
Geschaftlhuber gəˈʃaftl̩hu:bɐ
geschäftlich gəˈʃɛftlɪç
geschah gəˈʃa:
geschähe gəˈʃɛ:ə
Geschäker gəˈʃɛ:kɐ
geschamig gəˈʃa:mɪç, **-e** ...ɪgə
geschämig gəˈʃɛ:mɪç, **-e** ...ɪgə
Gescharre gəˈʃarə
Geschaukel gəˈʃau̯kl̩
gescheckt gəˈʃɛkt
geschehen, G... gəˈʃe:ən
Geschehnis gəˈʃe:nɪs, **-se** ...ɪsə
Gescheide gəˈʃai̯də
Geschein gəˈʃai̯n
gescheit gəˈʃai̯t
Geschenk gəˈʃɛŋk
Gescher ˈgɛʃɐ
geschert gəˈʃe:ɐ̯t
Geschichte gəˈʃɪçtə
geschichtlich gəˈʃɪçtlɪç
Geschick gəˈʃɪk
Geschiebe gəˈʃi:bə
geschieden gəˈʃi:dn̩
geschieht gəˈʃi:t
geschienen gəˈʃi:nən
Geschieße gəˈʃi:sə
Geschimpfe gəˈʃɪmpfə
Geschirr gəˈʃɪr
Geschiss gəˈʃɪs
geschissen gəˈʃɪsn̩
Geschlabber gəˈʃlabɐ
Geschlecht gəˈʃlɛçt
...geschlechtig ...gəˌʃlɛçtɪç, **-e** ...ɪgə
geschlechtlich gəˈʃlɛçtlɪç
Geschleck[e] gəˈʃlɛk[ə]
Geschleif[e] gəˈʃlai̯f[ə]
Geschleppe gəˈʃlɛpə
geschlichen gəˈʃlɪçn̩
geschliffen gəˈʃlɪfn̩
Geschlinge gəˈʃlɪŋə
geschlissen gəˈʃlɪsn̩
geschlossen gəˈʃlɔsn̩
Geschluchze gəˈʃlʊxtsə
geschlungen gəˈʃlʊŋən
Geschmack gəˈʃmak, **Geschmäcke** gəˈʃmɛkə, **Geschmäcker** gəˈʃmɛkɐ
Geschmatze gəˈʃmatsə
Geschmause gəˈʃmau̯zə
Geschmeichel gəˈʃmai̯çl̩
Geschmeide gəˈʃmai̯də
geschmeidig gəˈʃmai̯dɪç, **-e** ...ɪgə
Geschmeiß gəˈʃmai̯s
Geschmetter gəˈʃmɛtɐ
Geschmier gəˈʃmi:ɐ̯
Geschmiere gəˈʃmi:rə
geschmissen gəˈʃmɪsn̩
geschmolzen gəˈʃmɔltsn̩
Geschmunzel gəˈʃmʊntsl̩
Geschmus gəˈʃmu:s, **-es** ...u:zəs
Geschmuse gəˈʃmu:zə
Geschnäbel gəˈʃnɛ:bl̩
Geschnatter gəˈʃnatɐ
geschniegelt gəˈʃni:gl̩t
geschnitten gəˈʃnɪtn̩
geschnoben gəˈʃno:bn̩
Geschnörkel gəˈʃnœrkl̩
Geschnüffel gəˈʃnʏfl̩
geschoben gəˈʃo:bn̩
gescholten gəˈʃɔltn̩

Geschonneck 'gɛʃɔnɛk, –'––
Geschöpf gə'ʃœpf
geschoren gə'ʃo:rən
Geschoß gə'ʃo:s
Geschoss gə'ʃɔs
geschossen gə'ʃɔsn̩
...geschoßig ...gə͵ʃo:sɪç, **-e** ...ɪgə
...geschossig ...gə͵ʃɔsɪç, **-e** ...ɪgə
Geschow *bulgar.* 'gɛʃof
Geschrei[be] gə'ʃrai[bə]
Geschreibsel gə'ʃraɪpsl̩
geschrieben gə'ʃri:bn̩
geschrie[e]n gə'ʃri:[ə]n
geschritten gə'ʃrɪtn̩
geschrocken gə'ʃrɔkn̩
Geschühe gə'ʃy:ə
geschunden gə'ʃʊndn̩
Geschütz gə'ʃʏts
Geschwader gə'ʃva:dɐ
Geschwafel gə'ʃva:fl̩
...geschwänzt ...gə͵ʃvɛntst
Geschwatze gə'ʃvatsə
Geschwätz[e] gə'ʃvɛts[ə]
geschwätzig gə'ʃvɛtsɪç, **-e** ...ɪgə
geschweige gə'ʃvaigə
geschwiegen gə'ʃvi:gn̩
geschwind gə'ʃvɪnt, **-e** ...ndə
Geschwindigkeit gə'ʃvɪndɪçkait
Geschwirr gə'ʃvɪr
Geschwister gə'ʃvɪstɐ
geschwollen gə'ʃvɔlən
geschwommen gə'ʃvɔmən
geschworen gə'ʃvo:rən
Geschwulst gə'ʃvʊlst, **Geschwülste** gə'ʃvʏlstə
geschwunden gə'ʃvʊndn̩
geschwungen gə'ʃvʊŋən
Geschwür gə'ʃvy:ɐ̯
geschwürig gə'ʃvy:rɪç, **-e** ...ɪgə
Ges-Dur 'gɛsdu:ɐ̯, *auch:* '–'–
Gese 'ge:zə
Geseich gə'zaiç
Geseier gə'zaiɐ
Geseire[s] gə'zairə[s]
Geseke 'ge:zəkə
Gesell *dt., engl.* gə'zɛl
Geselle gə'zɛlə
gesellen gə'zɛlən
gesellig gə'zɛlɪç, **-e** ...ɪgə
Gesellschaft gə'zɛlʃaft
Gesemann 'ge:zəman
Gesenius ge'ze:niʊs
Gesenk[e] gə'zɛŋk[ə]
Geser 'ge:zɐ
Geserichsee 'ge:zərɪçze:
gesessen gə'zɛsn̩
Gesetz gə'zɛts
gesetzlich gə'zɛtslɪç
Geseufze gə'zɔyftsə
Gesicht gə'zɪçt
Gesims gə'zɪms, **-e** ...mzə
Gesina ge'zi:na
Gesinde gə'zɪndə
Gesindel gə'zɪndl̩
Gesine ge'zi:nə
Gesinge gə'zɪŋə
gesinnt gə'zɪnt
gesittet gə'zɪtət
Gesius 'ge:zi̯ʊs
Gesner 'gɛsnɐ
Gesocks gə'zɔks
Gesöff gə'zœf
gesoffen gə'zɔfn̩
gesogen gə'zo:gn̩
gesondert gə'zɔndɐt
gesonnen gə'zɔnən
gesotten gə'zɔtn̩
gespalten gə'ʃpaltn̩
Gespan gə'ʃpa:n
Gespänge gə'ʃpɛŋə
Gespann gə'ʃpan
Gespanschaft gə'ʃpa:nʃaft
Gespärre gə'ʃpɛrə
Gespenst gə'ʃpɛnst
Gespensterchen gə'ʃpɛnstɐçən
gespenstern gə'ʃpɛnstɐn
gespenstig gə'ʃpɛnstɪç, **-e** ...ɪgə
gespenstisch gə'ʃpɛnstɪʃ
gesperbert gə'ʃpɛrbɐt
Gesperre gə'ʃpɛrə
gespie[e]n gə'ʃpi:[ə]n
Gespiele gə'ʃpi:lə
Gespinst gə'ʃpɪnst
gesplissen gə'ʃplɪsn̩
gesponnen gə'ʃpɔnən
Gespons gə'ʃpɔns, **-e** ...nzə
Gespött[el] gə'ʃpœt[l̩]
Gespräch gə'ʃprɛ:ç
gesprächig gə'ʃprɛ:çɪç, **-e** ...ɪgə
Gesprenge gə'ʃprɛŋə
gesprochen gə'ʃprɔxn̩
gesprossen gə'ʃprɔsn̩
Gesprudel gə'ʃpru:dl̩
gesprungen gə'ʃprʊŋən
Gespür gə'ʃpy:ɐ̯
Gessele 'gɛsələ
Gessen 'gɛsn̩
Gessius 'gɛsi̯ʊs
Geßler, Gessler 'gɛslɐ
Geßner, Gessner 'gɛsnɐ
Gesso... 'dʒɛso...
Gest[a] 'gɛst[a]
Gestade gə'ʃta:də
Gestagen gɛsta'ge:n
Gestalt gə'ʃtalt
...gestalt ...gə͵ʃtalt
gestalten gə'ʃtaltn̩
gestalterisch gə'ʃtaltərɪʃ
...gestaltet ...gə͵ʃtaltət
...gestaltig ...gə͵ʃtaltɪç, **-e** ...ɪgə
Gestammel gə'ʃtaml̩
Gestampfe gə'ʃtampfə
Gestände gə'ʃtɛndə
gestanden gə'ʃtandn̩
geständig gə'ʃtɛndɪç
Geständnis gə'ʃtɛntnɪs, **-se** ...ɪsə
Gestänge gə'ʃtɛŋə
Gestank gə'ʃtaŋk
Gestapo ge'sta:po, *auch:* gə'ʃta:po
Gesta Romanorum 'gɛsta roma'no:rʊm
Gestation gɛsta'tsi̯o:n
gestatten gə'ʃtatn̩
Geste 'gɛstə, *auch:* 'ge:stə
Gesteck gə'ʃtɛk
Gestein gə'ʃtain
Gestell gə'ʃtɛl
gestern, G... 'gɛstɐn
Gestichel gə'ʃtɪçl̩
gestiegen gə'ʃti:gn̩
Gestik 'gɛstɪk, *auch:* 'ge:stɪk
Gestikulation gɛstikula'tsi̯o:n
gestikulieren gɛstiku'li:rən
Gestion gɛs'ti̯o:n
Gestirn gə'ʃtɪrn
gestisch 'gɛstɪʃ, *auch:* 'ge:stɪʃ
gestoben gə'ʃto:bn̩
gestochen gə'ʃtɔxn̩
gestohlen gə'ʃto:lən
Gestöhn[e] gə'ʃtø:n[ə]
Gestolper gə'ʃtɔlpɐ
Gestör gə'stø:ɐ̯
gestorben gə'ʃtɔrbn̩
Gestose gɛs'to:zə
gestoßen gə'ʃto:sn̩
Gestotter gə'ʃtɔtɐ
Gestrampel gə'ʃtrampl̩
Gesträuch gə'ʃtrɔyç
Gestreite gə'ʃtraitə
gestreng gə'ʃtrɛŋ
Gestreu gə'ʃtrɔy
gestrichen gə'ʃtrɪçn̩
gestrig 'gɛstrɪç, **-e** ...ɪgə
gestritten gə'ʃtrɪtn̩
Geström gə'ʃtrø:m
gestromt gə'ʃtro:mt
Gestrüpp gə'ʃtrʏp
Gestübe gə'ʃty:bə

Gestüber gəˈʃty:bɐ
Gestühl[e] gəˈʃty:l[ə]
Gestümper gəˈʃtʏmpɐ
gestunken gəˈʃtʊŋkn̩
Gestürm gəˈʃtʏrm
Gestus ˈgɛstʊs
Gestüt gəˈʃty:t
Gesù *it.* dʒeˈzu
Gesualdo *it.* dʒezuˈaldo
Gesuch gəˈzu:x
Gesudel gəˈzu:dl̩
Gesülze gəˈzʏltsə
Gesumm[e] gəˈzʊm[ə]
Gesums gəˈzʊms, **-es** ...mzəs
gesund gəˈzʊnt, **-e** ...ndə, **gesünder** gəˈzʏndɐ
gesunden gəˈzʊndn̩, **gesund!** gəˈzʊnt
gesungen gəˈzʊŋən
gesunken gəˈzʊŋkn̩
Geszti, Geszty *ung.* ˈgɛsti
Geta ˈge:ta
Getafe *span.* xeˈtafe
Getäfel gəˈtɛ:fl̩
Getäfer gəˈtɛ:fɐ
getan gəˈta:n
Getändel gəˈtɛndl̩
Getaumel gəˈtaumḷ
Gete ˈge:tə
Getelen ˈge:tələn
Gethsemane geˈtse:mane
Gethsemani geˈtse:mani
Getier gəˈti:ɐ̯
Getön[e] gəˈtø:n[ə]
Getös gəˈtø:s, **-es** ...ø:zəs
Getose gəˈto:zə
Getöse gəˈtø:zə
getragen gəˈtra:gn̩
Getrampel gəˈtrampl̩
Getränk gəˈtrɛŋk
Getrappel gəˈtrapl̩
Getratsch[e] gəˈtra:tʃ[ə]
Getreide gəˈtraidə
getreu gəˈtrɔy
Getriebe gəˈtri:bə
getrieben gəˈtri:bn̩
Getriller gəˈtrɪlɐ
Getrippel gəˈtrɪpl̩
getroffen gəˈtrɔfn̩
getrogen gəˈtro:gn̩
Getrommel gəˈtrɔml̩
getrost gəˈtro:st
getrunken gəˈtrʊŋkn̩
Getsemani geˈtse:mani
Gette *fr.* ʒɛt
Getter ˈgɛtɐ
gettern ˈgɛtɐn
Getto ˈgɛto
gettoisieren gɛtoiˈzi:rən
Getty *engl.* ˈgɛtɪ
Gettysburg *engl.* ˈgɛtɪzbə:g
Getue gəˈtu:ə
Getúlio *bras.* ʒeˈtuli̯u
Getümmel gəˈtʏml̩
Getuschel gəˈtʊʃl̩
Getz *engl.* gɛts
Geübtheit gəˈ|y:pthait
Geulincx *niederl.* ˈɣø:lɪŋks
Geum ˈge:ʊm
Geuse ˈgɔyzə
Geuzen *niederl.* ˈɣø:zə
Gevaert *niederl.* ˈɣe:va:rt
Gevatter gəˈfatɐ
Gevelsberg ˈge:vl̩sbɛrk, ˈge:f...
Gevers *niederl.* ˈɣe:vərs
Gevgelija *mak.* gɛvˈgɛlija
geviert, G... gəˈfi:ɐ̯t
Gewächs gəˈvɛks
Gewackel gəˈvakl̩
Gewack[e]le gəˈvak[ə]lə
Gewaff[en] gəˈvaf[n̩]
gewahr gəˈva:ɐ̯
Gewähr gəˈvɛ:ɐ̯
gewahren gəˈva:rən
gewähren gəˈvɛ:rən
gewährleisten gəˈvɛ:ɐ̯laistn̩
Gewahrsam gəˈva:ɐ̯za:m
Gewährschaft gəˈvɛ:ɐ̯ʃaft
gewalmt gəˈvalmt
Gewalt gəˈvalt
gewaltig gəˈvaltɪç, **-e** ...ɪgə
gewältigen gəˈvɛltɪgn̩, **gewältig!** gəˈvɛltɪç, **gewältigt** gəˈvɛltɪçt
gewaltsam gəˈvaltza:m
Gewand gəˈvant, **Gewänder** gəˈvɛndɐ
Gewände gəˈvɛndə
gewanden gəˈvandn̩, **gewand!** gəˈvant
Gewandhaus gəˈvanthaus
gewandt gəˈvant
gewann gəˈvan
gewänne gəˈvɛnə
Gewann[e] gəˈvan[ə]
gewärtig gəˈvɛrtɪç, **-e** ...ɪgə
gewärtigen gəˈvɛrtɪgn̩, **gewärtig!** gəˈvɛrtɪç, **gewärtigt** gəˈvɛrtɪçt
Gewäsch gəˈvɛʃ
Gewässer gəˈvɛsɐ
Gewebe gəˈve:bə
Gewehr gəˈve:ɐ̯
Geweih gəˈvai
Gewende gəˈvɛndə
Gewerbe gəˈvɛrbə
gewerblich gəˈvɛrplɪç
Gewerk[e] gəˈvɛrk[ə]
Gewerkschaft gəˈvɛrkʃaft
Gewerkschaft[l]er gəˈvɛrkʃaft[l]ɐ
Gewese gəˈve:zə
gewesen gəˈve:zn̩
gewichen gəˈvɪçn̩
Gewicht gəˈvɪçt
gewichtig gəˈvɪçtɪç, **-e** ...ɪgə
gewieft gəˈvi:ft
Gewieher gəˈvi:ɐ
gewiesen gəˈvi:zn̩
gewillt gəˈvɪlt
Gewimmel gəˈvɪml̩
Gewimmer gəˈvɪmɐ
Gewinde gəˈvɪndə
Gewinn gəˈvɪn
gewinnen gəˈvɪnən
Gewinsel gəˈvɪnzl̩
Gewinst gəˈvɪnst
Gewirk[e] gəˈvɪrk[ə]
Gewirr gəˈvɪr
Gewisper gəˈvɪspɐ
gewiss gəˈvɪs
Gewissen gəˈvɪsn̩
Gewitsch ˈge:vɪtʃ
Gewitter gəˈvɪtɐ
gewitt[e]rig gəˈvɪt[ə]rɪç, **-e** ...ɪgə
Gewitzel gəˈvɪtsl̩
gewitzigt gəˈvɪtsɪçt
gewitzt gəˈvɪtst
gewoben gəˈvo:bn̩
Gewoge gəˈvo:gə
gewogen gəˈvo:gn̩
gewöhnen gəˈvø:nən
gewöhnlich gəˈvø:nlɪç
gewohnt gəˈvo:nt
gewöhnt gəˈvø:nt
Gewölbe gəˈvœlbə
Gewölk gəˈvœlk
Gewölle gəˈvœlə
gewönne gəˈvœnə
gewonnen gəˈvɔnən
geworben gəˈvɔrbn̩
geworden gəˈvɔrdn̩
geworfen gəˈvɔrfn̩
gewrungen gəˈvrʊŋən
Gewühl gəˈvy:l
gewunden gəˈvʊndn̩
Gewürm gəˈvʏrm
Gewürz gəˈvʏrts
gewürzig gəˈvʏrtsɪç, **-e** ...ɪgə
Gewusel gəˈvu:zl̩
gewusst gəˈvʊst
Geyer[sberg] ˈgaiɐ[sbɛrk]
Geyl *niederl.* ɣɛil
Geymüller ˈgaimʏlɐ
Geyser ˈgaizɐ
[1]**Geysir** (Quelle) ˈgaizɪr

²Geysir (Name) *isl.* ˈgjei̯sɪr
Geyter *niederl.* ˈɣɛi̯tər
Géza *ung.* ˈgeːzɔ
Gezähe gəˈtsɛːə
Gezänk gəˈtsɛŋk
Gezanke gəˈtsaŋkə
Gezappel gəˈtsapl̩
Gezeit gəˈtsai̯t
Gezelle *niederl.* ɣəˈzɛlə
Gezerre gəˈtsɛrə
Gezeter gəˈtseːtɐ
Geziefer gəˈtsiːfɐ
geziehen gəˈtsiːən
Geziere gəˈtsiːrə
Gezira geˈziːra
Gezirp[e] gəˈtsɪrp[ə]
Gezisch[e] gəˈtsɪʃ[ə]
Gezischel gəˈtsɪʃl̩
gezogen gəˈtsoːgn̩
Gezücht gəˈtsʏçt
Gezüngel gəˈtsʏŋl̩
Gezweig gəˈtsvai̯k, **-es** ...gəs
Gezwitscher gəˈtsvɪtʃɐ
gezwungen gəˈtsvʊŋən
Gfeller ˈkfɛlɐ
Gfrast kfrast
Gfrett kfrɛt
Gfrieß kfriːs
Gfrörer ˈkfrøːrɐ
Ghaani *pers.* ɣɑˈɑˈniː
Ghadames gaˈdaːmɛs
Ghali ˈgaːli
Ghana ˈgaːna, *engl.* ˈgɑːnə
Ghanaer ˈgaːnaɐ
ghanaisch ˈgaːnaɪʃ, gaˈnaːɪʃ
Gharb garp, *fr.* garb
Ghardaïa *fr.* gardaˈja
Gharjan garˈjaːn
Ghasali gaˈzaːli
Ghasel[e] gaˈzeːl[ə]
Ghasi ˈgaːzi
Ghasnawide gasnaˈviːdə
Ghasr e Schirin *pers.* ˈɣæsreʃiˈriːn
Ghassanide gasaˈniːdə
Ghaswin *pers.* ɣæzˈviːn
Ghats *engl.* gɔːts, gɑːts
Ghazaouet *fr.* gazaˈwɛt
Ghazi ˈgaːzi
Ghaziabad *engl.* ˈgɑːzɪɑːbɑːd
Ghazni *afgh.* ɣæzˈni
Ghedini *it.* geˈdiːni
hega ˈgeːga
helderode *fr.* gɛldəˈrɔd
héon *fr.* geˈõ
heorghiu *rumän.* ge̯orˈgiu̯
herardesca *it.* gerarˈdeska
herardi *it.* geˈrardi
herardino *it.* gerarˈdiːno
Gherardo *it.* geˈrardo
Gherea *rumän.* ˈgere̯a
Gherla *rumän.* ˈgerla
Ghetto ˈgɛto
Gheyn *niederl.* ɣɛi̯n
Ghia® ˈgiːa
Ghiață *rumän.* ˈgjatsə
Ghiaurov vgl. Gjaurow
Ghibelline gibɛˈliːnə
Ghibellini *it.* gibelˈliːni
Ghiberti *it.* giˈbɛrti
Ghibli ˈgɪbli
Ghica *rumän.* ˈgika
Ghil *fr.* gil
Ghilly... ˈgɪli...
Ghirlandaio *it.* girlanˈdaːi̯o
Ghisi *it.* ˈgiːzi
Ghislandi *it.* gizˈlandi
Ghislanzoni *it.* gizlanˈtsoːni
Ghislieri *it.* gizˈli̯ɛːri
Ghismonda *it.* gizˈmonda
Ghom *pers.* ɣom
Ghostword ˈgoːstvøːɐ̯t, ...vœrt
Ghostwriter ˈgoːstrai̯tɐ
Ghudamis guˈdaːmɪs
Ghur *afgh.* ɣor
Ghuride guˈriːdə
Ghutschan *pers.* ɣuˈtʃɑːn
G. I., GI *engl.* dʒiːˈaɪ
Giacinto *it.* dʒaˈtʃinto
Giacometti dʒakoˈmɛti, *it.* dʒakoˈmetti
Giacometto *it.* dʒakoˈmetto
Giacomino *it.* dʒakoˈmiːno
Giacomo *it.* ˈdʒaːkomo
Giacomuzzo *it.* dʒakoˈmuttso
Giacopo *it.* ˈdʒaːkopo
Giacosa *it.* dʒaˈkoːza
Giaever *engl.* ˈjeɪvə
Giambattista *it.* dʒambatˈtista
Giamboni *it.* dʒamˈbɔːni
Giambono *it.* dʒamˈbɔːno
Giambullari *it.* dʒambulˈlaːri
Giammaria *it.* dʒammaˈriːa
Gian *it.* dʒan
Gianettino *it.* dʒanetˈtiːno
Gianfrancesco *it.* dʒanfranˈtʃesko
Giangaleazzo *it.* dʒaŋgaleˈattso
Giangiorgio *it.* dʒanˈdʒordʒo
Gianicolo *it.* dʒaˈniːkolo
Gianmaria *it.* dʒammaˈriːa
Gianna *it.* ˈdʒanna
Gianneo *span.* xi̯aˈneo
Giannetti *it.* dʒanˈnetti
Gianni *it.* ˈdʒanni
Giannina *it.* dʒanˈniːna
Giannini *it.* dʒanˈniːni
Giannino *it.* dʒanˈniːno
Giannone *it.* dʒanˈnoːne
Giannotti *it.* dʒanˈnɔtti
Gianoli *fr.* ʒjanɔˈli
Giant's Causeway *engl.* ˈdʒaɪənts ˈkɔːzweɪ
Gianturco *it.* dʒanˈturko
Giaquinto *it.* dʒaˈku̯into
Giard *fr.* ʒjaːr
Giardini *it.* dʒarˈdiːni
Giardiniera *it.* dʒardiˈni̯ɛːra
Giasone *it.* dʒaˈzoːne
Giauque *engl.* dʒɪˈoʊk
Giaur ˈgi̯au̯ɐ
gib! giːp
Gibara *span.* xiˈβara
Gibb *engl.* gɪb
¹Gibbon (Affe) ˈgɪbɔn
²Gibbon (Name) *engl.* ˈgɪbən
Gibbons *engl.* ˈgɪbənz
Gibbs *engl.* gɪbz
Gibbus ˈgɪbʊs
Gibea ˈgiːbea
Gibelline gibɛˈliːnə
Gibeon ˈgiːbeɔn
Gibert *fr.* ʒiˈbɛːr
Giberti *it.* dʒiˈbɛrti
Gibich ˈgiːbɪç
Gibli ˈgɪbli
Gibraltar giˈbraltar, *auch:* gibralˈtaːɐ̯, *engl.* dʒɪˈbrɔːltə, *span.* xiβralˈtar
Gibson [Desert] *engl.* ˈgɪbsn [ˈdɛzət]
gibt giːpt
Gicht[el] ˈgɪçt[l̩]
gichtig ˈgɪçtɪç, **-e** ...ɪgə
gichtisch ˈgɪçtɪʃ
Gickel ˈgɪkl̩
gickeln ˈgɪkl̩n
gickern ˈgɪkɐn
gicks[en] ˈgɪks[n̩]
Giddings *engl.* ˈgɪdɪŋz
Gide *fr.* ʒid
Gideon ˈgiːdeɔn, *engl.* ˈgɪdɪən
Giebel ˈgiːbl̩
Giech giːç
Giedi ˈgi̯eːdi
Giehse ˈgiːzə
Giekbaum ˈgiːkbau̯m
Gielen ˈgiːlən
Gielgood, ...gud *engl.* ˈgiːlgʊd
Gielow ˈgiːlo
Giemen ˈgiːmən
Giemsa ˈgi̯ɛmza
¹Gien (Takel) giːn
²Gien (Name) *fr.* ʒjɛ̃
gienen ˈgiːnən
Gieng ˈgiːɛŋ

G

G

Giengen ˈgɪŋən
Gieper ˈgi:pɐ
giepern ˈgi:pɐn
gieprig ˈgi:prɪç, **-e** ...ɪgə
[1]**Gier** gi:ɐ̯
[2]**Gier** (Name) *fr.* ʒjɛ:r
Gierach ˈgi:rax
Gierek *poln.* ˈgjɛrɛk
gieren ˈgi:rən
gierig ˈgi:rɪç, **-e** ...ɪgə
Gierke ˈgi:ɐ̯kə
Gierow *schwed.* ˈgi:rɔv
Giersch gi:ɐ̯ʃ
Gierster ˈgi:ɐ̯stɐ
Giertz *schwed.* jærts
Gierymski *poln.* gjɛˈrɨmski
Gies gi:s
Giese[brecht] ˈgi:zə[brɛçt]
Giesecke ˈgi:zəkə
Gieseking ˈgi:zəkɪŋ
Giesel ˈgi:zl̩
Gieseler ˈgi:zəlɐ
Giesen ˈgi:zn̩
Gieß[bach] ˈgi:s[bax]
gießen, G... ˈgi:sn̩
Gießener ˈgi:sənɐ
Gießerei gi:səˈrai̯
Giffard *engl.* ˈdʒɪfəd, ˈgɪf..., *fr.* ʒiˈfa:r
Gifford *engl.* ˈgɪfəd
Gifhorn ˈgɪfhɔrn
Gift gɪft
giften ˈgɪftn̩
giftig ˈgɪftɪç, **-e** ...ɪgə
Gifu *jap.* giˈfu
Gig gɪk
Giga... ˈgi:ga...
Gigahertz ˈgi:gahɛrts, giga-ˈhɛrts
Gigameter ˈgi:game:tɐ, giga-ˈme:tɐ
Gigant *dt., russ.* giˈgant
gigantesk giganˈtɛsk
Giganthropus giˈgantropʊs, ...**pi** ...pi
gigantisch giˈgantɪʃ
Gigantismus giganˈtɪsmʊs
Gigantographie gigantograˈfi:, **-n** ...i:ən
Gigantomachie gigantomaˈxi:
Gigantomanie gigantomaˈni:
gigantomanisch giganto-ˈma:nɪʃ
Gige *ung.* ˈgigɛ
Gigerl ˈgi:gɐl
Gigi *fr.* ʒiˈʒi
Gigli *it.* ˈdʒiʎʎi
Gigola *it.* ˈdʒi:gola
Gigolo ˈʒi:golo, *auch:* ˈʒɪg...
Gigot ʒiˈgo:
Gigout, ...oux *fr.* ʒiˈgu
Gigue ʒi:k, **-n** ˈʒi:gn̩
Gijón *span.* xiˈxɔn
Gijsen *niederl.* ˈɣɛi̯sə
giksen ˈgi:ksn̩
Gil gɪl, *span.* xil, *port.* ʒil
Gil, Jack and *engl.* ˈdʒæk ənd ˈdʒɪl
Gila ˈgi:la, *engl.* ˈhi:lə
Gilan *pers.* giˈlɑ:n
gilben ˈgɪlbn̩, **gilb!** gɪlp, **gilbt** gɪlpt
Gilbert ˈgɪlbɛrt, *engl.* ˈgɪlbət, *fr.* ʒilˈbɛ:r, *span.* xilˈβɛr
Gilberte *fr.* ʒilˈbɛrt
Gilbertiner gɪlbɛrˈti:nɐ
Gilberto *span.* xilˈβɛrto
Gilbertus gɪlˈbɛrtʊs
Gilbhard, ...rt ˈgɪlphart
Gil Blas *fr.* ʒilˈblɑ:s
Gilboa gɪlˈbo:a
Gilbreth *engl.* ˈgɪlbrɛθ
Gilchrist *engl.* ˈgɪlkrɪst
Gilda *it.* ˈdʒilda
Gildas ˈgɪldas, *engl.* ˈgɪldæs, *fr.* ʒilˈdɑ
Gilde[meister] ˈgɪldə[mai̯stɐ]
Gilead ˈgi:leat
Gilels *russ.* ˈgilɪljs
Giles *engl.* dʒaɪlz
Gilet ʒiˈle:
Gilette *engl.* ʒɪˈlɛt
Gilgal ˈgɪlgal
Gilgamesch ˈgɪlgamɛʃ
Gilge ˈgɪlgə
Gilgit *engl.* ˈgɪlgɪt
Giljake gɪlˈja:kə
Gilka® ˈgɪlka
Gilkin *fr.* ʒilˈkɛ̃
Gill *dt., engl.* gɪl, dʒɪl, *norw.* gil
Gille ˈgɪlə, *fr.* ʒil
Gillebert fr. ʒilˈbɛ:r
Gilleleje *dän.* giləˈlai̯ə
Gilles ˈgɪləs, *fr.* ʒil
Gillespie *engl.* gɪˈlɛspɪ
Gillet *fr.* ʒiˈlɛ
Gillette® ʒɪˈlɛt
Gillhoff ˈgɪlhɔf
Gilliams *niederl.* ˈɣɪliɑms
Gilliard *fr.* ʒiˈja:r
Gilliéron *fr.* ʒiljeˈrõ
Gilling ˈgɪlɪŋ
Gillingham *engl.* ˈdʒɪlɪŋəm
Gillot *fr.* ʒiˈlo
Gillray *engl.* ˈgɪlreɪ
Gillung ˈgɪlʊŋ
Gilly ˈʒɪli, *fr.* ʒiˈli
Gilm gɪlm
Gilman *engl.* ˈgɪlmən
Gilmore *engl.* ˈgɪlmɔ:
Gilroy *engl.* ˈgɪlrɔɪ
Gilson *fr.* ʒilˈsõ
gilt gɪlt
giltig ˈgɪltɪç, **-e** ...ɪgə
Gil Vicente *port.* ˈʒil viˈsentə, *span.* ˈxil βiˈθente
Gilze *niederl.* ˈɣɪlzə
Giménez *span.* xiˈmeneθ
Gimignani *it.* dʒimiɲˈɲa:ni
Gimmi ˈgɪmi
Gimmick ˈgɪmɪk
Gimpe ˈgɪmpə
Gimpel ˈgɪmpl̩, *poln.* ˈgimpɛl
Gimpera *kat.* ʒimˈpɛrə
Gimson *engl.* gɪmsn, dʒɪmsn
Gin dʒɪn
Gina ˈgi:na, *it.* ˈdʒi:na
Ginastera *span.* xinasˈtera
Giner de los Ríos *span.* xiˈnɛr ðe lɔr ˈrrios
Ginevra giˈne:vra
Ginfizz ˈdʒɪnfɪs
ging gɪŋ
Gingan ˈgɪŋgan
Ginger ˈdʒɪndʒɐ
Gingerale ˈdʒɪndʒɐle:l
Gingerbeer ˈdʒɪndʒɐˈbi:ɐ̯
Gingham ˈgɪŋɛm
Gingivitis gɪŋgiˈvi:tɪs, **...vitiden** ...viˈti:dn̩
Gingkjo ˈgɪŋkjo
Ginko, Ginkgo ˈgɪŋko
Ginneken *niederl.* ˈxɪnəkə
Gino *it.* ˈdʒi:no
Ginsberg ˈgɪnsbɛrk, *engl.* ˈgɪnzbə:g
Ginsburg ˈgɪnsbʊrk, *poln., russ.* ˈginzburk
Ginseng ˈgɪnzɛŋ, *auch:* ˈʒɪnzɛŋ
Ginsheim ˈgɪnshai̯m
Ginster ˈgɪnstɐ
Gintl ˈgɪntl̩
Ginzberg ˈgɪntsbɛrk
Ginzburg *it.* ˈgintsburg
Ginzkey ˈgɪntskai̯
Gioac[c]hino *it.* dʒoa[k]ˈki:no
Gioberti *it.* dʒoˈbɛrti
Gioconda *it.* dʒoˈkonda
Giocondo *it.* dʒoˈkondo
giocoso dʒoˈko:zo
Gioda *jap.* ˈgjo.:da
Gioia *it.* ˈdʒɔ:i̯a
Gioia del Colle *it.* ˈdʒɔ:i̯a del ˈkɔlle
Giolitti *it.* dʒoˈlitti
Giono *fr.* ʒjɔˈno
Giordani *it.* dʒorˈda:ni

Giordano *it.* dʒorˈdaːno
Giorgi *it.* ˈdʒordʒi
Giorgio *it.* ˈdʒordʒo
Giorgione *it.* dʒorˈdʒoːne
Giornico *it.* dʒorˈniːko
Giorno *it.* ˈdʒorno
Giosuè *it.* dʒozuˈɛ
Giotto *it.* ˈdʒɔtto
Giovagnoli *it.* dʒovaɲˈɲɔːli
Giovanna *it.* dʒoˈvanna
Giovanni *it.* dʒoˈvanni
Giovannino *it.* dʒovanˈniːno
Giovinazzo *it.* dʒoviˈnattso
Giovinezza *it.* dʒoviˈnettsa
Giovio *it.* ˈdʒɔːvi̯o
Giovo *it.* ˈdʒoːvo
Gipfel ˈgɪpfl̩
gipf[e]lig ˈgɪpf[ə]lɪç, **-e** ...ɪgə
gipfeln ˈgɪpfl̩n
Gipps[land] *engl.* ˈgɪps[lænd]
Gips gɪps
gipsen ˈgɪpsn̩
gipsern ˈgɪpsɐn
Gipsy *engl.* ˈdʒɪpsɪ
Gipüre giˈpyːrə
Giraffe giˈrafə, *auch:* ʒi...
Giral *fr.* ʒiˈral, *span.* xiˈral
Giral... ʒiˈraːl...
Giralda *span.* xiˈralda
Giraldi *it.* dʒiˈraldi
Giraldoni *it.* dʒiralˈdoːni
Giraldus giˈraldʊs
Girandola dʒiˈrandola, **...olen** ...ˈdoːlən
Girandole ʒiranˈdoːlə, ʒirã...
Girant ʒiˈrant
Girard *fr.* ʒiˈraːr, *engl.* dʒɪˈrɑːd
Girardet *fr.* ʒirarˈdɛ
Girardi ʒiˈrardi
Girardin *fr.* ʒirarˈdɛ̃
Girardon *fr.* ʒirarˈdõ
Girardot *fr.* ʒirarˈdo, *span.* xirarˈðɔt
Girart *fr.* ʒiˈraːr
Girat ʒiˈraːt
Giratar ʒiraˈtaːɐ̯
Giraud *fr.* ʒiˈro, *it.* dʒiˈraːud
Giraudoux *fr.* ʒiroˈdu
Girault *fr.* ʒiˈro
Giresun *türk.* ˈgirɛsun
Giretti *it.* dʒiˈretti
Girgeh ˈgɪrge
Girgensohn ˈgɪrgn̩zoːn
Girgenti *it.* dʒirˈdʒɛnti
Giri vgl. Giro
girieren ʒiˈriːrən
Girishk *afgh.* giˈriʃk
Girke ˈgiːɐ̯kə
Girl gøːɐ̯l, gœrl
Gîrla Mare *rumän.* ˈgɨrla ˈmare
Girlande gɪrˈlandə
Girlie ˈgøːɐ̯li, ˈgœrli
Girlitz ˈgɪrlɪts
Giro ˈʒiːro, **Giri** ˈʒiːri
Girod *fr.* ʒiˈro
Girodet *fr.* ʒirɔˈdɛ
Giro [d'Italia] *it.* ˈdʒiːro [diˈtaːli̯a]
Girolamo *it.* dʒiˈrɔːlamo
Girometti *it.* dʒiroˈmetti
Gironde *fr.* ʒiˈrõːd
Girondins *fr.* ʒirõˈdɛ̃
Girondist ʒirõˈdɪst
Gironella *span.* xiroˈneʎa
girren ˈgɪrən
Girri *span.* ˈxirri
Girtin *engl.* ˈgəːtɪn
gis, Gis gɪs
Gisa ˈgiːza
Gisbert ˈgɪsbɛrt
Gisberta gɪsˈbɛrta
Gisborne *engl.* ˈgɪzbən
Giscard d'Estaing *fr.* ʒiskardɛsˈtɛ̃
gischen ˈgɪʃn̩
Gischia *fr.* giˈʃja
Gischt gɪʃt
gischten ˈgɪʃtn̩
Gise[h] ˈgiːze
Giseke ˈgiːzəkə
Gisela ˈgiːzəla
Giselbert ˈgiːzl̩bɛrt
Giselberta giːzl̩ˈbɛrta
Gisèle *fr.* ʒiˈzɛl
Giselher ˈgiːzl̩heːɐ̯
Giselle *fr.* ʒiˈzɛl
Giselmar ˈgiːzl̩mar
Gisgon ˈgɪsgɔn
Giskra ˈgɪskra
Gislason *isl.* ˈgjislasɔn
Gislaved *schwed.* ˌjislaveːd
Gislebert ˈgɪsləbɛrt
gis-Moll ˈgɪsmɔl, *auch:* ˈ–ˈ–
Gisors *fr.* ʒiˈzɔːr
gissen ˈgɪsn̩
Gissing *engl.* ˈgɪsɪŋ
Gita ˈgiːta
Gitana xiˈtaːna
Gitarre giˈtarə
Gitarrist gitaˈrɪst
Gits *niederl.* ɣɪts
Gitschin ˈjɪtʃiːn, *Schiller* ˈgɪtʃiːn
Gitta ˈgɪta
Gitte ˈgɪtə
Gitter ˈgɪtɐ
gittern ˈgɪtɐn
Gittings *engl.* ˈgɪtɪŋz
Giudecca *it.* dʒuˈdɛkka
Giudici *it.* ˈdʒuːditʃi
Giuditta *it.* dʒuˈditta
Giulia *it.* ˈdʒuːli̯a
Giuliana *it.* dʒuˈli̯aːna
Giuliani *it.* dʒuˈli̯aːni
Giuliano *it.* dʒuˈli̯aːno
Giulietta *it.* dʒuˈli̯etta
Giulini *it.* dʒuˈliːni
Giulio *it.* ˈdʒuːli̯o
Giunta *it.* ˈdʒunta
Giunti *it.* ˈdʒunti
Giuoco piano ˈdʒu̯oːko ˈpi̯aːno, **Giuochi piani** ˈdʒu̯oːki ˈpi̯aːni
Giurgiu *rumän.* ˈdʒurdʒu
Giuseppe *it.* dʒuˈzɛppe
Giuseppina *it.* dʒuzepˈpiːna
Giusti *it.* ˈdʒusti
Giustinian *it.* dʒustiˈni̯an
Giustiniani *it.* dʒustiˈni̯aːni
giusto ˈdʒʊsto
Giusto *it.* ˈdʒusto
Givatayim *hebr.* givaˈtajim
Givenchy® *fr.* ʒivãˈʃi
Givet *fr.* ʒiˈvɛ
Givors *fr.* ʒiˈvɔːr
Givrine ʒiˈvriːn
Givry *fr.* ʒiˈvri
Giza ˈgiːza
Gizeh ˈgiːze
Gizella *ung.* ˈgizɛllɔ
Giżycko *poln.* giˈʒɨtskɔ
Gjandscha *russ.* gɪnˈdʒa
Gjata *alban.* ˈgjata
Gjaurow *bulgar.* gjɐˈurof
Gjellerup *dän.* ˈgelˀərʊb
Gjerstad *schwed.* ˈjæːrstɑːd
Gjinokastër *alban.* gjinoˈkastər
Gjirokastër *alban.* gjiroˈkastər
Gjøa *norw.* ˌjøːa
Gjöll gjœl
Gjøvik *norw.* ˌjøːviːk
Glabella glaˈbɛla
Glace, -s glaːs, **-n** ...sn̩
Glacé glaˈseː
Glace Bay *engl.* ˈgleɪs ˈbeɪ
Glacee glaˈseː
glacieren glaˈsiːrən
Glacis glaˈsiː, **des -** glaˈsiː[s], **die -** glaˈsiːs
Gladbeck ˈglatbɛk
Gladenbach ˈglaːdn̩bax
Gladiator glaˈdi̯aːtoːɐ̯, **-en** gladi̯aˈtoːrən
Gladilin *russ.* glaˈdilin
Gladio *it.* ˈglaːdi̯o
Gladiole glaˈdi̯oːlə

Gladius 'gla:di̯ʊs
Gladkow *russ.* 'glatkɐf
Gladsakse *dän.* 'glæðsagsə
Gladstone *engl.* 'glædstən
Gladwin *engl.* 'glædwɪn
Gladys *engl.* 'glædɪs
Glaeser 'glɛ:zɐ
Glafira *russ.* gla'firɐ
Glagolismus glago'lɪsmʊs
glagolitisch glago'li:tɪʃ
Glagoliza gla'gɔlit͡sa
Glaise 'gla͜izə
Glaisher *engl.* 'gleɪʃə
Glåma *norw.* ˌglo:ma
Glamis 'gla:mɪs, *engl.* glɑ:mz, *Shakespeare* 'glæmɪs
Glamorgan *engl.* glə'mɔ:gən
Glamour 'glɛmɐ
glamourös glamu'rø:s, **-e** ...ø:zə
Glan gla:n, *schwed.* glɑ:n
Glandel 'glandl̩
Glandes vgl. Glans
glandotrop glando'tro:p
Glandula 'glandula, **...lae** ...lɛ
glandulär glandu'lɛ:ɐ̯
Glâne, La *fr.* la'glɑ:n
Glans glans, **...ndes** ...nde:s
Glansdale *engl.* 'glænzdeɪl
Glanvill[e] *engl.* 'glænvɪl
Glanz glant͡s
glänzen 'glɛnt͡sn̩
glänzend 'glɛnt͡sn̩t, **-e** ...n̩də
Glarean[us] glare'a:n[ʊs]
Glarner 'glarnɐ
glarnerisch 'glarnərɪʃ
Glärnisch 'glɛrnɪʃ
Glarus 'gla:rʊs
Glas gla:s, **-es** 'gla:zəs, **Gläser** 'glɛ:zɐ
Gläschen 'glɛ:sçən
glasen 'gla:zn̩, **glas!** gla:s, **glast** gla:st
Glasenapp 'gla:zənap
Glaser 'gla:zɐ, *engl.* 'gleɪzə
Gläser 'glɛ:zɐ
Glaserei gla:zə'ra͜i
gläsern 'glɛ:zɐn
Glasgow *engl.* 'glɑ:zgoʊ
Glashütte 'gla:shʏtə
glasieren gla'zi:rən
glasig 'gla:zɪç, **-e** ...ɪgə
glasklar 'gla:s'kla:ɐ̯
Glasnost 'glasnɔst
Glasow *russ.* 'glazɐf
Glaspell *engl.* 'glæspəl
Glass glas, *engl.* glɑ:s
Glassboro *engl.* 'glɑ:sbərə
Glaßbrenner 'gla:sbrɛnɐ
Glast glast
glastig 'glastɪç, **-e** ...ɪgə
Glastonbury *engl.* 'glæstənbərɪ
Glasunow *russ.* glɐzu'nɔf
Glasur gla'zu:ɐ̯
glatt glat, **glätter** 'glɛtɐ
Glätte 'glɛtə
glätten 'glɛtn̩
glätter vgl. glatt
glatterdings 'glatɐdɪŋs
glattweg 'glatvɛk
glattzüngig 'glatt͡sʏŋɪç, **-e** ...ɪgə
Glatz gla:t͡s
Glatze 'glat͡sə
Glatzer 'gla:t͡sɐ
glatzig 'glat͡sɪç, **-e** ...ɪgə
glatzköpfig 'glat͡skœp͡fɪç
Glaube 'gla͜ubə
glauben, G... 'gla͜ubn̩, **glaub!** gla͜up, **glaubt** gla͜upt
Glauber 'gla͜ubɐ
gläubig 'glɔ͜ybɪç, **-e** ...ɪgə
Gläubiger 'glɔ͜ybɪgɐ
Glaubrecht 'gla͜uprɛçt
Glauchau 'gla͜uxa͜u
Glaucus 'gla͜ukʊs
Glauke 'gla͜ukə
Glaukochroit gla͜ukokro'i:t
Glaukodot gla͜uko'do:t
Glaukom gla͜u'ko:m
Glaukonit gla͜uko'ni:t
Glaukophan gla͜uko'fa:n
Glaukopis gla͜u'ko:pɪs
Glaukos 'gla͜ukɔs
Glaux gla͜uks
Gläve 'glɛ:fə
Glavendrup *dän.* 'glɛ:ˀvndrʊb
Glawari gla'va:ri
Glazarová *tschech.* 'glazarɔva:
glazial, G... gla'tsi̯a:l
glaziär gla't͡si̯ɛ:ɐ̯
glazigen glat͡si'ge:n
Glaziologe glat͡si̯o'lo:gə
Glaziologie glat͡si̯olo'gi:
glaziologisch glat͡si̯o'lo:gɪʃ
Gleason *engl.* gli:sn
Gleb glɛp, *russ.* gljɛp
Glebka *russ.* 'gljɛpkɐ
Glebowitsch *russ.* 'gljɛbɐvit͡ʃ
Glebowna *russ.* 'gljɛbɐvnɐ
Gleditsch 'gle:dɪt͡ʃ
Gleditschie gle'dɪt͡ʃi̯ə
Glee gli:
Glefe 'gle:fə
Gleiboden 'gla͜ibo:dn̩
gleich, G... gla͜iç
gleichalt[e]rig 'gla͜iç|alt[ə]rɪç
Gleichberge 'gla͜içbɛrgə
Gleiche 'gla͜içə
gleichen, G... 'gla͜içn̩
Gleichenberg 'gla͜içn̩bɛrk
Gleichförmigkeit 'gla͜içfœrmɪçka͜it
Gleichgültigkeit 'gla͜içgʏltɪçka͜it
Gleichmacherei gla͜içmaxə'ra͜i
Gleichmäßigkeit 'gla͜içmɛ:sɪçka͜it
gleichmütig 'gla͜içmy:tɪç, **-e** ...ɪgə
Gleichnis 'gla͜içnɪs, **-se** ...ɪsə
gleichsam 'gla͜içza:m
gleichschenk[e]lig 'gla͜içʃɛŋk[ə]lɪç, **-e** ...ɪgə
gleichseitig 'gla͜içza͜itɪç
Gleichung 'gla͜içʊŋ
gleichviel gla͜iç'fi:l
gleichwie 'gla͜içvi:
gleichwohl gla͜iç'vo:l
Gleim[a] 'gla͜im[a]
Gleis gla͜is, **-e** 'gla͜izə
Gleisdorf 'gla͜isdɔrf
...gleisig ...gla͜izɪç, **-e** ...ɪgə
Gleisner 'gla͜isnɐ
Gleisnerei gla͜isnə'ra͜i
Gleiß[e] 'gla͜is[ə]
gleißen, G... 'gla͜isn̩
Gleissner, Gleißner 'gla͜isnɐ
gleiten 'gla͜itn̩
Gleiwitz 'gla͜ivɪt͡s
Gleizes *fr.* glɛ:z
Glemp *poln.* glɛmp
Glen *engl.* glɛn
Glénard *fr.* gle'na:r
Glen Burnie *engl.* 'glɛn 'bə:nɪ
Glencheck 'glɛnt͡ʃɛk
Glendale *engl.* 'glɛndeɪl
Glendalough *engl.* 'glɛndəlɔk
Glendora *engl.* glɛn'dɔ:rə
Glendower *engl.* glɛn'daʊə
Glenelg *engl.* glɛn'ɛlg
Glen Ellyn *engl.* 'glɛn 'ɛlɪn
Glenmore, Glen More *engl.* glɛn'mɔ:
Glenn[an] *engl.* 'glɛn[ən]
Glenner 'glɛnɐ
Glenrothes *engl.* glɛn'rɔθɪs
Glens Falls *engl.* 'glɛnz 'fɔ:lz
Glenview *engl.* 'glɛnvju:
Glessker 'glɛskɐ
Gletsch[er] 'glɛt͡ʃ[ɐ]
Gleve 'gle:fə
Glewe 'gle:və
Gley[re] *fr.* glɛ[:r]
Glia 'gli:a
Gliadin glia'di:n
Glibber 'glɪbɐ
glich glɪç

Glichesaere 'gli:çazɛ:rə
Glider 'glaidɐ
Glied gli:t, **-es** 'gli:dəs
...glied[e]rig ...gli:d[ə]rɪç, **-e** ...ɪgə
gliedern 'gli:dɐn, **gliedre** 'gli:drə
Glier *russ.* gli'ɛr
Glière[s] *fr.* gli'ɛ:r
Gligorov *mak.* 'gligɔrɔf
Glima 'gli:ma
glimmen 'glɪmən
Glimmer 'glɪmɐ
glimm[e]rig 'glɪm[ə]rɪç, **-e** ...ɪgə
glimmern 'glɪmɐn
glimpflich 'glɪmpflɪç
Glin gli:n
Glina *rumän.* 'glina
Glinde 'glɪndə
Glinka 'glɪŋka, *russ.* 'glinkɐ
Glinski *russ.* 'glinskij
Glinz glɪnts
Glioblastom glioblas'to:m
Gliom gli'o:m
Gliosarkom gliozar'ko:m
Glišič *serbokr.* ˌgli:ʃitç
Glissade glɪ'sa:də
glissando glɪ'sando
Glissando glɪ'sando, **...di** ...di
glissant *fr.* gli'sã
Glisson *engl.* glɪsn
Glitsche 'glɪtʃə
glitschen 'glɪtʃn̩
glitsch[e]rig 'glɪtʃ[ə]rɪç, **-e** ...ɪgə
glitschig 'glɪtʃɪç, **-e** ...ɪgə
glitt glɪt
Glittertind *norw.* ˌglitərtin
Glitzer 'glɪtsɐ
glitz[e]rig 'glɪts[ə]rɪç, **-e** ...ɪgə
glitzern 'glɪtsɐn
Gliwice *poln.* gli'vitsɛ
global glo'ba:l
globalisieren globali'zi:rən
Globe *engl.* gloʊb
Globetrotter 'glo:bətrɔtɐ, 'glo:ptrɔtɐ
Globigerine globige'ri:nə
Globin glo'bi:n
Globke 'glɔpkə
globoid globo'i:t, **-e** ...i:də
Globokar *slowen.* glɔ'bo:kar
Globularia globu'la:ri̯a, **...ien** ...i̯ən
Globulin globu'li:n
Globulus 'glo:bulʊs, **...li** ...li
Globus 'glo:bʊs, **-se** ...ʊsə

Glochidium glɔ'xi:di̯ʊm, **...ien** ...i̯ən
Glöckchen 'glœkçən
Glocke 'glɔkə
Glöckel 'glœkl̩
Glockendon 'glɔkn̩do:n
Glockenist glɔkə'nɪst
glockig 'glɔkɪç, **-e** ...ɪgə
Glockner 'glɔknɐ
Glöckner 'glœknɐ
Glogau 'glo:gau̯
Gloggnitz 'glɔgnɪts
Głogów *poln.* 'gu̯ɔguf
Głogówek *poln.* gu̯ɔ'guvɛk
Glomera vgl. Glomus
glomerulär glomeru'lɛ:ɐ̯
Glomerulum glo'me:rulʊm, **...la** ...la
Glomerulus glo'me:rulʊs, **...li** ...li
Glomfjord *norw.* 'glɔmfju:r
glomm glɔm
Glomma *norw.* ˌglɔma
glömme 'glœmə
Glomus 'glo:mʊs, **Glomera** 'glo:mera
Gloria 'glo:ri̯a, *engl.* 'glɔ:rɪə, *span.* 'glori̯a
Gloria in excelsis Deo 'glo:ri̯a ɪn ɛks'tsɛlzi:s 'de:o
Gloria Patri et Filio et Spiritu Sancto 'glo:ri̯a 'pa:tri ɛt 'fi:li̯o ɛt 'spi:ritu 'zaŋkto
Glorie 'glo:ri̯ə
Gloriette glo'ri̯ɛtə
Glorifikation glorifika'tsi̯o:n
glorifizieren glorifi'tsi:rən
Gloriole glo'ri̯o:lə
glorios glo'ri̯o:s, **-e** ...o:zə
glosen 'glo:zn̩, **glos!** glo:s, **glost** glo:st
Glossa 'glɔsa
Glossalgie glɔsal'gi:, **-n** ...i:ən
Glossanthrax glɔ'santraks
Glossar glɔ'sa:ɐ̯
Glossarium glɔ'sa:ri̯ʊm, **...ien**...i̯ən
Glossator glɔ'sa:to:ɐ̯, **-en** glɔsa'to:rən
Glosse 'glɔsə, *auch:* 'glo:sə
Glossem glɔ'se:m
Glossematik glɔse'ma:tɪk
Glossematist glɔsema'tɪst
glossieren glɔ'si:rən
Glossina glɔ'si:na
Glossitis glɔ'si:tɪs, **...itiden** glɔsi'ti:dn̩
Glossodynie glɔsody'ni:, **-n** ...i:ən

Glossograph glɔso'gra:f
Glossographie glɔsogra'fi:
Glossolale glɔso'la:lə
Glossolalie glɔsola'li:
Glossop *engl.* 'glɔsəp
Glossoplegie glɔsople'gi:, **-n** ...i:ən
Glossopteris glɔ'sɔpterɪs
Glossoptose glɔsɔp'to:zə
Glossoschisis glɔso'sçi:zɪs
Glossospasmus glɔso'spasmʊs
Glossozele glɔso'tse:lə
Glossy 'glɔsi
glosten 'glɔstn̩
Gloster *engl.* 'glɔstə
Glostrup *dän.* 'glʊ:'sdrʊb
glottal, G... glɔ'ta:l
Glotter[tal] 'glɔtɐ[ta:l]
Glottis 'glɔtɪs, **Glottides** 'glɔtide:s
Glottochronologie glɔtokronolo'gi:
glottogon glɔto'go:n
Glottogonie glɔtogo'ni:
Glottolale glɔto'la:lə
Glottolalie glɔtola'li:
glotzäugig 'glɔts|ɔygɪç
Glotze 'glɔtsə
glotzen 'glɔtsn̩
Gloucester[shire] *engl.* 'glɔstə[ʃɪə]
Glover *engl.* 'glʌvə
Gloversville *engl.* 'glʌvəzvɪl
Głowacki *poln.* gu̯ɔ'vatski
Głowno *poln.* 'gu̯ɔvnɔ
Gloxin 'glɔksi:n
Gloxinie glɔ'ksi:ni̯ə
Glozel *fr.* glo'zɛl
Glubb *engl.* glʌb
Głubczyce *poln.* gu̯up'tʃɨtsɛ
glubschen 'glʊpʃn̩
Głuchołazy *poln.* gu̯uxɔ'u̯azɨ
Gluchow *russ.* 'gluxɐf
Glucinium glu'tsi:ni̯ʊm
Glück glʏk
gluck!, G... glʊk
Glückab glʏk'|ap
Glück ab! 'glʏk 'ap
Glückauf glʏk'|au̯f
Glück auf! 'glʏk 'au̯f
Glucke 'glʊkə
Glückel 'glʏkl̩
glucken 'glʊkn̩
glücken 'glʏkn̩
gluckern 'glʊkɐn
glücklich 'glʏklɪç
Glücksburg 'glʏksbʊrk
glückselig glʏk'ze:lɪç, '–––, **-e** ...ɪgə

G

glucksen ˈglʊksn̩
Glückstadt ˈglʏkʃtat
Glückzu glʏkˈt͜suː
Glück zu! ˈglʏk ˈt͜suː
Glucose gluˈkoːzə
Glucoside glukoˈziːdə
Glud *dän.* gluːˀð
glühen ˈglyːən
glühheiß ˈglyːˈha͜is
Glukose gluˈkoːzə
Glukoside glukoˈziːdə
Glukosurie glukozuˈriː, **-n** ...iːən
Glume ˈgluːmə
Glumpert ˈglʊmpɐt
Glumse ˈglʊmzə
glupen ˈgluːpn̩
glupsch[en] ˈglʊpʃ[n̩]
Glurns glʊrns
Glut gluːt
Glutamat glutaˈmaːt
Glutamin glutaˈmiːn
gluten ˈgluːtn̩
Gluten gluˈteːn
Gluth gluːt
Glutin gluˈtiːn
Glycerid glyt͜seˈriːt, **-e** ...iːdə
Glycerin glyt͜seˈriːn
Glycerol glyt͜seˈroːl
Glycin® glyˈt͜siːn
Glykämie glykɛˈmiː
Glykocholie glykoçoˈliː
Glykogen glykoˈgeːn
Glykogenie glykogeˈniː
Glykogenolyse glykogenoˈlyːzə
Glykogenose glykogeˈnoːzə
Glykokoll glykoˈkɔl
Glykol glyˈkoːl
Glykolyse glykoˈlyːzə
Glykon ˈglyːkɔn
Glykoneogenie glykoneogeˈniː
Glykoneus glykoˈneːʊs, **...een** ...eːən
Glykose glyˈkoːzə
Glykosid glykoˈziːt, **-e** ...iːdə
Glykosurie glykozuˈriː, **-n** ...iːən
Glyn *engl.* glɪn
Glyndebourne *engl.* ˈglaɪndbɔːn
Glyphe ˈglyːfə
Glyphik ˈglyːfɪk
Glyphographie glyfograˈfiː
Glypte ˈglʏptə
Glyptik ˈglʏptɪk
Glyptographie glʏptograˈfiː
Glyptothek glʏptoˈteːk
Glysantin® glyzanˈtiːn
Glyzerid glyt͜seˈriːt, **-e** ...riːdə
Glyzerin glyt͜seˈriːn
Glyzine glyˈt͜siːnə
Glyzinie glyˈt͜siːni̯ə
Glyzyrrhizin glyt͜sʏriˈt͜siːn
G-Man, G-Men ˈd͜ʒiːmɛn
GmbH geːǀɛmbeːˈhaː
Gmelin ˈgmeːliːn
Gminder ˈgmɪndɐ
g-Moll ˈgeːmɔl, *auch:* ˈ–ˈ–
Gmund gmʊnt
Gmünd gmʏnt
Gmunden ˈgmʊndn̩
Gnadau ˈgnaːda͜u
Gnade ˈgnaːdə
gnaden ˈgnaːdn̩, **gnad!** gnaːt
gnädig ˈgnɛːdɪç, **-e** ...ɪgə
Gnaeus ˈgnɛːʊs
Gnagi ˈgnaːgi
Gnägi ˈgnɛːgi
Gnaphäus gnaˈfɛːʊs
Gnathologie gnatoloˈgiː
Gnathoschisis gnatoˈsçiːzɪs
Gnathostomen gnatoˈstoːmən
Gnatz gnat͜s
gnatzen ˈgnat͜sn̩
gnatzig ˈgnat͜sɪç, **-e** ...ɪgə
Gnauck gna͜uk
Gneditsch *russ.* ˈgnjeditʃ
Gneis gna͜is, **-e** ˈgna͜izə
Gneisenau ˈgna͜izəna͜u
gneißen ˈgna͜isn̩
Gneist gna͜ist
Gnesen ˈgneːzn̩
Gnessin[a] *russ.* ˈgnjesin[ɐ]
Gniewkowo *poln.* gnjɛfˈkɔvɔ
Gniezno *poln.* ˈgnjɛznɔ
Gnitte ˈgnɪtə
Gnitze ˈgnɪt͜sə
Gnjilane *serbokr.* ˌgnjilanɛ
Gnocchi ˈnjɔki
Gnoien gnɔyn
Gnoli *it.* ˈɲɔːli
Gnom[e] ˈgnoːm[ə]
Gnomiker ˈgnoːmikɐ
gnomisch ˈgnoːmɪʃ
Gnomologie gnomoloˈgiː, **-n** ...iːən
gnomologisch gnomoˈloːgɪʃ
Gnomon ˈgnoːmɔn, **-e** gnoˈmoːnə
gnomonisch gnoˈmoːnɪʃ
Gnoseologie gnozeoloˈgiː
gnoseologisch gnozeoˈloːgɪʃ
Gnosis ˈgnoːzɪs
Gnostik ˈgnɔstɪk
Gnostiker ˈgnɔstikɐ
gnostisch ˈgnɔstɪʃ
Gnostizismus gnɔstiˈt͜sɪsmʊs
Gnostologie gnɔstoloˈgiː
Gnotobiologie gnotobioloˈgiː
Gnu gnuː
Go goː
Goa ˈgoːa, *engl.* ˈgoʊə, *port.* ˈgoɐ
Goajiro *span.* goaˈxiro
Goal goːl
Goalgetter ˈgoːlgɛtɐ
Goalie ˈgoːli
Goanese goaˈneːzə
goanesisch goaˈneːzɪʃ
Goar goˈaːɐ̯, ˈgoːar
Gobabis goˈbaːbɪs
Gobat *fr.* gɔˈba
Gobbi *it.* ˈgɔbbi
Gobbo ˈgɔbo
Göbel ˈgøːbl̩
Gobelet gobəˈleː
Gobelin gobəˈlɛ̃ː
Gobert ˈgoːbɐt
Gobetti *it.* goˈbetti
Gobi ˈgoːbi
Gobineau *fr.* gɔbiˈno
Goch gɔx
Göchhausen ˈgœçha͜uzn̩
Gochsheim ˈgɔksha͜im
Gockel[n] ˈgɔkl̩[n]
Go Công *vietn.* gɔ koŋ 31
Godalming *engl.* ˈgɔdlmɪŋ
Godard *fr.* gɔˈdaːr
Godavari *engl.* goʊˈdɑːvərɪ
Godbout *fr.* gɔdˈbu
Goddard *engl.* ˈgɔdəd
Godden *engl.* gɔdn
Gode ˈgoːdə
Godeffroy *fr.* gɔdˈfrwa
Godefroi[d], ...oy *fr.* gɔdˈfrwa
Godegisel ˈgoːdəgiːzl̩
Godehard ˈgoːdəhart
Gödel ˈgøːdl̩
Godel[heim] ˈgoːdl̩[ha͜im]
Godemiché goːtmiˈʃeː
Goden ˈgoːdn̩
Goder ˈgoːdɐ
Goderl ˈgoːdɐl
Godesberg ˈgoːdəsbɛrk
[1]**Godet** (Kleidung) goˈdeː
[2]**Godet** (Name) *fr.* gɔˈdɛ
Godfrey *engl.* ˈgɔdfrɪ
Godhavn *dän.* ˈgʊðha͜uˀn
Godin *fr.* gɔˈdɛ̃
Göding ˈgøːdɪŋ
Godiva goˈdiːva
Godkin *engl.* ˈgɔdkɪn
Godl ˈgoːdl̩
Gödöllő *ung.* ˈgødølløː
Godolphin *engl.* gəˈdɔlfɪn
Godomar ˈgoːdomar

Godot *fr.* gɔˈdo
Godoy *span.* goˈðɔi̯
Godron goˈdrõ:
godronnieren godrɔˈni:rən
Godthåb *dän.* ˈgɔdho:ˀb
Godunow *russ.* gɐduˈnɔf
Godwin ˈgɔtvi:n, *engl.* ˈgɔdwɪn
Goebbels ˈgœbl̩s
Goebel ˈgø:bl̩
Goeben ˈgø:bn̩
Goeckingk ˈgœkɪŋ
Goedeke ˈgø:dəkə
Goehr gø:ɐ̯
Goeppert ˈgœpɐt
Goerdeler ˈgœrdəlɐ
Goeree *niederl.* ɣuˈre:
Goerg *fr.* gɔˈɛrg
Goering ˈgø:rɪŋ
Goer[t]z gœrt͜s
Goes gø:s, go:s, *port.* gɔi̯ʃ, *niederl.* ɣus
Góes *port.* gɔi̯ʃ
Goetel *poln.* ˈgɛtɛl
Goethals *engl.* ˈgoʊθəlz
Goethe ˈgø:tə
Goetheana gøteˈa:na
Goetheanum gøteˈa:nʊm
goethesch, G... ˈgø:təʃ
goethisch, G... ˈgø:tɪʃ
Goetz[e] ˈgœt͜s[ə]
Goeyvaerts *niederl.* ˈɣui̯va:rts
Goeze ˈgœt͜sə
Gof go:f
Goffiné gɔfiˈne:
Goffstown *engl.* ˈgɔfstaʊn
Gofredo *span.* goˈfreðo
Gog go:k
Goga *rumän.* ˈgoga
Gogarten ˈgo:gartn̩
Gogarty *engl.* ˈgoʊgətɪ
Gögging[en] ˈgœgɪŋ[ən]
Goggomobil® gɔgomoˈbi:l
Gogh, van fan ˈgo:k, - ˈgɔx, *niederl.* vɑn ˈɣɔx
Go-go-... ˈgo:go...
Go-go-Funds ˈgo:gofant͜s
Gogol ˈgo:gɔl, *russ.* ˈgɔgɐlj
Gogra *engl.* ˈgoʊgrə
Gohlis ˈgo:lɪs
Göhre[n] ˈgø:rə[n]
Goi ˈgo:i, **Gojim** ˈgo:ji:m, goˈji:m
Goiânia *bras.* goˈi̯ɐni̯a
Goiás, Goiaz *bras.* goˈi̯as
goidelisch gɔy̯ˈde:lɪʃ
Go-in go:ˈ|ɪn, ˈ--
Goings *engl.* ˈgoʊɪŋz
Góis *port.* gɔi̯ʃ
Goiserer ˈgɔy̯zərɐ
Goisern ˈgɔy̯zɐn
Gojawiczyńska *poln.* gɔjaviˈtʃĩi̯ska
Gojim vgl. Goi
Gokart ˈgo:kart
gokeln ˈgo:kl̩n
Gokstad *norw.* ˌgɔksta
Gol *norw.* gu:l
Golan goˈla:n
Gołańcz *poln.* ˈgɔu̯ai̯ntʃ
Golasecca *it.* golaˈsekka
Golatsche goˈla:t͜ʃə
Golaw ˈgo:laf
Gölbaşı *türk.* ˈgœlbaˌʃɨ
Gölcük *türk.* ˈgœld͜ʒyk
Gold gɔlt, **-es** ˈgɔldəs
Golda[ch] ˈgɔlda[x]
Goldammer ˈgɔlt|amɐ
Goldap ˈgɔldap
Gołdap *poln.* ˈgɔu̯dap
Goldast ˈgɔldast
Goldau ˈgɔldau̯
Goldbach ˈgɔltbax
Goldbarth *engl.* ˈgoʊldbɑ:θ
Goldberg ˈgɔltbɛrk, *engl.* ˈgoʊldbə:g
Goldberger ˈgɔltbɛrgɐ
Gold Coast *engl.* ˈgoʊld ˈkoʊst
Golde ˈgɔldə
golden ˈgɔldn̩
Golden *engl.* ˈgoʊldən
Golden Delicious ˈgo:ldn̩ diˈlɪʃəs
Golden Gate *engl.* ˈgoʊldən ˈgeɪt
Goldenkron ˈgɔldn̩kro:n
Golden Twenties ˈgo:ldn̩ ˈtvɛntɪs
Goldfaden ˈgɔltfa:dn̩
goldig ˈgɔldɪç, **-e** ...ɪgə
Golding *engl.* ˈgoʊldɪŋ
Goldino *it.* golˈdi:no
Goldkronach gɔltˈkro:nax
Goldmann ˈgɔltman
Goldmark ˈgɔltmark, *engl.* ˈgoʊldmɑ:k
Goldoni *it.* golˈdo:ni
Goldsboro *engl.* ˈgoʊldzbərə
Goldscheid ˈgɔltʃai̯t
Goldscheuer ˈgɔltʃɔy̯ɐ
Goldschmidt ˈgɔltʃmɪt, *dän.* ˈgɔlsmɪd
Goldsmith *engl.* ˈgoʊldsmɪθ
Goldstein ˈgɔltʃtai̯n
Goldstone *engl.* ˈgoʊldstoʊn
Goldstücker ˈgɔltʃtʏkɐ
Goldwater *engl.* ˈgoʊldwɔ:tə
Goldwyn *engl.* ˈgoʊldwɪn
Goldziher ˈgɔltt͜si:ɐ
Golem ˈgo:lɛm
Goleniów *poln.* gɔˈlɛnjuf
Golenischtschew *russ.* gɐlɪˈniʃtʃɪf
Golf gɔlf
golfen ˈgɔlfn̩
Golfer ˈgɔlfɐ
Golfito *span.* gɔlˈfito
Golgatha ˈgɔlgata
Golgi *it.* ˈgɔld͜ʒi
Golgot[h]a ˈgɔlgota
Goliard goˈli̯art, **-en** ...rdn̩
Goliarde goˈli̯ardə
Goliat[h] ˈgo:li̯at
Golikow *russ.* ˈgɔlikɐf
Golilla goˈlɪlja
Golizyn *russ.* gaˈlitsɨn
Golk[e] ˈgɔlk[ə]
Goll *dt., tschech., fr.* gɔl
Gollancz *engl.* gəˈlænts
Goller ˈgɔlɐ
Göller ˈgœlɐ
Göllheim ˈgœlhai̯m
Golling ˈgɔlɪŋ
Göllnitz ˈgœlnɪt͜s
Gollnow ˈgɔlno
Gollwitzer ˈgɔlvɪt͜sɐ
Golo ˈgo:lo
Golodkowski golɔtˈkɔfski
Golon *fr.* gɔˈlõ
Golowanjuk *schwed.* golovanˈjʊk
Golowanow *russ.* gɐlaˈvanɐf
Golowin *russ.* gɐlaˈvin
Golowkin *russ.* gaˈlɔfkin
Golowko *russ.* gɐlafˈkɔ
Golownin *russ.* gɐlavˈnin
Golschman ˈgɔlʃman, *engl.* ˈgoʊlʃmən, *fr.* gɔlʃˈman
Golspie *engl.* ˈgɔlspɪ
Golßen ˈgo:lsn̩, ˈgɔlsn̩
Goltermann ˈgɔltɐman
Golther ˈgɔltɐ
Goltz gɔlt͜s, *poln.* gɔlts
Goltzius *niederl.* ˈɣɔltsiʏs
Golub *poln.* ˈgɔlup
Golubac *serbokr.* gɔˌlu:bats
Golubkina *russ.* gaˈlupkinɐ
Gołuchowski *poln.* gɔu̯uˈxɔfski
Gomá *span.* goˈma
Gomar *fr.* gɔˈma:r, *niederl.* ˈɣo:mɑr
Gómara *span.* ˈgomara
Gomarus goˈma:rʊs
Gombauld *fr.* gõˈbo
Gombert *fr.* gõˈbɛ:r, *niederl.* ˈɣɔmbərt
Gomberville *fr.* gõbɛrˈvil
Gombocz *ung.* ˈgombots

Gọ̈mbös *ung.* ˈgømbøʃ
Gombrọwicz *poln.* gɔmˈbrɔvitʃ
Gọmel *russ.* ˈgɔmɪlj
Gomẹra *span.* goˈmera
Gọmes *port.* ˈgomɪʃ, *bras.* ˈgomis
Gómez *span.* ˈgomeθ
Gọmmern ˈgɔmɐn
Gomọrr[h]a goˈmɔra
Gọmpers *engl.* ˈgɔmpəz
Gọmperz ˈgɔmpɐt͡s
Gọmringer ˈgɔmrɪŋɐ
Gọms gɔms
Gomulịcki *poln.* gɔmuˈlitski
Gomụłka *poln.* gɔˈmuu̯ka
Go̲n go:n
Gona̲de goˈna:də
gonadotro̲p gonadoˈtro:p
Go̲nagra ˈgo:nagra
Gonaïves *fr.* gɔnaˈi:v
Gonarthri̲tis gonarˈtri:tɪs, **...riti̲den** ...riˈti:dn̩
Gonatạs *neugr.* ɣonaˈtas
Gonbad e Ghabu̲s *pers.* gɔmˈbædeɣɑˈbu:s
Gonçạlo *port.* gõˈsalu
Gonçạlves *port.* gõˈsalvɪʃ, *bras.* gõˈsalvis
Goncourt *fr.* gõˈku:r
Gọ̈ncz *ung.* gønts
Gọnd gɔnt
Gọndar ˈgɔndar, *amh.* gondɛr
Gọndel ˈgɔndl̩
gọndeln ˈgɔndl̩n, **gọndle** ˈgɔndlə
Gondia *engl.* ˈgoʊndjə
Gọndola *it.* ˈgondola
Gondolẹtta gɔndoˈlɛta
Gondolie̲ra gɔndoˈli̯e:ra
Gondolie̲re gɔndoˈli̯e:rə, **...ri** ...ri
Gondomạr *span.* gɔndoˈmar, *port.* gonduˈmar
Gondwa̲na gɔntˈva:na
Gonẹlla *it.* goˈnɛlla
Gọneril *engl.* ˈgɔnərɪl
Gonẹsse *fr.* gɔˈnɛs
Gonfalonie̲re gɔnfaloˈni̯e:rə, **...ri** ...ri
Gonfalonie̲re dẹlla chie̲sa gɔnfaloˈni̯e:rə ˈdɛla ˈki̯e:za
Gonfalonie̲re dẹlla giusti̲zia gɔnfaloˈni̯e:rə ˈdɛla d͡ʒʊsˈti:tsi̯a
Gonfreville-l'Orchẹr *fr.* gõfrəvillɔrˈʃe
Gọng gɔŋ
gọngen ˈgɔŋən
Góngora *span.* ˈgɔngora

Gongorịsmus gɔŋgoˈrɪsmʊs
Gongorịst gɔŋgoˈrɪst
Goniati̲t goni̯aˈti:t
Goniome̲ter goni̯oˈme:tɐ
Goniometri̲e goni̯omeˈtri:
goniome̲trisch goni̯oˈme:trɪʃ
Goni̲tis goˈni:tɪs, **Goniti̲den** goniˈti:dn̩
gọ̈nnen ˈgœnən
Gọ̈nner ˈgœnɐ
Gonoblennorrhö̲, ...öe gonoblɛnɔˈrø:, **...rrhö̲en** ...ˈrø:ən
Gonochorịsmus gonokoˈrɪsmus
Gonochorịsten gonokoˈrɪstn̩
Gonokọkkus gonoˈkɔkʊs
Gonopho̲r gonoˈfo:ɐ̯
Gonorrhö̲, ...öe gonɔˈrø:, **...rrhö̲en** ...ˈrø:ən
gonorrho̲isch gonɔˈro:ɪʃ
Gonsạlvo *it.* gonˈsalvo
Gọntard ˈgɔntart, *fr.* gõˈta:r
Gontscharọw *russ.* gɐntʃɪˈrɔf
Gontscharọwa *russ.* gɐntʃɪˈrɔvɐ
Gonzaga *it.* gonˈdza:ga, *bras.* gõˈzaga
González *span.* gɔnˈθaleθ
Gonzạlo *span.* gɔnˈθalo
Gooch *engl.* gu:tʃ
goodbye! gʊtˈbai̯
Goodenough *engl.* ˈgʊdɪnʌf
Goodhue *engl.* ˈgʊdhju:
Goodman *engl.* ˈgʊdmən
Goodrich *engl.* ˈgʊdrɪtʃ
Goodwill ˈgʊtˈvɪl
Goodwin [Sands] *engl.* ˈgʊdwɪn [ˈsændz]
Goodyear *engl.* ˈgʊdjə:
Googe *engl.* gu:dʒ, gʊdʒ
Go̲o̲i[k] *niederl.* ɣo:i̯[k]
Goole *engl.* gu:l
Goose *engl.* gu:s
Goossens *niederl.* ˈɣo:səns, *engl.* gu:snz
Go̲pak ˈgo:pak
Gö̲pel ˈgø:pl̩
Gọpło *poln.* ˈgɔpu̯ɔ
Gọppel ˈgɔpl̩
Gọ̈ppert ˈgœpɐt
Gọ̈ppingen ˈgœpɪŋən
Gö̲r gø:ɐ̯
Gorạ *russ.* gaˈra
Góra *poln.* ˈgura
Góra Kalwạria *poln.* ˈgura kalˈvarja
Go̲rakhpur *engl.* ˈgɔ:rəkpʊə
Gora̲le goˈra:lə
Gö̲ran *schwed.* ˌjœ:ran

Gọražde *serbokr.* ˌgɔraʒdɛ
Gọrbach ˈgɔrbax
Gorbạtow *russ.* garˈbatɐf
Gorbatschọw gɔrbaˈtʃɔf, *russ.* gɐrbaˈtʃɔf
Gọrbi ˈgɔrbi
Go̲rboduc *engl.* ˈgɔ:bədʌk
Gorbunọw *russ.* gɐrbuˈnɔf
Gọrch gɔrç
Gọ̈rdes *türk.* ˈgœrdɛs
Gordia̲n[us] gɔrˈdi̯a:n[ʊs]
Go̲rdimer *engl.* ˈgɔ:dɪmə
Gọrdin ˈgɔrdɪn
Gọrding ˈgɔrdɪŋ
Gọrdion ˈgɔrdi̯ɔn
Gọrdios ˈgɔrdi̯ɔs
gọrdisch ˈgɔrdɪʃ
Gọrdium ˈgɔrdi̯ʊm
Gọrdon ˈgɔrdɔn, *engl.* gɔ:dn
Go̲rdone *engl.* gɔ:dn
Go̲re *engl.* gɔ:, *amh.* gore
Gö̲re ˈgø:rə
Górẹcki *poln.* guˈrɛtski
Gorée *fr.* gɔˈre
Gọ̈reme *türk.* ˈgœrɛmɛ
Goremỵkin *russ.* gɐrɪˈmɨkin
Gore̲njsko *slowen.* gɔˈre:njskɔ
Gorẹnko *russ.* gaˈrjɛnkɐ
Gorẹtti *it.* goˈretti
Gorẹzki *russ.* gaˈrjɛtskij
Gorga̲n *pers.* gorˈgɑ:n
Gorgani̲ *pers.* gorgɑˈni:
Gọ̈rges ˈgœrgəs
Gọ̈rgey *ung.* ˈgørgɛi
Gọrgias ˈgɔrgi̯as
Gọrgo ˈgɔrgo, **-nen** gɔrˈgo:nən
Gorgo̲na *it.* gorˈgo:na
[1]**Gorgonzo̲la** (Käse) gɔrgɔnˈt͡so:la
[2]**Gorgonzo̲la** (Name) *it.* gorgonˈdzɔ:la
Go̲rham *engl.* ˈgɔ:rəm
Gọri *russ.* ˈgɔri
Gori̲a *it.* goˈri:a
Gọrica *serbokr.* ˌgɔritsa
Gorịlla goˈrɪla
Gorịna *kat.* guˈrinə
Gọrinchem *niederl.* ˈɣɔrkəm
Go̲ring *engl.* ˈgɔ:rɪŋ
Gö̲ring ˈgø:rɪŋ
Go̲rion ˈgo:ri̯ɔn
Goriọt *fr.* gɔˈrjo
Gorịzia *it.* goˈrittsi̯a
Gọrj *rumän.* gorʒ
Gọ́rka *poln.* ˈgurka
Gọ̈rkau ˈgœrkau̯
Gọrki ˈgɔrki, *russ.* ˈgɔrjkij
Go̲rky *engl.* ˈgɔ:kɪ
Gọrleben ˈgɔrle:bn̩

Gorlice *poln.* gɔrˈlitsɛ
Görlitz ˈgœrlɪts
Gorlowka *russ.* ˈgɔrlɐfkɐ
Gorm *dän.* gɔɐ̯ˈm
Gorna Orjachowiza *bulgar.* ˈgɔrnɐ oˈrjaxovitsɐ
Gornergletscher ˈgɔrnɐglɛtʃɐ
Górnicki *poln.* gurˈnitski
Gornji Milanovac *serbokr.* ˈgɔːrnjiː ˌmilanɔvats
Gorno-Altaisk *russ.* ˈgɔrnɐalˈtajsk
Górny Śląsk *poln.* ˈgurnɨ ˈɕlõsk
Goro ˈgoːro
Gorodez[ki] *russ.* gɐraˈdjɛts[kij]
Gorodischtsche *russ.* gɐraˈdiʃtʃɛ
Gorodki gorɔtˈkiː
Gorodok *russ.* gɐraˈdɔk
Gorodsk *russ.* ˈgɔrɐtsk
Gorontalo *indon.* gorɔnˈtalo
Gorostiza *span.* gorɔsˈtiθa
Görr[i]es ˈgœr[i̯]əs
Górski *poln.* ˈgurski
Gorski Kotar *serbokr.* ˌgɔrskiː ˌkɔtar
Gorskoje *russ.* ˈgɔrskɐjɐ
Gort *engl.* gɔːt
Gorter *niederl.* ˈɣɔrtər
Gorton *engl.* gɔːtn
Gortschakow *russ.* gɐrtʃɪˈkɔf
Gortyn ˈgɔrtyːn
Gortys ˈgɔrtʏs
Görtz gœrts
Gorvin ˈgɔrvɪn
Goryn *russ.* gaˈrɨnj
Görz gœrts
Gorze ˈgɔrtsə
Gorzów Wielkopolski *poln.* ˈgɔʒuf vjɛlkɔˈpɔlski
Gosain goˈzaːɪn
Gosan ˈgoːzan
Gosau ˈgoːzau̯
Gösch gœʃ
Gosche ˈgɔʃə
Göschel ˈgœʃl̩
Goschen ˈgɔʃn̩, *engl.* ˈgoʊʃən
Göschen ˈgœʃn̩
Göschenen ˈgœʃənən
Göschwitz ˈgœʃvɪts
Gose ˈgoːzə
Gosen ˈgoːzn̩
Gosford *engl.* ˈgɔsfəd
Gosforth *engl.* ˈgɔsfɔːθ
Gösgen ˈgœsgn̩, ˈgøːsgn̩
Goshen *engl.* ˈgoʊʃən
Goslar ˈgɔslar
Go-slow goːˈsloː
Gospel ˈgɔspl̩
Gosplan *russ.* gɔsˈplan
Gospodar gɔspoˈdaːɐ̯
Gospodin gɔspoˈdiːn, **...da** ...ˈda
Gosport *engl.* ˈgɔspɔːt
goss gɔs
Göß (Leoben) gœs
Gossaert *niederl.* ˈɣɔsaːrt
Gossau ˈgɔsau̯
gösse ˈgœsə
¹Gosse ˈgɔsə
²Gosse (Name) *engl.* gɔs
Gossec *fr.* gɔˈsɛk
Gössel ˈgœsl̩
Gosselies *fr.* gɔˈsli
Gosselin *fr.* gɔˈslɛ̃
gossen, G... ˈgɔsn̩
Gossens *span.* ˈgosens
Gossensass ˈgɔsn̩zas
Gosset *fr.* gɔˈsɛ, *engl.* ˈgɔsɪt
Gößl ˈgœsl̩
Goßler ˈgɔslɐ
Goßner ˈgɔsnɐ
Gößnitz ˈgœsnɪts
Gosson *engl.* gɔsn
Gößweinstein ˈgœsvai̯nʃtai̯n
Gossypium gɔˈsyːpi̯ʊm
Gösta [Berling] *schwed.* ˌjœsta [ˌbæːrliŋ]
Gostivar *mak.* ˈgɔstivar
Göstling ˈgœstlɪŋ
Gostyń *poln.* ˈgɔstɨi̯n
Gostynin *poln.* gɔsˈtɨnin
Goswin ˈgɔsvɪn
Goszczyński *poln.* gɔʃˈtʃɨĩ̯ski
Got *fr.* go
Göta *schwed.* ˌjøːta
Götaälv *schwed.* ˌjøːtaˈɛlv
Götaland *schwed.* ˌjøːtaland
Gotama ˈgoːtama
Gotcha ˈgɔtʃa
Gote ˈgoːtə
Göteborg ˈgøːtəbɔrk, *schwed.* jœtəˈbɔrj
Gotelind ˈgoːtəlɪnt
Gotenhafen ˈgoːtn̩haːfn̩
Gotha[er] ˈgoːta[ɐ]
gothaisch ˈgoːtaɪʃ
Göthe ˈgøːtə
Gothein ˈgoːthai̯n
Gothem *schwed.* ˌguːthɛm
Gothenburg ˈgoːtn̩bʊrk
Gothofredus gotoˈfreːdʊs
Gotik ˈgoːtɪk
gotisch, G... ˈgoːtɪʃ
Gotizismus gotiˈtsɪsmʊs
gotizistisch gotiˈtsɪstɪʃ
Gotland ˈgoːtlant, *schwed.* ˈgɔtlan[d]
Gotlandium goːtˈlandi̯ʊm
Gotovac *serbokr.* ˌgɔtɔvats
Gotsche ˈgɔtʃə
Gotska Sandön *schwed.* ˌgɔtska ˌsandøːn
Gott gɔt, **Götter** ˈgœtɐ
Götť gœt
Gotta *it.* ˈgɔtta
Gottardo *it.* gotˈtardo
Gottberg ˈgɔtbɛrk
Gottbert ˈgɔtbɛrt
Gottberta gɔtˈbɛrta
gottbewahre! gɔtbəˈvaːrə
Gotte ˈgɔtə
Gotter ˈgɔtɐ
Götter vgl. Gott
Gottersdorf ˈgɔtɐsdɔrf
Gottesberg ˈgɔtəsbɛrk
gottesfürchtig ˈgɔtəsfʏrçtɪç, **-e** ...ɪgə
Gottfried ˈgɔtfriːt, *schwed.* ˈgɔtfriːd
Gotthard ˈgɔthart
Gotthelf ˈgɔthɛlf
Gotthilf ˈgɔthɪlf
Gotthold ˈgɔthɔlt
Götti ˈgœti
Göttin ˈgœtɪn
Göttingen ˈgœtɪŋən
Göttinger ˈgœtɪŋɐ
Gottl ˈgɔtl̩
Gottland[t] ˈgɔtlant
Gottleuba gɔtˈlɔyba
göttlich ˈgœtlɪç
Gottlieb ˈgɔtliːp, *engl.* ˈgɔtliːb
Gottlieben ˈgɔtliːbn̩
Gottlob ˈgɔtloːp
gottlob! gɔtˈloːp
Gottmensch ˈgɔtmɛnʃ
Gottorf ˈgɔtɔrf
Gottorp ˈgɔtɔrp
Gottram ˈgɔtram
Göttri[c]k ˈgœtrɪk
Gottschalk ˈgɔtʃalk
Gottschall ˈgɔtʃal
Gottsched ˈgɔtʃeːt
Gottschee gɔˈtʃeː
Gottseibeiuns gɔtzai̯ˈbai̯|ʊns, *auch:* –ˈ–––
gottselig gɔtˈzeːlɪç, *auch:* ˈ–––
gottserbärmlich ˈgɔts|ɛɐ̯ˈbɛrmlɪç
gottsjämmerlich ˈgɔtsˈjɛmɐlɪç
Gottstein ˈgɔtʃtai̯n
Gottvater gɔtˈfaːtɐ
Gottwald *dt., tschech.* ˈgɔtvalt

G

Gottwaldov *tschech.* 'gɔtvaldɔf
Göttweig 'gœtvai̯k
Gottwin 'gɔtvi:n
Götz[e] 'gœt͜s[ə]
Götzinger 'gœt͜sɪŋɐ
Götzloff 'gœt͜slɔf
Gouache gu̯a[:]ʃ, **-n** 'gu̯a[:]ʃn̩
Gouadeloupe *fr.* gwa'dlup
[1]**Gouda** (Käse) 'gau̯da, 'xau̯da
[2]**Gouda** (Name) *niederl.* 'ɣɔu̯dɑ
Goudelin *fr.* gu'dlɛ̃
Goudge *engl.* gu:dʒ
Goudimel *fr.* gudi'mɛl
Goudron gu'drõ:
Goudsmit *niederl.* 'ɣɔu̯tsmɪt
Goudt *niederl.* ɣɔu̯t
Goudy *engl.* 'gaʊdɪ
Gough *engl.* gɔf
Gouhier *fr.* gu'je
Gouin *fr.* gwɛ̃
Goujon *fr.* gu'ʒõ
Goulard, ...rt *bras.* gu'lar
Goulasch 'gu:laʃ, 'gʊlaʃ
Goulburn (Ort) *engl.* 'goʊlbə:n
Gould *engl.* gu:ld
Goulette *fr.* gu'lɛt
Gounod *fr.* gu'no
Gourara *fr.* gura'ra
Gouraud *fr.* gu'ro
Gourde gʊrt
Gourmand gʊr'mã:
Gourmandise gʊrmã'di:zə
Gourmet gʊr'me:
Gourmont *fr.* gur'mõ
Gournay *fr.* gur'nɛ
Gourock *engl.* 'gʊərək
Goursat *fr.* gur'sa
Goussainville *fr.* gusɛ̃'vil
Gout, Goût gu:
goutieren gu'ti:rən
Gouvernante guvɛr'nantə
Gouvernement guvɛrnə'mã:
gouvernemental guvɛrnəmã'ta:l
Gouverneur guvɛr'nø:ɐ̯
Gove *engl.* goʊv
Govekar *slowen.* gɔ've:kar
Govoni *it.* go'vo:ni
Gower *engl.* 'gaʊə, gɔ:
Gowers *engl.* 'gaʊəz
Gowon *engl.* 'gaʊən, 'goʊən
Goworow *russ.* 'gɔvɐrɐf
Goya 'go:ja, *span.* 'goja
Goyen *niederl.* 'ɣo:i̯ə, *engl.* 'gɔɪən
Gozo *it.* 'gɔddzo, *engl.* 'goʊzoʊ
Gozzano *it.* god'dza:no
Gozzi *it.* 'gɔddzi
Gozzo *it.* 'gɔddzo
Gozzoli *it.* 'gɔttsoli
GPU ge:pe:'|u:
γ-Quant 'gamakvant
Graaf gra:f, *niederl.* ɣra:f
Graaf-Reinet *afr.* xrafrə'nɛt
Graal-Müritz 'gra:l'my:rɪt͜s
Grab gra:p, **-es** 'gra:bəs, **Gräber** 'grɛ:bɐ
Grabar *russ.* gra'barj
Grabau 'gra:bau̯, *engl.* 'greɪboʊ
Grabbe 'grabə
Grabbelei grabə'lai̯
grabbeln 'grabl̩n, **grabble** 'grablə
Gräbchen 'grɛ:pçən
graben 'gra:bn̩, **grab!** gra:p, **grabt** gra:pt
Graben 'gra:bn̩, **Gräben** 'grɛ:bn̩
Grabenhorst 'gra:bn̩hɔrst
Graber 'gra:bɐ
Gräber 'grɛ:bɐ; vgl. Grab
Gråberg 'gro:bɛrk
Grabfeld 'gra:pfɛlt
Grabiński *poln.* gra'bii̯ski
Grabmann 'gra:pman
Grabner 'gra:bnɐ
Gräbner 'grɛ:bnɐ
Grabow 'gra:bo
Grabowski *russ.* gra'bɔfskij
Grabowsky gra'bɔfski
Grabs graps
grabschen 'grapʃn̩
Grabski *poln.* 'grapski
gräbt grɛ:pt
Gracche 'graxə
Gracchus 'graxʊs
Grace gre:s, *engl.* greɪs
Grächen 'grɛçn̩
Gracht graxt
Gracia 'gra:t͜si̯a, *engl.* 'greɪʃə, *span.* 'graθi̯a
Gracián *span.* gra'θi̯an
Graciosa *port.* grɐ'si̯ɔzɐ
Gracioso gra'si̯o:zo
Gracis *it.* 'gra:tʃis
Gracq *fr.* grak
Grad gra:t, **-e** 'gra:də
Gradara *it.* gra'da:ra
gradatim gra'da:tɪm
Gradation grada't͜si̯o:n
grade, G... 'gra:də
Gradel 'gra:dl̩
Gradenigo *it.* grade'ni:go
Gradenwitz 'gra:dn̩vɪt͜s
Grades 'gra:dəs
Gradient[e] gra'di̯ɛnt[ə]
gradieren gra'di:rən
...gradig ...gra:dɪç, **-e** ...ɪgə
...grädig ...grɛ:dɪç, **-e** ...ɪgə
Gradisca *it.* gra'diska
Graditz[er] 'gra:dɪt͜s[ɐ]
Gradl 'gra:dl̩
Gradmann 'gra:tman
Gradnik *slowen.* 'gra:dnik
Grado *it.* 'gra:do, *span.* 'graðo
gradual gra'du̯a:l
Graduale gra'du̯a:lə, **...lien** ...li̯ən
Graduation gradu̯a't͜si̯o:n
graduell gra'du̯ɛl
graduieren gradu'i:rən
Gradus ad Parnassum 'gra:dʊs at par'nasʊm, **die - - -** ...du:s - -
Graeb grɛ:p
Graebe 'grɛ:bə
Graecia 'grɛ:t͜si̯a
Graecum 'grɛ:kʊm
Graefe 'grɛ:fə
Grael grɛ:l
Graes gra:s
Graesse 'grɛsə
Graetz grɛ:t͜s
Graevenitz 'grɛ:vənɪt͜s
Graf gra:f, *it.* graf
Grafe 'gra:fə
Gräf[e] 'grɛ:f[ə]
Gräfelfing 'grɛ:fl̩fɪŋ
Grafenau gra:fə'nau̯
[1]**Grafenberg** (Wirnt von Grafenberg) 'gra:fn̩bɛrk
[2]**Grafenberg** (Wien, Düsseldorf) gra:fn̩'bɛrk
Gräfenberg 'grɛ:fn̩bɛrk
Gräfenhainichen grɛ:fn̩'hai̯nɪçn̩
Grafenhausen gra:fn̩'hau̯zn̩
Grafenrheinfeld gra:fn̩'rai̯nfɛlt
Gräfenthal 'grɛ:fnta:l
Grafenwöhr gra:fn̩'vø:ɐ̯
Graff[el] 'graf[l̩]
Graffiato gra'fi̯a:to
Graffigny *fr.* grafi'ɲi
Graffito gra'fi:to, *auch:* ...fɪto, **...ti** ...ti
Grafigny *fr.* grafi'ɲi
Grafik 'gra:fɪk
Grafiker 'gra:fikɐ
Gräfin 'grɛ:fɪn
Grafing 'gra:fɪŋ
Gräfinwitwe 'grɛ:fɪn'vɪtvə
grafisch 'gra:fɪʃ
gräflich 'grɛ:flɪç

Grafothek grafo'te:k
Graft *niederl.* ɣraft
Grafton *engl.* 'grɑ:ftən
Grahambrot 'gra:hambro:t
Graham[e] *engl.* 'greɪəm
Grahamstown *engl.* 'greɪ-əmztaʊn
Graien 'graiən
Grailly *fr.* gra'ji
[1]**Grain** (Gewicht) gre:n
[2]**Grain** (Gewebe) grɛ̃:
Grainger[s] *engl.* 'greɪndʒə[z]
grainieren grɛ'ni:rən
Graisivaudan *fr.* grɛzivo'dã
Grajewo *poln.* gra'jɛvɔ
grajisch 'gra:jɪʃ
gräkolateinisch 'grɛ:kola'tai-nɪʃ
Gräkomane grɛko'ma:nə
Gräkomanie grɛkoma'ni:
Gräkum 'grɛ:kʊm
Gral gra:l
gram, [1]**Gram** gra:m
[2]**Gram** (Name) *dän.* gram'
Gramatté grama'te:
grämeln 'grɛ:mln̩
grämen 'grɛ:mən
Gramfärbung 'gramfɛrbʊŋ
Gramineen grami'ne:ən
grämlich 'grɛ:mlɪç
Gramm gram
Grammateus grama'te:ʊs
Grammatik gra'matɪk
Grammatikalisation gramati-kaliza'tsio:n
grammatikalisch gramati-'ka:lɪʃ
grammatikalisieren gramati-kali'zi:rən
Grammatikalität gramatikali-'tɛ:t
Grammatiker gra'matikɐ
grammatisch gra'matɪʃ
Grammatizität gramatitsi'tɛ:t
Grammatur grama'tu:ɐ̯
Gramme *fr.* gram
Grammel 'graml̩
Grammem gra'me:m
..grämmig ...grɛmɪç, **-e** ...ɪgə
Grammol 'grammo:l
Grammont *fr.* gra'mõ
Grammophon® gramo'fo:n
Grammos *neugr.* 'ɣramɔs
Grammy 'grɛmi
Gramnegativ gram'ne:gati:f
Gramolata gramo'la:ta
Gramont *fr.* gra'mõ
Grampian[s] *engl.* 'græm-pɪən[z]
grampositiv gram'po:ziti:f
Gramsci *it.* 'gramʃi
Gramsh *alban.* gramʃ
Gran gra:n
Grän grɛ:n
Grana 'gra:na
Granada gra'na:da, *span.* gra-'naða
Granadille grana'dɪlə
Granados *span.* gra'naðos
Granalien gra'na:li̯ən
Granat[e] gra'na:t[ə]
Granby *engl.* 'grænbɪ
Gran Canaria *span.* graŋ ka'nari̯a
Gran Cassa gran 'kasa
Gran Chaco *span.* gran 'tʃako
Grancino *it.* gran'tʃi:no
[1]**Grand** (Kies, Wasserbehälter) grant, **-es** 'grandəs
[2]**Grand** (Großspiel im Skat) grã:, *auch:* graŋ
[3]**Grand** (Name) *engl.* grænd, *fr.* grã
Grand-Bassam *fr.* grãba'sam
Grandbois *fr.* grã'bwa
Grand-Bourg *fr.* grã'bu:r
Grand Canal d'Alsace *fr.* grãka-naldal'zas
Grand Canyon *engl.* 'grænd 'kænjən
Grand Combin *fr.* grãkõ'bɛ̃
Grand Coulee *engl.* 'grænd 'ku:lɪ
Grand Cru, -s -s 'grã: 'kry:
Grande 'grandə, *it.* 'grande
Grande, Rio *bras.* 'rriu 'grɛndi
Grande, Rio 'ri:o 'grandə, *span.* 'rrio 'ɣrande
Grande Armée *fr.* grãdar'me
Grande Chartreuse *fr.* grãdʃar-'trø:z
Grande Comore *fr.* grãdkɔ-'mɔ:r
Grandel 'grandl̩
Grande Nation *fr.* grãdnɑ'sjõ
Grande Prairie *engl.* 'grænd 'prɛərɪ
Grandes Rousses *fr.* grã'drus
Grandet *fr.* grã'dɛ
Grandeur grã'dø:ɐ̯
Grandezza gran'dɛtsa
Grandgent *engl.* 'grændʒənt
Grand-Guignol grãgɪn'jɔl
Grandhotel 'grã:hotɛl
Grandi *it.* 'grandi
grandig 'grandɪç, **-e** ...ɪgə
grandios gran'di̯o:s, **-e** ...o:zə
grandioso gran'di̯o:zo
Grand Lit, -s -s 'grã: 'li:
Grand-Mal grã'mal
Grand Manan *engl.* 'grænd mə'næn
Grand'Mère *fr.* grã'mɛ:r
Grand Old Lady 'grɛnt 'o:lt 'le:di, **- - Ladies** - - 'le:di:s
Grand Old Man 'grɛnt 'o:lt 'mɛn, **- - Men** - - 'mɛn
Grand ouvert 'grã: u've:ɐ̯, -u'vɛ:ɐ̯, **- -[s]** - ...ɐ̯[s], **- -s** - ...ɐ̯s
Grandpré *engl.* grænd'preɪ, *fr.* grã'pre
Grand-Quevilly *fr.* grãkevi'ji
Grand Rapids *engl.* 'grænd 'ræpɪdz
Grandseigneur grãsɛn'jø:ɐ̯
Grandslam 'grɛnt'slɛm
Grandson *fr.* grã'sõ
Grand[s] Prix 'grã: 'pri:
Grand-Tourisme *fr.* grãtu'rism
Grand Turk *engl.* 'grænd 'tə:k
Grandval *fr.* grã'val
Grandview *engl.* 'grændvju:
Grandville *fr.* grã'vil, *engl.* 'grændvɪl
Gräne 'grɛ:nə
Granet *fr.* gra'nɛ
Grangemouth *engl.* 'greɪndʒməθ
Granger *engl.* 'greɪndʒə
Grängesberg *schwed.* grɛŋəs-'bærj, ˌ---
Granichstaedten 'gra:nɪçʃtɛtn̩
Granier *fr.* gra'nje
granieren gra'ni:rən
Granikos gra'ni:kɔs
Granin *russ.* 'granin
[1]**Granit** gra'ni:t
[2]**Granit** (Name) *schwed.* gra-'ni:t
Granita gra'ni:ta
Granite City *engl.* 'grænɪt 'sɪtɪ
graniten gra'ni:tn̩
Granitisation granitiza'tsi̯o:n
Granitit grani'ti:t
Granjon *fr.* grã'ʒõ
Gränna *schwed.* ˌgrɛna
Granne 'granə
grannig 'granɪç, **-e** ...ɪgə
Granny Smith *dt.-engl.* 'grɛni 'smɪθ
Granö *schwed.* ˌgrɑ:nø:
Granodiorit granodio'ri:t
Granollers *span.* grano'ʎɛrs
Granowski *russ.* gra'nɔfskij
Gran Paradiso *it.* gram para-'di:zo
Grans grans, **Gränse** 'grɛnzə

G

Gran Sasso d'Italia *it.* gran ˈsasso diˈtaːli̯a
Gransee ˈgranzeː
Gransen ˈgranzn̩
[1]**Grant** grant
[2]**Grant** (Name) *engl.* grɑːnt
Grantham *engl.* ˈgrænθəm
grantig ˈgrantɪç, **-e** ...ɪgə
Grants Pass *engl.* ˈgrɑːnts ˈpɑːs
Granula vgl. Granulum
granulär granuˈlɛːɐ̯
Granular granuˈlaːɐ̯
Granulat granuˈlaːt
Granulation granulaˈt͜si̯oːn
Granulator granuˈlaːtoːɐ̯, **-en** ...ˈtoːrən
Granulen graˈnuːlən
granulieren granuˈliːrən
Granulit granuˈliːt
Granulom granuˈloːm
granulomatös granulomaˈtøːs, **-e** ...øːzə
Granulomatose granulomaˈtoːzə
granulös granuˈløːs, **-e** ...øːzə
Granulose granuˈloːzə
Granulozyt granuloˈt͜syːt
Granulum ˈgraːnulʊm, **...la** ...la
Granvela *span.* gramˈbela
Granvelle *fr.* grɑ̃ˈvɛl
Granville *engl.* ˈgrænvɪl, *fr.* grɑ̃ˈvil
Granz *engl.* grænz
Grao *span.* ˈgrao
Grapefruit ˈgreːpfruːt
Grapevine ˈgreːpva͜in
Graph graːf
Graphematik grafeˈmaːtɪk
Graphem[ik] graˈfeːm[ɪk]
Grapheologie grafeoloˈgiː
Graphie graˈfiː, **-n** ...iːən
Graphik ˈgraːfɪk
Graphiker ˈgraːfikɐ
graphisch ˈgraːfɪʃ
Graphit graˈfiːt
graphitieren grafiˈtiːrən
graphitisch graˈfiːtɪʃ
Graphologe grafoˈloːgə
Graphologie grafoloˈgiː
graphologisch grafoˈloːgɪʃ
Graphospasmus grafoˈspasmʊs
Graphostatik grafoˈstaːtɪk
Graphothek grafoˈteːk
Graphotherapie grafoteraˈpiː
Grapow ˈgraːpo
Grappa ˈgrapa
Grappelly *fr.* grapɛˈli
grapschen ˈgrapʃn̩
grapsen ˈgrapsn̩
Graptolith graptoˈliːt
[1]**Gras** graːs, **-es** ˈgraːzəs, **Gräser** ˈgrɛːzɐ
[2]**Gras** (Name) *fr.* grɑ
Gräschen ˈgrɛːsçən
grasen ˈgraːzn̩, **gras!** graːs, **grast** graːst
Graser ˈgraːzɐ
Gräserchen ˈgrɛːzɐçən
Grashof ˈgraːshoːf
grasig ˈgraːzɪç, **-e** ...ɪgə
Graslitz ˈgraːslɪt͜s, ˈgras...
Graß, [1]**Grass** (Name) gras
[2]**Grass** (Marihuana) graːs
Grasse *fr.* grɑːs
Grässel ˈgrɛsl̩
Grasser ˈgrasɐ
Grasset *fr.* graˈsɛ
Graßhoff ˈgrashɔf
Grassi ˈgrasi, *it.* ˈgrassi
grassieren graˈsiːrən
grässlich ˈgrɛslɪç
Graßmann ˈgrasman
Grass Valley *engl.* ˈgrɑːs ˈvælɪ
Grat graːt
Gräte ˈgrɛːtə
Gräter ˈgrɛːtɐ
Gratial[e] graˈt͜si̯aːl[ə], **...lien** ...li̯ən
Gratian[o] graˈt͜si̯aːn[o]
Gratianus graˈt͜si̯aːnʊs
Gratias ˈgraːt͜si̯as
Gratifikation gratifikaˈt͜si̯oːn
gratifizieren gratifiˈt͜siːrən
grätig ˈgrɛːtɪç, **-e** ...ɪgə
Gratignan *fr.* gratiˈɲɑ̃
Gratin graˈtɛ̃ː
Gräting ˈgrɛːtɪŋ
gratinieren gratiˈniːrən
gratis ˈgraːtɪs
Gratius ˈgraːt͜si̯ʊs
Gratry *fr.* graˈtri
Grätsche ˈgrɛːt͜ʃə
grätschen ˈgrɛːt͜ʃn̩
Gratschow *russ.* graˈt͜ʃɔf
Grattan *engl.* grætn
Grattius ˈgrati̯ʊs
Gratulant gratuˈlant
Gratulation gratulaˈt͜si̯oːn
gratulieren gratuˈliːrən
Gratz grat͜s
Grätz grɛːt͜s
Grätzel ˈgrɛt͜sl̩
Gratzik ˈgrat͜sɪk
grau gra͜u
Grau gra͜u, *span.* grau̯, *engl.* grɔː
grauäugig ˈgra͜u|ɔygɪç
Graubner ˈgra͜ubnɐ
Graubünden gra͜uˈbʏndn̩
Graubündner gra͜uˈbʏndnɐ
graubündnerisch gra͜uˈbʏndnərɪʃ
Grauchen ˈgra͜uçən
Graudenz ˈgra͜udɛnt͜s
Gräuel ˈgrɔyəl
grauen, G... ˈgra͜uən
Grauert ˈgra͜uɐt
Graul gra͜ul
graulen ˈgra͜ulən
gräulich ˈgrɔylɪç
Graun gra͜un
Graunt *engl.* grænt
Gräupchen ˈgrɔypçən
Graupe ˈgra͜upə
Graupel ˈgra͜upl̩
graupeln ˈgra͜upl̩n
Graupen ˈgra͜upn̩
Graupner ˈgra͜upnɐ
graus gra͜us, **-e** ˈgra͜uzə
Graus gra͜us, **-es** ˈgra͜uzəs
grausam ˈgra͜uzaːm
grausen ˈgra͜uzn̩, **graus!** gra͜us, **graust** gra͜ust
grausig ˈgra͜uzɪç, **-e** ...ɪgə
Gravamen graˈvaːmən, **...mina** ...mina
Gravation gravaˈt͜si̯oːn
grave, [1]**G...** ˈgraːvə
[2]**Grave** (Name) *niederl.* ˈɣraːvə, *fr.* graːv, *schwed.* ˌgrɑːvə
Gravelines *fr.* graˈvlin
Gravelot *fr.* graˈvlo
Gravelotte *fr.* graˈvlɔt
Gravenberg ˈgraːvn̩bɛrk
Gravensteiner ˈgraːvn̩ʃta͜inɐ
Graves *engl.* greɪvz, *fr.* graːv
Gravesend *engl.* ˈgreɪvzˈɛnd
Gravette, La *fr.* lagraˈvɛt
Gravettien gravɛˈti̯ɛ̃ː
Graveur graˈvøːɐ̯
gravid graˈviːt, **-e** ...iːdə
Gravida ˈgraːvida, **...dae** ...dɛ
Gravidität gravidiˈtɛːt
gravieren graˈviːrən
Gravimeter graviˈmeːtɐ
Gravimetrie gravimeˈtriː
gravimetrisch graviˈmeːtrɪʃ
Gravina *it.* graˈviːna
Gravis ˈgraːvɪs
Gravisphäre graviˈsfɛːrə
Gravität graviˈtɛːt
Gravitation gravitaˈt͜si̯oːn
gravitätisch graviˈtɛːtɪʃ
gravitieren graviˈtiːrən

Graviton ˈgra:vitɔn, **-en** graviˈto:nən

Grävius ˈgrɛ:vi̯ʊs

Gravur graˈvu:ɐ̯

Gravüre graˈvy:rə

Grawitz ˈgra:vɪts

¹Gray *engl.* greɪ, *fr.* grɛ

²Gray (Maßeinheit) gre:

Grayson *engl.* greɪsn

Grays Peak *engl.* ˈgreɪz ˈpi:k

Graz gra:ts

Grazia *it.* ˈgrattsi̯a

Graziadio *it.* grattsi̯aˈdi:o

Graziani *it.* gratˈtsi̯a:ni

Grazie ˈgra:tsi̯ə

Graziella *it.* gratˈtsi̯ɛlla

grazil graˈtsi:l

Grazilität gratsiliˈtɛ:t

graziös graˈtsi̯ø:s, **-e** ...ø:zə

grazioso graˈtsi̯o:zo

Grazioso graˈtsi̯o:zo, **...si** ...zi

gräzisieren grɛtsiˈzi:rən

Gräzismus grɛˈtsɪsmʊs

Gräzist[ik] grɛˈtsɪst[ɪk]

Gräzität grɛtsiˈtɛ:t

Grażyna *poln.* graˈʒɨna

Grazzini *it.* gratˈtsi:ni

Great Barrier Reef *engl.* ˈgreɪt ˈbærɪə ˈri:f

Great Bend *engl.* ˈgreɪt ˈbɛnd

Great Britain *engl.* ˈgreɪt ˈbrɪtn

Great Dividing Range *engl.* ˈgreɪt dɪˈvaɪdɪŋ ˈreɪndʒ

Greater London *engl.* ˈgreɪtɐ ˈlʌndən

Great Lakes *engl.* ˈgreɪt ˈleɪks

Great Neck *engl.* ˈgreɪt ˈnɛk

Great Plains *engl.* ˈgreɪt ˈpleɪnz

Great Sandy Desert *engl.* ˈgreɪt ˈsændɪ ˈdɛzət

Great Slave Lake *engl.* ˈgreɪt ˈsleɪv ˈleɪk

Great Victoria Desert *engl.* ˈgreɪt vɪkˈtɔ:rɪə ˈdɛzət

Greaves *engl.* gri:vz

Gréban *fr.* greˈbã

Grebbe[r] *niederl.* ˈɣrɛbə[r]

Grebe[nau] ˈgre:bə[nau̯]

Grebenstein ˈgre:bn̩ʃtai̯n

Greco ˈgrɛko, *it.* ˈgrɛ:ko, *span.* ˈgreko

Gréco *fr.* greˈko

Grécourt *fr.* greˈku:r

Greding ˈgre:dɪŋ

Gredos *span.* ˈgreðos

Greel[e]y *engl.* ˈgri:lɪ

Green *engl.* gri:n, *fr.* grin

Greenager ˈgri:n|e:dʒɐ

Greenaway *engl.* ˈgri:nəweɪ

Greenback ˈgri:nbɛk

Greenbelt *engl.* ˈgri:nbɛlt

Greendale *engl.* ˈgri:ndeɪl

Greene ˈgre:nə, *engl.* gri:n

Greeneville *engl.* ˈgri:nvɪl

Greenfield *engl.* ˈgri:nfi:ld

Greenhill *engl.* ˈgri:nhɪl

Greenhorn ˈgri:nhɔrn

Greenlawn *engl.* ˈgri:nlɔ:n

Greenleaf *engl.* ˈgri:nli:f

Greenock *engl.* ˈgri:nək

Greenough *engl.* ˈgri:noʊ

Greenpeace ˈgri:npi:s

Greensboro *engl.* ˈgri:nzbərə

Greensburg *engl.* ˈgri:nzbə:g

Greenville *engl.* ˈgri:nvɪl

Greenwich *engl.* ˈgrɪnɪdʒ, ...ɪtʃ, *Connecticut* ˈgrɛnɪtʃ, ˈgrɪnɪtʃ

Greenwicher ˈgrɪnɪdʒɐ, ... ɪtʃɐ

Greenwood *engl.* ˈgri:nwʊd

Greer *engl.* grɪə

Greffe ˈgrɛfə

Gref[l]inger ˈgre:f[l]ɪŋɐ

Grefrath ˈgre:fra:t

Greg *engl.* grɛg

Gregarine gregaˈri:nə

Grège grɛ:ʃ

Greger ˈgre:gɐ

Gregg *engl.* grɛg

Gregh *fr.* grɛg

Grégoire *fr.* greˈgwa:r

Gregor ˈgre:go:ɐ̯, *engl.* ˈgrɛgə

Gregoras ˈgre:goras

Gregorčič *slowen.* grɛˈgo:rtʃitʃ

Gregori greˈgo:ri

Gregorianik gregoˈri̯a:nɪk

gregorianisch gregoˈri̯a:nɪʃ

gregorianisieren gregori̯aniˈzi:rən

Gregorianus gregoˈri̯a:nʊs

Gregorio *it.* greˈgɔ:ri̯o, *span.* greˈɣori̯o

Gregorios greˈgo:ri̯ɔs

Gregorius greˈgo:ri̯ʊs

Gregorovius gregoˈro:vi̯ʊs

Gregor-Tajovský *slowak.* ˈgrɛgɔrˈtajɔu̯ski:

Gregory *engl.* ˈgrɛgərɪ

Greif grai̯f

greifen, G... ˈgrai̯fn̩

Greifenberg ˈgrai̯fn̩bɛrk

Greifenhagen grai̯fn̩ˈha:gn̩

Greifensee ˈgrai̯fn̩ze:

Greiffenberg ˈgrai̯fn̩bɛrk

Greifswald ˈgrai̯fsvalt

Greifswalder ˈgrai̯fsvaldɐ

Grein grai̯n

Greindl ˈgrai̯ndl̩

greinen ˈgrai̯nən

Greiner ˈgrai̯nɐ

Greinz grai̯nts

greis, G... grai̯s, **-e** ˈgrai̯zə

Greiser ˈgrai̯zɐ

Greising ˈgrai̯zɪŋ

Greißler ˈgrai̯slɐ

Greiz grai̯ts

Grekow *russ.* ˈgrjɛkɐf

grell, G... grɛl

Grelle ˈgrɛlə

Grelots grəˈlo:

Gremiale greˈmi̯a:lə, **...lien** ...li̯ən

Gremin *russ.* ˈgrjemin

Gremio ˈgre:mi̯o

Gremium ˈgre:mi̯ʊm, **...ien** ...i̯ən

Gremjatschinsk *russ.* grɪˈmjatʃinsk

Gremsmühlen grɛmsˈmy:lən

Gren *dt., schwed.* gre:n

Grenå *dän.* ˈgrɪ:no:ˀ

Grenada greˈna:da, *engl.* grəˈneɪdə

Grenadier grenaˈdi:ɐ̯

Grenadill[e] grenaˈdɪl[ə]

Grenadin grənaˈdɛ̃:

Grenadine grenaˈdi:nə, *engl.* grɛnəˈdi:n

Grenchen ˈgrɛnçn̩

Grendel ˈgrɛndl̩

Grenelle *fr.* grəˈnɛl

Grenfell *engl.* ˈgrɛnfɛl

Grengg grɛŋk

Grenier *fr.* grəˈnje

Grenoble *fr.* grəˈnɔbl

Grenon *fr.* grəˈnõ

Grenville *engl.* ˈgrɛnvɪl

Grenze ˈgrɛntsə

grenzen ˈgrɛntsn̩

Gréoux-les-Bains *fr.* greuleˈbɛ̃

Gresham *engl.* ˈgrɛʃəm

Greshoff *niederl.* ˈɣrɛshɔf

Gresik *indon.* grəˈsik

Grésivaudan *fr.* grezivoˈdã

Gresse ˈgrɛsə

Gresset *fr.* grɛˈsɛ

Greßmann ˈgrɛsman

Gressoney *fr.* grɛsɔˈnɛ

Greta ˈgre:ta

Gretchen ˈgre:tçən

Grete ˈgre:tə

Gretel ˈgre:tl̩

Greti ˈgre:ti

Gretna *engl.* ˈgrɛtnə

Grétry *fr.* greˈtri

Gretschaninow *russ.* grɪtʃɪˈninɐf

G

G

Gretschko *russ.* ˈgrjɛtʃkɐ
Gretser ˈgrɛtsɐ
Greußen ˈgrɔysn̩
Greutungen ˈgrɔytʊŋən
Greuze *fr.* grøːz
Greve ˈgreːvə, *it.* ˈgrɛːve
Grève *fr.* grɛːv
Grevelingen *niederl.* ˈɣreːvəlɪŋə
Greven ˈgreːvn̩
Grevenbroich greːvn̩ˈbroːx
Grevenmacher greːvn̩ˈmaxɐ
Grevesmühlen greːvəsˈmyːlən
Greville *engl.* ˈgrɛvɪl
Grévin *fr.* greˈvɛ̃
Greving ˈgreːvɪŋ
Grévy *fr.* greˈvi
Grew *engl.* gruː
Grewe ˈgreːvə
Grewena *neugr.* ɣrɛvɛˈna
Grey *engl.* greɪ
Greyerz ˈgraiɐts
Greyhound ˈgreːhaunt
Greylock *engl.* ˈgreɪlɔk
Greymouth *engl.* ˈgreɪmaʊθ
Greynville *engl.* ˈgrɛnvɪl
Gribatschow *russ.* gribaˈtʃɔf
Gribeauval *fr.* griboˈval
Griblette griˈblɛtə
Gribojedow *russ.* gribaˈjɛdɐf
Griebe ˈgriːbə
Grieben ˈgriːbn̩
Griebs griːps
Grieche ˈgriːçə
Griechenland ˈgriːçn̩lant
griechisch ˈgriːçɪʃ
griechisch-orthodox ˈgriːçɪʃ-|ɔrtoˈdɔks
Griefe ˈgriːfə
Grieg griːk, *norw.* griːg
griemeln ˈgriːml̩n
Grien griːn
grienen ˈgriːnən
Griepenkerl ˈgriːpn̩kɛrl
Griera *span.* ˈgri̯era, *kat.* griˈerə
Grierson *engl.* grɪəsn
gries griːs, **-e** ˈgriːzə
Gries griːs, *it.* ˈgriːes
Griesbach[er] ˈgriːsbax[ɐ]
Griese ˈgriːzə
Griesel ˈgriːzl̩
grieseln ˈgriːzl̩n, **griesle** ˈgriːzlə
Griesgram ˈgriːsgraːm
griesgrämig ˈgriːsgrɛːmɪç, **-e** ...ɪgə
griesgrämisch ˈgriːsgrɛːmɪʃ
griesgrämlich ˈgriːsgrɛːmlɪç
Grieshaber ˈgriːshaːbɐ
Griesheim ˈgriːshaim
Grieskirchen griːsˈkɪrçn̩
Grieß griːs
grießeln ˈgriːsl̩n
grießig ˈgriːsɪç, **-e** ...ɪgə
Grießig ˈgriːsɪç, **-es** ...ɪgəs
Grieux *fr.* griˈø
Grieve *engl.* griːv
griff, Griff grɪf
Griffel ˈgrɪfl̩
Griffes *engl.* ˈgrɪfɪs
griffig ˈgrɪfɪç, **-e** ...ɪgə
Griffin *engl.* ˈgrɪfɪn
Griffith[s] *engl.* ˈgrɪfɪθ[s]
Griffo *it.* ˈgriffo
Griffon grɪˈfõː
Grigioni *it.* griˈdʒoːni
Grignard *fr.* griˈɲaːr
grignardieren grɪnjarˈdiːrən
Grign[i]on *fr.* griˈɲõ
Grigorescu *rumän.* grigoˈresku
Grigori *russ.* griˈgɔrij
Grigorjew *russ.* griˈgɔrjɪf
Grigorjewitsch *russ.* griˈgɔrjɪvitʃ
Grigorjewna *russ.* griˈgɔrjɪvnɐ
Grigorowitsch *russ.* grigaˈrɔvitʃ
Grijalva *span.* griˈxalβa
Grill grɪl
Grillade griˈjaːdə
Grille ˈgrɪlə
grillen ˈgrɪlən
Grillette grɪˈlɛtə
grillieren grɪˈliːrən, *auch:* griˈjiːrən
grillig ˈgrɪlɪç, **-e** ...ɪgə
Grillparzer ˈgrɪlpartsɐ
Grillroom ˈgrɪlruːm
Grimald ˈgriːmalt
Grimaldi *fr.* grimalˈdi, *it.* griˈmaldi
Grimani *it.* griˈmaːni
Grimasse griˈmasə
grimassieren grimaˈsiːrən
Grimaud *fr.* griˈmo
Grimbart ˈgrɪmbaːɐ̯t
Grimes *engl.* graɪmz
grimm grɪm
Grimm grɪm, *fr.* grim
Grimma ˈgrɪma
Grimmdarm ˈgrɪmdarm
Grimme ˈgrɪmə
Grimmelshausen ˈgrɪml̩shauzn̩
grimmen, G... ˈgrɪmən
grimmig ˈgrɪmɪç, **-e** ...ɪgə
grimmsch grɪmʃ
Grimoald ˈgriːmoalt
Grimod de la Reynière *fr.* grimodlarɛˈnjɛːr
Grimou[x] *fr.* griˈmu
Grimsby *engl.* ˈgrɪmzbɪ
Grimsel ˈgrɪmzl̩
Grimshaw *engl.* ˈgrɪmʃɔː
Grimstad *norw.* ˈgrimsta
Grin *russ.* grin
Grind grɪnt, **-e** ˈgrɪndə
Grindavík *isl.* ˈgrɪndaviːk
Grindelwald ˈgrɪndl̩valt
grindig ˈgrɪndɪç, **-e** ...ɪgə
Grindwal ˈgrɪntvaːl
Gringo ˈgrɪŋgo
Gringoire *fr.* grɛ̃ˈgwaːr
Gringore *fr.* grɛ̃ˈgɔːr
Grinsel ˈgrɪnzl̩
grinsen ˈgrɪnzn̩, **grins!** grɪns, **grinst** grɪnst
Grinzing ˈgrɪntsɪŋ
Griot griˈoː
Gripenberg *schwed.* griːpənˈbærj
grippal grɪˈpaːl
Grippe ˈgrɪpə
grippoid grɪpoˈiːt, **-e** ...iːdə
grippös grɪˈpøːs, **-e** ...øːzə
Grips grɪps
Gripsholm *schwed.* ˌgripshɔlm
Griqualand *engl.* ˈgrɪkwəlænd
Gris *span.* gris
Grisaille griˈzai, **-n** ...aiən
Grisar ˈgriːzar, *fr.* griˈzaːr
Grisch[k]a *russ.* ˈgriʃ[k]ɐ
Grischow ˈgrɪʃo
Grisebach ˈgriːzəbax
Griselda *it.* griˈzɛlda
Griseldis griˈzɛldɪs
Grisette griˈzɛtə
Grisi *it.* ˈgriːzi
Grislibär ˈgrɪslibɛːɐ̯
Gris-Nez *fr.* griˈne
Grison griˈzõː
Grissom *engl.* ˈgrɪsəm
Grist *engl.* grɪst
Griswold *engl.* ˈgrɪzwoʊld
Grit[t] grɪt
Gritti *it.* ˈgritti
Grivegnée *fr.* grivˈɲe
Griwas *neugr.* ˈɣrivas
Grizzlybär ˈgrɪslibɛːɐ̯
Grjasi *russ.* ˈgrjazi
grob groːp, *unflektiert auch:* grɔp; **-e** ...oːbə; **gröber** ˈgrøːbɐ; **gröbste** ˈgrøːpstə, *auch:* ˈgrœpstə
Grob groːp

gröber vgl. grob
Gröber[s] ˈgrøːbɐ[s]
Grobian ˈgroːbi̯aːn
grobianisch groˈbi̯aːnɪʃ
Grobianismus grobi̯aˈnɪsmʊs
gröblich ˈgrøːplɪç
gröbste vgl. grob
Gröbzig ˈgrœpt͜sɪç
Grochowiak *poln.* grɔˈxɔvjak
Grock grɔk
Gröde ˈgrøːdə
Grödeln ˈgrøːdl̩n
Groden ˈgroːdn̩
Gröden ˈgrøːdn̩
Gröditz[berg] ˈgrøːdɪt͜s[bɛrk]
Grodków *poln.* ˈgrɔtkuf
Grödner ˈgrøːdnɐ
Grodno *russ.* ˈgrɔdnɐ
Grodzisk Mazowiecki *poln.* ˈgrɔdʑisk mazɔˈvjɛt͜ski
Groenendaal *niederl.* ˈɣrunənda:l
Groener ˈgrøːnɐ
Groenhoff ˈgrøːnhɔf
Groen van Prinsterer *niederl.* ˈɣrun vɑn ˈprɪnstərər
Groesbeek *niederl.* ˈɣruzbeːk
Groethuysen *niederl.* ˈɣrutˌhœi̯zə
Grof groːf
Grog grɔk
Grögerová *tschech.* ˈgrɛgɛrɔvaː
Grogger ˈgrɔgɐ
groggy ˈgrɔgi
Grohnde ˈgroːndə
Groißmeier ˈgrɔy̯smai̯ɐ
Groitzsch grɔyt͜ʃ
Grójec *poln.* ˈgrujɛt͜s
grölen ˈgrøːlən
Grolier *fr.* grɔˈlje
grolieresk groli̯eˈrɛsk
Groll grɔl
grollen ˈgrɔlən
Grolmann ˈgroːlman
Gromaire *fr.* grɔˈmɛːr
Grömitz ˈgrøːmɪt͜s
Gromyko *russ.* graˈmɨkɐ
Gronau ˈgroːnau̯
Grønbech *dän.* ˈgrœnbeg
Gronchi *it.* ˈgroŋki
Gröndal *isl.* ˈgrœndal
Grone ˈgroːnə
Grönenbach ˈgrøːnənbax
Groner ˈgroːnɐ
Gröner ˈgrøːnɐ
Groningen ˈgroːnɪŋən, *niederl.* ˈɣroːnɪŋə
Gröningen ˈgrøːnɪŋən
Gröninger ˈgrøːnɪŋɐ
Grönland ˈgrøːnlant
Grønland *dän.* ˈgrœnlæn'
Grönländer ˈgrøːnlɛndɐ
grönländisch ˈgrøːnlɛndɪʃ
Gronon *fr.* grɔˈnõ
Groom gruːm
Groot[e] *niederl.* ˈɣroːt[ə]
Grootfontein ˈgroːtfɔntai̯n
Groove gruːf
grooven ˈgruːvn̩, **groov!** gruːf, **groovt** gruːft
Grooving ˈgruːvɪŋ
Gropius ˈgroːpi̯ʊs
Groppe ˈgrɔpə
Groppel ˈgrɔpl̩
Gropper *engl.* ˈgrɔpə
[1]**Gros** (Hauptmasse) groː, **des -** groː[s], **die -** groːs
[2]**Gros** (12 Dutzend) grɔs
[3]**Gros** (Name) *fr.* gro
Grosche ˈgrɔʃə
Groschen ˈgrɔʃn̩
Grosjean *fr.* groˈʒã
Grosny *russ.* ˈgrɔznɨj
groß groːs, **größer** ˈgrøːsɐ, **größte** ˈgrøːstə
Groß groːs
Gross groːs, grɔs, *engl.* groʊs, grɔs
großartig ˈgroːs|aːɐ̯tɪç
Großauheim groːsˈ|au̯hai̯m
Großbeeren groːsˈbeːrən
Grossberg ˈgrɔsbɛrk
Groß-Berlin groːsbɛrˈliːn, ˈ–––
Groß-Berliner groːsbɛrˈliːnɐ, ˈ––––
Großbetschkerek groːsˈbɛt͜ʃkərɛk
Großbieberau groːsˈbiːbərau̯
Großbottwar groːsˈbɔtvar
Großbreitenbach groːsˈbrai̯tn̩bax
Großbritannien groːsbriˈtani̯ən, ˈ––––
großbritannisch groːsbriˈtanɪʃ, ˈ––––
Grosse ˈgrɔsə, ˈgroːsə
Größe ˈgrøːsə
Großenhain ˈgroːsn̩hai̯n
Großenkneten groːsn̩ˈkneːtn̩
Großen-Linden groːsn̩ˈlɪndn̩
größer vgl. groß
Grossesse nerveuse grɔˈsɛs nɛrˈvøːs
Grosseteste *engl.* ˈgroʊstɛst
Grosseto *it.* grosˈseːto
Großfürst ˈgroːsfʏrst
Großfürstin-Mutter ˈgroːsfʏrstɪnˈmʊtɐ
Groß-Gerau groːsˈgeːrau̯
Großglockner ˈgroːsglɔknɐ, *auch:* –ˈ––
Großgörschen groːsˈgœrʃn̩
Großherzog ˈgroːshɛrt͜soːk
großherzoglich ˈgroːshɛrt͜soːklɪç
Großhundert ˈgroːsˈhʊndɐt
Grossi *it.* ˈgrɔssi
Grossist grɔˈsɪst
großkalib[e]rig ˈgroːskaliːb[ə]rɪç
Großkanischa groːsˈkanɪʃa
Großkopferte ˈgroːskɔpf͜ɐtə
Großkopfete ˈgroːskɔpf͜ətə
großköpfig ˈgroːskœpf͜ɪç
Grossman ˈgrɔsman, *russ.* ˈgrɔsmɐn
Großmann ˈgroːsman
großmäulig ˈgroːsmɔy̯lɪç, **-e** ...ɪgə
großmütig ˈgroːsmyːtɪç, **-e** ...ɪgə
Grosso *span.* ˈgroso
Grossohandel ˈgrɔsohandl̩
grosso modo ˈgrɔso ˈmoːdo
Großostheim groːsˈ|ɔsthai̯m
Großpolen ˈgroːspoːlən
Großräschen groːsˈrɛʃn̩
Großrein[e]machen groːsˈrai̯n[ə]maxn̩
Großröhrsdorf groːsˈrøːɐ̯sdɔrf
Großrussland ˈgroːsrʊslant
Großsachsen groːsˈzaksn̩
Großschlatten groːsˈʃlatn̩
Großschönau groːsˈʃøːnau̯
Großsiegelbewahrer groːsˈziːgl̩bəvaːrɐ
Großstadt ˈgroːsʃtat
Großstädter ˈgroːsʃtɛːtɐ, *auch:* ...ʃtɛtɐ
großstädtisch ˈgroːsʃtɛːtɪʃ, *auch:* ...ʃtɛtɪʃ
Großsteffelsdorf groːsˈʃtɛfl̩sdɔrf
Groß Strehlitz groːsˈʃtreːlɪt͜s
größte vgl. groß
größtmöglich ˈgrøːstˈmøːklɪç
Großtuerei groːstuːəˈrai̯
großtuerisch ˈgroːstuːərɪʃ
Grossular grɔsuˈlaːɐ̯
Großullersdorf groːsˈ|ʊlɐsdɔrf
Groß-Umstadt groːsˈ|ʊmʃtat
Großvenediger ˈgroːsveˌneːdɪgɐ, *auch:* ––ˈ–––
Großwardein groːsvarˈdai̯n

G

G

Groß Wartenberg gro:sˈvartn̩bɛrk
Großwelzheim gro:sˈvɛlt͜s-haim
Großwusterwitz gro:sˈvʊstɐ-vɪt͜s, ...vu:s...
großziehen ˈgro:st͜si:ən
Grosvenor *engl.* ˈgroʊvnə
[1]**Grosz** (Name) grɔs, *engl.* groʊs, *ung.* gro:s
[2]**Grosz** (Münze) grɔʃ, **-e** ˈgrɔʃə
Grósz *ung.* gro:s
grotesk, G... groˈtɛsk
Groteske groˈtɛskə
Grotewohl ˈgro:təvo:l
Groth[e] ˈgro:t[ə]
Grotius ˈgro:t͜si̯ʊs
Grotjahn ˈgro:tja:n
Groto *it.* ˈgrɔ:to
Groton *engl.* grɔtn
Grotowski *poln.* grɔˈtɔfski
Grotrian ˈgro:trian
Grotta Azzurra *it.* ˈgrɔtta ad-ˈdzurra
Grottaferrata *it.* grottafer-ˈra:ta
Grotte ˈgrɔtə
Grottger *poln.* ˈgrɔdgɛr
Grotthuß ˈgrɔthu:s
Grottkau ˈgrɔtkau̯
Grotto ˈgrɔto, **...ti** ...ti
Grotto[le] (Name) *it.* ˈgrɔt-to[le]
Grotzen ˈgrɔt͜sn̩
Grötzingen ˈgrœt͜sɪŋən
Grouchy *fr.* gruˈʃi
Groult *fr.* gru
Ground *engl.* graʊnd
Ground... ˈgrau̯nt...
Groundhostess ˈgrau̯nthɔstɛs
Groupie ˈgru:pi
Groussard *fr.* gruˈsa:r
Grousset *fr.* gruˈsɛ
Grove *engl.* groʊv
Grovers Corners *engl.* ˈgroʊvəz ˈkɔ:nəz
Groves *engl.* groʊvz
Growl grau̯l
Groza *rumän.* ˈgroza
grub, G... gru:p
grubben ˈgrʊbn̩, **grubb!** grʊp, **grubbt** grʊpt
Grubber ˈgrʊbɐ
grubbern ˈgrʊbɐn, **grubbre** ˈgrʊbrə
Grübchen ˈgry:pçən
grübe ˈgry:bə
Grube ˈgru:bə
Grübel ˈgry:bl̩
Grübelei gry:bəˈlai̯
grübeln ˈgry:bl̩n, **grüble** ˈgry:blə
gruben, G... ˈgru:bn̩
Grubenhagen gru:bn̩ˈha:gn̩
Gruber ˈgru:bɐ, *fr.* gryˈbɛ:r
Grüber ˈgry:bɐ
Gruberová *slowak.* ˈgrubɛrɔva:
Grubeschliewa *bulgar.* grubɛʃ-ˈliɛvɐ
Grubiński *poln.* gruˈbii̯ski
Grübler ˈgry:blɐ
grüblerisch ˈgry:blərɪʃ
grubt gru:pt
Grude ˈgru:də
Grudziądz *poln.* ˈgrudʑɔnts
Grudziński *poln.* gruˈdʑii̯ski
Gruenberg ˈgry:nbɛrk *engl.* ˈgru:ənbə:g
Gruenther ˈgrʏntɐ, *engl.* ˈgrʌnθə
grüezi ˈgry:ɛt͜si
Gruft grʊft, **Grüfte** ˈgrʏftə
Grufti ˈgrʊfti
Gruga ˈgru:ga
Grügelborn ˈgry:gl̩bɔrn
Grujić *serbokr.* ˌgru:jitç
Grumbach ˈgrʊmbax, *fr.* grum-ˈbak
Grumbkow ˈgrʊmpko
Grumiaux *fr.* gryˈmjo
Grumio ˈgru:mi̯o
grummeln ˈgrʊml̩n
Grümmer ˈgrʏmɐ
Grumme[t] ˈgrʊmə[t]
Grumpen ˈgrʊmpn̩
Grumt grʊmt
grün, G... gry:n
Grunau ˈgru:nau̯
[1]**Grünau** (Berlin, Sankt Pölten) gryˈnau̯
[2]**Grünau** (Almtal; Tschechien; Slowakei) ˈgry:nau̯
Grünbach ˈgry:nbax
Grünberg ˈgry:nbɛrk
[1]**Grund** grʊnt, **-es** ˈgrʊndəs, **Gründe** ˈgrʏndə
[2]**Grund** (Name) grʊnt, *isl.* grʏnd
grundehrlich ˈgrʊntˈ|e:ɐ̯lɪç
Grundel ˈgrʊndl̩
Gründel ˈgrʏndl̩
gründeln ˈgrʏndl̩n, **gründle** ˈgrʏndlə
gründen ˈgrʏndn̩, **gründ!** grʏnt
grundfalsch ˈgrʊntˈfalʃ
Gründgens ˈgrʏntgn̩s
grundhässlich ˈgrʊntˈhɛslɪç
grundieren grʊnˈdi:rən
Grundig ˈgrʊndɪç
...gründig ...ˌgrʏndɪç, **-e** ...ɪgə
gründlich ˈgrʏntlɪç
Gründling ˈgrʏntlɪŋ
Grundlsee ˈgrʊndl̩ze:
Gründonnerstag gry:nˈdɔnɐs-ta:k
Grundsatz ˈgrʊntzat͜s
grundsätzlich ˈgrʊntzɛt͜slɪç
Grundtvig *dän.* ˈgrʊndvi
grundverschieden ˈgrʊntfɛɐ̯-ˈʃi:dn̩
Grundy *engl.* ˈgrʌndɪ
Grüne[bach] ˈgry:nə[bax]
Grüneberg ˈgry:nəbɛrk
Grüneisen ˈgry:n|ai̯zn̩
grünen ˈgry:nən
Grunenberg ˈgru:nənbɛrk
Grunenwald *fr.* grynɛnˈvald
Grüneplan ˈgry:nəpla:n
Gruner[n] ˈgru:nɐ[n]
Grunewald ˈgru:nəvalt
Grünewald ˈgry:nəvalt
Grünfeld ˈgry:nfɛlt
Grunge grantʃ
Grünhain ˈgry:nhai̯n
Grüningen ˈgry:nɪŋən
Grüninger ˈgry:nɪŋɐ
Grunitzky *fr.* grynitˈski
grünlich ˈgry:nlɪç
Grünling ˈgry:nlɪŋ
Grünsfeld ˈgry:nsfɛlt
Grünspan ˈgry:nʃpa:n
Grünstadt ˈgrʏnʃtat
Grünten ˈgrʏntn̩
Grünwedel ˈgry:nve:dl̩
grunzen ˈgrʊnt͜sn̩
Grünzweig ˈgry:nt͜svai̯k
Grupello *it.* gruˈpɛllo
Grupp grʊp
Grüppchen ˈgrʏpçən
Gruppe ˈgrʊpə
Grüppe ˈgrʏpə
grüppeln ˈgrʏpl̩n
gruppen ˈgrʊpn̩
gruppieren grʊˈpi:rən
Grus gru:s, **-e** ˈgru:zə
Gruša *tschech.* ˈgruʃa
Grušas *lit.* ˈgrʊʃas
Grüsch grʏʃ
Gruschel ˈgrʊʃl̩
Gruschewski *russ.* gruˈʃɛfskij
gruselig ˈgru:zəlɪç, **-e** ...ɪgə
gruseln ˈgru:zl̩n, **grusle** ˈgru:zlə
Grusical ˈgru:zikl̩
Grusien ˈgru:zi̯ən
grusig ˈgru:zɪç, **-e** ...ɪgə

Grusinier gruˈziːni̯ɐ
grusinisch, G… gruˈziːnɪʃ
gruslig ˈgruːzlɪç, **-e** …ɪgə
Gruson ˈgruːzɔn
Gruß gruːs, **Grüße** ˈgryːsə
grüßen ˈgryːsn̩
Grützbeutel ˈgrʏt͜sbɔyt̮l̩
Grütze ˈgrʏt͜sə
Grutzen ˈgrʊt͜sn̩
Grützmacher ˈgrʏt͜smaxɐ
Grützner ˈgrʏt͜snɐ
Gruyère gryˈjeːɐ̯, …jɛːɐ̯
Gruyères *fr.* gryˈjɛːr
Gruyter ˈgrɔytɐ, *niederl.* ˈɣrœi̯tər
Gryce *engl.* graɪs
Gryfice *poln.* grɨˈfit͜sɛ
Gryfino *poln.* grɨˈfinɔ
Gryfów *poln.* ˈgrɨfuf
Grynäus gryˈnɛːʊs
Gryphius ˈgryːfi̯ʊs
Grzesinski kʃeˈzɪnski
Grzimek ˈgʒɪmɛk, ˈkʃ…
Grzymała Siedlęcki *poln.* gʒɨˈmau̯a ɕɛˈdlɛtski
Gschaftlhuber ˈkʃaftl̩huːbɐ
gschamig ˈkʃaːmɪç, **-e** …ɪgə
gschämig ˈkʃɛːmɪç, **-e** …ɪgə
gschert kʃeːɐ̯t
Gschnasfest ˈkʃnaːsfɛst
Gschnitz[er] ˈkʃnɪt͜s[ɐ]
gschupft kʃʊpft
Gschütt kʃʏt
Gschwend kʃvɛnt
Gsell ksɛl
Gsovsky ˈksɔfski
gspaßig ˈkʃpaːsɪç, **-e** …ɪgə
Gspusi ˈkʃpuːzi
Gstaad kʃtaːt
Gstanzel, …zl ˈkʃtant͜sl̩
Gstätten ˈkʃtɛtn̩
G-String ˈd͜ʒiːstrɪŋ
Guadagnini *it.* gu̯adaɲˈɲiːni
Guadalajara *span.* gu̯aðalaˈxara
Guadalcanal *span.* gu̯aðalkaˈnal, *engl.* gwɔdlkəˈnæl
Guadalquivir *span.* gu̯aðalkiˈβir
Guadalupe *span.* gu̯aðaˈlupe, *port.* gu̯ɐðɐˈlupə, *engl.* ˈgwɔdluːp
Guadarrama *span.* gu̯aðaˈrrama
Guadeloupe *fr.* gwaˈdlup
Guadiana *span.* gu̯aˈði̯ana, *port.* gu̯ɐˈði̯ɐnɐ
Guadix *span.* gu̯aˈðiks
Guainía *span.* gu̯ai̯ˈnia
Guaira *span.* ˈgu̯ai̯ra
Guairá *span.* gu̯ai̯ˈra
Guajak… gu̯aˈjak…
Guajakol gu̯ajaˈkoːl
Guajana gu̯aˈjaːna
Guajave gu̯aˈjaːvə
Guajira *span.* gu̯aˈxira
Gualbertus gu̯alˈbɛrtʊs
Gualdo Tadino *it.* ˈgu̯aldo taˈdiːno
Gualeguaychú *span.* gu̯aleɣu̯ai̯ˈtʃu
Gualterio *span.* gu̯alˈteri̯o
Gualtério *port., bras.* gu̯alˈtɛri̯u
Gualterus gu̯alˈteːrʊs
Guam gu̯am, *engl.* gwɑːm
Guami *it.* ˈgu̯aːmi
Guanabacoa *span.* gu̯anaβaˈkoa
Guanabara *bras.* gu̯ɐnaˈbara
Guanahani *engl.* gwɑːnəˈhɑːnɪ
Guanajuato *span.* gu̯anaˈxu̯ato
Guanako gu̯aˈnako
Guanare *span.* gu̯aˈnare
Guanche ˈgu̯ant͜ʃə
Guangdong *chin.* gu̯aŋdʊŋ 31
Guangxi *chin.* gu̯aŋɕi 31
Guangzhou *chin.* gu̯aŋd͜ʒou̯ 31
Guanidin gu̯aniˈdiːn
Guanin gu̯aˈniːn
Guano ˈgu̯aːno
Guanta *span.* ˈgu̯anta
Guantánamo *span.* gu̯anˈtanamo
Guantsche ˈgu̯ant͜ʃə
Guaporé *bras.* gu̯apoˈrɛ
Guara *span.* ˈgu̯ara
Guarana gu̯aˈraːna
Guaranda *span.* gu̯aˈranda
Guarani gu̯aˈraːni
Guaraní *span.* gu̯araˈni, *bras.* gu̯arɐˈni
Guarapuava *bras.* gu̯araˈpu̯ava
Guaratinguetá *bras.* gu̯aratiŋgeˈta
Guarda *port.* ˈgu̯ardɐ
Guardafui *it.* gu̯ardaˈfuːi̯
Guardi *it.* ˈgu̯ardi
Guardia *it.* ˈgu̯ardi̯a, *span.* ˈgu̯arði̯a
Guardia civil ˈgu̯ardi̯a siˈvɪl
Guardian gu̯arˈdi̯aːn, *engl.* ˈgɑːdjən
Guardini *it.* gu̯arˈdiːni
Guareschi *it.* gu̯aˈreski
Guárico *span.* ˈgu̯ariko
Guariento *it.* gu̯aˈri̯ɛnto
Guarini *it.* gu̯aˈriːni
Guarino *it.* gu̯aˈriːno
Guarneri *it.* gu̯arˈnɛːri
Guarnerius gu̯arˈneːri̯ʊs, **…rii** …rii
Guarnieri *it.* gu̯arˈni̯ɛːri
Guarulhos *bras.* gu̯aˈruʎus
Guasch gu̯a[ː]ʃ
Guastalla *it.* gu̯asˈtalla
Guatemala gu̯ateˈmaːla, *span.* gu̯ateˈmala
Guatemalteke gu̯atemalˈteːkə
guatemaltekisch gu̯atemalˈteːkɪʃ
Guatimozín *span.* gu̯atimoˈθin
Guave ˈgu̯aːvə
Guaviare *span.* gu̯aˈβi̯are
Guayama *span.* gu̯aˈjama
Guayana gu̯aˈjaːna, *span.* gu̯aˈjana
Guayaner gu̯aˈjaːnɐ
guayanisch gu̯aˈjaːnɪʃ
Guayaquil *span.* gu̯ajaˈkil
Guayas *span.* ˈgu̯ajas
Guaymas *span.* ˈgu̯ai̯mas
Guaynabo *span.* gu̯ai̯ˈnaβo
Gubacha *russ.* guˈbaxɐ
Gubbio *it.* ˈgubbi̯o
Guben ˈguːbn̩
Guber ˈguːbɐ, *poln.* ˈgubɛr
Gubernium guˈbɛrni̯ʊm, **…ien** …i̯ən
Gubin *poln.* ˈgubin
Gubitz ˈguːbɪt͜s
Gubkin *russ.* ˈgupkin
Gubler ˈguːblɐ
Gucci® *it.* guttʃi
gucken ˈgʊkn̩
Gucker ˈgʊkɐ
Gucki ˈgʊki
Guckindieluft ˈgʊk|ɪndiːlʊft
Gudbrandsdal *norw.* ˌgʉdbransdaːl
Gudbrandsdalslågen *norw.* ˌgʉdbransdaːlsloːgən
Gudbrandstal ˈgʊtbrant͜staːl
Gudden ˈgʊdn̩
Gude *norw.* ˌgʉːdə
Güde ˈgyːdə
Gudea guˈdeːa
Güdelmontag ˈgyːdl̩moːntaːk
Güdemann ˈgyːdəman
Güden ˈgyːdn̩
Gudenå *dän.* ˈguːðənoːˀ, ˈguːˀð…
Gudensberg ˈguːdn̩sbɛrk
Gudera guˈdeːra
Guderian guˈdeːri̯an

Gudermes *russ.* gudɪrˈmjɛs
Gudila ˈgu:dila
Gudin *fr.* gyˈdɛ̃
Güdismontag ˈgy:dɪsmo:nta:k
Gudmund ˈgʊtmʊnt
Gudok *russ.* guˈdɔk
Gudrun ˈgu:dru:n
Gudscharat gʊdʒaˈra:t
Gudscharati gʊdʒaˈra:ti
Gudschrat gʊˈdʒra:t
Gudula ˈgu:dula
Guebwiller *fr.* gebviˈlɛ:r
Guedalla *engl.* gwɪˈdælə
Guédron *fr.* geˈdrõ
Guéhenno *fr.* geɛˈno
Guelfe ˈgu̯ɛlfə, *auch:* ˈgɛlfə
Guelfi *it.* ˈgu̯ɛlfi
Guelma *fr.* gɛlˈma, gɥɛ...
Guelph *engl.* gwɛlf
Gueltar ˈgu̯ɛltar
Guenther ˈgʏntɐ
Guêpière *fr.* gɛˈpjɛ:r
Guéranger *fr.* gerãˈʒe
Guercino *it.* gu̯erˈtʃi:no
Guéret *fr.* geˈrɛ
Guericke ˈge:rɪkə
Guerilla geˈrɪlja
Guerillero gerɪlˈje:ro
Guérin *fr.* geˈrɛ̃
Guernes *fr.* gɛrn
Guernesey *fr.* gɛrnəˈzɛ
Guernica *span.* gɛrˈnika
Guernsey *engl.* ˈgə:nzɪ
Guerra *it.* ˈgu̯ɛrra, *span., bras.* ˈgɛrra, *port.* ˈgɛrrɐ
Guerrazzi *it.* gu̯erˈrattsi
Guerrero *span.* gɛˈrrɛro
Guerrigliero gu̯ɛrɪlˈje:ro, **...ri** ...ri
Guerrini *it.* gu̯erˈri:ni
Guesclin *fr.* geˈklɛ̃
Guesde *fr.* gɛd
Guesmer ˈgy:smɐ
Guess *engl.* gɛs
Guest *engl.* gɛst
Gueugnon *fr.* gøˈɲõ
Guevara *span.* geˈβara
Gugelhopf ˈgu:gl̩hɔpf
Gugelhupf ˈgu:gl̩hʊpf
Güggel ˈgʏgl̩
Güggeli ˈgʏgəli
Guggenbichler ˈgʊgn̩bɪçlɐ
Guggenheim ˈgʊgn̩haim, *engl.* ˈgʊgənhaɪm
Guggenmoos ˈgʊgn̩mo:s
Guggisberg ˈgʊgɪsbɛrk
Guglielmi *it.* guʎˈʎɛlmi
Guglielminetti *it.* guʎʎelmiˈnetti
Guglielmo *it.* guʎˈʎɛlmo
Güglingen ˈgy:glɪŋən
Guhrau ˈgu:rau̯
Gui *fr.* gi, *it.* gu:i̯
Guiana *engl.* gɪˈɑ:nə
Guibert *fr.* giˈbɛ:r
Guicciardi *it.* gu̯itˈtʃardi
Guicciardini *it.* gu̯ittʃarˈdi:ni
Guichard *fr.* giˈʃa:r
Guide gi:t, gait
Guiderius gu̯iˈde:ri̯ʊs, *engl.* gwɪˈdɪərɪəs
Guidi *it.* ˈgu̯i:di
Guidiccioni *it.* gu̯iditˈtʃo:ni
Guido ˈgi:do, ˈgu̯i:do, *it.* ˈgu̯i:do, *span.* ˈgiðo
Guidonische Hand gu̯iˈdo:nɪʃə ˈhant
Guiengola *span.* gi̯eŋˈgola
Guignol *fr.* giˈɲɔl
Guigou *fr.* giˈgu
Guilbert *fr.* gilˈbɛ:r
Guildford *engl.* ˈgɪlfəd
Guildhall ˈgɪltho:l
Guilford ˈgɪlfɔrt, *engl.* ˈgɪlfəd
Guilherme *port.* giˈʎɛrmə
Guilin *chin.* gu̯ei̯lɪn 42
Guillain *fr.* giˈlɛ̃
Guillaumat *fr.* gijoˈma
Guillaume *fr.* giˈjo:m
Guillaumet *fr.* gijoˈmɛ
Guillaumin *fr.* gijoˈmɛ̃
Guillelmo *span.* giˈʎɛlmo
Guillemet *fr.* gijˈmɛ
Guillemin *fr.* gijˈmɛ̃
Guillén *span.* giˈʎen
Guilleragues *fr.* gijˈrag
Guillermo *span.* giˈʎɛrmo
Guillevic *fr.* gilˈvik
Guilloche gɪlˈjɔʃ, giˈjɔʃ, **-n** ...ʃn̩
Guillocheur gɪljɔˈʃø:ɐ̯, gij...
guillochieren gɪljɔˈʃi:rən, gij...
Guillot *fr.* giˈjo
Guillotin *fr.* gijɔˈtɛ̃
Guillotine gɪljoˈti:nə, *auch:* gijoˈti:nə
guillotinieren gɪljotiˈni:rən, *auch:* gijo...
Guilloux *fr.* giˈju
Guilmant *fr.* gilˈmã
Guilvinec *fr.* gilviˈnɛk
Güimar *span.* gu̯iˈmar
Guimarães *port.* gimɐˈrɐ̃i̯ʃ, *bras.* gimaˈrɐ̃i̯s
Guimard *fr.* giˈma:r
Guimerà *kat.* giməˈra
[1]**Guinea** (Münze) *engl.* ˈgɪnɪ
[2]**Guinea** (Name) giˈne:a, *span.* giˈnea
Guinea-Bissau giˈne:abɪˈsau̯
Guinee giˈne:[ə], **...een** ...e:ən
Guinée *fr.* giˈne
Guineer giˈne:ɐ
Guinegate *fr.* ginˈgat
guineisch giˈne:ɪʃ
Güines *span.* ˈgu̯ines
Guiney *engl.* ˈgaɪnɪ
Guingamp *fr.* gɛ̃ˈgã
Guinicelli *it.* gu̯iniˈtʃɛlli
Guinier *fr.* giˈnje
Guinizelli *it.* gu̯initˈtsɛlli
Guinness *engl.* ˈgɪnɪs
Guiot *fr.* giˈjo, gɥiˈjo
Guipure giˈpy:ɐ̯, **-n** ...y:rən
Guipúzcoa *span.* giˈpuθkoa
Güiraldes *span.* gu̯iˈraldes
Guiraud, ...ut *fr.* giˈro
Guirlande gɪrˈlandə
Guisan *fr.* giˈzã
Guiscard *fr.* gisˈka:r
[1]**Guise** (Personenname) *fr.* gi:z, gɥi:z
[2]**Guise** (Ort) *fr.* gɥi:z
Guiskard ˈgɪskart
Guitarre giˈtarə
Guitmund ˈgu:ɪtmʊnt
Guitry *fr.* giˈtri
Guittone *it.* gu̯itˈto:ne
Guiyang *chin.* gu̯ei̯-i̯aŋ 42
Guizhou *chin.* gu̯ei̯dʒou̯ 21
Guizot *fr.* giˈzo
Gujarat *engl.* gu:dʒəˈrɑ:t
Gujarat *engl.* gu:dʒəˈrɑ:t
Gujarati gʊdʒaˈra:ti
Gujranwala *engl.* gʊdʒrənˈwɑ:lə
Gukowo *russ.* ˈgukɐvɐ
Gulag ˈgu:lak, *russ.* guˈlak
Gulasch ˈgu:laʃ, ˈgʊlaʃ
Gulbarga *engl.* ˈgʊlbəgɑ:
Gulbene *lett.* ˈgʊlbene
Gulbenkian gʊlbɛŋˈki̯a:n, *engl.* gʊlˈbɛŋkɪən
Gulbrans[s]en *norw.* ˈgʉlbransən
Gulbransson *norw.* ˈgʉlbransɔn
Gulda ˈgʊlda
Guldberg *norw.* ˈgʉlbærg
Guldborgsund *dän.* gulbɔɐ̯ˈsʊnʼ
Gulde ˈgʊldə
gülden ˈgʏldn̩
Gulden ˈgʊldn̩
Güldenstern ˈgʏldn̩ʃtɛrn
Guldin ˈgʊldi:n
güldisch ˈgʏldɪʃ
Gulf *engl.* gʌlf

Gulfport *engl.* 'gʌlfpɔ:t
¹Gulistan gulɪs'ta:n, *pers.* goles'tɑ:n
²Gulistan (Ort) *russ.* gulis'tan
Gülistane gylɪs'ta:nə
Gullberg *schwed.* ˌgʊlbærj
Güll[e] 'gʏl[ə]
güllen, G... 'gʏlən
Gullfoss *isl.* 'gʏdlfɔs
Gulliver 'gʊlivɐ, *engl.* 'gʌlɪvə
Gullstrand *schwed.* ˌgʊlstrand
Gullvaag *norw.* ˌgʉlvo:g
Gully 'gʊli
Gülnare gʏl'na:rə
Güls gʏls
Gült[e] 'gʏlt[ə]
gültig 'gʏltɪç, **-e** ...ɪgə
Gulyás 'gʊlaʃ, 'gu:laʃ
Gum *engl.* gʌm
GUM *russ.* gum
Gumbinnen gʊm'bɪnən
Gumelnița *rumän.* gu'mel-nitsa
Gumiljow *russ.* gumi'ljɔf
Gumma 'gʊma, **-ta** -ta
Gumma *jap.* 'guˌm̩ma
Gummersbach 'gʊmɐsbax
Gummi 'gʊmi
Gummiarabikum gʊmi-|a'ra:bikʊm
Gummielastikum gʊmi-|e'lastikʊm
gummieren gʊ'mi:rən
Gummigutt 'gʊmigʊt
gummös gʊ'mø:s, **-e** ...ø:zə
Gummose gʊ'mo:zə
Gump[e] 'gʊmp[ə]
Gumpel[t]zhaimer 'gʊmpl̩ts-haimɐ
Gumpert 'gʊmpɐt
Gumplovicz gʊm'plo:vɪtʃ
Gumpoldskirchen gʊmpɔlts-'kɪrçn̩
Gumppenberg 'gʊmpn̩bɛrk
Guðmundsson *isl.* 'gvʏð-mʏndsɔn
Guðmundur *isl.* 'gvʏðmʏndʏr
Gümüşane *türk.* gy'myʃɑ:ˌnɛ
Gun gan
Gunaris *neugr.* 'ɣunaris
Gunda[cker] 'gʊnda[kɐ]
Gundamund 'gʊndamʊnt
Gundel 'gʊndl̩
Gundelfingen 'gʊndl̩fɪŋən
Gundelfinger 'gʊndl̩fɪŋɐ
Gundelsheim 'gʊndl̩shaim
Gundermann 'gʊndɐman
Günderode gʏndə'ro:də
Gundersen *norw.* 'gʉndərsən
Gundestrup *dän.* 'gʊnəsdrʊb
Gundhelm 'gʊnthɛlm
Gundhilde gʊnt'hɪldə
Gundikar 'gʊndikar
Gundinci *serbokr.* 'gu:ndi:ntsi
Gundisalvo *span.* gundi'salβo
Gundlach 'gʊndlax
Gundoba[l]d 'gʊndoba[l]t
Gundobert 'gʊndobɛrt
Gundolf 'gʊndɔlf
Gundowech 'gʊndovɛç
Gundremmingen gʊnt'rɛmɪ-ŋən
Gundula 'gʊndula
Gundulić *serbokr.* ˌgundulitɕ
Gunhild 'gu:nhɪlt
Gunkel 'gʊŋkl̩
Gunman, ...men 'ganmɛn
Gunn gʊn, *engl.* gʌn
Gunnar *dt., schwed.* 'gʊnar, *dän.* 'gʊn'ɐ, *isl.* 'gʏnar
Gunnarn *schwed.* 'gʊnarn
Gunnarsson *isl.* 'gʏnarsɔn
Günne 'gʏnə
Gunning *niederl.* 'ɣʏnɪŋ
Güns gʏns
Gunsaulus *engl.* gʌn'sɔ:ləs
Günsel 'gʏnzl̩
Gunst gʊnst
günstig 'gʏnstɪç, **-e** ...ɪgə
Günstling 'gʏnstlɪŋ
Guntbald 'gʊntbalt
Guntbert 'gʊntbɛrt
Güntekin *türk.* gyntɛ'kin
Gunter 'gʊntɐ, *engl.* 'gʌntə
Günter 'gʏntɐ
Guntersblum gʊntɐs'blu:m
Gunther 'gʊntɐ, *engl.* 'gʌnθə
Günther 'gʏntɐ
Gunthild 'gʊnthɪlt
Gunthilde gʊnt'hɪldə
Guntram 'gʊntram
Guntur *engl.* gʊn'tʊə, *indon.* 'gʊntʊr
Günz[ach] 'gʏnts[ax]
Günzburg 'gʏntsbʊrk
Gunzenhausen gʊntsn̩'hauzn̩
Gupf gʊpf, **Güpfe** 'gʏpfə
Guppy 'gʊpi
Gupta 'gʊpta
Gur gu:ɐ̯
Gura Humorului *rumän.* 'gura hu'moruluj
Gurde 'gʊrdə
Gurgel 'gʊrgl̩
gurgeln 'gʊrgl̩n, **gurgle** 'gʊr-glə
Gurgler 'gʊrglɐ
Guride gu'ri:də
Guriljow *russ.* guri'ljɔf
Gurjew *russ.* 'gurjɪf
Gurjewitsch *russ.* 'gurjɪvitʃ
Gurjewna *russ.* 'gurjɪvnɐ
Gurk[e] 'gʊrk[ə]
Gurkha 'gʊrka
Gurko *russ.* 'gurkɐ
Gurktal 'gʊrkta:l
Gurlitt 'gʊrlɪt
Gurma 'gʊrma
Gurnemanz 'gʊrnəmants
Gurney 'gœrni, *engl.* 'gə:nɪ
Gürpınar *türk.* gyrpɨ'nɑr
gurren 'gʊrən
Gürsel *türk.* gyr'sɛl
Gursuf *russ.* gur'zuf
Gurt gʊrt
Gurte 'gʊrtə
Gürtel 'gʏrtl̩
gurten 'gʊrtn̩
gürten 'gʏrtn̩
Gürtler 'gʏrtlɐ
Gürtner 'gʏrtnɐ
Guru 'gu:ru
Gürzenich 'gʏrtsənɪç
Gus gʊs, *engl.* gʌs
GUS gʊs, *auch:* ge:|u:'|ɛs
Gusai *jap.* 'guˌsai
Gusana gu'za:na
Gusau *engl.* gu:'zaʊ
Gusche 'gʊʃə
Gus-Chrustalny *russ.* 'gusjxrus'taljnɨj
Gusinde gu'zɪndə
Gusla 'gʊsla
Guslar gʊs'la:ɐ̯
Gusle 'gʊslə
Gusli 'gʊsli
Gusman gʊs'man
Gusmão *port.* guʒ'mɐ̃ũ̯
Guss gʊs, **Güsse** 'gʏsə
Gussew *russ.* 'gusɪf
Güssing 'gʏsɪŋ
Gussinoosjorsk *russ.* gusi-nɐa'zjɔrsk
Gussow 'gʊso
Gussy 'gʊsi, *engl.* 'gʌsɪ
güst gʏst
Gustaf *schwed.* ˌgʊstav
Gustafs[s]on *schwed.* ˌgʊstaf-sɔn
Gustav 'gʊstaf, *schwed.* ˌgʊs-tav, *tschech.* 'gustaf
Gustave *fr.* gys'ta:v
Gustavo *it.* gus'ta:vo, *span.* gus'taβo, *port.* guʃ'tavu
Gustavsberg *schwed.* gʊstafs-'bærj
Gustavson *engl.* 'gʌstəfsən

G

Gustavus *engl.* gʊs'tɑ:vəs
Guste 'gʊstə
Gustel 'gʊstl̩
Güsten 'gʏstn̩
Güster 'gʏstɐ
Gusti 'gʊsti
gustieren gʊs'ti:rən
gustiös gʊs'ti̯ø:s, **-e** ...ø:zə
Gusto 'gʊsto
Gustometer gʊsto'me:tɐ
Gustometrie gʊstome'tri:
Guston *engl.* 'gʌstən
Güstrow 'gʏstro
gut gu:t
Gut gu:t, **Güter** 'gy:tɐ
Gutach 'gu:tax
Gutachten 'gu:t|axtn̩
gutachtlich 'gu:t|axtlɪç
Gutäer gu'tɛ:ɐ
Gutberlet 'gu:tbɛrlət
gutbürgerlich 'gu:t'bʏrgɐlɪç
Gütchen 'gy:tçən
Güte 'gy:tə
Gutenachtkuss gu:tə'naxtkʊs
Gutenberg 'gu:tn̩bɛrk
Gutenburg 'gu:tn̩bʊrk
Gutenmorgengruß gu:tn̩'mɔrgn̩gru:s
Güter vgl. Gut
Guterres *port.* gu'tɛrrɪʃ
Gütersloh 'gy:tɐslo:
Gutfreund *tschech.* 'gutfrɔjnt
Gut Freund! 'gu:t 'frɔynt
Guth gu:t, *fr.* gyt
Gut Heil! 'gu:t 'hai̯l
Guthnick 'gu:tnɪk
Gut Holz! 'gu:t 'hɔlts
Guthrie *engl.* 'gʌθrɪ
Gutiérrez *span.* gu'ti̯ɛrrɛθ
gütig 'gy:tɪç, **-e** ...ɪgə
Gutland 'gu:tlant
Gutleuthaus gu:t'lɔythaʊ̯s
gütlich 'gy:tlɪç
Gutmann 'gu:tman
gutmütig 'gu:tmy:tɪç, **-e** ...ɪgə
Gutolf 'gu:tɔlf
Gutorm 'gu:tɔrm
Gutrune 'gu:tru:nə
Gutschkow *russ.* gutʃ'kɔf
Gutschmid 'gu:tʃmɪt
Gutsel 'gu:tsl̩
GutsMuths 'gu:ts 'mu:ts
Guttapercha gʊta'pɛrça
Guttation gʊta'tsi̯o:n
Guttempler 'gu:ttɛmplɐ
Guttenberg 'gʊtn̩bɛrk, *engl.* 'gʌtnbə:g
Guttenbrunn[er] 'gʊtn̩brʊn[ɐ]
Guttentag 'gʊtn̩ta:k
Gutti 'gʊti
guttieren gʊ'ti:rən
Guttiferen gʊti'fe:rən
Guttiole® gʊ'ti̯o:lə
Güttler 'gʏtlɐ
Guttmann 'gʊtman
Guttstadt 'gʊtʃtat
guttural, G... gʊtu'ra:l
Gutturalis gʊtu'ra:lɪs, **...les** ...le:s
Guttuso *it.* gut'tu:zo
Gutwetterzeichen gu:t'vɛtɐtsai̯çn̩
Gutzeit 'gu:ttsai̯t
Gutzkow 'gʊtsko
Gützkow 'gʏtsko
Guy *fr.* gi, *engl.* gaɪ
Guyana gu'ja:na
Guyane *fr.* gɥi'jan
Guyaner gu'ja:nɐ
guyanisch gu'ja:nɪʃ
Guyau *fr.* gɥi'jo
Guyenne *fr.* gɥi'jɛn
Guyon *fr.* gɥi'jõ
[1]**Guyot** (Name) *fr.* gɥi'jo, *engl.* 'gi:oʊ
[2]**Guyot** (Geol.) gɥ̆i'jo:
Guys *fr.* gis
Guyton de Morveau *fr.* gitõdmɔr'vo
Guzmán *span.* guð'man
Guzzard *engl.* 'gʌzəd
Gwalior *engl.* 'gwɑ:lɪɔ:
Gwardeisk *russ.* gvar'djejsk
Gwelo *engl.* 'gwi:loʊ
Gwendolin 'gvɛndoli:n
Gwendoline *engl.* 'gwɛndəlɪn
Gwent *engl.* gwɛnt
Gwerder 'gvɛrdɐ
Gweru *engl.* 'gweɪru:
Gwirkst gvɪrkst
Gwladys *engl.* 'glædɪs
Gwynedd *engl.* 'gwɪnɛð
Gwyn[ne] *engl.* gwɪn
Gyarmat[hi] *ung.* 'djɔrmɔt[i]
Gygax 'gi:gaks
Gyger 'gi:gɐ
Gyges 'gy:gɛs
Gyldén *schwed.* jyl'de:n
Gyllenborg *schwed.* ˌjylənbɔrj
Gyllensten *schwed.* ˌjylənste:n
Gymkhana gʏm'ka:na
Gymnaestrada gʏmnɛs'tra:da
gymnasial gʏmna'zi̯a:l
Gymnasiarch gʏmna'zi̯arç
Gymnasiast gʏmna'zi̯ast
Gymnasium gʏm'na:zi̯ʊm, **...ien** ...i̯ən
Gymnast[ik] gʏm'nast[ɪk]
Gymnastiker gʏm'nastikɐ
gymnastizieren gʏmnasti'tsi:rən
Gymnologie gʏmnolo'gi:
Gymnosophist gʏmnozo'fɪst
Gymnosperme gʏmno'spɛrmə
Gympie *engl.* 'gɪmpɪ
Gynaeceum gynɛ'tse:ʊm, **...ceen** ...tse:ən
Gynäkeion gynɛ'kai̯ɔn
Gynäkokratie gynɛkokra'ti;
Gynäkologe gynɛko'lo:gə
Gynäkologie gynɛkolo'gi:
gynäkologisch gynɛko'lo:gɪʃ
Gynäkomastie gynɛkomas'ti:, **-n** ...i:ən
Gynäkophobie gynɛkofo'bi:
Gynäkospermium gynɛko'spɛrmi̯ʊm, **...ien** ...i̯ən
Gynander gy'nandɐ
Gynandrie gynan'dri:
gynandrisch gy'nandrɪʃ
Gynandrismus gynan'drɪsmʊs
Gynandromorphismus gynandromɔr'fɪsmʊs
Gynanthropos gy'nantropɔs, **Gynanthropen** gynan'tro:pn̩, **Gynanthropoi** gy'nantropɔy
Gynatresie gynatre'zi:, **-n** ...i:ən
Gynäzeum gynɛ'tse:ʊm, **...een** ...tse:ən
Gynogamet gynoga'me:t
Gynogenese gynoge'ne:zə
Gynophor gyno'fo:ɐ̯
Gynostemium gyno'ste:mi̯ʊm, **...ien** ...i̯ən
Gynt gʏnt; *norw.* jynt, *Ibsen auch:* gynt
Gyöngyös[i] *ung.* 'djøndjøʃ[i]
Győr *ung.* djø:r
György *ung.* djørdj
Gyp *fr.* ʒip
Gyri vgl. Gyrus
Gyrobus 'gy:robʊs
gyromagnetisch gyroma'gne:tɪʃ
Gyrometer gyro'me:tɐ
Gyros 'gy:rɔs
Gyroskop gyro'sko:p
Gyrovage gyro'va:gə
Gyrowetz 'gi:rovɛts
Gyrus 'gy:rʊs, **...ri** 'gy:ri
Gysi 'gi:zi
Gysin 'gi:zi:n
Gysis 'gy:zɪs
Gyula[i] *ung.* 'djulɔ[i]

, **H** ha:, *engl.* eɪtʃ, *fr.* aʃ, *it.* 'akka, *span.* 'atʃe
a! ha, ha:
aab ha:p
aack[e] 'ha:k[ə]
aag ha:k, *niederl.* ha:x, *fr.* ag, *engl.* hɑ:g
aag, Den de:n 'ha:k, *niederl.* dɛn 'ha:x
aagen *niederl.* 'ha:ɣə
aager 'ha:gɐ
aakon *norw.* ˌho:kɔn, '--
aaksbergen *niederl.* 'ha:gzbɛrɣə
aan *dt., niederl.* ha:n
aanpää *finn.* 'ha:mpæ:
aapajärvi *finn.* 'hɑ:pɑjærvi
aapsalu *estn.* 'hɑ:pp:sɑlu
aar ha:ɐ̯, *niederl., ung.* ha:r
aard[t] ha:ɐ̯t, *auch:* hart
aaren 'ha:rən
aarfein 'ha:ɐ̯'fai̯n
aarig 'ha:rɪç, **-e** ...ɪgə
aarklein 'ha:ɐ̯'klai̯n
aarlem 'ha:ɐ̯lɛm, *niederl.* 'ha:rlɛm
aarlemer 'ha:ɐ̯lɛmɐ
aarlemmermeer *niederl.* ha:rlɛmər'me:r
aarling 'ha:ɐ̯lɪŋ
aarspalterei ha:ɐ̯ʃpaltə'rai̯
aarstrang 'ha:ɐ̯ʃtraŋ
aarsträubend 'ha:ɐ̯ʃtrɔy̯bn̩t, **-e** ...n̩də
aas *dt., niederl.* ha:s, *engl.* hɑ:s, hɑ:z, *fr.* ɑ:s
aase 'ha:zə
aasse *niederl.* 'ha:sə
aavardsholm *norw.* 'ho:vars-hɔlm
aavikko *finn.* 'hɑ:vikkɔ
aavio *finn.* 'hɑ:viɔ
b! ha:p
ba *tschech.* 'ha:ba
bakuk 'ha:bakʊk
bana ha'ba:na, *span.* a'βana
baner ha'ba:nɐ
banera haba'ne:ra
basch 'habaʃ

Habbema *niederl.* 'hɑbəmɑ
Habberton *engl.* 'hæbətən
Habdala hapda'la:, 'hapdala
Habdank 'ha:pdaŋk, *auch:* –'–
Habe 'ha:bə
Habeas Corpus 'ha:beas 'kɔr-pʊs
Habeaskorpusakte ha:beas'kɔrpʊs|aktə
Habeck 'ha:bɛk
Habedank 'ha:bədaŋk, *auch:* ––'–
Habel 'ha:bl̩
Habelschwerdt ha:bl̩'ʃve:ɐ̯t, '–––
habemus Papam ha'be:mʊs 'pa:pam
haben 'ha:bn̩, **hab!** ha:p, **habt** ha:pt, **gehabt** gə'ha:pt
Habeneck *fr.* ab'nɛk
Habenichts 'ha:bənɪçt͜s
habent sua fata libelli 'ha:bɛnt 'zu:a 'fa:ta li'bɛli
Haber[berg] 'ha:bɐ[bɛrk]
Haberer 'ha:bərɐ
Haberfeldtreiben 'ha:bɐfɛlt-ˌtrai̯bn̩
Habergeiß 'ha:bɐgai̯s
Haberl[andt] 'ha:bɐl[ant]
Häberle 'hɛ:bɐlə
Häberlein 'hɛ:bɐlai̯n
Haberler 'ha:bɐlɐ
Häberlin 'hɛ:bɐli:n
Habermann 'ha:bɐman
Habermas 'ha:bɐma:s
habern 'ha:bɐn, **habre** 'ha:brə
Habernig 'ha:bɐnɪk
Habesch 'ha:bɛʃ
Habgier 'ha:pgi:ɐ̯
habgierig 'ha:pgi:rɪç
Habib ha'bi:p
Habibie *indon.* ha'bibi
Habich[t] 'ha:bɪç[t]
Habichtswald 'ha:bɪçt͜svalt
habil ha'bi:l
Habilitand habili'tant, **-en** ...ndn̩
Habilitation habilita't͜si̯o:n
habilitatus habili'ta:tʊs
habilitieren habili'ti:rən
Habima habi'ma:
Habington *engl.* 'hæbɪŋtən
[1]**Habit** (Kleidung) ha'bi:t
[2]**Habit** (Gewohnheit) 'hɛbɪt
Habitat habi'ta:t
habitualisieren habitu̯ali-'zi:rən
Habituation habitu̯a't͜si̯o:n
Habitué [h]abi'ty̆e:

habituell habi'tu̯ɛl
Habitus 'ha:bitʊs
hablich 'ha:plɪç
Haboob ha'bu:p
Habré *fr.* a'bre
Habrecht 'ha:prɛçt
Habsburg 'ha:psbʊrk
Habsburger 'ha:psbʊrgɐ
habsburgisch 'ha:psbʊrgɪʃ
Habschaft 'ha:pʃaft
Habseligkeit 'ha:pze:lɪçkai̯t
habsüchtig 'ha:pzʏçtɪç
habt ha:pt
Habtachtstellung ha:pt-'|axtʃtɛlʊŋ
Habub ha'bu:p
Hab und Gut 'ha:p ʊnt 'gu:t
Habur *türk.* 'habur
Habutai 'ha:butai̯
Háček *tschech.* 'ha:tʃɛk
hach! hax
Hácha *tschech.* 'ha:xa
Hachberg 'haxbɛrk
Haché [h]a'ʃe:
Hachel 'haxl̩
hacheln 'haxl̩n
Hachenburg 'haxn̩bʊrk
Hachette *fr.* a'ʃɛt
Hachi-Dan 'hatʃida:n
Hachse 'haksə
Hacı *türk.* ha'dʒɨ
Hacienda a'si̯ɛnda
Haciendero asi̯ɛn'de:ro
Hacılar *türk.* 'hadʒɨlar
Hack hɛk
Hackaert *niederl.* 'hɑka:rt
Hacke 'hakə
hacken, H... 'hakn̩
Hackenbruch 'hakn̩brʊx
Hackensack *engl.* 'hækənsæk
[1]**Hacker** 'hakɐ
[2]**Hacker** 'hakɐ, 'hɛkɐ
Häckerling 'hɛkɐlɪŋ
Hackert 'hakɐt
Hackett *engl.* 'hækɪt
Hackländer 'haklɛndɐ
Hackman *engl.* 'hækmən
Hackney 'hɛkni
Hacks haks
Häcksel 'hɛksl̩
Häcks[e]ler 'hɛks[ə]lɐ
Hackzell *schwed.* hak'sɛl
Hadad 'ha:dat, ha'da:t
Hadal ha'da:l
Hadamar 'ha:damar
Hadamard *fr.* ada'ma:r
Hadassa hada'sa:
Haddelsey *engl.* 'hædlsɪ
Haddington *engl.* 'hædɪŋtən

H

Haddock ˈhɛdɔk
Haddon[field] *engl.* ˈhædn[fiːld]
¹**Haddsch** (Mekka-Pilgerfahrt) hat͡ʃ
²**Haddsch** (Mekka-Pilger) haːt͡ʃ
Haddschadsch haˈd͡ʒaːt͡ʃ
Hädecke ˈhɛːdəkə
Hadeland *norw.* ˈhaːdəlan
Haden *engl.* heɪdn
Hader ˈhaːdɐ
Haderer ˈhaːdərɐ
Haderlump ˈhaːdɐlʊmp
hadern ˈhaːdɐn, **hadre** ˈhaːdrə
Hadersleben ˈhaːdɐsleːbn̩
Haderslev *dän.* ˈhɛːˀðɐsleu̯
Hades ˈhaːdɛs
Hadewig ˈhaːdəvɪç
Hadewych *niederl.* ˈhaːdəwɪx
Hadina ˈhaːdina
Hadith[a] haˈdiːt[a]
Hadlaub, ...loub ˈhaːtlau̯p
Hadley *engl.* ˈhædlɪ
Hadmersleben ˈhaːdmɐsleːbn̩
Hadramaut hadraˈmau̯t
Hadrer ˈhaːdrɐ
Hadrian ˈhaːdriaːn, hadriˈaːn
Hadrianus hadriˈaːnʊs
Hadrom haˈdroːm
Hadron ˈhaːdrɔn, **-en** haˈdroːnən
hadrozentrisch hadroˈt͡sɛntrɪʃ
Hadrumetum hadruˈmeːtʊm
Hadsch hat͡ʃ
Hadschar ˈhad͡ʒar
Hadschi ˈhaːd͡ʒi
Hadubrand ˈhaːdubrant
Häduer ˈhɛːdu̯ɐ
Hadwig ˈhaːtvɪç
Hadwiger ˈhaːtvɪgɐ
Hadwigis hatˈviːgɪs
Haebler ˈhɛːblɐ
Haeckel ˈhɛkl̩
Haecker ˈhɛkɐ
Haefliger ˈhɛːfligɐ
Haeften ˈhɛftn̩
Haege ˈhɛːgə
Haeju *korean.* hɛːd͡ʒu
Haemanthus hɛˈmantʊs, **...thi** ...ti
Haemoccult-...® hɛmɔˈkʊlt...
Haenisch ˈhɛːnɪʃ
Haensel ˈhɛnzl̩
Haerbin *chin.* xaʌrbɪn 131
Haese ˈhɛːzə
Haesler ˈhɛːslɐ
Hafelekar ˈhaːfələkaːɐ̯
Hafen ˈhaːfn̩, **Häfen** ˈhɛːfn̩
Häfen ˈhɛːfn̩
Hafer ˈhaːfɐ
Haferl ˈhaːfɐl
Häferl ˈhɛːfɐl
Hafes *pers.* hɑˈfez
Haff[en] ˈhaf[n̩]
Haffkrug ˈhafkruːk
Haffner ˈhafnɐ
Hafis ˈhaːfɪs, *pers.* hɑˈfez
Hafling[er] ˈhaːflɪŋ[ɐ]
Hafnarfjörður *isl.* ˈhabnarfjœrðʏr
Hafner ˈhaːfnɐ
Häfner ˈhɛːfnɐ
Hafnerei haːfnəˈrai̯
Hafnium ˈhaːfniʊm, ˈhaf...
Hafside haˈfsiːdə
Hafstein *isl.* ˈhafstɛi̯n
Haft haft
Haftara[h] haftaˈraː, **...roth** ...roːt
Haftare hafˈtaːrə
haftbar ˈhaftbaːɐ̯
Haftel ˈhaftl̩
häfteln ˈhɛftl̩n
haften ˈhaftn̩
Hafter ˈhaftɐ
Haft Gel *pers.* hæftˈgel
Häftling ˈhɛftlɪŋ
Haftmann ˈhaftman
Haftung ˈhaftʊŋ
Hag haːk, **-e** ˈhaːgə
Hagada hagaˈdaː, **...doth** ...ˈdoːt
Hagalín *isl.* ˈhaːɣaliːn
Hagana hagaˈnaː
Hagar ˈhaːgar, *engl.* ˈheɪgə
Hagberg *schwed.* ˌhɑːgbærj
Hagebuche ˈhaːgəbuːxə
Hagedorn ˈhaːgədɔrn, *engl.* ˈhægɪdɔːn
Hagel ˈhaːgl̩
Hageladas hageˈlaːdas
Hageland *niederl.* ˈhaːɣəlɑnt
hageldicht ˈhaːgl̩ˈdɪçt
hageln ˈhaːgl̩n, **hagle** ˈhaːglə
Hagelstange ˈhaːgl̩ʃtaŋə
Hagemann ˈhaːgəman
Hagemeister ˈhaːgəmai̯stɐ
Hagen ˈhaːgn̩, *niederl.* ˈhaːɣə, *engl.* ˈheɪgən
Hagenau[er] ˈhaːgənau̯[ɐ]
Hagenbach ˈhaːgn̩bax
Hagenbeck ˈhaːgn̩bɛk
Hagenow ˈhaːgəno
hager ˈhaːgɐ, **hagre** ˈhaːgrə
Hagerstown *engl.* ˈheɪgəztaʊn
Hagerup *norw.* ˌhaːgərʉp
Hagestolz ˈhaːgəʃtɔlt͡s
Hagfors *schwed.* ˌhɑːgfɔrs
Haggada[h] hagaˈdaː, **...doth** ...ˈdoːt
Haggai haˈgai̯, haˈgaːi
Haggard *engl.* ˈhægəd
Haggis *engl.* ˈhægɪs
Hagi *jap.* ˈhaˌgi
Hagiasmos hagi̯asˈmɔs
Hagia Sophia ˈhaːgi̯a zoˈfiːa
Hagia Triada ˈhaːgi̯a triˈaːda
Hagiograph hagi̯oˈgraːf
Hagiographa haˈgi̯oːgrafa
Hagiographen hagi̯oˈgraːfn̩
Hagiographie hagi̯ograˈfiː, **-n** ...iːən
Hagiolatrie hagi̯olaˈtriː, **-n** ...iːən
Hagiologie hagi̯oloˈgiː
Hagiologion hagi̯oˈloːgi̯ɔn, **...ien** ...i̯ən
hagiologisch hagi̯oˈloːgɪʃ
Hagionym hagi̯oˈnyːm
Hagondange *fr.* agɔ̃ˈdãːʒ
Hägstadt ˈhɛːkʃtat
Hague *engl.* heɪg, *fr.* ag
Haguenau *fr.* agˈno
haha! haˈhaː, haˈha
hahaha! hahaˈhaː, ...ˈha
Häher ˈhɛːɐ
¹**Hahn** haːn, **Hähne** ˈhɛːnə
²**Hahn** (Name) haːn, *fr.* ɑːn, an
Hähn[chen] ˈhɛːn[çən]
Hahne *engl.* hɑːn
Hahnebampel ˈhaːnəbampl̩
Hähnel ˈhɛːnl̩
Hahnemann ˈhaːnəman
Hahnenkamm ˈhaːnənkam
Hahnenklee-Bockswiese ˈhaːnənkleːbɔksˈviːzə
Hahnepot ˈhaːnəpoːt
Hahn-Hahn ˈhaːnˈhaːn
Hahnium ˈhaːni̯ʊm
Hahnrei ˈhaːnrai̯
Hahotoé *fr.* aɔtɔˈe
Hai hai̯
Haida[r] ˈhai̯da[r]
Haidarabad, Haider... *engl.* ˈhaɪdərəbɑːd
Haider ˈhai̯dɐ
Haiding[er] ˈhai̯dɪŋ[ɐ]
Haidu[c]k hai̯ˈdʊk
Haifa ˈhai̯fa
Haifisch ˈhai̯fɪʃ
Haig *engl.* heɪg
Haiger[loch] ˈhai̯gɐ[lɔx]
Haihe *chin.* xai̯xʌ 32
Haik ˈhaːɪk
Hai[kai] ˈhai̯[kai̯]
Haikal ˈhai̯kal
Haikou *chin.* xai̯kou̯ 33

Haiku 'haiku
Hail 'ha:ɪl
Hailar 'hailar
Haile Selassie 'hailə ze'lasi
Hailey *engl.* 'heɪlɪ
Haimo 'haimo
Haimon 'haimɔn
Hainan 'hainan, *chin.* xainan 32
Hainau 'hainau
Hainbund 'hainbʊnt
Hainburg 'hainbʊrk
Haines *engl.* heɪnz
Hainfeld hain'fɛlt
Hainich[en] 'hainɪç[n̩]
Hainisch 'hainɪʃ
Hainleite 'hainlaitə
Hainz haints
Haiphong 'haifɔŋ
Hai Phong *vietn.* hai fɔŋ 43
Hairstylist 'hɛ:ɐstailɪst
Haitang 'haitaŋ
Haiterbach 'haitɐbax
Haithabu 'haithabu
Haiti ha'i:ti
Haïti *fr.* ai'ti
Haitianer hai'tia:nɐ
haitianisch hai'tia:nɪʃ
Haitienne hai'tiɛn
Haitink *niederl.* 'ha:itɪŋk
haitisch ha'i:tɪʃ
Hajdu *fr.* aj'du
Hajdú *ung.* 'hɔjdu:
Hajdúbihar *ung.* 'hɔjdu:bihɔr
Hajdúböszörmény *ung.* 'hɔjdu:bøsørme:nj
Hajduk *serbokr.* ˌhajdu:k
Hajdúnánás *ung.* 'hɔjdu:na:na:ʃ
Hajdúság *ung.* 'hɔjdu:ʃa:g
Hajdúszoboszló *ung.* 'hɔjdu:soboslo:
Hajek 'haiɛk
Hájek *tschech.* 'ha:jɛk
Hajime 'hadʒime
Hajnówka *poln.* xaj'nufka
Hajo 'ha:jo
Hakam[a] 'hakam[a]
Hakaphos® 'ha:kafɔs
Häkchen 'hɛ:kçən
Hakel 'ha:kl̩
Häkelei hɛ:kə'lai
häkeln 'ha:kl̩n
häkeln 'hɛ:kl̩n
Haken, H... 'ha:kn̩
hakig 'ha:kɪç, **-e** ...ɪgə
Hakim (Richter, Herrscher) 'ha:kɪm
Hakim (Weiser, Arzt) ha'ki:m
Hakka 'haka
Hakkâri *türk.* hɑk'ka:ri
Hakluyt *engl.* 'hæklu:t, ...lɪt
Hakodate *jap.* ha'koˌdate
Hakon *dän.* 'hɛ:kɔn, *norw.* ˌha:kɔn, '––, *schwed.* ˌhɑ:kɔn
Håkon *dän.* 'ho:kɔn, *norw.* ˌho:kɔn, '––
Hakone *jap.* ha'kone
Hakonsson *norw.* 'ha:kɔnsɔn
Hal *fr.* al, *niederl.* hɑl
Halacha hala'xa:, ...**choth** ...'xo:t
halachisch ha'laxɪʃ
Halali hala'li:
Halas *tschech.* 'halas
Halász *ung.* 'hɔla:s
halb halp, **-e** 'halbə
Halbaffe 'halp|afə
halbbürtig 'halpbʏrtɪç, **-e** ...ɪgə
halbdunkel, H... 'halpdʊŋkl̩
Halbe 'halbə
halbe-halbe 'halbə'halbə
halber 'halbɐ
Halberstadt 'halbɐʃtat
Halbertsma *niederl.* 'hɑlbərtsmɑ
Halbfranz 'halpfrants
halbieren hal'bi:rən
Halbig 'halbɪç
Halbinsel 'halp|ɪnzl̩
Halbjahreskurs halp'ja:rəskʊrs
halbjährig 'halpjɛ:rɪç
halbjährlich 'halpjɛ:ɐlɪç
Halblinke halp'lɪŋkə
halbmast 'halpmast
halbmeterdick 'halp'me:tɐdɪk
halbpart 'halppart
Halbrechte halp'rɛçtə
halbschürig 'halpʃy:rɪç, **-e** ...ɪgə
Halbschwergewicht 'halpˌʃve:ɐgəvɪçt
halbseitig 'halpzaitɪç
halbstock 'halpʃtɔk
halbstündig 'halpʃtʏndɪç
halbstündlich 'halpʃtʏntlɪç
halbwegs 'halp've:ks
Halbwisserei halpvɪsə'rai
Haldane *engl.* 'hɔ:ldeɪn
Halde 'haldə
Halden *norw.* 'haldən
Haldensleben 'haldn̩sle:bn̩
Halder 'haldɐ
Hale *engl.* heɪl
Haleakala *engl.* 'hɑ:leɪɑ:kɑ:'lɑ:
Haleb 'halɛp
Halecki *poln.* xa'lɛtski
Hálek *tschech.* 'ha:lɛk
Haléř *tschech.* 'halɛ:rʃ, **-e** ...rʒɛ, **-ů** ...rʒu:
Hales[owen] *engl.* 'heɪlz[oʊɪn]
Halévy *fr.* ale'vi
Haley *engl.* 'heɪlɪ
half half
Half ha:f
Halfa 'halfa
Halfback 'ha:fbɛk
Halfcourt 'ha:fko:ɐt
hälfe 'hɛlfə
Halffter 'halftɐ, *span.* '[x]alftɛr
Halfpenny 'he:pəni
Hälfte 'hɛlftə
hälften 'hɛlftn̩
Halfter 'halftɐ
halftern 'halftɐn
hälftig 'hɛlftɪç, **-e** ...ɪgə
Halftime 'ha:ftaim
Halfvolley 'ha:fvɔli
Haliartos ha'liartɔs
Haliburton *engl.* hælɪ'bə:tn
Halid ha'li:t, **-e** ...i:də
Halide *türk.* hɑ:li'dɛ
Halifax *engl.* 'hælɪfæks
Halikarnass halikar'nas
Halikarnassos halikar'nasɔs
Halisterese haliste're:zə
Halit ha'li:t
Halitus 'ha:litʊs
Halka *poln.* 'xalka
Halkin *hebr.* 'halkin
Halkyone hal'kỹo:nə, hal'ky:one
halkyonisch hal'kỹo:nɪʃ
Hall hal, *engl.* hɔ:l
Hallam *engl.* 'hæləm
Halland *schwed.* 'halan[d]
Hallays *fr.* a'lɛ
Halldór *isl.* 'haldour
Halle 'halə, *fr.* al, *niederl.* 'hɑlə
Hallé *fr.* a'le, *engl.* 'hæleɪ
Halleck *engl.* 'hælɪk
Hallein 'halain, ha'lain
Hallel ha'le:l
halleluja, H... hale'lu:ja
hallen 'halən
Hallenberg 'halənbɛrk
Hallenser ha'lɛnzɐ
Haller 'halɐ, *poln.* 'xalɛr
Hallerstein 'halɐʃtain
Hallertau 'halɐtau
hallesch 'haləʃ
Halley *engl.* 'hælɪ, 'hɔ:lɪ
Halleysche Komet 'haleʃə ko'me:t
Hallgarten 'halgartn̩

H

Hạllgrímsson *isl.* ˈhadlgrimsɔn
Halliburton *engl.* ˈhælɪbəːtn
Halliday *engl.* ˈhælɪdeɪ
Hạllig ˈhalɪç, **-en** …ɪgn̩
Hạllimasch ˈhalimaʃ
Hạllingdal *norw.* ˌhaliŋdaːl
Hạllingskarv *norw.* ˌhaliŋskarv
hạllisch ˈhalɪʃ
hạ̈llisch ˈhɛlɪʃ
Hạlljahr ˈhaljaːɐ̯
Hạllnäs *schwed.* ˈhalnɛːs
hallo!, H… haˈloː, *auch:* ˈhalo
hallo̱chen!, H… haˈloːçən
hallö̱chen!, H… haˈløːçən
Hallo̱dri haˈloːdri
Hallo̱re haˈloːrə
Halloween hɛloˈviːn
Hạ̈llristningar *schwed.* ˌhɛlristniŋar
Hạllsberg *schwed.* ˈhalsbærj
Hạllstadt, …statt ˈhalʃtat
Hạllstätter Se̱e ˈhalʃtɛtɐ ˈzeː
Hạllstein ˈhalʃta͜in
Hạllström *schwed.* ˌhalstrœm
Halluzinạnt halut͜siˈnant
Halluzinatio̱n halut͜sinaˈt͜si̯oːn
halluzinati̱v halut͜sinaˈtiːf, **-e** …iːvə
halluzinato̱risch halut͜sinaˈtoːrɪʃ
halluzini̱e̱ren halut͜siˈniːrən
halluzinoge̱n, H… halut͜sinoˈgeːn
Hạllwachs ˈhalvaks
Hallwi̱l halˈviːl
Hallyday *fr.* aliˈdɛ
Hạlm[a] ˈhalm[a]
Halmahẹra *indon.* halmaˈhera
Hạ̈lmchen ˈhɛlmçən
Hạlmstad *schwed.* ˌhalmsta, ˈ--
halmyroge̱n halmyroˈgeːn
Halmyrolyse halmyroˈlyːzə
Ha̱lo ˈhaːlo, **-nen** haˈloːnən
Haloạnder haloˈandɐ
halobiọnt, H… haloˈbi̯ɔnt
Haloeffekt ˈhaːlo|ɛfɛkt, *auch:* ˈheːlo…
haloge̱n, H… haloˈgeːn
Halogeni̱d halogeˈniːt, **-e** …iːdə
halogeni̱e̱ren halogeˈniːrən
Haloi̱d haloˈiːt, **-e** …iːdə
Halome̱ter haloˈmeːtɐ
Hạlonen *finn.* ˈhɑlɔnɛn
haloni̱e̱rt haloˈniːɐ̯t
Halope̱ge haloˈpeːgə
halophi̱l haloˈfiːl
Halophy̱t haloˈfyːt
Halothẹrme haloˈtɛrmə
Halotrichi̱t halotrɪˈçiːt
haloxe̱n halɔˈkseːn
[1]**Hạls** hals, **-es** ˈhalzəs, **Hạ̈lse** ˈhɛlzə
[2]**Hạls** (Name) hals, *niederl.* hɑls, *dän.* hælˀs
Hạlsberge ˈhalsbɛrgə
hạlsbrecherisch ˈhalsbrɛçərɪʃ
Hạ̈lschen ˈhɛlsçən
Hạlse ˈhalzə
hạlsen ˈhalzn̩, **hạls!** hals, **hạlst** halst
Hạ̈lsingland *schwed.* ˈhɛlsiŋlan[d]
Hạlske ˈhalskə
hạlsstarrig ˈhalsʃtarɪç, **-e** …ɪgə
Halste[a]d *engl.* ˈhɔːlstɛd
Hạlstenbek ˈhalstn̩beːk
hạlt, H…, hạlt! halt
hạ̈lt hɛlt
hạltbar ˈhaltbaːɐ̯
hạlten ˈhaltn̩
Halte̱re halˈteːrə
hạltern, H… ˈhaltɐn
…haltig …haltɪç, **-e** …ɪgə
…hältig …hɛltɪç, **-e** …ɪgə
Haltom Cịty *engl.* ˈhɔːltəm ˈsɪtɪ
Hạltung ˈhaltʊŋ
Halụnke haˈlʊŋkə
Hạluschka ˈhalʊʃka
Hạlver ˈhalvɐ
Hạlwa ˈhalva
Ha̱lys ˈhaːlʏs
Hạm ham, *engl.* hæm, *fr.* am, *niederl.* hɑm
Hä̱m hɛːm
Hạma ˈhama
Hạmada *jap.* ˈhaˌmada
[1]**Hamada̱n** (Teppich) hamaˈdaːn
[2]**Hamada̱n** (Stadt) *pers.* hæmæˈdɑːn
Hamadha̱ni hamaˈdaːni
Hamadrya̱de hamadryˈaːdə
Hämagglutinatio̱n hɛmaglutinaˈt͜si̯oːn
Hämagglutini̱n hɛmaglutiˈniːn
Hämago̱gum hɛmaˈgoːgʊm, **…ga** …ga
Hạ̈mäläiset *finn.* ˈhæmælæi̯set
Hä̱malops ˈhɛːmalɔps
Hama̱m haˈmaːm
Hamạmatsu *jap.* haˈmaˌmatsu
Hame̱lis → **Hamame̱lis** hamaˈmeːlɪs
Ham and Ẹggs ˈhɛm ɛnt ˈɛks
Hamangịa *rumän.* hamanˈd͜ʒia
Hämangio̱m hɛmaŋˈgi̯oːm
Ha̱mann ˈhaːman
Ha̱mar *norw.* ˌhaːmar
Hamari *ung.* ˈhɔmɔri
Hämarthro̱se hɛmarˈtroːzə
Hamarti̱e hamarˈtiː, **-n** …iːən
Hamarto̱m hamarˈtoːm
Hamas ˈhamas, haˈmaːs
Hama̱sa haˈmaːza
Hämatei̱n hɛmateˈiːn
Hämate̱mesis hɛmaˈteːmezɪs
Hämathidro̱se hɛmathiˈdroːzə
Hämatidro̱se hɛmatiˈdroːzə
Hämati̱n hɛmaˈtiːn
Hämatino̱n hɛmatiˈnoːn
Hämati̱t hɛmaˈtiːt
Hämatoblạst hɛmatoˈblast
Hämatochyluri̱e hɛmatoçyluˈriː, **-n** …iːən
hämatoge̱n hɛmatoˈgeːn
Hämatogrạmm hɛmatoˈgram
Hämatoidi̱n hɛmatoiˈdiːn
Hämatokọkkus hɛmatoˈkɔkʊs
Hämatokọlpos hɛmatoˈkɔlpɔs
Hämatoko̱nien hɛmatoˈkoːni̯ən
Hämatokri̱t hɛmatoˈkriːt
Hämatolo̱ge hɛmatoˈloːgə
Hämatologi̱e hɛmatoloˈgiː
Hämato̱m hɛmaˈtoːm
Hämatome̱tra hɛmatoˈmeːtra
Hämatomyeli̱e hɛmatomy̆eˈliː, **-n** …iːən
Hämatopha̱gen hɛmatoˈfaːgn̩
Hämatophobi̱e hɛmatofoˈbiː, **-n** …iːən
Hämatopneumotho̱rax hɛmatopnɔymoˈtoːraks
Hämatopoe̱se hɛmatopoˈeːzə
hämatopoe̱tisch hɛmatopoˈeːtɪʃ
Hämatorrhö̱, …öe hɛmatɔˈrøː, **…rrhö̱en** …ˈrøːən
Hämato̱se hɛmaˈtoːzə
Hämatoskopi̱e hɛmatoskoˈpiː
Hämatospermi̱e hɛmatospɛrˈmiː
Hämatotho̱rax hɛmatoˈtoːraks
Hämatotoxiko̱se hɛmatotɔksiˈkoːzə
Hämatoxyli̱n hɛmatɔksyˈliːn
Hämatoze̱le hɛmatoˈt͜seːlə
Hämatoze̱phalus hɛmatoˈt͜seːfalʊs
Hämatozo̱on hɛmatoˈt͜soːɔn, **…zo̱en** …ˈt͜soːən
Hämatozytoly̱se hɛmatot͜sytoˈlyːzə
Hämaturi̱e hɛmatuˈriː, **-n** …iːən
Hạmbach ˈhambax

Hamborn 'hambɔrn
Hambraeus *schwed.* ham'bre:ʊs
Hambro *norw.* 'hambru
Hamburg 'hambʊrk, *engl.* 'hæmbə:g
Hamburger (Speise) 'hambʊrgɐ; 'hɛmbø:ɐ̯gɐ, ...bœrgɐ
hamburgern 'hambʊrgɐn, **...gre** ...grə
hamburgisch 'hambʊrgɪʃ
Hamdanide hamda'ni:də
Hamden *engl.* 'hæmdən
[1]**Häme** 'hɛ:mə
[2]**Häme** (Gegend) *finn.* 'hæmɛ
Hämeenlinna *finn.* 'hæmɛ:nlinnɑ
Hamel 'ha:ml̩, *niederl.* 'ha:məl
Hamelin *fr.* am'lɛ̃
Hameln 'ha:mln̩
Hämelschenburg hɛml̩ʃn̩'bʊrk
Hamen 'ha:mən
Hamerling 'ha:mɐlɪŋ
Hamersleben 'ha:mɐsle:bn̩
Hamhŭng *korean.* hamhɨŋ
Hämidrosis hɛmi'dro:zɪs
Hämiglobin hɛmiglo'bi:n
Hamilkar ha'mɪlkar
Hamilton *engl.* 'hæmɪltən
Hämin hɛ'mi:n
Hamina *finn.* 'hɑminɑ
hämisch 'hɛ:mɪʃ
Hamit ha'mi:t
Hamlet 'hamlɛt, *engl.* 'hæmlɪt
Hamlin *engl.* 'hæmlɪn
Hämling 'hɛmlɪŋ
Hamm ham
Hammada ha'ma:da
Hammal ha'ma:l
Hammam ha'ma:m
Hammamet *fr.* amma'mɛt
Hammam-Lif *fr.* ammam'lif
Hammarskjöld *schwed.* ˌhamarʃœld
Hamme 'hamə, *niederl.* 'hɑmə
Hammel 'haml̩, **Hämmel** 'hɛml̩
Hammelburg 'haml̩bʊrk
Hammelsbeck 'haml̩sbɛk
Hammenhög *schwed.* ˌhamənhø:g
Hammer 'hamɐ, **Hämmer** 'hɛmɐ
Hämmerchen 'hɛmɐçən
Hammerfest *norw.* ˌhamərfɛst
Hammerich *dän.* 'hamərɪg
Hammerling 'hamɐlɪŋ
Hämmerling 'hɛmɐlɪŋ
hämmern 'hɛmɐn
Hammerschmidt 'hamɐʃmɪt
Hammershaimb *dän.* 'hamɐshai̯'m
Hammershøy *dän.* 'ham'ɐshɔi̯'
Hammersmith *engl.* 'hæməsmɪθ
Hammerstein 'hamɐʃtai̯n, *engl.* 'hæməstaɪn
Hammet *engl.* 'hæmɪt
Hammond... 'hɛmənt...
Hammonton *engl.* 'hæməntən
Hammurabi hamu'ra:bi
Hammurapi hamu'ra:pi
Hämoblast hɛmo'blast
Hämochromatose hɛmokroma'to:zə
Hämochromometer hɛmokromo'me:tɐ
Hämodynamik hɛmody'na:mɪk
hämodynamisch hɛmody'na:mɪʃ
Hämodynamometer hɛmodynamo'me:tɐ
Hämoglobin hɛmoglo'bi:n
hämoglobinogen hɛmoglobino'ge:n
Hämoglobinometer hɛmoglobino'me:tɐ
Hämoglobinurie hɛmoglobinu'ri:, **-n** ...i:ən
Hämogramm hɛmo'gram
Hämokonien hɛmo'ko:ni̯ən
Hämolymphe hɛmo'lʏmfə
Hämolyse hɛmo'ly:zə
Hämolysin hɛmoly'zi:n
hämolytisch hɛmo'ly:tɪʃ
Hämometer hɛmo'me:tɐ
Hamon *fr.* a'mõ
Hämon 'hɛ:mɔn
Hämopathie hɛmopa'ti:, **-n** ...i:ən
Hämoperikard hɛmoperi'kart, **-e** ...rdə
Hämophilie hɛmofi'li:, **-n** ...i:ən
Hämophthalmus hɛmɔf'talmʊs
Hämoptoe hɛmɔp'to:ə
Hämoptyse hɛmɔp'ty:zə
Hämoptysis hɛmɔp'ty:zɪs
Hämorrhagie hɛmɔra'gi:, **-n** ...i:ən
hämorrhagisch hɛmɔ'ra:gɪʃ
hämorrhoidal hɛmɔroi'da:l
Hämorrhoide hɛmɔro'i:də
Hämorride hɛmɔ'ri:də
Hämosiderin hɛmozide'ri:n
Hämosiderose hɛmozide'ro:zə
Hämosit hɛmo'zi:t
Hämospasie hɛmospa'zi:
Hämospermie hɛmospɛr'mi:
Hämosporidium hɛmospo'ri:di̯ʊm, **...ia** ...i̯a, **...ien** ...i̯ən
Hämostase hɛmo'sta:zə
Hämostaseologie hɛmostazeolo'gi:
Hämostatikum hɛmo'sta:tikʊm, **...ka** ...ka
hämostatisch hɛmo'sta:tɪʃ
Hämostyptikum hɛmo'stʏptikʊm, **...ka** ...ka
hämostyptisch hɛmo'stʏptɪʃ
Hämotherapie hɛmotera'pi:
Hämothorax hɛmo'to:raks
Hämotoxikose hɛmotɔksi'ko:zə
Hämotoxin hɛmotɔ'ksi:n
Hamoudia *fr.* amu'dja
Hämozyanin hɛmotsy̆a'ni:n
Hämozyt hɛmo'tsy:t
Hämozytoblasten hɛmotsyto'blastn̩
Hamp hamp, *engl.* hæmp, *fr.* ã:p
Hampden *engl.* 'hæmpdən
Hampe 'hampə
Hampel 'hampl̩
Hampelei hampə'lai̯
Hampelmann 'hampl̩man
hampeln 'hampl̩n
Hampshire *engl.* 'hæmpʃɪə
Hampstead *engl.* 'hæmpstɛd
Hampton *engl.* 'hæmptən
Hamster 'hamstɐ
hamstern 'hamstɐn
Hamsun *norw.* ˌhamsʉn
Hamtramck *engl.* hæm'træmɪk
Hamun *pers.* hɑ'mu:n
Hämus 'hɛ:mʊs
Hamy *fr.* a'mi
[1]**Han** (Herberge) ha:n
[2]**Han** (Name) *dt., korean.* ha:n, *engl.* hæn
[3]**Han** (chin. Dynastie) han, *chin.* xan 4
Haná *tschech.* 'hana:
Hanafit hana'fi:t
Hanahan *engl.* 'hænəhæn
Hanak 'hanak
Hanamaki *jap.* ha'naˌmaki
Hananias hana'ni:as
Hanau 'ha:nau̯
Hanbalit hanba'li:t
Hancock *engl.* 'hænkɔk
Hand hant, **Hände** 'hɛndə
Handa *jap.* ha'n̩da
Handan *chin.* xandan 21
handbreit, H... 'hantbrai̯t

Händchen ˈhɛntçən
Handel ˈhandl̩
Händel ˈhɛndl̩
[1]**handeln** ˈhandl̩n, **handle** ˈhandlə
[2]**handeln** (handhaben, verfahren) ˈhɛndl̩n, **handle** ˈhɛndlə
handelseins ˈhandl̩s|ai̯ns
Handen *schwed.* ˈhandən
handgemein ˈhantgəmai̯n
handgreiflich ˈhantgrai̯flɪç
handhaben ˈhantha:bn̩, **handhab!** ˈhantha:p, **handhabt** ˈhantha:pt
Handheld ˈhɛnthɛlt
Handicap, ...kap ˈhɛndikɛp
handicapen, ...kapen ˈhɛndikɛpn̩
...händig ...hɛndɪç, **-e** ...ɪgə
handikapieren hɛndikaˈpi:rən
Hand-in-Hand-Arbeiten ˈhant|ɪnˈhant|arbai̯tn̩
händisch ˈhɛndɪʃ
Handke ˈhantkə
handkehrum, H... ˈhantke:ɐ̯|ʊm
Handl *dt., tschech.* ˈhandl̩
Händl ˈhɛndl̩
handlang ˈhantlaŋ
Handlanger ˈhantlaŋɐ
handlangern ˈhantlaŋɐn
Händler ˈhɛndlɐ
handlich ˈhantlɪç
Handling ˈhɛndlɪŋ
Handlová *slowak.* ˈhandlɔva:
Handlung ˈhandlʊŋ
Handout ˈhɛnt|au̯t
Hands hɛnts
Handschar hanˈdʒa:ɐ̯
Handschrift ˈhantʃrɪft
Handumdrehen ˈhant|ʊmdre:ən
Handy ˈhɛndi
Handyman, ...men ˈhɛndimɛn
Handzová *slowak.* ˈhandzɔva:
hanebüchen ˈha:nəby:çn̩
Hanefit haneˈfi:t
Hänel ˈhɛ:nl̩
Hanf hanf
Han Feizi *chin.* xanfei̯dzɨ 213
hanfen ˈhanfn̩
hänfen ˈhɛnfn̩
Hänfling ˈhɛnflɪŋ
Hanford *engl.* ˈhænfəd
Hanfstaengl ˈhanfʃtɛŋl̩
Hang haŋ, **Hänge** ˈhɛŋə
Hangar ˈhaŋga:ɐ̯, *auch:* –ˈ–
hangeln ˈhaŋl̩n
hangen, H... ˈhaŋən
hängen ˈhɛŋən
Hangerl ˈhaŋɐl
hängig ˈhɛŋɪç, **-e** ...ɪgə
Hangö *schwed.* ˌhaŋø:
Hang-over hɛŋˈ|o:vɐ, ˈ–––
Hanguk *korean.* ha:nguk
Hangul ˈhaŋgʊl, *korean.* hangɨl
Hangzhou *chin.* xaŋdʒou̯ 21
Hanjiang *chin.* xandʑi̯aŋ 21
Hanka *tschech.* ˈhaŋka
Hankamer ˈhaŋkamɐ
Hanke ˈhaŋkə
Hankin *engl.* ˈhæŋkɪn
Hanko *finn.* ˈhɑŋkɔ
Hankou *chin.* xankou̯ 43
Hanks *engl.* hæŋks
Hanley *engl.* ˈhænlɪ
Hann han
Hanna[h] ˈhana, *engl.* ˈhænə
Hannake haˈna:kə
Hannas ˈhanas
Hannchen ˈhançən
Hanne[bach] ˈhanə[bax]
Hannelore ˈhanəlo:rə
Hannemann ˈhanəman
Hannes ˈhanəs, *isl.* ˈhanɛ:s
Hänneschen ˈhɛnəsçən
Hannibal ˈhanibal, *engl.* ˈhænɪbəl
Hannibal ad portas, - ante - ˈhanibal at ˈpɔrta:s, - ˈantə -
Hanno ˈhano
Hannover haˈno:fɐ
Hannoveraner hanovəˈra:nɐ
hannoverisch haˈno:fərɪʃ
hannöverisch haˈnø:fərɪʃ
hannoversch haˈno:fɐʃ
hannöversch haˈnø:fɐʃ
Hannsman ˈhansman
Hänny ˈhɛni
Hanoi haˈnɔy̯, ˈhanɔy̯
Ha Nôi *vietn.* ha noi̯ 36
Hanomag® ˈhanomak
Hanotaux *fr.* anɔˈto
Hanover *engl.* ˈhænoʊvə
Hans hans, *niederl.* hɑns, *dän.* hænˀs
Hansa ˈhanza
Hanság *ung.* ˈhɔnʃa:g
Hansaplast® hanzaˈplast, ˈ–––
Hansberry *engl.* ˈhænzbərɪ
Hänschen ˈhɛnsçən
Hansdampf hansˈdampf, *auch:* ˈ––
Hansdieter hansˈdi:tɐ
Hanse ˈhanzə
Hanseat hanzeˈa:t
Hansel ˈhanzl̩
Hänsel ˈhɛnzl̩
Hanselmann ˈhanzl̩man
hänseln ˈhɛnzl̩n, **hänsle** ˈhɛnzlə
Hansen ˈhanzn̩, *niederl.* ˈhɑnsə, *dän.* ˈhænˀsn̩, *norw.* ˈhansən, *engl.* hænsn
Hanser ˈhanzɐ
Hansi ˈhanzi, *fr.* ɑ̃ˈsi
hansisch ˈhanzɪʃ
[1]**Hansjakob** (Vorn.) hansˈja:kɔp
[2]**Hansjakob** (Heinrich) ˈhansja:kɔp
Hansl ˈhanzl̩
Hansli[c]k ˈhanslɪk
Hansnarr hansˈnar, *auch:* ˈ––
[1]**Hansom** (Kutsche) ˈhɛnzm̩
[2]**Hansom** (Name) *engl.* ˈhænsəm
Hanson *engl.* hænsn
Hanssen *dän.* ˈhænˀsn̩
Hansson *schwed.* ˈhɑ:nsɔn
Hans Taps ˈhans ˈtaps
Hanstein ˈhanʃtai̯n
Hanstholm *dän.* ˈhænsdhɔlˀm
Han Suyin *engl.* ˈhɑ:n ˈsu:yɪn
Hanswurst hansˈvʊrst, *auch:* ˈ––
Hanswursterei hansvʊrstəˈrai̯
Hanswurstiade hansvʊrsˈti̯a:də
Hantel ˈhantl̩
hanteln ˈhantl̩n
hantieren hanˈti:rən
hantig ˈhantɪç, **-e** ...ɪgə
Hants *engl.* hænts
Hanum haˈnʊm
Hanuš *tschech.* ˈhanuʃ
Hanzlík *tschech.* ˈhanzli:k
Haoma haˈo:ma, ˈhau̯ma
Hao Ran *chin.* xau̯ran 32
Haori ˈha:ori
Hapag ˈhapak, ˈha:pak
Haparanda *schwed.* hapaˈranda
hapaxanth hapaˈksant
Hapaxlegomenon hapakslеˈgo:menɔn, **...mena** ...mena
haperig ˈha:pərɪç, **-e** ...ɪgə
hapern ˈha:pɐn
Haphalgesie hafalgeˈzi:
Haphtarah haftaˈra:, **...roth** ...ro:t
haplodont, H... haploˈdɔnt
Haplographie haplograˈfi:, **-n** ...i:ən
haploid haploˈi:t, **-e** ...i:də

haplokaulisch haplo'kaulɪʃ
Haplologie haplolo'gi:, **-n** ...i:ən
Haplont ha'plɔnt
Haplophase haplo'fa:zə
haplostemon haploste'mo:n
Häppchen 'hɛpçən
Happel 'hapl̩
happen, H... 'hapn̩
Happening 'hɛpənɪŋ
Happenist hɛpə'nɪst
happig 'hapɪç, **-e** ...ɪgə
happy 'hɛpi
Happyend hɛpi'|ɛnt, '--'-
happyenden hɛpi'|ɛndn̩, '----
Happyhour 'hɛpi'|au̯ɐ̯
haprig 'ha:prɪç, **-e** ...ɪgə
Hapten hap'te:n
Haptere hap'te:rə
Haptik 'haptɪk
haptisch 'haptɪʃ
Haptonastie haptonas'ti:, **-n** ...i:ən
Haptotropismus haptotro'pɪsmʊs
Hapur *engl.* 'hɑ:pʊə
har! ha:ɐ̯
Harakiri hara'ki:ri
Harald 'ha:ralt, *schwed.* 'hɑ:rald, *dän.* 'ha:ral
Haram 'ha:ram, ha'ra:m
Harambašić *serbokr.* ˌharambaʃitɕ
Haran ha'ra:n
harangieren haraŋ'gi:rən
Harappa ha'rapa
Harar 'ha:rar, *amh.* harɛr
Harare ha'ra:rə, *engl.* hə'rɑ:rɪ
Harasiewicz *poln.* xara'ɕɛvitʃ
Harass 'haras, **...asse** ...asə
Harasymowicz *poln.* xarasɨ'mɔvitʃ
Harbig 'harbɪç
Harbin 'harbɪn
Harbor[d] *engl.* 'hɑ:bə[d]
Harbou 'harbu, ar'bu:
Härchen 'hɛ:ɐ̯çən
Harcourt *engl.* 'hɑ:kət, 'hɑ:kɔ:t, *fr.* ar'ku:r
Hardanger *norw.* har'daŋər
Hardangerarbeit 'hardaŋɐ|arbai̯t
Hardangervidda *norw.* har'daŋərvida
Hardbop 'ha:ɐ̯tbɔp
Hardcopy 'ha:ɐ̯tkɔpi
Hardcore 'ha:ɐ̯tko:ɐ̯
Hardcover 'ha:ɐ̯tkavɐ
Harddisk 'ha:ɐ̯tdɪsk
Harddrink 'ha:ɐ̯tdrɪŋk
Harddrug 'ha:ɐ̯tdrak
Harde (Bezirk) 'hardə
Hardecanute *engl.* 'hɑ:dɪkənju:t
Hardedge 'ha:ɐ̯t|ɛtʃ
Harden 'hardn̩, *engl.* hɑ:dn
Hardenberg 'hardn̩bɛrk, *niederl.* 'hɑrdənbɛrx
Hardenburg 'hardn̩bʊrk
Harder 'hardɐ
Harderwijk *niederl.* hɑrdər'wɛi̯k
Hardheim 'harthai̯m
Hardi 'hardi
Hardie *engl.* 'hɑ:dɪ
Hardin *engl.* 'hɑ:dɪn
Harding[e] *engl.* 'hɑ:dɪŋ
Hardinxveld *niederl.* 'hɑrdɪŋksfɛlt
Hardliner 'ha:ɐ̯tlai̯nɐ
Hardouin *fr.* ar'dwɛ̃
Hardrock 'ha:ɐ̯trɔk
Hardselling 'ha:ɐ̯tzɛlɪŋ
Hardstuff 'ha:ɐ̯tstaf
Hardt hart, ha:ɐ̯t, *fr.* art
Hardtop 'ha:ɐ̯ttɔp
Harduin 'hardui:n
Hardwar *engl.* 'hɛədwɑ:
Hardware 'ha:ɐ̯tvɛ:ɐ̯
Hardy *engl.* 'hɑ:dɪ, *fr.* ar'di
Hardybremse 'hardibrɛmzə
Hare *engl.* hɛə
Hare-Krischna... 'ha:rə'krɪʃna...
Harelbeke *niederl.* 'ha:rəlbe:kə
Harem 'ha:rɛm
Haremheb harɛm'he:p
hären 'hɛ:rən
Haren 'ha:rən, *niederl.* 'ha:rə
Häresiarch hɛre'zi̯arç
Häresie hɛre'zi:, **-n** ...i:ən
Häretiker hɛ're:tikɐ
häretisch hɛ're:tɪʃ
Harfe 'harfə
harfen 'harfn̩
Harfenist harfə'nɪst
Harfleur *fr.* ar'flœ:r
Harfner 'harfnɐ
Hargeisa har'gai̯za
Harghita *rumän.* har'gita
Hargrave *engl.* 'hɑ:greɪv
Hargreaves *engl.* 'hɑ:gri:vz
Har Homa *hebr.* 'har xɔ'ma
Harich, ...ig 'ha:rɪç
Haridschan, ...ijan 'ha:ridʒan
Häring 'hɛ:rɪŋ
Haringer 'ha:rɪŋɐ
Haringey *engl.* 'hærɪŋgeɪ
Haringvliet *niederl.* 'ha:rɪŋvlit
Hariri ha'ri:ri
Harjavalta *finn.* 'hɑrjɑvɑltɑ
Härjedalen *schwed.* ˌhærjəda:lən
Harke 'harkə
harken 'harkn̩
Harkins *engl.* 'hɑ:kɪnz
Harkness *engl.* 'hɑ:knɪs
Harkort 'harkɔrt
Harkotten har'kɔtn̩
Harksheide harks'hai̯də
Harlan 'harlan, *engl.* 'hɑ:lən
Harland *engl.* 'hɑ:lənd
Harlekin 'harleki:n
Harlekinade harleki'na:də
harlekinisch 'harleki:nɪʃ, --'--
Harlem 'harlɛm, *engl.* 'hɑ:ləm
Harless 'harlɛs
Harley *engl.* 'hɑ:lɪ
Harlingen 'harlɪŋən, *engl.* 'hɑ:lɪndʒən, *niederl.* 'hɑrlɪŋə
Harlinger 'harlɪŋɐ
Harlunge 'harlʊŋə
Harm harm
Harmagedon harma'gɛdɔn
Harmattan harma'ta:n
härmen 'hɛrmən
Harmensz *niederl.* 'hɑrməns
Harmodios har'mo:di̯ɔs
Harmodius har'mo:di̯ʊs
Harmonia har'mo:ni̯a
Harmonie harmo'ni:, **-n** ...i:ən
harmonieren harmo'ni:rən
Harmonik har'mo:nɪk
Harmonika har'mo:nika
harmonikal harmoni'ka:l
Harmoniker har'mo:nikɐ
harmonisch har'mo:nɪʃ
Harmonische har'mo:nɪʃə
harmonisieren harmoni'zi:rən
harmonistisch harmo'nɪstɪʃ
Harmonium har'mo:ni̯ʊm, **...ien** ...i̯ən
Harmonogramm harmono'gram
Harmosis har'mo:zɪs
Harmost har'mɔst
Harms harms
Harmsworth *engl.* 'hɑ:mzwə[:]θ
Harn[ack] 'harn[ak]
harnen 'harnən
Harnett *engl.* 'hɑ:nɪt
Harney *engl.* 'hɑ:nɪ
Harníček *tschech.* 'harnji:tʃɛk
Harnisch 'harnɪʃ
Harnoncourt *fr.* arnõ'ku:r

Härnösạnd *schwed.* hæ:rnø'sand
Hạro *span.* 'aro, *engl.* 'hɛəroʊ
Haroe̱ris haro'e:rɪs
Ha̱rold 'ha:rɔlt, *engl.* 'hærəld
Haroué *fr.* a'rwe
Hạrpagon 'harpagɔn, *fr.* arpa'gõ
Hạrpalos 'harpalɔs
Harpẹggio [h]ar'pɛdʒo
Hạrpen 'harpn̩
Ha̱rpenden *engl.* 'hɑ:pəndən
Ha̱rper *engl.* 'hɑ:pə
Harpignies *fr.* arpi'ɲi
Harpo̱krates har'po:kratɛs
Harpoli̱th harpo'li:t
Harpsichọrd harpsi'kɔrt, **-e** ...rdə
Hạrpstedt 'harpʃtɛt
Harpu̱ne har'pu:nə
Harpuni̱er harpu'ni:ɐ̯
harpuni̱eren harpu'ni:rən
Harpy̱ie har'py:jə
Hạrrach 'harax
Hạrrap *engl.* 'hærəp
Hạrras 'haras
Harrạssowitz ha'rasovɪt͡s
Harrell *engl.* 'hærəl
hạrren 'harən
Hạrrer 'harɐ
Hạrri 'hari
Hạrrie *schwed.* ˌharjə
Hạrriet *engl.* 'hærɪət
Harriman *engl.* 'hærɪmən
Harriot *engl.* 'hærɪət
Harris *engl.* 'hærɪs
Harris... 'hɛrɪs...
Harrisburg *engl.* 'hærɪsbə:g
Harrismith *engl.* 'hærɪsmɪθ
Harrison[burg] *engl.* 'hærɪsn[bə:g]
Hạrro 'haro
Harrod *engl.* 'hærəd
Harrogate *engl.* 'hærəgɪt
Harrow *engl.* 'hæroʊ
¹Harry (Heroin) 'hɛri
²Harry (Name) 'hari, 'hɛri, *engl.* 'hærɪ, *schwed.* 'hary
Harsányi *ung.* 'hɔrʃa:nji
hạrsch, H... harʃ
hạrschen 'harʃn̩
Hạrsdorff 'harsdɔrf, *dän.* 'ha:ɐ̯sdɔɐ̯f
Hạrsdörf[f]er 'harsdœrfɐ
Harsewịnkel harzə'vɪŋkl̩
Hạrst harst
Hạrstad *norw.* ˌharsta
hạrt hart, **hạ̈rter** 'hɛrtɐ
Hạrt hart, *engl.* hɑ:t, *niederl.* hɑrt
Hạrtberg 'hartbɛrk
Ha̱rte *engl.* hɑ:t
Hạ̈rte 'hɛrtə
Hạrtebeest 'hartəbe:st
hạ̈rten 'hɛrtn̩
Hạrtenau 'hartənau̯
Hạrtenstein 'hartn̩ʃtai̯n
hạ̈rter vgl. hart
Härterei̱ hɛrtə'rai̯
Ha̱rtford *engl.* 'hɑ:tfəd
Hạrth[a] 'hart[a]
Hạrtig 'hartɪç
Hạrtknoch 'hartknɔx
hạrtköpfig 'hartkœp͡fɪç
Hạrtlaub 'hartlau̯p
Hạrtleben 'hartle:bn̩
Hạrtlef 'hartlɛf
hạrtleibig 'hartlai̯bɪç, **-e** ...ɪgə
Ha̱rtlepool *engl.* 'hɑ:tlɪpu:l
Ha̱rtley *engl.* 'hɑ:tlɪ
Hạrtli[e]b 'hartli:p
Ha̱rtline *engl.* 'hɑ:tlaɪn
Hạ̈rtling 'hɛrtlɪŋ
Hạrtman *schwed.* 'hartman
Hạrtmann 'hartman
Hartmannsweilerkọpf hartmansvai̯lɐ'kɔp͡f
hạrtmäulig 'hartmɔy̯lɪç, **-e** ...ɪgə
Hạrtmut 'hartmu:t
Hartmu̱te hart'mu:tə
Hạrtnacke 'hartnakə
hạrtnäckig 'hartnɛkɪç, **-e** ..ɪgə
Hạrtog *niederl.* 'hɑrtɔx
Hạrtold 'hartɔlt
Ha̱rtree *engl* 'hɑ:trɪ
Hạrtriegel 'hartri:gl̩
Hartschi̱er har'tʃi:ɐ̯
Hạrtung 'hartʊŋ
Hạ̈rtung 'hɛrtʊŋ
Hạrtwich, ...ig 'hartvɪç
Hạrtwin 'hartvi:n
Hạrtz hart͡s, *niederl.* harts
Hạrtzenbusch 'hart͡sn̩bʊʃ, *span.* arθem'butʃ
Haru̱de ha'ru:də
Haru̱n Ar Raschi̱d ha'ru:n ara'ʃi:t
Harụnobu *jap.* ha'ruˌnobu
Harụspex ha'rʊspɛks, **Harụspizes** ha'rʊspitse:s
Haruspi̱zium haru'spi:t͡si̯ʊm, **...ien** ...i̯ən
Ha̱rvard *engl.* 'hɑ:vəd
Ha̱rvey *engl.* 'hɑ:vɪ
Ha̱rwell *engl.* 'hɑ:wəl
Ha̱rwich *engl.* 'hærɪdʒ
Ha̱ry 'ha:ri
Harya̱na *engl.* hɑ:rɪ'ɑ:nə
Ha̱rz ha:ɐ̯t͡s
Ha̱rzburg 'ha:ɐ̯t͡sbʊrk
ha̱rzen 'ha:ɐ̯t͡sn̩
Ha̱rzer 'ha:ɐ̯t͡sɐ
Harzgero̱de ha:ɐ̯t͡sgə'ro:də
ha̱rzig 'ha:ɐ̯t͡sɪç, **-e** ...ɪgə
Hạsan 'hasan, *pers.* hæ'sæn, *türk.* hɑ'sɑn
Hasanlu̱ *pers.* hæsæn'lu:
Hasạrd ha'zart
Hasardeur hazar'dø:ɐ̯
Hasardeuse hazar'dø:zə
hasardi̱eren hazar'di:rən
Hạsbengau 'hasbn̩gau̯
Hạsch haʃ
Hasche̱e ha'ʃe:
Haschemi̱te haʃe'mi:tə
hạschen, H... 'haʃn̩
Hä̱schen 'hɛ:sçən
Hä̱scher 'hɛʃɐ
Hạscher[l] 'haʃɐ[l]
haschi̱eren ha'ʃi:rən
Haschimi̱de haʃi'mi:də
Haschịmoto *jap.* ha'ʃimoto
Hạschisch 'haʃɪʃ
Hạschmich 'haʃmɪç
Hasdeu *rumän.* haz'deu̯, haʒ'deu̯, hɨʒ'diu̯
Hạsdrubal 'hasdrubal
Ha̱se 'ha:zə
Ha̱sebroek *niederl.* 'ha:zəbruk
Ha̱šek *tschech.* 'haʃɛk
Ha̱sel 'ha:zl̩
Haselạnt hazə'lant
haseli̱eren hazə'li:rən
Ha̱selnuss 'ha:zl̩nʊs
Ha̱seloff 'ha:zəlɔf
Haselụ̈nne ha:zə'lʏnə
Ha̱selwander 'ha:zl̩vandɐ
Ha̱semann 'ha:zəman
Ha̱senauer 'ha:zənau̯ɐ
Ha̱senclever 'ha:zn̩kle:vɐ
ha̱senfüßig 'ha:zn̩fy:sɪç
Ha̱senkamp 'ha:zn̩kamp
Ha̱senöhrl 'ha:zn̩|ø:ɐ̯l
Hash (Inform.) hɛʃ
Haşim *türk.* ha:'ʃim
Hä̱sin 'hɛ:zɪn
Häsitatio̱n hɛzita't͡si̯o:n
häsiti̱eren hɛzi'ti:rən
Hạskil 'haskɪl
Hạsko 'hasko
Hạslach (Baden) 'haslax
Ha̱sler 'ha:slɐ
Ha̱sli 'ha:sli
Hạslinger 'haslɪŋɐ
Hạslund *norw.* ˌhaslʉn

Hasner 'hasnɐ
Haspe 'haspə
Haspel 'haspl̩
haspeln 'haspl̩n
Haspen 'haspn̩
Haspengouw *niederl.* 'hɑspən-ɣɔu̯
Haspinger 'haspɪŋɐ
Hass has
Hassan 'hasan
Haßberge 'hasbɛrgə
Hasse[brauck] 'hasə[brau̯k]
Hassegau 'hasəgau̯
Hassel 'hasl̩
Hasselblatt 'hasl̩blat
Hasselfelde hasl̩'fɛldə
Hassell 'hasl̩
Hasselt *fr.* a'sɛlt, *niederl.* 'hɑsəlt
hassen 'hasn̩
Hassenpflug 'hasn̩pflu:k
Hassert 'hasɐt
Haßfurt 'hasfʊrt
Hassia 'hasi̯a
hässig 'hɛsɪç, **-e** ...ɪge
Hassi-Messaoud *fr.* asimɛsa'ud
Hassinger 'hasɪŋɐ
Hassi-R'Mel *fr.* asir'mɛl
Haßleben 'hasle:bn̩
Hässleholm *schwed.* hɛslə-'hɔlm
Haßler 'haslɐ
hässlich 'hɛslɪç
Haßloch 'haslɔx
Hasso 'haso
hast, Hast hast
hasten 'hastn̩
Hastenbeck 'hastn̩bɛk
hastig 'hastɪç, **-e** ...ɪgə
Hastings *engl.* 'heɪstɪŋz
Haswell *engl.* 'hæzwəl
hat hat
Hata *jap.* 'ha,ta
Hatay *türk.* 'hɑtɑi̯
Hatch[ett] *engl.* 'hætʃ[ɪt]
Hatefi *pers.* hɑte'fi:
Hațeg *rumän.* 'hatseg
Hatfield *engl.* 'hætfi:ld
Hathaway *engl.* 'hæθəweɪ
Hathor 'ha:to:ɐ̯
Hatojama *jap.* ha'to,jama
Hatra 'ha:tra
Hatschek 'hatʃɛk
hätscheln 'hɛ:tʃl̩n
hatschen 'ha:tʃn̩
Hatschepsut ha'tʃɛpsʊt
hatschi! ha'tʃi:, *auch:* 'hatʃi
Hatschier ha'tʃi:ɐ̯
Hatschinohe *jap.* ha'tʃino,he
Hatschiodschi *jap.* ha'tʃio:dʒi
Hatta *indon.* 'hata
hatte 'hatə
hätte 'hɛtə
Hattenheim 'hatn̩hai̯m
Hatteras *engl.* 'hætərəs
Hattersheim 'hatɐshai̯m
Hattiesburg *engl.* 'hætɪzbə:g
Hattingen 'hatɪŋən
Hatto 'hato
Hatton *engl.* hætn
Hattrick 'hɛtrɪk
Hattuscha 'hatʊʃa
Hatvan *ung.* 'hɔtvɔn
Hatz hats
Hätzer 'hɛtsɐ
Hatzfeld[t] 'hatsfɛlt
hatzi! ha'tsi:, *auch:* 'hatsi
Hatzidakis *neugr.* xadzi'ðakis
Hau hau̯
Haubach 'hau̯bax
Haubarg 'hau̯bark, **-e** ...rgə
Häubchen 'hɔy̯pçən
Haube 'hau̯bə
Hauberrisser 'hau̯bɐrɪsɐ
Haubitze hau̯'bɪtsə
[1]**Hauch** haux
[2]**Hauch** (Name) *dän.* hau̯ˀg
hauchdünn 'hau̯x'dʏn
hauchen 'hau̯xn̩
hauchfein 'hau̯x'fai̯n
hauchzart 'hau̯x'tsa:ɐ̯t
Hauck hau̯k, *engl.* haʊk
Haudegen 'hau̯de:gn̩
Haue 'hau̯ə
Haueisen 'hau̯|ai̯zn̩
hauen 'hau̯ən
Hauenstein 'hau̯ənʃtai̯n
Hauer 'hau̯ɐ
Häuer 'hɔy̯ɐ
Häufchen 'hɔy̯fçən
häufeln 'hɔy̯fl̩n
häufen 'hɔy̯fn̩
Haufen 'hau̯fn̩
Hauff hau̯f
häufig 'hɔy̯fɪç, **-e** ...ɪgə
Haufs hau̯fs
Haug hau̯k, *fr.* o:g
Hauge *norw.* ,hœy̆gə
Haugen *engl.* 'haʊgən
Haugesund *norw.* ,hœy̆gəsʉn
Haughey *engl.* 'hɔ:hɪ, 'hɔ:kɪ
Haugwitz 'hau̯kvɪts
Hauhechel 'hau̯hɛçl̩
Hauke 'hau̯kə
Haukeli *norw.* ,hœy̆kəli
Haukivesi *finn.* 'hɑu̯kivesi
Haukland *norw.* ,hœy̆klan
Hauma 'hau̯ma
Häunel 'hɔy̯nl̩
Haunstetten hau̯n'ʃtɛtn̩
Hauppauge *engl.* 'hɑ:pɔ:g
Haupt hau̯pt, **Häupter** 'hɔy̯ptɐ
Häuptel 'hɔy̯ptl̩
Häupten, zu 'tsu: 'hɔy̯ptn̩
Häuptling 'hɔy̯ptlɪŋ
häuptlings 'hɔy̯ptlɪŋs
Hauptmann 'hau̯ptman
Hauptsache 'hau̯ptzaxə
hauptsächlich 'hau̯ptzɛçlɪç
Hauptwörterei hau̯ptvœrtə'rai̯
Hauran hau̯'ra:n
Hauruck hau̯'rʊk
hau ruck! 'hau̯ 'rʊk
Haus hau̯s, **-es** 'hau̯zəs, **Häuser** 'hɔy̯zɐ
Hausa (Sprache, Volk) 'hau̯sa
Hausach 'hau̯zax
hausbacken 'hau̯sbakn̩
Häuschen 'hɔy̯sçən
Hausdorf[f] 'hau̯sdɔrf
Hausegger 'hau̯zɛgɐ, –'––
Häusel 'hɔy̯zl̩
hausen 'hau̯zn̩, **haus!** hau̯s, **haust** hau̯st
Hausen[stein] 'hau̯zn̩[ʃtai̯n]
Hauser 'hau̯zɐ
Häuser vgl. Haus
haushälterisch 'hau̯shɛltərɪʃ
haushoch 'hau̯s'ho:x
Haushofer 'hau̯sho:fɐ
hausieren hau̯'zi:rən
...häusig ...,hɔy̯zɪç, **-e** ...ɪgə
Häusl 'hɔy̯zl̩
Häusler 'hɔy̯slɐ
Hausleute 'hau̯slɔy̯tə
häuslich 'hɔy̯slɪç
Hausmacher... 'hau̯smaxɐ...
Hausmann 'hau̯sman
Hausmannit hau̯sma'ni:t
Hausner 'hau̯snɐ
Hausruck 'hau̯srʊk
Haussa 'hau̯sa
Hausse 'ho:s[ə], o:s, **-n** '[h]o:sn̩
Häusser 'hɔy̯sɐ
Haussier [h]o'si̯e:
Haußmann 'hau̯sman
Haussmann *fr.* os'man
Haustorium hau̯s'to:ri̯ʊm, **...ien** ...i̯ən
Haut hau̯t, **Häute** 'hɔy̯tə
Hautbois [h]o'bo̯a, **des -** ...a[s], **die -** ...as
Häutchen 'hɔy̯tçən
Haute Coiffure '[h]o:t ko̯a'fy:ɐ̯
Haute Couture '[h]o:t ku'ty:ɐ̯

Haute Couturier '[h]o:t kuty'rie:
Hautefinance [h]o:tfi'nã:s
Hautelisse [h]o:t'lɪs, **-n** ...sn̩
häuten 'hɔytn̩
Hauterive *fr.* ot'ri:v
Hauterivien [h]o:tri'vi̯ɛ̃:
Hautes-Alpes *fr.* ot'zalp
Hautes Fagnes *fr.* ot'faɲ
Hauteville *fr.* ot'vil
Hautevolee [h]o:tvo'le:
Haute-Volta *fr.* otvɔl'ta
Hautflügler 'hautfly:glɐ
Hautgout o'gu:
häutig 'hɔytɪç, **-e** ...ɪgə
Haut Mal o'mal
Hautmont *fr.* o'mõ
Hautrelief '[h]o:reli̯ɛf, ore'li̯ɛf
Haut-Rhin *fr.* o'rɛ̃
Haut-Sauternes oso'tɛrn
Hauts-de-Seine *fr.* od'sɛn
Haüy *fr.* a'ɥi
Haüyn hay'i:n
Havamal 'ha:vama:l
Havana, Havanna ha'vana
Havant *engl.* 'hævənt
Havarie hava'ri:, **-n** ...i:ən
havarieren hava'ri:rən
Havarist hava'rɪst
Havas *fr.* a'vɑ:s
have, pia anima! 'ha:ve 'pi:a 'a:nima
Havel 'ha:fl̩, *tschech.* 'havɛl
Havelberg 'ha:fl̩bɛrk
Havelland 'ha:fl̩lant
[1]**Havelock** (Mantel) 'ha:vəlɔk
[2]**Havelock** (Name) *engl.* 'hævlɔk
Havemann 'ha:vəman
Haven *engl.* heɪvn
Haverei havə'rai̯
Haverford *engl.* 'hævəfəd
Haverhill *engl.* 'heɪvərɪl
Havering *engl.* 'heɪvərɪŋ
Havers 'ha:vɐs, *engl.* 'heɪvəz
Haverschmidt *niederl.* 'ha:vərsmɪt
Havil[l]and *engl.* 'hævɪlənd
Havířov *tschech.* 'havi:rʒɔf
Havlíček *tschech.* 'havli:tʃɛk
Havlíčkův Brod *tschech.* 'havli:tʃku:v 'brɔt
Havre *engl.* 'hævə
Havre, Le *fr.* lə'ɑ:vr
Havrevold *norw.* ˌhavrəvɔl
Hawaii ha'vai̯i, ha'vai̯, *engl.* hə'wɑ:i:
hawaiisch ha'vai̯ɪʃ
Hawelka ha'vɛlka, *tschech.* 'havɛlka
Hawes *engl.* hɔ:z
Hawick *engl.* 'hɔ:ɪk
Hawke[r] *engl.* 'hɔ:k[ə]
Hawkes *engl.* hɔ:ks
Hawking *engl.* 'hɔ:kɪŋ
Hawkins *engl.* 'hɔ:kɪnz
Hawks[bee] *engl.* 'hɔ:ks[bɪ]
Hawksmoor *engl.* 'hɔ:ksmɔ:
Haworth *engl.* 'hɔ:əθ
Hawthorn[e] *engl.* 'hɔ:θɔ:n
Haxe 'haksə
Haxthausen 'haksthau̯zn̩
Hay *engl.* heɪ
Háy *ung.* 'ha:i
Haya de la Torre *span.* 'aja ðe la 'tɔrrɛ
Hayakawa *engl.* hɑ:jə'kɑ:wə
Hayange *fr.* a'jã:ʒ
Haydarpaşa *türk.* hai̯'dɑrpɑˌʃɑ
Haydée ai̯'de:
Hayden *engl.* heɪdn
Haydn 'hai̯dn̩
Haydock *engl.* 'heɪdɔk
Haydon *engl.* heɪdn
Haye *fr.* ɛ
Hayek 'hai̯ɛk
Hayes *engl.* heɪz
Hayez *it.* 'a:i̯ets
Hayingen 'hai̯ɪŋən
Hayley *engl.* 'heɪlɪ
Haym hai̯m
Hayman *engl.* 'heɪmən
Haymarket *engl.* 'heɪmɑ:kɪt
Haymerle 'hai̯mɐlə
Haymo 'hai̯mo
Hayn[au] 'hai̯n[au̯]
Haynеccius hai̯'nɛktsi̯ʊs
Hayne[s] *engl.* heɪn[z]
Hays *engl.* heɪz
Hayward *engl.* 'heɪwəd
Haywood *engl.* 'heɪwʊd
Hayworth *engl.* 'heɪwə[:]θ
Hazard *engl.* 'hæzəd, *fr.* a'za:r
Hazaribagh *engl.* hə'zɑ:rɪbɑ:g
Hazaz *hebr.* xa'zaz
Hazebrouck *fr.* az'bruk, *niederl.* 'ha:zəbruk
Hazel *engl.* heɪzl
Hazelwood *engl.* 'heɪzlwʊd
Hazienda ha'tsi̯ɛnda
Haziendero hatsi̯ɛn'de:ro
Hazleton *engl.* 'heɪzltən
Hazlitt *engl.* 'hæzlɪt, 'heɪzlɪt
Hazor ha'tso:ɐ̯, 'ha:tso:ɐ̯
H-Bombe 'ha:bɔmbə
h. c. ha:'tse:
H-Dur 'ha:du:ɐ̯, *auch:* '–'–
he! he:
[1]**Head** (Name) *engl.* hɛd
[2]**Head** (Träger im Satz) hɛt
Headhunter 'hɛthantɐ
Headlam *engl.* 'hɛdləm
Headline 'hɛtlai̯n
Heal[e]y *engl.* 'hi:lɪ
Heaney *engl.* 'hi:nɪ
Heard *engl.* hə:d
Hearing 'hi:rɪŋ
Hearn[e] *engl.* hə:n
Hearst *engl.* hə:st
Heartfield *engl.* 'hɑ:tfi:ld
Heath *engl.* hi:θ
Heather *engl.* 'hɛðə
Heathrow *engl.* 'hi:θroʊ
Heautognomie heau̯togno'mi:
Heautonomie heau̯tono'mi:
Heautoskopie heau̯tosko'pi:
Heaviside *engl.* 'hɛvɪsaɪd
Heaviside... 'hɛvɪzai̯t...
Heavymetal 'hɛvi'mɛtl̩
Heavyrock 'hɛvi'rɔk
heb! he:p
Hebamme 'he:p|amə, *auch:* 'he:bamə
Hebbel 'hɛbl̩
Hebble *engl.* hɛbl
Hebburn *engl.* 'hɛbən
Hebdomadar hɛpdoma'da:ɐ̯
Hebdomadarius hɛpdoma'da:ri̯ʊs, **...ien** ...i̯ən
Hebe 'he:bə
Hebebrand 'he:bəbrant
Hebei *chin.* xʌbei̯ 23
Hebel 'he:bl̩
heben 'he:bn̩, **heb!** he:p, **hebt** he:pt
Hebephrenie hebefre'ni:, **-n** ...i:ən
[1]**Heber** 'he:bɐ
[2]**Heber** (Name) *engl.* 'hi:bə
Heberden *engl.* 'hɛbədən
Heberer 'he:bərɐ
Hébert *fr.* e'bɛ:r
Hébertist hebɛr'tɪst
Heboidophrenie heboidofre'ni:, **-n** ...i:ən
Heb[oste]otomie heb[ɔste]oto'mi:, **-n** ...i:ən
Hebra 'he:bra
Hebräer he'brɛ:ɐ
Hebraicum he'bra:ikʊm
Hebraika he'bra:ika
hebräisch he'brɛ:ɪʃ
Hebraismus hebra'ɪsmʊs
Hebraist[ik] hebra'ɪst[ik]
Hebräus he'brɛ:ʊs
Hebriden he'bri:dn̩

Hebrides *engl.* 'hɛbrɪdi:z
Hebron 'he:brɔn, *engl.* 'hi:brɔn
Hecataeus heka'tɛ:ʊs
Hechel 'hɛçl̩
Hechelei hɛçə'lai̯
hecheln 'hɛçl̩n
Hechingen 'hɛçɪŋən
Hechse 'hɛksə
Hecht hɛçt
Hecht (Name) hɛçt, *engl.* hɛkt
hechten 'hɛçtn̩
Heck hɛk
Hecke 'hɛkə
Hecke (Name) *dt., niederl.* 'hɛkə
Heckel[berg] 'hɛkl̩[bɛrk]
Heckelphon hɛkl̩'fo:n
hecken 'hɛkn̩
Heckengäu 'hɛkn̩gɔy̯
Hecker 'hɛkɐ, *engl.* 'hɛkə
Hecklingen 'hɛklɪŋən
Heckmann 'hɛkman
Heckmeck 'hɛkmɛk
Hečko *slowak.* 'hɛtʃkɔ
Hector 'hɛkto:ɐ̯, *engl.* 'hɛktə, *fr.* ɛk'tɔ:r
Héctor *span.* 'ɛktɔr
Hecuba 'he:kuba
Heda *niederl.* 'he:dɑ
Heda! 'he:da
Hedajat *pers.* hedɑ'jæt
Hedberg *schwed.* ˌhe:dbærj
Hedborn *schwed.* ˌhe:dbɔrn
Hedda 'hɛda
Heddal *norw.* ˌhɛda:l
Hede 'he:də, *schwed.* ˌhe:də
Hedemora *schwed.* ˌhe:də-mu:ra
Heden 'he:dn̩
Hedenvind *schwed.* ˌhe:dən-vind
Hederich 'he:dərɪç
Hedge... 'hɛtʃ...
Hedge[s] *engl.* 'hɛdʒ[ɪz]
Hedi 'he:di
Hedin *schwed.* he'di:n
Hedlinger 'he:dlɪŋɐ
Hedmark *norw.* ˌhe:dmark
Hedonik he'do:nɪk
Hedoniker he'do:nikɐ
Hedonismus hedo'nɪsmʊs
Hedonist hedo'nɪst
Hédouville *fr.* edu'vil
Hedrozele hedro'tse:lə
Hedschas 'hɛdʒas
Hedschra 'hɛdʒra
Hedtoft *dän.* 'hɪðtɔft
Hedwig 'he:tvɪç
Hedy 'he:di
Heem *niederl.* he:m
Heemsker[c]k *niederl.* 'he:mskɛrk
Heemstede *niederl.* 'he:mste:də
Heenan *engl.* 'hi:nən
Heer he:ɐ̯
Heereman 'he:rəman
Heeren 'he:rən
Heerenveen *niederl.* he:rən-'ve:n
Heeresma *niederl.* 'he:rəsmɑ
Heerich 'he:rɪç
Heerlen *niederl.* 'he:rlə
Heermann 'he:ɐ̯man
Heessen 'he:sn̩
Heesters 'he:stɐs
Heever *afr.* 'he:vər
Hefe[le] 'he:fə[lə]
Heffter 'hɛftɐ
hefig 'he:fɪç, **-e** ...ɪgə
Hefner 'he:fnɐ
Heft[el] 'hɛft[l̩]
hefteln 'hɛftl̩n
heften 'hɛftn̩
heftig 'hɛftɪç, **-e** ...ɪgə
Hegar 'he:gar
Hegau 'he:gau̯
Hege 'he:gə
Hegedűs *ung.* 'hɛgɛdy:ʃ
Hegel 'he:gl̩
Hegeler 'he:gəlɐ
Hegelianer he:gə'li̯a:nɐ
hegelianisch he:gə'li̯a:nɪʃ
Hegelianismus he:gəli̯a'nɪs-mʊs
Hegeling 'he:gəlɪŋ
hegelsch 'he:gl̩ʃ
Hegemann 'he:gəman
Hegemon 'he:gemɔn, **-en** hege'mo:nən
Hegemonial... hegemo'ni̯a:l...
Hegemonie hegemo'ni:, **-n** ...i:ən
Hegemonikon hegemoni'kɔn
hegemonisch hege'mo:nɪʃ
hegen 'he:gn̩, **heg!** he:k, **hegt** he:kt
Hegenbarth 'he:gn̩ba:ɐ̯t
Heger 'he:gɐ
Hegesias he'ge:zi̯as
Hegesipp[os] hege'zɪp[ɔs]
Hegewald 'he:gəvalt
Hegi 'he:gi
Hegius 'he:gi̯ʊs, *niederl.* 'he:ɣiʏs
Hegner 'he:gnɐ
Hegumenos he'gu:menɔs, **...noi** ...nɔy̯
Hehe (Bantuvolk) 'he:he
Hehl he:l
hehlen 'he:lən
Hehlerei he:lə'rai̯
Hehn he:n
hehr he:ɐ̯
hei! hai̯
Heia 'hai̯a
Heian 'he:an, *jap.* he':an̩
heiapopeia! hai̯apo'pai̯a
Heiberg 'hai̯bɛrk, *dän.* 'hai̯-bɛɐ̯'u̯, *engl.* 'haɪbə:g, *norw.* 'hɛi̯bærg
heida! hai̯'da:, 'hai̯da
Heide 'hai̯də
Heideck 'hai̯dɛk
Heidegger 'hai̯dɛgɐ
Heidelbeere 'hai̯dl̩be:rə
Heidelberg 'hai̯dl̩bɛrk, *engl.* 'haɪdlbə:g
Heideloff 'hai̯dəlɔf
Heidelore 'hai̯dəlo:rə
Heidelsheim 'hai̯dl̩shai̯m
Heidemarie 'hai̯dəmari:
Heiden 'hai̯dn̩
Heidenangst 'hai̯dn̩'|aŋst
Heidenau 'hai̯dənau̯
Heidenfeld 'hai̯dn̩fɛlt
Heidenhain 'hai̯dn̩hai̯n
Heidenheim 'hai̯dn̩hai̯m
Heidenlärm 'hai̯dn̩'lɛrm
heidenmäßig 'hai̯dn̩mɛ:sɪç
Heidenreichstein hai̯dn̩rai̯ç'ʃtai̯n
Heidenstam *schwed.* ˌhɛi̯dən-stam
Heider 'hai̯dɐ
Heiderose 'hai̯dəro:zə
Heidi 'hai̯di
heidi! hai̯'di:, *auch:* 'hai̯di
Heidin 'hai̯dɪn
Heidjer 'hai̯djɐ
heidnisch 'hai̯dnɪʃ
Heidrich 'hai̯drɪç
Heidrun 'hai̯dru:n
Heidschnucke 'hai̯tʃnʊkə
Heiduck hai̯'dʊk
Heiermann 'hai̯ɐman
Heifetz *engl.* 'haɪfɛts
Heights *engl.* haɪts
Heije[n] *niederl.* 'hɛi̯ə
Heijermans *niederl.* 'hɛi̯ər-mɑns
Heijthuizen *niederl.* 'hɛi̯thœi̯zə
Heike 'hai̯kə
heikel 'hai̯kl̩
Heiko 'hai̯ko
heil, Heil hai̯l
Heiland 'hai̯lant, **-e** ...ndə

H

Heilborn 'hailbɔrn
Heilbron *afr.* 'həilbrɔn, *engl.* 'hɪlbrɔn
Heilbronn hail'brɔn
Heilbutt 'hailbʊt
heilen 'hailən
Heiler 'hailɐ
heilfroh 'hail'fro:
heilig 'hailɪç, **-e** ...ɪgə
Heiligabend hailɪç'|a:bn̩t
Heiligedreikönigstag hailɪgə-drai'kø:nɪçsta:k
heiligen 'hailɪgn̩, **heilig!** 'hailɪç, **heiligt** 'hailɪçt
Heiligenbeil hailɪgn̩'bail
Heiligenberg 'hailɪgn̩bɛrk
Heiligenblut hailɪgn̩'blu:t
Heiligendamm hailɪgn̩'dam
Heiligengrabe hailɪgn̩'gra:bə
Heiligenhafen hailɪgn̩'ha:fn̩
Heiligenhaus 'hailɪgn̩haus
Heiligenkreuz hailɪgn̩'krɔyts
Heiligenstadt 'hailɪgn̩ʃtat
Heiligenwald 'hailɪgn̩valt
Heiliger 'hailɪgɐ
Heiliggeistkirche hailɪç'gaist-kɪrçə
Heiligtum 'hailɪçtu:m, **...tümer** ...ty:mɐ
Heiling 'hailɪŋ
Heiller 'hailɐ
heillos 'haillo:s
Heilmann 'hailman
Heilmeyer 'hailmaiɐ
Heilongjiang *chin.* xeilʊŋ-dʑiaŋ 121
Heilo[o] *niederl.* hɛi'lo:
heilsam 'hailza:m
Heilsberg 'hailsbɛrk
Heilsbronn hails'brɔn, '--
Heilung 'hailʊŋ
Heim haim
Heimaey *isl.* 'hɛimaɛi
Heimann 'haiman
Heimarmene haimar'me:nə
Heimat 'haima:t
Heimbach 'haimbax
Heimburg 'haimbʊrk
Heimchen 'haimçən
Heimdal[l] 'haimdal
heimelig 'haiməlɪç, **-e** ...ɪgə
Heimen 'haimən
Heimeran 'haimərаn
Heimesfurt 'haiməsfʊrt
Heimet 'haimət
heimfällig 'haimfɛlɪç
heimisch 'haimɪʃ
Heimito hai'mi:to
heimkehren 'haimke:rən
Heimkunft 'haimkʊnft
heimlich 'haimlɪç
Heimlichtuerei haimlɪçtu:ə'rai
Heimo 'haimo
Heimpel 'haimpl̩
Heimsheim 'haimshaim
Heimskringla 'haimskrɪŋla
Heimsoeth 'haimzø:t
heimsuchen 'haimzu:xn̩
Heimtücke 'haimtʏkə
heimtückisch 'haimtʏkɪʃ
heimwärts 'haimvɛrts
heimzu 'haimtsu:
Hein hain, *niederl.* hɛin, *dän.* hai'n
Hein[a] 'hain[a]
Heindl 'haindl̩
Heine 'hainə
Heinemann 'hainəman, *engl.* 'haɪnəmæn
Heiner 'hainɐ
heinesch, H... 'hainəʃ
Heinesen *dän.* 'hainəsn̩
Heini 'haini
Heinichen 'hainɪçn̩
Heinicke 'hainɪkə
Heiningen 'hainɪŋən
heinisch, H... 'hainɪʃ
Heinkel 'haiŋkl̩
Heinko 'haiŋko
Heinlein 'hainlain, *engl.* 'haɪn-laɪn
Heino 'haino, *niederl.* 'hɛino
Heinola *finn.* 'hɛinɔla
Heinrichau 'hainrɪçau
Heinrichsen 'hainrɪçsn̩
Heinrike hain'ri:kə
Heinroth 'hainro:t
Heinsberg 'hainsbɛrk
Heinse 'hainzə
Heinsius 'hainziʊs, *niederl.* 'hɛinsiʏs
Heintz[e] 'haints[ə]
Heintzelman 'haintsl̩man, *engl.* 'haɪntsəlmæn
Heinz[e] 'haints[ə]
Heinzel 'haintsl̩
Heinzelbank 'haintsl̩baŋk
Heinzelin 'haintsəli:n
Heinzelmännchen 'haintsl̩mɛn-çən
Heinzen[berg] 'haintsn̩[bɛrk]
heiopopeio! haiopo'paio
Heirat 'haira:t
heiraten 'haira:tn̩
Heiri 'hairi
heisa! 'haiza, 'haisa
heischen 'haiʃn̩
Heise[ler] 'haizə[lɐ]
Heisenberg 'haizn̩bɛrk
heiser 'haizɐ
Heisig 'haizɪç
heiß, H... hais
heißa! 'haisa
heißassa! 'haisasa
heißblütig 'haisbly:tɪç, **-e** ...ɪgə
heißen 'haisn̩
Heißenbüttel 'haisn̩bʏtl̩
heißspornig 'haisʃpɔrnɪç, **-e** ..ɪgə
Heißwasserspeicher hais'vasɐ-ʃpaiçɐ
Heist *niederl.* hɛist
Heister[bach] 'haistɐ[bax]
heiter, H... 'haitɐ
Heitersheim 'haitɐshaim
Heiti 'haiti
Heitmann 'haitman
Heitmüller 'haitmʏlɐ
Heitor *port.* ɐi'tor, *bras.* ei'tor
heizbar 'haitsba:ɐ̯
heizen 'haitsn̩
Hekabe 'he:kabe
Hekataios heka'taiɔs
Hekatäus heka'tɛ:ʊs
Hekate 'he:kate
Hekatombe heka'tɔmbə
Hekla 'he:kla, *isl.* 'hɛhkla
Hektar hɛk'ta:ɐ̯, '--
Hektare 'hɛkta:rə, -'--
Hektik 'hɛktɪk
Hektiker 'hɛktikɐ
hektisch 'hɛktɪʃ
Hektogramm hɛkto'gram, *auch:* '---
Hektograph hɛkto'gra:f
Hektographie hɛktogra'fi:, **-n** ...i:ən
hektographieren hɛktogra-'fi:rən
Hektoliter hɛkto'li:tɐ, *auch:* '----, ...lɪtɐ
Hektometer hɛkto'me:tɐ, *auch:* '----
Hektor 'hɛkto:ɐ̯
Hektorović *serbokr.* hɛk,tɔrɔ-vitɕ
Hektoster hɛkto'ste:ɐ̯, *auch:* '---
Hektowatt hɛkto'vat, *auch:* '---
Hekuba 'he:kuba
Hel he:l, *poln.* xɛl
Hela 'he:la, *poln.* 'xɛla
Helanca® he'laŋka
Helander *schwed.* he'landər
helau! he'lau
Helbling 'hɛlblɪŋ

Helche ˈhɛlçə
[1]**Held** hɛlt, **-en** ˈhɛldn̩
[2]**Held** (Name) hɛlt, *engl.* hɛld
Heldburg ˈhɛltbʊrk
Helden *niederl.* ˈhɛldə
heldenmütig ˈhɛldn̩myːtɪç, **-e** …ɪgə
Helder ˈhɛldɐ, *niederl.* ˈhɛldər
Helderenberg *niederl.* ˈhɛldərənbɛrx
heldisch ˈhɛldɪʃ
Heldrungen ˈhɛldrʊŋən
Heldt hɛlt
Helen ˈhɛlən, ˈheːlən, ˈhɛleːn, *engl.* ˈhɛlɪn
[1]**Helena** (Vorname) ˈheːlena, *engl.* ˈhɛlɪnə, hɛˈliːnə, *span.* eˈlena, *port.* iˈlenɐ, *bras.* eˈlena, *poln.* xɛˈlɛna, *tschech.* ˈhɛlɛna
[2]**Helena** (Stadt) *engl.* ˈhɛlɪnə
Helene heˈleːnə
Hélène *fr.* eˈlɛn
Helenos ˈheːlenɔs
Helensburgh *engl.* ˈhɛlɪnzbərə
Helenus ˈheːlenʊs, *schwed.* heˈleːnʊs
Helfe ˈhɛlfə
helfen ˈhɛlfn̩
Helfer[t] ˈhɛlfɐ[t]
Helffer ˈhɛlfɐ, *fr.* ɛlˈfɛːr
Helfferich ˈhɛlfərɪç
Helfgott ˈhɛlfgɔt
Helfta ˈhɛlfta
Helga *dt., dän.* ˈhɛlga, *schwed.* ˌhɛlga
Helgason *isl.* ˈhɛlgasɔn
Helge ˈhɛlgə, *norw., schwed.* ˌhɛlgə, *dän.* ˈhɛljə
Helgeland *norw.* ˌhɛlgəlan
Helgen ˈhɛlgn̩
Helgi ˈhɛlgi
Helgoland ˈhɛlgolant
Helgoländer ˈhɛlgolɛndɐ
helgoländisch ˈhɛlgolɛndɪʃ
Heliade *rumän.* eliˈade
heliakisch heˈli̯aːkɪʃ
Heliand ˈheːli̯ant
Helianthemum heˈli̯antemʊm, **…themen** …ˈteːmən
Helianthus heˈli̯antʊs
Heliar® heˈli̯aːɐ̯
Helicanus heliˈkaːnʊs
Hélie *fr.* eˈli
Helikes vgl. Helix
Helikogyre helikoˈgyːrə
Helikon ˈheːlikɔn
Helikopter heliˈkɔptɐ
Hélinand *fr.* eliˈnɑ̃
Heliobiologie heli̯obioloˈgiː, ˈheːl…
Heliodor heli̯oˈdoːɐ̯
Heliodoros heli̯oˈdoːrɔs
Heliodorus heli̯oˈdoːrʊs
Heliogabal[us] heli̯oˈgaːbal[ʊs]
Heliograph heli̯oˈgraːf
Heliographie heli̯ograˈfiː
Heliogravüre heli̯ograˈvyːrə
Heliometer heli̯oˈmeːtɐ
Hélion *fr.* eˈljõ
heliophil heli̯oˈfiːl
heliophob heli̯oˈfoːp, **-e** …oːbə
Heliopolis heˈli̯oːpolɪs
Helios ˈheːli̯ɔs
Heliosis heˈli̯oːzɪs
Helioskop heli̯oˈskoːp
Heliostat heli̯oˈstaːt
Heliotherapie heli̯oteraˈpiː
heliotrop, H… heli̯oˈtroːp
Heliotropin heli̯otroˈpiːn
Heliotropismus heli̯otroˈpɪsmʊs
heliozentrisch heli̯oˈt͜sɛntrɪʃ
Heliozoon heli̯oˈt͜soːɔn, **…zoen** …ˈt͜soːən
Heliport heliˈpɔrt
helisch ˈheːlɪʃ
Heliskiing ˈheːliskiːɪŋ
Helium ˈheːli̯ʊm
Helix ˈheːlɪks, **…ikes** …likeːs
Helizität helit͜siˈtɛːt
helkogen hɛlkoˈgeːn
Helkologie hɛlkoloˈgiː
Helkoma hɛlˈkoːma, **-ta** …ta
Helkose hɛlˈkoːzə
hell hɛl
Hell *dt., norw.* hɛl
Hella ˈhɛla, *isl.* ˈhɛdla
Hellaakoski *finn.* ˈhɛllɑːkɔski
Hellabrunn hɛlaˈbrʊn
Helladikum hɛˈlaːdikʊm
helladisch hɛˈlaːdɪʃ
Hellanikos hɛˈlaːnikɔs
Hellas ˈhɛlas
hellauf ˈhɛlˈl͜auf
helläugig ˈhɛl|ɔygɪç
Hellberge ˈhɛlbɛrgə
Hellbrunn hɛlˈbrʊn
Helldorf[f] ˈhɛldɔrf
[1]**Helle** ˈhɛlə
[2]**Helle** (altgr. Name) ˈhɛlə, …le
Hellebæk *dän.* ˈhɛləbeg
Hellebarde hɛləˈbardə
Hellebardier hɛləbarˈdiːɐ̯
Helleborus hɛˈleːborʊs
Hellegat[t] ˈhɛləgat
Hellemmes *fr.* ɛˈlɛm
hellen, H… ˈhɛlən
Hellene hɛˈleːnə
hellenisch hɛˈleːnɪʃ
hellenisieren hɛleniˈziːrən
Hellenismus hɛleˈnɪsmʊs
Hellenist[ik] hɛleˈnɪst[ɪk]
Hellenophilie hɛlenofiˈliː
Hellens *niederl.* ˈhɛləns, *fr.* ɛˈlɛ̃ːs
Heller ˈhɛlɐ, *engl.* ˈhɛlə, *schwed.* ˈhɛlər, *ung.* ˈhɛllɛr
Hellerau ˈhɛlərau̯
Helleristninger ˈhɛlərɪstnɪŋɐ
Hellespont hɛlɛsˈpɔnt
Helleu *fr.* ɛˈlø
Hellgat[t] ˈhɛlgat
hellhörig ˈhɛlhøːrɪç
Helligen vgl. Helling
Hellín *span.* eˈʎin
Helling ˈhɛlɪŋ, **Helligen** ˈhɛlɪgn̩
Hellingen ˈhɛlɪŋən
helllicht ˈhɛllɪçt
Hellman *engl* ˈhɛlmən
Hellmann ˈhɛlman
Hellmesberger ˈhɛlməsbɛrgɐ
Hellmut[h] ˈhɛlmuːt
Hello *fr.* ɛˈlo
Hellpach ˈhɛlpax
Hellriegel ˈhɛlriːgl̩
Hellseher ˈhɛlzeːɐ
Hellseherei hɛlzeːəˈrai̯
Hellström *schwed.* ˌhɛlstrœm
Hell-Ville *fr.* ɛlˈvil
hellwach ˈhɛlˈvax
Hellweg ˈhɛlveːk, **-es** ˈhɛlveːgəs
Hellwege ˈhɛlveːgə
Hellwig ˈhɛlvɪç
Helm[a] ˈhɛlm[a]
Helman *niederl.* ˈhɛlmɑn
Helmand *afgh.* hilˈmænd
Helmarshausen hɛlmarsˈhau̯zn̩
Helmbold ˈhɛlmbɔlt
Helmbrecht ˈhɛlmbrɛçt
Helmbrechts ˈhɛlmbrɛçt͜s
Helme ˈhɛlmə
Helmer ˈhɛlmɐ, *dän.* ˈhɛlˀmɐ
Helmerding ˈhɛlmɐdɪŋ
Helmers *niederl.* ˈhɛlmərs
Helmholtz ˈhɛlmhɔlt͜s
Helmine hɛlˈmiːnə
Helminthagogum hɛlmɪntaˈgoːgʊm, **…ga** …ga
Helminthe hɛlˈmɪntə
Helminthiasis hɛlmɪnˈtiːazɪs, **…asen** …ˈti̯aːzn̩
Helminthologie hɛlmɪntoloˈgiː
Helminthose hɛlmɪnˈtoːzə
Helmold, …lt ˈhɛlmɔlt

H

Helmond *niederl.* ˈhɛlmɔnt, *fr.* ɛlˈmõ
Helmont *niederl.* ˈhɛlmɔnt
Helmstedt ˈhɛlmʃtɛt
Helmstorf ˈhɛlmstɔrf
Helmtraud, Helmtraut ˈhɛlmtraut
Helmtrud ˈhɛlmtru:t
Helmut[h] ˈhɛlmu:t
Helmward ˈhɛlmvart
Helobiae heˈlo:biɛ
Helodea heˈlo:dea
Helodes heˈlo:dɛs
Heloise heloˈi:zə
Héloïse *fr.* elɔˈi:z
Helophyt heloˈfy:t
Helot[e] heˈlo:t[ə]
Helotismus heloˈtɪsmʊs
Hélou *fr.* eˈlu
Helper *engl.* ˈhɛlpə
Helprin *engl.* ˈhɛlprɪn
Helsingborg *schwed.* hɛlsiŋˈbɔrj
Helsingfors ˈhɛlzɪŋfɔrs, *schwed.* hɛlsɪŋˈfɔrs
Helsingin Sanomat *finn.* ˈhɛlsiŋŋin ˈsɑnɔmɑt
Helsingør *dän.* helsɪŋˈʏ:ˀɐ
Helsinki ˈhɛlzɪŋki, *finn.* ˈhɛlsiŋki
Helst *niederl.* hɛlst
Heltau ˈhɛltau
Heluan heˈlua:n
Helvellyn *engl.* hɛlˈvɛlɪn
Helvet hɛlˈve:t
Helvetas ˈhɛlvetas
Helvetia hɛlˈve:tsia
Helvetica hɛˈlve:tika
[1]**Helvetien** (Land) hɛlˈve:tsiən
[2]**Helvetien** (Geol.) hɛlveˈsiɛ̃:
Helvetier hɛlˈve:tsiɐ
Helvetik hɛlˈve:tɪk
helvetisch hɛlˈve:tɪʃ
Helvetismus hɛlveˈtɪsmʊs
Helvétius *fr.* ɛlveˈsjys
Helwig ˈhɛlvɪç
hem! həm, hm̩
Heman, ...men ˈhi:mɛn
Hemans *engl.* ˈhɛmənz
Hemau ˈhe:mau
Hemberg ˈhɛmbɛrk
Hemd hɛmt, **-es** ˈhɛmdəs
hemdsärmelig ˈhɛmts|ɛrməlɪç
Hemeldonck *niederl.* ˈhe:məldɔŋk
Hemel Hempstead *engl.* ˈhɛməl ˈhɛmpstɪd
Hemen vgl. Heman
Hemer ˈhe:mɐ

hemeradiaphor hemeradiaˈfo:ɐ
Hemeralopie hemeraloˈpi:
Hemerken ˈhe:mɐkn̩
Hemerocallis hemeroˈkalɪs
hemerophil hemeroˈfi:l
hemerophob hemeroˈfo:p, **-e** ...o:bə
Hemessen *niederl.* ˈhe:məsə
Hemet *engl.* ˈhɛmɪt
Hemialgie hemi|alˈgi:, **-n** ...i:ən
Hemianästhesie hemi|an|ɛsteˈzi:, **-n** ...i:ən
Hemianopsie hemi|an|ɔˈpsi:, **-n** ...i:ən
Hemiataxie hemi|ataˈksi:, **-n** ...i:ən
Hemiatrophie hemi|atroˈfi:, **-n** ...i:ən
Hemiedrie hemi|eˈdri:
Hemiepes hemi|eˈpe:s
Hemignathie hemignaˈti:, **-n** ...i:ən
Hemikranie hemikraˈni:, **-n** ...i:ən
Hemikraniose hemikraˈnio:zə
Hemikryptophyt hemikrʏptoˈfy:t
Hemiksem *niederl.* ˈhe:mɪksəm
Hemimelie hemimeˈli:, **-n** ...i:ən
Hemimetabolen hemimetaˈbo:lən
Hemimetabolie hemimetaboˈli:
hemimorph hemiˈmɔrf
Hemimorphit hemimɔrˈfi:t
Heming[way] *engl.* ˈhɛmɪŋ[weɪ]
Hemiole heˈmio:lə
Hemiopie hemi|oˈpi:, **-n** ...i:ən
Hemiopsie hemi|ɔˈpsi:, **-n** ...i:ən
Hemiparese hemipaˈre:zə
hemipelagisch hemipeˈla:gɪʃ
Hemiplegie hemipleˈgi:, **-n** ...i:ən
Hemiplegiker hemiˈple:gikɐ
Hemiplegische hemiˈple:gɪʃə
Hemiptere hemɪpˈte:rə
Hemispasmus hemiˈspasmʊs
Hemisphäre hemiˈsfɛ:rə
hemisphärisch hemiˈsfɛ:rɪʃ
Hemistichion hemiˈstɪçiɔn, **...ien** ...iən
Hemistichium hemiˈstɪçiʊm, **...ien** ...iən

Hemistichomythie hemistɪçomyˈti:
Hemitonie hemitoˈni:, **-n** ...i:ən
hemitonisch hemiˈto:nɪʃ
Hemizellulose hemitsɛluˈlo:zə
hemizyklisch hemiˈtsy:klɪʃ
Hemlocktanne ˈhɛmlɔktanə
Hemma ˈhɛma
Hemmel ˈhɛml̩
hemmen ˈhɛmən
Hemmer *schwed.* ˈhɛmər
Hemmerli[n] ˈhɛmɐli[:n]
Hemmingstedt ˈhɛmɪŋʃtɛt
Hemmnis ˈhɛmnɪs, **-se** ˈhɛmnɪsə
Hemmo ˈhɛmo
Hémon *fr.* eˈmõ
Hempel ˈhɛmpl̩
Hempstead *engl.* ˈhɛmpstɛd
Hemsterhuis *niederl.* ˈhɛmstərhœis
Henade heˈna:də
Henan *chin.* xʌnan 22
Henares *span.* eˈnares
Henarez heˈna:rɛs
Hénault *fr.* eˈno
Hench *engl.* hɛntʃ
Henckel[l] ˈhɛŋkl̩
Henckels ˈhɛŋkl̩s
Hendaye *fr.* ãˈdaj
Hendekagon hɛndekaˈgo:n
Hendekasyllabus hɛndekaˈzʏlabʊs, **...syllaben** ...zʏˈla:bn̩, **...syllabi** ...ˈzʏlabi
Hendel ˈhɛndl̩
Henderson[ville] *engl.* ˈhɛndəsn[vɪl]
Hendiadyoin hɛndiadyˈɔyn
Hendiadys hɛndiaˈdʏs
Hending ˈhɛndɪŋ
Hendl ˈhɛndl̩
Hendon *engl.* ˈhɛndən
Hendrich ˈhɛndrɪç
Hendri[c]k *niederl.* ˈhɛndrɪk
Hendricks, ...ix *engl.* ˈhɛndrɪks
Hendrych *tschech.* ˈhɛndrix
Hendschel ˈhɛntʃl̩
Henegouwen *niederl.* ˈhe:nəɣɔuwə
Hengelo *niederl.* ˈhɛŋəlo
Hengest ˈhɛŋgɛst
Hengist ˈhɛŋgɪst
Hengst hɛŋst
Hengstenberg ˈhɛŋstn̩bɛrk
Hengsteysee ˈhɛŋstaize:
Hengyang *chin.* xəŋ-iaŋ 22
Henhöfer ˈhɛnhø:fɐ
Henie *engl.* ˈhɛnɪ

Hénin-Liétard *fr.* enɛ̃lje'ta:r
Henisch 'he:nɪʃ
Henismus he'nɪsmʊs
Henk[e] 'hɛŋk[ə]
Henkel 'hɛŋkl̩
...henk[e]lig ...hɛŋk[ə]lɪç, **-e** ...ɪgə
Henkell® 'hɛŋkl̩
henken 'hɛŋkn̩
Henle 'hɛnlə
Henlein 'hɛnlai̯n
Henley *engl.* 'hɛnlɪ
Henna 'hɛna
Henne 'hɛnə
Henneberg 'hɛnəbɛrk
Hennebique *fr.* ɛn'bik
Hennebont *fr.* ɛn'bõ
Hennecke 'hɛnəkə
Hennef 'hɛnɛf
Hennegat[t] 'hɛnəgat
Hennegau 'hɛnəgau̯
Hennequin *fr.* ɛn'kɛ̃
Henner 'hɛnɐ, *fr.* ɛ'nɛ:r
Hennes 'hɛnəs
Hennessy *engl.* 'hɛnɪsɪ
Hennet 'hɛnət
Henni 'hɛni
Hennig[sdorf] 'hɛnɪç[sdɔrf]
Hennin ɛ'nɛ̃:
Henning *dt., engl.* 'hɛnɪŋ, *dän.* 'henɪŋ, *schwed.* ˌhɛnɪŋ
Henningsen *dän.* 'henɪŋsn̩
Henno 'hɛno
Henny 'hɛni, *engl.* 'hɛnɪ
Henoch 'he:nɔx
Henotheismus henote'ɪsmʊs
henotheistisch henote'ɪstɪʃ
Henri ã'ri:, *fr.* ã'ri, *engl.* 'hɛnrɪ, *dän.* 'henri
Henriade *fr.* ã'rjad
Henrici hɛn'ri:tsi
Henrideux *fr.* ãri'dø
Henrietta hɛnri'ɛta, *engl.* hɛnrɪ'ɛtə
Henriette hɛnri'ɛtə, *fr.* ã'rjɛt
Henrik 'hɛnrɪk, *dän.* 'hen'rəg, *schwed.* 'hɛnrik
Henrike hɛn'ri:kə
Henriot *fr.* ã'rjo
Henriquatre, -s *fr.* ãri'katr
Henrique *span.* en'rrike, *port.* ẽ'rrikə, *bras.* ẽ'rriki
Henriques *port.* ẽ'rrikɪʃ
Henríquez *span.* en'rrikeθ
Henry 'hɛnri, *engl.* 'hɛnrɪ, *fr.* ã'ri
Henryetta *engl.* hɛnrɪ'ɛtə
Henryk *poln.* 'xɛnrɨk
Henryson *engl.* 'hɛnrɪsn

Henschel 'hɛnʃl̩, *engl.* 'hɛnʃəl
Henschke 'hɛnʃkə
Hensel 'hɛnzl̩
Henselt 'hɛnzl̩t
Hensen 'hɛnzn̩, *niederl.* 'hɛnsə
Hensler 'hɛnslɐ
Henslow[e] *engl.* 'hɛnzloʊ
Hensoldt 'hɛnzɔlt
Henson *engl.* hɛnsn
Hentig 'hɛntɪç
Hentschel 'hɛntʃl̩
Henty *engl.* 'hɛntɪ
Hentzi 'hɛntsi
Henz[e] 'hɛnts[ə]
Henzi 'hɛntsi
Heortologie heɔrtolo'gi:
Heortologium heɔrto'lo:gi̯ʊm, **...ien** ...i̯ən
Hepar 'he:par, **...ata** ...ata
Heparin hepa'ri:n
Hepatalgie hepatal'gi:, **-n** ...i:ən
hepatalgisch hepa'talgɪʃ
Hepatargie hepatar'gi:, **-n** ...i:ən
Hepaticae he'pa:titsɛ
Hepatika he'pa:tika
Hepatisation hepatiza'tsi̯o:n
hepatisch he'pa:tɪʃ
Hepatitis hepa'ti:tɪs, **...itiden** hepati'ti:dn̩
Hepatoblastom hepatoblas'to:m
hepatogen hepato'ge:n
Hepatographie hepatogra'fi:
Hepatolith hepato'li:t
Hepatologe hepato'lo:gə
Hepatomegalie hepatomega'li:, **-n** ...i:ən
Hepatopankreas hepato'pankreas
Hepatopathie hepatopa'ti:, **-n** ...i:ən
Hepatoptose hepatɔp'to:zə
Hepatose hepa'to:zə
Hepatotoxämie hepatotɔksɛ'mi:, **-n** ...i:ən
Hepburn *engl.* 'hɛbə[:]n
Hephaistos he'fai̯stɔs
Hephäst he'fɛ:st
Hephästion, Hephaestion he'fɛ:sti̯ɔn
Hephästus he'fɛ:stʊs
Hephthemimeres hɛftemime're:s
Hephzibah *engl.* 'hɛfsɪbə, 'hɛfzɪbə
Hepner *engl.* 'hɛpnə
Heppenheim 'hɛpn̩hai̯m

Hepplewhite *engl.* 'hɛplwaɪt
Heptachord hɛpta'kɔrt, **-e** ...rdə
Heptagon hɛpta'go:n
Heptameron hɛp'ta:merɔn
Heptameter hɛp'ta:metɐ
Heptan hɛp'ta:n
Heptarchie hɛptar'çi:
Heptateuch hɛpta'tɔyç
Heptatonik hɛpta'to:nɪk
Heptode hɛ'pto:də
Heptose hɛp'to:zə
Hepworth *engl.* 'hɛpwə[:]θ
her he:ɐ̯
Hera 'he:ra
herab hɛ'rap
herabhängen hɛ'raphɛŋən
Heraclides hera'kli:dɛs
Heraeus he'rɛ:ʊs
Heraion he'rai̯ɔn
Heraklas 'he:raklas
Heraklea hera'kle:a
Herakleia hera'klai̯a, he'ra:klai̯a
Herakleides hera'klai̯dɛs
Herakleios hera'klai̯ɔs, he'ra:klai̯ɔs
herakleisch hera'kle:ɪʃ
Herakleitos he'ra:klai̯tɔs, hera'klai̯tɔs
Herakleopolis herakle'o:polɪs
Herakles 'he:raklɛs
Heraklide hera'kli:də
Heraklides hera'kli:dɛs
Heraklion he'ra:kliɔn
Heraklios he'ra:kliɔs
Heraklit hera'kli:t
Herakliteer herakli'te:ɐ
Heraklith® hera'kli:t
Heraklitus hera'kli:tʊs
Herald *engl.* 'hɛrəld
Heraldik he'raldɪk
Heraldiker he'raldikɐ
heraldisch he'raldɪʃ
heran hɛ'ran
heranbringen hɛ'ranbrɪŋən
Heräon he'rɛ:ɔn
Herat he'ra:t, *afgh.* hæ'rɑt
Heratimuster he'ra:timʊstɐ
herauf hɛ'rau̯f
Hérault *fr.* e'ro
Hérault de Séchelles *fr.* erodse'ʃɛl
heraus hɛ'rau̯s
herauskommen hɛ'rau̯skɔmən
herb hɛrp, **-e** 'hɛrbə
Herbalist hɛrba'lɪst
Herbar hɛr'ba:ɐ̯

Herbarium hɛr'ba:ri̯ʊm, **...ien** ...i̯ən
Herbart 'hɛrbart
Herbeck 'hɛrbɛk
Herbe[de] 'hɛrbə[də]
herbei hɛɐ̯'bai̯
herbeiführen hɛɐ̯'bai̯fy:rən
Herbelot *fr.* ɛrbə'lo
Herber 'hɛrbɐ
Herberge 'hɛrbɛrgə
herbergen 'hɛrbɛrgn̩, **herberg!** 'hɛrbɛrk, **herbergt** 'hɛrbɛrkt
Herberger 'hɛrbɛrgɐ
Herbermann 'hɛrbɐman
Herbern 'hɛrbɐn
Herberstein 'hɛrbɐʃtai̯n
Herbert 'hɛrbɛrt, *engl.* 'hə:bət, *poln.* 'xɛrbɛrt
Herbig 'hɛrbɪç
Herbin *fr.* ɛr'bɛ̃
herbivor hɛrbi'vo:ɐ̯
herbizid, H... hɛrbi'tsi:t, **-e** ...i:də
Herbling 'hɛrplɪŋ
Herbois *fr.* ɛr'bwa
Herbolzheim[er] 'hɛrbɔltshai̯m[ɐ]
Herborn 'hɛrbɔrn
Herbort 'hɛrbɔrt
Herbrand 'hɛrbrant, *fr.* ɛr'brã
Herbst hɛrpst
Herbstein 'hɛrpʃtai̯n
herbsteln 'hɛrpstl̩n
herbsten 'hɛrpstn̩
Herbster 'hɛrpstɐ
herbstlich 'hɛrpstlɪç
Herbstling 'hɛrpstlɪŋ
Herbst-Tagundnachtgleiche 'hɛrpstta:k|ʊnt'naxtglai̯çə
Herburger 'hɛrbʊrgɐ
Herceghalom *ung.* 'hɛrtsɛkhɔlom
Herceg-Novi *serbokr.* ˌhɛrtsɛg-'nɔvi:
Hercegovina *serbokr.* ˌhɛrtsɛgɔvina
Herculan[e]um hɛrku'la:n[e]ʊm
Herculano *port.* irku'lɐnu
Herculano de Carvalho e Araújo *port.* irku'lɐnu ðə kɐr'vaʎu i ɐrɐ'uʒu
Hercule *fr.* ɛr'kyl
Hercules 'hɛrkulɛs, *engl.* 'hə:kjʊli:z
Herczeg *ung.* 'hɛrtsɛg
Herd he:ɐ̯t, **-e** 'he:ɐ̯də
Herdal *dän.* 'hɛɐ̯dɛ:'l
Herde 'he:ɐ̯də
Herdecke 'hɛrdɛkə
Herder 'hɛrdɐ
herderisch, H... 'hɛrdərɪʃ
herdersch, H... 'hɛrdɐʃ
Here 'he:rə
Héré de Corny *fr.* eredkɔr'ni
Heredia *fr.* ere'dja, *span.* e'reðja
heredieren here'di:rən
hereditär heredi'tɛ:ɐ̯
Heredität heredi'tɛ:t
Heredodegeneration heredodegenera'tsi̯o:n
Heredopathie heredopa'ti:, **-n** ...i:ən
Hereford *engl.* 'hɛrɪfəd, *US* 'hə:fəd
herein hɛ'rai̯n
hereinbrechen hɛ'rai̯nbrɛçn̩
Hereke *türk.* 'hɛrɛkɛ
Hérelle, d' *fr.* de'rɛl
Heremans *niederl.* 'he:rəmɑns
Herennius he'rɛni̯ʊs
Hérens *fr.* e'rã
Herent *niederl.* 'he:rənt
Herentals *niederl.* 'he:rəntɑls
Herero he're:ro, *auch:* 'he:rero
Herford 'hɛrfɔrt, *engl.* 'hə:fəd, 'hɑ:fəd
Herfried 'hɛrfri:t
Hergenröther 'hɛrgn̩rø:tɐ
Hergesell 'hɛrgəzɛl
Hergesheimer *engl.* 'hə:gəshaɪmə
Hergiswald hɛrgɪs'valt
Hergot 'hɛrgɔt
Herhaus 'hɛrhau̯s
Hériat *fr.* e'rja
Heribert 'he:ribɛrt
Herihor heri'ho:ɐ̯
Hering[en] 'he:rɪŋ[ən]
Heringsdorf 'he:rɪŋsdɔrf
herinnen hɛ'rɪnən
Heris 'he:rɪs
Herisau 'he:rizau̯
Héristal *fr.* eris'tal
Herking 'hɛrkɪŋ
Herkner 'hɛrknɐ
Herkogamie hɛrkoga'mi:
Herkomer 'he:ɐ̯komɐ, *engl.* 'hə:kəmə
Herkommer 'he:ɐ̯kɔmɐ
herkömmlich 'he:ɐ̯kœmlɪç
Herkulaneum hɛrku'la:neʊm
Herkules 'hɛrkulɛs
herkulisch hɛr'ku:lɪʃ
Herkunft 'he:ɐ̯kʊnft
Herlein 'hɛrlai̯n
Herleshausen hɛrləs'hau̯zn̩
Herlev *dän.* 'hɛɐ̯leu̯
Herlihy *engl.* 'hə:lɪhɪ
Herlin 'hɛrli:n
Herlinde hɛr'lɪndə
Herlindis hɛr'lɪndɪs
Herling 'hɛrlɪŋ, *poln.* 'xɛrliŋk
Herlischka 'hɛrlɪʃka
Herlitze 'hɛrlɪtsə, *auch:* –'––
Herloß[son] 'hɛrlɔs[zo:n]
Herma[gor] 'hɛrma[go:ɐ̯]
Her Majesty *engl.* hə: 'mædʒɪstɪ
Herman 'hɛrman, *fr.* ɛr'mã, *schwed.* 'hærman, *engl.* 'hə:mən
Hermandad hɛrman'da:t, *span.* ɛrman'dað
Hermann 'hɛrman
Hermannsburg 'hɛrmansbʊrk
Hermannsson *isl.* 'hɛrmansɔn
Hermannstadt 'hɛrmanʃtat
Hermans *niederl.* 'hɛrmɑns
Hermant *fr.* ɛr'mã
Hermanus *afr.* hɛr'mɑ:nʏs
Hermäon hɛr'mɛ:ɔn
Hermaphrodismus hɛrmafro'dɪsmʊs
Hermaphrodit hɛrmafro'di:t
Hermaphroditismus hɛrmafrodi'tɪsmʊs
Hermas 'hɛrmas
Herme 'hɛrmə
Hermelin hɛrmə'li:n
Hermelink 'hɛrməlɪŋk
Hermeneutik hɛrme'nɔy̯tɪk
hermeneutisch hɛrme'nɔy̯tɪʃ
Hermengard 'hɛrməngart
Hermengild 'hɛrməngɪlt
Hermenigild 'hɛrmenigɪlt
[1]**Hermes** (Gott) 'hɛrmɛs
[2]**Hermes** (dt. Name) 'hɛrməs
Hermesianax hɛrme'zi:anaks
Hermeskeil 'hɛrməskai̯l
Hermetik hɛr'me:tɪk
Hermetiker hɛr'me:tɪkɐ
hermetisch hɛr'me:tɪʃ
hermetisieren hɛrmeti'zi:rən
Hermetismus hɛrme'tɪsmʊs
Hermi 'hɛrmi
Hermia[s] 'hɛrmi̯a[s]
Hermine hɛr'mi:nə
Hermione hɛrmi'no:nə
herminonisch hɛrmi'no:nɪʃ
[1]**Hermione** (griech. Name) hɛr'mi:one, *engl.* hə:'maɪənɪ
[2]**Hermione** (germ. Stammesangehöriger) hɛr'mi̯o:nə
Hermitage [h]ɛrmi'ta:ʒə, *fr.* ɛrmi'ta:ʒ

Hermite *fr.* ɛrˈmit
Hermlin hɛrmˈliːn
Hermodsson *schwed.* ˌhærmɔdsɔn
Hermogenes herˈmoːgenɛs
Hermokrates hɛrˈmoːkratɛs
Hermon ˈhɛrmɔn
Hermonax hɛrˈmoːnaks
Hermos ˈhɛrmɔs
Hermosa *engl.* həːˈmoʊsə
Hermosillo *span.* ɛrmoˈsiʎo
Herms[dorf] ˈhɛrms[dɔrf]
Hermundure hɛrmʊnˈduːrə
Hermupolis hɛrˈmuːpolɪs
hernach hɛɐ̯ˈnaːx
Hernád[i] *ung.* ˈhɛrnaːd[i]
Hernals hɛrˈnals
Hernández *span.* ɛrˈnandeθ
Hernando *span.* ɛrˈnando
Hernani ɛrˈnaːni, *span.* ɛrˈnani, *fr.* ɛrnaˈni
Herndon *engl.* ˈhəːndən
Herne ˈhɛrnə, *engl.* həːn
Hernie ˈhɛrni̯ə
hernieder hɛɐ̯ˈniːdɐ
Herning *dän.* ˈhɛɐ̯nɪŋ
Herniotomie hɛrni̯otoˈmiː, **-n** ...iːən
Hero ˈheːro
Heroa vgl. Heroon
heroben hɛˈroːbn̩
Herodas heˈroːdas
Herodes heˈroːdɛs
Herodian[os] heroˈdi̯aːn[ɔs]
Herodias heˈroːdi̯as
Herodium heˈroːdi̯ʊm
Herodot heroˈdɔt, *auch:* ...doːt
Herodotos heˈroːdotɔs
Heroe heˈroːə
Heroide heroˈiːdə
Heroik heˈroːɪk
[1]**Heroin** (Heldin) heˈroːɪn
[2]**Heroin** (Medikament) heroˈiːn
Heroine heroˈiːnə
Heroinismus heroiˈnɪsmʊs
heroisch heˈroːɪʃ
heroisieren heroiˈziːrən
Heroismus heroˈɪsmʊs
Herold ˈheːrɔlt, **-e** ...ldə
Hérold *fr.* eˈrɔld
Heron ˈheːrɔn, *engl.* ˈhɛrən
Herondas heˈrɔndas
Heroon heˈroːɔn, **Heroa** heˈroːa
Herophilos heˈroːfilɔs
Heros ˈheːrɔs, **Heroen** heˈroːən
Herostrat heroˈstraːt
herostratisch heroˈstraːtɪʃ
Herostratos heˈrɔstratɔs
Herotrickster ˈhiːroˈtrɪkstə
Héroult *fr.* eˈru
Herpály *ung.* ˈhɛrpaːj
Herpangina hɛrpaŋˈgiːna
Herpes ˈhɛrpɛs
herpetiform hɛrpetiˈfɔrm
herpetisch hɛrˈpeːtɪʃ
Herpetologie hɛrpetoloˈgiː
Herpf hɛrp͡f
Herr hɛr
Herrand ˈhɛrant
Herre ˈhɛrə
Herredia *span.* ɛˈrrɛði̯a
Herreise ˈheːɐ̯rai̯zə
Herreman *niederl.* ˈhɛrəman
Herrenalb hɛrənˈ|alp
Herrenberg ˈhɛrənbɛrk
Herrenchiemsee hɛrənˈkiːmzeː
Herrenwörth hɛrənˈvøːɐ̯t
Herrera *span.* ɛˈrrɛra
Herreshoff *dt., engl.* ˈhɛrəshɔf
Herreweghen *niederl.* ˈhɛrəweːɣə
Herrgott ˈhɛrgɔt
Herrgottsfrühe ˈhɛrgɔt͡sfryːə
Herrhausen ˈhɛrhau̯zn̩
Herrick *engl.* ˈhɛrɪk
Herrieden hɛˈriːdn̩
Herrin (Ort) *engl.* ˈhɛrɪn
Herriot *fr.* ɛˈrjo, *engl.* ˈhɛrɪət
herrisch ˈhɛrɪʃ
herrje! hɛrˈjeː
herrjemine! hɛrˈjeːmine
Herrmann ˈhɛrman, *engl.* ˈhəːmən
Herrnhut[er] ˈhɛrnhuːt[ɐ]
Herrschaft ˈhɛrʃaft
herrschen ˈhɛrʃn̩
Herrsching ˈhɛrʃɪŋ
Hersbruck hɛrsˈbrʊk
Hersch *fr.* ɛrʃ
Herschel ˈhɛrʃl̩, *engl.* ˈhəːʃəl
Hersey *engl.* ˈhəːsɪ, ˈhəːzɪ
Hersfeld ˈhɛrsfɛlt
Hershey *engl.* ˈhəːʃɪ
Herskovits *engl.* ˈhəːskəvɪts
Herstal *niederl.* ˈhɛrstɑl, *fr.* ɛrsˈtal
Herstmonceux *engl.* həːstmənˈzuː
Herta ˈhɛrta
Hertel ˈhɛrtl̩
Herten ˈhɛrtn̩, *niederl.* ˈhɛrtə
Herter ˈhɛrtɐ, *engl.* ˈhəːtə
[1]**Hertford** (England) *engl.* ˈhɑːfəd
[2]**Hertford** (USA) *engl.* ˈhəːtfəd
Hertfordshire *engl.* ˈhɑːfədʃɪə
Hertha ˈhɛrta
Herthaner hɛrˈtaːnɐ
Hertie ˈhɛrti
Hertling ˈhɛrtlɪŋ
Hertmann ˈhɛrtman
Herts *engl.* hɑːts
Hertwig ˈhɛrtvɪç
Hertz hɛrt͡s, *engl.* həːts, hɛəts, *dän.* hɛɐ̯ds, *poln.* xɛrts
Hertzberg ˈhɛrt͡sbɛrk
Hertziana hɛrˈt͡si̯aːna
Hertzog ˈhɛrt͡soːk, *engl.* ˈhəːtsɔg, *afr.* ˈhɛrtsɔx
Hertzsprung ˈhɛrt͡sʃprʊŋ, *dän.* ˈhɛɐ̯dsbrʊŋ
herüber hɛˈryːbɐ
herüberkommen hɛˈryːbɐkɔmən
Herðubreið *isl.* ˈhɛrðʏbrei̯ð
Heruler ˈheːrulɐ, heˈruːlɐ
herum hɛˈrʊm
herumführen hɛˈrʊmfyːrən
herunten hɛˈrʊntn̩
herunter hɛˈrʊntɐ
herunterkommen hɛˈrʊntɐkɔmən
Hervé *fr.* ɛrˈve
Herver ˈhɛrvɐ
Hervieu *fr.* ɛrˈvjø
hervor hɛɐ̯ˈfoːɐ̯
hervorragen hɛɐ̯ˈfoːɐ̯raːgn̩
Herward, ...rt[h] ˈhɛrvart
herwärts ˈheːɐ̯vɛrt͡s
Herwegen ˈhɛrveːgn̩
Herwegh ˈhɛrveːk
Herwig ˈhɛrvɪç
Herwiga hɛrˈviːga
Herz hɛrt͡s
herzallerliebst ˈhɛrt͡s|alɐˈliːpst
Herzallerliebste ˈhɛrt͡s|alɐˈliːpstə
Herzberg ˈhɛrt͡sbɛrk, *niederl.* ˈhɛrdzbɛrx
Herzebrock ˈhɛrt͡səbrɔk
Herzegowina hɛrt͡seˈgoːvina, *auch:* hɛrt͡segoˈviːna
Herzeloide hɛrt͡səˈlɔydə
herzen, H... ˈhɛrt͡sn̩
herzensgut ˈhɛrt͡sn̩sˈguːt
Herzfeld ˈhɛrt͡sfɛlt
Herzfelde ˈhɛrt͡sfɛldə
herzig ˈhɛrt͡sɪç, **-e** ...ɪgə
herzinnig hɛrt͡sˈ|ɪnɪç
herzinniglich hɛrt͡sˈ|ɪnɪklɪç
Herzl ˈhɛrt͡sl̩
Herzlieb ˈhɛrt͡sliːp
Herzliyya *hebr.* hɛrtsˈlija
Herzmanovsky hɛrt͡smaˈnɔfski

[1]**Herzog** 'hɛrtso:k, **Herzöge** ...tsø:gə
[2]**Herzog** (Name) 'hɛrtso:k, *fr.* ɛr'zɔg
Herzogenaurach hɛrtso:gn̩-'|aurax
Herzogenberg 'hɛrtso:gn̩bɛrk
Herzogenburg 'hɛrtso:gn̩bʊrk
Herzogenbusch hɛrtso:gn̩'bʊʃ
Herzogenrath hɛrtso:gn̩'ra:t, '----
Herzogin 'hɛrtso:gɪn
herzoglich 'hɛrtso:klɪç
Herzogstand 'hɛrtso:kʃtant
herzu hɛɐ̯'tsu:
herzukommen hɛɐ̯'tsu:kɔmən
herzynisch hɛr'tsy:nɪʃ
Hesbaye *fr.* ɛs'bɛ
Hesdin *fr.* e'dɛ̃
Hesekiel he'ze:ki̯e:l, *auch:* ...i̯ɛl
Hesiod he'zi̯o:t, *auch:* ...i̯ɔt
hesiodisch he'zi̯o:dɪʃ
Hesiodos he'zi:odɔs
Heske 'hɛskə
Hesler 'hɛslɐ
Hesperetin hɛspere'ti:n
Hesperide hɛspe'ri:də
Hesperidin hɛsperi'di:n
Hesperien hɛs'pe:ri̯ən
Hesperis 'hɛsperɪs
Hesperos 'hɛsperɔs
Hesperus 'hɛsperʊs
Hespos 'hɛspɔs
Heß hɛs
Hess *dt., engl.* hɛs
Hesse 'hɛsə
Hessel 'hɛsl̩
Hesselbach[er] 'hɛsl̩bax[ɐ]
Hessen 'hɛsn̩
Hessenberg 'hɛsn̩bɛrk
Hessenthal hɛsn̩'ta:l
Hessian *engl.* 'hɛsɪən
Hessing 'hɛsɪŋ
hessisch 'hɛsɪʃ
Hesso 'hɛso
Hessus 'hɛsʊs
Hester *engl.* 'hɛstə
Hestia 'hɛsti̯a
Heston *engl.* 'hɛstən
Hesych he'zʏç, ...'zy:ç
Hesychasmus hezy'çasmʊs
Hesychast hezy'çast
Hesychios he'zʏçi̯ɔs, he'zy:çi̯ɔs
Hetäre he'tɛ:rə
Hetärie hetɛ'ri:, **-n** ...i:ən
Hetel 'hɛtl̩
hetero, H... 'he:tero, 'hɛtero, he'te:ro
Heteroauxin hetero|au̯'ksi:n
heteroblastisch hetero'blastɪʃ
heterochlamydeisch heterokla-my'de:ɪʃ
Heterochromie heterokro'mi:, **-n** ...i:ən
Heterochromosom heterokro-mo'zo:m
Heterochylie heteroçy'li:
heterodont hetero'dɔnt
Heterodontie heterodɔn'ti:
heterodox hetero'dɔks
Heterodoxie heterodɔ'ksi:, **-n** ...i:ən
heterodynamisch heterody-'na:mɪʃ
heterofinal heterofi'na:l
heterogametisch heteroga-'me:tɪʃ
Heterogamie heteroga'mi:, **-n** ...i:ən
heterogen hetero'ge:n
Heterogenese heteroge'ne:zə
Heterogenität heterogeni'tɛ:t
Heterogonie heterogo'ni:
heterograd hetero'gra:t, **-e** ...a:də
Heterogramm hetero'gram
heterograph hetero'gra:f
Heterohypnose heterohʏp-'no:zə
Heterokarpie heterokar'pi:
heteroklin hetero'kli:n
Heteroklisie heterokli'zi:
heteroklitisch hetero'kli:tɪʃ
Heterokliton hete'ro:klitɔn, **...ta** ...ta
Heterokotylie heterokoty'li:
heterolog hetero'lo:k, **-e** ...o:gə
heteromer hetero'me:ɐ̯
heteromesisch hetero'me:zɪʃ
heteromorph hetero'mɔrf
Heteromorphie heteromɔr'fi:
Heteromorphismus hetero-mɔr'fɪsmʊs
Heteromorphopsie heteromɔr-fɔ'psi:, **-n** ...i:ən
Heteromorphose heteromɔr-'fo:zə
heteronom hetero'no:m
Heteronomie heterono'mi:
heteronym, H... hetero'ny:m
Heteronymie heterony'mi:
heterophag hetero'fa:k, **-e** ...a:gə
Heterophemie heterofe'mi:
Heterophobie heterofo'bi:, **-n** ...i:ən
heterophon hetero'fo:n
Heterophonie heterofo'ni:
Heterophorie heterofo'ri:
Heterophyllie heterofʏ'li:
heteropisch hete'ro:pɪʃ
Heteroplasie heteropla'zi:, **-n** ...i:ən
Heteroplastik hetero'plastɪk
heteroploid heteroplo'i:t, **-e** ...i:də
heteropolar heteropo'la:ɐ̯
Heteroptera hete'rɔptera
Heteropteren heterɔp'te:rən
Heterorhizie heterori'tsi:
Heterosemie heteroze'mi:, **-n** ...i:ən
Heterosexualität hetero-zɛksu̯ali'tɛ:t
heterosexuell heterozɛ'ksu̯ɛl
Heterosis hete'ro:zɪs
Heteroskedastizität heteroske-dastitsi'tɛ:t
Heterosom hetero'zo:m
Heterospermie heterospɛr'mi:
Heterosporie heterospo'ri:
Heterostereotyp heterostereo-'ty:p
Heterostylie heterosty'li:
Heterotaxie heterota'ksi:, **-n** ...i:ən
Heteroteleologie heteroteleo-lo'gi:
Heterotelie heterote'li:
heterotherm hetero'tɛrm
Heterotonie heteroto'ni:, **-n** ...i:ən
Heterotopie heteroto'pi:, **-n** ...i:ən
heterotopisch hetero'to:pɪʃ
heterotrop hetero'tro:p
heterotroph hetero'tro:f
Heterotrophie heterotro'fi:
heterozerk hetero'tsɛrk
Heterozetesis hetero'tse:tezɪs
heterözisch hete'rø:tsɪʃ
heterozygot heterotsy'go:t
Heterozygotie heterotsygo'ti:
heterozyklisch hetero'tsy:klɪʃ
Hetherington *engl.* 'hɛðərɪŋtən
Het[h]iter he'ti:tɐ
Het[h]itien he'ti:tsi̯ən
het[h]itisch he'ti:tɪʃ
Hethitologe hetito'lo:gə
Hethitologie hetitolo'gi:
Hetman 'hɛtman
Hetsch hɛtʃ
Hetschepetsch 'hɛtʃəpɛtʃ

Hetscherl ˈhɛtʃɐl
Hettange *fr.* ɛˈtãːʒ
Hettel ˈhɛtl̩
Hetti ˈhɛti
Hettingen ˈhɛtɪŋən
Hettinger ˈhɛtɪŋɐ
Hettiter hɛˈtiːtɐ
Hettlage ˈhɛtlaːɡə
Hettner ˈhɛtnɐ
Hettstedt ˈhɛtʃtɛt
Hetty ˈhɛti, *engl.* ˈhɛtɪ
Hetz[e] ˈhɛts[ə]
Hetzel ˈhɛtsl̩, *engl.* hɛtsl, *fr.* ɛtˈsɛl
Hetzen ˈhɛtsn̩
Hetzendorf ˈhɛtsn̩dɔrf
Hetzer ˈhɛtsɐ
Heu hɔy
Heubach ˈhɔybax
Heuberg ˈhɔybɛrk
Heuberger ˈhɔybɛrɡɐ
Heubner ˈhɔybnɐ
Heuchelberg ˈhɔyçl̩bɛrk
Heuchelei hɔyçəˈlai
heucheln ˈhɔyçl̩n
Heuchera ˈhɔyçera
Heuchler ˈhɔyçlɐ
heuen ˈhɔyən
Heuer, H... ˈhɔyɐ
heuern ˈhɔyɐn
heuert ˈhɔyɐt
heuet ˈhɔyət
Heuff *niederl.* høːf
Heuglin ˈhɔygliːn
Heulen ˈhɔylən
Heuman ˈhɔyman
Heuneburg ˈhɔynəbʊrk
heureka! ˈhɔyreka
heurig ˈhɔyrɪç, **-e** ...ɪɡə
Heuristik hɔyˈrɪstɪk
heuristisch hɔyˈrɪstɪʃ
Heurtebise *fr.* œrtˈbiːz
Heuschele ˈhɔyʃələ
Heuscheuer ˈhɔyʃɔyɐ
Heuschrecke ˈhɔyʃrɛkə
Heusde[n] *niederl.* ˈhøːzdə
Heusenstamm ˈhɔyzn̩ʃtam
Heuser ˈhɔyzɐ, *engl.* ˈhɔɪzə
Heusler ˈhɔyslɐ
Heuss[i] ˈhɔys[i]
Heute, H... ˈhɔytə
heutig ˈhɔytɪç, **-e** ...ɪɡə
heutigentags ˈhɔytɪɡn̩ˈtaːks, ˈ- - - -
Heutling ˈhɔytlɪŋ
heutzutage ˈhɔyttsutaːɡə
Heuven-Goedhart *niederl.* ˈhøːvənˈɣuthɑrt

Hevea ˈheːvea, **Heveae** ˈheːveɛ, **Heveen** heˈveːən
Hevel ˈheːvl̩
Hevelius heˈveːli̯ʊs
Hevelke ˈheːvl̩kə
Heveller heˈvɛlɐ, ˈheːvəlɐ
Heverlee *niederl.* ˈheːvərle
Heves *ung.* ˈhɛvɛʃ
Hevesi, ...sy *ung.* ˈhɛvɛʃi
Hévíz *ung.* ˈheːviːz
Hewel ˈheːvl̩
Hewel[c]ke ˈheːvl̩kə
Hewett *engl.* ˈhjuːɪt
Hewish *engl.* ˈhjuːɪʃ
Hewit[t] *engl.* ˈhjuːɪt
Hewlett *engl.* ˈhjuːlɪt
Hexachord hɛksaˈkɔrt, **-e** ...rdə
hexadaktyl hɛksadakˈtyːl
Hexadaktylie hɛksadaktyˈliː
hexadezimal hɛksadetsiˈmaːl
hexadisch hɛˈksaːdɪʃ
Hexaeder hɛksaˈ|eːdɐ
hexaedrisch hɛksaˈ|eːdrɪʃ
Hexaemeron hɛksaˈ|eːmerɔn
Hexagon hɛksaˈɡoːn
hexagonal hɛksagoˈnaːl
Hexagramm hɛksaˈɡram
hexamer hɛksaˈmeːɐ̯
Hexameron hɛˈksaːmerɔn
Hexameter hɛˈksaːmetɐ
hexametrisch hɛksaˈmeːtrɪʃ
Hexamin hɛksaˈmiːn
Hexan hɛˈksaːn
hexangulär hɛksaŋɡuˈlɛːɐ̯
Hexapla ˈhɛksapla
hexaploid hɛksaploˈiːt, **-e** ...iːdə
Hexapode hɛksaˈpoːdə
Hexastylos hɛˈksastylos, **...ylen** ...ˈstyːlən
Hexateuch hɛksaˈtɔyç
Hexe ˈhɛksə
hexen ˈhɛksn̩
Hexentanzplatz ˈhɛksn̩ˌtantsplats
Hexerei hɛksəˈrai
Hexis ˈhɛksɪs
Hexit hɛˈksiːt
Hexode hɛˈksoːdə
Hexogen hɛksoˈɡeːn
Hexose hɛˈksoːzə
Hexyl hɛˈksyːl
Hey[ck] hai[k]
Heyde[brand] ˈhaidə[brant]
Heydebreck ˈhaidəbrɛk
Heydekrug ˈhaidəkruːk
Heyden ˈhaidn̩, *niederl.* ˈhɛi̯də
Heydrich ˈhaidrɪç
Heydt hait

Heyduk *tschech.* ˈhɛjduk
Heye ˈhaiə, *niederl.* ˈhɛi̯ə
Heyen ˈhaiən
Heyer ˈhaiɐ
Heyerdahl *norw.* ˈhɛi̯ərdaːl
Heyking ˈhaikɪŋ
Heyl hail
Heyland[t] ˈhailant
Heym haim
Heymann ˈhaiman
Heyman[s] *niederl.* ˈhɛi̯mɑn[s]
Heymel ˈhaiml̩
Heyn *niederl.* hɛi̯n
Heyne ˈhainə
Heynicke ˈhainɪkə
Heyrovský *tschech.* ˈhɛjrɔfskiː
Heyse ˈhaizə
Heyward *engl.* ˈheɪwəd
Heywood *engl.* ˈheɪwʊd
hi! hiː
Hialeah *engl.* haɪəˈliːə
Hiärne *schwed.* ˌjæːrnə
Hias ˈhiːas
Hiasl ˈhiːasl̩
Hiat hi̯aːt
Hiatus ˈhi̯aːtʊs, **die -** ...tuːs
Hiawatha hiaˈvaːta, *engl.* haɪəˈwɔθə
Hibbard *engl.* ˈhɪbəd
Hibben *engl.* ˈhɪbən
Hibbert *engl.* ˈhɪbət
Hibbing *engl.* ˈhɪbɪŋ
Hibernakel hibɛrˈnaːkl̩
hibernal hibɛrˈnaːl
Hibernation hibɛrnaˈtsi̯oːn
Hibernia hiˈbɛrni̯a
Hibernien hiˈbɛrni̯ən
Hibis ˈhiːbɪs
Hibiskus hiˈbɪskʊs
hic et nunc ˈhiːk ɛt ˈnʊŋk
Hichens *engl.* ˈhɪtʃɪnz
hick! hɪk
hickeln ˈhɪkl̩n
Hicker[chen] ˈhɪkɐ[çən]
Hickes *engl.* hɪks
Hickhack ˈhɪkhak
Hickok *engl.* ˈhɪkɔk
[1]**Hickory** (Holz) ˈhɪkori
[2]**Hickory** (Name) *engl.* ˈhɪkərɪ
hicksen ˈhɪksn̩
Hicks[ville] *engl.* ˈhɪks[vɪl]
hic Rhodus, hic salta ˈhiːk ˈroːdʊs ˈhiːk ˈzalta
Hidalgo hiˈdalɡo, *span.* iˈðalɣo
Hidalgo y Costilla *span.* iˈðalɣo i kɔsˈtiʎa
Hiddensee ˈhɪdn̩zeː
Hidradenitis hidradeˈniːtɪs, **...itiden** ...niˈtiːdn̩

Hidraot hidraˈo:t
Hidrenus hiˈdre:nʊs
Hidroa hiˈdro:a
Hidro[s]adenitis hidro[z]adeˈni:tɪs, **...itiden** ...niˈti:dn̩
Hidrose hiˈdro:zə
Hidrosis hiˈdro:zɪs
Hidrotikum hiˈdro:tikʊm, **...ka** ...ka
hidrotisch hiˈdro:tɪʃ
Hidrozyste hidroˈt͜sʏstə
Hidschas hiˈd͜ʒa:s
Hidschra ˈhɪd͜ʒra
hie[b] hi:[p]
Hieb hi:p, **-e** ˈhi:bə
hiebei ˈhi:ˈbai̯, -ˈ-, *hinweisend* ˈ--
hieben ˈhi:bn̩
hiebt hi:pt
hiedurch ˈhi:ˈdʊrç, -ˈ-, *hinweisend* ˈ--
Hiefe ˈhi:fə
Hieflau hi:fˈlau̯
hiefür ˈhi:ˈfy:ɐ̯, -ˈ-, *hinweisend* ˈ--
hiegegen ˈhi:ˈge:gn̩, -ˈ--, *hinweisend* ˈ---
hieher ˈhi:ˈhe:ɐ̯, -ˈ-, *hinweisend* ˈ--
Hielscher ˈhi:lʃɐ
hielt hi:lt
hiemal hi̯eˈma:l
hiemit ˈhi:ˈmɪt, -ˈ-, *hinweisend* ˈ--
hienach ˈhi:ˈna:x, -ˈ-, *hinweisend* ˈ--
hieneben ˈhi:ˈne:bn̩, -ˈ--, *hinweisend* ˈ---
Hienfong-... hi̯ɛnˈfɔŋ...
hienieden ˈhi:ˈni:dn̩, -ˈ--, *hinweisend* ˈ---
hier hi:ɐ̯
Hierakas hi̯eˈra:kas
Hierakonpolis hi̯eraˈkɔnpolɪs
hieramts ˈhi:ɐ̯ˈlamt͜s, -ˈ-, *hinweisend* ˈ--
hieran ˈhi:ˈran, -ˈ-, *hinweisend* ˈ--
Hierapolis hi̯eˈra:polɪs
Hierarch hi̯eˈrarç, hiˈr...
Hierarchie hi̯erarˈçi:, hir..., **-n** ...i:ən
hierarchisch hi̯eˈrarçɪʃ, hiˈr...
hierarchisieren hi̯erarçiˈzi:rən, hir...
hieratisch hi̯eˈra:tɪʃ
hierauf ˈhi:ˈrau̯f, -ˈ-, *hinweisend* ˈ--
hieraufhin ˈhi:rau̯fˈhɪn, --ˈ-, *hinweisend* ˈ---
hieraus ˈhi:ˈrau̯s, -ˈ-, *hinweisend* ˈ--
Hierax ˈhi:eraks
hierbei ˈhi:ɐ̯ˈbai̯, -ˈ-, *hinweisend* ˈ--
Hierden *niederl.* ˈhi:rdə
hierdurch ˈhi:ɐ̯ˈdʊrç, -ˈ-, *hinweisend* ˈ--
hierein ˈhi:ˈrai̯n, -ˈ-, *hinweisend* ˈ--
hierfür ˈhi:ɐ̯ˈfy:ɐ̯, -ˈ-, *hinweisend* ˈ--
hiergegen ˈhi:ɐ̯ˈge:gn̩, -ˈ--, *hinweisend* ˈ---
hierher ˈhi:ɐ̯ˈhe:ɐ̯, -ˈ-, *hinweisend* ˈ--
hierherauf ˈhi:ɐ̯hɛˈrau̯f, --ˈ-, *hinweisend* ˈ---
hierherum ˈhi:ɐ̯hɛˈrʊm, --ˈ-, *hinweisend* ˈ---
hierherwärts ˈhi:ɐ̯ˈhe:ɐ̯vɛrt͜s, -ˈ--, *hinweisend* ˈ---
hierhin ˈhi:ɐ̯ˈhɪn, -ˈ-, *hinweisend* ˈ--
hierin ˈhi:ˈrɪn, -ˈ-, *hinweisend* ˈ--
hierinnen ˈhi:ˈrɪnən, -ˈ--, *hinweisend* ˈ---
Hierl hi:ɐ̯l
hierlands ˈhi:ɐ̯ˈlant͜s, -ˈ-, *hinweisend* ˈ--
hiermit ˈhi:ɐ̯ˈmɪt, -ˈ-, *hinweisend* ˈ--
hiernach ˈhi:ɐ̯ˈna:x, -ˈ-, *hinweisend* ˈ--
hierneben ˈhi:ɐ̯ˈne:bn̩, -ˈ--, *hinweisend* ˈ---
Hierodule hi̯eroˈdu:lə, hir...
Hieroglyphe hi̯eroˈgly:fə, hir...
Hieroglyphik hi̯eroˈgly:fɪk, hir...
hieroglyphisch hi̯eroˈgly:fɪʃ, hir...
Hierogramm hi̯eroˈgram, hir...
Hierokles ˈhi̯e:roklɛs
Hierokratie hi̯erokraˈti:, **-n** ...i:ən, hir...
Hieromant hi̯eroˈmant, hir...
Hieromantie hi̯eromanˈti:, hir...
Hieromonachos hi̯eroˈmo:naxɔs, hir..., **...choi** ...xɔy̯
Hieron ˈhi:erɔn
Hieronym hi̯eroˈny:m, hir...
Hieronymie hi̯eronyˈmi:, hir...
Hieronymus hi̯eˈro:nymʊs
Hierophant hi̯eroˈfant, hir...
hierorts ˈhi:ɐ̯ˈlɔrt͜s, -ˈ-, *hinweisend* ˈ--
Hieroskopie hi̯eroskoˈpi:, hir...
Hierosolyma hi̯eroˈzo:lyma
Hierro *span.* ˈjɛrrɔ
hierselbst ˈhi:ɐ̯ˈzɛlpst, -ˈ-, *hinweisend* ˈ--
Hiersemann ˈhi:ɐ̯zəman
hierüber ˈhi:ˈry:bɐ, -ˈ--, *hinweisend* ˈ---
hierum ˈhi:ˈrʊm, -ˈ-, *hinweisend* ˈ--
hierunter ˈhi:ˈrʊntɐ, -ˈ--, *hinweisend* ˈ---
hiervon ˈhi:ɐ̯ˈfɔn, -ˈ-, *hinweisend* ˈ--
hiervor ˈhi:ɐ̯ˈfo:ɐ̯, -ˈ-, *hinweisend* ˈ--
hierwider ˈhi:ɐ̯ˈvi:dɐ, -ˈ--, *hinweisend* ˈ---
hierzu ˈhi:ɐ̯ˈt͜su:, -ˈ-, *hinweisend* ˈ--
hierzulande ˈhi:ɐ̯t͜suˈlandə, *hinweisend* ˈ----
hierzwischen ˈhi:ɐ̯ˈt͜svɪʃn̩, -ˈ--, *hinweisend* ˈ---
Hiesel ˈhi:zl̩
hieselbst ˈhi:ˈzɛlpst, -ˈ-, *hinweisend* ˈ--
hiesig ˈhi:zɪç, **-e** ...ɪgə
Hiesl ˈhi:zl̩
hieß hi:s
hieven ˈhi:fn̩, *auch:* ˈhi:vn̩; **hiev!** hi:f, **hievt** hi:ft
hievon ˈhi:ˈfɔn, -ˈ-, *hinweisend* ˈ--
hievor ˈhi:ˈfo:ɐ̯, -ˈ-, *hinweisend* ˈ--
hiewider ˈhi:ˈvi:dɐ, -ˈ--, *hinweisend* ˈ---
hiezu ˈhi:ˈt͜su:, -ˈ-, *hinweisend* ˈ--
hiezulande ˈhi:t͜suˈlandə, *hinweisend* ˈ----
hiezwischen ˈhi:ˈt͜svɪʃn̩, -ˈ--, *hinweisend* ˈ---
Hi-Fi ˈhai̯fi, ˈhai̯fai̯
Hifthorn ˈhɪfthɔrn
Higaschimurajama *jap.* hiˈgaʃimuraˌjama
Higaschiosaka *jap.* hiˈgaʃio:saka
Higden *engl.* ˈhɪgdən
Higgins *engl.* ˈhɪgɪnz
Higginson *engl.* ˈhɪgɪnsn
high hai̯
Highball ˈhai̯bo:l
Highboard ˈhai̯bo:ɐ̯t, ...bɔrt
Highbrow ˈhai̯brau̯

High Church 'hai̯tʃø:ɐ̯tʃ, ...tʃœrtʃ
Highend... 'hai̯|ɛnt...
Highfidelity 'hai̯fi'dɛliti
Highgate *engl.* 'haɪgɪt
Highheels 'hai̯'hi:ls
Highimpact 'hai̯|ɪmpɛkt
Highland[s] *engl.* 'haɪlənd[z]
Highlife 'hai̯lai̯f
Highlight 'hai̯lai̯t
Highnoon 'hai̯'nu:n
Highpoint 'hai̯pɔy̯nt
Highriser 'hai̯rai̯zɐ
Highschool 'hai̯sku:l
Highsmith *engl.* 'haɪsmɪθ
Highsnobiety 'hai̯sno'bai̯iti
Highsociety 'hai̯zo'sai̯iti
Hightech 'hai̯'tɛk
Highway 'hai̯ve:
Higutschi *jap.* hi̯'gutʃi
hihi! hi'hi:
Hijacker 'hai̯dʒɛkɐ
Hijacking 'hai̯dʒɛkɪŋ
Hikmet *türk.* hik'mɛt
Hila vgl. Hilum
Hilaire *fr.* i'lɛ:r
Hilar 'hi:lar, *tschech.* 'hilar
Hilario *span.* i'lari̯o
Hilarion hi'la:ri̯ɔn
Hilarión *span.* ila'ri̯ɔn
Hilaris 'hi:larɪs
Hilarität hilari'tɛ:t
Hilarius hi'la:ri̯ʊs
Hilarus 'hi:larʊs
Hilary *engl.* 'hɪlərɪ
Hilberseimer 'hɪlbɐzai̯mɐ
Hilbert 'hɪlbɐt, *tschech.* 'hilbɛrt
Hilbig 'hɪlbɪç
Hilchenbach 'hɪlçn̩bax
Hilda 'hɪlda
Hildburg 'hɪltbʊrk
Hildburghausen hɪltbʊrk'hau̯zn̩
Hildchen 'hɪltçən
Hilde[bert] 'hɪldə[bɛrt]
Hildebrand 'hɪldəbrant, *schwed.* ˌhildəbrand
Hildebrandt 'hɪldəbrant
Hildeburg 'hɪldəbʊrk
Hildefons 'hɪldəfɔns
Hildegard 'hɪldəgart
Hildegarde hɪldə'gardə
Hildegund 'hɪldəgʊnt
Hildegunde hɪldə'gʊndə
Hildemar 'hɪldəmar
Hilden 'hɪldn̩
Hilderich 'hɪldərɪç
Hilders 'hɪldɐs
Hildesheim 'hɪldəshai̯m
Hildesheimer 'hɪldəshai̯mɐ
Hildreth *engl.* 'hɪldrɪθ
Hildrun 'hɪldru:n
hilf!, H... hɪlf
Hilfe 'hɪlfə
Hilferding 'hɪlfɐdɪŋ
hilflos 'hɪlflo:s
hilft hɪlft
Hili vgl. Hilus
Hilitis hi'li:tɪs, **Hilitiden** hili'ti:dn̩
Hilke 'hɪlkə
Hilker 'hɪlkɐ
Hill *dt., engl.* hɪl
Hilla[rd] 'hɪla[rt]
Hillary *engl.* 'hɪlərɪ
Hillbilly 'hɪlbɪli
Hille[bille] 'hɪlə[bɪlə]
Hillebrand 'hɪləbrant, *engl.* 'hɪləbrænd
Hillebrandt 'hɪləbrant
Hillegom *niederl.* 'hɪləɣɔm
Hilleh 'hɪle
Hillel hɪ'le:l, 'hɪlɛl
Hiller 'hɪlɐ, *engl.* 'hɪlə
Hillerheide hɪlɐ'hai̯də
Hillerød *dän.* 'hiləʀʏ:'ð
Hillery *engl.* 'hɪlərɪ
Hilliard *engl.* 'hɪlɪəd
Hillingdon *engl.* 'hɪlɪŋdən
Hillis *engl.* 'hɪlɪs
Hillman *engl.* 'hɪlmən
Hillsboro[ugh] *engl.* 'hɪlzbəroʊ
Hillsdale *engl.* 'hɪlzdeɪl
Hillside *engl.* 'hɪlsaɪd
Hillyer *engl.* 'hɪlɪə
Hilman *engl.* 'hɪlmən
Hilmand *afgh.* hil'mænd
Hilma[r] 'hɪlma[r]
Hilo 'hi:lo, *engl.* 'hi:loʊ
Hilpert 'hɪlpɐt
Hilpoltstein 'hɪlpɔltʃtai̯n
Hilprecht 'hɪlprɛçt
Hils[bach] 'hɪls[bax]
Hilsenrath 'hɪlzn̩ra:t
Hiltbrunner 'hɪltbrʊnɐ
Hilton *engl.* hɪltn
Hiltraud, ...aut 'hɪltrau̯t
Hiltrud 'hɪltru:t
Hiltrup 'hɪltrʊp
Hilty 'hɪlti
Hilum 'hi:lʊm, **...la** ...la
Hilus 'hi:lʊs, **Hili** 'hi:li
Hilverding 'hɪlfɐdɪŋ
Hilversum *niederl.* 'hɪlvərsʏm
Hilwan hɪl'va:n
Himachal Pradesh *engl.* hɪ'mɑ:tʃəl prɑ:'dɛʃ
Himalaja hi'ma:laja, *auch:* hima'la:ja
Himalaya *engl.* hɪmə'leɪə
Himation hi'ma:ti̯ɔn, **...ien** ...i̯ən
Himbeere 'hɪmbe:rə
Himedschi *jap.* 'hiˌmedʒi, hi'medʒi
Himera 'hi:mera
Himerios hi'me:ri̯ɔs
Himes *engl.* haɪmz
Himilco hi'mɪlko
Himilkon hi'mɪlkɔn
Himmel 'hɪml̩
himmelan hɪml̩'|an
himmelangst 'hɪml̩'|aŋst
himmelauf hɪml̩'|au̯f
himmelblau 'hɪml̩blau̯
Himmeldonnerwetter! 'hɪml̩'dɔnɐ'vɛtɐ
himmelhoch 'hɪml̩'ho:x
Himmelkron 'hɪml̩kro:n
himmeln 'hɪmln̩
himmelwärts 'hɪml̩vɛrts
himmelweit 'hɪml̩'vai̯t
Himmerod 'hɪmərо:t
Himmler 'hɪmlɐ
himmlisch 'hɪmlɪʃ
hin hɪn
hinab hɪ'nap
hinabfahren hɪ'napfa:rən
Hinajana hina'ja:na
hinan hɪ'nan
hinangehen hɪ'nange:ən
hinauf hɪ'nau̯f
hinaufblicken hɪ'nau̯fblɪkn̩
hinaus hɪ'nau̯s
hinausgehen hɪ'nau̯sge:ən
Hinayana hina'ja:na
hinblicken 'hɪnblɪkn̩
Hinckley *engl.* 'hɪŋklɪ
Hind *engl.* haɪnd
Hinde 'hɪndə
Hindelang 'hɪndəlaŋ
Hindemith 'hɪndəmɪt
Hindenburg 'hɪndn̩bʊrk
Hinderer 'hɪndərɐ
hinderlich 'hɪndɐlɪç
hindern 'hɪndɐn, **hindre** 'hɪndrə
Hindernis 'hɪndɐnɪs, **-se** ...ɪsə
Hindi 'hɪndi
Hindin 'hɪndɪn
Hindostan 'hɪndɔsta[:]n
Hindu 'hɪndu
Hinduismus hɪndu'ɪsmʊs
hinduistisch hɪndu'ɪstɪʃ
Hindukusch 'hɪndukʊʃ
hindurch hɪn'dʊrç

hindurchgehen hɪn'dʊrçge:ən
Hindustan 'hɪndʊsta[:]n
Hindustani hɪndʊs'ta:ni
hindustanisch hɪndʊs'ta:nɪʃ
Hindusthan Times *engl.* hɪn-dʊs'tɑ:n 'taɪmz
hinein hɪ'nain
hineingeheimnissen hɪ'naingə-haimnɪsn̩
Hines[ville] *engl.* 'haɪnz[vɪl]
hinfort hɪn'fɔrt
hing hɪŋ
hingegen hɪn'ge:gn̩
Hingham *engl.* 'hɪŋəm
Hingis 'hɪŋgɪs
Hinkel[stein] 'hɪŋkl̩[ʃtain]
hinken 'hɪŋkn̩
Hinkley *engl.* 'hɪŋklɪ
Hinkmar 'hɪŋkmar
Hinkunft 'hɪnkʊnft
hinnen 'hɪnən
Hinnerk 'hɪnɐk
Hinnøy *norw.* ˌhinœy̆
Hino *jap.* 'hiˌno
Hinojosa *span.* inɔ'xosa
Hinrek *niederl.* 'hɪnrək
Hinrich[s] 'hɪnrɪç[s]
Hinrick 'hɪnrɪk
Hinschius 'hɪnʃi̯ʊs
Hinsdale *engl.* 'hɪnzdeɪl
hintan... hɪnt'|an...
hintanbleiben hɪnt'|anblaibn̩
hinten 'hɪntn̩
hintenan... 'hɪntn̩'|an...
hintenanbleiben hɪntn̩-'|anblaibn̩
hintendran 'hɪntn̩'dran
hintendrauf 'hɪntn̩'drauf
hintendrein 'hɪntn̩'drain
hintenheraus 'hɪntn̩hɛ'raus
hintenherum 'hɪntn̩hɛ'rʊm
hintenhin 'hɪntn̩hɪn
hintennach 'hɪntn̩'na:x
hintenraus 'hɪntn̩'raus
hintenrum 'hɪntn̩'rʊm
hintenüber 'hɪntn̩'|y:bɐ
hintenüberfallen hɪntn̩-'|y:bɐfalən
hinter 'hɪntɐ
Hinterbänkler 'hɪntɐbɛŋklɐ
Hinterberger 'hɪntɐbɛrgɐ
hinterbleiben hɪntɐ'blaibn̩
Hinterbliebene hɪntɐ'bli:bənə
hinterbringen 1. 'hɪntɐbrɪŋən 2. --'--
hinterdrein hɪntɐ'drain
hinterdreinlaufen hɪntɐ'drain-laufn̩
hintere 'hɪntərə
hintereinander hɪntɐ|ai'nandɐ
hintereinanderher hɪntɐ-|ainandɐ'he:ɐ̯
hinteressen 'hɪntɐ|ɛsn̩
hinterfotzig 'hɪntɐfɔtsɪç, **-e** ...ɪgə
hinterfragen hɪntɐ'fra:gn̩
hintergehen 1. 'hɪntɐge:ən 2. --'--
Hintergehung hɪntɐ'ge:ʊŋ
hintergießen 1. 'hɪntɐgi:sn̩ 2. --'--
Hinterglasmalerei hɪntɐ-'gla:sma:lərai
hinterhältig 'hɪntɐhɛltɪç
hinterher hɪntɐ'he:ɐ̯, *auch:* '---
hinterherlaufen hɪntɐ-'he:ɐ̯laufn̩
hinterlassen hɪntɐ'lasn̩
hinterlegen hɪntɐ'le:gn̩
hinterm 'hɪntɐm
hintern, H... 'hɪntɐn
Hinterrhein 'hɪntɐrain
hinterrücks 'hɪntɐrʏks
hinters 'hɪntɐs
Hintersass[e] 'hɪntɐzas[ə]
hinterschlingen 'hɪntɐʃlɪŋən
hinterschlucken 'hɪntɐʃlʊkn̩
hintersinnen hɪntɐ'zɪnən
hinterst 'hɪntɐst
hintertreiben hɪntɐ'traibn̩
Hintertupfingen hɪntɐ-'tʊpfɪŋən
Hintertux 'hɪntɐtʊks
Hinterwäldler 'hɪntɐvɛltlɐ
hinterwärts 'hɪntɐvɛrts
Hinterzarten 'hɪntɐtsa:ɐ̯tn̩
hinterziehen hɪntɐ'tsi:ən
Hinton *engl.* 'hɪntən
Hintze 'hɪntsə
hinüber hɪ'ny:bɐ
hinüberbringen hɪ'ny:bɐ-brɪŋən
Hin und Her 'hɪn ʊnt 'he:ɐ̯
Hin- und Herfahrt hɪn-|ʊnt'he:ɐ̯fa:ɐ̯t
hinunter hɪ'nʊntɐ
hinuntergehen hɪ'nʊntɐge:ən
hinwärts 'hɪnvɛrts
hinweg hɪn'vɛk
Hinweg 'hɪnve:k
hinweggehen hɪn'vɛkge:ən
Hinweis 'hɪnvais, **-e** ...aizə
hinwieder hɪn'vi:dɐ
hinwiederum hɪn'vi:dərʊm
Hinwil hɪn'vi:l
Hinz[e] 'hɪnts[ə]
hinzu hɪn'tsu:
hinzukommen hɪn'tsu:kɔmən
Hiob 'hi:ɔp
Hiogo *jap.* 'hjoˌ:go
hip hɪp
Hip-Hop 'hɪphɔp
Hipler 'hɪplɐ
Hipólito *span.* i'polito
hipp, hipp, hurra! 'hɪp 'hɪp hʊ'ra:
Hipp hɪp
Hippanthropie hɪpantro'pi:, **-n** ...i:ən
Hipparch hɪ'parç
Hipparion hɪ'pa:ri̯ɔn, **...ien** ...i̯ən
Hippe 'hɪpə
Hippeastrum hɪpe'astrʊm
Hippel 'hɪpl̩
Hipper 'hɪpɐ
Hipphipphurra hɪphɪphʊ'ra:
Hippias 'hɪpi̯as
Hippiatrie hɪpi̯a'tri:
Hippiatrik hɪ'pi̯a:trɪk
Hippie 'hɪpi
Hippo 'hɪpo
Hippocampus hɪpo'kampʊs, **...pi** ...pi
Hippodamos hɪ'po:damɔs
Hippodrom hɪpo'dro:m
Hippogryph hɪpo'gry:f
Hippokamp hɪpo'kamp
Hippokrates hɪ'po:kratɛs
Hippokratiker hɪpo'kra:tikɐ
hippokratisch, H... hɪpo'kra:tɪʃ
Hippokratismus hɪpokra'tɪs-mʊs
Hippokrene hɪpo'kre:nə
Hippologe hɪpo'lo:gə
Hippologie hɪpolo'gi:
hippologisch hɪpo'lo:gɪʃ
Hippolyt hɪpo'ly:t
Hippolyta hɪ'po:lyta
Hippolyte hɪ'po:lyte, *fr.* ipɔ'lit
Hippolytos hɪ'po:lytɔs
Hippolytus hɪ'po:lytʊs
Hippomanes hɪ'po:manɛs
Hipponakteus hɪponak'te:ʊs, **...een** ...'te:ən
Hipponax hɪ'po:naks
Hippopotamus hɪpo'po:tamʊs
Hippo Regius 'hɪpo 're:gi̯ʊs
Hippotherapie hɪpotera'pi:
Hippurit hɪpu'ri:t
Hippursäure hɪ'pu:ɐ̯zɔyrə
Hippus 'hɪpʊs
Hipster 'hɪpstɐ
Hirado *jap.* hi'rado
Hiragana hira'ga:na
Hirakata *jap.* hi'rakata

Hiram ˈhiːram, *engl.* ˈhaɪərəm
Hiratsuka *jap.* hiˈratsu̯ka
Hirche ˈhɪrçə
Hirn hɪrn
Hirohito hiroˈhiːto, *jap.* hiˈroˌhito
Hirosaki *jap.* hiˈroˌsaki
Hiroschige hiroˈʃiːgə, *jap.* hiˈroˌʃige
Hiroschima hiˈrɔʃima, *auch:* hiroˈʃiːma; *jap.* hiˈrɔʃima
Hiršal *tschech.* ˈhirʃal
Hirsau ˈhɪrzau̯
[1]**Hirsch** hɪrʃ
[2]**Hirsch** (Name) hɪrʃ, *engl.* həːʃ, *fr.* irʃ
Hirschau ˈhɪrʃau̯
Hirschbein ˈhɪrʃbai̯n
Hirschberg ˈhɪrʃbɛrk
Hirscher ˈhɪrʃɐ
Hirschfeld ˈhɪrʃfɛlt
Hirschfelde hɪrʃˈfɛldə
Hirschhorn ˈhɪrʃhɔrn
Hirschsprung ˈhɪrʃʃprʊŋ
Hirschvogel ˈhɪrʃfoːgl̩
Hirse ˈhɪrzə
Hîrșova *rumän.* ˈhɨrʃova
Hirst *engl.* həːst
Hirsuties hɪrˈzuːt͜si̯ɛs
Hirsutismus hɪrzuˈtɪsmʊs
Hirt[e] ˈhɪrt[ə]
hirten ˈhɪrtn̩
Hirtentäschel ˈhɪrtn̩tɛʃl̩
Hirth hɪrt
Hirtius ˈhɪrt͜si̯ʊs
Hirtshals *dän.* ˈhiɐ̯dshælʼs
Hirtsiefer ˈhɪrt͜siːfɐ
Hirtzenhain ˈhɪrt͜sn̩hai̯n
Hirudin hiruˈdiːn
Hirzebruch ˈhɪrt͜səbrʊx
Hirzel ˈhɪrt͜sl̩
his, His hɪs
Hisar *türk.* hiˈsar
Hisarlık *türk.* hiˈsarlɨk
Hisbollah hɪsˈbɔla, hɪsbɔˈlaː
Hisbullah hɪsˈbʊla, hɪsbʊˈlaː
Hischam hɪˈʃaːm
Hiskia[s] hɪsˈkiːa[s]
Hiskija hɪsˈkiːja
His Majesty *engl.* hɪz ˈmædʒɪstɪ
Hispana hɪsˈpaːna
Hispanidad *span.* ispaniˈðað
Hispanien hɪsˈpaːni̯ən
Hispaniola hɪspaˈni̯oːla
hispanisch hɪsˈpaːnɪʃ
hispanisieren hɪspaniˈziːrən
Hispanismus hɪspaˈnɪsmʊs
Hispanist[ik] hɪspaˈnɪst[ɪk]
Hispanität hɪspaniˈtɛːt
Hispano hɪsˈpaːno
Hispanomoreske hɪspanomoˈrɛskə
Hispanus hɪsˈpaːnʊs
Hissar *engl.* hɪˈsɑː
hissen ˈhɪsn̩
Histadrut *hebr.* histaˈdrut
Histamin hɪstaˈmiːn
Hister ˈhɪstɐ
Histidin hɪstiˈdiːn
histioid hɪsti̯oˈiːt, **-e** ...iːdə
Histiozyt hɪsti̯oˈt͜syːt
Histochemie hɪstoçeˈmiː
histogen hɪstoˈgeːn
Histogenese hɪstogeˈneːzə
histogenetisch hɪstogeˈneːtɪʃ
Histogenie hɪstogeˈniː
Histogramm hɪstoˈgram
histoid hɪstoˈiːt, **-e** ...iːdə
Histologe hɪstoˈloːgə
Histologie hɪstoloˈgiː
histologisch hɪstoˈloːgɪʃ
Histolyse hɪstoˈlyːzə
Histomat, HISTOMAT hɪstoˈmat
Histon hɪsˈtoːn
Histopathologie hɪstopatoloˈgiː
Histörchen hɪsˈtøːɐ̯çən
Historie hɪsˈtoːri̯ə
Historik hɪsˈtoːrɪk
Historiker hɪsˈtoːrikɐ
Historiograph hɪstori̯oˈgraːf
Historiographie hɪstori̯ograˈfiː
Historiologie hɪstori̯oloˈgiː
historisch hɪsˈtoːrɪʃ
historisieren historiˈziːrən
Historismus hɪstoˈrɪsmʊs
Historist hɪstoˈrɪst
Historizismus hɪstoriˈt͜sɪsmʊs
Historizität hɪstorit͜siˈtɛːt
Histotherapie hɪstoteraˈpiː
Histrione hɪstriˈoːnə
Hit hɪt
Hita *span.* ˈita
Hitatschi *jap.* hiˈtaˌt͜ʃi, ˈhiˌtat͜ʃi̯
Hitchcock *engl.* ˈhɪt͜ʃkɔk
hitchhiken ˈhɪt͜ʃhai̯kn̩
Hitchin *engl.* ˈhɪt͜ʃɪn
Hitler ˈhɪtlɐ
Hitomaro *jap.* hi̯ˈtomaro
Hitra *norw.* ˈhitra
Hitsche ˈhɪt͜ʃə
Hittiter hɪˈtiːtɐ
hittitisch hɪˈtiːtɪʃ
Hittorf ˈhɪtɔrf, *fr.* iˈtɔrf
Hitz[acker] ˈhɪt͜s[|akɐ]
Hitze ˈhɪt͜sə
hitzig ˈhɪt͜sɪç, **-e** ...ɪgə
Hitzig ˈhɪt͜sɪç
HIV-... haː|iːˈfau̯...
HIV-positiv haː|iːˈfau̯ˈpoːzitiːf
Hiwi ˈhiːvi
Hjalmar ˈhjalmar, ˈjalmar; *dän.* ˈjælʼmaɐ̯, *schwed.* ˈjalmar
Hjälmaren *schwed.* ˌjɛlmarən
Hjärne *schwed.* ˌjæːrnə
Hjartarson *isl.* ˈjartarsɔn
Hjelmslev *dän.* ˈjelʼmsleu̯
Hjørring *dän.* ˈjœrɪŋ
Hjortø *dän.* ˈjɔɐ̯dʏːʼ
Hjortspring *dän.* ˈjɔɐ̯dsbrɪŋʼ
Hłasko *poln.* ˈxu̯askɔ
Hlaváček *tschech.* ˈhlavaːt͜ʃɛk
Hlbina *slowak.* ˈhl̩bina
Hlebka *weißruss.* ˈɣlepkɐ
Hlibow *ukr.* ˈhlibɔu̯
Hlinka *tschech.* ˈhliŋka, *slowak.* ˈhljiŋka
Hlinsko *tschech.* ˈhlinskɔ
Hlohovec *slowak.* ˈhlɔhɔvɛts
Hlond *poln.* xlɔnt
Hlučín *tschech.* ˈhlut͜ʃiːn
hm! hm̩
h-Moll ˈhaːmɔl, *auch:* ˈ–ˈ–
Ho *engl.* hoʊ
ho! hoː
Hoa Binh *vietn.* hu̯a biɲ 33
Hoad *engl.* hoʊd
Hoangho hoˈaŋho, *auch:* hoaŋˈhoː
Hoar[e] *engl.* hɔː
hob, Hob hoːp
Hoban *engl.* ˈhoʊbən
Hobart *engl.* ˈhoʊbaːt
Hobbema *niederl.* ˈhɔbəmɑ
Hobbes *engl.* hɔbz
Hobbock ˈhɔbɔk
Hobbs *engl.* hɔbz
[1]**Hobby** (Liebhaberei) ˈhɔbi
[2]**Hobby** (Name) *engl.* ˈhɔbɪ
Hobbyist hɔbiˈɪst
höbe ˈhøːbə
Hobel ˈhoːbl̩
hobeln ˈhoːbl̩n, **hoble** ˈhoːblə
hoben ˈhoːbn̩
Hobertus hoˈbɛrtʊs
Hobhouse *engl.* ˈhɔbhaʊs
Hobler ˈhoːblɐ
Hobo ˈhoːbo
Hoboe hoˈboːə
Hoboken ˈhoːboːkn̩, *engl.* ˈhoʊboʊkən, *niederl.* ˈhoːbokə
Hobro *dän.* hʊˈbrʊːʼ
Hobsbaum *engl.* ˈhɔbzbaʊm
Hobson *engl.* hɔbsn

hobt ho:pt
höbt hø:pt
Hoca *türk.* ˈhɔdʒɑ
hoc anno ˈho:k ˈano
Hoccleve *engl.* ˈhɔkli:v
hoc est ˈhɔk ˈɛst
hoch, H... ho:x, **höher** ˈhø:ɐ, **höchst** hø:çst
Höch hø:ç, hœç
Hochalmspitze ˈho:x|almʃpɪtsə
Hocharn ˈho:x|arn, –ˈ–
Hochberg ˈho:xbɛrk
Hochdahl ˈho:xda:l
hochdeutsch, H... ˈho:xdɔytʃ
Hochdorf ˈho:xdɔrf
Hoche ˈhɔxə, *fr.* ɔʃ
Hochehrwürden ho:x-ˈ|e:ɐ̯vʏrdn̩
Hochenegg ˈho:xənɛk
Hochepot, -s *fr.* ɔʃˈpo
Höcherl ˈhœçɐl
Hochfeiler ho:xˈfailɐ
Hochfeistritz ho:xˈfaistrɪts
Hochfrottspitze ho:xˈfrɔt-ʃpɪtsə
Hochgall ho:xˈgal
hochgemut ˈho:xgəmu:t
Hochgolling ˈho:xgɔlɪŋ, –ˈ––
Hochgrat ˈho:xgra:t
Hochheim[er] ˈho:xhaim[ɐ]
hochherzig ˈho:xhɛrtsɪç
Hochhuth ˈho:xhu:t
Ho Chi Minh hotʃiˈmɪn
Hô Chi Minh *vietn.* ho tʃi miɲ 321
Hochkalter ho:xˈkaltɐ
hochkant[ig] ˈho:xkant[ɪç]
Hochkirch ˈho:xkɪrç
Hochkönig ˈho:xkø:nɪç
Hochland ˈho:xlant
hochleben ˈho:xle:bn̩
höchlich ˈhø:çlɪç
Hochmut ˈho:xmu:t
hochmütig ˈho:xmy:tɪç, **-e** ...ɪgə
hochnäsig ˈho:xnɛ:zɪç
Hochneukirch ho:xˈnɔykɪrç
hochnotpeinlich ˈho:xno:tˈpainlɪç, *auch:* ˈ––ˌ––, ˈ–ˈ–ˈ––
Hochosterwitz ho:xˈ|o:stɐvɪts
Hochplatte ˈho:xplatə
Hochrhein ˈho:xrain
hochrot ˈho:xˈro:t
Hochschule ˈho:xʃu:lə
hochschult[e]rig ˈho:xʃʊlt[ə]rɪç
Hochschwab ˈho:xʃva:p
höchst vgl. hoch
Höchst hø:çst
Höchstadt ˈhø:çʃtat
Höchstädt ˈhø:çʃtɛt
Hochstapelei ho:xʃta:pəˈlai
Hochstapler ˈho:xʃta:plɐ
Hochstaufen ho:xˈʃtaufn̩
höchstderselbe ˈhø:çstde:ɐ̯ˈzɛlbə
höchsteigen ˈhø:çstˈ|aign̩
höchstens ˈhø:çstn̩s
Hochstetter ˈho:xʃtɛtɐ
höchstmöglich ˈhø:çstˈmø:klɪç
Hochsträß ˈho:xʃtrɛ:s
höchstwahrscheinlich ˈhø:çstva:ɐ̯ˈʃainlɪç
hochtourig ˈho:xtu:rɪç
Hochvogel ˈho:xfo:gl̩
Hochwald ˈho:xvalt
Hochwälder ˈho:xvɛldɐ
hochwertig ˈho:xve:ɐ̯tɪç
hochwillkommen ˈho:xvɪl-kɔmən
hochwohlgeboren ˈho:xvo:lgə-bo:rən
Hochwürden ˈho:xvʏrdn̩
[1]**Hochzeit** (Eheschließung) ˈhɔxtsait
[2]**Hochzeit** (Glanz, Hochstand) ˈho:xtsait
hochzeiten ˈhɔxtsaitn̩
Hochzeiter ˈhɔxtsaitɐ
hochzeitlich ˈhɔxtsaitlɪç
Hock hɔk
Höck hœk
Hocke ˈhɔkə
hocken ˈhɔkn̩
Hockenheim ˈhɔkn̩haim
Höcker ˈhœkɐ
höckerig ˈhœkərɪç, **-e** ...ɪgə
Hockerland ˈhɔkɐlant
Hockett *engl.* ˈhɔkɪt
Hockey ˈhɔke, *auch:* ˈhɔki
Hocking *engl.* ˈhɔkɪŋ
hoc loco ˈho:k ˈlo:ko
Hod ho:t
Hodaida hoˈdaida
Hoddesdon *engl.* ˈhɔdzdən
Hoddis ˈhɔdɪs
Hode ˈho:də
Hodegesis hodeˈge:zɪs
Hodegetik hodeˈge:tɪk
Hodegetria hodeˈge:tria
Hodeida hoˈdaida
Hodeir *fr.* ɔˈdɛ:r
Hoden ˈho:dn̩
Hodge[s] *engl.* ˈhɔdʒ[ɪz]
Hodgkin *engl.* ˈhɔdʒkɪn
Hodgson *engl.* hɔdʒsn
Hodler ˈho:dlɐ
Hódmezővásárhely *ung.* ˈho:dmɛzø:va:ʃa:rhɛj
Hodograph hodoˈgra:f
Hodometer hodoˈme:tɐ
Hodonín *tschech.* ˈhɔdɔnji:n
Hödr ˈhø:dɐ
[1]**Hodscha** (Lehrer) ˈhɔdʒa
[2]**Hodscha** (Name) ˈhɔdʒa, *alban.* ˈhodʒa
Hodson *engl.* hɔdsn
Hödur ˈhø:dʊr
Hodža *slowak.* ˈhɔdʒa
Hoe *engl.* hoʊ
Hoechst hø:çst
Hoechstetter ˈhø:çʃtɛtɐ
Hoeck hœk
Hoefler ˈhø:flɐ
Hoefnagel *niederl.* ˈhufna:ɣəl
Høegh-Guldberg *dän.* hʏ:ˈˈgulbɛɐ̯ˈu̯
Hoegner ˈhø:gnɐ
Hoei *niederl.* hui̯
Hoek van Holland *niederl.* ˈhuk fɑn ˈhɔlɑnt
Hoel *norw.* hu:l
Hoelscher ˈhœlʃɐ
Hoem *norw.* ˌhu:ɛm
Hoene *poln.* ˈxɛnɛ
Hoensbroech ˈho:nsbro:x
Hoensbroek *niederl.* ˈhunz-bruk
Hoepli ˈhœpli
Hoepner ˈhœpnɐ
Hoerle ˈhœrlə
Hoerschelmann ˈhœrʃl̩man
Hoesch hœʃ
Hoetger ˈhœtgə
Hoetzsch hœtʃ
Hof ho:f, **Höfe** ˈhø:fə
Hofacker ˈho:flakɐ
Hofbauer ˈho:fbauɐ
Hofburg ˈho:fbʊrk
Höfchen ˈhø:fçən
Hofdijk *niederl.* ˈhɔvdɛi̯k
Höfe vgl. Hof
höfeln ˈhø:fl̩n
Höfen ˈhø:fn̩
Hofer ˈho:fɐ
Höfer ˈhø:fɐ
Hoff *dt., niederl.* hɔf
Hoffa[rt] ˈhɔfa[rt]
hoffärtig ˈhɔfɛrtɪç, **-e** ...ɪgə
Høffding *dän.* ˈhœfdɪŋ
hoffen ˈhɔfn̩
hoffentlich ˈhɔfn̩tlɪç
Höffer ˈhœfɐ
Höffgen ˈhœfgn̩
...höffig ...hœfɪç, **-e** ...ɪgə
höfflich ˈhœflɪç

Hoffmann 'hɔfman, *engl.* 'hɔfmən, *fr.* ɔf'man
Hoffmanowa *poln.* xɔfma'nɔva
Höffner 'hœfnɐ
Hoffnung 'hɔfnʊŋ
Hofgastein 'ho:fgastain
Hofgeismar ho:f'gaismar
Hofhaimer 'ho:fhaimɐ
Hofheim 'ho:fhaim
hofieren ho'fi:rən
höfisch 'hø:fɪʃ
Hoflehner 'ho:fle:nɐ
Höfler 'hø:flɐ
höflich, H... 'hø:flɪç
Höfling 'hø:flɪŋ
Hofmann (Höfling) 'ho:fman
Hofmann (Name) 'ho:fman, 'hɔf...
Hofmannsthal 'ho:fmansta:l, 'hɔf...
Hofmannswaldau ho:fmans'valdau, hɔf...
Hofmeister 'ho:fmaistɐ
Hofmiller 'ho:fmɪlɐ
Hofmo *norw.* ˌhɔfmu:
Hofreite 'ho:fraitə
Hofsjökull *isl.* 'hɔfsjœ:kʏdl
Hofstade *niederl.* 'hɔfsta:də
Hofstadter *engl.* 'hɔfstætə
Hofstaetter 'ho:fʃtɛtɐ
Hofstede *niederl.* 'hɔfste:də
Höft hø:ft
Hogan *engl.* 'hoʊgən
Höganäs *schwed.* ˌhø:ganɛ:s
Hogarth *engl.* 'hoʊga:θ
Hogaș *rumän.* 'hogaʃ
Högberg *schwed.* ˌhø:gbærj
Högen 'hø:gn̩
Hogenberg 'ho:gn̩bɛrk
Hogendorp *niederl.* 'ho:ɣəndɔrp
Höger 'hø:gɐ
Hogg *engl.* hɔg
Hoggar 'hɔgar, *fr.* ɔ'ga:r
Hogue *engl.* hoʊg, *fr.* ɔg
Hohe 'ho:ə
Höhe 'hø:ə
Hoheit 'ho:hait
Hohelied ho:ə'li:t
Höhen 'hø:ən
Hohenasperg ho:ən'|aspɛrk
Hohenau ho:ə'nau, '–––
Hohenberg 'ho:ənbɛrk
Hohenburg 'ho:ənbʊrk
Hohenelbe ho:ən'|ɛlbə, '––––
Hohenems 'ho:ən|ɛms
Hohenfels 'ho:ənfɛls
Hohenfriedberger ho:ən'fri:tbɛrgɐ
Hohenfriedeberg ho:ən'fri:dəbɛrk
Hohenfurt[h] 'ho:ənfʊrt
Hohenhausen 'ho:ənhauzn̩
Hohenheim 'ho:ənhaim
Hohenlimburg ho:ən'lɪmbʊrk
Hohenlinden ho:ən'lɪndn̩
Hohenlohe ho:ən'lo:ə
Hohenmölsen ho:ən'mœlzn̩
Hohenneuffen ho:ən'nɔyfn̩
Hohenpeißenberg ho:ən'paisn̩bɛrk
Hohenpolding ho:ən'pɔldɪŋ
Hohenrechberg ho:ən'rɛçbɛrk
Hohenrodt 'ho:ənrɔt
Hohensalza ho:ən'zaltsa
Hohensalzburg ho:ən'zaltsbʊrk
Hohenschwangau ho:ən'ʃvaŋgau
Hohenstadt 'ho:ənʃtat
Hohenstaufe ho:ən'ʃtaufə
Hohenstaufen ho:ən'ʃtaufn̩
hohenstaufisch ho:ən'ʃtaufɪʃ
Hohenstein 'ho:ənʃtain
Hohenstoffeln ho:ən'ʃtɔfl̩n
Hohensyburg ho:ən'zi:bʊrk
Hohentauern 'ho:əntauɐn
Hohenthal 'ho:ənta:l
Hohentwiel ho:ənt'vi:l
Hohenwarte ho:ən'vartə
Hohenwart[h] 'ho:ənvart
Hohenwerfen ho:ən'vɛrfn̩
Hohenzoller ho:ən'tsɔlɐ
hohenzollerisch ho:ən'tsɔlərɪʃ
Hohenzollern ho:ən'tsɔlɐn
Hohepriester ho:ə'pri:stɐ
höher vgl. hoch
Hoher Ifen 'ho:ɐ 'i:fn̩
Hohermut[h] 'ho:ɐmu:t
Hoheslied ho:əs'li:t
Hohkönigsburg ho:'kø:nɪçsbʊrk
hohl, H... ho:l
Hohlbaum 'ho:lbaum
Höhle 'hø:lə
höhlen 'hø:lən
Hohler 'ho:lɐ
hohlwangig 'ho:lvaŋɪç, **-e** ...ɪgə
Hohmichele 'ho:mɪçələ
Hohn ho:n
Hohneck 'ho:nɛk, *fr.* ɔ'nɛk
höhnen 'hø:nən
Hohner 'ho:nɐ
höhnisch 'hø:nɪʃ
hohnlächeln 'ho:nlɛçl̩n
Hohnstein 'ho:nʃtain
hoho! ho'ho:
Hohoff 'ho:hɔf
Hohokam *engl.* hə'hoʊkəm
Höhr-Grenzhausen 'hø:ɐ̯'grɛntshauzn̩
Hohwachter Bucht 'ho:vaxtɐ 'bʊxt
hoi! hɔy
Hôi An *vietn.* hoi̯ an 61
Höijer *schwed.* 'hœi̯ər
Hoitsu *jap.* 'ho.:itsu̯
Hojaldre *span.* ɔ'xaldre
Hojeda *span.* ɔ'xeða
Høje Tåstrup *dän.* hɔi̯ə'tosdrʊb
Højholt *dän.* 'hɔi̯hɔl'd
höken 'hø:kn̩
hökern 'hø:kɐn
Hoketus ho'ke:tʊs
Hokkaido hɔ'kaido, *jap.* ho'kka.ido:
Hokko 'hɔko
Hokku 'hɔku
Hokusai 'ho:kuzai, *jap.* 'ho.ku̯sai
Hokuspokus ho:kʊs'po:kʊs
Holabird *engl.* 'hɔləbə:d
Holan *tschech.* 'hɔlan
holandrisch ho'landrɪʃ
Holappa *finn.* 'hɔlɑppɑ
Holarktis hɔl'|arktɪs
holarktisch hɔl'|arktɪʃ
Holbach 'hɔlbax, *fr.* ɔl'bak
Holbæk *dän.* 'hɔl'beg
Holbein 'hɔlbain
Holberg *dän.* 'hɔlbɛɐ̯'u̯
Holborn *engl.* 'hoʊbən
Holbrook[e] *engl.* 'hoʊlbrʊk
Holcroft *engl.* 'hoʊlkrɔft
hold hɔlt, **-e** 'hɔldə
Holda 'hɔlda
Holdeman *engl.* 'hoʊldəmən
Holden *engl.* 'hoʊldən
[1]**Holder** (Holunder) 'hɔldɐ
[2]**Holder** (Name) 'hɔldɐ, *engl.* 'hoʊldə
Hölder[lin] 'hœldɐ[li:n]
Holderness *engl.* 'hoʊldənɛs
Holding 'ho:ldɪŋ
holdrio, H... 'hɔldrio
Hold-up ho:lt'|ap, '––
Hole ho:l
Holeček *tschech.* 'hɔlɛtʃɛk
holen 'ho:lən
Holenia ho'le:ni̯a
Holger 'hɔlgɐ, *dän.* 'hɔl'gɐ, *schwed.* 'hɔlgər
Holgersen 'hɔlgɐzn̩
Holguín *span.* ɔl'ɣin
Holiday[s] 'hɔlide:[s]

H

Holik 'hɔlɪk
Holinshed *engl.* 'hɔlɪnʃɛd
Holismus ho'lɪsmʊs
holistisch ho'lɪstɪʃ
Holitscher 'hɔlɪtʃɐ
Holk hɔlk
Holl hɔl, *engl.* hoʊl
holla! 'hɔla
Hollabrunn hɔla'brʊn
Hollaender 'hɔlɛndɐ
Holland 'hɔlant, *niederl.* 'hɔlɑnt, *engl.* 'hɔlənd
Hollander 'hɔlandɐ, *engl.* 'hɔləndə
Holländer 'hɔlɛndɐ
Holländerei hɔlɛndə'rai
holländern 'hɔlɛndɐn, **holländre** 'hɔlɛndrə
holländisch 'hɔlɛndɪʃ
Hollandsch Diep *niederl.* 'hɔlɑndz 'dip
Hollar *tschech.* 'hɔlar
Hollaus 'hɔlaus
Holle 'hɔlə
Hölle 'hœlə
Holledau hɔlə'dau, *auch:* '–––
Höllenangst 'hœlən'laŋst
Höllenlärm 'hœlən'lɛrm
Höllental 'hœlənta:l
Holler 'hɔlɐ
Höller 'hœlɐ
Höllerer 'hœlərɐ
[1]**Hollerith** (Verfahren) hɔlə'rɪt, *auch:* '–––
[2]**Hollerith** (Name) *engl.* 'hɔlərɪθ
hollerithieren hɔləri'ti:rən
Holley *engl.* 'hɔlɪ
Hollfeld 'hɔlfɛlt
Holliger 'hɔligɐ
Hollinek 'hɔlinɛk
Hollingshead *engl.* 'hɔlɪŋzhɛd
höllisch 'hœlɪʃ
Hollister *engl.* 'hɔlɪstə
Holliston *engl.* 'hɔlɪstən
Hollósy *ung.* 'hollo:ʃi
Hollreiser 'hɔlraizɐ
Hollweg 'hɔlve:k
Hollý *slowak.* 'hɔli:
Hollywood... 'hɔlivʊt...
Holly[wood] *engl.* 'hɔlɪ[wʊd]
Holm hɔlm
Holman *engl.* 'hoʊlmən
Holmberg *schwed.* ˌhɔlmbærj
Hølmebakk *norw.* ˌhœlməbak
Holmenkollen *norw.* ˌhɔlmənkɔlən
Holmes *engl.* hoʊmz
Holmgang 'hɔlmgaŋ
Holmgren *schwed.* ˌhɔlmgre:n
Holmium 'hɔlmiʊm
Holmström *schwed.* ˌhɔlmstrœm
Holnis 'hɔlnɪs
holoarktisch holo'larktɪʃ
Holocaust 'ho:lokaust, holo'kaust
Holoeder holo'le:dɐ
Holoedrie hololeˈdri:
holoedrisch holo'le:drɪʃ
Holoenzym hololɛn'tsy:m
Holoferment holofɛr'mɛnt
Holofernes holo'fɛrnɛs
Hologramm holo'gram
Holographie hologra'fi:
holographieren hologra'fi:rən
holographisch holo'gra:fɪʃ
Holographon ho'lo:grafɔn, **...pha** ...fa
Holographum ho'lo:grafʊm, **...pha** ...fa
hologyn holo'gy:n
holokrin holo'kri:n
holokristallin holokrɪsta'li:n
Holometabolen holometa'bo:lən
Holometabolie holometabo'li:
Holoparasit holopara'zi:t
holophrastisch holo'frastɪʃ
Holosiderit holozide'ri:t
Holothurie holo'tu:riə
holotisch ho'lo:tɪʃ
Holotopie holoto'pi:
Holotypus holo'ty:pʊs
Holowko *ukr.* hɔlou'kɔ
holozän, H... holo'tsɛ:n
holp[e]rig 'hɔlp[ə]rɪç, **-e** ...ɪgə
holpern 'hɔlpɐn
Holroyd *engl.* 'hɔlrɔɪd
Hölscher 'hœlʃɐ
Holst *dt., niederl.* hɔlst, *engl.* hoʊlst
Holste 'hɔlstə
Holstebro *dän.* hɔlsdə'brʊ:ˀ
Holstein 'hɔlʃtain, *dän.* 'hɔlsdaiˀn
holsteinisch 'hɔlʃtainɪʃ
Holsteinsborg *dän.* 'hɔlsdainsbɔɐ̯ˀ
Holsten *dän.* 'hɔlsdɪ:ˀn
Holster 'hɔlstɐ
Holt *dt., norw.* hɔlt, *engl.* hoʊlt
Holtby *engl.* 'hoʊltbɪ
Holte 'hɔltə, *dän.* 'hɔldə
Holtei 'hɔltai
holterdiepolter hɔltɐdi'pɔltɐ
Holthausen 'hɔlthauzn̩
Holthusen (Personenname) 'hɔlthu:zn̩
Hölty 'hœlti
Holtz hɔlts
Holtzbrinck 'hɔltsbrɪŋk
Holtzendorff 'hɔltsn̩dɔrf
Holtzmann 'hɔltsman
Holub 'hɔlʊp, *tschech.* 'hɔlup
holüber! ho:l'ly:bɐ
Holunder ho'lʊndɐ
Holy Cross *engl.* 'hoʊlɪ 'krɔs
Holyhead *engl.* 'hɔlɪhɛd
Holyo[a]ke *engl.* 'hoʊlɪoʊk
Holywood *engl.* 'hɔlɪwʊd
Holz hɔlts, **Hölzer** 'hœltsɐ
Hölz hœlts
Holzamer 'hɔltslamɐ
Holzapfel 'hɔltslapfl̩
Holzbauer 'hɔltsbauɐ
Hölzchen 'hœltsçən
Hölzel 'hœltsl̩
hölzeln 'hœltsl̩n
holzen, H... 'hɔltsn̩
Holzer 'hɔltsɐ
Hölzer vgl. Holz
hölzern 'hœltsɐn
Holzhay 'hɔltshai
holzig 'hɔltsɪç, **-e** ...ɪgə
Holzinger 'hɔltsɪŋɐ
Holzknecht 'hɔltsknɛçt
Hölzl 'hœltsl̩
Holzmaden hɔlts'ma:dn̩
Holzmann 'hɔltsman
Holzmeister 'hɔltsmaistɐ
Holzminden hɔlts'mɪndn̩
Holzschuher 'hɔltsʃu:ɐ
Holzwarth 'hɔltsvart
Holzwickede hɔlts'vɪkədə
Homa 'ho:ma
Hóman *ung.* 'ho:mɔn
Homann 'ho:man
Homatropin homatro'pi:n
Homberg 'hɔmbɛrk
Hömberg 'hœmbɛrk
Homburg 'hɔmbʊrk
Home *engl.* hoʊm, (Milne-Home, Douglas-Home, Earl of Home, Lord Home) hju:m
Home... 'ho:m...
Homebanking 'ho:mbɛŋkɪŋ
Homebase 'ho:mbe:s
Homécourt *fr.* ɔme'ku:r
Homeland 'ho:mlɛnt
Homepage 'ho:mpe:tʃ
Homeplate 'ho:mple:t
Homer ho'me:ɐ̯, *engl.* 'hoʊmə
Homeride home'ri:də
homerisch, H... ho'me:rɪʃ
Homerismus home'rɪsmʊs

Homeros ho'me:rɔs
Homerule 'ho:mru:l
Homerun 'ho:mran
Homespun 'ho:mspan
Homestead *engl.* 'hoʊmstɛd
Homewear 'ho:mvɛ:ɐ̯
Homewood *engl.* 'hoʊmwʊd
Homilet[ik] homi'le:t[ɪk]
Homiliarium homi'li̯a:ri̯ʊm, **...ien** ...i̯ən
Homilie homi'li:, **-n** ...i:ən
Homilius ho'mi:li̯ʊs
Homilopathie homilopa'ti:
Homilophobie homilofo'bi:
Homines vgl. Homo
Hominide homi'ni:də
Hominisation hominiza'tsi̯o:n
hominisieren homini'zi:rən
Hominismus homi'nɪsmʊs
hoministisch homi'nɪstɪʃ
Homito ho'mi:to
Hommage ɔ'ma:ʃ, **-n** ...a:ʒn̩
Hommel 'hɔml̩
Homme[s] à Femmes 'ɔm a 'fam
Homme[s] de Lettres 'ɔm də 'lɛtrə
homo 'ho:mo
Homo 'ho:mo, **Homines** 'ho:mine:s
Homöarkton homø'arktɔn, **...ta** ...ta
Homochronie homokro'ni:, **-n** ...i:ən
homodont homo'dɔnt
Homo erectus 'ho:mo e'rɛktʊs
Homoerot[ik] homo|e'ro:t[ɪk]
Homo Faber 'ho:mo 'fa:bɐ
Homogamie homoga'mi:
homogen homo'ge:n
homogenisieren homogeni'zi:rən
Homogenität homogeni'tɛ:t
Homogonie homogo'ni:
homograd homo'gra:t, **-e** ...a:də
Homogramm homo'gram
Homograph homo'gra:f
homo homini lupus 'ho:mo 'ho:mini 'lu:pʊs
Homoionym homɔyo'ny:m
Homolka 'hɔmɔlka
Homolle *fr.* ɔ'mɔl
homolog, H... homo'lo:k, **-e** ...o:gə
Homologation homologa'tsi̯o:n
Homologie homolo'gi:, **-n** ...i:ən
homologieren homolo'gi:rən
Homologumenon homolo'gu:menɔn, **...ena** ...ena
Homo loquens 'ho:mo 'lo:kvɛns
Homo ludens 'ho:mo 'lu:dɛns
homomorph homo'mɔrf
Homonay *ung.* 'homonɔi
homonom homo'no:m
Homo novus 'ho:mo 'no:vʊs
homonym, H... homo'ny:m
Homonymie homony'mi:
Homo oeconomicus 'ho:mo øko'no:mikʊs
Homöomerien homøome'ri:ən
Homöonym homøo'ny:m
Homöopath homøo'pa:t
Homöopathie homøopa'ti:
homöopathisch homøo'pa:tɪʃ
Homöoplasie homøopla'zi:
Homöoplastik homøo'plastɪk
homöopolar homøopo'la:ɐ̯
Homöoprophoron homøo'pro:forɔn, **...ra** ...ra
Homöoptoton homø'ɔptotɔn, **...ta** ...ta
Homöosmie homøɔs'mi:
Homöostase homøo'sta:zə
Homöostasie homøosta'zi:, **-n** ...i:ən
Homöostasis homøo'sta:zɪs
Homöostat homøo'sta:t
Homöoteleuton homøo'te:lɔy̯tɔn, **...ta** ...ta
homöotherm homøo'tɛrm
homophag homo'fa:k, **-e** ...a:gə
homophil homo'fi:l
Homophilie homofi'li:
homophob homo'fo:p, **-e** ...o:bə
Homophobie homofo'bi:, **-n** ...i:ən
homophon, H... homo'fo:n
Homophonie homofo'ni:
Homoplasie homopla'zi:
Homoplastik homo'plastɪk
homorgan homɔr'ga:n
Homorganität homɔrgani'tɛ:t
Homorrhizie homɔri'tsi:
Homorúd *ung.* 'homoru:d
Homo sapiens 'ho:mo 'za:pi̯ɛns
Homoseiste homo'za̯istə
homosem homo'ze:m
Homosexualität homozɛksu̯ali'tɛ:t
homosexuell homozɛ'ksu̯ɛl
Homosphäre homo'sfɛ:rə
Homostylie homosty'li:
homothetisch homo'te:tɪʃ
Homousie homo|u'zi:
Homöusie homøu'zi:
homozentrisch homo'tsɛntrɪʃ
homozygot homotsy'go:t
Homozygotie homotsygo'ti:
Homs hɔms
Homunkulus ho'mʊŋkulʊs; **-se** ...lʊsə, **...li** ...li
Honan 'ho:nan
Honda 'hɔnda, *span.* 'ɔnda
Hondecoeter *niederl.* 'hɔndəkutər
Hondo 'hɔndo, *jap.* 'ho,ndo
Hondsrug *niederl.* 'hɔntsrʏx
Honduraner hɔndu'ra:nɐ
honduranisch hɔndu'ra:nɪʃ
Honduras hɔn'du:ras, *span.* ɔn'duras, *engl.* hɔn'djʊərəs
Honecker 'hɔnɛkɐ, 'ho:n...
Hønefoss *norw.* ˌhø:nəfɔs
Honegger 'ho:nɛgɐ, *fr.* ɔnɛ'gɛ:r
honen 'ho:nən
honett ho'nɛt
Honey[moon] 'hani[mu:n]
Honeywell *engl.* 'hʌnɪwəl
Honfleur *fr.* õ'flœ:r
Höngen 'hœŋən
Hông Gai *vietn.* hoŋ ga̯i 31
Hongkong 'hɔŋkɔŋ
Hong Kong *engl.* hɔŋ'kɔŋ, '–'–, '––
honi [honni, honny] soit qui mal y pense *fr.* ɔniswakimali'pã:s
Honiara *engl.* hoʊnɪ'ɑ:rə
Honig 'ho:nɪç, **-e** ...ɪgə
Honigsheim 'ho:nɪçsha̯im
Hönigswald 'hø:nɪçsvalt
Honkytonk 'hɔŋkitɔŋk
Honnecourt *fr.* ɔn'ku:r
Honnef 'hɔnɛf
Honneurs [h]ɔ'nø:ɐ̯s
Honningsvåg *norw.* ˌhɔniŋsvo:g
Honolulu hono'lu:lu, *engl.* hɔnə'lu:lu:
honorabel hono'ra:bl̩, **...ble** ...blə
Honorant hono'rant
Honorar hono'ra:ɐ̯
Honorat hono'ra:t
Honoratior hono'ra:tsi̯o:ɐ̯, **-en** ...ra'tsi̯o:rən
Honoré *fr.* ɔnɔ're
Honoria ho'no:ri̯a
honorieren hono'ri:rən

H

honorig ho'no:rɪç, **-e** ...ɪgə
Honorine *fr.* ɔnɔ'rin
honoris causa ho'no:rɪs 'kau̯za
Honorität honori'tɛ:t
Honorius ho'no:ri̯ʊs
Honourable 'ɔnərəbl̩
Honschu 'hɔnʃu, *jap.* 'ho.n̩ʃu:
Honter 'hɔntɐ
Honterus hɔn'te:rʊs
Hontheim 'hɔnthai̯m
Honthorst *niederl.* 'hɔnthɔrst
Hontschar *ukr.* hɔn'tʃar
Honved 'hɔnvɛt
Honvéd *ung.* 'honve:d
Hooch *niederl.* ho:x
Hood *engl.* hʊd
Hooft *niederl.* ho:ft
Hooge 'ho:gə
Hoogeveen *niederl.* ho:ɣə've:n
Hoogezand *niederl.* ho:ɣə'zɑnt
Hoogh *niederl.* ho:x
Hooghe *niederl.* 'ho:ɣə
Hooghly-Chinsurah *engl.* 'hu:glɪ'tʃɪnsʊrə
Hoogstraten *niederl.* 'ho:xstra:tə
Hook hʊk
Hook[e] (Name) *engl.* hʊk
hooken 'hʊkn̩
[1]**Hooker** (Sport) 'hʊkɐ
[2]**Hooker** (Name) *engl.* 'hʊkə
Hookshot 'hʊkʃɔt
Hooligan 'hu:lign̩
Hooliganismus huliga'nɪsmʊs
Hoops ho:ps
Hoorn ho:ɐ̯n, *niederl.* ho:rn, *engl.* hɔ:n
Hoorne *niederl.* 'ho:rnə
Hoornik *niederl.* 'ho:rnɪk
Hoosier *engl.* 'hu:ʒə
Hootenanny 'hu:tənɛni
Hooton *engl.* hu:tn
Hoover [Dam] *engl.* 'hu:və ['dæm]
Hop hɔp
Hopa *türk.* 'hɔpɑ
Hopak 'ho:pak
Hopatcong *engl.* hə'pætkɔŋ
Hope *engl.* hoʊp
Hopeh 'ho:pe
Hopewell *engl.* 'hoʊpwəl
Hopf hɔpf
hopfen, H... 'hɔpfn̩
Hopfer 'hɔpfɐ
Hopi 'ho:pi
Höpker 'hœpkɐ
Hopkins *engl.* 'hɔpkɪnz
Hopkinson *engl.* 'hɔpkɪnsn
Hopkinsville *engl.* 'hɔpkɪnzvɪl
Hoplit ho'pli:t
Hoplites ho'pli:tɛs, **...ten** ...tn̩
hopp! hɔp
Hoppe 'hɔpə, *engl.* 'hɔpɪ
Hoppegarten 'hɔpəgartn̩
hoppeln 'hɔpl̩n
Hoppelpoppel 'hɔpl̩'pɔpl̩
Hopper *engl.* 'hɔpə
hopphopp! hɔp'hɔp
hoppla! 'hɔpla
Hoppner *engl.* 'hɔpnə
Höppner 'hœpnɐ
hops!, Hops hɔps
hopsa[la]! 'hɔpsa[la]
hopsasa! 'hɔpsasa
hopsen 'hɔpsn̩
Hoquetus ho'k[v]e:tʊs
hora, [1]Hora 'ho:ra
[2]**Hora** (Name) *tschech.* 'hɔra
Horace *engl.* 'hɔrɪs, *fr.* ɔ'ras
Horacio *span.* o'raθi̯o
Horákov *tschech.* 'hɔra:kɔf
Horand, ...nt 'ho:rant
Horarium ho'ra:ri̯ʊm, **...ien** ...i̯ən
Horatio ho'ra:tsi̯o
Horatius ho'ra:tsi̯ʊs
Horaz ho'ra:ts
horazisch, H... ho'ra:tsɪʃ
Horb hɔrp
Horbach 'hɔrbax, 'ho:ɐ̯...
Hörbiger 'hœrbɪgɐ
Hörby *schwed.* 'hœ:rby
horch!, Horch hɔrç
horchen 'hɔrçn̩
Hordaland *norw.* ˌhɔrdalan
Horde 'hɔrdə
Hörde 'hø:ɐ̯də
Hordein hɔrde'i:n
Hordenin hɔrde'ni:n
Hordeolum hɔr'de:olʊm, **...la** ...la
Hore 'ho:rə
Horeb 'ho:rɛp
Hore-Belisha *engl.* 'hɔ:bɪ'li:ʃə
hören 'hø:rən
Horen 'ho:rən
Hörensagen 'hø:rənza:gn̩
Horenstein *engl.* 'hɔ:rənstaɪn
Horezu *rumän.* ho'rezu
Horgan *engl.* 'hɔ:gən
Horgen 'hɔrgn̩
Horheim 'ho:ɐ̯hai̯m
Horia *rumän.* 'horia
hörig 'hø:rɪç, **-e** ...ɪgə
Horizont hori'tsɔnt
horizontal horitsɔn'ta:l
Horizontale horitsɔn'ta:lə
horizontieren horitsɔn'ti:rən
Horkheimer 'hɔrkhai̯mɐ
Horlick *engl.* 'hɔ:lɪk
Hormayr 'hɔrmai̯ɐ
hormisch 'hɔrmɪʃ
Hormisdas hɔr'mɪsdas
Hormon hɔr'mo:n
hormonal hɔrmo'na:l
hormonell hɔrmo'nɛl
Hormos *pers.* hor'moz
[1]**Horn** hɔrn, **Hörner** 'hœrnɐ
[2]**Horn** (Name) *dt., niederl.* hɔrn, *engl.* hɔ:n, *schwed.* hu:rn, *isl.* hɔrdn, *fr.* ɔrn, *ung.* horn
Hornavan *schwed.* ˌhu:rnɑ:van
Hornbach 'hɔrnbax
Hornback 'hɔrnbɛk
Hornberg 'hɔrnbɛrk
Hornblow[er] *engl.* 'hɔ:nbloʊ[ə]
Hornbostel 'hɔrnbɔstl̩
Hornburg 'hɔrnbʊrk
Hornby *engl.* 'hɔ:nbɪ
Hörnchen 'hœrnçən
Hornchurch *engl.* 'hɔ:ntʃə:tʃ
Hörndlbauer 'hœrndl̩bau̯ɐ
Horne *engl.* hɔ:n
Horneck 'hɔrnɛk
Hornell *engl.* hɔ:'nɛl
Hornemann 'hɔrnəman
hornen 'hɔrnən
hörnen 'hœrnən
Horner 'hɔrnɐ, *engl.* 'hɔ:nə
Hörner vgl. Horn
Horney 'hɔrnai̯
Hornhausen 'hɔrnhau̯zn̩
hornig 'hɔrnɪç, **-e** ...ɪgə
Hornig 'hɔrnɪç
Hórnik *obersorb.* 'hu̯ɔrnɪk
Hornisgrinde hɔrnɪs'grɪndə, *auch:* '----
Hornisse hɔr'nɪsə, *auch:* '---
Hornist hɔr'nɪst
Hornito hɔr'ni:to
Hornpipe 'hɔrnpai̯p
Hornsey *engl.* 'hɔ:nzɪ
Hörnum 'hœrnʊm
Hornung 'hɔrnʊŋ
Hornuß 'hɔrnu:s
hornußen 'hɔrnu:sn̩
Horny 'hɔrni
Höroldt 'hø:rɔlt
Horolog horo'lo:k, **-e** ...o:gə
Horologion horo'lo:gi̯ɔn, **...ien** ...i̯ən
Horologium horo'lo:gi̯ʊm, **...ien** ...i̯ən
Horopter ho'rɔptɐ
Horos 'ho:rɔs

Horoskop horo'sko:p
horoskopieren horosko'pi:rən
Horov *slowak.* 'hɔroʊ̯
Horowitz 'ho:rovɪts
Horra 'hɔra
horrend hɔ'rɛnt, **-e** ...ndə
horribel hɔ'ri:bl̩, **...ble** ...blə
horribile dictu hɔ'ri:bile 'dɪktu
Horribilität hɔribili'tɛ:t
horrido! hɔri'do:
Horrocks *engl.* 'hɔrəks
Horror 'hɔro:ɐ̯
Horror Vacui 'hɔro:ɐ̯ 'va:kui
Horsa 'hɔrza
hors concours o:ɐ̯ kõ'ku:ɐ̯
Horsd'œuvre, -s [h]ɔr'dø:vrə, [h]o:ɐ̯'dø:vrə
Horse ho:ɐ̯s
Hörsel[berg] 'hœrzl̩[bɛrk]
Horsens *dän.* 'hɔɐ̯sn̩s
Horsepower 'ho:ɐ̯spaʊ̯ɐ
Horsham *engl.* 'hɔ:ʃəm
Hörsholm *dän.* 'hœɐ̯shɔl'm
Hörsing[en] 'hœrzɪŋ[ən]
Horsley *engl.* 'hɔ:slɪ, 'hɔ:zlɪ
[1]**Horst** (Nest) hɔrst
[2]**Horst** (Name) *dt., niederl.* hɔrst
Hörst hœrst
horsten 'hɔrstn̩
Horstmar 'hɔrstmar
hört, hört! 'hø:ɐ̯t 'hø:ɐ̯t
[1]**Hort** hɔrt
[2]**Hort** (Name) hɔrt, *engl.* hɔ:t, *ung.* hort
hört! hø:ɐ̯t
Horta *port.* 'ɔrtɐ, *niederl.* 'hɔrtɑ
Hortativ 'hɔrtati:f, **-e** ...i:və
horten 'hɔrtn̩
Horten 'hɔrtn̩, *norw.* ˌhɔrtən
Hortense *fr.* ɔr'tã:s
Hortensia hɔr'tɛnzi̯a, *span.* ɔr'tensi̯a
Hortensie hɔr'tɛnzi̯ə
Hortensio hɔr'tɛnzi̯o
Hortensius hɔr'tɛnzi̯ʊs
Hörthörtruf 'hø:ɐ̯t'hø:ɐ̯tru:f
Horthy *ung.* 'horti
Hortikultur hɔrtikʊl'tu:ɐ̯
Hortnerin 'hɔrtnərɪn
Hortobágy *ung.* 'hortoba:dj
Horton 'hɔrtɔn, *engl.* hɔ:tn
Hortulus Animae 'hɔrtulʊs 'a:nimɛ, **...li -** ...li -
Hortus deliciarum 'hɔrtʊs deli'tsi̯a:rʊm
horuck! ho:'rʊk
Horuk 'ho:rʊk
Horus 'ho:rʊs
Horváth 'hɔrva:t, *ung.* 'horva:t
Horw hɔrf
Horwitz 'hɔrvɪts
hosanna! ho'zana
Höschen 'hø:sçən
Hose 'ho:zə
Hosea ho'ze:a
Hosemann 'ho:zəman
hosianna!, Hosianna ho'zi̯ana
Hosiasson *fr.* ozja'sõ
Hosingen 'ho:zɪŋən
Hosios Lukas 'ho:zi̯ɔs 'lu:kas
Hosius 'ho:zi̯ʊs
Hospital hɔspi'ta:l, **Hospitäler** hɔspi'tɛ:lɐ
Hospitalet *span.* ɔspita'lɛt
hospitalisieren hɔspitali'zi:rən
Hospitalismus hɔspita'lɪsmʊs
Hospitalit hɔspita'li:t
Hospitalität hɔspitali'tɛ:t
Hospitaliter hɔspita'li:tɐ
Hospitant hɔspi'tant
Hospitanz hɔspi'tants
Hospitation hɔspita'tsi̯o:n
Hospitesse hɔspi'tɛsə
hospitieren hɔspi'ti:rən
Hospiz hɔs'pi:ts
Hospodar hɔspo'da:ɐ̯
Höß hœs
Hoßbach 'hɔsbax
Hossein *fr.* ɔ'sɛ̃
Hostcomputer 'ho:st-kɔmpju:tɐ
Hostess 'hɔstɛs, –'–
Hostie 'hɔsti̯ə
hostil hɔs'ti:l
Hostilität hɔstili'tɛ:t
Hostinné *tschech.* 'hɔstjinɛ:
Hostovský *tschech.* 'hɔstɔfski:
Hot hɔt
Hotbrines 'hɔtbrai̯ns
Hotchkiss *engl.* 'hɔtʃkɪs, *fr.* ɔtʃ'kis
Hotchpotch 'hɔtʃpɔtʃ
Hotdog 'hɔtdɔk
Hotel ho'tɛl
Hotel garni, -s -s ho'tɛl gar'ni:
Hotelier hotɛ'li̯e:, *auch:* hotə...
Hotellerie hotɛlə'ri:
Hotline 'hɔtlai̯n
Hotman *fr.* ɔt'man
Hotmannus hɔt'manʊs
Hotmelt 'hɔtmɛlt
Hotmoney 'hɔtmani
Hotpants 'hɔtpɛnts
Ho Tschi-minh hotʃi'mɪn
Hot Springs *engl.* 'hɔt 'sprɪŋz
Hotspur[s] *engl.* 'hɔtspə:[z]
hott! hɔt
Hotte 'hɔtə
hottehü!, H... hɔtə'hy:
hotten 'hɔtn̩
Hottentotte hɔtn̩'tɔtə
hottentottisch hɔtn̩'tɔtɪʃ
Hotter 'hɔtɐ
Hotteterre *fr.* ɔt'tɛ:r
Hötting 'hœtɪŋ
hotto! 'hɔto
Hottonia hɔ'to:ni̯a, **...ien** ...i̯ən
Hötzendorf 'hœtsn̩dɔrf
Hotzenplotz 'hɔtsn̩plɔts
Hotzenwald 'hɔtsn̩valt
Houasse *fr.* was
Houben 'hu:bn̩
Houbraken *niederl.* 'hɔu̯bra:kə
Houches *fr.* huʃ
Houckgeest *niederl.* 'hɔu̯k-xe:st
Houdar *fr.* u'da:r
Houdini *engl.* hu:'di:nɪ
Houdon *fr.* u'dõ
Houël *fr.* wɛl
Hough *engl.* hʌf
Houghton *engl.* hɔ:tn, haʊtn, hoʊtn
Houilles *fr.* uj
Houma *engl.* 'hu:mə
Houmt-Souk *fr.* umt'suk
Hounsfield *engl.* 'haʊnzfi:ld
Hounslow *engl.* 'haʊnzloʊ
Houphouët-Boigny *fr.* ufwɛ-bwa'ɲi
Houppelande, -s *fr.* u'plã:d
Hourdi ʊr'di:
House haus
House of Commons 'haus ɔf 'kɔməns
House of Lords 'haus ɔf 'lɔrts
Housman *engl.* 'haʊsmən
Houssay *span.* u'sai̯
Houssaye *fr.* u'sɛ
Housse 'hʊsə
Houston *engl.* 'hju:stən
Houville *fr.* u'vil
Houwald 'hu:valt
Houwink *niederl.* 'hɔu̯wɪŋk
Hova 'ho:va, *fr.* ɔ'va, *schwed.* ˌhu:va
Hovawart 'ho:favart
Hove *engl.* hoʊv
Hovercraft 'ho:vɐkra:ft
Hovey *engl.* 'hʌvɪ
Hovstad 'ho:fstat
Howa 'ho:va
Howald[t] 'ho:valt
Howard *engl.* 'haʊəd
Howe *engl.* haʊ

Howea 'ho:vea, **Hoween** ho've:ən
Howell[s] *engl.* 'haʊəl[z]
Howick Falls *engl.* 'haʊɪk 'fɔ:lz
Howie *engl.* 'haʊɪ
Howland *engl.* 'haʊlənd
Howrah *engl.* 'haʊrə
Hoxha *alban.* 'hodʒa
Höxter 'hœkstɐ
Hô Xuân Hu'o'ng *vietn.* ho su̯ən hɨə̯ŋ 311
Hoy *engl.* hɔɪ
Hoya 'ho:ja
Høyanger *norw.* ˌhœi̯aŋər
Hoyer 'hɔy̯ɐ
Hoyerswerda hɔyɐs'verda
Hoylake *engl.* 'hɔɪleɪk
Hoyle *engl.* hɔɪl
Hoym hɔym
Hrabal *tschech.* 'hrabal
Hraban 'ra:ban
Hrabanus Maurus ra'ba:nʊs 'mau̯rʊs
Hradčany *tschech.* 'hratʃani
Hradec Králové *tschech.* 'hradɛts 'kra:lɔvɛ:
Hradschin '[h]ratʃi:n, *auch:* _'_
Hranice *tschech.* 'hranjitsɛ
Hranilović *serbokr.* ˌhranilɔvitɕ
Hrčić *serbokr.* 'hr̩tʃitɕ
Hrdlicka 'hɪrdlɪt͜ska
Hrdlička *tschech.* 'hr̩dlitʃka, *engl.* 'hə:dlɪtʃkə
Hrebinka *ukr.* hrɛ'binka
Hrintschenko *ukr.* hrin'tʃɛnkɔ
Hrisanide *rumän.* hrisa'nide
Hristić *serbokr.* ˌhri:stitɕ
Hrob *tschech.* hrɔp
Hromádka *tschech.* 'hrɔma:tka
Hron *slowak.* hrɔn
Hronov *tschech.* 'hrɔnɔf
Hronský *slowak.* 'hrɔnski:
Hroswitha rɔs'vi:ta
Hrothsvit[h] 'ro:t͜svɪt
Hrozný *tschech.* 'hrɔzni:
Hrubín *tschech.* 'hrubi:n
Hrušovský *slowak.* 'hruʃɔu̯ski:
Hrvatska *serbokr.* ˌhr̩va:tska:
hu! hu:
hü! hy:
Huaca *span.* 'u̯aka
Huacho *span.* 'u̯atʃo
Hua Guofeng *chin.* xu̯agu̯ɔfəŋ 221
Hua Hin *Thai* hu̯ə'hin 55
Huaihe *chin.* xu̯ai̯xʌ 22
Huainan *chin.* xu̯ai̯nan 22
Huallaga *span.* u̯a'ʎaɣa
Huanaco hu̯a'nako
Huancavelica *span.* u̯aŋkaβe'lika
Huancayo *span.* u̯aŋ'kajo
Huanghe *chin.* xu̯aŋxʌ 22
Huang Quan *chin.* xu̯aŋtɕy̯ɛn 211
Huangshi *chin.* xu̯aŋʃɨ 22
Huang Tingjian *chin.* xu̯aŋtɪŋdzi̯ɛn 21
Huánuco *span.* 'u̯anuko
Huaraz *span.* u̯a'raθ
Huarte *span.* 'u̯arte
Huáscar *span.* 'u̯askar
Huascarán *span.* u̯aska'ran
Huasco *span.* 'u̯asko
Huaxteke hu̯as'te:kə
hub hu:p
Hub hu:p, **-es** 'hu:bəs, **Hübe** 'hy:bə
Hubalek 'hu:balɛk
Hubay *ung.* 'hubɔi
Hubbard *engl.* 'hʌbəd
[1]**Hubbel** (Hügel) 'hʊbl̩
[2]**Hubbel** (Name) *engl.* hʌbl
hubbelig 'hʊbəlɪç, **-e** ...ɪgə
Hubble *engl.* hʌbl
Hubbuch 'hʊbʊx
hübe 'hy:bə
Hube 'hu:bə
Hübe vgl. Hub
Hubei *chin.* xubei̯ 23
Hubel 'hu:bl̩
Hübel 'hy:bl̩
huben, H... 'hu:bn̩
hüben 'hy:bn̩
Huber[man] 'hu:bɐ[man]
Hubert 'hu:bɛrt, *fr.* y'bɛ:r, *niederl.* 'hybərt
Hubertus hu'bɛrtʊs
Hubertusburg hu'bɛrtʊsbʊrk
Hubli *engl.* 'hʊblɪ
Hubmaier 'hu:pmai̯ɐ
Hübner 'hy:bnɐ
hübsch, H... hʏpʃ
Hübschmann 'hʏpʃman
Hubschmid 'hu:pʃmi:t
hubt hu:pt
hübt hy:pt
Huc hu:k, *fr.* hyk
Hucbald 'hu:kbalt
huch! hʊx
Huchel 'hʊxl̩
Huch[en] 'hu:x[n̩]
Hucke[bein] 'hʊkə[bai̯n]
Hückelhoven 'hʏkl̩ho:fn̩
hucken 'hʊkn̩
huckepack 'hʊkəpak
Hückeswagen 'hʏkəsva:gn̩
Huckleberry *engl.* 'hʌklbɛrɪ
Hucknall *engl.* 'hʌknəl
Hudaida hu'dai̯da
Huddersfield *engl.* 'hʌdəzfi:ld
Huddinge *schwed.* ˌhʊdiŋə
Hude 'hu:də
Hudeček *tschech.* 'hudɛtʃɛk
Hudelei hu:də'lai̯
Hudeler 'hu:dəlɐ
hudelig 'hu:dəlɪç, **-e** ...ɪgə
hudeln 'hu:dl̩n, **hudle** 'hu:dlə
hudern 'hu:dɐn, **hudre** 'hu:drə
Hudiksvall *schwed.* hʊdiks'val
Hudler 'hu:dlɐ
hudlig 'hu:dlɪç, **-e** ...ɪgə
Hudson [Strait] *engl.* 'hʌdsn ['streɪt]
Hue *fr.* y
Huê *vietn.* hu̯e 2
Hueber 'hu:ɛbɐ, 'hu:bɐ
Huebner 'hy:bnɐ, *engl.* 'hi:bnə
Huedin *rumän.* hui̯e'din
Hueffer *engl.* 'hju:fə
Huehuetenango *span.* u̯eu̯ete'naŋgo
Huelsenbeck 'hʏlzn̩bɛk
Huelva *span.* 'u̯ɛlβa
Huerta[s] *span.* 'u̯ɛrta[s]
Huesca *span.* 'u̯eska
Huet *fr.* ɥɛ, *niederl.* hy'ɛt
Huey[town] *engl.* 'hju:ɪ[taʊn]
huf! hu:f
hüf! hy:f
Huf[e] 'hu:f[ə]
Hufeland 'hu:fəlant
hufen 'hu:fn̩
Hüfingen 'hy:fɪŋən
Hüfner 'hy:fnɐ
Hufschmidt 'hu:fʃmɪt
Hüfte 'hʏftə
Hüfthorn 'hʏfthɔrn
Hufuf hu'fu:f
Hug[bald] 'hu:k[balt]
Hugdietrich 'hu:kdi:trɪç
Hügel 'hy:gl̩
hügelig 'hy:gəlɪç, **-e** ...ɪgə
Hugenberg 'hu:gn̩bɛrk
Hugenotte hugə'nɔtə
hugenottisch hugə'nɔtɪʃ
Huggenberger 'hʊgn̩bɛrgɐ
Huggin[s] *engl.* 'hʌgɪn[z]
Hugh[es] *engl.* hju:[z]
Hugin 'hu:gɪn
Hugli *engl.* 'hu:glɪ
hüglig 'hy:glɪç, **-e** ...ɪgə
Hugo 'hu:go, *fr.* y'go, *engl.* 'hju:goʊ, *niederl.* 'hyɣo, *span.* 'uɣo
Hugolin 'hu:goli:n

Hugué *span.* uˈɣe
Hugues *fr.* yg
Huguet *fr.* yˈgɛ, *span.* uˈɣɛt
Huguette *fr.* yˈgɛt
Huhehaote *chin.* xuxʌxau̯tʌ 1244
Huhehot ˈhuːˈheːˈhoːt
Huhn huːn, **Hühner** ˈhyːnɐ
Hühnchen ˈhyːnçən
huhu! huˈhuː
hui! hu̯i
Huidobro *span.* u̯iˈðoβro
Huila *span.* ˈu̯ila, *port.* ˈu̯ilɐ
Huisne *fr.* ɥin
Huitzilopochtli *span.* u̯itsiloˈpɔtʃtli
huius anni ˈhuːjʊs ˈani
huius mensis ˈhuːjʊs ˈmɛnzɪs
Huizen *niederl.* ˈhœi̯zə
Huizhou *chin.* xu̯ei̯dʒou̯ 41
Huizinga *niederl.* ˈhœi̯zɪŋɣɑ
Hui Zong *chin.* xu̯ei̯dzʊŋ 11
Huk hʊk
Huka ˈhuːka
Hukboot ˈhʊkboːt
Huker ˈhʊkɐ
Hukka ˈhʊka
Hula ˈhuːla
Hula-Hoop huːlaˈhʊp
Hula-Hopp huːlaˈhɔp
Hülbe ˈhʏlbə
Huld hʊlt
Hulda ˈhʊlda
Huldén *schwed.* hʊlˈdeːn
huldigen ˈhʊldɪgn̩, **huldig!** ˈhʊldɪç, **huldigt** ˈhʊldɪçt
Huldin ˈhʊldɪn
Hulewicz *poln.* xuˈlɛvitʃ
hülfe ˈhʏlfə
Hulk hʊlk
Hull[ah] *engl.* ˈhʌl[ə]
Hülle ˈhʏlə
hüllen, H… ˈhʏlən
Hüllmandel ˈhʏlmandl̩
Hully-Gully ˈhaliˈgali
Hulme *engl.* hjuːm, huːm
Hüls hʏls
Hülschen ˈhʏlsçən
Hulse *engl.* hʌls
Hülse ˈhʏlzə
hülsen ˈhʏlzn̩, **hüls!** hʏls, **hülst** hʏlst
Hülsen ˈhʏlzn̩
hülsig ˈhʏlzɪç, **-e** …ɪgə
Hultschin hʊlˈtʃiːn, *auch:* ˈ– –
Hültz hʏlts
Hultzsch hʊltʃ
Hum *serbokr.* huːm
hum! hm̩

Humacao *span.* umaˈkao
human huˈmaːn
Humanae vitae huˈmaːnɛ ˈviːtɛ
Humanengineering ˈhjuːmənlɛndʒiˈniːrɪŋ
Humaniora humaˈni̯oːra
humanisieren humaniˈziːrən
Humanismus humaˈnɪsmʊs
Humanist humaˈnɪst
humanitär humaniˈtɛːɐ̯
Humanitarismus humanitaˈrɪsmʊs
Humanitas huˈmaːnitas
Humanität humaniˈtɛːt
Humanité *fr.* ymaniˈte
Humann ˈhuːman
Human Relations ˈhjuːmən riˈleːʃn̩s
Humber *engl.* ˈhʌmbə
Humberside *engl.* ˈhʌmbəsaɪd
Humbert ˈhʊmbɛrt, *fr.* œ̃ˈbɛːr
Humble *engl.* hʌmbl
Humboldt ˈhʊmbɔlt, *engl.* ˈhʌmboʊlt, *span.* ˈumbɔl
humboldtisch, H… ˈhʊmbɔltɪʃ
humboldtsch, H… ˈhʊmbɔltʃ
Humbu[r]g ˈhʊmbʊ[r]k
Hume *engl.* hjuːm
Humenné *slowak.* ˈhumɛnnɛː
Humerale humeˈraːlə, **…lien** …li̯ən, **…lia** …li̯a
Humerus ˈhuːmerʊs, **…ri** …ri
humid huˈmiːt, **-e** …iːdə
Humidität humidiˈtɛːt
Humifikation humifikaˈtsi̯oːn
humifizieren humifiˈtsiːrən
humil huˈmiːl
humiliant humiˈli̯ant
Humiliat humiˈli̯aːt
Humiliation humili̯aˈtsi̯oːn
Humilität humiliˈtɛːt
Huminsäure huˈmiːnzɔyrə
Humit huˈmiːt
Humm hʊm
Hummel ˈhʊml̩
Hummer ˈhʊmɐ
Hümmling ˈhʏmlɪŋ
Humolith humoˈliːt
[1]**Humor** (Heiterkeit) huˈmoːɐ̯
[2]**Humor** (Feuchtigkeit) ˈhuːmoːɐ̯, **Humores** huˈmoːreːs
humoral humoˈraːl
Humoreske humoˈrɛskə
humorig huˈmoːrɪç, **-e** …ɪgə
humorisieren humoriˈziːrən
Humorist humoˈrɪst
Humoristikum humoˈrɪstikʊm, **…ka** …ka

humos huˈmoːs, **-e** …oːzə
Hümpel ˈhʏmpl̩
Humpelei hʊmpəˈlai̯
humpelig ˈhʊmpəlɪç, **-e** …ɪgə
humpeln ˈhʊmpl̩n
Humpen ˈhʊmpn̩
Humperdinck ˈhʊmpɐdɪŋk
Humpert ˈhʊmpɐt
Humphrey[s] *engl.* ˈhʌmfrɪ[z]
humplig ˈhʊmplɪç, **-e** …ɪgə
Humpolec *tschech.* ˈhumpɔlɛts
Humpoletz ˈhʊmpolɛts
Humulus ˈhuːmulʊs
Humus ˈhuːmʊs
Huna ˈhuːna
Húnabucht ˈhuːnabʊxt
Húnaflói *isl.* ˈhuːnafloʊɪ
Hunan ˈhuːnan, *chin.* xunan 22
Hund hʊnt, **-e** ˈhʊndə
Hündchen ˈhʏntçən
hundeelend ˈhʊndəˈ|eːlɛnt, **-e** …ndə
Hundekälte ˈhʊndəˈkɛltə
hundemüde ˈhʊndəˈmyːdə
hundert, H… ˈhʊndɐt
hunderteins ˈhʊndɐtˈ|ai̯ns
Hunderter ˈhʊndɐtɐ
hunderterlei ˈhʊndɐtɐˈlai̯
hundertfach ˈhʊndɐtfax
Hundertjahrfeier hʊndɐtˈjaːɐ̯fai̯ɐ
hundertjährig ˈhʊndɐtjɛːrɪç
hundertmal ˈhʊndɐtmaːl
hundertmalig ˈhʊndɐtmaːlɪç, **-e** …ɪgə
hundertprozentig ˈhʊndɐtprotsɛntɪç
Hundertsatz ˈhʊndɐtzats
hundertste ˈhʊndɐtstə
hundertstel, H… ˈhʊndɐtstl̩
hundertstens ˈhʊndɐtstn̩s
hunderttausend ˈhʊndɐtˈtau̯zn̩t
hundertundeins ˈhʊndɐt|ʊntˈ|ai̯ns
Hundertwasser ˈhʊndɐtvasɐ
Hundested *dän.* ˈhunəsdeð
Hundewetter ˈhʊndəvɛtɐ
Hündin ˈhʏndɪn
Hunding ˈhʊndɪŋ
Hundisburg ˈhʊndɪsbʊrk
hündisch ˈhʏndɪʃ
Hundredweight ˈhandrətveːt
Hundsfott ˈhʊntsfɔt, **…fötter** …fœtɐ
Hundsfötterei hʊntsfœtəˈrai̯
hundsföttisch ˈhʊntsfœtɪʃ
hundsgemein ˈhʊntsgəˈmai̯n
hundsmäßig ˈhʊntsmɛːsɪç

H

hụndsmisera̱bel 'hʊnt͜smizə-'ra:bl̩
hụndsmü̱de 'hʊnt͜s'my:də
hụndswütig 'hʊnt͜svy:tɪç, **-e** ...ɪgə
Hü̱ne 'hy:nə
Hunedoạra *rumän.* hune'do̯ara
Huneker *engl.* 'hʌnɪkə
Hụnfalvy *ung.* 'hunfɔlvi
Hü̱nfeld 'hy:nfɛlt
Hunga̱ria hʊŋ'ga:ri̯a
Hunga̱rica hʊŋ'ga:rika
Hungarịst[ik] hʊŋga'rɪst[ɪk]
Hụngen 'hʊŋən
Hụnger 'hʊŋɐ
hụngern 'hʊŋɐn
Hŭngnam *korean.* hɨŋnam
hụngrig 'hʊŋrɪç, **-e** ...ɪgə
Hu'ng Yên *vietn.* hɨŋ i̯ən 11
Hụnne 'hʊnə
hụnnisch 'hʊnɪʃ
Hụnnius 'hʊni̯ʊs
Hu̱nold 'hu:nɔlt
Hụnsa 'hʊnza
Hụnsrück 'hʊnsrʏk
[1]**Hụnt** (Förderwagen) hʊnt
[2]**Hunt** (Name) *engl.* hʌnt
Hụnte 'hʊntə
Hụ̈nten 'hʏntn̩
[1]**Hunter** (Tier) 'hantɐ
[2]**Hunter** (Name) *engl.* 'hʌntə
Hunterston *engl.* 'hʌntəstən
Huntingdon *engl.* 'hʌntɪŋdən
Huntington *engl.* 'hʌntɪŋtən
Huntl[e]y *engl.* 'hʌntlɪ
Hunts *engl.* hʌnts
Huntsville *engl.* 'hʌntsvɪl
Hụntziger 'hʊnt͜sigɐ, *fr.* œ̃tsi-'ʒɛ:r
Hụnyadi *ung.* 'hunjɔdi
Hụnza 'hʊnza
hụnzen 'hʊnt͜sn̩
Hụnziker 'hʊnt͜sikɐ
Huon *fr.* ɥõ, *engl.* 'hju:ən
Hü̱on 'hy:ɔn
Huọvinen *finn.* 'hu̯ɔvinɛn
Hu̱pe 'hu:pə
Hu̱peh 'hu:pe
hu̱pen 'hu:pn̩
Hụpf hʊp͜f
hụpfen 'hʊp͜fn̩
hụ̈pfen 'hʏp͜fn̩
Hụ̈pferling 'hʏp͜fɐlɪŋ
Hụpp hʊp
hụppen 'hʊpn̩
Huppe̱rt *fr.* y'pɛ:r
Hurban *slowak.* 'hurban
Hü̱rchen 'hy:ɐ̯çən
Hụrde 'hʊrdə
Hụ̈rde 'hʏrdə
Hụrdes 'hʊrdəs, *span.* 'urðes
Hu̱re 'hu:rə
hu̱ren 'hu:rən
Hurere̱i hu:rə'rai̯
Hu̱ri 'hu:ri
Hụrlebusch 'hʊrləbʊʃ
Hụrling 'hø:ɐ̯lɪŋ, 'hœrlɪŋ
hụ̈rnen 'hʏrnən
Huro̱n hu'ro:n, *engl.* 'hjʊərən
Huro̱ne hu'ro:nə
huro̱nisch hu'ro:nɪʃ
hurra!, Hurra hʊ'ra:, *auch:* 'hʊra
Hụrrikan 'hʊrikan, 'harikn̩
Hụ̈rriyet *türk.* hyrri'jɛt
Hurst[on] *engl.* 'hə:st[ən]
Hurstville *engl.* 'hə:stvɪl
Hurtạdo *span.* ur'taðo
Hụ̈rth hʏrt
hụrtig 'hʊrtɪç, **-e** ...ɪgə
Hụrwicz, ...witz 'hʊrvɪt͜s
Hụs hʊs, *tschech.* hus
Hụsa *tschech.* 'husa
Husa̱in hʊ'sai̯n
Hụsák *slowak.* 'husa:k
Husa̱r hu'za:ɐ̯
hụsch, hụsch! 'hʊʃ'hʊʃ
Hụ̈sch hʏʃ
hụsch!, Hụsch hʊʃ
Hụsche 'hʊʃə
hụsch[e]lig 'hʊʃ[ə]lɪç, **-e** ...ɪgə
hụscheln 'hʊʃl̩n
hụschen 'hʊʃn̩
Huse̱in[i] hʊ'sai̯n[i]
Hu Shi *chin.* xuʃɨ 24
Hụși *rumän.* huʃj
Hü̱sing 'hy:zɪŋ
Huskisson *engl.* 'hʌskɪsn
Huskvarna *schwed.* ˌhʉ:skvɑ:rna
Husky 'haski
Hụsle 'hʊslə
Hu̱smann 'hu:sman
Hụß hʊs
hụssa! 'hʊsa
Hụssarek 'hʊsarɛk
hụssasa! 'hʊsasa
Hụsse 'hʊsə
Hussein hʊ'sai̯n, 'hʊsei:n
hụssen 'hʊsn̩
Hụsserl 'hʊsɐl
Hussi̱t hʊ'si:t
Hussitịsmus hʊsi'tɪsmʊs
hụ̈st! hʏst
hü̱steln 'hy:stl̩n
hu̱sten, H... 'hu:stn̩
Hụ̈sten 'hʏstn̩
Hustle *engl.* hʌsl
Hustler *engl.* 'hʌslə
Huston *engl.* hju:stn
Hụstopeče *tschech.* 'hustɔ-pɛtʃɛ
Hu̱sum 'hu:zʊm
Hụszár *ung.* 'husa:r
Hu̱t hu:t, **Hü̱te** 'hy:tə
Hü̱tchen 'hy:tçən
Hutcheson *engl.* 'hʌtʃɪsn
Hutchins *engl.* 'hʌtʃɪnz
Hutchinson *engl.* 'hʌtʃɪnsn
hü̱ten 'hy:tn̩
Hu̱ter 'hu:tɐ
Hu̱th hu:t, *engl.* hu:θ
Hụtsche 'hʊt͜ʃə
Hụ̈tsche 'hʏt͜ʃə
hụtschen 'hʊt͜ʃn̩
Hutt *engl.* hʌt
Hụ̈ttchen 'hʏtçən
Hụtte 'hʊtə
Hụ̈tte 'hʏtə
Hụtten 'hʊtn̩
Hụ̈ttenberg 'hʏtn̩bɛrk
Hụ̈ttenbrenner 'hʏtn̩brɛnɐ
Hụ̈ttenegger 'hʏtənɛgɐ
Hụtter 'hʊtɐ
Hụtterer 'hʊtərɐ
Hụ̈ttner 'hʏtnɐ
Hutton *engl.* hʌtn
Hụ̈ttrach 'hʏtrax
Hu̱tu 'hu:tu
Hu̱tung 'hu:tʊŋ
Hụtze 'hʊt͜sə
Hụtzel 'hʊt͜sl̩
hụtz[e]lig 'hʊt͜s[ə]lɪç, **-e** ...ɪgə
hụtzeln 'hʊt͜sl̩n
Huxley *engl.* 'hʌkslɪ
Huy hy:, *fr.* ɥi
Hu Yaobang *chin.* xu-i̯au̯baŋ 241
Huydecoper *niederl.* 'hœi̯də-ko:pər
Huygens 'hɔy̯gn̩s, *niederl.* 'hœi̯ɣəns
Huysman *niederl.* 'hœi̯smɑn
Huysmans *niederl.* 'hœi̯smɑns, *fr.* ɥis'mã:s
Huysum *niederl.* 'hœi̯səm
Huyton *engl.* haɪtn
Hüyụk *türk.* hy'jyk
Huywald 'hy:valt
Huzu̱le hu't͜su:lə
Hvạnnadalshnúkur *isl.* 'hwana-dalshnu:kʏr
Hva̱r *serbokr.* hva:r
Hve̱ragerði *isl.* 'hwɛ:ragjɛrðɪ
Hvidesande *dän.* vi:ðə'sænə
Hvịdovre *dän.* 'viðɔu̯rə

Hviẹzdoslav *slowak.* ˈhvi̯ɛzdɔslau̯
Hwạn xvan
Hwạngho ˈxvaŋho
Hyacinthe *fr.* jaˈsɛ̃:t
Hyaden ˈhy̆a:dn̩
hyalin, H... hy̆aˈli:n
Hyalinose hy̆aliˈno:zə
Hyalit hy̆aˈli:t
Hyalitis hy̆aˈli:tɪs, **...itiden** ...liˈti:dn̩
Hyalographie hy̆alograˈfi:
hyaloid hy̆aloˈi:t, **-e** ...i:də
Hyaloklastit hy̆aloklasˈti:t
Hyalophan hy̆aloˈfa:n
hyalopilitisch hy̆alopiˈli:tɪʃ
Hyaloplạsma hy̆aloˈplasma
Hyäne ˈhy̆ɛ:nə
Hyannis *engl.* haɪˈænɪs
Hyattsville *engl.* ˈhaɪətsvɪl
Hyazịnth[e] hy̆aˈt͜sɪnt[ə]
Hybla ˈhy:bla
hybrid hyˈbri:t, **-e** ...i:də
Hybride hyˈbri:də
hybridisch hyˈbri:dɪʃ
hybridisieren hybridiˈzi:rən
Hybris ˈhy:brɪs
Hydarthrose hydarˈtro:zə
Hydạspes hyˈdaspɛs
Hydathode hydaˈto:də
Hydatide hydaˈti:də
hydatogen hydatoˈge:n
hydatopyrogen hydatopyroˈge:n
Hyde *engl.* haɪd, *fr.* id
Hydepark, Hyde Park *engl.* ˈhaɪdˈpɑ:k
Hyderabad *engl.* ˈhaɪdərəbɑ:d
Hydra ˈhy:dra
hydragogisch hydraˈgo:gɪʃ
Hydragogum hydraˈgo:gʊm, **...ga** ...ga
Hydrämie hydrɛˈmi:, **-n** ...i:ən
Hydrạmnion hyˈdramniɔn, **...ien** ...iən
Hydrangea hydraŋˈge:a, **...eae** ...e:ɛ
Hydrạnt[h] hyˈdrant
Hydrapulper ˈhy:drapalpɐ
Hydrargillit hydrargɪˈli:t
Hydrargyrose hydrargyˈro:zə
Hydrạrgyrum hyˈdrargyrʊm
Hydrarthrose hydrarˈtro:zə
Hydrat hyˈdra:t
Hydra[ta]tion hydra[ta]ˈt͜si̯o:n
hydratisieren hydratiˈzi:rən
Hydraulik hyˈdrau̯lɪk
Hydraulis hyˈdrau̯lɪs
hydraulisch hyˈdrau̯lɪʃ
Hydraulit hydrau̯ˈli:t
Hydraulos hyˈdrau̯lɔs
Hydrazide hydraˈt͜si:də
Hydrazin hydraˈt͜si:n
Hydrazo... hyˈdra:t͜so...
Hydrazone hydraˈt͜so:nə
Hydria ˈhy:dria, **...ien** ...iən
Hydriatrie hydriaˈtri:
Hydrid hyˈdri:t, **-e** ...i:də
hydrieren hyˈdri:rən
hydro..., H... ˈhy:dro...
Hydrobien... hyˈdro:bi̯ən...
Hydrobiologie hydrobi̯oloˈgi:
Hydrocephale hydrot͜seˈfa:lə
Hydrochinon hydroçiˈno:n
Hydrochorie hydrokoˈri:
Hydrocọpter hydroˈkɔptɐ
Hydrodynamik hydrodyˈna:mɪk
hydrodynamisch hydrodyˈna:mɪʃ
hydroelẹktrisch hydro|eˈlɛktrɪʃ
Hydroelẹktrostation hydro|eˈlɛktroʃtat͜si̯o:n
hydroenergetisch hydro|enɛrˈge:tɪʃ
hydrogam hydroˈga:m
Hydrogel hydroˈge:l
Hydrogen hydroˈge:n
Hydrogenium hydroˈge:ni̯ʊm
Hydrogeologe hydrogeoˈlo:gə
Hydrogeologie hydrogeoloˈgi:
Hydrograph hydroˈgra:f
Hydrographie hydrograˈfi:
Hydrokarbongas hydrokarˈbo:nga:s
Hydrokarpie hydrokarˈpi:
Hydrokortison hydrokɔrtiˈzo:n
Hydrokultur hydrokʊlˈtu:ɐ̯, ˈhy:drokʊltu:ɐ̯
Hydrolasen hydroˈla:zn̩
Hydrologe hydroˈlo:gə
Hydrologie hydroloˈgi:
hydrologisch hydroˈlo:gɪʃ
Hydrologium hydroˈlo:gi̯ʊm, **...ien** ...i̯ən
Hydrolyse hydroˈly:zə
hydrolytisch hydroˈly:tɪʃ
Hydromanie hydromaˈni:
Hydromantie hydromanˈti:
Hydromechanik hydromeˈça:nɪk
Hydromeduse hydromeˈdu:zə
Hydrometallurgie hydrometalʊrˈgi:
Hydrometeore hydrometeˈo:rə
Hydrometeorologie hydrometeoroloˈgi:
Hydrometer hydroˈme:tɐ
Hydrometrie hydromeˈtri:
hydrometrisch hydroˈme:trɪʃ
Hydromikrobiologie hydromikrobioloˈgi:
Hydromonitor hydroˈmo:nito:ɐ̯, **-en** ...moniˈto:rən
Hydromorphie hydromɔrˈfi:
Hydromyelie hydromy̆eˈli:
Hydron... hyˈdro:n...
hydronalisieren hydronaliˈzi:rən
Hydronalium hydroˈna:li̯ʊm
Hydronaut hydroˈnau̯t
Hydronephrose hydroneˈfro:zə
Hydronymie hydronyˈmi:
Hydropath hydroˈpa:t
Hydropathie hydropaˈti:
Hydroperikard hydroperiˈkart, **-e** ...rdə
Hydroperikạrdium hydroperiˈkardi̯ʊm
Hydrophan hydroˈfa:n
hydrophil hydroˈfi:l
Hydrophilie hydrofiˈli:
hydrophob hydroˈfo:p, **-e** ...o:bə
Hydrophobie hydrofoˈbi:, **-n** ...i:ən
hydrophobieren hydrofoˈbi:rən
Hydrophor hydroˈfo:ɐ̯
Hydrophthạlmus hydrɔfˈtalmʊs
Hydrophyt hydroˈfy:t
hydropigen hydropiˈge:n
hydropisch hyˈdro:pɪʃ
Hydroplan hydroˈpla:n
hydropneumatisch hydropnɔy̆ˈma:tɪʃ
Hydroponik hydroˈpo:nɪk
hydroponisch hydroˈpo:nɪʃ
Hydrops ˈhy:drɔps
Hydropsie hydrɔˈpsi:
Hydropulsator hydropʊlˈza:to:ɐ̯, **-en** ...zaˈto:rən
Hydropulsor hydroˈpʊlzo:ɐ̯, **-en** ...ˈzo:rən
Hydrorrhachie hydrɔraˈxi:
Hydrorrhö, ...öe hydrɔˈrø:, **...rrhöen** ...ˈrø:ən
Hydrosalz ˈhy:drozalt͜s
Hydrosol hydroˈzo:l
Hydrosphäre hydroˈsfɛ:rə
Hydrostatik hydroˈsta:tɪk
hydrostatisch hydroˈsta:tɪʃ
Hydrotẹchnik hydroˈtɛçnɪk
hydrotherapeutisch hydroteraˈpɔy̆tɪʃ
Hydrotherapie hydroteraˈpi:

hydrothermal hydrotɛr'ma:l
Hydrothorax hydro'to:raks
Hydroxid hydrɔ'ksi:t, **-e** ...i:də
hydroxidisch hydrɔ'ksi:dɪʃ
Hydroxylgruppe hydrɔ'ksy:lgrʊpə
Hydrozele hydro'tse:lə
Hydrozephale hydrotse'fa:lə
Hydrozephalus hydro'tse:falʊs, **...len** ...tse'fa:lən, **...li** ...'tse:fali
Hydrozoon hydro'tso:ɔn, **...zoen** ...o:ən
Hydrozyklon hydrotsy'klo:n
Hydrurie hydru'ri:
Hydrus 'hy:drʊs
Hyères *fr.* jɛ:r
Hyetograph hy̆eto'gra:f
Hyetographie hy̆etogra'fi:
Hyetometer hy̆eto'me:tɐ
Hygieia hy'gi̯ai̯a
Hygiene hy'gi̯e:nə
Hygieniker hy'gi̯e:nikɐ
hygienisch hy'gi̯e:nɪʃ
hygienisieren hygi̯eni'zi:rən
Hyginus hy'gi:nʊs
Hygrochasie hygroça'zi:
Hygrogramm hygro'gram
Hygrograph hygro'gra:f
Hygrom hy'gro:m
Hygrometer hygro'me:tɐ
Hygrometrie hygrome'tri:
hygrometrisch hygro'me:trɪʃ
Hygromorphie hygromɔr'fi:
Hygromorphose hygromɔr'fo:zə
Hygronastie hygronas'ti:
hygrophil hygro'fi:l
Hygrophilie hygrofi'li:
Hygrophyt hygro'fy:t
Hygroskop hygro'sko:p
Hygroskopizität hygroskopitsi'tɛ:t
Hygrostat hygro'sta:t
Hygrotaxis hygro'taksɪs
Hyksos 'hʏksɔs
Hyl hy:l
Hyläa hy'lɛ:a
Hylan *engl.* 'haɪlən
Hylas 'hy:las
Hyle 'hy:lə, ...le
Hylemorphismus hylemɔr'fɪsmʊs
Hyliker 'hy:likɐ
hylisch 'hy:lɪʃ
Hylismus hy'lɪsmʊs
Hylla 'hʏla
Hyllos 'hʏlɔs
hylotrop hylo'tro:p
Hylotropie hylotro'pi:
Hylozoismus hylotso'ɪsmʊs
hylozoistisch hylotso'ɪstɪʃ
Hymans *niederl.* 'hɛi̯mɑns
Hymen 'hy:mən
Hymenaios hyme'nai̯ɔs, hy'me:nai̯ɔs
hymenal hyme'na:l
Hymenäus hyme'nɛ:ʊs, **...äi** ...ɛ:i
Hymenium hy'me:ni̯ʊm, **...ien** ...i̯ən
Hymenomyzet hymenomy'tse:t
Hymenoptere hymenɔp'te:rə
Hymettos hy'mɛtɔs
Hymir 'hy:mɪr
Hymnar hʏm'na:ɐ̯
Hymnarium hʏm'na:ri̯ʊm, **...ien** ...i̯ən
Hymne 'hʏmnə
Hymnik 'hʏmnɪk
Hymniker 'hʏmnikɐ
hymnisch 'hʏmnɪʃ
Hymnode hʏm'no:də
Hymnodie hʏmno'di:
Hymnograph hʏmno'gra:f
Hymnologe hʏmno'lo:gə
Hymnologie hʏmnolo'gi:
hymnologisch hʏmno'lo:gɪʃ
Hymnos 'hʏmnɔs
Hymnus 'hʏmnʊs
Hyndman *engl.* 'haɪndmən
Hyne *engl.* haɪn
Hynek *tschech.* 'hinɛk
Hyoszyamin hy̆ɔstsy̆a'mi:n
hypabyssisch hypa'bʏsɪʃ
Hypacidität hypatsidi'tɛ:t
Hypakusis hypa'ku:zɪs
Hypalbuminose hypalbumi'no:zə
Hypalgator hypal'ga:to:ɐ̯, **-en** ...ga'to:rən
Hypalgesie hypalge'zi:
hypalgetisch hypal'ge:tɪʃ
Hypallage hypala'ge:, *auch:* hy'palage
Hypästhesie hypɛste'zi:, **-n** ...i:ən
hypästhetisch hypɛs'te:tɪʃ
hypäthral hypɛ'tra:l
Hypatia hy'pa:ti̯a
Hypazidität hypatsidi'tɛ:t
Hype haip
hyper..., H... 'hy:pɐ...
Hyperacidität hypɐlatsidi'tɛ:t
Hyperakusie hypɐlaku'zi:
Hyperalgesie hypɐlalge'zi:
hyperalgetisch hypɐlal'ge:tɪʃ
Hyperämie hypɐlɛ'mi:
hyperämisch hypɐ'lɛ:mɪʃ
hyperämisieren hypɐlɛmi'zi:rən
Hyperästhesie hypɐlɛste'zi:
hyperästhetisch hypɐlɛs'te:tɪʃ
Hyperazidität hypɐlatsidi'tɛ:t
hyperbar hypɐ'ba:ɐ̯
Hyperbasis hy'pɛrbazɪs, **...sen** hypɐ'ba:zn̩
Hyperbaton hy'pɛrbatɔn, **...ta** ...ta
Hyperbel hy'pɛrbl̩
Hyperboliker hypɐ'bo:likɐ
hyperbolisch hypɐ'bo:lɪʃ
Hyperboloid hypɐbolo'i:t, **-e** ...i:də
Hyperbolus hy'pɛrbolʊs
Hyperboreer hypɐbo're:ɐ
hyperboreisch hypɐbo're:ɪʃ
Hyperbulie hypɐbu'li:
Hypercharakterisierung hypɐkarakteri'zi:rʊŋ, 'hy:p...
Hyperchlorhydrie hypɐklo:ɐ̯hy'dri:
Hypercholie hypɐço'li:, **-n** ...i:ən
hyperchrom hypɐ'kro:m
Hyperchromatose hypɐkroma'to:zə
Hyperchromie hypɐkro'mi:, **-n** ...i:ən
Hyperdaktylie hypɐdakty'li:, **-n** ...i:ən
Hypereides hype'rai̯dɛs
Hyperemesis hypɐ'le:mezɪs
Hyperergie hypɐlɛr'gi:, **-n** ...i:ən
Hypererosie hypɐlero'zi:, **-n** ...i:ən
Hyperfunktion 'hy:pɐfʊŋktsi̯o:n
Hypergalaktie hypɐgalak'ti:, **-n** ...i:ən
Hypergamie hypɐga'mi:
Hypergenitalismus hypɐgenita'lɪsmʊs
Hypergeusie hypɐgɔy̆'zi:, **-n** ...i:ən
Hyperglobulie hypɐglobu'li:, **-n** ...i:ən
Hyperglykämie hypɐglykɛ'mi:, **-n** ...i:ən
hypergol hypɐ'go:l
Hyperhedonie hypɐhedo'ni:
Hyperhidrosis hypɐhi'dro:zɪs
Hyperides hype'ri:dɛs
Hyperidrose hypɐli'dro:zə
Hyperidrosis hypɐli'dro:zɪs

Hyperinsulinismus hypɐlɪnzuliˈnɪsmʊs
Hyperinvolution hypɐlɪnvoluˈtsi̯o:n
Hyperion hyˈpe:ri̯ɔn, *auch:* hypeˈri:ɔn
Hyperius hyˈpe:ri̯ʊs
Hyperkalzämie hypɐkaltsɛˈmi:, **-n** ...i:ən
Hyperkapnie hypɐkapˈni:, **-n** ...i:ən
hyperkatalektisch hypɐkataˈlɛktɪʃ
Hyperkatalexe hypɐkataˈlɛksə
Hyperkeratose hypɐkeraˈto:zə
Hyperkinese hypɐkiˈne:zə
hyperkinetisch hypɐkiˈne:tɪʃ
hyperkorrekt hypɐkɔˈrɛkt, ˈhy:p...
Hyperkrinie hypɐkriˈni:
hyperkritisch hypɐˈkri:tɪʃ, ˈhy:p...
Hyperkultur ˈhy:pɐkʊltu:ɐ̯
Hyperlink ˈhai̯pɐlɪŋk
Hypermastie hypɐmasˈti:, **-n** ...i:ən
Hypermedia hai̯pɐˈme:di̯a
Hypermenorrhö, ...öe hypɐmenɔˈrø:, **...rrhöen** ...ˈrø:ən
Hypermetabolie hypɐmetaboˈli:, **-n** ...i:ən
Hypermeter hyˈpɛrmetɐ
Hypermetrie hypɐmeˈtri:
hypermetrisch hypɐˈme:trɪʃ
Hypermetron hyˈpɛrmetrɔn, **...ra** ...ra
Hypermetropie hypɐmetroˈpi:
hypermetropisch hypɐmeˈtro:pɪʃ
Hypermnesie hypɐmneˈzi:
hypermodern ˈhy:pɐmodɛrn, hypɐmoˈdɛrn
hypermorph hypɐˈmɔrf
Hypermotilität hypɐmotiliˈtɛ:t
Hypernephritis hypɐneˈfri:tɪs, **...itiden** ...riˈti:dn̩
Hypernephrom hypɐneˈfro:m
Hyperodontie hypɐlodɔnˈti:
Hyperon ˈhy:perɔn, **-en** hypeˈro:nən
Hyperonychie hypɐlonʏˈçi:, **-n** ...i:ən
Hyperonym hyperoˈny:m, *auch:* ˈhy:p...
Hyperonymie hyperonyˈmi:, *auch:* ˈhy:p..., **-n** ...i:ən
Hyperoon hypeˈro:ɔn, **...oa** ...o:a
Hyperopie hypɐloˈpi:, **-n** ...i:ən
Hyperorexie hypɐlorɛˈksi:, **-n** ...i:ən
Hyperosmie hypɐlɔsˈmi:
Hyperostose hypɐlɔsˈto:zə
Hyperphysik hypɐfyˈzi:k
hyperphysisch hypɐˈfy:zɪʃ
Hyperplasie hypɐplaˈzi:, **-n** ...i:ən
hyperplastisch hypɐˈplastɪʃ
hyperpyretisch hypɐpyˈre:tɪʃ
Hyperpyrexie hypɐpyrɛˈksi:
Hypersekretion hypɐzekreˈtsi̯o:n
hypersensibel hypɐzɛnˈzi:bl̩, **...ble** ...blə
hypersensibilisieren hypɐzɛnzibiliˈzi:rən
Hypersomie hypɐzoˈmi:
Hypersomnie hypɐzɔmˈni:
hypersonisch hypɐˈzo:nɪʃ
Hyperspermie hypɐspɛrˈmi:, **-n** ...i:ən
Hypersteatosis hypɐsteaˈto:zɪs
Hypersthen hypɐˈste:n
Hypertelie hypɐteˈli:
Hypertension hypɐtɛnˈzi̯o:n
Hypertext ˈhai̯pɐtɛkst
Hyperthelie hypɐteˈli:, **-n** ...i:ən
Hyperthermie hypɐtɛrˈmi:
Hyperthymie hypɐtyˈmi:
Hyperthyreoidismus hypɐtyreoiˈdɪsmʊs
Hyperthyreose hypɐtyreˈo:zə
Hypertonie hypɐtoˈni:, **-n** ...i:ən
Hypertoniker hypɐˈto:nikɐ
hypertonisch hypɐˈto:nɪʃ
Hypertonus hypɐˈto:nʊs
Hypertrichose hypɐtrɪˈço:zə
Hypertrichosis hypɐtrɪˈço:zɪs, **...ses** ...ze:s
hypertroph hypɐˈtro:f
Hypertrophie hypɐtroˈfi:
Hyperurbanismus hypɐlʊrbaˈnɪsmʊs
Hyperurikämie hypɐlurikɛˈmi:
Hyperventilation hypɐvɛntilaˈtsi̯o:n
Hypervitaminose hypɐvitamiˈno:zə
Hyperzyklus hypɐˈtsy:klʊs
Hyphäma hyˈfɛ:ma, **-ta** -ta
Hyphärese hyfɛˈre:zə
Hyphe ˈhy:fə
Hyphen hyˈfɛn
Hyphidrose hyfiˈdro:zə
hypnagog hʏpnaˈgo:k, **...e** ...o:gə
hypnagogisch hʏpnaˈgo:gɪʃ
Hypnagogum hʏpnaˈgo:gʊm, **...ga** ...ga
Hypnalgie hʏpnalˈgi:, **-n** ...i:ən
Hypnoanalyse hʏpnolanaˈly:zə
Hypnonarkose hʏpnonarˈko:zə
Hypnopädie hʏpnopɛˈdi
hypnopädisch hʏpnoˈpɛ:dɪʃ
Hypnos ˈhʏpnɔs
Hypnose hʏpˈno:zə
Hypnosie hʏpnoˈzi:, **-n** ...i:ən
Hypnotherapeut hʏpnoteraˈpɔy̯t
Hypnotherapie hʏpnoteraˈpi:, **-n** ...i:ən
Hypnotik hʏpˈno:tɪk
Hypnotikum hʏpˈno:tikʊm, **...ka** ...ka
hypnotisch hʏpˈno:tɪʃ
Hypnotiseur hʏpnotiˈzø:ɐ̯
hypnotisieren hʏpnotiˈzi:rən
Hypnotismus hʏpnoˈtɪsmʊs
hypo..., H... ˈhy:po...
Hypoazidität hypolatsidiˈtɛ:t
Hypobromit hypobroˈmi:t
Hypobulie hypobuˈli:
Hypochlorämie hypoklorɛˈmi:, **-n** ...i:ən
Hypochlorhydrie hypoklo:ɐ̯hyˈdri:, **-n** ...i:ən
Hypochlorit hypokloˈri:t
Hypochonder hypoˈxɔndɐ, ...pɔˈx...
Hypochondrie hypoxɔnˈdri:, ...pɔx..., **-n** ...i:ən
hypochondrisch hypoˈxɔndrɪʃ, ...pɔx...
hypochrom hypoˈkro:m
Hypochromie hypokroˈmi:, **-n** ...i:ən
Hypochylie hypoçyˈli:, **-n** ...i:ən
Hypodaktylie hypodaktyˈli:, **-n** ...i:ən
Hypoderm hypoˈdɛrm
hypodermatisch hypodɛrˈma:tɪʃ
Hypodochmius hypoˈdɔxmiʊs, **...ien** ...iən
Hypodontie hypodɔnˈti:, **-n** ...i:ən
Hypodrom hypoˈdro:m
Hypofunktion hypofʊŋkˈtsi̯o:n, ˈhy:p...

hypogäisch hypo'gɛ:ɪʃ
Hypogalaktie hypogalak'ti:, **-n** ...i:ən
Hypogamie hypoga'mi:
Hypogastrium hypo'gastriʊm, **...ien** ...iən
Hypogäum hypo'gɛ:ʊm
Hypogenitalismus hypogenita'lɪsmʊs
Hypoglykämie hypoglykɛ'mi:, **-n** ...i:ən
Hypognathie hypogna'ti:, **-n** ...i:ən
Hypogonadismus hypogona'dɪsmʊs
hypogyn hypo'gy:n
Hypoid... hypo'i:t...
Hypoinsulinismus hypo|ɪnzuli'nɪsmʊs
Hypokaliämie hypokaliɛ'mi:
Hypokalzämie hypokaltsɛ'mi:
Hypokapnie hypokap'ni:
hypokaustisch hypo'kaustɪʃ
Hypokaustum hypo'kaustʊm
Hypokeimenon hypo'kaimenɔn
Hypokinese hypoki'ne:zə
Hypokorismus hypoko'rɪsmʊs
Hypokoristikum hypoko'rɪstikʊm, **...ka** ...ka
Hypokotyl hypoko'ty:l
Hypokrenal hypokre'na:l
Hypokrisie hypokri'zi:
hypokristallin hypokrɪsta'li:n
Hypokrit hypo'kri:t
hypoleptisch hypo'lɛptɪʃ
Hypolimnion hypo'lɪmniɔn, **...ien** ...iən
Hypolite *fr.* ipɔ'lit
Hypolithal hypoli'ta:l
hypologisch hypo'lo:gɪʃ
Hypomanie hypoma'ni:
Hypomaniker hypo'ma:nikɐ
hypomanisch hypo'ma:nɪʃ
Hypomenorrhö, ...öe hypomenɔ'rø:, **...rrhöen** ...'rø:ən
Hypomnema hy'pɔmnema, **-ta** hypɔm'ne:mata
Hypomnesie hypɔmne'zi:, **-n** ...i:ən
Hypomobilität hypomobili'tɛ:t
Hypomochlion hypo'mɔxliɔn
hypomorph hypo'mɔrf
Hypomotilität hypomotili'tɛ:t
Hyponastie hyponas'ti:
Hyponitrit hyponi'tri:t
Hyponym hypo'ny:m, *auch:* 'hy:p...
Hyponymie hypony'mi:, *auch:* 'hy:p..., **-n** ...i:ən
Hypophosphit hypofɔs'fi:t
hypophrenisch hypo'fre:nɪʃ
Hypophyse hypo'fy:zə
Hypoplasie hypopla'zi:, **-n** ...i:ən
hypoplastisch hypo'plastɪʃ
Hypopyon hypo'py:ɔn
Hyporchem hypɔr'çe:m
Hyporchema hy'pɔrçema, **-ta** ...'çe:mata
Hyposem hypo'ze:m
Hyposmie hypɔs'mi:, **-n** ...i:ən
hyposom hypo'zo:m
Hypospadie hypospa'di:, **-n** ...i:ən
Hyposphagma hypo'sfagma, **-ta** -ta
Hypostase hypo'sta:zə
Hypostasie hyposta'zi:
hypostasieren hyposta'zi:rən
Hypostasis hy'pɔstazɪs, **...sen** hypo'sta:zn̩
hypostatisch hypo'sta:tɪʃ
Hyposthenie hyposte'ni:, **-n** ...i:ən
hypostomatisch hyposto'ma:tɪʃ
Hypostylon hy'pɔstylɔn, **...la** ...la
Hypostylos hy'pɔstylɔs, **...loi** ...lɔy
hypotaktisch hypo'taktɪʃ
Hypotaxe hypo'taksə
Hypotaxis hy'po:taksɪs, **...xen** hypo'taksn̩
Hypotension hypotɛn'zio:n
Hypotenuse hypote'nu:zə
Hypothalamus hypo'ta:lamʊs, **...mi** ...mi
Hypothek hypo'te:k
Hypothekar hypote'ka:ɐ̯
hypothekarisch hypote'ka:rɪʃ
Hypothermie hypotɛr'mi:, **-n** ...i:ən
Hypothese hypo'te:zə
hypothetisch hypo'te:tɪʃ
Hypothyreoidismus hypotyreoi'dɪsmʊs
Hypothyreose hypotyre'o:zə
Hypotonie hypoto'ni:, **-n** ...i:ən
Hypotoniker hypo'to:nikɐ
hypotonisch hypo'to:nɪʃ
Hypotrachelion hypotra'xe:liɔn, **...ien** ...iən
Hypotrichose hypotrɪ'ço:zə
Hypotrichosis hypotrɪ'ço:zɪs, **...ses** ...ze:s
Hypotrophie hypotro'fi:, **-n** ...i:ən
Hypovitaminose hypovitami'no:zə
Hypoxämie hypɔksɛ'mi:, **-n** ...i:ən
Hypoxie hypɔ'ksi:
Hypozentrum hypo'tsɛntrʊm
Hypozykloide hypotsyklo'i:də
Hyppolite *fr.* ipɔ'lit
Hypsikles 'hʏpsiklɛs
Hypsiphobie hʏpsifo'bi:, **-n** ...i:ən
Hypsipyle hʏ'psi:pyle
Hypsizephalie hʏpsitsefa'li:, **-n** ...i:ən
Hypsometer hʏpso'me:tɐ
Hypsometrie hʏpsome'tri:
hypsometrisch hʏpso'me:trɪʃ
Hypsothermometer hʏpsotɛrmo'me:tɐ
Hyrkanien hʏr'ka:niən
hyrkanisch hʏr'ka:nɪʃ
Hyrkanos hʏr'ka:nɔs
Hyrtl 'hɪrtl̩
Hyry *finn.* 'hyry
Hyskos 'hʏskɔs
Hýskov *tschech.* 'hi:skɔf
Hyslop *engl.* 'hɪsləp
Hystaspes hʏs'taspɛs
Hysteralgie hʏsteral'gi:, **-n** ...i:ən
Hysterektomie hʏsterɛkto'mi:
Hysterese hʏste're:zə
Hysteresis hʏste're:zɪs
Hysterie hʏste'ri:, **-n** ...i:ən
Hysteriker hʏs'te:rikɐ
hysterisch hʏs'te:rɪʃ
hysterisieren hʏsteri'zi:rən
hysterogen hʏstero'ge:n
Hysterogramm hʏstero'gram
Hysterographie hʏsterogra'fi:, **-n** ...i:ən
hysteroid hʏstero'i:t, **-e** ...i:də
Hysterologie hʏsterolo'gi:, **-n** ...i:ən
Hysteromanie hʏsteroma'ni:, **-n** ...i:ən
Hysteron-Proteron 'hʏsterɔn-'pro:terɔn, **...ra-...ra** ...ra...ra
Hysteroptose hʏsterɔp'to:zə
Hysteroskop hʏstero'sko:p
Hysteroskopie hʏsterosko'pi:
Hysterotomie hʏsteroto'mi:
Hythe *engl.* haɪð
Hyundai® '[h]jʊndai
Hyvinkää *finn.* 'hyviŋkæ:

i, I i:, *engl.* aɪ, *fr., it., span.* i
ι, Ι 'jo:ta
i! i:
...ia ...i̯a
Iacobello *it.* i̯ako'bɛllo
Iacopo *it.* 'i̯a:kopo
Iacopone *it.* i̯ako'po:ne
iah 'i:'a:, i'a:
iahen 'i:'a:ən, i'a:ən
Iain *engl.* 'i:ən
Iakchos 'i̯akçɔs
Ialomița *rumän.* 'i̯alomitsa
Iambe 'i̯ambə
Iamblichos 'i̯amblɪçɔs
Ian *engl.* ɪən
Ianthe 'i̯antə
Iapetos 'i̯a:petɔs
Iapygia i̯a'py:gi̯a
Iași *rumän.* i̯aʃj
Iason 'i̯a:zɔn
Iasos 'i:azɔs
IATA 'i̯a:ta, i:'|a:ta, *engl.* aɪ'ɑ:tə, i:'ɑ:tə
Iatrik 'i̯a:trɪk
iatrisch 'i̯a:trɪʃ
Iatrochemie i̯atroçe'mi:
iatrogen i̯atro'ge:n
Iatrologie i̯atrolo'gi:
iatrologisch i̯atro'lo:gɪʃ
Ibach 'i:bax
Ibadan *engl.* ɪ'bædən, ɪ'bɑ:dən, i:bə'dæn
Ibagué *span.* iβa'ɣe
Ibáñez *span.* i'βaɲeθ
Ibar *serbokr.* ˌi:bar
Ibaraki *jap.* i'baˌraki
Ibarbourou *span.* iβar'βuru
Ibarra *span.* i'βarra
Ibárruri *span.* i'βarruri
Ibas 'i:bas
Ibb ɪp
Ibbenbüren ɪbn̩'by:rən
Iberer i'be:rɐ
Iberg 'i:bɛrk
Iberia i'be:ri̯a, *span.* i'βeri̯a
Iberien i'be:ri̯ən
Iberis i'be:rɪs, *auch:* 'i:berɪs
iberisch i'be:rɪʃ
Ibero *span.* i'βero

Iberoamérica *span.* iβeroa'merika
Iberoamerika i'be:ro|ame:rika
iberoamerikanisch i'be:ro|amerika:nɪʃ
Ibert *fr.* i'bɛ:r
Iberus i'be:rʊs
Iberville *fr.* ibɛr'vil, *engl.* 'aɪbəvɪl
Ibiatron ibi̯a'tro:n
ibidem i'bi:dɛm, 'i:bidɛm, 'ɪb...
Ibis 'i:bɪs, **-se** ...ɪsə
Ibiza i'bɪtsa, *span.* i'βiθa
Ibizenker ibi'tsɛŋkɐ
ibizenkisch ibi'tsɛŋkɪʃ
IBM i:be:'|ɛm, *engl.* aɪbi:'ɛm
Ibn 'ɪbn̩
Ibn Al Athir 'ɪbn̩ al'|a:tɪr
Ibn Al Baitar 'ɪbn̩ albai̯'ta:ɐ̯
Ibn Al Chatib 'ɪbn̩ alxa'ti:p
Ibn Al Farid 'ɪbn̩ al'fa:rɪt
Ibn Al Mukaffa 'ɪbn̩ almu'kafa
Ibn Ar Rumi 'ɪbn̩ a'ru:mi
Ibn Baddscha 'ɪbn̩ 'ba:dʒa
Ibn Battuta 'ɪbn̩ ba'tu:ta
Ibn Chaldun 'ɪbn̩ xal'du:n
Ibn Dschubair 'ɪbn̩ dʒu'bai̯ɐ
Ibn Esra 'ɪbn̩ 'ɛsra
Ibn Hanbal 'ɪbn̩ 'hanbal
Ibn Hasm 'ɪbn̩ 'hazm̩
Ibn Kutaiba 'ɪbn̩ ku'tai̯ba
Ibn Ruschd 'ɪbn̩ 'rʊʃt
Ibn Saud 'ɪbn̩ 'zau̯t, *auch:* - za'u:t
Ibn Sina 'ɪbn̩ 'zi:na
Ibn Tufail 'ɪbn̩ tu'fai̯l
Ibo 'i:bo
Ibrahim 'i:brahi:m, ibra'hi:m
Ibrăileanu *rumän.* ibrəi'le̯anu
Ibrik i'brɪk
Ibsen 'ɪpsn̩, *norw.* 'ipsən
Iburg 'i:bʊrk
Ibykos 'i:bykɔs
Ibykus 'i:bykʊs
Ica *span.* 'ika
Içá *bras.* i'sa
Icaza *span.* i'kaθa
ICE i:tse:'|e:
İçel *türk.* 'itʃɛl
ich, Ich ɪç
Ichenhausen ɪçn̩'hau̯zn̩
Ichlaut 'ɪçlau̯t
Ichneumon ɪç'nɔymɔn
Ichneumoniden ɪçnɔymo'ni:dn̩
Ichnogramm ɪçno'gram
Ichor ɪ'ço:ɐ̯, 'ɪço:ɐ̯
Ichthyodont ɪçty̆o'dɔnt
Ichthyol® ɪç'ty̆o:l

Ichthyolith ɪçty̆o'li:t
Ichthyologe ɪçty̆o'lo:gə
Ichthyologie ɪçty̆olo'gi:
ichthyologisch ɪçty̆o'lo:gɪʃ
Ichthyophage ɪçty̆o'fa:gə
Ichthyophthalm ɪçty̆ɔf'talm
Ichthyophthirius ɪçty̆o'fti:ri̯ʊs, **...ien** ...i̯ən
Ichthyopterygium ɪçty̆ɔpte'ry:gi̯ʊm
Ichthyosaurus ɪçty̆o'zau̯rʊs, **...rier** ...ri̯ɐ
Ichthyose ɪç'ty̆o:zə
Ichthyosis ɪç'ty̆o:zɪs
Ichthyotoxin ɪçty̆otɔ'ksi:n
I. C. I. *engl.* aɪsi:'aɪ
Icing 'ai̯sɪŋ
Ickelsamer 'ɪkl̩za:mɐ
Ickes *engl.* 'ɪkɪs
Icon 'ai̯kn̩, 'ai̯kɔn
Icterus 'ɪktерʊs
Ictus 'ɪktʊs, **die -** ...tu:s
Id i:t, **Ide** 'i:də
Ida *dt., it.* 'i:da, *engl.* 'aɪdə
Idafeld 'i:dafɛlt
Idaho 'ai̯daho, *engl.* 'aɪdəhoʊ
idäisch i'dɛ:ɪʃ
Idamantes ida'mantɛs
Idared 'ai̯darɛt
Idar-Oberstein i:dar'|o:bɐʃtai̯n
Idarwald 'i:darvalt
Iddings *engl.* 'ɪdɪŋz
ideagen idea'ge:n
ideal, I... ide'a:l
idealisieren ideali'zi:rən
Idealismus idea'lɪsmʊs
Idealist idea'lɪst
Idealität ideali'tɛ:t
idealiter ide'a:litɐ
Idealspeaker ai̯'di:əl'spi:kɐ
Ideation idea'tsi̯o:n
Idee i'de:, **-n** i'de:ən
Idée fixe, -s -s i'de: 'fɪks
ideell ide'ɛl
idem 'i:dɛm
[1]**Iden** (im altröm. Kalender) 'i:dn̩
[2]**Iden** (Name) *engl.* aɪdn
ident i'dɛnt
Identifikation idɛntifika'tsi̯o:n
identifizieren idɛntifi'tsi:rən
identisch i'dɛntɪʃ
Identität idɛnti'tɛ:t
ideogen ideo'ge:n
Ideogramm ideo'gram
Ideographie ideogra'fi:
ideographisch ideo'gra:fɪʃ
Ideokinese ideoki'ne:zə
Ideokratismus ideokra'tɪsmʊs

Ideologe ideo'lo:gə
Ideologem ideolo'ge:m
Ideologie ideolo'gi:, **-n** ...i:ən
ideologisch ideo'lo:gɪʃ
ideologisieren ideologi'zi:rən
ideomotorisch ideomo'to:rɪʃ
Ideoreal... ideore'a:l...
id est 'ɪt 'ɛst
Idfu 'ɪtfu
Idioblast idi̯o'blast
idiochromatisch idi̯okro'ma:tɪʃ
Idiogramm idi̯o'gram
idiographisch idi̯o'gra:fɪʃ
Idiokinese idi̯oki'ne:zə
Idiokrasie idi̯okra'zi:, **-n** ...i:ən
Idiolatrie idi̯ola'tri:
Idiolekt idi̯o'lɛkt
idiolektal idi̯olɛk'ta:l
Idiom i'di̯o:m
Idiomatik idi̯o'ma:tɪk
idiomatisch idi̯o'ma:tɪʃ
idiomatisieren idi̯omati'zi:rən
idiomorph idi̯o'mɔrf
idiopathisch idi̯o'pa:tɪʃ
Idiophon idi̯o'fo:n
Idioplasma idi̯o'plasma
idiorrhythmisch idi̯ɔ'rʏtmɪʃ
Idiorrythmie idi̯ɔrʏt'mi:
Idiosom idi̯o'zo:m
Idiosynkrasie idi̯ozʏnkra'zi:, **-n** ...i:ən
idiosynkratisch idi̯ozʏn'kra:tɪʃ
Idiot i'di̯o:t
Idiotie idi̯o'ti:, **-n** ...i:ən
Idiotikon i'di̯o:tikɔn, **...ka** ...ka
idiotisch i'di̯o:tɪʃ
Idiotismus idi̯o'tɪsmʊs
idiotypisch idi̯o'ty:pɪʃ
Idiotypus idi̯o'ty:pʊs
Idiovariation idi̯ovari̯a'tsi̯o:n
Idisen 'i:dizn̩
Idistaviso idɪsta'vi:zo
Idku 'ɪtku
Idlewild *engl.* 'aɪdlwaɪld
Idlib 'ɪdlɪp
Ido 'i:do
Idokras ido'kra:s, **-e** ...a:zə
Idol i'do:l
idolisieren idoli'zi:rən
Idolatrie idola'tri:, **-n** ...i:ən
Idololatrie idolola'tri:, **-n** ...i:ən
Idomeneo idome'ne:o
Idomeneus i'do:menɔys
Idoneität idonei'tɛ:t
i-Dötzchen 'i:dœtsçən
Idra *neugr.* 'iðra
Idrialit idria'li:t
Idrija *serbokr.* ˌidrija
Idris i'dri:s
Idris *türk.* i'dris
Idrisi i'dri:zi
Idriside idri'zi:də
Idrißi i'dri:si
Idro *it.* 'i:dro
Idrus *indon.* 'ɪdrʊs
Idschma ɪ'dʒma:
Idstein 'ɪtʃtai̯n
Idumäa idu'mɛ:a
Idumäer idu'mɛ:ɐ
Idun 'i:dʊn
Iduna i'du:na
Idus 'i:du:s
Idyll[e] i'dʏl[ə]
Idyllik i'dʏlɪk
Idylliker i'dʏlikɐ
idyllisch i'dʏlɪʃ
idyllisieren idʏli'zi:rən
Idschtihad ɪtʃi'ha:t
Ieper *niederl.* 'ipər
Ierapetra *neugr.* jɛ'rapɛtra
Iesi *it.* 'i̯ɛ:zi
Iesolo *it.* 'i̯ɛ:zolo
IFA (Internationale Funkausstellung) 'i:fa
Ife *engl.* 'i:feɪ
Iffezheim 'ɪfətshai̯m
Iffland 'ɪflant
Ifigenia *it.* ifidʒe'ni:a
Ifni *span.* 'ifni
ifo® 'i:fo
Ifor, IFOR 'i:fo:ɐ̯
Igaraçu *bras.* igara'su
Igarka *russ.* i'garkɐ
Igel 'i:gl̩
Igelit® ige'li:t
IG-Farben i:ge:'farbn̩
Ighil-Izane *fr.* igili'zan
igitt! i'gɪt
igittigitt! i'gɪtigɪt
Iglau 'i:glau̯
Iglesias *span.* i'ɣlesi̯as, *it.* i'glɛ:zi̯as, *kat.* i'ɣlɛzi̯əs
Iglu 'i:glu
Ignace *fr.* i'ɲas
Ignacio *span.* iɣ'naθi̯o
Ignácio *port.* iɣ'nasi̯u
Ignacy *poln.* ig'natsɨ
Ignat[i] *russ.* ig'nat[ij]
Ignatios ɪ'gna:ti̯ɔs
Ignatius ɪ'gna:tsi̯ʊs
Ignatjew *russ.* i'gnatjɪf
Ignatjewitsch *russ.* i'gnatjɪvitʃ
Ignatjewna *russ.* i'gnatjɪvnɐ
Ignatow *engl.* ɪg'nɑ:toʊ
Ignatowitsch *russ.* i'gnatɐvitʃ
Ignatowna *russ.* i'gnatɐvnɐ
Ignaz 'ɪgna:ts, *auch:* ɪ'gna:ts
Ignazio *it.* iɲ'ɲattsi̯o
Ignipunktur ɪgnipʊŋk'tu:ɐ̯
Ignitron 'ɪgnitro:n
Ignjatovič *serbokr.* iˌgnja:tɔvitɕ
ignoramus et ignorabimus ɪgno'ra:mʊs ɛt ɪgno'ra:bimʊs
ignorant, I... ɪgno'rant
Ignoranz ɪgno'rants
ignorieren ɪgno'ri:rən
Ignoszenz ɪgnɔs'tsɛnts
ignoszieren ɪgnɔs'tsi:rən
Ignotus ɪ'gno:tʊs
Igo 'i:go
Igor 'i:go:ɐ̯, *russ.* 'igɐrj
Igorewitsch *russ.* 'igɐrɪvitʃ
Igorewna *russ.* 'igɐrɪvnɐ
Igorote igo'ro:tə
Igorrote igɔ'ro:tə
Iguaçu *bras.* igu̯a'su
Iguala *span.* i'ɣu̯ala
Igualada *span.* iɣu̯a'laða
Iguana i'gu̯a:na
Iguanodon i'gu̯a:nodɔn, **...odonten** igu̯ano'dɔntn̩
Iguassu *bras.* igu̯a'su
Iguazú *span.* iɣu̯a'θu
Igumen i'gu:mən
iguvinisch igu'vi:nɪʃ
Ihering 'je:rɪŋ
Ihle 'i:lə
Ihlenfeld 'i:lənfɛlt
ihm i:m
ihn, Ihn i:n
Ihne 'i:nə
ihnen 'i:nən
ihr i:ɐ̯
Ihram ɪ'çra:m
ihrerseits 'i:rɐ'zai̯ts
ihresgleichen 'i:rəs'glai̯çn̩
ihresteils 'i:rəs'tai̯ls
ihrethalben 'i:rət'halbn̩
ihretwegen 'i:rət've:gn̩
ihretwillen 'i:rət'vɪlən
ihrige 'i:rɪgə
Ihro 'i:ro
ihrzen 'i:ɐ̯tsn̩
Iijoki *finn.* 'i:jɔki
Iisalmi *finn.* 'i:sɑlmi
Ijeronim *russ.* ijɪra'nim
Ijmuiden *niederl.* ɛi̯'mœi̯də
Ijob i'jo:p
Ijssel *niederl.* 'ɛi̯səl
Ijsselmeer *niederl.* ɛi̯səl'me:r
Ijsselmonde *niederl.* ɛi̯səl'mɔndə
Ijzer *niederl.* 'ɛi̯zər

Ikako... iˈka:ko...
Ikaria *neugr.* ikaˈria
Ikarier iˈka:ri̯ɐ
Ikarios iˈka:ri̯ɔs
ikarisch iˈka:rɪʃ
Ikaros ˈi:karɔs
Ikarus ˈi:karʊs
Ike *engl.* aɪk
Ikea® iˈke:a
Ikebana ikeˈba:na
Ikeda *jap.* iˈkeda
Ikeja *engl.* ɪˈkeɪdʒə
I-king iˈkɪŋ
Ikirun *engl.* i:kɪˈru:n
Ikon[e] iˈko:n[ə]
Ikonion iˈko:ni̯ɔn
Ikonismus ikoˈnɪsmʊs
Ikonodule ikonoˈdu:lə
Ikonodulie ikonoduˈli:
Ikonograph ikonoˈgra:f
Ikonographie ikonograˈfi:
Ikonoklasmus ikonoˈklasmʊs
Ikonoklast ikonoˈklast
Ikonolatrie ikonolaˈtri:
Ikonologie ikonoloˈgi
Ikonometer ikonoˈme:tɐ
Ikonoskop ikonoˈsko:p
Ikonostas ikonoˈsta:s, **-e** ...a:zə
Ikonostase ikonoˈsta:zə
Ikonostasis ikonoˈsta:zɪs
Ikor *fr.* iˈkɔ:r
Ikosaeder ikozaˈ|e:dɐ
Ikositetraeder ikozitetraˈ|e:dɐ
ikterisch ɪkˈte:rɪʃ
Ikterus ˈɪkterʊs
Iktinos ɪkˈti:nɔs
Iktus ˈɪktʊs, **die -** ...tu:s
Ilagan *span.* iˈlaɣan
Ilang-Ilang-Öl ˈi:laŋˈ|i:laŋ|ø:l
Ilari *russ.* iˈlarij
Ilarion iˈla:ri̯ɔn
Iława *poln.* iˈu̯ava
Ilchan ɪlˈka:n, ɪlˈxa:n
Ildebrando *it.* ildeˈbrando
Ildefons ˈɪldəfɔns
Ildefonse *fr.* ildəˈfõ:s
Ildefonso *span.* ildeˈfɔnso
Ildiko ˈɪldiko
Île *fr.* il
Ilebo *fr.* ileˈbo
Ileborgh ˈi:ləbɔrk
Île-de-France *fr.* ildəˈfrã:s
Île-de la-Cité *fr.* ildəlasiˈte
Île-d'Yeu *fr.* ilˈdjø
Ileen vgl. Ileus
Ileitis ileˈi:tɪs, ...**itiden** ileiˈti:dn̩
Ilek *russ.* iˈljɛk
Iler ˈi:lɐ
Ileri *türk.* ilɛˈri
Îles *fr.* il
Ilesha *engl.* ɪˈleɪʃə
Ileum ˈi:leʊm, ...**ea** ...ea
Ileus ˈi:leʊs, **Ileen** ˈi:leən, **Ilei** ˈi:lei
Ilex ˈi:lɛks
Ilf *russ.* iljf
Ilfeld ˈɪlfɛlt, ˈi:l...
Ilford *engl.* ˈɪlfəd
Ilfov *rumän.* ˈilfov
Ilfracombe *engl.* ˈɪlfrəku:m
Ilg ɪlk
Ilgaz *türk.* ilˈgɑz
Ilgner ˈɪlgnɐ
Ilhan *türk.* ilˈhɑn
Ilhéus *bras.* iˈʎɛu̯s
Ili iˈli
Ilia ˈi:li̯a
Iliade iˈli̯a:də
Ilias ˈi:li̯as
Ilić *serbokr.* ˌili:tɕ
Ilidža *serbokr.* iˌlidʒa
Iliescu *rumän.* iliˈesku
Iligan *span.* iˈliɣan
Ilija *russ.* iliˈja
Ilim *russ.* iˈlim
Ilion ˈi:li̯ɔn, *engl.* ˈɪlɪən
Ilithyia iˈli:tyja
Ilium ˈi:li̯ʊm
Ilja ˈilja, *russ.* iljˈja
Iljin *russ.* iljˈjin
Iljinitschna *russ.* iljˈjiniʃnɐ
Iljinski *russ.* iljˈjinskij
Iljitsch *russ.* iljˈjitʃ
Iljitschow[sk] *russ.* iljiˈtʃɔf[sk]
Iljuschin ɪlˈjʊʃi:n, *russ.* iljˈjuʃin
Ilka ˈɪlka, *ung.* ˈilkɔ
Ilkeston *engl.* ˈɪlkɪstən
Ilkhan ɪlˈka:n
Ilkley *engl.* ˈɪlklɪ
Ill ɪl, *fr.* il
Iłłakowiczówna *poln.* iu̯u̯akɔviˈtʃuvna
Illampu *span.* iˈʎampu
Illapel *span.* iʎaˈpɛl
Illarion *russ.* illɐriˈɔn
Illarionowitsch *russ.* illɐriˈɔnɐvitʃ
Illarionowna *russ.* illɐriˈɔnɐvnɐ
illativ ˈɪlati:f, *auch:* ––ˈ–, **-e** ...i:və
Illativ ˈɪlati:f, **-e** ...i:və
Illatum ɪˈla:tʊm, ...**ta** ...ta
Ille *fr.* il
Ille-et-Vilaine *fr.* ileviˈlɛn
illegal ˈɪlega:l, *auch:* ––ˈ–
Illegalität ˈɪlegalitɛ:t, *auch:* ––––ˈ–
illegitim ˈɪlegiti:m, *auch:* –––ˈ–
Illegitimität ˈɪlegitimitɛ:t, *auch:* –––––ˈ–
Iller ˈɪlɐ
illern ˈɪlɐn
Illertissen ɪlɐˈtɪsn̩
Illía *span.* iˈʎia
illiberal ˈɪlibera:l, *auch:* –––ˈ–
Illiberalität ˈɪliberalitɛ:t, *auch:* –––––ˈ–
Illich ˈɪlɪtʃ
Illimani *span.* iʎiˈmani
illimitiert ɪlimiˈti:ɐ̯t
Illinium ɪˈli:ni̯ʊm
Illinois *engl.* ɪlɪˈnɔɪ[z]
illiquid ˈɪlikvi:t, *auch:* ––ˈ–, **-e** ...i:də
Illiquidität ˈɪlikviditɛ:t, *auch:* ––––ˈ–
Illit ɪˈli:t
illiterat, I... ˈɪlɪtəra:t, *auch:* –––ˈ–
Illnau ˈɪlnau̯
Illo ˈɪlo
Illokution ɪlokuˈtsi̯o:n
illokutionär ɪlokutsi̯oˈnɛ:ɐ̯
illokutiv ɪlokuˈti:f, **-e** ...i:və
illoyal ˈɪlo̯aja:l, *auch:* ––ˈ–
Illoyalität ˈɪlo̯ajalitɛ:t, *auch:* ––––ˈ–
Illuminat ɪlumiˈna:t
Illumination ɪluminaˈtsi̯o:n
Illuminator ɪlumiˈna:to:ɐ̯, **-en** ...naˈto:rən
illuminieren ɪlumiˈni:rən
Illuminist ɪlumiˈnɪst
Illusion ɪluˈzi̯o:n
illusionär ɪluzi̯oˈnɛ:ɐ̯
Illusionismus ɪluzi̯oˈnɪsmʊs
Illusionist ɪluzi̯oˈnɪst
illusorisch ɪluˈzo:rɪʃ
illuster ɪˈlʊstɐ
Illustration ɪlʊstraˈtsi̯o:n, *fr.* illystrɑˈsjõ
illustrativ ɪlʊstraˈti:f, **-e** ...i:və
Illustrator ɪlʊsˈtra:to:ɐ̯, **-en** ...raˈto:rən
illustrieren ɪlʊsˈtri:rən
illuvial ɪluˈvi̯a:l
Illyés *ung.* ˈijje:ʃ
Illyrer ɪˈly:rɐ
Illyrien ɪˈly:ri̯ən
Illyrier ɪˈly:ri̯ɐ
illyrisch ɪˈly:rɪʃ
Illyrismus ɪlyˈrɪsmʊs
Illyrist[ik] ɪlyˈrɪst[ɪk]

I

Ilm ɪlm
Ilm-Athen ˈɪlm|ate:n
Ilmen *russ.* ˈiljmɪnj
Ilmenau ˈɪlmənau̯
Ilmenit ɪlmeˈni:t
Ilmensee ˈɪlmənze:
Ilo *span.* ˈilo
Ilobu *engl.* ɪˈlɔ:bu:
Ilocos *span.* iˈlokos
Iloilo *span.* iloˈilo, *engl.* ˈi:loʊˈi:loʊ
Ilok *serbokr.* ˌilɔk
Ilona ˈi:lona, ˈɪlona, iˈlo:na, *ung.* ˈilonɔ
Ilonka iˈlɔŋka, ˈi:lɔŋka, ˈɪlɔŋka, *ung.* ˈiloŋkɔ
Ilopango *span.* iloˈpaŋgo
Ilorin *engl.* ɪˈlɔrɪn
Ilosvay *ung.* ˈiloʃvɔi
Ilow ˈi:lo
Ilsa[n] ˈɪlza[n]
Ilse[der] ˈɪlzə[dɐ]
Ilsenburg ˈɪlzn̩bʊrk
Ilshofen ɪlsˈho:fn̩
Iltis ˈɪltɪs, **-se** ...ɪsə
im ɪm
Imabari *jap.* iˈmaˌbari
Image ˈɪmɪtʃ
imaginabel imagiˈna:bl̩, **...ble** ...blə
imaginal imagiˈna:l
imaginär imagiˈnɛ:ɐ̯
Imagination imaginaˈt͡si̯o:n
imaginativ imaginaˈti:f, **-e** ...i:və
imaginieren imagiˈni:rən
Imagismus imaˈgɪsmʊs
Imagist imaˈgɪst
Imago iˈma:go, **...gines** ...gine:s
Imago Dei iˈma:go ˈde:i
Imam iˈma:m
Imamit imaˈmi:t
Iman iˈma:n
Imandra *russ.* ˈimɐndrɐ
Imari... iˈma:ri...
Imataca *span.* imaˈtaka
Imathia *neugr.* imaˈθia
Imatra *finn.* ˈimɑtrɑ
IMAX® ˈai̯mɛks
Imbaba ɪmˈba:ba
Imbabura *span.* imbaˈβura
Imbalance ɪmˈbɛln̩s
imbezil ɪmbeˈt͡si:l
imbezill ɪmbeˈt͡sɪl
Imbezillität ɪmbet͡sɪliˈtɛ:t
imbibieren ɪmbiˈbi:rən
Imbibition ɪmbibiˈt͡si̯o:n
Imbiss ˈɪmbɪs
Imboden ˈɪmbo:dn̩
Imbroglio ɪmˈbrɔljo, **...gli** ...lji
Imbros ˈɪmbrɔs
Imelda iˈmɛlda
Imera *it.* iˈmɛ:ra
Imereter imeˈre:tɐ
Imeretien imeˈre:t͡si̯ən
Imerier iˈme:ri̯ɐ
Imho[o]f ˈɪmho:f
Imhotep ɪmˈho:tɛp
Imid iˈmi:t, **-e** iˈmi:də
Imin iˈmi:n
Imitat imiˈta:t
Imitatio Christi imiˈta:t͡si̯o ˈkrɪsti
Imitation imitaˈt͡si̯o:n
imitativ imitaˈti:f, **-e** ...i:və
Imitator imiˈta:to:ɐ̯, **-en** ...taˈto:rən
imitatorisch imitaˈto:rɪʃ
imitieren imiˈti:rən
Imke ˈɪmkə
Imker ˈɪmkɐ
Imkerei ɪmkəˈrai̯
imkern ˈɪmkɐn
Imma ˈɪma
Immaculata [Conceptio] ɪmakuˈla:ta [kɔnˈt͡sɛpt͡si̯o]
Immakulata ɪmakuˈla:ta
immanent ɪmaˈnɛnt
Immanenz ɪmaˈnɛnt͡s
immanieren ɪmaˈni:rən
Immanuel ɪˈma:nu̯e:l, *auch:* ...u̯ɛl
Immaterial... ɪmateˈri̯a:l...
Immaterialismus ɪmateri̯aˈlɪsmʊs
Immaterialität ˈɪmateri̯alitɛ:t, *auch:* -----ˈ-
immateriell ˈɪmateri̯ɛl, *auch:* ---ˈ-
Immatrikulation ɪmatrikulaˈt͡si̯o:n
immatrikulieren ɪmatrikuˈli:rən
immatur ɪmaˈtu:ɐ̯
Imme ˈɪmə
immediat ɪmeˈdi̯a:t
immediatisieren ɪmedi̯atiˈzi:rən
Immelmann ˈɪml̩man
Immenhausen ɪmənˈhau̯zn̩
immens ɪˈmɛns, **-e** ...nzə
Immensee ˈɪmənze:
Immensität ɪmɛnziˈtɛ:t
Immenstadt ˈɪmənʃtat
immensurabel ɪmɛnzuˈra:bl̩, **...ble** ...blə
Immensurabilität ɪmɛnzurabiliˈtɛ:t
immer ˈɪmɐ
immerdar ˈɪmɐˈda:ɐ̯
immerfort ˈɪmɐˈfɔrt
immergrün, I... ˈɪmɐgry:n
immerhin ˈɪmɐˈhɪn
Immermann ˈɪmɐman
Immersion ɪmɛrˈzi̯o:n
immerzu ˈɪmɐˈt͡su:
Immigrant ɪmiˈgrant
Immigration ɪmigraˈt͡si̯o:n
immigrieren ɪmiˈgri:rən
imminent ɪmiˈnɛnt
Immingham *engl.* ˈɪmɪŋəm
Immission ɪmɪˈsi̯o:n
Immo ˈɪmo
immobil ˈɪmobi:l, *auch:* --ˈ-
Immobiliar... ɪmobiˈli̯a:ɐ̯...
Immobilie ɪmoˈbi:li̯ə
Immobilisation ɪmobilizaˈt͡si̯o:n
Immobilisator ɪmobiliˈza:to:ɐ̯, **-en** ...zaˈto:rən
immobilisieren ɪmobiliˈzi:rən
Immobilismus ɪmobiˈlɪsmʊs
Immobilität ˈɪmobilitɛ:t, *auch:* ----ˈ-
immoralisch ˈɪmora:lɪʃ, *auch:* --ˈ--
Immoralismus ɪmoraˈlɪsmʊs
Immoralist ɪmoraˈlɪst
Immoralität ˈɪmoralitɛ:t, *auch:* ----ˈ-
immortalisieren ɪmɔrtaliˈzi:rən
Immortalität ɪmɔrtaliˈtɛ:t
Immortelle ɪmɔrˈtɛlə
Immum Coeli ˈɪmʊm ˈt͡sø:li
immun ɪˈmu:n
immunisieren ɪmuniˈzi:rən
Immunität ɪmuniˈtɛ:t
immunogenetisch ɪmunogeˈne:tɪʃ
Immunologe ɪmunoˈlo:gə
Immunologie ɪmunoloˈgi:
Immunopathie ɪmunopaˈti:, **-n** ...i:ən
Immunosuppression ɪmunozʊprɛˈsi̯o:n
Immutabilität ɪmutabiliˈtɛ:t
Imo *engl.* ˈi:moʊ
Imogen ˈi:mogɛn
Imola *it.* ˈi:mola
Imp ɪmp
Impact ˈɪmpɛkt
impair ɛ̃ˈpɛ:ɐ̯
Impakt ɪmˈpakt
impaktiert ɪmpakˈti:ɐ̯t

Impaktit ımpakˈtiːt
Impala ımˈpaːla
Imparität ımpariˈtɛːt
Impasse, -s ɛ̃ˈpas
impastieren ımpasˈtiːrən
Impasto ımˈpasto, **...ti** ...ti
Impatiens ımˈpaːtsi̯ɛns
Impeachment ımˈpiːtʃmənt
Impedanz ımpeˈdants
Impediment ımpediˈmɛnt
impenetrabel ımpeneˈtraːbl̩, **...ble** ...blə
imperativ ımperaˈtiːf, **-e** ...iːvə
Imperativ ˈımperatiːf, **-e** ...iːvə
imperativisch ımperaˈtiːvıʃ, *auch:* ˈ-----
Imperator ımpeˈraːtoːɐ̯, **-en** ...raˈtoːrən
imperatorisch ımperaˈtoːrıʃ
Imperator Rex ımpeˈraːtoːɐ̯ ˈrɛks
Imperatrix ımpeˈraːtrıks, **...ices** ...raˈtriːtseːs
Imperfekt ˈımpɛrfɛkt
imperfektibel ımpɛrfɛkˈtiːbl̩, **...ble** ...blə
Imperfektibilität ımpɛrfɛktibiliˈtɛːt
imperfektisch ˈımpɛrfɛktıʃ
imperfektiv ˈımpɛrfɛktiːf, *auch:* ---ˈ-, **-e** ...iːvə
Imperfektum ımpɛrˈfɛktʊm, *auch:* ˈ----, **...ta** ...ta
imperforabel ımpɛrfoˈraːbl̩, **...ble** ...blə
Imperforation ımpɛrforaˈtsi̯oːn
Imperia *it.* imˈpɛːri̯a
imperial, ¹I... ımpeˈri̯aːl
²Imperial (Name) ımpeˈri̯aːl, *span.* impeˈri̯al, *engl.* ımˈpıərıəl
Imperiali *it.* impeˈri̯aːli
Imperialismus ımperi̯aˈlısmʊs
Imperialist ımperi̯aˈlıst
imperialistisch ımperi̯aˈlıstıʃ
Imperium ımˈpeːri̯ʊm, **...ien** ...i̯ən
impermeabel ımpɛrmeˈaːbl̩, **...ble** ...blə
Impermeabilität ımpɛrmeabiliˈtɛːt
Impersonale ımpɛrzoˈnaːlə, **...lien** ...li̯ən, **...lia** ...li̯a
Impertinent ımpɛrtiˈnɛnt
Impertinenz ımpɛrtiˈnɛnts
Imperzeptibel ımpɛrtsɛpˈtiːbl̩, **...ble** ...blə
impetiginös ımpetigiˈnøːs, **-e** ...øːzə
Impetigo ımpeˈtiːgo, **...gines** ...gineːs
impetuoso ımpeˈtu̯oːzo
Impetuoso ımpeˈtu̯oːzo **...si** ...zi
Impetus ˈımpetʊs
Impey *engl.* ˈımpı
impfen ˈımpfn̩
Impfling ˈımpflıŋ
Imphal *engl.* ˈımfəl, ˈımpəl
Impietät ımpi̯eˈtɛːt
Implantat ımplanˈtaːt
Implantation ımplantaˈtsi̯oːn
implantieren ımplanˈtiːrən
Implantologie ımplantoloˈgiː
Implement ımpleˈmɛnt
implementieren ımplemɛnˈtiːrən
Implikat ımpliˈkaːt
Implikation ımplikaˈtsi̯oːn
implizieren ımpliˈtsiːrən
implizit ımpliˈtsiːt
implizite ımˈpliːtsite
implodieren imploˈdiːrən
Implosion ımploˈzi̯oːn
Implosiv ımploˈziːf, **-e** ...iːvə
Impluvium ımˈpluːvi̯ʊm, **...ien** ...i̯ən, **...ia** ...i̯a
imponderabel ımpɔndeˈraːbl̩, **...ble** ...blə
Imponderabilien ımpɔnderaˈbiːli̯ən
Imponderabilität ımpɔnderabiliˈtɛːt
imponieren ımpoˈniːrən
Import ımˈpɔrt
important ımpɔrˈtant
Importanz ımpɔrˈtants
Importe ımˈpɔrtə
Importeur ımpɔrˈtøːɐ̯
importieren ımpɔrˈtiːrən
importun ımpɔrˈtuːn
imposant ımpoˈzant
impossibel ımpɔˈsiːbl̩, **...ble** ...blə
Impossibilität ımpɔsibiliˈtɛːt
Impost ımˈpɔst
impotent ˈımpotɛnt, *auch:* --ˈ-
Impotenz ˈımpotɛnts, *auch:* --ˈ-
Imprägnation ımprɛgnaˈtsi̯oːn
imprägnieren ımprɛˈgniːrən
impraktikabel ˈımpraktikaːbl̩, *auch:* ---ˈ--, **...ble** ...blə
Impresario ımpreˈzaːri̯o, **...ri** ...ri
Impression ımprɛˈsi̯oːn
impressionabel ımprɛsi̯oˈnaːbl̩, **...ble** ...blə
Impressionismus ımprɛsi̯oˈnısmʊs
Impressionist ımprɛsi̯oˈnıst
Impressum ımˈprɛsʊm
imprimatur, I... ımpriˈmaːtʊr
Imprimé ɛ̃priˈmeː
imprimieren ımpriˈmiːrən
Impromptu ɛ̃prõˈtyː
Improperien ımproˈpeːri̯ən
Improvisateur ɛ̃provizaˈtoːɐ̯
Improvisation ımprovizaˈtsi̯oːn
Improvisator ımproviˈzaːtoːɐ̯, **-en** ...zaˈtoːrən
improvisatorisch ımprovizaˈtoːrıʃ
improvisieren ımproviˈziːrən
Impuls ımˈpʊls, **-e** ...lzə
impulsiv ımpʊlˈziːf, **-e** ...iːvə
Impulsivität ımpʊlziviˈtɛːt
Imputabilität ımputabiliˈtɛːt
Imputation ımputaˈtsi̯oːn
imputativ ımputaˈtiːf, **-e** ...iːvə
imputieren ımpuˈtiːrən
Imralı *türk.* ˈimrɑlɨ
Imre *ung.* ˈimrɛ
Imrédy *ung.* ˈimreːdi
Imroz *türk.* ˈimrɔz
Imrulkais ımrʊlˈkai̯s
Imst ımst
imstand ımˈʃtant
imstande ımˈʃtandə
im Voraus ım foˈrau̯s, *auch:* -ˈfoːrau̯s
in ın
Ina ˈiːna, *poln.* ˈina
in absentia ın apˈzɛntsi̯a
in abstracto ın apˈstrakto
Inacidität ın|atsidiˈtɛːt
inadäquat ˈın|adɛkvaːt, ˈın|at-lɛ..., *auch:* ---ˈ-
in aeternum ın ɛˈtɛrnʊm
inakkurat ˈın|akuraːt, *auch:* ---ˈ-
inaktiv ˈın|aktiːf, *auch:* --ˈ-, **-e** ...iːvə
inaktivieren ın|aktiˈviːrən
Inaktivität ˈın|aktivitɛːt, *auch:* ----ˈ-
inaktuell ˈın|aktu̯ɛl, *auch:* --ˈ-
inakzeptabel ˈın|aktsɛptaːbl̩, *auch:* ---ˈ--, **...ble** ...blə
Inakzeptabilität ˈın|aktsɛptabilitɛːt, *auch:* ------ˈ-

I

in albis ɪn ˈalbiːs
inalienabel ɪn|ali̯eˈnaːbl̩, ...ble ...blə
inan iˈnaːn
Inangriffnahme ɪnˈ|angrɪfnaːmə
Inanität inaniˈtɛːt
Inanition inaniˈtsi̯oːn
inapparent ˈɪn|aparɛnt, auch: ---ˈ-
inappellabel ɪn|apɛˈlaːbl̩, ...ble ...blə
Inappetenz ɪn|apeˈtɛnts, auch: ˈ----
inäqual ˈɪn|ɛkvaːl
Inari finn. ˈinɑri
inartikuliert ˈɪn|artikuliːɐ̯t, auch: ----ˈ-
Inaugural... ɪn|au̯guˈraːl...
Inauguration ɪn|au̯guraˈtsi̯oːn
inaugurieren ɪn|au̯guˈriːrən
Inazidität ɪn|atsidiˈtɛːt
Inbegriff ˈɪnbəgrɪf
inbegriffen ˈɪnbəgrɪfn̩
Inber russ. ˈinbɪr
Inbetween ɪnbɪtˈviːn
in blanko ɪn ˈblaŋko
in bond ɪn ˈbɔnt
in brevi ɪn ˈbreːvi
Inbus... ˈɪnbʊs...
incarnatus ɪnkarˈnaːtʊs
Incentive ɪnˈsɛntɪf
Inch ɪntʃ
Inchbald engl. ˈɪntʃbɔːld
inchoativ ɪnkoaˈtiːf, -e ...iːvə
Inchoativ ˈɪnkoatiːf, -e ...iːvə
Inchoativum ɪnkoaˈtiːvʊm, ...va ...va
Inch'ŏn korean. intʃhɔn
inchromieren ɪnkroˈmiːrən
incidentell ɪntsidɛnˈtɛl
incidit ɪnˈtsiːdɪt
incipit, I... ˈɪntsipɪt
Incisivus ɪntsiˈziːvʊs, ...vi ...vi
Inclán span. iŋˈklan
inclusive ɪnkluˈziːvə
in concert ɪn ˈkɔnsɐt
in concreto ɪn kɔnˈkreːto, auch: - kɔŋ...
Incontro ɪnˈkɔntro
in contumaciam ɪn kɔntuˈmaːtsi̯am
incorporated ɪnˈkoːɐ̯pɔreːtɪt, ...ˈkɔr...
in corpore ɪn ˈkɔrpore
Incoterms ˈɪŋkotɛrms
Incroyable ɛ̃kro̯aˈjaːbl̩
Incubus ˈɪnkubʊs
Incus ˈɪŋkʊs, Incudes ɪŋˈkuːdeːs
Indagation ɪndagaˈtsi̯oːn
Indalecio span. indaˈleθi̯o
Indanthren® ɪndanˈtreːn
indebite ɪnˈdeːbite
Indebitum ɪnˈdeːbitʊm
indeciso indeˈtʃiːzo
indefinibel ɪndefiˈniːbl̩, ...ble ...blə
indefinit ɪndefiˈniːt, auch: ˈ----
Indefinitum ɪndefiˈniːtʊm, ...ta ...ta
indeklinabel ɪndekliˈnaːbl̩, auch: ˈ-----, ...ble ...blə
Indeklinabile ɪndekliˈnaːbilə, ...lia ...naˈbiːli̯a
indelikat ˈɪndelikaːt, auch: ---ˈ-
indem ɪnˈdeːm
indemnisieren ɪndɛmniˈziːrən
Indemnität ɪndɛmniˈtɛːt
indemonstrabel ˈɪndemɔnstraːbl̩, auch: ---ˈ--, ...ble ...blə
Inden ɪnˈdeːn
In-den-April-Schicken ɪndeːn|aˈprɪlʃɪkn̩
Indentgeschäft ɪnˈdɛntgəʃɛft
Independence engl. ɪndɪˈpɛndəns
Independence Day ɪndiˈpɛndn̩s ˈdeː
Independência bras. indepenˈdẽsi̯a
Independent ɪndepɛnˈdɛnt
Independent Labour Party engl. ɪndɪˈpɛndənt ˈleɪbə ˈpɑːtɪ
Independenz ɪndepɛnˈdɛnts
Inder ˈɪndɐ
indes ɪnˈdɛs
indessen ɪnˈdɛsn̩
Indestege niederl. ˈɪndəsteːɣə
indeterminabel ɪndetɛrmiˈnaːbl̩, auch: ˈ------, ...ble ...blə
Indetermination ɪndetɛrminaˈtsi̯oːn, auch: ˈ------
indeterminieren ɪndetɛrmiˈniːrən
Indeterminismus ɪndetɛrmiˈnɪsmʊs
Index ˈɪndɛks, Indizes ˈɪnditseːs
indexieren ɪndɛˈksiːrən
indezent ˈɪndetsɛnt, auch: --ˈ-
Indezenz ˈɪndetsɛnts, auch: --ˈ-
India engl. ˈɪndɪə
Indiaca® ɪnˈdi̯aːka
Indian ˈɪndi̯aːn
Indiana ɪnˈdi̯aːna, engl. ɪndɪˈænə
Indianapolis ɪndi̯aˈnaːpolɪs, engl. ɪndɪəˈnæpəlɪs
Indianer ɪnˈdi̯aːnɐ
indianid ɪndi̯aˈniːt, -e ...iːdə
Indianide ɪndi̯aˈniːdə
indianisch ɪnˈdi̯aːnɪʃ
Indianist[ik] ɪndi̯aˈnɪst[ɪk]
Indicator ɪndiˈkaːtoːɐ̯
Indide ɪnˈdiːdə
Indie ˈɪndi
Indien ˈɪndi̯ən
Indienstnahme ɪnˈdiːnstnaːmə
Indies engl. ˈɪndɪz
indifferent ˈɪndɪfərɛnt, auch: ---ˈ-
Indifferentismus ɪndɪfərɛnˈtɪsmʊs
Indifferenz ˈɪndɪfərɛnts, auch: ---ˈ-
indigen ɪndiˈgeːn
Indigenat ɪndigeˈnaːt
Indigestion ɪndigɛsˈti̯oːn
Indigirka russ. indiˈgirkɐ
Indignation ɪndɪgnaˈtsi̯oːn
indignieren ɪndɪˈgniːrən
indigniert ɪndɪˈgniːɐ̯t
Indignität ɪndɪgniˈtɛːt
Indigo ˈɪndigo
indigoid ɪndigoˈiːt, -e ...iːdə
Indigotin ɪndigoˈtiːn
Inđija serbokr. ˌindʑija
Indik ˈɪndɪk
Indikation ɪndikaˈtsi̯oːn
Indikativ ˈɪndikatiːf, -e ...iːvə
indikativisch ˈɪndikatiːvɪʃ, auch: ---ˈ--
Indikator ɪndiˈkaːtoːɐ̯, -en ...kaˈtoːrən
Indikatrix ɪndiˈkaːtrɪks
Indiktion ɪndɪkˈtsi̯oːn
[1]Indio (Indianer) ˈɪndi̯o
[2]Indio (Ort) engl. ˈɪndɪoʊ
Indira engl. ˈɪndɪrə
indirekt ˈɪndirɛkt, auch: --ˈ-
indisch ˈɪndɪʃ
indiskret ˈɪndɪskreːt, auch: --ˈ-
Indiskretion ɪndɪskreˈtsi̯oːn, auch: ˈ----
indiskutabel ˈɪndɪskutaːbl̩, auch: ---ˈ--, ...ble ...blə

indispensabel ˈɪndɪspɛnzaːbl̩, *auch:* ---ˈ--, **...ble** ...blə
indisponibel ˈɪndɪsponiːbl̩, *auch:* ---ˈ--, **...ble** ...blə
indisponiert ˈɪndɪsponiːɐ̯t, *auch:* ---ˈ-
Indisposition ˈɪndɪspozit͜si̯oːn, *auch:* ----ˈ-
indisputabel ˈɪndɪsputaːbl̩, *auch:* ---ˈ--, **...ble** ...blə
Indisziplin ˈɪndɪst͜sipliːn, *auch:* ---ˈ-
indiszipliniert ˈɪndɪst͜sipliniːɐ̯t, *auch:* ----ˈ-
Indium ˈɪndi̯ʊm
Individual... indiviˈdu̯aːl...
Individualisation individu̯aliza'ˈt͜si̯oːn
individualisieren individu̯aliˈziːrən
Individualismus individu̯aˈlɪsmʊs
Individualist individu̯aˈlɪst
Individualität individu̯aliˈtɛːt
Individuation individu̯aˈt͜si̯oːn
individuell indiviˈdu̯ɛl
individuieren individuˈiːrən
Individuum indiˈviːduʊm, **...duen** ...du̯ən
indivisibel indiviˈziːbl̩, **...ble** ...blə
Indiz ɪnˈdiːt͜s, **-ien** ɪnˈdiːt͜si̯ən
Indizes vgl. Index
indiziell indiˈt͜si̯ɛl
indizieren indiˈt͜siːrən
Indizium ɪnˈdiːt͜si̯ʊm, **...ien** ...i̯ən
Indoarier indoˈ|aːri̯ɐ
ndoarisch indoˈ|aːrɪʃ
ndoaustralier indo|au̯sˈtraːli̯ɐ
ndochina indoˈçiːna
ndoeuropäer indo|ɔy̆roˈpɛːɐ
ndoeuropäisch indo|ɔy̆roˈpɛːɪʃ
ndoeuropäist[ik] indo|ɔy̆ropɛˈɪst[ɪk]
ndogermane indogɛrˈmaːnə
ndogermanisch indogɛrˈmaːnɪʃ
ndogermanist[ik] indogɛrmaˈnɪst[ɪk]
ndoktrination indɔktrinaˈt͜si̯oːn
ndoktrinativ indɔktrinaˈtiːf, **-e** ..iːvə
ndoktrinieren indɔktriˈniːrən
ndol ɪnˈdoːl
ndolent ˈɪndolɛnt, *auch:* --ˈ-
ndolenz ˈɪndolɛnt͜s, *auch:* --ˈ-

Indologe indoˈloːgə
Indologie indoloˈgiː
Indonésia Besar *indon.* indoˈnesi̯a bəˈsar
Indonesien indoˈneːzi̯ən
Indonesier indoˈneːzi̯ɐ
indonesisch indoˈneːzɪʃ
Indoor... ˈɪndoːɐ̯...
indopazifisch ˈɪndopaˈt͜siːfɪʃ
Indore *engl.* ɪnˈdɔː
indossabel indɔˈsaːbl̩, **...ble** ...blə
Indossament indɔsaˈmɛnt
Indossant indɔˈsant
Indossat indɔˈsaːt
Indossatar indɔsaˈtaːɐ̯
Indossent indɔˈsɛnt
indossieren indɔˈsiːrən
Indosso ɪnˈdɔso, **...ossi** ...ɔsi
Indra ˈɪndra, *tschech.* ˈindra
Indre *fr.* ɛ̃ːdr
Indre-et-Loire *fr.* ɛ̃dreˈlwaːr
Indri ˈɪndri
in dubio [pro reo] ɪn ˈduːbi̯o [proː ˈreːo]
Induktanz indʊkˈtant͜s
Induktion indʊkˈt͜si̯oːn
induktiv indʊkˈtiːf, *auch:* ˈ---, **-e** ...iːvə
Induktivität indʊktiviˈtɛːt
Induktor ɪnˈdʊktoːɐ̯, **-en** ...ˈtoːrən
in dulci jubilo ɪn ˈdʊlt͜si ˈjuːbilo
indulgent indʊlˈgɛnt
Indulgenz indʊlˈgɛnt͜s
Indulin induˈliːn
Indult ɪnˈdʊlt
in duplo ɪn ˈduːplo
Induration induraˈt͜si̯oːn
indurieren induˈriːrən
Indus ˈɪndʊs, *engl.* ˈɪndəs
Indusi ɪnˈduːzi
Indusium ɪnˈduːzi̯ʊm, **...ien** ...i̯ən
Industrial Design ɪnˈdastri̯əl diˈzai̯n
industrialisieren indʊstri̯aliˈziːrən
Industrialismus indʊstri̯aˈlɪsmʊs
Industrie indʊsˈtriː, **-n** ...iːən
industriell indʊstriˈɛl
Industrielle indʊstriˈɛlə
induzieren induˈt͜siːrən
Indy, d' *fr.* dɛ̃ˈdi
Ineditum ɪnˈ|eːditʊm, **...ta** ...ta
in effectu ɪn ɛˈfɛktu

ineffektiv ˈɪn|ɛfɛktiːf, *auch:* ---ˈ-, **-e** ...iːvə
in effigie ɪn ɛˈfiːgi̯ə
ineffizient ˈɪn|ɛfit͜si̯ɛnt, *auch:* ---ˈ-
Ineffizienz ˈɪn|ɛfit͜si̯ɛnt͜s, *auch:* ---ˈ-
inegal ˈɪn|egaːl, *auch:* --ˈ-
Inegöl *türk.* iˈnɛˌgœl
ineinander ɪn|ai̯ˈnandɐ
Ineinssetzung ɪnˈ|ai̯nsˌzɛt͜sʊŋ
inert iˈnɛrt
Inertial... inɛrˈt͜si̯aːl...
Inertie inɛrˈtiː
Ines ˈiːnɛs
Inés *span.* iˈnes
Inês *port.* iˈneʃ, *bras.* iˈnes
inessenziell ˈɪn|ɛsɛnt͜si̯ɛl, *auch:* ---ˈ-
Inessiv ˈɪn|ɛsiːf, **-e** ...iːvə
inexakt ˈɪn|ɛksakt, *auch:* --ˈ-
inexistent ˈɪn|ɛksɪstɛnt, *auch:* ---ˈ-
Inexistenz ˈɪn|ɛksɪstɛnt͜s, *auch:* ---ˈ-
inexplosibel ˈɪn|ɛksploziːbl̩, *auch:* ---ˈ--, **...ble** ...blə
in extenso ɪn ɛksˈtɛnzo
in extremis ɪn ɛksˈtreːmiːs
in facto ɪn ˈfakto
infallibel ɪnfaˈliːbl̩, **...ble** ...blə
Infallibilist ɪnfalibiˈlɪst
Infallibilität ɪnfalibiliˈtɛːt
infam ɪnˈfaːm
Infamie ɪnfaˈmiː, **-n** ...iːən
infamieren ɪnfaˈmiːrən
Infant ɪnˈfant
Infante *span.* inˈfante
Infanterie ˈɪnfantəriː, *auch:* ---ˈ-, **-n** ...iːən
Infanterist ˈɪnfantərɪst, *auch:* ---ˈ-
infantil ɪnfanˈtiːl
infantilisieren ɪnfantiliˈziːrən
Infantilismus ɪnfantiˈlɪsmʊs
Infantilist ɪnfantiˈlɪst
Infantilität ɪnfantiliˈtɛːt
infantizid, I... ɪnfantiˈt͜siːt, **-e** ...iːdə
Infarkt ɪnˈfarkt
Infärktchen ɪnˈfɛrktçən
infarzieren ɪnfarˈt͜siːrən
infaust ɪnˈfau̯st
Infekt ɪnˈfɛkt
Infektion ɪnfɛkˈt͜si̯oːn
infektiös ɪnfɛkˈt͜si̯øːs, **-e** ...øːzə
Infektiosität ɪnfɛkt͜si̯oziˈtɛːt
Infel ˈɪnfl̩
Inferenz ɪnfeˈrɛnt͜s

I

inferior ɪnfeˈri̯o:ɐ̯
Inferiorität ɪnferi̯oriˈtɛ:t
infernal ɪnfɛrˈna:l
Infernalität ɪnfɛrnaliˈtɛ:t
Inferno ɪnˈfɛrno
infertil ɪnfɛrˈti:l, *auch:* ˈ---
Infertilität ˈɪnfɛrtilitɛ:t, *auch:* ----ˈ-
Infibulation ɪnfibulaˈtsi̯o:n
Infiesto *span.* inˈfi̯esto
Infight[ing] ˈɪnfait[ɪŋ]
infigieren ɪnfiˈgi:rən
Infiltrant ɪnfɪlˈtrant
Infiltrat ɪnfɪlˈtra:t
Infiltration ɪnfɪltraˈtsi̯o:n
infiltrativ ɪnfɪltraˈti:f, **-e** ...i:və
Infiltrator ɪnfɪlˈtra:to:ɐ̯, **-en** ...traˈto:rən
infiltrieren ɪnfɪlˈtri:rən
infinit ˈɪnfini:t, *auch:* --ˈ-
infinitesimal ɪnfinitesiˈma:l
Infinitismus ɪnfiniˈtɪsmʊs
Infinitiv ˈɪnfiniti:f, **-e** ...i:və
Infirmität ɪnfɪrmiˈtɛ:t
Infix ɪnˈfɪks, ˈ--
infizieren ɪnfiˈtsi:rən
in flagranti ɪn flaˈgranti
inflammabel ɪnflaˈma:bl̩, **...ble** ...blə
Inflammation ɪnflamaˈtsi̯o:n
inflammieren ɪnflaˈmi:rən
inflatieren ɪnflaˈti:rən
Inflation ɪnflaˈtsi̯o:n
inflationär ɪnflatsi̯oˈnɛ:ɐ̯
inflationieren ɪnflatsi̯oˈni:rən
Inflationismus ɪnflatsi̯oˈnɪsmʊs
inflationistisch ɪnflatsi̯oˈnɪstɪʃ
inflatorisch ɪnflaˈto:rɪʃ
inflexibel ˈɪnflɛksi:bl̩, *auch:* --ˈ--, **...ble** ...blə
Inflexibile ɪnflɛˈksi:bilə, **...bilia** ...ksiˈbi:li̯a
Inflexibilität ɪnflɛksibiliˈtɛ:t
Infloreszenz ɪnflorɛsˈtsɛnts
in floribus ɪn ˈflo:ribʊs
Influenz[a] ɪnfluˈɛnts[a]
influenzieren ɪnfluɛnˈtsi:rən
Influxus physicus ɪnˈflʊksʊs ˈfy:zikʊs
Info ˈɪnfo
infolge ɪnˈfɔlgə
infolgedessen ɪnfɔlgəˈdɛsn̩
in folio ɪn ˈfo:li̯o
Infomobil ˈɪnfomobi:l, *auch:* ---ˈ-
Informalismus ɪnfɔrmaˈlɪsmʊs
Informand ɪnfɔrˈmant, **-en** ...ndn̩
Informant ɪnfɔrˈmant
Informatik ɪnfɔrˈma:tɪk
Informatiker ɪnfɔrˈma:tikɐ
Information ɪnfɔrmaˈtsi̯o:n
informationell ɪnfɔrmatsi̯oˈnɛl
informativ ɪnfɔrmaˈti:f, **-e** ...i:və
Informator ɪnfɔrˈma:to:ɐ̯, **-en** ...maˈto:rən
informatorisch ɪnfɔrmaˈto:rɪʃ
Informel ɛ̃fɔrˈmɛl
[1]**informell** (nicht formell) ˈɪnfɔrmɛl, *auch:* --ˈ-
[2]**informell** (informierend) ɪnfɔrˈmɛl
Informelle ɪnfɔrˈmɛlə
informieren ɪnfɔrˈmi:rən
Infotainment ɪnfoˈte:nmənt
Infothek ɪnfoˈte:k
infrage ɪnˈfra:gə
Infragrill® ˈɪnfragrɪl
infrakrustal ɪnfrakrʊsˈta:l
Infraktion ɪnfrakˈtsi̯o:n
infrarot, I... ˈɪnfraro:t
Infrarotfilm ˈɪnfraro:tfɪlm, *auch:* --ˈ--
Infrastruktur ˈɪnfraʃtrʊktu:ɐ, ...ast...
infrastrukturell ˈɪnfraʃtrʊkturɛl, ...ast...
Infratest ˈɪnfratɛst
Inful ˈɪnfʊl
infuliert ɪnfuˈli:ɐ̯t
infundieren ɪnfʊnˈdi:rən
Infus ɪnˈfu:s, **-e** ...u:zə
Infusion ɪnfuˈzi̯o:n
Infusorium ɪnfuˈzo:ri̯ʊm, **...ien** ...i̯ən
Infusum ɪnˈfu:zʊm, **...sa** ...u:za
Inga ˈɪŋga, *schwed.* ˌiŋa, *span.* ˈiŋga
Ingangsetzung ɪnˈgaŋzɛtsʊŋ
Ingäwone ɪŋɛˈvo:nə
Ingbert ˈɪŋbɛrt
Inge ˈɪŋə, *engl.* ɪŋ, ɪndʒ, *schwed.* ˌɪŋə, *dän.* ˈɪŋə
Ingebjörg ˈɪŋəbjœrk
Ingeborg ˈɪŋəbɔrk, *schwed.* ˌɪŋəbɔrj, *dän.* ˈɪŋəbɔɐ̯ˀ
Ingeburg ˈɪŋəbʊrk
Ingegneri *it.* indʒeɲˈɲɛ:ri
Ingelfingen ˈɪŋl̩fɪŋən
Ingelheim ˈɪŋl̩haim
Ingelore ˈɪŋəlo:rə
Ingelow *engl.* ˈɪndʒɪloʊ
Ingemann *dän.* ˈɪŋəmænˀ
Ingenbohl ˈɪŋənbo:l
in genere ɪn ˈge:nere, *auch:* - ˈgɛn...
ingeneriert ɪngeneˈri:ɐ̯t
Ingenhousz *niederl.* ˈɪŋənhus
Ingenieros *span.* iŋxeˈni̯eros
Ingenieur ɪnʒeˈni̯ø:ɐ̯
ingeniös ɪngeˈni̯ø:s, **-e** ...ø:zə
Ingeniosität ɪngeni̯oziˈtɛ:t
Ingenium ɪnˈge:ni̯ʊm, **...ien** ...i̯ən
Ingénu *fr.* ɛ̃ʒeˈny
Ingenuität ɪngenuiˈtɛ:t
Inger *dt., dän.* ˈɪŋɐ
Ingerenz ɪngeˈrɛnts
Ingermanland ˈɪŋɐmanlant
Ingersoll *engl.* ˈɪŋgəsɔl
Ingesinde ˈɪŋgəzɪndə
Ingessön ˈɪŋəsœn
Ingesta ɪnˈgɛsta
Ingestion ɪngɛsˈti̯o:n
ingezüchtet ˈɪngətsʏçtət
Inghelbrecht *fr.* ɛ̃gɛlˈbrɛʃt, ɛ̃gɛ...
ingleichen ɪnˈglaiçn̩
Inglewood *engl.* ˈɪŋglwʊd
Inglin ˈɪŋli:n
in globo ɪn ˈglo:bo
Ingo ˈɪŋgo
Ingoda *russ.* ingaˈda
Ingold ˈɪŋgɔlt
Ingoldsby *engl.* ˈɪŋgəldzbɪ
Ingolič *slowen.* ˈi:ŋgolitʃ
Ingolstadt ˈɪŋgɔlʃtat
Ingomar ˈɪŋgoma:ɐ̯
Ingot ˈɪŋgɔt
Ingraban ˈɪŋgraban
Ingrain... ɪnˈgre:n...
Ingram ˈɪŋgram, *engl.* ˈɪŋgrəm
Ingrediens ɪnˈgre:di̯ɛns, **...nzien** ...reˈdi̯ɛntsi̯ən
Ingredienz ɪngreˈdi̯ɛnts
Ingremiation ɪngremi̯aˈtsi̯o:n
Ingres *fr.* ɛ̃:gr
Ingress ɪnˈgrɛs
Ingression ɪngrɛˈsi̯o:n
ingressiv ˈɪngrɛsi:f, *auch:* --ˈ-, **-e** ...i:və
Ingressivum ɪngrɛˈsi:vʊm, **...va** ...i:va
Ingrid ˈɪŋgrɪt, ...ri:t
Ingrimm ˈɪngrɪm
Ingrisch ˈɪŋgrɪʃ
in grosso ɪn ˈgrɔso
Ingroup ˈɪngru:p
inguinal ɪŋguiˈna:l
Inguiomer ɪŋguioˈme:ɐ̯
Ingul *russ.* inˈgul
Ingulez *russ.* inguˈljɛts
Inguri *russ.* inˈguri

ngusche ɪŋ'gʊʃə
nguschetien ɪŋgʊ'ʃe:tsi̯ən, ...e:ti̯ən
ngvar 'ɪŋvar, *schwed.* 'iŋvar
ngvo 'ɪŋ[g]vo
ngwäone ɪŋgvɛ'o:nə
ngwäonisch ɪŋgvɛ'o:nɪʃ
ngwäonismus ɪŋgveo'nɪsmʊs
ngwer 'ɪŋvɐ
nhaber 'ɪnha:bɐ
nhaftieren ɪnhaf'ti:rən
nhalation ɪnhala'tsi̯o:n
nhalator ɪnha'la:to:ɐ̯, **-en** ...la'to:rən
nhalatorium ɪnhala'to:ri̯ʊm, **...ien** ...i̯ən
nhaler 'ɪnhe:lɐ
nhalieren ɪnha'li:rən
nhalt 'ɪnhalt
nhambane *port.* iɲɐm'bɐnə
nhärent ɪnhɛ'rɛnt
nhärenz ɪnhɛ'rɛnts
nhärieren ɪnhɛ'ri:rən
nhibieren ɪnhi'bi:rən
nhibin ɪnhi'bi:n
nhibition ɪnhibi'tsi̯o:n
nhibitor ɪn'hi:bito:ɐ̯, **-en** ...hibi'to:rən
nhibitorisch ɪnhibi'to:rɪʃ
n hoc salus ɪn 'ho:k 'za:lʊs
n hoc signo ɪn 'ho:k 'zɪgno
nhomogen 'ɪnhomoge:n, *auch:* ---'-
nhomogenität 'ɪnhomogenitɛ:t, *auch:* -----'-
honorem ɪn ho'no:rɛm
nhuman 'ɪnhuma:n, *auch:* --'-
nhumanität 'ɪnhumanitɛ:t, *auch:* ----'-
infinitum ɪn ɪnfi'ni:tʊm
integrum ɪn 'ɪntegrʊm
intelligibel 'ɪn|ɪntɛligi:bl̩, *auch:* ----'--, **...ble** ...blə
iquität inikvi'tɛ:t
ishowen *engl.* ɪnɪ'ʃoʊɪn
itial, I... ini'tsi̯a:l
itiale ini'tsi̯a:lə
itiand ini'tsi̯ant, **-en** ...ndn̩
itiant ini'tsi̯ant
itiation initsi̯a'tsi̯o:n
itiativ initsi̯a'ti:f, **-e** ...i:və
itiative initsi̯a'ti:və
itiator ini'tsi̯a:to:ɐ̯, **-en** ...i̯a'to:rən
itiatorisch initsi̯a'to:rɪʃ
itien i'ni:tsi̯ən
itiieren initsi'i:rən
ja *russ.* 'injɐ

Injektion ɪnjɛk'tsi̯o:n
injektiv 'ɪnjɛkti:f, *auch:* --'-, **-e** ...i:və
Injektiv ɪnjɛk'ti:f, **-e** ...i:və
Injektomane ɪnjɛkto'ma:nə
Injektomanie ɪnjɛktoma'ni:
Injektor ɪn'jɛkto:ɐ̯, **-en** ...'to:rən
injizieren ɪnji'tsi:rən
injungieren ɪnjʊŋ'gi:rən
Injunktion ɪnjʊŋk'tsi̯o:n
Injuriant ɪnju'ri̯ant
Injuriat ɪnju'ri̯a:t
Injurie ɪn'ju:ri̯ə
injuriieren ɪnjuri'i:rən
injuriös ɪnju'ri̯ø:s, **-e** ...ø:zə
Inka 'ɪŋka
inkaisch 'ɪŋkaɪʃ
Inkantation ɪnkanta'tsi̯o:n
Inkardination ɪnkardina'tsi̯o:n
inkarnat, I... ɪnkar'na:t
Inkarnation ɪnkarna'tsi̯o:n
inkarnieren ɪnkar'ni:rən
Inkarzeration ɪnkartsera'tsi̯o:n
inkarzerieren ɪnkartse'ri:rən
Inkassant ɪnka'sant
Inkasso ɪn'kaso, **...assi** ...asi
Inke *ung.* 'iŋkɛ
Inkerman *russ.* inkɪr'man
Inklination ɪnklina'tsi̯o:n
inklinieren ɪnkli'ni:rən
inkludieren ɪnklu'di:rən
Inklusen ɪn'klu:zn̩
Inklusion ɪnklu'zi̯o:n
inklusive ɪnklu'zi:və
inkognito, I... ɪn'kɔgnito
inkohärent 'ɪnkoherɛnt, *auch:* ---'-
Inkohärenz 'ɪnkoherɛnts, *auch:* ---'-
inkohativ ɪnkoha'ti:f, *auch:* ---'-, **-e** ...i:və
Inkohativ 'ɪnkohati:f, **-e** ...i:və
Inkohlung 'ɪnko:lʊŋ, -'--
Inkolat ɪnko'la:t
inkommensurabel 'ɪnkɔmɛnzura:bl̩, *auch:* ----'--, **...ble** ...blə
Inkommensurabilität 'ɪnkɔmɛnzurabilitɛ:t, *auch:* -------'-
inkommodieren ɪnkɔmo'di:rən
Inkommodität ɪnkɔmodi'tɛ:t
inkomparabel 'ɪnkɔmpara:bl̩, *auch:* ---'--, **...ble** ...blə
Inkomparabile ɪnkɔmpa'ra:bilə, **...bilien** ...ra'bi:li̯ən, **...ilia** ...ra'bi:li̯a

inkompatibel 'ɪnkɔmpati:bl̩, *auch:* ---'--, **...ble** ...blə
Inkompatibilität 'ɪnkɔmpatibilitɛ:t, *auch:* ------'-
inkompetent 'ɪnkɔmpetɛnt, *auch:* ---'-
Inkompetenz 'ɪnkɔmpetɛnts, *auch:* ---'-
inkomplett 'ɪnkɔmplɛt, *auch:* --'-
inkomprehensibel 'ɪnkɔmprehɛnzi:bl̩, *auch:* ----'--, **...ble** ...blə
inkompressibel 'ɪnkɔmprɛsi:bl̩, *auch:* ---'--, **...ble** ...blə
Inkompressibilität 'ɪnkɔmprɛsibilitɛ:t, *auch:* ------'-
inkongruent 'ɪnkɔngruɛnt, *auch:* ---'-, *auch:* ...kɔŋ...
Inkongruenz 'ɪnkɔngruɛnts, *auch:* ---'-, *auch:* ...kɔŋ...
inkonsequent 'ɪnkɔnzekvɛnt, *auch:* ---'-
Inkonsequenz 'ɪnkɔnzekvɛnts, *auch:* ---'-
inkonsistent 'ɪnkɔnzɪstɛnt, *auch:* ---'-
Inkonsistenz 'ɪnkɔnzɪstɛnts, *auch:* ---'-
inkonstant 'ɪnkɔnstant, *auch:* --'-
Inkonstanz 'ɪnkɔnstants, *auch:* --'-
Inkontinenz 'ɪnkɔntinɛnts, *auch:* ---'-
Inkontro ɪn'kɔntro, **...ri** ...ri
inkonvenabel 'ɪnkɔnvena:bl̩, *auch:* ---'--, **...ble** ...blə
inkonvenient 'ɪnkɔnveni̯ɛnt, *auch:* ---'-
Inkonvenienz 'ɪnkɔnveni̯ɛnts, *auch:* ---'-
inkonvertibel ɪnkɔnvɛr'ti:bl̩, *auch:* '-----, **...ble** ...blə
Inkonym ɪnko'ny:m, *auch:* '---
Inkonymie ɪnkony'mi:, *auch:* '----, **-n** ...i:ən
inkonziliant 'ɪnkɔntsili̯ant, *auch:* ---'-
inkonzinn 'ɪnkɔntsɪn, *auch:* --'-
Inkonzinnität 'ɪnkɔntsɪnitɛt, *auch:* ----'-
Inkoordination 'ɪnko|ɔrdinatsi̯o:n, *auch:* -----'-

I

inkoordiniert ˈɪnkoǀɔrdini:ɐ̯t, *auch:* ----ˈ-
inkorporal ɪnkɔrpoˈra:l
Inkorporation ɪnkɔrpora-ˈts̮i̯o:n
inkorporieren ɪnkɔrpoˈri:rən
inkorrekt ˈɪnkɔrɛkt, *auch:* --ˈ-
Inkorrektheit ˈɪnkɔrɛkthai̯t, *auch:* --ˈ--
Inkreis ˈɪnkrai̯s
Inkrement ɪnkreˈmɛnt
Inkret ɪnˈkre:t
Inkretion ɪnkreˈts̮i̯o:n
inkretorisch ɪnkreˈto:rɪʃ
inkriminieren ɪnkrimiˈni:rən
Inkrustation ɪnkrʊstaˈts̮i̯o:n
inkrustieren ɪnkrʊsˈti:rən
Inkubant ɪnkuˈbant
Inkubation ɪnkubaˈts̮i̯o:n
Inkubator ɪnkuˈba:to:ɐ̯, **-en** ...baˈto:rən
Inkubus ˈɪnkubʊs, **...ben** ɪnˈku:bn̩
inkulant ˈɪnkulant, *auch:* --ˈ-
Inkulanz ˈɪnkulants̮, *auch:* --ˈ-
Inkulpant ɪnkʊlˈpant
Inkulpat ɪnkʊlˈpa:t
Inkulturation ɪnkʊlturaˈts̮i̯o:n
Inkunabel ɪnkuˈna:bl̩
Inkunablist ɪnkunaˈblɪst
inkurabel ˈɪnkura:bl̩, *auch:* --ˈ--, **...ble** ...blə
inkurant ˈɪnkurant, *auch:* --ˈ-
Inkursion ɪnkʊrˈzi̯o:n
Inkurvation ɪnkʊrvaˈts̮i̯o:n
Inlaid ˈɪnlai̯t, **-e** ...ai̯də
Inland ˈɪnlant
Inländer ˈɪnlɛndɐ
inländisch ˈɪnlɛndɪʃ
Inlaut ˈɪnlau̯t
Inlay ˈɪnle:
Inlett ˈɪnlɛt
inliegend ˈɪnli:gn̩t, **-e** ...n̩də
Inline... ˈɪnlai̯n...
Inliner ˈɪnlai̯nɐ
in maiorem Dei gloriam ɪn majˈo:rɛm ˈde:i ˈglo:ri̯am
in medias res ɪn ˈme:di̯a:s ˈre:s
in memoriam ɪn meˈmo:ri̯am
inmitten ɪnˈmɪtn̩
Inn ɪn
in natura ɪn naˈtu:ra
inne ˈɪnə
innen ˈɪnən
innenpolitisch ˈɪnənpoli:tɪʃ
Innenreede ˈɪnənre:də
Innerasien ˈɪnɐǀa:zi̯ən
Inneration ɪneraˈts̮i̯o:n
innere, I... ˈɪnərə
Innerei ɪnəˈrai̯
innerhalb ˈɪnɐhalp
Innerhofer ˈɪnɐho:fɐ
innerlich ˈɪnɐlɪç
Innerösterreich ˈɪnɐǀø:stərai̯ç
innerpolitisch ˈɪnɐpoli:tɪʃ
Innerrhoden ˈɪnɐro:dn̩
Inner-Space-... ˈɪnɐˈspe:s...
Innerste ˈɪnɐstə
innert ˈɪnɐt
Innervation ɪnɛrvaˈts̮i̯o:n
innervieren ɪnɛrˈvi:rən
Innes[s] *engl.* ˈɪnɪs
Innichen ˈɪnɪçn̩
innig ˈɪnɪç, **-e** ...ɪgə
inniglich ˈɪnɪklɪç
innigst ˈɪnɪçst
Innisfail *engl.* ɪnɪsˈfeɪl
Innitzer ˈɪnɪts̮ɐ
Innocent *fr.* inɔˈsã
innocente ɪnoˈtʃɛntə
Innocenzo *it.* innoˈtʃɛntso
in nomine Dei ɪn ˈno:mine ˈde:i
Innovation ɪnovaˈts̮i̯o:n
innovativ ɪnovaˈti:f, **-e** ...i:və
innovatorisch ɪnovaˈto:rɪʃ
Innozentia ɪnoˈts̮ɛnts̮i̯a
Innozenz ˈɪnots̮ɛnts̮
Innsbruck ˈɪnsbrʊk
in nuce ɪn ˈnu:ts̮ə
Innuendo ɪˈnu̯ɛndo
Innung ˈɪnʊŋ
Innviertel ˈɪnfɪrtl̩
Ino ˈi:no
Inocêncio *port.* inuˈsẽsi̯u
inoffensiv ˈɪnǀɔfɛnzi:f, *auch:* ---ˈ-, **-e** ...i:və
inoffiziell ˈɪnǀɔfits̮i̯ɛl, *auch:* ---ˈ-
inoffiziös ˈɪnǀɔfits̮i̯ø:s, *auch:* ---ˈ-, **-e** ...ø:zə
Inokulation ɪnǀokulaˈts̮i̯o:n
inokulieren ɪnǀokuˈli:rən
Inokulum ɪnˈǀo:kulʊm, **...la** ...la
İnönü *türk.* ˈinœny
inoperabel ˈɪnǀopera:bl̩, *auch:* ---ˈ--, **...ble** ...blə
inopportun ˈɪnǀɔpɔrtu:n, *auch:* ---ˈ-
Inopportunität ˈɪn-ǀɔpɔrtunitɛ:t, *auch:* -----ˈ-
in optima forma ɪn ˈɔptima ˈfɔrma
Inosin inoˈzi:n
Inosit inoˈzi:t
Inositurie inozituˈri:
Inosurie inozuˈri:
Inoue *jap.* iˈnoue
Inowrazlaw inoˈvrats̮laf
Inowrocław *poln.* inɔˈvrɔtsu̯af
inoxidieren ɪnǀɔksiˈdi:rən
in partibus infidelium ɪn ˈpar-tibʊs ɪnfiˈde:li̯ʊm
in pectore ɪn ˈpɛktore
in perpetuum ɪn pɛrˈpe:tuʊm
in persona ɪn pɛrˈzo:na
in petto ɪn ˈpɛto
in pleno ɪn ˈple:no
in pontificalibus ɪn pɔntifi-ˈka:libʊs
in praxi ɪn ˈpraksi
in puncto [puncti] ɪn ˈpʊŋkto [ˈpʊŋkti]
Input ˈɪnpʊt
Inquilin ɪnkviˈli:n
Inquirent ɪnkviˈrɛnt
inquirieren ɪnkviˈri:rən
Inquisit ɪnkviˈzi:t
Inquisition ɪnkviziˈts̮i̯o:n
inquisitiv ɪnkviziˈti:f, **-e** ...i:və
Inquisitor ɪnkviˈzi:to:ɐ̯, **-en** ...ziˈto:rən
inquisitorisch ɪnkviziˈto:rɪʃ
Inro ˈɪnro
ins ɪns
In-Salah *fr.* insaˈla
in saldo ɪn ˈzaldo
Insalivation ɪnzalivaˈts̮i̯o:n
in salvo ɪn ˈzalvo
insan ɪnˈza:n
Insania ɪnˈza:ni̯a
Insasse ˈɪnzasə
insatiabel ɪnzaˈts̮i̯a:bl̩, **...ble** ...blə
insbesond[e]re ɪnsbə-ˈzɔnd[ə]rə
inschallah ɪnˈʃala, *auch:* ɪnʃaˈla:
Inschrift ˈɪnʃrɪft
Insekt ɪnˈzɛkt
Insektarium ɪnzɛkˈta:ri̯ʊm, **...ien** ...i̯ən
insektivor ɪnzɛktiˈvo:ɐ̯
Insektivore ɪnzɛktiˈvo:rə
insektizid, I... ɪnzɛktiˈts̮i:t, **-e** ...i:də
Insektologe ɪnzɛktoˈlo:gə
Insel[sberg] ˈɪnzl̩[sbɛrk]
Insemination ɪnzeminaˈts̮i̯o:n
Inseminator ɪnzemiˈna:to:ɐ̯, **-en** ...naˈto:rən
inseminieren ɪnzemiˈni:rən
insensibel ˈɪnzɛnzi:bl̩, *auch:* --ˈ--, **...ble** ...blə

Insensibilität ˈɪnzɛnzibilitɛːt, *auch:* -----ˈ-
Inseparables ɛ̃sepaˈraːbl̩
insequent ˈɪnzekvɛnt, *auch:* --ˈ-
Inserat ɪnzeˈraːt
Inserent ɪnzeˈrɛnt
inserieren ɪnzeˈriːrən
Insert ɪnˈzɛrt
Insertion ɪnzɛrˈtsi̯oːn
insgeheim ɪnsgəˈhai̯m, *auch:* ˈ---
insgemein ɪnsgəˈmai̯n, *auch:* ˈ---
insgesamt ɪnsgəˈzamt, *auch:* ˈ---
Inside ˈɪnzai̯t
Insider ˈɪnzai̯dɐ
Insidien ɪnˈziːdi̯ən
insidiös ɪnziˈdi̯øːs, **-e** ...øːzə
Insiegel ˈɪnziːgl̩
Insigne ɪnˈzɪgnə, **...nien** ...ni̯ən
insignifikant ˈɪnzɪgnifikant, *auch:* ----ˈ-
Insimulation ɪnzimulaˈtsi̯oːn
insimulieren ɪnzimuˈliːrən
Insinuant ɪnziˈnu̯ant
Insinuation ɪnzinu̯aˈtsi̯oːn
insinuieren ɪnzinuˈiːrən
insipid ɪnziˈpiːt, **-e** ...iːdə
insistent ɪnzɪsˈtɛnt
insistieren ɪnzɪsˈtiːrən
in situ ɪn ˈziːtu
Ińsko *poln.* ˈi̯ĩskɔ
inskribieren ɪnskriˈbiːrən
Inskription ɪnskrɪpˈtsi̯oːn
inskünftig ˈɪnskʏnftɪç
insofern (wenn) ɪnzoˈfɛrn, *auch:* ˈ---, ɪnˈzoːfɛrn
insofern (in diesem Punkt) ɪnˈzoːfɛrn, *auch:* ˈɪnzofɛrn, --ˈ-
Insolation ɪnzolaˈtsi̯oːn
insolent ˈɪnzolɛnt, *auch:* --ˈ-
Insolenz ˈɪnzolɛnts, *auch:* --ˈ-
insolieren ɪnzoˈliːrən
insolubel ɪnzoˈluːbl̩, **...ble** ...blə
insolvent ˈɪnzɔlvɛnt, *auch:* --ˈ-
Insolvenz ˈɪnzɔlvɛnts, *auch:* --ˈ-
Insomnie ɪnzɔmˈniː
insoweit (wenn) ɪnzoˈvai̯t, *auch:* ˈ---, ɪnˈzoːvai̯t
insoweit (in diesem Punkt) ɪnˈzoːvai̯t, *auch:* ˈɪnzovai̯t, --ˈ-
in spe ɪn ˈspeː

Inspekteur ɪnspɛkˈtøːɐ̯
Inspektion ɪnspɛkˈtsi̯oːn
Inspektor ɪnˈspɛktoːɐ̯, **-en** ...ˈtoːrən
Inspektorat ɪnspɛktoˈraːt
Inspiration ɪnspiraˈtsi̯oːn
Inspirator ɪnspiˈraːtoːɐ̯, **-en** ...raˈtoːrən
inspiratorisch ɪnspiraˈtoːrɪʃ
inspirieren ɪnspiˈriːrən
Inspizient ɪnspiˈtsi̯ɛnt
inspizieren ɪnspiˈtsiːrən
instabil ˈɪnstabiːl, *auch:* --ˈ-
Instabilität ˈɪnstabilitɛːt, *auch:* ----ˈ-
Installateur ɪnstalaˈtøːɐ̯
Installation ɪnstalaˈtsi̯oːn
installieren ɪnstaˈliːrən
instand ɪnˈʃtant
inständig ˈɪnʃtɛndɪç
instant... ˈɪnstant..., ˈɪnstn̩t...
instantan ɪnstanˈtaːn
instantisieren ɪnstantiˈziːrən
Instanz ɪnˈstants
instationär ɪnstatsi̯oˈnɛːɐ̯
in statu nascendi ɪn ˈstaːtu nasˈtsɛndi
in statu quo ɪn ˈstaːtu ˈkvoː
in statu quo ante ɪn ˈstaːtu ˈkvoː ˈantə
Instauration ɪnstau̯raˈtsi̯oːn
instaurieren ɪnstau̯ˈriːrən
Inste ˈɪnstə
Inster[burg] ˈɪnstɐ[bʊrk]
instigieren ɪnstiˈgiːrən
Instillation ɪnstɪlaˈtsi̯oːn
instillieren ɪnstɪˈliːrən
Instinkt ɪnˈstɪŋkt
instinktiv ɪnstɪŋkˈtiːf, **-e** ...iːvə
instinktuell ɪnstɪŋkˈtu̯ɛl
Institoris ɪnstiˈtoːrɪs
instituieren ɪnstituˈiːrən
Institut ɪnstiˈtuːt
Institut de France *fr.* ɛ̃stitydˈfrãːs
Institution ɪnstituˈtsi̯oːn
institutionalisieren ɪnstitutsi̯onaliˈziːrən
Institutionalismus ɪnstitutsi̯onaˈlɪsmʊs
institutionell ɪnstitutsi̯oˈnɛl
Instmann ˈɪnstman
instradieren ɪnstraˈdiːrən
instruieren ɪnstruˈiːrən
Instrukteur ɪnstrʊkˈtøːɐ̯
Instruktion ɪnstrʊkˈtsi̯oːn
instruktiv ɪnstrʊkˈtiːf, **-e** ...iːvə
Instruktiv ˈɪnstrʊktiːf, **-e** ...iːvə

Instruktor ɪnˈstrʊktoːɐ̯, **-en** ...ˈtoːrən
Instrument ɪnstruˈmɛnt
instrumental, I... ɪnstrumɛnˈtaːl
Instrumentalis ɪnstrumɛnˈtaːlɪs, **...les** ...leːs
instrumentalisieren ɪnstrumɛntaliˈziːrən
Instrumentalismus ɪnstrumɛntaˈlɪsmʊs
Instrumentalist ɪnstrumɛntaˈlɪst
instrumentarisieren ɪnstrumɛntariˈziːrən
Instrumentarium ɪnstrumɛnˈtaːri̯ʊm, **...ien** ...i̯ən
Instrumentation ɪnstrumɛntaˈtsi̯oːn
Instrumentativ ɪnstrumɛntaˈtiːf, **-e** ...iːvə
Instrumentator ɪnstrumɛnˈtaːtoːɐ̯, **-en** ...taˈtoːrən
instrumentatorisch ɪnstrumɛntaˈtoːrɪʃ
instrumentell ɪnstrumɛnˈtɛl
instrumentieren ɪnstrumɛnˈtiːrən
Instrutsch *russ.* ˈinstrutʃ
Insúa *span.* inˈsua
Ínsua *bras.* ˈĩsu̯a
Insubordination ˈɪnzʊpǀɔrdinatsi̯oːn, *auch:* -----ˈ-
Insubrer ˈɪnzubrɐ
insuffizient ˈɪnzʊfitsi̯ɛnt, *auch:* ---ˈ-
Insuffizienz ˈɪnzʊfitsi̯ɛnts, *auch:* ---ˈ-
Insulaner ɪnzuˈlaːnɐ
insular ɪnzuˈlaːɐ̯
Insularität ɪnzulariˈtɛːt
Insulin ɪnzuˈliːn
Insulinde ɪnzuˈlɪndə
Insull *engl.* ɪnsl
Insult ɪnˈzʊlt
Insultation ɪnzʊltaˈtsi̯oːn
insultieren ɪnzʊlˈtiːrən
in summa ɪn ˈzʊma
Insurgent ɪnzʊrˈgɛnt
insurgieren ɪnzʊrˈgiːrən
Insurrektion ɪnzʊrɛkˈtsi̯oːn
in suspenso ɪn zʊsˈpɛnzo
Inszenator ɪnstseˈnaːtoːɐ̯, **-en** ...naˈtoːrən
inszenatorisch ɪnstsenaˈtoːrɪʃ
inszenieren ɪnstseˈniːrən
Inta *russ.* inˈta
Intabulation ɪntabulaˈtsi̯oːn

I

intabulieren ɪntabuˈliːrən
Intaglio ɪnˈtaljo, **...lien** ...ljən
intakt ɪnˈtakt
Intarseur ɪntarˈzøːɐ̯
Intarsia ɪnˈtarzi̯a, **...ien** ...i̯ən
Intarsiator ɪntarˈzi̯aːtoːɐ̯, **-en** ...i̯aˈtoːrən
Intarsiatur ɪntarzi̯aˈtuːɐ̯
Intarsie ɪnˈtarzi̯ə, **-n** ...i̯ən
intarsieren ɪntarˈziːrən
integer ɪnˈteːgɐ
integral, I... ɪnteˈgraːl
Integralismus ɪntegraˈlɪsmʊs
Integralist ɪntegraˈlɪst
Integrand ɪnteˈgrant, **-en** ...ndn̩
Integraph ɪnteˈgraːf
Integration ɪntegraˈt͜si̯oːn
Integrationismus ɪntegrat͜si̯oˈnɪsmʊs
Integrationist ɪntegrat͜si̯oˈnɪst
integrativ ɪntegraˈtiːf, **-e** ...iːvə
Integrator ɪnteˈgraːtoːɐ̯, **-en** ...raˈtoːrən
integrieren ɪnteˈgriːrən
Integrimeter ɪntegriˈmeːtɐ
Integrität ɪntegriˈtɛːt
Integument ɪnteguˈmɛnt
Integumentum ɪnteguˈmɛntʊm, **...ta** ...ta
Intellectus archetypus ɪntɛˈlɛktʊs arçeˈtyːpʊs
Intellekt ɪntɛˈlɛkt
intellektual ɪntɛlɛkˈtu̯aːl
intellektualisieren ɪntɛlɛktu̯aliˈziːrən
Intellektualismus ɪntɛlɛktu̯aˈlɪsmʊs
intellektualistisch ɪntɛlɛktu̯aˈlɪstɪʃ
Intellektualität ɪntɛlɛktu̯aliˈtɛːt
intellektuell ɪntɛlɛkˈtu̯ɛl
Intelligence Service *engl.* ɪnˈtɛlɪdʒəns ˈsəːvɪs
intelligent ɪntɛliˈgɛnt
Intelligenzija ɪntɛliˈgɛnt͜sija
Intelligenz[ler] ɪntɛliˈgɛnt͜s[lɐ]
intelligibel ɪntɛliˈgiːbl̩, **...ble** ...blə
intelligo, ut credam ɪnˈtɛligo ʊt ˈkreːdam
INTELSAT ˈɪntɛlzat
Intendant ɪntɛnˈdant
Intendantur ɪntɛndanˈtuːɐ̯
Intendanz ɪntɛnˈdant͜s
intendieren ɪntɛnˈdiːrən
Intensimeter ɪntɛnziˈmeːtɐ
Intension ɪntɛnˈzi̯oːn
intensional ɪntɛnzi̯oˈnaːl
Intensität ɪntɛnziˈtɛːt
intensiv ɪntɛnˈziːf, **-e** ...iːvə
intensivieren ɪntɛnziˈviːrən
Intensivum ɪntɛnˈziːvʊm, **...va** ...va
Intention ɪntɛnˈt͜si̯oːn
intentional ɪntɛnt͜si̯oˈnaːl
Intentionalismus ɪntɛnt͜si̯onaˈlɪsmʊs
Intentionalität ɪntɛnt͜si̯onaliˈtɛːt
intentionell ɪntɛnt͜si̯oˈnɛl
inter..., I... ˈɪntɐ...
interagieren ɪntɐ|aˈgiːrən
Interaktion ɪntɐ|akˈt͜si̯oːn
interaktiv ɪntɐ|akˈtiːf, **-e** ...iːvə
Interaktivität ɪntɐ|aktiviˈtɛːt
interalliiert ˈɪntɐ|aliiːɐ̯t, *auch:* ----ˈ-
Interbrigadist ɪntɐbrigaˈdɪst
Intercarrierverfahren ɪntɐˈkɛri̯ɐfɛɐ̯faːrən
Intercity... ɪntɐˈsɪti..., ˈ----
interdental, I... ɪntɐdɛnˈtaːl
Interdentalis ɪntɐdɛnˈtaːlɪs, **...les** ...leːs
interdependent ɪntɐdepɛnˈdɛnt
Interdependenz ɪntɐdepɛnˈdɛnt͜s
Interdikt ɪntɐˈdɪkt
Interdiktion ɪntɐdɪkˈt͜si̯oːn
interdisziplinär ɪntɐdɪst͜sipliˈnɛːɐ̯
Interdisziplinarität ɪntɐdɪst͜siplinariˈtɛːt
interdiurn ɪntɐˈdi̯ʊrn
interdizieren ɪntɐdiˈt͜siːrən
interessant ɪntərɛˈsant
Interesse ɪntəˈrɛsə
Interessent ɪntərɛˈsɛnt
interessieren ɪntərɛˈsiːrən
Interface ˈɪntɐfeːs
interfaszikulär ɪntɐfast͜sikuˈlɛːɐ̯
Interfax *russ.* ɪntɪrˈfaks
Interferenz ɪntɐfeˈrɛnt͜s
interferieren ɪntɐfeˈriːrən
Interferometer ɪntɐferoˈmeːtɐ
Interferometrie ɪntɐferomeˈtriː
interferometrisch ɪntɐferoˈmeːtrɪʃ
Interferon ɪntɐfeˈroːn
Interferrikum ɪntɐˈfɛrikʊm
Interflora ɪntɐˈfloːra
INTERFLUG ˈɪntɐfluːk
interfoliieren ɪntɐfoliˈiːrən
interfraktionell ɪntɐfrakt͜si̯oˈnɛl
intergalaktisch ɪntɐgaˈlaktɪʃ
interglazial, I... ɪntɐglaˈt͜si̯aːl
intergruppal ɪntɐgrʊˈpaːl
Interhotel ˈɪntɐhotɛl
Interieur ɛ̃teˈri̯øːɐ̯
Interim ˈɪntərɪm
interimistisch ɪnteriˈmɪstɪʃ
interindividuell ɪntɐ|ɪndiviˈdu̯ɛl
Interjektion ɪntɐjɛkˈt͜si̯oːn
interjektionell ɪntɐjɛkt͜si̯oˈnɛl
interkalar ɪntɐkaˈlaːɐ̯
Interkalare ɪntɐkaˈlaːrə
Interkalarien ɪntɐkaˈlaːri̯ən
interkantonal ɪntɐkantoˈnaːl
interkategorial ɪntɐkategoˈri̯aːl
Interkolumnie ɪntɐkoˈlʊmni̯ə
Interkolumnium ɪntɐkoˈlʊmni̯ʊm, **...ien** ...i̯ən
interkommunal ɪntɐkɔmuˈnaːl
Interkommunion ɪntɐkɔmuˈni̯oːn
Interkonfessionalismus ɪntɐkɔnfɛsi̯onaˈlɪsmʊs
interkonfessionell ɪntɐkɔnfɛsi̯oˈnɛl
interkontinental ɪntɐkɔntinɛnˈtaːl
interkostal ɪntɐkɔsˈtaːl
interkranial ɪntɐkraˈni̯aːl
interkrustal ɪntɐkrʊsˈtaːl
interkulturell ɪntɐkʊltuˈrɛl
interkurrent ɪntɐkʊˈrɛnt
interkurrierend ɪntɐkʊˈriːrənt, **-e** ...ndə
Interlaken ˈɪntɐlakn̩
interlinear ɪntɐlineˈaːɐ̯
Interlingua ɪntɐˈlɪŋgu̯a
interlingual ɪntɐlɪŋˈgu̯aːl
Interlingue ɪntɐˈlɪŋgu̯ə
Interlinguist[ik] ɪntɐlɪŋˈgu̯ɪst[ɪk]
Interlockware ˈɪntɐlɔkvaːrə
Interlude ˈɪntɐljuːt
Interludium ɪntɐˈluːdi̯ʊm, **...ien** ...i̯ən
Interlunium ɪntɐˈluːni̯ʊm, **...ien** ...i̯ən
Intermaxillar... ɪntɐmaksɪˈlaːɐ̯...
Intermédiaire ɛ̃tɛrmeˈdi̯ɛːɐ̯
intermediär ɪntɐmeˈdi̯ɛːɐ̯
Intermedin ɪntɐmeˈdiːn
Intermedio ɪntɐˈmeːdi̯o
Intermedium ɪntɐˈmeːdi̯ʊm, **...ien** ...i̯ən

intermedius ɪntɐˈmeːdi̯ʊs
intermenstrual ɪntɐmɛns-truˈaːl
intermenstruell ɪntɐmɛns-truˈɛl
Intermenstruum ɪntɐˈmɛns-truʊm, **...ua** ...ua
Intermezzo ɪntɐˈmɛt͜so, **...zzi** ...t͜si
nterministeriell ɪntɐmɪnɪste-ˈri̯ɛl
ntermission ɪntɐmɪˈsi̯oːn
ntermittieren ɪntɐmɪˈtiːrən
ntermolekular ɪntɐmoleku-ˈlaːɐ̯
ntermundien ɪntɐˈmʊndi̯ən
ntern ɪnˈtɛrn
nterna vgl. Internum
nternal ɪntɛrˈnaːl
nternalisation ɪntɛrnaliza-ˈt͜si̯oːn
nternalisieren ɪntɛrnaliˈziːrən
nternat ɪntɐˈnaːt
nternational ɪntɐnat͜si̯oˈnaːl, *auch:* ˈ-----
nternationale ɪntɐnat͜si̯oˈnaːlə
nternationalisieren ɪntɐna-t͜si̯onaliˈziːrən
nternationalismus ɪntɐnat͜si̯o-naˈlɪsmʊs
nternationalist ɪntɐnat͜si̯ona-ˈlɪst
nternationalität ɪntɐnat͜si̯o-naliˈtɛːt
nternational Olympic Committee *engl.* ɪntəˈnæʃənəl oʊˈlɪmpɪk kəˈmɪtɪ
nterne ɪnˈtɛrnə
nternet ˈɪntɐnɛt
nternieren ɪntɐˈniːrən
nternist ɪntɐˈnɪst
nternodium ɪntɐˈnoːdi̯ʊm, **...ien** ...i̯ən
nternum ɪnˈtɛrnʊm, **...na** ...na
nternuntius ɪntɐˈnʊnt͜si̯ʊs, **...ien** ...i̯ən
nterorbital ɪntɐ|ɔrbiˈtaːl
nterozeanisch ɪntɐ|ot͜seˈaːnɪʃ
nterparlamentarisch ɪntɐpar-lamɛnˈtaːrɪʃ
nterpellant ɪntɐpɛˈlant
nterpellation ɪntɐpɛlaˈt͜si̯oːn
nterpellieren ɪntɐpɛˈliːrən
nterpersonell ɪntɐpɛrzoˈnɛl
nterpetiolar... ɪntɐpet͜si̯o-ˈlaːɐ̯...
nterplanetar ɪntɐplaneˈtaːɐ̯
nterplanetarisch ɪntɐplane-ˈtaːrɪʃ

Interplanetosen ɪntɐplane-ˈtoːzn̩
Interpluvial... ɪntɐpluˈvi̯aːl...
inter pocula ˈɪntɐ ˈpoːkula
Interpol ˈɪntɐpoːl
Interpolation ɪntɐpolaˈt͜si̯oːn
Interpolator ɪntɐpoˈlaːtoːɐ̯, **-en** ...laˈtoːrən
interpolieren ɪntɐpoˈliːrən
interponieren ɪntɐpoˈniːrən
Interposition ɪntɐpoziˈt͜si̯oːn
Interpret ɪntɐˈpreːt
Interpretament ɪntɐpreta-ˈmɛnt
Interpretant ɪntɐpreˈtant
Interpretation ɪntɐpretaˈt͜si̯oːn
Interpretatio romana ɪntɐpre-ˈtaːt͜si̯o roˈmaːna
Interpretator ɪntɐpreˈtaːtoːɐ̯, **-en** ...taˈtoːrən
interpretatorisch ɪntɐpreta-ˈtoːrɪʃ
Interpreter ɪntɐˈpreːtɐ, *engl.* ɪnˈtəːprɪtə
interpretieren ɪntɐpreˈtiːrən
Interpsychologie ɪntɐpsyço-loˈgiː
interpungieren ɪntɐpʊŋˈgiːrən
interpunktieren ɪntɐpʊŋk-ˈtiːrən
Interpunktion ɪntɐpʊŋkˈt͜si̯oːn
Interradius ɪntɐˈraːdi̯ʊs, **...ien** ...i̯ən
Interrail... ˈɪntɐreːl...
Interregio ɪntɐˈreːgi̯o
Interregnum ɪntɐˈrɛgnʊm, **...na** ...na
Interrenalismus ɪntɐrenaˈlɪs-mʊs
interrogativ ˈɪntɐrogatiːf, *auch:* ----ˈ-, **-e** ...iːvə
Interrogativ ˈɪntɐrogatiːf, **-e** ...iːvə
Interrogativum ɪntɐroga-ˈtiːvʊm, **...va** ...va
Interruptio ɪntɐˈrʊpt͜si̯o, **-nen** ...ˈt͜si̯oːnən
Interruption ɪntɐrʊpˈt͜si̯oːn
Interruptus ɪntɐˈrʊptʊs
Intersektion ɪntɐzɛkˈt͜si̯oːn
Interseptum ɪntɐˈzɛptʊm
Intersex ˈɪntɐzɛks, --ˈ-
Intersexualität ɪntɐzɛksu̯ali-ˈtɛːt
intersexuell ɪntɐzɛˈksu̯ɛl
Intershop ˈɪntɐʃɔp
interstadial, I... ɪntɐstaˈdi̯aːl
interstellar ɪntɐstɛˈlaːɐ̯
interstitiell ɪntɐstiˈt͜si̯ɛl

Interstitium ɪntɐˈstiːt͜si̯ʊm, **...ien** ...i̯ən
intersubjektiv ɪntɐzʊpjɛkˈtiːf, **-e** ...iːvə
interterritorial ɪntɐtɛritoˈri̯aːl
Intertrigo ɪntɐˈtriːgo, **...gines** ...gineːs
Intertritur ɪntɐtriˈtuːɐ̯
intertrochantär ɪntɐtrɔxan-ˈtɛːɐ̯
Intertype® ˈɪntɐtai̯p
interurban ɪntɐ|ʊrˈbaːn, *auch:* ˈ----
Interusurium ɪntɐ|uˈzuːri̯ʊm, **...ien** ...i̯ən
Intervall ɪntɐˈval
intervalutarisch ɪntɐvaluˈtaːrɪʃ
Intervenient ɪntɐveˈni̯ɛnt
intervenieren ɪntɐveˈniːrən
Intervent ɪntɐˈvɛnt
Intervention ɪntɐvɛnˈt͜si̯oːn
Interventionismus ɪntɐvɛnt͜si̯o-ˈnɪsmʊs
Interventionist ɪntɐvɛnt͜si̯o-ˈnɪst
interventiv ɪntɐvɛnˈtiːf, **-e** ...iːvə
Interversion ɪntɐvɛrˈzi̯oːn
intervertebral ɪntɐvɛrteˈbraːl
Interview ˈɪntɐvjuː, ɪntɐˈvjuː
interviewen ɪntɐˈvjuːən, *auch:* ˈ----
Interviewer ɪntɐˈvjuːɐ, *auch:* ˈ----
Intervision ɪntɐviˈzi̯oːn
interzedieren ɪntɐt͜seˈdiːrən
interzellular ɪntɐt͜sɛluˈlaːɐ̯
interzellulär ɪntɐt͜sɛluˈlɛːɐ̯
Interzellulare ɪntɐt͜sɛluˈlaːrə
Interzeption ɪntɐt͜sɛpˈt͜si̯oːn
Interzeptor ɪntɐˈt͜sɛptoːɐ̯, **-en** ...ˈtoːrən
Interzession ɪntɐt͜sɛˈsi̯oːn
interzonal ɪntɐt͜soˈnaːl
Interzonen... ɪntɐˈt͜soːnən...
intestabel ɪntɛsˈtaːbl̩, **...ble** ...blə
Intestaterbe ɪntɛsˈtaːt|ɛrbə
intestinal ɪntɛstiˈnaːl
Intestinum ɪntɛsˈtiːnʊm, **...na** ...na
Inthronisation ɪntronizaˈt͜si̯oːn
inthronisieren ɪntroniˈziːrən
Inti ˈɪnti
Intifada ɪntiˈfaːda
intim ɪnˈtiːm
Intima ˈɪntima, **...mä** ...mɛ
Intimation ɪntimaˈt͜si̯oːn
Intimi vgl. Intimus

I

Intimidation ɪntimida'tsi̯o:n
intimidieren ɪntimi'di:rən
intimieren ɪnti'mi:rən
Intimität ɪntimi'tɛ:t
Intimus 'ɪntimʊs, **...mi** ...mi
Intine ɪn'ti:nə
Intitulation ɪntitula'tsi̯o:n
intolerabel ɪntole'ra:bl̩, **...ble** ...blə
intolerant 'ɪntolerant, *auch:* ---'-
Intoleranz 'ɪntolerants, *auch:* ---'-
Intonation ɪntona'tsi̯o:n
Intonem ɪnto'ne:m
intonieren ɪnto'ni:rən
in toto ɪn 'to:to
Intourist 'ɪnturɪst
Intoxikation ɪntɔksika'tsi̯o:n
intraabdominal, ...nell ɪntra|apdomi'na:l, ...nɛl
intraalveolar ɪntra|alveo'la:ɐ̯
Intrabilität ɪntrabili'tɛ:t
Intrada ɪn'tra:da
Intrade ɪn'tra:də
intraglutäal ɪntraglutɛ'a:l
intragruppal ɪntragrʊ'pa:l
intraindividuell ɪntra|ɪndivi'du̯ɛl
intrakardial ɪntrakar'di̯a:l
intrakontinental ɪntrakɔntinɛn'ta:l
intrakraniell ɪntrakra'ni̯ɛl
intrakrustal ɪntrakrʊs'ta:l
intrakutan ɪntraku'ta:n
intra legem 'ɪntra 'le:gɛm
intralingual ɪntralɪŋ'gu̯a:l
intralumbal ɪntralʊm'ba:l
intramerkuriell ɪntramɛrku'ri̯ɛl
intramolekular ɪntramoleku'la:ɐ̯
intramontan ɪntramɔn'ta:n
intramundan ɪntramʊn'da:n
intramural ɪntramu'ra:l
intra muros 'ɪntra 'mu:ro:s
intramuskulär ɪntramʊsku'lɛ:ɐ̯
Intranet 'ɪntranɛt
intransigent, I... ɪntranzi'gɛnt
Intransigenz ɪntranzi'gɛnts
intransitiv, I... 'ɪntranziti:f, **-e** ...i:və
Intransitivum ɪntranzi'ti:vʊm, **...va** ...va
intraokular ɪntra|oku'la:ɐ̯
intraoral ɪntra|o'ra:l
intraossär ɪntra|ɔ'sɛ:ɐ̯
intra partum 'ɪntra 'partʊm
intraperitoneal ɪntraperitone'a:l
intrapersonal ɪntrapɛrzo'na:l
intrapersonell ɪntrapɛrzo'nɛl
intrapleural ɪntraplɔy'ra:l
intrapulmonal ɪntrapʊlmo'na:l
intrasubjektiv ɪntrazʊpjɛk'ti:f, **-e** ...i:və
intratellurisch ɪntratɛ'lu:rɪʃ
intrathorakal ɪntratora'ka:l
intrauterin ɪntra|ute'ri:n
intravaginal ɪntravagi'na:l
intravasal ɪntrava'za:l
intravenös ɪntrave'nø:s, **-e** ...ø:zə
intravital ɪntravi'ta:l
intrazellular ɪntratsɛlu'la:ɐ̯
intrazellulär ɪntratsɛlu'lɛ:ɐ̯
intrigant, I... ɪntri'gant
Intriganz ɪntri'gants
Intrige ɪn'tri:gə
intrigieren ɪntri'gi:rən
intrikat ɪntri'ka:t
intrinsisch ɪn'trɪnzɪʃ
in triplo ɪn 'tri:plo
Intro 'ɪntro
Introduktion ɪntrodʊk'tsi̯o:n
introduzieren ɪntrodu'tsi:rən
Introduzione ɪntrodu'tsi̯o:nə, **...ni** ...ni
Introitis ɪntro'i:tɪs, **...itiden** ...oi'ti:dn̩
Introitus ɪn'tro:itʊs, **die -** ...tu:s
Introjektion ɪntrojɛk'tsi̯o:n
introjizieren ɪntroji'tsi:rən
Intromission ɪntromɪ'si̯o:n
intromittieren ɪntromɪ'ti:rən
intrors ɪn'trɔrs, **-e** ...rzə
Introspektion ɪntrospɛk'tsi̯o:n
introspektiv ɪntrospɛk'ti:f, **-e** ...ɪ:və
Introversion ɪntrovɛr'zi̯o:n
introversiv ɪntrovɛr'zi:f, **-e** ...i:və
introvertiert ɪntrovɛr'ti:ɐ̯t
Intruder ɪn'tru:dɐ
intrudieren ɪntru'di:rən
Intrusion ɪntru'zi̯o:n
Intrusiv... ɪntru'zi:f...
Intrusiva ɪntru'zi:va
Intubation ɪntuba'tsi̯o:n
Intuition ɪntui'tsi̯o:n
Intuitionismus ɪntuitsi̯o'nɪsmʊs
intuitionistisch ɪntuitsi̯o'nɪstɪʃ
intuitiv ɪntui'ti:f, **-e** ...i:və
Intumeszenz ɪntumɛs'tsɛnts
Inturgeszenz ɪntʊrgɛs'tsɛnts
intus 'ɪntʊs
Intuskrustation ɪntʊskrʊsta'tsi̯o:n
Intussuszeption ɪntʊszʊstsɛp'tsi̯o:n
in tyrannos ɪn ty'rano:s
Inuit 'ɪnuɪt
Inula 'i:nula
Inulin inu'li:n
Inundation ɪn|ʊnda'tsi̯o:n
Inunktion ɪn|ʊŋk'tsi̯o:n
in usum Delphini ɪn 'u:zʊm dɛl'fi:ni
Inuvik *engl.* ɪ'nu:vɪk
invadieren ɪnva'di:rən
Invagination ɪnvagina'tsi̯o:n
invalid ɪnva'li:t, **-e** ...i:də
Invalidation ɪnvalida'tsi̯o:n
invalide, I... ɪnva'li:də
Invalides *fr.* ɛ̃va'lid
invalidieren ɪnvali'di:rən
invalidisieren ɪnvalidi'zi:rən
Invalidität ɪnvalidi'tɛ:t
Invar® 'ɪnvar
invariabel 'ɪnvari̯a:bl̩, *auch:* --'--, **...ble** ...blə
invariant 'ɪnvari̯ant, *auch:* --'-
Invariante ɪnva'ri̯antə
Invarianz 'ɪnvari̯ants, *auch:* --'-
Invasion ɪnva'zi̯o:n
invasiv ɪnva'zi:f, **-e** ...i:və
Invasor ɪn'va:zo:ɐ̯, **-en** ɪnva'zo:rən
Invektive ɪnvɛk'ti:və
invenit ɪn've:nɪt
Inventar ɪnvɛn'ta:ɐ̯
Inventarisation ɪnvɛntariza'tsi̯o:n
Inventarisator ɪnvɛntari'za:to:ɐ̯, **-en** ...a'to:rən
inventarisieren ɪnvɛntari'zi:rən
Inventarium ɪnvɛn'ta:ri̯ʊm, **...ien** ...i̯ən
inventieren ɪnvɛn'ti:rən
Invention ɪnvɛn'tsi̯o:n
Inventor ɪn'vɛnto:ɐ̯, **-en** ...'to:rən
Inventur ɪnvɛn'tu:ɐ̯
in verba magistri ɪn 'vɛrba ma'gɪstri
Invercargill *engl.* ɪnvə'kɑ:gɪl
Inverell *engl.* ɪnvə'rɛl
Invergordon *engl.* ɪnvə'gɔ:dn
Inverness *engl.* ɪnvə'nɛs
invers ɪn'vɛrs, **-e** ...rzə

nversion ɪnvɛrˈzi̯oːn
nvertase ɪnvɛrˈtaːzə
nvertebrat ɪnvɛrteˈbraːt
nverter ɪnˈvɛrtɐ
nvertieren ɪnvɛrˈtiːrən
nvertin ɪnvɛrˈtiːn
nvertzucker ɪnˈvɛrtt͜sʊkɐ
nvestieren ɪnvɛsˈtiːrən
nvestigation ɪnvɛstigaˈt͜si̯oːn
nvestigator ɪnvɛstiˈgaːtoːɐ̯, **-en** ...gaˈtoːrən
nvestigieren ɪnvɛstiˈgiːrən
nvestition ɪnvɛstiˈt͜si̯oːn
nvestitur ɪnvɛstiˈtuːɐ̯
nvestiv ɪnvɛsˈtiːf, **-e** ...iːvə
nvestment ɪnˈvɛstmənt
nvestor ɪnˈvɛstoːɐ̯, **-en** ...ˈtoːrən
nveteration ɪnveteraˈt͜si̯oːn
veterieren ɪnveteˈriːrən
vino veritas ɪn ˈviːno ˈveːritas
visibel ɪnviˈziːbl̩, *auch:* ˈ– – – –, **...ble** ...blə
vitation ɪnvitaˈt͜si̯oːn
vitatorium ɪnvitaˈtoːri̯ʊm, **...ien** ...i̯ən
vitieren ɪnviˈtiːrən
vitro ɪn ˈviːtro
vivo ɪn ˈviːvo
vokation ɪnvokaˈt͜si̯oːn
vokavit ɪnvoˈkaːvɪt
volution ɪnvoluˈt͜si̯oːn
volvieren ɪnvɔlˈviːrən
wärts ˈɪnvɛrt͜s
wendig ˈɪnvɛndɪç
wiefern ɪnviˈfɛrn
wieweit ɪnviˈvai̯t
wohner ˈɪnvoːnɐ
yltschek *russ.* inɨljˈtʃɛk
zell ɪnˈt͜sɛl
zens ɪnˈt͜sɛns
zensation ɪnt͜sɛnzaˈt͜si̯oːn
zensieren ɪnt͜sɛnˈziːrən
zensorium ɪnt͜sɛnˈzoːri̯ʊm, **...ien** ...i̯ən
zentiv, I... ɪnt͜sɛnˈtiːf, **-e** ...iːvə
zest ɪnˈt͜sɛst
zestuös ɪnt͜sɛsˈtu̯øːs, **-e** ...øːzə
zident ɪnt͜siˈdɛnt
zidentell ɪnt͜sidɛnˈtɛl
zidenter ɪnt͜siˈdɛntɐ
zidenz ɪnt͜siˈdɛnt͜s
zidieren ɪnt͜siˈdiːrən
zipient ɪnt͜siˈpi̯ɛnt
zision ɪnt͜siˈzi̯oːn
zisiv ɪnt͜siˈziːf, **-en** ...iːvn̩
Inzisivus ɪnt͜siˈziːvʊs, **...vi** ...vi
Inzisur ɪnt͜siˈzuːɐ̯
Inzucht ˈɪnt͜sʊxt
inzwischen ɪnˈt͜svɪʃn̩
Io ˈiːo
Ioannes i̯oˈanɛs
Ioannina *neugr.* jɔˈanina
Iod i̯oːt, **-es** ˈi̯oːdəs
Iodat i̯oˈdaːt
Iodid i̯oˈdiːt, **-es** ...iːdəs
Iokaste i̯oˈkastə
Iola *engl.* aɪˈoʊlə
Iolanda *it.* i̯oˈlanda
Iolanthe i̯oˈlantə
Iolkos ˈi̯ɔlkɔs
[1]**Ion** (Physik) i̯oːn, *auch:* ˈiːɔn, **Ionen** ˈi̯oːnən
[2]**Ion** (Name) ˈiːɔn, *rumän.* i̯on
Ionel *rumän.* i̯oˈnel
Ionesco i̯oˈnɛsko, *fr.* jɔnɛsˈko
Ionescu *rumän.* i̯oˈnesku
Ionicus ˈi̯oːnikʊs, **...ci** ...t͜si
Ionicus a maiore ˈi̯oːnikʊs a maˈjoːrə
Ionicus a minore ˈi̯oːnikʊs a miˈnoːrə
Ionien ˈi̯oːni̯ən
Ionier ˈi̯oːni̯ɐ
Ioniker ˈi̯oːnikɐ
Ionisation i̯onizaˈt͜si̯oːn
Ionisator i̯oniˈzaːtoːɐ̯, **-en** ...zaˈtoːrən
ionisch, I... ˈi̯oːnɪʃ
ionisieren i̯oniˈziːrən
Ionium ˈi̯oːni̯ʊm
Ionometer i̯onoˈmeːtɐ
Ionon i̯oˈnoːn
Ionophorese i̯onofoˈreːzə
Ionosphäre i̯onoˈsfɛːrə
Iontophorese i̯ɔntofoˈreːzə
Iorga *rumän.* ˈi̯orga
Iori *russ.* iˈɔri
Ios ˈiːɔs, *neugr.* ˈiɔs
Iosif *rumän.* ˈi̯osif
Iossafat *russ.* iɐsaˈfat
Iossi *russ.* iaˈsij
Iossif *russ.* iˈɔsif
Iossifowitsch *russ.* iˈɔsifɐvitʃ
Iossifowna *russ.* iˈɔsifɐvnɐ
Iossija *russ.* iaˈsijɐ
Iota ˈi̯oːta
Iotazismus i̯otaˈt͜sɪsmʊs
Iovi optimo maximo ˈi̯oːvi ˈɔptimo ˈmaksimo
Iowa *engl.* ˈaɪəwə
Iparragirre *bask.* iparraɣirrɛ
Iparraguirre *span.* iparraˈɣirrɛ
Ipati *russ.* iˈpatij
Ipekakuanha ipekaˈku̯anja
Iphigenie ifiˈgeːni̯ə
Iphigénie *fr.* ifiʒeˈni
Iphikles ˈiːfiklɛs
Iphikrates iˈfiːkratɛs
Iphofen ɪpˈhoːfn̩
Ipiales *span.* iˈpi̯ales
Ipiutak *engl.* ɪpiːˈjuːtæk
Ipoh *indon.* ˈipɔh
Ippolit *russ.* ipaˈlit
Ippolito *it.* ipˈpɔːlito
Ippolitow *russ.* ipaˈlitɐf
Ippolitowitsch *russ.* ipaˈlitɐvitʃ
Ippolitowna *russ.* ipaˈlitɐvnɐ
Ipsation ɪpsaˈt͜si̯oːn
ipse fecit ˈɪpsə ˈfeːt͜sɪt
Ipsen ˈɪpsn̩, *dän.* ˈibsn̩
Ipsilandis *neugr.* ipsiˈlandis
Ipsilanti *rumän.* ipsiˈlanti
Ipsismus ɪˈpsɪsmʊs
ipsissima verba ɪˈpsɪsima ˈvɛrba
Ipsitilla ɪpsiˈtɪla
ipso facto ˈɪpso ˈfakto
ipso jure ˈɪpso ˈjuːrə
Ipsos ˈɪpsɔs
Ipswich *engl.* ˈɪpswɪtʃ
IQ iːˈkuː, ai̯ˈkjuː
Iqbal *engl.* ɪkˈbɑːl
Iquique *span.* iˈkike
Iquitos *span.* iˈkitos
Ira ˈiːra, *engl.* ˈaɪərə
IRA iː|ɛr|aː, *engl.* aɪ-ɑːˈreɪ
Iracema *bras.* iraˈsema
Irade iˈraːdə
Iradier *span.* iraˈði̯ɛr
Irak iˈraːk, *auch:* ˈiːrak; *pers.* eˈrɑːɣ
Iraker iˈraːkɐ
irakisch iˈraːkɪʃ
Irakli *russ.* iˈraklij
Iraklion *neugr.* iˈrakliɔn
Iran iˈraːn, *pers.* iˈrɑːn
Iran[i]er iˈraːn[i̯]ɐ
iranisch iˈraːnɪʃ
Iranist[ik] iraˈnɪst[ɪk]
Irapuato *span.* iraˈpu̯ato
Irawadi iraˈvaːdi, *engl.* ɪrəˈwɑːdɪ, *birm.* ei̯jawadi 2222
Irazú *span.* iraˈθu
Irbid ɪrˈbiːt
Irbil ɪrˈbiːl
Irbis ˈɪrbɪs, **-se** ...ɪsə
Irbit *russ.* irˈbit
irden ˈɪrdn̩, **irdne** ˈɪrdnə
irdisch ˈɪrdɪʃ
Irdning ˈɪrdnɪŋ
Ire ˈiːrə
Iredell *engl.* ˈaɪədɛl

Iredyński *poln.* irɛˈdi̯ski
Ireland *engl.* ˈaɪələnd
Iren *russ.* iˈrjenj
Irén *ung.* ˈire:n
Irena *poln.* iˈrɛna
Irenäus ireˈnɛ:ʊs
[1]**Irene** (Vorname) iˈre:nə, *engl.* ˈaɪri:n, aɪˈri:n, *it.* iˈrɛ:ne, *span.* iˈrene, *niederl.* iˈre:nə
[2]**Irene** (Göttin) iˈre:nə
Irène *fr.* iˈrɛn
Irénée *fr.* ireˈne
Irenik iˈre:nɪk
irenisch iˈre:nɪʃ
irgend ˈɪrgn̩t
irgendein[er] ˈɪrgn̩tˈl a̯in[ɐ]
irgendeinmal ˈɪrgn̩tla̯inˈma:l
irgendetwas ˈɪrgn̩tˈlɛtvas
irgendwann ˈɪrgn̩tˈvan
irgendwas ˈɪrgn̩tˈvas
irgendwelcher ˈɪrgn̩tˈvɛlçɐ
irgendwer ˈɪrgn̩tˈve:ɐ̯
irgendwie ˈɪrgn̩tˈvi:
irgendwo ˈɪrgn̩tˈvo:
irgendwoher ˈɪrgn̩tvoˈhe:ɐ̯
irgendwohin ˈɪrgn̩tvoˈhɪn
irgendworan ˈɪrgn̩tvoˈran
Irgis *russ.* irˈgis
Irian Jaya *indon.* iˈrian ˈdʒaja
Iriarte *span.* iˈri̯arte
Iridektomie iridɛktoˈmi:, **-n** ...i:ən
Iridium iˈri:di̯ʊm
Iridologe iridoˈlo:gə
Iridologie iridoloˈgi:
Iridotomie iridotoˈmi:, **-n** ...i:ən
Irigoyen *span.* iriˈɣojen
Irina iˈri:na, *russ.* iˈrinɐ
Irinei *russ.* iriˈnjej
Iringa *engl.* ɪˈrɪŋgɑ:
Irini *russ.* iriˈnij
Iris ˈi:rɪs
irisch ˈi:rɪʃ
Irish Coffee ˈa̯irɪʃ ˈkɔfi
Irish Stew ˈa̯irɪʃ ˈstju:
irisieren iriˈzi:rən
Iritis iˈri:tɪs, **Iritiden** iriˈti:dn̩
Irkut[sk] *russ.* irˈkut[sk]
Irlam *engl.* ˈə:ləm
Irland ˈɪrlant
Irländer ˈɪrlɛndɐ
irländisch ˈɪrlɛndɪʃ
Irma ˈɪrma
Irmbert ˈɪrmbɛrt
Irmela ˈɪrməla
Irmensäule ˈɪrmənzɔ̯ylə
Irmgard ˈɪrmgart
Irmin ˈɪrmɪn
Irminger ˈɪrmɪŋɐ
Irmino ˈɪrmino, *russ.* ˈirminɐ
Irminone ɪrmiˈno:nə
Irminsäule ˈɪrmɪnzɔ̯ylə
Irminsul ˈɪrmɪnzu:l
Irmtraud, ...ut ˈɪrmtra̯ut
Irokese iroˈke:zə
Iron *engl.* ˈaɪən
Irondequoit *engl.* ɪˈrɔndɪkwɔɪt
Ironie iroˈni:, **-n** ...i:ən
Ironiker iˈro:nikɐ
ironisch iˈro:nɪʃ
ironisieren ironiˈzi:rən
Ironman ˈa̯i̯ɐnmɛn, ˈa̯irən...
Ironside *engl.* ˈaɪənsaɪd
Ironton *engl.* ˈaɪəntən
Ironym iroˈny:m
Iroquois *engl.* ˈɪrəkwɔɪ
irr ɪr
Irradiation ɪradi̯aˈtsi̯o:n
irradiieren ɪradiˈi:rən
irrational ˈɪrat͡si̯ona:l, *auch:* ---ˈ-
Irrationalismus ɪrat͡si̯onaˈlɪsmʊs
Irrationalität ɪrat͡si̯onaliˈtɛ:t
irrationell ˈɪrat͡si̯onɛl, *auch:* ---ˈ-
irre, I... ˈɪrə
irreal, I... ˈɪrea:l, *auch:* --ˈ-
Irrealis ˈɪrea:lɪs, **...les** ...le:s
Irrealität ˈɪrealitɛ:t, *auch:* ----ˈ-
Irredenta ɪreˈdɛnta
Irredentismus ɪredɛnˈtɪsmʊs
Irredentist ɪredɛnˈtɪst
irreduktibel ˈɪredʊkti:bl̩, *auch:* ---ˈ--, **...ble** ...blə
irreduzibel ˈɪredut͡si:bl̩, *auch:* ---ˈ--, **...ble** ...blə
Irreduzibilität ˈɪredut͡sibilitɛ:t, *auch:* ------ˈ-
irregulär ˈɪregulɛ:ɐ̯, *auch:* ---ˈ-
Irregularität ˈɪregularitɛ:t, *auch:* -----ˈ-
Irrel ˈɪrəl
irrelevant ˈɪrelevant, *auch:* ---ˈ-
Irrelevanz ˈɪrelevant͡s, *auch:* ---ˈ-
irreligiös ˈɪreligi̯ø:s, *auch:* ---ˈ-, **-e** ...ø:zə
Irreligiosität ˈɪreligi̯ozitɛ:t, *auch:* -----ˈ-
irren ˈɪrən
irreparabel ˈɪrepara:bl̩, *auch:* ---ˈ--, **...ble** ...blə
irreponibel ˈɪreponi:bl̩, *auch:* ---ˈ--, **...ble** ...blə
irresolut ˈɪrezolu:t, *auch:* ---ˈ-
irrespirabel ˈɪrɛspira:bl̩, *auch:* ---ˈ--, **...ble** ...blə
irresponsabel ˈɪrɛspɔnza:bl̩, *auch:* ---ˈ--, **...ble** blə
irreversibel ˈɪrevɛrzi:bl̩, *auch:* ---ˈ--, **...ble** ...blə
Irreversibilität ˈɪrevɛrzibilitɛ:t, *auch:* ------ˈ-
irrevisibel ˈɪrevizi:bl̩, *auch:* ---ˈ--, **...ble** ...blə
irrig ˈɪrɪç, **-e** ...ɪgə
Irrigation ɪrigaˈt͡si̯o:n
Irrigator ɪriˈga:to:ɐ̯, **-en** ɪrigaˈto:rən
irrigieren ɪriˈgi:rən
irritabel ɪriˈta:bl̩, **...ble** ...blə
Irritabilität ɪritabiliˈtɛ:t
Irritation ɪritaˈt͡si̯o:n
irritieren ɪriˈti:rən
Irrlicht ˈɪrlɪçt
irrlichtelieren ɪrlɪçtəˈli:rən
irrlichtern ˈɪrlɪçtɐn
Irrnis ˈɪrnɪs, **-se** ...ɪsə
Irrsal ˈɪrza:l
Irrsdorf ˈɪrsdɔrf
Irrsinn ˈɪrzɪn
irrsinnig ˈɪrzɪnɪç
Irrtum ˈɪrtu:m, **Irrtümer** ˈɪrty:mɐ
irrtümlich ˈɪrty:mlɪç
Irrwisch ˈɪrvɪʃ
Irsee ˈi:rze:
Irtysch *russ.* irˈtɨʃ
Irún *span.* iˈrun
Irvine *engl.* ˈə:vɪn, ˈə:vaɪn
Irving *engl.* ˈə:vɪŋ
Irvingianer ɪrvɪŋˈgi̯a:nɐ
Irvingianismus ɪrvɪŋgi̯aˈnɪsmʊs
Irvington *engl.* ˈə:vɪŋtən
Irwin *engl.* ˈə:wɪn
Irzykowski *poln.* iʒɨˈkɔfski
Isa ˈi:za
Isaac *engl.* ˈaɪzək, *fr.* izaˈak, *span.* isaˈak, *niederl.* ˈizɑk
Isaacs *span.* isaˈaks, *engl.* ˈaɪzəks
Isaak ˈi:zak, ˈi:za:k, *auch:* ˈi:zaak
Isaaks *engl.* ˈaɪzəks
Isabeau *fr.* izaˈbo
Isabel ˈi:zabɛl, *engl.* ˈɪzəbɛl, *span.* isaˈβɛl, *port.* izɐˈβɛl, *bras.* izaˈbɛl
Isabela *span.* isaˈβela

Isabell izaˈbɛl
Isabella izaˈbɛla, *it.* ...bɛlla
¹**Isabelle** (Pferd) izaˈbɛlə
²**Isabelle** (Name) izaˈbɛlə, *fr.* izaˈbɛl
Isabey *fr.* izaˈbɛ
Isadora *engl.* ɪzəˈdɔ:rə
Isaf, ISAF ˈi:zaf
Isafjörður *isl.* ˈi:safjœrðʏr
Isagoge izaˈgo:gə
Isagogik izaˈgo:gɪk
Isagoras iˈza:goras
Isai ˈi:zai
Isaiah *engl.* aɪˈzaɪə
Isaias izaˈi:as, iˈzai̯as
Isaios iˈzai̯ɔs
Isak *schwed.* ˌi:sak
Isaković *serbokr.* ˈisa:kɔvitɕ
Isaksson *schwed.* ˌi:saksɔn
Isakuste izaˈkʊstə
Isallobare izaloˈba:rə
Isallotherme izaloˈtɛrmə
Isanabase izanaˈba:zə
Isanemone izaneˈmo:nə
Isanomale izanoˈma:lə
Isar ˈi:zar
Isar-Athen ˈi:zar|ate:n
Isarco *it.* iˈzarko
ISA-System ˈi:zazʏste:m
Isatin izaˈti:n
Isatis ˈi:zatɪs
Isaure *fr.* iˈzɔ:r
Isaurien iˈzau̯ri̯ən
Isaurier iˈzau̯ri̯ɐ
Isäus iˈzɛ:ʊs
Isba ɪsˈba, **Isbi** ˈɪsbi
Isberbasch *russ.* izbɪrˈbaʃ
Ischämie ɪsçɛˈmi:, **-n** ...i:ən
ischämisch ɪsˈçɛ:mɪʃ
Ischariot[t] ɪˈʃa:ri̯ɔt
Ische ˈɪʃə
Ischewsk *russ.* iˈʒɛfsk
Ischia (Insel) ˈɪski̯a, *it.* ˈiski̯a
Ischia vgl. Ischium
Ischiadikus ɪsˈçi̯a:dikʊs, *auch:* ɪˈʃi̯a:...
ischiadisch ɪsˈçi̯a:dɪʃ, *auch:* ɪˈʃi̯a:...
Ischialgie ɪsçi̯alˈgi:, *auch:* ɪʃi̯...
Ischias ˈɪʃi̯as, *auch:* ˈɪsçi̯as
Ischihara *jap.* iˈʃi̥hara
Ischikari *jap.* iˈʃi̥kari
Ischikawa *jap.* iˈʃi̥kawa
Ischim *russ.* iˈʃɨm
Ischimbai *russ.* iʃɨmˈbaj
Ischinomaki *jap.* iˈʃinomaki
Ischium ˈɪsçi̯ʊm, *auch:* ˈɪʃi̯ʊm, **...ia** ...i̯a
Ischl ˈɪʃl̩
Ischma *russ.* ˈiʒmɐ
Ischtar ˈɪʃtar
Ischurie ɪsçuˈri:, **-n** ...i:ən
ISDN i:|ɛsde:ˈ|ɛn
Ise *jap.* ˈiˌse
Isebel ˈi:zəbɛl
Isefjord *dän.* ˈisəfjʊ:ˀr
Isegrimm ˈi:zəgrɪm
Iselin ˈi:zəli:n
Isemann ˈi:zəman
Isenbrant *niederl.* ˈizənbrɑnt
Isenburg ˈi:zn̩bʊrk
Isenhagen i:zn̩ˈha:gn̩
Isen[heimer] ˈi:zn̩[hai̯mɐ]
isentrop[isch] izɛnˈtro:p[ɪʃ]
Iseo *it.* iˈzɛ:o
Iser ˈi:zɐ
Iseran *fr.* iˈzrã
Isère *fr.* iˈzɛ:r
Iserkamm ˈi:zɐkam
Iserlohn i:zɐˈlo:n
Isernia *it.* iˈzɛrni̯a
Isesaki *jap.* iˈseˌsaki̥
Iseyin *engl.* i:səˈji:n
Isfahan ɪsfaˈha:n, *pers.* esfæˈhɑ:n
Isfara *russ.* isfaˈra
Isherwood *engl.* ˈɪʃəwʊd
Isidor ˈi:zido:ɐ̯
Isidore *fr.* iziˈdɔ:r
Isidoro *span.* isiˈðoro
Isidorus iziˈdo:rʊs
Isidro *span.* iˈsiðro
Isili *it.* ˈi:zili
Isin ˈi:zi:n
Isiro *fr.* isiˈro
Isis ˈi:zɪs
Isjum *russ.* iˈzjum
¹**Iskander** (Herzen) *russ.* isˈkandɛr
²**Iskander** *russ.* iskanˈdɛr
Iskar *bulgar.* ˈiskər
Iskariot[h] ɪsˈka:ri̯ɔt
Iskenderun *türk.* isˈkɛndɛrun
Isker vgl. Iskar
Iskitim *russ.* iskiˈtim
Iskra *russ.* ˈiskrɐ
Isla *span.* ˈizla
Islam ɪsˈla:m, *auch:* ˈɪslam
Islamabad ɪslamaˈba:t, ɪsˈla:maba:t, *engl.* ɪsˈlɑ:məbɑ:d
Islamisation ɪslamizaˈtsi̯o:n
islamisch ɪsˈla:mɪʃ
islamisieren ɪslamiˈzi:rən
Islamismus ɪslaˈmɪsmʊs
Islamit ɪslaˈmi:t
Island ˈi:slant, *engl.* ˈaɪlənd
Ísland *isl.* ˈi:sland
Isländer ˈi:slɛndɐ
isländisch ˈi:slɛndɪʃ
Island Lake *engl.* ˈaɪlənd ˈleɪk
Islay *engl.* ˈaɪleɪ
Isla y Rojo *span.* ˈizla i ˈrrɔxo
Isle *fr.* il
Isle-de-France *fr.* ildəˈfrã:s
Isle Royale *engl.* ˈaɪl ˈrɔɪəl
Islington *engl.* ˈɪzlɪŋtən
Islip *engl.* ˈɪzlɪp
Ismael ˈɪsmae:l, *auch:* ...aɛl; *span.* izmaˈɛl
Ismaelit ɪsmaeˈli:t
Ismail ɪsmaˈi:l, *russ.* izmaˈil
Ismailijja ɪsmaiˈli:a
Ismailit ɪsmaiˈli:t
Ismailow *russ.* izˈmajlɐf
Ismailowitsch *russ.* izmaˈilɐvitʃ
Ismailowna *russ.* izmaˈilɐvnɐ
Ismay *engl.* ˈɪzmeɪ
Ismene ɪsˈme:nə
İsmet *türk.* isˈmɛt
Ismus ˈɪsmʊs
Isna ˈɪsna
Isny ˈɪsni
ISO ˈi:zo, *engl.* aɪ-ɛsˈoʊ
iso..., I... ˈi:zo...
Isoamplitude izo|ampliˈtu:də
isobar, I... izoˈba:ɐ̯
Isobare izoˈba:rə
Isobase izoˈba:zə
Isobathe izoˈba:tə
Isobronte izoˈbrɔntə
Isobutan izobuˈta:n
Isochasme izoˈçasmə
Isochimene izoçiˈme:nə
Isochione izoˈçi̯o:nə
isochor izoˈko:ɐ̯
isochrom izoˈkro:m
Isochromasie izokromaˈzi:
isochromatisch izokroˈma:tɪʃ
isochron izoˈkro:n
Isochrone izoˈkro:nə
Isochronismus izokroˈnɪsmʊs
isodont izoˈdɔnt
Isodyname izodyˈna:mə
Isodyne izoˈdy:nə
isoelektrisch izo|eˈlɛktrɪʃ
Isoerge izoˈ|ɛrgə
Isogamet izogaˈme:t
Isogamie izogaˈmi:, **-n** ...i:ən
isogen izoˈge:n
Isogeotherme izogeoˈtɛrmə
Isoglosse izoˈglɔsə
Isogon izoˈgo:n
isogonal izogoˈna:l
Isogonalität izogonaliˈtɛ:t
Isogone izoˈgo:nə

I

Isohaline izoha'li:nə
Isohelie izo'he:li̯ə
Isohyete izo'hy̆e:tə
Isohypse izo'hʏpsə
Isokatabase izokata'ba:zə
Isokatanabare izokatana'ba:rə
Isokephalie izokefa'li:
Isokeraune izoke'rau̯nə
isoklinal izokli'na:l
Isoklinale izokli'na:lə
Isokline izo'kli:nə
Isokolon izo'ko:lɔn, **...la** ...la
Isokrates i'zo:kratɛs
Isokryme izo'kry:mə
Isola Bella *it.* 'i:zola 'bɛlla
Isolani izo'la:ni
Isolar... izo'la:ɐ̯...
Isolat izo'la:t
Isolation izola'tsi̯o:n
Isolationismus izolatsi̯o'nɪsmʊs
Isolationist izolatsi̯o'nɪst
isolativ izola'ti:f, **-e** ...i:və
Isolator izo'la:to:ɐ̯, **-en** izola'to:rən
Isolde i'zɔldə
Isolexe izo'lɛksə
isolezithal izoletsi'ta:l
isolieren izo'li:rən
Isolinie 'i:zoli:ni̯ə
isomagnetisch izoma'gne:tɪʃ
isomer, I... izo'me:ɐ̯
Isomere izo'me:rə
Isomerie izome'ri:
Isomerisation izomeriza'tsi̯o:n
isomerisch izo'me:rɪʃ
isomesisch izo'me:zɪʃ
Isometrie izome'tri:
Isometrik izo'me:trɪk
isometrisch izo'me:trɪʃ
isometrop izome'tro:p
Isometropie izometro'pi:
isomorph izo'mɔrf
Isomorphie izomɔr'fi:
Isomorphismus izomɔr'fɪsmʊs
Isonephe izo'ne:fə
Isonomie izono'mi:
Isonzo *it.* i'zontso
Isoombre izo'|ɔmbrə
Isopage izo'pa:gə
Isopathie izopa'ti:
isoperimetrisch izoperi'me:trɪʃ
Isoperm izo'pɛrm
Isophane izo'fa:nə
Isophone izo'fo:nə
Isophote izo'fo:tə
isopisch i'zo:pɪʃ
Isoplethe izo'ple:tə
Isopode izo'po:də
Isopren izo'pre:n
Isoptera i'zɔptera
Isoquante izo'kvantə
isorhythmisch izo'rʏtmɪʃ
Isorrhachie izɔ'raxi̯ə
Isoseiste izo'zai̯stə
Isoskop izo'sko:p
isosmotisch izɔs'mo:tɪʃ
Isospin 'i:zospɪn
Isostasie izosta'zi:
isostatisch izo'sta:tɪʃ
Isotache izo'taxə
Isotalantose izotalan'to:zə
Isothere izo'te:rə
isotherm izo'tɛrm
Isotherme izo'tɛrmə
Isothermie izotɛr'mi:, **-n** ...i:ən
Isotomie izoto'mi:
Isoton izo'to:n
isotop, I... izo'to:p
Isotopie izoto'pi:
Isotron 'i:zotro:n
isotrop izo'tro:p
Isotropie izotro'pi:
Isotypie izoty'pi:
Isouard *fr.* i'zwa:r
isozyklisch izo'tsy:klɪʃ
Ispahan ɪspa'ha:n
Isparta *türk.* ɨs'partɑ
Isperich *bulgar.* ispɛ'rix
Ispirescu *rumän.* ispi'resku
Ispra *it.* 'ispra
Israel 'ɪsrae:l, *auch:* ...raɛl
Israeli ɪsra'e:li
israelisch ɪsra'e:lɪʃ
Israelit ɪsrae'li:t
Israëls *niederl.* 'ɪsrɑɛls
iss! ɪs
Issa 'ɪsa
Issaak[i] *russ.* isa'ak[ij]
Issaakjan *russ.* isɐ'kjan
Issaew *bulgar.* i'saɛf
Issai *russ.* i'saj
Issak *russ.* i'sak
Issa Kobajaschi *jap.* 'i̥ssa ko'bajaʃi
Issakowitsch *russ.* i'sakɐvitʃ
Issakowna *russ.* i'sakɐvnɐ
Issakowski *russ.* isa'kɔfskij
Issatschenko *russ.* i'satʃɪnkɐ, isa'tʃɛnkɐ
Issel[burg] 'ɪsl̩[bʊrk]
Isserstedt 'ɪsɐʃtɛt
Isset *russ.* i'sjetj
Issoire *fr.* i'swa:r
Issos 'ɪsɔs
Issoudun *fr.* isu'dœ̃
isst ɪst
Issus 'ɪsʊs
Issyk-Kul *russ.* is'sɨk'kulj
Issy-les-Moulineaux *fr.* isilemuli'no
ist ɪst
Istanbul 'ɪstambu:l
Istanbul *türk.* is'tɑnbul
Istar 'ɪstar
Istävone ɪstɛ'vo:nə
Istbestand 'ɪstbəʃtant
Iste 'ɪstə
Istel 'ɪstl̩
Ister 'ɪstɐ
Isthmien 'ɪstmi̯ən
isthmisch 'ɪstmɪʃ
Isthmos 'ɪstmɔs, *neugr.* is'θmɔs, is'tmɔs
Isthmus 'ɪstmʊs
Istiklal, Istiqlal ɪsti'kla:l
Istomin *engl.* 'ɪstəmɪn
Istomina *russ.* is'tɔminɐ
Istra *serbokr.* 'istra, *russ.* 'istrɐ
Istranca *türk.* is'trɑndʒɑ
Istrati *rumän.* is'trati
Istres *fr.* istr
Istria *it.* 'istri̯a
Istrien 'ɪstri̯ən
Istros 'ɪstrɔs
István *ung.* 'iʃtva:n
Istwäone ɪstvɛ'o:nə
istwäonisch ɪstvɛ'o:nɪʃ
Isumi *jap.* 'i̥zumi
Isung 'i:zʊŋ
I Sŭng-Man *korean.* i:sɨŋman
Iswestija *russ.* iz'vjestijɐ
Iswolski *russ.* iz'vɔljskij
Ita 'i:ta
Itabira *bras.* ita'bira
Itabirito *bras.* itabi'ritu
Itabuna *bras.* ita'buna
Itacolomi *bras.* itakolo'mi
Itagüí *bras.* ita'gu̯i
Itai-Itai-... 'i:tai̯'|i:tai̯...
Itaipu *bras.* itai̯'pu
Itaipú *span.* itai̯'pu
Itajaí *bras.* itaʒa'i
Itaker 'i:takɐ
Itakolumit itakolu'mi:t
Itala 'i:tala
Italer 'i:talɐ, *auch:* i'ta:lɐ
Italia *dt., it.* i'ta:li̯a
Italiaander ita'li̯andɐ
italianisieren itali̯ani'zi:rən
Italianismus itali̯a'nɪsmʊs
Italianist[ik] itali̯a'nɪst[ɪk]
Italianität itali̯ani'tɛ:t
Italica i'ta:lika
Italicus i'ta:likʊs
Italien i'ta:li̯ən

talie̱ner ita'li̯e:nɐ
talie̱nisch ita'li̯e:nɪʃ
talienisie̱ren itali̯eni'zi:rən
talie̱nne ita'li̯ɛn
ta̱liker i'ta:likɐ
tali̱que *fr.* ita'lik
ta̱lisch i'ta:lɪʃ
talo *it.* 'i:talo
talos 'i:talɔs
talowestern 'i:talovɛstɐn, *auch:* i'ta:l...
també *bras.* itɐm'bɛ
tapetini̱nga *bras.* itapeti-'niŋga
tapúa *span.* ita'pua
tasca Lake *engl.* aɪ'tæskə 'leɪk
tati̯a̱ia *bras.* ita'ti̯ai̯a
tazi̱smus ita'tsɪsmʊs
e, mi̱ssa e̱st 'i:tə 'mɪsa 'ɛst
em 'i:tɛm
tem (Weiteres) 'i:tɛm
tem (Element) 'ai̯təm
eratio̱n itera'tsi̯o:n
erativ 'i:terati:f, *auch:* itera-'ti:f, **-e** ...i:və
erativ 'i:terati:f, **-e** ...i:və
erati̱vum itera'ti:vʊm, **...va** ...va
erie̱ren ite'ri:rən
h i:t
haca *engl.* 'ɪθəkə
haka 'i:taka
ha̱ki *neugr.* i'θaki
hypha̱llicus ity'falikʊs, **...ci** ...tsi
hypha̱llisch ity'falɪʃ
inera̱r itine'ra:ɐ̯
inera̱rium itine'ra:ri̯ʊm, **...ien** ...i̯ən
o̱ *jap.* i'to:
schi̱hara *jap.* i'tʃi̥,hara
schi̱kawa *jap.* i'tʃi̥,kawa
schi̱nomija *jap.* i'tʃi̥no,mija
T *engl.* aɪti:'ti:
ten 'ɪtn̩
u̱ *bras.* i'tu
urä̱a itu'rɛ:a
urä̱er itu'rɛ:ɐ
u̱rbi i'tʊrbi, *span.* i'turβi
úrbide *span.* i'turβiðe
u̱ri i'tu:ri
uru̱p *russ.* itu'rup
zeho̱e[r] ɪtsə'ho:[ɐ]
zig 'ɪtsɪç
zo 'ɪtso
zt ɪtst
zund 'ɪtsʊnt
lia̱nus i̯u'li̯a:nʊs
lija *russ.* i'ulijɐ

I̱ulius 'i̯u:li̯ʊs
Iusti̱nus i̯ʊs'ti:nʊs
Iuva̱ra *it.* i̯u'va:ra
Iuvena̱lis i̯uve'na:lɪs
Iuve̱ncus i̯u'vɛŋkʊs
Iuve̱ntus *it.* i̯u'vɛntus
i. V., I. V. i:'fau̯
Ivaí *bras.* iva'i
Ivan *schwed.* 'i:van, *serbokr.* ˌivan
Iván[c] *ung.* 'iva:n[ts]
I̱vangrad *serbokr.* ˌivaŋgra:d
Ivanhoe *engl.* 'aɪvənhoʊ
I̱var *dt., schwed.* 'i:var, *dän.* 'i:'vɐ
I̱ver *dän.* 'i:'vɐ
Iveragh *engl.* 'aɪvərə
Ives *engl.* aɪvz
I̱vigtut *dän.* 'ivitud
I̱vo 'i:vo, *serbokr.* ˌi:vɔ, *port., bras.* 'ivu
I̱vogün 'i:vogy:n, ...gʏn
Ivo̱rer i'vo:rɐ
ivo̱risch i'vo:rɪʃ
Ivory *engl.* 'aɪvərɪ
I̱vösjön *schwed.* ˌi:vø:ʃœn
Ivre̱a *it.* i'vrɛ:a
Ivry *fr.* i'vri
Ivy *engl.* 'aɪvɪ
I̱waki *jap.* 'i,waki
Iwa̱kuni *jap.* i'wa,kuni
Iwan 'i:va:n, *bulgar., russ.* i'van
Iwango̱rod *russ.* ivan'gɔrɐt
Iwa̱nkowo *russ.* i'vanjkɐvɐ
Iwa̱no-Franko̱wsk *russ.* i'vanɐ-fran'kɔfsk
[1]**Iwano̱w** *bulgar.* ivɐ'nɔf
[2]**Iwanow** *russ.* iva'nɔf, *weniger häufig:* i'vanɐf
Iwa̱nowitsch *russ.* i'vanɐvitʃ
Iwa̱nowo *russ.* i'vanɐvɐ
Iwano̱wski *russ.* iva'nɔfskij
Iwante̱jewka *russ.* ivan'tje-jɪfkɐ
Iwaszkie̱wicz *poln.* ivaʃ'kjɛvitʃ
I̱wate *jap* 'i,wate
I̱wein 'i:vai̯n
I̱wo *engl.* 'i:woʊ
i̱ wo̱! 'i: 'vo:
Iwri̱t[h] i'vri:t
Ixe̱lles *fr.* ik'sɛl
i̱xen 'ɪksn̩
Iximché *span.* isim'tʃe
Ixi̱on ɪ'ksi:ɔn
ixothy̱m ɪkso'ty:m
Ixothymi̱e ɪksoty'mi:
Ixtlán del Río *span.* is'tlan dɛl 'rrio

Izaba̱l *span.* iθa'βal
Iza̱lco *span.* i'θalko
Izama̱l *span.* iθa'mal
Iza̱pa *span.* i'θapa
I̱zegem *niederl.* 'izəɣəm
Izetbe̱gović *serbokr.* izɛd-ˌbɛ:gɔvitɕ
İ̱zmir ɪs'mɪr, '--, *türk.* 'izmir
İ̱zmit *türk.* 'izmit
İ̱znik *türk.* 'iznik
I̱zsák *ung.* 'iʒa:k
Iztaccíhuatl *span.* iθtak'θiu̯atl
İzze̱t *türk.* iz'zɛt

j, J jɔt, *engl.* dʒeɪ, *fr.* ʒi, *it.* il'luŋga, *span.* 'xota
ja̱, Ja̱ ja:
Jab dʒɛp
Jaba̱lpur *engl.* dʒə'bælpʊə
Jabès *fr.* ʒa'bɛs
Ja̱blanica *serbokr.* 'jablanitsa
Ja̱blonec *tschech.* 'jablɔnɛts
Ja̱blonné *tschech.* 'jablɔnɛ:
Jablono̱igebirge jablo'nɔy̯gə-bɪrgə
Jabłono̱wski *poln.* jabu̯ɔ'nɔfski
Ja̱blonowy Chrebe̱t *russ.* 'jablɐnɐvij xrɪ'bjɛt
Jablo̱ński ja'blɔnski
Jabło̱nski *poln.* ja'bu̯ɔi̯ski
Ja̱blonský *tschech.* 'jablɔnski:
Ja̱blotschkow *russ.* 'jablɐtʃkɐf
Ja̱bo 'ja:bo
Jaboatão *bras.* ʒabu̯a'tẽu̯
Jabora̱ndiblätter jabo'randi-blɛtɐ, *auch:* ʒa...
Jabo̱t ʒa'bo:
Jaboti̱nsky jabo'tɪnski, *engl.* ʒæbə'tɪnskɪ
Jabru̱d ja'bru:t
Ja̱ca *span.* 'xaka
Jacareí *bras.* ʒakare'i
Jaccotte̱t *fr.* ʒakɔ'tɛ
J'accuse *fr.* ʒa'ky:z
Jachena̱u jaxə'nau̯
Ja̱chimo 'dʒakimo
Ja̱cht jaxt

Jachym ˈjaxɪm
Jáchymov *tschech.* ˈja:ximɔf
Jack *engl.* dʒæk
Jäckchen ˈjɛkçən
Jacke ˈjakə
Jäckel ˈjɛkl̩
Jacket ˈdʒɛkət...
Jackett ʒaˈkɛt
Jäckh jɛk
Jackpot ˈdʒɛkpɔt
Jacks[on] *engl.* dʒæks[n]
Jacksonville *engl.* ˈdʒæksnvɪl
Jackstag ˈdʒɛkʃta:k, **-e** ...a:gə
Jacky *engl.* ˈdʒækɪ
Jacob ˈja:kɔp, *engl.* ˈdʒeɪkəb, *fr.* ʒaˈkɔb, *schwed.* ˌjɑ:kɔp, *norw.* ˌja:kɔb, *dän.* ˈjakɔb
Jacobaeus *schwed.* jakɔˈbe:ʊs
Jacobi jaˈko:bi, *engl.* dʒəˈkoʊbɪ
Jacobs *dt., niederl.* ˈja:kɔps, *engl.* ˈdʒeɪkəbz
Jacobsen *dän.* ˈjakɔbsn̩, *norw.* ˈja:kɔpsən
Jacobsohn ˈja:kɔpzo:n
Jacobson ˈja:kɔpsɔn, *schwed.* ˌjɑ:kɔpsɔn, *engl.* ˈdʒækəbsn
Jacobsz *niederl.* ˈja:kɔps
Jacobus jaˈko:bʊs, *niederl.* jɑˈko:bʏs, *engl.* dʒəˈkoʊbəs
Jacobus a Voragine jaˈko:bʊs a voˈra:gine
Jacoby jaˈko:bi, *engl.* dʒəˈkoʊbɪ
Jacomart *span.* xakoˈmar
Jaconet ˈʒakonɛt, --ˈ-
Jaconnet ˈʒakonɛt, --ˈ-
Jacopo *it.* ˈi̯a:kopo
Jacopone *it.* i̯akoˈpo:ne
Jacotot *fr.* ʒakɔˈto
Jacquard *fr.* ʒaˈka:r
Jacquard... ʒaˈka:ɐ̯...
Jacque *fr.* ʒak
Jacqueline *fr.* ʒaˈklin, ʒɑˈklin, *engl.* ˈdʒækli:n
Jacquerie ʒakəˈri:
Jacques ʒak, *fr.* ʒɑ:k, ʒak
Jacques Cartier *fr.* ʒɑkkarˈtje, *engl.* ˈʒɑ:k kɑ:ˈtjeɪ
Jacquet *fr.* ʒaˈkɛ
Jacuí[pe] *bras.* ʒaˈkui̯[pi]
Jacuzzi® jaˈkʊtsi, *auch:* dʒɛˈku:zi
Jadassohn ˈja:daszo:n
jade, Jade ˈja:də
Jadebusen ˈja:dəbu:zn̩
Jadeit jadeˈi:t
jaden ˈja:dn̩
Jadotville *fr.* ʒadoˈvil
j'adoube *fr.* ʒaˈdub
Jadran *serbokr.* ˈjadra:n, ˌj...
Jadwiga jatˈvi:ga, *poln.* jadˈviga
Jadwinger ˈjatvɪŋɐ
Jaeckel ˈjɛkl̩
Jaeckle ˈjɛklə
Jaeger ˈjɛ:gɐ, *norw.* ˈje:gər
Jæger *norw.* ˈjɛ:gər
Jaeggi ˈjɛgi
Jaén *span.* xaˈen
Jaensch jɛnʃ
Jæren *norw.* ˈjæ:rən
Jafet ˈja:fɛt
Jaffa ˈjafa
Jaffé jaˈfe:
Jaffna *engl.* ˈdʒæfnə
Jagan *engl.* ˈdʒeɪgən, ˈdʒægən
Jagd ja:kt
jagdlich ˈja:ktlɪç
Jagello jaˈgɛlo
Jagellone jagɛˈlo:nə
Jagemann ˈja:gəman
jagen ˈja:gn̩, **jag!** ja:k, **jagt** ja:kt
Jäger ˈjɛ:gɐ
Jägerei jɛ:gəˈrai̯
Jägerndorf ˈjɛ:gɐndɔrf
jaghnobisch jaˈgno:bɪʃ
Jagić *serbokr.* ˌja:gitɕ
Jagiełło *poln.* jaˈgjɛu̯u̯ɔ
Jagiellone jagi̯ɛˈlo:nə
Jago ˈja:go
Jagoda jaˈgo:da, *russ.* ˈjagɐdɐ
Jagow ˈja:go
Jagst jakst
Jagsthausen jakstˈhau̯zn̩
Jaguar ˈja:gu̯a:ɐ̯
jäh jɛ:
Jähe ˈjɛ:ə
Jähheit ˈjɛ:hai̯t
Jahier *fr.* ʒaˈje
Jahja ˈjahja
jählings ˈjɛ:lɪŋs
Jahn[n] ja:n
Jahr ja:ɐ̯
jahraus ja:ɐ̯ˈlau̯s
Jährchen ˈjɛ:ɐ̯çən
jahrein ja:ɐ̯ˈlai̯n
jahrelang ˈja:rəlaŋ
jähren ˈjɛ:rən
Jahrfünft ja:ɐ̯ˈfʏnft
Jahrhundert ja:ɐ̯ˈhʊndɐt
jährig ˈjɛ:rɪç, **-e** ...ɪgə
...jährig .... jɛ:rɪç, **-e** ...ɪgə
jährlich ˈjɛ:ɐ̯lɪç
Jährling ˈjɛ:ɐ̯lɪŋ
Jahrmillionen ja:ɐ̯mɪˈli̯o:nən
Jahrtausend ja:ɐ̯ˈtau̯zn̩t
Jahrzehnt ja:ɐ̯ˈtse:nt
Jahve ˈja:ve, *auch:* ˈja:və
Jahvist jaˈvɪst
Jahwe ˈja:ve, *auch:* ˈja:və
Jahwist jaˈvɪst
Jähzorn ˈjɛ:tsɔrn
Jaila *russ.* jɪjˈla
Jaime *span.* ˈxai̯me, *port.* ˈʒai̯mə, *bras.* ˈʒai̯mi
Jaimes *span.* ˈxai̯mes
Jaina ˈdʒai̯na
Jainismus dʒai̯ˈnɪsmʊs
Jaipur *engl.* ˈdʒaɪpʊə
Jairus jaˈi:rʊs
Jaisu *jap.* jaˈi̯su
Jaiwa *russ.* ˈjajvɐ
jaja! jaˈja:
ja, Ja ja:
Jajce *serbokr.* ˌja:jtsɛ
Jak jak
Ják *ung.* ja:k
Jakaranda jakaˈranda
Jakarta *indon.* dʒaˈkarta
Jakeš *tschech.* ˈjakɛʃ
Jako ˈjako
Jakob *dt., niederl.* ˈja:kɔp, *schwed.* ˌjɑ:kɔp, *dän.* ˈjakɔb, *isl.* ˈja:kɔ:b
Jakób *poln.* ˈjakup
Jakoba jaˈko:ba
Jakobäa jakoˈbɛ:a
Jaköbchen ˈja:kœpçən
Jakobi jaˈko:bi, *russ.* jɪˈkɔbi
Jakobine jakoˈbi:nə
Jakobiner jakoˈbi:nɐ
Jakobit jakoˈbi:t
Jakobsberg *schwed.* jɑ:kɔbsˈbærj
Jakobshavn *dän.* ˈjakɔbshau̯ˀn
Jakobson *engl.* ˈjɑ:kəbsən
Jakobus jaˈko:bʊs
Jakonett ˈʒakonɛt, --ˈ-
Jakopič *slowen.* ˈja:kɔpitʃ
Jakow *russ.* ˈjakɐf
Jakowlew *russ.* ˈjakɐvlɪf
Jakowlewitsch *russ.* ˈjakɐvlɪvitʃ
Jakowlewna *russ.* ˈjakɐvlɪvnɐ
Jakšić *serbokr.* ˈjakʃitɕ
Jaktation jaktaˈtsi̯o:n
Jakub jaˈku:p, *tschech.* ˈjakup, *russ.* jɪˈkup
Jakubec *tschech.* ˈjakubets
[1]**Jakubowitsch** (Familienname) *russ.* jɪkuˈbɔvitʃ
[2]**Jakubowitsch** (Sohn des Jakub) *russ.* jɪˈkubɐvɪtʃ
Jakubowna *russ.* jɪˈkubɐvnɐ
Jakubowska *poln.* jakuˈbɔfska

akubowski *russ.* jıku'bɔfskij
akut[e] ja'ku:t[ə]
akutien ja'ku:tsi̯ən, ...u:ti̯ən
akutsk ja'kʊtsk, *russ.* jı'kutsk
alalabad *afgh.* dʒælala'bad
alandhar *engl.* dʒə'lændə
alapa *span.* xa'lapa
alape ja'la:pə
aleo xa'le:o
algaon *engl.* 'dʒa:lgaʊn
alisco *span.* xa'lisko
älmaren *schwed.* ˌjɛlmarən
alon ʒa'lõ:
alón *span.* xa'lɔn
alousette ʒalu'zɛtə
alousie ʒalu'zi:, **-n** ...i:ən
aloux *fr.* ʒa'lu
alta 'jalta, *russ.* 'jaltɐ
alu 'ja:lu
aluit *engl.* 'dʒælʊıt
am dʒɛm
ama *dt., slowen.* 'ja:ma
amagata *jap.* ja'maˌgata
amagutschi *jap.* ja'maˌgutʃi
amaica ja'maika, *engl.* dʒə'meıkə
amaika ja'maika
amaikaner jamai'ka:nɐ
amal *russ.* jı'mal
amalo-Nenze ja'ma:lo'nɛntsə
amalpur *engl.* dʒə'ma:lpʊə
amamoto *jap.* ja'maˌmoto
aman *fr.* ʒa'mã
amanaschi *jap.* ja'maˌnaʃi̯
amantau *russ.* jıman'tau
amato *jap.* 'jaˌmato
ambe 'jambə
ambelegus jamp'le:legʊs, **...gi** ...gi
ambes *fr.* ʒã:b
mbi *indon.* 'dʒambi
mbiker 'jambikɐ
mbisch 'jambıʃ
mblichos 'jamblıçɔs
mbograph jambo'gra:f
mbol *bulgar.* 'jambol
mboree dʒɛmbə'ri:
mbus 'jambʊs
mbuse jam'bu:zə
mes *engl.* dʒeımz
mes Grieve 'dʒe:ms 'gri:f
meson[e] *engl.* dʒeımsn
mestown *engl.* 'dʒeımztaun
min *fr.* ʒa'mɛ̃
mmer 'jamɐ
mmerbugt *dän.* 'jam'ɐbʊgd
mmerlich 'jɛmɐlıç
mmerling 'jɛmɐlıŋ
mmern 'jamɐn

jammerschade 'jamɐ'ʃa:də
Jammes *fr.* ʒam
Jammu *engl.* 'dʒæmu:
Jamnagar *engl.* dʒa:m'nægə
Jamnitz[er] 'jamnıts[ɐ]
Jams jams
Jämsä *finn.* 'jæmsæ
Jamsession 'dʒɛmzɛʃn̩
Jamshedpur *engl.* 'dʒa:mʃɛd-pʊə
Jämtland *schwed.* 'jɛmtland
Jamund 'ja:mʊnt
Jamunder ja'mʊndɐ
Jamyn *fr.* ʒa'mɛ̃
[1]**Jan** (Vorname) *dt., poln., tschech.* jan, *niederl.* jan
[2]**Jan** (Familienname) ja:n, *russ.* jan
Jana *russ.* 'janɐ
Janáček *tschech.* 'jana:tʃɛk
Jancofiore *it.* i̯aŋko'fi̯o:re
Janda *span.* 'xanda
Jändel *schwed.* 'jɛndəl
Jandl 'jandl̩
Jane dʒe:n, *engl.* dʒeın
Janequin *fr.* ʒan'kɛ̃
Janes[ville] *engl.* 'dʒeınz[vıl]
Janet *fr.* ʒa'nɛ, *engl.* 'dʒænıt
Janevski *mak.* 'janɛfski
Jang jaŋ
Jangada ʒaŋ'ga:da, ja...
Jangadeiro ʒaŋga'de:ro, ja...
Jangijul *russ.* jıngi'julj
Jangtse[kiang] 'jaŋtsə[ki̯aŋ]
Janhagel jan'ha:gl̩, '---
Janicki *poln.* ja'nitski
Janiculum ja'ni:kulʊm
Janiculus mons ja'ni:kulʊs 'mɔns
Janigro *it.* i̯a'ni:gro
Janikulus ja'ni:kulʊs
Janin *fr.* ʒa'nɛ̃
Janinet *fr.* ʒani'nɛ
Janitschar jani'tʃa:ɐ̯
Janitschek 'janitʃɛk
Jank[au] 'jaŋk[au]
janken 'jaŋkn̩
Janker 'jaŋkɐ
Jankó *ung.* 'jɔŋko:
Jankovič *serbokr.* ˌjaŋkɔvitɕ
Janmaat jan'ma:t, '--
Jan Maat 'jan 'ma:t
Jan Mayen *norw.* jan'mai̯ən
Jannequin *fr.* ʒan'kɛ̃
Jänner 'jɛnɐ
Jannings 'janıŋs
János *ung.* 'ja:noʃ
Janosch 'ja:nɔʃ, 'janɔʃ
Jánoshegy *ung.* 'ja:noʃhɛdj

Janot *fr.* ʒa'no
Janovskis *lett.* 'janɔfskıs
Janow 'ja:no
Janowitz 'janovıts
Janowsky *ukr.* ja'nɔu̯skıj
Jans jans
Jansen 'janzn̩, *niederl.* 'jansə
Jansenismus janze'nısmʊs
Jansenist janze'nıst
Jansenius jan'ze:ni̯ʊs, *niederl.* jan'se:niʏs
Janševskis *lett.* 'janʃefskıs
Janské Lázně *tschech.* 'janskɛ: 'la:znjɛ
Janson *fr.* ʒã'sõ, *norw.* 'jansɔn, *niederl.* 'jansɔn
Janssand 'janszant
Janssen 'jansn̩, *niederl.* 'jansə, *fr.* ʒã'sɛn
Janssens *niederl.* 'jansəns
Jansson *schwed.* 'ja:nsɔn
Jantarny *russ.* jın'tarnɨj
Jantra *bulgar.* 'jantrɐ
Jantzen 'jantsn̩
Januar 'janu̯a:ɐ̯
Januarius ja'nu̯a:ri̯ʊs
Janus 'ja:nʊs
Jánuš *slowak.* 'ja:nuʃ
Jao *jap.* 'jaˌo
Japan 'ja:pan
Japaner ja'pa:nɐ
Japanese japa'ne:zə
japanisch ja'pa:nıʃ
Japanologe japano'lo:gə
Japanologie japanolo'gi:
Japetus 'ja:petʊs
Japhet 'ja:fɛt
Japhetit jafe'ti:t
Japhetitologe jafetito'lo:gə
Japhetitologie jafetitolo'gi:
Japiks 'ja:pıks
Japon ʒa'põ:
jappen 'japn̩
Japs japs
japsen 'japsn̩
Japurá *bras.* ʒapu'ra
Japyger ja'py:gɐ
Jaquenetta ʒake'nɛta
Jaques *fr.* ʒak
Járdányi *ung.* 'ja:rda:nji
Jardiel *span.* xar'ði̯ɛl
Jardiniere ʒardi'ni̯e:rə
[1]**Jargon** (Sprache) ʒar'gõ:
[2]**Jargon** (Mineral) jar'go:n
Jargonismus ʒargo'nısmʊs
Jari *bras.* ʒa'ri
Jarkand jar'kant
Jarkend jar'kɛnt
Jarl jarl

Jarmuk jarˈmuːk
Jarmulke ˈjaːɐ̯mʊlkə, **...ka** ...ka
Jarnac *fr.* ʒarˈnak
Jarnach ˈjarnax
Järnefelt *schwed.* ˌjæːrnəfɛlt
Jarnés *span.* xarˈnes
Jarník *tschech.* ˈjarnjiːk, *rumän.* ˈi̯arnik
Jarno ˈjarno
Jarocin *poln.* jaˈrɔtɕin
Jaroff ˈjaːrɔf
Jaroměř *tschech.* ˈjarɔmjɛrʃ
Jaromir ˈjaːromiːɐ̯
Jaromír *tschech.* ˈjarɔmiːr
Jaroš *slowak.* ˈjarɔʃ
Jaroschenko *russ.* jɪraˈʃɛnkɐ
Jaroslau ˈjarɔslau̯
Jaroslaw *russ.* jɪraˈslaf
Jarosław *poln.* jaˈrɔsu̯af
Jaroslawl *russ.* jɪraˈslavlj
Jaroslawski *russ.* jɪraˈslafskij
Jaroszewicz *poln.* jarɔˈʃɛvitʃ
Jarotschin ˈjarotʃiːn
Jarowisation jarovizaˈtsi̯oːn
jarowisieren jaroviˈziːrən
Jarrell *engl.* dʒəˈrɛl
Jarres ˈjarəs
Jarring *schwed.* ˈjariŋ
Jarrow *engl.* ˈdʒæroʊ
Jarry *fr.* ʒaˈri
Jaruzelski *poln.* jaruˈzɛlski
Järvenpää *finn.* ˈjærvɛmpæː
Jarvis *engl.* ˈdʒɑːvɪs
Jarzewo *russ.* ˈjartsəvɐ
Jaschmak jaʃˈmak
Jasd *pers.* jæzd
Jasidschi ˈjazidʒi
Jasieński *poln.* jaˈɕɛĩ̯ski
Jašík *slowak.* ˈjaʃiːk
Jasiński *poln.* jaˈɕiĩ̯ski
Jasło *poln.* ˈjasu̯ɔ
[1]**Jasmin** jasˈmiːn
[2]**Jasmin** (Name) *fr.* ʒasˈmɛ̃
Jasmund ˈjasmʊnt
Jasmunder ˈjasmʊndɐ
Jasnaja Poljana *russ.* ˈjasnəjɐ paˈljanɐ
Jasnoje *russ.* ˈjasnəjɐ
Jasnorzewska *poln.* jasnɔˈʒɛfska
Jasomirgott jaˈzoːmiːɐ̯gɔt
Jason ˈjaːzɔn, *engl.* dʒeɪsn
Jaspégarn jasˈpeːgarn
Jasper [Place] *engl.* ˈdʒæspə [ˈpleɪs]
Jaspers ˈjaspɐs
Jasperware ˈdʒɛspɐvaːrə
jaspieren jasˈpiːrən
Jaspis ˈjaspɪs, **-se** ...ɪsə
Jass[e] ˈjas[ə]
jassen ˈjasn̩
Jassenow *bulgar.* ˈjasɛnof
Jassinowataja *russ.* jɪsinaˈvatəjɐ
Jassy ˈjasi
Jastik ˈjastɪk, –ˈ–
Jastorf ˈjastɔrf
Jastrow ˈjastro, *engl.* ˈdʒæstroʊ
Jastrowie *poln.* jasˈtrɔvjɛ
Jastrun *poln.* ˈjastrun
Jastrzębie Zdrój *poln.* jaʃˈtʃʃɛmbjɛ ˈzdruj
Jasykow *russ.* jɪˈzɨkɐf
Jászberény *ung.* ˈjaːzbɛreːnj
Jászság *ung.* ˈjaːʃʃaːg
Jatagan jataˈgaːn
jäten ˈjɛːtn̩
Jatgeir ˈjatgai̯ɐ
Jatho ˈjaːto
Játiva *span.* ˈxatiβa
Jatrochemie jatroçeˈmiː
Jatsuschiro *jap.* jaˈtsuˌʃiro
Jatwinger ˈjatvɪŋɐ
Jaú *bras.* ʒaˈu
Jaubert *fr.* ʒoˈbɛːr
Jauche ˈjau̯xə
jauchen ˈjau̯xn̩
Jauchert ˈjau̯xɐt
jauchig ˈjau̯xɪç, **-e** ...ɪgə
jauchzen ˈjau̯xtsn̩
Jauer[nig] ˈjau̯ɐ[nɪç]
Jaufen ˈjau̯fn̩
Jaufré Rudel *fr.* ʒofreryˈdɛl
Jauk[erl] ˈjau̯k[ɐl]
jaulen ˈjau̯lən
Jaun jau̯n
Jaunde jaˈʊndə
Jauner ˈjau̯nɐ
Jaunpur *engl.* ˈdʒaʊnpʊə
Jaunsudrabiņš *lett.* ˈjau̯nsʊdrabɪnjʃ
Jaurès *fr.* ʒɔˈrɛs, ʒoˈrɛs
Jause ˈjau̯zə
jausen ˈjau̯zn̩, **jaus!** jau̯s, **jaust** jau̯st
jausnen ˈjau̯snən
[1]**Java** (Insel) ˈjaːva
[2]**Java** (Inform.) ˈjaːva, ˈdʒaːvə
Javaner jaˈvaːnɐ
javanisch jaˈvaːnɪʃ
Javari *bras.* ʒavaˈri
Javel *fr.* ʒaˈvɛl
Javier *span.* xaˈβi̯ɛr
Javorník *tschech.* ˈjavɔrnjiːk
Javorníky *slowak.* ˈjavɔrnjiːki
Jawa *indon.* ˈdʒawa
Jawara *engl.* dʒɑːˈwɑːrɑː
Jawlensky jaˈvlɛnski
jawohl jaˈvoːl
Jawor *poln.* ˈjavɔr
Jaworow *russ.* ˈjavɐrɐf, *bulgar.* ˈjavorof
Jaworski *poln.* jaˈvɔrski, *russ.* jɪˈvɔrskij
Jaworzno *poln.* jaˈvɔʒnɔ
Jaxartes jaˈksartɛs
Jay *engl.* dʒeɪ
Jayadeva dʒajaˈdeːva
Jayapura *indon.* dʒajaˈpura
Jayawardene *engl.* dʒaɪəˈwɑːdɪnɪ
Jazyge jaˈtsyːgə
Jazz dʒɛs, *auch:* jats
Jazz at the Philharmonic *engl.* ˈdʒæz ət ðə fɪlɑːˈmɔnɪk
Jazzband ˈdʒɛsbɛnt
jazzen ˈdʒɛsn̩, *auch:* ˈjatsn̩
Jazzer ˈdʒɛsɐ, *auch:* ˈjatsɐ
Jazzfan ˈdʒɛsfɛn
jazzoid jatsoˈiːt, **-e** ...iːdə
je jeː
Jean ʒãː, *fr.* ʒã, *engl.* dʒiːn
Jean-Baptiste *fr.* ʒãbaˈtist
Jean de Meung *fr.* ʒãdˈmœ̃
Jeanne *fr.* ʒɑːn, ʒan, *engl.* dʒeɪn
Jeanne d'Arc *fr.* ʒɑnˈdark
Jeanneret *fr.* ʒanˈrɛ
Jeannette *fr.* ʒaˈnɛt, *engl.* dʒəˈnɛt
Jean Paul ʒãˈpau̯l
Jean Potage *fr.* ʒãpɔˈtaːʒ
Jeans dʒiːns
Jean sans Peur *fr.* ʒãsãˈpœːr
Jebavý *tschech.* ˈjɛbaviː
Jebb *engl.* dʒɛb
Jebeleanu *rumän.* ʒebeˈle̯anu
Jebus ˈjeːbʊs
Jebusiter jebuˈziːtɐ
jeck, J... jɛk
Jedburgh *engl.* ˈdʒɛdbərə
jedenfalls ˈjeːdn̩ˈfals
jedennoch jeˈdɛnɔx
jeder ˈjeːdɐ
jederart ˈjeːdɐˈ|aːɐ̯t
jederlei ˈjeːdɐˈlai̯
jedermann, J... ˈjeːdɐman
jederzeit ˈjeːdɐˈtsai̯t
jedesmalig ˈjeːdəsˈmaːlɪç, **-e** ...ɪgə
Jedin jeˈdiːn
Jedlicka ˈjɛdlɪtʃka
Jedlička *tschech.* ˈjɛdlitʃka
jedoch jeˈdɔx
Jędrychowski *poln.* jɛndrɨˈxɔfski

Jẹdrzej *poln.* ˈjɛnddʒɛj
Jędrzẹjów *poln.* jɛndˈdʒɛjuf
jẹdwe̱der ˈjeːtˈveːdɐ
Jeep® dʒiːp
Jefạnow *russ.* jɪˈfanɐf
Jẹff[eries] *engl.* ˈdʒɛf[rɪz]
Jẹffers *engl.* ˈdʒɛfəz
Jẹfferson[ville] *engl.* ˈdʒɛ-fəsn[vɪl]
Jẹffery *engl.* ˈdʒɛfrɪ
Jẹffrey[s] *engl.* ˈdʒɛfrɪ[z]
Jẹffries *engl.* ˈdʒɛfrɪz
Jefịm *russ.* jɪˈfim
Jefimẹnko *russ.* jɪfiˈmjɛnkɐ
Jefịmow *russ.* jɪˈfimɐf
Jefịmowitsch *russ.* jɪˈfimɐvitʃ
Jefịmowna *russ.* jɪˈfimɐvnɐ
Jefrẹm *russ.* jɪˈfrjɛm
Jefrẹmow *russ.* jɪˈfrjɛmɐf
Jefrẹmowitsch *russ.* jɪˈfrjɛmɐ-vitʃ
Jefrẹmowna *russ.* jɪˈfrjɛmɐvnɐ
Jégé *slowak.* ˈjɛːgɛː
Je̱gerlehner ˈjeːgɐleːnɐ
Je̱gher *niederl.* ˈjeːɣər
je̱glicher ˈjeːklɪçɐ
Jegọr *russ.* jɪˈgɔr
Jegọrjewsk *russ.* jɪˈgɔrjɪfsk
Jegọrow *russ.* jɪˈgɔrɐf
Jehan *fr.* ʒəˈã, ʒã
jeher ˈjeːheːɐ̯, *auch:* ˈ–ˈ–
Jeho̱l dʒeˈhoːl
Jeho̱va jeˈhoːva
Jehovịst jehoˈvɪst
Je̱hu ˈjeːhu
Jehu̱da jeˈhuːda
Jehu̱di jeˈhuːdi
jein jain
Jẹisk *russ.* jejsk
Jejuni̱tis jejuˈniːtɪs, **...iti̱den** ...niˈtiːdn̩
Jeju̱num jeˈjuːnʊm, **...na** ...na
Jekaterịna *russ.* jɪkɐtɪˈrinɐ
Jekaterinbụrg *russ.* jɪkɐtɪrim-ˈburk
Jekaterinodạr *russ.* jɪkɐtɪrina-ˈdar
Jekaterinoslạw *russ.* jɪkɐtɪri-naˈslaf
Jekyll *engl.* ˈdʒiːkɪl, ˈdʒɛkɪl
Jelạbuga *russ.* jɪˈlabugɐ
Jelačić ˈjɛlatʃɪtʃ
Jelängerjelie̱ber jeˈlɛŋɐjeˈliːbɐ
Jelẹna *russ.* jɪˈljɛnɐ
Jelẹnia Góra *poln.* jɛˈlɛnja ˈgura
Jelẹz[ki] *russ.* jɪˈljɛts[kij]
Jẹlgawa *lett.* ˈjɛlgava
Jẹlgerhuis *niederl.* ˈjɛlɣərhœi̯s
Jẹli *russ.* ˈjelij
Jẹlinek ˈjɛlinɛk
Jẹlínek *tschech.* ˈjɛliːnɛk
Jelisawẹta *russ.* jɪlizaˈvjɛtɐ
Jelisawẹtowskoje *russ.* jɪliza-ˈvjɛtɐfskɐjɐ
Jelissẹi *russ.* jɪliˈsjej
Jelissẹjew *russ.* jɪliˈsjejɪf
Jelissẹjewitsch *russ.* jɪliˈsjejɪ-vitʃ
Jelissẹjewna *russ.* jɪliˈsjejɪvnɐ
Jẹlla ˈjɛla
Jẹllačić ˈjɛlatʃɪtʃ
Jẹllicoe *engl.* ˈdʒɛlɪkoʊ
Jẹllinek ˈjɛlinɛk, *fr.* ʒɛliˈnɛk
Jẹlling *dän.* ˈjelɪŋ
Jẹlnja *russ.* ˈjeljnjɐ
Jelpạtjewski *russ.* jɪlˈpatjɪfskij
Jẹlusich ˈjɛluzɪtʃ
Jẹlzin ˈjɛltsiːn, *russ.* ˈjeljtsɨn
Jemạja *indon.* dʒəˈmadʒa
je̱mals ˈjeːmaːls
je̱mand ˈjeːmant, **-es** ...ndəs
Jemanschelịnsk *russ.* jɪmɐnʒə-ˈlinsk
Jemạppes *fr.* ʒəˈmap
Jembẹr *indon.* dʒəmˈbɛr
Jeme̱hr jeˈmeːɐ̯
Jemeljạn[ow] *russ.* jɪmɪljˈjan[ɐf]
Je̱men ˈjeːmən
Jemeni̱t jemeˈniːt
jemeni̱tisch jemeˈniːtɪʃ
Jemẹppe *fr.* ʒəˈmɛp
Jemez *engl.* ˈheɪmɪs
Jemima *engl.* dʒɪˈmaɪmə
Je̱mina ˈjeːmina
je̱mine! ˈjeːmine
Jemmạpes *fr.* ʒɛˈmap
Jẹmnitz *ung.* ˈjɛmnits
Jẹn jɛn
Je̱na ˈjeːna
Je̱naer ˈjeːnaɐ
je̱naisch ˈjeːnaɪʃ
Jenạkijewo *russ.* jɪˈnakijɪvɐ
Jenạschimski Polkạn *russ.* jɪˈnaʃɨmskij palˈkan
Jenatsch jeˈnatʃ, ˈjeːnatʃ
Jẹnbach ˈjɛnbax
Jendoubạ *fr.* ʒɛnduˈba
Jendrịtzko jɛnˈdrɪtsko
Jẹndryschik ˈjɛndrʏʃɪk
Jenẹnser jeˈnɛnzɐ
je̱ner ˈjeːnɐ
je̱nisch ˈjeːnɪʃ
Jenissei jenɪˈseːi, ...sai, *russ.* jɪniˈsjej
Jenissẹisk *russ.* jɪniˈsjejsk
Jẹnkin[s] *engl.* ˈdʒɛŋkɪn[z]
Je̱nko *slowen.* ˈjeːŋkɔ
Jenna̱ro dʒeˈnaːro
Jẹnner *engl.* ˈdʒɛnə
Jẹnnersdorf ˈjɛnɐsdɔrf
Jẹnnet *engl.* ˈdʒɛnɪt
Jẹnney *engl.* ˈdʒɛnɪ
Jẹnni ˈjɛni
Jẹnnie *engl.* ˈdʒɛnɪ, ˈdʒɪnɪ
Jẹnnifer *engl.* ˈdʒɛnɪfə
Jẹnning[s] *engl.* ˈdʒɛnɪŋ[z]
Jẹnny ˈjɛni, *engl.* ˈdʒɛnɪ, ˈdʒɪnɪ, *fr.* ʒɛnˈni, ʒɛˈni, *dän.* ˈjeny, ˈjeni
Jẹnő *ung.* ˈjɛnøː
Jẹns jɛns, *dän.* jens
je̱nseitig ˈjeːnzaɪtɪç, *auch:* ˈjɛn...
je̱nseits, J... ˈjeːnzaɪts, *auch:* ˈjɛn...
Jẹnsen ˈjɛnzn̩, *dän.* ˈjɛnsn̩, *engl.* dʒɛnsn, *norw.* ˈjɛnsən
Jẹnsma *afr.* ˈjɛnsma
Jenson *fr.* ʒãˈsõ
Jẹntzsch jɛntʃ
Jẹnufa ˈjɛnufa
Jẹphta[h] ˈjɛfta
Jẹppe[sen] *dän.* ˈjebə[sn̩]
Jẹpsen ˈjɛpsn̩
Jequié *bras.* ʒeˈki̯ɛ
Jequitinhọnha *bras.* ʒekiti-ˈɲoɲa
Jeřábek *tschech.* ˈjɛrʒaːbɛk
Jeradạ *fr.* ʒeraˈda
Jeremẹi *russ.* jɪrɪˈmjej
Jeremi̱a jereˈmiːa
Jeremia̱de jereˈmi̯aːdə
Jeremiah *engl.* dʒɛrɪˈmaɪə
Jeremi̱as jereˈmiːas
Jérémie *fr.* ʒereˈmi
Jẹremy *engl.* ˈdʒɛrɪmɪ
Jerewạn *russ.* jɪrɪˈvan
Je̱rez ˈçeːrɛs
Jerẹz de la Frontẹra *span.* xeˈreð̞ ðe la frɔnˈtera
Jerẹz de los Caballẹros *span.* xeˈreð̞ ðe los kaβaˈʎeros
Jerga Aläm *amh.* jərga alɛm
Jergenị *russ.* jɪrgɪˈni
Jẹrger ˈjɛrgɐ
Je̱richo[w] ˈjeːrɪço
Jẹritza ˈjɛritsa
Jerjịsse *fr.* ʒɛrˈʒis
Jerk dʒøːɐ̯k, dʒœrk
Jermạk *russ.* jɪrˈmak
Jermịl[ow] *russ.* jɪrˈmil[ɐf]
Jermolại *russ.* jɪrmaˈlaj
Jermọlin *russ.* jɪrˈmɔlin
Jermọlow *russ.* jɪrˈmɔlɐf
Je̱rnberg *schwed.* ˌjæːrnbærj

Jerne *dän.* ˈjɛɐ̯nə
Jerobeam jeˈroːbeam
Jerofei *russ.* jɪraˈfjej
Jerome *engl.* dʒəˈroʊm, ˈdʒɛrəm
Jérôme *fr.* ʒeˈroːm
Jerónimo *port.* ʒɪˈrɔnimu
Jerônimo *bras.* ʒeˈronimu
Jeropkin *russ.* jɪˈrɔpkin
Jeroschin ˈjeːrɔʃiːn
Jerram *engl.* ˈdʒɛrəm
Jerrold *engl.* ˈdʒɛrəld
Jerry *engl.* ˈdʒɛrɪ
Jerschow *russ.* jɪrˈʃɔf
[1]**Jersey** (Stoff) ˈdʒøːɐ̯zi, ˈdʒœrzi
[2]**Jersey** (Name) *engl.* ˈdʒəːzɪ, *fr.* ʒɛrˈzɛ
Jersild *schwed.* ˌjærsild
jerum! ˈjeːrʊm
Jerusalem jeˈruːzalɛm
Jeruschalajim *hebr.* jəruʃaˈlajim
Jeruslan *russ.* jɪrusˈlan
Jervis *engl.* ˈdʒɑːvɪs, ˈdʒəːvɪs
Jery ˈjeːri
Jerzy *poln.* ˈjɛʒɨ
Jesaja jeˈzaːja
Jeschiwa jɛˈʃiːva
Jeschkengebirge ˈjɛʃkn̩gəbɪrgə
Jeschonnek jɛˈʃɔnɛk
Jeschow *russ.* jɪˈʒɔf
Jesebel ˈjeːzebɛl
Jesenice *tschech.* ˈjɛsɛnjitsɛ, *slowen.* jɛsɛˈniːtsɛ
Jeseník *tschech.* ˈjɛsɛnjiːk
Jesenská *tschech.* ˈjɛsɛnskaː
Jesenský *slowak.* ˈjɛsɛnskiː
Jeserig ˈjeːzərɪç
Jeside jeˈziːdə
Jeso ˈjeːzo
Jespersen *dän.* ˈjesbɐsn̩
Jesreel ˈjɛsreeːl, *auch:* ...eɛl
Jess *engl.* dʒɛs
Jesse ˈjɛsə, *engl.* ˈdʒɛsɪ
Jessei *russ.* jɪsˈsjej
Jessel ˈjɛsl̩
Jesselton *engl.* ˈdʒɛsltən
Jessen ˈjɛsn̩
Jessenin *russ.* jɪˈsjenin
Jessentuki *russ.* jɪssɪntuˈki
Jesses ˈjɛsəs
Jessica ˈjɛsika, *engl.* ˈdʒɛsɪkə
Jessie *engl.* ˈdʒɛsɪ
Jessner ˈjɛsnɐ
Jeßnitz ˈjɛsnɪts
Jesso ˈjɛso
Jessopp, Jessup *engl.* ˈdʒɛsəp
Jessore *engl.* dʒɛˈsɔː
Ještěd *tschech.* ˈjɛʃtjɛt
jesuanisch jeˈzu̯aːnɪʃ
Jesuate jeˈzu̯aːtə
Jesu Christe, Jesu Christi, Jesu Christo vgl. Jesus Christus
Jesuit jezuˈiːt
Jesuitismus jezuiˈtɪsmʊs
Jesum Christum vgl. Jesus Christus
Jesup *engl.* ˈdʒɛsəp
Jesus ˈjeːzʊs, *port.* ʒɪˈzuʃ, *bras.* ʒeˈzus, *engl.* ˈdʒiːzəs
Jesús *span.* xeˈsus
Jesus Christus ˈjeːzʊs ˈkrɪstʊs, **Jesu Christi** ˈjeːzu ˈkrɪsti, **Jesu Christo** ˈjeːzu ˈkrɪsto, **Jesum Christum** ˈjeːzʊm ˈkrɪstʊm, **Jesu Christe** ˈjeːzu ˈkrɪstə
Jesus Hominum Salvator ˈjeːzʊs ˈhoːminʊm zalˈvaːtoːɐ
Jesus Nazarenus Rex Judaeorum ˈjeːzʊs natsaˈreːnʊs ˈrɛks judɛˈoːrʊm
Jesus People *engl.* ˈdʒiːzəs ˈpiːpl
Jesus Sirach ˈjeːzʊs ˈziːrax
[1]**Jet** (Flugzeug) dʒɛt
[2]**Jet** (Gagat) dʒɛt, *auch:* jɛt
Jethro ˈjeːtro, *engl.* ˈdʒɛθroʊ
Jetlag ˈdʒɛtlɛk
Jetliner ˈdʒɛtlai̯nɐ
Jeton ʒəˈtõː
Jetset ˈdʒɛtzɛt
Jetstream ˈdʒɛtstriːm
Jett dʒɛt, *auch:* jɛt
Jettatore dʒɛtaˈtoːrə, ...**ri** ...ri
Jettchen ˈjɛtçən
Jette *dt., niederl.* ˈjɛtə, *fr.* ʒɛt
jetten ˈdʒɛtn̩
jetzig ˈjɛtsɪç, **-e** ...ɪgə
jetzo ˈjɛtso
jetzt, J... jɛtst
Jeu ʒøː
Jeu de Paume *fr.* ʒødˈpoːm
jeuen ˈʒøːən
Jeumont *fr.* ʒøˈmõ
Jeunesse *fr.* ʒœˈnɛs
Jeunesse dorée ʒøˈnɛs doˈreː
Jeunesses Musicales ʒøˈnɛs myziˈkal
Jeux floraux *fr.* ʒøflɔˈro
Jeveraner jevəˈraːnɐ
Jever[land] ˈjeːfɐ[lant], ˈjeːv...
Jevnaker *norw.* ˌjɛvnaːkər
Jevons *engl.* ˈdʒɛvənz
Jewdokija *russ.* jɪvˈdɔkijɐ
Jewdokim *russ.* jɪvdaˈkim
jeweilen ˈjeːˈvai̯lən
jeweilig ˈjeːˈvai̯lɪç, **-e** ...ɪgə
jeweils ˈjeːˈvai̯ls
Jewel *engl.* ˈdʒuːəl
Jewett *engl.* ˈdʒuːɪt
Jewgeni *russ.* jɪvˈgjenij
Jewgenija *russ.* jɪvˈgjenijɐ
Jewgenjewitsch *russ.* jɪvˈgjenjɪvitʃ
Jewgenjewna *russ.* jivˈgjenjɪvnɐ
Jewgraf *russ.* jɪvˈgraf
Jewish Agency ˈdʒuːɪʃ ˈeːdʒn̩si
Jewlach *russ.* jɪˈvlax
Jewlampi *russ.* jɪˈvlampij
Jewlampija *russ.* jɪˈvlampijɐ
Jewlogi *russ.* jɪˈvlɔgij
Jewpatorija *russ.* jɪfpaˈtɔrijɐ
Jewreinow *russ.* jɪˈvrjejnɐf
Jewsewi *russ.* jɪfˈsjevij
Jewstrat *russ.* jɪfˈstrat
Jewtichi *russ.* jɪfˈtixij
Jewtuschenko *russ.* jɪftuˈʃɛnkɐ
Jeż *poln.* jɛʃ
Jezabel ˈjeːtsabɛl
Jezebel *engl.* ˈdʒɛzəbl
jezuweilen ˈjeːtsuˈvai̯lən
Jhabvala *engl.* dʒɑːbˈvɑːlə
Jhansi *engl.* ˈdʒɑːnsɪ
Jhelum *engl.* ˈdʒeɪləm
Jhering ˈjeːrɪŋ
Jiamusi *chin.* dʑi̯amusɨ 141
Jiang Jieshi *chin.* dʑi̯aŋdʑi̯eʃɨ 342
Jiangsu *chin.* dʑi̯aŋsu 11
Jiangxi *chin.* dʑi̯aŋɕi 11
Jiang Zemin *chin.* dʑi̯aŋdzʌmɪn 122
Jiannitsa *neugr.* janiˈtsa
Jiayi *chin.* dʑi̯a-i̯i 14
Jibraltar *span.* xiβralˈtar
Jicaque *span.* xiˈkake
Jičín *tschech.* ˈjitʃiːn
jiddisch, J... ˈjɪdɪʃ
Jiddist[ik] jɪˈdɪst[ɪk]
Jiez jiːts
Jigger® ˈdʒɪgɐ
Jihlava *tschech.* ˈjihlava
Ji-Jitsu ˈdʒiːˈdʒɪtsu
Jilemnický *slowak.* ˈjiljɛmnjitskiː
Jilin *chin.* dʑilɪn 22
Jill *engl.* dʒɪl
Jilong *chin.* dʑilʊŋ 12
Jim *engl.* dʒɪm
Jimbolia *rumän.* ʒimˈbolia
Jimena *span.* xiˈmena
Jimenes çiˈmeːnɛs
Jiménez *span.* xiˈmeneθ

immy *engl.* 'dʒɪmɪ
in jɪn
ina 'dʒai̯na
inan *chin.* dʑinan 42
indřichův Hradec *tschech.* 'jindrʒixu:v 'hradɛts
ingdezhen *chin.* dʑɪŋdʌdʒən 324
ingle 'dʒɪŋl̩
ingmen *chin.* dʑɪŋmən 32
ingo 'dʒɪŋgo
ingoismus dʒɪŋgo'ɪsmʊs
inismus dʒi'nɪsmʊs
inistisch dʒi'nɪstɪʃ
inja *engl.* 'dʒɪndʒə
inmen *chin.* dʑɪnmən 12
innah *engl.* 'dʒɪnə
inotega *span.* xino'teɣa
inotepe *span.* xino'tepe
inzhou *chin.* dʑɪndʒoʊ̯ 11
ipijapa *span.* xipi'xapa
irásek *tschech.* 'jira:sɛk
irgal 'jɪrgal
ří[ček] *tschech.* 'jirʒi:[tʃɛk]
irkov *tschech.* 'jirkɔf
irmilik jɪrmi'lɪk
itschin 'jɪtʃi:n
itterbug 'dʒɪtɐbak
iu *rumän.* ʒiu̯
iu-Jitsu 'dʒi:u'dʒɪtsu
ive dʒai̯f
ixi *chin.* dʑiɕi 11
izerské Hory *tschech.* 'jizɛrskɛ: 'hɔri
o jo:, *engl.* dʒoʊ
oab 'jo:ap
oachim 'jo:axɪm, *auch:* jo'|axɪm; *engl.* 'dʒoʊəkɪm, *fr.* ʒɔa'ʃɛ̃
oachimsen 'jo:axɪmzn̩
oachimstal[er] 'jo:axɪmsta:l[ɐ], jo'|ax...
oachimsthal 'jo:axɪmsta:l, jo'|ax...
oahas 'jo:ahas
oan *engl.* dʒoʊn
oão *port., bras.* ʒu̯ɐ̃u̯
oão Pessoa *bras.* 'ʒu̯ɐ̃u̯m pe'soa
oarim jo'a:rɪm
oas 'jo:as
oasch 'jo:aʃ
ob (Beschäftigung) dʒɔp
ob (Name) jo:p, *engl.* dʒoʊb, *serbokr.* jɔb
obben 'dʒɔbn̩, **jobb!** dʒɔp, **jobbt** dʒɔpt
obber 'dʒɔbɐ
jobbern 'dʒɔbɐn, **jobbre** 'dʒɔbrə
Jobeljahr jo'be:lja:ɐ̯
Jobert *fr.* ʒɔ'bɛ:r
Jobhopping 'dʒɔphɔpɪŋ
Jobrotation 'dʒɔpro,te:ʃn̩
Jobsharing 'dʒɔpʃɛ:rɪŋ
Jobsiade jɔ'psi̯a:də
Jobst jo:pst, jɔpst
Jocelyn *fr.* ʒɔ'slɛ̃, *engl.* 'dʒɔslɪn
Joch jɔx
Jochanaan jo'xa:naan
Jochanan Ben Zakkai 'jɔxanan 'bɛn 'tsakai̯
Jochem 'jɔxm̩, *niederl.* 'jɔxəm
jochen, J... 'jɔxn̩
Jöcher 'jœçɐ
Jochum 'jɔxʊm
Jochumson *isl.* 'jɔkʏmsɔn
Jockei, ...ey 'dʒɔke, 'dʒɔki, *auch:* 'dʒɔkai̯, 'jɔkai̯
Jockel 'jɔkl̩
Jockette dʒɔ'kɛtə, *auch:* jɔ'kɛtə
Jod jo:t, **-es** 'jo:dəs
Jodat jo'da:t
Jode *niederl.* 'jo:də
Jöde 'jø:də
Jodel 'jo:dl̩
Jodelet *fr.* ʒɔ'dlɛ
Jodelle *fr.* ʒɔ'dɛl
jodeln 'jo:dl̩n, **jodle** 'jo:dlə
Jodhpur *engl.* 'dʒɔdpʊə
Jodid jo'di:t, **-e** ...i:də
jodieren jo'di:rən
Jodismus jo'dɪsmʊs
Jodit jo'di:t
Jodl 'jo:dl̩
Jodler 'jo:dlɐ
Jodo 'jo:do
Jodoform jodo'fɔrm
Jodok[us] jo'do:k[ʊs]
Jodometrie jodome'tri:
Jodrell *engl.* 'dʒɔdrəl
Joe *engl.* dʒoʊ
Joel 'jo:e:l, *auch:* 'jo:ɛl; *engl.* 'dʒoʊəl
Joël 'jo:e:l, *auch:* 'jo:ɛl; *fr.* ʒɔ'ɛl
Joenpolvi *finn.* 'jɔɛmpɔlvi
Joensuu *finn.* 'jɔɛnsu:
Joest *dt., niederl.* jo:st
Jœuf *fr.* ʒœf
Joey *engl.* 'dʒoʊɪ
Joffre *fr.* ʒɔfr
Joga 'jo:ga
Jogamatik joga'ma:tɪk
joggen 'dʒɔgn̩, **jogg!** dʒɔk, **joggt** dʒɔkt
Jogger 'dʒɔgɐ
Jogging 'dʒɔgɪŋ
Joghurt 'jo:gʊrt
Jog[h]urt 'jo:gʊrt
Jogi 'jo:gi
Jogin 'jo:gɪn
Johan *niederl.* jo'hɑn, *schwed.* ,ju:an, ,ju:han, *dän.* jʊ'hæn
Johann jo'han, *auch:* 'jo:han
Johanna jo'hana
Johanne jo'hanə
johanneisch, J... joha'ne:ɪʃ
Johannes jo'hanəs, ...nɛs, *niederl.* jo'hɑnəs, *schwed.* ju'hanəs, *dän.* jʊ'hæn'əs
Johannes a Sancto Thoma jo'hanəs a 'zaŋkto 'to:ma, ...nɛs - - -
Johannesburg jo'hanəsbʊrk, jo'hanɛs..., *engl.* dʒoʊ'hænɪsbə:g
Johanngeorgenstadt johange'ɔrgn̩ʃtat
Johanni jo'hani
Johannimloh jo'hanɪmlo
Johannis[berg] jo'hanɪs[bɛrk]
Johannisson *schwed.* ju'hanisɔn
Johanniter joha'ni:tɐ
Johannot *fr.* ʒɔa'no
Johannsdorf 'jo:hansdɔrf
Johannsen *dän.* jʊ'hæn'sn̩
Johansen 'jo:hanzn̩, *dän.* jʊ'hæn'sn̩
Johanssen 'jo:hansən
Johans[s]on *schwed.* ,ju:hansɔn
johlen 'jo:lən
John jo:n, *engl.* dʒɔn, *schwed.* jɔn
Johner 'jo:nɐ
Johnnie, Johnny *engl.* 'dʒɔnɪ
Johns *engl.* dʒɔnz
Johnson 'jo:nzɔn, *engl.* dʒɔnsn, *schwed.* 'junsɔn
Johnston[e] *engl.* 'dʒɔnstən, dʒɔnsn
Johnstown *engl.* 'dʒɔnztaʊn
Joho 'jo:ho
Johore *indon.* 'dʒohɔr, *engl.* dʒoʊ'hɔ:
Johst jo:st
Jöhstadt 'jø:ʃtat
Joigny *fr.* ʒwa'ɲi
Joint dʒɔynt
Joint Venture 'dʒɔynt 'vɛntʃɐ
Joinvile *bras.* ʒu̯ẽ'vili
Joinville *fr.* ʒwɛ̃'vil, *engl.* 'dʒɔɪnvɪl
Joinville-le-Pont *fr.* ʒwɛ̃villə'põ

J

Jojachin 'jo:jaxın
Jojakim 'jo:jakım
Jo-Jo jo'jo:
Jojoba 'jo:joba
Jókai *ung.* 'jo:kɔi
Joker 'jo:kɐ, *auch:* 'dʒo:kɐ
Jokkaitschi *jap.* jo'ka͜itʃi̯
Jokkmokk *schwed.* 'jɔkmɔk
Jokl 'jo:kl̩
Jokohama joko'ha:ma, *jap.* jo'kohama
jokos jo'ko:s, **-e** ...o:zə
Jokosuka *jap.* jo'kosu̥ka
Jokulator joku'la:to:ɐ̯, **-en** ...la'to:rən
Jökulsá á Brú, - - Fjöllum *isl.* 'jœ:kʏlsau̯ au̯ 'bru:, - - 'fjœ-dlʏm
Jokus 'jo:kʊs, **-se** ...ʊsə
Jolanthe jo'lantə
Joliet *engl.* dʒoʊlɪ'ɛt
Joliette *fr.* ʒɔ'ljɛt, *engl.* ʒo:lɪ'ɛt
Joliot *fr.* ʒɔ'ljo
Jolivet *fr.* ʒɔli'vɛ
Jolle 'jɔlə
Jolly *fr.* ʒɔ'li
Joló *span.* xo'lo
Jølsen *norw.* 'jœlsən
Joly *engl.* 'dʒɔlɪ, *fr.* ʒɔ'li
Jomini *fr.* ʒɔmi'ni
Jom Kippur 'jo:m kɪ'pu:ɐ̯
Jommelli *it.* i̯om'mɛlli
Jomo *engl.* 'dʒoʊmoʊ
Jon *engl.* dʒɔn, *fr.* ʒõ
Jón *isl.* jou̯n
Jona 'jo:na
Jonago *jap.* jo'nago
Jonas 'jo:nas, *engl.* 'dʒoʊnəs, *schwed.* ˌju:nas
Jonás *span.* xo'nas
Jónasson *isl.* 'jou̯nasɔn
Jonatan 'jo:natan
Jonathan 'jo:natan, *engl.* 'dʒɔ-nəθən
Jonckheere *niederl.* 'jɔŋkhe:rə
Jones *engl.* dʒoʊnz
Jonesawa *jap.* jo'neˌzawa
Jonesboro *engl.* 'dʒoʊnzbərə
Jong[en] *niederl.* 'jɔŋ[ə]
Jongkind *niederl.* 'jɔŋkɪnt
Jongleur ʒõ'glø:ɐ̯, *auch:* ʒɔŋ'[g]lø:ɐ̯
jonglieren ʒõ'gli:rən, *auch:* ʒɔŋ'[g]li:rən
Joni 'jo:ni
Jonikus 'jo:nikʊs, **...ki** ...ki
Jonke 'jɔŋkə
Jonker *afr.* 'jɔŋkər
Jonkheer *niederl.* 'jɔŋkhe:r
Jönköping *schwed.* ˌjœnçø:piŋ
Jonnart *fr.* ʒɔ'na:r
Jonny 'dʒɔni, *engl.* 'dʒɔnɪ
Jonon jo'no:n
Jonquière[s] *fr.* ʒõ'kjɛ:r
Jonsdorf 'jo:nsdɔrf
Jonson *engl.* dʒɔnsn
Jonsson *norw., schwed.* 'jun-sɔn
Jonssön 'jɔnsœn
Jónsson *isl.* 'jou̯nsɔn
Joos *dt., niederl.* jo:s
Jooß jo:s
Joost *niederl.* jo:st
Joplin *engl.* 'dʒɔplɪn
Jöppchen 'jœpçən
Joppe 'jɔpə
Jopson *engl.* dʒɔpsn
Jöran *schwed.* ˌjœ:ran
Jordaens *niederl.* jɔr'da:ns, '--
Jordan 'jɔrdan, *engl.* dʒɔ:dn, *fr.* ʒɔr'dã
Jordán *span.* xɔr'ðan
Jordanes jɔr'da:nɛs
Jordanien jɔr'da:ni̯ən
Jordanier jɔr'da:ni̯ɐ
Jordanis jɔr'da:nɪs
jordanisch jɔr'da:nɪʃ
Jordansmühl 'jɔrdansmy:l
Jordi *kat.* 'ʒɔrdi
Jörg jœrk
Jorge *span.* 'xɔrxe, *port.* 'ʒɔrʒɪ, *bras.* 'ʒɔrʒi
Jörgen *dän.* jœɐ̯n
Jorgensen *engl.* 'dʒɔ:gənsən
Jörgensen *dän.* 'jœɐ̯n'sn̩
Jorinde jo'rɪndə
Joringel jo'rɪŋl̩
Joris[z] *niederl.* 'jo:rɪs
Jork jɔrk
Jörn jœrn
Joruba 'jo:ruba
Jorullo *span.* xo'ruʎo
Joruri 'dʒo:ruri
Jos *engl.* dʒɔ:s, *niederl.* jɔs
Josa[no] *jap.* 'joˌsa[no]
Josaphat 'jo:zafat
Joschafat 'jo:ʃafat
Joschija jo'ʃi:ja
Joschka 'jɔʃka
Joschkar-Ola *russ.* jaʃ'kara'la
José *span.* xo'se, *port.* ʒu'zɛ, *bras.* ʒo'zɛ
Josef 'jo:zɛf, *schwed.* ˌju:sɛf, *tschech.* 'jɔzɛf
Josefo *span.* xo'sefo
Josel 'jo:zl̩
Joseph 'jo:zɛf, *engl.* 'dʒoʊzɪf, *fr.* ʒo'zɛf
Josepha jo'zɛfa, jo'ze:fa
Josephine joze'fi:nə, *engl.* 'dʒoʊzɪfi:n
Joséphine *fr.* ʒoze'fin
Josephinisch joze'fi:nɪʃ
Josephinismus jozefi'nɪsmʊs
Josephson *schwed.* ˌju:sɛfsɔn, *engl.* 'dʒoʊzɪfsn
Josephus jo'ze:fʊs
Josh[ua] *engl.* 'dʒɔʃ[wə]
Josiah *engl.* dʒoʊ'saɪə
Josia[s] jo'zi:a[s]
Josif *serbokr.* ˌjɔsif
Jósika *ung.* 'jo:ʃikɔ
Josip *serbokr.* ˌjɔsip
Joslin *engl.* 'dʒɔslɪn
Joslowitz 'jɔslovɪt͜s
Jospin *fr.* ʒɔs'pɛ̃
Josquin des Prés *fr.* ʒɔskɛ̃de-'pre
Jossa 'jɔsa
Jost jo:st
Jostedal[sbre] *norw.* ˌjustə-da:l[sbre:]
Jost Van Dyke *engl.* 'joʊst væn 'daɪk
Josua 'jo:zu̯a
Jot jɔt
[1]**Jota** (Buchstabe) 'jo:ta
[2]**Jota** (Tanz) *span.* 'xota
Jotazismus jota'tsɪsmʊs
Jotham 'jo:tam
jotieren jo'ti:rən
Jotunheimen *norw.* ˌjo:tʉnhɛi̯-mən
Jotuni *finn.* 'jɔtuni
Jötunn 'jø:tʊn
Joubert *fr.* ʒu'bɛ:r
Jouhandeau *fr.* ʒuã'do
Jouhaud, Jouhaux *fr.* ʒu'o
Jou-Jou *fr.* ʒu'ʒu
[1]**Joule** (Maß) dʒau̯l; DIN-*Aussprache:* dʒu:l; *auch:* ʒu:l
[2]**Joule** (Name) *engl.* dʒu:l, dʒaʊl, dʒoʊl
Jour ʒu:ɐ̯
Jourdain *fr.* ʒur'dɛ̃
Jourdan *fr.* ʒur'dã
Jour fixe 'ʒu:ɐ̯ 'fɪks
Journaille ʒʊr'naljə, *auch:* ...'na:jə, ...'nai̯
Journal ʒʊr'na:l, *fr.* ʒur'nal, *engl.* dʒə:nl
Journalismus ʒʊrna'lɪsmʊs
Journalist[ik] ʒʊrna'lɪst[ɪk]
Jouve *fr.* ʒu:v
Jouvenet *fr.* ʒuv'nɛ
Jouvet *fr.* ʒu'vɛ
Jouy *fr.* ʒwi

ovan *serbokr.* ˌjɔvan
ovanka *serbokr.* ˌjɔvaːŋka
ovanović *serbokr.* jɔˌvanɔvitɕ
ovellanos *span.* xoβeˈʎanos
ovial joˈvi̯aːl
ovialität jovi̯aliˈtɛːt
ovianisch joˈvi̯aːnɪʃ
ovianus joˈvi̯aːnʊs
ovine *it.* ˈi̯oːvine
ovinianus joviˈni̯aːnʊs
ovius ˈjoːvi̯ʊs
owett *engl.* ˈdʒaʊɪt
owkow *bulgar.* ˈjɔfkof
oxe *fr.* ʒɔks
oy[ce] *engl.* dʒɔɪ[s]
oyeuse *fr.* ʒwaˈjøːz
oystick ˈdʒɔystɪk
ozef *niederl.* ˈjoːzəf
ózef *poln.* ˈjuzɛf
ózsef *ung.* ˈjoːʒɛf
-te ˈjɔtə
Juan (Währung) ˈjuːan
Juan (Johann) *span.* xu̯an
uana, - la Loca *span.* ˈxu̯ana, - la ˈloka
uan de Fuca *span.* ˈxu̯an de ˈfuka
uanes *span.* ˈxu̯anes
uanita *span.* xu̯aˈnita
uanito *span.* xu̯aˈnito
uan-les-Pins *fr.* ʒɥãleˈpɛ̃
uárez *span.* ˈxu̯areθ
uàzeiro *bras.* ʒu̯aˈzei̯ru
Juba (König von Numidien) ˈjuːba
Juba (Sudan) *engl.* ˈdʒuːbɑː
ubainville *fr.* ʒybɛ̃ˈvil
ubal ˈjuːbal
ubbulpore *engl.* ˈdʒʌbəlpʊə
ubel ˈjuːbl̩
ubeln ˈjuːbl̩n, **juble** ˈjuːblə
ubilar jubiˈlaːɐ̯
ubilate jubiˈlaːtə
ubilatio jubiˈlaːt͡si̯o
ubilation jubilaˈt͡si̯oːn
ubiläum jubiˈlɛːʊm
ubilee ˈdʒuːbili
bilieren jubiˈliːrən
ubilus ˈjuːbilʊs
car *span.* ˈxukar
ch[art] ˈjʊx[art]
charte ˈjʊxartə
chen ˈjʊxn̩
chert ˈjʊxɐt
chhe!, Juchhe jʊxˈheː
chhei jʊxˈhai̯
chheirassa! jʊxˈhai̯rasa
chheirassassa! jʊxˈhai̯rasasa
chheisa! jʊxˈhai̯za, ...ai̯sa
juchheißa! jʊxˈhai̯sa
Juchitán *span.* xutʃiˈtan
Jüchser ˈjʏksɐ
juchten, J... ˈjʊxtn̩
juchzen ˈjʊxt͡sn̩
juckeln ˈjʊkl̩n
jucken ˈjʊkn̩
Jud juːt
Juda ˈjuːda
Judá *port.* ʒuˈða
Judäa juˈdɛːa
Judaika juˈdaːika
judaisieren judai̯ˈziːrən
Judaismus judaˈɪsmʊs
Judaist[ik] judaˈɪst[ɪk]
Judas ˈjuːdas, **-se** ...asə
Judd *engl.* dʒʌd
Jude ˈjuːdə
jüdeln ˈjyːdl̩n, **jüdle** ˈjyːdlə
Judenburg ˈjuːdn̩bʊrk
Judenitsch *russ.* juˈdjenitʃ
Judge *engl.* dʒʌdʒ
Judika ˈjuːdika
Judikarien judiˈkaːri̯ən
Judikat judiˈkaːt
Judikation judikaˈt͡si̯oːn
Judikative judikaˈtiːvə
judikatorisch judikaˈtoːrɪʃ
Judikatur judikaˈtuːɐ̯
Judikum ˈjuːdikʊm
Jüdin ˈjyːdɪn
jüdisch ˈjyːdɪʃ
Judit ˈjuːdɪt
Judith ˈjuːdɪt, *engl.* ˈdʒuːdɪθ, *fr.* ʒyˈdit
Judiz juˈdiːt͡s
judiziell judiˈt͡si̯ɛl
judizieren judiˈt͡siːrən
Judizium juˈdiːt͡si̯ʊm, **...ien** ...i̯ən
Judo ˈjuːdo
Judoka juˈdoːka
Judoma *russ.* ˈjudɐmɐ
Judy *engl.* ˈdʒuːdɪ
Juel *dän.* juːˀl
[1]Jug (Musik) dʒak
[2]Jug (Fluss) *russ.* juk
Juga ˈjuːga
Jugend ˈjuːgn̩t
jugendlich ˈjuːgn̩tlɪç
Jugenheim ˈjuːgn̩hai̯m
Jugert ˈjuːgɐt
Jugorski Schar *russ.* ˈjugɐrskij ˈʃar
Jugoslavija *serbokr.* juˌgɔslaːvija
Jugoslawe jugoˈslaːvə
Jugoslawien jugoˈslaːvi̯ən
jugoslawisch jugoˈslaːvɪʃ
Jugow *russ.* ˈjugɐf, *bulgar.* ˈjugof
jugular juguˈlaːɐ̯
Jugulum ˈjuːgulʊm, **...la** ...la
Jugurtha juˈgʊrta
jugurthinisch, J... jugʊrˈtiːnɪʃ
Juhani *finn.* ˈjuhɑni
Juhász *ung.* ˈjuhaːs
juhe! juˈheː
Juhre ˈjuːrə
juhu! juˈhuː, *auch:* ˈjuːhu
Juice dʒuːs
Juilliard *engl.* ˈdʒuːlɪɑːd
Juin *fr.* ʒɥɛ̃
Juist jyːst, *niederl.* jœi̯st
Juiz de Fora *bras.* ˈʒu̯iz di ˈfɔra
Jujube juˈjuːbə
Ju-Jutsu juˈjʊt͡su
Jujuy *span.* xuˈxu̯i
Jukagire jukaˈgiːrə
Jukawa *jap.* ˈjuˌkawa
Jukebox ˈdʒuːkbɔks
Jukel ˈjʊkl̩
Jul[a] ˈjuːl[a]
Julchen ˈjuːlçən
Julei juˈlai̯, *auch:* ˈjuːlai̯
Julep ˈdʒuːlɛp
Jules *fr.* ʒyl
Julfest ˈjuːlfɛst
Juli ˈjuːli; *deutlich* juˈlai̯, *auch:* ˈjuːlai̯
Julia ˈjuːli̯a, *engl.* ˈdʒuːlɪə, *fr.* ʒyˈlja, *span.* ˈxuli̯a
Julian juˈli̯aːn, *engl.* ˈdʒuːlɪən, *poln.* ˈjuljan
Julián *span.* xuˈli̯an
Juliana juˈli̯aːna, *engl.* dʒuːlɪˈɑːnə, *niederl.* jyliˈaːnɑ, *span.* xuˈli̯ana
Juliane juˈli̯aːnə
Julianehåb *dän.* juliˈɛːnəhoːˀb
julianisch juˈli̯aːnɪʃ
Juliano *span.* xuˈli̯ano
Julianus juˈli̯aːnʊs
Jülich ˈjyːlɪç
Julie ˈjuːli̯ə, *engl.* ˈdʒuːlɪ, *fr.* ʒyˈli
Julien *fr.* ʒyˈljɛ̃
Julienne *fr.* ʒyˈljɛn
Julier ˈjuːli̯ɐ
Juliet *engl.* ˈdʒuːlɪət, *fr.* ʒyˈljɛ
Juliette *fr.* ʒyˈljɛt, *engl.* dʒuːˈljɛt
Julio *span.* ˈxuli̯o
Júlio *port., bras.* ˈʒuli̯u
julisch, J... ˈjuːlɪʃ
Julischka ˈjuːlɪʃka
Juliska *ung.* ˈjuliʃkɔ
Julitta juˈlɪta

J

Ju̲lius ˈjuːli̯ʊs, *engl.* ˈdʒuːlɪəs, *tschech.* ˈjulius
Ju̲liusz *poln.* ˈjuljuʃ
Ju̲lklapp ˈjuːlklap
Jullian *fr.* ʒyˈljã
Jullundur *engl.* dʒəˈlʌndə
Jumbo ˈjʊmbo, *auch:* ˈdʒʊmbo
Jumela̲ge ʒyməˈlaːʒə
Jumẹt *fr.* ʒyˈmɛ
Jumièges *fr.* ʒyˈmjɛːʒ
Jumịlla *span.* xuˈmiʎa
Jumna *engl.* ˈdʒʌmnə
Jumnẹta jʊmˈneːta
Jump dʒamp
jumpen ˈdʒampn̩, *auch:* ˈjʊmpn̩
Jumper ˈdʒampɐ, *auch:* ˈdʒɛmpɐ, ˈjʊmpɐ
Jumpsuit ˈdʒampsjuːt
Juna̲gadh *engl.* dʒʊˈnɑːgəd
Juncạl *span.* xuŋˈkal, *port.* ʒuŋˈkal
Jụncker ˈjʊŋkɐ
Junction *engl.* ˈdʒʌŋkʃən
Jundiaí *bras.* ʒundi̯aˈi
Ju̲ne[au] *engl.* ˈdʒuːn[oʊ]
jụng jʊŋ, **jụ̈nger** ˈjʏŋɐ
Jụng (Name) jʊŋ
Jụngbauer ˈjʊŋbau̯ɐ
Jungde̲utschland jʊŋˈdɔytʃlant
Jụnge ˈjʊŋə
Jụ̈ngelchen ˈjʏŋl̩çən
jụngen ˈjʊŋən
jụ̈nger vgl. jung
Jụ̈nger ˈjʏŋɐ
Jụngfer ˈjʊŋfɐ
Jụngfrau ˈjʊŋfrau̯
jụngfräulich ˈjʊŋfrɔylɪç
Jụnggeselle ˈjʊŋgəzɛlə
jungi̲eren jʊŋˈgiːrən
Jụngingen ˈjʊŋɪŋən
Jụngius ˈjʊŋgi̯ʊs
Jụngk jʊŋk
Jungle ˈdʒaŋl̩
Jụ̈nglein ˈjʏŋlai̯n
Jụ̈ngling ˈjʏŋlɪŋ
Jụngmann ˈjʊŋman
Jụngnickel ˈjʊŋnɪkl̩
Jung Si̲egfried jʊŋ ˈziːkfriːt
jụ̈ngst jʏŋst
jụ̈ngstens ˈjʏŋstn̩s
jüngsthịn ˈjʏŋstˈhɪn
Jung-Wi̲en jʊŋˈviːn
[1]**Ju̲ni** (Monat) ˈjuːni; *deutlich* juˈnoː, *auch:* ˈjuːno
[2]**Jụni** (Name) *span.* ˈxuni
Junịmea *rumän.* ʒuˈnime̯a
Junín *span.* xuˈnin
ju̲nior ˈjuːni̯oːɐ̯
Ju̲nior ˈjuːni̯oːɐ̯, **-en** juˈni̯oːrən
Junioṟa̲t juni̯oˈraːt
Juni̲perus juˈniːperʊs
Ju̲nius ˈjuːni̯ʊs
Junkart ˈdʒaŋk|aːɐ̯t
Jụnker ˈjʊŋkɐ, *russ.* ˈjunkɪr
Jụnkers ˈjʊŋkɐs
Junkfood ˈdʒaŋkfuːt
Junkie ˈdʒaŋki
Jụnktim ˈjʊŋktɪm
junktimi̲eren jʊŋktiˈmiːrən
Jụnktor ˈjʊŋktoːɐ̯, **-en** ...ˈtoːrən
Junktu̲r jʊŋkˈtuːɐ̯
Jụ̈nnan ˈjʏnan
[1]**Ju̲no** (Göttin, Planetoid) ˈjuːno
[2]**Ju̲no** (Monat Juni; deutlich) juˈnoː; *auch:* ˈjuːno
juno̲nisch juˈnoːnɪʃ
Junọt *fr.* ʒyˈno
Junqueiro *port.* ʒuŋˈke̯iru
Jụnsele *schwed.* ˈjʊnsələ
Jụnta ˈxʊnta, *auch:* ˈjʊnta; *span.* ˈxunta
Juọn *russ.* juˈɔn
Jü̲pchen ˈjyːpçən
Jupe ʒyːp
Jupiá *bras.* ʒuˈpi̯a
Jupịlle *fr.* ʒyˈpij
Ju̲piter ˈjuːpitɐ
Jupon ʒyˈpõː
Jụpp jʊp
Juppé *fr.* ʒyˈpe
Jụpp[iter] ˈjʊp[itɐ]
[1]**Ju̲ra** ˈjuːra
[2]**Ju̲ra** (Name) ˈjuːra, *engl.* ˈdʒʊərə, *fr.* ʒyˈra
Jụraj *serbokr.* ˈjuraj
Juramẹnt juraˈmɛnt
Juramẹnto *span.* xuraˈmento
ju̲ra no̲vit cu̲ria ˈjuːra ˈnoːvɪt ˈkuːri̯a
jura̲re in vẹrba magịstri juˈraːrə ɪn ˈvɛrba maˈgɪstri
Jurạssier juˈrasi̯ɐ
jurạssisch juˈrasɪʃ
Jura̲tor juˈraːtoːɐ̯, **-en** juraˈtoːrən
Ju̲rčič *slowen.* ˈjuːrtʃitʃ
Jurgạ *russ.* jurˈga
Jụ̈rgen[s] ˈjʏrgn̩[s]
Jụ̈rgensen *dän.* ˈjyɐ̯nˀsn̩
Ju̲ri ˈjuːri, *russ.* ˈjurij
juri̲disch juˈriːdɪʃ
juri̲eren juˈriːrən
Jurieu *fr.* ʒyˈrjø
Ju̲rinac ˈjuːrinats
Jurisconsụltus jurɪskɔnˈzʊltʊs, **...ti** ...ti
Jurisdiktio̲n jurɪsdɪkˈtsi̯oːn
Jurisprudẹnz jurɪspruˈdɛnts
Jurịst juˈrɪst
Juristere̲i jurɪstəˈrai̯
jurịstisch juˈrɪstɪʃ
Jụrjew *russ.* ˈjurjɪf
Jụrjewez *russ.* ˈjurjɪvɪts
Jụrjew-Pọlski *russ.* ˈjurjɪfˈpɔljskij
Jurjusạn *russ.* jurjuˈzanj
Jụrković *serbokr.* ˈjuːrkɔvitɕ
Jūrmala *lett.* ˈjuːrmala
Jụrong *indon.* ˈdʒurɔŋ
Ju̲ror ˈjuːroːɐ̯, **-en** juˈroːrən
Jụrte ˈjʊrtə
Juruá *bras.* ʒuˈru̯a
Juruẹna *bras.* ʒuˈru̯ena
Jürụ̈k jyˈrʏk
Jürü̲ke jyˈryːkə
Jury ʒyˈriː, *auch:* ˈʒyːri, ˈdʒuːri, ˈjuːri
[1]**Ju̲s** (Recht) juːs, **Ju̲ra** ˈjuːra
[2]**Jus** (Saft) ʒyː, **des -** ʒyː[s]
Ju̲s ad rẹm ˈjuːs at ˈrɛm
Juschi̲dsch *pers.* juˈʃiːdʒ
Jụschin *russ.* ˈjuʒɨn
Juschkẹwitsch *russ.* juʃˈkjevitʃ
Jụschno-Sachalịnsk *russ.* ˈjuʒnɐsɐxaˈlinsk
Jụschny *russ.* ˈjuʒnɨj
Jụschtschenko *ukr.* ˈjuʃtʃɛnkɔ
Ju̲s divi̲num ˈjuːs diˈviːnʊm
Ju̲s gẹntium ˈjuːs ˈgɛntsi̯ʊm
Jusko̲wiak jʊsˈkoːvi̯ak
Ju̲s natura̲le ˈjuːs natuˈraːlə
Ju̲so ˈjuːzo
Ju̲s pri̲mae nọctis ˈjuːs ˈpriːmɛ ˈnɔktɪs
jusqu'au bout *fr.* ʒyskoˈbu
Jụssi *finn.* ˈjussi
Jussieu *fr.* ʒyˈsjø
Jụssiv ˈjʊsiːf, **-e** ...iːvə
Ju̲s strịctum ˈjuːs ˈstrɪktʊm
Jụssuf ˈjʊsʊf
jụst jʊst
Jụst jʊst, *engl.* dʒʌst
Justa̲ge jʊsˈtaːʒə
justamẹnt jʊstaˈmɛnt
Juste *fr.* ʒyst
Justemilieu ʒʏstmiˈli̯øː
Jụsti ˈjʊsti
justi̲eren jʊsˈtiːrən
Justifikatio̲n jʊstifikaˈtsi̯oːn
Justifikatu̲r jʊstifikaˈtuːɐ̯
justifizi̲eren jʊstifiˈtsiːrən
Justin ˈjʊstiːn, jʊsˈtiːn, *engl.* ˈdʒʌstɪn, *fr.* ʒysˈtɛ̃

ustina jʊsˈtiːna
ustine jʊsˈtiːnə, *fr.* ʒysˈtin
ustinian[us] jʊstiˈni̯aːn[ʊs]
ustino *span.* xusˈtino
ust in time ˈdʒast ɪn ˈtai̯m
ustinus jʊsˈtiːnʊs
ustitia jʊsˈtiːtsi̯a
ustiz jʊsˈtiːts
ustiziabel jʊstiˈtsi̯aːbl̩, **...ble** ...blə
ustiziar jʊstiˈtsi̯aːɐ̯
ustiziär jʊstiˈtsi̯ɛːɐ̯
ustiziariat jʊstitsi̯aˈri̯aːt
ustiziarius jʊstiˈtsi̯aːri̯ʊs, **...ien** ...i̯ən
ustiziell jʊstiˈtsi̯ɛl
ustizium jʊsˈtiːtsi̯ʊm, **...ien** ...i̯ən
usto *span.* ˈxusto
ustus ˈjʊstʊs, *niederl.* ˈjʏstʏs
ute ˈjuːtə
üte ˈjyːtə
üterbog ˈjyːtɐbɔk
uthunge ˈjuːtʊŋə
utiapa *span.* xuˈti̯apa
uticalpa *span.* xutiˈkalpa
ütisch ˈjyːtɪʃ
utkewitsch *russ.* jutˈkjevitʃ
ütland ˈjyːtlant
utta ˈjʊta
utte ˈjʊtə
uturna juˈtʊrna
uvara *it.* i̯uˈvaːra
uvenal[is] juveˈnaːl[ɪs]
uvenalisch, J... juveˈnaːlɪʃ
uvenalisieren juvenaliˈziːrən
uvenat juveˈnaːt
uvencus juˈvɛŋkʊs
uvenil juveˈniːl
uvenilismus juveniˈlɪsmʊs
uvenilität juveniliˈtɛːt
uventus juˈvɛntʊs
uvivallera! juviˈvaləra, juviˈfa...
uwel juˈveːl
uwelier juveˈliːɐ̯
ux jʊks
uxen ˈjʊksn̩
uxta ˈjʊksta
uxtakompositum jʊkstakɔmˈpoːzitʊm, **...ta** ...ta
uxtaposition jʊkstapoziˈtsi̯oːn
uxtapositum jʊkstaˈpoːzitʊm, **...ta** ...ta
uxte ˈjʊkstə
vd jɔtveːˈdeː
lland *dän.* ˈjylæn’
väskylä *finn.* ˈjyvæskylæ

k, K kaː, *engl.* keɪ, *fr.* kɑ, *it.* ˈkappa, *span.* ka
κ, Κ ˈkapa
Kaaba ˈkaːaba
Kaaden ˈkaːdn̩
Kaalund *dän.* ˈkoːlʊn’
Kaapstad *afr.* ˈkɑːpstat
Kaarst kaːɐ̯st
Kaas kaːs
Kaaz kaːts
Kabache kaˈbaxə
Kabacke kaˈbakə
Kabah *span.* kaˈβax
Kabak *hebr.* ˈkabak
Kab, Al alˈkaːp
[1]**Kabale** kaˈbaːlə
[2]**Kabale** *engl.* kɑːˈbɑːleɪ
Kabalewski *russ.* kɐbaˈljɛfskij
kabalieren kabaˈliːrən
kabalisieren kabaliˈziːrən
Kabalist kabaˈlɪst
Kabalo *fr.* kabaˈlo
Kabanossi kabaˈnɔsi
Kabardiner kabarˈdiːnɐ
kabardinisch kabarˈdiːnɪʃ
Kabarett kabaˈrɛt, *auch:* ...reː, ˈkabarɛt, ...re
Kabarettier kabarɛˈti̯eː
Kabarettist kabarɛˈtɪst
Kabäuschen kaˈbɔy̯sçən
Kabbala ˈkabala
Kabbalist[ik] kabaˈlɪst[ɪk]
Kabbelei kabəˈlai̯
kabbelig ˈkabəlɪç, **-e** ...ɪgə
kabbeln ˈkabl̩n, **kabble** ˈkablə
Kabel ˈkaːbl̩
Kabeljau ˈkaːbl̩jau̯
kabeln ˈkaːbl̩n, **kable** ˈkaːblə
Kabi ˈkaːbi
Kabila kaˈbiːla, *fr.* kabiˈla
Kabinda kaˈbɪnda, *fr.* kabinˈda
Kabine kaˈbiːnə
Kabinett kabiˈnɛt
Kabir kaˈbiːɐ̯
Kabis ˈkaːbɪs
Kablukow *russ.* kɐbluˈkɔf
Kabotage kaboˈtaːʒə
kabotieren kaboˈtiːrən
Kabrio ˈkaːbrio

Kabriolett kabrioˈlɛt
Kabriolimousine kabriolimuˈziːnə
Kabuff kaˈbʊf
Kabuki kaˈbuːki
Kabul ˈkaːbʊl, *afgh.* kɑˈbəl, kɑˈbul
Kabuse kaˈbuːzə
Kabüse kaˈbyːzə
Kabwe *engl.* ˈkɑːbweɪ
Kabyle kaˈbyːlə
Kabylei kabyˈlai̯
Kabylie *fr.* kabiˈli
Kachektiker kaˈxɛktikɐ
kachektisch kaˈxɛktɪʃ
Kachel ˈkaxl̩
kacheln ˈkaxl̩n
Kachelofen ˈkaxl̩|oːfn̩
Kachetien kaˈxeːtsi̯ən
Kachexie kaxɛˈksiː, **-n** ...iːən
Kachowka *russ.* kaˈxɔfkɐ
Kachowski *russ.* kaˈxɔfskij
Kačić *serbokr.* ˈkatʃitɕ
Kaçkar *türk.* katʃˈkɑr
Kacke ˈkakə
kacken ˈkakn̩
kackfidel ˈkakfiˈdeːl
Kaczawa *poln.* kaˈtʃava
Kaczkowski *poln.* katʃˈkɔfski
Kadaň *tschech.* ˈkadanj
Kádár *ung.* ˈkaːdaːr
Kadare *alban.* kadaˈre
Kadarif kaˈdaːrɪf
Kadaver kaˈdaːvɐ
Kadaverin kadaveˈriːn
Kaddisch kaˈdiːʃ
Kadelburg ˈkaːdl̩bʊrk
Kaden-Bandrowski *poln.* ˈkadɛmbanˈdrɔfski
Kadenz kaˈdɛnts
kadenzieren kadɛnˈtsiːrən
Kader ˈkaːdɐ
Kadesch kaˈdeːʃ
Kadett kaˈdɛt
Kadettrinne kaˈdɛtrɪnə
Kadhdhafi kaˈdaːfi
Kadi ˈkaːdi
Kadijewka *russ.* ˈkadijɪfkɐ
Kadıköy *türk.* kɑˈdɯkœi̯
Kadinen kaˈdiːnən
Kadłubek *poln.* kaˈdu̯ubɛk
Kadmea katˈmeːa
Kadmeia katˈmai̯a
kadmeisch katˈmeːɪʃ
kadmieren katˈmiːrən
Kadmium ˈkatmiʊm
Kadmos ˈkatmɔs
Kadmus ˈkatmʊs
Kadoma *jap.* kaˈdoma

Kadosa *ung.* ˈkɔdoʃɔ
Kadschare kaˈd͜ʒaːrə
kaduk kaˈduːk
Kaduna *engl.* kəˈduːnə
kaduzieren kaduˈt͜siːrən
Kaédi *fr.* kaeˈdi
Kaesŏng *korean.* kɛsɔŋ
Kaf[a] ˈkaːf[a]
Kafan *russ.* kaˈfan
Kafarnaum kaˈfarnaʊm
Kaff[a] ˈkaf[a]
Kaffee ˈkafe, *auch:* kaˈfeː
Kaffein kafeˈiːn
Kaffer ˈkafɐ
Kaffka *ung.* ˈkɔfkɔ
Käfig ˈkɛːfɪç, **-e** ...ɪgə
käfigen ˈkɛːfɪgn̩, **käfig!** ...ɪç, **käfigt** ...ɪçt
Kafiller kaˈfɪlɐ
Kafillerei kafɪləˈrai̯
Kafir ˈkaːfɪr
Kafiristan kaˈfiːrɪsta[ː]n
Kafka ˈkafka
kafkaesk kafkaˈɛsk
Kafr Ad Dauwar, - Asch Schaich, - As Saijat ˈkafɐ adau̯ˈvaːɐ̯, - aˈʃai̯ç, - asai̯ˈjaːt
Kaftan ˈkaftan
Käfterchen ˈkɛftɐçən
Kagan *russ.* kaˈgan
Kaganowitsch *russ.* kɐgaˈnɔvit͜ʃ
Kagawa *jap.* ˈkaˌgawa
Kagel ˈkaːgl̩, *span.* kaˈxɛl
Kagera *engl.* kɑːˈgɛrɑː, *fr.* kageˈra
Kagoschima *jap.* kaˈgoʃima
Kagu ˈkaːgu
Kahane kaˈhaːnə
kahl, K... kaːl
Kahla ˈkaːla
Kahlau ˈkaːlau̯
Kahlbaum ˈkaːlbau̯m
Kahle[nberg] ˈkaːlə[nbɛrk]
Kahler ˈkaːlɐ
Kähler ˈkɛːlɐ
Kahler Asten ˈkaːlɐ ˈastn̩
Kahm kaːm
kahmen ˈkaːmən
kahmig ˈkaːmɪç, **-e** ...ɪgə
[1]**Kahn** kaːn, **Kähne** ˈkɛːnə
[2]**Kahn** (Name) kaːn, *engl.* kɑːn, *fr.* kɑːn, kan
Kähnchen ˈkɛːnçən
Kahnweiler ˈkaːnvai̯lɐ
Kahoolawe *engl.* kɑːˈhoʊoʊˈlɑːweɪ
Kahr kaːɐ̯
Kahului *engl.* ˈkɑːhuːˈluːiː

Kai kai̯
Kaieteur Falls *engl.* ˈkaɪətʊə ˈfɔːlz
Kaifeng *chin.* kai̯fəŋ 11
Kaifu *jap.* kaˈifu
Kaik ˈkaːɪk
Kaikos ˈkaːikɔs
Kaila[s] *finn.* ˈkɑi̯lɑ[s]
Kailua *engl.* kaɪˈluːə
Kaim[an] ˈkai̯m[an]
Kain kai̯n, *auch:* ˈkaːɪn
Kainit kai̯ˈniːt
Kainz kai̯nt͜s
Kaiphas ˈkai̯fas, *auch:* ˈkaːifas
Kairakkum *russ.* kɐjrakˈkum
Kairo ˈkai̯ro
Kairoer ˈkai̯roɐ
kairophob kai̯roˈfoːp, **-e** ...oːbə
Kairophobie kai̯rofoˈbiː, **-n** ...iːən
Kairos kai̯ˈrɔs, **...roi** ...ˈrɔy̯
Kairouan *fr.* kɛˈrwã
Kairow *russ.* kaˈirɐf
Kairuan kai̯ˈru̯aːn
Kaisarion kai̯ˈzaːri̯ɔn
Kaisen ˈkai̯zn̩
Kaiser ˈkai̯zɐ, *engl.* ˈkaɪzə
Kaiser-Friedrich-Museum kai̯zɐˈfriːdrɪçmuzeːʊm
Kaiserinmutter ˈkai̯zərɪnˈmʊtɐ
kaiserlich ˈkai̯zɐlɪç
Kaiserling ˈkai̯zɐlɪŋ
Kaiserslautern kai̯zɐsˈlau̯tɐn
Kaiserstuhl ˈkai̯zɐʃtuːl
Kaiserstühler ˈkai̯zɐʃtyːlɐ
Kaiserswerth kai̯zɐsˈveːɐ̯t
Kaiserwald ˈkai̯zɐvalt
Kaizen ˈkai̯zɛn
Kaj *dän.* kai̯ˈ
Kajaani *finn.* ˈkɑjɑːni
Kajafas ˈkaːjafas
Kajak ˈkaːjak
Kajal kaˈjaːl
Kajana *schwed.* kaˈjɑːna
Kajang *indon.* ˈkad͜ʒaŋ
Kajanus *schwed.* kaˈjɑːnʊs
Kaje ˈkaːjə
Kajeput... kajəˈpʊt...
Kajetan ˈka[ː]jetaːn, kajeˈtaːn
Kajik ˈkaːjɪk
kajolieren kaʒoˈliːrən
Kajütdeck kaˈjyːtdɛk
Kajüte kaˈjyːtə
Kak kaːk
Kakadu ˈkakadu, *auch:* ...ˈduː
Kakao kaˈkau̯, *auch:* kaˈkaːo
kakeln ˈkaːkl̩n
Kakemono kakeˈmoːno
Kakerlak ˈkaːkɐlak

Kaki ˈkaːki
Kakidrose kakiˈdroːzə
Kakidrosis kakiˈdroːzɪs
Kakinada *engl.* kækɪˈnɑːdə
Kakirit kakiˈriːt
Käkisalmi *finn.* ˈkækisɑlmi
Kakodyl kakoˈdyːl
Kakogawa *jap.* kaˈkogawa
Kakogeusie kakogɔyˈziː
Kakophonie kakofoˈniː, **-n** ...iːən
Kakophoniker kakoˈfoːnikɐ
kakophonisch kakoˈfoːnɪʃ
Kakosmie kakɔsˈmiː
Kakostomie kakostoˈmiː
Kaktazeen kaktaˈt͜seːən
Kaktee kakˈteːə
Kaktus ˈkaktʊs, **-se** ...ʊsə
kakuminal, K... kakumiˈnaːl
Kalaa-Djerda *fr.* kalaad͜ʒɛrˈda
Kala-Azar ˈkala|aˈt͜sar
Kalabasse kalaˈbasə
Kalabrese kalaˈbreːzə
Kalabreser kalaˈbreːzɐ
Kalabrien kaˈlaːbriən
Kalabrier kaˈlaːbriɐ
kalabrisch kaˈlaːbrɪʃ
Kalabscha kaˈlapʃa
Kalach ˈkalax
Kalaf ˈkaːlaf
Kalafati kalaˈfati
Kalahari kalaˈhaːri
Kalamä *neugr.* kaˈlamɛ
Kalamaika kalaˈmai̯ka
Kalamander kalaˈmandɐ
Kalamarien kalaˈmaːri̯ən
Kalamata *neugr.* kalaˈmata
Kalamazoo *engl.* kæləməˈzuː
Kalambo *engl.* kəˈlɑːmboʊ
Kalamin kalaˈmiːn
Kalamis ˈkaːlamɪs
Kalamität kalamiˈtɛːt
Kalamiten kalaˈmiːtn̩
Kalamos ˈkaːlamɔs
Kalanag ˈkaːlanak
Kalanchoe kaˈlançoe, **-n** ...oən
Kalander kaˈlandɐ
kalandern kaˈlandɐn, **...ndre** ...ndrə
kalandrieren kalanˈdriːrən
Kalandsbrüder ˈkaːlant͜sbryːdɐ
Kalasantiner kalazanˈtiːnɐ
Kalasche kaˈlaʃə
kalaschen kaˈlaʃn̩
Kalaschnikow kaˈlaʃnikɔf
Kalasirier kalaˈziːri̯ɐ
Kalasiris kalaˈziːrɪs
Kalathos ˈkaːlatɔs, **...thoi** ...tɔy̯
Kalatosow *russ.* kɐlaˈtɔzɐf

Kalau[er] 'ka:lau̯[ɐ]
kalauern 'ka:lau̯ɐn
Kalauria ka'lau̯ri̯a
Kalb kalp, **Kalbes** ...bəs, **Kälber** 'kɛlbɐ
Kälbchen 'kɛlpçən
Kalbe 'kalbə
kalben 'kalbn̩, **kalb!** kalp, **kalbt** kalpt
kalbern 'kalbɐn, **kalbre** 'kalbrə
kälbern 'kɛlbɐn, **kälbre** 'kɛlbrə
Kalbin 'kalbɪn
Kalchas 'kalças
Kalchedon kal'çe:dɔn
Kalchreuth kalç'rɔy̯t
Kalchu 'kalçu
Kalckreuth 'kalkrɔy̯t
Kaldarium kal'da:ri̯ʊm, **...ien** ...i̯ən
Kaldaune kal'dau̯nə
Kaldenkirchen 'kaldn̩kɪrçn̩
Kaldera kal'de:ra
Kaleb 'ka:lɛp, *serbokr.* 'kalɛ:b
Kalebasse kale'basə
Kaledoniden kaledo'ni:dn̩
Kaledonien kale'do:ni̯ən
Kaledonier kale'do:ni̯ɐ
kaledonisch kale'do:nɪʃ
Kaleidoskop kalai̯do'sko:p
Kaleika ka'lai̯ka
Kaléko ka'lɛko
Kalemie *fr.* kale'mje
kalendarisch kalɛn'da:rɪʃ
Kalendarium kalɛn'da:ri̯ʊm, **...ien** ...i̯ən
Kalenden ka'lɛndn̩
Kalender ka'lɛndɐ
Kalenter 'kalɛntɐ
Kalesche ka'lɛʃə
Kalety *poln.* ka'lɛtɨ
Kalevala *finn.* 'kɑlɛvɑlɑ
Kalewala 'kalevala
Kalf *niederl.* kɑlf
Kalfakter kal'faktɐ
Kalfaktor kal'fakto:ɐ̯, **-en** kalfak'to:rən
Kalfat... kal'fa:t...
kalfatern kal'fa:tɐn
Kalff *niederl.* kɑlf
Kalgan 'kalgan, kal'ga:n
Kalgoorlie *engl.* kæl'gʊəlɪ
Kalhana 'kalhana
Kali 'ka:li
Kalian ka'li̯a:n
Kaliban 'kaliban
Kaliber ka'li:bɐ
Kalibration kalibra'tsi̯o:n
Kalibreur kali'brø:ɐ̯
kalibrieren kali'bri:rən
...kalibrig ...ka.li:brɪç, **-e** ...ɪgə
Kalidasa kali'da:za
Kalif ka'li:f
Kalifat kali'fa:t
Kalifornien kali'fɔrni̯ən
Kalifornier kali'fɔrni̯ɐ
kalifornisch kali'fɔrnɪʃ
Kalifornium kali'fɔrni̯ʊm
Kaligula ka'li:gula
Kaliko 'kaliko
Kalikut 'kalikʊt
Kalile u Dimne ka'li:lə u: 'dɪmnə, *pers.* kæli'le o dem'ne
Kalima *fr.* kali'ma
Kalimantan *indon.* kali'mantan
Kalimnos *neugr.* 'kalimnɔs
Kalinčiak *slowak.* 'kalintʃi̯ak
Kalinin *russ.* ka'linin
Kaliningrad *russ.* kɐlinin'grat
Kalinka *russ.* ka'linkɐ
Kalinnikow *russ.* ka'linnikɐf
Kalinowski *dt., poln.* kali'nɔfski, *russ.* kɐli'nɔfskij
Kalir ka'li:ɐ̯
Kalisch 'ka:lɪʃ
Kalispell *engl.* 'kælɪspɛl
Kalisz *poln.* 'kaliʃ
Kalium 'ka:li̯ʊm
Kaliun ka'li̯u:n
Kalix *schwed.* 'kɑ:lɪks
Kalixt ka'lɪkst
Kalixtiner kalɪks'ti:nɐ
Kalixtus ka'lɪkstʊs
Kaljub kal'ju:p
Kalk kalk
Kalkaneus kal'ka:neʊs, **...ei** ...ei
Kalkant kal'kant
Kalkar 'kalkar, *niederl.* 'kɑlkɑr
Kalkariurie kalkari̯u'ri:, **-n** ...i:ən
Kalkbrenner 'kalkbrɛnɐ
kalken 'kalkn̩
kälken 'kɛlkn̩
kalkig 'kalkɪç, **-e** ...ɪgə
Kalkoolith 'kalk|ooli:t
Kalkül kal'ky:l
Kalkulation kalkula'tsi̯o:n
Kalkulator kalku'la:to:ɐ̯, **-en** ...la'to:rən
kalkulatorisch kalkula'to:rɪʃ
kalkulieren kalku'li:rən
Kalkum 'kalkʊm
Kalkutta kal'kʊta
kalkuttisch kal'kʊtɪʃ
kalkweiß 'kalk'vai̯s
Kall[a] 'kal[a]
Kállai *ung.* 'ka:llɔi
Kallas *finn.* 'kɑllɑs
Kallavesi *finn.* 'kɑllɑvɛsi
Kállay *ung.* 'ka:llɔi
Kalle 'kalə
Kallela *schwed.* 'kaləla
Kalletal 'kaləta:l
Kallias 'kali̯as
Kalligraph kali'gra:f
Kalligraphie kaligra'fi:
Kallikrates ka'li:kratɛs
Kallimachos ka'li:maxɔs
Kallina ka'li:na
Kallinos ka'li:nɔs
Kallio *finn.* 'kɑlliɔ
Kalliope ka'li:ope
Kallippos ka'lɪpɔs
Kallipygos kali'py:gɔs, ka'li:pygɔs
Kallisthenes ka'lɪstenɛs
Kallisto ka'lɪsto
Kallistus ka'lɪstʊs
Kalliwoda kali'vo:da, '----
Kallmorgen 'kalmɔrgn̩
kallös ka'lø:s, **-e** ...ø:zə
Kallose ka'lo:zə
Kallus 'kalʊs, **-se** ...ʊsə
Kalma *niederl.* 'kɑlmɑ
Kálmán *ung.* 'ka:lma:n
[1]**Kalmar** (Tier) 'kalmar, **...are** ...'ma:rə
[2]**Kalmar** (Stadt) *schwed.* 'kalmar
Kalmarer 'kalmarɐ
kalmarisch kal'ma:rɪʃ
Kalmäuser 'kalmɔy̯zɐ, *auch:* -'--
Kalme 'kalmə
kalmieren kal'mi:rən
Kalmit 'kalmɪt
Kalmuck kal'mʊk
Kalmück[e] kal'mʏk[ə]
Kalmus 'kalmʊs, **-se** ...ʊsə
Kálnoky *ung.* 'ka:lnoki
Kalo 'ka:lo
Kalobiotik kalo'bi̯o:tɪk
Kalocsa[y] *ung.* 'kɔlotʃɔ[i]
Kaloderma® kalo'dɛrma
Kaloikagathoi kalɔy̯kaga'tɔy̯
Kalokagathie kalokaga'ti:
Kalomel 'ka:lomɛl
Kalomiris *neugr.* kalɔ'miris
Kalorie kalo'ri:, **-n** ...i:ən
Kalorifer kalori'fe:ɐ̯
Kalorik ka'lo:rɪk
Kalorimeter kalori'me:tɐ
Kalorimetrie kalorime'tri:
kalorimetrisch kalori'me:trɪʃ
kalorisch ka'lo:rɪʃ

K

kalorisieren kalori'zi:rən
Kalotte ka'lɔtə
Kalpa 'kalpa
Kalpak kal'pak, *auch:* '--
kalt kalt, **kälter** 'kɛltɐ
Kaltan *russ.* kal'tan
Kaltblüter 'kaltbly:tɐ
kaltblütig 'kaltbly:tɪç, **-e** ...ɪgə
Kälte 'kɛltə
kalten 'kaltn̩
kälten 'kɛltn̩
Kaltenbrunner 'kaltn̩brʊnɐ
Kaltennordheim kaltn̩'nɔrthaim
kälter vgl. kalt
Kalter 'kaltɐ
Kalterer 'kaltərɐ
Kaltern 'kaltɐn
Kalthoff 'kalthɔf
Kaltneker 'kaltnɛkɐ
Kaluga *russ.* ka'lugɐ
Kalulushi *engl.* kɑ:lu:'lu:ʃi:
Kalumbin kalʊm'bi:n
Kalumet kalu'mɛt, *auch:* kaly'me:
Kalumniant kalʊmni'ant
Kalundborg *dän.* kælʊn'bɔɐ̯'
Kaluppe ka'lʊpə
Kalusch *russ.* 'kaluʃ
Kałuszyn *poln.* ka'u̯uʃɨn
Kalva 'kalva
Kalvaria kal'va:ri̯a, **...ien** ...i̯ən
Kalvarienberg kal'va:ri̯ənbɛrk
Kalvill[e] kal'vɪl[ə]
kalvinisch, K... kal'vi:nɪʃ
Kalvinismus kalvi'nɪsmʊs
Kalvinist kalvi'nɪst
Kalw kalf
Kalwer 'kalvɐ
Kalwos *neugr.* 'kalvɔs
Kalyan *engl.* 'kælɪɑ:n
Kalydon 'ka:lydɔn
kalydonisch kaly'do:nɪʃ
Kalym 'ka:lʏm
Kalypso ka'lʏpso
Kalyptra ka'lʏptra
Kalyptrogen kalʏptro'ge:n
Kalzan® kal'tsa:n
Kalzeolarie kaltseo'la:ri̯ə
kalzifizieren kaltsifi'tsi:rən
kalzifug kaltsi'fu:k, **-e** ...u:gə
Kalzig 'kaltsɪç
Kalzination kaltsina'tsi̯o:n
kalzinieren kaltsi'ni:rən
Kalzinose kaltsi'no:zə
kalziphil kaltsi'fi:l
Kalzit kal'tsi:t
Kalzium 'kaltsi̯ʊm
kam ka:m

Kama 'ka:ma, *russ.* 'kamɐ
Kamadewa kama'de:va
Kamakura *jap.* ka'makura
Kamaldulenser kamaldu'lɛnzɐ
Kamangah kamaŋ'ga:
Kamaraderie kamaradə'ri:
Kamare 'kamare
Kamares... ka'ma:rɛs...
Kamarilla kama'rɪlja, *auch:* ...'rɪla
Kamasutra kama'zu:tra
Kamba 'kamba
Kamban *isl.* 'kamban
kambial kam'bi̯a:l
kambieren kam'bi:rən
Kambio 'kambi̯o, **...bi** ...bi
Kambium 'kambi̯ʊm, **...ien** ...i̯ən
Kambli, ...ly 'kambli
Kambodscha kam'bɔdʒa
Kambodschaner kambo'dʒa:nɐ
kambodschanisch kambo'dʒa:nɪʃ
Kambrik 'kambrɪk, *auch:* 'ke:m...
kambrisch 'kambrɪʃ
Kambrium 'kambriʊm
Kamburg 'kambʊrk
Kambyses kam'by:zɛs
käme 'kɛ:mə
Kamee ka'me:ə
Kamel ka'me:l
Kämelgarn 'kɛ:ml̩garn
Kamelie ka'me:li̯ə
Kamelle ka'mɛlə
Kamellie ka'mɛli̯ə
Kamelopard kamelo'part, **-e** ...rdə
Kamelott kamə'lɔt
Kamen 'ka:mən, *serbokr.* 'kamɛ:n
Kamene ka'me:nə
Kamenew *russ.* 'kamɪnɪf
Kamenez-Podolski *russ.* 'kamɪnɪtspa'dɔljskij
Kamen-na-Obi *russ.* 'kamɪnjnɐa'bi
Kamenski *russ.* ka'mjɛnskij
Kamensk-Schachtinski *russ.* 'kamɪnsk'ʃaxtinskij
Kamensk-Uralski *russ.* 'kamɪnsku'raljskij
Kamenz (Dresden) 'ka:mɛnts
Kamera 'kamәra, *auch:* 'ka:m...
Kamerad kamə'ra:t, **-en** ...a:dn̩
Kameraderie kamәradə'ri:, **-n** ...i:ən

Kameradschaft kamə'ra:tʃaft
Kameral... kame'ra:l...
Kameralien kame'ra:li̯ən
Kameralismus kamera'lɪsmʊs
Kameralist[ik] kamera'lɪst[ɪk]
Kamerlingh [Onnes] *niederl.* 'ka:mərlɪŋ ['ɔnəs]
Kamerun[er] 'kaməru:n[ɐ], 'ka:..., *auch:* kamə'ru:n[ɐ]
Kames 'ka:məs, *auch:* ke:ms
Kami 'ka:mi
Kamienna Góra *poln.* ka'mjɛnna 'gura
Kamień Pomorski *poln.* 'kamjɛi̯m pɔ'mɔrski
kamieren ka'mi:rən
Kamikaze kami'ka:tsə
Kamilavkion kami'lafki̯ɔn, **...ien** ...i̯ən
Kamilla ka'mɪla
Kamille ka'mɪlə
Kamillianer kamɪ'li̯a:nɐ
Kamillo ka'mɪlo
Kamillus ka'mɪlʊs
Kamin ka'mi:n
Kamina *fr.* kami'na
kaminieren kami'ni:rən
Kaminski ka'mɪnski
Kaminsky *engl.* kə'mɪnskɪ
Kamisarde kami'zardə
Kamischlija kamɪʃ'li:ja
Kamisol kami'zo:l
Kamisölchen kami'zø:lçən
Kamloops *engl.* 'kæmlu:ps
Kamm kam, **Kämme** 'kɛmə
Kämmchen 'kɛmçən
Kämmelgarn 'kɛml̩garn
kämmeln 'kɛml̩n
kämmen 'kɛmən
Kammer 'kamɐ
Kämmerchen 'kɛmɐçən
Kämmerei kɛmə'rai
Kammerling 'kamɐlɪŋ
Kämmerling 'kɛmɐlɪŋ
Kammin ka'mi:n
Kämmling 'kɛmlɪŋ
Kammmacher 'kammaxɐ
Kamöne ka'mø:nə
Kamorra ka'mɔra
Kamos ka'mo:s
Kamose ka'mo:ze
Kamp kamp, **Kämpe** 'kɛmpə
Kampagne kam'panjə
Kampala kam'pa:la, *engl.* kæm'pɑ:lə
Kampania kam'pa:ni̯a
Kampanien kam'pa:ni̯ən
Kampanile kampa'ni:lə
Kampanje kam'panjə

Kampanula kam'pa:nula
Kampar *indon.* 'kampar
Kämpe 'kɛmpə
Kämpe vgl. Kamp
Kampelei kampə'lai
kampeln 'kampl̩n
Kampen 'kampn̩, *niederl.* 'kɑmpə
Kampescheholz kam'pɛʃəhɔlts
Kämpevise 'kɛmpəvi:zə
Kampf kampf, **Kämpfe** 'kɛmpfə
kämpfen 'kɛmpfn̩
Kampfer 'kampfɐ
Kämpfer 'kɛmpfɐ
Kamphausen 'kamphauzn̩
Kamphoevener 'kamphø:vənɐ
kampieren kam'pi:rən
Kamp-Lintfort kamp'lɪntfɔrt
Kampong 'kampɔŋ
Kamposanto kampo'zanto
Kampot *Khmer* kɑm'pɔ:t
Kamputschea kampʊ'tʃe:a
Kamputscheaner kampʊ-tʃe'a:nɐ
kampylotrop kampylo'tro:p
Kamsin kam'zi:n
Kamtschadale kamtʃa'da:lə
Kamtschatka kam'tʃatka, *russ.* kam'tʃatkɐ
Kamuffel ka'mʊfl̩
Kamyschin *russ.* ka'mɨʃɨn
Kamyschlow *russ.* kɐmɨʃ'lɔf
Kan *russ.* kan, *türk.* kɑn
Kana 'ka:na
Kanaan 'ka:naan
kanaanäisch kanaa'nɛ:ɪʃ
Kanaaniter kanaa'ni:tɐ
kanaanitisch kanaa'ni:tɪʃ
Kanada 'kanada
Kanadier ka'na:di̯ɐ
kanadisch ka'na:dɪʃ
Kanagawa *jap.* ka'naˌgawa
Kanaille ka'naljə
Kanake ka'na:kə
Kanaker *russ.* kɐna'kjɛr
Kanal ka'na:l, **Kanäle** ka'nɛ:lə
Kanälchen ka'nɛ:lçən
Kanalisation kanaliza'tsi̯o:n
kanalisieren kanali'zi:rən
Kanamycin® kanamy'tsi:n
kananäisch kana'nɛ:ɪʃ
Kananga *fr.* kanã'ga
Kananiter kana'ni:tɐ
Kanapee 'kanape
Kanaren ka'na:rən
Kanari ka'na:ri
Kanarie ka'na:ri̯ə
Kanarienvogel ka'na:ri̯ənfo:gl̩
Kanarier ka'na:ri̯ɐ

Kanaris *neugr.* ka'naris
kanarisch ka'na:rɪʃ
Kanasawa *jap.* ka'naˌzawa
Kanasch *russ.* ka'naʃ
Kanaster ka'nastɐ
Kanchanaburi *Thai* ka:ntʃana-bu'ri: 11411
Kancheepuram *engl.* kæn-'tʃi:pʊrəm
Kancsianu kan'tʃa:nu
Kandahar kanda'ha:ɐ̯, *afgh.* kændæ'hɑr
Kandahar-Rennen 'kandahar-rɛnən
Kandalakscha *russ.* kɐnda-'lakʃɐ
Kandare kan'da:rə
Kandaules kan'daulɛs
Kandel 'kandl̩
Kandelaber kande'la:bɐ
kandeln 'kandl̩n, **...dle** ...dlə
Kander[n] 'kandɐ[n]
Kandersteg 'kandɐʃte:k
Kandia 'kandi̯a
Kandida 'kandida
Kandidat kandi'da:t
Kandidatur kandida'tu:ɐ̯
kandidel kan'di:dl̩, **...dle** ...dlə
kandidieren kandi'di:rən
Kandidus 'kandidʊs
kandieren kan'di:rən
Kandinski *russ.* kan'dinskij
Kandinsky kan'dɪnski
Kandiote kan'di̯o:tə
Kandis 'kandɪs
Kanditen kan'di:tn̩
Kändler 'kɛndlɐ
Kandó *ung.* 'kɔndo:
Kandschar kan'dʒa:ɐ̯
Kandschur 'kandʒʊr
Kandy *engl.* 'kændɪ
Kane *engl.* keɪn
Kaneel ka'ne:l
Kanellopulos *neugr.* kanɛ'lɔ-pulɔs
Kanem 'ka:nɛm, *fr.* kɑ'nɛm
Kanena ka'ne:na
Kaneohe *engl.* kɑ:neɪ'oʊheɪ
Kanephore kane'fo:rə
Kanevas 'kanəvas, **-se** ...asə
kanevassen 'kanəvasn̩
Kanew *russ.* 'kanɪf
Kang kaŋ
Kangar *indon.* 'kaŋar
Kangaroo Island *engl.* 'kæŋ-gəru: 'aɪlənd
Kangchenjunga *engl.* kæŋ-tʃən'dʒʊŋgə
Kanggye *korean.* kaŋgje

Kangnŭng *korean.* kaŋnɨŋ
Känguru 'kɛŋguru
Kang Xi *chin.* kaŋɕi 11
Kania *poln.* 'kanja
Kaniden ka'ni:dn̩
Kanık *türk.* kɑ'nɨk
Kanin *russ.* 'kanin
Kanin[chen] ka'ni:n[çən]
Kanischka ka'nɪʃka
Kanisius ka'ni:zi̯ʊs
Kanister ka'nɪstɐ
Kanitz 'ka:nɪts
Kanižlić *serbokr.* ˌkaniʒlitɕ
Kanjiža *serbokr.* ˌkanjiʒa
Kankaanpää *finn.* 'kɑŋ-kɑ:mpæ:
Kankakee *engl.* kæŋkə'ki:
Kankan *fr.* kã'kã
Kanker 'kaŋkɐ
Kankrin *russ.* kan'krin
Kankroid kaŋkro'i:t, **-e** ...i:də
kankrös kaŋ'krø:s, **-e** ...ø:zə
kann kan
Kanna 'kana
Kannä 'kanɛ
Kannabinol kanabi'no:l
Kannada 'kanada
Kannapolis *engl.* kə'næpəlɪs
Kännchen 'kɛnçən
Kanne[bäckerland] 'kanə-[bɛkɐˌlant]
Kannegießer 'kanəgi:sɐ
kannegießern 'kanəgi:sɐn
Kännel 'kɛnl̩
kannelieren kanə'li:rən
Kannelur kanə'lu:ɐ̯
Kannelüre kanə'ly:rə
Kannenbäckerland 'kanən-bɛkɐˌlant
kannensisch ka'nɛnzɪʃ
Kannibale kani'ba:lə
kannibalisch kani'ba:lɪʃ
Kannibalismus kaniba'lɪsmʊs
Kannitverstan ka'nɪtfɛɐ̯ʃta:n
kannte 'kantə
Kannuschi 'kanʊʃi
[1]**Kano** (Stadt) 'ka:no, *engl.* 'kɑ:noʊ
[2]**Kano** (Maler) *jap.* ka'no:
Kanoldt 'ka:nɔlt
Kanon 'ka:nɔn, **-es** 'ka:none:s
Kanonade kano'na:də
Kanone ka'no:nə
Kanonier kano'ni:ɐ̯
kanonieren kano'ni:rən
Kanonik ka'no:nɪk
Kanonikat kanoni'ka:t
Kanoniker ka'no:nikɐ
Kanonikus ka'no:nikʊs

Kanonisation kanoniza'tsio:n
kanonisch ka'no:nɪʃ
kanonisieren kanoni'zi:rən
Kanonisse kano'nɪsə
Kanonissin kano'nɪsɪn
Kanonist[ik] kano'nɪst[ɪk]
Kanope ka'no:pə
Känophytikum kɛno'fy:tikʊm
Kanopos ka'no:pɔs
Kanopus ka'no:pʊs
Kanossa ka'nɔsa
Kanowitz *engl.* 'kænəvɪts
Känozoikum kɛno'tso:ikʊm
känozoisch kɛno'tso:ɪʃ
Kanpur *engl.* 'kɑ:npʊə
Kansas 'kanzas, *engl.* 'kænzəs
Kansk *russ.* kansk
Kansu 'kanzu
Kant kant
kantabel kan'ta:bl̩, **...ble** ...blə
Kantabile kan'ta:bile
Kantabilität kantabili'tɛ:t
Kantabrer kan'ta:brɐ, *auch:* 'kantabrɐ
Kantabrien kan'ta:briən
kantabrisch kan'ta:brɪʃ
Kantakuzenos kantaku'tse:nɔs, *neugr.* kandakuzi'nɔs
Kantala kan'ta:la, *auch:* 'kantala
Kantar kan'ta:ɐ̯
Kantara 'kantara
Kantate kan'ta:tə
Kante 'kantə
Kantel 'kantl̩
Kantele 'kantələ
kanteln 'kantl̩n
Kantemir *russ.* kɛntɪ'mir
kanten, K... 'kantn̩
[1]**Kanter** (Gestell) 'kantɐ
[2]**Kanter** (Galopp) 'kantɐ, *auch:* 'kɛntɐ
kantern 'kantɐn, *auch:* 'kɛntɐn
Kanthaken 'kantha:kn̩
Kantharide kanta'ri:də
Kantharidin kantari'di:n
Kantharos 'kantarɔs, **...roi** ...rɔy
Kanther 'kantɐ
Kantianer kan'ti̯a:nɐ
Kantianismus kanti̯a'nɪsmʊs
kantig 'kantɪç, **-e** ...ɪgə
Kantilene kanti'le:nə
Kantille kan'tɪlə
Kantine kan'ti:nə
Kantinier kanti'ni̯e:
kantisch, K... 'kantɪʃ
Kanto *jap.* 'ka.nto:
[1]**Kanton** (Bezirk) kan'to:n
[2]**Kanton** (chin. Stadt) 'kantɔn
kantonal kanto'na:l
Kantönchen kan'tø:nçən
Kantonese kanto'ne:zə
Kantoniere kanto'ni̯e:rə
kantonieren kanto'ni:rən
Kantonist kanto'nɪst
Kantönligeist kan'tø:nligai̯st
Kantonnement kantɔnə'mã:
[1]**Kantor** 'kanto:ɐ̯, **-en** kan'to:rən
[2]**Kantor** (Name) 'kanto:ɐ̯, *engl.* 'kæntə, *poln.* 'kantɔr
Kantorat kanto'ra:t
Kantorei kanto'rai̯
Kantorowicz kan'to:rovɪts
Kantorowitsch *russ.* kan'tɔrɐvitʃ
Kantschindschanga kantʃɪn'dʒaŋga
Kantschu 'kantʃu
Kantus 'kantʊs, **-se** ...ʊsə
Kanu 'ka:nu, *auch:* ka'nu:
Kanüle ka'ny:lə
Kanuri ka'nu:ri
Kanut[e] ka'nu:t[ə]
Kánya *ung.* 'ka:njɔ
Kanye *engl.* 'kɑ:nɪeɪ
Kanzel 'kants̩l̩
Kanzellariat kantsɛla'ri̯a:t
Kanzelle kan'tsɛlə
kanzellieren kantsɛ'li:rən
kanzerogen kantsero'ge:n
Kanzerologe kantsero'lo:gə
Kanzerologie kantserolo'gi:
Kanzerophobie kantserofo'bi:, **-n** ...i:ən
kanzerös kantse'rø:s, **-e** ...ø:zə
Kanzlei kants'lai̯
Kanzler 'kantslɐ
Kanzlist kants'lɪst
Kanzone kan'tso:nə
Kanzonetta kantso'nɛta
Kanzonette kantso'nɛtə
Kaolack *fr.* kaɔ'lak
Kaolin kao'li:n
kaolinisieren kaolini'zi:rən
Kaolinit kaoli'ni:t
Kaon 'ka:ɔn, ka'o:n, **-en** ka'o:nən
Kap kap
kapabel ka'pa:bl̩, **...ble** ...blə
Kapaun ka'paun
kapaunen ka'paunən
kapaunisieren kapauni'zi:rən
Kapazitanz kapatsi'tants
Kapazität kapatsi'tɛ:t
kapazi[ta]tiv kapatsi[ta]'ti:f, **-e** ...i:və
Kapeador kapea'do:ɐ̯
Kapee ka'pe:
Kapela *serbokr.* 'kapɛla
Kapelan kapə'la:n
Kapella ka'pɛla
Kapelle ka'pɛlə
Kapellen ka'pɛlən
kapellieren kapɛ'li:rən
Kaper 'ka:pɐ
Kaperei ka:pə'rai̯
kapern 'ka:pɐn
Kapernaum ka'pɛrnaʊm
Kapersburg 'ka:pɐsbʊrk
Kapetinger 'ka:petɪŋɐ, *auch:* 'kap...
Kapfenberg 'kapfn̩bɛrk
Kapfenburg 'kapfn̩bʊrk
Kapharnaum ka'farnaʊm
Kaphis 'ka:fɪs
kapieren ka'pi:rən
kapillar kapɪ'la:ɐ̯
Kapillare kapɪ'la:rə
Kapillarität kapɪlari'tɛ:t
Kapillaroskopie kapɪlarosko'pi:
Kapillitium kapɪ'li:tsi̯ʊm, **...ien** ...i̯ən
kapischo ka'pi:ʃo
kapital kapi'ta:l
Kapital kapi'ta:l, **-ien** ...i̯ən
Kapitäl[chen] kapi'tɛ:l[çən]
Kapitale kapi'ta:lə
Kapitalis kapi'ta:lɪs
Kapitalisation kapitaliza'tsi̯o:n
kapitalisieren kapitali'zi:rən
Kapitalismus kapita'lɪsmʊs
Kapitalist kapita'lɪst
Kapitän[leutnant] kapi'tɛ:n[lɔytnant]
Kapitel ka'pɪtl̩
Kapitell kapi'tɛl
kapiteln ka'pɪtl̩n
Kapitol kapi'to:l
kapitolinisch kapito'li:nɪʃ
Kapitulant kapitu'lant
Kapitular kapitu'la:ɐ̯
Kapitularien kapitu'la:ri̯ən
Kapitulation kapitula'tsi̯o:n
kapitulieren kapitu'li:rən
Kapiza *russ.* ka'pitsɐ
Kaplaken 'kaplakn̩
[1]**Kaplan** ka'pla:n, **Kapläne** ka'plɛ:nə
[2]**Kaplan** (Name) 'kaplan, *engl.* 'kæplən
Kapland 'kaplant

Kaplanturbine 'kaplantʊrbi:nə
Kaplický *tschech.* 'kaplitski:
Kapnist *russ.* kap'nist
Kapo 'kapo
Kapodaster kapo'dastɐ
Kapodistrias *neugr.* kapɔ-'ðistrias
Kapok 'kapɔk, 'ka:pɔk
Kaponniere kapɔ'ni̯e:rə
kapores ka'po:rəs
Kapos[i] *ung.* 'kɔpoʃ[i]
Kaposvár *ung.* 'kɔpoʃva:r
Kapotte ka'pɔtə
Kapotthut ka'pɔthu:t
Kapp *dt., russ.* kap, *engl.* kæp
Käpp kɛp
Kappa 'kapa
Kappadokien kapa'do:ki̯ən
Kappadokier kapa'do:ki̯ɐ
kappadokisch kapa'do:kɪʃ
Kappadozien kapa'do:tsi̯ən
Kappadozier kapa'do:tsi̯ɐ
kappadozisch kapa'do:tsɪʃ
Käppchen 'kɛpçən
Kappe 'kapə
Kappel[n] 'kapl̩[n]
kappen 'kapn̩
Kappes 'kapəs
Käppi 'kɛpi
Kapplaken 'kaplakn̩
Kappus 'kapʊs
Kapri 'ka:pri
Kapriccio ka'prɪtʃo
Kaprice ka'pri:sə
Kaprifikation kaprifika'tsi̯o:n
Kaprifoliazeen kaprifoli̯a-'tse:ən
Kapriole kapri'o:lə
kapriolen kapri'o:lən
Kaprize ka'pri:tsə
kaprizieren kapri'tsi:rən
kapriziös kapri'tsi̯ø:s, **-e** ...ø:zə
Kaprizpolster ka'pri:tspɔlstɐ
Kaprolaktam kaprolak'ta:m
Kapron... ka'pro:n...
Kapronat kapro'na:t
Kaprotinen... kapro'ti:nən...
Kaprun ka'pru:n
Kapsel 'kapsl̩
Käpselchen 'kɛpsl̩çən
...kaps[e]lig ...kaps[ə]lɪç, **-e** ...ɪgə
Kapsikum 'kapsikʊm
Kapstadt 'kapʃtat
Kapsukas *lit.* ka'psʊkas
Kaptal kap'ta:l
kaptalen kap'ta:lən
Kaptation kapta'tsi̯o:n
kaptativ kapta'ti:f, **-e** ...i:və
kaptatorisch kapta'to:rɪʃ
Kaptein kap'tai̯n
Käpten 'kɛptn̩
Kapteyn *niederl.* kɑp'tɛi̯n
Kaption kap'tsi̯o:n
kaptiös kap'tsi̯ø:s, **-e** ...ø:zə
kaptivieren kapti'vi:rən
Kaptivität kaptivi'tɛ:t
Kaptur kap'tu:ɐ̯
Kapu ka'pu:
Kapuas [Hulu] *indon.* ka'puas ['hulu]
Kapuskasing *engl.* kæpəs'keɪ-sɪŋ
Kapusta ka'pʊsta
Kapuster ka'pʊstɐ
Kaput (Mantel) ka'pʊt
Kaput mortuum 'ka:pʊt 'mɔr-tuʊm, 'kapʊt -
kaputt ka'pʊt
Kapuze ka'pu:tsə
Kapuzinade kaputsi'na:də
Kapuziner kapu'tsi:nɐ
Kap Verde 'kap 'vɛrdə
Kapverden kap'vɛrdn̩
Kapverdier kap'vɛrdi̯ɐ
kapverdisch kap'vɛrdɪʃ
Kar ka:ɐ̯
Karabach, ...agh kara'bax
Karabasch *russ.* kɐra'baʃ
Karabiner kara'bi:nɐ
Karabinier karabi'ni̯e:
Karabiniere karabi'ni̯e:rə, **...ri** ...ri
Kara-Bogas-Gol *russ.* ka'raba-'gaz'gɔl
Karabük *türk.* kɑ'rɑˌbyk
Karaburan karabu'ra:n
Karacaoğlan *türk.* kɑrɑ-'dʒɑɔ:ˌlɑn
Karachanide karaxa'ni:də
Karachi *engl.* kə'rɑ:tʃɪ
Karacho ka'raxo
Karadag *russ.* kɐra'dak
Karadeniz *türk.* kɑ'rɑdɛˌniz
Karađorđe *serbokr.* 'kara-dʑɔ:rdʑɛ, ˌk..., –ˌ–––
Karađorđević *serbokr.* 'kara-ˌdʑɔ:rdʑɛvitɕ
Karadsch *pers.* kæ'rædʒ
Karadscha *bulgar.* kɐrɐ'dʒa
Karadžić *serbokr.* 'karadʒitɕ
Karäer ka'rɛ:ɐ
Karaffe ka'rafə
Karaffine kara'fi:nə
Karaganda *russ.* kɐrɐgan'da
Karagasse kara'gasə
Karagatsis *neugr.* kara'ɣatsis
Karageorg karage'ɔrk
Karagös kara'gø:s
Karaibe kara'i:bə
karaibisch kara'i:bɪʃ
Karaime kara'i:mə
Karait kara'i:t
Karajan 'ka[:]rajan
Karakal 'karakal
Karakalpake karakal'pa:kə
karakolieren karako'li:rən
Karakoram *engl.* kærə'kɔ:rəm
Karakorum karako'rʊm, *auch:* ...'ko:rʊm
Karakul *russ.* kɐra'kulj
Karakulschaf kara'kʊlʃa:f
Karakum *russ.* kɐra'kum
Karalitschew *bulgar.* kɐrɐ-'lijtʃɛf
Karaman *türk.* kɑ'rɑmɑn
Karamanlis *neugr.* karaman'lis
Karamasow *russ.* kɐra'mazɐf
Karambolage karambo'la:ʒə
Karambole karam'bo:lə
karambolieren karambo'li:rən
karamell, K... kara'mɛl
Karamelle kara'mɛlə
karamellieren karamɛ'li:rən
karamellisieren karamɛli-'zi:rən
Karami ka'ra:mi
Karamsin *russ.* kɐram'zin
Karantaner karan'ta:nɐ
Karantanien karan'ta:ni̯ən
Karaoke kara'o:kə
Karasberge 'karasbɛrgə
Karasee 'ka:raze:
Karásek *tschech.* 'kara:sɛk
Karaslawow *bulgar.* kɐrɐ'sla-vof
Karasu *türk.* kɑ'rɑsu
Karat ka'ra:t
Karatau *russ.* kɐra'tau
Karate ka'ra:tə
Karateka kara'te:ka
Karatepe *türk.* kɑ'rɑtɛˌpɛ
...karäter ...kaˌrɛ:tɐ
...karätig ...kaˌrɛ:tɪç, **-e** ...ɪgə
Karatschaier kara'tʃai̯ɐ
karatschaiisch kara'tʃai̯ɪʃ
Karatschi ka'ra:tʃi
Karausche ka'rau̯ʃə
Karavelle kara'vɛlə
Karawajewa *russ.* kɐra'vajɪvɐ
Karawane kara'va:nə
Karawanken kara'vaŋkn̩
Karawanserei karavanzə'rai̯
Karawelow *bulgar.* kɐrɐ'vɛlof
Karbala karba'la:
Karbamid karba'mi:t, **-es** ...i:dəs

Karbatsche kar'ba:t͡ʃə
karbatschen kar'ba:t͡ʃn̩
Karbazol karba't͡so:l
Karben 'karbn̩
Karbid kar'bi:t, **-e** ...i:də
karbidisch kar'bi:dɪʃ
Karbinol karbi'no:l
Karbohydrase karbohy'dra:zə
Karboid karbo'i:t, **-e** ...i:də
Karbol kar'bo:l
Karbolineum karboli'ne:ʊm
Karbon kar'bo:n
Karbonade karbo'na:də
Karbonado karbo'na:do
Karbonaro karbo'na:ro, **...ri** ...ri
Karbonat karbo'na:t
Karboneum karbo'ne:ʊm
Karbonisation karboniza't͡si̯o:n
karbonisch kar'bo:nɪʃ
karbonisieren karboni'zi:rən
karbonitrieren karboni'tri:rən
Karbonyl karbo'ny:l
Karborund karbo'rʊnt, **-es** ...ndəs
Karborundum karbo'rʊndʊm
Karbowanez kar'bo:vanɛt͡s
karbozyklisch karbo't͡sy:klɪʃ
Karbuna *russ.* kar'bunɐ
Karbunkel kar'bʊŋkl̩
karburieren karbu'ri:rən
Karcag *ung.* 'kɔrtsɔg
Karcher 'karçɐ
Kardamom karda'mo:m
Kardan... kar'da:n..., *auch:* '--
kardanisch kar'da:nɪʃ
Kardätsche kar'dɛ:t͡ʃə
kardätschen kar'dɛ:t͡ʃn̩
Karde 'kardə
Kardeel kar'de:l
Kardelj *slowen.* kar'de:lj
karden 'kardn̩, **kard!** kart
Karden 'kardn̩
Kardia kar'di:a, *auch:* 'kardi̯a
Kardiakum kar'di:akʊm, **...ka** ...ka
kardial kar'di̯a:l
Kardialgie kardi̯al'gi:, **-n** ...i:ən
kardieren kar'di:rən
kardinal kardi'na:l
Kardinal kardi'na:l, **...näle** ...'nɛ:lə
Kardinalat kardina'la:t
Kardinale kardi'na:lə, **...lia** ...li̯a
Kardiogramm kardi̯o'gram
Kardiograph kardi̯o'gra:f
Kardioide kardi̯o'i:də
Kardiologe kardi̯o'lo:gə
Kardiologie kardi̯olo'gi:
Kardiolyse kardi̯o'ly:zə
Kardiomegalie kardi̯omega'li:, **-n** ...i:ən
Kardiopathie kardi̯opa'ti:, **-n** ...i:ən
Kardioplegie kardi̯ople'gi:
Kardioptose kardi̯ɔp'to:zə
Kardiospasmus kardi̯o'spasmʊs
Kardiothymie kardi̯oty'mi:, **-n** ...i:ən
Kardiotokograph kardi̯otoko'gra:f
kardiovaskulär kardi̯ovasku'lɛ:ɐ̯
Karditis kar'di:tɪs **...itiden** ...di'ti:dn̩
Karditsa *neugr.* kar'ðitsa
Kardobenediktenkraut kardobene'dɪktn̩kraut
Kardone kar'do:nə
Kardorff 'ka:ɐ̯dɔrf
Kardos *ung.* 'kɔrdoʃ
Kardschali *bulgar.* 'kərd͡ʒɐli
Karel *niederl.* 'ka:rəl, *tschech.* 'karɛl
Karelia ka're:li̯a
Karelien ka're:li̯ən
Karelier ka're:li̯ɐ
karelisch ka're:lɪʃ
karelofinnisch ka're:lo'fɪnɪʃ
Karen (Volk) ka'rɛn, *engl.* kə'rɛn
Karenina ka're:nina, *russ.* ka'rjeninɐ
Karenz ka'rɛnt͡s
Karer[see] 'ka:rɐ[ze:]
karessieren karɛ'si:rən
Karette ka'rɛtə
Karettschildkröte ka'rɛtʃɪltkrø:tə
Karezza ka'rɛt͡sa
Karfiol kar'fi̯o:l
Karfreit kar'frait
Karfreitag ka:ɐ̯'fraita:k
Karfunkel kar'fʊŋkl̩
karg kark, **karge** 'kargə, **kärger** 'kɛrgɐ
Kargadeur karga'dø:ɐ̯
Kargador karga'do:ɐ̯
kargen 'kargn̩, **karg!** kark, **kargt** karkt
kärger vgl. karg
kärglich 'kɛrklɪç
Kargo 'kargo
Kargopol *russ.* 'kargɐpɐlj
Karhula *finn.* 'kɑrhulɑ
Kari 'ka:ri
Kariba *engl.* kə'ri:bə
Karibe ka'ri:bə
Karibib 'karibɪp
Karibik ka'ri:bɪk
karibisch ka'ri:bɪʃ
Karibu 'ka:ribu, 'kar...
Karien 'ka:ri̯ən
karieren ka'ri:rən
Karies 'ka:ri̯ɛs
Karija *jap.* 'ka,rija
karikativ karika'ti:f, **-e** ...i:və
Karikatur karika'tu:ɐ̯
Karikaturist karikatu'rɪst
karikieren kari'ki:rən
Karimata *indon.* kari'mata
Karimow *russ.* ka'rimɐf
Karimunjawa *indon.* karimʊn'd͡ʒawa
Karin 'ka:ri:n, 'ka:rɪn, *schwed.* ˌkɑ:rin, *dän.* 'karin
Karina ka'ri:na
Karinth ka'rɪnt
Karinthy *ung.* 'kɔrinti
kariogen kari̯o'ge:n
kariös ka'ri̯ø:s, **-e** ...ø:zə
karisch 'ka:rɪʃ
Karitas 'ka:ritas
karitativ karita'ti:f, **-e** ...i:və
Karjala *finn.* 'kɑrjɑlɑ
Karjalainen *finn.* 'kɑrjɑlai̯nɛn
karjolen kar'jo:lən
karjuckeln kar'jʊkl̩n
Karkamış *türk.* 'kɑrkɑmɨʃ
Karkasse kar'kasə
Karkawitsas *neugr.* karka'vitsas
Karkemisch karke'mi:ʃ, 'karkemɪʃ
Karkonosze *poln.* karkɔ'nɔʃɛ
Karkoschka kar'kɔʃka
Karl karl, *schwed.* kɑ:[r]l, *dän.* ka:ˀɐ̯l
Karla 'karla
Karlfeldt *schwed.* ˌkɑ:[r]lfɛlt
Karlgren *schwed.* ˌkɑ:[r]lgre:n
Karlheinz karl'haint͡s
Kärlich 'kɛrlɪç
Karline kar'li:nə
Karlinger 'karlɪŋɐ
karlingisch kar'lɪŋɪʃ, '---
Karlist kar'lɪst
Karlmann 'karlman
Karl-Marx-Stadt karl'marksʃtat
Karlmeinet karl'mainət
Karloff *engl.* 'kɑ:lɔf
Karlos 'karlɔs

Karlovac *serbokr.* 'ka:rlɔvats
Karlovy Vary *tschech.* 'karlɔvi 'vari
Karłowicz *poln.* ka'ruɔvitʃ
Karlowitz 'karlovɪts
Karlowo *bulgar.* 'karlovo
Karlsbad 'karlsba:t
Karlsbader 'karlsba:dɐ
Karlsburg 'karlsbʊrk
Karlsfeld 'karlsfɛlt
Karlshafen karls'ha:fn̩
Karlshamn *schwed.* ˌkɑ:lshamn, kals'hamn
Karlshorst karls'hɔrst
Karlskoga *schwed.* kalˌsku:ga
Karlskrona *schwed.* kals-ˌkru:na
Karlsruhe 'karlsru:ə
Karlstad *schwed.* 'kɑ:lsta
Karlstadt 'karlʃtat
Karlstein 'karlʃtain
Karlštejn *tschech.* 'karlʃtɛjn
Karlweis 'karlvais
Karma 'karma
Karmamarga karma'marga
Karman 'karman
Kármán *ung.* 'ka:rma:n
Karmate kar'ma:tə
Karmel 'karml̩
Karmelit[er] karme'li:t[ɐ]
Karmen 'karmən, **...mina** ...mina
Karmesin karme'zi:n
Karmiel *hebr.* karmi'ɛl
Karmin kar'mi:n
karminativ karmina'ti:f, **-e** ...i:və
Karminativum karmina-'ti:vʊm, **...va** ...va
Karmir-Blur *russ.* kar'mir'blur
karmosieren karmo'zi:rən
Karmøy *norw.* ˌkarmœi
Karn[ak] 'karn[ak]
Karnal *engl.* kə'nɑ:l
Karnallit karna'li:t
Karnat kar'na:t
Karnataka *engl.* kɑ:'nɑ:təkə
Karnation karna'tsio:n
Karnauba... kar'nauba...
Karneades kar'ne:adɛs
Karneol karne'o:l
Karner 'karnɐ
Karneval 'karnəval
Karnevalist karnəva'lɪst
Karnickel kar'nɪkl̩
Karnies kar'ni:s, **-e** ...i:zə
Karniese kar'ni:zə
Karnifikation karnifika'tsio:n
karnisch 'karnɪʃ
Karnische kar'ni:ʃə
karnivor karni'vo:ɐ̯
Karnivore karni'vo:rə
Karnöffel kar'nœfl̩
Kärnten 'kɛrntn̩
Kärnt[e]ner 'kɛrnt[ə]nɐ
kärntnerisch 'kɛrntnərɪʃ
Karnüffel kar'nʏfl̩
Karnute kar'nu:tə
Karo 'ka:ro
Karoas 'ka:ro|as, *auch:* --'-
Karobe ka'ro:bə
Karol *poln.* 'karɔl
Karola ka'ro:la, 'ka:rola
Karolina karo'li:na
Karoline[n] karo'li:nə[n]
Karolinger 'ka:rolɪŋɐ
karolingisch 'ka:rolɪŋɪʃ
karolinisch karo'li:nɪʃ
Karolus 'ka:rolʊs, ka'ro:lʊs
Károly[i] *ung.* 'ka:roj[i]
Karosse ka'rɔsə
Karosserie karɔsə'ri:, **-n** ...i:ən
Karossier karɔ'sie:
karossieren karɔ'si:rən
Karotide karo'ti:də
Karotin karo'ti:n
Karotinoid karotino'i:t, **-e** ...i:də
Karotis ka'ro:tɪs, **...tiden** karo-'ti:dn̩
Karotte ka'rɔtə
Karottieren karɔ'ti:rən
Karow 'ka:ro
Karpacz 'karpatʃ
Karpasia *neugr.* karpa'sia
Karpat[h]en kar'pa:tn̩
Karpathos 'karpatɔs, *neugr.* 'karpaθɔs
karpatisch kar'pa:tɪʃ
Karpaty *poln., russ.* kar'patɨ, *slowak.* 'karpati
Karpell kar'pɛl
Karpellum kar'pɛlʊm, **...lla** ...la
Karpenko-Kary *russ.* kar'pjɛn-kɐ'karɨj
Karpenter... 'karpəntɐ...
Karpfen 'karpfn̩
Karpiński *poln.* kar'piiski
Karpinsk[i] *russ.* kar'pinsk[ij]
Karpogon karpo'go:n
Karpokrates kar'po:kratɛs
Karpolith karpo'li:t
Karpologie karpolo'gi:
Karpophor karpo'fo:ɐ̯
Karposoma karpo'zo:ma, **-ta** -ta
Karpow *russ.* 'karpɐf
Karpowicz *poln.* kar'pɔvitʃ
Karr *fr.* ka:r
Karrada ka'ra:da
Karrag[h]een kara'ge:n
Kärrchen 'kɛrçən
Karre 'karə
Karree ka're:
karren, K... 'karən
Karrer 'karɐ
Karrete ka're:tə
Karrette ka'rɛtə
Karrhä 'karɛ
Karriere ka'rie:rə
Karrierismus karie'rɪsmʊs
Karrierist karie'rɪst
Karrillon 'karijõ
Karriol[e] ka'rio:l[ə]
karriolen ka'rio:lən
Kärrner 'kɛrnɐ
Karru ka'ru:
Kars *türk.* kɑrs
Karsamstag ka:ɐ̯'zamsta:k
Karsawin[a] *russ.* kar'savin[ɐ]
Karsch karʃ
Karschi *russ.* kar'ʃɨ
Karschin 'karʃɪn
Karsdorf 'karsdɔrf
Karsen 'karzn̩, *niederl.* 'kɑrsə
Karst karst
Karstadt 'ka:ɐ̯ʃtat
Kärstchen 'kɛrstçən
Karsten 'karstn̩
karstig 'karstɪç, **-e** ...ɪgə
Karsunke kar'zʊŋkə
Kart kart
Kartal *türk.* kɑr'tɑl
Kartaly *russ.* kɐrta'lɨ
Kartätsche kar'tɛ:tʃə
kartätschen kar'tɛ:tʃn̩
Kartaune kar'taunə
Kartause kar'tauzə
Kartäuser kar'tɔyzɐ
Kärtchen 'kɛrtçən
Karte 'kartə
Kartei kar'tai
Kartell kar'tɛl
kartellieren kartɛ'li:rən
karten 'kartn̩
kartesianisch, K... karte-'zia:nɪʃ
Kartesianismus kartezia'nɪs-mʊs
kartesisch, K... kar'te:zɪʃ
Karthager kar'ta:gɐ
Karthaginienser kartagi-'niɛnzɐ
karthagisch kar'ta:gɪʃ
Karthago kar'ta:go
Karthamin karta'mi:n

K

Karthamis karta'mi:s
Karthaus kar'tau̯s, '--
kartieren kar'ti:rən
kartilaginär kartilagi'nɛ:ɐ̯
kartilaginös kartilagi'nø:s, **-e** ...ø:zə
Karting 'kartɪŋ
Kartoffel kar'tɔfl̩
Kartogramm karto'gram
Kartograph karto'gra:f
Kartographie kartogra'fi:
kartographieren kartogra'fi:rən
Kartomantie kartoman'ti:
Kartometer karto'me:tɐ
Kartometrie kartome'tri:
kartometrisch karto'me:trɪʃ
Karton kar'tõ:, *auch:* kar'tɔŋ, kar'to:n, **des -s** kar'tõ:s, *auch:* kar'tɔŋs, kar'to:ns, **die -s** kar'tõ:s, *auch:* kar'tɔŋs, **die -e** kar'to:nə
Kartonage karto'na:ʒə
kartonieren karto'ni:rən
Kartothek karto'te:k
Kartusche kar'tʊʃə
Kartuzy *poln.* kar'tuzɨ
Karube ka'ru:bə
Karun *pers.* kɑ'ru:n
Karunkel ka'rʊŋkl̩
Karussell karʊ'sɛl
Karvaš *slowak.* 'karvaʃ
Karviná *tschech.* 'karvina:
Karwe 'karvə
karweel... kar've:l...
Karwendel kar'vɛndl̩
Karwin 'karvi:n
Karwoche 'ka:ɐ̯vɔxə
Karyatide karya̯'ti:də
Karyogamie karyoga'mi:, **-n** ...i:ən
Karyokinese karyoki'ne:zə
karyokinetisch karyoki'ne:tɪʃ
Karyologie karyolo'gi:
Karyolymphe karyo'lʏmfə
karyophag karyo'fa:k, **-e** ...a:gə
Karyoplasma karyo'plasma
Karyopse ka'ryɔpsə
Karzer 'kart͜sɐ
karzinogen, K... kart͜sino'ge:n
Karzinoid kart͜sino'i:t, **-e** ...i:də
Karzinologe kart͜sino'lo:gə
Karzinologie kart͜sinolo'gi:
karzinologisch kart͜sino'lo:gɪʃ
Karzinom kart͜si'no:m
karzinomatös kart͜sinoma'tø:s, **-e** ...ø:zə
Karzinophobie kart͜sinofo'bi:
Karzinosarkom kart͜sinozar'ko:m
Karzinose kart͜si'no:zə
Kasach[e] ka'zax[ə]
kasachisch ka'zaxɪʃ
Kasachstan 'ka:zaxsta[:]n, *russ.* kɐzax'stan
Kasack 'ka:zak
Kasaï *fr.* ka'saj
Kasak ka'zak
Kasakewitsch *russ.* kɐza'kjevitʃ
Kasakow *russ.* kɐza'kɔf
Kasama *engl.* kɑ:'sɑ:mɑ:
[1]**Kasan** (Stadt) ka'za:n, *russ.* ka'zanj
[2]**Kasan** (Maler) *jap.* 'ka,zan
Kasandsakis *neugr.* kazan'dzakis
Kasanlak *bulgar.* kɐzɐn'lək
Kasanski *russ.* ka'zanskij
Kasatschok kaza't͜ʃɔk
Kasavubu kaza'vu:bu, *fr.* kasavu'bu
Kasba[h] 'kasba, **Ksabi** 'ksa:bi
Kasba-Tadla *fr.* kasbata'dla
Kasbegi *georg.* 'qazbegi
Kasbek *russ.* kaz'bjɛk
Käsch kɛʃ, kɛ:ʃ
Kasch[a] 'kaʃ[a]
Kaschan 'kaʃan, *pers.* kɑ'ʃɑ:n
Kaschani *pers.* kaʃɑ'ni:
Kaschau[er] 'kaʃau̯[ɐ]
kascheln 'kaʃl̩n
Kaschelott kaʃə'lɔt
Kaschemme ka'ʃɛmə
kaschen 'kaʃn̩
Käschen 'kɛ:sçən
Käscher 'kɛʃɐ
Kascheur ka'ʃø:ɐ̯
Kaschgar kaʃ'ga:ɐ̯
kaschieren ka'ʃi:rən
Kaschira *russ.* ka'ʃɨrɐ
Kaschiri kaʃi'ri:
Kaschiwa *jap.* ka'ʃiwa
Kaschkadarja *russ.* kɐʃkɐdarj'ja
Kaschmir 'kaʃmi:ɐ̯
Kaschmiri kaʃ'mi:ri
Kaschnitz 'kaʃnɪt͜s
Kascholong kaʃo'lɔŋ
Kaschott ka'ʃɔt
Kaschube ka'ʃu:bə
Kaschubei kaʃu'bai̯
Kaschubien ka'ʃu:bi̯ən
kaschubisch ka'ʃu:bɪʃ
Kaschurpapier ka'ʃu:ɐ̯papi:ɐ̯
Käse 'kɛ:zə
Kasein kaze'i:n
Kasel 'ka:zl̩
Kasematte kazə'matə
kasemattieren kazəma'ti:rən
käsen 'kɛ:zn̩, **käs!** kɛ:s, **käst** kɛ:st
Kaser 'ka:zɐ
Käser 'kɛ:zɐ
Käserei kɛ:zə'rai̯
Kaserne ka'zɛrnə
Kasernement kazɛrnə'mã:
kasernieren kazɛr'ni:rən
Kaserun *pers.* kɑze'ru:n
Kasha® 'kaʃa
Kasia 'ka:zi̯a
Kašić *serbokr.* 'kaʃitɕ
käsig 'kɛ:zɪç, **-e** ...ɪgə
Kasi-Magomed *russ.* ka'zimɐga'mjɛt
Kasimijja kazi'mi:ja
Kasimir 'ka:zimi:ɐ̯, ...mɪr
Kasin *russ.* 'kazin
Kasino ka'zi:no
Kaskade kas'ka:də
Kaskadeur kasak'dø:ɐ̯
Kaskarillrinde kaska'rɪlrɪndə
Kaskel 'kaskl̩
Kaskett kas'kɛt
Kasko 'kasko
Kašlík *tschech.* 'kaʃli:k
Käsmark[t] 'kɛ:smark[t]
Kasos 'ka:zɔs, *neugr.* 'kasɔs
Kaspar 'kaspar
Kasparow *russ.* kas'parɐf
Kasper 'kaspɐ, *poln.* ...pɛr
Käsper 'kɛspɐ
Kasperl[e] 'kaspɐl[ə]
Kasperli 'kaspɐli
kaspern 'kaspɐn
käspern 'kɛspɐn
Kaspier 'kaspi̯ɐ
kaspisch, K... 'kaspɪʃ
Kaspisee 'kaspize:
Kaspisk *russ.* kas'pijsk
Kasprowicz *poln.* kas'prɔvitʃ
[1]**Kassa** 'kasa
[2]**Kassa** (Name) *ung.* 'kɔʃʃɔ
Kassák *ung.* 'kɔʃʃa:k
Kassala 'kasala
Kassander ka'sandɐ
Kassandra ka'sandra, *neugr.* kasa'nðra
Kassation kasa't͜si̯o:n
Kassatkin *russ.* ka'satkin
kassatorisch kasa'to:rɪʃ
Kassave ka'sa:və
Kassawa ka'sa:va
Kasse 'kasə
Kassel 'kasl̩
Kasselaner kasə'la:nɐ

Kasseler ˈkasəlɐ
Kasserine *fr.* kaˈsrin
Kasserolle kasəˈrɔlə
Kassette kaˈsɛtə
kassettieren kasɛˈtiːrən
Kassia ˈkasi̯a, **...ien** ...i̯ən
Kassiber kaˈsiːbɐ
kassibern kaˈsiːbɐn, **kassibre** kaˈsiːbrə
Kasside kaˈsiːdə
Kassie ˈkasi̯ə
Kassier kaˈsiːɐ̯
kassieren kaˈsiːrən
Kassierer kaˈsiːrɐ
Kassimow *russ.* kaˈsimɐf
Kassinett kasiˈnɛt
kassinisch kaˈsiːnɪʃ
Kassiodor kasi̯oˈdoːɐ̯
Kassiopeia kasi̯oˈpai̯a
Kassiopeium kasi̯oˈpai̯ʊm
Kassite kaˈsiːtə
Kassiteriden kasiteˈriːdn̩
Kassiterit kasiteˈriːt
Kassius ˈkasi̯ʊs
Kassler ˈkaslɐ
Kassner ˈkasnɐ
Kassube kaˈsuːbə
Kastagnette kastanˈjɛtə
Kastalia kasˈtaːli̯a
kastalisch kasˈtaːlɪʃ
Kastalski *russ.* kasˈtaljskij
Kastamonu *türk.* kɑsˈtɑmɔnu, ˈ----
Kastanie kasˈtaːni̯ə
Kästchen ˈkɛstçən
Kaste ˈkastə
kasteien kasˈtai̯ən
Kaštelan *serbokr.* kaʃˈtɛlaːn
Kastell kasˈtɛl
Kastellan kastɛˈlaːn
Kastellanei kastɛlaˈnai̯
Kastellaun kastɛˈlau̯n
Kästeln ˈkɛstl̩n
Kastelruth kastl̩ˈruːt
Kasten ˈkastn̩, **Kästen** ˈkɛstn̩
Kaster ˈkastɐ
Kastigation kastigaˈt͜si̯oːn
Kastigator kastiˈgaːtoːɐ̯, **-en** ...gaˈtoːrən
kastigieren kastiˈgiːrən
Kastilien kasˈtiːli̯ən
Kastilier kasˈtiːli̯ɐ
kastilisch kasˈtiːlɪʃ
Kastize kasˈtiːt͜sə
Kastl ˈkastl̩
Kastler *fr.* kastˈlɛːr
Kastner ˈkastnɐ, *fr.* kastˈnɛːr
Kästner ˈkɛstnɐ
Kastor ˈkastoːɐ̯
Kastoria *neugr.* kastɔˈria
Kastrat kasˈtraːt
Kastration kastraˈt͜si̯oːn
kastrieren kasˈtriːrən
Kastriot[a] *alban.* kastriˈot[a]
Kastron ˈkastrɔn
Kastrup *dän.* ˈkæsdrʊb
kasual kaˈzu̯aːl
Kasualien kaˈzu̯aːli̯ən
Kasualismus kazu̯aˈlɪsmʊs
Kasuar kaˈzu̯aːɐ̯
Kasuarina kazu̯aˈriːna
Kasuarine kazu̯aˈriːnə
kasuell kaˈzu̯ɛl
Kasugai *jap.* kaˈsu̯gai
Kasuist[ik] kaˈzu̯ɪst[ɪk]
Kasur *engl.* kəˈsʊə
Kasus ˈkaːzʊs, **die -** ˈkaːzuːs
kata..., K... ˈkata...
Kat[a] ˈkat[a]
katabatisch kataˈbaːtɪʃ
katabol kataˈboːl
Katabolie kataboˈliː
Katabolismus kataboˈlɪsmʊs
Katabothre kataˈboːtrə
Katachrese kataˈçreːzə
Katachresis kaˈtaːçrezɪs, ...taç..., **...sen** ...taˈçreːzn̩
katachrestisch kataˈçrɛstɪʃ
Katadyn... kataˈdyːn...
Katafalk kataˈfalk
Katajew *russ.* kaˈtajɪf
Katakana kataˈkaːna
Katakaustik kataˈkau̯stɪk
katakaustisch kataˈkau̯stɪʃ
Kataklas... kataˈklaːs...
Kataklase kataˈklaːzə
kataklastisch kataˈklastɪʃ
Kataklysmus kataˈklʏsmʊs
kataklystisch kataˈklʏstɪʃ
Katakombe kataˈkɔmbə
katakrot kataˈkroːt
Katakrotie katakroˈtiː
Katakustik kataˈkʊstɪk
Katalane kataˈlaːnə
katalanisch kataˈlaːnɪʃ
Katalase kataˈlaːzə
katalaunisch kataˈlau̯nɪʃ
Katalekten kataˈlɛktn̩
katalektisch kataˈlɛktɪʃ
Katalepsie katalɛˈpsiː, **-n** ...iːən
kataleptisch kataˈlɛptɪʃ
Katalexe kataˈlɛksə
Katalexis kaˈtaːlɛksɪs, **...xen** ...taˈlɛksn̩
Katalog kataˈloːk, **-e** ...oːgə
katalogisieren katalogiˈziːrən
Katalonien kataˈloːni̯ən
Katalonier kataˈloːni̯ɐ
katalonisch kataˈloːnɪʃ
Katalpa kaˈtalpa
Katalpe kaˈtalpə
Katalysator katalyˈzaːtoːɐ̯, **-en** ...zaˈtoːrən
Katalyse kataˈlyːzə
katalysieren katalyˈziːrən
katalytisch kataˈlyːtɪʃ
Katalytofen kataˈlyːt|oːfn̩
Katamaran katamaˈraːn
Katamenien kataˈmeːni̯ən
Katamnese katamˈneːzə
Katanga kaˈtaŋga, *fr.* katɑ̃ˈga, *russ.* ˈkatɐngɐ
Katangese katanˈgeːzə
katangesisch katanˈgeːzɪʃ
Kataphasie katafaˈziː
Katapher kaˈtafɐ
Kataphorese katafoˈreːzə
kataphorisch kataˈfoːrɪʃ
Kataphrakt kataˈfrakt
Kataplasie kataplaˈziː, **-n** ...iːən
Kataplasma kataˈplasma
kataplektisch kataˈplɛktɪʃ
Kataplexie kataplɛˈksiː, **-n** ...iːən
Katapult kataˈpʊlt
katapultieren katapʊlˈtiːrən
Katar ˈkaːtar, *auch:* ˈkatar
Katarakt[a] kataˈrakt[a]
Katarer kaˈtaːrɐ
katarisch kaˈtaːrɪʃ
Katarr[h] kaˈtar
katarr[h]alisch kataˈraːlɪʃ
Katarzyna *poln.* kataˈʒɨna
Katastase kataˈstaːzə
Katastasis kaˈtastazɪs, **...stasen** ...ˈstaːzn̩
Kataster kaˈtastɐ
Katasterismus katasteˈrɪsmʊs
Katastral... kataˈstraːl...
katastrieren katasˈtriːrən
katastrophal katastroˈfaːl
Katastrophe katasˈtroːfə
katastrophisch katasˈtroːfɪʃ
Katasyllogismus katazʏloˈgɪsmʊs
Katathermometer katatɛrmoˈmeːtɐ
katathym kataˈtyːm
Katathymie katatyˈmiː, **-n** ...iːən
Katatonie katatoˈniː, **-n** ...iːən
Katatoniker kataˈtoːnikɐ
katatonisch kataˈtoːnɪʃ
Katavothre kataˈvoːtrə
Katazone ˈkatat͜soːnə

Katchen *engl.* ˈkætʃən

Kätchen ˈkɛ:tçən

Kate *dt., niederl.* ˈka:tə, *engl.* keɪt

Käte ˈkɛ:tə

Kateb *fr.* kaˈtɛb

Katechese katɛˈçe:zə

Katechet[ik] katɛˈçe:t[ɪk]

Katechisation katɛçizaˈtsi̯o:n

katechisieren katɛçiˈzi:rən

Katechismus katɛˈçɪsmʊs

Katechist katɛˈçɪst

Katechu ˈkatɛçu

Katechumenat katɛçumeˈna:t

Katechumene katɛçuˈme:nə, *katholisch:* katɛˈçu:menə

kategorial kategoˈri̯a:l

Kategorie kategoˈri:, **-n** ...i:ən

kategoriell kategoˈri̯ɛl

kategorisch kateˈgo:rɪʃ

kategorisieren kategoriˈzi:rən

Katen ˈka:tn̩

Katene kaˈte:nə

Katenin *russ.* kaˈtjenin

Katenoid katenoˈi:t, **-e** ...i:də

Kater ˈka:tɐ, *engl.* ˈkeɪtə

Katerina *russ.* kətɪˈrinɐ

Katerini *neugr.* katɛˈrini

katexochen katlɛksɔˈxe:n

Katfisch ˈkatfɪʃ

Katgut ˈkatgʊt

Kathai kaˈtai̯

Katharer ˈka:tarɐ, *auch:* ˈkat...

Kathareuusa kataˈrɔyuza, *neugr.* kaθaˈrɛvusa

Katharina kataˈri:na, *engl.* kæθəˈri:nə

Katharine kataˈri:nə, *engl.* ˈkæθərɪn

katharob kataˈro:p, **-e** ...o:bə

Katharobie kataˈro:bi̯ə

Katharobiont kataroˈbi̯ɔnt

Katharsis ˈka:tarzɪs, *auch:* kaˈtarzɪs

kathartisch kaˈtartɪʃ

Käthchen ˈkɛ:tçən

Kathe ˈka:tə

Käthe ˈkɛ:tə

Katheder kaˈte:dɐ

Kathedral... kateˈdra:l...

Kathedrale kateˈdra:lə

Kathepsin katɛˈpsi:n

Kather ˈka:tɐ

Katherine *engl.* ˈkæθərɪn

Kathete kaˈte:tə

Katheter kaˈte:tɐ

katheterisieren kateteriˈzi:rən

kathetern kaˈte:tɐn

Kathetometer katetoˈme:tɐ

Kathiawar *engl.* kɑ:tɪəˈwɑ:

Kathie *engl.* ˈkæθɪ

Kathinka kaˈtɪŋka

Kathleen *engl.* ˈkæθli:n

Kathode kaˈto:də

kathodisch kaˈto:dɪʃ

Kathodophon katodoˈfo:n

Kathole kaˈto:lə

Katholik katoˈli:k

Katholikos katoliˈkɔs

katholisch kaˈto:lɪʃ

katholisieren katoliˈzi:rən

Katholizismus katoliˈtsɪsmʊs

Katholizität katolitsiˈtɛ:t

Katholyt katoˈly:t

Kathrein kaˈtrai̯n

Kathreiner® kaˈtrai̯nɐ

Kathrin kaˈtri:n, *auch:* ˈ--

Kathrine kaˈtri:nə

Kathryn *engl.* ˈkæθrɪn

Kati ˈka:ti, *fr.* kaˈti

Katie *engl.* ˈkeɪtɪ

Katif kaˈti:f

Katilina katiˈli:na

katilinarisch, K... katiliˈna:rɪʃ

Katinka kaˈtɪŋka, *ung.* ˈkɔtiŋkɔ

Katiola *fr.* katjɔˈla

Kation ˈkati̯o:n, ...i̯ɔn, **-en** kaˈti̯o:nən

Katja ˈkatja, *russ.* ˈkatjɐ

Katla *isl.* ˈkahtla

Katmai *engl.* ˈkætmaɪ

Katmandu katˈmandu, katmanˈdu:, *engl.* kætmænˈdu:

Kätner ˈkɛ:tnɐ

Kato ˈka:to

Katode kaˈto:də

katodisch kaˈto:dɪʃ

katogen katoˈge:n

katohalin katohaˈli:n

Katolyt katoˈly:t

Katona *ung.* ˈkɔtonɔ

katonisch, K... kaˈto:nɪʃ

Katoomba *engl.* kəˈtu:mbə

Katoptrik kaˈtɔptrɪk

katoptrisch kaˈtɔptrɪʃ

katotherm katoˈtɛrm

Katothermie katotɛrˈmi:

Katowice *poln.* katɔˈvitsɛ

Katrein kaˈtrai̯n

Katrin kaˈtri:n, *auch:* ˈ--

Katrine kaˈtri:nə, *engl.* ˈkætrɪn

Katrineholm *schwed.* katrinəˈhɔlm

Katschalow *russ.* kaˈtʃalɐf

Katschari kaˈtʃa:ri

Katschberg ˈkatʃbɛrk

katschen ˈkatʃn̩

kätschen ˈkɛtʃn̩

Katscher ˈkatʃɐ

Kätscher ˈkɛtʃɐ

Katsina *engl.* ˈkɑ:tsɪnə, kɑ:ˈtʃi:nɑ:

Kattakurgan *russ.* kɐttɐkurˈgan

Kattanker ˈkatlaŋkɐ

Katte ˈkatə

Kattegat ˈkatəgat, *dän.* ˈkædəgæd

Kattegatt *schwed.* ˈkatəgat

katten ˈkatn̩

Kattenbusch ˈkatn̩bʊʃ

Kattnigg ˈkatnɪk

Kattowitz ˈkatovɪts

Kattrin ˈkatri:n

Kattun kaˈtu:n

kattunen kaˈtu:nən

Kattwald ˈkatvalt

Katty *engl.* ˈkætɪ

Katuar *russ.* kɐtuˈar

Katull kaˈtʊl

Katun *russ.* kaˈtunj

Katušev *russ.* ˈkatuʃəf

Katwijk [aan Zee] *niederl.* ˈkatwɛi̯k [a:n ˈze:]

Katyn *russ.* kaˈtɨnj, *auch:* ˈ--

Katz kats, *engl.* kæts

Katzbach ˈkatsbax

katzbalgen ˈkatsbalgn̩

Katzbalgerei katsbalgəˈrai̯

katzbuckeln ˈkatsbʊkl̩n

Kätzchen ˈkɛtsçən

Katze ˈkatsə

Katzelmacher ˈkatsl̩maxɐ

Katzenelnbogen katsn̩ˈlɛlnbo:gn̩

Katzer ˈkatsɐ

Katzhütte katsˈhʏtə

Kätzin ˈkɛtsɪn

Katzoff ˈkatsɔf

Katzuff ˈkatsʊf

Kauai *engl.* ˈkaʊaɪ

Kaub kaup

kaudal kauˈda:l

kaudern ˈkaudɐn, **...dre** ...drə

kauderwelsch, K... ˈkaudɐvɛlʃ

kauderwelschen ˈkaudɐvɛlʃn̩

kaudinisch kauˈdi:nɪʃ

Kaue ˈkauə

kauen, K... ˈkauən

Kauer ˈkauɐ

kauern ˈkauɐn

Kauf kauf

Kaufbeuren kaufˈbɔyrən

kaufen ˈkaufn̩

Käufer ˈkɔyfɐ

Kauffahrteischiff kauffa:ɐ̯'tai̯ʃɪf
Kauffmann 'kau̯fman
Kaufman *engl.* 'kɔ:fmən
Kaufmann 'kau̯fman
Kaufungen 'kau̯fʊŋən
Kaukamm 'kau̯kam
Kaukasien kau̯'ka:zi̯ən
Kaukasier kau̯'ka:zi̯ɐ
aukasisch kau̯'ka:zɪʃ
Kaukasist[ik] kau̯ka'zɪst[ɪk]
Kaukasus 'kau̯kazʊs
Kaukauna *engl.* kɔ:'kɔ:nə
Kauket ka'u:kɛt
Kaulbach 'kau̯lbax
aulbarsch 'kau̯lba:ɐ̯ʃ
aule 'kau̯lə
auliflor kau̯li'flo:ɐ̯
auliflorie kau̯liflo'ri:
Kaulom kau̯'lo:m
Kaulquappe 'kau̯lkvapə
aulun 'kau̯lʊn
aum kau̯m
Kaumazit kau̯ma'tsi:t
aun kau̯n
aunas *lit.* ˌkau̯nas
aunda ka'ʊnda, *engl.* kɑ:'ʊndə
aunitz 'kau̯nɪts
aupelei kau̯pə'lai̯
aupeln 'kau̯pl̩n
auper[t] 'kau̯pɐ[t]
auri 'kau̯ri
aus kau̯s
ausal kau̯'za:l
ausalgie kau̯zal'gi:, **-n** …i:ən
ausalis kau̯'za:lɪs, **…les** …le:s
ausalität kau̯zali'tɛ:t
ausativ 'kau̯zati:f, *auch:* ‑‑'‑, **-e** …i:və
ausativ 'kau̯zati:f, **-e** …i:və
ausativum kau̯za'ti:vʊm, **…va** …va
ausch[e] 'kau̯ʃ[ə]
ausieren kau̯'zi:rən
austifizieren kau̯stifi'tsi:rən
austik 'kau̯stɪk
austikum 'kau̯stikʊm, **…ka** …ka
austisch 'kau̯stɪʃ
austobiolith kau̯stobio'li:t
autel kau̯'te:l
auter 'kau̯tɐ
auterisation kau̯teriza'tsi̯o:n
auterisieren kau̯teri'zi:rən
auterium kau̯'te:ri̯ʊm, **…ien** …i̯ən
aution kau̯'tsi̯o:n
äutner 'kɔy̯tnɐ

Kautsch kau̯tʃ
kautschieren kau̯'tʃi:rən
Kautschuk 'kau̯tʃʊk
kautschutieren kau̯tʃu'ti:rən
Kautsky 'kau̯tski
Kautzsch kau̯tʃ
Kauz kau̯ts, **Käuze** 'kɔy̯tsə
Käuzchen 'kɔy̯tsçən
kauzig 'kau̯tsɪç, **-e** …ɪgə
Kaval ka'val
Kavalier kava'li:ɐ̯
Kavalkade kaval'ka:də
Kavallerie 'kavaləri:, *auch:* ‑‑‑'‑, **-n** …i:ən
Kavallerist 'kavalərɪst, *auch:* ‑‑‑'‑
Kaval[l]ett kava'lɛt
Kavanagh *engl.* 'kævənə
Kavatine kava'ti:nə
Kaveling 'ka:vəlɪŋ
Kavent ka'vɛnt
Kaverne ka'vɛrnə
kavernikol kavɛrni'ko:l
Kavernom kavɛr'no:m
kavernös kavɛr'nø:s, **-e** …ø:zə
Kavetschein 'ka:vɛtʃai̯n
Kaviar 'ka:vi̯ar
kavieren ka'vi:rən
Kavität kavi'tɛ:t
Kavitation kavita'tsi̯o:n
Kawa 'ka:va
Kawabata *jap.* ka'wabata
Kawafis *neugr.* ka'vafis
Kawagoe *jap.* ka'wagoe
Kawagutschi *jap.* ka'waˌgutʃi̯
Kawala *neugr.* ka'vala
Kawalec *poln.* ka'valɛts
Kawalerowicz *poln.* kavalɛ'rɔvitʃ
Kawasaki *jap.* ka'wasaki
Kawass[e] ka'vas[ə]
Kawerau 'ka:vərau̯
Kawerin *russ.* ka'vjerin
Kawi 'ka:vi
Kawja 'ka:vja
Kawkas *russ.* kaf'kas
Kay kai̯, *engl.* keɪ
Kaya *fr.* ka'ja
Kaye *engl.* keɪ
Kayenne ka'jɛn
Kayes *engl.* keɪz, *fr.* kaj
Kayser 'kai̯zɐ
Kayseri *türk.* 'kɑi̯sɛri
Kayßler, …ssler 'kai̯slɐ
Kazan *engl.* kə'zɑ:n
Kazike ka'tsi:kə
Kazimierz *poln.* ka'ʑimjɛʃ
Kazin *engl.* 'keɪzɪn

Kazincbarcika *ung.* 'kɔzindzbɔrtsikɔ
Kazinczy *ung.* 'kɔzintsi
Kazoo kɛ'zu:
[1]**Kea** (Vogel) 'ke:a
[2]**Kea** (Insel) *neugr.* 'kɛa
Kean[e] *engl.* ki:n
Keansburg *engl.* 'ki:nzbə:g
Kearney, …ny *engl.* 'kə:nɪ, 'kɑ:nɪ
Kearns *engl.* kə:nz
Keating[e] *engl.* 'ki:tɪŋ
Keaton *engl.* ki:tn
Keats *engl.* ki:ts
Kebab ke'bap
Keban *türk.* 'kɛbɑn
kebbeln 'kɛbl̩n, **…ble** …blə
Keble *engl.* ki:bl
Kebnekajse *schwed.* kɛbnəˌkai̯sə
Kebse 'ke:psə
Kebsweib 'ke:psvai̯p
Kecal *tschech.* 'kɛtsal
keck kɛk
Keck *dt., engl.* kɛk
Keckeis 'kɛkai̯s
keckern 'kɛkɐn
Kecskemét *ung.* 'kɛtʃkɛme:t
Kedah *indon.* kə'dah
Kedar 'ke:dar
Keder 'ke:dɐ
Kediri *indon.* kə'diri
Kedrin *russ.* 'kjedrin
Kedron 'ke:drɔn
Kedrosia ke'dro:zi̯a
Kędzierzyn *poln.* kɛn'dʑɛʒɨn
Keef[f]e *engl.* ki:f
Keele *engl.* ki:l
Keeler *engl.* 'ki:lə
Keeley *engl.* 'ki:lɪ
Keeling *engl.* 'ki:lɪŋ
Keen[e] *engl.* ki:n
Keep ke:p
Keeper 'ki:pɐ
keep smiling, Keeps… 'ki:p'smai̯lɪŋ
Kees ke:s, **-e** 'ke:zə
Keesler *engl.* 'ki:slə
Keesom *niederl.* 'ke:sɔm
Keetmanshoop *afr.* ke:tmans'ho:p
Keewatin *engl.* ki:'weɪtɪn
Kef, le *fr.* lə'kɛf
Kefallinia *neugr.* kɛfali'nia
Kefauver *engl.* 'ki:fɔ:və
Kefe 'ke:fə
Kefermarkt 'ke:fɐmarkt
Kefije ke'fi:jə
Kefir 'ke:fɪr, …fi:ɐ̯

K

Ke̱flavík ˈkeːflaviːk, *isl.* ˈkjɛ-blaviːk
Ke̱gan *engl.* ˈkiːgən
Ke̱gel ˈkeːgl̩
ke̱g[e]lig ˈkeːg[ə]lɪç, **-e** ...ɪgə
ke̱geln ˈkeːgl̩n, **ke̱gle** ˈkeːglə
Ke̱gler ˈkeːglɐ
Ke̱hdingen ˈkeːdɪŋən
Ke̱hl[chen] ˈkeːl[çən]
Ke̱hle ˈkeːlə
ke̱hlen ˈkeːlən
ke̱hlig ˈkeːlɪç, **-e** ...ɪgə
Ke̱hr[aus] ˈkeːɐ̯[|au̯s]
Ke̱hre ˈkeːrə
ke̱hren ˈkeːrən
Ke̱hrer ˈkeːrɐ
Ke̱hricht ˈkeːrɪçt
ke̱hrt! keːɐ̯t
Ke̱hrum ˈkeːɐ̯|ʊm
Kehrwi̱eder keːɐ̯ˈviːdɐ
Ke̱ib kai̯p, **-en** ˈkai̯bn̩
Ke̱ibel ˈkai̯bl̩
Ke̱icobad ˈkai̯kobat
ke̱ifen ˈkai̯fn̩
Ke̱ifer ˈkai̯fɐ, *engl.* ˈkaɪfə
Keifere̱i kai̯fəˈrai̯
ke̱ifisch ˈkai̯fɪʃ
Keighley *engl.* ˈkiːθlɪ
Keihin *jap.* keˈːhin̩
Ke̱il[berth] ˈkai̯l[bɛrt]
Ke̱ile ˈkai̯lə
ke̱ilen ˈkai̯lən
Keilere̱i kai̯ləˈrai̯
Ke̱ilhack ˈkai̯lhak
Ke̱ilor *engl.* ˈkiːlə
Ke̱im kai̯m
Keime̱lie kai̯ˈmeːli̯ə
ke̱imen ˈkai̯mən
ke̱in kai̯n
ke̱inerle̱i ˈkai̯nɐˈlai̯
ke̱inerse̱its ˈkai̯nɐˈzai̯ts
ke̱inesfạlls ˈkai̯nəsˈfals
ke̱ineswe̱gs ˈkai̯nəsˈveːks
ke̱inmal ˈkai̯nmaːl
Ke̱iser ˈkai̯zɐ
Keitạ *fr.* kɛjˈta
Ke̱itel ˈkai̯tl̩
Kẹitele *finn.* ˈkɛi̯tɛlɛ
Ke̱ith kai̯t, *engl.* kiːθ
Ke̱itum ˈkai̯tʊm
Ke̱izer *engl.* ˈkaɪzə
Kékes *ung.* ˈkeːkɛʃ
Kẹkkonen *finn.* ˈkɛkkɔnɛn
Ke̱krops ˈkeːkrɔps
Ke̱ks keːks
Ke̱kule ˈkeːkule
Kelạntan *indon.* kəˈlantan
Kẹlbra ˈkɛlbra
Kẹlch kɛlç
Kẹldysch *russ.* ˈkjɛldɨʃ
Kẹlek ˈkɛlɛk
Kẹlemen *ung.* ˈkɛlɛmɛn
Ke̱leos ˈkeːleɔs
Kéler *ung.* ˈkeːlɛr
Kelermẹs *russ.* kɪlɪrˈmjɛs
Kẹlheim ˈkeːlhai̯m
Kélibiạ *fr.* keliˈbja
Kẹlik ˈkɛlɪk
Ke̱lim ˈkeːlɪm
Kẹlkheim ˈkɛlkhai̯m
Kẹlkit *türk.* ˈkɛlkit
Kẹlle ˈkɛlə
Kẹllek ˈkɛlɛk
Kellenhu̱sen kɛlənˈhuːzn̩
Kẹller ˈkɛlɐ, *engl.* ˈkɛlə
Kellere̱i kɛləˈrai̯
Kẹllerhoven ˈkɛlɐhoːfn̩
Kẹllermann ˈkɛlɐman, *fr.* kɛlɛr-ˈman
Kẹllerthaler ˈkɛlɐtaːlɐ
Kẹllerwald ˈkɛlɐvalt
Kẹllerwand ˈkɛlɐvant
Kẹlley *engl.* ˈkɛlɪ
Kẹllgren *schwed.* ˌçɛlgreːn
Kellinghu̱sen kɛlɪŋˈhuːzn̩
Kẹllion ˈkɛli̯ɔn, **Kẹllien** ˈkɛli̯ən
Kẹllner ˈkɛlnɐ
kẹllnern ˈkɛlnɐn
Kẹllogg *engl.* ˈkɛlɔg
Kẹlls *engl.* kɛlz
Kẹlly ˈkɛli, *engl.* ˈkɛlɪ
Kelo̱id keloˈiːt, **-e** ...iːdə
Keloido̱se keloiˈdoːzə
Kelotomi̱e kelotoˈmiː, **-n** ...iːən
Kelowna *engl.* kɪˈloʊnə
Kẹlp kɛlp
Kẹlsen ˈkɛlzn̩
Kẹlsey *engl.* ˈkɛlsɪ
Kẹlso *engl.* ˈkɛlsoʊ
Kẹlsos ˈkɛlzɔs
Kẹlsterbach ˈkɛlstɐbax
Kẹlt[e] ˈkɛlt[ə]
Kẹlter[born] ˈkɛltɐ[bɔrn]
Keltere̱i kɛltəˈrai̯
kẹltern ˈkɛltɐn
Keltibe̱rer kɛltiˈbeːrɐ
kẹltisch ˈkɛltɪʃ
Keltịst[ik] kɛlˈtɪst[ɪk]
Keltolo̱ge kɛltoˈloːgə
Keltologi̱e kɛltoloˈgiː
keltolo̱gisch kɛltoˈloːgɪʃ
keltoroma̱nisch kɛltoroˈmaːnɪʃ
Kẹlvin *engl.* ˈkɛlvɪn
Kẹm *russ.* kjemj
Kemạl *türk.* keˈmɑl
Kemalịsmus kemaˈlɪsmʊs
Kemalịst kemaˈlɪst
Kemạntsche keˈmant͡ʃə
Kẹmble *engl.* kɛmbl
Kẹmbs kɛmps, *fr.* kɛmbs
Kẹmelman *engl.* ˈkɛməlmən
Kemena̱te kemeˈnaːtə
Kemena̱ten kemeˈnaːtn̩
Kẹmény *ung.* ˈkɛmeːnj
Kẹmerowo *russ.* ˈkjemɪrɐvɐ
Kẹmi[järvi] *finn.* ˈkɛmi[jærvi]
Kẹmijoki *finn.* ˈkɛmijɔki
Kẹmlitz ˈkɛmlɪt͡s
Kẹmmel[berg] *niederl.* ˈkɛməl[bɛrx]
Kẹmmern ˈkɛmɐn
Kẹmnath ˈkɛmnaːt
Kẹmp *dt., fr., niederl., engl.* kɛmp
Kẹmpe *dt., niederl.* ˈkɛmpə
Kẹmpelen ˈkɛmpələn
Kẹmpen ˈkɛmpn̩, *niederl.* ˈkɛmpə
Kẹmpeneer *niederl.* ˈkɛmpə-neːr
Kẹmpf[f] kɛmp͡f
Kẹmpis ˈkɛmpiːs
Kẹmpner ˈkɛmpnɐ
Kẹmpo ˈkɛmpo
Kẹmpston *engl.* ˈkɛmpstən
Kẹmpten ˈkɛmptn̩
Kẹmpton *engl.* ˈkɛmptən
[1]**Kẹn** (Bezirk) kɛn
[2]**Kẹn** (Name) *engl.* kɛn
Ke̱na ˈkeːna
Kenadsạ *fr.* kenadˈsa
Kenai *engl.* ˈkiːnaɪ
Kẹndal[l] *engl.* kɛndl
Kẹndallville *engl.* ˈkɛndlvɪl
Kendạri *indon.* kənˈdari
Kẹndo ˈkɛndo
Kendo̱ka kɛnˈdoːka
Kẹndrew *engl.* ˈkɛndruː
Keneally *engl.* kɪˈniːlɪ
Kene̱m keˈneːm
Ke̱nia ˈkeːni̯a
Keni̱aner keˈni̯aːnɐ
keni̱anisch keˈni̯aːnɪʃ
Kẹnilworth *engl.* ˈkɛnɪlwə[ː]θ
Kenisi̱ter keniˈziːtɐ
Keni̱ter keˈniːtɐ
Kénitrạ *fr.* keniˈtra
Kẹnmore *engl.* ˈkɛnmɔː
Kẹnn[an] *engl.* ˈkɛn[ən]
Kẹnnebec *engl.* ˈkɛnɪbɛk
Kẹnnebunk *engl.* ˈkɛnɪbʌŋk
Kẹnnedy *engl.* ˈkɛnɪdɪ
Kẹnnel ˈkɛnl̩
Kẹnnelly *engl.* ˈkɛnlɪ
Kẹnnemerland *niederl.* ˈkɛnə-mərlɑnt
kẹnnen ˈkɛnən

Kenner 'kɛnɐ, *engl.* 'kɛnə
Kennerly *engl.* 'kɛnəlɪ
Kennet *engl.* 'kɛnɪt
Kenneth *engl.* 'kɛnɪθ
Kennett *engl.* 'kɛnɪt
Kennewick *engl.* 'kɛnəwɪk
Kenning 'kɛnɪŋ, **-ar** 'kɛnɪŋgar
kenntlich 'kɛntlɪç
Kenntnis 'kɛntnɪs, **-se** ...ɪsə
Kenny *engl.* 'kɛnɪ
kennzeichnen 'kɛntsaiçnən
Keno 'ke:no
Kenogami *engl.* kənoʊ'gɑ:mɪ
Kenokarpie kenokar'pi:
Kenora *engl.* kə'nɔ:rə
Kenosha *engl.* kə'noʊʃə
Kenosis 'ke:nozɪs
Kenotaph keno'ta:f
Kenotaphion keno'ta:fiɔn, **...ien** ...iən
Kenotaphium keno'ta:fiʊm,
Kenotiker ke'no:tikɐ
Kenrick *engl.* 'kɛnrɪk
Kensett *engl.* 'kɛnsɪt
Kensington *engl.* 'kɛnzɪŋtən
Kent *engl.* kent
Kentau *russ.* kɪn'tau
Kentaur kɛn'tauɐ
kentern 'kɛntɐn
Kenton *engl.* 'kɛntən
Kentucky *engl.* kɛn'tʌkɪ
Kentum... 'kɛntʊm...
Kentville *engl.* 'kɛntvɪl
Kentwood *engl.* 'kentwʊd
Kenworthy *engl.* 'kɛnwə:ðɪ
Kenya *engl.* 'kɛnjə, 'ki:njə
Kenyatta kɛn'jata, *engl.* kɛn'jætə
Kenyon *engl.* 'kɛnjən
Kenzingen 'kɛntsɪŋən
Keokuk *engl.* 'ki:əkʌk
Keos 'ke:ɔs
Kephalalgie kefalal'gi:, **-n** ...i:ən
Kephalhämatom kefalhɛma'to:m
Kephallenia kefa'le:nia
Kephalogramm kefalo'gram
Kephalograph kefalo'gra:f
Kephalometrie kefalome'tri:
Kephalon 'ke:falɔn, **...la** ...la
Kephalonie kefalo'ni:
Kephalopode kefalo'po:də
Kephalos 'ke:falɔs
Kephalotomie kefaloto'mi:
Kephalozele kefalo'tse:lə
Kephas 'ke:fas
Kepheus 'ke:fɔys
Kephisodot kefizo'do:t
Kephisos ke'fi:zɔs
Kephissos ke'fɪsɔs
Kepler 'kɛplɐ
Kępno *poln.* 'kɛmpnɔ
keppeln 'kɛpl̩n
Keppler 'kɛplɐ
Ker *engl.* kɑ:, kɛə, kə:
Kerabau kera'bau
Kerala 'ke:rala, *engl.* 'kɛrələ
Keralogie® keralo'gi:
Kerameikos keramai'kɔs
Keramik ke'ra:mɪk
Keramiker ke'ra:mikɐ
keramisch ke'ra:mɪʃ
Keratin kera'ti:n
Keratitis kera'ti:tɪs, **...itiden** ...ti'ti:dn̩
Keratoglobus kerato'glo:bʊs
Keratokonus kerato'ko:nʊs
Keratom kera'to:m
Keratomalazie keratomala'tsi:, **-n** ...i:ən
Keratometer kerato'me:tɐ
Keratophyr kerato'fy:ɐ̯
Keratoplastik kerato'plastɪk
Keratose kera'to:zə
Keratoskop kerato'sko:p
Kerava *finn.* 'kɛrɑvɑ
Kerb kɛrp, **-en** 'kɛrbn̩
Kerbe 'kɛrbə
Kerbel 'kɛrbl̩
Kerbela 'kɛrbela
kerben 'kɛrbn̩, **kerb!** kɛrp, **kerbt** kɛrpt
Kerberos 'kɛrberɔs
Kerckhove[n] *niederl.* 'kɛrkho:və
Kerdon 'kɛrdɔn
Kerekes *ung.* 'kɛrɛkɛʃ
Kerektasie kerɛkta'zi:
Keren 'ke:rən
Kerenski *russ.* 'kjerɪnskij
Kerényi *ung.* 'kɛre:nji
Keres *russ.* 'kjerɪs
Kerf kɛrf
Kerguelen kɛr'ge:lən
Kerguélen *fr.* kɛrge'lɛn
Kerguélen-Trémarec *fr.* kɛrgelɛntrema'rɛk
Kericho *engl.* kə'ri:tʃoʊ
Kerinci *indon.* kə'rɪntʃi
Kerinthos ke'rɪntɔs
Kerka 'kɛrka
Kerkenna *fr.* kɛrkɛn'na
Kerker 'kɛrkɐ
Kerkidas 'kɛrkidas
Kerkira *neugr.* 'kɛrkira
Kerkops 'kɛrkɔps, **...open** kɛr'ko:pn̩
Kerkovius kɛr'ko:viʊs
Kerkrade *niederl.* 'kɛrkra:də
Kerkwijk *niederl.* 'kɛrkwɛik
Kerkyra 'kɛrkyra, *auch:* kɛr'ky:ra
Kerl kɛrl
Kerle *niederl.* 'kɛrlə
Kerll kɛrl
Kerma 'kɛrma
Kermadec *engl.* kə:'mædɛk
[1]**Kerman** (Teppich) kɛr'ma:n
[2]**Kerman** (Stadt) *pers.* kɛr'mɑ:n
Kermanschah *pers.* kermɑn'ʃɑ:h
Kermes... 'kɛrməs...
Kermit *engl.* 'kə:mɪt
Kern *dt., niederl.* kɛrn, *engl.* kə:n
kerndeutsch 'kɛrn'dɔytʃ
kernen 'kɛrnən
Kerner 'kɛrnɐ
kerngesund 'kɛrngə'zʊnt
kernig 'kɛrnɪç, **-e** ...ɪgə
Kernit kɛr'ni:t
Kernsdorfer Höhe 'kɛrnsdɔrfɐ 'hø:ə
Kernstock 'kɛrnʃtɔk
Kerogen kero'ge:n
Keroplastik kero'plastɪk
Kerosin kero'zi:n
Kerouac *engl.* 'kɛrʊæk
Kerpen 'kɛrpn̩
Kerr kɛr, *engl.* kɑ:, kɛə, kə:
Kerrie 'kɛriə
Kerrville *engl.* 'kə:vɪl
Kerry *engl.* 'kɛrɪ
Kersantit kɛrzan'ti:t
Kerschensteiner 'kɛrʃn̩ʃtainɐ
Kersnik *slowen.* kərs'ni:k
Kerst *engl.* kə:st
Kersten 'kɛrstn̩
Kerstin 'kɛrsti:n
Kersting 'kɛrstɪŋ
Kerteminde *dän.* kɛɐ̯də'mɪnə
Kertész *ung.* 'kɛrte:s
Kertsch *russ.* kjertʃ
Kerub 'ke:rʊp, **-e** ...rubə, **-im** ...rubi:m, **-inen** keru'bi:nən
Kerulen 'ke:rulɛn
Kerullarios kerʊ'la:riɔs
Kerwe 'kɛrvə
Kerygma 'ke:rʏgma
kerygmatisch kerʏ'gma:tɪʃ
Kerykeion ke'ry:kaiɔn, **...eia** ...aia
Kerze 'kɛrtsə
kerzengerade 'kɛrtsn̩gə'ra:də
Kesch[an] 'kɛʃ[an]

K

Kẹscher ˈkɛʃɐ
Kesey *engl.* ˈkɛsɪ, ˈki:zɪ
Kẹski-Suomi *finn.* ˈkɛskisu̯ɔmi
kẹss kɛs
Kẹssel ˈkɛsl̩, *niederl.* ˈkɛsəl, *fr.* kɛˈsɛl, *engl.* kɛsl
Kẹssel-Lo *niederl.* ˈkɛsəllo:
Kẹsselring ˈkɛsl̩rɪŋ
Kẹsser ˈkɛsɐ
Keßler ˈkɛslɐ
Kẹssler ˈkɛslɐ, *fr.* kɛˈslɛ:r
Kẹsten[berg] ˈkɛstn̩[bɛrk]
Kẹstner ˈkɛstnɐ
Kẹswick *engl.* ˈkɛzɪk
Kẹszthely *ung.* ˈkɛsthɛj
Kẹt *russ.* kjetj
Kẹta *engl.* ˈkɛtɑ:
Ketạpang *indon.* kəˈtapaŋ
Kẹtcham *engl.* ˈkɛtʃəm
Kẹtchikan *engl.* ˈkɛtʃɪkæn
Kẹtchum *engl.* ˈkɛtʃəm
Kẹtchup ˈkɛtʃap, *auch:* ˈkɛtʃɛp
Ke̲te ˈke:tə
Ke̲tel *niederl.* ˈke:təl
Ketẹlbey *engl.* kɪˈtɛlbɪ
Ke̲telmeer *niederl.* ˈke:təlme:r
Kéthly *ung.* ˈke:tli
Ketlịnskaja *russ.* kɪtˈlinskɐjɐ
Ke̲togruppe ˈke:togrʊpə
Keto̲n keˈto:n
Ketonurie̲ ketonuˈri:, **-n** ...i:ən
Keto̲se keˈto:zə
Kétou *fr.* keˈtu
Kętrzyn *poln.* ˈkɛnttʃɨn
Kẹtsch kɛtʃ
kẹtschen ˈkɛtʃn̩
Kẹtschua ˈkɛtʃu̯a
Kẹttbaum ˈkɛtbau̯m
Kẹttcar® ˈkɛtka:ɐ̯
[1]**Kẹtte** ˈkɛtə
[2]**Ke̲tte** (Name) *slowen.* ˈke:tɛ
Kẹtteler ˈkɛtəlɐ
kẹtteln ˈkɛtl̩n
kẹtten ˈkɛtn̩
Kẹttering *engl.* ˈkɛtərɪŋ
Kẹttle *engl.* kɛtl
Kẹttler ˈkɛtlɐ
Kẹttunen *finn.* ˈkɛttunɛn
Kẹttwig ˈkɛtvɪç
Ketubi̲m ketuˈbi:m
Kęty *poln.* ˈkɛntɨ
Kẹtzer ˈkɛtsɐ
Ketzerei̲ kɛtsəˈrai̯
Ketzi̲n keˈtsi:n
keu̲chen ˈkɔyçn̩
Keu̲dell ˈkɔydl̩
Keuka *engl.* ˈkju:kə
Keukenhof *niederl.* ˈkø:kənhɔf
Keu̲le ˈkɔylə
keu̲len ˈkɔylən
Keu̲n kɔyn
Keu̲per ˈkɔypɐ
keu̲sch kɔyʃ
Keu̲sche ˈkɔyʃə
Keu̲schlamm ˈkɔyʃlam
Ke̲velaer ˈke:vəla:ɐ̯
Kẹvin *engl.* ˈkɛvɪn
Kew *engl.* kju:
Kewanee *engl.* kɪˈwɔnɪ
Keweenaw *engl.* ˈki:wɪnɔ:
Kewi̲r keˈvi:ɐ̯
Kẹxholm *schwed.* ˌkɛkshɔlm
Key *engl.* ki:, *niederl., schwed.* kɛi̯
Key-Account-... ˈki:|ɛˈkau̯nt...
Keyboard ˈki:bo:ɐ̯t, ...bɔrt
Keyboarder ˈki:bo:ɐ̯dɐ, ...bɔrdɐ
Keyes *engl.* ki:z, kaɪz
Ke̲ynes *engl.* keɪnz
Keynesianịsmus ke:nzi̯aˈnɪsmʊs
Ke̲ynsham *engl.* ˈkeɪnʃəm
Keyport *engl.* ˈki:pɔ:t
Key̲ser ˈkai̯zɐ, *engl.* ˈkaɪzə, *niederl.* ˈkɛi̯zər, *fr.* kajˈzɛ:r
Key̲serling ˈkai̯zɐlɪŋ
Key̲ßer ˈkai̯sɐ
Key West *engl.* ˈki: ˈwɛst
Ke̲yx ˈke:ʏks
Kézai *ung.* ˈke:zɔi
Kẹzal ˈkɛtsal
Kežmarok *slowak.* ˈkɛʒmarɔk
Kfor, KFOR ˈka:fo:ɐ̯
KGB ka:ge:ˈbe:
Khai̲ber ˈkai̯bɐ
Kha̲ki ˈka:ki
Kha̲ma *engl.* ˈkɑ:mə
Kha̲n ka:n
Khana̲t kaˈna:t
Khandwa *engl.* ˈkændwɑ:
Kha̲npur *engl.* ˈkɑ:npʊə
Kharagpur *engl.* ˈkærəgpʊə
Kharthwe̲lier kartˈve:li̯ɐ
Khartoum ˈkartʊm, karˈtu:m
Kha̲si ˈka:zi
Khatchaturịan *russ.* xɐtʃɐtuˈrjan
Khedi̲ve keˈdi:və
Khemis-Milianạ *fr.* kemismiljaˈna
Khenchelạ *fr.* kɛnʃeˈla
Khénitrạ *fr.* keniˈtra
Khẹtschua ˈkɛtʃu̯a
Khe̲venhüller ˈke:fn̩hʏlɐ, ˈke:v...
Khi̲pu ˈkɪpu
Khle̲sl ˈkle:zl̩
Khme̲r kme:ɐ̯
Khnọpff *niederl., fr.* knɔpf
Kho̲i ˈko:i
Kho̲in ˈko:ɪn
Khoisani̲de koizaˈni:də
Khomẹini *engl.* kɔˈmeɪnɪ
Khọnd kɔnt
Khon Kaen *Thai* khɔ:nˈkɛn 52
Khora̲t *Thai* kho:ˈra:d 13
Khota̲n koˈta:n
Khouribgạ *fr.* kuribˈga
Khu̲bilai ˈku:bilai̯
Khuen *ung.* ku:n
Khụlna *engl.* ˈkʊlnə
Khu̲n *ung.* ku:n
Khyber *engl.* ˈkaɪbə
Ki̲ai ˈki:ai̯
Kiạng ki̯aŋ
Kiạngsi ˈki̯aŋzi
Kiạngsu ˈki̯aŋzu
Kịanto *finn.* ˈkiɑntɔ
Kiaule̲hn ki̯au̯ˈle:n
Kiautschou ki̯au̯ˈtʃau̯, ˈ– –
kịbbeln ˈkɪbl̩n, **kịbble** ˈkɪblə
Kibbu̲z kɪˈbu:ts, **-im** kɪbuˈtsi:m
Kibbu̲znik kɪˈbu:tsnɪk
Ki̲berer ˈki:bərɐ
Kibịtka kiˈbɪtka
Kibịtke kiˈbɪtkə
Kịbla ˈkɪbla
Ki̲bo ˈki:bo
Kibungụ *fr.* kibuŋˈgu
Kịčevo *mak.* ˈkitʃɛvɔ
Kịchererbse ˈkɪçɐ|ɛrpsə
kịchern ˈkɪçɐn
Kick-and-Rush ˈkɪk|ɛntˈraʃ
Kick-back kɪkˈbɛk, ˈ– –
Kick-down kɪkˈdau̯n, ˈ– –
Kịck[elhahn] ˈkɪk[l̩ha:n]
kịcken ˈkɪkn̩
Kịcker ˈkɪkɐ
Kick-ọff kɪkˈ|ɔf, ˈ– –
kịcksen ˈkɪksn̩
Kịckxia ˈkɪksi̯a, ...**ien** ...i̯ən
Kịd kɪt
Kịdd *engl.* kɪd
Kịdde *dän.* ˈkiðə
Kịdderminster *engl.* ˈkɪdəmɪnstə
Kiddu̲sch kɪˈdu:ʃ, **-i̲m** ...uˈʃi:m
Kidepo *engl.* kɪˈdeɪpoʊ
Ki̲derlen ˈki:dɐlən
Kịdlington *engl.* ˈkɪdlɪŋtən
kịdnappen ˈkɪtnɛpn̩
Kịdnapper ˈkɪtnɛpɐ
Kịdnapping ˈkɪtnɛpɪŋ
Ki̲dron ˈki:drɔn
Kịdsgrove *engl.* ˈkɪdzgroʊv
kie̲big ˈki:bɪç, **-e** ...ɪgə
Kie̲bitz ˈki:bɪts

kiebitzen 'ki:bɪtsn̩
kiefeln 'ki:fl̩n
Kiefer 'ki:fɐ
kiefern 'ki:fɐn
Kieke 'ki:kə
kieken 'ki:kn̩
Kieker 'ki:kɐ
Kiekindiewelt 'ki:k|ɪndi:ˌvɛlt
Kiel ki:l
Kielce *poln.* 'kjɛltsɛ
ielen 'ki:lən
Kieler 'ki:lɐ
Kieling 'ki:lɪŋ
Kielland *norw.* 'çɛlan
kieloben ki:l'|o:bn̩
ieme 'ki:mə
Kien[böck] 'ki:n[bœk]
kienig 'ki:nɪç, **-e** ...ɪgə
ient[h]al 'ki:nta:l
Kienzl 'ki:ntsl̩
Kienzle 'ki:ntslə
iepe 'ki:pə
Kiepenheuer 'ki:pn̩hɔyɐ
Kiepert 'ki:pɐt
Kiepura *poln.* kjɛ'pura
Kierkegaard 'kɪrkəgart, *dän.* 'kiɐ̯gəgɔ:'ɐ̯
Kierspe 'ki:ɐ̯spə
Kies ki:s, **Kieses** 'ki:zəs
iesel[gur] 'ki:zl̩[gu:ɐ̯]
ieseln 'ki:zl̩n, **kiesle** 'ki:zlə
iesen 'ki:zn̩, **kies!** ki:s, **kiest** ki:st
ieserit kizə'ri:t
iesewetter 'ki:zəvɛtɐ
iesig 'ki:zɪç, **-e** ...ɪgə
iesinger 'ki:zɪŋɐ
ieta *engl.* ki:'eɪtə
ie[t]z ki:ts
iew 'ki:ɛf
iewer 'ki:ɛvɐ
if[f] kɪf
iffen 'kɪfn̩
igali ki'ga:li, *fr.* kiga'li
igoma *engl.* kɪ'goʊmə
ihlman *schwed.* 'çi:lman
iil ki:l
ijew *russ.* 'kijɪf
ijonaga *jap.* ki'joˌnaga
ijonobu *jap.* ki'joˌnobu
ikeriki!, K... kikəri'ki:
iki 'kɪki
ikinda *serbokr.* ˌkiki:nda
ikongo ki'kɔŋgo
ikumon ki'ku:mɔn
ikutschi *jap.* ki̥'kutʃi
ikuyu ki'ku:ju
ikwit *fr.* ki'kwit
ilauea *engl.* ki:laʊ'eɪɑ:

Kilbi 'kɪlbi, **...benen** 'kɪlbənən
Kilbirnie *engl.* kɪl'bə:nɪ
Kilchberg 'kɪlçbɛrk
Kildare kɪl'dɛ:ɐ̯, *engl.* kɪl'dɛə
Kilgore *engl.* 'kɪlgɔ:
Kilian 'ki:li̯a:n, *engl.* 'kɪlɪən
Kilija *russ.* kili'ja
Kilikien ki'li:ki̯ən
kilikisch ki'li:kɪʃ
Kilim 'ki:lɪm
Kilimandscharo kiliman'dʒa:ro
Kilimanjaro *engl.* kɪlɪmən-'dʒɑ:roʊ
Kilkenny *engl.* kɪl'kɛnɪ
Kilkis *neugr.* kil'kis
Kill kɪl
Killarney *engl.* kɪ'lɑ:nɪ
Killeen *engl.* kɪ'li:n
killekille 'kɪlə'kɪlə
killen 'kɪlən
Killer 'kɪlɐ
Killian 'kɪli̯a:n, *engl.* 'kɪlɪən
Killigrew *engl.* 'kɪlɪgru:
Killingly *engl.* 'kɪlɪŋlɪ
Killmayer 'kɪlmai̯ɐ
Killy 'kɪlɪ, *fr.* ki'li
Kilmarnock *engl.* kɪl'mɑ:nək
Kilmer *engl.* 'kɪlmə
Kiln kɪln
Kilo 'ki:lo
Kilobit kilo'bɪt, *auch:* 'ki:lo...
Kilobyte kilo'bai̯t, *auch:* 'ki:lo...
Kilogramm kilo'gram, *auch:* 'ki:lo...
Kilograph kilo'gra:f
Kilohertz kilo'hɛrts, *auch:* 'ki:lo...
Kilokalorie 'ki:lokalori:
Kiloliter kilo'li:tɐ, *auch:* 'ki:lo-li:tɐ; *auch:* ...lɪtɐ
Kilometer kilo'me:tɐ, *auch:* 'ki:lo...
kilometrieren kilome'tri:rən
kilometrisch kilo'me:trɪʃ
Kilopond kilo'pɔnt, *auch:* 'ki:lo...
Kilovolt kilo'vɔlt, *auch:* 'ki:lo...
Kilovoltampere kilovɔlt-|am'pe:ɐ̯, *auch:* 'ki:lo...
Kilowatt kilo'vat, *auch:* 'ki:lo...
Kilowattstunde kilo'vat-ʃtʊndə, *auch*: 'ki:lo...
Kilpatrick *engl.* kɪl'pætrɪk
Kilpi[nen] *finn.* 'kilpi[nɛn]
Kilroy *engl.* 'kɪlrɔɪ
Kilt[gang] 'kɪlt[gaŋ]

Kilwinning *engl.* kɪl'wɪnɪŋ
Kim *engl.* kɪm, *korean.*, *russ.* kim
Kimball *engl.* kɪmbl
Kimber 'kɪmbɐ
Kimberley[s] *engl.* 'kɪmbəlɪ[z]
Kimberlit kɪmbɛr'li:t
Kimbolton *engl.* kɪm'boʊltən
Kim Ch'aek *korean.* kimtʃhɛk
[1]**Kimchi** (hebr. Grammatiker) 'kɪmçi
[2]**Kimchi** (Speise) 'kɪmtʃi
Kim Il-Sung *korean.* kim il sɔŋ
Kimm[e] 'kɪm[ə]
Kimmeridge 'kɪmərɪtʃ
Kimmerier kɪ'me:ri̯ɐ
Kimmerik *russ.* kimmɪ'rik
kimmerisch kɪ'me:rɪʃ
Kimmung 'kɪmʊŋ
Kimon 'ki:mɔn
Kimono 'ki:mono, *auch:* ki'mo:no, 'kɪmono
Kimowsk *russ.* 'kimɐfsk
Kimry *russ.* 'kimrɨ
Kin kɪn
Kina 'kɪna
Kinabalu *indon.* kina'balu
Kinäde ki'nɛ:də
Kinästhesie kinɛste'zi:
Kinästhetik kinɛs'te:tɪk
kinästhetisch kinɛs'te:tɪʃ
Kinau 'ki:nau̯
Kincardine[shire] *engl.* kɪn-'kɑ:dɪn[ʃɪə]
Kinck *norw.* çiŋk
Kind kɪnt, **Kindes** 'kɪndəs
Kindberg 'kɪntbɛrk
Kindchen 'kɪntçən
Kindelbier 'kɪndl̩bi:ɐ̯
Kinder 'kɪndɐ
Kinderei kɪndə'rai̯
kinderleicht 'kɪndɐ'lai̯çt
kinderlieb 'kɪndɐli:p
Kindermann 'kɪndɐman
Kindeskind 'kɪndəskɪnt
Kindi 'kɪndi
Kindia *fr.* kin'dja
kindisch 'kɪndɪʃ
Kindlein 'kɪntlai̯n
Kindler 'kɪntlɐ, *engl.* 'kɪndlə
Kindley *engl.* 'kɪndlɪ
kindlich 'kɪntlɪç
Kindskopf 'kɪntskɔpf
Kindu *fr.* kin'du
Kinefilm 'ki:nəfɪlm
Kinegramm kine'gram
Kinel *russ.* ki'njelj
Kinemathek kinema'te:k
Kinematik kine'ma:tɪk

K

Kinematiker kine'ma:tikɐ
kinematisch kine'ma:tɪʃ
Kinematograph kinemato'gra:f
Kinematographie kinematogra'fi:
Kineschma *russ.* 'kinɪʃmɐ
Kinesiatrik kine'zia:trɪk
Kinesik ki'ne:zɪk
Kinesiologe kinezio'lo:gə
Kinesiologie kineziolo'gi:
Kinesiotherapie kinezioteraˈpi:
Kinetik ki'ne:tɪk
Kinetin kine'ti:n
kinetisch ki'ne:tɪʃ
Kinetit kine'ti:t
Kinetographie kinetogra'fi:
Kinetophon kineto'fo:n
Kinetose kine'to:zə
Kinetoskop kineto'sko:p
[1]**King** (Musikinstrument; Anführer) kɪŋ
[2]**King** (Name) *engl.* kɪŋ
Kingdom *engl.* 'kɪŋdəm
Kingdon *engl.* 'kɪŋdən
Kingisepp *russ.* 'kingisɛp
Kingo *dän.* 'kɪŋgʊ
Kingsize 'kɪŋzais
Kingsley *engl.* 'kɪŋzlɪ
King's Lynn *engl.* 'kɪŋz 'lɪn
Kingsport *engl.* 'kɪŋzpɔ:t
Kingston *engl.* 'kɪŋstən
Kingstown *engl.* 'kɪŋztaʊn
Kingsville *engl.* 'kɪŋzvɪl
Kingswood *engl.* 'kɪŋzwʊd
Kingussie *engl.* kɪŋ'ju:sɪ
Kingwilliamstown, King Williams Town, King William's Town *engl.* kɪŋ'wɪljəmztaʊn
Kinin ki'ni:n
Kink kɪŋk
Kinkaid *engl.* kɪn'keɪd
Kinkel 'kɪŋkl̩
Kinker *niederl.* 'kɪŋkər
Kinkerlitzchen 'kɪŋkɐlɪtsçən
Kinloch *engl.* 'kɪnlɔk
Kinn kɪn
Kinnaird *engl.* kɪ'nɛəd
Kinnekulle *schwed.* çinəˌkʊlə
Kinnock *engl.* 'kɪnək
Kino 'ki:no
Kinonglas® ki'no:ngla:s
Kinross *engl.* kɪn'rɔs
Kinrossshire *engl.* kɪn'rɔsʃɪə
Kinsella *engl.* kɪn'sɛlə
Kinsey *engl.* 'kɪnzɪ
Kinshasa kɪn'ʃa:za, *fr.* kinʃa'sa
Kinsky 'kɪnski
Kinský *tschech.* 'kinski:
Kinston *engl.* 'kɪnstən
Kintopp 'ki:ntɔp, **...töppe** ...tœpə
Kintyre *engl.* kɪn'taɪə
Kinzig 'kɪntsɪç
Kinzigit kɪntsi'gi:t
Kionitis kio'ni:tɪs, **...itiden** kioni'ti:dn̩
Kiosk 'ki:ɔsk, kiɔsk
Kioto 'kio:to, *jap.* 'kjo.:to
Kiowa *engl.* 'kaɪəwə
Kipf[el] 'kɪpf[l̩]
Kipferl 'kɪpfɐl
Kipfler 'kɪpflɐ
Kipling *engl.* 'kɪplɪŋ
Kipnis 'kɪpnɪs, *russ.* kip'nis
Kipp[e] 'kɪp[ə]
kippelig 'kɪpəlɪç, **-e** ...ɪgə
kippeln 'kɪpl̩n
kippen 'kɪpn̩
Kippenberg 'kɪpn̩bɛrk
Kipper 'kɪpɐ
Kipphardt 'kɪphart
kippis! 'kɪpɪs
kipplig 'kɪplɪç, **-e** ...ɪgə
Kiprenski *russ.* ki'prjɛnskij
Kiprianu *neugr.* kipria'nu
Kipros *neugr.* 'kiprɔs
Kips kɪps
Kiptschakisch kɪp'tʃa:kɪʃ
Kipushi *fr.* kipu'ʃi
[1]**Kir** (Getränk) ki:ɐ̯
[2]**Kir** *russ.* kir, *fr.* ki:r
Király *ung.* 'kira:j
Kirbe 'kɪrbə
Kirby[e] *engl.* 'kə:bɪ
Kirchberg 'kɪrçbɛrk
Kirchdorf 'kɪrçdɔrf
Kirchdrauf 'kɪrçdrauf
Kirche 'kɪrçə
Kirchenlamitz kɪrçn̩'la:mɪts
Kircher 'kɪrçɐ
Kirchhain 'kɪrçhain
Kirchheim 'kɪrçhaim
Kirchheimbolanden kɪrçhaim'bo:landn̩
Kirchhellen kɪrç'hɛlən
Kirchhoff 'kɪrçhɔf
Kirchhundem kɪrç'hʊndəm
Kirchlengern kɪrç'lɛŋɐn
kirchlich 'kɪrçlɪç
Kirchner 'kɪrçnɐ, *span.* kirtʃ'nɛr
Kirchschläger 'kɪrçʃlɛ:gɐ
Kirejewski *russ.* ki'rjejɪfskij
Kirgise kɪr'gi:zə
kirgisisch kɪr'gi:zɪʃ
Kirgisistan kɪr'gi:zɪsta[:]n
Kirgistan 'kɪrgɪsta[:]n
Kiribati kiri'ba:ti, *engl.* kɪrɪ'bɑ:tɪ
Kirijenko *russ.* kiri'jɛnkɐ
Kırıkhan *türk.* kɨ'rɨkhɑn
Kırıkkale *türk.* kɨ'rɨkkɑ.lɛ
Kiril *bulgar.* 'kiril
Kirilenko *russ.* kiri'ljɛnkɐ
Kirill *russ.* ki'ril
Kirin 'ki:rɪn
Kirinia *neugr.* ki'rinja
Kiri Te Kanawa *engl.* 'kɪrɪti:'kænəwə
Kiriu *jap.* 'ki.rju:
Kirk *engl.* kə:k, *dän.* kiɐ̯g
Kirkburton *engl.* kə:k'bə:tn
Kirkby *engl.* 'kə:[k]bɪ
Kirkcaldy *engl.* kə:'kɔ:dɪ
Kirkcudbright[shire] *engl.* kə:'ku:brɪ[ʃɪə]
Kirke (Zauberin) 'kɪrkə
Kirkenes *norweg.* ˌçirkəne:s
Kirkintilloch *engl.* kə:kɪn'tɪlɔk
Kirkland *engl.* 'kə:klənd
Kırklareli *türk.* kɨrk'lɑrɛ.li
Kirkpatrick *engl.* kə:k'pætrɪk
Kirksville *engl.* 'kə:ksvɪl
Kirkuk kɪr'ku:k
Kirkwall *engl.* 'kə:kwɔ:l
Kirkwood *engl.* 'kə:kwʊd
Kirman kɪr'ma:n
Kirmes 'kɪrmɛs, 'kɪrməs, **Kirmessen** 'kɪrmɛsn̩
Kirn[ach] 'kɪrn[ax]
Kirnberger 'kɪrnbɛrgɐ
kirnen 'kɪrnən
Kirow *russ.* 'kirɐf
Kirowabad *russ.* kirɐva'bat
Kirowakan *russ.* kirɐva'kan
Kirowgrad *russ.* kirav'grat
Kirowograd *russ.* kirɐva'grat
Kirowsk *russ.* 'kirɐfsk
kirre[n] 'kɪrə[n]
Kirrung 'kɪrʊŋ
Kirsanow *russ.* kir'sanɐf
Kirsch kɪrʃ
Kirschbaum 'kɪrʃbaum
Kirsche 'kɪrʃə
Kirschon *russ.* kir'ʃɔn
kirschrot 'kɪrʃro:t
Kirschweng 'kɪrʃvɛŋ
Kırşehir *türk.* 'kɨrʃɛ.hir
Kirst kɪrst
Kirsten 'kɪrstn̩, *dän.* 'kiɐ̯sdn̩, *norw.* 'çirstən
Kirstinä *finn.* 'kirstinæ
Kirtag 'kɪrta:k
Kirtland *engl.* 'kə:tland
Kiruna *schwed.* 'kirʉna

Kirụndi kiˈrʊndi
Kịs *ung.* kiʃ
Kịš *serbokr.* kiʃ
Kısạkürek *türk.* kɨˈsɑkyˌrɛk
Kịsalföld *ung.* ˈkiʃɔlføld
Kisangạni kizaŋˈgaːni, *fr.* kisãgaˈni
Kịsch kɪʃ
Kịschi ˈkɪʃi
Kischinjọw *russ.* kiʃɨˈnjɔf
Kischịwada *jap.* ki̥ˈʃiwada
Kịsel *russ.* ˈkizɪl
Kisẹljak *serbokr.* kiˌsɛljaːk
Kịsfalud[y] *ung.* ˈkiʃfɔlud[i]
Kishọn *hebr.* kiˈʃɔn
Kisielẹwski *poln.* kiçɛˈlɛfski
Kịskunfélegyháza *ung.* ˈkiʃkunfeːlɛtjhaːzɔ
Kịskunhalas *ung.* ˈkiʃkunhɔlɔʃ
Kịskunság *ung.* ˈkiʃkunʃaːg
Kislịng *fr.* kisˈliŋ
Kislowọdsk *russ.* kislaˈvɔtsk
Kịsmet ˈkɪsmɛt
Kịß kɪs
Kịss kɪs, *ung.* kiʃ
Kịsschen ˈkɪsçən
Kisseljọw[sk] *russ.* kisɪˈljɔf[sk]
Kịssen ˈkɪsn̩
Kissidougou *fr.* kisiduˈgu
Kissịmmee *engl.* kɪˈsɪmɪ
Kịssin *russ.* ˈkisin
Kịssingen ˈkɪsɪŋən
Kịssinger ˈkɪsɪŋɐ, *engl.* ˈkɪsɪndʒə
Kịßling, Kịssling ˈkɪslɪŋ
Kịste ˈkɪstə
Kistemaekẹrs *fr.* kistəmaˈkɛrs
Kistjakọwski *russ.* kistɪˈkɔfskij
Kisuahẹli kizu̯aˈheːli
Kisụmu *engl.* kiːˈsuːmuː
Kịsvárda *ung.* ˈkiʃvaːrdɔ
Kịswa ˈkɪsva
iswahịli kɪsvaˈhiːli
Kịt kɪt
Kitạ *fr.* kiˈta
Kitạkiushu *jap.* ki̥ˈtakjuˌːʃuː
Kitạle *engl.* kɪˈtɑːlɪ
itchener *engl.* ˈkɪtʃɪnə
Kitchenẹtte kɪt͜ʃəˈnɛt
Kịthara ˈkiːtara, **Kitha̱ren** kiˈtaːrən
Kitharịstik kitaˈrɪstɪk
Kitharö̱de kitaˈrøːdə
itharodi̱e kitaroˈdiː
Kithä̱ron kiˈtɛːrɔn
ithira *neugr.* ˈkiθira
itimat *engl.* ˈkɪtɪmæt
ition ˈkiːti̯ɔn
itọi *russ.* kiˈtɔj

Kịtsch kɪt͜ʃ
kịtschen ˈkɪt͜ʃn̩
kịtschig ˈkɪt͜ʃɪç, **-e** ...ɪgə
Kịtt kɪt
Kịtta ˈkɪta
Kịttanning *engl.* kɪˈtænɪŋ
Kittatịnny Mountain *engl.* kɪtəˈtɪnɪ ˈmaʊntɪn
Kịttchen ˈkɪtçən
Kịttel ˈkɪtl̩
kịtten ˈkɪtn̩
Kịttery *engl.* ˈkɪtərɪ
Kịttredge *engl.* ˈkɪtrɪdʒ
Kịtty[hawk] *engl.* ˈkɪtɪ[hɔːk]
Kịtwe *engl.* ˈkiːtweɪ
Kịtz kɪt͜s
Kịtzbühel ˈkɪt͜sbyːəl
Kịtzbühler ˈkɪt͜sbyːlɐ
Kịtze ˈkɪt͜sə
Kịtzel ˈkɪt͜sl̩
kịtzelig ˈkɪt͜səlɪç, **-e** ...ɪgə
kịtzeln ˈkɪt͜sl̩n
Kịtzingen ˈkɪt͜sɪŋən
kịtzlig ˈkɪt͜slɪç, **-e** ...ɪgə
Kiu̱schu ˈki̯uːʃu, *jap.* ˈkjuˌːʃuː
Kịvi[järvi] *finn.* ˈkivi[jærvi]
Ki̱vu ˈkiːvu, *fr.* kiˈvu
Ki̱wai ˈkiːva͜i
Ki̱wi ˈkiːvi
Ki̱wu ˈkiːvu
Ki̱wus ˈkiːvʊs
Kızılırmak *türk.* kɨˈzɨlɨrˌmɑk
Kjạchta *russ.* ˈkjaxtɐ
Kjær[stad] *norw.* ˈçæːr[staː]
Kjellén *schwed.* çɛˈleːn
Kjẹllgren *schwed.* ˌçɛlgreːn
Kjökkenmöddinger ˈkjœkn̩mœdɪŋɐ
Kjuchelbẹker *russ.* kjuxɪlˈbjekɪr
Kjui̯ (Komponist) *russ.* kjuˈi
Kjuljạwkow *bulgar.* kjuˈljafkof
Kjustendịl *bulgar.* kjustɛnˈdil
Kla̱as *dt., niederl.* klaːs
Kla̱atsch klaːt͜ʃ
klabạstern klaˈbastɐn
Klaba̱utermann klaˈba͜utɐman
Klä̱ber ˈklɛːbɐ
Klạberjasch ˈklabɐjaʃ
Klạberjass ˈklabɐjas
Klạbrias ˈklabrias
Klabụnd klaˈbʊnt
Klabụster... klaˈbʊstɐ...
klạck!, Klạck klak
klạcken ˈklakn̩
klạckern ˈklakɐn
klạcks!, K... klaks
Klạdde ˈkladə
Kladderadạtsch kladəraˈdat͜ʃ

Klạdno *tschech.* ˈkladnɔ
Klado̱die klaˈdoːdi̯ə
Klado̱nie klaˈdoːni̯ə
Kladoze̱re kladoˈt͜seːrə
Klạdruber ˈkladrubɐ
klạff!, Klạff klaf
klạffen ˈklafn̩
klạ̈ffen ˈklɛfn̩
Klạfter ˈklaftɐ
klạftern ˈklaftɐn
kla̱gbar ˈklaːkbaːɐ̯
Kla̱ge ˈklaːgə
kla̱gen ˈklaːgn̩, **kla̱g!** klaːk, **kla̱gt** klaːkt
Kla̱genfurt ˈklaːgn̩fʊrt
klä̱gerisch ˈklɛːgərɪʃ
Kla̱ges ˈklaːgəs
klä̱glich ˈklɛːklɪç
kla̱glos ˈklaːkloːs
Klaipėda *lit.* ˈkla͜ipeːda
Klaj kla͜i
Klạkksvík *fär.* ˈklakksʊːi̯k
Klamath *engl.* ˈklæməθ
Klama̱uk klaˈma͜uk
klạmm, K... klam
Klạmmer ˈklamɐ
Klạ̈mmerchen ˈklɛmɐçən
klạmmern ˈklamɐn
klạmmhe̱imlich ˈklamˈha͜imlɪç
Klamọtte klaˈmɔtə
Klạmpe ˈklampə
Klạmpfe ˈklamp͜fə
klamü̱sern klaˈmyːzɐn, **klamü̱sre** klaˈmyːzrə
Kla̱n klaːn
klandesti̱n klandɛsˈtiːn
klạng klaŋ
[1]**Klạng** klaŋ, **Klạ̈nge** ˈklɛŋə
[2]**Klạng** (Name) *dt., indon.* klaŋ
klạ̈nge ˈklɛŋə
klạnglich ˈklaŋlɪç
Klanni̱n klaˈniːn
Klạpf klap͜f, **Klạ̈pfe** ˈklɛp͜fə
klạ̈pfen ˈklɛp͜fn̩
Klạpheck ˈklaphɛk
Klạpka *ung.* ˈklɔpkɔ
Klạpotetz ˈklapotɛt͜s, *auch:* klaˈpoːtɛt͜s, klaˈpɔtɛt͜s
klạpp!, K... klap
Klạppe ˈklapə
klạppen ˈklapn̩
Klạpper ˈklapɐ, *engl.* ˈklæpə
klạpperdụ̈rr ˈklapɐˈdʏr
klạpp[e]rig ˈklap[ə]rɪç, **-e** ...ɪgə
klạppern ˈklapɐn
Klạproth ˈklaproːt
klạps!, Klạps klaps
Klạ̈pschen ˈklɛpsçən
klạpsen ˈklapsn̩

klapsig ˈklapsɪç, **-e** ...ɪɡə
klar klaːɐ̯
Klara ˈklaːra
Klarälv *schwed.* ˌklɑːrɛlv
Klärchen ˈklɛːɐ̯çən
Kläre ˈklɛːrə
klären ˈklɛːrən
Klarett klaˈrɛt
klarieren klaˈriːrən
Klarin[a] klaˈriːn[a]
Klarinette klariˈnɛtə
Klarinettist klarinɛˈtɪst
Klarissa klaˈrɪsa
Klarisse klaˈrɪsə
Klarissin klaˈrɪsɪn
Klas klaːs, *schwed.* klɑːs
Klasen ˈklaːzn̩
Klasing ˈklaːzɪŋ
Klass... ˈklas...
klasse, K... ˈklasə
Klassem klaˈseːm
Klassement klasəˈmãː
klassieren klaˈsiːrən
Klassifikation klasifikaˈt͡si̯oːn
Klassifikator klasifiˈkaːtoːɐ̯, **-en** ...kaˈtoːrən
klassifikatorisch klasifikaˈtoːrɪʃ
klassifizieren klasifiˈt͡siːrən
...klassig ...klasɪç, **-e** ...ɪɡə
Klassik ˈklasɪk
Klassiker ˈklasikɐ
klassisch ˈklasɪʃ
Klassizismus klasiˈt͡sɪsmʊs
klassizistisch klasiˈt͡sɪstɪʃ
Klassizität klasit͡siˈtɛːt
...klässler ...klɛslɐ
klastisch ˈklastɪʃ
Klater ˈklaːtɐ
klat[e]rig ˈklaːt[ə]rɪç, **-e** ...ɪɡə
Klatovy *tschech.* ˈklatɔvi
klatsch!, K... klat͡ʃ
Klatsche ˈklat͡ʃə
klatschen ˈklat͡ʃn̩
klatsch[e]nass ˈklat͡ʃ[ə]ˈnas
Klatscherei klat͡ʃəˈrai̯
klatschig ˈklat͡ʃɪç, **-e** ...ɪɡə
Klatt[au] ˈklat[au̯]
Klau klau̯
klauben ˈklau̯bn̩, **klaub!** klau̯p, **klaubt** klau̯pt
Klauberei klau̯bəˈrai̯
Kläuchen ˈklɔy̯çən
Klaudia ˈklau̯di̯a
Klaudine klau̯ˈdiːnə
Klaue ˈklau̯ə
klauen ˈklau̯ən
Klauer ˈklau̯ɐ
...klauig ...klau̯ɪç, **-e** ...ɪɡə
[1]**Klaus** klau̯s, **Kläuse** ˈklɔy̯zə
[2]**Klaus** (Name) klau̯s, *tschech.* klau̯s
Kläuschen ˈklɔy̯sçən
Klause ˈklau̯zə
Klausel ˈklaʊzl̩
Klausen ˈklau̯zn̩
Klausenburg ˈklau̯zn̩bʊrk
Klauser ˈklau̯zɐ
Klausilie klau̯ˈziːli̯ə
Klausner ˈklau̯snɐ
Klaustration klau̯straˈt͡si̯oːn
Klaustrophilie klau̯strofiˈliː, **-n** ...iːən
Klaustrophobie klau̯strofoˈbiː, **-n** ...iːən
klausulieren klau̯zuˈliːrən
Klausur klau̯ˈzuːɐ̯
Klaviatur klavi̯aˈtuːɐ̯
Klavichord klaviˈkɔrt, **-e** ...rdə
Klavicitherium klavit͡siˈteːri̯ʊm, **...ien** ...i̯ən
Klavier klaˈviːɐ̯
klavieren klaˈviːrən
klavieristisch klaviˈrɪstɪʃ
Klavikel klaˈviːkl̩
Klavikula klaˈviːkula, **...lä** ...lɛ
klavikular klavikuˈlaːɐ̯
Klavizimbel klaviˈt͡sɪmbl̩
Klavus ˈklaːvʊs, **...vi** ...vi
Kleanthes kleˈantɛs
Klearch[os] kleˈarç[ɔs]
Klebe ˈkleːbə
Klebelsberg ˈkleːbl̩sbɛrk
kleben ˈkleːbn̩, **kleb!** kleːp, **klebt** kleːpt
Kleber ˈkleːbɐ
Kléber *fr.* kleˈbɛːr
klebrig ˈkleːbrɪç, **-e** ...ɪɡə
Klebs kleːps
klecken ˈklɛkn̩
kleckern ˈklɛkɐn
Klecki *poln.* ˈklɛt͡ski
Klecks[el] ˈklɛks[l̩]
klecksen ˈklɛksn̩
Kleckserei klɛksəˈrai̯
klecksig ˈklɛksɪç, **-e** ...ɪɡə
Klecksographie klɛksograˈfiː, **-n** ...iːən
Kledage kleˈdaːʒə
Kledasche kleˈdaːʃə
Klee kleː
Kleffens *niederl.* ˈklɛfəns
Klei klai̯
kleiben ˈklai̯bn̩, **kleib!** klai̯p, **kleibt** klai̯pt
Kleiber ˈklai̯bɐ
Kleid klai̯t, **-es** ˈklai̯dəs
Kleidchen ˈklai̯tçən
kleiden ˈklai̯dn̩, **kleid!** klai̯t
Kleie ˈklai̯ə
kleiig ˈklai̯ɪç, **-e** ...ɪɡə
klein klai̯n
Klein klai̯n, *engl.* klaɪn, *ung.* ˈklaːin, *fr.* klɛ̃
kleinasiatisch klai̯n|aˈzi̯aːtɪʃ
Kleinasien klai̯nˈ|aːzi̯ən
Klein-Aspergle klai̯nˈ|aspɛrklə
kleinbekommen ˈklai̯nbəkɔmən
Kleinchen ˈklai̯nçən
Kleingartach klai̯nˈɡartax
Kleinhelfendorf klai̯nˈhɛlfn̩dɔrf
Kleinheubach klai̯nˈhɔy̯bax
Kleinigkeit ˈklai̯nɪçkai̯t
Kleinkleckersdorf klai̯nˈklɛkɐsdɔrf
kleinlich ˈklai̯nlɪç
Kleinmariazell klai̯nmariːaˈt͡sɛl
kleinmütig ˈklai̯nmyːtɪç, **-e** ...ɪɡə
Kleinod ˈklai̯n|oːt, **-e** ˈklai̯n|oːdə, **Kleinodien** klai̯nˈ|oːdi̯ən
Kleinpolen ˈklai̯npoːlən
Kleinsassen klai̯nˈzasn̩
Kleinschmidt ˈklai̯nʃmɪt
Kleinschrod ˈklai̯nʃroːt
Kleinstaaterei klai̯nʃtaːtəˈrai̯
Kleinstmaß ˈklai̯nstmaːs
Kleio ˈklai̯o
Kleist klai̯st
Kleister ˈklai̯stɐ
kleisterig ˈklai̯stərɪç, **-e** ...ɪɡə
kleistern ˈklai̯stɐn
Kleisthenes ˈklai̯stenɛs
kleistogam klai̯stoˈɡaːm
Kleistogamie klai̯stoɡaˈmiː
kleistrig ˈklai̯strɪç, **-e** ...ɪɡə
Kleitarchos klai̯ˈtarçɔs
Kleitos ˈklai̯tɔs
Klematis kleˈmaːtɪs, *auch:* ˈkleːmatɪs
Klemens ˈkleːməns, *poln., slowak.* ˈklɛmɛns
Klement *tschech.* ˈklɛmɛnt
Klementia kleˈmɛnt͡si̯a
Klementine klemɛnˈtiːnə
Klemm[e] ˈklɛm[ə]
klemmen ˈklɛmən
klemmig ˈklɛmɪç, **-e** ...ɪɡə
Klemperer ˈklɛmpərɐ
klempern ˈklɛmpɐn
Klempner ˈklɛmpnɐ
Klempnerei klɛmpnəˈrai̯
klempnern ˈklɛmpnɐn
Klenau *dän.* ˈklɪːnau̯

Klengel 'klɛŋl̩
klengen, K... 'klɛŋən
Klenze 'klɛntsə
Kleobulos kleo'bu:lɔs
Kleodemos kleo'de:mɔs
Kleomedes kleo'me:dɛs
Kleomenes kle'o:menɛs
Kleon 'kle:ɔn
Kleopatra kle'o:patra
Kleophas 'kle:ofas
Kleophon 'kle:ofɔn
Kleophrades kle'o:fradɛs
Klephte 'klɛftə
Klepper 'klɛpɐ
Klepsydra 'klɛpsydra, **...ydren** klɛ'psy:drən
Kleptomane klɛpto'ma:nə
Kleptomanie klɛptoma'ni:, **-n** ...i:ən
kleptomanisch klɛpto'ma:nɪʃ
Kleptophobie klɛptofo'bi:, **-n** ...i:ən
Kleridis *neugr.* klɛ'riðis
klerikal kleri'ka:l
Klerikale kleri'ka:lə
Klerikalismus klerika'lɪsmʊs
klerikalistisch klerika'lɪstɪʃ
Kleriker 'kle:rikɐ
Klerisei kleri'zai̯
Klerk *niederl.* klɛrk
Klerksdorp *afr.* 'klɛrksdɔrp
Klerus 'kle:rʊs
Klesel, Klesl 'kle:zl̩
Kleßheim 'klɛshai̯m
Klestil 'klɛstɪl
Klett[e] 'klɛt[ə]
Klettenberg 'klɛtn̩bɛrk
Kletterei klɛtə'rai̯
klettern 'klɛtɐn
Klettgau 'klɛtgau̯
Kletze 'klɛtsə
Kleukens 'klɔykn̩s
Kleutgen 'klɔytgn̩
Kleve 'kle:və
Klever 'kle:vɐ
klevisch 'kle:vɪʃ
Klevner 'kle:vnɐ
Klezmer 'klɛtsmɐ, *auch:* 'klɛsmɐ
Klíč *tschech.* kli:tʃ
klick!, K... klɪk
Klička *tschech.* 'klitʃka
klicken 'klɪkn̩
Klicker 'klɪkɐ
klickern 'klɪkɐn
Klicpera *tschech.* 'klitspɛra
klieben 'kli:bn̩, **klieb!** kli:p, **kliebt** kli:pt
Kliefoth 'kli:fo:t
Klient kli'ɛnt
Klientel[e] kliɛn'te:l[ə]
klieren 'kli:rən
Kliesche 'kli:ʃə
klietschig 'kli:tʃɪç, **-e** ...ɪgə
kliff, klaff! 'klɪf 'klaf
Kliff klɪf
Klikspaan *niederl.* 'klɪkspa:n
Klima 'kli:ma, **Klimate** kli'ma:tə
Klíma *tschech.* 'kli:ma
klimakterisch klimak'te:rɪʃ
Klimakterium klimak'te:ri̯ʊm
klimatisch kli'ma:tɪʃ
klimatisieren klimati'zi:rən
Klimatographie klimatogra'fi:
Klimatologie klimatolo'gi:
Klimatotherapie klimatotera'pi:
Klimax 'kli:maks
Klimbim klɪm'bɪm
Kliment *bulgar.* 'klimɛnt
Klimenti *russ.* kli'mjentij
Klimme 'klɪmə
klimmen 'klɪmən
Klimmt klɪmt
Klimow[sk] *russ.* 'klimɐf[sk]
Klimperei klɪmpə'rai̯
klimperklein 'klɪmpɐ'klai̯n
klimpern 'klɪmpɐn
Klimsch klɪmʃ
Klimt klɪmt
Klin *russ.* klin
Klindworth 'klɪntwɔrt
Kline *engl.* klaɪn
kling, klang! 'klɪŋ 'klaŋ
kling!, Kling klɪŋ
Klinge 'klɪŋə
Klingel 'klɪŋl̩
klingeln 'klɪŋl̩n
Klingemann 'klɪŋəman
klingen, K... 'klɪŋən
Klingenberg 'klɪŋənbɛrk
Klingenthal 'klɪŋənta:l
Klinger 'klɪŋɐ
Klingklang 'klɪŋklaŋ
Klingler 'klɪŋlɐ
klingling! klɪŋ'lɪŋ
Klingnau 'klɪŋnau̯
Klingner 'klɪŋnɐ
Klingsohr 'klɪŋzo:ɐ̯
Klingsor 'klɪŋzo:ɐ̯, *fr.* klɛ̃'sɔ:r, klɪŋ'sɔ:r
Klingspor 'klɪŋʃpo:ɐ̯
Klinik 'kli:nɪk
Kliniker 'kli:nikɐ
Klinikum 'kli:nikʊm, **...ka** ...ka
klinisch 'kli:nɪʃ
Klink[e] 'klɪŋk[ə]
klinken 'klɪŋkn̩
Klinker 'klɪŋkɐ
Klinkowström 'klɪŋkostrø:m
Klinochlor klino'klo:ɐ̯
Klinograph klino'gra:f
Klinokephalie klinokefa'li:, **-n** ...i:ən
Klinometer klino'me:tɐ
Klinomobil klinomo'bi:l
klinorhombisch klino'rɔmbɪʃ
Klinostat klino'sta:t
klinschig 'klɪnʃɪç, **-e** ...ɪgə
Klinse 'klɪnzə
Klinze 'klɪntsə
Klinzy *russ.* klin'tsɨ
Klio 'kli:o
klipp, klapp! 'klɪp 'klap
klipp!, Klipp klɪp
Klippan *schwed.* ˌklipan
Klippe 'klɪpə
klippen 'klɪpn̩
Klipper 'klɪpɐ
Klippschliefer 'klɪpʃli:fɐ
Klips klɪps
Klipstein 'klɪpʃtai̯n
klirren 'klɪrən
Klischee kli'ʃe:
klischieren kli'ʃi:rən
Klischograph kliʃo'gra:f
Klister 'klɪstɐ
Klistier klɪs'ti:ɐ̯
klistieren klɪs'ti:rən
Klitander kli'tandɐ
Klitarch kli'tarç
Klitgaard *dän.* 'klidgɔ:ˀɐ̯
klitoral klito'ra:l
Klitoris 'kli:torɪs, **...orides** kli'to:ride:s
Klitorismus klito'rɪsmʊs
klitsch, klatsch 'klɪtʃ 'klatʃ
klitsch!, Klitsch klɪtʃ
Klitsche 'klɪtʃə
klitschen 'klɪtʃn̩
klitsch[e]nass 'klɪtʃ[ə]'nas
klitschig 'klɪtʃɪç, **-e** ...ɪgə
klittern 'klɪtɐn
klitzeklein 'klɪtsə'klai̯n
Klitzing 'klɪtsɪŋ
Klivie 'kli:vi̯ə
Kljasma *russ.* 'kljazjmɐ
Kljujew *russ.* 'kljujɪf
Kljutschewskaja Sopka *russ.* kljutʃɪf'skajɐ 'sɔpkɐ
Kljutschewski *russ.* klju'tʃɛfskij
KLM ka:|ɛl'|ɛm
Klo klo:
Kloake klo'a:kə
klob klo:p

Klobasse 'klo:basə
Klobassi 'klo:basi
klöbe 'klø:bə
Kloben 'klo:bn̩
Klöben 'klø:bn̩
klobig 'klo:bɪç, **-e** ...ɪgə
Klöckner 'klœknɐ
Kłodawa *poln.* ku̯ɔ'dava
Kłodnica *poln.* ku̯ɔd'nitsa
Klodnitz 'klo:dnɪt͡s, 'klɔd...
Klodt *russ.* klɔt
Kłodzko *poln.* 'ku̯ɔtskɔ
Kloepfer 'klœp͡fɐ
klomm klɔm
klömme 'klœmə
Klon klo:n
Klondike *engl.* 'klɔndaɪk
klonen 'klo:nən
klönen 'klø:nən
klonieren klo'ni:rən
klonisch 'klo:nɪʃ
Klonowic *poln.* klɔ'nɔvits
Klonus 'klo:nʊs, **-se** ...ʊsə
Kloos *niederl.* klo:s
Kloosterman *niederl.* 'klo:stər-mɑn
Kloot klo:t
Klopein klo'pai̯n
Klöpfel 'klœp͡fl̩
klopfen 'klɔp͡fn̩
Klöpfer 'klœp͡fɐ
Klopp[e] 'klɔp[ə]
Klöppel 'klœpl̩
Klöppelei klœpə'lai̯
klöppeln 'klœpl̩n
kloppen 'klɔpn̩
Klopperei klɔpə'rai̯
Klops klɔps
Klopstock 'klɔpʃtɔk
klopstock[i]sch, K... 'klɔp-ʃtɔk[ɪ]ʃ
Klose 'klo:zə
Klosett klo'zɛt
Kloß klo:s, **Klöße** 'klø:sə
Klößchen 'klø:sçən
Klossowski *fr.* klɔsɔf'ski
Kloster 'klo:stɐ, **Klöster** 'klø:stɐ
Klösterchen 'klø:stɐçən
klösterlich 'klø:stɐlɪç
Klostermann 'klo:stɐman
Klosterneuburg klo:stɐ'nɔy̯-bʊrk
Klosterreichenbach klo:stɐ-'rai̯çn̩bax
Klosters 'klo:stɐs
Klostertal 'klo:stɐta:l
Kloten 'klo:tn̩
Klöten 'klø:tn̩

Kloth klɔt
Klothilde klo'tɪldə
Klotho 'klo:to
Klothoide kloto'i:də
Klotz klɔt͡s, **Klötze** 'klœt͡sə
Klötzchen 'klœt͡sçən
Klötze 'klœt͡sə
klotzen 'klɔt͡sn̩
klotzig 'klɔt͡sɪç, **-e** ...ɪgə
Klub klʊp
Klüber 'kly:bɐ
Kluchori *russ.* klu'xɔri
kluck!, Kluck klʊk
kluckern 'klʊkɐn
Kluckhohn 'klʊkho:n
Kluczbork *poln.* 'kludʒbɔrk
Kluft klʊft, **Klüfte** 'klʏftə
Klüftchen 'klʏftçən
klüftig 'klʏftɪç, **-e** ...ɪgə
klug klu:k, **kluge** 'klu:gə, **klü-ger** 'kly:gɐ
Kluge 'klu:gə
Klügelei kly:gə'lai̯
klügeln 'kly:gl̩n, **klügle** 'kly:glə
klüger vgl. klug
Klugheit 'klu:khai̯t
Klügler 'kly:glɐ
klüglich 'kly:klɪç
Klumker 'klʊmkɐ
Klump[atsch] 'klʊmp[at͡ʃ]
Klümpchen 'klʏmpçən
klumpen, K... 'klʊmpn̩
klümp[e]rig 'klʏmp[ə]rɪç, **-e** ...ɪgə
Klumpert 'klʊmpɐt
klumpig 'klʊmpɪç, **-e** ...ɪgə
Kluncker 'klʊŋkɐ
Klüngel 'klʏŋl̩
Klüngelei 'klʏŋə'lai̯
klüngeln 'klʏŋl̩n
Kluniazenser kluni̯a't͡sɛnzɐ
kluniazensisch kluni̯a't͡sɛnzɪʃ
Klunker 'klʊŋkɐ
klunk[e]rig 'klʊŋk[ə]rɪç, **-e** ...ɪgə
Klunse 'klʊnzə
Kluntje 'klʊntjə
Kluppe 'klʊpə
kluppen 'klʊpn̩
Klupperl 'klʊpɐl
Klus klu:s, **-en** 'klu:zn̩
Klusák *tschech.* 'klusa:k
Klüse 'kly:zə
Klusil klu'zi:l
Klute 'klu:tə
Klüten 'kly:tn̩
Klütz[er] 'klʏt͡s[ɐ]
Klüver 'kly:vɐ
Klysma 'klʏsma

Klysopomp... klyzo'pɔmp...
Klysopompe klyzo'pɔmpə
Klystron 'klʏstrɔn, **-e** ...'tro:nə
Klytämestra klytɛ'mɛstra
Klytämnestra klytɛm'nɛstra
Klytschkow *russ.* klɨtʃ'kɔf
Kment[t] kmɛnt
Knab kna:p
knabbern 'knabɐn, **knabbre** 'knabrə
Knäbchen 'knɛ:pçən
Knabe 'kna:bə
knack!, Knack knak
Knäckebrot 'knɛkəbro:t
knacken 'knakn̩
knackfrisch 'knak'frɪʃ
Knackfuß 'knakfu:s
Knacki 'knaki
knackig 'knakɪç, **-e** ...ɪgə
knacks!, Knacks knaks
knacksen 'knaksn̩
Knagge 'knagə
Knaggen 'knagn̩
Knäkente 'knɛ:k|ɛntə
Knall knal
knallbunt 'knal'bʊnt
knallen 'knalən
knallhart 'knal'hart
knallig 'knalɪç, **-e** ...ɪgə
knallrot 'knal'ro:t
Knap *tschech.* knap
knapp, K... knap
Knappe 'knapə
knappern 'knapɐn
Knappertsbusch 'knapɐt͡sbʊʃ
Knappsack 'knapzak
Knappschaft 'knapʃaft
knaps! knaps
knapsen 'knapsn̩
Knäred *schwed.* 'knɛ:re:d
Knaresborough *engl.* 'nɛəzbərə
Knarre 'knarə
knarren 'knarən
Knast[er] 'knast[ɐ]
Knast[e]rer 'knast[ə]rɐ
knastern 'knastɐn
Knasti 'knasti
Knastologe knasto'lo:gə
Knastologie knastolo'gi:
Knatsch kna:t͡ʃ
knatschen 'kna:t͡ʃn̩
knatschig 'kna:t͡ʃɪç, **-e** ...ɪgə
knätschig 'knɛ:t͡ʃɪç, **-e** ...ɪgə
knattern 'knatɐn
Knäuel 'knɔy̯əl
knäueln 'knɔy̯əln
Knauf knau̯f, **Knäufe** 'knɔy̯fə
Knäufchen 'knɔy̯fçən
Knaul knau̯l

Knäulchen ˈknɔ͜ylçən
knäulen ˈknɔ͜ylən
Knaupelei kna͜upəˈla͜i
knaup[e]lig ˈkna͜up[ə]lɪç, **-e** ...ɪɡə
knaupeln ˈkna͜upl̩n
Knaur ˈkna͜uɐ
Knaus kna͜us
Knauser ˈkna͜uzɐ
Knauserei kna͜uzəˈra͜i
knaus[e]rig ˈkna͜uz[ə]rɪç, **-e** ...ɪɡə
knausern ˈkna͜uzɐn, **knausre** ˈkna͜uzrə
Knaut[h] kna͜ut
Knautie ˈkna͜utsi̯ə, *auch:* ˈkna͜uti̯ə
Knautnaundorf kna͜utˈna͜un-dɔrf
knautschen ˈkna͜ut͜ʃn̩
knautschig ˈkna͜ut͜ʃɪç, **-e** ...ɪɡə
Knebel ˈkneːbl̩
knebeln ˈkneːbl̩n, **kneble** ˈkneːblə
Knebelsee ˈkneːbl̩zeː
Knecht knɛçt
knechten ˈknɛçtn̩
Knechtsand ˈknɛçtzant
Knechtsteden ˈknɛçtʃteːdn̩
Kneese ˈkneːzə
Knef kneːf
Kneif kna͜if
kneifen ˈkna͜ifn̩
Kneifer ˈkna͜ifɐ
Kneip[e] ˈkna͜ip[ə]
kneipen ˈkna͜ipn̩
Kneiperei kna͜ipəˈra͜i
Kneiphof ˈkna͜iphoːf
Kneipier kna͜iˈpi̯eː
Kneipp® kna͜ip
kneippen ˈkna͜ipn̩
Kneller ˈknɛlɐ, *engl.* ˈnɛlə
Kneppelhout *niederl.* ˈknɛpəl-ho͜ut
Knesebeck ˈkneːzəbɛk
Knesselare *niederl.* ˈknɛsəlaːrə
Knesset[h] ˈknɛsɛt
Knet[e] ˈkneːt[ə]
kneten ˈkneːtn̩
Kneußl ˈknɔ͜ysl̩
Kneuttingen ˈknɔ͜ytɪŋən
Kniaźnin *poln.* ˈknjaʑnin
knibbeln ˈknɪbl̩n, **knibble** ˈknɪ-blə
Knibbs *engl.* nɪbz
Knick knɪk
knicken ˈknɪkn̩
Knicker ˈknɪkɐ
Knickerbocker ˈ[k]nɪkɐbɔkɐ
[2]**Knickerbocker** (Name) *engl.* ˈnɪkəbɔkə
Knickerei knɪkəˈra͜i
knick[e]rig ˈknɪk[ə]rɪç, **-e** ...ɪɡə
knickern ˈknɪkɐn
knicks!, Knicks knɪks
knicksen ˈknɪksn̩
Knidos ˈkniːdɔs
Knie kniː, **Knies** kniːs, **die Knie** ˈkniːə, *auch:* kniː, **Knien** ˈkniːən, *auch:* kniːn
Kniebis ˈkniːbɪs
knien kniːn, *auch:* ˈkniːən, **ich knie, knie!** ˈkniːə, kniː, **kniest** kniːst, *auch:* ˈkniːəst, **kniet** kniːt, **kniet!** kniːt, *auch:* ˈkniːət, **kniete** ˈkniːtə, **kniend** ˈkniːənt, **kniende** ˈkniːəndə, **gekniet** ɡəˈkniːt
Kniep kniːp
Knieriem ˈkniːriːm
Knies kniːs
knietief ˈkniːtiːf
knietschen ˈkniːt͜ʃn̩
kniff, Kniff knɪf
Kniffelei knɪfəˈla͜i
kniff[e]lig ˈknɪf[ə]lɪç, **-e** ...ɪɡə
kniffen ˈknɪfn̩
Knigge ˈknɪɡə
[1]**Knight** (Name) *engl.* naɪt
[2]**Knight** (Titel) na͜it
Knightsbridge *engl.* ˈnaɪts-brɪdʒ
Knights of Labour ˈna͜it͜s ɔf ˈleːbɐ
Knilch knɪlç
knille ˈknɪlə
Kniller ˈknɪlɐ
Knipper ˈknɪpɐ, *russ.* ˈknipɪr
Knipperdolling knɪpɐˈdɔlɪŋ, *auch:* ˈ– – – –
Knipping ˈknɪpɪŋ
knips, knaps! ˈknɪps ˈknaps
knips!, Knips knɪps
knipsen ˈknɪpsn̩
Knirps (auch: ®) knɪrps
knirpsig ˈknɪrpsɪç, **-e** ...ɪɡə
knirschen ˈknɪrʃn̩
Knispel ˈknɪspl̩
knispeln ˈknɪspl̩n
knistern ˈknɪstɐn
knitschen ˈkniːt͜ʃn̩
Knittel[feld] ˈknɪtl̩[fɛlt]
knitt[e]rig ˈknɪt[ə]rɪç, **-e** ...ɪɡə
knittern ˈknɪtɐn
Knittlingen ˈknɪtlɪŋən
Knjaschnin *russ.* knɪʒˈnin
Knobel ˈknoːbl̩
knobeln ˈknoːbl̩n, **knoble** ˈknoːblə
Knobelsdorff ˈknoːbl̩sdɔrf
Knob Lake *engl.* ˈnɔb ˈleɪk
Knoblauch ˈknoːpla͜ux, *auch:* ˈknɔp...
Knöchel[chen] ˈknœçl̩[çən]
Knochen ˈknɔxn̩
knochenhart ˈknɔxn̩ˈhart
knochentrocken ˈknɔxn̩ˈtrɔkn̩
knöch[e]rig ˈknœç[ə]rɪç, **-e** ...ɪɡə
knöchern ˈknœçɐn
knochig ˈknɔxɪç, **-e** ...ɪɡə
Knock *fr.* knɔk
knock-down, K... nɔkˈda͜un, *auch:* ˈ– –
knock-out, K... nɔkˈ|a͜ut, *auch:* ˈ– –
Knockouter nɔkˈ|a͜utɐ
Knödel ˈknøːdl̩
knödeln ˈknøːdl̩n
Knoeringen ˈknøːrɪŋən
Knokke *niederl.* ˈknɔkə
Knoll knɔl
Knöllchen ˈknœlçən
Knolle[n] ˈknɔlə[n]
Knoller ˈknɔlɐ
Knöller ˈknœlɐ
knollig ˈknɔlɪç, **-e** ...ɪɡə
Knonau ˈknoːna͜u
Knoodt knoːt
Knoop knoːp, *engl.* nuːp
Knopf knɔp͜f, **Knöpfe** ˈknœp͜fə
Knöpfchen ˈknœp͜fçən
knöpfen ˈknœp͜fn̩
Knöpfli ˈknœp͜fli
Knöpken ˈknœpkn̩
Knopp knɔp
Knopper ˈknɔpɐ
knören ˈknøːrən
knorke ˈknɔrkə
Knorpel ˈknɔrpl̩
knorp[e]lig ˈknɔrp[ə]lɪç, **-e** ...ɪɡə
Knorr knɔr
Knorren ˈknɔrən
knorrig ˈknɔrɪç, **-e** ...ɪɡə
Knorz knɔrt͜s
knorzen ˈknɔrt͜sn̩
knorzig ˈknɔrt͜sɪç, **-e** ...ɪɡə
Knösel ˈknøːzl̩
Knosos ˈknoːzɔs
Knöspchen ˈknœspçən
Knospe ˈknɔspə
knospig ˈknɔspɪç, **-e** ...ɪɡə
Knossos ˈknɔsɔs
Knötchen ˈknøːtçən
Knote ˈknoːtə

K

knöteln ˈknøːtl̩n
knoten, K... ˈknoːtn̩
Knöterich ˈknøːtərɪç
knotern ˈknoːtɐn
knötern ˈknøːtɐn
knotig ˈknoːtɪç, **-e** ...ɪɡə
Knott knɔt, *engl.* nɔt
Knotten... ˈknɔtn̩...
knöttern ˈknœtɐn
Knottingley *engl.* ˈnɔtɪŋlɪ
Know-how noːˈhau̯, *auch:* ˈ– –
Knowles *engl.* noʊlz
Knox[ville] *engl.* ˈnɔks[vɪl]
Knubbe ˈknʊbə
knubbeln ˈknʊbl̩n, **knubble** ˈknʊblə
Knubben ˈknʊbn̩
Knud *dän.* knuðˀ
knuddeln ˈknʊdl̩n, **knuddle** ˈknʊdlə
Knudsen ˈknuːt͜sn̩, *engl.* nuːdsn, *dän.* ˈknusn̩
Knuff knʊf, **Knüffe** ˈknʏfə
knuffen ˈknʊfn̩
Knülch knʏlç
Knüll knʏl
knüll[e] ˈknʏl[ə]
knüllen ˈknʏlən
Knüller ˈknʏlɐ
knüpfen ˈknʏp͜fn̩
Knüppel ˈknʏpl̩
Knüppelausdemsack knʏpl̩ˈl̯au̯sdeːmzak, – – – –ˈ–
knüppeldick ˈknʏpl̩ˈdɪk
knüppeln ˈknʏpl̩n
knuppern ˈknʊpɐn
Knurów *poln.* ˈknuruf
knurren ˈknʊrən
knurrig ˈknʊrɪç, **-e** ...ɪɡə
knüselig ˈknyːzəlɪç, **-e** ...ɪɡə
Knusperchen ˈknʊspɐçən
knusp[e]rig ˈknʊsp[ə]rɪç, **-e** ...ɪɡə
knuspern ˈknʊspɐn
Knust knuːst, **Knüste** ˈknyːstə
Knute ˈknuːtə
knuten ˈknuːtn̩
Knut[h] knuːt
knutschen ˈknuːt͜ʃn̩
Knutscherei knuːt͜ʃəˈrai̯
knutschig ˈknuːt͜ʃɪç, **-e** ...ɪɡə
Knutsford *engl.* ˈnʌtsfəd
Knüttel[vers] ˈknʏtl̩[fɛrs]
Knutzen ˈknuːt͜sn̩
Knysna *engl.* ˈknɪsnə
k. o., K. o. kaːˈ|oː
Koadaptation ko|adaptaˈt͜si̯oːn
Koadjutor ko|atˈjuːtoːɐ̯, **-en** ...juˈtoːrən, *auch:* ˈkoː|...

Koagulans koˈ|aːɡulans, **...lantia** ...aɡuˈlant͜si̯a, **...lanzien** ...aɡuˈlant͜si̯ən
Koagulase ko|aɡuˈlaːzə
Koagulat ko|aɡuˈlaːt
Koagulation ko|aɡulaˈt͜si̯oːn
koagulieren ko|aɡuˈliːrən
Koagulum koˈ|aːɡulʊm, **...la** ...la
Koala koˈaːla
Koaleszenz ko|alɛsˈt͜sɛnt͜s
koalieren ko|aˈliːrən
koalisieren ko|aliˈziːrən
Koalition ko|aliˈt͜si̯oːn
Koalitionär ko|alit͜si̯oˈnɛːɐ̯
Koalkoholiker ˈkoː|alkohoːlikɐ
koätan, K... ko|ɛˈtaːn
Koautor ˈkoː|au̯toːɐ̯
Koax... ˈkoːaks...
koaxial ko|aˈksi̯aːl
Koazervat ko|at͜sɛrˈvaːt
Kob kɔp
Kobald, Kobalt ˈkoːbalt
Kobaltin kobalˈtiːn
Kobarid *slowen.* kɔbaˈriːd
Kobe ˈkoːbə, *jap.* ˈkoˌːbe
Kobel[l] ˈkoːbl̩
Koben ˈkoːbn̩
Köben ˈkøːbn̩
København *dän.* kʏbn̩ˈhau̯ˀn
Kober ˈkoːbɐ
Koberger ˈkoːbɛrɡɐ
Köberle ˈkøːbɐlə
Kobern ˈkoːbɐn
Koberstadt ˈkoːbɐʃtat
Koberstein ˈkoːbɐʃtai̯n
Köbes ˈkøːbəs
Købke *dän.* ˈkœbɡə
Koblenz ˈkoːblɛnt͜s
koblenzisch ˈkoːblɛnt͜sɪʃ
Kobold ˈkoːbɔlt, **-e** ...ldə
Kobolz koˈbɔlt͜s
kobolzen koˈbɔlt͜sn̩
Kobra ˈkoːbra
Kobsa ˈkɔpsa
Koburg ˈkoːbʊrk
Koburger ˈkoːbʊrɡɐ
Kobyljanska *ukr.* kobɪˈljansjka
Kocaeli *türk.* kɔˈd͜ʒaɛˌli
Kocagöz *türk.* kɔˈd͜ʒaˌɡœz
Kocbek *slowen.* ˈkɔdzbɛk
Kočevje *slowen.* kɔˈt͜ʃeːvjɛ
[1]**Koch** kɔx, **Köche** ˈkœçə
[2]**Koch** (Name) *dt., niederl.* kɔx, *dän.* kɔɡ, *schwed., fr.* kɔk, *engl.* koʊk, kɔt͜ʃ
Kochan ˈkɔxan
Kochanowski *poln.* kɔxaˈnɔfski
Kochel ˈkɔxl̩

Köchel ˈkœçl̩
köcheln ˈkœçl̩n
kochem, K... ˈkɔxm̩
kochen, K... ˈkɔxn̩
Kocher ˈkɔxɐ
Köcher ˈkœçɐ
Kochie ˈkɔxi̯ə
Köchin ˈkœçɪn
Kochowski *poln.* kɔˈxɔfski
Kočić *serbokr.* ˈkɔt͜ʃit͜ɕ
Kock *schwed., niederl., fr.* kɔk, *poln.* kɔtsk
Kocke ˈkɔkə
Kockpit ˈkɔkpɪt
Kocsis *ung.* ˈkot͜ʃiʃ
Koczian ˈkɔt͜si̯aːn
Koda ˈkoːda
Kodaira *jap.* koˈdaiˌra
Kodak® ˈkoːdak
Kodály *ung.* ˈkodaːj
Kodder... ˈkɔdɐ...
kodd[e]rig ˈkɔd[ə]rɪç, **-e** ...ɪɡə
koddern ˈkɔdɐn, **koddre** ˈkɔdrə
Kode koːt
Kodein kodeˈiːn
Köder ˈkøːdɐ
ködern ˈkøːdɐn, **ködre** ˈkøːdrə
Kodex ˈkoːdɛks, **Kodizes** ˈkoːdit͜seːs
Kodiak ˈkoːdi̯ak, *engl.* ˈkoʊdɪæk
kodieren koˈdiːrən
Kodifikation kodifikaˈt͜si̯oːn
Kodifikator kodifiˈkaːtoːɐ̯, **-en** ...kaˈtoːrən
kodifizieren kodifiˈt͜siːrən
Kodikologe kodikoˈloːɡə
Kodikologie kodikoloˈɡiː
Kodizill kodiˈt͜sɪl
Kodok ˈkoːdɔk
Kodöl ˈkɔt|øːl
Kodros ˈkoːdrɔs
Koechlin, Kœ... ˈkœçliːn, *fr.* kekˈlɛ̃
Koeckert ˈkøːkɐt
Koedition ˈkoː|edit͜si̯oːn, *auch:* ko|ediˈt͜si̯oːn
Koedukation ˈkoː|edukat͜si̯oːn, *auch:* ko|edukaˈt͜si̯oːn
Koeffizient ko|ɛfiˈt͜si̯ɛnt
Koehler ˈkøːlɐ
Koekelberg *niederl.* ˈkukəlbɛrx
Koekkoek *niederl.* ˈkukuk
Koenig ˈkøːnɪç, *fr.* koeˈniɡ, kø...
Koenzym ˈkoː|ɛnt͜syːm, *auch:* ko|ɛnˈt͜syːm
Koepe ˈkøːpə
Koeppen ˈkœpn̩
Koerbecke ˈkœrbəkə

Koerzibel ko|ɛr'tsi:bl̩, **...ble** ...blə
Koerzitivkraft ko|ɛrtsi'ti:fkraft
Koestler 'kœstlɐ, *engl.* 'kə:stlə, 'kɛs[t]lə, 'kə:slə
Koetsier *niederl.* ku'tsi:r
Koetsu *jap.* 'ko.:etsu
koexistent 'ko:|ɛksɪstɛnt, *auch:* ko|ɛksɪs'tɛnt
Koexistenz 'ko:|ɛksɪstɛnts, *auch:* ko|ɛksɪs'tɛnts
koexistieren 'ko:|ɛksɪsti:rən, *auch:* ko|ɛksɪs'ti:rən
Kofel 'ko:fl̩
Kofen 'ko:fn̩
Koferment 'ko:fɛrmɛnt, *auch:* kofɛr'mɛnt
Koffein kɔfe'i:n
Koffeinismus kɔfei'nɪsmʊs
Koffer 'kɔfɐ
Köfferchen 'kœfɐçən
Koffinnagel 'kɔfɪnna:gl̩
Kofi 'ko:fi, *engl.* 'koʊfɪ
Köflach 'kø:flax
Kofler 'ko:flɐ
Koforidua *engl.* koʊfɔ:ri:'du:ə
Köfte 'kœftə
Kofu *jap.* ko':fu
Kog ko:k, **Köge** 'kø:gə
Kogălniceanu *rumän.* kogəl-ni'tʃeanu
Kogan *russ.* 'kɔgɐn
Koganei *jap.* ko'gane.:
Kogarah *engl.* 'kɔgərə
Køge *dän.* 'kʏ:ə
Kogel 'ko:gl̩
Kögel 'kø:gl̩
Kogge 'kɔgə
Kognak 'kɔnjak
Kognat kɔ'gna:t
Kognation kɔgna'tsio:n
Kognition kɔgni'tsio:n
kognitiv kɔgni'ti:f, **-e** ...i:və
Kognomen kɔ'gno:mən, **...mina** ...mina
Kogo 'ko:go
Kogon 'ko:gɔn
Kohabitation kohabita'tsio:n
kohabitieren kohabi'ti:rən
kohärent kohɛ'rɛnt
Kohärenz kohɛ'rɛnts
Kohärer ko'hɛ:rɐ
kohärieren kohɛ'ri:rən
Kohäsion kohɛ'zio:n
kohäsiv kohɛ'zi:f, **-e** ...i:və
Kohat *engl.* 'koʊha:t
Koheleth ko'he:lɛt
Kohen 'ko:ən, ko'he:n
kohibieren kohi'bi:rən
Kohibition kohibi'tsio:n
Kohibition kohibi'tsio:n
Kohinoor, Koh-i-noor, Kohinur kohi'nu:ɐ̯
Kohl ko:l
Köhl kø:l
Köhlchen 'kø:lçən
Kohle 'ko:lə
kohlen 'ko:lən
Kohler 'ko:lɐ
Köhler 'kø:lɐ
Kohlgrub ko:l'gru:p
Kohlhaas 'ko:lha:s
Kohlhammer 'ko:lhamɐ
Kohlhase 'ko:lha:zə
Köhlmeier 'kø:lmaiɐ
Kohlow 'ko:lo
Kohlrabe 'ko:lra:bə
kohlrabenschwarz 'ko:l'ra:bn̩'ʃvarts
Kohlrabi ko:l'ra:bi
Kohlrausch 'ko:lrauʃ
Kohlscheid 'ko:lʃait
kohlschwarz 'ko:l'ʃvarts
Kohn ko:n, *engl.* koʊn
Köhnlechner 'kø:nlɛçnɐ
Kohortation kohɔrta'tsio:n
kohortativ kohɔrta'ti:f, **-e** ...i:və
Kohortativ 'ko:hɔrtati:f, **-e** ...i:və
Kohorte ko'hɔrtə
Kohout *tschech.* 'kɔhɔu̯t
Kohoutek 'kɔhutɛk, *tschech.* 'kɔhɔu̯tɛk
Kohtla-Järve *estn.* 'kɔh:tlɑ-'jærvɛ
Kohyperonym 'ko:hype-rony:m, *auch:* kohype-ro'ny:m
Kohyperonymie 'ko:hype-ronymi:, *auch:* kohype-rony'mi:
Kohyponym 'ko:hypony:m, *auch:* kohypo'ny:m
Kohyponymie 'ko:hyponymi:, *auch:* kohypony'mi:
Koidula *estn.* 'kɔidulɑ
Koi-Krylgan-Kala *russ.* 'kɔjkrɨl-'ganka'la
Koimesis 'kɔymezɪs, **...mesen** ...'me:zn̩
Koimeterien kɔyme'te:riən
Koine kɔy'ne:, **...nai** ...'nai
Koinon kɔy'nɔn, **...na** ...na
koinzident ko|ɪntsi'dɛnt
Koinzidenz ko|ɪntsi'dɛnts
koinzidieren ko|ɪntsi'di:rən
koitieren koi'ti:rən
Koitus 'ko:itʊs, **die -** ...tu:s
Koivisto *finn.* 'kɔivistɔ
Koje 'ko:jə
Kojève *fr.* kɔ'ʒɛ:v
Kojiki 'ko:dʒiki
Kojote ko'jo:tə
Kok *niederl.* kɔk
Koka 'ko:ka
Kokain koka'i:n
Kokainismus kokai'nɪsmʊs
Kokainist kokai'nɪst
Kokand *russ.* ka'kant
Kokarde ko'kardə
Kokel 'ko:kl̩
kokeln 'ko:kl̩n
Kokemäenjoki *finn.* 'kɔkɛ-mæɛnjɔki
koken 'ko:kn̩
Koker 'ko:kɐ
Kokerei ko:kə'rai
kokett ko'kɛt
Kokette ko'kɛtə
Koketterie kokɛtə'ri:, **-n** ...i:ən
kokettieren kokɛ'ti:rən
Kokille ko'kɪlə
Kokke 'kɔkə
Kokkelskörner 'kɔkl̩skœrnɐ
Kökkenmöddinger 'kœkn̩-mœdɪŋɐ
Kokko[la] *finn.* 'kɔkkɔ[lɑ]
Kokkolith kɔko'li:t
Kokkosphäre kɔko'sfɛ:rə
Kokkus 'kɔkʊs
Kokolores koko'lo:rɛs
Kokomo *engl.* 'koʊkəmoʊ
Kokon ko'kõ:, *auch:* ...kɔŋ, ...ko:n
Koko Nor 'ko:ko 'no:ɐ̯
Kokos... 'ko:kɔs...
Kokoschka ko'kɔʃka, 'kɔkɔʃka
Kokosette koko'zɛt
Kokotte ko'kɔtə
Koks ko:ks
Kok-Saghys kɔksa'gʏs
Kokse 'ko:ksə
koksen 'ko:ksn̩
Koktschetaw *russ.* kɐktʃɪ'taf
Kokytos ko'ky:tɔs
Kokzidie kɔk'tsi:diə
Kokzidiose kɔktsi'dio:zə
[1]**Kola®** (Kolanuss) 'ko:la
[2]**Kola** (Halbinsel) 'ko:la, *russ.* 'kɔlɐ
[3]**Kola** vgl. Kolon
Kołakowski *poln.* kɔu̯a'kɔfski
Kolani ko'la:ni
Kolar *serbokr.* ˌkɔla:r, *engl.* 'koʊlɑ:, –'–
Kolár *tschech.* 'kɔla:r

K

Kolář *tschech.* 'kɔla:rʃ
Kolari *finn.* 'kɔlɑri
Kolarow *bulgar.* ko'larof
Kolas *weißruss.* 'kolɐs
Kolatsche ko'la:tʃə
Kolatur kola'tu:ɐ̯
Kolb kɔlp
Kölbchen 'kœlpçən
Kolbe 'kɔlbə
Kolben 'kɔlbn̩
Kolbenheyer 'kɔlbn̩haiɐ
Kolbenhoff 'kɔlbn̩hɔf
Kolberg *dt., poln.* 'kɔlbɛrk
Kolbermoor kɔlbɐ'mo:ɐ̯
kolbig 'kɔlbɪç, **-e** ...ɪgə
Kolchis 'kɔlçɪs
Kolchizin kɔlçi'tsi:n
Kolchos 'kɔlçɔs, **-e** ...'ço:zə
Kolchose kɔl'ço:zə
Kölcsey *ung.* 'køltʃɛi
Kold *dän.* kɔl'
Kolda *fr.* kɔl'da
Kölderer 'kœldərɐ
koldern 'kɔldɐn, **...dre** ...drə
Koldewey 'kɔldəvai
Kolding *dän.* 'kɔlɪŋ
Koleda 'kɔleda
Koleopter kole'ɔptɐ
Koleoptere koleɔp'te:rə
Koleopterologe koleɔptero-'lo:gə
Koleopterologie koleɔptero-lo'gi:
Koleoptile koleɔp'ti:lə
Koleoptose koleɔp'to:zə
Koleorrhiza koleɔ'ri:tsa
Kolgujew *russ.* kal'gujɪf
Kolhapur *engl.* 'koʊləpʊə
Kolhörster 'ko:lhœrstɐ
Kolibakterie 'ko:libakte:ri̯ə
Kolibri 'ko:libri
kolieren ko'li:rən
Kolik 'ko:lɪk, *auch:* ko'li:k
Kolin ko'li:n, 'kɔli:n
Kolín *tschech.* 'kɔli:n
Kolinski ko'lɪnski
Koliqi *alb.* ko'likji
Kolisch 'ko:lɪʃ
Kolitis ko'li:tɪs, **...itiden** koli-'ti:dn̩
Koliurie koli̯u'ri:, **-n** ...i:ən
Kolk kɔlk
Kolkothar kɔlko'ta:ɐ̯
Kolla 'kɔla
kollabeszieren kɔlabɛs'tsi:rən
kollabieren kɔla'bi:rən
Kollaborateur kɔlabora'tø:ɐ̯
Kollaboration kɔlabora'tsi̯o:n
Kollaborator kɔlabo'ra:to:ɐ̯, **-en** ...ra'to:rən
Kollaboratur kɔlabora'tu:ɐ̯
kollaborieren kɔlabo'ri:rən
Kollage kɔ'la:ʒə
kollagen, K... kɔla'ge:n
Kollagenase kɔlage'na:zə
Kollagenose kɔlage'no:zə
Kollani kɔ'la:ni
Kollaps 'kɔlaps, *auch:* –'–
Kollapsus kɔ'lapsʊs
Kollar kɔ'la:ɐ̯
Kollár *slowak.* 'kɔla:r
Kollargol kɔlar'go:l
Kołłątaj *poln.* kɔu̯'u̯ɔntaj
kollateral kɔlate'ra:l
Kollath 'kɔlat
Kollation kɔla'tsi̯o:n
kollationieren kɔlatsi̯o'ni:rən
Kollator kɔ'la:to:ɐ̯, **-en** kɔla-'to:rən
Kollatur kɔla'tu:ɐ̯
Kollaudation kɔlau̯da'tsi̯o:n
kollaudieren kɔlau̯'di:rən
Kolle 'kɔlə
Kölleda 'kœleda
Kolleg kɔl'e:k, **-ien** kɔ'le:gi̯ən
Kollega kɔ'le:ga
Kollege kɔ'le:gə
kollegial kɔle'gi̯a:l
Kollegialität kɔlegi̯ali'tɛ:t
Kollegiat kɔle'gi̯a:t
Kollegium kɔ'le:gi̯ʊm, **...ien** ...i̯ən
Kollektaneen kɔlɛk'ta:neən, *auch:* ...ta'ne:ən
Kollekte kɔ'lɛktə
Kollekteur kɔlɛk'tø:ɐ̯
Kollektion kɔlɛk'tsi̯o:n
kollektiv, K... kɔlɛk'ti:f, **-e** ...i:və
Kollektiva vgl. Kollektivum
kollektivieren kɔlɛkti'vi:rən
Kollektivismus kɔlɛkti'vɪsmʊs
Kollektivist kɔlɛkti'vɪst
Kollektivität kɔlɛktivi'tɛ:t
Kollektivum kɔlɛk'ti:vʊm, **...va** ...va
Kollektor kɔ'lɛkto:ɐ̯, **-en** ...'to:rən
Kollektur kɔlɛk'tu:ɐ̯
Kollembole kɔlɛm'bo:lə
Kollenchym kɔlɛn'çy:m
Koller 'kɔlɐ
kollerig 'kɔlərɪç, **-e** ...ɪgə
kollern 'kɔlɐn
Kolletere kɔle'te:rə
Kollett kɔ'lɛt
Kolli vgl. Kollo
Kollias *neugr.* 'kɔljas
kollidieren kɔli'di:rən
Kollidine kɔli'di:nə
Kollier kɔ'li̯e:
Kölliker 'kœlikɐ
Kollimation kɔlima'tsi̯o:n
Kollimator kɔli'ma:to:ɐ̯, **-en** ...ma'to:rən
kollinear, K... kɔline'a:ɐ̯
Kollineation kɔlinea'tsi̯o:n
Kolliquation kɔlikva'tsi̯o:n
Kollision kɔli'zi̯o:n
Kollmann 'kɔlman
Kölln kœln
[1]**Kollo** (Warenballen) 'kɔlo, **Kolli** 'kɔli
[2]**Kollo** (Name) 'kɔlo
Kollodium kɔ'lo:di̯ʊm
kolloid, K... kɔlo'i:t, **-e** ...i:də
kolloidal kɔloi'da:l
Kollokabilität kɔlokabili'tɛ:t
Kollokation kɔloka'tsi̯o:n
Kollokator kɔlo'ka:to:ɐ̯, **-en** ...ka'to:rən
kollokieren kɔlo'ki:rən
Kollonema kɔlo'ne:ma, **-ta** -ta
Kollonitsch 'kɔlonɪtʃ
Kollontai *russ.* kɐllan'taj
kolloquial kɔlokvi'a:l
Kolloquialismus kɔlokvia'lɪs-mʊs
Kolloquium kɔ'lo:kvi̯ʊm, *auch:* kɔ'lɔk..., **...ien** ...i̯ən
Kollotypie kɔloty'pi:
kollozieren kɔlo'tsi:rən
kollrig 'kɔlrɪç, **-e** ...ɪgə
kolludieren kɔlu'di:rən
Kollumkarzinom 'kɔlʊmkartsi-no:m
Kollusion kɔlu'zi̯o:n
Kollwitz 'kɔlvɪts
Kolmar 'kɔlmar
Kolmården *schwed.* ˌko:lmo:rdən
Kolmarer 'kɔlmarɐ
kolmarisch 'kɔlmarɪʃ
Kolmatage kɔlma'ta:ʒə
kolmatieren kɔlma'ti:rən
Kolmation kɔlma'tsi̯o:n
Kolmogorow *russ.* kɐlma'gɔrɐf
Köln[er] 'kœln[ɐ]
Kol nidre 'ko:l ni'dre:
kölnisch 'kœlnɪʃ
Kölnischwasser 'kœlnɪʃvasɐ, *auch:* ––'––
Kolo 'ko:lo
Koło *poln.* 'kɔu̯ɔ
Kolobom kolo'bo:m
Kołobrzeg *poln.* kɔ'u̯ɔbʒɛk

Koločep *serbokr.* ˈkɔlɔtʃɛp
Kolofonium koloˈfoːni̯ʊm
Koloman ˈkoːloman, *auch:* ˈkɔl...
Kolombine kolɔmˈbiːnə
Kolombowurzel koˈlɔmbovʊrtsl̩
Kolometrie kolomeˈtriː
Kolomna *russ.* kaˈlɔmnɐ
Kolomyja *russ.* kɐlaˈmɨjɐ
Kolon ˈkoːlɔn, **Kola** ˈkoːla
Kolonat koloˈnaːt
Kolone koˈloːnə
Kolonel koloˈnɛl
kolonial koloˈni̯aːl
kolonialisieren koloni̯aliˈziːrən
Kolonialismus koloni̯aˈlɪsmʊs
Kolonialist koloni̯aˈlɪst
Kolonie koloˈniː, **-n** ...iːən
Kolonisation kolonizaˈt͡si̯oːn
Kolonisator koloniˈzaːtoːɐ̯, **-en** ...zaˈtoːrən
kolonisatorisch kolonizaˈtoːrɪʃ
kolonisieren koloniˈziːrən
Kolonist koloˈnɪst
Kolonnade kolɔˈnaːdə
Kolonne koˈlɔnə
Kolonos koˈloːnɔs
Kolophon (Stadt) ˈkoːlofɔn
Kolophon[ium] koloˈfoːn[i̯ʊm]
Koloptose kolɔpˈtoːzə
Koloquinte koloˈkvɪntə
Kolor ˈkoːloːɐ̯
Koloradokäfer koloˈraːdokɛːfɐ
Koloratur koloraˈtuːɐ̯
kolorieren koloˈriːrən
Kolorimeter koloriˈmeːtɐ
Kolorimetrie kolorimeˈtriː
kolorimetrisch koloriˈmeːtrɪʃ
Kolorismus koloˈrɪsmʊs
Kolorist koloˈrɪst
Kolorit koloˈriːt, *auch:* ...rɪt
Koloskop koloˈskoːp
Koloss koˈlɔs
Kolossä koˈlɔsɛ
Kolossai koˈlɔsai̯
kolossal kolɔˈsaːl
Kolossalität kolɔsaliˈtɛːt
Kolosser koˈlɔsɐ
Kolosseum kolɔˈseːʊm
Kolostomie kolostoˈmiː
Kolostral... kolɔsˈtraːl...
Kolostrum koˈlɔstrʊm
Kolotomie kolotoˈmiː, **-n** ...iːən
Kolowrat ˈkoːlovrat
Kolozsvár[i] *ung.* ˈkoloʒvaːr[i]
Kolpa *slowen.* ˈkoːlpa
Kolpak ˈkɔlpak
Kolpaschewo *russ.* kalˈpaʃəvɐ
Kölpin kœlˈpiːn
Kolping ˈkɔlpɪŋ
Kolpino *russ.* ˈkɔlpinɐ
Kolpitis kɔlˈpiːtɪs **...itiden** ...piˈtiːdn̩
Kolpokleisis kɔlpoˈklai̯zɪs
Kolportage kɔlpɔrˈtaːʒə
Kolporteur kɔlpɔrˈtøːɐ̯
kolportieren kɔlpɔrˈtiːrən
Kolpos ˈkɔlpɔs
Kolposkop kɔlpoˈskoːp
Kolposkopie kɔlposkoˈpiː
Kolpozele kɔlpoˈt͡seːlə
Kölsch kœlʃ
kölschen ˈkœlʃn̩
Kolter ˈkɔltɐ
Koltschak *russ.* kalˈtʃak
Koltschugino *russ.* kaljˈtʃuginɐ
Køltzow *norw.* ˈkœltso
Kolumban[us] kolʊmˈbaːn[ʊs]
Kolumbarium kolʊmˈbaːri̯ʊm, **...ien** ...i̯ən
Kolumbia... koˈlʊmbi̯a...
Kolumbien koˈlʊmbi̯ən
Kolumbier koˈlʊmbi̯ɐ
Kolumbine kolʊmˈbiːnə
kolumbisch koˈlʊmbɪʃ
Kolumbit kolʊmˈbiːt
Kolumbus koˈlʊmbʊs
Kolumella koluˈmɛla
Kolumne koˈlʊmnə
Kolumnist kolʊmˈnɪst
Kölwel ˈkœlvl̩
Kolwezi *frz.* kɔlweˈzi
Kolyma *russ.* kɐlɨˈma
Kolzow *russ.* kaljˈt͡sɔf
Köm køːm
Koma ˈkoːma, **-ta** -ta
Komander koˈmandɐ
Komandorskije Ostrowa *russ.* kɐmanˈdɔrskijɪ astraˈva
Komantsche koˈmant͡ʃə
Komárno *slowak.* ˈkɔmaːrnɔ
Komárom *ung.* ˈkomaːrom
Komarow *russ.* kɐmaˈrɔf
komatös komaˈtøːs, **-e** ...øːzə
Komatsu *jap.* koˈmatsu̥
kombattant, K... kɔmbaˈtant
Kombi ˈkɔmbi
Kombinat kɔmbiˈnaːt
[1]**Kombination** kɔmbinaˈt͡si̯oːn
[2]**Kombination** (Anzug) kɔmbinaˈt͡si̯oːn, kɔmbiˈneːʃn̩
kombinativ kɔmbinaˈtiːf, **-e** ...iːvə
Kombinatorik kɔmbinaˈtoːrɪk
kombinatorisch kɔmbinaˈtoːrɪʃ
Kombine kɔmˈbai̯n, *auch:* ...biːnə, *auch:* ˈkɔmbai̯n
kombinieren kɔmbiˈniːrən
Kombüse kɔmˈbyːzə
kombustibel kɔmbʊsˈtiːbl̩, **...ble** ...blə
Kombustibilien kɔmbʊstiˈbiːli̯ən
Kombustion kɔmbʊsˈti̯oːn
Komedo koˈmeːdo, **-nen** komeˈdoːnən
Komenský *tschech.* ˈkɔmɛnskiː
komestibel komɛsˈtiːbl̩, **...ble** ...blə
Komestibilien komɛstiˈbiːli̯ən
Komet koˈmeːt
kometar komeˈtaːɐ̯
Kömeterion kømeˈteːri̯ɔn, **...ien** ...i̯ən
Komfort kɔmˈfoːɐ̯, *auch:* ...ˈfɔrt
komfortabel kɔmfɔrˈtaːbl̩, **...ble** ...blə
Komfortabel kɔmfɔrˈtaːbl̩
Komi ˈkoːmi, *russ.* ˈkɔmi
Komik ˈkoːmɪk
Komiker ˈkoːmikɐ
Kominform komɪnˈfɔrm
Komintern komɪnˈtɛrn
komisch ˈkoːmɪʃ
Komissarschewskaja *russ.* kɐmisarˈʒɛfskɐjɐ
Komissarschewski *russ.* kɐmisarˈʒɛfskij
Komitadschi komiˈtad͡ʒi
Komitat komiˈtaːt
Komitativ ˈkoːmitatiːf, **-e** ...iːvə
Komitee komiˈteː
Komitien koˈmiːt͡si̯ən
Komló *ung.* ˈkomloː
Komma ˈkɔma, **-ta** -ta
Kommagene kɔmaˈgeːne
Kommandant kɔmanˈdant
Kommandantur kɔmandanˈtuːɐ̯
Kommandeur kɔmanˈdøːɐ̯
kommandieren kɔmanˈdiːrən
Kommanditär kɔmandiˈtɛːɐ̯
Kommandite kɔmanˈdiːtə
Kommanditgesellschaft kɔmanˈdiːtgəzɛlʃaft
Kommanditist kɔmandiˈtɪst
Kommando kɔˈmando
Kommassation kɔmasaˈt͡si̯oːn
kommassieren kɔmaˈsiːrən
Kommemoration kɔmemoraˈt͡si̯oːn

kommemorieren kɔmemoˈriːrən
kommen ˈkɔmən
Kommende kɔˈmɛndə
kommensal kɔmɛnˈzaːl
Kommensalismus kɔmɛnzaˈlɪsmʊs
kommensurabel kɔmɛnzuˈraːbl̩, **...ble** ...blə
Kommensurabilität kɔmɛnzurabiliˈtɛːt
Komment kɔˈmãː
Kommentar kɔmɛnˈtaːɐ̯
Kommentation kɔmɛntaˈt͡si̯oːn
Kommentator kɔmɛnˈtaːtoːɐ̯, **-en** ...taˈtoːrən
kommentieren kɔmɛnˈtiːrən
Kommerell ˈkɔmərɛl
Kommers kɔˈmɛrs, **-e** ...rzə
kommersieren kɔmɛrˈziːrən
Kommerz kɔˈmɛrt͡s
kommerzialisieren kɔmɛrt͡si̯aliˈziːrən
Kommerzialrat kɔmɛrˈt͡si̯aːlraːt
kommerziell kɔmɛrˈt͡si̯ɛl
Kommerzienrat kɔˈmɛrt͡si̯ənraːt
Kommilitone kɔmiliˈtoːnə
Kommis kɔˈmiː, **des -** kɔˈmiː[s], **die -** kɔˈmiːs
Kommiss kɔˈmɪs
Kommissar kɔmɪˈsaːɐ̯
Kommissär kɔmɪˈsɛːɐ̯
Kommissariat kɔmɪsaˈri̯aːt
kommissarisch kɔmɪˈsaːrɪʃ
Kommission kɔmɪˈsi̯oːn
Kommissionär kɔmɪsi̯oˈnɛːɐ̯
kommissionieren kɔmɪsi̯oˈniːrən
Kommissiv... kɔmɪˈsiːf...
Kommissorium kɔmɪˈsoːri̯ʊm, **...ien** ...i̯ən
Kommissur kɔmɪˈsuːɐ̯
Kommittent kɔmɪˈtɛnt
kommittieren kɔmɪˈtiːrən
Kommittiv kɔmɪˈtiːf, **-e** ...iːvə
kommod kɔˈmoːt, **-e** ...oːdə
Kommode kɔˈmoːdə
Kommodität kɔmodiˈtɛːt
Kommodore kɔmoˈdoːrə
Kommorant kɔmoˈrant
Kommos ˈkɔmɔs, **Kommoi** ˈkɔmɔy̯
Kommotio kɔˈmoːt͡si̯o
Kommotion kɔmoˈt͡si̯oːn
kommun kɔˈmuːn
kommunal kɔmuˈnaːl
kommunalisieren kɔmunaliˈziːrən
Kommunarde kɔmuˈnardə
Kommunarsk *russ.* kɐmuˈnarsk
Kommune kɔˈmuːnə
Kommunikant kɔmuniˈkant
Kommunikation kɔmunikaˈt͡si̯oːn
kommunikativ kɔmunikaˈtiːf, **-e** ...iːvə
Kommunikee kɔmyniˈkeː, kɔmu...
Kommunion kɔmuˈni̯oːn
Kommuniqué kɔmyniˈkeː, kɔmu...
Kommunismus kɔmuˈnɪsmʊs
Kommunist kɔmuˈnɪst
kommunistisch kɔmuˈnɪstɪʃ
Kommunitarismus kɔmunitaˈrɪsmʊs
Kommunität kɔmuniˈtɛːt
kommunizieren kɔmuniˈt͡siːrən
kommutabel kɔmuˈtaːbl̩, **...ble** ...blə
Kommutation kɔmutaˈt͡si̯oːn
kommutativ kɔmutaˈtiːf, **-e** ...iːvə
Kommutator kɔmuˈtaːtoːɐ̯, **-en** ...taˈtoːrən
kommutieren kɔmuˈtiːrən
Komnene kɔmˈneːnə
Komnenos kɔmˈneːnɔs
Komödiant komøˈdi̯ant
Komödie koˈmøːdi̯ə
Komodo *indones.* koˈmodo
Kom Ombo ˈkoːm ˈɔmbo
Komoren koˈmoːrən
Komorn koˈmɔrn, ˈkoːmɔrn
Komorous *tschech.* ˈkɔmɔrou̯s
Komorowski *poln.* kɔmɔˈrɔfski
Komotau ˈkɔmotau̯, ˈkoːm...
Komotini *neugr.* kɔmɔtiˈni
Kompagnie kɔmpaˈniː, **-n** ...iːən
Kompagnon kɔmpanˈjõː, *auch:* ˈkɔmpanjõ, ...jɔŋ
kompakt kɔmˈpakt
Kompaktat kɔmpakˈtaːt
Kompaktion kɔmpakˈt͡si̯oːn
Kompanie kɔmpaˈniː, **-n** ...iːən
komparabel kɔmpaˈraːbl̩, **...ble** ...blə
Komparabilität kɔmparabiliˈtɛːt
Komparation kɔmparaˈt͡si̯oːn
Komparatist[ik] kɔmparaˈtɪst[ɪk]
komparativ ˈkɔmparatiːf, *auch:* ---ˈ-, **-e** ...iːvə
Komparativ ˈkɔmparatiːf, **-e**...iːvə
Komparativistik kɔmparatiˈvɪstɪk
Komparator kɔmpaˈraːtoːɐ̯, **-en** ...raˈtoːrən
Komparent kɔmpaˈrɛnt
Komparenz kɔmpaˈrɛnt͡s
komparieren kɔmpaˈriːrən
Komparition kɔmpariˈt͡si̯oːn
Komparse kɔmˈparzə
Komparserie kɔmparzəˈriː, **-n** ...iːən
Kompartiment kɔmpartiˈmɛnt
Kompass ˈkɔmpas
kompatibel kɔmpaˈtiːbl̩, **...ble** ...blə
Kompatibilität kɔmpatibiliˈtɛːt
Kompatriot kɔmpatriˈoːt
Kompatronat kɔmpatroˈnaːt
kompendiarisch kɔmpɛnˈdi̯aːrɪʃ
kompendiös kɔmpɛnˈdi̯øːs, **-e** ...øːzə
Kompendium kɔmˈpɛndi̯ʊm, **...ien** ...i̯ən
Kompensation kɔmpɛnzaˈt͡si̯oːn
Kompensator kɔmpɛnˈzaːtoːɐ̯, **-en** ...zaˈtoːrən
Kompensatorik kɔmpɛnzaˈtoːrɪk
kompensatorisch kɔmpɛnzaˈtoːrɪʃ
kompensieren kɔmpɛnˈziːrən
Kompert ˈkɔmpɐt
kompetent, K... kɔmpeˈtɛnt
Kompetenz kɔmpeˈtɛnt͡s
kompetieren kɔmpeˈtiːrən
kompetitiv kɔmpetiˈtiːf, **-e** ...iːvə
Kompilation kɔmpilaˈt͡si̯oːn
Kompilator kɔmpiˈlaːtoːɐ̯, **-en** ...laˈtoːrən
kompilatorisch kɔmpilaˈtoːrɪʃ
kompilieren kɔmpiˈliːrən
komplanar kɔmplaˈnaːɐ̯
Komplanation kɔmplanaˈt͡si̯oːn
Komplement kɔmpleˈmɛnt
komplementär, K... kɔmplemɛnˈtɛːɐ̯
Komplementarität kɔmplemɛntariˈtɛːt
Komplementation kɔmplemɛntaˈt͡si̯oːn
komplementieren kɔmplemɛnˈtiːrən

K

Komplenym kɔmpleˈnyːm
Komplenymie kɔmplenyˈmiː
¹Komplet (Abendgebet) kɔmˈpleːt
²Komplet (Kleid) kɔmˈpleː, *auch:* kõˈpleː
kompletiv kɔmpleˈtiːf, **-e** ...iːvə
Kompletorium kɔmpleˈtoːri̯ʊm, **...ien** ...i̯ən
komplett kɔmˈplɛt
komplettieren kɔmplɛˈtiːrən
komplex, K... kɔmˈplɛks
Komplexion kɔmplɛˈksi̯oːn
Komplexität kɔmplɛksiˈtɛːt
Komplexometrie kɔmplɛksomeˈtriː, **-n** ...iːən
Komplexone kɔmplɛˈksoːnə
Komplice kɔmˈpliːt͡sə, *auch:* ...iːsə
Komplikation kɔmplikaˈt͡si̯oːn
Kompliment kɔmpliˈmɛnt
komplimentieren kɔmplimɛnˈtiːrən
Komplize kɔmˈpliːt͡sə
komplizieren kɔmpliˈt͡siːrən
Komplott kɔmˈplɔt
komplottieren kɔmplɔˈtiːrən
Komponente kɔmpoˈnɛntə
Kompong Cham, - Chhnang, - Som, - Speu, - Thom *Khmer* kamˈpu̯ɔŋ ˈt͡ʃaːm, - ˈt͡ʃhnaŋ, - ˈsao̯m, - ˈspɨː, - ˈthɔm
komponieren kɔmpoˈniːrən
Komponist kɔmpoˈnɪst
Komposita vgl. Kompositum
Komposite kɔmpoˈziːtə
Kompositeur kɔmpoziˈtøːɐ̯
Komposition kɔmpoziˈt͡si̯oːn
kompositionell kɔmpozit͡si̯oˈnɛl
kompositorisch kɔmpoziˈtoːrɪʃ
Kompositum kɔmˈpoːzitʊm, **...ta** ...ta
kompossibel kɔmpɔˈsiːbl̩, **...ble** ...blə
Kompossibilität kɔmpɔsibiliˈtɛːt
Kompost kɔmˈpɔst, *auch:* ˈ--
kompostieren kɔmpɔsˈtiːrən
Kompott kɔmˈpɔt
Compound... kɔmˈpau̯nt..., *auch:* ˈ--...
komprehensibel kɔmprehɛnˈziːbl̩, **...ble** ...blə
Komprehension kɔmprehɛnˈzi̯oːn
Kompress kɔmˈprɛs
Kompresse kɔmˈprɛsə
kompressibel kɔmprɛˈsiːbl̩, **...ble** ...blə
Kompressibilität kɔmprɛsibiliˈtɛːt
Kompression kɔmˈprɛˈsi̯oːn
Kompressor kɔmˈprɛsoːɐ̯, **-en** ...ˈsoːrən
Kompressorium kɔmprɛˈsoːri̯ʊm, **...ien** ...i̯ən
komprimieren kɔmpriˈmiːrən
Kompromiss kɔmproˈmɪs
Kompromissler kɔmproˈmɪslɐ
kompromittieren kɔmpromɪˈtiːrən
komptabel kɔmpˈtaːbl̩, **...ble** ...blə
Komptabilität kɔmptabiliˈtɛːt
Komptant... kõˈtãː...
Kompulsation kɔmpʊlzaˈt͡si̯oːn
Kompulsion kɔmpʊlˈzi̯oːn
kompulsiv kɔmpʊlˈziːf, **-e** ...iːvə
Kompulsorium kɔmpʊlˈzoːri̯ʊm, **...ien** ...i̯ən
Komputation kɔmputaˈt͡si̯oːn
Komputer kɔmˈpjuːtɐ
Komputistik kɔmpuˈtɪstɪk
Komrij *niederl.* ˈkɔmrɛi̯
Komsomol kɔmzoˈmɔl
Komsomolsk[aja] *russ.* kɐmsaˈmɔljsk[ɐjɐ]
Komsomolze kɔmzoˈmɔlt͡sə
Komtess kɔmˈtɛs, *auch:* kõˈtɛs
Komtesse kɔmˈtɛsə, *auch:* kõˈtɛsə
Komtur kɔmˈtuːɐ̯
Komturei kɔmtuˈrai̯
Komzák *tschech.* ˈkɔmzaːk
Konak koˈnak
Konaré *fr.* kɔnaˈre
Konarski *poln.* kɔˈnarski
Konation konaˈt͡si̯oːn
konativ konaˈtiːf, **-e** ...iːvə
Konautor ˈkɔn|au̯toːɐ̯
Konavli *serbokr.* ˌkɔnaːvli
konaxial kɔn|aˈksi̯aːl
Koncha ˈkɔnça
Konche ˈkɔnçə
konchieren kɔnˈçiːrən
Konchifere kɔnçiˈfeːrə
konchiform kɔnçiˈfɔrm
Konchoide kɔnçoˈiːdə
Konchologe kɔnçoˈloːgə
Konchologie kɔnçoloˈgiː
konchologisch kɔnçoˈloːgɪʃ
Konchoskop kɔnçoˈskoːp
Konchylie kɔnˈçyːli̯ə
Konchyliologe kɔnçyli̯oˈloːgə
Konchyliologie kɔnçyli̯oloˈgiː
konchyliologisch kɔnçyli̯oˈloːgɪʃ
Kondemnation kɔndɛmnaˈt͡si̯oːn
kondemnieren kɔndɛmˈniːrən
Kondens... kɔnˈdɛns...
Kondensanz kɔndɛnˈzant͡s
Kondensat kɔndɛnˈzaːt
Kondensation kɔndɛnzaˈt͡si̯oːn
Kondensator kɔndɛnˈzaːtoːɐ̯, **-en** ...zaˈtoːrən
kondensieren kɔndɛnˈziːrən
Kondensor kɔnˈdɛnzoːɐ̯, **-en** ...ˈzoːrən
Kondeszenz kɔndɛsˈt͡sɛnt͡s
Kondiktion kɔndɪkˈt͡si̯oːn
Kondilakis *neugr.* kɔnðiˈlakis
Kondilis *neugr.* kɔnˈdilis
konditern kɔnˈdiːtɐn
Kondition kɔndiˈt͡si̯oːn
konditional, K... kɔndit͡si̯oˈnaːl
Konditionalis kɔndit͡si̯oˈnaːlɪs, **...les** ...leːs
Konditionalismus kɔndit͡si̯onaˈlɪsmʊs
konditionell kɔndit͡si̯oˈnɛl
konditionieren kɔndit͡si̯oˈniːrən
Konditionismus kɔndit͡si̯oˈnɪsmʊs
Konditor kɔnˈdiːtoːɐ̯, **-en** ...diˈtoːrən
Konditorei kɔnditoˈrai̯
kondizieren kɔndiˈt͡siːrən
Kondo kɔnˈdoː, ˈkɔndo
Kondolenz kɔndoˈlɛnt͡s
kondolieren kɔndoˈliːrən
Kondom kɔnˈdoːm
Kondominat kɔndomiˈnaːt
Kondominium kɔndoˈmiːni̯ʊm, **...ien** ...i̯ən
Kondor ˈkɔndoːɐ̯
Kondottiere kɔndɔˈti̯eːrə, **...ri** ...ri
Kondraschin *russ.* kanˈdraʃin
Kondratjew *russ.* kanˈdratjɪf
Konduite konduˈiːtə, *auch:* kõdyˈiːtə
Kondukt kɔnˈdʊkt
Konduktanz kɔndʊkˈtant͡s
Kondukteur kɔndʊkˈtøːɐ̯
Konduktivität kɔndʊktiviˈtɛːt
Konduktometrie kɔndʊktomeˈtriː
konduktometrisch kɔndʊktoˈmeːtrɪʃ
Konduktor kɔnˈdʊktoːɐ̯, **-en** ...ˈtoːrən

Konduktus kɔnˈdʊktʊs, **die -** ...tu:s
Kondurango kɔnduˈraŋgo
Kondwiramurs kɔntˈvi:ra-mu:ɐ̯s
Kondylom kɔndyˈlo:m
Kondylus ˈkɔndylʊs, **Kondylen** kɔnˈdy:lən
Konenkow *russ.* kaˈnjenkəf
Koneski *mak.* ˈkɔnɛski
Konetzni koˈnɛtsni
Konew *russ.* ˈkɔnɪf
Konewka koˈnɛfka
Konezki *russ.* kaˈnjɛtskij
Konfabulation kɔnfabula-ˈtsi̯o:n
konfabulieren kɔnfabuˈli:rən
Konfekt kɔnˈfɛkt
Konfektion kɔnfɛkˈtsi̯o:n
Konfektionär kɔnfɛktsi̯oˈnɛ:ɐ̯
Konfektioneuse kɔnfɛktsi̯o-ˈnø:zə
konfektionieren kɔnfɛktsi̯o-ˈni:rən
Konferenz kɔnfeˈrɛnts
konferieren kɔnfeˈri:rən
Konfession kɔnfɛˈsi̯o:n
konfessionalisieren kɔnfɛsi̯o-naliˈzi:rən
Konfessionalismus kɔnfɛsi̯ona-ˈlɪsmʊs
konfessionalistisch kɔnfɛsi̯o-naˈlɪstɪʃ
konfessionell kɔnfɛsi̯oˈnɛl
Konfetti kɔnˈfɛti
Konfident kɔnfiˈdɛnt
konfidentiell kɔnfidɛnˈtsi̯ɛl
Konfidenz kɔnfiˈdɛnts
Konfiguration kɔnfiguraˈtsi̯o:n
konfigurieren kɔnfiguˈri:rən
Konfination kɔnfinaˈtsi̯o:n
konfinieren kɔnfiˈni:rən
Konfinität kɔnfiniˈtɛ:t
Konfinium kɔnˈfi:ni̯ʊm, **...ien** ...i̯ən
Konfirmand kɔnfɪrˈmant, **-en** ...dn̩
Konfirmation kɔnfɪrmaˈtsi̯o:n
konfirmieren kɔnfɪrˈmi:rən
Konfiserie kɔnfizəˈri:, *auch:* kõf..., **-n** ...i:ən
Konfiseur kɔnfiˈzø:ɐ̯, *auch:* kõf...
Konfiskat kɔnfɪsˈka:t
Konfiskation kɔnfɪskaˈtsi̯o:n
konfiskatorisch kɔnfɪskaˈto:rɪʃ
konfiszieren kɔnfɪsˈtsi:rən
Konfitent kɔnfiˈtɛnt
Konfitüre kɔnfiˈty:rə
Konflagration kɔnflagraˈtsi̯o:n
konfligieren kɔnfliˈgi:rən
Konflikt kɔnˈflɪkt
konfliktär kɔnflɪkˈtɛ:ɐ̯
konfliktiv kɔnflɪkˈti:f, **-e** ...i:və
Konfluenz kɔnfluˈɛnts
konfluieren kɔnfluˈi:rən
Konflux kɔnˈflʊks
Konföderation kɔnfødera-ˈtsi̯o:n
konföderieren kɔnfødeˈri:rən
konfokal kɔnfoˈka:l
konform kɔnˈfɔrm
Konformation kɔnfɔrmaˈtsi̯o:n
konformieren kɔnfɔrˈmi:rən
Konformismus kɔnfɔrˈmɪsmʊs
Konformist kɔnfɔrˈmɪst
Konformität kɔnfɔrmiˈtɛ:t
Konfrater kɔnˈfra:tɐ, **...tres** ...tre:s
Konfraternität kɔnfratɛrniˈtɛ:t
Konfrontation kɔnfrɔnta-ˈtsi̯o:n
konfrontativ kɔnfrɔntaˈti:f, **-e** ...i:və
konfrontieren kɔnfrɔnˈti:rən
konfundieren kɔnfʊnˈdi:rən
konfus kɔnˈfu:s, **-e** ...u:zə
Konfusion kɔnfuˈzi̯o:n
Konfutation kɔnfutaˈtsi̯o:n
Konfutse kɔnˈfu:tsə
Konfuzianer kɔnfuˈtsi̯a:nɐ
konfuzianisch, K... kɔnfu-ˈtsi̯a:nɪʃ
Konfuzianismus kɔnfutsi̯aˈnɪs-mʊs
konfuzianistisch kɔnfutsi̯aˈnɪs-tɪʃ
Konfuzius kɔnˈfu:tsi̯ʊs
Köngen ˈkœŋən
kongenial kɔngeˈni̯a:l, *auch:* kɔŋ...
Kongenialität kɔngeni̯aliˈtɛ:t, *auch:* kɔŋ...
kongenital kɔngeniˈta:l, *auch:* kɔŋ...
Kongestion kɔngɛsˈti̯o:n, *auch:* kɔŋ...
kongestiv kɔngɛsˈti:f, *auch:* kɔŋ..., **-e** ...i:və
Kong Fuzi *chin.* kʊŋfudzɨ 313
Konglobation kɔnglobaˈtsi̯o:n, *auch:* kɔŋ...
Konglomerat kɔnglomeˈra:t, *auch:* kɔŋ...
Konglutinat kɔnglutiˈna:t, *auch:* kɔŋ...
Konglutination kɔnglutina-ˈtsi̯o:n, *auch:* kɔŋ...
konglutinieren kɔngluti-ˈni:rən, *auch:* kɔŋ...
Kongo ˈkɔŋgo
Kongolese kɔŋgoˈle:zə
kongolesisch kɔŋgoˈle:zɪʃ
Kong Qiu *chin.* kʊŋtɕi̯ou̯ 31
Kongregation kɔngregaˈtsi̯o:n, *auch:* kɔŋ...
Kongregationalismus kɔngre-gatsi̯onaˈlɪsmʊs, *auch:* kɔŋ...
Kongregationalist kɔngrega-tsi̯onaˈlɪst, *auch:* kɔŋ...
Kongregationist kɔngregatsi̯o-ˈnɪst, *auch:* kɔŋ...
kongregieren kɔngreˈgi:rən, *auch:* kɔŋ...
Kongress kɔnˈgrɛs, *auch:* kɔŋ...
Kongrua ˈkɔngrua, *auch:* ˈkɔŋ...
kongruent kɔngruˈɛnt, *auch:* kɔŋ...
Kongruenz kɔngruˈɛnts, *auch:* kɔŋ...
kongruieren kɔngruˈi:rən, *auch:* kɔŋ...
Kongsberg *norw.* ˈkɔŋsbær[g]
Kongsbergit kɔŋsbɛrˈgi:t
Kongsvinger *norw.* ˈkɔŋsviŋər
Konidie koˈni:di̯ə
Konifere koniˈfe:rə
König ˈkø:nɪç, **-e** ...ɪgə
Königgrätz kø:nɪçˈgrɛ:ts, ˈ−−−
Königin[hof] ˈkø:nɪgɪn[ho:f]
Königinmutter ˈkø:nɪgɪnˈmʊtɐ
Königinwitwe ˈkø:nɪgɪnˈvɪtvə
königlich ˈkø:nɪklɪç
Königreich ˈkø:nɪkrai̯ç
Königsau ˈkø:nɪçs|au̯
Königsberg ˈkø:nɪçsbɛrk
Königsberger ˈkø:nɪçsbɛrgɐ
Königsborn ˈkø:nɪçsbɔrn
Königsbrück kø:nɪçsˈbrʏk
Königsbrunn kø:nɪçsˈbrʊn
Königsdorf ˈkø:nɪçsdɔrf
Königsee ˈkø:nɪçze:
Königseggwald kø:nɪçsˈ|ɛkvalt
Königsfelden ˈkø:nɪçsfɛldn̩
Königshain ˈkø:nɪçshai̯n
Königshofen kø:nɪçsˈho:fn̩
Königshütte ˈkø:nɪçshʏtə
Königslutter kø:nɪçsˈlʊtɐ
Königsmar[c]k ˈkø:nɪçsmark
Königssee ˈkø:nɪçsze:
Königstein ˈkø:nɪçʃtai̯n
Königstuhl ˈkø:nɪçʃtu:l
Königswart ˈkø:nɪçsvart
Königswinter kø:nɪçsˈvɪntɐ

Königs Wusterhausen kø:nıçsvʊstɐˈhau̯zn̩
Königtum ˈkø:nıçtu:m
Koniin koniˈi:n
Konima... koˈni:ma...
Konimeter koniˈme:tɐ
Konin *poln.* ˈkɔnin
Koninck *niederl.* ˈko:nıŋk
Koning *niederl.* ˈko:nıŋ
Koninklijke Luchtvaart Maatschappij *niederl.* ˈko:nəŋkləkə ˈlʏxtfa:rt ma:tsxɑˈpɛi̯
Koniose koˈni̯o:zə
Koniotomie koni̯otoˈmi:, **-n** ...i:ən
Konisch ˈko:nıʃ
Konitsa *neugr.* ˈkɔnitsa
Konitz ˈko:nıts, *engl.* ˈkoʊnıts
Köniz ˈkø:nıts
Konizität konitsiˈtɛ:t
Konjektaneen kɔnjɛkˈta:neən, *auch:* ...taˈne:ən
Konjektur kɔnjɛkˈtu:ɐ̯
Konjektural kɔnjɛktuˈra:l
Konjetzky kɔnˈjɛtski
Konjew ˈkɔnjɛf, *russ.* ˈkɔnıf
Konjic *serbokr.* ˈkɔnji:ts
Konjizieren kɔnjiˈtsi:rən
Konjugal kɔnjuˈga:l
Konjugate kɔnjuˈga:tə
Konjugation kɔnjugaˈtsi̯o:n
Konjugieren kɔnjuˈgi:rən
Konjunkt kɔnˈjʊŋkt
Konjunktion kɔnjʊŋkˈtsi̯o:n
Konjunktional kɔnjʊnktsi̯oˈna:l
Konjunktiv ˈkɔnjʊŋkti:f, *auch:* ...ˈti:f; **-e** ...i:və
Konjunktiv ˈkɔnjʊŋkti:f, **-e** ...i:və
Konjunktiva kɔnjʊŋkˈti:va
Konjunktivisch ˈkɔnjʊŋkti:vıʃ, *auch:* --ˈ--
Konjunktivitis kɔnjʊŋktiˈvi:tıs, ...**itiden** ..viˈti:dn̩
Konjunktor kɔnˈjʊŋkto:ɐ̯
Konjunktur kɔnjʊnkˈtu:ɐ̯
Konjunkturell kɔnjʊŋktuˈrɛl
Konjurant kɔnjuˈrant
Konjuration kɔnjuraˈtsi̯o:n
Konkav kɔnˈka:f, *auch:* kɔŋ..., **-e** ...a:və
Konkavität kɔnkaviˈtɛ:t, *auch:* kɔŋ...
Konklave kɔnˈkla:və, *auch:* kɔŋ...
Konkludent kɔnkluˈdɛnt, *auch:* kɔŋ...

konkludieren kɔnkluˈdi:rən, *auch:* kɔŋ...
Konklusion kɔnkluˈzi̯o:n, *auch:* kɔŋ...
konklusiv kɔnkluˈzi:f, *auch:* kɔŋ..., **-e** ...i:və
konkomitant kɔnkomiˈtant, *auch:* kɔŋ...
Konkomitanz kɔnkomiˈtants, *auch:* kɔŋ...
konkordant kɔnkɔrˈdant, *auch:* kɔŋ...
Konkordanz kɔnkɔrˈdants, *auch:* kɔŋ...
Konkordat kɔnkɔrˈda:t, *auch:* kɔŋ...
Konkordia kɔnˈkɔrdi̯a, *auch:* kɔŋ...
Konkordien... kɔnˈkɔrdi̯ən..., *auch:* kɔŋ...
Konkrement kɔnkreˈmɛnt, *auch:* kɔŋ...
Konkreszenz kɔnkrɛsˈtsɛnts, *auch:* kɔŋ...
konkret kɔnˈkre:t, *auch:* kɔŋ...
Konkretion kɔnkreˈtsi̯o:n, *auch:* kɔŋ...
konkretisieren kɔnkretiˈzi:rən, *auch:* kɔŋ...
Konkretum kɔnˈkre:tʊm, *auch:* kɔŋ..., ...**ta** ...ta
Konkubinat kɔnkubiˈna:t, *auch:* kɔŋ...
Konkubine kɔnkuˈbi:nə, *auch:* kɔŋ...
Konkupiszenz kɔnkupısˈtsɛnts, *auch:* kɔŋ...
Konkurrent kɔnkʊˈrɛnt, *auch:* kɔŋ...
Konkurrenz kɔnkʊˈrɛnts, *auch:* kɔŋ...
konkurrenzieren kɔnkʊrɛnˈtsi:rən, *auch:* kɔŋ...
konkurrieren kɔnkʊˈri:rən, *auch:* kɔŋ...
Konkurs kɔnˈkʊrs, *auch:* kɔŋ..., **-e** ...rzə
konnatal kɔnaˈta:l
Konnektiv kɔnɛkˈti:f, **-e** ...i:və
Konnektor kɔˈnɛkto:ɐ̯, **-en** ...ˈto:rən
können ˈkœnən
Könnern ˈkœnɐn
Konnersreuth kɔnɐsˈrɔyt, ˈ---
Konnetabel kɔneˈta:bl̩
Konnex kɔˈnɛks
Konnexion kɔnɛˈksi̯o:n
Konnexität kɔnɛksiˈtɛ:t
Konni ˈkɔni

konnivent kɔniˈvɛnt
Konnivenz kɔniˈvɛnts
konnivieren kɔniˈvi:rən
Konnossement kɔnɔsəˈmɛnt
Konnotat kɔnoˈta:t
Konnotation kɔnotaˈtsi̯o:n
konnotativ kɔnotaˈti:f, auch: ˈkɔn..., **-e** ...i:və
konnotiert kɔnoˈti:ɐ̯t
konnte ˈkɔntə
könnte ˈkœntə
konnubial kɔnuˈbi̯a:l
Konnubium kɔˈnu:bi̯ʊm, ...**ien** ...i̯ən
Konny ˈkɔni
Konoid konoˈi:t, **-e** ...i:də
Konolfingen ˈko:nɔlfıŋən
Konon ˈko:nɔn, *russ.* ˈkɔnɐn
Konopeum konoˈpe:ʊm
Konopnicka *poln.* kɔnɔpˈnitska
Konoskop konoˈsko:p
Konotop *russ.* kɐnaˈtɔp
Konow *norw.* kuˈnu:v
Konowalow *russ.* kɐnaˈvalɐf
Konquistador kɔŋkıstaˈdo:ɐ̯, *auch:* ...kvı...
Konrad ˈkɔnra:t, *poln.* ˈkɔnrat
Konrád *tschech.* ˈkɔnra:t, *ung.* ˈkonra:d
Konrade kɔnˈra:də
Konradin ˈkɔnradi:n
Konradine kɔnraˈdi:nə
Konradiner kɔnraˈdi:nɐ
Konradsreuth kɔnra:tsˈrɔyt
Konrektor ˈkɔnrɛkto:ɐ̯; **-en** ...ˈto:rən, *auch:* ˈ----
Konsalik ˈkɔnzalık, kɔnˈza:lık
Konsanguinität kɔnzaŋguiniˈtɛ:t
Konseil *fr.* kõˈsɛj
Konsekrant kɔnzeˈkrant
Konsekration kɔnzekraˈtsi̯o:n
konsekrieren kɔnzeˈkri:rən
konsekutiv ˈkɔnzekuti:f, *auch:* ...ˈti:f, **-e** ...i:və
Konsemester ˈkɔnzemɛstɐ
Konsens kɔnˈzɛns, **-e** ...nzə
Konsensual... kɔnzɛnˈzu̯a:l...
konsensuell kɔnzɛnˈzu̯ɛl
Konsensus kɔnˈzɛnzʊs, **die -** ...zu:s
konsentieren kɔnzɛnˈti:rən
konsequent kɔnzeˈkvɛnt
Konsequenz kɔnzeˈkvɛnts
Konservation kɔnzɛrvaˈtsi̯o:n
Konservatismus kɔnzɛrvaˈtısmʊs

K

konservativ kɔnzɛrva'ti:f, *auch:* '----, **-e** ...i:və
Konservative kɔnzɛrva'ti:və
Konservativismus kɔnzɛrvati'vɪsmʊs
Konservativität kɔnzɛrvativi'tɛ:t
Konservator kɔnzɛr'va:to:ɐ̯, **-en** ...va'to:rən
konservatorisch kɔnzɛrva'to:rɪʃ
Konservatorist kɔnzɛrvato'rɪst
Konservatorium kɔnzɛrva'to:ri̯ʊm, **...ien** ...i̯ən
Konserve kɔn'zɛrvə
konservieren kɔnzɛr'vi:rən
konsiderabel kɔnzide'ra:bl̩, **...ble** ...blə
Konsignant kɔnzɪ'gnant
Konsignatar kɔnzɪgna'ta:ɐ̯
Konsignatär kɔnzɪgna'tɛ:ɐ̯
Konsignation kɔnzɪgna'tsi̯o:n
konsignieren kɔnzɪ'gni:rən
Konsiliar... kɔnzi'li̯a:ɐ̯...
Konsiliarius kɔnzi'li̯a:ri̯ʊs, **...ii** ...ii
Konsilium kɔn'zi:li̯ʊm, **...ien** ...i̯ən
konsistent kɔnzɪs'tɛnt
Konsistenz kɔnzɪs'tɛnts
konsistorial... kɔnzɪsto'ri̯a:l...
Konsistorium kɔnzɪs'to:ri̯ʊm, **...ien** ...i̯ən
konskribieren kɔnskri'bi:rən
Konskription kɔnskrɪp'tsi̯o:n
Konsolation kɔnzola'tsi̯o:n
Konsol[e] kɔn'zo:l[ə]
Konsolidation kɔnzolida'tsi̯o:n
konsolidieren kɔnzoli'di:rən
Konsommee kõsɔ'me:
konsonant, K... kɔnzo'nant
Konsonantismus kɔnzonan'tɪsmʊs
Konsonanz kɔnzo'nants
konsonieren kɔnzo'ni:rən
Konsorte kɔn'zɔrtə
Konsortial... kɔnzɔr'tsi̯a:l...
Konsortium kɔn'zɔrtsi̯ʊm, **...ien** ...i̯ən
Konsoziation kɔnzotsi̯a'tsi̯o:n
Konspekt kɔn'spɛkt
konspektieren kɔnspɛk'ti:rən
konspergieren kɔnspɛr'gi:rən
konspezifisch kɔnspe'tsi:fɪʃ
Konspikuität kɔnspikui'tɛ:t
Konspirant kɔnspi'rant
Konspirateur kɔnspira'tø:ɐ̯
Konspiration kɔnspira'tsi̯o:n
konspirativ kɔnspira'ti:f, **-e** ...i:və
Konspirator kɔnspi'ra:to:ɐ̯, **-en** ...ra'to:rən
konspirieren kɔnspi'ri:rən
Konstabel kɔn'sta:bl̩
Konstabler kɔn'sta:blɐ
Konstans 'kɔnstans
konstant kɔn'stant
Konstantan kɔnstan'ta:n
Konstante kɔn'stantə
Konstantin 'kɔnstanti:n, *auch:* --'-; *russ.* kɐnstan'tin, *ung.* 'konʃtɔntin, *tschech.* 'kɔnstanti:n, *bulgar.* konstɐn'tin
Konstantine kɔnstan'ti:nə
konstantinisch kɔnstan'ti:nɪʃ
Konstantinopel kɔnstanti'no:pl̩
Konstantinop[e]ler kɔnstanti'no:p[ə]lɐ
Konstantinopolitaner kɔnstantinopoli'ta:nɐ
Konstantinović *serbokr.* kɔnstan,ti:nɔvitɕ
Konstantinow *bulgar.* konstɐn'tinof
Konstantinowka *russ.* kɐnstan'tinɐfkɐ
Konstantius kɔn'stantsi̯ʊs
Konstanty *poln.* kɔn'stantɨ
[1]**Konstanz** (Stetigkeit) kɔn'stants
[2]**Konstanz** (Name) 'kɔnstants
Konstanza kɔn'stantsa
Konstanze kɔn'stantsə
konstatieren kɔnsta'ti:rən
Konstellation kɔnstɛla'tsi̯o:n
Konsternation kɔnstɛrna'tsi̯o:n
konsternieren kɔnstɛr'ni:rən
Konstipation kɔnstipa'tsi̯o:n
Konstituante kɔnsti'tu̯ante
Konstituens kɔn'sti:tu̯ɛns, **...nzien** ...ti'tu̯ɛntsi̯ən
Konstituente kɔnsti'tu̯ɛntə
konstituieren kɔnstitu'i:rən
Konstitut kɔnsti'tu:t
Konstitution kɔnstitu'tsi̯o:n
Konstitutionalismus kɔnstitutsi̯ona'lɪsmʊs
konstitutionell kɔnstitutsi̯o'nɛl
konstitutiv kɔnstitu'ti:f, **-e** ...i:və
Konstriktion kɔnstrɪk'tsi̯o:n
Konstriktor kɔn'strɪkto:ɐ̯, **-en** ...'to:rən
konstringieren kɔnstrɪŋ'gi:rən
konstruieren kɔnstru'i:rən
Konstrukt kɔn'strʊkt
Konstrukteur kɔnstrʊk'tø:ɐ̯
Konstruktion kɔnstrʊk'tsi̯o:n
konstruktiv kɔnstrʊk'ti:f, **-e** ...i:və
Konstruktivismus kɔnstrʊkti'vɪsmʊs
Konstruktivist kɔnstrʊkti'vɪst
Konsubstantiation kɔnzʊpstantsi̯a'tsi̯o:n
Konsul 'kɔnzʊl
Konsular... kɔnzu'la:ɐ̯...
konsularisch kɔnzu'la:rɪʃ
Konsulat kɔnzu'la:t
Konsulent kɔnzu'lɛnt
Konsulin 'kɔnzʊlɪn
Konsult kɔn'zʊlt
Konsultant kɔnzʊl'tant
Konsultation kɔnzʊlta'tsi̯o:n
konsultativ kɔnzʊlta'ti:f, **-e** ...i:və
konsultieren kɔnzʊl'ti:rən
Konsultor kɔn'zʊlto:ɐ̯, **-en** ...'to:rən
[1]**Konsum** (Verbrauch) kɔn'zu:m
[2]**Konsum** (Laden) 'kɔnzu:m, ...zʊm, *auch:* kɔn'zu:m
Konsumation kɔnzuma'tsi̯o:n
Konsument kɔnzu'mɛnt
Konsumerismus kɔnzume'rɪsmʊs
konsumieren kɔnzu'mi:rən
Konsumption kɔnzʊmp'tsi̯o:n
konsumptiv kɔnzʊmp'ti:f, **-e** ...i:və
Konsumtibilien kɔnzʊmti'bi:li̯ən
Konsumtion kɔnzʊm'tsi̯o:n
konsumtiv kɔnzʊm'ti:f, **-e** ...i:və
Konszientialismus kɔnstsi̯ɛntsi̯a'lɪsmʊs
Kont kɔnt
Kontagion kɔnta'gi̯o:n
kontagiös kɔnta'gi̯ø:s, **-e** ...'gi̯ø:zə
Kontagiosität kɔntagi̯ozi'tɛ:t
Kontagium kɔn'ta:gi̯ʊm, **...ien** ...i̯ən
Kontakion kɔn'ta:ki̯ɔn, **...ien** ...i̯ən
kontakten kɔn'taktn̩
Kontakt[er] kɔn'takt[ɐ]
kontaktieren kɔntak'ti:rən
Kontamination kɔntamina'tsi̯o:n
kontaminieren kɔntami'ni:rən

ontant kɔnˈtant
Kontanten kɔnˈtantn̩
Kontarsky kɔnˈtarski
Kontemplation kɔntɛmpla-ˈtsi̯oːn
kontemplativ kɔntɛmplaˈtiːf, **-e** ...iːvə
kontemplieren kɔntɛmˈpliːrən
kontemporär kɔntɛmpoˈrɛːɐ̯
Contenance kõtəˈnãːs
Kontenten kɔnˈtɛntn̩
kontentieren kɔntɛnˈtiːrən
kontentiv... kɔntɛnˈtiːf...
Konter ˈkɔntɐ
Konteradmiral ˈkɔntɐ|atmiraːl
konteragieren kɔntɐ|aˈgiːrən
Konterbande ˈkɔntɐbandə
Kontereskarpe ˈkɔntɐ|ɛskarpə
Konterfei ˈkɔntɐfai̯, *auch:* --ˈ-
konterfeien kɔntɐˈfai̯ən, *auch:* ˈ----
konterkarieren kɔntɐkaˈriːrən
Kontermine ˈkɔntɐmiːnə
konterminieren kɔntɐmi-ˈniːrən
kontern ˈkɔntɐn
Konterrevolution ˈkɔntɐrevo-lutsi̯oːn
Konterrevolutionär, K... ˈkɔn-tɐrevolutsi̯onɛːɐ̯
Kontertanz ˈkɔntɐtants
Contesse kɔnˈtɛsə, *auch:* kõˈtɛsə
kontestabel kɔntɛsˈtaːbl̩, **...ble** ...blə
Kontestation kɔntɛstaˈtsi̯oːn
kontestieren kɔntɛsˈtiːrən
Kontext ˈkɔntɛkst, *auch:* -ˈ-
kontextual kɔntɛksˈtu̯aːl
Kontextualismus kɔntɛkstu̯a-ˈlɪsmus
kontextuell kɔntɛksˈtu̯ɛl
Kontextur kɔntɛksˈtuːɐ̯
Konti ˈkɔnti, *engl.* ˈkɔntɪ
Konti vgl. Konto
kontieren kɔnˈtiːrən
Kontiguität kɔntiguiˈtɛːt
Kon-Tiki kɔnˈtiːki, ...tɪki
Kontinent ˈkɔntinɛnt, *auch:* --ˈ-
kontinental kɔntinɛnˈtaːl
Kontinentalität kɔntinɛntali-ˈtɛːt
Kontinenz kɔntiˈnɛnts
Kontingent, K... kɔntɪŋˈgɛnt
kontingentieren kɔntɪŋgɛn-ˈtiːrən
Kontinuation kɔntinu̯aˈtsi̯oːn
kontinuieren kɔntinuˈiːrən
kontinuierlich kɔntinuˈiːɐ̯lɪç
Kontinuität kɔntinuiˈtɛːt
Kontinuo kɔnˈtiːnu̯o
Kontinuum kɔnˈtiːnuʊm, **...nua** ...nu̯a
Konto ˈkɔnto, **...ti** ...ti
Kontokorrent kɔntokɔˈrɛnt
Kontor kɔnˈtoːɐ̯
Kontorist kɔntoˈrɪst
Kontorniaten kɔntɔrˈni̯aːtn̩
Kontorsion kɔntɔrˈzi̯oːn
Kontorsionist kɔntɔrzi̯oˈnɪst
kontort kɔnˈtɔrt
kontra, K... ˈkɔntra
Kontrabass ˈkɔntrabas
Kontradiktion kɔntradɪkˈtsi̯oːn
kontradiktorisch kɔntradɪk-ˈtoːrɪʃ
Kontrafagott ˈkɔntrafagɔt
kontrafaktisch kɔntraˈfaktɪʃ
Kontrafaktur kɔntrafakˈtuːɐ̯
kontragradient kɔntragra-ˈdi̯ɛnt
Kontrahage kɔntraˈhaːʒə
Kontrahent kɔntraˈhɛnt
kontrahieren kɔntraˈhiːrən
Kontraindikation kɔntra-|ɪndikaˈtsi̯oːn, *auch:* ˈ------
kontraindiziert ˈkɔntra-|ɪnditsiːɐ̯t
kontrakonfliktär kɔntrakɔn-flɪkˈtɛːɐ̯
kontrakt, K... kɔnˈtrakt
kontraktil kɔntrakˈtiːl
Kontraktilität kɔntraktiliˈtɛːt
Kontraktion kɔntrakˈtsi̯oːn
kontraktiv kɔntrakˈtiːf, **-e** ...iːvə
Kontraktur kɔntrakˈtuːɐ̯
Kontraoktave ˈkɔntra|ɔktaːvə
Kontraposition ˈkɔntrapozi-tsi̯oːn
Kontrapost kɔntraˈpɔst
kontraproduktiv ˈkɔntrapro-dʊktiːf
Kontrapunkt ˈkɔntrapʊŋkt
kontrapunktieren kɔntra-pʊŋkˈtiːrən
Kontrapunktik kɔntraˈpʊŋktɪk
Kontrapunktiker kɔntraˈpʊŋk-tikɐ
kontrapunktisch kɔntraˈpʊŋk-tɪʃ
kontrapunktistisch kɔntra-pʊŋkˈtɪstɪʃ
konträr kɔnˈtrɛːɐ̯
Kontrarietät kɔntrari̯eˈtɛːt
Kontraripostе kɔntrariˈpɔstə
Kontrasignatur kɔntrazɪgna-ˈtuːɐ̯
kontrasignieren kɔntrazɪ-ˈgniːrən
Kontrast kɔnˈtrast
kontrastieren kɔntrasˈtiːrən
kontrastiv kɔntrasˈtiːf, **-e** ...iːvə
Kontrasubjekt ˈkɔntrazʊpjɛkt
kontravariant kɔntravaˈri̯ant
Kontravenient kɔntraveˈni̯ɛnt
kontravenieren kɔntrave-ˈniːrən
Kontravention kɔntravɛn-ˈtsi̯oːn
Kontrazeption kɔntratsɛp-ˈtsi̯oːn
kontrazeptiv, K... kɔntratsɛp-ˈtiːf, **-e** ...iːvə
Kontrazeptivum kɔntratsɛp-ˈtiːvʊm, **...va** ...va
Kontrebandist kɔntɐbanˈdɪst
Kontrektationstrieb kɔntrɛk-taˈtsi̯oːnstriːp
Kontretanz ˈkɔntɐtants
Kontribuent kɔntriˈbu̯ɛnt
kontribuieren kɔntribuˈiːrən
Kontribution kɔntribuˈtsi̯oːn
kontrieren kɔnˈtriːrən
Kontrition kɔntriˈtsi̯oːn
Kontritionismus kɔntritsi̯o-ˈnɪsmʊs
Kontrolle kɔnˈtrɔlə
Kontroller kɔnˈtrɔlɐ
Kontrolleur kɔntrɔˈløːɐ̯
kontrollieren kɔntrɔˈliːrən
Kontrollor kɔntrɔˈloːɐ̯
Kontroriposte kɔntroriˈpɔstə
kontrovers kɔntroˈvɛrs, **-e** ...rzə
Kontroverse kɔntroˈvɛrzə
Kontumaz kɔntuˈmaːts
Kontumazial... kɔntuma-ˈtsi̯aːl...
kontumazieren kɔntuma-ˈtsiːrən
kontundieren kɔntʊnˈdiːrən
Kontur kɔnˈtuːɐ̯
konturieren kɔntuˈriːrən
Kontusion kɔntuˈzi̯oːn
Konurbation kɔn|ʊrbaˈtsi̯oːn
Konus ˈkoːnʊs, **-se** ...ʊsə
Konvaleszent kɔnvalɛsˈtsɛnt
Konvaleszenz kɔnvalɛsˈtsɛnts
konvaleszieren kɔnvalɛs-ˈtsiːrən
Konvalidation kɔnvalidaˈtsi̯oːn
Konvarietät kɔnvari̯eˈtɛːt
Konvektion kɔnvɛkˈtsi̯oːn

konvektiv kɔnvɛk'ti:f, **-e** ...i:və
Konvektor kɔn'vɛkto:ɐ̯, **-en** ...'to:rən
konvenabel kɔnve'na:bl̩, **...ble** ...blə
Konveniat kɔn've:ni̯at
Konvenienz kɔnve'ni̯ɛnts
konvenieren kɔnve'ni:rən
Konvent kɔn'vɛnt
Konventikel kɔnvɛn'ti:kl̩
Konvention kɔnvɛn'tsi̯o:n
konventional kɔnvɛntsi̯o'na:l
konventionalisieren kɔnvɛntsi̯onali'zi:rən
Konventionalismus kɔnvɛntsi̯ona'lɪsmʊs
Konventionalität kɔnvɛntsi̯onali'tɛ:t
konventionell kɔnvɛntsi̯o'nɛl
Konventuale kɔnvɛn'tu̯a:lə
konvergent kɔnvɛr'gɛnt
Konvergenz kɔnvɛr'gɛnts
konvergieren kɔnvɛr'gi:rən
konvers kɔn'vɛrs, **-e** ...rzə
Konversation kɔnvɛrza'tsi̯o:n
Konverse kɔn'vɛrzə
konversieren kɔnvɛr'zi:rən
Konversion kɔnvɛr'zi̯o:n
Konverter kɔn'vɛrtɐ
konvertibel kɔnvɛr'ti:bl̩, **...ble** ...blə
Konvertibilität kɔnvɛrtibili'tɛ:t
konvertieren kɔnvɛr'ti:rən
Konvertit kɔnvɛr'ti:t
konvex kɔn'vɛks
Konvexität kɔnvɛksi'tɛ:t
Konvikt kɔn'vɪkt
Konviktion kɔnvɪk'tsi̯o:n
Konviktuale kɔnvɪk'tu̯a:lə
konvinzieren kɔnvɪn'tsi:rən
Konvive kɔn'vi:və
konvivial kɔnvi'vi̯a:l
Konvivialität kɔnvivi̯ali'tɛ:t
Konvivium kɔn'vi:vi̯ʊm, **...ien** ...i̯ən
Konvoi kɔn'vɔy, *auch:* '--
Konvokation kɔnvoka'tsi̯o:n
Konvolut[e] kɔnvo'lu:t[ə]
Konvulsion kɔnvʊl'zi̯o:n
konvulsiv kɔnvʊl'zi:f, **-e** ...i:və
konvulsivisch kɔnvʊl'zi:vɪʃ
Konwicki kɔn'vɪtski
Konwitschny kɔn'vɪtʃni
[1]**Konya** (Teppich) 'ko:nja
[2]**Konya** (Stadt) *türk.* 'kɔnja
Kónya *ung.* 'ko:njɔ
Konz kɔnts
konzedieren kɔntse'di:rən
Konzelebrant kɔntsele'brant
Konzelebration kɔntselebra'tsi̯o:n
konzelebrieren kɔntsele'bri:rən
Konzentrat kɔntsɛn'tra:t
Konzentration kɔntsɛntra'tsi̯o:n
konzentrativ kɔntsɛntra'ti:f, **-e** ...i:və
konzentrieren kɔntsɛn'tri:rən
konzentrisch kɔn'tsɛntrɪʃ
Konzentrizität kɔntsɛntritsi'tɛ:t
Konzept kɔn'tsɛpt
konzeptibel kɔntsɛp'ti:bl̩, **...ble** ...blə
Konzeption kɔntsɛp'tsi̯o:n
konzeptionell kɔntsɛptsi̯o'nɛl
Konzeptismus kɔntsɛp'tɪsmʊs
konzeptualisieren kɔntsɛptu̯ali'zi:rən
Konzeptualismus kɔntsɛptu̯a'lɪsmʊs
konzeptuell kɔnzep'tu̯ɛl
Konzern kɔn'tsɛrn
konzernieren kɔntsɛr'ni:rən
Konzert kɔn'tsɛrt
konzertant kɔntsɛr'tant
konzertieren kɔntsɛr'ti:rən
Konzertina kɔntsɛr'ti:na
Konzession kɔntsɛ'si̯o:n
Konzessionär kɔntsɛsi̯o'nɛ:ɐ̯
konzessionieren kɔntsɛsi̯o'ni:rən
konzessiv kɔntsɛ'si:f, **-e** ...i:və
Konzetti kɔn'tsɛti
Konzil kɔn'tsi:l, **-ien** ...i̯ən
konziliant kɔntsi'li̯ant
Konzilianz kɔntsi'li̯ants
konziliar kɔntsi'li̯a:ɐ̯
Konziliarismus kɔntsili̯a'rɪsmʊs
Konziliation kɔntsili̯a'tsi̯o:n
konzilieren kɔntsi'li:rən
konzinn kɔn'tsɪn
Konzinnität kɔntsɪni'tɛ:t
Konzipient kɔntsi'pi̯ɛnt
konzipieren kɔntsi'pi:rən
Konzipist kɔntsi'pɪst
konzis kɔn'tsi:s, **-e** ...i:zə
Koo *engl.* ku:, *niederl.* ko:
Koofmich 'ko:fmɪç
Koog ko:k, **Köge** 'kø:gə
Kookkurenz ko|ɔkʊ'rɛnts
Kool[haas] *niederl.* 'ko:l[ha:s]
Kooning *niederl.* 'ko:nɪŋ
Kooperateur ko|opera'tø:ɐ̯
Kooperation ko|opera'tsi̯o:n
kooperativ, K... ko|opera'ti:f, **-e** ...i:və
Kooperative ko|opera'ti:və
Kooperator ko|ope'ra:to:ɐ̯, **-en** ...ra'to:rən
kooperieren ko|ope'ri:rən
Koopmans *engl.* 'ku:pmənz
Kooptation ko|ɔpta'tsi̯o:n
kooptativ ko|ɔpta'ti:f, **-e** ...i:və
kooptieren ko|ɔp'ti:rən
Kooption ko|ɔp'tsi̯o:n
Koordinate ko|ɔrdi'na:tə
Koordination ko|ɔrdina'tsi̯o:n
Koordinator ko|ɔrdi'na:to:ɐ̯, **-en** ...na'to:rən
koordinieren ko|ɔrdi'ni:rən
Kootenay *engl.* 'ku:tneɪ
Kopais ko'pa:ɪs, *neugr.* kɔpa'is
Kopaiva... kopa'i:va...
Kopal ko'pa:l
Kopaonik *serbokr.* ˌkɔpaɔni:k
Kópavogur *isl.* 'koupavɔ:ɣʏr
Kopeisk *russ.* ka'pjejsk
Kopeke ko'pe:kə
Kopelaten kope'la:tn̩
Kopelent *tschech.* 'kɔpɛlɛnt
Kopelew *russ.* 'kɔpɪlɪf
Kopenhagen ko:pn̩'ha:gn̩
Kopenhag[e]ner ko:pn̩'ha:g[ə]nɐ
Köpenick[er] 'kø:pənɪk[ɐ]
Köpenickiade kø:pənɪ'ki̯a:də
Kopepode kope'po:də
Koper *slowen.* 'ko:pər
Köper 'kø:pɐ
Kopernik *poln.* kɔ'pɛrnik
kopernikanisch, K... kopɛrni'ka:nɪʃ
Kopernikus ko'pɛrnikʊs
Kopf kɔpf, **Köpfe** 'kœpfə
Köpf kœpf
Köpfchen 'kœpfçən
Köpfel 'kœpfl̩
köpfeln 'kœpfl̩n
köpfen 'kœpfn̩
Kopfermann 'kɔpfəman
...köpfig ...kœpfɪç, **-e** ...ɪgə
...köpfisch ...kœpfɪʃ
Köpfler 'kœpflɐ
kopfüber kɔpf'|y:bɐ
kopfunter kɔpf'|ʊntɐ
Kophosis ko'fo:zɪs
Kophta 'kɔfta
kophtisch 'kɔftɪʃ
Kopialbuch ko'pi̯a:lbu:x
Kopialien ko'pi̯a:li̯ən
Kopiatur kopi̯a'tu:ɐ̯
Kopie ko'pi:, **-n** ko'pi:ən
kopieren ko'pi:rən

Kopilot 'ko:pilo:t
Köping *schwed.* 'çø:piŋ
Kopiopie kopio'pi:
kopiös ko'piø:s, **-e** ...ø:zə
kopisch 'ko:pɪʃ
Kopist ko'pɪst
Kopit *engl.* 'kɔpɪt
Kopitar *slowen.* kɔ'pi:tar
Koplik *engl.* 'kɔplɪk
Kopp kɔp
Koppa 'kɔpa
Koppány *ung.* 'koppa:nj
Kopparberg *schwed.* ˌkɔpar-bærj
Koppe 'kɔpə
Koppel 'kɔpl̩
koppeln 'kɔpl̩n
Koppelwieser 'kɔpl̩vi:zɐ
Koppen 'kɔpn̩
Koppernigk 'kɔpɐnɪk
Koppers 'kɔpɐs
Koppheister kɔp'haistɐ
Kopra 'ko:pra
Koprämie koprɛ'mi:, **-n** ...i:ən
Kopräsenz 'ko:prɛzɛnts
Kopreinitz ko'prainɪts
Kopremesis ko'pre:mezɪs
Koprivnica *serbokr.* ˌkɔpri:vnitsa
Kopriwschtiza *bulgar.* ko-'prifʃtitsɐ
Koproduktion 'ko:produk-tsio:n
Koproduzent 'ko:produtsɛnt
koproduzieren 'ko:produ-tsi:rən
koprogen kopro'ge:n
Koprolagnie koprola'gni:
Koprolalie koprola'li:
Koprolith kopro'li:t
Koprom ko'pro:m
koprophag kopro'fa:k, **-e** ...a:gə
Koprophage kopro'fa:gə
Koprophagie koprofa'gi:
koprophil kopro'fi:l
Koprophilie koprofi'li:
Koprophobie koprofo'bi:
Koprostase kopro'sta:zə
Köprülü *türk.* 'kœpryly
Kops *dt., engl.* kɔps
Kopte 'kɔptə
koptisch 'kɔptɪʃ
Koptologe kɔpto'lo:gə
Koptologie kɔptolo'gi:
Koptos 'kɔptɔs
Kopula 'ko:pula, **...lae** ...lɛ
Kopulation kopula'tsio:n
kopulativ kopula'ti:f, **-e** ...i:və
Kopulativum kopula'ti:vʊm, **...va** ...va
kopulieren kopu'li:rən
kor ko:ɐ̯
Kora 'ko:ra
Korab *serbokr.* 'kɔra:b, *alban.* ko'rab
Korach 'ko:rax
Korah 'ko:ra
Korais *neugr.* kɔra'is
Korakoid korako'i:t, **-e** ...i:də
Koralle ko'ralə
korallen ko'ralən
Korallin kora'li:n
korallogen koralo'ge:n
Koralow *bulgar.* ko'ralof
Koralpe 'ko:ɐ̯|alpə
koram 'ko:ram
koramieren kora'mi:rən
Koramin kora'mi:n
Koran ko'ra:n, *auch:* 'ko:ra[:]n
koranzen ko'rantsn̩
Korb kɔrp, **Körbe** 'kœrbə
Korbach 'kɔrbax
Körbchen 'kœrpçən
Korber 'kɔrbɐ
Körber 'kœrbɐ
Korbinian kɔrbi'nia:n, *auch:* kɔr'bi:nia:n
Korçë *alban.* 'kortʃə
Korčula *serbokr.* 'kɔ:rtʃula
Korczak *poln.* 'kɔrtʃak
[1]**Kord** (Gewebe) kɔrt, **-es** 'kɔr-dəs
[2]**Kord** (Name) *dt., poln.* kɔrt
Korda 'kɔrda, *engl.* 'kɔ:də, *ung.* 'kordɔ
Kordax 'kɔrdaks
Korde 'kɔrdə
Kordel 'kɔrdl̩
Kordelatsch 'kɔrdelatʃ
Kordelia kɔr'de:lia
Kordelie kɔr'de:liə
kordial kɔr'dia:l
Kordialität kɔrdiali'tɛ:t
kordieren kɔr'di:rən
Kordierit kɔrdie'ri:t
Kordigast 'kɔrdigast
Kordillere[n] kɔrdɪl'je:rə[n]
Kordit kɔr'di:t
Kordofan kɔrdo'fa:n
Kordon kɔr'dõ:
Kordonett kɔrdo'nɛt
Korduan 'kɔrduan
Kordula 'kɔrdula
köre 'kø:rə
Kore 'ko:rə
Korea ko're:a
Koreaner kore'a:nɐ
koreanisch kore'a:nɪʃ
Koreferat 'ko:refera:t, korefe-'ra:t
Koreferent 'ko:referɛnt, kore-fe'rɛnt
koreferieren 'ko:referi:rən, korefe'ri:rən
Koreff 'ko:rɛf
Koregisseur 'ko:reʒɪsø:ɐ̯, kore-ʒɪ'sø:ɐ̯
Korela ko're:la
kören 'kø:rən
Korfanty *poln.* kɔr'fantɨ
Korff kɔrf
Korfiot kɔr'fio:t
Korfu 'kɔrfu, *auch:* kɔr'fu:
Korhogo *fr.* kɔrɔ'go
Koriander ko'riandɐ
Koriandoli ko'riandoli
Korijama *jap.* ko':riˌjama
Korin *jap.* 'koˌ:riŋ
Korinna ko'rɪna
Korinth[e] ko'rɪnt[ə]
Korinther ko'rɪntɐ
Korinthia *neugr.* korin'θia
Korinthos 'ko:rɪntɔs, *neugr.* 'kɔrinθɔs
Koriolan korio'la:n
Koritza 'kɔrɪtsa
Korjake kɔr'ja:kə
Kork kɔrk
korken, K... 'kɔrkn̩
Korkett kɔr'kɛt
Korkino *russ.* 'kɔrkinɐ
Kormákur *isl.* 'kɔrmaukʏr
Kormophyt kɔrmo'fy:t
Kormoran kɔrmo'ra:n
Kormus 'kɔrmʊs
Korn kɔrn, **Körner** 'kœrnɐ
Kornak 'kɔrnak
Kornaros *neugr.* kɔr'narɔs
Kornat *serbokr.* 'kɔ:rnat
Kornauth 'kɔrnaut
Kornberg *engl.* 'kɔ:nbə:g
Körnchen 'kœrnçən
Kornea 'kɔrnea
korneal kɔrne'a:l
Kornel[chen] kɔr'ne:l[çən]
Kornelia kɔr'ne:lia
Kornelie kɔr'ne:liə
Kornelija *russ.* kar'njelijɐ
Kornelimünster kɔrne:li-'mʏnstɐ, –'––––
Kornelius kɔr'ne:liʊs
Kornelkirsche kɔr'ne:lkɪrʃə
Kornemann 'kɔrnəman
körnen 'kœrnən
Korner 'kɔrnɐ
Körner 'kœrnɐ

K

Kornerupin kɔrneru'pi:n
Kornett kɔr'nɛt
Kornettist kɔrnɛ'tɪst
Korneuburg kɔr'nɔybʊrk
Kornfeld *dt., tschech.* 'kɔrnfɛlt
Korngold 'kɔrngɔlt, *engl.* 'kɔ:ngoʊld
körnig 'kœrnɪç, **-e** ...ɪgə
Kornil *russ.* kar'nil
Kornilow *russ.* kar'nilɐf
kornisch, K... 'kɔrnɪʃ
Kornitschuk *ukr.* kɔrnij'tʃuk
Kornrade 'kɔrnra:də
Korntal 'kɔrnta:l
Kornwestheim kɔrn'vɛsthai̯m
Korobkin *russ.* ka'rɔpkin
Köroğlu *türk.* 'kœrɔ:ˌlu
Koroi vgl. Koros
Korolenko *russ.* kɐra'ljɛnkɐ
Koroljow *russ.* kɐra'ljɔf
Korolla ko'rɔla
Korollar korɔ'la:ɐ̯
Korollarium korɔ'la:ri̯ʊm, **...ien** ...i̯ən
Korolle ko'rɔlə
Koromandel koro'mandl̩
Korona ko'ro:na
koronar koro'na:ɐ̯
Koronis ko'ro:nɪs, **...ides** ...nide:s
Koronograph korono'gra:f
Koros 'ko:rɔs, **...roi** ...rɔy̯
Körös *ung.* 'kørøʃ
Körösch 'kœrœʃ
Korošec *slowen.* kɔ'ro:ʃəts
Kőrösi, ...sy *ung.* 'kø:røʃi
Korosten *russ.* 'kɔrɐstɪnj
Korowin *russ.* ka'rɔvin
Korpela *finn.* 'kɔrpɛlɑ
Körper 'kœrpɐ
Korpora vgl. Korpus
Korporal[e] kɔrpo'ra:l[ə]
Korporation kɔrpora'tsi̯o:n
korporativ kɔrpora'ti:f, **-e** ...i:və
Korporativismus kɔrporati'vɪsmʊs
korporiert kɔrpo'ri:ɐ̯t
Korps ko:ɐ̯, **des -** ko:ɐ̯[s], **die -** ko:ɐ̯s
korpulent kɔrpu'lɛnt
Korpulenz kɔrpu'lɛnts
Korpus 'kɔrpʊs, **-se** ...ʊsə, **Korpora** 'kɔrpora
Korpus Delikti 'kɔrpʊs de'lɪkti
Korpus Juris 'kɔrpʊs 'ju:rɪs
Korpuskel kɔr'pʊskl̩
korpuskular kɔrpʊsku'la:ɐ̯
Korral kɔ'ra:l
Korrasion kɔra'zi̯o:n
korreal kɔre'a:l
Korreferat 'kɔrefera:t, *auch:* ---'-
Korreferent 'kɔreferɛnt, *auch:* ---'-
Korreferenz 'kɔreferɛnts, *auch:* ---'-
korreferieren 'kɔreferi:rən, *auch:* ---'--
Korregidor kɔrɛxi'do:ɐ̯
korrekt kɔ'rɛkt
Korrektion kɔrɛk'tsi̯o:n
korrektionell kɔrɛktsi̯o'nɛl
korrektionieren kɔrɛktsi̯o'ni:rən
korrektiv, K... kɔrɛk'ti:f, **-e** ...i:və
Korrektor kɔ'rɛkto:ɐ̯, **-en** ...'to:rən
Korrektorat kɔrɛkto'ra:t
Korrektur kɔrɛk'tu:ɐ̯
korrelat, K... kɔre'la:t
Korrelation kɔrela'tsi̯o:n
korrelativ kɔrela'ti:f, **-e** ...i:və
Korrelativismus kɔrelati'vɪsmʊs
korrelieren kɔre'li:rən
korrepetieren kɔrepe'ti:rən
Korrepetition kɔrepeti'tsi̯o:n
Korrepetitor kɔrepe'ti:to:ɐ̯, **-en** ...ti'to:rən
korrespektiv kɔrɛspɛk'ti:f, **-e** ...i:və
Korrespektivität kɔrɛspɛktivi'tɛ:t
Korrespondent kɔrɛspɔn'dɛnt
Korrespondenz kɔrɛspɔn'dɛnts
korrespondieren kɔrɛspɔn'di:rən
Korrianke kɔ'ri̯aŋkə
Korridor 'kɔrido:ɐ̯
Korrigend kɔri'gɛnt, **-en** ...ndn̩
Korrigenda kɔri'gɛnda
Korrigens 'kɔrigɛns, **...gentia** ...'gɛntsi̯a, **...genzien** ...'gɛntsi̯ən
korrigibel kɔri'gi:bl̩, **...ble** ...blə
korrigieren kɔri'gi:rən
Korrigum 'kɔrigʊm
Korrobori kɔ'ro:bori
Korrodentia kɔro'dɛntsi̯a
Korrodenzien kɔro'dɛntsi̯ən
korrodieren kɔro'di:rən
Korror 'kɔro:ɐ̯, *engl.* 'kɔ:rɔ:
Korrosion kɔro'zi̯o:n
korrosiv kɔro'zi:f, **-e** ...i:və
korrumpieren kɔrʊm'pi:rən
korrupt kɔ'rʊpt
Korruptel kɔrʊp'te:l
Korruption kɔrʊp'tsi̯o:n
Korsage kɔr'za:ʒə
Korsak 'kɔrzak, kɔr'za:k
[1]**Korsakow** (Personenname) *russ.* 'kɔrsɐkɐf
[2]**Korsakow** (Ort) *russ.* kar'sakɐf
Korsar kɔr'za:ɐ̯
Korschenbroich kɔrʃn̩'bro:x, '---
Korschunow 'kɔrʃunɔf
Korse 'kɔrzə
Korselett kɔrzə'lɛt
Korsett kɔr'zɛt
Korsika 'kɔrzika
korsisch 'kɔrzɪʃ
Korso 'kɔrso
Korsør *dän.* kɔɐ̯'sʏ:ˀɐ̯
Korste 'kɔrstə
Korsuchin *russ.* kar'zuxin
Korsun *russ.* 'kɔrsunj
Kort kɔrt
Kortege kɔr'tɛ:ʃ
Kortex 'kɔrtɛks, **...tizes** ...titse:s
Kortfors *schwed.* ˌkurtfɔrs
Kortgene *niederl.* kɔrt'xe:nə
kortikal kɔrti'ka:l
Kortikoid kɔrtiko'i:t, **-e** ...i:də
Kortikosteron kɔrtikoste'ro:n
kortikotrop kɔrtiko'tro:p
Kortin kɔr'ti:n
Körting 'kœrtɪŋ
Kortison kɔrti'zo:n
Körtling 'kœrtlɪŋ
Kortner 'kɔrtnɐ
Kortrijk *niederl.* 'kɔrtrɛi̯k
Kortschnoi *russ.* kartʃ'nɔj
Kortum 'kɔrtʊm
Kortzfleisch 'kɔrtsflai̯ʃ
Korum 'ko:rʊm
Korund ko'rʊnt, **-e** ...ndə
Korvette kɔr'vɛtə
Korwa 'kɔrva
Korybant kory'bant
Korydalis ko'ry:dalɪs
korykisch ko'ry:kɪʃ
Koryophyllie kory̆ofʏ'li:
Koryphäe kory'fɛ:ə
Koryza 'ko:rytsa
Korzeniowski *poln.* kɔʒɛ'njɔfski
Korzybski *poln.* kɔ'ʒɨpski, *engl.* kɔ:'zɪbskɪ
Kos *dt., slowen.* ko:s, *neugr.* kɔs

Koš *serbokr.* kɔʃ
Kósa *ung.* ˈkoːʃɔ
Kosak koˈzak
Kosakow *russ.* kɐzaˈkɔf
Kosani *neugr.* kɔˈzani
Kosch[ach] ˈkɔʃ[ax]
Koschat ˈkɔʃat
Koschenille kɔʃəˈnɪljə
koscher ˈkoːʃɐ
Koschewnikow *russ.* kaˈʒɛvnikɐf
Koschigaja *jap.* koˈʃigaja
Kösching ˈkœʃɪŋ
K.-o.-Schlag kaːˈ|oːʃlaːk
Koschmieder kɔʃˈmiːdɐ
Koschnick ˈkɔʃnɪk
Kościan *poln.* ˈkɔɕtɕan
Kosciusko *engl.* kɔsɪˈʌskoʊ
Kosciuszko kɔsˈtsi̯ʊʃko, kɔʃˈtʃʊʃko
Kościuszko *poln.* kɔɕˈtɕuʃkɔ
Kosegarten ˈkoːzəgartn̩
Kosekans ˈkoːzekans, **...nten** ...ntn̩
Kosel ˈkoːzl̩
Kösel ˈkøːzl̩
Köselitz ˈkøːzəlɪts
kosen ˈkoːzn̩, **kos!** koːs, **kost** koːst
kösen ˈkøːzn̩
Koser (Personenname) ˈkoːzɐ
Košice *slowak.* ˈkɔʃitsɛ
Kosima ˈkoːzima
Kosinski *engl.* kəˈzɪnskɪ
Kosinsky koˈzɪnski
Kosinus ˈkoːzinʊs, **...se** ...ʊsə
Kosinzew *russ.* ˈkɔzintsəf
Koskenniemi *finn.* ˈkɔskɛnni̯ɛmi
Köslin kœsˈliːn
Kosloduj *bulgar.* kozloˈduj
Koslow *russ.* kazˈlɔf
Koslowski *russ.* kazˈlɔfskij
Kosmač *slowen.* kɔsˈmaːtʃ
Kosmas ˈkɔsmas
Kosmetik kɔsˈmeːtɪk
Kosmetikerin kɔsˈmeːtikərɪn
Kosmetikum kɔsˈmeːtikʊm, **...ka** ...ka
kosmetisch kɔsˈmeːtɪʃ
Kosmetologe kɔsmetoˈloːgə
Kosmetologie kɔsmetoloˈgiː
kosmisch ˈkɔsmɪʃ
Kosmist kɔsˈmɪst
Kosmobiologe kɔsmobioˈloːgə
Kosmobiologie kɔsmobioloˈgiː
Kosmochemie kɔsmoçeˈmiː
Kosmodrom kɔsmoˈdroːm
Kosmogonie kɔsmogoˈniː, **-n** ...iːən
kosmogonisch kɔsmoˈgoːnɪʃ
Kosmograph kɔsmoˈgraːf
Kosmographie kɔsmograˈfiː, **-n** ...iːən
Kosmokrator kɔsmoˈkraːtoːɐ̯
Kosmologie kɔsmoloˈgiː, **-n** ...iːən
kosmologisch kɔsmoˈloːgɪʃ
Kosmomedizin kɔsmomediˈtsiːn
Kosmonaut[ik] kɔsmoˈnaut[ɪk]
Kosmonos ˈkɔsmonɔs
Kosmopolit kɔsmopoˈliːt
Kosmopolitismus kɔsmopoliˈtɪsmʊs
Kosmos ˈkɔsmɔs
Kosmosophie kɔsmozoˈfiː
Kosmotheismus kɔsmoteˈɪsmʊs
Kosmotron ˈkɔsmotroːn
Koso... ˈkoːzo...
Kosor *serbokr.* ˈkɔsɔr
Kosovare kozoˈvaːrə, *auch:* kɔso...
Kosovë *alban.* koˈsovə
Kosovel *slowen.* kɔsɔˈveːl
Kosovo *serbokr.* ˈkɔsɔvɔ
Kosovo polje *serbokr.* ˈkɔsɔvɔ ˈpɔljɛ
Kosovska Mitrovica *serbokr.* ˈkɔsɔːvskaː ˈmitrɔvitsa
Kossäer kɔˈsɛːɐ
Kossak *poln.* ˈkɔsak
Kossäte kɔˈsɛːtə
Kossat[e] kɔˈsaːt[ə]
Kösseine kœˈsainə
Kossel ˈkɔsl̩
Kossinna kɔˈsɪna, ˈ---
Kossmann *niederl.* ˈkɔsmɑn
Koßmat ˈkɔsmat
Kossuth *ung.* ˈkoʃuːt
Kossygin *russ.* kaˈsɨgin
Kost *dt., engl., tschech.* kɔst
kostal kɔsˈtaːl
Kostarika kɔstaˈriːka
kostbar ˈkɔstbaːɐ̯
Kostelanetz *engl.* kɔstəˈlɑːnɪts
Kostelec *tschech.* ˈkɔstɛlɛts
kosten, K... ˈkɔstn̩
Kostenki *russ.* kasˈtjɛnki
Kostenko *ukr.* kɔsˈtɛnkɔ
Köster[nitz] ˈkœstɐ[nɪts]
Kostić *serbokr.* ˈkɔstitɕ
Kostja *russ.* ˈkɔstjɐ
Kostka *poln., slowak.* ˈkɔstka
köstlich ˈkœstlɪç
Köstlin ˈkœstliːn
Kostomarow *russ.* kɐstaˈmarɐf
Kostopulos *neugr.* kɔsˈtɔpulɔs
Kostotomie kɔstotoˈmiː
Kostow *bulgar.* ˈkɔstof
Kostra *slowak.* ˈkɔstra
Köstritz[er] ˈkœstrɪts[ɐ]
Kostroma *russ.* kɐstraˈma
Kostrow *russ.* kasˈtrɔf
Kostrzewski *poln.* kɔʃtʃˈʃɛfski
Kostrzyn *poln.* ˈkɔʃtʃʃɨn
kostspielig ˈkɔstʃpiːlɪç, **-e** ...ɪgə
Kostüm kɔsˈtyːm
Kostumbrismus kɔstʊmˈbrɪsmʊs
Kostümier kɔstyˈmi̯eː
kostümieren kɔstyˈmiːrən
Kostyljow *russ.* kɐstɨˈljɔf
Kósyk *niedersorb.* ˈkʊsɪk
Kosyrew *russ.* ˈkɔzɨrɪf
Koszalin *poln.* kɔˈʃalin
Kőszeg[i] *ung.* ˈkøːsɛg[i]
Kosztolányi *ung.* ˈkostolaːnji
Kot koːt
Kota *engl.* ˈkoʊtə
Kota Bharu *indon.* ˈkota ˈbaru
Kotangens ˈkoːtaŋgɛns
Kotarbiński *poln.* kɔtarˈbii̯ski
Kotau koˈtau
Kote ˈkoːtə
Köte ˈkøːtə
Kötel ˈkøːtl̩
Kotelett[en] kotəˈlɛt[n̩], kɔtˈlɛt[n̩]
Kotelnikow *russ.* kaˈtjeljnikɐf
Kotelnitsch *russ.* kaˈtjeljnitʃ
Kotelny Ostrow *russ.* kaˈtjeljnɨj ˈɔstrɐf
koten ˈkoːtn̩
Köter ˈkøːtɐ
Kotěra *tschech.* ˈkɔtjɛra
Köterei køːtəˈrai
Koterie kotəˈriː, **-n** ...iːən
Kotext ˈkoːtɛkst
Köth køːt
Köthen ˈkøːtn̩
Köthener ˈkøːtənɐ
Kothurn koˈtʊrn
kotieren koˈtiːrən
kotig ˈkoːtɪç, **-e** ...ɪgə
Kotík *tschech.* ˈkɔtjiːk
Kotikow *russ.* ˈkɔtikɐf
Kotillon ˈkɔtɪljõ, *auch:* kotɪlˈjõː, kotiˈjõː
Kotinga koˈtɪŋga
Kotka *finn.* ˈkɔtkɑ
Kotlas *russ.* ˈkɔtlɐs
Kotlin *russ.* ˈkɔtlin

K

Kotljarẹwsky *ukr.* kɔtlja'rɛu̯skɪj
Kö̲tner 'kø:tnɐ
Ko̲to 'ko:to
Koton ko'tõ:
kotonisi̲eren kotoni'zi:rən
Kotọński *poln.* kɔ'tɔi̯ski
Kọtor *serbokr.* ˌkɔtɔr
Ko̲torinde 'ko:torɪndə
Kotọwsk *russ.* ka'tɔfsk
Ko̲tsass[e] 'ko:tzas[ə]
Kotschergạ *russ.* kɐtʃɪr'ga
Kọtschetow *russ.* 'kɔtʃɪtɐf
Ko̲tschi *jap.* 'ko:tʃi̯
Kotschinchi̲na kɔtʃɪn'çi:na
Kọttayam *engl.* 'kɔtəjæm
Kọttbus 'kɔtbʊs, **-[s]er** ...ʊsɐ
Kotte *engl.* 'koʊteɪ
Kọtten 'kɔtn̩
Kọtter 'kɔtɐ
Kö̲tter 'kœtɐ
kọttisch 'kɔtɪʃ
Kotu̲i *russ.* ka'tuj
Koty̲le ko'ty:lə
Kotyle̲do koty'le:do
Kotyledo̲ne kotyle'do:nə
Kotylosa̲urier kotylo'zau̯ri̯ɐ
Kotylosa̲urus kotylo'zau̯rʊs
Kọtze 'kɔtsə
Kö̲tze 'kœtsə
Kọtzebue 'kɔtsəbu, *engl.* 'kɔtsɪbju:
Kọtzeluch 'kɔtsəlʊx
kọtzen, K... 'kɔtsn̩
Kọtzenau 'kɔtsənau̯
kọtzengro̲b 'kɔtsn̩'gro:p
Kö̲tzer 'kœtsɐ
kọtzerig 'kɔtsərɪç, **-e** ...ɪgə
kọtzjạ̈mmerlich 'kɔts'jɛmɐlɪç
kọtzlạngweilig 'kɔts'laŋvai̯lɪç
Kötzschenbro̲da kœtʃn̩'bro:da
Kö̲tzting 'kœtstɪŋ
kọtzü̲bel 'kɔts'ly:bl̩
Kouchne̲r *fr.* kuʃ'nɛ:r
Koudougou *fr.* kudu'gu
Koulikorọ *fr.* kulikɔ'ro
Kourou *fr.* ku'ru
Kouroussạ *fr.* kuru'sa
Koussevịtzky kusə'vɪtski, *engl.* ku:sə'vɪtskɪ
Koutialạ *fr.* kutja'la
Kọuvola *finn.* 'kɔu̯vɔlɑ
Kọvać *serbokr.* ˌkɔvatɕ
Kọváč *slowak.* 'kɔva:tʃ
Kọvačić *serbokr.* ˌkɔvatʃitɕ
Kọvács *ung.* 'kova:tʃ
Kovariante kova'ri̯antə, *auch:* 'ko:v...

Kovarianz kova'ri̯ants, *auch:* 'ko:v...
Kọvařovic *tschech.* 'kɔvarʒɔvits
Ko̲wa 'ko:va
Kowalẹwskaja *russ.* kɐva'ljɛfskɐjɐ
Kowalẹwski kova'lɛfski, *poln.* kɔva'lɛfski, *russ.* kɐva'ljɛfskij
Kowaljọw *russ.* kɐva'ljɔf
Kowạlski *poln.* kɔ'valski, *russ.* ka'valjskij
Kowạry *poln.* kɔ'varɨ
Kọwel *russ.* 'kɔvɪlj
Kowloon *engl.* kaʊ'lu:n
Kọwno *russ.* 'kɔvnɐ
Kowrọw *russ.* kav'rɔf
Kọx *niederl.* kɔks
Koxalgi̲e kɔksal'gi:, **-n** ...i:ən
Koxi̲tis kɔ'ksi:tɪs, **...iti̲den** ...si'ti:dn̩
Koyré *fr.* kwa're
Koza̲k *slowen.* kɔ'za:k
Koza̲rac *serbokr.* kɔ'za:rats
Kozhikode *engl.* 'koʊʒɪkoʊd
Kọžík *tschech.* 'kɔʒi:k
Kọzioł *poln.* 'kɔʑɔu̯
Kozjubịnski *russ.* kɐtsju'binskij
Kọźle *poln.* 'kɔʑlɛ
Kọźmian *poln.* 'kɔʑmjan
Kożu̲chów *poln.* kɔ'ʒuxuf
Kozy̲tus ko'tsy:tʊs
Kpali̲mé *fr.* kpali'me
Kpẹlle 'kpɛlə
Krạ *Thai* kra 2
Kra̲al kra:l
Krạbbe 'krabə
Krabbele̲i krabə'lai̯
krạbbelig 'krabəlɪç, **-e** ...ɪgə
krạbbeln 'krabl̩n, **krạbble** 'krablə
krạbben 'krabn̩, **krạbb!** krap, **krạbbt** krapt
krạbblig 'krablɪç, **-e** ...ɪgə
Krạch krax, **Krạ̈che** 'krɛçə
krạch! krax
krạchen, K... 'kraxn̩
Krạcherl 'kraxɐl
krạchig 'kraxɪç, **-e** ...ɪgə
krạ̈chzen 'krɛçtsn̩
Krạcke 'krakə
krạcken 'krakn̩, *auch:* 'krɛkn̩
Krạ̈cker 'krɛkɐ
Kra̲d kra:t, **-es** 'kra:dəs
Kra̲emer 'krɛ:mɐ, *niederl.* 'kra:mər
Kra̲epelin 'krɛ:pəli:n

Kra̲fft kraft
krạft kraft
Krạft kraft, **Krạ̈fte** 'krɛftə
krạ̈ftig 'krɛftɪç, **-e** ...ɪgə
krạ̈ftigen 'krɛftɪgn̩, **krạ̈ftig!** 'krɛftɪç, **krạ̈ftigt** 'krɛftɪçt
krạ̈ftiglich 'krɛftɪklɪç
Kra̲g *norw.* kra:g, *dän.* kra:'u̯
Kra̲ge 'kra:gə
Krä̲gelchen 'krɛ:gl̩çən
Kra̲gen 'kra:gn̩, **Krä̲gen** 'krɛ:gn̩
Krạgujevac *serbokr.* ˌkragujɛvats
Kra̲he 'kra:ə
Krä̲he 'krɛ:ə
krä̲hen 'krɛ:ən
Kra̲hl kra:l
Krä̲hl[e] 'krɛ:l[ə]
krä̲hlen 'krɛ:lən
Krä̲hwinkel 'krɛ:vɪŋkl̩
Krähwinkele̲i krɛ:vɪŋkə'lai̯
Krä̲hwinkler 'krɛ:vɪŋklɐ
Kra̲ichgau 'krai̯çgau̯
Kra̲ichtal 'krai̯çta:l
Kra̲in[burg] 'krai̯n[bʊrk]
Kra̲iner 'krai̯nɐ
Krạjina *serbokr.* 'krajina
Krạjnska *slowen.* 'kra:jnska
Krạkatau 'krakatau̯
Kra̲kau 'kra:kau̯
Krak des Chevaliẹrs *fr.* krakdeʃva'lje
Kra̲ke 'kra:kə
Krake̲el kra'ke:l
krake̲elen kra'ke:lən
Krakeelere̲i krake:lə'rai̯
Kra̲kel 'kra:kl̩
Krakele̲e krakə'le:
krakeli̲eren krakə'li:rən
kra̲k[e]lig 'kra:k[ə]lɪç, **-e** ...ɪgə
kra̲keln 'kra:kl̩n
Krakelü̲re krakə'ly:rə
Kra̲kow 'kra:ko
Krạków *poln.* 'krakuf
Krako̲wiak kra'ko:vi̯ak
Kraku̲se kra'ku:zə
Kra̲l kra:l
Král' *slowak.* kra:lj
Kra̲lendijk *niederl.* 'kra:ləndei̯k
Krạlice *tschech.* 'kralitsɛ
Kra̲lik 'kra:lɪk
Kra̲litz 'kra:lɪts
Kra̲ljević Mạrko *serbokr.* ˌkra:ljɛvitɕ 'ma:rkɔ
Kra̲ljevo *serbokr.* ˌkra:ljɛvɔ
Krạ̈llchen 'krɛlçən
Krạlle 'kralə
krạllen 'kralən

rallig ˈkralıç, **-e** ...ıgə
ralup ˈkralʊp
ralupy *tschech.* ˈkralupi
ram kraːm
ramář *tschech.* ˈkramaːrʃ
ramatorsk *russ.* krɐmaˈtɔrsk
rambambuli kramˈbambuli
rämchen ˈkrɛːmçən
ramen ˈkraːmən
ramer ˈkraːmɐ, *niederl.* ˈkraːmər, *engl.* ˈkreɪmə
rämer ˈkrɛːmɐ
ramerei kraːməˈrai̯
rämerei krɛːməˈrai̯
ramers *niederl.* ˈkraːmərs
ramfors *schwed.* ˌkrɑːmfɔrs
rammer *niederl.* ˈkrɑmər
rammetsvogel ˈkramətsfoːgl̩
ramp[e] ˈkramp[ə]
rampen, K... ˈkrampn̩
rampf krampf, **Krämpfe** ˈkrɛmpfə
rampfen ˈkrampfn̩
rampfig ˈkrampfıç, **-e** ...ıgə
Krampus (Muskelkrampf) ˈkrampʊs, **...pi** ...pi
Krampus (Begleiter des St. Nikolaus) ˈkrampʊs, **-se** ...ʊsə
ramskoi *russ.* kramˈskɔj
ramuri kraˈmuːri
ran kraːn, **Kräne** ˈkrɛːnə
ranach ˈkraːnax
ränchen ˈkrɛːnçən
ranen ˈkraːnən
ranewitt[er] ˈkraːnəvıt[ɐ]
rangel ˈkraŋl̩
rangeln ˈkraŋl̩n
rängen ˈkrɛŋən
anial kraˈni̯aːl
ranich[stein] ˈkraːnıç[ʃtai̯n]
ranioklast krani̯oˈklast
raniologie krani̯oloˈgiː
aniologisch krani̯oˈloːgıʃ
raniometer krani̯oˈmeːtɐ
raniometrie krani̯omeˈtriː, **-n** ...iːən
anioneuralgie krani̯onɔy̯ralˈgiː
aniophor krani̯oˈfoːɐ̯
aniosklerose krani̯oskleˈroːzə
aniostat krani̯oˈstaːt
aniostenose krani̯osteˈnoːzə
aniostose krani̯ɔsˈtoːzə
aniotabes krani̯oˈtaːbɛs
aniote kraˈni̯oːtə
aniotomie krani̯otoˈmiː, **-n** ...iːən

Kranium ˈkraːni̯ʊm, **...ia** ...i̯a
Kranjčević *serbokr.* ˈkraːnjtʃɛvitɕ
Kranj[ec] *slowen.* ˈkraːnj[əts]
krank kraŋk, **kränker** ˈkrɛŋkɐ
kränkeln ˈkrɛŋkl̩n
kranken ˈkraŋkn̩
kränken ˈkrɛŋkn̩
kränklich ˈkrɛŋklıç
Kransnaja Poljana *russ.* ˈkrasnɐjɐ paˈljanɐ
Krantz krants
Kranz krants, **Kränze** ˈkrɛntsə
Kränzchen ˈkrɛntsçən
kränzen ˈkrɛntsn̩
Kränzlin krɛntsˈliːn
Krapf krapf
Kräpfchen ˈkrɛpfçən
Kräpfel ˈkrɛpfl̩
Krapfen ˈkrapfn̩
Krapina *serbokr.* ˈkrapina
Krapiwa *weißruss.* krɐpiˈva
Krapkowice *poln.* krapkɔˈvitsɛ
Krapp krap
Kräppel ˈkrɛpl̩
krappen ˈkrapn̩
Krappitz ˈkrapıts
Krapüle kraˈpyːlə
Krascheninnikow *russ.* krɐʃəˈninnikɐf
Krase ˈkraːzə
Krasicki *poln.* kraˈɕitski
Krasiński *poln.* kraˈɕii̯ski
Krasis ˈkraːzıs
Krasko *slowak.* ˈkraskɔ
Kraslice *tschech.* ˈkraslitsɛ
krasmen ˈkrasmən
Krasnaja Swesda *russ.* ˈkrasnɐjɐ zvızˈda
Krasnoarmeisk *russ.* krɐsnɐarˈmjejsk
Krasnodar *russ.* krɐsnaˈdar
Krasnodon *russ.* krɐsnaˈdɔn
Krasnogorsk *russ.* krɐsnaˈgɔrsk
Krásnohorská *tschech.* ˈkraːsnɔhɔrskaː
Krasnojarsk *russ.* krɐsnaˈjarsk
Krasnokamsk *russ.* krɐsnaˈkamsk
Krasnoturjinsk *russ.* krɐsnɐturjˈjinsk
Krasnouralsk *russ.* krɐsnɐuˈraljsk
Krasnow *russ.* krasˈnɔf
Krasnowodsk *russ.* krɐsnaˈvɔtsk
Krasny Lutsch *russ.* ˈkrasnɨj ˈlutʃ

Krasny Sulin *russ.* ˈkrasnɨj suˈlin
Kraspedote kraspeˈdoːtə
krass kras
Krassulazeen krasulaˈtseːən
Krassus ˈkrasʊs
Krastew *bulgar.* ˈkrəstɛf
Kraszewski *poln.* kraˈʃɛfski
Krataegus kraˈtɛːgʊs
[1]**Krater** (des Vulkans) ˈkraːtɐ
[2]**Krater** (Mischkrug) kraˈteːɐ̯
Krates ˈkraːtɛs
kratikulieren kratikuˈliːrən
Kratinos kraˈtiːnɔs
Kratochvíl *tschech.* ˈkratɔxviːl
Kratogen kratoˈgeːn
Kraton ˈkraːtɔn
Krätten ˈkrɛtn̩
Kratt[en] ˈkrat[n̩]
Krattler ˈkratlɐ
Kratylos ˈkraːtylɔs
Kratz[au] ˈkrats[au̯]
kratzbürstig ˈkratsbʏrstıç, **-e** ...ıgə
Krätzchen ˈkrɛtsçən
Kratze ˈkratsə
Krätze ˈkrɛtsə
kratzen ˈkratsn̩
Kratzer ˈkratsɐ
Krätzer ˈkrɛtsɐ
kratzig ˈkratsıç, **-e** ...ıgə
krätzig ˈkrɛtsıç, **-e** ...ıgə
krauchen ˈkrau̯xn̩
Kräuel ˈkrɔy̯əl
kraue[l]n ˈkrau̯ə[l]n
kraul, K... krau̯l
kraulen ˈkrau̯lən
Kraulshavn *dän.* ˈkrau̯ˀlshau̯ˀn
Kraurosis vulvae krau̯ˈroːzıs ˈvʊlvɛ
kraus krau̯s, **-e** ˈkrau̯zə
Kraus krau̯s, *span., tschech.* krau̯s
Krause ˈkrau̯zə
kräuseln ˈkrɔy̯zl̩n, **kräusle** ˈkrɔy̯zlə
krausen ˈkrau̯zn̩, **kraus!** krau̯s, **kraust** krau̯st
Krauß, Krauss krau̯s
Kraut krau̯t, **Kräuter** ˈkrɔy̯tɐ
Kräutchen ˈkrɔy̯tçən
krauten ˈkrau̯tn̩
Krauter ˈkrau̯tɐ
Krautheim[er] ˈkrau̯thai̯m[ɐ]
Kräuticht ˈkrɔy̯tıçt
krautig ˈkrau̯tıç, **-e** ...ıgə
Kräutlein Rührmichnichtan ˈkrɔy̯tlai̯n ˈryːɐ̯mıçnıçtǀan
Kräutler ˈkrɔy̯tlɐ

Krautsch krau̯tʃ
Krawall kra'val
Krawatte kra'vatə
kraweelgebaut kra've:lgəbau̯t
Krawtschenko *russ.* 'kraf-tʃɪnkɐ
Krawtschinski *russ.* kraf-'tʃinskij
Krawtschuk *ukr.* krau̯'tʃuk
Kraxe 'kraksə
Kraxelei kraksə'lai̯
kraxeln 'kraksl̩n
Kray[er] 'krai̯[ɐ]
Krayon krɛ'jõ:
krayonnieren krɛjɔ'ni:rən
Kräze 'krɛ:tsə
Krčméry *slowak.* 'kr̩tʃmɛ:ri
Kreas 'kre:as
Kreatianismus kreatsi̯a'nɪsmʊs
Kreatin krea'ti:n
Kreation krea'tsi̯o:n
kreativ krea'ti:f, **-e** ...i:və
Kreativität kreativi'tɛ:t
Kreator kre'a:to:ɐ̯, **-en** krea-'to:rən
Kreatur krea'tu:ɐ̯
kreatürlich krea'ty:ɐ̯lɪç
Krebs kre:ps, *engl.* krɛbz
krebsen 'kre:psn̩
krebsrot 'kre:psro:t, '-'-
Krechel 'krɛçl̩
Kredel 'kre:dl̩
Kredenz kre'dɛnts
kredenzen kre'dɛntsn̩
¹**Kredit** (Vertrauen, Glaubwürdigkeit, Geldmittel) kre'di:t
²**Kredit** (Kontoseite mit Verbindlichkeiten) 'kre:dɪt
kreditär kredi'tɛ:ɐ̯
kreditieren kredi'ti:rən
Kreditiv kredi'ti:f, **-e** ...i:və
Kreditor 'kre:dito:ɐ̯, **-en** kredi-'to:rən
Kredo 'kre:do
Kredulität kreduli'tɛ:t
Krefeld 'kre:fɛlt, **-er** ...ldɐ
Kreft *slowen.* kre:ft
kregel 'kre:gl̩
Krehl kre:l
Kreide 'krai̯də
kreidebleich 'krai̯də'blai̯ç
kreiden 'krai̯dn̩, **kreid!** krai̯t
kreideweiß 'krai̯də'vai̯s
kreidig 'krai̯dɪç, **-e** ...ɪgə
Kreidolf 'krai̯dɔlf
Kreiensen 'krai̯ənzn̩
kreieren kre'i:rən
Kreis krai̯s, **-e** 'krai̯zə
Kreisau 'krai̯zau̯
Kreisel 'krai̯zl̩
kreiseln 'krai̯zl̩n, **kreisle** 'krai̯zlə
kreisen 'krai̯zn̩, **kreis!** krai̯s, **kreist** krai̯st
Kreisky 'krai̯ski
Kreisler 'krai̯slɐ, *engl.* 'kraɪslə
kreißen 'krai̯sn̩
Kreittmayr 'krai̯tmai̯ɐ
Krejčí *tschech.* 'krɛjtʃi:
Krell[e] 'krɛl[ə]
Krem kre:m, *auch:* krɛ:m
Kremaster kre'mastɐ
Kremation krema'tsi̯o:n
Krematorium krema'to:ri̯ʊm, ...**ien** ...i̯ən
Krementschug *russ.* krɪmɪn-'tʃuk
Kremer 'kre:mɐ, *niederl.* 'kre:mər
kremieren kre'mi:rən
kremig 'kre:mɪç, *auch:* 'krɛ:mɪç, **-e** ...ɪgə
Kreml 'kre:ml̩, *auch:* 'krɛml̩; *russ.* krjemlj
Kremlin-Bicêtre *fr.* krɛmlɛ̃bi-'sɛtr
Kremmen 'krɛmən
Kremnitz 'krɛmnɪts
Krempe 'krɛmpə
Krempel 'krɛmpl̩
krempeln 'krɛmpl̩n
krempen 'krɛmpn̩
Krems krɛms, **-er** 'krɛmzɐ
Kremsier krɛm'zi:ɐ̯
Kremsmünster krɛms'mʏnstɐ
Kren kre:n
Křenek 'krʃɛnɛk, *auch:* 'krɛ-nɛk
krenelieren krenə'li:rən
Krengel 'krɛŋl̩
krengeln 'krɛŋl̩n
krengen 'krɛŋən
Krenotherapie krenotera'pi:
Krenz krɛnts, *poln.* krɛns
Kreodon 'kre:odɔn, **-ten** kreo-'dɔntn̩
Kreole kre'o:lə
¹**Kreolin** kre'o:lɪn
²**Kreolin®** kreo'li:n
kreolisch kre'o:lɪʃ
Kreon 'kre:ɔn
Kreophage kreo'fa:gə
Kreosot kreo'zo:t
Kreosotal kreozo'ta:l
Krepeline krɛ'pli:n
Krepidoma kre'pi:doma
krepieren kre'pi:rən
Krepis 'kre:pɪs
Krepitation krepita'tsi̯o:n
Kreplach 'krɛplax
Krepon kre'põ:
kreponieren krepo'ni:rən
Krepp krɛp
kreppen 'krɛpn̩
kreppig 'krɛpɪç, **-e** ...ɪgə
kretponieren krɛpo'ni:rən
Krescendo krɛ'ʃɛndo, ...**di** ...di
Kresilas 'kre:silas
Kresnik 'krɛsnɪk
Kresol kre'zo:l
kress, K... krɛs
Kresse 'krɛsə
Kressling 'krɛslɪŋ
Kreszentia krɛs'tsɛntsi̯a
¹**Kreszenz** (Wachstum) krɛs-'tsɛnts
²**Kreszenz** (Name) 'krɛstsɛnts
Kreta 'kre:ta
kretazeisch kreta'tse:ɪʃ
kretazisch kre'ta:tsɪʃ
Krete 'kre:tə
Kreter 'kre:tɐ
Krethi und Plethi 'kre:ti ʊnt 'ple:ti
Kretikus 'kre:tikʊs, ...**zi** ...tsi
Kretin kre'tɛ̃:
Kretine kre'ti:nə
Kretinismus kreti'nɪsmʊs
kretinoid kretino'i:t, **-e** ...i:də
kretisch 'kre:tɪʃ
Kreton kre'to:n
Kretonne kre'tɔn
Kretscham 'krɛtʃam
Kretschem 'krɛtʃm̩
Kretschmer 'krɛtʃmɐ
Kretzer 'krɛtsɐ
Kretzschmar 'krɛtʃmar
kreuch[s]t krɔyç[s]t
Kreude 'krɔydə
Kreuder 'krɔydɐ
¹**Kreuger** (Industrieller) *schwed.* 'kry:gər
²**Kreuger** (Maler) *schwed.* 'krø:gər
Kreusa kre'u:za
Kreuth krɔyt
Kreutzberg 'krɔytsbɛrk
Kreutzer 'krɔytsɐ, *fr.* krød'zɛ:r
Kreutzwald 'krɔytsvalt
Kreuz krɔyts
Kreuzas 'krɔyts|as, *auch:* -'-
Kreuzau 'krɔytsau̯
Kreuzberg 'krɔytsbɛrk
kreuzbrav 'krɔyts'bra:f
Kreuzburg 'krɔytsbʊrk
Kreuzebra krɔyts'|e:bra

Kreuzeck krɔy͜ts'lɛk
kreuzehrlich 'krɔy͜ts'|e:ɐ̯lɪç
kreuzen 'krɔy͜tsn̩
Kreuzer 'krɔy͜tsɐ
kreuzfidel 'krɔy͜tsfi'de:l
kreuzigen 'krɔy͜tsɪgn̩, **kreuzig!** ...ɪç, **kreuzigt** ...ɪçt
kreuzlahm 'krɔy͜tsla:m
Kreuzlingen 'krɔy͜tslɪŋən
Kreuznach 'krɔy͜tsnax
kreuzsaitig 'krɔy͜tsza͜itɪç
Kreuztal 'krɔy͜tsta:l
Kreuzundquerfahrt 'krɔy͜ts-|ʊnt'kve:ɐ̯fa:ɐ̯t
kreuzunglücklich 'krɔy͜ts-'|ʊnglʏklɪç
Kreuzwald 'krɔy͜tsvalt
Kreuzweg 'krɔy͜tsve:k
Krėvė-Mickevičius *lit.* kre:ˌve:mɪtsˌkæ:vɪtʃjʊs
Krevette kre'vɛtə
Krewitz 'kre:vɪ͜ts
Krewo *russ.* 'krjɛvɐ
Krey *engl.* kreɪ
Kreymborg *engl.* 'kreɪmbɔ:g
Kribbe 'krɪbə
kribb[e]lig 'krɪb[ə]lɪç, **-e** ...ɪgə
kribbeln 'krɪbl̩n, **kribble** 'krɪblə
Kribi *fr.* kri'bi
Kribskrabs 'krɪpskraps
Kricke[berg] 'krɪkə[bɛrk]
Krickel 'krɪkl̩
krickelig 'krɪkəlɪç, **-e** ...ɪgə
Krickelkrakel 'krɪkl̩kra:kl̩
krickeln 'krɪkl̩n
Krickelwild 'krɪkl̩vɪlt
Krickente 'krɪk|ɛntə
Krickerhäu krɪkɐ'hɔy, '–––
Kricket 'krɪkət
kricklig 'krɪklɪç, **-e** ...ɪgə
Krida 'kri:da
Kridar kri'da:ɐ̯
Kridatar krida'ta:ɐ̯
Kriebelmücke 'kri:bl̩mʏkə
Krieche 'kri:çə
kriechen 'kri:çn̩
Kriecherei kri:çə'ra͜i
Kriecherl 'kri:çɐl
Krieck kri:k
Krieg kri:k, **-e** 'kri:gə
Kriegel 'kri:gl̩
kriegen 'kri:gn̩, **krieg!** kri:k, **kriegt** kri:kt
Krieger 'kri:gɐ
Krieglach 'kri:glax
Kriegsgewinnler 'kri:ksgəvɪnlɐ
Kriegstetten 'kri:kʃtɛtn̩
Kriekente 'kri:k|ɛntə
Kriemhild 'kri:mhɪlt
Kriemhilde kri:m'hɪldə
Kriens kri:ns, *auch:* 'kri:ɛns
Kriftel 'krɪftl̩
Krige *afr.* 'kri:xə
Krikente 'kri:k|ɛntə
Krikotomie krikoto'mi:, **-n** ...i:ən
Krill krɪl
Krim krɪm
Krimgote 'krɪmgo:tə
Krimi 'krɪmi, *auch:* 'kri:mi
kriminal, K... krimi'na:l
Kriminale krimi'na:lə
Kriminaler krimi'na:lɐ
kriminalisieren kriminali-'zi:rən
Kriminalist[ik] krimina'lɪst[ɪk]
Kriminalität kriminali'tɛ:t
kriminell krimi'nɛl
Kriminelle krimi'nɛlə
kriminogen krimino'ge:n
Kriminologie kriminolo'gi:
kriminologisch krimino'lo:gɪʃ
krimmeln 'krɪml̩n
Krimmer 'krɪmɐ
Krimml 'krɪml̩
Krimmler 'krɪmlɐ
krimpen 'krɪmpn̩
Krimpen *niederl.* 'krɪmpə
Krimskrams 'krɪmskrams, **-es** ...mzəs
Krimstecher 'krɪmʃtɛçɐ
Krimtschake krɪm't͜ʃa:kə
Kringel 'krɪŋl̩
kringelig 'krɪŋəlɪç, **-e** ...ɪgə
kringeln 'krɪŋl̩n
Krinkberg 'krɪŋkbɛrk
Krinoide krino'i:də
Krinoline krino'li:nə
Kripo 'kri:po, 'krɪpo
Krippe 'krɪpə
krippen 'krɪpn̩
Krips krɪps
Kris kri:s, **-es** 'kri:zəs
krisch krɪʃ
Krischna 'krɪʃna
Krise 'kri:zə
kriseln 'kri:zl̩n, **krisle** 'kri:zlə
Krishna[gar] *engl.* 'krɪʃnə[gə]
Krisis 'kri:zɪs
krispeln 'krɪspl̩n
Krispin[us] krɪs'pi:n[ʊs]
Krista 'krɪsta
Kristall krɪs'tal
Kriställchen krɪs'tɛlçən
kristallen krɪs'talən
kristallin[isch] krɪsta'li:n[ɪʃ]
Kristallisation krɪstaliza't͜si̯o:n
kristallisch krɪs'talɪʃ
kristallisieren krɪstali'zi:rən
Kristallit krɪsta'li:t
kristallklar krɪs'tal'kla:ɐ̯, –'––
Kristalloblastese krɪstaloblas-'te:zə
kristalloblastisch krɪstalo-'blastɪʃ
Kristallographie krɪstalogra'fi:
kristallographisch krɪstalo-'gra:fɪʃ
Kristalloid krɪstalo'i:t, **-e** ...i:də
Kristallomantie krɪstalo-man'ti:
Kristeller 'krɪstɛlɐ
Kristen[sen] *dän.* 'krɪsdn̩[sn̩]
Kristeva *fr.* kriste'va
Kristian *dän.* 'krɪsdjæn
Kristiania krɪs'ti̯a:ni̯a, *norw.* kristi'a:nia
Kristiansand *norw.* kristian-'san
Kristiansen *norw.* 'kristiansən
Kristianstad *schwed.* kri-'ʃansta
Kristiansund *norw.* kristian-'sʉn
Kristiinankaupunki *finn.* 'kris-ti:naŋkau̯puŋki
Kristin krɪs'ti:n
Kristina *dt., schwed.* kris'ti:na
Kristine krɪs'ti:nə, *dän.* krɪs-'di:'nə
Kristineberg *schwed.* kristi:nə-'bærj
Kristinehamn *schwed.* kris-ti:nə'hamn
Kristinestad *schwed.* kris-ti:nə'stɑ:d
Kristobalit krɪstoba'li:t
Kristoffer *dän.* krɪs'dɔfɐ
Kristofferson *engl.* krɪs'tɔfəsn
Kristoforidhi *alban.* kristofo-'riði
Kriterium kri'te:ri̯ʊm, **...ien** ...i̯ən
Kriti *neugr.* 'kriti
Kritias 'kri:ti̯as
Kritik kri'ti:k
kritikabel kriti'ka:bl̩, **...ble** ...blə
Kritikaster kriti'kastɐ
Kritiker 'kri:tikɐ
Kritikus 'kri:tikʊs, **-se** ...ʊsə
Kritios 'kri:ti̯ɔs
kritisch 'kri:tɪʃ
kritisieren kriti'zi:rən
Kritizismus kriti't͜sɪsmʊs
Kritizist kriti't͜sɪst

K

Kriton 'kri:tɔn
Krittelei krɪtə'lai̯
Kritt[e]ler 'krɪt[ə]lɐ
kritt[e]lig 'krɪt[ə]lɪç, **-e** ...ɪɡə
kritteln 'krɪtl̩n
Kritzelei krɪtsə'lai̯
kritz[e]lig 'krɪts[ə]lɪç, **-e** ...ɪɡə
kritzeln 'krɪtsl̩n
Kriwet 'kri:vət
Kriwoi Rog *russ.* kri'vɔj 'rɔk
Krk *serbokr.* kr̩k
Krka *slowen.* 'kərka
Krkonoše *tschech.* 'kr̩kɔnɔʃɛ
Krleža *serbokr.* ˌkr̩lɛʒa
Krnarutić *serbokr.* kr̩ˌnarutitɕ
Krnov *tschech.* 'kr̩nɔf
Kroate kro'a:tə
Kroatien kro'a:tsi̯ən
kroatisch kro'a:tɪʃ
Kroatzbeere kro'atsbe:rə
kroch krɔx
kröche 'krœçə
Krochmal 'krɔxmal
Krocket 'krɔkət, *auch:* krɔ'kɛt
krockettieren krɔkɛ'ti:rən
krockieren krɔ'ki:rən
Krøderen *norw.* 'krø:dərən
Kroeber 'krø:bɐ, *engl.* 'kroʊbə
Kroetsch *engl.* kroʊtʃ
Kroetz krœts
Krog *norw.* kro:g
Kröger 'krø:ɡɐ
Krogh *dän.* krɔ:'u̯
Krogmann 'kro:kman
Krohg *norw.* kro:g
Krohn *schwed.* kru:n
Kroisos 'krɔyzɔs
Krokann *norw.* 'kru:kan
Krokant kro'kant
Krokette kro'kɛtə
Kroki kro'ki:
krokieren kro'ki:rən
Kroko 'kro:ko
Krokodil kroko'di:l
Krokoit kroko'i:t
Krokus 'kro:kʊs, **-se** ...ʊsə
Krokydolith krokydo'li:t
Królewska Huta *poln.* kru-'lɛfska 'xuta
Kroll krɔl, *engl.* kroʊl
Krolle 'krɔlə
Krolow 'kro:lo
Kromayer 'kro:mai̯ɐ
Krombholc *tschech.* 'krɔmp-hɔlts
Kromer *poln.* 'krɔmɛr
Kroměříž *tschech.* 'krɔmjɛrʒi:ʃ
Kromlech 'krɔmlɛk, *auch:* 'kro:m..., ...lɛç
Krommenie *niederl.* krɔmə'ni:
Krommer 'krɔmɐ
Kromo 'kro:mo
Kromow 'krɔmɔf
Kromphardt 'krɔmphart
Kronach[er] 'kro:nax[ɐ]
Kronasser 'kro:nasɐ
Kronauer 'kro:nau̯ɐ
Kronberg 'kro:nbɛrk
Krönchen 'krø:nçən
Krone 'kro:nə
Kronecker 'kro:nɛkɐ
krönen 'krø:nən
Kroner 'kro:nɐ
Kröner 'krø:nɐ
Krones 'kro:nəs
Kronide kro'ni:də
Kronion kro'ni:ɔn
Kronoberg *schwed.* ˌkru:nu-bærj
Kronos 'krɔnɔs, 'kro:nɔs
kronprinzesslich 'kro:nprɪn-tsɛslɪç
Kronsbeere 'kro:nsbe:rə
Kronschtadt *russ.* kran'ʃtat
Kronstadt 'kro:nʃtat
Kronstädter 'kro:nʃtɛ[:]tɐ
Kroonstad *afr.* 'kro:nstat
Krop *niederl.* krɔp
Kröpel 'krø:pl̩
Kropf krɔpf, **Kröpfe** 'krœpfə
Kröpfchen 'krœpfçən
kröpfen 'krœpfn̩
kropfig 'krɔpfɪç, **-e** ...ɪɡə
kröpfig 'krœpfɪç, **-e** ...ɪɡə
Kropotkin *russ.* kra'pɔtkin
Kroppzeug 'krɔptsɔyk
Kropywnyzky *ukr.* krɔpɪv-'nɪtsjkɪj
Kröse 'krø:zə
kröseln 'krø:zl̩n, **krösle** 'krø:zlə
Krosno *poln.* 'krɔsnɔ
Krosno Odrzańskie *poln.* 'krɔsnɔ ɔd'dʒai̯skjɛ
Krösos 'krø:zɔs
kross krɔs
Krossen 'krɔsn̩
Krösus 'krø:zʊs
Krotalin krota'li:n
Kröte 'krø:tə
Kroton 'kro:tɔn
Krotoschin 'kro:toʃi:n, 'krɔtɔ-ʃɪn
Krotoszyn *poln.* krɔ'tɔʃɨn
Kröv krø:f
Kröver 'krø:vɐ
Krowot 'kro'vo:t
Kroyer 'krɔyɐ
Krøyer *dän.* 'krɔi̯'ɐ
Krozetin krotse'ti:n
Krozin kro'tsi:n
Krozingen 'krɔtsɪŋən
Krško *slowen.* 'kərʃkɔ
Krstić *serbokr.* ˌkr̩stitɕ
Kru kru:
Krucke 'krʊkə
Krücke 'krʏkə
Kruckenberg 'krʊkn̩bɛrk
Kruczkowski *poln.* krutʃ'kɔfski
krud kru:t, **-e** 'kru:də
krude 'kru:də
Krudelität krudeli'tɛ:t
Krüdener 'kry:dənɐ
Kruditāt krudi'tɛ:t
Krúdy *ung.* 'kru:di
Krueger 'kry:ɡɐ, *engl.* 'kru:ɡə
Krug kru:k, **Krüge** 'kry:ɡə
Krügel[chen] 'kry:ɡl̩[çən]
Kruger *afr.* 'kry:ər
Krüger 'kry:ɡɐ
Krugersdorp *afr.* 'kry:ərsdɔrp
Krüglein 'kry:klai̯n
Krujë *alban.* 'krujə
Kruke 'kru:kə
Krul *niederl.* krʏl
Krull krʊl
Krüll krʏl
Krulle 'krʊlə
Kruls *niederl.* krʏls
Krum *bulgar.* krum
Krumau 'kru:mau̯
Krumbach[er] 'krʊmbax[ɐ]
Krümchen 'kry:mçən
Krume 'kru:mə
Krümel 'kry:ml̩
krüm[e]lig 'kry:m[ə]lɪç, **-e** ...ɪɡə
krümeln 'kry:ml̩n
krumm krʊm, **krümmer** 'krʏmɐ
Krummacher 'krʊmaxɐ
Krumme 'krʊmə
Krümmel 'krʏml̩
krümmen 'krʏmən
Krummhörn krʊm'hœrn
Krümmling 'krʏmlɪŋ
Krumpach 'krʊmpax
krump[e]lig 'krʊmp[ə]lɪç, **-e** ...ɪɡə
krumpeln 'krʊmpl̩n
Krumper 'krʊmpɐ
Krümper 'krʏmpɐ
krumpfen 'krʊmpfn̩
Krumpper 'krʊmpɐ
krunk[e]lig 'krʊŋk[ə]lɪç, **-e** ...ɪɡə
Krupa *engl.* 'kru:pə

Krup[ič]ka *tschech.* ˈkrup[itʃ]ka
Krupp krʊp
Kruppade krʊˈpa:də
Kruppe ˈkrʊpə
Krüppel ˈkrʏpl̩
krüpp[e]lig ˈkrʏp[ə]lɪç, **-e** ...ɪgə
krüppeln ˈkrʏpl̩n
kruppös krʊˈpø:s, **-e** ...ø:zə
Krupskaja *russ.* ˈkrupskɐjɐ
Krural kruˈra:l
Krüsch kry:ʃ
Kruse ˈkru:zə
Krušedol *serbokr.* kruˌʃɛdɔl
Krüselwind ˈkry:zl̩vɪnt
Kruseman *niederl.* ˈkrysəmɑn
Krusenschtern *russ.* kruzɛnˈʃtɛrn
Krusenstern ˈkru:zn̩ʃtɛrn
Krusenstjerna *schwed.* ˌkrʉ:sənʃæ:rna
Kruševac *serbokr.* ˈkruʃɛvats
Krushenick *engl.* ˈkru:ʃənɪk
Kruska® ˈkrʊska
Krüss krʏs
Krustade krʊsˈta:də
Krustazee krʊstaˈt͡se:ə
Krüstchen ˈkrʏstçən
Kruste ˈkrʊstə
krustig ˈkrʊstɪç, **-e** ...ɪgə
Krutch *engl.* kru:tʃ
Krutschonych *russ.* kruˈtʃɔnɨx
Krux krʊks
Kruzianer kruˈt͡si̯a:nɐ
Kruzifere krut͡siˈfe:rə
Kruzifix ˈkru:t͡sifɪks, *auch:* krut͡siˈfɪks
Kruzifixus krut͡siˈfɪksʊs
Kruzitürken! krut͡siˈtʏrkn̩
Kryal kryˈa:l
Kryästhesie kry|ɛsteˈzi:
Krylow *russ.* krɨˈlɔf
Krylowo *russ.* krɨˈlɔvɐ
Krym[ow] *russ.* ˈkrɨm[ɐf]
Krymsk *russ.* krɨmsk
Krymtschake krʏmˈtʃa:kə
Krynica *poln.* krɨˈnitsa
Kryobiologie kryobioloˈgi:
Kryochirurgie kryoçirʊrˈgi:
kryogen... kryoˈge:n...
Kryogenik kryoˈge:nɪk
Kryokonit kryokoˈni:t
Kryolith kryoˈli:t
Kryomagnet kryomaˈgne:t
Kryometer kryoˈme:tɐ
Kryon kryˈo:n
Kryoskalpell kryoskalˈpɛl
Kryoskop kryoˈsko:p
Kryoskopie kryoskoˈpi:
Kryostat kryoˈsta:t
Kryotherapie kryoteraˈpi:
Kryotron ˈkry:otro:n
Kryoturbation kryotʊrbaˈt͡si̯o:n
Kryozön kryoˈt͡sø:n
Krypta ˈkrʏpta
Kryptästhesie krʏptɛsteˈzi:
Krypte ˈkrʏptə
kryptisch ˈkrʏptɪʃ
Kryptogame krʏptoˈga:mə
kryptogen krʏptoˈge:n
kryptogenetisch krʏptogeˈne:tɪʃ
Kryptogramm krʏptoˈgram
Kryptograph krʏptoˈgra:f
Kryptographie krʏptograˈfi:, **-n** ...i:ən
Kryptokalvinist krʏptokalviˈnɪst
kryptokristallin krʏptokrɪstaˈli:n
Kryptologie krʏptoloˈgi:
kryptomer krʏptoˈme:ɐ̯
[1]**Kryptomerie** (Verborgenbleiben einer Erbanlage) krʏptomeˈri:
[2]**Kryptomerie** (jap. Zeder) krʏptoˈme:ri̯ə
Krypton ˈkrʏptɔn, *auch:* krʏpˈto:n
Kryptonym kryptoˈny:m
kryptorch krʏpˈtɔrç
Kryptorchismus krʏptɔrˈçɪsmʊs
Kryptoskop krʏptoˈsko:p
Kryptoskopie krʏptoskoˈpi:
Kryptospermie krʏptospɛrˈmi:, **-n** ...i:ən
Kryptovulkanismus krʏptovʊlkaˈnɪsmʊs
Kryptozoikum krʏptoˈt͡so:ikʊm
Krystian *poln.* ˈkrɨstjan
Krzycki *poln.* ˈkʃɨtski
Krzysztoń *poln.* ˈkʃɨʃtɔi̯n
Krzywicki *poln.* kʃɨˈvitski
Ksabi vgl. Kasba
Ksar ksa:ɐ, **Ksur** ksu:ɐ̯
Ksar-el-Kebir *fr.* ksarɛlkeˈbi:r
Ksar-es-Souk *fr.* ksarɛˈsuk
Ksaver *serbokr.* ˈksa:vɛr
Ksawery *poln.* ksaˈvɛrɨ
Kschatrija ˈkʃa:trija
Ksur vgl. Ksar
Ksyl-Orda *russ.* gzɨlarˈda
Ktenidium kteˈni:di̯ʊm, **...ien** ...i̯ən
ktenoid ktenoˈi:t, **-e** ...i:də
Ktenophore ktenoˈfo:rə
Ktesias ˈkte:zi̯as
Ktesibios kteˈzi:bi̯ɔs
Ktesiphon ˈkte:zifɔn
Ktima *neugr.* ˈktima
Kuala Lipis *indon.* kuˈala ˈlipɪs
Kuala Lumpur *indon.* kuˈala ˈlʊmpʊr
Kuala Trengganu *indon.* kuˈala trəŋˈganu
Kuantan *indon.* kuˈantan
[1]**Kuba** ˈku:ba
[2]**Kuba** (Stadt) *russ.* kuˈba
Kuban *russ.* kuˈbanj
Kubaner kuˈba:nɐ
kubanisch kuˈba:nɪʃ
Kubatur kubaˈtu:ɐ̯
Kubba ˈkʊba
Kübbung ˈkʏbʊŋ
Kubebe kuˈbe:bə
Kübeck ˈky:bɛk
Kübel ˈky:bl̩
Kubelik ˈku:bəlɪk
Kubelík *tschech.* ˈkubɛli:k
Kubelka *tschech.* ˈkubɛlka
kübeln ˈky:bl̩n, **...ble** ...blə
Kubiak *poln.* ˈkubjak
Kubíček *tschech.* ˈkubi:tʃɛk
kubieren kuˈbi:rən
Kubik... kuˈbi:k...
Kubikel kuˈbi:kl̩
Kubilai ˈku:bilai̯
Kubin ˈku:bi:n, kuˈbi:n
Kubín *tschech.* ˈkubi:n
kubisch ˈku:bɪʃ
Kubismus kuˈbɪsmʊs
Kubist kuˈbɪst
kubital kubiˈta:l
Kubitschek ˈku:bit͡ʃɛk, *bras.* kubiˈtʃɛk[i]
Kubka *tschech.* ˈkupka
Kublai ˈku:blai̯
Kübler ˈky:blɐ
Kubrick *engl.* ˈkju:brɪk
Kubus ˈku:bʊs
Kuby ˈku:bi
Kučan *slowen.* ˈku:tʃan
Küche ˈkʏçə
Küchelbecker ˈkʏçl̩bɛkɐ
[1]**Küchelchen** (kleine Küche) ˈkʏçl̩çən
[2]**Küchelchen** (kleiner Kuchen) ˈky:çl̩çən
kücheln ˈky:çl̩n
Kuchen ˈku:xn̩
Küchenmeister ˈkʏçn̩mai̯stɐ
Kuchl ˈkʊxl̩
[1]**Küchlein** (kleine Küche) ˈkʏçlai̯n

K

[2]**Küchlein** (Küken, kleiner Kuchen) ˈkyːçlai̯n
Küchler ˈkʏçlɐ
Kucing *indon.* ˈkutʃɪŋ
kucken ˈkʊkn̩
Kücken ˈkʏkn̩
Kuckerneese kʊkɐˈneːzə
Kuckersit kʊkɛrˈziːt
Kuckhoff ˈkʊkhɔf
Kuckuck ˈkʊkʊk
Küçük[köy] *türk.* kyˈtʃyk[ˌkœi̯]
Ku'damm ˈkuːdam
Kuddelmuddel ˈkʊdl̩mʊdl̩
Kudelkraut ˈkuːdl̩krau̯t
Kuder ˈkuːdɐ
Kudlich ˈkuːdlɪç
Kudowa kuˈdoːva
Kudowa Zdrój *poln.* kuˈdɔva ˈzdruj
Kudrun ˈkuːdruːn
Kudu ˈkuːdu
Kudus *indon.* ˈkudʊs
Kudymkar *russ.* kuˈdɨmkɐr
Kuenringer ˈkyːnrɪŋɐ
Kues kuːs
Kuf[a] ˈkuːf[a]
Kufe ˈkuːfə
Küfer ˈkyːfɐ
Küferei kyːfəˈrai̯
Kuff kʊf
Kufija kuˈfiːja
kufisch ˈkuːfɪʃ
Kufra ˈkʊfra
Kufstein ˈkʊfʃtai̯n, *auch:* ˈkuːf...
Kugel ˈkuːgl̩
Kügelchen ˈkyːgl̩çən
Kügelgen ˈkyːgl̩gn̩
kugelig ˈkuːgəlɪç, **-e** ...ɪgə
kugeln ˈkuːgl̩n, **kugle** ˈkuːglə
kugelrund ˈkuːgl̩ˈrʊnt
Küglein ˈkyːglai̯n
Kugler ˈkuːglɐ
kuglig ˈkuːglɪç, **-e** ...ɪgə
Kuguar ˈkuːgu̯aːɐ̯
Kuh kuː, **Kühe** ˈkyːə
Kuhbier ˈkuːbiːɐ̯
Küher ˈkyːɐ
kuhhessig ˈkuːhɛsɪç, **-e** ...ɪgə
kühl kyːl
Kuhl kuːl
Kuhlau ˈkuːlau̯
Kuhle ˈkuːlə
Kühle ˈkyːlə
Kühleborn ˈkyːləbɔrn
kühlen ˈkyːlən
Kühler ˈkyːlɐ
Kuhlmann ˈkuːlman, *fr.* kylˈman
Kühlmann ˈkyːlman
Kuhlo ˈkuːlo
Kühlte ˈkyːltə
Kühlungsborn ˈkyːlʊŋsbɔrn
kühn, K... kyːn
Kuhn kuːn
Kuhnau ˈkuːnau̯
Kühne ˈkyːnə
Kühnel ˈkyːnl̩
Kühner ˈkyːnɐ
Kuibyschew *russ.* ˈkujbɨʃəf
Kuiper *engl.* ˈkaɪpə
Kujawe kuˈjaːvə
Kujawiak kuˈjaːvi̯ak
Kujawien kuˈjaːvi̯ən
Kujawy *poln.* kuˈjavɨ
kujiehnen kuˈjiːnən
Kujon kuˈjoːn
kujonieren kujoˈniːrən
Kuk kuːk
k. u. k. ˈkaːǀʊntˈkaː
Kükelhaus ˈkyːkl̩hau̯s
Küken ˈkyːkn̩
Kukës *alban.* ˈkukəs
Kukiel *poln.* ˈkukjɛl
Ku-Klux-Klan kuklʊksˈklaːn
Kukolnik *russ.* ˈkukɐljnik
Kukryniхy *russ.* kukrɨˈniksɨ
Kukučín *slowak.* ˈkukutʃiːn
Kukulle kuˈkʊlə
Kukumer kuˈkʊmɐ
Kukuruz ˈkʊkurʊts, *auch:* ˈkuːk...
Kukus ˈkʊkʊs
Kula ˈkuːla
Kulak kuˈlak
Kulan[i] kuˈlaːn[i]
kulant kuˈlant
Kulanz kuˈlants
Külasse kyˈlasə
Kuldoskop kʊldoˈskoːp
Kuldoskopie kʊldoskoˈpiː, **-n** ...iːən
Kuldscha ˈkʊldʒa
Kule ˈkuːlə
Kulebaki *russ.* kulɪˈbaki
Kulenkampff ˈkuːlənkampf
Kuleschow *russ.* kulɪˈʃɔf
Kuli ˈkuːli
Kulierware kuˈliːɐ̯vaːrə
kulinarisch kuliˈnaːrɪʃ
Kulisch *ukr.* kuˈliʃ
Kulisse kuˈlɪsə
Kuljab *russ.* kuˈljap
Kuljaschou *weißruss.* kuljɐˈʃou̯
Kulka ˈkʊlka, *tschech.* ˈkulka
Kullak ˈkʊlak
Kullani kʊˈlaːni
kullern ˈkʊlɐn
Kulm kʊlm
Kulmbach[er] ˈkʊlmbax[ɐ]
Kulmination kʊlminaˈtsi̯oːn
kulminieren kʊlmiˈniːrən
Kulör kuˈløːɐ̯
Kulp[a] ˈkʊlp[a]
Külpe ˈkʏlpə
Külsheim ˈkʏlshai̯m
Kult kʊlt
Kültepe *türk.* ˈkyltɛˌpɛ
Kulteranist kʊlteraˈnɪst
Kultismus kʊlˈtɪsmʊs
Kultivator kʊltiˈvaːtoːɐ̯, **-en** ...vaˈtoːrən
kultivieren kʊltiˈviːrən
Kultur kʊlˈtuːɐ̯
kultural kʊltuˈraːl
kulturalistisch kʊlturaˈlɪstɪʃ
kulturell kʊltuˈrɛl
Kulturistik kʊltuˈrɪstɪk
kultürlich kʊlˈtyːɐ̯lɪç
Kultus ˈkʊltʊs
Kulunda *russ.* kulunˈda
Kum *pers.* ɣom
Kuma *russ.* kuˈma
Kumagaja *jap.* kuˈmagaja
Kumamoto *jap.* kuˈmamoto
Kumane kuˈmaːnə
Kumanien kuˈmaːni̯ən
kumanisch kuˈmaːnɪʃ
Kumanovo *mak.* kuˈmanɔvɔ
Kumara kuˈmaːra
Kumarin kumaˈriːn
Kumaron kumaˈroːn
Kumasi *engl.* kʊˈmɑːsi
Kumba *fr.* kumˈba
Kumbakonam *engl.* kʊmbəˈkoʊnəm
kumbrisch ˈkʊmbrɪʃ
Kumertau *russ.* kumɪrˈtau
Kumičić *serbokr.* ˌkumitʃitɕ
Kumlien *schwed.* kʊmˈliːn
Kumm[e] ˈkʊm[ə]
Kümmel ˈkʏml̩
kümmeln ˈkʏml̩n
Kummer ˈkʊmɐ
Kümmerer ˈkʏmərɐ
kümmerlich ˈkʏmɐlɪç
Kümmerly ˈkʏmɐli
kümmern ˈkʏmɐn
Kümmernis ˈkʏmɐnɪs, **-se** ...ɪsə
Kummernus ˈkʊmɐnʊs
Kummerower See ˈkʊmərɔɐ ˈzeː
Kummet ˈkʊmət
Kümo ˈkyːmo
Kump kʊmp
Kumpan kʊmˈpaːn
Kumpanei kʊmpaˈnai̯
Kumpel ˈkʊmpl̩

kụ̈mpeln ˈkʏmpl̩n
Kụmpen ˈkʊmpn̩
Kụmpf kʊmp͜f
Kụmquat ˈkʊmkvat
Kumra̲n kʊmˈraːn
Kụm[s]t kʊm[s]t
Kumulatio̲n kumulaˈt͜si̯oːn
kumulati̲v kumulaˈtiːf, **-e** ...iːvə
kumuli̲e̲ren kumuˈliːrən
Kumulonịmbus kumuloˈnɪmbʊs
Ku̲mulus ˈkuːmulʊs, **...li** ...li
Kumy̲ke kuˈmyːkə
Ku̲mys[s] ˈkuːmʏs
Ku̲n *ung.* kuːn
Ku̲na ˈkuːna
Ku̲nad ˈkuːnat
Kuna̲i̲tra kuˈna͜itra
Kuna̲ma kuˈnaːma
Kunaschi̲r *russ.* kunaˈʃɨr
Kunaxa kuˈnaksa, ˈkuːnaksa
Kuncewiczọwa *poln.* kuntsɛviˈtʃɔva
ụnckel ˈkʊŋkl̩
ụnda ˈkʊnda, *estn.* ˈkunnːdɑ
ụ̈ndbar ˈkʏntbaːɐ̯
ụnd[bar] ˈkʊnt[baːɐ̯]
ụnde ˈkʊndə
ụndel ˈkʊndl̩
ụ̈nden ˈkʏndn̩, **kụ̈nd!** kʏnt
ụndera *tschech.* ˈkundɛra
ụndig ˈkʊndɪç, **-e** ...ɪɡə
ụ̈ndigen ˈkʏndɪɡn̩, **kụ̈ndig!** ˈkʏndɪç, **kụ̈ndigt** ˈkʏndɪçt
ụndri[e], ...ry ˈkʊndri
ụndschaft ˈkʊntʃaft
ụndschaften ˈkʊntʃaftn̩
ụndt kʊnt
undu̲re kʊnˈduːrə
unduriọtis *neugr.* kunduˈrjɔtis
undụz *afgh.* kunˈduz
uneifọrm kuneiˈfɔrm
u̲nersdorf ˈkuːnɐsdɔrf
u̲nert ˈkuːnɐt
ünẹtte kyˈnɛtə
ụ̈nftig ˈkʏnftɪç, **-e** ...ɪɡə
ụ̈nftighin ˈkʏnftɪçhɪn
ụ̈ng kʏŋ
ụngälv *schwed.* ˌkʊŋɛlv
ungele̲i̲ kʊŋəˈla͜i
ụngeln ˈkʊŋl̩n
ung-Fu̲ kʊŋˈfuː
ụngsbacka *schwed.* ˌkʊŋsbaka
ụngu Po̲ti ˈkʊŋɡu ˈpoːti
ungụr *russ.* kunˈɡur
u̲nibert ˈkuːnibɛrt

Ku̲nigund ˈkuːniɡʊnt
Kunigụnde kuniˈɡʊndə
Ku̲nitz *engl.* ˈkuːnɪts
Kụnkel ˈkʊŋkl̩
Kụ̈nkel ˈkʏŋkl̩
Kunkta̲tor kʊŋkˈtaːtoːɐ̯, **-en** ...taˈtoːrən
Kunlun *chin.* ku̯ənlu̯ən 12
Kunming *chin.* ku̯ənmɪŋ 12
Kụnnas *finn.* ˈkunnɑs
Kụ̈nnecke ˈkʏnəkə
Kunnilịngus kʊniˈlɪŋɡʊs
Ku̲no[w] ˈkuːno
Kunowịce *poln.* kunɔˈvitsɛ
Kunọwski, ...ky kuˈnɔfski
Kunsan *korean.* kunsan
Kụnschak ˈkʊnʃak
Kụnst kʊnst, **Kụ̈nste** ˈkʏnstə
Künstele̲i̲ kʏnstəˈla͜i
kụ̈nsteln ˈkʏnstl̩n
Kụnstgewerbler ˈkʊnstɡəvɛrplɐ
Kụ̈nstler ˈkʏnstlɐ
kụ̈nstlerisch ˈkʏnstlərɪʃ
kụ̈nstlich ˈkʏnstlɪç
kụnterbunt, K... ˈkʊntɐbʊnt
Kụntz[e] ˈkʊnt͜s[ə]
Kụnz kʊnt͜s
Kụnze ˈkʊnt͜sə
Kụ̈nzelsau ˈkʏnt͜sl̩s|a͜u
Kụ̈nzle ˈkʏnt͜slə
Kuomintạng ku̯omɪnˈtaŋ
Kuọpio *finn.* ˈku̯ɔpiɔ
Kụpa *serbokr.* ˈkupa
Kupa̲l kuˈpaːl
Kupạla *weißruss.* kuˈpalɐ
Kụpang *indon.* ˈkupaŋ
Kupạwin[a] *russ.* kuˈpavin[ɐ]
Kü̲pe ˈkyːpə
Kụpecký *tschech.* ˈkupɛtskiː
Kupe̲e̲ kuˈpeː
Kupẹlle kuˈpɛlə
kupelli̲e̲ren kupɛˈliːrən
Kụpelwieser ˈkʊpl̩viːzɐ
Kü̲per ˈkyːpɐ
Kupe[t]zky kuˈpɛt͜ski, ˈkʊ...
Kụpfer ˈkʊp͜fɐ
Kụpferberg ˈkʊp͜fɐbɛrk
kụpferig ˈkʊp͜fərɪç, **-e** ...ɪɡə
kụpfern ˈkʊp͜fɐn
Kụ̈pfmüller ˈkʏp͜fmʏlɐ
kụpfrig ˈkʊp͜frɪç, **-e** ...ɪɡə
Kupiditä̲t kupidiˈtɛːt
Kupido kuˈpiːdo, *auch:* ˈkuːpido
kupi̲e̲ren kuˈpiːrən
Kụpino *russ.* ˈkupinɐ
Kụpjansk *russ.* ˈkupɪnsk
Kụpka *tschech.* ˈkupka

Kụpkovič *slowak.* ˈkupkɔvitʃ
Kupo̲lofen kuˈpoːl|oːfn̩
Kupon kuˈpõː, kuˈpɔŋ
Kụppe ˈkʊpə
Kụppel ˈkʊpl̩
Kuppele̲i̲ kʊpəˈla͜i
kụppeln ˈkʊpl̩n
kụppen ˈkʊpn̩
Kụppenheim ˈkʊpn̩ha͜im
Kụpper ˈkʊpɐ
Kụ̈pper[s] ˈkʏpɐ[s]
Kụppler ˈkʊplɐ
Kụpplung ˈkʊplʊŋ
Kupre̲i̲n kupreˈiːn
Kupri̲n *russ.* kuˈprin
Kuprịsmus kuˈprɪsmʊs
Ku̲pula ˈkuːpula
Kupulife̲ren kupuliˈfeːrən
Ku̲r kuːɐ̯
Kü̲r kyːɐ̯
[1]**Ku̲ra** (Seelsorge) ˈkuːra
[2]**Kurạ** (Name) *russ.* kuˈra
kura̲bel kuˈraːbl̩, **...ble** ...blə
Kurạnd kuˈrant, **-en** ...ndn̩
Kurạnda kuˈranda
kurạnt, K... kuˈrant
kurạnzen kuˈrant͜sn̩
Kura̲re kuˈraːrə
Kurari̲n kuraˈriːn
Kurạschiki *jap.* kuˈraʃi̥ki
Kü̲rass ˈkyːras
Kürassi̲e̲r kyraˈsiːɐ̯
Kura̲t kuˈraːt
Kurate̲l kuraˈteːl
Kurati vgl. Kuratus
Kurati̲e̲ kuraˈtiː, **-n** ...iːən
kurati̲v kuraˈtiːf, **-e** ...iːvə
Kura̲tor kuˈraːtoːɐ̯, **-en** kuraˈtoːrən
Kurato̲rium kuraˈtoːri̯ʊm, **...ien** ...i̯ən
Kura̲tus kuˈraːtʊs, **...ti** ...ti
Kụrbel ˈkʊrbl̩
kụrbeln ˈkʊrbl̩n, **kụrble** ˈkʊrblə
Kurbẹtte kʊrˈbɛtə
kurbetti̲e̲ren kʊrbɛˈtiːrən
Kụ̈rbis ˈkʏrbɪs, **-se** ...ɪsə
Kụrbski *russ.* ˈkurpskij
Kụrde ˈkʊrdə
kụrdisch ˈkʊrdɪʃ
Kụrdistan ˈkʊrdɪsta[ː]n, *pers.* kordesˈtɑːn
[1]**Ku̲re** (Angehöriger eines Stammes) ˈkuːrə
[2]**Ku̲re** *jap.* ˈkuˌre
Kụrek *poln.* ˈkurɛk
Kurẹlla kuˈrɛla
ku̲ren ˈkuːrən

küren 'ky:rən
Kürenberg 'ky:rənbɛrk, **-er** ...rgɐ
Kureten ku're:tn̩
Kürettage kyrɛ'ta:ʒə
Kürette ky'rɛtə
kürettieren kyrɛ'ti:rən
Kurfürst 'ku:ɐ̯fʏrst
Kurfürstendamm 'ku:ɐ̯fʏrstn̩'dam
kurfürstlich 'ku:ɐ̯fʏrstlɪç
[1]**Kurgan** (Grab) kʊr'ga:n
[2]**Kurgan** (Ort) *russ.* kur'gan
Kurhesse ku:ɐ̯'hɛsə, *auch:* '–––
Kurhessen ku:ɐ̯'hɛsn̩, *auch:* '–––
kurhessisch ku:ɐ̯'hɛsɪʃ, *auch:* '–––
kurial ku'ri̯a:l
Kurialien ku'ri̯a:li̯ən
Kurialismus kuri̯a'lɪsmʊs
Kurialist kuri̯a'lɪst
Kuriatstimme ku'ri̯a:tʃtɪmə
Kurie 'ku:ri̯ə
Kurier ku'ri:ɐ̯
kurieren ku'ri:rən
Kurikka *finn.* 'kurikkɑ
Kurilen ku'ri:lən
Kurion 'ku:ri̯ɔn
kurios ku'ri̯o:s, **-e** ...o:zə
Kuriosität kuri̯ozi'tɛ:t
Kuriosum ku'ri̯o:zʊm, **...sa** ...za
kurisch 'ku:rɪʃ
Kurköln ku:ɐ̯'kœln, *auch:* '––
Kurkuma 'kʊrkuma, **...men** ...'ku:mən
Kurkumin kʊrku'mi:n
Kurl kʊrl
Kurland 'ku:ɐ̯lant
Kurlaub 'ku:ɐ̯laup, **-e** ...aubə
Kurmainz ku:ɐ̯'maints, *auch:* '––
Kurmark 'ku:ɐ̯mark
Kurmärker 'ku:ɐ̯mɛrkɐ
kurmärkisch 'ku:ɐ̯mɛrkɪʃ
Kürnberger 'kʏrnbɛrgɐ
Kurnool *engl.* kə'nu:l
Kuropatkin *russ.* kura'patkin
Kurort 'ku:ɐ̯|ɔrt
Kuros 'ku:rɔs, **...roi** ...rɔy
Kurosawa *jap.* ku'rosawa
Kuroschio *jap.* ku'roʃio
Kurotschkin *russ.* 'kurɐtʃkin
Kurpe 'kʊrpə
Kurpfalz ku:ɐ̯'pfalts, *auch:* '––
Kurpfälzer ku:ɐ̯'pfɛltsɐ, *auch:* '–––
kurpfälzisch ku:ɐ̯'pfɛltsɪʃ, *auch:* '–––
kurpfuschen 'ku:ɐ̯pfʊʃn̩
Kurpfuscherei ku:ɐ̯pfʊʃə'rai
Kurpiński *poln.* kur'pii̯ski
Kurprinz 'ku:ɐ̯prɪnts
Kurre 'kʊrə
Kurrendaner kʊrɛn'da:nɐ
Kurrende kʊ'rɛndə
kurrent kʊ'rɛnt
kurrig 'kʊrɪç, **-e** ...ɪgə
Kurrikulum kʊ'ri:kulʊm, **...la** ...la
Kurs kʊrs, **-e** 'kʊrzə
Kursachsen ku:ɐ̯'zaksn̩, *auch:* '–––
Kursant kʊr'zant
Kürsch[ner] 'kʏrʃ[nɐ]
Kürschnerei kʏrʃnə'rai
kursieren kʊr'zi:rən
Kursist kʊr'zɪst
kursiv kʊr'zi:f, **-e** ...i:və
Kursive kʊr'zi:və
Kursk *russ.* kursk
kursorisch kʊr'zo:rɪʃ
Kürste 'kʏrstə
Kursus 'kʊrzʊs
Kurt *dt., schwed.* kʊrt
Kurtág *ung.* 'kurta:g
Kurtage kʊr'ta:ʒə
Kurth kʊrt, *fr.* kyrt
Kurtine kʊr'ti:nə
Kurtisan[e] kʊrti'za:n[ə]
Kurtrier ku:ɐ̯'tri:ɐ̯, *auch:* '––
kurtrierisch ku:ɐ̯'tri:rɪʃ, *auch:* '–––
Kurtschatovium kʊrtʃa'to:vi̯ʊm
Kurtschatow *russ.* kur'tʃatɐf
Kurtz kʊrts
kurulisch ku'ru:lɪʃ
Kuruş ku'rʊʃ
Kuruze ku'ru:tsə
Kurvatur kʊrva'tu:ɐ̯
Kurve 'kʊrvə, 'kʊrfə
kurven 'kʊrvn̩, 'kʊrfn̩, **kurv!** kʊrf, **kurvt** kʊrft
kurvig 'kʊrvɪç, 'kʊrfɪç, **-e** ...ɪgə
kurvilinear kʊrviline'a:ɐ̯
Kurvimeter kʊrvi'me:tɐ
Kurvimetrie kʊrvime'tri:
kurvimetrisch kʊrvi'me:trɪʃ
kurvisch 'kʊrvɪʃ
Kurwenal 'kʊrvənal
kurz kʊrts, **kürzer** 'kʏrtsɐ
Kurze 'kʊrtsə
Kürze 'kʏrtsə
Kürzel 'kʏrtsl̩
kürzen 'kʏrtsn̩
kurzerhand 'kʊrtsɐ'hant
kurzfristig 'kʊrtsfrɪstɪç, **-e** ...ɪgə
kurzgeschwänzt 'kʊrtsgəʃvɛntst
kurzhin 'kʊrts'hɪn
kurzlebig 'kʊrtsle:bɪç, **-e** ...ɪgə
kürzlich 'kʏrtslɪç
Kurzstreckler 'kʊrtsʃtrɛklɐ
kurzum kʊrts'|ʊm, *auch:* '–'–
kurzweg kʊrts'vɛk, *auch:* '–'–
kurzweilig 'kʊrtsvailɪç, **-e** ...ɪgə
Kuşadası *türk.* 'kuʃadɑ.sɨ
Kusbass *russ.* kuz'bas
Kusch *dt., engl.* ku:ʃ
kusch! kʊʃ
Kuschan ku'ʃa:n
Kusche 'kʊʃə
Kuschel 'kʊʃl̩
kusch[e]lig 'kʊʃ[ə]lɪç, **-e** ...ɪgə
kuscheln 'kʊʃl̩n
kuschen 'kʊʃn̩
Kuschiro *jap.* ku'ʃi.ro, 'ku̯.ʃiro
Kuschite ku'ʃi:tə
Kuschner *russ.* 'kuʃnɪr
Kuschwa *russ.* 'kuʃvɐ
Kusel 'ku:zl̩
küseln 'ky:zl̩n, **küsle** 'ky:zlə
Kusenberg 'ku:zn̩bɛrk
Kusine ku'zi:nə
Kuskokwim *engl.* 'kʌskəkwɪm
Kuskus 'kʊskʊs
Kuskusu kus'ku:zu
Kusma *russ.* kuzj'ma
Kusmin *russ.* kuzj'min
Kusminitschna *russ.* kuzj'miniʃnɐ
Kusmitsch *russ.* kuzj'mitʃ
Küsnacht 'kʏsnaxt
Kusnezk *russ.* kuz'njɛtsk
Kusnezker kʊs'nɛtskɐ
Kusnezow *russ.* kuznɪ'tsɔf
Kuśniewicz *poln.* kuɕ'njɛvitʃ
Kusniza *russ.* 'kusnitsɐ
Kuss kʊs, **Küsse** 'kʏsə
Küsschen 'kʏsçən
Kussel 'kʊsl̩
küssen 'kʏsn̩
Kusser 'kʊsɐ
küsserig 'kʏsərɪç, **-e** ...ɪgə
Kussewizki *russ.* kusɪ'vitskij
Kußmaul 'kʊsmaul
Küssnacht 'kʏsnaxt
Kussoblüten 'kʊsobly:tn̩
küssrig 'kʏsrɪç, **-e** ...ɪgə
Kustanai *russ.* kusta'naj
Küste 'kʏstə
Küster 'kʏstɐ
Küsterei kʏstə'rai
Kusti 'ku:sti

Küstner 'kʏstnɐ
Kustode kʊs'to:də
Kustodia kʊs'to:di̯a, **...ien** ...i̯ən
Kustodie kʊsto'di:, **-n** ...i:ən
Kustodijew *russ.* kus'tɔdijɪf
Kustos 'kʊstɔs, **Kustoden** kʊs'to:dn̩
Küstrin kʏs'tri:n
Kut ku:t
Kütahya *türk.* ky'tahjɑ
Kutaissi *russ.* kuta'isi
Kutan ku'ta:n
Kutaraja *indon.* kuta'radʒa
Kutch *engl.* kʌtʃ
Kute 'ku:tə
Kutikula ku'ti:kula, **...lä** ...lɛ
Kutin ku'ti:n
Kutis 'ku:tɪs
Kutná Hora *tschech.* 'kutna:'hɔra
Kutno *poln.* 'kutnɔ
Kutsche 'kʊtʃə
Kutschen 'kʊtʃn̩
Kutscher 'kʊtʃɐ
Kutschieren kʊ'tʃi:rən
Kutschma *ukr.* 'kutʃma
Kutt[a] 'kʊt[a]
Kutte 'kʊtə
Kuttel 'kʊtl̩
Kuttenberg 'kʊtn̩bɛrk
Kutter 'kʊtɐ
Kutusow *russ.* ku'tuzɐf
Kuusankoski *finn.* 'ku:saŋkɔski
Kuusinen *finn.* 'ku:sinɛn
Kuvasz 'kʊvas
Küvelage kyvə'la:ʒə
Küvelieren kyvə'li:rən
Kuvert ku've:ɐ̯, ...'vɛ:ɐ̯, *auch:* ...'vɛrt
Kuvertieren kuvɛr'ti:rən
Kuvertüre kuvɛr'ty:rə
Küvette ky'vɛtə
Kuvrieren ku'vri:rən
Kuwait ku'vai̯t, *auch:* 'ku:vai̯t
Kuwaitisch ku'vai̯tɪʃ, *auch:* 'ku:v...
Kuwana *jap.* 'ku,wana
Kuweit ku'vai̯t, *auch:* 'ku:vai̯t
Kux kʊks
Kuxhaven kʊks'ha:fn̩
Kuyper[s] *niederl.* 'kœi̯pər[s]
Kuzmany kʊts'ma:ni
Kuzmány *slowak.* 'kuzma:ni
Kuznets *engl.* 'kʊznɪts
Kvaløy *norw.* ˌkva:lœi̯
Kvapil *tschech.* 'kvapil
Kvaran *isl.* 'kva:ran
Kvarner *serbokr.* ˌkvarnɛ:r
Kwa kva:
Kwajalein *engl.* 'kwɑ:dʒəleɪn
Kwakiutl *engl.* kwɑ:kɪ'u:tl
Kwandebele *engl.* kwɑ:ndə'bi:li:
Kwangju *korean.* kwaŋdʒu
Kwangsi 'kvaŋzi
Kwangtung 'kvaŋtʊŋ
Kwara *engl.* 'kwɑ:rə
Kwaschnja *russ.* kvaʃ'nja
Kwaśniewski *poln.* kfaɕ'njɛfski
Kwass kvas
Kwa Zulu *engl.* kwɑ:'zu:lu:
Kweitschou 'kvai̯tʃau̯
Kwiatkowski kvi̯at'kɔfski, *poln.* kfjat'kɔfski
Kwidzyn *poln.* 'kfidzɨn
Kwinana *engl.* kwɪ'nɑ:nə
Kwitka *ukr.* 'kvitka
Ky *fr.* ki
-ky ki:
Kyanisation kyaniza'tsi̯o:n
kyanisieren kyani'zi:rən
Kyathos 'ky:atɔs
Kyaxares kya'ksa:rɛs
Kybele 'ky:bele, ky'be:lə
Kyber 'ky:bɐ
Kybernetik kybɛr'ne:tɪk
Kybernetiker kybɛr'ne:tikɐ
kybernetisch kybɛr'ne:tɪʃ
Kyburg 'ki:bʊrk
Kyd *engl.* kɪd
Kydippe ky'dɪpə
Kydonia ky'do:ni̯a
Kyem kye:m
Kyematogenese kyematoge'ne:zə
Kyematopathie kyematopa'ti:, **-n** ...i:ən
Kyffhäuser 'kɪfhɔyzɐ
Kyjov *tschech.* 'kijɔf
Kyklade ky'kla:də
Kykliker 'ky:klikɐ
Kykloide kyklo'i:də
Kyklon ky'klo:n
Kyklop ky'klo:p
Kyknos 'kʏknɔs
Kyle *engl.* kaɪl
Kylián *tschech.* 'kilija:n
Kylix 'ky:lɪks
Kyll[burg] 'kɪl[bʊrk]
Kyllene kʏ'le:nə
Kylon 'ky:lɔn
Kyma 'ky:ma
Kymation ky'ma:ti̯ɔn, **...ien** ...i̯ən
Kyme 'ky:mə
Kymi[joki] *finn.* 'kymi[jɔki]
Kymogramm kymo'gram
Kymograph kymo'gra:f
Kymographie kymogra'fi:
kymographieren kymogra'fi:rən
Kymographion kymo'gra:fi̯ɔn, **...ien** ...i̯ən
Kymoskop kymo'sko:p
Kymre 'kʏmrə
kymrisch, K... 'kʏmrɪʃ
Kynegetik kyne'ge:tɪk
kynegetisch kyne'ge:tɪʃ
Kynewulf 'ky:nəvʊlf, 'kʏn..., *engl.* 'kɪnɪwʊlf
Kyniker 'ky:nikɐ
kynisch 'ky:nɪʃ
Kynismus ky'nɪsmʊs
Kynologe kyno'lo:gə
Kynologie kynolo'gi:
Kynorexia kynorɛ'ksi:a
Kynoskephalai kynɔs'ke:falai̯
Kyŏngju *korean.* kjɔŋdʒu
Kyot 'ky:o:t
Kyoto 'ki̯o:to
Kyphose ky'fo:zə
kyphotisch ky'fo:tɪʃ
Kypris 'ky:prɪs
kyprisch 'ky:prɪʃ
Kypros 'ky:prɔs
Kypselos 'kʏpselɔs
Kyra 'ky:ra
Kyrenaika kyre'na:ika, *auch:* kyre'nai̯ka
Kyrenaiker kyre'na:ikɐ, *auch:* kyre'nai̯kɐ
Kyrene ky're:nə
Kyrenia ky're:ni̯a
Kyrgyzstan 'kʏrgʏsta[:]n
Kyriale ky'ri̯a:lə
Kyrie 'ky:ri̯ə
Kyrieeleison ky:ri̯e|e'lai̯zɔn, *auch:* ...'le:izɔn
Kyrie eleison! 'ky:ri̯ə e'lai̯zɔn, ...ri̯e -, *auch:* - e'le:izɔn
Kyrieleis! kyri̯e'lai̯s
Kyrill ky'rɪl
kyrillisch ky'rɪlɪʃ
Kyrilliza ky'rɪlitsa
Kyrillos ky'rɪlɔs
Kyrios 'ky:ri̯ɔs
Kyritz 'ky:rɪts
Kyrklund *schwed.* ˌçyrklʊnd
Kyros 'ky:rɔs
Kyser 'ki:zɐ
Kysyl *russ.* kɨ'zɨł
Kysylkum *russ.* kɨzɨl'kum
Kythera ky'te:ra
Kyu kju:
Kyzikener kytsi'ke:nɐ
Kyzikos 'ky:tsikɔs
KZ ka:'tsɛt

K

L l

l, L *dt., engl., fr.* ɛl, *it.* ˈɛlle, *span.* ˈele
λ, Λ ˈlampda
la la:
Laa[ben] ˈla:[bn̩]
Laacher See ˈla:xɐ ˈze:
Laage ˈla:gə
Lääni *finn.* ˈlæ:ni
Laas la:s, **-er** ˈla:zɐ
Laasphe ˈla:sfə
Laatokka *finn.* ˈlɑ:tɔkkɑ
Laatzen ˈla:t͡sn̩
Laâyoune *fr.* laɑˈjun
Lab la:p, **-e** ˈla:bə
Labadie *fr.* labaˈdi
La Bamba laˈbamba
Laban[d] ˈla:ban[t]
Labarna laˈbarna
La Barre *fr.* laˈbɑ:r
Labarum ˈla:barʊm
Labat *fr.* laˈba
labb[e]rig ˈlab[ə]rɪç, **-e** ...ɪgə
labbern ˈlabɐn, **labbre** ˈlabrə
Labdakos ˈlapdakɔs
Labdanum ˈlapdanʊm
[1]**Labe** (Erquickung) ˈla:bə
[2]**Labe** (Name) *tschech.* ˈlabɛ
Labé *fr.* laˈbe
Labédoyère *fr.* labedwaˈjɛ:r
Label ˈle:bl̩
laben ˈla:bn̩, **lab!** la:p, **labt** la:pt
Labenwolf ˈla:bn̩vɔlf
Labeo ˈla:beo
Laber ˈla:bɐ
Laberdan labɐˈda:n
Laberius laˈbe:ri̯ʊs
labern ˈla:bɐn, **labre** ˈla:brə
Laberthonnière *fr.* labɛrtɔˈnjɛ:r
labet laˈbe:t
Labia vgl. Labium
labial, L... laˈbi̯a:l
Labialis laˈbi̯a:lɪs, **...les** ...le:s
labialisieren labi̯aliˈzi:rən
Labiate laˈbi̯a:tə
Labiau ˈla:bi̯au̯
Labiche *fr.* laˈbiʃ
Labien vgl. Labium
Labienus laˈbi̯e:nʊs
labil laˈbi:l
labilisieren labiliˈzi:rən
Labilität labiliˈtɛ:t
Labin *serbokr.* ˌlabin
Labinsk *russ.* laˈbinsk
labioapikal labi̯o|apiˈka:l
labiodental, L... labi̯odɛnˈta:l
Labiodentalis labi̯odɛnˈta:lɪs, **...les** ...le:s
labiovelar, L... labi̯oveˈla:ɐ̯
Labium ˈla:bi̯ʊm, **Labien** ˈla:bi̯ən, **Labia** ˈla:bi̯a
Labkraut ˈla:pkrau̯t
Labná *span.* laˈβna
Laboe laˈbø:
Laboer laˈbø:ɐ
La Boétie *fr.* labɔeˈsi
Labor laˈbo:ɐ̯
Laborant laboˈrant
Laboratorium laboraˈto:ri̯ʊm, **...ien** ...i̯ən
Laborde *fr.* laˈbɔrd
laborieren laboˈri:rən
laboriös laboˈri̯ø:s, **-e** ...ø:zə
Laborit *fr.* labɔˈri
La Bostella labɔsˈtɛla
Labour Party ˈle:bɐ ˈpa:ɐ̯ti
Labrador labraˈdo:ɐ̯, *engl.* ˈlæbrədɔ:, *fr.* labraˈdɔ:r, *span.* laβraˈðɔr
Labradorit labradoˈri:t
La Brea *engl.* lɑ:ˈbri:ə
Labriola *it.* labriˈɔ:la
La Brosse *fr.* laˈbrɔs
Labrouste *fr.* laˈbrust
Labrum ˈla:brʊm, **...bra** ...bra
Labrunie *fr.* labryˈni
La Bruyère *fr.* labryˈjɛ:r
Labsal ˈla:pza:l
labsalben ˈla:pzalbn̩
Labskaus ˈlapskau̯s
Labuan *indon.* laˈbuan, *engl.* ləˈbu:ən
Laburnum laˈbʊrnʊm
Labyrinth labyˈrɪnt
Labyrinthitis labyrɪnˈti:tɪs, **...thitiden** ...tiˈti:dn̩
Labyrinthodon labyˈrɪntodɔn, **-ten** ...ˈdɔntn̩
Laca ˈlat͡sa
La Caille *fr.* laˈkɑ:j
La Calprenède *fr.* lakalprəˈnɛd
Lacan *fr.* laˈkã
La Canada-Flintridge *engl.* lɑ:kənˈjɑ:dəˈflɪntrɪdʒ
Lacandón *span.* lakanˈdɔn
Lacasse *fr.* laˈkas
Lacaze-Duthiers *fr.* lakɑzdyˈtje
Laccadive *engl.* ˈlækədɪv
Laccase laˈka:zə
Lacerda *port.* lɐˈsɛrdɐ, *bras.* laˈsɛrda
Lacerna laˈt͡sɛrna
Lacerta laˈt͡sɛrta
Laces *it.* ˈla:tʃes
Lacetband laˈse:bant
Lacey *engl.* ˈleɪsɪ
Lachaise *fr.* laˈʃɛ:z, *engl.* læˈʃɛz
La Chaise, La Chaize *fr.* laˈʃɛ:z
La Chalotais *fr.* laʃalɔˈtɛ
Lachat *fr.* laˈʃa
La Chaussée *fr.* laʃoˈse
La Chaux-de-Fonds *fr.* laʃodˈfõ
[1]**Lache** (Gelächter) ˈlaxə
[2]**Lache** (Pfütze) ˈlaxə, *auch:* ˈla:xə
Lachelier *fr.* laʃəˈlje
lächeln ˈlɛçl̩n
lachen, L... ˈlaxn̩
lächerlich ˈlɛçɐlɪç
lächern ˈlɛçɐn
Laches ˈlaxɛs
Lachesis ˈlaxezɪs
Lachine *fr.* laˈʃin
Lachisch ˈlaxɪʃ
Lachlan *engl.* ˈlæklən
Lachmann ˈlaxman
Lachmide laxˈmi:də
Lachner ˈlaxnɐ
Lachnit ˈlaxnɪt
Lachs laks
Lächschen ˈlɛksçən
Lachte ˈlaxtə
Lachter ˈlaxtɐ
Lachute *fr.* laˈʃyt
lacieren laˈsi:rən
Lacina ˈla:t͡sina
Lacinium laˈt͡si:niʊm
[1]**Lacis** laˈsi:, **des -** laˈsi:[s], **die -** laˈsi:s
[2]**Lacis** (Autor) *lett.* ˈla:tsɪs
Lack lak
Lackawanna *engl.* lækəˈwɔnə
Lacke ˈlakə
Lackel ˈlakl̩
lacken ˈlakn̩
lackieren laˈki:rən
Lackiererei laki:rəˈrai̯
Lackland *engl.* ˈlæklænd
Lackmus ˈlakmʊs
Lac Léman *fr.* lakleˈmã
Laclos *fr.* laˈklo
Lacombe *fr.* laˈkõ:b
La Condamine *fr.* lakõdaˈmin
Laconia *engl.* ləˈkoʊnɪə
Lacordaire *fr.* lakɔrˈdɛ:r
La Coruña *span.* lakoˈruɲa
Lacoste *fr.* laˈkɔst

la Cour *dän.* la'ku:ɐ̯
Lacq *fr.* lak
Lacretelle *fr.* lakrə'tɛl
Lacrimae Christi 'la:krimɛ 'krɪsti
lacrimalis lakri'ma:lɪs
Lacrimosa lakri'mo:za
lacrimoso lakri'mo:zo
Lacroix *fr.* la'krwa
Lacrosse la'krɔs
La Crosse *engl.* lə'krɔs
Lactam lak'ta:m
Lactantius lak'tantsi̯ʊs
Lactanz lak'tants
Lactat lak'ta:t
Lacus 'la:kʊs
Lacy 'lasi, la:si, *engl.* 'leɪsɪ
Ladakh *engl.* lə'dɑ:k
Ladanum 'la:danʊm
Ladar 'la:dar
Lädchen 'lɛ:tçən
Ladd *engl.* læd
Lade 'la:də
Ladefoged *engl.* 'lædɪfoʊgɪd
Lądek Zdrój *poln.* 'lɔndɛk 'zdruj
laden 'la:dn̩, **lad!** la:t
Laden 'la:dn̩, **Läden** 'lɛ:dn̩
Ladenburg 'la:dn̩bʊrk
Ladenthin ladn̩'ti:n
Ladewig 'la:dəvɪç
Ladhakijja lada'ki:ja
lädieren lɛ'di:rən
Ladik 'la:dɪk
Ladin[er] la'di:n[ɐ]
Ladino la'di:no
Ladis[laus] 'la:dɪs[laus]
Ladner 'la:dnɐ
Ladoga 'la:doga, *russ.* 'ladɐgɐ
Ladon 'la:dɔn
Ladoschskoje Osero *russ.* 'ladɐʃskɐjɐ 'ɔzɪrɐ
Ladronen la'dro:nən
lädt lɛ:t
Ladvenu *fr.* ladvə'ny
Lady 'le:di
Ladyboy 'le:dibɔy
Ladykiller 'le:dikɪlɐ
ladylike 'le:dilaik
Ladyshave 'le:diʃe:f
Ladysmith *engl.* 'leɪdɪsmɪθ
Lae *engl.* 'lɑ:eɪ
Laeken *niederl.* 'la:kə
Laelius 'lɛ:li̯ʊs
Laemmle 'lɛmlə, *engl.* 'lɛmlɪ
Laennec *fr.* laɛ'nɛk
Laer la:ɐ̯, *niederl.* la:r
Laermans *niederl.* 'la:rmɑns
Laerte *it.* la'ɛrte
Laertes la'ɛrtɛs
Laertios la'ɛrti̯ɔs
Laertius la'ɛrtsi̯ʊs
Laesio enormis 'lɛ:zi̯o e'nɔrmɪs
Laete 'lɛ:tə
Laeuger 'lɔygɐ
Laevius 'lɛ:vi̯ʊs
Laey *niederl.* la:i̯
Lafage *fr.* la'fa:ʒ
La Farge *engl.* lə'fɑ:ʒ
Lafargue *fr.* la'farg
Lafayette, La F... *fr.* lafa'jɛt, *engl.* lɑ:feɪ'ɛt, læfɪ'ɛt
Lafcadio *engl.* læf'kɑ:dɪoʊ
Lafette la'fɛtə
lafettieren lafɛ'ti:rən
Lafeu *fr.* la'fø
La Feuillade *fr.* lafœ'jad
Laffe 'lafə
Laffit[t]e *fr.* la'fit
La Fleur *fr.* la'flœ:r
La Follette *engl.* lə'fɔlɪt
Lafontaine, La Fontaine *fr.* lafõ'tɛn
Lafontaine (Oskar) 'lafɔntɛn
La Force *fr.* la'fɔrs
Laforet *span.* lafo'rɛt
Laforgue *fr.* la'fɔrg
Lafosse, La Fosse *fr.* la'fo:s
Lafourcade *span.* lafur'kaðe
Lafrensen *schwed.* 'lafrənsən
La Fresnaye *fr.* lafrɛ'nɛ
lag la:k
Lag lɛk
Lagan 'lɛgn̩
Lagarde *fr.* la'gard
Lagasch 'la:gaʃ
läge 'lɛ:gə
Lage 'la:gə
Lägel 'lɛ:gl̩
lagen 'la:gn̩
Lågen *norw.* 'lo:gən
Lagens *port.* 'laʒẽi̯ʃ
Lager 'la:gɐ, **Läger** 'lɛ:gɐ
Lagercrantz *schwed.* ˌlɑ:gər-krans
Lagerist la:gə'rɪst
Lagerkvist *schwed.* ˌlɑ:gərkvist
Lagerlöf *schwed.* ˌlɑ:gərlø:v
lagern 'la:gɐn, **lagre** 'la:grə
Lägern 'lɛ:gɐn
Lagg lak
Lagger 'lagɐ
Laghouat *fr.* la'gwat
Lagide la'gi:də
Lago *it.* 'la:go
Lagoa *bras.* la'goa, *port.* lɐ'ɣoɐ
Lagoa Santa *bras.* la'goa 'sɐnta
Lago Maggiore *it.* 'la:go mad'dʒo:re
Lagophthalmus lagɔf'talmʊs
Lagos 'la:gɔs, *engl.* 'leɪgɔs, *port.* 'laɣuʃ
Lagozza *it.* la'gɔttsa
La Grande *engl.* lə'grænd
Lagrange *fr.* la'grã:ʒ
La Grange *fr.* la'grã:ʒ, *engl.* lə'greɪndʒ
Lagrangia *it.* la'grandʒa
lagrimando lagri'mando
lagrimoso lagri'mo:zo
lagt la:kt
lägt lɛ:kt
Lagting 'la:ktɪŋ
La Guaira *span.* la'ɣu̯ai̯ra
La Guardia *dt., it.* la'gu̯ardi̯a, *engl.* lə'gwɑ:dɪə, *span.* la'ɣu̯arði̯a
Laguerre *fr.* la'gɛ:r
La Guma *engl.* lɑ:'gu:mɑ:
Laguna *span.* la'ɣuna, *bras.* la'guna, *engl.* lə'gu:nə
Lagune la'gu:nə
Lagunilla[s] *span.* laɣu'niʎa[s]
La Habra *engl.* lə'hɑ:brə
La Hague *fr.* la'ag
Lahar 'la:har
La Harpe *fr.* la'arp
Lahidsch 'lahɪtʃ
La Hire *fr.* la'i:r
lahm la:m
Lahm la:m, *engl.* lɑ:m
Lähme 'lɛ:mə
lahmen 'la:mən
lähmen 'lɛ:mən
Lahn la:n
Lahneck 'la:n|ɛk
lahnen 'la:nən
Lahnstein 'la:nʃtain
Lahnung 'la:nʊŋ
La Hogue *fr.* la'ɔg
Lahor *fr.* la'ɔ:r
Lahore la'ho:ɐ̯, *engl.* lə'hɔ:
Lahr la:ɐ̯
Lahti *finn.* 'lɑhti
Lahu 'la:hu
Lai lɛ:
Laib laip, **-e** 'laibə
Laibach 'laibax
Laibung 'laibʊŋ
Laich laiç
laichen 'laiçn̩
Laichingen 'laiçɪŋən
Laie 'laiə
Laika 'laika
laikal lai'ka:l
Laila 'laila

L

Laim laim
Laina 'lɛ:na
Lainberger 'lainbɛrgɐ
Lainé *fr.* lɛ'ne
Laineck 'lainɛk
Lainette lɛ'nɛt
Laínez *span.* la'ineθ
Laing *engl.* læŋ, leɪŋ
Laios 'la:jɔs, 'laiɔs
Lairesse *fr.* lɛ'rɛs
Lais 'la:ɪs
laisieren lai'zi:rən
Laisse, -s lɛ:s
Laisser-aller, ...sez-... lɛsela'le:
Laisser-faire, ...sez-... lɛse'fɛ:ɐ̯
Laisser-passer, ...sez-... lɛse-pa'se:
Laizismus lai'tsɪsmʊs
Laizist lai'tsɪst
Lajes *bras.* 'laʒis, *port.* 'laʒɪʃ
Lajos *ung.* 'lɔjoʃ
Lajoue *fr.* la'ʒu
Lajt[h]a *ung.* 'lɔjtɔ
Lakagígar *isl.* 'la:kagji:ɣar
Lakai la'kai
[1]**Lake** (Brühe) 'la:kə
[2]**Lake** (Name) *engl.* leɪk
Lakedämon lake'dɛ:mɔn
Lakedämonier lakedɛ'mo:ni̯ɐ
lakedämonisch lakedɛ'mo:nɪʃ
Lake District *engl.* 'leɪk 'dɪs-trɪkt
Lakediven lake'di:vn̩
Lakefield *engl.* 'leɪkfi:ld
Lake Havasu City *engl.* 'leɪk 'hævəsu: 'sɪtɪ
Lakehurst *engl.* 'leɪkhə:st
Lakeland *engl.* 'leɪklænd
[1]**Laken** (Tuch; Volksstamm) 'la:kn̩
[2]**Laken** *niederl.* 'la:kə
Lake of the Woods *engl.* 'leɪk əv ðə 'wʊdz
Lake Placid *engl.* 'leɪk 'plæsɪd
Lakeside *engl.* 'leɪksaɪd
Lake Success *engl.* 'leɪk sək'sɛs
Lakeville *engl.* 'leɪkvɪl
Lakewood *engl.* 'leɪkwʊd
lakisch 'la:kɪʃ
Lakkadiven laka'di:vn̩
Lakkase la'ka:zə
Lakkolith lako'li:t
Lakme 'lakme
Lakmé *fr.* lak'me
Lakoda la'ko:da
Lakonien la'ko:ni̯ən
Lakonik la'ko:nɪk
lakonisch la'ko:nɪʃ
Lakonismus lako'nɪsmʊs
Lakritz[e] la'krɪts[ə]
Lakschmi 'lakʃmi
Laksefjord *norw.* ˌlaksəfju:r
Lakselv *norw.* ˌlaksɛlv
Laksevåg *norw.* ˌlaksəvo:g
Lakshadweep *engl.* lækʃə-'dwi:p
Laktacidämie laktatsidɛ'mi:, **-n** ...i:ən
Laktagogum lakta'go:gʊm, **...ga** ...ga
Laktalbumin laktalbu'mi:n
Laktam lak'ta:m
Laktase lak'ta:zə
Laktat lak'ta:t
Laktation lakta'tsi̯o:n
Laktazidämie laktatsidɛ'mi:, **-n** ...i:ən
laktieren lak'ti:rən
Laktizinien lakti'tsi:ni̯ən
Laktodensimeter laktodɛnzi-'me:tɐ
Laktoflavin laktofla'vi:n
Laktoglobulin laktoglobu'li:n
Laktometer lakto'me:tɐ
Laktose lak'to:zə
Laktoskop lakto'sko:p
Laktosurie laktozu'ri:, **-n** ...i:ən
laktotrop lakto'tro:p
Lakuna la'ku:na, **...nae** ...nɛ
lakunär laku'nɛ:ɐ̯
Lakune la'ku:nə
lakustrisch la'kʊstrɪʃ
lala 'la'la
Lalage 'la:lage
Lalaing *fr.* la'lɛ̃
Lalande, La Lande *fr.* la'lã:d
Lalanne *fr.* la'lan
Lale 'la:lə
Lalem la'le:m
Lalenbuch 'la:lənbu:x
Laletik la'le:tɪk
Lalibäla *amh.* lalibɛla
Lalić *serbokr.* 'lalitɕ
La Línea *span.* la'linea
Lalique *fr.* la'lik
Lalitpur *engl.* lə'lɪtpʊə
Lälius 'lɛ:li̯ʊs
Lalla Rookh *engl.* 'lælə 'rʊk
L'Allemand *fr.* lal'mã
lallen 'lalən
Lalling 'lalɪŋ
Lally-Tolendal *fr.* lalitɔlã'dal
Lalo *fr.* la'lo
Lalopathie lalopa'ti:
Lalophobie lalofo'bi:
Lalouvère *fr.* lalu'vɛ:r
La Louvière *fr.* lalu'vjɛ:r
Lam *poln., span.* lam
Lama (Tier; Priester) 'la:ma
Lamachos 'la:maxɔs
La Maire *fr.* la'mɛ:r
Lamaismus lama'ɪsmʊs
Lamaist lama'ɪst
La Manche *fr.* la'mã:ʃ
Lamäng la'mɛŋ
Lamantin laman'ti:n
Lamar *engl.* lə'mɑ:, *bulgar.* lɐ'mar
La Marche *fr.* la'marʃ
Lamarck *fr.* la'mark
La Marck *dt., fr.* la'mark
Lamarckismus lamar'kɪsmʊs
lamarckistisch lamar'kɪstɪʃ
La Marmora *it.* la'marmora
Lamarque *fr.* la'mark, *engl.* lə'mɑ:k
Lamartine *fr.* lamar'tin
Lamas *span.* 'lamas
Lamb lamp, *engl.* læm
Lambach 'lambax
Lambada lam'ba:da
Lambaesis lam'bɛ:zɪs
Lambarene lamba're:nə
Lambaréné *fr.* lãbare'ne
Lambayeque *span.* lamba'jeke
Lambda 'lampda
Lambdazismus lampda'tsɪsmʊs
Lambeaux *fr.* lã'bo
Lambersart *fr.* lãbɛr'sa:r
Lambert 'lambɛrt, *engl.* 'læm-bət, *fr.* lã'bɛ:r, *niederl.* 'lɑm-bərt
Lamberta lam'bɛrta
Lamberti *it.* lam'bɛrti
Lambertini *it.* lamber'ti:ni
Lambertuccio *it.* lamber'tuttʃo
Lambesc *fr.* lã'bɛsk
Lambeth *engl.* 'læmbəθ
Lambin *fr.* lã'bɛ̃, *russ.* lam'bin
Lambinus lam'bi:nʊs
Lambitus 'lambitʊs
Lambliasis lam'bli:azɪs
Lamblie 'lambli̯ə
Lambliose lambli'o:zə
Lambrecht 'lambrɛçt
Lambrequin lãbrə'kɛ̃:
Lambretta® lam'brɛta
Lambrie lam'bri:, **-n** ...i:ən
Lambris lã'bri:, **des -** ...ri:[s], **die -** ...ri:s
Lambros *neugr.* 'lambrɔs
Lambruschini *it.* lambrus'ki:ni
Lambrusco lam'brʊsko
Lambsdorff 'lampsdɔrf
Lambskin 'lɛmskɪn
Lambswool 'lɛm[p]svʊl
Lambton *engl.* 'læmtən

Lamdan *hebr.* lam'dan
amé, L... la'me:
Lamech 'la:mɛç
amee, L... la'me:
Lamego, Lamêgo *port.* lɐ'meɣu
La Meilleraye *fr.* lamɛj'rɛ
amellar lamɛ'la:ɐ̯
Lamelle la'mɛlə
Lamellibranchiata lamɛlibran'çi̯a:ta
amellieren lamɛ'li:rən
amellös lamɛ'lø:s, **-e** ...ø:zə
Lamennais, La M... *fr.* lam'nɛ
amentabel lamɛn'ta:bl̩, **...ble** ...blə
amentabile lamɛn'ta:bile
amentation lamɛnta'tsi̯o:n
amentieren lamɛn'ti:rən
Lamentin *fr.* lamã'tɛ̃
amento la'mɛnto
amentoso lamɛn'to:zo
Lamesa *engl.* lə'mi:sə
a Mesa *engl.* lɑ:'meɪsə
Lameth *fr.* la'mɛt
Lametta la'mɛta
Lamettrie, La Mettrie *fr.* lamɛ'tri
amey 'la:mai̯
ami *fr.* la'mi
Lamia (Gespenst) 'la:mi̯a, **...ien** ...i̯ən
Lamia (Ort) *neugr.* la'mia
amina 'la:mina, **...nae** ...nɛ
aminal lami'na:l
aminar lami'na:ɐ̯
aminaria lami'na:ri̯a, **...ien** ...i̯ən
aminat lami'na:t
aminektomie laminɛkto'mi:
aminieren lami'ni:rən
a Mirada *engl.* lɑ:mɪ'rɑ:də
amium 'la:mi̯ʊm
Lamm lam, **Lämmer** 'lɛmɐ
Lamm (Name) *schwed.* lam
ammasch 'lamaʃ
ämmchen 'lɛmçən
ammen 'lamən
ammer 'lamɐ
ämmergeier 'lɛmɐgai̯ɐ
ammermoor *engl.* 'læməmʊə, --'-
ammermuir *engl.* 'læməmjʊə
ämmerne 'lɛmɐnə
ammers 'lamɐs
ammfromm 'lam'frɔm
amming *engl.* 'læmɪŋ
amon 'la:mɔn, *engl.* 'læmən
amond *engl.* 'læmənd

Lamont 'la:mɔnt, *engl.* lə'mɔnt, *fr.* la'mõ
Lamoral lamo'ral
Lamoricière *fr.* lamɔri'sjɛ:r
Lamorisse *fr.* lamɔ'ris
Lamormain *fr.* lamɔr'mɛ̃
Lämostenose lɛmoste'no:zə
La Motte-Fouqué lamɔtfu'ke:
Lamotte-Houdar *fr.* lamɔtu'da:r
Lamoureux *fr.* lamu'rø
Lampadarius lampa'da:ri̯ʊs, **...ien** ...i̯ən, **...rii** ...ii
Lampaden lam'pa:dn̩
Lampadius lam'pa:di̯ʊs
Lampang *Thai* lam'pa:ŋ 14
Lampas[sen] lam'pas[n̩]
Lämpchen 'lɛmpçən
Lampe 'lampə
Lampedusa *it.* lampe'du:za
Lampel 'lampl̩
Lämpel 'lɛmpl̩
Lamperie lampə'ri:, **-n** ...i:ən
Lampert 'lampɛrt
Lampertheim 'lampɛrthai̯m
Lamphun *Thai* lam'phu:n 11
Lampi 'lampi
Lampion lam'pi̯õ:, ...'pi̯ɔŋ, *auch:* 'lampi̯õ, ...i̯ɔŋ
Lamplmühle lampl̩'my:lə
Lampman *engl.* 'læmpmən
Lampo *niederl.* 'lɑmpo
Lamprecht 'lamprɛçt
Lamprete lam'pre:tə
Lampridius lam'pri:di̯ʊs
Lamprophyr lampro'fy:ɐ̯
Lampsakos 'lampsakɔs
Lampung *indon.* 'lampʊŋ
Lamsdorf 'lamsdɔrf, *russ.* 'lamzdɐrf
Lamute la'mu:tə
Lamy *fr.* la'mi
LAN (Inform.) lɛn
Län lɛ:n
Lana *it.* 'la:na, *engl.* 'lænə, 'lɑ:nə
Lanai *engl.* lɑ:'nɑ:i:, lə'naɪ
Lanameter lana'me:tɐ
Lanao *span.* la'nao
Lanark *engl.* 'lænək, **-shire** -ʃɪə
Lanc (östr. Politiker) lants
Lançade lã'sa:də
Lancashire *engl.* 'læŋkəʃɪə
Lancaster, - Sound *engl.* 'læŋkəstə, - 'saʊnd
Lance *engl.* lɑ:ns
Lancé lã'se:
Lancelot 'lantsəlɔt, *fr.* lã'slo
Lancelot du Lac *fr.* lãslody'lak
Lancia *it.* 'lantʃa

Lanciani *it.* lan'tʃa:ni
Lanciano *it.* lan'tʃa:no
Lancier lã'si̯e:
lancieren lã'si:rən
Lancret *fr.* lã'krɛ
Lancy *fr.* lã'si, *engl.* 'lɑ:nsɪ
[1]Land lant, **Landes** 'landəs, **Länder** 'lɛndɐ
[2]Land (Name) *engl.* lænd
landab lant'|ap
Landart 'lɛnt|a:ɐ̯t
Landau 'landau̯, *engl.* 'lændɔ:, *russ.* lan'dau
Landauer 'landau̯ɐ
landauf lant'|au̯f
Landaulett lando'lɛt
landaus lant'|au̯s
Ländchen 'lɛntçən
Landé *fr.* lã'de
Lände 'lɛndə
Landeck 'landɛk
landein[wärts] lant'|ai̯n[vɛrts]
Landelle lã'dɛl
landen 'landn̩, **land!** lant
länden 'lɛndn̩, **länd!** lɛnt
Landen *engl.* 'lændən
Länder vgl. Land
Ländereien lɛndə'rai̯ən
Landersdorfer 'landɐsdɔrfɐ
Landes *fr.* lã:d
Landeshut 'landəshu:t
Landeskrone 'landəskro:nə
Landesmann 'landəsman
Landfried 'lantfri:t
Landgraf 'lantgra:f
Landgrebe 'lantgre:bə
Landi *it.* 'landi
Landini *it.* lan'di:ni
Landino *it.* lan'di:no
Landis 'landɪs, *engl.* 'lændɪs
Landler *ung.* 'lɔndlɛr
Ländler 'lɛntlɐ
ländlich 'lɛntlɪç
Landmann 'lantman
Landnáma *isl.* 'landnau̯ma
Lando 'lando
Landois *fr.* lã'dwa
Landolf 'landɔlf
Landolfi *it.* lan'dɔlfi
Landolin 'landoli:n
Landolt 'landɔlt
Landor *engl.* 'lændɔ:
Landovský *tschech.* 'landɔfski:
Landowska *poln.* lan'dɔfska
Landré *niederl.* lɑn'dre:
Landrover® 'lɛntro:vɐ
Landru *fr.* lã'dry
Landry *fr.* lã'dri
Landsberg 'lantsbɛrk

Lạndsberger 'lant͜sbɛrgɐ
Lạndsbergis *lit.* 'la:ndzbærgɪs
Lạndschaft 'lantʃaft
Landseer *engl.* 'lænsɪə
Land's Ẹnd *engl.* 'lændz 'ɛnd
Lạndser 'lant͜sɐ
Lạndshut 'lant͜shu:t
Landskrona *schwed.* lans-ˌkru:na
Lạndsmål 'lant͜smo:l
Lạndstad *norw.* 'lansta:
Lạndsteiner 'lantʃta͜inɐ, *engl.* 'lændstaɪnə
Lạndsting 'lant͜stɪŋ
Lạndstörzer 'lantʃtœrt͜sɐ
Lạndstraße 'lantʃtra:sə
Lạndstuhl 'lantʃtu:l
Lạnduin 'landui:n
Lạndulf 'landʊlf
Lạndus 'landʊs
lạndwärts 'lantvɛrt͜s
Lane *engl.* leɪn
Lanerọssi *it.* lane'rossi
Lanestẹr *fr.* lanɛs'tɛ:r
Lanfranc *engl.* 'lænfræŋk
Lanfrạnco *it.* lan'fraŋko
lạng laŋ, **lạ̈nger** 'lɛŋɐ
Lạng laŋ, *engl.* læŋ, *fr.* lã:g
Langạge lã'ga:ʒə, lã'ga:ʃ
Lạngbehn 'laŋbe:n
Lạngbein 'laŋba͜in
Langbeinịt laŋba͜i'ni:t
Langdon *engl.* 'læŋdən
lạnge 'laŋə
Lạnge *dt., norw., dän.* 'laŋə, *engl.* 'lɔŋɪ, 'læŋɪ, læŋ, lændʒ; *niederl.* 'lɑŋə
Lạ̈nge 'lɛŋə
Lạngeland *dän.* 'laŋəlænʼ
lạ̈ngelang 'lɛŋəlaŋ
Lạngelsheim 'laŋl̩sha͜im
Lạngemark *niederl.* 'lɑŋəmɑrk
lạngen, L... 'laŋən
lạ̈ngen 'lɛŋən
Lạngenau 'laŋəna͜u
Lạngenbeck 'laŋənbɛk
Lạngenberg 'laŋənbɛrk
Langenbiẹlau laŋən'bi:la͜u
Lạngenburg 'laŋənbʊrk
Lạngendijk *niederl.* 'lɑŋəndɛi̯k
Lạngendonck *niederl.* 'lɑŋən-dɔŋk
Langeneß laŋə'ne:s
Lạngenfeld 'laŋənfɛlt
Langenhạgen laŋən'ha:gn̩
Lạngenhoven *afr.* 'laŋənho:fən
Lạngenlois 'laŋənlɔys
Langensạlza laŋən'zalt͜sa
Lạngenscheidt 'laŋənʃa͜it
Langenschwạlbach laŋən'ʃval-bax
Lạngensee 'laŋənze:
Lạngenstein 'laŋənʃta͜in
Lạngenthal 'laŋənta:l
Langenzẹnn laŋən't͜sɛn
Langeo̲o̲g laŋə'lo:k, **-er** ...o:gɐ
länger vgl. lang
Lạnger 'laŋɐ, *tschech.* 'laŋgɛr, *engl.* 'læŋə
Lạngerhans 'laŋɐhans
Langẹtte laŋ'gɛtə
langettie̲ren laŋgɛ'ti:rən
Langevin *fr.* lãʒ'vɛ̃
Langeweile 'laŋəva͜ilə, *auch:* --'--
Lạngewiesche 'laŋəvi:ʃə
Langewie̲sen laŋə'vi:zn̩
Langeze̲it laŋə't͜sa͜it
Lạngfinger 'laŋfɪŋɐ
Lạnggässer 'laŋgɛsɐ
lạnggehen 'lange:ən
Lạnghans 'laŋhans
lạnghe̲r 'laŋ'he:ɐ̯
lạnghịn 'laŋ'hɪn
Lạnghoff 'laŋhɔf
Langjökull *isl.* 'lau̯ŋgjœ:kʏdl
Langkạwi *indon.* laŋ'kawi
Lạngko 'laŋko
Lạngkofel 'laŋko:fl̩
Langland *engl.* 'læŋlənd
Langley *engl.* 'læŋlɪ
lạ̈nglich 'lɛŋlɪç
Langlois *fr.* lã'glwa
Langmuir *engl.* 'læŋmjʊə
Lạngnau 'laŋna͜u
Lạngner 'laŋnɐ
Langoba̲rde laŋgo'bardə
langoba̲rdisch laŋgo'bardɪʃ
Langon *fr.* lã'gõ
Langøy *norw.* ˌlaŋœi̯
Langrẹo *span.* laŋ'greo
Langres *fr.* lã:gr
lạ̈ngs lɛŋs
lạngsam 'laŋza:m
lạ̈ngsdeck[s] 'lɛŋsdɛk[s]
Lang So'n *vietn.* laŋ sən 61
lạ̈ngsschiffs 'lɛŋsʃɪfs
lạ̈ngsseit 'lɛŋsza͜it
lạ̈ngsseits 'lɛŋsza͜it͜s
lạ̈ngst[ens] 'lɛŋst[n̩s]
Langston *engl.* 'læŋstən
Lạngstreckler 'laŋʃtrɛklɐ
Langton *engl.* 'læŋtən
Langtree, ...try *engl.* 'læŋtrɪ
Langue 'lã:gə, lã:k
Languedọc *fr.* lãg'dɔk
Langue d'ọïl *fr.* lãg'dɔjl
languẹndo laŋ'gu̯ɛndo
languẹnte laŋ'gu̯ɛntə
Languẹt *fr.* lã'gɛ
Languẹttes lã'gɛt
Languidịc *fr.* lãgi'dik
lạnguido 'laŋguido
Languste laŋ'gʊstə
Lạngweile 'laŋva͜ilə
lạngweilen 'laŋva͜ilən
lạngweilig 'laŋva͜ilɪç, **-e** ...ɪgə
lạngwierig 'laŋvi:rɪç, **-e** ...ɪgə
Laniẹl *fr.* la'njɛl
Lanier *engl.* lə'nɪə
Lạnika̲i *engl.* 'lɑ:nɪ'kaɪ
Lanín *span.* la'nin
Lanitạl... lani'ta:l...
Lanjuinais *fr.* lãʒɥi'nɛ
Lankester *engl.* 'læŋkɪstə
Lanman *engl.* 'lænmən
Lannemezan *fr.* lanmə'zã
Lạnner 'lanɐ
Lạnnes *fr.* lan
Lannilịs *fr.* lani'lis
Lannion *fr.* la'njõ
Lanoli̲n lano'li:n
Lanome̲ter lano'me:tɐ
Lano̲n® la'no:n
La Noue, Lanoux *fr.* la'nu
Lanrezạc *fr.* lãr'zak
Lansdale *engl.* 'lænzdeɪl
Lansdowne *engl.* 'lænzdaʊn
Lanserẹ *russ.* lɐnsɛ'rɛ
Lansing *engl.* 'lænsɪŋ
Lạ̈nsipohja *finn.* 'lænsipɔhjɑ
Lanskọy *fr.* lãs'kɔj
Lanson *fr.* lã'sõ
Lanta̲na lan'ta:na
Lantha̲n lan'ta:n
Lanthani̲d lanta'ni:t, **-e** ...i:də
Lanthani̲t lanta'ni:t
Lanthanoi̲d lantano'i:t, **-e** ...i:də
Lạntschou 'lantʃa͜u
Lạntwin 'lantvi:n
Lanu̲go la'nu:go, **...gines** ...gine:s
Lanús *span.* la'nus
Lạnz lant͜s
Lạnza *it.* 'lantsa
Lanzarọte *span.* lanθa'rote
Lạ̈nzchen 'lɛnt͜sçən
Lạnze[lot] 'lant͜sə[lɔt]
Lanzẹtt... lan't͜sɛt...
Lanzẹtte lan't͜sɛtə
Lanzhou *chin.* landʒou̯ 21
Lạnzi *it.* 'lantsi
lanzinie̲ren lant͜si'ni:rən
La̲o 'la:o
Lao Cai *vietn.* lau̯ kai̯ 11
Laodice̲a laodi't͜se:a

Laodicener laodiˈt͡seːnɐ
Laois, Laoighis *engl.* ˈleɪʃ
Laokoon laˈoːkoɔn
La Ola laˈ|oːla
Laomedon laˈoːmedɔn
Laon *fr.* lã
Laonnois *fr.* laˈnwa
Laos ˈlaːɔs
Lao She *chin.* lau̯ʃʌ 34
Laote laˈoːtə
laotisch laˈoːtɪʃ
Laotse laˈoːt͡sə, ˈlau̯t͡sə
Lao Zi *chin.* lau̯dzɨ 33
Lapak ˈlapak
La Palice, Lapalisse *fr.* lapaˈlis
La Palma *engl.* ləˈpɑːlmə
Laparoskop laparoˈskoːp
Laparoskopie laparoskoˈpiː, **-n** ...iːən
Laparotomie laparotoˈmiː, **-n** ...iːən
Laparozele laparoˈt͡seːlə
La Pasionaria *span.* la pasi̯oˈnaria
La Paz laˈpas, laˈpaːs, *span.* laˈpaθ, *engl.* ləˈpɑːs
La Pérouse *fr.* lapeˈruːz
Laperrine *fr.* lapɛˈrin
La Peyrère *fr.* lapɛˈrɛːr
Lapicque *fr.* laˈpik
lapidar lapiˈdaːɐ̯
Lapidär lapiˈdɛːɐ̯
Lapidarium lapiˈdaːri̯ʊm, **...ien** ...i̯ən
Lapides vgl. Lapis
Lapidoth-Swarth *niederl.* ˈlaːpidɔtˈswɑrt
Lapilli laˈpɪli
Lapine laˈpiːnə
Lapis ˈlaːpɪs, **...ides** ...ideːs
Lapislazuli lapɪsˈlaːt͡suli
Lapithe laˈpiːtə
Laplace laˈplaːs, *fr.* laˈplas
laplacisch, L... laˈplaːsɪʃ
La Plata laˈplaːta, *span.* laˈplata
Lapointe *fr.* laˈpwɛ̃ːt
La Popelinière *fr.* lapɔpliˈnjɛːr
La Porte *fr.* laˈpɔrt, *engl.* ləˈpɔːt
Lapouge *fr.* laˈpuːʒ
Lapp lap
Lappalie laˈpaːli̯ə
Lapparent *fr.* lapaˈrã
Läppchen ˈlɛpçən
Lappe ˈlapə
Lappeenranta *finn.* ˈlɑppɛːnrɑntɑ
läppen ˈlɛpn̩
lappen ˈlapn̩
Lapperei lapəˈrai̯
Läpperei lɛpəˈrai̯
läppern ˈlɛpɐn
Lappi *finn.* ˈlɑppi
lappig ˈlapɪç, **-e** ...ɪɡə
lappisch ˈlapɪʃ
läppisch ˈlɛpɪʃ
Lappland ˈlaplant, *schwed.* ...n[d], *norw.* ˈlaplan
Lappländer ˈlaplɛndɐ
lappländisch ˈlaplɛndɪʃ
Lappo *finn.* ˈlɑppɔ
Laprade *fr.* laˈprad
Lapseki *türk.* ˈlɑpsɛki
Lapsi ˈlapsi
Lapsologie lapsoloˈgiː
Lapsus ˈlapsʊs, **die -** ˈlapsuːs
Lapsus Calami, - Linguae, - Memoriae ˈlapsʊs ˈkaːlami, - ˈlɪŋɡu̯ɛ, - meˈmoːri̯ɛ, **die - -, - -, - -** ˈlapsuːs -, - -, - -
Laptew *russ.* ˈlaptɪf
Laptop ˈlɛptɔp
Lapua *finn.* ˈlɑpuɑ
La Puente *engl.* lɑːˈpwɛntɪ
Laputa laˈpuːta, *engl.* ləˈpjuːtə
L'Aquila *it.* ˈlaːku̯ila
[1]**Lar** (Affe) laːɐ̯
[2]**Lar** (Name) *pers.* lɑːr
Lara *span.* ˈlara
Larache *fr.* laˈraʃ, *span.* laˈratʃe
La Ramée *fr.* laraˈme
Laramie *engl.* ˈlærəmɪ
laramisch laˈraːmɪʃ
Larbaud *fr.* larˈbo
Larche *fr.* larʃ
Lärche ˈlɛrçə
Larcher *fr.* larˈʃe
Lardera *it.* larˈdɛːra
Larderello *it.* lardeˈrɛllo
Lardner *engl.* ˈlɑːdnə
Laredo *engl.* ləˈreɪdoʊ, *span.* laˈreðo
[1]**Laren** (Geister) ˈlaːrən
[2]**Laren** (Name) *niederl.* ˈlaːrə
La Renaudie *fr.* larnoˈdi
Larese laˈreːzə
La Reynie *fr.* larɛˈni
largando larˈɡando
[1]**large** (großzügig) *attributiv* ˈlarʒə, *prädikativ* larʃ
[2]**large** (Kleidergröße) laːɐ̯t͡ʃ
Largeau *fr.* larˈʒo
Largentière *fr.* larʒãˈtjɛːr
Largesse larˈʒɛs
larghetto larˈɡɛto
Larghetto larˈɡɛto, **...etti** ...ɛti
Largillière *fr.* larʒiˈljɛːr
largo ˈlargo
[1]**Largo** ˈlargo, **...ghi** ...gi
[2]**Largo** (Name) *span.* ˈlarɣo, *engl.* ˈlɑːgoʊ
largo assai ˈlargo aˈsaːi
largo di molto ˈlargo di ˈmɔlto
largo ma non troppo ˈlargo ma nɔn ˈtrɔpo
Largs *engl.* lɑːgz
Lariboisière *fr.* laribwaˈzjɛːr
larifari, Larifari lariˈfaːri
Larin[a] *russ.* ˈlarin[ɐ]
Larionoff, ...ov *fr.* larjɔˈnɔf
Larionow *russ.* lɐriˈɔnɐf
Larisa, Larissa *neugr.* ˈlarisa
Larisch ˈlaːrɪʃ
Larive, La Rive *fr.* laˈriːv
Larivey *fr.* lariˈvɛ
Larix ˈlaːrɪks
Larkana *engl.* lɑːˈkɑːnə
Larkin *engl.* ˈlɑːkɪn
Larkspur *engl.* ˈlɑːkspəː
Lärm lɛrm
lärmen ˈlɛrmən
Larmor *engl.* ˈlɑːmə
larmoyant larmo̯aˈjant
Larmoyanz larmo̯aˈjant͡s
Larnaka ˈlarnaka
Larnax ˈlarnaks, **...akes** ...keːs
Larne[d] *engl.* ˈlɑːn[ɪd]
Laroche, La Roche *dt., fr.* laˈrɔʃ
La Rochefoucauld *fr.* larɔʃfuˈko
La Rochejaquelein *fr.* larɔʃʒaˈklɛ̃
La Rochelle *fr.* larɔˈʃɛl
La Rocque *fr.* laˈrɔk
Laromiguière *fr.* larɔmiˈgjɛːr
Laroon *engl.* ləˈruːn
Laros ˈlaːrɔs
Larousse *fr.* laˈrus
Larra *span.* ˈlarra
Larrea *span.* laˈrrɛa
Larreta *span.* laˈrrɛta
Larrey *fr.* laˈrɛ
Larrocha *span.* laˈrrɔtʃa
L'Arronge *fr.* laˈrõːʒ
Larry *engl.* ˈlærɪ
Lars lars, *schwed.* lɑːrs, *dän.* lɑɐ̯s
Larsa[m] ˈlarza[m]
Larsen ˈlarzn̩, *norw.* ˈlarsən, *dän.* ˈlɑɐ̯sn̩
Larsson *schwed.* ˈlɑːrsɔn
Lartet *fr.* larˈtɛ
Lartius ˈlart͡si̯ʊs
L'art pour l'art ˈlaːɐ̯ puːɐ ˈlaːɐ̯
La Rue *fr.* laˈry
Laruns *fr.* laˈrœ̃ːs
larval larˈvaːl
Lärvchen ˈlɛrfçən

L

Larve 'larfə
larvieren lar'vi:rən
Larvik *norw.* ˌlarvi:k
Laryngal larʏŋ'ga:l
Laryngalis larʏŋ'ga:lɪs, **...les** ...le:s
Laryngalist larʏŋga'lɪst
laryngeal larʏŋge'a:l
Laryngektomie larʏŋgɛkto'mi:
Laryngen vgl. Larynx
Laryngitis larʏŋ'gi:tɪs, **...itiden** ...gi'ti:dn̩
Laryngologe larʏŋgo'lo:gə
Laryngologie larʏŋgolo'gi:
Laryngoskop larʏŋgo'sko:p
Laryngoskopie larʏŋgosko'pi:, **-n** ...i:ən
Laryngospasmus larʏŋgo'spasmʊs
Laryngostenose larʏŋgoste'no:zə
Laryngostomie larʏŋgosto'mi:, **-n** ...i:ən
Laryngotomie larʏŋgoto'mi:, **-n** ...i:ən
Laryngozele larʏŋgo'tse:lə
Larynx 'la:rʏŋks, **Laryngen** la'rʏŋən
Larzac *fr.* lar'zak
las la:s
Lasa *chin.* lasa 14
La Sablière *fr.* lasabli'ɛ:r
Lasagne la'zanjə
Lasale, Lasalle *fr.* la'sal
La Salle *fr.* la'sal, *engl.* lə'sæl
Lasar *russ.* 'lazɐrj
Lasarew *russ.* 'lazɐrɪf
Lasarewitsch *russ.* 'lazɐrɪvitʃ
Lasaulx la'so:, *fr.* la'so
Lasca[ris] *it.* 'laska[ris]
Las Casas *span.* las'kasas
Las Cases *fr.* las'kɑ:z
Lascaux *fr.* las'ko
lasch laʃ
Lasche 'laʃə
laschen 'laʃn̩
Laschetschnikow *russ.* la'ʒetʃnikɐf
Las Cruces *engl.* lɑ:s'kru:sɪs
Lascy 'lasi, 'la:si
läse 'lɛ:zə
Lase 'la:zə
Lasègue *fr.* la'sɛg
lasen 'la:zn̩
Laser 'le:zɐ
Laserdrom lezɐ'dro:m
La Serena *span.* lase'rena
Laserkraut 'la:zɐkraut
lasern 'le:zɐn, **lasre** 'le:zrə

Lash[ley] *engl.* 'læʃ[lɪ]
lasieren la'zi:rən
LASIK, Lasik 'la:zɪk
Läsion lɛ'zi̯o:n
Lasithion *neugr.* la'siθjɔn
Lask lask
Laskar 'laskar, **-en** las'ka:rən
Laskaris 'laskarɪs, *neugr.* ...ris
Lasker 'laskɐ
Laski *engl.* 'læskɪ
Łaski *poln.* 'u̯aski
Laško *slowen.* 'la:ʃkɔ
Lasos 'la:zɔs
Las Palmas *span.* las'palmas
La Spezia *it.* las'pɛttsi̯a
lass, lass! las
Lassa 'lasa
Lassaigne *fr.* la'sɛɲ
Lassalle *dt., fr.* la'sal
Lassalleaner lasale'a:nɐ
Laßberg 'lasbɛrk
Lassell *engl.* lə'sɛl
lassen 'lasn̩
Lassen 'lasn̩, *engl.* læsn, *norw.* 'lasən
lässest 'lɛsəst
lässig 'lɛsɪç, **-e** ...ɪgə
Lassila *finn.* 'lɑssilɑ
Lassing 'lasɪŋ
lässlich 'lɛslɪç
Laßnitz[höhe] 'lasnɪts[hø:ə]
[1]**Lasso** 'laso
[2]**Lasso** (Name) *it.* 'lasso, *span.* 'laso
Lasson 'lasɔn
lässt lɛst
Lassus 'lasʊs, *fr.* la'sys, *niederl.* 'lɑsʏs
Laßwitz 'lasvɪts
last la:st
last, not least 'la:st nɔt 'li:st
[1]**Last** (Name) last, *engl.* lɑ:st, *niederl.* lɑst
[2]**Last** (Bürde) last
Lastadie las'ta:di̯ə, *auch:* lasta'di:, **-n** ...'ta:di̯ən, *auch:* ...ta'di:ən
lasten 'lastn̩
Laster 'lastɐ
Lästerer 'lɛstərɐ
lästern 'lɛstɐn
Lastex 'lastɛks
lästig 'lɛstɪç, **-e** ...ɪgə
...lastig ...lastɪç, **-e** ...ɪgə
Lasting 'la:stɪŋ
Lastman *niederl.* 'lɑstmɑn
Last-Minute-... 'la:st'mɪnɪt...
Lastovo *serbokr.* 'lastɔvɔ
Lasur la'zu:ɐ̯

Lasurit lazu'ri:t
Lasurski *russ.* la'zurskij
Lasus 'la:zʊs
La Suze *fr.* la'sy:z
Las Vegas las 've:gas, *engl.* lɑ:s'veɪgəs
lasziv las'tsi:f, **-e** ...i:və
Laszivität lastsivi'tɛ:t
László *ung.* 'la:slo:
Latacunga *span.* lata'kuŋga
Latah 'la:ta
La Taille *fr.* la'taj
Latakia lata'ki:a
Lätare lɛ'ta:rə
Latein[er] la'tain[ɐ]
La-Tène-... la'tɛ:n...
latent la'tɛnt
Latenz la'tɛnts
lateral, L... late'ra:l
lateralisieren laterali'zi:rən
Lateralität laterali'tɛ:t
Lateran late'ra:n
Laterano *it.* late'ra:no
laterieren late'ri:rən
Laterisation lateriza'tsi̯o:n
laterisieren lateri'zi:rən
Laterit late'ri:t
Laterna magica la'tɛrna 'ma:gika, **...nae ...cae** ...nɛ ...tsɛ
Laterne la'tɛrnə
Laterza *it.* la'tɛrtsa
Lateur *fr.* la'tœ:r
Latex 'la:tɛks, **Latizes** 'la:titse:s
LaTEX® (Inform.) 'la:tɛç
latexieren latɛ'ksi:rən
Lathraea la'trɛ:a
Lathyrismus laty'rɪsmʊs
Lathyrus la'ty:rʊs
Latierbaum la'ti:ɐ̯baum
Latifundium lati'fʊndi̯ʊm, **...ien** ...i̯ən
Latimer *engl.* 'lætɪmə
Latimeria lati'me:ri̯a
Latina *it.* la'ti:na
Latiner la'ti:nɐ
Latini *it.* la'ti:ni
latinisch la'ti:nɪʃ
latinisieren latini'zi:rən
Latinismus lati'nɪsmʊs
Latinist lati'nɪst
Latinität latini'tɛ:t
Latin Lover 'lɛtɪn 'lavɐ
Latinum la'ti:nʊm
Lätitia lɛ'ti:tsi̯a
Latitüde lati'ty:də
latitudinal latitudi'na:l
Latitudinarier latitudi'na:ri̯ɐ

Latitudinarismus latitudina'rɪsmʊs
Latium 'la:tsi̯ʊm
Lativ 'la:ti:f, **-e** ...i:və
Latizes vgl. Latex
Latomien lato'mi:ən
Latona la'to:na
Latorre *span.* la'tɔrrɛ
Latortue *fr.* latɔr'ty
Latouche *fr.* la'tuʃ
La Touche-Tréville *fr.* latuʃtre-'vil
Latour, La Tour *fr.* la'tu:r
La Tour du Pin *fr.* laturdy'pɛ̃
Latourette *engl.* lætʊə'rɛt
Látrabjarg *isl.* 'lau̯trabjarg
Látrar *isl.* 'lau̯trar
Latreille *fr.* la'trɛj
La Trémoille *fr.* latre'muj
Latrie la'tri:
Latrine la'tri:nə
Latro 'la:tro
Latrobe *engl.* lə'troʊb
Latsch la:tʃ
Latsche (Schuh; schlaffer Mensch) 'la:tʃə
Latsche (Baum) 'latʃə
latschen, L... 'la:tʃn̩
latschig 'la:tʃɪç, **-e** ...ɪgə
Lattakia lata'ki:a
Latte 'latə
Latte macchiato 'latə ma'ki̯a:to
Lattich 'latɪç
Lattimore *engl.* 'lætɪmɔ:
Lattmann 'latman
Lattorf 'latɔrf
Lattuada *it.* lattu'a:da
Latüchte la'tʏçtə
Latude *fr.* la'tyd
Latum 'la:tʊm
La Tuque *fr.* la'tyk
Latus 'la:tʊs
Latwerge lat'vɛrgə
Latz lats, **Lätze** 'lɛtsə
Lätzchen 'lɛtsçən
Latzko 'latsko
lau, Lau lau̯
Laub lau̯p, **-es** 'lau̯bəs
Laubach 'lau̯bax
Lauban 'lau̯ban
Laube[gast] 'lau̯bə[gast]
Lauber[horn] 'lau̯bɐ[hɔrn]
Laubeuf *fr.* lo'bœf
laubig 'lau̯bɪç, **-e** ...ɪgə
Lauch[a] 'lau̯x[a]
Lauchhammer 'lau̯xhamɐ
Lauchheim 'lau̯xhai̯m
Lauchstädt 'lau̯xʃtɛt
Lauck[ner] 'lau̯k[nɐ]
Laud *engl.* lɔ:d
¹Lauda (Lobgesang) 'lau̯da, **Laude** ...də
²Lauda (Name) 'lau̯da
laudabel lau̯'da:bl̩, **...ble** ...blə
Laudanum 'lau̯danʊm
Laudatio lau̯'da:tsi̯o, **-nes** lau̯da'tsi̯o:ne:s
Laudation lau̯da'tsi̯o:n
Laudator lau̯'da:to:ɐ̯, **-en** lau̯da'to:rən
¹Laude 'lau̯də, **...di** ...di
²Laude vgl. ¹Lauda
Laudemium lau̯'de:mi̯ʊm, **...ien** ...i̯ən
Lauder[dale] *engl.* 'lɔ:də[deɪl]
Lauderhill *engl.* 'lɔ:dəhɪl
Laudes 'lau̯de:s
Laudi 'lau̯di
laudieren lau̯'di:rən
Laudist lau̯'dɪst
Laudon 'lau̯dɔn
Laue[nburg] 'lau̯ə[nbʊrk]
Lauene 'lau̯ənə
Lauer 'lau̯ɐ
Lauerer 'lau̯ərɐ
lauern 'lau̯ɐn
Lauesen *dän.* 'lau̯əsn̩
Lauf lau̯f, **Läufe** 'lɔy̯fə
Läufel 'lɔy̯fl̩
laufen, L... 'lau̯fn̩
Laufen[berg] 'lau̯fn̩[bɛrk]
Laufenburg 'lau̯fn̩bʊrk
Laufer 'lau̯fɐ
Läufer 'lɔy̯fɐ
Lauferei lau̯fə'rai̯
Lauff[en] 'lau̯f[n̩]
Lauffer 'lau̯fɐ
läufig 'lɔy̯fɪç, **-e** ...ɪgə
läuft lɔy̯ft
Lauge 'lau̯gə
laugen 'lau̯gn̩, **laug!** lau̯k, **laugt** lau̯kt
Läuger 'lɔy̯gɐ
Laughlin *engl.* 'lɔklɪn, 'lɔflɪn, 'lɑ:flɪn
Laughton *engl.* lɔ:tn
Lauheit 'lau̯hai̯t
Laui 'lau̯i
Lauingen 'lau̯ɪŋən
Laukhard 'lau̯khart
laulich 'lau̯lɪç
Laum[ann] 'lau̯m[an]
Laumont *fr.* lo'mõ
Laun lau̯n
Launay *fr.* lo'nɛ
Launce[lot] *engl.* 'lɑ:ns[lət]
Launceston (Tasmanien) *engl.* 'lɔ:nsəstən
Launcher 'lo:ntʃɐ
Laune 'lau̯nə
launen 'lau̯nən
launig 'lau̯nɪç, **-e** ...ɪgə
launisch 'lau̯nɪʃ
Laupen 'lau̯pn̩
Laupheim 'lau̯phai̯m
Laura 'lau̯ra, *engl.* 'lɔ:rə, *it.* 'la:u̯ra, *span.* 'lau̯ra
Lauraguais *fr.* lɔra'gɛ
Laurana *it.* lau̯'ra:na
Laurat lau̯'ra:t
Laurazeen lau̯ra'tse:ən
Laureat lau̯re'a:t
Laurel *engl.* 'lɔrəl
Lauren *engl.* 'lɔ:rən
Laurencin *fr.* lɔrã'sɛ̃
Laurens *engl.* 'lɔ:rəns, *fr. Maler* lɔ'rã:s
Laurent *fr.* lɔ'rã
Laurentia lau̯'rɛntsi̯a
Laurentian Hills *engl.* lɔ:'rɛnʃɪən 'hɪlz
Laurentide Hills *engl.* 'lɔ:rəntaɪd 'hɪlz
Laurent[i]is *it.* lau̯'rɛnt[i]is
laurentisch lau̯'rɛntɪʃ
Laurentius lau̯'rɛntsi̯ʊs, *schwed.* lau̯'r...
Laurenz[i]ana *it.* lau̯ren'ts[i̯]a:na
lauretanisch lau̯re'ta:nɪʃ
Lauretta *it.* lau̯'retta
Lauri *it.* 'la:u̯ri, *finn.* 'lɑu̯ri
Lauricocha *span.* lau̯ri'kotʃa
Laurids *dän.* 'lau̯ris
Laurie *engl.* 'lɔ:rɪ, 'lɔrɪ
Laurier *fr.* lɔ'rje, *engl.* 'lɔrɪə
Laurin (Name) 'lau̯ri:n
Laurinburg *engl.* 'lɔ:rɪnbə:g
Laurinsäure lau̯'ri:nzɔy̯rə
Laurion 'lau̯ri̯ɔn
Lauriston *fr.* lɔris'tõ, *engl.* 'lɔ:rɪstən
Laurit lau̯'ri:t
Lauritz 'lau̯rɪts
Lauritzen 'lau̯rɪtsn̩, –'––
Lauro *it.* 'la:u̯ro
Laurus 'lau̯rʊs, **-se** ...ʊsə
Laus lau̯s, **Läuse** 'lɔy̯zə
Lausanne *fr.* lo'zan
Lausbüberei lau̯sby:bə'rai̯
Lauscha 'lau̯ʃa, **-er** ...aɐ
Lausche 'lau̯ʃə
lauschen 'lau̯ʃn̩
Läuschen 'lɔy̯sçən
Läuschen un Rimels 'lɔy̯ʃn̩ ʊn 'ri:mls
Lauscher 'lau̯ʃɐ

lauschig 'laʊ̯ʃɪç, **-e** ...ɪgə
lausen 'laʊ̯zn̩, **laus!** laʊ̯s, **laust** laʊ̯st
Lausen 'laʊ̯zn̩
Lauserei laʊ̯zə'raɪ̯
Lausick 'laʊ̯zɪk
lausig 'laʊ̯zɪç, **-e** ...ɪgə
Lausitz 'laʊ̯zɪts, **-er** ...tsɐ
lausitzisch 'laʊ̯zɪtsɪʃ
Laussedat *fr.* los'da
laut, ¹Laut laʊ̯t
²Laut (Name) *engl.* lɔ:t, *indon.* laʊ̯t
Lauta 'laʊ̯ta
Lautal laʊ̯'ta:l
Lautaret *fr.* lota'rɛ
Laute 'laʊ̯tə
lauten 'laʊ̯tn̩
läuten 'lɔy̯tn̩
Lautenbacher 'laʊ̯tn̩baxɐ
Lautenist laʊ̯tə'nɪst
Lautensach 'laʊ̯tn̩zax
Lautensack 'laʊ̯tn̩zak
Lautenschläger 'laʊ̯tn̩ʃlɛ:gɐ
lauter, L... 'laʊ̯tɐ
Lauterbach 'laʊ̯tɐbax
Lauterberg 'laʊ̯tɐbɛrk
Lauterbrunnen 'laʊ̯tɐbrʊnən
Lauterburg 'laʊ̯tɐbʊrk
Lauterecken 'laʊ̯tɐ|ɛkn̩
läutern 'lɔy̯tɐn
lauthals 'laʊ̯thals
lautieren laʊ̯'ti:rən
lautlich 'laʊ̯tlɪç
lautlos 'laʊ̯tlo:s
Lautmalerei laʊ̯tma:lə'raɪ̯
Lautoka *engl.* laʊ'toʊkɑ:
Lautréamont *fr.* lotrea'mõ
Lautrec *fr.* lo'trɛk
lauwarm 'laʊ̯varm
Lauwe[rszee] *niederl.* 'lɔu̯wə[rse:]
Lauzon *fr.* lo'zõ
Lauzun *fr.* lo'zœ̃
Lava 'la:va
Lava Beds National Monument *engl.* 'lɑ:və 'bɛdz 'næʃənəl 'mɔnjʊmənt
Lavabel la'va:bl̩
Lavabo la'va:bo
Lavagna *it.* la'vaɲɲa
Laval *fr., schwed.* la'val
La Valette, Lavalette *fr.* lava'lɛt
Lavalleja *span.* laβa'ʎɛxa
La Vallière *fr.* lava'ljɛ:r
Lavamünd lava'mʏnt, laf...
Lavant 'la[:]vant, 'la[:]f...
La Varende *fr.* lava'rɑ̃:d
¹Lavater (Wäscher) la'va:tɐ
²Lavater (Name) 'la:va:tɐ
La Vaulx, Lavaux *fr.* la'vo
Lave *dän.* 'lɛ:və
Lavedan *fr.* lav'dɑ̃
Lavelanet *fr.* lavla'nɛ
Lavelle *fr.* la'vɛl
lavendel, L... la'vɛndl̩
Laver *engl.* 'leɪvə
Lavéra *fr.* lave'ra
Laveran *fr.* la'vrɑ̃
La Vérendrye *fr.* laverɑ̃'dri
La Verne *engl.* lə'və:n
Lavery *engl.* 'leɪvərɪ, 'læv...
Laves 'la:vəs
lavieren la'vi:rən
La Vieuville *fr.* lavjø'vil
Lavigerie *fr.* lavi'ʒri
Lavignac *fr.* lavi'ɲak
Lavin *engl.* 'lævɪn
Lavín *span.* la'βin
Lavington *engl.* 'lævɪŋtən
Lavinia la'vi:ni̯a, *engl.* lə'vɪnɪə
Lavipedium lavi'pe:di̯ʊm, **...dia** ...di̯a
Lavisse *fr.* la'vis
lävogyr lɛvo'gy:ɐ̯
Lavoir la'vo̯a:ɐ̯
Lavoisier *fr.* lavwa'zje
Lävokardie lɛvokar'di:, **-n** ...i:ən
Lavongai *engl.* 'lævəŋ'gaɪ
Lavor la'vo:ɐ̯, *auch:* la'fo:ɐ̯
Lavreince *fr.* la'vrɛ̃:s
Lävulose lɛvu'lo:zə
Lävulosurie lɛvulozu'ri:
Lawan *pers.* lɑ'vɑ:n
law and order 'lo: ɛnt 'o:ɐ̯dɐ, -- 'ɔrdɐ
Law[es] *engl.* lɔ:[z]
Lawine la'vi:nə
Lawler *engl.* 'lɔ:lə
Lawndale *engl.* 'lɔ:ndeɪl
Lawntennis 'lo:ntɛnɪs
Lawotschkin *russ.* 'lavɐtʃkin
Lawr *russ.* lavr
Lawra 'lavra
Lawrence *engl.* 'lɔrəns, 'lɔ:r...
Lawrenceburg *engl.* 'lɔ:rənsbə:g
Lawrencium lo'rɛntsi̯ʊm
Lawrenjow *russ.* lɐvrɪ'njɔf
Lawrenti *russ.* la'vrjentij
Lawrentjew *russ.* la'vrjentjɪf
Lawrentjewitsch *russ.* la'vrjentjɪvitʃ
Lawrentjewna, *russ.* la'vrjentjɪvnɐ
Lawrie *engl.* 'lɔ:rɪ
Lawrion *neugr.* 'lavriɔn
Lawrow *russ.* la'vrɔf
Lawson *engl.* lɔ:sn
Lawton *engl.* lɔ:tn
lax laks
Laxans 'laksans, **...antia** la'ksantsi̯a, **...anzien** la'ksantsi̯ən
Laxativ laksa'ti:f, **-e** ...i:və
Laxativum laksa'ti:vʊm, **...va** ...va
Laxenburg 'laksn̩bʊrk
laxieren la'ksi:rən
Laxismus la'ksɪsmʊs
Laxness *isl.* 'laxsnɛs
Laxou *fr.* lak'su
Lay laɪ̯, *fr.* lɛ
Layamon *engl.* 'laɪəmən
Layard *engl.* lɛəd
Laye *fr.* la'je
Layout[er] le:'|aʊ̯t[ɐ], *auch:* '--[-]
Layton *engl.* leɪtn
Lazar *serbokr.* 'laza:r
Lazăr *rumän.* 'lazər
Lazare *fr.* la'za:r
Lăzăreanu *rumän.* ləzə're̯anu
Lazarett latsa'rɛt
Lazarevac *serbokr.* 'laza:rɛvats
Lazarević *serbokr.* 'laza:rɛvitɕ
Lazarillo de Tormes *span.* laθa'riʎo ðe 'tɔrmes
Lazarist latsa'rɪst
Lazaro *it.* 'laddzaro
Lázaro *span.* 'laθaro
Lazarová *slowak.* 'lazarɔva:
Lazarus 'la:tsarʊs, *engl.* 'læzərəs
Lazda *lett.* 'lazda
Lazdynų *lit.* laz'di:nu:
Lazear *engl.* lə'zɪə
Lazedämon latse'dɛ:mɔn
Lazedämonier latsedɛ'mo:ni̯ɐ
lazedämonisch latsedɛ'mo:nɪʃ
Lazeration latsera'tsi̯o:n
lazerieren latse'ri:rən
Lazerte la'tsɛrtə
Lazio *it.* 'lattsi̯o
Lazise *it.* lat'tsi:ze
Lazius 'la:tsi̯ʊs
Lázně Bělohrad *tschech.* 'la:znjɛ 'bjɛlɔhrat
Lázně Kynžvart *tschech.* 'la:znjɛ 'kinʒvart
Lazulith latsu'li:t
Lazzaro *it.* 'laddzaro
Lazzarone latsa'ro:nə, **...ni** ...ni
Lea 'le:a, *engl.* li:
Leach *engl.* li:tʃ
Leacock *engl.* 'li:kɔk
Lead (Führung) li:t

Leadbelly *engl.* ˈlɛdbɛlɪ
Lead[e] *(Name) engl.* li:d
Leader ˈli:dɐ
Leadville *engl.* ˈlɛdvɪl
Leaf *engl.* li:f
Leahy *engl.* ˈleɪhɪ
Leake[y] *engl.* ˈli:k[ɪ]
Leal *span.* leˈal, *port.* li̯al
Leamington *engl.* ˈlɛmɪŋtən *(England),* ˈli:mɪŋtən *(Kanada)*
Lean... ˈli:n...
Leander leˈandɐ
Léandre *fr.* leˈã:dr
Leandro *it., span.* leˈandro
Leão *port.* li̯ɐ̃u̯
Lear li:ɐ̯, *engl.* lɪə
Learning by Doing ˈlø:ɐ̯nɪŋ bai̯ ˈdu:ɪŋ, ˈlœrn... - -
Leary *engl.* ˈlɪərɪ
leasen ˈli:zn̩, **leas!** li:s, **least** li:st
Leasing ˈli:zɪŋ
Leatherhead *engl.* ˈlɛðəhɛd
Léautaud *fr.* leoˈto
Leavenworth *engl.* ˈlɛvnwə[:]θ
Leavis *engl.* ˈli:vɪs
Leb le:p
Łeba *poln.* ˈu̯ɛba
Leba[ch] ˈle:ba[x]
Lebanon *engl.* ˈlɛbənən
Lebas, Le Bas *fr.* ləˈbɑ
Lebbäus lɛˈbɛ:ʊs
Lebbe[ke] *niederl.* ˈlɛbe:kə
Lebby *engl.* ˈlɛbɪ
Lebeau, Le Beau *fr.* ləˈbo
Lebed *russ.* ˈljebɪtj
Lebedew *russ.* ˈljebɪdɪf
Lebehoch le:bəˈho:x
Lebel, Le Bel *fr.* ləˈbɛl
lebelang ˈle:bəlaŋ
leben ˈle:bn̩, **leb!** le:p, **lebt!** le:pt
Leben ˈle:bn̩
lebendig leˈbɛndɪç, **-e** ...ɪgə
lebenslang ˈle:bn̩slaŋ
lebenslänglich ˈle:bn̩slɛŋlɪç
Lebensohn ˈle:bn̩zo:n
Leberecht ˈle:bərɛçt
Lebern ˈle:bɐn
Leber[t] ˈle:bɐ[t]
Lebesgue *fr.* ləˈbɛg
Lebeuf *fr.* ləˈbœf
Lebewohl le:bəˈvo:l
lebhaft ˈle:phaft
Lebkuchen ˈle:pku:xn̩
Lebküchler ˈle:pky:çlɐ
Lebküchlerei le:pky:çləˈrai̯
Lebküchner ˈle:pky:çnɐ
Lebküchnerei le:pky:çnəˈrai̯
Leblanc, Le Blant *fr.* ləˈblɑ̃
Le Blon, Leblond, Le Blond *fr.* ləˈblõ
leblos ˈle:plo:s
Lebœuf *fr.* ləˈbœf
Lebold ˈle:bɔlt
Lebon, Le Bon *fr.* ləˈbõ
Lębork *poln.* ˈlɛmbɔrk
Lebourg *fr.* ləˈbu:r
Le Bourget *fr.* ləburˈʒɛ
Lebović *serbokr.* ˌlɛbɔvitɕ
Lebowa *engl.* ləˈboʊə
Lebrecht ˈle:brɛçt, ˈle:prɛçt
Le Bret *fr.* ləˈbrɛ
Lebrija *span.* leˈβrixa
Lebrun, Le Brun *fr.* ləˈbrœ̃
Lebtag ˈle:pta:k
Lebu *span.* ˈleβu
Leburton *fr.* ləbyrˈtõ
Lebus leˈbu:s, *auch:* ˈle:bʊs
Lebusa leˈbu:za
Lebzelten ˈle:pt͜sɛltn̩
Lec *poln.* lɛts
Leça *port.* ˈlɛsɐ
Lecanuet *fr.* ləkaˈnɥɛ
Le Cardonnel *fr.* ləkardɔˈnɛl
le Carré *engl.* ləkæˈreɪ
Lecce *it.* ˈlettʃe
Lecco *it.* ˈlekko
Lech lɛç, *poln.* lɛx
Le Chatelier *fr.* ləʃɑtəˈlje
Leche[nich] ˈlɛçə[nɪç]
Lecher ˈlɛçɐ
Lechfeld ˈlɛçfɛlt
lechisch ˈlɛçɪʃ
Lechner ˈlɛçnɐ
Lechoń *poln.* ˈlɛxɔi̯n
Lechovice *tschech.* ˈlɛxɔvitsɛ
Lechter ˈlɛçtɐ
Lecht[h]al[er] ˈlɛçta:l[ɐ]
lechzen ˈlɛçt͜sn̩
Lecithin let͜siˈti:n
leck, Leck lɛk
Leckage lɛˈka:ʒə
Lecke ˈlɛkə
lecken ˈlɛkn̩
lecker ˈlɛkɐ
Leckerei lɛkəˈrai̯
Leckerli ˈlɛkɐli
Lecky *engl.* ˈlɛkɪ
Leclair *fr.* ləˈklɛ:r
Leclanché ləklɑ̃ˈʃe:
Le Clerc, Leclerc[q], Leclère *fr.* ləˈklɛ:r
Le Clézio *fr.* ləkleˈzjo
Lécluse *fr.* leˈkly:z
Lecocq *fr.* ləˈkɔk
Lecomte *fr.* ləˈkõ:t
Le Conte *engl.* ləˈkɔnt
Leconte de Lisle *fr.* ləkõtdəˈlil
Le Coq *fr.* ləˈkɔk
Lecoq de Boisbaudran *fr.* ləkɔk-dəbwaboˈdrɑ̃
Le Corbusier *fr.* ləkɔrbyˈzje
Lecourbe *fr.* ləˈkurb
Lecouvreur *fr.* ləkuˈvrœ:r
Le Creusot *fr.* ləkrøˈzo
Lectisternium lɛktɪsˈtɛrni̯ʊm, **...ien** ...i̯ən
lectori salutem! lɛkˈto:ri zaˈlu:tɛm
Lecturer ˈlɛkt͜ʃərɐ
Łęczyca *poln.* u̯ɛnˈtʃɨtsa
Leda ˈle:da
Le Daim, Le Dain *fr.* ləˈdɛ̃
Le Dantec *fr.* lədɑ̃ˈtɛk
Lede ˈle:də
Lede[berg] *niederl.* ˈle:də[bɛrx]
Ledeb[o]ur ˈle:dəbu:ɐ̯
Ledeburit ledəbuˈri:t
Ledeganck *niederl.* ˈle:dəɣɑŋk
Leder ˈle:dɐ
Lederer ˈle:dərɐ
lederig ˈle:dərɪç, **-e** ...ɪgə
ledern ˈle:dɐn, **ledre** ˈle:drə
ledig ˈle:dɪç, **-e** ...ɪgə
lediglich ˈle:dɪklɪç
Ledischiff ˈle:diʃɪf
Ledóchowska *poln.* lɛduˈxɔfska
Ledochowski ledɔˈxɔfski
Ledóchowski *poln.* lɛduˈxɔfski
Ledoux *fr.* ləˈdu
ledrig ˈle:drɪç, **-e** ...ɪgə
Ledru *fr.* ləˈdry
Ledru-Rollin *fr.* lədryrɔˈlɛ̃
Leduc, Le Duc *fr.* ləˈdyk
Le Duc Tho ledʊkˈto:
Ledyard *engl.* ˈlɛdjəd
[1]Lee le:
[2]Lee (Name) *engl.* li:
Leeb le:p
Leech *engl.* li:tʃ
Leeds *engl.* li:dz
Leek *engl.* li:k
Leen le:n
leer, Leer le:ɐ̯
Leerdam *niederl.* le:rˈdɑm
Leere ˈle:rə
leeren ˈle:rən
Lees[burg] *engl.* ˈli:z[bə:g]
Leeseite ˈle:zai̯tə
Leeson *engl.* li:sn
Leeuw *niederl.* le:u̯
Leeuwarden *niederl.* ˈle:wɑrdə
Leeuwenhoek *niederl.* ˈle:wən-huk
Leeward *engl.* ˈli:wəd

L

leewärts ˈleːvɛrt͜s
Le Fanu *engl.* ˈlɛfənjuː
Le Fauconnier *fr.* ləfokɔˈnje
Lefébure *fr.* ləfeˈbyːr
Lefebvre, Lefèvre *fr.* ləˈfɛːvr
Leffler *schwed.* ˈlɛflər
Le Figaro *fr.* ləfigaˈro
Lefka *neugr.* ˈlɛfka
Lefkas *neugr.* lɛfˈkas
Lefkoşa *türk.* lɛfˈkɔʃɑ
Lefkosia *neugr.* lɛfkɔˈsia
Le Flô *fr.* ləˈflo
Leforest *fr.* ləfɔˈrɛ
Lefort *fr.* ləˈfɔːr, *russ.* lɪˈfɔrt
le Fort ləˈfoːɐ̯
Lefortowo *russ.* lɪˈfɔrtɐvɐ
Lefranc, Le Franc *fr.* ləˈfrã
Lefroy *engl.* ləˈfrɔɪ
Lefuel *fr.* ləˈfɥɛl
Lefze ˈlɛft͜sə
Lega *it.* ˈleːga
legabile leˈgaːbile
legal leˈgaːl
Legal (Name) ˈleːgal
Le Galienne *engl.* ləˈgæljən
Legalisation legalizaˈt͜si̯oːn
legalisieren legaliˈziːrən
Legalismus legaˈlɪsmʊs
legalistisch legaˈlɪstɪʃ
Legalität legaliˈtɛːt
Legal Tender ˈliːgl̩ ˈtɛndɐ
Lega Nord *it.* ˈleːga ˈnɔrd
Legaspi *span.* leˈɣaspi
legasthen legasˈteːn
Legasthenie legasteˈniː, **-n** …iːən
Legastheniker legasˈteːnikɐ
Legat leˈgaːt
Legatar legaˈtaːɐ̯
Legation legaˈt͜si̯oːn
legatissimo legaˈtɪsimo
legato leˈgaːto
Legato leˈgaːto, **…ti** …ti
Legau ˈleːga͜u
Lege ˈleːgə
lege artis ˈleːgə ˈartɪs
Legel ˈleːgl̩
legen ˈleːgn̩, **leg!** leːk, **legt** leːkt
Legénd *ung.* ˈlɛgeːnd
Legenda aurea leˈgɛnda ˈa͜urea
legendar, L… legɛnˈdaːɐ̯
legendär legɛnˈdɛːɐ̯
legendarisch legɛnˈdaːrɪʃ
Legendarium legɛnˈdaːri̯ʊm, **…ien** …i̯ən
Legende leˈgɛndə
Legendre, Le Gendre *fr.* ləˈʒãːdr
Legentil, Le Gentil *fr.* ləʒãˈti
Le Gentilhomme *fr.* ləʒãtiˈjɔm
leger leˈʒeːɐ̯, leˈʒɛːɐ̯
Léger *fr.* leˈʒe
Legerdemain leʒedəˈmɛ̃ː
Leges vgl. Lex
Legge *engl.* lɛg
leggiadramente lɛd͜ʒadraˈmɛntə
leggiadro lɛˈd͜ʒaːdro
leggiero lɛˈd͜ʒeːro
Leggings ˈlɛgɪŋs
Leggins ˈlɛgɪns
Legh *engl.* liː
Leghorn ˈleːkhɔrn
Legien leˈgiːn
legieren leˈgiːrən
Legion leˈgi̯oːn
legionär, L… legi̯oˈnɛːɐ̯
Legionar legi̯oˈnaːɐ̯
Légion d'honneur leˈʒjõː dɔˈnøːɐ̯
Légion étrangère leˈʒjõː etrãˈʒɛːɐ̯
Legionowo *poln.* lɛgjɔˈnɔvɔ
Legislation legɪslaˈt͜si̯oːn
legislativ legɪslaˈtiːf, **-e** …iːvə
Legislative legɪslaˈtiːvə
legislatorisch legɪslaˈtoːrɪʃ
Legislatur legɪslaˈtuːɐ̯
Legismus leˈgɪsmʊs
legitim legiˈtiːm
Legitimation legitimaˈt͜si̯oːn
legitimieren legitiˈmiːrən
Legitimismus legitiˈmɪsmʊs
Legitimist legitiˈmɪst
Legitimität legitimiˈtɛːt
Legnago *it.* leɲˈɲaːgo
Legnano *it.* leɲˈɲaːno
Legnica *poln.* lɛgˈnit͜sa
Le Goffic *fr.* ləgɔˈfik
Legouis *fr.* ləˈgwi
Legouvé *fr.* ləguˈve
Legrand *fr.* ləˈgrã
Legrenzi *it.* leˈgrɛntsi
Legros *fr.* ləˈgro
Leguan leˈgu̯aːn, *auch:* ˈleːgu̯aːn
Leguía *span.* leˈɣia
Le Guin *engl.* ləˈgwɪn
Legumen leˈguːmən
Legumin leguˈmiːn
Leguminose legumiˈnoːzə
Legwarmer ˈlɛkvoːɐ̯mɐ, …vɔr…
Leh *engl.* leɪ
Lehar, Lehár ˈleːhar, leˈhaːɐ̯, *ung.* ˈlɛhaːr
Le Havre *fr.* ləˈɑːvr
Lehen ˈleːən
Leherb ˈleːhɛrp
Lehesten ˈleːəstn̩
Lehi[gh] *engl.* ˈliːhaɪ
Lehm leːm
[1]**Lehmann** ˈleːman
[2]**Lehmann [Caves]** *engl.* ˈleɪmən [ˈkeɪvz]
Lehmbruck ˈleːmbrʊk
Lehmden ˈleːmdn̩
Lehmer ˈleːmɐ, *engl.* ˈleɪmə
lehmig ˈleːmɪç, **-e** …ɪgə
Lehne ˈleːnə
lehnen ˈleːnən
Lehnin leˈniːn
Le Houx *fr.* ləˈu
Lehr[d] leːɐ̯[t]
Lehre ˈleːrə
lehren ˈleːrən
Lehrer ˈleːrɐ
Lehrling ˈleːɐ̯lɪŋ
Lehrte ˈleːɐ̯tə
Lehtonen *finn.* ˈlɛhtɔnɛn
[1]**Lei** (Fels) la͜i
[2]**Lei** vgl. [2]Leu
[1]**Leib** la͜ip, **-es** ˈla͜ibəs
[2]**Leib** (Name) la͜ip, *engl.* leɪb
Leibchen ˈla͜ipçən
leibeigen ˈla͜ip|a͜ign̩
leiben ˈla͜ibn̩, **leib!** la͜ip, **leibt** la͜ipt
Leiber[l] ˈla͜ibɐ[l]
leibhaft ˈla͜iphaft
leibhaftig la͜ipˈhaftɪç, ˈ–––, **-e** …ɪgə
Leibholz ˈla͜iphɔlt͜s
Leibl ˈla͜ibl̩
leiblich ˈla͜iplɪç
Leibnitz, Leibniz ˈla͜ibnɪt͜s
leibnizisch, L… ˈla͜ibnɪt͜sɪʃ
Leibowitz *fr.* lɛbɔˈvits
Leib-Seele-Problem ˈla͜ipˈzeːləprobleːm
Leica® ˈla͜ika
Leicester *engl.* ˈlɛstə, **-shire** -ʃɪə
Leich[e] ˈla͜iç[ə]
leichenblass ˈla͜içn̩ˈblas
leichenfahl ˈla͜içn̩ˈfaːl
Leichhardt ˈla͜içhart, *engl.* ˈlaɪkhɑːt
Leichlingen ˈla͜içlɪŋən
Leichnam ˈla͜içnaːm
leicht, L… la͜içt
Leichte ˈla͜içtə
Leichtentritt ˈla͜içtn̩trɪt
Leichter ˈla͜içtɐ
leichtern ˈla͜içtɐn
leichthin ˈla͜içtˈhɪn
Leichtsinn ˈla͜içtzɪn
leichtsinnig ˈla͜içtzɪnɪç
leid la͜it

.eid lai̯t, **-es** ˈlai̯dəs
eiden ˈlai̯dn̩, **leid!** lai̯t
Leiden (Krankheit) ˈlai̯dn̩
Leiden (Stadt) ˈlai̯dn̩, *niederl.* ˈlɛi̯də
.eidener ˈlai̯dənɐ
.eidenfrost ˈlai̯dn̩frɔst
eidenschaft ˈlai̯dn̩ʃaft
eider, L… ˈlai̯dɐ
eidig ˈlai̯dɪç, **-e** …ɪgə
eidlich ˈlai̯tlɪç
eidschendam *niederl.* lɛi̯tsən-ˈdɑm
eidy *engl.* ˈlaɪdɪ
eie *niederl.* ˈlɛi̯ə
eier ˈlai̯ɐ
eierei lai̯əˈrai̯
eiern ˈlai̯ɐn
eif lai̯f, *norw.* lɛi̯f
eifhelm ˈlai̯fhɛlm
eifs *isl.* lɛi̯fs
eifur *isl.* ˈlɛi̯vʏr
Leigh (Ortsname) *engl.* li:, laɪ
Leigh (Personenname) *engl.* li:
eigh-Mallory *engl.* ˈli:ˈmælərɪ
eighton [Buzzard] *engl.* ˈleɪtn [ˈbʌzəd]
eihe ˈlai̯ə
eihen ˈlai̯ən
eih-Pacht-… ˈlai̯ˈpaxt…
eijonhufvud *schwed.* ˌlɛjɔn-hʉ:vʊd
eik lai̯k
eikanger *norw.* ˌlɛi̯kaŋər
eikauf ˈlai̯kau̯f, **…käufe** …kɔy̯fə
eila ˈlai̯la, *engl.* ˈli:lə, ˈleɪlə
eilach ˈlai̯lax
eilak ˈlai̯lak
eim lai̯m
imen, L… ˈlai̯mən
eimer ˈlai̯mɐ
imig ˈlai̯mɪç, **-e** …ɪgə
ein[berger] ˈlai̯n[bɛrgɐ]
eine ˈlai̯nə
inen, L… ˈlai̯nən
einfelden lai̯nˈfɛldn̩
einingen ˈlai̯nɪŋən
eino *finn.* ˈlɛi̯nɔ
eins lai̯ns
einsdorf ˈlai̯nsdɔrf, *engl.* ˈlai̯nsdɔ:f
einster *engl.* ˈlɛnstə
eip[a] ˈlai̯p[a]
eipheim ˈlai̯phai̯m
ipogrammatisch lai̯pogra-ˈma[:]tɪʃ
eiprecht ˈlai̯prɛçt

Leipzig ˈlai̯ptsɪç, **-er** …ɪgɐ
Leiria *port.* lɐi̯ˈriɐ
Leiris *fr.* lɛˈris
leis, Leis lai̯s, **-e** ˈlai̯zə
Leisegang ˈlai̯zəgaŋ
Leiser ˈlai̯zɐ
Leisering ˈlai̯zərɪŋ
Leisetreterei lai̯zətre:təˈrai̯
Leisewitz ˈlai̯zəvɪts
Leishman *engl.* ˈli:ʃmən
Leishmania lai̯ʃˈma:ni̯a, **…ien** …i̯ən
Leishmaniose lai̯ʃmaˈni̯o:zə
Leisnig ˈlai̯snɪç
Leist[e] ˈlai̯st[ə]
leisten, L… ˈlai̯stn̩
Leistikow ˈlai̯stɪko
Leitartikler ˈlai̯t|arti:klɐ, *auch:* …tɪk…
[1]**Leite** ˈlai̯tə
[2]**Leite** (Name) *span.* ˈlɛi̯te, *port.* ˈlɐi̯tə, *bras.* ˈlei̯ti
leiten ˈlai̯tn̩
Leiter ˈlai̯tɐ, *engl.* ˈlaɪtə
Leitgeb ˈlai̯tge:p
Leith *engl.* li:θ
Leitha ˈlai̯ta
Leithaprodersdorf lai̯ta-ˈpro:dɐsdɔrf
Leithäuser ˈlai̯thɔy̯zɐ
Leitich ˈlai̯tɪç
Leitkauf ˈlai̯tkau̯f, **…käufe** …kɔy̯fə
Leitmeritz ˈlai̯tmərɪts
Leitner ˈlai̯tnɐ, *engl.* ˈlaɪtnə
Leitomischl ˈlai̯tomɪʃl̩
Leitrim *engl.* ˈli:trɪm
Leitz[kau] ˈlai̯ts[kau̯]
Leitzmann ˈlai̯tsman
Leivick ˈlai̯vɪk
Leix *engl.* li:ʃ
Leixões *port.* lɐi̯ˈʃõi̯ʃ
Leizhou *chin.* lei̯dʒou̯ 21
Lejeune *fr.* ləˈʒœn, *engl.* ləˈʒə:n
Le Jeune *fr.* ləˈʒœn
[1]**Lek** (Münze) lɛk
[2]**Lek** (Fluss) *niederl.* lɛk
Lekain *fr.* ləˈkɛ̃
Lekaj *alban.* ˈlekai̯
Lekeu *fr.* ləˈkø
Lektion lɛkˈtsi̯o:n
Lektionar lɛktsi̯oˈna:ɐ̯, **-ien** …a:ri̯ən
Lektionarium lɛktsi̯oˈna:ri̯ʊm, **…ien** …i̯ən
Lektor ˈlɛkto:ɐ̯, **-en** lɛkˈto:rən
Lektorat lɛktoˈra:t
lektorieren lɛktoˈri:rən
Lektorin lɛkˈto:rɪn

Lektüre lɛkˈty:rə
Lekythion leˈky:ti̯ɔn, **…thia** …ti̯a
Lekythos ˈle:kytɔs, **…then** leˈky:tn̩
Leland *engl.* ˈli:lənd
Leleger ˈle:legɐ
Lelewel *poln.* lɛˈlɛvɛl
Lelio ˈle:li̯o, *it.* ˈlɛ:li̯o, *span.* ˈleli̯o
Le Locle *fr.* ləˈlɔkl
Leloir *fr.* ləˈlwa:r
Lelorrain, Le Lorrain *fr.* ləlɔˈrɛ̃
Lelouch *fr.* ləˈluʃ
Lely *engl.* ˈli:lɪ, *niederl.* ˈle:li
Lelystad *niederl.* ˈle:listɑt
Lem *poln.* lɛm
Lemaire, Le Maire *fr.* ləˈmɛ:r
Lemaire de Belges *fr.* ləmɛrdə-ˈbɛlʒ
Lemai[s]tre, Lemaître *fr.* ləˈmɛtr
Léman *fr.* leˈmã
lemanisch leˈma:nɪʃ
Le Mans *fr.* ləˈmã
Lemański *poln.* lɛˈmai̯ski
Le Mars *engl.* ləˈmɑ:z
Lemass *engl.* ləˈmæs
Lemba[ch] ˈlɛmba[x]
Lembeck ˈlɛmbɛk
Lemberg ˈlɛmbɛrk, **-er** …rgɐ
Lembourn *dän.* ˈlembɔɐ̯n
Lemeni *it.* leˈmɛ:ni
Lemercier, Le Mercier *fr.* ləmɛrˈsje
Lémery *fr.* lemˈri
Lemesos *neugr.* lɛmɛˈsɔs
Lemgo ˈlɛmgo
Lemke ˈlɛmkə
Lemma ˈlɛma, **-ta** ˈlɛmata
lemmatisieren lɛmatiˈzi:rən
Lemmer ˈlɛmɐ
Lemming ˈlɛmɪŋ
Lemnazeen lɛmnaˈtse:ən
Lemniskate lɛmnɪsˈka:tə
Lemnitz ˈlɛmnɪts
Lemnitzer *engl.* ˈlɛmnɪtsə
Lemnius ˈlɛmniʊs
Lemnos ˈlɛmnɔs
Le Moal *fr.* ləˈmwal
Lemoin[n]e, Le Moine *fr.* lə-ˈmwan
Lemon *engl.* ˈlɛmən
Le Monde *fr.* ləˈmõ:d
Lemonnier, Le Monnier *fr.* ləmɔˈnje
Lemos *span.* ˈlemos
Lemoyne, Le Moyne *fr.* ləˈmwan
[1]**Lempira** (Münze) lɛmˈpi:ra

L

^{2}**Lempịra** (Name) *span.* lɛm'pira
Lẹmuel *engl.* 'lɛmjʊəl
Le Muẹt *fr.* lə'mɥɛ
Lemu̱r le'mu:ɐ̯
Lemu̱re le'mu:rə
Lemu̱ria le'mu:ri̯a
Le̱na 'le:na, *engl.* 'li:nə, *russ.* 'ljɛnɐ
Lenä̱en le'nɛ:ən
Lenain, Le Nain *fr.* lə'nɛ̃
Le̱nard 'le:nart
Lẹnárt *slowak.* 'lɛna:rt
Lenartọwicz *poln.* lɛnar'tɔvitʃ
Le̱nau 'le:nau̯
Le̱nbach 'le:nbax
Le̱nchen 'le:nçən
Lẹncker 'lɛŋkɐ
Lenclọs *fr.* lã'klo
Lẹnde 'lɛndə
Lẹndringsen 'lɛndrɪŋzn̩
Lẹndvai, ...vay *ung.* 'lɛndvɔi
Le̱ne 'le:nə
Le̱nel 'le:nl̩
Leñẹro *span.* le'ɲero
Lenéru *fr.* ləne'ry
Lenes vgl. Lenis
Lenẹxa *engl.* lə'nɛksə
L'Enfant *fr.* lã'fã
Lẹng[ede] 'lɛŋ[ədə]
Lẹnge[n]feld 'lɛŋə[n]fɛlt
Lẹngerich 'lɛŋərɪç
Lenggrie̱s lɛŋ'gri:s
Lẹngyel *ung.* 'lɛndjɛl
Le̱ni 'le:ni
Lenice̱t® leni'tse:t
le̱niens 'le:ni̯ɛns
Lenie̱rung le'ni:rʊŋ
Le̱nin 'le:ni:n, *russ.* 'ljenin
Leninabạd *russ.* lɪnina'bat
Leninakạn *russ.* lɪnina'kan
Le̱ningrad 'le:ni:ngra:t, *russ.* lɪnin'grat
Le̱ningrader 'le:ni:ngra:dɐ
Leninịsmus leni'nɪsmʊs
Leninịst leni'nɪst
Leninogọrsk *russ.* lɪnina'gɔrsk
Lẹninsk *russ.* 'ljeninsk
Lẹninsk-Kusnẹzki *russ.* 'ljeninskkuz'njetskij
Lẹninváros *ung.* 'lɛninva:roʃ
Le̱nis 'le:nɪs, **Le̱nes** 'le:ne:s
lenisie̱ren leni'zi:rən
Lenitio̱n leni'tsi̯o:n
leniti̱v leni'ti:f, **-e** ...i:və
Leniti̱vum leni'ti:vʊm, **...va** ...va
Lẹnk lɛŋk
lẹnkbar 'lɛŋkba:ɐ̯
lẹnken 'lɛŋkn̩
Lenkorạn *russ.* lɪnka'ranj
lẹnksam 'lɛŋkza:m
Lẹnne 'lɛnə
Lenné lɛ'ne:
Lẹnnep 'lɛnɛp, *niederl.* ...nəp
Lẹnnestadt 'lɛnəʃtat
Lẹnngren *schwed.* 'lɛngre:n
Lẹnningsen 'lɛnɪŋzn̩
Lẹnnox *engl.* 'lɛnəks
Lenoir *fr.* lə'nwa:r, *engl.* lə'nɔ:
Leno̱re le'no:rə
Lenormand *fr.* lənɔr'mã
Le No̱stre, Le Nôtre *fr.* lə'no:tr
Lẹnox *engl.* 'lɛnəks
Lens *fr.* lã:s
Lẹnsing 'lɛnzɪŋ
Lẹnski *russ.* 'ljɛnskij
Lẹński *poln.* 'lɛĩ̯ski
lentamẹnte lɛnta'mɛntə
lentạndo lɛn'tando
Lentạndo lɛn'tando, **...di** ...di
lentement lãtə'mã:
Lenti̱go lɛn'ti:go, **...gines** ...gine:s
lentikula̱r lɛntiku'la:ɐ̯
lentikulä̱r lɛntiku'lɛ:ɐ̯
Lentikula̱riswolke lɛntiku'la:rɪsvɔlkə
Lenti̱ni *it.* len'ti:ni
Lentizẹlle lɛnti'tsɛlə
lẹnto 'lɛnto
Lẹnto 'lɛnto, **...ti** ...ti
lẹnto assa̱i 'lɛnto a'sa:i
lẹnto di mọlto 'lɛnto di 'mɔlto
Lentọwski *russ.* lɪn'tɔfskij
Lẹntulus 'lɛntulʊs
Lẹnya 'lɛnja
lẹnz, L... lɛnts
Lẹnzburg 'lɛntsbʊrk
lẹnzen, L... 'lɛntsn̩
Lenzerhe̱ide lɛntsɐ'haidə
Lẹnzing 'lɛntsɪŋ
Lẹnzkirch 'lɛntskɪrç
Le̱o 'le:o, *it.* 'lɛ:o
Léọ *fr.* le'o
Le̱oba 'le:oba
Leo̱ben le'o:bn̩
Le̱obschütz 'le:ɔpʃʏts
Leo̱chares le'o:xarɛs
Leo̱degar le'o:dəgar
Leodegạrde leodə'gardə
Leoka̱die leo'ka:di̯ə
Leominster *engl.* 'lɛmɪnstə
Le̱on 'le:ɔn, *russ.* lɪ'ɔn, *poln.* 'lɛɔn
León *span.* le'ɔn
Léo̱n le'o:n, *fr.* le'õ
Leonard *engl.* 'lɛnəd
Léona̱rd *fr.* leɔ'na:r
Leonạrdo *it.* leo'nardo, *span.* leo'narðo
Leonạrdo da Vịnci leo'nardo da 'vɪntʃi, *it.* - dav'vintʃi
Leona̱to leo'na:to
Leona̱tus leo'na:tʊs
Le̱onberg 'le:ɔnbɛrk, **-er** ...rgɐ
Leoncavạllo *it.* leoŋka'vallo
Léonce *fr.* le'õ:s
Le̱onding 'le:ɔndɪŋ
Leo̱ne *it.* le'o:ne
Leonẹllo *it.* leo'nɛllo
Leonẹssa *it.* leo'nessa
Leonẹtto *it.* leo'netto
Leonfẹlden le:ɔn'fɛldn̩
Leonhạrda leɔn'harda
Le̱onhard[t] 'le:ɔnhart
Leo̱ni le'o:ni, *span.* le'oni, *it.* le'o:ni
Leonid leo'ni:t, *auch:* 'le:oni:t; *russ.* lɪa'nit
Leonịda *russ.* lɪa'nidɐ
Leo̱nidas le'o:nidas
Leónidas *span.* le'oniðas
Léonịde *fr.* leɔ'nid
Leoni̱den leo'ni:dn̩
Leonịdow *russ.* lɪa'nidɐf
Leonịdowitsch *russ.* lɪa'nidɐvitʃ
Leonịdowna *russ.* lɪa'nidɐvnɐ
Leonie 'le:oni, *auch:* leo'ni:
Léonie *fr.* leɔ'ni
Leoni̱ne leo'ni:nə
leoni̱nisch leo'ni:nɪʃ
Leoni̱nus leo'ni:nʊs
leo̱nisch le'o:nɪʃ
Leonor *engl.* 'li:ənɔ:, *span.* leo'nɔr
Leono̱ra leo'no:ra, *engl.* li:ə'nɔ:rə, *russ.* lɪa'nɔrɐ
Leono̱re leo'no:rə
Léono̱re *fr.* leɔ'nɔ:r
Leọnow *russ.* lɪ'ɔnɐf
Leọnowitsch *russ.* lɪ'ɔnɐvitʃ
Leọnowna *russ.* lɪ'ɔnɐvnɐ
Leọnt *russ.* lɪ'ɔnt
Leọntes le'ɔntɛs
Leọnti *russ.* lɪ'ɔntij
Leonti̱asis leɔn'ti:azɪs, **...ia̱sen** ...'ti̯a:zn̩
Leọntief *engl.* lɪ'ɔntɪɛf
Leọntija *russ.* lɪ'ɔntijɐ
Leontin 'le:ɔnti:n, leɔn'ti:n
Leonti̱ne leɔn'ti:nə
Leonti̱nus leɔn'ti:nʊs
Leọntios le'ɔnti̯ɔs
Leọntius le'ɔntsi̯ʊs
Leọntjewitsch *russ.* lɪ'ɔntjɪvitʃ

Leontjewna *russ.* lɪˈɔntjɪvnɐ
Leontopodium leɔntoˈpoːdi̯ʊm
Leontovich *engl.* lɪˈɔntəvɪtʃ
Leontowitsch *russ.* lɪanˈtɔvitʃ
Leontyne *engl.* ˈliːəntiːn
Leopard leoˈpart, **-en** ...rdn̩
Leopardi *it.* leoˈpardi
Leopold ˈleːopɔlt, *engl.* ˈlɪəpoʊld, *niederl.* ˈleːopɔlt, *schwed.* ˈleːɔpɔld
Léopold *fr.* leɔˈpɔl
Leopoldi leoˈpɔldi
Leopoldina leopɔlˈdiːna, *bras.* li̯opolˈdina
Leopoldine leopɔlˈdiːnə
leopoldinisch leopɔlˈdiːnɪʃ
Leopoldo *it., span.* leoˈpɔldo
Leopoldshöhe leːopɔltsˈhøːə
Leopoldskron leːopɔltsˈkroːn
Léopoldville *fr.* leɔpɔlˈvil
Leoš *tschech.* ˈlɛɔʃ
Leotard li̯əˈtaːɐ̯t
Leotychidas leoˈtyːçidas
Leotychides leoˈtyːçidɛs
Leowigild leˈoːvigɪlt
Lepanto *it.* ˈlɛːpanto
Le Parc *span.* leˈpark
Lepautre, Le Pautre *fr.* ləˈpoːtr
Lepeletier de Saint-Fargeau *fr.* ləpɛltjedsɛ̃farˈʒo
Le Pen *fr.* ləˈpɛn
Lepeschinskaja *russ.* lɪpɪˈʃɨnskɐjɐ
Lépicié *fr.* lepiˈsje
lepidoblastisch lepidoˈblastɪʃ
Lepidodendron lepidoˈdɛndrɔn
Lepidolith lepidoˈliːt
Lepidomelan lepidomeˈlaːn
Lepidopteren lepidɔpˈteːrən
Lepidopterologe lepidɔpteroˈloːgə
Lepidopterologie lepidɔpteroloˈgiː
Lepidotus lepiˈdoːtʊs
Lepidus ˈleːpidʊs
Lépine *fr.* leˈpin
Le Play *fr.* ləˈplɛ
lepontinisch lepɔnˈtiːnɪʃ
Leporell lepoˈrɛl
Leporello lepoˈrɛlo, *it.* lepoˈrɛllo
Leppich ˈlɛpɪç
Lepra ˈleːpra
Le Prince *fr.* ləˈprɛ̃ːs
Leprom leˈproːm
lepros leˈproːs, **-e** ...oːzə
leprös leˈprøːs, **-e** ...øːzə
Leprosorium leproˈzoːri̯ʊm, **...ien** ...i̯ən
Lepschi ˈlɛpʃi
Lepsius ˈlɛpsi̯ʊs
Lepta vgl. Lepton
Leptis Magna ˈlɛptɪs ˈmagna
Leptokardier lɛptoˈkardi̯ɐ
leptokephal lɛptokeˈfaːl
Leptokephalie lɛptokefaˈliː
Leptolepis lɛpˈtoːlepɪs
Leptom lɛpˈtoːm
Leptomeningitis lɛptomenɪŋˈgiːtɪs, **...itiden** ...giˈtiːdn̩
Leptomeninx lɛptoˈmeːnɪŋks
leptomorph lɛptoˈmɔrf
[1]**Lepton** (Münze) lɛpˈtɔn, **Lepta** lɛpˈta
[2]**Lepton** (Elementarteilchen) ˈlɛptɔn, **-en** ...ˈtoːnən
Leptoprosopie lɛptoprozoˈpiː
leptosom lɛptoˈzoːm
Leptosome lɛptoˈzoːmə
Leptospire lɛptoˈspiːrə
Leptospirose lɛptospiˈroːzə
leptozephal lɛptotseˈfaːl
Leptozephalie lɛptotsefaˈliː
Leptscha ˈlɛptʃa
Lepus ˈleːpʊs
Le Puy *fr.* ləˈpɥi
Lerberghe *niederl.* ˈlɛrbɛrɣə
Lerbs lɛrps
Lercaro *it.* lerˈkaːro
Lerch[e] ˈlɛrç[ə]
Lerchenau ˈlɛrçənau̯
Lerchundi *span.* lɛrˈtʃundi
Leret ˈleːrət
Leriche *fr.* ləˈriʃ
Lérida *span.* ˈleriða
lerinisch leˈriːnɪʃ
Lérins *fr.* leˈrɛ̃ːs
Lermontow ˈlɛrmɔntɔf, *russ.* ˈljɛrmɐntɐf
lernäisch lɛrˈnɛːɪʃ
lernen ˈlɛrnən
Lerner *engl.* ˈləːnə
Lernet ˈlɛrnət
Leros ˈleːrɔs
Leroux *fr.* ləˈru, *afr.* ləˈruː
Leroy, Le Roy *fr.* ləˈrwa
Lersch lɛrʃ
Lerum *schwed.* ˌleːrʊm
Lerwick *engl.* ˈləːwɪk
Lesage *fr.* ləˈsaːʒ
lesbar ˈleːsbaːɐ̯
Lesbe ˈlɛsbə
Lesbia ˈlɛsbi̯a
Lesbianismus lɛsbi̯aˈnɪsmʊs
Lesbier ˈlɛsbi̯ɐ
lesbisch ˈlɛsbɪʃ
Lesbos ˈlɛsbɔs
Lescaut *fr.* lɛsˈko
Les Cayes *fr.* leˈkaj
Lescaze *engl.* lɛsˈkɑːz
Lesches ˈlɛsçɛs
Leschetitzki, ...ky lɛʃeˈtɪtski
Lescot *fr.* lɛsˈko
Lescun *fr.* lɛsˈkœ̃
Lesdiguières *fr.* lediˈgjɛːr, lɛsd...
Lese ˈleːzə
lesen ˈleːzn̩
Le Senne *fr.* ləˈsɛn
Leser ˈleːzɐ
Lesg[h]ier ˈlɛsgi̯ɐ
lesg[h]isch ˈlɛsgɪʃ
Lesginka lɛsˈgɪŋka
Lesina (Apulien, Dalmatien) *it.* ˈleːzina
Leskien lɛsˈkiːn
Leskovac *serbokr.* ˌlɛskɔvats
Leskovar *serbokr.* ˌlɛskɔvar
Leskow lɛsˈkɔf, *russ.* lɪsˈkɔf
Lesky ˈlɛski
Leslau ˈlɛslau̯
[1]**Lesley,** [1]**Leslie** (Musik) ˈlɛsli
[2]**Lesley,** [2]**Leslie** *engl.* ˈlɛzlɪ
Leśmian *poln.* ˈlɛɕmjan
Lesneven *fr.* lɛsnəˈvɛ̃
Leśniewski *poln.* lɛɕˈnjɛfski
Lesort *fr.* ləˈsɔːr
Lesother leˈzoːtɐ
lesothisch leˈzoːtɪʃ
Lesotho leˈzoːto
Lesparre *fr.* lɛsˈpaːr
Lespinasse *fr.* lɛspiˈnas
Lesseps *fr.* lɛˈsɛps
Lesser Slave Lake *engl.* ˈlɛsə ˈsleɪv ˈleɪk
Lessines *fr.* lɛˈsin
Lessing *dt., engl.* ˈlɛsɪŋ
lessingsch, L... ˈlɛsɪŋʃ
lessinisch lɛˈsiːnɪʃ
Lessius *niederl.* ˈlɛsiʏs
Lessley *engl.* ˈlɛslɪ
Lessosawodsk *russ.* lɪsɐzaˈvɔtsk
Leste ˈlɛstə
Lester *engl.* ˈlɛstə
lesto ˈlɛsto
Lestocq, L'Estocq *fr.* lɛsˈtɔk
L'Estrange *engl.* ləsˈtreɪndʒ
Lesueur, Le Sueur *fr.* ləˈsɥœːr
Lesum ˈleːzʊm
Lesur[e] *fr.* ləˈsyːr
Leswos *neugr.* ˈlɛzvɔs
Leszczyński *poln.* lɛʃˈtʃɨi̯ski
Leszetycki *poln.* lɛʃɛˈtɨtski
Leszno *poln.* ˈlɛʃnɔ
letal leˈtaːl
Letalität letaliˈtɛːt

l'état c'est moi *fr.* letasɛˈmwa
Lẹtchworth *engl.* ˈlɛtʃwə[ː]θ
Le Telliẹr *fr.* lətɛˈlje
Lethargie letarˈgiː
lethạrgisch leˈtargɪʃ
Lẹthbridge *engl.* ˈlɛθbrɪdʒ
Lethe ˈleːtə
Letịcia *span.* leˈtiθia
Letịzia *it.* leˈtittsi̯a
Lẹtkiss ˈlɛtkɪs
Lẹtmathe ˈlɛtmaːtə
Leto ˈleːto
Le Touquẹt *fr.* lətuˈkɛ
Letourneur *fr.* ləturˈnœːr
Le Trocquer *fr.* lətrɔˈkɛːr
letschert ˈleːtʃɐt
Lẹtscho ˈlɛtʃo
Lẹtta ˈlɛta
Lẹttau ˈlɛtau̯
Lẹtte ˈlɛtə
Lẹtten ˈlɛtn̩
Lẹtter ˈlɛtɐ
Lẹttering ˈlɛtərɪŋ
Lẹtteris ˈlɛtərɪs
Letterkẹnny *engl.* lɛtəˈkɛnɪ
Lettgạllen lɛtˈgalən
lẹttig ˈlɛtɪç, **-e** ...ɪgə
lẹttisch ˈlɛtɪʃ
Lẹttland ˈlɛtlant
Lẹttner ˈlɛtnɐ
Lẹttow ˈlɛto
Lẹttres de cachet ˈlɛtrə də kaˈʃeː
Lettrịsme lɛˈtrɪsmə
Lettrịsmus lɛˈtrɪsmʊs
Lettrịst lɛˈtrɪst
lẹtz lɛts
Lẹtzeburg ˈlɛtsəbʊrk
lẹtzen ˈlɛtsn̩
Lẹtzi ˈlɛtsi
Lẹtzlingen ˈlɛtslɪŋən
letztẹndlich ˈlɛtstˈ|ɛntlɪç
lẹtzt[ens] ˈlɛtst[n̩s]
lẹtzte[re] ˈlɛtstə[rə]
lẹtzthịn ˈlɛtstˈhɪn
lẹtzthịnnig ˈlɛtstˈhɪnɪç, **-e** ...ɪgə
lẹtztlich ˈlɛtstlɪç
lẹtztmals ˈlɛtstmaːls
[1]**Leu** lɔy
[2]**Lẹu** (Münze) *rumän.* leu̯, **Lẹi** lei̯
Leube ˈlɔybə
Leubingen ˈlɔybɪŋən
Leucạte *fr.* løˈkat
Leuchsenring ˈlɔyksn̩rɪŋ
Leuchte ˈlɔyçtə
leuchten ˈlɔyçtn̩
Leuchtenberg ˈlɔyçtn̩bɛrk, *fr.* løʃtɛ̃ˈbɛːr

Leucit lɔyˈtsiːt
Leuckart ˈlɔykart
Leuenberger ˈlɔyənbɛrgɐ
leugnen ˈlɔygnən
Leuk lɔyk
Leukämie lɔykɛˈmiː, **-n** ...iːən
leukämisch lɔyˈkɛːmɪʃ
Leukanämie lɔykanɛˈmiː
Leukas ˈlɔykas
Leukerbad lɔykɐˈbaːt, ˈ---
Leukịpp[os] lɔyˈkɪp[ɔs]
Leukobase lɔykoˈbaːzə
Leukoblạst lɔykoˈblast
leukodẹrm, L... lɔykoˈdɛrm
Leukodẹrma lɔykoˈdɛrma
Leukodermie lɔykodɛrˈmiː
Leukokeratose lɔykokeraˈtoːzə
leukokrat lɔykoˈkraːt
Leukolyse lɔykoˈlyːzə
Leukolysin lɔykolyˈziːn
Leukom lɔyˈkoːm
Leukomatose lɔykomaˈtoːzə
Leukomelalgie lɔykomelalˈgiː, **-n** ...iːən
Leukometer lɔykoˈmeːtɐ
Leukonychie lɔykonʏˈçiː, **-n** ...iːən
Leukopathie lɔykopaˈtiː, **-n** ...iːən
Leukopedese lɔykopeˈdeːzə
Leukopenie lɔykopeˈniː, **-n** ...iːən
Leukophyr lɔykoˈfyːɐ̯
Leukoplakie lɔykoplaˈkiː, **-n** ...iːən
Leukoplạst® lɔykoˈplast
Leukopoese lɔykopoˈeːzə
leukopoetisch lɔykopoˈeːtɪʃ
Leukorrhö, ...öe lɔykɔˈrøː, **...rrhöen** ...ˈrøːən
leukorrhöisch lɔykɔˈrøːɪʃ
Leukose lɔyˈkoːzə
Leukothea lɔyˈkoːtea, ...koˈteːa
Leukotomie lɔykotoˈmiː, **-n** ...iːən
Leukotoxin lɔykotɔˈksiːn
Leukotrichie lɔykotrɪˈçiː
Leukotrichose lɔykotrɪˈçoːzə
Leukozyt lɔykoˈtsyːt
Leukozytolyse lɔykotsytoˈlyːzə
Leukozytose lɔykotsyˈtoːzə
Leukozyturie lɔykotsytuˈriː, **-n** ...iːən
Leuktra ˈlɔyktra
Leukurie lɔykuˈriː, **-n** ...iːən
Leumann ˈlɔyman
Leumund ˈlɔymʊnt, **-es** ...ndəs
Leun[a] ˈlɔyn[a]
Leupold ˈlɔypɔlt

Leuschner ˈlɔyʃnɐ, *engl.* ˈlɔɪʃnə
Leussow ˈlɔyso
Leute ˈlɔytə
Leutensdorf ˈlɔytn̩sdɔrf
Leutershausen ˈlɔytɐshau̯zn̩, --ˈ--
Leuthen ˈlɔytn̩
Leutheusser ˈlɔythɔysɐ
Leuthold ˈlɔythɔlt
Leutkirch ˈlɔytkɪrç
Leutnant ˈlɔytnant
Leutpriester ˈlɔytpriːstɐ
Leutschau ˈlɔytʃau̯
Leutwein ˈlɔytvai̯n
Leutze ˈlɔytsə, *engl.* ˈlɔɪtsɪ
Leuven[um] *niederl.* ˈløːvə[nʏm]
Leuwagen ˈlɔyvaːgn̩
Leuwerik ˈlɔyvərɪk
Leuze *fr.* løːz
Leuzịsmus lɔyˈtsɪsmʊs
Leuzit lɔyˈtsiːt
Leuzitoeder lɔytsitoˈ|eːdɐ
Levade leˈvaːdə
Levaillant *fr.* ləvaˈjã
Levallois *fr.* ləvaˈlwa
Levalloisien ləvalo̯aˈzi̯ɛ̃ː
Levạnger *norw.* leˈvaŋər
Levạnte leˈvantə, *it.* ...te, *span.* leˈβante
levantieren levanˈtiːrən
Levantine levanˈtiːnə
Levantiner levanˈtiːnɐ
levantịnisch levanˈtiːnɪʃ
Levator leˈvaːtoːɐ̯, **-en** levaˈtoːrən
Levau, Le Vau *fr.* ləˈvo
Levee ləˈveː, *fr.* ləˈve
Levée en Mạsse ləˈveː ãː ˈmas
Lẹvel ˈlɛvl̩
Lẹvelland *engl.* ˈlɛvəllænd
Lẹveller ˈlɛvəlɐ
Leven *engl.* ˈliːvən
Leventina *it.* levenˈtiːna
[1]**Lever** (Morgenempfang) ləˈveː
[2]**Lever** (Name) *engl.* ˈliːvə
Leverhulme *engl.* ˈliːvəhjuːm
Leverkusen ˈleːvɐkuːzn̩
Leverriẹr, Le V... *fr.* ləvɛˈrje
Levertin *schwed.* ˈleːvərtin
Lẹvertov *engl.* ˈlɛvətɔf
Lévẹsque *fr.* leˈvɛk
Levetzow ˈleːvətso
Levi ˈleːvi, *engl.* ˈliːvaɪ, ˈlɛvɪ, ˈliːvɪ, *it.* ˈlɛːvi
Lévị *fr.* leˈvi
Leviat[h]an leˈvi̯aːtan *auch:* levi̯aˈtaːn, **-e** levi̯aˈtaːnə
Lẹvice *tschech.* ˈlɛvitsɛ

Levi della Vida *it.* ˈlɛ:vi ˈdella ˈvi:da
[1]**Levin** (Vorname) ˈle:vi:n
[2]**Levin** (Familienname) ˈle:vi:n, leˈvi:n, *engl.* ˈlɛvɪn
Levine *engl.* ləˈvi:n, ləˈvaɪn
Leviratsehe leviˈra:tsle:ə
Levis *engl.* ˈli:vɪs
Lévis *fr.* leˈvi
Lévi-Strauss *fr.* levisˈtro:s
Levit[a] leˈvi:t[a]
Levitation levitaˈtsi̯o:n
levitieren leviˈti:rən
Levitikus leˈvi:tikʊs
levitisch leˈvi:tɪʃ
Levittown *engl.* ˈlɛvɪttaʊn
Levkoie lɛfˈkɔyə
Levkoje lɛfˈko:jə
Levoča *slowak.* ˈljɛvɔtʃa
Levstik *slowen.* ˈle:u̯stik
Levy (Personenname) ˈle:vi, *engl.* ˈli:vɪ, ˈlɛvɪ
Lévy *fr.* leˈvi
Lévy-Bruhl *fr.* leviˈbryl
Lew (Münze) lɛf, **Lewa** ˈle:va
Lew (Name) *poln.* lɛf, *russ.* ljɛf
Lewadia *neugr.* lɛˈvaðja
Lewald ˈle:valt
Lewandowski *poln.* lɛvanˈdɔfski
Lewes *engl.* ˈlu:ɪs
Lewin (Vorname) ˈle:vi:n
Lewin (Familienname) ˈle:vi:n, leˈvi:n, *engl.* ˈlu:ɪn
Lewin (Ort) leˈvi:n
Lewinsky leˈvɪnski, *engl.* lʊˈɪnskɪ
Lewis[burg] *engl.* ˈlu:ɪs[bə:g]
Lewisham *engl.* ˈlu:ɪʃəm
Lewisit leviˈzi:t, lui...
Lewisohn ˈle:vizo:n, *engl.* ˈlu:ɪzən
Lewison *engl.* ˈlu:ɪsn
Lewiston *engl.* ˈlu:ɪstən
Lewisville *engl.* ˈlu:ɪsvɪl
Lewis with Harris *engl.* ˈlu:ɪs wɪð ˈhærɪs
Lewitan *russ.* lɪviˈtan
Lewitow *russ.* lɪˈvitɐf
Le Witt *engl.* ləˈwɪt
Lewizki *russ.* lɪˈvitskij
Lewski *bulgar.* ˈlɛfski
Lewskigrad *bulgar.* ˈlɛfskigrat
Lewtschew *bulgar.* ˈlɛftʃɛf
Lewy ˈle:vi
Lex lɛks, **Leges** ˈle:ge:s
Lexem lɛˈkse:m
Lexematik lɛkseˈma:tɪk
lexematisch lɛkseˈma:tɪʃ
Lexer ˈlɛksɐ
Lex generalis ˈlɛks geneˈra:lɪs, **Leges ...les** ˈle:ge:s ...le:s
lexigraphisch lɛksiˈgra:fɪʃ
Lexik ˈlɛksɪk
Lexika vgl. Lexikon
lexikal[isch] lɛksiˈka:l[ɪʃ]
lexikalisieren lɛksikaliˈzi:rən
Lexikograph lɛksikoˈgra:f
Lexikographie lɛksikograˈfi:
Lexikologie lɛksikoloˈgi:
lexikologisch lɛksikoˈlo:gɪʃ
Lexikon ˈlɛksikɔn, **...ka** ...ka
Lexikostatistik lɛksikostaˈtɪstɪk
Lex[ik]othek lɛks[ik]oˈte:k
Lexington *engl.* ˈlɛksɪŋtən
Lexis ˈlɛksɪs
lexisch ˈlɛksɪʃ
Lex specialis ˈlɛks speˈtsi̯a:lɪs, **Leges ...les** ˈle:ge:s ...le:s
lex specialis derogat generali ˈlɛks speˈtsi̯a:lɪs ˈde:rogat geneˈra:li
Ley lai̯, *engl.* leɪ, li:
Leyden ˈlai̯dn̩, *niederl.* ˈlɛi̯də, *engl.* leɪdn
Leydig ˈlai̯dɪç
Leyen ˈlai̯ən
Leygues *fr.* lɛg
Leyh lai̯
Leyland *engl.* ˈleɪlənd
Leys *niederl.* lɛi̯s
Leysin *fr.* lɛˈzɛ̃
Leyster *niederl.* ˈlɛi̯stər
Leyte ˈlai̯tə, *span.* ˈlɛi̯te
Leyton *engl.* leɪtn
Lezama *span.* leˈθama
Lezhë *alban.* ˈlɛʒə
Lézignan-Corbières *fr.* leziɲãkɔrˈbjɛ:r
Lezithin lɛtsiˈti:n
Lezoux *fr.* ləˈzu
Lhasa ˈla:za
L'Herbier *fr.* lɛrˈbje
Lhermitte *fr.* lɛrˈmit
L'hombre ˈlõ:brə
Lhomond *fr.* lɔˈmõ
L'Hôpital, L'Hospital *fr.* lopiˈtal, lɔ...
Lhota ˈlo:ta
Lhote *fr.* lɔt
Lhotse ˈlo:tsə
Li (Maß; Münze) li:
Lia ˈli:a
Liaison li̯ɛˈzõ:
Liana ˈli̯a:na, *russ.* liˈanɐ
Liane ˈli̯a:nə
Lianyungang *chin.* li̯ɛn-i̯ʏngaŋ 223
Liaodong *chin.* li̯au̯dʊŋ 21
Liaohe *chin.* li̯au̯xʌ 22
Liaoning *chin.* li̯au̯nɪŋ 22
Liaoyang *chin.* li̯au̯-i̯aŋ 22
Liaoyuan *chin.* li̯au̯-y̯ɛn 22
Liaquat *engl.* lɪˈɑ:kət
Liard *fr.* lja:r, *engl.* ˈli:ɑ:d
Lias ˈli:as
liassisch ˈli̯asɪʃ
Liatris ˈli̯a:trɪs
Libanese libaˈne:zə
libanesisch libaˈne:zɪʃ
Libanios liˈba:ni̯ɔs
Libanon ˈli:banɔn
Libation libaˈtsi̯o:n
Libau ˈli:bau̯
Libavius liˈba:vi̯ʊs
Libb[e]y *engl.* ˈlɪbɪ
Libedinski *russ.* libɪˈdinskij
Libell[e] liˈbɛl[ə]
libellieren libɛˈli:rən
Libellist libɛˈlɪst
[1]**Liber** (Buch) ˈli:bɐ, **Libri** ˈli:bri
[2]**Liber** (Gott) ˈli:bɐ
liberal libeˈra:l
Liberal *engl.* ˈlɪbərəl
Liberale *it.* libeˈra:le
liberalisieren liberaliˈzi:rən
Liberalismus liberaˈlɪsmʊs
Liberalist liberaˈlɪst
Liberalität liberaliˈtɛ:t
Liberalium Artium Magister libeˈra:li̯ʊm ˈartsi̯ʊm maˈgɪstɐ
Liberation liberaˈtsi̯o:n
Libération *fr.* liberɑˈsjõ
Liberator *engl.* ˈlɪbəreɪtə
Libercourt *fr.* libɛrˈku:r
Liberec *tschech.* ˈlibɛrɛts
Liberia liˈbe:ri̯a, *engl.* laɪˈbɪərɪə, *span.* liˈβeri̯a
Liberianer libeˈri̯a:nɐ
liberianisch libeˈri̯a:nɪʃ
Liberier liˈbe:ri̯ɐ
liberisch liˈbe:rɪʃ
Liberius liˈbe:ri̯ʊs
Libermann ˈli:bɐman, *fr.* libɛrˈman
Libero ˈli:bero
Liber pontificalis ˈli:bɐ pɔntifiˈka:lɪs
Libertad *span.* liβɛrˈtað
Libertador *span.* liβɛrtaˈðɔr
libertär libɛrˈtɛ:ɐ̯
Libertas liˈbɛrtas
Libertät libɛrˈtɛ:t

Liberté, Egalité, Fraternité libɛrˈteː egaliˈteː fratɛrniˈteː
libertin libɛrˈtiːn
Libertin libɛrˈtɛ̃ː
Libertinage libɛrtiˈnaːʒə
Libertiner libɛrˈtiːnɐ
Libertinismus libɛrtiˈnɪsmʊs
Liberty *engl.* ˈlɪbətɪ
Liberty Ship ˈlɪbɐtiʃɪp
Libertyville *engl.* ˈlɪbətɪvɪl
Liberum Arbitrium ˈliːberʊm arˈbiːtriʊm
Libia *it.* ˈliːbi̯a
libidinisieren libidiniˈziːrən
Libidinist libidiˈnɪst
libidinös libidiˈnøːs, **-e** ...øːzə
Libido ˈliːbido, *auch:* liˈbiːdo
Libitina libiˈtiːna
Li Bo *chin.* libɔ 32
Libon ˈliːbɔn
Liborius liˈboːri̯ʊs
Libourne *fr.* liˈburn
Libra ˈliːbra
Librarius liˈbraːri̯ʊs, **...rii** ...rii
Library of Congress *engl.* ˈlaɪbrərɪ əv ˈkɔŋgrɛs
Libration libraˈt͡si̯oːn
Librazhd *alban.* liˈbraʒd
Libre Belgique, La *fr.* lalibrəbɛlˈʒik
Libresso liˈbrɛso
librettisieren librɛtiˈziːrən
Librettist librɛˈtɪst
Libretto liˈbrɛto, **...etti** ...ɛti
Libreville *fr.* librəˈvil
[1]**Libri** (Name) *it.* ˈliːbri
[2]**Libri** vgl. [1]Liber
Liburne liˈbʊrnə
Liburner liˈbʊrnɐ
Libuše *tschech.* ˈlibuʃɛ
Libussa liˈbʊsa
Libyen ˈliːby̆ən
Libyer ˈliːby̆ɐ
libysch ˈliːbʏʃ
Licata *it.* liˈkaːta
licet ˈliːt͡sɛt
Lich lɪç
Lichen ˈliːçeːn, *auch:* ˈliːçɛn, **-es** liˈçeːneːs
Lichenin liçeˈniːn
Lichenisation liçenizaˈt͡si̯oːn
lichenoid liçenoˈiːt, **-e** ...iːdə
Lichenologe liçenoˈloːgə
Lichenologie liçenoloˈgiː
Lichenometrie liçenomeˈtriː
Lichfield *engl.* ˈlɪtʃfiːld
Lichnowsky lɪçˈnɔfski
licht, L... lɪçt
lichtblau ˈlɪçtblau̯
Lichte ˈlɪçtə
Lichtel ˈlɪçtl̩
lichten ˈlɪçtn̩
Lichtenau ˈlɪçtənau̯
Lichtenberg ˈlɪçtn̩bɛrk
Lichtenberger ˈlɪçtn̩bɛrgɐ, *fr.* liʃtɛ̃bɛrˈʒe
Lichtenfels ˈlɪçtn̩fɛls
Lichtenhain[er] ˈlɪçtn̩hai̯n[ɐ]
Lichtenstein ˈlɪçtn̩ʃtai̯n, *engl.* ˈlɪktənstiːn
Lichterchen ˈlɪçtɐçən
lichterloh ˈlɪçtɐˈloː
lichtern ˈlɪçtɐn
Lichtwark ˈlɪçtvark
Lichtwer ˈlɪçtvɐ
Licinier liˈt͡siːni̯ɐ
Licinio *it.* liˈtʃiːni̯o
Licinius liˈt͡siːni̯ʊs
Lick *engl.* lɪk
Licker ˈlɪkɐ
lickern ˈlɪkɐn
Lic. theol. lɪt͡sˈteːɔl, ...teˈɔl
Lid liːt, **-er** ˈliːdɐ
Lida ˈliːda, *russ.* ˈlidɐ
Lidar ˈliːdar
Lidda ˈlɪda
Liddell *engl.* lɪdl, lɪˈdɛl
Liddi ˈlɪdi
Liddy ˈlɪdi, *engl.* ˈlɪdɪ
Liderung ˈliːdərʊŋ
Lidholm *schwed.* ˌliːdhɔlm
Lidi vgl. Lido
Lidia *it.* ˈliːdi̯a
Lidice *tschech.* ˈlidjitsɛ
Lidija *russ.* ˈlidijɐ
Lidingö *schwed.* ˌliːdiŋøː
Lidköping *schwed.* ˌliːdçøːpiŋ
Lidman *schwed.* ˈliːdman
Lidner *schwed.* ˈliːdnər
Lido ˈliːdo, **Lidi** ˈliːdi
Lidzbark [Warmiński] *poln.* ˈlidzbark [farˈmii̯ski]
Lidzbarski lɪt͡sˈbarski
Lie *norw.* liː
lieb liːp, **-e** ˈliːbə
Lieb liːp
liebäugeln ˈliːplɔygl̩n
Liebchen ˈliːpçən
Liebden ˈliːpdn̩
Liebe ˈliːbə
Liebedienerei liːbədiːnəˈrai̯
liebedienern ˈliːbədiːnɐn
Liebegard ˈliːbəgart
Liebelei liːbəˈlai̯
liebeln ˈliːbl̩n, **lieble** ˈliːblə
lieben ˈliːbn̩, **lieb!** liːp, **liebt** liːpt
Lieben ˈliːbn̩
Liebeneiner ˈliːbənai̯nɐ
Liebenstein ˈliːbn̩ʃtai̯n
Liebenwerda liːbn̩ˈvɛrda
Liebenzell liːbn̩ˈt͡sɛl
Lieber ˈliːbɐ, *engl.* ˈliːbə
Lieberkühn ˈliːbɐkyːn
Liebermann ˈliːbɐman
Liebert *poln.* ˈljɛbɛrt
Liebetraud ˈliːbətrau̯t
Liebfrauenkirche liːpˈfrau̯ənkɪrçə
Liebfrauenmilch® liːpˈfrau̯ənmɪlç
Liebgard ˈliːpgart
Liebhaber ˈliːphaːbɐ
Liebhaberei liːphaːbəˈrai̯
Liebhard ˈliːphart
Liebig ˈliːbɪç
Liebknecht ˈliːpknɛçt
liebkosen liːpˈkoːzn̩, *auch:* ˈ–––, **liebkos!** ...oːs, **liebkost** ...oːst
lieblich ˈliːplɪç
Liebling ˈliːplɪŋ
lieblos, L... ˈliːploːs
Liebmann ˈliːpman
Liebste ˈliːpstə
Liebstöckel ˈliːpʃtœkl̩
Liebtraud ˈliːptrau̯t
Liebwerda liːpˈvɛrda
Liebwin ˈliːpviːn
Liechtenstein[er] ˈlɪçtn̩ʃtai̯n[ɐ]
Lied liːt, **-es** ˈliːdəs
Liedchen ˈliːtçən
Lieder *poln.* ˈljɛdɛr
Liederjan ˈliːdɐjaːn
liederlich ˈliːdɐlɪç
Liedrian ˈliːdriaːn
Liedtke ˈliːtkə
lief liːf
Lieferant lifəˈrant
liefern ˈliːfɐn
Liege ˈliːgə
Liège *fr.* ljɛːʒ
liegen ˈliːgn̩, **lieg!** liːk, **liegt** liːkt
Liegnitz ˈliːgnɪt͡s
lieh liː
Liek liːk
Lieksa *finn.* ˈli̯ɛksɑ
Liem[k]e ˈliːm[k]ə
Lien ˈliːɛn, *auch:* li̯eːn, **-es** ˈli̯eːneːs
lienal li̯eˈnaːl
Liénard, ...rt *fr.* ljeˈnaːr
Lienert ˈliːnɐt
Lienhard ˈliːnhart
Lieni ˈliːni

Lienitis li̯eˈniːtɪs, **...itiden** ...niˈtiːdn̩
Lienterie li̯ɛnteˈriː
Lienz ˈliːɛnt͜s
Liepāja *lett.* ˈlɪɐ̯paːja
Lier liːɐ̯, *niederl.* liːr
Lierne ˈli̯ɛrnə
Lierre *fr.* ljɛːr
lies! liːs!
Liesa ˈliːza
Liesbeth ˈliːsbɛt
Liesborn ˈliːsbɔrn
Liesch liːʃ
Lieschen (Mais) ˈliːʃn̩
Lieschen (Name) ˈliːsçən
Liese[gang] ˈliːzə[gaŋ]
Liesel ˈliːzl̩
Lieselotte ˈliːzəlɔtə, *auch:* ...ˈlɔtə
Liesen ˈliːzn̩
Liesl ˈliːzl̩
ließ[en] ˈliːs[n̩]
Liest liːst
Liestal ˈliːstaːl
Lietuva *lit.* lɪɐ̯tʊˈva
Lietz[en] ˈliːt͜s[n̩]
Lietzmann ˈliːt͜sman
Lieue li̯øː
Lieutenant lɛfˈtɛnənt
Lieven ˈliːvn̩
Lievens *niederl.* ˈlivəns
Liévin *fr.* ljeˈvɛ̃
Liezen ˈliːt͜sn̩
Liezi *chin.* li̯ɛdzɨ 43
Lifar *fr.* liˈfaːr
Life lai̯f
Lifeisland ˈlai̯flai̯ln̩t
Lifestyle ˈlai̯fstai̯l
Lifetime... ˈlai̯ftai̯m...
Liffey *engl.* ˈlɪfɪ
LIFO ˈliːfo
Lift lɪft
liften ˈlɪftn̩
Lifting ˈlɪftɪŋ
Liftvan ˈlɪftvɛn
Liga ˈliːga
Ligabue *it.* ligaˈbuːe
Ligade liˈgaːdə
Ligament ligaˈmɛnt
Ligamentum ligaˈmɛntʊm, **...ta** ...ta
Ligan ˈlai̯gn̩
Ligand liˈgant, **-en** ...ndn̩
Ligarius liˈgaːri̯ʊs
Ligase liˈgaːzə
Ligato liˈgaːto
Ligatschow *russ.* ligaˈt͜ʃɔf
Ligatur ligaˈtuːɐ̯
Liger ˈliːgɐ
Ligeti *ung.* ˈligɛti
light lai̯t
Lightfoot *engl.* ˈlaɪtfʊt
Lighting ˈlai̯tɪŋ
Lightshow ˈlai̯tʃoː
ligieren liˈgiːrən
Ligist liˈgɪst
Ligne *fr.* liɲ
Lignière *fr.* liˈɲɛːr
lignikol lɪgniˈkoːl
Lignikultur lɪgnikʊlˈtuːɐ̯
Lignin lɪˈgniːn
Lignistone *engl.* ˈlɪgnɪstoʊn
Lignit lɪˈgniːt
lignivor lɪgniˈvoːɐ̯
Lignose lɪˈgnoːzə
Lignum ˈlɪgnʊm
Ligny *fr.* liˈɲi
Ligorio *it.* liˈgɔːri̯o
Ligozzi *it.* liˈgɔttsi
Ligroin ligroˈiːn
Ligue liːk
Ligula ˈliːgula, **...lae** ...lɛ
Liguori *it.* liˈgu̯ɔːri
Liguorianer ligu̯oˈri̯aːnɐ
Ligurer liˈguːrɐ, *auch:* ˈliːgurɐ
Liguria *it.* liˈguːri̯a
Ligurien liˈguːri̯ən
ligurisch liˈguːrɪʃ
Liguster liˈgʊstɐ
Li Hongzhang *chin.* lixʊŋdʒaŋ 321
liieren liˈiːrən
Liiv *estn.* liːːv
Lika *serbokr.* ˌliːka
Likasi *fr.* likaˈsi
Likelihood ˈlai̯klihʊt
Likör liˈkøːɐ̯
Liktor ˈlɪktoːɐ̯, **-en** ...ˈtoːrən
Likud ˈliːkʊt, *hebr.* liˈkud
Lil lɪl
lila, L... ˈliːla
Lilak ˈliːlak
Lilas *fr.* liˈlɑ
Lili ˈlɪli, *fr.* liˈli, *engl.* ˈlɪlɪ
Lilian ˈliːli̯aːn, *engl.* ˈlɪlɪən
Liliana *it.* liˈli̯aːna
lilianisch liˈli̯aːnɪʃ
Liliazeen lili̯aˈt͜seːən
Lilie ˈliːli̯ə
Liliencron ˈliːli̯ənkroːn
Lilienfein ˈliːli̯ənfai̯n
Lilienfeld ˈliːli̯ənfɛlt
Lilienthal ˈliːli̯əntaːl, *engl.* ˈlɪlɪənθɔːl
lilienweiß ˈliːli̯ənˈvai̯s
Liliew *bulgar.* ˈliliɛf
Liliom *ung.* ˈliliom
Liliput ˈliːlipʊt
Liliputaner lilipuˈtaːnɐ
Lilith ˈliːlɪt
Lilja *schwed.* ˌlilja
Lilje ˈlɪljə
Liljefors *schwed.* ˌliljəfɔrs
Liljekrans ˈlɪljəkrans
Liljequist *schwed.* ˌliljəkvist
Lille *fr.* lil, *niederl.* ˈlɪlə
Lille-Bælt *dän.* ˈliləbelˀd
Lillebonne *fr.* lilˈbɔn
Lillehammer *norw.* ˌliləhamər
Lillers *fr.* liˈlɛːr
Lilli ˈlɪli, *engl.* ˈlɪlɪ
Lillie *engl.* ˈlɪlɪ
Lillo *engl.* ˈlɪloʊ, *span.* ˈliʎo
Lilly ˈlɪli
Lilo ˈliːlo
Li Longmian *chin.* lilʊŋmi̯ɛn 322
Lilongwe *engl.* liːˈlɔŋgweɪ
Lily ˈlɪli, *engl.* ˈlɪlɪ, *fr.* liˈli
Lilybaion lilyˈbai̯ɔn
Lilybäum lilyˈbɛːʊm
Lim *serbokr.* liːm
Lima ˈliːma, *span., bras.* ˈlima, *port.* ˈlimɐ, *engl.* ˈlaɪmə
Limagne *fr.* liˈmaɲ
Limakologie limakoloˈgiː
[1]**Liman** (Bucht) liˈmaːn
[2]**Liman** (Name) ˈliːman
Limassol limaˈsoːl
Limay *span.* liˈmai̯
Limba[ch] ˈlɪmba[x]
Limberg ˈlɪmbɛrk, **-er** ...rgɐ
Limbert *engl.* ˈlɪmbət
Limbi vgl. Limbus
limbisch ˈlɪmbɪʃ
Limbo ˈlɪmbo
Limbourg *fr.* lɛ̃ˈbuːr
Limburg ˈlɪmbʊrk, *niederl.* ˈlɪmbʏrx
Limburger ˈlɪmbʊrgɐ
Limburgit lɪmbʊrˈgiːt
Limbus ˈlɪmbʊs, **...bi** ...bi
Limehouse *engl.* ˈlaɪmhaʊs
Limeira *bras.* liˈmei̯ra
Limelight ˈlai̯mlai̯t
[1]**Limerick** *(Stadt) engl.* ˈlɪmərɪk
[2]**Limerick** *(Gedicht)* ˈlɪmərɪk
limericken ˈlɪmərɪkn̩
Limes ˈliːmɛs
Limetta liˈmɛta
Limette liˈmɛtə
Limfjorden *dän.* ˈliːmfjʊːˀrən
limikol limiˈkoːl
Limit ˈlɪmɪt
Limitation limitaˈt͜si̯oːn
limitativ limitaˈtiːf, **-e** ...iːvə
Limite liˈmiːtə

limited ˈlɪmɪtɪt
limitieren limiˈtiːrən
Limmat ˈlɪmat
limnikol lɪmniˈkoːl
Limnimeter lɪmniˈmeːtɐ
limnisch ˈlɪmnɪʃ
Limnogramm lɪmnoˈgram
Limnograph lɪmnoˈgraːf
Limnologe lɪmnoˈloːgə
Limnologie lɪmnoloˈgiː
limnologisch lɪmnoˈloːgɪʃ
Limnoplankton lɪmnoˈplaŋktɔn
Limnos *neugr.* ˈlimnɔs
Limo ˈlɪmo, *auch:* ˈliːmo
Limoges *fr.* liˈmɔːʒ
Limón *span.* liˈmɔn
Limonade limoˈnaːdə
[1]**Limone** (Frucht) liˈmoːnə
[2]**Limone** (Name) *it.* liˈmoːne
Limonelle limoˈnɛlə
Limonen limoˈneːn
Limonit limoˈniːt
limos liˈmoːs, **-e** ...oːzə
limös liˈmøːs, **-e** ...øːzə
Limosin *fr.* limoˈzɛ̃
Limosiner limoˈziːnɐ
Limours *fr.* liˈmuːr
Limousin *fr.* limuˈzɛ̃
Limousine limuˈziːnə
Limoux *fr.* liˈmu
Limpias *span.* ˈlimpi̯as
limpid lɪmˈpiːt, **-e** ...iːdə
Limpopo lɪmˈpoːpo, *engl.* lɪmˈpoʊpoʊ, *port.* limˈpopu
Limpurg ˈlɪmpʊrk, **-er** ...rgɐ
Limulus ˈliːmulʊs
Lina *dt., it.* ˈliːna, *russ.* ˈlinɐ
Linacre *engl.* ˈlɪnəkə
Linalool linaloˈoːl
Linard liˈnart, *fr.* liˈnaːr
Linares *span.* liˈnares
Linarius liˈnaːri̯ʊs
Linate *it.* liˈnaːte
Linati *it.* liˈnaːti
Linazeen linaˈt͡seːən
Lin Biao *chin.* lɪnbi̯au̯ 21
Linchen ˈliːnçən
Linck[e] ˈlɪŋk[ə]
Lincoln *engl.* ˈlɪŋkən, **-shire** -ʃɪə
Lincoln Heights *engl.* ˈlɪŋkən ˈhaɪts
Lincolnwood *engl.* ˈlɪŋkənwʊd
Lincrusta lɪnˈkrʊsta
Lincs. *engl.* lɪŋks
lind lɪnt, **-e** ˈlɪndə
Lind lɪnt, *engl.* lɪnd, *schwed.* lind
Linda ˈlɪnda, *engl.* ˈlɪndə, *tschech.* ˈlinda
Lindau ˈlɪndau̯
Lindbergh ˈlɪntbɛrk, *engl.* ˈlɪndbəːg
Lindblad *schwed.* ˌlindblɑːd
Lindchen ˈlɪntçən
Linde *dt., niederl.* ˈlɪndə, *schwed.* ˌlində
Lindegren *schwed.* ˌlindəgreːn
Lindemann ˈlɪndəman, *norw.* ˈlindəman, *engl.* ˈlɪndɪmən, *dän.* ˈlɪnəmæn'
Lindemayr ˈlɪndəmai̯ɐ
linden ˈlɪndn̩, **...dne** ...dnə
Linden ˈlɪndn̩, *engl.* ˈlɪndən
Lindenberg ˈlɪndn̩bɛrk
Lindenfels ˈlɪndn̩fɛls
Lindenhurst *engl.* ˈlɪndənhəːst
Lindenmeier ˈlɪndn̩mai̯ɐ, *engl.* ˈlɪndənmaɪə
Lindenschmit ˈlɪndn̩ʃmɪt
Lindenthal ˈlɪndn̩taːl
Lindenwold *engl.* ˈlɪndənwoʊld
Lindequist ˈlɪndəkvɪst
Linder ˈlɪndɐ, *schwed.* ˈlindər, *fr.* lɛ̃ˈdɛːr
Linderhof ˈlɪndɐhoːf
lindern ˈlɪndɐn, **lindre** ˈlɪndrə
Lindesberg *schwed.* lindəsˈbærj
Lindesnes *norw.* lindəsˈneːs
Lindewiese lɪndəˈviːzə
Lindgren *schwed.* ˌlindgreːn
Lindhorst ˈlɪnthɔrst
Lindi ˈlɪndi, *engl.* ˈlɪndɪ, *fr.* linˈdi
Lindigkeit ˈlɪndɪçkai̯t
Lindisfarne *engl.* ˈlɪndɪsfɑːn
Lindkvist *schwed.* ˌlindkvist
Lindlar ˈlɪntlar
Lindley *engl.* ˈlɪndlɪ
Lindner ˈlɪndnɐ
Lindo *span.* ˈlindo
Lindorm *schwed.* ˌlindurm
Lindoro lɪnˈdoːro
Lindos ˈlɪndɔs, *neugr.* ˈlinðɔs
Lindsay *engl.* ˈlɪndzɪ
Lindsey *engl.* ˈlɪndzɪ
Lindström *schwed.* ˌlindstrœm
Lindtberg ˈlɪntbɛrk
Lindworsky lɪntˈvɔrski
Lindwurm ˈlɪntvʊrm
Line ˈliːnə, *fr.* lin
Línea *span.* ˈlinea
Lineage ˈlɪnɪt͡ʃ
lineal, L... lineˈaːl
Lineament lineaˈmɛnt
linear lineˈaːɐ̯
Linearität lineariˈtɛːt
Lineatur lineaˈtuːɐ̯
Line Islands *engl.* ˈlaɪn ˈaɪləndz
Liner ˈlai̯nɐ
Linette liˈnɛtə
Ling *schwed.* liŋ
Lingala lɪŋˈgaːla
Linga[m] ˈlɪŋga[m]
Lingayen *span.* liŋˈgajen
[1]**Linge** (Name) *niederl.* ˈlɪŋə
[2]**Linge** (Wäsche) lɛ̃ːʃ
Lingelbach *niederl.* ˈlɪŋəlbɑx
Lingen ˈlɪŋən
Lingerie lɛ̃ʒəˈriː, **-n** ...iːən
Lingg lɪŋk
Lingga *indon.* ˈlɪŋga
Lingiade lɪŋˈgi̯aːdə
Lingone lɪŋˈgoːnə
Lingua [franca] ˈlɪŋgu̯a [ˈfraŋka]
Língua geral *bras.* ˈliŋgu̯a ʒeˈral
lingual, L... lɪŋˈgu̯aːl
Lingualis lɪŋˈgu̯aːlɪs, **...les** ...leːs
Linguaphone ˈlɪŋgu̯afoːn, *engl.* ˈlɪŋgwəfoʊn
Linguère *fr.* lɛ̃ˈgɛːr
Linguet *fr.* lɛ̃ˈgɛ
Linguist[ik] lɪŋˈgu̯ɪst[ɪk]
linguistisieren lɪŋgu̯ɪstiˈziːrən
linguistizieren lɪŋgu̯ɪstiˈt͡siːrən
Linhartová *tschech.* ˈlinhartɔvaː
liniar liˈni̯aːɐ̯
Linie ˈliːni̯ə
linieren liˈniːrən
...linig ...liːnɪç, **-e** ...ɪgə
liniieren liniˈiːrən
Liniment liniˈmɛnt
link lɪŋk
Link[e] ˈlɪŋk[ə]
Linkehandregel lɪŋkəˈhantreːgl̩
linken ˈlɪŋkn̩
Linker ˈlɪŋkɐ
linkisch ˈlɪŋkɪʃ
Linklater *engl.* ˈlɪŋkleɪtə
Linköping *schwed.* ˌlinçøːpiŋ
Linkrusta lɪnˈkrʊsta
links lɪŋks
linksaußen, L... lɪŋksˈ|au̯sn̩
Linkser ˈlɪŋksɐ
Linkshänder ˈlɪŋkshɛndɐ
linkshändig ˈlɪŋkshɛndɪç
linksher ˈlɪŋksheːɐ̯
linksherum ˈlɪŋkshɛrʊm
linkshin ˈlɪŋkshɪn
linksum! lɪŋksˈ|ʊm
Linlithgow *engl.* lɪnˈlɪθgoʊ, **-shire** -ʃɪə
Linna *finn.* ˈlinnɑ
Linnaeus lɪˈnɛːʊs
Linnankoski *finn.* ˈlinnɑŋkɔski

inné lɪˈne:, *schwed.* liˈne:
inneit lɪneˈi:t
innemann *dän.* ˈlɪnəmæn˙
innen, L... ˈlɪnən
innésch lɪˈne:ʃ
inney *engl.* ˈlɪnɪ
innich ˈlɪnɪç
inofil linoˈfi:l
inoleum liˈno:leʊm, *auch:* linoˈle:ʊm
inolschnitt liˈno:lʃnɪt
inon liˈnõ:, *auch:* ˈlɪnɔn
inos ˈli:nɔs
inosa *it.* liˈno:sa
inotype® ˈlai̯notai̯p
ins *bras.* lĩs
ins do Rêgo *bras.* ˈlĩz du ˈrregu
inse ˈlɪnzə
nsen ˈlɪnzn̩, **lins!** lɪns, **linst** lɪnst
..linsig ...lɪnzɪç, **-e** ...ɪgə
inters ˈlɪntɐs
int[h] lɪnt
inth[al] ˈlɪnt[a:l]
inton *engl.* ˈlɪntən
intorf ˈlɪntɔrf
inum ˈli:nʊm
inus ˈli:nʊs, *engl.* ˈlaɪnəs
INUX® ˈli:nʊks
nyi *chin.* lɪn-i̯i 22
n Yu-tang lɪnjuˈtaŋ, *engl.* ˈlɪn-ˈju:ˈtɑ:ŋ
nz[er] ˈlɪnt͜s[ɐ]
oba ˈli:oba
oderma li̯oˈdɛrma
ion (Name) ˈli:ɔn, *fr.* ljõ
ion (Mitglied des Lions Club) ˈlai̯ən
onardo *it.* lioˈnardo
onel *fr.* ljɔˈnɛl, *engl.* ˈlaɪənl
onello *it.* lioˈnɛllo
onne *fr.* ljɔn
ons *engl.* ˈlaɪənz
otard *fr.* ljɔˈta:r
ouville *fr.* ljuˈvil
ipa (Untereinheit der Kuna) ˈlɪpa, ˈli:pa
ipa *span.* ˈlipa
pacidämie lipat͜sidɛˈmi:, **-n** ...i:ən
pacidurie lipat͜siduˈri:, **-n** ...i:ən
pämie lipɛˈmi:
ämisch liˈpɛ:mɪʃ
pari *it.* ˈli:pari
arisch liˈpa:rɪʃ
parit lipaˈri:t
pase liˈpa:zə

Lipatti *rumän.* liˈpati
Lipazidämie lipat͜sidɛˈmi:
Lipazidurie lipat͜siduˈri:
Lipchitz *fr.* lipˈʃits
Li Peng *chin.* lipəŋ 32
Lipezk *russ.* ˈlipɪtsk
Lipgloss ˈlɪpglɔs
Lipica *slowen.* ˈli:pitsa
Lipid liˈpi:t, **-e** ...i:də
Lipidose lipiˈdo:zə
Lipik *serbokr.* ˌlipi:k
Lipinski liˈpɪnski
Lipiński *poln.* liˈpii̯ski
Lipizza liˈpɪt͜sa
Lipizzaner lipɪˈt͜sa:nɐ
Lipkin *russ.* ˈlipkin
Lipmann ˈlɪpman
Li Po liˈpo:
Lipochrom lipoˈkro:m
Lipodystrophie lipodʏstroˈfi:, **-n** ...i:ən
lipogrammatisch lipogra-ˈma[:]tɪʃ
lipoid, L... lipoˈi:t, **-e** ...i:də
Lipoidose lipoiˈdo:zə
Lipolyse lipoˈly:zə
Lipom liˈpo:m
Lipoma liˈpo:ma, **-ta** -ta
Lipomatose lipomaˈto:zə
Lipomatosis lipomaˈto:zɪs
lipophil lipoˈfi:l
Lipophilie lipofiˈli:, **-n** ...i:ən
lipophob lipoˈfo:p, **-e** ...o:bə
Lipoplast lipoˈplast
Lipoproteid lipoproteˈi:t, **-e** ...i:də
Lipót *ung.* ˈlipo:t
Lipova *rumän.* ˈlipova
Lipowaner lipoˈva:nɐ
Lipozele lipoˈt͜se:lə
Lippa[ch] ˈlɪpa[x]
Lippe ˈlɪpə
Lipperheide ˈlɪpɐhai̯də
Lipperhey *niederl.* ˈlɪpərhɛi̯
Lippert ˈlɪpɐt
Lippe-Seitenkanal lɪpəˈzai̯tn̩ka-na:l
Lippetal ˈlɪpəta:l
Lippi *it.* ˈlippi
...lippig ...lɪpɪç, **-e** ...ɪgə
Lippincott *engl.* ˈlɪpɪnkət
lippisch ˈlɪpɪʃ
Lippizza lɪˈpɪt͜sa
Lippl ˈlɪpl̩
Lippmann ˈlɪpman, *engl.* ˈlɪp-mən, *fr.* lipˈman
Lippo *it.* ˈlippo
Lippold ˈlɪpɔlt
Lipponen *finn.* ˈlippɔnɛn

Lipps lɪps
Lippspringe lɪpˈʃprɪŋə
Lippstadt ˈlɪpʃtat
Lips lɪps
Lipsanothek lɪpsanoˈte:k
Lipschitz ˈlɪpʃɪt͜s
Lipscomb *engl.* ˈlɪpskəm
Lipsi ˈlɪpsi, *fr.* lipˈsi
Lipsia ˈlɪpsi̯a
Lipsius ˈlɪpsi̯ʊs
Lipska *poln.* ˈlipska
Liptau[er] ˈlɪptau̯[ɐ]
Lipton *engl.* ˈlɪptən
Liptovský Mikuláš *slowak.* ˈlip-tɔu̯ski: ˈmikula:ʃ
Lipurie lipuˈri:
Lipuš *slowen.* ˈli:puʃ
Liquefaktion likvefakˈt͜si̯o:n
Liqueszenz likvɛsˈt͜sɛnt͜s
liqueszieren likvɛsˈt͜si:rən
liquet ˈli:kvɛt
liquid liˈkvi:t, **-e** ...i:də
Liquida ˈli:kvida; **...dä** ...dɛ, **Liquiden** liˈkvi:dn̩
Liquidation likvidaˈt͜sio:n
Liquidator likviˈda:to:ɐ̯, **-en** ...daˈto:rən
liquide liˈkvi:də
liquidieren likviˈdi:rən
Liquidität likvidiˈdɛ:t
Liquis ˈli:kvi:s
Liquor ˈli:kvo:ɐ̯, **-es** liˈkvo:re:s
Lira ˈli:ra
Lira da Braccio ˈli:ra da ˈbratʃo
Lira da Gamba ˈli:ra da ˈgamba
Liri *it.* ˈli:ri
lirico ˈli:riko
Lisa *dt., it.* ˈli:za
Lisala *fr.* lisaˈla
Lisbeth ˈli:sbɛt, *auch:* ˈlɪsbɛt
Lisboa lɪsˈbo:a, *port.* liʒˈβoɐ, *bras.* lizˈboa
Lisburn *engl.* ˈlɪzbə:n
lisch! lɪʃ
lischt, L... lɪʃt
Liscow ˈlɪsko
Lise ˈli:zə, *fr.* li:z, *dän.* ˈli:sə
Liselotte ˈli:zəlɔtə, *auch:* ––ˈ––
Lisene liˈze:nə
Lisette liˈzɛtə, *fr.* liˈzɛt
Lisiere liˈzi̯e:rə
Lisieux *fr.* liˈzjø
Lisle *engl.* laɪl, li:l, *fr.* lil
lismen ˈlɪsmən
Lismore *engl.* lɪzˈmɔ: *(UK)*, ˈ–– *(Austral.)*
Lisola ˈli:zola
Lispector *bras.* lispeˈtor
lispeln ˈlɪspl̩n

L

Lịss lɪs
Lịssa ˈlɪsa, *it.* ˈlissa
Lịssabon ˈlɪsabɔn, *auch:* --ˈ-
Lịssabonner ˈlɪsabɔnɐ, *auch:* --ˈ--
Lissajous *fr.* lisaˈʒu
Lịssauer ˈlɪsau̯ɐ
Lịsse *dt., niederl.* ˈlɪsə
Lisseuse lɪˈsøːzə
Lịssi ˈlɪsi
lissi̱eren lɪˈsiːrən
Lissitschạnsk *russ.* lisiˈtʃansk
Lissịtzky lɪˈsɪt͡ski
Lissịzki *russ.* liˈsitskij
Lissouba̱ *fr.* lisuˈba
Lịssy ˈlɪsi, *engl.* ˈlɪsɪ
Lịst lɪst
Lịsta *span.* ˈlista
Lịste ˈlɪstə
lịsten ˈlɪstn̩
Lịster ˈlɪstɐ, *engl.* ˈlɪstə
Lịstera ˈlɪstera
Listeri̱a lɪsˈteːri̯a
Listerio̱se lɪsteˈri̯oːzə
l'istẹsso tẹmpo lɪsˈtɛso ˈtɛmpo
lịstig ˈlɪstɪç, **-e** ...ɪɡə
Lịszt lɪst, *ung.* list
Li Tai-po̱ litai̯ˈpoː
Litanei̱ litaˈnai̯
Lita̱ni (Libanon) liˈtaːni
Litauen ˈliːtau̯ən, *auch:* ˈlɪt...
Litauer ˈliːtau̯ɐ, *auch:* ˈlɪt...
litauisch ˈliːtau̯ɪʃ, *auch:* ˈlɪt...
Liter ˈliːtɐ, *auch:* ˈlɪtɐ
[1]**Litera** ˈlɪtəra, **...rä** ...rɛ
[2]**Litẹra** (Name) *span.* liˈtera
...literacy (Inform.) ...lɪtərəsi
Litera̱l... lɪtəˈraːl
Litera̱r... lɪtəˈraːɐ̯...
litera̱risch lɪtəˈraːrɪʃ
literarisi̱eren lɪtərariˈziːrən
Litera̱rum Humanio̱rum Dọctor lɪtəˈraːrʊm humaˈni̯oːrʊm ˈdɔktoːɐ̯
Litera̱t lɪtəˈraːt
Litera̱tor lɪtəˈraːtoːɐ̯, **-en** ...raˈtoːrən
Literatu̱r lɪtəraˈtuːɐ̯
Literatụrnaja Gasẹta *russ.* litɪraˈturnəjɐ gaˈzjɛtɐ
Litẹwka liˈtɛfka
Lịtfaßsäule ˈlɪtfaszɔy̯lə
Lithago̱gum litaˈɡoːɡʊm, **...ga** ... ga
Litherɡo̱l litɛrˈɡoːl
Lịtherland *engl.* ˈlɪðəlænd
Lịthgow *engl.* ˈlɪθɡoʊ
Lithi̱asis liˈtiːazɪs, **...sen** liˈti̯aːzn̩
Li̱thikum ˈliːtikʊm, **...ca** ...ka
Li̱thium ˈliːti̯ʊm
Li̱tho ˈliːto, *auch:* ˈlɪto
lithoge̱n litoˈɡeːn
Lithogene̱se litoɡeˈneːzə
Lithogly̱phik litoˈɡlyːfɪk
Lithoglỵptik litoˈɡlʏptɪk
Lithogra̱ph litoˈɡraːf
Lithographi̱e litograˈfiː, **-n** ...iːən
lithographi̱eren litograˈfiːrən
Lithoklạst litoˈklast
Litholapaxi̱e litolapaˈksiː, **-n** ...iːən
Litholo̱ge litoˈloːɡə
Lithologi̱e litoloˈɡiː
litholo̱gisch litoˈloːɡɪʃ
Litholy̱se litoˈlyːzə
Lithopä̱dion litoˈpɛːdi̯ɔn, **...ia** ...i̯a, **...ien** ...i̯ən
lithopha̱g litoˈfaːk, **-e** ...aːɡə
Lithophani̱e litofaˈniː, **-n** ...iːən
lithophi̱l litoˈfiːl
Lithophy̱sen litoˈfyːzn̩
Lithophy̱t litoˈfyːt
Lithopo̱ne litoˈpoːnə
Lithosphä̱re litoˈsfɛːrə
Lithoto̱m litoˈtoːm
Lithotomi̱e litotoˈmiː, **-n** ...iːən
Lithotripsi̱e litotrɪˈpsiː, **-n** ...iːən
Lithotrịpter litoˈtrɪptɐ
Lithotrịptor litoˈtrɪptoːɐ̯, **-en** ...ˈtoːrən
Lithụrgik liˈtʊrɡɪk
Litigạnt litiˈɡant
Litigatio̱n litigaˈt͡si̯oːn
litigi̱eren litiˈɡiːrən
Litispendẹnz litɪspɛnˈdɛnt͡s
Lịtolff *dt., engl.* ˈliːtɔlf, *fr.* liˈtɔlf
Lịtoměřice *tschech.* ˈlitɔmjɛrʒitsɛ
Lịtomyšl *tschech.* ˈlitɔmiʃl̩
litora̱l, L... litoˈraːl
Litori̱na litoˈriːna
Litorinẹllen... litoriˈnɛlən...
Lito̱tes liˈtoːtɛs
Lịtschau ˈlɪtʃau̯
Lịtschi ˈlɪtʃi
lịtt, L... lɪt
Littera̱rum Humanio̱rum Dọctor lɪtəˈraːrʊm humaˈni̯oːrʊm ˈdɔktoːɐ̯
Lịttle *engl.* lɪtl
Lịttleborough *engl.* ˈlɪtlbərə
Lịttle Fẹrry *engl.* ˈlɪtl ˈfɛrɪ
Lịttlefield *engl.* ˈlɪtlfiːld
Lịttlehampton *engl.* ˈlɪtlhæmptən
Lịttle Rọck *engl.* ˈlɪtl ˈrɔk
Lịttlesche Krạnkheit ˈlɪtlʃə ˈkraŋkhai̯t
Lịttleton *engl.* ˈlɪtltən
Lịttlewood *engl.* ˈlɪtlwʊd
Lịttmann ˈlɪtman
Littọria *it.* litˈtɔːri̯a
Littori̱na lɪtoˈriːna
Littré *fr.* liˈtre
Littrei̱tis lɪtreˈiːtɪs, **...iti̱den** ...eiˈtiːdn̩
Lịttrow ˈlɪtro
Litua̱nia liˈtu̯aːni̯a
Lituanịst[ik] litu̯aˈnɪst[ɪk]
Litui vgl. Lituus
Litụrg liˈtʊrk, **-en** ...rɡn̩
Litụrge liˈtʊrɡə
Liturgi̱e litʊrˈɡiː, **-n** ...iːən
Litụrgik liˈtʊrɡɪk
litụrgisch liˈtʊrɡɪʃ
Li̱tuus ˈliːtuʊs, **Li̱tui** ˈliːtui
Lịtvak *engl.* ˈlɪtvɑːk
Lịtvínov *tschech.* ˈlitviːnɔf
Litwịnow *russ.* litˈvinɐf
Lịtze ˈlɪt͡sə
Lịtzmann[stadt] ˈlɪt͡sman[ʃtat]
Li̱u li̯uː
Li̱uba ˈliːuba
Li̱udegast ˈliːudəɡast
Li̱udger ˈliːʊtɡɛr
Li̱udolf[inger] ˈliːudɔlf[ɪŋɐ]
Li̱udprand ˈliːʊtprant
Liu-Po̱ li̯uˈpoː
Liu Shaoqi *chin.* li̯oʊ̯ʃau̯tɕi 232
Li̱uthard ˈliːʊthart
Liuti̱ze li̯uˈtɪt͡sə
Li̱utprand ˈliːʊtprant
Liu Xiang *chin.* li̯oʊ̯ɕi̯aŋ 24
Liuzhou *chin.* li̯oʊ̯dʒoʊ̯ 31
Liu Zongyuan *chin.* li̯oʊ̯dzʊŋy̌ɛn 312
Livarọt *fr.* livaˈro
live lai̯f
Li̱ve ˈliːvə
Livẹnza *it.* liˈvɛntsa
Lịvermore *engl.* ˈlɪvəmɔː
Lịverpool ˈlɪvɐpuːl, *engl.* ˈlɪvəpuːl
Li̱via ˈliːvi̯a
livi̱d liˈviːt, **-e** ...iːdə
livi̱de liˈviːdə
Livịgno *it.* liˈviɲɲo
Li̱vinental ˈliːvinəntaːl
Lịvings *engl.* ˈlɪvɪŋz
Lịvingston[e] *engl.* ˈlɪvɪŋstən
Livingstoni̱t lɪvɪŋstoˈniːt
Lịvingwage ˈlɪvɪŋˈveːtʃ
li̱visch ˈliːvɪʃ
Li̱vius ˈliːvi̯ʊs

Livland ˈliːflant
Livländer ˈliːflɛndɐ
Livno *serbokr.* ˌliːvnɔ
Livonia liˈvoːni̯a, *engl.* lɪˈvoʊ-nɪə
Livorneser livɔrˈneːzɐ
Livorno *it.* liˈvorno
Livramento *bras.* livraˈmentu
Livre ˈliːvrə
Livree liˈvreː, **...een** liˈvreːən
livriert liˈvriːɐ̯t
Livry-Gargan *fr.* livrigarˈgã
Liwadija *russ.* liˈvadijɐ
Liwan liˈvaːn
Liwanze liˈvant͡sə
Liwny *russ.* ˈlivnɨ
Li Xiannian *chin.* liçi̯ɛnni̯ɛn 314
Li Yu *chin.* li-i̯y 34
Liz *engl.* lɪz
Liza *engl.* ˈlaɪzə, ˈliːzə
Lizard *engl.* ˈlɪzəd
Lizardi *span.* liˈθarði
Lizardo *span.* liˈθarðo
Lizent liˈt͡sɛnt
Lizenz liˈt͡sɛnt͡s
Lizenziat lit͡sɛnˈt͡si̯aːt
Lizenzieren lit͡sɛnˈt͡siːrən
Lizenziös lit͡sɛnˈt͡si̯øːs, **-e** ...øːzə
Lizitant lit͡siˈtant
Lizitation lit͡sitaˈt͡si̯oːn
Lizitieren lit͡siˈtiːrən
Lizzie *engl.* ˈlɪzɪ, *fr.* liˈzi
Lizzy ˈlɪt͡si
Ljache ˈljaxə
Ljachowskie Ostrowa *russ.* ˈlja-xɐfskijɪ astraˈva
Ljadow *russ.* ˈljadɐf
Ljapkin-Tjapkin *russ.* ˈljapkin-ˈtjapkin
Ljapunow *russ.* lɪpuˈnɔf
Ljatoschinski *russ.* lɪtaˈʃinskij
Ljodahattr ˈljoːdahatɐ
Ljow *russ.* ljɔf
Ljubelj *slowen.* ljuˈbeːlj
Ljuben *bulgar.* ˈljubɛn
Ljuberzy *russ.* ˈljubɪrtsɨ
Ljubija *serbokr.* ˌljubija
Ljubim[ow] *russ.* ljuˈbim[ɐf]
Ljubljana *slowen.* ljuˈbljaːna
Ljubomir *russ.* ljubaˈmir, *serbokr.* ˈljubɔmiːr
Ljubow *russ.* ljuˈbɔfj
Ljudkewitsch *russ.* ljutˈkjevitʃ
Ljudmila *russ.* ljudˈmilɐ
Ljuljukow *russ.* ljuljuˈkɔf
Ljunga *schwed.* ˌjʊŋa
Ljungby *schwed.* ˌjʊŋby
Ljungdal *schwed.* ˌjʊŋdaːl
Ljungquist *schwed.* ˌjʊŋkvist
Ljungström *schwed.* ˌjʊŋstrœm
Ljusdal *schwed.* ˌjʉːsdaːl
Ljusna *schwed.* ˌjʉːsna
Ljutomer *slowen.* ˈljuːtɔmɛr
Lkw, LKW ˈɛlkaːveː, *auch:* ɛlkaːˈveː
Llandaff *engl.* ˈlændəf
Llandeilo *engl.* lænˈdaɪloʊ
Llandovery *engl.* lænˈdʌvərɪ
Llandrindod Wells *engl.* læn-ˈdrɪndɔd ˈwɛlz
Llandudno *engl.* lænˈdɪdnoʊ
Llanelly *engl.* læˈnɛθlɪ
Llanero ljaˈneːro
Llanes *span.* ˈʎanes
Llangollen *engl.* lænˈgɔθlɛn
Llano Estacado *engl.* ˈlɑːnoʊ ɛstəˈkɑːdoʊ
Llanos ˈljaːnɔs, *span.* ˈʎanos
Llanquihue *span.* ʎaŋˈkiu̯e
Llantrissant *engl.* lænˈtrɪsənt
Lleras *span.* ˈʎeras
Llewellyn *engl.* luːˈɛlɪn
Lleyn *engl.* leɪn
Llobera *span.* ʎoˈβera, *kat.* ʎuˈβɛrə
Llobregat *span.* ʎoβreˈɣat
Llor *kat.* ʎo
Llorens *span.* ʎoˈrens
Llorente *span.* ʎoˈrente
Llosa *span.* ˈʎosa
Llovera *span.* ʎoˈβera, *kat.* ʎuˈβɛrə
Lloyd lɔy̯t, *engl.* lɔɪd
Lloydia ˈlɔy̯di̯a
Lloydie ˈlɔy̯di̯ə
Lloydminster *engl.* ˈlɔɪdmɪnstə
Llull *kat.* ʎuʎ
Llwyd *engl.* ljʊɪd
Llywelyn *engl.* ləˈwɛlɪn
Lo *schwed.* luː
[1]**Loa** (Vorspiel) ˈloːa
[2]**Loa** (Name) *span.* ˈloa
Loacker ˈloː|akɐ
Load loːt
Loanda *port.* ˈlu̯ɐndɐ
Loango loˈaŋgo, *fr.* lɔãˈgo
Loasa loˈaːza
[1]**Lob** loːp, **-es** ˈloːbəs
[2]**Lob** (Tennis) lɔp
lobär loˈbɛːɐ̯
Lobato *port.* luˈβatu
Lobatschewski *russ.* lɐba-ˈtʃɛfskij
Lobatse *engl.* loʊˈbɑːtsiː
Lobau loˈbau̯
Löbau ˈløːbau̯
lobben ˈlɔbn̩, **lobb!** lɔp, **lobbt** lɔpt
Lobby ˈlɔbi
Lobbying ˈlɔbiɪŋ
Lobbyismus lɔbiˈɪsmʊs
Lobbyist lɔbiˈɪst
Löbche ˈløːpçə
Löbe ˈløːbə
Lobeck ˈloːbɛk
Lobeira *port.* luˈβɐi̯rɐ
Lobektomie lobɛktoˈmiː, **-n** ...iːən
Lobelie loˈbeːli̯ə
Lobelin lobeˈliːn
Lobelius loˈbeːli̯ʊs
loben ˈloːbn̩, **lob!** loːp, **lobt** loːpt
Loben ˈloːbn̩
Lobenstein ˈloːbn̩ʃtai̯n
Lobhudelei loːphuːdəˈlai̯
Lobhud[e]ler ˈloːphuːd[ə]lɐ
Lobi vgl. Lobus
Lobi ˈloːbi
Lobito *port.* luˈβitu
Lobkowicz, Lobkowitz ˈlɔpko-vɪt͡s
löblich ˈløːplɪç
Lobnor ˈlɔpˈnɔr
Lobo *span.* ˈloβo, *port.* ˈloβu, *bras.* ˈlobu
Lobos *span.* ˈloβos, *bras.* ˈlobus
Lobotomie lobotoˈmiː, **-n** ...iːən
lobpreisen ˈloːpprai̯zn̩
Lobsien lɔˈpsiːn
lobsingen ˈloːpzɪŋən
lobulär lobuˈlɛːɐ̯
Lobus ˈloːbʊs, **Lobi** ˈloːbi
Lobwasser ˈloːpvasɐ
Locanda loˈkanda
Locarner loˈkarnɐ
Locarnese lokarˈneːzə
Locarno *it.* loˈkarno
Locatelli *it.* lokaˈtɛlli
Location loˈkeːʃn̩
Loccum ˈlɔkʊm
[1]**Loch** lɔx, **Löcher** ˈlœçɐ
[2]**Loch** lɔx, *engl.* lɔk
Lochaber *engl.* lɔˈkɑːbə
Locham[er] ˈlɔxam[ɐ]
Lochearn *engl.* ˈlɔkən
Löchelchen ˈlœçl̩çən
lochen ˈlɔxn̩
Locher ˈlɔxɐ
löcherig ˈlœçərɪç, **-e** ...ɪgə
löchern ˈlœçɐn
Loches *fr.* lɔʃ
Lochgelly *engl.* lɔkˈgɛlɪ
Lochien ˈlɔxi̯ən
Lochiometra lɔxi̯oˈmeːtra
Löchlein ˈlœçlai̯n
Lochner ˈlɔxnɐ

Lochow ˈlɔxo
löchrig ˈlœçrɪç, **-e** ...ɪgə
Lochristi *niederl.* loˈkrɪsti
Lochy, Loch *engl.* ˈlɔk ˈlɔkɪ
Löckchen ˈlœkçən
[1]**Locke** ˈlɔkə
[2]**Locke** (Name) *engl.* lɔk
locken ˈlɔkn̩
löcken ˈlœkn̩
locker ˈlɔkɐ
Locker[bie] *engl.* ˈlɔkə[bɪ]
lockern ˈlɔkɐn
Lockhart *engl.* ˈlɔkət, ˈlɔkhɑ:t
Lockheed *engl.* ˈlɔkhi:d
lockig ˈlɔkɪç, **-e** ...ɪgə
Lockland *engl.* ˈlɔklənd
Lock-out lɔkˈl̮aut, *auch:* ˈ--
Lockport *engl.* ˈlɔkpɔ:t
Lockridge *engl.* ˈlɔkrɪdʒ
Lockwood *engl.* ˈlɔkwʊd
Lockyer *engl.* ˈlɔkɪə
Locle *fr.* lɔkl
Locmariaquer *fr.* lɔkmarjaˈkɛ:r
loco ˈlo:ko, *auch:* ˈlɔko
Loco *it.* ˈlɔ:ko
loco citato ˈlo:ko tsiˈta:to
loco laudato ˈlo:ko lau̯ˈda:to
loco sigilli ˈlo:ko ziˈgɪli
Locus amoenus ˈlo:kʊs aˈmø:nus, **Loci ...ni** ˈlo:tsi ...ni
Locus communis ˈlo:kʊs kɔˈmu:nɪs, **Loci ...nes** ˈlo:tsi ...ne:s
Lóczy *ung.* ˈlo:tsi
Lod *hebr.* lɔd
Lodde ˈlɔdə
Loddel ˈlɔdl̩
lodderig ˈlɔdərɪç, **-e** ...ɪgə
Lode ˈlo:də
Lodeizen *niederl.* ˈlo:dɛi̯zə
Lodelinsart *fr.* lɔdlɛ̃ˈsa:r
Lodemann ˈlo:dəman
Loden ˈlo:dn̩
lodern ˈlo:dɐn, **lodre** ˈlo:drə
Lodève *fr.* lɔˈdɛ:v
Lodewijk *niederl.* ˈlo:dəwɛi̯k
Lodge lɔtʃ
Lodi *engl.* ˈloʊdaɪ, *it.* ˈlɔ:di
Lodiculae loˈdi:kulɛ
Lodoiska lodoˈɪska
Lodomerien lodoˈme:ri̯ən
Lodron ˈlo:dro:n
Lodsch lɔtʃ
Lodscher ˈlɔtʃɐ
Lodz lɔtʃ
Łódź *poln.* u̯utɕ
Loeb lø:p, *engl.* leɪb, lɛb, loʊb
Loebell ˈlø:bl̩, løˈbɛl
Loeben[stein] ˈlø:bn̩[ʃtai̯n]
Loèche *fr.* lɔˈɛʃ
Loèche-les-Bains *fr.* lɔɛʃleˈbɛ̃
Loeffler *engl.* ˈlɛflə
Loenen *niederl.* ˈlunə
Loerke ˈlœrkə
Loesser *engl.* ˈlɛsɐ
Loest lø:st
Loetscher ˈlœtʃɐ
Loew lø:f
Loewe ˈlø:və, *engl.* ˈloʊɪ
Loewi ˈlø:vi, *engl.* ˈloʊɪ
Loewy ˈlø:vi, *engl.* ˈloʊɪ
Lœwy *fr.* leˈvi
Löffel[hardt] ˈlœfl̩[hart]
löffeln ˈlœfl̩n
Löffler ˈlœflɐ
Lofot *norw.* ˈlu:fu:t
Lofoten ˈlo:fotn̩, *auch:* loˈfo:tn̩, *norw.* ˈlu:futən
Löfstedt *schwed.* ˌlø:vstɛt
Loft lɔft
Lofthouse *engl.* ˈlɔftəs, ˈlɔfthaʊs
Lofting *engl.* ˈlɔftɪŋ
Loftus *engl.* ˈlɔftəs
log lo:k
Log lɔk, **-e** ˈlɔgə
Logan *engl.* ˈloʊgən
Logansport *engl.* ˈloʊgənzpɔ:t
logaödisch logaˈø:dɪʃ
Logarithmand logarɪtˈmant, **-en** ...ndn̩
logarithmieren logarɪtˈmi:rən
logarithmisch logaˈrɪtmɪʃ
Logarithmus logaˈrɪtmʊs
Logasthenie logasteˈni:
Logatom logaˈto:m
Logau ˈlo:gau̯
Logbuch ˈlɔkbu:x
löge ˈlø:gə
[1]**Loge** ˈlo:ʒə
[2]**Loge** (Name) ˈlo:gə
Logement loʒəˈmã:
logen ˈlo:gn̩
Loggast ˈlɔkgast
Logge ˈlɔgə
loggen ˈlɔgn̩, **logg!** lɔk, **loggt** lɔkt
Logger ˈlɔgɐ
Loggia ˈlɔdʒa, *auch:* ˈlɔdʒi̯a, **...ien** ˈlɔdʒi̯ən, ˈlɔdʒn̩
Logglas ˈlɔkgla:s
Loghem *niederl.* ˈlɔɣəm
Logical ˈlɔdʒɪkl̩
logieren loˈʒi:rən
Logik ˈlo:gɪk
Logiker ˈlo:gikɐ
Logion ˈlo:gi̯ɔn, **...ien** ...i̯ən
Logis loˈʒi:, **des -** ...i:[s], **die -** ...i:s
logisch ˈlo:gɪʃ
logisieren logiˈzi:rən
Logisma ˈlo:gɪsma, **-ta** loˈgɪsmata
Logismus loˈgɪsmʊs
Logistik loˈgɪstɪk
Logistiker loˈgɪstikɐ
logistisch loˈgɪstɪʃ
Logizismus logiˈtsɪsmʊs
Logizistik logiˈtsɪstɪk
logizistisch logiˈtsɪstɪʃ
Logizität logitsiˈtɛ:t
logo, L... ˈlo:go
Logogramm logoˈgram
Logograph logoˈgra:f
Logographie logograˈfi:
Logogriph logoˈgri:f
Logoi vgl. Logos
Logoklonie logokloˈni:
Logokratie logokraˈti:
Logomachie logomaˈxi:
Logone *fr.* lɔˈgɔn
Logoneurose logonɔyˈro:zə
Logopäde logoˈpɛ:də
Logopädie logopɛˈdi:
logopädisch logoˈpɛ:dɪʃ
Logopathie logopaˈti:, **-n** ...i:ən
Logorrhö, ...öe logɔˈrø:, **...rrhöen** ...ˈrø:ən
logorrhoisch logɔˈro:ɪʃ
Logos ˈlɔgɔs, ˈlo:gɔs, **Logoi** ˈlɔgɔy, ˈlo:gɔy
logotherapeutisch logoteraˈpɔytɪʃ
Logotherapie logoteraˈpi:
Logotype logoˈty:pə
logozentrisch logoˈtsɛntrɪʃ
Logroño *span.* loˈɣroɲo
Logroscino *it.* loˈgrɔʃʃino
logt lo:kt
lögt lø:kt
Logue *engl.* loʊg
Løgumkloster *dän.* ˈlʏ:gʊmklɔsdɐ, ˈlʏ:ɣ...
loh, Loh lo:
Lohals *dän.* ˈlʊ:ˈhælˈs
Lohan ˈlo:han
Lohe ˈlo:ə
Löhe ˈlø:ə
Loheland ˈlo:əlant
lohen ˈlo:ən
Lohengrin ˈlo:əngri:n
Lohenstein ˈlo:ənʃtai̯n
Lohja *finn.* ˈlɔhjɑ
Lohmann ˈlo:man
Lohmar ˈlo:mar
Lohmeyer ˈlo:mai̯ɐ

Lohn lo:n, **Löhne** 'lø:nə
Lohne 'lo:nə
Löhne 'lø:nə
ohnen 'lo:nən
öhnen 'lø:nən
ohner 'lo:nɐ
ohr lo:ɐ̯
ohse 'lo:zə
oibl 'lɔybl̩
oing *fr.* lwɛ̃
oipe 'lɔypə
oir *fr.* lwa:r
oire lo̯a:ɐ̯, *fr.* lwa:r
oiret *fr.* lwa'rɛ
oir-et-Cher *fr.* lware'ʃɛ:r
ois lɔys
oisach 'lɔyzax
oisel *fr.* lwa'zɛl
oisl 'lɔyzl̩
oisy *fr.* lwa'zi
oíza *span.* lo'iθa
oja *span.* 'lɔxa
ojang 'lo:jaŋ
o-Johansson *schwed.* lu:ˌju:ansɔn
ok lɔk
okal, L... lo'ka:l
okale lo'ka:lə
okalis lo'ka:lɪs, **...les** ...le:s
okalisation lokaliza'ts̮i̯o:n
okalisieren lokali'zi:rən
okalität lokali'tɛ:t
okatar loka'ta:ɐ̯
okation loka'ts̮i̯o:n
okativ 'lo:kati:f, **-e** ...i:və
okator lo'ka:to:ɐ̯, **-en** loka'to:rən
okeren *niederl.* 'lo:kərə
oket *tschech.* 'lɔkɛt
oki 'lo:ki
okietek *poln.* u̯ɔ'kjɛtɛk
økken *dän.* 'lʏgn̩, *norw.* ˌlœkən
okkum 'lɔkʊm
oko 'lo:ko
okoja *engl.* lə'koʊdʒə, loʊkoʊ'dʒɑ:
okomobil[e] lokomo'bi:l[ə]
okomotion lokomo'ts̮i̯o:n
okomotive lokomo'ti:və, *auch:* ...fə
okomotorisch lokomo'to:rɪʃ
okrer 'lo:krɐ
okris 'lo:krɪs
okrum *serbokr.* ˌlɔkrum
okulizid lokuli'ts̮i:t, **-e** ...i:və
okus 'lo:kʊs, **-se** ...ʊsə, **Lozi** 'lo:ts̮i
okution loku'ts̮i̯o:n
lokutionär lokuts̮i̯o'nɛ:ɐ̯
lokutiv loku'ti:f, **-e** ...i:də
Lola 'lo:la, *span.* 'lola
Lola Montez 'lo:la 'mɔntɛs
Løland *norw.* 'lø:lan
Lolch lɔlç
Lolita lo'li:ta
Lolland *dän.* 'lɔlæn'
Lollarde lɔ'lardə
Lolli 'lɔli
Löllingit lœlɪŋ'gi:t
Lollobrigida *it.* lollo'bri:dʒida
[1]**Lolo** (Volksstamm) 'lo:lo
[2]**Lolo** (Vorname) lo'lo:
Lom *bulgar., fr.* lɔm
Lomami *fr.* lɔma'mi
Loman *engl.* 'loʊmən
Lomas de Zamora *span.* 'lomaz ðe θa'mora
Lomax *engl.* 'loʊmæks
[1]**Lombard** (Kredit) 'lɔmbart, *auch:* –'–, **-e** ...rdə
[2]**Lombard** (Name) 'lɔmbart, *engl.* 'lɔmbəd, *fr.* lõ'ba:r, *niederl.* 'lɔmbɑrt
Lombarde lɔm'bardə
Lombardei lɔmbar'dai̯
Lombardi *it.* lom'bardi
Lombardia *it.* lombar'di:a
lombardieren lɔmbar'di:rən
lombardisch lɔm'bardɪʃ
Lombardo *it.* lom'bardo
Lombardus lɔm'bardʊs
Lomber 'lɔmbɐ
Lombok *indon.* 'lɔmbɔk
Lombroso *it.* lom'bro:so
Lomé 'lo:me, *fr.* lɔ'me
Lomellino *it.* lomel'li:no
Loménie de Brienne *fr.* lɔmenidbri'ɛn
Lomita *engl.* loʊ'mi:tə
Lommatzsch 'lɔmatʃ
Lomme *fr.* lɔm
Lommel 'lɔml̩, *niederl.* 'lɔməl
Lomnitz 'lɔmnɪts̮
Lomond *engl.* 'loʊmənd
Lomonossow lomo'nɔsɔf, *russ.* ləma'nɔsɐf
Lomont *fr.* lɔ'mõ
Lompenzucker 'lɔmpn̩ts̮ʊkɐ
Lompoc *engl.* 'lɔmpɔk
Łomża *poln.* 'u̯ɔmʒa
Lonato *it.* lo'na:to
Londerzeel *niederl.* 'lɔndərze:l
London 'lɔndɔn, *engl.* 'lʌndən
[1]**Londonderry** (Personenname) *engl.* 'lʌndəndərɪ
[2]**Londonderry** (erdk. Name) lʌndən'dɛrɪ, '––––
Londoner 'lɔndɔnɐ
Londrina *bras.* lon'drina
Long *engl.* lɔŋ, *fr.* lõ
Longa 'lɔŋga, **...gae** ...gɛ
Longanesi *it.* loŋga'ne:si
Longaville 'lɔŋgavi:l, *engl.* 'lɔŋgəvɪl
Longävität lɔŋgɛvi'tɛ:t
Longbenton *engl.* lɔŋ'bɛntn
Long Branch *engl.* 'lɔŋ 'brɑ:ntʃ
Longchamp[s] *fr.* lõ'ʃã
Longdrink 'lɔŋdrɪŋk
Longe 'lõ:ʒə
Longfellow *engl.* 'lɔŋfɛloʊ
Longford *engl.* 'lɔŋfəd
Longhena *it.* loŋ'ge:na
Longhi *it.* 'loŋgi, 'lɔŋgi
longieren lõ'ʒi:rən
Longimetrie lɔŋgime'tri:
Longinos lɔŋ'gi:nɔs
Longinus lɔŋ'gi:nʊs
longitudinal lɔŋgitudi'na:l
Longjumeau *fr.* lõʒy'mo
longline, L... 'lɔŋlai̯n
Longman *engl.* 'lɔŋmən
Longmont *engl.* 'lɔŋmɔnt
Longo *it.* 'lɔŋgo, 'loŋgo
Longobarde lɔŋgo'bardə
Longobardi *it.* loŋgo'bardi
Longomontanus lɔŋgomɔn'ta:nʊs
Longos 'lɔŋgɔs
Longseller 'lɔŋzɛlɐ
Longshan *chin.* lʊŋʃan 21
Longs Peak *engl.* 'lɔŋz 'pi:k
Longstreet *engl.* 'lɔŋstri:t
Longsword *engl.* 'lɔŋsɔ:d
[1]**Longton** (Maß) 'lɔŋtan
[2]**Longton** (Name) *engl.* 'lɔŋtən
Longuelune *fr.* lõ'glyn
Longueuil *fr.* lõ'gœj
Longueville *fr.* lõg'vil
Longus 'lɔŋgʊs
Longuyon *fr.* lõgɥi'jõ
Longview *engl.* 'lɔŋvju:
Longwood *engl.* 'lɔŋwʊd
Longworth *engl.* 'lɔŋwə[:]θ
Longwy *fr.* lõ'wi
Long Xuyên *vietn.* lɔŋ sui̯ən 11
Longyear *engl.* 'lɔŋjə:
Longyearbyen *norw.* 'lɔŋji:rby:ən
Loni 'lo:ni
Lonigo *it.* lo'ni:go
Lonitzer 'lo:nɪts̮ɐ
Lonjumeau *fr.* lõʒy'mo
Lønn *norw.* lœn
Lonneker *niederl.* 'lɔnəkər
Lonni 'lɔni

Lon Nọl lɔn'nɔl
Lọ̈nnrot *schwed.* ˌlœnru:t
Lọ̈ns lø:ns, lœns
Lọnsdale *engl.* 'lɔnzdeɪl
Lons-le-Sauniẹr *fr.* lõlso'nje
Lọnza 'lɔnt͜sa
Lonzo̲na® lɔn't͜so:na
Loo *fr.* lo, *niederl.* lo:
Lo̲o̲fs lo:fs
Look lʊk
Lookalike 'lʊkəla͜ik
Lo̲o̲n [op Zạnd] *niederl.* 'lo:n [ɔp 'sɑnt]
loopen 'lu:pn̩
Loop Head *engl.* 'lu:p 'hɛd
Looping 'lu:pɪŋ
Lo̲o̲s *dt., fr.* lo:s, *engl.* lu:s
Lo̲o̲sli 'lo:sli
Lo̲o̲y *niederl.* lo:i̯
Lopạtin *russ.* la'patin
Lopạtka *russ.* la'patkɐ
Lop Buri̲ *Thai* lobbu'ri: 411
Lọpe *span.* 'lope
Lọpe de Rụeda *span.* 'lope ðɛ 'rru̯eða
Lo̲pe de Ve̲ga 'lo:pe de: 've:ga, *span.* 'lope ðe 'βeɣa
Lọpes *port.* 'lɔpɪʃ, *bras.* 'lɔpis
López *span.* 'lopeθ, *kat.* 'lopəs
Lophi̲odon lo'fi:odɔn
lophodọnt lofo'dɔnt
Lọp Nọr 'lɔp 'nɔr
Lọpud *serbokr.* ˌlɔpud
Loquazitä̲t lokvat͜si'tɛ:t
Lọra [del Río] *span.* 'lora [ðɛl 'rrio]
Lorain *engl.* lɔ:'reɪn
Lọrbass 'lɔrbas
Lọrbeer 'lɔrbe:ɐ̯
Lọrber 'lɔrbɐ
Lọrca *span.* 'lɔrka
Lọrch[e] 'lɔrç[ə]
Lọrchel 'lɔrçl̩
Lo̲rchen 'lo:ɐ̯çən
Lọ̈rcher 'lœrçɐ
¹**Lọrd** (Adelstitel) lɔrt
²**Lo̲rd** (Name) *engl.* lɔ:d
Lọrde *engl.* lɔ:d
Lọrdkạnzler 'lɔrt'kant͜slɐ
Lọrd Mayor 'lɔrt 'mɛ:ɐ̯
Lordo̲se lɔr'do:zə
Lordo̲sis lɔr'do:zɪs
lordo̲tisch lɔr'do:tɪʃ
Lọrdship 'lɔrtʃɪp
Lo̲re[dan] 'lo:rə[dan]
Lorelei, ...ley lo:rə'la͜i, *auch:* '---
Lo̲ren *it.* 'lɔ:ren
Lorengạr *span.* loreŋ'gar
Lørenskog *norw.* ˌlø:rənsku:g
Lo̲rentz 'lo:rɛnt͜s, *niederl.* 'lo:rənts
Lo̲renz 'lo:rɛnt͜s
Lorẹnzen lo'rɛnt͜sn̩
Lorenzẹtti *it.* loren'tsetti
Lorenzi̲ni *it.* loren'tsi:ni
Lorenzi̲no *it.* loren'tsi:no
Lorẹnzo *it.* lo'rɛntso
Loreto *it.* lo're:to, *span.* lo'reto
Lorẹtta lo'rɛta, *it.* lo'retta
Lorẹtte lo'rɛtə
Loretteviḷle *fr.* lɔrɛt'vil
Lorẹttohöhe lo'rɛtohø:ə
Lorẹzza lo'rɛt͜sa
Lorgnẹtte lɔrn'jɛtə
lorgnetti̲eren lɔrnjɛ'ti:rən
Lorgnon lɔrn'jõ:
Lo̲ri 'lo:ri
Lo̲ria *it.* 'lɔ:ri̯a
Lorịca *span.* lo'rika
Lorient *fr.* lɔ'rjã
Lo̲rin 'lo:ri:n, *engl.* 'lɔ:rɪn, *fr.* lɔ'rɛ̃
Lőrinc[i] *ung.* 'lø:rints[i]
Loriọl *fr.* lɔ'rjɔl
Lori̲ot lo'ri̯o:
Lorịtta lo'rɪta
Lọrk lɔrk, **Lọ̈rke** 'lœrkə
Lọrke 'lɔrkə
Lọrm lɔrm
Lọrme[s], L'Ọrme *fr.* lɔrm
Lormeuil *fr.* lɔr'mœj
Lormont *fr.* lɔr'mõ
Lọrne *engl.* lɔ:n
Lo̲rokonto 'lo:rokɔnto
Lọ̈rrach 'lœrax
Lorrain *fr.* lɔ'rɛ̃
Lorraine *fr.* lɔ'rɛn
Lọrre 'lɔrə, *engl.* 'lɔ:rɪ
Lorrịs *fr.* lɔ'ris
Lọrsch lɔrʃ
Lọrton *engl.* 'lɔ:tən
Lọrtz[ing] 'lɔrt͜s[ɪŋ]
lo̲s, Lo̲s lo:s, **-e** 'lo:zə
Los Alami̲tos *engl.* lɔsælə'mi:toʊs
Los Alamos *engl.* lɔs'æləmoʊs
Los Altos *engl.* lɔs'æltəs
Losamẹnt loza'mɛnt
Los Angeles lɔs 'ɛnd͜ʒələs; *engl.* lɔs'ændʒɪlɪs; ...ŋgɪ...; ...lɪz, ...li:z
Los Banos *engl.* lɔs'bænəs
lo̲sbrechen 'lo:sbrɛçn̩
lọsch lɔs
lọ̈schen 'lœʃn̩
Lọ̈scher 'lœʃɐ
Lọschmidt 'lɔʃmɪt
Lo̲schütz 'lo:ʃʏt͜s
lo̲se 'lo:zə
Lo̲se (schlaffes Tau) 'lo:zə
Loseblạttausgabe lo:zə'blat|a͜usga:bə
lo̲sen 'lo:zn̩, **lo̲s!** lo:s, **lo̲st** lo:st
lö̲sen 'lø:zn̩, **lö̲s!** lø:s, **lö̲st** lø:st
Loser (Verlierer) 'lu:zɐ
Lo̲ser[th] 'lo:zɐ[t]
Losey *engl.* 'loʊzɪ
Los Gatos *engl.* lɔs'gætoʊs
Lošinj *serbokr.* ˌlɔʃi:nj
Lọslau 'lɔsla͜u
lö̲slich 'lø:slɪç
Losowạja *russ.* lɐza'vajɐ
Los Ríos *span.* lɔr 'rrios
Lö̲ß lø:s
Lọ̈ss lœs
Lọsser *niederl.* 'lɔsər
Lọssiemouth *engl.* 'lɔsɪmaʊθ
lö̲ßig 'lø:sɪç, **-e** ...ɪgə
lọ̈ssig 'lœsɪç, **-e** ...ɪgə
Lọsski *russ.* 'lɔsskij
Lö̲ßnitz 'lø:snɪt͜s, 'lœs...
Lọssow 'lɔso
Lọst lɔst
Lo̲stage 'lo:sta:gə
lo stẹsso tẹmpo lɔs'tɛso 'tɛmpo
Lostgeneration 'lɔstd͜ʒɛnə're:ʃn̩
Lo̲sung 'lo:zʊŋ
Lö̲sung 'lø:zʊŋ
Lo̲s-von-Ro̲m-Bewegung 'lo:sfɔn'ro:mbəve:gʊŋ
¹**Lo̲t** lo:t
²**Lọt** (Posten, Menge) lɔt
³**Lo̲t** (Name) lo:t, *engl., fr., niederl., poln.* lɔt
Lọta *span.* 'lota
Lotario *it.* lo'ta:ri̯o, *span.* lo'tari̯o
lo̲ten 'lo:tn̩
lö̲ten 'lø:tn̩
Lot-et-Garọnne *fr.* lɔtega'rɔn
Lo̲th lo:t, *fr.* lɔt
Lo̲thar 'lo:tar
Lotharịngien lota'rɪŋgi̯ən
Lothạrio lo'ta:ri̯o
Lothian *engl.* 'loʊðjən
Lo̲thringen 'lo:trɪŋən
Lo̲thringer 'lo:trɪŋɐ
lo̲thringisch 'lo:trɪŋɪʃ
Lothrop *engl.* 'loʊθrəp
Lotị *fr.* lɔ'ti
Loti̲chius lo'ti:çi̯ʊs
Lotion lo't͜si̯o:n, *auch:* 'lo:ʃn̩
Lotopha̲ge loto'fa:gə
Lo̲tos 'lo:tɔs

Lotrecht 'lo:trɛçt
Lötschberg 'lœtʃbɛrk
Lötschental 'lœtʃn̩ta:l
Lotse 'lo:tsə
lotsen 'lo:tsn̩
Lottchen 'lɔtçən
Lotte 'lɔtə
Lotter 'lɔtɐ
Lotterei lɔtə'rai̯
Lotterie lɔtə'ri:, **-n** ...i:ən
lotterig 'lɔtərɪç, **-e** ...ɪgə
Lotteringhi *it.* lotte'riŋgi
lottern 'lɔtɐn
Lotti 'lɔti, *it.* 'lɔtti
Lotto 'lɔto
Lotto (Name) *it.* 'lɔtto
lottrig 'lɔtrɪç, **-e** ...ɪgə
Lotus 'lo:tʊs
Lotz[e] 'lɔts[ə]
Lötzen 'lø:tsn̩
Lotzer 'lɔtsɐ
Lou lu:, *fr.* lu
Loubet *fr.* lu'bɛ
Loucheur *fr.* lu'ʃœ:r
Loudéac *fr.* lude'ak
Loudon 'laudɔn, *engl.* laʊdn
Loudun *fr.* lu'dœ̃
Loue *fr.* lu
Loughborough *engl.* 'lʌfbərə
Louhans *fr.* lu'ã
Louis (Name) 'lu:i, *fr.* lwi, *engl.* lʊɪ[s], 'lu:ɪ[s]
Louis (Zuhälter) 'lu:i, **des -** 'lu:i[:s], **die -** 'lu:i:s
Louisa *engl.* lʊ'i:zə, *niederl.* lu'i:zɑ
Louisbo[u]rg *engl.* 'lu:ɪsbə:g
Louisdor lui'do:ɐ̯
Louise lu'i:zə, *fr.* lwi:z, *engl.* lʊ'i:z, *niederl.* lu'i:zə
Louisette lui'zɛt, **-n** ...tn̩
Louis-Gentil *fr.* lwiʒã'ti
Louisiade-Archipel lui'zi̯a:də-|arçipe:l
Louisiana lui'zi̯a:na, *engl.* lʊi:zɪ'ænə
Louison *fr.* lwi'zõ
Louis-Philippe *fr.* lwifi'lip
Louis-quatorze *fr.* lwika'tɔrz
Louis-quinze *fr.* lwi'kɛ̃:z
Louis-seize *fr.* lwi'sɛ:z
Louis-treize *fr.* lwi'trɛ:z
Louisville (Kentucky) *engl.* 'lu:ɪvɪl
Louïze *fr.* lwi:z
Loulé *port.* lo'lɛ
Lounge launtʃ
Lounsbury *engl.* 'laʊnzbərɪ
Louny *tschech.* 'lɔu̯ni

Loup *engl.* lu:p
Loup[s] de Mer 'lu: də 'mɛ:ɐ̯
Lourches *fr.* lurʃ
Lourdes *fr.* lurd, *span.* 'lurðes
Loure lu:ɐ̯, **-n** 'lu:rən
Lourenço Marques *port.* lo'rẽsu 'markɪʃ
Lousã *port.* lo'zɐ̃
Louth *England engl.* laʊθ, *Irland engl.* laʊð
Louvain *fr.* lu'vɛ̃
Louvel *fr.* lu'vɛl
Louverture *fr.* luvɛr'ty:r
Louvière *fr.* lu'vjɛ:r
Louviers *fr.* lu'vje
Louvois *fr.* lu'vwa
Louvre *fr.* lu:vr
Louw *afr.* lou̯
Louÿs *fr.* lwis
Lövborg 'lœfbɔrk
Lovćen *serbokr.* 'lɔ:ftɕɛn
love (Tennis) laf
Love *engl.* lʌv, *schwed.* ˌlu:və
Lovecraft *engl.* 'lʌvkrɑ:ft
Loveday *engl.* 'lʌvdeɪ
Løveid *norw.* 'lø:vɛi̯d
Love-in la'vɪn, 'lavɪn, *auch:* laf'|ɪn, 'laf|ɪn
Loveira *span.* lo'βei̯ra
Lovejoy *engl.* 'lʌvdʒɔɪ
Lovel *engl.* 'lʌvəl
Lovelace *engl.* 'lʌvleɪs
Loveland *engl.* 'lʌvlənd
Loveling *niederl.* 'lo:vəlɪŋ
Lovell *engl.* 'lʌvəl
Lovén *schwed.* lu've:n
Lövenich 'lø:vənɪç
Lover 'lavɐ
Loves Park *engl.* 'lʌvz 'pɑ:k
Loviisa *finn.* 'lɔvi:sɑ
Lovinescu *rumän.* lovi'nesku
Lovisa *schwed.* luˌvi:sa
Lovran *serbokr.* ˌlɔvran
Low *engl.* loʊ
Löw lø:f
Lowat *russ.* 'lɔvɐtj
Low Church 'lo:tʃø:ɐ̯tʃ, ...tʃœrtʃ
Lowe *engl.* loʊ
Löwe 'lø:və
Lowell *engl.* 'loʊəl
Löwen 'lø:vn̩
Lowendal *fr.* lɔvɛ̃'dal
Löwendal 'lø:vn̩da:l
Löwenherz 'lø:vn̩hɛrts
Löwenhjelm *schwed.* ˌlø:vən-jɛlm
Löwenmaul 'lø:vn̩maul
löwenstark 'lø:vn̩'ʃtark

Löwenstein[er] 'lø:vn̩ʃtai̯n[ɐ]
Löwenthal 'lø:vn̩ta:l
Löwentinsee løvn̩'ti:nze:
Lower Hutt, - Merion *engl.* 'loʊə 'hʌt, - 'mɛrɪən
Lowes *engl.* loʊz
Lowestoft *engl.* 'loʊstɔft
Lowetsch *bulgar.* lo'vɛtʃ
Łowicz *poln.* 'u̯ɔvitʃ
Lowie *engl.* 'loʊɪ
Lowimpact 'lo:|ɪmpɛkt
Löwin 'lø:vɪn
Löwith 'lø:vɪt
Lowitz 'lo:vɪts
Lowlands *engl.* 'loʊləndz
Lowndes *engl.* laʊndz
Lowry *engl.* 'laʊərɪ
Lowther *engl.* 'laʊðə
Löwy 'lø:vi
loxodrom lɔkso'dro:m
Loxodrome lɔkso'dro:mə
loxogonal lɔksogo'na:l
Loxophthalmus lɔksɔf'talmʊs
loyal lo̯a'ja:l
Loyalist lo̯aja'lɪst
Loyalität lo̯ajali'tɛ:t
Loyalty Islands *engl.* 'lɔɪəltɪ 'aɪləndz
Loyd *engl.* lɔɪd
Loyola lo'jo:la, *span.* lo'jola
Loyson *fr.* lwa'zõ
Lozada *span.* lo'θaða
Lozère *fr.* lo'zɛ:r
Lozi vgl. Lokus
lozieren lo'tsi:rən
Łoziński *poln.* u̯ɔ'ʑii̯ski
Loznica *serbokr.* ˌlɔznitsa
Lozza *rät.* 'lɔtsɐ
LP (Schallplatte) ɛl'pe:, ɛl'pi:
Lu lu:
Lualaba lu̯a'la:ba, *fr.* lwala'ba
Luanda *port.* 'lu̯ɐndɐ
Luang Prabang 'lu̯aŋ pra'baŋ
Luanshya *engl.* lu:'ɑ:nʃɑ:
Luapula lu̯a'pu:la, *engl.* 'lu:ə'pu:lə, *fr.* lwapu'la
Luarca *span.* 'lu̯arka
Luba 'lu:ba
Lubac *fr.* ly'bak
Luban 'lu:ban
Lubań *poln.* 'lubai̯n
Lubbe *niederl.* 'lʏbə
Lübbecke 'lʏbəkə
Lübben 'lʏbn̩
Lübbenau lʏbə'nau̯
Lubberger 'lʊbɛrgɐ
Lubbers *niederl.* 'lʏbərs
Lübeck 'ly:bɛk
lübeckern 'ly:bɛkɐn

L

Lüben 'ly:bn̩
Lubéron *fr.* lybe'rõ
Lubilash *fr.* lubi'laʃ
Lubin *engl.* 'lu:bɪn, *poln.* 'lubin
lübisch 'ly:bɪʃ
Lubitsch 'lu:bɪtʃ, *engl.* 'lu:bɪtʃ
Lubjanka *russ.* lu'bjankɐ
Lübke 'lʏpkə
Lublin *poln.* 'lublin
Lubliner lu'bli:nɐ, 'lʊbli:nɐ
Lubliniec *poln.* lu'blinjɛts
Lublinitz 'lu:blinɪts
Lublinski lu'blɪnski
Lubmin lʊp'mi:n
Lubnan lʊ'bna:n
Lubny *russ.* 'lubnɨ
Lubomirski *poln.* lubɔ-'mirski
Luboń *poln.* 'lubɔi̯n
Lubrizität lubritsi'tɛ:t
Lubsko *poln.* 'lupskɔ
Lübsow 'lʏpso
Lubumbashi lubʊm'baʃi, *fr.* lubumba'ʃi
Lü Buwei *chin.* lybu-u̯ei̯ 342
Lübz lʏpts
Luc *fr.* lyk
Luca *it.* 'lu:ka, *rumän., span.* 'luka
Lucä 'lu:tsɛ
Lucan lu'ka:n, *engl.* 'lu:kən
Lucania *it.* lu'ka:ni̯a
Lucanus lu'ka:nʊs
Lucas 'lu:kas, *engl.* 'lu:kəs, *fr.* ly'kɑ, *span., bras.* 'lukas, *port.* 'lukɐʃ, *niederl.* 'lykɑs
Lucca 'lʊka, *it.* 'lukka
Luce *engl.* lu:s, *fr.* lys
Lucebert *niederl.* lysə'bɛrt
Lucena *span.* lu'θena, *port.* lu'senɐ
Lučenec *slowak.* 'lutʃɛnjɛts
Lucentini *it.* lutʃen'ti:ni
Lucentio lu'tʃɛntsi̯o
Lucera *it.* lu'tʃɛ:ra
Lucerna lu'tsɛrna, *it.* lu'tʃɛrna, *serbokr.* ˌlutsɛrna
Lucetta *it.* lu'tʃetta
Luch lu:x, **Lüche** 'ly:çə
Luchaire *fr.* ly'ʃɛ:r
Luchian *rumän.* lu'kjan
Luchon *fr.* ly'ʃõ
Lüchow 'ly:ço
Luchs lʊks
Lüchschen 'lʏksçən
luchsen 'lʊksn̩
Luchsperger 'lʊkspɛrgɐ
Lucht[erhand] 'lʊxt[ɐhant]

Lucia 'lu:tsi̯a, *it.* lu'tʃi:a, *schwed.* lʉ'si:a
Lucía *span.* lu'θia
Lucian lu'tsi̯a:n, *engl.* 'lu:ʃən
Luciana lu'tsi̯a:na, *it.* lu'tʃa:na
Lucianer lu'tsi̯a:nɐ
Luciani *it.* lu'tʃa:ni
lucianisch lu'tsi̯a:nɪʃ
Luciano *it.* lu'tʃa:no, *span.* lu'θi̯ano, *port., bras.* lu'si̯ɐnu
Lucianus lu'tsi̯a:nʊs
Lucić *serbokr.* 'lu:tsitɕ
Lucidarius lutsi'da:ri̯ʊs
Lucidol® lutsi'do:l
Lucidor *schwed.* 'lʉ:sidɔr
Lucie 'lu:tsi̯ə, *engl.* 'lu:sɪ, *fr.* ly'si
Lucien *engl.* 'lu:ʃən, *fr.* ly'sjɛ̃
Lucienne *fr.* ly'sjɛn
Lucientes *span.* lu'θi̯entes
Lucieta lu'tʃi̯ɛta
Lucifer 'lu:tsifɛr
Luciferase lutsife'ra:zə
Luciferin lutsife'ri:n
Lucila *span.* lu'θila
Lucile *fr.* ly'sil
Lucilio *it.* lu'tʃi:li̯o
Lucilius lu'tsi:li̯ʊs
Lucinde lu'tsɪndə
Lucinschi *rumän.* lu'tʃinski
Lucio 'lu:tsi̯o, *it.* 'lu:tʃo
Lucius 'lu:tsi̯ʊs, *engl.* 'lu:sjəs
Lucka 'lʊka
Luckau 'lʊkau̯
Lückchen 'lʏkçən
Lücke 'lʏkə
Luckemeyer 'lʊkəmai̯ɐ
Luckenwalde lʊkn̩'valdə
Luckhardt 'lʊkhart
luckig 'lʊkɪç, **-e** ...ɪgə
Luckner 'lʊknɐ
Lucknow *engl.* 'lʌknaʊ
Lucky Strike *engl.* 'lʌkɪ 'straɪk
Lucmagn *rät.* luk'maɲ
Lucomagno *it.* luko'maɲɲo
Luçon *fr.* ly'sõ
Lucrecia *span.* lu'kreθi̯a
Lucretia lu'kre:tsi̯a
Lucretius lu'kre:tsi̯ʊs
Lucrezia lu'kre:tsi̯a, *it.* lu'krɛt-tsi̯a
Lucullus lu'kʊlʊs
Lucy *engl.* 'lu:sɪ
lud lu:t
Lud lu:t, *engl.* lʌd
Lüda *chin.* lyda 34
Ludd lʊt, *engl.* lʌd
Ludditen lʊ'di:tn̩
lüde, L... 'ly:də

Lude 'lu:də, *fr.* lyd
Ludel 'lu:dl̩
luden, L... 'lu:dn̩
Ludendorff 'lu:dn̩dɔrf
Lüdenscheid 'ly:dn̩ʃai̯t
Luder 'lu:dɐ
Lüder 'ly:dɐ
Lüderitz 'ly:dərɪts
Lüderitzbucht 'ly:dərɪtsbʊxt
ludern 'lu:dɐn, **ludre** 'lu:drə
Lüders 'ly:dɐs
Ludes *fr.* lyd
Ludger 'lu:tgɛr
Ludhiana *engl.* lʊdɪ'ɑ:nə
Ludi vgl. Ludus
Lüdinghausen 'ly:dɪŋhau̯zn̩, --'--
Lüdingworth 'ly:dɪŋvɔrt
Ludlow *engl.* 'lʌdloʊ
Ludmila *tschech.* 'ludmila
Ludmilla lu:t'mɪla
Ludo 'lu:do
Ludolf[inger] 'lu:dɔlf[ɪŋɐ]
Ludolph 'lu:dɔlf
Ludovic *fr.* lydɔ'vik
Ludovica *it.* ludo'vi:ka
Ludovico *it.* ludo'vi:ko
Ludovicus ludo'vi:kʊs
Ludovinger 'lu:dovɪŋɐ
Ludovisi *it.* ludo'vi:zi
Ludowika ludo'vi:ka
Ludowinger 'lu:dovɪŋɐ
Ludus 'lu:dʊs, **Ludi** 'lu:di
Luduș *rumän.* 'luduʃ
Ludvig *dän.* 'luðˀvi
Ludvík *tschech.* 'ludvi:k
Ludvika *schwed.* ˌlʊdvi:ka
Ludwich 'lu:tvɪç
Ludwig 'lu:tvɪç, *norw.* 'lu:dvig
Ludwiga lu:t'vi:ga
Ludwigsburg 'lu:tvɪçsbʊrk
Ludwigsfelde lu:tvɪçs'fɛldə, '----
Ludwigshafen 'lu:tvɪçsha:fn̩
Ludwigslust lu:tvɪçs'lʊst
Ludwigsstadt 'lu:tvɪçsʃtat
Ludwik *poln.* 'ludvik
Lueg 'lu:ɛk
Lueger 'lu̯e:gɐ, 'lu:ɛgɐ
Luening *engl.* 'lu:nɪŋ
Lues 'lu:ɛs
luetisch 'lu̯e:tɪʃ
Luffa 'lʊfa
Lufft lʊft
Lufkin *engl.* 'lʌfkɪn
Luft lʊft, **Lüfte** 'lʏftə
Luft-Boden-Rakete 'lʊft-'bo:dn̩rake:tə
lüften 'lʏftn̩

uftig 'lʊftɪç, **-e** ...ɪɡə
uftikus 'lʊftikʊs, **-se** ...ʊsə
ug lu:k, **-es** 'lu:ɡəs
uganer lu'ɡa:nɐ
uganese luɡa'ne:zə
ganesisch luɡa'ne:zɪʃ
ugano *it.* lu'ɡa:no
ugansk[i] *russ.* lu'ɡansk[ij]
ugau 'lu:ɡau̯
ugaus 'lu:k|au̯s
ügde 'lʏkdə
ugdunum lʊk'du:nʊm
üge 'ly:ɡə
gen 'lu:ɡn̩, **lug!** lu:k, **lugt** lu:kt
gen 'ly:ɡn̩, **lüg!** ly:k, **lügt** ly:kt
gerei ly:ɡə'rai̯
gger 'lʊɡɐ
gier 'lu:ɡi̯ɐ
ginbühl 'lu:ɡi:nby:l
ginsland 'lu:k|ɪnslant
gné-Poe *fr.* lyɲe'po
gner 'ly:ɡnɐ
gnerisch 'ly:ɡnərɪʃ
gnetz lu'ɡnɛts
go *dt., it.* 'lu:ɡo, *span.* 'luɣo
goj *rumän.* 'luɡoʒ
gol *fr.* ly'ɡɔl
gones *span.* lu'ɣones
gosch 'lu:ɡɔʃ
gowskoi *russ.* luɡaf'skɔj
guber lu'ɡu:bɐ
gubre lu'ɡu:brə
gubrität luɡubri'tɛ:t
gumkloster 'lu:ɡʊmklo:stɐ
han *engl.* 'lu:hɑ:n
he 'lu:ə
hmann 'lu:man
hr ly:ɐ̯
ick 'lu:ɪk
igi *it.* lu'i:dʒi
igia *it.* lu'i:dʒa
ik *niederl.* lœi̯k
iker 'lu:ikɐ
ini *it.* lu'i:ni
ino *it.* lu'i:no
is *span., bras.* lu̯is, *port.* lu̯iʃ
is *port.* lu̯iʃ, *bras.* lu̯is
isa *it.* lu'i:za, *span.* 'lu̯isa, *russ.* lu'izɐ
ísa *port.* 'lu̯izɐ, *bras.* 'lu̯iza
isch 'lu:ɪʃ
ischen lu'i:sçən
is de Haro lu'ɪs de: 'ha:ro, *span.* 'lu̯iz ðe 'aro
ise lu'i:zə, *schwed.* lu'i:s
isine lui'zi:nə
itgar[d] 'lu:ɪtɡar[t]

Luitger 'lu:ɪtɡɛr
Luithard 'lu:ɪthart
Luitolf 'lu:ɪtɔlf
Luitpold 'lu:ɪtpɔlt
Luitprand 'lu:ɪtprant
Luitwin 'lu:ɪtvi:n
Luiz *port.* lu̯iʃ, *bras.* lu̯is
Luján *span.* lu'xan
Lujo 'lu:jo
Luk lu:k
Luka *russ.* lu'ka, *tschech.* 'luka
Lukáč *slowak.* 'luka:tʃ
Lukács *ung.* 'luka:tʃ
Lukan[ien] lu'ka:n[i̯ən]
Lukanow *bulgar.* lu'kanof
Lukaris 'lu:karɪs
Lukarne lu'karnə
Lukas 'lu:kas
Lukáš *tschech.* 'luka:ʃ
Lukaschek 'lu:kaʃɛk
Lukaschenka *weißruss.* lukɐ-'ʃɛnkɐ
Łukasiewicz *poln.* u̯uka'ɕɛvitʃ
Łukasz *poln.* 'u̯ukaʃ
[1]Luke 'lu:kə
[2]Luke (Name) *engl.* lu:k
Luki *russ.* lu'kij
Lukian lu'ki̯a:n
Lukija *russ.* lu'kijɐ
Lukin *engl.* 'lu:kɪn, *russ.* lu'kin
Lukitsch *russ.* lu'kitʃ
Lukmanier lʊk'ma:ni̯ɐ
Łuków *poln.* 'u̯ukuf
lukrativ lukra'ti:f, **-e** ...i:və
Lukretia, Lukrezia lu'kre:tsi̯a
Lukrez lu'kre:ts
lukrieren lu'kri:rən
Luks *engl.* lʌks
Lukschy 'lʊkʃi
Luksor 'lʊkso:ɐ̯
Lukubration lukubra'tsi̯o:n
lukulent luku'lɛnt
Lukull lu'kʊl
lukullisch lu'kʊlɪʃ
Lukullus lu'kʊlʊs, **-se** ...ʊsə
Lul lʊl
Lula da Silva *bras.* 'lula da 'silva
Lulatsch 'lu:la[:]tʃ
Lule *schwed.* ˌlʉ:lə
Luleå *schwed.* ˌlu:ləo:
Lüleburgaz *türk.* ly'lɛburɡɑz
Luli 'lu:li
Lull *engl.* lʌl, *span.* lul
Lullaby 'laləbai̯
Lulle 'lʊlə
lullen 'lʊlən
Lulli *fr.* lyl'li
Lullies 'lʊli̯əs

Lullu 'lʊlu
Lullus 'lʊlʊs
Lully *fr.* lyl'li
Lulofs *niederl.* 'lylɔfs
Lulu 'lu:lu, lu'lu:
Lulua *fr.* lu'lwa
Lumachelle luma'ʃɛlə
Lumajang *indon.* lu'madʒaŋ
Lumbago lʊm'ba:ɡo
lumbal lʊm'ba:l
Lumbalgie lʊmbal'ɡi:, **-n** ...i:ən
Lumbeck 'lʊmbɛk
lumbecken 'lʊmbɛkn̩
Lumber 'lambɐ
Lumberjack 'lambɐdʒɛk
Lumberton *engl.* 'lʌmbətn
Lumen 'lu:mən, **Lumina** 'lu:mina
Lumen naturale 'lu:mən natu-'ra:lə
Lumet *engl.* 'lu:mɪt
Lumezzane *it.* lumet'tsa:ne
Lumie 'lu:mi̯ə
Lumière *fr.* ly'mjɛ:r
Luminal ® lumi'na:l
Luminanz... lumi'nants...
Lumineszenz luminɛs'tsɛnts
lumineszieren luminɛs'tsi:rən
Lumineux lymi'nø:
Luminographie luminoɡra'fi:
Luminophor lumino'fo:ɐ̯
luminös lumi'nø:s, **-e** ...ø:zə
Lumme 'lʊmə
Lummel 'lʊml̩
Lümmel 'lʏml̩
Lümmelei lʏmə'lai̯
lümmeln 'lʏmln̩
Lummen *niederl.* 'lʏmə
Lummer 'lʊmɐ
lummerig 'lʊmərɪç, **-e** ...ɪɡə
Lummis *engl.* 'lʌmɪs
Lump lʊmp
Lumpazius lʊm'pa:tsi̯ʊs, **-se** ...ʊsə
Lumpazivagabundus lʊm-ˌpa:tsivaɡa'bʊndʊs, **-se** ...ʊsə, **...di** ...di
lumpen, L... 'lʊmpn̩
Lumperei lʊmpə'rai̯
lumpig 'lʊmpɪç, **-e** ...ɪɡə
Lumumba lu'mʊmba, *fr.* lumum'ba
Luna *dt., it.* 'lu:na, *span.* 'luna, *russ.* lu'na
lunar lu'na:ɐ̯
Lunardo *it.* lu'nardo
lunarisch lu'na:rɪʃ
Lunarium lu'na:ri̯ʊm, **...ien** ...i̯ən

Lunatiker lu'na:tikɐ
Lunation luna'tsi̯o:n
lunatisch lu'na:tɪʃ
Lunatismus luna'tɪsmʊs
Lunatscharski *russ.* luna'tʃarskij
Lunceford *engl.* 'lʌnsfəd
Lunch lanʃ, lantʃ
lunchen 'lanʃn̩, 'lantʃn̩
[1]**Lund** (Vogel) lʊnt, **-e** 'lʊndə
[2]**Lund** (Name) lʊnt, *schwed.* lʊnd, *dän.* lʊn'
Lunda 'lʊnda, *port.* 'lundɐ
Lundberg *schwed.* ˌlʊndbærj
Lundbye *dän.* 'lʊnby:'
Lunde *norw.* ˌlʉndə
Lundegård *schwed.* ˌlʊndəgo:rd
Lundell *schwed.* lʊn'dɛl
Lundemis *neugr.* lun'dɛmis
Lundgren *schwed.* ˌlʊndgre:n
Lundist lœ̃'dɪst
Lundkvist *schwed.* ˌlʊndkvist
Lundmark *schwed.* ˌlʊndmark
Lundy [Isle] *engl.* 'lʌndɪ ['aɪl]
Luneberg 'lu:nəbɛrk
Lüneburg 'ly:nəbʊrk
Lüneburger 'ly:nəbʊrgɐ
Lunel *fr.* ly'nɛl
Lünen 'ly:nən
Lünersee 'ly:nɐze:
Lünette ly'nɛtə
Lunéville *fr.* lyne'vil
Lungau 'lʊŋgau̯
Lunge 'lʊŋə
lungern, L... 'lʊŋɐn
lungo 'lʊŋgo
Lungschan 'lʊŋʃan
Luni *it.* 'lu:ni, *engl.* 'lu:nɪ
Lunigiana *it.* luni'dʒa:na
Lunik 'lu:nɪk
Lüning 'ly:nɪŋ
lunisolar lunizo'la:ɐ̯
Lunker 'lʊŋkɐ
Lunonaut luno'nau̯t
Lunovis lu'no:vɪs
Luns *niederl.* lʏns
Lünse 'lʏnzə
Lünt lʏnt
Lunte 'lʊntə
Lunula 'lu:nula, **...lae** ...lɛ, **...nulen** lu'nu:lən
lunular lunu'la:ɐ̯
Lunz lʊnts, *russ.* lunts
Lunze 'lʊntsə
Lunze[nau] 'lʊntsə[nau̯]
Luo Guanzhong *chin.* lu̯ɔ-gu̯andʒʊŋ 241
Luoyang *chin.* lu̯ɔ-i̯aŋ 42
Lupamid lupa'mi:t, **-e** ...i:də
Lupanar lupa'na:ɐ̯
Lupe 'lu:pə
Lupeni *rumän.* lu'penj
Luperca lu'pɛrka
Lupercal lu'pɛrkal
Luperci lu'pɛrtsi
Lupercus lu'pɛrkʊs
Luperkalien lupɛr'ka:li̯ən
Lüpertz 'ly:pɛrts
Lupescu *rumän.* lu'pesku
Lupf lʊpf
lupfen 'lʊpfn̩
lüpfen 'lʏpfn̩
Lupine lu'pi:nə
Lupinin lupi'ni:n
Lupinose lupi'no:zə
Lupold 'lu:pɔlt
Lupolen® lupo'le:n
lupös lu'pø:s, **-e** ...ø:zə
Lupot *fr.* ly'po
Luppe 'lʊpə
luppen 'lʊpn̩
Lupu *rumän.* 'lupu
Lupulin lupu'li:n
Lupus 'lu:pʊs, **-se** ...ʊsə
Lupus in fabula 'lu:pʊs ɪn 'fa:bula
Luque *span.* 'luke
Luquillo *span.* lu'kiʎo
Lurago *it.* lu'ra:go
Luray *engl.* lʊ'reɪ
Lurçat *fr.* lyr'sa
Lurch lʊrç
[1]**Lure** (Instrument) 'lu:rə
[2]**Lure** (Name) *fr.* ly:r
Lurex 'lu:rɛks
Lurgan *engl.* 'lə:gən
Luria 'lu:ri̯a
Lurie *engl.* 'ljʊərɪ
Luristan 'lu:rɪsta[:]n
Lurlei 'lʊrlai̯
Lürmann 'ly:ɐ̯man
Lusaka lu'za:ka, *engl.* lu:'zɑ:kə
Lusatia lu'za:tsi̯a
Luschan (Familienname) 'lʊʃan
Lusche 'lʊʃə
luschig 'lʊʃɪç, **-e** ...ɪgə
Luschin 'lʊʃi:n, lʊ'ʃi:n, *russ.* 'luʒɨn
Luschkow *russ.* luʃ'kɔf
lusen 'lu:zn̩, **lus!** lu:s, **lust** lu:st
Lusen 'lu:zn̩
Luser 'lu:zɐ
Luserke lu'zɛrkə
Lushnjë *alban.* 'luʃnjə
Lüshun *chin.* lyʃu̯ən 44
Lusíadas *port.* lu'ziɐðɐʃ
Lusiade lu'zi̯a:də
Lusiaden lu'zi̯a:dn̩
Lusignan *fr.* lyzi'ɲã
Lusin *russ.* 'luzin
lusingando luzɪŋ'gando
Lusitaner luzi'ta:nɐ
Lusitania luzi'ta:ni̯a, *engl.* lu:sɪ'teɪnjə
Lusitanien luzi'ta:ni̯ən
Lusitanier luzi'ta:ni̯ɐ
lusitanisch luzi'ta:nɪʃ
Lusitanismus luzita'nɪsmʊs
Lusitanist[ik] luzita'nɪst[ɪk]
Luso *port.* 'luzu
Lusothek luzo'te:k
Lussac *fr.* ly'sak
Lussino *it.* lus'si:no
Lust lʊst, **Lüste** 'lʏstə
Lüstchen 'lʏstçən
Lustenau 'lʊstənau̯
Luster 'lʊstɐ
Lüster 'lʏstɐ
lüstern 'lʏstɐn
lustig 'lʊstɪç, **-e** ...ɪgə
Lustig *tschech.* 'lustik
Lüstling 'lʏstlɪŋ
Lustra vgl. Lustrum
Lustration lʊstra'tsi̯o:n
lustrativ lʊstra'ti:f, **-e** ...i:və
lustrieren lʊs'tri:rən
lüstrieren lʏs'tri:rən
Lüstrine lʏs'tri:nə
Lustrum 'lʊstrʊm, **...ra** ...ra
lustwandeln 'lʊstvandl̩n
Lusus 'lu:zʊs
Lut *pers.* lu:t
Lutatius lu'ta:tsi̯ʊs
Lutèce *fr.* ly'tɛs
Lutein lute'i:n
Luteinom lutei'no:m
Luteolin luteo'li:n
Luteom lute'o:m
Luteotropin luteotro'pi:n
Lutet lu'te:t
Lutetia [Parisiorum] lu'te:tsi̯a [pari'zi̯o:rʊm]
Lutetium lu'te:tsi̯ʊm
Lutgardis lʊt'gardɪs
Lütgens 'lʏtgn̩s
Luthardt 'lu:thart
Luther 'lʊtɐ, *engl.* 'lu:θə
Lutheraner lutə'ra:nɐ
lutheranisch lutə'ra:nɪʃ
[1]**lutherisch** 'lʊtərɪʃ, *veralt.* lu'te:rɪʃ
[2]**lutherisch** (stark orthodox lutheranisch) lu'te:rɪʃ
Lüthi 'ly:ti
Luthuli lu'tu:li, *engl.* lu:'θu:li:

Luti *it.* ˈluːti
Lütjenburg ˈlʏtjənbʊrk
Lütjens ˈlʏtjəns
Lütken *dän.* ˈlydgn̩
Luton *engl.* luːtn
Lutosławski *poln.* lutɔˈsu̯afski
Lutrophoros lutroˈfoːrɔs
Lutry *fr.* lyˈtri
lutschen ˈlʊtʃn̩
Lütschine ˈlʏtʃinə
Lutschyna *weißruss.* luˈtʃinɐ
lütt lʏt
Lutte ˈlʊtə
Lutter ˈlʊtɐ
Lütter ˈlʏtɐ
Lutter am Barenberge ˈlʊtɐ am ˈbaːrənbɛrgə
Lüttich ˈlʏtɪç
Lüttjohann ˈlʏtjohan
luttuoso luˈtu̯oːzo
Lüttwitz ˈlʏtvɪts
Lutwin ˈluːtviːn
Lutz[e] ˈlʊts[ə]
Lützelburg ˈlʏtsl̩bʊrk
Lützelburger ˈlʏtsl̩bʊrgɐ
Lützelflüh ˈlʏtsl̩flyː
Lützen ˈlʏtsn̩
Lützkendorf ˈlʏtskn̩dɔrf
Lützow ˈlʏtso
Luv luːf
luven ˈluːfn̩, *auch:* ˈluːvn̩, **luv!** luːf, **luvt** luːft
Luvier ˈluːvi̯ɐ
luvisch ˈluːvɪʃ
luvwärts ˈluːfvɛrts
Lux lʊks
Luxair *fr.* lykˈsɛːr
Luxation lʊksaˈtsi̯oːn
Luxembourg *fr.* lyksãˈbuːr
Luxemburg ˈlʊksm̩bʊrk
Luxemburger ˈlʊksm̩bʊrgɐ
luxemburgisch ˈlʊksm̩bʊrgɪʃ
Luxeuil *fr.* lykˈsœj
Luxeuil-les-Bains *fr.* lyksœjleˈbɛ̃
luxieren lʊˈksiːrən
Luxmeter ˈlʊksmeːtɐ
Luxor ˈlʊksoːɐ̯
Lu Xun *chin.* luçyn 34
luxurieren lʊksuˈriːrən
luxuriös lʊksuˈri̯øːs, **-e** ...øːzə
Luxus ˈlʊksʊs
Luyken *niederl.* ˈlœi̯kə
Luynes *fr.* lɥin
Lu You *chin.* lu-i̯ou̯ 42
Luypaerts *niederl.* ˈlœi̯paːrts
Luz *port.* luʃ, *bras.* lus
Luzán *span.* luˈθan
Luzarches *fr.* lyˈzarʃ
Luzech *fr.* lyˈzɛʃ
Luzern[e] luˈtsɛrn[ə]
Luzhou *chin.* ludʒou̯ 21
Luzi *it.* ˈluttsi
Luzia ˈluːtsi̯a
Luzian luˈtsi̯aːn
Lužické Hory *tschech.* ˈluʒitskɛː ˈhɔri
luzid luˈtsiːt, **-e** ...iːdə
Luzidität lutsidiˈtɛːt
Luzie ˈluːtsi̯ə
Luziensteig ˈluːtsi̯ənʃtai̯k
Luzifer ˈluːtsifɛr
Luziferin lutsifeˈriːn
luziferisch lutsiˈfeːrɪʃ
Luzimeter lutsiˈmeːtɐ
Luzinde luˈtsɪndə
Luzius ˈluːtsi̯ʊs
Luzk *russ.* lutsk
[1]**Luzon** (Ort) *fr.* lyˈzõ
[2]**Luzon** (Insel) luˈsɔn, *span.* luˈθɔn
Luzón luˈsɔn, *span.* luˈθɔn
Luzula ˈluːtsula
Luzzaschi *it.* lutˈtsaski
Luzzatto *it.* lutˈtsatto
Lwoff *fr.* lvɔf
Lwow lvɔf, *russ.* ljvɔf
Lwów *poln.* lvuf
Lwowitsch *russ.* ˈljvɔvitʃ
Lwowna *russ.* ˈljvɔvnɐ
Lyall[pur] *engl.* ˈlaɪəl[pʊə]
Lyase lyˈaːzə
Lyautey *fr.* ljoˈtɛ
Lybeck *schwed.* ˈlyːbɛk
Lycaste lyˈkastə
Lychee ˈlɪtʃi
Lychen ˈlyːçn̩
Lychnis ˈlʏçnɪs
Lychorida lʏˈçoːrida
Lyck lʏk
Lycksele *schwed.* ˈlyksələ
Lycra® ˈlyːkra, *auch:* ˈlai̯kra
Lycurgus lyˈkʊrgʊs
Lydd *engl.* lɪd
Lydda ˈlʏda
Lyddit lʏˈdiːt
Lydenburg *afr.* ˈləi̯dənbœrx
Lyder ˈlyːdɐ
Lydgate *engl.* ˈlɪdgeɪt
Lydia ˈlyːdi̯a, *engl.* ˈlɪdɪə
Lydien ˈlyːdi̯ən
Lydier ˈlyːdi̯ɐ
lydisch ˈlyːdɪʃ
Lydit lyˈdiːt
Lyell *engl.* ˈlaɪəl
Lygdamos ˈlʏkdamɔs
Lyhne *dän.* ˈlyːnə
Lykabettos lykaˈbɛtɔs
Lykanthropie lykantroˈpiː
Lykaon lyˈkaːɔn
Lykaonien lykaˈoːni̯ən
Lykäus lyˈkɛːʊs
Lykeion ˈlyːkai̯ɔn, lyˈkai̯ɔn
Lykien ˈlyːki̯ən
Lykier ˈlyːki̯ɐ
Lykios ˈlyːki̯ɔs
lykisch ˈlyːkɪʃ
Lykke ˈlʏkə
Lykomanie lykomaˈniː
Lykophron ˈlyːkofrɔn
Lykopodium lykoˈpoːdi̯ʊm, **...ien** ...i̯ən
Lykopolis lyˈkoːpolɪs
Lykorexie lykorɛˈksiː
Lykurg lyˈkʊrk
lykurgisch, L... lyˈkʊrgɪʃ
Lykurgos lyˈkʊrgɔs
Lykus ˈlyːkʊs
Lyly *engl.* ˈlɪlɪ
Lyman *engl.* ˈlaɪmən
Lyme *engl.* laɪm
Lymington *engl.* ˈlɪmɪŋtən
Lymm *engl.* lɪm
Lymphadenie lʏmfadeˈniː, **-n** ...iːən
Lymphadenitis lʏmfadeˈniːtɪs, **...itiden** ...niˈtiːdn̩
Lymphadenom lʏmfadeˈnoːm
Lymphadenose lʏmfadeˈnoːzə
Lymphangiom lʏmfaŋˈgi̯oːm
Lymphangitis lʏmfaŋˈgiːtɪs, **...itiden** ...giˈtiːdn̩
lymphatisch lʏmˈfaːtɪʃ
Lymphatismus lʏmfaˈtɪsmʊs
Lymphe ˈlʏmfə
lymphogen lʏmfoˈgeːn
Lymphogranulomatose lʏmfogranulomaˈtoːzə
Lymphographie lʏmfograˈfiː, **-n** ...iːən
lymphoid lʏmfoˈiːt, **-e** ...iːdə
Lymphoidozyt lʏmfoidoˈtsyːt
Lymphom lʏmˈfoːm
Lymphoma lʏmˈfoːma, **-ta** ...ta
Lymphopenie lʏmfopeˈniː
Lymphopoese lʏmfopoˈeːzə
Lymphostase lʏmfoˈstaːzə
Lymphozyt lʏmfoˈtsyːt
Lymphozytose lʏmfotsyˈtoːzə
Lynbrook *engl.* ˈlɪnbrʊk
Lynceus ˈlʏŋkɔy̯s
Lynch *engl.* lɪntʃ, *span.* lintʃ
Lynchburg *engl.* ˈlɪntʃbəːg
lynchen ˈlʏnçn̩, *auch:* ˈlɪnçn̩
Lynches *engl.* ˈlɪntʃɪz
Lynd[hurst] *engl.* ˈlɪnd[həːst]
Lyndora *engl.* lɪnˈdɔːrə
Lyndsay *engl.* ˈlɪndzɪ

Lyne *dän.* ˈlyːnə
Lynen ˈlyːnən
Lyngar *norw.* ˌlyŋgar
Lyngby *dän.* ˈlʏŋbyːˀ
Lynge ˈlʏŋə
Lyngenfjord *norw.* ˈlyŋənfjuːr
Lynkeus ˈlʏŋkɔ͜ys
Lynkou *weißruss.* lɨnjˈkou̯
Lynmouth *engl.* ˈlɪnməθ
Lynn[field] *engl.* ˈlɪn[fiːld]
Lynton *engl.* ˈlɪntən
Lynwood *engl.* ˈlɪnwʊd
Lynx lʏŋks
Lyochrome lyoˈkroːmə
Lyoenzyme lyo|ɛnˈt͜syːmə
Lyon li̯õː, *fr.* ljõ, *engl.* ˈlaɪən
Lyoner ˈli̯oːnɐ
Lyoneser li̯oˈneːzɐ
lyonesisch li̯oˈneːzɪʃ
Lyonnais *fr.* ljɔˈnɛ
Lyons *engl.* ˈlaɪənz
lyophil lyoˈfiːl
lyophob lyoˈfoːp, **-e** ...oːbə
Lyot *fr.* ljo
Lyotard *fr.* ljɔˈtaːr
Lypemanie lypemaˈniː
Lyra ˈlyːra
Lyriden lyˈriːdn̩
Lyrik ˈlyːrɪk
Lyriker ˈlyːrikɐ
lyrisch ˈlyːrɪʃ
lyrisieren lyriˈziːrən
Lyrismus lyˈrɪsmʊs
[1]**Lys** (erdkundl. Name) liːs, *fr.* lis
[2]**Lys** (Maler) lɪs
Lysá *tschech.* ˈlisaː
Łysa Góra *poln.* ˈu̯ɨsa ˈgura
Lysander lyˈzandɐ
Lysandros lyˈzandrɔs
Lyse ˈlyːzə
Lysefjord *norw.* ˌlyːsəfjuːr
Lysekil *schwed.* ˌlyːsəçiːl
Lyserg... lyˈzɛrk...
Lysias ˈlyːzi̯as
lysigen lyziˈgeːn
Lysikrates lyˈziːkratɛs
Lysimachos lyˈziːmaxɔs
Lysimachus lyˈziːmaxʊs
Lysimeter lyziˈmeːtɐ
Lysin lyˈziːn
Lysipp[os] lyˈzɪp[ɔs]
Lysis ˈlyːzɪs
Lysistrata lyˈzɪstrata
Lysistrate lyˈzɪstrate
Lysistratos lyˈzɪstratɔs
Lys lez Lannoy *fr.* lislelaˈnwa
Lysoform® lyzoˈfɔrm
Łysohorský *tschech.* ˈlisɔhɔrskiː
Lysol® lyˈzoːl
Lysotyp lyzoˈtyːp
Lysotypie lyzotyˈpiː, **-n** ...iːən
Lysozym lyzoˈt͜syːm
Lyß liːs
Lyssa ˈlʏsa
Lyssenko (Biologe) *russ.* lɨˈsjɛnkɐ
[2]**Lyssenko** (Komponist) *russ.* ˈlɨsɪnkɐ
Lyssophobie lʏsofoˈbiː
Lyswa *russ.* ˈlɨsjvɐ
Lytham Saint Annes *engl.* ˈlɪðəm sntˈænz
lytisch ˈlyːtɪʃ
Lytkarino *russ.* lɨtˈkarinɐ
Lyttelton *engl.* ˈlɪtltən
Lyttkens *schwed.* ˈlytkəns
Lytton *engl.* lɪtn
lyzeal lyt͜seˈaːl
Lyzeum lyˈt͜seːʊm, **Lyzeen** lyˈt͜seːən
Lyzien ˈlyːt͜si̯ən
Lyzier ˈlyːt͜si̯ɐ
lyzisch ˈlyːt͜sɪʃ

M m

m, M *dt., engl., fr.* ɛm, *it.* ˈɛmme, *span.* ˈeme
μ, M myː
Ma maː
M. A. *engl.* ɛmˈeɪ
Maag maːk
Maan (Jordanien) maˈaːn
Mäander mɛˈandɐ
mäandern mɛˈandɐn, **mäandre** mɛˈandrə
mäandrieren mɛanˈdriːrən
mäandrisch mɛˈandrɪʃ
Maanshan *chin.* ma-anʃan 311
Maar maːɐ̯
Maarianhamina *finn.* ˈmɑriɑnhɑminɑ
Maarssen *niederl.* ˈmaːrsə
Maarten[s] *niederl.* ˈmaːrtən[s]
Maas *dt., niederl.* maːs
Maaseik *niederl.* maːsˈɛi̯k
Maass maːs
Maaß[en] ˈmaːs[n̩]
Maassluis *niederl.* maːsˈslœi̯s
Maastricht maːsˈtrɪçt, *niederl.* maːˈstrɪxt
[2]**Maat** (ägypt. Gott) maˈaːt
[1]**Maat[je]** (Marine) ˈmaːt[jə]
Maazel ˈmaːzl̩, *engl.* mɑːzl, *fr.* maˈzɛl
Mab *engl.* mæb
Mabate *span.* mazˈβate
Mabel *engl.* ˈmeɪbəl
Mabillon *fr.* mabiˈjõ
Mabinogion mabiˈnoːgi̯ɔn
Mablethorpe *engl.* ˈmeɪblθɔːp
Mableton *engl.* ˈmeɪbəltn
Mably *fr.* maˈbli
Mabuse maˈbuːzə, *fr.* maˈbyːz
[1]**Mac®** mɛk
[2]**Mac** (Zuhälter) mak
MacAdam *engl.* məˈkædəm
MacAdoo *engl.* mækəˈduː
Macaé *bras.* makaˈɛ
MacAl[l]ister *engl.* məˈkælɪstə
MacAlpine *engl.* məˈkælpaɪn
Macao maˈkaːo
Mação *port.* mɐˈsɐ̃u̯
Macapá *bras.* makaˈpa
Macapagal *span.* makapaˈɣal
Macará *span.* makaˈra
MacArthur *engl.* məˈkɑːθə
Macartney *engl.* məˈkɑːtnɪ
Macau *port.* mɐˈkau̯, *bras.* maˈkau̯
Macaúbas *bras.* makaˈubas
Macaulay, MacAuley *engl.* məˈkɔːlɪ
Macbeth, MacBeth *engl.* məkˈbɛθ
MacBride *engl.* məkˈbraɪd
MacCall *engl.* məˈkɔːl
MacCallum *engl.* məˈkæləm
Maccaluba *it.* makkaˈluːba
maccaronisch makaˈroːnɪʃ
MacCarthy *engl.* məˈkɑːθɪ
Macchi *it.* ˈmakki
Macchia ˈmaki̯a, ...**ien** ...i̯ən
Macchie ˈmaki̯ə
Macclesfield *engl.* ˈmæklzfiːld
MacClure *engl.* məˈklʊə
MacColl *engl.* məˈkɔl
MacCracken *engl.* məˈkrækən
MacCrone *engl.* məˈkruːn
MacCunn *engl.* məˈkʌn
MacDiarmid *engl.* məkˈdəːmɪd
MacDonagh *engl.* məkˈdʌnə
Macdonald, MacDonald *engl.* məkˈdɔnəld
Macdonnell *engl.* məkˈdɔnl

MacDowell *engl.* mək'daʊəl
MacDuff *engl.* mək'dʌf
Mace *engl.* meɪs
Macedo *port.* mɐ'seðu, *bras.* ma'sedu, *it.* ma'tʃe:do
Macedo̲nius matse'do:ni̯ʊs
Macedọnski *rumän.* matʃe'donski
Maceió *bras.* mase'i̯ɔ
Macentạ *fr.* masɛn'ta
Macẹo *span.* ma'θeo
Ma̲cer 'ma:t͜sɐ
Macera̲ta *it.* matʃe'ra:ta
MacFa̲rlane *engl.* mək'fɑ:lɪn
MacFarren *engl.* mək'færən
MacGahan *engl.* mə'gæn
MacGi̲ll *engl.* mə'gɪl
MacGowan *engl.* mə'gaʊən
MacGra̲th *engl.* mə'grɑ:θ
MacGrẹgor *engl.* mə'grɛgə
Mạch max
Mácha *tschech.* 'ma:xa
Mạcháček *tschech.* 'maxa:tʃɛk
Machạdo *port.* mɐ'ʃaðu, *bras.* ma'ʃadu, *span.* ma'tʃaðo
Machạdo de Assịs *bras.* ma'ʃadu di a'sis
Macha̲irodus ma'xai̯rodʊs
Machạjew *russ.* ma'xajɪf
Machạla *span.* ma'tʃala
Machạndel ma'xandl̩
Macha̲on ma'xa:ɔn
Mạchar *tschech.* 'maxar
Mạchatschek 'maxatʃɛk
Machatschkalạ *russ.* mɐxɐtʃka'la
Machau[l]t *fr.* ma'ʃo
Machault d'Arnouvịlle *fr.* maʃodarnu'vil
Mạche 'maxə
Mạchek *tschech.* 'maxɛk
Machẹl *port.* mɐ'ʃɛl
mạchen 'maxn̩
Machen *engl.* 'meɪtʃən, 'mækɪn
Mache̲te ma'xe:tə, *auch:* ma'tʃe:tə
Mache̲tik ma'xe:tɪk
Machiavẹll maki̯a'vɛl
Machiavẹlli maki̯a'vɛli, *it.* maki̯a'vɛlli
Machiavellịsmus maki̯avɛ'lɪsmʊs
Machiavellịst maki̯avɛ'lɪst
Machịche ma't͜ʃɪt͜ʃə
Machinatio̲n maxina't͜si̯o:n
Machịne *fr.* ma'ʃin
machinie̲ren maxi'ni:rən
Machịsmo ma't͜ʃɪsmo
Ma̲chland 'ma:xlant
Mạchnow 'maxno
mạcho, M... 'mat͜ʃo
Machọrka ma'xɔrka
Machpela̲ maxpe'la:
Machso̲r max'zo:ɐ̯, **-i̲m** ...zo'ri:m
Mạcht maxt, **Mạ̈chte** 'mɛçtə
Machtumkulị *russ.* maxtumku'li
Machụca *span.* ma'tʃuka
machụlle ma'xʊlə
Mạchu Pịcchu *span.* 'matʃu 'piktʃu
Maciá *span.* ma'θi̯a
Macías *span.* ma'θias
Mạciej *poln.* 'matɕɛj
Maciejọwski *poln.* matɕɛ'jɔfski
Măcịn *rumän.* mə'tʃin
Macintosh *engl.* 'mækɪntɔʃ
Macintyre *engl.* 'mækɪntaɪə
Macịp *span.* ma'θip
Mạcis 'mat͜sɪs
Mạck mak, *engl.* mæk
Mackail *engl.* mə'keɪl
Mackay *engl.* mə'kaɪ, mə'keɪ
MacKaye *engl.* mə'kaɪ
Macka̲y̲ville *engl.* mə'kaɪvɪl
Mạcke 'makə
Macke̲ben ma'ke:bn̩
Macken *engl.* 'mækən
Mạckenroth 'makn̩ro:t
Mạckensen 'makn̩zən
Mackẹnzie *engl.* mə'kɛnzɪ
Mạcker 'makɐ
Mackẹrras *engl.* mə'kɛrəs
Mackie *engl.* 'mækɪ
Mackiẹwicz *poln.* mats'kjɛvitʃ
Mackinac *engl.* 'mækɪnɔ:
Mackịnder *engl.* mə'kɪndə
Mackintosh, MacKintosh *engl.* 'mækɪntɔʃ
mạcklich 'maklɪç
Macklin *engl.* 'mæklɪn
Mackọwsky ma'kɔfskɪ
MacLaine *engl.* mə'kleɪn
Maclaren *engl.* mə'klærən
Maclaurin *engl.* mə'klɔ:rɪn
Maclay *engl.* mə'kleɪ
MacLean *engl.* mə'kleɪn, ...li:n
MacLeish *engl.* mə'kli:ʃ
MacLẹnnan *engl.* mə'klɛnan
Macleod, MacLeod *engl.* mə'klaʊd
Macleya mak'le:a, ...'lai̯a
Maclịse *engl.* mə'kli:z
Mac-Mahon *fr.* makma'õ
MacManus *engl.* mək'mænəs
MacMịllan, Macm... *engl.* mək'mɪlən
MacMọnnies *engl.* mək'mɔnɪz
MacMọrris *engl.* mək'mɔrɪs
MacMurdo *engl.* mək'mə:doʊ
MacMurrough *engl.* mək'mʌroʊ
Macnama̲ra *engl.* mæknə'mɑ:rə
MacNeice *engl.* mək'ni:s
MacNeil[l] *engl.* mək'ni:l
Macomb *engl.* mə'koʊm
Macon *engl.* 'meɪkən
Mâcon *fr.* mɑ'kõ
Mâconnais *fr.* mɑkɔ'nɛ
Mac Orlan *fr.* makɔr'lã
Mạcourek *tschech.* 'matsou̯rɛk
MacPhail *engl.* mək'feɪl
Macpherson *engl.* mək'fə:sn
Macquarie *engl.* mə'kwɔrɪ
Macramé makra'me:
Macready *engl.* mə'kri:dɪ
Macri̲nus ma'kri:nʊs
Macro̲bius ma'kro:bi̯ʊs
Macrope̲dius makro'pe:di̯ʊs
MacTaggart *engl.* mək'tægət
Ma̲cula 'ma:kula
Mạčva *serbokr.* 'ma:tʃva
MacVeagh *engl.* mək'veɪ
Macy *engl.* 'meɪsɪ
Mạdaba 'madaba
Madách *ung.* 'mɔda:tʃ
Madagasca̲r *fr.* madagas'ka:r
Madagạskar mada'gaskar
Madagạsse mada'gasə
Madagạssis mada'gasɪs
madagạssisch mada'gasɪʃ
Madalẹna *port.* mɐðɐ'lɛnɐ
Madạm ma'dam
Madạmchen ma'damçən
Madạme ma'dam, **Mesdạmes** me'dam
Madang *engl.* mə'dæŋ, 'mɑ:dɑ:ŋ
Madapolam madapo'la[:]m
Madariạga *span.* maða'ri̯aɣa
Madaro̲se mada'ro:zə
Mä̲dchen 'mɛ:tçən
Maddale̲na *it.* madda'le:na
Maddalo̲ni *it.* madda'lo:ni
Mạdden 'madn̩, *engl.* 'mædən
Ma̲de 'ma:də
Madegạsse madə'gasə
made in ... 'me:t ɪn ...
[1]**Madeira** (Wein) ma'de:ra, *auch:* ma'dai̯ra
[2]**Madeira** (Name) ma'de:ra, *port.* mɐ'ðɐi̯rɐ, *bras.* ma'dei̯ra, *span.* ma'ðei̯ra
Mä̲del 'mɛ:dl̩
Mä̲delegabel 'mɛ:dələga:bl̩

M

Madeleine *fr.* ma'dlɛn, *engl.* 'mædlɪn, ...leɪn
Madelon *fr.* ma'dlõ
Madelung 'ma:dəlʊŋ
Mademoiselle madəmo̯a'zɛl, **Mesdemoiselles** medəmo̯a'zɛl
Maden *türk.* 'ma:dɛn
Mader 'ma:dɐ
[1]**Madera** (Wein) ma'de:ra
[2]**Madera** (Name) *span.* ma'ðera, *engl.* mə'dɛərə
Maderna *it.* ma'dɛrna
Maderno *it.* ma'dɛrno
Madersperger 'ma:dɐspɛrgɐ
Madesüß 'ma:dəzy:s
madeszent madɛs'tsɛnt
Madge *engl.* mædʒ
Madhya Pradesh *engl.* 'mædjə prɑ:'dɛʃ
Madi 'ma:di
Madianiter madi̯a'ni:tɐ
madidant madi'dant
Madie 'ma:di̯ə
madig 'ma:dɪç, **-e** ...ɪgə
Madijo ma'di:jo
Madina do Boé *port.* mɐ'dinɐ ðu 'βu̯ɛ
Madison 'mɛdɪsn̩
Madison[ville] *engl.* 'mædɪsn[vɪl]
Madiun *indon.* ma'diʊn
Madjar ma'dja:ɐ̯
madjarisch ma'dja:rɪʃ
madjarisieren madjari'zi:rən
Mädler 'mɛ:dlɐ
Madonie *it.* mado'ni:e
Madonna ma'dɔna, *it.* ma'dɔnna
Madou *fr.* ma'du
[1]**Madras** (Stoff) 'madras
[2]**Madras** (Stadt) 'ma[:]dras, *engl.* mə'drɑ:s
Madrazo *span.* ma'ðraθo
Madre de Dios *span.* 'maðre ðe 'ði̯ɔs
Madreporarie madrepo'ra:ri̯ə
Madrepore madre'po:rə
Madrid ma'drɪt, *span.* ma'ðrið
Madrider ma'drɪdɐ
Madrigal madri'ga:l
madrigalesk madriga'lɛsk
Madrigaletto madriga'lɛto, ...**etti** ...ɛti
Madrigalismus madriga'lɪsmʊs
Madrigalist[ik] madriga'lɪst[ɪk]
Madrigalon madriga'lo:n
Madruzzo *it.* ma'druttso
Mads *dän.* mæs
Madschus ma'dʒu:s
Madsen *dän.* 'mæsn̩
Madura *indon.* ma'dura
Madura... ma'du:ra...
Madurai *engl.* mædʊ'raɪ
Madüsee ma'dy:ze:
Madvig *dän.* 'mæð'vi
Mae *engl.* meɪ
Maebaschi *jap.* 'ma,ebaʃi̯
Maecenas mɛ'tse:nas
Maella *span.* ma'eʎa
Maerlant *niederl.* 'ma:rlɑnt
Maertens *niederl.* 'ma:rtəns
Maes *niederl.* ma:s
Maestà maɛs'ta
Maesteg *engl.* maɪs'teɪg
maestoso maɛs'to:zo
Maestoso maɛs'to:zo, ...**si** ...zi
Maestrale maɛs'tra:lə
Maestro ma'ɛstro, ...**ri** ...ri
Maeterlinck 'ma:tɐlɪŋk, *fr.* metɛr'lɛ̃:k
Mäeutik mɛ'ɔytɪk
mäeutisch mɛ'ɔytɪʃ
Maeztu *span.* ma'eθtu
Mafai *it.* ma'fa:i̯
Mafeking *engl.* 'mæfɪkɪŋ
Maffay 'mafai̯
Maffei *it.* maf'fɛ:i̯
Maffia 'mafi̯a
Mafia 'mafi̯a
mafios ma'fi̯o:s, **-e** ...o:zə
Mafioso ma'fi̯o:zo, ...**si** ...zi
Mafiote ma'fi̯o:tə
mafisch 'ma:fɪʃ
Mafra *port.* 'mafrɐ, *bras.* 'mafra
mag ma:k
Maga *fr.* ma'ga
Magadan *russ.* mɐga'dan
Magalhães *port.* mɐɣɐ'ʎɐ̃i̯ʃ, *bras.* maga'ʎɐ̃i̯s
Magallanes *span.* maɣa'ʎanes
Magaloff *fr.* maga'lɔf
Magalotti *it.* maga'lɔtti
Magangué *span.* maɣaŋ'ge
Magazin[er] maga'tsi:n[ɐ]
Magazineur magatsi'nø:ɐ̯
magazinieren magatsi'ni:rən
Magd ma:kt, **Mägde** 'mɛ:kdə
Magda[la] 'makda[la]
Magdalena makda'le:na, *span.* maɣða'lena
Magdalene[rin] makda'le:nə[rɪn]
Magdalénien makdale'ni̯ɛ̃:
Magdalensberg makda'le:nsbɛrk
Magdalis 'makdalɪs
Mägde vgl. Magd
Magdeburg 'makdəbʊrk, **-er** ..rgɐ
Mägdelein 'mɛ:kdəlai̯n
Mägdlein 'mɛ:ktlai̯n
Mage (Verwandter) 'ma:gə
Magelang *indon.* magə'laŋ
Magellan magɛ'la:n, *auch:* magɛl'ja:n, 'magɛljan
Magelone magə'lo:nə
Magen 'ma:gn̩, **Mägen** 'mɛ:gn̩
Magendie *fr.* maʒɛ̃'di
Magenta ma'gɛnta, *it.* ma'dʒɛnta
mager 'ma:gɐ
Mager 'ma:gɐ
magern 'ma:gɐn, **magre** 'ma:grə
Magerøy *norw.* ˌma:gərœi̯
Magethos ma'ge:tɔs
Maggi® 'magi, *it.* 'maddʒi
Maggia *it.* 'maddʒa
Maggie *engl.* 'mægɪ
Maggini *it.* mad'dʒi:ni
Maggiolata madʒo'la:ta
Maggio Musicale *it.* 'maddʒo muzi'ka:le
maggiore, M... ma'dʒo:rə
Maggiorivoglio *it.* maddʒori'vɔʎʎo
Maghreb 'magrɛp, *fr.* ma'grɛb
maghrebinisch magre'bi:nɪʃ
Magie ma'gi:
Magier 'ma:gi̯ɐ
Magiker 'ma:gikɐ
Maginald 'ma:ginalt
Maginot *fr.* maʒi'no
magisch 'ma:gɪʃ
Magister Artium ma'gɪstɐ 'artsi̯ʊm
Magister Pharmaciae ma'gɪstɐ farma'tsi:ɛ
magistral magɪs'tra:l
Magistrale magɪs'tra:lə
Magistrat magɪs'tra:t
Magistratur magɪstra'tu:ɐ̯
Maglemose *dän.* 'maɣləmʊ:sə
Magliabechi *it.* maʎʎa'be:ki
Magma 'magma
magmatisch ma'gma:tɪʃ
Magmatismus magma'tɪsmʊs
Magmatit magma'ti:t
magmatogen magmato'ge:n
Magna vgl. Magnum
Magna Charta 'magna 'karta
Magna Charta Island *engl.* 'mægnə 'kɑ:tə 'aɪlənd
magna cum laude 'magna kʊm 'lau̯də

Magnago *it.* maɲ'ɲa:go
Magnalium ma'gna:li̯ʊm
Magna Mater 'magna 'ma:tɐ
Magnan *fr.* ma'ɲã
Magnani *it.* maɲ'ɲa:ni
Magna Peccatrix 'magna pɛ'ka:trɪks
Magnard *fr.* ma'ɲa:r
Magnasco *it.* maɲ'ɲasko
Magnat ma'gna:t
Magne *fr.* maɲ
Magnelli *it.* maɲ'ɲɛlli
Magnentius ma'gnɛnt͜si̯ʊs
Magnes 'magnɛs
Magnesia ma'gne:zi̯a
Magnesit magne'zi:t
Magnesium ma'gne:zi̯ʊm
Magnet[ik] ma'gne:t[ɪk]
magnetisch ma'gne:tɪʃ
Magnetiseur magneti'zø:ɐ̯
magnetisieren magneti'zi:rən
Magnetismus magne'tɪsmʊs
Magnetit magne'ti:t
Magnetofon magneto'fo:n
Magnetograf magneto'gra:f
Magnetograph magneto'gra:f
Magnetometer magneto'me:tɐ
Magneton 'magnetɔn, *auch:* ...'to:n
Magnetooptik magneto'|ɔptɪk
Magnetopath magneto'pa:t
Magnetopathie magnetopa'ti:
Magnetophon® magneto'fo:n
Magnetosphäre magneto'sfɛ:rə
Magnetostriktion magnetostrɪk't͜si̯o:n
Magnetron 'magnetro:n
Magni 'magni, *it.* 'maɲɲi
magnifik manji'fi:k
Magnifika ma'gni:fika, **...kae** ...kɛ
Magnifikat ma'gni:fikat
Magnifikus ma'gni:fikʊs, **...fizi** ...fit͜si
Magnifizentissimus magnifit͜sɛn'tɪsimʊs, **...mi** ...mi
Magnifizenz magnifi't͜sɛnt͜s
Magnisia ma'gni:zi̯a, *neugr.* maɣni'sia
Magnitogorsk *russ.* mɐgnita'gɔrsk
Magnitude magni'tu:də
Magnitudo magni'tu:do
Magnol *fr.* ma'ɲɔl
Magnolia *engl.* mæg'noʊlɪə
Magnolie ma'gno:li̯ə
Magnum 'magnʊm, *auch:* 'ma:gnʊm, **...na** ...na

Magnus 'magnʊs, *auch:* 'ma:gnʊs; *engl.* 'mægnəs, *dän.* 'maɣnus, *schwed.* 'maŋnʊs, *norw.* 'maŋnʉs
Magnús *isl.* 'magnu:s
Magnússon *isl.* 'magnusɔn
Magny *fr.* ma'ɲi
Mago 'ma:go
Magog 'ma:gɔk, *engl.* 'meɪgɔg
Magonide mago'ni:də
Magoon *engl.* mə'gu:n
Magot 'ma:gɔt
Mag. pharm. mak'farm
Magritte *fr.* ma'grit
Magsaysay *span.* maɣsai̯'sai̯
Magula 'ma:gula
Magus 'ma:gʊs, **...gi** ...gi
Magyar ma'dja:ɐ̯
magyarisieren madjari'zi:rən
Magyarország *ung.* 'mɔdjɔrorsa:g
mäh! mɛ:
Mahabad *pers.* mæhɑ'bɑ:d
Mahabharata maha'ba:rata
Mahadewa maha'de:va
Mahadöh maha'dø:
Mahagoni maha'go:ni
Mahagonny maha'gɔni
Mahajana maha'ja:na
Mahakam *indon.* ma'hakam
Mahal ma'hal
Mahalla Al Kubra ma'hala al'kʊbra
Mahan *engl.* mə'hæn, mɑ:n
Mahanadi *engl.* mə'hɑ:nədɪ
Mahanoy *engl.* 'mæhənɔɪ
Maharadscha maha'ra:d͜ʒa
Maharani maha'ra:ni
Maharashtra *engl.* məhɑ:'rɑ:ʃtrə
Maharischi maha'rɪʃi
Mahatma ma'ha:tma
Mahayana maha'ja:na
Mahd ma:t, **-en** 'ma:dn̩
Mähder 'mɛ:dɐ
Mahdi 'maxdi, *auch:* 'ma:di
Mahdia *fr.* ma'dja
Mahdist max'dɪst, *auch:* ma'dɪst
Mahé *fr.* ma'e, *engl.* 'mɑ:eɪ
mähen 'mɛ:ən
Mahen *tschech.* 'mahɛn
Mahendra ma'hɛndra
Mäher 'mɛ:ɐ
Mahfus max'fu:s
Mahieu *fr.* ma'jø
Mahillon *fr.* mai'jõ
Mah-Jongg ma'd͜ʒɔŋ
Mahl ma:l, **Mähler** 'mɛ:lɐ

Mahlberg 'ma:lbɛrk
mahlen 'ma:lən
Mahler 'ma:lɐ
mählich 'mɛ:lɪç
Mahlis 'ma:lɪs
Mahlmann 'ma:lman
Mahlzeit 'ma:lt͜sai̯t
Mahmud max'mu:t, *pers.* mæh'mu:d
Mähne 'mɛ:nə
mahnen 'ma:nən
mähnig 'mɛ:nɪç, **-e** ...ɪgə
Mahoîtres ma'o̯a:trə
Mahomed, Mahomet 'ma:homɛt
Mahon *engl.* mɑ:n, mə'hu:n, mə'hoʊn
Mahón *span.* ma'ɔn
Mahon[e]y *engl.* 'mɑ:ənɪ
Mahonie ma'ho:ni̯ə
Mahr ma:ɐ̯
Mahraun 'ma:rau̯n
Mähre[n] 'mɛ:rə[n]
Mahrenholz 'ma:rənhɔlt͜s
Mährer 'mɛ:rɐ
mährisch 'mɛ:rɪʃ
Mahsati *pers.* mæhsæ'ti:
Mahut ma'hu:t
[1]**Mai** (Monat) mai̯
[2]**Mai** (Name) mai̯, *it.* ma:i̯
Maia 'mai̯a, *port.* 'mai̯ɐ
Maiano *it.* ma'i̯a:no
Maid mai̯t, **-en** 'mai̯dn̩
Maidbronn mai̯t'brɔn
Maiden 'me:dn̩
Maidenhead *engl.* 'meɪdnhɛd
Maidismus mai̯'dɪsmʊs, mai...
Maidstone *engl.* 'meɪdstən
Maidu 'mai̯du
Maiduguri *engl.* maɪ'du:gəri:
Maie 'mai̯ə
maien, M... 'mai̯ən
Maiensäß 'mai̯ənzɛ:s, **-e** ...zɛ:sə
Maier 'mai̯ɐ
Maifeld 'mai̯fɛlt
Maigret *fr.* mɛ'grɛ
Maihingen 'mai̯ɪŋən
Maihofer 'mai̯ho:fɐ
Maike 'mai̯kə
Maikong 'mai̯kɔŋ
Maikop *russ.* maj'kɔp
Maikow *russ.* 'majkɐf
Mail me:l
Mailand 'mai̯lant
Mailänder 'mai̯lɛndɐ
mailändisch 'mai̯lɛndɪʃ
Mailer *engl.* 'meɪlə
mailich 'mai̯lɪç

M

Mailing 'me:lɪŋ
Maillard, Maillart *fr.* ma'ja:r
Maillet *fr.* ma'jɛ
Maillol *fr.* ma'jɔl
Maillot ma'jo:, *fr.* ma'jo
Mailorder 'me:l|ɔ:ɐ̯dɐ
Maimon 'maimɔn
Maimonides mai'mo:nidɛs
Main main, *engl.* meɪn
Mainard *fr.* mɛ'na:r
Mainardi *it.* mai'nardi
Mainau 'mainau
Mainbernheim main'bɛrnhaim
Mainburg 'mainbʊrk
Maine *fr.* mɛn, *engl.* meɪn
Maine de Biran *fr.* mɛndəbi'rã
Maine-et-Loire *fr.* mɛne'lwa:r
Mainfranken 'mainfraŋkn̩
Mainhardt 'mainhart
Mainland *engl.* 'meɪnlənd
Mainleus main'lɔys
Mainliner 'me:nlainɐ
Mainlining 'me:nlainɪŋ
Mainreuth main'rɔyt
Mainstream 'me:nstri:m
Maintal 'mainta:l
Maintenon *fr.* mɛ̃t'nõ
Mainz[er] 'maints[ɐ]
mainzisch 'maintsɪʃ
Maiolus ma'jo:lʊs
Maiorescu *rumän.* maio'resku
Maiorianus majo'ri̯a:nʊs
Maipo *span.* 'maipo
Maiquetia *span.* maike'tia
Mair 'maiɐ
Maire mɛ:ɐ̯
Mairet *fr.* mɛ'rɛ
Mairie mɛ'ri:, **-n** ...i:ən
Maironis *lit.* mai'ro:nɪs
[1]**Mais** mais, **-es** 'maizəs
[2]**Mais** (Name) *engl.* meɪs
Maisach 'maizax
Maisch[e] 'maiʃ[ə]
maischen 'maiʃn̩
Maisenberg 'maiznbɛrk
Maiski *russ.* 'majskij
Maison *fr.* mɛ'zõ
Maison-Blanche *fr.* mɛ̃zõ'blã:ʃ
Maison-Carrée *fr.* mɛzõka're
Maisonette mɛzo'nɛt
Maisonnette mɛzɔ'nɛt
Maisonneuve *fr.* mɛzõ'nœ:v
Maisons-Alfort *fr.* mɛzõal'fɔ:r
Maisons-Laffitte *fr.* mɛzõla'fit
Maiß mais
Maistre *fr.* mɛstr
Maisuru *jap.* 'ma,izuru
Maitani *it.* mai'ta:ni
Maitland *engl.* 'meɪtlənd
Maître de Plaisir, -s - - 'mɛ:trə də plɛ'zi:ɐ̯
Maîtrise mɛ'tri:zə
Maiwald 'maivalt
Maizena® mai'tse:na
Mazière[s] *fr.* mɛ'zjɛ:r
Maja 'ma:ja, *russ.* 'majɐ
Maja desnuda *span.* 'maxa ðez'nuða
Majadin maja'di:n
Majakowski maja'kɔfski, *russ.* mɐjɪ'kɔfskij
Majanthemum ma'jantemʊm
Maja vestida *span.* 'maxa βes'tiða
Majdanek *poln.* maj'danɛk
Majdanpek *serbokr.* ,ma:jdampɛk
Majer 'maiɐ
Majerová *tschech.* 'majɛrɔva:
Majestas Domini ma'jɛstas 'do:mini
Majestät majɛs'tɛ:t
majestätisch majɛs'tɛ:tɪʃ
majeur ma'ʒø:ɐ̯
Majo *it.* 'ma:io
Majolika ma'jo:lika
Majolus ma'jo:lʊs
Majonäse majo'nɛ:zə
Ma-Jongg ma'dʒɔŋ
Majonica ma'jo:nika
[1]**Major** (Offizier) ma'jo:ɐ̯
[2]**Major** (Familienname) 'ma:jo:ɐ̯, *engl.* 'meɪdʒə
[3]**Major** (Begriff) 'ma:jo:ɐ̯
Majoran 'ma:joran, *auch:* majo'ra:n
Majorana *it.* maio'ra:na
Majorat majo'ra:t
Majorca ma'jɔrka
Majordomus 'ma:jo:ɐ̯'do:mʊs
majorenn majo'rɛn
Majorennität majorɛni'tɛ:t
Majorette majo'rɛt, **-n** ...tn̩
Majorian majo'ri̯a:n
majorisieren majori'zi:rən
Majorist majo'rɪst
Majorität majori'tɛ:t
Majorz ma'jɔrts
Majunga *fr.* maʒœ̃'ga
Majuro ma'dʒu:ro, *engl.* mə'dʒʊəroʊ
Majuskel ma'jʊskl̩
makaber ma'ka:bɐ
Makadam maka'dam
makadamisieren makadami'zi:rən
Makak 'ma:kak, ma'ka[:]k; **Makaken** ma'ka[:]kn̩
Mäkäle *amh.* mɛk'ɛle
Makalu *engl.* 'mækəlu:
Makame ma'ka:mə
Makanin *russ.* ma'kanin
Makao ma'ka:o, ma'kau
Makar[enko] *russ.* ma'kar[ɪnkɐ]
Makari *russ.* ma'karij
Makarios *neugr.* ma'karjɔs
Makarismus maka'rɪsmʊs
Makarius ma'ka:ri̯ʊs
Makarjew *russ.* ma'karjɪf
Makarow *russ.* ma'karɐf
Makarowitsch ma'karɐvitʃ
Makarow[n]a *russ.* ma'karɐv[n]ɐ
Makarska *serbokr.* ,makarska:
Makart 'makart
Makas[s]ar *indon.* ma'kasar
Makati *span.* ma'kati
Makeba *engl.* mɑ:'keɪbɑ:
Makedonien make'do:ni̯ən
Makedonier make'do:ni̯ɐ
Makedonija *mak.* makɛ'dɔnija
makedonisch make'do:nɪʃ
Makejewka *russ.* ma'kjejɪfkɐ
Makel 'ma:kl̩
Mäkelä *finn.* 'mækɛlæ
Mäkelei mɛ:kə'lai
mäkelig 'mɛ:kəlɪç, **-e** ...ɪgə
makeln 'ma:kl̩n
mäkeln 'mɛ:kl̩n
Makette ma'kɛte
Make-up me:k'|ap, *auch:* '−−
Maki 'ma:ki
Makie 'ma:ki̯ə
Makimono maki'mo:no
Makkabäer maka'bɛ:ɐ
makkabäisch maka'bɛ:ɪʃ
Makkabi ma'ka:bi
Makkabiade maka'bi̯a:də
Makkalube maka'lu:bə
Makkaroni maka'ro:ni
makkaronisch maka'ro:nɪʃ
makkaronisieren makaroni'zi:rən
Maklakiewicz *poln.* makla'kjɛvitʃ
Makler 'ma:klɐ
Mäkler 'mɛ:klɐ
mäklig 'mɛ:klɪç, **-e** ...ɪgə
Mako 'mako
Makó *ung.* 'mɔko:
Makonde ma'kɔndə
Makoré mako're:
Makowski *russ.* ma'kɔfskij
Makramee makra'me:
Makran *engl.* mə'krɑ:n
Makrele ma'kre:lə

Makrenzephalie makrɛntse̯fa'li:, **-n** ...i:ən
Makro 'ma:kro
makro..., M... 'ma:kro...
Makroanalyse makro|ana'ly:zə, *auch:* 'ma:k...
Makrobiose makro'bi̯o:zə
Makrobiotik makro'bi̯o:tɪk
makrobiotisch makro'bi̯o:tɪʃ
Makrocheilie makroça̯i'li:, **-n** ...i:ən
Makrocheirie makroça̯i'ri:, **-n** ...i:ən
Makrodaktylie makrodakty'li:, **-n** ...i:ən
Makroenzephalie makro|ɛntse̯fa'li:, **-n** ...i:ən
Makrogamet makroga'me:t
Makroglossie makroglɔ'si:, **-n** ...i:ən
makrokephal makroke'fa:l
Makrokephale makroke'fa:lə
Makroklima 'ma:krokli:ma
makrokosmisch makro'kɔsmɪʃ, *auch:* 'ma:kro...
Makrokosmos makro'kɔsmɔs, *auch:* 'ma:kro...
Makrokosmus makro'kɔsmʊs, *auch:* 'ma:kro...
makrokristallin makrokrɪsta'li:n
Makrolinguistik makrolɪŋ'gu̯ɪstɪk, *auch:* 'ma:k...
Makromelie makrome'li:, **-n** ...i:ən
Makromeren makro'me:rən
Makromolekül makromole'ky:l, *auch:* 'ma:kro...
makromolekular makromoleku'la:ɐ̯, *auch:* 'ma:kro...
Makron 'ma:krɔn
Makrone ma'kro:nə
Makronukleus makro'nu:kleʊs
Makrophagen makro'fa:gn̩
Makrophyt makro'fy:t
Makroplasie makropla'zi:
Makropode makro'po:də
Makropsie makrɔ'psi:, **-n** ...i:ən
makroseismisch makro'za̯ismɪʃ
makroskopisch makro'sko:pɪʃ
Makrosmat makrɔs'ma:t
Makrosomie makrozo'mi:, **-n** ...i:ən
Makrospore makro'spo:rə
Makrostoma makro'sto:ma, **-ta** -ta
Makrostruktur 'ma:kroʃtrʊktu:ɐ̯, ...ost...
Makrotheorie 'ma:kroteori:
Makrotie makro'ti:, **-n** ...i:ən
makrozephal makrotse̯'fa:l
Makrozephale makrotse̯'fa:lə
Makrozephalie makrotse̯fa'li:, **-n** ...i:ən
Makrozyt makro'tsy:t
Makrulie makru'li:, **-n** ...i:ən
Maksimović *serbokr.* 'maksimɔvitɕ
Maksura ma'ksu:ra
Maktar *fr.* mak'ta:r
Maku[b]a ma'ku:[b]a
Makulatur makula'tu:ɐ̯
makulieren maku'li:rən
Makuszyński *poln.* maku'ʃɨi̯ski
mal ma:l
Mal ma:l, **Mäler** 'mɛ:lɐ
Mala vgl. Malum
Malabar 'ma:labar; *auch:* 'malabar, *engl.* 'mæləbɑ:
Malabo *span.* ma'laβo
Malabon *span.* ma'laβɔn
Malacca *indon.* ma'laka
Malachias mala'xi:as
Malachit mala'xi:t
Małaczewski *poln.* mau̯a'tʃɛfski
malad ma'la:t
malade ma'la:də
Malade[t]ta *span.* mala'ðeta
Malá Fatra *slowak.* 'mala: 'fatra
mala fide 'ma:la 'fi:də
Malaga 'ma[:]laga
Málaga 'ma[:]laga, *span.* 'malaɣa
Malagassi mala'gasi
Malagodi *it.* mala'gɔ:di
Malagueña mala'gɛnja
Malaie ma'la̯iə
malaiisch ma'la̯iɪʃ
Malaise ma'lɛ:zə
Malaita *engl.* mə'leɪtə
Malajalam mala'ja:lam, *auch:* ...ja'la:m
Malaka *indon.* ma'laka
Malakal mala'ka:l
Malakie mala'ki:, **-n** ...i:ən
Malakka ma'laka
Malakoff *fr.* mala'kɔf
Malakologe malako'lo:gə
Malakologie malakolo'gi:
malakologisch malako'lo:gɪʃ
Malakophile malako'fi:lə
Malakostrake malakɔs'tra:kə
Malakozoologie malakotso̯olo'gi:
Malakozoon malako'tso:ɔn
Malamud *engl.* 'mæləmʊd
Malan (Südafrika) *afr.* mə'laŋ
Malang *indon.* 'malaŋ
Malanje *port.* mɐ'lãʒɪ
Malanjuk *ukr.* mala'njuk
Malapane mala'pa:nə
Mała Panew *poln.* 'mau̯a 'panɛf
Malaparte *it.* mala'parte
mal-à-propos malapro'po:
Mälaren *schwed.* 'mɛ:larən
Malaria ma'la:ri̯a
Malarialogie malari̯alo'gi:
Mälarsee 'mɛ:larze:
Maläse ma'lɛ:zə
Malaspina *engl.* mælə'spi:nə
Malatesta *it.* mala'tɛsta
Malatya *türk.* mɑ'lɑtjɑ
Malawi ma'la:vi, *engl.* mə'lɑ:wɪ
Malawier ma'la:vi̯ɐ
malawisch ma'la:vɪʃ
Malaxt 'ma:l|akst
Malaya *indon.* ma'laja
Malayalam *engl.* mælɪ'ɑ:ləm
Malaysia ma'la̯izi̯a
Malaysier ma'la̯izi̯ɐ
malaysisch ma'la̯izɪʃ
Malazie mala'tsi:, **-n** ...i:ən
Malbarte 'ma:lbartə
Malberg 'ma:lbɛrk
Malbork *poln.* 'malbɔrk
[1]**Malchen** (Vorname) 'ma:lçən
[2]**Malchen** (Berg) 'malçn̩
Malchin mal'çi:n
Malchow 'malço
Malchus 'malçʊs
Malcolm 'malkɔlm, *engl.* 'mælkəm
Małcużyński *poln.* mau̯tsu'ʒɨi̯ski
Malczewski *poln.* mal'tʃɛfski
Maldegem *niederl.* 'mɑldəɣəm
Malden *engl.* 'mɔ:ldən
Maldive *engl.* 'mɔ:ldi:v
Maldon *engl.* 'mɔ:ldən
Maldonado *span.* maldo'naðo
Maldonatus maldo'na:tʊs
[1]**Male** (Vorname) 'ma:lə
[2]**Male** (Stadt) *engl.* 'mɑ:leɪ
Malè *it.* ma'lɛ
Mâle *fr.* mɑ:l
Maleachi male'axi
Malebranche *fr.* mal'brã:ʃ
Malec *serbokr.* 'malɛts
maledeien male'da̯iən
Malediktion maledɪk'tsi̯o:n
Malediven male'di:vn̩
maledizieren maledi'tsi:rən
Malefikant malefi'kant

M

Male̲fikus ma'le:fikʊs, **...izi** ...it͜si
Malefi̲z[er] male'fi:t͜s[ɐ]
Malei̲n... male'i:n...
Maleki̲t male'ki:t
Maleku̲la *engl.* mælɪ'ku:lə
ma̲len 'ma:lən
Malenkọw *russ.* mɐlɪn'kɔf
Malẹnte ma'lɛntə
Malepạrtus male'partʊs
Ma̲ler 'ma:lɐ
Mäler vgl. Mal
Malẹrba *it.* ma'lɛrba
Malerei̲ ma:lə'ra͜i
Malẹsche ma'lɛʃə
Maleshẹrbes *fr.* mal'zɛrb
Mạ̈leßkircher 'mɛləskɪrçɐ
Maléter *ung.* 'mɔle:tɛr
Malẹwitsch *russ.* ma'ljevitʃ
Malfạtti *it.* mal'fatti
Ma̲lfeld 'ma:lfɛlt
Malgọnkar *engl.* mæl'gɔŋkɑ:
Malhẹrbe *fr.* ma'lɛrb
Malheur ma'lø:ɐ̯
malhonẹtt malho'nɛt
Ma̲li 'ma:li, *fr.* ma'li
Mạlia *neugr.* 'malja
Malibran *fr.* mali'brã
Mali̲ce ma'li:sə
Ma̲lier 'ma:li̯ɐ
maligne ma'lɪgnə
Malignitä̲t malɪgni'tɛ:t
Maligno̲m malɪ'gno:m
Mạlik *russ.* 'malik, *indones.* 'malɪk
Maliki̲t mali'ki:t
Ma̲limo 'ma:limo
Ma̲lina 'ma:lina
Malinạlco *span.* mali'nalko
Malinconi̲a malɪŋko'ni:a
malinco̲nico malɪŋ'ko:niko
Mali̲ndi *engl.* mɑ:'li:ndi:
Malịnes *fr.* ma'lin
Malinọvski *dän.* mæli'nɔu̯sgi
Malinọwski *poln.* mali'nɔfski, *engl.* mælɪ'nɔfskɪ, *russ.* mɐli'nɔfskij
Malipie̲ro *it.* mali'pi̯ɛ:ro
Malipo̲l mali'po:l
Mạlířová *tschech.* 'mali:rʒɔva:
ma̲lisch 'ma:lɪʃ
Maliwatt mali'vat, *auch:* 'ma:...
maliziö̲s mali't͜si̯ø:s, **-e** ...ø:zə
Mạlk *estn.* mæll:k
malkontẹnt malkɔn'tɛnt
Malkọwski mal'kɔfski
mạll mal
[1]**Mạll** (Modell) mal
[2]**Mall** (Fußgängerzone) mo:l
Mallarmé *fr.* malar'me
Mạllawi 'malavi
Mạlle *fr.* mal
Mallẹa *span.* ma'ʎea
Mallẹco *span.* ma'ʎeko
Mallecze̲wen malə't͜ʃe:vn̩
mạllen 'malən
malleola̲r maleo'la:ɐ̯
Mạllersdorf 'malɐsdɔrf
Mallet *engl.* 'mælɪt, *fr.* ma'lɛ
Mallet du Pan *fr.* malɛdy'pã
Mạlleus 'maleʊs, **...ei** ...ei
Mạllia *neugr.* 'malja
Mallicolo *engl.* mælɪ'koʊloʊ
Mallọrca ma'lɔrka, *auch:* ma'jɔrka, *span.* ma'ʎɔrka
Mallorqui̲ner majɔr'ki:nɐ, *auch:* malɔ...
Mallory *engl.* 'mælərɪ
Mạllung 'malʊŋ
Mạlm *dt., schwed.* malm
Malmaison *fr.* malmɛ'zõ
Mạlmberg[et] *schwed.* ˌmalmbærj[ət]
Mạlmedy 'malmedi
Malmédy *fr.* malme'di
Malmignạtte malmɪn'jatə
Mạlmköping *schwed.* ˌmalmçø:piŋ
Mạlmö 'malmø, *schwed.* ˌmalmø:
Malmöhus (Schloss) *schwed.* malmø:'hʉ:s
Mạlmström *schwed.* ˌmalmstrœm
ma̲lnehmen 'ma:lne:mən
Malọcchio ma'lɔki̯o, **...ọcchi** ...ɔki
Maloche ma'lɔxə, ma'lo:xə
malochen ma'lɔxn̩, ma'lo:xn̩
Malọggia *it.* ma'lɔdd͜ʒa
Malo̲ia *it.* ma'lɔ:i̯a
Malo̲ja ma'lo:ja
Malone *engl.* mə'loʊn
Malo̲nsäure ma'lo:nzɔ͜yrə
Małopọlska *poln.* mau̯ɔ'pɔlska
Malory *engl.* 'mælərɪ
Malossọl malɔ'sɔl
Malou *fr.* ma'lu
Malouẹl *fr.* ma'lwɛl
Malpass *engl.* 'mælpæs
Malpi̲ghi *it.* mal'pi:gi
Malplaquẹt *fr.* malpla'kɛ
malprọper mal'prɔpɐ
Malraux *fr.* mal'ro
Ma̲lsburg 'ma:lsbʊrk
Mạlskat 'malskat
Malso̲re mal'zo:rə
Mạlss, Mạlß mals
Mạlta *dt., it.* 'malta, *engl.* 'mɔ:ltə
Malta̲se mal'ta:zə
Mạlte 'maltə, *dän.* 'mældə
Maltebrun, Malte Brun *fr.* maltə'brœ̃
Mạlter 'maltɐ
Malte̲ser mal'te:zɐ
malte̲sisch mal'te:zɪʃ
Mạlthus 'maltʊs, *engl.* 'mælθəs
Malthusia̲ner maltu'zi̯a:nɐ
Malthusianịsmus maltuzi̯a'nɪsmʊs
malthusianịstisch maltuzi̯a'nɪstɪʃ
malthu̲sisch mal'tu:zɪʃ
Malti̲n mal'ti:n
Malto̲se mal'to:zə
malträti̲eren maltrɛ'ti:rən
Maltwhisky 'mɔ:ltvɪski
Maltz *engl.* mɔlts
Malu̲f ma'lu:f
Mạlukow *russ.* 'malukɐf
Maluku *indon.* ma'luku, *fr.* malu'ku
Malu̲la ma'lu:la
Ma̲lum 'ma:lʊm, **Ma̲la** 'ma:la
Ma̲lung *schwed.* ˌmɑ:lʊŋ
[1]**Ma̲lus** (Prämienzuschlag) 'ma:lʊs
[2]**Malus** (Name) *fr.* ma'lys
Malvasi̲er malva'zi:ɐ̯
Mạlve 'malvə
Malvern *engl.* 'mɔ:lvən
Malvesti̲ti *it.* malves'ti:ti
Malvi̲da mal'vi:da
Malvịnas *span.* mal'βinas
Malvi̲nen mal'vi:nən
Malvo̲lio mal'vo:li̯o
Malwi̲da mal'vi:da
Malwi̲ne mal'vi:nə
Mạlý *tschech.* 'mali:
Malygin *russ.* ma'lɨgin
Malỵschkin *russ.* ma'lɨʃkin
Mạlz malt͜s
Mạ̈lzel 'mɛlt͜sl̩
mạlzen 'malt͜sn̩
Mạ̈lzer 'mɛlt͜sɐ
Mälzerei̲ mɛlt͜sə'ra͜i
Mama 'mama, *auch:* ma'ma:
Mama̲chen ma'ma:çən
Mamạia *rumän.* ma'mai̯a
Mamaroneck *engl.* mə'mærənɛk
Mạmba[ch] 'mamba[x]
Mamberạmo *indon.* mambə'ramo
Mạmbo 'mambo

Mamedow *russ.* ma'mjɛdɐf
Mameluck mamə'lʊk
Mamertiner mamɛr'ti:nɐ
Mamertus ma'mɛrtʊs
Mamet *engl.* 'mæmət
Mami 'mami
Mamiani *it.* ma'mia:ni
Mamilla ma'mɪla, **-e** ...lɛ
Mamillaria mamɪ'la:ria, **...ien** ...iən
Mamillius ma'mɪliʊs
Mamin-Sibirjak *russ.* 'maminsi-bi'rjak
Mamma 'mama, **Mammae** 'mamɛ
Mammalia ma'ma:lia
Mammaloge mama'lo:gə
Mammalogie mamalo'gi:
Mammatus ma'ma:tʊs
Mammillaria mamɪ'la:ria, **...ien** ...iən
Mammographie mamogra'fi:, **-n** ...i:ən
Mammon 'mamɔn
Mammonismus mamo'nɪsmʊs
Mammoplastik mamo'plastɪk
Mammoth Cave *engl.* 'mæməθ 'keɪv
Mammut 'mamʊt, *auch:* ...mu:t
Mamonowo *russ.* ma'mɔnɐvɐ
Mamoré *span.* mamo're
mampfen 'mampfn̩
Mamre 'mamrə
Mamsell mam'zɛl
Man, Man (Gewicht) man
Man *engl.* mæn, *niederl.* mɑn, *fr.* man
MAN ɛm|a:'|ɛn
Mana (Manitu) 'ma:na
Mana (Name) *russ.* 'manɐ, *fr.* ma'na
Manabí *span.* mama'βi
Manacor *span.* mana'kɔr
Mänade mɛ'na:də
Manado *indon.* ma'nado
Manage *fr.* ma'na:ʒ
Management 'mɛnɪtʃmənt
managen 'mɛnɪdʒn̩, **manag!** 'mɛnɪtʃ, **managt** 'mɛnɪtʃt
Manager 'mɛnɪdʒɐ
Managua ma'na:gua, *span.* ma'naɣua
Manaka *engl.* mɑ:'nɑ:kɑ:
Manakara *mad.* manə'karə
Manama ma'na:ma
Manáos *bras.* mɐ'naus
Manapouri *engl.* mænə'pʊərɪ
Manassas *engl.* mə'næsəs
Manasse ma'nasə
Manati ma'na:ti
Manatí *span.* mana'ti
Manaus *bras.* mɐ'naus
Manavgat Şelâlesi *türk.* mɑ'nɑvgɑt ʃɛ'la:lɛsi
Manbidsch 'manbɪtʃ
mancando maŋ'kando
manch manç
Mancha *span.* 'mantʃa
Manche *fr.* mã:ʃ
manchenorts 'mançn̩'|ɔrts
mancherlei 'mançɐ'lai
mancherorten 'mançɐ'|ɔrtn̩
mancherorts 'mançɐ'|ɔrts
mancherwärts 'mançɐvɛrts
[1]**Manchester** (Stoff) 'mɛn-tʃɛstɐ, man'ʃɛstɐ
[2]**Manchester** (Stadt) 'mɛn-tʃɛstɐ, *engl.* 'mæntʃɪstə
Manchestertum 'mɛntʃɛstɐ-tu:m
Manching 'mançɪŋ
manchmal 'mançma:l
Manchon mã'ʃõ:
Mancini *it.* man'tʃi:ni
Mancisidor *span.* manθisi'ðɔr
Manco *span.* 'maŋko
Mandäer man'dɛ:ɐ
mandäisch man'dɛ:ɪʃ
Mandala 'mandala
Mandalay *engl.* mændə'leɪ, 'mændleɪ, *birm.* maŋdalei 223
Mandalmotiv man'da:lmoti:f
Mandan *engl.* 'mændən
Mandant man'dant
Mandarin[e] manda'ri:n[ə]
Mandat man'da:t
Mandatar manda'ta:ɐ̯
mandatieren manda'ti:rən
Mandator man'da:to:ɐ̯, **-en** ...da'to:rən
Mandatum man'da:tʊm, **...ta** ...ta
Mande 'mandə
Mandé *fr.* mã'de
Mandel 'mandl̩, *fr.* mã'dɛl
Mandela man'de:la, *engl.* mæn'dɛlə
Mandelschtam *russ.* mɐn-delj'ʃtam
Mandelstamm 'mandl̩ʃtam
Mander *niederl.* 'mɑndər
Manderl 'mandɐl
Mandeville *engl.* 'mændəvɪl
Mandibeln man'di:bl̩n
Mandibula man'di:bula, **-e** ...lɛ
mandibular mandibu'la:ɐ̯
mandibulär mandibu'lɛ:ɐ̯
Mandibulare mandibu'la:rə
Manding 'mandɪŋ
Mandingo man'dɪŋgo
Mandioka man'dio:ka
Mandl 'mandl̩
Mandola man'do:la
Mandoline mando'li:nə
Mandoloncello mandolɔn-'tʃɛlo, **...elli** ...ɛli
Mandolone mando'lo:nə
Mandora man'do:ra
Mandorla 'mandɔrla, **...len** man'dɔrlən
Mandra 'mandra
Mandragora man'dra:gora, **...ren** mandra'go:rən
Mandragore mandra'go:rə
Mandrill man'drɪl
Mandrin mã'drɛ̃:
Mandrit man'dri:t
Mandryka 'mandrika
Mandsaros *neugr.* 'mandzarɔs
Mandschu 'mandʒu, 'mantʃu
Mandschukuo man'dʒʊkuo, mandʒu'ku:o, ...'kuo:, man-'tʃʊkuo, mantʃu'ku:o, man-tʃu'kuo:
Mandschure man'dʒu:rə, man-'tʃu:rə
Mandschurei mandʒu'rai, mantʃu...
mandschurisch man'dʒu:rɪʃ, man'tʃu:...
Mandu *engl.* 'mɑ:ndu:
Manduria *it.* man'du:ria
Mandy *engl.* 'mændɪ
Mándy *ung.* 'ma:ndi
Manege ma'ne:ʒə
Manen 'ma:nən, *niederl.* 'ma:nə
Manén *span.* ma'nen
Manes 'ma:nəs
Mánes *tschech.* 'ma:nɛs
Mănescu *rumän.* mə'nesku
Manesse ma'nɛsə
Manessier *fr.* manɛ'sje
Manessisch ma'nɛsɪʃ
Manet *fr.* ma'nɛ
Manetho 'ma:neto
Manfalut[i] manfa'lu:t[i]
Manfred 'manfre:t, *engl.* 'mænfrɛd, *fr.* mã'frɛd
Manfreda man'fre:da
Manfredi *it.* man'fre:di
Manfredini *it.* manfre'di:ni
Manfredonia *it.* manfre'dɔ:nia
Manfried 'manfri:t
mang, M... maŋ

M

Manga ˈmaŋga
Mangabe maŋˈgaːbə
Mangalia *rumän.* maŋˈgalia
Mangalore *engl.* ˈmæŋgəlɔː
Mangan maŋˈgaːn
Manganelli *it.* maŋgaˈnɛlli
Manganit maŋgaˈniːt
Mangano ˈmaŋgano, maŋˈgaːno
Mangbetu maŋˈbeːtu
Mange ˈmaŋə
Mangel ˈmaŋl̩, **Mängel** ˈmɛŋl̩
mangeln ˈmaŋl̩n
mangels ˈmaŋl̩s
Mangelsdorff ˈmaŋl̩sdɔrf
mangen ˈmaŋən
Manger ˈmaŋɐ
Mangfall ˈmaŋfal
Mangin *fr.* mɑ̃ˈʒɛ̃
Manglard *fr.* mɑ̃ˈglaːr
Mangle... ˈmaŋlə...
Mango ˈmaŋgo, **-nen** ...ˈgoːnən
[1]**Mangold** (Gemüse) ˈmaŋgɔlt, **-es** ...ldəs
[2]**Mangold[t]** (Name) ˈmaŋgɔlt
Mangostan... maŋgɔsˈtaːn...
Mangrove maŋˈgroːvə
Manguin *fr.* mɑ̃ˈgɛ̃
Manguste maŋˈgʊstə
Mangyschlak *russ.* mɐngɨʃˈlak
Manhattan *engl.* mænˈhætən
Mani ˈmaːni, *pers.* mɑˈniː
maniabel maˈni̯aːbl̩, **...ble** ...blə
Maniac ˈmeːni̯ɛk
maniakalisch mani̯aˈkaːlɪʃ
Manichäer manɪˈçɛːɐ
Manichäismus manɪçɛˈɪsmʊs
Manie maˈniː, **-n** ...iːən
Manier maˈniːɐ̯
Maniera greca maˈni̯eːra ˈgreːka
manieriert maniˈriːɐ̯t
Manierismus maniˈrɪsmʊs
Manierist maniˈrɪst
manierlich maˈniːɐ̯lɪç
manifest, M... maniˈfɛst
Manifestant manifɛsˈtant
Manifestation manifɛstaˈt͡si̯oːn
manifestieren manifɛsˈtiːrən
Manihot ˈmaːnihɔt
Maniküre maniˈkyːrə
maniküren maniˈkyːrən
Manila maˈniːla, *span.* maˈnila, *engl.* məˈnɪlə
Manilius maˈniːli̯ʊs
Manille maˈnɪljə
Manin *it.* maˈnin
Maniok maˈni̯ɔk
Manioschu *jap.* manjoˈːʃuː
Manipel maˈniːpl̩
Manipulant manipuˈlant
Manipulation manipulaˈt͡si̯oːn
manipulativ manipulaˈtiːf, **-e** ...iːvə
Manipulator manipuˈlaːtoːɐ̯, **-en** ...laˈtoːrən
manipulatorisch manipulaˈtoːrɪʃ
manipulieren manipuˈliːrən
Manipur *engl.* ˈmɑːnɪpʊə, ˈmæn...
Manis ˈmaːnɪs
Manisa *türk.* ˈmɑnisɑ, –ˈ––
manisch ˈmaːnɪʃ
Maniser *russ.* ˈmanizɪr
Manismus maˈnɪsmʊs
Manitius maˈniːt͡si̯ʊs
Manitoba maniˈtoːba, *engl.* mænɪˈtoʊbə
Manitowoc *engl.* ˈmænɪtəwɔk
Manitu ˈmaːnitu
Maniu *rumän.* maˈniu̯
Manius ˈmaːni̯ʊs
Manizales *span.* maniˈθales
Mank maŋk
Mankal[l]a maŋˈkala
Mankato *engl.* mænˈkeɪtoʊ
Manker ˈmaŋkɐ
mankieren maŋˈkiːrən
Mankiewicz *engl.* ˈmæŋkəvɪts
Manko ˈmaŋko
Manl[e]y *engl.* ˈmænlɪ
Manlius ˈmanli̯ʊs
[1]**Mann** man, **Männer** ˈmɛnɐ
[2]**Mann** (Name) man, *engl.* mæn
Manna ˈmana
Mannane maˈnaːnə
Mannar *engl.* məˈnɑː
Männchen ˈmɛnçən
Manne *engl.* mæn
Männe ˈmɛnə
mannen ˈmanən
Mannequin ˈmanəkɛ̃, *auch:* manəˈkɛ̃ː
Manner *finn.* ˈmɑnnɛr
Mannerheim *schwed.* ˌmanərhɛi̯m
Mannesmann® ˈmanəsman
Mannheim[er] ˈmanhai̯m[ɐ]
Mannich ˈmanɪç
Mannichsweide manɪçsˈvai̯də
mannigfach ˈmanɪçfax
mannigfaltig ˈmanɪçfaltɪç
männiglich ˈmɛnɪklɪç
Männin ˈmɛnɪn
Manninen *finn.* ˈmɑnninɛn
Manning *engl.* ˈmænɪŋ
Mannit maˈniːt
männlich ˈmɛnlɪç
Mannlicher ˈmanlɪçɐ
Mannon *engl.* ˈmænən
Mannose maˈnoːzə
Mannus ˈmanʊs
Mannyng *engl.* ˈmænɪŋ
mano destra ˈmaːno ˈdɛstra
Manoel *port., bras.* mɐˈnu̯ɛl
Manolete *span.* manoˈlete
manoli maˈnoːli
Manolo *span.* maˈnolo
Manolow *bulgar.* mɐˈnɔlof
Manometer manoˈmeːtɐ
Manometrie manomeˈtriː
manometrisch manoˈmeːtrɪʃ
Manon *fr.* maˈnõ
Manono *fr.* manɔˈno
ma non tanto, - - troppo ˈma ˈnɔn ˈtanto, - - ˈtrɔpo
Manor *engl.* ˈmænə
mano sinistra ˈmaːno ziˈnɪstra
Manostat manoˈstaːt
Manöver maˈnøːvɐ
manövrieren manøˈvriːrən
Manp'o *korean.* maːnpho
manque, M... mɑ̃ːk
Manresa *span.* manˈrresa
Manrico *it.* manˈriːko
Manrique manˈriːkə, *span.* manˈrrike
Mans, Le *fr.* ləˈmɑ̃
Mansa *engl.* ˈmɑːnsə
Mansarddach manˈzartdax
Mansarde manˈzardə
Mansart *fr.* mɑ̃ˈsaːr
Mansch manʃ
manschen ˈmanʃn̩
Manscherei manʃəˈrai̯
Manschester manˈʃɛstɐ
Manschette manˈʃɛtə
Manse ˈmanzə
Mansfeld ˈmansfɛlt
Mansfield *engl.* ˈmænsfiːld
Manship *engl.* ˈmænʃɪp
Mansholt *niederl.* ˈmɑnshɔlt
Mansi *it.* ˈmansi
Mansionhouse ˈmɛnʃn̩hau̯s
Månsson *schwed.* ˈmoːnsɔn
Manstein ˈmanʃtai̯n
Mansube manˈzuːbə
Mansur manˈzuːɐ̯
Mansura manˈzuːra
Manta *dt., span.* ˈmanta
Manteau mɑ̃ˈtoː
Manteca *engl.* mænˈtiːkə
Mantegazza *it.* manteˈgattsa
Mantegna *it.* manˈteɲɲa
Mantel ˈmantl̩, **Mäntel** ˈmɛntl̩
Mantell *engl.* mænˈtɛl

Mantelletta mantɛˈlɛta
Mantellone mantɛˈloːnə
Mantes *fr.* mãːt
Mantes-la-Jolie *fr.* mãtlaʒɔˈli
Manteuffel ˈmantɔyfl̩
Mantik ˈmantɪk
Mantille manˈtɪl[j]ə
Mantinea mantiˈneːa
Mantineia mantiˈnai̯a
Mantinell mantiˈnɛl
Mantiqueira *bras.* mɐntiˈkei̯ra
Mantis ˈmantɪs
mantisch ˈmantɪʃ
Mantisse manˈtɪsə
Mantle *engl.* mæntl
Mantler ˈmantlɐ
Manto ˈmanto
Mantoux *fr.* mãˈtu
Mantova *it.* ˈmantova
Mantovani *it.* mantoˈvaːni
Mantra ˈmantra
Mantrajana mantraˈjaːna
Mantsch mantʃ
mantschen ˈmantʃn̩
Mantscherei mantʃəˈrai̯
Mantua ˈmantu̯a
Mantuaner manˈtu̯aːnɐ
mantuanisch manˈtu̯aːnɪʃ
Manu ˈmaːnu
Manua *engl.* məˈnuːə
Manual (Handbuch) ˈmɛnju̯əl
Manual (Orgel) maˈnu̯aːl
Manuale maˈnu̯aːlə
manualiter maˈnu̯aːlitɐ
Manubrium maˈnuːbriʊm, **...ien** ...iən
Manuel ˈmaːnu̯eːl, *auch:* ...nu̯ɛl; *engl.* ˈmænjʊəl, *fr.* maˈnɥɛl, *span.* maˈnu̯ɛl, *port., bras.* mɐˈnu̯ɛl
Manuela maˈnu̯eːla
manuell maˈnu̯ɛl
Manufakt manuˈfakt
Manufaktur manufakˈtuːɐ̯
manufakturieren manufaktuˈriːrən
Manufakturist manufaktuˈrɪst
Manuil *russ.* mɐnuˈil
Manukau *engl.* ˈmɑːnəkaʊ
Manuldruck maˈnuːldrʊk
manu propria ˈmaːnu ˈproːpria
Manus ˈmaːnʊs
Manuskript manuˈskrɪpt
manus manum lavat ˈmaːnʊs ˈmaːnʊm ˈlaːvat
Manus mortua ˈmaːnʊs ˈmɔrtu̯a
Manutius maˈnuːtsi̯ʊs
Manuzio *it.* maˈnuttsi̯o
Manville *engl.* ˈmænvɪl
Manx maŋks, *engl.* mæŋks
Manytsch *russ.* ˈmanɨtʃ
Manz mants
Manzanares *span.* manθaˈnares
Manzanilla mantsaˈnɪlja, *auch:* mansa...
[1]**Manzanillo** (Pflanze) mantsaˈnɪljo, *auch:* mansa...
[2]**Manzanillo** (Name) *span.* manθaˈniʎo
Manzell manˈtsɛl
Manzhouli *chin.* mandʒou̯li 313
Manzikert mantsiˈkɛrt
Manzinella mantsiˈnɛlja, *auch:* mansi...
Manzini *it.* manˈdziːni, *engl.* mɑːnˈziːniː
Manzoni *it.* manˈdzoːni
Manzù *it.* manˈdzu
Mao ˈmaːo, *fr.* maˈo
Mao Dun *chin.* mau̯du̯ən 24
Maoismus maoˈɪsmʊs
Maoist maoˈɪst
Mäonien mɛˈoːni̯ən
Maori ˈmau̯ri, maˈoːri, *engl.* ˈmaʊrɪ
maorisch maˈoːrɪʃ
Mao Tse-tung mau̯tseˈtʊŋ
Mao Zedong *chin.* mau̯dzʌdʊŋ 221
Map *engl.* mæp
Mapai maˈpai̯
Mapam maˈpam
Maphorion maˈfoːri̯ɔn, **...ien** ...i̯ən
Maple[wood] *engl.* ˈmeɪpl[wʊd]
Maponya *engl.* mɑːˈpɔnjɑː
Mappa ˈmapa
Mappe ˈmapə
Mappeur maˈpøːɐ̯
mappieren maˈpiːrən
Maputo maˈpuːto, *port.* mɐˈputu
Maqam maˈkaːm, **-at** makaˈmaːt
Maquereau makəˈroː
Maquet *fr.* maˈkɛ
Maquette maˈkɛtə
Maquillage makiˈjaːʒə
Maquis maˈkiː, **des -** ...kiː[s]
Maquisard makiˈzaːɐ̯, **-en** ...ˈzardn̩
Mar *niederl.* mɑr, *engl.* mɑː
Mär mɛːɐ̯
Mara[bu] ˈmaːra[bu]
Marabut maraˈbuːt
Maracaibo *span.* maraˈkai̯βo
Maracay *span.* maraˈkai̯
Maracuja maraˈkuːja
Maradas ˈmaːradas
Maradi *fr.* maraˈdi
Maradona *span.* maraˈðona
Marae maˈraːe
Maragall *kat.* mərəˈɣaʎ
Maraghe *pers.* mæræˈɣe
Marahrens maˈraːrɛns
Márai *ung.* ˈmaːrɔi
Maraini *it.* maraˈiːni
Marais *fr.* maˈrɛ, *afr.* məˈrɛː
Marajó *bras.* maraˈʒɔ
Maral ˈmaːral, **-e** maˈraːlə
Máramaros *ung.* ˈmaːrɔmɔrɔʃ
Maramba *engl.* mɑːˈrɑːmbɑː
Marampa *engl.* mɑːˈrɑːmpɑː
Maramsin *russ.* mɐramˈzin
Maramureș *rumän.* maraˈmureʃ
Maran *fr.* maˈrã
maranat[h]a!, M... maranaˈtaː
Marane maˈraːnə
Maräne maˈrɛːnə
Maranguape *bras.* marɐŋˈgu̯api
Maranhão *bras.* marɐˈɲɐ̃u̯
Marañón *span.* maraˈɲɔn
Maranta maˈranta
Marante maˈrantə
marantisch maˈrantɪʃ
Maraș *türk.* ˈmɑrɑʃ
Maraschino marasˈkiːno
Marasmus maˈrasmʊs
marastisch maˈrastɪʃ
Marat *fr.* maˈra
Marathe maˈraːtə
Marathi maˈraːti
Marathon ˈmaːratɔn, *auch:* ˈmar...
Maratta *it.* maˈratta
Maratti *it.* maˈratti
Maravedi maraveˈdiː
Marawi *span.* maˈrau̯i
Marbach ˈmarbax, ˈmaːɐ̯bax
Marbe ˈmarbə
Marbel ˈmarbl̩
Märbel ˈmɛrbl̩
Marbella *span.* marˈβeʎa
Marble[head] *engl.* ˈmɑːbl[hɛd]
Marblewood ˈmaːɐ̯bl̩vʊt
Marbod ˈmarbɔt
Marboré *fr.* marbɔˈre, *span.* marβoˈre
Marbot *fr.* marˈbo
Marburg ˈmaːɐ̯bʊrk, *auch:* ˈmarbʊrk

M

Marburger 'ma:ɐ̯bʊrgɐ, *auch:* 'marbʊrgɐ
[1]**Marc** (Name) *dt., fr.* mark, *engl.* mɑ:k
[2]**Marc, -s** ma:ɐ̯
Marca *fr.* mar'ka, *span.* 'marka
Marcabru *fr.* marka'bry
Marcabrun *fr.* marka'brœ̃
marcando mar'kando
Marcantonio *it.* markan'tɔ:ni̯o
Marcaria *it.* marka'ri:a
marcatissimo marka'tɪsimo
marcato mar'ka:to
Marceau *fr.* mar'so
Marcel *fr.* mar'sɛl
Marcelin *fr.* marsə'lɛ̃
Marceline *fr.* marsə'lin
Marcelino *span.* marθe'lino
Marcella mar'tsɛla
Marcelle *fr.* mar'sɛl
Marcellina martsɛ'li:na, *it.* martʃel'li:na
Marcellinus martsɛ'li:nʊs
Marcello *it.* mar'tʃɛllo
Marcellus mar'tsɛlʊs
Marcelo *span.* mar'θelo
[1]**March** (Grenze) març
[2]**March** (Name) març, *engl.* mɑ:tʃ, *kat.* mark
Marchais *fr.* mar'ʃɛ
Marchand *fr.* mar'ʃã
Marchbank[s] *engl.* 'mɑ:tʃbæŋk[s]
Marche *fr.* marʃ, *it.* 'marke
Marchegg mar'çɛk
Märchen 'mɛ:ɐ̯çən
Marchesa mar'ke:za
Marchese mar'ke:zə
Marchesi *it.* mar'ke:zi
Marchetti *it.* mar'ketti
Marchettus mar'kɛtʊs
Marchetus mar'ke:tʊs
Marchfeld 'marçfɛlt
Marchi *it.* 'marki
Marchienne-au-Pont *fr.* marʃjɛno'põ
Marchingband 'ma:ɐ̯tʃɪŋ'bɛnt
Mar Chiquita *span.* 'mar tʃi'kita
Marchlewski *poln.* mar'xlɛfski
Marchmont *engl.* 'mɑ:tʃmənt
Marchtrenk març'trɛŋk
Marchwitza març'vɪtsa, '---
Marci 'martsi, *ung.* 'mɔrtsi
Marcia 'martʃa
Marcia funebre 'martʃa 'fu:nebre
Marcial *span.* mar'θi̯al
marciale mar'tʃa:lə
Marcianus mar'tsi̯a:nʊs
Marcillat *fr.* marsi'ja
Marcinelle *fr.* marsi'nɛl
Marcinkevičius *lit.* martsɪŋ'kæ:vɪtʃjʊs
Marcion 'martsi̯ɔn
Marcionite martsi̯o'ni:tə
Marcius 'martsi̯ʊs
Marcks marks
Marco *it., span.* 'marko, *port., bras.* 'marku
Marcona *span.* mar'kona
Marconi *it.* mar'ko:ni
Marcos *span.* 'markos, *port.* 'markuʃ, *bras.* 'markus
Marcoule *fr.* mar'kul
Marcoussis *fr.* marku'si
Marcovaldo *it.* marko'valdo
Marcq-en-Barœul *fr.* markãba'rœl
Marcus 'markʊs, *engl.* 'mɑ:kəs
Marcuse mar'ku:zə
Marcy *engl.* 'mɑ:sɪ
Mardell[e] mar'dɛl[ə]
Mar del Plata *span.* 'mar ðɛl 'plata
Marden (Familienname) *engl.* mɑ:dn
Marder[steig] 'mardɐ[ʃtaik]
Mardian mar'di̯a:n
Mardin *türk.* 'mɑrdin
Mardochai mardɔ'xa:i, ...'xai
Mardonios mar'do:ni̯ɔs
Marduk 'mardʊk
Mare 'ma:rə, **Maria** 'ma:ri̯a
Maré *fr.* ma're
Märe 'mɛ:rə
Marea Neagră *rumän.* 'mare̯a 'ne̯agrə
Marechal *span.* mare'tʃal
Maréchal *fr.* mare'ʃal
Marechera *engl.* mɑ:reɪ'tʃɛrɑ:
Marées ma're:
Marei[ke] ma'rai[kə]
Marek 'ma:rɛk, *tschech., bulgar.* 'marɛk
Marelle ma'rɛlə
Maremme *it.* ma'remme
Maremmen ma'rɛmən
mären 'mɛ:rən
Maren *dt., dän.* 'ma:rən
Marenco *it.* ma'reŋko
Marend ma'rɛnt, -i ...ndi
Marenda ma'rɛnda
marengo, [1]**M...** ma'rɛŋgo
[2]**Marengo** (Ort) *it.* ma'reŋgo
Marenholtz 'ma:rənhɔlts
Mare nostro *it.* 'ma:re 'nɔstro
Mare nostrum 'ma:rə 'nɔstrʊm
Marenzio *it.* ma'rɛntsi̯o
Mareograph mareo'gra:f
Märerei mɛ:rə'rai
Maresch 'ma:rɛʃ
Mareshall 'mareʃal
Marett *engl.* 'mærɪt
Marey *fr.* ma'rɛ
Marfa *russ.* 'marfɐ
Marga 'marga
Marganez *russ.* 'margɐnɪts
Margarelon marga're:lɔn
Margaret *engl.* 'mɑ:grət
Margareta marga're:ta
Margarete marga're:tə
Margareten marga're:tn̩
Margaretha *niederl.* mɑrɣɑ're:tɑ
Margarethen marga're:tn̩
Margarida *port.* mɐrgɐ'riðɐ, *bras.* marga'rida
Margarine marga'ri:nə
Margarit marga'ri:t, *auch:* ...rɪt
Margarita *engl.* mɑ:gə'ri:tə, *span.* marɣa'rita
Margate *engl.* 'mɑ:geɪt
Margaux *fr.* mar'go
Marge 'marʒə
Margelan marge'la:n
Margeride *fr.* marʒə'rid
Margerie *fr.* marʒə'ri
Margerite margə'ri:tə
Margery *engl.* 'mɑ:dʒərɪ
Marggraf 'markgra:f
Marggraff 'markgraf
Marghera *it.* mar'gɛ:ra
Margherita *it.* marge'ri:ta
Margiana mar'gi̯a:na
marginal margi'na:l
Marginalie margi'na:li̯ə
marginalisieren marginali'zi:rən
Marginalismus margina'lɪsmʊs
Marginalität marginali'tɛ:t
Marginter mar'gɪntɐ
Margit 'margɪt, *ung.* 'mɔrgit
Margites mar'gi:tɛs
Margitta mar'gɪta
Margonin *poln.* mar'gɔnin
Margot 'margɔt, 'margo, *fr.* mar'go, *engl.* 'mɑ:goʊ
Margret 'margre:t
Margrete mar'gre:tə
Margrethe *dän.* maɐ̯'grɪ:'ðə
Margriet *niederl.* mɑr'ɣrit
Margrit 'margrɪt
Marguerite mar'gri:t, *fr.* margə'rit, *engl.* mɑ:gə'ri:t
Margueritte *fr.* margə'rit
Margul 'margʊl

Margules ˈmargulɛs
Marheineke marˈhai̯nəkə
Mari ˈmaːri, *russ.* ˈmari
Maří *tschech.* ˈmarʒiː
[1]**Maria** (Name) *dt., it.* maˈriːa, *engl.* məˈraɪə, məˈriːə, *port.* mɐˈriɐ, *bras.* maˈria, *poln.* ˈmarja, *tschech.* ˈmarija
[2]**Maria** vgl. Mare
Mariä maˈriːɛ
María *span.* maˈria
Mária *ung.* ˈmaːriɔ
Maria Aegyptiaca maˈriːa ɛgʏpˈtiːaka
Mariage maˈri̯aːʒə
Mariager *dän.* ˈmariɛːˀɐ
Mariahilf mariːaˈhɪlf
Mariä-Himmelfahrts-Fest mariːɛˈhɪml̩faːɐ̯t͜sfɛst
Maria Langegg mariːaˈlaŋɛk
Marialith mari̯aˈliːt
Mariamne maˈri̯amnə
Mariampol maˈri̯ampɔl
Marian ˈmaːri̯an, *engl.* ˈmɛərɪən, *russ.* mɐriˈan
Mariana maˈri̯aːna, *span.* maˈri̯ana, *bras.* maˈri̯ɐna
Mariana Islands *engl.* mærɪˈænə ˈaɪləndz
Mariana̯o *span.* mari̯aˈnao
Mariane[n] maˈri̯aːnə[n]
Maria Neustift mariːaˈnɔy̯ʃtɪft
marianisch maˈri̯aːnɪʃ
Marianist mari̯aˈnɪst
Mariann ˈmaːri̯an
Marianna *engl.* mærɪˈænə
Marianne maˈri̯anə, *fr.* maˈrjan
Mariano *it.* maˈri̯aːno, *span.* maˈri̯ano, *fr.* marjaˈno
Mariánské Lázně *tschech.* ˈmarijanskɛː ˈlaːznjɛ
Marianus maˈri̯aːnʊs
Mariapfarr mariːaˈpfar
Maria Plain mariːaˈplai̯n
Maria-Saal mariːaˈzaːl
Mariaschein mariːaˈʃai̯n
Mariasdorf maˈriːasdɔrf
Mariastein mariːaˈʃtai̯n
Maria Taferl mariːaˈtaːfɐl
Mariátegui *span.* maˈri̯ateɣi
maria-theresianisch mariːatereˈzi̯aːnɪʃ
Mariatheresientaler mariːateˈreːzi̯əntaːlɐ
Maria-Theresiopel mariːatereˈzi̯oːpl̩
Mariavit mari̯aˈviːt
Mariawald mariːaˈvalt
Maria Wörth mariːaˈvœrt
Mariazell mariːaˈt͜sɛl
Maribo *dän.* ˈmaɐ̯ˀibʊːˀ
Maribor *slowen.* ˈmaːribɔr
Marica *span.* maˈrika, *ung.* ˈmɔritsɔ
Maricourt *fr.* mariˈkuːr
Marie maˈriː, *fr.* maˈri, *engl.* ˈmɑːrɪ, məˈriː, *tschech.* ˈmariɛ
Marie-Antoinette *fr.* marjãtwaˈnɛt
Mariechen maˈriːçən
Marie de Médicis *fr.* maridmediˈsis
Marie-Galante *fr.* marigaˈlãːt
Mariehamn *schwed.* mariːəˈhamn
Marieke maˈriːkə
Mariel *span.* maˈri̯ɛl
Marielies, ...lis mariˈliːs
Mariella maˈri̯ɛla
Marielle *fr.* maˈrjɛl
Marie-Louise *fr.* mariˈlwiːz
Marienbad maˈriːənbaːt
Marienberg maˈriːənbɛrk
Marienburg maˈriːənbʊrk
Marienfeld maˈriːənfɛlt
Marienmünster mariːənˈmʏnstɐ
Mariens (zu: Marie) maˈriːəns
Marienstatt maˈriːənʃtat
Marient[h]al maˈriːəntaːl
Marienwerder mariːənˈvɛrdɐ
Mariercse mariˈroːzə
Mariestad *schwed.* mariːəˈstɑːd
Marietheres mariteˈreːs
Marie-Thérèse *fr.* mariteˈrɛːz
Marietta maˈri̯ɛta, *it.* mariˈetta, *engl.* mɛərɪˈɛtə
Mariette *fr.* maˈrjɛt
Marignac *fr.* mariˈɲak
Marignane *fr.* mariˈɲan
Marignano *it.* mariɲˈɲaːno
Marigny *fr.* mariˈɲi
Marigold *engl.* ˈmærɪgoʊld
Marihuana mariˈhu̯aːna, *auch:* ...iˈxu̯aːna
Marihuela *span.* mariˈu̯ela
Mariinsk *russ.* mariˈinsk
Marija *russ.* maˈrijɐ
Marijengof *russ.* mɐrijɪnˈgɔf
Marijke *niederl.* mɑˈrɛi̯kə
Marijnen *niederl.* mɑˈrɛi̯nə
Marika maˈriːka, *auch:* ˈmaːrika; *schwed.* maˈriːka *ung.* ˈmɔrikɔ
Marilhat *fr.* mariˈja
Marília *bras.* maˈrili̯a
Marillac *fr.* mariˈjak
Marille maˈrɪlə
Mariluise mariˈlu̯iːzə
Marily[n] *engl.* ˈmærɪlɪ[n]
Marimba maˈrɪmba
Marimbaphon marɪmbaˈfoːn
marin maˈriːn
Marin *fr.* maˈrɛ̃, *engl.* ˈmɑːrɪn
Marín *span.* maˈrin
Marina *dt., it.* maˈriːna, *engl.* məˈriːnə
Marinade mariˈnaːdə
Marinduque *span.* marinˈduke
Marine maˈriːnə
Marinelli *it.* mariˈnɛlli
[1]**Mariner** (Matrose) maˈriːnɐ
[2]**Mariner** (Raumsonde; Nachn.) *engl.* ˈmærɪnə
Marinette *engl.* mærɪˈnɛt
Marinetti *it.* mariˈnetti
Maringá *bras.* mariŋˈga
Marini *it.* maˈriːni
Marinière mariˈni̯eːrə, ...i̯ɛːrə
marinieren mariˈniːrən
Marinismus mariˈnɪsmʊs
Marinist mariˈnɪst
Marinković *serbokr.* maˌriːŋkɔvitɕ
Marino *it.* maˈriːno
Marinos maˈriːnɔs
Mario *it.* ˈmaːri̯o
Mariolatrie mari̯olaˈtriː
Mariologe mari̯oˈloːgə
Mariologie mari̯oloˈgiː
mariologisch mari̯oˈloːgɪʃ
Marion ˈmaːri̯ɔn, *engl.* ˈmɛərɪən, ˈmær..., *fr.* maˈrjõ
Marionette mari̯oˈnɛtə
Mariotte *fr.* maˈrjɔt
mariottesches Gesetz maˈri̯ɔtʃəs gəˈzɛt͜s
Mariquita *span.* mariˈkita
Maris *niederl.* ˈmaːrɪs
Marisa *dt., it.* maˈriːza
Marisat *engl.* ˈmærɪsæt
Mariscalchi *it.* marisˈkalki
Marismas *span.* maˈrizmas
Marisol *span.* mariˈsɔl
Marist maˈrɪst
Marit ˈmaːrɪt
Marita maˈriːta, *span.* maˈrita
Maritain *fr.* mariˈtɛ̃
maritim mariˈtiːm
Maritornes *span.* mariˈtɔrnes
Maritta maˈrɪta
Maritza maˈrɪt͜sa
Mariupol *russ.* mɐriˈupɐlj
Marius ˈmaːri̯ʊs, *fr.* maˈrjys
Marivaux *fr.* mariˈvo

[1]**Mạriza** (Gräfin) ˈmarit͜sa
[2]**Marịza** (Fluss) *bulgar.* mɐˈritsɐ
Mạrjan *serbokr.* ˈmarja:n
Marja̲nović *serbokr.* marˌja:nɔvitɕ
Marjẹll[chen] marˈjɛl[çən]
Marjolin *fr.* marʒɔˈlɛ̃
Ma̲rjorie, ...ry *engl.* ˈmɑ:dʒərɪ
[1]**Mạrk** mark
[2]**Mạrk** (Name) *dt., russ.* mark, *engl.* mɑ:k, *niederl.* mɑrk
Mạrkab ˈmarkap
Markakọl *russ.* mɐrkaˈkɔlj
Markanda̲ya *engl.* mɑ:kənˈdaɪə
markạnt marˈkant
Mạrk Anto̲n ˈmark anˈto:n
Markasi̲t markaˈzi:t
Mạrk Aure̲l ˈmark au̯ˈre:l
Mạrkdorf ˈmarkdɔrf
Mạrke ˈmarkə
Mạ̈rke ˈmɛrkə
Mạrken ˈmarkn̩, *niederl.* ˈmɑrkə
Marker ˈmarkɐ, *auch:* ˈma:ɐ̯kɐ
Mạ̈rker ˈmɛrkɐ
Ma̲rket *engl.* ˈmɑ:kɪt
Mạrketa *tschech.* ˈmarkɛta
Marketẹnder markəˈtɛndɐ
Marketendere̲i markətɛndəˈrai̯
marketẹndern markəˈtɛndɐn, **...dre** ...drə
Marketeri̲e marketəˈri:, **-n** ...i:ən
Marketing ˈmarkətɪŋ, *auch:* ˈma:ɐ̯kɪtɪŋ
Markeur marˈkø:ɐ̯
Mạrkewitsch ˈmarkevɪt͜ʃ, *russ.* marˈkjevit͜ʃ
Mạrkgraf ˈmarkgra:f
Mạrkgräfler ˈmarkgrɛ:flɐ
mạrkgräflich ˈmarkgrɛ:flɪç
Markgrö̲ningen markˈgrø:nɪŋən
Ma̲rkham *engl.* ˈmɑ:kəm
Markia̲n marˈki̯a:n
marki̲eren marˈki:rən
mạrkig ˈmarkɪç, **-e** ...ɪgə
mạ̈rkisch ˈmɛrkɪʃ
Mạrkisch ˈmarkɪʃ
Marki̲se marˈki:zə
Mạrkka[a] ˈmarka
Markkle̲eberg markˈkle:bɛrk
Mạ̈rklin ˈmɛrkli:n
Markneukịrchen marknɔy̆ˈkɪrçn̩
Mạrko ˈmarko, *serbokr.* ˈma:rkɔ
Markobrụnner markoˈbrʊnɐ
Mạrkolf ˈmarkɔlf
Mạrkolsheim ˈmarkɔlshai̯m
Markomạnne markoˈmanə
Markö̲r marˈkø:ɐ̯
Mạrkos *neugr.* ˈmarkɔs
Mạrković *serbokr.* ˌma:rkɔvitɕ, ˈm...
Mạrkow ˈmarkɔf, *russ.* ˈmarkɐf
Mạrkowitsch *russ.* ˈmarkɐvit͜ʃ
Mạrkow[n]a *russ.* ˈmarkɐv[n]ɐ
Markọwnikow *russ.* marˈkɔvnikɐf
Markọwski *poln.* marˈkɔfski
Mạrkranstädt ˈmarkranʃtɛt
Ma̲rks *engl.* mɑ:ks
Marksu̲hl markˈzu:l
Mạrkt markt, **Mạ̈rkte** ˈmɛrktə
Marktbre̲it marktˈbrai̯t
mạrkten ˈmarktn̩
Marktheidenfeld marktˈhai̯dn̩fɛlt
Marktleu̲then marktˈlɔy̆tn̩
Markto̲berdorf marktˈ|o:bɐdɔrf
Marktrẹdwitz marktˈrɛdvɪt͜s
Mạrkung ˈmarkʊŋ
Mạrkus ˈmarkʊs
Mạrkward[t], ...rt ˈmarkvart
Mạrl marl
Ma̲rlboro *engl.* ˈmɑ:lbərə
Marlborough ˈmo:lbəro; *engl.* ˈmɔ:lbərə, *Massachusetts* ˈmɑ:lbərə
Marle̲n[e] marˈle:n[ə]
Ma̲rley *engl.* ˈmɑ:lɪ
Mạrli[e]s ˈmarli:s
Marli̲n marˈli:n
Mạrlit[t] ˈmarlɪt
Mạrlleine ˈmarllai̯nə
Mạrlo ˈmarlo
Ma̲rlon *engl.* ˈmɑ:lən
Mạrlow ˈmarlo, *engl.* ˈmɑ:loʊ
Ma̲rlowe *engl.* ˈmɑ:loʊ
Mạrly ˈmarli
Mạrmara *türk.* ˈmɑrmɑrɑ
Mạrmarameer ˈmarmarame:ɐ̯
Marma̲rika marˈma:rika
Mạrmarosch ˈmarmarɔʃ
Mạrmel ˈmarml̩
Marmela̲de marməˈla:də
mạrmeln ˈmarmln̩
Marmiẹr *fr.* marˈmje
Marmion *engl.* ˈmɑ:mɪən, *fr.* marˈmjõ
Mármol *span.* ˈmarmɔl
Marmola̲ta *it.* marmoˈla:ta
Marmolẹjo *span.* marmoˈlɛxo
Marmontẹl *fr.* marmõˈtɛl
Mạrmor ˈmarmo:ɐ̯
marmori̲eren marmoˈri:rən
mạrmorn ˈmarmɔrn, ...mo:ɐ̯n
Marmọtte marˈmɔt[ə], **-n** ...tn̩
Marmoutiẹr *fr.* marmuˈtje
Mạrne ˈmarnə, *fr.* marn
Marne-La-Vallée *fr.* marnlavaˈle
Mạrner ˈmarnɐ
Mạrnix *niederl.* ˈmɑrnɪks
Ma̲ro ˈma:ro
Maroantsẹtra *mad.* maruanˈtsetrə
Marọc *fr.* maˈrɔk
Marocain maroˈkɛ̃:
Marocchẹtti *it.* marokˈketti
maro̲d maˈro:t, **-e** ...o:də
maro̲de maˈro:də
Marodeur maroˈdø:ɐ̯
marodi̲eren maroˈdi:rən
Marokka̲ner marɔˈka:nɐ
marokka̲nisch marɔˈka:nɪʃ
Marọkko maˈrɔko
Marọmme *fr.* maˈrɔm
[1]**Maro̲n** (Kastanienbraun) maˈro:n
[2]**Maron** (Buschneger) maˈrõ:
[3]**Maron** (Name) maˈro:n, ˈma:rɔn
Maro̲ne maˈro:nə
[1]**Maro̲ni** (Kastanien) maˈro:ni
[2]**Maronị** (Fluss) *fr.* marɔˈni
Maroni̲t maroˈni:t
Maroquin maroˈkɛ̃:
Maros *ung.* ˈmɔrɔʃ
Ma̲rosch ˈma:rɔʃ
Maros-Vásárhely *ung.* ˈmɔrɔʃva:ʃa:rhɛj
Marọt *fr.* maˈro
Mạróthy-Šọltésová *slowak.* ˈmaro:tiˈʃɔltɛ:sɔva:
Marọto *span.* maˈroto
Marọtta *it.* maˈrɔtta
Marọtte maˈrɔtə
Marouạ *fr.* maˈrwa
Marouzeau *fr.* maruˈzo
Marowijne *niederl.* mɑroˈwɛi̯nə
Marọzia *it.* maˈrɔttsi̯a
Mạrpingen ˈmarpɪŋən
Ma̲rpurg ˈma:ɐ̯pʊrk
Marquand *engl.* ˈmɑ:kwənd, mɑ:ˈkwɑ:nd
Ma̲rquard ˈma:ɐ̯kvart
Marqués *span.* marˈkes
Marque̲sas marˈke:zas
Mạrquess ˈmarkvɪs
Marquẹt *fr.* marˈkɛ
Marqueteri̲e marketəˈri:, **-n** ...i:ən
Marquẹtte *fr.* marˈkɛt, *engl.* mɑ:ˈkɛt

Márquez *span.* ˈmarkeθ
Marquina *span.* marˈkina
[1]**Marquis** marˈkiː, **des -** ...iː[s], **die -** ...iːs
[2]**Marquis** (Name) *engl.* ˈmɑːkwɪs
Marquisat markiˈzaːt
Marquise marˈkiːzə
Marquises, Îles *fr.* ilmarˈkiːz
Marquisette markiˈzɛt[ə], **-n** ...tn̩
Marr *russ.* mar
Marrakech *fr.* maraˈkɛʃ
Marrakesch maraˈkɛʃ, ˈ---
Marrane maˈraːnə
Marrickville *engl.* ˈmærɪkvɪl
Marriner *engl.* ˈmærɪnə
Marrismus maˈrɪsmʊs
Marruecos *span.* maˈrrue̯kos
Marrukiner maruˈkiːnɐ
Marryat *engl.* ˈmærɪət
Mars *dt., fr.* mars
Mars (seemänn.) mars, **-e** ˈmarzə
Marsa, La *fr.* lamarˈsa
Marsala *it.* marˈsaːla
Marsala (Wein) marˈzaːla
Marsberg ˈmarsbɛrk
Marsch (Niederung) marʃ
Marsch marʃ, **Märsche** ˈmɛrʃə
marsch! marʃ
Marschak *russ.* marˈʃak
Marschalk ˈmarʃalk
Marschall ˈmarʃal, **Marschälle** ...ʃɛlə
marschieren marˈʃiːrən
Marschner ˈmarʃnɐ
Marsé *span.* marˈse
Marseillaise marsɛˈjɛːzə, *fr.* marsɛˈjɛːz
Marseille *fr.* marˈsɛj
Marseiller marˈsɛːjɐ
Marser ˈmarzɐ
Marsfeld ˈmarsfɛlt
Marsh *engl.* mɑːʃ
Marshal[l] ˈmarʃal, *engl.* ˈmɑːʃəl
Marshalltown *engl.* ˈmɑːʃəltaʊn
Marshfield *engl.* ˈmɑːʃfiːld
Marshit marˈʃiːt
Marshmallow ˈmaːɐ̯ʃmɛlo
Marshscher Apparat ˈmarʃɐ apaˈraːt
Marsilia marˈziːli̯a
Marsilio *it.* marˈsiːli̯o
Marsilius marˈziːli̯ʊs
Marsman *niederl.* ˈmɑrsmɑn

Marstall ˈmarʃtal, **...ställe** ...ʃtɛlə
Marston *engl.* ˈmɑːstən
Marstrand *dän.* ˈmaɐ̯sdranˀ, *schwed.* ˌmarstrand
Marsupialier marzuˈpi̯aːli̯ɐ
Marsyas ˈmarzy̆as
Marta *dt., it., span.* ˈmarta
Martaban martaˈbaːn
Märte ˈmɛrtə
martelé, M... martəˈleː
Martell marˈtɛl, *engl.* mɑːˈtɛl
martellando martɛˈlando
Martellange *fr.* martɛˈlɑ̃ːʒ
martellato martɛˈlaːto
Martellato martɛˈlaːto, **...ti** ...ti
Martellement martɛləˈmɑ̃ː
Martelli *it.* marˈtɛlli, *fr.* martɛlˈli
Martello *it.* marˈtɛllo
Marten ˈmartn̩, *niederl.* ˈmɑrtə
Martenot *fr.* martəˈno
Martens ˈmartn̩s, *niederl.* ˈmɑrtəns
Martensen *dän.* ˈmaɐ̯dn̩sn̩
Marter[l] ˈmartɐ[l]
martern ˈmartɐn
Martersteig ˈmartɐʃtai̯k
Martha ˈmarta, *engl.* ˈmɑːθə
Marthe ˈmartə
Marti ˈmarti
Martí *span.* marˈti
Martial d'Auvergne *fr.* marsjaldoˈvɛrɲ
Martial[is] marˈtsi̯aːl[ɪs]
martialisch marˈtsi̯aːlɪʃ
Martianus marˈtsi̯aːnʊs
Martigny *fr.* martiˈɲi
Martigues *fr.* marˈtig
Martin ˈmartiːn, *engl.* ˈmɑːtɪn, *fr.* marˈtɛ̃, *schwed., slowak.* ˈmartin, *serbokr.* ˌmartin, *tschech.* ˈmartjin
Martín *span.* marˈtin
Martina *dt., it.* marˈtiːna
Martin du Gard *fr.* martɛ̃dyˈgaːr
Martine *fr.* marˈtin
Martineau *fr.* martiˈno, *engl.* ˈmɑːtɪnoʊ
Martínek *tschech.* ˈmartjiːnɛk
Martinelli *it.* martiˈnɛlli
Martinengo *it.* martiˈneŋgo
Martinet *fr.* martiˈnɛ
Martinez *engl.* mɑːˈtiːnɛs
Martínez *span.* marˈtineθ
Martingal ˈmartɪŋgal
Martinho *port.* mɐrˈtiɲu, *bras.* marˈtiɲu

Martini *dt., it.* martˈiːni
Martinique *fr.* martiˈnik
Martinist martiˈnɪst
Martino *it.* marˈtiːno
Martinon *fr.* martiˈnõ
Martins *port.* mɐrˈtĩʃ, *bras.* marˈtĩs, *engl.* ˈmɑːtɪnz
Martinsberg ˈmartiːnsbɛrk
Martinsburg *engl.* ˈmɑːtɪnzbəːg
Martinson *schwed.* ˌmartinsɔn
Martinů *tschech.* martjinuː
Martinus marˈtiːnʊs, *niederl.* mɑrˈtiːnʏs
Martit marˈtiːt
Martius ˈmartsi̯ʊs
Márton *ung.* ˈmaːrton
Martonne *fr.* marˈtɔn
Martorell *kat.* mərtuˈreʎ
Martos *span.* ˈmartos, *russ.* ˈmartɐs
Martow *russ.* ˈmartɐf
Martucci *it.* marˈtuttʃi
Marty ˈmarti, *fr.* marˈti
Martyn *engl.* ˈmɑːtɪn, *russ.* marˈtɨn
Martynow *russ.* marˈtɨnɐf
Märtyrer ˈmɛrtyrɐ
Martyr[er] ˈmartyr[ɐ]
Märty[re]rin ˈmɛrty[rə]rɪn
Martyrium marˈtyːri̯ʊm, **...ien** ...i̯ən
Martyrologium martyroˈloːgi̯ʊm, **...ien** ...i̯ən
Marulić *serbokr.* ˈmarulitɕ
Marullo *it.* maˈrullo
Marullus maˈrʊlʊs
Marunke maˈrʊŋkə
Maruts ˈmaːrʊts
Marvel[l] *engl.* mɑːvl
Marvin[e] *engl.* ˈmɑːvɪn
Marwitz ˈmarvɪts
Marwood *engl.* ˈmɑːwʊd
Marx *dt., russ., tschech.* marks, *engl.* mɑːks
Marxismus marˈksɪsmʊs
Marxist marˈksɪst
marxistisch marˈksɪstɪʃ
Marxologe marksoˈloːgə
Marxologie marksoloˈgiː
Marxsch marksʃ
[1]**Mary** (Vorname) *engl.* ˈmɛərɪ
[2]**Mary** (Ort) *russ.* maˈrɨ
Maryborough *engl.* ˈmɛərɪbərə
Mary Jane ˈmɛːri ˈdʒeːn
Maryland *engl.* ˈmɛərɪlənd
Marylebone *engl.* ˈmærələbən
Marymba maˈrɪmba

M

Mary[s]ville *engl.* ˈmɛərɪ[z]vɪl
März mɛrt͜s
Marzella marˈt͜sɛla
Marzelline mart͜sɛˈliːnə
Marzell[us] marˈt͜sɛl[ʊs]
Marzipan mart͜siˈpaːn *auch:* ˈ– – –
märzlich ˈmɛrt͜slɪç
Masaccio *it.* maˈzattʃo
Masada maˈzaːda
Masai maˈzai̯, *auch:* ˈ– –
Masan *korean.* maːsan
Masandaran *pers.* mɑzændæˈrɑːn
Masaniello *it.* mazaˈni̯ɛllo
Masanobu *jap.* maˈsaˌnobu
Masaryk *tschech.* ˈmasarik
Más a Tierra *span.* ˈmas a ˈti̯ɛra
Masaya *span.* maˈsaja
Mascagni masˈkanji, *it.* masˈkaɲɲi
[1]**Mascara** (Kosmetikum) masˈkaːra
[2]**Mascara** (Ort) *fr.* maskaˈra
Mascareignes *fr.* maskaˈrɛɲ
Mascaret *fr.* maskaˈrɛ
Mascarpone maskarˈpoːnə
Mascha ˈmaʃa, *russ.* ˈmaʃɐ
Maschad ˈmaʃat
maschallah maʃaˈlaː, *auch:* maˈʃala
Maschansker maˈʃanskɐ
Masche ˈmaʃə
Maschek... ˈmaʃɛk...
Mascherini *it.* maskeˈriːni
Mascheroni *it.* maskeˈroːni
[1]**Maschhad** *pers.* mæʃˈhæd
[2]**Maschhad** (Teppich) ˈmaʃhat
maschig ˈmaʃɪç, **-e** ...ɪɡə
Maschik... ˈmaʃɪk...
Maschine maˈʃiːnə
maschinell maʃiˈnɛl
Maschinerie maʃinəˈriː, **-n** ...iːən
maschinieren maʃiˈniːrən
Maschinismus maʃiˈnɪsmʊs
Maschinist maʃiˈnɪst
Maschka *russ.* ˈmaʃkɐ
Maschonaland maˈʃoːnalant
Maschrik ˈmaʃrɪk
Mascouche *fr.* masˈkuʃ
Masdak ˈmasdak
Masdsched Solaiman *pers.* mæsˈdʒed solei̯ˈmɑːn
Masefield *engl.* ˈmeɪsfiːld
Masel ˈmaːzl̩
Masepa maˈzɛpa, *russ.* maˈzjɛpɐ
[1]**Maser** ˈmaːzɐ
[2]**Maser** (Physik) ˈmeːzɐ, *auch:* ˈmaːzɐ
Maserati *it.* mazeˈraːti
Masereel *niederl.* maːzəˈreːl
maserig ˈmaːzərɪç, **-e** ...ɪɡə
masern ˈmaːzɐn, **masre** ˈmaːzrə
Masern ˈmaːzɐn
Maseru *engl.* məˈsɪəruː
Masescha maˈzɛʃa
Masette maˈzɛtə
Masetto *it.* maˈzetto
Masham *engl.* ˈmæsəm
Mashie ˈmɛʃi
Masina *it.* maˈziːna
Masini ˈmaːzini
Masinissa maziˈnɪsa
Masip *span.* maˈsip
Maskarenen maskaˈreːnən
Maskarill maskaˈrɪl
Maskaron maskaˈroːn
Maskat ˈmaskat
Maske ˈmaskə
Maskelyne *engl.* ˈmæskɪlɪn
Maskerade maskəˈraːdə
maskieren masˈkiːrən
Maskoki masˈkoːki
Maskottchen masˈkɔtçən
Maskotte masˈkɔtə
maskulin maskuˈliːn
maskulinisieren maskuliniˈziːrən
Maskulinum ˈmaskuliːnʊm, **...na** ...na
Maso *it.* ˈmaːzo
Masoch ˈmaːzɔx
Masochismus mazɔˈxɪsmʊs
Masochist mazɔˈxɪst
Masolino *it.* mazoˈliːno
Mason *engl.* meɪsn
Masora maˈzoːra, mazoˈraː
Masowien maˈzoːvi̯ən
Maspéro *fr.* maspeˈro
maß, Maß maːs
Mass. *engl.* mæs
[1]**Massa** (Herr) ˈmasa
[2]**Massa** (Name) *it.* ˈmassa
Massachusetts *engl.* mæsəˈtʃuːsɪts
Massaction ˈmɛsˈ|ɛkʃn̩
Massage maˈsaːʒə
Massagete masaˈgeːtə
Massai maˈsai̯, *auch:* ˈ– –
Massaker maˈsaːkɐ
massakrieren masaˈkriːrən
Massalia maˈsaːli̯a
Massa Marittima *it.* ˈmassa maˈrittima
Massapequa *engl.* mæsəˈpiːkwə
Massarena masaˈreːna
Massary maˈsaːri
Massaua maˈsau̯a, *it.* masˈsaːu̯a
Mäßchen ˈmɛːsçən
mäße ˈmɛːsə
Maße ˈmaːsə
Masse ˈmasə
Massé *fr.* maˈse
Massebe maˈseːbə
Massel ˈmasl̩
maßen, M... ˈmaːsn̩
Massen ˈmasn̩
Massena *engl.* məˈsiːnə
Masséna *fr.* maseˈna
Massenet *fr.* masˈnɛ
Masseter maˈseːtɐ
Masseur maˈsøːɐ̯
Masseuse maˈsøːzə
Massewitsch *russ.* maˈsjevitʃ
Massey *engl.* ˈmæsɪ
maßgeblich ˈmaːsgeːplɪç
Maßholder ˈmaːshɔldɐ, *auch:* –ˈ– –
Massicot masiˈkoː
massieren maˈsiːrən
Massif central *fr.* masifsɑ̃ˈtral
massig ˈmasɪç, **-e** ...ɪɡə
mäßig ˈmɛːsɪç, **-e** ...ɪɡə
mäßigen ˈmɛːsɪgn̩, **mäßig!** ...ɪç, **mäßigt** ...ɪçt
Massigli *fr.* masiˈgli
Massijs *niederl.* ˈmɑsɛi̯s
Massilia maˈsiːli̯a
Massillon *fr.* masiˈjõ, *engl.* ˈmæslən
Massimo *it.* ˈmassimo
Massine *fr.* maˈsin
Massinger *engl.* ˈmæsɪndʒə
Massinissa masiˈnɪsa
Massip *span.* maˈsip
Massis *fr.* maˈsis
massiv, M... maˈsiːf, **-e** ...iːvə
Massivität masiviˈtɛːt
maßleidig ˈmaːslai̯dɪç, **-e** ...ɪɡə
Maßlieb ˈmaːsliːp, **-e** ...iːbə
Maßliebchen ˈmaːsliːpçən
Maßmann ˈmaːsman
Maßnahme ˈmaːsnaːmə
Massolle maˈsɔlə
Masson *fr.* maˈsõ, *engl.* mæsn
Massora maˈsoːra, masoˈraː
Massoret masoˈreːt
Massreaction ˈmɛsriˈ|ɛkʃn̩
Maßstab ˈmaːsʃtaːp
maßstäblich ˈmaːsʃtɛːplɪç
maßt maːst

näßt mɛ:st
Massu[e] *fr.* ma'sy
Massy *fr.* ma'si
Massys *niederl.* 'mɑsɛi̯s
Mast mast
Mastaba 'mastaba, **...staben** ...s'ta:bn̩
Mastalgie mastal'gi:
Mastelletta *it.* mastel'letta
mästen 'mɛstn̩
Master 'ma:stɐ
Mästerei mɛstə'rai̯
Masters 'ma:stɐs
Master-Slave-... 'ma:stɐ'sle:f...
Mastiff 'mastɪf
mastig 'mastɪç, **-e** ...ɪgə
Mastigophoren mastigo'fo:rən
Mastik 'mastɪk
Mastikator masti'ka:to:ɐ̯, **-en** ...ka'to:rən
mastikatorisch mastika'to:rɪʃ
Mastitis mas'ti:tɪs, **...itiden** ...ti'ti:dn̩
Mastix 'mastɪks
Mastodon 'mastodɔn, **-ten** ...'dɔntn̩
Mastodynie mastody'ni:
mastoid masto'i:t, **-e** ...i:də
Mastoiditis mastoi'di:tɪs, **...itiden** ...di'ti:dn̩
Mastomys 'mastomʏs
Mastopathie mastopa'ti:
Mastoptose mastɔp'to:zə
Mastroianni *it.* mastro'i̯anni
Masturbation masturba'tsi̯o:n
masturbatorisch masturba'to:rɪʃ
masturbieren mastʊr'bi:ren
Masuccio *it.* ma'zuttʃo
Masur ma'zu:ɐ̯
Masure[n] ma'zu:rə[n]
Masuri *indon.* ma'suri
masurisch ma'zu:rɪʃ
Masurium ma'zu:ri̯ʊm
Masurka ma'zʊrka
Masut ma'zu:t
Masvingo *engl.* mɑ:z'vɪŋgoʊ
Matabele mata'be:lə
Matachel *span.* mata'tʃɛl
Matačić *serbokr.* ˌmatatʃitɕ
Matadi *fr.* mata'di
Matador mata'do:ɐ̯
Matagalpa *span.* mata'ɣalpa
Mata Hari 'mata 'ha:ri
Matala *port.* mɐ'talɐ
Matamata mata'ma:ta
Matamoros *span.* mata'moros
Matanuska *engl.* mætə'nu:skə
Matanza[s] *span.* ma'tanθa[s]

Matão *bras.* ma'tɐ̃ṷ
Matapan mata'pa:n
Mataram *indon.* ma'taram
Matarani *span.* mata'rani
Mataré mata're:
Matarijja mata'ri:a
Mataró *span.* mata'ro
Matavulj *serbokr.* maˌtavu:lj
Match mɛtʃ
Matchball 'mɛtʃbal
Matchedgroups 'mɛtʃt'gru:ps
Mate 'ma:tə
Máté *ung.* 'ma:te:
Matehuala *span.* mate'u̯ala
Matei *rumän.* ma'tei̯
Matěj *tschech.* 'matjɛj
Matejko *poln.* ma'tɛjkɔ
Matelassé matəla'se:
Matelica *it.* ma'te:lika
Matelot matə'lo:
Matelote matə'lɔt
Mateo[s] *span.* ma'teo[s]
Mater 'ma:tɐ
Matera *it.* ma'tɛ:ra
Mater dolorosa 'ma:tɐ dolo'ro:za
material mate'ri̯a:l
Material mate'ri̯a:l, **-ien** ...i̯ən
Materialisation materi̯aliza'tsi̯o:n
materialisieren materi̯ali'zi:rən
Materialismus materi̯a'lɪsmʊs
Materialist materi̯a'lɪst
materialistisch materi̯a'lɪstɪʃ
Materialität materi̯ali'tɛ:t
Materie ma'te:ri̯ə
materiell mate'ri̯ɛl
¹matern (Matern machen) 'ma:tɐn
²matern (mütterlich) ma'tɛrn
Matern ma'tɛrn
maternisiert matɛrni'zi:ɐ̯t
Maternität matɛrni'tɛ:t
Maternus ma'tɛrnʊs
Matetee 'ma:təte:
Mateur *fr.* ma'tœ:r
Mateus *port.* mɐ'teṷʃ, *bras.* ma'teṷs
Mateusz *poln.* ma'tɛuʃ
Matew *bulgar.* 'matɛf
Mathar ma'ta:ɐ̯, 'ma:tar
Mathe 'matə
Mathematik matema'ti:k
Mathematiker mate'ma:tikɐ
mathematisch mate'ma:tɪʃ
mathematisieren matemati'zi:rən

Mathematizismus matemati'tsɪsmʊs
Mather *engl.* 'meɪðə, 'mæðə
Mathesius ma'te:zi̯ʊs
Matheus ma'te:ʊs
Mathew[s] *engl.* 'mæθju:[z]
Mathéy ma'te:i
Mathias *engl.* mə'θaɪəs
Mathies 'mati:s
Mathieu *fr.* ma'tjø
Mathiez *fr.* ma'tje
Mathilde ma'tɪldə, *fr.* ma'tild
Mathildis ma'tɪldɪs
Mathis 'matɪs
Mathura *engl.* 'mæθʊrɑ:, 'mætʊrə
Mathurin[s] *fr.* maty'rɛ̃
Mathy 'mati
Matias *port.* ma'tiɐʃ, *bras.* ma'tias
Matías *span.* ma'tias
Matić *serbokr.* 'ma:tɪtɕ
Matica 'matitsa
Matignon *fr.* mati'ɲõ
Matija *serbokr.* ˌmatija
Matilda *engl.* mə'tɪldə, *it.* ma'tilda, *schwed.* maˌtilda
Matilde *span.* ma'tilde
Matin *fr.* ma'tɛ̃
Matinee mati'ne:, *auch:* 'matine, **-n** ...'ne:ən, *auch:* 'matine:ən
Matisse *fr.* ma'tis
Matius 'ma:tsi̯ʊs
Matjeshering 'matjəshe:rɪŋ
Matković *serbokr.* 'matkɔvitɕ
Matkowsky mat'kɔfski
Matlockit matlɔ'ki:t
Matlock[s] *engl.* 'mætlɔk[s]
Mato *serbokr.* ˌma:tɔ
Mato Grosso *bras.* 'matu 'grosu
Matos *port.* 'matuʃ, *bras.* 'matus
Matoš *serbokr.* 'matɔʃ
Matosinhos *port.* mɐtu'ziɲuʃ
Matoso *bras.* ma'tozu
Matotschkin Schar *russ.* 'matɐtʃkin 'ʃar
Matouš *tschech.* 'matɔṷʃ
Mátra *ung.* 'ma:trɔ
Matrah 'matrax
Matratze ma'tratsə
Matrei 'matrai̯
Matres 'ma:tre:s
Mätresse mɛ'trɛsə
matriarchalisch matriar'ça:lɪʃ
Matriarchat matriar'ça:t
Matricaria matri'ka:ri̯a

M

Matrik[el] maˈtriːk[l̩]
matrilineal matrilineˈaːl
matrilinear matrilineˈaːɐ̯
Matrilokalität matrilokaliˈtɛːt
matrimonial matrimoˈni̯aːl
matrimoniell matrimoˈni̯ɛl
matrisieren matriˈziːrən
Matrix ˈmaːtrɪks, **Matrizes** maˈtriːt͜seːs
Matrize maˈtriːt͜sə, *auch:* maˈtrɪt͜sə
Matrjoschka matriˈɔʃka
Matrone maˈtroːnə
Matronymikon matroˈnyːmikɔn, **...ka** ...ka
Matroschka maˈtrɔʃka
Matrose maˈtroːzə
Matrossow *russ.* maˈtrɔsɐf
Matruh maˈtruːx
matsch, M... mat͜ʃ
Matsche ˈmat͜ʃə
matschen ˈmat͜ʃn̩
Matschida *jap.* maˈtʃida
matschig ˈmat͜ʃɪç, **-e** ...ɪgə
matschkern ˈmat͜ʃkɐn
Matsijs, ...sys *niederl.* ˈmɑtsɛi̯s
Matsubara *jap.* maˈtsuˌbara
Matsudo *jap.* maˈtsudo
Matsue *jap.* maˈtsue
Matsujama *jap.* maˈtsuˌjama
Matsumoto *jap.* maˈtsumoto
Matsusaka *jap.* maˈtsu̥saˌka
Matsushita *engl.* mætsʊˈʃiːtə
matt, M... mat
Mattathias mataˈtiːas
Mattäus maˈtɛːʊs
Matte ˈmatə
Mattei *it.* matˈtɛːi̯
Matteo *it.* matˈtɛːo
Matteotti *it.* matteˈɔtti
Matterhorn ˈmatɐhɔrn
Mattersburg ˈmatɐsbʊrk
Mattes ˈmatəs
Matteson *engl.* ˈmætɪsn
Matteucci *it.* matteˈuttʃi
Matthäi maˈtɛːi
Matthau *engl.* ˈmæθaʊ
Matthäus maˈtɛːʊs
Mattheson ˈmatəzɔn
Mattheuer ˈmatɔyɐ
Matthew[s] *engl.* ˈmæθjuː[z]
Matthias maˈtiːas, *niederl.* mɑˈtiːɑs
Matthies ˈmatiːs
Matthiesen ˈmatiːzn̩
Matthiessen *engl.* ˈmæθɪsn
Matthieu *fr.* maˈtjø
Matthijs *niederl.* mɑˈtɛi̯s
Matthisson ˈmatɪsɔn
Matthus ˈmatʊs
Matti *finn.* ˈmɑtti
Mattia *it.* matˈtiːa
Mattiaker maˈtiːakɐ
Mattias maˈtiːas
Mattielli *it.* matˈti̯ɛlli
mattieren maˈtiːrən
Mattighofen matɪçˈhoːfn̩
Mattigkeit ˈmatɪçkai̯t
Mattioli *it.* matˈti̯ɔːli
Mattoir maˈto̯aːɐ̯
Mattoon *engl.* məˈtuːn
Matur maˈtuːɐ̯
Matura maˈtuːra
Maturand matuˈrant, **-en** ...ndn̩
Maturant matuˈrant
Mature *engl.* məˈtjʊə
maturieren matuˈriːrən
Maturin *engl.* ˈmætjʊərɪn
Maturín *span.* matuˈrin
Maturitas praecox maˈtuːritas ˈprɛːkɔks
Maturität maturiˈtɛːt
Maturum maˈtuːrʊm
Matusche maˈtʊʃə
Matúška *slowak.* ˈmatuːʃka
Matuszewski *poln.* matuˈʃɛfski
Matute *span.* maˈtute
Matutin matuˈtiːn
matutinal matutiˈnaːl
Matwei *russ.* matˈvjej
Matwejew *russ.* matˈvjejɪf
Matwejewitsch *russ.* matˈvjejɪvitʃ
Matwejew[n]a *russ.* matˈvjejɪv[n]ɐ
Mátyás *ung.* ˈmaːtjaːʃ
Matz mat͜s, **Mätze** ˈmɛt͜sə
Mätzchen ˈmɛt͜sçən
Matze ˈmat͜sə
Matzen ˈmat͜sn̩
Mätzner ˈmɛt͜snɐ
mau, Mau mau̯
Maubeuge *fr.* moˈbøːʒ
Mauch mau̯x
Mauclair, Mauclerc *fr.* moˈklɛːr
Maud[e] *engl.* mɔːd
Maudling *engl.* ˈmɔːdlɪŋ
Maudslay *engl.* ˈmɔːdzlɪ
Mauer ˈmau̯ɐ
Mauerei mau̯əˈrai̯
mauern ˈmau̯ɐn
Mauersberger ˈmau̯ɐsbɛrgɐ
Maugham *engl.* mɔːm
Mauguio *fr.* moˈgjo
Maui ˈmau̯i, *engl.* ˈmaʊɪ
Mauke ˈmau̯kə
Maul mau̯l, **Mäuler** ˈmɔylɐ
Maulaffe ˈmau̯l|afə
Maulbeere ˈmau̯lbeːrə
Maulbertsch ˈmau̯lbɛrt͜ʃ
Maulbronn mau̯lˈbrɔn
Mäulchen ˈmɔylçən
Maule *span.* ˈmau̯le
maulen ˈmau̯lən
Mauléon *fr.* moleˈõ
Mäuler vgl. Maul
Maulesel ˈmau̯l|eːzl̩
Maull mau̯l
Maulnier *fr.* moˈnje
Maulpertsch ˈmau̯lpɛrt͜ʃ
Maultier ˈmau̯ltiːɐ̯
Maulwurf ˈmau̯lvʊrf
Mau-Mau ˈmau̯ˈmau̯
Maumee *engl.* mɔːˈmiː
Mauna Kea ˈmau̯na ˈkeːa, *engl.* ˈmaʊnə ˈkeɪə
Mauna Loa ˈmau̯na ˈloːa, *engl.* ˈmaʊnə ˈloʊə
Maunoury *fr.* monuˈri
maunzen ˈmau̯nt͜sn̩
Maupassant *fr.* mopaˈsã
Maupeou *fr.* moˈpu
Maupertuis *fr.* mopɛrˈtɥi
Maura *span.* ˈmau̯ra, *engl.* ˈmɔːrə
Maurandia mau̯ˈrandi̯a
Maure ˈmau̯rə
Maureen *engl.* ˈmɔːriːn, -ˈ-
Maurer ˈmau̯rɐ, *engl.* ˈmaʊrə, *rumän.* ˈmau̯rer
Maurerei mau̯rəˈrai̯
maurerisch ˈmau̯rərɪʃ
Maureske mau̯ˈrɛskə
Mauretanien mau̯reˈtaːni̯ən
Mauretanier mau̯reˈtaːni̯ɐ
mauretanisch mau̯reˈtaːnɪʃ
Mauriac *fr.* mɔˈrjak
Maurice moˈriːs, *fr.* mɔˈris, *engl.* ˈmɔrɪs
Mauricio *span.* mau̯ˈriθi̯o
Mauricio *port., bras.* mau̯ˈrisi̯u
Mauricius mau̯ˈriːt͜si̯ʊs
Maurina ˈmau̯rina
Maurina *lett.* ˈmau̯rɪnja
Mauriner mau̯ˈriːnɐ
maurisch ˈmau̯rɪʃ
Mauritanie *fr.* mɔritaˈni
Mauritia mau̯ˈriːt͜si̯a
Mauritier mau̯ˈriːt͜si̯ɐ
mauritisch mau̯ˈriːtɪʃ
Mauritius mau̯ˈriːt͜si̯ʊs, *engl.* məˈrɪʃəs
Maurits *niederl.* ˈmɔu̯rɪts
Maurizio *it.* mau̯ˈrittsi̯o
Mauro *it.* ˈmaːu̯ro
Maurois, ...oy *fr.* mɔˈrwa

Maurolache mauro'laxə
Maurras *fr.* mɔ'rɑ:s
Maurs *fr.* mɔ:r
Maursmünster mauɐs'mʏnstɐ
Maurus 'maurʊs
Maury *fr.* mɔ'ri, *engl.* 'mɔ:rɪ
Maus maus, **Mäuse** 'mɔyzə
Mauschel 'mauʃl̩
Mauschelei mauʃə'lai
mauscheln, M... 'mauʃl̩n
Mäuschen 'mɔysçən
mäuschenstill 'mɔysçən'ʃtɪl
Mäusel 'mɔyzl̩
mauseln 'mauzl̩n, **mausle** 'mauzlə
mäuseln 'mɔyzl̩n, **mäusle** 'mɔyzlə
mausen 'mauzn̩, **maus!** maus, **maust** maust
Mauser 'mauzɐ
Mauserei mauzə'rai
Mäuserich 'mɔyzərɪç
mausern 'mauzɐn, **mausre** 'mauzrə
mausetot 'mauzə'to:t
mausig 'mauzɪç, **-e** ...ɪgə
Mäusl 'mɔyzl̩
Mäuslein 'mɔyslain
Mausoleum mauzo'le:ʊm, **...een** ...e:ən
Mausolos 'mauzolɔs, mau'zo:lɔs
Mauss *fr.* mo:s
maussade mo'sat
maustot 'maus'to:t
Maut maut
Mauterndorf 'mautɐndɔrf
Mauthausen maut'hauzn̩
Maut[h]ner 'mautnɐ
Mauvais Sujet, - -s *fr.* mɔvɛsy'ʒɛ, mov...
mauve *prädikativ* mo:f, *attributiv* 'mo:və
Mauve *niederl.* 'mɔu̯və
Mauvein move'i:n
Mauvoisin *fr.* movwa'zɛ̃
mauzen 'mautsn̩
Mavignier mavɪn'je:
Mavor *engl.* 'meɪvə
Mavrocordat *rumän.* mavrokor'dat
Mawensi *engl.* mɑ:'wɛnsi:
Mawilis *neugr.* ma'vilis
Mawra *russ.* 'mavrɐ
Mawrokordatos *neugr.* mavrɔkɔr'ðatɔs
Mawson *engl.* mɔ:sn
Max *dt., fr., tschech.* maks, *engl.* mæks, *niederl.* mɑks

Mäxchen 'mɛksçən
Maxdor maks'do:ɐ̯
Maxe 'maksə
Maxentius ma'ksɛntsi̯ʊs
Maxhütte maks'hʏtə
maxi, M... 'maksi
Maxie 'maksi
Maxilla ma'ksɪla, **...llä** ...lɛ
maxillar maksɪ'la:ɐ̯
maxillär maksɪ'lɛ:ɐ̯
Maxillen ma'ksɪlən
Maxim *engl.* 'mæksɪm, *russ.* mak'sim
[1]**Maxima** 'maksima, **...mae** ...mɛ
[2]**Maxima** vgl. Maximum
maximal maksi'ma:l
maximalisieren maksimali'zi:rən
Maximalist maksima'lɪst
[1]**Maxime** (Grundsatz) ma'ksi:mə
[2]**Maxime** (Name) *fr.* mak'sim
Maximian[us] maksi'mi̯a:n[ʊs]
maximieren maksi'mi:rən
Maximilian maksi'mi:li̯a:n, *engl.* mæksɪ'mɪlɪən
Maximiliane maksimi'li̯a:nə
Maximiliano *span.* maksimi'li̯ano
Maximilien *fr.* maksimi'ljɛ̃
Maximin[us] maksi'mi:n[ʊs]
Máximo *span.* 'maksimo
Maximos *dt., neugr.* 'maksimɔs
Maximow *russ.* mak'simɐf, *bulgar.* 'maksimof
[1]**Maximowitsch** (Familienname) *russ.* mɐksi'mɔvitʃ
[2]**Maximowitsch** (Sohn des Maxim) *russ.* mak'simɐvitʃ
Maximow[n]a *russ.* mak'simɐv[n]ɐ
Maximum 'maksimʊm, **...ma** ...ma
Maximus 'maksimʊs
Maxutow *russ.* mak'sutɐf
[1]**Maxwell** (Name) *engl.* 'mækswəl
[2]**Maxwell** (Physik) 'mɛksvɛl
May mai, *engl.* meɪ
Maya 'ma:ja, *span.* 'maja
Mayagüez *span.* maja'ɣu̯eθ
Mayall *engl.* 'meɪɔ:l
Mayapán *span.* maja'pan
Maybach 'maibax
Mayday 'me:de:
Mayen 'maiən
Mayenne *fr.* ma'jɛn

Mayer 'maiɐ, *engl.* 'meɪə, *fr.* mɛ'jɛ:r
Mayerling 'maiɐlɪŋ
Mayfair *engl.* 'meɪfɛə
Mayfield [Heights] *engl.* 'meɪfi:ld ['haɪts]
Mayflower *engl.* 'meɪflaʊə
Maynard *fr.* mɛ'na:r, *engl.* 'meɪnəd
Mayno mɛŋk
Mayno *span.* 'maino
Mayo 'maio, *engl.* 'meɪoʊ
Mayonnaise majɔ'nɛ:zə
Mayor mɛ:ɐ̯
Mayotte *fr.* ma'jɔt
Mayoumba *fr.* majum'ba
Mayr 'maiɐ
Mayreder 'maire:dɐ
Mayrhofen 'maiɐho:fn̩
Mayrhofer 'maiɐho:fɐ
Mayrisch 'mairɪʃ
Mayröcker 'mairœkɐ
Ma Yuan *chin.* ma-ÿɛn 33
Maywood *engl.* 'meɪwud
MAZ mats
Mazag[r]an *fr.* maza'g[r]ã
Mazamet *fr.* maza'mɛ
Mazarin *fr.* maza'rɛ̃
mazarin... maza'rɛ̃:...
Mazar-i-Sharif *afgh.* mæzɑriʃæ'rif
Mazatenango *span.* maθate'naŋgo
Mazatlán *span.* maθat'lan
Mazdaismus masda'ɪsmʊs
Mazdaist masda'ɪst
Mazdaznan masdas'na:n
Mazedonien matse'do:ni̯ən
Mazedonier matse'do:ni̯ɐ
mazedonisch matse'do:nɪʃ
Mäzen mɛ'tse:n
Mäzenatentum mɛtse'na:tn̩tu:m
mäzenatisch mɛtse'na:tɪʃ
Mazeppa ma'tsɛpa
Mazeral matse'ra:l
Mazerat matse'ra:t
Mazeration matsera'tsi̯o:n
mazerieren matse'ri:rən
Mazis 'matsɪs, 'ma:tsɪs
Mazo *span.* 'maθo
Mazowiecki *poln.* mazɔ'vjɛtski
Mazowsze *poln.* ma'zɔfʃɛ
Mažuranić *serbokr.* ma͵ʒuranitɕ
Mazurek ma'zu:rɛk
Mazurka ma'zʊrka
Mazze 'matsə
Mazzen 'matsn̩

M

Mazzetti maˈt͡sɛti
Mazzini maˈt͡si:ni, *it.* matˈtsi:ni
Mazzolino *it.* mattsoˈli:no
Mazzoni *it.* matˈtso:ni
Mazzucotelli *it.* mattsukoˈtɛlli
Mazzuoli *it.* matˈtsu̯ɔ:li
Mba *fr.* mba, *engl.* əmˈbɑ:
Mbabane *engl.* əmbɑ:ˈbɑ:neɪ
Mbala *engl.* əmˈbɑ:lɑ:
Mbale *engl.* əmˈbɑ:leɪ
Mbandaka *fr.* mbandaˈka
Mbanza-Ngungu *fr.* mbanzaŋguŋˈgu
Mbarara *engl.* əmbɑ:ˈrɑ:rɑ:
Mbeki *engl.* əmˈbɛkɪ
Mbeya *engl.* əmˈbeɪjɑ:
Mbowamb ˈmbo:vamp
Mboya *engl.* əmˈbɔɪə
Mbuji-Mayi *fr.* mbuʒimaˈji
McAdam *engl.* məˈkædəm
McAdoo *engl.* mækəˈdu:
McAlester, McAlis... *engl.* məˈkælɪstə
McAllen *engl.* məˈkælən
M'Carthy *engl.* məˈkɑ:θɪ
McAuley *engl.* məˈkɔ:lɪ
McBride *engl.* məkˈbraɪd
McBurney *engl.* məkˈbə:nɪ
McCabe *engl.* məˈkeɪb
McCaffrey *engl.* məˈkæfrɪ
McCain *engl.* məˈkeɪn
McCall *engl.* məˈkɔ:l
McCandless *engl.* məˈkændlɪs
McCarthy *engl.* məˈkɑ:θɪ
McCarthyismus məkartiˈɪsmʊs
McCartney *engl.* məˈkɑ:tnɪ
McClellan[d] *engl.* məˈklɛlən[d]
McClintock *engl.* məˈklɪntɔk
McCloskey *engl.* məˈklɔskɪ
McCloy *engl.* məˈklɔɪ
McCluer, McClure *engl.* məˈklʊə
McCollum *engl.* məˈkɔləm
McComb *engl.* məˈkoʊm
McCook *engl.* məˈkʊk
McCormack *engl.* məˈkɔ:mək
McCormick *engl.* məˈkɔ:mɪk
McCosh *engl.* məˈkɔʃ
McCoy *engl.* məˈkɔɪ
McCracken *engl.* məˈkrækən
McCrae *engl.* məˈkreɪ
McCrie *engl.* məˈkri:
McCullers *engl.* məˈkʌləz
McCulloch *engl.* məˈkʌlək
McCumber *engl.* məˈkʌmbə
McCurdy *engl.* məˈkə:dɪ
McCutcheon *engl.* məˈkʌtʃən
McDaniel *engl.* məkˈdænjəl
McDiarmid *engl.* məkˈdə:mɪd
McDivitt *engl.* məkˈdɪvɪt
McDonald *engl.* məkˈdɔnəld
McDonell *engl.* məkˈdɔnəl
McDougall *engl.* məkˈdu:gəl
McDowell *engl.* məkˈdaʊəl
McElroy *engl.* ˈmækəlrɔɪ
McEnroe *engl.* ˈmækɪnroʊ
McEntee *engl.* ˈmækənti:
McEvoy *engl.* ˈmækɪvɔɪ
McEwan, McEwen *engl.* məˈkju:ən
McFee *engl.* məkˈfi:
McGahern *engl.* məˈgæhən
McG[h]ee *engl.* məˈgi:
McGill[ivray] *engl.* məˈgɪl[ɪvreɪ]
McGinley *engl.* məˈgɪnlɪ
McGlynn *engl.* məˈglɪn
McGovern *engl.* məˈgʌvən
McGrath *engl.* məˈgrɑ:θ
McGraw *engl.* məˈgrɔ:
McGregor *engl.* məˈgrɛgə
McGroarty *engl.* məˈgroʊətɪ
McGuffey *engl.* məˈgʌfɪ
McGuire *engl.* məˈgwaɪə
McHenry *engl.* məkˈhɛnrɪ
McIlwain *engl.* ˈmækɪlweɪn
McIlwraith *engl.* ˈmækɪlreɪθ
McIntosh *engl.* ˈmækɪntɔʃ
McIntyre *engl.* ˈmækɪntaɪə
McKay *engl.* məˈkaɪ
McKean *engl.* məˈki:n
McKeesport *engl.* məˈki:zpɔ:t
McKees Rocks *engl.* məˈki:z ˈrɔks
McKellar *engl.* məˈkɛlə
McKelway *engl.* məˈkɛlweɪ
McKendree *engl.* məˈkɛndrɪ
McKenna *engl.* məˈkɛnə
McKennal *engl.* məˈkɛnl
McKennan *engl.* məˈkɛnən
McKenney *engl.* məˈkɛnɪ
McKerrow *engl.* məˈkɛroʊ
McKim *engl.* məˈkɪm
McKinley *engl.* məˈkɪnlɪ
McKinney *engl.* məˈkɪnɪ
McLaine *engl.* məˈkleɪn
McLaughlin *engl.* məˈklɔklɪn
McLaws *engl.* məˈklɔ:z
McLean *engl.* məˈkleɪn, ...li:n
McLennan *engl.* məˈklɛnən
McLeod *engl.* məˈklaʊd
M'Clintock *engl.* məˈklɪntɔk
McLuhan *engl.* məˈklu:ən
McManus *engl.* məkˈmænəs
McMaster *engl.* məkˈmɑ:stə
McMillan *engl.* məkˈmɪlən
McMinnville *engl.* məkˈmɪnvɪl
McMurdo *engl.* məkˈmə:doʊ
McMurtry *engl.* məkˈmə:trɪ
McNaghten *engl.* məkˈnɔ:tn
McNair *engl.* məkˈnɛə
McNamara *engl.* məknəˈmɑ:rə, ˈmæknəmærə
McNarney *engl.* məkˈnɑ:nɪ
McNaughton *engl.* məkˈnɔ:tn
McNeile, McNeill *engl.* məkˈni:l
McNutt *engl.* məkˈnʌt
McPartland *engl.* məkˈpɑ:tlənd
McPherson *engl.* məkˈfə:sn
McQueen *engl.* məˈkwi:n
McRae *engl.* məˈkreɪ
McReynolds *engl.* məˈkrɛnldz
McVeagh, McVey *engl.* məkˈveɪ
mea culpa ˈme:a ˈkʊlpa
Mead[e] *engl.* mi:d
Meadow[s] *engl.* ˈmɛdoʊ[z]
Meadville *engl.* ˈmi:dvɪl
Meaning ˈmi:nɪŋ
Meany *engl.* ˈmi:nɪ
Meath *engl.* mi:ð, mi:θ
Meatomie meatoˈmi:, **-n** ...i:ən
Meatus meˈa:tʊs
Meaux *fr.* mo
Mebes ˈme:bəs
Mebs mɛps
Mechanicsville *engl.* mɪˈkænɪksvɪl
Mechanik meˈça:nɪk
Mechaniker meˈça:nikɐ
Mechanisator meçaniˈza:to:ɐ̯, **-en** ...zaˈto:rən
mechanisch meˈça:nɪʃ
mechanisieren meçaniˈzi:rən
Mechanismus meçaˈnɪsmʊs
Mechanist meçaˈnɪst
Mechanizismus meçaniˈt͡sɪsmʊs
Mechanizist meçaniˈt͡sɪst
Mechanotherapie meçanoteraˈpi:, *auch:* meˈça:n...
Mechau ˈmɛçau̯
Mechelen *niederl.* ˈmɛxələ
Mecheln ˈmɛçl̩n
Mechern[ich] ˈmɛçɐn[ɪç]
Mechitarist meçitaˈrɪst
Mechow ˈmɛço
Mechtel ˈmɛçtl̩
Mechthild ˈmɛçtɪlt
Mechthilde mɛçˈtɪldə
mechulle mɛˈçʊlə
Mečiar *slowak.* ˈmɛtʃi̯ar
meck! mɛk
Meckauer ˈmɛkau̯ɐ
Meckel ˈmɛkl̩
Meckenem *niederl.* ˈmɛkənəm
Meckerer ˈmɛkərɐ
meckern ˈmɛkɐn
Mecki... ˈmɛki...
Mecking ˈmɛkɪŋ

Mecklenburg ˈmeːklənbʊrk, *auch:* ˈmɛk...
Mecklenburger ˈmeːklənbʊrgɐ, *auch:* ˈmɛk...
mecklenburgisch ˈmeːklənbʊr-gɪʃ, *auch:* ˈmɛk...
Meckseper ˈmɛkseːpɐ
Mecsek *ung.* ˈmɛtʃɛk
Medaille meˈdaljə
Medailleur medalˈjøːɐ̯
medaillieren medalˈjiːrən
Medaillon medalˈjõː
Medan *indon.* ˈmedan
Médan *fr.* meˈdã
Medard meˈdart
Medardus meˈdardʊs
Medau ˈmeːdau̯
Medawar *engl.* ˈmɛdəwə
Medb *engl.* meɪv
Medea meˈdeːa, *it.* meˈdɛːa
Médéa *fr.* medeˈa
Medebach ˈmeːdəbax
Medek ˈmeːdɛk, *tschech.* ˈmɛdɛk
Medel *rät.* ˈmeːdəl
Medellín *span.* meðeˈʎin
Medelpad *schwed.* ˈmeːdəlpɑːd
Meden ˈmeːdn̩
Meder ˈmeːdɐ
Medfield *engl.* ˈmɛdfiːld
Medford *engl.* ˈmɛdfəd
Medgidia *rumän.* medʒiˈdia
Media ˈmeːdi̯a, **...iä** ˈmeːdi̯ɛ, **...ien** ...i̯ən
Media (Rundfunk usw.) ˈmeːdi̯a, ˈmiːdi̯ə
medial, M... meˈdi̯aːl
median meˈdi̯aːn
Mediane meˈdi̯aːnə
Mediante meˈdi̯antə
Mediaș *rumän.* ˈmediaʃ, --ˈ-
Mediasch ˈmeːdi̯aʃ, meˈdi̯aʃ
mediat meˈdi̯aːt
Mediateur medi̯aˈtøːɐ̯
Mediation medi̯aˈtsi̯oːn
mediatisieren medi̯atiˈziːrən
Mediator meˈdi̯aːtoːɐ̯, **-en** ...i̯aˈtoːrən
mediatorisch medi̯aˈtoːrɪʃ
mediäval medi̯ɛˈvaːl
Mediäval (Schriftgattung) medi̯ɛˈvaːl, *fachspr. auch:* medi̯əˈvɛl
Mediävist[ik] medi̯ɛˈvɪst[ɪk]
media vita in morte sumus ˈmeːdi̯a ˈviːta ɪn ˈmɔrtə ˈzuːmʊs
Mediceer mediˈtseːɐ, *auch:* ...ˈtʃeːɐ
mediceisch, M... mediˈtseːɪʃ, *auch:* ...ˈtʃeːɪʃ
Medici ˈmeːditʃi, *it.* ˈmɛːditʃi
Medicine Hat *engl.* ˈmɛdsɪn ˈhæt
Médicis *fr.* mediˈsis
[1]Medien ˈmeːdi̯ən
[2]Medien vgl. [1]Media u. Medium
mediieren mediˈiːrən
Medikament medikaˈmɛnt
medikamentös medikamɛn-ˈtøːs, **-e** ...øːzə
Medikaster mediˈkastɐ
Medikation medikaˈtsi̯oːn
Medikus ˈmeːdikʊs, **...izi** ...itsi
Međimurje *serbokr.* mɛˌdʑi-muːrjɛ
Medina meˈdiːna, *engl. Ohio, New York* məˈdaɪnə, *span.* meˈðina, *ung.* ˈmɛdinɔ
Medinaceli *span.* meðinaˈθeli
Medina Sidonia *span.* meˈðina siˈðoni̯a
Médine *fr.* meˈdin
Medinet Habu meˈdiːnɛt ˈhaːbu
medio, M... ˈmeːdi̯o
medioker meˈdi̯oːkɐ
Mediokrität medi̯okriˈtɛːt
Mediolanum medi̯oˈlaːnʊm
Mediothek medi̯oˈteːk
Mediozentrum medi̯oˈtsɛn-trʊm
Medisance mediˈzãːsə
medisant mediˈzant
medisch ˈmeːdɪʃ
medisieren mediˈziːrən
Meditation meditaˈtsi̯oːn
meditativ meditaˈtiːf, **-e** ...iːvə
mediterran meditɛˈraːn
Méditerranée *fr.* meditɛraˈne
Mediterraneo *it.* mediter-ˈraːneo
Mediterráneo *span.* meðitɛ-ˈrraneo
meditieren mediˈtiːrən
medium ˈmiːdi̯əm
Medium ˈmeːdi̯ʊm, **...ien** ...i̯ən
Medium Coeli ˈmeːdi̯ʊm ˈtsøːli
Mediumismus medi̯uˈmɪsmʊs
mediumistisch medi̯uˈmɪstɪʃ
Medius ˈmeːdi̯ʊs
Medizi vgl. Medikus
Medizin mediˈtsiːn
medizinal meditsiˈnaːl
Mediziner mediˈtsiːnɐ
medizinieren meditsiˈniːrən
medizinisch mediˈtsiːnɪʃ
Medjerda *fr.* mɛdʒɛrˈda
Medley ˈmɛdli
Mednogorsk *russ.* mɪdnaˈgɔrsk
Mednyánsky *ung.* ˈmɛdnjaːnski
Medoc meˈdɔk
Médoc *fr.* meˈdɔk
Medres[s]e ˈmɛdrɛsə
Medschlis ˈmɛdʒlɪs
Medtner ˈmɛtnɐ, ˈmeːtnɐ
Medulla meˈdʊla
medullär medʊˈlɛːɐ̯
Medusa meˈduːza
Meduse meˈduːzə
medusisch meˈduːzɪʃ
Medwall *engl.* ˈmɛdwɔːl
Medway *engl.* ˈmɛdweɪ
Medwedew *russ.* mɪdˈvjedɪf
Medwediza *russ.* mɪdˈvjeditsɐ
Meer meːɐ̯, *niederl.* meːr
Meerane meˈraːnə
Meerbusch ˈmeːɐ̯bʊʃ
Meerholz ˈmeːɐ̯hɔlts
Meersburg ˈmeːɐ̯sbʊrk, **-er** ...rgɐ
Meerssen *niederl.* ˈmeːrsə
Meerut *engl.* ˈmɪərət
meerwärts ˈmeːɐ̯vɛrts
Meeting ˈmiːtɪŋ
meets miːts
Mefistofele *it.* mefisˈtɔːfele
Mefitis meˈfiːtɪs
mefitisch meˈfiːtɪʃ
Mefodi *russ.* mɪˈfɔdij
Meg *engl.* mɛg
Megabit ˈmeːgabɪt, ˈmɛg...; megaˈbɪt, mɛg...
Megabyte ˈmeːgabai̯t, ˈmɛg...; megaˈbai̯t, mɛg...
Megaceros meˈgaːtserɔs
Megahertz ˈmeːgahɛrts, ˈmɛg...; megaˈhɛrts, mɛg...
mega-in ˈmeːga|ɪn, ˈmɛg...
Megaira ˈmeːgai̯ra
Megakles ˈmeːgaklɛs
Megalaspis megaˈlaspɪs
Megalenzephalie megalɛntse-faˈliː
Megalith megaˈliːt
Megalithiker megaˈliːtikɐ
Megaloblast megaloˈblast
Megalodon meˈgaːlodɔn
Megalokephalie megaloke-faˈliː, **-n** ...iːən
megaloman megaloˈmaːn
Megalomanie megalomaˈniː, **-n** ...iːən
Megalopole megaloˈpoːlə
[1]Megalopolis megaˈloːpolɪs, **...olen** ...loˈpoːlən

M

[2]**Megalopolis** *engl.* mɛgəˈlɔpəlɪs
Megalopsie megalɔˈpsi:, **-n** ...i:ən
Megalosaurus megaloˈzaurʊs
Megalozephalie megalotsefaˈli:, **-n** ...i:ən
Megalozyte megaloˈtsy:tə
Meganeura megaˈnɔyra
Meganthropus meˈgantropʊs
Megantic *engl.* məˈgæntɪk
Megaohm ˈme:ga|o:m, ˈmɛg...; megaˈ|o:m, mɛg...
mega-out ˈme:ga|aut, ˈmɛg...
Megaphon megaˈfo:n
Megara ˈme:gara, *neugr.* ˈmɛɣara
Megäre meˈgɛ:rə
Megariker meˈga:rikɐ
megarisch meˈga:rɪʃ
Megaron ˈme:garɔn, **...ra** ...ra
Megasthenes meˈgastenɛs
Megatherium megaˈte:riʊm, **...ien** ...iən
Megaureter mega|uˈre:tɐ
Megawatt ˈme:gavat, ˈmɛg...; megaˈvat, mɛg...
Meged *hebr.* ˈmɛgɛd
Megerle ˈme:gɐlə
Megève *fr.* məˈʒɛ:v
Meggy *engl.* ˈmɛgɪ
Meghalaya *engl.* meɪˈgɑ:ləjə
Megiddo meˈgɪdo
Megillot[h] megɪˈlo:t
Meglenit megleˈni:t
Megohm ˈme:k|o:m, ˈmɛk...; me:kˈ|o:m, mɛk...
Mehabad *pers.* mehɑˈbɑ:d
Mehaigne *fr.* məˈɛɲ, meˈɛɲ
Mehari meˈha:ri
Mehdorn ˈme:dɔrn
Mehemed ˈme:hemɛt, meheˈmɛt
Mehl me:l
mehlig ˈme:lɪç, **-e** ...ɪgə
Mehltau ˈme:ltau
Mehmed ˈmɛçmɛt, –ˈ–
Mehmet *alban.* mehˈmet, *türk.* mɛhˈmɛt
Mehnert ˈme:nɐt
mehr me:ɐ̯
Mehrabad *pers.* mehrɑˈbɑ:d
mehren ˈme:rən
mehrere ˈme:rərə
mehrerlei ˈme:rɐˈlai
mehrfach ˈme:ɐ̯fax
Mehri ˈmɛçri
Mehring ˈme:rɪŋ
mehrmalig ˈme:ɐ̯ma:lɪç, **-e** ...ɪgə
mehrmals ˈme:ɐ̯ma:ls
Mehta *engl.* ˈmeɪtɑ:, ˈmeɪtə
Méhul *fr.* meˈyl
Mei *russ.* mjej
Meibom ˈmaibo:m
Meichsner ˈmaiksnɐ
Meid mait
meiden ˈmaidn̩, **meid!** mait
Meidias ˈmaidias
Meidner ˈmaitnɐ
Meidschi ˈme:dʒi
Meier ˈmaiɐ, *engl.* ˈmaɪə, *bras.* ˈmeier
Meierei maiəˈrai
Meighen *engl.* ˈmi:ən
Meigret *fr.* mɛˈgrɛ
Meigs *engl.* mɛgz
Meijer *niederl.* ˈmɛiər
Meike ˈmaikə
Meiland ˈmailant
Meil[e] ˈmail[ə]
Meilen ˈmailən
meilenlang ˈmailənlaŋ, *auch:* ˈ––ˈ–
meilenweit ˈmailənvait, *auch:* ˈ––ˈ–
Meiler ˈmailɐ
Meilhac *fr.* mɛˈjak
Meili ˈmaili
Meilingen ˈmailɪŋən
Meillet *fr.* mɛˈjɛ
mein main
Meina[ld] ˈmaina[lt]
Meinardus maiˈnardʊs
Meinberg ˈmainbɛrk
Meinbod ˈmainbɔt
meine ˈmainə
Meinecke ˈmainəkə
Meineid ˈmain|ait
meineidig ˈmain|aidɪç, **-e** ...ɪgə
Meineke ˈmainəkə
meinen ˈmainən
meiner, M... ˈmainɐ
meinerseits ˈmainɐˈzaits
Meinertz ˈmainɐts
Meinerzhagen mainɐtsˈha:gn̩
meinesgleichen ˈmainəsˈglaiçn̩
meinesteils ˈmainəsˈtails
meinethalben ˈmainətˈhalbn̩
meinetwegen ˈmainətˈve:gn̩
meinetwillen ˈmainətˈvɪlən
Meinhard ˈmainhart
Meinharde mainˈhardə
Meinhild ˈmainhɪlt
Meinhilde mainˈhɪldə
Meinhof ˈmainho:f
Meinhold ˈmainhɔlt
meinige ˈmainɪgə
Meiningen ˈmainɪŋən
Meininger ˈmainɪŋɐ
meiningisch ˈmainɪŋɪʃ
Meinloh ˈmainlo:
Meino ˈmaino
Meinolf ˈmainɔlf
Meinong ˈmainɔŋ
Meinrad ˈmainra:t
Meinrade mainˈra:də
Meinulf ˈmainʊlf
Meinung ˈmainʊŋ
Meiose maiˈo:zə
Meiosis maiˈo:zɪs
[1]**Meir** (dt. Name) ˈmaiɐ
[2]**Meir** (isr. Name) meˈi:ɐ̯
Meiran ˈmaira:n
Meireles *bras.* meiˈrelis
Meiringen ˈmairɪŋən
Meise ˈmaizə
Meisel ˈmaizl̩
Meisenbach ˈmaizn̩bax
Meisenheim ˈmaizn̩haim
Meiser ˈmaizɐ
Meisje ˈmaisjə
Meisl ˈmaizl̩
Meißel ˈmaisl̩
Meißeler ˈmaisəlɐ
meißeln ˈmaisl̩n
Meißen ˈmaisn̩
Meißener ˈmaisənɐ
meißenisch ˈmaisənɪʃ
Meißler ˈmaislɐ
Meis[s]ner, Meißner ˈmaisnɐ
meißnisch ˈmaisnɪʃ
Meissonier *fr.* mɛsɔˈnje
meist[ens] ˈmaist[n̩s]
Meister[mann] ˈmaistɐ[man]
meistern ˈmaistɐn
Meistersänger ˈmaistɐzɛŋɐ
Meisterschwanden ˈmaistɐʃvandn̩
Meistersinger ˈmaistɐzɪŋɐ
Meit[ner] ˈmait[nɐ]
Meitnerium maitˈne:riʊm
Meiuros ˈmaiurɔs, **...roi** ...rɔy
Meiurus maiˈu:rʊs, **...ri** ...ri
Mejer ˈmaiɐ
Mejerchold *russ.* mɪjɪrˈxɔljt
Mejía *span.* meˈxia
Méjico *span.* ˈmɛxiko
Mejillones *span.* mɛxiˈʎones
Meka *russ.* mɪˈka
Mekka ˈmɛka
Meknès *fr.* mɛkˈnɛs
Mekong ˈme:kɔŋ, *auch:* meˈkɔŋ
Mekonium meˈko:niʊm
Mekum ˈme:kʊm

Mel mɛl
Mela 'me:la, *span.* 'mela
Mélac *fr.* me'lak
Melajukuna melaju'ku:na
Melaka *indon.* mə'laka
Melakonit melako'ni:t
Melamin mela'mi:n
Melampus me'lampʊs
Melampyrum melam'py:rʊm
Melan me'la:n
Meläna me'lɛ:na
Melanämie melanɛ'mi:, **-n** ...i:ən
Melancholie melaŋko'li:, **-n** ...i:ən
Melancholiker melaŋ'ko:likɐ
melancholisch melaŋ'ko:lɪʃ
Melanchthon me'lançtɔn
Melaneside melane'zi:də
Melanesien mela'ne:zi̯ən
Melanesier mela'ne:zi̯ɐ
melanesisch mela'ne:zɪʃ
Melange me'lã:ʒə
Melania me'la:ni̯a
Melanide mela'ni:də
Melanie me'la:ni̯ə, *auch:* mela'ni:, 'me:lani; *engl.* 'mɛləni
Mélanie *fr.* mela'ni
Melanin mela'ni:n
Melanippides mela'nɪpidɛs
Melanismus mela'nɪsmʊs
Melanit mela'ni:t
Melano me'la:no
melanoderm melano'dɛrm
Melanodermie melanodɛr'mi:, **-n** ...i:ən
Melanoglossie melanoglɔ'si:, **-n** ...i:ən
melanokrat melano'kra:t
Melanom mela'no:m
Melanophore melano'fo:rə
Melanose mela'no:zə
Melanotropin melanotro'pi:n
Melanterit melante'ri:t
Melanurie melanu'ri:, **-n** ...i:ən
Melaphyr mela'fy:ɐ̯
Melas (Teppich) 'me:las
Melasma me'lasma, **-ta** -ta
Melasse me'lasə
Melatonin melato'ni:n
Melayu *indon.* mə'laju
Melba 'mɛlba, *engl.* 'mɛlbə
Melber 'mɛlbɐ
Melbourne 'mɛlbɐn, *engl.* 'mɛlbən
Melcher 'mɛlçɐ
Melchers 'mɛlçɐs, *engl.* 'mɛltʃəz
Melchior 'mɛlçi̯o:ɐ̯, *fr.* mɛl'kjɔ:r, *dän.* 'mel'ki̯oɐ̯
Melchiorit mɛlçi̯o'ri:t
Melchisedek mɛlçi'ze:dɛk, *auch:* mɛl'çi:zedɛk
Melchit mɛl'çi:t
Melchor *span.* mɛl'tʃɔr
Melchsee 'mɛlçze:
Melchter 'mɛlçtɐ
Melcht[h]al 'mɛlçta:l
Melde 'mɛldə
Meldorf 'mɛldɔrf
Meleager mele'a:gɐ
Meleagros mele'a:grɔs
Meleda *it.* 'mɛ:leda
Melegnano *it.* meleɲ'ɲa:no
Melekess *russ.* mɪlɪ'kjɛs
Meléndez *span.* me'lendeθ
Meletianer mele'tsi̯a:nɐ
Meletius me'le:tsi̯ʊs
Melfi *it.* 'mɛlfi
Meli *it.* 'mɛ:li
Meliazeen meli̯a'tse:ən
Melibocus, Melibokus meli'bo:kʊs
Melide *it.* me'li:de
melieren me'li:rən
Méliès *fr.* me'ljɛs
Melik 'me:lɪk
Melikertes meli'kɛrtɛs
Melilith meli'li:t
Melilla *span.* me'liʎa
Melilot[us] meli'lo:t[ʊs]
Melin *schwed.* mə'li:n
Melina me'li:na
Melinda me'lɪnda
Meline me'li:nə
Méline *fr.* me'lin
Melinit meli'ni:t
Melioration meli̯ora'tsi̯o:n
meliorativ meli̯ora'ti:f, **-e** ...i:və
Meliorativum meli̯ora'ti:vʊm, **...va** ...va
meliorieren meli̯o'ri:rən
Melis 'me:lɪs
Mélisande *fr.* meli'zã:d
melisch 'me:lɪʃ
Melisma me'lɪsma
Melismatik melɪs'ma:tɪk
melismatisch melɪs'ma:tɪʃ
melismisch me'lɪsmɪʃ
Melissa me'lɪsa
Melissanthi *neugr.* mɛli'sanθi
Melisse me'lɪsə
Melissin melɪ'si:n
Melissos me'lɪsɔs
Melissus me'lɪsʊs
Melitene meli'te:nə
Melito (Apologet) 'me:lito
Melitone *it.* meli'to:ne
Melitopol *russ.* mɪli'tɔpɐlj
Melitta me'lɪta
Melius 'me:li̯ʊs
melk, M... mɛlk
Melkart 'mɛlkart, –'–
melken 'mɛlkn̩
Melkerei mɛlkə'rai̯
Melkit mɛl'ki:t
Melkus 'mɛlkʊs
Mell mɛl
Melle *dt., niederl.* 'mɛlə
Mellefont 'mɛləfɔnt
Mellerowicz mɛlə'ro:vɪts
Mellin mɛ'li:n
Mellin de Saint-Gelais *fr.* mɛlɛ̃dsɛ̃'ʒlɛ
Mellit me'li:t
Mello *port., bras.* 'mɛlu
Mellon *engl.* 'mɛlən
Mellotron melo'tro:n
Mellrichstadt 'mɛlrɪçʃtat
Mellum 'mɛlʊm
Melnik 'mɛlnɪk, *bulgar.* 'mɛlnik
Mělník *tschech.* 'mjɛlnji:k
Melnikow *russ.* 'mjeljnikɐf
Melnikowit mɛlniko'vi:t
Melo *span.* 'melo, *port., bras.* 'mɛlu
Melodica me'lo:dika
Melodie melo'di:, **-n** ...i:ən
Melodik me'lo:dɪk
Melodiker me'lo:dikɐ
Melodion me'lo:di̯ɔn
melodiös melo'di̯ø:s, **-e** ...ø:zə
melodisch me'lo:dɪʃ
Melodist melo'dɪst
Melodram[a] melo'dra:m[a]
Melodramatik melodra'ma:tɪk
melodramatisch melodra'ma:tɪʃ
Melomane melo'ma:nə
Melomanie meloma'ni:
Melomimik melo'mi:mɪk
Melone me'lo:nə
Melonit melo'ni:t
Melophon melo'fo:n
Melopöie melopø'i:
[1]**Melos** (Melodie) 'me:lɔs, *auch:* 'mɛlɔs
[2]**Melos** (Insel) 'me:lɔs
Meloschise melo'sçi:zə
Melotypie meloty'pi:
Melozzo *it.* me'lɔttso
Melpomene mɛl'po:mene
Melrose *engl.* 'mɛlroʊz
Mels mɛls
Melsungen 'mɛlzʊŋən

M

Me̲ltau ˈmeːltau̯

Mẹlton (Stoff) ˈmɛltn̩

Mẹlton Mọwbray *engl.* ˈmɛltən ˈmoʊbreɪ

Melun *fr.* məˈlœ̃

Melusi̲ne meluˈziːnə

Melvil[le] *engl.* ˈmɛlvɪl, *fr.* mɛlˈvil

Mẹlvindale *engl.* ˈmɛlvɪndeɪl

Mẹlzi *it.* ˈmɛltsi

Mẹmber of Pa̲rliament ˈmɛmbɐ ɔf ˈpaːɐ̯ləmənt

Membra̲n[e] mɛmˈbraːn[ə]

Membranopho̲n mɛmbranoˈfoːn

Mẹmbrum ˈmɛmbrʊm, **...ra** ...ra

Mẹmbrum viri̲le ˈmɛmbrʊm viˈriːlə

Me̲mel ˈmeːml̩

Me̲meler ˈmeːmələ

Memẹnto meˈmɛnto

Memẹnto mo̲ri meˈmɛnto ˈmoːri

Mẹmlinc *niederl.* ˈmɛmlɪŋk

Mẹmling *niederl.* ˈmɛmlɪŋ

Mẹmme ˈmɛmə

mẹmmeln ˈmɛmln̩

Mẹmmert ˈmɛmɐt

Memmi *it.* ˈmɛmmi, *fr.* mɛmˈmi

Mẹmmingen ˈmɛmɪŋən

Mẹmnon ˈmɛmnɔn

Me̲mo ˈmeːmo

Memoire[n] meˈmo̯aːrə[n]

Memorabi̲lien memoraˈbiːli̯ən

Memorạndum memoˈrandʊm **...da** ...da

[1]**Memori̲al** memoˈri̯aːl, **-ien** ...i̯ən

[2]**Memo̲rial** (Sport; Denkmal) meˈmoːri̯əl

memori̲eren memoˈriːrən

Mẹmory® ˈmɛməri, ˈmɛmori

Mẹmorystick® ˈmɛməristɪk, ˈmɛmori...

Mẹmphis *dt., engl.* ˈmɛmfɪs

Mẹna *span.* ˈmena

Menabuo̲i *it.* menaˈbu̯ɔːi̯

Menạ̈chmen meˈnɛçmən

Menạdo *indon.* məˈnado

Mena̲ge meˈnaːʒə

Ména̲ge *fr.* meˈnaːʒ

Menageri̲e menaʒəˈriː, **-n** ...iːən

menagi̲eren menaˈʒiːrən

Mẹnai *engl.* ˈmɛnaɪ

Mena̲ichmos meˈnai̯çmɔs

Me̲nam ˈmeːnam

Menạnder meˈnandɐ

Menạndros meˈnandrɔs

Menant *fr.* məˈnɑ̃

Menạrche meˈnarçə

Ména̲rd *fr.* meˈnaːr

Me̲nas ˈmeːnas

Menasha *engl.* məˈnæʃə

Menä̲um meˈnɛːʊm

Mẹnčetić *serbokr.* ˌmɛntʃɛtitɕ

Menchú *span.* menˈtʃu

Mẹncius ˈmɛnt͜si̯ʊs

Mẹncke ˈmɛŋkə

Mẹncken ˈmɛŋkn̩, *engl.* ˈmɛŋkɪn

[1]**Mẹnde** (Familienname, Volk) ˈmɛndə

[2]**Mende** (Ort) *fr.* mɑ̃ːd

Mẹndel ˈmɛndl̩

Mẹndele ˈmɛndələ

Mendelẹjew *russ.* mɪndɪˈljejɪf

Mendele̲vium mɛndeˈleːvi̯ʊm

Mendelịsmus mɛndeˈlɪsmʊs

mẹndeln ˈmɛndl̩n, **mẹndle** ˈmɛndlə

Mẹndelsohn ˈmɛndl̩zoːn

Mẹndelssohn-Barthọldy ˈmɛndl̩szoːnbarˈtɔldi

Mẹnden ˈmɛndn̩

Mẹnderes *türk.* ˈmenderɛs

Mẹndes ˈmɛndɛs, *port.* ˈmendɪʃ

Mendès *fr.* mɛ̃ˈdɛs

Méndez *span.* ˈmendeθ

Mẹndig ˈmɛndɪç

Mendikạnt mɛndiˈkant

Mẹndip *engl.* ˈmɛndɪp

Mendizábal *span.* mendiˈθaβal

Mendọza *span.* menˈdoθa

Mendrịsio *it.* menˈdriːzi̯o

Mene̲crates meˈneːkratɛs

Menegh̲ini *it.* meneˈgiːni

Menela̲os meneˈlaːɔs

Menela̲us meneˈlaːʊs

Menelik ˈmeːnelɪk, *auch:* ˈmen...

Mẹnem *span.* ˈmenem

Menen *niederl.* ˈmeːnə, *engl.* ˈmɛnən

Menéndez *span.* meˈnendeθ

Mene̲nius meˈneːni̯ʊs

Menẹptah meˈnɛpta

Me̲nes ˈmeːnɛs

Menẹses *port.* məˈnezɪʃ

Menẹstheus meˈnɛstɔy̆s

Menestrẹl menɛsˈtrɛl

Mene̲tekel meneˈteːkl̩

mene̲tekeln meneˈteːkl̩n

Menẹzes *port.* məˈnezɪʃ, *bras.* meˈnezis

Mẹnge ˈmɛŋə

Mẹngelberg ˈmɛŋl̩bɛrk, *niederl.* ˈmɛŋəlbɛrx

mẹngen, M... ˈmɛŋən

Mẹnger ˈmɛŋɐ

Mengeringha̲usen mɛŋərɪŋˈhau̯zn̩

Menghi̲n mɛŋˈgiːn

Mengịstu mɛŋˈgɪstu, *amh.* mengəstu

Mẹngo *engl.* ˈmɛŋgoʊ

Mẹngs mɛŋs

Mẹngsel ˈmɛŋzl̩

Mẹng-tse ˈmɛŋt͜sə

Mengzi *chin.* məŋdzɨ 43

Menhaden mɛnˈheːdn̩

Mẹnhir ˈmɛnhiːɐ̯

Ménière *fr.* meˈnjɛːr

Me̲nilek ˈmeːnilɛk

Menin *fr.* məˈnɛ̃

meninge̲al menɪŋgeˈaːl

Meningen vgl. Meninx

Meninge̲om menɪŋgeˈoːm

Meninges vgl. Meninx

Meningi̲om menɪŋˈgi̯oːm

Meningịsmus menɪŋˈgɪsmʊs

Meningi̲tis menɪŋˈgiːtɪs, **...iti̲den** ...giˈtiːdn̩

Meningoenzephali̲tis menɪŋgolɛnt͜sefaˈliːtɪs, **...iti̲den** ...liˈtiːdn̩

Meningokọkken menɪŋgoˈkɔkn̩

Meningo̲m menɪŋˈgoːm

Meningomyeli̲tis menɪŋgomy̆eˈliːtɪs, **...iti̲den** ...liˈtiːdn̩

Meningoze̲le menɪŋgoˈt͜seːlə

Me̲ninx ˈmeːnɪŋks; **...nges** meˈnɪŋgeːs, **...ngen** meˈnɪŋən

Menịpp meˈnɪp

menịppisch, M... meˈnɪpɪʃ

Menịppos meˈnɪpɔs

Menịppus meˈnɪpʊs

Menịskenglas meˈnɪskn̩glaːs

Menịskus meˈnɪskʊs

Me̲nius ˈmeːni̯ʊs

Mẹnjou ˈmɛnʒu, *engl.* mɑːnˈʒuː

Menkauho̲r mɛŋkau̯ˈhoːɐ̯

Menkaure̲ mɛŋkau̯ˈreː

Menkẹnke mɛŋˈkɛŋkə

Mẹnlo *engl.* ˈmɛnloʊ

Mẹnn[ige] ˈmɛn[ɪgə]

mẹnnigrot ˈmɛnɪçroːt

Mẹnno *dt., niederl.* ˈmɛno, *span.* ˈmeno

Mennoni̲t mɛnoˈniːt

me̲no ˈmeːno

Menolo̲gion menoˈloːgi̯ɔn, **...ien** ...i̯ən

Menọminee *engl.* məˈnɔmɪnɪ

Menomini[e] *engl.* məˈnɔmɪnɪ
Menomonee, ...nie *engl.* məˈnɔmənɪ
Menon *engl.* ˈmɛnən
Menopause menoˈpau̯zə
Menora menoˈra:
Menorca *span.* meˈnɔrka
Menorrhagie menɔraˈgi:, **-n** ...i:ən
Menorrhö, ...öe menɔˈrø:, **...rrhöen** ...ˈrø:ən
menorrhöisch menɔˈrø:ɪʃ
Menostase menoˈsta:zə
Menotti *it.* meˈnɔtti
Mens *niederl.* mɛns
Mensa ˈmɛnza
Mensa academica ˈmɛnza akaˈde:mika, **...sae ...cae** ...zɛ ...t͜sɛ
Mensalgut mɛnˈza:lgu:t
Mensch mɛnʃ
menscheln ˈmɛnʃl̩n
Menschengedenken ˈmɛnʃn̩gəˈdɛŋkn̩
menschenmöglich ˈmɛnʃn̩ˈmø:klɪç
Menschenseele ˈmɛnʃn̩ˈze:lə
Menschenskind! ˈmɛnʃn̩skɪnt
Menschewik mɛnʃeˈvɪk, **-i** ...ki
Menschewismus mɛnʃeˈvɪsmʊs
Menschewist mɛnʃeˈvɪst
Menschikow *russ.* ˈmjenʃɨkɐf
Mensching ˈmɛnʃɪŋ
menschlich ˈmɛnʃlɪç
Mensdorf[f] ˈmɛnsdɔrf
Mensel ˈmɛnzl̩
Mensendieck *niederl.* ˈmɛnsəndik
mensendiecken ˈmɛnzn̩di:kn̩, *auch:* --ˈ--
Menses ˈmɛnze:s
mensis currentis ˈmɛnzɪs kʊˈrɛntɪs
mens sana in corpore sano ˈmɛns ˈza:na ɪn ˈkɔrpore ˈza:no
menstrual mɛnstruˈa:l
Menstruation mɛnstruaˈt͜si̯o:n
menstruell mɛnstruˈɛl
menstruieren mɛnstruˈi:rən
Menstruum ˈmɛnstruʊm, **...rua** ...ua
mensual mɛnˈzu̯a:l
Mensul ˈmɛnzʊl
Mensur mɛnˈzu:ɐ̯
mensurabel mɛnzuˈra:bl̩, **...ble** ...blə
Mensurabilität mɛnzurabiliˈtɛ:t
mensural mɛnzuˈra:l
mensuriert mɛnzuˈri:ɐ̯t
mental mɛnˈta:l
Mentalismus mɛntaˈlɪsmʊs
Mentalität mɛntaliˈtɛ:t
Mentawai *indon.* mənˈtawai̯
mente captus ˈmɛntə ˈkaptʊs
Mentelin ˈmɛntəli:n
Mentha ˈmɛnta
Menthol mɛnˈto:l
Ment[h]on *fr.* mãˈtõ
Mentizid mɛntiˈt͜si:t, **-e** ...i:də
Mentone *it.* menˈto:ne
Mentor ˈmɛnto:ɐ̯, **-en** ...ˈto:rən
Mentuhotep mɛntuˈho:tɛp
Mentum ˈmɛntʊm, **...ta** ...ta
Mentzer ˈmɛnt͜sɐ
Menü meˈny:
Menuett meˈnu̯ɛt
Menuhin ˈmɛnuhi:n, *auch:* mɛnuˈhi:n; *engl.* ˈmɛn[j]ʊɪn, ˈmɛnʊɪn
Menz[el] ˈmɛnt͜s[l̩]
Menzel-Bourguiba *fr.* mɛnzɛlburgiˈba
Menzer ˈmɛnt͜sɐ
Menzies *engl.* ˈmɛnzɪz
Menziken ˈmɛnt͜sikn̩
Mephisto meˈfɪsto
Mephistopheles mefɪsˈto:felɛs
mephistophelisch mefɪstoˈfe:lɪʃ
Mephitis meˈfi:tɪs
Meppel *niederl.* ˈmɛpəl
Meppen ˈmɛpn̩
Mequon *engl.* ˈmɛkwɔn
Mera *span.* ˈmera
Merak (Stern) meˈra:k
Meran[er] meˈra:n[ɐ]
Meranien meˈra:ni̯ən
Merano *it.* meˈra:no
Merapi *indon.* məˈrapi
Merauke *indon.* məˈrau̯ke
Merbah *fr.* mɛrˈba
Merbold ˈme:ɐ̯bɔlt
Mercadante *it.* merkaˈdante
Mercado mɛrˈka:do
Mercalli *it.* merˈkalli
Mercati *it.* merˈka:ti
Mercator mɛrˈka:to:ɐ̯
Mercedario *span.* mɛrθeˈðari̯o
[1]**Mercedes** (Vorn.) mɛrˈt͜se:dɛs, *engl.* ˈmə:sɪdi:z, *span.* mɛrˈθeðes
[2]**Mercedes**® mɛrˈt͜se:dɛs, *engl.* məˈseɪdi:z
Mercer *engl.* ˈmə:sə
Mercerie mɛrsəˈri:, **-n** ...i:ən
Mercerisation mɛrt͜sərizaˈt͜si̯o:n
mercerisieren mɛrt͜səriˈzi:rən
Merchandiser ˈmø:ɐ̯t͜ʃn̩dai̯zɐ, ˈmœrt͜ʃ...
Merchandising ˈmø:ɐ̯t͜ʃn̩dai̯zɪŋ, ˈmœrt͜ʃ...
Merchant Adventurers ˈmø:ɐ̯t͜ʃn̩t ɛtˈvɛnt͜ʃərɐs, ˈmœrt͜ʃ...
Merchantbank ˈmø:ɐ̯t͜ʃn̩tbɛŋk, ˈmœrt͜ʃ...
merci! mɛrˈsi:
Mercia ˈmɛrt͜si̯a, *engl.* ˈmə:sjə
Mercié, Mercier *fr.* mɛrˈsje
Merck mɛrk
Mercosur *span.* mɛrkoˈsur
Mercouri *neugr.* mɛrˈkuri
Mercure de France *fr.* mɛrkyrdəˈfrã:s
Mercurio *span.* mɛrˈkuri̯o
Mercurius mɛrˈku:ri̯ʊs
Mercury *engl.* ˈmə:kjʊrɪ
Mercutio mɛrˈku:t͜si̯o
Mercy mɛrˈsi:
merde! mɛrt
Mer de Glace *fr.* mɛrdəˈglas
Méré *fr.* meˈre
Mereau meˈro:
[1]**Meredith** (Schach) ˈmɛrədɪt
[2]**Meredith** (Name) *engl.* ˈmɛrədɪθ
Merenptah meˈrɛnpta
Merenre merɛnˈre:
Mereruka mereˈru:ka
Mereschkowski *russ.* mɪrɪʃˈkɔfskij
Mergel ˈmɛrgl̩
merg[e]lig ˈmɛrg[ə]lɪç, **-e** ...ɪgə
Mergenthaler ˈmɛrgn̩ta:lɐ
Mergentheim ˈmɛrgn̩thai̯m
Meri *estn., finn.* ˈmɛri
Meriam *engl.* ˈmɛrɪəm
Merian ˈme:ri̯an
Merici *it.* meˈri:t͜ʃi
Mérida *span.* ˈmeriða
Meriden *engl.* ˈmɛrɪdən
[1]**Meridian** meriˈdi̯a:n
[2]**Meridian** (Name) *engl.* məˈrɪdɪən
meridional meridi̯oˈna:l
Meridionalität meridi̯onaliˈtɛ:t
Merienre meri̯ɛnˈre:
Merigarto ˈme:rigarto
Meriggi *it.* meˈridd͜ʒi
Mérignac *fr.* meriˈɲak
Merikanto *finn.* ˈmɛrikɑntɔ
Merikare merikaˈre:
Meriluoto *finn.* ˈmɛrilu̯ɔtɔ
Mérimée *fr.* meriˈme
Merina meˈri:na

M

Mering ˈmeːrɪŋ
Meringe meˈrɪŋə
Meringel meˈrɪŋl̩
Meringue meˈrɛ̃ːk
Merinide meriˈniːdə
¹**Merino** (Schaf) meˈriːno
²**Merino** (Name) *span.* meˈrino
Merioneth[shire] *engl.* mɛrɪˈɔ-nɪθ[ʃɪə]
Merire meriˈreː
Meristem merɪsˈteːm
meristematisch merɪsteˈmaːtɪʃ
Meristom merɪsˈtoːm
meritieren meriˈtiːrən
Meritjotes merɪtˈjoːtɛs
Meritokratie meritokraˈtiː, **-n** ...iːən
meritokratisch meritoˈkraːtɪʃ
meritorisch meriˈtoːrɪʃ
Meritum ˈmeːritʊm, **Meriten** meˈriːtn̩
Merk mɛrk
merkantil mɛrkanˈtiːl
Merkantilismus mɛrkantiˈlɪsmʊs
Merkantilist mɛrkantiˈlɪst
Merkaptan mɛrkapˈtaːn
Merkel ˈmɛrkl̩
merken ˈmɛrkn̩
Merker ˈmɛrkɐ
Merkle ˈmɛrklə
merklich ˈmɛrklɪç
Merkmal ˈmɛrkmaːl
Merksem *niederl.* ˈmɛrksəm
Merkulo ˈmɛrkulo
Merkur mɛrˈkuːɐ̯
Merkuri *russ.* mɪrˈkurij, *neugr.* mɛrˈkuri
merkurial mɛrkuˈri̯aːl
Merkurialismus mɛrkuri̯aˈlɪsmʊs
Merkurow *russ.* mɪrˈkurɐf
Merlan mɛrˈlaːn
¹**Merle** (Amsel) ˈmɛrlə
²**Merle** (Name) *fr.* mɛrl, *engl.* məːl
Merleau-Ponty *fr.* mɛrlopõˈti
Merlebach *fr.* mɛrləˈbak
Merle d'Aubigné *fr.* mɛrlədo-biˈɲe
Merlenbach ˈmɛrlənbax
¹**Merlin** (Falke) mɛrˈliːn
²**Merlin** (Name) mɛrˈliːn, *auch:* ˈ−−; *fr.* mɛrˈlɛ̃
Merlo *span.* ˈmɛrlo
Merlot mɛrˈloː
Mermnade mɛrmˈnaːdə
Mermoz *fr.* mɛrˈmoːz
Mernephtah mɛrˈnɛfta
meroblastisch meroˈblastɪʃ
Mérode *fr.* meˈrɔd
Meroe ˈmeːroe
Merogamie merogaˈmiː
Merogonie merogoˈniː, **-n** ...iːən
meroitisch meroˈiːtɪʃ
merokrin meroˈkriːn
Merope ˈmeːrope
Merowinger ˈmeːrovɪŋɐ
merowingisch ˈmeːrovɪŋɪʃ
Merozele meroˈt͜seːlə
Merozoit merot͜soˈiːt
Merriam *engl.* ˈmɛrɪəm
Merrick *engl.* ˈmɛrɪk
Merrifield *engl.* ˈmɛrɪfiːld
Merrill *engl.* ˈmɛrɪl, *fr.* mɛˈril
Merrillville *engl.* ˈmɛrɪlvɪl
Merrimack *engl.* ˈmɛrɪmæk
Merriman *engl.* ˈmɛrɪmən
Merritt *engl.* ˈmɛrɪt
Merry *engl.* ˈmɛrɪ
Merseburg ˈmɛrzəbʊrk, **-er** ...rgɐ
merseburgisch ˈmɛrzəbʊrgɪʃ
Mers-el-Kébjr *fr.* mɛrsɛlkeˈbiːr
Mersenne *fr.* mɛrˈsɛn
Mersey *engl.* ˈməːzɪ
Merseyside *engl.* ˈməːzɪsaɪd
Mersin *türk.* ˈmɛrsin
Mersmann ˈmɛrsman
Merten[s] ˈmɛrtn̩[s]
Merthyr Tydfil *engl.* ˈməːθə ˈtɪdvɪl
Mértola *port.* ˈmɛrtulɐ
Merton ˈmɛrtɔn, *engl.* məːtn
Meru ˈmeːru, *engl.* ˈmɛəruː
Merula ˈmeːrula, *it.* ˈmɛːrula
Merulo *it.* ˈmɛːrulo
Merveilleuse, -s mɛrvɛˈjøːs
Merveilleux mɛrvɛˈjøː, **des -** ...øː[s]
Merw *russ.* mjɛrf
Merwanide mɛrvaˈniːdə
Merwede *niederl.* ˈmɛrweːdə
Merwin *engl.* ˈməːwɪn
Méry *fr.* meˈri
Meryon *fr.* meˈrjõ
Meryzismus meryˈt͜sɪsmʊs
Merz mɛrt͜s
merzen ˈmɛrt͜sn̩
Merzerisation mɛrt͜sərizaˈt͜si̯oːn
merzerisieren mɛrt͜səriˈziːrən
Merzig ˈmɛrt͜sɪç
Mesa ˈmeːza, *engl.* ˈmeɪsə, *span.* ˈmesa
Mesabi *engl.* məˈsɑːbɪ
Mesalliance mezaˈli̯ãːs, **-n** ...sn̩
Mesaortitis mezaɔrˈtiːtɪs, **...itiden** ...tiˈtiːdn̩
Mesch *niederl.* mɛs
meschant meˈʃant
Meschduretschensk *russ.* mɪʒ-duˈrjetʃɪnsk
Mesched ˈmɛʃɛt
Meschede ˈmɛʃədə
Meschendörfer ˈmɛʃn̩dœrfɐ
¹**Meschhed** (Teppich) ˈmɛʃhɛt
²**Meschhed** (Stadt) mɛʃˈhɛt
Meschkow *russ.* mɪʃˈkɔf
Meschtschere mɛʃˈtʃeːrə
meschugge meˈʃʊgə
Mescit *türk.* mɛsˈdʒit
Mesdames vgl. Madame
Mesdemoiselles vgl. Mademoiselle
Mesembrianthemum mezɛm-briˈantemʊm
Mesen *russ.* mɪˈzjenj
Mesencephalon mezɛnˈt͜seːfa-lɔn
Mesenchym mezɛnˈçyːm
mesenchymal mezɛnçyˈmaːl
Mesenterium mezɛnˈteːri̯ʊm
mesenzephal mezɛnt͜seˈfaːl
Mesenzephalitis mezɛnt͜sefa-ˈliːtɪs, **...itiden** ...liˈtiːdn̩
Meseritz ˈmeːzərɪt͜s
Meseta meˈzeːta, *span.* meˈseta
Meskal mɛsˈkaːl
Meskalin mɛskaˈliːn
Mesmer ˈmɛsmɐ
Mesmerismus mɛsməˈrɪsmʊs
Mesner ˈmɛsnɐ
Mesnerei mɛsnəˈrai̯
Mesoderm mezoˈdɛrm
mesodermal mezodɛrˈmaːl
Mesogastrium mezoˈgastri̯ʊm
Mesokarp mezoˈkarp
Mesokarpium mezoˈkarpi̯ʊm, **...ien** ...i̯ən
mesokephal mezokeˈfaːl
Mesokephale mezokeˈfaːlə
Mesokephalie mezokefaˈliː
Mesoklima ˈmeːzokliːma
Mesokolon mezoˈkoːlɔn, **...la** ...la
Mesolcina *it.* mezolˈtʃiːna
Mesolithikum mezoˈliːtikʊm
mesolithisch mezoˈliːtɪʃ
Mesolongion mezoˈlɔŋgi̯ɔn
Mesomedes mezoˈmeːdɛs
Mesomerie mezomeˈriː
Mesometrium mezoˈmeːtri̯ʊm
mesomorph mezoˈmɔrf
Mesomorphie mezomɔrˈfiː

Meson 'me:zɔn, **Mesonen** me'zo:nən
Mesonephros mezo'ne:frɔs
Mesonero *span.* meso'nero
Mesophyll mezo'fʏl
Mesophyt mezo'fy:t
Mesophytikum mezo'fy:tikʊm
Mesopotamien mezopo-'ta:mi̯ən
mesopotamisch mezopo-'ta:mɪʃ
Mesosiderit mezozide'ri:t
Mesosphäre mezo'sfɛ:rə
Mesostenium mezo'ste:ni̯ʊm
Mesostichon me'zɔstɪçɔn, **...cha** ...ça
Mesotes me'zo:tɛs
Mesothel mezo'te:l, **-ien** ...li̯ən
Mesothelium mezo'te:li̯ʊm, **...lien** ...li̯ən
Mesothorium mezo'to:ri̯ʊm
Mesotron 'me:zotro:n
mesotyp mezo'ty:p
mesozephal mezotse'fa:l
Mesozephale mezotse'fa:lə
Mesozephalie mezotsefa'li:
Mesozoikum mezo'tso:ikʊm
mesozoisch mezo'tso:ɪʃ
Mesozone 'me:zotso:nə
Mesozoon mezo'tso:ɔn, **...oen** ...o:ən
Mespelbrunn mɛspl̩'brʊn
mesquin mɛs'kɛ̃:
Mesquinerie mɛskinə'ri:, **-n** ...i:ən
Mesquite *engl.* mɛs'ki:t
Mesrop mɛs'ro:p
Messa di Voce 'mɛsa di 'vo:tʃə
Message 'mɛsɪtʃ
Messager *fr.* mɛsa'ʒe
Messaggero *it.* messad'dʒɛ:ro
Messala mɛ'sa:la
Messalina mɛsa'li:na
Messaline mɛsa'li:nə
Messalla mɛ'sala
Messapien mɛ'sa:pi̯ən
messapisch mɛ'sa:pɪʃ
Messa Voce 'mɛsa 'vo:tʃə
Messe 'mɛsə
Messel 'mɛsl̩
messen 'mɛsn̩
Messenhauser 'mɛsn̩hauzɐ
Messenien mɛ'se:ni̯ən
messenisch mɛ'se:nɪʃ
Messenius *schwed.* mɛ'se:niʊs
Messer 'mɛsɐ
messerscharf 'mɛsɐ'ʃarf
Messerschmidt, ...itt 'mɛsɐʃmɪt
Messiade mɛ'si̯a:də
Messiaen *fr.* mɛ'sjã, mɛ'sjɛ̃
messianisch mɛ'si̯a:nɪʃ
Messianismus mɛsi̯a'nɪsmʊs
Messianist mɛsi̯a'nɪst
Messias mɛ'si:as
Messidor mɛsi'do:ɐ̯
Messier *fr.* mɛ'sje
Messieurs vgl. Monsieur
Messieurs mɛ'si̯ø:
Messina mɛ'si:na, *it.* mes'si:na
Messing 'mɛsɪŋ
messingen 'mɛsɪŋən
Messius 'mɛsi̯ʊs
Meßkirch 'mɛskɪrç
Messmer 'mɛsmɐ, *fr.* mɛs'mɛ:r
Messner 'mɛsnɐ
Messolan mɛso'la:n
Meßter 'mɛstɐ
Mesta 'mɛsta
Meste 'mɛstə
Mestize mɛs'ti:tsə
mesto 'mɛsto
Mestre *it.* 'mestre
Meštrović *serbokr.* 'mɛʃtrɔvitɕ
Mesulan mezu'la:n
Mesusa mezu'za:
Mészáros *ung.* 'me:sa:roʃ
Mészöly *ung.* 'me:søj
[1]**Met** (Getränk) me:t
[2]**Met** (Opernhaus) *engl.* mɛt
Meta *dt., it.* 'me:ta, *span.* 'meta
meta..., M... 'me:ta..., 'mɛta...
Metabasis me'ta:bazɪs, **...basen** meta'ba:zn̩
Metabiose meta'bi̯o:zə
Metablastese metablas'te:zə
metabol meta'bo:l
Metabolie metabo'li:, **-n** ...i:ən
metabolisch meta'bo:lɪʃ
Metabolismus metabo'lɪsmʊs
Metaboliten metabo'li:tn̩
Metachronismus metakro'nɪsmʊs
Metadruck 'me:tadrʊk, 'mɛt...
Metadyne meta'dy:nə
Metagalaxis metaga'laksɪs
metagam meta'ga:m
Metagenese metage'ne:zə
metagenetisch metage'ne:tɪʃ
Metageschäft me'tagəʃɛft
Metagnom meta'gno:m
Metagnomie metagno'mi:
Metagynie metagy'ni:
Metairie *engl.* 'mɛtrɪ
metakarpal metakar'pa:l
Metakritik metakri'ti:k
Metal 'mɛtl̩
Metalepse meta'lɛpsə
Metalepsis me'ta:lɛpsɪs, **...psen** meta'lɛpsn̩
Metalimnion meta'lɪmniɔn, **...ien** ...iən
Metalinguistik metalɪŋ'gu̯ɪstɪk
Metalious *engl.* mə'teɪlɪəs
Metall me'tal
metallen me'talən
Metaller me'talɐ
metallic me'talɪk
Metallisation metaliza'tsi̯o:n
Metallisator metali'za:to:ɐ̯, **-en** ...za'to:rən
metallisch me'talɪʃ
métallisé metali'ze:
metallisieren metali'zi:rən
Metallismus meta'lɪsmʊs
Metallochromie metalokro'mi:
Metalloge meta'lo:gə
Metallogenese metaloge'ne:zə
Metallogie metalo'gi:
Metallograph metalo'gra:f
Metallographie metalogra'fi:
Metalloid metalo'i:t, **-e** ...i:də
Metallophon metalo'fo:n
Metallurg meta'lʊrk, **-en** ...rgn̩
Metallurge meta'lʊrgə
Metallurgie metalʊr'gi:
metallurgisch meta'lʊrgɪʃ
Metamathematik metamatema'ti:k
metamer meta'me:ɐ̯
Metameren meta'me:rən
Metamerie metame'ri:
metamikt meta'mɪkt
metamorph meta'mɔrf
Metamorphismus metamɔr'fɪsmʊs
Metamorphit metamɔr'fi:t
Metamorphopsie metamɔrfɔ'psi:
Metamorphose metamɔr'fo:zə
metamorphosieren metamɔrfo'zi:rən
Metandrie metan'dri:
Metanephros meta'ne:frɔs
metanoeite metano'ai̯tə
metanoetisch metano'e:tɪʃ
Metanoia me'ta:nɔya
metaökonomisch meta-løko'no:mɪʃ
Metaorganismus meta-lɔrga'nɪsmʊs
Metapelet meta'pɛlɛt, **...plot** ...'plɔt
Metaphase meta'fa:zə
Metapher me'tafɐ
Metaphorik meta'fo:rɪk

M

metaphorisch metaˈfo:rɪʃ
Metaphrase metaˈfra:zə
Metaphrast metaˈfrast
Metaphrastes metaˈfrastɛs
Metaphylaxe metafyˈlaksə
Metaphyse metaˈfy:zə
Metaphysik metafyˈzi:k
Metaphysiker metaˈfy:zikɐ
metaphysisch metaˈfy:zɪʃ
Metaplasie metaplaˈzi:
Metaplasmus metaˈplasmʊs
metaplastisch metaˈplastɪʃ
Metaplot vgl. Metaplot
Metapont metaˈpɔnt
Metapsychik metaˈpsy:çɪk
metapsychisch metaˈpsy:çɪʃ
Metapsychologie metapsyço-loˈgi:
Metasäure ˈme:tazɔyrə, ˈmɛt...
Metasequoia metazeˈkvo:ja
Metasom metaˈzo:m
metasomatisch metazoˈma:tɪʃ
Metasomatose metazoma-ˈto:zə
Metastase metaˈsta:zə
metastasieren metastaˈzi:rən
Metastasio *it.* metasˈta:zi̯o
metastatisch metaˈsta:tɪʃ
Metatekt metaˈtɛkt
Metatexis metaˈtɛksɪs
Metathese metaˈte:zə
Metathesis meˈta:tezɪs, **...esen** metaˈte:zn̩
Metatonie metatoˈni:, **-n** ...i:ən
Metatropismus metatroˈpɪs-mʊs
Metauro *it.* meˈta:u̯ro
Metaxa® meˈtaksa
Metaxas *neugr.* mɛtaˈksas
metazentrisch metaˈt͜sɛntrɪʃ
Metazentrum metaˈt͜sɛntrʊm
Metazoon metaˈt͜so:ɔn, **...oen** ...o:ən
Metella meˈtɛla
Metelli *it.* meˈtɛlli
Metellus meˈtɛlʊs
Metempsychose metɛmpsy-ˈço:zə
Meteor meteˈo:ɐ̯, *auch:* ˈme:teo:ɐ̯, **-e** meteˈo:rə
Meteora *neugr.* mɛˈtɛɔra
Meteor Crater *engl.* ˈmi:tɪə ˈkreɪtə
meteorisch meteˈo:rɪʃ
Meteorismus meteoˈrɪsmʊs
Meteorit meteoˈri:t
Meteorogramm meteoroˈgram
Meteorograph meteoroˈgra:f
Meteorologe meteoroˈlo:gə
Meteorologie meteoroloˈgi:
meteorologisch meteoroˈlo:gɪʃ
Meteoropath meteoroˈpa:t
Meteoropathologie meteoro-patoloˈgi:
meteorotrop meteoroˈtro:p
Meteorotropismus meteorotro-ˈpɪsmʊs
Meteosat ˈme:teozat
Meter ˈme:tɐ
meterlang ˈme:tɐlaŋ
Metersekunde ˈme:tɐzekʊndə
Metge *kat.* ˈmedd͜ʒə
Methadon metaˈdo:n
Methämoglobin mɛthɛmoglo-ˈbi:n
Methämoglobinämie mɛthɛ-moglobinɛˈmi:
Methan meˈta:n
Methanol metaˈno:l
Methexis ˈme:tɛksɪs
Methfessel ˈme:tfɛsl̩
Methin meˈti:n
Methionin meti̯oˈni:n
Method-Acting *dt.-engl.* ˈmɛθətǀɛktɪŋ
Methode meˈto:də
Methodik meˈto:dɪk
Methodiker meˈto:dikɐ
Methodios meˈto:di̯ɔs
methodisch meˈto:dɪʃ
methodisieren metodiˈzi:rən
Methodismus metoˈdɪsmʊs
Methodist metoˈdɪst
Methodius meˈto:di̯ʊs
Methodologie metodoloˈgi:, **-n** ...i:ən
methodologisch metodoˈlo:gɪʃ
Methol meˈto:l
Methomanie metomaˈni:
Methoxyl metɔˈksy:l
[1]**Methuen** (Stadt) *engl.* mɪ-ˈθju̯ɪn
[2]**Methuen** (Personenname) *engl.* ˈmɛθjʊɪn
Methusalah meˈtu:zala
Methusalem meˈtu:zalɛm
Methven *engl.* ˈmɛθvən
Methyl meˈty:l
Methylamin metylaˈmi:n
Methylen metyˈle:n
Metier meˈti̯e:
Metis ˈme:tɪs
Metist meˈtɪst
Metković *serbokr.* ˈmɛtkɔvit͜ɕ
Metlynsky *ukr.* mɛtˈlɪnsjkɪj
Metodi *bulgar.* mɛˈtɔdij
Metohija *serbokr.* mɛˌtɔhija
Metöke meˈtø:kə
Metol® meˈto:l
Meton ˈme:tɔn
metonisch meˈto:nɪʃ
Metonomasie metonomaˈzi:, **-n** ...i:ən
Metonymie metonyˈmi:, **-n** ...i:ən
metonymisch metoˈny:mɪʃ
Metope meˈto:pə
Metra vgl. Metrum
Metrik ˈme:trɪk
Metriker ˈme:trikɐ
metrisch ˈme:trɪʃ
Metritis meˈtri:tɪs, **...itiden** ...riˈti:dn̩
Metro ˈme:tro, *auch:* ˈmɛtro
Metrodoros metroˈdo:rɔs
Metro-Goldwyn-Mayer *engl.* ˈmɛtroʊˈgoʊldwɪnˈmeɪə
Metrologie metroloˈgi:
metrologisch metroˈlo:gɪʃ
Metromanie metromaˈni:
metromorph metroˈmɔrf
Metronom metroˈno:m
Metronymikon metroˈny:mi-kɔn, **...ka** ...ka
metronymisch metroˈny:mɪʃ
Metroon meˈtro:ɔn
Metropole metroˈpo:lə
Metropolis meˈtro:polɪs, **...polen** ...roˈpo:lən
[2]**Metropolis** (Name) *engl.* mɪ-ˈtrɔpəlɪs
Metropolit metropoˈli:t
metropolitan metropoliˈta:n
Metropolitan Museum, - Opera *engl.* mɛtrəˈpɔlɪtən mjʊ-ˈzɪəm, - ˈɔpərə
Metroptose metrɔpˈto:zə
Metrorrhagie metrɔraˈgi:, **-n** ...i:ən
Metroxylon meˈtrɔksylɔn
Metrum ˈme:trʊm, **...ra** ...ra
Metschislaw, *russ.* mɪtʃɪˈslaf
Metschnikow, *russ.* ˈmjetʃnikɐf
Metsu *niederl.* ˈmɛtsy
Mett[a] ˈmɛt[a]
Mettage mɛˈta:ʒə
Mette ˈmɛtə
Mettel ˈmɛtl̩
Metternich ˈmɛtɐnɪç
Metteur mɛˈtø:ɐ̯
Mettingen ˈmɛtɪŋən
Mettmann ˈmɛtman
Metuchen *engl.* məˈtʌtʃɪn
Metuschelach meˈtu:ʃəlax
Metz mɛts, *fr.* mɛs
Metze ˈmɛt͜sə
Metzelei mɛt͜səˈlai̯

Metzeler 'mɛtsəlɐ
metzeln 'mɛtsl̩n
Metzen 'mɛtsn̩
Metzg mɛtsk
Metzge 'mɛtsgə
metzgen 'mɛtsgn̩
Metzger 'mɛtsgɐ
Metzgerei mɛtsgə'rai
Metzgete 'mɛtsgətə
Metzig 'mɛtsɪç, **-en** ...ɪgən
Metzingen 'mɛtsɪŋən
Metzler 'mɛtslɐ
Metzner 'mɛtsnɐ
Meublement møblə'mã:
meucheln 'mɔyçl̩n
meuchlerisch 'mɔyçlərɪʃ
meuchlings 'mɔyçlɪŋs
Meudon *fr.* mø'dõ
Meulemans *niederl.* 'mø:lə-mɑns
Meulen *niederl.* 'mø:lə
Meumann 'mɔyman
Meung *fr.* mœ̃
Meunier *fr.* mø'nje
Meurthe *fr.* mœrt
Meurthe-et-Moselle *fr.* mœrte-mo'zɛl
Meuse *fr.* mø:z
Meusel[witz] 'mɔyzl̩[vɪts]
Meusnier de la Place *fr.* mø-njedla'plas
Meute 'mɔytə
Meuterei mɔytə'rai
meuterisch 'mɔytərɪʃ
meutern 'mɔytɐn
Mevissen 'me:vɪsn̩
Mexía *span.* mɛ'xia
Mexicali *span.* mɛxi'kali
Mexico *engl.* 'mɛksɪkoʊ
México *span.* 'mɛxiko
Mexikaner mɛksi'ka:nɐ
mexikanisch mɛksi'ka:nɪʃ
Mexiko 'mɛksiko
Mey mai
Meydenbauer 'maidn̩bauɐ
Meyer 'maiɐ, *fr.* mɛ'jɛ:r, *engl.* 'maɪə
Meyerbeer 'maiɐbe:ɐ̯, *fr.* mɛjɛr-'bɛ:r
Meyerheim 'maiɐhaim
Meyerhof 'maiɐho:f
Meyerhold 'maiɐhɔlt
Meynell *engl.* mɛnl
Meyr 'maiɐ
Meyrin *fr.* mɛ'rɛ̃
Meyrink 'mairɪŋk
Meysel 'maizl̩
Meysenbug 'maizn̩bu:k
Meytens *niederl.* 'mɛitəns

Mezcala *span.* meθ'kala
Mezger 'mɛtsgɐ
Mézières *fr.* me'zjɛ:r
Mezőföld *ung.* 'mɛzø:føld
Mezőkövesd *ung.* 'mɛzø:kø-vɛʒd
Mezőtúr *ung.* 'mɛzø:tu:r
Mezzamajolika mɛtsama-'jo:lika
Mezzanin mɛtsa'ni:n
mezza voce 'mɛtsa 'vo:tʃə
Mezzofanti *it.* meddzo'fanti
mezzoforte mɛtso'fɔrtə
Mezzoforte mɛtso'fɔrtə, **...ti** ...ti
Mezzogiorno mɛtso'dʒɔrno, *it.* meddzo'dʒorno
mezzopiano mɛtso'pia:no
Mezzopiano mɛtso'pia:no, **...ni** ...ni
Mezzosopran 'mɛtsozopra:n
Mezzotinto mɛtso'tɪnto, **...ti** ...ti
Mezzrow *engl.* 'mɛzroʊ
Mg, MG ɛm'ge:
Mglin *russ.* mglin
M'Gregor *engl.* mə'grɛgə
Mgwimewi *russ.* mgvi'mjevi
mi, Mi mi:
Mia 'mi:a, engl. 'mi:ə
Miaja *span.* 'miaxa
Miami[sburg] *engl.* maɪ-'æmɪ[zbə:g]
Miao miau
miarolitisch miaro'li:tɪʃ
Miaskowski *poln.* mjas'kɔfski
Miasma 'miasma
miasmatisch mias'ma:tɪʃ
Miass *russ.* mi'as
miau! mi'au
miauen mi'auən
Micaela *span.* mika'ela
mich mɪç
Micha 'mɪça
Michael 'mɪçae:l, *auch:* ...ɛl; *engl.* maɪkl, *schwed.* ˌmi:kaɛl
Michaela mɪça'e:la
Michaelbeuern mɪçaɛl'bɔyɐn
Michaeli mɪça'e:li
Michaelis mɪça'e:lɪs
Michail *russ.* mixa'il
Michailow *russ.* mi'xajlɐf, *bulgar.* mi'xajlof
Michailowgrad *bulgar.* mi'xajlovgrat
Michailowitsch *russ.* mi'xajlɐ-vitʃ
Michailowka *russ.* mi'xajlɐfkɐ

Michailow[n]a *russ.* mi'xajlɐv[n]ɐ
Michailowski *bulgar.* mi'xajlofski, *russ.* (Nachn.)mixaj'lɔfskij
Michal *tschech.* 'mixal
Michał *poln.* 'mixau̯
Michalkow *russ.* mixal'kɔf
Michałowski *poln.* mixa'u̯ɔfski
Michaud, Michaux *fr.* mi'ʃo
Micha Zchakaja *russ.* 'mixɐ tsxa'kajɐ
Micheelsen mɪ'çe:lzn̩
Michel 'mɪçl̩, *engl.* maɪkl, *fr.* mi'ʃɛl
Michelagniolo *it.* mike'laɲɲolo
Michelangeli *it.* mike'landʒeli
Michelangelo *it.* mike'landʒelo
Michelau 'mɪçəlau
Michele *it.* mi'kɛ:le
Michèle *fr.* mi'ʃɛl
Michelet *fr.* mi'ʃlɛ
Micheli *it.* mi'kɛ:li
Michelin *fr.* mi'ʃlɛ̃
Michelino *it.* mike'li:no
Michelis mɪ'çe:lɪs
Michelle *fr.* mi'ʃɛl
Michelozzo *it.* mike'lɔttso
Michels[berger] 'mɪçl̩s[bɛrgɐ]
Michelsen 'mɪçl̩zn̩
Michelson *engl.* 'mɪtʃəlsn, 'maɪkəlsn
Michelstadt 'mɪçl̩ʃtat
Michelucci *it.* mike'luttʃi
Michener *engl.* 'mɪtʃənə
Michetti *it.* mi'ketti
Michiel[s] *niederl.* mi'xil[s]
Michigan *engl.* 'mɪʃɪgən
Michoacán *span.* mitʃoa'kan
Michon *fr.* mi'ʃõ
Miciński *poln.* mi'tɕii̯ski
Micipsa mi'tsipsa
Mickel 'mɪkl̩
mick[e]rig 'mɪk[ə]rɪç, **-e** ...ɪgə
Mickey Mouse *engl.* 'mɪkɪ 'maʊs
Mickiewicz *poln.* mits'kjɛvitʃ
Mickleford 'mɪkl̩fɔrt
Mickymaus 'mɪkimaus
Micoque *fr.* mi'kɔk
Micoquien miko'kiɛ̃:
Microburst 'maikrobø:ɐ̯st, ...bœrst
Microfaser® 'mi:krofa:zɐ
Microsoft 'maikrozɔft
Midas 'mi:das, *engl.* 'maɪdəs
Middelburg *engl.* 'mɪdlbə:g, *niederl.* 'mɪdəlbʏrx
Middelfart *dän.* 'mið'l̩faɐ̯'d

M

Middelharnis *niederl.* mɪdəl-ˈharnɪs
Middelhauve ˈmɪdl̩hau̯və
Middendorf ˈmɪdn̩dɔrf
Midder ˈmɪdɐ
Middleburg *engl.* ˈmɪdlbəːg
Middle[s]borough *engl.* ˈmɪdl[z]bʌroʊ
Middlesbrough *engl.* ˈmɪdlzbrə
Middlesex *engl.* ˈmɪdlsɛks
Middleton *engl.* ˈmɪdltən
Middletown *engl.* ˈmɪdltaʊn
Midgard ˈmɪtgart
Midhat ˈmɪthat
midi, [1]M... ˈmɪdi
[2]Midi (Südfrankreich) *fr.* miˈdi
Midian ˈmiːdi̯an
Midianiter midi̯aˈniːtɐ
Midinette midiˈnɛt, **-n** ...tn̩
Midland[s] *engl.* ˈmɪdlənd[z]
Midlifecrisis ˈmɪtlai̯fkrai̯sɪs
Midlothian *engl.* mɪdˈloʊðɪən
Midrasch miˈdraːʃ
Midshipman, ...men ˈmɪtʃɪp-mɛn
Midvale *engl.* ˈmɪdveɪl
Midway *engl.* ˈmɪdweɪ
Midwest *engl.* ˈmɪdwɛst
[1]Mie (Physiker) miː
[2]Mie (Ort) *jap.* ˈmi.e
Mieczysław *poln.* mjɛˈtʃɨsu̯af
mied miːt
mieden ˈmiːdn̩
Mieder ˈmiːdɐ
Międzychód *poln.* mjɛnˈdzɨxut
Międzyrzęcki *poln.* mjɛndzɨ-ˈʒɛtski
Międzyrzec [Podlaski] *poln.* mjɛnˈdzɨʒɛts [pɔˈdlaski]
Mief miːf
miefen ˈmiːfn̩
miefig ˈmiːfɪç, **-e** ...ɪgə
Miegel ˈmiːgl̩
Mieke ˈmiːkə
Miel[e] ˈmiːl[ə]
Mielec *poln.* ˈmjɛlɛts
Mielich ˈmiːlɪç
Miene ˈmiːnə
Miercurea Ciuc *rumän.* ˈmjer-kurea ˈtʃuk
Miere[ndorff] ˈmiːrə[ndɔrf]
Mieresch ˈmiːrɛʃ
Mierevelt *niederl.* ˈmiːrəvɛlt
Mieris *niederl.* ˈmiːrɪs
Mierosławski *poln.* mjɛrɔ-ˈsu̯afski
mies, M... miːs, **-e** ˈmiːzə
Miesbach ˈmiːsbax
Mieschen ˈmiːsçən
Miescher ˈmiːʃɐ
Miesepeter ˈmiːzəpeːtɐ
miesepet[e]rig ˈmiːzə-peːt[ə]rɪç, **-e** ...ɪgə
Mieses ˈmiːzəs
Miesigkeit ˈmiːzɪçkai̯t
Miesling ˈmiːslɪŋ
Miesmacherei miːsmaxəˈrai̯
Miesmuschel ˈmiːsmʊʃl̩
Mieß[ner] ˈmiːs[nɐ]
Mieszko *poln.* ˈmjɛʃkɔ
Mieszkowice *poln.* mjɛʃkɔˈvitsɛ
Miete ˈmiːtə
mieten ˈmiːtn̩
Mietzel ˈmiːts̮l̩
Miez[chen] ˈmiːts̮[çən]
Mieze ˈmiːts̮ə
Mieželaitis *lit.* mɪɛ̨ʒæˈlaːi̯tɪs
Mififri ˈmiːfifri
Mi Fu *chin.* mifu 34
MiG, MIG mɪk
Migliorini *it.* miʎʎoˈriːni
Migmatit mɪgmaˈtiːt
Mignard *fr.* miˈɲaːr
Migne *fr.* miɲ
[1]Mignon mɪnˈjõː, ˈmɪnjõ
[2]Mignon *fr.* miˈɲõ
Mignonette mɪnjoˈnɛt
Mignonne mɪnˈjɔn
Migot *fr.* miˈgo
Migräne miˈgrɛːnə
Migrant miˈgrant
Migration migraˈts̮i̯oːn
migratorisch migraˈtoːrɪʃ
migrieren miˈgriːrən
Migros ˈmiːgro
Miguel *span., port.* miˈɣɛl, *bras.* miˈgɛl
Migula ˈmiːgula
Mihăescu *rumän.* mihəˈi̯esku
Mihai *rumän.* miˈhai̯
Mihail *serbokr.* mi.hail, *rumän.* mihaˈil
Mihajlović *serbokr.* mi.haːjlɔ-vitɕ
Mihalić *serbokr.* .mihaːlitɕ
Mihálik *slowak.* ˈmihaːlik
Mihalovici *fr.* mialɔviˈsi
Mihály[i] *ung.* ˈmihaːj[i]
Mihanović *serbokr.* mi.haːnɔ-vitɕ
Mihara *jap.* miˈhara
Mihla ˈmiːla
Mihrab mɪˈxraːp
Mihri Hatun *türk.* mihˈri haˈtun
Mijagi *jap.* ˈmi.jagi
Mijakonodscho *jap.* miˈjako-nodʒoː
Mijasaki *jap.* miˈja.zaki
Mijatović *serbokr.* mi.jaːtɔvitɕ
Mijnheer məˈneːɐ̯
Mika ˈmiːka
Mikado miˈkaːdo
Mikanie miˈkaːni̯ə
Mike mai̯k, *engl.* maɪk, *ung.* ˈmikɛ
Mikeleitis mikeˈlai̯tɪs
Mikes *ung.* ˈmikɛʃ
Mikeschin *russ.* miˈkjɛʃɨn
Miki *jap.* ˈmi.ki̯
Mikimoto *jap.* miˈki.moto
Mikkel *dän.* ˈmɪgl̩
Mikkeli *finn.* ˈmikkɛli
Mikkelsen *dän.* ˈmɪgl̩sn̩
Mikkola *finn.* ˈmikkɔla
Miklas ˈmɪklas
Miklós *ung.* ˈmikloːʃ
Miklošič *slowen.* ˈmiklɔʃitʃ
Miklosich ˈmɪklozɪtʃ
Miko ˈmiːko
Mikojan *russ.* mikaˈjan
Mikołaj *poln.* mi.kɔu̯aj
Mikołajczyk *poln.* mikɔˈu̯ajtʃɨk
Mikon ˈmiːkɔn
Mikonos *neugr.* ˈmikɔnɔs
Mikrat miˈkraːt
Mikrenzephalie mikrɛnts̮efaˈliː, **-n** ...iːən
Mikro ˈmiːkro
mikro..., M... ˈmiːkro...
Mikroanalyse mikro|anaˈlyːzə
Mikrobe miˈkroːbə
mikrobiell mikroˈbi̯ɛl
Mikrobiologe mikrobioˈloːgə
Mikrobiologie mikrobioloˈgiː
Mikrobion miˈkroːbi̯ɔn, **...ien** ...i̯ən
mikrobizid, M... mikrobiˈts̮iːt, **-e** ...iːdə
Mikroblast mikroˈblast
Mikrocheilie mikroçai̯ˈliː, **-n** ...iːən
Mikrochemie mikroçeˈmiː, *auch:* ˈmiːk...
Mikrofarad ˈmiːkrofaraːt, *auch:* mik...
Mikrofauna ˈmiːkrofau̯na
Mikrofilm ˈmiːkrofɪlm
Mikrofon mikroˈfoːn, *auch:* ˈmiːkrofoːn
Mikrofotokopie ˈmiːkrofoto-kopiː
Mikrogamet mikrogaˈmeːt
Mikrogenie mikrogeˈniː, **-n** ...iːən
Mikrogramm mikroˈgram
mikrokephal mikrokeˈfaːl
Mikrokephale mikrokeˈfaːlə

Mikrokephalie mikrokefaˈli:, **-n** ...i:ən
Mikroklima ˈmi:krokli:ma
Mikroklimatologie ˈmi:kroklimatologi:
Mikrokokkus mikroˈkɔkʊs
Mikrokopie mikrokoˈpi:, **-n** ...i:ən
mikrokopieren mikrokoˈpi:rən
mikrokosmisch mikroˈkɔsmɪʃ, *auch:* ˈmi:kro...
Mikrokosmos mikroˈkɔsmɔs, *auch:* ˈmi:kro...
Mikrokosmus mikroˈkɔsmʊs, *auch:* ˈmi:kro...
Mikrolith mikroˈli:t
Mikrologe mikroˈlo:gə
Mikrologie mikroloˈgi:
mikrologisch mikroˈlo:gɪʃ
Mikromanie mikromaˈni:, **-n** ...i:ən
Mikromanipulator mikromanipuˈla:toɐ̯, **-en** ...laˈto:rən
Mikromelie mikromeˈli:, **-n** ...i:ən
Mikromeren mikroˈme:rən
Mikrometer mikroˈme:tɐ
Mikron ˈmi:krɔn
Mikronesien mikroˈne:zi̯ən
Mikronesier mikroˈne:zi̯ɐ
mikronesisch mikroˈne:zɪʃ
Mikronukleus mikroˈnu:kleʊs, **...ei** ...ei
Mikroorganismus ˈmi:kro|ɔrganɪsmʊs
Mikropaläobotanik ˈmi:kropalɛobota:nɪk
Mikropaläontologie ˈmi:kropalɛɔntologi:
Mikrophon mikroˈfo:n; *auch:* ˈmi:krofo:n
Mikrophthalmus mikrɔfˈtalmʊs
Mikrophyll mikroˈfʏl
Mikrophysik mikrofyˈzi:k
Mikrophyt mikroˈfy:t
Mikroprozessor ˈmi:kroprot͡sɛso:ɐ̯
Mikropsie mikrɔˈpsi:, **-n** ...i:ən
Mikropyle mikroˈpy:lə
Mikroradiometer mikroradi̯oˈme:tɐ
mikroseismisch mikroˈzai̯smɪʃ
Mikroskop mikroˈsko:p
Mikroskopie mikroskoˈpi:
mikroskopieren mikroskoˈpi:rən
Mikrosmat mikrɔsˈma:t
Mikrosomen mikroˈzo:mən
Mikrosomie mikrozoˈmi:
Mikrospore mikroˈspo:rə
Mikrosporie mikrospoˈri:, **-n** ...i:ən
Mikrostomie mikrostoˈmi:, **-n** ...i:ən
Mikrotasimeter mikrotaziˈme:tɐ
Mikrotheorie ˈmi:kroteori:
Mikrotie mikroˈti:, **-n** ...i:ən
Mikrotom mikroˈto:m
Mikrotron ˈmi:krotro:n
Mikrowelle ˈmi:krovɛlə
Mikrozensus mikroˈt͡sɛnzʊs, **die -** ...zu:s
mikrozephal mikrot͡seˈfa:l
Mikrozephale mikrot͡seˈfa:lə
Mikrozephalie mikrot͡sefaˈli:, **-n** ...i:ən
Mikrozyt mikroˈt͡sy:t
Mikische ˈmɪkʃə
Mikszáth *ung.* ˈmiksa:t
Miktion mɪkˈt͡si̯o:n
Mikuláš[ek] *tschech.* ˈmikula:ʃ[ɛk]
Mikulić *serbokr.* ˈmikulitɕ
Mikulicz ˈmi:kulɪtʃ
Mikulov *tschech.* ˈmikulɔf
Mikwe miˈkve:, **...waot** ...vaˈo:t, **...wen** ...ˈve:n
Milà *kat.* miˈla
Mila[da] ˈmi:la[da]
Miladinov *mak.* miˈladinɔf
[1]**Milan** (Vogel) ˈmi:lan, *auch:* miˈla:n
[2]**Milan** (Name) *dt., it.* ˈmi:lan, *serbokr.* ˌmilan
Milán *span.* miˈlan
Milanese milaˈne:zə
Milanesi *it.* milaˈne:si
Milano *it.* miˈla:no
Milanov *serbokr.* ˌmilanɔv
Milas ˈmi:las
Milâs *türk.* ˈmi:la:s
Milazzese *it.* milatˈtse:se
Milazzo *it.* miˈlattso
Milbe ˈmɪlbə
milbig ˈmɪlbɪç, **-e** ...ɪgə
Milbrae *engl.* ˈmɪlbreɪ
Milbury *engl.* ˈmɪlbərɪ
Milch mɪlç
milchen ˈmɪlçn̩
milchig ˈmɪlçɪç, **-e** ...ɪgə
Milchner ˈmɪlçnɐ
milchweiß ˈmɪlçˈvai̯s
mild mɪlt, **milde** ˈmɪldə
[1]**Milde** ˈmɪldə
[2]**Milde** (Name) *dt., niederl.* ˈmɪldə
Mildenburg ˈmɪldn̩bʊrk
Milder ˈmɪldɐ
mildern ˈmɪldɐn, **mildre** ˈmɪldrə
Mildner ˈmɪldnɐ
Mildorfer ˈmɪldɔrfɐ
Mildred *engl.* ˈmɪldrəd
Mildura *engl.* mɪlˈdjʊərə
[1]**Mile** (Vorname) ˈmi:lə
[2]**Mile** (Meile) mai̯l
Milena miˈle:na, *auch:* ˈmi:lena
Miles gloriosus ˈmi:lɛs gloˈri̯o:zʊs
Milesier miˈle:zi̯ɐ
Milet miˈle:t, *türk.* ˈmilɛt
Miletitsch *bulgar.* ˈmilɛtitʃ
Miletos miˈle:tɔs, ˈmi:letɔs
Milew *bulgar.* ˈmilɛf
Miley *engl.* ˈmaɪlɪ
Milford *engl.* ˈmɪlfəd
Milhau[d] *fr.* miˈjo
Miliana *fr.* miljaˈna
miliar miˈli̯a:ɐ̯
Miliaria miˈli̯a:ri̯a
Milič *tschech.* ˈmili:tʃ
Milien vgl. Milium
Milieu miˈli̯ø:
Milín *tschech.* ˈmili:n
Milis *it.* ˈmi:lis
militant miliˈtant
Militanz miliˈtant͡s
Militär miliˈtɛ:ɐ̯
Militaria miliˈta:ri̯a
militärisch miliˈtɛ:rɪʃ
militarisieren militariˈzi:rən
Militarismus militaˈrɪsmʊs
Militarist militaˈrɪst
Military [Police] ˈmɪlɪtəri [poˈli:s]
Militsch ˈmi:lɪtʃ
Milium ˈmi:li̯ʊm, **...ien** ...i̯ən
Miliz miˈli:t͡s
Milizionär milit͡si̯oˈnɛ:ɐ̯
Miljukow *russ.* miljuˈkɔf
Miljutin *russ.* milˈjutin
milk! mɪlk
Milkau ˈmɪlkau̯
Milke ˈmɪlkə
Milkel ˈmɪlkl̩
Milken ˈmɪlkn̩
Milko ˈmɪlko
Milkom mɪlˈko:m
Miłkowski *poln.* miu̯ˈkɔfski
Milkshake ˈmɪlkʃe:k
milkt mɪlkt
Mill *engl., niederl.* mɪl
Millais *engl.* ˈmɪleɪ, –ˈ–
Millán *span.* miˈʎan
Millares Sall *span.* miˈʎares ˈsal

Millau *fr.* mi'jo
Millay *engl.* mɪ'leɪ
[1]**Mille** (Tausend) 'mɪlə
[2]**Mille** (Name) *fr.* mil
Milledge[ville] *engl.* 'mɪlɪdʒ[vɪl]
Millefiori... mɪle'fi̯o:ri...
Millefleurs mɪl'flø:ɐ̯
Mille Miglia *it.* 'mille 'miʎʎa
millenar mɪle'na:ɐ̯
Millenarismus mɪlena'rɪsmʊs
Millennium mɪ'lɛni̯ʊm, **...ien** ...i̯ən
Millepoints mɪl'po̯ɛ̃:
Miller 'mɪlɐ, *engl.* 'mɪlə, *russ.* 'milɪr
Millerand *fr.* mil'rã
Millerowo *russ.* 'milɪrɐvɐ
Milles *schwed.* 'miləs
Millet *fr.* mi'lɛ, mi'jɛ, *engl.* 'mɪlɪt
Millett *engl.* 'mɪlɪt
Milli 'mɪli
Milliampere 'mɪli|ampe:ɐ̯, *auch:* ---'-
Milliamperemeter 'mɪli|ampe:ɐ̯me:tɐ, *auch:* ----'--
Milliardär mɪli̯ar'dɛ:ɐ̯
Milliarde mɪ'li̯ardə
Millibar 'mɪliba:ɐ̯, *auch:* --'-
Milligramm 'mɪligram, *auch:* --'-
Millikan *engl.* 'mɪlɪkən
Milliliter 'mɪlili:tɐ, *auch:* ...ilɪtɐ, *auch:* --'--
Millime mɪ'li:m
Millimeter 'mɪlime:tɐ, *auch:* --'--
Millin *engl.* 'mɪlɪn
Millington *engl.* 'mɪlɪŋtən
Million mɪ'li̯o:n
Millionär mɪli̯o'nɛ:ɐ̯
Milliönchen mɪ'li̯ø:nçən
million[s]tel, M... mɪ'li̯o:n[s]tl̩
Millöcker 'mɪlœkɐ
Millon *fr.* mi'jõ
Millowitsch 'mɪlovɪtʃ
Mills *engl.* mɪlz
Millstatt 'mɪlʃtat
Millstätter 'mɪlʃtɛtɐ
Millville *engl.* 'mɪlvɪl
Milly 'mɪli
Milne *engl.* mɪln
Milne-Edwards *fr.* milnɛ'dwars
Milne-Home *engl.* 'mɪln'hju:m
Milner *engl.* 'mɪlnə
Milnes *engl.* mɪl[n]z
Milo *dt., it.* 'mi:lo
Milos *neugr.* 'milɔs
Miloš *serbokr.* 'milɔʃ
Milošević *serbokr.* mi.lɔʃɛvitɕ
Miłosław *poln.* mi'u̯ɔsu̯af
Milosz *fr.* mi'lɔʃ
Miłosz *poln.* ˌmiu̯ɔʃ
Milpitas *engl.* mɪl'pi:təs
Milreis mɪl'rai̯s, *auch:* '--
Milstein 'mɪlʃtai̯n
Miltenberg 'mɪltn̩bɛrk
Miltiades mɪl'ti:adɛs
Miltitz, Miltiz 'mɪltɪts
Milton *engl.* 'mɪltən
Milutinović *serbokr.* milu.ti:nɔvitɕ
Milva *it.* 'milva
Milwaukee, ...kie *engl.* mɪl'wɔ:kɪ
Milz mɪlts
Mimas 'mi:mas
Mimbar 'mɪmbar
Mimbres *engl.* 'mɪmbrəs
Mime 'mi:mə
mimen 'mi:mən
Mimeograph mimeo'gra:f
Mimese mi'me:zə
Mimesie mime'zi:, **-n** ...i:ən
Mimesis 'mi:mezɪs, **...sen** mi'me:zn̩
Mimetesit mimete'zi:t
mimetisch mi'me:tɪʃ
Mimi 'mi:mi, *fr.* mi'mi
Mimì *it.* mi'mi
Mimiamben mi'mi̯ambn̩
Mimijamben mimi'jambn̩
Mimik 'mi:mɪk
Mimiker 'mi:mikɐ
Mimikry 'mɪmikri
Mimir 'mi:mɪr
mimisch 'mi:mɪʃ
Mimmi 'mɪmi, *it.* 'mimmi
Mimnermos mɪm'nɛrmɔs
Mimodram[a] mimo'dra:m[a]
Mimose mi'mo:zə
Mimulus 'mi:mulʊs
Mimus 'mi:mʊs
Mimusops mi'mu:zɔps
Min mi:n
Mina *dt., it.* 'mi:na, *span.* 'mina
Mináč *slowak.* 'mina:tʃ
minaccioso mina'tʃo:zo
Minäer mi'nɛ:ɐ
Minahasa *indon.* mina'hasa
Minamoto *jap.* mi'namoto
Minardi *it.* mi'nardi
Minarett mina'rɛt
Minas *span.* 'minas
Minas Gerais *bras.* 'minaʒ ʒe'rai̯s
Minatitlán *span.* minatit'lan
Minaudrie mino'dri:
Mincha mɪn'ça:
Minchen 'mi:nçən
Mindanao mɪnda'na:o, *span.* minda'nao
Mindel 'mɪndl̩
Mindelheim 'mɪndl̩hai̯m
Mindelo *port.* min'delu
Minden 'mɪndn̩, *engl.* 'mɪndən
minder 'mɪndɐ
minderjährig 'mɪndɐjɛ:rɪç
mindern 'mɪndɐn, **mindre** 'mɪndrə
mindestens 'mɪndəstn̩s
mindisch 'mɪndɪʃ
Mindoro mɪn'do:ro, *span.* min'doro
Mindszent[y] *ung.* 'minttsɛnt[i]
Mine 'mi:nə
Minelli *engl.* mɪ'nɛlɪ
Mineral mine'ra:l, **-ien** ...i̯ən
Mineralisation mineraliza'tsi̯o:n
Mineralisator minerali'za:to:ɐ̯, **-en** ...za'to:rən
mineralisch mine'ra:lɪʃ
mineralisieren minerali'zi:rən
Mineraloge minera'lo:gə
Mineralogie mineralo'gi:
mineralogisch minera'lo:gɪʃ
Mineral Wells *engl.* 'mɪnərəl 'wɛlz
minerogen minero'ge:n
Minerva mi'nɛrva
Minestra mi'nɛstra
Minestrone minɛs'tro:nə
Minette mi'nɛtə
Minetti mi'nɛti
mineur, M... mi'nø:ɐ̯
Ming *chin.* mɪŋ 2
Mingetschaur *russ.* mingɪtʃɪ'ur
Minghetti *it.* miŋ'getti
Mingotti *it.* miŋ'gɔtti
Mingrelien mɪŋ'gre:li̯ən
Mingrelier mɪŋ'gre:li̯ɐ
mingrelisch mɪŋ'gre:lɪʃ
Mingus *engl.* 'mɪŋgəs
Minguzzi *it.* miŋ'guttsi
Minho *port.* 'miɲu
mini, M... 'mɪni
Miniator mi'ni̯a:to:ɐ̯, **-en** ...i̯a'to:rən
Miniatur mini̯a'tu:ɐ̯
miniaturisieren mini̯aturi'zi:rən
minieren mi'ni:rən

Minikini ˈmɪnikiːni
minim miˈniːm
Minima ˈmiːnima, **-e** ɛ...m
minimal, M... miniˈmaːl
Minimalart ˈmɪniml̩|aːɐ̯t
minimalisieren minimaliˈziːrən
Minimalist minimaˈlɪst
Minimax® ˈmiːnimaks
Minimen ˈmiːnimən
minimieren miniˈmiːrən
Minimum ˈmiːnimʊm, **...ma** ...ma
Minister miˈnɪstɐ
ministerial minɪsteˈri̯aːl
Ministeriale minɪsteˈri̯aːlə
Ministerialität minɪsteri̯aliˈtɛːt
ministeriell minɪsteˈri̯ɛl
Ministerium minɪsˈteːri̯ʊm, **...ien** ...i̯ən
Ministra *span.* miˈnistra
ministrabel minɪsˈtraːbl̩, **...ble** ...blə
Ministrant minɪsˈtrant
ministrieren minɪsˈtriːrən
Minium ˈmiːni̯ʊm
Minja ˈmɪnja
Minjar *russ.* minjˈjar
Mink[a] ˈmɪŋk[a]
Minkow *bulgar.* ˈmiŋkof
Minkowski mɪŋˈkɔfski
Minks mɪŋks
Minkus *russ.* ˈminkus
Minna ˈmɪna
Minne *dt., niederl.* ˈmɪnə
Minneapolis mɪneˈaːpolɪs, *engl.* mɪnɪˈæpəlɪs
minnen ˈmɪnən
Minnesang ˈmɪnəzaŋ
Minnesänger ˈmɪnəzɛŋɐ
Minnesinger ˈmɪnəzɪŋɐ
Minnesota mɪneˈzoːta, *engl.* mɪnɪˈsoʊtə
Minnetonka *engl.* mɪnɪˈtɔŋkə
Minni ˈmɪni
minniglich ˈmɪnɪklɪç
Mino *it.* ˈmiːno
Miño *span.* ˈmiɲo
minoisch miˈnoːɪʃ
minor, ¹M... ˈmiːnoːɐ̯
²**Minor** (Name) ˈmiːnoːɐ̯, *engl.* ˈmaɪnə
Minorat minoˈraːt
Minorca miˈnɔrka
minore, M... miˈnoːrə
minorenn minoˈrɛn
Minorennität minorɛniˈtɛːt
Minorist minoˈrɪst
Minorit minoˈriːt
Minorität minoriˈtɛːt
Minorka miˈnɔrka
Minos ˈmiːnɔs
Minot *engl.* ˈmaɪnət
Minotaur minoˈtau̯ɐ
Minotaurus minoˈtau̯rʊs
Minsk mɪnsk, *russ.* minsk
Minski *russ.* ˈminskij
Mińsk Mazowiecki *poln.* ˈmii̯sk mazɔˈvjɛtski
Minstrel ˈmɪnstrəl
Mint[ard] ˈmɪnt[art]
Minto *engl.* ˈmɪntoʊ
Mintoff ˈmɪntɔf
Mintrop ˈmɪntrɔp
Mintsoße ˈmɪntzoːsə
Minturno *it.* minˈturno
Minucius miˈnuːt͜si̯ʊs
Minuend miˈnu̯ɛnt, **-en** ...ndn̩
Minuetto miˈnu̯ɛto, **...tti** ...ti
Minuf miˈnuːf
Minulescu *rumän.* minuˈlesku
minus, M... ˈmiːnʊs
Minuskel miˈnʊskl̩
Minussinsk *russ.* minuˈsinsk
Minütchen miˈnyːtçən
Minute miˈnuːtə
minutiös minuˈt͜si̯øːs, **-e** ...øːzə
minütlich miˈnyːtlɪç
Minuzien miˈnuːt͜si̯ən
minuziös minuˈt͜si̯øːs, **-e** ...øːzə
Minze ˈmɪnt͜sə
Miomandre *fr.* mjɔˈmãːdr
Miosis ˈmi̯oːzɪs
Miotikum ˈmi̯oːtikʊm, **...ka** ...ka
miotisch ˈmi̯oːtɪʃ
miozän, M... mi̯oˈt͜sɛːn
Mi-parti miparˈtiː
MIPS (Inform.) mɪps
Miquel ˈmiːkɛl, miˈkeːl
Miquelon *fr.* miˈklõ
mir miːɐ̯
¹**Mir** miːɐ̯, *auch:* mɪr
²**Mir** (Name) *russ., span.* mir
³**Mir** (Teppich) miːɐ̯
Mira ˈmiːra
Mirabeau *fr.* miraˈbo
Mirabel *fr.* miraˈbɛl
Mirabell miraˈbɛl
Mirabella miraˈbɛla, *it.* miraˈbɛlla
Mirabelle miraˈbɛlə
mirabile dictu miˈraːbile ˈdɪktu
Mirabilien miraˈbiːli̯ən
mirabilis, M... miˈraːbilɪs
Mirabilit mirabiˈliːt
Mirach ˈmiːrax
Miracidium miraˈt͜siːdi̯ʊm
Miradsch miˈraːt͜ʃ
Miraflores *span.* miraˈflores
Mirage miˈraːʒə, *auch:* ...aːʃ
Mirakel miˈraːkl̩
mirakulös mirakuˈløːs, **-e** ...øːzə
Miramar miraˈmaːɐ̯, *it.* ...mar, *engl.* ˈmɪrəmɑː
Miramare *it.* miraˈmaːre
Miranda *dt., span., it.* miˈranda, *engl.* mɪˈrændə, *port.* miˈrɐndɐ, *bras.* miˈrɐnda
Mirandola *it.* miˈrandola
Mirbanöl mɪrˈbaːn|øːl
Mirbeau *fr.* mirˈbo
Mirbt mɪrpt
Mircea *rumän.* ˈmirt͜ʃe̯a
Mirchand *pers.* mirˈxɑːnd
Mirdite mɪrˈdiːtə
Mirditë *alban.* mirˈditə
Mire ˈmiːrə
Mireille *fr.* miˈrɛj
Mirella miˈrɛla, *it.* miˈrɛlla
¹**Miri** (Volk) ˈmiːri
²**Miri** (Stadt) *indon.* ˈmiri
Miriam *engl.* ˈmɪrɪəm
Mirim *span.* miˈrin, *bras.* miˈrĩ
Miriwilis *neugr.* miriˈvilis
Mirjam ˈmɪrjam
Mirko ˈmɪrko, *it.* ˈmirko, *serbokr.* ˈmiːrkɔ
Mirl mɪrl
Mirliton mɪrliˈtõː
Mirny *russ.* ˈmirnɨj
Miró *kat., span.* miˈro
Miron *fr.* miˈrõ, *russ.* miˈrɔn
Mirosław *russ.* miraˈslaf
Mir-Sadeghi *pers.* mirsɑdeˈɣiː
Mirsk *poln.* mirsk
Mirza ˈmɪrt͜sa, *pers.* mirˈzɑː
Mirzapur-cum-Vindhyachal *engl.* ˈmɪəzɑːpʊəkʌmvɪnˈdjɑːtʃəl
Mirza Schaffy ˈmɪrt͜sa ˈʃafi
Misandrie mizanˈdriː
Misanthrop mizanˈtroːp
Misanthropie mizantroˈpiː
misanthropisch mizanˈtroːpɪʃ
Misburg ˈmɪsbʊrk
Miscellanea mɪst͜sɛˈlaːnea
Misch mɪʃ
Mischa *russ.* ˈmiʃɐ
Mischabel ˈmɪʃaːbl̩
Mischare mɪˈʃaːrə
mischen ˈmɪʃn̩
Mischerei mɪʃəˈrai̯
Mischke ˈmɪʃkə
Mischling ˈmɪʃlɪŋ
Mischmasch ˈmɪʃmaʃ

M

Mischna ˈmɪʃna
Mischnick ˈmɪʃnɪk
Mischpoche mɪʃˈpo:xə
Mischpoke mɪʃˈpo:kə
Misdroy mɪsˈdrɔy̯
Mise ˈmi:zə
Mise en scène, -s ˈmi:s ã: ˈsɛ:n
Misel ˈmi:zl̩
Miseno *it.* miˈzɛ:no
miserabel mizəˈra:bl̩, **...ble** ...blə
Misérables *fr.* mizeˈrabl
Misere miˈze:rə
Misereor miˈze:reo:ɐ̯
Miserere mizeˈre:rə
Misericordias Domini mizeri-ˈkɔrdi̯as ˈdo:mini
Miserikordie mizeriˈkɔrdi̯ə
Mises ˈmi:zəs
Mishawaka *engl.* mɪʃəˈwɔ:kə
Misiones *span.* miˈsi̯ones
Misirkov *mak.* ˈmisirkɔf
Miskolc *ung.* ˈmiʃkolts
Miso ˈmi:zo
Misogam mizoˈga:m
Misogamie mizogaˈmi:
Misogutschi *jap.* miˈzo͵gutʃi̯
Misogyn mizoˈgy:n
Misogynie mizogyˈni:
Misologie mizoloˈgi:
Misopädie mizopɛˈdi:, **-n** ...i:ən
Misox miˈzɔks
Mispel ˈmɪspl̩
Misrach[i] mɪsˈra:x[i]
Miss mɪs, **Misses** ˈmɪsɪs
miss! mɪs
Missa ˈmɪsa, **Missae** ˈmɪsɛ
missachten mɪsˈ|axtn̩, *auch:* ˈ_ _ _
Missachtung ˈmɪs|axtʊŋ
Missaglia *it.* misˈsaʎʎa
Missal[e] mɪˈsa:l[ə]
Missa lecta ˈmɪsa ˈlɛkta
Missale Romanum mɪˈsa:lə roˈma:nʊm
Missa pontificalis ˈmɪsa pɔnti-fiˈka:lɪs
missartet mɪsˈ|a:ɐ̯tət
Missa solemnis ˈmɪsa zoˈlɛm-nɪs
missbehagen, M... ˈmɪsbə-ha:gn̩
Missbelieben ˈmɪsbəli:bn̩
missbilden ˈmɪsbɪldn̩
missbilligen mɪsˈbɪlɪgn̩
Missbilligung ˈmɪsbɪlɪgʊŋ
Missbrauch ˈmɪsbrau̯x
missbrauchen mɪsˈbrau̯xn̩
missbräuchlich ˈmɪsbrɔy̯çlɪç
missdeuten mɪsˈdɔy̯tn̩
Missdeutung ˈmɪsdɔy̯tʊŋ
missen ˈmɪsn̩
Misses vgl. Miss
Missetat ˈmɪsəta:t
Missetäter ˈmɪsətɛ:tɐ
missfallen mɪsˈfalən
Missfallen ˈmɪsfalən
missfällig ˈmɪsfɛlɪç
missförmig ˈmɪsfœrmɪç, **-e** ...ɪgə
Missgeburt ˈmɪsgəbu:ɐ̯t
missgelaunt ˈmɪsgəlau̯nt
Missgeschick ˈmɪsgəʃɪk
missgestalt, M... ˈmɪsgəʃtalt
missgestalten ˈmɪsgəʃtaltn̩
missglücken mɪsˈglʏkn̩
missgönnen mɪsˈgœnən
Missgunst ˈmɪsgʊnst
misshandeln mɪsˈhandl̩n
Misshandlung mɪsˈhandlʊŋ
misshellig ˈmɪshɛlɪç, **-e** ...ɪgə
Missi dominici ˈmɪsi doˈmi:nitsi
Missile ˈmɪsai̯l, ˈmɪsl̩
Missinglink ˈmɪsɪŋˈlɪŋk
missingsch, M... ˈmɪsɪŋʃ
Missio canonica ˈmɪsi̯o kaˈno:nika
[1]**Mission** mɪˈsi̯o:n
[2]**Mission** (Stadt) *engl.* ˈmɪʃən
Missionar mɪsi̯oˈna:ɐ̯
Missionär mɪsi̯oˈnɛ:ɐ̯
missionarisch mɪsi̯oˈna:rɪʃ
Missionary Ridge *engl.* ˈmɪʃə-nərɪ ˈrɪdʒ
missionieren mɪsi̯oˈni:rən
Mission Viejo *engl.* ˈmɪʃən vɪˈeɪhoʊ
Mississauga *engl.* mɪsɪˈsɔ:gə
Mississippi mɪsɪˈsɪpi, *engl.* ...pɪ
Missiv mɪˈsi:f, **-e** ...i:və
misslang mɪsˈlaŋ
misslänge mɪsˈlɛŋə
missleiten mɪsˈlai̯tn̩, **missleitet** mɪsˈlai̯tət; **missgeleitet** ˈmɪs-gəlai̯tət
Missleitung ˈmɪslai̯tʊŋ
missliebig ˈmɪsli:bɪç, **-e** ...ɪgə
misslingen, M... mɪsˈlɪŋən
misslungen mɪsˈlʊŋən
Missmut ˈmɪsmu:t
Missolungi *it.* missoˈlundʒi
Missoula *engl.* mɪˈzu:lə
Missouri mɪˈsu:ri, *engl.* mɪˈzʊərɪ
missraten mɪsˈra:tn̩
Missstimmung ˈmɪsʃtɪmʊŋ
misst mɪst
Misston ˈmɪsto:n
misstönend ˈmɪstø:nənt, **-e** ...ndə
misstönig ˈmɪstø:nɪç, **-e** ...ɪgə
misstrauen mɪsˈtrau̯ən
Misstrauen ˈmɪstrau̯ən
misstrauisch ˈmɪstrau̯ɪʃ
Missvergnügen ˈmɪsfɛɐ̯gny:gn̩
Missverhältnis ˈmɪsfɛɐ̯hɛltnɪs
Missverständnis ˈmɪsfɛɐ̯ʃtɛnt-nɪs
missverstehen ˈmɪsfɛɐ̯ʃte:ən
Misswachs ˈmɪsvaks
misswachsen mɪsˈvaksn̩
Missweisung ˈmɪsvai̯zʊŋ
Misswuchs ˈmɪsvu:ks
misszufrieden ˈmɪstsufri:dn̩
Mist mɪst
Mistassini *engl.* mɪstəˈsi:nɪ
Misteke mɪsˈte:kə
Mistel[bach] ˈmɪstl̩[bax]
Mistelgau ˈmɪstl̩gau̯
Mistellen mɪsˈtɛlən
misten ˈmɪstn̩
Mister ˈmɪstɐ
misteriosamente mɪsteri̯oza-ˈmɛntə
misterioso mɪsteˈri̯o:zo
Misti *span.* ˈmisti
mistig ˈmɪstɪç, **-e** ...ɪgə
Mistinguett *fr.* mistɛ̃ˈgɛt
Mistler *fr.* mistˈlɛ:r
Mistpuffers ˈmɪstpafɐs
Mistra ˈmɪstra
[1]**Mistral** (Wind) mɪsˈtra:l
[2]**Mistral** (Name) *fr., span.* mis-ˈtral
Mistras *neugr.* misˈtras
Mistress ˈmɪstrɪs
Mistretta *it.* misˈtretta
Misurata *it.* mizuˈra:ta
misurato mizuˈra:to
Miszellaneen mɪstsɛlaˈne:ən, *auch:* ...ˈla:neən
Miszellen mɪsˈtsɛlən
mit mɪt
Mitaka *jap.* miˈtaka
Mitanni miˈtani
mitarbeiten ˈmɪt|arbai̯tn̩
Mitau ˈmi:tau̯
mitbringen ˈmɪtbrɪŋən
Mitbringsel ˈmɪtbrɪŋzl̩
Mitcham *engl.* ˈmɪtʃəm
Mitchel[l] *engl.* ˈmɪtʃəl
Mitchison *engl.* ˈmɪtʃɪsn
Mitchum *engl.* ˈmɪtʃəm
miteinander mɪt|ai̯ˈnandɐ
Mitella miˈtɛla

Miterbe ˈmɪtǀɛrbə
Mitford *engl.* ˈmɪtfəd
mitfortreißen mɪtˈfɔrtraisn̩
Mit Ghamr ˈmi:t ˈgamɐ
Mitglied ˈmɪtgli:t
Mithafte ˈmɪthaftə
mithilfe mɪtˈhɪlfə
Mithilfe ˈmɪthɪlfə
mithin mɪtˈhɪn
Mithradates mitraˈda:tɛs
Mithra[s] ˈmi:tra[s]
Mithräum miˈtrɛ:ʊm
Mithridat[es] mitriˈda:t[ɛs]
Mithridatismus mitridaˈtɪsmʊs
Mitidja *fr.* mitidˈʒa
Mitigans ˈmi:tigans, **...nzien** mitiˈgantsi̯ən, **...ntia** mitiˈgantsi̯a
Mitigation mitigaˈtsi̯o:n
Mitilini *neugr.* mitiˈlini
Mitla *span.* ˈmitla
Mitlaut[er] ˈmɪtlaut[ɐ]
Mitleid ˈmɪtlait
Mitleiden ˈmɪtlaidn̩
mitleidig ˈmɪtlaidɪç
mitnichten mɪtˈnɪçtn̩
Mito *jap.* miˈto
Mitochondrium mitoˈxɔndriʊm, ...tɔˈx..., **...ien** ...iən
mitonnieren mitɔˈni:rən
Mitose miˈto:zə
mitotisch miˈto:tɪʃ
Mitra ˈmi:tra
Mitrailleuse mitra[l]ˈjø:zə
mitral miˈtra:l
Mitranes miˈtra:nɛs
Mitre *span.* ˈmitre
Mitropa miˈtro:pa
Mitropoulos *neugr.* miˈtrɔpulɔs
Mitrowitz ˈmɪtrovɪts
mitsammen mɪtˈzamən
mitsamt mɪtˈzamt
Mitscherlich ˈmɪtʃɐlɪç
Mitschinaga *jap.* miˈtʃi.naga
Mitschurin[sk] *russ.* miˈtʃurin[sk]
Mitsotakis *neugr.* mitsɔˈtakis
Mitsubischi *jap.* miˈtsu.biʃi
Mitsubishi *engl.* mɪtsʊˈbɪʃɪ
Mitsui *jap.* ˈmi.tsui
Mitsunaga *jap.* miˈtsunaga
Mittag ˈmɪta:k, **-e** ...a:gə
mittägig ˈmɪtɛ:gɪç, **-e** ...ɪgə
mittäglich ˈmɪtɛ:klɪç
mittags ˈmɪta:ks
Mittagskogel ˈmɪta:ksko:gl̩
Mittasch ˈmɪtaʃ
Mittdreißiger ˈmɪtdraisɪgɐ
Mitte ˈmɪtə
mitteilen ˈmɪttailən
Mitteis ˈmɪtais
mittel, M... ˈmɪtl̩
mittelalt ˈmɪtl̩ǀalt
Mittelalter ˈmɪtl̩ǀaltɐ
mittelalt[e]rig ˈmɪtl̩ǀalt[ə]rɪç, **-e** ...ɪgə
mittelalterlich ˈmɪtl̩ǀaltɐlɪç
Mittelamerika ˈmɪtl̩ǀaˈme:rika
mittelbar ˈmɪtl̩ba:ɐ̯
Mittelberg ˈmɪtl̩bɛrk
mitteldeutsch ˈmɪtl̩dɔytʃ
Mitteldeutschland ˈmɪtl̩dɔytʃlant
Mitteleuropa ˈmɪtl̩ǀɔyˈro:pa
mitteleuropäisch ˈmɪtl̩ǀɔyroˈpɛ:ɪʃ
Mittelfranken ˈmɪtl̩fraŋkn̩
mittelgroß ˈmɪtl̩gro:s
mittelhochdeutsch ˈmɪtl̩ho:xdɔytʃ
Mitte-links-... ˈmɪtəˈlɪŋks...
Mittelland ˈmɪtl̩lant
mittelländisch ˈmɪtl̩lɛndɪʃ
Mittelmeer ˈmɪtl̩me:ɐ̯
mittelmeerisch ˈmɪtl̩me:rɪʃ
mitteln ˈmɪtl̩n
mittels[te] ˈmɪtl̩s[tə]
Mittelstreckler ˈmɪtl̩ʃtrɛklɐ
mitten ˈmɪtn̩
mittendrein mɪtn̩ˈdrain
mittendrin mɪtn̩ˈdrɪn
mittendrunter mɪtn̩ˈdrʊntɐ
mittendurch mɪtn̩ˈdʊrç
mitteninne mɪtn̩ˈǀɪnə
mittenmang mɪtn̩ˈmaŋ
Mittenwald ˈmɪtn̩valt
Mitterberg ˈmɪtɐbɛrk
Mitterer ˈmɪtərɐ
Mitterhofer ˈmɪtɐho:fɐ
Mitternacht ˈmɪtɐnaxt
mitternächtig ˈmɪtɐnɛçtɪç
mitternachts ˈmɪtɐnaxts
Mitterrand *fr.* mitɛˈrã
Mittersill ˈmɪtɐzɪl
Mitterteich ˈmɪtɐtaiç
Mitterwurzer ˈmɪtɐvʊrtsɐ
Mittfasten ˈmɪtfastn̩
mittig ˈmɪtɪç, **-e** ...ɪgə
Mittler ˈmɪtlɐ
mittlere ˈmɪtlərə
mittlerweile ˈmɪtlɐˈvailə
mittschiffs ˈmɪtʃɪfs
Mittsommer ˈmɪtzɔmɐ
Mittsommernachtstraum ˈmɪtzɔmɐnaxts.traum
mittsommers ˈmɪtzɔmɐs
mittwegs ˈmɪtve:ks
Mittweida mɪtˈvaida
Mittwinter ˈmɪtvɪntɐ
mittwinters ˈmɪtvɪntɐs
Mittwoch ˈmɪtvɔx
mittwochs ˈmɪtvɔxs
mitunter mɪtˈǀʊntɐ
Mitwelt ˈmɪtvɛlt
mitwollen ˈmɪtvɔlən
Mitzi ˈmɪtsi
Mitzka ˈmɪtska
Mix mɪks
Mixed [Media] ˈmɪkst [ˈmi:di̯ə]
Mixedpickles ˈmɪkstˈpɪkl̩s
mixen ˈmɪksn̩
Mixer ˈmɪksɐ
mixi ˈmɪksi
Mixolydisch[e] mɪksoˈly:dɪʃ[ə]
Mixoskopie mɪksoskoˈpi:
Mixteke mɪksˈte:kə
Mixtion mɪksˈti̯o:n
Mixtum compositum ˈmɪkstʊm kɔmˈpo:zitʊm, **...ta ...ta** ...ta ...ta
Mixtur mɪksˈtu:ɐ̯
Mizell[e] miˈtsɛl[ə]
Mizoram *engl.* mɪˈzɔ:ræm
Mizteke mɪtsˈte:kə
Mizzi ˈmɪtsi
Mjaskowski *russ.* mɪsˈkɔfskij
Mjassojedow *russ.* mɪsaˈjɛdɐf
Mjölby *schwed.* ˈmjø:lby:
Mjöllnir ˈmjœlnɪr
Mjøsa *norw.* ˈmjø:sa
Mladenovac *serbokr.* ˈmladɛnɔvats
Mladenović *serbokr.* ˈmladɛnɔvitɕ
Mladenow *russ.* mlaˈdjɛnɐf, *bulgar.* mlɐˈdɛnof
Mladić *serbokr.* ˌmladi:tɕ
Mława *poln.* ˈmu̯ava
Mljet *serbokr.* mljɛt
Młodożeniec *poln.* mu̯ɔdɔˈʒɛnjɛts
Mlynář *tschech.* ˈmlina:rʃ
Mna mna:
Mňačko *slowak.* ˈmnjatʃkɔ
M'Neill *engl.* məkˈni:l
Mneme ˈmne:mə
Mnemismus mneˈmɪsmʊs
Mnemonik mneˈmo:nɪk
Mnemoniker mneˈmo:nikɐ
mnemonisch mneˈmo:nɪʃ
Mnemosyne mnemoˈzy:nə
Mnemotechnik mnemoˈtɛçnɪk
Mnemotechniker mnemoˈtɛçnikɐ
mnemotechnisch mnemoˈtɛçnɪʃ
Mnesikles ˈmne:ziklɛs

M

mnestisch ˈmnɛstɪʃ
Mnouchkine *fr.* mnuʃˈkin
Mo *norw.* muː
Moa[b] ˈmoːa[p]
Moabit[er] moaˈbiːt[ɐ]
Moanda *fr.* mɔanˈda
Moar ˈmoːar
Mob mɔp
mobben ˈmɔbn̩, **mobb!** mɔp, **mobbt** mɔpt
Mobbing ˈmɔbɪŋ
Möbel ˈmøːbl̩
Moberg *schwed.* ˌmuːbærj
Moberly *engl.* ˈmoʊbəlɪ
mobil moˈbiːl
mobile ˈmoːbile
¹Mobile (Gebilde) ˈmoːbilə
²Mobile (Name) *engl.* moʊˈbiːl, ˈmoʊbiːl
Mobiliar mobiˈli̯aːɐ̯
Mobilien moˈbiːli̯ən
Mobilisation mobilizaˈt͡si̯oːn
mobilisieren mobiliˈziːrən
Mobilismus mobiˈlɪsmʊs
Mobilist mobiˈlɪst
Mobilität mobiliˈtɛːt
Möbius ˈmøːbi̯ʊs
möblieren møˈbliːrən
Mobster ˈmɔpstɐ
Mobutu moˈbuːtu, *fr.* mɔbuˈtu
Moby Dick *engl.* ˈmoʊbɪ ˈdɪk
Moçambique mosamˈbɪk, ...biːk, *port.* musɐmˈbikə
Moçâmedes *port.* muˈsɐməðɪʃ
Mocca ˈmɔka
Mocca double, -s -s ˈmɔka duːbl̩
Moch *fr.* mɔk
Mocha ˈmɔxa, *auch:* ˈmɔka
Moche *span.* ˈmotʃe
Mochi *it.* ˈmɔːki
Mochica *span.* moˈtʃika
Mochis, Los *span.* lɔz ˈmotʃis
Mochnacki *poln.* mɔxˈnatski
Mochovce *slowak.* ˈmɔxɔu̯tsɛ
möchte ˈmœçtə
Möchtegern ˈmœçtəgɛrn
Mock[e] ˈmɔk[ə]
Mockel *fr.* mɔˈkɛl
Mocken ˈmɔkn̩
Mockturtlesuppe ˈmɔktøːɐ̯tl̩ˌzʊpə, ...tœrt...
Mocquereau *fr.* mɔˈkro
Moctezuma *span.* mɔkteˈθuma
Mod mɔt
modal moˈdaːl
Modalismus modaˈlɪsmʊs
Modalität modaliˈtɛːt
Modane *fr.* mɔˈdan
Modd mɔt
Modder ˈmɔdɐ
Modderfontein *afr.* ˈmɔdərfɔntəi̯n
modd[e]rig ˈmɔd[ə]rɪç, **-e** ...ɪgə
mode moːt
Mode ˈmoːdə
¹Model (¹Modul) ˈmoːdl̩
²Model (Mannequin) ˈmɔdl̩
Modell moˈdɛl
Modelleur modɛˈløːɐ̯
modellieren modɛˈliːrən
modellig moˈdɛlɪç, **-e** ...ɪgə
Modellist modɛˈlɪst
¹modeln ˈmoːdl̩n, **modle** ˈmoːdlə
²modeln (als ²Model arbeiten) ˈmɔdl̩n, **modle** ˈmɔdlə
Modem ˈmoːdɛm
Modena ˈmoːdena, *it.* ˈmɔːd...
Modenaer ˈmoːdenaɐ
modenaisch ˈmoːdenaɪʃ
Moder ˈmoːdɐ
Moderamen modeˈraːmən, **...mina** ...mina
moderat modeˈraːt
Moderation moderaˈt͡si̯oːn
moderato modeˈraːto
Moderato modeˈraːto, **...ti** ...ti
Moderator modeˈraːtoːɐ̯, **-en** ...raˈtoːrən
moderieren modeˈriːrən
moderig ˈmoːdərɪç, **-e** ...ɪgə
¹modern moˈdɛrn
²modern ˈmoːdɐn, **modre** ˈmoːdrə
Moderne moˈdɛrnə
modernisieren modɛrniˈziːrən
Modernismus modɛrˈnɪsmʊs
Modernist modɛrˈnɪst
Modernität modɛrniˈtɛːt
Modernjazz ˈmɔdɐnˈd͡ʒɛs
Modersohn ˈmoːdɐzoːn
modest moˈdɛst
Modest moˈdɛst, *russ.* maˈdɛst
Modesta moˈdɛsta
Modesti *it.* moˈdɛsti
Modestinus modɛsˈtiːnʊs
Modesto *engl.* məˈdɛstoʊ, *it.* moˈdɛsto
Modestus moˈdɛstʊs
Modi vgl. Modus
Modiano *fr.* mɔdjaˈno
Modica *it.* ˈmɔːdika
Modifikation modifikaˈt͡si̯oːn
Modifikator modifiˈkaːtoːɐ̯, **-en** ...kaˈtoːrən
modifizieren modifiˈt͡siːrən
Modigliana *it.* modiʎˈʎaːna
Modigliani *fr.* mɔdiljaˈni, ...igliaˈni, *it.* modiʎˈʎaːni
modisch ˈmoːdɪʃ
Modist moˈdɪst
Moditten moˈdɪtn̩
Mödl ˈmøːdl̩
Mödling[er] ˈmøːdlɪŋ[ɐ]
modrig ˈmoːdrɪç, **-e** ...ɪgə
Modrow ˈmoːdro
Modrzewski *poln.* mɔdʒˈʒɛfski
¹Modul ˈmoːdʊl
²Modul (austauschbares Teil) moˈduːl
Modulation modulaˈt͡si̯oːn
Modulator moduˈlaːtoːɐ̯, **-en** ...laˈtoːrən
modulatorisch modulaˈtoːrɪʃ
modulieren moduˈliːrən
Modulor ˈmoːduloːɐ̯
Modus ˈmoːdʊs, *auch:* ˈmɔdʊs, **Modi** ...di
Modus Operandi ˈmoːdʊs opəˈrandi, *auch:* ˈmɔdʊs -, **Modi** - ...di -
Modus Procedendi ˈmoːdʊs prot͡seˈdɛndi, *auch:* ˈmɔdʊs -, **Modi** - ...di -
Modus Vivendi ˈmoːdʊs viˈvɛndi, *auch:* ˈmɔdʊs -, **Modi** - ...di -
Moe *norw.* muː, *engl.* ˈmoʊɪ
Moeck møːk
Moede ˈmøːdə
Moeller ˈmœlɐ
Moellon moaˈlõː
Moens *niederl.* muns
Moenus ˈmøːnʊs
Moerbeke ˈmœrbəkə, *niederl.* ˈmuːrbeːkə
Moeris ˈmøːrɪs
Moers møːɐ̯s
Moerser ˈmøːɐ̯zɐ
Moesa moˈeːza
Moeschinger ˈmœʃɪŋɐ
Moeschlin ˈmœʃliːn
Moeskroen *niederl.* musˈkrun
Mofa ˈmoːfa
mofeln ˈmoːfl̩n
Mofette moˈfɛtə
Moffat[t] *engl.* ˈmɔfət
Moffett *engl.* ˈmɔfɪt
Moffo *it.* ˈmɔffo
Mogadischu mogaˈdɪʃu
Mogadiscio *it.* mogaˈdiʃʃo
Mogador mogaˈdoːɐ̯, *fr.* mɔgaˈdɔːr, *span.* moɣaˈðɔr
Mogadouro *port.* muɣɐˈðoru
Mögel ˈmøːgl̩
Mogelei moːgəˈlai̯

mogeln ˈmoːgl̩n, **mogle** ˈmoːglə
mögen ˈmøːgn̩, **mögt** møːkt
Mogi das Cruzes *bras.* moˈʒi das ˈkruzis
Mogigraphie mogigraˈfiː, **-n** ...iːən
Mogila *russ.* maˈgilɐ
Mogilalie mogilaˈliː, **-n** ...iːən
Mogiljow *russ.* mɐgiˈljɔf
Mogiljow-Podolski *russ.* mɐgiˈljɔfpaˈdɔljskij
Mogiphonie mogifoˈniː, **-n** ...iːən
Mogk moːk
Mogler ˈmoːglɐ
möglich ˈmøːklɪç
Mogollon *engl.* moʊgəˈjoʊn
Mogontiacum mogɔnˈtiːakʊm, ...ˈti̯aːkʊm
Mogul ˈmoːgʊl, *auch:* moˈguːl
Mohair moˈhɛːɐ̯
Mohalim vgl. Mohel
Mohammed ˈmoːhamɛt, *engl.* moʊˈhæmɪd
Mohammedaner mohameˈdaːnɐ
mohammedanisch mohameˈdaːnɪʃ
Mohammedanismus mohamedaˈnɪsmʊs
Mohammedia *fr.* mɔammeˈdja
Mohär moˈhɛːɐ̯
Mohave *engl.* moʊˈhɑːvɪ
Mohawk *engl.* ˈmoʊhɔːk
Mohel moˈheːl, **Mohalim** mohaˈliːm
Mohéli *fr.* mɔeˈli
Mohendscho Daro moˈhɛndʒo ˈdaːro
Mohikaner mohiˈkaːnɐ
Möhlin ˈmøːliːn
Mohn moːn, *norw.* muːn
Möhne ˈmøːnə
Mohole *engl.* ˈmoʊhoʊl
Moholy *ung.* ˈmohoj
Mohorovičić *serbokr.* mɔhɔˈrɔviːtʃitɕ
Mohr moːɐ̯
Möhre ˈmøːrə
Mohrungen ˈmoːrʊŋən
Mohs moːs
Moi *engl.* ˈmoʊɪ, mɔɪ
Moilliet *fr.* mwaˈjɛ
Moillon *fr.* mwaˈjõ
Moinești *rumän.* moi̯ˈneʃtj
Moira (Schicksal) ˈmɔy̆ra
Moiré mo̯aˈreː
Moiren ˈmɔy̆rən
moirieren mo̯aˈriːrən
Moïse *fr.* mɔˈiːz
Moisés *span.* mɔi̯ˈses, *port.* moi̯ˈzɛʃ, *bras.* moi̯ˈzɛs
Moissan *fr.* mwaˈsã
Moissejew *russ.* mɐiˈsjejɪf
Moissi ˈmɔy̆si
Moisturizer ˈmɔy̆stʃəraɪ̯zɐ
Moisturizing ˈmɔy̆stʃəraɪ̯zɪŋ
Moivre *fr.* mwaːvr
Mojave *engl.* moʊˈhɑːvɪ
Mojokerto *indon.* modʒokərˈto
mokant moˈkant
Mokassin mokaˈsiːn, *auch:* ˈmɔk...
Moke ˈmoːkə
Mokerie mokəˈriː, **-n** ...iːən
Mokett moˈkɛt
Mokick ˈmoːkɪk
mokieren moˈkiːrən
Mokka ˈmɔka
Mokp'o *korean.* mokpho
Mokscha *russ.* ˈmɔkʃɐ
Mokuan *jap.* ˈmoˌkuan̩
[1]**Mol** (Maß) moːl
[2]**Mol** (Name) *niederl.* mɔl
Mola *it.* ˈmɔːla, *span.* ˈmola
Molalität molaliˈtɛːt
molar, M... moˈlaːɐ̯
Molarität molariˈtɛːt
Molasse moˈlasə
Molay *fr.* mɔˈlɛ
Molch mɔlç
Mold *engl.* moʊld
Moldau ˈmɔldau̯
Moldavit mɔldaˈviːt
Moldawa mɔlˈdaːva
Moldawien mɔlˈdaːvi̯ən
Molde *norw.* ˌmɔldə
Molden ˈmɔldn̩
Moldova *rumän.* molˈdova, *ung.* ˈmoldovɔ
Moldovița *rumän.* moldoˈvitsa
Mole ˈmoːlə, *engl.* moʊl
Molé *fr.* mɔˈle
Molekel moˈleːkl̩
Molektronik molɛkˈtroːnɪk
Molekül moleˈkyːl
molekular molekuˈlaːɐ̯
Molenaer *niederl.* ˈmoːlənaːr
Molenbeek *niederl.* ˈmoːlənbeːk, *fr.* mɔlɛnˈbɛk
Molenkopf ˈmoːlənkɔpf
Moleschott ˈmoːləʃɔt
Moleskin ˈmoːlskɪn
Molesten moˈlɛstn̩
molestieren molɛsˈtiːrən
Moletronik moleˈtroːnɪk
Molette moˈlɛtə
Molfetta *it.* molˈfetta
Moli vgl. Molo
Molière moˈli̯ɛːɐ̯, *fr.* mɔˈljɛːr
molierisch moˈli̯eːrɪʃ
Molijn *niederl.* moˈlɛi̯n
Molina *span.* moˈlina
Molinaeus moliˈnɛːʊs
Molinari *it.* moliˈnaːri, *fr.* mɔlinaˈri, *span.* moliˈnari
Moline *engl.* moʊˈliːn
Molinet *fr.* mɔliˈnɛ
Molinismus moliˈnɪsmʊs
Molinos *span.* moˈlinos
Molins de Rey *span.* moˈlinz ðɛ ˈrrɛi̯
Molisch ˈmoːlɪʃ
Molise *it.* ˈmoːliːze
Molitor ˈmoːlitoːɐ̯
molk mɔlk
mölke ˈmœlkə
Molke ˈmɔlkə
Molken ˈmɔlkn̩
Molkerei mɔlkəˈrai̯
molkig ˈmɔlkɪç, **-e** ...ɪgə
Moll[a] ˈmɔl[a]
Möllbrücke mœlˈbrʏkə
Molle ˈmɔlə
Møllehave *dän.* ˈmʏləhɛːvə
Möllemann ˈmœləman
Mollendo *span.* moˈʎendo
Mollenhauer ˈmɔlənhau̯ɐ
Moller ˈmɔlɐ
Möller ˈmœlɐ, *dän.* ˈmʏlˀɐ
Møller *dän.* ˈmʏlˀɐ
möllern ˈmœlɐn
mollert ˈmɔlɐt
Mollet *fr.* mɔˈlɛ
Möllhausen ˈmœlhau̯zn̩
Molli ˈmɔli
Mollien *fr.* mɔˈljɛ̃
Mollier mɔˈli̯eː
mollig ˈmɔlɪç, **-e** ...ɪgə
Mollison ˈmɔlizɔn, *engl.* ˈmɔlɪsn
Mölln mœln
Molluscum mɔˈlʊskʊm
Molluske mɔˈlʊskə
Molluskizid mɔlʊskiˈtsiːt, **-e** ...iːdə
Mollweide ˈmɔlvai̯də
Molly ˈmɔli, *engl.* ˈmɔlɪ
Molnár *ung.* ˈmolnaːr
Mölndal *schwed.* ˈmœlndɑːl
Molnija *russ.* ˈmɔlnijɐ
Molo ˈmoːlo, **Moli** ˈmoːli
Moloch ˈmoːlɔx
Molodaja Gwardija *russ.* mɐlaˈdajɐ ˈgvardijɐ

M

Molodetschno *russ.* mɐla'djɛtʃnɐ
Molokai *engl.* moʊlə'kɑːɪ
Molokane molo'kaːnə
Molosser mo'lɔsɐ
Molossus mo'lɔsʊs, **...ssi** ...si
Molotow 'moːlotɔf, *russ.* 'mɔlɐtɐf
Mols *dän.* mɔl's
Moltke 'mɔltkə, *dän.* 'mɔlgə
moltkesch, M... 'mɔltkəʃ
molto 'mɔlto
Molton 'mɔltɔn
Moltopren® mɔlto'preːn
Molukken mo'lʊkn̩
molum 'moːlʊm
Molybdän molʏp'dɛːn
Molybdänit molʏpdɛ'niːt
Molyneux *engl.* 'mɔlɪnjuː[ks], 'mʌl...
Molzahn 'mɔltsaːn
Momaday *engl.* 'mɔmədeɪ
Mombasa mɔm'basa, ...'baːza, *engl.* mɔm'bæsə, mɔm'bɑːsə
Mombert 'mɔmbɛrt
Mombritius mɔm'briːtsi̯ʊs
Moment mo'mɛnt
momentan momɛn'taːn
Moment musical mo'mãːmyzi'kal, **-s** **...caux** ...'koː
Momigliano *it.* momiʎ'ʎaːno
Mommark *dän.* 'mɔmaɐ̯g
Momme 'mɔmə
Mommsen 'mɔmzn̩
Momos 'moːmɔs
Mömpelgard 'mœmpl̩gart
Momper 'mɔmpɐ, *niederl.* 'mɔmpər
Mompós *span.* mɔm'pɔs
Momtschil *bulgar.* mom'tʃil
[1]**Mon** (Dichter) moːn
[2]**Mon** (Volk in Birma) mɔn
Mön *dän.* mʏː'n
Mona 'moːna, *engl.* 'moʊnə, *span.* 'mona
Monaco 'moːnako, *auch:* mo'nako; *fr.* mɔna'ko, *it.* 'mɔːnako
Monade mo'naːdə
Monadismus mona'dɪsmʊs
Monadnock mo'nɛtnɔk
Monadologie monadolo'giː
Monagas *span.* mo'naɣas
Monaghan *engl.* 'mɔnəhən
Monako 'moːnako, *auch:* mo'nako
Monakow mo'nakɔf
Monaldeschi *it.* monal'deski
Mona Lisa 'moːna 'liːza
Monarch mo'narç
Monarchianer monar'çi̯aːnɐ
Monarchianismus monarçi̯a'nɪsmʊs
Monarchie monar'çiː, **-n** ...iːən
Monarchismus monar'çɪsmʊs
Monarchist monar'çɪst
Monarchomache monarço'maxə
Monarde mo'nardə
Monasterium monas'teːri̯ʊm, **...ien** ...i̯ən
Monastir *fr.* mɔnas'tiːr
monastisch mo'nastɪʃ
Monat 'moːnat
monatelang 'moːnatəlaŋ
...monatig ...moːnatɪç, **-e** ...ɪgə
monatlich 'moːnatlɪç
monaural monau̯'raːl
Monaxonier mona'ksoːni̯ɐ
Monazit mona'tsiːt
Monbijou *fr.* mõbi'ʒu
Moncalieri *it.* moŋka'li̯ɛːri
Moncayo *span.* mɔŋ'kajo
Monceaux *fr.* mõ'so
Moncey *fr.* mõ'sɛ
Mönch mœnç
Mönchengladbach mœnçn̩'glatbax
Monchique *port.* mõ'ʃikə
mönchisch 'mœnçɪʃ
Monck *engl.* mʌŋk
Monc[k]ton *engl.* 'mʌŋktən
Monclo[v]a *span.* mɔŋ'klo[β]a
Moncrieff *engl.* mən'kriːf
Moncrif *fr.* mõ'krif
[1]**Mond** moːnt, **-e** 'moːndə
[2]**Mond** (Name) mɔnt, *engl.* mɔnd
Mondadori *it.* monda'doːri
Mondale *engl.* 'mɔndeɪl
Mondamin® mɔnda'miːn
mondän mɔn'dɛːn
Möndchen 'møːntçən
Monde *fr.* mõːd
Mondecar 'mɔndekar
Mondego *port.* mon'deɣu
Mondeville *fr.* mõd'vil
mondial, M... mɔn'di̯aːl
mon dieu! mõ'djø
Mondino *it.* mon'diːno
Mondonville *fr.* mõdõ'vil
Mondovì *it.* mondo'vi
Mondriaan *niederl.* 'mɔndriaːn
Mondsee 'moːntzeː
Mone *dt., niederl.* 'moːnə
Monegasse mone'gasə
monegassisch mone'gasɪʃ
Monem mo'neːm
monepigraphisch monepi'graːfɪʃ
Monere mo'neːrə
Monergismus monɛr'gɪsmʊs
Monergol monɛr'goːl
Monessen *engl.* mə'nɛsən
Monet *fr.* mɔ'nɛ
Moneta mo'neːta
monetär mone'tɛːɐ̯
Monetar... mone'taːɐ̯...
Moneten mo'neːtn̩
monetisieren moneti'ziːrən
Moneymaker 'manimeːkɐ
Monfalcone *it.* monfal'koːne
Monferrato *it.* monfer'raːto
Monge *fr.* mõːʒ
Mongó *span.* mɔŋ'go
Mongole mɔŋ'goːlə
Mongolei mɔŋgo'lai̯
mongolid mɔŋgo'liːt, **-e** ...iːdə
Mongolide mɔŋgo'liːdə
mongolisch mɔŋ'goːlɪʃ
Mongolismus mɔŋgo'lɪsmʊs
Mongolist[ik] mɔŋgo'lɪst[ɪk]
mongoloid mɔŋgolo'iːt, **-e** ...iːdə
Mongoloide mɔŋgolo'iːdə
Mongu *engl.* 'mɔŋguː
Monheim 'moːnhai̯m
Moni 'moːni
Monica 'moːnika, *engl.* 'mɔnɪkə
Monier *engl.* 'mʌnɪə, *fr.* mɔ'nje
monieren mo'niːrən
Monierzange mo'niːɐ̯tsaŋə, *auch:* mo'ni̯eː...
Monika 'moːnika
Moníková *tschech.* 'mɔnjiːkɔvaː
Monilia mo'niːli̯a
Monique *fr.* mɔ'nik
Moniz *port.* mu'niʃ, *bras.* mo'nis
Monismus mo'nɪsmʊs
Monist mo'nɪst
Monita vgl. Monitum
Moniteur moni'tøːɐ̯
Monitor 'moːnitoːɐ̯, **-en** moni'toːrən
Monitoring 'mɔnitərɪŋ
Monitorium moni'toːri̯ʊm, **...ien** ...i̯ən
Monitum 'moːnitʊm, **...ta** ...ta
Moniuszko *poln.* mɔ'njuʃkɔ
Moniz *port.* mu'niʃ, *bras.* mo'nis
Monk *engl.* mʌŋk
Mon Khmer 'mɔn 'kmeːɐ̯

Monkhouse *engl.* ˈmʌŋkhaʊs
Mọnmouth *engl.* ˈmɔnməθ, **-shire** -ʃɪə
Mọnn mɔn
Mọnna Li̲sa *it.* ˈmɔnna ˈliːza
Monnervi̲lle *fr.* mɔnɛrˈvil
Monnẹt *fr.* mɔˈnɛ
Mọ̈nnich ˈmœnɪç
Monniẹr *fr.* mɔˈnje
Mọnnika ˈmɔnika
mono, M... ˈmoːno, *auch:* ˈmɔno
Mono̲ceros moˈnoːt͡serɔs
Monocha̲sium monoˈçaːzi̯ʊm, ...nɔˈxa..., **...ien** ...i̯ən
Monochlamyde̲en monoklamyˈdeːən
Monochọrd monoˈkɔrt, **-e** ...rdə
monochro̲m, M... monoˈkroːm
Monochromasi̲e monokromaˈziː
Monochroma̲t monokroˈmaːt
Monochroma̲tor monokroˈmaːtoːɐ̯, **-en** ...maˈtoːrən
Monochromi̲e monokroˈmiː
monocolo̲r monokoˈloːɐ̯
Monocọque monoˈkɔk
Monọd *fr.* mɔˈno
Monodẹlphier monoˈdɛlfi̯ɐ
Monodi̲e monoˈdiː
Mono̲dik moˈnoːdɪk
mono̲disch moˈnoːdɪʃ
Monodịstichon monoˈdɪstɪçɔn
Monodra̲ma monoˈdraːma
monofi̲l, M... monoˈfiːl
monoga̲m monoˈgaːm
Monogami̲e monogaˈmiː
monoge̲n monoˈgeːn
Monogene̲se monogeˈneːzə
Monogene̲tiker monogeˈneːtikɐ
Monogeni̲e monogeˈniː, **-n** ...iːən
Monogenịsmus monogeˈnɪsmʊs
monoglọtt monoˈglɔt
Monogoni̲e monogoˈniː
Monografi̲e monograˈfiː, **-n** ...iːən
monogra̲fisch monoˈgraːfɪʃ
Monogrạmm monoˈgram
monogrammi̲eren monograˈmiːrən
Monogrammịst monograˈmɪst
Monographi̲e monograˈfiː, **-n** ...iːən
monogra̲phisch monoˈgraːfɪʃ
monohybri̲d monohyˈbriːt, **-e** ...iːdə
Monoideịsmus mono|ideˈɪsmʊs
Monọkel moˈnɔkl̩
monokli̲n monoˈkliːn
Monokotyledo̲ne monokotyleˈdoːnə
Monokrati̲e monokraˈtiː, **-n** ...iːən
monokra̲tisch monoˈkraːtɪʃ
monokula̲r monokuˈlaːɐ̯
Monokultur ˈmoːnokʊltuːɐ̯, *auch:* ˈmɔno...
monolatera̲l monolateˈraːl
Monolatri̲e monolaˈtriː
Monoli̲th monoˈliːt
Monolo̲g monoˈloːk, **-e** ...oːgə
monolo̲gisch monoˈloːgɪʃ
monologisi̲eren monologiˈziːrən
Monologịst monoloˈgɪst
Mono̲m moˈnoːm
monoma̲n monoˈmaːn
Monomani̲e monomaˈniː, **-n** ...iːən
monome̲r, M... monoˈmeːɐ̯
Monometallịsmus monometaˈlɪsmʊs
Mono̲meter moˈnoːmetɐ
monomọrph monoˈmɔrf
Monomota̲pa monomoˈtaːpa
Monongahela *engl.* mənɔŋgəˈhiːlə
Monono̲m monoˈnoːm
Mononukleo̲se mononukleˈoːzə
monopha̲g monoˈfaːk, **-e** ...aːgə
Monophagi̲e monofaˈgiː
Monophạrmakon monoˈfarmakɔn, **...ka** ...ka
Monophasi̲e monofaˈziː
Monophobi̲e monofoˈbiː
monopho̲n monoˈfoːn
Monophoni̲e monofoˈniː
Monophthalmi̲e monɔftalˈmiː
Monophthọng monoˈftɔŋ
monophthongi̲eren monoftɔŋˈgiːrən
monophthongisi̲eren monoftɔŋgiˈziːrən
monophyle̲tisch monofyˈleːtɪʃ
Monophyli̲e monofyˈliː
Monophyodọnt monofy̆oˈdɔnt
Monophyodonti̲e monofy̆odɔnˈtiː
Monophysi̲t monofyˈziːt
Monophysitịsmus monofyziˈtɪsmʊs
Monopla̲n monoˈplaːn
Monoplegi̲e monopleˈgiː, **-n** ...iːən
Monopodi̲e monopoˈdiː, **-n** ...iːən
monopo̲disch monoˈpoːdɪʃ
Monopo̲dium monoˈpoːdi̯ʊm
Monopo̲l monoˈpoːl
Mono̲poli *it.* moˈnɔːpoli
monopolisi̲eren monopoliˈziːrən
Monopolịsmus monopoˈlɪsmʊs
Monopolịst monopoˈlɪst
Monopoloi̲d monopoloˈiːt, **-e** ...iːdə
Mono̲poly® moˈnoːpoli
Monopọsto monoˈpɔsto
Monopso̲n monɔˈpsoːn
Monopsychịsmus monɔpsyˈçɪsmʊs
Monọpteros moˈnɔpterɔs, **...ren** ...nɔpˈteːrən
Monory *fr.* mɔnɔˈri
Monosac[c]hari̲d monozaxaˈriːt, **-e** ...iːdə
Mono̲se moˈnoːzə
monose̲m monoˈzeːm
Monosemạntikon monozeˈmantikɔn, **...ka** ...ka
monosemạntisch monozeˈmantɪʃ
Monosemi̲e monozeˈmiː
monosemi̲eren monozeˈmiːrən
Monosko̲p monoˈskoːp
Monoso̲m monoˈzoːm
Monospermi̲e monospɛrˈmiː, **-n** ...iːən
Monọstatos moˈnɔstatɔs
monostịchisch monoˈstɪçɪʃ
monostichi̲tisch monostɪˈçiːtɪʃ
Monọstichon moˈnɔstɪçɔn, **...cha** ...ça
monosylla̲bisch monozʏˈlaːbɪʃ
Monosyllabum monoˈzʏlabum, **...ba** ...ba
monosynde̲tisch monozʏnˈdeːtɪʃ
Monosỵndeton monoˈzʏndetɔn, **...ta** ...ta
Monotheịsmus monoteˈɪsmʊs
Monotheịst monoteˈɪst
Monothele̲t monoteˈleːt
Monotheletịsmus monoteleˈtɪsmʊs
monoto̲n monoˈtoːn
Monotoni̲e monotoˈniː, **-n** ...iːən

Monotonometer monotono'me:tɐ
Monotremen mono'tre:mən
monotrop mono'tro:p
Monotropie monotro'pi:
Monotype® 'mo:notaip, *auch:* 'mɔno...
Monotypie monoty'pi:, **-n** ...i:ən
monovalent monova'lɛnt
Monóvar *span.* mo'noβar
Monoxid 'mo:nɔksi:t, *auch:* 'mɔn...; *auch:* monɔ'ksi:t
Monözie monø'tsi:
monözisch mo'nø:tsɪʃ
monozygot monotsy'go:t
Monozyt mono'tsy:t
Monozytose monotsy'to:zə
Monreale *it.* monre'a:le
Monro[e] mɔn'ro:, 'mɔnro, *engl.* mən'roʊ, 'mʌnroʊ
Monroeville *engl.* mən'roʊvɪl
Monrovia mɔn'ro:vi̯a, *engl.* mən'roʊvɪə
[1]**Mons** (Berg) mɔns
[2]**Mons** (Stadt) *fr.* mõ:s
Monsalvatsch mɔnzal'vatʃ
Monschau 'mɔnʃau̯
Monseer 'mɔnze:ɐ
Monseigneur mõsɛn'jø:ɐ̯
Monserrat *span.* mɔnsɛ'rrat
Monsieur mə'si̯ø:
Monsignore mɔnzɪn'jo:rə, **...ri** ...ri
Monsigny *fr.* mõsi'ɲi
Møns Klint *dän.* 'mʏ:'ns 'klɪn'd
[1]**Monster** (Name) *niederl.* 'mɔnstər
[2]**Monster** 'mɔnstɐ
Monstera 'mɔnstera, **...rae** ...rɛ
Monstra vgl. Monstrum
Monstranz mɔn'strants
Monstrelet *fr.* mõstrə'lɛ
monströs mɔn'strø:s, **-e** ...ø:zə
Monstrosität mɔnstrozi'tɛ:t
Monstrum 'mɔnstrʊm, **...ra** ...ra
Monsun mɔn'zu:n
Mont *engl., niederl.* mɔnt, *fr.* mõ
Montabaur 'mɔntabau̯ɐ, *auch:* --'--
Montafon mɔnta'fo:n
montafonerisch mɔnta'fo:nərɪʃ
Montag 'mo:nta:k
Montage mɔn'ta:ʒə
montägig 'mo:ntɛ:gɪç **-e** ...ɪgə
montäglich 'mo:ntɛ:klɪç
Montagna *it.* mon'taɲɲa
Montagnard *fr.* mõta'ɲa:r
Montagne Noire *fr.* mõtaɲ'nwa:r
Montagnola *it.* montaɲ'ɲɔ:la
montags 'mo:nta:ks
Montagu[e] *engl.* 'mɔntəgju:
Montaigne *fr.* mõ'tɛɲ
Montalbán *span.* mɔntal'βan
Montale *it.* mon'ta:le
Montalembert *fr.* mõtalã'bɛ:r
Montalvo *span.* mɔn'talβo
montan mɔn'ta:n
Montana mɔn'ta:na, *engl.* mɔn'tænə, *fr.* mõta'na
Montaña *span.* mɔn'taɲa
Montanaro *it.* monta'na:ro
Montand *fr.* mõ'tã
Montanelli *it.* monta'nɛlli
Montañés *span.* mɔnta'ɲes
Montanismus mɔnta'nɪsmʊs
Montanist mɔnta'nɪst
Montano *it.* mon'ta:no
Montanus mɔn'ta:nʊs, *niederl.* mɔn'ta:nʏs
Montargis *fr.* mõtar'ʒi
Montarsolo *it.* mon'tarsolo
Montauban *fr.* mõto'bã
Montavon mɔnta'fo:n
Montbéliard *fr.* mõbe'lja:r
Montblanc mõ'blã:, *fr.* ...lã
Montbret *fr.* mõ'brɛ
Montbretie mõ'bre:tsi̯ə
Montcalm *fr.* mõ'kalm
Montceau-les-Mines *fr.* mõsole'min
Mont Cenis mõse'ni:, *fr.* mõs'ni
Montchrestien, ...rétien *fr.* mõkre'tjɛ̃
Montclair *engl.* mɔnt'klɛə
Mont-de-Marsan *fr.* mõdmar'sã
Mont-d'Or, Mont-Dore *fr.* mõ'dɔ:r
Monte *it.* 'monte, *span.* 'mɔnte, *port.* 'montə, *bras.* 'monti, *niederl.* 'mɔntə, *engl.* 'mɔntɪ
Monte Albán *span.* 'mɔnte al'βan
Montebello *it.* monte'bɛllo, *engl.* mɔntɪ'bɛloʊ
Montecalvo *it.* monte'kalvo
Montecarlo *it.* monte'karlo
Monte Carlo 'mɔntə 'karlo, *fr.* mõtekar'lo, ...'karl
Montecassino *it.* montekas'si:no
Monte Cassino 'mɔntə ka'si:no, *it.* montekas'si:no
Montecatini *it.* monteka'ti:ni
Montecatino *it.* monteka'ti:no
Montecchi mɔn'tɛki, *it.* mon'tekki
Montecchio *it.* mon'tekki̯o
Montecitorio *it.* montetʃi'tɔ:ri̯o
Montecristi *span.* mɔnte'kristi
Montecristo *it.* monte'kristo
Monte-Cristo *fr.* mõtekris'to
Montecuccoli mɔnte'kʊkoli, *it.* monte'kukkoli
Montedison *it.* mon'tɛ:dizon
Montefalco *it.* monte'falko
Montefalcone *it.* montefal'ko:ne
Montefeltro *it.* monte'feltro
Montefiascone *it.* montefi̯as'ko:ne
Montefiore *it.* monte'fi̯o:re, *engl.* mɔntɪfɪ'ɔ:rɪ
Montefiorino *it.* montefi̯o'ri:no
Monteforte *span.* mɔnte'fɔrte
Montegnée *fr.* mõt'ɲe
Montego *engl.* mən'ti:goʊ
Monteiro *port.* mon'tɐi̯ru, *bras.* mon'tei̯ru
Montélimar *fr.* mõteli'ma:r
Montelius *schwed.* mɔn'te:liʊs
Montemayor *span.* mɔntema'jɔr
Montenegriner mɔntene'gri:nɐ
montenegrinisch mɔntene'gri:nɪʃ
Montenegro mɔnte'ne:gro, *bras.* monti'negru
Montepulciano *it.* montepul'tʃa:no
Montereau-Faut-Yonne *fr.* mõtrofo'tjɔn
Monterey *engl.* mɔntɪ'reɪ
Monterey Park *engl.* 'mɔntɪreɪ 'pɑ:k
Montería *span.* mɔnte'ria
Monterone *it.* monte'ro:ne
Monterrey *span.* mɔntɛ'rrei̯
[1]**Montes** (Anleihen) 'mɔntɛs
[2]**Montes** (Name) *span.* 'mɔntes
Montes Claros *port.* 'montɪʃ 'klaruʃ, *bras.* 'montis 'klarus
Montes de Oca *span.* 'mɔntez ðe 'oka
Montesi *it.* mon'te:si
Montespan *fr.* mõtɛs'pã
Montesquieu *fr.* mõtɛs'kjø
Montesquiou *fr.* mõtɛs'kju
Montessori *it.* montes'sɔ:ri
Montet *fr.* mõ'tɛ
Monteur mɔn'tø:ɐ̯
Monteux *fr.* mõ'tø

Monteverdi *it.* monte'verdi
Montevideo mɔntevi'de:o, *span.* mɔnteβi'ðeo
Montez 'mɔntɛs
Montezuma mɔnte'tsu:ma, mɔnte'su:ma, *span.* mɔnte-'θuma
Montfaucon *fr.* mõfo'kõ
Montferrand *fr.* mõfɛ'rã
Montferrat *fr.* mõfɛ'ra
Montfleury *fr.* mõflœ'ri
Montford *engl.* 'mɔntfəd
Montfort *dt., niederl.* 'mɔnt-fɔrt, *fr.* mõ'fɔ:r, *engl.* 'mɔnt-fət
Montgelas mõʒə'la, *fr.* mõ'ʒla
Montgenèvre *fr.* mõʒ'nɛ:vr
Montgolfier *fr.* mõgɔl'fje
Montgolfiere mõgɔl'fi̯e:rə
Montgomery *engl.* mənt'gʌ-mərɪ, mɔn..., ...gɔm..., *fr.* mõgɔm'ri
Month mɔnt
Montherlant *fr.* mõtɛr'lã
Monthey *fr.* mõ'tɛ
Montholon *fr.* mõtɔ'lõ
Monti *it.* 'monti, *span.* 'mɔnti
Monticelli *it.* monti'tʃɛlli, *fr.* mõtisɛ'li
Monticellit mɔntitʃɛ'li:t
Monticello *engl.* mɔntɪ'sɛloʊ
montieren mɔn'ti:rən
Montignac *fr.* mõti'ɲak
Montignies-sur-Sambre *fr.* mõtiɲisyr'sã:br
Montijo *span.* mɔn'tixo
Montilla *span.* mɔn'tiʎa
Montini *it.* mon'ti:ni
Montjoie, Montjoye *fr.* mõ'ʒwa
Montjuich *span.* mɔŋ'xu̯itʃ
Mont-Louis *fr.* mõ'lwi
Montluçon *fr.* mõly'sõ
Montmagny *fr.* mõma'ɲi
Montmajour *fr.* mõma'ʒu:r
Montmartre *fr.* mõ'martr
Montmorency *fr.* mõmɔrã'si, *engl.* mɔntmə'rɛnsɪ
Montmorillon *fr.* mõmɔri'jõ
Montmorillonit mõmorijo'ni:t
Montoire-sur-le-Loir *fr.* mõtwarsyrlə'lwa:r
Montoyer *fr.* mõtwa'je
Montparnasse *fr.* mõpar'nas, ...nɑ:s
Mont Pelé *fr.* mõ'ple
Montpelier *engl.* mɔnt'pi:ljə
Montpellier *fr.* mõpə'lje, mõpɛ'lje
Montrachet *fr.* mõra'ʃɛ
Montreal mɔntre'a:l, *engl.* mɔntrɪ'ɔ:l
Montréal *fr.* mõre'al
Montreuil *fr.* mõ'trœj
Montreux *fr.* mõ'trø
Montrose *engl.* mɔnt'roʊz
Montrouge *fr.* mõ'ru:ʒ
Mont-Royal *fr.* mõrwa'jal
Monts *fr.* mõ
Mont-Saint-Michel *fr.* mõsɛ̃mi-'ʃɛl
Montsalwatsch mɔntzal'vatʃ
Montschegorsk *russ.* mɐntʃɪ-'gɔrsk
Montserrat *span.* mɔnsɛ'rrat, *engl.* mɔntsə'ræt
Mont-sur-Marchienne *fr.* mõsyrmar'ʃjɛn
Montt *span.* mɔnt
Montupet *fr.* mõty'pɛ
Montur mɔn'tu:ɐ̯
Montville *engl.* 'mɔntvɪl
Monty *engl.* 'mɔntɪ
Monument monu'mɛnt
Monumenta Germaniae historica monu'mɛnta gɛr'ma:ni̯ɛ hɪs'to:rika
monumental monumɛn'ta:l
Monumentalität monumɛnta-li'tɛ:t
Monument Valley *engl.* 'mɔnjʊ-mənt 'vælɪ
Monza *it.* 'montsa
Monzambano mɔntsam'ba:no
Monzón *span.* mɔn'θɔn
Moody *engl.* 'mu:dɪ
Moog mo:k, *engl.* moʊg
Mook *niederl.* mo:k
Moon mo:n, *engl.* mu:n, *russ.* ma'ɔn
Moonboot 'mu:nbu:t
Mooney, ...nie *engl.* 'mu:nɪ
Moor mo:ɐ̯, *niederl.* mo:r
Moorabbin *engl.* mʊ'ræbɪn
moorbaden 'mo:ɐ̯ba:dn̩
Moorcock *engl.* 'mɔ:kɔk, 'mʊə-kɔk
Moore *engl.* mɔ:, mʊə
Moorea *fr.* mɔre'a
Mooresville *engl.* 'mʊəzvɪl
Moorhead *engl.* 'mɔ:hɛd, 'mʊəhɛd
moorig 'mo:rɪç, **-e** ...ɪgə
Mooring 'mu:rɪŋ
Moos mo:s, **-e** 'mo:zə, **Möser** 'mø:zɐ
Moosbrugger 'mo:sbrʊgɐ
Moosburg 'mo:sbʊrk
Moosdorf 'mo:sdɔrf
Moose [Jaw] *engl.* 'mu:s ['dʒɔ:]
moosgrün 'mo:sgry:n
moosig 'mo:zɪç, **-e** ...ɪgə
Moosonee *engl.* 'mu:səni:
Moped 'mo:pɛt, *auch:* ...pe:t
Mopp[el] 'mɔp[l̩]
moppen 'mɔpn̩
Mops mɔps, **Möpse** 'mœpsə
Möpschen 'mœpsçən
möpseln 'mœpsl̩n
mopsen 'mɔpsn̩
mopsfidel 'mɔpsfi'de:l
mopsig 'mɔpsɪç, **-e** ...ɪgə
Mopsos 'mɔpsɔs
Mopti *fr.* mɔp'ti
Moquegua *span.* mo'keɣu̯a
Moquette mo'kɛt
Mor *niederl.* mɔr
Mór *ung.* mo:r
¹Mora (Verzug) 'mo:ra
²Mora *span.* 'mora, *schwed.* ˌmu:ra
Móra *ung.* 'mo:rɔ
Moradabad *engl.* mə'rɑ:dəbɑ:d
Moraes *port.* mu'rai̯ʃ, *bras.* mo'rai̯s
Moraga *engl.* mə'rɑ:gə
Morais *port.* mu'rai̯ʃ, *bras.* mo'rai̯s
Moraitidis *neugr.* mɔrai'tiðis
¹Moral mo'ra:l
²Moral (Name) *span.* mo'ral
Morales *span.* mo'rales
Moralin mora'li:n
Moral Insanity 'mo:rəl ɪn'zɛniti
moralisch mo'ra:lɪʃ
moralisieren morali'zi:rən
Moralismus mora'lɪsmʊs
Moralist mora'lɪst
Moralität morali'tɛ:t
Moral Rearmament 'mo:rəl ri'a:ɐ̯məmənt
Moralt 'mo:ralt
Moran *engl.* 'mɔ:rən, mə'ræn
Morán *span.* mo'ran
Morand *fr.* mɔ'rã
Morandi *it.* mo'randi
Morane *fr.* mɔ'ran
Moräne mo'rɛ:nə
Morant 'mo:rant, *engl.* mə'rænt
Morante *it., span.* mo'rante
Morar *engl.* 'mɔ:rə
Morast mo'rast, **Moräste** mo'rɛstə
Morat *fr.* mɔ'ra
Moratín *span.* mora'tin
Moratorium mora'to:ri̯ʊm, **...ien** ...i̯ən

M

Moratuva *engl.* ˈmɔ:rətu:və, mɔ:ˈrɑ:tʊvə
Morava *slowak., tschech.* ˈmɔrava, *serbokr.* ˌmɔ...
Moravia *dt., it.* moˈra:vi̯a
Morax *fr.* mɔˈraks
Moray *engl.* ˈmʌrɪ, **-shire** -ʃɪə
Morazzone *it.* moratˈtso:ne
Morbi vgl. Morbus
morbid mɔrˈbi:t, **-e** ...i:də
Morbidezza mɔrbiˈdɛtsa
Morbidität mɔrbidiˈtɛ:t
Morbihan *fr.* mɔrbiˈã
Morbilli mɔrˈbɪli
Morbio *it.* ˈmɔrbi̯o
morbiphor mɔrbiˈfo:ɐ̯
Mörbisch ˈmœrbɪʃ
Morbosität mɔrboziˈtɛ:t
Morbus ˈmɔrbʊs, **Morbi** ˈmɔrbi
Morcellement mɔrsɛləˈmã:
Morchel ˈmɔrçl̩
Morcinek *poln.* mɔrˈtɕinɛk
Morcote *it.* morˈkɔ:te
Mord mɔrt, **-e** ˈmɔrdə
Mordant[s] mɔrˈdã:
Mordaunt *engl.* mɔ:dnt
Mordazität mɔrdatsiˈtɛ:t
Mordechai ˈmɔrdɛçai̯
morden ˈmɔrdn̩, **mord!** mɔrt
Mordent mɔrˈdɛnt
Mörder ˈmœrdɐ
mörderisch ˈmœrdərɪʃ
Mordialloc *engl.* mɔ:dɪˈælək
mordio! ˈmɔrdi̯o
Mordowien mɔrˈdo:vi̯ən
Mordskerl ˈmɔrtsˈkɛrl
Mordslärm ˈmɔrtsˈlɛrm
mordsmäßig ˈmɔrtsmɛ:sɪç
mordswenig ˈmɔrtsˈve:nɪç
Mordwa *russ.* marˈdva
Mordwine mɔrtˈvi:nə
mordwinisch mɔrtˈvi:nɪʃ
Mordwinow *russ.* marˈdvinɐf
[1]**More** (Mora) ˈmo:rə
[2]**More** (Name) *engl.* mɔ:
Møre *norw.* ˌmø:rə
Morea moˈre:a
Moréas *fr.* mɔreˈɑ:s
Moreau *fr.* mɔˈro
Morecambe *engl.* ˈmɔ:kəm
Moree *engl.* mɔˈri:
Moreelse *niederl.* moˈre:lsə
more geometrico ˈmo:rə geoˈme:triko
Moreira *port.* muˈrɐi̯rɐ, *bras.* moˈrei̯ra
Morel *fr.* mɔˈrɛl
Mörel ˈmø:rəl
Morelia *span.* moˈreli̯a
Morelle moˈrɛlə
Morellet *fr.* mɔrˈlɛ
Morelli *it.* moˈrɛlli
Morelly *fr.* mɔrɛˈli
Morelos *span.* moˈrelos
Morena *span.* moˈrena
morendo moˈrɛndo
Morendo moˈrɛndo, **...di** ...di
Moreni *it.* moˈre:ni, *rumän.* moˈrenj
Moreno *span.* moˈreno, *engl.* məˈri:noʊ, məˈreɪnoʊ
Morera *it.* moˈrɛ:ra, *span.* moˈrera
Mores ˈmo:re:s
Moresby *engl.* ˈmɔ:zbɪ
Moresca moˈrɛska
Moreske moˈrɛskə
Moresnet *fr.* mɔrɛsˈnɛ
Moret *fr.* mɔˈrɛ, *span.* moˈrɛt
Moreto *span.* moˈreto
Moretti *it.* moˈretti
Moretto *it.* moˈretto
Moretus moˈre:tʊs
Morf mɔrf
Mörfelden mœrˈfɛldn̩
Morfu *neugr.* ˈmɔrfu
Morgagni *it.* morˈgaɲɲi
Morgan *engl.* ˈmɔ:gən, *fr.* mɔrˈgã
morganatisch mɔrgaˈna:tɪʃ
Morganismus mɔrgaˈnɪsmʊs
Morganton *engl.* ˈmɔ:gəntən
Morgantown *engl.* ˈmɔ:gən-taʊn
Morgarten ˈmo:ɐ̯gartn̩
morgen, M... ˈmɔrgn̩
morgend ˈmɔrgn̩t, **-e** ...n̩də
morgendlich ˈmɔrgn̩tlɪç
Morgenland ˈmɔrgn̩lant
morgenländisch ˈmɔrgn̩lɛndɪʃ
morgens ˈmɔrgn̩s
Morgenstern ˈmɔrgn̩ʃtɛrn
Morgenthau ˈmɔrgn̩tau̯, *engl.* ˈmɔ:gənθɔ:
Morges *fr.* mɔrʒ
Morghen *it.* ˈmɔrgen
morgig ˈmɔrgɪç, **-e** ...ɪgə
Morgner ˈmɔrgnɐ
Morgue mɔrk, **-n** ˈmɔrgn̩
Morhof ˈmo:ɐ̯ho:f
Mori *jap.* moˈri
Moria moˈri:a
moribund moriˈbʊnt, **-e** ...ndə
Morice *fr.* mɔˈris
Móricz *ung.* ˈmo:rits
Morigutschi *jap.* moˈriˌgutʃi
Mörike ˈmø:rɪkə
Morin *fr.* mɔˈrɛ̃
Morinck ˈmo:rɪŋk
Morinell moriˈnɛl
Moringen ˈmo:rɪŋən
Moringer ˈmo:rɪŋɐ
Morio ˈmo:ri̯o
Morioka *jap.* moˈriˌoka
Morion ˈmo:ri̯ɔn
Moriori moˈri̯o:ri
Möris ˈmø:rɪs
Morisca moˈrɪska
Moriscos *span.* moˈriskos
Moriske moˈrɪskə
Morison *engl.* ˈmɔrɪsn
Morisot *fr.* mɔriˈzo
Moritat ˈmo:rita:t, **-en** ...tn̩, *auch:* moriˈta:tn̩
morituri te salutant moriˈtu:ri te: zaˈlu:tant
Moritz ˈmo:rɪts
Moritzburg ˈmo:rɪtsbʊrk
Moriz ˈmo:rɪts, *russ.* ˈmɔrits
Morlaix *fr.* mɔrˈlɛ
Morlake mo:ɐ̯ˈla:kə
Morland *engl.* ˈmɔ:lənd
Morlanwelz *fr.* mɔrlãˈwɛ
Morley *engl.* ˈmɔ:lɪ
Morlock ˈmɔrlɔk
Mormon ˈmɔrmɔn
Mormone mɔrˈmo:nə
Mornay *fr.* mɔrˈnɛ
Mörne *schwed.* ˌmœ:rnə
Mornell... mɔrˈnɛl...
Morning Telegraph *engl.* ˈmɔ:nɪŋ ˈtɛlɪgrɑ:f
Moro ˈmo:ro, *it.* ˈmɔ:ro, *span.* ˈmoro
Morogoro *engl.* mɔ:roʊˈgɔ:roʊ
Morold ˈmo:rɔlt
Morolf ˈmo:rɔlf
Morolt ˈmo:rɔlt
Morón *span.* moˈrɔn
Morona *span.* moˈrona
Morone *it.* moˈro:ne
Moroni *it.* moˈro:ni, *fr.* mɔrɔˈni
Moronobu *jap.* moˈroˌnobu
moros moˈro:s, **-e** ...o:zə
Morosität moroziˈtɛ:t
Morosoli *span.* moroˈsoli
Morosow *bulgar.* moˈrɔzof, *russ.* maˈrɔzɐf
Morosowsk *russ.* maˈrɔzɐfsk
Morotai *indon.* ˈmorotai̯
Morpeth *engl.* ˈmɔ:pɛθ
Morph mɔrf
Morphallaxis mɔrfaˈlaksɪs
Morphe mɔrˈfe:
Morphem mɔrˈfe:m
Morphematik mɔrfeˈma:tɪk
morphematisch mɔrfeˈma:tɪʃ

Morphemik mɔr'fe:mɪk
Morpheus 'mɔrfɔys
Morphin mɔr'fi:n
Morphing 'mɔrfɪŋ
Morphinismus mɔrfi'nɪsmʊs
Morphinist mɔrfi'nɪst
Morphium 'mɔrfi̯ʊm
Morpho 'mɔrfo
Morphogenese mɔrfoge'ne:zə
Morphogenesis mɔrfo'ge:ne-zɪs, *auch:* ...gɛn..., **...nesen** ...ge'ne:zn̩
morphogenetisch mɔrfoge-'ne:tɪʃ
Morphogenie mɔrfoge'ni:, **-n** ...i:ən
Morphographie mɔrfogra'fi:
morphographisch mɔrfo'gra:fɪʃ
Morphologe mɔrfo'lo:gə
Morphologie mɔrfolo'gi:
morphologisch mɔrfo'lo:gɪʃ
Morphometrie mɔrfome'tri:, **-n** ...i:ən
morphometrisch mɔrfo'me:trɪʃ
Morphonem mɔrfo'ne:m
Morphonologie mɔrfonolo'gi:
Morphophonem mɔrfofo'ne:m
Morphophonologie mɔrfofono-lo'gi:
Morphy *engl.* 'mɔ:fɪ
Morray *engl.* 'mʌrɪ
Morricone *it.* morri'ko:ne
Morriën *niederl.* 'mɔriən
Morrill *engl.* 'mɔrɪl
Morris[on] *engl.* 'mɔrɪs[n]
Morristown *engl.* 'mɔrɪstaʊn
Morrisville *engl.* 'mɔrɪsvɪl
Morrow *engl.* 'mɔroʊ
[1]**Mors** (Tod) mɔrs
[2]**Mors** (Name) *dän.* mɔɐ̯s
morsch mɔrʃ
Mörsch mœrʃ
Morschansk *russ.* mar'ʃansk
Mörsdorf 'mø:ɐ̯sdɔrf
Morse 'mɔrzə, *engl.* mɔ:s
Morselle mɔr'zɛlə
Morselli *it.* mor'sɛlli
morsen 'mɔrzn̩, **mors!** mɔrs, **morst** mɔrst
Mörser 'mœrzɐ
mörsern 'mœrzɐn, **mörsre** 'mœrzrə
Morstin *poln.* 'mɔrstɨn
Morsztyn *poln.* 'mɔrʃtɨn
Mortadella mɔrta'dɛla
Mortalität mɔrtali'tɛ:t
Mortari *it.* mor'ta:ri
Mörtel 'mœrtl̩
Morten 'mɔrtn̩, *dän.* 'mɔɐ̯dn̩
Mortensen *dän.* 'mɔɐ̯dnsn̩
Morteratsch *rät.* mɔrtə'ratʃ
Morthenson *schwed.* 'mo:tən-sɔn
Mortifikation mɔrtifika'tsi̯o:n
mortifizieren mɔrtifi'tsi:rən
Mortillet *fr.* mɔrti'jɛ
Mortimer *engl.* 'mɔ:tɪmə
Morton *engl.* mɔ:tn
Mortsel *niederl.* 'mɔrtsəl
Morula 'mo:rula, **-e** ...lɛ
Morungen 'mo:rʊŋən
Morus 'mo:rʊs
Morvan *fr.* mɔr'vã
Morwell *engl.* 'mɔ:wəl
Morzine *fr.* mɔr'zin
Mosaik moza'i:k
mosaisch, M... mo'za:ɪʃ
Mosaismus moza'ɪsmʊs
Mosaist moza'ɪst
Mosaizist mozai'tsɪst
Mosambik mozam'bi:k
Mosander *schwed.* mu'sandər
Mosbach[er] 'mo:sbax[ɐ]
Mosca *it.* 'moska
Moscardó *span.* mɔskar'ðo
Moscavide *port.* muʃkɐ'viðə
Mosch mo:ʃ
Moschaisk[i] *russ.* ma'ʒajsk[ij]
Moschajew *russ.* ma'ʒajɪf
Moschaw 'mɔʃaf, **-im** mɔʃa-'vi:m
Moschee mɔ'ʃe:, **-n** ...e:ən
Moscheles 'mɔʃələs
moschen 'mo:ʃn̩
Möschen 'mø:sçən
Moscher (Volk in Kleinasien) 'mɔsçɐ
Moscherosch 'mɔʃərɔʃ
Moschos 'mɔsçɔs
Moschus 'mɔʃʊs
Mościcki *poln.* mɔɕ'tɕitski
Mościński *poln.* mɔɕ'tɕii̯ski
Moscón *span.* mɔs'kɔn
Moscow *engl.* 'mɔskoʊ
Mosdok *russ.* maz'dɔk
Mose 'mo:zə
Mosè *it.* mo'zɛ
Möse 'mø:zə
Mosel 'mo:zl̩
Moselaner mozə'la:nɐ
Möseler 'mø:zəlɐ
Moseley *engl.* 'moʊzlɪ
Mosella mo'zɛla
Mosellaner mozɛ'la:nɐ
Moselle *fr.* mo'zɛl
Mosen 'mo:zn̩
Moser 'mo:zɐ
[1]**Möser** vgl. Moos
[2]**Möser** (Name) 'mø:zɐ
Moserboden mo:zɐ'bo:dn̩
mosern 'mo:zɐn, **mosre** 'mo:zrə
Moses 'mo:zəs, ...zɛs, *engl.* 'moʊzɪz
Mosheim 'mo:shai̯m
Moshi *engl.* 'moʊʃi:
Mösien 'mø:zi̯ən
Mosis 'mo:zɪs
Mosjö mɔs'jø:
Mosjøen *norw.* 'mu:ʃø:ən
Moskau 'mɔskau̯
Moskauer 'mɔskau̯ɐ
moskauisch 'mɔskau̯ɪʃ
Moskito mɔs'ki:to
Moskowiter mɔsko'vi:tɐ
moskowitisch mɔsko'vi:tɪʃ
Moskwa mɔs'kva, *russ.* mas'kva
Moskwitsch *russ.* mas'kvitʃ
Möslein 'mø:slai̯n
Moslem 'mɔslɛm
mosleminisch mɔsle'mi:nɪʃ
moslemisch mɔs'le:mɪʃ
Mosley *engl.* 'mɔzlɪ, 'moʊzlɪ
Moslime mɔs'li:mə
Mosonmagyaróvár *ung.* 'moʃonmɔdjɔro:va:r
Mosquitia *span.* mɔs'kiti̯a
Mosquito *span.* mɔs'ki̯to
Moss *engl., norw.* mɔs
Mossadegh mɔsa'dɛk
Mossâmedes *port.* mu'sɐməðɪʃ
Mößbauer 'mœsbau̯ɐ
Mosse 'mɔsə
Mossel Bay *engl.* 'mɔsl 'beɪ
Mosses *fr.* mɔs
Mossi 'mɔsi
Mössingen 'mœsɪŋən
Mossley *engl.* 'mɔslɪ
mosso 'mɔso
Mosso *it.* 'mɔsso
Mossoró *bras.* moso'rɔ
Mossul 'mo:sʊl
[1]**Most** mɔst
[2]**Most** (Name) *dt., serbokr., tschech.* mɔst
Mostaert *niederl.* 'mɔsta:rt
Mostaganem *fr.* mɔstaga'nɛm
Mostar 'mɔstar, *serbokr.* ˌmɔs-ta:r
mosten 'mɔstn̩
Mostert 'mɔstɐt
Mostrich 'mɔstrɪç
Mosul 'mo:zʊl
Mosyr *russ.* 'mɔzɨrj
Moszkowski *poln.* mɔʃ'kɔfski
Mota *span.* 'mota

Motala *schwed.* ˌmu:tɑ:la
Motel ˈmo:tl̩, *auch:* moˈtɛl
Moten *engl.* moʊtn
Motette moˈtɛtə
Motetus moˈte:tʊs
Motherwell *engl.* ˈmʌðəwɛl
Môtier[s] *fr.* moˈtje
Motilität motiliˈtɛ:t
Motion moˈtsi̯o:n
Motionär motsi̯oˈnɛ:ɐ̯
Motionpicture ˈmo:ʃn̩ˈpɪktʃɐ
Motiv moˈti:f, **-e** ...i:və
Motivation motivaˈtsi̯o:n
motivational motivatsi̯oˈna:l
motivieren motiˈvi:rən
Motivik moˈti:vɪk
motivisch moˈti:vɪʃ
Motley *engl.* ˈmɔtlɪ
Moto ˈmo:to
Motocross ˈmo:tokrɔs, *auch:* motoˈkrɔs
Motodrom motoˈdro:m
Moton *engl.* moʊtn
Motonobu *jap.* moˈtoˌnobu
Motoori *jap.* moˈtoˌori
Motor ˈmo:to:ɐ̯, *auch:* moˈto:ɐ̯, **-en** moˈto:rən, **-e** moˈto:rə
Motorik moˈto:rɪk
Motoriker moˈto:rikɐ
motorisch moˈto:rɪʃ
motorisieren motoriˈzi:rən
Motovun *serbokr.* mɔˌtɔvu:n
Mott *engl.* mɔt
Motta *it.* ˈmɔtta, *port.* ˈmɔtɐ
[1]**Motte** ˈmɔtə
[2]**Motte** (Name) *fr.* mɔt
Mottelson *engl.* mɔtlsn
motten ˈmɔtn̩
Mottl ˈmɔtl̩
[1]**Motto** ˈmɔto
[2]**Motto** (Name) *it.* ˈmɔtto
Mottram *engl.* ˈmɔtrəm
Motuproprio motuˈpro:prio
motzen, M... ˈmɔtsn̩
Motzerei mɔtsəˈrai̯
motzig ˈmɔtsɪç, **-e** ...ɪgə
Motz[ko] ˈmɔts[ko]
Mouche mʊʃ, **-n** ˈmʊʃn̩
Mouches volantes ˈmʊʃ voˈlã:t
Moudon *fr.* muˈdõ
mouillieren muˈji:rən
Moulage muˈla:ʒə
Moulay-Idriss *fr.* mulɛiˈdris
Moulin *fr.* muˈlɛ̃
Moulinage muliˈna:ʒə
Mouliné muliˈne:
moulinieren muliˈni:rən
Moulin-Rouge *fr.* mulɛ̃ˈru:ʒ
Moulins *fr.* muˈlɛ̃
Moulmein *engl.* maʊlˈmeɪn, mu:lˈmeɪn, moʊlˈmeɪn, *birm.* molmjai̯ŋ 22
Moult[on] *engl.* ˈmoʊlt[ən]
Moultrie *engl.* ˈmɔ:ltrɪ
Mound *engl.* maʊnd
Moundou *fr.* munˈdu
Mounds[ville] *engl.* ˈmaʊndz[vɪl]
Mounet-Sully *fr.* munɛsylˈli
Mounier *fr.* muˈnje
Mount *engl.* maʊnt
Mountain [Ash] *engl.* ˈmaʊntɪn [ˈæʃ]
Mountainbike[r] ˈmauntn̩bai̯k[ɐ]
Mountains *engl.* ˈmaʊntɪnz
Mountbatten *engl.* maʊntˈbætn
Mount Isa *engl.* ˈmaʊnt ˈaɪzə
Mountlake Terrace *engl.* ˈmaʊntleɪk ˈtɛrəs
Mount Prospect *engl.* ˈmaʊnt ˈprɔspɛkt
Moura *port.* ˈmorɐ
Mourão *bras., port.* moˈrɐ̃u̯
Mourenx *fr.* muˈrɛ̃:[k]s
Mourne *engl.* mɔ:n
Mouscron *fr.* mu[s]ˈkrõ
Moussaka mʊˈsa:ka
Mousse, -s mʊs
Mousseline mʊsəˈli:n
Mousseron mʊsəˈrõ:
Mousseux mʊˈsø:
moussieren mʊˈsi:rən
Moustaki *fr.* mustaˈki
Moustérien mʊsteˈri̯ɛ̃:
Mouthe, La *fr.* laˈmut
Moutier, Moûtiers *fr.* muˈtje
Mouton *fr.* muˈtõ
Mövchen ˈmø:fçən
Movens ˈmo:vɛns
Movie ˈmu:vi
movieren moˈvi:rən
Movimento moviˈmɛnto, **...ti** ...ti
Mowbrai, ...ray *engl.* ˈmoʊbreɪ
Möwchen ˈmø:fçən
Möwe ˈmø:və
Moxa ˈmɔksa
Moxibustion mɔksibʊsˈti̯o:n
Moxon *engl.* mɔksn
Moyeuvre-Grande *fr.* mwajœvrəˈgrɑ̃:d
Moynier *fr.* mwaˈnje
Moyobamba *span.* mojoˈβamba
Mozambique mozamˈbɪk, ...ˈbi:k
Mozárabe *span.* moˈθaraβe
Mozaraber moˈtsa:rabɐ, *auch:* moˈtsar...
mozarabisch motsaˈra:bɪʃ
Mozart ˈmo:tsart
Mozarteum motsarˈte:ʊm
mozartisch ˈmo:tsartɪʃ
Mozetta moˈtsɛta
Mozi *chin.* mɔdzɨ 43
Mozzetta mɔˈtsɛta
MP *engl.* ɛmˈpi:
Mphahlele *engl.* əmpɑ:ˈleɪleɪ
Mr. *engl.* ˈmɪstə
Mrawinski *russ.* mraˈvinskij
Mrożek *poln.* ˈmrɔʒɛk
MRP *fr.* ɛmɛrˈpe
Mrs. *engl.* ˈmɪsɪz
Mrštík *tschech.* ˈmr̩ʃtji:k
Msaken *fr.* msaˈkɛn
MS-DOS ɛm|ɛsˈdɔs
Msta *russ.* msta
Mstisław *russ.* mstiˈslaf
M'Taggart *engl.* məkˈtægət
Mtshali *engl.* əmˈtʃɑ:li:
Mtwara *engl.* əmˈtwɑ:rɑ:
Muawija muˈa:vija
Muba ˈmu:ba
Mubarak muˈba:rak
Much mʊx
Mucha *tschech.* ˈmuxa
Muche ˈmʊxə
Mücheln ˈmʏçl̩n
Muches *fr.* myʃ
Muchin[a] *russ.* ˈmuxin[ɐ]
Muchitsch ˈmu:xɪtʃ
Muchow ˈmʊxo
Muchtar mʊxˈta:ɐ̯
Mucilago mutsiˈla:go
Mucius ˈmu:tsi̯ʊs
Mücke ˈmʏkə
Muck[e] ˈmʊk[ə]
Muckefuck ˈmʊkəfʊk
mucken ˈmʊkn̩
Mucker ˈmʊkɐ
muckerisch ˈmʊkərɪʃ
Muckermann ˈmʊkɐman
Mucki ˈmʊki
Muckraker ˈmakre:kɐ
Mucks mʊks
mucksen ˈmʊksn̩
Muckser ˈmʊksɐ
mucksmäuschenstill ˈmʊksˈmɔysçənˈʃtɪl
Mucky ˈmʊki
Mucor ˈmu:ko:ɐ̯
Mucur *türk.* ˈmudʒur
Mucuri *bras.* mukuˈri
Mud mʊt

Mudanjiang *chin.* mudandʑi̯aŋ 311
muddeln ˈmʊdl̩n, **muddle** ˈmʊdlə
muddig ˈmʊdɪç, **-e** …ɪɡə
Muddy Waters *engl.* ˈmʌdɪ ˈwɔːtəz
müde ˈmyːdə
Mudéjar *span.* muˈðexar
Mudejar… muˈdɛxar…
Mudge *engl.* mʌdʒ
Müdigkeit ˈmyːdɪçkai̯t
Mudir muˈdiːɐ̯
Mudirije mudiˈriːjə
Mudlumps ˈmatlamps
Mudra ˈmuːdra
Mudschahed mʊdʒaˈhɛt, **-in** …heˈdiːn
Müelich ˈmyːlɪç
Mueller ˈmʏlɐ
Mues myːs, muːs
Müesli ˈmyːɛsli
Muezzin muˈɛtsiːn
Muff[at] ˈmʊf[at]
Müffchen ˈmʏfçən
Muffe ˈmʊfə
Muffel ˈmʊfl̩
muffelig ˈmʊfəlɪç, **-e** …ɪɡə
muffeln ˈmʊfl̩n
müffeln ˈmʏfl̩n
muffen ˈmʊfn̩
muffig ˈmʊfɪç, **-e** …ɪɡə
Muffin ˈmafɪn
mufflig ˈmʊflɪç, **-e** …ɪɡə
Mufflon ˈmʊflɔn
Mufti ˈmʊfti
Mufulira *engl.* muːfuːˈliːrɑː
Mugabe *engl.* muːˈɡɑːbɪ
Mugan *russ.* muˈɡan
Muge *port.* ˈmuʒɪ
Mugel ˈmuːɡl̩
mugelig ˈmuːɡəlɪç, **-e** …ɪɡə
Mügeln ˈmyːɡl̩n
Mügge ˈmʏɡə
Müggelsee ˈmʏɡl̩zeː
Mugica *span.* muˈxika
Múgica *span.* ˈmuxika
Muğla *türk.* ˈmuːlɑ
muglig ˈmuːɡlɪç, **-e** …ɪɡə
muh! muː
Muhammad muˈhamat
Muhammed muˈhamɛt
Muharrak muˈharak
Mühe ˈmyːə
muhen ˈmuːən
mühen ˈmyːən
Mühl[acker] ˈmyːl[|akɐ]
Mühlbach[er] ˈmyːlbax[ɐ]
Mühlberg ˈmyːlbɛrk
Mühlberger ˈmyːlbɛrɡɐ
Mühlbrecht ˈmyːlbrɛçt
Mühldorf ˈmyːldɔrf
Mühle ˈmyːlə
Mühlenberg ˈmyːlənbɛrk, *engl.* ˈmjuːlənbəːɡ
Mühlenheim ˈmyːlənhai̯m
Mühlestein ˈmyːləʃtai̯n
Mühlhausen *Thür.* ˈmyːlhau̯zn̩, *Ostpr.* –ˈ––
Mühlhäuser *Thür.* ˈmyːlhɔy̯zɐ, *Ostpr.* –ˈ––
Mühlheim ˈmyːlhai̯m
Mühlig ˈmyːlɪç
Mühlmann ˈmyːlman
Mühlviertel ˈmyːlfɪrtl̩
Mühmchen ˈmyːmçən
Muhme ˈmuːmə
Muhr muːɐ̯
Mühsal ˈmyːzaːl
mühsam, M… ˈmyːzaːm
mühselig ˈmyːzeːlɪç, **-e** …ɪɡə
Muhtar *türk.* muhˈtɑr
Muhu *estn.* ˈmuhu
Muiden *niederl.* ˈmœi̯də
Muis *indon.* ˈmuɪs
Muisca *span.* ˈmu̯iska
Mujica *span.* muˈxika
Mukalla muˈkala
Mukařovský *tschech.* ˈmukaрʒɔfskiː
Mukatschewo *russ.* muˈkatʃɪvɐ
Mukden ˈmʊkdn̩
Mukka *finn.* ˈmukkɑ
Mukoide mukoˈiːdə
mukopurulent mukopuruˈlɛnt
mukös muˈkøːs, **-e** …øːzə
Mukosa muˈkoːza
Mukozele mukoˈtseːlə
Mulatschag, …hak ˈmʊlatʃaːk
Mulatte muˈlatə
Mulch mʊlç
mulchen ˈmʊlçn̩
Mul-Chic *span.* mulˈtʃik
Mulde ˈmʊldə
Muldoon *engl.* mʌlˈduːn
Muleta muˈleːta
Mulhacén *span.* mulaˈθen
Mülhausen myːlˈhau̯zn̩
Mülheim ˈmyːlhai̯m
Mulhouse *fr.* myˈluːz
[1]**Muli** ˈmuːli
[2]**Muli** vgl. Mulus
Mulier *niederl.* myˈliːr
Mulier Samaritana ˈmuːli̯ɐ zamariˈtaːna
Mulinee muliˈneː
mulinieren muliˈniːrən
Mulisch ˈmuːlɪʃ
[1]**Mull** mʊl
[2]**Mull** (Name) *engl.* mʌl
Müll mʏl
Mulla[h] ˈmʊla
Mullatschag, …ak ˈmʊlatʃaːk
Müllenhoff ˈmʏlənhɔf
Muller *engl.* ˈmʌlə, *fr.* myˈlɛːr, *dän.* ˈmulˀɐ, *niederl.* ˈmʏlər, *indon.* ˈmulɛr
Müller ˈmʏlɐ
Müllerei mʏləˈrai̯
Müllheim ˈmʏlhai̯m
Mulligan *engl.* ˈmʌlɪɡən
Mulliken *engl.* ˈmʌlɪkən
Mullingar *engl.* mʌlɪŋˈɡɑː
Mullit mʊˈliːt
Müllner ˈmʏlnɐ
Müllrose mʏlˈroːzə, ˈ–––
Mulm mʊlm
mulmen ˈmʊlmən
mulmig ˈmʊlmɪç, **-e** …ɪɡə
Mulready *engl.* mʌlˈrɛdɪ
Mulroney *engl.* mʌlˈroʊnɪ
mulsch mʊlʃ
mulschig ˈmʊlʃɪç, **-e** …ɪɡə
Multan *engl.* mʌlˈtɑːn
Multatuli mʊltaˈtuːli, *niederl.* mʏltɑˈtyli
Multi ˈmʊlti
multifil, M… mʊltiˈfiːl
multilateral mʊltilateˈraːl, *auch:* ˈ–––––
Multimedia mʊltiˈmeːdi̯a, *auch:* maltiˈmiːdi̯ə
multimedial mʊltimeˈdi̯aːl, *auch:* ˈ––––
Multimeter mʊltiˈmeːtɐ
Multimillionär mʊltimɪli̯oˈnɛːɐ̯, *auch:* ˈ–––––
multinational mʊltinatsi̯oˈnaːl, *auch:* ˈ–––––
Multipack ˈmʊltipak
Multipara mʊlˈtiːpara, **…ren** …tiˈpaːrən
multipel mʊlˈtiːpl̩
Multiple mʊlˈtiːplə
Multiplechoice… ˈmaltɪpl̩ˈtʃɔy̯s…
Multiplett mʊltiˈplɛt
multiplex, M… ˈmʊltiplɛks
Multiplier ˈmaltiplai̯ɐ
Multiplikand mʊltipliˈkant, **-en** …ndn̩
Multiplikation mʊltiplikaˈtsi̯oːn
multiplikativ mʊltiplikaˈtiːf, **-e** …iːvə
Multiplikativum mʊltiplikaˈtiːvʊm, **…va** …va

Multiplikator mʊltipliˈkaːtoːɐ̯, **-en** ...kaˈtoːrən
multiplizieren mʊltipliˈt͜siːrən
Multiplizität mʊltiplit͜siˈtɛːt
Multiplum ˈmʊltiplʊm, **...pla** ...pla
Multipol ˈmʊltipoːl
Multiprogramming maltiˈproːgrɛmɪŋ
multivalent mʊltivaˈlɛnt
Multivalenz mʊltivaˈlɛnt͜s
Multiversum mʊltiˈvɛrzʊm
Multivibrator mʊltiviˈbraːtoːɐ̯, **-en** ...braˈtoːrən
Multivision mʊltiviˈzi̯oːn
Multizet ˈmʊltit͜sɛt
Multscher ˈmʊlt͜ʃɐ
multum, non multa ˈmʊltʊm ˈnoːn ˈmʊlta
Mulungu muˈlʊŋgu
Mulus ˈmuːlʊs, **Muli** ˈmuːli
Mumie ˈmuːmi̯ə
Mumifikation mumifikaˈt͜si̯oːn
mumifizieren mumifiˈt͜siːrən
Mumm[e] ˈmʊm[ə]
Mummel ˈmʊml̩
Mümmelmann ˈmʏml̩man
mummeln ˈmʊml̩n
mümmeln ˈmʏml̩n
Mummelsee ˈmʊml̩zeː
mummen ˈmʊmən
Mummenschanz ˈmʊmənʃant͜s
Mummerei mʊməˈrai̯
Mummy ˈmami
Mumpitz ˈmʊmpɪt͜s
Mumps mʊmps
Mun *engl.* mʌn, *fr.* mœ̃, *Thai* muːn 1
Muna *indon.* ˈmuna
Munari *it.* muˈnaːri
Munca *rumän.* ˈmuŋka
Munch *dän.* mʊŋˈg, *norw.* mʉŋk, muŋk
Münch mʏnç, *fr.* mynʃ
Münch[e]berg ˈmʏnç[ə]bɛrk
München ˈmʏnçn̩
Münchenbernsdorf mʏnçn̩ˈbɛrnsdɔrf
Münchenstein ˈmʏnçn̩ʃtai̯n
Münchhausen ˈmʏnçhau̯zn̩
Münchhauseniade mʏnçhau̯zəˈni̯aːdə
Münchhausiade mʏnçhau̯ˈzi̯aːdə
münchhausisch ˈmʏnçhau̯zɪʃ
Münchinger ˈmʏnçɪŋɐ
Münchner ˈmʏnçnɐ
Münchwilen mʏnçˈviːlən
Muncie *engl.* ˈmʌnsɪ
Mund mʊnt, **Münder** ˈmʏndɐ, **Munde** ˈmʊndə, **Münde** ˈmʏndə
[1]**Munda** (Name) ˈmʊnda
[2]**Munda** vgl. Mundum
mundan mʊnˈdaːn
Mundart ˈmʊnt|aːɐ̯t
Mundat ˈmʊndat
Mundation mʊndaˈt͜si̯oːn
Munday *engl.* ˈmʌndɪ
Mündchen ˈmʏntçən
Mündel ˈmʏndl̩
Mundelein *engl.* ˈmʌndlaɪn
munden ˈmʊndn̩, **mund!** mʊnt
münden ˈmʏndn̩, **münd!** mʏnt
Münden ˈmʏndn̩
Münder ˈmʏndɐ
Munderkingen ˈmʊndɐkɪŋən
mundieren mʊnˈdiːrən
mündig ˈmʏndɪç, **-e** ...ɪgə
Mundium ˈmʊndi̯ʊm, **...ien** ...i̯ən, **...ia** ...i̯a
mündlich ˈmʏntlɪç
Mündling ˈmʏndlɪŋ
Mundolingue mʊndoˈlɪŋgu̯ə
Mundschaft ˈmʊntʃaft
Mundt mʊnt
Mundum ˈmʊndʊm, **...da** ...da
Mündung ˈmʏndʊŋ
Mundus ˈmʊndʊs
Mundus archetypus ˈmʊndʊs arçeˈtyːpʊs
Mundus intelligibilis ˈmʊndʊs ɪntɛliˈgiːbilɪs
Mundus sensibilis ˈmʊndʊs zɛnˈziːbilɪs
mundus vult decipi ˈmʊndʊs ˈvʊlt ˈdeːt͜sipi
Münemann ˈmyːnəman
Mungard ˈmʊŋgart
Mung[g]enast ˈmʊŋənast
[1]**Mungo** ˈmʊŋgo
[2]**Mungo** (Name) *engl.* ˈmʌŋgoʊ
[1]**Muni** (Asket) ˈmuːni
[2]**Muni** (Name) *engl.* ˈmjuːnɪ, *span.* ˈmuni
Munier-Wroblewska ˈmuːniːɐ̯vroˈblɛfska
Munifizenz munifiˈt͜sɛnt͜s
Munin ˈmuːnɪn
Munition muniˈt͜si̯oːn
munitionieren munit͜si̯oˈniːrən
Muniz *bras.* muˈnis
munizipal munit͜siˈpaːl
munizipalisieren munit͜sipaliˈziːrən
Munizipalität munit͜sipaliˈtɛːt
Munizipium muniˈt͜siːpi̯ʊm, **...ien** i̯ən
Munk mʊŋk, *fr.* mœːk, *dän.* mʊŋˈg, *poln.* muŋk
Munkács *ung.* ˈmuŋkaːt͜ʃ
Munkácsi, ...sy *ung.* ˈmuŋkaːt͜ʃi
Munkbrarup mʊŋkˈbraːrʊp
Munkelei mʊŋkəˈlai̯
munkeln ˈmʊŋkl̩n
Münnerstadt ˈmʏnɐʃtat
Münnich ˈmʏnɪç, *ung.* ˈmyniç
Munnings *engl.* ˈmʌnɪŋz
Muñoz *span.* muˈɲɔθ
Munro[e] *engl.* mʌnˈroʊ, ˈ--
Mun-Sekte ˈmʊnzɛktə, ˈmuːn...
Munsell *engl.* mʌnsl
Münsingen ˈmʏnzɪŋən
Munster ˈmʊnstɐ, *engl.* ˈmʌnstə, *fr.* mœ̃sˈtɛːr
Münster ˈmʏnstɐ
Münsteraner mʏnstəˈraːnɐ
Münsterberg ˈmʏnstɐbɛrk
Münstereifel mʏnstɐˈ|ai̯fl̩
Münsterland ˈmʏnstɐlant
Münstermann ˈmʏnstɐman
Munt mʊnt
Munteanu *rumän.* munˈte̯anu
Müntefering ˈmʏntəfeːrɪŋ
Muntenia *rumän.* munˈtenia
Muntenien mʊnˈteːni̯ən
munter ˈmʊntɐ
Münter ˈmʏntɐ
Munthe *schwed.* ˌmʊntə, *norw.* ˌmʉntə
Muntjak ˈmʊntjak
Müntzer ˈmʏnt͜sɐ
Münze ˈmʏnt͜sə
münzen ˈmʏnt͜sn̩
Münzenberg ˈmʏnt͜sn̩bɛrk
Münzer ˈmʏnt͜sɐ
Munzinger ˈmʊnt͜sɪŋɐ
Münzinger ˈmʏnt͜sɪŋɐ
Muonio *finn.* ˈmu̯ɔniɔ, *schwed.* ˈmuɔniɔ
Mur muːɐ̯
Mura *serbokr.* ˌmuːra, *ung.* ˈmurɔ
Murad muˈraːt, *türk.* muˈrɑt
Muradeli *georg.* ˈmuradeli
Muralt ˈmuːralt, muˈralt
Muräne muˈrɛːnə
Murano *it.* muˈraːno, *jap.* ˈmuˌrano
Murasaki *jap.* muˈrasaki
Murat *fr.* myˈra, *türk.* muˈrɑt
Muratori *it.* muraˈtoːri
Murawjow *russ.* muravjˈjɔf
mürb mʏrp, **-e** ˈmʏrbə
Murbach ˈmuːɐ̯bax, *fr.* myrˈbak
mürbe, M... ˈmʏrbə
Murbruch ˈmuːɐ̯brʊx

Murchison *engl.* 'mə:tʃɪsn, 'mə:kɪsn
Murcia *span.* 'murθi̯a
Murdoch, ...ck *engl.* 'mə:dɔk
Murdockville *engl.* 'mə:dɔkvɪl
[1]**Mure** 'mu:rə
[2]**Mure** (Name) *engl.* mjʊə, *fr.* my:r
muren 'mu:rən
Murena *span.* mu'rena
Mureș *rumän.* 'mureʃ
Muret *fr.* my'rɛ
Muretus mu're:tʊs
Murexid murɛ'ksi:t, **-es** ...i:dəs
Murfree[sboro] *engl.* 'mə:frɪ[zbərə]
Murg mʊrk
Murgab *russ.* mur'gap
Murge *it.* 'murdʒe
Murger *fr.* myr'ʒɛ:r
Muri 'mu:ri
muriatisch mu'ri̯a:tɪʃ
Muridae 'mu:ridɛ
Muriel *engl.* 'mjʊərɪəl
murig 'mu:rɪç, **-e** ...ɪgə
Murillo *span.* mu'riʎo
Muring 'mu:rɪŋ
Muris, de de: 'mu:ri:s
Müritz 'my:rɪts
Murkel 'mʊrkl̩
murk[e]lig 'mʊrk[ə]lɪç, **-e** ...ɪgə
Murks mʊrks
murksen 'mʊrksn̩
Murkybässe 'mʊrkibɛsə
Murmanküste 'mʊrmankʏstə
Murmansk *russ.* 'murmɐnsk
Murmel 'mʊrml̩
murmeln 'mʊrml̩n
Murmeltier 'mʊrml̩ti:ɐ̯
Murn *slowen.* 'mu:rən
Murnaghan *engl.* 'mə:nəhæn
Murnau 'mʊrnau̯
Murner 'mʊrnɐ
Muro Lucano *it.* 'mu:ro lu'ka:no
Murom[ez] *russ.* 'murɐm[ɪts]
Muroran *jap.* mu'ro̩ran̩
Murphy *engl.* 'mə:fɪ
Murr mʊr
Murray *engl.* 'mʌrɪ
murren 'mʊrən
Mürren 'mʏrən
Murrhardt 'mʊrhart
Murri *it.* 'murri
murrinisch mʊ'ri:nɪʃ
mürrisch 'mʏrɪʃ
Murrumbidgee *engl.* mʌrəm'bɪdʒɪ
Murry[sville] *engl.* 'mʌrɪ[zvɪl]
Mursawezki *russ.* murza'vjɛtskij
Murschhauser 'mʊrʃhau̯zɐ
Mursili 'mʊrzili
Mursuk mʊr'zu:k
Murten 'mʊrtn̩
Murter *serbokr.* ˌmurtɛ:r
Mururoa muru'ro:a, *fr.* myryrɔ'a
Murville *fr.* myr'vil
Mürz mʏrts
Mürzzuschlag mʏrts'tsu:ʃla:k
Mus mu:s, **-e** 'mu:zə
Muș *türk.* muʃ
[1]**Musa** (Frucht) 'mu:za
[2]**Musa** (Name) *it.* 'mu:za, *türk.* 'musɑ
Musaget[es] muza'ge:t[ɛs]
Musaios mu'zai̯ɔs
Musan *korean.* mu:san
Musaschino *jap.* mu'saʃino
Musäus mu'zɛ:ʊs
Musca 'mʊska
Muscadet myska'de:
Muscatine *engl.* 'mʌskəti:n
Musche 'mʊʃə
Muschel 'mʊʃl̩
Müschelchen 'mʏʃl̩çən
muschelig 'mʊʃəlɪç, **-e** ...ɪgə
Muschg mʊʃk
Muschi 'mʊʃi, *auch:* 'mu:ʃi
Muschik 'mʊʃɪk, *auch:* –'–
Muschir mʊ'ʃi:ɐ̯
Müschir mʏ'ʃi:ɐ̯
Muschkote mʊʃ'ko:tə
Muschler 'mʊʃlɐ
muschlig 'mʊʃlɪç, **-e** ...ɪgə
Muschpoke mʊʃ'po:kə
Musci 'mʊstsi
Muscon mʊs'ko:n
Muse 'mu:zə
museal muze'a:l
Musel *span.* mu'sɛl
Muselli *fr.* myzɛl'li
Muselman 'mu:zl̩ma:n, **-en** ...nən, *auch:* ––'––
Muselmanin 'mu:zl̩ma:nɪn, *auch:* ––'––
muselmanisch 'mu:zl̩ma:nɪʃ, *auch:* ––'––
Muselmann 'mu:zl̩man
Muselmännin 'mu:zl̩mɛnɪn
muselmännisch 'mu:zl̩mɛnɪʃ
Museologie muzeolo'gi:
Muset *fr.* my'zɛ
Musette my'zɛt, **-n** ...tn̩
Museum mu'ze:ʊm
Musgrave *engl.* 'mʌzgreɪv
Musgu 'mʊsgu
Mushin *engl.* 'mu:ʃɪn
Music *serbokr.* ˌmu:sitɕ
Musica 'mu:zika
Musica antiqua 'mu:zika an'ti:kva
Musical 'mju:zikl̩
Musica mensurata 'mu:zika mɛnzu'ra:ta
Musica mundana 'mu:zika mʊn'da:na
Musica nova 'mu:zika 'no:va
Musica sacra 'mu:zika 'za:kra
Musica viva 'mu:zika 'vi:va
Musici, I *it.* i 'mu:zitʃi
Mušicki *serbokr.* muˌʃitski:
musiert mu'zi:ɐ̯t
Musik mu'zi:k
Musikalien muzi'ka:li̯ən
musikalisch muzi'ka:lɪʃ
Musikalität muzikali'tɛ:t
Musikant muzi'kant
Musiker 'mu:zikɐ
Musikologe muziko'lo:gə
Musikologie muzikolo'gi:
musikologisch muziko'lo:gɪʃ
Musikomane muziko'ma:nə
Musikus 'mu:zikʊs, **...izi** ...itsi
Musil 'mu:zɪl
Musique concrète my'zɪk kõ'krɛ:t
musisch 'mu:zɪʃ
Musivarbeit mu'zi:fl̩arbai̯t
musivisch mu'zi:vɪʃ
Musizi vgl. Musikus
musizieren muzi'tsi:rən
Muskarin mʊska'ri:n
Muskat mʊs'ka:t, *auch:* 'mʊskat
Muskatbluet mʊs'ka:tbly:t
Muskate mʊs'ka:tə
Muskateller mʊska'tɛlɐ
Muskatplüt mʊs'ka:tply:t
Muskau 'mʊskau̯
Muskego *engl.* mʌs'ki:goʊ
Muskegon *engl.* mʌs'ki:gən
Muskel 'mʊskl̩
muskelig 'mʊskəlɪç, **-e** ...ɪgə
Muskete mʊs'ke:tə
Musketier mʊske'ti:ɐ̯
Muskogee *engl.* mʌs'koʊgɪ
Muskovit, ...owit mʊsko'vi:t
muskulär mʊsku'lɛ:ɐ̯
Muskulatur mʊskula'tu:ɐ̯
muskulös mʊsku'lø:s, **-e** ...ø:zə
Muskuri *neugr.* 'muskuri
Müsli 'my:sli
Muslim 'mʊslɪm
Muslime mʊs'li:mə
muslimisch mʊs'li:mɪʃ

M

Musoma *engl.* muːˈsoʊmɑː
Muspelheim ˈmuːspl̩haɪ̯m
Muspilli ˈmuːspɪli
muss, M... mʊs
Mussala *bulgar.* musɐˈla
Mussato *it.* musˈsaːto
Muße ˈmuːsə
Musselburgh *engl.* ˈmʌslbərə
Musselin mʊsəˈliːn
musselinen mʊsəˈliːnən
müssen ˈmʏsn̩
Musseron mʊsəˈrõː
Mussert *niederl.* ˈmʏsərt
Musset *fr.* myˈsɛ
müßig ˈmyːsɪç, **-e** ...ɪɡə
Müßiggang ˈmyːsɪçɡaŋ
Müßiggänger ˈmyːsɪçɡɛŋɐ
Mussolini *it.* mussoˈliːni
Mussorgski mʊˈsɔrkski, ˈmʊsɔrkski, *russ.* ˈmusɐrkskij
Musspritze ˈmuːsʃprɪt͜sə
musst[e] ˈmʊst[ə]
Must (Notwendiges) mast
Mustafa ˈmʊstafa, *türk.* mustɑˈfɑ
Müstair *rät.* myʃˈtai̯r
Mustang ˈmʊstaŋ
Mustapää *finn.* ˈmustɑpæː
Musteil ˈmʊstai̯l
Muster ˈmʊstɐ
Mustèr *rät.* muʃˈte
mustern ˈmʊstɐn
Mustie ˈmʊsti̯ə
Mustio ˈmʊsti̯o
Mustonen *finn.* ˈmustɔnɛn
Musulin muˈzuːliːn
Muswellbrook *engl.* ˈmʌzwəlbrʊk
Muszely ˈmʊseli
Mut muːt
muta ˈmuːta
Muta ˈmuːta, **...tä** ...tɛ
mutabel muˈtaːbl̩, **...ble** ...blə
Mutabilität mutabiliˈtɛːt
mutabor muˈtaːboːɐ̯
mutagen, M... mutaˈɡeːn
Mutagenese mutageˈneːzə
Mutagenität mutageniˈtɛːt
Mutakallimun mutakaliˈmuːn
Mutanabbi mutaˈnabi
Mutant[e] muˈtant[ə]
Mutare *engl.* muːˈtɑːrɪ
Mutation mutaˈt͜si̯oːn
mutatis mutandis muˈtaːtiːs muˈtandiːs
mutativ mutaˈtiːf, **-e** ...iːvə
Mutator muˈtaːtoːɐ̯, **-en** mutaˈtoːrən
Mutaziliten mutaziˈliːtn̩
Mutazismus mutaˈt͜sɪsmʊs
Mütchen ˈmyːtçən
muten ˈmuːtn̩
Muter ˈmuːtɐ
Muth muːt
Müthel ˈmyːtl̩
Muthesius muˈteːzi̯ʊs
Muti *it.* ˈmuːti
Mutianus muˈt͜si̯aːnʊs
mutieren muˈtiːrən
mutig ˈmuːtɪç, **-e** ...ɪɡə
Mutilation mutilaˈt͜si̯oːn
mutilieren mutiˈliːrən
Muting ˈmjuːtɪŋ
Mutis *span.* ˈmutis
Mutismus muˈtɪsmʊs
Mutitas ˈmuːtitas
Mutität mutiˈtɛːt
mutmaßen ˈmuːtmaːsn̩
Muton ˈmuːtɔn
Mutoskop mutoˈskoːp
Mutran muˈtraːn
Mutschein ˈmuːtʃai̯n
Mutsu ˈmuːt͜su
Mutsuhito *jap.* muˈtsu.hi̯to
Muttchen ˈmʊtçən
Muttenz ˈmʊtɛnt͜s
Mutter ˈmʊtɐ, **Mütter** ˈmʏtɐ
Mutter Gottes, Muttergottes mʊtɐˈɡɔtəs
mütterlich ˈmʏtɐlɪç
mutterseelenallein ˈmʊtɐˈzeːlən|aˈlai̯n
Muttersmutter ˈmʊtɐsmʊtɐ
Mutti ˈmʊti
mutual muˈtu̯aːl
Mutualismus mutu̯aˈlɪsmʊs
Mutualität mutu̯aliˈtɛːt
mutuell muˈtu̯ɛl
Mutulus ˈmuːtulʊs, **...li** ...li
Mutung ˈmuːtʊŋ
Mutwille ˈmuːtvɪlə
Mutz mʊt͜s
Mützchen ˈmʏt͜sçən
Mütze ˈmʏt͜sə
Muwahhidun muvahiˈduːn
Muyinga *fr.* mujiŋˈɡa
Muzaffarnagar *engl.* mʊˈzæfənɑɡə
Muzaffarpur *engl.* mʊˈzæfəpʊə
Muzika *tschech.* ˈmuzika
Muzin muˈt͜siːn
Muzio *it.* ˈmuttsi̯o
Muzo *span.* ˈmuθo
Mwanza *engl.* ˈmwɑːnzɑː
MWD ɛmveːˈdeː
Mweru *engl.* ˈmwɛruː
My[a] ˈmyː[a]
Myalgie myalˈɡiː, **-n** ...iːən
Myanmar ˈmjaːnˈmaːɐ̯, *engl.* ˈmjɑːnˈmɑː, ˈmjænmɑː
Myasthenie myasteˈniː, **-n** ...iːən
Myatonie myatoˈniː, **-n** ...iːən
Myconius myˈkoːni̯ʊs
Mydas ˈmyːdas
Mydriase mydriˈaːzə
Mydriatikum mydriˈaːtikʊm, **...ka** ...ka
Myelasthenie mÿelasteˈniː, **-n** ...iːən
Myelenzephalitis mÿelɛnt͜sefaˈliːtɪs, **...itiden** ...liˈtiːdn̩
Myelin mÿeˈliːn
Myelitis mÿeˈliːtɪs, **...itiden** ...liˈtiːdn̩
myelogen mÿeloˈɡeːn
Myelographie mÿelograˈfiː
myeloid mÿeloˈiːt, **-e** ...iːdə
myeloisch mÿeˈloːɪʃ
Myelom mÿeˈloːm
Myelomalazie mÿelomalaˈt͜siː, **-n** ...iːən
Myelomatose mÿelomaˈtoːzə
Myelomeningitis mÿelomenɪŋˈɡiːtɪs, **...itiden** ...ɡiˈtiːdn̩
Myelopathie mÿelopaˈtiː, **-n** ...iːən
Myelose mÿeˈloːzə
Myer[s] *engl.* ˈmaɪə[z]
My fair Lady *engl.* ˈmaɪ ˈfɛə ˈleɪdɪ
Myggenæs *dän.* ˈmyɡənes
Myhre *norw.* ˌmyːrə
Myiase myiˈaːzə
Myiasis myˈiːazɪs, **Myiasen** myiˈaːzn̩
Myitis myˈiːtɪs, **Myitiden** myiˈtiːdn̩
Myitkyina *birm.* mjiˈtʃina 433
Mykale ˈmyːkale
Mykenä myˈkeːnɛ
Mykene myˈkeːnə
mykenisch myˈkeːnɪʃ
Mykerinos mykeˈriːnɔs
Myketismus mykeˈtɪsmʊs
Mykines *fär.* ˈmiːtʃineːs
Mykle *norw.* ˌmyklə
Mykoine mykoˈiːnə
Mykologe mykoˈloːɡə
Mykologie mykoloˈɡiː
Mykonos ˈmyːkonɔs
Mykoplasmen mykoˈplasmən
Mykorrhiza mykɔˈriːt͜sa
Mykose myˈkoːzə
Mykotoxin mykotɔˈksiːn
Mylä ˈmyːlɛ
Mylady miˈleːdi

Mylau 'my:lau̯
Mylius 'my:li̯ʊs, *dän.* 'my:ˀlius
Mylonit mylo'ni:t
mylonitisieren myloniti'zi:rən
Mylọrd mi'lɔrt
Mymensingh *engl.* 'maɪmənsɪŋ
Mynheer mə'ne:ɐ̯
Myoblạst myo'blast
Myochrom myo'kro:m
Myodynie myody'ni:, **-n** ...i:ən
myoelẹktrisch myo|e'lɛktrɪʃ
Myofibrịlle myofi'brɪlə
Myogelose myoge'lo:zə
myogen myo'ge:n
Myoglobin myoglo'bi:n
Myogrạmm myo'gram
Myograph myo'gra:f
Myokạrd myo'kart, **-es** ...rdəs
Myokardie myokar'di:, **-n** ...i:ən
Myokarditis myokar'di:tɪs, **...itiden** ...di'ti:dn̩
Myokạrdium myo'kardi̯ʊm
Myokardose myokar'do:zə
Myoklonie myoklo'ni:, **-n** ...i:ən
Myokymie myoky'mi:, **-n** ...i:ən
Myologie myolo'gi:
Myom my'o:m
Myomere myo'me:rə
Myometrium myo'me:triʊm, **...ien** ...iən
myomọrph myo'mɔrf
Myon 'my:ɔn, **-en** ...my'o:nən
Myonium my'o:ni̯ʊm
Myop, M... my'o:p
Myoparalyse myopara'ly:zə
Myopathie myopa'ti:, **-n** ...i:ən
Myope my'o:pə
Myopie myo'pi:, **-n** ...i:ən
Myorrhẹxis myɔ'rɛksɪs
Myosin myo'zi:n
Myositis myo'zi:tɪs, **...itiden** ...zi'ti:dn̩
Myosklerose myoskle'ro:zə
Myosotis myo'zo:tɪs
Myospạsmus myo'spasmʊs
Myotomie myoto'mi:, **-n** ...i:ən
Myotonie myoto'ni:, **-n** ...i:ən
Myotrop myo'tro:p
Myra 'my:ra, *engl.* 'maɪərə
Myrdal *schwed.* ˌmy:rdɑ:l
Myriade my'ri̯a:də
Myriagrạmm myri̯a'gram
Myriameter myri̯a'me:tɐ
Myriapode myri̯a'po:də
Myrica my'ri:ka
Myrikazeen myrika'ts͜e:ən
Myringektomie myrɪŋɡɛkto'mi:, **-n** ...i:ən
Myringitis myrɪŋ'gi:tɪs, **...itiden** ...gi'ti:dn̩
Myringotomie myrɪŋgoto'mi:, **-n** ...i:ən
Myriophyllum myri̯o'fʏlʊm
Myriopode myri̯o'po:də
Myristin... myrɪs'ti:n...
Myrmekia mʏr'me:ki̯a
Myrmekochorie mʏrmeko-ko'ri:
Myrmekologe mʏrmeko'lo:gə
Myrmekologie mʏrmekolo'gi:
Myrmekophile mʏrmeko'fi:lə
Myrmekophilie mʏrmekofi'li:
Myrmekophyt mʏrmeko'fy:t
Myrmidone mʏrmi'do:nə
Myrna *engl.* 'mə:nə
Myrny *ukr.* 'mɪrnɪj
Myrobalane myroba'la:nə
Myron 'my:rɔn, *engl.* 'maɪərən
Myron... my'ro:n...
Myrr[h]e 'mʏrə
Myrtazeen mʏrta'ts͜e:ən
Myrte 'mʏrtə
Myrtilos 'mʏrtilɔs
Myrtle *engl.* mə:tl
Mysien 'my:zi̯ən
Myslbek *tschech.* 'mislbɛk
Myslivеček *tschech.* 'myslivɛtʃɛk
Myśliwski *poln.* mɨɕ'lifski
Mysłowice *poln.* mɨsu̯ɔ'vitsɛ
Myslowitz 'mʏslovɪts͜
Myson 'my:zɔn
Mysophobie myzofo'bi:
Mysore *engl.* 'maɪsɔ:
Mystagog mʏsta'go:k, **-en** ...o:gn̩
Mystagoge mʏsta'go:gə
Myste 'mʏstə
Mystère *fr.* mis'tɛ:r
Mysterien mʏs'te:ri̯ən
mysteriös mʏste'ri̯ø:s, **-e** ...ø:zə
Mysterium mʏs'te:ri̯ʊm, **...ien** ...i̯ən
Mystifax 'mʏstifaks
Mystifikation mʏstifika'ts͜i̯o:n
mystifizieren mʏstifi'ts͜i:rən
Mystik 'mʏstɪk
Mystiker 'mʏstikɐ
mystisch 'mʏstɪʃ
Mystizismus mʏsti'ts͜ɪsmʊs
mystizistisch mʏsti'ts͜ɪstɪʃ
Myszków *poln.* 'mɨʃkuf
Mythe 'my:tə
Mythen (Berg) 'mi:tn̩
mythisch 'my:tɪʃ
My Tho *vietn.* mi θɔ 51
Mythograph myto'gra:f
Mythologem mytolo'ge:m
Mythologie mytolo'gi:, **-n** ...i:ən
mythologisch myto'lo:gɪʃ
mythologisieren mytologi-'zi:rən
Mythomanie mytoma'ni:
Mythos 'my:tɔs
Mythus 'my:tʊs
Mytilene myti'le:nə
Mytilus 'my:tilʊs
Mytịschtschi *russ.* mɨ'tiʃtʃi
Mývatn *isl.* 'mi:vahtn
Myxobakterien mʏksobak-'te:ri̯ən
Myxödem mʏksø'de:m
myxödematös mʏksødema-'tø:s, **-e** ...ø:zə
Myxom mʏ'kso:m
myxomatös mʏksoma'tø:s, **-e** ...ø:zə
Myxomatose mʏksoma'to:zə
Myxomyzet mʏksomy'ts͜e:t
Myxosarkom mʏksozar'ko:m
Myzel my'ts͜e:l
Myzelium my'ts͜e:li̯ʊm, **...ien** ...i̯ən
Myzeqẹ *alban.* myze'kje
Myzet my'ts͜e:t
Myzetịsmus myts͜e'tɪsmʊs
Myzetologie myts͜etolo'gɪ:
Myzetom myts͜e'to:m
Mzạb *fr.* mzab
Mzchẹta *russ.* 'mtsxjɛtɐ
Mzẹnsk *russ.* mtsɛnsk
Mzuzu *engl.* əm'zu:zu:

n, N *dt., fr., engl.* ɛn, *it.* 'ɛnne, *span.* 'ene
ν, Ν ny:
na, nạ! na'na
[1]**nạ!** (na ja!) na
[2]**na!** (= nein) na:
Naab[eck] 'na:p[|ɛk]
Naaldwijk *niederl.* 'na:ltwɛi̯k
Naantali *finn.* 'nɑ:ntɑli
Naarden *niederl.* 'na:rdə

Naas *engl.* neɪs
Naassener naa'se:nɐ
Nabatäer naba'tɛ:ɐ
Nabburg 'na:pbʊrk
Nabe 'na:bə
Nabel 'na:bl̩
Nabereschnyje Tschelny *russ.* 'nabɪrɪʒnɨjɪ tʃɪl'nɨ
Nabeul *fr.* na'bœl
Nabi na'bi:
Nabl 'na:bl̩
Nabla... 'na:bla...
Nablus 'na:blʊs
Nabob 'na:bɔp
Nabokov *engl.* nə'bɔ[:]kɔf, 'næbəkɔf
Nabonid nabo'ni:t
Nabopolassar nabopo'lasar
Nabucco *it.* na'bukko
Nabuchodonosor nabʊxo'do:nozo:ɐ̯
Nacala *port.* nɐ'kalɐ
Nacaome *span.* naka'ome
nach na:x
Nachäfferei na:x|ɛfə'rai̯
nachahmen 'na:x|a:mən
Nachbar 'naxba:ɐ̯
nachbörslich 'na:xbœrslɪç
nachdem na:x'de:m
nachdenklich 'na:xdɛŋklɪç
nachdrücklich 'na:xdrʏklɪç
nacheinander na:x|ai̯'nandɐ
Nachen 'naxn̩
Nachfahr 'na:xfa:ɐ̯
Nachfahre 'na:xfa:rə
nachgerade 'na:xgə'ra:də
nachgiebig 'na:xgi:bɪç, **-e** ...ɪgə
nachhaltig 'na:xhaltɪç
Nachhauseweg na:x'hau̯zəve:k
nachher na:x'he:ɐ̯, *auch:* '--
nachherig na:x'he:rɪç, **-e** ...ɪgə
nachindustriell 'na:x|ɪndʊstriɛl
Nachitschewan *russ.* nɐxitʃɪ'vanj
Nachkomme 'na:xkɔmə
Nachkömmling 'na:xkœmlɪŋ
Nachlass 'na:xlas, **...lässe** ...lɛsə
nachlässig 'na:xlɛsɪç
nachmalig 'na:xma:lɪç, **-e** ...ɪgə
nachmals 'na:xma:ls
Nachmanides nax'ma:nidɛs
Nachmittag 'na:xmɪta:k
nachmittägig 'na:xmɪtɛ:gɪç
Nachnahme 'na:xna:mə
Nachod 'na:xɔt
Náchod *tschech.* 'na:xɔt
Nachodka *russ.* na'xɔtkɐ
Nachricht 'na:xrɪçt
Nachschabi *pers.* næxʃæ'bi:
nächst nɛ:çst
nächstbesser 'nɛ:çst'bɛsɐ
nächstbeste 'nɛ:çst'bɛstə
nächstdem nɛ:çst'de:m
Nächstebreck 'nɛ:çstəbrɛk
nächstens 'nɛ:çstn̩s
nächstfolgend 'nɛ:çstfɔlgn̩t
nächsthöher 'nɛ:çst'hø:ɐ
nächstjährig 'nɛ:çstjɛ:rɪç
nächstmöglich 'nɛ:çst'mø:klɪç
Nacht naxt, **Nächte** 'nɛçtə
Nachtegall *dän.* 'nagdəgɛ:'l
Nachteil 'na:xtai̯l
nachteilig 'na:xtai̯lɪç
nächtelang 'nɛçtəlaŋ
nachten 'naxtn̩
nächtens 'nɛçtn̩s
nächtig 'nɛçtɪç, **-e** ...ɪgə
Nachtigal[l] 'naxtɪgal
nächtigen 'nɛçtɪgn̩, **nächtig!** ...ɪç, **nächtigt** ...ɪçt
nächtlich 'nɛçtlɪç
nächtlicherweile 'nɛçtlɪçɐ'vai̯lə
nachtmahlen 'naxtma:lən
Nachtrag 'na:xtra:k, **...trages** ...tra:gəs, **...träge** ...trɛ:gə
nachträgerisch 'na:xtrɛ:gərɪʃ
nachträglich 'na:xtrɛ:klɪç
nachts naxts
Nachtsheim 'naxtshai̯m
nachtsüber 'naxts|y:bɐ
Nachweis 'na:xvai̯s, **-e** ...vai̯zə
nachweislich 'na:xvai̯slɪç
Nachzügler 'na:xtsy:klɐ
Nación *span.* na'θi̯ɔn
Nacka *schwed.* ˌnaka
Nackedei 'nakədai̯
Nackedonien nakə'do:ni̯ən
Nacken 'nakn̩
nackend 'naknt, **-e** ...ndə
nackert 'nakɐt
nackicht 'nakɪçt
nackig 'nakɪç, **-e** ...ɪgə
nackt nakt
Nacogdoches *engl.* nækə'doʊtʃɪz
Nadar *fr.* na'da:r
Nadel 'na:dl̩
Nädelchen 'nɛ:dl̩çən
nadelig 'na:dəlɪç, **-e** ...ɪgə
nadeln 'na:dl̩n, **nadle** 'na:dlə
Naden *engl.* neɪdn
Nadene, Na-Dene na'de:nə
Naderer 'na:dərɐ
Nadeschda *russ.* na'djɛʒdɐ
Nadine na'di:nə, *fr.* na'din, *engl.* neɪ'di:n
Nadir na'di:ɐ̯, 'na:dɪr, *pers.* nɑ'der
Nadja *russ.* 'nadjɐ
Nădlac *rumän.* nə'dlak
Nadler 'na:dlɐ
nadlig 'na:dlɪç, **-e** ...ɪgə
Nadolny na'dɔlni
Nador *fr.* na'dɔ:r
Nadorp 'na:dɔrp
Nadowessier nado'vɛsi̯ɐ
nadowessisch nado'vɛsɪʃ
Nadschaf 'nadʒaf
Nadschafabad *pers.* nædʒæfɑ'bɑ:d
Nadschibullah nadʒi'bʊla
Nadschran na'dʒra:n
Nadson *russ.* 'natsɐn
Naeff *niederl.* na:f
Naegele 'nɛ:gələ, *engl.* 'neɪgələ
Naegelen *fr.* nɛ'ʒlɛn
Naegeli 'nɛ:gəli
Naemi 'na:emi, na'e:mi
Nærøy *norw.* ˌnæ:rœi̯
Næstved *dän.* 'nesdvɪð
Naevius 'nɛ:vi̯ʊs
Naevus 'nɛ:vʊs, **Naevi** 'nɛ:vi
Näf nɛ:f
Näfels 'nɛ[:]fl̩s
Nafpaktos *neugr.* 'nafpaktɔs
Nafplion *neugr.* 'nafpliɔn
NAFTA 'nafta, *engl.* 'næftə
Naga 'na:ga, *engl.* 'nɑ:gə, *span.* 'naɣa
Nagai *jap.* 'naˌgai
Nagaika na'gai̯ka
Nagana na'ga:na
Nagano *jap.* 'naˌgano
Nagaoka *jap.* na'gaˌoka
Nagapattinam *engl.* nægə'pætɪnəm
Nagardschuna na'gardʒuna
Nagasaki naga'za:ki, *jap.* na'gaˌsaki̥
Nagaschige *jap.* na'gaʃige
Nagel 'na:gl̩, **Nägel** 'nɛ:gl̩
Nägelein 'nɛ:gəlai̯n
Nägeli 'nɛ:gəli
nageln 'na:gl̩n, **nagle** 'na:glə
nagelneu 'na:gl̩'nɔy̯
nagen 'na:gn̩, **nag!** na:k, **nagt** na:kt
Nagercoil *engl.* 'nɑ:gəkɔɪl
Nag Hammadi 'nak ha'ma:di
Nagib na'gi:p
Nagibin *russ.* na'gibin
Näglein 'nɛ:glai̯n
Nagler[n] 'na:glɐ[n]
Nagoja *jap.* 'naˌgoja
Nagold 'na:gɔlt

Nagorny Karabach *russ.* na'gɔrnɨj kɐra'bax
Nagpur *engl.* næg'pʊə
NAGRA 'na:gra
Nagsh e Rostam *pers.* 'næɣʃe-ros'tæm
Nagualismus nagu̯a'lɪsmʊs
Nagy *ung.* nɔdj
Nagyfaludy *ung.* 'nɔtjfɔludi
Nagykanizsa *ung.* 'nɔtjkɔniʒɔ
Nagykőrös *ung.* 'nɔtjkø:røʃ
Nagykunság *ung.* 'nɔtjkunʃa:g
Nagylengyel *ung.* 'nɔdjlɛndjɛl
Nagymáros *ung.* 'nɔdjma:roʃ
nah na:, **näher** 'nɛ:ɐ
Naha *jap.* 'na,ha
Nahariyya *hebr.* naha'rija
Naharro *span.* na'arrɔ
Nahawand *pers.* næhɑ'vænd
nahe, N… 'na:ə
Nähe 'nɛ:ə
nahebei 'na:ə'bai̯
nahehin 'na:ə'hɪn
nahen 'na:ən
nähen 'nɛ:ən
näher vgl. nah
Näherei nɛ:ə'rai̯
nähern 'nɛ:ɐn
nahezu 'na:ə'tsu:
Nahhas na'ha:s
Nahie na'hi̯e:
Nahije 'na:hije
Nahl na:l
nahm, N… na:m
Nähme 'nɛ:mə
Nahost na:'|ɔst
nähren 'nɛ:rən
Naht na:t, **Nähte** 'nɛ:tə
Nähterin 'nɛ:tərɪn
Nahua *span.* 'nau̯a
Nahuatl *span.* na'u̯atl
Nahuel Huapí *span.* na'u̯el u̯a'pi
Nahum 'na:hʊm, *engl.* 'neɪhəm
Nahur 'na:hʊr
Naidjonow *russ.* naj'djɔnɐf
Naidu *engl.* 'naɪdu:
Naila 'nai̯la
Naim 'na:ɪm
Nain (Galiläa) 'na:ɪn
Naipaul *engl.* 'naɪpɔ:l
Nair na'i:ɐ̯
Nairis *pers.* nɑi'ri:z
Nairn[e] *engl.* nɛən
Nairobi nai̯'ro:bi, *engl.* naɪə'roʊbɪ
Naischabur *pers.* neiʃɑ'bu:r
Naismith *engl.* 'neɪsmɪθ
naiv na'i:f, **-e** …'i:və
Naivasha *engl.* naɪ'vɑ:ʃə
Naive na'i:və
Naivität naivi'tɛ:t
Naivling na'i:flɪŋ
Naja 'na:ja
na ja! na'ja
Najade na'ja:də
Nájera *span.* 'naxera
Najin *korean.* nadʒin
Nakada na'ka:da
Nakasone *jap.* na'kasone
Nakel 'na:kl̩
Nakhon Pathom *Thai* na'khɔ:npa'thom 1115
Nakhon Phanom *Thai* na'khɔ:npha'nom 1113
Nakhon Ratchasima *Thai* na'khɔ:n'ra:dtʃhasi'ma: 113151
Nakhon Sawan *Thai* na'khɔ:nsa'u̯an 1115
Nakhon Si Thammarat *Thai* na'khɔ:n'si:thamma'ra:d 115113
Näkkämte *amh.* nɛkk'ɛmte
Nakkasch na'ka:ʃ
Nakło *poln.* 'naku̯ɔ
Nakrit na'kri:t
Nakskov *dän.* 'nagsgɔu̯'
Naktong *korean.* nakttoŋ
Nakuru *engl.* nɑ:'ku:ru:
Nala 'na:la
Nalanane nala'na:nə
Naliwka na'lɪfka
Nalješković *serbokr.* ,naljɛʃkɔ-vitç
Nałkowska *poln.* nau̯'kɔfska
Naltschik *russ.* 'naljtʃik
Nama[land] 'na:ma[lant]
Namangan *russ.* nɐman'gan
Namas na'ma:s
Namatianus nama'tsi̯a:nʊs
Namaz na'ma:s
Nam Bô *vietn.* nam bo 16
Namdal *norw.* ,namda:l
Nam Định *vietn.* nam diɲ 16
Name 'na:mə
Namedropping 'ne:mdrɔpɪŋ
[1]**Namen** 'na:mən
[2]**Namen** (Ort) *niederl.* 'na:mə
Namen-Jesu-Fest na:mən-'je:zufɛst
namens 'na:məns
namentlich 'na:məntlɪç
Namib 'na:mɪp
Namibia na'mi:bi̯a, *engl.* nə'mɪbɪə
Namibier na'mi:bi̯ɐ
namibisch na'mi:bɪʃ
…namig …,na:mɪç, **-e** …ɪgə
Namık *türk.* nɑ'mɨk
nämlich 'nɛ:mlɪç
Namora *port.* nɐ'mɔrɐ
Nampa *engl.* 'næmpə
Namp'o *korean.* 'nampho
Nampula *port.* nɐm'pulɐ
Namsen *norw.* 'namsən
Namsfjord *norw.* ,namsfju:r
Namsos *norw.* ,namsu:s
Namur na'my:ɐ̯, *fr.* na'my:r
Namurium na'mu:ri̯ʊm
Nana *fr.* na'na
Nanaimo *engl.* næ'naɪmoʊ
Nanchang *chin.* nantʃaŋ 21
Nanchong *chin.* nantʃʊŋ 21
[1]**Nancy** (Ort) 'nã:si, *fr.* nã'si
[2]**Nancy** (Vorname) 'nɛnsi, *engl.* 'nænsɪ
Nander 'nandɐ
Nandi 'nandi, *engl.* 'nændɪ
Nando 'nando
Nandrolon nandro'lo:n
Nandu 'nandu
Nanga Parbat 'naŋga 'parbat
Nänie 'nɛ:ni̯ə
Nanini *it.* na'ni:ni
Nanino *it.* na'ni:no
Nanismus na'nɪsmʊs
Nanjac *fr.* nã'ʒak
Nanjing *chin.* nandʑɪŋ 21
Nanking 'naŋkɪŋ
Nanna 'nana
Nanne[n] 'nanə[n]
Nannerl 'nanɐl
Nannette na'nɛtə
Nanni 'nani, *it.* 'nanni
Nannie *engl.* 'nænɪ
Nanning *chin.* nannɪŋ 22
Nanno 'nano
Nannoplankton nano'plaŋktɔn
nannte 'nantə
Nanny 'nani
Nano *alban.* 'nano
Nanofarad nanofa'ra:t
Nanometer nano'me:tɐ
Nanon *fr.* na'nõ
Nanosomie nanozo'mi:
Nanotechnologie 'na:notɛçno-logi:
Nansen 'nanzn̩, *dän.* 'næn'sn̩, *norw.* 'nansən
Nanshan *chin.* nanʃan 21
Nanterre *fr.* nã'tɛ:r
Nantes *fr.* nã:t
Nanteuil *fr.* nã'tœj
Nantiat *fr.* nã'tja
Nanticoke *engl.* 'næntɪkoʊk
Nantong *chin.* nantʊŋ 21
Nantua *fr.* nã'tɥa

Nantucket *engl.* næn'tʌkɪt
nanu! na'nu:
Nanzig 'nantsɪç
Naoetsu *jap.* na'oetsu̯
Naogeorg nao'ge:ɔrk
Naogeorgus naoge'ɔrgʊs
Naomi 'na:omi, na'o:mi, *engl.* 'neɪəmɪ
Naos na'ɔs
Naoumoff *fr.* nau'mɔf
Napa *engl.* 'næpə
Napalm® 'na:palm
Napata 'na:pata
Naperville *engl.* 'neɪpəvɪl
Napf napf, **Näpfe** 'nɛpfə
Näpfchen 'nɛpfçən
Naphtene naf'te:nə
Naphtha[li] 'nafta[li]
Naphthalin nafta'li:n
Naphthole naf'to:lə
Naphthyl naf'ty:l
Napier *engl.* 'neɪpɪə
Napo *span.* 'napo
Napoca na'po:ka, *rumän.* na'poka
Napoleon na'po:leɔn
Napoléon *fr.* napɔle'õ
Napoleondor napoleɔn'do:ɐ̯
Napoleonide napoleo'ni:də
napoleonisch napole'o:nɪʃ
Napoli *it.* 'na:poli
Napolitain napoli'tɛ̃:
Napolitaine napoli'tɛ:n
Napoule *fr.* na'pul
Nappa 'napa
nappieren na'pi:rən
Nápravník *tschech.* 'na:pravnji:k
Nara *jap.* 'naˌra
Naranjo *span.* na'raŋxo
Naraschino *jap.* na'raʃino
Narathiwat *Thai* na'ra:thi'u̯a:d 1143
Narayan[ganj] *engl.* nə'rɑ:jən[gændʒ]
Narbada *engl.* nɑ:'bædə
Narbe 'narbə
narben 'narbn̩, **narb!** narp, **narbt** narpt
Narben 'narbn̩
narbig 'narbɪç, **-e** ...ɪgə
Narbonne *fr.* nar'bɔn
Narbut *ukr.* 'narbut
Narcein nartse'i:n
Narciso *it.* nar'tʃi:zo, *span.* nar'θiso
Narcisse *fr.* nar'sis
Narcissino nartʃɪ'si:no
Narcissus nar'tsɪsʊs
Narcotin narko'ti:n
Narde 'nardə
Nardini *it.* nar'di:ni
Nardo *it.* 'nardo
Nardò *it.* nar'dɔ
Nardone *span.* nar'ðone
Narenta *it.* na'rɛnta
¹Nares vgl. Naris
²Nares (Name) 'na:rɛs, *engl.* nɛəz
Nareschny *russ.* na'rjɛʒnɨj
Narew *poln.* 'narɛf, *russ.* 'narɪf
Nargile[h] nargi'le:, *auch:* nar'gi:le
Nariño *span.* na'riɲo
Naris 'na:rɪs, **Nares** 'na:re:s
Nariste na'rɪstə
Narjan-Mar *russ.* narj'jan'mar
Närke *schwed.* 'nærkə
Narkoanalyse narko|ana'ly:zə
Narkolepsie narkolɛ'psi:, **-n** ...i:ən
Narkologie narkolo'gi:
Narkomane narko'ma:nə
Narkomanie narkoma'ni:
Narkose nar'ko:zə
Narkotikum nar'ko:tikʊm, **...ka** ...ka
Narkotin narko'ti:n
narkotisch nar'ko:tɪʃ
Narkotiseur narkoti'zø:ɐ̯
narkotisieren narkoti'zi:rən
Narkotismus narko'tɪsmʊs
Narmada *engl.* nɑ:'mædə
Narmer 'narmɐ
Narni *it.* 'narni
Narodnaja [Wolja] *russ.* na'rɔdnɐjɐ ['vɔljɐ]
Narodniki *russ.* na'rɔdniki
Naro-Fominsk *russ.* 'narɐfa'minsk
Narr[aboth] 'nar[abɔt]
Narraganset[t] *engl.* nærə'gænsɪt
Narration nara'tsi̯o:n
narrativ nara'ti:f, **-e** ...i:və
Narrativik nara'ti:vɪk
Narrator na'ra:to:ɐ̯, **-en** nara'to:rən
narratorisch nara'to:rɪʃ
Närrchen 'nɛrçən
narren 'narən
Narretei narə'tai̯
Närrin 'nɛrɪn
närrisch 'nɛrɪʃ
Narses 'narzɛs
Narthex 'nartɛks, **Narthizes** 'nartitse:s
Narugo *jap.* na'rugo
Naruszewicz *poln.* naru'ʃɛvitʃ
Narva *estn.* 'nɑrvɑ
Narváez *span.* nar'βaeθ
Narvik *norw.* ˌnarvi:k
Narwa *russ.* 'narvɐ
Narwal 'narva:l, ...val
Naryn *russ.* na'rɨn
Narziss[e] nar'tsɪs[ə]
Narzissmus nar'tsɪsmʊs
Narzisst nar'tsɪst
Näs *schwed.* nɛ:s
NASA 'na:za, *engl.* 'næsə
nasal, N... na'za:l
nasalieren naza'li:rən
Nasar *russ.* na'zar
Nasarbajew *russ.* nɐzar'bajɪf
Nasarowo *russ.* na'zarɐvɐ
Nasat na'za:t
Năsăud *rumän.* nəsə'ud
Nascentes *bras.* na'sentis
naschen 'naʃn̩
Näschen 'nɛ:sçən
Näscher 'nɛʃɐ
Nascherei naʃə'rai̯
Näscherei nɛʃə'rai̯
Nascimento *port.* nɐʃsi'mentu
NASDAQ® 'nɛsdɛk
Nase[band] 'na:zə[bant]
Naseby *engl.* 'neɪzbɪ
naselang 'na:zelaŋ
näseln 'nɛ:zl̩n, **näsle** 'nɛ:zlə
nasenlang 'na:zn̩laŋ
Naser e Chosrau *pers.* nɑ'sereхos'rou̯
naseweis, N... 'na:zəvai̯s, **-e** ...ai̯zə
nasführen 'na:sfy:rən
Nash[e] *engl.* næʃ
Nashua *engl.* 'næʃʊə
Nashville *engl.* 'næʃvɪl
...nasig ...ˌna:zɪç, **-e** ...ɪgə
...näsig ...ˌnɛ:zɪç, **-e** ...ɪgə
Nasigoreng nazigo'rɛŋ
Näsijärvi *finn.* 'næsijærvi
Nasik *engl.* 'nɑ:sɪk
Nasiräer nazi'rɛ:ɐ
naslang 'na:slaŋ
Näsling 'nɛ:slɪŋ
Nasmyth *engl.* 'neɪsmɪθ
Naso *dt., it.* 'na:zo
Nasobem nazo'be:m
Nasreddin nasrɛ'di:n, *pers.* næsred'di:n, *türk.* nɑsrɛd'din
Nasride nas'ri:də
nass nas, **nässer** 'nɛsɐ
Nass nas, **Nasses** 'nasəs
Nassau 'nasau̯, *engl.* 'næsɔ:, *niederl.* 'nɑsɔu̯

Nassauer 'nasaʊ̯ɐ
nassauern 'nasaʊ̯ɐn
nassauisch 'nasaʊ̯ɪʃ
Nässe 'nɛsə
nässeln 'nɛsl̩n
nässen 'nɛsn̩
nässer vgl. nass
Nasser 'nasɐ
Nässjö *schwed.* ˌnɛʃø:
nässlich 'nɛslɪç
Nassride nas'ri:də
Nassyri *russ.* nɐsɨ'ri
Nast nast, *engl.* næst
Nastie nas'ti:
Nastja *russ.* 'nastjɐ
Nasturtium nas'tʊrt͜si̯ʊm
Nasution *indon.* nasu'tiɔn
naszierend nas't͜si:rənt, **-e** ...ndə
Nasziturus nast͜si'tu:rʊs, **...ri** ...ri
Nat *engl.* næt, *fr.* nat
Natal 'na:tal, *engl.* nə'tæl, *bras.* na'tal
Natales *span.* na'tales
Natalia na'ta:li̯a
Natalicium nata'li:t͜si̯ʊm, **...ien** ...i̯ən
Natalie na'ta:li̯ə
Natalija *russ.* na'talijɐ
Natalis na'ta:lɪs
Natalität natali'tɛ:t
Natalja *russ.* na'taljjɐ
Natan 'na:tan
Natanael na'ta:nae:l, *auch:* ...aɛl
Natangen 'na:taŋən
Natascha *russ.* na'taʃɐ
Natchez *engl.* 'nætʃɪz
Natchitoches *engl.* 'nækɪtɔʃ
Nates vgl. Natis
Nathan 'na:tan, *engl.* 'neɪθən
Nathanael na'ta:nae:l, *auch:* ...aɛl, *engl.* nə'θænjəl
Nathaniel *engl.* nə'θænjəl
Nathans *engl.* 'neɪθənz
Nathansen *dän.* 'nɛ:tæn'sn̩
Nathorst *schwed.* 'nɑ:thɔrst
Nathusius na'tu:zi̯ʊs
Natick *engl.* 'neɪtɪk
Nation na't͜si̯o:n
national nat͜si̯o'na:l
Nationale nat͜si̯o'na:lə
National Gallery *engl.* 'næʃənəl 'gælərɪ
nationalisieren nat͜si̯onali'zi:rən
Nationalismus nat͜si̯ona'lɪsmʊs
Nationalist nat͜si̯ona'lɪst
Nationalität nat͜si̯onali'tɛ:t
nationalliberal nat͜si̯o'na:llibera:l
Nationalsozialismus nat͜si̯o'na:lzot͜si̯alɪsmʊs
Nationaltidende *dän.* næsjʊ'nɛ:'lti:ðənə
Natis 'na:tɪs, **Nates** 'na:te:s
nativ na'ti:f, **-e** ...i:və
Native 'ne:tɪf
Nativespeaker 'ne:tɪf'spi:kɐ
Natividade *bras.* nativi'dadi
Nativismus nati'vismʊs
Nativist nati'vɪst
Nativität nativi'tɛ:t
NATO, Nato 'na:to, *engl.* 'neɪtoʊ
Natoire *fr.* na'twa:r
Natonek 'natonɛk
Natorp 'na:tɔrp
Natrium 'na:triʊm
Natrolith natro'li:t
Natron 'na:trɔn
Natrun na'tru:n
Natschalnik na'tʃalnɪk
Natschinski na'tʃɪnski
Natsume *jap.* na'tsume
Natta *it.* 'natta
Natté na'te:
Natter 'natɐ
Nattier *fr.* na'tje
Natufian natu'fi̯a:n
Natuna *indon.* na'tuna
Natur na'tu:ɐ̯
natural natu'ra:l
Naturalien natu'ra:li̯ən
Naturalisation naturaliza't͜si̯o:n
naturalisieren naturali'zi:rən
Naturalismus natura'lɪsmʊs
Naturalist[ik] natura'lɪst[ɪk]
Natura naturans na'tu:ra na'tu:rans
Nature 'ne:tʃɐ
naturell, N... natu'rɛl
Nature morte na'ty:ɐ̯ 'mɔrt
Naturismus natu'rɪsmʊs
Naturist natu'rɪst
natürlich na'ty:ɐ̯lɪç
Nauarch naʊ̯'arç
Naucelle *fr.* no'sɛl
Nauclerus naʊ̯'kle:rʊs
Naudé *fr.* no'de
Naue[n] 'naʊ̯ə[n]
'nauf naʊ̯f
Naugatuck *engl.* 'nɔ:gətʌk
Nauheim 'naʊ̯haɪ̯m
Naukleros naʊ̯'kle:rɔs
Naukratis 'naʊ̯kratɪs
Naum *russ.* na'um
Naumachie naʊ̯ma'xi:, **-n** ...i:ən
Naumann 'naʊ̯man
Naumburg 'naʊ̯mbʊrk
Naumow *russ.* na'umɐf, *bulgar.* nɐ'umof
Naundorf[f] 'naʊ̯ndɔrf
Naunet na'u:nɛt
Naunhof 'naʊ̯nho:f
Naunyn 'naʊ̯ni:n
Naupaktos naʊ̯'paktɔs
Nauplion 'naʊ̯pliɔn
Nauplius 'naʊ̯pliʊs, **...ien** ...iən
Naura na'u:ra
Nauru na'u:ru, *engl.* nɑ:'u:ru:
Nauruer na'u:ruɐ
nauruisch na'u:ruɪʃ
'naus!, Naus naʊ̯s
Nau Schahr *pers.* 'noʊ̯ 'ʃæhr
[1]**Nausea** naʊ̯'ze:a, *auch:* 'naʊ̯zea
[2]**Nausea** (Name) naʊ̯'ze:a
Nausikaa naʊ̯'zi:kaa
Naute 'naʊ̯tə
Nautik 'naʊ̯tɪk
Nautiker 'naʊ̯tikɐ
Nautiloideen naʊ̯tiloi'de:ən
Nautilus 'naʊ̯tilʊs, **-se** ...ʊsə
nautisch 'naʊ̯tɪʃ
Navagero *it.* na'va:dʒero
Navaho 'na:vaho, 'nɛvəho, *engl.* 'nævəhoʊ
Navajo *engl.* 'nævəhoʊ
Navan *engl.* 'nævən
Navarino *it.* nava'ri:no, *span.* naβa'rino
Navarra na'vara, *span.* na'βarra
Navarre *fr.* na'va:r
Navarrese nava're:zə
Navarrete *span.* naβa'rrete
Navarro *span.* na'βarrɔ, *engl.* nə'værоʊ
Navel 'na:vl̩, *auch:* 'ne:vl̩
Navez *fr.* na've
Navicert 'nɛvisø:ɐ̯t, ...sœrt
Navicula na'vi:kula **...lae** ...lɛ
Navigateur naviga'tø:ɐ̯
Navigation naviga't͜si̯o:n
Navigator navi'ga:to:ɐ̯, **-en** ...ga'to:rən
navigatorisch naviga'to:rɪʃ
navigieren navi'gi:rən
Nävius 'nɛ:vi̯ʊs
Năvodari *rumän.* nəvo'darj
Navojoa *span.* naβɔ'xoa
Navrátil[ová] *tschech.* 'navra:tjil[ɔva:]

N

Navratilo̱va *engl.* nævrætɪ'loʊvə
Nä̱vus 'nɛ:vʊs, **Nä̱vi** 'nɛ:vi
Nawạschin *russ.* na'vaʃɨn
Nawoi̱ *russ.* nɐva'i
Naxali̱t naksa'li:t
nạxisch 'naksɪʃ
Nạxos *dt., neugr.* 'naksɔs
Nay̱ nai̯
Nayari̱t *span.* naja'rit
Nazarä̱er nat͜sa'rɛ:ɐ
Nazaré *port.* nɐzɐ'rɛ
Nazare̱ner nat͜sa're:nɐ
nazare̱nisch nat͜sa're:nɪʃ
Na̱zaret[h] 'na:t͜sarɛt
Nạzca *span.* 'naθka
Na̱zi 'na:t͜si
Na̱zili *türk.* 'na:zili
Nâzi̱m *türk.* na:'zim
Nazịsmus na't͜sɪsmʊs
Nazịsse na't͜sɪsə
nazịstisch na't͜sɪstɪʃ
Na̱zor *serbokr.* ˌna:zɔr
Nazorä̱er nat͜so'rɛ:ɐ
N. B. C. *engl.* ɛnbi:'si:
Ndao̱ *fr.* nda'o
Ndebe̱le nde'be:lə
n-dimensional 'ɛndimɛnzi̯ona:l
N'Djamenạ *fr.* ndʒame'na
Ndjolé *fr.* ndʒɔ'le
Ndola *engl.* ən'doʊlə
ne̱! ne:
'ne nə
Neagh, Lough *engl.* 'lɔk 'neɪ
Neạnder ne'andɐ
Neạndertal[er] ne'andɐta:l[ɐ]
Neanthropi̱nen neantro'pi:nən
Nea̱pel ne'a:pl̩
Nea̱p[e]ller ne'a:p[ə]lɐ
Neapolita̱ner neapoli'ta:nɐ
neapolita̱nisch neapoli'ta:nɪʃ
Neạrchos ne'arçɔs
Neạrktis ne'arktɪs
neạrktisch ne'arktɪʃ
Nearthro̱se near'tro:zə
Neath *engl.* ni:θ
nẹbbich, N... 'nɛbɪç
Ne̱bel[horn] 'ne:bl̩[hɔrn]
ne̱belig 'ne:bəlɪç, **-e** ...ɪgə
ne̱beln 'ne:bl̩n, **ne̱ble** 'ne:blə
ne̱ben 'ne:bn̩
nebenạn ne:bn̩'|an
nebenbei̱ ne:bn̩'bai̯
nebeneinạnder ne:bn̩|ai̯'nandɐ
Nebeneinander ne:bn̩|ai̯'nandɐ, *auch:* '-----
nebeneinanderhe̱r ne:bn̩|ai̯nandɐ'he:ɐ̯
nebenhe̱r ne:bn̩'he:ɐ̯
nebenhịn ne:bn̩'hɪn
Nebii̱m nebi'i:m
Nebịt-Dạg *russ.* nɪ'bid'dak
ne̱blig 'ne:blɪç, **-e** ...ɪgə
Ne̱blung 'ne:blʊŋ
Ne̱bo 'ne:bo
Ne̱bra 'ne:bra
Nebrạska ne'braska, *engl.* nɪ'bræskə
Nebri̱ja *span.* ne'βrixa
Ne̱brodi *it.* 'nɛ:brodi
nebro̱disch ne'bro:dɪʃ
ne̱bst ne:pst
nebstbei̱ ne:pst'bai̯
nebstde̱m ne:pst'de:m
Nebukadne̱zar nebukat'ne:t͜sar
Nebukadnẹzzar nebukat'nɛt͜sar
Nebula̱r... nebu'la:ɐ̯...
nebulo̱s nebu'lo:s, **-e** ...o:zə
nebulö̱s nebu'lø:s, **-e** ...ø:zə
Necessaire nesɛ'sɛ:ɐ̯
Nechako *engl.* nɪ'tʃækoʊ
Nẹchbet 'nɛçbɛt
Necho 'nɛço, 'ne:ço
n-Eck 'ɛn|ɛk
Nẹck[ar] 'nɛk[ar]
Nẹckar-Alb 'nɛkar'|alp
Neckarbịschofsheim nɛkar'bɪʃɔfshai̯m
Neckargemụ̈nd nɛkargə'mʏnt
Neckarstei̱nach nɛkar'ʃtai̯nax
Neckarsụlm nɛkar'zʊlm
Neckarwẹstheim nɛkar'vɛsthai̯m
Nẹckel 'nɛkl̩
nẹcken, N... 'nɛkn̩
Nẹcker 'nɛkɐ, *fr.* nɛ'kɛ:r
Neckerei̱ nɛkə'rai̯
Nẹcking 'nɛkɪŋ
Necochẹa *span.* neko'tʃea
Nẹctria 'nɛktria
Necụlce *rumän.* ne'kultʃe
Nẹd *engl.* nɛd
Nẹdbal *tschech.* 'nɛdbal
Nẹdda *it.* 'nɛdda
Nẹdden 'nɛdn̩
Ne̱derland *niederl.* 'ne:dərlɑnt, *engl.* 'ni:dəlænd
Ne̱derlanden *niederl.* 'ne:dərlɑndə
Nedîm *türk.* nɛ'dim
Nẹdlands *engl.* 'nɛdləndz
Ne̱dreaas *norw.* ˌne:drəo:s
Nẹdschd nɛt͜ʃt
nee̱! ne:
Need (Bedürfnis) ni:t
Needham *engl.* 'ni:dəm
Needle[s] *engl.* ni:dl[z]
Nee̱f[e] 'ne:f[ə]
Néẹl *fr.* ne'ɛl
Ñeembucú *span.* ɲeɛmbu'ku
Neenah *engl.* 'ni:nə
Nee̱r ne:ɐ̯, *niederl.* ne:r
Nee̱ra *it.* ne'ɛ:ra
Nee̱se 'ne:zə
Ne̱f ne:f
Ne̱fas 'ne:fa[:]s
Neferefre̱ nefere'fre:
Neferho̱tep nefɛr'ho:tɛp
Neferirkare̱ nefɛrɪrka're:
Neferkare̱ nefɛrka're:
Nefersaho̱r nefɛrza'ho:ɐ̯
Neferte̱m nefɛr'te:m
Nẹff *dt., engl., tschech.* nɛf
Nẹffe 'nɛfə
Nef'î *türk.* nɛf'i
Neftegọrsk *russ.* nɪftɪ'gɔrsk
Neftejugạnsk *russ.* nɪftɪju'gansk
Neftekạmsk *russ.* nɪftɪ'kamsk
Neftjanyje Kạmni *russ.* nɪftɪ'nɨjɪ 'kamni
Nega̱de ne'ga:də
Negatio̱n nega't͜si̯o:n
negativ, N... 'ne:gati:f, *auch:* nega'ti:f, **-e** ...i:və
Negativịsmus negati'vɪsmʊs
negativịstisch negati'vɪstɪʃ
Negativitä̱t negativi'tɛ:t
Ne̱gativum 'ne:gati:vʊm, **...va** ...va
Nega̱tor ne'ga:to:ɐ̯, **-en** nega'to:rən
Negeb 'ne:gɛp, 'nɛgɛp
Negentropi̱e negɛntro'pi:, **-n** ...i:ən
ne̱ger, N... 'ne:gɐ
Negerị Sembịlan *indon.* nəgə'ri səm'bilan
Negev 'ne:gɛf, 'nɛgɛf
negi̱eren ne'gi:rən
Neglektio̱n neglɛk't͜si̯o:n
negligeạnt negli'ʒant
Negligee̱, ...gé negli'ʒe:
Negligence negli'ʒã:s, **-en** ...sn̩
negligẹnte negli'dʒɛntə
Negligẹnz negli'gɛnt͜s, ...i'ʒɛnt͜s
negligi̱eren negli'ʒi:rən
Nẹgotin *serbokr.* 'nɛgɔti:n
Negọwski *russ.* nɪ'gɔfskij
negozi̱abel nego't͜si̯a:bl̩, **...ble** ...blə
Negoziạnt nego't͜si̯ant
Negoziatio̱n negot͜si̯a't͜si̯o:n
negozii̱eren negot͜si'i:rən
Negrẹlli ne'grɛli, *it.* ...ɛlli
Ne̱gri *it.* 'ne:gri

negrid neˈgriːt, **-e** ...iːdə
Negride neˈgriːdə
Négrier *fr.* negriˈe
Negrille neˈgrɪlə
Negrito neˈgriːto
Negritude negriˈtyːt
Nẹgro *span.* ˈneɣro, *bras.* ˈnegru
negroid negroˈiːt, **-e** ...iːdə
Negroide negroˈiːdə
Negros ˈneːgrɔs, *span.* ˈneɣros, *engl.* ˈneɪgroʊs
Negrospiritual ˈniːgrospɪrɪtʃu̯əl
Negruzzi *rumän.* neˈgrutsi
Negulẹsco *engl.* nɛgəˈlɛskoʊ
Negus (Kaiser) ˈneːgʊs, **-se** ...ʊsə
Negus *engl.* ˈniːgəs
Nẹhajev *serbokr.* ˈnɛhajɛv
Nehalẹnnia nehaˈlɛni̯a
Nehden ˈneːdn̩
Neheim ˈneːhai̯m
Nehemia[s] neheˈmiːa[s]
Neher ˈneːɐ
nehmen ˈneːmən
Nehrlich ˈneːɐ̯lɪç
Nehru ˈneːru, *engl.* ˈnɛəruː
Nehrung ˈneːrʊŋ
Neid nai̯t, **-es** ˈnai̯dəs
neiden ˈnai̯dn̩, **neid!** nai̯t
Neidhard, ...rt ˈnai̯thart
neidisch ˈnai̯dɪʃ
Neidnagel ˈnai̯tnaːgl̩
Neige ˈnai̯gə
neigen ˈnai̯gn̩, **neig!** nai̯k, **neigt** nai̯kt
Neijiang *chin.* nei̯dʑi̯aŋ 41
Neil[e], Neill *engl.* niːl
Neilson *engl.* niːlsn
nein, Nein nai̯n
Neipperg ˈnai̯pɛrk
Neiße, Neisse ˈnai̯sə
Neisser ˈnai̯sɐ
Neiswẹstny *russ.* nɪizˈvjɛsnɨj
Neith nai̯t
Neithard[t] ˈnai̯thart
Neithhotep nai̯tˈhoːtɛp
Nẹiva *span.* ˈnɛi̯βa
Nejạgawa *jap.* neˈjagawa
Nejedlý *tschech.* ˈnɛjɛdliː
Nekrạssow[skoje] *russ.* nɪˈkrasɐf[skɐjɐ]
Nekrobiose nekroˈbi̯oːzə
Nekrohormon nekrohɔrˈmoːn
Nekrokaustie nekrokau̯sˈtiː, **-n** ...iːən
Nekrolog nekroˈloːk, **-e** ...oːgə
Nekrologie nekroloˈgiː

Nekrologium nekroˈloːgi̯ʊm, **...ien** ...i̯ən
Nekromanie nekromaˈniː, **-n** ...iːən
Nekromạnt nekroˈmant
Nekromantie nekromanˈtiː
Nekrophilie nekrofiˈliː, **-n** ...iːən
Nekrophobie nekrofoˈbiː
Nekropie nekroˈpiː, **-n** ...iːən
Nekropole nekroˈpoːlə
Nekropolis neˈkroːpolɪs, **...len** ...roˈpoːlən
Nekropsie nekrɔˈpsiː, **-n** ...iːən
Nekrose neˈkroːzə
Nekroskopie nekroskoˈpiː, **-n** ...iːən
Nekrospermie nekrospɛrˈmiː
nekrotisch neˈkroːtɪʃ
Nekrotomie nekrotoˈmiː, **-n** ...iːən
Nektanebos nɛktaneˈboːs
Nẹktar ˈnɛktar
Nektarine nɛktaˈriːnə
Nektarinien nɛktaˈriːni̯ən
nektarisch nɛkˈtaːrɪʃ
Nektarium nɛkˈtaːri̯ʊm, **...ien** ...i̯ən
nẹktarn ˈnɛktarn
nektieren nɛkˈtiːrən
Nektion nɛkˈtsi̯oːn
Nektiv nɛkˈtiːf, **-e** ...iːvə
Nẹkton ˈnɛktɔn
nektonisch nɛkˈtoːnɪʃ
Nẹkyia ˈneːkyja, **...yien** neˈkyːjən
Nekymantie nekymanˈtiː
Nélaton *fr.* nelaˈtõ
Neleus ˈneːlɔy̯s
Nélie *fr.* neˈli
Nelissen ˈneːlɪsn̩
Nẹlke ˈnɛlkə
Nẹll *dt., engl.* nɛl
Nẹll-Breuning ˈnɛlˈbrɔy̯nɪŋ
Nẹlli ˈnɛli, *it.* ˈnɛlli
Nẹllie *engl.* ˈnɛlɪ
Nellore *engl.* nɛˈlɔː
Nẹlly ˈnɛli, *engl.* ˈnɛlɪ
[1]**Nẹlson** (Nackenhebel) ˈnɛlzɔn
[2]**Nẹlson** (Name) ˈnɛlzɔn, *engl.* nɛlsn, *bras.* ˈnɛlsõ
Nẹlspruit *afr.* ˈnɛlsprœy̆t
Nelusco neˈlʊsko
Nẹman *russ.* ˈnjɛmɐn
Nẹmanja *serbokr.* ˌnɛmanja
Nemanjide nemanˈjiːdə
Nemathelminthen nemathɛlˈmɪntn̩
Nematode nemaˈtoːdə

Nematozid nematoˈtsiːt, **-e** ...iːdə
Nẹmčić *serbokr.* ˈnɛːmtʃitɕ
Němcová *tschech.* ˈnjɛmtsɔvaː
Nemea neˈmeːa, *neugr.* nɛˈmɛa
Němec *tschech.* ˈnjɛmɛts
Nemectrodyn nemɛktroˈdyːn
nemeisch neˈmeːɪʃ
Nẹmerov *engl.* ˈnɛmərɔf
Nemésio *port.* nəˈmɛzi̯u
Nemesis ˈneːmezɪs, ˈnɛm...
Nemesius neˈmeːzi̯ʊs
Nemeter ˈneːmetɐ
Németh *ung.* ˈneːmɛt
Nemi *it.* ˈnɛːmi
Nemirovsky *fr.* nemirɔfˈski
Nemirow *bulgar.* nɛˈmirof
Nemirowitsch *russ.* nɪmiˈrɔvitʃ
Nemophila neˈmoːfila
Nemorino *it.* nemoˈriːno
Nemours *fr.* nəˈmuːr
Nẹmrod ˈnɛmrɔt
Nẹmunas *lit.* ˌnæːmʊnas
Nẹmuro *jap.* ˈneˌmuro
'nen nən
Nene (Fluss) *engl.* niːn, nɛn
Nenitẹscu *russ.* neniˈtesku
Nẹnndorf ˈnɛndɔrf
nẹnnen ˈnɛnən
Nẹnni *it.* ˈnɛnni
Nẹnnius ˈnɛni̯ʊs
Nẹnze ˈnɛntsə
Neodarwinismus neodarviˈnɪsmʊs, ˈneːo...
Néo-Destour *fr.* neɔdɛsˈtuːr
Neodym neoˈdyːm
Neodynator neodyˈnaːtoːɐ̯, **-en** ...dynaˈtoːrən
Neoeuropa neo|ɔy̯ˈroːpa
Neofaschismus neofaˈʃɪsmʊs, ˈneːo...
Neofaschist neofaˈʃɪst, ˈneːo...
Neogäa neoˈgɛːa
Neogen neoˈgeːn
Nẹograder ˈneːograːdɐ
Neoimpressionismus neo|ɪmprɛsi̯oˈnɪsmʊs, ˈneːo...
Neoklassizismus neoklasiˈtsɪsmʊs, ˈneːo...
Neokolonialismus neokoloni̯aˈlɪsmʊs, ˈneːo...
Neokom[ium] neoˈkoːm[i̯ʊm]
Neolamarckismus neolamarˈkɪsmʊs, ˈneːo...
Neoliberalismus neoliberaˈlɪsmʊs, ˈneːo...
Neolinguistik neolɪŋˈgu̯ɪstɪk, ˈneːo...
Neolithiker neoˈliːtikɐ

Neoli̱thikum neo'li:tikʊm
neoli̱thisch neo'li:tɪʃ
Neolo̱ge neo'lo:gə
Neologi̱e neolo'gi:, **-n** ...i:ən
neolo̱gisch neo'lo:gɪʃ
Neologịsmus neolo'gɪsmʊs
Neomalthusianismus neomal-tuzi̯a'nɪsmʊs, 'ne:o...
Neomortalitä̱t neomɔrtali'tɛ:t, 'ne:o...
Neomyci̱n neomy'ts͜i:n
Neomỵst neo'mʏst
Neomyzi̱n neomy'ts͜i:n
Ne̱on 'ne:ɔn
Neonatolo̱ge neonato'lo:gə
Neonatologi̱e neonatolo'gi:
Ne̱onazi 'ne:ona:ts͜i
Neonazịsmus neona'ts͜ɪsmʊs, 'ne:o...
Neonazịst neona'ts͜ɪst, 'ne:o...
Neophy̱t[ikum] neo'fy:t[ikʊm]
Neoplạsma neo'plasma
Neoplastizịsmus neoplasti'ts͜ɪsmʊs
Neopositivịsmus neopoziti'vɪsmʊs, 'ne:o...
Neopre̱n® neo'pre:n
Neopto̱lemos neɔp'to:lemɔs
Neorealịsmus neorea'lɪsmʊs, 'ne:o...
Neosho *engl.* nɪ'oʊʃoʊ
Neostomi̱e neosto'mi:, **-n** ...i:ən
Neoteni̱e neote'ni:
Neote̱riker neo'te:rikɐ
neote̱risch neo'te:rɪʃ
Neotẹrpe neo'tɛrpə
Neotro̱pis neo'tro:pɪs
Neọttia ne'ɔti̯a
Neoverịsmus neove'rɪsmʊs, 'ne:o...
Neovitalịsmus neovita'lɪsmʊs, 'ne:o...
Neozo̱ikum neo'ts͜o:ikʊm
neozo̱isch neo'ts͜o:ɪʃ
Nẹp *russ.* nɛp
Ne̱pal 'ne:pal, *auch:* ne'pa:l
Nepa̱ler ne'pa:lɐ
Nepale̱se nepa'le:zə
nepale̱sisch nepa'le:zɪʃ
Nepa̱li ne'pa:li
nepa̱lisch ne'pa:lɪʃ
Nepẹnthes ne'pɛntɛs
[1]**Ne̱per** (Einheit) 'ne:pɐ
[2]**Ne̱per** (Name) *engl.* 'neɪpə
Nepheli̱n nefe'li:n
Nephelini̱t nefeli'ni:t
Nephe̱lium ne'fe:li̯ʊm, **...ien** ...i̯ən
Nephelome̱ter nefelo'me:tɐ
Nephelometri̱e nefelome'tri:
Nephelopsi̱e nefelɔ'psi:
Nepheri̱tes nefe'ri:tɛs
ne̱phisch 'ne:fɪʃ
Nephogra̱ph nefo'gra:f
Nephome̱ter nefo'me:tɐ
Nephosko̱p nefo'sko:p
Nephralgi̱e nefral'gi:, **-n** ...i:ən
Nephrektomi̱e nefrɛkto'mi:, **-n** ...i:ən
Nephri̱dium ne'fri:di̯ʊm, **...ien** ...i̯ən
Nephri̱t ne'fri:t
Nephri̱tis ne'fri:tɪs, **...iti̱den** ...ri'ti:dn̩
nephroge̱n nefro'ge:n
Nephro̱lepis ne'fro:lepɪs
Nephroli̱th nefro'li:t
Nephrolithia̱se nefroli'ti̯a:zə
Nephrolithi̱asis nefroli'ti:azɪs, **...ia̱sen** ...'ti̯a:zn̩
Nephrolithotomi̱e nefrolito-to'mi:, **-n** ...i:ən
Nephrolo̱ge nefro'lo:gə
Nephrologi̱e nefrolo'gi:
Nephro̱m ne'fro:m
Nephropathi̱e nefropa'ti:, **-n** ...i:ən
Nephrophthi̱se nefro'fti:zə
Nephrophthi̱sis nefro'fti:zɪs
Nephropto̱se nefrɔp'to:zə
Nephropyeli̱tis nefropy̆e'li:tɪs, **...iti̱den** ...li'ti:dn̩
Nephrorrhagi̱e nefrɔra'gi:, **-n** ...i:ən
Nephro̱se ne'fro:zə
Nephrosklero̱se nefroskle'ro:zə
Nephrostomi̱e nefrosto'mi:, **-n** ...i:ən
Nephrotomi̱e nefroto'mi:, **-n** ...i:ən
Nẹphthys 'nɛftʏs
Ne̱pomuk 'ne:pomʊk, *tschech.* 'nɛpɔmuk
Ne̱pos 'ne:pɔs
Nepo̱te ne'po:tə
nepotisi̱eren nepoti'zi:rən
Nepotịsmus nepo'tɪsmʊs
nepotịstisch nepo'tɪstɪʃ
Nẹpp nɛp
nẹppen 'nɛpn̩
Népszabadság *ung.* 'ne:psɔ-bɔtt͜ʃa:g
Népszava *ung.* 'ne:psɔvɔ
Neptu̱n nɛp'tu:n
Neptunịsmus nɛptu'nɪsmʊs
Neptunịst nɛptu'nɪst
Neptu̱nium nɛp'tu:ni̯ʊm
Nera *it.* 'nɛ:ra, 'ne:ra, *rumän.* 'nera, *russ.* 'njɛrɐ
Nẹratovice *tschech.* 'nɛratɔvɪtsɛ
Nẹratowitz 'nɛratovɪts͜
Nẹrchau 'nɛrçau̯
Nere̱ide nere'i:də
Nere̱is ne're:ɪs
Ne̱resheim 'ne:rəshai̯m
Nẹretva *serbokr.* ˌnɛrɛ[:]tva
Ne̱reus 'ne:rɔʏs
Nẹrfling 'nɛrflɪŋ
Nẹrgal 'nɛrgal
Ne̱ri *it.* 'nɛ:ri, 'ne:ri
Ne̱ring 'ne:rɪŋ
Nėrịs *lit.* ne:'rɪs
Nerịssa ne'rɪsa
Neri̱tide neri'ti:də
neri̱tisch ne'ri:tɪʃ
Nẹrly 'nɛrli
Nẹrnst nɛrnst
Ne̱ro 'ne:ro
Nerọccio *it.* ne'rɔttʃo
Ne̱roliöl 'ne:roli|ø:l
nero̱nisch, N... ne'ro:nɪʃ
Nẹr tami̱d 'nɛr ta'mi:t
Nẹrthus 'nɛrtʊs
Nẹrtschinsk *russ.* 'njertʃinsk
Neruda *span.* ne'ruða, *tschech.* 'nɛruda
Nẹrv nɛrf, **-en** 'nɛrfn̩
Nẹrva 'nɛrva, *span.* 'nɛrβa
nerva̱l nɛr'va:l
Nervạl *fr.* nɛr'val
Nervatu̱r nɛrva'tu:ɐ̯
nẹrven 'nɛrfn̩
[1]**Nervi** vgl. Nervus
[2]**Nẹrvi** *it.* 'nɛrvi
Nẹrvier 'nɛrvi̯ɐ
nẹrvig 'nɛrfɪç, *auch:* 'nɛrvɪç, **-e** ...ɪgə
Nervi̱num nɛr'vi:nʊm, **...na** ...na
nẹrvlich 'nɛrflɪç
Nẹrvo *span.* 'nɛrβo
nervö̱s nɛr'vø:s, **-e** ...ø:zə
Nervositä̱t nɛrvozi'tɛ:t
Nẹrvus 'nɛrvʊs, **...vi** ...vi
Nẹrvus abdu̱cens 'nɛrvʊs ap'du:ts͜ɛns
Nẹrvus Probạndi 'nɛrvʊs pro'bandi
Nẹrvus Re̱rum 'nɛrvʊs 're:rʊm
Nẹrz nɛrts͜
Nesami̱ *pers.* nezɑ'mi
Nẹsbit *engl.* 'nɛzbɪt
Nẹscafé® 'nɛskafe, ...fe:
Nẹsch nɛʃ
Nẹschi 'nɛski, *auch:* 'nɛsçi

Neschin *russ.* ˈnjɛʒin
Nescio *niederl.* ˈnɛskio
Neskaupstaður *isl.* ˈnɛ:skœy̆p-sta:ðʏr
Nesle *fr.* nɛl
Ness *engl.* nɛs
Nesse ˈnɛsə
Nessebar *bulgar.* nɛˈsɛbər
Nessel ˈnɛsl̩
Nesselrode nɛsl̩ˈro:də, ˈ----
Nesselwang ˈnɛsl̩vaŋ
Nessessär nɛsɛˈsɛ:ɐ̯
Nessler, Neßler ˈnɛslɐ
Nessos ˈnɛsɔs
Nessus ˈnɛsʊs
Nest nɛst
Neste *fr.* nɛst
Nestel ˈnɛstl̩
nesteln ˈnɛstl̩n
Nesterenko *russ.* nɪstɪˈrjɛnkɐ
Nesterow *russ.* ˈnjestɪrɐf
Nestle ˈnɛstlə
Nestlé ˈnɛstlə, *auch:* nɛstˈle:, *fr.* nɛsˈtle
Nestling ˈnɛstlɪŋ
Neston *engl.* ˈnɛstən
Nestor ˈnɛsto:ɐ̯, **-en** ...ˈto:rən
Nestor (Name) ˈnɛsto:ɐ̯, *russ.* ˈnjɛstɐr
Nestorianer nɛstoˈri̯a:nɐ
Nestorianismus nɛstori̯aˈnɪsmʊs
Nestorius nɛˈsto:ri̯ʊs
Nestroy ˈnɛstrɔy
Nesvadba *tschech.* ˈnɛsvadba
Netanjahu *hebr.* nətanˈjahu
Netanya *hebr.* nəˈtanja
Net[h]e *niederl.* ˈne:tə
Néthou *fr.* neˈtu
Netjerikare nɛtjerikaˈre:
Neto *bras.* ˈnɛtu
Netphen ˈnɛtfn̩
Netschajew *russ.* nɪˈtʃajɪf
Netscher *niederl.* ˈnɛtʃər
Netschui-Lewyzky *ukr.* nɛˈtʃujlɛˈvɪtsjkɪj
Netsuke ˈnɛts[u]ke
Nett nɛt
Nettchen ˈnɛtçən
Nette ˈnɛtə
Nettesheim ˈnɛtəshai̯m
Nettetal ˈnɛtəta:l
Netti ˈnɛti
Netto ˈnɛto
Netto à point ˈnɛto a ˈpo̯ɛ̃:
Netto cassa ˈnɛto ˈkasa
Nettuno *it.* netˈtu:no
Netty ˈnɛti
Network ˈnɛtvø:ɐ̯k, ...vœrk
Netz[e] ˈnɛts[ə]
netzen ˈnɛtsn̩
Netzschkau ˈnɛtʃkau̯
neu nɔy
Neuapostoliker ˈnɔy|apɔsto:likɐ
neuartig ˈnɔy|a:ɐ̯tɪç
neubacken ˈnɔybakn̩
Neubau[er] ˈnɔybau̯[ɐ]
Neubeckum nɔyˈbɛkʊm, ˈ---
Neuber ˈnɔybɐ
Neuberg ˈnɔybɛrk
Neuberin ˈnɔybərɪn
Neubiberg nɔyˈbi:bɛrk
Neubrandenburg nɔyˈbrandn̩bʊrk
Neubraunschweig nɔyˈbrau̯nʃvai̯k
Neubulach nɔyˈbu:lax
Neuburg ˈnɔybʊrk
Neuburger ˈnɔybʊrgɐ
Neuchâtel *fr.* nøʃɑˈtɛl
Neudamm nɔyˈdam
Neu-Delhi nɔyˈde:li
Neudenau ˈnɔydənau̯
neudeutsch ˈnɔydɔytʃ
Neudörf[f]er ˈnɔydœrfɐ
Neuenahr ˈnɔyən|a:ɐ̯
Neuenburg ˈnɔyənbʊrk
Neuenbürg ˈnɔyənbʏrk
Neuenburger ˈnɔyənbʊrgɐ
Neuendettelsau nɔyənˈdɛtl̩slau̯, ----ˈ-
Neuengland nɔyˈ|ɛŋlant
Neuenhaus ˈnɔyənhau̯s
Neuenheerse nɔyənˈhe:ɐ̯zə
Neuenmarkt ˈnɔyənmarkt
Neuenrade nɔyənˈra:də
Neuenstadt ˈnɔyənʃtat
Neuenstein ˈnɔyənʃtai̯n
Neuerburg ˈnɔyɐbʊrk
neuerdings ˈnɔyɐˈdɪŋs
Neuerer ˈnɔyərɐ
neuerlich ˈnɔyɐlɪç
neuern ˈnɔyɐn
neuestens ˈnɔyəstn̩s
Neufchâteau *fr.* nøʃɑˈto
Neufchâtel *fr.* nøʃɑˈtɛl
Neufert ˈnɔyfɐt
Neuffen ˈnɔyfn̩
Neufrankreich nɔyˈfraŋkrai̯ç
Neufundland nɔyˈfʊntlant
Neufundländer nɔyˈfʊntlɛndɐ
Neugablonz nɔyˈga:blɔnts
Neugersdorf nɔyˈgɛrsdɔrf
Neugier[de] ˈnɔygi:ɐ̯[də]
Neuglobsow nɔyˈglɔpso
Neugotik ˈnɔygo:tɪk
Neugranada nɔygraˈna:da
Neuguinea nɔygiˈne:a
Neuhannover nɔyhaˈno:fɐ
Neuhaus ˈnɔyhau̯s
Neuhäusel ˈnɔyhɔyzl̩, -ˈ--
[1]Neuhausen (Neckar; Ostpreußen) nɔyˈhau̯zn̩
[2]Neuhausen (Schaffhausen) ˈnɔyhau̯zn̩
Neuhäusler ˈnɔyhɔyslɐ
neuhebräisch ˈnɔyhebrɛ:ɪʃ
Neuhegelianismus nɔyhe:gəli̯aˈnɪsmʊs, ˈ------
Neuheit ˈnɔyhai̯t
neuhochdeutsch ˈnɔyho:xdɔytʃ
Neuholland nɔyˈhɔlant
Neuhumanismus ˈnɔyhumanɪsmʊs
Neuhuys *niederl.* ˈnø:hœi̯s
Neuigkeit ˈnɔyɪçkai̯t
Neuilly *fr.* nœˈji
Neuilly-sur-Marne *fr.* nœjisyrˈmarn
Neuirland nɔyˈ|ɪrlant
Neu-Isenburg nɔyˈ|i:zn̩bʊrk
Neujahr ˈnɔyja:ɐ̯, *auch:* -ˈ-
Neukaledonien nɔykaleˈdo:ni̯ən
Neukantianer nɔykanˈti̯a:nɐ, ˈ----
Neukantianismus nɔykanti̯aˈnɪsmʊs, ˈ-----
Neukastilien ˈnɔykasˈti:li̯ən
Neukirch ˈnɔykɪrç
Neukirchen-Vluyn nɔyˈkɪrçn̩ˈfly:n
Neuklassik ˈnɔyklasɪk
Neukloster nɔyˈklo:stɐ
Neukölln nɔyˈkœln
Neukomm ˈnɔykɔm
Neukuhren nɔyˈku:rən
Neuland ˈnɔylant
neulich ˈnɔylɪç
Neuling ˈnɔylɪŋ
Neumagen ˈnɔyma:gn̩
Neumann ˈnɔyman, *tschech.* ˈnɔjman
Neumark[t] ˈnɔymark[t]
Neumay[e]r ˈnɔymai̯ɐ
Neume ˈnɔymə
Neumecklenburg nɔyˈme:klənbʊrk, ...mɛk...
Neumeier ˈnɔymai̯ɐ, *engl.* ˈnju:maɪə
Neumeister ˈnɔymai̯stɐ
Neumexiko nɔyˈmɛksiko
Neumeyer ˈnɔymai̯ɐ
neumieren nɔyˈmi:rən
Neumünster nɔyˈmʏnstɐ
neun nɔyn

Neunauge ˈnɔ͜yn|a͜ugə
Neunburg ˈnɔ͜ynbʊrk
neuneckig ˈnɔ͜yn|ɛkɪç, **-e** ...ɪgə
neuneinhalb ˈnɔ͜yn|a͜inˈhalp
neunerlei ˈnɔ͜ynɐˈla͜i
neunfach ˈnɔ͜ynfax
neunhundert ˈnɔ͜ynˈhʊndɐt
Neuniederland nɔ͜yˈni:dɐlant
Neunkirch ˈnɔ͜ynkɪrç
¹**Neunkirchen** (Borna, Saarland) ˈnɔ͜ynkɪrçn̩
²**Neunkirchen** (Erlangen, Wien) nɔ͜ynˈkɪrçn̩
neunmal ˈnɔ͜ynma:l
neunmalig ˈnɔ͜ynma:lɪç, **-e** ...ɪgə
neunmalklug ˈnɔ͜ynma:lklu:k
neunmalweise ˈnɔ͜ynma:lva͜izə
neunt nɔ͜ynt
neuntausend ˈnɔ͜ynˈta͜uzn̩t
neunte ˈnɔ͜yntə
neuntel, N... ˈnɔ͜yntl̩
neuntens ˈnɔ͜yntn̩s
Neuntöter ˈnɔ͜yntø:tɐ
neunundeinhalb ˈnɔ͜yn|ʊnt|a͜inˈhalp
neunundzwanzig ˈnɔ͜yn|ʊntˈt͜svant͜sɪç
neunzehn ˈnɔ͜ynt͜se:n
neunzig ˈnɔ͜ynt͜sɪç
Neunziger ˈnɔ͜ynt͜sɪgɐ
Neuorleans nɔ͜yˈ|ɔrleã
Neuötting nɔ͜yˈ|œtɪŋ
Neupert ˈnɔ͜ypɐt
Neuphilologe ˈnɔ͜yfilolo:gə
Neuplatoniker ˈnɔ͜yplato:nikɐ
Neuplatonismus ˈnɔ͜yplatonɪsmʊs
Neupommern nɔ͜yˈpɔmɐn
Neuquén *span.* neu̯ˈken
neural nɔ͜yˈra:l
Neuralgie nɔ͜yralˈgi:, **-n** ...i:ən
Neuralgiker nɔ͜yˈralgikɐ
neuralgisch nɔ͜yˈralgɪʃ
Neurasthenie nɔ͜yrasteˈni:, **-n** ...i:ən
Neurastheniker nɔ͜yrasˈte:nikɐ
neurasthenisch nɔ͜yrasˈte:nɪʃ
Neurath ˈnɔ͜yra:t
Neurektomie nɔ͜yrɛktoˈmi:
Neureuther ˈnɔ͜yrɔ͜ytɐ
Neurexairese nɔ͜yrɛksa͜iˈre:zə
Neuries ˈnɔ͜yri:s
Neurilem nɔ͜yriˈle:m
Neurilemm[a] nɔ͜yriˈlɛm[a]
Neurin nɔ͜yˈri:n
Neurinom nɔ͜yriˈno:m
Neurit nɔ͜yˈri:t
Neuritis nɔ͜yˈri:tɪs, **...itiden** ...riˈti:dn̩
Neurobiologie nɔ͜yrobioloˈgi:, ˈ------
Neuroblast nɔ͜yroˈblast
Neuroblastom nɔ͜yroblasˈto:m
Neurochirurgie ˈnɔ͜yroçirʊrˈgi:, ----ˈ-
Neurode nɔ͜yˈro:də
Neurodermatose nɔ͜yrodɛrmaˈto:zə
Neurodermitis nɔ͜yrodɛrˈmi:tɪs, **...itiden** ...miˈti:dn̩
neuroendokrin nɔ͜yro|ɛndoˈkri:n
Neuroepithel nɔ͜yro|epiˈte:l
Neurofibrille nɔ͜yrofiˈbrɪlə
neurogen nɔ͜yroˈge:n
Neuroglia nɔ͜yroˈgli:a
Neurohormon nɔ͜yrohɔrˈmo:n, ˈ----
Neurokranium nɔ͜yroˈkra:ni̯ʊm, **...ia** ...i̯a
Neurolemm[a] nɔ͜yroˈlɛm[a]
Neuroleptikum nɔ͜yroˈlɛptikʊm, **...ka** ...ka
Neurologe nɔ͜yroˈlo:gə
Neurologie nɔ͜yroloˈgi:
neurologisch nɔ͜yroˈlo:gɪʃ
Neurom nɔ͜yˈro:m
Neuron ˈnɔ͜yrɔn, **-e[n]** ...ˈro:nə[n]
Neuroparalyse nɔ͜yroparaˈly:zə
Neuropath nɔ͜yroˈpa:t
Neuropathie nɔ͜yropaˈti:, **-n** ...i:ən
Neuropathologe nɔ͜yropatoˈlo:gə, ˈ------
Neuropathologie nɔ͜yropatoloˈgi:, ˈ------
Neuroplegikum nɔ͜yroˈple:gikʊm, **...ka** ...ka
neuropsychisch nɔ͜yrɔˈpsy:çɪʃ, ˈ----
Neuropsychologe nɔ͜yrɔpsyçoˈlo:gə, ˈ------
Neuropsychologie nɔ͜yrɔpsyçoloˈgi:, ˈ------
Neuropteren nɔ͜yrɔpˈte:rən
Neuroretinitis nɔ͜yroretiˈni:tɪs, **...itiden** ...niˈti:dn̩
Neurose nɔ͜yˈro:zə
Neurosekret nɔ͜yrozeˈkre:t
Neurotiker nɔ͜yˈro:tikɐ
Neurotisation nɔ͜yrotizaˈt͜si̯o:n
neurotisch nɔ͜yˈro:tɪʃ
neurotisieren nɔ͜yrotiˈzi:rən
Neurotomie nɔ͜yrotoˈmi:, **-n** ...i:ən
Neurotonie nɔ͜yrotoˈni:, **-n** ...i:ən
Neurotoxikose nɔ͜yrotɔksiˈko:zə
Neurotoxin nɔ͜yrotɔˈksi:n
neurotoxisch nɔ͜yroˈtɔksɪʃ
Neurotripsie nɔ͜yrotrɪˈpsi:, **-n** ...i:ən
neurotrop nɔ͜yroˈtro:p
Neurozyt nɔ͜yroˈt͜sy:t
Neuruppin[er] nɔ͜yrʊˈpi:n[ɐ]
Neusalz ˈnɔ͜yzalt͜s
Neu-Sandez nɔ͜yˈzandɛt͜s
Neusatz ˈnɔ͜yzat͜s
Neuscholastik ˈnɔ͜yʃolastɪk
Neuschottland nɔ͜yˈʃɔtlant
Neuschwabenland nɔ͜yˈʃva:bn̩lant
Neuschwanstein nɔ͜yˈʃva:nʃta͜in
Neu-Schweden nɔ͜yˈʃve:dn̩
Neuseeland nɔ͜yˈze:lant
Neuseeländer nɔ͜yˈze:lɛndɐ
neuseeländisch nɔ͜yˈze:lɛndɪʃ
Neusibirien nɔ͜yziˈbi:ri̯ən
Neusiedl ˈnɔ͜yzi:dl̩
Neusi[e]dler ˈnɔ͜yzi:dlɐ
Neusilber ˈnɔ͜yzɪlbɐ
Neusohl nɔ͜yˈzo:l
Neuspanien nɔ͜yˈʃpa:ni̯ən
Neusprachler ˈnɔ͜yʃpra:xlɐ
Neuss nɔ͜ys
Neusser ˈnɔ͜ysɐ
Neustadt ˈnɔ͜yʃtat
neustens ˈnɔ͜ystn̩s
Neuster ˈnɔ͜ystɐ
Neustettin nɔ͜yʃtɛˈti:n
Neustift ˈnɔ͜yʃtɪft
Neuston ˈnɔ͜ystɔn
Neustrelitz nɔ͜yˈʃtre:lɪt͜s
Neustrien ˈnɔ͜ystriən
Neusüdwales ˈnɔ͜yzy:tve:ls
Neutitschein ˈnɔ͜ytɪt͜ʃa͜in
Neutoggenburg ˈnɔ͜ytɔgn̩bʊrk
¹**Neutra** (Name) ˈnɔ͜ytra
²**Neutra** vgl. Neutrum
neutral, N... nɔ͜yˈtra:l
Neutralisation nɔ͜ytralizaˈt͜si̯o:n
neutralisieren nɔ͜ytraliˈzi:rən
Neutralismus nɔ͜ytraˈlɪsmʊs
Neutralist nɔ͜ytraˈlɪst
Neutralität nɔ͜ytraliˈtɛ:t
Neutrino nɔ͜yˈtri:no
Neutron ˈnɔ͜ytrɔn, **-en** nɔ͜yˈtro:nən
neutrophil nɔ͜ytroˈfi:l
Neutrophilie nɔ͜ytrofiˈli:
Neutrum ˈnɔ͜ytrʊm, **...ra** ...ra

Neutsch nɔy̯tʃ
Neu-Ulm nɔy̯ˈǀʊlm
Neuveville *fr.* nœvˈvil
Neuweiler ˈnɔy̯vai̯lɐ
Neuwelt ˈnɔy̯vɛlt
Neuwerk nɔy̯ˈvɛrk
Neuwied nɔy̯ˈviːt
Neu-Wien nɔy̯ˈviːn
Neuwiller-lès-Saverne *fr.* nøvilɛrlɛsaˈvɛrn
Neu-Württemberg nɔy̯ˈvʏrtəmbɛrk
Neuyork nɔy̯ˈjɔrk
Neuyorker nɔy̯ˈjɔrkɐ
neuyorkisch nɔy̯ˈjɔrkɪʃ
Neuzelle nɔy̯ˈtsɛlə
Neuzerre neusɛˈreː
Nevada neˈvaːda, *engl.* nəˈvɑːdə, *span.* neˈβaða
Nevado *span.* neˈβaðo
Nevelson *engl.* ˈnɛvəlsn
Neven ˈneːvn̩
Nevermann ˈneːvɐman
Nevers *fr.* nəˈvɛːr
Neveu (Neffe) nəˈvøː
Neveu, ...ux *fr.* nəˈvø
Neviges ˈneːvɪgəs
Nevil, ...ll[e] *engl.* ˈnɛvɪl
Nevin[s] *engl.* ˈnɛvɪn[z]
¹**Nevis** (Schottland) *engl.* ˈnɛvɪs
²**Nevis** (Westindien) *engl.* ˈniːvɪs
Nevşehir *türk.* ˈnɛvʃɛˌhir
New *engl.* njuː
Newa ˈneːva, *russ.* nɪˈva
Newage ˈnjuːˈǀeːtʃ
Newa'i *pers.* nevɑˈʔiː
Newald ˈneːvalt
Newark *engl.* ˈnjuːək
Newberg *engl.* ˈnjuːbəːg
Newber[r]y *engl.* ˈnjuːbərɪ
Newbiggin *engl.* ˈnjuːbɪgɪn
Newbo[u]ld *engl.* ˈnjuːboʊld
Newbo[u]lt *engl.* ˈnjuːboʊlt
New Braunfels *engl.* njuː ˈbraʊnfəlz
Newburg[h] *engl.* ˈnjuːbəːg
Newburn *engl.* ˈnjuːbən
Newbury *engl.* ˈnjuːbərɪ
Newburyport *engl.* ˈnjuːbərɪpɔːt
New Caledonia *engl.* njuː kælɪˈdoʊnjə
New Canaan *engl.* njuː ˈkeɪnən
Newcastle, New C... *engl.* ˈnjuːkɑːsl
Newcomb[e] *engl.* ˈnjuːkəm
Newcomen *engl.* ˈnjuːkʌmən
Newcomer ˈnjuːkamɐ
New Deal ˈnjuː ˈdiːl
Newelskoi *russ.* nɪvɪljˈskɔj
Newerow *russ.* nɪˈvjɛrɐf
Newfoundland *engl.* ˈnjuːfəndlənd
Newgate *engl.* ˈnjuːgeɪt
Newgrange *engl.* ˈnjuːgreɪndʒ
Newham *engl.* ˈnjuːəm
Newhaven *engl.* njuːˈheɪvn
New Iberia *engl.* njuː aɪˈbɪərɪə
Ne Win ˈneː ˈvɪn
Newington *engl.* ˈnjuːɪŋtən
Newinnomyssk *russ.* nɪvinnaˈmɨsk
Newjansk *russ.* nɪvjˈjansk
New Jersey *engl.* njuːˈdʒəːzɪ
Newland[s] *engl.* ˈnjuːlənd[z]
Newlook ˈnjuːˈlʊk
Newman *engl.* ˈnjuːmən
Newmarket *engl.* ˈnjuːmɑːkɪt
Newnan *engl.* ˈnjuːnən
Newnes *engl.* njuːnz
New Norcia *engl.* njuː ˈnɔːʃə
New Orleans *engl.* njuːˈɔːlɪənz, njuːɔːˈliːnz
Newport *engl.* ˈnjuːpɔːt
Newrew *russ.* ˈnjɛvrɪf
Newry *engl.* ˈnjʊərɪ
News ˈnjuːs
News Chronicle *engl.* ˈnjuːz ˈkrɔnɪkl
Newski *russ.* ˈnjɛfskij
New Smyrna Beach *engl.* njuː ˈsməːnə ˈbiːtʃ
New Statesman *engl.* njuː ˈsteɪtsmən
Newsweek *engl.* ˈnjuːzwiːk
Newton ˈnjuːtn̩, *engl.* njuːtn
newtonsch ˈnjuːtn̩ʃ
Newtown *engl.* ˈnjuːtaʊn
Newtownabbey *engl.* njuːtnˈæbɪ
Newtownards *engl.* njuːtnˈɑːdz
New Ulm *engl.* ˈnjuː ˈʌlm
Newwave ˈnjuːˈveːf
New York *engl.* ˈnjuːˈjɔːk
New Zealand njuːˈziːlənd
Nexø *dän.* ˈnegsʏːˀ
Nexus ˈnɛksʊs, **die -** ˈnɛksuːs
Ney nai̯, *fr.* nɛ
Neydharting ˈnai̯thartɪŋ
Nezessität netsɛsiˈtɛːt
Nézsa *ung.* ˈneːʒɔ
Nezval *tschech.* ˈnɛzval
Ngala ˈŋgaːla
Ngaoundéré *fr.* ngaundeˈre
Ngoko ˈŋgoːko
Ngoni ˈŋgoːni
Ngorongoro *engl.* əŋgɔːrɔŋˈgɔːroʊ
Ngô-Tât-Tô *vietn.* ŋo tət to 122
N'Guigmi *fr.* ngigˈmi
Nguni ˈŋguːni
Nguru *engl.* əŋˈguːruː
Nguyên-Du *vietn.* ŋu̯i̯ən zu 51
Nguyên-Gia-Thiêu *vietn.* ŋu̯i̯ən ʒa θi̯əu̯ 516
Nguyên Trai *vietn.* ŋu̯i̯ən trai̯ 55
Nha Trang *vietn.* ɲa traŋ 11
Niagara ni̯aˈgaːra, *engl.* naɪˈægərə
Niaiserie ni̯ɛzəˈriː, **-n** ...iːən
Niamey *fr.* njaˈmɛ
Niam-Niam ˈni̯amˈni̯am
Niarchos *neugr.* ˈnjarxɔs
Nias *indon.* ˈnias
Niaux *fr.* njo
nibbeln ˈnɪbl̩n, **nibble** ˈnɪblə
nibeln ˈniːbl̩n, **nible** ˈniːblə
Nibelung[en] ˈniːbəlʊŋ[ən]
Niblick ˈnɪblɪk
Nicäa niˈtsɛːa
nicäisch niˈtsɛːɪʃ
Nicander niˈkandɐ, *schwed.* niˈkandər
nicänisch niˈtsɛːnɪʃ
Nicänum, Nicaenum niˈtsɛːnʊm
Nicaragua nikaˈraːgu̯a, *span.* nikaˈraɣu̯a
Nicaraguaer nikaˈraːgu̯aɐ
nicaraguanisch nikaraˈgu̯aːnɪʃ
Nicäum niˈtsɛːʊm
Niccodemi *it.* nikkoˈdɛːmi
Niccoli *it.* ˈnikkoli, nikˈkɔːli
Niccolini *it.* nikkoˈliːni
Niccolò *it.* nikkoˈlɔ
Nice *fr.* nis
Niceta[s] niˈtseːta[s]
Nicetius niˈtseːtsi̯ʊs
Nichelino *it.* nikeˈliːno
Nichel[mann] ˈnɪçl̩[man]
Nicholas[ville] *engl.* ˈnɪkələs[vɪl]
Nichol[s] *engl.* nɪkl[z]
Nicholson *engl.* nɪklsn
nicht nɪçt
Nichtangriffspakt nɪçtˈǀangrɪfsˌpakt
Nichte ˈnɪçtə
Nicht-Ich ˈnɪçtǀɪç
nichtig ˈnɪçtɪç, **-e** ...ɪgə
Nichtkatholik ˈnɪçtkatoliːk
nichts, N... nɪçts
nichtsdestominder nɪçtsdɛstoˈmɪndɐ

N

nichtsdestotrotz nɪçt͡sdɛsto'trɔt͡s
nichtsdestoweniger nɪçt͡sdɛsto'veːnɪgɐ
Nichtsnutz 'nɪçt͡snʊt͡s
Nichtstuer 'nɪçt͡stuːɐ
Nick *dt., engl.* nɪk
Nickel 'nɪkl̩
nickelig 'nɪkəlɪç, **-e** ...ɪgə
nicken 'nɪkn̩
Nicker[chen] 'nɪkɐçən
Nicki 'nɪki
Nicklas 'nɪklas, *schwed.* 'niklas
Nicklisch 'nɪklɪʃ
Nickritz 'nɪkrɪt͡s
Niclas 'nɪklas
Nico 'niːko
Nicobar *engl.* 'nɪkoʊbɑː
[1]**Nicol** (Prisma) 'niːkɔl
[2]**Nicol** (Name) *engl.* nɪkl, *fr.* ni'kɔl
Nicola *it.* ni'kɔːla
Nicoladoni nikola'doːni
Nicolai niko'lai̯, 'nɪk...
Nicolas *engl.* 'nɪkələs, *fr.* nikɔ'lɑ
Nicolás *span.* niko'las
Nicolaus 'nɪkolau̯s, 'niːk...
Nicolay niko'lai̯, 'nɪk..., *engl.* nɪkə'leɪ
Nicole *fr.* ni'kɔl
Nicolet *fr.* nikɔ'lɛ
Nicoletta niko'lɛta, *it.* niko'letta
Nicolette *fr.* nikɔ'lɛt
Nicoll *engl.* nɪkl
Nicolle *fr.* ni'kɔl
Nicollet *fr.* nikɔ'lɛ
Nicolò *it.* niko'lɔ
Nicolson *engl.* nɪklsn
Nicomachus ni'koːmaxʊs
Nicosia niko'ziːa, *auch:* ni'koːzi̯a; *engl.* nɪkoʊ'siːə, *it.* niko'ziːa
Nicot *fr.* ni'ko
Nicotin niko'tiːn
Nicoya *span.* ni'koja
Nictheroy *bras.* nite'rɔi̯
Niculescu *rumän.* niku'lesku
nid niːt
Nida 'niːda, *poln.* 'nida, *engl.* 'naɪdə, *lit.* nɪ'da
Nidamental... nidamɛn'taːl...
Nidaros *norw.* ˌniːdaruːs
Nidation nida't͡si̯oːn
Nidau 'niːdau̯
Nidda 'nɪda
Nidden 'nɪdn̩
Nidder 'nɪdɐ
Nidderau 'nɪdərau̯
Nideggen 'niːdɛgn̩
Nidel 'niːdl̩
Nidelv *norw.* ˌniːdɛlv
Nidwalden 'niːtvaldn̩
Nidwaldner 'niːtvaldnɐ
nie niː
Niebelschütz 'niːbl̩ʃʏt͡s
Niebergall 'niːbɐgal
Nieberl[e] 'niːbɐl[ə]
Niebuhr 'niːbuːɐ̯, *dän.* 'niːbuːˀɐ̯, *engl.* 'niːbʊə
Niebüll 'niːbʏl
nieden, N... 'niːdn̩
nieder 'niːdɐ
Nieder 'niːdɐ, *engl.* 'niːdə
Niederalteich niːdɐ'|altai̯ç
Niederbayern 'niːdɐbai̯ɐn
niederdeutsch 'niːdɐdɔyt͡ʃ
Niederdeutschland 'niːdɐdɔyt͡ʃlant
niedere 'niːdərə
Niederfinow niːdɐ'fiːno
Niederhaßlau niːdɐ'haslau̯
Niederkassel niːdɐ'kasl̩
Niederkunft 'niːdɐkʊnft, ...**künfte** ...kʏnftə
Niederlande 'niːdɐlandə
Niederländer 'niːdɐlɛndɐ
niederländisch 'niːdɐlɛndɪʃ
Niederlausitz 'niːdɐlau̯zɪt͡s, *auch:* --'--
Niederle 'niːdɐlə, *tschech.* 'niːdɛrlɛ
Niedermarsberg niːdɐ'marsbɛrk
Niedermoser 'niːdɐmoːzɐ
Niedernhall niːdɐn'hal
Niederösterreich 'niːdɐ|øːstərai̯ç
Niederprüm 'niːdɐprʏm
Niederrhein 'niːdɐrai̯n
Niedersachse 'niːdɐzaksə
Niedersachsen 'niːdɐzaksn̩
niedersächsisch 'niːdɐzɛksɪʃ
Niederschlesien 'niːdɐʃleːzi̯ən
Niederschönhausen niːdɐʃøːn'hau̯zn̩
Niederstetten niːdɐ'ʃtɛtn̩
Niederstotzingen niːdɐ'ʃtɔt͡sɪŋən
Niederung 'niːdərʊŋ
Niederwald 'niːdɐvalt
Niederwartha niːdɐ'varta
niederwärts 'niːdɐvɛrt͡s
Niederwerth niːdɐ'veːɐ̯t
niedlich 'niːtlɪç
Niednagel 'niːtnaːgl̩
niedrig 'niːdrɪç **-e** ...ɪgə
Niedt niːt
Niehans 'niːhans
Niehaus 'niːhau̯s, *engl.* 'niːhaʊs
Nieheim 'niːhai̯m
Niekisch 'niːkɪʃ
Niel *fr.* njɛl, *niederl.* nil
niellieren ni̯ɛ'liːrən
Niello 'ni̯ɛlo, **Nielli** 'ni̯ɛli
Niels niːls, *dän.* nɪls
Nielsbohrium niːls'boːri̯ʊm
Nielsen 'niːlzn̩, *dän.* 'nɪlsn̩
Niem niːm
niemals 'niːmaːls
niemand 'niːmant, **-es** ...ndəs
Niemandsland 'niːmant͡slant
Niemann 'niːman
Niembsch niːmpʃ
Niemcewicz *poln.* njɛm'tsɛvitʃ
Niemeyer 'niːmai̯ɐ
Niemöller 'niːmœlɐ
Nienburg 'niːnbʊrk
Niepce *fr.* njɛps
Niere 'niːrə
Nieremberg 'niːrəmbɛrk
Nieritz 'niːrɪt͡s
Nierndl 'niːɐ̯ndl̩
Nierstein 'niːɐ̯ʃtai̯n
Niesel 'niːzl̩
nieseln 'niːzl̩n, **niesle** 'niːzlə
niesen 'niːzn̩, **nies!** niːs, **niest** niːst
Niesky 'niːski
Nießbrauch 'niːsbrau̯x
Niessen 'niːsn̩
Nieswurz 'niːsvʊrt͡s
Niet[e] 'niːt[ə]
nieten 'niːtn̩
Niethammer 'niːthamɐ
niet- und nagelfest 'niːt|ʊnt'naːgl̩fɛst
Nietzsche 'niːt͡ʃə, *auch:* 'niːt͡sʃə
Nieuport *fr.* njø'pɔːr
Nieuwe Waterweg *niederl.* 'niwə 'waːtərwɛx
Nieuwpoort *niederl.* 'niu̯poːrt
Nievo *it.* 'ni̯ɛvo
Nièvre *fr.* njɛːvr
Nife 'niːfə, ...fe
Niflheim 'niːfl̩hai̯m
Niğde *türk.* 'niːdɛ
Nigel *engl.* naɪdʒl
Nigellus ni'gɛlʊs
nigelnagelneu 'niːgl̩'naːgl̩'nɔy
Niger 'niːgɐ, *fr.* ni'ʒɛːr
Nigeria ni'geːri̯a, *engl.* naɪ'dʒɪərɪə
Nigg nɪk
Nigger 'nɪgɐ

Niggli 'nɪgli
Nightclub 'nai̯tklap
Nightingale *engl.* 'naɪtɪŋgeɪl
Nigrer 'ni:grɐ
nigrisch 'ni:grɪʃ
Nigritella nigri'tɛla
Nigromant nigro'mant
Nigromantie nigroman'ti:
Nigrosin nigro'zi:n
Nihilismus nihi'lɪsmʊs
Nihilist nihi'lɪst
Nihilitis nihi'li:tɪs
nihil obstat 'ni:hɪl 'ɔpstat
Nihon *jap.* ni'hoˌn̩
Niigata *jap.* ni':gata
Niihama *jap.* ni':hama
Niihau *engl.* ni:ɪ'hɑ:u:
Nijasow *russ.* ni'jazɐf
Nijhoff *niederl.* 'nɛi̯hɔf
Nijinska ni'ʒɪnska, *fr.* niʒin'ska
Nijinski, ...ky ni'ʒɪnski, *fr.* niʒin'ski
Nijkerk *niederl.* 'nɛi̯kɛrk
Nijmegen *niederl.* 'nɛi̯me:ɣə
Nikäa ni'kɛ:a, *neugr.* 'nikɛa
Nikaja ni'ka:ja
Nikander ni'kandɐ
Nikandros ni'kandrɔs
Nikanor ni'ka:no:ɐ̯
Nikaragua nika'ra:gu̯a
Nikaraguaer nika'ra:gu̯aɐ̯
nikaraguanisch nikara'gu̯a:nɪʃ
Nike (Göttin) 'ni:kə
Nike® *engl.* 'naɪk[i:]
Nikel *russ.* 'nikɪlj
Nikephoros ni'ke:forɔs
Niketas ni'ke:tas
Nikezić *serbokr.* ˌnikɛzitɕ
Nikias 'ni:ki̯as
Nikifor *russ.* ni'kifɐr, *poln.* ni'kifɔr
Nikiforow *russ.* ni'kifɐrɐf
Nikiphor niki'fo:ɐ̯
Nikisch 'nɪkɪʃ
Nikita *russ.* ni'kitɐ, *serbokr.* ˌnikita
Nikitin *russ.* ni'kitin
Nikititsch *russ.* ni'kititʃ
Nikkei 'nɪke
Nikko *jap.* 'niˌkko:
Niklas 'nɪklas, 'ni:klas
Niklasdorf 'nɪklasdɔrf
Niklaus 'ni:klau̯s, 'nɪk...
Nikobaren niko'ba:rən
Nikodemus niko'de:mʊs
Nikodim *russ.* nika'dim
Nikol 'ni:kɔl
Nikola *serbokr.* ˌnikɔla
Nikolai niko'lai̯, 'nɪkolai̯, *russ.* nika'laj
Nikolait nikola'i:t
Nikolajević *serbokr.* nikɔ'lajɛvitɕ
Nikolajew *russ.* nika'lajɪf
Nikolajewitsch *russ.* nika'lajɪvitʃ
Nikolajew[n]a *russ.* nika'lajɪv[n]ɐ
Nikolajewsk-na-Amure *russ.* nika'lajɪfsknɐa'murɪ
Nikolaos niko'la:ɔs, ni'ko:laɔs
Nikolaus 'nɪkolau̯s, 'ni:k...
Nikolić *serbokr.* ˌnikɔlitɕ
Nikolo 'nɪkolo, niko'lo:
Nikolow *bulgar.* ni'kɔlof
Nikolsburg 'nɪkɔlsbʊrk
Nikolsk[i] *russ.* ni'kɔljsk[ij]
Nikomachisch niko'maxɪʃ
Nikomachos ni'ko:maxɔs
Nikomedes niko'me:dɛs
Nikon *russ.* 'nikɐn
Nikopol 'ni:kopɔl, *russ.* 'nikɐpɐlj, *bulgar.* ni'kɔpol
Nikopolis ni'ko:pɔlɪs
Nikosia niko'zi:a, *auch:* ni'ko:zi̯a
Nikosthenes ni'kɔstenɛs
Nikotin niko'ti:n
Nikotinismus nikoti'nɪsmʊs
Niksar *türk.* 'niksɑr
Nikšić *serbokr.* 'nikʃitɕ
Niktation nɪkta'tsi̯o:n
Niktitation nɪktita'tsi̯o:n
Nil ni:l, *russ.* nil
nil admirari 'ni:l atmi'ra:ri
Niland *engl.* 'naɪlənd
Niles *engl.* naɪlz
Nilgau 'nɪlgau̯
Nilgiri *engl.* 'nɪlgərɪ
Nilin *russ.* 'nilin
Nille 'nɪlə
Nilópolis *bras.* ni'lɔpulis
Nilote ni'lo:tə
nilotisch ni'lo:tɪʃ
Nils nɪls, ni:ls, *schwed.* nils
Nilsen *norw.* 'nilsən
Nils[s]on *schwed.* 'nilsɔn
Nilus 'ni:lʊs
Nilvange *fr.* nil'vã:ʒ
Nimbostratus nɪmbo'stra:tʊs
Nimburg 'nɪmbʊrk
Nimbus 'nɪmbʊs, **-se** ...ʊsə
Nîmes *fr.* nim
Nimier *fr.* ni'mje
nimm! nɪm
nimmer 'nɪmɐ
Nimmerleinstag 'nɪmɐlai̯nsta:k
nimmermehr 'nɪmɐme:ɐ̯
Nimmermehrstag 'nɪmɐme:ɐ̯sˌta:k
nimmermüde 'nɪmɐ'my:də
Nimmersatt 'nɪmɐzat
Nimmerwiedersehen nɪmɐ'vi:dɐze:ən, '--ˌ----
nimmt nɪmt
Nimrod 'nɪmrɔt; **-e** ...o:də
Nimrud nɪm'ru:t
Nimsgern 'nɪmsgɛrn
Nimuendajú *bras.* nimu̯enda'ʒu
Nimwegen 'nɪmve:gn̩
Nin *engl.* nɪn, *span.* nin, *serbokr.* ni:n
Nina *dt., it.* 'ni:na, *russ.* 'ninɐ
Ninette *fr.* ni'nɛt
Ningbo *chin.* nɪŋbɔ 21
ningeln 'nɪŋl̩n
Ningxia *chin.* nɪŋɕi̯a 24
Ninive 'ni:nive
Ninivit nini'vi:t
Nino *it.* 'ni:no
Niño, El ɛl'nɪnjo
Ninon de Lenclos *fr.* ninõdlã'klo
Ninoschwili *georg.* 'ninoʃwili
Ninotschka *russ.* 'ninɐtʃkɐ
Ninurta ni'nʊrta
Ninus 'ni:nʊs
Niob 'ni̯o:p
Niobe 'ni:obe
Niobide ni̯o'bi:də
Niobit ni̯o'bi:t
Niobium 'ni̯o:bi̯ʊm
Niobrara *engl.* naɪə'brɛrə
Nioro *fr.* njɔ'ro
Niort *fr.* njɔ:r
Nipf nɪpf
Niphablepsie nifablɛ'psi:
Nipigon *engl.* 'nɪpɪgɔn
Nipissing *engl.* 'nɪpɪsɪŋ
Nipkow 'nɪpko
Nippel 'nɪpl̩
nippen 'nɪpn̩
Nipperdey 'nɪpɐdai̯
Nippes (Nippsachen) 'nɪpəs, nɪps, nɪp
Nippon 'nɪpɔn, *engl.* 'nɪpɔn, *jap.* ni'ppoˌn̩
Nippsachen 'nɪpzaxn̩
Nippur nɪ'pu:ɐ̯, 'nɪpu:ɐ̯
Niragongo nira'gɔŋgo
Nirenberg *engl.* 'nɪrənbə:g
Nirenus ni're:nʊs
nirgend 'nɪrgn̩t
nirgendher 'nɪrgn̩t'he:ɐ̯
nirgendhin 'nɪrgn̩t'hɪn

Nirgendland ˈnɪrgn̩tlant
nirgends ˈnɪrgn̩ts
nirgendsher ˈnɪrgn̩tsˈheːɐ̯
nirgendswo ˈnɪrgn̩tsˈvoː
nirgendwo ˈnɪrgn̩tˈvoː
nirgendwoher ˈnɪrgn̩tvoˈheːɐ̯
nirgendwohin ˈnɪrgn̩tvoˈhɪn
Nirosta® niˈrɔsta
Nirwana nɪrˈvaːna
Nirwanas *neugr.* nirˈvanas
Nis niːs, *dän.* nɪs
Niš *serbokr.* niːʃ
Nisam[i] niˈzaːm[i]
Nisan niˈzaːn
Nišava *serbokr.* niˈʃava
Nischabur *pers.* niʃɑˈbuːr
Nischapur *pers.* niʃɑˈpuːr
Nischchen ˈniːʃçən
Nische ˈniːʃə
Nischel ˈnɪʃl̩
Nischinomija *jap.* niˈʃinomija
Nischinskaja *russ.* niˈʒɨnskɐjɐ
Nischinski niˈʒɪnski, *russ.* niˈʒɨnskij
Nischnekamsk *russ.* niʒnɪˈkamsk
Nischneudinsk *russ.* niʒnɪˈudinsk
Nischni Nowgorod ˈnɪʃni ˈnɔfgɔrɔt, *russ.* ˈniʒnij ˈnɔvgɐrɐt
Nischni Tagil *russ.* ˈniʒnij taˈgil
Nisibis ˈniːzibɪs
Nisos ˈniːzɔs
Nisowoi *russ.* nizaˈvɔj
Niss[e] ˈnɪs[ə]
Nissen ˈnɪsn̩
Nisser *schwed.* ˈnisər
nissig ˈnɪsɪç, **-e** ...ɪgə
Nissl ˈnɪsl̩
nisten ˈnɪstn̩
Nister ˈnɪstɐ
Nistru *rumän.* ˈnistru
Nisus ˈniːzʊs, **die -** ˈniːzuːs
Nisus formativus ˈniːzʊs fɔrmaˈtiːvʊs
Nisus sexualis ˈniːzʊs zɛˈksu̯aːlɪs
Niten *jap.* niˈten̩
Niterói *bras.* niteˈrɔi̯
Nithard[t] ˈniːthart
Nitocris, Nitokris niˈtoːkrɪs
Niton ˈniːtɔn
Nitouche *fr.* niˈtuʃ
Nitra *slowak.* ˈnjitra
Nitrat niˈtraːt
Nitrid niˈtriːt, **-e** ...iːdə
nitrieren niˈtriːrən
Nitrifikation nitrifikaˈtsi̯oːn
nitrifizieren nitrifiˈtsiːrən
Nitril niˈtriːl
nitrisch ˈniːtrɪʃ
Nitrit niˈtriːt
Nitro *engl.* ˈnaɪtroʊ
Nitrogelatine nitroʒelaˈtiːnə
Nitrogenium nitroˈgeːni̯ʊm
Nitroglyzerin nitroglytseˈriːn, ˈniːt...
Nitrogruppe ˈniːtrogrʊpə
Nitropenta nitroˈpɛnta
nitrophil nitroˈfiːl
Nitrophosphat nitrofɔsˈfaːt, ˈniːt...
nitros niˈtroːs, **-e** ...oːzə
Nitrosamin nitrozaˈmiːn
Nitrose niˈtroːzə
Nitrozellulose nitrotsɛluˈloːzə
Nitrum ˈniːtrʊm
Nitsche ˈnɪtʃə
nitscheln ˈnɪtʃl̩n
nitschewo! nitʃeˈvoː
Nitschiren *jap.* niˈtʃiˌren̩, ˈniˌtʃiren̩
Nitti[s] *it.* ˈnitti[s]
Nitzsch nɪtʃ, nɪtsʃ
Niue *engl.* nɪˈuːeɪ
nival, N... niˈvaːl
Nivardus niˈvardʊs
Nivea® niˈveːa
Niveau niˈvoː
Nivelle *fr.* niˈvɛl
Nivellement nivɛləˈmãː
Nivelles *fr.* niˈvɛl
nivellieren nivɛˈliːrən
nivellitisch nivɛˈliːtɪʃ
Niven *engl.* ˈnɪvən
Nivernais *fr.* nivɛrˈnɛ
Nivers *fr.* niˈvɛːr
Nivometer nivoˈmeːtɐ
Nivose, -s niˈvoːs
Niwche ˈnɪfçə
nix nɪks
Nixdorf ˈnɪksdɔrf
Nix[e] ˈnɪks[ə]
Nixon *engl.* nɪksn
Nizäa niˈtsɛːa
Nizamabad *engl.* nɪˈzɑːmɑːbɑːd
Ni Zan *chin.* nidzan 21
nizä[n]isch niˈtsɛː[n]ɪʃ
Nizä[n]um niˈtsɛː[n]ʊm
Nizip *türk.* niˈzip, ˈnizip
Nizolius niˈtsoːli̯ʊs
Nizon *fr.* niˈzõ
Nizza ˈnɪtsa, *it.* ˈnittsa
Nizzaer ˈnɪtsaɐ
nizzaisch ˈnɪtsaɪʃ
Nizzoli *it.* nitˈtsɔːli
njam, njam! ˈnjamˈnjam
Njassa[land] ˈnjasa[lant]
Njegoš *serbokr.* ˈnjɛgɔʃ
Njegus ˈnjɛgʊs
Njemen ˈnjɛmən
Nkomo *engl.* əŋˈkoʊmoʊ
Nkrumah *engl.* əŋˈkruːmə
NKWD ɛnkaːveːˈdeː
NKWDist ɛnkaːveːˈdɪst
Noach ˈnoːax
noachisch noˈaːxɪʃ
Noack ˈnoːak
Noah ˈnoːa, **Noä** ˈnoːɛ
Noah *engl.* ˈnoʊə
Noailles *fr.* nɔˈɑːj
Noam *engl.* ˈnoʊəm
nobel ˈnoːbl̩, **noble** ˈnoːblə
[1]**Nobel** *schwed.* nɔˈbɛl
[2]**Nobel** (Löwe) ˈnoːbl̩
Nobelium noˈbeːli̯ʊm
Nobelpreis noˈbɛlprai̯s
Nobeoka *jap.* noˈbeˌoka
Nobile *it.* ˈnɔːbile
Nobiles ˈnoːbileːs
[1]**Nobili** (Adlige) ˈnoːbili
[2]**Nobili** (Name) *it.* ˈnɔːbili
Nobilität nobiliˈtɛːt
Nobilitation nobilitaˈtsi̯oːn
nobilitieren nobiliˈtiːrən
Nobility noˈbɪlɪti
Nobiskrug ˈnoːbɪskruːk
Noble *engl.* noʊbl
Noblesse noˈblɛs[ə]
noblesse oblige *fr.* nɔblɛsɔˈbliːʒ
Noblesville *engl.* ˈnoʊblzvɪl
Nobody ˈnoːbodi
Nobre *port.* ˈnɔbrə
Nóbrega *port.* ˈnɔβrəɣɐ
Noce *it.* ˈnoːtʃe
Nocera *it.* noˈtʃɛːra
noch nɔx
nöcher ˈnœçɐ
Nochfrau ˈnɔxfrau̯
Nöchling ˈnœçlɪŋ
nochmalig ˈnɔxmaːlɪç, **-e** ...ɪgə
nochmals ˈnɔxmaːls
Nocht nɔxt
Nöck nœk
Nock[e] ˈnɔk[ə]
Nocken ˈnɔkn̩
Nockerl ˈnɔkɐl
Noctambulismus nɔktambuˈlɪsmʊs
Noctiluca nɔktiˈluːka
Nocturne nɔkˈtʏrn
Nodier *fr.* nɔˈdje
nodös noˈdøːs, **-e** ...øːzə

Nodus 'no:dʊs, **Nodi** 'no:di
Noe 'no:ə
Noé *fr.* nɔ'e, *span.* no'e
Noel *engl.* 'noʊəl
[1]**Noël** (Vorn.) nɔ'ɛl
[2]**Noël** (Lied) no'ɛl
Noelle 'nœlə
Noelte 'nœltə
Noem no'e:m
Noema 'no:ema, **-ta** no'e:mata
Noematik noe'ma:tɪk
Noemi 'no:emi, no'e:mi
Noémi *fr.* nɔe'mi
Noerr nœr
Noesis 'no:ezɪs
Noetel 'nø:tl̩
Noether 'nø:tɐ
Noetik no'e:tɪk
noetisch no'e:tɪʃ
Noetus no'e:tʊs
Nœux-les-Mines *fr.* nøle'min
Nofret 'no:frɛt
Nofretari nofre'ta:ri
Nofretere nofre'te:rə
Nofretete nofre'te:tə
no future 'no: 'fju:tʃɐ
Nogaier no'gai̯ɐ
Nogales *span.* no'ɣales, *engl.* nə'gælɪs
Nogaret *fr.* nɔga'rɛ
Nogat 'no:gat, *poln.* 'nɔgat
Nogent *fr.* nɔ'ʒã
Nogi *jap.* 'noˌgi
Noginsk *russ.* na'ginsk
Nógrád[marcai] *ung.* 'no:gra:d[mɔrtsɔi]
Noguchi *engl.* nə'gu:tʃɪ
Nogueira *port.* nu'ɣɐi̯rɐ
Nogutschi *jap.* 'noˌgutʃi̯
Nohl no:l
Noigandres *bras.* noi̯'gɐndris
noir, [1]N... noa:ɐ̯
Noir (Name) *fr.* nwa:r
Noirlac *fr.* nwar'lak
Noirmoutier *fr.* nwarmu'tje
no iron 'no: 'ai̯ɐn, - 'ai̯rən
Noisette noa'zɛt
Noisy-le-Sec *fr.* nwazil'sɛk
Nöjd *schwed.* nøjd
Nok (Nigeria) *engl.* nɔ:k
Nokia® 'nɔki̯a, *finn.* 'nɔkiɑ
Noktambulismus nɔktambu'lɪsmʊs
Nokturn[e] nɔk'tʊrn[ə], **Nokturnen** ...nən
Nola *it.* 'nɔ:la
Nolan[d] *engl.* 'noʊlən[d]
Nolasker no'laskɐ
Nolde 'nɔldə
Nöldeke 'nœldəkə
nölen 'nø:lən
nolens volens 'no:lɛns 'vo:lɛns
Noli *alban.* 'noli
nölig 'nø:lɪç, **-e** ...ɪgə
Nolimetangere 'no:lime'taŋgere
Nolissement nolɪsə'mã:
Noll nɔl
Nollekens *engl.* 'nɔlɪkənz
Nolten 'nɔltn̩
Noma 'no:ma, **-e** ...mɛ
Nomade no'ma:də
nomadisch no'ma:dɪʃ
nomadisieren nomadi'zi:rən
Nomadismus noma'dɪsmʊs
Nom de Guerre, -s - - 'nõ: də 'gɛ:ɐ̯
Nom de Plume, -s - - 'nõ: də 'plʏm
Nome *engl.* noʊm
Nomen 'no:mən, **Nomina** 'no:mina
Nomen Acti 'no:mən 'akti
Nomen Actionis 'no:mən ak'tsi̯o:nɪs
Nomen Agentis 'no:mən a'gɛntɪs
nomen est omen 'no:mən 'ɛst 'o:mən
Nomen gentile 'no:mən gɛn'ti:lə, **...mina ...lia** ...mina ...li̯a
Nomen Instrumenti 'no:mən ɪnstru'mɛnti
Nomenklator nomɛn'kla:to:ɐ̯, **-en** ...la'to:rən
nomenklatorisch nomɛnkla'to:rɪʃ
Nomenklatur nomɛnkla'tu:ɐ̯
Nomenklatura nomɛnkla'tu:ra
Nomen Patientis 'no:mən pa'tsi̯ɛntɪs
Nomen postverbale 'no:mən pɔstvɛr'ba:lə, **...mina ...lia** ...mina ...li̯a
Nomen proprium 'no:mən 'pro:pri̯ʊm, **...mina ...ia** ...mina ...ia
Nomen Qualitatis 'no:mən kvali'ta:tɪs
Nomina vgl. Nomen
nominal nomi'na:l
nominalisieren nominali'zi:rən
Nominalismus nomina'lɪsmʊs
Nominalist nomina'lɪst
nominatim nomi'na:tɪm
Nomination nomina'tsi̯o:n
Nominativ 'no:minati:f, **-e** ...i:və
nominativisch 'no:minati:vɪʃ
nominell nomi'nɛl
nominieren nomi'ni:rən
Nomismus no'mɪsmʊs
Nommensen 'nɔmənzn̩
Nomogramm nomo'gram
Nomographie nomogra'fi:
nomographisch nomo'gra:fɪʃ
Nomokratie nomokra'ti:, **-n** ...i:ən
Nomos 'no:mɔs, 'nɔmɔs, **...oi** ...ɔy
Nomothesie nomote'zi:, **-n** ...i:ən
Nomothet nomo'te:t
Nompère *fr.* nõ'pɛ:r
Non no:n
Nonagesimus nona'ge:zimʊs
Nonagon nona'go:n
Noname-..., No-Name-... 'no:ne:m...
Nonarime nona'ri:mə
Non-Book-... 'nɔnbʊk...
Nonchalance nõʃa'lã:s
nonchalant nõʃa'lã:, **-e** ...lantə
Non-Cooperation nɔnko|opə're:ʃn̩
None 'no:nə
Nonell *span.* no'nɛl
Non-Essentials nɔn|ɛ'sɛnʃl̩s
Nonett no'nɛt
Non-Fiction nɔn'fɪkʃn̩
nonfigurativ nɔnfigura'ti:f, no:n..., **-e** ...i:və
Non-Food-... nɔn'fu:t...
Non-Foods nɔn'fu:ts
Nonius 'no:ni̯ʊs, **...ien** ...i̯ən, **-se** ...ʊsə
Nonkonformismus nɔnkɔnfɔr'mɪsmʊs, no:n...
Nonkonformist nɔnkɔnfɔr'mɪst, no:n...
non liquet 'no:n 'li:kvɛt
non multa, sed multum 'no:n 'mʊlta, zɛt 'mʊltʊm
Nönnchen 'nœnçən
Nonne[nmann] 'nɔnə[nman]
Nonnos 'nɔnɔs
Nonnweiler 'nɔnvai̯lɐ
Nono *it.* 'nɔ:no
Nonode no'no:də
non olet 'no:n 'o:lɛt
Nonpareille *fr.* nõpa'rɛj
Nonplusultra nɔnplʊs'|ʊltra, no:n...
non possumus 'no:n 'pɔsumʊs

Nonproliferation nɔnprolifeˈreːʃn

no̱n scho̱lae, sẹd vi̱tae dịscimus ˈnoːn ˈsçoːlɛ ˈzɛt ˈviːtɛ ˈdɪstsimʊs, - ˈskoːlɛ - - -

Nọnsens ˈnɔnzɛns, **-es** ˈnɔnzɛnzəs

nonstop nɔnˈʃtɔp, nɔnˈst...; ˈ- -

no̱n tạnto ˈnoːn ˈtanto

Nontron *fr.* nõˈtrõ

no̱n trọppo ˈnoːn ˈtrɔpo

Nonu̱sus nɔnˈ|uːzʊs, noːn...

Nonvaleur nõvaˈløːɐ̯

no̱n vi̱tae, sẹd scho̱lae dịscimus ˈnoːn ˈviːtɛ ˈzɛt ˈsçoːlɛ ˈdɪstsimʊs, - - - ˈskoːlɛ -

nooge̱n nooˈgeːn

Noologi̱e nooloˈgiː

noolo̱gisch nooˈloːgɪʃ

Noologịst nooloˈgɪst

Noon[e] *engl.* nuːn

Noopsyche nooˈpsyːçə

Noo̱r noːɐ̯

Noord-Be̱veland *niederl.* noːrdˈbeːvəlɑnt

Noo̱rden ˈnoːɐ̯dn̩

Noo̱rdwijk *niederl.* ˈnoːrtwɛi̯k

Noordzee *niederl.* ˈnoːrtseː, noːrtˈseː

Noo̱[r]t *niederl.* noː[r]t

Noo̱teboom *niederl.* ˈnoːtəboːm

Nootka *engl.* ˈnuːtkə

Nọppe ˈnɔpə

nọppen ˈnɔpən

nọppig ˈnɔpɪç, **-e** ...ɪgə

No̱r noːɐ̯, *tschech.* nɔr

No̱ra ˈnoːra, *engl.* ˈnɔːrə, *schwed.* ˌnuːra, *span.* ˈnora

Noradrenali̱n noradrenaˈliːn

No̱rah *engl.* ˈnɔːrə

Norberg *schwed.* ˌnuːrbærj

Norbergi̱t nɔrbɛrˈgiːt

Nọrbert ˈnɔrbɛrt, *engl.* ˈnɔːbət, *fr.* nɔrˈbɛːr

No̱rchen ˈnoːɐ̯çən

Nö̱rchen ˈnøːɐ̯çən

No̱rco *engl.* ˈnɔːkoʊ

Nọrd nɔrt, *fr.* nɔːr, *it.* nɔrd; **-e** ˈnɔrdə

Nordafrika ˈnɔrtˈ|aːfrika, *auch:* ...ˈ|af...

Nọrdal *isl.* ˈnɔrdal

Nordalbịngier nɔrt|alˈbɪŋgi̯ɐ

Nọrdame̱rika ˈnɔrt|aˈmeːrika

Nọrdatlạntikpakt ˈnɔrt|atˈlantɪkpakt

Nọrdau ˈnɔrdau̯

Nọrdba̱den ˈnɔrtˈbaːdn̩

Nọrdbrabạnt ˈnɔrtbraˈbant

Nọrddako̱ta ˈnɔrtdaˈkoːta

Nọrddeich ˈnɔrtdai̯ç

nọrddeutsch ˈnɔrtdɔy̯tʃ

Nọrddeutschland ˈnɔrtdɔy̯tʃlant

Nordẹlbingen nɔrtˈ|ɛlbɪŋən

Nọrden ˈnɔrdn̩

Nordenberg *schwed.* ˌnuːrdənbærj

Nọrdenburg ˈnɔrdn̩bʊrk

Nordenflycht *schwed.* ˌnuːrdənflykt

Nordenhạm nɔrdn̩ˈham

Nordenskiöld, ...kjöld *schwed.* ˌnuːrdənʃœld

Nọrder ˈnɔrdɐ

Norderdịthmarschen nɔrdɐˈdɪtmarʃn̩

Nọrderelbe ˈnɔrdɐ|ɛlbə

Norderney nɔrdɐˈnai̯, ˈ- - -

Nọrderoog ˈnɔrdɐ|oːk

Nọrdeuro̱pa ˈnɔrt|ɔy̯ˈroːpa

Nọrdfjord ˈnɔrtfjɔrt, *norw.* ˌnuːrfjuːr

nọrdfri̱esisch ˈnɔrtˈfriːzɪʃ

Nọrdfri̱esland ˈnɔrtˈfriːslant

Nọrdgau ˈnɔrtgau̯

Nọrdgermane ˈnɔrtgɛrmaːnə

Nọrdhausen ˈnɔrthau̯zn̩

Nọrdhäuser ˈnɔrthɔy̯zɐ

Nọrdhoff ˈnɔrthɔf, *engl.* ˈnɔːdhɔf

Nọrdhorn ˈnɔrthɔrn

No̱rdica *engl.* ˈnɔːdɪkə

Nordicwalking ˈnɔrdɪkˈvoːkɪŋ

Nordi̱de nɔrˈdiːdə

Nọrdịrland ˈnɔrtˈ|ɪrlant

nọrdisch ˈnɔrdɪʃ

Nordịst[ik] nɔrˈdɪst[ɪk]

Nordjylland *dän.* ˈnɔɐ̯jylæn'

Nọrdkap ˈnɔrtkap, *norw.* ˌnuːrkap

Nọrdkaper ˈnɔrtkapɐ

Nọrdkaroli̱na ˈnɔrtkaroˈliːna

Nordkinn *norw.* ˌnuːrçin

Nordkịrchen nɔrtˈkɪrçn̩

Nọrdkore̱a ˈnɔrtkoˈreːa

Nọrdküste ˈnɔrtkʏstə

Nọrdkvark ˈnɔrtkvark

Nọrdland ˈnɔrtlant, *norw.* ˌnuːrlan

Nọrdländer ˈnɔrtlɛndɐ

nọrdländisch ˈnɔrtlɛndɪʃ

nọ̈rdlich ˈnœrtlɪç

Nọ̈rdlingen ˈnœrdlɪŋən

Nọ̈rdlinger ˈnœrdlɪŋɐ

Nọrdmark ˈnɔrtmark

Nordnordọst[en] nɔrtnɔrtˈ|ɔst[n̩]

Nordnordwẹst[en] nɔrtnɔrtˈvɛst[n̩]

No̱rdoff *engl.* ˈnɔːdɔf

Nordọsten nɔrtˈ|ɔstn̩

Nordọstkap nɔrtˈ|ɔstkap

nordọ̈stlich nɔrtˈ|œstlɪç

Nord-Ostsee-Kanal nɔrtˈ|ɔstzeːkanaːl, ˈ-ˈ- - - - -

Nordọstwind nɔrtˈ|ɔstvɪnt

Nọrdpol ˈnɔrtpoːl

Nọrdpolargebiet ˈnɔrtpolaːɐ̯gəbiːt

Nọrdrhein-Westfa̱len ˈnɔrtrai̯nvɛstˈfaːlən

Nọrdschle̱swig ˈnɔrtˈʃleːsvɪç

Nọrdsee ˈnɔrtzeː

Nọrdstrand ˈnɔrtʃtrant

Nordstrandischmo̱or nɔrtʃtrandɪʃˈmoːɐ̯

Nordström *schwed.* ˌnuːrdstrœm

Nọrdsü̱dexpress ˈnɔrtˈzyːt|ɛksprɛs

Nọrdtirol ˈnɔrttiroːl

Nord-Trøndelag *norw.* ˌnuːrtrœndəlaːg

Nordwạlde nɔrtˈvaldə

nọrdwärts ˈnɔrtvɛrts

Nordwẹst[en] nɔrtˈvɛst[n̩]

nordwẹstlich nɔrtˈvɛstlɪç

Nọrdwik *russ.* ˈnɔrdvik

Nore̱en *schwed.* nuˈreːn, *engl.* nɔːˈriːn, ˈnɔːriːn

Nore̱ia noˈrai̯a

nö̱ren ˈnøːrən

Norén *schwed.* nuˈreːn

No̱rfolk *engl.* ˈnɔːfək

Nọrge ˈnɔrgə, *norw.* ˌnɔrgə

nọ̈rgelig ˈnœrgəlɪç, **-e** ...ɪgə

nọ̈rgeln ˈnœrgl̩n, **nọ̈rgle** ˈnœrglə

Nọ̈rgler ˈnœrglɐ

nọ̈rglig ˈnœrglɪç, **-e** ...ɪgə

No̱ria ˈnoːri̯a

No̱ricum ˈnoːrikʊm

Norie̱ga *span.* noˈri̯eɣa

No̱riker ˈnoːrikɐ

Norịlsk *russ.* naˈriljsk

Nori̱na *it.* noˈriːna

no̱risch ˈnoːrɪʃ

Nori̱t noˈriːt

Nọrm nɔrm

Nọrma *dt., it.* ˈnɔrma, *engl.* ˈnɔːmə

normaci̱d nɔrmaˈtsiːt, **-e** ...iːdə

Normaciditä̱t nɔrmatsidiˈtɛːt

norma̱l, [1]N... nɔrˈmaːl

[2]**Normal** (Name) *engl.* 'nɔ:məl

Normalien nɔr'ma:li̯ən

normalisieren nɔrmali'zi:rən

Normalität nɔrmali'tɛ:t

Norman *engl.* 'nɔ:mən, *schwed.* 'nu:rman

Normanby *engl.* 'nɔ:mənbɪ

Normandie nɔrman'di:, *fr.* nɔrmã'di

Normann 'nɔrman, *norw.* ˌnu:rman

Normanne nɔr'manə

normannisch nɔr'manɪʃ

normativ, N... nɔrma'ti:f, **-e** ...i:və

Normative nɔrma'ti:və

Normativismus nɔrmati'vɪsmʊs

normazid nɔrma'tsi:t, **-e** ...i:də

Normazidität nɔrmatsidi'tɛ:t

normen 'nɔrmən

normieren nɔr'mi:rən

normig 'nɔrmɪç, **-e** ...ɪgə

Normoblast nɔrmo'blast

Normosom nɔrmo'zo:m

Normospermie nɔrmospɛr'mi:

Normozyt nɔrmo'tsy:t

Norne 'nɔrnə

Norodom *fr.* nɔrɔ'dɔm

Noronha *bras.* no'roɲa

Norðoyar *fär.* 'nɔ:rɔ:i̯ar

Norrahammar *schwed.* nɔraˌhamar

Norrbotten *schwed.* ˌnɔrbɔtən

Nørresundby *dän.* nœrə'sɔnby:ˀ

Norris[town] *engl.* 'nɔrɪs[taʊn]

Norrköping *schwed.* ˌnɔrçø:piŋ

Norrland *schwed.* 'nɔrlan[d]

Norrön nɔ'rø:n

Norrtälje *schwed.* nɔrˌtɛljə

Norsjö *schwed.* 'nu:rʃø:

Norstad *engl.* 'nɔ:stæd

Norte *span.* 'nɔrte

North *engl.* nɔ:θ

Northallerton *engl.* nɔ:'θælətn

Northam *engl.* 'nɔ:ðəm

Northampton *engl.* nɔ:'θæmptən, **-shire** -ʃɪə

North Attleborough *engl.* 'nɔ:θ 'ætləbərə

North Battleford *engl.* 'nɔ:θ 'bætlfəd

North Bellmore *engl.* 'nɔ:θ 'bɛlmɔ:

North Bergen *engl.* 'nɔ:θ 'bə:gən

Northbridge *engl.* 'nɔ:θbrɪdʒ

Northbrook *engl.* 'nɔ:θbrʊk

Northcliffe *engl.* 'nɔ:θklɪf

Northcote *engl.* 'nɔ:θkət

Northeim 'nɔrthai̯m

Northfield *engl.* 'nɔ:θfi:ld

Northfleet *engl.* 'nɔ:θfli:t

North Olmsted *engl.* 'nɔ:θ 'ʌmstɛd

Northport *engl.* 'nɔ:θpɔ:t

North Ridgeville *engl.* 'nɔ:θ 'rɪdʒvɪl

Northrop *engl.* 'nɔ:θrəp

North Royalton *engl.* 'nɔ:θ 'rɔɪəltən

North Shores *engl.* 'nɔ:θ 'ʃɔ:z

Northumberland *engl.* nɔ:'θʌmbələnd

Northumbria *engl.* nɔ:'θʌmbrɪə

Northwich *engl.* 'nɔ:θwɪtʃ

Nortje *afr.* 'nɔrkji

Norton 'nɔrtɔn, *engl.* nɔ:tn

Nortorf 'nɔrtɔrf

Norðuroyar *fär.* 'nɔ:ru̯ʊɔ:i̯ar

Norvo *engl.* 'nɔ:voʊ

Norwalk *engl.* 'nɔ:wɔ:k

Norwegen 'nɔrve:gn̩

Norweger 'nɔrve:gɐ

norwegisch 'nɔrve:gɪʃ

[1]**Norwich** (England) *engl.* 'nɔ:rɪdʒ

[2]**Norwich** (USA) *engl.* 'nɔ:wɪtʃ

Norwid *poln.* 'nɔrvit

Norwood *engl.* 'nɔ:wʊd

Nörz nœrts

Nos *russ.* nɔs

Nosean noze'a:n

Nosema no'ze:ma

Nosibe *mad.* nusi'be

Noske 'nɔskə

Nösnerland 'nœsnɐlant

Nosographie nozogra'fi:

Nosologie nozolo'gi:

nosologisch nozo'lo:gɪʃ

Nosomanie nozoma'ni:

Nosophobie nozofo'bi:, **-n** ...i:ən

Nossack 'nɔsak

Nossairier nɔ'sai̯ri̯ɐ

Nößel 'nø:sl̩

Nossen 'nɔsn̩

Nosseni *it.* nos'sɛ:ni

Nossob 'nɔsɔp

nostalgico nɔs'taldʒiko

Nostalgie nɔstal'gi:

Nostalgiker nɔs'talgikɐ

nostalgisch nɔs'talgɪʃ

Nostitz 'nɔstɪts

Nöstlinger 'nœstlɪŋɐ

Nostoc 'nɔstɔk

Nostogio nɔs'to:dʒo

Nostradamus nɔstra'da:mʊs

Nostrifikation nɔstrifika'tsi̯o:n

nostrifizieren nɔstrifi'tsi:rən

Nostrokonto 'nɔstrokɔnto

Not no:t, **Nöte** 'nø:tə

[1]**Nota** (Rechnung) 'no:ta

[2]**Nota** (Name) *it.* 'nɔ:ta

notabel no'ta:bl̩, **...ble** ...blə

Notabeln no'ta:bl̩n

notabene, N... nota'be:nə

Notabilität notabili'tɛ:t

Notalgie notal'gi:

Nota puntata 'no:ta pʊn'ta:ta, **...tae ...tae** ...tɛ ...tɛ

Nota quadrata 'no:ta kva'dra:ta, **...tae ...tae** ...tɛ ...tɛ

Nota quadriquarta 'no:ta kvadri'kvarta, **...tae ...tae** ...tɛ ...tɛ

Notar no'ta:ɐ̯

Notariat nota'ri̯a:t

notariell nota'ri̯ɛl

notarisch no'ta:rɪʃ

Nota Romana 'no:ta ro'ma:na, **...tae ...nae** ...tɛ ...nɛ

Notat no'ta:t

Notation nota'tsi̯o:n

Notburg 'no:tbʊrk

Notburga no:t'bʊrga

Notdurft 'no:tdʊrft

notdürftig 'no:tdʏrftɪç, **-e** ...ɪgə

Note 'no:tə

Nöte vgl. Not

Notebook 'no:tbʊk

Noteć *poln.* 'nɔtɛtɕ

Notelett notə'lɛt

Note sensible, -s -s *fr.* nɔtsã'sibl

notfalls 'no:tfals

Noth no:t

Nothnagel 'no:tna:gl̩

Notholaena noto'lɛ:na

Nothosaurier noto'zau̯ri̯ɐ

Nothosaurus noto'zau̯rʊs

Nothung 'no:tʊŋ

Nothus 'no:tʊs

notieren no'ti:rən

Notifikation notifika'tsi̯o:n

notifizieren notifi'tsi:rən

notig 'no:tɪç, **-e** ...ɪgə

nötig 'nø:tɪç, **-e** ...ɪgə

nötigen 'nø:tɪgn̩, **nötig!** 'nø:tɪç, **nötigt** 'nø:tɪçt

nötigenfalls 'nø:tɪgn̩'fals

N

Notio 'no:tsi̯o, **-nes** no'tsi̯o:ne:s
Notiones communes no'tsi̯o:ne:s kɔ'mu:ne:s
notionieren notsi̯o'ni:rən
Notiz no'ti:ts
Notke 'no:tkə, 'nɔtkə
Notker 'no:tkɐ
notlanden 'no:tlandn̩
Noto *it.* 'nɔ:to
Notodden *norw.* ˌnu:tɔdən
Notogäa noto'gɛ:a
Notogäis noto'gɛ:ɪs
Notorietät notori̯e'tɛ:t
notorisch no'to:rɪʃ
Notre Dame *engl.* noʊtə'deɪm
Notre-Dame *fr.* nɔtrə'dam
Nottebohm 'nɔtəbo:m
Nøtterøy *norw.* ˌnœtərœi̯
Nottingham *engl.* 'nɔtɪŋəm, **-shire** -ʃɪə
Notting Hill *engl.* 'nɔtɪŋ 'hɪl
Notts. *engl.* nɔts
Notturno nɔ'tʊrno, **...ni** ...ni
notwendig 'no:tvɛndɪç, *auch:* –'––, **-e** ...gə
notwendigenfalls 'no:tvɛn-dɪgn̩'fals
notwendigerweise 'no:tvɛndɪ-gɐ'vaizə
Notwendigkeit 'no:tvɛn-dɪçkait, *auch:* –'–––
Noua *rumän.* 'noua
Nouadhibou *fr.* nwadi'bu
Nouakchott *fr.* nwak'ʃɔt
Nougat 'nu:gat, *fr.* nu'ga
Nouméa *fr.* nume'a
Noumenon no'u:menɔn
Nourissier *fr.* nuri'sje
Nourse nø:ɐ̯s, nœrs
Nous nu:s
Nouveau *fr.* nu'vo
Nouveau Roman nu'vo: ro'mã:
Nouveauté nuvo'te:
Nouvelle-Amsterdam *fr.* nuvɛ-lamstɛr'dam
Nouvelle-Calédonie *fr.* nuvɛl-kaledɔ'ni
Nouvelle Cuisine nu'vɛl kɥi-'zi:n
Nouvelles-Hébrides *fr.* nuvɛl-ze'brid
[1]**Nova** (Stern) 'no:va, **Novä** 'no:vɛ
[2]**Nova** (Name) *port.* 'nɔvɐ, *ung.* 'novɔ, *it.* 'nɔ:va
[3]**Nova** vgl. Novum
Nova Friburgo *bras.* 'nɔva fri-'burgu
Novagerio nova'dʒe:ri̯o
Nova Gorica *slowen.* 'nɔ:va gɔ'ri:tsa
Nova Iguaçu *bras.* 'nɔva igu̯a'su
Novak 'no:vak, *serbokr.* 'nɔvak, *engl.* 'noʊvæk
Novák *tschech.* 'nɔva:k
Nováková *tschech.* 'nɔva:kɔva:
Nova Lima *bras.* 'nɔva 'lima
Novalis no'va:lɪs
Nova Lisboa *port.* 'nɔvɐ liʒ-'βoɐ
Novara *it.* no'va:ra
Novaro *it.* no'va:ro
Novarro *engl.* nə'vɑ:roʊ
Novás *span.* no'βas
Nova Scotia *engl.* 'noʊvə 'skoʊʃə
Novati *it.* no'va:ti
Novatian[er] nova'tsi̯a:n[ɐ]
Novation nova'tsi̯o:n
Novato *engl.* nə'vɑ:toʊ
Novatoren nova'to:rən
Novecento nove'tʃɛnto
Novelfood 'nɔvl̩fu:t
Novella *it.* no'vɛlla
Novelle no'vɛlə
Novellette novɛ'lɛtə
Novelli *it.* no'vɛlli
novellieren novɛ'li:rən
Novellino *it.* novel'li:no
Novellist[ik] novɛ'lɪst[ɪk]
November no'vɛmbɐ
Nové Mesto *slowak.* 'nɔvɛ: 'mɛstɔ
Novendiale novɛn'di̯a:lə
Novene no've:nə
Noverre *fr.* nɔ'vɛ:r
Nové Zámky *slowak.* 'nɔvɛ: 'za:mki
Novi *serbokr.* 'nɔvi:, *engl.* 'noʊvaɪ
Novial no'vi̯a:l
Novilara *it.* novi'la:ra
Novilatin novila'ti:n
Novi Ligure *it.* 'nɔ:vi 'li:gure
Novilunium novi'lu:ni̯ʊm, **...ien** ...i̯ən
Noviodunum novi̯o'du:nʊm
Noviomagus no'vi̯o:magʊs
Novi Pazar *serbokr.* 'nɔvi: ˌpaza:r
Novi Sad *serbokr.* 'nɔvi: 'sa:d
Novität novi'tɛ:t
Novi Vinodolski *serbokr.* 'nɔvi: 'vinɔdɔlski:
Novize no'vi:tsə
Noviziat novi'tsi̯a:t
Novizin no'vi:tsɪn
Novocain® novoka'i:n
Novo Hamburgo *bras.* 'novu ɐm'burgu
Novomeský *slowak.* 'nɔvɔ-mɛski:
Novo Redondo *port.* 'novu rrə-'ðondu
Novotný *tschech.* 'nɔvɔtni:
Novska *serbokr.* 'nɔfska:
Novum 'no:vʊm, **Nova** ...va
Nový [Jičín] *tschech.* 'nɔvi: ['jitʃi:n]
Nowaczyński *poln.* nɔva-'tʃɨĩski
Nowa Huta *poln.* 'nɔva 'xuta
Nowaja Semlja 'no:vaja zɛm'lja, *russ.* 'nɔvɐjɐ zɪm'lja
Nowaja Sibir *russ.* 'nɔvɐjɐ si'birj
Nowak 'no:vak, *poln.* 'nɔvak
Nowakowski nova'kɔfski, *poln.* nɔva'kɔfski
Nowalska no'valska
Nowa Ruda *poln.* 'nɔva 'ruda
Nowa Sagora *bulgar.* 'nɔvɐ zɐ'gɔrɐ
Nowa Sól *poln.* 'nɔva 'sul
Nowgorod 'nɔfgorɔt, *russ.* 'nɔvgɐrɐt
Nowgorod-Sewerski *russ.* 'nɔvgɐrɐt'sjevɪrskij
[1]**Nowikow** (Aufklärer 1744–1818) *russ.* nɐvi'kɔf
[2]**Nowikow** (sonst) *russ.* 'nɔvi-kɐf
Nowoaltaisk *russ.* nɔvɐal-'tajsk
Nowodewitschi Monastyr *russ.* nɐva'djevitʃij mɐnas-'tɨrj
Nowodwinsk *russ.* nɐva-'dvinsk
Nowograd-Wolynski *russ.* nɐva'gradva'lɨnskij
Nowogrudok *russ.* nɐva'gru-dɐk
Nowoje Wremja *russ.* 'nɔvɐjɐ 'vrjemjɐ
Nowokuibyschewsk *russ.* nɐva'kujbɨʃəfsk
Nowokusnezk *russ.* nɔvɐ-kuz'njɛtsk
Nowomoskowsk *russ.* nɔvɐ-mas'kɔfsk
Nowopolozk *russ.* nɐva'pɔ-lɐtsk

Noworossisk *russ.* nɐvɐra'sijsk
Nowoschachtinsk *russ.* nɐva'ʃaxtinsk
Nowosibirsk novɔsi'bɪrsk, *russ.* nɐvɐsi'birsk
Nowosibirskije Ostrowa *russ.* nɐvɐsi'birskijɪ astra'va
Nowosilzew *russ.* nɐva'siltsəf
Nowosti *russ.* 'nɔvɐsti
Nowosybkow *russ.* nɐva'zɨpkɐf
Nowotroizk *russ.* nɐva'trɔitsk
Nowotscheboxarsk *russ.* nɐvɐtʃɪbak'sarsk
Nowotscherkassk *russ.* nɐvɐtʃɪr'kask
Nowowolynsk *russ.* nɐvɐva'lɨnsk
Nowoworoneschki *russ.* nɐvɐva'rɔnɪʃkij
Nowy Afon *russ.* 'nɔvɨj a'fɔn
Nowy Dwór Mazowiecki *poln.* 'nɔvɨ 'dvur mazɔ'vjɛtski
Nowy Sącz *poln.* 'nɔvɨ 'sɔntʃ
Nowy Targ *poln.* 'nɔvɨ 'tark
Nowy Usen *russ.* 'nɔvɨ u'zjenj
Nox[e] 'nɔks[ə]
Noxin nɔ'ksi:n
Noyaden noa'ja:dn̩
Noyes *engl.* nɔɪz
Noyon *fr.* nwa'jõ
Nozze di Figaro *it.* 'nɔttse di 'fi:garo
Nsawam *engl.* ənsɑ:'wɑ:m
Nsukka *engl.* ən'su:kɑ:
n-te 'ɛntə
n-tupel 'ɛntu:pl̩
n-tv ɛnte:'fau̯
nu, Nu nu:
Nuaima nu'aima
Nuakschott nu̯ak'ʃɔt
Nuance 'nỹã:sə
nuancieren nỹã'si:rən
Nuba 'nu:ba
Nubekula nu'be:kula, ...**lae** ...lɛ
nüber 'ny:bɐ
Nubien 'nu:bi̯ən
Nubier 'nu:bi̯ɐ
nubisch 'nu:bɪʃ
Nuble *span.* 'ɲuβle
Nubuk 'nu:bʊk, 'nʊbʊk
Nucellus nu'tsɛlʊs, ...**lli** ...li
Nucet *rumän.* nu'tʃet
nüchtern, N... 'nʏçtɐn
Nucke 'nʊkə
Nücke 'nʏkə
nuckeln 'nʊkl̩n
Nuddel 'nʊdl̩
nuddeln 'nʊdl̩n
Nudel 'nu:dl̩
nudeldick 'nu:dl̩'dɪk
nudeln 'nu:dl̩n, **nudle** 'nu:dlə
Nudismus nu'dɪsmʊs
Nudist nu'dɪst
nudis verbis 'nu:di:s 'vɛrbi:s
Nudität nudi'tɛ:t
Nuer 'nu:ɐ
Nueva Esparta *span.* 'nu̯eβa es'parta
Nuevitas *span.* nu̯e'βitas
Nuevo León *span.* 'nu̯eβo le'ɔn
Nufenen 'nu:fənən
Nuffield *engl.* 'nʌfi:ld
Nugat 'nu:gat
Nugent *engl.* 'nju:dʒənt
Nugget 'nagət
Nuggi 'nʊgi
nuklear nukle'a:ɐ̯
Nuklease nukle'a:zə
Nuklei vgl. Nukleus
Nuklein nukle'i:n
Nukleoid nukleo'i:t, **-e** ...i:də
Nukleole nukle'o:lə
Nukleolus nu'kle:olʊs; ...**li** ...li, ...**len** nukle'o:lən
Nukleon 'nu:kleɔn, **-en** nukle'o:nən
Nukleonik nukle'o:nɪk
Nukleoproteid nukleoprote'i:t, **-e** ...i:də
Nukleotid nukleo'ti:t, **-e** ...i:də
Nukleus 'nu:kleʊs, ...**ei** ...ei
Nuklid nu'kli:t, **-e** ...i:də
Nukualofa *engl.* nu:kʊə'loʊfə
Nukus *russ.* nu'kus
null, N... nʊl
Nüll, van der fan de:r 'nʏl
nullachtfünfzehn nʊl|axt'fʏnftse:n
nulla poena sine lege 'nʊla 'pø:na 'zi:nə 'le:gə
Nullarbor *engl.* 'nʌlɑ:bə
Null-Bock-... 'nʊl'bɔk...
nullen 'nʊlən
Nuller[l] 'nʊlɐ[l]
Nullifikation nʊlifika'tsi̯o:n
nullifizieren nʊlifi'tsi:rən
Nullipara nʊ'li:para, ...**ren** nʊli'pa:rən
Nullität nʊli'tɛ:t
Null-Null 'nʊl'nʊl
Nullode nʊ'lo:də
Null ouvert nʊl|u've:ɐ̯, ...vɛ:ɐ̯, **- -[s]** - ...ɐ̯[s], **- -s** - -s
nullte 'nʊltə
Nullum 'nʊlʊm
nullum crimen sine lege 'nʊlʊm 'kri:mən 'zi:nə 'le:gə
Nulpe 'nʊlpə
Numa 'nu:ma, *fr.* ny'ma
Numairi nu'mai̯ri
Numantia nu'mantsi̯a
Numasu *jap.* 'nu,mazu̯
Numbat 'nʊmbat
Nümbrecht 'nʏmbrɛçt
Numea nu'me:a
Numedal *norw.* 'nʉ:mədɑ:l
Numeister 'nu:mai̯stɐ
Numen 'nu:mən
Numenius nu'me:ni̯ʊs
Numerale nume'ra:lə, ...**lien** ...li̯ən, ...**lia** ...li̯a
Numerator nume'ra:to:ɐ̯, **-en** ...ra'to:rən
Numeri 'nu:meri, *auch:* 'nʊm...
Numerik nu'me:rɪk
numerisch nu'me:rɪʃ
Numero 'nu:mero, *auch:* 'nʊm...
Numerologie numerolo'gi:
Numerus 'nu:merʊs, *auch:* 'nʊm..., ...**ri** ...ri
Numerus clausus 'nu:merʊs 'klau̯zʊs, *auch:* 'nʊm... -
Numerus currens 'nu:merʊs 'kʊrɛns, *auch:* 'nʊm... -
Numider nu'mi:dɐ, *auch:* 'nu:midɐ
Numidien nu'mi:di̯ən
Numidier nu'mi:di̯ɐ
numinos numi'no:s, **-e** ...o:zə
Numinose numi'no:zə
Numismatik numɪs'ma:tɪk
Numismatiker numɪs'ma:tikɐ
numismatisch numɪs'ma:tɪʃ
Nummer 'nʊmɐ
nummerieren nʊmə'ri:rən
nummerisch 'nʊmərɪʃ
nummern 'nʊmɐn
Nummi *finn.* 'nummi
Nummulit nʊmu'li:t
nun, Nun nu:n
Nunatak 'nʊnatak, 'nu:n..., **-[e]r** ...kɐ
Nunchaku nʊn'tʃaku
Nundinae 'nʊndinɛ
Nuneaton *engl.* nʌn'i:tn
Nunes *port.* 'nunɪʃ, *bras.* 'nunis
Núñez *span.* 'nuɲeθ
Nungesser *fr.* nœ̃ʒɛ'sɛ:r

N

nu̱nme̱hr 'nu:n'me:ɐ̯
nu̱nme̱hrig 'nu:n'me:rɪç, **-e** ...ɪɡə
Nunn *engl.* nʌn
'nụnter 'nʊntɐ
Nuntiạnt nʊn'tsi̯ant
Nuntia̱t nʊn'tsi̯a:t
Nuntiatio̱n nʊntsi̯a'tsi̯o:n
Nuntiatu̱r nʊntsi̯a'tu:ɐ̯
Nụntius 'nʊntsi̯ʊs, **...ien** ...i̯ən
Nu̱oro *it.* 'nu:oro
Nu̱pe 'nu:pə
nuptia̱l nʊp'tsi̯a:l
Nupturiẹnten nʊptu'ri̯ɛntn̩
nu̱r nu:ɐ̯
Nurạ *russ.* nu'ra
Nura̱g[h]e nu'ra:gə
Nü̱rburg 'ny:ɐ̯bʊrk
Nureddi̱n nurɛ'di:n
Nurẹjew *russ.* nu'rjejɪf
Nurẹk *russ.* nu'rjɛk
Nu̱rhausfrau 'nu:ɐ̯hausfrau̯
Nu̱ri 'nu:ri
Nụrmi *finn.* 'nurmi
Nụ̈rnberg 'nʏrnbɛrk
Nụ̈rnberger 'nʏrnbɛrgɐ
Nụrra *it.* 'nurra
Nurse nø:ɐ̯s, nœrs, **-n** 'nø:ɐ̯sn̩, 'nœrsn̩, ...ɐ̯zn̩, ...rzn̩
Nụ̈rtingen 'nʏrtɪŋən
Nu̱s nu:s
Nusa̱irier nu'zai̯ri̯ɐ
Nụsa Tengga̱ra *indon.* 'nusa təŋ'gara
Nusạybin *türk.* nu'sai̯bin
nụscheln 'nʊʃl̩n
Nụschke 'nʊʃkə
Nu̱si 'nu:zi
Nụšić *serbokr.* 'nuʃitɕ
Nụss nʊs, **Nụ̈sse** 'nʏsə
Nụ̈sschen 'nʏsçən
Nü̱ster 'nʏstɐ, *auch:* 'ny:stɐ
Nu̱t nu:t
Nutatio̱n nuta'tsi̯o:n
Nu̱te 'nu:tə
nu̱ten 'nu:tn̩
Nu̱the 'nu:tə
Nutley *engl.* 'nʌtlɪ
Nutrami̱n nutra'mi:n
Nu̱tria 'nu:tria
nutri̱eren nu'tri:rən
Nutrimẹnt nutri'mɛnt
Nutritio̱n nutri'tsi̯o:n
nutriti̱v nutri'ti:f, **-e** ...i:və
Nutsche 'nu:tʃə, 'nʊtʃə
nutschen 'nu:tʃn̩, 'nʊtʃn̩
Nutt[all] *engl.* 'nʌt[ɔ:l]
Nụtte 'nʊtə
nụttig 'nʊtɪç, **-e** ...ɪɡə
nụtz, N... nʊts
nụ̈tze 'nʏtsə
nụtzen, N... 'nʊtsn̩
nụ̈tzen 'nʏtsn̩
nụ̈tzlich 'nʏtslɪç
Nụ̈tzling 'nʏtslɪŋ
Nụtznießer 'nʊtsni:sɐ
Nuvịstor nu'vɪsto:ɐ̯, **-en** ...'to:rən
Nụx nʊks
Nuy[ss]en *niederl.* 'nœi̯[s]ə
Nụz[z]i *it.* 'nuttsi
Ny̱ ny:
Nya̱la 'nja:la
Ny̱berg *schwed.* ˌny:bærj
Ny̱borg *dän.* 'nybɔɐ̯ʼ
Ny̱dam *dän.* 'nydamʼ
Nye *engl.* naɪ
Nyerẹre *engl.* njɛ'rɛrɪ
Nyẹri *engl.* 'njɛri:
Nyẹrs *ung.* njɛrʃ
Ny̱gaardsvold *norw.* 'ny:go:rsvɔl
Ny̱gard *norw.* 'ny:ga:r
Ny̱gren *schwed.* ˌny:gre:n
Nyíreghyháza *ung.* 'nji:rɛtjha:zɔ
Nyírő *ung.* 'nji:rø:
Nyírség *ung.* 'nji:rʃe:g
Ny̱købing *dän.* 'nykʏ:ʼbɪŋ
Ny̱köping *schwed.* ˌny:çø:piŋ
Nyktalgi̱e nʏktal'gi:, **-n** ...i:ən
Nyktalopi̱e nʏktalo'pi:
Nyktinasti̱e nʏktinas'ti:, **-n** ...i:ən
Nyktome̱ter nʏkto'me:tɐ
Nyktophobi̱e nʏktofo'bi:, **-n** ...i:ən
Nykturi̱e nʏktu'ri:, **-n** ...i:ən
Nykva̱rn *schwed.* ny'kvɑ:rn
Ny̱land 'ny:lant, *schwed.* 'ny:lan[d]
Nylạnder *schwed.* ny'landər
Nylon® 'nai̯lɔn
Nymburk *tschech.* 'nimburk
Nỵmpha 'nʏmfa, **...phae** ...fɛ
Nymphä̱a nʏm'fɛ:a
Nymphä̱e nʏm'fɛ:ə
Nymphä̱um nʏm'fɛ:ʊm
Nỵmphe 'nʏmfə
Nỵmphenburg 'nʏmfn̩bʊrk
Nymphi̱tis nʏm'fi:tɪs, **...iti̱den** ...fi'ti:dn̩
nymphoma̱n nʏmfo'ma:n
Nymphomani̱e nʏmfoma'ni:
Nynäshạmn *schwed.* ny:nɛs-'hamn
Ny̱norsk 'ny:nɔrsk
Nyon[s] *fr.* njõ
Nyrén *schwed.* ny're:n
Ny̱rop *dän.* 'ny:ʼrʊb
Nỵsa *poln.* 'nɪsa
Nỵssa 'nʏsa
Ny̱stad *schwed.* ˌny:stɑ:d
Nystạgmus nʏs'tagmʊs
Nỵx nʏks
Nzérékoré *fr.* nzerekɔ're

O *o*

o̱, O̱ o:, *engl.* oʊ, *fr., span.* o, *it.* ɔ
ö̱, Ö̱ ø:
ο, Ο 'o:mikrɔn
ω, Ω 'o:mega
o̱! o:
Oa̱hu o'a:hu, *engl.* oʊ'ɑ:hu:
Oakdale *engl.* 'oʊkdeɪl
Oakeley *engl.* 'oʊklɪ
Oakengates *engl.* 'oʊkɪngeɪts
Oakland *engl.* 'oʊklənd
Oak Lawn *engl.* 'oʊk 'lɔ:n
Oakley, ...leigh *engl.* 'oʊklɪ
Oak Rịdge *engl.* 'oʊk 'rɪdʒ
Oakville *engl.* 'oʊkvɪl
Oamaru *engl.* 'ɑ:məru:, ɔmə'ru:
OA̱PEC o'a:pɛk, *engl.* oʊ'eɪpɛk
OAS o:|a:'|ɛs, *fr.* oa'ɛs
Oa̱se o'a:zə
Oastler *engl.* 'oʊstlə
Oat[e]s *engl.* oʊts
Oaxạca *span.* oa'xaka
ọb ɔp
Ọb ɔp, *russ.* ɔpj
O̱bacht 'o:baxt
Obạdja o'batja
Obaldiạ *fr.* ɔbal'dja
Oban *engl.* 'oʊbən
Obasanjo *engl.* ə'bæsəndʒoʊ
Ọbbligo 'ɔbligo
Ọbdach 'ɔpdax
obdiplostemo̱n ɔpdiploste'mo:n
Obduktio̱n ɔpdʊk'tsi̯o:n
Obduratio̱n ɔpdura'tsi̯o:n
obduri̱eren ɔpdu'ri:rən
Obduzẹnt ɔpdu'tsɛnt
obduzi̱eren ɔpdu'tsi:rən

Obedienz obe'di̯ɛnt͡s
Obeid o'bai̯t
Obeid e Sakani *pers.* o'bei̯deza-ka'ni:
o-beinig 'o:bai̯nɪç, **-e** ...ɪgə
Obelisk obe'lɪsk
oben 'o:bn̩
obenan 'o:bn̩'|an
obenauf 'o:bn̩'|au̯f
obenaus 'o:bn̩'|au̯s
obendrauf 'o:bn̩'drau̯f
obendrein 'o:bn̩'drai̯n
obendrüber 'o:bn̩'dry:bɐ
obenher 'o:bn̩'he:ɐ̯
obenherein 'o:bn̩hɛ'rai̯n
obenherum 'o:bn̩hɛ'rʊm
obenhin 'o:bn̩'hɪn
obenhinaus 'o:bn̩hɪ'nau̯s
Oben-ohne... 'o:bn̩'|o:nə...
obenrum 'o:bn̩'rʊm
ober, O... 'o:bɐ
Oberallgäu 'o:bɐ|algɔy
Oberalppass o:bɐ'|alppas
Oberammergau o:bɐ'|amɐgau̯
Oberbayern 'o:bɐbai̯ɐn
Oberbefehl 'o:bɐbəfe:l
oberbergisch 'o:bɐbɛrgɪʃ
Oberbürgermeister 'o:bɐ'bʏr-gɐmai̯stɐ, *auch:* --'----
oberdeutsch 'o:bɐdɔyt͡ʃ
Oberdorf 'o:bɐdɔrf
obere, O... 'o:bərə
Oberek *poln.* ɔ'bɛrɛk
Oberesch o:bɐ'|ɛʃ
oberfaul 'o:bɐfau̯l
Oberfläche 'o:bɐflɛçə
oberflächlich 'o:bɐflɛçlɪç
Oberfranken 'o:bɐfraŋkn̩
Oberg 'o:bɛrk
obergärig 'o:bɐgɛ:rɪç, **-e** ...ɪgə
Oberglogau o:bɐ'glo:gau̯
Obergurgl 'o:bɐgʊrgl̩
oberhalb 'o:bɐhalp
Oberhalbstein o:bɐ'halpʃtai̯n, ---'-
Oberhand 'o:bɐhant
Oberhasli 'o:bɐha:sli
Oberhauenstein 'o:bɐhau̯ən-ʃtai̯n
Oberhausen 'o:bɐhau̯zn̩
Oberhessen 'o:bɐhɛsn̩
Oberhof (Suhl) o:bɐ'ho:f, '---
Oberhofmeister 'o:bɐ-'ho:fmai̯stɐ, *auch:* --'---
Oberhoheit 'o:bɐho:hai̯t
Oberhummer 'o:bɐhʊmɐ
Oberitalien 'o:bɐ|ita:li̯ən
Oberjoch 'o:bɐjɔx
Oberkant 'o:bɐkant
Oberkaufungen o:bɐ'kau̯fʊŋən
Oberkirch[en] 'o:bɐkɪrç[n̩]
Oberkirchenrat 'o:bɐ'kɪrçn̩ra:t, *auch:* --'---
Oberklettgau 'o:bɐklɛtgau̯
Oberkochen o:bɐ'kɔxn̩
Oberkofler 'o:bɐko:flɐ
Oberkommando 'o:bɐkɔmando
Oberkrain[er] 'o:bɐkrai̯n[ɐ]
Oberkreisdirektor 'o:bɐ'krai̯s-dirɛkto:ɐ̯, *auch:* --'----
Oberlaa 'o:bɐla:
Oberlahnstein o:bɐ'la:nʃtai̯n
Oberland 'o:bɐlant
Oberländer 'o:bɐlɛndɐ
Oberlandesgericht 'o:bɐ'lan-dəsgərɪçt, *auch:* --'----
Oberlandquart 'o:bɐlantkvart
oberlastig 'o:bɐlastɪç, **-e** ...ɪgə
Oberlausitz 'o:bɐlau̯zɪt͡s, *auch:* --'--
Oberleutnant 'o:bɐlɔytnant
Oberligist 'o:bɐligɪst
Oberlin 'o:bɐli:n, *fr.* ɔbɛr'lɛ̃, *engl.* 'oʊbəlɪn
Obermaier, ...ayer 'o:bɐmai̯ɐ
Obermarchtal o:bɐ'marçta:l
Obermarsberg o:bɐ'marsbɛrk
Obermoschel o:bɐ'mɔʃl̩
Oberndorf 'o:bɐndɔrf
Obernkirchen o:bɐn'kɪrçn̩
Oberon 'o:bərɔn, *engl.* 'oʊbə-rən
Oberösterreich 'o:bɐ|ø:stərai̯ç
Oberpfalz 'o:bɐpfalt͡s
Oberpostdirektion 'o:bɐ'pɔst-dirɛkt͡si̯o:n, *auch:* --'----
Oberprima 'o:bɐpri:ma, *auch:* --'--
Oberpullendorf 'o:bɐpʊləndɔrf
Oberrad (Ort) o:bɐ'ra:t
Ober-Ramstadt o:bɐ'ramʃtat
Oberregierungsrat 'o:bɐre-'gi:rʊŋsra:t, *auch:* ---'---
Oberrhein 'o:bɐrai̯n
Oberrheintal 'o:bɐrai̯nta:l
Oberriet o:bɐ'ri:t
Oberrotweil o:bɐ'rɔtvai̯l
Obers 'o:bɐs
Obersachsen 'o:bɐzaksn̩
Obersalzberg o:bɐ'zalt͡sbɛrk
oberschlächtig 'o:bɐʃlɛçtɪç, **-e** ...ɪgə
Oberschlesien 'o:bɐʃle:zi̯ən
oberschlesisch 'o:bɐʃle:zɪʃ
Oberschwaben 'o:bɐʃva:bn̩
oberseits 'o:bɐzai̯t͡s
oberst, O... 'o:bɐst
Oberstadtdirektor 'o:bɐ'ʃtatdi-rɛkto:ɐ̯, *auch:* --'----
Oberstaufen o:bɐ'ʃtau̯fn̩
Oberstdorf 'o:bɐrstdɔrf
oberste 'o:bɐstə
Oberstleutnant 'o:bɐst'lɔyt-nant, *auch:* --'--
Oberstudienrat 'o:bɐ'ʃtu:di̯ən-ra:t, *auch:* --'---
Obertas *poln.* ɔ'bɛrtas
Oberth 'o:bɛrt
Obertoggenburg 'o:bɐ-tɔgn̩bʊrk
Oberursel o:bɐ'|ʊrzl̩
Obervellach 'o:bɐfɛlax
Oberverwaltungsgericht 'o:bɐ-fɛɐ̯'valtʊŋsgərɪçt, *auch:* ---'----
Oberviechtach o:bɐ'fi:çtax
Obervolta 'o:bɐ'vɔlta
Oberwart 'o:bɐvart
oberwärts 'o:bɐvɛrt͡s
Oberweißbach o:bɐ'vai̯sbax
Oberwesel o:bɐ've:zl̩
Oberwiesenthal o:bɐ'vi:zn̩ta:l
Oberwolfach o:bɐ'vɔlfax
Obesitas o'be:zitas
Obesität obezi'tɛ:t
Obey *fr.* ɔ'bɛ
Obfrau 'ɔpfrau̯
obgenannt 'ɔpgənant
obgleich ɔp'glai̯ç
Obhut 'ɔphu:t
Obi 'o:bi, *indon.* 'obi
Óbidos *port.* 'ɔβiðuʃ, *bras.* 'ɔbidus
obig 'o:bɪç, **-e** ...ɪgə
Obihiro *jap.* o'bi͵hiro
obiit 'o:biɪt
Obin *fr.* ɔ'bɛ̃
Obiter Dictum 'o:bitɐ 'dɪktʊm
Obituarium obi'tu̯a:ri̯ʊm, **...ia** ...i̯a, **...ien** ...i̯ən
Objekt ɔp'jɛkt, *auch:* '--
Objektion ɔpjɛk't͡si̯o:n
objektiv, O... ɔpjɛk'ti:f, *auch:* '---, **-e** ...i:və
Objektivation ɔpjɛktiva't͡si̯o:n
objektivieren ɔpjɛkti'vi:rən
Objektivismus ɔpjɛkti'vɪsmʊs
Objektivist ɔpjɛkti'vɪst
Objektivität ɔpjɛktivi'tɛ:t
objizieren ɔpji't͡si:rən
obkonisch ɔp'ko:nɪʃ
Oblast 'ɔblast
Oblate o'bla:tə
Oblation obla't͡si̯o:n
obliegen 'ɔpli:gn̩, *auch:* -'--
Obliegenheit 'ɔpli:gn̩hai̯t

Obligado *span.* oβli'ɣaðo
obligat obli'ga:t
Obligation obliga'tsi̯o:n
Obligationär obligatsi̯o'nɛ:ɐ̯
obligatorisch obliga'to:rɪʃ
Obligatorium obliga'to:ri̯ʊm, ...ien ...i̯ən
obligeant obli'ʒant
obligieren obli'gi:rən, ...i'ʒi:rən
Obligo 'o:bligo, 'ɔb...
oblique *prädikativ:* o'bli:k, *attributiv:* ...kvə
Obliquität oblikvi'tɛ:t
Obliteration oblitera'tsi̯o:n, ɔpl...
obliterieren oblite'ri:rən, ɔpl...
Oblomow *russ.* ab'lɔmɐf
Oblomowerei oblomovə'rai̯
oblong ɔp'lɔŋ
Obmacht 'ɔpmaxt
Obmann 'ɔpman
Obninsk *russ.* 'ɔbninsk
Obnorski *russ.* ab'nɔrskij
Obo o'bo:
Obock *fr.* ɔ'bɔk
Obödienz obø'di̯ɛnts
Oboe o'bo:ə
Oboe da Caccia o'bo:ə da 'katʃa
Oboe d'Amore o'bo:ə da'mo:rə
Oboe d'Amour o'bo:ə da'mu:ɐ̯
Oboer o'bo:ɐ
Oboist obo'ɪst
Obok *fr.* ɔ'bɔk
Obolus 'o:bolʊs, **-se** ...ʊsə
Obote *engl.* oʊ'boʊteɪ
Obotrit obo'tri:t
Oboussier *fr.* ɔbu'sje
Obra 'o:bra, *poln.* 'ɔbra
Obradović *serbokr.* ɔˌbra:dɔvitɕ
Obradowitsch *russ.* abra'dɔvitʃ
O'Brady *engl.* oʊ'breɪdɪ
Obraldruck o'bra:ldrʊk
Obraszow *russ.* abras'tsɔf
Obraszowa *russ.* abras'tsɔvɐ
Obratań *tschech.* 'ɔbratanj
Obrecht *niederl.* 'o:brɛxt
Obregón *span.* oβre'ɣɔn
Obrenović *serbokr.* ɔˌbrɛ:nɔvitɕ
Obreption ɔprɛp'tsi̯o:n
Obrestad *norw.* ˌo:brəsta
O'Brien *engl.* oʊ'braɪən
Obrigheim 'o:brɪçhai̯m
Obrigkeit 'o:brɪçkai̯t
[1]**Obrist** (Oberst) o'brɪst
[2]**Obrist** (Name) 'o:brɪst
Obrnice *tschech.* 'ɔbr̩njitsɛ
obruieren ɔpru'i:rən
Obrutschew *russ.* 'ɔbrutʃɪf
obschon ɔp'ʃo:n
Obschtschina 'ɔpʃtʃina
Obschtschi Syrt *russ.* 'ɔpʃtʃij 'sɨrt
Obsekration ɔpzekra'tsi̯o:n
obsekrieren ɔpze'kri:rən
obsequent ɔpze'kvɛnt
Obsequiale ɔpzekvi'a:lə, ...lien ...li̯ən
Obsequien ɔp'ze:kvi̯ən
observabel ɔpzɛr'va:bl̩, ...ble ...blə
Observant ɔpzɛr'vant
Observanz ɔpzɛr'vants
Observation ɔpzɛrva'tsi̯o:n
Observator ɔpzɛr'va:to:ɐ̯, **-en** ...va'to:rən
Observatorium ɔpzɛrva'to:ri̯ʊm, ...ien ...i̯ən
Observer *engl.* əb'zə:və
observieren ɔpzɛr'vi:rən
Obsession ɔpzɛ'si̯o:n
obsessiv ɔpzɛ'si:f, **-e** ...i:və
Obsidian ɔpzi'di̯a:n
obsiegen ɔp'zi:gn̩, *auch:* '---
Obsignation ɔpzɪgna'tsi̯o:n
obsignieren ɔpzɪ'gni:rən
obskur ɔps'ku:ɐ̯
Obskurant ɔpsku'rant
Obskurantismus ɔpskuran'tɪsmʊs
Obskurität ɔpskuri'tɛ:t
Obsoleszenz ɔpzolɛs'tsɛnts
obsoleszieren ɔpzolɛs'tsi:rən
obsolet ɔpzo'le:t
Obst o:pst
Obstakel ɔp'sta:kl̩
Obstetrik ɔp'ste:trɪk
Obstfelder *norw.* 'ɔpstfɛldər
obstinat ɔpsti'na:t
Obstination ɔpstina'tsi̯o:n
Obstipation ɔpstipa'tsi̯o:n
obstipieren ɔpsti'pi:rən
Obstler 'o:pstlɐ
Öbstler 'ø:pstlɐ
Obstructionbox ɔp'strakʃn̩bɔks
Obstruent ɔpstru'ɛnt
obstruieren ɔpstru'i:rən
Obstruktion ɔpstrʊk'tsi̯o:n
obstruktiv ɔpstrʊk'ti:f, **-e** ...i:və
obszön ɔps'tsø:n
Obszönität ɔpstsøni'tɛ:t
Obturation ɔptura'tsi̯o:n
Obturator ɔptu'ra:to:ɐ̯, **-en** ...ra'to:rən
obturieren ɔptu'ri:rən
Obuasi *engl.* oʊ'bwa:si:
obugrisch 'ɔp|u:grɪʃ
Obus 'o:bʊs, **-se** ...ʊsə
Obwalden 'ɔpvaldn̩
Obwaldner 'ɔpvaldnɐ
obwalten 'ɔpvaltn̩, *auch:* -'--
obwohl ɔp'vo:l
obzwar ɔp'tsva:ɐ̯
Öcalan *türk.* œdʒɑ'lɑn
OCAM(M) *fr.* ɔ'kam
Ocampo *span.* o'kampo
O'Casey *engl.* oʊ'keɪsɪ
Occam *engl.* 'ɔkəm
Occamismus ɔka'mɪsmʊs
Occasion ɔka'zi̯o:n
Occhi 'ɔki
Occidental ɔktsidɛn'ta:l
Occleve *engl.* 'ɔkli:v
Oceandumping 'o:ʃn̩dampɪŋ
Ocean Island *engl.* 'oʊʃən 'aɪlənd
Oceanliner 'o:ʃn̩lai̯nɐ
Oceanside *engl.* 'oʊʃənsaɪd
och! ɔx
Ocha *russ.* a'xa
Ochab *poln.* 'ɔxap
Ochino *it.* o'ki:no
Ochlokratie ɔxlokra'ti:, **-n** ...i:ən
ochlokratisch ɔxlo'kra:tɪʃ
Ochlopkow *russ.* ax'lɔpkɐf
Ochman *poln.* 'ɔxman
Ochoa *span.* o'tʃoa
Ochotsk *russ.* a'xɔtsk
ochotskisch ɔ'xɔtskɪʃ
Ochrana ɔx'ra:na, *russ.* ax'ranɐ
Ochrea 'o:krea, ...eae ...eɛ
Ochrida 'ɔxrida
Ochronose ɔxro'no:zə
Ochs *dt., engl.* ɔks
Ochse 'ɔksə
ochsen 'ɔksn̩
Ochsenbein 'ɔksn̩bai̯n
Ochsenfurt 'ɔksn̩fʊrt
Ochsenhausen ɔksn̩'hau̯zn̩
Ochsenheimer 'ɔksn̩hai̯mɐ
Ochsenius ɔ'kse:ni̯ʊs
Ochsenkopf 'ɔksn̩kɔpf
ochsig 'ɔksɪç, **-e** ...ɪgə
Öchsle 'œkslə
Ochtrup 'ɔxtrʊp
Ockeghem *niederl.* 'ɔkəɣɛm
ocker, O... 'ɔkɐ
Ockham 'ɔkam, *engl.* 'ɔkəm
Ockhamismus ɔka'mɪsmʊs
Ocki 'ɔki
Ocna Mureș *rumän.* 'okna 'mureʃ
O'Connell *engl.* oʊ'kɔnl
O'Connor *engl.* oʊ'kɔnə

Oconomowoc *engl.* oʊˈkɔnəmәwɔk
O'Conor *engl.* oʊˈkɔnə
Ocotepeque *span.* okoteˈpeke
Ocotlán *span.* okotˈlan
Ó Crohan *engl.* oʊˈkroʊən
Octan[a] ɔkˈta:n[a]
Octans ˈɔktans
octava ɔkˈta:va
Octave *engl.* ˈɔkteɪv, *fr.* ɔkˈta:v
Octavia ɔkˈta:vi̯a
Octavian[us] ɔktaˈvi̯a:n[ʊs]
Octavie ɔkˈta:vi̯ə
Octavio ɔkˈta:vi̯o, *span.* ɔkˈtaβi̯o
Octavius ɔkˈta:vi̯ʊs
Octuor ɔkˈtŷo:ɐ̯
Od o:t, **-es** ˈo:dəs
öd ø:t, **öde** ˈø:də
Oda ˈo:da, *engl.* ˈoʊdɑ:
Ódáðahraun *isl.* ˈou̯dau̯ðahrœŷn
Odal ˈo:da:l
Odaliske odaˈlɪskə
Odawara *jap.* oˈdawara
O'Day *engl.* oʊˈdeɪ
Odda *norw.* ˌɔda
Odd Fellow ˈɔtfɛlo
Odds ɔts, *engl.* ɔdz
Ode ˈo:də
öde, Öde ˈø:də
Odeion oˈdai̯ɔn, **Odeia** oˈdai̯a
Odel ˈo:dl̩
Odelsting *norw.* ˈu:dəlstiŋ
Odem ˈo:dəm
Ödem øˈde:m
ödematös ødemaˈtø:s, **-e** ...ø:zə
Ödemiş *türk.* œˈdɛmiʃ
öden ˈø:dn̩, **öd!** ø:t
Ödenburg ˈø:dn̩bʊrk
Odendaalsrust *afr.* ˈo:dəndɑ:lsrœs
Odense *dän.* ˈʊ:ˀðn̩sə
Odensten *schwed.* ˌu:dənste:n
Odenthal ˈo:dn̩ta:l
Odenwald ˈo:dn̩valt
Odeon oˈde:ɔn
Odéon *fr.* ɔdeˈõ
Oder, O... ˈo:dɐ
Oderberg ˈo:dɐbɛrk
Oderbruch ˈo:dɐbrʊx, *auch:* ...bru:x
Odermennig ˈo:dɐmɛnɪç, **-e** ...ɪgə
Oder-Neiße-Linie ˈo:dɐˈnai̯səli:ni̯ə
Oder-Spree-Kanal ˈo:dɐˈʃpre:kana:l
Odessa oˈdɛsa, *russ.* aˈdjɛsɐ, *engl.* oʊˈdɛsə
Odet *fr.* ɔˈdɛ
Odets *engl.* oʊˈdɛts
Odette *fr.* ɔˈdɛt
Odeum oˈde:ʊm
Odeur oˈdø:ɐ̯
Odienné fr. ɔdjɛˈne
Ödigkeit ˈø:dɪçkai̯t
Odile *fr.* ɔˈdil
Odilia oˈdi:li̯a
Odilien[berg] oˈdi:li̯ən[bɛrk]
Odilo ˈo:dilo
Odin ˈo:dɪn
Odine oˈdi:nə
Odinga *engl.* oʊˈdɪŋgɑ:
Odington *engl.* ˈoʊdɪŋtən
Odinzowo *russ.* adinˈtsɔvɐ
odios oˈdi̯o:s, **-e** ...o:zə
odiös oˈdi̯ø:s, **-e** ...ø:zə
Odiosität odi̯oziˈtɛ:t
ödipal ødiˈpa:l
Ödipus ˈø:dipʊs
Odium ˈo:di̯ʊm
Ödland ˈø:tlant
Ödnis ˈø:tnɪs
Odnoposoff ɔdnoˈpɔsɔf
Odo ˈo:do, *engl.* ˈoʊdoʊ
Odoaker odoˈa:kɐ
Odoardo *it.* odoˈardo
Odobescu *rumän.* odoˈbesku
Odojewski *russ.* aˈdɔjɪfskij, *poln.* ɔdɔˈjɛfski
Odojewzewa *russ.* aˈdɔjɪftsɪvɐ
Odol® oˈdo:l
Ödön *ung.* ˈødøn
O'Donnell *engl.* oʊˈdɔnl, *span.* oðoˈnɛl
Odontalgie odɔntalˈgi:, **-n** ...i:ən
Odontoblast odɔntoˈblast
odontogen odɔntoˈge:n
Odontoglossum odɔntoˈglɔsʊm
Odontologe odɔntoˈlo:gə
Odontologie odɔntoloˈgi:
Odontom odɔnˈto:m
Odontometrie odɔntomeˈtri:
Odontornithen odɔntɔrˈni:tn̩
Odor ˈo:do:ɐ̯, **-es** oˈdo:re:s
Odorheiul Secuiesc *rumän.* odorˈxei̯ul sekuˈi̯esk
odorieren odoˈri:rən
Odowakar odoˈva:kar
Odowalsky odoˈvalski
O'Dowd *engl.* oʊˈdaʊd
Odra *tschech.* ˈɔdra
Odría *span.* oˈðria
Odryse oˈdry:zə
Odschibwä oˈdʒɪpvɛ
Odyniec *poln.* ɔˈdɨnjɛts
Odyssee odʏˈse:, **-n** ...e:ən
odysseisch odʏˈse:ɪʃ
Odysseus oˈdʏsɔy̯s
Oeben ˈø:bn̩
Oebisfelde ø:bɪsˈfɛldə
OECD o:|e:tse:ˈde:
Oederan ˈø:dəra:n, ––ˈ–
Oeglin ˈø:kli:n
Oehlenschläger ˈø:lənʃlɛ:gɐ, *dän.* ˈʏ:ˀlənsle:gɐ
Oehmichem ˈø:mɪçm̩
Oelde ˈœldə
Oelfken ˈœlfkn̩
Oels ø:ls, œls
Oelschlegel ˈø:lʃle:gl̩
Oelsnitz ˈœlsnɪts
Oelssner, Oelßner ˈœlsnɐ
Oelze ˈœltsə
Oenothera ønoˈte:ra
Oer o:ɐ̯
Oerlikon ˈœrliko:n
Oerlinghausen ˈœrlɪŋhau̯zn̩
Oersted ˈø:ɐ̯stɛt, ...ʃtɛt
Oertel ˈœrtl̩
Oesch œʃ
Oeser ˈø:zɐ
Oesophagus øˈzo:fagʊs, **...gi** ...gi
Oesterlen ˈø:stɐlən
Oestreich ˈø:strai̯ç
Oestrich ˈœstrɪç
Oetinger ˈø:tɪŋɐ
Oetker ˈœtkɐ
Oettingen ˈœtɪŋən
Oettinger ˈœtɪŋɐ
Œuvre, -s ˈø:vrə
Oeventrop ˈø:vn̩trɔp
Oever *niederl.* ˈuvər
Oeynhausen ˈø:nhau̯zn̩
O'Fallon *engl.* oʊˈfælən
Ofanto *it.* ˈɔ:fanto
O'Faoláin *engl.* oʊˈfeɪlən
Öfchen ˈø:fçən
Ofen ˈo:fn̩, **Öfen** ˈø:fn̩
Ofen[pest] ˈo:fn̩[pɛst]
off, Off ɔf
Offa ˈɔfa, *engl.* ˈɔfə
Offaly *engl.* ˈɔfəlɪ
Offbeat ˈɔfbi:t, *auch:* –ˈ–
Offbrands ˈɔfbrɛnts
offen ˈɔfn̩
Offenbach ˈɔfn̩bax, *fr.* ɔfɛnˈbak
offenbar ˈɔfn̩ba:ɐ̯, *auch:* ––ˈ–
offenbaren ɔfn̩ˈba:rən
Offenbarung ɔfn̩ˈba:rʊŋ
Offenburg ˈɔfn̩bʊrk

offenkundig ˈɔfn̩kʊndɪç, *auch:* --ˈ--
Offenmarktpolitik ɔfn̩ˈmarktpoliti:k
offensichtlich ˈɔfn̩zɪçtlɪç, *auch:* --ˈ--
offensiv ɔfɛnˈzi:f, **-e** ...i:və
Offensive ɔfɛnˈzi:və
öffentlich ˈœfn̩tlɪç
Offer ˈɔfɐ
Offerent ɔfeˈrɛnt
offerieren ɔfeˈri:rən
Offert[e] ɔˈfɛrt[ə]
Offertorium ɔfɛrˈto:ri̯ʊm, **...ien** ...i̯ən
[1]**Office** (Büro) ˈɔfɪs
[2]**Office,** (Anrichteraum) **-s** ˈɔfɪs
Officium ɔˈfi:t͡si̯ʊm, **...ia** ...i̯a
Officium divinum ɔˈfi:t͡si̯ʊm diˈvi:nʊm
Offida *it.* ofˈfi:da
Offiz ɔˈfi:t͡s
Offizial ɔfiˈt͡si̯a:l
Offizialat ɔfit͡si̯aˈla:t
Offiziant ɔfiˈt͡si̯ant
offiziell ɔfiˈt͡si̯ɛl
Offizier ɔfiˈt͡si:ɐ̯
Offizin ɔfiˈt͡si:n
offizinal ɔfit͡siˈna:l
offizinell ɔfit͡siˈnɛl
offiziös ɔfiˈt͡si̯ø:s, **-e** ...ø:zə
Offiziosität ɔfit͡si̯oziˈtɛ:t
Offizium ɔˈfi:t͡si̯ʊm, **...ien** ...i̯ən
Off-Label-... ˈɔfle:bl̩...
off limits! ˈɔf ˈlɪmɪts
offline ˈɔfla͡in
öffnen ˈœfnən
Off-off-... ˈɔf|ɔf...
Offsetdruck ˈɔfzɛtdrʊk
Offshore... ˈɔfʃo:ɐ̯...
offside ˈɔfza͡it
offwhite ˈɔfva͡it
Ofir ˈo:fɪr
O'Flaherty *engl.* oʊˈflɛətɪ
Ofot[en] *norw.* ˈu:fu:t[ən]
oft ɔft, **öfter** ˈœftɐ
Ofterdingen ˈɔftɐdɪŋən
öfters ˈœftɐs
öftest ˈœftəst
oftmalig ˈɔftma:lɪç, **-e** ...ɪgə
Oftringen ˈɔftrɪŋən
Ogaden ogaˈdɛn
Ogaki *jap.* ˈo:gaki̯
Ogarjow *russ.* agaˈrjɔf
Ogbomosho *engl.* ɔgbəˈmoʊʃoʊ
Ogden, ...don *engl.* ˈɔgdən
Ogdensburg *engl.* ˈɔgdənzbə:g
Oger ˈo:gɐ
Oggersheim ˈɔgɐsha͡im
Oggiono *it.* odˈdʒɔ:no
Ogham ˈo:gam
oghamisch oˈga:mɪʃ
Ogi ˈo:gi
Ogier ˈo:gi̯ɐ, *fr.* ɔˈʒje
Ogilby *engl.* ˈoʊglbɪ
Ogilvie *engl.* ˈoʊglvɪ
Ogino oˈgi:no
Ogiński *poln.* ɔˈgi̯iski
ogival ogiˈva:l, oʒiˈva:l
Ogiven oˈgi:vn̩, oˈʒi:vn̩
Oglethorpe *engl.* ˈoʊglθɔ:p
Oglio *it.* ˈɔʎʎo
Ogmore *engl.* ˈɔgmɔ:
Ognjow *russ.* agˈnjɔf
Ogoni oˈgo:ni
Ogonjok *russ.* agaˈnjɔk
Ogooué *fr.* ɔgɔˈwe
O'Gorman *span.* oˈɣɔrman
Ogowe oˈgo:və
O'Grady *engl.* oʊˈgreɪdɪ
Ogrizović *serbokr.* ˈɔgrizɔvitɕ
Oguse oˈgu:zə
Ogygia oˈgy:gi̯a
ogygisch oˈgy:gɪʃ
oh, là, là! olaˈla
oh!, Oh o:
oha! oˈha
O'Hara *engl.* oʊˈhɑ:rə
Oheim[b] ˈo:ha͡im[p]
O'Higgins *engl.* oʊˈhɪgɪnz, *span.* oˈiɣins
Ohio oˈha͡io, *engl.* oʊˈhaɪoʊ
Ohira *jap.* oˈ:hira
Ohlau ˈo:la͡u
Ohldinn ˈo:ldɪn
Ohle[ndorf] ˈo:lə[ndɔrf]
Ohlin *schwed.* uˈli:n
Ohlsson *engl.* ˈoʊlsən
Ohm o:m
Öhm ø:m
Ohmberge ˈo:mbɛrgə
Öhmd ø:mt, **-es** ˈø:mdəs
öhmden ˈø:mdn̩, **öhmd!** ø:mt
ohne ˈo:nə
ohnedem ˈo:nəˈde:m
ohnedies ˈo:nəˈdi:s
ohneeinander ˈo:nə|a͡iˈnandɐ
ohnegleichen ˈo:nəˈgla͡içn̩
Ohnehaltflug o:nəˈhaltflu:k
ohnehin ˈo:nəˈhɪn
Ohne-mich-... ˈo:nəˈmɪç...
Ohnet *fr.* ɔˈnɛ
Ohnmacht ˈo:nmaxt
ohnmächtig ˈo:nmɛçtɪç
Ohnsorg ˈo:nzɔrk
oho! oˈho:
Ohr o:ɐ̯
Öhr ø:ɐ̯
Ohra ˈo:ra
Öhrchen ˈø:ɐ̯çən
Ohrdruf ˈo:ɐ̯drʊf
Ohře *tschech.* ˈɔhrʒɛ
öhren ˈø:rən
Ohrid *mak.* ˈɔhrit
Ohridsko ezero *mak.* ˈɔhritskɔ ˈɛzɛrɔ
...ohrig ...|o:rɪç, **-e** ...ɪgə
Öhringen ˈø:rɪŋən
Ohrit, Liqen i *alban.* liˈkjen i oˈhrit
Ohrwaschel ˈo:ɐ̯vaʃl̩
Ohu ˈo:hu
Oidium oˈi:di̯ʊm, **...ien** ...i̯ən
Oie ˈɔyə
oikotypisch ɔykoˈty:pɪʃ
Oildag ˈɔyldɛk
Oildale *engl.* ˈɔɪldeɪl
Oileus oˈi:lɔys
Oimjakon *russ.* ajmɪˈkɔn
Oinochoe ɔynoˈço:ə, **...nɔx...**
Oinopides ɔyˈno:pidɛs
Oireachtas *engl.* ˈɛrəktɪs
Oiron *fr.* waˈrõ
Oirote ɔyˈro:tə
Oirschot *niederl.* ˈo:rsxɔt
Oisans *fr.* waˈzã
Oise *fr.* wa:z
Oisterwijk *niederl.* ˈo:stərwɛi̯k
Oistrach ˈɔystrax, *russ.* ˈɔjstrɐx
Oita *jap.* ˈo.:ita
[1]**Ojama** (Militär) *jap.* oˈ:jama
[2]**Ojama** (Stadt) *jap.* ˈo,jama
Ojaschio ojaˈʃi:o
Ojeda *span.* ɔˈxeða
oje[mine!] oˈje:[mine]
ojerum! oˈje:rʊm
Ojetti *it.* oˈi̯etti
Ojibwa[y] *engl.* oʊˈdʒɪbweɪ
Ojos del Salado *span.* ˈɔxoz ðɛl saˈlaðo
Ojukwu *engl.* oʊˈdʒu:kwu:
Ok *isl.* ɔ:k
O.K. oˈke:
[1]**Oka** (Maß) ˈo:ka
[2]**Oka** (Fluss) *russ.* aˈka
[3]**Oka** (Stadt) *engl.* ɔ:ˈkɑ:
Okajama *jap.* oˈka,jama
Okakura *jap.* oˈkakura
Okanagan, ..nogan *engl.* oʊkəˈnɔgən
Okapi oˈka:pi
Okara *engl.* oʊˈkɑ:rɑ:
Okarina okaˈri:na
Okasaki *jap.* oˈka,zaki
Okawango okaˈvaŋgo
okay, O... oˈke:

Okeanide okea'ni:də
Okeanos o'ke:anɔs
Okeechobee *engl.* oʊkɪ'tʃoʊbɪ
O'Kee[f]fe *engl.* oʊ'ki:f
Okeghem *niederl.* 'o:kəɣəm
O'Kell[e]y *engl.* oʊ'kɛlɪ
Oken 'o:kn̩
Oker 'o:kɐ
Okiep *afr.* o'ki:p
Okinawa oki'na:va, *jap.* o'ki-nawa
Okio *jap.* 'o:ki̯o
Okka 'ɔka
Okkasion ɔka'zi̯o:n
Okkasionalismus ɔkazi̯ona'lɪsmʊs
Okkasionalist ɔkazi̯ona'lɪst
okkasionell ɔkazi̯o'nɛl
Okki 'ɔki
okkludieren ɔklu'di:rən
Okklusion ɔklu'zi̯o:n
okklusiv, O... ɔklu'zi:f, **-e** ...i:və
okkult ɔ'kʊlt
Okkultismus ɔkʊl'tɪsmʊs
Okkultist ɔkʊl'tɪst
Okkultologe ɔkʊlto'lo:gə
Okkultologie ɔkʊltolo'gi:
Okkupant ɔku'pant
Okkupation ɔkupa'tsi̯o:n
okkupationistisch ɔkupatsi̯o'nɪstɪʃ
Okkupativ ɔkupa'ti:f, **-e** ...i:və
okkupatorisch ɔkupa'to:rɪʃ
okkupieren ɔku'pi:rən
Okkurrenz ɔkʊ'rɛnts
Oklahoma okla'ho:ma, *engl.* oʊklə'hoʊmə
Økland *norw.* ˌø:klan
Okmulgee *engl.* oʊk'mʌlgɪ
oknophil ɔkno'fi:l
Öko 'ø:ko
Ökoladen 'ø:kola:dn̩
Ökolampad økolam'pa:t
Ökolampadius økolam'pa:di̯ʊs
Ökologe øko'lo:gə
Ökologie økolo'gi:
ökologisch øko'lo:gɪʃ
Okonek *poln.* ɔ'kɔnɛk
Ökonom øko'no:m
Ökonometrie økonome'tri:
Ökonometriker økono'me:trikɐ
ökonometrisch økono'me:trɪʃ
Ökonomie økono'mi:, **-n** ...i:ən
Ökonomik øko'no:mɪk
ökonomisch øko'no:mɪʃ
ökonomisieren økonomi'zi:rən
Ökonomismus økono'mɪsmʊs
Ökonomist økono'mɪst
Ökopax 'ø:kopaks
Okopenko oko'pɛŋko
Ökoskopie økosko'pi:
Ökosystem 'ø:kozʏste:m
Ökotop øko'to:p
Ökotrophologe økotrofo'lo:gə
Ökotrophologie økotrofolo'gi:
Ökotypus 'ø:koty:pʊs, *auch:* øko'ty:pʊs
Ökozid øko'tsi:t, **-e** ...i:də
Okroschka o'krɔʃka
Okrug 'ɔkrʊk
Oksanen *finn.* 'ɔksɑnɛn
Oktachord ɔkta'kɔrt, **-e** ... rdə
Oktaeder ɔkta'|e:dɐ
oktaedrisch ɔkta'|e:drɪʃ
Oktagon ɔkta'go:n
Oktan[a] ɔk'ta:n[a]
Oktant ɔk'tant
Oktateuch ɔkta'tɔyç
Oktav ɔk'ta:f, **-e** ...a:və
Oktava ɔk'ta:va
Oktavaner ɔkta'va:nɐ
Oktave ɔk'ta:və
Oktavia ɔk'ta:vi̯a
Oktavian[us] ɔkta'vi̯a:n[ʊs]
Oktavie ɔk'ta:vi̯ə
Oktavier ɔk'ta:vi̯ɐ
oktavieren ɔkta'vi:rən
Oktett ɔk'tɛt
Oktjabrski *russ.* ak'tjabrskij
Oktober ɔk'to:bɐ
Oktobrist ɔkto'brɪst
Oktode ɔk'to:də
Oktodekagon ɔktodeka'go:n
Oktodez ɔkto'de:ts
Oktogon ɔkto'go:n
oktogonal ɔktogo'na:l
Oktonar ɔkto'na:ɐ̯
oktoploid ɔktoplo'i:t, **-e** ...i:də
Oktopode ɔkto'po:də
Oktopol 'ɔktopo:l
Oktopus 'ɔktopʊs
Oktroi ɔk'tro̯a
oktroyieren ɔktro̯a'ji:rən
Oktyl ɔk'ty:l
Okudschawa *russ.* aku'dʒavɐ
okular, O... oku'la:ɐ̯
Okulation okula'tsi̯o:n
Okuli 'o:kuli
okulieren oku'li:rən
Okulist oku'lɪst
Okuma *jap.* 'o:kuma
Ökumene øku'me:nə
ökumenisch øku'me:nɪʃ
Ökumenismus økume'nɪsmʊs
Okvik *engl.* 'ɔkvɪk
Okzident 'ɔktsidɛnt, *auch:* --'-
okzidental[isch] ɔktsidɛn'ta:l[ɪʃ]
okzipital ɔktsipi'ta:l
Okziput 'ɔktsipʊt
okzitanisch ɔkzi'ta:nɪʃ
Öl ø:l
Oladi o'la:di
Olaf 'o:laf, *norw.* ˌu:lav, ˌu:laf, *dän.* 'ʊ:laf
Ólafsson *isl.* 'ou̯lafsɔn
Olah 'o:la
Oland 'o:lant
Öland *schwed.* 'ø:lan[d]
Olathe *engl.* oʊ'leɪθɪ
Olav *dän.* 'ʊ:lau̯
Oława *poln.* ɔ'u̯ava
Ölberg 'ø:lbɛrk
Olbernhau 'ɔlbɐnhau̯
Olbers 'ɔlbɐs
Olbia *dt., it.* 'ɔlbi̯a
Olbracht *tschech.* 'ɔlbraxt
Olbrich[t] 'ɔlbrɪç[t]
Olchon *russ.* alj'xɔn
Olcott *engl.* 'ɔlkət
Öldag 'ø:ldɛk
Oldbury *engl.* 'oʊldbərɪ
Olde 'ɔldə
Oldebroek *niederl.* 'ɔldəbruk
Olden 'ɔldn̩
Oldenbarnevelt *niederl.* ɔldən'bɑrnəvɛlt
Oldenberg 'ɔldn̩bɛrk
Oldenbourg 'ɔldn̩bʊrk, *fr.* ɔldɛ̃'bu:r
Oldenburg 'ɔldn̩bʊrk, *russ.* aljdɪn'burk, *engl.* 'oʊldənbə:g
Oldenburger 'ɔldn̩bʊrgɐ
oldenburgisch 'ɔldn̩bʊrgɪʃ
Oldendorp 'ɔldn̩dɔrp
Oldenzaal *niederl.* 'ɔldənza:l
Oldesloe[r] 'ɔldəslo:[ɐ], --'-[-]
Oldfield *engl.* 'oʊldfi:ld
Oldham *engl.* 'oʊldəm
Oldie 'o:ldi
Oldman *engl.* 'oʊldmən
Oldowan ɔldo'va:n
Oldred 'o:ltrɛt
Old Shatterhand 'o:lt 'ʃɛtɐhɛnt
Oldtimer 'o:lttaimɐ
Old Town *engl.* 'oʊld 'taʊn
Olduvai *engl.* 'ɔldəvaɪ
Old Vic *engl.* 'oʊld 'vɪk
Oldy *engl.* 'oʊldɪ
olé! o'lɛ, o'le:, *span.* o'le
Olea vgl. Oleum
Olean *engl.* 'oʊlɪən
Oleander ole'andɐ

Olearius ole'a:ri̯ʊs
Oleaster ole'astɐ
Oleat ole'a:t
Olecranon o'le:kranɔn, **...na** ...na
Olefin ole'fi:n
Oleg 'o:lɛk, *russ.* a'ljɛk
Olein ole'i:n
Olekranon o'le:kranɔn, **...na** ...na
Oleksy *poln.* ɔ'lɛksɨ
Olen *niederl.* 'o:lə
ölen 'ø:lən
Olenjok *russ.* alɪ'njɔk
Olenka *russ.* 'ɔlɪnjkɐ
Oleodukt oleo'dʊkt
Oleom ole'o:m
Oleosa ole'o:za
Oleosklerom oleoskle'ro:m
Oleothorax oleo'to:raks
Oléron *fr.* ɔle'rõ
Oles *ukr.* ɔ'lɛsj
Olescha *russ.* a'ljɛʃɐ
Oleśnica *poln.* ɔlɛɕ'nitsa
Oleśnicki *poln.* ɔlɛɕ'nitski
Oleszczyński *poln.* ɔlɛʃ'tʃɨĩski
Oleum 'o:leʊm, **Olea** 'o:lea
Olevian[us] ole'vi̯a:n[ʊs]
Olfactorius ɔlfak'to:ri̯ʊs
Olfaktometer ɔlfakto'me:tɐ
Olfaktometrie ɔlfaktome'tri:
olfaktorisch ɔlfak'to:rɪʃ
Olfaktorium ɔlfak'to:ri̯ʊm, ...ien ...i̯ən
Olf[en] 'ɔlf[n̩]
Olga *dt., it.* 'ɔlga, *engl.* 'ɔlgə *fr.* ɔl'ga, *russ.* 'ɔljgɐ
Olgierd *poln.* 'ɔlgjɛrt
Olhão *port.* o'ʎɐ̃u̯
Olibanum o'li:banʊm, oli'ba:nʊm
Olier *fr.* ɔ'lje
Olifant 'o:lifant, *auch:* oli'fant
Olifants *engl.* 'ɔlɪfənts
ölig 'ø:lɪç, **-e** ...ɪgə
Oligakisurie oligakizu'ri:
Oligämie oligɛ'mi:, **-n** ...i:ən
Oligarch oli'garç
Oligarchie oligar'çi:, **-n** ...i:ən
Oligase oli'ga:zə
Oligochäten oligo'çɛ:tn̩
Oligocholie oligoço'li:
Oligochromämie oligokromɛ'mi:, **-n** ...i:ən
Oligodaktylie oligodakty'li:, **-n** ...i:ən
Oligodipsie oligodɪ'psi:
Oligodontie oligodɔn'ti:
Oligodynamie oligodyna'mi:
oligodynamisch oligody'na:mɪʃ
Oligoglobulie oligoglobu'li:, **-n** ...i:ən
Oligohydrämie oligohydrɛ'mi:, **-n** ...i:ən
Oligoklas oligo'kla:s, **-e** ...a:zə
Oligomenorrhö, ...öe oligomenɔ'rø:, **...rrhöen** ...'rø:ən
oligomer oligo'me:ɐ̯
oligophag oligo'fa:k, **-e** ...a:gə
Oligophagie oligofa'gi:
Oligophrenie oligofre'ni:, **-n** ...i:ən
Oligoplex® oligo'plɛks
Oligopnoe oligo'pno:ə
Oligopol oligo'po:l
Oligopolist oligopo'lɪst
Oligopson oligɔ'pso:n
oligosemantisch oligoze'mantɪʃ
Oligosialie oligozi̯a'li:, **-n** ...i:ən
Oligospermie oligospɛr'mi:, **-n** ...i:ən
Oligotrichie oligotrɪ'çi:, **-n** ...i:ən
oligotroph oligo'tro:f
Oligotrophie oligotro'fi:
oligozän, O... oligo'tsɛ:n
Oligozythämie oligotsytɛ'mi:, **-n** ...i:ən
Oligurie oligu'ri:, **-n** ...i:ən
Olim 'o:lɪm
Olimbos *neugr.* 'ɔlimbɔs
Olimpi *russ.* a'limpij
Olimpo *span.* o'limpo
Olinda *bras.* o'linda
Oliphant *engl.* 'ɔlɪfənt
Olisipo oli'zi:po
Olita o'li:ta, *poln.* ɔ'lita
oliv, O... o'li:f
Oliva (Name) *dt., it.* o'li:va, *span.* o'liβa
Olivares *span.* oli'βares
[1]**Olive** o'li:və
[2]**Olive** (Name) *fr.* ɔ'li:v, *engl.* 'ɔlɪv
Olivecrona *schwed.* u̩li:vəkru:na
Oliveira *port.* oli'vɐi̯rɐ, *bras.* oli'vei̯ra
Oliver 'o:livɐ, *engl.* 'ɔlɪvə, *span.* oli'βɛr
Oliveros *span.* oli'βeros
Olivetan[us] olive'ta:n[ʊs]
Olivette oli'vɛtə
Olivetti *it.* oli'vetti
Olivi o'li:vi
Olivia o'li:vi̯a, *engl.* oʊ'lɪvɪə
Olivier oli'vi̯e:, *fr.* ɔli'vje, *engl.* ə'lɪvɪeɪ
Olivin oli'vi:n
Olja *russ.* 'ɔljɐ
Oljelund *schwed.* ˌɔljəlʊnd
Oljokma *russ.* a'ljɔkmɐ
Olkiluoto *finn.* 'ɔlkilu̯ɔtɔ
Olkusz *poln.* 'ɔlkuʃ
oll ɔl
Ollántay *span.* o'ʎantai̯
Olla podrida 'ɔla po'dri:da
Olle 'ɔlə
Ollendorf 'ɔləndɔrf
Ollenhauer 'ɔlənhau̯ɐ
Oller *kat.* u'ʎe
Olli 'ɔli
Ollier *fr.* ɔ'lje
Ollivier *fr.* ɔli'vje
Olly 'ɔli
Olm ɔlm
OLMA, Olma 'ɔlma
Olmedo *span.* ɔ'lmeðo
Olmeke ɔl'me:kə
Olms ɔlms
Olmsted *engl.* 'ɔmstɛd
Olmütz 'ɔlmʏts
Olof *dt., niederl.* 'o:lɔf, *schwed.* ˌu:lɔf, ...ɔv
Olofström *schwed.* u:lɔf'strœm
Olomouc *tschech.* 'ɔlɔmou̯ts
Olongapo *span.* olɔŋ'gapo
Oloron *fr.* ɔlɔ'rõ
Olot *span.* o'lɔt
Olov *schwed.* ˌu:lɔf, ...ɔv, '--
Olpe[rer] 'ɔlpə[rɐ]
Olsberg 'ɔlsbɛrk
Ölschläger 'ø:lʃlɛ:gɐ
Olschytsch *ukr.* 'ɔljʒɪtʃ
Olsen *engl.* 'oʊlsən, *norw.* ˌulsən
Olson *engl.* 'oʊlsən
Olsson *schwed.* 'ulsɔn
Olszewski *poln.* ɔl'ʃɛfski
Olszowski *poln.* ɔl'ʃɔfski
Olsztyn *poln.* 'ɔlʃtɨn
Olsztynek *poln.* ɔl'ʃtɨnɛk
Olt *rumän.* olt
Olten 'ɔltn̩
Oltenia *rumän.* ol'tenia
Oltenien ɔl'te:ni̯ən
Oltenița *rumän.* ol'tenitsa
Oltmans *niederl.* 'ɔltmɑns
Oltos 'ɔltɔs
Olujić *serbokr.* 'ɔlujitɕ
Olymp o'lʏmp
Olympia o'lʏmpi̯a, *engl.* oʊ'lɪmpɪə, *fr.* ɔlɛ̃'pja
Olympiade olʏm'pi̯a:də
Olympias o'lʏmpi̯as

O

Olympic Mountains *engl.* oʊˈlɪmpɪk ˈmaʊntɪnz
Olympieion olʏmˈpi̯ai̯ɔn
Olympier oˈlʏmpi̯ɐ
Olympio *fr.* ɔlɛ̃ˈpjo, *bras.* oˈlimpi̯o
Olympiodoros olʏmpi̯oˈdo:rɔs
Olympionike olʏmpi̯oˈni:kə
olympisch oˈlʏmpɪʃ
Olympos oˈlʏmpɔs, ˈo:lʏmpɔs
Olynth[os] oˈlʏnt[ɔs]
Olzog ˈɔltso:k
om (magische Silbe) o:m
Om (Fluss) *russ.* ɔmj
Oma ˈo:ma
Omagh *engl.* ˈoʊmə
Omagra ˈo:magra
Omaha *engl.* ˈoʊməhɑ:
Omaijade omai̯ˈja:də
Omalgie omalˈgi:, **-n** ...i:ən
Oman oˈma:n
Omaner oˈma:nɐ
omanisch oˈma:nɪʃ
Omar ˈo:mar, *auch:* ˈɔmar, *pers.* oˈmær, *engl.* ˈoʊmɑ:
Omarthritis omarˈtri:tɪs, **...itiden** ...triˈti:dn̩
Omasus oˈma:zʊs
Ombos ˈɔmbɔs
Ombra ˈɔmbra
Ombrage õˈbra:ʒə
Ombré õˈbre:
ombriert õˈbri:ɐ̯t
Ombrograph ɔmbroˈgra:f
Ombrometer ɔmbroˈme:tɐ
Ombrone *it.* omˈbro:ne
ombrophil ɔmbroˈfi:l
ombrophob ɔmbroˈfo:p, **-e** ...ˈfo:bə
Ombuds... ˈɔmbʊts...
Omdurman ɔmdʊrˈma:n
Omega ˈo:mega
Omeis ˈo:mai̯s
Omelett ɔm[ə]ˈlɛt
Omelette ɔm[ə]ˈlɛt, **-n** ...tn̩
Omelette aux confitures ɔm[ə]ˈlɛt o: kõfiˈty:ɐ̯
Omelette aux fines herbes ɔm[ə]ˈlɛt o: ˈfi:n ˈzɛrp
Omelette soufflée ɔm[ə]ˈlɛt zuˈfle:
Omen ˈo:mən, **Omina** ˈo:mina
Omentum oˈmɛntʊm
Omer ˈo:mɐ
Ömer *türk.* œˈmɛr
Omertà *it.* omerˈta
Ometepe *span.* omeˈtepe
Omi ˈo:mi
Omija *jap.* oˈ:mija

Omikron ˈo:mikrɔn
ominös omiˈnø:s, **-e** ...ø:zə
Omiš *serbokr.* ˌɔmi:ʃ
Omišalj *serbokr.* ˈɔmiʃalj
Omissa oˈmɪsa
Omission omɪˈsi̯o:n
Omissivdelikt omɪˈsi:fdelɪkt
omittieren omɪˈti:rən
Omladina ˈɔmladina
om mani padme hum ˈo:m ˈmani ˈpatme ˈhu:m
Ommatidium ɔmaˈti:di̯ʊm, **...ien** ...i̯ən
Ommatophoren ɔmatoˈfo:rən
Ommen *niederl.* ˈɔmə
omnia ad maiorem Dei gloriam ˈɔmnia at maˈjo:rɛm ˈde:i ˈglo:ri̯am
omnia mea mecum porto ˈɔmnia ˈme:a ˈme:kʊm ˈpɔrto
Omnibus ˈɔmnibʊs, **-se** ...ʊsə
omnipotent ɔmnipoˈtɛnt, *auch:* ˈ----
Omnipotenz ɔmnipoˈtɛnts, *auch:* ˈ----
omnipräsent ɔmniprɛˈzɛnt, *auch:* ˈ----
Omnipräsenz ɔmniprɛˈzɛnts, *auch:* ˈ----
Omniszienz ɔmniˈstsi̯ɛnts
Omnium ˈɔmniʊm, **...ien** ...i̯ən
omnivor ɔmniˈvo:ɐ̯
Omnizid ɔmniˈtsi:t, **-e** ...i:də
Omo *amh.* omo
Omodeo *it.* omoˈdɛ:o
Omodynie omodyˈni:, **-n** ...i:ən
Omolon *russ.* amaˈlɔn
Omophagie omofaˈgi:
Omophorion omoˈfo:ri̯ɔn, **...ien** ...i̯ən
O'More *engl.* oʊˈmɔ:
Omphale ˈɔmfale, ɔmˈfa:lə
Omphalitis ɔmfaˈli:tɪs, **...itiden** ...liˈti:dn̩
Omphalodes ɔmfaˈlo:dɛs
Omphalophobie ɔmfalofoˈbi:, **-n** ...i:ən
Omphalos ˈɔmfalɔs
Omphaloskopie ɔmfaloskoˈpi:
Omphazit ɔmfaˈtsi:t
Ompteda ˈɔmpteda
Omrah ˈɔmra
Omre *norw.* ˌɔmrə
Omri ˈɔmri
Oms *kat.* ɔms
Omsk *russ.* ɔmsk
Omul ˈo:mʊl, **-e** oˈmu:lə
Omulew *poln.* ɔˈmulɛf

Omuta *jap.* oˈ:muta
on, [1]**On** (Fernsehen) ɔn
[2]**On** (Heliopolis) o:n
Onager ˈo:nagɐ
Onan ˈo:nan
Onanie onaˈni:
onanieren onaˈni:rən
Onanist onaˈnɪst
Önanthol ønanˈto:l
Onassis *neugr.* ɔˈnasis
Onatas oˈna:tas
Oñate *span.* oˈɲate
on call ɔnˈkɔ:l
Onchozerkose ɔnçotsɛrˈko:zə
Oncidium ɔnˈtsi:di̯ʊm
Oncken ˈɔŋkn̩
Ondaatje *engl.* ɔnˈdɑ:tʃə
Ondangua ɔnˈdaŋgu̯a
Ondeggiamento ɔndɛdʒaˈmɛnto
ondeggiando ɔndɛˈdʒando
Ondes Martenot ˈõ:t martəˈno:
Ondit õˈdi:
Ondra ˈɔndra
Ondřej *tschech.* ˈɔndrʒɛj
Ondříček *tschech.* ˈɔndrʒi:tʃɛk
Ondulation ɔndulaˈtsi̯o:n
Ondulé õdyˈle:
ondulieren ɔnduˈli:rən
Onega oˈne:ga, *russ.* aˈnjɛgɐ
Onegin oˈne:gi:n, *russ.* aˈnjegin
Oneida *engl.* oʊˈnaɪdə
O'Neil[l] *engl.* oʊˈni:l
Oneirodynia onai̯rodyˈni:a
Oneiromantie onai̯romanˈti:
Oneiros ˈo:nai̯rɔs
One-Man-Show ˈvanmɛnʃo:
One-Night-Stand ˈvannai̯tstɛnt
Oneonta *engl.* oʊnɪˈɔntə
Onera vgl. Onus
onerieren oneˈri:rən
oneros oneˈro:s, **-e** ...o:zə
onerös oneˈrø:s, **-e** ...ø:zə
Onesimus oˈne:zimʊs
Onestep ˈvanstɛp
Onetti *span.* oˈneti
Onganía *span.* ɔŋgaˈnia
ongarese, ongharese ɔŋgaˈre:zə
Oniomanie oni̯omaˈni:
Onions *engl.* ˈʌnɪənz
Onitsha *engl.* oʊˈnɪtʃə
Onkel ˈɔŋkl̩
onkogen, O... ɔŋkoˈge:n
Onkologe ɔŋkoˈlo:gə
Onkologie ɔŋkoloˈgi:
onkologisch ɔŋkoˈlo:gɪʃ
Onkolyse ɔŋkoˈly:zə

onkolytisch ɔŋkoˈlyːtɪʃ
Onkorna... ɔŋˈkɔrna...
Onkosphaera ɔŋkoˈsfɛːra
on line ˈɔnˈla͡in
Onofri *it.* oˈnɔːfri
Önologe ønoˈloːgə
Önologie ønoloˈgiː
önologisch ønoˈloːgɪʃ
Önomanie ønomaˈniː, **-n** ...iːən
Onomantie onomanˈtiː
Onomasiologie onomazi̯oloˈgiː
onomasiologisch onomazi̯oˈloːgɪʃ
Onomastik onoˈmastɪk
Onomastikon onoˈmastikɔn, **...ka** ...ka
Onomatologie onomatoloˈgiː
Onomatomanie onomatomaˈniː
Onomatopoesie onomatopoeˈziː
Onomatopoetikon onomatopoˈeːtikɔn, **...ka** ...ka
Onomatopoetikum onomatopoˈeːtikʊm, **...ka** ...ka
onomatopoetisch onomatopoˈeːtɪʃ
onomatopöetisch onomatopøˈeːtɪʃ
Onomatopöie onomatopøˈiː, **-n** ...iːən
Önometer ønoˈmeːtɐ
Onomitschi *jap.* oˈnomitʃi
Onon *russ.* aˈnɔn
Önorm ˈøːnɔrm
Önotherazeen ønoteraˈt͡seːən
on parle français õː ˈparl frãˈsɛː
Onsager *engl.* ˈɔnsɑːgə
Onsori *pers.* onsoˈriː
Ontario ɔnˈtaːri̯o, *engl.* ɔnˈtɛərɪoʊ
Onteniente *span.* ɔnteˈni̯ente
on the road dt.-engl. ɔn ðə ˈroːt
on the rocks *dt.-engl.* ɔn ðə ˈrɔks
ontisch ˈɔntɪʃ
Ontogenese ɔntogeˈneːzə
ontogenetisch ɔntogeˈneːtɪʃ
Ontogenie ɔntogeˈniː
ontogenisch ɔntoˈgeːnɪʃ
Ontologe ɔntoˈloːgə
Ontologie ɔntoloˈgiː
ontologisch ɔntoˈloːgɪʃ
Ontologismus ɔntoloˈgɪsmʊs
Ontosophie ɔntozoˈfiː
Onuphrio oˈnuːfrio
Onuris oˈnuːrɪs
Onus ˈoːnʊs, **Onera** ˈoːnera

Onychatrophie onʏçatroˈfiː
Onychie onʏˈçiː, **-n** ...iːən
Onychogrypose onʏçogryˈpoːzə
Onycholyse onʏçoˈlyːzə
Onychomadese onʏçomaˈdeːzə
Onychomykose onʏçomyˈkoːzə
Onychophagie onʏçofaˈgiː, **-n** ...iːən
Onychose onʏˈçoːzə
Onyx ˈoːnʏks
Onze et demi ˈõːs eː dəˈmiː
Oogamie oogaˈmiː
Oogenese oogeˈneːzə
oogenetisch oogeˈneːtɪʃ
Oogonium ooˈgoːni̯ʊm, **...ien** ...i̯ən
Ooid ooˈiːt, **-e** ...iːdə
Ooka *jap.* oˈːoka
Ookinet ookiˈneːt
Oolemma ooˈlɛma
Oolith ooˈliːt
Oologie ooloˈgiː
Oomyzeten oomyˈt͡seːtn̩
Oophorektomie ooforɛktoˈmiː
Oophoritis oofoˈriːtɪs, **...itiden** ...riˈtiːdn̩
oophorogen ooforoˈgeːn
Oophoron oˈoːforɔn
Ooplasma ooˈplasma
Oost *niederl.* oːst
Oostende *niederl.* oːstˈɛndə
Oosterhout *niederl.* ˈoːstərhɔu̯t
Oosterschelde *niederl.* oːstərˈsxɛldə
Ooststellingwerf *niederl.* oːststɛlɪŋˈwɛrf
Oost-Vlaanderen *niederl.* oːstˈflaːndərə
Oostzaan *niederl.* oːstˈsaːn
Oozephalie oot͡sefaˈliː, **-n** ...iːən
Oozoid oot͡soˈiːt, **-e** ...iːdə
Oozyt[e] ooˈt͡syːt[ə]
OP oːˈpeː
Opa ˈoːpa
opak oˈpaːk
Opal oˈpaːl
opalen oˈpaːlən
Opaleszenz opalɛsˈt͡sɛnt͡s
opaleszieren opalɛsˈt͡siːrən
Opaliński *poln.* ɔpaˈli̯ski
opalisieren opaliˈziːrən
Opa-Locka *engl.* oʊpəˈlɔkə
Opanke oˈpaŋkə
Opapa ˈoːpapa
Oparin *russ.* aˈparin
Op-Art ˈɔp|aːɐ̯t
Op-Artist ˈɔp|artɪst
Opatija *serbokr.* ɔˌpatija

Opatoschu opaˈtɔʃu
Opava *tschech.* ˈɔpava
Opazität opat͡siˈtɛːt
OPEC ˈoːpɛk, *engl.* ˈoʊpɛk
Opekuschin *russ.* apɪˈkuʃɨn
Opel® ˈoːpl̩
Opelousas *engl.* ɔpəˈluːsəs
Open-Air-... ˈoːpn̩ˈ|ɛːɐ̯...
open end ˈoːpn̩ ˈɛnt
open house ˈoːpn̩ ˈha͡us
Opening ˈoːpənɪŋ
Open Shop ˈoːpn̩ ˈʃɔp
Oper ˈoːpɐ
[1]**Opera** ˈoːpəra, **...re** ...re
[2]**Opera** vgl. Opus
Opéra *fr.* ɔpeˈra
operabel opəˈraːbl̩, **...ble** ...blə
Operabilität opərabiliˈtɛːt
Opera buffa ˈoːpəra ˈbʊfa, **...re ...ffe** ...re ...fe
Opéra comique, -s -s *fr.* ɔperakɔˈmik
Opera eroica ˈoːpəra eˈroːika, **...re ...che** ...re ...ke
Operand opəˈrant, **-en** ...ndn̩
operant opəˈrant
Opera semiseria ˈoːpəra zemiˈzeːri̯a, **...re ...rie** ...re ...ri̯e
Opera seria ˈoːpəra ˈzeːri̯a, **...re ...rie** ...re ...ri̯e
Operateur opəraˈtøːɐ̯
Operating ˈoːpəreːtɪŋ
Operation opəraˈt͡si̯oːn
operationabel opərat͡si̯oˈnaːbl̩, **...ble** ...blə
operational opərat͡si̯oˈnaːl
operationalisieren opərat͡si̯onaliˈziːrən
Operationalismus opərat͡si̯onaˈlɪsmʊs
operationell opərat͡si̯oˈnɛl
Operationismus opərat͡si̯oˈnɪsmʊs
operativ opəraˈtiːf, **-e** ...iːvə
Operativismus opəratiˈvɪsmʊs
Operativität opərativiˈtɛːt
Operator opəˈraːtoːɐ̯, **-en** ...raˈtoːrən
Operatorin opəraˈtoːrɪn
Operette opəˈrɛtə
operieren opəˈriːrən
Operment opɛrˈmɛnt
Operon ˈoːpərɔn, **-e** opəˈroːnə
Opfer ˈɔpfɐ
opfern ˈɔpfn̩
Opfikon ˈɔpfikoːn
Ophelia oˈfeːli̯a, *engl.* ɔˈfiːljə
Ophelimität ofelimiˈtɛːt
Ophikleide ofikleˈiːdə

Ophiolatrie ofi̯ola'tri:
Ophiopogon ofi̯o'po:gɔn
Ophir 'o:fɪr
Ophit o'fi:t
Ophiuchus o'fi̯u:xʊs
Ophiura o'fi̯u:ra
Ophiuroiden ofi̯uro'i:dn̩
Ophrys 'o:frʏs
Ophthalmiatrie ɔftalmi̯a'tri:
Ophthalmiatrik ɔftal'mi̯a:trɪk
Ophthalmie ɔftal'mi:, **-n** ...i:ən
Ophthalmikum ɔf'talmikʊm, **...ka** ...ka
ophthalmisch ɔf'talmɪʃ
Ophthalmoblennorrhö, ...öe ɔftalmoblɛnɔ'rø:, **...rrhöen** ...'rø:ən
Ophthalmologe ɔftalmo'lo:gə
Ophthalmologie ɔftalmolo'gi:
ophthalmologisch ɔftalmo'lo:gɪʃ
Ophthalmophthisis ɔftalmo'fti:zɪs
Ophthalmoplegie ɔftalmople'gi:, **-n** ...i:ən
Ophthalmoreaktion ɔftalmoreak'tsi̯o:n
Ophthalmoskop ɔftalmo'sko:p
Ophthalmoskopie ɔftalmosko'pi:, **-n** ...i:ən
Ophtiole® ɔf'ti̯o:lə
Ophüls 'ɔfʏls
Opiat o'pi̯a:t
Opie *engl.* 'oʊpɪ
Opinio communis o'pi:ni̯o kɔ'mu:nɪs
Opinion-Leader o'pɪni̯ənli:dɐ
Opis 'o:pɪs
Opisthobranchia opɪsto'brança̯ia
Opisthodomos opɪs'to:domɔs, **...moi** ...mɔy
Opisthogenie opɪstoge'ni:, **-n** ...i:ən
Opisthognathie opɪstogna'ti:, **-n** ...i:ən
Opisthograph opɪsto'gra:f
Opisthotonus opɪsto'to:nʊs
opisthozöl opɪsto'tsø:l
Opitz 'o:pɪts
Opium 'o:pi̯ʊm
Opladen 'ɔpla:dn̩
Opodeldok opo'dɛldɔk
Opole [Lubelskie] *poln.* ɔ'pɔlɛ [lu'bɛlskjɛ]
Opolský *tschech.* 'ɔpɔlski:
Opopanax o'po:panaks, opo'pa:naks
Oporinus opo'ri:nʊs
Oporto o'pɔrto
Opossum o'pɔsʊm
Opotherapie opotera'pi:
Oppel[n] 'ɔpl̩[n]
Oppenau 'ɔpənau̯
Oppenheim 'ɔpn̩hai̯m, *engl.* 'ɔpənhaɪm
Oppenheimer 'ɔpn̩hai̯mɐ, *engl.* 'ɔpənhaɪmə
Oppenord[t] *fr.* ɔp'nɔ:r
Oppenweiler ɔpn̩'vai̯lɐ
Opperman *afr.* 'ɔpərman
Oppert 'ɔpɐt, *fr.* ɔ'pɛ:r
Oppianos ɔ'pi̯a:nɔs
Oppidum 'ɔpidʊm
Oppland *norw.* ˌɔplan
Oppler 'ɔplɐ
Oppolzer 'ɔpɔltsɐ
Opponent ɔpo'nɛnt
opponieren ɔpo'ni:rən
opportun ɔpɔr'tu:n
Opportunismus ɔpɔrtu'nɪsmʊs
Opportunist ɔpɔrtu'nɪst
Opportunität ɔpɔrtuni'tɛ:t
oppositär ɔpozi'tɛ:ɐ̯
Opposition ɔpozi'tsi̯o:n
oppositionell ɔpozitsi̯o'nɛl
oppositiv ɔpozi'ti:f, **-e** ...i:və
Oppression ɔprɛ'si̯o:n
oppressiv ɔprɛ'si:f, **-e** ...'si:və
opprimieren ɔpri'mi:rən
Opprobration ɔprobra'tsi̯o:n
Opritschnina *russ.* a'pritʃninɐ
Ops ɔps
Opsonine ɔpso'ni:nə
Optant ɔp'tant
Optatianus ɔpta'tsi̯a:nʊs
optativ 'ɔptati:f, *auch:* ...'ti:f, **-e** ...i:və
Optativ 'ɔptati:f, **-e** ...i:və
Optatus ɔp'ta:tʊs
Optical Art 'ɔptikl̩ 'a:ɐ̯t
optieren ɔp'ti:rən
Optik 'ɔptɪk
Optiker 'ɔptikɐ
Optikus 'ɔptikʊs, **...izi** ...itsi
Optima vgl. Optimum
optima fide 'ɔptima 'fi:də
optima forma 'ɔptima 'fɔrma
optimal ɔpti'ma:l
optimalisieren ɔptimali'zi:rən
Optimat ɔpti'ma:t
optime 'ɔptime
Optimeter ɔpti'me:tɐ
optimieren ɔpti'mi:rən
Optimismus ɔpti'mɪsmʊs
Optimist ɔpti'mɪst
Optimum 'ɔptimʊm, **...ima** ...ima
Optina Pustyn *russ.* 'ɔptinɐ 'pustɨnj
Option ɔp'tsi̯o:n
optional ɔptsi̯o'na:l
optisch 'ɔptɪʃ
Optizi vgl. Optikus
Optoelektronik ɔptolelɛk'tro:nɪk, *auch:* '------
Optometer ɔpto'me:tɐ
Optometrie ɔptome'tri:
Optronik ɔp'tro:nɪk
optronisch ɔp'tro:nɪʃ
opulent opu'lɛnt
Opulenz opu'lɛnts
Opuntie o'pʊntsi̯ə
Opus 'o:pʊs, 'ɔpʊs, **Opera** ...pəra
Opus alexandrinum 'o:pʊs alɛksan'dri:nʊm, 'ɔpʊs -
Opusculum o'pʊskulʊm, **...la** ...la
Opus Dei 'o:pʊs 'de:i, 'ɔpʊs -
Opus eximium 'o:pʊs ɛ'ksi:mi̯ʊm, 'ɔpʊs -
Opus incertum 'o:pʊs ɪn'tsɛrtʊm, 'ɔpʊs -
Opus operatum 'o:pʊs opə'ra:tʊm, 'ɔpʊs -
Opus post[h]umum 'o:pʊs 'pɔstumʊm, 'ɔpʊs -
Opus reticulatum 'o:pʊs retiku'la:tʊm, 'ɔpʊs -
Opus sectile 'o:pʊs 'zɛktile, 'ɔpʊs -
Opus spicatum 'o:pʊs spi'ka:tʊm, 'ɔpʊs -
Opus tesselatum 'o:pʊs tɛse'la:tʊm, 'ɔpʊs -
[1]**Ora** 'o:ra
[2]**Ora** vgl. [3]Os
Orade o'ra:də
Oradea *rumän.* o'radea̯
Oradour *fr.* ɔra'du:r
Öræfajökull *isl.* 'œ:rai̯vajœ:kʏdl
ora et labora! 'o:ra ɛt la'bo:ra
Orakel o'ra:kl̩
orakeln o'ra:kl̩n
oral, O... o'ra:l
Orale o'ra:lə, **...lien** ...li̯ən
Oralhistory 'o:rəlhɪstəri
Oran o'ra:n, *fr.* ɔ'rã
orange, ¹O... o'rã:ʒə, *auch:* o'raŋʒə
[2]**Orange** (Name) *engl.* 'ɔrɪndʒ, *fr.* ɔ'rã:ʒ, *bras.* o'rẽʒi
Orangeade orã'ʒa:də, *auch:* oraŋ'ʒa:də

O

Orangeat orãˈʒaːt, *auch:* oraŋˈʒaːt
Orangeburg *engl.* ˈɔrɪndʒbəːg
Orange Free State *engl.* ˈɔrɪndʒ ˈfriː ˈsteɪt
orangen oˈrãːʒn̩, *auch:* oˈraŋʒn̩
Orange Pekoe ˈɔrɪntʃ ˈpiːkoː
Orangerie orãʒəˈriː, *auch:* oraŋʒəˈriː, **-n** ...iːən
Orangevale *engl.* ˈɔrɪndʒveɪl
Orangeville *engl.* ˈɔrɪndʒvɪl
Orang-Utan ˈoːraŋˈ|uːtan
Oranien[baum] oˈraːni̯ən[bau̯m]
Oranienburg oˈraːni̯ənbʊrk
Oranier oˈraːni̯ɐ
Oranje oˈranjə, *niederl.* oˈrɑnjə, *afr.* oːˈranjə
Oranjemund oˈranjəmʊnt
Oranjestad *niederl.* oˈrɑnjəstɑt
Orans ˈoːrans, **...nten** oˈrantn̩
Orant[e] oˈrant[ə]
Orapa *engl.* ɔːˈrɑːpɑː
ora pro nobis ˈoːra proː ˈnoːbɪs
Orăștie *rumän.* orəʃˈtie
Orașul Stalin *rumän.* oˈraʃul ˈstalin
Oratio [dominica] oˈraːt͜si̯o [doˈmiːnika]
Oratio obliqua oˈraːt͜si̯o oˈbliːkva
Oratio recta oˈraːt͜si̯o ˈrɛkta
Orator oˈraːtoːɐ̯, **-en** oraˈtoːrən
Oratorianer oratoˈri̯aːnɐ
oratorisch oraˈtoːrɪʃ
Oratorium oraˈtoːri̯ʊm, **...ien** ...i̯ən
Oravița *rumän.* oˈravitsa
Orawitza oˈraːvɪtsa
Orazio *it.* oˈrattsi̯o
Orb ɔrp, *fr.* ɔrb
Orbe *fr.* ɔrb
Orbeliani *georg.* ˈorbeliani
Orbigny *fr.* ɔrbiˈɲi
orbikular ɔrbikuˈlaːɐ̯
Orbis ˈɔrbɪs
Orbiskop ɔrbiˈskoːp
Orbis pictus ˈɔrbɪs ˈpɪktʊs
Orbis Terrarum ˈɔrbɪs tɛˈraːrʊm
Orbit ˈɔrbɪt
Orbita ˈɔrbita, **...tae** ...tɛ
orbital, O... ɔrbiˈtaːl
Orbiter ˈɔrbitɐ
Orcagna *it.* orˈkaɲɲa
Orchesographie ɔrçezograˈfiː, **-n** ...iːən
Orchester ɔrˈkɛstɐ, *auch:* ɔrˈçɛ...
Orchestik ɔrˈçɛstɪk
Orchestra ɔrˈçɛstra
orchestral ɔrkɛsˈtraːl, *auch:* ɔrçɛ...
Orchestration ɔrkɛstraˈt͜si̯oːn, *auch:* ɔrçɛ...
orchestrieren ɔrkɛsˈtriːrən, *auch:* ɔrçɛ...
Orchestrion ɔrˈçɛstriɔn, **...ien** ...iən
Orchidaceae ɔrçiˈdaːt͜seɛ
Orchidazeen ɔrçidaˈt͜seːən
Orchidee ɔrçiˈdeːə
Orchis ˈɔrçɪs, **...ches** ...çeːs
Orchitis ɔrˈçiːtɪs, **...itiden** ɔrçiˈtiːdn̩
Orchitomie ɔrçitoˈmiː, **-n** ...iːən
Orchomenos ɔrˈçoːmenɔs
Orchon ɔrˈçɔn, *russ.* arˈxɔn
Orczy *ung.* ˈortsi, *engl.* ˈɔːtsɪ
Ord *engl.* ɔːd
Ordal ɔrˈdaːl, **-ien** -i̯ən
Ordaz *span.* ɔrˈðaθ
Orden ˈɔrdn̩
ordentlich ˈɔrdn̩tlɪç
Order ˈɔrdɐ
Ordericus ɔrdeˈriːkʊs
ordern ˈɔrdɐn, **ordre** ˈɔrdrə
Ordesa *span.* ɔrˈðesa
ordinal..., O... ɔrdiˈnaːl
Ordinale ɔrdiˈnaːlə, **...lia** ...li̯a
ordinär ɔrdiˈnɛːɐ̯
Ordinariat ɔrdinaˈri̯aːt
ordinario ɔrdinˈaːri̯o
Ordinarium ɔrdiˈnaːri̯ʊm, **...ien** ...i̯ən
Ordinarium Missae ɔrdiˈnaːri̯ʊm ˈmɪsɛ
Ordinarius ɔrdiˈnaːri̯ʊs, **...ien** ...i̯ən
Ordinate ɔrdiˈnaːtə
Ordination ɔrdinaˈt͜si̯oːn
Ordines vgl. Ordo
Ordines maiores ˈɔrdineːs maˈjoːreːs
Ordines minores ˈɔrdineːs miˈnoːreːs
Ording ˈɔrdɪŋ
ordinieren ɔrdiˈniːrən
ordnen ˈɔrdnən
Ordnung ˈɔrdnʊŋ
Ordo ˈɔrdo, **Ordines** ˈɔrdineːs
Ordo Amoris ˈɔrdo aˈmoːrɪs
Ordogot ɔrdoˈgoːt
ordoliberal ɔrdolibeˈraːl
Ordo Missae ˈɔrdo ˈmɪsɛ
Ordóñez *span.* ɔrˈðoɲeθ
Ordonnanz ɔrdɔˈnant͜s
Ordos ˈɔrdɔs
Or doublé ˈoːɐ̯ duˈbleː
ordovizisch ɔrdoˈviːt͜sɪʃ
Ordovizium ɔrdoˈviːt͜si̯ʊm
Ordre ˈɔrdrə, ˈɔrdɐ
Ordre du Cœur ˈɔrdrə dyː ˈkøːɐ̯
Ordschonikidse *russ.* ardʒɐniˈkidzɪ
Ordu *türk.* ˈɔrdu
Öre ˈøːrə
Oreade oreˈaːdə
oreal oreˈaːl
Oreas ˈoːreas
Örebro *schwed.* œrəˈbruː
Orechowo-Sujewo *russ.* aˈrjɛxɐvɐˈzujɪvɐ
Oregano oˈreːgano
Oregon ˈoːregɔn, ˈɔr..., *engl.* ˈɔrɪgən
Oreibasios orai̯ˈbaːzi̯ɔs
orektisch oˈrɛktɪʃ
Orel[l] ˈoːrɛl
Orelli oˈrɛli
Orem *engl.* ˈɔːrəm
oremus! oˈreːmʊs
Orenburg ˈoːrənbʊrk, *russ.* arɪmˈburk
Orenda oˈrɛnda
Orendel ˈoːrɛndl̩
Orense *span.* oˈrense
Orenstein ˈoːrənʃtai̯n
Oresme *fr.* ɔˈrɛm
Orest oˈrɛst
Oreste *it.* oˈrɛste, *fr.* ɔˈrɛst
Orestes oˈrɛstɛs
Orestie orɛsˈtiː
Orestis oˈrɛstɪs
Öresund *schwed.* œrəˈsʊnd
Öresundstad *schwed.* œrəsʊndˈstɑːd
Orfe ˈɔrfə
Orfelin *serbokr.* ɔrˌfɛliːn
Orfeo *it.* orˈfɛːo
Orff ɔrf
Orfi *pers.* orˈfiː
Orford *engl.* ˈɔːfəd
Orgambide *span.* ɔrɣamˈbiðe
Organ ɔrˈgaːn
Organa vgl. Organum
organal ɔrgaˈnaːl
Organdin ɔrganˈdiːn
Organdy ɔrˈgandi
Organell[e] ɔrgaˈnɛl[ə]
Organigramm ɔrganiˈgram
Organik ɔrˈgaːnɪk
organisabel ɔrganiˈzaːbl̩, **...ble** blə
Organisation ɔrganizaˈt͜si̯oːn
Organisator ɔrganiˈzaːtoːɐ̯, **-en** ...zaˈtoːrən

organisatorisch ɔrganiza'to:rɪʃ
organisch ɔr'ga:nɪʃ
organisieren ɔrgani'zi:rən
organismisch ɔrga'nɪsmɪʃ
Organismus ɔrga'nɪsmʊs
Organist ɔrga'nɪst
Organistrum ɔrga'nɪstrʊm
organogen ɔrgano'ge:n
Organogenese ɔrganoge'ne:zə
Organogramm ɔrgano'gram
Organographie ɔrganogra'fi:, **-n** ...i:ən
organographisch ɔrgano'gra:fɪʃ
organoid, O... ɔrgano'i:t, **-e** ...i:də
Organologe ɔrgano'lo:gə
Organologie ɔrganolo'gi:
organologisch ɔrgano'lo:gɪʃ
Organon 'ɔrganɔn
organo pleno 'ɔrgano 'ple:no
Organosol ɔrgano'zo:l
Organotherapie ɔrganotera'pi:
organotrop ɔrgano'tro:p
Organozoon ɔrgano'tso:ɔn, **...zoen** ...tso:ən
Organschaft ɔr'ga:nʃaft
Organsin ɔrgan'zi:n
Organtin ɔrgan'ti:n
Organum 'ɔrganʊm, **...na** ...na
Organza ɔr'gantsa
Orgasmus ɔr'gasmʊs
orgastisch ɔr'gastɪʃ
Orgejew *russ.* ar'gjejɪf
Orgel 'ɔrgl̩
orgeln 'ɔrgl̩n, **orgle** 'ɔrglə
Orgetorix ɔr'ge:torɪks
Orgiasmus ɔr'gi̯asmʊs
Orgiast ɔr'gi̯ast
Orgie 'ɔrgi̯ə
Orgon *fr.* ɔr'gõ
Orgware 'o:ɐ̯kvɛ:ɐ̯, 'ɔrk...
Orhan *türk.* ɔr'hɑn
Oriani *it.* o'ri̯a:ni
Oribasius ori'ba:zi̯ʊs
Orient 'o:ri̯ɛnt, *auch:* o'ri̯ɛnt
Orientale ori̯ɛn'ta:lə
Orientalia ori̯ɛn'ta:li̯a
orientalid ori̯ɛnta'li:t, **-e** ...i:də
orientalisch ori̯ɛn'ta:lɪʃ
orientalisieren ori̯ɛntali'zi:rən
Orientalist[ik] ori̯ɛnta'lɪst[ɪk]
Oriente *span.* o'ri̯ente, *port.* o'ri̯entə
orientieren ori̯ɛn'ti:rən
Orientius ori̯ɛn'tsi̯ʊs
Orificium ori'fi:tsi̯ʊm, **...cia** ...tsi̯a
Oriflamme 'o:riflamə
Origami ori'ga:mi
Origano o'ri:gano
Origanum o'ri:ganʊm
Origenes o'ri:genɛs
origenistisch orige'nɪstɪʃ
original, O... origi'na:l
Originalien origi'na:li̯ən
Originalität originali'tɛ:t
originär origi'nɛ:ɐ̯
originell origi'nɛl
Orihuela *span.* ori'u̯ela
Orija o'ri:ja
Orillia *engl.* ɔ:'rɪljə
Orinoco *span.* ori'noko
Orinoko ori'no:ko
Orinthia o'rɪnti̯a
Orion o'ri:ɔn
Orioniden ori̯o'ni:dn̩
Orissa *engl.* ɔ'rɪsə
Oristano *it.* oris'ta:no
Őriszentpéter *ung.* 'ø:risɛntpe:tɛr
Orizaba *span.* ori'θaβa
Ørjasæter *norw.* 'œrjase:tər
Orjen *serbokr.* 'ɔrjɛn
Orjol *russ.* a'rjɔl
[1]Orkan ɔr'ka:n
[2]Orkan (Name) *poln.* 'ɔrkan
Orkanger *norw.* ˌɔrkaŋər
Örkény *ung.* 'ørke:nj
Orkney[s] *engl.* 'ɔ:knɪ[z]
Orkus 'ɔrkʊs
Orland *engl.* 'ɔ:lənd
Orlando *it.* or'lando, *engl.* ɔ:'lændoʊ
Orlando furioso *it.* or'lando fu'ri̯o:so
Orlau 'ɔrlau̯
Orlean ɔrle'a:n
Orléanais *fr.* ɔrlea'nɛ
Orleaner ɔrle'a:nɐ
Orleanist ɔrlea'nɪst
Orleans 'ɔrleã, **des -** ...eã[:s]
Orléans *fr.* ɔrle'ã
Orléansville *fr.* ɔrleã'vil
Orley *niederl.* 'ɔrlɛi̯
Orlik 'ɔrlɪk
Orlog 'ɔrlo:k, **-e** ...o:gə
Orlon® 'ɔrlɔn
Orlová *tschech.* 'ɔrlɔva:
Orlow 'ɔrlɔf, *russ.* ar'lɔf
Orlowski ɔr'lɔfski, *russ.* ar'lɔfskij
Orłowski *poln.* ɔ'ru̯ɔfski
Orly *fr.* ɔr'li
Orm *engl.* ɔ:m
Ormandy *engl.* 'ɔ:məndɪ
Ormándy *ung.* 'orma:ndi
Orme *engl.* ɔ:m, *fr.* ɔrm
Ormesson *fr.* ɔrmɛ'sõ
Ormin *engl.* 'ɔ:mɪn
Ormoc *span.* ɔr'mɔk
Ormond[e] *engl.* 'ɔ:mənd
Ormskirk *engl.* 'ɔ:mzkə:k
Ormus vgl. Hormus
Ormuz vgl. Hormus
Ormuzd 'ɔrmʊtst, ...mʊst
Ornament ɔrna'mɛnt
ornamental ɔrnamɛn'ta:l
ornamentieren ɔrnamɛn'ti:rən
Ornamentik ɔrna'mɛntɪk
Ornat ɔr'na:t
ornativ, O... ɔrna'ti:f, **-e** ...i:və
Orne *fr.* ɔrn
ornieren ɔr'ni:rən
Ornis 'ɔrnɪs
Ornithogamie ɔrnitoga'mi:
Ornithologe ɔrnito'lo:gə
Ornithologie ɔrnitolo'gi:
ornithologisch ɔrnito'lo:gɪʃ
ornithophil ɔrnito'fi:l
Ornithophilie ɔrnitofi'li:
Ornithopter ɔrni'tɔptɐ
Ornithorhynchus ɔrnito'rʏnçʊs
Ornithose ɔrni'to:zə
Örnsköldsvik *schwed.* œ:rnʃœlts'vi:k
[1]Oro (Gott) 'o:ro
[2]Oro *span.* 'oro
Orobanche oro'bançə
orogen, O... oro'ge:n
Orogenese oroge'ne:zə
orogenetisch oroge'ne:tɪʃ
Orogenie oroge'ni:
Orognosie orogno'zi:, **-n** ...i:ən
Orographie orogra'fi:, **-n** ...i:ən
orographisch oro'gra:fɪʃ
Orohydrographie orohydrogra'fi:, **-n** ...i:ən
orohydrographisch orohydro'gra:fɪʃ
Orologie orolo'gi:
Orometrie orome'tri:
orometrisch oro'me:trɪʃ
Oromo o'ro:mo
Oron *fr.* ɔ'rõ, *hebr.* ɔ'rɔn
Oron-la-Ville *fr.* ɔrõla'vil
Orono *engl.* 'ɔ:rənoʊ
Oront o'rɔnt
Oronte *fr.* ɔ'rõ:t
Orontes o'rɔntɛs
Oroplastik oro'plastɪk
oroplastisch oro'plastɪʃ
Orosháza *ung.* 'oroʃha:zɔ
Orosius o'ro:zi̯ʊs
Oroszlány *ung.* 'orosla:nj
Orotava *span.* oro'taβa
Orotsche o'ro:tʃə

O

Oroya *span.* o'roja
Orozco *span.* o'rɔθko
Orpen *engl.* 'ɔ:pən
Orpheon ɔr'fe:ɔn
Orpheum ɔr'fe:ʊm, **...een** ...e:ən
Orpheus 'ɔrfɔy̯s
Orphik 'ɔrfɪk
Orphiker 'ɔrfikɐ
orphisch 'ɔrfɪʃ
Orphismus ɔr'fɪsmʊs
Orphizismus ɔrfi'tsɪsmʊs
Orpington *engl.* 'ɔ:pɪŋtən
Orplid ɔr'pli:t, *auch:* '--
Orr *engl.* ɔ:
Orrery *engl.* 'ɔrərɪ
Orry *fr.* ɔ'ri
Ors *span.* ɔrs, *kat.* ors
Orsatapparat ɔr'za:t|apara:t
Orsay *fr.* ɔr'sɛ
Orscha *russ.* 'ɔrʃɐ
Orschowa 'ɔrʃova
Orseolo *it.* or'sɛ:olo
Orsi *it.* 'orsi
Orsini *it.* or'si:ni
Orsino *it.* or'si:no
Orsk *russ.* ɔrsk
Orşova *rumän.* 'orʃova
Orsoy 'ɔrzɔy̯
Ørsted 'ø:ɐ̯stɛt, ...ʃtɛt
Ørsted *dän.* 'œɐ̯sdeð
Ország *ung.* 'orsa:g
Ort ɔrt, **Örter** 'œrtɐ
Orta *it.* 'ɔrta, *port.* 'ɔrtɐ
Örtchen 'œrtçən
Ortegal *span.* ɔrte'ɣal
Ortega y [Gasset] *span.* ɔr'teɣa i [ɣa'sɛt]
Örtel 'œrtl̩
Ortelius ɔr'te:li̯ʊs
Ortelsburg 'ɔrtl̩sbʊrk
orten 'ɔrtn̩
Orten *tschech.* 'ɔrtɛn
Ortenau 'ɔrtənau̯
Ortenburg 'ɔrtn̩bʊrk
örtern 'œrtɐn
Ortes *it.* 'ɔrtes
Ortese *it.* or'te:se
Orth[eil] 'ɔrt[ai̯l]
Orthese ɔr'te:zə
Orthetik ɔr'te:tɪk
orthetisch ɔr'te:tɪʃ
Orthikon 'ɔrtikɔn, **...one** ...'ko:nə
ortho..., O... ' ɔrto...
Orthochromasie ɔrtokroma'zi:
orthochromatisch ɔrtokro'ma:tɪʃ
Orthodontie ɔrtodɔn'ti:, **-n** ...i:ən
orthodox ɔrto'dɔks
Orthodoxie ɔrtodɔ'ksi:
orthodrom ɔrto'dro:m
Orthoepie ɔrto|e'pi:
Orthoepik ɔrto'|e:pɪk
orthoepisch ɔrto'|e:pɪʃ
Orthogenese ɔrtoge'ne:zə
orthognath ɔrto'gna:t
Orthognathie ɔrtogna'ti:
Orthogon ɔrto'go:n
orthogonal ɔrtogo'na:l
Orthographie ɔrtogra'fi:, **-n** ...i:ən
orthographisch ɔrto'gra:fɪʃ
orthokephal ɔrtoke'fa:l
Orthokephalie ɔrtokefa'li:
Orthoklas ɔrto'kla:s, **-e** ...a:zə
Orthologie ɔrtolo'gi:
orthonym ɔrto'ny:m
Orthopäde ɔrto'pɛ:də
Orthopädie ɔrtopɛ'di:
orthopädisch ɔrto'pɛ:dɪʃ
Orthopädist ɔrtopɛ'dɪst
orthopanchromatisch ɔrtopankro'ma:tɪʃ
Orthophonie ɔrtofo'ni:, **-n** ...i:ən
Orthopnoe ɔrto'pno:ə
Orthoptere ɔrtɔp'te:rə
Orthopteron ɔr'tɔpterɔn, **...pteren** ɔrtɔp'te:rən
Orthoptik ɔr'tɔptɪk
Orthoptist ɔrtɔp'tɪst
Orthoskop ɔrto'sko:p
Orthoskopie ɔrtosko'pi:
Orthos Logos ɔr'tɔs 'lɔgɔs
Orthostase ɔrto'sta:zə
Orthostaten ɔrto'sta:tn̩
orthostatisch ɔrto'sta:tɪʃ
Orthostigmat ɔrtostɪ'gma:t
orthotisch ɔr'to:tɪʃ
Orthotonie ɔrtoto'ni:
orthotonieren ɔrtoto'ni:rən
orthotrop ɔrto'tro:p
Orthozentrum 'ɔrtot͜sɛntrʊm
orthozephal ɔrtot͜se'fa:l
Orthozephalie ɔrtot͜sefa'li:
Orthozeras ɔr'to:t͜seras, **...ren** ...to't͜se:rən
Ortiz *span.* ɔr'tiθ, *fr.* ɔr'tis
Ortler 'ɔrtlɐ
Ortles *it.* 'ɔrtles
örtlich 'œrtlɪç
Ortlieb 'ɔrtli:p
Ortner 'ɔrtnɐ
Ortnid, ...nit 'ɔrtni:t
Ortolan (Vogel) ɔrto'la:n
Ortoli *fr.* ɔrtɔ'li
Orton *engl.* ɔ:tn
Ortona *it.* or'to:na
Ortrud 'ɔrtru:t
Ortrun 'ɔrtru:n
Ortwin 'ɔrtvi:n
Ørum *dän.* 'ʏ:rʊm
Oruro *span.* o'ruro
Orust *schwed.* ˌu:rʊst
Orvieto ɔr'vi̯e:to, *it.* or'vi̯ɛ:to, or'vi̯e:to
Orwell *engl.* 'ɔ:wəl
Ory *fr.* ɔ'ri, *engl.* 'ɔ:rɪ
Oryktogenese orʏktoge'ne:zə
Oryktogenie orʏktoge'ni:
Oryktognosie orʏktogno'zi:
Oryktographie orʏktogra'fi:
Oryx 'o:rʏks
Oryza o'ry:t͜sa
Orzechowski *poln.* ɔʒɛ'xɔfski
Orzeszkowa *poln.* ɔʒɛʃ'kɔva
[1]**Os** (Osmium) o:'|ɛs
[2]**Os** (Wallberg) o:s, **Oser** 'o:zɐ
[3]**Os** (Mund) o:s, **Ora** 'o:ra
[4]**Os** (Knochen) ɔs, **Ossa** 'ɔsa
Osa *span.* 'osa
Osage *engl.* 'oʊseɪdʒ
Osaka o'za:ka, *jap.* o':saka
Osasco *bras.* o'sasku
Osawa *jap.* o'zawa
Ösbeke œs'be:kə
Osborn[e], ...ourne *engl.* 'ɔzbɔ:n
Osburg 'o:sbʊrk
Oscar *dt., schwed., it.* 'ɔskar, *engl.* 'ɔskə, *fr.* ɔs'ka:r
Oscedo ɔs't͜se:do
Osch *russ.* ɔʃ
Oschatz 'o:ʃat͜s
Oschersleben 'ɔʃɐsle:bn̩
Oschima *jap.* 'o.:ʃima
Oscinella ɔst͜si'nɛla
Osdroes 'ɔsdroɛs
Öse 'ø:zə
Oseberg *norw.* ˌu:səbærg
Osee o'ze:
Ösel 'ø:zl̩
ösen 'ø:zn̩, **ös!** ø:s, **öst** ø:st
Oser vgl. [2]Os
Oserow *russ.* 'ɔzɪrɐf
Osgood *engl.* 'ɔzgʊd
O'Shaughnessy *engl.* oʊ'ʃɔ:nɪsɪ
Oshawa *engl.* 'ɔʃəwə
Oshkosh *engl.* 'ɔʃkɔʃ
Oshogbo *engl.* ə'ʃɔgboʊ
Osiander o'zi̯andɐ
Osijek *serbokr.* 'ɔsijɛk
Osimo *it.* 'ɔ:zimo
Osiris o'zi:rɪs

Osjọrsk *russ.* aˈzjɔrsk
Oskaloosa *engl.* ɔskəˈlu:sə
Ọskar *dt., schwed.* ˈɔskar, *engl.* ˈɔskə
Oskarshạmn *schwed.* ɔskarsˈhamn
Ọsker ˈɔskɐ
ọskisch ˈɔskɪʃ
Oskọl *russ.* asˈkɔl
Oskulatio̲n ɔskulaˈt͡si̯o:n
oskulie̲ren ɔskuˈli:rən
Ọslava[ny] *tschech.* ˈɔslava[ni]
Osler *engl.* ˈoʊslə
Ö̲sling ˈø:slɪŋ
Ọslo ˈɔslo, *norw.* ˌuslu
Osman ˈɔsman, *auch:* ɔsˈma:n, *türk.* ˈɔsmɑn
Osma̲ne ɔsˈma:nə
osma̲nisch ɔsˈma:nɪʃ
Osma̲niye *türk.* ɔsˈmɑ:nijɛ
Osmạtschka *ukr.* ɔsˈmat͡ʃka
Osmẹña *span.* ɔzˈmeɲa
Ọsmer ˈɔsmɐ, *engl.* ˈɔzmə
Ọsmium ˈɔsmiʊm
Osmologi̲e ɔsmoloˈgi:
osmophi̲l ɔsmoˈfi:l
osmopho̲r ɔsmoˈfo:ɐ̯
Osmo̲se ɔsˈmo:zə
Osmotherapi̲e ɔsmoteraˈpi:, **-n** ...i:ən
osmo̲tisch ɔsˈmo:tɪʃ
Osnabrụ̈ck ɔsnaˈbrʏk
Ọsning ˈɔsnɪŋ
Osóbka *poln.* ɔˈsupka
Ösophagi vgl. Ösophagus
ösopha̲gisch øzoˈfa:gɪʃ
Ösophagịsmus øzofaˈgɪsmʊs
Ösophagi̲tis øzofaˈgi:tɪs, **...iti̲den** ...giˈti:dn̩
Ösophagosko̲p øzofagoˈsko:p
Ösophagospạsmus øzofagoˈspasmʊs
Ösophagotomi̲e øzofagotoˈmi:, **-n** ...i:ən
Öso̲phagus øˈzo:fagʊs, **...gi** ...gi
Osọrio *span.* oˈsori̯o
Osọrno *span.* oˈsɔrno
Ọspel ˈɔspl̩
Osphra̲dium ɔsˈfra:di̯ʊm, **...ien** ...i̯ən
Osphresiologi̲e ɔsfrezi̯oloˈgi:
Ọsram® ˈɔsram
Osroe̲ne ɔsroˈe:nə
Ọss *niederl.* ɔs
[1]**Ọssa** (griech. Berg) *dt., neugr.* ˈɔsa
[2]**Ossạ** (Name) *russ.* aˈsa
[3]**Ossa** vgl. Os
ossa̲l ɔˈsa:l
Ossạnna ɔˈsana
ossä̲r ɔˈsɛ:ɐ̯
Ossa̲rium ɔˈsa:ri̯ʊm, **...ien** ...i̯ən
Ọsse ˈɔsə
Osse̲in ɔseˈi:n
Ossendọwski *poln.* ɔsɛnˈdɔfski
Ọsser ˈɔsɐ
Osservato̲re Roma̲no *it.* osservaˈto:re roˈma:no
Osse̲te ɔˈse:tə
Osse̲tien ɔˈse:t͡si̯ən, ɔˈse:ti̯ən
osse̲tisch ɔˈse:tɪʃ
Ọssi ˈɔsi
ossi̲a ɔˈsi:a
Ọssiach ˈɔsi̯ax
Ọssian ˈɔsi̯an, *auch:* ɔˈsi̯a:n, *engl.* ˈɔsɪən
Ossiannịlsson *schwed.* ɔsianˈnilsɔn
Ossiẹtzky ɔˈsi̯ɛt͡ski
Ossifikatio̲n ɔsifikaˈt͡si̯o:n
ossifizi̲eren ɔsifiˈt͡si:rən
Ọssining *engl.* ˈɔsɪnɪŋ
Ossịnniki *russ.* aˈsinniki
Ọssip *russ.* ˈɔsip
Ossipẹnko *russ.* asiˈpjɛnkɐ
Ọssipow *russ.* ˈɔsipɐf
[1]**Ossipọwitsch** (Familienname) *russ.* asiˈpɔvitʃ
[2]**Ọssipowitsch** (Sohn des Ossip) *russ.* ˈɔsipɐvitʃ
Ọssipowna *russ.* ˈɔsipɐvnɐ
Ossọgowska Planinạ *bulgar.* oˈsɔgofskɐ plɐniˈna
Ossoline̲um ɔsoliˈne:ʊm
Ossolịński *poln.* ɔsɔˈlii̯ski
Ossorgịn *russ.* asarˈgin
Ossọwski ɔˈsɔfski
Ossua̲rium ɔˈsu̯a:ri̯ʊm, **...ien** ...i̯ən
Ọsswald ˈɔsvalt
Ost ɔst, *deutlich* o:st
Osta̲de *niederl.* ɔsˈta:də
Ostafrika ˈɔstǀa:frika, *auch:* ...ˈǀaf...
Osta̲ijen *niederl.* ɔsˈta:i̯ə
Ọstalbkreis ˈɔstǀalpkrai̯s
Ostalgi̲e ɔstalˈgi:
Ọstangeln ˈɔstǀaŋl̩n
Ostạnglien ɔstˈǀaŋgli̯ən
O̲stara ˈo:stara
ọstasia̲tisch ˈɔstǀaˈzi̯a:tɪʃ
Ọsta̲sien ˈɔstˈǀa:zi̯ən
ọstbaltisch ˈɔstbaltɪʃ
Ọ̈stberg *schwed.* ˌœstbærj
Ọst-Berlin ˈɔstbɛrli:n
ọstdeutsch ˈɔstdɔy̯tʃ
Ọstdeutschland ˈɔstdɔy̯tʃlant
Ostealgi̲e ɔstealˈgi:, **-n** ...i:ən
Ọstẹlbien ˈɔstˈǀɛlbi̯ən
Ọstẹlbier ˈɔstˈǀɛlbi̯ɐ
ọsten ˈɔstn̩
[1]**Osten** ˈɔstn̩, *deutlich* ˈo:stn̩
[2]**Ọsten** (Name) ˈɔstn̩
Ostẹnde ɔstˈǀɛndə, *fr.* ɔsˈtã:d
Ọstendorf[er] ˈɔstn̩dɔrf[ɐ]
ostensi̲bel ɔstɛnˈzi:bl̩, **...ble** ...blə
ostensi̲v ɔstɛnˈzi:f, **-e** ...i:və
Ọstenso *engl.* ˈɔstənsoʊ
Ostenso̲rium ɔstɛnˈzo:ri̯ʊm, **...ien** ...i̯ən
Ostentatio̲n ɔstɛntaˈt͡si̯o:n
ostentati̲v ɔstɛntaˈti:f, **-e** ...i:və
ostentiö̲s ɔstɛnˈt͡si̯ø:s, **-e** ...ø:zə
Osteoblạst ɔsteoˈblast
Osteoblasto̲m ɔsteoblasˈto:m
Osteodyni̲e ɔsteodyˈni:, **-n** ...i:ən
Osteoektomi̲e ɔsteoǀɛktoˈmi:, **-n** ...i:ən
Osteofibro̲m ɔsteofiˈbro:m
osteoge̲n ɔsteoˈge:n
Osteogene̲se ɔsteogeˈne:zə
osteoi̲d ɔsteoˈi:t, **-e** ...i:də
Osteoklasi̲e ɔsteoklaˈzi:, **-n** ...i:ən
Osteoklạst ɔsteoˈklast
Osteokọlle ɔsteoˈkɔlə
Osteolo̲ge ɔsteoˈlo:gə
Osteologi̲e ɔsteoloˈgi:
Osteoly̲se ɔsteoˈly:zə
Osteo̲m ɔsteˈo:m
osteomala̲kisch ɔsteomaˈla:kɪʃ
Osteomalazi̲e ɔsteomalaˈt͡si:, **-n** ...i:ən
osteomala̲zisch ɔsteomaˈla:t͡sɪʃ
Osteomyeli̲tis ɔsteomy̆eˈli:tɪs, **...iti̲den** ...liˈti:dn̩
Ọsteon ˈɔsteɔn, **-en** ...eˈo:nən
Osteopathi̲e ɔsteopaˈti:, **-n** ...i:ən
Osteopha̲ge ɔsteoˈfa:gə
Osteoplạstik ɔsteoˈplastɪk
osteoplạstisch ɔsteoˈplastɪʃ
Osteoporo̲se ɔsteopoˈro:zə
Osteosynthe̲se ɔsteozʏnˈte:zə
osteosynthe̲tisch ɔsteozʏnˈte:tɪʃ
Osteotạxis ɔsteoˈtaksɪs
Osteotomi̲e ɔsteotoˈmi:, **-n** ...i:ən
O̲ster ˈo:stɐ
Ọ̈sterbotten *schwed.* ˌœstərbɔtən
O̲sterburg ˈo:stɐbʊrk

O

Osterburken ɔstɐˈbʊrkn̩
Østerdal *norw.* ˌœstərda:l
Östergötland *schwed.* ˌœstər-jø:tlan[d]
Östergren *schwed.* ˌœstərgre:n
Osterhofen o:stɐˈho:fn̩
Osterholz ˈo:stɐhɔlts
Osteria ɔsteˈri:a, **...ien** ...i:ən
Osterie ɔsteˈri:, **-n** ...i:ən
Osterland ˈo:stɐlant
österlich ˈø:stɐlɪç
Österling *schwed.* ˌœstərlɪŋ
Osterluzei ˈo:stɐlutsai, *auch:* ---ˈ-
Östermalm *schwed.* œstər-ˈmalm
Ostermann ˈo:stɐman
Ostermontag ˈo:stɐˈmo:nta:k
Østerø *dän.* ˈʏsdərʏ:ˀ
Osterode ɔstəˈro:də
Osterøy *norw.* ˌustərœi̯
Österreich[er] ˈø:stəraiç[ɐ]
österreichisch ˈø:stəraiçɪʃ
Österreich-Ungarn ˈø:stəraiç-ˈlʊŋgarn
Ostersonntag ˈo:stɐˈzɔnta:k
Östersund *schwed.* œstərˈsʊnd
Ostertag ˈo:stɐta:k
Östertälje *schwed.* œstərˌtɛljə
Osterwald ˈo:stɐvalt
Osterwieck o:stɐˈvi:k
Osteuropa ˈɔstǀɔyˈro:pa
osteuropäisch ˈɔstǀɔyroˈpɛ:ɪʃ
Ostfale ˈɔstˈfa:lə
Ostfildern ˈɔstfɪldɐn
Ostfinne ˈɔstfɪnə
Ostflandern ˈɔstflandɐn
Østfold *norw.* ˌœstfɔl
Ostfranken ˈɔstfraŋkn̩
ostfriesisch ˈɔstˈfri:zɪʃ
Ostfriesland ˈɔstˈfri:slant
Ostgermane ˈɔstgɛrma:nə
ostgermanisch ˈɔstgɛrma:nɪʃ
Ostgote ˈɔstgo:tə
Osthaus ˈɔsthaus
Ostheim ˈɔsthaim
Osthofen ˈɔstho:fn̩
Osthoff ˈɔsthɔf
Ostia *it.* ˈɔsti̯a
Ostiarius ɔsˈti̯a:ri̯ʊs, **...ier** ...i̯ɐ
Ostinato ɔstiˈna:to, **...ti** ...ti
ostinat[o] ɔstiˈna:t[o]
Ostindien ˈɔstˈǀɪndi̯ən
ostindisch ˈɔstˈǀɪndɪʃ
ostisch ˈɔstɪʃ
Ostitis ɔsˈti:tɪs, **...titiden** ...tiˈti:dn̩
Ostium ˈɔsti̯ʊm, **...ien** ...i̯ən
Ostjake ɔsˈtja:kə
Ostjordanland ˈɔstˈjɔrdanlant
Ostland ˈɔstlant
Østlandet *norw.* ˌœstlanə
Ostler ˈɔstlɐ
östlich ˈœstlɪç
Ostmark ˈɔstmark
Ostnordost[en] ɔstnɔrtˈǀɔst[n̩], *deutlich* o:stnɔrtˈǀo:st[n̩]
Ostotitlán *span.* ɔstotitˈlan
Ostpreußen ˈɔstprɔysn̩
ostpreußisch ˈɔstprɔysɪʃ
Ostpriegnitz ɔstˈpri:gnɪts
Östradiol œstraˈdi̯o:l
Ostrakismos ɔstrakɪsˈmɔs
Ostrakode ɔstraˈko:də
Ostrakon ˈɔstrakɔn, **...ka** ...ka
Ostrau ˈɔstrau
Ostrava *tschech.* ˈɔstrava
Ostrazismus ɔstraˈtsɪsmʊs
Ostrčil *tschech.* ˈɔstr̩tʃil
Ostrea ˈɔstrea
Ostróda *poln.* ɔsˈtruda
Östrogen œstroˈge:n
Ostrogote ɔstroˈgo:tə
Ostrogradski *russ.* astraˈgrats-kij
Ostrołęka *poln.* ɔstrɔˈu̯ɛŋka
Ostrolenka ɔstroˈlɛŋka
Ostrom ˈɔstro:m
Östromanie œstromaˈni:
oströmisch ˈɔstrø:mɪʃ
Östron œsˈtro:n
Ostrong ˈɔstrɔŋ
Ostroróg *poln.* ɔsˈtrɔruk
Ostrouchow *russ.* astraˈuxɐf
Ostroumowa *russ.* astraˈumɐvɐ
Ostrov *tschech.* ˈɔstrɔf, *slowak.* ˈɔstrɔu̯
Ostrow *russ.* ˈɔstrɐf
Ostrowiec Świętokrzyski *poln.* ɔsˈtrɔvjɛts ɕfjɛntɔˈkʃiski
Ostrów Mazowiecka *poln.* ˈɔstruf mazɔˈvjɛtska
Ostrowo ɔsˈtro:vo, *poln.* ɔsˈtrɔvɔ
Ostrowski *dt., poln.* ɔsˈtrɔfski, *russ.* asˈtrɔfskij
Ostrów Wielkopolski *poln.* ˈɔstruf vjɛlkɔˈpɔlski
Östrus ˈœstrʊs
Ostsee ˈɔstze:
Ostslawe ˈɔstsla:və
Ostsüdost[en] ɔstzy:tˈǀɔst[n̩], *deutlich* o:stzy:tˈǀo:st[n̩]
Ostung ˈɔstʊŋ
Ostuni *it.* osˈtu:ni
Ostwald ˈɔstvalt
ostwärts ˈɔstvɛrts
Ost-West-... ˈɔstˈvɛst...
Ostzone ˈɔsttso:nə
Osu *jap.* oˈzu
O'Sullivan, Ó'... *engl.* oʊˈsʌlɪ-vən
Osum *alban.* oˈsum
Osumi *jap.* ˈoˑ:sumi
Osuna *span.* oˈsuna
Oswald ˈɔsvalt, *engl.* ˈɔzwəld
Oswego *engl.* ɔsˈwi:goʊ
Oświęcim *poln.* ɔɕˈfjɛntɕim
Oswin ˈɔsvi:n
Oswine ɔsˈvi:nə
Oszedo ɔsˈtse:do
Oszillation ɔstsɪlaˈtsi̯o:n
Oszillator ɔstsɪˈla:to:ɐ̯, **-en** ...laˈto:rən
Oszillatoria ɔstsɪlaˈto:ri̯a, **...rien** ...i̯ən
oszillatorisch ɔstsɪlaˈto:rɪʃ
oszillieren ɔstsɪˈli:rən
Oszillogramm ɔstsɪloˈgram
Oszillograph ɔstsɪloˈgra:f
Osztopán *ung.* ˈostopa:n
Ota *jap.* ˈoˑ:ta
Öta ˈø:ta
Otago *engl.* oʊˈtɑ:goʊ
Otagra ˈo:tagra
Otakar ˈo:takar
Otalgie otalˈgi:, **-n** ...i:ən
Otaru *jap.* ˈoˌtaru
Otavi oˈta:vi
Otbert ˈɔtbɛrt
Otčenášek *tschech.* ˈɔtʃɛna:ʃɛk
Otello *it.* oˈtɛllo
Oțelul Roșu *rumän.* oˈtselul ˈroʃu
Otero *span.* oˈtero
Otetschestwen Front *bulgar.* oˈtɛtʃestvɛn ˈfrɔnt
Otfried ˈɔtfri:t
Othämatom ɔthɛmaˈto:m
Othe *fr.* ɔt
Othello oˈtɛlo
Othman ɔtˈma:n
Othmar ˈɔtmar
Othmayr ˈɔtmaiɐ
Otho ˈo:to, *engl.* ˈoʊθoʊ
Othon *span.* ˈotɔn
Othrys ˈo:trʏs
Otiater oˈti̯a:tɐ
Otiatrie oti̯aˈtri:
otiatrisch oˈti̯a:trɪʃ
Otis *engl.* ˈoʊtɪs
Otitis oˈti:tɪs, **...itiden** otiˈti:dn̩
otitisch oˈti:tɪʃ
Otium [cum Dignitate] ˈo:tsi̯ʊm [kʊm dɪgniˈta:tə]
Otjiwarongo ɔtʃivaˈrɔŋgo
Otloh ˈɔtlo:

Otmar ˈɔtmar
Otmuchów *poln.* ɔtˈmuxuf
Otnit ˈɔtni:t
Otodynie otodyˈni:, **-n** ...i:ən
otogen otoˈge:n
Otok[ar] *tschech.* ˈɔtɔk[ar]
Otolith otoˈli:t
Otologe otoˈlo:gə
Otologie otoloˈgi:
otologisch otoˈlo:gɪʃ
Otomani *rumän.* otoˈmanj
Otomíes *span.* otoˈmies
Otón *span.* oˈtɔn
O'Toole *engl.* oʊˈtu:l
Otophon otoˈfo:n
Otoplastik otoˈplastɪk
Otorrhagie otɔraˈgi:, **-n** ...i:ən
Otosklerose otoskleˈro:zə
otosklerotisch otoskleˈro:tɪʃ
Otoskop otoˈsko:p
Otoskopie otoskoˈpi:
Otozyon oˈto:tsy̆ɔn
Otra *norw.* ˌutra
Otradny *russ.* atˈradnɨj
Otranto *it.* ˈɔ:tranto
Otremba oˈtrɛmba
Otschakow *russ.* aˈtʃakɐf
Ötscher ˈœtʃɐ
Otschiai *jap.* ˈoˌtʃiai
Otsu *jap.* ˈoˌ:tsu
Ott ɔt
Otta *norw.* ˌuta
ottava, O... ɔˈta:va
Ottaverime ɔta:veˈri:mə
Ottaviani *it.* ottaˈvia:ni
Ottavino ɔtaˈvi:no, **...ni** ...ni
Ottavio *it.* otˈta:vio
Ottawa ˈɔtava, *engl.* ˈɔtəwə
Otte ˈɔtə
Otten ˈɔtn̩
Ottenstein ˈɔtn̩ʃtain
Otter ˈɔtɐ
Otterbein ˈɔtɐbain, *engl.* ˈɔtə-baɪn
Otterberg ˈɔtɐbɛrk
Otterlo[o] *niederl.* ˈɔtərlo
Otterndorf ˈɔtɐndɔrf
Ottheinrich ɔtˈhainrɪç
Otthermann ɔtˈhɛrman
Otti ˈɔti
Ottilia ɔˈti:lia
Ottilie ɔˈti:liə
Öttinger ˈœtɪŋɐ
Ottlik *ung.* ˈotlik
Ottmachau ɔtmaˈxau, ˈ−−−
Ottmar ˈɔtmar
Ottmarsheim ˈɔtmarshaim
Otto ˈɔto, *engl.* ˈɔtoʊ, *schwed.* ˈutu
Ottobeuren ɔtoˈbɔyrən
Ottobrunn ɔtoˈbrʊn
Ottokar ˈɔtokar
Ottoman[e] ɔtoˈma:n[ə]
ottomanisch ɔtoˈma:nɪʃ
Ottomar ˈɔtomar
Ottone ɔˈto:nə, *it.* otˈto:ne
ottonisch ɔˈto:nɪʃ
Ottorino *it.* ottoˈri:no
Ottrelith ɔtreˈli:t
Ottumwa *engl.* əˈtʌmwə
Ottweiler ˈɔtvailɐ
Otumba *span.* oˈtumba
Otway *engl.* ˈɔtweɪ
Otwock *poln.* ˈɔtfɔtsk
Ötz œts
Otzen[hausen] ˈɔtsn̩[hauzn̩]
Ötzi ˈœtsi
Ötztal[er] ˈœtsta:l[ɐ]
Ouachita *engl.* ˈwɔʃɪtɔ:
Ouadaï *fr.* wadaˈi
Ouagadougou vagaˈdu:gu, *fr.* wagaduˈgu
Ouahigouya *fr.* waiguˈja
Ouahran *fr.* waˈran
Ouargla *fr.* warˈgla
Ouarzazate *fr.* warzaˈzat
Oubangui *fr.* ubãˈgi
Oubangui-Chari *fr.* ubãgiʃaˈri
Oubliętten ubliˈɛtn̩
Oud *niederl.* ɔu̯t
Oudenaarde *niederl.* ˈɔu̯də-na:rdə
Oudiné *fr.* udiˈne
Oudry *fr.* uˈdri
Oudshoorn *niederl.* ˈɔu̯tsho:rn
Oudtshoorn *afr.* ˈou̯tsho:rən
Oued *fr.* wɛd
Oued-Zem *fr.* wɛdˈzɛm
Ouenza *fr.* wɛnˈza
Ouessant *fr.* wɛˈsã
Ouesso *fr.* wɛˈso
où est la femme? *fr.* uɛlaˈfam
Ouezzane *fr.* wɛ[d]ˈzan
Oufkir *fr.* ufˈki:r
Ougrée *fr.* uˈgre
Ouham *fr.* uˈam
Ouida *engl.* ˈwi:də
Ouidah *fr.* wiˈda
Ouistreham *fr.* wistrəˈã
Oujda *fr.* uʒˈda
Oullins *fr.* uˈlɛ̃
Oulu *finn.* ˈɔu̯lu
Ounce auns
Ouologuem *fr.* wɔlyˈgɛm
Our *fr.* u:r
Ourinhos *bras.* oˈriɲus
Ouro Preto *bras.* ˈoru ˈpretu
Ourthe *fr.* urt
Ouse[ley] *engl.* ˈu:z[lɪ]
Ousman *fr.* usˈman
out, Out aut
Outboard ˈautbo:ɐ̯t
Outcast ˈautka:st
outen ˈautn̩
Outer-Space-... autɐˈspe:s...
Outes *span.* ˈou̯tes
Outfit[ter] ˈautfɪt[ɐ]
Outgroup ˈautgru:p
Outjo ˈu:tjo
Outlaw ˈautlo:
Outokumpu *finn.* ˈɔu̯tɔkumpu
Output ˈautpʊt
Outreau *fr.* uˈtro
Outremont *fr.* utrəˈmõ, *engl.* ˈu:trəmɔnt
outrieren uˈtri:rən
Outsider ˈautzaidɐ
Outwachler ˈautvaxlɐ
Ouvéa *fr.* uveˈa
Ouvertüre uverˈty:rə
Ouvrée uˈvre:
Ouyang Xiu *chin.* ou̯-i̯aŋçi̯ou̯ 121
Ouzo ˈu:zo
Ouzoud *fr.* uˈzud
Ova vgl. Ovum
Ovada *it.* oˈva:da
oval, O... oˈva:l
Ovalbumin ovalbuˈmi:n
Ovalle *span.* oˈβaʎe
Ovambo oˈvambo
Ovar oˈva:ɐ̯
ovarial ovaˈri̯a:l
Ovariektomie ovari̯ɛktoˈmi:, **-n** ...i:ən
ovariell ovaˈri̯ɛl
Ovariotomie ovari̯otoˈmi:, **-n** ...i:ən
Ovarium oˈva:ri̯ʊm, **...ien** ...i̯ən
Ovation ovaˈtsi̯o:n
Ovens *niederl.* ˈo:vəns
Overall ˈo:vəra:l, *auch:* ...ral, ...ro:l
Overath ˈo:vəra:t
Overbeck ˈo:vɐbɛk
Overberg ˈo:vɐbɛrk
Overbury *engl.* ˈoʊvəbərɪ
overdressed o:vɐˈdrɛst, ˈ−−−
Overdrive ˈo:vɐdraif
Overflow ˈo:vɐflo:
Overhead... ˈo:vɐhɛt...
Overhoff ˈo:vɐhɔf
Overijse *niederl.* ˈo:vərɛi̯sə
Overijsel *niederl.* o:vərˈɛi̯səl
Overkill ˈo:vɐkɪl
Overland *engl.* ˈoʊvəlænd
Øverland *norw.* ˌø:vərlan

Overlea *engl.* ˈoʊvəli:
oversized ˈo:vɐza͜ist
Overstatement o:vɐˈste:tmənt
Overstone *engl.* ˈoʊvəstən
Over-the-Counter-... *dt.-engl.* ˈo:vɐðəˈka͜untɐ...
Overweg ˈo:vɐve:k
Ovid oˈvi:t
Ovidio *it.* oˈvi:di̯o
ovidisch, O... oˈvi:dɪʃ
Ovidius oˈvi:di̯ʊs
Ovidukt oviˈdʊkt
Oviedo *span.* oˈβi̯eðo
Ovine oˈvi:nə
Ovington (Nachn.) *engl.* ˈoʊvɪŋtən
ovipar oviˈpa:ɐ̯
Oviparie ovipaˈri:
Ovizid oviˈt͜si:t, **-e** ...i:də
Ovogenese ovogeˈne:zə
ovoid ovoˈi:t, **-e** ...i:də
ovoidisch ovoˈi:dɪʃ
Ovoplasma ovoˈplasma
ovovivipar ovoviviˈpa:ɐ̯
Ovoviviparie ovovivipaˈri:
Ovozyte ovoˈt͜sy:tə
Ovulation ovulaˈt͜si̯o:n
Ovulum ˈo:vulʊm, **...la** ...la
Ovum ˈo:vʊm, **Ova** ˈo:va
Ow o:f
Owain *engl.* ˈoʊwɪn
Owambo oˈvambo
Owando *fr.* ɔwanˈdo
Owen ˈa͜uən, *engl.* ˈoʊɪn
Owendo *fr.* ɔwɛnˈdo
Owens *engl.* ˈoʊɪnz
Owensboro *engl.* ˈoʊɪnzbərə
Owerri *engl.* oʊˈwɛri:
Owlglass *engl.* ˈaʊlglɑ:s
Owo *engl.* ˈoʊwoʊ
Owrag oˈvra:k, **-i** ...a:gi
Oxalat ɔksaˈla:t
Oxalis ˈɔksalɪs
Oxalit ɔksaˈli:t
Oxalsäure ɔˈksa:lzɔyrə
Oxalurie ɔksaluˈri:, **-n** ...i:ən
Oxazin ɔksaˈt͜si:n
Oxelösund *schwed.* uksəlø-ˈsʊnd
Oxenstierna *schwed.* ˌuksən-ʃæ:rna
Oxer ˈɔksɐ
Oxford ˈɔksfɔrt; *engl.* ˈɔksfəd, **-shire** -ʃɪə
Oxfordien ɔksfɔrˈdi̯ɛ̃:
Oxhoft ˈɔkshɔft
Oxid ɔˈksi:t, **-e** ...i:də
Oxidase ɔksiˈda:zə
Oxidation ɔksidaˈt͜si̯o:n
oxidativ ɔksidaˈti:f, **-e** ...i:və
Oxidator ɔksiˈda:to:ɐ̯, **-en** ...daˈto:rən
oxidieren ɔksiˈdi:rən
Oxidimeter ɔksidiˈme:tɐ
Oxidimetrie ɔksidimeˈtri:
oxidisch ɔˈksi:dɪʃ
Oxidul ɔksiˈdu:l
Oxime ɔˈksi:mə
Oxnard *engl.* ˈɔksnɑ:d
Oxon *engl.* ˈɔksɔn
Oxonian *engl.* ɔˈksoʊnɪən
Oxonium ɔˈkso:ni̯ʊm
Oxtail... *engl.* ˈɔkste:l...
Oxus ˈɔksʊs
Oxybiose ɔksyˈbi̯o:zə
Oxyd ɔˈksy:t, **-e** ...y:də
Oxyessigsäure ɔksyˈlɛsɪçzɔyrə
Oxygenation ɔksygenaˈt͜si̯o:n
Oxygenierung ɔksygeˈni:rʊŋ
Oxygen[ium] ɔksyˈge:n[i̯ʊm]
Oxyhämoglobin ɔksyhɛmoglo-ˈbi:n
Oxyliquit ɔksyliˈkvi:t
Oxymoron ɔˈksy:morɔn, **...ra** ...ra
oxyphil ɔksyˈfi:l
Oxypropion... ɔksyproˈpi̯o:n...
Oxyrhynchos ɔksyˈrʏnçɔs
Oxysäure ˈɔksyzɔyrə
Oxytonon ɔˈksy:tonɔn, **...na** ...na
Oxyure ɔksyˈu:rə
Oxyuriasis ɔksyuˈri:azɪs, **...sen** ...ˈri̯a:zn̩
Oy ɔy
Oyapok *fr.* ɔjaˈpɔk
Oybin ɔyˈbi:n
Oyem *fr.* ɔˈjɛm
Oyo *engl.* ˈoʊjoʊ, ɔ:ˈjɔ:
Oyonnax *fr.* ɔjɔˈna[ks]
Oyono *fr.* ɔjɔˈno
Oyster Bay *engl.* ˈɔɪstə ˈbeɪ
Oz *hebr.* ɔz
Öz *türk.* œz
Özakın *türk.* œzaˈkɯn
Özal *türk.* œˈzɑl
Ozalid® ot͜saˈli:t
Ozäna oˈt͜sɛ:na
Ozanam *fr.* ɔzaˈnam
Ozark[s] *engl.* ˈoʊzɑ:k[s]
Ozawa *engl.* oʊˈzɑ:wə
Ózd *ung.* o:zd
Ozean ˈo:t͜sea:n
Ozeanarium ot͜seaˈna:ri̯ʊm, **...ien** ...i̯ən
Ozeanaut ot͜seaˈna͜ut
Ozeaner ˈo:t͜sea:nɐ, ot͜seˈa:nɐ
Ozeanide ot͜seaˈni:də
Ozeanien ot͜seˈa:ni̯ən
ozeanisch ot͜seˈa:nɪʃ
Ozeanist[ik] ot͜seaˈnɪst[ɪk]
Ozeanität ot͜seaniˈtɛ:t
Ozeanograph ot͜seanoˈgra:f
Ozeanographie ot͜seanograˈfi:
Ozeanologe ot͜seanoˈlo:gə
Ozeanologie ot͜seanoloˈgi:
Ozelle oˈt͜sɛlə
Ozelot ˈo:t͜selɔt, *auch:* ˈɔt͜s...
Ozenfant *fr.* ozãˈfã
Ozick *engl.* ˈoʊzɪk
Ozieri *it.* otˈt͜si̯ɛ:ri
Ozokerit ot͜sokeˈri:t
Ozon oˈt͜so:n
Ozonid ot͜soˈni:t, **-e** ...i:də
ozonisieren ot͜soniˈzi:rən
Ozorków *poln.* ɔˈzɔrkuf

p, P pe:, *engl.* pi:, *fr., span.* pe, *it.* pi
π, Π pi:
Paal[tjens] *niederl.* ˈpa:l[tjəns]
Päan pɛˈa:n
paar, P... pa:ɐ̯
paaren ˈpa:rən
paarig ˈpa:rɪç, **-e** ...ɪgə
Paarl *afr.* ˈpɛ:rəl
Paasikivi *finn.* ˈpɑ:sikivi
Paatsjoki *finn.* ˈpɑ:tsjɔki
Paavo *finn.* ˈpɑ:vɔ
Pabianice *poln.* pabjaˈnit͜sɛ
Pablo *span.* ˈpaβlo
Pabst pa:pst
Pacaraima *bras.* pakaˈra͜ima
Pacasmayo *span.* pakazˈmajo
Pacca *it.* ˈpakka
[1]**Pace** (Tempo) pe:s
[2]**Pace** (Name) *engl.* peɪs
Pacelli *it.* paˈt͜ʃɛlli
Pacemaker ˈpe:sme:kɐ
Pacer ˈpe:sɐ
Pachacamac *span.* pat͜ʃaka-ˈmak
Pacheco *span.* paˈt͜ʃeko, *port.* pɐˈʃeku

Pachelbel ˈpaxɛlbl̩, ˈpaxl̩bɛl, paˈxɛlbl̩
Pacher ˈpaxɐ
Pachino *it.* paˈki:no
Pachom[ius] paˈxo:m[i̯ʊs]
Pacht paxt
pachten ˈpaxtn̩
Pächter ˈpɛçtɐ
Pachuca *span.* paˈtʃuka
Pachulke paˈxʊlkə
Pachyakrie paxy|aˈkri:, **-n** ...i:ən
Pachycheilie paxyçai̯ˈli:, **-n** ...i:ən
Pachydaktylie paxydaktyˈli:, **-n** ...i:ən
Pachydermen paxyˈdɛrmən
Pachydermie paxydɛrˈmi:, **-n** ...i:ən
Pachymeningitis paxymenɪŋˈgi:tɪs, **...itiden** ...giˈti:dn̩
Pachymeninx paxyˈme:nɪŋks, **...ngen** ...meˈnɪŋən
Pachymeter paxyˈme:tɐ
Pachyonychie paxy|onʏˈçi:, **-n** ...i:ən
Pachyzephalie paxyt͡sefaˈli:, **-n** ...i:ən
Pacific[a] *engl.* pəˈsɪfɪk[ə]
Pacificale pat͡sifiˈka:lə
Pacini *it.* paˈtʃi:ni
Pacioli *it.* paˈtʃɔ:li
Pacius *schwed.* ˈpɑ:siʊs
[1]**Pack** pak, **Päcke** ˈpɛkə
[2]**Pack** (Maß) pɛk
Package ˈpɛkɪtʃ
Packard *engl.* ˈpækəd
Päckchen ˈpɛkçən
Packelei pakəˈlai̯
packeln ˈpakl̩n
packen ˈpakn̩
Packer ˈpakɐ, *engl.* ˈpækə
Packerei pakəˈrai̯
Packfong ˈpakfɔŋ
Paco *span.* ˈpako
Pacuvius paˈku:vi̯ʊs
Pad pɛt
Pädagoge pɛdaˈgo:gə
Pädagogik pɛdaˈgo:gɪk
Pädagogikum pɛdaˈgo:gikʊm, **...ka** ...ka
pädagogisch pɛdaˈgo:gɪʃ
pädagogisieren pɛdagogiˈzi:rən
Pädagogium pɛdaˈgo:gi̯ʊm, **...ien** ...i̯ən
Padang *indon.* ˈpadaŋ
Padania *it.* paˈda:ni̯a
Pädatrophie pɛdatroˈfi:
Padauk paˈdau̯k
Paddel ˈpadl̩
paddeln ˈpadl̩n, **paddle** ˈpadlə
Paddington *engl.* ˈpædɪŋtən
Paddock (Zaun) ˈpɛdɔk
Paddy (Reis; Ire) ˈpɛdi
Päderast pɛdeˈrast
Päderastie pɛderasˈti:
Paderborn pa:dɐˈbɔrn
Paderewski *poln.* padɛˈrɛfski
Pädiater pɛˈdi̯a:tɐ
Pädiatrie pɛdi̯aˈtri:
pädiatrisch pɛˈdi̯a:trɪʃ
Padilla *span.* paˈðiʎa
Padischah padiˈʃa:
Pädo ˈpɛ:do
Padoana padoˈa:na
Pädoaudiologe pɛdo|au̯di̯oˈlo:gə
Pädoaudiologie pɛdo|au̯di̯oloˈgi:
Pädodontie pɛdodɔnˈti:
Pädogenese pɛdogeˈne:zə
Pädogenesis pɛdoˈge:nezɪs, *auch:* ...gen...
pädogenetisch pɛdogeˈne:tɪʃ
Pädologe pɛdoˈlo:gə
Pädologie pɛdoloˈgi:
pädologisch pɛdoˈlo:gɪʃ
pädophil pɛdoˈfi:l
Pädophilie pɛdofiˈli:
Pädosexuelle ˈpɛ:dozɛksu̯ɛlə
Padouk paˈdau̯k
Padova *it.* ˈpa:dova
Padre ˈpa:drə, **Padri** ˈpa:dri
Padrona paˈdro:na, **...ne** ...nə
Padrone paˈdro:nə, **...ni** ...ni
Padua ˈpa:du̯a
Paduana paˈdu̯a:na
Paduaner paˈdu̯a:nɐ
paduanisch paˈdu̯a:nɪʃ
Paducah *engl.* pəˈdju:kə
Paella paˈɛlja
Paemel *niederl.* ˈpa:məl
Paer *it.* ˈpa:er
Paesiello *it.* paeˈzi̯ɛllo
Paestum ˈpɛ:stʊm, ˈpɛs...
Páez *span.* ˈpaeθ
Pafel ˈpa:fl̩
Pafese paˈfe:zə
paff! paf
paffen ˈpafn̩
Pafos *neugr.* ˈpafɔs
Pag *serbokr.* pa:g
Pagaie paˈgai̯ə
pagan paˈga:n
Paganalien pagaˈna:li̯ən
Pagani[ca] *it.* paˈga:ni[ka]
Paganini *it.* pagaˈni:ni
paganisieren paganiˈzi:rən
Paganismus pagaˈnɪsmʊs
Pagat paˈga:t
pagatorisch pagaˈto:rɪʃ
[1]**Page** ˈpa:ʒə
[2]**Page** *engl.* peɪdʒ
Pagel ˈpa:gl̩
Pager (Gerät) ˈpe:dʒɐ
Pagerie paʒəˈri:, **-n** ...i:ən
Paget *engl.* ˈpædʒɪt
Pagina ˈpa:gina
paginieren pagiˈni:rən
Pägnium ˈpɛ:gniʊm, **...ia** ...ia
Pagnol *fr.* paˈɲɔl
Pagode paˈgo:də
Pago Pago *engl.* ˈpɑ:ŋoʊ ˈpɑ:ŋoʊ
Pagus ˈpa:gʊs
pah! pa:
Pahang *indon.* ˈpahaŋ
Pählewi ˈpɛçlevi, *pers.* pæhlæˈvi:
Pahlstek ˈpa:lste:k
Pahöll paˈhœl
Pahr pa:ɐ̯
Paideia pai̯ˈdai̯a
Paideuma ˈpai̯dɔyma
Paidibett® ˈpai̯dibɛt
Paignion ˈpai̯gniɔn, **Paignia** ˈpai̯gnia
Paignton *engl.* ˈpeɪntən
Päijänne *finn.* ˈpæi̯jænnɛ
Paillard *fr.* paˈja:r
paille ˈpa:jə, *auch:* pai̯
Pailleron *fr.* pajˈrõ
Paillette pai̯ˈjɛtə
[1]**Pain** (Speise) pɛ̃:
[2]**Pain, Paine** *engl.* peɪn
Painesville *engl.* ˈpeɪnzvɪl
Painitz ˈpai̯nɪt͡s
Painlevé *fr.* pɛ̃lˈve
...painting ...pe:ntɪŋ
Paionios pai̯ˈo:ni̯ɔs
pair, P... pɛ:ɐ̯
Pairie pɛˈri:, **-n** ...i:ən
Pairing ˈpɛ:rɪŋ
Paish *engl.* peɪʃ
Paisiello *it.* paiˈzi̯ɛllo
Paisley *engl.* ˈpeɪzlɪ
Paissi *bulgar.* pɐˈisij
Paita *span.* ˈpai̯ta
Paiute *engl.* paɪˈju:t
Pajatén *span.* paxaˈten
Pajou *fr.* paˈʒu
Pak pak
Paka ˈpa:ka
Páka *ung.* ˈpa:kɔ
Pakanbaru *indon.* pakamˈbaru
Paket paˈke:t

paketieren pake'ti:rən
Pakistan 'pa:kɪsta[:]n
Pakistaner pakɪs'ta:nɐ
Pakistani pakɪs'ta:ni
pakistanisch pakɪs'ta:nɪʃ
Pakkala *finn.* 'pɑkkɑlɑ
Pako 'pako
Pakotille pako'tɪljə
Pakt pakt
paktieren pak'ti:rən
Paktum 'paktʊm
PAL (Farbfernsehen) pa:l
Pál *ung.* pa:l
Pål *schwed.* po:l
Pala *it.* 'pa:la, *fr.* pa'la
Paläanthropine palɛ|antro'pi:nə
Paläanthropologie palɛ|antropolo'gi:
paläanthropologisch palɛ|antropo'lo:gɪʃ
Paläa Pafos *neugr.* palɛ'a 'pafɔs
paläarktisch palɛ'|arktɪʃ
Palacio[s] *span.* pa'laθi̯o[s]
Palacký *tschech.* 'palatski:
Palade *engl.* pə'lɑ:dɪ
Paladin pala'di:n, *auch:* 'pa:l..., 'pal...
Paladon® pala'do:n
Palafox *span.* pala'fɔks
Palagonia *it.* palago'ni:a
Palagonit palago'ni:t
Palágyi *ung.* 'pɔla:dji
Palais pa'lɛ:, **des -** ...ɛ:[s], **die -** ...ɛ:s
palaisch pa'la:ɪʃ
Palais de l'Élysée *fr.* palɛdleli'ze
Palaiseau *fr.* palɛ'zo
Palamas *neugr.* pala'mas
Palamedes pala'me:dɛs
Palamedesz *niederl.* pɑlɑ'me:dɛs
palänegrid palɛne'gri:t, **-e** ...i:də
Palankin palaŋ'ki:n
Paläoanthropologie palɛo|antropolo'gi:
paläoarktisch palɛo'|arktɪʃ
Paläobiologie palɛobiolo'gi:
Paläobotanik palɛobo'ta:nɪk
Paläobotaniker palɛobo'ta:nikɐ
paläobotanisch palɛobo'ta:nɪʃ
Paläogen palɛo'ge:n
Paläogeographie palɛogeogra'fi:
Paläograph palɛo'gra:f
Paläographie palɛogra'fi:
Paläohistologie palɛohɪstolo'gi:
Paläoklimatologie palɛoklimatolo'gi:
Paläolinguistik palɛolɪŋ'gu̯ɪstɪk
Paläolithen palɛo'li:tn̩
Paläolithiker palɛo'li:tikɐ
Paläolithikum palɛo'li:tikʊm
paläolithisch palɛo'li:tɪʃ
Paläologe palɛo'lo:gə
Paläontologe palɛɔnto'lo:gə
Paläontologie palɛɔntolo'gi:
paläontologisch palɛɔnto'lo:gɪʃ
Paläophytikum palɛo'fy:tikʊm
Paläophytologie palɛofytolo'gi:
Paläopsychologie palɛopsyçolo'gi:
Paläotropis palɛo'tro:pɪs
Paläotype palɛo'ty:pə
Paläotypie palɛoty'pi:
paläozän, P... palɛo't͡sɛ:n
Paläozoikum palɛo't͡so:ikʊm
paläozoisch palɛo't͡so:ɪʃ
Paläozoologe palɛot͡soo'lo:gə
Paläozoologie palɛot͡soolo'gi:
Palárik *slowak.* 'pala:rik
Palas 'pa[:]las, **-se** ...asə
Palast pa'last, **Paläste** pa'lɛstə
Palästina palɛ'sti:na
Palästinenser palɛsti'nɛnzɐ
palästinensisch palɛsti'nɛnzɪʃ
palästinisch palɛ'sti:nɪʃ
Palästra pa'lɛstra
Palata vgl. Palatum
palatal, P... pala'ta:l
Palatalis pala'ta:lɪs, **...les** ...le:s
palatalisieren palatali'zi:rən
Palatin[a] pala'ti:n[a]
Palatinat palati'na:t
Palatine pala'ti:nə, *engl.* 'pælətaɪn
palatinisch pala'ti:nɪʃ
Palatino *it.* pala'ti:no
Palatinus pala'ti:nʊs
Palatka *engl.* pə'lætkə
Palatodynie palatody'ni:, **-n** ...i:ən
Palatogramm palato'gram
Palatograph palato'gra:f
Palatographie palatogra'fi:, **-n** ...i:ən
Palatoschisis palato'sçi:zɪs
Palatschinke pala't͡ʃɪŋkə
Palatum pa'la:tʊm, **...ta** ...ta
Palau 'pa:lau̯, *kat.* pə'lau̯, *span.* pa'lau̯, *engl.* pɑ:'laʊ
Palaver pa'la:vɐ
palavern pa'la:vɐn, **palavre** pa'la:vrə
Palawan *span.* pa'lau̯an
Palazzeschi *it.* palat'tseski
Palazzo pa'lat͡so, **...azzi** ...at͡si
Palazzolo *it.* palat'tsɔ:lo
Pale *serbokr.* 'pa:lɛ
Palea 'pa:lea, **Paleen** pa'le:ən
Pale Ale 'pe:l 'e:l
Paleario *it.* pale'a:ri̯o
Paleen vgl. Palea
Palembang *indon.* pa'lɛmbaŋ
palen 'pa:lən
Palencia *span.* pa'lenθi̯a
Palenque *span.* pa'leŋke
Paléologue *fr.* paleɔ'lɔg
paleozän, P... paleo't͡sɛ:n
palermisch pa'lɛrmɪʃ
Palermo *dt., it.* pa'lɛrmo
Palés *span.* pa'les
Palester *poln.* pa'lɛstɛr
Palestrina palɛs'tri:na, *it.* pales...
Paletot 'paləto, *auch:* pal[ə]'to:
Palette pa'lɛtə
paletti pa'lɛti
palettieren palɛ'ti:rən
palettisieren palɛti'zi:rən
Paleuropa palɔy̯'ro:pa, '----
Paley *engl.* 'peɪlɪ
Palghat *engl.* 'pɑ:lgɑ:t
Palgrave *engl.* 'pɔ:lgreɪv, 'pæl...
Pali (Sprache) 'pa:li
Paliaschwili *georg.* 'phaliaʃwili
Päligner pɛ'lɪgnɐ
Palilalie palila'li:
Palimnese palɪm'ne:zə
Palimpsest palɪm'psɛst
Palindrom palɪn'dro:m
palingen palɪn'ge:n
Palingenese palɪnge'ne:zə
Palingenesie palɪngene'zi:, **-n** ...i:ən
Palingenesis palɪn'ge:nezɪs, *auch:* ...gɛn..., **...sen** ...ge'ne:zn̩
palingenetisch palɪnge'ne:tɪʃ
Palinodie palino'di:, **-n** ...i:ən
Palisade pali'za:də
Palisades *engl.* pælɪ'seɪdz
Palisander pali'zandɐ
palisandern pali'zandɐn
palisieren pali'zi:rən
Palissot de Montenoy *fr.* palisodmõtə'nwa
Palissy *fr.* pali'si
Palitzsch 'pa:lɪt͡ʃ
Palizzi *it.* pa'littsi
Palk *engl.* pɔ:lk

Palkovič *slowak.* ˈpalkɔvɪtʃ
Palla[das] ˈpala[das]
Palladianismus paladi̯aˈnɪsmʊs
Palladio *it.* palˈlaːdi̯o
Palladios paˈlaːdi̯ɔs
Palladium paˈlaːdi̯ʊm, **...ien** ...i̯ən
Palladius paˈlaːdi̯ʊs
Pallas ˈpalas
Pallasch ˈpalaʃ
Pallasit palaˈziːt
Pallat ˈpalat
Pallavicini *it.* pallaviˈtʃiːni
Pallavicino *it.* pallaviˈtʃiːno
Pallawa[tsch] ˈpalava[tʃ]
Pallenberg ˈpalənbɛrk
palletti paˈlɛti
Palliata paˈli̯aːta
palliativ, P... pali̯aˈtiːf, **-e** ...iːvə
Palliativum pali̯aˈtiːvʊm, **...va** ...va
Pallino paˈliːno
Pallium ˈpali̯ʊm, **...ien** ...i̯ən
Pall Mall *engl.* pælˈmæl
Pall-mall pɛlˈmɛl
Pallograph paloˈgraːf
Pallotti paˈlɔti, *it.* palˈlɔtti
Pallottiner palɔˈtiːnɐ
Palm *dt., schwed.* palm, *engl.* pɑːm
Palma *span., it., bras.* ˈpalma, *port.* ˈpalmɐ
Palmanova *it.* palmaˈnɔːva
palmar palˈmaːɐ̯
Palmar *span.* palˈmar
Palmarès palmaˈrɛs
Palmarum palˈmaːrʊm
Palmas *dt., span., bras.* ˈpalmas, *engl.* ˈpɑːlməs
Palm Beach *engl.* ˈpɑːm ˈbiːtʃ
Palmblad *schwed.* ˌpalmblɑːd
[1]**Palme** ˈpalmə
[2]**Palme** (Name) *schwed.* ˌpalmə
Palmella palˈmɛla
Palmer ˈpalmɐ, *engl.* ˈpɑːmə
Palmerston *engl.* ˈpɑːməstən
Palmerton *engl.* ˈpɑːmətn
Palmette palˈmɛtə
Palmgren *schwed.* ˌpalmgreːn
palmieren palˈmiːrən
Palmieri *it.* palˈmi̯ɛːri
Palmin® palˈmiːn
Palmira *span., bras.* palˈmira
Palmiro *it.* palˈmiːro
Palmitat palmiˈtaːt
Palmitin palmiˈtiːn
Palmnicken palmˈnɪkn̩, ˈ---
Palmotić *serbokr.* ˈpalmɔtitɕ
Palmsonntag palmˈzɔntaːk, *auch:* ˈ---
Palmus ˈpalmʊs
Palmyra palˈmyːra, *engl.* pælˈmaɪərə
palmyrisch palˈmyːrɪʃ
[1]**Palo Alto** (Kalifornien) *engl.* ˈpæloʊ ˈæltoʊ
[2]**Palo Alto** (Texas) *engl.* ˈpɑːloʊ ˈɑːltoʊ
Palolowurm paˈloːlovʊrm
Paloma paˈloːma, *span.* paˈloma
Palomar *engl.* ˈpæləmɑː, *span.* paloˈmar
Palos *span.* ˈpalos, *engl.* ˈpeɪləs
Palotás *ung.* ˈpɔlotaːʃ
palpabel palˈpaːbl̩, **...ble** ...blə
Palpation palpaˈtsi̯oːn
palpatorisch palpaˈtoːrɪʃ
Palpe ˈpalpə
palpieren palˈpiːrən
Palpitation palpitaˈtsi̯oːn
Palpiti ˈpalpiti
palpitieren palpiˈtiːrən
Palpus ˈpalpʊs, **...pi** ...pi
Pálsson *isl.* ˈpau̯lsɔn
Palstek ˈpaːlsteːk
Palü paˈlyː, *rät.* paˈly
Palucca paˈlʊka
Paludan *dän.* ˈpælˀudæn
Paludarium paluˈdaːri̯ʊm, **...ien** ...i̯ən
Palynologie palynoloˈgiː
Pamela paˈmeːla, paˈmɛla, *engl.* ˈpæmɪlə
Pamele paˈmeːlə, paˈmɛlə
Pamina paˈmiːna
Pamir ˈpaːmiːɐ̯, *auch:* paˈmiːɐ̯
Pamp pamp
Pampa *dt., span.* ˈpampa, *engl.* ˈpæmpə
Pampas *span.* ˈpampas
Pampe ˈpampə
Pampelmuse ˈpampl̩muːzə, *auch:* --ˈ--
Pamperletsch ˈpampɐlɛtʃ
Pampero pamˈpeːro
Pampers® ˈpɛmpɐs
Pampf pampf
Pamphilos ˈpamfilɔs
Pamphilus ˈpamfilʊs
Pamphlet pamˈfleːt
Pamphletist pamfleˈtɪst
Pamphylien pamˈfyːli̯ən
pampig ˈpampɪç, **-e** ...ɪgə
Pamplona *span.* pamˈplona
Pamps pamps
Pampusche pamˈpʊʃə, ...puːʃə
Pamukkale *türk.* pɑˈmukkɑˌlɛ
[1]**Pan** (Gott; Faser [®]) paːn
[2]**Pan** (Herr) pan, **-i** ˈpani
[3]**Pan** (Name) *engl.* pæn
PAN (Mexiko) *span.* pan
Pana *engl.* ˈpeɪnə
Panaché panaˈʃeː
Panade paˈnaːdə
Panadel... paˈnaːdl̩...
panafrikanisch pan|afriˈkaːnɪʃ
Panafrikanismus pan|afrikaˈnɪsmʊs
Panagia panaˈgiːa, **...ien** ...iːən
Panagjurischte *bulgar.* pɐnɐˈgjuriʃtɛ
Panainos ˈpaːnai̯nɔs, ˈpan..., paˈnai̯nɔs
Panait *rumän.* panaˈit
Panaitios paˈnai̯ti̯ɔs
Panajew *russ.* paˈnajɪf
Panakea panaˈkeːa
Panakeia panaˈkai̯a
Pan Am ˈpanam, *engl.* ˈpænæm
[1]**Panama** (Gewebe) ˈpanama
[2]**Panama** (Land, Stadt) ˈpanama, *engl.* ˈpænəmɑː, --ˈ-
Panamá *span.* panaˈma
Panamaer ˈpanamaɐ̯
panamaisch panaˈmaːɪʃ
Panamene panaˈmeːnə
panamenisch panaˈmeːnɪʃ
Panamericana, Carretera *span.* karrɛˈtera panameriˈkana
Panamerican Airways *engl.* pænəˈmɛrɪkən ˈɛəweɪz
Panamerican Highway *engl.* pænəˈmɛrɪkən ˈhaɪweɪ
Panamerika pan|aˈmeːrika
Panamerikanismus pan|amerikaˈnɪsmʊs
panarabisch pan|aˈraːbɪʃ
Panarabismus pan|araˈbɪsmʊs
Panaritium panaˈriːtsi̯ʊm, **...ien** ...i̯ən
Panaro *it.* paˈnaːro
Panasch paˈnaʃ
Panaschee panaˈʃeː
panaschieren panaˈʃiːrən
Panaschüre panaˈʃyːrə
Panathenäen pan|ateˈnɛːən
panathenäisch pan|ateˈnɛːɪʃ
Panathinaikos *neugr.* panaθinaiˈkɔs
Panay *span.* paˈnai̯
Panazee panaˈtseː[ə], **-n** ...ˈtseːən
Pančevo *serbokr.* ˈpaːntʃɛvɔ
Pancho *span.* ˈpantʃo

panchroma̱tisch pankroˈmaːtɪʃ
Panckoucke *fr.* pãˈkuk
Pạncras ˈpankras, *engl.* ˈpæŋ-krəs
Pancra̱tium panˈkraːt͜si̯ʊm
Pancra̱tius panˈkraːt͜si̯ʊs
Pancrạzi *it.* paŋˈkrattsi
Pancra̱zio panˈkraːt͜si̯o, *it.* paŋ-ˈkrattsi̯o
Pạnda ˈpanda
Pandaimo̱nion pandai̯-ˈmoːni̯ɔn, **...ien** ...i̯ən
Pandämo̱nium pandɛ-ˈmoːni̯ʊm, **...ien** ...i̯ən
Panda̱ne panˈdaːnə
Panda̱nus panˈdaːnʊs
Pandẹkten panˈdɛktn̩
Pandektịst pandɛkˈtɪst
Pandemi̱e pandeˈmiː, **-n** ...iːən
pande̱misch panˈdeːmɪʃ
Pandẹrma panˈdɛrma
Pandermi̱t pandɛrˈmiːt
Pande̱ro panˈdeːro
Pạndit ˈpandɪt
Pạndo *span.* ˈpando
Pạndolf ˈpandɔlf
Pandọlfo panˈdɔlfo
Pando̱ra panˈdoːra
Pandori̱na pandoˈriːna
Pandschab panˈd͜ʒaːp, *auch:* ˈpan...
Pandscha̱bi panˈd͜ʒaːbi
Pạndula *tschech.* ˈpandula
Pandulf, ...lph ˈpandʊlf, –ˈ–, *engl.* ˈpændʌlf
Pandụlpho panˈdʊlfo
Pandu̱r panˈduːɐ̯
Pandu̱ra panˈduːra
Panduri̱na panduˈriːna
Pandu̱ro *dän.* pænˈduːrʊ
Pandu̱rovič *serbokr.* panˌduːrɔ-vitɕ
Pándy *ung.* ˈpaːndi
Pane̱el paˈneːl
paneeli̱eren paneˈliːrən
Panegy̱riker paneˈgyːrikɐ
Panegy̱rikos paneˈgyːrikɔs, **...koi** ...kɔy̆
Panegy̱rikus paneˈgyːrikʊs, **...izi** ...it͜si
panegy̱risch paneˈgyːrɪʃ
Panel ˈpɛnl̩
pa̱nem et circenses ˈpaːnɛm ɛt t͜sɪrˈt͜sɛnzeːs
Panentheịsmus pan|ɛnteˈɪsmʊs
panentheịstisch pan|ɛnteˈɪstɪʃ
Panera̱i *it.* paneˈraːi̯
Panẹro *span.* paˈnero
Panetto̱ne panɛˈtoːnə, **...ni** ...ni
Paneuro̱pa pan|ɔy̆ˈroːpa
Panevėžys *lit.* panæveːˌʒiːs
Pa̱nfilm ˈpaːnfɪlm
Panfjọrow *russ.* panˈfjɔrɐf
Pạngalos *neugr.* ˈpaŋgalɔs
Panga̱ni paŋˈgaːni
Pạnge lịngua ˈpaŋgə ˈlɪŋgu̯a
Pange̱ne panˈgeːnə
Pangenesis panˈgeːnezɪs, *auch:* ...gɛn...
Pangermanịsmus pangɛrma-ˈnɪsmʊs
Pangim *port.* pẽˈʒĩ
Pangkalpịnang *indon.* paŋkal-ˈpinaŋ
Pạngolin ˈpaŋgoliːn
Pangrạngo *indon.* paŋˈraŋo
Pạngwe ˈpaŋgvə
Panhagi̱a panhaˈgiːa
Panha̱rd *fr.* pãˈaːr
Pạnhas ˈpanhaːs, **-e** ...aːzə
Panhelle̱nios panhɛˈleːni̯ɔs
Panhellenịsmus panhɛleˈnɪs-mʊs
[1]**Pạni** (Frau) ˈpani
[2]**Pani** vgl. [2]Pan
Panić *serbokr.* ˈpaːnitɕ
Pa̱nicum ˈpaːnikʊm
Pani̱er paˈniːɐ̯
pani̱eren paˈniːrən
Paniga̱le *it.* paniˈgaːle
Pa̱nik ˈpaːnɪk
Pạnin *russ.* ˈpanin
[1]**Pani̱ni** *it.* paˈniːni
[2]**Pa̱nini** (Sanskritgrammatiker) ˈpaːnini
pa̱nisch ˈpaːnɪʃ
Panislamịsmus pan-|ɪslaˈmɪsmʊs
Pani̱zza paˈnɪt͜sa, *it.* paˈnittsa
Panizzi *it.* paˈnittsi, *engl.* pɑːˈniːtsɪ
Pạnje ˈpanjə
Pankardi̱tis pankarˈdiːtɪs, **...iti̱den** ...diˈtiːdn̩
Pạnke ˈpaŋkə
Pankhurst *engl.* ˈpæŋkhəːst
Pankiẹwicz *poln.* paŋˈkjɛvitʃ
Pạnkok ˈpaŋkɔk
Pạnkow[er] ˈpaŋko[ɐ]
Pankrạti *russ.* panˈkratij
Pankra̱tion panˈkraːti̯ɔn
pankra̱tisch panˈkraːtɪʃ
Pankra̱tius panˈkraːt͜si̯ʊs
Pankra̱z panˈkraːt͜s
Pạnkreas ˈpankreas, **...krea̱ten** ...kreˈaːtn̩
Pankreatektomi̱e pankreatɛk-toˈmiː, **-n** ...iːən
Pankreati̱n pankreaˈtiːn
Pankreati̱tis pankreaˈtiːtɪs, **...iti̱den** ...tiˈtiːdn̩
Panlogịsmus panloˈgɪsmʊs
Panmixi̱e panmɪˈksiː, **-n** ...iːən
P'anmunjŏm *korean.* phan-mundʒɔm
Panmyelopathi̱e panmy̆elo-paˈtiː, **-n** ...iːən
Panmyelophthi̱se panmy̆elo-ˈftiːzə
[1]**Pạnne** ˈpanə
[2]**Pạnne** (Samt) pan
Panné paˈneː
Panni̱culus adipo̱sus paˈniːku-lʊs adiˈpoːzʊs
Pannikuli̱tis panikuˈliːtɪs, **...iti̱den** ...liˈtiːdn̩
Pannisẹllus paniˈzɛlʊs, **...lli** ...li
Pannonhalma *ung.* ˈpɔnnon-hɔlmɔ
Panno̱nien paˈnoːni̯ən
panno̱nisch paˈnoːnɪʃ
Panno̱nius paˈnoːni̯ʊs
Pạnnus ˈpanʊs
Pạnnwitz ˈpanvɪt͜s
Pannychịs panʏˈçɪs
Panọfsky paˈnɔfski
Pa̱nope ˈpaːnope
Panophthalmi̱e pan|ɔftalˈmiː, **-n** ...iːən
Panọptikum paˈnɔptikʊm
panọptisch paˈnɔptɪʃ
Panora̱ma panoˈraːma
panorami̱eren panoraˈmiːrən
Panormi̱ta panɔrˈmiːta
Panọwa *russ.* paˈnɔvɐ
panpazi̱fisch panpaˈt͜siːfɪʃ
Panphobi̱e panfoˈbiː, **-n** ...iːən
Panplegi̱e panpleˈgiː, **-n** ...iːən
Panpsychịsmus panpsyˈçɪsmʊs
Panroma̱n panroˈmaːn
Pạnsa ˈpanza
pạnschen ˈpanʃn̩
Panscherei̱ panʃəˈrai̯
Pạnsen ˈpanzn̩
Pansexualịsmus panzɛksu̯aˈlɪs-mʊs
Pansinusi̱tis panzinuˈziːtɪs, **...iti̱den** ...ziˈtiːdn̩
Panslawịsmus panslaˈvɪsmʊs
Panslawịst panslaˈvɪst
Pansophi̱e panzoˈfiː
panso̱phisch panˈzoːfɪʃ
Panspermi̱e panspɛrˈmiː
Panta̱gruel panˈtaːgruɛl, *fr.* pãtagryˈɛl
pantagrue̱lisch pantagruˈeːlɪʃ
Panta̱leon panˈtaːleɔn

P

Pantaleoni *it.* pantaleˈo:ni
[1]**Pantalon** (Hackbrett, Name) ˈpantalɔn
[2]**Pantalon** (Tanz) pãtaˈlõ:
Pantalone pantaˈlo:nə, **...ni** ...ni
Pantalons pãtaˈlõ:s, pant..., ˈpã:talõ:s, ˈpantalõ:s
Pantanal pantaˈna:l, *bras.* pɐnˈtɐˈnal
Pantano *span.* panˈtano
panta rhei ˈpanta ˈra͜i
Pantelismus panteˈlɪsmʊs
Pantelleria *it.* pantelleˈri:a
Pantheismus panteˈɪsmʊs
Pantheist panteˈɪst
Panthelismus panteˈlɪsmʊs
Pantheon ˈpanteɔn
Panther ˈpantɐ
Pantin *fr.* pãˈtɛ̃
Pantine panˈti:nə
Pantoffel panˈtɔfl̩
Pantöffelchen panˈtœfl̩çən
pantoffeln panˈtɔfl̩n
Pantograph pantoˈgra:f
Pantographie pantograˈfi:, **-n** ...i:ən
Pantoja *span.* panˈtɔxa
Pantokrator pantoˈkra:to:ɐ̯, **-en** ...raˈto:rən
Pantolette pantoˈlɛtə
Pantometer pantoˈme:tɐ
Pantomime pantoˈmi:mə
Pantomimik pantoˈmi:mɪk
pantomimisch pantoˈmi:mɪʃ
pantophag pantoˈfa:k, **-e** ...a:gə
Pantophagie pantofaˈgi:
Pantophthalmie pantɔftalˈmi:, **-n** ...i:ən
Pantopode pantoˈpo:də
Pantothen... pantoˈte:n...
Pantoun ˈpantʊn
Pantragismus pantraˈgɪsmʊs
Pantry ˈpɛntri
Pants pɛnt͜s
Pantsch *ukr.* pantʃ
Pantschatantra pant͜ʃaˈtantra
pantschen ˈpant͜ʃn̩
Pantschen-Lama ˈpant͜ʃn̩ˈla:ma
Pantschowa ˈpant͜ʃova
Pantun ˈpantʊn
Panty ˈpɛnti
Pánuco *span.* ˈpanuko
Panufnik *poln.* paˈnufnik
Pänula ˈpɛ:nula
Pänultima pɛˈnʊltima, pɛnˈlʊ..., **...mä** ...mɛ
panurgisch paˈnʊrgɪʃ

Panvitalismus panvitaˈlɪsmʊs
Panzacchi *it.* panˈtsakki
Panzen ˈpant͜sn̩
Panzer ˈpant͜sɐ
panzern ˈpant͜sɐn
Panzini *it.* panˈtsi:ni
Pão de Açúcar *bras.* ˈpɐ̃u̯n di aˈsukar
Paola *it.* ˈpa:ola
Paoli *it.* ˈpa:oli
Paolo *it.* ˈpa:olo
Paolozzi *it.* paoˈlɔttsi
Päon ˈpɛ:ɔn, pɛˈo:n, **-e** ˈpɛ:onə, pɛˈo:nə
Päonie pɛˈo:ni̯ə
Päonius pɛˈo:ni̯ʊs
[1]**Papa** (Vater) paˈpa:, *auch:* ˈpapa
[2]**Papa** (Papst) ˈpa:pa
[3]**Papa** *neugr.* ˈpapa
Pápa *ung.* ˈpa:pɔ
Papabili paˈpa:bili
Papachen paˈpa:çən
Papadiamandis *neugr.* papaðjaˈmandis
Papadopulos *neugr.* papaˈðɔpulɔs
Papagallo papaˈgalo, **...lli** ...li
Papagayos papaˈga:jɔs
Papagei papaˈga͜i, *auch:* ˈ– – –
papageiisch papaˈga͜iɪʃ
Papagena papaˈge:na
Papageno papaˈge:no
Papagos *neugr.* paˈpaɣɔs
Papain papaˈi:n
papal paˈpa:l
Papalismus papaˈlɪsmʊs
papalistisch papaˈlɪstɪʃ
Papamobil papamoˈbi:l
Papandreu *neugr.* papanˈðrɛu
Papanin *russ.* paˈpanin
Papantla *span.* paˈpantla
Paparazzo papaˈrat͜so
Papas paˈpas
Papat paˈpa:t
Papaver paˈpa:vɐ
Papaverazee papaveraˈt͜se:ə
Papaverin papaveˈri:n
Papaya paˈpa:ja
Papaye paˈpa:jə
Papchen ˈpapçən, *auch:* ˈpa:pçən
Pape ˈpa:pə, *engl.* peɪp
Papeete paˈpe:tə, *fr.* papeeˈte
Papel ˈpa:pl̩
Papen[burg] ˈpa:pn̩[bʊrk]
Papendrecht *niederl.* ˈpa:pəndrɛxt
Papenwasser ˈpa:pn̩vasɐ

Paper[back] ˈpe:pɐ[bɛk]
Papeterie papɛtəˈri:, **-n** ...i:ən
Papeterist papɛtəˈrɪst
paphisch ˈpa:fɪʃ
Paphlagonien paflaˈgo:ni̯ən
Paphos ˈpa:fɔs
Papi ˈpapi
Papiamento papi̯aˈmɛnto
Papias paˈpi:as, ˈpa:pi̯as
Papier paˈpi:ɐ̯
papieren paˈpi:rən
Papiermaché paˈpi:ɐ̯maʃe:, *auch:* papi̯emaˈʃe:
Papiermaschee paˈpi:ɐ̯maʃe:
Papilionazee papili̯onaˈt͜se:ə
Papilioniden papili̯oˈni:dn̩
Papilla paˈpɪla, **...llae** ...lɛ
papillar papɪˈla:ɐ̯
Papille paˈpɪlə
Papillom papɪˈlo:m
Papillon papiˈjõ:
papillös papɪˈlø:s, **-e** ...ø:zə
Papillote papiˈjo:tə
papillotieren papijoˈti:rən
Papin *fr.* paˈpɛ̃
Papini *it.* paˈpi:ni
Papinianus papiˈni̯a:nʊs
Papinius paˈpi:ni̯ʊs
papinscher Topf paˈpɛ̃:ʃɐ ˈtɔpf, paˈpi:nʃɐ -
Papio ˈpa:pi̯o
Papirossa papiˈrɔsa, **...ossy** ...ɔsi
Papismus paˈpɪsmʊs
Papist paˈpɪst
papp, P... pap
Pappataci... papaˈta:t͜ʃi...
Pappe ˈpapə
Pappel ˈpapl̩
pappeln ˈpapl̩n
päppeln ˈpɛpl̩n
pappen ˈpapn̩
Pappenheim[er] ˈpapn̩ha͜im[ɐ]
papperlapapp! papɐlaˈpap
pappig ˈpapɪç, **-e** ...ɪgə
Pappmaché, ...aschee ˈpapmaʃe:
[1]**Pappus** (Haarkrone) ˈpapʊs, **-se** ...ʊsə
[2]**Pappus** (Name) ˈpapʊs
Paprika ˈpaprika, *auch:* ˈpa:prika
paprizieren papriˈt͜si:rən
Paprocki *poln.* paˈprɔtski
Paps paps
Papst pa:pst, **Päpste** ˈpɛ:pstə
Päpstin ˈpɛ:pstɪn
Päpstler ˈpɛ:pstlɐ
päpstlich ˈpɛ:pstlɪç

P

Papua 'pa:pu̯a, *auch:* pa'pu:a, *indon.* pa'pua
papuanisch pa'pu̯a:nɪʃ
Papula 'pa:pula, **...lae** ...lɛ
papulös papu'lø:s, **-e** ...ø:zə
Papyri vgl. Papyrus
Papyrin papy'ri:n
Papyrologe papyro'lo:gə
Papyrologie papyrolo'gi:
papyrologisch papyro'lo:gɪʃ
Papyrus pa'py:rʊs, **...ri** ...ri
Paquet *fr.* pa'kɛ
Paquito *span.* pa'kito
Par pa:r, *engl.* pɑ:
Pär *schwed.* pæ:r
Para 'pa:ra
Pará *bras.* pa'ra
Parabase para'ba:zə
Parabel pa'ra:bl̩
Parabellum® para'bɛlʊm
Parabiont para'bi̯ɔnt
Parabiose para'bi̯o:zə
Parablacks 'pa:rablaks, ...lɛks
Parablepsie parablɛ'psi:, **-n** ...i:ən
Parabol... para'bo:l...
Paraboloid parabolo'i:t, **-e** ...i:də
Parabosco *it.* para'bɔsko
Paracas *span.* pa'rakas
paracelsisch para'tsɛlzɪʃ
Paracelsus para'tsɛlzʊs
Parachutist paraʃy'tɪst
Paraćin *serbokr.* 'paratɕi:n
Parade pa'ra:də
Paradeis... para'dais...
Paradeiser para'daizɐ
Paradentitis paradɛn'ti:tɪs, **...itiden** ...ti'ti:dn̩
Paradentose paradɛn'to:zə
paradieren para'di:rən
Paradies para'di:s, **-e** ...i:zə
paradiesisch para'di:zɪʃ
Paradigma para'dɪgma
paradigmatisch paradɪ'gma:tɪʃ
Paradise *engl.* 'pærədaɪz
Paradiso *it.* para'di:zo
Parador para'do:ɐ̯
paradox, P... para'dɔks
paradoxal paradɔ'ksa:l
Paradoxie paradɔ'ksi:, **-n** ...i:ən
Paradoxität paradɔksi'tɛ:t
Paradoxon pa'ra:dɔksɔn, **...xa** ...ksa
Paraffin para'fi:n
paraffinieren parafi'ni:rən
Paragammazismus paragama'tsɪsmʊs
Paragenese parage'ne:zə
Paragenesis para'ge:nezɪs, *auch:* ...gɛn...
paragenetisch para'gene:tɪʃ
Parageusie paragɔy'zi:, **-n** ...i:ən
Paragitats... paragi'ta:ts...
Paragium pa'ra:gi̯ʊm, **...ien** ...i̯ən
Paragliding 'pa:raglaidɪŋ
Paragneis 'pa:ragnais
Paragnosie paragno'zi:
Paragnost para'gnɔst
Paragould *engl.* 'pærəgu:ld
Paragraf para'gra:f
Paragramm para'gram
Paragrammatismus paragrama'tɪsmʊs
Paragraph para'gra:f
Paragraphie paragra'fi:
paragraphieren paragra'fi:rən
Paraguarí *span.* paraɣu̯a'ri
Paraguay 'pa:ragvai, 'par..., para'gu̯ai, *span.* para'ɣu̯ai
Paraguayer 'pa:ragvaiɐ, 'par..., para'gu̯aiɐ
paraguayisch 'pa:ragvaiɪʃ, 'par..., para'gu̯aiɪʃ
Parahidrose parahi'dro:zə
Parahotep para'ho:tɛp
Paraíba *bras.* para'iba
parakarp para'karp
Parakinese paraki'ne:zə
Paraklase para'kla:zə
Paraklet para'kle:t
Parakme parak'me:, **-en** ...e:ən
Parakonikon parakoni'kɔn, **...ka** ...'ka
Parakorolle parako'rɔlə
Parakou *fr.* para'ku
Parakusie paraku'zi:, **-n** ...i:ən
Parakusis para'ku:zɪs, **...uses** ...uses, ...ze:s
Páral *tschech.* 'pa:ral
Paralalie parala'li:
Paralexie paralɛ'ksi:
Paralgesie paralge'zi:, **-n** ...i:ən
Paralgie paral'gi:, **-n** ...i:ən
paralingual paralɪŋ'gu̯a:l
Paralinguistik paralɪŋ'gu̯ɪstɪk
Paralipomenon parali'po:menɔn, **...na** ...na
Paralipophobie paralipofo'bi:
Paralipse para'lɪpsə
paralisch pa'ra:lɪʃ
parallaktisch para'laktɪʃ
Parallaxe para'laksə
parallel para'le:l
Parallelepiped para'le:llepi.pe:t, **-e** ...e:də
Parallelepipedon parale:lle'pi:pedɔn, **...da** ...da, **...den** ...pi'pe:dn̩
parallelisieren paraleli'zi:rən
Parallelismus parale'lɪsmʊs
Parallelität paraleli'tɛ:t
Parallelo para'le:lo
Parallelogramm paralelo'gram
Paralogie paralo'gi:, **-n** ...i:ən
Paralogismus paralo'gɪsmʊs
Paralogistik paralo'gɪstɪk
Paralympics para'lʏmpɪks
Paralyse para'ly:zə
paralysieren paraly'zi:rən
Paralysis pa'ra:lyzɪs, **...sen** para'ly:zn̩
Paralytiker para'ly:tikɐ
paralytisch para'ly:tɪʃ
Paramaecium para'mɛ:tsi̯ʊm, **...ien** ...i̯ən
paramagnetisch parama'gne:tɪʃ
Paramagnetismus paramagne'tɪsmʊs
Paramaribo parama'ri:bo, *niederl.* pɑrɑ'ma:ribo
Paramé *fr.* para'me
Paramecium para'me:tsi̯ʊm, **...ien** ...i̯ən
Parament para'mɛnt
Paramentik para'mɛntɪk
Parameren para'me:rən
Parameter pa'ra:metɐ
parametran parame'tra:n
parametrisieren parametri'zi:rən
Parametritis parame'tri:tɪs, **...itiden** ...ri'ti:dn̩
Parametrium para'me:triʊm
paramilitärisch 'pa:ramilitɛ:rɪʃ
Paramimie parami'mi:
Paramnesie paramne'zi:, **-n** ...i:ən
Paramo 'pa:ramo
Paramount Pictures Corporation *engl.* 'pærəmaʊnt 'pɪktʃəz kɔ:pə'reɪʃən
Paramythie paramy'ti:, **-n** ...i:ən
Paraná *span.* para'na, *bras.* parɐ'na
Paranaguá *bras.* parɐna'gu̯a
Paranaíba *bras.* parɐna'iba
Paranapanema *bras.* parɐnapɐ'nema
Parandowski *poln.* paran'dɔfski
Paränese parɛ'ne:zə
paränetisch parɛ'ne:tɪʃ

Parang ˈpa:raŋ
Paranoia paraˈnɔya
paranoid paranoˈi:t, **-e** ...i:də
Paranoiker paraˈno:ikɐ
paranoisch paraˈno:ɪʃ
Paranoismus paranoˈɪsmʊs
Paranomie paranoˈmi:, **-n** ...i:ən
paranormal paranɔrˈma:l
Paranthropus paˈrantropʊs, **...pi** ...pi
Parapett paraˈpɛt
Paraph paˈra:f
Paraphage paraˈfa:gə
Paraphasie parafaˈzi:
Paraphe paˈra:fə
Paraphernalien parafɛrˈna:li̯ən
paraphieren paraˈfi:rən
paraphil paraˈfi:l
Paraphilie parafiˈli:
Paraphimose parafiˈmo:zə
Paraphonie parafoˈni:, **-n** ...i:ən
Paraphore paraˈfo:rə
Paraphrase paraˈfra:zə
Paraphrasie parafraˈzi:, **-n** ...i:ən
paraphrasieren parafraˈzi:rən
Paraphrasis paˈra:frazɪs, **...sen** paraˈfra:zn̩
Paraphrast paraˈfrast
Paraphrenie parafreˈni:, **-n** ...i:ən
Paraphrosyne parafroˈzy:nə
Paraphyse paraˈfy:zə
Paraplasie paraplaˈzi:, **-n** ...i:ən
Paraplasma paraˈplasma
Paraplegie parapleˈgi:, **-n** ...i:ən
paraplegisch paraˈple:gɪʃ
Parapluie paraˈply:
parapneumonisch parapnɔy̯ˈmo:nɪʃ
Parapodium paraˈpo:di̯ʊm, **...ien** ...i̯ən
Paraproktitis paraprɔkˈti:tɪs, **...itiden** ...tiˈti:dn̩
Parapsis paˈrapsɪs
parapsychisch ˈpa:rapsy:çɪʃ, paraˈpsy:çɪʃ
Parapsychologie ˈpa:rapsyçologi:, parapsyçoloˈgi:
Pararthrie pararˈtri:, **-n** ...i:ən
Parasange paraˈzaŋə
Parasche paˈraʃə
parasem, P... paraˈze:m
Parasigmatismus parazɪgmaˈtɪsmʊs
Parasit paraˈzi:t
parasitär paraziˈtɛ:ɐ̯
parasitieren paraziˈti:rən
Parasitismus paraziˈtɪsmʊs
Parasitologie parazitoloˈgi:
parasitologisch parazitoˈlo:gɪʃ
parasitotrop parazitoˈtro:p
Paraski ˈpa:raʃi:
Parasol paraˈzo:l
Paraspadie paraspaˈdi:, **-n** ...i:ən
Parästhesie parɛsteˈzi:, **-n** ...i:ən
Parastruma paraˈstru:ma
Parasympathikus parazʏmˈpa:tikʊs
parasympathisch parazʏmˈpa:tɪʃ
Parasynthetum paraˈzʏntetʊm, **...ta** ...ta
parat paˈra:t
parataktisch paraˈtaktɪʃ
Parataxe paraˈtaksə
Parataxie parataˈksi:, **-n** ...i:ən
Parataxis paˈra:taksɪs, **...xen** paraˈtaksn̩
paratonisch paraˈto:nɪʃ
Paratyphus ˈpa:raty:fʊs
paratypisch paraˈty:pɪʃ
Paravariation paravari̯aˈtsi̯o:n
paravenös paraveˈnø:s, **-e** ...ø:zə
Paravent paraˈvã:
paravertebral paravɛrteˈbra:l
par avion pa:ɐ̯ aˈvi̯õ:
Paray *fr.* paˈrɛ
Paray-le-Monial *fr.* parɛlmɔˈnjal
Parazentese paratsɛnˈte:zə
parazentral paratsɛnˈtra:l
parazentrisch paraˈtsɛntrɪʃ
parbleu! parˈblø:
parboiled ˈpa:ɐ̯bɔylt
Parc des Princes *fr.* parkdeˈprɛ̃:s
Parceria parseˈri:a, **...ien** ...i:ən
Pärchen ˈpɛ:ɐ̯çən
Parchim ˈparçɪm
Parcours parˈku:ɐ̯, **des -** ...ɐ̯[s], **die -** ...ɐ̯s
Pard part, **-en** ˈpardn̩
pardauz! parˈdau̯ts
Pardel ˈpardl̩
Parder ˈpardɐ
Pardessus pardəˈsy:
par distance pa:ɐ̯ dɪsˈtã:s
Pardo *span.* ˈparðo, *bras.* ˈpardu
Pardon parˈdõ:, *auch:* parˈdɔŋ
pardonabel pardoˈna:bl̩, **...ble** ...blə
pardonieren pardoˈni:rən
Pardubice *tschech.* ˈpardubitsɛ
Pardubitz ˈpardubɪts
Pardun[e] parˈdu:n[ə]
Paré *fr.* paˈre
Parechese parɛˈçe:zə
Parecis *bras.* pareˈsis
Paredes *port.* pɐˈreðɪʃ
Parenchym parɛnˈçy:m
parenchymatös parɛnçymaˈtø:s, **-e** ...ø:zə
Parental... parɛnˈta:l...
Parentalien parɛnˈta:li̯ən
Parentation parɛntaˈtsi̯o:n
Parentel parɛnˈte:l
parenteral parɛnteˈra:l
Parenthese parɛnˈte:zə
parenthetisch parɛnˈte:tɪʃ
Parentis-en-Born *fr.* parãtisãˈbɔrn
Parenzo *it.* paˈrɛntso
Pareo ˈpa:reo
Parere paˈre:rə
Parergasie par|ɛrgaˈzi:
Parergon parˈ|ɛrgɔn, **...ga** ...ga
Parese paˈre:zə
Paresis ˈpa:rezɪs, **...sen** paˈre:zn̩
paretisch paˈre:tɪʃ
Pareto *it.* paˈre:to
Paretti paˈrɛti
par excellence pa:ɐ̯ ɛksɛˈlã:s
par exemple pa:ɐ̯ ɛˈksã:pl̩
Parey ˈpa:rai̯
Parfait *fr.* parˈfɛ
par force pa:ɐ̯ ˈfɔrs
Parfum parˈfœ̃:
Parfüm parˈfy:m
Parfümerie parfyməˈri:, **-n** ...i:ən
Parfümeur parfyˈmø:ɐ̯
parfümieren parfyˈmi:rən
Pargasit pargaˈzi:t
Parhelium parˈhe:li̯ʊm
pari ˈpa:ri
[1]**Paria** (Kaste) ˈpa:ri̯a
[2]**Paria** (Name) *span.* ˈpari̯a
Paricutín *span.* parikuˈtin
Paridrose pariˈdro:zə
parieren paˈri:rən
parietal pari̯eˈta:l
Parifikation parifikaˈtsi̯o:n
Parini *it.* paˈri:ni
[1]**Paris** paˈri:s, *fr.* paˈri
[2]**Paris** (Personenname) ˈpa:rɪs, *engl.* ˈpærɪs, *fr.* paˈris
[3]**Paris** (Orte, USA) *engl.* ˈpærɪs
[4]**Paris** (Einbeere) ˈpa:rɪs
parisch ˈpa:rɪʃ

Parise *it.* paˈriːze
Pariser paˈriːzɐ
Parish *engl.* ˈpærɪʃ
Parisienne pariˈzi̯ɛn
Parisier paˈriːzi̯ɐ
parisisch paˈriːzɪʃ
Parisismus pariˈzɪsmʊs
Parison ˈpaːrizɔn, **...sa** ...za
parisyllabisch parizʏˈlaːbɪʃ
Parisyllabum pariˈzʏlabʊm, **...ba** ...ba
Parität pariˈtɛːt
paritätisch pariˈtɛːtɪʃ
[1]**Park** park
[2]**Park** (Name) *engl.* pɑːk
Parka ˈparka
Park-and-ride... ˈpaːɐ̯k-lɛntˈra͜it...
Parke *engl.* pɑːk
parken ˈparkn̩
Parker *engl.* ˈpɑːkə
Parkeriazeen parkeri̯aˈt͜seːən
parkerisieren parkeriˈziːrən
parkern ˈparkɐn
Parkersburg *engl.* ˈpɑːkəzbəːg
Parkes *engl.* pɑːks
Parkett[e] parˈkɛt[ə]
parkettieren parkɛˈtiːrən
Parkhurst *engl.* ˈpɑːkhəːst
parkieren parˈkiːrən
Parkin *engl.* ˈpɑːkɪn
Parkingmeter ˈparkɪŋmeːtɐ
Parkinson ˈparkɪnzɔn, *engl.* ˈpɑːkɪnsn
Parkinsonismus parkɪnzoˈnɪsmʊs
Parkman *engl.* ˈpɑːkmən
Parkograph parkoˈgraːf
Parkometer parkoˈmeːtɐ
Parkstein ˈparkʃta͜in
Parkville *engl.* ˈpɑːkvɪl
Parlament parlaˈmɛnt
Parlamentär parlamɛnˈtɛːɐ̯
Parlamentarier parlamɛnˈtaːri̯ɐ
parlamentarisch parlamɛnˈtaːrɪʃ
parlamentarisieren parlamɛntariˈziːrən
Parlamentarismus parlamɛntaˈrɪsmʊs
parlamentieren parlamɛnˈtiːrən
Parland *schwed.* ˈparland
parlando parˈlando
Parlando parˈlando, **...di** ...di
parlante parˈlantə
Parler ˈparlɐ
parlieren parˈliːrən
Parma *dt., it.* ˈparma, *engl.* ˈpɑːmə
Parmaer ˈparmaɐ
parmaisch ˈparmaɪʃ
Parmäne parˈmɛːnə
Parmelia parˈmeːli̯a, **...ien** ...i̯ən
Parmenides parˈmeːnidɛs
Parmenio parˈmeːni̯o
Parmenion parˈmeːni̯ɔn
Parmentier *fr.* parmãˈtje
Parmesan[er] parmeˈzaːn[ɐ]
parmesanisch parmeˈzaːnɪʃ
Parmigianino *it.* parmid͜ʒaˈniːno
Parnaíba *bras.* parnaˈiba
Parnass parˈnas
Parnasse *fr.* parˈnas
Parnassia parˈnasi̯a
Parnassiens *fr.* parnaˈsjɛ̃
Parnassos parˈnasɔs, *neugr.* parnaˈsɔs
Parnassus parˈnasʊs
Parnell *engl.* pɑːˈnɛl, pɑːnl
Parnes ˈparnɛs
Parnicki *poln.* parˈnitski
Parnon *dt., neugr.* ˈparnɔn
Pärnu *estn.* ˈpærrːnu
Parny *fr.* parˈni
parochial parɔˈxi̯aːl
Parochie parɔˈxiː, **-n** ...iːən
Parochus ˈpaːrɔxʊs, **...chi** ...xi
Parodi *fr.* parɔˈdi
Parodie paroˈdiː, **-n** ...iːən
parodieren paroˈdiːrən
parodisch paˈroːdɪʃ
Parodist[ik] paroˈdɪst[ɪk]
Parodontitis parodɔnˈtiːtɪs, **...itiden** ...tiˈtiːdn̩
Parodontose parodɔnˈtoːzə
Parodos ˈpaːrodɔs
Paröke paˈrøːkə
[1]**Parole** (Losung) paˈroːlə
[2]**Parole** (Rede) paˈrɔl
Parole d'Honneur paˈrɔl dɔˈnøːɐ̯
Paroli paˈroːli
Parömiakus parøˈmiːakʊs, **...zi** ...t͜si
Parömie parøˈmiː, **-n** ...iːən
Parömiograph parømi̯oˈgraːf
Parömiologie parømi̯oloˈgiː
Paronomasie paronomaˈziː, **-n** ...iːən
paronomastisch paronoˈmastɪʃ
Paronychie paronʏˈçiː
Paronymie paronyˈmiː
Paronymik paroˈnyːmɪk
paronymisch paroˈnyːmɪʃ
Paronymon paˈroːnymɔn, **...ma** ...ma, **...me** paroˈnyːmə
Parool *niederl.* pɑˈroːl
par ordre [du mufti] paːɐ̯ ˈɔrdrə [dyː ˈmʊfti]
Parorexie parorɛˈksiː, **-n** ...iːən
Paroritis *neugr.* parɔˈritis
Paros ˈpaːrɔs, *neugr.* ˈparɔs
Parosmie parɔsˈmiː, **-n** ...iːən
Parosphresie parɔsfreˈziː, **-n** ...iːən
Parotis paˈroːtɪs, **...iden** paroˈtiːdn̩
Parotitis paroˈtiːtɪs, **...itiden** ...tiˈtiːdn̩
paroxysmal parɔksʏsˈmaːl
Paroxysmus parɔˈksʏsmʊs
Paroxytonon parɔˈksyːtonɔn, **...tona** ...tona
Parpalló *span.* parpaˈʎo
par pistolet paːɐ̯ pɪstoˈleː
par préférence paːɐ̯ prefeˈrãːs
Parr par, *engl.* pɑː
Parra *span.* ˈparra
Parrain paˈrɛ̃ː
Parral *span.* paˈrral
Parramatta *engl.* pærəˈmætə
par renommée paːɐ̯ renɔˈmeː
Parrhasius paˈraːzi̯ʊs
Parrhesie pareˈziː
Parricida pariˈt͜siːda
Parrington *engl.* ˈpærɪŋtən
Parris *engl.* ˈpærɪs
Parrish *engl.* ˈpærɪʃ
Parrizida pariˈt͜siːda
Parrocel *fr.* parɔˈsɛl
Parry *engl.* ˈpærɪ
Parsberg ˈparsbɛrk
Parse ˈparzə
Parsec parˈzɛk
Parseier parˈza͜iɐ
Parsek parˈzɛk
parsen ˈparsn̩
Parseta *poln.* parˈsɛnta
Parseval ˈparzəval
Parsi[fal] ˈparzi[fal]
Parsing ˈparsɪŋ
parsisch ˈparzɪʃ
Parsismus parˈzɪsmʊs
Parsons *engl.* pɑːsnz
Pars pro Toto ˈpars proː ˈtoːto
Part part
partagieren partaˈʒiːrən
Partch *engl.* pɑːtʃ
Parte ˈpartə
Partei parˈta͜i
parteiisch parˈta͜iɪʃ
parteilich parˈta͜ilɪç
Parteke parˈteːkə

Partenkirchen partn̩ˈkɪrçn̩
parterre parˈtɛr
Parterre parˈtɛr[ə]
Partes ˈparte:s
Parthe ˈpartə
Parthenay *fr.* partəˈnɛ
Parthenien parˈte:ni̯ən
Parthenios parˈte:ni̯ɔs
Parthenogenese partenoge-ˈne:zə
Parthenogenesis parteno-ˈge:nezɪs, *auch:* ...gɛn...
parthenogenetisch partenoge-ˈne:tɪʃ
parthenokarp partenoˈkarp
Parthenokarpie partenokarˈpi:
Parthenon ˈpartenɔn
Parthenope parˈte:nope
parthenopeisch partenoˈpe:ɪʃ
Parther ˈpartɐ
Parthien ˈparti̯ən
partial parˈt͜si̯a:l
partiarisch parˈt͜si̯a:rɪʃ
Particell[a] partiˈt͜ʃɛl[a]
Particula pendens parˈti:kula ˈpɛndɛns
Partie parˈti:, **-n** ...i:ən
partiell parˈt͜si̯ɛl
partieren parˈti:rən
Partikel parˈti:kl̩, parˈtɪkl̩
partikular, P... partikuˈla:ɐ̯
partikulär partikuˈlɛ:ɐ̯
Partikularismus partikulaˈrɪs-mʊs
Partikularist partikulaˈrɪst
Partikulier partikuˈli:ɐ̯
Partikülier partikyˈli̯e:
Partille *schwed.* ˌpartilə
Partimen partiˈme:n
Partimento partiˈmɛnto, **...ti** ...ti
Partisan[e] partiˈza:n[ə]
Partita parˈti:ta
Partite parˈti:tə
Partitino partiˈti:no
Partition partiˈt͜si̯o:n
partitiv partiˈti:f, **-e** ...i:və
Partitiv ˈpartiti:f, **-e** ...i:və
Partitur partiˈtu:ɐ̯
Partizan *serbokr.* parˌtiza:n
Partizip partiˈt͜si:p, **-ien** ...pi̯ən
Partizipation partit͜sipaˈt͜si̯o:n
partizipial partit͜siˈpi̯a:l
partizipieren partit͜siˈpi:rən
Partizipium partiˈt͜si:pi̯ʊm, **...ia** ...i̯a
Partizipium Perfekti parti-ˈt͜si:pi̯ʊm pɛrˈfɛkti
Partizipium Präsentis parti-ˈt͜si:pi̯ʊm prɛˈzɛntɪs
Partizipium Präteriti parti-ˈt͜si:pi̯ʊm prɛˈte:riti
Partnach ˈpartnax
Partner ˈpartnɐ
[1]**Parton** ˈpartɔn, **-en** parˈto:nən
[2]**Parton** (Name) *engl.* pɑ:tn
partout parˈtu:
Partridge *engl.* ˈpɑ:trɪdʒ
Partsch partʃ
Partus ˈpartʊs, **die -** ...tu:s
Partwork ˈpa:ɐ̯tvø:ɐ̯k, ...vœrk
Party ˈpa:ɐ̯ti
Parulis paˈru:lɪs
Parun *serbokr.* ˌparu:n
Parusie paruˈzi:
Pârvan *rumän.* pɨrˈvan
Parvenü, ...nu parveˈny:, ...vəˈny:
Paryla ˈpa:ryla
Parze ˈpart͜sə
Parzelle parˈt͜sɛlə
parzellieren part͜sɛˈli:rən
Parzival ˈpart͜sifal
Pas pa, **des -** pa[s], **die -** pas
Paşa *türk.* pɑˈʃɑ
Pasadena *engl.* pæsəˈdi:nə
pasadenisch pazaˈde:nɪʃ
Pasagier paˈza:gi̯ɐ
Pasaje[s] *span.* paˈsaxe[s]
Pasardschik *bulgar.* ˈpazɐrdʒik
Pasargadä paˈzargadɛ
Pasay *span.* paˈsai̯
Pascagoula *engl.* pæskəˈgu:lə
[1]**Pascal** (Name) *fr.* pasˈkal
[2]**Pascal, PASCAL** pasˈkal
Paşcani *rumän.* paʃˈkanj
Pascarella *it.* paskaˈrɛlla
Pasch paʃ, **Päsche** ˈpɛʃə
[1]**Pascha** (Titel) ˈpaʃa
[2]**Pascha** (Passah) ˈpasça
Paschal paˈʃa:l, pasˈça:l
Paschalik ˈpaʃalɪk
Paschalis paˈʃa:lɪs, *auch:* pas-ˈça:lɪs
Paschasius pasˈça:zi̯ʊs
paschen, P... ˈpaʃn̩
Pascherei paʃəˈrai̯
Paschkewitsch *russ.* paʃˈkjevitʃ
pascholl! paʃˈɔl
Paschtu ˈpaʃtu
Paschtune paʃˈtu:nə
paschtunisch paʃˈtu:nɪʃ
Pascin *fr.* paˈsɛ̃
Pasco *engl.* ˈpæskoʊ, *span.* ˈpasko
Pascoais *port.* pɐʃˈkuaiʃ
Pascoli *it.* ˈpaskoli
Pascual *span.* pasˈku̯al
Pas de Calais *fr.* pɑdkaˈlɛ
Pas de deux ˈpa də ˈdø:
Pasdeloup *fr.* pɑˈdlu
Pas de quatre ˈpa də ˈkatrə
Pas de trois ˈpa də ˈtro̯a
Pasek *poln.* ˈpasɛk
Paseo paˈze:o
Pasewalk ˈpa:zəvalk
Pašić *serbokr.* ˈpaʃitɕ
Pasigraphie pazigraˈfi:, **-n** ...i:ən
Pasilalie pazilaˈli:
Pasilingua paziˈlɪŋgu̯a
Pasilogie paziloˈgi:
Pasiphae paˈzi:fae
Pasiphilus paˈzi:filʊs
Paskewitsch *russ.* pasˈkjevitʃ
Paslack ˈpaslak
Pasłęka *poln.* paˈsu̯ɛŋka
[1]**Paso** (Zwischenspiel) ˈpa:zo
[2]**Paso** (Name) *span.* ˈpaso
Paso doble ˈpa:zo ˈdo:blə
PASOK *neugr.* paˈsɔk
Pasolini *it.* pazoˈli:ni
Paspel ˈpaspl̩
paspelieren paspəˈli:rən
paspeln ˈpaspl̩n
Pasquale *it.* pasˈku̯a:lə
Pasquali *it.* pasˈku̯a:li
Pasquill pasˈkvɪl
Pasquillant paskvɪˈlant
Pasquini *it.* pasˈku̯i:ni
Pass pas, **Pässe** ˈpɛsə
Passa ˈpasa
passabel paˈsa:bl̩, **...ble** ...blə
Passacaglia pasaˈkalja, **...glien** ...ljən
Passacaille pasaˈka:jə
Passade paˈsa:də
Passage paˈsa:ʒə
passager pasaˈʒe:ɐ̯
[1]**Passagier** (Fahrgast) pasaˈʒi:ɐ̯
[2]**Passagier** (Sekte) paˈsa:gi̯ɐ
Passaglia *it.* pasˈsaʎʎa
Passah ˈpasa
Passaic *engl.* pəˈseɪɪk
Passamaquoddy *engl.* pæsə-məˈkwɔdɪ
Passameter pasaˈme:tɐ
Passamezzo pasaˈmɛt͜so, **...zzi** ...t͜si
Passant paˈsant
Passarge paˈsargə
Passarowitz ˈpasarovɪt͜s
Passat paˈsa:t
Passau[er] ˈpasau̯[ɐ]
Passavant pasaˈvã:
Passavanti *it.* passaˈvanti

P

passe pas
[1]Passe 'pasə
[2]Passe (Name) *fr.* pɑ:s, *niederl.* 'pɑsə
Pässe vgl. Pass
passee pa'se:
Passeier pa'sai̯ɐ
Passementerie pasəmɑ̃tə'ri:, **-n** ...i:ən
passen 'pasn̩
Passepartout paspar'tu:
Passepied pas'pi̯e:
Passepoil pas'po̯al
passepoilieren paspo̯a'li:rən
Passeport pas'po:ɐ̯
Passer 'pasɐ
Passerelle 'pasərɛlə
Passeroni *it.* passe'ro:ni
Passeur *fr.* pɑ'sœ:r
Passfield *engl.* 'pæsfi:ld
passieren pa'si:rən
Passiflora pasi'flo:ra
passim 'pasɪm
Passimeter pasi'me:tɐ
Passio 'pasi̯o
Passion pa'si̯o:n
Passional pasi̯o'na:l
Passionar pasi̯o'na:ɐ̯
passionato pasi̯o'na:to
Passionato pasi̯o'na:to, **...ti** ...ti
passioniert pasi̯o'ni:ɐ̯t
passiv 'pasi:f, *auch:* pa'si:f, **-e** ...i:və
Passiv 'pasi:f, **-e** ...i:və
Passiva pa'si:va
Passiven pa'si:vn̩
passivieren pasi'vi:rən
passivisch pa'si:vɪʃ, '---
Passivismus pasi'vɪsmʊs
Passivität pasivi'tɛ:t
Passivum pa'si:vʊm, **...va** ...va
passlich 'paslɪç
Passo *it.* 'passo
Passo Fundo *bras.* 'pasu 'fundu
Passometer paso'me:tɐ
Passos *bras.* 'pasus
Passos, Dos *engl.* 'dɔs'pæsoʊs
Passow 'paso
Passus 'pasʊs, **die -** ...su:s
Passuth *ung.* 'pɔʃʃut
Paßwang pas'vaŋ
passwärts 'pasvɛrt͜s
Passy *fr.* pa'si
Pasta *dt., it.* 'pasta
Pasta asciutta 'pasta a'ʃʊta, **...te ...tte** ...tə ...tə
Pastasciutta pasta'ʃʊta, **...tte** ...tə

Pastaza *span.* pas'taθa
Paste 'pastə
Pastell pas'tɛl
pastellen pas'tɛlən
[1]Pasternak (Pflanze) 'pastɛrnak
[2]Pasternak (Name) *russ.* pɐstɪr'nak, *poln.* pas'tɛrnak
Pasterze pas'tɛrt͜sə
Pastete pas'te:tə
Pasteur *fr.* pas'tœ:r
Pasteurisation pastøriza't͜si̯o:n
pasteurisieren pastøri'zi:rən
Pasti *it.* 'pasti
Pasticcio pas'tɪt͜ʃo, **...cci** ...'tɪt͜ʃi
Pastiche pas'ti:ʃ
Pastille pa'stɪlə
Pastinak 'pastinak
Pastinake pasti'na:kə
Pastior 'pasti̯o:ɐ̯
Pastmilch 'pastmɪlç
Pasto *span.* 'pasto
Pastonchi *it.* pas'toŋki
[1]Pastor 'pasto:ɐ̯, *auch:* pas'to:ɐ̯, **-en** ...'to:rən, **-e** ...'to:rə, **...töre** ...'tø:rə
[2]Pastor (Name) 'pasto:ɐ̯, pas'to:ɐ̯, *span.* pas'tɔr, *engl.* 'pɑ:stə
pastoral, P... pasto'ra:l
Pastorale pasto'ra:lə, **...lien** ...li̯ən
Pastorat pasto'ra:t
Pastoration pastora't͜si̯o:n
Pastore *it.* pas'to:re
Pastorelle pasto'rɛlə
Pastorin pas'to:rɪn
Pastorius pas'to:ri̯ʊs
Pastor primarius 'pasto:ɐ̯ pri'ma:ri̯ʊs, **Pastores primarii** pas'to:re:s pri'ma:rii
pastos pas'to:s, **-e** ...o:zə
pastös pa'stø:s, **-e** ...ø:zə
Pastosität pastozi'tɛ:t
Pästum 'pɛ:stʊm, 'pɛs...
Pat *engl.* pæt
Patagonia *span.* pata'ɣoni̯a
Patagonien pata'go:ni̯ən
Patagonier pata'go:ni̯ɐ
patagonisch pata'go:nɪʃ
Patan *engl.* 'pɑ:tən
Pataria *it.* pata'ri:a
Patassé *fr.* pata'se
Patavinität patavini'tɛ:t
[1]Patch pɛt͜ʃ
[2]Patch (Name) *engl.* pæt͜ʃ
[1]Patchen 'pa:tçən
[2]Patchen *engl.* 'pæt͜ʃɪn
Patchogue *engl.* pæ't͜ʃɔg

Patchwork 'pɛt͜ʃvø:ɐ̯k, ...vœrk
Pate 'pa:tə
Patelin *fr.* pa'tlɛ̃
Patella pa'tɛla
patellar patɛ'la:ɐ̯
Patene pa'te:nə
patent, P... pa'tɛnt
patentieren patɛn'ti:rən
pater, peccavi 'pa:tɐ pɛ'ka:vi
[1]Pater 'pa:tɐ, **Patres** 'patre:s
[2]Pater (Name) *engl.* 'peɪtə, *fr.* pa'tɛ:r
Paterfamilias pa:tɐfa'mi:li̯as
Paternalismus patɛrna'lɪsmʊs
paternalistisch patɛrna'lɪstɪʃ
Paternion pa'tɛrni̯ɔn
paternitär patɛrni'tɛ:ɐ̯
Paternität patɛrni'tɛ:t
Paternò *it.* pater'nɔ
Paternoster patɐ'nɔstɐ
Pater Patriae 'pa:tɐ 'pa:triɛ
Paterpeccavi pa:tɐpɛ'ka:vi
Pater seraphicus 'pa:tɐ ze'ra:fikʊs
Paterson *engl.* 'pætəsn
Pâte sur Pâte 'pa:t zy:ɐ̯ 'pa:t
patetico pa'te:tiko
Pathé *fr.* pa'te
Pathelin *fr.* pa'tlɛ̃
Pathergie patɛr'gi:, **-n** ...i:ən
Pathetik pa'te:tɪk
pathétique, P... pate'tɪk
pathetisch pa'te:tɪʃ
Pathfinder *engl.* 'pɑ:θfaɪndə
pathisch 'pa:tɪʃ
pathogen pato'ge:n
Pathogenese patoge'ne:zə
pathogenetisch patoge'ne:tɪʃ
Pathogenität patogeni'tɛ:t
Pathognomik pato'gno:mɪk
pathognomonisch patogno'mo:nɪʃ
Pathognostik pato'gnɔstɪk
pathognostisch pato'gnɔstɪʃ
Pathographie patogra'fi:
Pathologe pato'lo:gə
Pathologie patolo'gi:, **-n** ...i:ən
pathologisch pato'lo:gɪʃ
Pathophobie patofo'bi:, **-n** ...i:ən
Pathophysiologie patofyzi̯olo'gi:
Pathopsychologie patɔpsyçolo'gi:
Pathos 'pa:tɔs
Pathyris pa'ty:rɪs
[1]Patience pa'si̯ɑ̃:s, **-n** ...sn̩
[2]Patience (Name) *engl.* 'peɪʃəns

Patiens ˈpa:tsi̯ɛns
Patient paˈtsi̯ɛnt
[1]**Patin** ˈpa:tɪn
[2]**Patin** (Name) *fr.* paˈtɛ̃
Patina ˈpa:tina, **...nen** paˈti:nən
Patine paˈti:nə
Patinier *niederl.* pɑtiˈni:r
patinieren patiˈni:rən
Patinir *niederl.* pɑtiˈni:r
Patio ˈpa:ti̯o
Patisserie patɪsəˈri:, **-n** ...i:ən
Patissier patɪˈsi̯e:
Patmore *engl.* ˈpætmɔ:
Patmos ˈpatmɔs
Patna ˈpatna, *engl.* ˈpætnə
Patocchi *it.* paˈtɔkki
Patois paˈto̯a, **des -** ...a[s], **die -** ...as
Paton *engl.* peɪtn
Patos *alban.* paˈtos, *bras.* ˈpatus
Paträ *neugr.* ˈpatrɛ
Patras ˈpatras
Patres vgl. Pater
Patria ˈpa:tria
Patriarch patriˈarç
Patriarchade patriarˈça:də
patriarchal[isch] patriarˈça:l[ɪʃ]
Patriarchat patriarˈça:t
patriarchisch patriˈarçɪʃ
Patricia paˈtri:tsi̯a, *engl.* pəˈtrɪʃə
Patrick ˈpɛtrɪk, ˈpatrɪk, *engl.* ˈpætrɪk
patrilineal patrilineˈa:l
patrilinear patrilineˈa:ɐ̯
patrimonial patrimoˈni̯a:l
Patrimonium patriˈmo:ni̯ʊm, **...ien** ...i̯ən
Patriot patriˈo:t
patriotisch patriˈo:tɪʃ
Patriotismus patrioˈtɪsmʊs
Patristik paˈtrɪstɪk
Patristiker paˈtrɪstikɐ
patristisch paˈtrɪstɪʃ
Patrize paˈtri:tsə
Patrizia paˈtri:tsi̯a
Patriziat patriˈtsi̯a:t
Patrizier paˈtri:tsi̯ɐ
patrizisch paˈtri:tsɪʃ
Patrizius paˈtri:tsi̯ʊs
Patroklos ˈpa:troklɔs, paˈtro:klɔs
Patroklus paˈtro:klʊs, ˈpa:troklʊs
Patrologe patroˈlo:gə
Patrologie patroloˈgi:
patrologisch patroˈlo:gɪʃ
[1]**Patron** (Schutzherr) paˈtro:n
[2]**Patron** (Modell; Inhaber eines Geschäftes, einer Gaststätte o. Ä.) paˈtrõ:
Patrona paˈtro:na, **...nä** ...nɛ
Patronanz patroˈnants
Patronat patroˈna:t
Patrone paˈtro:nə
patronieren patroˈni:rən
patronisieren patroniˈzi:rən
Patronymikon patroˈny:mikɔn, **...ka** ...ka
Patronymikum patroˈny:mikʊm, **...ka** ...ka
patronymisch patroˈny:mɪʃ
Patrouille paˈtrʊljə
patrouillieren patrʊlˈji:rən, *auch:* patrʊˈli:rən
Patrozinium patroˈtsi:ni̯ʊm, **...ien** ...i̯ən
Patsche ˈpatʃə
pätscheln ˈpɛtʃl̩n
patschen, P... ˈpatʃn̩
patsch[e]nass ˈpatʃ[ə]ˈnas
Patscherkofel patʃɐko:fl̩
Patscherl ˈpatʃɐl
patschert ˈpatʃɐt
Patschew *russ.* ˈpatʃɪf
Patschkau ˈpatʃkau̯
patsch! Patsch patʃ
Patschuli ˈpatʃuli
patt, P... pat
Patte ˈpatə
Pattee *engl.* pæˈti:
Pattensen ˈpatn̩zən
Pattern ˈpɛtɐn
Patterson *engl.* ˈpætəsn
Patti *it.* ˈpatti
pattieren paˈti:rən
Pattinando patiˈnando, **...di** ...di
Patton *engl.* pætn
Patzak ˈpatsak
Pátzcuaro *span.* ˈpatsku̯aro
patzen, P... ˈpatsn̩
Patzerei patsəˈrai̯
patzig ˈpatsɪç, **-e** ...ɪgə
Patznaun patsˈnau̯n
Pau *fr.* po
Paudiß ˈpau̯dɪs
Pauer ˈpau̯ɐ
Pauillac *fr.* pɔˈjak
Paukal pau̯ˈka:l
Paukant pau̯ˈkant
Pauke ˈpau̯kə
pauken ˈpau̯kn̩
[1]**Pauker** pau̯kɐ
[2]**Pauker** *rumän.* ˈpau̯ker
Paukerei pau̯kəˈrai̯
Paukist pau̯ˈkɪst
Paul pau̯l, *engl.* pɔ:l, *fr.* pɔl
Paúl *span.* paˈul
Paula ˈpau̯la
Paulaner pau̯ˈla:nɐ
Paulding *engl.* ˈpɔ:ldɪŋ
Paule ˈpau̯lə, *fr.* po:l
Pauler ˈpau̯lɐ, *ung.* ˈpɔulɛr
Paulet[te] *fr.* poˈlɛ[t]
Paulhan *fr.* poˈlã
Pauli ˈpau̯li, *schwed.* ˈpau̯li
Paulina pau̯ˈli:na, *it.* pau̯ˈli:na, *span.* pau̯ˈlina
Paulin de Nole *fr.* polɛ̃dˈnɔl
Pauline pau̯ˈli:nə, *engl.* pɔ:ˈli:n, ˈ−−, *fr.* poˈlin
Pauliner pau̯ˈli:nɐ
Pauling *engl.* ˈpɔ:lɪŋ
paulinisch, P... pau̯ˈli:nɪʃ
Paulinismus pau̯liˈnɪsmʊs
Paulinus pau̯ˈli:nʊs
Pauliny *slowak.* ˈpau̯lini
Paulist pau̯ˈlɪst
Paulista *bras.* pau̯ˈlista
Paulizianer pau̯liˈtsi̯a:nɐ
Paulo *port., bras.* ˈpau̯lu
Paulo Afonso *bras.* ˈpau̯lu aˈfõsu
Paulowna pau̯ˈlɔvna
Paulownia pau̯ˈlɔvnia, **...ien** ...i̯ən
Paulsen ˈpau̯lzn̩
Paulssen ˈpau̯lsn̩
Paulus ˈpau̯lʊs, *fr.* poˈlys
Pauly ˈpau̯li
Paumann ˈpau̯man
Paumespiel ˈpo:mʃpi:l
Paumgartner ˈpau̯mgartnɐ
pauperieren pau̯peˈri:rən
Pauperismus pau̯peˈrɪsmʊs
Pauperität pau̯periˈtɛ:t
Paur ˈpau̯ɐ
Pausa ˈpau̯za
Pausanias pau̯ˈza:ni̯as
Pausback ˈpau̯sbak
pausbäckig ˈpau̯sbɛkɪç
pauschal pau̯ˈʃa:l
Pauschale pau̯ˈʃa:lə, **...lien** ...li̯ən
pauschalieren pau̯ʃaˈli:rən
pauschalisieren pau̯ʃaliˈzi:rən
Pauschalität pau̯ʃaliˈtɛ:t
Pausche ˈpau̯ʃə
Päuschel ˈpɔy̯ʃl̩
Pause ˈpau̯zə
pausen ˈpau̯zn̩, **paus!** pau̯s, **paust** pau̯st
Pausewang ˈpau̯zəvaŋ

Pausias ˈpau̯zi̯as
pausieren pau̯ˈziːrən
Paustowski *russ.* pɐusˈtɔfskij
Pavane paˈvaːnə
Pavao *serbokr.* ˈpavao
Pavarotti *it.* pavaˈrɔtti
Pavel *tschech.* ˈpavɛl
Pavelić *serbokr.* ˌpavɛlitɕ
[1]**Pavese** (Schild) paˈveːzə
[2]**Pavese** (Name) *it.* paˈveːse
Pavia *dt., it.* paˈviːa
Pavian ˈpaːvi̯aːn
Pavie *fr.* paˈvi
Pavillon ˈpavɪljõ, *auch:* ˈpavɪljɔŋ, pavɪlˈjõ:
Pavle *serbokr.* ˈpaːvlɛ
Pavlov *tschech.* ˈpavlɔf
Pavlović *serbokr.* ˈpaːvlɔvitɕ
Pavo ˈpaːvo
Pavonazzo pavoˈnat͡so
Pavor [nocturnus] ˈpaːvoːɐ̯ [nɔkˈtʊrnʊs]
Pawel *russ.* ˈpavɪl, *bulgar.* ˈpavɛl
Paweł *poln.* ˈpavɛu̯
Pawla *russ.* ˈpavlɐ
Pawlak *poln.* ˈpavlak
Pawlatsche paˈvlaːt͡ʃə
Pawlenko *russ.* paˈvljɛnkɐ
Pawlikowska *poln.* pavliˈkɔfska
Pawlodar *russ.* pɐvlaˈdar
Pawlow *russ.* ˈpavlɐf
Pawlowitsch *russ.* ˈpavlɐvitʃ
Pawlow[n]a *russ.* ˈpavlɐv[n]ɐ
Pawlowo *russ.* ˈpavlɐvɐ
Pawlowsk *russ.* ˈpavlɐfsk
Pawlowski *russ.* paˈvlɔfskij
Pawlowski Possad *russ.* ˈpavlɐfskij paˈsat
Pawnee *engl.* pɔːˈniː
Pawtucket *engl.* pɔːˈtʌkɪt
Pax [Christi] ˈpaks [ˈkrɪsti]
Paxos ˈpaksɔs, *neugr.* paˈksɔs
Pax Romana ˈpaks roˈmaːna
Paxton *engl.* ˈpækstən
Pax vobiscum! ˈpaks voˈbɪskʊm
Pay-back ˈpeːbɛk
Payer ˈpai̯ɐ
Payerne *fr.* paˈjɛrn
Payingguest ˈpeːɪŋˈgɛst
Payn[e] *engl.* peɪn
Pay-out *engl.* ˈpeːˌlau̯t
Payr ˈpai̯ɐ
Payró *span.* pai̯ˈro
Paysage intime peiˈzaːʒə ɛ̃ˈtiːm
Paysandú *span.* pai̯sanˈdu
Pay-TV ˈpeːtiːviː
Paz *span.* paθ
Pazaurek ˈpat͡sau̯rɛk
Pazifik paˈt͡siːfɪk, *auch:* ˈpaːt͡siːfɪk
Pazifikation pat͡sifikaˈt͡si̯oːn
pazifisch paˈt͡siːfɪʃ
Pazifismus pat͡siˈfɪsmʊs
Pazifist pat͡siˈfɪst
pazifizieren pat͡sifiˈt͡siːrən
Paziszent pat͡sɪsˈt͡sɛnt
paziszieren pat͡sɪsˈt͡siːrən
Pázmány *ung.* ˈpaːzmaːnj
Paznaun pat͡sˈnau̯n
Pazzi *it.* ˈpattsi
p'Bitek *engl.* pəˈbiːtɛk
PC peːˈt͡seː
Pea *it.* ˈpɛːa
Peabody *engl.* ˈpiːbɔdɪ
Peace *engl.* piːs
Peacecorps ˈpiːskoːɐ̯
Peacock *engl.* ˈpiːkɔk
Peak (Gipfel, Maximum) piːk
Peake *engl.* piːk
Peale *engl.* piːl
Péan *fr.* peˈã
Peano *it.* peˈaːno
Peanuts *engl.* ˈpiːnʌts
Pearce *engl.* pɪəs
Pearland *engl.* ˈpɛəlænd
Pearl [Harbo[u]r] *engl.* ˈpəːl [ˈhɑːbə]
Pearse *engl.* pɪəs
Pearson *engl.* pɪəsn
Peary *engl.* ˈpɪərɪ
Peau d'Ange *fr.* poˈdãːʒ
Pebrine peˈbriːnə
Peć *serbokr.* pɛːtɕ
Pecannuss ˈpeːkannʊs
Pe-Ce-Faser peːˈt͡seːfaːzɐ
Pécel *ung.* ˈpeːtsɛl
Pech[all] ˈpɛç[al]
Peche ˈpɛçə
Pechel ˈpɛçl̩
pechfinster ˈpɛçˈfɪnstɐ
pechig ˈpɛçɪç, **-e** ...ɪgə
pechrabenschwarz ˈpɛçˈraːbn̩ˈʃvart͡s
pechschwarz ˈpɛçˈʃvart͡s
Pechstein ˈpɛçʃtai̯n
Pecht pɛçt
Peck[ham] *engl.* ˈpɛk[əm]
Pecock *engl.* ˈpiːkɔk, ˈpɛkɔk
Pecopteris peˈkɔptərɪs
Pecos *span.* ˈpekos, *engl.* ˈpeɪkəs
Pécs *ung.* peːtʃ
Peculium peˈkuːli̯ʊm
Pecunia peˈkuːni̯a
Peda vgl. Pedum
Pedal[e] peˈdaːl[e]
pedalen peˈdaːlən
Pedalerie pedaləˈriː, **-n** ...iːən
Pedaleur pedaˈløːɐ̯
pedant, P... peˈdant
Pedanterie pedantəˈriː, **-n** ...iːən
pedantisch peˈdantɪʃ
Pedantismus pedanˈtɪsmʊs
Peddigrohr ˈpɛdɪçroːɐ̯
Pedell peˈdɛl
Peder *dän.* ˈpɪːðɐ
Pedersen *dän.* ˈpɪːˀðɐsn̩, *norw.* ˈpɛdərsən
Pedest peˈdɛst
pedestrisch peˈdɛstrɪʃ
Pedicatio pediˈkaːt͡si̯o, **-nes** ...kaˈt͡si̯oːneːs
Pedigree ˈpɛdigri
Pedikulose pedikuˈloːzə
Pediküre pediˈkyːrə
pediküren pediˈkyːrən
Pediment pediˈmɛnt
Pedizellarie pedit͡sɛˈlaːri̯ə
Pedograph pedoˈgraːf
Pedologie pedoloˈgiː
pedologisch pedoˈloːgɪʃ
Pedometer pedoˈmeːtɐ
Pedrell *span.* peˈðrɛl
Pedro ˈpeːdro, *span.* ˈpeðro, *port.* ˈpeðru, *bras.* ˈpedru
Pedrógão *port.* pəˈðrɔɣɐ̃u̯
Pedum ˈpeːdʊm, **...da** ...da
Pedum rectum ˈpeːdʊm ˈrɛktʊm
Peebles *engl.* piːblz
Pee Dee *engl.* ˈpiːdiː
Peek[skill] *engl.* ˈpiːk[skɪl]
Peel *niederl.* peːl, *engl.* piːl
Peele *engl.* piːl
Peeling ˈpiːlɪŋ
Peene ˈpeːnə
Peenemünde peːnəˈmʏndə
Peepshow ˈpiːpʃoː
[1]**Peer** (Adliger) piːɐ̯
[2]**Peer** (Name) peːɐ̯, *norw., niederl.* peːr
Peerage ˈpiːrɪt͡ʃ
Peeress ˈpiːrɛs
Peeters *niederl.* ˈpeːtərs
Pegamoid pegamoˈiːt, **-e** ...iːdə
Pegasos ˈpeːgazɔs
Pegasus ˈpeːgazʊs, *engl.* ˈpɛgəsəs
Pegau ˈpeːgau̯
Pege ˈpeːgə
Pegel ˈpeːgl̩
Peggy *engl.* ˈpɛgɪ
Pegmatit pɛgmaˈtiːt
Pegnitz ˈpeːgnɪt͡s

Pegu ˈpeːgu, *birm.* pegu 33
Péguy *fr.* peˈgi
Pehameter pehaˈmeːtɐ
Pehlewi ˈpɛçlevi, *pers.* pæhlæˈviː
Peichl ˈpa͜içl̩
Peies ˈpa͜iəs
Peigneur pɛnˈjøːɐ̯
Peignoir pɛnˈjo̯aːɐ̯
peilen ˈpa͜ilən
Pein[e] ˈpa͜in[ə]
Peinemann ˈpa͜inəman
peinigen ˈpa͜inɪgn̩, **peinig!** ˈpa͜inɪç, **peinigt** ˈpa͜inɪçt
peinlich ˈpa͜inlɪç
Peintregraveur pɛ̃trəgraˈvøːɐ̯
Peinture pɛ̃ˈtyːɐ̯
Peiper *poln.* ˈpɛjpɛr
Peipussee ˈpa͜ipʊszeː
Peiraieus pa͜iˈra͜iɔys
Peirce *engl.* pɪəs, pəːs
Peireskia pa͜iˈrɛski̯a, ...**ien** ...i̯ən
Peire Vidal *fr.* pɛrviˈdal
Peirithoos pa͜iˈriːtoɔs
Peisistratos pa͜iˈzɪstratɔs
Peiskretscham ˈpa͜iskrɛtʃam
Peißenberg ˈpa͜isn̩bɛrk
Peisser ˈpa͜isɐ
Peisson *fr.* pɛˈsõ
Peitho pa͜iˈtoː, ˈpa͜ito
Peiting ˈpa͜itɪŋ
Peitsch[e] ˈpa͜it͜ʃ[ə]
peitschen ˈpa͜it͜ʃn̩
Peitz pa͜it͜s
Peixoto *port.* pɐi̯ˈʃotu, *bras.* pei̯ˈʃotu
Pejoration pejoraˈt͜si̯oːn
pejorativ pejoraˈtiːf, **-e** ...iːvə
Pejorativum pejoraˈtiːvʊm, ...**va** ...va
Pekach ˈpeːkax
Pekalongan *indon.* pəkaˈloŋan
Pekař *tschech.* ˈpɛkarʃ
Pekari peˈkaːri
Pekárna *tschech.* ˈpɛkaːrna
Pekesche peˈkɛʃə
Pekin *engl.* ˈpiːkɪn
Pekinese pekiˈneːzə
Peking ˈpeːkɪŋ
Pekingese pekɪˈŋeːzə
Pekka[nen] *finn.* ˈpɛkkɑ[nɛn]
Pekoe *engl.* ˈpiːkoʊ
Pektanginös pɛktaŋgiˈnøːs, **-e** ...øːzə
Pektase pɛkˈtaːzə
Pekten... ˈpɛktn̩...
Pektin pɛkˈtiːn
Pektinase pɛktiˈnaːzə
pektoral pɛktoˈraːl
Pektorale pɛktoˈraːlə, ...**lien** ...li̯ən
Pekuliar... pekuˈli̯aːɐ̯...
pekuniär pekuˈni̯ɛːɐ̯
pekzieren pɛkˈt͜siːrən
Péladan *fr.* pelaˈdã
Pelade peˈlaːdə
Peláez *span.* peˈlaeθ
Pelageja *russ.* pɪlaˈgjejɐ
Pelagia peˈlaːgi̯a
pelagial, P... pelaˈgi̯aːl
Pelagianer pelaˈgi̯aːnɐ
Pelagianismus pelagi̯aˈnɪsmʊs
Pelagija *russ.* pɪlaˈgijɐ
pelagisch peˈlaːgɪʃ
Pelagius peˈlaːgi̯ʊs
Pelargonie pelarˈgoːni̯ə
Pelasger peˈlasgɐ
pelasgisch peˈlasgɪʃ
Pelavicino *it.* pelaviˈt͜ʃiːno
Pelayo *span.* peˈlajo
Pelé *bras.* peˈlɛ
pêle-mêle, Pelemele pɛlˈmɛl
Pelerine peləˈriːnə
Peleus ˈpeːlɔys
Pelham ˈpɛləm
Pelias ˈpeːli̯as, peˈliːas
Pelide peˈliːdə
Pelikan ˈpeːlikaːn, *auch:* peliˈkaːn
Pelikán *tschech.* ˈpɛlikaːn
Pelikanol® pelikaˈnoːl
Pelion ˈpeːli̯ɔn
Pelit peˈliːt
Pelješac *serbokr.* ˌpɛljɛʃats
Pella *dt., neugr.* ˈpɛla, *it.* ˈpɛlla
Pellagra ˈpɛlagra
Pelle ˈpɛlə
Pelléas *fr.* pɛleˈɑːs
Pellegrini *it.* pelleˈgriːni
Pellegrino *it.* pelleˈgriːno
pellen ˈpɛlən
Pellenz ˈpɛlɛnt͜s
Pellet ˈpɛlət
Pelletier *fr.* pɛlˈtje
pelletieren pɛləˈtiːrən
pelletisieren pɛletiˈziːrən
Pellicer *span.* peʎiˈθɛr
Pellico *it.* ˈpɛlliko
Pellicula pɛˈliːkula, ...**lae** ...lɛ
Pellinen *finn.* ˈpɛllinɛn
Pelliot *fr.* pɛˈljo
Pello *finn.* ˈpɛllɔ
Pellote pɛˈloːtə
pelluzid pɛluˈt͜siːt, **-e** ...də
Pelluzidität pɛlut͜sidiˈtɛːt
Pellworm pɛlˈvɔrm
Pelog, ...ok ˈpeːlɔk
Pelopeia peloˈpa͜ia, peˈloːpa͜ia
Pelopidas peˈloːpidas
Pelopide peloˈpiːdə
Peloponnes pelopɔˈneːs
peloponnesisch pelopɔˈneːzɪʃ
Pelops ˈpeːlɔps
Pelorie peˈloːri̯ə
Peloritani, Monti *it.* ˈmonti peloriˈtaːni
Pelota peˈlɔta, peˈloːta
Pelotas *bras.* peˈlɔtas
Peloton peloˈtõː
Pelotte peˈlɔtə
Pelouze *fr.* pəˈluːz
Pelplin pɛlˈpliːn, *poln.* ˈpɛlplin
Pels *niederl.* pɛls
Pelseide ˈpeːlza͜idə
Peltast pɛlˈtast
Peltier *fr.* pɛlˈtje
Peltonen *finn.* ˈpɛltɔnɛn
Peluschke peˈlʊʃkə
Pelusium peˈluːzi̯ʊm
Pelveoperitonitis pɛlveoperitoˈniːtɪs
Pelvis ˈpɛlvɪs
Pelvoux *fr.* pɛlˈvu
Pelz pɛlt͜s
pelzen ˈpɛlt͜sn̩
pelzig ˈpɛlt͜sɪç, **-e** ...ɪgə
Pelzmärtel ˈpɛlt͜smɛrtl̩
Pemán *span.* peˈman
Pemartín *span.* pemarˈtin
Pematangsiantar *indon.* pəmataŋsiˈantar
Pemba *engl.* ˈpɛmbə
Pembaur ˈpɛmba͜uɐ
[1]**Pembroke** (England) *engl.* ˈpɛmbrʊk
[2]**Pembroke** (USA) *engl.* ˈpɛmbroʊk
Pemmikan ˈpɛmikaːn
Pemphigus ˈpɛmfigʊs
Penalty ˈpɛnl̩ti
Penang *indon.* pəˈnaŋ
Peñarroya *span.* peɲaˈrrɔja
Penarth *engl.* pɛˈnɑːθ
Penaten peˈnaːtn̩
Pence vgl. Penny
Penchant pãˈʃãː
Penck pɛŋk
PEN-Club ˈpɛnklʊp
Pencz pɛnt͜s
Pendant pãˈdãː
Pendel ˈpɛndl̩
pendeln ˈpɛndl̩n, **pendle** ˈpɛndlə
pendent pɛnˈdɛnt
Pendentif pãdãˈtiːf
Pendenz pɛnˈdɛnt͜s
Penderecki *poln.* pɛndɛˈrɛtski

Pendik *türk.* ˈpɛndik
Pendlebury *engl.* ˈpɛndlbərɪ
Pendler ˈpɛndlɐ
Pendleton *engl.* ˈpɛndltən
Pendolino pɛndoˈliːno
Pendschikent *russ.* pɪndʒɨˈkjɛnt
Pendule pãˈdyːlə
Pendüle pɛnˈdyːlə
Peneios peˈnaɪ̯ɔs
Penelope peˈneːlope
Penelopeia peneloˈpaɪ̯a
Peneplain ˈpiːnipleːn, --ˈ-
Penes vgl. Penis
peneseismisch peneˈzaɪ̯smɪʃ
penetrabel peneˈtraːbl̩, **...ble** ...blə
penetrant peneˈtrant
Penetranz peneˈtrants
Penetration penetraˈtsi̯oːn
penetrieren peneˈtriːrən
Penetrometer penetroˈmeːtɐ
Peneus peˈneːʊs
Penew *bulgar.* ˈpɛnɛf
peng! pɛŋ
Peng Dehuai *chin.* pəŋdʌxu̯ai̯ 222
Pengö ˈpɛŋgø
Peng Zhen *chin.* pəŋdʒən 21
Penholder ˈpɛnhoːldɐ
penibel peˈniːbl̩, **...ble** ... blə
Penibilität penibiliˈtɛːt
Peniche *port.* pəˈniʃɪ
Penicillin penitsɪˈliːn
Penicillinase penitsɪliˈnaːzə
Penicillium peniˈtsɪli̯ʊm
Penig ˈpeːnɪç
Peninsula peˈnɪnzula, pɛnˈ|ɪ...
peninsular penɪnzuˈlaːɐ̯, pɛn|ɪ...
Penis ˈpeːnɪs, **Penes** ˈpeːneːs
Penitentes peniˈtɛnteːs
Penizillin penitsɪˈliːn
Penki ˈpɛŋki
Penn *engl.* pɛn
Pennacchi *it.* penˈnakki
Pennal pɛˈnaːl
Pennäler pɛˈnɛːlɐ
Pennalismus pɛnaˈlɪsmʊs
Pennanen *finn.* ˈpɛnnɑnɛn
Penne ˈpɛnə
pennen ˈpɛnən
[1]**Penni** (Münzeinheit) ˈpɛni, **-ä** ˈpɛni̯ɛ
[2]**Penni** (Name) *it.* ˈpenni
Pennine[s] *engl.* ˈpɛnaɪn[z]
penninisch pɛˈniːnɪʃ
Pennsylvania *engl.* pɛnsɪlˈveɪnɪə
Pennsylvanien pɛnzɪlˈvaːni̯ən
pennsylvanisch pɛnzɪlˈvaːnɪʃ
Penny pɛni, **Pence** pɛns
Pennyweight ˈpɛniveːt
Penobscot *engl.* pəˈnɔbskɔt
Penrith *engl.* ˈpɛnrɪθ
Penrose (Personenname) *engl.* ˈpɛnroʊz
Penry *engl.* ˈpɛnrɪ
[1]**Pensa** *russ.* ˈpjɛnzɐ
[2]**Pensa** vgl. Pensum
Pensacola *engl.* pɛnsəˈkoʊlə
Penschina *russ.* ˈpjɛnʒɨnɐ
pensee, P... pãˈseː
Pensées *fr.* pãˈse
pensieroso pɛnzi̯eˈroːzo
Pension pã..., paŋ..., pɛn...; ...ˈzi̯oːn, ...ˈsi̯oːn
Pensionär pã..., paŋ..., pɛn...; ...zi̯oˈnɛːɐ̯, ...si̯oˈnɛːɐ̯
Pensionat pã..., paŋ..., pɛn...; ...zi̯oˈnaːt, ...si̯oˈnaːt
pensionieren pã..., paŋ..., pɛn...; ...zi̯oˈniːrən, ...si̯oˈniːrən
Pensionist pã..., paŋ..., pɛn...; zi̯oˈnɪst, ...si̯oˈnɪst
Pensum ˈpɛnzʊm, **...sa** ...za
Pentachord pɛntaˈkɔrt, **-e** ...rdə
Pentade pɛnˈtaːdə
Pentadik pɛnˈtaːdɪk
Pentaeder pɛntaˈ|eːdɐ
Pentaerythrit pɛnta|eryˈtriːt
Pentaeteris pɛnta|eˈteːrɪs
Pentaglotte pɛntaˈglɔtə
[1]**Pentagon** (Fünfeck) pɛntaˈgoːn
[2]**Pentagon** (amerikan. Verteidigungsministerium) ˈpɛntagɔn, *engl.* ˈpɛntəgɔn
pentagonal pɛntagoˈnaːl
Pentagonikositetraeder pɛntaˈgoːn|ikozitetra|eːdɐ
Pentagramm pɛntaˈgram
Pentalpha pɛnˈtalfa, pɛntˈ|a...
pentamer pɛntaˈmeːɐ
Pentameron pɛnˈtaːmerɔn
Pentamerone *it.* pentameˈroːne
Pentameter pɛnˈtaːmetɐ
Pentan pɛnˈtaːn
Pentanol pɛntaˈnoːl
Pentapla ˈpɛntapla, **...aplen** pɛnˈtaːplən
Pentapolis pɛnˈtaːpolɪs
Pentaprisma pɛntaˈprɪsma
Pentarchie pɛntarˈçiː, **-n** ...iːən
Pentastomiden pɛntastoˈmiːdn̩
Pentastylos pɛnˈtastylɔs, **...ylen** ...ˈstyːlən
Pentateuch pɛntaˈtɔyç
Pentathlon ˈpɛntatlɔn, ˈpɛnt|atlɔn, pɛntˈ|aːtlɔn
Pentatonik pɛntaˈtoːnɪk
pentatonisch pɛntaˈtoːnɪʃ
pentazyklisch pɛntaˈtsyːklɪʃ
pentekostal pɛntekɔsˈtaːl
Pentekoste pɛntekɔsˈteː
Pentelikon pɛnˈteːlikɔn
pentelisch pɛnˈteːlɪʃ
Penten pɛnˈteːn
Pentere pɛnˈteːrə
Penthaus ˈpɛnthau̯s
Penthemimeres pɛntemimeˈreːs
Penthesilea pɛnteziˈleːa
Penthesileia pɛnteziˈlaɪ̯a
Pentheus ˈpɛntɔy̯s
Penthouse ˈpɛnthau̯s
Penticton *engl.* pɛnˈtɪktən
Pentimenti pɛntiˈmɛnti
Pentium® ˈpɛntsi̯ʊm, *auch:* ˈpɛnti̯ʊm
Pentland *engl.* ˈpɛntlənd
Pentlandit pɛntlanˈdiːt
Pentode pɛnˈtoːdə
Pentose pɛnˈtoːzə
Pentosurie pɛntozuˈriː
Pentothal® pɛntoˈtaːl
Penumbra peˈnʊmbra, pɛnˈ|ʊmbra
Penunse peˈnʊnzə
Penunze peˈnʊntsə
Penuria peˈnuːri̯a
Penzance *engl.* pɛnˈzæns
Penz[berg] ˈpɛnts[bɛrk]
penzen ˈpɛntsn̩
Penzias *engl.* ˈpɛnzɪəs
Penzoldt ˈpɛntsɔlt
Peon peˈoːn
Peonage peoˈnaːʒə, ˈpiːənɪtʃ
People ˈpiːpl̩
Peoria *engl.* pɪˈɔːrɪə
Pep pɛp
Pepe *span.* ˈpepe, *it.* ˈpeːpe
Peperin pepeˈriːn
Peperoni pepeˈroːni
Pepi ˈpeːpi
Pepiniere pepiˈni̯eːrə
[1]**Pepita** (Stoff) peˈpiːta
[2]**Pepita** (Name) *span.* peˈpita
Peplon ˈpeːplɔn
Peplopause ˈpeːplopau̯zə
Peplos ˈpeːplɔs
Pepping ˈpɛpɪŋ
Pepsin pɛˈpsiːn
Peptid pɛpˈtiːt, **-e** ...iːdə
Peptidase pɛptiˈdaːzə
Peptisation pɛptizaˈtsi̯oːn

peptisch ˈpɛptɪʃ
peptisieren pɛptiˈziːrən
Pepton pɛpˈtoːn
Peptonurie pɛptonuˈriː
Pepusch ˈpeːpʊʃ, *engl.* ˈpeɪpʊʃ
Pepys *engl.* ˈpɛpɪs, piːps, pɛps
per, [1]Per pɛr
[2]Per (Name) *schwed.* pæːr
per abusum pɛr apˈ|uːzʊm
per accidens pɛr ˈaktsidɛns
per acclamationem pɛr akla-maˈtsi̯oːnɛm
Peragallo *it.* peraˈgallo
Perahia *engl.* pəˈraɪə
Perak *indon.* ˈperak
per annum pɛr ˈanʊm
per anum pɛr ˈaːnʊm
per aspera ad astra pɛr ˈaspera at ˈastra
Perast *serbokr.* ˌpɛrast
Perborat pɛrboˈraːt
Perborsäure pɛrˈboːɐ̯zɔy̯rə
Perbunan pɛrbuˈnaːn
per cassa pɛr ˈkasa
Perche... ˈpɛrʃ...
Percheron pɛrʃəˈrõː
Perchlorat pɛrkloˈraːt
Perchlorsäure pɛrˈkloːɐ̯zɔy̯rə
Percht[en] ˈpɛrçt[n̩]
Perchtoldsdorf ˈpɛrçtɔltsdɔrf
Percier *fr.* pɛrˈsje
per conto pɛr ˈkɔnto
Percussion pøːɐ̯ˈkaʃn̩, pœrˈk...
Percy *engl.* ˈpəːsɪ
per definitionem pɛr defini-ˈtsi̯oːnɛm
perdendo[si] pɛrˈdɛndo[zi]
Perdikkas pɛrˈdɪkas
Perdition pɛrdiˈtsi̯oːn
perdu pɛrˈdyː
pereant! ˈpeːreant
pereat!, Pereat ˈpeːreat
Pérec *fr.* peˈrɛk
Pereda *span.* peˈreða
Peredelkino *russ.* pɪrɪˈdjeljkinɐ
Peredwischniki *russ.* pɪrɪ-ˈdviʒniki
Peregrina pereˈgriːna
Peregrination peregrinaˈtsi̯oːn
Peregrinus pereˈgriːnʊs
Pereira *engl.* pəˈreɪərə, *span.* peˈrɛi̯ra
Pereira[s] *port.* pəˈrɐi̯rɐ[ʃ], *bras.* peˈrei̯ra[s]
Perejaslaw-Chmelnizki *russ.* pɪrɪˈjaslɐfxmɪljˈnitskij
Père Joseph *fr.* pɛrʒoˈzɛf
Perekop *russ.* pɪrɪˈkɔp
Père-Lachaise *fr.* pɛrlaˈʃɛːz
Perelman *engl.* ˈpəːlmən, ˈpɛrəlmən
Perem[p]tion perɛm[p]ˈtsi̯oːn
perem[p]torisch perɛm[p]ˈtoːrɪʃ
Perenne peˈrɛnə
perennierend perɛˈniːrənt, **-e** ...ndə
perennis peˈrɛnɪs
Pereskia peˈrɛski̯a, **...ien** ...i̯ən
Pereslawl-Salesski *russ.* pɪrɪ-ˈslavljzaˈljɛskij
Peressyp ˈpɛrɛsʏp
Perestroika perɛsˈtrɔy̯ka
Péret *fr.* peˈrɛ
Peretola *it.* peˈreːtola
per exemplum pɛr ɛˈksɛmplʊm
Perez ˈpeːrɛts, *hebr.* ˈpɛrɛts
Pérez *span.* ˈpereθ
Perfahl ˈpɛrfaːl
per fas [et nefas] pɛr ˈfaːs [ɛt ˈneːfa[ː]s]
perfekt pɛrˈfɛkt
Perfekt ˈpɛrfɛkt
Perfekta vgl. Perfektum
perfektibel pɛrfɛkˈtiːbl̩, **...ble** ...blə
Perfektibilismus pɛrfɛktibiˈlɪs-mʊs
Perfektibilist pɛrfɛktibiˈlɪst
Perfektibilität pɛrfɛktibiliˈtɛːt
Perfektion pɛrfɛkˈtsi̯oːn
perfektionieren pɛrfɛktsi̯o-ˈniːrən
Perfektionismus pɛrfɛktsi̯oˈnɪs-mʊs
Perfektionist pɛrfɛktsi̯oˈnɪst
perfektisch pɛrˈfɛktɪʃ
perfektiv ˈpɛrfɛktiːf, *auch:* ‒‒ˈ‒, **-e** ...iːvə
perfektivieren pɛrfɛktiˈviːrən
perfektivisch pɛrfɛkˈtiːvɪʃ
Perfektpartizip ˈpɛrfɛktparti-tsiːp
Perfektum pɛrˈfɛktʊm, **...ta** ...ta
perfid pɛrˈfiːt, **-e** ...iːdə
Perfidie pɛrfiˈdiː, **-n** ...iːən
Perfidität pɛrfidiˈtɛːt
perforat pɛrfoˈraːt
Perforation pɛrforaˈtsi̯oːn
Perforator pɛrfoˈraːtoːɐ̯, **-en** ...raˈtoːrən
perforieren pɛrfoˈriːrən
Performance pøːɐ̯ˈfoːɐ̯məns, pœrˈfɔrm...
Performanz pɛrfɔrˈmants
performativ pɛrfɔrmaˈtiːf, **-e** ...iːvə
performatorisch pɛrfɔrma-ˈtoːrɪʃ
Performer pøːɐ̯ˈfoːɐ̯mɐ, pœr-ˈfɔrmɐ
perfundieren pɛrfʊnˈdiːrən
Perfusion pɛrfuˈzi̯oːn
Perg pɛrk
Pergamen pɛrgaˈmeːn
pergamenen pɛrgaˈmeːnən
Pergament pɛrgaˈmɛnt
pergamenten pɛrgaˈmɛntn̩
Pergamin pɛrgaˈmiːn
Pergamino *span.* pɛrɣaˈmino
Pergamon ˈpɛrgamɔn
Pergamum ˈpɛrgamʊm
Pergamyn pɛrgaˈmyːn
Pergaud *fr.* pɛrˈgo
Pergel ˈpɛrgl̩
Pergola (Laube) ˈpɛrgola
Pergolese, ...esi *it.* pergoˈleːse, ...eːsi
perhorreszieren pɛrhɔrɛs-ˈtsiːrən
[1]Peri (Fee) ˈpeːri
[2]Peri (Name) *it.* ˈpɛːri, ˈpeːri
Periadenitis peri|adeˈniːtɪs, **...itiden** ...niˈtiːdn̩
Periander periˈ|andɐ
Perianth periˈ|ant
Perianthium periˈ|anti̯ʊm, **...ien** ...i̯ən
Periarthritis peri|arˈtriːtɪs, **...itiden** ...triˈtiːdn̩
Periastron periˈ|astrɔn
Periastrum periˈ|astrʊm
Peribacaları *türk.* peˈribadʒa-laˌrɨ
Periblem periˈbleːm
Peribolos peˈriːbolɔs, **...loi** ...lɔy
Perichondritis periçɔnˈdriːtɪs, **...itiden** ...driˈtiːdn̩
Perichondrium periˈçɔndriʊm, **...ien** ...iən
Perichorese periçoˈreːzə
periculum in mora peˈriːkulʊm ɪn ˈmoːra
Periderm periˈdɛrm
Peridinium periˈdiːni̯ʊm, **...ien** ...i̯ən
Peridot periˈdɔːt
Peridotit peridoˈtiːt
Periegese peri|eˈgeːzə
Perieget peri|eˈgeːt
Périer *fr.* peˈrje
perifokal perifoˈkaːl
Perigastritis perigasˈtriːtɪs, **...itiden** ...striˈtiːdn̩
Perigäum periˈgɛːʊm

P

periglazial perigla'tsi̯a:l
Pérignon *fr.* peri'ɲõ
Perigon peri'go:n
Perigonium peri'go:ni̯ʊm, **...ien** ...i̯ən
Périgord *fr.* peri'gɔ:r
Périgordien perigɔr'di̯ɛ̃:
Perigourdine perigʊr'di:nə
Perigramm peri'gram
Périgueux *fr.* peri'gø
perigyn peri'gy:n
Perihel peri'he:l
Perihelium peri'he:li̯ʊm, **...ien** ...i̯ən
Perihepatitis perihepa'ti:tɪs, **...itiden** ...ti'ti:dn̩
Perikambium peri'kambi̯ʊm, **...ien** ...i̯ən
Perikard peri'kart, **-e** ...rdə
Perikardektomie perikardɛkto'mi:, **-n** ...i:ən
perikardial perikar'di̯a:l
Perikardiotomie perikardi̯oto'mi:, **-n** ...i:ən
Perikarditis perikar'di:tɪs, **...itiden** ...di'ti:dn̩
Perikardium peri'kardi̯ʊm, **...ien** ...i̯ən
Perikarp peri'karp
Periklas peri'kla:s, **-e** ...a:zə
perikleisch, P... peri'kle:ɪʃ
Perikles 'pe:riklɛs
periklin, P... peri'kli:n
Periklinal... perikli'na:l...
periklitieren perikli'ti:rən
Perikope peri'ko:pə
Perikranium peri'kra:ni̯ʊm
perikulös periku'lø:s, **-e** ...ø:zə
Perilla pe'rɪla
Périllat *fr.* peri'ja
Perilun peri'lu:n
Perim *engl.* pə'rɪm
perimagmatisch perima'gma:tɪʃ
Perimeter peri'me:tɐ
Perimetrie perime'tri:, **-n** ...i:ən
perimetrieren perime'tri:rən
perimetrisch peri'me:trɪʃ
Perimetritis perime'tri:tɪs, **...itiden** ...ri'ti:dn̩
Perimetrium peri'me:triʊm, **...ia** ...ia, **...ien** ...iən
perinatal perina'ta:l
Perinatologe perinato'lo:gə
Perinatologie perinatolo'gi:
Perinephritis perine'fri:tɪs, **...itiden** ...fri'ti:dn̩
Perinet 'pɛrinɛt
Perineum peri'ne:ʊm
Perineuritis perinɔy'ri:tɪs, **...itiden** ...ri'ti:dn̩
Perineurium peri'nɔyri̯ʊm, **...ia** ...i̯a, **...ien** ...i̯ən
Periode pe'ri̯o:də
Periodicum pe'ri̯o:dikʊm, **...ca** ...ka
...periodig ...pe,ri̯o:dɪç, **-e** ...ɪgə
Periodik pe'ri̯o:dɪk
Periodikum pe'ri̯o:dikʊm, **...ka** ...ka
periodisch pe'ri̯o:dɪʃ
periodisieren peri̯odi'zi:rən
Periodizität peri̯oditsi'tɛ:t
Periodogramm peri̯odo'gram
Periodologie peri̯odolo'gi:
Periodontitis peri|odɔn'ti:tɪs, **...itiden** ...ti'ti:dn̩
Periöke peri'|ø:kə
perioral peri|o'ra:l
Periorchitis peri|ɔr'çi:tɪs, **...itiden** ...çi'ti:dn̩
Periost peri'|ɔst
periostal peri|ɔs'ta:l
Periostitis peri|ɔs'ti:tɪs, **...itiden** ...sti'ti:dn̩
Peripatetiker peripa'te:tikɐ
peripatetisch peripa'te:tɪʃ
Peripatos pe'ri:patɔs
Peripetie peripe'ti:, **-n** ...i:ən
peripher peri'fe:ɐ̯
Peripherie perife'ri:, **-n** ...i:ən
Periphlebitis perifle'bi:tɪs, **...itiden** ...bi'ti:dn̩
Periphrase peri'fra:zə
periphrasieren perifra'zi:rən
periphrastisch peri'frastɪʃ
Periplasma peri'plasma
Peripleuritis periplɔy'ri:tɪs, **...itiden** ...ri'ti:dn̩
Periporitis peripo'ri:tɪs, **...itiden** ...ri'ti:dn̩
Periproktitis periprɔk'ti:tɪs, **...itiden** ...ti'ti:dn̩
Peripteral... perɪpte'ra:l...
Peripteros pe'rɪpterɔs, **...ren** perɪp'te:rən
perirenal perire'na:l
Perisalpingitis perizalpɪŋ'gi:tɪs, **...itiden** ...gi'ti:dn̩
Periskop peri'sko:p
Perisperm peri'spɛrm
Perisplenitis perisple'ni:tɪs, **...itiden** ...ni'ti:dn̩
Perispomenon peri'spo:menɔn, **...na** ...na
Peristaltik peri'staltɪk
peristaltisch peri'staltɪʃ
Peristase peri'sta:zə
peristatisch peri'sta:tɪʃ
Peristerium peri'ste:ri̯ʊm **...ien** ...i̯ən
Peristom peri'sto:m
Peristyl peri'sty:l
Peristylium peri'sty:li̯ʊm, **...ien** ...i̯ən
Perithezium peri'te:tsi̯ʊm, **...ien** ...i̯ən
peritoneal peritone'a:l
Peritoneum perito'ne:ʊm
Peritonitis perito'ni:tis, **...itiden** ...ni'ti:dn̩
peritrich peri'trɪç
Perizykel peri'tsy:kl̩
Perjodat pɛrjo'da:t
Perjurant pɛrju'rant
Perjuration pɛrjura'tsi̯o:n
Perk *niederl.* pɛrk
Perkal pɛr'ka:l
Perkalin pɛrka'li:n
Perkeo pɛr'ke:o
Perkin[s] *engl.* 'pə:kɪn[z]
Perkolat pɛrko'la:t
Perkolation pɛrkola'tsi̯o:n
Perkolator pɛrko'la:to:ɐ̯, **-en** ...la'to:rən
perkolieren pɛrko'li:rən
Perkonig 'pɛrkonɪk, pɛr'ko:nɪk
Perkpolder *niederl.* 'pɛrkpɔldər
Perkunas pɛr'ku:nas
[1]**Perkussion** pɛrkʊ'si̯o:n
[2]**Perkussion** (Jazz; elektr. Orgel) pø:ɐ̯'kaʃn̩, pœrk...
perkussiv pɛrkʊ'si:f, **-e** ...i:və
perkussorisch pɛrkʊ'so:rɪʃ
perkutan pɛrku'ta:n
perkutieren pɛrku'ti:rən
perkutorisch pɛrku'to:rɪʃ
Perlé pɛr'le:
Perl[e] 'pɛrl[ə]
Perlea *rumän.* 'perle̯a
Perleberg 'pɛrləbɛrk
Perlèche pɛr'lɛʃ
perlen 'pɛrlən
perlig 'pɛrlɪç, **-e** ...ɪgə
perlingual pɛrlɪŋ'gu̯a:l
Perlis *indon.* 'pɛrlɪs
Perlit pɛr'li:t
Perlmutt 'pɛrlmʊt, –'–
Perlmutter 'pɛrlmʊtɐ, –'––
perlmuttern 'pɛrlmʊtɐn, –'––
perlokutionär pɛrlokutsi̯o'nɛ:ɐ̯
perlokutiv pɛrloku'ti:f, **-e** ...i:və
Perlon® 'pɛrlɔn
perludieren pɛrlu'di:rən

Perlusion pɛrluˈzi̯oːn
perlusorisch pɛrluˈzoːrɪʃ
Perlustration pɛrlʊstraˈt͡si̯oːn
perlustrieren pɛrlʊsˈtriːrən
Perm pɛrm, *russ.* pjɛrmj
Permalloy pɛrmaˈlɔy, ...ˈlo̯a
permanent pɛrmaˈnɛnt
permanent press *engl.* ˈpøːɐ̯mənənt ˈprɛs, ˈpœrm... -
Permanenz pɛrmaˈnɛnt͡s
Permangan... pɛrmaŋˈgaːn...
Permanganat pɛrmaŋgaˈnaːt
permeabel pɛrmeˈaːbl̩, **...ble** ...blə
Permeabilität pɛrmeabiliˈtɛːt
Permeke *niederl.* pɛrˈmeːkə
Përmet *alban.* pərˈmet
Permier ˈpɛrmi̯ɐ
per mille pɛr ˈmɪlə
permisch ˈpɛrmɪʃ
Permiss pɛrˈmɪs
Permission pɛrmɪˈsi̯oːn
permissiv pɛrmɪˈsiːf, **-e** ...iːvə
Permissivität pɛrmɪsiviˈtɛːt
Permit ˈpøːɐ̯mɪt, ˈpœrmɪt
permittieren pɛrmɪˈtiːrən
Permjake pɛrˈmjaːkə
Permokarbon ˈpɛrmokarˈboːn
Permoser ˈpɛrmoːzɐ
permutabel pɛrmuˈtaːbl̩, **...ble** ...blə
Permutation pɛrmutaˈt͡si̯oːn
permutieren pɛrmuˈtiːrən
Permutit pɛrmuˈtiːt
Pernambuco pɛrnamˈbuːko, *bras.* pernẽmˈbuku
Pernambuk... pɛrnamˈbuːk...
Pernambuko pɛrnamˈbuːko
pernasal pɛrnaˈzaːl
Pernau ˈpɛrnau̯
per nefas pɛr ˈneːfa[ː]s
pernegieren pɛrneˈgiːrən
Pernerstorfer ˈpɛrnɐstɔrfɐ
Pernik *bulgar.* ˈpɛrnik
Pernio ˈpɛrni̯o, **-nen** pɛrˈni̯oːnən
Perniose pɛrˈni̯oːzə
Perniosis pɛrˈni̯oːzɪs
perniziös pɛrniˈt͡si̯øːs, **-e** ...øːzə
Perno ˈpɛrno
Pernod, ...not *fr.* pɛrˈno
Pernter ˈpɛrntɐ
Pérochon *fr.* perɔˈʃõ
Perón *span.* peˈrɔn
Peronismus peroˈnɪsmʊs
Peronist peroˈnɪst
Péronne[s] *fr.* peˈrɔn
Peronospora peroˈnɔspora
peroral pɛr|oˈraːl
Peroration pɛr|oraˈt͡si̯oːn
perorieren pɛr|oˈriːrən
per os pɛr ˈoːs
Perosi *it.* peˈroːzi
Pérotin *fr.* perɔˈtɛ̃
Perotinus peroˈtiːnʊs
Perow *russ.* pɪˈrɔf
Perowskit perɔfˈskiːt
Peroxyd ˈpɛr|ɔksiːt, --ˈ-, **-e** ...iːdə
Peroxydase pɛr|ɔksiˈdaːzə
per pedes [apostolorum] pɛr ˈpeːdeːs [apɔstoˈloːrʊm]
Perpendikel pɛrpɛnˈdiːkl̩
perpendikular pɛrpɛndikuˈlaːɐ̯
perpendikulär pɛrpɛndikuˈlɛːɐ̯
perpetrieren pɛrpeˈtriːrən
Perpetua pɛrˈpeːtu̯a
perpetuell pɛrpeˈtu̯ɛl
perpetuieren pɛrpetuˈiːrən
Perpetuum mobile pɛrˈpeːtuʊm ˈmoːbilə, **...tua mobilia** ...tu̯a moˈbiːli̯a
Perpignan *fr.* pɛrpiˈɲã
perplex pɛrˈplɛks
Perplexität pɛrplɛksiˈtɛːt
per procura pɛr proˈkuːra
Perraud, Perrault *fr.* pɛˈro
Perréal *fr.* pereˈal
per rectum pɛr ˈrɛktʊm
Perret *fr.* pɛˈrɛ
Perreux-sur-Marne *fr.* pɛrøsyrˈmarn
Perrier *fr.* pɛˈrje
Perrin *fr.* pɛˈrɛ̃
Perron (Bahnsteig) pɛˈrõː
Perron, du *fr.* dypɛˈrõ
Perrone *it.* perˈroːne
Perronneau *fr.* pɛrɔˈno
Perrot *fr.* pɛˈro, *engl.* ˈpɛrət
Perry[sburg] *engl.* ˈpɛrɪ[zbəːg]
per saldo pɛr ˈzaldo
Persante pɛrˈzantə
Persanzig pɛrˈzant͡sɪç
Perse *fr.* pɛrs
per se pɛr ˈzeː
Perseiden pɛrzeˈiːdn̩
Perseit pɛrzeˈiːt
Perseität pɛrzeiˈtɛːt
Persekution pɛrzekuˈt͡si̯oːn
Persenning pɛrˈzɛnɪŋ
Persephone pɛrˈzeːfone
Persepolis pɛrˈzeːpolɪs
Perser ˈpɛrzɐ
Perseus ˈpɛrzɔys
Perseveranz pɛrzeveˈrant͡s
Perseveration pɛrzeveraˈt͡si̯oːn
perseverieren pɛrzeveˈriːrən
Pershing *engl.* ˈpəːʃɪŋ
Persianer pɛrˈzi̯aːnɐ
Persien ˈpɛrzi̯ən
Persiflage pɛrziˈflaːʒə
persiflieren pɛrziˈfliːrən
Persiko ˈpɛrziko
Persil® pɛrˈziːl
Persimone pɛrziˈmoːnə
Persipan pɛrziˈpaːn, ˈ---
persisch ˈpɛrzɪʃ
persistent pɛrzɪsˈtɛnt
Persistenz pɛrzɪsˈtɛnt͡s
persistieren pɛrzɪsˈtiːrən
Persius ˈpɛrzi̯ʊs
persolvieren pɛrzɔlˈviːrən
Person pɛrˈzoːn
Persona grata pɛrˈzoːna ˈgraːta
Persona ingrata pɛrˈzoːna ɪnˈgraːta
personal, P... pɛrzoˈnaːl
Personalcomputer ˈpøːɐ̯sənəlkɔmpjuːtɐ, ˈpœr...
Personale pɛrzoˈnaːlə, **...lia** ...li̯a, **...lien** ...li̯ən
Personalie pɛrzoˈnaːli̯ə
personalisieren pɛrzonaliˈziːrən
Personalismus pɛrzonaˈlɪsmʊs
Personalist pɛrzonaˈlɪst
Personalität pɛrzonaliˈtɛːt
personaliter pɛrzoˈnaːlitɐ
Personalityshow pøːɐ̯səˈnɛlitiʃoː, pœrs...
Persona non grata pɛrˈzoːna ˈnoːn ˈgraːta
Personarium pɛrzoˈnaːri̯ʊm
Persönchen pɛrˈzøːnçən
personell pɛrzoˈnɛl
Personico *it.* perˈsɔːniko
Personifikation pɛrzonifikaˈt͡si̯oːn
personifizieren pɛrzonifiˈt͡siːrən
persönlich pɛrˈzøːnlɪç
Personoide pɛrzonoˈiːdə
perspektiv, P... pɛrspɛkˈtiːf, **-e** ...iːvə
Perspektive pɛrspɛkˈtiːvə
perspektivisch pɛrspɛkˈtiːvɪʃ
Perspektivismus pɛrspɛktiˈvɪsmʊs
Perspektivität pɛrspɛktiviˈtɛːt
Perspektograph pɛrspɛktoˈgraːf
Perspikuität pɛrspikuiˈtɛːt
Perspiration pɛrspiraˈt͡si̯oːn
perspiratorisch pɛrspiraˈtoːrɪʃ
Persson *schwed.* ˈpæːrsɔn
persuadieren pɛrzu̯aˈdiːrən

P

Persuasio̱n pɛrzu̯aˈzi̯o:n
persuasi̱v pɛrzu̯aˈzi:f, **-e** ...i:və
persuaso̱risch pɛrzu̯aˈzo:rɪʃ
Persulfat ˈpɛrzʊlfa:t, --ˈ-
Perth *engl.* pə:θ, **-shire** -ʃɪə
Pẹrthes ˈpɛrtɛs, *fr.* pɛrt
Perthi̱t pɛrˈti:t
Perthus *fr.* pɛrˈtys
Pẹrtile *it.* ˈpɛrtile
Pertinạx *fr.* pɛrtiˈnaks
Pẹrtinens ˈpɛrtinɛns, **...nzien** ...ˈnɛnt͡si̯ən
Pertinẹnz pɛrtiˈnɛnt͡s
Perti̱ni *it.* perˈti:ni
Pertubatio̱n pɛrtubaˈt͡si̯o:n
Perturbatio̱n pɛrtʊrbaˈt͡si̯o:n
Pertụssis pɛrˈtʊsɪs, **...sses** ...se:s
Pẹrtz pɛrt͡s
Peru peˈru:, *auch:* ˈpe:ru; *engl.* pəˈru:
Perú *span.* peˈru
Perua̱ner peˈru̯a:nɐ
perua̱nisch peˈru̯a:nɪʃ
Perụ̈cke peˈrʏkə
Peru̱gia *it.* peˈru:dʒa
Perugi̱no *it.* peruˈdʒi:no
per ụltimo pɛr ˈʊltimo
Pẹrutz ˈpɛrʊt͡s
Perụzzi *it.* peˈruttsi
pervẹrs pɛrˈvɛrs, **-e** ...rzə
Perversio̱n pɛrvɛrˈzi̯o:n
Perversitä̱t pɛrvɛrziˈtɛ:t
perverti̱eren pɛrvɛrˈti:rən
Pervestigatio̱n pɛrvɛstigaˈt͡si̯o:n
Pervigi̱lien pɛrviˈgi:li̯ən
Perviti̱n® pɛrviˈti:n
Pẹrwenzew *russ.* ˈpjɛrvɪntsəf
Perwomạisk *russ.* pɪrvaˈmajsk
Perwomạisky *ukr.* pɛrvɔˈmajsjkɪj
Perwourạlsk *russ.* pɪrvɐuˈraljsk
Perzẹnt pɛrˈt͡sɛnt
perzentuẹll pɛrt͡sɛnˈtu̯ɛl
perzepti̱bel pɛrt͡sɛpˈti:bl̩, **...ble** ...blə
Perzeptibilitä̱t pɛrt͡sɛptibiliˈtɛ:t
Perzeptio̱n pɛrt͡sɛpˈt͡si̯o:n
Perzeptionalịsmus pɛrt͡sɛpt͡si̯onaˈlɪsmʊs
perzepti̱v pɛrt͡sɛpˈti:f, **-e** ...i:və
perzepto̱risch pɛrt͡sɛpˈto:rɪʃ
Perzipiẹnt pɛrt͡siˈpi̯ɛnt
perzipi̱eren pɛrt͡siˈpi:rən
Perzyński *poln.* pɛˈʒi̯i̯ski
Pesa̱de peˈza:də
pesạnte, P... peˈzantə

Pe̱saro *it.* ˈpe:zaro
Pescado̱res pɛskaˈdo:rɛs
Pesca̱ra *it.* pesˈka:ra
Pẹsch[el] ˈpɛʃ[l̩]
Peschi̱era *it.* pesˈki̯ɛ:ra
Peschịtta pɛˈʃɪta
Pẹschkow *russ.* ˈpjɛʃkɐf
Pẹschtera *bulgar.* ˈpɛʃtɛrɐ
Pẹscia *it.* ˈpɛʃʃa
Pe̱se ˈpe:zə
Pe̱sel ˈpe:zl̩
Peselli̱no *it.* peselˈli:no
pe̱sen ˈpe:zn̩, **pe̱s!** pe:s, **pe̱st** pe:st
Pese̱ta peˈze:ta
Pese̱te peˈze:tə
Pesha̱war *engl.* pɛˈʃɑ:wə
Peshkopị *alban.* pɛʃkoˈpi
Pẹsne *fr.* pɛn
Pe̱so ˈpe:zo
Pessạc *fr.* pɛˈsak
Pessạnha *port.* pəˈsɐɲɐ
Pessa̱r pɛˈsa:ɐ̯
Pessimịsmus pɛsiˈmɪsmʊs
Pessimịst pɛsiˈmɪst
pessimịstisch pɛsiˈmɪstɪʃ
Pẹssimum ˈpɛsimʊm, **...ma** ...ma
Pẹssinus ˈpɛsinʊs
Pessọa *port.* pəˈsoɐ, *bras.* peˈsoa
[1]**Pẹst** (Seuche) pɛst
[2]**Pẹst** (Ort) pɛst, *ung.* pɛʃt
Pestalọzzi pɛstaˈlɔt͡si
Pestalozzia̱num pɛstalɔˈt͡si̯a:nʊm
Pestilẹnz pɛstiˈlɛnt͡s
pestilenzia̱lisch pɛstilɛnˈt͡si̯a:lɪʃ
Pestizi̱d pɛstiˈt͡si:t, **-e** ...i:də
Pẹstruper ˈpɛstrʊpɐ
Peta... ˈpe:ta..., ˈpɛta...
Pẹtah Tiqwạ *hebr.* ˈpɛtax tiˈkva
Pétain *fr.* peˈtɛ̃
Peta̱l peˈta:l
Petạling Jạya *indon.* pəˈtalɪŋ ˈdʒaja
petaloi̱d petaloˈi:t, **-e** ...i:də
Petaloidi̱e petaloiˈdi:
Pe̱talum ˈpe:talʊm, **Pe̱tala** ˈpe:tala, **Peta̱len** peˈta:lən
Petalu̱ma *engl.* pɛtəˈlu:mə
Peta̱n *slowen.* pɛˈta:n
Pẹtar *serbokr.* ˈpɛtar, *bulgar.* ˈpɛtər
Petạrde peˈtardə
Petạre *span.* peˈtare
Pe̱tasos ˈpe:tazɔs
Peta̱vius peˈta:vi̯ʊs
Pete *engl.* pi:t

Petẹchien peˈtɛçi̯ən
Pe̱tel ˈpe:tl̩
Petẹnt peˈtɛnt
Pe̱ter ˈpe:tɐ, *schwed.* ˈpe:tər, *engl.* ˈpi:tə, *dän.* ˈpɪ:ˀdɐ
Péter *ung.* ˈpe:tɛr
Peterboro[ugh] *engl.* ˈpi:təbərə
Peterbụrg *russ.* pɪtɪrˈburk
Peterhead *engl.* pi:təˈhɛd
Pe̱terhof ˈpe:tɐho:f
Pe̱terich ˈpe:tərɪç
Pe̱terle ˈpe:tɐlə
Pe̱termann ˈpe:tɐman
Pe̱termännchen ˈpe:tɐmɛnçən
Pe̱ters ˈpe:tɐs, *engl.* ˈpi:təz
Pe̱tersberg ˈpe:tɐsbɛrk
Pe̱tersburg ˈpe:tɐsbʊrk, *engl.* ˈpi:təzbə:g
Pe̱tersen ˈpe:tɐzn̩, *dän.* ˈpɪ:ˀdɐsn̩
Pe̱tersfels ˈpe:tɐsfɛls
Petersha̱gen pe:tɐsˈha:gn̩
Pe̱tersil ˈpe:tɐzi:l
Petersi̱lie petɐˈzi:li̯ə
Pe̱terson ˈpe:tɐzɔn, *engl.* ˈpi:təsn
Pe̱terssen *norw.* ˈpe:tərsən
Pe̱terstal ˈpe:tɐsta:l
Peterwarde̱in pe:tɐvarˈdai̯n
Peti̱olus peˈti:olʊs, **...li** ...li
Pétion *fr.* peˈtjõ
Petipạ *fr.* pətiˈpɑ
[1]**Peti̱t** (Schrift) pəˈti:
[2]**Petịt** (Name) *fr.* pəˈti, *span.* peˈtit
Petita vgl. Petitum
Petitẹsse pətiˈtɛsə
Petitgrainöl pətiˈgrɛ̃:|ø:l
Petitio̱n petiˈt͡si̯o:n
petitioni̱eren petit͡si̯oˈni:rən
Peti̱tio Princi̱pii peˈti:t͡si̯o prɪnˈt͡si:pii
Petit-Maître, -s pəˈti: ˈmɛ:trə
Peti̱t Mạl pəˈti: ˈmal
Peti̱tor peˈti:to:ɐ̯, **-en** petiˈto:rən
petito̱risch petiˈto:rɪʃ
Petitọt *fr.* pətiˈto
Petitpierre *fr.* pətiˈpjɛ:r
Peti̱t Point pəˈti: ˈpo̯ɛ̃:
Peti̱ts Fours pəˈti: ˈfu:ɐ̯
Peti̱tum peˈti:tʊm, **...ta** ...ta
Petkạnow *bulg.* pɛtˈkanof
Pẹtko *bulgar.* ˈpɛtko
Pẹtković *serbokr.* ˈpɛtkɔvitɕ
Petkọw *bulgar.* pɛtˈkɔf
Pẹtkus ˈpɛtkʊs
Petljụra *russ.* pɪtˈljurɐ

Peto ˈpiːto, *engl.* ˈpiːtoʊ *span.* ˈpeto
Petőfi *ung.* ˈpɛtøːfi
Petone *engl.* pɪˈtoʊnɪ
Petong ˈpeːtɔŋ
Petosiris petoˈziːrɪs
Petr *tschech.* ˈpɛtr̩
Petra, PETRA ˈpeːtra
petrāisch peˈtrɛːɪʃ
Petrarca *it.* peˈtrarka
Petrarka peˈtrarka
Petrarkismus petrarˈkɪsmʊs
Petrarkist petrarˈkɪst
Petraschewski *russ.* pɪtraˈʃɛfskij
Petrassi *it.* peˈtrassi
Petrefakt petreˈfakt
Petrella *it.* peˈtrɛlla
Petrén *schwed.* peˈtreːn
Petrescu *rumän.* peˈtresku
Petri *dt., schwed.* ˈpeːtri, *it.* ˈpɛːtri
Petrie *engl.* ˈpiːtrɪ
Petrifikation petrifikaˈtsi̯oːn
petrifizieren petrifiˈtsiːrən
Petrikau ˈpeːtrɪkau̯
Petrila *rumän.* peˈtrila
Petrin ˈpeːtriːn
Petrini *dt., it.* peˈtriːni
petrinisch, P... peˈtriːnɪʃ
Petritsch *bulgar.* ˈpɛtritʃ
Petrobrusianer petrobruˈzi̯aːnɐ
Petrocchi *it.* peˈtrɔkki
Petrochemie petroçeˈmiː
Petrodollar ˈpeːtrodɔlar, ˈpɛt...
Petrodworez *russ.* pɪtrɐdvaˈrjɛts
Petrogenese petrogeˈneːzə
petrogenetisch petrogeˈneːtɪʃ
Petroglyphe petroˈglyːfə
Petrograd *russ.* pɪtraˈgrat
Petrograph petroˈgraːf
Petrographie petrograˈfiː
Petrokrepost *russ.* pɪtraˈkrjɛpɐstj
Petrol[eum] peˈtroːl[eʊm]
Petroleur petroˈløːɐ̯
Petroleuse petroˈløːzə
Petrologe petroˈloːgə
Petrologie petroloˈgiː
Petronell[a] petroˈnɛl[a]
Petronius peˈtroːni̯ʊs
Petropawlowsk[-Kamtschatski] *russ.* pɪtraˈpavlɐfsk[kamˈtʃatskij]
Petrophil petroˈfiːl
Petrópolis *bras.* peˈtrɔpulis
Petroșani *rumän.* petroˈʃanj
Petrosawodsk *russ.* pɪtrɐzaˈvɔtsk
Petrovac *serbokr.* ˌpɛtrɔvats
Petrović *serbokr.* ˈpɛtrɔvitɕ, ˌ---
Petrovics *ung.* ˈpɛtrovitʃ
Petrow *russ.* pɪˈtrɔf, *bulgar.* pɛˈtrɔf
Petrowa *russ.* pɪˈtrɔvɐ
Petrowitsch *russ.* pɪˈtrɔvitʃ
Petrowna *russ.* pɪˈtrɔvnɐ
Petrowsk[i] *russ.* pɪˈtrɔfsk[ij]
Petrowsk-Sabaikalski *russ.* pɪˈtrɔfskzɐbajˈkaljskij
Petru *rumän.* ˈpetru
Petrucci *it.* peˈtruttʃi
Petrus ˈpeːtrʊs, *niederl.* ˈpeːtrʏs
Petruschewskaja *russ.* pɪtruˈʃɛfskɐjɐ
Petruschka *russ.* pɪˈtruʃkɐ
Petsalis *neugr.* peˈtsalis
Petsamo *finn.* ˈpɛtsɑmɔ
Petsch pɛtʃ, peːtʃ
Petschaft ˈpɛtʃaft
Petschenege pɛtʃeˈneːgə
Petschenga *russ.* ˈpjetʃɪngɐ
petschieren pɛˈtʃiːrən
Petschora *russ.* pɪˈtʃɔrɐ
Pettau ˈpɛtau̯
Pettenkofen ˈpɛtn̩koːfn̩
Pettenkofer ˈpɛtn̩koːfɐ
Petticoat ˈpɛtikoːt
Petting ˈpɛtɪŋ
petto, Petto ˈpɛto
Petty *engl.* ˈpɛtɪ
Petula *engl.* pəˈtjuːlə
Petulanz petuˈlants
Petum ˈpɛtʊm
Petunie peˈtuːni̯ə
Pétur[sson] *isl.* ˈpjɛːtʏr[sɔn]
Petyrek ˈpɛtirɛk
Petz[e] ˈpɛts[ə]
petzen ˈpɛtsn̩
Petzholdt ˈpɛtshɔlt
Petzit pɛˈtsiːt
Petzold[t], ...lt ˈpɛtsɔlt
Petzval ˈpɛtsval
peu à peu ˈpø: a ˈpøː
Peucer ˈpɔytsɐ
Peucker[t] ˈpɔykɐ[t]
Peuerbach ˈpɔyɐbax
Peuerl ˈpɔyɐl
Peugeot *fr.* pøˈʒo
Peuple, Le *fr.* ləˈpœpl
Peutinger ˈpɔytɪŋɐ
Pevny ˈpɛvni
Pevsner *fr.* pɛvˈsnɛːr
Pewter ˈpjuːtɐ
pexieren pɛˈksiːrən
Peyer ˈpaɪ̯ɐ
Peymann ˈpai̯man
Peynet *fr.* pɛˈnɛ
Peyote peˈjoːtə
Peyre *fr.* pɛːr
Peyrefitte *fr.* pɛrˈfit
Peyron[n]et *fr.* pɛrɔˈnɛ
Pezel ˈpeːtsl̩
Pezelius peˈtseːli̯ʊs
Pfad pfaːt, **-e** ˈpfaːdə
Pfädchen ˈpfɛːtçən
pfaden ˈpfaːdn̩, **pfad!** pfaːt
Pfäfers ˈpfɛːfɐs
Pfaff pfaf
Pfäffchen ˈpfɛfçən
Pfaffe ˈpfafə
Pfaffenhofen pfafn̩ˈhoːfn̩
Pfäffikon ˈpfɛfikoːn
pfäffisch ˈpfɛfɪʃ
Pfahl pfaːl, **Pfähle** ˈpfɛːlə
Pfählchen ˈpfɛːlçən
pfählen ˈpfɛːlən
Pfahler ˈpfaːlɐ
Pfalz pfalts
Pfälzer ˈpfɛltsɐ
pfälzisch ˈpfɛltsɪʃ
Pfand pfant, **-es** ...ndəs, **Pfänder** ˈpfɛndɐ
pfänden ˈpfɛndn̩, **pfänd!** pfɛnt
Pfänder ˈpfɛndɐ
Pfandl ˈpfandl̩
Pfännchen ˈpfɛnçən
Pfanne ˈpfanə
Pfarre ˈpfarə
Pfarrei pfaˈrai̯
Pfarrer ˈpfarɐ
Pfarrkirchen pfarˈkɪrçn̩
Pfau pfau̯
pfauchen ˈpfau̯xn̩
Pfeffel ˈpfɛfl̩
pfefferig ˈpfɛfərɪç, **-e** ...ɪgə
Pfeffer[korn] ˈpfɛfɐ[kɔrn]
Pfefferling ˈpfɛfɐlɪŋ
Pfefferminz[e] ˈpfɛfɐmɪnts[ə], *auch:* --ˈ-[-]
pfeffern ˈpfɛfɐn
Pfefferone pfɛfəˈroːnə, **...ni** ...ni
Pfeffinger ˈpfɛfɪŋɐ
pfeffrig ˈpfɛfrɪç, **-e** ...ɪgə
Pfeid pfait, **-en** ...dn̩
Pfeife ˈpfaifə
pfeifen ˈpfaifn̩
Pfeif[f]er ˈpfaifɐ
Pfeil[er] ˈpfail[ɐ]
pfeilgerade ˈpfailgəˈraːdə
pfeilschnell ˈpfailˈʃnɛl
pfelzen ˈpfɛltsn̩

P

Pfemfert 'pfɛmfɐt
Pfennig 'pfɛnɪç, **-e** ...ɪgə
Pferch pfɛrç
pferchen 'pfɛrçn̩
Pferd pfeːɐ̯t, **-e** ...də
Pferdmenges 'pfeːɐ̯tmɛŋəs
Pfette 'pfɛtə
pfetzen 'pfɛtsn̩
pfiff, P... pfɪf
Pfifferling 'pfɪfɐlɪŋ
pfiffig 'pfɪfɪç, **-e** ...ɪgə
Pfiffikus 'pfɪfikʊs, **-se** ...ʊsə
Pfingsten 'pfɪŋstn̩
Pfingstsonntag 'pfɪŋst'zɔntaːk
Pfin[t]zing 'pfɪntsɪŋ
Pfinz[gau] 'pfɪnts[gau̯]
Pfirsich 'pfɪrzɪç
Pfister 'pfɪstɐ
Pfitscher 'pfɪtʃɐ
Pfitzner 'pfɪtsnɐ
Pfizer 'pfɪtsɐ, *engl.* 'faɪzə
Pflänzchen 'pflɛntsçən
Pflanze 'pflantsə
pflanzen 'pflantsn̩
Pflänzling 'pflɛntslɪŋ
Pflaster 'pflastɐ
Pflästerchen 'pflɛstɐçən
pflastern 'pflastɐn
pflästern 'pflɛstɐn
pflatschen 'pflatʃn̩
Pflatsch[en] 'pflatʃ[n̩]
Pfläumchen 'pflɔymçən
Pflaume 'pflaumə
pflaumen 'pflaumən
pflaum[en]weich 'pflaum[ən]'vaiç
Pflege 'pfleːgə
pflegen 'pfleːgn̩, **pfleg!** pfleːk, **pflegt** pfleːkt
Pfleger-Moravský *tschech.* 'pflɛgɐr'mɔrafskiː
pfleglich 'pfleːklɪç
Pflegling 'pfleːklɪŋ
Pfleiderer 'pflaidərɐ
Pflicht pflɪçt
...pflichtig ...pflɪçtɪç, **-e** ...ɪgə
Pflimlin *fr.* pflim'lɛ̃
Pflock pflɔk, **Pflöcke** 'pflœkə
Pflöckchen 'pflœkçən
pflocken 'pflɔkn̩
pflöcken 'pflœkn̩
pflog pfloːk
pflöge 'pfløːgə
pflogen 'pfloːgn̩
pflogt pfloːkt
pflögt pfløːkt
Pflotsch pflɔtʃ
Pflücke 'pflʏkə
pflücken 'pflʏkn̩
Pflug pfluːk, **-es** 'pfluːgəs, **Pflüge** 'pflyːgə
Pflüger 'pflyːgɐ
Pfordten 'pfɔrtn̩
Pforr pfɔr
Pforta 'pfɔrta
Pförtchen 'pfœrtçən
Pforte 'pfɔrtə
Pförtner 'pfœrtnɐ
Pforzheim 'pfɔrtshaim
Pföstchen 'pfœstçən
Pfoste 'pfɔstə
Pfosten 'pfɔstn̩
Pfötchen 'pføːtçən
Pfote 'pfoːtə
Pfriem pfriːm
pfriemeln 'pfriːmln̩
Pfrille 'pfrɪlə
Pfronten 'pfrɔntn̩
Pfropf pfrɔpf
Pfröpfchen 'pfrœpfçən
pfropfen, Pf... 'pfrɔpfn̩
Pfröpfling 'pfrœpflɪŋ
Pfründe 'pfrʏndə
Pfründner 'pfrʏntnɐ
Pfuhl pfuːl
Pfühl pfyːl
pfui!, Pfui pfui
Pfullendorf 'pfʊləndɔrf
Pfullingen 'pfʊlɪŋən
Pfulmen 'pfʊlmən
Pfund pfʊnt, **-e** ...ndə
Pfündchen 'pfʏntçən
...pfünder ...pfʏndɐ
pfundig 'pfʊndɪç, **-e** ...ɪgə
...pfündig ...pfʏndɪç, **-e** ...ɪgə
Pfundskerl 'pfʊnts'kɛrl
Pfungstadt 'pfʊŋʃtat
Pfusch pfʊʃ
pfuschen 'pfʊʃn̩
Pfuscherei pfʊʃə'rai
pfutsch pfʊtʃ
Pfütze 'pfʏtsə
pfützig 'pfʏtsɪç, **-e** ...ɪgə
Pfyffer 'pfiːfɐ
Phäake fɛ'aːkə
Phädon 'fɛːdɔn
Phädra 'fɛːdra
Phädros 'fɛːdrɔs
Phädrus 'fɛːdrʊs
Phaedra 'fɛːdra
Phaedrus 'fɛːdrʊs
Phaethon 'faːetɔn
phaethonisch fae'toːnɪʃ
phaethontisch fae'tɔntɪʃ
Phage 'faːgə
Phagedäne fage'dɛːnə
phagedänisch fage'dɛːnɪʃ
Phagozyt fago'tsyːt
phagozytieren fagotsy'tiːrən
Phagozytose fagotsy'toːzə
Phaidon 'faidɔn
Phaistos 'faistɔs
Phakom fa'koːm
Phakosklerose fakoskle'roːzə
Phalanstère *fr.* falɑ̃s'tɛːr
Phalanx 'faːlaŋks, **...ngen** fa'laŋən
Phalaris 'faːlarɪs
Phaleron 'faːlerɔn
phallisch 'falɪʃ
Phallograph falo'graːf
Phallographie falogra'fiː, **-n** ...iːən
Phallokrat falo'kraːt
Phallometrie falome'triː, **-n** ...iːən
Phalloplastik falo'plastɪk
Phallos 'falɔs, **...lloi** 'falɔy
Phallus 'falʊs, **...lli** 'fali
Phalsbourg *fr.* fals'buːr
Pham Văn Đông *vietn.* fam vaṇ doŋ 613
Pham Van Ky *fr.* famvan'ki
Phän fɛːn
Phanagoreia fanago'raia
Phanar fa'naːɐ̯
Phanariot fana'ri̯oːt
Phanerogame fanero'gaːmə
phaneromer fanero'meːɐ̯
Phanerophyt fanero'fyːt
Phanerose fane'roːzə
Phänologie fɛnolo'giː
Phänomen fɛno'meːn
Phänomena vgl. Phänomenon
phänomenal fɛnome'naːl
Phänomenalismus fɛnomena'lɪsmʊs
phänomenalistisch fɛnomena'lɪstɪʃ
Phänomenologie fɛnomenolo'giː
phänomenologisch fɛnomeno'loːgɪʃ
Phänomenon fɛ'noːmenɔn, **...ena** ...na
Phänotyp[us] fɛno'tyːp[ʊs]
Phantasie fanta'ziː, **-n** ...iːən
phantasieren fanta'ziːrən
Phantasma fan'tasma
Phantasmagorie fantasmago'riː, **-n** ...iːən
phantasmagorisch fantasma'goːrɪʃ
Phantasos 'fantazɔs
Phantasterei fantastə'rai
Phantast[ik] fan'tast[ɪk]
phantastisch fan'tastɪʃ

Phantasus 'fantazʊs
Phan Thiet *vietn.* fan θiạt 12
Phantom fan'to:m, *engl.* 'fæntəm
Phäoderm fɛo'dɛrm
Phaon 'fa:ɔn
Phäophyzee fɛofy'tse:ə
Pharao 'fa:rao, **-nen** fara'o:nən
pharaonisch fara'o:nɪʃ
Pharisäer fari'zɛ:ɐ
pharisäisch fari'zɛ:ɪʃ
Pharisäismus farizɛ'ɪsmʊs
Pharma... 'farma...
Pharmaka vgl. Pharmakon
Pharmakant farma'kant
Pharmakodynamik farmakody'na:mɪk
Pharmakognosie farmakogno'zi:
pharmakognostisch farmako'gnɔstɪʃ
Pharmakokinetik farmakoki'ne:tɪk
Pharmakologe farmako'lo:gə
Pharmakologie farmakolo'gi:
pharmakologisch farmako'lo:gɪʃ
Pharmakon 'farmakɔn, **...ka** ...ka
Pharmakopöe farmako'pø:, *selten:* ...'pø:ə, **-n** ...'pø:ən
Pharmakopsychologie farmakɔpsyçolo'gɪ:
Pharmareferent 'farmareferɛnt
Pharmazeut[ik] farma'tsɔyt[ɪk]
Pharmazeutikum farma'tsɔytikʊm, **...ka** ...ka
pharmazeutisch farma'tsɔytɪʃ
Pharmazie farma'tsi:
Pharnabazos farna'ba:tsɔs, far'na:batsɔs
Pharnakes 'farnakɛs
Pharo 'fa:ro
Pharos 'fa:rɔs
Pharr *engl.* fɑ:
Pharsalos 'farzalɔs, far'za:lɔs
Pharsalus far'za:lʊs
Pharus 'fa:rʊs, **-se** ...ʊsə
pharyngal farʏŋ'ga:l
pharyngalisieren farʏŋgali'zi:rən
Pharyngismus farʏŋ'gɪsmʊs
Pharyngitis farʏŋ'gi:tɪs, **...itiden** ...gi'ti:dn̩
Pharyngologie farʏŋgolo'gi:
pharyngologisch farʏŋgo'lo:gɪʃ
Pharyngoskop farʏŋgo'sko:p
Pharyngoskopie farʏŋgosko'pi:, **-n** ...i:ən
Pharyngospasmus farʏŋgo'spasmʊs
Pharyngotomie farʏŋgoto'mi:
Pharynx 'fa:rʏŋks, **Pharyngen** fa'rʏŋən
Phasael 'fa:zae:l, *auch:* ...aɛl
Phase 'fa:zə
Phaser 'fe:zɐ
...phasig ...fa:zɪç, **-e** ...ɪgə
Phasin fa'zi:n
phasisch 'fa:zɪʃ
Phasopathie fazopa'ti:, **-n** ...i:ən
Phasophrenie fazofre'ni:, **-n** ...i:ən
phatisch 'fa:tɪʃ
Phattalung *Thai* phadta'luŋ 411
Phazelie fa'tse:li̯ə
Ph. D. *engl.* pi:eɪtʃ'di:
Phecda 'fɛkda
Pheidias fai̯'di:as
Phellodendron fɛlo'dɛndrɔn
Phelloderm fɛlo'dɛrm
Phellogen fɛlo'ge:n
Phelloid fɛlo'i:t, **-e** ...i:də
Phelloplastik fɛlo'plastɪk
phelloplastisch felo'plastɪʃ
Phelonium fe'lo:ni̯ʊm, **...ien** ...i̯ən
Phelps *engl.* fɛlps
Phenacetin fenatse'ti:n
Phenakit fena'ki:t
Phenanthren fenan'tre:n
Phenetidin feneti'di:n
Phenetol fene'to:l
Phenix *engl.* 'fi:nɪks
Phenol fe'no:l
Phenoplast feno'plast
Phenyl fe'ny:l
Phenylketonurie feny:lketonu'ri:, **-n** ...i:ən
Pherä 'fe:rɛ
Pherekrates fe're:kratɛs
Pherekrateus ferekra'te:ʊs, **...een** ...e:ən
Pherekydes fere'ky:dɛs
Pheromon fero'mo:n
Phet Buri *Thai* 'phedbu'ri: 411
Phi fi:
Phiale 'fi̯a:lə
Phidias 'fi:di̯as
phidiassisch, Ph... fi'di̯asɪʃ
Philä 'fi:lɛ
Philadelphia fila'dɛlfi̯a, *engl.* fɪlə'dɛlfɪə
Philadelphier fila'dɛlfi̯ɐ
philadelphisch fila'dɛlfɪʃ
Philaleth[es] fila'le:t[ɛs]
Philander fi'landɐ
Philane fi'la:nə
Philanthrop filan'tro:p
Philanthropie filantro'pi:
Philanthropin filantro'pi:n
Philanthropinismus filantropi'nɪsmʊs
Philanthropinist filantropi'nɪst
Philanthropinum filantro'pi:nʊm, **...na** ...na
philanthropisch filan'tro:pɪʃ
Philanthropismus filantro'pɪsmʊs
Philaret fila're:t
Philario fi'la:ri̯o
Philatelie filate'li:
Philatelist filate'lɪst
Philby *engl.* 'fɪlbɪ
Philemon fi'le:mɔn
Philetairos file'tai̯rɔs
Philetärus file'tɛ:rʊs
Philetas fi'le:tas
Philharmonie fɪlharmo'ni:, fi:l..., **-n** ...i:ən
Philharmoniker fɪlhar'mo:nikɐ, fi:l...
philharmonisch fɪlhar'mo:nɪʃ, fi:l...
Philhellene fɪlhɛ'le:nə, fi:l...
Philhellenismus fɪlhɛle'nɪsmʊs, fi:l...
Philibert 'fi:libɛrt, *fr.* fili'bɛ:r
Philidor *fr.* fili'dɔ:r
Philine fi'li:nə
Philip 'fi:lɪp, *engl.* 'fɪlɪp, *fr.* fi'lip
Philipe *fr.* fi'lip
Philipp 'fi:lɪp
Philippa fi'lɪpa, *engl.* 'fɪlɪpə, –'––
Philippe *fr.* fi'lip
Philippeville *fr.* filip'vil
[1]**Philippi** (antike Stadt; Personenname) fi'lɪpi
[2]**Philippi** (USA) *engl.* 'fɪlɪpɪ
Philippicus fi'lɪpikʊs
Philippide *rumän.* fili'pide
Philippika fi'lɪpika
Philippine filɪ'pi:nə
Philippinen filɪ'pi:nən
Philippines *engl.* 'fɪlɪpi:nz
philippinisch filɪ'pi:nɪʃ
philippisch fi'lɪpɪʃ
Philippone filɪ'po:nə
Philippopel filɪ'po:pl̩
Philippot *fr.* fili'po
Philipps *engl.* 'fɪlɪps
Philippsburg 'fi:lɪpsbʊrk, *engl.* 'fɪlɪpsbə:g
Philippson 'fi:lɪpzɔn

P

Philippus fiˈlɪpʊs
Philips ˈfiːlɪps, *niederl.* ˈfilɪps, *engl.* ˈfɪlɪps
Philiskos fiˈlɪskɔs
Philister fiˈlɪstɐ
Philisterei filɪstəˈrai̯
Philisterium filɪsˈteːri̯ʊm
Philistos fiˈlɪstɔs
philistrieren filɪsˈtriːrən
philiströs filɪsˈtrøːs, **-e** ...øːzə
Phillip *engl.* ˈfɪlɪp
Phillip[p]s *engl.* ˈfɪlɪps
Phillpotts *engl.* ˈfɪlpɔts
Phillumenie fɪlumeˈniː
Phillumenist fɪlumeˈnɪst
Philo ˈfiːlo
philobat filoˈbaːt
Philodemos filoˈdeːmɔs
Philodendron filoˈdɛndrɔn
Philogyn filoˈgyːn
Philokalia filokaˈliːa
Philokalie filokaˈliː
Philoktet[es] filɔkˈteːt[ɛs]
Philolaos filoˈlaːɔs
Philologe filoˈloːgə
Philologie filoloˈgiː
philologisch filoˈloːgɪʃ
Philomathie filomaˈtiː
Philomela filoˈmeːla
Philomele filoˈmeːlə
Philomena filoˈmeːna
Philon ˈfiːlɔn
Philopoimen filoˈpɔymən
Philopömen filoˈpøːmən
Philoponos fiˈloːponɔs
Philosemit filozeˈmiːt
Philosemitismus filozemiˈtɪsmʊs
Philosoph filoˈzoːf
Philosophaster filozoˈfastɐ
Philosophem filozoˈfeːm
Philosophia perennis, - prima filozoˈfiːa peˈrɛnɪs, - ˈpriːma
Philosophie filozoˈfiː, **-n** ...iːən
philosophieren filozoˈfiːrən
Philosophikum filoˈzoːfikʊm
philosophisch filoˈzoːfɪʃ
Philostorgios filoˈstɔrgi̯ɔs
Philostrat filɔsˈtraːt
Philostratos fiˈlɔstratɔs
Philotas fiˈloːtas
Philotheos fiˈloːteɔs
Philotus fiˈloːtʊs
Philoxenie filɔkseˈniː
Philoxenos fiˈlɔksenɔs
Philto ˈfɪlto
Philtrum ˈfɪltrʊm
Phimose fiˈmoːzə
Phineus ˈfiːnɔys
Phintias ˈfɪnti̯as
Phiole ˈfi̯oːlə
Phiops ˈfiːɔps
Phip[p]s *engl.* fɪps
Phitsanulok *Thai* phisanuˈloːg 4143
Phiz *engl.* fɪz
Phlebektasie flebɛktaˈziː, **-n** ...iːən
Phlebitis fleˈbiːtɪs, **...itiden** ...biˈtiːdn̩
phlebogen fleboˈgeːn
Phlebographie flebograˈfiː
Phlebolith fleboˈliːt
Phlebologe fleboˈloːgə
Phlebologie fleboloˈgiː
Phlegethon ˈfleːgetɔn
Phlegma ˈflɛgma
Phlegmasie flɛgmaˈziː, **-n** ...iːən
Phlegmatiker flɛˈgmaːtikɐ
Phlegmatikus flɛˈgmaːtikʊs, **-se** ...ʊsə
phlegmatisch flɛˈgmaːtɪʃ
Phlegmone flɛˈgmoːnə
phlegmonös flɛgmoˈnøːs, **-e** ...øːzə
phlegräisch fleˈgrɛːɪʃ
Phleius ˈflai̯ʊs
Phleum ˈfleːʊm
Phloem floˈeːm
Phlogiston ˈfloːgɪstɔn
phlogogen flogoˈgeːn
Phlogose floˈgoːzə
Phlogosis floˈgoːzɪs
Phlomis ˈfloːmɪs
Phloroglucin florogluˈtsiːn
Phlox flɔks
Phloxin flɔˈksiːn
Phlyaken flyˈaːkn̩
Phlyktäne flʏkˈtɛːnə
Phnom Penh pnɔmˈpɛn, *Khmer* phnɔmˈpɪɲ
Phöbe ˈføːbə
Phobie foˈbiː, **-n** ...iːən
Phobophobie fobofoˈbiː, **-n** ...iːən
Phobos ˈfoːbɔs
Phöbos ˈføːbɔs
Phöbus ˈføːbʊs
Phocion ˈfoːtsi̯ɔn
Phoenix[ville] *engl.* ˈfiːnɪks[vɪl]
Phoinix ˈfɔynɪks
Phokäa foˈkɛːa
Phokas ˈfoːkas
Phokion ˈfoːki̯ɔn
Phokis ˈfoːkɪs
Phokomelie fokomeˈliː, **-n** ...iːən
Phokylides foˈkyːlidɛs
Pholien *fr.* fɔˈljɛ̃
Phoma ˈfoːma
Phon foːn
Phonasthenie fonasteˈniː
Phonation fonaˈtsi̯oːn
phonatorisch fonaˈtoːrɪʃ
Phonem foˈneːm
Phonematik foneˈmaːtɪk
phonematisch foneˈmaːtɪʃ
Phonemik foˈneːmɪk
phonemisieren fonemiˈziːrən
Phonendoskop fonɛndoˈskoːp
Phonetik foˈneːtɪk
Phonetiker foˈneːtikɐ
phonetisch foˈneːtɪʃ
Phonetograph fonetoˈgraːf
Phoniater foˈni̯aːtɐ
Phoniatrie foni̯aˈtriː
Phonik ˈfoːnɪk
Phöniker føˈniːkɐ
Phönikien føˈniːki̯ən
phönikisch føˈniːkɪʃ
Phonismus foˈnɪsmʊs
Phönix ˈføːnɪks
Phönizien føˈniːtsi̯ən
Phönizier føˈniːtsi̯ɐ
phönizisch føˈniːtsɪʃ
Phono ˈfoːno
phonogen fonoˈgeːn
Phonognomik fonoˈgnoːmɪk
Phonogramm fonoˈgram
Phonograph fonoˈgraːf
Phonographie fonograˈfiː, **-n** ...iːən
Phonokoffer ˈfoːnokɔfɐ
Phonola® foˈnoːla
Phonolith fonoˈliːt
Phonologe fonoˈloːgə
Phonologie fonoloˈgiː
phonologisch fonoˈloːgɪʃ
phonologisieren fonologiˈziːrən
Phonomanie fonomaˈniː, **-n** ...iːən
Phonometer fonoˈmeːtɐ
Phonometrie fonomeˈtriː
phonometrisch fonoˈmeːtrɪʃ
Phonophobie fonofoˈbiː, **-n** ...iːən
Phonotaktik fonoˈtaktɪk
Phonotaxie fonotaˈksiː, **-n** ...iːən
Phonotaxis fonoˈtaksɪs
Phonothek fonoˈteːk
Phonotypistin fonotyˈpɪstɪn
Phoresie foreˈziː
Phorkos ˈfɔrkɔs

Phorkyas ˈfɔrkyas, **...aden** fɔrˈkya:dn̩
Phorkys ˈfɔrkʏs
Phorminx ˈfɔrmɪŋks, **...mingen** ...ˈmɪŋən
Phormium ˈfɔrmi̯ʊm, **...ien** ...i̯ən
Phoron foˈro:n
Phoronomie foronoˈmi:
Phosgen fɔsˈge:n
Phosphat fɔsˈfa:t
Phosphatase fɔsfaˈta:zə
Phosphatid fɔsfaˈti:t, **-e** ...ti:də
phosphatieren fɔsfaˈti:rən
Phosphen fɔsˈfe:n
Phosphid fɔsˈfi:t, **-e** ...i:də
Phosphin fɔsˈfi:n
Phosphit fɔsˈfi:t
Phosphor ˈfɔsfo:ɐ̯
Phosphore fɔsˈfo:rə
Phosphoreszenz fɔsforɛsˈtsɛnts
phosphoreszieren fɔsforɛsˈtsi:rən
phosphorig ˈfɔsforɪç, **-e** ...ɪgə
Phosphorismus fɔsfoˈrɪsmʊs
Phosphorit fɔsfoˈri:t
Phot[ios] ˈfo:t[i̯ɔs]
Photismus foˈtɪsmʊs
Photius ˈfo:tsi̯ʊs
Photo ˈfo:to
Photochemie fotoçeˈmi:, ˈfo:toçemi:
Photochemigraphie fotoçemigraˈfi:, ˈfo:toçemigrafi:
photochemisch fotoˈçe:mɪʃ, ˈfo:toçe:mɪʃ
photochrom fotoˈkro:m
photogen fotoˈge:n
Photogenität fotogeniˈtɛ:t
Photogramm fotoˈgram
Photogrammetrie fotogrameˈtri:
photogrammetrisch fotograˈme:trɪʃ
Photograph fotoˈgra:f
Photographie fotograˈfi:, **-n** ...i:ən
photographieren fotograˈfi:rən
photographisch fotoˈgra:fɪʃ
Photokopie fotokoˈpi:, **-n** ...i:ən
photokopieren fotokoˈpi:rən
Photolyse fotoˈly:zə
Photom foˈto:m
Photomaton® fotomaˈto:n
Photometer fotoˈme:tɐ
Photometrie fotomeˈtri:
photometrisch fotoˈme:trɪʃ
Photon ˈfo:tɔn, foˈto:n, **...en** foˈto:nən
Photoperiodismus fotoperi̯oˈdɪsmʊs
photophil fotoˈfi:l
photophob fotoˈfo:p, **-e** ...o:bə
Photophobie fotofoˈbi:
Photopsie fotɔˈpsi:
Photosatz ˈfo:tozats
Photosphäre fotoˈsfɛ:rə, ˈfo:tosfɛ:rə
Photosynthese fotozʏnˈte:zə, ˈfo:tozʏnte:zə
phototaktisch fotoˈtaktɪʃ
Phototaxis fotoˈtaksɪs
Photothek fotoˈte:k
Phototherapie fototeraˈpi:
Phototropismus fototroˈpɪsmʊs
Phototypie fototyˈpi:, **-n** ...i:ən
Photovoltaik fotovɔlˈta:ɪk
Photozinkographie fototsɪŋkograˈfi:
Phraates fraˈa:tɛs
Phragmobasidiomyzet fragmobazidi̯omyˈtse:t
Phraortes fraˈɔrtɛs
Phrase ˈfra:zə
Phrasendrescherei fra:zn̩drɛʃəˈrai̯
Phraseolexem frazeolɛˈkse:m
Phraseologie frazeoloˈgi:, **-n** ...i:ən
phraseologisch frazeoˈlo:gɪʃ
Phraseologismus frazeoloˈgɪsmʊs
Phraseonym frazeoˈny:m
Phraseur fraˈzø:ɐ̯
phrasieren fraˈzi:rən
Phratrie fraˈtri:, **-n** ...i:ən
Phrenalgie frenalˈgi:, **-n** ...i:ən
Phrenesie freneˈzi:
phrenetisch freˈne:tɪʃ
Phrenikus ˈfre:nikʊs
Phrenitis freˈni:tɪs, **...itiden** ...niˈti:dn̩
Phrenokardie frenokarˈdi:, **-n** ...i:ən
Phrenolepsie frenolɛˈpsi:, **-n** ...i:ən
Phrenologe frenoˈlo:gə
Phrenologie frenoloˈgi:
Phrenonym frenoˈny:m
Phrenopathie frenopaˈti:
Phrilon® ˈfri:lɔn
Phrix[os] ˈfrɪks[ɔs]
Phrixus ˈfrɪksʊs
Phrygana ˈfry:gana
Phryganiden frygaˈni:dn̩
Phrygien ˈfry:gi̯ən
Phryg[i]er ˈfry:g[i̯]ɐ
phrygisch ˈfry:gɪʃ
Phryne ˈfry:nə
Phrynia ˈfry:ni̯a
Phrynichos ˈfry:nɪçɔs
Phryxus ˈfrʏksʊs
Phthalat ftaˈla:t
Phthalein ftaleˈi:n
Phthalsäure ˈfta:lzɔy̯rə
Phthiotis ˈfti̯o:tɪs
Phthiriase ftiˈri̯a:zə
Phthiriasis ftiˈri:azɪs, **...iasen** ftiˈri̯a:zn̩
Phthise ˈfti:zə
Phthiseophobie ftizeofoˈbi:
Phthisiker ˈfti:zikɐ
Phthisis ˈfti:zɪs
phthisisch ˈfti:zɪʃ
phthitisch ˈfti:tɪʃ
Phuket *Thai* phu:ˈked 12
Phu Lang Thu'o'g *vietn.* fu laŋ θɨ̯əŋ 461
Phu Ly *vietn.* fu li 42
Phu Quôc *vietn.* fu ku̯ək 22
Phu Tho *vietn.* fu θɔ 26
Phyfe *engl.* faɪf
Phykoden... fyˈko:dn̩...
Phykoerythrin fyko|eryˈtri:n
Phykologie fykoloˈgi:
Phykomyzeten fykomyˈtse:tn̩
Phyla vgl. Phylum
Phylakterion fylakˈte:ri̯ɔn, **...ien** ...i̯ən
Phylax ˈfy:laks
Phyle ˈfy:lə
phyletisch fyˈle:tɪʃ
Phyllis ˈfʏlɪs, *engl.* ˈfɪlɪs
Phyllit fʏˈli:t
Phyllobiologie fʏlobioloˈgi:
Phyllochinon fʏloçiˈno:n
Phyllodium fʏˈlo:di̯ʊm, **...ien** ...i̯ən
Phyllokaktus fʏloˈkaktʊs
Phyllokladium fʏloˈkla:di̯ʊm, **...ien** ...i̯ən
Phyllophage fʏloˈfa:gə
Phyllopode fʏloˈpo:də
Phyllotaxis fʏloˈtaksɪs
Phylloxera fʏlɔˈkse:ra
Phylogenese fylogeˈne:zə
phylogenetisch fylogeˈne:tɪʃ
Phylogenie fylogeˈni:, **-n** ...i:ən
Phylogonie fylogoˈni:, **-n** ...i:ən
Phylum ˈfy:lʊm, **Phyla** ˈfy:la
Phyma ˈfy:ma, **-ta** -ta
Physalis ˈfy:zalɪs, **...len** fyˈza:lən
Physharmonika fy:sharˈmo:nika
Physiater fyˈzi̯a:tɐ

P

Physiatri̲e fyzi̯aˈtri:
Physick *engl.* ˈfɪzɪk
Physi̲k fyˈzi:k
physika̲lisch fyziˈka:lɪʃ
Physikalịsmus fyzikaˈlɪsmʊs
Physika̲t fyziˈka:t
Phy̲siker ˈfy:zikɐ
Physikochemi̲e fyzikoçeˈmi:
physikoche̲misch fyzikoˈçe:mɪʃ
Physikotẹchniker fyziko-ˈtɛçnikɐ
Physikotheologi̲e fyzikoteo-loˈgi:
Phy̲sikum ˈfy:zikʊm
Phy̲sikus ˈfy:zikʊs, **-se** ...ʊsə
physioge̲n fyzi̯oˈge:n
Physiogeographi̲e fyzi̯ogeo-graˈfi:
Physiogno̲m fyzi̯oˈgno:m
Physiognomi̲e fyzi̯ognoˈmi:, **-n** ...i:ən
Physiogno̲mik fyzi̯oˈgno:mɪk
Physiogno̲miker fyzi̯o-ˈgno:mikɐ
Physiographi̲e fyzi̯ograˈfi:
physiogra̲phisch fyzi̯oˈgra:fɪʃ
Physioklimatologi̲e fyzi̯oklima-toloˈgi:
Physiokra̲t fyzi̯oˈkra:t
Physiokrati̲e fyzi̯okraˈti:
Physiokratịsmus fyzi̯okraˈtɪs-mʊs
Physiolo̲ge fyzi̯oˈlo:gə
Physiologi̲e fyzi̯oloˈgi:
physiolo̲gisch fyzi̯oˈlo:gɪʃ
Physio̲logus fyˈzi̯o:logʊs
Physionomi̲e fyzi̯onoˈmi:
Physiotherape̲ut fyzi̯oteraˈpɔy̯t
Physiotherapi̲e fyzi̯oteraˈpi:
Physioto̲p fyzi̯oˈto:p
Phy̲sis ˈfy:zɪs
phy̲sisch ˈfy:zɪʃ
Physome̲tra fyzoˈme:tra
Physostigmi̲n fyzostɪˈgmi:n
Phyte̲uma fyˈtɔy̯ma
Phyti̲n fyˈti:n
Phytoflagella̲t fytoflagɛˈla:t
phytoge̲n fytoˈge:n
Phytogeographi̲e fytogeo-graˈfi:
Phytognosi̲e fytognoˈzi:, **-n** ...i:ən
Phytohormo̲n fytohɔrˈmo:n
Phytoli̲then fytoˈli:tn̩
Phytologi̲e fytoloˈgi:
Phyto̲m fyˈto:m
Phytomedizi̲n fytomediˈt͡si:n
Phytono̲se fytoˈno:zə
phytopathoge̲n fytopatoˈge:n
Phytopathologi̲e fytopatoloˈgi:
phytopatholo̲gisch fytopato-ˈlo:gɪʃ
phytopha̲g fytoˈfa:k, **-e** ...ˈfa:gə
Phytopha̲ge fytoˈfa:gə
Phytọphthora fyˈtɔftora
Phytoplạnkton fytoˈplaŋktɔn
Phytotherapi̲e fytoteraˈpi:
Phytotomi̲e fytotoˈmi:
Phy̲totron ˈfy:totro:n
Phytozo̲on fytoˈt͡so:ɔn, **...zo̲en** ...t͡so:ən
^{1}**Pi̲** pi:
^{2}**Pi̲** (Name) *span.* pi
Pi̲a ˈpi:a
Piacenti̲ni *it.* pi̯atʃenˈti:ni
Piacẹnza *it.* pi̯aˈtʃɛntsa
Piace̲re pi̯aˈt͡ʃe:rə
piace̲vole pi̯aˈt͡ʃe:vole
Pi̲a Deside̲ria ˈpi:a deziˈde:ri̯a
Piạf *fr.* pjaf
Piạffe ˈpi̯afə
piaffi̲eren pi̯aˈfi:rən
Pi̲a Fra̲us ˈpi:a ˈfrau̯s
Piagẹt *fr.* pjaˈʒɛ
Pi̲a Ma̲ter [spina̲lis] ˈpi:a ˈma:tɐ [spiˈna:lɪs]
Piạnchi ˈpi̯ançi
piangẹndo pi̯anˈd͡ʒɛndo
Piani̲no pi̯aˈni:no
pianịssimo pi̯aˈnɪsimo
Pianịssimo pi̯aˈnɪsimo, **...mi** ...mi
pianịssimo quạnto possi̲bile pi̯aˈnɪsimo ˈkvanto pɔˈsi:bile
Pianịst pi̯aˈnɪst
pia̲no ˈpi̯a:no
Pia̲no ˈpi̯a:no, **...ni** ...ni
Pianoakkọrdeon pi̯ano-|aˈkɔrdeɔn
Pianochọrd pi̯anoˈkɔrt, **-e** ...rdə
Pianofọrte pi̯anoˈfɔrtə
Piano̲la pi̯aˈno:la
Piạns pi̯ans
Piarịst pi̯aˈrɪst
Piasẹcki *poln.* pjaˈsɛtski
Piasẹczno *poln.* pjaˈsɛtʃnɔ
Piassa̲va pi̯aˈsa:va
Piassa̲ve pi̯aˈsa:və
Piạst pi̯ast, *poln.* pjast
Piạster ˈpi̯astɐ
Piatigọrsky pi̯atiˈgɔrski, *engl.* pjɑ:tɪˈgɔ:skɪ
Piạtti ˈpi̯ati, *it.* ˈpi̯atti
Piaubert *fr.* pjoˈbɛ:r
Piauí *bras.* pi̯aˈu̯i
Pia̲ve *it.* ˈpi̯a:ve
Piạzza (Platz) ˈpi̯at͡sa, **...zze** ...t͡sə
Piạzza [Armeri̲na] *it.* ˈpi̯attsa [armeˈrina]
^{1}**Piazzẹtta** (Platz) pi̯aˈt͡sɛta
^{2}**Piazzẹtta** (Name) *it.* pi̯at-ˈtsetta
Piạzzi *it.* ˈpi̯attsi
Pi̲broch ˈpi:brɔx, *engl.* ...rɔk
Pi̲ca ˈpi:ka, *span.* ˈpika
Picabịa *fr.* pikaˈbja
Picado̲r pikaˈdo:ɐ̯, **-es** ...ˈdo:rɛs
Pịćan *serbokr.* ˈpitɕan
Picạnder piˈkandɐ
Picạrd *fr.* piˈka:r
Picạrde piˈkardə
Picardie *fr.* pikarˈdi
Pi̲caro ˈpi:karo
Picạsso *span.* piˈkaso
Picayu̲ne *engl.* pɪkəˈju:n
Piccadịlly *engl.* pɪkəˈdɪlɪ
Piccalịlli pɪkaˈlɪli, *engl.* ˈpɪkəlɪlɪ
Piccạrd *fr.* piˈka:r
Piccịni *it.* pitˈtʃi:ni
Piccịnni *it.* pitˈtʃinni
Piccolị *fr.* pikɔˈli
pịccolo, P... ˈpɪkolo
Piccolo̲mini pɪkoˈlo:mini, *it.* pikkoˈlɔ:mini
Pi̲cea ˈpi:t͡sea
Pice̲no *it.* piˈtʃɛ:no
Pice̲num piˈt͡se:nʊm
pịcheln ˈpɪçl̩n
Pịchelsteiner ˈpɪçl̩ʃtai̯nɐ
pịchen ˈpɪçn̩
Pichẹtte *fr.* piˈʃɛt
Pichịncha *span.* piˈtʃintʃa
Pịchl ˈpɪçl̩
Pịchler ˈpɪçlɐ
Pịcht pɪçt
Pịchu Pịchu *span.* ˈpitʃu ˈpitʃu
Pịck[e] ˈpɪk[ə]
Pịckel ˈpɪkl̩
pịckelig ˈpɪkəlɪç, **-e** ...ɪgə
pịckeln ˈpɪkl̩n
pịcken ˈpɪkn̩
Pịckens *engl.* ˈpɪkɪnz
Pịcker ˈpɪkɐ
Pịckering *engl.* ˈpɪkərɪŋ
Pịckerl ˈpɪkɐl
pịckern ˈpɪkɐn
Pịckett *engl.* ˈpɪkɪt
Pịckford *engl.* ˈpɪkfəd
Pịckles ˈpɪkl̩s
pịcklig ˈpɪklɪç, **-e** ...ɪgə
Pịcknick ˈpɪknɪk
pịcknicken ˈpɪknɪkn̩
Pịckthall *engl.* ˈpɪkθɔ:l
Pịck-up pɪkˈ|ap, ˈ––
Pịckwick *engl.* ˈpɪkwɪk

Pico *it.* ˈpi:ko, *span.* ˈpiko, *port.*, *bras.* ˈpiku
Picó *kat.* piˈko
picobello pikoˈbɛlo
Picofarad pikofaˈra:t
Pico Rivera *engl.* ˈpi:koʊ rɪˈvɛərə
Picot piˈko:
Picotage pikoˈta:ʒə
Picou *engl.* pɪˈku:
Picpus *fr.* pikˈpys
Pictet *fr.* pikˈtɛ
Picton *engl.* ˈpɪktən
Pictor ˈpɪkto:ɐ̯
Pictorius pɪkˈto:ri̯ʊs
Picture Post *engl.* ˈpɪktʃə ˈpoʊst
Picus ˈpi:kʊs
Pidal *span.* piˈðal
Pidgeon *engl.* ˈpɪdʒɪn
Pidgin ˈpɪdʒɪn
pidginisieren pɪdʒiniˈzi:rən
Pidmohylny *ukr.* pidmɔˈhɪljnɪj
Pie pai̯, *fr.* pi
Piece ˈpi̯e:s[ə], ˈpi̯ɛ:s[ə], **-n** ...sn̩
Pièce de Résistance, -s - - ˈpi̯ɛ:s də rezɪsˈtã:s, ˈpi̯ɛ:s - -
Pièce touchée, pièce jouée ˈpi̯ɛ:s tuˈʃe:, ˈʒu̯e:; - tʊˈʃe:, - -
Pieck pi:k
Piedestal pi̯edɛsˈta:l
Piedmont *engl.* ˈpi:dmənt
Piedra *span.* ˈpi̯eðra
Piedras Negras *span.* ˈpi̯eðraz ˈneɣras
Piefke ˈpi:fkə
Piek pi:k
Piekar ˈpi̯ɛkar
Piekary *poln.* pjɛˈkarɨ
Pieke ˈpi:kə
piekfein ˈpi:kˈfai̯n
Piel pi:l
Pielinen *finn.* ˈpi̯ɛlinɛn
Piemont pi̯eˈmɔnt
Piemonte *it.* pi̯eˈmonte
Piemontese pi̯emɔnˈte:zə
piemontesisch pi̯emɔnˈte:zɪʃ
piemontisch pi̯eˈmɔntɪʃ
Piene ˈpi:nə
pieno ˈpi̯e:no
Pienza *it.* ˈpi̯ɛntsa
piep!, Piep pi:p
piepe ˈpi:pə
piepegal ˈpi:p|eˈga:l
Piepel ˈpi:pl̩
piepen, P... ˈpi:pn̩
Pieper ˈpi:pɐ
pieps, Pieps pi:ps
piepsen ˈpi:psn̩
piepsig ˈpi:psɪç, **-e** ...ɪgə
Pier pi:ɐ̯
Pierce *engl.* pɪəs
Piercing ˈpi:ɐ̯sɪŋ
Piercy *engl.* ˈpɪəsɪ
Pierer ˈpi:rɐ
Pieria *neugr.* pjɛˈria
Pieriden pi̯eˈri:dn̩
Pierien ˈpi̯e:ri̯ən
Pierino *it.* pi̯eˈri:no
pierisch ˈpi̯e:rɪʃ
Pierlot *fr.* pjɛrˈlo
Pierluigi *it.* pi̯erluˈi:dʒi
Piermarini *it.* pi̯ermaˈri:ni
Pierné *fr.* pjɛrˈne
Piero *it.* ˈpi̯ɛ:ro
Piérola *span.* ˈpi̯erola
Pierre *fr.* pjɛ:r, *engl.* pɪə
Pierrelatte *fr.* pjɛrˈlat
Pierrette pi̯ɛˈrɛtə
Pierrot pi̯ɛˈro:, *fr.* pjɛˈro
piesacken ˈpi:zakn̩
pieseln ˈpi:zl̩n, **piesle** ˈpi:zlə
Piesepampel ˈpi:zəpampl̩
Piešťany *slowak.* ˈpi̯ɛʃtjani
Piet *niederl.* pit
Pieta pi̯eˈta
Pietà *it.* pi̯eˈta
Pietät pi̯eˈtɛ:t
Pieter *niederl.* ˈpitər
Pietermaritzburg pi:tɐˈma:rɪtsbʊrk, *engl.* pi:təˈmærɪtsbə:g, *afr.* pi:tərmaˈrətsbœrx
Pietersburg *afr.* ˈpi:tərsbœrx
Pietersz *niederl.* ˈpitərs
Pietismus pi̯eˈtɪsmʊs
Pietist pi̯eˈtɪst
pietoso pi̯eˈto:zo
Pietra dura ˈpi̯e:tra ˈdu:ra
Piétrain *fr.* pjeˈtrɛ̃
Pietro *it.* ˈpi̯ɛ:tro
Pietroasa *rumän.* pjeˈtro̯asa
Pietsch pi:tʃ
pietschen ˈpi:tʃn̩
Piette *fr.* pjɛt
Pieve di Cadore *it.* ˈpi̯ɛ:ve di kaˈdo:re
Pieyre de Mandiargues *fr.* pjɛrdəmãˈdjarg
Pieze ˈpi:tsə
Piezochemie pi̯etsoçeˈmi:
piezoelektrisch pi̯etso|eˈlɛktrɪʃ
Piezoelektrizität pi̯etso|elɛktritsiˈtɛ:t
Piezokontaktmetamorphose pi̯etsokɔnˈtaktmetamɔrfo:zə
Piezometer pi̯etsoˈme:tɐ
piff, paff! ˈpɪfˈpaf
piff, paff, puff! ˈpɪfˈpafˈpʊf
Pifferaro pɪfeˈra:ro, **...ri** ...ri
Piffero ˈpɪfero, **...ri** ...ri
Pig pɪk
Pigage *fr.* piˈga:ʒ
Pigalle *fr.* piˈgal
Piganiol *fr.* pigaˈnjɔl
Pigeon *engl.* ˈpɪdʒɪn
Pigment pɪˈgmɛnt
Pigmentation pɪgmɛntaˈtsi̯o:n
pigmentieren pɪgmɛnˈti:rən
Pignol[i]e pɪnˈjo:l[i̯]ə
Pignon *fr.* piˈɲõ
Pigou *engl.* ˈpɪgu:
Pijacke ˈpi:jakə
Pijade *serbokr.* piˈja:dɛ
Pijiki piˈjɪki
Pijna[c]ker *niederl.* ˈpɛi̯nɑkər
Pijnas *niederl.* ˈpɛi̯nɑs
Pijper *niederl.* ˈpɛi̯pər
Pik pi:k
Pikade piˈka:də
Pikador pikaˈdo:ɐ̯
pikant piˈkant
Pikanterie pikantəˈri:, **-n** ...i:ən
Pikarde piˈkardə
Pikardie pikarˈdi:
pikardisch piˈkardɪʃ
pikaresk pikaˈrɛsk
pikarisch piˈka:rɪʃ
Pikass ˈpi:k|as, *auch:* –ˈ–
Pikazismus pikaˈtsɪsmʊs
[1]**Pike** (Spieß) ˈpi:kə
[2]**Pike** (Name) *engl.* paɪk
Pikee piˈke:
piken ˈpi:kn̩
Pikenier pikəˈni:ɐ̯
Pikesville *engl.* ˈpaɪksvɪl
Pikett piˈkɛt
pikieren piˈki:rən
Pikkolo ˈpɪkolo
Pikkolomini pɪkoˈlo:mini
Pikofarad pikofaˈra:t
Pikör piˈkø:ɐ̯
pikotieren pikoˈti:rən
Pikrat piˈkra:t
Pikrinsäure piˈkri:nzɔyrə
Pikrit piˈkri:t
Pikropege pikroˈpe:gə
Pikrotoxin pikrotɔˈksi:n
piksen ˈpi:ksn̩
Piksieben pi:kˈzi:bn̩
Pikte ˈpɪktə
Piktographie pɪktograˈfi:
Pikul ˈpɪkʊl
Piła *poln.* ˈpiu̯a
[1]**Pilar** (Pflock) piˈla:ɐ̯
[2]**Pilar** (Name) piˈla:ɐ̯ *span.*, *bras.* piˈlar
Pilař *tschech.* ˈpilarʃ

P

Pilarczyk pi'lartʃʏk
Pilaster pi'lastɐ
Pilâtre de Rozier *fr.* pilɑtrə-dro'zje
Pilatus pi'la:tʊs
Pilau pi'lau̯
Pilaw pi'laf
Pilchard 'pɪltʃɐt
Pilcomayo *span.* pilko'majo
Pile pai̯l
Pilea 'pi:lea
Pileolus pi'le:olʊs, **…li** pi'le:oli, **…len** pile'o:lən
Piles *fr.* pil
Pileta *span.* pi'leta
Pilet-Golaz *fr.* pilɛgɔ'la
Pilger 'pɪlgɐ
pilgern 'pɪlgɐn, **pilgre** 'pɪlgrə
Pilgram 'pɪlgram
Pilgrim 'pɪlgrɪm
Pilica *poln.* pi'litsa
pilieren pi'li:rən
Pilinszky *ung.* 'pilinski
Piliny *ung.* 'pilinj
Pilis *ung.* 'piliʃ
Pilke 'pɪlkə
pilken 'pɪlkn̩
Pillat *rumän.* pi'lat
Pillau 'pɪlau̯
Pille 'pɪlə
Pillecijn *niederl.* pɪlə'sɛi̯n
Pilleus 'pɪleʊs
pillieren pɪ'li:rən
Pilling 'pɪlɪŋ
Pillkallen pɪl'kalən
Pillnitz 'pɪlnɪts
Pillon (Bergpass) *fr.* pi'jõ
Pillow 'pɪlo
Pillsbury *engl.* 'pɪlzbərɪ
Pilnjak *russ.* pilj'njak
Pilo *schwed.* 'pi:lo
Pilokarpin pilokar'pi:n
Pilon *fr.* pi'lõ
Pilos *neugr.* 'pilɔs
Pilose pi'lo:zə
Pilosis pi'lo:zɪs
Pilot[e] pi'lo:t[ə]
pilotieren pilo'ti:rən
Piloty pi'lo:ti
Pils pɪls
Pilsen 'pɪlzn̩
Pils[e]ner 'pɪlz[ə]nɐ
Piłsudski *poln.* piu̯'sutski
Piltdown *engl.* 'pɪltdaʊn
Pilz pɪlts
pilzig 'pɪltsɪç, **-e** …ɪgə
Pimelose pime'lo:zə
Pimen *russ.* 'pimɪn
Pimenow *russ.* 'pimɪnɐf
Piment pi'mɛnt
Pimmel 'pɪml̩
pimpe 'pɪmpə
Pimpelei pɪmpə'lai̯
pimpelig 'pɪmpəlɪç, **-e** …ɪgə
pimpeln 'pɪmpl̩n
Pimperlinge 'pɪmpɐlɪŋə
pimpern 'pɪmpɐn
Pimpernell pɪmpɐ'nɛl
Pimpf pɪmpf
Pimpinell[e] pɪmpi'nɛl[ə]
Pimpinelli pɪmpi'nɛli, *it.* pim-pi'nɛlli
Pimpinone *it.* pimpi'no:ne
pimplig 'pɪmplɪç, **-e** …ɪgə
Pin pɪn
Pinakes vgl. Pinax
Pinakoid pinako'i:t, **-e** …i:də
Pinakothek pinako'te:k
Pinang *indon.* 'pinaŋ
Pinar del Río *span.* pi'nar ðɛl 'rrio
Pinasse pi'nasə
Pinatubo *span.* pina'tuβo
Pinax 'pi:naks, **…akes** …ke:s
Pinay *fr.* pi'nɛ
Pinazo *span.* pi'naθo
Pinboard 'pɪnbo:ɐ̯t, …bɔrt
Pincenez pɛ̃s'ne:, **des -** …e:[s], **die -** …e:s
Pinch… 'pɪntʃ…
Pinchback *engl.* 'pɪntʃbæk
Pinche 'pɪntʃə, *span.* 'pintʃe
Pincherle *it.* 'piŋkerle
Pinchot *engl.* 'pɪnʃoʊ
Pincio *it.* 'pintʃo
Pinck pɪŋk
Pincop 'pɪnkɔp
Pindar 'pɪndar
pindarisch pɪn'da:rɪʃ
Pindaros 'pɪndarɔs
Pindarus 'pɪndarʊs
Pindemonte *it.* pinde'monte
Pinder 'pɪndɐ
Pindos 'pɪndɔs, *neugr.* 'pinðɔs
Pindus 'pɪndʊs
Pineal… pine'a:l…
Pineapple 'pai̯n|ɛpl̩
Pineau *fr.* pi'no
Pine Bluff *engl.* 'paɪn 'blʌf
Pineda *span.* pi'neða
Pinega *russ.* 'pinɪgɐ
Pinel *fr.* pi'nɛl
Pine Lawn *engl.* 'paɪn 'lɔ:n
Pinellas Park *engl.* paɪ'nɛləs 'pɑ:k
Pinen pi'ne:n
Pinero *engl.* pɪ'nɪəroʊ
Piñero *span.* pi'ɲero
Pinerolo *it.* pine'rɔ:lo
Pinetown *engl.* 'paɪntaʊn
Pinetum pi'ne:tʊm
Pineville *engl.* 'paɪnvɪl
Pingdong *chin.* pɪŋdʊŋ 21
Pinge 'pɪŋə
pingelig 'pɪŋəlɪç, **-e** …ɪgə
Pinget *fr.* pɛ̃'ʒɛ
Pingpong 'pɪŋpɔŋ
Pinguin 'pɪŋgui:n
Pingxiang *chin.* pɪŋɕi̯aŋ 21
Pinheiro *port.* pi'ɲɐi̯ru, *bras.* pi'ɲei̯ru
Pinholes 'pɪnho:ls
Pinie 'pi:ni̯ə
Piniole pi'ni̯o:lə
pink, P… pɪŋk
pink, pink! 'pɪŋk'pɪŋk
Pinka[feld] 'pɪŋka[fɛlt]
Pinke 'pɪŋkə
Pinkel 'pɪŋkl̩
pinkeln 'pɪŋkl̩n
pinken 'pɪŋkn̩
Pinkepinke 'pɪŋkə'pɪŋkə
Pinkerton *engl.* 'pɪnkətən
Pinkulatorium pɪŋkula-'to:ri̯ʊm, **…ien** …i̯ən
Pinna 'pɪna
Pinne[berg] 'pɪnə[bɛrk]
pinnen 'pɪnən
Pino *it.* 'pi:no
Pinocchio *it.* pi'nɔkki̯o
Pinochet *span.* pino'tʃɛt
Pinole pi'no:lə, *engl.* pɪ'noʊl
Pinos *span.* 'pinos
Pinot [blanc, - noir] pi'no: ['blã:, - 'no̯a:ɐ̯]
Pinozytose pinotsy'to:zə
Pinscher 'pɪnʃɐ
Pinsel 'pɪnzl̩
Pinselei pɪnzə'lai̯
Pinseler 'pɪnzəlɐ
pinseln 'pɪnzl̩n, **pinsle** 'pɪnzlə
Pinsk pɪnsk, *russ.* pinsk
Pinski 'pɪnski, *engl.* 'pɪnskɪ
Pinsky *engl.* 'pɪnskɪ
Pinsler 'pɪnzlɐ
[1]**Pint** (Hohlmaß) pai̯nt
[2]**Pint** (Penis) pɪnt
Pinte 'pɪntə
Pinter *engl.* 'pɪntə
Pinthus 'pɪntʊs
Pinto *span.* 'pinto, *port.* 'pintu
Pintsch pɪntʃ
Pinturicchio *it.* pintu'rikki̯o
Pin-up pɪn'|ap, '‒‒
Pinus 'pi:nʊs
pinxit 'pɪŋksɪt
Pinyin 'pɪnjɪn

P

Pinza *it.* ˈpintsa
Pinzette pɪnˈtsɛtə
Pinzgau ˈpɪntsgau̯
pinzieren pɪnˈtsi:rən
Pinzón *span.* pinˈθɔn
Pio *it.* ˈpi:o
Pío *span.* ˈpio
Piola *it.* ˈpi̯ɔ:la
Piombi ˈpi̯ɔmbi
Piombino *it.* pi̯omˈbi:no
Piombo *it.* ˈpi̯ombo
[1]**Pion** (Schachfigur) pi̯õ:
[2]**Pion** (Meson) ˈpi:ɔn, **-en** ˈpi̯o:nən
Pioner[skaja] *russ.* piaˈnjɛr[skɐjɐ]
Pionerski *russ.* piaˈnjɛrskij
Pionier pi̯oˈni:ɐ̯
Piontek ˈpi̯ɔntɛk
Piot *fr.* pjo
Piotr *poln.* pjɔtr
Piotrków Trybunalski *poln.* ˈpjɔtrkuf trɨbuˈnalski
Piovene *it.* pi̯oˈvɛ:ne
Piozzi *engl.* ˈpjɔ:tsɪ
Pipa ˈpi:pa
Pipapo pipaˈpo:
[1]**Pipe** (Wasserhahn) ˈpi:pə
[2]**Pipe** (Hohlmaß) paip
Pipeline ˈpaiplai̯n
[1]**Piper** (Pflanze) ˈpi:pɐ
[2]**Piper** (Name) ˈpi:pɐ, *engl.* ˈpaɪpə
Piperazeen piperaˈtse:ən
Piperin pipeˈri:n
Pipette piˈpɛtə
Pipi piˈpi:
Pipifax ˈpɪpifaks
Pipin piˈpi:n, *auch:* ˈpɪpi:n
Pipkow *bulgar.* ˈpipkof
Pippa ˈpɪpa
Pippau ˈpɪpau̯
Pippin pɪˈpi:n, *auch:* ˈpɪpi:n
Pips pɪps
pipsig ˈpɪpsɪç, **-e** ...ɪgə
Piqua *engl.* ˈpɪkwə
Pique pi:k
Piqué piˈke:
Piqueur piˈkø:ɐ̯
Pirach ˈpi:rax
Piracicaba *bras.* pirasiˈkaba
Piräefs *neugr.* pirɛˈɛfs
Piran *slowen.* piˈra:n
Pirandello *it.* piranˈdɛllo
Piranesi *it.* piraˈne:si
Piranha piˈranja
Piranhas *bras.* piˈrɐɲas
Pirat piˈra:t
Pirata *it.* piˈra:ta
Piraterie piratəˈri:, **-n** ...i:ən
Pirath ˈpi:ra:t
Piräus piˈrɛ:ʊs
Piraya piˈra:ja
Pirchan ˈpɪrçan
Pirckheimer ˈpɪrkhai̯mɐ
Pire *fr.* pi:r
Pirelli *it.* piˈrɛlli
Pirenne *fr.* piˈrɛn
Pires *port.* ˈpiriʃ, *bras.* ˈpiris
Pirgos *neugr.* ˈpirɣɔs
Pirin *bulgar.* piˈrin
Pirineos *span.* piriˈneos
Pirke Aboth pɪrˈke: aˈbo:t
Pirkheimer ˈpɪrkhai̯mɐ
Pirmasens ˈpɪrmazɛns
Pirmez *fr.* pirˈme
Pirmin ˈpɪrmi:n, –ˈ–
Pirminius pɪrˈmi:ni̯ʊs
Pirna ˈpɪrna
Piroge piˈro:gə
Pirogge piˈrɔgə
Pirogow *russ.* piraˈgɔf
Pirol piˈro:l
Piron *fr.* piˈrõ
Piroplasmose piroplasˈmo:zə
Pirouette piˈru̯ɛtə
pirouettieren piru̯ɛˈti:rən
Pirquet *fr.* pirˈkɛ
Pirro *fr.* piˈro
Pirsch pɪrʃ
pirschen ˈpɪrʃn̩
Pisa ˈpi:za, *it.* ˈpi:sa
Pisan *fr.* piˈzã
Pisanelli *it.* pisaˈnɛlli
Pisanello *it.* pisaˈnɛllo
Pisaner piˈza:nɐ
Pisang ˈpi:zaŋ
Pisani *it.* piˈsa:ni, *fr.* pizaˈni
Pisanio piˈza:ni̯o
pisanisch piˈza:nɪʃ
Pisano *it.* piˈsa:no, *span.* piˈsano
Piscator pɪsˈka:to:ɐ̯
Pisces ˈpɪstse:s
Pischel ˈpɪʃl̩
Piscina pɪsˈtsi:na
Pisciotta *it.* piʃˈʃɔtta
Pisco *span.* ˈpisko
Piseebau piˈze:bau̯
Pisek ˈpi:sɛk
Písek *tschech.* ˈpi:sɛk
Pisendel piˈzɛndl̩
Pisidien piˈzi:di̯ən
Pisis *it.* ˈpi:zis
Pisistratus piˈzɪstratʊs
Piso ˈpi:zo
Pisogne *it.* piˈzoɲɲe
pispern ˈpɪspɐn
Piss pɪs
Pissa ˈpɪsa
Pissarew *russ.* ˈpisɐrɪf
Pissarro *fr.* pisaˈro
Pisse ˈpɪsə
Pissemski *russ.* ˈpisɪmskij
pissen ˈpɪsn̩
Pissoir pɪˈso̯a:ɐ̯
pisswarm ˈpɪsˈvarm
Pistazie pɪsˈta:tsi̯ə
Piste ˈpɪstə
Pisticci *it.* pisˈtittʃi
Pistill pɪsˈtɪl
Pistoia pɪsˈto:ja, *it.* pisˈto:i̯a
Pistoiaer pɪsˈto:jaɐ
pistoiaisch pɪsˈto:jaɪʃ
Pistoja pɪsˈto:ja, *it.* pisˈto:i̯a
Pistol (Name) ˈpɪstɔl, *engl.* pɪstl
Pistol[e] pɪsˈto:l[ə]
Pistolero pɪstoˈle:ro
Pistoletto *it.* pistoˈletto
Piston pɪsˈtõ:, *engl.* ˈpɪstən
Pistor ˈpɪsto:ɐ̯
Pistorius pɪsˈto:ri̯ʊs
Pistoxenos pɪsˈtɔksenɔs
Pistyan ˈpɪsti̯an
Pisuerga *span.* piˈsu̯ɛrɣa
Pisz *poln.* piʃ
Pita ˈpi:ta, *fr.* piˈta
Pitaval *fr.* pitaˈval
Pitbull ˈpɪtbʊl
Pitcairn[e] *engl.* ˈpɪtkɛən
pitchen ˈpɪtʃn̩
Pitcher ˈpɪtʃɐ
Pitchpine ˈpɪtʃpai̯n
Pitchshot ˈpɪtʃʃɔt
Pite *schwed.* ˌpi:tə, ˈpi:tə
Piteå *schwed.* ˌpi:təo:
Pitești *rumän.* piˈteʃtj
Pithecus ˈpi:tekʊs
Pithekanthropus piteˈkantropʊs, ...pi ...pi
pithekoid pitekoˈi:t, **-e** ...i:də
Pithiviers *fr.* pitiˈvje
Pithom ˈpi:tɔm
Pitman *engl.* ˈpɪtmən
Pitoëf *fr.* pitɔˈɛf
Piton des Neiges *fr.* pitõdeˈnɛ:ʒ
Pitoni *it.* piˈto:ni
Pitot *fr.* piˈto
Pitotrohr piˈto:ro:ɐ̯
pitoyabel pito̯aˈja:bl̩, **...ble** ...blə
Pitra *fr.* piˈtra
pitsch, patsch! ˈpɪtʃˈpatʃ
pitsch[e]nass ˈpɪtʃ[ə]ˈnas
pitsch[e]patsch[e]nass ˈpɪtʃ[ə]ˈpatʃ[ə]ˈnas

P

Pitt *engl.* pɪt
Pittakos ˈpɪtakɔs
Pitter *engl.* ˈpɪtə
Pittermann ˈpɪtɐman
Pitti *it.* ˈpitti
Pitting ˈpɪtɪŋ
Pittoni *it.* pitˈtoːni
pittoresk pɪtoˈrɛsk
Pittosporum pɪˈtɔsporʊm
Pittsburg[h] *engl.* ˈpɪtsbəːg
Pittsfield *engl.* ˈpɪtsfiːld
Pituitrin pituiˈtriːn
Pityriasis pityˈriːazɪs, **...iasen** ...ˈri̯aːzn̩
Pityusen pityˈuːzn̩
Pitztal ˈpɪtsta:l
più pi̯uː
Pium Corpus ˈpiːʊm ˈkɔrpʊs
Piura *span.* ˈpi̯ura
Pius ˈpiːʊs
Piut pi̯uːt
Piva (Dudelsack) ˈpiːva
Pivot piˈvoː
Piwitt ˈpiːvɪt
Pixel ˈpɪksl̩
Pixérécourt *fr.* piksereˈkuːr
Piz pɪts, *rät.* pits
Pizarro piˈtsaro, *span.* piˈθarrɔ
Pizunda *russ.* piˈtsundɐ
Pizza ˈpɪtsa
Pizzardo *it.* pitˈtsardo
Pizzeria pɪtseˈriːa
Pizzetti *it.* pitˈtsetti
pizzicato pɪtsiˈkaːto
Pizzikato pɪtsiˈkaːto, **...ti** ...ti
Pizzo *it.* ˈpittso
Pjandsch *russ.* pjantʃ
Pjassina *russ.* ˈpjasinɐ
Pjatigorsk *russ.* pɪtiˈgɔrsk
Pjatigorski pjatiˈgɔrski, *russ.* pɪtiˈgɔrskij
Pjongjang pjɔŋˈjaŋ
Pjöngjang pjœŋˈjaŋ
Pjotr *russ.* pjɔtr
Pkw, PKW ˈpeːkaːveː, *auch:* ––ˈ–
Pla *kat., span.* pla
Plaatje *afr.* ˈplɑːi̯kji
Placebo plaˈtseːbo
Placement plasəˈmãː
Placentia *engl.* pləˈsenʃə
Placerville *engl.* ˈplæsəvɪl
placet ˈplaːtsɛt
Placetas *span.* plaˈθetas
plachandern plaˈxandɐn, **...dre** ...drə
Plache ˈplaxə
Placid *engl.* ˈplæsɪd
Placidia plaˈtsiːdi̯a
placido ˈplaːtʃido
Plácido *span.* ˈplaθiðo
Placidus ˈplaːtsidʊs
Placitum ˈplaːtsitʊm, **...ta** ...ta
placken, P... ˈplakn̩
Plackerei plakəˈrai̯
pladauz! plaˈdau̯ts
pladdern ˈpladɐn, **pladdre** ˈpladrə
Plädeur plɛˈdøːɐ̯
plädieren plɛˈdiːrən
Plädoyer plɛdo̯aˈjeː
Plafond plaˈfõː
plafonieren plafoˈniːrən
plagal plaˈgaːl
Plage[fenn] ˈplaːgə[fɛn]
plagen ˈplaːgn̩, **plag!** plaːk, **plagt** plaːkt
Plagge ˈplagə
Plagiar plaˈgi̯aːɐ̯
Plagiarius plaˈgi̯aːri̯ʊs, **...rii** ...rii
Plagiat plaˈgi̯aːt
Plagiator plaˈgi̯aːtoːɐ̯, **-en** ...i̯aˈtoːrən
plagiatorisch plagi̯aˈtoːrɪʃ
Plagieder plaˈgiˈ|eːdɐ
plagiieren plagiˈiːrən
plagiogeotrop plagi̯ogeoˈtroːp
Plagioklas plagi̯oˈklaːs, **-e** ...aːzə
Plagiostomen plagi̯oˈstoːmən
plagiotrop plagi̯oˈtroːp
Plagiozephalie plagi̯otsefaˈliː
Plaid pleːt
Plaidt plai̯t
Plainfield *engl.* ˈpleɪnfiːld
Plainview *engl.* ˈpleɪnvjuː
Plakat plaˈkaːt
plakatieren plakaˈtiːrən
Plakation plakaˈtsi̯oːn
plakativ plakaˈtiːf, **-e** ...ˈtiːvə
Plakette plaˈkɛtə
Plakodermen plakoˈdɛrmən
Plakodont plakoˈdɔnt
Plakoid... plakoˈiːt...
Plamann ˈplaːman
plan plaːn
Plan plaːn, **Pläne** ˈplɛːnə
Planar® plaˈnaːɐ̯
Planard *fr.* plaˈnaːr
Planarie plaˈnaːri̯ə
Planche plãːʃ, **-n** ...ʃn̩
Plänchen ˈplɛːnçən
Planchette plãˈʃɛtə
Planck plaŋk
Plane ˈplaːnə
[1]**Pläne** (Ebene) ˈplɛːnə
[2]**Pläne** vgl. Plan
planen ˈplaːnən
Pläner ˈplɛːnɐ
Planet[a] plaˈneːt[a]
planetar planeˈtaːɐ̯
Planetarium planeˈtaːri̯ʊm, **...ien** ...i̯ən
Planetoid planetoˈiːt, **-en** ...iːdn̩
Planetologie planetoloˈgiː
Planica *slowen.* plaˈniːtsa
planieren plaˈniːrən
Planifikateur planifikaˈtøːɐ̯
Planifikation planifikaˈtsi̯oːn
Planiglob planiˈgloːp, **-en** ...oːbn̩
Planiglobium planiˈgloːbi̯ʊm, **...ien** ...i̯ən
Planimeter planiˈmeːtɐ
Planimetrie planimeˈtriː
planimetrieren planimeˈtriːrən
planimetrisch planiˈmeːtrɪʃ
Planisphäre planiˈsfɛːrə
Planitz ˈplaːnɪts
Plank[e] ˈplaŋk[ə]
Plänkelei plɛŋkəˈlai̯
plänkeln ˈplɛŋkl̩n
Plankstadt ˈplaŋkʃtat
Plankter ˈplaŋktɐ
Plankton ˈplaŋktɔn
planktonisch plaŋkˈtoːnɪʃ
Planktont plaŋkˈtɔnt
plano ˈplaːno
Plano *engl.* ˈpleɪnoʊ
Planogamet planogaˈmeːt
planschen ˈplanʃn̩
Plant *engl.* plɑːnt
Planta ˈplanta
Plantage planˈtaːʒə
Plantagenet *engl.* plænˈtædʒɪnɪt
Plantagenêt *fr.* plãtaʒˈnɛ
Plantago planˈtaːgo
plantar planˈtaːɐ̯
Plantation plɛnˈteːʃn̩
Planté *fr.* plãˈte
Plantin *fr.* plãˈtɛ̃
Plantowolle ˈplantovɔlə
Planudes plaˈnuːdɛs
Planula ˈplaːnula
Planum ˈplaːnʊm
plapp[e]rig ˈplap[ə]rɪç, **-e** ...ɪgə
plappern ˈplapɐn
Plaque plak
Plaqué plaˈkeː
plärren ˈplɛrən
Plas *niederl.* plɑs
Pläsanterie plɛzantəˈriː, **-n** ...iːən
Plasencia *span.* plaˈsenθi̯a

Pläsier plɛˈzi:ɐ̯
Plasma ˈplasma
Plasmapherese plasmafeˈre:zə
plasmatisch plasˈma:tɪʃ
Plasmochin plasmɔˈxi:n
Plasmodesmen plasmoˈdɛsmən
Plasmodiophora plasmo-ˈdi̯o:fora
Plasmodium plasˈmo:di̯ʊm, **...ien** ...i̯ən
Plasmogonie plasmogoˈni:
Plasmolyse plasmoˈly:zə
Plasmon plasˈmo:n
Plasom plaˈzo:m
Plaß plas
Plassenburg ˈplasn̩bʊrk
Plassey *engl.* ˈplæsɪ
[1]**Plast** (Stoff) plast
[2]**Plast** (Name) *russ.* plast
Plaste ˈplastə
Plastics ˈplɛstɪks
Plastide plasˈti:d
Plastifikator plastifiˈka:to:ɐ̯, **-en** ...kaˈto:rən
plastifizieren plastifiˈt͜si:rən
Plastik ˈplastɪk
Plastiker ˈplastikɐ
Plastilin[a] plastiˈli:n[a]
Plastinaut plastiˈna͜ut
Plastiqueur plastiˈkø:ɐ̯
Plastiras *neugr.* plasˈtiras
plastisch ˈplastɪʃ
plastizieren plastiˈt͜si:rən
Plastizität plastit͜siˈtɛ:t
Plastom plasˈto:m
Plastopal plastoˈpa:l
Plastoponik plastoˈpo:nɪk
Plastow *russ.* ˈplastɐf
Plastron plasˈtrõ:
Plasy *tschech.* ˈplasi
Plata *span.* ˈplata
Platää plaˈtɛ:ɛ
Platäer plaˈtɛ:ɐ
Platane plaˈta:nə
Platanus ˈpla:tanʊs
Plate ˈpla:tə
Plateau plaˈto:
Platen ˈpla:tn̩
plateresk, P... plateˈrɛsk
Plath *engl.* plæθ
Plathe ˈpla:tə
Plathelminten plathɛlˈmɪntn̩
Platin ˈpla:ti:n, *auch:* plaˈti:n
Platine plaˈti:nə
platinieren platiˈni:rən
Platinit® platiˈni:t
Platinoid platinoˈi:t, **-e** ...i:də
Plato ˈpla:to
Platon ˈpla:tɔn, *russ.* plaˈtɔn
Platoniker plaˈto:nikɐ
platonisch plaˈto:nɪʃ
Platonismus platoˈnɪsmʊs
Platonow *russ.* plaˈtɔnɐf
Platonychie platonʏˈçi:
platsch! plat͜ʃ
Platschek ˈplat͜ʃɛk
platschen ˈplat͜ʃn̩
plätschern ˈplɛt͜ʃɐn
platschnass ˈplat͜ʃˈnas
platt, [1]P... plat
[2]**Platt** (Name) *engl.* plæt
Plättchen ˈplɛtçən
plattdeutsch ˈplatdɔ͜yt͜ʃ
[1]**Platte** ˈplatə
[2]**Platte** (Name) ˈplatə, *engl.* plæt
Plätte ˈplɛtə
Plattei plaˈta͜i
plätteln ˈplɛtl̩n
platten ˈplatn̩
plätten ˈplɛtn̩
Plattensee[r] ˈplatn̩ze:[ɐ]
Platter ˈplatɐ
platterdings ˈplatɐˈdɪŋs
plattieren plaˈti:rən
plattig ˈplatɪç, **-e** ...ɪgə
Plattitüde platiˈty:də
Plattler ˈplatlɐ
Plattling ˈplatlɪŋ
Plattsburg[h] *engl.* ˈplætsbə:g
Platy ˈpla:ty
Platypodie platypoˈdi:
Platyrrhina platʏˈri:na
Platyzephalie platyt͜sefaˈli:
Platz plat͜s, **Plätze** ˈplɛt͜sə
Plätzchen ˈplɛt͜sçən
platzen ˈplat͜sn̩
plätzen ˈplɛt͜sn̩
Platzer ˈplat͜sɐ
...plätzer ...plɛt͜sɐ
platzieren plaˈt͜si:rən
Plätzli ˈplɛt͜sli
Plau pla͜u
Plauderei pla͜udəˈra͜i
Plaud[e]rer ˈpla͜ud[ə]rɐ
plaudern ˈpla͜udɐn, **plaudre** ˈpla͜udrə
Plaue[n] ˈpla͜uə[n]
plauensch ˈpla͜uənʃ
Plauer ˈpla͜uɐ
plauesch ˈpla͜uəʃ
plauisch ˈpla͜uɪʃ
plauschen ˈpla͜uʃn̩
plausibel pla͜uˈzi:bl̩, **...ble** ...blə
plausibilieren pla͜uzibiˈli:rən
plausibilisieren pla͜uzibili-ˈzi:rən
Plausibilität pla͜uzibiliˈtɛ:t
plausibilitieren pla͜uzibili-ˈti:rən
plaustern ˈpla͜ustɐn
Plaut[us] ˈpla͜ut[ʊs]
plauz! pla͜ut͜s
Plauz[e] ˈpla͜ut͜s[ə]
plauzen ˈpla͜ut͜sn̩
Play ple:
Playa (Ebene) ˈpla:ja
Playa [de Aro] *span.* ˈplaja [ðe ˈaro]
Play-Back ˈple:bɛk
Playboy ˈple:bɔ͜y
Playe ˈpla:jə
Player ˈple:ɐ
Playgirl ˈple:gø:ɐ̯l, ...gœrl
Playmate ˈple:me:t
Play-off ple:ˈ|ɔf, ˈ– –
Plaza [Huincul] *span.* ˈplaθa [u̯iŋˈkul]
Plazenta plaˈt͜sɛnta
plazental plat͜sɛnˈta:l
Plazentalier plat͜sɛnˈta:li̯ɐ
plazentar plat͜sɛnˈta:ɐ̯
Plazentation plat͜sɛntaˈt͜si̯o:n
Plazentitis plat͜sɛnˈti:tɪs, **...itiden** ...tiˈti:dn̩
Plazet ˈpla:t͜sɛt
Plazidität plat͜sidiˈtɛ:t
Pleasant Island *engl.* ˈplɛznt ˈaɪlənd
Pleasanton *engl.* ˈplɛzntən
Pleasantville *engl.* ˈplɛzntvɪl
Pleban[us] pleˈba:n[ʊs]
Plebejer pleˈbe:jɐ
plebejisch pleˈbe:jɪʃ
Plebiszit plebɪsˈt͜si:t
plebiszitär plebɪst͜siˈtɛ:ɐ̯
[1]**Plebs** (Rom) ple:ps, plɛps
[2]**Plebs** (Pöbel) plɛps
Plech plɛç
Plechanow *russ.* plɪˈxanɐf
Plečnik *slowen.* ˈple:t͜ʃnik
Pléiade pleˈja:də, *fr.* pleˈjad
Pléiades *fr.* pleˈjad
Pleias ˈpla͜ias
Pleier ˈpla͜iɐ
Pleinair plɛˈnɛ:ɐ̯
Pleinairismus plɛnɛˈrɪsmʊs
Pleinairist plɛnɛˈrɪst
Pleinpouvoir plɛ̃puˈvo̯a:ɐ̯
Pleiochasium pla͜ioˈça:zi̯ʊm, **...ien** ...i̯ən
Pleiße ˈpla͜isə
Pleißnerland ˈpla͜isnɐlant
Pleistozän pla͜istoˈt͜sɛ:n
pleite, P... ˈpla͜itə
Plejade pleˈja:də
Plektenchym plɛktɛnˈçy:m

P

Plektogyne plɛkto'gy:nə
Plektron 'plɛktrɔn, **...ra** ...ra
Plektrum 'plɛktrʊm, **...ra** ...ra
plem plɛm
Plempe 'plɛmpə
plempern 'plɛmpɐn
plemplem plɛm'plɛm
Plenar... ple'na:ɐ̯...
Plenarium ple'na:ri̯ʊm, **...ien** ...i̯ən
plene 'ple:nə
Plener 'ple:nɐ
Plenilunium pleni'lu:ni̯ʊm
plenipotent plenipo'tɛnt
Plenipotenz plenipo'tɛnts
pleno organo 'ple:no 'ɔrgano
pleno titulo 'ple:no 'ti:tulo
Plente 'plɛntə
Plenter 'plɛntɐ
plentern 'plɛntɐn
Plenty *engl.* 'plɛntɪ
Plenum 'ple:nʊm
Plenzdorf 'plɛntsdɔrf
Pleochroismus pleokro'ɪsmʊs
pleomorph pleo'mɔrf
Pleon 'ple:ɔn
Pleonasmus pleo'nasmʊs
pleonastisch pleo'nastɪʃ
Pleonexie pleonɛ'ksi:
Pleoptik ple'ɔptɪk
Plerem[ik] ple're:m[ɪk]
Plerom ple'ro:m
Pleschtschejew *russ.* plɪ'ʃtʃejɪf
Plesianthropus ple'zi̯antropʊs, **...pi** ...pi
Plesiopie plezi̯o'pi:, **-n** ...i:ən
Plesiosaurier plezi̯o'zau̯ri̯ɐ
Plesiosaurus plezi̯o'zau̯rʊs
Pleskau 'plɛskau̯
Pleß plɛs
Plessen 'plɛsn̩
Plessezk *russ.* plɪ'sjɛtsk
Plessimeter plɛsi'me:tɐ
Plessis-Robinson *fr.* plɛsirɔ-bɛ̃'sõ
Pleßner, Plessner 'plɛsnɐ
Plessur plɛ'su:ɐ̯
Plethi 'ple:ti
Plethon 'ple:tɔn
Plethora ple'to:ra
Plethysmograph pletʏsmo-'gra:f
Pleticha 'ple:tɪça
Pletnjow *russ.* plɪt'njɔf
Plettenberg 'plɛtn̩bɛrk
Pleuel 'plɔy̯əl
Pleumeur-Bodou *fr.* plømœr-bɔ'du
Pleura 'plɔy̯ra
pleural plɔy̯'ra:l
Pleuralgie plɔy̯ral'gi:, **-n** ...i:ən
Pleureuse plø'rø:zə
Pleuritis plɔy̯'ri:tɪs, **...itiden** ...ri'ti:dn̩
Pleurodynie plɔy̯rody'ni:, **-n** ...i:ən
pleurokarp plɔy̯ro'karp
Pleurolyse plɔy̯ro'ly:zə
Pleuropneumonie plɔy̯ropnɔy̯-mo'ni:, **-n** ...i:ən
Pleurorrhö, ...öe plɔy̯rɔ'rø:, **...rrhöen** ...'rø:ən
Pleuston 'plɔy̯stɔn
Pleven *fr.* ple'vɛn
Plewen *bulgar.* 'plɛvɛn
plexiform plɛksi'fɔrm
Plexiglas® 'plɛksigla:s
Plexus 'plɛksʊs, **die -** 'plɛksu:s
Pleydenwurff 'plai̯dn̩vʊrf
Pleyel 'plai̯əl, *fr.* plɛ'jɛl
Pleyer 'plai̯ɐ
Pleystein 'plai̯ʃtai̯n
Pli pli:
Plicht plɪçt
plieren 'pli:rən
plierig 'pli:rɪç, **-e** ...ɪgə
plietsch pli:tʃ
Plievier pli'vi̯e:
pliieren pli'i:rən
Plimsoll *engl.* 'plɪmsəl
Plinius 'pli:ni̯ʊs
plinkern 'plɪŋkɐn
Plinse 'plɪnzə
plinsen 'plɪnzn̩, **plins!** plɪns, **plinst** plɪnst
Plinthe 'plɪntə
Pliny *engl.* 'plɪnɪ
Plinze 'plɪntsə
pliozän, P... plio'tsɛ:n
Plischke 'plɪʃkə
Pliska *bulgar.* 'pliskɐ
Plisnier *fr.* plis'nje
Plissee plɪ'se:
Plissezkaja *russ.* pli'sjɛtskɐjɐ
plissieren plɪ'si:rən
Plitvička Jezera *serbokr.* 'plit-vitʃka: jɛ,zɛra
Plitwitzer Seen, ...icer - 'plɪt-vɪtsɐ 'ze:ən
plitz, platz! 'plɪts'plats
Plješevica *serbokr.* ,pljɛʃɛvitsa
Pljevlja *serbokr.* 'pljɛvlja
Ploče *serbokr.* 'plɔtʃɛ
Plochingen 'plɔxɪŋən
Płock *poln.* pu̯ɔtsk
Plöcken[stein] 'plœkn̩[ʃtai̯n]
Plockwurst 'plɔkvʊrst
Ploești *rumän.* plo'i̯eʃtj
Ploetz plø:ts
Ploiești *rumän.* plo'i̯eʃtj
Plombage plɔm'ba:ʒə
Plombe 'plɔmbə
plombieren plɔm'bi:rən
Plombières-les-Bains *fr.* plõ-bjɛrle'bɛ̃
Plomer *engl.* 'plʌmə, 'plu:mə
Plon *fr.* plõ
Plön[e] 'plø:n[ə]
Ploni 'plo:ni
Płońsk *poln.* pu̯ɔĩ̯sk
Plörre 'plœrə
plosiv, P... plo'zi:f, **-e** ...i:və
Plot plɔt
Plotin[os] plo'ti:n[ɔs]
Plotte 'plɔtə
plotten 'plɔtn̩
Plotter 'plɔtɐ
Płoty *poln.* 'pu̯ɔtɨ
Plotz plɔts, *engl.* plɔts
Plötze 'plœtsə
Plötzensee plœtsn̩'ze:
plötzlich 'plœtslɪç
Plowdiw *bulgar.* 'plɔvdif
Plowmen *engl.* 'plaʊmən
Plozk plɔtsk
Plücker 'plʏkɐ
Pluderhose 'plu:dɐho:zə
plud[e]rig 'plu:d[ə]rɪç, **-e** ...ɪgə
pludern 'plu:dɐn, **pludre** 'plu:drə
Plug and play 'plak ɛnt 'ple:
Pluhar 'plu:har
Plohař *tschech.* 'pluharʃ
Plumbago plʊm'ba:go
Plumban plʊm'ba:n
Plumbat plʊm'ba:t
Plumbum 'plʊmbʊm
Plumeau ply'mo:
Plumet *fr.* ply'mɛ
Plumkett *engl.* 'plʌmkɪt
plump plʊmp
Plumpe 'plʊmpə
plumpen 'plʊmpn̩
plumps!, Plumps plʊmps
plumpsen 'plʊmpsn̩
Plumpudding 'plampʊdɪŋ
plumpvertraulich 'plʊmpfɛɐ̯-'trau̯lɪç
Plumula 'plu:mula, **...lae** ...lɛ
Plunder 'plʊndɐ
Plünderei plʏndə'rai̯
Plünd[e]rer 'plʏnd[ə]rɐ
plündern 'plʏndɐn, **plündre** 'plʏndrə
Plunger *engl.* 'plʌndʒə
Plunket[t] *engl.* 'plʌŋkɪt
Plünnen 'plʏnən

Plụnscher ˈplʊnʃɐ
Plụnze ˈplʊnt͜sə
Plụnzen ˈplʊnt͜sn̩
plura̱l pluˈraːl
Plu̱ral ˈpluːraːl
Pluraletạntum pluraːləˈtantʊm, **Pluraliatạntum** pluraːli̯aˈt...
Plura̱lis pluˈraːlɪs, **...les** ...leːs
plura̱lisch pluˈraːlɪʃ
pluralisi̱eren pluraliˈziːrən
Plura̱lis Majesta̱tis, - Modẹstiae pluˈraːlɪs majɛsˈtaːtɪs, - moˈdɛsti̯ɛ
Pluralịsmus pluraˈlɪsmʊs
Pluralịst pluraˈlɪst
Pluralitä̱t pluraliˈtɛːt
plurifọrm pluriˈfɔrm
plurilịngue pluriˈlɪŋgu̯ə
Pluri̱para pluˈriːpara, **...ren** ...riˈpaːrən
plụs, P... plʊs
Plüsch plʏʃ, *auch:* plyːʃ
plüschen ˈplʏʃn̩, *auch:* ˈplyːʃn̩
Plụschnyk *ukr.* ˈpluʒnɪk
Plụsquamperfekt ˈplʊskvampɛrfɛkt
Plusquamperfẹktum plʊskvampɛrˈfɛktʊm, **...ta** ...ta
plu̱stern ˈpluːstɐn
Plutạrch[os] pluˈtarç[ɔs]
Plu̱teus ˈpluːteʊs
Plu̱to ˈpluːto
Plutokra̱t plutoˈkraːt
Plutokrati̱e plutokraˈtiː, **-n** ...iːən
[1]**Pluton** (Pluto) ˈpluːtɔn
[2]**Pluto̱n** (Gestein) pluˈtoːn
pluto̱nisch pluˈtoːnɪʃ
Plutonịsmus plutoˈnɪsmʊs
Plutonịst plutoˈnɪst
Pluton̲i̱t plutoˈniːt
Pluto̱nium pluˈtoːni̯ʊm
Plu̱tos ˈpluːtɔs
Plụtzer ˈplʊt͜sɐ
pluvia̱l pluˈvi̯aːl
Pluvia̱le pluˈvi̯aːlə
Pluviogra̱ph pluvi̯oˈgraːf
Pluviome̱ter pluvi̯oˈmeːtɐ
Pluvionivome̱ter pluvi̯onivoˈmeːtɐ
Pluvio̱se plyˈvi̯oːs
Plu̱vius ˈpluːvi̯ʊs
Plymouth *engl.* ˈplɪməθ
Plzeň *tschech.* ˈpl̩zɛnj
p.m. (nachmittags) piːˈ|ɛm
Pneu̱[ma] ˈpnɔ͜y[ma]
Pneumatho̱de pnɔ͜ymaˈtoːdə
Pneuma̱tik pnɔ͜yˈmaːtɪk
Pneuma̱tiker pnɔ͜yˈmaːtikɐ
Pneumatisatio̱n pnɔ͜ymatizaˈt͜si̯oːn
pneuma̱tisch pnɔ͜yˈmaːtɪʃ
Pneumatịsmus pnɔ͜ymaˈtɪsmʊs
Pneumatochọrd pnɔ͜ymatoˈkɔrt, **-e** ...rdə
Pneumatologi̱e pnɔ͜ymatoloˈgiː
Pneumatoly̱se pnɔ͜ymatoˈlyːzə
pneumatoly̱tisch pnɔ͜ymatoˈlyːtɪʃ
Pneumatome̱ter pnɔ͜ymatoˈmeːtɐ
Pneumatometri̱e pnɔ͜ymatomeˈtriː
Pneumatopho̱r pnɔ͜ymatoˈfoːɐ̯
Pneumato̱se pnɔ͜ymaˈtoːzə
Pneumatoze̱le pnɔ͜ymatoˈt͜seːlə
Pneumaturi̱e pnɔ͜ymatuˈriː, **-n** ...iːən
Pneumektomi̱e pnɔ͜ymɛktoˈmiː, **-n** ...iːən
Pneumenzephalogrạmm pnɔ͜ymɛnt͜sefaloˈgram
Pneumoatmo̱se pnɔ͜ymo|atˈmoːzə
Pneumogra̱ph pnɔ͜ymoˈgraːf
Pneumokọkke pnɔ͜ymoˈkɔkə
Pneumokọkkus pnɔ͜ymoˈkɔkʊs
Pneumokonio̱se pnɔ͜ymokoˈni̯oːzə
Pneumoli̱th pnɔ͜ymoˈliːt
Pneumolo̱ge pnɔ͜ymoˈloːgə
Pneumologi̱e pnɔ͜ymoloˈgiː
Pneumoly̱se pnɔ͜ymoˈlyːzə
Pneumonektomi̱e pnɔ͜ymonɛktoˈmiː, **-n** ...iːən
Pneumoni̱e pnɔ͜ymoˈniː, **-n** ...iːən
Pneumo̱nik pnɔ͜yˈmoːnɪk
pneumo̱nisch pnɔ͜yˈmoːnɪʃ
Pneumonokonio̱se pnɔ͜ymonokoˈni̯oːzə
Pneumono̱se pnɔ͜ymoˈnoːzə
Pneumoperika̱rd pnɔ͜ymoperiˈkart, **-es** ...rdəs
Pneumopleuri̱tis pnɔ͜ymoplɔ͜yˈriːtɪs, **...iti̱den** ...riˈtiːdn̩
Pneumotho̱rax pnɔ͜ymoˈtoːraks
Pneumoto̱m pnɔ͜ymoˈtoːm
pneumotro̱p pnɔ͜ymoˈtroːp
Pneumoze̱le pnɔ͜ymoˈt͜seːlə
Pneumozystographi̱e pnɔ͜ymot͜sʏstograˈfiː, **-n** ...iːən
Pniẹwy *poln.* ˈpnjɛvɨ
Pni̱gos ˈpniːgɔs
Pnịn *russ.* pnin
Pnompẹnh pnɔmˈpɛn
Po̱ poː, *it.* pɔ
Pó *port.* pɔ
Pobẹda *russ.* paˈbjɛdɐ
Pobedonọszew *russ.* pɐbɪdaˈnɔstsəf
Pö̱bel ˈpøːbl̩
Pöbelạnt pøːbəˈlant
Pöbelei̱ pøːbəˈlai̯
pö̱beln ˈpøːbl̩n, **pö̱ble** ˈpøːblə
Poblẹt *span.* poˈβlɛt
Pocatẹllo *engl.* poʊkəˈtɛloʊ
Pocatẹrra *span.* pokaˈtɛrra
Poccẹtta pɔˈt͜ʃɛta
Poccẹtti *it.* potˈt͜ʃetti
Pọcci ˈpɔt͜ʃi
Pọche ˈpɔxə
pọchen ˈpɔxn̩
Pochẹtte pɔˈʃɛtə
pochetti̱no pokɛˈtiːno
pochi̱eren pɔˈʃiːrən
Pọ̈chlarn ˈpœçlarn
Pọčitelj *serbokr.* ˌpɔtʃitɛlj
Pọcke ˈpɔkə
Pọcket... ˈpɔkət...
Pọcketbook ˈpɔkətbʊk
Pọcketing ˈpɔkətɪŋ
Pọckholz ˈpɔkhɔlt͜s
pọckig ˈpɔkɪç, **-e** ...ɪgə
Pọcking ˈpɔkɪŋ
poco ˈpɔko, ˈpoːko
Pọços de Cạldas *bras.* ˈpɔsuz di ˈkaldas
Pod pɔt, poːt
Po̱dagra ˈpoːdagra
poda̱grisch poˈdaːgrɪʃ
Podagrịst podaˈgrɪst
Podalgi̱e podalˈgiː, **-n** ...iːən
Podẹst poˈdɛst
Podestạ, ...tà podɛsˈta
Po̱dex ˈpoːdɛks
Pọdgora *serbokr.* ˈpɔdgɔra
Pọdgorica *serbokr.* ˌpɔdgɔritsa
Podgọrny *russ.* padˈgɔrnɨj
Pọdiebrad ˈpɔdi̯ɛbrat
Po̱dium ˈpoːdi̯ʊm, **...ien** ...i̯ən
Podjạtschew *russ.* padˈjatʃɪf
Podkạmennaja Tungụska *russ.* patˈkamɪnnɐjɐ tunˈguskɐ
Podlạchien pɔtˈlaxi̯ən
Podlạsier pɔtˈlaːzi̯ɐ
Podo̱lien poˈdoːli̯ən
Podolo̱ge podoˈloːgə
Podologi̱e podoloˈgiː
podolo̱gisch podoˈloːgɪʃ
Podọlsk *russ.* paˈdɔljsk
Podome̱ter podoˈmeːtɐ
Podophylli̱n podofʏˈliːn
Podosko̱p podoˈskoːp
Podsol pɔˈt͜sɔl, pɔˈt͜soːl
podsoli̱eren pɔt͜soˈliːrən

Podwarsatschow *bulg.* podvər'zatʃof
Poe *engl.* poʊ
Poel pø:l, *engl.* poʊl, *niederl.* pul
Poelaert *niederl.* 'pula:rt
Poelenburgh *niederl.* 'pulənbʏrx
Poelzig 'pœlt͜sɪç
Poem po'e:m
Pœnsgen 'pœnsgn̩
Poeschel 'pœʃl̩
Poesie poe'zi:, **-n** ...i:ən
Poésie engagée poe'zi: ãga'ʒe:
Poet po'e:t
Poeta doctus [- laureatus] po'e:ta 'dɔktʊs [- lau̯re'a:tʊs], **Poetae docti [- laureati]** po'e:tɛ 'dɔkti [- lau̯re'a:ti]
Poetaster poe'tastɐ
Poethen 'pø:tn̩
Poetik po'e:tɪk
poetisch po'e:tɪʃ
poetisieren poeti'zi:rən
poetologisch poeto'lo:gɪʃ
Pofel 'po:fl̩
pofen 'po:fn̩
Pofese po'fe:zə
Pogatsche po'ga:t͜ʃə
Poggendorf 'pɔgn̩dɔrf
Poggi *it.* 'pɔddʒi
Poggio *it.* 'pɔddʒo
Poglietti *it.* poʎ'ʎetti
Pogo 'po:go
Pogodin *russ.* pa'gɔdin
Pogorelić *serbokr.* pɔgɔ'rɛlitɕ
Pogradec *alban.* pogra'dets
Pogrom po'gro:m
Pogwisch 'pɔgvɪʃ
P'ohang *korean.* phohaŋ
Poher *fr.* pɔ'ɛ:r
Pohjanmaa *finn.* 'pɔhjɑmmɑ:
Pohl[e] 'po:l[ə]
Pohlenz 'po:lɛnt͜s
Pohlheim 'po:lhai̯m
poietisch pɔy̆'e:tɪʃ
Poikilodermie pɔy̆kilodɛr'mi:, **-n** ...i:ən
poikilotherm pɔy̆kilo'tɛrm
Poikilothermie pɔy̆kilotɛr'mi:, **-n** ...i:ən
Poikilozytose pɔy̆kilot͜sy'to:zə
Poil po̯al
Poilu po̯a'ly:
Poincaré *fr.* pwɛ̃ka're
Poing 'po:ɪŋ
Poins[ett] *engl.* 'pɔɪns[ɛt]
Poinsettie pɔy̆n'zɛti̯ə
Poinsot *fr.* pwɛ̃'so
Point po̯ɛ̃:
Point de Galle *engl.* 'pɔɪnt də 'gɑ:l
Point d'Honneur 'po̯ɛ̃: dɔ'nø:ɐ̯
Pointe 'po̯ɛ̃:tə
Pointe-à-Pitre *fr.* pwɛ̃ta'pitr
Pointe-Noire *fr.* pwɛ̃t'nwa:r
Pointer 'pɔy̆ntɐ
pointieren po̯ɛ̃'ti:rən
pointillieren po̯ɛ̃ti'ji:rən
Pointillismus po̯ɛ̃ti'jɪsmʊs
Pointillist po̯ɛ̃ti'jɪst
Pointlace 'pɔy̆ntle:s
Point of no Return 'pɔy̆nt ɔf 'no: rɪ'tø:ɐ̯n, - - - ...'tœrn
Point of Sale 'pɔy̆nt ɔf 'ze:l
Poiret *fr.* pwa'rɛ
Poirot-Delpech *fr.* pwarodɛl'pɛʃ
Poirters *niederl.* 'po:rtərs
Poise 'po̯a:zə
Poiseuille *fr.* pwa'zœj
Poisson *fr.* pwa'sõ
Poissy *fr.* pwa'si
Poitevin *fr.* pwat'vɛ̃
Poitiers *fr.* pwa'tje
Poitou *fr.* pwa'tu
Pojarkow *russ.* pa'jarkɐf
Pojatz 'po:jat͜s
Pokal po'ka:l
Pokälchen po'kɛ:lçən
Pökel 'pø:kl̩
pökeln 'pø:kl̩n
Poker 'po:kɐ
Pöker 'pø:kɐ
Pokerface 'po:kɐfe:s
pokern 'po:kɐn
Pökling 'pø:klɪŋ
Pokorny po'kɔrni
Pokorný *tschech.* 'pɔkɔrni:
Pokrowsk[i] *russ.* pa'krɔfsk[ij]
Pöks pø:ks
pokulieren poku'li:rən
[1]**Pol** po:l
[2]**Pol** (Name) *niederl., poln.* pɔl
Pola *it.* 'pɔ:la, *russ.* pa'la
Polabe po'la:bə
Polabien po'la:bi̯ən
polabisch po'la:bɪʃ
Polacca po'laka
Poláček *tschech.* 'pɔla:tʃɛk
Polack (Nachname) 'pɔlak
Polack[e] po'lak[ə]
Polackei pola'kai̯
Polacker po'lakɐ
Polak 'po:lak, *poln.* 'pɔlak
Polanica Zdrój *poln.* pɔla'nitsa 'zdruj
Polański po'lanski, *poln.* pɔ'lai̯ski
polar po'la:ɐ̯
Polare po'la:rə
Polarimeter polari'me:tɐ
Polarimetrie polarime'tri:, **-n** ...i:ən
polarimetrisch polari'me:trɪʃ
Polaris po'la:rɪs, *engl.* poʊ'lærɪs, ...lɑ:rɪs
Polarisation polariza't͜si̯o:n
Polarisator polari'za:to:ɐ̯, **-en** ...za'to:rən
polarisieren polari'zi:rən
Polarität polari'tɛ:t
Polarium po'la:ri̯ʊm, **...ien** ...i̯ən
Polarograph polaro'gra:f
Polarographie polarogra'fi:, **-n** ...i:ən
Polaroid...® pola'rɔy̆t..., *auch:* polaro'i:t...
Polcirkeln *schwed.* ˌpu:lsirkəln
Połczyn Zdrój *poln.* 'pɔu̯tʃɨn 'zdruj
Poldel, Poldl 'pɔldl̩
Polder[l] 'pɔldɐ[l]
Poldi 'pɔldi
[1]**Pole** 'po:lə
[2]**Pole** (Name) *engl.* poʊl, pu:l
Polei po'lai̯
Poleis vgl. Polis
Polemik po'le:mɪk
Polemiker po'le:mikɐ
polemisch po'le:mɪʃ
polemisieren polemi'zi:rən
Polemologie polemolo'gi:
Polemon 'po:lemɔn
polen, P... 'po:lən
Polenow *russ.* pa'ljɛnɐf
Polenta po'lɛnta
Polente po'lɛntə
Polentz, Polenz 'po:lɛnt͜s
Poleposition 'po:lpozɪʃn̩
Poleschajew *russ.* pɐlɪ'ʒajɪf
Polesien po'le:zi̯ən
Polesine *it.* po'le:zine
Polessien po'lɛsi̯ən
Polet *niederl.* 'po:lət
Polewoi *russ.* pɐlɪ'vɔj
Polewskoi *russ.* pɐlɪf'skɔj
Polgar 'pɔlgar
Polhem *schwed.* ˌpu:lhɛm
Poliakoff *fr.* pɔlja'kɔf
Poliander po'li̯andɐ
Policarpo *span.* poli'karpo
[1]**Police** po'li:sə
[2]**Police** (Name) *poln.* pɔ'litsɛ
Polichinelle poliʃi'nɛl

P

Policinello politʃiˈnɛlo, **...lli** ...li
Polička *tschech.* ˈpɔlitʃka
Polidoro *it.* poliˈdɔ:ro
Polienzephalitis poli-|ɛntsefaˈli:tɪs, **...itiden** ...liˈti:dn̩
Polier poˈli:ɐ̯
polieren poˈli:rən
Polignac *fr.* pɔliˈɲak
Poligny *fr.* pɔliˈɲi
Polikarp[ow] *russ.* pɐli-ˈkarp[ɐf]
Poliklinik ˈpo:likli:nɪk
poliklinisch ˈpo:likli:nɪʃ
Polilas *neugr.* pɔliˈlas
Polillo *span.* poˈliʎo
Poliment poliˈmɛnt
Polio ˈpo:li̯o
Poliomyelitis poli̯omy̆eˈli:tɪs, **...itiden** ...liˈti:dn̩
Poliosis poˈli̯o:zɪs
Polis ˈpo:lɪs, *auch:* ˈpɔlɪs, **Poleis** ...lais
POLISARIO *span.* poliˈsari̯o
Polissonnerie polɪsɔnəˈri:, **-n** ...i:ən
Polit... poˈlɪt...
Politesse poliˈtɛsə
politieren poliˈti:rən
Politik poliˈti:k
[1]**Politika** *serbokr.* pɔˌlitika
[2]**Politika** vgl. Politikum
Politikaster politiˈkastɐ
Politiken *dän.* pʊliˈtign̩
Politiker poˈli:tikɐ
Politikum poˈli:tikʊm, **...ka** ...ka
Politikus poˈli:tikʊs, **-se** ...ʊsə
Politis *neugr.* pɔˈlitis
politisch poˈli:tɪʃ
politisieren politiˈzi:rən
Politologe politoˈlo:gə
Politologie politoloˈgi:
Politruk poliˈtrʊk
Politur poliˈtu:ɐ̯
Politzer ˈpo:lɪtsɐ, ˈpɔ...
Polívka *tschech.* ˈpɔli:fka
Polizei poliˈtsai
Poliziano *it.* politˈtsi̯a:no
Polizist poliˈtsɪst
Polizze poˈlɪtsə
Poljanow *bulgar.* poˈljanof
Polje ˈpɔljə
[1]**Polk** (Gruppe) pɔlk
[2]**Polk** (Name) *engl.* poʊk
Pölk pœlk
Polka ˈpɔlka
polken ˈpɔlkn̩
Poll po:l
Pollack ˈpɔlak, *engl.* ˈpɔlæk
Pollaiuolo *it.* pollai̯ˈu̯ɔ:lo
pollakanth polaˈkant
Pollakisurie polakizuˈri:, **-n** ...i:ən
Pollak[i]urie polak[i̯]uˈri:, **-n** ...i:ən
Pollard *engl.* ˈpɔləd
Pollarolo *it.* pollaˈrɔ:lo
Pollen ˈpɔlən
Poller ˈpɔlɐ
Polligkeit ˈpɔlɪçkait
Polling ˈpɔlɪŋ
Pölling ˈpœlɪŋ
Pollini *it.* polˈli:ni
Pollinium poˈli:ni̯ʊm, **...ien** ...i̯ən
Pollio ˈpɔli̯o
Pollione *it.* polˈli̯o:ne
Pollo[c]k ˈpɔlɔk, *engl.* ˈpɔlək
Pollution pɔluˈtsi̯o:n
Pollux ˈpɔlʊks
Polly *engl.* ˈpɔlɪ
polnisch ˈpɔlnɪʃ
[1]**Polo** ˈpo:lo
[2]**Polo** (Name) ˈpo:lo, *it.* ˈpɔ:lo, *span.* ˈpolo
Polog *mak.* ˈpɔlɔk
Polonaise, ...näse poloˈnɛ:zə
Polonceau... pɔlõˈso:...
Polonia poˈlo:ni̯a, *poln.* pɔ-ˈlɔnja
Polonicum poˈlo:nikʊm
polonisieren poloniˈzi:rən
Polonist[ik] poloˈnɪst[ɪk]
Polonium poˈlo:ni̯ʊm
Polonius poˈlo:ni̯ʊs
Polonnaruwa *engl.* poʊlʌnə-ˈrʊvə
Polonskaja *russ.* paˈlɔnskɐjɐ
Polonski *russ.* paˈlɔnskij
Polowetzer ˈpɔlovɛtsɐ
Polowzer ˈpɔlɔftsɐ
Polowzy *russ.* ˈpɔlɐftsɨ
Polozk[i] *russ.* ˈpɔlɐtsk[ij]
Pöls pœls
Polska [Rzeczpospolita Ludowa] *poln.* ˈpɔlska [ʒɛtʃpɔsˈpɔlita luˈdɔva]
Polster ˈpɔlstɐ
polstern ˈpɔlstɐn
Poltawa pɔˈlta:va, *russ.* pal-ˈtavɐ
polt[e]rig ˈpɔlt[ə]rɪç, **-e** ...ɪgə
poltern ˈpɔltɐn
Poltron pɔlˈtrõ:
Polyacryl... poly|aˈkry:l...
Polyacrylat poly|akryˈla:t
Polyaddition poly|adiˈtsi̯o:n
Polyaddukt poly|aˈdʊkt
Polyamid poly|aˈmi:t, **-e** ...i:də
Polyämie poly|ɛˈmi:
Polyandrie poly|anˈdri:
polyandrisch polyˈ|andrɪʃ
Polyantha... polyˈ|anta...
Polyarthritis poly|arˈtri:tɪs, **...itiden** ...triˈti:dn̩
Polyase polyˈa:zə
Polyästhesie poly|ɛsteˈzi:, **-n** ...i:ən
Polyäthylen poly|ɛtyˈle:n
Polyb poˈly:p
Polybios poˈly:bi̯ɔs
Polybius poˈly:bi̯ʊs
Polychäten polyˈçɛ:tn̩
Polychord polyˈkɔrt, **-e** ...rdə
polychrom polyˈkro:m
Polychromie polykroˈmi:, **-n** ...i:ən
polychromieren polykroˈmi:rən
Polychromographie polykro-mograˈfi:, **-n** ...i:ən
Polydaktylie polydaktyˈli:, **-n** ...i:ən
Polydämonismus polydɛmo-ˈnɪsmʊs
Polydeukes polyˈdɔykɛs
Polydipsie polydɪˈpsi:
Polydor ˈpo:lydo:ɐ̯
Polydore *fr.* pɔliˈdɔ:r
Polyeder polyˈ|e:dɐ
polyedrisch polyˈ|e:drɪʃ
Polyembryonie poly-|ɛmbryoˈni:, **-n** ...i:ən
Polyester polyˈ|ɛstɐ
Polyeuktos poˈly:ɔyktɔs, poly-ˈ|ɔy...
Polygala poˈly:gala
Polygalaktie polygalakˈti:
polygam polyˈga:m
Polygamie polygaˈmi:
Polygamist polygaˈmɪst
polygen polyˈge:n
Polygenese polygeˈne:zə
Polygenismus polygeˈnɪsmʊs
Polyglobulie polygloбuˈli:, **-n** ...i:ən
polyglott polyˈglɔt
Polyglotte polyˈglɔtə
Polygnot[os] pɔlyˈgno:t[ɔs]
Polygon polyˈgo:n
polygonal polygoˈna:l
Polygonum poˈly:gonʊm
Polygraph polyˈgra:f
Polygraphie polygraˈfi:
polygyn polyˈgy:n
Polygynie polygyˈni:
Polygyros poˈly:gyrɔs

P

Polyhalit polyha'li:t
Polyhistor poly'hɪsto:ɐ̯, **-en** ...'to:rən
polyhybrid polyhy'bri:t, **-e** ...i:də
Polyhymnia poly'hʏmnia
Polyideismus poly|ide'ɪsmʊs
polykarp, P... poly'karp
Polykladie polykla'di:
Polyklet poly'kle:t
polykondensieren polykɔndɛn'zi:rən
Polykorie polyko'ri:
Polykrates po'ly:kratɛs
Polylingualismus polylɪŋgu̯a'lɪsmʊs
Polymastie polymas'ti:, **-n** ...i:ən
Polymathie polyma'ti:
Polymedes poly'me:dɛs
Polymelie polyme'li:, **-n** ...i:ən
Polymenorrhö, ...öe polymenɔ'rø:, **...rrhöen** ...'rø:ən
polymer, P... poly'me:ɐ̯
Polymerie polyme'ri:, **-n** ...i:ən
Polymerisat polymeri'za:t
Polymerisation polymeriza'tsi̯o:n
polymerisieren polymeri'zi:rən
polymetamorph polymeta'mɔrf
Polymeter poly'me:tɐ
Polymetis poly'me:tɪs
Polymetrie polyme'tri:, **-n** ...i:ən
Polymnia po'lʏmnia
polymorph poly'mɔrf
Polymorphie polymɔr'fi:
Polymorphismus polymɔr'fɪsmʊs
Polyneikes poly'naikɛs
Polyneside polyne'zi:də
Polynesien poly'ne:zi̯ən
Polynesier poly'ne:zi̯ɐ
polynesisch poly'ne:zɪʃ
Polyneuritis polynɔy̯'ri:tɪs, **...itiden** ...ri'ti:dn̩
Polynices poly'ni:tsɛs
Polynom poly'no:m
polynukleär polynukle'ɛ:ɐ̯
Polyopie poly|o'pi:, **-n** ...i:ən
Polyp po'ly:p
Polypeptid polypɛp'ti:t, **-e** ...i:də
Polyperchon poly'pɛrçɔn
polyphag poly'fa:k, **-e** ...a:gə
Polyphagie polyfa'gi:, **-n** ...i:ən
polyphän poly'fɛ:n
Polyphem poly'fe:m
Polyphemos po'ly:femɔs
polyphon poly'fo:n
Polyphonie polyfo'ni:
Polyphoniker poly'fo:nikɐ
Polyphrasie polyfra'zi:
polyphyletisch polyfy'le:tɪʃ
Polyphyletismus polyfyle'tɪsmʊs
Polyphylie polyfy'li:
Polyphyllie polyfʏ'li:
Polypionie polypi̯o'ni:, **-n** ...i:ən
Polyplast poly'plast
polyploid polyplo'i:t, **-e** ...i:də
Polyploidie polyploi'di:
Polypnoe poly'pno:ə
Polypodium poly'po:di̯ʊm, **...ien** ...i̯ən
polypoid polypo'i:t, **-e** ...i:də
Polypol poly'po:l
Polypose poly'po:zə
Polypragmasie polypragma'zi:, **-n** ...i:ən
Polypragmosyne polypragmo'zy:nə
Polyptoton po'lʏptotɔn, **...ta** ...ta
Polyptychon po'lʏptʏçɔn, **...cha** ...ça
Polyreaktion polyreak'tsi̯o:n
Polyrhythmik poly'rʏtmɪk
polyrhythmisch poly'rʏtmɪʃ
Polysa[c]charid polyzaxa'ri:t, **-e** ...i:də
polysaprob polyza'pro:p, **-e** ...o:bə
Polysaprobie polyza'pro:bi̯ə
polysem poly'ze:m
polysemantisch polyze'mantɪʃ
Polysemie polyze'mi:, **-n** ...i:ən
Polysialie polyzi̯a'li:
Polyspermie polyspɛr'mi:, **-n** ...i:ən
Polystyrol polysty'ro:l
Polysyllabum poly'zʏlabʊm, **...ba** ...ba
polysyndetisch polyzʏn'de:tɪʃ
Polysyndeton poly'zʏndetɔn, **...ta** ...ta
polysynthetisch polyzʏn'te:tɪʃ
Polysynthetismus polyzʏnte'tɪsmʊs
Polytechnik poly'tɛçnɪk
Polytechniker poly'tɛçnikɐ
Polytechnikum poly'tɛçnikʊm, **...ka** ...ka
polytechnisch poly'tɛçnɪʃ
Polytheismus polyte'ɪsmʊs
Polytheist polyte'ɪst
Polythelie polyte'li:, **-n** ...i:ən
Polytomie polyto'mi:
polytonal polyto'na:l
Polytonalität polytonali'tɛ:t
Polytrichie polytrɪ'çi:, **-n** ...i:ən
polytrop poly'tro:p
Polytropismus polytro'pɪsmʊs
Polytype poly'ty:pə
Polyurethan poly|ure'ta:n
Polyurie poly|u'ri:, **-n** ...i:ən
polyvalent polyva'lɛnt
Polyvinyl polyvi'ny:l
Polyxena po'lʏksena
Polyzentrismus polytsɛn'trɪsmʊs
polyzyklisch poly'tsy:klɪʃ
Polyzythämie polytsytɛ'mi:, **-n** ...i:ən
pölzen 'pœltsn̩
Pomade po'ma:də
pomadig po'ma:dɪç, **-e** ...ɪgə
pomadisieren pomadi'zi:rən
Pomake po'ma:kə
Pomare po'ma:rə
Pombal *port., bras.* pom'bal
Pombo *span.* 'pɔmbo
Pomeranze pomə'rantsə
Pomerellen pomə'rɛlən
Pomerium po'me:ri̯ʊm
Pomeroy *engl.* 'poʊmrɔɪ, 'pɔmərɔɪ
Pomesanien pome'za:ni̯ən
Pomeschtschik po'mɛʃtʃɪk, **...ki** ...ki
Pomestje po'mɛstjə
Pomfret *engl.* 'pʌmfrɪt
Pomigliano d'Arco *it.* pomiʎ'ʎa:no 'darko
Pomjalowski *russ.* pɐmɪ'lɔfskij
Pommer 'pɔmɐ
Pommerellen pɔmə'rɛlən
pommerisch 'pɔmərɪʃ
Pommerland 'pɔmɐlant
Pommern 'pɔmɐn
pommersch 'pɔmɐʃ
Pommersfelden pɔmɐs'fɛldn̩
Pommes 'pɔməs
Pommes Chips [- Croquettes, - Dauphine, - frites, - macaire] pɔm'tʃɪps [...kro'kɛt, ...do'fi:n, ...'frɪt, ...ma'kɛ:ɐ̯]
Pomodoro *it.* pomo'dɔ:ro
Pomologe pomo'lo:gə
Pomologie pomolo'gi:
pomologisch pomo'lo:gɪʃ
[1]**Pomona** (Göttin) po'mo:na
[2]**Pomona** (USA) *engl.* pə'moʊnə

Pomorie *bulgar.* po'mɔriɛ
Pomorze *poln.* pɔ'mɔʒɛ
Pomp pɔmp
Pompadour 'pɔmpadu:ɐ̯, *fr.* põpa'du:r
Pompano Beach *engl.* 'pɔmpənoʊ 'bi:tʃ
Pompei *it.* pom'pɛ:i̯
Pompeius pɔm'pe:jʊs
Pompejaner pɔmpe'ja:nɐ
pompejanisch pɔmpe'ja:nɪʃ
Pompeji pɔm'pe:ji
pompejisch pɔm'pe:jɪʃ
Pompejus pɔm'pe:jʊs
Pompeo *span.* pɔm'peo
Pompidou *fr.* põpi'du
Pompignan *fr.* põpi'ɲã
Pompon põ'põ:, pɔm'põ:
Pomponazzi *it.* pompo'nattsi
Pomponius pɔm'po:ni̯ʊs
Pomponne *fr.* põ'pɔn
pompös pɔm'pø:s, **-e** ...ø:zə
Pomposa *it.* pom'po:sa
pomposo pɔm'po:zo
Pompton Lakes *engl.* 'pɔmptən 'leɪks
Pomuchel po'mʊxl̩
pönal pø'na:l
Pönale pø'na:lə, **...lien** ...li̯ən
pönalisieren pønali'zi:rən
Pönalität pønali'tɛ:t
Ponape *engl.* 'poʊnəpeɪ
Ponarth po'nart
Ponca *engl.* 'pɔŋkə
Ponce *fr.* põ:s, *engl.* 'poʊnseɪ, *span.* 'pɔnθe
ponceau, P... põ'so:
Poncelet *fr.* põ'slɛ
Poncet *fr.* põ'sɛ
Poncett[e] põ'sɛt[ə]
Ponchielli *it.* poŋ'ki̯ɛlli
Poncho 'pɔntʃo
poncieren põ'si:rən
[1]**Pond** (Maß) pɔnt
[2]**Pond** (Name) *engl.* pɔnd
Pondal Abente *span.* pɔn'dal a'βente
ponderabel pɔnde'ra:bl̩, **...ble** ...blə
Ponderabilien pɔndera'bi:li̯ən
Ponderation pɔndera'tsi̯o:n
Pondicherry *engl.* pɔndɪ'tʃɛrɪ
Pondichéry *fr.* põdiʃe'ri
Pondo 'pɔndo
Ponente po'nɛntə
Ponferrada *span.* pɔnfɛ'rraða
Pongau 'pɔŋgau̯
Ponge *fr.* põ:ʒ
Pongé põ'ʒe:
Pongiden pɔŋ'gi:dn̩
Pongs pɔŋs
Poniatowska *span.* poni̯a'tɔfska
Poniatowski *poln.* pɔnja'tɔfski
Poničan *slowak.* 'pɔnjitʃan
ponieren po'ni:rən
Pönitentiar pønitɛn'tsi̯a:ɐ̯
Pönitentiarie pønitɛntsi̯a'ri:
Pönitenz pøni'tɛnts
Ponnelle *fr.* pɔ'nɛl
Pönologe pøno'lo:gə
Pönologie pønolo'gi:
Ponor 'po:no:ɐ, **-e** po'no:rə
[1]**Pons** (lat. = Brücke) pɔns
[2]**Pons** (Name) *fr.* põ:s, *engl.* pɔnz
Ponsard *fr.* põ'sa:r
Ponselle *engl.* pɔn'sɛl
ponsen 'pɔnzn̩, **pons!** pɔns, **ponst** pɔnst
Ponson du Terrail *fr.* põsõdytɛ'raj
Pont pɔnt
Ponta Delgada *port.* 'pontɐ ðɛl'gaðɐ
Ponta Grossa *bras.* 'ponta 'grɔsa
Pont-à-Mousson *fr.* põtamu'sõ
Pontano *it.* pon'ta:no
Pontanus pɔn'ta:nʊs
Pontarlier *fr.* põtar'lje
Pont-Aven *fr.* põta'vɛn
Pontchartrain *engl.* 'pɔntʃətreɪn, *fr.* põʃar'trɛ̃
Pont du Gard *fr.* põdy'ga:r
[1]**Ponte** (Schiff) 'pɔntə
[2]**Ponte** (Name) *it.* 'ponte, *span.* 'pɔnte
Pontecorvo *it.* ponte'kɔrvo
Pontedera *it.* ponte'dɛ:ra
Pontefract *engl.* 'pɔntɪfrækt
Ponten 'pɔntn̩
Pontevedra *span.* pɔnte'βeðra
Ponthieu *fr.* põ'tjø
Ponti 'pɔnti, *it.* 'ponti
Pontiac *engl.* 'pɔntɪæk
Pontianak *indon.* pɔnti'anak
Pontianus pɔn'tsi̯a:nʊs
Ponticello pɔnti'tʃɛlo, **...lli** ...li
Pontien põ'ti̯ɛ̃:
Pontifex [maximus] 'pɔntifɛks ['maksimʊs], **...fizes [...mi]** ...'ti:fitse:s [...mi]
Pontificale Romanum pɔntifi'ka:lə ro'ma:nʊm
pontifikal pɔntifi'ka:l
Pontifikale pɔntifi'ka:lə, **...lien** ...li̯ən
Pontifikat pɔntifi'ka:t
Pontifizes vgl. Pontifex
pontinisch pɔn'ti:nɪʃ
pontisch 'pɔntɪʃ
Pontius 'pɔntsi̯ʊs, *engl.* 'pɔntɪəs, *niederl.* 'pɔnsiʏs
Pontivy *fr.* põti'vi
Ponto 'pɔnto
Pontoise *fr.* põ'twa:z
Pontok 'pɔntɔk
Ponton põ'tõ:, pɔn'tõ:, 'pɔntõ
Pontoppidan *dän.* pɔn'tɔbidæn
Pontormo *it.* pon'tormo
Pontos 'pɔntɔs
Pontresina pɔntre'zi:na, *it.* pon...
Pontrjagin *russ.* pan'trjagin
Pontus *dt., schwed.* 'pɔntʊs
Pontypool *engl.* pɔntɪ'pu:l
Pontypridd *engl.* pɔntɪ'pri:ð
Pony 'pɔni
Ponza *it.* 'pontsa
Póo *port.* 'pɔu
Pool pu:l
Poole *engl.* pu:l
poolen 'pu:lən
Poolung 'pu:lʊŋ
Poona *engl.* 'pu:nə
Poons *engl.* pu:nz
Poop pu:p
Poopó *span.* poo'po
Poor[e] *engl.* pʊə
Poorten *niederl.* 'po:rtə
Poorter *niederl.* 'po:rtər
Poot *niederl.* po:t
[1]**Pop** pɔp
[2]**Pop** (Name) *rumän.* pop
Popa *serbokr.* ˌpɔ:pa
Popanz 'po:pants
Pop-Art 'pɔp|a:ɐ̯t
Popayán *span.* popa'jan
Popcorn 'pɔpkɔrn
Popdimitrow *bulgar.* pobdi-mi'trɔf
[1]**Pope** (Priester) 'po:pə
[2]**Pope** (Name) *engl.* poʊp
Popel 'po:pl̩
popelig 'po:pəlɪç, **-e** ...ɪgə
Popelin[e] popə'li:n
popeln 'po:pl̩n
Poperinge *niederl.* 'po:pərɪŋə
Popescu *rumän.* po'pesku
Popiełuszko *poln.* pɔpjɛ'u̯uʃkɔ
Popilius po'pi:li̯ʊs
Popitz 'po:pɪts
Poplar, - Bluff *engl.* 'pɔplə, - 'blʌf
Poplašen *serbokr.* ˌpɔplaʃɛn
poplig 'po:plɪç, **-e** ...ɪgə

Popo̱ po'po:
Popocatepẹtl popokate'pɛtl̩
Popocatépetl *span.* popoka'tepɛtl
Pọpović *serbokr.* ˌpɔpɔvitɕ
Pọpovici *rumän.* 'popovitʃ
Popọw *russ.* pa'pɔf, *bulgar.* po'pɔf
Popọwa *bulgar.* po'pɔvɐ, *russ.* pa'pɔvɐ
Pọpp pɔp
Poppä̱a pɔ'pɛ:a
Pọ̈ppelmann 'pœpl̩man
pọppen 'pɔpn̩
Pọpper[s] 'pɔpɐ[s]
pọppig 'pɔpɪç, **-e** ...ɪgə
Pọppo 'pɔpo
Pọprad *slowak.* 'pɔprat
Populaire *fr.* pɔpy'lɛ:r
populä̱r popu'lɛ:ɐ̯
Popula̱r popu'la:ɐ̯, **-es** ...a:re:s
Popularisa̱tor populari'za:to:ɐ̯, **-en** ...za'to:rən
popularisie̱ren populari'zi:rən
Popularitä̱t populari'tɛ:t
Populatio̱n popula'tsi̯o:n
Populationịstik populatsi̯o'nɪstɪk
Populẹscu popu'lɛsku
Populịsmus popu'lɪsmʊs
Populịst popu'lɪst
Populo̱nia *it.* popu'lɔ:ni̯a
Poquelin *fr.* pɔ'klɛ̃
Poradẹci *alban.* pora'detsi
Porbandar *engl.* pɔ:'bændə
Porcẹllis *niederl.* pɔr'sɛlɪs
Pọrcia 'pɔrtsi̯a
Po̱rcupine *engl.* 'pɔ:kjʊpaɪn
Pordeno̱ne *it.* porde'no:ne
Pordo̱i *it.* por'dɔ:i̯
Po̱re 'po:rə
Pọreč *serbokr.* ˌporɛtʃ
Porenzephalie̱ porɛntsefa'li:
Pọrfido 'pɔrfido
Porfịrio *span.* pɔr'firi̯o
Porfy̱rius pɔr'fy:ri̯ʊs
Po̱rgy *engl.* 'pɔ:gɪ
¹**Pọri** *finn.* 'pɔri
²**Pori** vgl. Porus
Pọříčany *tschech.* 'pɔrʒi:tsani
po̱rig 'po:rɪç, **-e** ...ɪgə
Poriomanie̱ pori̯oma'ni:, **-n** ...i:ən
Poriru̱a *engl.* pɔrɪ'ru:ə
Porịsma po'rɪsma
Pọrjus *schwed.* 'pɔrjʊs
Pọ̈rkel[t] 'pœrkl̩[t]
Pọrkkala *finn.* 'pɔrkkɑlɑ
Pọ̈rkölt 'pœrkœlt
Pọ̈rksen 'pœrksn̩
Porlama̱r *span.* pɔrla'mar
Po̱rling 'po:ɐ̯lɪŋ
Pornichẹt *fr.* pɔrni'ʃɛ
Pọrno 'pɔrno
Pornogra̱f, ...gra̱ph pɔrno'gra:f
Pornografie̱, ...graphie̱ pɔrnogra'fi:, **-n** ...i:ən
pornophi̱l pɔrno'fi:l
porodi̱n poro'di:n
Porome̱re poro'me:rə
porö̱s po'rø:s, **-e** ...ø:zə
Po̱ros 'po:rɔs
Porositä̱t porozi'tɛ:t
Porphyr 'pɔrfy:ɐ̯; *auch:* ...'fy:ɐ̯
Porphyrie̱ pɔrfy'ri:, **-n** ...i:ən
Porphyri̱n pɔrfy'ri:n
Porphy̱rios pɔr'fy:ri̯ɔs
porphy̱risch pɔr'fy:rɪʃ
Porphyri̱t pɔrfy'ri:t
Porphyroblạsten pɔrfyro'blastn̩
Porphyroi̱d pɔrfyro'i:t, **-e** ...i:də
Pọrpora *it.* 'porpora
Pọrre 'pɔrə
Pọrree 'pɔre
Porrentruy *fr.* pɔrɑ̃'trɥi
Porreta̱nus pɔre'ta:nʊs
Pọrridge 'pɔrɪtʃ
Porsạngerfjord *norw.* pɔr'saŋərfju:r
Pọrsche 'pɔrʃə
Porsẹnna pɔr'zɛna
Pọrsgrunn *norw.* ˌpɔrsgrʉn
Po̱rson *engl.* pɔ:sn
Pọrst pɔrst
Pọrt pɔrt, *engl.* pɔ:t, *fr.* pɔ:r
Pọrta *dt., it.* 'pɔrta
Pọrtable 'pɔrtəbl̩
Portadown *engl.* pɔ:tə'daʊn
Portaels *niederl.* pɔr'ta:ls
Porta̱ge pɔr'ta:ʒə
Po̱rtage [la Prairie] *engl.* 'pɔ:tɪdʒ [lə 'prɛərɪ]
Pọrta Hunga̱rica 'pɔrta hʊŋ'ga:rika
porta̱l, ¹P... pɔr'ta:l
²**Portal** *engl.* pɔ:tl, *fr.* pɔr'tal
Po̱rt Alberni *engl.* 'pɔ:t æl'bə:nɪ
Portalẹgre *port.* purtɐ'lɛɣrə
Portales *engl.* pɔ:'tælɪs, *span.* pɔr'tales
Portalịs *fr.* pɔrta'lis
Portamẹnt pɔrta'mɛnt
Portamẹnto pɔrta'mɛnto, **...ti** ...ti
Portạndo la Vo̱ce pɔr'tando la 'vo:tʃə
Port Angeles *engl.* pɔ:t'ændʒələs
Pọrta Ni̱gra 'pɔrta 'ni:gra
Pọrt Ạrthur 'pɔrt 'artʊr, *engl.* 'pɔ:t 'ɑ:θə
Pọrta Sạncta 'pɔrta 'zaŋkta
Porta̱tile pɔr'ta:tilə, **...lien** ...ta'ti:li̯ən
Portati̱v pɔrta'ti:f, **-e** ...i:və
porta̱to pɔr'ta:to
Porta̱to pɔr'ta:to, **...ti** ...ti
Port-au-Prince pɔrto'prɛ̃:s, *fr.* pɔro'prɛ̃:s
Pọrta Westfa̱lica 'pɔrta vɛst'fa:lika
Port-Bọu *span.* pɔr'βou̯
Port-Bouët *fr.* pɔr'bwɛ
Po̱rt Colborne *engl.* 'pɔ:t 'koʊlbən
Po̱rt Coquịtlam *engl.* 'pɔ:t koʊ'kwɪtləm
Po̱rt Crẹdit *engl.* 'pɔ:t 'krɛdɪt
Port-de-Paix *fr.* pɔrdə'pɛ
Portechaise pɔrt[ə]'ʃɛ:zə
Portées pɔr'te:
Portefeuille *fr.* pɔrtə'fœj
Portemonnaie pɔrtmɔ'ne:, *auch:* 'pɔrtmɔne
Pọrten 'pɔrtn̩
Portepa̱gen pɔrtə'pa:ʒn̩
Portepe̱e pɔrte'pe:
¹**Pọrter** (Bier) 'pɔrtɐ
²**Po̱rter** (Name) *engl.* 'pɔ:tə
Po̱rterhouse... 'po:ɐ̯tɐhau̯s..., 'pɔrt...
Po̱rterville *engl.* 'pɔ:təvɪl
Porteur pɔr'tø:ɐ̯
Portfo̱lio pɔrt'fo:li̯o
Port-Gentịl *fr.* pɔrʒɑ̃'ti
Portha̱n *schwed.* pɔr'tɑ:n
Porthcawl *engl.* pɔ:θ'kɔ:l
Po̱rt Hẹdland *engl.* 'pɔ:t 'hɛdlənd
Po̱rt Hueneme *engl.* 'pɔ:t wi:'ni:mɪ
Porti vgl. Porto
Pọrtici *it.* 'pɔrtitʃi
Portie̱r pɔr'ti̯e:
Portie̱re pɔr'ti̯e:rə
portie̱ren pɔr'ti:rən
Pọrtikus 'pɔrtikʊs, **die -** ...ku:s
Portimão *port.* purti'mɐ̃u̯
Portinari *it.* porti'na:ri, *bras.* porti'nari
Pọrtio 'pɔrtsi̯o
Portio̱n pɔr'tsi̯o:n
portionie̱ren pɔrtsi̯o'ni:rən
Po̱rtishead *engl.* 'pɔ:tɪshɛd
Portiụnkula pɔr'tsi̯ʊŋkula

Portjuchhe ˈpɔrtjʊxheː, *auch:* --ˈ-
Port Kembla *engl.* ˈpɔːt ˈkɛmblə
Portland *engl.* ˈpɔːtlənd
Portlandzement ˈpɔrtlanttsemɛnt
Port Lavaca *engl.* ˈpɔːt ləˈvækə
Port Louis *engl.* ˈpɔːt ˈluːɪ[s]
Portmann ˈpɔrtman
Portmonee pɔrtmoˈneː, *auch:* ˈpɔrtmɔne
Port Neches *engl.* ˈpɔːt ˈnɛtʃɪz
Pörtner ˈpœrtnɐ
[1]**Porto** ˈpɔrto, **Porti** ˈpɔrti
[2]**Porto** (Name) *it.* ˈpɔrto, *bras., port.* ˈportu
Pôrto Alegre *bras.* ˈportu aˈlɛgri
Porto Alexandre *port.* ˈportu ɐlɪˈʃɐndrə
Portoferraio *it.* portoferˈraːi̯o
Portofino *it.* portoˈfiːno
Port of Spain *engl.* ˈpɔːt əv ˈspeɪn
Portographie pɔrtograˈfiː
Portolan pɔrtoˈlaːn
Porto-Novo *fr.* pɔrtonɔˈvo
Porto-Riche *fr.* pɔrtoˈriʃ
Porto Rico, Portoriko ˈpɔrto ˈriːko
Portorož *slowen.* pɔrtɔˈroːʒ
Porto Santo *port.* ˈportu ˈsɐntu
Porto Velho *bras.* ˈportu ˈvɛʎu
Portoviejo *span.* pɔrtoˈβi̯ɛxo
Port Pirie *engl.* ˈpɔːt ˈpɪrɪ
Portrait, ...rät pɔrˈtrɛː
porträtieren pɔrtrɛˈtiːrən
Porträtist pɔrtrɛˈtɪst
Port-Royal *fr.* pɔrrwaˈjal
Portrush *engl.* pɔːˈtrʌʃ
Port Said ˈpɔrt ˈzait
Pörtschach ˈpœrtʃax
Portsmouth *engl.* ˈpɔːtsməθ
Portugal ˈpɔrtugal, *port.* purtuˈɣal
Portugaleser pɔrtugaˈleːzɐ
Portugalete *span.* pɔrtuɣaˈlete
Portugiese pɔrtuˈgiːzə
Portugieser pɔrtuˈgiːzɐ
portugiesisch pɔrtuˈgiːzɪʃ
Portuguesa *span.* pɔrtuˈɣesa
Portulak ˈpɔrtulak
Portus ˈpɔrtʊs
Port-Vendres *fr.* pɔrˈvãːdr
Portwein ˈpɔrtvain
Poruks *lett.* ˈpu̯ɔrʊks
Porus ˈpoːrʊs, **Pori** ˈpoːri
Porvoo *finn.* ˈpɔrvɔː
Porz pɔrts
Porzellan pɔrtsɛˈlaːn
porzellanen pɔrtsɛˈlaːnən
Porzia ˈpɔrtsi̯a
Porzig ˈpɔrtsɪç
Posa ˈpoːza
Posada poˈzaːda
Posadas *span.* poˈsaðas
Posadnik poˈzatnɪk, *russ.* paˈsadnik
Posadowsky pozaˈdɔfski
Posament[er] pozaˈmɛnt[ɐ]
Posamenterie pozamɛntəˈriː, **-n** ...iːən
Posamentier pozamɛnˈtiːɐ̯
posamentieren pozamɛnˈtiːrən
Posamentierer pozamɛnˈtiːrɐ
Posaune poˈzaunə
posaunen poˈzaunən
Posaunist pozauˈnɪst
Posavina *serbokr.* ˌpɔsavina
Posch pɔʃ
Poschiavo *it.* posˈki̯aːvo
Poschti ˈpɔʃti
Pose ˈpoːzə
Poseidippos pozaiˈdɪpɔs
Poseidon poˈzaidɔn
Poseidonios pozaiˈdoːni̯ɔs
Posemu[c]kel poːzəˈmʊkl̩, *auch:* ˈ----
posen ˈpoːzn̩, **pos!** poːs, **post** poːst
Posen ˈpoːzn̩
posenisch ˈpoːzənɪʃ
posensch ˈpoːzn̩ʃ
Poseur poˈzøːɐ̯
Posidonien... poziˈdoːni̯ən...
posieren poˈziːrən
Posilip poziˈlɪp
Posilipo *it.* poˈziːlipo
Posillipo *it.* poˈzillipo
Position poziˈtsi̯oːn
positionell pozitsi̯oˈnɛl
positionieren pozitsi̯oˈniːrən
positiv ˈpoːzitiːf, *auch:* poziˈtiːf, **-e** ...iːvə
[1]**Positiv** (Grundstufe) ˈpoːzitiːf, **-e** ...iːvə
[2]**Positiv** (Orgel; Foto) ˈpoːzitiːf, *auch:* poziˈtiːf, **-e** ...iːvə
Positivismus pozitiˈvɪsmʊs
Positivist pozitiˈvɪst
Positivum ˈpoːzitiːvʊm, **...va** ...va
posito ˈpoːzito
Positron ˈpoːzitroːn
Positur poziˈtuːɐ̯
Possart ˈpɔsart
Posse ˈpɔsə
Possekel pɔˈseːkl̩
Possen ˈpɔsn̩
Possession pɔsɛˈsi̯oːn
possessiv ˈpɔsɛsiːf, *auch:* --ˈ-, **-e** ...iːvə
Possessiv ˈpɔsɛsiːf, **-e** ...iːvə
Possessivum pɔsɛˈsiːvʊm, **...va** ...va
possessorisch pɔsɛˈsoːrɪʃ
Possest ˈpɔsɛst
Possevino *it.* posseˈviːno
possibel pɔˈsiːbl̩, **...ble** ...blə
Possibilismus pɔsibiˈlɪsmʊs
Possibilist pɔsibiˈlɪst
Possibilität pɔsibiliˈtɛːt
possierlich pɔˈsiːɐ̯lɪç
Pößneck ˈpœsnɛk
Poßruck ˈpɔsrʊk
[1]**Post** pɔst
[2]**Post** (Name) *dt., niederl., afr.* pɔst, *engl.* poʊst
post..., P... ˈpɔst...
postalisch pɔsˈtaːlɪʃ
Postament pɔstaˈmɛnt
Pöstchen ˈpœstçən
post Christum [natum] ˈpɔst ˈkrɪstʊm [ˈnaːtʊm]
postdatieren pɔstdaˈtiːrən
postdental pɔstdɛnˈtaːl
Postel ˈpɔstl̩, *fr.* pɔsˈtɛl, *niederl.* ˈpɔstəl
postembryonal pɔst-ǀɛmbryoˈnaːl
posten, P... ˈpɔstn̩
Poster ˈpoːstɐ
poste restante ˈpɔst rɛsˈtãːt
Posteriora pɔsteˈri̯oːra
Posteriorität pɔsteri̯oriˈtɛːt
Posterität pɔsteriˈtɛːt
Postexistenz pɔstǀɛksɪsˈtɛnts, ˈ----
post festum pɔst ˈfɛstʊm
postglazial, P... pɔstglaˈtsi̯aːl
Postglossator pɔstglɔˈsaːtoːɐ̯, **-en** ...saˈtoːrən
postgradual pɔstgraˈdu̯aːl
postgraduell pɔstgraˈdu̯ɛl
Posthalterei pɔsthaltəˈrai
Posthitis pɔsˈtiːtɪs, **...itiden** ...tiˈtiːdn̩
Posthius ˈpɔsti̯ʊs
posthum pɔstˈhuːm, pɔsˈtuːm
posthypnotisch pɔsthʏpˈnoːtɪʃ
Postiche pɔsˈtɪʃə, pɔsˈtiːʃə
Posticheur pɔstɪˈʃøːɐ̯, pɔsti...
Posticheuse pɔstɪˈʃøːzə, pɔsti...
postieren pɔsˈtiːrən
Postille pɔsˈtɪlə
Postillion pɔstɪlˈjoːn, *auch:* ˈ---

P

Postillon d'Amour, -s - *fr.* pɔsti-jõda'mu:r
postindustriell 'pɔst|ɪndʊstriɛl
postkarbonisch pɔstkar'bo:nɪʃ
Postkommunion pɔstkɔmu-'ni̯o:n
postkulmisch pɔst'kʊlmɪʃ
Postl 'pɔstl̩
Postler 'pɔstlɐ
Pöstler 'pœstlɐ
Postludium pɔst'lu:di̯ʊm, **...ien** ...i̯ən
post meridiem pɔst me'ri:di̯ɛm
postmodern 'pɔstmodɛrn
Postmoderne 'pɔstmodɛrnə
Postmolar pɔstmo'la:ɐ̯
postmortal pɔstmɔr'ta:l
post mortem pɔst 'mɔrtɛm
postnatal pɔstna'ta:l
postnumerando pɔstnume-'rando
Postnumeration pɔstnumera-'tsi̯o:n
Posto 'pɔsto
Postojna *slowen.* pɔs'to:jna
postoperativ pɔst|opəra'ti:f, *auch:* '–––––, **-e** ...i:və
postpalatal pɔstpala'ta:l
post partum pɔst 'partʊm
postpneumonisch pɔstpnɔy-'mo:nɪʃ
postponieren pɔstpo'ni:rən
Postposition pɔstpozi'tsi̯o:n
postpositiv pɔstpozi'ti:f, **-e** ...i:və
Postprädikamente pɔstprɛdi-ka'mɛntə
Postskript pɔst'skrɪpt
Postskriptum pɔst'skrɪptʊm, **...ta** ...ta
Postszenium pɔst'stse:ni̯ʊm, **...ien** ...i̯ən
posttektonisch pɔsttɛk'to:nɪʃ
posttertiär pɔsttɛr'tsi̯ɛ:ɐ̯
posttraumatisch pɔsttrau̯-'ma:tɪʃ
Postulant pɔstu'lant
Postulat pɔstu'la:t
postulieren pɔstu'li:rən
postum pɔs'tu:m
Postumia *it.* pos'tu:mi̯a
Postumus 'pɔstumʊs, **...mi** ...mi
Postur pɔs'tu:ɐ̯
post urbem conditam pɔst 'ʊrbɛm 'kɔnditam
Postvention pɔstvɛn'tsi̯o:n
Postverbale pɔstvɛr'ba:lə, **...lia** ...li̯a

[1]**Pot** (Marihuana) pɔt
[2]**Pot** *fr.* po, *niederl.* pɔt
Potage po'ta:ʒə
potamisch po'ta:mɪʃ
potamogen potamo'ge:n
Potamologie potamolo'gi:
Potap *russ.* pa'tap
Potapenko *russ.* pa'tapɪnkɐ
Potassium po'tasi̯ʊm
Potator po'ta:to:ɐ̯, **-en** ...ta'to:rən
Potatorium pota'to:ri̯ʊm
Potaufeu poto'fø:
Potchefstroom *afr.* 'pɔtʃɛf-stro:m
Potebnja *russ.* pɐtɪb'nja
Potechin *russ.* pa'tjexin
Potemkin po'tɛmki:n
Potempa po'tɛmpa
potent po'tɛnt
Potentat potɛn'ta:t
potential, P... potɛn'tsi̯a:l
Potentialis potɛn'tsi̯a:lɪs, **...les** ...le:s
Potentialität potɛntsi̯ali'tɛ:t
potentiell potɛn'tsi̯ɛl
Potentilla potɛn'tɪla
Potentiometer potɛntsi̯o'me:tɐ
Potentiometrie potɛntsi̯ome-'tri:
potentiometrisch potɛntsi̯o-'me:trɪʃ
Potenz po'tɛnts
Potenza *it.* po'tɛntsa
potenzial, P... potɛn'tsi̯a:l
Potenzialität potɛntsi̯ali'tɛ:t
potenziell potɛn'tsi̯ɛl
potenzieren potɛn'tsi:rən
Poterie potə'ri:
Poterne po'tɛrnə
Potestas po'tɛstas
Potgieter *niederl.* 'pɔtxitər
Potgietersrus *afr.* pɔtxi:tərs-'rœs
Poth po:t
Pothea po'te:a
Pothier *fr.* pɔ'tje
Pothinus po'ti:nʊs
Poti *russ.* 'pɔti
Potifar, ...phar 'po:tifar
Potjomkin *russ.* pa'tjɔmkin
Potla[t]ch *engl.* 'pɔtlætʃ
Potlatsch 'pɔtlatʃ
Potocka *poln.* pɔ'tɔtska
Potocki *poln.* pɔ'tɔtski
Potok *engl.* 'poʊtɔk
Potomac *engl.* pə'toʊmək
Potomanie potoma'ni:
Potosí *span.* poto'si

Potpourri 'pɔtpʊri
Potschappel 'po:tʃapl̩
Potsdam 'pɔtsdam, *engl.* ...dæm
Potsdamer 'pɔtsdamɐ
[1]**Pott** (Topf) pɔt, **Pötte** 'pœtə
[2]**Pott** (Name) *dt.*, *engl.* pɔt
Pottasche 'pɔt|aʃə
Pottecher *fr.* pɔt'ʃɛ:r
Pottenstein 'pɔtn̩ʃtai̯n
Potter *niederl.* 'pɔtər, *engl.* 'pɔtə
Potteries *engl.* 'pɔtərɪz
Pottfisch 'pɔtfɪʃ
potthässlich 'pɔt'hɛslɪç
Potthast 'pɔthast
Pottier *fr.* pɔ'tje
Pottlot 'pɔtlo:t
Potto 'pɔto
Pottstown *engl.* 'pɔtstaʊn
Pottsville *engl.* 'pɔtsvɪl
Pottwal 'pɔtva:l, ...val
potz Blitz! 'pɔts 'blɪts
potztausend! 'pɔts'tau̯zn̩t
Poudrette pu'drɛtə
Poughkeepsie *engl.* pə'kɪpsɪ
Pougny *fr.* pu'ɲi
Pouillet *fr.* pu'jɛ
Pouilly *fr.* pu'ji
Poujade *fr.* pu'ʒad
Poujadismus puʒa'dɪsmʊs
Poujadist puʒa'dɪst
Poulaille *fr.* pu'lɑ:j
Poulard pu'la:ɐ̯
Poularde pu'lardə
Poulbot *fr.* pul'bo
Poule pu:l, **-n** 'pu:lən
Poulenc *fr.* pu'lɛ̃:k
[1]**Poulet** (Huhn) pu'le:
[2]**Poulet** (Name) *fr.* pu'lɛ
Poullain *fr.* pu'lɛ̃
Poulsen *dän.* 'pou̯lsn̩
Poulsson *norw.* 'pou̯lsɔn
Pound (Pfund) pau̯nt
Pound[s] (Name) *engl.* paʊnd[z]
pour acquit pu:ɐ̯ a'ki:
Pourbus *niederl.* 'pu:rbʏs
pour féliciter pu:ɐ̯ felisi'te:
pour le mérite, Pour - M... pu:ɐ̯ lə me'ri:t
Pourparler pʊrpar'le:
Pourquoi pas? (Name) *fr.* pur-kwa'pɑ
Pourrat *fr.* pu'ra
Pourtalès *fr.* purta'lɛs
Poussade pu'sa:də, pʊ's...
Poussage pu'sa:ʒə, pʊ's...
poussé, poussez! pu'se:, pʊ'se:

Pousseur *fr.* puˈsœːr
poussieren puˈsiːrən, pʊˈs...
Poussin *fr.* puˈsɛ̃
Pouvillon *fr.* puviˈjõ
Považská Bystrica *slowak.* ˈpɔvaʃskaː ˈbistritsa
Poverty Point *engl.* ˈpɔvətɪ ˈpɔɪnt
Povese poˈfeːzə
Povl *dän.* po̯ul
Póvoa *port.* ˈpɔvu̯ɐ
Poway *engl.* ˈpoʊeɪ
Powell *engl.* ˈpoʊəl, ˈpaʊəl
power ˈpoːvɐ
Power ˈpau̯ɐ
powern ˈpau̯ɐn
Powerplay ˈpau̯ɐpleː
Powers *engl.* ˈpaʊəz
Powerslide ˈpau̯ɐsla̯ɪt
Powid[e]l ˈpɔvidl̩
Powys *engl.* ˈpoʊɪs
Poynings *engl.* ˈpɔɪnɪŋz
Poynting *engl.* ˈpɔɪntɪŋ
Poysdorf ˈpɔysdɔrf
Požarevac *serbokr.* ˈpɔʒarɛvats
Poza Rica de Hidalgo *span.* ˈpoθa ˈrrika ðe iˈðalɣo
Požega *serbokr.* ˈpɔʒɛga
Poznań *poln.* ˈpɔznai̯n
Pozoblanco *span.* poθoˈβlaŋko
Pozsgay *ung.* ˈpoʒgɔi
Pozsony *ung.* ˈpoʒonj
Pozuzo *span.* poˈθuθo
Pozzo *it.* ˈpɔttso
Pozz[u]olan pɔts[u̯]oˈlaːn
Pozzuoli *it.* potˈtsu̯ɔːli
Prä prɛ
Präambel prɛˈambl̩
Präanimismus prɛ|aniˈmɪsmʊs
Präbendar prɛbɛnˈdaːɐ̯
Präbendarius prɛbɛnˈdaːri̯ʊs, **...ien** ...i̯ən
Präbende prɛˈbɛndə
Präbichl ˈprɛːbɪçl̩
Prächelléen prɛʃɛleˈɛ̃ː
Pracher ˈpraxɐ
prachern ˈpraxɐn
Pracht praxt
prächtig ˈprɛçtɪç, **-e** ...ɪgə
Prack[er] ˈprak[ɐ]
Prada Oropeza *span.* ˈpraða oroˈpeθa
prädeistisch prɛdeˈɪstɪʃ
Prades *fr.* prad
Prädestination prɛdɛstinaˈtsi̯oːn
prädestinieren prɛdɛstiˈniːrən
Prädetermination prɛdetɛrminaˈtsi̯oːn
prädeterminieren prɛdetɛrmiˈniːrən
Prädeterminismus prɛdetɛrmiˈnɪsmʊs
Prädezessor prɛdeˈtsɛsoːɐ̯, **-en** ...ˈsoːrən
Pradier *fr.* praˈdje
prädikabel prɛdiˈkaːbl̩, **...ble** ...blə
Prädikabilien prɛdikaˈbiːli̯ən
Prädikament prɛdikaˈmɛnt
Prädikant prɛdiˈkant
Prädikat prɛdiˈkaːt
pradikatieren prɛdikaˈtiːrən
Prädikation prɛdikaˈtsi̯oːn
prädikatisieren prɛdikatiˈziːrən
prädikativ, P... prɛdikaˈtiːf, **-e** ...iːvə
Prädikativum prɛdikaˈtiːvʊm, **...va** ...va
Prädikator prɛdiˈkaːtoːɐ̯, **-en** ...kaˈtoːrən
prädiktabel prɛdɪkˈtaːbl̩, **...ble** ...blə
Prädiktabilität prɛdɪktabiliˈtɛːt
Prädiktion prɛdɪkˈtsi̯oːn
prädiktiv prɛdɪkˈtiːf, **-e** ...iːvə
Prädiktor prɛˈdɪktoːɐ̯, **-en** ...ˈtoːrən
Prädilektion prɛdilɛkˈtsi̯oːn
prädisponieren prɛdɪspoˈniːrən
Prädisposition prɛdɪspoziˈtsi̯oːn
prädizieren prɛdiˈtsiːrən
Prado ˈpraːdo, *span.* ˈpraðo, *port.* ˈpraðu, *bras.* ˈpradu
Prädomination prɛdominaˈtsi̯oːn
prädominieren prɛdomiˈniːrən
Pradon *fr.* praˈdõ
Prados *bras.* ˈpradus, *span.* ˈpraðos
Praeceptor Germaniae prɛˈtsɛptoːɐ̯ gɛrˈmaːni̯ɛ
praecox ˈprɛːkɔks
Praed *engl.* preɪd
Präeminenz prɛ|emiˈnɛnts
praemissis praemittendis prɛˈmɪsiːs prɛmɪˈtɛndiːs
praemisso titulo prɛˈmɪso ˈtiːtulo
Praeneste prɛˈnɛstə
Praesens historicum ˈprɛːzɛns hɪsˈtoːrikʊm, **...ntia ...ca** prɛˈzɛntsi̯a ...ka
praeter legem ˈprɛːtɐ ˈleːgɛm
Praetexta prɛˈtɛksta
Praetorius prɛˈtoːri̯ʊs
Präexistenz prɛ|ɛksɪsˈtɛnts
Präexistenzianismus prɛ|ɛksɪstɛntsi̯aˈnɪsmʊs
präexistieren prɛ|ɛksɪsˈtiːrən
präfabrizieren ˈprɛːfabritsiːrən
Präfation prɛfaˈtsi̯oːn
Präfekt prɛˈfɛkt
Präfektur prɛfɛkˈtuːɐ̯
Präferenz prɛfeˈrɛnts
Präferenzial... prɛferɛnˈtsi̯aːl...
präferieren prɛfeˈriːrən
präfigieren prɛfiˈgiːrən
Präfiguration prɛfiguraˈtsi̯oːn
Präfix prɛˈfɪks, ˈprɛːfɪks
präfixoid, P... prɛfɪksoˈiːt, **-e** ...iːdə
Präformation prɛfɔrmaˈtsi̯oːn
präformieren prɛfɔrˈmiːrən
Präformist prɛfɔrˈmɪst
Prag praːk
Praga *it.* ˈpraːga, *poln.* ˈpraga
Prägarten ˈprɛːgartn̩
Präge ˈprɛːgə
Pragel ˈpraːgl̩
prägen ˈprɛːgn̩, **präg!** prɛːk, **prägt** prɛːkt
prägenital prɛgeniˈtaːl
Prager ˈpraːgɐ
präglazial, P... prɛglaˈtsi̯aːl
Pragma... ˈpragma...
Pragmatik praˈgmaːtɪk
Pragmatiker praˈgmaːtikɐ
pragmatisch praˈgmaːtɪʃ
pragmatisieren pragmatiˈziːrən
Pragmatismus pragmaˈtɪsmʊs
Pragmatist pragmaˈtɪst
prägnant prɛˈgnant
Prägnanz prɛˈgnants
Prägravation prɛgravaˈtsi̯oːn
prägravieren prɛgraˈviːrən
Praha *tschech.* ˈpraha
Prähistorie prɛhɪsˈtoːri̯ə, *auch:* ˈprɛː...
Prähistoriker prɛhɪsˈtoːrikɐ, *auch:* ˈprɛːh...
prähistorisch prɛhɪsˈtoːrɪʃ, *auch:* ˈprɛː...
prahlen ˈpraːlən
Prahlerei praːləˈrai̯
Prahm praːm, **Prähme** ˈprɛːmə
Prähomininen prɛhomiˈniːnən
Prahova *rumän.* ˈprahova
Prahovo *serbokr.* ˈprahɔvɔ
Prahran *engl.* prəˈræn
Prai *indon.* prai̯
Praia *port.* ˈprai̯ɐ
Prairial prɛˈri̯al

P

Prairie du Chien *engl.* ˈprɛərɪ də ˈʃiːn
Präjudiz prɛjuˈdiːt͡s
präjudizial prɛjudiˈt͡si̯aːl
präjudiziell prɛjudiˈt͡si̯ɛl
präjudizieren prɛjudiˈt͡siːrən
präkambrisch prɛˈkambrɪʃ
Präkambrium prɛˈkambriʊm
präkanzerös prɛkant͡seˈrøːs, **-e** ...øːzə
Präkanzerose prɛkant͡seˈroːzə
präkarbonisch prɛkarˈboːnɪʃ
präkardial prɛkarˈdi̯aːl
Präkardialgie prɛkardi̯alˈgiː, **-n** ...iːən
präkarzinomatös prɛkart͡sinomaˈtøːs, **-e** ...øːzə
Präkaution prɛkau̯ˈt͡si̯oːn
präkavieren prɛkaˈviːrən
präkludieren prɛkluˈdiːrən
Präklusion prɛkluˈzi̯oːn
präklusiv prɛkluˈziːf, **-e** ...iːvə
präklusivisch prɛkluˈziːvɪʃ
Präkognition prɛkɔgniˈt͡si̯oːn
präkolumbisch prɛkoˈlʊmbɪʃ
Präkoma prɛˈkoːma
Präkonisation prɛkonizaˈt͡si̯oːn
präkonisieren prɛkoniˈziːrən
präkordial prɛkɔrˈdi̯aːl
Prakrit ˈpraːkrɪt
praktifizieren praktifiˈt͡siːrən
Praktik ˈpraktɪk
praktikabel praktiˈkaːbl̩, **...ble** ...blə
Praktikabilität praktikabiliˈtɛːt
Praktikant praktiˈkant
Praktiker ˈpraktikɐ
Praktikum ˈpraktikʊm, **...ka** ...ka
Praktikus ˈpraktikʊs, **-se** ...ʊsə
praktisch ˈpraktɪʃ
praktizieren praktiˈt͡siːrən
Praktizismus praktiˈt͡sɪsmʊs
präkulmisch prɛˈkʊlmɪʃ
Prälat prɛˈlaːt
Prälatur prɛlaˈtuːɐ̯
Prälegat prɛleˈgaːt
Präliminar... prɛlimiˈnaːɐ̯...
Präliminare prɛlimiˈnaːrə, **...rien** ...ri̯ən
präliminieren prɛlimiˈniːrən
Praline praˈliːnə
Praliné, Pralinee praliˈneː, *auch:* ˈpraline
prall, P... pral
prallen ˈpralən
prallvoll ˈpralˈfɔl
prälogisch prɛˈloːgɪʃ
Prälogismus prɛloˈgɪsmʊs
präludieren prɛluˈdiːrən
Präludium prɛˈluːdi̯ʊm, **...ien** ...i̯ən
prämatur prɛmaˈtuːɐ̯
Prämaturität prɛmaturiˈtɛːt
Prämeditation prɛmeditaˈt͡si̯oːn
Prämie ˈprɛːmi̯ə
prämieren prɛˈmiːrən
prämiieren prɛmiˈiːrən
Prämisse prɛˈmɪsə
Prämolar prɛmoˈlaːɐ̯
prämonitorisch prɛmoniˈtoːrɪʃ
Prämonstratenser prɛmɔnstraˈtɛnzɐ
prämorbid prɛmɔrˈbiːt, **-e** ...iːdə
Prämorbidität prɛmɔrbidiˈtɛːt
prämortal prɛmɔrˈtaːl
Prampolini *it.* prampoˈliːni
prämundan prɛmʊnˈdaːn
Prämutation prɛmutaˈt͡si̯oːn
pränatal prɛnaˈtaːl
Prandauer ˈprandau̯ɐ
Prandl ˈprandl̩
Prandtauer ˈprantau̯ɐ
Prandtl ˈprantl̩
prangen ˈpraŋən
Pranger ˈpraŋɐ
Pranke ˈpraŋkə
Pränomen prɛˈnoːmən, **...mina** ...mina
pränotieren prɛnoˈtiːrən
Pränova prɛˈnoːva
Prantl ˈprantl̩
pränumerando prɛnumeˈrando
Pränumeration prɛnumeraˈt͡si̯oːn
pränumerieren prɛnumeˈriːrən
Pränuntiation prɛnʊnt͡si̯aˈt͡si̯oːn
Pranz prant͡s
pranzen ˈprant͡sn̩
Präokkupation prɛ|ɔkupaˈt͡si̯oːn
präokkupieren prɛ|ɔkuˈpiːrən
präoperativ prɛ|ɔpəraˈtiːf, *auch:* ˈprɛː|..., **-e** ...iːvə
präpalatal prɛpalaˈtaːl
Präparand prɛpaˈrant, **-en** ...ndn̩
Präparande prɛpaˈrandə
Präparat prɛpaˈraːt
Präparation prɛparaˈt͡si̯oːn
präparativ prɛparaˈtiːf, **-e** ...iːvə
Präparator prɛpaˈraːtoːɐ̯, **-en** ...raˈtoːrən
präparatorisch prɛparaˈtoːrɪʃ
präparieren prɛpaˈriːrən
präpeln ˈprɛːpl̩n
Präponderanz prɛpɔndeˈrant͡s
präponderieren prɛpɔndeˈriːrən
präponieren prɛpoˈniːrən
Präpositi vgl. Präpositus
Präposition prɛpoziˈt͡si̯oːn
präpositional prɛpozit͡si̯oˈnaːl
Präpositiv ˈprɛːpozitiːf, **-e** ...iːvə
Präpositur prɛpoziˈtuːɐ̯
Präpositus prɛˈpoːzitʊs, **...ti** ...ti
präpotent prɛpoˈtɛnt
Präpotenz prɛpoˈtɛnt͡s
Präputium prɛˈpuːt͡si̯ʊm, **...ien** ...i̯ən
Präraffaelismus prɛrafaeˈlɪsmʊs
Präraffaelit prɛrafaeˈliːt
Prärie prɛˈriː, **-n** ...iːən
Prärogativ prɛrogaˈtiːf, **-e** ...iːvə
Prärogative prɛrogaˈtiːvə
Prasad *engl.* prəˈsɑːd
Präsapiens prɛˈzaːpi̯ɛns
Prasem ˈpraːzm̩
Präsens ˈprɛːzɛns, **...ntia** prɛˈzɛnt͡si̯a, **...nzien** prɛˈzɛnt͡si̯ən
präsent, P... prɛˈzɛnt
präsentabel prɛzɛnˈtaːbl̩, **...ble** ...blə
Präsentant prɛzɛnˈtant
Präsentation prɛzɛntaˈt͡si̯oːn
Präsentator prɛzɛnˈtaːtoːɐ̯, **-en** ...taˈtoːrən
Präsentatum prɛzɛnˈtaːtʊm, **...ta** ...ta
Präsentia vgl. Präsens
präsentieren prɛzɛnˈtiːrən
Präsenz prɛˈzɛnt͡s
Praseodym prazeoˈdyːm
Präsepe prɛˈzeːpə, **...pien** ...pi̯ən
Präser ˈprɛːzɐ
präservativ, P... prɛzɛrvaˈtiːf, **-e** ...iːvə
Präserve prɛˈzɛrvə
präservieren prɛzɛrˈviːrən
Präses ˈprɛːzɛs, **Präsides** ˈprɛːzideːs, **Präsiden** prɛˈziːdn̩
Präside prɛˈziːdə
Präsident prɛziˈdɛnt
präsidiabel prɛziˈdi̯aːbl̩, **...ble** ...blə
Präsidial... prɛziˈdi̯aːl...
präsidieren prɛziˈdiːrən

Präsidium prɛˈzi:di̯ʊm, **...ien** ...i̯ən
präsilurisch prɛziˈlu:rɪʃ
Präsklerose prɛskleˈro:zə
präskribieren prɛskriˈbi:rən
Präskription prɛskrɪpˈtsi̯o:n
präskriptiv prɛskrɪpˈti:f, **-e** ...i:və
Praslin *fr.* praˈlɛ̃
Prass pras, **Prasses** ˈprasəs
Prassede *it.* prasˈsɛ:de
prasseln ˈprasl̩n
prassen ˈprasn̩
Prasserei prasəˈrai̯
Prassinos *fr.* prasiˈno:s
prästabilieren prɛstabiˈli:rən
Prästandum prɛsˈtandʊm, **...da** ...da
Prästant prɛsˈtant
Prästanz prɛsˈtants
Prästation prɛstaˈtsi̯o:n
prästieren prɛsˈti:rən
präsumieren prɛzuˈmi:rən
Präsumption prɛzʊmpˈtsi̯o:n
Präsumtion prɛzʊmˈtsi̯o:n
präsumtiv prɛzʊmˈti:f, **-e** ...i:və
präsupponieren prɛzʊpo-ˈni:rən
Präsupposition prɛzʊpozi-ˈtsi̯o:n
Pratau ˈpra:tau̯
prätektonisch prɛtɛkˈto:nɪʃ
Prätendent prɛtɛnˈdɛnt
prätendieren prɛtɛnˈdi:rən
Prätention prɛtɛnˈtsi̯o:n
prätentiös prɛtɛnˈtsi̯ø:s, **-e** ...ø:zə
Prater ˈpra:tɐ
präterieren prɛteˈri:rən
Präterita vgl. Präteritum
präterital prɛteriˈta:l
Präteritio prɛteˈri:tsi̯o, **-nen** ...riˈtsi̯o:nən
Präterition prɛteriˈtsi̯o:n
Präteritopräsens prɛterito-ˈprɛ:zɛns, **...ntia** ...prɛˈzɛn-tsi̯a, **...nzien** ...prɛˈzɛntsi̯ən
Präteritum prɛˈte:ritʊm, **...ta** ...ta
präterpropter ˈprɛ:tɐˈprɔptɐ
Prätext prɛˈtɛkst, *auch:* ˈprɛ:tɛkst
Prati *it.* ˈpra:ti
Pratinas ˈpra:tinas
Prato *it.* ˈpra:to
Pratolini *it.* pratoˈli:ni
Prätor ˈprɛ:to:ɐ̯, **-en** prɛˈto:rən
Prätorianer prɛtoˈri̯a:nɐ
prätorisch prɛˈto:rɪʃ
Prätorius prɛˈto:ri̯ʊs
Prats *span.* prats
Pratt *engl.* præt
Pratteln ˈpratl̩n
Prättigau ˈprɛtigau̯
Prattville *engl.* ˈprætvɪl
Prätur prɛˈtu:ɐ̯
Pratze ˈpratsə
Prau prau̯
Praunheim ˈprau̯nhai̯m
prävalent prɛvaˈlɛnt
Prävalenz prɛvaˈlɛnts
prävalieren prɛvaˈli:rən
Prävarikation prɛvarikaˈtsi̯o:n
Pravda *tschech.* ˈpravda, *slowak.* ˈprau̯da
prävenieren prɛveˈni:rən
Prävenire prɛveˈni:rə
Prävention prɛvɛnˈtsi̯o:n
präventiv prɛvɛnˈti:f, **-e** ...i:və
Präverb prɛˈvɛrp, **-ien** ...rbi̯ən
präverbal prɛvɛrˈba:l
Prawda *russ.* ˈpravdɐ
Prawdin *russ.* ˈpravdin
Prawdinsk *russ.* ˈpravdinsk
prawoslawisch pravoˈsla:vɪʃ
Praxagoras praˈksa:goras
Praxeas ˈprakseas
Praxedis praˈkse:dɪs
Praxeologie prakseoloˈgi:
praxeologisch prakseoˈlo:gɪʃ
Praxilla praˈksɪla
Praxis ˈpraksɪs
Praxiteles praˈksi:telɛs
Praz *it.* prats
Präzedens prɛˈtse:dɛns, **...nzien** ...tseˈdɛntsi̯ən
Präzedenz prɛtseˈdɛnts
präzedieren prɛtseˈdi:rən
Präzentor prɛˈtsɛnto:ɐ̯, **-en** ...ˈto:rən
Präzeptor prɛˈtsɛpto:ɐ̯, **-en** ...ˈto:rən
präzessieren prɛtsɛˈsi:rən
Präzession prɛtsɛˈsi̯o:n
Präzipitat prɛtsipiˈta:t
Präzipitation prɛtsipitaˈtsi̯o:n
präzipitieren prɛtsipiˈti:rən
Präzipitin prɛtsipiˈti:n
Präzipuum prɛˈtsi:puʊm, **...pua** ...pu̯a
präzis prɛˈtsi:s, **-e** ...i:zə
präzisieren prɛtsiˈzi:rən
Präzision prɛtsiˈzi̯o:n
Prčice *tschech.* ˈpr̩tʃitsɛ
Préault *fr.* preˈo
Precancel pri:ˈkɛnsl̩
Prechtl ˈprɛçtl̩
Prechtler ˈprɛçtlɐ
Précieuses *fr.* preˈsjø:z
Preciosa preˈtsi̯o:za
precipitando pretʃipiˈtando
Précis preˈsi:, **des -** ...i:[s], **die -** ...i:s
Preczang ˈprɛtʃaŋ
Preda *rumän.* ˈpreda
Predeal *rumän.* preˈde̯al
Predella preˈdɛla
Predelle preˈdɛlə
predigen ˈpre:dɪgn̩, **predig!** ...ɪç, **predigt** ...ɪçt
Predigt ˈpre:dɪçt
Predil *it.* preˈdil
Predis *it.* ˈprɛ:dis
Předmostí *tschech.* ˈprʃɛd-mɔstji:
Prednisolon prɛtnizoˈlo:n
Preemphasis preˈ|ɛmfazɪs
Preetorius preˈto:ri̯ʊs
Preetz pre:ts
Preference prefeˈrã:s, **-n** ...sn̩
Pregel, Pregl ˈpre:gl̩
Pregnan prɛˈgna:n
Pregnandiol prɛgnanˈdi̯o:l
Prehnit preˈni:t
preien ˈprai̯ən
Preil prai̯l
Preis prai̯s, **-e** ˈprai̯zə
Preiselbeere ˈprai̯zl̩be:rə
preisen ˈprai̯zn̩, **preis!** prai̯s, **preist** prai̯st
preisgeben ˈprai̯sge:bn̩
preislich ˈprai̯slɪç
Preiss prai̯s
Preissová *tschech.* ˈprajsɔva:
Preistreiberei prai̯strai̯bəˈrai̯
prekär preˈkɛ:ɐ̯
Prekarei... prekaˈrai̯...
Prekarie preˈka:ri̯ə
Prekarium preˈka:ri̯ʊm, **...ien** ...i̯ən
Prekmurje *slowen.* ˈprɛkmurjɛ
Prêles *fr.* prɛl
Prel[l] ˈpre:l[l]
Prell prɛl
prellen ˈprɛlən
Preller ˈprɛlɐ
Prellerei prɛləˈrai̯
Prelog ˈpre:lɔk
Prélude, -s preˈly:t
Premier prəˈmi̯e:, pre...
Premiere prəˈmi̯e:rə, pre...
Premier Jus prəˈmi̯e: ˈʒy:
Premierminister prəˈmi̯e:mi-nɪstɐ, pre...
Preminger ˈpre:mɪŋɐ
Premnitz ˈprɛmnɪts

P

Prémontré *fr.* premõ'tre
Přẹmysl *tschech.* 'prʃɛmisl̩
Prẹndergast *engl.* 'prɛndəgæst
Prẹnj *serbokr.* prɛ:nj
Prenony̱m preno'ny:m
Prẹntice, ...iss *engl.* 'prɛntɪs
Prẹnzlau 'prɛntslau̯
Preperception 'pri:pø:ɐ̯'sɛpʃn̩, ...pœr'...
Preprint pri'prɪnt, 'pri:prɪnt
Prera̱dovic pre'ra:dovɪtʃ
Prẹradović *serbokr.* 'prɛradɔ-vitɕ
Pre̱rau 'pre:rau̯
Přẹrov *tschech.* 'prʃɛrɔf
Pre̱row 'pre:ro
Pré-Saint-Gervais *fr.* presɛ̃-ʒɛr'vɛ
Prẹsber 'prɛsbɐ
Presbyaku̱sis prɛsby|a'ku:zɪs
Presbyopi̱e prɛsby|o'pi:
Prẹsbyter 'prɛsbytɐ
presbyteria̱l prɛsbyte'ri̯a:l
Presbyteria̱ner prɛsbyte'ri̯a:nɐ
presbyteria̱nisch prɛsbyte-'ri̯a:nɪʃ
Presbyte̱rium prɛsby'te:ri̯ʊm, **...ien** ...i̯ən
prẹschen 'prɛʃn̩
Prẹscot[t] *engl.* 'prɛskət
Presẹnning pre'zɛnɪŋ
Presẹnter pri'zɛntɐ
Prešeren *slowen.* prɛ'ʃe:rən
Preshave[lotion] 'pri:ʃe:f[lo:ʃn̩]
Presidẹncia Rọque Sáenz Pẹña *span.* presi'ðenθi̯a 'rrɔke 'saenθ 'peɲa
Presidẹnte Hạyes *span.* presi-'ðente 'ajes
Presidẹnte Prudẹnte *bras.* pre-zi'denti pru'denti
Presidẹnte Vạrgas *bras.* prezi-'denti 'vargas
Preslạw *bulgar.* prɛ'slaf
Prẹsle[s] *fr.* prɛl
Prẹsley *engl.* 'prɛzlɪ
Prẹšov *slowak.* 'prɛʃɔu̯
Prẹspasee 'prɛspaze:
[1]**Presque I̱sle** (Michigan) *engl.* prɛsk'i:l
[2]**Presque Isle** (Maine) *engl.* prɛsk'aɪl
prẹss prɛs
pressạnt[e] prɛ'sant[ə]
Prẹssburg 'prɛsbʊrk
Prẹsse 'prɛsə
Prẹssel 'prɛsl̩
prẹssen 'prɛsn̩
Pressentiment prɛsãti'mã:
Presseur prɛ'sø:ɐ̯
pressi̱eren prɛ'si:rən
Prẹssing 'prɛsɪŋ
Pressio̱n prɛ'si̯o:n
Prẹssler, Prẹßler 'prɛslɐ
Prẹssuregroup 'prɛʃɐgru:p
Prestatyn *engl.* prɛs'tætɪn
Prestea *engl.* prɛs'teɪə
Prẹstel 'prɛstl̩
Presti vgl. Presto
Prestidigitateur prɛstidiʒita-'tø:ɐ̯
Presti̱ge prɛs'ti:ʒə
prestịssimo prɛs'tɪsimo
Prestịssimo prɛs'tɪsimo, **...mi** ...mi
prẹsto 'prɛsto
Prẹsto 'prɛsto, **...ti** ...ti
Prẹston *engl.* 'prɛstən
Prestonpans *engl.* prɛstən-'pænz
Prẹstwich *engl.* 'prɛstwɪtʃ
Prẹstwick *engl.* 'prɛstwɪk
Prêt-à-porte̱r prɛtapɔr'te:
Pretest 'pri:tɛst
Pre̱ti *it.* 'prɛ:ti
pretia̱l pre'tsi̯a:l
Pretio̱sen pre'tsi̯o:zn̩
Preto̱ria pre'to:ri̯a, *engl.* prɪ-'tɔ:rɪə, *afr.* prə'to:ri:a
Prêtre *fr.* prɛtr
Pre̱uschen 'prɔyʃn̩
Pre̱usker 'prɔyskɐ
Pre̱uß, Pre̱uss prɔys
Pre̱ußag 'prɔysak
Pre̱uße 'prɔysə
Pre̱ußen 'prɔysn̩
pre̱ußisch 'prɔysɪʃ
Pre̱ußler 'prɔyslɐ
Préve̱rt *fr.* pre'vɛ:r
Preview 'pri:vju:
Prẹvin *engl.* 'prɛvɪn
Previta̱li *it.* previ'ta:li
Pre̱vorst 'pre:fɔrst
Prévọst *fr.* pre'vo
Prévost d'Exi̱les *fr.* prevodɛg'zil
Prewelạkis *neugr.* prɛvɛ'lakis
Prẹwesa *neugr.* 'prɛvɛza
Pre̱y[er] 'prai̯[ɐ]
Pre̱ysing-Lịchtenegg-Mo̱os 'prai̯zɪŋ'lɪçtənɛk'mo:s
Prẹžihov *slowen.* 'pre:ʒixɔu̯
preziö̱s pre'tsi̯ø:s, **-e** ...ø:zə
Prezio̱sa pre'tsi̯o:za
Prezio̱sen pre'tsi̯o:zn̩
Preziositä̱t pretsi̯ozi'tɛ:t
Prezzoli̱ni *it.* prettso'li:ni
PRỊ *span.* pri
Pria̱mel pri'a:ml̩
Pri̱am[os] 'pri:am[ɔs]
Pri̱amus 'pri:amʊs
Priape̱a pria'pe:a
priape̱isch pria'pe:ɪʃ
Priape̱us pria'pe:ʊs, **...pe̱i** ...pe:i
pria̱pisch pri'a:pɪʃ
Priapịsmus pria'pɪsmʊs
Pria̱pos pri'a:pɔs, 'pri:apɔs
Pria̱pus pri'a:pʊs
Pribilof Islands *engl.* 'prɪbɪləf 'aɪləndz
Pri̱born 'pri:bɔrn
Pri̱bram 'pri:bram
Přibram *tschech.* 'prʃi:bram
Price *engl.* praɪs
Prịchard *engl.* 'prɪtʃəd
Prịchsenstadt 'prɪksn̩ʃtat
Prịcke 'prɪkə
Prickele̱i prɪkə'lai̯
prịck[e]lig 'prɪk[ə]lɪç, **-e** ...ɪgə
prịckeln 'prɪkl̩n
prịcken 'prɪkn̩
Pride *engl.* praɪd
Pri̱ebke 'pri:pkə
Pri̱eche 'pri:çə
Pri̱ego *span.* 'pri̯eɣo
Pri̱el pri:l
Pri̱em pri:m
pri̱emen 'pri:mən
Pri̱en pri:n
Prie̱ne pri'e:nə
Prie̱rias pri'e:ri̯as
pri̱es pri:s
pri̱esen, P... 'pri:zn̩
Pri̱eska *afr.* 'pri:ska
Pri̱essnitz, Pri̱eßnitz 'pri:snɪts
pri̱est pri:st
Pri̱est *engl.* pri:st
Pri̱ester 'pri:stɐ
Pri̱estley *engl.* 'pri:stlɪ
Prịeto *span.* 'pri̯eto
Prie̱vidza *slowak.* 'pri̯ɛvidza
Pri̱gnitz 'pri:gnɪts
Příhoda *tschech.* 'prʃi:hɔda
Prijẹdor *serbokr.* pri.jɛdɔr
Prijẹpolje *serbokr.* pri.jɛpɔljɛ
Prilep *mak.* 'prilɛp
Prilụki *russ.* pri'luki
pri̱m, P... pri:m
pri̱ma, P... 'pri:ma
Primaballeri̱na primabale'ri:na
Primadọnna prima'dɔna
Pri̱ma-fa̱cie-... 'pri:ma'fa:tsi̯ə...
Prima̱ge pri'ma:ʒə
Primakọw *russ.* prima'kɔf
Primalitä̱ten primali'tɛ:tn̩
Prima̱nen pri'ma:nən

Primaner priˈmaːnɐ
Primanota primaˈnoːta
primär priˈmɛːɐ̯
Primar priˈmaːɐ̯
Primarius priˈmaːri̯ʊs, **...ien** ...i̯ən
Primary ˈprai̯məri
Primas ˈpriːmas, **-se** ...asə
Primat priˈmaːt
Primaticcio *it.* primaˈtittʃo
Primatologe primatoˈloːgə
Primatologie primatoloˈgiː
prima vista ˈpriːma ˈvɪsta
prima volta ˈpriːma ˈvɔlta
Prime ˈpriːmə
Primel ˈpriːml̩
Primerate ˈprai̯mreːt
Primetime ˈprai̯mtai̯m
Primeur priˈmøːɐ̯
Primi vgl. Primus
Primi inter Pares vgl. Primus inter Pares
Primipara priˈmiːpara, **...ren** ...miˈpaːrən
Primislaus ˈpriːmɪslau̯s
primissima priˈmɪsima
Primitial... primiˈtsi̯aːl...
primitiv primiˈtiːf, **-e** ...iːvə
primitivieren primitiˈviːrən
primitivisieren primitiviˈziːrən
Primitivismus primitiˈvɪsmʊs
Primitivität primitiviˈtɛːt
Primitivum primiˈtiːvʊm, **...va** ...va
Primi Uomini vgl. Primo uomo
Primiz priˈmiːt͜s
Primiziant primiˈt͜si̯ant
Primizien priˈmiːt͜si̯ən
primo, ¹P... ˈpriːmo
²Primo (Name) *span.* ˈprimo
Primogenitur primogeniˈtuːɐ̯
primordial primɔrˈdi̯aːl
Primorje *serbokr.* ˌprimɔːrjɛ
Primorsk *russ.* priˈmɔrsk
Primo Uomo ˈpriːmo ˈu̯oːmo, **Primi Uomini** ...mi ...mini
Primrose *engl.* ˈprɪmroʊz
Primum Mobile ˈpriːmʊm ˈmoːbilə
Primus ˈpriːmʊs; **Primi** ˈpriːmi, **-se** ...ʊsə
Primus inter Pares ˈpriːmʊs ˈɪntɐ ˈpaːreːs, **Primi - -** ...mi - -
Prince *engl.* prɪns
Princeton *engl.* ˈprɪnstən
Princip *serbokr.* ˌprintsiːp
principaliter prɪnt͜siˈpaːlitɐ
Principe *it.* ˈprintʃipe
Príncipe *port.* ˈprĩsipə
principiis obsta prɪnˈt͜siːpiiːs ˈɔpsta
Principium [Contradictionis, exclusi Tertii, Identitatis, Rationis sufficientis] prɪnˈt͜siːpi̯ʊm [kɔntradɪkˈt͜si̯oːnɪs, ɛksˈkluːzi ˈtɛrt͜sii, idɛntiˈtaːtɪs, raˈt͜si̯oːnɪs zʊfiˈt͜si̯ɛntɪs]
Pring[le] *engl.* prɪŋ[gl]
Pringsheim ˈprɪŋshai̯m
Prins *niederl.* prɪns
Prinsep *engl.* ˈprɪnsɛp
Print[e] ˈprɪnt[ə]
Printed in Germany ˈprɪntɪt ɪn ˈd͜ʒøːɐ̯məni, - - ˈd͜ʒœrməni
Printer ˈprɪntɐ
Prin[t]z prɪnt͜s
Printz-Påhlson *schwed.* ˈprintsˈpoːlsɔn
Prinzeps ˈprɪnt͜sɛps, **...zipes** ...t͜sipeːs
Prinzess[in] prɪnˈt͜sɛs[ɪn]
Prinzip prɪnˈt͜siːp, **-ien** ...pi̯ən
Prinzipal prɪnt͜siˈpaːl
prinzipaliter prɪnt͜siˈpaːlitɐ
Prinzipat prɪnt͜siˈpaːt
Prinzipes vgl. Prinzeps
prinzipiell prɪnt͜siˈpi̯ɛl
Prinz-Thronfolger ˈprɪnt͜sˈtroːnfɔlgɐ
Prion ˈpriːɔn, **-en** priˈoːnən
¹Prior ˈpriːoːɐ̯, **-en** priˈoːrən
²Prior (Name) *engl.* ˈpraɪə, *span.* priˈɔr
Priorat prioˈraːt
Priorin priˈoːrɪn, *auch:* ˈpriːorɪn
priorisieren prioriˈziːrən
Priorität prioriˈtɛːt
Priosjorsk *russ.* priaˈzjɔrsk
Pripet ˈpriːpɛt
Pripjat *russ.* ˈpripɪtj
Pripjet ˈprɪpjɛt
Prisca ˈprɪska
Prischen ˈpriːsçən
Prischwin *russ.* ˈpriʃvin
Priscian[us] prɪsˈt͜si̯aːn[ʊs]
Priscilla prɪsˈt͜sɪla, *engl.* prɪˈsɪlə
Priscillian prɪst͜sɪˈli̯aːn
Prisco *it.* ˈprisko
Priscus ˈprɪskʊs
Prise ˈpriːzə
Prishtinë *alban.* priʃˈtinə
Priskos ˈprɪskɔs
Prisma ˈprɪsma
prismatisch prɪsˈmaːtɪʃ
Prismatoid prɪsmatoˈiːt, **-e** ...iːdə
prismatoidisch prɪsmatoˈiːdɪʃ
Prismoid prɪsmoˈiːt, **-e** ...iːdə
Prison priˈzõː
Prisoner of War ˈprɪzənɐ ɔf ˈvoːɐ̯
Prisonnier de Guerre, -s - - prizɔˈni̯eː də ˈgɛːɐ̯
Priština *serbokr.* ˈpriːʃtina
Pritchard *engl.* ˈprɪtʃəd
Pritchett *engl.* ˈprɪtʃɪt
Pritsche ˈprɪtʃə
pritschen ˈprɪtʃn̩
Pritstabel ˈprɪt͜staːbl̩
Pritzwalk ˈprɪt͜svalk
Privas *fr.* priˈvɑ
privat priˈvaːt
Privatier privaˈti̯eː
Privatiere privaˈti̯eːrə
privatim priˈvaːtɪm
Privation privaˈt͜si̯oːn
privatisieren privatiˈziːrən
Privatismus privaˈtɪsmʊs
privatissime privaˈtɪsime
Privatissimum privaˈtɪsimʊm, **...ma** ...ma
Privatist privaˈtɪst
privativ, P... privaˈtiːf, **-e** ...iːvə
Privileg priviˈleːk, **-ien** ...ˈleːgi̯ən
privilegieren privileˈgiːrən
Privilegium priviˈleːgi̯ʊm, **...ien** ...i̯ən
Privilegium Paulinum priviˈleːgi̯ʊm pau̯ˈliːnʊm
Privy Council ˈprɪvi ˈkau̯nsl̩
Prix priː, **des -** priː[s], **die -** priːs
Prizren *serbokr.* ˈprizrɛn
Prjanischnikow *russ.* ˈprjaniʃnikɐf
pro, ¹Pro proː
²Pro (Name) *span.* pro
pro anno proː ˈano
Proanthesis pro|anˈteːzɪs
Proärese pro|ɛˈreːzə
Proba ˈproːba
probabel proˈbaːbl̩, **...ble** ...blə
Probabilismus probabiˈlɪsmʊs
Probabilität probabiliˈtɛːt
Proband proˈbant, **-en** ...ndn̩
probat proˈbaːt
Probation probaˈt͜si̯oːn
Pröbchen ˈprøːpçən
Probe ˈproːbə
pröbeln ˈprøːbl̩n, **pröble** ˈprøːblə

P

proben ˈproːbn̩, **prob!** proːp, **probt** proːpt
probieren proˈbiːrən
Probiont proˈbi̯ɔnt
Probität probiˈtɛːt
Problem proˈbleːm
Problematik probleˈmaːtɪk
problematisch probleˈmaːtɪʃ
problematisieren problematiˈziːrən
Probolinggo *indon.* proboˈlɪŋgo
Probstei proːpsˈtai̯
Probstzella proːpstˈt͜sɛla
Probus ˈproːbʊs
Procaccini *it.* prokatˈtʃiːni
Procain® prokaˈiːn
Procedere proˈt͜seːdərə
pro centum proː ˈt͜sɛntʊm
Processus proˈt͜sɛsʊs
Procházka *tschech.* ˈprɔxaːska
Procheilie proçai̯ˈliː, **-n** ...iːən
Prochorow *russ.* ˈprɔxɐrɐf
Procida *it.* ˈprɔːtʃida
Procksch prɔkʃ
Proclus ˈproːklʊs
Proco-... ˈproːko...
Procopé *schwed.* prɔkɔˈpeː
pro copia proː ˈkoːpi̯a
Procopius proˈkoːpi̯ʊs
Procter, ...tor *engl.* ˈprɔktə
Proculejus prokuˈleːjʊs
Prodekan ˈproːdekaːn
prodeutsch ˈproːdɔyt͜ʃ, proˈdɔyt͜ʃ
Prod'homme *fr.* prɔˈdɔm
Prodi *it.* ˈprɔːdi
pro die proː ˈdiːə
Prodigalität prodigaliˈtɛːt
Prodigium proˈdiːgi̯ʊm, **...ien** ...i̯ən
Prodikos ˈproːdikɔs
pro domo proː ˈdoːmo
pro dosi proː ˈdoːzi
Prodrom proˈdroːm
Prodromal... prodroˈmaːl...
Prodromos ˈproːdromos
Prodromus ˈproːdromʊs, **...men** proˈdroːmən
Producer proˈdjuːsɐ
Product... ˈprɔdakt...
Produkt proˈdʊkt
Produktion produkˈt͜si̯oːn
produktiv prodʊkˈtiːf, **-e** ...iːvə
Produktivität prodʊktiviˈtɛːt
Produktograph prodʊktoˈgraːf
Produzent produˈt͜sɛnt
produzieren produˈt͜siːrən
Proenzym pro|ɛnˈt͜syːm, *auch:* ˈproː|ɛnt͜syːm
Prof prɔf
profan proˈfaːn
Profanation profanaˈt͜si̯oːn
profanieren profaˈniːrən
Profanität profaniˈtɛːt
Profess[e] proˈfɛs[ə]
Professiogramm profɛsi̯oˈgram
Profession profɛˈsi̯oːn
professional profɛsi̯oˈnaːl
Professional profɛsi̯oˈnaːl, proˈfɛʃənl̩
professionalisieren profɛsi̯onaliˈziːrən
Professionalismus profɛsi̯onaˈlɪsmʊs
professionell profɛsi̯oˈnɛl
professioniert profɛsi̯oˈniːɐ̯t
Professionist profɛsi̯oˈnɪst
Professor proˈfɛsoːɐ̯, **-en** ...ˈsoːrən
professoral profɛsoˈraːl
Professorin profɛˈsoːrɪn, *auch:* proˈfɛsorɪn
Professur profɛˈsuːɐ̯
Profi ˈproːfi
proficiat! proˈfiːt͜si̯at
Profil proˈfiːl
profilieren profiˈliːrən
Profilograph profiloˈgraːf
Profit proˈfiːt, *auch:* proˈfɪt
profitabel profiˈtaːbl̩, **...ble** ...blə
Profiteur profiˈtøːɐ̯
profitieren profiˈtiːrən
Proform ˈproːfɔrm
pro forma proː ˈfɔrma
Profos proˈfoːs, **-e** ...oːzə
Profoss proˈfɔs
Proft prɔft
Profumo *engl.* prəˈfjuːmoʊ
profund proˈfʊnt, **-e** ...ndə
Profundal profʊnˈdaːl
Profundität profʊndiˈtɛːt
profus proˈfuːs, **-e** ...uːzə
progam proˈgaːm
Progenese progeˈneːzə
Progenie progeˈniː, **-n** ...iːən
Progenitur progeniˈtuːɐ̯
Progerie progeˈriː, **-n** ...iːən
Progesteron progɛsteˈroːn
Proglottid proglɔˈtiːt, **-en** ...iːdn̩
Prognath proˈgnaːt
Prognathie prognaˈtiː
Prognose proˈgnoːzə
Prognostik proˈgnɔstɪk
Prognostikon proˈgnɔstikɔn, **...ka** ...ka
Prognostikum proˈgnɔstikʊm, **...ka** ...ka
prognostisch proˈgnɔstɪʃ
prognostizieren prognɔstiˈt͜siːrən
Progonotaxis progonoˈtaksɪs
Programm proˈgram
Programmatik prograˈmaːtɪk
Programmatiker prograˈmaːtikɐ
programmatisch prograˈmaːtɪʃ
programmieren prograˈmiːrən
progredient progreˈdi̯ɛnt
Progredienz progreˈdi̯ɛnt͜s
Progreso *span.* proˈɣreso
Progress proˈgrɛs
Progression progrɛˈsi̯oːn
Progressismus progrɛˈsɪsmʊs
Progressist progrɛˈsɪst
progressiv progrɛˈsiːf, **-e** ...iːvə
Progressivejazz proˈgrɛsɪfˈd͜ʒɛs
Progressivismus progrɛsiˈvɪsmʊs
Progressivist progrɛsiˈvɪst
Progymnasium ˈproːgʏmnaːzi̯ʊm, **...ien** ...i̯ən
Prohaska proˈhaska, ˈprɔhaska
prohibieren prohiˈbiːrən
Prohibition prohibiˈt͜si̯oːn
Prohibitionist prohibit͜si̯oˈnɪst
prohibitiv, P... prohibiˈtiːf, **-e** ...iːvə
prohibitorisch prohibiˈtoːrɪʃ
Prohibitorium prohibiˈtoːri̯ʊm, **...ien** ...i̯ən
Projekt proˈjɛkt
Projektant projɛkˈtant
Projekteur projɛkˈtøːɐ̯
projektieren projɛkˈtiːrən
Projektil projɛkˈtiːl
Projektion projɛkˈt͜si̯oːn
projektiv projɛkˈtiːf, **-e** ...iːvə
Projektor proˈjɛktoːɐ̯, **-en** ...ˈtoːrən
projizieren projiˈt͜siːrən
Prokaryonten prokaˈry̆ɔntn̩
Prokaryoten prokaˈry̆oːtn̩
Prokatalepsis prokaˈtaːlɛpsɪs, **...lepsen** ...taˈlɛpsn̩
Prokeleusmatikus prokelɔy̆sˈmaːtikʊs, **...izi** ...it͜si
Proklamation proklamaˈt͜si̯oːn
proklamieren proklaˈmiːrən
Proklise proˈkliːzə
Proklisis ˈproːklizɪs, **...sen** proˈkliːzn̩

Proklitikon pro'kli:tikɔn, **...ka** ...ka
proklitisch pro'kli:tɪʃ
Proklos 'pro:klɔs
Prokne 'prɔknə
Prokof[f] 'pro:kɔf
Prokofi *russ.* pra'kɔfij
Prokofjew pro'kɔfjɛf, *russ.* pra'kɔfjɪf
Prokonsul 'pro:kɔnzʊl
Prokonsulat 'pro:kɔnzula:t
[1]**Prokop** (Böhmen) 'pro:kɔp
[2]**Prokop** (Antike) pro'ko:p
Pro-Kopf-... pro'kɔpf...
Prokopi *russ.* pra'kɔpij
Prokopios pro'ko:pi̯ɔs
Prokopius pro'ko:pi̯ʊs
Prokopjewsk *russ.* pra'kɔpjɪfsk
Prokopowitsch *russ.* prɐka'pɔvitʃ
Prokosch 'pro:kɔʃ, *engl.* 'proʊkɔʃ
Prokris 'pro:krɪs
Prokrustes pro'krʊstɛs
Proktalgie prɔktal'gi:, **-n** ...i:ən
Proktitis prɔk'ti:tɪs, **...itiden** ...ti'ti:dn̩
proktogen prɔkto'ge:n
Proktologe prɔkto'lo:gə
Proktologie prɔktolo'gi:
Proktoplastik prɔkto'plastɪk
Proktorrhagie prɔktɔra'gi:, **-n** ... i:ən
Proktospasmus prɔkto'spasmʊs
Proktostase prɔkto'sta:zə
Proktotomie prɔktoto'mi: **-n** ...i:ən
Proktozele prɔkto'tse:lə
Prokuplje *serbokr.* ˌprɔkupljɛ
Prokura pro'ku:ra
Prokuration prokura'tsi̯o:n
Prokurator proku'ra:to:ɐ̯, **-en** ...ra'to:rən
Prokurazien proku'ra:tsi̯ən, *auch:* ...ra'tsi:ən
Prokurist proku'rɪst
Prokuror pro'ku:ro:ɐ̯, **-en** ...ku'ro:rən
Prokyon 'pro:kýɔn
prolabieren prola'bi:rən
Prolaktin prolak'ti:n
Prolamina prola'mi:na
Prolan pro'la:n
Prolaps pro'laps, 'pro:laps
Prolapsus pro'lapsʊs, **die -** ...psu:s
Prolegomenon prole'go:menɔn, **...ena** ...ena
Prolepse pro'lɛpsə
Prolepsis 'pro:lɛpsɪs, pro'lɛpsɪs, **...psen** pro'lɛpsn̩
proleptisch pro'lɛptɪʃ
Prolet pro'le:t
Proletariat proleta'ri̯a:t
Proletarier prole'ta:ri̯ɐ
proletarisch prole'ta:rɪʃ
proletarisieren proletari'zi:rən
[1]**Proliferation** prolifera'tsi̯o:n
[2]**Proliferation** (Weitergabe von Atomwaffen) prolifə're:ʃn̩
proliferativ prolifera'ti:f, **-e** ...i:və
proliferieren prolife'ri:rən
prolix pro'lɪks
Proll prɔl
prollen 'prɔlən
pro loco pro: 'lo:ko
Prolog pro'lo:k, **-e** ...o:gə
Prolongation prolɔŋga'tsi̯o:n
Prolongement prolõʒə'mã:
prolongieren prolɔŋ'gi:rən
Prome *engl.* proʊm
Promemoria prome'mo:ri̯a, **...ien** ...i̯ən
pro memoria pro: me'mo:ri̯a
Promenade promə'na:də
promenieren promə'ni:rən
Promesse pro'mɛsə
Promessi Sposi *it.* pro'messi 'spɔ:zi
prometheisch prome'te:ɪʃ
Prometheus pro'me:tɔys
Promethium pro'me:ti̯ʊm
Promi 'prɔmi
Promille pro'mɪlə
pro mille pro: 'mɪlə
prominent promi'nɛnt
Prominenz promi'nɛnts
promiscue pro'mɪsku̯e
promisk pro'mɪsk
Promiskuität promɪskui'tɛ:t
promiskuitiv promɪskui'ti:f, **-e** ...i:və
promiskuos promɪs'ku̯o:s, **-e** ...o:zə
promiskuös promɪs'ku̯ø:s, **-e** ...ø:zə
Promission promɪ'si̯o:n
promissorisch promɪ'so:rɪʃ
Promissorium promɪ'so:ri̯ʊm, **...ien** ...i̯ən
Promittent promɪ'tɛnt
promittieren promɪ'ti:rən
promoten pro'mo:tn̩
Promoter pro'mo:tɐ
[1]**Promotion** promo'tsi̯o:n
[2]**Promotion** (Werbung) pro'mo:ʃn̩
Promotor pro'mo:to:ɐ̯, **-en** ...mo'to:rən
Promovend promo'vɛnt, **-en** ...ndn̩
promovieren promo'vi:rən
prompt prɔmpt
Prompter 'prɔmptɐ
Promptuarium prɔmp'tu̯a:ri̯ʊm, **...ien** ...i̯ən
Promulgation promʊlga'tsi̯o:n
promulgieren promʊl'gi:rən
Pronaos 'pro:naɔs, **...naoi** ...naɔy
Pronaszko *poln.* prɔ'naʃkɔ
Pronation prona'tsi̯o:n
pro nihilo pro: 'ni:hilo
Pronomen pro'no:mən, **...mina** ...mina
pronominal pronomi'na:l
Pronominale pronomi'na:lə, **...lia** ...li̯a, **...lien** ...li̯ən
prononcieren pronõ'si:rən
Prontosil® prɔnto'zi:l
Pronunciamiento pronʊntsi̯a'mi̯ento
Pronuntius pro'nʊntsi̯ʊs, **...ien** ...i̯ən
Pronunziam[i]ento pronʊntsi̯a'm[i̯]ɛnto
pronunziato pronʊn'tsi̯a:to
Prony *fr.* prɔ'ni
Prooimion pro'|ɔymi̯ɔn, **...ia** ...i̯a
Proömium pro'|ø:mi̯ʊm, **...ien** ...i̯ən
Propädeutik propɛ'dɔytɪk
Propädeutikum propɛ'dɔytikʊm, **...ka** ...ka
propädeutisch propɛ'dɔytɪʃ
Propaganda propa'ganda
propagandieren propagan'di:rən
Propagandist propagan'dɪst
Propagation propaga'tsi̯o:n
Propagator propa'ga:to:ɐ̯, **-en** ...ga'to:rən
propagieren propa'gi:rən
Propan pro'pa:n
Propanon propa'no:n
Proparoxytonon proparɔ'ksy:tonɔn, **...na** ...na
pro patria pro: 'pa:tria
Propeller pro'pɛlɐ
Propemptikon pro'pɛmptikɔn, **...ka** ...ka
Propen pro'pe:n
Propepsin propɛ'psi:n

P

proper 'prɔpɐ
Properdin propɛr'di:n
Properispomenon properi'spo:menɔn, **...na** ...na
Propertius pro'pɛrtsi̯ʊs
Properz pro'pɛrts
Prophase pro'fa:zə
Prophet pro'fe:t
Prophetie profe'ti:, **-n** ...i:ən
prophetisch pro'fe:tɪʃ
prophezeien profe'tsai̯ən
Prophylaktikum profy'laktikʊm, **...ka** ...ka
prophylaktisch profy'laktɪʃ
Prophylaxe profy'laksə
Prophylaxis profy'laksɪs
Propiol pro'pi̯o:l
Propion pro'pi̯o:n
Propolis 'pro:polɪs
Proponent propo'nɛnt
proponieren propo'ni:rən
Propontis pro'pɔntɪs
Proportion propɔr'tsi̯o:n
proportional propɔrtsi̯o'na:l
Proportionalität propɔrtsi̯onali'tɛ:t
proportioniert propɔrtsi̯o'ni:ɐ̯t
Proporz pro'pɔrts
Propositio propo'zi:tsi̯o, **-nes** ...zi'tsi̯o:ne:s
Propositio maior [- minor] propo'zi:tsi̯o 'ma:jo:ɐ̯ [- 'mi:no:ɐ̯]
Proposition propozi'tsi̯o:n
propositional propozitsi̯o'na:l
Propositum pro'po:zitʊm, **...ta** ...ta
Proposta pro'pɔsta
Proppen 'prɔpn̩
proppenvoll 'prɔpn̩'fɔl
Proprätor pro'prɛ:to:ɐ̯, **-en** proprɛ'to:rən
Propretät proprə'tɛ:t
proprialisieren propriali'zi:rən
proprie 'pro:prie
Proprietär proprie'tɛ:ɐ̯
Proprietät proprie'tɛ:t
pro primo pro: 'pri:mo
proprio motu 'pro:prio 'mo:tu
Proprium 'pro:priʊm
Proprium de Tempore 'pro:priʊm de: 'tɛmpore
Proprium Sanctorum 'pro:priʊm zaŋk'to:rʊm
Propst pro:pst, **Pröpste** 'prø:pstə
Propstei pro:ps'tai̯
Pröpstin 'prø:pstɪn
Propulsion propʊl'zi̯o:n
propulsiv propʊl'zi:f, **-e** ...i:və
Propusk 'pro:pʊsk, 'prɔp..., pro'pʊsk
Propyläen propy'lɛ:ən
Propylen propy'le:n
Propylit propy'li:t
pro rata [parte, temporis] pro: 'ra:ta ['partə, 'tɛmporɪs]
Prorektor 'pro:rɛkto:ɐ̯, '-'--, **-en** 'pro:rɛkto:rən, '--'--
Prorektorat 'pro:rɛktɔra:t, '---'-
Prorogation proroga'tsi̯o:n
prorogativ proroga'ti:f, **-e** ...i:və
prorogieren proro'gi:rən
Prosa 'pro:za
Prosaiker pro'za:ikɐ
prosaisch pro'za:ɪʃ
Prosaist proza'ɪst
Prosecco pro'zɛko
Prosektor 'pro:zɛkto:ɐ̯, '-'--, **-en** 'pro:zɛkto:rən, '--'--
Prosektur prozɛk'tu:ɐ̯
Prosekution prozeku'tsi̯o:n
Prosekutiv 'pro:zekuti:f, **-e** ...i:və
Prosekutor proze'ku:to:ɐ̯, **-en** ...ku'to:rən
Proselyt proze'ly:t
Proselytenmacherei prozely:tn̩maxə'rai̯
Proseminar 'pro:zemina:ɐ̯
Prosenchym prozɛn'çy:m
prosenchymatisch prozɛnçy'ma:tɪʃ
Proserpina pro'zɛrpina
ProSieben pro:'zi:bn̩
Prosimetrum prozi'me:trʊm, **...tra** ...tra
prosit!, Prosit 'pro:zɪt
Prosito *it.* 'prɔ:zito
Proske 'prɔskə
Proskenion pro'ske:ni̯ɔn, **...ia** ...i̯a
proskribieren proskri'bi:rən
Proskription proskrɪp'tsi̯o:n
Proskynese prɔsky'ne:zə
Proskynesis prɔs'ky:nezɪs, **...nesen** ...ky'ne:zn̩
Prosodem prozo'de:m
Prosodiakus prozo'di:akʊs, **...zi** ...tsi
Prosodie prozo'di:, **-n** ...i:ən
Prosodik pro'zo:dɪk
Prosodion pro'zo:di̯ɔn, **...ia** ...i̯a
prosodisch pro'zo:dɪʃ
Prosodontie prozodɔn'ti:, **-n** ...i:ən
Prosopalgie prozopal'gi:, **-n** ...i:ən
Prosopographie prozopogra'fi:, **-n** ...i:ən
Prosopolepsie prozopolɛ'psi:
Prosopoplegie prozopople'gi:, **-n** ...i:ən
Prosopopöie prozopopø'i:, **-n** ...i:ən
Prosoposchisis prozopo'sçi:zɪs
Prospect *engl.* 'prɔspɛkt
Prospekt pro'spɛkt
prospektieren prospɛk'ti:rən
Prospektion prospɛk'tsi̯o:n
prospektiv prospɛk'ti:f, **-e** ...i:və
Prospektor pro'spɛkto:ɐ̯, **-en** ...'to:rən
Prosper 'prɔspɐ, *fr.* prɔs'pɛ:r, *engl.* 'prɔspə
prosperieren prospe'ri:rən
Prosperität prosperi'tɛ:t
Prospermie prospɛr'mi:, **-n** ...i:ən
Prospero 'prɔspero
prospizieren prospi'tsi:rən
Proßnitz 'prɔsnɪts
prost!, Prost pro:st
Prostaglandine prɔstaglan'di:nə
Prostata 'prɔstata, **...tae** ...tɛ
Prostatektomie prostatɛkto'mi:, **-n** ...i:ən
Prostatiker pro'sta:tikɐ
Prostatitis prosta'ti:tɪs, **...itiden** ...ti'ti:dn̩
Prostějov *tschech.* 'prɔstjɛjɔf
prosten 'pro:stn̩
prösterchen!, P... 'prø:stɐçən
Prosternation prostɛrna'tsi̯o:n
prosternieren prostɛr'ni:rən
Prosthese prɔs'te:zə
Prosthesis 'prɔstezɪs, **...thesen** prɔs'te:zn̩
prosthetisch prɔs'te:tɪʃ
prostituieren prostitu'i:rən
Prostituierte prostitu'i:ɐ̯tə
Prostitution prostitu'tsi̯o:n
prostitutiv prostitu'ti:f, **-e** ...i:və
Prostration prostra'tsi̯o:n
Prostylos 'prɔstylɔs, **...loi** ...lɔy̆
Prosyllogismus prozʏlo'gɪsmʊs
prosyllogistisch prozʏlo'gɪstɪʃ
Proszenium pro'stse:ni̯ʊm, **...ien** ...i̯ən

Protactinium protak'ti:ni̯ʊm
Protagonist protago'nɪst
Protagoras pro'ta:goras
Protamin prota'mi:n
Protandrie protan'dri:
protandrisch pro'tandrɪʃ
Protanopie protan|o'pi:, **-n** ...i:ən
Protasis 'pro:tazɪs, **...tasen** pro'ta:zn̩
Protease prote'a:zə
Protegé prote'ʒe:
protegieren prote'ʒi:rən
Proteid prote'i:t, **-e** ...i:də
Protein prote'i:n
Proteinase protei'na:zə
proteisch pro'te:ɪʃ
Protektion protɛk'tsi̯o:n
Protektionismus protɛktsi̯o'nɪsmʊs
Protektionist protɛktsi̯o'nɪst
Protektor pro'tɛkto:ɐ̯, **-en** ...'to:rən
Protektorat protɛkto'ra:t
pro tempore pro: 'tɛmpore
Proteohormon 'pro:teohɔrmo:n
Proteolyse proteo'ly:zə
proteolytisch proteo'ly:tɪʃ
Proterandrie proteran'dri:
proterogyn protero'gy:n
Proterogynie proterogy'ni:
Proterozoikum protero'tso:ikʊm
Protesilaos protezi'la:ɔs
Protest pro'tɛst
Protestant protɛs'tant
protestantisch protɛs'tantɪʃ
protestantisieren protɛstanti'zi:rən
Protestantismus protɛstan'tɪsmʊs
Protestation protɛsta'tsi̯o:n
protestieren protɛs'ti:rən
Proteus 'pro:tɔys
Protevangelium protevaŋ'ge:li̯ʊm, 'pro:te...
Prothallium pro'tali̯ʊm, **...ien** ...i̯ən
Prothero[e] *engl.* 'prɔðərou
Prothese pro'te:zə
Prothetik pro'te:tɪk
prothetisch pro'te:tɪʃ
Prothrombin protrɔm'bi:n
Protist pro'tɪst
Protium 'pro:tsi̯ʊm
Protoevangelium proto|evaŋ'ge:li̯ʊm
protogen proto'ge:n
Protogin proto'gi:n
protogyn proto'gy:n
Protogynie protogy'ni:
Protokokken proto'kɔkn̩
Protokoll proto'kɔl
Protokollant protokɔ'lant
protokollarisch protokɔ'la:rɪʃ
Protoköllchen proto'kœlçən
protokollieren protokɔ'li:rən
Proton 'pro:tɔn, **-en** pro'to:nən
Protonema proto'ne:ma
Protonotar protono'ta:ɐ̯
Proton Pseudos 'pro:tɔn 'psɔydɔs
Protophyte proto'fy:tə
Protophyton pro'to:fytɔn, **...ten** proto'fy:tn̩
Protoplasma proto'plasma
Protoplast proto'plast
Protos 'pro:tɔs
Prototyp 'pro:toty:p, proto'ty:p
prototypisch proto'ty:pɪʃ
Protozoologe prototsoo'lo:gə
Protozoologie prototsoolo'gi:
Protozoon proto'tso:ɔn, **...zoen** ...'tso:ən
protrahieren protra'hi:rən
Protraktion protrak'tsi̯o:n
Protreptik pro'trɛptɪk
protreptisch pro'trɛptɪʃ
Protrusion protru'zi̯o:n
Protti *it.* 'prɔtti
Protuberanz protube'rants
protypisch pro'ty:pɪʃ
Protypon 'pro:typɔn, **...pen** pro'ty:pn̩
Protypus pro'ty:pʊs
Protz[e] 'prɔts[ə]
protzen 'prɔtsn̩
protzig 'prɔtsɪç, **-e** ...ɪgə
Prou *fr.* pru
Proudhon *fr.* pru'dõ
Proust *fr.* prust
Proustit prʊs'ti:t
pro usu medici pro: 'u:zu 'me:ditsi
Prout[y] *engl.* 'praʊt[ɪ]
Provence *fr.* prɔ'vã:s
Provenceröl prɔ'vã:sɐlø:l
Provenienz prove'ni̯ɛnts
[1]**Provenzale** provɛn'tsa:lə, *auch:* provɛn'sa:lə, provã'sa:lə
[2]**Provenzale** (Name) *it.* proven'tsa:le
provenzalisch provɛn'tsa:lɪʃ, *auch:* provɛn'sa:lɪʃ, provã'sa:lɪʃ
Proverb pro'vɛrp, **-en** ...rbn̩
Proverbe, -s *fr.* prɔ'vɛrb
Proverbe dramatique, -s -s pro'vɛrp drama'tɪk
proverbial provɛr'bi̯a:l
proverbiell provɛr'bi̯ɛl
Proverbium pro'vɛrbi̯ʊm, **...ien** ...i̯ən
Proviant pro'vi̯ant
proviantieren provi̯an'ti:rən
Providence *engl.* 'prɔvɪdəns, *fr.* prɔvi'dã:s
Providenz provi'dɛnts
providenziell providɛn'tsi̯ɛl
Provider pro'vaidɐ
Province *fr.* prɔ'vɛ̃:s
Provins *fr.* prɔ'vɛ̃
Provinz pro'vɪnts
Provinzial[e] provɪn'tsi̯a:l[ə]
provinzialisieren provɪntsi̯ali'zi:rən
Provinzialismus provɪntsi̯a'lɪsmʊs
Provinzialist provɪntsi̯a'lɪst
provinziell provɪn'tsi̯ɛl
Provinzler pro'vɪntslɐ
Provision provi'zi̯o:n
Provisor pro'vi:zo:ɐ̯, **-en** provi'zo:rən
provisorisch provi'zo:rɪʃ
Provisorium provi'zo:ri̯ʊm, **...ien** ...i̯ən
[1]**Provo** 'pro:vo
[2]**Provo** (Ort) *engl.* 'proʊvoʊ
provokant, P... provo'kant
Provokateur provoka'tø:ɐ̯
Provokation provoka'tsi̯o:n
provokativ provoka'ti:f, **-e** ...i:və
provokatorisch provoka'to:rɪʃ
provozieren provo'tsi:rən
Prowazek 'prɔvazɛk
Proxenie prɔkse'ni:
Proxima Centauri 'prɔksima tsɛn'tauri
proximal prɔksi'ma:l
Proximus 'prɔksimʊs
Prozedere pro'tse:dərə
prozedieren protse'di:rən
Prozedur protse'du:ɐ̯
prozedural protsedu'ra:l
Prozent pro'tsɛnt
...prozentig ...pro͵tsɛntɪç, **-e** ...ɪgə
prozentisch pro'tsɛntɪʃ
prozentual protsɛn'tu̯a:l
prozentualiter protsɛn'tu̯a:litɐ
prozentuell protsɛn'tu̯ɛl
prozentuieren protsɛntu'i:rən

P

Prozess pro'tsɛs
prozessieren protsɛ'si:rən
Prozession protsɛ'si̯o:n
Prozessor pro'tsɛso:ɐ̯, **-en** ...'so:rən
Prozessualist protsɛsu̯a'lɪst
prozöl pro'tsø:l
prozyklisch pro'tsy:klɪʃ
Prschewalsk[i] *russ.* prʒə'valjsk[ij]
prüde 'pry:də
Prudelei pru:də'lai̯
prudelig 'pru:dəlɪç, **-e** ...ɪgə
prudeln 'pru:dl̩n, **prudle** 'pru:dlə
Prudentia pru'dɛntsi̯a
Prudentius pru'dɛntsi̯ʊs
Prüderie pry:də'ri:, **-n** ...i:ən
Prudhoe *engl.* 'pru:doʊ
Prudhomme *fr.* pry'dɔm
Prud'hon *fr.* pry'dõ
prudlig 'pru:dlɪç, **-e** ...ɪgə
prüfen 'pry:fn̩
Prüfening 'pry:fənɪŋ
Prüfer 'pry:fɐ
Prügel 'pry:gl̩
Prügelei pry:gə'lai̯
prügeln 'pry:gl̩n, **prügle** 'pry:glə
Prüm prʏm
Prünelle pry'nɛlə
prünen 'pry:nən
Prunières *fr.* pry'njɛ:r
Prunk prʊŋk
prunken 'prʊŋkn̩
Prunskienė *lit.* ˌprʊnskɪ̯e̞ne:
Pruntrut prʊn'tru:t
Prunus 'pru:nʊs
pruriginös prurigi'nø:s, **-e** ...ø:zə
Prurigo pru'ri:go, **...gines** ...gine:s
Pruritus pru'ri:tʊs
Prus *poln.* prus
pruschen 'pru:ʃn̩
Prusias 'pru:zi̯as
prusten 'pru:stn̩
Pruszków *poln.* 'pruʃkuf
Pruszkowski *poln.* pruʃ'kɔfski
Prut *russ., rumän.* prut
Pruta pru'ta, **...tot** pru'tɔt
Pruth pru:t
Prutkow *russ.* prut'kɔf
Prutz prʊts
Prutze 'prʊtsə
Prytane pry'ta:nə
Prytaneion pryta'nai̯ɔn
Prytaneum pryta'ne:ʊm, **...een** ...e:ən

Przemysl 'pʃɛmʏsl̩
Przemyśl *poln.* 'pʃɛmɨɕl
Przemyslide pʃɛmʏs'li:də
Przesmycki *poln.* pʃɛ'smɪtski
Przeworsk *poln.* 'pʃɛvɔrsk
Przyboś *poln.* 'pʃɨbɔɕ
Przybyszewski *poln.* pʃɨbɨ'ʃɛfski
Przywara pʃy'vara
Psaligraphie psaligra'fi:
psaligraphisch psali'gra:fɪʃ
Psalm psalm
Psalmist psal'mɪst
Psalmodie psalmo'di:, **-n** ...i:ən
psalmodieren psalmo'di:rən
psalmodisch psal'mo:dɪʃ
Psalter 'psaltɐ
Psalterium psal'te:ri̯ʊm, **...ien** ...i̯ən
Psametich 'psa:metɪç
Psammenitos psa'me:nitɔs
Psammetich 'psametɪç
Psammetichos psa'me:tɪçɔs
Psammis 'psamɪs
Psammit psa'mi:t
psammophil psamo'fi:l
Psammophyten psamo'fy:tn̩
Psammotherapie psamotera'pi:, **-n** ...i:ən
Psammuthis psa'mu:tɪs
Pschawe 'pʃa:və
Pschorr pʃɔr
pscht! (mit silbischem [ʃ]) pʃt
Pschyrembel pʃy'rɛmbl̩
Psellismus psɛ'lɪsmʊs
Psellos 'psɛlɔs
Psephit pse'fi:t
Psephologe psefo'lo:gə
Pseudandronym psɔy̯dandro'ny:m
Pseudanthium psɔy̯'danti̯ʊm, **...ien** ...i̯ən
Pseudarthrose psɔy̯dar'tro:zə
Pseudepigraph psɔy̯depi'gra:f
pseudo 'psɔy̯do
pseudo..., P... 'psɔy̯do...
Pseudogynym psɔy̯dogy'ny:m
pseudoisidorisch psɔy̯do|izi'do:rɪʃ
Pseudolismus psɔy̯do'lɪsmʊs
Pseudolist psɔy̯do'lɪst
Pseudologie psɔy̯dolo'gi:, **-n** ...i:ən
pseudologisch psɔy̯do'lo:gɪʃ
Pseudolyssa psɔy̯do'lʏsa
Pseudomnesie psɔy̯dɔmne'zi:, **-n** ...i:ən
Pseudomonas psɔy̯do'mo:nas, **...aden** ...mo'na:dn̩

pseudomorph psɔy̯do'mɔrf
Pseudomorphose psɔy̯domɔr'fo:zə
pseudonym, P... psɔy̯do'ny:m
Pseudoorganismus 'psɔy̯do|ɔrganɪsmʊs
Pseudopodium psɔy̯do'po:di̯ʊm, **...ien** ...i̯ən
Pseudosäure 'psɔy̯dozɔy̯rə
Psi psi:
Psiax 'psi:aks
Psichari *fr.* psika'ri
Psicharis *neugr.* psi'xaris
Psilomelan psilome'la:n
Psilose psi'lo:zə
Psilosis psi'lo:zɪs, **...oses** ...o:ze:s
Psittaci 'psɪtatsi
Psittakose psɪta'ko:zə
Pskow *russ.* pskɔf
Psoas 'pso:as
Psoriasis pso'ri:azɪs, **...iasen** ...'ri̯a:zn̩
PS-stark pe:'|ɛsʃtark
pst! (mit silbischem [s]) pst
Psunj *serbokr.* psu:nj
Psusennes psu'zɛnɛs
Psychagoge psyça'go:gə
Psychagogik psyça'go:gɪk
psychagogisch psyça'go:gɪʃ
Psychalgie psyçal'gi:, **-n** ...i:ən
Psychanalyse psyçana'ly:zə
Psychasthenie psyçaste'ni:, **-n** ...i:ən
Psyche 'psy:çə
psychedelisch psyçe'de:lɪʃ
Psychiater psy'çi̯a:tɐ
Psychiatrie psyçi̯a'tri:, **-n** ...i:ən
psychiatrieren psyçi̯a'tri:rən
psychiatrisch psy'çi̯a:trɪʃ
psychisch 'psy:çɪʃ
Psychismus psy'çɪsmʊs
psycho..., P... 'psy:ço...
Psychoanalyse psyço|ana'ly:zə
psychoanalysieren psyço|analy'zi:rən
Psychoanalytiker psyço|ana'ly:tikɐ
psychoanalytisch psyço|ana'ly:tɪʃ
Psychodiagnostik psyçodia'gnɔstɪk
Psychodrama psyço'dra:ma
psychogen psyço'ge:n
Psychogenese psyçoge'ne:zə
Psychogenesis psyço'ge:nezɪs, *auch:* ...gɛn..., **...nesen** ...ge'ne:zn̩
Psychogenie psyçoge'ni:

Psychoglossie psyçoglɔ'si:
Psychognosie psyçogno'zi:, **-n** ...i:ən
Psychognostik psyço'gnɔstɪk
Psychognostiker psyço'gnɔstikɐ
psychognostisch psyço'gnɔstɪʃ
Psychogramm psyço'gram
Psychograph psyço'gra:f
Psychographie psyçogra'fi:, **-n** ...i:ən
Psychohygiene psyçohy'gi̯e:nə
Psychoid psyço'i:t, **-e** ...i:də
Psychokinese psyçoki'ne:zə
Psycholinguistik psyçolɪŋ'gu̯ɪstɪk
Psychologe psyço'lo:gə
Psychologie psyçolo'gi:
psychologisch psyço'lo:gɪʃ
psychologisieren psyçologi'zi:rən
Psychologismus psyçolo'gɪsmʊs
psychologistisch psyçolo'gɪstɪʃ
Psycholyse psyço'ly:zə
Psychomantie psyçoman'ti:
Psychometrie psyçome'tri:
psychometrisch psyço'me:trɪʃ
Psychomonismus psyçomo'nɪsmʊs
Psychomotorik psyçomo'to:rɪk
psychomotorisch psyçomo'to:rɪʃ
Psychoneurose psyçonɔy'ro:zə
Psychopath psyço'pa:t
Psychopathie psyçopa'ti:
Psychopathologe psyçopato'lo:gə
Psychopathologie psyçopatolo'gi:
Psychopharmakologie psyçofarmakolo'gi:
Psychopharmakon psyço'farmakɔn, **...ka** ...ka
Psychophysik psyçofy'zi:k
Psychophysiker psyço'fy:zikɐ
psychophysisch psyço'fy:zɪʃ
Psychose psy'ço:zə
Psychosomatik psyçozo'ma:tɪk
psychosomatisch psyçozo'ma:tɪʃ
Psychotechnik psyço'tɛçnɪk
Psychotherapeut[ik] psyçotera'pɔyt[ɪk]
Psychotherapie psyçotera'pi:, **-n** ...i:ən
Psychotiker psy'ço:tikɐ
psychotisch psy'ço:tɪʃ
Psychotop psyço'to:p
psychotrop psyço'tro:p
Psychovitalismus psyçovita'lɪsmʊs
Psychroalgie psyçro|al'gi:, **-n** ...i:ən
Psychrometer psyçro'me:tɐ
psychrophil psyçro'fi:l
Psychrophyt psyçro'fy:t
Psyllen 'psʏlən
Pszczyna *poln.* 'pʃtʃɨna
Ptah pta:
Ptahhotep pta'ho:tɛp
Ptarmikum 'ptarmikʊm, **...ka** ...ka
Ptarmus 'ptarmʊs
Pteranodon pte'ra:nodɔn, **...odonten** ...rano'dɔntn̩
Pteridophyt pterido'fy:t
Pteridosperme pterido'spɛrmə
Pterine pte'ri:nə
Pterodaktylus ptero'daktylʊs, **...len** ...'ty:lən
Pteropode ptero'po:də
Pterosaurier ptero'zau̯ri̯ɐ
Pterygium pte'ry:gi̯ʊm, **...ia** ...i̯a
pterygot ptery'go:t
Ptisane pti'za:nə
Ptolemäer ptole'mɛ:ɐ
Ptolemais ptole'ma:ɪs, *neugr.* ptɔlɛma'is
ptolemäisch ptole'mɛ:ɪʃ
Ptolemäos ptole'mɛ:os
Ptolemäus ptole'mɛ:ʊs
Ptomain ptoma'i:n
Ptose 'pto:zə
Ptosis 'pto:zɪs
PTT *fr.* pete'te
Ptuj *slowen.* ptu:j
Ptyalin ptÿa'li:n
Ptyalismus ptÿa'lɪsmʊs
Ptyalolith ptÿalo'li:t
Pub pap
Pubeotomie pubeoto'mi:, **-n** ...i:ən
puberal pube'ra:l
pubertär pubɛr'tɛ:ɐ̯
Pubertät pubɛr'tɛ:t
pubertieren pubɛr'ti:rən
Pubes 'pu:bɛs, **die -** ...be:s
pubeszent pubɛs'tsɛnt
Pubeszenz pubɛs'tsɛnts
pubisch 'pu:bɪʃ
publice 'pu:blitse
Publicity pa'blɪsiti
Publicrelations 'pablɪkri'le:ʃn̩s
Public School 'pablɪk 'sku:l
publik pu'bli:k
Publikandum publi'kandʊm, **...da** ...da
Publikation publika'tsi̯o:n
Publikum 'pu:blikʊm
Publilius pu'bli:li̯ʊs
...publishing ...pablɪʃɪŋ
publizieren publi'tsi:rən
Publizist[ik] publi'tsɪst[ɪk]
Publizität publitsi'tɛ:t
Pucallpa *span.* pu'kalpa
Pucci *it.* 'puttʃi
Puccini *it.* put'tʃi:ni
Pucelle *fr.* py'sɛl
Puchberg 'pʊxbɛrk
Puch[elt] 'pʊx[l̩t]
Puchheim 'pʊxhai̯m
Puchmajer 'pʊxmai̯ɐ, *tschech.* 'puxmajɛr
Puchstein 'pʊxʃtai̯n
Pucić *serbokr.* 'putsitɕ
Pucioasa *rumän.* pu'tʃo̯asa
Puck pʊk
puckern 'pʊkɐn
Pückler 'pʏklɐ
Pud pu:t
puddeln 'pʊdl̩n, **puddle** 'pʊdlə
Pudding 'pʊdɪŋ
Pudel 'pu:dl̩
pudeln 'pu:dl̩n, **pudle** 'pu:dlə
pudelnackt 'pu:dl̩'nakt
pudelnass 'pu:dl̩'nas
pudelwohl 'pu:dl̩'vo:l
pudendal pudɛn'da:l
Pudentiana pudɛn'tsi̯a:na
Puder 'pu:dɐ
puderig 'pu:dərɪç, **-e** ...ɪgə
pudern 'pu:dɐn, **pudre** ...drə
Pudowkin *russ.* pu'dɔfkin
pudrig 'pu:drɪç, **-e** ...ɪgə
Pudsey *engl.* 'pʌdzɪ
Pudu 'pu:du
Puebla *span.* 'pu̯eβla
Pueblo 'pu̯e:blo, *engl.* pʊ'ɛbloʊ, *span.* 'pu̯eβlo
Puelche *span.* 'pu̯ɛltʃe
Puente Genil *span.* 'pu̯entɛ xe'nil
pueril pu̯e'ri:l
Puerilismus pu̯eri'lɪsmʊs
Puerilität pu̯erili'tɛ:t
Puerpera 'pu̯ɛrpera, **...rä** ...rɛ
puerperal pu̯ɛrpe'ra:l
Puerperium pu̯ɛr'pe:ri̯ʊm, **...ien** ...i̯ən
Puerto [- Aisén, - Armuelles, - Cabello] *span.* 'pu̯ɛrto [- ai̯'sen, - ar'mu̯eʎes, - ka'βeʎo]

P

Puẹrto de la Crụz *span.* ˈpu̯ɛrto ðe la ˈkruθ
Puẹrto Deseạdo *span.* ˈpu̯ɛrto ðeseˈaðo
Puertollạno *span.* pu̯ɛrtoˈʎano
Puẹrto Mạdryn *span.* ˈpu̯ɛrto ˈmaðrin
Puẹrto Princẹsa *span.* ˈpu̯ɛrto prinˈθesa
Puertoric̲aner pu̯ɛrtoriˈkaːnɐ
Puẹrto Ri̲co ˈpu̯ɛrto ˈriːko, *span.* ˈpu̯ɛrtɔ ˈrriko, *engl.* ˈpwəːtoʊ ˈriːkoʊ
Puẹrto Vallạrta *span.* ˈpu̯ɛrto βaˈʎarta
Pueyrredón *span.* pu̯ɛi̯rreˈðɔn
Pu̲fendorf ˈpuːfn̩dɔrf
Pụff pʊf, **Pụ̈ffe** ˈpʏfə
pụff! pʊf
Pụ̈ffchen ˈpʏfçən
Pụffe ˈpʊfə
pụffen ˈpʊfn̩
Pụffer ˈpʊfɐ
Pụ̈fferchen ˈpʏfɐçən
pụffig ˈpʊfɪç, **-e** ...ɪɡə
Pụganigg ˈpʊɡanɪk
Pugatschọw *russ.* puɡaˈtʃɔf
Pugẹt *fr.* pyˈʒɛ
Puget Sound *engl.* ˈpjuːdʒɪt ˈsaʊnd
Pugilịsmus puɡiˈlɪsmʊs
Pugilịst[ik] puɡiˈlɪst[ɪk]
Pugin *fr.* pyˈʒɛ̃, *engl.* ˈpjuːdʒɪn
Pụglia *it.* ˈpuʎʎa
Pụglie *it.* ˈpuʎʎe
Pugnạni *it.* puɲˈɲaːni
Pụgni *it.* ˈpuɲɲi
Pugwash *engl.* ˈpʌɡwɔʃ
pu̲h! puː
Pü̲hringer ˈpyːrɪŋɐ
Puịg *span.* pu̯ix, *kat.* putʃ
Pụjmanová *tschech.* ˈpujmanɔvaː
Pujọl *kat.* puˈʒɔl
Pụkë *alban.* ˈpukə
Pu̲l puːl
Pu̲la *serbokr.* ˌpuːla
Pulaski *engl.* pəˈlæskɪ
Pułạski *poln.* puˈu̯aski
Pułạwy *poln.* puˈu̯avɨ
Pulche̲ria pʊlˈçeːri̯a, pʊlˈkeːri̯a
Pụlci *it.* ˈpultʃi
Pulcinẹll pʊltʃiˈnɛl
Pulcinẹlla pʊltʃiˈnɛla, **...ẹlle** ...ɛlə
Pulego̲n puleˈɡoːn
pu̲len ˈpuːlən
Pụlfrich ˈpʊlfrɪç
Pulgạr *span.* pulˈɣar
Pụlheim ˈpʊlhai̯m
Pụlitzer ˈpʊlɪtsɐ, *engl.* ...tsə
Pụlk[a] ˈpʊlk[a]
Pụlkau ˈpʊlkau̯
Pụlkowo *russ.* ˈpulkɐvɐ
Pụll[ach] ˈpʊl[ax]
Pụlle ˈpʊlə
pụllen ˈpʊlən
Pụlli ˈpʊli
Pụlling ˈpʊlɪŋ
¹Pụllman ˈpʊlman
²Pụllman (Name) *engl.* ˈpʊlmən
Pullo̲ver pʊˈloːvɐ, *auch:* pʊl-ˈloː...
Pullụnder pʊˈlʊndɐ, *auch:* pʊlˈlʊndɐ
Pully *fr.* pyˈji
Pụlmo ˈpʊlmo, **-nes** ...ˈmoːneːs
Pulmologi̲e pʊlmoloˈɡiː
pulmona̲l pʊlmoˈnaːl
Pulmoni̲e pʊlmoˈniː, **-n** ...iːən
Pụlp pʊlp
Pụlpa ˈpʊlpa, **Pụlpae** ˈpʊlpɛ
Pụlpe ˈpʊlpə
Pụ̈lpe ˈpʏlpə
Pụlper ˈpʊlpɐ
Pulpi̲tis pʊlˈpiːtɪs, **...iti̲den** ...piˈtiːdn̩
pulpö̲s pʊlˈpøːs, **-e** ...øːzə
Pụlque ˈpʊlkə
Pụls pʊls, **-e** ˈpʊlzə
Pulsa̲r pʊlˈzaːɐ̯
Pulsatịlla pʊlzaˈtɪla
Pulsatio̲n pʊlzaˈtsi̯oːn
Pulsa̲tor pʊlˈzaːtoːɐ̯, **-en** ...zaˈtoːrən
Pụ̈lschen ˈpʏlsçən
pụlsen ˈpʊlzn̩, **pụls!** pʊls, **pụlst** pʊlst
pulsi̲eren pʊlˈziːrən
Pulsio̲n pʊlˈzi̯oːn
Pụlsnitz ˈpʊlsnɪts
Pulsome̲ter pʊlzoˈmeːtɐ
Pụlt pʊlt
Pụ̈ltchen ˈpʏltçən
Pulteney *engl.* ˈpʌltnɪ
Pụłtusk *poln.* ˈpuu̯tusk
Pụlver ˈpʊlfɐ, *auch:* ...lvɐ
Pụ̈lverchen ˈpʏlfɐçən, *auch:* ˈpʏlvɐçən
pụlv[e]rig ˈpʊlf[ə]rɪç, *auch:* ...lv[ə]rɪç, **-e** ...ɪɡə
Pulverisa̲tor pʊlveriˈzaːtoːɐ̯, **-en** ...zaˈtoːrən
pulverisi̲eren pʊlveriˈziːrən
pụlvern ˈpʊlfɐn, *auch:* ˈpʊlvɐn, **...vre** ...frə, *auch:* ...vrə
Pu̲ma ˈpuːma
Pumgun ˈpamɡan
Pụmmel[chen] ˈpʊml̩[çən]
pụmm[e]lig ˈpʊm[ə]lɪç, **-e** ...ɪɡə
Pụmp[e] ˈpʊmp[ə]
Pumpẹlly *engl.* pʌmˈpɛlɪ
pụmpen ˈpʊmpn̩
pụmpern ˈpʊmpɐn
Pụmpernickel ˈpʊmpɐnɪkl̩
Pụmphose ˈpʊmphoːzə
Pumps pœmps
Pu̲na ˈpuːna, *engl.* ˈpuːnə, *span.* ˈpuna
Punalu̲aehe punaˈluːa|eːə
Pụncak Jạya *indon.* ˈpʊntʃak ˈdʒaja
Punch pantʃ
Puncher ˈpantʃɐ
Punchingball ˈpantʃɪŋbal
Pụnctum [Pụncti, sa̲liens] ˈpʊŋktʊm [ˈpʊŋkti, ˈzaːli̯ɛns]
Pụ̈nder ˈpʏndɐ
Pu̲ne *engl.* pjuːn
Pu̲nier ˈpuːni̯ɐ
pu̲nisch ˈpuːnɪʃ
puniti̲v puniˈtiːf, **-e** ...iːvə
Punja̲b *engl.* pʌnˈdʒɑːb
Punk paŋk
Punker ˈpaŋkɐ
punkig ˈpaŋkɪç, **-e** ...ɪɡə
Punkrock[er] ˈpaŋkrɔk[ɐ]
Pụnkt pʊŋkt
Punkta̲l... pʊŋkˈtaːl...
Punkta̲t pʊŋkˈtaːt
Punktatio̲n pʊŋktaˈtsi̯oːn
Punktato̲ren pʊŋktaˈtoːrən
Pụ̈nktchen ˈpʏŋktçən
pụnkten ˈpʊŋktn̩
punkti̲eren pʊŋkˈtiːrən
Punktio̲n pʊŋkˈtsi̯oːn
pụ̈nktlich ˈpʏŋktlɪç
pụnkto ˈpʊŋkto
Punktualitä̲t pʊŋktu̯aliˈtɛːt
punktuẹll pʊŋkˈtu̯ɛl
Pụnktum! ˈpʊŋktʊm
Punktu̲r pʊŋkˈtuːɐ̯
Pụno *span.* ˈpuno
Pụnsch pʊnʃ
Pụ̈nschchen ˈpʏnʃçən
¹Punt (Boot) pant
²Pụnt (Name) pʊnt
Pụnta Ạlta *span.* ˈpunta ˈalta
Pụnta Arẹnas *span.* ˈpunta aˈrenas
Pụnta Cardón *span.* ˈpunta karˈðɔn
pụnta d'ạrco ˈpʊnta ˈdarko
Pụnta del Ẹste *span.* ˈpunta ðe ˈleste
Puntarẹnas *span.* puntaˈrenas

Puntila ˈpʊntila
Punto Fijo *span.* ˈpunto ˈfixo
Punxsutawney *engl.* pʌŋksə-ˈtɔːnɪ
Punze ˈpʊnt͡sə
punzen ˈpʊnt͡sn̩
punzieren pʊnˈt͡siːrən
Pup[e] ˈpuːp[ə]
pupen ˈpuːpn̩
Pupienus puˈpi̯eːnʊs
pupillar pupɪˈlaːɐ̯
Pupille puˈpɪlə
Pupin *engl.* pjuːˈpiːn, ˈpjuːpɪn, *serbokr.* ˈpupin
pupinisieren pupiniˈziːrən
Pupinspule puˈpiːnʃpuːlə
pupipar pupiˈpaːɐ̯
Pupipara puˈpiːpara
Pupiparie pupipaˈriː
Püppchen ˈpʏpçən
Puppe ˈpʊpə
puppen ˈpʊpn̩
Pupper ˈpʊpɐ
puppern ˈpʊpɐn
Puppet ˈpapɪt
puppig ˈpʊpɪç, **-e** ...ɪgə
Pups puːps
pupsen ˈpuːpsn̩
pur puːɐ̯
Purana puˈraːna
Purari puˈraːri, *engl.* puːˈrɑːrɪ
Purbach ˈpuːɐ̯bax
Purbeck *engl.* ˈpəːbɛk
Purcell *engl.* pəːsl
Purchas *engl.* ˈpəːtʃəs
Purdue *engl.* pəːˈdjuː
Purdy *engl.* ˈpəːdɪ
Püree pyˈreː
Purga pʊrˈgaː, **...gi** ...giː
Purgans ˈpʊrgans, **...anzien** ...ˈgant͡si̯ən, **...antia** ...ˈgant͡si̯a
Purganz pʊrˈgant͡s
Purgation pʊrgaˈt͡si̯oːn
purgativ, P... pʊrgaˈtiːf, **-e** ...iːvə
Purgativum pʊrgaˈtiːvʊm **...va** ...va
Purgatorio *it.* purgaˈtɔːri̯o
Purgatorium pʊrgaˈtoːri̯ʊm
Purgi vgl. Purga
purgieren pʊrˈgiːrən
Purgstall ˈpʊrkʃtal
Puri *engl.* ˈpʊriː, pʊˈriː
pürieren pyˈriːrən
Purifikation purifikaˈt͡si̯oːn
Purifikatorium purifika-ˈtoːri̯ʊm
purifizieren purifiˈt͡siːrən
Purim puˈriːm, *auch:* ˈpuːrɪm
Purin puˈriːn
Purismus puˈrɪsmʊs
Purist puˈrɪst
Puritaner puriˈtaːnɐ
Puritani *it.* puriˈtaːni
puritanisch puriˈtaːnɪʃ
Puritanismus puritaˈnɪsmʊs
Purität puriˈtɛːt
Purkersdorf ˈpʊrkɐsdɔrf
Purkinje ˈpʊrkɪnjə
Purkyně *tschech.* ˈpurkinjɛ
Purmerend *niederl.* pʏrmərˈɛnt
Purohita puˈroːhita
Purpur ˈpʊrpʊr
Purpura ˈpʊrpura, **...rae** ...rɛ
purpurn ˈpʊrpʊrn
purren ˈpʊrən
Purrmann ˈpʊrman
Purser ˈpøːɐ̯sɐ, ˈpœrsɐ
Pürstinger ˈpʏrstɪŋɐ
purulent puruˈlɛnt
Purulenz puruˈlɛnt͡s
Puruleszenz purulɛsˈt͡sɛnt͡s
Purus *bras.* puˈrus
Purús *span.* puˈrus
Purwodadi *indon.* pʊrwoˈdadi
Purwokerto *indon.* pʊrwo-kərˈto
Purzel ˈpʊrt͡sl̩
Pürzel ˈpʏrt͡sl̩
purzeln ˈpʊrt͡sl̩n
Pusan *korean.* pusan
Pușcariu *rumän.* puʃˈkari̯u
Puschel ˈpʊʃl̩
Püschel ˈpʏʃl̩
püscheln ˈpʏʃl̩n
puschen ˈpʊʃn̩
Puschkin ˈpʊʃkiːn, *russ.* ˈpuʃ-kin
Puschkino *russ.* ˈpuʃkinɐ
Puschlav pʊʃˈlaːf
Puschmann ˈpʊʃman
Puschti ˈpʊʃti
Pusey *engl.* ˈpjuːzɪ
Push pʊʃ
Pushball ˈpʊʃboːl
pushen ˈpʊʃn̩
Pusher ˈpʊʃɐ
Pu Songling *chin.* pusʊŋlɪŋ 212
Pusselchen ˈpʊsl̩çən
pusselig ˈpʊsəlɪç, **-e** ...ɪgə
pusseln ˈpʊsl̩n
pusslig ˈpʊslɪç, **-e** ...ɪgə
Puste ˈpuːstə
Pustel ˈpʊstl̩
pusten ˈpuːstn̩
Pustertal ˈpʊstɐtaːl
Pustet ˈpʊstɛt
Pustkuchen ˈpʊstkuːxn̩
pustulös pʊstuˈløːs, **-e** ...øːzə
Puszta ˈpʊsta
put, put! ˈpʊt ˈpʊt
putativ putaˈtiːf, **-e** ...iːvə
Putbus ˈpʊtbʊs
Putbus[s]er ˈpʊtbʊsɐ
Pute ˈpuːtə
Puteaux *fr.* pyˈto
Puteoli puˈteːoli
Puter ˈpuːtɐ
Püterich ˈpyːtərɪç
puterrot ˈpuːtɐˈroːt
Puthahn ˈpuːthaːn
Putin *russ.* ˈputin
Putinas *lit.* ˈpʊtɪnas
Putiwl *russ.* puˈtivlj
Putman *niederl.* ˈpʏtmɑn
Putna *rumän.* ˈputna
Putnam *engl.* ˈpʌtnəm
Putnik *serbokr.* ˈpuːtniːk
Putput pʊtˈpʊt
Putrament *poln.* puˈtramɛnt
Putrefaktion putrefakˈt͡si̯oːn
Putreszenz putrɛsˈt͡sɛnt͡s
putreszieren putrɛsˈt͡siːrən
putrid puˈtriːt, **-e** ...iːdə
Putsch pʊt͡ʃ
putschen ˈpʊt͡ʃn̩
pütscherig ˈpʏt͡ʃərɪç, **-e** ...ɪgə
pütschern ˈpʏt͡ʃɐn
Putschist pʊˈt͡ʃɪst
Putt pʊt, *auch:* pat
Pütt pʏt
Putte ˈpʊtə
putten ˈpʊtn̩, *auch:* ˈpatn̩
Putten *niederl.* ˈpʏtə
Puttenham *engl.* ˈpʌtnəm
Putter ˈpʊtɐ
Pütter ˈpʏtɐ
Puttgarden ˈpʊtgardn̩, –ˈ––
Putti vgl. Putto
Puttkamer ˈpʊtkamɐ
Püttlingen ˈpʏtlɪŋən
Putto ˈpʊto, **Putti** ˈpʊti
Putumayo *span.* putuˈmajo
Putz pʊt͡s
Pütz[e] ˈpʏt͡s[ə]
putzen ˈpʊt͡sn̩
Putzerei pʊt͡səˈrai̯
Putzete ˈpʊt͡sətə
putzig ˈpʊt͡sɪç, **-e** ...ɪgə
Putzig ˈpʊt͡sɪç
Putziger ˈpʊt͡sɪgɐ
Puuc *span.* puˈuk
Puulavesi *finn.* ˈpuːlɑvɛsi
Puvis de Chavannes *fr.* pyvisdə-ʃaˈvan, ...idʃ...
Puy *fr.* pɥi

P

Puyallup *engl.* pju:ˈæləp
Puy de Dôme *fr.* pɥidˈdo:m
Puy de Sancy *fr.* pɥidsãˈsi
Pụyo *span.* ˈpujo
Puys, Chaîne de *fr.* ʃɛndəˈpɥi
Pu̲zo *engl.* ˈpu:zoʊ
puzzeln ˈpazl̩n, ˈpasl̩n, *auch:* ˈpʊzl̩n, ˈpʊsl̩n, ˈpʊt͜sl̩n
Puzzle ˈpazl̩, ˈpasl̩, *auch:* ˈpʊzl̩, ˈpʊsl̩, ˈpʊt͜sl̩
Puzzler ˈpazlɐ, ˈpaslɐ, *auch:* ˈpʊzlɐ, ˈpʊslɐ, ˈpʊt͜slɐ
Puzzola̲n pʊt͜soˈla:n
Pyämi̲e pyɛˈmi:, **-n** ...i:ən
Pyarthro̲se pyarˈtro:zə
Pỵdna ˈpʏdna, ˈpʏtna
Pyelektasi̲e pyelɛktaˈzi:, **-n** ...i:ən
Pyeli̲tis pyeˈli:tɪs, **...iti̲den** ...liˈti:dn̩
Pyelogrạmm pyeloˈgram
Pyelographi̲e pyelograˈfi:, **-n** ...i:ən
Pyelonephri̲tis pyeloneˈfri:tɪs, **...iti̲den** ...friˈti:dn̩
Pyelotomi̲e pyelotoˈmi:, **-n** ...i:ən
Pyelozysti̲tis pyelot͜sʏsˈti:tɪs, **...iti̲den** ...tiˈti:dn̩
Pygịst pyˈgɪst
Pygmä̲e pʏˈgmɛ:ə
pygmä̲isch pʏˈgmɛ:ɪʃ
Pygma̲lion pʏˈgma:li̯ɔn
Pygmalionịsmus pʏgmali̯oˈnɪsmʊs
pygmi̲d pʏˈgmi:t, **-e** ...i:də
pygmoi̲d pʏgmoˈi:t, **-e** ...i:də
Pyhra ˈpi:ra
Pyhrn pɪrn
Pyja̲ma pyˈd͜ʒa:ma, pyˈʒa:ma, piˈd͜ʒa:ma, piˈʒa:ma, *selten:* pyˈja:ma, piˈja:ma
Pyke *engl.* paɪk
Pykni̲die pʏkˈni:di̯ə
Pỵkniker ˈpʏknikɐ
pỵknisch ˈpʏknɪʃ
Pyknome̲ter pʏknoˈme:tɐ
Pykno̲se pʏkˈno:zə
pykno̲tisch pʏkˈno:tɪʃ
Py̲lades ˈpy:ladɛs
Py̲lae ˈpy:lɛ
Pyle *engl.* paɪl
Pylephlebi̲tis pylefleˈbi:tɪs, **...iti̲den** ...biˈti:dn̩
Pỵlkkänen *finn.* ˈpylkkænɛn
Pylo̲n[e] pyˈlo:n[ə]
Pylo̲rus pyˈlo:rʊs
Py̲los ˈpy:lɔs
Pym *engl.* pɪm
Pynaker *niederl.* ˈpɛi̯nakər
Pynas *niederl.* ˈpɛi̯nas
Pynson *engl.* pɪnsn
Pyodermi̲e pyodɛrˈmi:, **-n** ...i:ən
pyoge̲n pyoˈge:n
Pyokọkke pyoˈkɔkə
Pyome̲tra pyoˈme:tra
Pyonephro̲se pyoneˈfro:zə
P'yŏngyang *korean.* phjɔŋjaŋ
Pyorrhö̲, ...öe pyɔˈrø:, **...rrhö̲en** ...ˈrø:ən
pyorrho̲isch pyɔˈro:ɪʃ
Pyotho̲rax pyoˈto:raks
Pỵpin *russ.* ˈpɨpin
Py̲ra ˈpy:ra
Pyrạme *fr.* piˈram
pyramida̲l pyramiˈda:l
Pyrami̲de pyraˈmi:də
Pyramido̲n® pyramiˈdo:n
Py̲ramus ˈpy:ramʊs
Pyranome̲ter pyranoˈme:tɐ
Pyrazo̲l pyraˈt͜so:l
Pyre̲n pyˈre:n
Pyrenä̲en pyreˈnɛ:ən
pyrenä̲isch pyreˈnɛ:ɪʃ
Pyrénées *fr.* pireˈne
Pyrenoi̲d pyrenoˈi:t, **-e** ...i:də
Pyre̲thrum pyˈre:trʊm, **...ra** ...ra
Pyre̲tikum pyˈre:tikʊm, **...ka** ...ka
pyre̲tisch pyˈre:tɪʃ
Pyrexi̲e pyrɛˈksi:, **-n** ...i:ən
Pyrgeome̲ter pʏrgeoˈme:tɐ
Pyrgozephali̲e pʏrgot͜sefaˈli:, **-n** ...i:ən
Pyrheliome̲ter py:ɐ̯heli̯oˈme:tɐ
Pyridi̲n pyriˈdi:n
Pyrifle̲gethon pyriˈfle:getɔn
Pyrimidi̲n pyrimiˈdi:n
Pyri̲t pyˈri:t
Py̲ritz ˈpy:rɪt͜s
Pỵrker ˈpʏrkɐ
Pyrmont pʏrˈmɔnt, ˈ––, pɪrˈmɔnt, ˈ––
pyroelẹktrisch pyro|eˈlɛktrɪʃ
Pyroelektrizitä̲t pyro|elɛktrit͜siˈtɛ:t
Pyrogallo̲l pyrogaˈlo:l
Pyrogạllus... pyroˈgalʊs...
pyroge̲n, P... pyroˈge:n
Pyrolusi̲t pyroluˈzi:t
Pyroly̲se pyroˈly:zə
pyroly̲tisch pyroˈly:tɪʃ
Pyroma̲ne pyroˈma:nə
Pyromani̲e pyromaˈni:
Pyromanti̲e pyromanˈti:
Pyrome̲ter pyroˈme:tɐ
Pyrometri̲e pyromeˈtri:
Pyromorphi̲t pyromɔrˈfi:t
Pyro̲n pyˈro:n
Pyro̲p pyˈro:p
Py̲ropapier ˈpy:ropapi:ɐ̯
Pyrophobi̲e pyrofoˈbi:
pyropho̲r, P... pyroˈfo:ɐ̯
Pyrọpto pyˈrɔpto
Pyro̲sis pyˈro:zis
Pyrosphä̲re pyroˈsfɛ:rə
Pyrotẹchnik pyroˈtɛçnɪk
Pyrotẹchniker pyroˈtɛçnikɐ
Pyroxe̲n pyrɔˈkse:n
Pyroxeni̲t pyrɔkseˈni:t
Pỵrrha ˈpʏra
Pyrrhịche pʏˈrɪçə
Pyrrhịchius pʏˈrɪçi̯ʊs, **...chii** ...çii
Pỵrrho ˈpʏro
Pỵrrhon ˈpʏrɔn
Pyrrhonịsmus pʏroˈnɪsmʊs
Pỵrrhos ˈpʏrɔs
Pỵrrhus ˈpʏrʊs
Pyrro̲l pʏˈro:l
Pyschmạ *russ.* pɨʃˈma
Pyskowịce *poln.* pɨskɔˈvit͜sɛ
Pythagorä̲er pytagoˈrɛ:ɐ
Pytha̲goras pyˈta:goras
Pythagore̲er pytagoˈre:ɐ
pythagore̲isch, P... pytagoˈre:ɪʃ
Py̲theas ˈpy:teas
Py̲thia ˈpy:ti̯a, **...ien** ...i̯ən
py̲thisch ˈpy:tɪʃ
Py̲thon ˈpy:tɔn, **-en** pyˈto:nən
Pyuri̲e pyuˈri:
Pỵxis ˈpʏksɪs, **Pyxi̲den** pʏˈksi:dn̩, **Pỵxides** ˈpʏkside:s

q, Q ku:, *engl.* kju:, *fr.* ky, *it.*, *span.* ku
Qafëze̲zi *alban.* kjafəˈzezi
Qạtar ˈkatar
Qati̲f kaˈti:f
Qian Long *chin.* t͜ɕiɛnlʊŋ 22
Qi Baishi *chin.* t͜ɕibaiʃɨ 222
Qigong t͜ʃiˈgʊŋ

Qindar 'kɪndar, **-ka** kɪn'darka
Qingdao *chin.* tɕɪŋdau̯ 13
Qinghai *chin.* tɕɪŋxai̯ 13
Qinwangdao *chin.* tɕɪn-u̯aŋdau̯ 223
Qiqihaer *chin.* tɕitɕixaʌr 2233
Qiryat Ata *hebr.* kir'jat 'ata
Qiryat Gat *hebr.* kir'jat 'gat
Qiryat Shemona *hebr.* kir'jat ʃə'mɔna
Qiu Ying *chin.* tɕi̯ou̯-i̯ɪŋ 21
q-te 'ku:tə
qua kva:
Quabbe 'kvabə
quabb[e]lig 'kvab[ə]lɪç, **-e** ...ɪgə
quabbeln 'kvabl̩n, **quabble** ...blə
quabbig 'kvabɪç, **-e** ...ɪgə
Quackelei kvakə'lai̯
quackeln 'kvakl̩n
Quacksalber 'kvakzalbɐ
Quacksalberei kvakzalbə'rai̯
quacksalbern 'kvakzalbɐn, **quacksalbre** ...brə
Quad *engl.* kwɔd
Quaddel 'kvadl̩
Quade 'kva:də
Quader 'kva:dɐ
quadern 'kva:dɐn, **quadre** ...drə
Quadflieg 'kvatfli:k
Quadragese kvadra'ge:zə
Quadragesima kvadra'ge:zima
Quadral kva'dra:l
Quadrangel kva'draŋəl
quadrangulär kvadraŋgu'lɛ:ɐ̯
Quadrant kva'drant
Quadrantiden kvadran'ti:dn̩
Quadrat (Viereck) kva'dra:t
Quadrata kva'dra:ta
quadräteln kva'drɛ:tl̩n
Quadratur kvadra'tu:ɐ̯
Quadriduum kva'dri:duʊm, **...duen** ...du̯ən
Quadriennale kvadriɛ'na:lə
Quadriennium kvadri'ɛni̯ʊm, **...ien** ...i̯ən
quadrieren kva'dri:rən
Quadriga kva'dri:ga
Quadrille kva'drɪljə, *auch:* ka...
Quadrillé kadri'je:
Quadrilliarde kvadrɪ'li̯ardə
Quadrillion kvadrɪ'li̯o:n
Quadrinom kvadri'no:m
Quadrireme kvadri're:mə
Quadrivium kva'dri:vi̯ʊm
Quadro 'kva:dro
Quadronal kvadro'na:l
quadrophon kvadro'fo:n
Quadrophonie kvadrofo'ni:
quadrophonisch kvadro'fo:nɪʃ
Quadros *bras.* 'ku̯adrus
Quadrumane kvadru'ma:nə
Quadrupede kvadru'pe:də
Quadrupel kva'dru:pl̩
Quadrupol 'kva:drupo:l
Quaestio 'kvɛ[:]sti̯o, **-nes** kvɛs'ti̯o:ne:s
Quaestio Facti 'kvɛ[:]sti̯o 'fakti, **-nes -** kvɛs'ti̯o:ne:s -
Quaestio Juris 'kvɛ[:]sti̯o 'ju:rɪs, **-nes -** kvɛs'ti̯o:ne:s -
Quagga 'kvaga
Quaglio *it.* 'ku̯aʎʎo
Quai ke:, kɛ:
Quai d'Orsay *fr.* kedɔr'sɛ
quak! kva:k
Quäke 'kvɛ:kə
Quakelchen 'kva:kl̩çən
quakeln 'kva:kl̩n
quaken 'kva:kn̩
quäken 'kvɛ:kn̩
Quakenbrück kva:kn̩'brʏk
Quaker 'kve:kɐ
Quäker 'kvɛ:kɐ
Qual kva:l
quälen 'kvɛ:lən
Quälerei kvɛ:lə'rai̯
Qualifikation kvalifika'tsi̯o:n
qualifizieren kvalifi'tsi:rən
Qualität kvali'tɛ:t
qualitativ kvalita'ti:f, *auch:* 'kva:l..., **-e** ...i:və
Qualle 'kvalə
quallig 'kvalɪç, **-e** ...ɪgə
Qualm kvalm
qualmen 'kvalmən
qualmig 'kvalmɪç, **-e** ...ɪgə
Qualster 'kvalstɐ
qualst[e]rig 'kvalst[ə]rɪç, **-e** ...ɪgə
qualstern 'kvalstɐn
Qualtinger 'kvaltɪŋɐ
Quandt kvant
Quäne 'kvɛ:nə
Quang Ngai *vietn.* ku̯aŋ ŋai̯ 45
Quang Tri *vietn.* ku̯aŋ tri 46
Quang Yên *vietn.* ku̯aŋ i̯ən 41
Quan Long *vietn.* ku̯an lɔŋ 41
Quant kvant, *engl.* kwɔnt
Quanta vgl. Quantum
Quäntchen 'kvɛntçən
quanteln 'kvantl̩n
Quantico *engl.* 'kwɔntɪkoʊ
Quantifikation kvantifika'tsi̯o:n
Quantifikator kvantifi'ka:to:ɐ̯, **-en** ...ka'to:rən
quantifizieren kvantifi'tsi:rən
quantisieren kvanti'zi:rən
Quantität kvanti'tɛ:t
quantitativ kvantita'ti:f, *auch:* 'kvantitati:f, **-e** ...i:və
Quantité négligeable *fr.* kãtitenegli'ʒabl
quantitieren kvanti'ti:rən
Quantor 'kvanto:ɐ̯, **-en** kvan'to:rən
Quantrill *engl.* 'kwɔntrɪl
Quantum 'kvantʊm, **...ta** ...ta
quantum satis, - vis 'kvantʊm 'za:tɪs, - 'vi:s
Quantz kvants
Quanzhou *chin.* tɕy̆ɛndʒou̯ 21
Quappe 'kvapə
Quarantäne karan'tɛ:nə, *selten:* karã'tɛ:nə
Quarantotti Gambini *it.* ku̯aran'tɔtti gam'bi:ni
Quaregnon *fr.* kar'ɲõ
Quarenghi *it.* ku̯a'reŋgi
[1]**Quark** (Käse) kvark
[2]**Quark** (Elementarteilchen) kvo:ɐ̯k, kvɔrk
quarkig 'kvarkɪç, **-e** ...ɪgə
Quarles *engl.* kwɔ:lz
Quarnaro *it.* ku̯ar'na:ro
Quarnero *it.* ku̯ar'nɛ:ro
Quarre 'kvarə
quarren 'kvarən
[1]**Quart** kvart
[2]**Quart** (Maß) kvo:ɐ̯t, kvɔrt
Quarta 'kvarta
Quartal kvar'ta:l
quartaliter kvar'ta:litɐ
Quartana kvar'ta:na
Quartaner kvar'ta:nɐ
Quartant kvar'tant
quartär, Q... kvar'tɛ:ɐ̯
Quarte 'kvartə
Quartel 'kvartl̩
Quarter 'kvo:ɐ̯tɐ, 'kvɔr...
Quarterback 'kvo:ɐ̯tɐbɛk, 'kvɔr...
Quarterdeck 'kvartɐdɛk
Quartermeister 'kvartɐmai̯stɐ
Quarteron kvartə'ro:n
Quartett kvar'tɛt
Quartier kvar'ti:ɐ̯
quartieren kvar'ti:rən
Quartier latin *fr.* kartjela'tɛ̃
Quarto 'kvarto
Quartole kvar'to:lə
Quarton *fr.* kar'tõ
Quartsextakkord kvart'zɛkst|akɔrt
Quar[t]z kva:ɐ̯ts
quarzen (rauchen) 'kvartsn̩

Q

qua̱rzig ˈkva:ɐ̯t͡sɪç, **-e** ...ɪɡə
Quarzi̱t kvarˈt͡si:t
Qua̱s kva:s, **-e** ˈkva:zə
Quasa̱r kvaˈza:ɐ̯
qua̱sen ˈkva:zn̩, **qua̱s!** kva:s, **qua̱st** kva:st
qua̱si ˈkva:zi
Quasimodo kvaziˈmo:do, kva-ˈzi:modo, *fr.* kazimɔˈdo, *it.* ku̯aˈzi:modo
Quasimodoge̱niti kvazimodo-ˈge:niti
qua̱siọptisch ˈkva:ziˈ|ɔptɪʃ
Quasselei̱ kvasəˈlai̯
quạsseln ˈkvasl̩n
Quạssie ˈkvasi̯ə
Quạst kvast, *niederl.* kwɑst
Quạ̈stchen ˈkvɛstçən
Quạste ˈkvastə
Quästio̱n kvɛsˈti̯o:n
quästionie̱rt kvɛsti̯oˈni:ɐ̯t
Quä̱stor ˈkvɛ[:]sto:ɐ̯, **-en** kvɛs-ˈto:rən
Quästu̱r kvɛsˈtu:ɐ̯
Quatẹmber kvaˈtɛmbɐ
quaternä̱r kvatɛrˈnɛ:ɐ̯
Quatẹrne kvaˈtɛrnə
Quatẹrnio kvaˈtɛrni̯o, **-nen** ...ˈni̯o:nən
Quaternio̱n kvatɛrˈni̯o:n
Quatrain kaˈtrɛ̃:
Quatre Bọrnes *fr.* katrəˈbɔrn
Quatrefages de Bréau *fr.* katrə-faʒdəbreˈo
Quatremère de Quincy *fr.* katrə-mɛrdəkɛ̃ˈsi
Quatri̱duum kvaˈtri:duʊm
quạtsch!, Quạtsch kvat͡ʃ
quạtschen ˈkvat͡ʃn̩
Quatscherei̱ kvat͡ʃəˈrai̯
quạtschnạss ˈkvat͡ʃˈnas
Quattrocentịst kvatrot͡ʃɛnˈtɪst
Quattrocẹnto kvatroˈt͡ʃɛnto
Quạtuor ˈkvatu̯o:ɐ̯
Quay *(Nachn.) engl.* kweɪ, *niederl.* kwa:i̯
Quayle *engl.* kweɪl
Quebẹc kviˈbɛk, *engl.* kwɪˈbɛk
Québẹc *fr.* keˈbɛk
Quebẹcer kviˈbɛkɐ
Quebrạcho keˈbrat͡ʃo
Quẹchua ˈkɛt͡ʃu̯a
quẹck kvɛk
Quẹcke ˈkvɛkə
quẹckig ˈkvɛkɪç, **-e** ...ɪɡə
Quẹcksilber ˈkvɛkzɪlbɐ
quẹcksilb[e]rig ˈkvɛkzɪlb[ə]rɪç, **-e** ...ɪɡə
Que̱der ˈkve:dɐ
Que̱dlinburg ˈkve:dlɪnbʊrk
Que̱dnau ˈkve:dnau̯
Queen Annes *engl.* ˈkwi:n ˈænz
Queenborough-in-Sheppey *engl.* ˈkwi:nbərəɪnˈʃɛpɪ
Quee̱ne ˈkve:nə
Queens *engl.* kwi:nz
Queensberry, Queensbury *engl.* ˈkwi:nzbərɪ
Queensland *engl.* ˈkwi:nzlənd
Queenstown *engl.* ˈkwi:nztaʊn
Queffélẹc *fr.* kɛfeˈlɛk
Queirọz *port.* kɐi̯ˈrɔʃ, *bras.* kei̯-ˈrɔs
Que̱is kvai̯s
Que̱lea ˈkve:lea
Quelimạne *port.* kəliˈmɐnə
Quẹll[e] ˈkvɛl[ə]
quẹllen ˈkvɛlən
quẹllig ˈkvɛlɪç, **-e** ...ɪɡə
Quellịnus *niederl.* kwɛˈlinʏs
Quẹlpart ˈkvɛlpart
Quelụz *port.* kɛˈluʃ
Quemọy keˈmɔy̯
Quẹmpas ˈkvɛmpas
Quẹndel ˈkvɛndl̩
Queneau *fr.* kəˈno
quẹng[e]lig ˈkvɛŋ[ə]lɪç, **-e** ...ɪɡə
quẹngeln ˈkvɛŋl̩n
Quẹngler ˈkvɛŋlɐ
Quẹnstedt ˈkvɛnʃtɛt
Quẹnt kvɛnt
Quentạl *port.* kenˈtal
Quẹntell ˈkvɛntl̩
Quentin *fr.* kɑ̃ˈtɛ̃
Que Que *engl.* ˈkweɪ ˈkweɪ
que̱r kve:ɐ̯
Quéra̱rd *fr.* keˈra:r
querbeet kve:ɐ̯ˈbe:t, *auch:* ˈ−−
Quẹrcia *it.* ˈku̯ɛrt͡ʃa
Quercy *fr.* kɛrˈsi
Quẹrder ˈkvɛrdɐ
querdụrch kve:ɐ̯ˈdʊrç
Que̱re ˈkve:rə
Quere̱le kveˈre:lə
que̱ren ˈkve:rən
Querétaro *span.* keˈretaro
querfeldei̱n kve:ɐ̯fɛltˈ|ai̯n
Que̱rfurt ˈkve:ɐ̯fʊrt
Que̱rido *niederl.* ˈkwe:rido
Queri̱ni *it.* ku̯eˈri:ni
que̱rköpfig ˈkve:ɐ̯kœp͡fɪç, **-e** ...ɪɡə
Querọl *kat.* kəˈrɔl, *span.* keˈrɔl
Que̱rolus ˈkve:rolʊs
que̱rschiffs ˈkve:ɐ̯ʃɪfs
Quertreiberei̱ kve:ɐ̯trai̯bəˈrai̯
querü̱ber kve:ɐ̯ˈ|y:bɐ
Querulạnt kveruˈlant
Querulạnz kveruˈlant͡s
Querulatio̱n kverulaˈt͡si̯o:n
querulato̱risch kverulaˈto:rɪʃ
querulie̱ren kveruˈli:rən
Quervain *fr.* kɛrˈvɛ̃
quervo̱r kve:ɐ̯ˈfo:ɐ̯
Querzeti̱n kvɛrt͡seˈti:n
Querzi̱t kvɛrˈt͡si:t
Querzitro̱n kvɛrt͡siˈtro:n
Quesạda *span.* keˈsaða
Quesạl keˈzal
Que̱se ˈkve:zə
que̱sen ˈkve:zn̩, **que̱s** kve:s, **que̱st** kve:st
Quesnay *fr.* kɛˈnɛ
Quesnẹl *fr.* kɛˈnɛl
Quételẹt *fr.* keˈtlɛ
Quẹtico *engl.* ˈkwɛtɪkoʊ
Quẹtsch[e] ˈkvɛt͡ʃ[ə]
quẹtschen ˈkvɛt͡ʃn̩
Quẹtta *engl.* ˈkwɛtə
Quetzạl kɛˈt͡sal
Quétzalcoatl *span.* ˈketsalkoatl
Queue kø:
Queuille *fr.* kœj
Quevẹdo *span.* keˈβeðo
Quezaltenạngo *span.* keθal-teˈnaŋgo
Quezón *span.* keˈθɔn
Quibble *engl.* kwɪbl
Quibdó *span.* kiβˈðo
Quiberon *fr.* kiˈbrõ
Quịche kɪʃ
Quiché *span.* kiˈt͡ʃe
Quiche Lorraine ˈkɪʃ lɔˈrɛ:n
Quichọtte *fr.* kiˈʃɔt
quịck kvɪk
Quịck kvɪk, *engl.* kwɪk
Quịckborn ˈkvɪkbɔrn
Quịckie ˈkvɪki
quịcklebẹndig ˈkvɪkleˈbɛndɪç
Quịckstepp ˈkvɪkstɛp
Qui̱dam ˈkvi:dam
Quịdde ˈkvɪdə
Quịdditas ˈkvɪditas
Quidditä̱t kvɪdiˈtɛ:t
Quido̱rt *fr.* kiˈdɔ:r
Quidproquo̱ kvɪtproˈkvo:
Quie̱ kvi:, **-n** ˈkvi:ən
quie̱k! kvi:k
quie̱k[s]en ˈkvi:k[s]n̩
Qui̱erschied ˈkvi:ɐ̯ʃi:t
Quierzy *fr.* kjɛrˈzi
Quieszẹnz kviɛsˈt͡sɛnt͡s
quieszie̱ren kviɛsˈt͡si:rən
Quietịsmus kvieˈtɪsmʊs
Quietịst kvieˈtɪst
Quieti̱v kvieˈti:f, **-e** ...i:və

Quietivum kvie'ti:vʊm, **...va** ...va
quieto kvi'e:to
quietschen 'kvi:tʃn̩
quietschfidel 'kvi:tʃfi'de:l
quietschvergnügt 'kvi:tʃfɛɐ̯'gny:kt
Quijote ki'xo:tə, *span.* ki'xote
quill! kvɪl
Quillaja kvɪ'la:ja
Quillard *fr.* ki'ja:r
quillen 'kvɪlən
Quiller-Couch *engl.* 'kwɪlə'ku:tʃ
quillt kvɪlt
Quilmes *span.* 'kilmes
Quilon *engl.* 'kwi:lɔn
Quilt kvɪlt
quilten 'kvɪltn̩
Quimby *engl.* 'kwɪmbɪ
Quimper *fr.* kɛ̃'pɛ:r
Quimperlé *fr.* kɛ̃pɛr'le
Quinar kvi'na:ɐ̯
Quinaria kvi'na:ri̯a
Quinault *fr.* ki'no, *engl.* kwɪnlt
Quincey *engl.* 'kwɪnsɪ
Quincke 'kvɪŋkə
Quinctius 'kvɪŋktsi̯ʊs
Quincunx 'kvɪŋkʊŋks
Quincy *engl.* 'kwɪnsɪ
Quindío *span.* kin'dio
Quindt kvɪnt
Quine *engl.* kwaɪn
Quinet *fr.* ki'nɛ
Qui Nho'n *vietn.* ku̯i ɲən 11
quinkelieren kvɪŋkə'li:rən
Quinkunx 'kvɪŋkʊŋks
Quinn kvɪn, *engl.* kwɪn
Quinquagesima kvɪŋkva'ge:zima
Quinquennal... kvɪŋkvɛ'na:l...
Quinquennium kvɪŋ'kvɛni̯ʊm, **...ien** ...i̯ən
quinquilieren kvɪŋkvi'li:rən
Quinquillion kvɪŋkvɪ'li̯o:n
Quint[a] 'kvɪnt[a]
Quintal kvɪn'ta:l
[1]**Quintana** (Fieber) kvɪn'ta:na
[2]**Quintana** (Name) *span.* kin'tana
Quintaner kvɪn'ta:nɐ
Quinte 'kvɪntə
Quinten 'kvɪntn̩, *niederl.* 'kwɪntə
Quinterne kvɪn'tɛrnə
Quinternio kvɪn'tɛrni̯o, **-nen** ...'ni̯o:nən
Quintero *span.* kin'tero
Quinteron kvɪntə'ro:n
Quintessenz 'kvɪntɛsɛnts
Quintett kvɪn'tɛt
quintieren kvɪn'ti:rən
Quintilian[us] kvɪnti'li̯a:n[ʊs]
Quintilius kvɪn'ti:li̯ʊs
Quintilla kɪn'tɪlja
Quintilliarde kvɪntɪ'li̯ardə
Quintillion kvɪntɪ'li̯o:n
Quintin kvɪn'ti:n, *fr.* kɛ̃'tɛ̃
Quinto *it.* 'ku̯into
Quintole kvɪn'to:lə
Quintsextakkord kvɪnt'zɛkst|akɔrt
Quintuor 'kvɪntu̯o:ɐ̯
quintupel kvɪn'tu:pl̩
Quintus 'kvɪntʊs
Quinzano *it.* ku̯in'tsa:no
Quippu 'kɪpu
Quiproquo kvipro'kvo:
Quipu 'kɪpu
Quiriguá *span.* kiri'ɣu̯a
Quirin kvi'ri:n, 'kvi:ri:n
Quirinal kviri'na:l
Quirinale *it.* ku̯iri'na:le
Quirini *it.* ku̯i'ri:ni
Quirino *span.* ki'rino
Quirinus kvi'ri:nʊs
Quirite kvi'ri:tə
Quirl kvɪrl
quirlen 'kvɪrlən
quirlig 'kvɪrlɪç, **-e** ...ɪgə
Quiroga *span.* ki'roɣa
Quiruvilca *span.* kiru'βilka
Quis *tschech.* kvis
Quisisana kvizi'za:na
Quisling 'kvɪslɪŋ, *norw.* 'kvisliŋ
Quisque *span.* 'kiske
Quisquilien kvɪs'kvi:li̯ən
Quita *port.* 'kitɐ
Quito 'ki:to, *span.* 'kito
quitt kvɪt
Quitte 'kvɪtə
quittengelb 'kvɪtn̩'gɛlp, '–––
quittieren kvɪ'ti:rən
Quittung 'kvɪtʊŋ
Quivive ki'vi:f
qui vivra, verra *fr.* kivi'vra vɛ'ra
Quiz kvɪs
quizzen 'kvɪsn̩
Qumran kʊm'ra:n
quod erat demonstrandum 'kvɔt 'e:rat demɔn'strandʊm
Quodlibet 'kvɔtlibɛt
quod licet Jovi, non licet bovi 'kvɔt 'li:tsɛt 'jo:vi 'no:n 'li:tsɛt 'bo:vi
quoll kvɔl
quölle 'kvœlə
quorren 'kvɔrən
Quorum 'kvo:rʊm
quos ego! 'kvo:s 'e:go, - 'ɛgo
Quotation kvota'tsi̯o:n
Quote 'kvo:tə
quotidian kvoti'di̯a:n
Quotidiana kvoti'di̯a:na
Quotient kvo'tsi̯ɛnt
quotieren kvo'ti:rən
quotisieren kvoti'zi:rən
quousque tandem! kvo'ʊskvə 'tandɛm
quo vadis? 'kvo: 'va:dɪs
Qu You *chin.* tɕy-i̯ou̯ 24
Qvigstad *norw.* 'kviksta
Qvisling *norw.* 'kvisliŋ
Qwaqwa *engl.* 'kwækwæ
Qyteti Stalin *alban.* kjy'teti 'stalin

r, R ɛr, *engl.* ɑ:, *fr.* ɛ:r, *it.* 'ɛrre, *span.* 'ere
ρ, Ρ ro:
Ra (Gott) ra:
Raab ra:p
Raabe 'ra:bə
Raabs ra:ps
Raaf ra:f
Raahe *finn.* 'rɑ:hɛ
Raalte *niederl.* 'ra:ltə
Rab *serbokr.* rab
Rába *ung.* 'ra:bɔ
Rabab ra'ba:p
Raban[us] ra'ba:n[ʊs]
Rabat ra'ba:t, *auch:* ra'bat, *fr.* ra'ba
Rabatt[e] ra'bat[ə]
rabattieren raba'ti:rən
Rabatz ra'bats
Rabau ra'bau̯
Rabaud *fr.* ra'bo
Rabauke ra'bau̯kə
Rabaul *engl.* rɑ:'baʊl, '––
Rabbani ra'ba:ni
Rabbi 'rabi, **-nen** ra'bi:nən
Rabbinat rabi'na:t
Rabbiner ra'bi:nɐ
rabbinisch ra'bi:nɪʃ
Rabbitpunch 'rɛbɪtpantʃ
Räbchen 'rɛ:pçən

R

Rabe ˈraːbə, *engl.* reɪb
Rabel ˈraːbl̩
Rabelais *fr.* raˈblɛ
Rabello *bras.* rraˈbelu
Rabemananjara *fr.* rabemananʒaˈra
Rabenalt ˈraːbn̩|alt
Rabenau ˈraːbənau̯
Rabener ˈraːbənɐ
rabenschwarz ˈraːbn̩ˈʃvart͡s
Rabi ˈraːbi, *engl.* ˈrɑːbɪ
rabiat raˈbi̯aːt
Rabie *afr.* ˈrɑːbi
Rabies ˈraːbi̯ɛs
Rabin *engl.* ˈreɪbɪn, *hebr.* raˈbin
Rabindranath rabɪndraˈnaːt
Rabinowitsch raˈbiːnovɪt͡ʃ, *russ.* rɐbiˈnɔvit͡ʃ
Rabitzwand ˈraːbɪt͡svant
Råbjerg Mile *dän.* ˈrɔbjɛɐ̯ˈu̯ ˈmiːlə
Rabka *poln.* ˈrapka
Rabl ˈraːbl̩
Rabta ˈraːpta
Rabulisterei rabulɪstəˈrai̯
Rabulist[ik] rabuˈlɪst[ɪk]
Rabuse raˈbuːzə
Rabutin *fr.* rabyˈtɛ̃
Racan *fr.* raˈkɑ̃
Racconigi *it.* rakkoˈniːd͡ʒi
Race *engl.* reɪs
Racemat rat͡seˈmaːt
Rache ˈraxə
Rachel ˈraxl̩, *engl.* ˈreɪt͡ʃəl, *fr.* raˈʃɛl, *hebr.* raˈxɛl
Rachele *it.* raˈkɛːle
rächen ˈrɛçn̩
Rachen ˈraxn̩
Rach Gia *vietn.* rai̯k ʒa 62
Rachitis raˈxiːtɪs, **...itiden** raxiˈtiːdn̩
rachitisch raˈxiːtɪʃ
Rachmaninow raxˈmaːninɔf, *russ.* raxˈmaninɐf
Rachmanow *russ.* raxˈmanɐf
Rachmanowa raxˈmaːnova, *russ.* raxˈmanɐvɐ
Rachow *russ.* ˈraxɐf
Racibórz *poln.* raˈt͡ɕibuʃ
Racine *fr.* raˈsin, *engl.* rəˈsiːn
Racing ˈreːsɪŋ
Racing Club *fr.* rasiŋˈklœb, res...
Rack rɛk
Racke ˈrakə
rackeln ˈrakl̩n
Racker ˈrakɐ
Rackerei rakəˈrai̯
rackern ˈrakɐn

R

¹Racket (Sport; Verbrecher) ˈrɛkət, *auch:* raˈkɛt
²Racket (Musik) raˈkɛt
Racketeer rɛkəˈtiːɐ̯
Rackett raˈkɛt
Rackham *engl.* ˈrækəm
Rackjobbing ˈrɛkd͡ʒɔbɪŋ
Raclette ˈraklɛt, raˈklɛt
Raczynski raˈt͡ʃʏnski
¹Rad raːt, **-es** ˈraːdəs, **Räder** ˈrɛːdɐ
²Rad (Strahlungsdosis) rat
Radagais ˈraːdagai̯s
Radames *it.* radaˈmɛs
Radar raˈdaːɐ̯, *auch:* ˈraːdaːɐ̯
Radau[ne] raˈdau̯[nə]
Radauskas *lit.* raˈdaːu̯skas
Rădăuţi *rumän.* rədəˈut͡sj
Radbod ˈraːtbɔt
Radbusa ˈratbuza
Radbuza *tschech.* ˈradbuza
Rädchen ˈrɛːtçən
Radcliff[e], Radclyffe *engl.* ˈrædklɪf
Raddall *engl.* rædl
Raddatz ˈradat͡s
Raddoppio raˈdɔpi̯o
Rade ˈraːdə
Radeberg ˈraːdəbɛrk, --ˈ-
Radebeul raːdəˈbɔyl, ˈ---
radebrechen ˈraːdəbrɛçn̩
Radeburg ˈraːdəbʊrk
Radecki raˈdɛt͡ski
Radegund ˈraːdəgʊnt
Radegunde raːdəˈgʊndə
Radegundis raːdəˈgʊndɪs
Radek ˈraːdɛk, *russ.* ˈradɪk
Radel ˈraːdl̩
Rädel ˈrɛːdl̩
radeln ˈraːdl̩n, **radle** ˈraːdlə
rädeln ˈrɛːdl̩n, **rädle** ˈrɛːdlə
Rädelsführer ˈrɛːdl̩sfyːrɐ
Rademacher ˈraːdəmaxɐ
Radenthein ˈraːdn̩tai̯n
Räder ˈrɛːdɐ
...räderig ...rɛːdərɪç, **-e** ...ɪgə
rädern ˈrɛːdɐn, **rädre** ˈrɛːdrə
Räderscheidt ˈrɛːdɐʃai̯t
Radetzky raˈdɛt͡ski
Radevormwald raːdəfoːɐ̯mˈvalt
Radewijns *niederl.* ˈraːdəwɛi̯ns
Radewin ˈraːdəviːn
Radewski *bulgar.* ˈradɛfski
Radford *engl.* ˈrædfəd
Radhakrishnan *engl.* rɑːdəˈkrɪʃnən
Radi ˈraːdi
radial raˈdi̯aːl
Radialität radi̯aliˈtɛːt

Radiant raˈdi̯ant
radiär raˈdi̯ɛːɐ̯
Radiästhesie radi̯ɛsteˈziː
radiästhetisch radi̯ɛsˈteːtɪʃ
Radiat[a] raˈdi̯aːt[a]
Radiation radi̯aˈt͡si̯oːn
Radiator raˈdi̯aːtoːɐ̯, **-en** radi̯aˈtoːrən
Radić *serbokr.* ˌraːdit͡ɕ
Radicchio raˈdɪki̯o
Radičević *serbokr.* raˌdiːt͡ʃɛvit͡ɕ
Radien ˈraːdi̯ən
radieren raˈdiːrən
Radieschen raˈdiːsçən
Radiguet *fr.* radiˈgɛ
radikal, R... radiˈkaːl
Radikalinski radikaˈlɪnski
radikalisieren radikaliˈziːrən
Radikalismus radikaˈlɪsmʊs
Radikalist radikaˈlɪst
Radikalität radikaliˈtɛːt
Radikand radiˈkant, **-en** ...ndn̩
Radikula raˈdiːkula
Radio ˈraːdi̯o
radioaktiv radi̯o|akˈtiːf, **-e** ...iːvə
Radioaktivität radi̯o|aktiviˈtɛːt
Radioastronomie radi̯o|astronoˈmiː
Radiobiologe radi̯obioˈloːgə
Radiochemie radi̯oçeˈmiː
Radioelement radi̯o|eleˈmɛnt
radiogen, R... radi̯oˈgeːn
Radiogoniometer radi̯ogoni̯oˈmeːtɐ
Radiogoniometrie radi̯ogoni̯omeˈtriː
Radiogramm radi̯oˈgram
Radiographie radi̯ograˈfiː
Radioindikator radi̯o|ɪndiˈkaːtoːɐ̯, **-en** ...kaˈtoːrən
Radiolarie radi̯oˈlaːri̯ə
Radiologe radi̯oˈloːgə
Radiologie radi̯oloˈgiː
radiologisch radi̯oˈloːgɪʃ
Radiolyse radi̯oˈlyːzə
Radiometer radi̯oˈmeːtɐ
Radionuklid radi̯onuˈkliːt, **-e** ...iːdə
radiophon radi̯oˈfoːn
Radiophonie radi̯ofoˈniː
Radiorekorder ˈraːdi̯orekɔrdɐ
Radioskopie radi̯oskoˈpiː
Radiosonde ˈraːdi̯ozɔndə
Radiotelefonie radi̯otelefoˈniː
Radiotelegrafie radi̯otelegraˈfiː
Radiotherapie radi̯oteraˈpiː
Radiothorium radi̯oˈtoːri̯ʊm
Radischtschew *russ.* raˈdiʃt͡ʃɪf

Raditschkow *bulgar.* rɐˈditʃkof
[1]**Radium** ˈraːdi̯ʊm
[2]**Radium** (Ort) *engl.* ˈreɪdɪəm
[1]**Radius** ˈraːdi̯ʊs, **...ien** ...i̯ən
[2]**Radius** (Name) *it.* ˈraːdi̯us
Radix ˈraːdɪks, **...ices, ...izes** raˈdiːt͜seːs
radizieren radiˈt͜siːrən
Ra-djedef raˈdjeːdɛf
Radkersburg ˈratkɐsbʊrk
Radler ˈraːdlɐ
Radlin *poln.* ˈradlin
Radlkofer ˈraːdl̩koːfɐ
Radloff ˈraːtlɔf
Radlow *russ.* ˈradlɐf
Radnor[shire] *engl.* ˈrædnə[ʃɪə]
Radnóti *ung.* ˈrɔdnoːti
Radok *tschech.* ˈradɔk
Radolf ˈraːdɔlf
Radolfzell raːdɔlfˈt͜sɛl
[1]**Radom** raˈdoːm
[2]**Radom** (Name) *poln.* ˈradɔm
Radomsko *poln.* raˈdɔmskɔ
Radon ˈraːdɔn, *auch:* raˈdoːn
Radotage radoˈtaːʒə
Radoteur radoˈtøːɐ̯
radotieren radoˈtiːrən
Radowitz ˈraːdovɪt͜s
...rädrig ...rɛːdrɪç, **-e** ...ɪɡə
Radscha ˈraːd͜ʒa, *auch:* ˈrad͜ʒa
Radschpute rat͜ʃˈpuːtə
Radsinski *russ.* raˈdzinskij
Radstadt ˈraːtʃtat
Radstädter ˈraːtʃtɛ[ː]tɐ
Rådström *schwed.* ˌroːdstrœm
Radu *rumän.* ˈradu
Radula ˈraːdula, **...lae** ...lɛ
Rădulescu *rumän.* rəduˈlesku
Radulf, ...lph ˈraːdʊlf
Radványi *ung.* ˈrɔdvaːnji
Radzionkau raˈt͜si̯ɔŋkau̯
Radzionków *poln.* raˈdʑɔŋkuf
Radziwill ˈrat͜sivɪl
Radziwiłł *poln.* raˈdʑiviu̯
Radziwiłłowa *poln.* radʑiviu̯ˈu̯ɔva
Radziwiłłowie *poln.* radʑiviu̯ˈu̯ɔvjɛ
Radziwiłłówna *poln.* radʑiviu̯ˈu̯uvna
Raeber ˈrɛːbɐ
Rae[burn] *engl.* ˈreɪ[bəːn]
Raeder ˈrɛːdɐ
Raeren ˈraːrən, *niederl.* ˈraːrə
Raes *niederl.* raːs
Raesfeld ˈraːsfɛlt
Raetia ˈrɛːt͜si̯a
Raf *engl.* ræf, *it.* raf
R.A.F. *engl.* ɑːreɪˈɛf

Rafael ˈraːfaeːl, *auch:* ...aɛl, *span., bras.* rrafaˈɛl, *port.* rrɐfɐˈɛl
Rafah (Gasa) ˈrafax
Raff raf
Raffael ˈrafaeːl, *auch:* ...aɛl
Raffaele *it.* raffaˈɛːle
raffaelisch, R... rafaˈeːlɪʃ
Raffaëlli *fr.* rafaɛlˈli
Raffaellino *it.* raffaelˈliːno
Raffaello *it.* raffaˈɛllo
Raffalt ˈrafalt
Raffarin *fr.* rafaˈrɛ̃
Raffel ˈrafl̩
raffeln ˈrafl̩n
raffen ˈrafn̩
Raffet *fr.* raˈfɛ
Raffi raˈfiː
Raffiabast ˈrafi̯abast
raffig ˈrafɪç, **-e** ...ɪɡə
Raffinade rafiˈnaːdə
Raffinage rafiˈnaːʒə
Raffination rafinaˈt͜si̯oːn
Raffinement rafinəˈmãː
Raffinerie rafinəˈriː, **-n** ...iːən
Raffinesse rafiˈnɛsə
Raffineur rafiˈnøːɐ̯
raffinieren rafiˈniːrən
Raffinose rafiˈnoːzə
Raffke ˈrafkə
Raffler ˈraflɐ
Raffles *engl.* ræflz
rafraichieren rafrɛˈʃiːrən
Rafsandschani *pers.* ræfsænd͜ʒɑˈniː
Raft[ing] ˈraːft[ɪŋ]
Rag rɛk
Raga ˈraːɡa
Ragaz raˈɡat͜s
Rage ˈraːʒə
ragen ˈraːɡn̩, **rag!** raːk, **ragt** raːkt
Ragewin ˈraːɡəviːn
Raggi *it.* ˈradd͜ʒi
Ragione raˈd͜ʒoːnə
Raglan ˈraɡla[ː]n, *auch:* ˈrɛɡlən
Ragna ˈraɡna
Ragnar ˈraɡnar, *schwed.* ˈraŋnar
Ragnarök ˈraɡnarœk
Ragnit ˈraːɡnɪt
Ragout raˈɡuː
Ragoût fin, -s -s raˈɡuː ˈfɛ̃ː
Ragtime ˈrɛktai̯m
Raguhn raˈɡuːn
Ragusa *it.* raˈɡuːza
Ragwurz ˈraːkvʊrt͜s
Rah raː
Rahab ˈraːhap

Rahbeck *dän.* ˈraːˀbeɡ
Rahden ˈraːdn̩
Rahe ˈraːə
Rahel ˈraːɛl
Rahewin ˈraːəviːn
Rahimyar Khan *engl.* rəˈhiːmjə ˈkɑːn
Rahlfs raːlfs
Rahm raːm
Rähm rɛːm
Rahman *engl.* ˈrɑːmɑːn
Rähmchen ˈrɛːmçən
rahmen, R... ˈraːmən
rahmig ˈraːmɪç, **-e** ...ɪɡə
Rahn[e] ˈraːn[ə]
Rahner ˈraːnɐ
Rahotep raˈhoːtɛp
Rahu[la] ˈraːhu[la]
Rahway *engl.* ˈrɔːweɪ
Rai *pers.* rei̯
RAI *it.* raːi̯
Raibl ˈraibl̩
Raid reːt
Raiffeisen ˈraiflai̯zn̩
Raigern ˈrai̯ɡɐn
Raigras ˈrai̯ɡraːs
Raillerie rajəˈriː, **-n** ...iːən
raillieren raˈjiːrən
Raimar ˈrai̯mar
Raimbaut *fr.* rɛ̃ˈbo
Raimon[d] *fr.* rɛˈmõ
Raimondi *it.* rai̯ˈmondi
Raimondo *it.* rai̯ˈmondo
Raimu *fr.* rɛˈmy
Raimund ˈrai̯mʊnt
Raimunde rai̯ˈmʊndə
Raimundo *span.* rai̯ˈmundo
Rain[ald] ˈrai̯n[alt]
Rainaldi *it.* rai̯ˈnaldi
Rainalter ˈrai̯naltɐ
Rainbow *engl.* ˈreɪnboʊ
Raine *engl.* reɪn
rainen ˈrai̯nən
Rainer ˈrai̯nɐ
Rainey *engl.* ˈreɪnɪ
Rainier *fr.* rɛˈnje
Rainier, Mount *engl.* ˈmaʊnt reɪˈnɪə
Rainis *lit.* ˈrai̯nɪs
Rainow *bulgar.* ˈrajnof
Rainwater *engl.* ˈreɪnwɔːtə
Rainy *engl.* ˈreɪnɪ
Raipur *engl.* ˈraɪpʊə
[1]**Rais** raˈiːs, **-e** raˈiːzə, **Ruasa** ruaˈzaː
[2]**Rais** (Name) *tschech.* rajs
Raiser ˈrai̯zɐ
Raison rɛˈzõː

R

raisonabel rɛzo'na:bl̩, **...ble** ... blə
Raisoneur rɛzo'nø:ɐ̯
raisonieren rɛzo'ni:rən
Raisonnement rɛzɔnə'mã:
Raissa *russ.* ra'isɐ
Raisting 'raistɪŋ
Raitschew *bulgar.* 'rajtʃɛf
Raja Ampat *indon.* 'radʒa 'ampat
Rajah (Untertan) 'ra:ja
Rajasthan *engl.* rɑ:dʒəs'tɑ:n, '---
Rajewski *russ.* ra'jɛfski
Rajić *serbokr.* ˌra:jitɕ
Rajiv *engl.* rɑ:'dʒi:v
Rajk *ung.* rɔjk
Rajkot *engl.* 'rɑ:dʒkoʊt
rajolen ra'jo:lən
Rajshahi *engl.* 'rɑ:dʒʃɑ:hi:
Rakan 'ra:kan
Rake 'ra:kə
Rakel 'ra:kl̩
räkeln 'rɛ:kl̩n
Rakete ra'ke:tə
Rakett ra'kɛt
Raki 'ra:ki
Rakić *serbokr.* ˌra:kitɕ
Rakitin *bulgar.* rɐ'kitin
Rakka 'raka
Rákóczi, ...zy *ung.* 'ra:ko:tsi
Rakonitz 'rakonɪts
Rákosi *ung.* 'ra:koʃi
Rakovník *tschech.* 'rakɔvnji:k
Rakowski *bulgar.* rɐ'kɔfski, *poln.* ra'kɔfski
Raku 'ra:ku
Rale[i]gh *engl.* 'rɔ:lɪ, 'rɑ:lɪ, 'rælɪ
Ralf ralf, *dän.* ral'f
Ralle 'ralə
rallentando ralɛn'tando
Ralliement rali'mã:
ralliieren rali'i:rən
Rallis *neugr.* 'ralis
Rallye 'rali, *auch:* 'rɛli
Ralph ralf, *engl.* reɪf, rælf
RAM (Informatik) ram
Rama 'ra:ma
Ramadan rama'da:n
Ramadi ra'ma:di
Ramadier *fr.* rama'dje
Ramagé rama'ʒe:
Ramajana ra'ma:jana
Ramakris[c]hna rama'krɪʃna
Ramalho *port., bras.* rrɐ'maʎu
Ram Allah 'ra:m a'la:
Raman 'ra:man, *engl.* 'rɑ:mən
Ramapithecus rama'pi:tekʊs
Ramasan rama'za:n
ramassieren rama'si:rən
Ramasuri rama'zu:ri
Ramat Gan *hebr.* ra'mat 'gan
Ramberg 'ramberk
Rambert 'rambɛrt, *engl.* 'ræmbət
Rambla 'rambla
Rambler *engl.* 'ræmblə
Rambo 'rambo
Rambouillet *fr.* rãbu'jɛ
Rambouillet... rãbu'je:...
Ramboux *fr.* rã'bu
Rambur ram'bu:ɐ̯
Ramdas ram'da:s
Rameau *fr.* ra'mo
Ramée *fr.* ra'me
Ramée, de la *engl.* dɛlərə'meɪ
Ramek 'ra:mɛk
Ramelsloh[er] 'ra:ml̩slo:[ɐ]
Ramenskoje *russ.* 'ramɪnskɐjɐ
ramenten ra'mɛntn̩
ramentern ra'mɛntɐn
Ramerberg 'ra:mɐbɛrk
Ramesseum ramɛ'se:ʊm
Ramesside ramɛ'si:də
Rameswaram *engl.* 'rɑ:meɪswərəm
Ramholz 'ramhɔlts
Rami vgl. [1]Ramus
Ramie ra'mi:, **-n** ...i:ən
Ramifikation ramifika'tsi̯o:n
ramifizieren ramifi'tsi:rən
Ramillies-Offus *fr.* ramijiɔ'fys
Ramin ra'mi:n
Ramírez *span.* rra'mireθ
Ramiro *span.* rra'miro, *port., bras.* rrɐ'miru
Ramla *hebr.* 'ramla
Ramler 'ramlɐ
Ramm ram
rammdösig 'ramdø:zɪç, **-e** ...ɪgə
Ramme 'ramə
Rammel 'raml̩
Rammelei ramə'lai̯
rammeln 'raml̩n
Rammelsberg 'raml̩sbɛrk
rammen 'ramən
Ramming 'ramɪŋ
Rammler 'ramlɐ
Rammsee 'ramze:
Ramon *fr.* ra'mõ
Ramón *span.* rra'mɔn
Ramona ra'mo:na
Ramos *span.* 'rramos, *port.* 'rrɐmuʃ, *bras.* 'rrɐmus
Ramovš *slowen.* ra'mo:u̯ʃ
Rampal *fr.* rã'pal
Rampe 'rampə
Ramphis 'ramfɪs
Rampolla *it.* ram'polla
ramponieren rampo'ni:rən
Rampur *engl.* 'rɑ:mpʊə
Rams rams
Ramsar *pers.* rɑm'sær
Ramsau ram'zau̯, '--
Ramsauer 'ramzau̯ɐ
Ramsay *engl.* 'ræmzɪ
Ramsch ramʃ
Rämschchen 'rɛmʃçən
ramschen 'ramʃn̩
Ramsden *engl.* 'ræmzdən
Ramses 'ramzɛs
Ramsey *engl.* 'ræmzɪ
Ramsgate *engl.* 'ræmzgɪt
Ramstein 'ramʃtai̯n
Ramu *engl.* 'rɑ:mu:
[1]**Ramus** (Zweig) 'ra:mʊs, **Rami** 'ra:mi
[2]**Ramus** (Name) 'ra:mʊs, *fr.* ra'mys
Ramuz *fr.* ra'my
ran ran
Ran ra:n
Rana *norw.* 'ra:na
Rañadoiro *span.* rraɲa'ðoi̯ro
Ranafjord *norw.* 'ra:nafju:r
Rancagua *span.* rraŋ'kaɣu̯a
Rance *fr.* rã:s, *engl.* rɑ:ns
Rancé *fr.* rã'se
Ranch rɛntʃ, *auch:* ra:ntʃ
Rancher 'rɛntʃɐ, *auch:* 'ra:ntʃɐ
Rancheria rantʃe'ri:a
Ranchero ran'tʃe:ro
Ranchi *engl.* 'rɑ:ntʃi:
Rancho 'rantʃo
Rancho Cordova, - Cucamonga *engl.* 'ræntʃoʊ 'kɔ:dəvə, -ku:kə'mʌŋgə
[1]**Rand** rant, **Randes** 'randəs, **Ränder** 'rɛndɐ
[2]**Rand** (Währung) rant, *auch:* rɛnt
[3]**Rand** (Name) *engl.* rænd
Randal[e] ran'da:l[ə]
randalieren randa'li:rən
Randall *engl.* rændl
Randallstown *engl.* 'rændlztaʊn
Rändchen 'rɛntçən
Rande 'randə
rändeln 'rɛndl̩n, **rändle** ...dlə
Randen 'randn̩
Ränder vgl. Rand
rändern 'rɛndɐn, **rändre** ...drə
Randers *dän.* 'ranɐs
Randfontein *afr.* 'rantfɔntəi̯n
Randolf 'randɔlf
Randolph *engl.* 'rændɔlf

Random... ˈrɛndəm...
randomisi̲eren randomiˈziːrən
Rạndsfjord *norw.* ˈransfjuːr
Rạndstad *niederl.* ˈrɑntstɑt
Rạndulf ˈrandʊlf
Randwick *engl.* ˈrændwɪk
Raney *engl.* ˈreɪnɪ
Rạnft ranft, **Rạ̈nfte** ˈrɛnftə
Rạ̈nftchen ˈrɛnftçən
rạng raŋ
Rạng raŋ, **Rạ̈nge** ˈrɛŋə
rạ̈nge ˈrɛŋə
[1]**Rạnge** ˈraŋə
[2]**Range** (Name) *engl.* reɪndʒ
Ränge vgl. Rang
rạngehen ˈrangeːən
Rangelei̲ raŋəˈlai̯
rạngeln ˈraŋl̩n
Ranger ˈreːndʒɐ
rangi̲eren rãˈʒiːrən, *auch:* raŋˈʒ...
...rangig ...raŋɪç, **-e** ...ɪgə
Rangoon *engl.* ræŋˈguːn
Rạngström *schwed.* ˌraŋstrœm
Rangu̲n raŋˈguːn
Ranịcki raˈnɪtski
Ranie̲ri *it.* raˈni̯ɛːri
Rạniganj *engl.* ˈrɑːnɪgændʒ
Rạnjina *serbokr.* ˌranjina
rạnk raŋk
[1]**Rạnk** raŋk, **Rạ̈nke** ˈrɛŋkə
[2]**Rạnk** (Name) raŋk, *engl.* ræŋk
Rạnke ˈraŋkə, *engl.* ræŋk
Rạ̈nke ˈrɛŋkə
rạnken, R... ˈraŋkn̩
Rankẹtt raŋˈkɛt
rạnkig ˈraŋkɪç, **-e** ...ɪgə
Rankin[e] *engl.* ˈræŋkɪn
Ranking ˈrɛŋkɪŋ
Rạnković *serbokr.* ˈraːŋkɔvitɕ
Rankü̲ne raŋˈkyːnə
rạnn, R... ran
rạ̈nne ˈrɛnə
Rannoch *engl.* ˈrænək
rạnnte ˈrantə
Ransom[e] *engl.* ˈrænsəm
Ranson *fr.* rãˈsõ
Rantoul *engl.* rænˈtuːl
Rạntum ˈrantʊm
Rạntzau ˈrantsau̯
Rạnula ˈraːnula, **...lä** ...lɛ
Ranụnkel raˈnʊŋkl̩
Ranunkulaze̲e ranʊŋkulaˈtseːə
Ranvie̲r *fr.* rãˈvje
Rạ̈nzchen ˈrɛntsçən
Ranz des Vạches *fr.* rãdeˈvaʃ
Rạ̈nzel ˈrɛntsl̩
rạnzen, R... ˈrantsn̩
Rạnzer ˈrantsɐ
rạnzig ˈrantsɪç, **-e** ...ɪgə
Ranzio̲n ranˈtsi̯oːn
ranzioni̲eren rantsi̯oˈniːrən
Ranzo̲ni *it.* ranˈtsoːni
Rao *engl.* raʊ
Rạos *serbokr.* ˈraɔs
Raoul raˈuːl, *fr.* raˈul
Raoult *fr.* raˈul
Raoux *fr.* raˈu
Rap rɛp
Ra̲pa ˈraːpa, *fr.* raˈpa
Rapạcki *poln.* raˈpatski
Rạpakiwi ˈrapakivi
Rapạllo raˈpalo, *it.* raˈpallo
Rạpa Nui̯ *span.* ˈrrapa ˈnu̯i
Rapazitä̲t rapatsiˈtɛːt
Rạpfen ˈrapfn̩
Ra̲phael ˈraːfaeːl, *auch:* ...aɛl
Raphae̲la rafaˈeːla
Raphaelson *engl.* ˈræfeɪəlsn
Ra̲phe ˈraːfə, ˈrafə
Ra̲phia ˈrafi̯a, **...ien** ...i̯ən
Raphi̲den raˈfiːdn̩
rapi̲d raˈpiːt, **-e** ...iːdə
rapidamẹnte rapidaˈmɛntə
Rapid City *engl.* ˈræpɪd ˈsɪtɪ
rapi̲de raˈpiːdə
Rapiditä̲t rapidiˈtɛːt
ra̲pido ˈraːpido
Rapi̲er raˈpiːɐ̯
rapi̲eren raˈpiːrən
Rapịlli raˈpɪli
Rapisạrdi *it.* rapiˈzardi
Rạpoport ˈrapopɔrt
Rạpp *dt., fr.* rap, *engl.* ræp
Rappahannock *engl.* ræpəˈhænək
Rạppbode ˈrapboːdə
Rạppe ˈrapə
Rạppel ˈrapl̩
rạppeldụ̈rr ˈrapl̩ˈdʏr
rạppelig ˈrapəlɪç, **-e** ...ɪgə
rạppelköpfisch ˈrapl̩kœpfɪʃ
Rappẹll raˈpɛl
rạppeln ˈrapl̩n
rạppeltrọcken ˈrapl̩ˈtrɔkn̩
rappen ˈrɛpn̩
Rạppen ˈrapn̩
Rạppenau ˈrapənau̯
Rapper ˈrɛpɐ
Rapperswi̲l rapɐsˈviːl
Rapping ˈrɛpɪŋ
Rạ̈ppli ˈrɛpli
rạpplig ˈraplɪç, **-e** ...ɪgə
Rạppomacher ˈrapomaxɐ
Rạppoport ˈrapopɔrt, *engl.* ˈræpəpɔːt
Rappọrt raˈpɔrt
rapporti̲eren rapɔrˈtiːrən
Rapprochement raprɔʃəˈmãː
rạps!, Rạps raps
rạpschen ˈrapʃn̩
rạpsen ˈrapsn̩
Rạptus ˈraptʊs, **-se** ...ʊsə, **die -** ...tuːs
Rapụ̈nzchen raˈpʏntsçən
Rapụnze raˈpʊntsə
Rapụnzel raˈpʊntsl̩
Rapu̲se raˈpuːzə
Raquel *span.* rraˈkɛl, *engl.* rəˈkɛl
ra̲r raːɐ̯
Ra̲ra A̲vis ˈraːra ˈaːvis
Rarefikatio̲n rarefikaˈtsi̯oːn
rarefizi̲eren rarefiˈtsiːrən
Raritan *engl.* ˈrærɪtən
Raritä̲t rariˈtɛːt
Ra̲ron ˈraːrɔn
Rarotọnga *engl.* rɛərəˈtɔŋgə
Ra̲s raːs
Rạša *serbokr.* ˈraʃa
Ra̲s Al Ai̲n ˈraːs alˈ|ai̯n
Ra̲s Al Chạfdschi ˈraːs alˈxafdʒi
Ra̲s Al Chai̲ma ˈraːs alˈxai̯ma
Ra̲s Al Unu̲f ˈraːs al|uˈnuːf
rasạnt raˈzant
Rasạnz raˈzants
rasau̲nen raˈzau̯nən
rạsch, R... raʃ
Rạschdorff ˈraʃdɔrf
rạscheln ˈraʃl̩n
Rạscher ˈraʃɐ
Rạschheit ˈraʃhai̯t
Rạschi ˈraʃi
Raschi̲d raˈʃiːt
Raschidoddi̲n *pers.* ræʃidodˈdiːn
Rạschig ˈraʃɪç
Rạschke ˈraʃkə
Rascho̲mon *jap.* raˈʃoːˌmɔn̩
Rascht *pers.* ræʃt
Rasdạn *russ.* razˈdan
Ras Daschän *amh.* ras daʃɛn
ra̲sen ˈraːzn̩, **ra̲s!** raːs, **ra̲st** raːst
Ra̲sen ˈraːzn̩
Rasẹnna raˈzɛna
[1]**Ra̲ser** ˈraːzɐ
[2]**Raser** (Röntgen) ˈreːzɐ
Raserei̲ raːzəˈrai̯
Raseur raˈzøːɐ̯
Ra̲s Gha̲rib ˈraːs ˈgaːrɪp
Rạsgrad *bulgar.* ˈrazgrat
Rash *engl.* ræʃ
rasi̲eren raˈziːrən
ra̲sig ˈraːzɪç, **-e** ...ɪgə
Rạsin *russ.* ˈrazin
Rạsk *dän.* rasg

Raskol ras'kɔl
Raskolnik ras'kɔlnɪk, **-i** ...ki
Raskolnikow *russ.* ras'kɔljnikɐf
Raslog *bulgar.* rɐz'lɔk
Rasmus 'rasmʊs, *dän.* ...mus
Rasmussen *dän.* 'rasmusn̩
Räson rɛ'zõ:
räsonabel rɛzo'na:bl̩, **...ble** ...blə
Räsoneur rɛzo'nø:ɐ̯
räsonieren rɛzo'ni:rən
Räsonnement rɛzɔnə'mã:
Raspa 'raspa
Raspe 'raspə
Raspel 'raspl̩
raspeln 'raspl̩n
Rasputin 'rasputi:n, *russ.* ras'putin
raß ra:s
räß, Räß rɛ:s
Rasse 'rasə
Rassel 'rasl̩
Rasselei rasə'la͡i
rasseln 'rasl̩n
rassig 'rasɪç, **-e** ...ɪgə
rassisch 'rasɪʃ
Rassismus ra'sɪsmʊs
Rassist ra'sɪst
Rasskasowo *russ.* ras'kazɐvɐ
Rasso[w] 'raso
Rast[a] 'rast[a]
Rastafari rasta'fa:ri
Rastatt 'raʃtat, 'rastat
Raste 'rastə
Rastede 'ra:ste:də
Rastel 'rastl̩
Rastell *engl.* ræs'tɛl, rɑ:stl
Rastelli *it.* ras'tɛlli
rasten 'rastn̩
Rastenberg 'rastn̩bɛrk
Rastenburg 'rastn̩bʊrk
Raster 'rastɐ
rastern 'rastɐn
Rastral ras'tra:l
Rastrelli *it.* ras'trɛlli
rastrieren ras'tri:rən
Rasul Allah ra'zu:l a'la:
Rasumowski *russ.* rɐzu'mɔfskij
Rasur ra'zu:ɐ̯
Raszien 'rast͡si̯ən
Raszwetnikow *bulgar.* rɐs'tsvɛtnikof
rät, Rät rɛ:t
Rat ra:t, **Räte** 'rɛ:tə
Ratafia rata'fi:a
Ratak 'ra:tak, *engl.* 'rɑ:tɑ:k
Ratanhia... ra'tani̯a...
Ratatouille rata'tu͡i
Rat Buri *Thai* ra:dbu'ri: 311
Ratcliff[e], Ratclyffe *engl.* 'rætklɪf
Ratdolt 'ra:tɔlt
Rate 'ra:tə
Räte vgl. Rat
Rateau *fr.* ra'to
Ratekau 'ra:təka͡u
raten 'ra:tn̩
Räter 'rɛ:tɐ
Ratero ra'te:ro
Ratgeb 'ra:tge:p
Rath ra:t
Rathbone *engl.* 'ræθboʊn
Rathen 'ra:tn̩
Rathenau 'ra:təna͡u
Rathenow 'ra:təno
Rathgeber 'ra:tge:bɐ
Rathjens 'ratjəns
Rathke 'ratkə
Rathramnus ra'tramnʊs
Ratibor 'ra:tibo:ɐ̯
Rätien 'rɛ:t͡si̯ən
ratierlich ra'ti:ɐ̯lɪç
Ratifikation ratifika't͡si̯o:n
ratifizieren ratifi't͡si:rən
Rätikon 'rɛ:tikɔn
Rätin 'rɛ:tɪn
Ratiné rati'ne:
Rating 're:tɪŋ
Ratingen 'ra:tɪŋən
ratinieren rati'ni:rən
Ratio 'ra:t͡si̯o
Ration ra't͡si̯o:n
rational rat͡si̯o'na:l
Rationalisator rat͡si̯onali'za:to:ɐ̯, **-en** ...za'to:rən
rationalisieren rat͡si̯onali'zi:rən
Rationalismus rat͡si̯ona'lɪsmʊs
Rationalist rat͡si̯ona'lɪst
Rationalität rat͡si̯onali'tɛ:t
rationell rat͡si̯o'nɛl
rationieren rat͡si̯o'ni:rən
rätisch 'rɛ:tɪʃ
Ratke 'ratkə
rätlich 'rɛ:tlɪç
Ratnagiri *engl.* ræt'nɑ:gəri:
Ratnapura *engl.* 'rætnəpʊərə
Ratonkuchen ra'to:nku:xn̩
Rätoromane rɛtoro'ma:nə
rätoromanisch rɛtoro'ma:nɪʃ
Ratpert 'ra:tpɛrt
Ratramnus ra'tramnʊs
ratsam 'ra:tza:m
ratsch! rat͡ʃ
Ratsche 'ra:t͡ʃə
Rätsche 'rɛ:t͡ʃə
[1]**ratschen** (Reißgeräusch; aufreißen) 'rat͡ʃn̩
[2]**ratschen** (rätschen) 'ra:t͡ʃn̩
rätschen 'rɛ:t͡ʃn̩
Ratschlag 'ra:t͡ʃla:k
ratschlagen 'ra:t͡ʃla:gn̩, **...ag!** ...a:k, **...agt** ...a:kt
Rätsel 'rɛ:t͡sl̩
rätseln 'rɛ:t͡sl̩n
Rattan 'ratan
Rattazzi *it.* rat'tattsi
Ratte 'ratə
Rattenberg 'ratn̩bɛrk
Rätter 'rɛtɐ
rattern 'ratɐn
rättern 'rɛtɐn
Ratti *it.* 'ratti
Rattigan *engl.* 'rætɪgən
Rattle *engl.* rætl
Rattler 'ratlɐ
Ratuschinskaja *russ.* rɐtu'ʃɨnskɐjɐ
Ratz[e] 'rat͡s[ə]
Ratzeburg 'rat͡səbʊrk
ratzekahl 'rat͡sə'ka:l
Ratzel 'rat͡sl̩
Rätzel 'rɛt͡sl̩
ratzen 'rat͡sn̩
Ratzinger 'rat͡sɪŋɐ
rau, R... ra͡u
Rau ra͡u, *engl.* raʊ
Raub ra͡up, **-es** 'ra͡ubəs
Raubauz 'ra͡uba͡ut͡s
raubauzig 'ra͡uba͡ut͡sɪç, **-e** ...ɪgə
rauben 'ra͡ubn̩, **raub!** ra͡up, **raubt** ra͡upt
Räuber 'rɔ͡ybɐ
Räuberei rɔ͡ybə'ra͡i
Raubling 'ra͡ublɪŋ
rauch, R... ra͡ux
Raucheisen 'ra͡ux|a͡izn̩
rauchen 'ra͡uxn̩
räucherig 'rɔ͡yçərɪç, **-e** ...ɪgə
räuchern 'rɔ͡yçɐn
rauchig 'ra͡uxɪç, **-e** ...ɪgə
Rauchmiller 'ra͡uxmɪlɐ
Rauchmüller 'ra͡uxmʏlɐ
Räude 'rɔ͡ydə
Rauden 'ra͡udn̩
räudig 'rɔ͡ydɪç, **-e** ...ɪgə
Raudnitz 'ra͡udnɪt͡s
Raue 'ra͡uə
rauen 'ra͡uən
Rauensche Berge 'ra͡uənʃə 'bɛrgə
Rauerei ra͡uə'ra͡i
rauf ra͡uf
Raufbold 'ra͡ufbɔlt, **-e** ...ldə
Raufe 'ra͡ufə
raufen 'ra͡ufn̩
Rauferei ra͡ufə'ra͡i
Raugraf 'ra͡ugra:f

Rauh[e] ˈrau̯[ə]
Rauheit ˈrau̯hai̯t
Rauigkeit ˈrau̯ɪçkai̯t
Rauke ˈrau̯kə
Raúl *span.* rraˈul
raum rau̯m
Raum rau̯m, **Räume** ˈrɔy̯mə
Rauma *norw.* ˌrœy̆ma, *finn.* ˈrau̯mɑ
räumen ˈrɔy̯mən
Raumer ˈrau̯mɐ
räumlich ˈrɔy̯mlɪç
Räumte ˈrɔy̯mtə
raunen ˈrau̯nən
Raunheim ˈrau̯nhai̯m
raunzen ˈrau̯nt͜sn̩
Raunzerei rau̯nt͜səˈrai̯
raunzig ˈrau̯nt͜sɪç, **-e** ...ɪgə
Raupach ˈrau̯pax
Räupchen ˈrɔy̯pçən
Raupe ˈrau̯pə
raupen ˈrau̯pn̩
Rauriker ˈrau̯rikɐ
Rauris ˈrau̯rɪs
raus rau̯s
Rausch rau̯ʃ
Räuschchen ˈrɔy̯ʃçən
Rauschebart ˈrau̯ʃəbaːɐ̯t
rauschen, R... ˈrau̯ʃn̩
Rauschenberg ˈrau̯ʃn̩bɛrk, *engl.* ˈraʊʃənbəːg
Rauscher ˈrau̯ʃɐ
Rauschning ˈrau̯ʃnɪŋ
rausekeln ˈrau̯s|eːkl̩n
räuspern ˈrɔy̯spɐn
Rautavaara *finn.* ˈrau̯tɑvɑːrɑ
Raute ˈrau̯tə
Rautek ˈrau̯tɛk
Rautendelein rau̯ˈtɛndəlai̯n
rautiert rau̯ˈtiːɐ̯t
Rauwolf ˈrau̯vɔlf
Rauwolfia rau̯ˈvɔlfi̯a
Rauxel ˈrau̯ksl̩
Rauzzini *it.* rau̯tˈtsiːni
ravagieren ravaˈʒiːrən
Ravaillac *fr.* ravaˈjak
Ravaisson-Mollien *fr.* ravɛsõ-mɔˈljɛ̃
Rave reːf
Ravel *fr.* raˈvɛl
Ravelin ravəˈlɛ̃ː
raven ˈreːvn̩, **rave!** reːf, **ravt** reːft
Ravenna raˈvɛna, *it.* raˈvenna, *engl.* rəˈvɛnə
Ravensberg ˈraːvn̩sbɛrk
Ravensbrück raːvn̩sˈbrʏk
Ravensburg ˈraːvn̩sbʊrk, *auch:* ˈraːf...
Ravenstein ˈraːvn̩ʃtai̯n, *niederl.* ˈraːvənstɛi̯n
Ravenswood *engl.* ˈreɪvnzwʊd
Ravioli raˈvi̯oːli
Ravoir *fr.* raˈvwaːr
ravvivando raviˈvando
Rawalpindi ravalˈpɪndi, *engl.* rɑːwəlˈpɪndɪ, rɔːlˈpɪndɪ
Rawitsch ˈraːvɪtʃ
Rawlings *engl.* ˈrɔːlɪŋz
Rawlinson *engl.* ˈrɔːlɪnsn
Rawmarsh *engl.* ˈrɔːmɑːʃ
Rawson *engl.* rɔːsn, *span.* ˈrrau̯sɔn
Rawtenstall *engl.* ˈrɔːtnstɔːl
Rax raks
Ray[burn] *engl.* ˈreɪ[bən]
Rayé rɛˈjeː
Raygras ˈrai̯graːs
Rayleigh *engl.* ˈreɪlɪ
Raymond ˈrai̯mɔnt, *engl.* ˈreɪmənd, *fr.* rɛˈmõ
Raymund ˈrai̯mʊnt
Raynal *fr.* rɛˈnal
Raynaud *fr.* rɛˈno
Raynouard *fr.* rɛˈnwaːr
Rayon rɛˈjõː
rayonieren rɛjoˈniːrən
Rayside-Balfour *engl.* ˈreɪsaɪd-ˈbælfə
Rayski ˈrai̯ski
Raysse *fr.* rɛs
Raytown *engl.* ˈreɪtaʊn
Razelm *rumän.* raˈzelm
Razemat rat͜seˈmaːt
razemisch raˈt͜seːmɪʃ
razemos rat͜seˈmoːs, **-e** ...oːzə
razemös rat͜seˈmøːs, **-e** ...øːzə
Ražice *tschech.* ˈraʒitsɛ
Ražnjići ˈraʒnjit͜ʃi
Rázus *slowak.* ˈraːzus
Razzia ˈrat͜si̯a, **...ien** ...i̯ən
R. C. A. *engl.* ɑːsiːˈeɪ
re reː
[1]**Re** (Gott; Kartenspiel; Musik) reː
[2]**Re** (Name) *it.* re
Ré *fr.* re
Ré, Île de *fr.* ildəˈre
Rea ˈreːa, *it.* ˈrɛːa
Read[e] *engl.* riːd
Reader ˈriːdɐ
Reader's Digest *engl.* ˈriːdəz ˈdaɪdʒɛst
Reading (Stadt) *engl.* ˈrɛdɪŋ
Readymade ˈrɛdimeːt
Reafferenz re|afeˈrɛnt͜s
Reagan (US-Präsident) *engl.* ˈreɪgən
Reagens reˈaːgɛns, reˈ|aː..., **...nzien** reaˈgɛnt͜si̯ən
Reagenz reaˈgɛnt͜s, **-ien** ...t͜si̯ən
reagibel reaˈgiːbl̩, **...ble** ...blə
Reagibilität reagibiliˈtɛːt
reagieren reaˈgiːrən
Reakt reˈakt
Reaktanz reakˈtant͜s
Reaktion reakˈt͜si̯oːn
reaktionär, R... reakt͜si̯oˈnɛːɐ̯
reaktiv, R... reakˈtiːf, **-e** ...iːvə
reaktivieren reaktiˈviːrən, re-|a...
Reaktivität reaktiviˈtɛːt
Reaktor reˈaktoːɐ̯, **-en** ...ˈtoːrən
real reˈaːl
[1]**Real** (Münze) reˈaːl, *span.* rrɛˈal, *port., bras.* rri̯al, **Reis** rai̯s, *port.* rrɐi̯ʃ, *bras.* rrei̯s
[2]**Real** (Name) reˈaːl, *span.* rrɛˈal, *port.* rri̯al
Realgar realˈgaːɐ̯
Realien reˈaːli̯ən
Realignment riːəˈlai̯nmənt
Realisat realiˈzaːt
Realisation realizaˈt͜si̯oːn
Realisator realiˈzaːtoːɐ̯, **-en** ...zaˈtoːrən
realisieren realiˈziːrən
Realismus reaˈlɪsmʊs
Realist[ik] reaˈlɪst[ɪk]
realistisch reaˈlɪstɪʃ
Realität realiˈtɛːt
realiter reˈaːlitɐ
Reality... riˈɛliti...
Realo reˈaːlo
Real-Time-... ˈriːəlˈtai̯m...
reamateurisieren re-|amatøriˈziːrən
Reanimation re|animaˈt͜si̯oːn
reanimieren re|aniˈmiːrən
rearmieren re|arˈmiːrən
Reassekuranz re|asekuˈrant͜s
reassumieren re|asuˈmiːrən
Reassumption re|asʊmpˈt͜si̯oːn
Reat reˈaːt
Reaumur ˈreːomyːɐ̯
Réaumur *fr.* reoˈmyːr
Rebab reˈbaːp
Rebbach ˈrɛbax
Rebberg ˈreːpbɛrk
Rebbe[s] ˈrɛbə[s]
Rebe ˈreːbə
Rebec reˈbɛk
Rebecca *engl.* rɪˈbɛkə
Rebekka reˈbɛka
[1]**Rebell** reˈbɛl
[2]**Rebell** (Name) *fr.* rəˈbɛl
rebellieren rebɛˈliːrən

R

Rebellion rebɛˈli̯o:n
rebellisch reˈbɛlɪʃ
rebeln ˈre:bl̩n, **reble** ˈre:blə
Rebhendl ˈre:phɛndl̩
Rebhu[h]n ˈre:phu:n, ˈrɛp...
Rebirthing *dt.-engl.* riˈbø:ɐ̯θɪŋ, ...bœrθɪŋ
Reblaus ˈre:pla͜us
Rebling ˈre:plɪŋ
Rebmann ˈre:pman
Rebner ˈre:bnɐ
Rebolledo *span.* rrɛβoˈʎeðo
Rebora *it.* ˈrɛ:bora
Rebound riˈba͜unt, ˈri:ba͜unt
Rebounder riˈba͜undɐ
Rebounding riˈba͜undɪŋ
Reboux *fr.* rəˈbu
Rebreanu *rumän.* reˈbre̯anu
Rebroff ˈre:brɔf
Rebull *span.* rrɛˈβul
Rebus ˈre:bʊs, **-se** ...ʊsə
rebus sic stantibus ˈre:bʊs ˈzi:k ˈstantibʊs
Recall... riˈko:l...
Récamier *fr.* rekaˈmje
Récamiere rekaˈmi̯e:rə
Recanati *it.* rekaˈna:ti
Receiver riˈsi:vɐ
recenter paratum reˈt͜sɛntɐ paˈra:tʊm
Receptaculum ret͜sɛpˈta:kulʊm, **...la** ...la
Recha ˈrɛça
Rechabit rɛçaˈbi:t
Rechaud reˈʃo:
Rechberg ˈrɛçbɛrk
rechen, R... ˈrɛçn̩
Rechenei rɛçəˈna͜i
Recherche reˈʃɛrʃə
Rechercheur reʃɛrˈʃø:ɐ̯
recherchieren reʃɛrˈʃi:rən
Rechnei rɛçˈna͜i
rechnen ˈrɛçnən
Rechnerei rɛçnəˈra͜i
recht, R... rɛçt
Rechte ˈrɛçtə
rechten ˈrɛçtn̩
rechtens, R... ˈrɛçtn̩s
rechterseits ˈrɛçtɐˈza͜it͜s
Rechthaberei rɛçtha:bəˈra͜i
rechts rɛçt͜s
rechtsaußen, R... rɛçt͜sˈ|a͜usn̩
rechtschaffen ˈrɛçtʃafn̩
rechtschreiblich ˈrɛçtʃra͜iplɪç
Rechtser ˈrɛçt͜sɐ
Rechtshänder ˈrɛçt͜shɛndɐ
rechtshändig ˈrɛçt͜shɛndɪç, **-e** ...ɪgə
rechtsher ˈrɛçt͜she:ɐ̯
rechtsherum ˈrɛçt͜shɛrʊm
rechtshin ˈrɛçt͜shɪn
rechtsrheinisch ˈrɛçt͜sra͜inɪʃ
rechtsrum ˈrɛçt͜srʊm
rechtsseitig ˈrɛçt͜sza͜itɪç, **-e** ...ɪgə
rechtsum! rɛçt͜sˈ|ʊm
Recife *bras.* rreˈsifi
recipe! ˈre:t͜sipe
Récit reˈsi:
Recital riˈsa͜itl̩
recitando ret͜ʃiˈtando
Recitativo accompagnato ret͜ʃitaˈti:vo akɔmpanˈja:to, **...vi ...ti** ...vi ...ti
Reck rɛk
Recke ˈrɛkə
recken ˈrɛkn̩
[1]**Recklinghausen** (Stadt) rɛklɪŋˈha͜uzn̩
[2]**Recklinghausen** (Syndrom) ˈrɛklɪŋha͜uzn̩
Recknagel ˈrɛkna:gl̩
Recknitz ˈrɛknɪt͜s
Reclam ˈre:klam
Reclus *fr.* rəˈkly
recommandé rəkɔmãˈde:
Reconquista rekɔnˈkɪsta, *auch:* rekɔŋ...
Recorder reˈkɔrdɐ, *auch:* riˈk...
Reco-Reco ˈrɛkoˈrɛko
Recreo, El *span.* ɛlrrɛˈkreo
recte ˈrɛktə
Recto ˈrɛkto
Rector magnificentissimus ˈrɛkto:ɐ̯ magnifit͜sɛnˈtɪsimʊs, **-es ...mi** rɛkˈto:re:s ...mi
Rector magnificus ˈrɛkto:ɐ̯ maˈgni:fikʊs, **-es ...ci** rɛkˈto:re:s ...it͜si
Recuay *span.* rrɛˈku̯a͜i
recyceln riˈsa͜ikl̩n
Recycling riˈsa͜iklɪŋ
Reda ˈre:da
Redakteur redakˈtø:ɐ̯
Redaktion redakˈt͜si̯o:n
redaktionell redakt͜si̯oˈnɛl
Redaktor reˈdakto:ɐ̯, **-en** ...ˈto:rən
Redaktrice redakˈtri:sə
Redbridge *engl.* ˈrɛdbrɪd͜ʒ
Redcliffe *engl.* ˈrɛdklɪf
Red Deer *engl.* ˈrɛd ˈdɪə
Redder ˈrɛdɐ
Redding *engl.* ˈrɛdɪŋ
Redditch *engl.* ˈrɛdɪt͜ʃ
Reddition rɛdiˈt͜si̯o:n
Reddy *engl.* ˈrɛdɪ
Rede ˈre:də
Redefin ˈre:dəfi:n
Redegonda redeˈgɔnda
Redem[p]tio reˈdɛm[p]t͜si̯o
Redemptorist redɛmptoˈrɪst
reden ˈre:dn̩, **red!** re:t
Reden ˈre:dn̩
Redenção *bras.* rredẽˈsɐ̃u̯
Redentin re:dn̩ˈti:n
Rederei re:dəˈra͜i
Rederijker *niederl.* ˈre:dərɛi̯kər
Rederitis re:dəˈri:tɪs
Redern ˈre:dɐn
Redewitz ˈre:dəvɪt͜s
Redfield *engl.* ˈrɛdfi:ld
Redford *engl.* ˈrɛdfəd
Redgrave *engl.* ˈrɛdgreɪv
Redgrove *engl.* ˈrɛdgroʊv
Redgum... ˈrɛtgam...
redhibieren re:thiˈbi:rən, rɛthi...
Redhibition re:thibiˈt͜si̯o:n, rɛthi...
redhibitorisch re:thibiˈto:rɪʃ, rɛthi...
Redi *it.* ˈrɛ:di
redigieren rediˈgi:rən
redimieren rediˈmi:rən
Reding ˈre:dɪŋ
Redingote redɛ̃ˈgɔt, **-n** ...tn̩
Redintegration re:t|ɪntegraˈt͜si̯o:n, rɛt|ɪn...
Redisfeder® ˈre:dɪsfe:dɐ
Rediskont redɪsˈkɔnt
rediskontieren redɪskɔnˈti:rən
Redistribution redɪstribuˈt͜si̯o:n
redivivus rediˈvi:vʊs
Redlands *engl.* ˈrɛdləndz
redlich, R... ˈre:tlɪç
Redman *engl.* ˈrɛdmən
Redmond *engl.* ˈrɛdmənd
Redneck ˈrɛtnɛk
Redner ˈre:dnɐ
Rednitz ˈre:dnɪt͜s
Redol *port.* rrəˈðɔl
[1]**Redon®** ˈre:dɔn
[2]**Redon** (Name) *fr.* rəˈdõ
Redondela *span.* rrɛðɔnˈdela
Redondilla redɔnˈdɪla, ...ˈdɪlja, **...llen** ...lən, **-s** ...ljas
Redondo Beach *engl.* rɪˈdɔndoʊ ˈbi:tʃ
Redopp reˈdɔp
Redoute reˈdu:tə
Redouté *fr.* rəduˈte
Redoxsystem reˈdɔkszʏste:m
Redpower ˈrɛtpa͜uɐ
Redressement redrɛsəˈmã:
redressieren redrɛˈsi:rən

redselig 're:tze:lıç
Redslob 're:tslo:p
Redstone *engl.* 'rɛdstoʊn
Redtenbacher 'rɛtn̩baxɐ
redublieren redu'bli:rən
Reduit redy'i:
Reduktase redʊk'ta:zə
Reduktion redʊk'tsi̯o:n
Reduktionismus redʊktsi̯o'nısmʊs
reduktionistisch redʊktsi̯o'nıstıʃ
reduktiv redʊk'ti:f, **-e** ...i:və
Reduktor re'dʊkto:ɐ̯, **-en** ...'to:rən
redundant redʊn'dant
Redundanz redʊn'dants
Reduplikation reduplika'tsi̯o:n
reduplizieren redupli'tsi:rən
Reduzent redu'tsɛnt
reduzibel redu'tsi:bl̩, **...ble** ...blə
reduzieren redu'tsi:rən
Red Wing *engl.* 'rɛdwıŋ
Redwitz 'rɛdvıts
[1]**Redwood** *(Holz)* 'rɛtvʊt
[2]**Redwood** *(Name) engl.* 'rɛdwʊd
Rée re:
ree! re:
Reed *engl.* ri:d
Reede 're:də
Reeder 're:dɐ
Reederei re:də'rai̯
Reedley *engl.* 'ri:dlı
Reel[er] 'ri:l[ɐ]
reell re'ɛl
Reellität reɛli'tɛ:t
Reemtsma 're:mtsma
Reengagement re|ãgaʒə'mã:
reengagieren re|ãga'ʒi:rən
Reep[erbahn] 're:p[ɐba:n]
Rees re:s, *engl.* ri:s
Reese *engl.* ri:s
reesen 're:zn̩, **rees!** re:s, **reest** re:st
Reet re:t
Reeuwich *niederl.* 're:wıx
Reeve[s] *engl.* ri:v[z]
Reexport re|ɛks'pɔrt, 're:|...
Reexportation re|ɛkspɔrta'tsi̯o:n, 're:|...
REFA 're:fa
Refait rə'fɛ:
Refaktie re'faktsi̯ə
refaktieren refak'ti:rən
Refektorium refɛk'to:ri̯ʊm, **...ien** ...i̯ən
Referat refe'ra:t
Referee refə'ri:, *auch:* 'rɛfəri
Referendar referɛn'da:ɐ̯
Referendariat referɛnda'ri̯a:t
Referendum refe'rɛndʊm, **...da** ...da
Referens 're:ferɛns, **...ntia** refe'rɛntsi̯a
Referent refe'rɛnt
Referenz refe'rɛnts
referenziell referɛn'tsi̯ɛl
referieren refe'ri:rən
Reff rɛf
reffen 'rɛfn̩
refinanzieren refinan'tsi:rən
Reflation refla'tsi̯o:n
reflationär reflatsi̯o'nɛ:ɐ̯
Reflektant reflɛk'tant
reflektieren reflɛk'ti:rən
Reflektor re'flɛkto:ɐ̯, **-en** ...'to:rən
reflektorisch reflɛk'to:rıʃ
Reflex re'flɛks
Reflexion reflɛ'ksi̯o:n
reflexiv, R... reflɛ'ksi:f, **-e** ...i:və
Reflexivität reflɛksivi'tɛ:t
Reflexivum reflɛ'ksi:vʊm, **...va** ...va
Reflexologe reflɛkso'lo:gə
Reflexologie reflɛksolo'gi:
Reflux re'flʊks
Reform re'fɔrm
Reformatio in Peius refɔr'ma:tsi̯o ın 'pe:jʊs, **-nes - -** ...ma'tsi̯o:ne:s - -
Reformation refɔrma'tsi̯o:n
Reformator refɔr'ma:to:ɐ̯, **-en** ...ma'to:rən
reformatorisch refɔrma'to:rıʃ
Reformatski *russ.* rıfar'matskij
Reformer re'fɔrmɐ
reformerisch re'fɔrmərıʃ
reformieren refɔr'mi:rən
reformiert refɔr'mi:ɐ̯t
Reformismus refɔr'mısmʊs
Reformist refɔr'mıst
Refosco re'fɔsko
refraichieren refrɛ'ʃi:rən
Refrain rə'frɛ̃:, *auch:* re...
refraktär refrak'tɛ:ɐ̯
Refraktion refrak'tsi̯o:n
Refraktometer refrakto'me:tɐ
Refraktometrie refraktome'tri:
refraktometrisch refrakto'me:trıʃ
Refraktor re'frakto:ɐ̯, **-en** ...'to:rən
Refrakturierung refraktu'ri:rʊŋ
Refrigerantia refrige'rantsi̯a
Refrigeranzien refrige'rantsi̯ən
Refrigeration refrigera'tsi̯o:n
Refrigerator refrige'ra:to:ɐ̯, **-en** ...ra'to:rən
Refuge, -s re'fy:ʃ
Refugial... refu'gi̯a:l...
Refugié refy'ʒi̯e:
Refugium re'fu:gi̯ʊm, **...ien** ...i̯ən
refundieren refʊn'di:rən
Refus, Refüs rə'fy:, re..., **des -** ...y:[s], **die -** ...y:s
refüsieren rəfy'zi:rən, re...
Refusion refu'zi̯o:n
Refutation refuta'tsi̯o:n
[1]**Reg** (Wüste) rɛk
[2]**Reg** (Vorname) *engl.* rɛdʒ
regal re'ga:l
Regal re'ga:l, **-ien** -i̯ən
Regale re'ga:lə, **...lien** ...li̯ən
regalieren rega'li:rən
Regalität regali'tɛ:t
Regan 're:gan, *engl.* 'ri:gən
Regatta re'gata
rege 're:gə
Regel 're:gl̩
Regelation regela'tsi̯o:n
Regeldetri re:gl̩de'tri:
regeln 're:gl̩n, **regle** 're:glə
regelrecht 're:gl̩rɛçt
Regelung 're:gəlʊŋ
regen 're:gn̩, **reg!** re:k, **regt** re:kt
Regen 're:gn̩
Régence re'ʒã:s
Regency 'ri:dʒn̩si
Regener 're:gənɐ
Regenerat regene'ra:t
Regeneration regenera'tsi̯o:n
regenerativ regenera'ti:f, **-e** ...i:və
Regenerator regene'ra:to:ɐ̯, **-en** ...ra'to:rən
regeneratorisch regenera'to:rıʃ
regenerieren regene'ri:rən
Regens 're:gɛns, **Regenten** re'gɛntn̩, **Regentes** re'gɛnte:s
Regensberg 're:gn̩sbɛrk
Regensburg 're:gn̩sbʊrk
Regensburger 're:gn̩sbʊrgɐ
Regenschori re:gɛns'ko:ri
Regens Chori 're:gɛns 'ko:ri, **Regentes -** re'gɛnte:s -
Regensdorf 're:gn̩sdɔrf
Regent re'gɛnt
Regentes vgl. Regens
Regentes Chori vgl. Regens Chori

Regent's Park *engl.* ˈriːdʒənts ˈpɑːk
Régeny ˈreːgeni
Reger ˈreːgɐ
Reges vgl. Rex
Regest reˈgɛst
Reggae ˈrɛge, ˈrɛgi
Reggane *fr.* rɛˈgan
Regge *niederl.* ˈrɛɣə, *it.* ˈrɛddʒe
Reggio *it.* ˈreddʒo
Reghin *rumän.* ˈregin
Regie reˈʒiː, **-n** ...iːən
regieren reˈgiːrən
Regiererei regiːrəˈrai̯
Regierung reˈgiːrʊŋ
Regime reˈʒiːm, **die -** ...mə
Regiment regiˈmɛnt
Regina reˈgiːna, *engl.* rɪˈdʒaɪnə
Regina Caeli reˈgiːna ˈt͜sɛːli, **- Coeli** - ˈt͜søːli
Reginald ˈreːginalt, *engl.* ˈrɛdʒɪnld
regina regit colorem reˈgiːna ˈreːgɪt koˈloːrɛm
Regine reˈgiːnə
Régine *fr.* reˈʒin
Regino ˈreːgino
Reginum reˈgiːnʊm
Regio ˈreːgi̯o, **-nes** reˈgi̯oːneːs
Régio *port., bras.* ˈrrɛʒi̯u
Regiolekt regi̯oˈlɛkt
Regiomontanus regi̯omɔnˈtaːnʊs
Region reˈgi̯oːn
regional regi̯oˈnaːl
Regionalismus regi̯onaˈlɪsmʊs
Regionalist regi̯onaˈlɪst
regionär regi̯oˈnɛːɐ̯
Regis ˈreːgɪs, *engl.* ˈriːdʒɪs
Régis *fr.* reˈʒis
Regisseur reʒɪˈsøːɐ̯
Register reˈgɪstɐ
registered ˈrɛdʒɪstɐt
Registrande regɪsˈtrandə
Registrator regɪsˈtraːtoːɐ̯, **-en** ...straˈtoːrən
registratorisch regɪstraˈtoːrɪʃ
Registratur regɪstraˈtuːɐ̯
registrieren regɪsˈtriːrən
Reglage reˈglaːʒə
Reglement regləˈmãː
reglementarisch reglemɛnˈtaːrɪʃ
reglementieren reglemɛnˈtiːrən
Regler ˈreːglɐ
Reglette reˈglɛtə
Regling ˈreːglɪŋ
reglos ˈreːkloːs
Reglung ˈreːglʊŋ
Regnard, ...rt *fr.* rəˈɲaːr
Regnaud, ...ult *fr.* rəˈɲo
regnen ˈreːgnən
Regner *dän.* ˈrai̯ˈnɐ
Regnier *fr.* rəˈɲe
Régnier *fr.* reˈɲe
Regnitz ˈreːgnɪt͜s
Rêgo *bras.* ˈrregu
Regranulat regranuˈlaːt
regranulieren regranuˈliːrən
Regredient regreˈdi̯ɛnt
regredieren regreˈdiːrən
Regress reˈgrɛs
Regressand regrɛˈsant, **-en** ...ndn̩
Regressat regrɛˈsaːt
Regression regrɛˈsi̯oːn
regressiv regrɛˈsiːf, **-e** ...iːvə
Regressivität regrɛsiviˈtɛːt
Regressor reˈgrɛsoːɐ̯, **-en** ...ˈsoːrən
regsam ˈreːkzaːm
Regula ˈreːgula
Regula Falsi ˈreːgula ˈfalzi
Regula Fidei ˈreːgula ˈfiːdei, **...lae -** ...lɛ -
regulär reguˈlɛːɐ̯
Regular reguˈlaːɐ̯
Regularien reguˈlaːri̯ən
Regularität regulariˈtɛːt
Regulation regulaˈt͜si̯oːn
regulativ, R... regulaˈtiːf, **-e** ...iːvə
Regulator reguˈlaːtoːɐ̯, **-en** ...laˈtoːrən
regulatorisch regulaˈtoːrɪʃ
regulieren reguˈliːrən
regulinisch reguˈliːnɪʃ
Regulus ˈreːgulʊs; **...li** ...li, **-se** ...ʊsə
Regur ˈreːgʊr
Reh[a] ˈreː[ha]
Rehabeam reˈhaːbeam
Rehabilitand rehabiliˈtant, **-en** ...dn̩
Rehabilitation rehabilitaˈt͜si̯oːn
rehabilitieren rehabiliˈtiːrən
Rehan *engl.* ˈriːən, ˈreɪən
Rehau ˈreːau̯
Rehaut rəˈoː
Rehberg ˈreːbɛrk
Rehburg ˈreːbʊrk
Rehe ˈreːə
Rehfisch ˈreːfɪʃ
Rehfues ˈreːfuːs
rehig ˈreːɪç, **-e** ...ɪgə
Rehling[en] ˈreːlɪŋ[ən]
Rehmann ˈreːman
Rehm[e] ˈreːm[ə]
Rehmke ˈreːmkə
Rehn[a] ˈreːn[a]
[1]Rehoboth (USA) *engl.* rɪˈhoʊbəθ
[2]Rehoboth (Afrika) ˈreːobɔt, *engl.* ˈreɪhəboʊθ
Řehoř *tschech.* ˈrʒɛhɔrʃ
Rehovot *hebr.* rəˈxɔvɔt
Reibach ˈrai̯bax
Reibe ˈrai̯bə
reiben ˈrai̯bn̩, **reib!** rai̯p, **reibt** rai̯pt
Reiberei rai̯bəˈrai̯
reich, [1]R... rai̯ç
[2]Reich (Name) rai̯ç, *engl.* raɪk
Reicha ˈrai̯ça
Reichard[t] ˈrai̯çart
Reiche ˈrai̯çə
Reichelt ˈrai̯çl̩t
reichen ˈrai̯çn̩
Reichenau ˈrai̯çənau̯
Reichenbach ˈrai̯çn̩bax
Reichenberg ˈrai̯çn̩bɛrk
Reichenhall rai̯çn̩ˈhal
Reichenow ˈrai̯çəno
Reichensperger ˈrai̯çn̩spɛrgɐ
Reichenstein ˈrai̯çn̩ʃtai̯n
Reichenweier ˈrai̯çn̩vai̯ɐ
Reichersberg ˈrai̯çɐsbɛrk
Reichert ˈrai̯çɐt
Reichertshausen rai̯çɐt͜sˈhau̯zn̩
reichhaltig ˈrai̯çhaltɪç
Reichle ˈrai̯çlə
reichlich, R... ˈrai̯çlɪç
Reichmann ˈrai̯çman
Reichshof ˈrai̯çshoːf
Reichskammergericht rai̯çsˈkamɐgərɪçt
Reichskristallnacht rai̯çskrɪsˈtalnaxt
Reichstadt ˈrai̯çʃtat
Reichstein ˈrai̯çʃtai̯n
reichsunmittelbar ˈrai̯çsˈ|ʊnmɪtl̩baːɐ̯
Reichtum ˈrai̯çtuːm, **...tümer** ...tyːmɐ
Reichwein ˈrai̯çvai̯n
Reicke ˈrai̯kə
Reid *engl.* riːd
Reiderland ˈrai̯dɐlant
Reidsville *engl.* ˈriːdzvɪl
Reidy *bras.* ˈrrei̯di
reif, R... rai̯f
Reife ˈrai̯fə
reifen, R... ˈrai̯fn̩
Reifenberg ˈrai̯fn̩bɛrk
Reifenstein ˈrai̯fn̩ʃtai̯n
Reiferei rai̯fəˈrai̯

Reifikation reifikaˈt͜si̯o:n
reifizieren reifiˈt͜si:rən
reiflich ˈra͜iflɪç
Reigate *engl.* ˈraɪgɪt
Reigbert ˈra͜ikbɛrt
reigen, R… ˈra͜ign̩
Reihe ˈra͜iə
reihen, R… ˈra͜iən
Reiher ˈra͜iɐ
reihern ˈra͜iɐn
reihum ra͜iˈ|ʊm
Reil ra͜il
Reim ra͜im
Reimann ˈra͜iman
Reimar ˈra͜imar
Reimarus ra͜iˈma:rʊs
reimen ˈra͜imən
Reimer ˈra͜imɐ
Reimerei ra͜iməˈra͜i
Reimmichl ˈra͜immɪçl̩
Reimplantation re|ɪmplantaˈt͜si̯o:n
Reimport re|ɪmˈpɔrt, ˈre:|…
Reimportation re|ɪmpɔrtaˈt͜si̯o:n, ˈre:|…
Reims ra͜ims, *fr.* rɛ̃:s
Reimser ˈra͜imzɐ
Reimund ˈra͜imʊnt
Reimunde ra͜iˈmʊndə
rein, Rein ra͜in
Reina *span.* ˈrrɛi̯na
Reinach ˈra͜inax, *fr.* rɛˈnak
Reinacher ˈra͜inaxɐ
Reinaert *niederl.* ˈrɛi̯na:rt
Reinald ˈra͜inalt
reinbeißen ˈra͜inba͜isn̩
Reinbek ˈra͜inbe:k
Reinbot ˈra͜inbɔt
Reindel[l], …dl ˈra͜indl̩
Reindling ˈra͜indlɪŋ
Reine ˈra͜inə
Reinecke ˈra͜inəkə
Reineclaude rɛ:nəˈklo:də
Reineke ˈra͜inəkə
Reiner ˈra͜inɐ, *engl.* ˈraɪnə
Reiners ˈra͜inɐs
Reinerz ˈra͜inɐt͜s
Reinette rɛˈnɛtə
reineweg ˈra͜inəvɛk
Reinfall ˈra͜infal
Reinfarkt re|ɪnˈfarkt
Reinfektion re|ɪnfɛkˈt͜si̯o:n
Reinfeld ˈra͜infɛlt
reinfizieren re|ɪnfiˈt͜si:rən
Reinforcement ri:ɪnˈfo:ɐ̯smənt, …fɔrs…
Reinfrank ˈra͜infraŋk
Reinfried ˈra͜infri:t
Reinfusion re|ɪnfuˈzi̯o:n
Reinhard ˈra͜inhart
Reinhardsbrunn ra͜inhart͜sˈbrʊn
Reinhardswald ˈra͜inhart͜svalt
Reinhardt ˈra͜inhart, *fr.* rɛˈnart
Reinhart ˈra͜inhart, *engl.* ˈraɪnhɑ:t
Reinheim ˈra͜inha͜im
Reinheit ˈra͜inha͜it
Reinhild ˈra͜inhɪlt
Reinhilde ra͜inˈhɪldə
Reinhold ˈra͜inhɔlt
Reinholm ˈra͜inhɔlm
Reinick[endorf] ˈra͜inɪk[n̩dɔrf]
Reinig ˈra͜inɪç
reinigen ˈra͜inɪgn̩, **reinig!** …ɪç, **reinigt** …ɪçt
Reiniger ˈra͜inɪgɐ
Reining[er] ˈra͜inɪŋ[ɐ]
Reinkarnation re|ɪnkarnaˈt͜si̯o:n
Reinke ˈra͜inkə
Reinken[s] ˈra͜inkn̩[s]
Reinking[k] ˈra͜inkɪŋ[k]
Reinl ˈra͜inl̩
Reinmar ˈra͜inmar
Reinold ˈra͜inɔlt
Reinosa *span.* rrɛi̯ˈnosa
Reinschiff (Schiffsreinigung) ra͜inˈʃɪf
Reinshagen ˈra͜insha:gn̩
reinstallieren re|ɪnstaˈli:rən
Reintegration re|ɪntegraˈt͜si̯o:n
reintegrieren re|ɪnteˈgri:rən
reinweg ˈra͜invɛk
[1]**Reis** ra͜is, **-es** ˈra͜izəs
[2]**Reis** vgl. Real
Reise ˈra͜izə
Reisel *slowak.* ˈrɛjsɛl
reisen ˈra͜izn̩, **reis!** ra͜is, **reist** ra͜ist
Reiserei ra͜izəˈra͜i
reisern ˈra͜izɐn, **…sre** …zrə
reisig ˈra͜izɪç, **-e** …ɪgə
Reisig ˈra͜izɪç
Reisige ˈra͜izɪgə
Reisiger ˈra͜izɪgɐ
Reiske ˈra͜iskə
Reislauf ˈra͜isla͜uf
Reisner ˈra͜isnɐ, *russ.* ˈrjejsnɪr, *engl.* ˈraɪsnə
Reiss *norw.* rɛi̯s
Reißaus ra͜isˈ|a͜us
reißen ˈra͜isn̩
Reissig ˈra͜isɪç, *span.* ˈrrɛi̯six
Reißiger ˈra͜isɪgɐ
Reissner ˈra͜isnɐ
Reissue *engl.* ri:ˈɪʃu:, ˈ–––
Reiste ˈra͜istə
reisten ˈra͜istn̩
Reisterstown *engl.* ˈraɪstəztaʊn
Reisz *engl.* raɪs, *tschech.* rajs
Reit ra͜it
Reitel ˈra͜itl̩
reiteln ˈra͜itl̩n
reiten ˈra͜itn̩
Reiter ˈra͜itɐ
Reiterei ra͜itəˈra͜i
reiteretur re|iteˈre:tʊr
Reith ra͜it, *engl.* ri:θ
Reitsch ra͜it͜ʃ
Reitz ra͜it͜s
Reitzenstein ˈra͜it͜sn̩ʃta͜in
Reiz ra͜it͜s
reizen ˈra͜it͜sn̩
Reizenstein ˈra͜it͜sn̩ʃta͜in
Reizianum ra͜iˈt͜si̯a:nʊm, **…na** …na
Reizker ˈra͜it͜skɐ
Rej *poln.* rɛj
Réjane *fr.* reˈʒan
Rejcha *tschech.* ˈrɛjxa
Rejektion rejɛkˈt͜si̯o:n
Rejektorium rejɛkˈto:ri̯ʊm, **…ien** …i̯ən
Reji ˈre:ji
rejizieren rejiˈt͜si:rən
Réjouissance reʒu̯iˈsã:s, **-n** …sn̩
Rekaleszenz rekalɛsˈt͜sɛnt͜s
Rekapitulation rekapitulaˈt͜si̯o:n
rekapitulieren rekapituˈli:rən
Rekel ˈre:kl̩
Rekelei re:kəˈla͜i
rekeln ˈre:kl̩n
Reklamant[e] reklaˈmant[ə]
Reklamation reklamaˈt͜si̯o:n
Reklame reˈkla:mə
reklamieren reklaˈmi:rən
Reklination reklinaˈt͜si̯o:n
Reklusen reˈklu:zn̩
rekodieren rekoˈdi:rən
Rekognition rekɔgniˈt͜si̯o:n
rekognoszieren rekɔgnɔsˈt͜si:rən
Rekombination rekɔmbinaˈt͜si̯o:n
Rekommandation rekɔmandaˈt͜si̯o:n
rekommandieren rekɔmanˈdi:rən
Rekompens rekɔmˈpɛns, **-en** …nzn̩
Rekompensation rekɔmpɛnzaˈt͜si̯o:n
rekompensieren rekɔmpɛnˈzi:rən
Rekomposition rekɔmpoziˈt͜si̯o:n

Rekompo̱situm rekɔmˈpo:zitʊm, **...ta** ...ta
Rekonstitutio̱n rekɔnstituˈt͜si̯o:n
rekonstrui̱e̱ren rekɔnstruˈi:rən
rekonstrukta̱bel rekɔnstrʊkˈta:bl̩, **...ble** ...blə
Rekonstruktio̱n rekɔnstrʊkˈt͜si̯o:n
rekonvaleszẹnt, R... rekɔnvalɛsˈt͜sɛnt
Rekonvaleszẹnz rekɔnvalɛsˈt͜sɛnt͜s
rekonvaleszi̱e̱ren rekɔnvalɛsˈt͜si:rən
Rekonziliatio̱n rekɔnt͜sili̯aˈt͜si̯o:n
Rekọrd reˈkɔrt, **-e** ...rdə
Rekọrder reˈkɔrdɐ
Rekọrdler reˈkɔrtlɐ
Rekreatio̱n rekreaˈt͜si̯o:n
Rekrediti̱v rekrediˈti:f, **-e** ...i:və
rekrei̱e̱ren rekreˈi:rən
Rekre̱t reˈkre:t
Rekretio̱n rekreˈt͜si̯o:n
Rekriminatio̱n rekriminaˈt͜si̯o:n
rekrimini̱e̱ren rekrimiˈni:rən
Rekrudeszẹnz rekrudɛsˈt͜sɛnt͜s
Rekru̱t reˈkru:t
rekruti̱e̱ren rekruˈti:rən
Rekta vgl. Rektum
Rẹktaklausel ˈrɛktaklau̯zl̩
rekta̱l rɛkˈta:l
Rektalgi̱e̱ rɛktalˈgi:, **-n** ...i:ən
Rektạngel rɛkˈtaŋl̩
rektangulä̱r rɛktaŋguˈlɛ:ɐ̯
Rektaszensio̱n rɛktast͜sɛnˈzi̯o:n
rẹkte ˈrɛktə
Rektifika̱t rɛktifiˈka:t
Rektifikatio̱n rɛktifikaˈt͜si̯o:n
rektifizi̱e̱ren rɛktifiˈt͜si:rən
Rektio̱n rɛkˈt͜si̯o:n
Rẹkto ˈrɛkto
Rẹktor ˈrɛkto:ɐ̯, **-en** ...ˈto:rən
Rektora̱t rɛktoˈra:t
Rektorin rɛkˈto:rɪn, *auch:* ˈrɛkto:rɪn
Rektosko̱p rɛktoˈsko:p
Rektoskopi̱e̱ rɛktoskoˈpi:, **-n** ...i:ən
Rektoze̱le rɛktoˈt͜se:lə
Rẹktum ˈrɛktʊm, **Rẹkta** ˈrɛkta
rekultivi̱e̱ren rekʊltiˈvi:rən
Rekuperatio̱n rekuperaˈt͜si̯o:n
Rekupera̱tor rekupeˈra:to:ɐ̯, **-en** ...raˈto:rən
Rekụrrens... reˈkʊrɛns...
rekurrẹnt rekʊˈrɛnt
Rekurrẹnz rekuˈrɛnt͜s
rekurri̱e̱ren rekʊˈri:rən
Rekụrs reˈkʊrs, **-e** ...rzə
Rekursio̱n rekʊrˈzi̯o:n
rekursi̱v rekʊrˈzi:f, **-e** ...i:və
Rekursivitä̱t rekʊrziviˈtɛ:t
Rekusatio̱n rekuzaˈt͜si̯o:n
Relais rəˈlɛ:, **des -** rəˈlɛ:[s], **die -** rəˈlɛ:s
Relance rəˈlã:s, **-n** rəˈlã:sn̩
Relạps reˈlaps
Relata vgl. Relatum
relatinisi̱e̱ren relatiniˈzi:rən
Relatio̱n relaˈt͜si̯o:n
relationa̱l relat͜si̯oˈna:l
relati̱v, R... relaˈti:f, **-e** ...i:və
relativi̱e̱ren relatiˈvi:rən
relati̱visch relaˈti:vɪʃ
Relativịsmus relatiˈvɪsmʊs
Relativịst relatiˈvɪst
Relativitä̱t relativiˈtɛ:t
Relati̱vum relaˈti:vʊm, **...va** ...va
Rela̱tor reˈla:to:ɐ̯, **-en** relaˈto:rən
Rela̱tum reˈla:tʊm, **...ta** ...ta
Relaunch ˈri:lo:nt͜ʃ
Relạxans reˈlaksans; **...nzien** ...ˈksant͜si̯ən, **...ntia** ...ˈksant͜si̯a
Relaxatio̱n relaksaˈt͜si̯o:n
relaxed riˈlɛkst
relaxen riˈlɛksn̩
Relaxing riˈlɛksɪŋ
Relaxio̱n relaˈksi̯o:n
Release riˈli:s
Releaser riˈli:zɐ
Relegatio̱n relegaˈt͜si̯o:n
relegi̱e̱ren releˈgi:rən
relevạnt releˈvant
Relevạnz releˈvant͜s
Relevatio̱n relevaˈt͜si̯o:n
relia̱bel reˈli̯a:bl̩, **...ble** ...blə
Reliabilitä̱t reli̯abiliˈtɛ:t
Reliẹf reˈli̯ɛf
reliefi̱e̱ren reli̯eˈfi:rən
Reli̱gio reˈli:gi̯o, **-nes** reliˈgi̯o:ne:s
Religio̱n reliˈgi̯o:n
religiö̱s reliˈgi̯ø:s, **-e** ...ø:zə
Religio̱se reliˈgi̯o:zə
Religiositä̱t religi̯oziˈtɛ:t
religio̱so reliˈd͜ʒo:zo
relịkt, R... reˈlɪkt
Re̱ling ˈre:lɪŋ
Reliquia̱r relikviˈa:ɐ̯
Reli̱quie reˈli:kvi̯ə
Rẹlish ˈrɛlɪʃ
Relizạne *fr.* rəliˈzan
Rẹljković *serbokr.* ˌrɛ:ljkɔvitɕ
Rẹllstab ˈrɛlʃta:p
Rẹlly *engl.* ˈrɛlɪ
Reluktạnz relʊkˈtant͜s
Reluxatio̱n relʊksaˈt͜si̯o:n
RẸM... ˈrɛm...
Re̱magen ˈre:ma:gn̩
Remake riˈme:k, ˈri:me:k
remanẹnt remaˈnɛnt
Remanẹnz remaˈnɛnt͜s
remarka̱bel remarˈka:bl̩, **...ble** ...blə
Remạrque rəˈmark
Remasu̱ri remaˈzu:ri
Rematerialisatio̱n remateri̯alizaˈt͜si̯o:n
Rembours rãˈbu:ɐ̯, **des -** ...ɐ̯[s], **die -** ...ɐ̯s
remboursi̱e̱ren rãbʊrˈzi:rən
Rembọwski *poln.* rɛmˈbɔfski
Rẹmbrandt ˈrɛmbrant, *niederl.* ˈrɛmbrɑnt
Remedẹllo *it.* remeˈdɛllo
remedi̱e̱ren remeˈdi:rən
Reme̱dios *span.* rrɛˈmeði̯os
Reme̱dium reˈme:di̯ʊm, **...ien** ...i̯ən, **...ia** ...i̯a
Remedu̱r remeˈdu:ɐ̯
Remigio *it.* reˈmi:d͜ʒo, *span.* rrɛˈmixi̯o
Remi̱gius reˈmi:gi̯ʊs
Remigrạnt remiˈgrant
remigri̱e̱ren remiˈgri:rən
remilitarisi̱e̱ren remilitariˈzi:rən
Rẹmington *engl.* ˈrɛmɪŋtən
Reminiszẹnz reminɪsˈt͜sɛnt͜s
Reminịszere remiˈnɪst͜sərə
Remiremont *fr.* rəmirˈmõ
remi̱s rəˈmi:
Remi̱s rəˈmi:, **des -** rəˈmi:[s]; **die -** rəˈmi:s, **-en** ...i:zn̩
Remi̱se rəˈmi:zə
Remisie̱r rəmiˈzi̯e:
remisi̱e̱ren rəmiˈzi:rən
Rẹmisow *russ.* ˈrjemizɐf
Remissio̱n remɪˈsi̯o:n
Remittẹnde remɪˈtɛndə
Remittẹnt remɪˈtɛnt
remitti̱e̱ren remɪˈti:rən
Rẹmmele ˈrɛmələ
Rẹmmidẹmmi ˈrɛmiˈdɛmi
Rẹmmius ˈrɛmi̯ʊs
remonetisi̱e̱ren remonetiˈzi:rən
Remonstrạnten remɔnˈstrantn̩
Remonstratio̱n remɔnstraˈt͜si̯o:n
remonstri̱e̱ren remɔnsˈtri:rən
remontạnt remɔnˈtant

Remonte re'mɔntə
remontieren remɔn'ti:rən
Remontoiruhr remõ'to̯a:ɐ̯|u:ɐ̯
Remorqueur remɔr'kø:ɐ̯
remorquieren remɔr'ki:rən
Remote Sensing ri'mo:t 'zɛnzɪŋ
Remotion remo'tsi̯o:n
remotiv remo'ti:f, **-e** ...i:və
Remouchamps *fr.* rəmu'ʃã
Remoulade remu'la:də
removieren remo'vi:rən
Remp rɛmp
Rempelei rɛmpə'lai̯
rempeln 'rɛmpl̩n
Remplaçant rãpla'sã:
remplacieren rãpla'si:rən
Rempter 'rɛmptɐ
Rems rɛms
Remscheid 'rɛmʃai̯t
Remse 'rɛmzə
Remshalden 'rɛmshaldn̩
Remter 'rɛmtɐ
Remuneration remunera'tsi̯o:n
remunerieren remune'ri:rən
Remus 're:mʊs
[1]**Ren** (Tier) rɛn, re:n, **des Rens** rɛns, re:ns, **die Rens** rɛns, **die Rene** 're:nə
[2]**Ren** (Niere) re:n, **-es** 're:ne:s
Renaissance rənɛ'sã:s, **-n** ...sn̩
renaissancistisch rənɛsã'sɪstɪʃ
Renaix *fr.* rə'nɛ
renal re'na:l
Renan *fr.* rə'nã
Renard *fr.* rə'na:r
Renata *dt., it.* re'na:ta
Renate re'na:tə
Renato *it.* re'na:to
renaturieren renatu'ri:rən
Renatus re'na:tʊs
Renau[d] *fr.* rə'no
Renaudin *fr.* rəno'dɛ̃
Renaudot *fr.* rəno'do
Renau[l]t *fr.* rə'no
Renč *tschech.* rɛntʃ
Renchen 'rɛnçn̩
Rencontre rã'kõ:trə
Rendant rɛn'dant
Rendantur rɛndan'tu:ɐ̯
Rendement rãdə'mã:
Rendezvous rãde'vu:, *auch:* 'rã:devu, **des -** ...'vu[:s], *auch:* 'rã:devu, ...vu:s, **die -** ...'vu:s, *auch:* 'rã:devu:s
Rendite rɛn'di:tə
Rendl 'rɛndl̩
Rendsburg 'rɛntsbʊrk
Rendtorff 'rɛntɔrf
Rendzina rɛn'tsi:na
René[e] *fr.* rə'ne
Renegat rene'ga:t
Renegation renega'tsi̯o:n
Reneklode re:nə'klodə
Renens *fr.* rə'nã
Renenutet rene'nu:tɛt
Renes vgl. [2]Ren
Renette re'nɛtə
Renforcé rãfɔr'se:
Renfrew *engl.* 'rɛnfru:
Renger 'rɛŋɐ
Rengsdorf 'rɛŋsdɔrf
Reni 're:ni, *it.* 'rɛ:ni, *russ.* 'rjeni
renitent reni'tɛnt
Renitenz reni'tɛnts
Renke 'rɛŋkə
renken, R... 'rɛŋkn̩
Renker 'rɛŋkɐ
Renkontre rã'kõ:trə
Renkum *niederl.* 'rɛŋkəm
Renminbi rɛnmɪn'bi:
Renmin Ribao *chin.* rənmɪnrɨbau̯ 2244
Renn rɛn
Rennell *engl.* rɛnl
rennen, R... 'rɛnən
Rennenberg *niederl.* 'rɛnənbɛrx
Rennenkampf 'rɛnənkampf, *russ.* rɪnɪn'kampf
Renner 'rɛnɐ
Rennerei rɛnə'rai̯
Rennert 'rɛnɐt
Rennes *fr.* rɛn
Rennewart 'rɛnəvart
Rennin rɛ'ni:n
Rennsteig 'rɛnʃtai̯k
Rennstieg 'rɛnʃti:k
Renntier 'rɛnti:ɐ̯
Reno *engl.* 'ri:noʊ, *it.* 'rɛ:no
Renographie renogra'fi:
Renoir *fr.* rə'nwa:r
Renommage renɔ'ma:ʒə
Renommee renɔ'me:
renommieren renɔ'mi:rən
Renommist renɔ'mɪst
Renommisterei renɔmɪstə'rai̯
Renonce rə'nõ:s[ə], *auch:* re..., **-n** ...sn̩
renoncieren rənõ'si:rən, *auch:* re...
Renouvier *fr.* rənu'vje
Renouvin *fr.* rənu'vɛ̃
Renovation renova'tsi̯o:n
renovieren reno'vi:rən
Renseignement rãsɛnjə'mã:
Rensi *it.* 'rɛnsi
rentabel rɛn'ta:bl̩, **...ble** ...blə
Rentabilität rɛntabili'tɛ:t
Rente 'rɛntə
Rentei rɛn'tai̯
Rentería *span.* rrɛnte'ria
[1]**Rentier** (Ren) 'rɛnti:ɐ̯, 're:n...
[2]**Rentier** (Rentner) rɛn'ti̯e:
Rentiere rɛn'ti̯e:rə
rentieren rɛn'ti:rən
rentoilieren rãto̯a'li:rən
Renton *engl.* rɛntn
Rentrant rã'trã:
Rentsch rɛntʃ
Renumeration renumera'tsi̯o:n
renumerieren renume'ri:rən
Renuntiation renʊntsi̯a'tsi̯o:n
Renunziation renʊntsi̯a'tsi̯o:n
renunzieren renʊn'tsi:rən
Renvers rã'vɛ:ɐ̯, *auch:* rã'vɛrs, **des -** rã'vɛ:ɐ̯[s], *auch:* rã'vɛrs
renversieren rãvɛr'zi:rən
Renvoi rã'vo̯a
Reokkupation re|ɔkupa'tsi̯o:n
reokkupieren re|ɔku'pi:rən
Reorganisation re|ɔrganiza'tsi̯o:n
Reorganisator re|ɔrgani'za:to:ɐ̯, **-en** ...za'to:rən
reorganisieren re|ɔrgani'zi:rən
Rep rɛp
Repaci *it.* 'rɛ:patʃi
Repanse re'panzə
reparabel repa'ra:bl̩, **...ble** ...blə
Reparateur repara'tø:ɐ̯
Reparation repara'tsi̯o:n
Reparatur repara'tu:ɐ̯
reparieren repa'ri:rən
repartieren repar'ti:rən
Repartition reparti'tsi̯o:n
Repassage repa'sa:ʒə
repassieren repa'si:rən
Repatriant repatri'ant
repatriieren repatri'i:rən
Repeat ri'pi:t
Repellents ri'pɛlənts
Repentigny *fr.* rəpãti'ɲi
Repercussa repɛr'kʊsa
Repercussio repɛr'kʊsi̯o
Reperkussion repɛrkʊ'si̯o:n
Repertoire repɛr'to̯a:ɐ̯
Repertorium repɛr'to:ri̯ʊm, **...ien** ...i̯ən
repetatur repe'ta:tʊr
Repetent repe'tɛnt
repetieren repe'ti:rən
Repetition repeti'tsi̯o:n
Repetitor repe'ti:to:ɐ̯, **-en** ...ti'to:rən

R

Repetito̱rium repeti'to:ri̯ʊm, **...ien** ...i̯ən
Rẹpgau 'rɛpgau̯
Rẹpgow 'rɛpgo
Rẹpin *russ.* 'rjepin
Rẹpino *russ.* 'rjepinɐ
Rẹpkow 'rɛpko
Replantatio̱n replanta't͜si̯o:n
Re̱plica 're:plika
Repli̱k re'pli:k
Replika̱t repli'ka:t
Replikatio̱n replika't͜si̯o:n
replizi̱eren repli't͜si:rən
reponi̱bel repo'ni:bl̩, **...ble** ...blə
reponi̱eren repo'ni:rən
Repọrt re'pɔrt
Reporta̱ge repɔr'ta:ʒə
Repọrter re'pɔrtɐ
Reposia̱nus repo'zi̯a:nʊs
Repositio̱n repozi't͜si̯o:n
Reposito̱rium repozi'to:ri̯ʊm, **...ien** ...i̯ən
Repoussoir repu'so̯a:ɐ̯, rəp..., ...pʊ's...
Rẹppe 'rɛpə
repräsenta̱bel reprɛzɛn'ta:bl̩, **...ble** ...blə
Repräsentạnt reprɛzɛn'tant
Repräsentạnz reprɛzɛn'tant͜s
Repräsentatio̱n reprɛzɛnta't͜si̯o:n
repräsentati̱v reprɛzɛnta'ti:f, **-e** ...i:və
repräsenti̱eren reprɛzɛn'ti:rən
Repressa̱lie reprɛ'sa:li̯ə, **-n** ...i̯ən
Repressio̱n reprɛ'si̯o:n
repressi̱v reprɛ'si:f, **-e** ...i:və
Reprimạnde repri'mandə
Reprịnt re'prɪnt, 'ri:prɪnt
Repri̱se re'pri:zə
Repristinatio̱n reprɪstina't͜si̯o:n
repristini̱eren reprɪsti'ni:rən
reprivatisi̱eren reprivati'zi:rən
Re̱pro 're:pro
Reprobatio̱n reproba't͜si̯o:n
reprobi̱eren repro'bi:rən
Reproduktio̱n reprodʊk't͜si̯o:n
reprodukti̱v reprodʊk'ti:f, **-e** ...i:və
reproduzi̱eren reprodu't͜si:rən
Reprographi̱e reprogra'fi:, **-n** ...i:ən
reprographi̱eren reprogra'fi:rən
reprogra̱phisch repro'gra:fɪʃ
Rẹps[e] 'rɛps[ə]
Rẹpsold 'rɛpsɔlt

Repti̱l rɛp'ti:l, **-ien** ...li̯ən
Republic *engl.* rɪ'pʌblɪk
República Dominica̱na *span.* rrɛ'puβlika ðomini'kana
Republi̱k repu'bli:k
Republika̱ner republi'ka:nɐ
republika̱nisch republi'ka:nɪʃ
Republikanịsmus republika'nɪsmʊs
Republịka Popullọre e Shqipërịsë *alban.* repu'blika popu'ɫore e ʃkjipə'risə
République française *fr.* repyblikfrã'sɛ:z
Repudiatio̱n repudi̯a't͜si̯o:n
Repugnạnz repʊ'gnant͜s
Repụls re'pʊls, **-e** ...lzə
Repulsio̱n repʊl'zi̯o:n
repulsi̱v repʊl'zi:f, **-e** ...i:və
Repụnze re'pʊnt͜sə
repunzi̱eren repʊn't͜si:rən
reputa̱bel repu'ta:bl̩, **...ble** ...blə
Reputatio̱n reputa't͜si̯o:n
reputi̱erlich repu'ti:ɐ̯lɪç
Requeséns *span.* rrɛke'sens
Requeté reke'te:
Réquichọt *fr.* reki'ʃo
Re̱quiem 're:kviɛm, **...quien** ...kviən
requiẹscat in pa̱ce! rekvi'ɛskat ɪn 'pa:t͜sə
Requirẹnt rekvi'rɛnt
requiri̱eren rekvi'ri:rən
Requisi̱t[e] rekvi'zi:t[ə]
Requisiteur rekvizi'tø:ɐ̯
Requisitio̱n rekvizi't͜si̯o:n
Rẹrich *russ.* 'rerix
Re̱rum nova̱rum 're:rʊm no'va:rʊm
Re̱s re:s
Resa̱ *pers.* re'zɑ:
Resa̱fa re'za:fa
Resaijjẹ *pers.* rezɑi'i̯e
rẹsch rɛʃ
Rẹschef 'rɛʃɛf
Rẹschen 'rɛʃn̩
Reschenscheidẹck rɛʃn̩ʃai̯'dɛk
Reschẹtnikow *russ.* rɪ'ʃetnikɐf
Rẹschitza 'rɛʃɪt͜sa
Rẹschke 'rɛʃkə
Re̱s co̱gitans 're:s 'ko:gitans
Research[er] ri'zø:ɐ̯t͜ʃ[ɐ], ...zœrt͜ʃ[ɐ]
Rese̱da re'ze:da
Rese̱de re'ze:də
Resektio̱n rezɛk't͜si̯o:n
Rẹsen *mak.* 'rɛsɛn

Resẹnde *port.* rrɛ'zendə, *bras.* rre'zendi
Rese̱ne re'ze:nə
resequẹnt reze'kvɛnt
Reserpi̱n rezɛr'pi:n
Reserva̱ge rezɛr'va:ʒə
Reserva̱t[a] rezɛr'va:t[a]
Reserva̱tio menta̱lis rezɛr'va:t͜si̯o mɛn'ta:lɪs, **-nes ...les** ...va't͜si̯o:ne:s ...le:s
Reservatio̱n rezɛrva't͜si̯o:n
Resẹrve re'zɛrvə
reservi̱eren rezɛr'vi:rən
Reservịst rezɛr'vɪst
Reservoir rezɛr'vo̯a:ɐ̯
Re̱s extẹnsa 're:s ɛks'tɛnza
resezi̱eren reze't͜si:rən
Reshẹvsky *engl.* rɪ'ʃɛfskɪ
Re̱si 're:zi
Re̱sia *it.* 'rɛ:zi̯a
Residẹnt rezi'dɛnt
Residẹnz rezi'dɛnt͜s
residi̱eren rezi'di:rən
residu̱al rezi'du̯a:l
Residu̱at rezi'du̯a:t
Resi̱duum re'zi:duʊm, **...uen** ...u̯ən
Resignạnt rezɪ'gnant
Resignatio̱n rezɪgna't͜si̯o:n
resignati̱v rezɪgna'ti:f, **-e** ...i:və
resigni̱eren rezɪ'gni:rən
Resi̱na (Harz) re'zi:na
Resina̱rius rezi'na:ri̯ʊs
Resina̱t rezi'na:t
Resipiszẹnz rezipɪs't͜sɛnt͜s
Résistance *fr.* rezis'tã:s
Resistẹncia *span.* rrɛsis'tenθi̯a
resistẹnt rezɪs'tɛnt
Resistẹnz rezɪs'tɛnt͜s
Resistẹnza *it.* resis'tɛntsa
resisti̱eren rezɪs'ti:rən
resisti̱v rezɪs'ti:f, **-e** ...i:və
Resistivitä̱t rezɪstivi'tɛ:t
Rẹşiţa *rumän.* 'reʃitsa
Re̱s judica̱ta 're:s judi'ka:ta, **- ...tae** - ...tɛ
reskribi̱eren reskri'bi:rən
Reskrịpt re'skrɪpt
Resnais *fr.* rɛ'nɛ
Rẹsnik *engl.* 'rɛsnɪk
resolu̱t rezo'lu:t
Rẹsolute *engl.* 'rɛzəlu:t
Resolutio̱n rezolu't͜si̯o:n
Resolu̱tion Island *engl.* rɛzə'lu:ʃən 'aɪlənd
Resolvẹnte rezɔl'vɛntə
resolvi̱eren rezɔl'vi:rən
Resonạnz rezo'nant͜s

Resonator rezo'na:to:ɐ̯, **-en** ...na'to:rən
resonatorisch rezona'to:rɪʃ
resonieren rezo'ni:rən
Resopal® rezo'pa:l
Resorbens re'zɔrbɛns, **...ntia** ...'bɛntsi̯a, **...nzien** ...'bɛntsi̯ən
resorbieren rezɔr'bi:rən
Resorcin rezɔr'tsi:n
Resorption rezɔrp'tsi̯o:n
resozialisieren rezotsi̯ali'zi:rən
Respekt re'spɛkt, rɛs'pɛkt
respektabel respɛk'ta:bl̩, rɛs..., **...ble** ...blə
Respektabilität respɛktabili'tɛ:t, rɛs...
respektieren respɛk'ti:rən, rɛs...
respektiv respɛk'ti:f, rɛs..., **-e** ...i:və
respektive (beziehungsweise) respɛk'ti:və, rɛs...
Respighi *it.* res'pi:gi
respirabel respi'ra:bl̩, rɛs..., **...ble** ...blə
Respiration respira'tsi̯o:n, rɛs...
Respirator respi'ra:to:ɐ̯, rɛs..., **-en** ...ra'to:rən
respiratorisch respira'to:rɪʃ, rɛs...
respirieren respi'ri:rən, rɛs...
Respirotag re'spi:rota:k
Respit rɛs'pɪt
Respizient respi'tsi̯ɛnt, rɛs...
respizieren respi'tsi:rən, rɛs...
respondieren respɔn'di:rən, rɛs...
Respons re'spɔns, rɛs'pɔns, **-e** ...nzə
responsabel respɔn'za:bl̩, rɛs..., **...ble** ...blə
Response rɪ'spɔns
Responsion respɔn'zi̯o:n, rɛs...
Responsoriale respɔnzo'ri̯a:lə, rɛs..., **...lien** ...li̯ən
Responsorium respɔn'zo:ri̯ʊm, rɛs..., **...ien** ...i̯ən
Ressel 'rɛsl̩
Ressentiment rɛsãti'mã:
Ressort rɛ'so:ɐ̯
ressortieren rɛsɔr'ti:rən
Ressource rɛ'sʊrsə
Rest rɛst
restalinisieren restalini'zi:rən
Restant rɛs'tant
Restaurant rɛsto'rã:
Restaurateur rɛstora'tø:ɐ̯
¹Restauration (Gaststätte) rɛstora'tsi̯o:n
²Restauration (Wiederherstellung) restau̯ra'tsi̯o:n, rɛs...
restaurativ restau̯ra'ti:f, rɛs..., **-e** ...i:və
Restaurator restau̯'ra:to:ɐ̯, rɛs..., **-en** ...ra'to:rən
restaurieren restau̯'ri:rən, rɛs...
restez! *fr.* rɛs'te
restieren rɛs'ti:rən
Restif de la Bretonne *fr.* rɛstifdəlabrə'tɔn, reti...
restituieren restitu'i:rən, rɛs...
Restitutio ad integrum, - in - resti'tu:tsi̯o at 'ɪntegrʊm, - ɪn -, rɛs... - -
Restitution restitu'tsi̯o:n, rɛs...
Restout *fr.* rɛs'tu
Restrepo *span.* rrɛs'trepo
Restrictio mentalis re'strɪktsi̯o mɛn'ta:lɪs, rɛs't... -, **-nes** **...les** ...'tsi̯o:ne:s ...le:s
Restriktion restrɪk'tsi̯o:n, rɛs...
restriktiv restrɪk'ti:f, rɛs..., **-e** ...i:və
restringieren restrɪŋ'gi:rən, rɛs...
Resultante rezʊl'tantə
Resultat rezʊl'ta:t
resultativ rezʊlta'ti:f, **-e** ...i:və
resultieren rezʊl'ti:rən
Resümee rezy'me:
resümieren rezy'mi:rən
Resupination rezupina'tsi̯o:n
Resurrektion rezʊrɛk'tsi̯o:n
Resuszitation rezʊstsita'tsi̯o:n
reszindieren restsɪn'di:rən, rɛs...
reszissibel restsɪ'si:bl̩, rɛs..., **...ble** ...blə
Reszissibilität restsɪsibili'tɛ:t, rɛs...
Reszission restsɪ'si̯o:n, rɛs...
Ret re:t
Retabel re'ta:bl̩
retablieren reta'bli:rən
Retablissement retablɪsə'mã:
Retake ri'te:k, 'ri:te:k
Retalhuleu *span.* rrɛtalu'leu̯
Retaliation retali̯a'tsi̯o:n
retard, Retard... re'tart
Retard rə'ta:ɐ̯
Retardat retar'da:t
Retardation retarda'tsi̯o:n
retardieren retar'di:rən
Retent re'tɛnt
Retention retɛn'tsi̯o:n
Retezat *rumän.* rete'zat
Retford *engl.* 'rɛtfəd
Rethberg 'rɛtbɛrk
Rethel 're:tl̩, *fr.* rə'tɛl
Rethem 're:təm
Rethimnon *neugr.* 'rɛθimnɔn
Réti *slowak.* 'rɛ:tji
Reticella reti'tʃɛla
Retikül reti'ky:l
retikular retiku'la:ɐ̯
retikulär retiku'lɛ:ɐ̯
retikuliert retiku'li:ɐ̯t
retikuloendothelial retikulo|ɛndote'li̯a:l
Retikulom retiku'lo:m
Retikulose retiku'lo:zə
Retikulum re'ti:kulʊm, **...la** ...la
Retina 're:tina, **...nae** ...nɛ
Retinitis reti'ni:tɪs, **...itiden** ...ni'ti:dn̩
Retinoblastom retinoblas'to:m
Retinoskopie retinosko'pi:, **-n** ...i:ən
Retirade reti'ra:də
retirieren reti'ri:rən
Rétköz *ung.* 're:tkøz
Retorsion retɔr'zi̯o:n
Retorte re'tɔrtə
retour, R... re'tu:ɐ̯
Retoure re'tu:rə
retournieren retʊr'ni:rən
Retraite rə'trɛ:tə
Retrakt re'trakt
Retraktion retrak'tsi̯o:n
Retranchement rətrãʃə'mã:
Retransfusion retransfu'zi̯o:n
Retribution retribu'tsi̯o:n
retributiv retribu'ti:f, **-e** ...i:və
Retrieval ri'tri:vl̩
Retriever ri'tri:vɐ
retroaktiv retro|ak'ti:f, **-e** ...i:və
retrobulbär retrobʊl'bɛ:ɐ̯
retrodatieren retroda'ti:rən
retroflex, R... retro'flɛks
retroflexieren retroflɛ'ksi:rən
Retroflexion retroflɛ'ksi̯o:n
retrograd retro'gra:t, **-e** ...a:də
retrolental retrolɛn'ta:l
retronasal retrona'za:l
retroperitoneal retroperitone'a:l
retropharyngeal retrofarʏŋge'a:l
Retrospektion retrospɛk'tsi̯o:n
retrospektiv retrospɛk'ti:f, **-e** ...i:və
Retrospektive retrospɛk'ti:və

R

Retrospiel 're:troʃpi:l
retrosternal retrostɛr'na:l
Retroversion retrovɛr'zi̯o:n
retrovertieren retrovɛr'ti:rən
Retrovisor retro'vi:zo:ɐ̯, **-en** ...vi'zo:rən
retrozedieren retrotse'di:rən
Retrozession retrotsɛ'si̯o:n
Retschiza *russ.* 'rjetʃitsɐ
Retsina rɛ'tsi:na
Retté *fr.* rɛ'te
retten 'rɛtn̩
Rettenbach[er] 'rɛtn̩bax[ɐ]
Retti 'rɛti
Rettich 'rɛtɪç
Rettin rɛ'ti:n
Return ri'tø:ɐ̯n, ri'tœrn
Retusche re'tʊʃə
Retuscheur retu'ʃø:ɐ̯, retʊ'...
retuschieren retu'ʃi:rən, retʊ'...
Retz rɛts, *fr.* rɛ, rɛs
Retzius *schwed.* 'rɛtsiʊs
Reuben *engl.* 'ru:bɪn
Reubeni reu'be:ni
Reuchlin 'rɔyçli:n
Reue 'rɔyə
reuen 'rɔyən
Reuent[h]al 'rɔyənta:l
reuig 'rɔyɪç, **-e** ...ɪgə
Reuleaux rø'lo:
Reumont rø'mõ:
reumütig 'rɔymy:tɪç, **-e** ...ɪgə
reunieren re|y'ni:rən
[1]**Reunion** (Wiedervereinigung) re|u'ni̯o:n
[2]**Reunion** (Gesellschaftsball) rely'ni̯õ:
Réunion (Insel) *fr.* rey'njõ
Reus *span.* rrɛu̯s
Reuse 'rɔyzə
Reusner 'rɔysnɐ
Reuß, Reuss rɔys
Reuße 'rɔysə
Reußen 'rɔysn̩
reüssieren re|y'si:rən
reußisch 'rɔysɪʃ
reuten 'rɔytn̩
Reuter 'rɔytɐ, *engl.* 'rɔɪtə
Reuters *engl.* 'rɔɪtəz
Reuterswärd *schwed.* ˌrœi̯tərsvæ:rd
Reuther 'rɔytɐ, *engl.* 'ru:θə
Reutlingen 'rɔytlɪŋən
Reutow *russ.* 'rjɛutɐf
Reutte 'rɔytə
Reutter 'rɔytɐ
Reuwich 'rɔyvɪç
Révai *ung.* 're:vɔi
Revakzination revaktsina'tsi̯o:n
revakzinieren revaktsi'ni:rən
Reval 're:val
revalidieren revali'di:rən
revalieren reva'li:rən
Revalorisation revaloriza'tsi̯o:n
revalorisieren revalori'zi:rən
Revalvation revalva'tsi̯o:n
revalvieren reval'vi:rən
Revanche re'vã:ʃ[ə], *auch:* re'vaŋʃ[ə], **-n** ...ʃn̩
revanchieren revã'ʃi:rən, *auch:* revaŋ'ʃ...
Revanchismus revã'ʃɪsmʊs, *auch:* revaŋ'ʃɪsmʊs
Revanchist revã'ʃɪst, *auch:* revaŋ'ʃɪst
Reve *niederl.* 're:və
Réveil *fr.* re'vɛj
Reveille re'vɛ:jə, ...vɛljə
Revelation revela'tsi̯o:n
revelatorisch revela'to:rɪʃ
Revelstoke *engl.* 'rɛvlstoʊk
Revenant rəvə'nã:
Reventlow 're:vn̩tlo, *dän.* 'rɪ:'vn̩dlɔu̯
Revenue rəvə'ny:, **-n** ...'ny:ən
re vera 're: 've:ra
Reverdy *fr.* rəvɛr'di
Revere *engl.* rɪ'vɪə, *it.* 're:vere
Reverend 'rɛvərənt
Reverendissimus reveren'dɪsimʊs
Reverendus [Pater] reve'rɛndʊs ['pa:tɐ]
Reverenz reve'rɛnts
Reverie rɛvə'ri:, *auch:* re..., **-n** ...i:ən
[1]**Revers** (Umschlag, Aufschlag) re've:ɐ̯, re'vɛ:ɐ̯, rə'v..., **des -** ...ɐ̯[s], **die -** ...ɐ̯s
[2]**Revers** (Rückseite einer Münze) re'vɛrs, re've:ɐ̯, re'vɛ:ɐ̯, rə'vɛ:ɐ̯, **-e[s]** re'vɛrzə[s], **des -** re've:ɐ̯[s], re'vɛ:ɐ̯[s], rə'v..., **die -** re've:ɐ̯s, re'vɛ:ɐ̯s, rə'v...
[3]**Revers** (Erklärung, Verpflichtungsschein) re'vɛrs, **-e[s]** re'vɛrzə[s]
Reversale revɛr'za:lə, ...**lien** ...li̯ən
Reverse ri'vø:ɐ̯s, ri'vœrs
reversibel revɛr'zi:bl̩, ...**ble** ...blə
Reversibilität revɛrzibili'tɛ:t
[1]**Reversible** (Gewebe) revɛr'zi:bl̩
[2]**Reversible** (Wendemantel) revɛr'zi:blə, *auch:* revɛr'zi:bl̩
reversieren revɛr'zi:rən
Reversing ri'vø:ɐ̯sɪŋ, ri'vœrsɪŋ
Reversion revɛr'zi̯o:n
Reviczky *ung.* 'rɛvitski
Revident revi'dɛnt
revidieren revi'di:rən
Revier re'vi:ɐ̯
revieren re'vi:rən
Review ri'vju:
Revillagigedo *span.* rrɛβiʎaxi'xeðo
Revindikation revɪndika'tsi̯o:n
revindizieren revɪndi'tsi:rən
Revirement revirə'mã:
revisibel revi'zi:bl̩, ...**ble** ...blə
Revisibilität revizibili'tɛ:t
Revision revi'zi̯o:n
Revisionismus revizi̯o'nɪsmʊs
Revisionist revizi̯o'nɪst
Revisor re'vi:zo:ɐ̯, **-en** revi'zo:rən
revitalisieren revitali'zi:rən
Revival ri'vai̯vl̩
Revokation revoka'tsi̯o:n
Revokatorium revoka'to:ri̯ʊm, ...**ien** ...i̯ən
Revoke ri'vo:k
Revolte re'vɔltə
Revolteur revɔl'tø:ɐ̯
revoltieren revɔl'ti:rən
Revolution revolu'tsi̯o:n
revolutionär, R... revolutsi̯o'nɛ:ɐ̯
revolutionieren revolutsi̯o'ni:rən
Revoluzzer revo'lʊtsɐ
Revolver re'vɔlvɐ
revolvieren revɔl'vi:rən
Revolving ri'vɔlvɪŋ
revozieren revo'tsi:rən
Revue re'vy:, rə..., **-n** ...y:ən
Revueltas *span.* rrɛ'βu̯ɛltas
Rewach 'rɛvax
Rewda *russ.* 'rjɛvdɐ
Rewriter ri'rai̯tɐ
[1]**Rex** (lat. = König) rɛks, **Reges** 're:ge:s
[2]**Rex** (Name) *dt., engl.* rɛks
Rexburg *engl.* 'rɛksbə:g
Rexist rɛ'ksɪst
Rexroth 'rɛksro:t
Rey *fr.* rɛ, *span.* rrɛi̯, *poln.* rɛj
Reyer 'rai̯ɐ, *fr.* rɛ'jɛ:r
Reyes *span.* 'rrɛjes
Reyher 'rai̯ɐ

Reykjanes *isl.* 'rɛi̯kjanɛ:s
Reykjavik 'raikjavi:k, ...vɪk
Reykjavík *isl.* 'rɛi̯kjavi:k
Reyles *span.* 'rrɛi̯les
Reymerswaele *niederl.* 'rɛi̯mərswa:lə
Reymont *poln.* 'rɛjmɔnt
Reynaldo rai'naldo, *fr.* rɛnal'do
Reynaud *fr.* rɛ'no
Reynold[s] *engl.* rɛnld[z]
Reynoldsburg *engl.* 'rɛnəldzbə:g
Reynosa *span.* rrɛi̯'nosa
Reyon rɛ'jõ:
Reyser 'raizɐ
Řezáč *tschech.* 'rʒɛza:tʃ
Rez-de-Chaussée redəʃo'se:
Rezé *fr.* rə'ze
Rēzekne *lett.* 're:zekne
Rezensent retsɛn'zɛnt
rezensieren retsɛn'zi:rən
Rezension retsɛn'zi̯o:n
rezent re'tsɛnt
Rezepisse retse'pɪsə
Rezept re'tsɛpt
Rezeptakulum retsɛp'ta:kulʊm, ...**la** ...la
rezeptibel retsɛp'ti:bl̩, ...**ble** ...blə
Rezeptibilität retsɛptibili'tɛ:t
rezeptieren retsɛp'ti:rən
Rezeption retsɛp'tsi̯o:n
rezeptiv retsɛp'ti:f, **-e** ...i:və
Rezeptivität retsɛptivi'tɛ:t
Rezeptor re'tsɛpto:ɐ̯, **-en** ...'to:rən
rezeptorisch retsɛp'to:rɪʃ
Rezeptur retsɛp'tu:ɐ̯
Rezess re'tsɛs
Rezession retsɛ'si̯o:n
rezessiv retsɛ'si:f, **-e** ...i:və
Rezessivität retsɛsivi'tɛ:t
Rezia 're:tsi̯a
rezidiv, R... retsi'di:f, **-e** ...i:və
rezidivieren retsidi'vi:rən
Rezipient retsi'pi̯ɛnt
rezipieren retsi'pi:rən
reziprok retsi'pro:k
Reziprozität retsiprotsi'tɛ:t
Rezital retsi'ta:l
rezitando retsi'tando
Rezitation retsita'tsi̯o:n
Rezitativ retsita'ti:f, **-e** ...i:və
rezitativisch retsita'ti:vɪʃ
Rezitator retsi'ta:to:ɐ̯, **-en** ...ta'to:rən
rezitatorisch retsita'to:riʃ
rezitieren retsi'ti:rən
Řezníček 'rɛsnitʃɛk
Rezyklat retsy'kla:t
rezyklieren retsy'kli:rən
Rezzori rɛ'tso:ri
Rhabanus ra'ba:nʊs
Rhabarber ra'barbɐ
rhabdoidisch rapdo'i:dɪʃ
Rhabdom rap'do:m
Rhabdomantie rapdoman'ti:
Rhachis 'raxɪs
Rhadamanthys rada'mantʏs
Rhagä 'ra:gɛ
Rhagade ra'ga:də
Rhages 'ra:gɛs
Rhamnes 'ramnɛs
Rhamnit 'ramnɪt
Rhamnus 'ramnʊs
Rhampsinit rampsi'ni:t, '- - -
Rhaphiden ra'fi:dn̩
Rhapsode ra'pso:də, rap'z...
Rhapsodie rapso'di:, rapzo..., **-n** ...i:ən
Rhapsodik ra'pso:dɪk, rap'zo:...
rhapsodisch ra'pso:dɪʃ, rap'zo:...
Rhapsody in Blue *engl.* 'ræpsədɪ ɪn 'blu:
Rharb, El *fr.* ɛl'rarb
Rhät rɛ:t
Rhau, Rhaw rau
Rhazes 'ra:tsɛs
rhe! re:
Rhe[d]a 're:[d]a
Rhe[d]e 're:[d]ə
Rheden *niederl.* 're:də
Rhee *engl.* ri:
Rhegion 're:gi̯ɔn
Rhegium 're:gi̯ʊm
Rhegius 're:gi̯ʊs
Rheiderland 'raidɐlant
Rheidt rait
Rhein rain
rheinab[wärts] rain'|ap[vɛrts]
Rheinau 'rainau
rheinauf[wärts] rain'|auf[vɛrts]
Rheinbach 'rainbax
Rheinberg 'rainbɛrk
Rheinberger 'rainbɛrgɐ
Rheine 'rainə
Rheineck 'rainɛk
Rheiner 'rainɐ
Rheinfelden 'rainfɛldn̩
Rheinfels 'rainfɛls
Rheinfranken 'rainfraŋkn̩
Rheingau 'raingau
Rheingold 'raingɔlt
Rheinhausen rain'hauzn̩
Rheinhessen 'rainhɛsn̩
rheinisch 'rainɪʃ
Rheinkamp 'rainkamp
Rheinland 'rainlant
Rheinlande 'rainlandə
Rheinländer 'rainlɛndɐ
rheinländisch 'rainlɛndɪʃ
Rheinland-Pfalz 'rainlant'pfalts
Rheinpfalz 'rainpfalts
Rheinprovinz 'rainprovɪnts
Rheinsberg 'rainsbɛrk
Rhein-Seitenkanal rain'zaitn̩kana:l
Rheinstein 'rainʃtain
Rheinwald 'rainvalt
Rheinwaldhorn 'rainvalthɔrn
Rheinzabern 'raintsa:bɐn
Rhema 're:ma, **-ta** -ta
rhematisch re'ma:tɪʃ
rhematisieren remati'zi:rən
rhenanisch re'na:nɪʃ
Rhenanus re'na:nʊs
Rhenchospasmus rɛnço'spasmʊs
Rhene[n] *niederl.* 're:nə
Rhenium 're:ni̯ʊm
Rhens rɛns
Rhense 'rɛnzə
Rhenus 're:nʊs
rheobiont reo'bi̯ɔnt
Rheograpie reogra'fi:, **-n** ...i:ən
Rheokardiographie reokardi̯ogra'fi:, **-n** ...i:ən
Rheokrene reo'kre:nə
Rheologe reo'lo:gə
Rheologie reolo'gi:
Rheometer reo'me:tɐ
Rheometrie reome'tri:
rheophil reo'fi:l
Rheostat reo'sta:t
Rheotaxis reo'taksɪs
Rheotron 're:otro:n
Rheotropismus reotro'pɪsmʊs
Rhesos 're:zɔs
Rhesus 're:zʊs
Rheticus 're:tikʊs
Rhetor 're:to:ɐ̯, **-en** re'to:rən
Rhetorik re'to:rɪk
Rhetoriker re'to:rikɐ
rhetorisch re'to:rɪʃ
Rheuma 'rɔyma
Rheumarthritis rɔymar'tri:tɪs, ...**itiden** ...tri'ti:dn̩
Rheumatiker rɔy'ma:tikɐ
rheumatisch rɔy'ma:tɪʃ
Rheumatismus rɔyma'tɪsmʊs
rheumatoid, R... rɔymato'i:t, **-e** ...i:də
Rheumatologe rɔymato'lo:gə
Rhexis 'rɛksɪs
Rheydt rait
Rhianos 'ri̯a:nɔs

Rhin ri:n, *fr.* rɛ̃
Rhinalgie rinal'gi:, **-n** ...i:ən
Rhinallergose rinalɛr'go:zə
Rhine[lander] *engl.* 'raɪn[lɛndə]
Rhinitis ri'ni:tɪs, **...itiden** rini'ti:dn̩
Rhinns *engl.* rɪnz
rhinogen rino'ge:n
Rhinolalie rinola'li:
Rhinologe rino'lo:gə
Rhinologie rinolo'gi:
Rhinophonie rinofo'ni:
Rhinophym rino'fy:m
Rhinoplastik rino'plastɪk
Rhinorrhagie rinɔra'gi:, **-n** ...i:ən
Rhinosklerom rinoskle'ro:m
Rhinoskop rino'sko:p
Rhinoskopie rinosko'pi:
Rhinow 'ri:no
Rhinozeros ri'no:t͜serɔs, **-se** ...ɔsə
R'Hir *fr.* ri:r
Rhizodermis rit͜so'dɛrmɪs
rhizoid, R... rit͜so'i:t, **-e** ...i:də
Rhizom ri't͜so:m
Rhizophore rit͜so'fo:rə
Rhizophyt rit͜so'fy:t
Rhizopode rit͜so'po:də
Rhizopodium rit͜so'po:di̯ʊm, **...ien** ...i̯ən
Rhizosphäre rit͜so'sfɛ:rə
Rh-negativ ɛrha:'ne:gati:f
[1]**Rho** (Buchstabe) ro:
[2]**Rho, Rhò** (Name) *it.* rɔ
Rhodamine roda'mi:nə
Rhodan ro'da:n
Rhodanid roda'ni:t, **-e** ...i:də
Rhodanus 'ro:danʊs
Rhode Island *engl.* roʊ'daɪlənd
Rhodeländer 'ro:dəlɛndɐ
Rhoden 'ro:dn̩, *engl.* roʊdn
Rhodes *engl.* roʊdz
Rhodesia ro'de:zi̯a, *engl.* roʊ'di:ʒə
Rhodesien ro'de:zi̯ən
rhodesisch ro'de:zɪʃ
rhodinieren rodi'ni:rən
rhodisch 'ro:dɪʃ
Rhodium 'ro:di̯ʊm
Rhododendron rodo'dɛndrɔn
Rhodope 'ro:dope
Rhodopen ro'do:pn̩
Rhodophyzeen rodofy't͜se:ən
Rhodos 'rɔdɔs, 'ro:dɔs
Rhodus 'ro:dʊs
Rhoikos 'rɔykɔs
rhombisch 'rɔmbɪʃ
Rhomboeder rɔmbo'|e:dɐ
rhomboid, R... rɔmbo'i:t, **-e** ...i:də
Rhombus 'rɔmbʊs
Rhön rø:n
Rhonchus 'rɔnçʊs
Rhondda *engl.* 'rɔndə
Rhöndorf 'rø:ndɔrf
Rhone 'ro:nə
Rhône *fr.* ro:n
rhopalisch ro'pa:lɪʃ
Rhopographie ropogra'fi:
Rhotazismus rota't͜sɪsmʊs
Rhum *engl.* rʌm
Rhume 'ru:mə
Rhus ru:s
Rhyl *engl.* rɪl
Rhyn ri:n
Rhynchote rʏn'ço:tə
Rhyolith ry̆o'li:t
Rhypia 'ry:pi̯a
Rhys *engl.* ri:s
Rhythm and Blues *dt.-engl.* 'rɪðm̩ ɛnt 'blu:s
Rhythmik 'rʏtmɪk
Rhythmiker 'rʏtmikɐ
rhythmisch 'rʏtmɪʃ
rhythmisieren rʏtmi'zi:rən
Rhythmus 'rʏtmʊs
Rhytidektomie rytidɛkto'mi:, **-n** ...i:ən
Rhytmicon 'rʏtmikɔn
Ria 'ri:a
Riad ri̯a:t
Riade 'ri̯a:də
Rial ri̯a:l
Rialto *it.* ri'alto, *engl.* rɪ'æltoʊ
Rias, RIAS 'ri:as
Riau *indon.* 'riau̯
Riba *span.* 'rriβa
Riba Bracóns *kat.* 'rriβə βrə'kons
Ribalta *span.* rri'βalta
Ribar *serbokr.* ˌriba:r
Ribatejo *port.* rriβɐ'tɐʒu
Ribattuta riba'tu:ta
ribbeln 'rɪbl̩n, **ribble** 'rɪblə
Ribbentrop 'rɪbn̩trɔp
Ribble *engl.* rɪbl
Ribe *dän.* 'ri:bə
Ribeira *port.* rri'βei̯rɐ, *bras.* rri'bei̯ra
Ribeirão *port.* rriβei̯'rɐ̃u̯, *bras.* rribei̯'rɐ̃u̯
Ribeirão Prêto *bras.* rribei̯'rɐ̃u̯m 'pretu
Ribeiro *port.* rri'βei̯ru, *bras.* rri'bei̯ru
Ribemont *fr.* rib'mõ
Ribera *it.* ri'bɛ:ra, *span.* rri'βera
Ribes 'ri:bɛs
Ribeyro *span.* rri'βei̯ro
Ribisel 'ri:bi:zl̩
Ribnikar *serbokr.* 'ribnika:r
Ribnitz 'rɪbnɪt͜s
Riboflavin ribofla'vi:n
Ribonuklein... ribonukle'i:n...
Ribose ri'bo:zə
Ribosom ribo'zo:m
Ribot *fr.* ri'bo
Ricambio ri'kambi̯o
Ricarda ri'karda
Ricardo *engl.* rɪ'kɑ:doʊ, *span.* rri'karðo, *port., bras.* rri'kardu
Riccarda *it.* rik'karda
Riccardo *it.* rik'kardo
Riccati *it.* rik'ka:ti
Riccaut de la Marlinière *fr.* rikodlamarli'njɛ:r
Ricci *it.* 'rittʃi, *engl.* 'rɪtʃɪ
Ricciarelli *it.* rittʃa'rɛlli
Riccio *it.* 'rittʃo
Riccioli *it.* rit'tʃɔ:li
Riccione *it.* rit'tʃo:ne
Riccoboni *it.* rikko'bɔ:ni
Rice *engl.* raɪs, ri:s
Ricercar ritʃɛr'ka:ɐ̯
ricercare, R... ritʃɛr'ka:rə
Ricercata ritʃɛr'ka:ta
Rich *engl.* rɪtʃ
Richafort *fr.* riʃa'fɔ:r
Richard 'rɪçart, *engl.* 'rɪtʃəd, *fr.* ri'ʃa:r, *schwed.* 'rikard
Richarda rɪ'çarda
Richards *engl.* 'rɪtʃədz
Richardson *engl.* 'rɪtʃədsn
Richard-Toll *fr.* riʃar'tɔl
Richartz 'rɪçart͜s
Richelieu *fr.* riʃə'ljø
Richelsdorf 'rɪçl̩sdɔrf
Richemont *fr.* riʃ'mõ
Richenza rɪ'çɛnt͜sa
Richepin *fr.* riʃ'pɛ̃
Richer *fr.* ri'ʃe
Richert 'rɪçɐt
Richet *fr.* ri'ʃɛ
Richfield *engl.* 'rɪtʃfi:ld
Richhild 'ri:çhɪlt
Richhilde ri:ç'hɪldə
Richier *fr.* ri'ʃje
Richild 'ri:çɪlt
Richilde ri'çɪldə
Richini *it.* ri'ki:ni
Richland *engl.* 'rɪtʃlənd
Richler *engl.* 'rɪtʃlə
Richlind 'ri:çlɪnt

Richlinde riːç'lɪndə
Richmodi riːç'moːdi
Richmond [Heights] *engl.* 'rɪtʃmənd ['haɪts]
Richte 'rɪçtə
richten 'rɪçtn̩
Richter 'rɪçtɐ, *engl.* 'rɪktə, *russ.* 'rixtɐr
Richterswil rɪçtɐs'viːl
Richthofen 'rɪçthoːfn̩
richtig 'rɪçtɪç, **-e** ...ɪgə
Richtung 'rɪçtʊŋ
Ricimer 'riːtsimɛr
Rick[e] 'rɪk[ə]
Rickenbacker *engl.* 'rɪkənbækə
Ricker[t] 'rɪkɐ[t]
Rickett[s] *engl.* 'rɪkɪt[s]
Rickettsie rɪ'kɛtsi̯ə
Rickettsiose rɪkɛ'tsi̯oːzə
Rickey *engl.* 'rɪkɪ
Rickman[sworth] *engl.* 'rɪkmən[zwə[ː]θ]
ricochet rikɔ'ʃeː
Ricordi *it.* ri'kɔrdi
Rictus *fr.* rik'tys
Riddagshausen rɪdaːks'hauzn̩
Ridder *engl.* 'rɪdə, *niederl.* ...dər
Ridderbusch 'rɪdɐbʊʃ
Ridderkerk *niederl.* 'rɪdərkɛrk
Rideamus ride'aːmʊs
Rideau ri'doː
Ridge *engl.* rɪdʒ
Ridgecrest *engl.* 'rɪdʒkrɛst
Ridgefield *engl.* 'rɪdʒfiːld
Ridgewood *engl.* 'rɪdʒwʊd
Ridgway *engl.* 'rɪdʒweɪ
ridikül, R... ridi'kyːl
Riding *engl.* 'raɪdɪŋ
Ridinger 'riːdɪŋɐ
Ridler *engl.* 'rɪdlə
Ridley *engl.* 'rɪdlɪ
Ridpath *engl.* 'rɪdpɑːθ
Ridzard 'rɪtsart
rieb riːp
Riebeck 'riːbɛk
rieben 'riːbn̩
riebt riːpt
riechen 'riːçn̩
Riecher 'riːçɐ
Ried riːt, **-es** 'riːdəs
Riede 'riːdə
Riedel 'riːdl̩
Riedenburg 'riːdn̩bʊrk
Rieder[alp] 'riːdɐ[|alp]
Riedinger 'riːdɪŋɐ
Riedl 'riːdl̩
Riedler 'riːdlɐ
Riedlingen 'riːdlɪŋən
rief riːf
Riefe 'riːfə
riefeln 'riːfl̩n
riefen 'riːfn̩
Riefenstahl 'riːfn̩ʃtaːl
riefig 'riːfɪç, **-e** ...ɪgə
Riege 'riːgə
Riegel 'riːgl̩
riegeln 'riːgl̩n, **riegle** 'riːglə
Rieger 'riːgɐ, *tschech.* ...gɛr
Riegersburg 'riːgɐsbʊrk
Riegger 'riːgɐ, *engl.* 'riːgə
Riegl 'riːgl̩
Riego *span.* 'rri̯eɣo
rieh riː
Riehen 'riːən
Riehl riːl
Riemann 'riːman
Riemen[schneider] 'riːmən[ʃnaidɐ]
Riemer[schmid] 'riːmɐ[ʃmɪt]
Riemkasten 'riːmkastn̩
Rieneck 'riːnɛk
rien ne va plus *fr.* rjɛ̃nva'ply
Rienzi 'ri̯ɛntsi
Rienzo *it.* 'ri̯ɛntso
Riepenhausen 'riːpn̩hauzn̩
Rieple 'riːplə
Riepp riːp
Ries riːs, **-e** 'riːzə
Riesa 'riːza
Riese 'riːzə
rieseln 'riːzl̩n, **riesle** 'riːzlə
Riesenarbeit 'riːzn̩'|arbait
Riesener 'riːzənɐ, *fr.* riz'nɛːr
Riesengebirge 'riːzn̩gəbɪrgə
riesengroß 'riːzn̩'groːs
Riesenhuber 'riːzn̩huːbɐ
riesig 'riːzɪç, **-e** ...ɪgə
riesisch 'riːzɪʃ
Rieslaner riːs'laːnɐ
Riesling 'riːslɪŋ
Riesman *engl.* 'riːsmən
Rießersee 'riːsɐzeː
Riester 'riːstɐ
Riesz *ung.* riːs
riet, R... riːt
Rietberg 'riːtbɛrk
Rietenburg 'riːtn̩bʊrk
Rieti *it.* 'ri̯ɛːti
Rietschel 'riːtʃl̩
Rietz riːts
Rieu *niederl.* 'rijø
Rif riːf
Rifat *türk.* ri'fɑt
Rifbjerg *dän.* 'rifbjɛɐ̯'u̯
Riff[el] 'rɪf[l̩]
riffeln 'rɪfl̩n
Riffler 'rɪflɐ
Rififi 'rɪfifi
Rifiot ri'fi̯oːt
Riga 'riːga
Rīga *lett.* 'riːga
Rigaer 'riːgaɐ
rigaisch 'riːgaɪʃ
Rigas *neugr.* 'riɣas
Rigaud *fr.* ri'go
Rigaudon rigo'dõː
Rigau[l]t *fr.* ri'go
Rigel 'riːgl̩
Rigg rɪk, *engl.* rɪg
riggen 'rɪgn̩, **rigg!** rɪk, **riggt** rɪkt
Riggenbach 'rɪgn̩bax
Riggung 'rɪgʊŋ
Righeit 'rɪkhait
Righi *it.* 'riːgi
right or wrong, my country! *engl.* 'raɪt ɔː 'rɔŋ, 'maɪ 'kʌntrɪ
Rigi 'riːgi
rigid ri'giːt, **-e** ...iːdə
Rigidität rigidi'tɛːt
Rigole ri'goːlə
rigolen ri'goːlən
Rigoletto rigo'lɛto, *it.* ...letto
Rigor 'riːgoːɐ̯
Rigorismus rigo'rɪsmʊs
Rigorist rigo'rɪst
rigoros rigo'roːs, **-e** ...oːzə
Rigorosität rigorozi'tɛːt
rigoroso rigo'roːzo
Rigorosum rigo'roːzʊm, **...sa** ...za
Rigsdag *dän.* 'rigsdɛː'
Rigweda rɪk'veːda
Rihani ri'haːni
Riihimäki *finn.* 'riːhimæki
Riisager *dän.* 'risɛː'ɐ
Rijad ri'jaːt
Rijal ri'jaːl
Rijckaert *niederl.* 'rɛi̯kaːrt
Rijeka *serbokr.* riˌjɛka
Rijen *niederl.* 'rɛi̯ə
Rijkevorsel *niederl.* 'rɛi̯kəvɔrsəl
Rijn *niederl.* rɛi̯n
Rijnland *niederl.* 'rɛi̯nlant
Rijnmond *niederl.* 'rɛi̯nmɔnt
Rijnsburg *niederl.* 'rɛi̯nzbʏrx
Rijsen[burg] *niederl.* 'rɛi̯zə[nbʏrx]
Rijssen *niederl.* 'rɛi̯sə
Rijswij[c]k 'rai̯svai̯k, *niederl.* 'rɛi̯swɛi̯k
Rik *niederl.* rɪk
Rikambio ri'kambi̯o, **...ien** ...i̯ən
Rikchen 'riːkçən

Rike ˈriːkə
Rikli ˈriːkli
Rikors... riˈkɔrs...
Rikoschett rikɔˈʃɛt
rikoschettieren rikɔʃɛˈtiːrən
Rikscha ˈrɪkʃa
Riksmål ˈriːksmoːl
Rila *bulgar.* ˈrilɐ
rilasciando rilaˈʃando
Riley *engl.* ˈraɪlɪ
Rilke ˈrɪlkə
Rilla ˈrɪla
Rille ˈrɪlə
rillen ˈrɪlən
rillig ˈrɪlɪç, **-e** ...ɪgə
Rilling ˈrɪlɪŋ
Rilski [Manastir] *bulgar.* ˈrilski [mɐnɐsˈtir]
Rimavská Sobota *slowak.* ˈrimau̯skaː ˈsɔbota
Rimbach ˈrɪmbax
Rimbaud *fr.* rɛ̃ˈbo
Rimbert ˈrɪmbɛrt, *fr.* rɛ̃ˈbɛːr
Rimessa riˈmɛsa
Rimesse riˈmɛsə
Rimini *it.* ˈriːmini
Rimlockröhre ˈrɪmlɔkrøːrə
Rîmnic *rumän.* ˈrɨmnik
Rîmnicu Sărat *rumän.* ˈrɨmniku səˈrat
Rîmnicu Vîlcea *rumän.* ˈrɨmniku ˈvɨltʃe̯a
Rimouski *engl.* rɪˈmuːskɪ, *fr.* rimusˈki
Rimpar ˈrɪmpar
Rimpau ˈrɪmpau̯
Rimske Toplice *slowen.* ˈriːmskɛ tɔˈpliːtsɛ
Rimski-Korsakow ˈrɪmskiˈkɔrzakɔf, *russ.* ˈrimskijˈkɔrsɐkɐf
Rinaldi *it.* riˈnaldi
Rinaldini *it.* rinalˈdiːni
Rinaldo *it.* riˈnaldo
Rinaldone *it.* rinalˈdoːne
Rinascimento rinaʃiˈmɛnto
Rinchnach ˈrɪnçnax
Rinckart ˈrɪŋkart
Rind rɪnt, **-es** ˈrɪndəs
Rinde ˈrɪndə
rinderig ˈrɪndərɪç, **-e** ...ɪgə
rindern ˈrɪndɐn, **rindre** ˈrɪndrə
rindig ˈrɪndɪç, **-e** ...ɪgə
Rinehart *engl.* ˈraɪnhɑːt
rinforzando rɪnfɔrˈtsando
Rinforzando rɪnfɔrˈtsando, **...di** ...di
rinforzato rɪnfɔrˈtsaːto
Rinforzato rɪnfɔrˈtsaːto, **...ti** ...ti
ring, R... rɪŋ
Ringel ˈrɪŋl̩
ringelig ˈrɪŋəlɪç, **-e** ...ɪgə
ringeln ˈrɪŋl̩n
Ringelnatz ˈrɪŋl̩nats
Ringelpiez ˈrɪŋl̩piːts
ringen ˈrɪŋən
Ringerike *norw.* ˌriŋəriːkə
Ringhals *schwed.* ˌriŋhals
Ringkøbing *dän.* ˈrɪŋkʏːˀbɪŋ
ringlig ˈrɪŋlɪç, **-e** ...ɪgə
Ringlotte rɪŋˈglɔtə
Ringmann ˈrɪŋman
rings rɪŋs
Ringsaker *norw.* ˌriŋsaːkər
Ringseis ˈrɪŋslai̯s
ringsherum ˈrɪŋshɛˈrʊm
Ringsted *dän.* ˈrɪŋsdeð
ringsum ˈrɪŋsˈ|ʊm
ringsumher ˈrɪŋs|ʊmˈheːɐ̯
Ringvassøy *norw.* ˌriŋvasœi̯
Ringwaldt ˈrɪŋvalt
Ringwood *engl.* ˈrɪŋwʊd
Rinieri *it.* riˈni̯ɛːri
Rink[e] ˈrɪŋk[ə]
rinkeln ˈrɪŋkl̩n
Rinken ˈrɪŋkn̩
Rinne ˈrɪnə
rinnen ˈrɪnən
Rinnsal ˈrɪnzaːl
Rinser ˈrɪnzɐ
Rintala *finn.* ˈrintɑlɑ
Rintelen ˈrɪntələn
Rinteln ˈrɪntl̩n
Rinuccini *it.* rinutˈtʃiːni
Rio ˈriːo, *bras.* ˈrriu
Riobamba *span.* rrioˈβamba
Río Benito *span.* ˈrrio βeˈnito
Rio Branco *bras.* ˈrriu ˈbrɐŋku
Río Branco *span.* ˈrrio ˈβraŋko
Rio Claro *bras.* ˈrriu ˈklaru
Río Cuarto *span.* ˈrrio ˈku̯arto
Rio de Janeiro ˈriːo deː ʒaˈneːro, *bras.* ˈrriu di ʒɐˈnei̯ru
Río de Oro *span.* ˈrrio ðe ˈoro
Rio Grande *engl.* ˈriːoʊ ˈgrændɪ
Río Grande *span.* ˈrrio ˈɣrande
Rio Grande do Norte *bras.* ˈrriu ˈgrɐndi du ˈnɔrti
Rio Grande do Sul *bras.* ˈrriu ˈgrɐndi du ˈsul
Ríohacha *span.* ˈrrioˈatʃa
Rioja *span.* ˈrri̯ɔxa
Riom *fr.* rjõ
Rio Negro *bras.* ˈrriu ˈnegru
Rioni *russ.* riˈɔni
Riopelle *fr.* rjɔˈpɛl
Ríos *span.* ˈrrios
Ripen ˈriːpn̩
Riphahn ˈrɪphaːn
Ripien... riˈpi̯eːn...
Ripienist ripi̯eˈnɪst
ripieno riˈpi̯eːno
Ripieno riˈpi̯eːno, **...ni** ...ni
Ripley *engl.* ˈrɪplɪ
Ripoli *it.* ˈriːpoli
Ripoll *span.* rriˈpɔl
Ripon *engl.* ˈrɪpən
Riposte riˈpɔstə
ripostieren ripɔsˈtiːrən
Riposto *it.* riˈposto
Rippchen ˈrɪpçən
Rippe ˈrɪpə
rippeln ˈrɪpl̩n
rippen ˈrɪpn̩
Ripper ˈrɪpɐ
Rippler ˈrɪplɐ
Rippli ˈrɪpli
Rippoldsau ˈrɪpɔlts|au̯
Rippon[den] *engl.* ˈrɪpən[dən]
Ripresa [d'Attacco] riˈpreːza [daˈtako]
rips, raps! ˈrɪpsˈraps
rips!, Rips rɪps
Ripuarien riˈpu̯aːri̯ən
ripuarisch riˈpu̯aːrɪʃ
Rip van Winkle *engl.* ˈrɪpvænˈwɪŋkl
rirarutsch! ˈriːˈraːˈrʊtʃ
Risalit rizaˈliːt
Risaralda *span.* rrisaˈralda
rischeln ˈrɪʃl̩n
Rischi, Rishi ˈrɪʃi
Rishon Le Zion *hebr.* riˈʃɔn lətsiˈɔn
Risiko ˈriːziko
Risi-Pisi, Risipisi riziˈpiːzi
riskant rɪsˈkant
riskieren rɪsˈkiːrən
Riskontro rɪsˈkɔntro
Rîșnov *rumän.* ˈrɨʃnov
Risø *dän.* ˈriːsʏːˀ
risoluto rizoˈluːto
Risorgimento rizɔrdʒiˈmɛnto
Risotto riˈzɔto
Rispe ˈrɪspə
Rispetto rɪsˈpɛto, **...tti** ...ti
rispig ˈrɪspɪç, **-e** ...ɪgə
Risposta rɪsˈpɔsta
Riß, riss, Riss rɪs
Risse ˈrɪsə
rissen ˈrɪsn̩
rissig ˈrɪsɪç, **-e** ...ɪgə
rissolé rɪsoˈleː
Rissole rɪˈsoːlə
Rissolette rɪsoˈlɛtə
risst, [1]Rist rɪst

²Rist (Name) rɪst, *fr.* rist
Riste ˈrɪstə
Ristenpart ˈrɪstn̩part
Ristić *serbokr.* ˌri:stitɕ
Ristikivi *estn.* ˈrisjtikivi
Ristorante rɪstoˈrantə, **...ti** ...ti
ristornieren rɪstɔrˈni:rən
Ristorno rɪsˈtɔrno
risvegliando rɪsvɛlˈjando
risvegliato rɪsvɛlˈja:to
¹Rita (Recht) ˈri:ta
²Rita (Name) *dt., it.* ˈri:ta, *engl.* ˈri:tə, *fr.* riˈta, *span., bras.* ˈrrita, *port.* ˈrritɐ
ritardando ritarˈdando
Ritardando ritarˈdando, **...di** ...di
Ritchie, Ritchey *engl.* ˈrɪtʃɪ
rite ˈri:tə
ritenente riteˈnɛntə
ritenuto riteˈnu:to
Ritenuto riteˈnu:to, **...ti** ...ti
Rites de Passage ˈrɪt də paˈsa:ʃ
Ritom *it.* ˈri:tom
ritornando al tempo ritɔrˈnando al ˈtɛmpo
ritornare al segno ritɔrˈna:rə al ˈzɛnjo
Ritornell ritɔrˈnɛl
Ritratte riˈtratə
ritsch, ratsch! ˈrɪtʃˈratʃ
ritsch! rɪtʃ
Ritschard ˈrɪtʃart
Ritscher[t] ˈrɪtʃɐ[t]
Ritschl ˈrɪtʃl̩
Ritsos *neugr.* ˈritsɔs
ritt, Ritt rɪt
Rittberger ˈrɪtbɛrgɐ
Rittelmeyer ˈrɪtl̩maiɐ
Ritten ˈrɪtn̩
Ritter ˈrɪtɐ, *engl.* ...tə
rittig ˈrɪtɪç, **-e** ...ɪgə
rittlings ˈrɪtlɪŋs
Rittner ˈrɪtnɐ
ritual riˈtu̯a:l
Ritual riˈtu̯a:l, **-ien** ...li̯ən
Rituale Romanum riˈtu̯a:lə roˈma:nʊm
ritualisieren ritu̯aliˈzi:rən
Ritualismus ritu̯aˈlɪsmʊs
Ritualist ritu̯aˈlɪst
rituell riˈtu̯ɛl
Ritus ˈri:tʊs
Ritz[e] ˈrɪts[ə]
Ritzel ˈrɪtsl̩
ritzen, R... ˈrɪtsn̩
Riukiu ˈri̯u:ki̯u, *jap.* rjuˈ:kju:
Riva *it.* ˈri:va, *span.* ˈrriβa
Rivale riˈva:lə
rivalisieren rivaliˈzi:rən
Rivalität rivaliˈtɛ:t
Rivalta *it.* riˈvalta
Rivarol *fr.* rivaˈrɔl
Rivas *span.* ˈrriβas
Riva San Vitale *it.* ˈri:va san viˈta:le
Rive-de-Gier *fr.* rivdəˈʒje
Rivel[s] *span.* rriˈβɛl[s]
¹River (Name) *engl.* ˈrɪvə
²River (Farbe) ˈrɪvɐ
Rivera *span.* rriˈβera
Riverboatshuffle ˈrɪvɐbo:tˌʃafl̩
Riverdale *engl.* ˈrɪvədeɪl
River Edge *engl.* ˈrɪvə ˈɛdʒ
Riverina *engl.* rɪvəˈraɪnə
River Rouge *engl.* ˈrɪvə ˈru:ʒ
Rivers *engl.* ˈrɪvəz
Riverside *engl.* ˈrɪvəsaɪd
riverso riˈvɛrzo
Riverview *engl.* ˈrɪvəvju:
Rivet *fr.* riˈvɛ
Rivette *fr.* riˈvɛt
Rivier *fr.* riˈvje
Riviera riˈvi̯e:ra, *it.* riˈvi̯ɛ:ra, *engl.* rɪˈvɪərə
Rivière *fr.* riˈvjɛ:r
Rivière du Loup *fr.* rivjɛrdyˈlu
Řivnáč *tschech.* ˈrʒivna:tʃ
Rivolgimento rivɔldʒiˈmɛnto
Rivoli *it.* ˈri:voli
Rivolto riˈvɔlto
Rivoyre *fr.* riˈvwa:r
Rix *engl.* rɪks
Rixhöft ˈrɪkshœft
Riyal riˈja:l
Rizal *span.* rriˈθal, *engl.* rɪˈzɑ:l
Rize *türk.* ˈrizɛ
Rizin riˈtsi:n
Rizinus ˈri:tsinʊs, **-se** ...ʊsə
Rizza *it.* ˈrittsa
Rizz[i]o *it.* ˈritts[i̯]o
Rjasan *russ.* rɪˈzanj
Rjazanow *russ.* rɪˈzanɐf
Rjorich *russ.* ˈrjɔrix
Rjukan *norw.* ˌr[j]ʉ:kan
Rjurik *russ.* ˈrjurik
Roa *span.* ˈrrɔa
Roach *engl.* roʊtʃ
Roadie ˈro:di
Roadmap ˈro:tmɛp
Roadster ˈro:tstɐ
Road Town *engl.* ˈroʊdtaʊn
Roanne *fr.* rwan
Roanoke, - Rapids *engl.* ˈroʊənoʊk, - ˈræpɪdz
Roaring Twenties ˈro:rɪŋ ˈtvɛnti:s
Roastbeef ˈro:stbi:f
Roatán *span.* rrɔaˈtan
Roatta *it.* roˈatta
Robakidse *georg.* ˈrobakhidze
Rob[b] *engl.* rɔb
Robbe ˈrɔbə
Robbe-Grillet *fr.* rɔbgriˈjɛ
robben ˈrɔbn̩, **robb!** rɔp, **robbt** rɔpt
Robber ˈrɔbɐ
Robberechts *niederl.* ˈrɔbərɛxts
Robbers *niederl.* ˈrɔbərs
Robbia *it.* ˈrobbi̯a
Robbins *engl.* ˈrɔbɪnz
Robbinsdale *engl.* ˈrɔbɪnzdeɪl
Robby *engl.* ˈrɔbɪ
Robe ˈro:bə
Röbel ˈrø:bl̩
Robert ˈro:bɛrt, *engl.* ˈrɔbət, *fr.* rɔˈbɛ:r, *niederl.* ˈro:bərt
Roberta *dt., it.* roˈbɛrta, *engl.* roʊˈbə:tə
Robert[h]in ˈro:bɐti:n
Roberti *it.* roˈbɛrti
Robertine robɛrˈti:nə
Roberto *it.* roˈbɛrto, *span.* rrɔˈβɛrto, *port.* rruˈβɛrtu, *bras.* rroˈbɛrtu
Roberts[on] *engl.* ˈrɔbəts[n]
Roberval *fr.* rɔbɛrˈval
Robeson *engl.* roʊbsn
Robespierre *fr.* rɔbɛsˈpjɛ:r
Robin *engl.* ˈrɔbɪn, *fr.* rɔˈbɛ̃, *schwed.* ˈro:bin
Robineau *fr.* rɔbiˈno
Robinie roˈbi:ni̯ə
Robins *engl.* ˈroʊbɪnz, ˈrɔbɪnz
Robinson ˈro:bɪnzɔn, *engl.* ˈrɔbɪnsn
Robinsonade robɪnzoˈna:də
Robles *span.* ˈrrɔβles
Roblès *fr.* rɔˈblɛs
Robleto *span.* rrɔˈβleto
Röbling ˈrø:blɪŋ
Roborans ˈro:borans, **...nzien** roboˈrantsi̯ən, **...ntia** roboˈrantsi̯a
roborierend roboˈri:rənt, **-e** ...ndə
Robot ˈrɔbɔt
roboten ˈrɔbɔtn̩
Roboter ˈrɔbɔtɐ
roboterisieren roboteriˈzi:rən
Robotik roˈbɔtɪk
robotisieren robotiˈzi:rən
Robson *engl.* rɔbsn
Robstown *engl.* ˈrɔbztaʊn
Roburit robuˈri:t
robust[o] roˈbʊst[o]
Roby *engl.* ˈroʊbɪ

R

Rọca *span., bras.* ˈrroka, *port.* ˈrrokɐ
Roca̲ille roˈka:j
Rọcca *it.* ˈrɔkka
Roccataglia̲ta Ceccạrdi *it.* rokkataʎˈʎa:ta tʃekˈkardi
Rọcco *it.* ˈrɔkko
Roc de Se̲rs, Le *fr.* lərɔkdəˈsɛ:r
rọch, Rọch rɔx
Rọcha *span.* ˈrrɔtʃa, *port.* ˈrrɔʃɐ, *bras.* ˈrrɔʃa
Rocha̲de rɔˈxa:də, *auch:* rɔˈʃa:də
Rọchdale *engl.* ˈrɔtʃdeɪl
rọ̈che ˈrœçə
Roche *engl.* roʊtʃ, roʊʃ, rɔʃ, *fr.* rɔʃ
Rochefo̲rt *fr.* rɔʃˈfɔ:r
Rochefoucauld *fr.* rɔʃfuˈko
Rochẹlle *fr.* rɔˈʃɛl, *engl.* roʊˈʃɛl
rọ̈cheln ˈrœçl̩n
Rọchen ˈrɔxn̩
Roche̲r de Bronze, -s - - rɔˈʃe: də ˈbrõ:s
Rọchester *engl.* ˈrɔtʃɪstə
Roche-sur-Yon *fr.* rɔʃsyˈrjõ
Rochẹt *fr.* rɔˈʃɛ
Rochẹtt rɔˈʃɛt
rochi̲eren rɔˈxi:rən, *auch:* rɔˈʃi:rən
Rọ̈chling ˈrœçlɪŋ
Rọchlitz ˈrɔxlɪt͜s
Rọchow ˈrɔxo
Rọchus ˈrɔxʊs
Rocinạnte *span.* rrɔθiˈnante
Rọck rɔk, **Rọ̈cke** ˈrœkə
Rọckabilly *engl.* ˈrɔkəbɪlɪ
Rọckall *engl.* ˈrɔkɔ:l
Rock and Ro̲ll rɔkn̩ˈro:l
Rọ̈ckchen ˈrœkçən
Rọckdale *engl.* ˈrɔkdeɪl
Rọckefeller ˈrɔkəfɛlɐ, *engl.* ˈrɔkɪfɛlə
Rockelo̲r rɔkəˈlo:ɐ̯
rọcken, R... ˈrɔkn̩
Rọcken[bolle] ˈrɔkn̩[bɔlə]
Rọckenhausen ˈrɔkn̩hau̯zn̩, --ˈ--
Rọcker ˈrɔkɐ
Rọck [Falls] *engl.* ˈrɔk [ˈfɔ:lz]
Rọckford *engl.* ˈrɔkfəd
Rockhampton *engl.* rɔkˈhæmptən
Rọckhill *engl.* ˈrɔkhɪl
Rọck Hịll *engl.* ˈrɔk ˈhɪl
Rọckies *engl.* ˈrɔkɪz
rọckig ˈrɔkɪç, -e ...ɪgə
Rọck Island *engl.* ˈrɔk ˈaɪlənd
Rọckland *engl.* ˈrɔklənd
Rock ’n’ Ro̲ll rɔkn̩ˈro:l
Rọcks rɔks
Rọck Sprịngs *engl.* ˈrɔk ˈsprɪŋz
Rọckville *engl.* ˈrɔkvɪl
Rọckwell *engl.* ˈrɔkwəl
Rọcky Mount[ains] *engl.* ˈrɔkɪ ˈmaʊnt[ɪnz]
Ro̲d ro:t, *engl., fr.* rɔd
Ro̲da ˈro:da, *span.* ˈrrɔða
Ro̲dach ˈro:dax
Rodakọwski *poln.* rɔdaˈkɔfski
Ro̲dalben ˈro:t|albn̩
Roda̲ri *it.* roˈda:ri
Ro̲da Ro̲da ˈro:da ˈro:da
Rodbẹrtus ro:tˈbɛrtʊs
Rødby *dän.* ˈrʏðby:ˀ
Ro̲de ˈro:də, *dän.* ˈrʊðə, *fr.* rɔd
Ro̲del ˈro:dl̩
ro̲deln ˈro:dl̩n, **ro̲dle** ˈro:dlə
ro̲den ˈro:dn̩, **ro̲d!** ro:t
Ro̲den ˈro:dn̩, *niederl.* ˈro:də
Rodẹña roˈdɛnja
Ro̲denbach ˈro:dn̩bax, *niederl.* ˈro:dənbɑx, *fr.* rɔdɛnˈbak
Ro̲denberg ˈro:dn̩bɛrk
Rodenkịrchen ro:dn̩ˈkɪrçn̩
Rodẹnko *niederl.* roˈdɛŋko
ro̲dens ˈro:dɛns
Rodẹnsky roˈdɛnski
Ro̲denstock ˈro:dn̩ʃtɔk
Rö̲dental ˈrø:dn̩ta:l
Rodẹntia roˈdɛnt͜si̯a
Rodentio̲se rodɛnˈt͜si̯o:zə
Ro̲denwaldt ˈro:dn̩valt
Rodeo roˈde:o, *auch:* ˈro:deo
Rö̲der ˈrø:dɐ
Ro̲derich ˈro:dərɪç
Rọderick *engl.* ˈrɔdərɪk
Roderi̲go rodeˈri:go
Ro̲dewisch ˈro:dəvɪʃ
Rode̲z *fr.* rɔˈdɛs, ...dɛ:z
Rọdger[s] *engl.* ˈrɔdʒə[z]
Ro̲di *it.* ˈrɔ:di
Rodin *fr.* rɔˈdɛ̃
Ro̲ding ˈro:dɪŋ
Rodiọn[ow] *russ.* rɐdiˈɔn[ɐf]
Ro̲dler ˈro:dlɐ
Rọdna *rumän.* ˈrodna
Rọdney *engl.* ˈrɔdnɪ
Rodó *span.* rrɔˈðo
Rodọlfo *it.* roˈdɔlfo, *span.* rrɔˈðɔlfo
Rodọlphe *fr.* rɔˈdɔlf
Rodomonta̲de rodomɔnˈta:də
Rodomọnte *it.* rodoˈmonte
rodomonti̲eren rodomɔnˈti:rən
Rodonkuchen roˈdõ:ku:xn̩
Rodọpi *bulgar.* roˈdɔpi, *neugr.* rɔˈðɔpi
Rodore̲da *kat.* rruðuˈrɛðə
Ro̲dos *neugr.* ˈrɔðɔs
Rødovre *dän.* ˈrʏðɔu̯rə
Rodri̲go roˈdri:go, *span.* rrɔˈðriɣo, *port.* rruˈðriɣu, *bras.* rroˈdrigu
Rodri̲gue *fr.* rɔˈdrig
Rodri̲gues *port.* rruˈðriɣɪʃ, *bras.* rroˈdrigis, *engl.* roʊˈdri:gɪs
Rodri̲guez *engl.* roʊˈdri:gɪs
Rodríguez *span.* rrɔˈðriɣeθ
Rọdtschenko *russ.* ˈrɔttʃɪnkɐ
Rodziewiczówna *poln.* rɔdʑeviˈtʃuvna
Rodzịnski *engl.* rəˈdʒɪnskɪ
Roe̲bling ˈrø:blɪŋ
Roe̲der ˈrø:dɐ
Roe̲hler ˈrø:lɐ
Roelandt *niederl.* ˈrulɑnt
Roelants *niederl.* ˈrulɑnts
Roẹlas *span.* rrɔˈelas
Roe̲mer ˈrø:mɐ
Roe̲mheld ˈrø:mhɛlt
Rõena *schwed.* ˌrø:əna
Roentgen ˈrœntgn̩
Roer *niederl.* ru:r
Roe̲rich ˈrø:rɪç
Roermọnd *niederl.* ru:rˈmɔnt
Roeselare *niederl.* ˈrusəla:rə
Roe̲the ˈrø:tə
Roethke *engl.* ˈrɛtkə
Rofa̲ngruppe roˈfa:ngrʊpə
Rogaland *norw.* ˌru:galan
Roga̲ška Sla̲tina *slowen.* rɔˈga:ʃka ˈsla:tina
Roga̲te roˈga:tə
Roga̲tin *russ.* raˈgatin
Rogatio̲n rogaˈt͜si̯o:n
Rogatio̲nes rogaˈt͜si̯o:ne:s
Ro̲gen ˈro:gn̩
Ro̲gener ˈro:gənɐ
rọger ˈrɔdʒɐ
Ro̲ger ˈro:gɐ, *fr.* rɔˈʒe, *engl.* ˈrɔdʒə
Roge̲ro roˈdʒe:ro
Rọgers *engl.* ˈrɔdʒəz
Rọget *engl.* ˈrɔʒeɪ
Rọgge ˈrɔgə
Rọ̈ggelchen ˈrœgl̩çən
Rọggeman *niederl.* ˈrɔɣəmɑn
Rọggen[bach] ˈrɔgn̩[bax]
Rogi̲er *niederl.* roˈɣi:r
Ro̲gner ˈro:gnɐ
Rogọwski roˈgɔfski
ro̲h, Ro̲h ro:
Rohan *fr.* rɔˈã
Ro̲hde ˈro:də
Ro̲hden ˈro:dn̩

Rohheit ˈroːhai̯t
Rohköstler ˈroːkœstlɐ
Rohlfs roːlfs
Rohling ˈroːlɪŋ
Röhlingen ˈrøːlɪŋən
Röhm røːm
Rohmer *fr.* rɔˈmɛːr
Rohnert Park *engl.* ˈroʊnət ˈpɑːk
Rohr roːɐ̯
Rohracher ˈroːraxɐ
Rohrbach ˈroːɐ̯bax
Röhrchen ˈrøːɐ̯çən
Rohrdommel ˈroːɐ̯dɔml̩
Röhre ˈrøːrə
röhren ˈrøːrən
Rohrer ˈroːrɐ
Röhrich[t] ˈrøːrɪç[t]
röhrig ˈrøːrɪç, **-e** ...ɪgə
Röhrig ˈrøːrɪç
Röhrling ˈrøːɐ̯lɪŋ
Rohse ˈroːzə
Rohtak *engl.* ˈroʊtæk
Rohwer ˈroːvɐ
Roidis *neugr.* rɔˈiðis
Roi d'Ys *fr.* rwaˈdis
Roig *kat.* rrɔtʃ
Roi l'a dit, Le *fr.* lərwalaˈdi
Roissy *fr.* rwaˈsi
Rojas *span.* ˈrrɔxas
rojen ˈroːjən
Rök *schwed.* røːk
Rokambole rokamˈboːlə
Rokha *span.* ˈrrɔka
Rokitansky rokiˈtanski
Rokitno *russ.* raˈkitnɐ
Rokitnosümpfe roˈkɪtno-zʏmpf̮ə
Rökk rœk, *ung.* røk
Rokoko ˈrɔkoko, *auch:* roˈkɔko, rokoˈkoː
Rokossowski *russ.* rɐkaˈsɔfskij
Rokotow *russ.* ˈrɔkɐtɐf
Rokycany *tschech.* ˈrɔkitsani
Roland ˈroːlant, *engl.* ˈroʊlənd, *fr.* rɔˈlã, *niederl.* ˈroːlɑnt
Rolande roˈlandə
Rolando *span.* rrɔˈlando
Rolandseck roːlantsˈlɛk
Rold *dän.* rɔlˀ
Rolde *niederl.* ˈrɔldə
Rolf rɔlf, *engl.* rɔlf, roʊf
Rolicz *poln.* ˈrɔlitʃ
Roll *fr.* rɔl
Rolla *engl.* ˈrɔlə
Rolland *fr.* rɔˈlã
Rollback ˈroːlbɛk
Röllchen ˈrœlçən
[1]**Rolle** ˈrɔlə
[2]**Rolle** (Name) *engl.* roʊl, *fr.* rɔl, *it.* ˈrɔlle
Rolleiflex® ˈrɔlai̯flɛks
rollen ˈrɔlən
Rollenhagen ˈrɔlənhaːgn̩
Roller ˈrɔlɐ
Rollerblade ˈroːlɐbleːt
Rollerdisco, ...sko ˈroːlɐdɪsko
Rollerskate ˈroːlɐskeːt
Rollerskating ˈroːlɐskeːtɪŋ
Rollett ˈrɔlɛt
Rolli *it.* ˈrɔlli
Rollier *fr.* rɔˈlje
rollieren rɔˈliːrən
Rollin *fr.* rɔˈlɛ̃
Rollini *engl.* rəˈliːnɪ
Rollins *engl.* ˈrɔlɪnz
Rollmops ˈrɔlmɔps, **...möpse** ...mœpsə
[1]**Rollo** ˈrɔlo, *auch:* rɔˈloː
[2]**Rollo** (Name) ˈrɔlo
Roll-on-roll-off-... roːlˈǀɔnroːl-ˈǀɔf...
Rolls *engl.* roʊlz
Rolls-Royce® rɔlsˈrɔy̯s, *engl.* ˈroʊlzˈrɔɪs
Roloff ˈroːlɔf
Rølvaag *norw.* ˌrœlvoːg, *engl.* ˈroʊlvɑːg
[1]**Rom** (Zigeuner) roːm, **-a** ˈroːma
[2]**Rom** (Stadt) roːm
ROM (Informatik) rɔm
Röm røːm
Roma *it.* ˈroːma, *schwed.* ˌruːma
Romadin *russ.* raˈmadin
Romadur ˈrɔmaduːɐ̯, *auch:* romaˈduːɐ̯
Romagna roˈmanja, *it.* roˈmaɲɲa
Romaiki *neugr.* rɔmaiˈki
Romainmôtier *fr.* rɔmɛ̃moˈtje
Romain[s] *fr.* rɔˈmɛ̃
Romainville *fr.* rɔmɛ̃ˈvil
Romako roˈmaːko
[1]**Roman** (Erzählung) roˈmaːn
[2]**Roman** (Name) ˈroːman, *schwed.* ˈruːman, *russ.* raˈman, *bulgar.* ˈrɔmɐn, *rumän.* ˈroman
Romana roˈmaːna
Romancero romanˈseːro
Romänchen roˈmɛːnçən
Romancier romãˈsi̯eː
Romane roˈmaːnə
Romanelli *it.* romaˈnɛlli
Romanes *engl.* roʊˈmɑːnɪz
Romanesca romaˈnɛska
romanesk romaˈnɛsk
Romani ˈrɔmani, roˈmaːni
Romania roˈmaːni̯a
România *rumän.* romɨˈnia
Romanik roˈmaːnɪk
Romanino *it.* romaˈniːno
romanisch roˈmaːnɪʃ
romanisieren romaniˈziːrən
Romanismus romaˈnɪsmʊs
Romanist[ik] romaˈnɪst[ɪk]
Romanität romaniˈtɛːt
Romano *it.* roˈmaːno
Romanos roˈmaːnɔs, romaˈnɔs, *span.* rrɔˈmanos
Romanow roˈmaːnɔf, *russ.* raˈmanɐf
Romanowitsch *russ.* raˈmanɐvitʃ
Romanowna *russ.* raˈmanɐvnɐ
Romanshorn ˈroːmanshɔrn
Romans-sur-Isère *fr.* rɔmãsyriˈzɛːr
Romantik roˈmantɪk
Romantiker roˈmantikɐ
romantisch roˈmantɪʃ
romantisieren romantiˈziːrən
Romantizismus romantiˈtsɪsmʊs
romantizistisch romantiˈtsɪstɪʃ
romantsch, R... roˈmantʃ
Romanus roˈmaːnʊs
Romanze roˈmantsə
Romanzero romanˈtseːro
Rombach ˈrɔmbax, *fr.* rɔmˈbak
Rombaksbotn *norw.* ˈrɔmbaksbɔtn
Rombas *fr.* rõˈbɑːs
Romberg ˈrɔmbɛrk, *engl.* ˈrɔmbəːg
Rombouts *niederl.* ˈrɔmbɔu̯ts
Rome *engl.* roʊm
Romein *niederl.* roˈmɛi̯n
Romeit romeˈiːt
Romeo ˈroːmeo, *engl.* ˈroʊmɪoʊ, *it.* roˈmɛːo
Romeoville *engl.* ˈroʊmɪoʊvɪl
Römer ˈrøːmɐ
Rømer *dän.* ˈrʏːˀmɐ
Romerike *norw.* ˌruːməriːkə
Romero *span.* rrɔˈmero
Römhild ˈrøːmhɪlt
Romi ˈroːmi
Romilly-sur-Seine *fr.* rɔmijisyrˈsɛn
Rominte roˈmɪntə
römisch ˈrøːmɪʃ
Romm *russ.* rɔm
Rommé ˈrɔme, *auch:* rɔˈmeː
Rommel ˈrɔml̩

R

Rommersdorf 'rɔmɐsdɔrf
Romney *engl.* 'rɔmnɪ
Romny (Ukr.) *russ.* ram'nɨ
Rømø *dän.* 'rœmʏ:'
Romont *fr.* rɔ'mõ
Romontsch ro'mɔntʃ
Romorantin *fr.* rɔmɔrã'tɛ̃
Rompler 'rɔmplɐ
Rompres *rumän.* rom'pres
Romsdal *norw.* 'rumsda:l
Romsdalsfjord *norw.* 'rums-da:lsfju:r
Romsey *engl.* 'rʌmzɪ
Romuald 'ro:mu̯alt
Romualdiner romu̯al'di:nɐ
Rómulo *span.* 'rrɔmulo
Romulus 'ro:mulʊs
Romy 'ro:mi
Rónai, ...ay *ung.* 'ro:nɔi
Ronald 'ro:nalt, *engl.* rɔnld
Roncalli *it.* roŋ'kalli
Roncesvalles 'rõ:səval, *span.* rrɔnθez'βaʎes
Roncevaux *fr.* rõs'vo
Ronchamp *fr.* rõ'ʃã
Ronchus 'rɔnçʊs
Ronconi *it.* roŋ'ko:ni
Ronda *it.* 'ronda, *span.* 'rrɔnda
Rondane *norw.* ˌrɔndanə
Rondat[e] rɔn'da:t[ə]
Ronde 'rɔndə, 'rõ:də
Rondeau rõ'do:, *auch:* rɔn'do:
Rondel rõ'dɛl
Rondell[us] rɔn'dɛl[ʊs]
Rondo 'rɔndo
Rondônia *bras.* rron'doni̯a
Rondschrift 'rɔntʃrɪft
Ronin 'ro:nɪn
ronkalisch rɔŋ'ka:lɪʃ
rönne, R... 'rœnə
Rønne *dän.* 'rœnə
Ronneburg 'rɔnəbʊrk
Ronneby *schwed.* ˌrɔnəby
Ronnefeld 'rɔnəfɛlt
Ronnenberg 'rɔnənbɛrk
Ronnie *engl.* 'rɔnɪ
Ronny *engl.* 'rɔnɪ
Ronsard *fr.* rõ'sa:r
Ronse *niederl.* 'rɔnsə
röntgen, R... 'rœntgn̩
röntgenisieren rœntgeni'zi:rən
Röntgenogramm rœntgeno-'gram
Röntgenographie rœntgeno-gra'fi:, **-n** ...i:ən
röntgenographisch rœntgeno-'gra:fɪʃ
Röntgenologe rœntgeno'lo:gə
Röntgenologie rœntgenolo'gi:
röntgenologisch rœntgeno-'lo:gɪʃ
röntgenometrisch rœntgeno-'me:trɪʃ
Röntgenoskopie rœntgeno-sko'pi:, **-n** ...i:ən
Rood *engl.* ru:d
Roodepoort *afr.* 'ro:dəpo:rt
Rooming-in ru:mɪŋ'ɪn
Roon ro:n
Roorkee *engl.* 'rʊəki:
Roos ro:s
Roosendaal *niederl.* 'ro:sənda:l
Roosevelt 'ro:zəvɛlt, *engl.* 'roʊzvɛlt
Root[es] *engl.* ru:t[s]
Ropartz *fr.* rɔ'parts
Röpke 'rœpkə
Rops *fr.* rɔps
Roquefort 'rɔkfo:ɐ̯, *auch:* –'–, *fr.* rɔk'fɔ:r
Roquepertuse *fr.* rɔkpɛr'ty:z
Roques *fr.* rɔk
Roquette rɔ'kɛt
Roraima *span.* rrɔ'rai̯ma, *bras.* rro'rai̯ma, *engl.* rɔ'raɪmə
Rorantist roran'tɪst
Rorate ro'ra:te
Rørdam *dän.* 'rœɐ̯dam'
Rore *niederl.* 'ro:rə
rören 'rø:rən
Roritzer 'ro:rɪt͜sɐ
Rororo roro'ro:
Røros *norw.* ˌrœ:ru:s
Ro-ro-Schiff 'ro:'ro:ʃɪf
Rorschach 'ro:ɐ̯ʃax, 'rɔrʃax
Rörstrand *schwed.* rœr'strand
rosa, [1]R... 'ro:za
[2]Rosa (Name) 'ro:za, *engl.* 'roʊzə, *fr.* ro'za, *it.* 'rɔ:za, *span.* 'rrɔsa, *bras.* 'rrɔza, *russ.* 'rɔzɐ
Rosabella roza'bɛla
Rosai *it.* ro'za:i̯
Rosal[es] *span.* rrɔ'sal[es]
Rosalia ro'za:li̯a
Rosalía *span.* rrɔsa'lia
Rosalie ro'za:li̯ə, *engl.* 'rɔzəlɪ, 'roʊzəlɪ, *fr.* roza'li
Rosalind 'ro:zalɪnt, *engl.* 'rɔzə-lɪnd
Rosalinde roza'lɪndə
Rosaline roza'li:nə
Rosalva ro'zalva
Rosamund 'ro:zamʊnt
Rosamunde roza'mʊndə
Rosanilin rozani'li:n
Rosanow *russ.* 'rɔzɐnɐf
Rosario *span.* rrɔ'sari̯o
Rosarium ro'za:ri̯ʊm, **...ien** ...i̯ən
Rosas *span.* 'rrɔsas
Rosaura *it.* ro'za:u̯ra, *span.* rrɔ-'sau̯ra
Rosay *fr.* ro'zɛ
Rosazea ro'za:t͜sea
Rosazee roza't͜se:ə
Rosbach 'rɔsbax
Rosbaud 'rɔsbau̯t
Roscelin *fr.* rɔs'lɛ̃
rösch rø:ʃ
Roschal *russ.* ra'ʃalj
Roschana ro'ʃa:na
Roschberg 'rɔʃbɛrk
Roschdestwenski *russ.* raʒ'djestvɪnskij
Rösche 'rø:ʃe, 'rœʃə
Röschen 'rø:sçən
Roscher 'rɔʃɐ
Rosch ha-Schanah 'ro:ʃ haʃa'na:
Roschsee 'rɔʃze:
Roschtschin *russ.* 'rɔʃtʃin
Roscius 'rɔst͜si̯ʊs
Roscoe *engl.* 'rɔskoʊ
Roscoff *fr.* rɔs'kɔf
Roscommon *engl.* rɔs'kɔmən
rosé, R... ro'ze:
[1]Rose 'ro:zə
[2]Rose (Name) 'ro:zə, *engl.* roʊz, *fr.* ro:z
Roseau *engl.* roʊ'zoʊ
Rosebery *engl.* 'roʊzbərɪ
Roseburg *engl.* 'roʊzbə:g
Rosecrans *engl.* 'roʊzkræns
Rosedale *engl.* 'roʊzdeɪl
Roseg *rät.* ro'ze:tɕ
Rosegg ro'zɛk
Rosegger 'ro:zɛgɐ, *auch:* ro'zɛgɐ, 'rɔsɛgɐ
Rosei 'ro:zai̯
Rosel 'ro:zl̩
Rösel 'rø:zl̩
Roselius ro'ze:li̯ʊs
Roselle *engl.* roʊ'zɛl
Rosemarie 'ro:zəmari:, –––'–
Rosemary *engl.* 'roʊzmərɪ
Rosemead *engl.* 'roʊzmi:d
Rosemeyer 'ro:zəmai̯ɐ
Rosemont *engl.* 'roʊzmɔnt
Rosen 'ro:zn̩, *fr.* ro'zɛn, *schwed.* 'ru:sən
Rosenau 'ro:zənau̯, ––'–
Rosenbach 'ro:zn̩bax
Rosenberg 'ro:zn̩bɛrk, *engl.* 'roʊznbə:g, *schwed.* ˌru:sən-bærj
Rosenblut 'ro:zn̩blu:t

Rosenborg *dän.* ˈrʊ:sn̩bɔɐ̯ˀ
Rosenburg ˈro:zn̩bʊrk
Rosendaël *fr.* rozɛnˈdal
Rosendahl *schwed.* ˌru:səndɑ:l
Rosendorfer ˈro:zn̩dɔrfɐ
Rosenfeld ˈro:zn̩fɛlt, *engl.* ˈroʊznfɛld
Rosengarten ˈro:zn̩gartn̩
Rosenheim ˈro:zn̩hai̯m
Rosenkranz ˈro:zn̩krants
Rosenkreu[t]zer ˈro:zn̩krɔyt͡sɐ
Rosenmontag ro:zn̩ˈmo:nta:k, ˈ- - - -
Rosenmüller ˈro:zn̩mʏlɐ
Rosenobel ˈro:zəno:bl̩, *auch:* ro:zəˈno:bl̩
Rosenow ˈro:zəno
Rosenplüt ˈro:zn̩ply:t
Rosenquist *engl.* ˈroʊznkwɪst
Rosenstock-Huessy ˈro:zn̩ʃtɔk-ˈhʏsi
Rosental ˈro:zn̩ta:l
Rosenthal ˈro:zn̩ta:l, *fr.* rozɛnˈtal, *engl.* ˈroʊznθɔ:l
Rosenwald ˈro:zn̩valt, *engl.* ˈroʊznwɔ:ld
Rosenzweig ˈro:zn̩t͡svai̯k
Roseola roˈze:ola, **...len** rozeˈo:lən
Roseole rozeˈo:lə
[1]**Rosette** (Verzierung) roˈzɛtə
[2]**Rosette** (Stadt) roˈzɛt[ə]
Rosetti *it.* roˈzetti, *rumän.* roˈseti
Roseville *engl.* ˈroʊzvɪl
Rosewall *engl.* ˈroʊzwɔ:l
Rosheim ˈro:shai̯m, *fr.* rɔˈsɛm
Rosi ˈro:zi, *it.* ˈrɔ:zi
rosig ˈro:zɪç, **-e** ...ɪgə
Rosignano *it.* roziɲˈɲa:no
Rosina *it.* roˈzi:na
Rosinante roziˈnantə
[1]**Rosine** roˈzi:nə
[2]**Rosine** (Name) roˈzi:nə, *fr.* roˈzin
Roșiori de Vede *rumän.* roˈʃjorj de ˈvede
Rosita roˈzi:ta, *span.* rrɔˈsita
Rositten roˈzɪtn̩
Roskilde *dän.* ˈrɔskilə
Roskow ˈrɔsko
Rosl ˈro:zl̩
Roslagen *schwed.* ˌru:slɑ:gən
Roslawez *russ.* ˈrɔslɐvɪts
Roslawl *russ.* ˈrɔslɐvlj
Röslein ˈrø:slai̯n
Rösler ˈrø:slɐ
Roslin *schwed.* rɔˈsli:n
Rosmalen *niederl.* rɔsˈma:lə
Rosmarin ˈro:smari:n, *auch:* - -ˈ-
Rosmer ˈro:smɐ
Rosmini *it.* rozˈmi:ni
Rosny *fr.* roˈni
Rosny-sous-Bois *fr.* ronisuˈbwa
Rosolio roˈzo:li̯o
Rosow *russ.* ˈrɔzɐf
Rösrath ˈrø:sra:t
[1]**Roß** (Wabe) ro:s
[2]**Roß** (Name) rɔs
[1]**Ross** rɔs, **Rösser** ˈrœsɐ
[2]**Ross** (Name) *dt., engl.* rɔs
Rossano *it.* rosˈsa:no
Rösschen ˈrœsçən
Ross Dependency *engl.* ˈrɔs dɪˈpɛndənsɪ
Roße ˈro:sə
Rosse *engl.* rɔs
Rosseels *niederl.* rɔˈse:ls
Rössel ˈrœsl̩
Rosselli *it.* rosˈsɛlli
Rossellini *it.* rosselˈli:ni
Rossellino *it.* rosselˈli:no
rossen ˈrɔsn̩
Rössen ˈrœsn̩
Rossendorf ˈrɔsn̩dɔrf
Rösser vgl. [1]Ross
Rossetti *engl.* rɔˈsɛtɪ, *it.* rosˈsetti
Rossi *it.* ˈrossi, *engl.* ˈrɔsɪ, *fr.* rɔˈsi
rossig ˈrɔsɪç, **-e** ...ɪgə
Rossija rɔˈsi:ja, *russ.* raˈsijɐ
Rössing ˈrœsɪŋ
Rossini rɔˈsi:ni, *it.* rosˈsi:ni
Rossio *port.* rruˈsiu
Rossiskaja Sowetskaja Federatiwnaja Sozialistitscheskaja Respublika *russ.* raˈsijskɐjɐ saˈvjɛtskɐjɐ fɪdɪraˈtivnɐjɐ sɐtsɨɐlisˈtitʃɪskɐjɐ rɪsˈpublikɐ
Rossitten rɔˈsɪtn̩
Rossiza *bulgar.* roˈsitsɐ
Rössl ˈrœsl̩
Roßlau ˈrɔslau̯
Rösslein ˈrœslai̯n
Rößler ˈrœslɐ
Rosslyn *engl.* ˈrɔslɪn
Rosso *it.* ˈrosso, *fr.* rɔˈso
Rossow ˈrɔso
Ross-Shire *engl.* ˈrɔsʃɪə
Rosstäuscherei rɔstɔyʃəˈrai̯
Rosstrappe ˈrɔstrapə
Rossum *niederl.* ˈrɔsəm
Roßwein ˈrɔsvai̯n
Rost rɔst
Røst *norw.* rœst
Rostal ˈrɔstal
Rostand *fr.* rɔsˈtã
Röste ˈrø:stə, *auch:* ˈrœstə
Rostellum rɔsˈtɛlʊm, **...lla** ...la
rosten ˈrɔstn̩
rösten ˈrø:stn̩, *auch:* ˈrœstn̩
Rösterei rø:stəˈrai̯, *auch:* rœs...
Rösti ˈrø:sti
Rosticceria rɔstɪtʃeˈri:a
rostig ˈrɔstɪç, **-e** ...ɪgə
Rostock ˈrɔstɔk
Rostoptschin *russ.* rɐstapˈtʃin
Rostovtzeff *engl.* rɔsˈtɔ:ftsəf
Rostow *russ.* rasˈtɔf
Rostow-na-Donu *russ.* rasˈtɔv-nɐdaˈnu
Rostowski *russ.* rasˈtɔfskij
Rostowzew *russ.* rasˈtɔftsəf
Rostra ˈrɔstra
rostral rɔsˈtra:l
Rostropowitsch *russ.* rɐstraˈpɔvitʃ
Rostrum ˈrɔstrʊm
Rostworowski *poln.* rɔstfɔˈrɔfski
Rosvænge *dän.* ˈrɔsveŋə
Roswell *engl.* ˈrɔzwəl
Rosweyde *niederl.* ˈrɔswɛi̯də
Roswith ˈro:svɪt
Roswitha rɔsˈvi:ta
Rosyth *engl.* rɔˈsaɪθ
Roszak *engl.* ˈrɔsæk
rot ro:t, **röter** ˈrø:tɐ
Rot ro:t
Röt rø:t
Rota ˈro:ta, *engl.* ˈroʊtə, *span.* ˈrrɔta, *it.* ˈrɔ:ta
Rotan ˈro:tan
Rotang ˈro:taŋ
Rotaprint® rotaˈprɪnt
Rotari *it.* roˈta:ri
Rotarier roˈta:ri̯ɐ
rotarisch roˈta:rɪʃ
Rotarmist ˈro:t|armɪst
Rota Romana ˈro:ta roˈma:na
Rotary [Club] ˈro:tari [ˈklʊp], *auch:* ˈro:təri -, roˈta:ri -
Rotation rotaˈt͡si̯o:n
Rotatorien rotaˈto:ri̯ən
Rotbart ˈro:tba:ɐ̯t
Röte ˈrø:tə
Rote-Kreuz-Schwester ro:təˈkrɔyt͡sʃvɛstɐ
Rotella *it.* roˈtɛlla
Rötel[n] ˈrø:tl̩[n]
röten ˈrø:tn̩
Rotenburg ˈro:tn̩bʊrk
Rotenturmpass ro:tn̩ˈtʊrmpas
röter vgl. rot

R

Rọtgans *niederl.* ˈrɔtxɑns
Ro̲tgüldig... ˈroːtɡʏldɪç...
Ro̲tgültig... ˈroːtɡʏltɪç...
Ro̲th roːt, *engl.* rɔθ, roʊθ
Rotha *engl.* ˈroʊθə
Rö̲tha ˈrøːta
Ro̲thaargebirge ˈroːthaːɐ̯ɡəbɪrɡə
Ro̲thacker ˈroːthakɐ
Ro̲thari ˈroːtari
Ro̲the ˈroːtə
Rö̲thenbach ˈrøːtn̩bax
Ro̲thenberg ˈroːtn̩bɛrk, *engl.* ˈrɔθənbəːɡ
Ro̲thenberger ˈroːtn̩bɛrɡɐ
Ro̲thenburg ˈroːtn̩bʊrk
Rothenfẹlde roːtn̩ˈfɛldə
Rothenstein *engl.* ˈroʊθənstaɪn
Ro̲ther ˈroːtɐ, *engl.* ˈrɔðə
Rọtherham *engl.* ˈrɔðərəm
Rọthermere *engl.* ˈrɔðəmɪə
Rọthesay *engl.* ˈrɔθsɪ
Ro̲thfels ˈroːtfɛls
Rọthko *engl.* ˈrɔθkoʊ
Rothmann ˈroːtman, ˈrɔt...
Ro̲thmüller ˈroːtmʏlɐ
Ro̲thschild ˈroːtʃɪlt, *fr.* rɔtˈʃild, *engl.* ˈrɔθstʃaɪld
Ro̲thweil ˈroːtvai̯l
Rọthwell *engl.* ˈrɔθwəl
Ro̲ti *indon.* ˈroti
roti̲eren roˈtiːrən
Rotisseri̲e rotɪsəˈriː, **-n** ...iːən
Rotkre̲uzschwester roːtˈkrɔy̯t͡sʃvɛstɐ
rö̲tlich ˈrøːtlɪç
Rö̲tling ˈrøːtlɪŋ
ro̲tnasig ˈroːtnaːzɪç
Ro̲tor ˈroːtoːɐ̯, **-en** roˈtoːrən
Rotoru̲a *engl.* roʊtəˈruːə
Ro̲traud, ...ut ˈroːtrau̯t
Rotrou *fr.* rɔˈtru
Rotrouenge *fr.* rɔtruˈãːʒ
Rọtt[a] ˈrɔt[a]
Rọttach ˈrɔtax
Rọttal[er] ˈrɔtaːl[ɐ]
Rọtte ˈrɔtə
Rọtteck ˈrɔtɛk
Rọ̈tteln ˈrœtl̩n
rọtten, R... ˈrɔtn̩
rọ̈tten ˈrœtn̩
Rottenbu̲ch rɔtn̩ˈbuːx
Rọttenburg ˈrɔtn̩bʊrk
Rọttenhammer ˈrɔtn̩hamɐ
Rọttenmann ˈrɔtn̩man
Rotterdam rɔtɐˈdam, *auch:* ˈ–––, *niederl.* rɔtərˈdɑm
Rotterdamer rɔtɐˈdamɐ, *auch:* ˈrɔt...
Rọ̈ttger ˈrœtɡɐ
Rọttluff ˈrɔtlʊf
Rọttmann ˈrɔtman
Rọttmayer, ...ayr ˈrɔtmai̯ɐ
Rottumero̲og *niederl.* rɔtəmərˈoːx
Rọttweil[er] ˈrɔtvai̯l[ɐ]
Ro̲tulus ˈroːtulʊs, **...li** ...li
Rotu̲ma *engl.* rəˈtuːmə
Rotụnda roˈtʊnda
Rotụnde roˈtʊndə
Rotü̲re roˈtyːrə
Rotüri̲er rotyˈri̯eː
ro̲twangig ˈroːtvaŋɪç, **-e** ...ɪɡə
ro̲twelsch, R... ˈroːtvɛlʃ
Roty *fr.* rɔˈti
Rọtz rɔt͡s
Rọtze ˈrɔt͡sə
rọtzen ˈrɔt͡sn̩
Rotzere̲i rɔt͡səˈrai̯
rọtzfrẹch ˈrɔt͡sˈfrɛç
rọtzig ˈrɔt͡sɪç, **-e** ...ɪɡə
Rouault *fr.* rwo
Roubaix *fr.* ruˈbɛ
Roubiliac *fr.* rubiˈljak
Rouch *fr.* ruʃ
Rouché, ...chẹr *fr.* ruˈʃe
Roud *fr.* ru
Rọudnice *tschech.* ˈrɔu̯dnjitsɛ
Roué ru̯eː
Rouen ru̯ãː, *fr.* rwã
Rouffạch *fr.* ruˈfak
Rouffignạc *fr.* rufiˈɲak
Rouge ruːʃ
Rouge et noir *fr.* ruʒeˈnwaːr
Rougemont *fr.* ruʒˈmõ
Rougẹt *fr.* ruˈʒɛ
Rouget de Lịsle *fr.* ruʒɛˈdlil
Rougon-Macqua̲rt *fr.* ruɡõmaˈkaːr
Rouïbạ *fr.* rwiˈba
Roula̲de ruˈlaːdə
Rouleau ruˈloː
Roulẹrs *fr.* ruˈlɛrs
Roulẹtt ruˈlɛt
Roulẹtte ruˈlɛt[ə], **-n** ...tn̩
rouli̲eren ruˈliːrən
Roumain *fr.* ruˈmɛ̃
Roumanịlle *fr.* rumaˈnij
Round *engl.* raʊnd
Roundhead ˈrau̯nthɛt
Round-Table-... ˈrau̯ntˈteːbl̩...
Round-up rau̯ntˈ|ap, ˈ––
Rourke *engl.* rɔːk
Rourkela *engl.* ˈrʊəkəlɑː
Rous *engl.* raʊs, ruːs
Rousseau ruˈsoː, *fr.* ruˈso
Roussẹl *fr.* ruˈsɛl
Rousselọt *fr.* rusˈlo
Roussẹt *fr.* ruˈsɛ
Roussillon *fr.* rusiˈjõ
Roussin *fr.* ruˈsɛ̃
Rout rau̯t
Route ˈruːtə
Router ˈrau̯tɐ
Routi̲ne ruˈtiːnə
Routini̲er rutiˈni̯eː
routini̲ert rutiˈniːɐ̯t
Routledge *engl.* ˈraʊtlɪdʒ
Rouviẹr *fr.* ruˈvje
Roux ruː, *fr.* ru
Roux-Spịtz *fr.* rusˈpits
Rouyn *fr.* rwɛ̃, *engl.* ˈruːɪn
Rova̲ni *it.* roˈvaːni
Rọvaniemi *finn.* ˈrɔvɑni̯emi
Ro̲vere *it.* ˈroːvere
Rovere̲do *it.* roveˈreːdo
Rovere̲to *it.* roveˈreːto
Rovẹro *span.* rrɔˈβero
Rovẹtta *it.* roˈvetta
Rovi̲go *it.* roˈviːɡo
Rọvinj *serbokr.* ˌrɔvinj
Rovu̲ma roˈvuːma
Rọwan *engl.* ˈroʊən
Rowdy ˈrau̯di
Ro̲we ˈroːvə, *engl.* roʊ
Rowenkị *russ.* rɐvɪnjˈki
Rowịcki *poln.* rɔˈvitski
Rọwland[son] *engl.* ˈroʊlənd[sn]
Rọwley *engl.* ˈroʊlɪ
Rọwno *russ.* ˈrɔvnɐ
Rowntree *engl.* ˈraʊntriː
Ro̲wohlt ˈroːvɔlt
Rowson *engl.* raʊsn
Rowton *engl.* raʊtn, rɔːtn
Rowu̲ma roˈvuːma
Roxa̲ne rɔˈksaːnə
Rọxas *span.* ˈrrɔxas
Rọxburgh[e] *engl.* ˈrɔksbərə
Rọxen *schwed.* ˈrɔksən
Roxola̲ne rɔksoˈlaːnə
Roy *engl.* rɔɪ, *fr.* rwa, *slowak.* rɔj
roya̲l ro̯aˈjaːl
Rọyal *engl.* ˈrɔɪəl
Rọyal Air Force *engl.* ˈrɔɪəl ˈɛəfɔːs
Royalịsmus ro̯ajaˈlɪsmʊs
Royalịst ro̯ajaˈlɪst
Rọyall *engl.* ˈrɔɪəl
Rọyal Oak *engl.* ˈrɔɪəl ˈoʊk
Rọyalty *engl.* ˈrɔɪəltɪ
Royan *fr.* rwaˈjã
Rọyce *engl.* rɔɪs
Royer-Colla̲rd *fr.* rwajekɔˈlaːr
Ro̲zenburg *niederl.* ˈroːzənbʏrx
Różẹwicz *poln.* ruˈʒɛvitʃ

Rožmberk *tschech.* ˈrɔʒmbɛrk
Rožmitál *tschech.* ˈrɔʒmitaːl
Rožňava *slowak.* ˈrɔʒnjava
Rozsnyó *ung.* ˈroʒnjoː
Roztocze *poln.* rɔsˈtɔtʃɛ
Różycki *poln.* ruˈʒɨtski
(r+1)-te ɛrplʊsˈlaintə
Rrëshen *alban.* rrəˈʃen
Rschew *russ.* rʒɛf
RSFSR *russ.* ɛr-ɛs-ɛf-ɛsˈɛr
Rtanj *serbokr.* ˈr̩ːtanj
Rtischtschewo *russ.* ˈrtiʃtʃɪvɐ
RTL ɛrteːˈlɛl
Ruaha *engl.* ruːˈɑːhɑː
Ruanda ˈru̯anda, *fr.* rwanˈda
Ruander ˈru̯andɐ
ruandisch ˈru̯andɪʃ
Ruapehu *engl.* ruːəˈpeɪhuː
Ruark *engl.* ˈruːɑːk
Ruasa vgl. [1]Rais
Ruba'i rubaˈiː
Rub Al Khali ˈrʊp alˈxaːli
rubato ruˈbaːto
Rubato ruˈbaːto, **...ti** ...ti
Rubatscher ˈruːbatʃɐ
rubbelig ˈrʊbəlɪç, **-e** ...ɪgə
rubbeln ˈrʊbl̩n, **rubble** ˈrʊblə
Rubber ˈrabɐ
Rubbra *engl.* ˈrʌbrə
Rübchen ˈryːpçən
Rübe ˈryːbə
Rubeba ruˈbeːba
Rubebe ruˈbeːbə
Rubel ˈruːbl̩
Rübeland ˈryːbəlant
Ruben ˈruːbn̩
Rubén *span.* rruˈβen
Rubens ˈruːbn̩s, *niederl.* ˈrybəns
Rubeola ruˈbeːola
rüber ˈryːbɐ
rüberbringen ˈryːbɐbrɪŋən
Rubeš *tschech.* ˈrubɛʃ
Rubeschnoje *russ.* ruˈbjɛʒnɐjɐ
Rübezahl ˈryːbətsaːl
Rubia ˈruːbi̯a
Rubianus ruˈbi̯aːnʊs
Rubidium ruˈbiːdi̯ʊm
Rubikon ˈruːbikɔn
Rubin[er] ruˈbiːn[ɐ]
Rubinschtein *russ.* rubinˈʃtejn
Rubinstein ˈruːbɪnʃtain, *engl.* ˈruːbɪnstaɪn
Rubió *kat.* rruˈβi̯o
Rubizell rubiˈtsɛl
Rübkohl ˈryːpkoːl
Rubljow *russ.* ruˈbljɔf
Rubner ˈruːpnɐ
Rubor ˈruːboːɐ̯
Rubra vgl. Rubrum
Rubrik ruˈbriːk
Rubrikator rubriˈkaːtoːɐ̯, **-en** ...kaˈtoːrən
rubrizieren rubriˈtsiːrən
Rubruk ˈruːbrʊk
Rubrum ˈruːbrʊm, **Rubra** ˈruːbra
Rübsen ˈryːpsn̩
Ruby *engl.* ˈruːbɪ
Rubzowsk *russ.* rupˈtsɔfsk
Rucellai *it.* rutʃelˈlaːi̯
Ruch ruːx, rʊx, **Rüche** ˈryːçə, ˈrʏçə
Ruchadlo ˈrʊxadlo
ruchbar ˈruːxbaːɐ̯, *auch:* ˈrʊxbaːɐ̯
Ruchgras ˈrʊxgraːs
ruchlos ˈruːxloːs, *auch:* ˈrʊxloːs
ruck, zuck! ˈrʊkˈtsʊk
Rück rʏk
ruck!, Ruck rʊk
rückbezüglich ˈrʏkbətsyːklɪç
Rückbleibsel ˈrʏkblaipsl̩
rückbuchen ˈrʏkbuːxn̩
ruckeln ˈrʊkl̩n
rucken ˈrʊkn̩
rücken, R... ˈrʏkn̩
Rucker *engl.* ˈrʌkə
Rücker ˈrʏkɐ
Ruckers *niederl.* ˈrʏkərs
Rückert ˈrʏkɐt
rückfragen ˈrʏkfraːgn̩
Rückholz ˈrʏkhɔlts
rückläufig ˈrʏklɔyfɪç
rücklings ˈrʏklɪŋs
Rucksack ˈrʊkzak
rückseitig ˈrʏkzaitɪç
rückseits ˈrʏkzaits
rucksen ˈrʊksn̩
Rücksicht ˈrʏkzɪçt
rückständig ˈrʏkʃtɛndɪç
rückwärtig ˈrʏkvɛrtɪç, **-e** ...ɪgə
rückwärts ˈrʏkvɛrts
Rucola ˈruːkola
Rucphen *niederl.* ˈrʏkfə
rüd ryːt, **-e** ˈryːdə
Rud *dän.* ruːˀð, *norw.* rʉːd
Ruda *schwed.* ˌrʉːda, *poln.* ˈruda
Rudabánya *ung.* ˈrudɔbaːnjɔ
Rudaki *pers.* rudæˈkiː
Ruda Śląska *poln.* ˈruda ˈɕlɔ̃ska
Rudbeck *schwed.* ˌrʉːdbɛk
Rudbeckia ruːtˈbɛki̯a
Rudbeckie ruːtˈbɛki̯ə
Rudd *engl.* rʌd
rüde, Rüde ˈryːdə
Rude *fr.* ryd
Rüdeger ˈryːdəgɛr
Rudel ˈruːdl̩, *engl.* ruːdl
Ruden ˈruːdn̩
Rudenko *russ.* ruˈdjɛnkɐ
Rudenz ˈruːdɛnts
Rudé Právo *tschech.* ˈrudɛː ˈpraːvɔ
Ruder ˈruːdɐ
Rudera ˈruːdera
Ruderal... rudeˈraːl...
...ruderig ...ˌruːdərɪç, **-e** ...ɪgə
rudern ˈruːdɐn, **rudre** ˈruːdrə
Rüdersdorf ˈryːdɐsdɔrf
Rüdesheim[er] ˈryːdəshaim[ɐ]
Rudge *engl.* rʌdʒ
Rudi ˈruːdi
Rüdiger ˈryːdigɐ, ...gɛr
Rudigier ˈruːdigiːɐ̯
Rudiment rudiˈmɛnt
rudimentär rudimɛnˈtɛːɐ̯
Rudisten ruˈdɪstn̩
Rudität rudiˈtɛːt
Rudkin *engl.* ˈrʌdkɪn
Rudkøbing *dän.* ˈruðkʏbɪŋ
Rudnicki *poln.* rudˈnitski
Rudny *russ.* ˈrudnɨj
Rudolf *dt., engl.* ˈruːdɔlf, *tschech.* ˈrudɔlf, *niederl.* ˈrydɔlf, *schwed.* ˈrʉːdɔlf
Rudolfa ruˈdɔlfa
Rudolfine rudɔlˈfiːnə
Rudolfinisch rudɔlˈfiːnɪʃ
Rudolph *dt., engl.* ˈruːdɔlf
Rudolphina rudɔlˈfiːna
Rudolstadt ˈruːdɔlʃtat
Rudorff ˈruːdɔrf
Rudrer ˈruːdrɐ
...rudrig ...ˌruːdrɪç, **-e** ...ɪgə
Rudyard (Vorn.) *engl.* ˈrʌdjəd
Rudziński *poln.* ruˈdʑi̯ĩski
Rueda ˈru̯eːda, *span.* ˈrru̯eða
Ruederer ˈruːɛdərɐ
Ruef ˈruːɛf
Rueff *fr.* rɥɛf
Rüegg ˈryːɛk
Rueil *fr.* rɥɛj
Ruelas *span.* ˈrru̯elas
Ruf[ach] ˈruːf[ax]
Rufe ˈruːfə
Rüfe ˈryːfə
rufen ˈruːfn̩
Rüffel ˈrʏfl̩
rüffeln ˈrʏfl̩n
Ruffini *it.* rufˈfiːni
Ruffo *it.* ˈruffo
Rufiji *engl.* ruːˈfiːdʒiː
Rufinus ruˈfiːnʊs
Rufio ˈruːfi̯o

R

Rufisque *fr.* ry'fisk
Rufus 'ru:fʊs
Rúfus *slowak.* 'ru:fus
Rugantino rugan'ti:no
[1]**Rugby** (Spiel) 'rakbi
[2]**Rugby** (Name) *engl.* 'rʌgbɪ
Ruge 'ru:gə
Rüge 'ry:gə
Rugeley *engl.* 'ru:dʒlɪ
rügen 'ry:gn̩, **rüg!** ry:k, **rügt** ry:kt
Rügen 'ry:gn̩
Rugendas 'ru:gn̩das
Rugge 'rʊgə
Ruggeri *it.* rud'dʒɛ:ri
Ruggero *it.* rud'dʒɛ:ro
Ruggieri *it.* rud'dʒɛ:ri
Ruggiero *it.* rud'dʒɛ:ro
Rugier 'ru:gi̯ɐ
rügisch 'ry:gɪʃ
Rugolo *engl.* 'ru:gəloʊ
Rugovë *alban.* ru'govə
Ruhe 'ru:ə
Rühe 'ry:ə
ruhen 'ru:ən
Ruheständler 'ru:əʃtɛntlɐ
ruhig 'ru:ɪç, **-e** ...ɪgə
Ruhla[nd] 'ru:la[nt]
Ruhm ru:m
Rühm[ann] 'ry:m[an]
rühmen 'ry:mən
Ruhmkorff 'ru:mkɔrf, *fr.* rym'kɔrf
Rühmkorf[f] 'ry:mkɔrf
ruhmredig 'ru:mre:dɪç, **-e** ...ɪgə
Ruhner Berge 'ru:nɐ 'bɛrgə
Ruhnow 'ru:no
Ruhpolding 'ru:pɔldɪŋ
Ruhr ru:ɐ̯
Rührei 'ry:ɐ̯lai̯
rühren 'ry:rən
rührig 'ry:rɪç, **-e** ...ɪgə
Rührmichnichtan 'ry:ɐ̯mɪçnɪçt|an
Ruin ru'i:n
Ruinart *fr.* rɥi'na:r
Ruine ru'i:nə
ruinieren rui'ni:rən
ruinös rui'nø:s, **-e** ...ø:zə
Ruisbroek *niederl.* 'rœi̯zbruk
Ruisdael *niederl.* 'rœi̯zda:l
Ruiz *span.* rrui̯θ
Rukeyser *engl.* 'ru:kaɪzə
Rukwasee 'rʊkvaze:
Rul ru:l
Ruländer 'ru:lɛndɐ
Rulfo *span.* 'rrulfo
Rulman 'ru:lman, 'rʊlman

Rülps rʏlps
rülpsen 'rʏlpsn̩
rum, [1]Rum rʊm
[2]**Rum** (Name) *engl.* rʌm, *ung.* rum
[3]**Rum** (Byzanz) ru:m
Ruma *serbokr.* 'ruma
Rumäne ru'mɛ:nə
Rumänien ru'mɛ:ni̯ən
rumänisch ru'mɛ:nɪʃ
Rumba 'rʊmba
Rumbenkarte 'rʊmbn̩kartə
Rumelien ru'me:li̯ən
Rumelija *bulgar.* ru'mɛlijɐ
Rumford 'ramfɔrt, *engl.* 'rʌmfəd
Rumi *pers.* ru'mi:
Rumia *poln.* 'rumja
Rumination rumina'tsi̯o:n
ruminieren rumi'ni:rən
Rumjanzew *russ.* ru'mjantsəf
Rummel 'rʊml̩
rummeln 'rʊml̩n
Rummelsburg 'rʊml̩sbʊrk
Rummy 'rœmi
Rumohr 'ru:mo:ɐ̯
Rumoi *jap.* 'ru,moi
Rumold 'ru:mɔlt
[1]**Rumor** (Lärm) ru'mo:ɐ̯
[2]**Rumor** (Name) *it.* ru'mor
rumoren ru'mo:rən
Rumpel 'rʊmpl̩
rumpelig 'rʊmpəlɪç, **-e** ...ɪgə
rumpeln 'rʊmpl̩n
Rumpelstilzchen 'rʊmpl̩ʃtɪltsçən
Rumpf rʊmpf, **Rümpfe** 'rʏmpfə
rümpfen 'rʏmpfən
Rumpler 'rʊmplɐ
rumplig 'rʊmplɪç, **-e** ...ɪgə
Rumpsteak 'rʊmpste:k
rums! rʊms
rumsen 'rʊmzn̩, **rums!** rʊms, **rumst** rʊmst
Rumsey *engl.* 'rʌmzɪ
Rumsfeld *engl.* 'rʌmsfɛld
Run ran
Run-about 'ranəbau̯t
Runcie *engl.* 'rʌnsɪ
Runciman *engl.* 'rʌnsɪmən
Runcorn *engl.* 'rʌŋkɔ:n
rund, R... rʊnt, **-e** 'rʊndə
Runda 'rʊnda
Rundalow 'rʊndalo
Runde 'rʊndə
Rundell rʊn'dɛl
runden 'rʊndn̩, **rund!** rʊnt
ründen 'rʏndn̩, **ründ!** rʏnt

Rundfunk 'rʊntfʊŋk
rundheraus 'rʊnthɛ'rau̯s
rundherum 'rʊnthɛ'rʊm
rundlich 'rʊntlɪç
Rundling 'rʊntlɪŋ
Rundquist *schwed.* ˌrʊndkvist
Rundstedt 'rʊntʃtɛt
rundum 'rʊnt'|ʊm
rundumher 'rʊnt|ʊm'he:ɐ̯
rundweg 'rʊnt'vɛk
Rune 'ru:nə
Runeberg *schwed.* ˌrʉ:nəbærj
Rung *dän.* rʊŋʼ
Runge 'rʊŋə
runisch 'ru:nɪʃ
Runius *schwed.* 'rʉ:niʊs
Runkel[rübe] 'rʊŋkl̩[ry:bə]
Runkelstein 'rʊŋkl̩ʃtai̯n
Runken 'rʊŋkn̩
Runks rʊŋks
runksen 'rʊŋksn̩
Running Gag 'ranɪŋ 'gɛk
Runologe runo'lo:gə
Runologie runolo'gi:
Runs rʊns, **-e** 'rʊnzə
Runse 'rʊnzə
runter 'rʊntɐ
runterfallen 'rʊntɐfalən
Runway 'ranve:
Runyon *engl.* 'rʌnjən
Runzel 'rʊntsl̩
runz[e]lig 'rʊnts[ə]lɪç, **-e** ...ɪgə
runzeln 'rʊntsl̩n
Ruodi 'ru:ɔdi
Ruodlieb 'ru:ɔtli:p
Ruof[f] 'ru:ɔf
Ruotger 'ru:ɔtgɛr, ...gɐ
Rupel *niederl.* 'rypəl
Rüpel 'ry:pl̩
Rüpelei ry:pə'lai̯
Rupelien rype'li̯ɛ̃:
rüpelig 'ry:pəlɪç, **-e** ...ɪgə
Rupert 'ru:pɛrt, *engl.* 'ru:pət
Ruperta ru'pɛrta
Rupertiwinkel ru'pɛrtivɪŋkl̩
Rupertus ru'pɛrtʊs
rupfen, R... 'rʊpfn̩
Rupia 'ru:pi̯a, **...ien** ...i̯ən
Rupiah 'ru:pi̯a
Rupie 'ru:pi̯ə
Rupp[el] 'rʊp[l̩]
ruppig 'rʊpɪç, **-e** ...ɪgə
Ruppin rʊ'pi:n
Rupprecht 'rʊprɛçt
Rüppurr 'rʏpʊr
Ruprecht 'ru:prɛçt
Ruptur rʊp'tu:ɐ̯
Rur ru:ɐ̯
rural ru'ra:l

R

Rurik 'ru:rɪk
Rurikide ruri'ki:də
Rus ru:s, rʊs, *russ.* rusj
Rusafa ru'za:fa
Rusafi ru'za:fi
Rusajewka *russ.* ru'zajɪfkɐ
Rusalka ru'zalka, *tschech.* 'rusalka
Rusch rʊʃ
Rüsche 'ry:ʃə
Ruschel 'rʊʃl̩
rusch[e]lig 'rʊʃ[ə]lɪç, **-e** ...ɪgə
ruscheln 'rʊʃl̩n
rüschen 'ry:ʃn̩
Rusconi *it.* rus'ko:ni
Rusellae ru'zɛlɛ
Rush[den] *engl.* 'rʌʃ[dən]
Rushdie *engl.* 'rʊʃdɪ
Rushhour 'raʃlaʊ̯ɐ
Rushing *engl.* 'rʌʃɪŋ
Rushmore *engl.* 'rʌʃmɔ:
Rusiñol *kat., span.* rrusi'ɲɔl
Rusk *engl.* rʌsk
Ruska 'rʊska
Ruskin *engl.* 'rʌskɪn
Ruslan[a] *russ.* rus'lan[ɐ]
Ruspoli *it.* 'ruspoli
Ruß ru:s, **-es** 'ru:səs
Russ *engl.* rʌs
Russalka rʊ'salka
[1]**Russe** 'rʊsə
[2]**Russe** *bulgar.* 'rusɛ
Rüssel 'rʏsl̩
rüsselig 'rʏsəlɪç, **-e** ...ɪgə
Russel[l] *engl.* rʌsl
Russellville *engl.* 'rʌslvɪl
Rüsselsheim 'rʏsl̩shaɪ̯m
rußen 'ru:sn̩
Russia 'rʊsi̯a
russifizieren rʊsifi'tsi:rən
rußig 'ru:sɪç, **-e** ...ɪgə
Russinger 'rʊsɪŋɐ
russisch 'rʊsɪʃ
Russist[ik] rʊ'sɪst[ɪk]
Russki 'rʊski
Russland 'rʊslant
rüsslig 'rʏslɪç, **-e** ...ɪgə
Russo *it.* 'russo, *rumän.* 'ruso, *engl.* 'rʌsoʊ
Russolo *it.* 'russolo
Rußwurm 'ru:svʊrm
Rust rʊst
Rustaweli *georg.* 'rusthaweli
Rustawi *russ.* rus'tavi
Rüste 'rʏstə
rüsten 'rʏstn̩
Rustenburg *afr.* 'rœstənbœrx
Rüster 'rʏstɐ, *auch:* 'ry:stɐ
rüstern 'rʏstɐn, *auch:* 'ry:stɐn
rüstig 'rʏstɪç, **-e** ...ɪgə
Rustigello *it.* rusti'dʒɛllo
rustik rʊs'ti:k
Rustika 'rʊstika
rustikal rʊsti'ka:l
Rustikalität rʊstikali'tɛ:t
Rustikation rʊstika'tsi̯o:n
Rustikus 'rʊstikʊs, **-se** ...ʊsə, ...**izi** ...itsi
Rustizität rʊstitsi'tɛ:t
Ruston *engl.* 'rʌstən
Rüstow 'rʏsto
Rüstringen 'rʏstrɪŋən
Rustschuk 'rʊstʃʊk
Rüstung 'rʏstʊŋ
Rut[e] 'ru:t[ə]
Rutebeuf *fr.* ryt'bœf
Rutgers *engl.* 'rʌtgəz
Ruth ru:t, *engl.* ru:θ
Ruthard 'ru:thart
Rüthen 'ry:tn̩
Ruthenbeck 'ru:tn̩bɛk
Ruthene ru'te:nə
ruthenisch ru'te:nɪʃ
Ruthenium ru'te:ni̯ʊm
Rutherford, ...furd *engl.* 'rʌðəfəd
Rutherfordium *dt.-engl.* raðɐ'fɔrdi̯ʊm
Rutherglen *engl.* 'rʌðəglɛn
Ruthild 'ru:thɪlt
Ruthilde ru:t'hɪldə
Ruthin *engl.* 'rɪθɪn, 'ru:θɪn
Ruths ru:ts
Ruthven *engl.* 'ru:θvən, 'rɪvən
Rüti 'ry:ti
Rutil ru'ti:l
Rutilismus ruti'lɪsmʊs
Rutin[e] ru'ti:n[ə]
Rutland *engl.* 'rʌtlənd
Rutledge *engl.* 'rʌtlɪdʒ
Rütli 'ry:tli
rutsch!, Rutsch rʊtʃ
Rutsche 'rʊtʃə
rutschen 'rʊtʃn̩
Rutscherei rʊtʃə'raɪ̯
rutschig 'rʊtʃɪç, **-e** ...ɪgə
Rutte 'rʊtə
Rüttelei rʏtə'laɪ̯
rütteln 'rʏtl̩n
Rütten 'rʏtn̩
Rüttenauer 'rʏtənaʊ̯ɐ
Rüttgers 'rʏtgɐs
Ruttmann 'rʊtman
Rutuler ru'tu:lɐ
Rutz rʊts
Ruusbroec *niederl.* 'ryzbruk
Ruuth *finn.* ru:t
Ruvo *it.* 'ru:vo
Ruwenzori ruvɛn'zo:ri
Ruwer 'ru:vɐ
Ruy *span.* rru̯i
Ruy Blas *fr.* rɥi'blɑ:s
Ruyneman *niederl.* 'rœi̯nəman
Ruyra *kat.* 'rrui̯rə
Ruys *niederl.* rœi̯s
Ruysbroeck *niederl.* 'rœi̯zbruk
Ruysch *niederl.* rœi̯s
Ruysdael *niederl.* 'rœi̯zda:l
Ruyslinck *niederl.* 'rœi̯slɪŋk
Ruysum 'rɔyzʊm
Ruyter *niederl.* 'rœi̯tər
Ruz *span.* rruθ
Ružička 'ru:ʒɪtʃka
Růžička *tschech.* 'ru:ʒitʃka
Růžičková *tschech.* 'ru:ʒitʃkɔva:
Ruzkoi *russ.* ruts'kɔj
Ružomberok *slowak.* 'ruʒɔmbɛrɔk
Ruzzante *it.* rud'dzante
Rya 'ry:a, **Ryor** 'ry:ɔr
Ryan *engl.* 'raɪən
Rybakow *russ.* rɨba'kɔf
Rybatschi *russ.* rɨ'batʃij
Rybinsk *russ.* 'rɨbinsk
Rybnik *poln.* 'rɨbnik
Rybniza *russ.* 'rɨbnitsɐ
Rychner 'ri:çnɐ
Rychwał *poln.* 'rɨxfau̯
Ryckaert *niederl.* 'rɛi̯ka:rt
Rydberg *schwed.* ˌry:dbærj
Rydel *poln.* 'rɨdɛl
Ryde[r] *engl.* 'raɪd[ə]
Rydz *poln.* rɨts
Rye[rson] *engl.* 'raɪ[əsn]
Ryfylke *norw.* 'ry:fylkə
Ryga *engl.* 'raɪgə
Rykow *russ.* 'rɨkɐf
Ryle *engl.* raɪl
Rylejew *russ.* rɨ'ljejɪf
Ryley *engl.* 'raɪlɪ
Rylow *russ.* rɨ'lɔf
Rylsky *ukr.* 'rɪljsjkɪj
Ryman *engl.* 'raɪmən
Rynda *russ.* 'rɨndɐ
Ryor vgl. Rya
Rys ri:s
Rysanek 'ri:zanɛk, 'ry:...
Rysselberghe *niederl.* 'rɛi̯səlbɛrɣə
Rysy *poln.* 'rɨsɨ
Ryti *finn.* 'ryti
Ryum *dän.* 'ry:ʊm
Rzeszów *poln.* 'ʒɛʃuf
Rzewuski *poln.* ʒɛ'vuski

S s

s, S *dt., engl., fr.* ɛs, *it.* ˈɛsse, *span.* ˈese
σ, ς Σ ˈzɪgma
SA ɛsˈ|a:
Sá *port., bras.* sa
Saab® za:p
Saadi ˈza:di, *pers.* sæʔˈdi:
Saal za:l, **Säle** ˈzɛ:lə
Saal[b]ach ˈza:l[b]ax
Saalburg ˈza:lbʊrk
Saale ˈza:lə
Saalfeld ˈza:lfɛlt
Saalfelden za:lˈfɛldn̩
Saane[n] ˈza:nə[n]
Saanenmöser za:nənˈmø:zɐ
Saar za:ɐ̯
Saarbrücken za:ɐ̯ˈbrʏkn̩
Saarburg ˈza:ɐ̯bʊrk
Saaremaa *estn.* ˈsɑ:rɛmɑ::
Saargau ˈza:ɐ̯gau̯
Saargebiet ˈza:ɐ̯gəbi:t
Saargemünd za:ɐ̯gəˈmʏnt
Saarikoski *finn.* ˈsɑ:rikɔski
Saari[nen] *finn.* ˈsɑ:ri[nɛn]
Saariselkä *finn.* ˈsɑ:risɛlkæ
Saaritsa *finn.* ˈsɑ:ritsɑ
Saarland ˈza:ɐ̯lant
saarländisch ˈza:ɐ̯lɛndɪʃ
Saarlautern za:ɐ̯ˈlau̯tɐn
Saarlouis za:ɐ̯ˈlu̯i, **-er** ...u̯iɐ
Saarpfalz ˈza:ɐ̯pfalts
Saas-Fee za:sˈfe:
Saat za:t
Saavedra *span.* saaˈβeðra
Saaz[er] ˈza:ts[ɐ]
Sab za:p, *pers.* zɑ:b
Saba ˈza:ba, *it.* ˈsa:ba, *türk.* sɑˈbɑ, *pers.* sæˈbɑ:, *niederl.* ˈsa:bɑ
Sababurg ˈza:babʊrk
Šabac *serbokr.* ˈʃabats
Sabadani zabaˈda:ni
Sabadell *span.* saβaˈðɛl
Sabadill[e] zabaˈdɪl[ə]
Sabäer zaˈbɛ:ɐ
Sabah *indon.* ˈsabah
Sabahattin *türk.* sɑbɑhɑtˈtin
Sabäismus zabɛˈɪsmʊs
Sabalan *pers.* sæbæˈlɑ:n
Sabaoth ˈza:baɔt
Sabará *bras.* sabaˈra
Sabas ˈza:bas
Sabata *it.* ˈsa:bata
Sabatelli *it.* sabaˈtɛlli
Sabat Ercasty *span.* saˈβat ɛrˈkasti
Sabatier *fr.* sabaˈtje
Sabatini *it.* sabaˈti:ni, *engl.* sæbəˈti:nɪ
Sábato *span.* ˈsaβato
Sabaudia *it.* saˈba:u̯di̯a
Sabayon *fr.* sabaˈjõ
Sabazios zaˈba:tsi̯ɔs
Sabbat ˈzabat
Sabbatai zabaˈtai̯
Sabbatarier zabaˈta:ri̯ɐ
Sabbatianismus zabatsi̯aˈnɪsmʊs
Sabbatini *it.* sabbaˈti:ni
Sabbatist zabaˈtɪst
Sabbe *niederl.* ˈsɑbə
Sabbel ˈzabl̩
sabbeln ˈzabl̩n, **sabble** ˈzablə
Sabber ˈzabɐ
sabbern ˈzabɐn, **sabbre** ˈzabrə
Säbel ˈzɛ:bl̩
Sabeller zaˈbɛlɐ
Sabellicus zaˈbɛlikʊs
Sabellius zaˈbɛli̯ʊs
säbeln ˈzɛ:bl̩n, **säble** ˈzɛ:blə
Säben ˈzɛ:bn̩
Sabena zaˈbe:na, *fr.* sabeˈna
Sabha ˈzapxa
Sabid zaˈbi:t
Sabin *engl.* ˈseɪbɪn, ˈsæbɪn
Sabina zaˈbi:na, *it.* sa..., *tschech.* ˈsabina
[1]**Sabine** (Personenname) zaˈbi:nə, *engl.* ˈsæbaɪn, ...bɪn
[2]**Sabine** (erdk. Name) *engl.* səˈbi:n
Sabiner zaˈbi:nɐ
Sabinianus zabiˈni̯a:nʊs
sabinisch zaˈbi:nɪʃ
Sabinismus zabiˈnɪsmʊs
Sabino *bras.* saˈbinu
Sabinus zaˈbi:nʊs
Sabiona *it.* saˈbi̯o:na
Säbisch ˈzɛ:bɪʃ
Sable *engl.* seɪbl
Sablé *fr.* sɑˈble
Sables-d'Olonne *fr.* sɑblədɔˈlɔn
Sabol *pers.* zɑˈbol
Sabolozki *russ.* zɐbaˈlɔtskij
Sabot zaˈbo:, *fr.* saˈbo
Sabotage zaboˈta:ʒə
Saboteur zaboˈtø:ɐ̯
sabotieren zaboˈti:rən
Sabratha ˈza:brata
Sabre ˈza:brə, *engl.* ˈseɪbə
Sabrina zaˈbri:na
Sabsewar *pers.* sæbzeˈvɑ:r
Sá-Carneiro *port.* ˈsakɐrˈnɐi̯ru
Sacavém *port.* sɐkɐˈvɐ̃i̯
Saccharase zaxaˈra:zə
Saccharat zaxaˈra:t
Saccharid zaxaˈri:t, **-e** ...i:də
Saccharimeter zaxariˈme:tɐ
Saccharimetrie zaxarimeˈtri:
Saccharin zaxaˈri:n
Saccharose zaxaˈro:zə
Saccharum ˈzaxarʊm, **...ra** ...ra
Saccheri *it.* sakˈkɛ:ri
Sacchetti *it.* sakˈketti
Sacchi *it.* ˈsakki
Sacchini *it.* sakˈki:ni
Sacco *it.* ˈsakko
Săcele *rumän.* səˈtʃele
sacerdotal zatsɛrdoˈta:l
Sachalin zaxaˈli:n, *russ.* sɐxaˈlin
Sachar *russ.* zaˈxar
Sacharase zaxaˈra:zə
Sacharat zaxaˈra:t
Sachari *russ.* zaˈxarij
Sachariew *bulgar.* zɐˈxariɛf
Sacharimeter zaxaˈrime:tɐ
Sacharimetrie zaxarimeˈtri:
Sacharin zaxaˈri:n
Sacharja zaˈxarja
Sacharomyzeten zaxaromyˈtse:tn̩
Sacharose zaxaˈro:zə
Sacharow (Physiker) *russ.* ˈsaxɐrɐf
Sacharow *russ.* zaˈxarɐf
Sacharum ˈzaxarʊm, **...ra** ...ra
Sache ˈzaxə
Sächelchen ˈzɛçl̩çən
Sacher ˈzaxɐ
Sachet zaˈʃe:
sachlich ˈzaxlɪç
sächlich ˈzɛçlɪç
Sachmet ˈzaxmɛt
Sachs zaks, *fr.* saks
Sachsa ˈzaksa
Sachse ˈzaksə
sächseln ˈzɛksl̩n
Sachseln ˈzaksl̩n
Sachsen ˈzaksn̩
Sachsenhausen zaksn̩ˈhau̯zn̩
Sachsenheim ˈzaksn̩hai̯m
Sachsenwald ˈzaksn̩valt
Sächsin ˈzɛksɪn
sächsisch ˈzɛksɪʃ
Sachso ˈzakso
sacht[chen] ˈzaxt[çən]

sạchte ˈzaxtə
Sạck zak, **Sạ̈cke** ˈzɛkə
Sạ̈ckchen ˈzɛkçən
Sạ̈ckel ˈzɛkl̩
sạ̈ckeln ˈzɛkl̩n
sạcken ˈzakn̩
sạ̈cken ˈzɛkn̩
sackerlo̲t! zakɐˈloːt
sackermẹnt! zakɐˈmɛnt
sackgrob ˈzakˈgroːp, *auch:* ...rɔp
Sạ̈ckingen ˈzɛkɪŋən
Sạ̈ckler ˈzɛklɐ
Sackville *engl.* ˈsækvɪl
Saclay *fr.* saˈklɛ
Saco *engl.* ˈsɔːkoʊ
Sa̲cra Conversazio̲ne ˈzaːkra kɔnvɛrzaˈtsi̯oːnə
Sacramẹnto *engl.* sækrəˈmɛntoʊ, *bras.* sakrɐˈmentu
Sacré-Cœur *fr.* sakreˈkœːr
Sacrifi̲cium Intellẹctus zakriˈfiːtsi̯ʊm ɪntɛˈlɛktuːs
Sa̲cro Bọsco ˈzaːkro ˈbɔsko
Sa̲cro Egoịsmo ˈzaːkro egoˈɪsmo
Sacsay[h]uamán *span.* saksai̯u̯aˈman
Sacy *fr.* saˈsi
Sạda (Jemen) ˈzada
Sá da Bandeira *port.* ˈsa ðɐ βɐnˈdɐi̯rɐ
Sada̲t zaˈdaːt
Sadda̲m zaˈdaːm
Sadduzä̲er zaduˈtsɛːɐ
Sạde *fr.* sad
Sa̲debaum ˈzaːdəbau̯m
Sa Đec *vietn.* sa dɛk 12
Sa̲deler *niederl.* ˈsaːdələr
Sá de Mirạnda *port.* ˈsa ðə miˈrɐndɐ
Sa̲dhu ˈzaːdu
Sadi̲ *fr.* saˈdi
Sa̲ʼdi ˈzaːdi, *pers.* sæʔˈdiː
Sadịsmus zaˈdɪsmʊs
Sadịst zaˈdɪst
Sadji̲ *fr.* sadˈʒi
Sạdko ˈzatko, *russ.* satˈkɔ
Sadle[i]r *engl.* ˈsædlə
Sạdo *port.* ˈsaðu, *jap.* ˈsaˌdo
Sa̲do... ˈzaːdo...
Sadole̲to *it.* sadoˈleːto
Sa̲doma̲so ˈzaːdoˈmaːzo
Sadomasochịsmus zadomazɔˈxɪsmʊs
sadomasochịstisch zadomazɔˈxɪstɪʃ
Sadoul *fr.* saˈdul
Sạdová *tschech.* ˈsadɔvaː
Sadoveạnu *rumän.* sadoˈve̯anu
Sadowa ˈzadova, zaˈdoːva
Sadọwski *russ.* saˈdɔfskij
Saẹb *pers.* sɑˈʔeb
Saedele̲er *niederl.* saːdəˈleːr
sä̲en ˈzɛːən
Saenredam *niederl.* ˈsaːnrədɑm
Sáenz *span.* ˈsaenθ
Sä̲er ˈzɛːɐ
Sæverud *norw.* ˌseːvərʉːd
Safạ *türk.* sɑˈfɑ
safai̲tisch zafaˈiːtɪʃ
Safa̲ri zaˈfaːri
Šafařík *tschech.* ˈʃafarʒiːk
Šạfárik *slowak.* ˈʃafaːrik
safate̲nisch zafaˈteːnɪʃ
Safawi̲de zafaˈwiːdə
Safdie *engl.* ˈsæfdɪ
Safe zeːf
Safersex ˈzeːfɐˈzɛks
Saffari̲de zafaˈriːdə
Sạffian ˈzafi̯an, ...i̯aːn
Säffle *schwed.* ˌsɛflə
Safi̲ *fr.* saˈfi
Sa̲fien ˈzaːfi̯ən
Safi̲ta zaˈfiːta
Saflo̲r zaˈfloːɐ̯
Safọnow *russ.* saˈfɔnɐf
Safọnowo *russ.* saˈfɔnɐvɐ
Sạfran ˈzafraːn, ...ran
Sạft zaft, **Sạ̈fte** ˈzɛftə
Sạ̈ftchen ˈzɛftçən
sạften ˈzaftn̩
sạftig ˈzaftɪç, **-e** ...ɪgə
Sạftleven *niederl.* ˈsɑftleːvə
[1]**Sa̲ga** ˈzaːga, *auch:* ˈzaga
[2]**Sạga** *jap.* ˈsaˌga
Sagạmihara *jap.* saˈgamiˌhara
Sa̲gan ˈzaːgan, *fr.* saˈgã
Sa̲gar *engl.* ˈsɑːgə
Sagạrra *kat.* səˈɣarrə
Sagạsta *span.* saˈɣasta
Sagazitä̲t zagatsiˈtɛːt
Sa̲ge ˈzaːgə
Sä̲ge ˈzɛːgə
sa̲gen ˈzaːgn̩, **sa̲g!** zaːk, **sa̲gt** zaːkt
sä̲gen ˈzɛːgn̩, **sä̲g!** zɛːk, **sä̲gt** zɛːkt
Sä̲ger ˈzɛːgɐ
Sägere̲i zɛːgəˈrai̯
Saginaw *engl.* ˈsægɪnɔː
sagitta̲l zagɪˈtaːl
Sagitta̲rius zagɪˈtaːri̯ʊs
Sagnạc *fr.* saˈɲak
Sa̲go ˈzaːgo
Sagọrsk *russ.* zaˈgɔrsk
Sagortschi̲now *bulgar.* zɐgorˈtʃinof
Sagọskin *russ.* zaˈgɔskin
Sa̲gra *span.* ˈsaɣra
Sagra̲da... zaˈgraːda...
Sa̲gres *port.* ˈsaɣrɪʃ
Sagrọs *pers.* zɑgˈros
Sa̲gua *span.* ˈsaɣu̯a
Saguenay *engl.* ˈsægɪneɪ
Sa̲gum ˈzaːgʊm, **...ga** ...ga
Sagụnt zaˈgʊnt
Sagụnto *span.* saˈɣunto
sa̲h zaː
Sa̲ha *engl.* ˈsɑːhɑː
Sahagún *span.* saaˈɣun
Sahara zaˈhaːra, *auch:* ˈzaːhara, *fr.* saaˈra
Saha̲ranpur *engl.* səˈhɑːrənpʊə
Sahạra Occidentạl *span.* saˈara ɔkθidenˈtal
Saha̲rier zaˈhaːri̯ɐ
sä̲he ˈzɛːə
Saheda̲n *pers.* zɑheˈdɑːn
Sahel zaˈheːl, *auch:* ˈzaːhɛl
Sahịa *rumän.* saˈçia
Sa̲hib ˈzaːhɪp
Sạhla (Libanon) ˈzaxla
Sa̲hl[i] ˈzaːl[i]
Sa̲hm zaːm
Sa̲hne ˈzaːnə
sa̲hnen ˈzaːnən
sa̲hnig ˈzaːnɪç, **-e** ...ɪgə
Sahure̲ zahuˈreː
Sai̲bling ˈzai̯plɪŋ
Sai̲d *türk.* sɑˈit
Sai̲da ˈzai̯da
Saïdạ *fr.* saiˈda
Saida̲n zai̯ˈdaːn
Sai̲denbach ˈzai̯dn̩bax
Sai̲dpur *engl.* ˈsaɪdpʊə
Sai̲ga ˈzai̯ga
Saignelégiẹr *fr.* sɛɲleˈʒje
Sai̲gon ˈzai̯gɔn, *auch:* –ˈ–
Saïgon *fr.* saiˈgõ
Saija̲b zai̯ˈjaːp
Sai̲ko ˈzai̯ko
Sai̲ler ˈzai̯lɐ
Saillant zaˈjãː
Sạimaa *finn.* ˈsɑi̯mɑː
Sainẹte zai̯ˈnɛtə
Saint Albans *engl.* sntˈɔːlbənz
Saint-Amand *fr.* sɛ̃taˈmã
Saint-Amand-les-Eaux *fr.* sɛ̃tamãleˈzo
Saint-Amand-Montrond *fr.* sɛ̃tamãmõˈrõ
Saint-Amant *fr.* sɛ̃taˈmã
Saint Andrews *engl.* sntˈændruːz
Saint Ann[e] *engl.* sntˈæn
Saint-Arnaud *fr.* sɛ̃tarˈno

Saint-Aubin *fr.* sɛ̃to'bɛ̃
Saint Augustine *engl.* snt'ɔ:gəsti:n
Saint Austell *engl.* snt'ɔ:stl
Saint-Avọld *fr.* sɛ̃ta'vɔld
Saint-Barthélemy *fr.* sɛ̃bartel'mi
Saint Bọniface *engl.* snt'bɔnɪfeɪs
Saint-Brieuc *fr.* sɛ̃bri'ø
Saint-Bruno-de-Montarvịlle *fr.* sɛ̃brynodmõtar'vil
Saint Catharines *engl.* snt'kæθərɪnz
Saint Chrịstopher *engl.* snt'krɪstəfə
Saint Clair [Sho̱res] *engl.* snt'klɛə ['ʃɔ:z]
Saint-Claude *fr.* sɛ̃'klo:d
Saint Cloud (USA) *engl.* snt'klaʊd
Saint-Cloud *fr.* sɛ̃'klu
Saint Crọix *engl.* snt'krɔɪ
Saint-Cyr *fr.* sɛ'si:r
Saint-Denis *fr.* sɛ̃d'ni, *engl.* snt'dɛnɪs
Saint-Dié *fr.* sɛ̃'dje
Saint-Dizịer *fr.* sɛ̃di'zje
Sainte-Ampoule *fr.* sɛ̃tã'pul
Sainte-A̱nne *fr.* sɛ̃'tɑ:n
Sainte-Beuve *fr.* sɛ̃t'bœ:v
Sainte-Claire Devịlle *fr.* sɛ̃tklɛrdə'vil
Sainte-Croix *fr.* sɛ̃t'krwa
Sainte-Foy *fr.* sɛ̃t'fwa
Saint Elias *engl.* sntɪ'laɪəs
Sainte-Marie *fr.* sɛ̃tma'ri
Saint-Émilion *fr.* sɛ̃temi'ljõ
Sainte-Mo̱re *fr.* sɛ̃t'mɔ:r
Saintes *fr.* sɛ̃:t
Saintes-Maries-de-la-Me̱r *fr.* sɛ̃tmaridla'mɛ:r
Sainte-Solịne *fr.* sɛ̃tsɔ'lin
Sainte-Thérèse *fr.* sɛ̃tte'rɛ:z
Saint-Étịenne *fr.* sɛ̃te'tjɛn
Saint-Étienne-du-Rouvray *fr.* sɛ̃tetjɛndyru'vrɛ
Saint-Eustạche *fr.* sɛ̃tøs'taʃ
Saint-Évremond *fr.* sɛ̃tevrə'mõ
Saint-Exupéry *fr.* sɛ̃tɛgzype'ri
Saint-Flour *fr.* sɛ̃'flu:r
Saint-Gaudens *fr.* sɛ̃go'dɛ̃:s, *engl.* snt'gɔ:dnz
Saint-Gelais *fr.* sɛ̃'ʒlɛ
Saint Geo̱rge *engl.* snt'dʒɔ:dʒ
Saint Geo̱rge's *engl.* snt'dʒɔ:dʒɪz
Saint-Geọrges *fr.* sɛ̃'ʒɔrʒ
Saint-Georges de Bouhélịer *fr.* sɛ̃ʒɔrʒdəbue'lje
Saint-Germain *fr.* sɛ̃ʒɛr'mɛ̃
Saint-Germain-en-Laye *fr.* sɛ̃ʒɛrmɛ̃ã'lɛ
Saint-Gervais *fr.* sɛ̃ʒɛr'vɛ
Saint-Gịlles *fr.* sɛ̃'ʒil
Saint-Gingọlph *fr.* sɛ̃ʒɛ̃'gɔlf
Saint-Girons *fr.* sɛ̃ʒi'rõ
Saint-Gobain *fr.* sɛ̃gɔ'bɛ̃
Saint-Gratien *fr.* sɛ̃gra'sjɛ̃
Saint Helena (Insel) *engl.* sɛntɪ'li:nə
Saint Hẹlens *engl.* snt'hɛlɪnz
Saint Hẹlier *engl.* snt'hɛljə
Saint-Hélịer *fr.* sɛ̃te'lje
Saint-Hilaire *fr.* sɛ̃ti'lɛ:r
Saint Hyacinthe *fr.* sɛ̃tja'sɛ̃:t, *engl.* snt'haɪəsɪnθ
Saint-Imịer *fr.* sɛ̃ti'mje
Saint Ives *engl.* snt'aɪvz
Saint James *engl.* snt'dʒeɪmz
Saint-Jean *fr.* sɛ̃'ʒã
Saint-Jean-d'Angély *fr.* sɛ̃ʒãdãʒe'li
Saint-Jean-de-Luz *fr.* sɛ̃ʒã'dly:z
Saint-Jérôme *fr.* sɛ̃ʒe'ro:m
Saint Jọhn *engl.* snt'dʒɔn
Saint-John Pẹrse *fr.* sɛ̃dʒɔn'pɛrs
Saint Jọhns, - Jọhn's *engl.* snt'dʒɔnz
Saint Joseph *engl.* snt'dʒoʊzɪf
Saint-Jọsse *fr.* sɛ̃'ʒɔs
Saint-Junien *fr.* sɛ̃ʒy'njɛ̃
Saint-Just *fr.* sɛ̃'ʒyst
Saint Kịlda *engl.* snt'kɪldə
Saint Kịtts *engl.* snt'kɪts
Saint Lambert *engl.* snt'læmbət
Saint-Lambe̱rt *fr.* sɛ̃lã'bɛ:r
Saint Laurent, Saint-Laurent *fr.* sɛ̃lɔ'rã
Saint Lawrence *engl.* snt'lɔrəns
Saint Lẹger *engl.* snt'lɛdʒə
Saint-Léon *fr.* sɛ̃le'õ
Saint-Lô *fr.* sɛ̃'lo
Saint Louis *engl.* snt'lʊɪs
Saint-Louịs *fr.* sɛ̃'lwi
Saint Lụcia *engl.* snt'lu:ʃə
Saint-Malọ *fr.* sɛ̃mɑ'lo
Saint-Mandé *fr.* sɛ̃mã'de
Saint-Martịal *fr.* sɛ̃mar'sjal
Saint Ma̱rtin *engl.* snt'mɑ:tɪn
Saint-Martin *fr.* sɛ̃mar'tɛ̃
Saint-Martin-d'Hères *fr.* sɛ̃martɛ̃'dɛ:r
Saint-Martin-d'Uri̱age *fr.* sɛ̃martɛ̃dy'rja:ʒ
Saint Mary[s] *engl.* snt'mɛərɪ[z]
Saint Matthews *engl.* snt'mæθju:z
Saint-Maur-des-Fossés *fr.* sɛ̃mɔrdefo'se
Saint Maurice *engl.* snt'mɔrɪs
Saint-Maurịce *fr.* sɛ̃mɔ'ris
Saint Michẹl, Saint-Michẹl *fr.* sɛ̃mi'ʃɛl
Saint-Michel-de Cuxạ *fr.* sɛ̃miʃɛldəkyk'sa
Saint-Mihiẹl *fr.* sɛ̃mi'jɛl, sɛ̃'mjɛl
Saint-Nazaire *fr.* sɛ̃na'zɛ:r
Saint-Nectaire *fr.* sɛ̃nɛk'tɛ:r
Saint-Nicolạs *fr.* sɛ̃nikɔ'lɑ
Saint-Non *fr.* sɛ̃'nõ
Saint-Ome̱r *fr.* sɛ̃tɔ'mɛ:r
Saintonge *fr.* sɛ̃'tõ:ʒ
Saint-Ouen (Paris) *fr.* sɛ̃'twɛ̃
Saint-Paul *fr.* sɛ̃'pɔl
Saint Paul['s] *engl.* snt'pɔ:l[z]
Saint Peter Po̱rt *engl.* snt'pi:tə'pɔ:t
Saint Peters[burg] *engl.* snt'pi:təz[bə:g]
Saint Phạlle *fr.* sɛ̃'fal
Saint Pie̱rre, Saint-Pie̱rre *fr.* sɛ̃'pjɛ:r
Saint-Pọl *fr.* sɛ̃'pɔl
Saint-Preux *fr.* sɛ̃'prø
Saint-Quentin *fr.* sɛ̃kã'tɛ̃
Saint-Raphaël *fr.* sɛ̃rafa'ɛl
Saint-Rémy-de-Provence *fr.* sɛ̃remidprɔ'vã:s
Saint-Saëns *fr.* sɛ̃'sã:s
Saintsbury *engl.* 'seɪntsbərɪ
Saint-Simon *fr.* sɛ̃si'mõ
Saint-Simonịsmus sɛ̃simo'nɪsmʊs
Saint-Simonịst sɛ̃simo'nɪst
Saint-Sorlin *fr.* sɛ̃sɔr'lɛ̃
Saint-Sulpịce *fr.* sɛ̃syl'pis
Saint-Sylvẹstre *fr.* sɛ̃sil'vɛstr
Saint Thọmas *engl.* snt'tɔməs
Saint-Trond *fr.* sɛ̃'trõ
Saint-Tropẹz *fr.* sɛ̃trɔ'pe
Saint-Venant *fr.* sɛ̃'vnã
Saint-Victo̱r *fr.* sɛ̃vik'tɔ:r
Saint Vịncent *engl.* snt'vɪnsənt
Saint-Vincent *fr.* sɛ̃vɛ̃'sã
Saint-Vulbạs *fr.* sɛ̃vyl'ba
Sa̱ipan 'zai̯pan *engl.* saɪ'pæn
Sa̱is 'za:ɪs
Saison zɛ'zõ:, *auch:* zɛ'zɔŋ, **-en** zɛ'zo:nən
saisona̱l zɛzo'na:l
Saisonie̱r zɛzo'ni̯e:
Saison mọrte zɛ'zõ: 'mɔrt
Saisonnie̱r zɛzɔ'ni̯e:
Saissạn *russ.* zaj'san

Saitama *jap.* ˈsa͵itama, saˈitama
[1]**Saite** ˈzai̯tə
[2]**Saite** (Altägypten) zaˈi:tə
...saitig ...zai̯tıç, **-e** ...ıgə
Saitling ˈzai̯tlıŋ
Saito *jap.* saˈito
Saitscho *jap.* ˈsa͵itʃo:
Saiun zai̯ˈu:n
Saizew *russ.* ˈzajtsəf
Sajama *span.* saˈxama
Sajó *ung.* ˈʃɔjo:
Sakai *jap.* ˈsakai
Sakakura *jap.* saˈkakura
Sakalave zakaˈla:və
Sakarya *türk.* sɑˈkɑrjɑ
Sakasik zakaˈzi:k
Sakata *jap.* ˈsa͵kata
Sake ˈza:kə
Saki ˈza:ki, *russ.* ˈsaki, *engl.* ˈsɑ:kı
Sakije ˈza:kijə
Sakinthos *neugr.* ˈzakinθɔs
sakisch ˈza:kıʃ
sakkadiert zakaˈdi:ɐ̯t
Sakkara zaˈka:ra
Sakko ˈzako
Sakmara *russ.* sakˈmarɐ
Sakon Nakhon *Thai* sakonnaˈkhɔ:n 1111
Sakowski zaˈkɔfski
sakra! ˈzakra
sakral zaˈkra:l
Sakrament zakraˈmɛnt
sakramental zakramɛnˈta:l
Sakramentalien zakramɛnˈta:li̯ən
Sakramentar zakramɛnˈta:ɐ̯
Sakramenter zakraˈmɛntɐ
Sakramentierer zakramɛnˈti:rɐ
Sakrarium zaˈkra:ri̯ʊm, **...ien** ...i̯ən
Sakrau ˈza:krau̯
sakrieren zaˈkri:rən
Sakrifizium zakriˈfi:tsi̯ʊm, **...ien** ...i̯ən
Sakrileg zakriˈle:k, **-e** ...ˈle:gə
sakrilegisch zakriˈle:gıʃ
Sakrilegium zakriˈle:gi̯ʊm, **...ien** ...i̯ən
sakrisch ˈzakrıʃ
Sakristan zakrısˈta:n
Sakristei zakrısˈtai̯
Sakrodynie zakrodyˈni:, **-n** ...i:ən
sakrosankt zakroˈzaŋkt
Sakskøbing *dän.* ˈsagskY:ˈbıŋ
säkular zɛkuˈla:ɐ̯
Säkularisation zɛkularizaˈtsi̯o:n
säkularisieren zɛkulariˈzi:rən
Säkulum ˈzɛ:kulʊm, **...la** ...la
Sakuntala zaˈkʊntala
Sakuski zaˈkʊski
Sal (Sial) za:l
Sal *russ.* sal
Sala ˈza:la, *engl.* ˈsælə, *schwed.* ͵sɑ:la, *span.* ˈsala
Salaamkrämpfe zaˈla:mkrɛmpfə
Salacrou *fr.* salaˈkru
Saladin ˈza:ladi:n
Salado *span.* saˈlaðo
Salafijja zalaˈfi:ja
Salair *russ.* sɐlaˈir
Sălaj *rumän.* səˈlaʒ
Salala zaˈla:la
Salama *finn.* ˈsɑlɑmɑ
Salamá *span.* salaˈma
Sälama *amh.* sɛlama
Salam [alaikum!] zaˈla:m [aˈlai̯kʊm]
Salamanca zalaˈmaŋka, *span.* sa..., *engl.* sæləˈmæŋkə
Salamander zalaˈmandɐ
Salami zaˈla:mi
Salamijja zalaˈmi:ja
Salaminier zalaˈmi:ni̯ɐ
Salamis ˈza:lamıs, *neugr.* salaˈmis
Salammbô *fr.* salamˈbo
Salamon *ung.* ˈʃɔlɔmon
Salan *fr.* saˈlã
Salån *schwed.* ͵sɑ:lo:n
Salandra *it.* saˈlandra
Salangane zalaŋˈga:nə
Salar zaˈla:ɐ̯
Salär zaˈlɛ:ɐ̯
salarieren zalaˈri:rən
Salarino zalaˈri:no
Salas *span.* ˈsalas
[1]**Salat** (Speise; islam. Gebet) zaˈla:t
[2]**Salat** (Dichter) ˈza:lat
Salatiere zalaˈti̯e:rə
Salatiga *indon.* salaˈtiga
Salaverry *span.* salaˈβɛrri
Salawat *russ.* sɐlaˈvat
Salayar *indon.* saˈlajar
Salazar *port.* sɐlɐˈzar, *span.* salaˈθar
Salazität zalatsiˈtɛ:t
Salbader zalˈba:dɐ
Salbaderei zalba:dəˈrai̯
salbadern zalˈba:dɐn, **salbadre** ...drə
Salband ˈza:lbant, **-es** ...ndəs, **...bänder** ...bɛndɐ
Salbe ˈzalbə
Salbei ˈzalbai̯, *auch:* –ˈ–
salben ˈzalbn̩, **salb!** zalp, **salbt** zalpt
salbig ˈzalbıç, **-e** ...ıgə
Salbling ˈzalplıŋ
Sälchen ˈzɛ:lçən
Salchow ˈzalço
Šalda *tschech.* ˈʃalda
Saldanha *port.* salˈdɐɲɐ, *bras.* ...ɲa, *engl.* sælˈdænjə
Sälde ˈzɛ:ldə
saldieren zalˈdi:rən
Saldo ˈzaldo, **...di** ...di
Sale *it.* ˈsa:le
Salé *fr.* saˈle
Säle vgl. Saal
Salechard *russ.* sɐliˈxart
Salem ˈza:lɛm, *engl.* ˈseıləm
Salem aleikum! ˈza:lɛm aˈlai̯kʊm
salentinisch zalɛnˈti:nıʃ
Salep ˈza:lɛp
Saleph ˈza:lɛf
Salerio zaˈle:ri̯o, *it.* saˈlɛ:ri̯o
Salerno *it.* saˈlɛrno
[1]**Sales** *fr.* sal
[2]**Sales** (Franz von) ˈza:ləs
[3]**Sales...** ˈze:ls...
Salesianer zaleˈzi̯a:nɐ
Salesmanager ˈze:lsmɛnıdʒɐ
Salesmanship ˈze:lsmɛnʃıp
Salespromoter ˈze:lspromo:tɐ
Salespromotion ˈze:lspromo:ʃn̩
Salett[e]l zaˈlɛtl̩
Salford *engl.* ˈsɔ:lfəd
Salgado *bras.* salˈgadu
Salgharide zalgaˈri:də
Salgótarján *ung.* ˈʃɔlgo:tɔrja:n
Salicin zaliˈtsi:n
Salicyl... zaliˈtsy:l...
Salicylat zalitsyˈla:t
Salier ˈza:li̯ɐ
Salieri *it.* saˈli̯ɛ:ri
Salies-de-Béarn *fr.* salidbeˈarn
Salihli *türk.* ˈsɑ:lihli
Salim zaˈli:m
Salima (Malawi) *engl.* sɑ:ˈli:mɑ:
Salimbene *it.* salimˈbɛ:ne
Salin zaˈli:n, *schwed.* saˈli:n
Salina *engl.* səˈlaınə, *it.* saˈli:na, *span.* saˈlina
Salinar *span.* saliˈnar
Salinas *engl.* səˈli:nəs, *bras.*, *span.* saˈlinas, *port.* sɐˈlinɐʃ
Salinator zaliˈna:to:ɐ̯

S

¹Saline za'li:nə
²Saline (USA) *engl.* sə'li:n
Saling 'za:lɪŋ
Salinger 'za:lɪŋɐ, *engl.* 'sælɪndʒə
salinisch za'li:nɪʃ
Saliromanie zaliroma'ni:, **-n** ...i:ən
Salis 'za:lɪs
Salisbury *engl.* 'sɔ:lzbərɪ
salisch 'za:lɪʃ
Salish *engl.* 'seɪlɪʃ
Salivation zaliva'tsi̯o:n
Salizin zali'tsi:n
Salizyl... zali'tsy:l...
Salizylat zalitsy'la:t
Saljany *russ.* salj'janɨ
Saljut *russ.* sa'ljut
Salk zalk, *engl.* sɔ:k, sɔ:lk
Salkante 'za:lkantə
Salla 'zala, *finn.* 'sɑllɑ
Salland 'zalant, *niederl.* 'sɑlɑnt
Salle, de la *fr.* dəla'sal
Salleiste 'za:llaɪstə
Saller 'zalɐ
Sallet 'zalɛt
Sallie *engl.* 'sælɪ
Sallust[ius] za'lʊst[i̯ʊs]
Sallwürk 'zalvʏrk
Sally 'zali, *engl.* 'sælɪ
Salm 'zalm
Salman 'zalman, *engl.* 'sæl-mæn
Salmanassar zalma'nasar
Salmantizenser zalmanti-'tsenzɐ
Salmasius zal'ma:zi̯ʊs
Salmenhaara *finn.* 'sɑlmɛn-hɑ:rɑ
Salmerón *span.* salme'rɔn
Salmhofer 'zalmho:fɐ
Salmi 'zalmi, *it.* 'salmi
Salmiak zal'mi̯ak, *auch:* '– –
Salminen *finn.* 'sɑlminɛn
Salmler 'zalmlɐ
Sälmling 'zɛlmlɪŋ
Salmon *engl.* 'sæ[l]mən, *fr.* sal'mõ
Salmonelle zalmo'nɛlə
Salmonellose zalmonɛ'lo:zə
Salmoniden zalmo'ni:dn̩
Salo *finn.* 'sɑlɔ
Salò *it.* sa'lɔ
Salome 'za:lome, *auch:* za'lomə; *engl.* sə'loʊmɪ
Salomo 'za:lomo
Salomon 'za:lomɔn, *schwed.* ˌsɑ:lumɔn, *fr.* salɔ'mõ, *engl.* 'sæləmən
Salomonen zalo'mo:nən
salomonisch zalo'mo:nɪʃ
Salomons *niederl.* 'sa:lomɔns
Salon za'lõ:, *auch:* za'lɔŋ, za'lo:n
Salona za'lo:na
Saloniki zalo'ni:ki
Salonik[i]er zalo'ni:k[i̯]ɐ
Saloon zə'lu:n
Salop *engl.* 'sæləp
salopp za'lɔp
Salopperie zalɔpə'ri:, **-n** ...i:ən
Salorno *it.* sa'lorno
Salpausselkä *finn.* 'sɑlpɑu̯s-sɛlkæ
Salpe 'zalpə
Salpeter zal'pe:tɐ
salpet[e]rig zal'pe:t[ə]rɪç, **-e** ...ɪgə
Salpêtrière *fr.* salpɛtri'ɛ:r
Salpikon 'zalpikɔn
Salpingitis zalpɪŋ'gi:tɪs, **...itiden** ...gi'ti:dn̩
Salpingogramm zalpɪŋgo'gram
Salpinx 'zalpɪŋks, **Salpingen** zal'pɪŋən
Salsa 'zalza, *span.* 'salsa
Salse 'zalzə
Salsk *russ.* saljsk
Salt, SALT zalt, *engl.* sɔ:lt
¹Salta (Spiel) 'zalta
²Salta (Name) *span.* 'salta
Saltarello zalta'rɛlo, **...elli** ...ɛli
Saltash *engl.* 'sɔ:ltæʃ
saltato zal'ta:to
Saltato zal'ta:to, **...ti** ...ti
saltatorisch zalta'to:rɪʃ
Saltburn and Marske by the Sea *engl.* 'sɔ:ltbə:n ənd 'mɑ:sk baɪ ðə 'si:
Saltcoats *engl.* 'sɔ:ltkoʊts
Salten 'zaltn̩, *norw.* 'saltən
Saltfjord *norw.* ˌsaltfju:r
Saltholm *dän.* 'sældhɔl'm
Saltillo *span.* sal'tiʎo
Saltimbocca zaltɪm'bɔka
Salt Lake City *engl.* 'sɔ:lt ˌleɪk 'sɪtɪ
¹Salto 'zalto, **...ti** ...ti
²Salto (Name) *span.* 'salto, *port., bras.* 'saltu
Salto mortale 'zalto mɔr'ta:lə, **...ti ...li ...ti ...li**
Salton Sea *engl.* 'sɔ:ltn 'si:
Saltus 'zaltʊs, *engl.* 'sɔ:ltəs
Saltykow *russ.* sɛltɨ'kɔf
salü! 'zaly, za'ly:
Salubrität zalubri'tɛ:t
Salucci *it.* sa'luttʃi
Saluen za'lu̯e:n, 'za:lu̯e:n
Saluretikum zalu're:tikʊm, **...ka** ...ka
Salurn za'lʊrn
Salus 'za:lʊs
Salut za'lu:t
Salutati *it.* salu'ta:ti
Salutation zaluta'tsi̯o:n
salutieren zalu'ti:rən
Salutismus zalu'tɪsmʊs
Salutist zalu'tɪst
Salutogenese zalutoge'ne:zə
Saluzzo *it.* sa'luttso
Salvador zalva'do:ɐ̯, *span.* sal-βa'ðɔr, *fr.* salva'dɔ:r, *port.* salvɐ'ðor, *bras.* salva'dor, *engl.* 'sælvədɔ:
Salvadorianer zalvado'ri̯a:nɐ
salvadorianisch zalvado'ri̯a:nɪʃ
Salvarsan® zalvar'za:n
Salvation zalva'tsi̯o:n
Salvation Army *engl.* sæl'veɪʃən 'ɑ:mɪ
Salvator zal'va:to:ɐ̯, **-en** zalva-'to:rən
Salvatore *it.* salva'to:re
Salvatorianer zalvato'ri̯a:nɐ
salvatorisch zalva'to:rɪʃ
Salvatorium zalva'to:ri̯ʊm, **...ien** ...i̯ən
salva venia 'zalva 've:ni̯a
Salve 'zalvə
salve! 'zalve
Salvemini *it.* sal've:mini
Salvi *it.* 'salvi
Salvia 'zalvi̯a
Salvianus zal'vi̯a:nʊs
Salviati *it.* sal'vi̯a:ti
salvieren zal'vi:rən
Salvisberg 'zalvɪsbɛrk
salvis omissis 'zalvi:s o'mɪsi:s
salvo errore 'zalvo ɛ'ro:rə
salvo errore calculi 'zalvo ɛ'ro:rə 'kalkuli
salvo errore et omissione 'zalvo ɛ'ro:rə ɛt omɪ'si̯o:nə
salvo jure 'zalvo 'ju:rə
salvo titulo 'zalvo 'ti:tulo
Salween *engl.* 'sælwi:n, *birm.* θaŋlwiŋ 22
Salweide 'za:lvai̯də
Salygin *russ.* za'lɨgin
Salz zalts
Salza[ch] 'zaltsa[x]
Salzau 'zaltsau̯
Salzbrunn 'zaltsbrʊn
Salzburg 'zaltsbʊrk
Salzdetfurth zalts'dɛtfʊrt
Salzedo *fr.* salze'do

sạlzen ˈzalt͜sn̩
Sạ̈lzer ˈzɛlt͜sɐ
Salzgịtter zalt͜sˈɡɪtɐ
Salzha̱u̱sen zalt͜sˈha͜uzn̩
Salzhẹmmendorf zalt͜sˈhɛməndɔrf
sạlzig ˈzalt͜sɪç, **-e** ...ɪɡə
Sạlzig ˈzalt͜sɪç
Sạlzkammergut ˈzalt͜skamɐˌɡu:t
Salzkọtten zalt͜sˈkɔtn̩
Sạlzmann ˈzalt͜sman
Salzmụ̈nde zalt͜sˈmʏndə
Salzschlịrf zalt͜sˈʃlɪrf
Salzu̱flen zalt͜sˈ|ʊflən
Sạlzungen ˈzalt͜sʊŋən
Sạlzwedel ˈzalt͜sve:dl̩
Sa̱m za:m, *engl.* sæm
Sama̱den zaˈma:dn̩
Sa̱mael ˈza:mae:l, *auch:* ...aɛl
Samain *fr.* saˈmɛ̃
Samạndağı *türk.* sɑˈmɑndɑ:ɨ
Sami̱de zamaˈni:də
Samanie̱go *span.* samaˈni̯eɣo
Sä̱mann ˈzɛ:man
Samạr *span.* saˈmar
Samạra *russ.* saˈmarɐ
Samarạkis *neugr.* samaˈrakis
Samarạnch zamaˈraŋt͜ʃ, *kat.* səməˈraŋ
Samaras *engl.* səˈmærəs
Samaria zaˈma:ri̯a, zamaˈri:a
Samạrin *russ.* saˈmarin
Samarịnda *indon.* samaˈrɪnda
Samarita̱ner zamariˈta:nɐ
samarita̱nisch zamariˈta:nɪʃ
Samari̱ter zamaˈri:tɐ
Sama̱rium zaˈma:ri̯ʊm
Samarkạnd zamarˈkant, *russ.* sɐmarˈkant
Samarra̱ (Irak) zamaˈra:
Samạrski *russ.* saˈmarskij
Samarski̱t zamarsˈki:t
Sama̱wa zaˈma:va
Sạmba[l] ˈzamba[l]
Sambalpur *engl.* ˈsæmbəlpʊə
Sambaqui̱ *bras.* sɐmbaˈki
Sạmbar ˈzambar
Sạmberger ˈzambɛrɡɐ
Sambe̱si zamˈbe:zi
Sạmbia ˈzambi̯a
Sạmbier ˈzambi̯ɐ
Sambin *fr.* sɑ̃ˈbɛ̃
sạmbisch ˈzambɪʃ
Sambre *fr.* sɑ̃:br
Sambu̱ca zamˈbu:ka
Samch'ŏk *korean.* samtʃhɔk
Sa̱me ˈza:mə
Same̱dan *rät.* sɐˈme:dən
Sa̱men ˈza:mən
Sämerei̱ zɛ:məˈra͜i
Sạmhitas ˈzamhitas
Sa̱miel ˈza:mi̯e:l, *auch:* ...i̯ɛl
sä̱mig ˈzɛ:mɪç, **-e** ...ɪɡə
...samig ...ˌza:mɪç, **-e** ...ɪɡə
sa̱misch ˈza:mɪʃ
sä̱misch ˈzɛ:mɪʃ
Samisdạt zamɪsˈdat
Sa̱misen ˈza:mizɛn
Samjạtin *russ.* zaˈmjatin
Sạmkhja ˈzamkja
Sa̱mland ˈza:mlant
Sa̱mländer ˈza:mlɛndɐ
sa̱mländisch ˈza:mlɛndɪʃ
Sä̱mling ˈzɛ:mlɪŋ
Sammạrco *it.* samˈmarko
Sammarti̱ni *it.* sammarˈti:ni
sạmmeln ˈzaml̩n
Sammelsu̱rium zaml̩ˈzu:ri̯ʊm, **...ien** ...i̯ən
Sạmmet ˈzamət
Sạmmy ˈzami, *engl.* ˈsæmɪ
Samna̱u̱n zamˈna͜un
Samni̱te zamˈni:tə
Samni̱ter zamˈni:tɐ
Sạmnium ˈzamni̯ʊm
Sạmnorsk ˈzamnɔrsk
Sa̱mo ˈza:mo
Samo̱a zaˈmo:a, *engl.* səˈmoʊə
Samoa̱ner zamoˈa:nɐ
samoa̱nisch zamoˈa:nɪʃ
Samogi̱tien zamoˈɡi:t͜si̯ən
Samoilọwitsch *russ.* sɐmajˈlɔvitʃ
Samoje̱de zamoˈje:də
Sạmokow *bulgar.* ˈsamokof
Sa̱mos ˈza:mɔs, *neugr.* ˈsamɔs
Sa̱mosch ˈza:mɔʃ
Samossụd *russ.* sɐmaˈsut
Samothra̱ke zamoˈtra:kə
Samothrạki *neugr.* samɔˈθraki
Samowar ˈzamova:ɐ̯, zamoˈva:ɐ̯
Sampạio *port.* sɐmˈpai̯u
Sạmpan ˈzampan
Sampẹr *span.* samˈpɛr
Sạmpi ˈzampi
Sạmple ˈzampl̩
Sạmpler ˈzamplɐ
Sampson *engl.* ˈsæmpsən
Samsa̱ra zamˈza:ra
Sạmsø *dän.* ˈsamsʏ:ˀ
Sạmson ˈzamzɔn, *engl.* sæmsn, *fr.* sɑ̃ˈsõ
Sạmstag ˈzamsta:k
Sạmsun *türk.* ˈsɑmsun
Sạmsung® ˈzamzʊŋ
sạmt, Sạmt zamt
sạmten ˈzamtn̩
sạmtig ˈzamtɪç, **-e** ...ɪɡə
sạ̈mtlich ˈzɛmtlɪç
Sa̱muel ˈza:mu̯e:l, *auch:* ...mu̯ɛl, *fr.* saˈmɥɛl, *engl.* ˈsæmjʊəl, *schwed.* ˌsɑ:mʊɛl, *span.* saˈmu̯el, *port., bras.* sɐˈmu̯ɛl
Samuels *engl.* ˈsæmjʊəlz
Samuelson *engl.* ˈsæmjʊəlsn
Samui̱l *bulgar., russ.* sɐmuˈil
Samui̱lowitsch *russ.* sɐmuˈilɐvitʃ
Samum ˈza:mʊm, *auch:* zaˈmu:m
Sä̱mund ˈzɛ:mʊnt
Samura̱i̱ zamuˈra͜i
Samut Praka̱n *Thai* samudpra:ˈka:n 1211
Samut Sakho̱n *Thai* samudsa:ˈkhɔ:n 1251
Sạn *poln.* san, *fr.* san
Sana (Jemen) ˈza:na, zaˈna:
sana̱bel zaˈna:bl̩, **...ble** ...blə
Sanaga̱ *fr.* sanaˈɡa
San Agustín *span.* sanaɣusˈtin
Sanai̱ *pers.* sænɑˈˀi:
Sanai̱n *russ.* sɐnaˈin
Sanandadsch *pers.* sænænˈdædʒ
San Andreas Fault *engl.* ˈsænænˈdreɪəs ˈfɔ:lt
San Andrés *span.* sananˈdres
San Angelo *engl.* sænˈændʒəloʊ
San Antonio *engl.* sænənˈtoʊnɪoʊ, *span.* sananˈtoni̯o
Sanatoge̱n® zanatoˈɡe:n
Sanato̱rium zanaˈto:ri̯ʊm, **...ien** ...i̯ən
San Benedẹtto *it.* sambeneˈdetto
San Beni̱to *engl.* sænbəˈni:toʊ
San Bernardi̱no *it.* sambernarˈdi:no, *engl.* ˈsænbə:nəˈdi:noʊ
San Bernạrdo *span.* sambɛrˈnarðo
Sanborn *engl.* ˈsænbən
San Bru̱no *engl.* sænˈbru:noʊ
San Buenaventura *engl.* sænbweɪnəvɛnˈtʊərə
Sancak *türk.* sɑnˈdʒɑk
San Cạrlo *it.* saŋˈkarlo
San Carlos *span.* saŋˈkarlos, *engl.* sænˈkɑ:ləs
Sanches *port.* ˈsɐ̃ʃɪʃ
Sánchez *span.* ˈsantʃeθ
Sa̱nchi *engl.* ˈsɑ:ntʃɪ

S

Sancho *span.* ˈsantʃo, *port., bras.* ˈsẽʃu
Sạncho Pạnsa ˈzantʃo ˈpanza
Sạncho Pạnza ˈzantʃo ˈpanza, *span.* ˈsantʃo ˈpanθa
San Cristóbal *span.* saŋkrisˈtoβal
Sancroft *engl.* ˈsænkrɔft
Sạncta ˈzaŋkta, ...**tae** ...tɛ
Sạncta Se̱des ˈzaŋkta ˈzeːdɛs
sạncta simpli̱citas! ˈzaŋkta zɪmˈpliːtsitas
Sancti vgl. Sanctus
Sạnctis *it.* ˈsaŋktis
Sạncti Spíritus *span.* ˈsaŋkti ˈspiritus
Sanctịssimum zaŋkˈtɪsimʊm
Sạnctitas ˈzaŋktitas
Sạnctum Offi̱cium ˈzaŋktʊm ɔˈfiːtsi̯ʊm
Sạnctus ˈzaŋktʊs, ...**ti** ...ti
¹**Sạnd** zant, **-e** ˈzandə
²**Sạnd** (Name) zant, *fr.* sãːd
Sandạkan *indon.* sanˈdakan
Sạndal ˈzandal
Sanda̱le zanˈdaːlə
Sandalẹtte zandaˈlɛtə
Sandạnski *bulgar.* sanˈdanski
Sạndarak ˈzandarak
Sanda̱we zanˈdaːvə
Sanday *engl.* ˈsændeɪ
Sandbach *engl.* ˈsændbætʃ
Sạndberg ˈzantbɛrk, *niederl.* ˈsɑndbɛrx
Sạndberger ˈzantbɛrgɐ
Sandburg *engl.* ˈsændbəːg
Sandby *engl.* ˈsændbɪ
Sạnde ˈzandə
Sandeau *fr.* sãˈdo
Sạndebeck ˈzandəbɛk
Sạndefjord *norw.* ˌsanəfjuːr
Sạndel *norw.* ˈsandəl
Sạndelholz ˈzandl̩hɔlts
sạndeln ˈzandl̩n, **sạndle** ˈzandlə
sạ̈ndeln ˈzɛndl̩n, **sạ̈ndle** ˈzɛndlə
Sạndemose *norw.* ˌsandəmuːsə
sạnden ˈzandn̩, **sạnd!** zant
Sạnder ˈzandɐ, *engl.* ˈsɑːndə
Sạnderling ˈzandɐlɪŋ
Sạnders ˈzandɐs, *engl.* ˈsɑːndəz
Sạnderson *engl.* ˈsɑːndəsn
Sạndez ˈzandɛts
Sạndgren *schwed.* ˌsandgreːn
Sạndhi ˈzandi
Sandhurst *engl.* ˈsændhəːst
Sandi̱a *engl.* sænˈdiːə
Sandie *engl.* ˈsændɪ
San Diego *span.* sanˈdi̯eɣo, *engl.* sændiːˈeɪgoʊ
sạndig ˈzandɪç, **-e** ...ɪgə
San Di̱mas *engl.* sænˈdiːməs
Sandinịst zandiˈnɪst
Sandi̱no *span.* sanˈdino
Sạndler *schwed.* ˈsandlər
Sạndloff ˈzandlɔf
Sạndnes *norw.* ˌsanəs
Sandọmierz *poln.* sanˈdɔmjɛʃ
Sándor *ung.* ˈʃaːndor
Sandown *engl.* ˈsændaʊn
Sạndoy *fär.* ˈsandɔːi̯
Sando̱z *fr.* sãˈdo
Sạndr ˈzandɐ
Sạndra ˈzandra
Sạndrart ˈzandrart
Sạndreuter ˈzantrɔy̆tɐ
Sandri̱na zanˈdriːna
Sandringham *engl.* ˈsændrɪŋəm
Sạndro ˈzandro
Sạndrock ˈzandrɔk
Sands *engl.* sændz
Sandschak zanˈdʒak, ˈ--
Sandscha̱n *pers.* zænˈdʒɑːn
Sand Sprịngs *engl.* ˈsænd ˈsprɪŋz
sạndte ˈzantə
Sandusky *engl.* sənˈdʌskɪ
Sạndviken *schwed.* ˌsandviːkən
¹**Sandwich** (Brötchen) ˈzɛntvɪtʃ
²**Sandwich** (Name) *engl.* ˈsænwɪtʃ
Sandwichman, ...men ˈzɛntvɪtʃmɛn
Sandy *engl.* ˈsændɪ
Sandys *engl.* sændz
San Felịpe *span.* sanfeˈlipe
San Fernạndo *span.* sanferˈnando, *engl.* sænfəˈnændoʊ
Sanford *engl.* ˈsænfəd
sanforisi̱eren zanforiˈziːrən
San Francịsco zanfranˈtsɪsko, *engl.* sænfrənˈsɪskoʊ, *span.* sanfranˈθisko
San Franzịsko zanfranˈtsɪsko
sạnft zanft
Sä̱nfte ˈzɛnftə
sạ̈nftigen ˈzɛnftɪgn̩, **sạ̈nftig!** ˈzɛnftɪç, **sạ̈nftigt** ˈzɛnftɪçt
sạ̈nftiglich ˈzɛnftɪklɪç
Sanfuẹntes *span.* sanˈfu̯entes
sạng zaŋ
Sạng zaŋ, **Sänge** ˈzɛŋə
Sạnga ˈzaŋga, *fr.* sãˈga
San Gabriel *engl.* sænˈgeɪbrɪəl
Sangạllo *it.* saŋˈgallo
Sangaree *engl.* sæŋgəˈriː
sạ̈nge ˈzɛŋə
Sänge vgl. Sang
Sanger *engl.* ˈsæŋ[g]ə
Sạ̈nger ˈzɛŋɐ
Sangerha̱usen zaŋɐˈhau̯zn̩
San Germán *span.* saŋxerˈman
San Germa̱no *it.* sandʒerˈmaːno
Sangesar *pers.* sæŋgeˈsær
Sangịhe *indon.* saˈŋihe
San Gimigna̱no *it.* sandʒimiɲˈɲaːno
San Giulia̱no *it.* sandʒuˈli̯aːno
Sạngli *engl.* ˈsɑːŋglɪ
Sạngo ˈzaŋgo
Sangre de Crịsto Mountains *engl.* ˈsæŋgrɪ dɪ ˈkrɪstoʊ ˈmaʊntɪnz
Sangria zaŋˈgriːa, *auch:* ˈzaŋgria
Sangri̱ta zaŋˈgriːta
Sạngro *it.* ˈsaŋgro
Sanguinẹti *it.* saŋgu̯iˈneːti
Sanguinẹtti *span.* saŋgiˈnɛti
Sangui̱niker zaŋguˈiːnikɐ
sangui̱nisch zaŋguˈiːnɪʃ
sanguinolẹnt zaŋguinoˈlɛnt
Sanhedri̱n zanheˈdriːn
Sạnherib ˈzanherɪp
Sạni (Sanitäter) ˈzani
Sanidi̱n zaniˈdiːn
sani̱eren zaˈniːrən
San Isịdro *span.* saniˈsiðro
sanitä̱r, S... zaniˈtɛːɐ̯
sanita̱risch zaniˈtaːrɪʃ
Sanitä̱t[er] zaniˈtɛːt[ɐ]
sanitized ˈzɛnitai̯st
San Jose *engl.* sæn[h]oʊˈzeɪ
San José *span.* saŋxoˈse
San Juan *span.* saŋˈxu̯an, *engl.* sænˈwɔn
Sanjụst *it.* saˈni̯ust
sạnk zaŋk
Sạnka ˈzaŋka
sạ̈nke ˈzɛŋkə
Sankey *engl.* ˈsæŋkɪ
Sạnkhja ˈzaŋkja
Sạnkra ˈzaŋkra
Sạnkt Andrä̱ zaŋkt anˈdrɛː
Sankt Andre̱as[berg] zaŋkt anˈdreːas[bɛrk]
Sạnkt Ạnton zaŋkt ˈantoːn
Sankt Avọld zaŋkt aˈvɔlt
Sankt Bartholomä̱ (Bayern) zaŋkt bartoloˈmɛː
Sankt Bẹrnhard zaŋkt ˈbɛrnhart
Sankt Bernhardi̱n zaŋkt bɛrnharˈdiːn
Sankt Bla̱sien zaŋkt ˈblaːzi̯ən

Sankt Egidien zaŋkt eˈgi:di̯ən
Sankt-Elms-Feuer zaŋkt-ˈlɛlmsfɔyɐ
Sankt Florian zaŋkt ˈflo:ri̯a:n
Sankt Gallen zaŋkt ˈgalən
Sankt-Gall[en]er zaŋkt ˈgal[ən]ɐ
sankt-gallisch zaŋktˈgalɪʃ
Sankt Georgen zaŋkt geˈɔrgn̩
Sankt Goar zaŋkt goˈa:ɐ̯
Sankt Goarshausen zaŋkt goa:ɐ̯sˈhau̯zn̩
Sankt Gotthard zaŋkt ˈgɔthart
Sankt Helena zaŋkt ˈhe:lena
Sankti vgl. Sanktus
Sankt Immer zaŋkt ˈɪmɐ
Sankt Ingbert zaŋkt ˈɪŋbɛrt
Sanktion zaŋkˈt͜si̯o:n
sanktionieren zaŋkt͜si̯oˈni:rən
Sanktissimum zaŋkˈtɪsimʊm
Sankt Johann zaŋkt joˈhan
Sankt Kanzian zaŋkt ˈkant͜si̯a:n
Sankt Lambrecht zaŋkt ˈlambrɛçt
Sankt Leon[hard] zaŋkt ˈle:ɔn[hart]
Sankt-Lorenz-Strom zaŋkt-ˈlo:rɛnt͜sʃtro:m
Sankt Mang zaŋkt ˈmaŋ
Sankt Märgen zaŋkt ˈmɛrgn̩
Sankt Margrethen zaŋkt marˈgre:tn̩
Sankt-Michaelis-Tag zaŋktmɪça'e:lɪsta:k
Sankt Moritz zaŋkt moˈrɪt͜s, *auch:* zaŋkt ˈmo:rɪt͜s
Sankt-Nimmerleins-Tag zaŋkt-ˈnɪmɐlai̯nsta:k
Sankt Paul[i] zaŋkt ˈpau̯l[i]
Sankt Peter zaŋkt ˈpe:tɐ
Sankt Peterburg *russ.* sankt pɪtɪrˈburk
Sankt Petersburg zaŋkt ˈpe:tɐsbʊrk
Sankt Pölten zaŋkt ˈpœltn̩
Sankt Radegund zaŋkt ˈra:dəgʊnt
Sanktuarium zaŋkˈtu̯a:ri̯ʊm, **...ien** ...i̯ən
Sanktus ˈzaŋktʊs, **...ti** ...ti
Sankt Veit zaŋkt ˈfai̯t
Sankt Wendel zaŋkt ˈvɛndl̩
Sankt Wolfgang zaŋkt ˈvɔlfgaŋ
San Leandro *engl.* sænlɪˈændroʊ
San Lorenzo *it.* sanloˈrɛntso, *span.* ...renθo, *engl.* sænləˈrɛnzoʊ
Sanlúcar *span.* sanˈlukar
San Luis *span.* sanˈlu̯is
Sanluri *it.* sanˈlu:ri
San Manuel *engl.* sænmænˈwɛl
San Marcos *engl.* sænˈmɑ:kəs, *span.* sanˈmarkos
San-Marinese zanmariˈne:zə
san-marinesisch zanmariˈne:zɪʃ
San Marino zanmaˈri:no, *it.* sammaˈri:no, *engl.* sænməˈri:noʊ
San Martín *span.* sanmarˈtin
San Mateo *engl.* sænməˈteɪoʊ
San Michele *it.* sammiˈkɛ:le
Sanmicheli *it.* sammiˈkɛ:li
San Miguel *span.* sanmiˈɣɛl
San Miniato *it.* sammiˈni̯a:to
sann zan
Sann[a] ˈzan[a]
Sannar zaˈna:ɐ̯
Sannazaro *it.* sannadˈdza:ro
Sannchen ˈzançən
sänne ˈzɛnə
San Nicolaas *niederl.* sɑnˈnɪkola:s
San Nicolás *span.* sannikoˈlas
Sanno *it.* ˈsanno, *schwed.* ˈsanu
Sanntaler ˈzanta:lɐ
Sano *it.* ˈsa:no
Sanofi-Aventis® zaˈno:fi-|aˈvɛntɪs
Sanok *poln.* ˈsanɔk
San Pablo *engl.* sænˈpæbloʊ, *span.* samˈpaβlo
San Pedro *engl.* sænˈpi:droʊ, *span.* samˈpeðro
San Pietro *it.* samˈpi̯ɛ:tro
San Rafael *span.* sanrrafaˈɛl, *engl.* sænrəˈfɛl
Sanraku *jap.* ˈsan̩ˌraku
San Ramon *engl.* sænrəˈmɔn
San Remo, Sanremo *it.* sanˈrɛ:mo
San Salvador zanzalvaˈdo:ɐ̯, *span.* sansalβaˈðɔr, *engl.* sænˈsælvədɔ:
Sansara zanˈza:ra
sans cérémonie zã: seremoˈni:
Sansculotte zãskyˈlɔt[ə], **-n** ...tn̩
San Sebastián *span.* sanseβasˈti̯an
San Severo *it.* sanseˈvɛ:ro
Sansevieria zanzeˈvi̯e:ri̯a
Sansevierie zanzeˈvi̯e:ri̯ə
sans façon zã: faˈsõ:
sans gêne zã: ˈʒɛ:n
Sansibar ˈzanziba:ɐ̯, *auch:* --ˈ-
Sansibarer ˈzanziba:rɐ, *auch:* --ˈ--
sansibarisch ˈzanziba:rɪʃ, *auch:* --ˈ--
Sanskrit ˈzanskrɪt
sanskritisch zansˈkri:tɪʃ
Sanskritist[ik] zanskriˈtɪst[ɪk]
Sansom *engl.* ˈsænsəm
Sanson *fr.* sãˈsõ
Sansovino *it.* sansoˈvi:no
Sanspareil *fr.* sãpaˈrɛj
sans phrase zã: ˈfra:z
Sanssouci ˈzã:susi, zãsuˈsi:, *fr.* sãsuˈsi
San Stefano zanˈste:fano
Sánta *ung.* ˈʃa:ntɔ
Santa Ana *span.* sanˈtana, *engl.* ˈsæntə ˈænə, *bras.* sɐnˈtɐna
Santa Anna *span.* sanˈtana
Santa Barbara *engl.* ˈsæntə ˈbɑ:bərə
Santa Catalina *engl.* ˈsæntə kætˈli:nə
Santa Catarina *port.* ˈsɐntɐ kɐtɐˈrinɐ, *bras.* ˈsɐnta kataˈrina
Santa Clara *engl.* ˈsæntə ˈklɛərə, *span.* ˈsanta ˈklara, *port.* ˈsɐnta ˈklarɐ, *bras.* ˈsɐnta ˈklara
Santa Claus *engl.* ˈsæntəklɔ:z
Santa Coloma *span.* ˈsanta koˈloma
Santa Conversazione ˈzanta kɔnvɛrzaˈt͜si̯o:nə
Santa Cruz *engl.* ˈsæntə ˈkru:z, *span.* ˈsanta ˈkruθ, *port.* ˈsɐntɐ ˈkruʃ, *bras.* ˈsɐnta ˈkrus
Santa Fe *engl.* ˈsæntə ˈfeɪ, *span.* ˈsanta ˈfe
Santa Isabel *span.* ˈsanta isaˈβɛl, *bras.* ˈsɐnta izaˈbɛl, *engl.* ˈsæntə ˈɪzəbɛl
Santa Lucia *it.* ˈsanta luˈtʃi:a
Santa Lucía *span.* ˈsanta luˈθia
Santa Margarita *span.* ˈsanta marɣaˈrita
Santa Maria *it.* ˈsanta maˈri:a, *port.* ˈsɐntɐ mɐˈria, *bras.* ˈsɐnta maˈria, *engl.* ˈsæntə məˈri:ə
Santa María *span.* ˈsanta maˈria
Santa Marta *span.* ˈsanta ˈmarta
Santa Monica *engl.* ˈsæntə ˈmɔnɪkə

Santa̱na zan'ta:na, *span.* san'tana, *bras.* sɐn'tɐna
Santandẹr *span.* santan'dɛr
Sant'Anti̱oco *it.* santan'ti:oko
Santa Paula *engl.* 'sæntə 'pɔ:lə
Santarém *port.* sɐntɐ'rɐ̃i̯, *bras.* sɐnta'rẽi̯
Sạnta Rịta *span.* 'santa 'rrita, *bras.* 'sɐnta 'rrita
Santa Rosa *engl.* 'sæntə 'roʊzə, *span.* 'santa 'rrɔsa, *bras.* 'sɐnta 'rrɔza
Sạnta Rosalía *span.* 'santa rrɔsa'lia
Sạnta Tẹcla *span.* 'santa 'tekla
Santayana *span.* santa'jana, *engl.* sæntɪ'ænə
Santee *engl.* sæn'ti:
Sant'Eli̱a *it.* sante'li:a
Santenay *fr.* sãt'nɛ
Sạnter 'zantɐ, *fr.* sã'tɛ:r
Sạnti *it.* 'santi
Santi̱ago zan'ti̯a:go, *span.* san'ti̯aɣo, *engl.* sæntɪ'ɑ:goʊ
Ša̱ntić *serbokr.* ˌʃa:ntitɕ
Sạntifaller 'zantifalɐ
Sạntiklaus 'zantiklau̯s, **...kläuse** ...klɔy̯zə
Santillạna *span.* santi'ʎana
Santi̱ni *it.* san'ti:ni
Sạnti Pie̱tro e Pa̱olo *it.* 'santi 'pi̯ɛ:tro ep'pa:olo
Sạ̈ntis 'zɛntɪs
Sạnto André *port., bras.* 'sɐntu ɐn'drɛ
Sạnto Ângelo *bras.* 'sɐntu 'ɐ̃ʒelu
Sạnto António *port.* 'sɐntu ɐn'tɔni̯u
Sạnto Domịngo 'zanto do'mɪŋgo, *span.* 'santo ðo'miŋgo
Santoma̱so *it.* santo'ma:zo
Santoni̱n zanto'ni:n
Santori̱n zanto'ri:n
Santo̱rio *it.* san'tɔ:ri̯o
Sạntos 'zantɔs, *span.* 'santos, *port.* 'sɐntuʃ, *bras.* 'sɐntus
Sạnto Spi̱rito *it.* 'santo 'spi:rito
Sạnto Ste̱fano *it.* 'santo 'ste:fano
Sạnto Tomás *span.* 'santo to'mas
Sạnto Tomé *span.* 'santo to'me
Santụcci *it.* san'tuttʃi
Santụzza *it.* san'tuttsa
Sạntvoort *niederl.* 'sɑntfo:rt
San Vicẹnte *span.* sambi'θente
Sanya̱si zan'ja:zi

Sạnz *span.* sanθ
Sanza̱ra zan'za:ra
Sạnzio *it.* 'santsi̯o
Sanzọgno *it.* san'dzɔɲɲo
São Bernạrdo *bras.* sɐ̃u̯mber'nardu
Saõ Caetạno do Sụl *bras.* sɐ̃u̯ŋkai̯'tɐnu du 'sul
São Cạrlos *bras.* sɐ̃u̯ŋ'karlus
São Francịsco *bras.* sɐ̃u̯frɐ̃'sisku
São Gonçạlo *bras.* sɐ̃u̯ŋgõ'salu
São João *port., bras.* sɐ̃u̯'ʒu̯ɐ̃u̯
São Jọrge *port.* sɐ̃u̯'ʒɔrʒɪ
São José *bras.* sɐ̃u̯ʒo'zɛ
São Leopọldo *bras.* sɐ̃u̯li̯o'poldu
São Luís *bras.* sɐ̃u̯'lu̯is
São Miguẹl *port.* sɐ̃u̯mi'ɣɛl
Saône *fr.* so:n
São Pa̱ulo 'za:o 'pau̯lo, *bras.* sɐ̃u̯m'pau̯lu
São Salvadọr *bras.* sɐ̃u̯salva'dor
São Sebastião *bras.* sɐ̃u̯sebas'ti̯ɐ̃u̯
São Tomé 'za:o to'me:, *port.* sɐ̃u̯ntu'mɛ, *bras.* sɐ̃u̯nto'mɛ
Saourạ *fr.* sau'ra
São Vicẹnte *port.* sɐ̃u̯vi'sentə, *bras.* sɐ̃u̯vi'senti
Sạpadnaja Dwinạ *russ.* 'zapɐdnɐjɐ dvi'na
Sapạnca *türk.* sɑ'pɑndʒɑ
Sapele *engl.* sɑ:'peɪleɪ
sa̱pere a̱ude 'za:pərə 'au̯də
Saphir 'za:fɪr, ...fi:ɐ̯, *auch:* za'fi:ɐ̯
saphi̱ren za'fi:rən
sapi̱enti sạt! za'pi̯enti 'zat
Sapi̱n[e] za'pi:n[ə]
Sapịr *engl.* sə'pɪə
Sapona̱ria zapo'na:ri̯a
Saponifikatio̱n zaponifika'tsi̯o:n
Saponi̱n zapo'ni:n
Saporo̱ger zapo'ro:gɐ
Saporọschje *russ.* zɐpa'rɔʒjɛ
Sapoti̱ll... zapo'tɪl...
Sapotoxi̱n zapotɔ'ksi:n
Sạppanholz 'zapanhɔlts
Sạppe 'zapə
Sạppel 'zapl̩
Sạpper 'zapɐ
sapperlo̱t! zapɐ'lo:t
sappermẹnt! zapɐ'mɛnt
Sappeur za'pø:ɐ̯
sạpphisch 'zapfɪʃ, *auch:* 'zafɪʃ

Sapphịsmus za'pfɪsmʊs, *auch:* za'fɪ...
Sạppho 'zapfo, *auch:* 'zafo
Sappo̱ro za'po:ro, *jap.* sap'poro
sappradi! zapra'di:
Saprämi̱e zaprɛ'mi:
saprịsti! za'prɪsti
Sapro̱bie za'pro:bi̯ə
Saprobiọnt zapro'bi̯ɔnt
sapro̱bisch za'pro:bɪʃ
saproge̱n zapro'ge:n
Saprokọll zapro'kɔl
Saprolẹgnia zapro'lɛgnia, **...ien** ...iən
Saprope̱l zapro'pe:l
Saprope̱lit zaprope'li:t
Saprophạge zapro'fa:gə
saprophi̱l zapro'fi:l
Saprophy̱t zapro'fy:t
Saprozo̱on zapro'tso:ɔn, **...o̱en** ...o:ən
Sapulpa *engl.* sə'pʌlpə
Sa̱ra 'za:ra
Sarabạnd zara'bant
Sarabạnda zara'banda
Sarabạnde zara'bandə
Sarabu̱ri *Thai* sarabu'ri: 1211
Sarace̱ni *it.* sara'tʃɛ:ni
Sarafa̱n zara'fa:n
Sa̱ragat *it.* 'sa:ragat
Saragọssa zara'gɔsa
Sa̱rah 'za:ra, *engl.* 'sɛərə, *fr.* sa'ra
Saraje̱vo zara'je:vo, *serbokr.* ˌsarajɛvɔ
Saraje̱wo zara'je:vo
Sarakatscha̱ne zaraka'tʃa:nə
Saramạgo *span.* sara'maɣo, *port.* sɐrɐ'maɣu
Sa̱ran 'za:ran, *russ.* sa'ranj
Sarạndë *alban.* sa'randə
Sarạnsk *russ.* sa'ransk
Sara̱pis za'ra:pɪs
Sarạpul *russ.* sa'rapul
Sarasạte *span.* sara'sate
Sa̱rasin 'za:razi:n, *fr.* sara'zɛ̃
Sarasota *engl.* særə'soʊtə
Sarạstro za'rastro
Saratoga *engl.* særə'toʊgə
Sarạtow *russ.* sa'ratɐf
Sarạwak *indon.* sa'rawak
Saraze̱ne zara'tse:nə
saraze̱nisch zara'tse:nɪʃ
Sarazin *fr.* sara'zɛ̃
Sarbiẹwski *poln.* sar'bjɛfski
Sarcẹlles *fr.* sar'sɛl
Sardanapa̱l zardana'pa:l
Sạrde 'zardə

Sardẹgna *it.* sar'deɲɲa
Sardẹlle zar'dɛlə
Sạrdes 'zardɛs
Sardi̱ne zar'di:nə
Sardi̱nien zar'di:ni̯ən
Sardi̱nier zar'di:ni̯ɐ
sardi̱nisch zar'di:nɪʃ
sạrdisch 'zardɪʃ
sardo̱nisch zar'do:nɪʃ
Sardo̱nyx zar'do:nʏks
Sardou *fr.* sar'du
Sarduy *span.* sar'ðu̯i
Sarenti̱no *it.* saren'ti:no
Sarẹpta... za'rɛpta...
Sarfạtti *it.* sar'fatti
[1]**Sạrg** zark, **Sạ̈rge** 'zɛrgə
[2]**Sa̱rg** (Name) *engl.* sɑ:g
Sargạns zar'gans
Sargạsso zar'gaso
Sa̱rgeant, ...gent *engl.* 'sɑ:dʒənt
Sa̱rgeson *engl.* 'sɑ:dʒɪsn
Sạ̈rglein 'zɛrkla̯in
Sargodha *engl.* sɛə'goʊdə
Sạrgon 'zargɔn
Sa̱rh *fr.* sa:r
[1]**Sa̱ri** 'za:ri
[2]**Sari̱** (Name) *pers.* sɑ'ri:
Sari̱n za'ri:n
Sariwŏn *korean.* sariwɔn
Sarjạ *russ.* za'rja
Sarjạn *russ.* sarj'jan
Sa̱rk *engl.* sɑ:k
Sarka̱ (Jordanien) zar'ka:
Šárka *tschech.* 'ʃa:rka
Sarkạsmus zar'kasmʊs
sarkạstisch zar'kastɪʃ
Sạrkiker 'zarkikɐ
Sarko̱de zar'ko:də
sarkoi̱d zarko'i:t, **-e** ...i:də
Sarkolẹmm zarko'lɛm
Sarko̱m zar'ko:m
Sarko̱ma zar'ko:ma, **-ta** -ta
sarkomatö̱s zarkoma'tø:s, **-e** ...ø:zə
Sarkomato̱se zarkoma'to:zə
Sarkopha̱g zarko'fa:k, **-e** ...'fa:gə
Sárköz *ung.* 'ʃa:rkøz
Sarkozy *fr.* sarko'zi
Sarma̱t[e] zar'ma:t[ə]
Sarma̱tien zar'ma:t͜si̯ən
Sarment *fr.* sar'mã
Sarmiẹnto *span.* sar'mi̯ento
Sarmizegethu̱sa zarmit͜sege'tu:za
Sa̱rnath *engl.* 'sɑ:nɑ:t
Sarnẹlli *it.* sar'nɛlli
Sạrnen 'zarnən
Sa̱rnia *engl.* 'sɑ:nɪə
Sạrno *it.* 'sarno
Sa̱rnoff *engl.* 'sɑ:nɔf
Sạrntal 'zarnta:l
Sa̱rong 'za:rɔŋ
saro̱nisch za'ro:nɪʃ
Sarọnno *it.* sa'rɔnno
Sa̱ros 'za:rɔs
Sárospatak *ung.* 'ʃa:roʃpɔtɔk
Sarọyan *engl.* sə'rɔɪən
Sarpe̱don zar'pe:dɔn
Sạrpi *it.* 'sarpi
Šạr planịna *serbokr.* 'ʃar pla-ˌnina
Sạrpsborg *norw.* 'sarpsbɔr[g]
Sarrasa̱ni zara'za:ni
Sạrrass 'zaras
Sarraut *fr.* sa'ro
Sarraute *fr.* sa'ro:t
Sarrazin *fr.* sara'zɛ̃
Sạrre 'zarə, *fr.* sa:r
Sarrebourg *fr.* sar'bu:r
Sarreguemịnes *fr.* sargə'min
Sạrria *span.* 'sarri̯a
Sarru̱f za'ru:f
Sarrus *fr.* sa'rys
Sarrusopho̱n zaruzo'fo:n
SẠRS, Sạrs zars
Sarsaparịlle zarzapa'rɪlə
Sarsenẹtt zarzə'nɛt
Sa̱rstedt 'za:ɐ̯ʃtɛt
Sartène *fr.* sar'tɛn
Sạrthe *fr.* sart
Sạrti *it.* 'sarti
Sartịne *fr.* sar'tin
Sạrto *it.* 'sarto
Sarto̱ri[s] *it.* sar'tɔ:ri[s]
Sarto̱rius zar'to:ri̯ʊs
Sạrtre *fr.* sartr
Sartrouvịlle *fr.* sartru'vil
Sarụdin *russ.* za'rudin
Sa̱rugh, ...uk 'za:rʊk
Sárvár *ung.* 'ʃa:rva:r
Sa̱rvig *dän.* 'sa:ɐ̯vi:ˀ
Sarzi̱ne zar't͜si:nə
SẠS zas
sạsa! 'sasa
Sạscha 'zaʃa, *russ.* 'saʃɐ
Saschen 'zaʃn̩, *auch:* za'ʃe:n
Sasẹbo *jap.* sa'sebo
Sa̱seno *it.* 'sa:zeno
säsi̱eren zɛ'zi:rən
Saskatchewan *engl.* səs'kætʃɪ-wən
Saskatoon *engl.* sæskə'tu:n
Sạskia 'zaski̯a, *niederl.* 'sɑskiɑ
Sasọnow *russ.* sa'zɔnɐf
Sa-Springen ɛs'|a:ʃprɪŋən
sa̱ß za:s
Sạss zas, *ung.* ʃɔʃ
Sạss zas
Sạssafras 'zasafras
Sassafras Mountain *engl.* 'sæsəfræs 'maʊntɪn
Sassandra̱ *fr.* sasã'dra
Sassani̱de zasa'ni:də
sassani̱disch zasa'ni:dɪʃ
Sassaparịlle zasapa'rɪlə
Sạssari *it.* 'sassari
säße 'zɛ:sə
Sạsse 'zasə
Sạssenbach 'zasn̩bax
Sạssenberg 'zasn̩bɛrk
Sạssendorf 'zasn̩dɔrf
Sạssenheim *niederl.* 'sɑsən-hɛi̯m
Sassẹtta *it.* sas'setta
Saßnitz 'zasnɪt͜s
Sạsso 'zaso, *it.* 'sasso
Sassoferra̱to *it.* sassofer'ra:to
Sassoli̱n zaso'li:n
Sassoon *engl.* sə'su:n
Sassụlitsch *russ.* za'sulitʃ
Sassuọlo *it.* sas'su̯ɔ:lo
Sạstre *span.* 'sastre
Sat 1 zat'|a̯ins
Sạtakunta *finn.* 'sɑtɑkuntɑ
Sa̱tan 'za:tan
Sa̱tanas 'za:tanas, **...se** ...asə
Sa̱tang 'za:taŋ
Satani̱e zata'ni:, **-n** ...i:ən
sata̱nisch za'ta:nɪʃ
Satanịsmus zata'nɪsmʊs
Satelli̱t zatɛ'li:t
Sa̱temsprachen 'za:tɛmʃpra:xn̩
Sa̱terland 'za:tɐlant
Sa̱tertag 'za:tɐta:k
Sạthmar 'zatmar
Satie *fr.* sa'ti
Satin za'tɛ̃:, *auch:* za'tɛŋ
Satinage zati'na:ʒə
Satinẹlla zati'nɛla
satini̱eren zati'ni:rən
Sati̱re za'ti:rə
Sati̱riker za'ti:rikɐ
sati̱risch za'ti:rɪʃ
satirisi̱eren zatiri'zi:rən
Sa̱tis 'za:tɪs
Satisfaktio̱n zatɪsfak't͜si̯o:n
Sạtka *russ.* 'satkɐ
Sạto *jap.* 'sa.to:
Sátoraljaújhely *ung.* 'ʃa:torɔj-jɔu:jhɛj
Sa̱tor-Are̱po-... 'za:to:ɐ̯-|a're:po...
Šạtov *tschech.* 'ʃatɔf
Satra̱p za'tra:p
Satrapi̱e zatra'pi:, **-n** ...i:ən

S

Šatrijos Ragana *lit.* ʃatrɪˌjo:s ˌra:gana
Satsang ˈzat͜saŋ
[1]**Satsuma** (Ort) *jap.* ˈsaˌtsuma, saˈtsuma
[2]**Satsuma** (Frucht) zaˈt͜su:ma
satt zat
Sattahip *Thai* sadtaˈhi:b 222
Satte ˈzatə
Sattel ˈzatl̩, **Sättel** ˈzɛtl̩
satteln ˈzatl̩n
sattgrün ˈzatgry:n
sättigen ˈzɛtɪgn̩, **sättig!** ...ɪç, **sättigt** ...ɪçt
Sattler ˈzatlɐ
Sattlerei zatləˈrai̯
sattsam ˈzatza:m
Satu Mare *rumän.* ˈsatu ˈmare
Saturation zaturaˈt͜si̯o:n
Saturei zatuˈrai̯, *auch:* ˈza:...
Satureja zatuˈre:ja
saturieren zatuˈri:rən
Saturn zaˈtʊrn
Saturnalien zatʊrˈna:li̯ən
Saturnier zaˈtʊrni̯ɐ
saturnin zatʊrˈni:n
Saturninus zatʊrˈni:nʊs
Saturnismus zatʊrˈnɪsmʊs
Saturnus zaˈtʊrnʊs
Satyr ˈza:tʏr
Satyriasis zatyˈri:azɪs
Satyros ˈza:tyrɔs
Satz zat͜s, **Sätze** ˈzɛt͜sə
Sätzchen ˈzɛt͜sçən
Satzung ˈzat͜sʊŋ
Sau zau̯, **Säue** ˈzɔy̯ə
Saualpe ˈzau̯|alpə
Sauðárkrókur *isl.* ˈsœy̯ðau̯r-kro̯u̯kʏr
sauber ˈzau̯bɐ, **saubre** ˈzau̯brə
säuberlich ˈzɔy̯bɐlɪç
säubern ˈzɔy̯bɐn, **säubre** ˈzɔy̯brə
saublöd ˈzau̯ˈblø:t
Sauce ˈzo:sə
Sauce béarnaise ˈzo:s bearˈnɛ:s
Sauce hollandaise ˈzo:s ɔlã-ˈdɛ:s
Säuchen ˈzɔy̯çən
Saucier zoˈsi̯e:
Sauciere zoˈsi̯e:rə
saucieren zoˈsi:rən
Saucischen zoˈsi:sçən
Sauckel ˈzau̯kl̩
Saud zau̯t, *auch:* zaˈu:t
Sauda *norw.* ˌsœy̯da
Saudi ˈzau̯di, *auch:* zaˈu:di
saudumm ˈzau̯ˈdʊm
Säue vgl. Sau
sauen ˈzau̯ən
sauer, S... ˈzau̯ɐ
Sauerbruch ˈzau̯ɐbrʊx
Sauerbrunn ˈzau̯ɐbrʊn
Sauerei zau̯əˈrai̯
Sauerländer ˈzau̯ɐlɛndɐ
sauerländisch ˈzau̯ɐlɛndɪʃ
Sauerland[t] ˈzau̯ɐlant
säuerlich ˈzɔy̯ɐlɪç
Säuerling ˈzɔy̯ɐlɪŋ
säuern ˈzɔy̯ɐn
Säuernis ˈzɔy̯ɐnɪs
Sauerstoff ˈzau̯ɐʃtɔf
sauersüß ˈzau̯ɐzy:s, ˈ-- ˈ-
sauertöpfisch ˈzau̯ɐtœpfɪʃ
Saufaus ˈzau̯f|au̯s
Saufbold ˈzau̯fbɔlt, **-e** ...ldə
saufen ˈzau̯fn̩
Säufer ˈzɔy̯fɐ
Sauferei zau̯fəˈrai̯
säuft zɔy̯ft
saugen ˈzau̯gn̩, **saug!** zau̯k, **saugt** zau̯kt
säugen ˈzɔy̯gn̩, **säug!** zɔy̯k, **säugt** zɔy̯kt
Säugling ˈzɔy̯klɪŋ
saugrob ˈzau̯ˈgro:p, *auch:* ...rɔp
Sauguet *fr.* soˈgɛ
Saugus *engl.* ˈsɔ:gəs
Sauhag zau̯ˈha:k
säuisch ˈzɔy̯ɪʃ
Sauk *engl.* sɔ:k
saukalt ˈzau̯ˈkalt
Saul zau̯l
Säulchen ˈzɔy̯lçən
Säule ˈzɔy̯lə
Saulgau ˈzau̯lgau̯
Saulin zau̯ˈli:n
Sault Sainte Marie *engl.* ˈsu:seɪntməˈri:
Saulus ˈzau̯lʊs
Saum zau̯m, **Säume** ˈzɔy̯mə
Saumaise *fr.* soˈmɛ:z
säumen ˈzɔy̯mən
säumig ˈzɔy̯mɪç, **-e** ...ɪgə
Säumnis ˈzɔy̯mnɪs, **-se** ...ɪsə
Saumsal ˈzau̯mza:l
saumselig ˈzau̯mze:lɪç, **-e** ...ɪgə
Saumur *fr.* soˈmy:r
Sauna ˈzau̯na
Saunders *engl.* ˈsɔ:ndəz, ˈsɑ:n...
saunen ˈzau̯nən
saunieren zau̯ˈni:rən
Saura *span.* ˈsau̯ra
Säure ˈzɔy̯rə
Saure-Gurken-Zeit zau̯rə-ˈgʊrkn̩t͜sai̯t
Saurier ˈzau̯ri̯ɐ
Saurischier zau̯ˈrɪsçi̯ɐ
Saurolith zau̯roˈli:t
Sauropode zau̯roˈpo:də
Sauropsiden zau̯rɔˈpsi:dn̩
Saus zau̯s, **-es** ˈzau̯zəs
Sausalito *engl.* sɔsəˈli:toʊ
Sause ˈzau̯zə
säuseln ˈzɔy̯zl̩n, **säusle** ˈzɔy̯zlə
sausen ˈzau̯zn̩, **saus!** zau̯s, **saust** zau̯st
Säusler ˈzɔy̯zlɐ
Saussure *fr.* soˈsy:r
sauté zoˈte:
Sauter ˈzau̯tɐ, *engl.* ˈsɔ:tə
Sauternes *fr.* soˈtɛrn
sautieren zoˈti:rən
Sautter ˈzau̯tɐ
Sauvage *fr.* soˈva:ʒ
Sauvegarde zo:fˈgart, **-n** ...rdn̩
sauve qui peut! *fr.* sovkiˈpø
Sauveur *fr.* soˈvœ:r
Sauwald ˈzau̯valt
sauwohl ˈzau̯ˈvo:l
Sauwut ˈzau̯ˈvu:t
[1]**Sava** (Ortsname) *it., slowen.* ˈsa:va, *serbokr.* ˌsa:va
[2]**Sava** (Heiliger) *serbokr.* ˈsava
Savage *engl.* ˈsævɪdʒ
Savai'i *engl.* sɑ:ˈvaɪi:
Savaladi zavaˈla:di
Savalou *fr.* savaˈlu
Savannah *engl.* səˈvænə
Savanne zaˈvanə
Savard, ...rt *fr.* saˈva:r
[1]**Savarin** (Speise) ˈzavarɛ̃, *auch:* ...ˈrɛ̃:
[2]**Savarin** (Name) *fr.* savaˈrɛ̃
Savary *fr.* savaˈri
Save ˈza:və, *port.* ˈsavə
Saverio *it.* saˈvɛ:ri̯o
Saverne *fr.* saˈvɛrn
Savery *niederl.* ˈsa:vəri, *engl.* ˈseɪvərɪ
Savigny ˈzavɪnji, *fr.* saviˈɲi
Savigny-sur-Orge *fr.* saviɲi-syˈrɔrʒ
Savile *engl.* ˈsævɪl
Savimbi *port.* sɐˈvimbi
Savinio *it.* saˈvi:ni̯o
Savits *ung.* ˈʃɔvitʃ
Savo *serbokr.* ˌsa:vɔ, *finn.* ˈsɑvɔ
Savoia *it.* saˈvɔ:i̯a
Savoie *fr.* saˈvwa
Savoir-faire zavo̯arˈfɛ:ɐ̯
Savoir-vivre zavo̯arˈvi:vrə
Savoldo *it.* saˈvɔldo
Savona *it.* saˈvo:na

Savonarola zavona'ro:la, *it.* savona'rɔ:la
Savonlinna *finn.* 'sɑvɔnlinnɑ
Savoy *engl.* sə'vɔɪ
Savoyarde zavo'jardə
Savoyen za'vɔyən
Savoyer za'vɔyɐ
savoyisch za'vɔyɪʃ
Savudrija *serbokr.* sa,vudrija
Sawahlunto *indon.* sawah'lʊnto
Sawakin za'va:kɪn
Sawallisch za'valɪʃ
Sawe *pers.* sɑ've
Saweri *russ.* sa'vjerij
Sawija 'za:vija
Sawin[kow] *russ.* 'savɪn[kɐf]
Sawitri 'za:vitri
Sawizki *russ.* sa'vitskij
Sawolschie *russ.* za'vɔlʒjɛ
Sawrassow *russ.* sa'vrasɐf
Sawu *indon.* 'sawu
Sawyer *engl.* 'sɔ:jə
Sax zaks, *fr.* saks
Saxeten 'zaksətn̩
Saxifraga za'ksi:fraga, **...agen** ...ksi'fra:gn̩
Saxifragazee zaksifraga'tse:ə
Saxl 'zaksl̩
Saxo Grammaticus 'zakso gra'matikʊs
Saxone za'kso:nə
saxonisch za'kso:nɪʃ
Saxophon zakso'fo:n
Saxophonist zaksofo'nɪst
[1]**Say** *engl.* seɪ, *fr.* sɛ
[2]**Say** (Mali) *fr.* saj
Sayer[s] *engl.* 'seɪə[z]
Sayil *span.* sa'jil
Sayn zain
Saynète zɛ'nɛt, **-n** ...tn̩
Sayre[ville] *engl.* 'sɛə[vɪl]
Sayville *engl.* 'seɪvɪl
Sazan *alban.* sa'zan
Sázava *tschech.* 'sa:zava
Sazawa 'za:zava
sazerdotal zatsɛrdo'ta:l
Sazerdotium zatsɛr'do:tsi̯ʊm
Sbeïtla *fr.* sbɛi'tla
Sbirre 'sbɪrə
Sbrinz sbrɪnts
Scabies 'ska:bi̯ɛs
Scacchi *it.* 'skakki
Scafell *engl.* 'skɔ:'fɛl
Scagliola skal'jo:la
Scala *dt., it.* 'ska:la
Scalfaro *it.* 'skalfaro
Scaliger 'ska:ligɐ
Scaligero *it.* ska'li:dʒero
Scaling 'ske:lɪŋ
Scalping Operations 'skɛlpɪŋ opə're:ʃn̩s
Scamozzi *it.* ska'mɔttsi
Scampi 'skampi
Scan skɛn
Scandello *it.* skan'dɛllo
Scandium 'skandi̯ʊm
Scannel *engl.* skænl
scannen 'skɛnən
Scanner 'skɛnɐ
Scanning 'skɛnɪŋ
Scapa Flow *engl.* 'skæpə 'floʊ
Scapigliatura *it.* skapiʎʎa'tu:ra
Scapin *fr.* ska'pɛ̃
Scapino *it.* ska'pi:no
Scaramouche, -s skara'mʊʃ
Scaramuccio skara'mʊtʃo, *it.* ...muttʃo
Scaramuz skara'mʊts
Scaramuzza skara'mʊtsa, **...uzze** ...ʊtsə
Scarb[o]rough *engl.* 'skɑ:brə
Scarlatti *it.* skar'latti
Scarlett *engl.* 'skɑ:lɪt
Scarpa *it.* 'skarpa
Scarpi 'skarpi
Scarpia *it.* 'skarpi̯a
Scarron *fr.* skɑ'rõ
Scart ska:ɐ̯t
Scat skɛt
Scattering 'skɛtərɪŋ
Sceaux *fr.* so
Scelba *it.* 'ʃɛlba
scemando ʃe'mando
Scene si:n
Scenonym stseno'ny:m
Scenotest 'stse:notɛst
Scesaplana ʃeza'pla:na
Scève *fr.* sɛ:v
sch! (mit silbischem [ʃ]) ʃ
Schaaf ʃa:f, *niederl.* sxa:f
Schaaffhausen 'ʃa:fhauzn̩
Schaalsee 'ʃa:lze:
Schaar ʃa:ɐ̯
Schaarbeek *niederl.* 'sxa:rbe:k
Schabau ʃa'bau
Schabbes 'ʃabəs
Schabe 'ʃa:bə
Schäbe 'ʃɛ:bə
schaben 'ʃa:bn̩, **schab!** ʃa:p, **schabt** ʃa:pt
Schaberei ʃa:bə'rai
Schabernack 'ʃa:bɐnak
Schabes 'ʃa:bəs
schäbig 'ʃɛ:bɪç, **-e** ...ɪgə
Schablone ʃa'blo:nə
schablonieren ʃablo'ni:rən
schablonisieren ʃabloni'zi:rən
Schabotte ʃa'bɔtə
Schabracke ʃa'brakə
Schabrunke ʃa'brʊŋkə
Schabsel 'ʃa:psl̩
Schacham *hebr.* ʃa'xam
Schach[en] 'ʃax[n̩]
Schächental 'ʃɛçn̩ta:l
Schacher 'ʃaxɐ
Schächer 'ʃɛçɐ
Schacherei ʃaxə'rai
schachern 'ʃaxɐn
Schachmatow *russ.* 'ʃaxmɐtɐf
schachmatt ʃax'mat, *auch:* '–'–
Schachrissabs *russ.* ʃɐxri'saps
Schacht ʃaxt, **Schächte** 'ʃɛçtə
Schachtel 'ʃaxtl̩
Schächtelchen 'ʃɛçtl̩çən
schachteln 'ʃaxtl̩n
schachten 'ʃaxtn̩
schächten 'ʃɛçtn̩
Schachtinsk *russ.* 'ʃaxtinsk
Schachtjorsk *russ.* ʃax'tjɔrsk
Schachty *russ.* 'ʃaxtɨ
Schack ʃak, *dän.* sjag
Schad[chen] 'ʃa:t[çən]
schade 'ʃa:də
Schade 'ʃa:də, *dän.* 'sjɛ:ðə
Schädel 'ʃɛ:dl̩
Schädelin 'ʃɛ:dəli:n
schaden 'ʃa:dn̩, **schad!** ʃa:t
Schaden 'ʃa:dn̩, **Schäden** 'ʃɛ:dn̩
Schadewaldt 'ʃa:dəvalt
schadhaft 'ʃa:thaft
schädigen 'ʃɛ:dɪgn̩, **schädig!** ...ɪç, **schädigt** ...ɪçt
Schadli 'ʃa:dli
schädlich, S... 'ʃɛ:tlɪç
Schädling 'ʃɛ:tlɪŋ
schadlos 'ʃa:tlo:s
Schador ʃa'do:ɐ̯
Schadow 'ʃa:do
Schadr[insk] *russ.* 'ʃadr[insk]
Schaduf ʃa'du:f
Schaefer 'ʃɛ:fɐ
Schaeffer 'ʃɛ:fɐ, *auch:* 'ʃɛfɐ, *fr.* ʃɛ'fɛ:r
Schaerbeek *niederl.* 'sxa:rbe:k
Schaf[berg] 'ʃa:f[bɛrk]
Schäfchen 'ʃɛ:fçən
Schäfer 'ʃɛ:fɐ
Schäferei ʃɛ:fə'rai
Schaff *dt., poln.* ʃaf
Schäffchen 'ʃɛfçən
Schaffe 'ʃafə
Schaffel 'ʃafl̩
schaffen, Sch... 'ʃafn̩
Schaffer 'ʃafɐ
Schäffer 'ʃɛfɐ, *poln.* 'ʃɛfɛr
Schafferei ʃafə'rai

S

Schạffgotsch ˈʃafgɔt͜ʃ
Schaffha̱u̱sen ʃafˈha͜uzn̩
schạffig ˈʃafɪç, **-e** ...ɪɡə
Schạ̈ffle ˈʃɛflə
Schạ̈ffler ˈʃɛflɐ
Schạffner ˈʃafnɐ
Schaffnere̱i̱ ʃafnəˈra͜i
scha̱fig ˈʃa:fɪç, **-e** ...ɪɡə
Schafii̱t ʃafiˈi:t
Schafọtt ʃaˈfɔt
Schạft ʃaft, **Schạ̈fte** ˈʃɛftə
Schạ̈ftchen ˈʃɛftçən
schạ̈ften ˈʃɛftn̩
Schạ̈ftlarn ˈʃɛftlarn
Scha̱h ʃa:
Schahi̱ *pers.* ʃɑˈhi:
Schah-in-Scha̱h ʃahɪnˈʃa:
Schah-namẹ *pers.* ʃɑhnɑˈme
Schahpu̱r *pers.* ʃɑhˈpu:r
Schahr e Kọrd *pers.* ˈʃæhre-ˈkord
Schahresa̱ *pers.* ʃæhreˈzɑ:
Schahru̱d *pers.* ʃɑhˈru:d
Scha̱i̱ch Uthma̱n ˈʃa͜iç ʊtˈma:n
Schaita̱n ʃa͜iˈta:n
Scha̱i̱tberger ˈʃa͜itbɛrɡɐ
Scha̱i̱wa ˈʃa͜iva
Schakal ʃaˈka:l, *auch:* ˈʃa:ka:l
Schakaré ʃakaˈre:
Scha̱ke ˈʃa:kə
Schä̱kel ˈʃɛ:kl̩
schä̱keln ˈʃɛ:kl̩n
Schä̱ker ˈʃɛ:kɐ
Schäkere̱i̱ ʃɛ:kəˈra͜i
schä̱kern ˈʃɛ:kɐn
Schạktas ˈʃaktas
Schạkti ˈʃakti
Scha̱kuhuhn ˈʃa:kuhu:n
scha̱l, Scha̱l ʃa:l
Schä̱l ʃɛ:l
Schalạnder ʃaˈlandɐ
Schalạnken ʃaˈlaŋkn̩
Schala̱u̱en ʃaˈla͜uən
Scha̱lbrett ˈʃa:lbrɛt
Schä̱lchen ˈʃɛ:lçən
Schạlcken *niederl.* ˈsxɑlkə
Scha̱le ˈʃa:lə
scha̱len ˈʃa:lən
schä̱len ˈʃɛ:lən
Schaljạpin *russ.* ʃaˈljapin
Schạlk ʃalk, **Schạ̈lke** ˈʃɛlkə
Schạlke ˈʃalkə
schạlken ˈʃalkn̩
Schalksmü̱hle ʃalksˈmy:lə
Schạll ʃal, **Schạ̈lle** ˈʃɛlə
Schạlla ˈʃala
schạllen ˈʃalən
Schạllenberg ˈʃalənbɛrk
Schạller[bach] ˈʃalɐ[bax]
Schạllück ˈʃalʏk
Schally *engl.* ˈʃælɪ
Schạlm ʃalm
Schalme̱i̱ ʃalˈma͜i
schạlmen ˈʃalmən
Schalọm! ʃaˈlɔm
Schalọtte ʃaˈlɔtə
schạlt[en] ˈʃalt[n̩]
Schạlter ˈʃaltɐ
Schalụppe ʃaˈlʊpə
Schalwa̱r ʃalˈva:ɐ̯
Scha̱m ʃa:m
Schama̱de ʃaˈma:də
Scha̱madrossel ˈʃa:madrɔsl̩
Schama̱i̱ten ʃaˈma͜itn̩
Schama̱ne ʃaˈma:nə
Schamanịsmus ʃamaˈnɪsmʊs
schä̱men ˈʃɛ:mən
schamfi̱len ʃamˈfi:lən
Schami̱ *pers.* ʃæˈmi:
schä̱mig ˈʃɛ:mɪç, **-e** ...ɪɡə
Schamịl ʃaˈmɪl, *russ.* ʃaˈmilj
Schamịr *hebr.* ʃaˈmir
Scha̱misen ˈʃa:mizɛn
Schạmmes ˈʃaməs
Scha̱mo ˈʃa:mo, *chin.* ʃamɔ 14
Schamo̱ni ʃaˈmo:ni
Schamọtt[e] ʃaˈmɔt[ə]
schamotti̱eren ʃamɔˈti:rən
Schạmpon ˈʃampɔn
schamponi̱eren ʃampoˈni:rən
Schạmpun ˈʃampu:n, *auch:* –ˈ–
schampuni̱eren ʃampuˈni:rən
Schạmpus ˈʃampʊs
scha̱mrot ˈʃa:mro:t
Schạms ʃams
Schamu̱n ʃaˈmu:n
Schạndau ˈʃanda͜u
schạndbar ˈʃantba:ɐ̯
Schạnde ˈʃandə
Schạndeck[el] ˈʃandɛk[l̩]
schạ̈nden ˈʃɛndn̩, **schạ̈nd!** ʃɛnt
Schạndi ˈʃandi
schạ̈ndlich ˈʃɛntlɪç
Schandorff *dän.* ˈsjændɔɐ̯f
Schanfịgg ʃanˈfɪk
Schạng ʃaŋ
Schạnghai ˈʃaŋha͜i, *auch:* –ˈ–
schanghaien ʃaŋˈha͜iən, *auch:* ˈ–––
Scha̱ni[dar] ˈʃa:ni[dar]
Schä̱nis ˈʃɛ:nɪs
Schạnk ʃaŋk, **Schạ̈nke** ˈʃɛŋkə
Schạnkara ˈʃaŋkara
Schạnker ˈʃaŋkɐ
Schạnkwirt ˈʃaŋkvɪrt
Schạnsi ˈʃanzi
Scha̱nstaat ˈʃa:nʃta:t
Schạntung ˈʃantʊŋ
Schạnz[e] ˈʃant͜s[ə]
schạnzen ˈʃant͜sn̩
Scha̱pel ˈʃa:pl̩
Scha̱per ˈʃa:pɐ
Schạpf[e] ˈʃap͜f[ə]
Schapọrin *russ.* ʃaˈpɔrin
Schạpp[e] ˈʃap[ə]
Schạppel ˈʃapl̩
Schapu̱r ʃaˈpu:ɐ̯
Scha̱r ʃa:ɐ̯
Schä̱r ʃɛ:ɐ̯
Schara̱de ʃaˈra:də
Scharạff ʃaˈraf
Schạraku *jap.* ˈʃaˌraku
Scha̱rang ˈʃa:raŋ
Scharara̱ka ʃaraˈra:ka
Schạrbe ˈʃarbə
Scharbe̱u̱tz ʃarˈbɔ͜yt͜s
Scha̱rbock ˈʃa:ɐ̯bɔk
Schạ̈rding ˈʃɛrdɪŋ
Schạrdscha ˈʃard͜ʒa
Schạrdt ʃart, *niederl.* sxɑrt
Schä̱re ˈʃɛ:rə
scha̱ren ˈʃa:rən
schä̱ren ˈʃɛ:rən
Scharẹtt *hebr.* ʃaˈrɛt
schạrf ʃarf, **schạ̈rfer** ˈʃɛrfɐ
Schạrf ʃarf
Schạ̈rf[e] ˈʃɛrf[ə]
schạ̈rfen ˈʃɛrfn̩
Schạrfenberg ˈʃarfn̩bɛrk
schärfer vgl. scharf
Schạrff ʃarf
Scharfmachere̱i̱ ʃarfmaxəˈra͜i
Scharhọ̈rn ʃarˈhœrn
Scha̱ri ˈʃa:ri
Schari̱a ʃaˈri:a
Schari̱f ʃaˈri:f
Schạrl[ach] ˈʃarl[ax]
schạrlachen ˈʃarlaxn̩
Schạrlatan ˈʃarlatan
Scharlatanerie̱ ʃarlatanəˈri:, **-n** ...i:ən
Scharlatanịsmus ʃarlataˈnɪsmʊs
scharlẹnzen ʃarˈlɛnt͜sn̩
Schạrm ʃarm
scharmạnt ʃarˈmant
Schạrm Asch Scha̱i̱ch ˈʃarm aˈʃa͜iç
scharmi̱eren ʃarˈmi:rən
Scharmụ̈tzel ʃarˈmʏt͜sl̩
scharmụ̈tzeln ʃarˈmʏt͜sl̩n
scharmutzi̱eren ʃarmʊˈt͜si:rən
Schạrn[horst] ˈʃarn[hɔrst]
Scharni̱er ʃarˈni:ɐ̯
Schạrnitz ˈʃarnɪt͜s
Scharoun ʃaˈru:n
Schạ̈rpe ˈʃɛrpə

Scharpenberg ˈʃarpn̩bɛrk
[1]**Scharpie** (Material) ʃarˈpi:
[2]**Scharpie** (Boot) ˈʃarpi
Scharping ˈʃarpɪŋ
Scharre[lmann] ˈʃarə[lman]
scharren, Sch... ˈʃarən
Scharrer ˈʃarɐ
scharrieren ʃaˈri:rən
Scharschmied ˈʃa:ɐ̯ʃmi:t
Scharstorf ˈʃarstɔrf
Scharte ˈʃartə
Scharteke ʃarˈte:kə
Scharten *niederl.* ˈsxɑrtə
schartig ˈʃartɪç, **-e** ...ɪɡə
Scharuni ʃaˈru:ni
Scharwache ˈʃa:ɐ̯vaxə
Scharwasser ˈʃa:ɐ̯vasɐ
Scharwenka ʃarˈvɛŋka
Scharwenzel ʃarˈvɛntsl̩
scharwenzeln ʃarˈvɛntsl̩n
Schasar *hebr.* ʃaˈzar
Schaschämäne *amh.* ʃaʃɛmɛne
Schaschka ˈʃaʃka
Schaschkewytsch *ukr.* ʃaʃˈkɛ-vɪtʃ
Schaschlik ˈʃaʃlɪk
Schäßburg ˈʃɛsbʊrk
schassen ˈʃasn̩
schassieren ʃaˈsi:rən
Schat *niederl.* sxɑt
Schatrow *russ.* ʃaˈtrɔf
Schatt Al Arab ˈʃat alˈ|arap
schatten, S... ˈʃatn̩
schattieren ʃaˈti:rən
schattig ˈʃatɪç, **-e** ...ɪɡə
Schatulle ʃaˈtʊlə
Schatz ʃats, **Schätze** ˈʃɛtsə
Schätzchen ˈʃɛtsçən
schätzen ˈʃɛtsn̩
Schatzlar ˈʃatslar
schau, S... ʃau
Schaub ʃaup, **Schäube** ˈʃɔybə
Schaube ˈʃaubə
Schäuble ˈʃɔyplə
Schauder ˈʃaudɐ
schaudern ˈʃaudɐn, **schaudre** ˈʃaudrə
Schaudinn ˈʃaudɪn
schauen ˈʃauən
Schauenburg ˈʃauənbʊrk
Schauenburger ˈʃauənbʊrgɐ
Schauer ˈʃauɐ
schauern ˈʃauɐn
Schaufel ˈʃaufl̩
Schäufele ˈʃɔyfələ
Schäufelein ˈʃɔyfəlain
schauf[e]lig ˈʃauf[ə]lɪç, **-e** ...ɪɡə
schaufeln ˈʃaufl̩n
Schauinsland ˈʃau|ɪnslant
Schaukal ˈʃaukal
Schaukel ˈʃaukl̩
Schaukelei ʃaukəˈlai
schauk[e]lig ˈʃauk[ə]lɪç, **-e** ...ɪɡə
schaukeln ˈʃaukl̩n
Schauki ˈʃauki
Schaulen ˈʃaulən
Schaum ʃaum, **Schäume** ˈʃɔymə
Schaumann ˈʃauman
Schaumburg ˈʃaumbʊrk
schäumen ˈʃɔymən
schaumig ˈʃaumɪç, **-e** ...ɪɡə
Schaumschlägerei ʃaum-ʃlɛ:ɡəˈrai
Schaunard *fr.* ʃoˈna:r
schaurig ˈʃaurɪç, **-e** ...ɪɡə
schaurig-schön ˈʃaurɪçˈʃø:n
Schauspiel[er] ˈʃauʃpi:l[ɐ]
Schauspielerei ʃauʃpi:ləˈrai
schauspielerisch ˈʃauʃpi:lərɪʃ
schauspielern ˈʃauʃpi:lɐn
Schaute ˈʃautə
Schavan ʃaˈva:n
Schayk *niederl.* sxa:i̯k
Schazk[i] *russ.* ˈʃatsk[ij]
Schdanow *russ.* ˈʒdanɐf
Scheat ˈʃe:at
Schebalin *russ.* ʃəˈbalin
Schebecke ʃeˈbɛkə
Schebelinka *russ.* ʃəbɪˈlinkɐ
Schebesta ʃeˈbɛsta
Schech ʃe:ç
Schechter ˈʃɛçtɐ, *engl.* ˈʃɛktə
Scheck[e] ˈʃɛk[ə]
schecken ˈʃɛkn̩
scheckig ˈʃɛkɪç, **-e** ...ɪɡə
Scheda ˈʃe:da
Schedbau ˈʃɛtbau
Scheddach ˈʃɛtdax, **...dächer** ...dɛçɐ
Schede ˈʃe:də
Schedel ˈʃe:dl̩
Schedir ˈʃe:dɪr
Schedoni *it.* skeˈdo:ni
Schedula ˈʃe:dula, **...lae** ...lɛ
Schee[ben] ˈʃe:[bn̩]
scheel, Scheel ʃe:l
Scheele *schwed.* ˌʃe:lə
Scheer[bart] ˈʃe:ɐ̯[ba:ɐ̯t]
Schef ʃɛf
Schefe ˈʃe:fə
Scheffel ˈʃɛfl̩
scheffeln ˈʃɛfl̩n
Scheffer ˈʃɛfɐ, *fr.* ʃɛˈfɛ:r, *niederl.* ˈʃɛfər
Schefferville *engl.* ˈʃɛfəvɪl
Scheffler ˈʃɛflɐ
Schéhadé *fr.* ʃeaˈde
Scheherazade ʃeheraˈza:də
Scheherezade ʃehereˈza:də
Scheibbs ʃaips
Scheibchen ˈʃaipçən
Scheibe ˈʃaibə
Scheibelreiter ˈʃaibl̩raitɐ
scheiben ˈʃaibn̩, **scheib!** ʃaip, **scheibt** ʃaipt
Scheibenberg ˈʃaibn̩bɛrk
scheibig ˈʃaibɪç, **-e** ...ɪɡə
Scheibner ˈʃaibnɐ
Scheich ʃaiç
Scheide ˈʃaidə
Scheidegg *(Bayern)* ˈʃaidɛk, *(Schweiz)* ʃaiˈdɛk
Scheidemann ˈʃaidəman
scheiden ˈʃaidn̩, **scheid!** ʃait
Scheidt ʃait
Scheik ʃaik
Scheimpflug ˈʃaimpflu:k
Schein ʃain
scheinen ˈʃainən
Scheiner ˈʃainɐ
Scheinfeld ˈʃainfɛlt
scheinheilig ˈʃainhailɪç
Scheiß[e] ˈʃais[ə]
scheißegal ˈʃais|eˈɡa:l
scheißen ˈʃaisn̩
Scheißeritis ʃaisəˈri:tɪs
scheißfreundlich ˈʃaisˈfrɔyntlɪç
scheißliberal ˈʃaislibeˈra:l
scheißvornehm ˈʃaisˈfo:ɐ̯ne:m
Scheit[el] ˈʃait[l̩]
scheiteln ˈʃaitl̩n
scheiten ˈʃaitn̩
scheitern ˈʃaitɐn
Scheits ʃaits
Schekel ˈʃe:kl̩
Scheki *russ.* ʃəˈki
Schelch ʃɛlç
Schelde ˈʃɛldə, *niederl.* ˈsxɛldə
Schelechow *russ.* ˈʃelɪxɐf
Schelepin *russ.* ʃəˈljepin
Scheler ˈʃe:lɐ
Schelesnodoroschny *russ.* ʒəlɪznɐdaˈrɔʒnɨj
Schelesnogorsk *russ.* ʒəlɪzna-ˈɡɔrsk
Schelesnowodsk *russ.* ʒəlɪzna-ˈvɔtsk
Schelew *bulgar.* ˈʒɛlɛf
Schelf[e] ˈʃɛlf[ə]
schelfen ˈʃɛlfn̩
schelf[e]rig ˈʃɛlf[ə]rɪç, **-e** ...ɪɡə
schelfern ˈʃɛlfɐn
Schelfhout *niederl.* ˈsxɛlfhɔu̯t
Schelichow *russ.* ˈʃelɪxɐf
Schell[ack] ˈʃɛl[ak]
Schelle ˈʃɛlə

S

schellen, Sch... 'ʃɛlən
Schellenberg 'ʃɛlənbɛrk
Scheller 'ʃɛlɐ, *russ.* 'ʃellɪr
Schelling *dt., engl.* 'ʃɛlɪŋ
Schelm ʃɛlm
Schelmerei ʃɛlmə'rai̯
Schelmuffsky ʃɛl'mʊfski
Schelsky 'ʃɛlski
Schelte 'ʃɛltə
Scheltema *niederl.* 'sxɛltəmɑ
schelten 'ʃɛltn̩
Scheltopusik ʃɛlto'pu:zɪk
Schema 'ʃe:ma, **-ta** -ta
Schemacha *russ.* ʃəma'xa
schematisch ʃe'ma:tɪʃ
schematisieren ʃemati'zi:rən
Schematismus ʃema'tɪsmʊs
Schembart 'ʃɛmba:ɐ̯t, **...bärte** ...bɛ:ɐ̯tə
Schemel 'ʃe:ml̩
Scheme[n] 'ʃe:mə[n]
Schemnitz 'ʃɛmnɪts
Schen ʃɛn
Schenau 'ʃe:nau̯
Schenck ʃɛŋk
Schendel *niederl.* 'sxɛndəl
Schenectady *engl.* skɪ'nɛktədɪ
Schenefeld 'ʃe:nəfɛlt
Scheng[en] 'ʃɛŋ[ən]
Schenhar *hebr.* ʃɛn'har
Schenk[e] 'ʃɛŋk[ə]
Schenkel 'ʃɛŋkl̩
schenken 'ʃɛŋkn̩
Schenkendorf 'ʃɛŋkn̩dɔrf
Schenker 'ʃɛŋkɐ
Schenschin *russ.* ʃən'ʃɨn
Schensi 'ʃɛnzi
Schenute ʃe'nu:tə
Schenzinger 'ʃɛntsɪŋɐ
Scheol ʃe'o:l
Schepenupet ʃepe'nu:pɛt
Schepetowka *russ.* ʃəpɪ'tɔfkɐ
Schepilow *russ.* ʃə'pilɐf
schepp[ern] 'ʃɛp[ɐn]
Schepseska[e]f ʃɛpsɛs'ka:[ɛ]f
Scher ʃe:ɐ̯
Scherasmin 'ʃe:rasmɪn
Scherbe 'ʃɛrbə
Scherbel 'ʃɛrbl̩
scherbeln 'ʃɛrbl̩n, **...ble** ...blə
Scherben 'ʃɛrbn̩
Scherbett ʃɛr'bɛt
[1]**Scherchen** (Werkzeug) 'ʃe:ɐ̯çən
[2]**Scherchen** (Name) 'ʃɛrçn̩
Schere 'ʃe:rə
Scheremetjewo *russ.* ʃərɪ'mjetjɪvɐ
scheren 'ʃe:rən
Scherenberg 'ʃe:rənbɛrk
Scherer 'ʃe:rɐ
Schererei ʃe:rə'rai̯
Schererville *engl.* 'ʃɪərəvɪl
Scherf ʃɛrf
Scherfig *dän.* 'sjɛɐ̯fi
Scherflein 'ʃɛrflai̯n
Scherge 'ʃɛrgə
Scheria (islam. Gesetz) ʃe'ri:a
Scherif ʃe'ri:f
Schering[er] 'ʃe:rɪŋ[ɐ]
Scherl ʃɛrl
Schermaus 'ʃe:ɐ̯mau̯s
Schermer *niederl.* 'sxɛrmər
Schernken 'ʃɛrnkn̩
Scherr[er] 'ʃɛr[ɐ]
Scherschenewitsch *russ.* ʃərʃə'njevitʃ
Schertenleib 'ʃɛrtn̩lai̯p
Schertlin 'ʃɛrtli:n
Scherwenzel ʃɛr'vɛntsl̩
scherwenzeln ʃɛr'vɛntsl̩n
Scherz ʃɛrts
scherzando skɛr'tsando
Scherzando skɛr'tsando, **...di** ...di
Scherz[e]l 'ʃɛrtsl̩
scherzen 'ʃɛrtsn̩
Scherzer 'ʃɛrtsɐ
Scherzo 'skɛrtso, **...zi** ...tsi
scherzoso skɛr'tso:zo
Schesaplana ʃeza'pla:na
Scheschonk 'ʃɛʃɔŋk
Scheschuppe ʃe'ʃʊpə
schesen 'ʃe:zn̩, **sches!** ʃe:s, **schest** ʃe:st
scheu, Scheu ʃɔy̯
Scheuch[e] 'ʃɔy̯ç[ə]
scheuchen 'ʃɔy̯çn̩
Scheuchzer 'ʃɔy̯çtsɐ
scheuen 'ʃɔy̯ən
Scheuer[l] 'ʃɔy̯ɐ[l]
Scheuermann 'ʃɔy̯ɐman, *dän.* 'sjɔi̯'ɐmæn'
scheuern, S... 'ʃɔy̯ɐn
Scheune 'ʃɔy̯nə
Scheuner 'ʃɔy̯nɐ
Scheur *niederl.* sxø:r
Scheurer 'ʃɔy̯rɐ
Scheurich 'ʃɔy̯rɪç
Scheusal 'ʃɔy̯za:l, **...säler** ...zɛ:lɐ
scheußlich 'ʃɔy̯slɪç
Scheveningen *niederl.* 'sxe:vənɪŋə
Schewardnadse *russ.* ʃəvard'nadzɪ, *georg.* 'ʃewardnadze
Schewtschenko *ukr.* ʃɛu̯'tʃɛnkɔ, *russ.* ʃəf'tʃɛnkɐ
Scheyern 'ʃai̯ɐn
Schi ʃi:, **-er** 'ʃi:ɐ
Schia 'ʃi:a
Schiaparelli *it.* ski̯apa'rɛlli
Schiavone *it.* ski̯a'vo:ne
Schibam ʃi'ba:m
Schibbeke 'ʃɪbəkə
schibbeln 'ʃɪbl̩n, **schibble** 'ʃɪblə
Schibbike 'ʃɪbɪkə
Schibboleth ʃɪ'bo:lɛt
Schibin ʃi'bi:n
Schibin Al Kaum ʃi'bi:n al'kau̯m
Schibler 'ʃi:blɐ
Schicchi *it.* 'skikki
Schicht[e] 'ʃɪçt[ə]
schichten 'ʃɪçtn̩
schichtig 'ʃɪçtɪç, **-e** ...ɪgə
schick ʃɪk
Schick *dt., engl.* ʃɪk
Schickedanz 'ʃɪkədants
Schickele 'ʃɪkələ
schicken 'ʃɪkn̩
schicker 'ʃɪkɐ
Schickeria ʃɪkə'ri:a
schickern 'ʃɪkɐn
Schickhardt 'ʃɪkhart
Schickimicki ʃɪki'mɪki
Schicklgruber 'ʃɪkl̩gru:bɐ
schicklich 'ʃɪklɪç
Schicksal 'ʃɪkza:l
Schickse 'ʃɪksə
Schidjak ʃɪ'dja:k
Schiebelhuth 'ʃi:bl̩hu:t
schieben 'ʃi:bn̩, **schieb!** ʃi:p, **schiebt** ʃi:pt
Schieber 'ʃi:bɐ
Schieberei ʃi:bə'rai̯
schiech ʃi:ç
schied ʃi:t
Schied ʃi:t, **-e** 'ʃi:də
Schiedam *niederl.* sxi'dɑm
Schiedamer (Schnaps) ʃi'damɐ
schieden 'ʃi:dn̩
Schieder[mair] 'ʃi:dɐ[mai̯ɐ]
schiedlich 'ʃi:tlɪç
schiedlich-friedlich 'ʃi:tlɪç'fri:tlɪç
Schiedmayer 'ʃi:tmai̯ɐ
schiedsrichtern 'ʃi:tsrɪçtɐn
schief ʃi:f
Schiefe 'ʃi:fə
Schiefer 'ʃi:fɐ
schief[e]rig 'ʃi:f[ə]rɪç, **-e** ...ɪgə
schiefern 'ʃi:fɐn
schieg ʃi:k, **-e** 'ʃi:gə
schiegen 'ʃi:gn̩, **schieg!** ʃi:k, **schiegt** ʃi:kt
Schieland *niederl.* 'sxilɑnt

S

Schiele 'ʃi:lə
schielen 'ʃi:lən
schien ʃi:n
Schienbein 'ʃi:nbai̯n
Schiene 'ʃi:nə
schienen 'ʃi:nən
schier ʃi:ɐ̯
Schier vgl. Schi
Schierbeek *niederl.* 'sxi:rbe:k
schieren 'ʃi:rən
Schierke 'ʃi:ɐ̯kə
Schierling 'ʃi:ɐ̯lɪŋ
Schiermonnikoog *niederl.* sxi:rmɔnɪk'o:x
schießen 'ʃi:sn̩
Schießerei ʃi:sə'rai̯
Schiestl 'ʃi:stl̩
Schiet[e] 'ʃi:t[ə]
Schiff *dt., engl.* ʃɪf
Schiffe 'ʃɪfə
schiffeln 'ʃɪfl̩n
schiffen 'ʃɪfn̩
Schiffer[stadt] 'ʃɪfɐ[ʃtat]
Schifffahrt 'ʃɪffa:ɐ̯t
schiften 'ʃɪftn̩
Schiga *jap.* 'ʃi͵ga
Schigemitsu *jap.* ʃi'ge͵mitsu̥
Schigolch 'ʃi:gɔlç
Schiguli *russ.* ʒɨgu'li
Schiguljowsk *russ.* ʒɨgu'ljɔfsk
Schiismus ʃi'ɪsmʊs
Schiit ʃi'i:t
Schikane ʃi'ka:nə
Schikaneder ʃika'ne:dɐ
Schikaneur ʃika'nø:ɐ̯
schikanieren ʃika'ni:rən
schikanös ʃika'nø:s, **-e** ...ø:zə
Schikoku ʃi'ko:ku, *jap.* ʃi̥'ko͵ku̥
Schilbach 'ʃɪlbax
Schilcher 'ʃɪlçɐ
Schild ʃɪlt, **-e** 'ʃɪldə, **-er** 'ʃɪldɐ
Schilda 'ʃɪlda
schilden 'ʃɪldn̩, **schild!** ʃɪlt
Schilderei ʃɪldə'rai̯
schildern 'ʃɪldɐn, **schildre** 'ʃɪl-drə
Schildkröte 'ʃɪltkrø:tə
Schildt *schwed.* ʃilt
Schilf ʃɪlf
schilfen 'ʃɪlfn̩
schilf[e]rig 'ʃɪlf[ə]rɪç, **-e** ...ɪgə
schilfern 'ʃɪlfɐn
schilfig 'ʃɪlfɪç **-e** ...ɪgə
Schilka *russ.* 'ʃɨlkɐ
Schill ʃɪl
Schillebold 'ʃɪləbɔlt, **-e** ...ldə
Schiller 'ʃɪlɐ, *engl.* 'ʃɪlə
schill[e]rig 'ʃɪl[ə]rɪç, **-e** ...ɪgə
schillern 'ʃɪlɐn
Schilling[s] 'ʃɪlɪŋ[s]
Schilluk 'ʃɪlʊk
Schillum 'ʃɪlʊm
schilpen 'ʃɪlpn̩
schilt ʃɪlt
Schiltach 'ʃɪltax
Schilten 'ʃɪltn̩
Schiltigheim 'ʃɪltɪçhai̯m, *fr.* ʃil-ti'gɛm
Schily 'ʃi:li, *auch:* 'ʃɪli
Schimane *jap.* 'ʃi͵mane
Schimäre ʃi'mɛ:rə
schimärisch ʃi'mɛ:rɪʃ
Schimasaki *jap.* ʃi'mazaki̥
Schimisu *jap.* 'ʃi͵mizu̥
[1]**Schimmel** 'ʃɪml̩
[2]**Schimmel** (Name) 'ʃɪml̩, *niederl.* 'sxɪməl
schimmelig 'ʃɪməlɪç, **-e** ...ɪgə
schimmeln 'ʃɪml̩n
Schimmer 'ʃɪmɐ
schimmern 'ʃɪmɐn
schimmlig 'ʃɪmlɪç, **-e** ...ɪgə
Schimoni *hebr.* ʃim''ɔni
Schimonoseki *jap.* ʃi'mono͵seki̥
Schimpanse ʃɪm'panzə
schimpansoid ʃɪmpanzo'i:t, **-e** ...i:də
Schimpf[e] 'ʃɪmpf̮[ə]
schimpfen 'ʃɪmpf̮n̩
Schimpferei ʃɪmpf̮ə'rai̯
schimpfieren ʃɪm'pf̮i:rən
schimpflich 'ʃɪmpf̮lɪç
Schinakel ʃi'nakl̩
Schindel 'ʃɪndl̩
schindeln 'ʃɪndl̩n, **schindle** 'ʃɪndlə
schinden 'ʃɪndn̩, **schind!** ʃɪnt
Schinderei ʃɪndə'rai̯
Schinderhannes 'ʃɪndɐhanəs
schindern 'ʃɪndɐn, **schindre** 'ʃɪndrə
Schindler 'ʃɪndlɐ
Schiner 'ʃɪnɐ
Schinkel 'ʃɪŋkl̩
Schinken 'ʃɪŋkn̩
Schinn[e] 'ʃɪn[ə]
Schinner 'ʃɪnɐ
Schinnerer 'ʃɪnərɐ
Schinto 'ʃɪnto
Schintoismus ʃɪnto'ɪsmʊs
Schintoist ʃɪnto'ɪst
Schio *it.* 'ski:o
Schionatulander ʃi̯onatu'landɐ
Schipa *it.* 'ski:pa
Schiphol *niederl.* sxɪp'hɔl, '--
Schipka *bulgar.* 'ʃipkɐ
Schippchen 'ʃɪpçən
Schippe 'ʃɪpə
schippen, S... 'ʃɪpn̩
Schipper 'ʃɪpɐ
schippern 'ʃɪpɐn
Schippers *engl.* 'ʃɪpəz
Schirach 'ʃi:rax
Schiras 'ʃi:ras, *pers.* ʃi'rɑ:z
Schirdewan 'ʃɪrdəvan
Schirgiswalde ʃɪrgɪs'valdə
Schiri 'ʃi:ri
Schirinowski *russ.* ʒɨri'nɔfskij
schirken 'ʃɪrkn̩
Schirm[beck] 'ʃɪrm[bɛk]
Schirmeck 'ʃɪrmɛk, *fr.* ʃir'mɛk
schirmen 'ʃɪrmən
Schirmer 'ʃɪrmɐ
Schirò *alban.* ʃi'ro
Schirokko ʃi'rɔko
Schirra 'ʃɪra, *engl.* ʃɪ'rɑ:
schirren, S... 'ʃɪrən
Schirrmann 'ʃɪrman
Schirting 'ʃɪrtɪŋ
Schirwan 'ʃɪrvan, *russ.* ʃɨr'van
Schischkin *russ.* 'ʃɨʃkin
Schischkow *russ.* ʃɨʃ'kɔf
Schischman *bulgar.* ʃiʃ'man
Schisgal *engl.* 'ʃɪzgəl
Schisma 'ʃɪsma, *auch:* 'sçɪ..., **-ta** -ta
Schismatiker ʃɪs'ma:tikɐ, *auch:* sçɪ...
schismatisch ʃɪs'ma:tɪʃ, *auch:* sçɪ...
schiss, Schiss ʃɪs
schissen 'ʃɪsn̩
Schisslaweng ʃɪsla'vɛŋ
Schistoprosopie ʃɪstoprozo'pi:, *auch:* sçɪ...
Schistosoma ʃɪsto'zo:ma, *auch:* sçɪ..., **-ta** -ta
Schistosomiase ʃɪstozo'mi̯a:zə, *auch:* sçɪ...
Schisuoka *jap.* ʃi'zu͵oka
Schitomir *russ.* ʒɨ'tɔmir
Schivelbein 'ʃi:fl̩bai̯n
Schiwa 'ʃi:va
Schiwago *russ.* ʒɨ'vagɐ
Schiwatschew *bulgar.* ʃi'vatʃɛf
Schiwkow *bulgar.* 'ʒifkof
schizogen ʃit͡so'ge:n, *auch:* sçi...
Schizogonie ʃit͡sogo'ni:, *auch:* sçi..., **-n** ...i:ən
schizoid ʃit͡so'i:t, *auch:* sçi..., **-e** ...i:də
Schizomyzet ʃit͡somy't͡se:t, *auch:* sçi...
Schizonychie ʃit͡sonʏ'çi:, *auch:* sçi..., **-n** ...i:ən

S

Schizophasie ʃit͡sofaˈziː, *auch:* sçi..., **-n** ...iːən
schizophren ʃit͡soˈfreːn, *auch:* sçi...
Schizophrenie ʃit͡sofreˈniː, *auch:* sçi..., **-n** ...iːən
Schizophyten ʃit͡soˈfyːtn̩, *auch:* sçi...
Schizophyzee ʃit͡sofyˈt͡seːə, *auch:* sçi...
schizothym ʃit͡soˈtyːm, *auch:* sçi...
Schizothymie ʃit͡sotyˈmiː, *auch:* sçi..., **-n** ...iːən
Schjelderup *norw.* ˈʃɛldərup
Schkeuditz ˈʃkɔydɪt͡s
Schkipetar ʃkipeˈtaːɐ̯
Schklowsk[i] *russ.* ˈʃklɔfsk[ij]
Schkopau ˈʃkoːpau̯
Schlabber ˈʃlabɐ
Schlabberei ʃlabəˈrai̯
schlabb[e]rig ˈʃlab[ə]rɪç, **-e** ...ɪgə
schlabbern ˈʃlabɐn, **schlabbre** ˈʃlabrə
Schlacht[a] ˈʃlaxt[a]
schlachten ˈʃlaxtn̩
Schlächter ˈʃlɛçtɐ
Schlachterei ʃlaxtəˈrai̯
Schlächterei ʃlɛçtəˈrai̯
...schlächtig ...ʃlɛçtɪç, **-e** ...ɪgə
Schlachtschitz ˈʃlaxtʃɪt͡s
schlack, Schlack ʃlak
Schlacke ˈʃlakə
schlacken ˈʃlakn̩
schlack[e]rig ˈʃlak[ə]rɪç, **-e** ...ɪgə
schlackern ˈʃlakɐn
schlackig ˈʃlakɪç, **-e** ...ɪgə
Schladming ˈʃlaːtmɪŋ
Schlaf ʃlaːf
Schläfchen ˈʃlɛːfçən
Schläfe ˈʃlɛːfə
schlafen ˈʃlaːfn̩
Schläfer ˈʃlɛːfɐ
schläfern ˈʃlɛːfɐn
schlaff ʃlaf
Schlafittchen ʃlaˈfɪtçən
Schlafittich ʃlaˈfɪtɪç
schlafmützig ˈʃlaːfmʏt͡sɪç, **-e** ...ɪgə
schläfrig ˈʃlɛːfrɪç, **-e** ...ɪgə
schläft ʃlɛːft
Schlag ʃlaːk, **-es** ˈʃlaːgəs, **Schläge** ˈʃlɛːgə
Schlagbrügge ʃlaːkˈbrʏgə
Schlägel ˈʃlɛːgl̩
Schlägelchen ˈʃlɛːgl̩çən
schlägeln ˈʃleːgl̩n, **schlägle** ˈʃleːglə
schlagen ˈʃlaːgn̩, **schlag!** ʃlaːk, **schlagt** ʃlaːkt
Schlager ˈʃlaːgɐ
Schläger ˈʃlɛːgɐ
Schlägerei ʃlɛːgəˈrai̯
schlägern ˈʃlɛːgɐn, **schlägre** ˈʃlɛːgrə
Schlageter ˈʃlaːgətɐ
...schlägig ...ʃlɛːgɪç, **-e** ...ɪgə
Schlagobers ˈʃlaːk\|oːbɐs
schlägt ʃlɛːkt
Schlaks ʃlaːks
schlaksig ˈʃlaːksɪç, **-e** ...ɪgə
Schlamassel ʃlaˈmasl̩
Schlamastik ʃlaˈmastɪk
Schlamm ʃlam, **Schlämme** ˈʃlɛmə
schlammen ˈʃlamən
schlämmen ˈʃlɛmən
schlammig ˈʃlamɪç, **-e** ...ɪgə
schlampampen ʃlamˈpampn̩
Schlamp[e] ˈʃlamp[ə]
schlampen ˈʃlampn̩
Schlamper ˈʃlampɐ
Schlamperei ʃlampəˈrai̯
schlampert ˈʃlampɐt
schlampig ˈʃlampɪç, **-e** ...ɪgə
Schlan ʃlaːn
schlang ʃlaŋ
schlänge ˈʃlɛŋə
Schlange ˈʃlaŋə
Schlängelchen ˈʃlɛŋl̩çən
schläng[e]lig ˈʃlɛŋ[ə]lɪç, **-e** ...ɪgə
schlängeln ˈʃlɛŋl̩n
Schlangen[bad] ˈʃlaŋən[baːt]
Schlänglein ˈʃlɛŋlai̯n
Schlankel ˈʃlaŋkl̩
schlankerhand ˈʃlaŋkɐˈhant
schlank[weg] ˈʃlaŋk[vɛk]
Schlapfen ˈʃlapfn̩
Schlapp ʃlap
Schläppchen ˈʃlɛpçən
Schlappe ˈʃlapə
schlappen, Sch... ˈʃlapn̩
schlappern ˈʃlapɐn
schlappig ˈʃlapɪç, **-e** ...ɪgə
Schlaraffe ʃlaˈrafə
Schlaraffia ʃlaˈrafi̯a
Schlarfe ˈʃlarfə
Schlarpe ˈʃlarpə
Schlarpfe ˈʃlarp͡fə
Schlat ʃlaːt
schlau ʃlau̯
Schlaube ˈʃlau̯bə
schlauben ˈʃlau̯bn̩, **schlaub!** ʃlau̯p, **schlaubt** ʃlau̯pt
Schlauberger ˈʃlau̯bɛrgɐ
Schlauch ʃlau̯x, **Schläuche** ˈʃlɔy̯çə
Schläuchelchen ˈʃlɔy̯çl̩çən
schlauchen ˈʃlau̯xn̩
Schläuchlein ˈʃlɔy̯çlai̯n
Schlauder ˈʃlau̯dɐ
schlaudern ˈʃlau̯dɐn, **schlaudre** ˈʃlau̯drə
Schläue ˈʃlɔy̯ə
Schlaufe ˈʃlau̯fə
Schlaun ʃlau̯n
Schlawiner ʃlaˈviːnɐ
schlecht ʃlɛçt
Schlechta ˈʃlɛçta
Schlechte ˈʃlɛçtə
schlechterdings ˈʃlɛçtɐˈdɪŋs
schlechthin ˈʃlɛçtˈhɪn
schlechthinnig ˈʃlɛçtˈhɪnɪç, **-e** ...ɪgə
schlechtweg ˈʃlɛçtˈvɛk
Schlechtwetterfront ʃlɛçtˈvɛtɐfrɔnt
Schleck ʃlɛk
schlecken ˈʃlɛkn̩
Schleckerei ʃlɛkəˈrai̯
schleckern ˈʃlɛkɐn
schleckig ˈʃlɛkɪç, **-e** ...ɪgə
Schleef ʃleːf
Schlegel ˈʃleːgl̩
Schlehdorn ˈʃleːdɔrn
Schlehe ˈʃleːə
Schlei ʃlai̯
Schleich[e] ˈʃlai̯ç[ə]
schleichen ˈʃlai̯çn̩
Schleicher ˈʃlai̯çɐ
Schleiden ˈʃlai̯dn̩
Schleie ˈʃlai̯ə
Schleier ˈʃlai̯ɐ
Schleiermacher ˈʃlai̯ɐmaxɐ
Schleife ˈʃlai̯fə
schleifen ˈʃlai̯fn̩
Schleiferei ʃlai̯fəˈrai̯
Schleifsel ˈʃlai̯fsl̩
Schleim ʃlai̯m
schleimen ˈʃlai̯mən
schleimig ˈʃlai̯mɪç, **-e** ...ɪgə
Schleinitz ˈʃlai̯nɪt͡s
Schleiße ˈʃlai̯sə
schleißen ˈʃlai̯sn̩
Schleißheim ˈʃlai̯shai̯m
schleißig ˈʃlai̯sɪç, **-e** ...ɪgə
Schleitheim ˈʃlai̯thai̯m
Schleiz ʃlai̯t͡s
Schlemihl ˈʃleːmiːl, *auch:* ʃleˈmiːl
schlemm, Sch... ʃlɛm
schlemmen ˈʃlɛmən
Schlemmer ˈʃlɛmɐ

S

Schlemmerei ʃlɛmə'rai̯
Schlempe 'ʃlɛmpə
schlendern 'ʃlɛndɐn, **schlendre** 'ʃlɛndrə
Schlendrian 'ʃlɛndria:n
Schlenge 'ʃlɛŋə
Schlenke 'ʃlɛŋkə
Schlenker 'ʃlɛŋkɐ
Schlenk[e]rich 'ʃlɛŋk[ə]rɪç
schlenkern 'ʃlɛŋkɐn
Schlenther 'ʃlɛntɐ
schlenzen 'ʃlɛnt͜sn̩
Schlepp[e] 'ʃlɛp[ə]
schleppen 'ʃlɛpn̩
Schlepper 'ʃlɛpɐ
Schlepperei ʃlɛpə'rai̯
Schlern ʃlɛrn
Schlesien 'ʃle:zi̯ən
Schlesier 'ʃle:zi̯ɐ
Schlesinger 'ʃle:zɪŋɐ, *engl.* 'ʃlɛsɪndʒə, 'sl...
schlesisch 'ʃle:zɪʃ
Schleswig 'ʃle:svɪç
Schleswiger 'ʃle:svɪgɐ
Schleswig-Holstein 'ʃle:svɪç'hɔlʃtai̯n
schleswigisch 'ʃle:svɪgɪʃ
schleswigsch 'ʃle:svɪçʃ
Schlettau 'ʃlɛtau̯
Schletterer 'ʃlɛtərɐ
Schlettstadt 'ʃlɛtʃtat
Schlettwein 'ʃlɛtvai̯n
schletzen 'ʃlɛt͜sn̩
Schleuder 'ʃlɔy̯dɐ
Schleuderei ʃlɔy̯də'rai̯
schleudern 'ʃlɔy̯dɐn, **schleudre** 'ʃlɔy̯drə
schleunig 'ʃlɔy̯nɪç, **-e** ...ɪgə
Schleuse 'ʃlɔy̯zə
schleusen 'ʃlɔy̯zn̩, **schleus!** ʃlɔy̯s, **schleust** ʃlɔy̯st
Schleusingen 'ʃlɔy̯zɪŋən
schleuß[t] ʃlɔy̯s[t]
Schley ʃlai̯, *engl.* slaɪ
Schleyer 'ʃlai̯ɐ
schlich ʃlɪç
Schlich ʃlɪç, *engl.* ʃlɪk
schlicht, S... ʃlɪçt
Schlichte 'ʃlɪçtə
schlichten 'ʃlɪçtn̩
Schlichter 'ʃlɪçtɐ
Schlichterei ʃlɪçtə'rai̯
schlichtweg 'ʃlɪçt'vɛk
Schlick ʃlɪk
schlicken 'ʃlɪkn̩
schlick[e]rig 'ʃlɪk[ə]rɪç, **-e** ...ɪgə
schlickern 'ʃlɪkɐn
schlickig 'ʃlɪkɪç, **-e** ...ɪgə
schlief, S... ʃli:f
schliefen, S... 'ʃli:fn̩
schlief[e]rig 'ʃli:f[ə]rɪç, **-e** ...ɪgə
schliefern 'ʃli:fɐn
Schlieffen 'ʃli:fn̩
schliefig 'ʃli:fɪç, **-e** ...ɪgə
Schlieker 'ʃli:kɐ
Schliemann 'ʃli:man
Schlier[bach] 'ʃli:ɐ̯[bax]
Schliere 'ʃli:rə
schlieren, S... 'ʃli:rən
schlierig 'ʃli:rɪç, **-e** ...ɪgə
Schliersee[r] 'ʃli:ɐ̯ze:[ɐ]
Schließe 'ʃli:sə
schließen 'ʃli:sn̩
schließlich 'ʃli:slɪç
schliff, S... ʃlɪf
schliffig 'ʃlɪfɪç, **-e** ...ɪgə
Schlik ʃlɪk
schlimm ʃlɪm
schlimmstenfalls 'ʃlɪmstn̩'fals
Schlinge 'ʃlɪŋə
Schlingel 'ʃlɪŋl̩
schlingen 'ʃlɪŋən
schlingern 'ʃlɪŋɐn
Schlipf ʃlɪp͜f
Schlipp[e] 'ʃlɪp[ə]
schlippen 'ʃlɪpn̩
Schlipper 'ʃlɪpɐ
schlipp[e]rig 'ʃlɪp[ə]rɪç, **-e** ...ɪgə
Schlips ʃlɪps
schliss ʃlɪs
Schlittel 'ʃlɪtl̩
schlitteln 'ʃlɪtl̩n
schlitten, S... 'ʃlɪtn̩
schlittern 'ʃlɪtɐn
Schlittschuh 'ʃlɪtʃu:
Schlitz ʃlɪt͜s
schlitzen 'ʃlɪt͜sn̩
Schliz ʃlɪt͜s
Schlochau 'ʃlɔxau̯
schloff ʃlɔf
schlöffe 'ʃlœfə
Schlögl 'ʃlø:gl̩
schlohweiß 'ʃlo:'vai̯s
Schlöndorff 'ʃlø:ndɔrf
Schlonski *hebr.* 'ʃlɔnski
Schlorre 'ʃlɔrə
schlorren 'ʃlɔrən
schloss (zu: schließen) ʃlɔs
Schloss ʃlɔs, **Schlösser** 'ʃlœsɐ
Schlossberg 'ʃlɔsbɛrk
Schlösschen 'ʃlœsçən
schlösse 'ʃlœsə
Schloße 'ʃlo:sə
schloßen 'ʃlo:sn̩
Schlosser 'ʃlɔsɐ
Schlosserei ʃlɔsə'rai̯
schlossern 'ʃlɔsɐn
schloßweiß 'ʃlo:s'vai̯s
Schlot ʃlo:t
Schlöte 'ʃlø:tə
Schlöth ʃlø:t
Schlotheim 'ʃlo:thai̯m
Schlotte 'ʃlɔtə
Schlotten 'ʃlɔtn̩
Schlotter 'ʃlɔtɐ
schlott[e]rig 'ʃlɔt[ə]rɪç, **-e** ...ɪgə
schlottern 'ʃlɔtɐn
schlotzen 'ʃlɔt͜sn̩
Schlözer 'ʃlø:t͜sɐ
Schluchsee 'ʃlʊxze:
Schlucht ʃlʊxt
Schlücht[ern] 'ʃlʏçt[ɐn]
schluchzen 'ʃlʊxt͜sn̩
Schluchzer 'ʃlʊxt͜sɐ
Schluck[auf] 'ʃlʊk[|au̯f]
Schlückchen 'ʃlʏkçən
schlucken, S... 'ʃlʊkn̩
schlucksen 'ʃlʊksn̩
Schluderei ʃlu:də'rai̯
schlud[e]rig 'ʃlu:drɪç, **-e** ...ɪgə
schludern 'ʃlu:dɐn, **schludre** 'ʃlu:drə
Schludrian 'ʃlu:dria:n
Schluff ʃlʊf, **Schlüffe** 'ʃlʏfə
schluffen, S... 'ʃlʊfn̩
Schluft ʃlʊft, **Schlüfte** 'ʃlʏftə
schlug ʃlu:k
schlüge 'ʃly:gə
schlugen 'ʃlu:gn̩
schlugt ʃlu:kt
schlügt ʃly:kt
Schlumberger 'ʃlʊmbɛrgɐ, *fr.* ʃlœ̃bɛr'ʒe, ʃlumb...
Schlummer 'ʃlʊmɐ
schlummern 'ʃlʊmɐn
Schlumpe 'ʃlʊmpə
schlumpen 'ʃlʊmpn̩
Schlumpf ʃlʊmp͜f
Schlumps ʃlʊmps
Schlund ʃlʊnt, **-es** 'ʃlʊndəs, **Schlünde** 'ʃlʏndə
Schlunk ʃlʊŋk
Schlunze 'ʃlʊnt͜sə
schlunzen 'ʃlʊnt͜sn̩
schlunzig 'ʃlʊnt͜sɪç, **-e** ...ɪgə
Schlup ʃlu:p
Schlupf ʃlʊp͜f, **Schlüpfe** 'ʃlʏp͜fə
schlupfen 'ʃlʊp͜fn̩
schlüpfen 'ʃlʏp͜fn̩
Schlüpfer 'ʃlʏp͜fɐ
schlüpfrig 'ʃlʏp͜frɪç, **-e** ...ɪgə
Schluppe 'ʃlʊpə
Schlurf ʃlʊrf
schlurfen 'ʃlʊrfn̩
schlürfen 'ʃlʏrfn̩
schlurren, S... 'ʃlʊrən

Schluse ˈʃluːzə
Schlusnus ˈʃlʊsnʊs
Schluss ʃlʊs, **Schlüsse** ˈʃlʏsə
Schlüssel ˈʃlʏsl̩
Schlüsselburg ˈʃlʏsl̩bʊrk
Schlüsselchen ˈʃlʏsl̩çən
schlüsseln ˈʃlʏsl̩n
schlüssig ˈʃlʏsɪç, **-e** ...ɪɡə
Schlüter ˈʃlyːtɐ
Schlüttchen ˈʃlʏtçən
Schlutte ˈʃlʊtə
Schlüttli ˈʃlʏtli
Schma[ch] ʃmaː[x]
schmachten ˈʃmaxtn̩
schmächtig ˈʃmɛçtɪç, **-e** ...ɪɡə
Schmack[e] ˈʃmak[ə]
Schmackes ˈʃmakəs
Schmadder ˈʃmadɐ
schmaddern ˈʃmadɐn, **schmaddre** ˈʃmadrə
Schmaedl ˈʃmɛːdl̩
schmafu ʃmaˈfuː
Schmäh ʃmɛː
schmähen ˈʃmɛːən
schmal ʃmaːl, **schmäler** ˈʃmɛːlɐ
schmälen ˈʃmɛːlən
Schmalenbach ˈʃmaːlənbax
schmäler vgl. schmal
Schmaler ˈʃmaːlɐ
schmälern ˈʃmɛːlɐn
Schmalhans ˈʃmaːlhans, **-en** ...nzn̩, **...hänse** ...hɛnzə
Schmalkalden ʃmalˈkaldn̩
schmalkaldisch ʃmalˈkaldɪʃ
Schmallenberg ˈʃmalənbɛrk
Schmalstich ˈʃmaːlʃtɪç
Schmalte ˈʃmaltə
schmalten ˈʃmaltn̩
Schmalz ʃmalt͜s
Schmälze ˈʃmɛlt͜sə
schmalzen ˈʃmalt͜sn̩
schmälzen ˈʃmɛlt͜sn̩
schmalzig ˈʃmalt͜sɪç, **-e** ...ɪɡə
Schmalzler ˈʃmalt͜slɐ
Schmankerl ˈʃmaŋkɐl
Schmant ʃmant
schmarotzen ʃmaˈrɔt͜sn̩
Schmarre[n] ˈʃmarə[n]
Schmarsow ˈʃmarzo
Schmasche ˈʃmaʃə
Schmatz ʃmat͜s
Schmätzchen ˈʃmɛt͜sçən
schmatzen ˈʃmat͜sn̩
Schmätzer ˈʃmɛt͜sɐ
Schmauch ʃma͜ux
schmauchen ˈʃma͜uxn̩
Schmaus ʃma͜us, **-es** ˈʃma͜uzəs, **Schmäuse** ˈʃmɔ͜yzə
Schmäuschen ˈʃmɔ͜ysçən
schmausen ˈʃma͜uzn̩, **schmaus!** ʃma͜us, **schmaust** ʃma͜ust
Schmauserei ʃma͜uzəˈra͜i
schmecken ˈʃmɛkn̩
Schmeichelei ʃma͜içəˈla͜i
schmeicheln ˈʃma͜içl̩n
Schmeichler ˈʃma͜içlɐ
schmeidig ˈʃma͜idɪç, **-e** ...ɪɡə
schmeidigen ˈʃma͜idɪɡn̩, **schmeidig!** ...ɪç, **schmeidigt** ...ɪçt
Schmeidler ˈʃma͜idlɐ
Schmeil ʃma͜il
schmeißen ˈʃma͜isn̩
Schmeling ˈʃmeːlɪŋ
Schmeljow *russ.* ʃmɪˈljɔf
Schmeller ˈʃmɛlɐ
Schmeltzl ˈʃmɛlt͜sl̩
Schmelz[e] ˈʃmɛlt͜s[ə]
schmelzen ˈʃmɛlt͜sn̩
Schmelzer ˈʃmɛlt͜sɐ
Schmelzerei ʃmɛlt͜səˈra͜i
Schmer ʃmeːɐ̯
Schmerl[e] ˈʃmɛrl[ə]
Schmerling ˈʃmeːɐ̯lɪŋ
Schmerz ʃmɛrt͜s
schmerzen ˈʃmɛrt͜sn̩
Schmettau ˈʃmɛta͜u
Schmetten ˈʃmɛtn̩
Schmetterling ˈʃmɛtɐlɪŋ
schmettern ˈʃmɛtɐn
Schmicke ˈʃmɪkə
Schmid ʃmiːt, ʃmɪt
Schmidli ˈʃmiːtli
Schmidseder ˈʃmɪt͜sleːdɐ
Schmidt[bonn] ˈʃmɪt[bɔn]
Schmiechen ˈʃmiːçn̩
Schmied ʃmiːt, **-e** ˈʃmiːdə
Schmiede[berg] ˈʃmiːdə[bɛrk]
schmieden ˈʃmiːdn̩, **schmied!** ʃmiːt
Schmiege ˈʃmiːɡə
schmiegen ˈʃmiːɡn̩, **schmieg!** ʃmiːk
Schmiele ˈʃmiːlə
Schmierage ʃmiˈraːʒə
Schmieralie ʃmiˈraːli̯ə
Schmiere ˈʃmiːrə
schmieren ˈʃmiːrən
Schmierer ˈʃmiːrɐ
Schmiererei ʃmiːrəˈra͜i
schmierig ˈʃmiːrɪç, **-e** ...ɪɡə
schmilz! ʃmɪlt͜s
Schminke ˈʃmɪŋkə
schminken ˈʃmɪŋkn̩
Schmirgel ˈʃmɪrɡl̩
schmirgeln ˈʃmɪrɡl̩n, **schmirgle** ˈʃmɪrɡlə
schmiss ʃmɪs
Schmiss ʃmɪs
schmissig ˈʃmɪsɪç, **-e** ...ɪɡə
Schmitt ʃmɪt, *fr.* ʃmit
Schmitthenner ˈʃmɪthɛnɐ
Schmittolini ʃmɪtoˈliːni
Schmitz[e] ˈʃmɪt͜s[ə]
schmitzen ˈʃmɪt͜sn̩
Schmock ʃmɔk, **Schmöcke** ˈʃmœkə
Schmok ʃmoːk
schmöken ˈʃmøːkn̩
Schmöker ˈʃmøːkɐ
schmökern ˈʃmøːkɐn
Schmoll[e] ˈʃmɔl[ə]
schmollen ˈʃmɔlən
Schmoller ˈʃmɔlɐ
Schmollis ˈʃmɔlɪs
Schmölln ʃmœln
schmolz ʃmɔlt͜s
schmölze ˈʃmœlt͜sə
Schmone esre ʃmoˈneː ɛsˈreː
Schmonzes ˈʃmɔnt͜səs
Schmonzette ʃmɔnˈt͜sɛtə
schmoren ˈʃmoːrən
schmorgen ˈʃmɔrɡn̩, **schmorg!** ʃmɔrk, **schmorgt** ʃmɔrkt
Schmu ʃmuː
schmuck, Sch... ʃmʊk
schmücken ˈʃmʏkn̩
Schmück[l]e ˈʃmʏk[l]ə
Schmuddel ˈʃmʊdl̩
Schmuddelei ʃmʊdəˈla͜i
schmudd[e]lig ˈʃmʊd[ə]lɪç, **-e** ...ɪɡə
schmuddeln ˈʃmʊdl̩n, **schmuddle** ˈʃmʊdlə
Schmuel ˈʃmuːəl
Schmuggel ˈʃmʊɡl̩
Schmuggelei ʃmʊɡəˈla͜i
schmuggeln ˈʃmʊɡl̩n, **schmuggle** ˈʃmʊɡlə
Schmuggler ˈʃmʊɡlɐ
Schmul ʃmuːl
schmulen ˈʃmuːlən
schmunzeln ˈʃmʊnt͜sl̩n
schmurgeln ˈʃmʊrɡl̩n, **schmurgle** ˈʃmʊrɡlə
Schmus ʃmuːs, **-es** ˈʃmuːzəs
schmusen ˈʃmuːzn̩, **schmus!** ʃmuːs, **schmust** ʃmuːst
Schmuserei ʃmuːzəˈra͜i
Schmutz ʃmʊt͜s
schmutzen ˈʃmʊt͜sn̩
schmützen ˈʃmʏt͜sn̩
Schmut[z]er ˈʃmʊt͜sɐ
Schmutzian ˈʃmʊt͜si̯aːn
schmutzig ˈʃmʊt͜sɪç, **-e** ...ɪɡə
Schnabel ˈʃnaːbl̩, **Schnäbel** ˈʃnɛːbl̩

S

Schnäbelchen 'ʃnɛ:bl̩çən
Schnäbelei ʃnɛ:bə'lai
schnäbeln 'ʃnɛ:bl̩n, **schnäble** 'ʃnɛ:blə
schnabulieren ʃnabu'li:rən
Schnabus 'ʃna:bʊs, **-se** ...ʊse
Schnack ʃnak, **Schnäcke** 'ʃnɛkə
schnackeln 'ʃnakl̩n
schnacken 'ʃnakn̩
Schnackerl 'ʃnakɐl
Schnadahüpfl 'ʃna:dahʏpfl̩
Schnaderhüpferl 'ʃna:dɐhʏpfɐl
schnadern 'ʃna:dɐn, **schnadre** 'ʃna:drə
schnafte 'ʃnaftə
Schnake 'ʃna:kə
schnäken 'ʃnɛ:kn̩
schnakig 'ʃna:kɪç, **-e** ...ɪgə
schnäkig 'ʃnɛ:kɪç, **-e** ...ɪgə
Schnällchen 'ʃnɛlçən
Schnalle 'ʃnalə
schnallen 'ʃnalən
Schnalser Tal 'ʃnalzɐ 'ta:l
Schnalz ʃnalts
schnalzen 'ʃnaltsn̩
Schnäpel 'ʃnɛ:pl̩
schnapp! ʃnap
Schnäppchen 'ʃnɛpçən
schnappen 'ʃnapn̩
Schnäpper 'ʃnɛpɐ
schnappern 'ʃnapɐn
schnäppern 'ʃnɛpɐn
Schnapphahn 'ʃnapha:n
Schnaps ʃnaps, **Schnäpse** 'ʃnɛpsə
schnaps! ʃnaps
Schnapsbrennerei 'ʃnaps-brɛnərai, ---'-
Schnäpschen 'ʃnɛpsçən
schnäpseln 'ʃnɛpsl̩n
schnapsen 'ʃnapsn̩
schnarchen 'ʃnarçn̩
Schnarre 'ʃnarə
schnarren 'ʃnarən
Schnars ʃnars
Schnat[e] 'ʃna:t[ə]
Schnätel 'ʃnɛ:tl̩
schnatt[e]rig 'ʃnat[ə]rɪç, **-e** ...ɪgə
schnattern 'ʃnatɐn
schnatz, S... ʃnats
schnätzeln 'ʃnɛtsl̩n
schnatzen 'ʃnatsn̩
Schnau ʃnau
schnauben 'ʃnaubn̩, **schnaub!** ʃnaup, **schnaubt** ʃnaupt
schnäubig 'ʃnɔybɪç, **-e** ...ɪgə
Schnauf ʃnauf
schnaufen 'ʃnaufn̩
Schnauferl 'ʃnaufɐl
Schnaupe 'ʃnaupə
Schnauz ʃnauts, **Schnäuze** 'ʃnɔytsə
Schnäuzchen 'ʃnɔytsçən
Schnauze 'ʃnautsə
schnauzen 'ʃnautsn̩
schnäuzen 'ʃnɔytsn̩
Schnauzer 'ʃnautsɐ
Schnäuzer 'ʃnɔytsɐ
schnauzig 'ʃnautsɪç, **-e** ...ɪgə
...schnäuzig ...ʃnɔytsɪç, **-e** ...ɪgə
Schneck[e] 'ʃnɛk[ə]
Schneckenberg 'ʃnɛkn̩bɛrk
Schneckenburger 'ʃnɛkn̩bʊrgɐ
Schneckerl 'ʃnɛkɐl
schnedderengteng 'ʃnɛdərɛŋ-'tɛŋ
schnedderengtengteng! 'ʃnɛ-dərɛŋtɛŋ'tɛŋ
Schnee ʃne:
Schneeberg 'ʃne:bɛrk
Schnee-Eifel 'ʃne:|aifl̩
schneeig 'ʃne:ɪç, **-e** ...ɪgə
Schneekoppe 'ʃne:kɔpə
schneeweiß 'ʃne:'vais
Schneeweißchen ʃne:'vaisçən
Schneewittchen ʃne:'vɪtçən
Schneid ʃnait, **-es** 'ʃnaidəs
Schneide[mühl] 'ʃnaidə[my:l]
schneiden 'ʃnaidn̩, **schneid!** ʃnait
Schneider 'ʃnaidɐ, *fr.* ʃnɛ'dɛ:r
Schneiderei ʃnaidə'rai
Schneiderha[h]n 'ʃnaidɐha:n
schneidern 'ʃnaidɐn, **schneidre** 'ʃnaidrə
schneidig 'ʃnaidɪç, **-e** ...ɪgə
Schneidler 'ʃnaidlɐ
schneien 'ʃnaiən
Schneifel 'ʃnaifl̩
Schneise 'ʃnaizə
schneiteln 'ʃnaitl̩n
schnell, S... ʃnɛl
Schnelle 'ʃnɛlə
schnellen 'ʃnɛlən
Schneller 'ʃnɛlɐ
schnellstmöglich 'ʃnɛlst-'mø:klɪç
Schnepf[e] 'ʃnɛpf[ə]
Schneppe 'ʃnɛpə
Schnepper 'ʃnɛpɐ
schneppern 'ʃnɛpɐn
schnetzeln 'ʃnɛtsl̩n
Schne'ur *hebr.* ʃnɛ'ur
Schneuß ʃnɔys
Schneuze 'ʃnɔytsə
Schneverdingen 'ʃne:vɐdɪŋən
schnicken 'ʃnɪkn̩
Schnickschnack 'ʃnɪkʃnak
schnieben 'ʃni:bn̩, **schnieb!** ʃni:p, **schniebt** ʃni:pt
Schniedelwutz 'ʃni:dl̩vʊts
schniefen 'ʃni:fn̩
schniegeln 'ʃni:gl̩n, **schniegle** 'ʃni:glə
schnieke 'ʃni:kə
Schniepel 'ʃni:pl̩
Schnipfel 'ʃnɪpfl̩
schnipfeln 'ʃnɪpfl̩n
schnipp, schnapp! 'ʃnɪp 'ʃnap
schnipp! ʃnɪp
Schnippchen 'ʃnɪpçən
Schnippel[chen] 'ʃnɪpl̩[çən]
Schnippelei ʃnɪpə'lai
schnippeln 'ʃnɪpl̩n
schnippen 'ʃnɪpn̩
schnippisch 'ʃnɪpɪʃ
Schnippschnappschnurr 'ʃnɪp-'ʃnap'ʃnʊr
schnips! ʃnɪps
Schnipsel 'ʃnɪpsl̩
Schnipselei ʃnɪpsə'lai
schnipseln 'ʃnɪpsl̩n
schnipsen 'ʃnɪpsn̩
Schnitger 'ʃnɪtgɐ
Schnitke *russ.* 'ʃnitkɪ
schnitt, S... ʃnɪt
Schnitte 'ʃnɪtə
schnittig 'ʃnɪtɪç, **-e** ...ɪgə
Schnittke 'ʃnɪtkə
Schnittlauch 'ʃnɪtlaux
Schnitz[el] 'ʃnɪts[l̩]
Schnitzelei ʃnɪtsə'lai
schnitzeln 'ʃnɪtsl̩n
schnitzen 'ʃnɪtsn̩
Schnitzer 'ʃnɪtsɐ
Schnitzerei ʃnɪtsə'rai
Schnitzler 'ʃnɪtslɐ
schnob ʃno:p
schnöbe 'ʃnø:bə
schnoben 'ʃno:bn̩
schnobern 'ʃno:bɐn, **schnobre** 'ʃno:brə
schnobt ʃno:pt
schnöbt ʃnø:pt
schnöd ʃnø:t, **-e** 'ʃnø:də
Schnodder 'ʃnɔdɐ
schnodd[e]rig 'ʃnɔd[ə]rɪç, **-e** ...ɪgə
schnöde 'ʃnø:də
schnöden 'ʃnø:dn̩, **schnöd!** ʃnø:t
Schnödigkeit 'ʃnø:dɪçkait
schnofeln 'ʃno:fl̩n
schnökern 'ʃnø:kɐn
Schnorchel 'ʃnɔrçl̩

S

Schnọ̈rchel ˈʃnœrçl̩
schnọrcheln ˈʃnɔrçl̩n
Schnọ̈rkel ˈʃnœrkl̩
Schnörkele̲i̲ ʃnœrkəˈla̯i
schnọ̈rk[e]lig ˈʃnœrk[ə]lɪç, **-e** …ɪɡə
schnọ̈rkeln ˈʃnœrkl̩n
Schnọrr ʃnɔr
schnọrren ˈʃnɔrən
Schnorrere̲i̲ ʃnɔrəˈra̯i
Schnö̲sel ˈʃnøːzl̩
schnö̲selig ˈʃnøːzəlɪç, **-e** …ɪɡə
Schnụcke ˈʃnʊkə
Schnụckelchen ˈʃnʊkl̩çən
schnụck[e]lig ˈʃnʊk[ə]lɪç, **-e** …ɪɡə
schnụckern ˈʃnʊkɐn
Schnụcki ˈʃnʊki
schnụdd[e]lig ˈʃnʊd[ə]lɪç, **-e** …ɪɡə
Schnụddelnase ˈʃnʊdl̩naːzə
Schnüffele̲i̲ ʃnʏfəˈla̯i
schnụffeln ˈʃnʊfl̩n
schnụ̈ffeln ˈʃnʏfl̩n
Schnụ̈ffis ˈʃnʏfɪs
schnụllen ˈʃnʊlən
Schnụller ˈʃnʊlɐ
Schnụlze ˈʃnʊlt͡sə
schnụlzen ˈʃnʊlt͡sn̩
schnụlzig ˈʃnʊlt͡sɪç, **-e** …ɪɡə
schnụpfen, Sch… ˈʃnʊp͡fn̩
schnụppe, Sch… ˈʃnʊpə
schnụppern ˈʃnʊpɐn
Schnu̲r ʃnuːɐ̯, **Schnü̲re** ˈʃnyːrə
Schnü̲rchen ˈʃnyːɐ̯çən
schnü̲ren ˈʃnyːrən
schnu̲rgera̲de ˈʃnuːɐ̯ɡəˈraːdə
Schnurrạnt ʃnʊˈrant
Schnụrrbart ˈʃnʊrbaːɐ̯t
Schnụrre ˈʃnʊrə
schnụrren ˈʃnʊrən
schnụrrig ˈʃnʊrɪç, **-e** …ɪɡə
Schnurrpfeifere̲i̲ ʃnʊrp͡fa̯ifəˈra̯i
schnu̲rstrạcks ˈʃnuːɐ̯ˈʃtraks
schnụrz ʃnʊrt͡s
schnụrzpi̲e̲pe ˈʃnʊrt͡sˈpiːpə
schnụrzpi̲e̲pega̲l ˈʃnʊrt͡sˈpiːp-leˈɡaːl
Schnü̲tchen ˈʃnyːtçən
Schnu̲te ˈʃnuːtə
Schnyder ˈʃniːdɐ
Schoah ˈʃoːa, ʃoˈaː
scho̲b ʃoːp
schö̲be ˈʃøːbə
scho̲ben ˈʃoːbn̩
Scho̲ber ˈʃoːbɐ
Schö̲berl ˈʃøːbɐl
scho̲bern ˈʃoːbɐn, **scho̲bre** ˈʃoːbrə
schö̲bern ˈʃøːbɐn, **schö̲bre** ˈʃøːbrə
Scho̲bert ˈʃoːbɐt, *fr.* ʃɔˈbɛːr
scho̲bt ʃoːpt
schö̲bt ʃøːpt
Schọch[en] ˈʃɔx[n̩]
Schọck ʃɔk
schockạnt ʃɔˈkant
schọckeln ˈʃɔkl̩n
schọcken ˈʃɔkn̩
Schọcker ˈʃɔkɐ
schocki̲e̲ren ʃɔˈkiːrən
schọcking ˈʃɔkɪŋ
Schọckschwereno̲t! ˈʃɔk-ʃveːrəˈnoːt
Scho̲den ˈʃoːdn̩
Schọdino *russ.* ˈʒɔdinɐ
Schoeck ʃœk, *auch:* ʃøːk
Schoeller ˈʃœlɐ
Schoeman *afr.* ˈskuːman
Scho̲e̲nflies ˈʃøːnfliːs
Scho̲e̲nholtz ˈʃøːnhɔlt͡s
Schoeps ʃœps
Schoetensack ˈʃoːtn̩zak
Scho̲f ʃoːf
Schofa̲r ʃoˈfaːɐ̯
scho̲fel, S… ˈʃoːfl̩
scho̲f[e]lig ˈʃoːf[ə]lɪç, **-e** …ɪɡə
Schọ̈ffe ˈʃœfə
Schọ̈ffel ˈʃœfl̩
Schọ̈ffer ˈʃœfɐ, *fr.* ʃɛˈfɛːr
Schọ̈fferlin ˈʃœfɐliːn
Schọ̈ff[l]er ˈʃœf[l]ɐ
Schoffö̲r ʃɔˈføːɐ̯
Schofield *engl.* ˈskoʊfiːld
Scho̲gun ˈʃoːɡʊn
Schoguna̲t ʃoɡuˈnaːt
Schohạm *hebr.* ʃɔˈham
Scho̲i̲tasch ˈʃɔytaʃ
Scho̲ko ˈʃoːko
Schokola̲de ʃokoˈlaːdə
schokola̲den ʃokoˈlaːdn̩, **…dne** …dnə
schokoli̲e̲ren ʃokoˈliːrən
Schọkze ˈʃɔkt͡sə
Scho̲la ˈskoːla, *auch:* ˈsçoːla, **…lae** …lɛ
Scho̲la Cantọrum ˈskoːla kanˈtoːrʊm, *fr.* skɔlakãtɔˈrɔm
Schola̲r ʃoˈlaːɐ̯
Scholạrch ʃoˈlarç
Scholarcha̲t ʃolarˈçaːt
Scholạst[ik] ʃoˈlast[ɪk]
Scholạstika ʃoˈlastika
Scholastika̲t ʃolastiˈkaːt
Scholạstiker ʃoˈlastikɐ
Scholạstikus ʃoˈlastikʊs
scholạstisch ʃoˈlastɪʃ
Scholastizịsmus ʃolastiˈt͡sɪsmʊs
Schọlderer ˈʃɔldərɐ
Scho̲lem ˈʃoːlɛm
Scholiạst ʃoˈli̯ast
Scho̲lie ˈʃoːli̯ə
Scho̲lion ˈʃoːli̯ɔn, **…ien** …i̯ən
schọll, S… ʃɔl
schọ̈lle ˈʃœlə
Schọlle ˈʃɔlə
Schọ̈llenen ˈʃœlənən
schọllern ˈʃɔlɐn
Schọlli ˈʃɔli
schọllig ˈʃɔlɪç, **-e** …ɪɡə
Schọ̈llkraut ˈʃœlkra̯ut
Schọllum ˈʃɔlʊm
Schọlochow *russ.* ˈʃɔlɐxɐf
schọ̈lte ˈʃœltə
Schọltis ˈʃɔltɪs
Scholtise̲i̲ ʃɔltiˈza̯i
Schọltyje Wọdy *russ.* ˈʒɔltɨjɪ ˈvɔdɨ
Schọlz[e] ˈʃɔlt͡s[ə]
Schọmberg ˈʃɔmbɛrk, *engl.* ˈʃɔmbəːɡ, *fr.* ʃɔmˈbɛrɡ, …bɛːr
Schọ̈mberg ˈʃœmbɛrk, ˈʃøːm…
Schọmburgk ˈʃɔmbʊrk, *engl.* ˈʃɔmbəːk
scho̲n ʃoːn
schö̲n, S… ʃøːn
Scho̲na ˈʃoːna
Schö̲naich ˈʃøːna̯iç
Schö̲nau ˈʃøːna̯u
Schö̲nbach ˈʃøːnbax
Schö̲nberg ˈʃøːnbɛrk
Schö̲nborn ˈʃøːnbɔrn
Schönbrụnn ʃøːnˈbrʊn
Schö̲nbuch ˈʃøːnbuːx
Schö̲nbühel ˈʃøːnbyːəl
Schö̲ne[beck] ˈʃøːnə[bɛk]
Schö̲neck ˈʃøːnɛk
Schö̲nefeld ˈʃøːnəfɛlt
Schö̲nemann ˈʃøːnəman
scho̲nen, S… ˈʃoːnən
schö̲nen ˈʃøːnən
Schönenwẹrd ʃøːnənˈvɛrt
Scho̲ner ˈʃoːnɐ
Schö̲ner ˈʃøːnɐ
Schö̲nerer ˈʃøːnərɐ
Schönfärbere̲i̲ ʃøːnfɛrbəˈra̯i
Schö̲nfeld ˈʃøːnfɛlt
Scho̲ngau[er] ˈʃoːnɡa̯u[ɐ]
Schöngeistere̲i̲ ʃøːnɡa̯istəˈra̯i
Schö̲ngrabern ˈʃøːnɡraːbɐn
Schönha̲gen ʃøːnˈhaːɡn̩
Schö̲nhengst[gau] ˈʃøːnhɛŋst[ɡa̯u]
Schö̲nherr ˈʃøːnhɛr
Schö̲ningen ˈʃøːnɪŋən

Schöningh ˈʃøːnɪŋ
Schönkopf ˈʃøːnkɔpf
Schönlank ˈʃøːnlaŋk
Schönlanke ʃøːnˈlaŋkə
Schönlein ˈʃøːnlain
Schönred[n]erei ʃøːnreːd[n]əˈrai
Schönstatt ˈʃøːnʃtat
Schöntal ˈʃøːntaːl
Schönthan ˈʃøːntan
Schöntuer ˈʃøːntuːɐ
Schöntuerei ʃøːntuːəˈrai
Schönwald ˈʃøːnvalt
Schönwetterlage ʃøːnˈvɛtɐlaːgə
Schönwiese ˈʃøːnviːzə
Schoof[s] ʃoːf[s]
Schoon ʃoːn
Schoonhoven *niederl.* ˈsxoːnhoːvə
Schoop ʃoːp
Schopenhauer ˈʃoːpn̩hauɐ
Schopenhauerianer ʃoːpn̩hauəˈriaːnɐ
Schopf ʃɔpf, **Schöpfe** ˈʃœpfə
Schöpf ʃœpf
Schöpfe ˈʃœpfə
schöpfen ˈʃœpfn̩
schöpferisch ˈʃœpfərɪʃ
Schopfheim ˈʃɔpfhaim
Schöpfl ˈʃœpfl̩
Schöpflin ˈʃœpfliːn
Schopp ʃɔp
Schöppchen ˈʃœpçən
Schoppe ˈʃɔpə
Schöppe ˈʃœpə
schöppeln ˈʃœpl̩n
schoppen, Sch... ˈʃɔpn̩
Schöppenstedt ˈʃœpn̩ʃtɛt
Schöps ʃœps
Schöpserne ˈʃœpsɐnə
schor, Sch... ʃoːɐ̯
schöre ˈʃøːrə
Schore ˈʃoːrə
schoren ˈʃoːrən
Schorf[heide] ˈʃɔrf[haidə]
schorfig ˈʃɔrfɪç, **-e** ...ɪgə
Schörl ʃœrl
Schorle ˈʃɔrlə
Schorlemorle ˈʃɔrləˈmɔrlə
Schorm ʃɔrm
Schorndorf ˈʃɔrndɔrf
Schörner ˈʃœrnɐ
Schornstein ˈʃɔrnʃtain
Schorsch ʃɔrʃ
Schortens ˈʃɔrtn̩s
Schoschone ʃoˈʃoːnə
Schose ˈʃoːzə
schoss ʃɔs
Schoß (Mitte des Leibes) ʃoːs, **Schöße** ˈʃøːsə
Schoss (junger Trieb; veralt. für: Zoll, Steuer) ʃɔs
Schößchen (zu: Schoß) ˈʃøːsçən
Schösschen (zu: Schoss) ˈʃœsçən
schösse ˈʃœsə
Schößel ˈʃøːsl̩
Schössling ˈʃœslɪŋ
Schostakowitsch *russ.* ʃɐstaˈkɔvitʃ
Schostka *russ.* ˈʃɔstkɐ
Schot ʃoːt
Schota *georg.* ˈʃotha
Schötchen ˈʃøːtçən
Schote ˈʃoːtə
Schotel *niederl.* ˈsxoːtəl
Schoten *niederl.* ˈsxoːtə
Schötmar ˈʃœtmar
Schott[e] ˈʃɔt[ə]
Schottel ˈʃɔtl̩
Schottelius ʃɔˈteːli̯ʊs
Schotten[loher] ˈʃɔtn̩[loːɐ]
Schottenmeister ˈʃɔtn̩maistɐ
Schotter ˈʃɔtɐ
schottern ˈʃɔtɐn
schottisch ˈʃɔtɪʃ
Schottky ˈʃɔtki
Schottland ˈʃɔtlant
Schottländer ˈʃɔtlɛndɐ
schottländisch ˈʃɔtlɛndɪʃ
Schöttli ˈʃœtli
Schoubroeck *niederl.* ˈsxɔu̯bruk
Schoultz *schwed.* ʃʊlts
Schouten *niederl.* ˈsxɔu̯tə
Schouwen *niederl.* ˈsxɔu̯wə
Schowa ˈʃoːva
Schøyen *norw.* ˈskœi̯ən
Schrader ˈʃraːdɐ
Schraffe ˈʃrafə
schraffen, S... ˈʃrafn̩
schraffieren ʃraˈfiːrən
Schraffur ʃraˈfuːɐ̯
schräg ʃrɛːk, **-e** ˈʃrɛːgə
Schräge ˈʃrɛːgə
schragen ˈʃraːgn̩, **schrag!** ʃraːk, **schragt** ʃraːkt
schrägen ˈʃrɛːgn̩, **schräg!** ʃrɛːk, **schrägt** ʃrɛːkt
Schragen ˈʃraːgn̩
schräghin ˈʃrɛːkhɪn
schrägüber ʃrɛːkˈ|yːbɐ
schrak ʃraːk
schräke ˈʃrɛːkə
schral ʃraːl
schralen ˈʃraːlən
Schram ʃraːm, **Schräme** ˈʃrɛːmə
Schramberg ˈʃramberk
schrämen ˈʃrɛːmən
Schramm[e] ˈʃram[ə]
Schrammel ˈʃraml̩
schrammen ˈʃramən
schrammig ˈʃramɪç, **-e** ...ɪgə
Schrank ʃraŋk, **Schränke** ˈʃrɛŋkə
Schränkchen ˈʃrɛŋkçən
Schranke ˈʃraŋkə
schränken ˈʃrɛŋkn̩
Schranken ˈʃraŋkn̩
Schranne ˈʃranə
Schranz[e] ˈʃrants[ə]
Schrape ˈʃraːpə
schrapen ˈʃraːpn̩
Schraper ˈʃraːpɐ
Schrapnell ʃrapˈnɛl
schrappen ˈʃrapn̩
Schrapsel ˈʃraːpsl̩
Schrat ʃraːt
Schrätel ˈʃrɛːtl̩
Schrätlein ˈʃrɛːtlain
Schratt[e] ˈʃrat[ə]
Schräubchen ˈʃrɔypçən
Schraube ˈʃraubə
Schraubel ˈʃraubl̩
schrauben ˈʃraubn̩, **schraub!** ʃraup, **schraubt** ʃraupt
schraubig ˈʃraubɪç, **-e** ...ɪgə
Schraudolph ˈʃraudɔlf
Schraufen ˈʃraufn̩
Schreber ˈʃreːbɐ
Schreck[e] ˈʃrɛk[ə]
schrecken, Sch... ˈʃrɛkn̩
Schreckenbach ˈʃrɛkn̩bax
schreckensblass ˈʃrɛkn̩sˈblas
schreckensbleich ˈʃrɛkn̩sˈblaiç
schrecklich ˈʃrɛklɪç
Schrecknis ˈʃrɛknɪs, **-se** ...ɪsə
Schredder ˈʃrɛdɐ
Schrei[b] ʃrai[p]
Schreibe ˈʃraibə
schreiben ˈʃraibn̩, **schreib!** ʃraip, **schreibt** ʃraipt
Schreiben ˈʃraibn̩
Schreiberei ʃraibəˈrai
Schreiber[hau] ˈʃraibɐ[hau]
Schreiberling ˈʃraibɐlɪŋ
schreien ˈʃraiən
Schreier ˈʃraiɐ
Schreierei ʃraiəˈrai
Schrein ʃrain
Schreiner ˈʃrainɐ, *engl.* ˈʃraɪnə, *afr.* ˈʃraːi̯nər
Schreinerei ʃrainəˈrai
schreinern ˈʃrainɐn
schreiten ˈʃraitn̩

S

Schreiter ˈʃrai̯tɐ
Schreker ˈʃreːkɐ
Schrems ʃrɛms
Schrenz ʃrɛnt͜s
Schrey[er] ˈʃrai̯[ɐ]
Schreyvog[e]l ˈʃrai̯foːgl̩
Schri[ber] ˈʃriː[bɐ]
schrick!, Schrick ʃrɪk
schrickt ʃrɪkt
Schrieb ʃriːp, **-e** ˈʃriːbə
schrie[b] ʃriː[p]
schrieben ˈʃriːbn̩
schriebt ʃriːpt
schrieen ˈʃriːən
schrieest ˈʃriːəst
schrieet ˈʃriːət
Schrieffer *engl.* ˈʃriːfə
schrien ʃriːn
Schriesheim ˈʃriːshai̯m
schriest ʃriːst
schriet ʃriːt
Schrift ʃrɪft
schriftlich ˈʃrɪftlɪç
Schriftsteller ˈʃrɪftʃtɛlɐ
Schriftstellerei ʃrɪftʃtɛləˈrai̯
schriftstellerisch ˈʃrɪftʃtɛlərɪʃ
schriftstellern ˈʃrɪftʃtɛlɐn
Schrifttum ˈʃrɪfttuːm
Schrijnen *niederl.* ˈsxrɛi̯nə
schrill[en] ˈʃrɪl[ən]
Schrimpf ʃrɪmp͜f
schrinken ˈʃrɪŋkn̩
schrinnen ˈʃrɪnən
Schrippe ˈʃrɪpə
schritt, S... ʃrɪt
Schro ʃroː
Schrobenhausen ʃroːbn̩ˈhau̯zn̩
Schröckh ʃrœk
Schröder ˈʃrøːdɐ
Schrödinger ˈʃrøːdɪŋɐ
Schroeder ˈʃrøːdɐ
Schroedter ˈʃrøːtɐ
Schröer ʃrøːɐ̯
Schroers ʃrøːɐ̯s
Schroeter ˈʃrøːtɐ
Schroetter ˈʃrœtɐ
Schrofen ˈʃroːfn̩
schroff, S... ʃrɔf
Schroffen ˈʃrɔfn̩
schroh ʃroː
Schroll ʃrɔl
schröpfen ˈʃrœp͜fn̩
Schropphobel ˈʃrɔphoːbl̩
Schrörs ʃrøːɐ̯s
Schrot ʃroːt
schroten ˈʃroːtn̩
Schröter ˈʃrøːtɐ
Schroth ʃroːt
Schrötling ˈʃrøːtlɪŋ

Schrott ʃrɔt
schrotten ˈʃrɔtn̩
schrubben ˈʃrʊbn̩, **schrubb!** ʃrʊp, **schrubbt** ʃrʊpt
Schrubber ˈʃrʊbɐ
Schrulle ˈʃrʊlə
schrullig ˈʃrʊlɪç, **-e** ...ɪgə
schrumm! ʃrʊm
schrummfidebumm! ˈʃrʊmfidəˈbʊm
Schrumpel ˈʃrʊmpl̩
schrump[e]lig ˈʃrʊmp[ə]lɪç, **-e** ...ɪgə
schrumpeln ˈʃrʊmpl̩n
schrumpfen ˈʃrʊmp͜fn̩
schrumpfig ˈʃrʊmp͜fɪç, **-e** ...ɪgə
Schrund ʃrʊnt, **-es** ˈʃrʊndəs, **Schründe** ˈʃrʏndə
Schrunde ˈʃrʊndə
schrundig ˈʃrʊndɪç, **-e** ...ɪgə
Schruns ʃrʊns
schruppen ˈʃrʊpn̩
Schtein *russ.* ʃtejn
Schtschedrin *russ.* ʃtʃɪˈdrin
Schtscherba *russ.* ˈʃtʃɛrbɐ
Schtscherbatow *russ.* ʃtʃɪrˈbatɐf
Schtscherbina *russ.* ʃtʃɪrˈbinɐ
Schtschipatschow *russ.* ʃtʃipaˈtʃɔf
Schtschokino *russ.* ˈʃtʃɔkinɐ
Schtscholkowo *russ.* ˈʃtʃɔlkɐvɐ
Schtschukin *russ.* ˈʃtʃukin
Schtschussew *russ.* ˈʃtʃusɪf
Schtschutschinsk *russ.* ˈʃtʃutʃinsk
Schuaiba ʃuˈai̯ba
Schub ʃuːp, **Schubes** ˈʃuːbəs, **Schübe** ˈʃyːbə
Schubart ˈʃuːbart
Schubbejack ˈʃʊbəjak
schubben ˈʃʊbn̩, **schubb!** ʃʊp, **schubbt** ʃʊpt
schubbern ˈʃʊbɐn, **schubbre** ˈʃʊbrə
Schübel ˈʃyːbl̩
Schuber[t] ˈʃuːbɐ[t]
Schubertiade ʃuːbɐˈti̯aːdə
Schubiack ˈʃuːbi̯ak
Schublade ˈʃuːplaːdə
schubladisieren ʃuːpladiˈziːrən
Schüblig ˈʃyːblɪç, **-e** ...ɪgə
Schübling ˈʃyːplɪŋ
Schubra Al Chaima ˈʃʊbra alˈxai̯ma
Schubring ˈʃuːbrɪŋ
Schubs ʃʊps
schubsen ˈʃʊpsn̩
Schubserei ʃʊbsəˈrai̯

Schuch[ardt] ˈʃʊx[art]
Schuchhardt ˈʃʊxart
Schüchlin ˈʃyːçliːn
Schüchter ˈʃʏçtɐ
schüchtern ˈʃʏçtɐn
Schuckelei ʃʊkəˈlai̯
schuckeln ˈʃʊkl̩n
Schuckert ˈʃʊkɐt
Schücking ˈʃʏkɪŋ
schuddern ˈʃʊdɐn, **schuddre** ˈʃʊdrə
Schuder ˈʃuːdɐ
Schudra[ka] ˈʃuːdra[ka]
schuf ʃuːf
schüfe ˈʃyːfə
Schuffel ˈʃʊfl̩
Schuft ʃʊft
schuften ˈʃʊftn̩
Schufterei ʃʊftəˈrai̯
schuftig ˈʃʊftɪç, **-e** ...ɪgə
Schuh ʃuː
Schühchen ˈʃyːçən
Schuhmacher ˈʃuːmaxɐ
Schuhmacherei ʃuːmaxəˈrai̯
Schuhplattler ˈʃuːplatlɐ
Schuhu ˈʃuːhu
Schuiski *russ.* ˈʃujskij
Schuja *russ.* ˈʃujɐ
Schukostecker ˈʃuːkoʃtɛkɐ
Schukow *russ.* ˈʒukɐf
Schukowski *russ.* ʒuˈkɔfskij
Schukschin *russ.* ʃukˈʃin
Schul ʃuːl
Schulammit ˈʃuːlamɪt
Schulberg *engl.* ˈʃʊlbəːg
Schulchan Aruch ʃʊlˈxaːn aˈruːx
Schuld ʃʊlt, **-en** ˈʃʊldn̩
schulden ˈʃʊldn̩, **schuld!** ʃʊlt
schuldig ˈʃʊldɪç, **-e** ...ɪgə
Schuldner ˈʃʊldnɐ
Schule ˈʃuːlə
schulen ˈʃuːlən
Schulenburg ˈʃuːlənbʊrk
Schuler ˈʃuːlɐ
Schüler ˈʃyːlɐ
Schulerloch ˈʃuːlɐlɔx
Schulhoff *tschech.* ˈʃuːlhɔf
schulisch ˈʃuːlɪʃ
Schuller *engl.* ˈʃʊlə
Schullern ˈʃʊlɐn
Schulmeisterei ʃuːlmai̯stəˈrai̯
Schulp ʃʊlp
Schulpforta ʃuːlˈp͜fɔrta
Schuls ʃʊls
Schult[e] ˈʃʊlt[ə]
Schulten ˈʃʊltn̩
Schultens *niederl.* ˈsxʏltəns
Schulter ˈʃʊltɐ

...schult[e]rig ...ʃʊlt[ə]rɪç, **-e** ...ɪgə
schultern ˈʃʊltɐn
Schultheiß, ...eiss ˈʃʊltai̯s
Schultheß ˈʃʊltɛs
Schultz[e] ˈʃʊlts[ə]
Schulz ʃʊlts, *poln.* ʃults
Schulze ˈʃʊltsə
Schumacher ˈʃu:maxɐ
Schuman ˈʃu:man, *engl.* ˈʃu:mən, *fr.* ʃuˈman
Schumann ˈʃu:man, *fr.* ʃuˈman
Schumen *bulgar.* ˈʃumɛn
Schummelei ʃʊməˈlai̯
schummeln ˈʃʊml̩n
Schummer ˈʃʊmɐ
schumm[e]rig ˈʃʊm[ə]rɪç, **-e** ...ɪgə
schummern ˈʃʊmɐn
schumpern ˈʃʊmpɐn
Schumpeter ˈʃʊmpe:tɐ, *engl.* ˈʃʊmpeɪtə
schund ʃʊnt
Schund ʃʊnt, **-es** ˈʃʊndəs
schünde ˈʃʏndə
schunden ˈʃʊndn̩
schundig ˈʃʊndɪç, **-e** ...ɪgə
schunkeln ˈʃʊŋkl̩n
Schünzel ˈʃʏntsl̩
Schupf ʃʊpf
schupfen, S... ˈʃʊpfn̩
Schupo ˈʃu:po
Schupp ʃʊp
Schuppanzigh ˈʃʊpantsɪk
Schuppe ˈʃʊpə
Schüppe ˈʃʏpə
Schüppel ˈʃʏpl̩
schüppeln ˈʃʏpl̩n
schuppen, S... ˈʃʊpn̩
schüppen, Sch... ˈʃʏpn̩
schuppig ˈʃʊpɪç, **-e** ...ɪgə
Schups ʃʊps
schupsen ˈʃʊpsn̩
Schur ʃu:ɐ̯
Schuré *fr.* ʃyˈre
Schurek ˈʃu:rɛk
schüren ˈʃy:rən
Schurf ʃʊrf, **Schürfe** ˈʃʏrfə
schürfen ˈʃʏrfn̩
Schürff ʃʏrf
schürgen ˈʃʏrgn̩, **schürg!** ʃʏrk, **schürgt** ʃʏrkt
Schuricht ˈʃu:rɪçt
Schurigelei ʃu:ri:gəˈlai̯
schurigeln ˈʃu:ri:gl̩n, **schurigle** ...glə
Schurke ˈʃʊrkə
Schurkerei ʃʊrkəˈrai̯
schurkisch ˈʃʊrkɪʃ
Schürmann ˈʃy:ɐ̯man
Schurre ˈʃʊrə
schurren ˈʃʊrən
Schurrmurr ʃʊrˈmʊr
Schurwald ˈʃu:ɐ̯valt
Schurz ʃʊrts, *engl.* ʃʊəts
Schürze ˈʃʏrtsə
schürzen ˈʃʏrtsn̩
Schuschenskoje *russ.* ˈʃu-ʃənskɐjɐ
Schuschnigg ˈʃʊʃnɪk
Schuschtar *pers.* ʃuʃˈtær
Schuss ʃʊs, **Schüsse** ˈʃʏsə
Schussel ˈʃʊsl̩
Schüssel ˈʃʏsl̩
schusselig ˈʃʊsəlɪç, **-e** ...ɪgə
schusseln ˈʃʊsl̩n
Schussen ˈʃʊsn̩
Schussenried ʃʊsn̩ˈri:t
Schusser ˈʃʊsɐ
schussern ˈʃʊsɐn
schussig ˈʃʊsɪç, **-e** ...ɪgə
Schussler ˈʃʊslɐ
schusslig ˈʃʊslɪç, **-e** ...ɪgə
Schuster ˈʃu:stɐ
Schusterei ʃu:stəˈrai̯
schustern ˈʃu:stɐn
Schut *niederl.* sxʏt
Schute ˈʃu:tə
Schutt ʃʊt
Schütt[e] ˈʃʏt[ə]
schütteln ˈʃʏtl̩n
schütten, Sch... ˈʃʏtn̩
schütter[n] ˈʃʏtɐ[n]
Schutting ˈʃʊtɪŋ
Schüttorf ˈʃʏtɔrf
Schutz ʃʊts, *fr.* ʃyts
Schütz[e] ˈʃʏts[ə]
schützen, Sch... ˈʃʏtsn̩
schutzimpfen ˈʃʊts|ɪmpfn̩
Schützling ˈʃʏtslɪŋ
Schuwalow *russ.* ʃuˈvalɐf
Schuyler *engl.* ˈskaɪlə
Schuylkill *engl.* ˈsku:lkɪl
Schüz ʃʏts
Schwa ʃva:
Schwaan ʃva:n
Schwab ʃva:p, *engl.* ʃvɔb
Schwabach[er] ˈʃva:bax[ɐ]
Schwabbelei ʃvabəˈlai̯
schwabb[e]lig ˈʃvab[ə]lɪç, **-e** ...ɪgə
schwabbeln ˈʃvabl̩n, **schwabble** ˈʃvablə
Schwabber ˈʃvabɐ
schwabbern ˈʃvabɐn, **schwabbre** ˈʃvabrə
Schwabe ˈʃva:bə
schwäbeln ˈʃvɛ:bl̩n, **schwäble** ˈʃvɛ:blə
Schwaben ˈʃva:bn̩
Schwäbin ˈʃvɛ:bɪn
Schwabing ˈʃva:bɪŋ
schwäbisch ˈʃvɛ:bɪʃ
Schwäbisch Gmünd ˈʃvɛ:bɪʃ ˈgmʏnt
Schwäbisch Hall ˈʃvɛ:bɪʃ ˈhal
schwäbisch-hällisch ˈʃvɛ:bɪʃ-ˈhɛlɪʃ
Schwabmünchen ʃva:pˈmʏnçn̩
schwach ʃvax, **schwächer** ˈʃvɛçɐ
Schwäche ˈʃvɛçə
schwächen ˈʃvɛçn̩
schwächlich ˈʃvɛçlɪç
Schwächling ˈʃvɛçlɪŋ
Schwachmatikus ʃvaxˈma:tikʊs, **-se** ...ʊsə
Schwade ˈʃva:də
Schwaden ˈʃva:dn̩
schwadern ˈʃva:dɐn, **schwadre** ˈʃva:drə
Schwadron ʃvaˈdro:n
Schwadronade ʃvadroˈna:də
Schwadroneur ʃvadroˈnø:ɐ̯
schwadronieren ʃvadroˈni:rən
Schwafelei ʃva:fəˈlai̯
schwafeln ˈʃva:fl̩n
Schwager ˈʃva:gɐ, **Schwäger** ˈʃvɛ:gɐ
Schwägerin ˈʃvɛ:gərɪn
Schwäher ˈʃvɛ:ɐ
schwaien ˈʃvai̯ən
Schwaige ˈʃvai̯gə
schwaigen, Sch... ˈʃvai̯gn̩
Schwaiger[n] ˈʃvai̯gɐ[n]
Schwalbach ˈʃvalbax
Schwälbchen ˈʃvɛlpçən
Schwalbe ˈʃvalbə
Schwalch ʃvalç
schwalchen ˈʃvalçn̩
Schwalenberg ˈʃva:lənbɛrk
Schwalk ʃvalk
schwalken ˈʃvalkn̩
Schwall ʃval
schwallen ˈʃvalən
Schwälmer ˈʃvɛlmɐ
Schwalm[stadt] ˈʃvalm[ʃtat]
schwamm ʃvam
Schwamm ʃvam, **Schwämme** ˈʃvɛmə
Schwämmchen ˈʃvɛmçən
schwämme ˈʃvɛmə
Schwammerl ˈʃvamɐl
schwammig ˈʃvamɪç, **-e** ...ɪgə
Schwan ʃva:n, **Schwäne** ˈʃvɛ:nə
Schwänchen ˈʃvɛ:nçən

schwạnd, S... ʃvant
Schwạnda ˈʃvanda
schwạ̈nde ˈʃvɛndə
schwạnden, Sch... ˈʃvandn̩
Schwa̲ndorf ˈʃva:ndɔrf
Schwa̲nebeck ˈʃva:nəbɛk
schwa̲nen ˈʃva:nən
schwạng, S... ʃvaŋ
Schwạngau ˈʃvaŋga͜u
schwạ̈nge ˈʃvɛŋə
schwạnger ˈʃvaŋɐ
schwạ̈ngern ˈʃvɛŋɐn
Schwa̲nhardt ˈʃva:nhart
schwạnk ʃvaŋk
Schwạnk ʃvaŋk, **Schwạ̈nke** ˈʃvɛŋkə
schwạnken ˈʃvaŋkn̩
Schwạnn ʃvan
Schwạnsen ˈʃvanzn̩
Schwa̲nthaler ˈʃva:nta:lɐ
Schwạnz ʃvant͜s, **Schwạ̈nze** ˈʃvɛnt͜sə
Schwạ̈nzchen ˈʃvɛnt͜sçən
schwạ̈nzeln ˈʃvɛnt͜sl̩n
schwạ̈nzen ˈʃvɛnt͜sn̩
...schwänzig ...ʃvɛnt͜sɪç, **-e** ...ɪgə
schwạpp!, Schwạpp ʃvap
schwạppen ˈʃvapn̩
schwạps!, Schwạps ʃvaps
schwạpsen ˈʃvapsn̩
Schwä̲r ʃvɛ:ɐ̯
Schwä̲re ˈʃvɛ:rə
schwä̲ren, Sch... ˈʃvɛ:rən
schwä̲rig ˈʃvɛ:rɪç, **-e** ...ɪgə
Schwạrm ʃvarm, **Schwạ̈rme** ˈʃvɛrmə
schwạ̈rmen ˈʃvɛrmən
Schwärmere̲i ʃvɛrməˈra͜i
Schwạrtau ˈʃvarta͜u
Schwarte ˈʃvartə, ˈʃva:ɐ̯tə
schwarten ˈʃvartn̩, ˈʃva:ɐ̯tn̩
schwartig ˈʃvartɪç, ˈʃva:ɐ̯tɪç, **-e** ...ɪgə
Schwạrtz ʃvart͜s, *engl.* ʃwɔ:ts, *fr.* ʃvarts
Schwạrtze *niederl.* ˈswɑrtsə
schwạrz ʃvart͜s, **schwạ̈rzer** ˈʃvɛrt͜sɐ
Schwạrz ʃvart͜s, *russ.* ʃvarts
Schwạrza[ch] ˈʃvart͜sa[x]
Schwarz-Ba̲rt *fr.* ʃvartsˈba:r
Schwạrzburg ˈʃvart͜sbʊrk
Schwạ̈rze ˈʃvɛrt͜sə
schwạ̈rzen ˈʃvɛrt͜sn̩
Schwạrzenacker ˈʃvart͜sn̩|akɐ
Schwạrzenbach ˈʃvart͜sn̩bax
Schwạrzenbek ˈʃvart͜sn̩be:k
Schwạrzenberg ˈʃvart͜sn̩bɛrk
Schwạrzenburg ˈʃvart͜sn̩bʊrk
Schwạrzenegger ˈʃvart͜sənɛgɐ, *engl.* ˈʃwɔ:tsənɛgə
schwärzer vgl. schwarz
Schwạrzer ˈʃvart͜sɐ
Schwạrzkopf ˈʃvart͜skɔp͜f, *engl.* ˈʃwɑ:tskɔpf
schwạ̈rzlich ˈʃvɛrt͜slɪç
Schwarzmalere̲i ʃvart͜sma:ləˈra͜i
Schwarzọrt ʃvart͜sˈ|ɔrt
Schwạrz-Rhe̲indorf ˈʃvart͜sˈra͜indɔrf
Schwạrzro̲tgọld ˈʃvart͜sˈro:tˈgɔlt
Schwạrzschild ˈʃvart͜sʃɪlt
Schwarzsehere̲i ʃvart͜sze:əˈra͜i
Schwạrzwald ˈʃvart͜svalt
Schwạrzwälder ˈʃvart͜svɛldɐ
Schwạrzwasser ˈʃvart͜svasɐ
schwarzwe̲iß..., S... ʃvart͜sˈva͜is...
Schwạtz ʃvat͜s
Schwạ̈tzchen ˈʃvɛt͜sçən
schwạtzen ˈʃvat͜sn̩
schwạ̈tzen ˈʃvɛt͜sn̩
Schwätzere̲i ʃvɛt͜səˈra͜i
Schwa̲z ʃva:t͜s
Schwe̲be ˈʃve:bə
Schwe̲bel ˈʃve:bl̩
schwe̲ben ˈʃve:bn̩, **schwe̲b!** ʃve:p, **schwe̲bt** ʃve:pt
Schwebere̲i ʃve:bərˈa͜i
Schwẹchat ˈʃvɛçat
Schwẹchten ˈʃvɛçtn̩
Schwe̲de ˈʃve:də
Schwe̲den ˈʃve:dn̩
Schwe̲dhelm ˈʃve:thɛlm
schwe̲disch ˈʃve:dɪʃ
Schwe̲dler ˈʃve:dlɐ
Schwe̲dt ʃve:t
Schwe̲fel ˈʃve:fl̩
schwe̲f[e]lig ˈʃve:f[ə]lɪç, **-e** ...ɪgə
schwe̲feln ˈʃve:fl̩n
Schwefelwạsserstoff ʃve:fl̩ˈvasɐʃtɔf
Schwe̲gel ˈʃve:gl̩
Schwe̲gler ˈʃve:glɐ
Schwe̲idnitz ˈʃva͜idnɪt͜s
Schwe̲if ʃva͜if
schwe̲ifen ˈʃva͜ifn̩
schwe̲igen ˈʃva͜ign̩, **schwe̲ig!** ʃva͜ik, **schwe̲igt** ʃva͜ikt
Schwe̲igger ˈʃva͜igɐ
schwe̲igsam ˈʃva͜ikza:m
Schwe̲ikart ˈʃva͜ikart
Schwe̲in ʃva͜in
Schweinere̲i ʃva͜inəˈra͜i
schwe̲inern ˈʃva͜inɐn
Schwe̲infurt[h] ˈʃva͜infʊrt
Schwe̲inigel ˈʃva͜in|i:gl̩
Schweinigele̲i ʃva͜in|i:gəˈla͜i
schwe̲inigeln ˈʃva͜in|i:gl̩n, **...gle** ...glə
Schwe̲iß ʃva͜is
schwe̲ißen ˈʃva͜isn̩
schwe̲ißig ˈʃva͜isɪç, **-e** ...ɪgə
Schwe̲itzer ˈʃva͜it͜sɐ
Schwe̲iz[er] ˈʃva͜it͜s[ɐ]
schwe̲izerdeutsch ˈʃva͜it͜sɐdɔ͜yt͜ʃ
Schweizere̲i ʃva͜it͜səˈra͜i
Schwe̲izerhalle ˈʃva͜it͜sɐhalə
schwe̲izerisch ˈʃva͜it͜sərɪʃ
Schwejk ʃva͜ik, *tschech.* ʃvɛjk
Schwe̲la ˈʃve:la
Schwẹlchmalz ˈʃvɛlçmalt͜s
schwe̲len ˈʃve:lən
Schwelere̲i ʃve:ləˈra͜i
schwẹlgen ˈʃvɛlgn̩, **schwẹlg!** ʃvɛlk, **schwẹlgt** ʃvɛlkt
Schwelgere̲i ʃvɛlgəˈra͜i
Schwẹlle ˈʃvɛlə
schwẹllen ˈʃvɛlən
Schwẹller ˈʃvɛlɐ
Schwẹlm ʃvɛlm
Schwẹmme ˈʃvɛmə
schwẹmmen ˈʃvɛmən
Schwẹmsel ˈʃvɛmzl̩
Schwẹnckfeld ˈʃvɛŋkfɛlt
Schwẹnckfelder ˈʃvɛŋkfɛldɐ
Schwẹnde ˈʃvɛndə
schwẹnden ˈʃvɛndn̩, **schwẹnd!** ʃvɛnt
Schwẹngel ˈʃvɛŋl̩
Schwẹnk[e] ˈʃvɛŋk[ə]
schwẹnken ˈʃvɛŋkn̩
Schwẹnker ˈʃvɛŋkɐ
Schwẹnkfeld ˈʃvɛŋkfɛlt
Schwẹnningen ˈʃvɛnɪŋən
Schwenti̲ne ʃvɛnˈti:nə
Schwẹppermann ˈʃvɛpɐman
Schwẹppe[s] *engl.* ʃvɛp[s]
schwe̲r ʃve:ɐ̯
Schwe̲re ˈʃve:rə
Schwe̲renot ˈʃve:rəno:t
Schwe̲renöter ˈʃve:rənø:tɐ
Schweri̲n ʃveˈri:n
schwe̲rmütig ˈʃve:ɐ̯my:tɪç, **-e** ...ɪgə
Schwẹrnik *russ.* ˈʃvjernik
Schwe̲rt[e] ˈʃve:ɐ̯t[ə]
Schwe̲rtel ˈʃve:ɐ̯tl̩
Schwe̲ser ˈʃve:zɐ
Schwẹster ˈʃvɛstɐ
Schwẹtz[ingen] ˈʃvɛt͜s[ɪŋən]
Schwịbbogen ˈʃvɪpbo:gn̩
Schwi̲eberdingen ˈʃvi:bɐdɪŋən
Schwi̲ebus ˈʃvi:bʊs

Schwiebus[s]er ˈʃviːbʊsɐ
schwiebus[s]isch ˈʃviːbʊsɪʃ
Schwiefert ˈʃviːfɐt
schwieg ʃviːk
Schwiegel ˈʃviːgl̩
schwiegen ˈʃviːgn̩
Schwieger ˈʃviːgɐ
schwiegt ʃviːkt
Schwiele ˈʃviːlə
schwielig ˈʃviːlɪç, **-e** ...ɪgə
Schwieloch ˈʃviːlɔx
Schwielowsee ˈʃviːlozeː
Schwiemel ˈʃviːml̩
schwiem[e]lig ˈʃviːm[ə]lɪç, **-e** ...ɪgə
schwiemeln ˈʃviːml̩n
Schwientochlowitz ʃvi̯ɛnˈtɔxlovɪts
schwierig ˈʃviːrɪç, **-e** ...ɪgə
schwill! ʃvɪl
schwillt ʃvɪlt
schwimmen ˈʃvɪmən
Schwimmer ˈʃvɪmɐ
Schwimmerei ʃvɪməˈrai̯
Schwind ʃvɪnt
Schwindel ˈʃvɪndl̩
Schwindelei ʃvɪndəˈlai̯
schwind[e]lig ˈʃvɪnd[ə]lɪç, **-e** ...ɪgə
schwindeln ˈʃvɪndl̩n, **schwindle** ˈʃvɪndlə
schwinden ˈʃvɪndn̩, **schwind!** ʃvɪnt
Schwindler ˈʃvɪndlɐ
Schwinge ˈʃvɪŋə
Schwingel ˈʃvɪŋl̩
schwingen, S... ˈʃvɪŋən
Schwinger ˈʃvɪŋɐ, *engl.* ˈʃvɪŋgə
Schwinget ˈʃvɪŋət
schwipp, schwapp! ˈʃvɪp ˈʃvap
schwipp! ʃvɪp
Schwippe ˈʃvɪpə
schwippen ˈʃvɪpn̩
Schwippert ˈʃvɪpɐt
Schwippschwager ˈʃvɪp-ʃvaːgɐ
Schwips ʃvɪps
schwirb[e]lig ˈʃvɪrb[ə]lɪç, **-e** ...ɪgə
schwirbeln ˈʃvɪrbl̩n, **...ble** ...blə
Schwirl ʃvɪrl
schwirren ˈʃvɪrən
Schwitters ˈʃvɪtɐs
Schwitze ˈʃvɪtsə
schwitzen ˈʃvɪtsn̩
schwitzig ˈʃvɪtsɪç, **-e** ...ɪgə
Schwob ʃvoːp, *fr.* ʃvɔb
Schwöbber ˈʃvœbɐ
Schwof ʃvoːf
schwofen ˈʃvoːfn̩
schwoien ˈʃvɔyən
schwojen ˈʃvoːjən
schwoll ʃvɔl
schwölle ˈʃvœlə
schwömme ˈʃvœmə
schwor ʃvoːɐ̯
schwören ˈʃvøːrən
Schwuchtel ˈʃvʊxtl̩
schwul ʃvuːl
schwül, S... ʃvyːl
Schwüle ˈʃvyːlə
Schwuli[bus] ˈʃvuːli[bʊs]
Schwulität ʃvuliˈtɛːt
Schwulst ʃvʊlst, **Schwülste** ˈʃvʏlstə
schwulstig ˈʃvʊlstɪç, **-e** ...ɪgə
schwülstig ˈʃvʏlstɪç, **-e** ...ɪgə
schwumm[e]rig ˈʃvʊm[ə]rɪç, **-e** ...ɪgə
Schwund ʃvʊnt, **-es** ˈʃvʊndəs
Schwung ʃvʊŋ, **Schwünge** ˈʃvʏŋə
schwupp!, Schwupp ʃvʊp
schwuppdiwupp! ˈʃvʊpdiˈvʊp
schwups!, S... ʃvʊps
schwur ʃvuːɐ̯
Schwur ʃvuːɐ̯, **Schwüre** ˈʃvyːrə
schwüre ˈʃvyːrə
Schwyz[er] ˈʃviːts[ɐ]
Schwyzerdütsch ˈʃviːtsɐdyːtʃ
Schwyzertütsch ˈʃviːtsɐtyːtʃ
Schynige Platte ˈʃiːnɪgə ˈplatə
Sciacca *it.* ˈʃakka
Sciarrone *it.* ʃarˈroːne
Sciascia *it.* ˈʃaʃʃa
Science-Fiction ˈsai̯ənsˈfɪkʃn̩
Scientia ˈstsi̯ɛntsi̯a
Scientismus stsi̯ɛnˈtɪsmʊs
Scientology sai̯ənˈtɔlodʒi
Sciliar *it.* ʃiˈli̯ar
scilicet ˈstsiːlitsɛt
Scilla ˈstsɪla, *it.* ˈʃilla
Scilly *engl.* ˈsɪlɪ
Scînteia *rumän.* skɨnˈtei̯a
sciolto ˈʃɔlto
Scipio ˈstsiːpio, **-nen** stsiˈpi̯oːnən
Scipione *it.* ʃiˈpi̯oːne
Scirocco ʃiˈrɔko
Sciutti *it.* ˈʃutti
Sckell skɛl
Scliar *bras.* isˈkli̯ar
Scoop skuːp
Scooter ˈskuːtɐ
Scopolamin skopolaˈmiːn
Scordatura skɔrdaˈtuːra
Score skoːɐ̯
Scorel *niederl.* ˈsxoːrəl
scoren ˈskoːrən
Scorer ˈskoːrɐ
Scoresby *engl.* ˈskɔːzbɪ
Scoresbysund *dän.* sgɔːɐ̯sbyˈsʊnˀ
Scorpius ˈskɔrpi̯ʊs
Scorsese *engl.* skɔːˈsiːsɪ
Scorza *span.* esˈkɔrθa
Scot *engl.* skɔt
Scotch skɔtʃ
Scotia ˈskoːtsi̯a, *engl.* ˈskoʊʃə
Scotismus skoˈtɪsmʊs
Scotist skoˈtɪst
Scotland *engl.* ˈskɔtlənd
Scott *engl.* skɔt
Scotti *it.* ˈskɔtti
Scotto *it.* ˈskɔtto
Scottsbluff *engl.* ˈskɔtsblʌf
Scottsboro *engl.* ˈskɔtsbəroʊ
Scottsdale *engl.* ˈskɔtsdeɪl
Scottus ˈskɔtʊs
Scotus ˈskoːtʊs
Scout skau̯t
Scrabble® ˈskrɛbl̩
Scranton *engl.* ˈskræntən
Scrapie ˈskreːpi
Scraps skrɛps
scratch skrɛtʃ
scratchen ˈskrɛtʃn̩
Scratching ˈskrɛtʃɪŋ
Screening ˈskriːnɪŋ
Screenshot ˈskriːnʃɔt
Screwball ˈskruːboːl
Scribble ˈskrɪbl̩
Scribe *fr.* skrib
Scrip skrɪp
Scripps *engl.* skrɪps
Script[or] ˈskrɪpt[oːɐ̯]
Scriptoris skrɪpˈtoːrɪs
Scrittura skrɪˈtuːra
scrollen ˈskroːlən
Scrolling ˈskroːlɪŋ
Scrotum ˈskroːtʊm, **...ta** ...ta
Scrub skrap
Scudéry *fr.* skydeˈri
Scudo ˈskuːdo, **...di** ...di
Scullin *engl.* ˈskʌlɪn
sculpsit ˈskʊlpsɪt
Sculptor ˈskʊlptoːɐ̯
Scultetus skʊlˈteːtʊs
Scunthorpe *engl.* ˈskʌnθɔːp
Scutari ˈskuːtari
Scutellum skuˈtɛlʊm, **...lla** ...la
Scylla ˈstsʏla
Scyth[e] ˈstsyːt[ə]
Seaborg *engl.* ˈsiːbɔːg
Seabury *engl.* ˈsiːbərɪ
Seaford *engl.* ˈsiːfəd
Seaga *engl* ˈsiːgə
Seaham *engl.* ˈsiːəm

S

Seal zi:l
Sealab 'zi:lɛp
Sealsfield *engl.* 'si:lzfi:ld
Sealskin 'zi:lskın
Sealyham *engl.* 'si:lıəm
Seaman *engl.* 'si:mən
Sean *engl.* ʃɔ:n
Séance ze'ã:s[ə], **-n** ...sn̩
Searcy *engl.* 'sıəsı
Searle[s] *engl.* sə:l[z]
Sears *engl.* sıəz
Seashore *engl.* 'si:ʃɔ:
Seaside *engl.* 'si:saıd
Season 'zi:zn̩
SEAT *span.* se'at
SEATO ze'a:to, *engl.* 'si:toʊ
Seaton *engl.* si:tn
Seattle *engl.* sı'ætl
Sebald 'ze:balt
Sebaldus ze'baldʊs
Sebastian ze'bastian, *rumän.* sebas'tjan
Sebastián *span.* seβas'tian
Sebastiano *it.* sebas'tia:no, *span.* seβas'tiano
Sebastião *port.* səβɐʃ'tiɐ̃u
Sebastopol ze'bastopɔl
Sebcha 'zɛpxa
Sebeknefrure zebɛknefru're:
Sebenico *it.* sebe'ni:ko
Seberg *engl.* 'si:bə:g
Sebeș *rumän.* 'sebeʃ
Sebes Körös *ung.* 'ʃɛbɛʃ 'kørøʃ
Sebestyén *ung.* 'ʃɛbɛʃtje:n
Sebisch 'ze:bıʃ
Sebnitz 'ze:bnıts
Seborrhö, ...öe zebɔ'rø:, **...rrhöen** ...'rø:ən
Sebou *fr.* se'bu
Sebulon 'ze:bulɔn
sec zɛk
SECAM 'ze:kam, *fr.* se'kam
Secaucus *engl.* sı'kɔ:kəs
Secchi *it.* 'sekki
secco, S... 'zɛko
Secentismus zetʃɛn'tısmʊs
Secentist zetʃɛn'tıst
Secento ze'tʃɛnto
Sech zɛç
sechs, S... zɛks
sechseinhalb 'zɛks|ain'halp
Sechser 'zɛksɐ
sechserlei 'zɛksɐ'lai
sechsfach 'zɛksfax
sechshundert 'zɛks'hʊndɐt
Sechspass 'zɛkspas
sechst zɛkst
Sechstagerennen zɛks'ta:gərɛnən
sechstausent 'zɛks'tauzn̩t
sechste 'zɛkstə
sechstel, S... 'zɛkstl̩
sechstens 'zɛkstn̩s
sechsundeinhalb 'zɛks|ʊnt|ain'halp
Sechsundsechzig 'zɛks|ʊnt'zɛçtsıç
sechsundzwanzig 'zɛks|ʊnt'tsvantsıç
Sechter 'zɛçtɐ
Sechuana *engl.* sɛ'tʃwɑ:nə
sechzehn 'zɛçtse:n
sechzig 'zɛçtsıç
seckant zɛ'kant
Seckau 'zɛkau
Seckendorff 'zɛkn̩dɔrf
seconda volta ze'kɔnda 'vɔlta
Secondhand... 'zɛkn̩thɛnt...
Secondline 'zɛkn̩tlain
secondo ze'kɔndo
Secondo ze'kɔndo, **...di** ...di
Secrétan *fr.* səkre'tã
Secret Service 'zi:krət 'zø:ɐ̯vıs, -'zœrvıs
Sectio aurea 'zɛktsio 'aurea
Sectio caesarea 'zɛktsio tsɛ'za:rea
Section 'zɛkʃn̩
Secundus ze'kʊndʊs
Securitate *rumän.* sekuri'tate
SED ɛs|e:'de:
Seda vgl. Sedum
Sedah *indon.* sə'dah
Sedaine *fr.* sə'dɛn
Sedalia *engl.* sı'deılıə
Sedan *fr.* sə'dã
Sedarim vgl. Seder
sedat ze'da:t
sedativ, S... zeda'ti:f, **-e** ...i:və
Sedativum zeda'ti:vʊm, **...va** ...va
Seddin zɛ'di:n
Seddon *engl.* sɛdn
Sede Boqer *hebr.* sə'dɛ bɔ'kɛr
Sedekias zede'ki:as
sedentär zedɛn'tɛ:ɐ̯
Seder 'ze:dɐ, **Sedarim** zeda'ri:m
Sedes Apostolica 'ze:dɛs apɔs'to:lika
Sedez ze'de:ts
Sedezimal... zedetsi'ma:l...
Sedgwick *engl.* 'sɛdʒwık
Sedia gestatoria 'ze:dia dʒɛsta'to:ria
Sedico *it.* 'se:diko
sedieren ze'di:rən
Sedile ze'di:lə, **...lien** ...liən
Sediment zedi'mɛnt
sedimentär zedimɛn'tɛ:ɐ̯
Sedimentation zedimɛnta'tsio:n
sedimentieren zedimɛn'ti:rən
Sedisvakanz zedısva'kants
Sedition zedi'tsio:n
seditiös zedi'tsiø:s, **-e** ...ø:zə
Sedlacek 'zɛdlatʃɛk
Sedlmayr 'ze:dl̩maiɐ
Sedlnitzky ze:dl'nıtski
Sedow *russ.* sı'dɔf
Seduktion zedʊk'tsio:n
Sedulius ze'du:liʊs
Sedum 'ze:dʊm, **Seda** 'ze:da
seduzieren zedu'tsi:rən
[1]See ze:, **-n** 'ze:ən
[2]See (Name) *engl.* si:
Sée *fr.* se
Seebeck 'ze:bɛk
Seeberg 'ze:bɛrk, *dän.* 'sı:bɛɐ̯'u̯, *schwed.* ˌse:bærj
Seebohm 'ze:bo:m, *engl.* 'si:boʊm
Seebrügge 'ze:brʏgə
Seebüll ze:'bʏl
Seeck[t] ze:k[t]
Seedorff 'ze:dɔrf, *dän.* 'sı:dɔɐ̯f
Seefehlner 'ze:fe:lnɐ
Seefeld 'ze:fɛlt
Seefelder 'ze:fɛldɐ
Seefried 'ze:fri:t
Seeger 'ze:gɐ, *engl.* 'si:gə
Seegfrörne 'ze:kfrø:ɐ̯nə
Seegfrörni 'ze:kfrø:ɐ̯ni
Seehausen 'ze:hauzn̩
Seeheim 'ze:haim
Seehofer 'ze:ho:fɐ
Seekatz 'ze:kats
Seekonk *engl.* 'si:kɔŋk
Seeland 'ze:lant
Seelchen 'ze:lçən
Seele 'ze:lə
seelenruhig 'ze:lən'ru:ıç
seelen[s]gut 'ze:lən[s]'gu:t
seelenvergnügt 'ze:lənfɛɐ̯'gny:kt
Seeley *engl.* 'si:lı
Seeliger 'ze:lıgɐ
seelisch 'ze:lıʃ
Seelow 'ze:lo
Seelsorger 'ze:lzɔrgɐ
seelsorglich 'ze:lzɔrklıç
Seelze 'ze:ltsə
Seemann 'ze:man
seemännisch 'ze:mɛnıʃ
Seeräuberei ze:rɔybə'rai
Seesen 'ze:zn̩
Seesken 'ze:skn̩

S

Seesker ˈzeːskɐ
Seet[h]al ˈzeːtaːl
Seewald ˈzeːvalt
seewärts ˈzeːvɛrts
Seewiesen zeːˈviːzn̩
Seewinkel ˈzeːvɪŋkl̩
Seewis ˈzeːvɪs
Seez zeːts
Seferis *neugr.* sɛˈfɛris
Sefewide zefeˈviːdə
Seffi ˈzɛfi
Sefrou *fr.* seˈfru
Segal *engl.* ˈsiːgəl
Ségalen *fr.* segaˈlɛn
Segall *bras.* seˈgal
Segantini *it.* seganˈtiːni
Segar *engl.* ˈsiːgɑː
Segarcea *rumän.* seˈgartʃea
Segeberg ˈzeːgəbɛrk
Šegedin *serbokr.* ˈʃɛgɛdin
Segel ˈzeːgl̩
segeln ˈzeːgl̩n, **segle** ˈzeːglə
Segen ˈzeːgn̩
Seger ˈzeːgɐ
Segerstam *schwed.* ˌseːgərstam
Segescha *russ.* sɪˈgjɛʒɐ
Segesser ˈzeːgɛsə
Segesta zeˈgɛsta, *it.* seˈdʒɛsta
Segge ˈzɛgə
Seghers ˈzeːgɐs, *niederl.* ˈseːɣərs, *fr.* seˈgɛrs
Segl *rät.* seʎ
Segler ˈzeːglɐ
Segment zɛˈgmɛnt
segmental zɛgmɛnˈtaːl
segmentär zɛgmɛnˈtɛːɐ̯
Segmentation zɛgmɛntaˈtsi̯oːn
segmentieren zɛgmɛnˈtiːrən
Segna *it.* ˈseɲɲa
segnen ˈzeːgnən
Segner ˈzeːgnɐ
Segni *it.* ˈseɲɲi
Segno ˈzɛnjo, **...ni** ˈzɛnji
Segnung ˈzeːgnʊŋ
Segonzac *fr.* səgõˈzak
Ségou *fr.* seˈgu
Segovia *span.* seˈɣoβi̯a
Segrais *fr.* səˈgrɛ
Segre *span.* ˈseɣre
Segrè *it.* seˈgrɛ, *engl.* səˈgreɪ
Segregat zegreˈgaːt
[1]**Segregation** (Biologie) zegregaˈtsi̯oːn
[2]**Segregation** (Rassentrennung usw.) zegregaˈtsi̯oːn, *auch:* zegreˈgeːʃn̩
segregieren zegreˈgiːrən
segue ˈzeːgu̯ə
Séguéla *fr.* segeˈla
Seguidilla zegiˈdɪlja
Seguin *engl.* sɪˈgiːn, *fr.* səˈgɛ̃
Ségur *fr.* seˈgyːr
Segura *span.* seˈɣura, *port.* səˈɣurɐ
Séguy *fr.* seˈgi
sehen ˈzeːən
Sehn[d]e ˈzeːn[d]ə
sehnen ˈzeːnən
sehnig ˈzeːnɪç, **-e** ...ɪgə
sehnlich ˈzeːnlɪç
Sehnsucht ˈzeːnzʊxt
sehnsüchtig ˈzeːnzʏçtɪç
sehr ˈzeːɐ̯
sehren ˈzeːrən
sei, sei! zai̯
Seiber ˈzai̯bɐ
seibern ˈzai̯bɐn, **seibre** ˈzai̯brə
Seibersdorf ˈzai̯bɐsdɔrf
Seicento zeiˈtʃɛnto
Seich[e] ˈzai̯ç[ə]
seichen ˈzai̯çn̩
Seicherl ˈzai̯çɐl
Seiches *fr.* sɛʃ
seicht zai̯çt
seid zai̯t
Seide ˈzai̯də
Seidel[bast] ˈzai̯dl̩[bast]
seiden ˈzai̯dn̩
Seidenfaden ˈzai̯dn̩faːdn̩
seidenweich ˈzai̯dn̩ˈvai̯ç
seidig ˈzai̯dɪç, **-e** ...ɪgə
Seidl ˈzai̯dl̩
Seidler ˈzai̯dlɐ
Seidlitz ˈzai̯dlɪts
seien ˈzai̯ən
seiend ˈzai̯ənt, **-e** ...ndə
seiest ˈzai̯əst
seiet ˈzai̯ət
Seife ˈzai̯fə
seifen, S... ˈzai̯fn̩
Seifer ˈzai̯fɐ
seifern ˈzai̯fɐn
Seifert ˈzai̯fɐt, *tschech.* ˈsajfɛrt
Seiferts ˈzai̯fɐts
Seiffen ˈzai̯fn̩
seifig ˈzai̯fɪç, **-e** ...ɪgə
Seifner ˈzai̯fnɐ
Seifrid, ...ried ˈzai̯friːt
Seifullina *russ.* sɪjˈfullinɐ
Seige ˈzai̯gə
seiger, S... ˈzai̯gɐ
seigern ˈzai̯gɐn, **seigre** ˈzai̯grə
Seignette... zɛnˈjɛt...
Seigneur zɛnˈjøːɐ̯
seigneural zɛnjøˈraːl
Seigneurie zɛnjøˈriː, **-n** ...iːən
Seihe ˈzai̯ə
seihen ˈzai̯ən
Seiherl ˈzai̯ɐl
Seikan *jap.* seˈːkaŋ
Seil zai̯l
Seiland *norw.* ˌsɛi̯lan
seilen ˈzai̯lən
Seiler ˈzai̯lɐ
Seilerei zai̯ləˈrai̯
Seiliger ˈzai̯lɪgɐ
Seillière *fr.* sɛˈjɛːr
Seim zai̯m
seimig ˈzai̯mɪç, **-e** ...ɪgə
sein, S... zai̯n
Seinäjoki *finn.* ˈsɛi̯næjɔki
seine ˈzai̯nə
Seine ˈzɛːn[ə], *fr.* sɛn
Seine-et-Marne *fr.* sɛneˈmarn
Seine-Maritime *fr.* sɛnmariˈtim
seiner ˈzai̯nɐ
seinerseits ˈzai̯nɐˈzai̯ts
seinerzeit ˈzai̯nɐtsai̯t
Seine-Saint-Denis *fr.* sɛnsɛ̃dˈni
seinesgleichen ˈzai̯nəsˈglai̯çn̩
seinethalben ˈzai̯nətˈhalbn̩
seinetwegen ˈzai̯nətˈveːgn̩
seinetwillen ˈzai̯nətˈvɪlən
Seingalt *fr.* sɛ̃ˈgalt
seinige ˈzai̯nɪgə
Seipel ˈzai̯pl̩
Seisenegger ˈzai̯zənɛgɐ
Seiser ˈzai̯zɐ
Seismik ˈzai̯smɪk
Seismiker ˈzai̯smikɐ
seismisch ˈzai̯smɪʃ
Seismizität zai̯smitsiˈtɛːt
Seismogramm zai̯smoˈgram
Seismograph zai̯smoˈgraːf
Seismologe zai̯smoˈloːgə
Seismologie zai̯smoloˈgiː
seismologisch zai̯smoˈloːgɪʃ
Seismometer zai̯smoˈmeːtɐ
seismometrisch zai̯smoˈmeːtrɪʃ
Seismonastie zai̯smonasˈtiː
Seismophon zai̯smoˈfoːn
Seismos ˈzai̯smɔs
Seismoskop zai̯smoˈskoːp
seist zai̯st
seit zai̯t
seitab zai̯tˈ|ap
seitdem zai̯tˈdeːm
Seite ˈzai̯tə
seitens ˈzai̯tn̩s
Seitenstetten zai̯tn̩ˈʃtɛtn̩
Seiters ˈzai̯tɐs
seither zai̯tˈheːɐ̯
seitherig zai̯tˈheːrɪç, **-e** ...ɪgə
...seitig ...ˌzai̯tɪç, **-e** ...ɪgə
seitlich ˈzai̯tlɪç
Seitling ˈzai̯tlɪŋ
seitlings ˈzai̯tlɪŋs

S

Seitschen 'zaitʃn̩
seitwärts 'zaitvɛrts
Seitz zaits
Seiwal 'zaiva:l, ...val
Seixal *port.* sɐi̯'ʃal
Seja *russ.* 'zjejɐ
Sejan ze'ja:n
Sejm zaim, *poln.* sɛjm
Sejunktion zejʊŋk'tsi̯o:n
Sekans 'ze:kans, **...nten** ze'kantn̩
Sekante ze'kantə
Sekel 'ze:kl̩
Sekenen-Re zekenɛn're:
Seki *jap.* 'se,ki̯
sekkant zɛ'kant
Sekkatur zɛka'tu:ɐ̯
sekkieren zɛ'ki:rən
Sekko... 'zɛko...
Sekles 'zɛkləs
Sekondeleutnant ze'kɔndəlɔyt-nant, ze'kõ:də...
Sekondhieb ze'kɔnthi:p
Sekondi-Takoradi *engl.* sɛkən-'di:tɑ:kə'rɑ:dɪ
Sékou Touré *fr.* sekutu're
sekret, S... ze'kre:t
Sekretar zekre'ta:ɐ̯
Sekretär zekre'tɛ:ɐ̯
Sekretariat zekreta'ri̯a:t
Sekretarie zekreta'ri:, **-n** ...i:ən
Sekretarius zekre'ta:ri̯ʊs, **...rii** ...rii
sekretieren zekre'ti:rən
Sekretin zekre'ti:n
Sekretion zekre'tsi̯o:n
sekretorisch zekre'to:rɪʃ
Sekt[e] 'zɛkt[ə]
Sektierer zɛk'ti:rɐ
Sektiererei zɛkti:rə'rai
sektiererisch zɛk'ti:rərɪʃ
Sektion zɛk'tsi̯o:n
Sektor 'zɛkto:ɐ̯, **-en** ...'to:rən
Sekulić *serbokr.* ,sɛkulitɕ
Sekund ze'kʊnt, **-en** ...ndn̩
sekunda, S... ze'kʊnda
Sekundakkord ze'kʊnt|akɔrt
Sekundaner zekʊn'da:nɐ
Sekundant zekʊn'dant
Sekundanz zekʊn'dants
sekundär zekʊn'dɛ:ɐ̯
Sekundar... zekʊn'da:ɐ̯...
Sekündchen ze'kʏntçən
Sekunde ze'kʊndə
sekundieren zekʊn'di:rən
Sekundipara zekʊn'di:para, **...ren** ...di'pa:rən
Sekundiz zekʊn'di:ts
sekundlich ze'kʊntlɪç
sekündlich ze'kʏntlɪç
Sekundogenitur zekʊndogeni-'tu:ɐ̯
Sekurit® zeku'ri:t
Sekurität zekuri'tɛ:t
sela!, Sela 'ze:la
Selachier ze'laxi̯ɐ
seladon, S... 'ze:ladɔn, zela'dõ:
Selaginella zelagi'nɛla, **...llae** ...lɛ
Selaginelle zelagi'nɛlə
Selam (Heil) ze'la:m
Selamlik 'ze:lamlɪk
Selander *schwed.* se'landər
Selangor *indon.* sə'laŋɔr
selb zɛlp, **-e** 'zɛlbə
Selb zɛlp
selbander zɛlp'|andɐ
selbdritt zɛlp'drɪt
selber 'zɛlbɐ
selbig 'zɛlbɪç, **-e** ...ɪgə
Selbitz 'zɛlbɪts
Selbmann 'zɛlpman
selbst, S... zɛlpst
selbständig 'zɛlpʃtɛndɪç
selbstisch 'zɛlpstɪʃ
selbstständig 'zɛlpstʃtɛndɪç
Selby *engl.* 'sɛlbɪ
Selce *serbokr.* ,sɛ:ltsɛ
selchen 'zɛlçn̩
Selcherei zɛlçə'rai
Selçuk *türk.* sɛl'tʃuk
Selden *engl.* 'sɛldən
Seldschuke zɛl'dʒʊkə
Seldte 'zɛltə
Seldwyla zɛlt'vi:la
Sele *it.* 'sɛ:le
Selegat zele'ga:t
selegieren zele'gi:rən
Selekta ze'lɛkta
Selektaner zelɛk'ta:nɐ
Selekteur zelɛk'tø:ɐ̯
selektieren zelɛk'ti:rən
Selektion zelɛk'tsi̯o:n
selektionieren zelɛktsi̯o'ni:rən
selektiv zelɛk'ti:f, **-e** ...i:və
Selektivität zelɛktivi'tɛ:t
Selen ze'le:n
Selenat zele'na:t
Selendro ze'lɛndro
Selene ze'le:nə
Selenga *russ.* sɪlɪn'ga
selenig ze'le:nɪç, **-e** ...ɪgə
Selenit zele'ni:t
Selenodolsk *russ.* zɪlɪna'dɔljsk
Selenograd[sk] *russ.* zɪlɪna-'grat[sk]
Selenographie zelenogra'fi:
Selenologie zelenolo'gi:
selenologisch zeleno'lo:gɪʃ
Selenter ze'lɛntɐ
Selentschuk *russ.* zɪlɪn'tʃuk
Seler 'ze:lɐ
Sélestat *fr.* selɛs'ta
Seleucus ze'lɔykʊs
Seleukeia zelɔy'kaja
Seleukia zelɔy'ki:a
Seleukide zelɔy'ki:də
Seleukos ze'lɔykɔs
Seleuzide selɔy'tsi:də
Selfaktor zɛl'fakto:ɐ̯
Selfappeal 'zɛlf|ɛ,pi:l
Selffulfilling Prophecy 'zɛlffʊl-,fɪlɪŋ 'prɔfəsi
Selfgovernment 'zɛlfgavɐn-mənt
Selfkant 'zɛlfkant
Selfmademan, ...men 'zɛlf-me:tmɛn
Selfoss *isl.* 'sɛlfɔs
Selfridge *engl.* 'sɛlfrɪdʒ
Selghuride zɛlgu'ri:də
selig 'ze:lɪç, **-e** ...ɪgə
Seligenstadt 'ze:lɪgn̩ʃtat
Seliger (See) *russ.* sɪli'gjɛr
Seligman 'ze:lɪçman, *engl.* 'sɛlɪgmən
Selim *türk.* sɛ'lim
Selimović *serbokr.* sɛ'li:mɔvitɕ
Selinko *dän.* sɪ'liŋgʊ
Selinunt zeli'nʊnt
Selinunte *it.* seli'nunte
Selinus ze'li:nʊs
Seljonyj Mys *russ.* zɪ'ljɔnɨj 'mɨs
Selke 'zɛlkə, *engl.* 'sɛlkɪ
Selkirk[s] *engl.* 'sɛlkə:k[s]
Selkirkshire *engl.* 'sɛlkə:kʃɪə
Selkupe zɛl'ku:pə
Sella *it.* 'sɛlla
Sellafield *engl.* 'sɛləfi:ld
Selle 'zɛlə, *fr.* sɛl
Seller 'zɛlɐ
Sellerie 'zɛləri
Sellers *engl.* 'sɛləz
Sellner 'zɛlnɐ
Selma 'zɛlma, *engl.* 'sɛlmə, *schwed.* 'sɛlma, ,--, *dän.* 'sɛlmæ
Selmar 'zɛlmar
Selous *engl.* sə'lu:
Selsdon *engl.* 'sɛlsdən
selten, S... 'zɛltn̩
Selters 'zɛltɐs
seltsam 'zɛltza:m
Selvas 'zɛlvas, *bras.* 'sɛlvas, *span.* 'sɛlβas
Selvon *engl.* 'sɛlvən
Selwinski *russ.* sɪlj'vinskij

Selwyn *engl.* 'sɛlwɪn
Selye 'zɛljə, *engl.* 'zɛljɛ
Selznick *engl.* 'sɛlznɪk
[1]**Sem** (Sprachw.) ze:m
[2]**Sem** (Name) zɛm, *norw.* sɛm
Seman *alban.* 'seman
Semănătorul *rumän.* semənə'torul
Semantem zeman'te:m
Semantik ze'mantɪk
Semantiker ze'mantikɐ
semantisch ze'mantɪʃ
semantisieren zemanti'zi:rən
Semaphor zema'fo:ɐ̯
semaphorisch zema'fo:rɪʃ
Semarang *indon.* sə'maraŋ
Semasiologie zemazi̯olo'gi:
semasiologisch zemazi̯o'lo:gɪʃ
Sematologie zematolo'gi:
Semé *fr.* sə'me
Semeiographie zemai̯ogra'fi:
Semeiotik zemai̯'o:tɪk
Semele 'ze:mele
Semem ze'me:m
Semen 'ze:mən, **Semina** 'ze:mina
Semendria ze'mɛndria
Semenko *ukr.* sɛmɛn'kɔ
Semeru *indon.* sə'meru
Semester ze'mɛstɐ
semestral zemɛs'tra:l
Semettschino *russ.* zɪ'mjettʃinɐ
Semgallen zɛm'galən
semiarid zemi|a'ri:t, **-e** ...i:də
Semi-Bantu zemi'bantu
Semibrevis zemi'bre:vɪs, **...ves** ...ve:s
Semideponens zemide'po:nɛns, **...ntia** ...po'nɛntsi̯a, **...nzien** ...po'nɛntsi̯ən
Semifinale 'ze:mifina:lə
semihumid zemihu'mi:t, **-e** ...i:də
Semikolon zemi'ko:lɔn, **...la** ...la
semilateral zemilate'ra:l
semilunar zemilu'na:ɐ̯
Semiminima zemi'mi:nima, **...mae** ...mɛ
Semina vgl. Semen
Seminar zemi'na:ɐ̯
Seminarist zemina'rɪst
Semiologie zemi̯olo'gi:
Semiotik ze'mi̯o:tɪk
semiotisch ze'mi̯o:tɪʃ
Semipalatinsk *russ.* sɪmipa'latinsk
Semipelagianismus zemipelagi̯a'nɪsmʊs
semipermeabel zemipɛrme'a:bl̩, **...ble** ...blə
Semipermeabilität zemipɛrmeabili'tɛ:t
semiprofessionell zemiprofɛsi̯o'nɛl
Semiramis ze'mi:ramɪs
Semiretschje *russ.* sɪmi'rjetʃjɛ
Semis *fr.* sə'mi
semisch 'ze:mɪʃ
Semiseria zemi'ze:ri̯a
Semit ze'mi:t
semitisch ze'mi:tɪʃ
Semitist[ik] zemi'tɪst[ɪk]
Semitonium zemi'to:ni̯ʊm, **...ia** ...i̯a, **...ien** ...i̯ən
Semiversus zemi'vɛrzʊs, **...si** ...zi
Semivokal 'ze:mivoka:l
Semjon *russ.* sɪ'mjɔn
Semjonow *russ.* sɪ'mjɔnɐf
Semjonowa *russ.* sɪ'mjɔnɐvɐ
Semjonowitsch *russ.* sɪ'mjɔnɐvitʃ
Semler 'zɛmlɐ
Semmel[weis] 'zɛml̩[vai̯s]
Semmering 'zɛmərɪŋ
Semmes *engl.* sɛmz
Semna 'zɛmna
Semnan *pers.* sem'nɑ:n
Semnone zɛm'no:nə
Semois *fr.* sə'mwa
Semon 'ze:mɔn, *engl.* 'si:mən
Semonides ze'mo:nidɛs
Sempach 'zɛmpax
Sempé *fr.* sã'pe
Semper 'zɛmpɐ
semper aliquid haeret 'zɛmpɐ 'a:likvɪt 'hɛ:rɛt
Semperit zɛmpe'ri:t
sempern 'zɛmpɐn
Sempervivum zɛmpɛr'vi:vʊm, **...va** ...va
Sempione *it.* sem'pi̯o:ne
semplice 'zɛmplitʃe
sempre 'zɛmprə
Sempronian zɛm'pro:ni̯a:n, zɛmpro'ni̯a:n
Sempronianus zɛmpro'ni̯a:nʊs
Sempronius zɛm'pro:ni̯ʊs
Semprun *fr.* sã'prœ̃
Semprún *span.* sɛm'prun
Semstwo 'zɛmstvo
Sen (Münze) zɛn
Sena Gallica 'ze:na 'galika
Senana ze'na:na
Senanayake *engl.* sɛnɑ:nə'jɑ:kɪ
Senancour *fr.* sənã'ku:r
Senar ze'na:ɐ̯
Senat ze'na:t
Senator ze'na:to:ɐ̯, **-en** zena'to:rən
senatorisch zena'to:rɪʃ
Senatus Populusque Romanus ze'na:tʊs popu'lʊskvə ro'ma:nʊs
Senckenberg 'zɛŋkn̩bɛrk
senckenbergisch 'zɛŋkn̩bɛrgɪʃ
Send zɛnt, **-e** 'zɛndə
Sendai *jap.* 'se,ndai
Sendak *engl.* 'sɛndæk
senden 'zɛndn̩, **send!** zɛnt
Senden[horst] 'zɛndn̩[hɔrst]
Sender *span.* sen'dɛr
Sendero Luminoso *span.* sen'dero lumi'noso
Sendling (Bote) 'zɛntlɪŋ
Seneca 'ze:neka, *engl.* 'sɛnɪkə
Sénéchaussée *fr.* seneʃo'se
Senefelder 'ze:nəfɛldɐ
Senegal 'ze:negal
Sénégal *fr.* sene'gal
Senegaler zene'ga:lɐ
Senegalese zenega'le:zə
senegalisch zene'ga:lɪʃ
Senegambien zene'gambi̯ən
Senegawurzel 'ze:negavʊrtsl̩
Senenmut zenɛn'mu:t
Senesblätter 'ze:nəsblɛtɐ
Seneschall 'ze:nəʃal
Senesino *it.* sene'si:no
Seneszenz zenɛs'tsɛnts
Senf[l] 'zɛnf[l̩]
Senftenberg 'zɛnftn̩bɛrk
Senge 'zɛŋə
sengen 'zɛŋən
seng[e]rig 'zɛŋ[ə]rɪç, **-e** ...ɪgə
Senghor *fr.* sã'gɔ:r, sɛ̃'gɔ:r
Sengi 'zɛŋgi
Sengide zɛŋ'gi:də
Sengsengebirge 'zɛŋzŋ̍gəbɪrgə
Senhor zɛn'jo:ɐ̯, **-es** zɛn'jo:rɛs
Senhora zɛn'jo:ra
Senhorita zɛnjo'ri:ta
Seni 'ze:ni, *it.* 'sɛ:ni
Senigallia *it.* seni'galli̯a
senil ze'ni:l
Senilität zenili'tɛ:t
senior 'ze:ni̯o:ɐ̯
[1]**Senior** 'ze:ni̯o:ɐ̯, **-en** ze'ni̯o:rən
[2]**Senior** (Name) *engl.* 'si:njə
Seniorat zeni̯o'ra:t
Seniorin ze'ni̯o:rɪn
Senium 'ze:ni̯ʊm
Senj *serbokr.* sɛnj

S

Sẹnja *norw.* ˈsɛnja
Sẹnke ˈzɛŋkə
Sẹnkel ˈzɛŋkl̩
sẹnken ˈzɛŋkn̩
Senkọwski *russ.* sɪnˈkɔfskij
sẹnkrecht ˈzɛŋkrɛçt
Sẹnlac *engl.* ˈsɛnlæk
Senlịs *fr.* sãˈlis
Sẹnn zɛn, *engl.* sɛn
Sẹnna ˈzɛna
[1]Sẹnne ˈzɛnə
[2]Senne̱ (Teppich) zɛˈneː
[3]Sẹnne (Name) ˈzɛnə, *fr.* sɛn
sẹnnen ˈzɛnən
Sẹnner[t] ˈzɛnɐ[t]
Sẹnnesblätter ˈzɛnəsblɛtɐ
Sẹnnestadt ˈzɛnəʃtat
Sẹnnett *engl.* ˈsɛnɪt
Šẹnoa *serbokr.* ˌʃɛnoa
Seno̱n[e] zeˈnoːn[ə]
seno̱nisch zeˈnoːnɪʃ
Seño̱r zɛnˈjoːɐ̯, **-es** zɛnˈjoːrɛs
Seño̱ra zɛnˈjoːra
Señori̱ta zɛnjoˈriːta
Sens *fr.* sãːs
Sensa̱l zɛnˈzaːl
Sensali̱e zɛnzaˈliː, **-n** ...iːən
Sensari̱e zɛnzaˈriː, **-n** ...iːən
Sensatio̱n zɛnzaˈtsi̯oːn
sensationẹll zɛnzatsi̯oˈnɛl
Sẹnse ˈzɛnzə
Sensée *fr.* sãˈse
sẹnsen ˈzɛnzn̩, **sẹns!** zɛns, **sẹnst** zɛnst
Sẹnsenschmidt ˈzɛnzn̩ʃmɪt
sensi̱bel zɛnˈziːbl̩, **...ble** ...blə
Sensi̱belchen zɛnˈziːbl̩çən
Sensibilisa̱tor zɛnzibiliˈzaːtoːɐ̯, **-en** ...zaˈtoːrən
sensibilisi̱eren zɛnzibiliˈziːrən
Sensibilịsmus zɛnzibiˈlɪsmʊs
Sensibilitä̱t zɛnzibiliˈtɛːt
sensiti̱v zɛnziˈtiːf, **-e** ...iːvə
sensitivi̱eren zɛnzitiˈviːrən
Sensitivitä̱t zɛnzitiviˈtɛːt
Sensitịvity... zɛnziˈtɪviti...
Sensitome̱ter zɛnzitoˈmeːtɐ
Sensitometri̱e zɛnzitomeˈtriː
sensitome̱trisch zɛnzitoˈmeːtrɪʃ
Sensomobilitä̱t zɛnzomobiliˈtɛːt
Sensomoto̱rik zɛnzomoˈtoːrɪk
Sẹnsor ˈzɛnzoːɐ̯, **-en** ...ˈzoːrən
sensoriẹll zɛnzoˈri̯ɛl
Senso̱rien zɛnˈzoːri̯ən
senso̱risch zɛnˈzoːrɪʃ
Senso̱rium zɛnˈzoːri̯ʊm
Sensualịsmus zɛnzu̯aˈlɪsmʊs
Sensualịst zɛnzu̯aˈlɪst
Sensualitä̱t zɛnzu̯aliˈtɛːt
sensuẹll zɛnˈzu̯ɛl
Sensumoto̱rik zɛnzumoˈtoːrɪk
sensumoto̱risch zɛnzumoˈtoːrɪʃ
Sẹnsus ˈzɛnzʊs, **die -** ...zuːs
Sẹnsus commu̱nis ˈzɛnzʊs kɔˈmuːnɪs
Sẹnta ˈzɛnta, *serbokr.* ˈsɛːnta
Sẹnte ˈzɛntə
Sentẹnz zɛnˈtɛnts
sentenziö̱s zɛntɛnˈtsi̯øːs, **-e** ...øːzə
Sentiment zãtiˈmãː
sentimenta̱l zɛntimɛnˈtaːl
Sentimenta̱le zɛntimɛnˈtaːlə
sentimentalisi̱eren zɛntimɛntaliˈziːrən
Sentimentalitä̱t zɛntimɛntaliˈtɛːt
Sento̱ku zɛnˈtoːku
Senu̱fo zeˈnuːfo
Senụssi zeˈnʊsi, **...ssen** ...sn̩
sẹnza peda̱le ˈzɛntsa peˈdaːlə
sẹnza sordi̱no ˈzɛntsa zɔrˈdiːno
sẹnza tẹmpo ˈzɛntsa ˈtɛmpo
Sẹo de Urgẹl *span.* ˈseo ðe urˈxɛl
Seoul zeˈuːl, ˈzeːʊl, *korean.* sɔul
Se̱palum ˈzeːpalʊm, **Sepa̱len** zeˈpaːlən
Separạndum zepaˈrandʊm, **...da** ...da
separa̱t zepaˈraːt
Separata vgl. Separatum
Sẹparate ˈzɛpərət
Separatio̱n zeparaˈtsi̯oːn
Separatịsmus zeparaˈtɪsmʊs
Separatịst zeparaˈtɪst
Se̱parativ ˈzeːparatiːf, **-e** ...iːvə
Separa̱tor zepaˈraːtoːɐ̯, **-en** ...raˈtoːrən
Separa̱tum zepaˈraːtʊm, **...ta** ...ta
Separee̱, Séparée zepaˈreː
separi̱eren zepaˈriːrən
Sephardim zeˈfardiːm, *auch:* ...ˈdiːm
sephạrdisch zeˈfardɪʃ
se̱pia ˈzeːpi̯a
Se̱pia ˈzeːpi̯a, **Se̱pien** ...i̯ən
Se̱pie ˈzeːpi̯ə
Se̱pik ˈzeːpɪk, *engl.* ˈsɛpɪk
Sepoy ˈziːpɔy̯
Sẹppänen *finn.* ˈsɛppænɛn
Sẹpp[el] ˈzɛp[l̩]
Sẹpphoris ˈzɛpfɔrɪs, *auch:* ˈzɛfo...
Sẹppl ˈzɛpl̩
Sẹppuku ˈzɛpuku
Sẹpsis ˈzɛpsɪs
Sẹpt zɛpt
Septa vgl. Septum
Sẹptakkord ˈzɛpt|akɔrt
Septa̱rie zɛpˈtaːri̯ə
Sẹpte ˈzɛptə
Septẹmber zɛpˈtɛmbɐ
Septena̱r zɛpteˈnaːɐ̯
septenna̱l zɛptɛˈnaːl
Septenna̱t zɛptɛˈnaːt
Septẹnnium zɛpˈtɛni̯ʊm, **...ien** ...i̯ən
septentriona̱l zɛptɛntrioˈnaːl
Septẹtt zɛpˈtɛt
Septhämi̱e zɛptʰɛˈmiː, **-n** ...iːən
septifra̱g zɛptiˈfraːk, **-e** ...aːgə
Septikämi̱e zɛptikɛˈmiː, **-n** ...iːən
Septikhämi̱e zɛptɪkhɛˈmiː, **-n** ...iːən
Septikopyämi̱e zɛptikopyɛˈmiː, **-n** ...iːən
Sept-Îles *fr.* sɛˈtil
Septi̱m zɛpˈtiːm
Sẹptima ˈzɛptima
Septima̱nien zɛptiˈmaːni̯ən
Septi̱me zɛpˈtiːmə
Sẹptimer ˈzɛptimɐ
Septi̱mia ˈzɛpˈtiːmi̯a
Septi̱mius zɛpˈtiːmi̯ʊs
Septimo̱le zɛptiˈmoːlə
Sẹptimus ˈzɛptimʊs
sẹptisch ˈzɛptɪʃ
septizi̱d zɛptiˈtsiːt, **-e** ...iːdə
Septo̱le zɛpˈtoːlə
Septuage̱sima zɛptu̯aˈgeːzima, **...mä** ...mɛ
Septuagịnta zɛptu̯aˈgɪnta
Sẹptum ˈzɛptʊm, **...ta** ...ta
Sẹptuor ˈzɛptu̯oːɐ̯
Sepụlcrum zeˈpʊlkrʊm, **...ra** ...ra
sepulkra̱l zepʊlˈkraːl
Sepúlveda *span.* seˈpulβeða
Se̱quana ˈzeːkvana
Se̱quaner ˈzeːkvanɐ
Sequeira *port.* səˈkɐi̯rɐ
se̱quens ˈzeːkvɛns
sequẹntes zeˈkvɛnteːs
Sequẹnz[er] zeˈkvɛnts[ɐ]
sequenziẹll zekvɛnˈtsi̯ɛl
sequenzi̱eren zekvɛnˈtsiːrən
Sequẹster zeˈkvɛstɐ
Sequestratio̱n zekvɛstraˈtsi̯oːn

sequestrieren zekvɛsˈtriːrən
Sequestrotomie zekvɛstro-toˈmiː, **-n** ...iːən
Sequoia zeˈkvoːja
Sequoia National Park *engl.* sɪˈkwɔɪə ˈnæʃənəl ˈpɑːk
Sequoie zeˈkvoːjə
Sequoyah *engl.* sɪˈkwɔɪə
Ser zɛr
Sera vgl. Serum
Sérac zeˈrak
[1]**Serafim** (Lichtengel) ˈzeːra-fiːm
[2]**Serafim** *russ.* sɪraˈfim
Serafima *russ.* sɪraˈfimɐ
Serafimovna *russ.* sɪraˈfimɐvnɐ
[1]**Serafimowitsch** (Familienname) *russ.* sɪrɐfiˈmɔvitʃ
[2]**Serafimowitsch** (Sohn des Serafim) *russ.* sɪraˈfimɐvitʃ
Serafin *it.* seraˈfin
Serai zeˈrai̯
Serail zeˈrai̯, *auch:* zeˈrai̯l
Seraing *fr.* səˈrɛ̃
Seram *indon.* ˈseram
Serampore *engl.* ˈsɛrəmpɔː
Serao *it.* seˈraːo
Serapeion zeraˈpai̯ɔn, **...eia** ...ai̯a
Serapeum zeraˈpeːʊm, **...peen** ...ˈpeːən
Seraph ˈzeːraf, **-im** ...fiːm
Seraphim (Name) ˈzeːrafiːm
Seraphimenorden zeraˈfiːmən-ˌɔrdn̩
Seraphimerorden *schwed.* sera-ˌfiːmərɔːrdən
Seraphine zeraˈfiːnə
Séraphine *fr.* seraˈfin
seraphisch zeˈraːfɪʃ
Serapion zeˈraːpi̯ɔn, *russ.* sɪrɐ-piˈɔn
Serapis zeˈraːpɪs
Serawschan *russ.* zɪrafˈʃan
Serbe ˈzɛrbə
serbeln ˈzɛrbl̩n, **serble** ˈzɛrblə
Serbien ˈzɛrbi̯ən
serbisch ˈzɛrbɪʃ
Serbokroate zɛrbokroˈaːtə
serbokroatisch zɛrbokroˈaːtɪʃ
Serchio *it.* ˈsɛrki̯o
Sercq *fr.* sɛrk
Serdica ˈzɛrdika
Serdika ˈzɛrdika, *bulgar.* ˈsɛr-dikɐ
Serdobsk *russ.* sɪrˈdɔpsk
Sère ˈzɛːre
Sered' *slowak.* ˈsɛrɛtj
Seremban *indon.* sərəmˈban
seren zeˈreːn
Serena zeˈreːna, *span.* seˈrena, *engl.* səˈriːnə
Serenade zereˈnaːdə
Serengeti *engl.* sɛrɛŋˈgɛtiː
Serenissima zereˈnɪsima, **...mä** ...mɛ
Serenissimus zereˈnɪsimʊs, **...mi** ...mi
Serenität zereniˈtɛːt
Serenus zeˈreːnʊs
Sereth ˈzeːrɛt
[1]**Serge** (Stoff) zɛrʃ, ˈzɛrʒə, **-n** ˈzɛrʒn̩
[2]**Serge** (Name) *fr.* sɛrʒ
[1]**Sergeant** zɛrˈʒant, ˈzaːɐ̯dʒn̩t *(UK, USA);* **-en** zɛrˈʒantn̩; **-s** ˈzaːɐ̯dʒn̩ts *(UK, USA)*
[2]**Sergeant** (Name) *engl.* ˈsɑːdʒənt
Sergei *russ.* sɪrˈgjej
Sergejew *russ.* sɪrˈgjejɪf
Sergejewitsch *russ.* sɪrˈgjejɪvitʃ
Sergejewna *russ.* sɪrˈgjejɪvnɐ
Sergejew-Zenski *russ.* sɪrˈgje-jɪfˈtsɛnskij
Sergel *schwed.* ˈsærgəl
Sergijew Possad *russ.* ˈsjɛrgijɪf paˈsat
Sergio *it.* ˈsɛrdʒo
Sergios ˈzɛrgi̯ɔs
Sergipe *bras.* serˈʒipi
Sergius ˈzɛrgi̯ʊs
Seria ˈzeːri̯a
Serial ˈziːri̯əl
Serie ˈzeːri̯ə
seriell zeˈri̯ɛl
Serife zeˈriːfə
Serifos *neugr.* ˈsɛrifɔs
Serigraphie zerigraˈfiː, **-n** ...iːən
Sering ˈzeːrɪŋ
serio ˈzeːri̯o
seriös zeˈri̯øːs, **-e** ...øːzə
Seriosität zeri̯oziˈtɛːt
Seripando *it.* seriˈpando
Serir zeˈriːɐ̯
Serizit zeriˈtsiːt
Serkin ˈzɛrkiːn, *engl.* ˈsəːkɪn
Serlio *it.* ˈsɛrli̯o
Sermisy *fr.* sɛrmiˈzi
Sermon zɛrˈmoːn
Serna *span.* ˈsɛrna
Serner ˈzɛrnɐ, *schwed.* ˈsæːrnər
Serocki *poln.* sɛˈrɔtski
Serodiagnostik zerodiaˈgnɔs-tɪk
Serodine *it.* seˈrɔːdine
serofibrinös zerofibriˈnøːs, **-e** ...øːzə
Serologe zeroˈloːgə
Serologie zeroloˈgiː
serologisch zeroˈloːgɪʃ
Serom zeˈroːm
Seronen zeˈroːnən
seropurulent zeropuruˈlɛnt
serös zeˈrøːs, **-e** ...øːzə
Serosa zeˈroːza
Serosiom zeroˈzi̯ɔm
Serositis zeroˈziːtɪs, **...itiden** ...ziˈtiːdn̩
Serotherapie zeroteraˈpiː, **-n** ...iːən
Serotonin zerotoˈniːn
Serow *russ.* sɪˈrɔf
Serozele zeroˈtseːlə
Serpa *port.* ˈsɛrpɐ
Serpan *fr.* sɛrˈpɑ̃
Serpel ˈzɛrpl̩
serpens ˈzɛrpɛns
Serpent zɛrˈpɛnt
Serpentin[e] zɛrpɛnˈtiːn[ə]
Serpentone zɛrpɛnˈtoːnə
serpiginös zɛrpigiˈnøːs, **-e** ...øːzə
Serpollet *fr.* sɛrpɔˈlɛ
Serpotta *it.* serˈpɔtta
Serpuchow *russ.* ˈsjɛrpuxɐf
Serpula ˈzɛrpula
[1]**Serra** (Gebirgskette) ˈzɛra, *port.* ˈsɛrrɐ, *bras.* ˈsɛrra
[2]**Serra** (Name) *port.* ˈsɛrrɐ, *span., bras., it.* ˈsɛrra, *kat.* ˈsɛrrə, *engl.* ˈsɛrə
Serrä ˈzɛrɛ, *neugr.* ˈsɛrɛ
Serra da Estrêla *port.* ˈsɛrrɐ ðɐ ɪʃˈtrelɐ
Serra das Divisões *bras.* ˈsɛrra daz diviˈzõi̯s
Serradella zɛraˈdɛla
Serradelle zɛraˈdɛlə
Serra do Mar *bras.* ˈsɛrra du ˈmar
Serra Geral *bras.* ˈsɛrra ʒeˈral
Serranía *span.* sɛrraˈnia
Serrano *span.* sɛˈrrano
Serré *fr.* sɛˈre
Sersche ˈzɛrʃə
Sert *span.* sɛr, *kat.* sɛrt, *engl.* sɛət
Sertão *bras.* serˈtɐ̃ṷ
Sertorius zɛrˈtoːri̯ʊs
Sertürner ˈzɛrtʏrnɐ
Serubabel zeruˈbaːbl̩
Serum ˈzeːrʊm, **...ra** ˈzeːra
Sérusier *fr.* seryˈzje
Servaes *niederl.* sɛrˈvaːs

S

Sẹrval ˈzɛrval
Servan *fr.* sɛrˈvã
Servando̱ni *it.* servanˈdoːni
Servan-Schreibe̱r *fr.* sɛrvãʃrɛˈbɛːr
Servạnte zɛrˈvantə
Sẹrva Padro̱na *it.* ˈsɛrva paˈdroːna
Serva̱tius zɛrˈvaːtsi̯ʊs
Serva̱z zɛrˈvaːts
Serve-and-Volley ˈzøːɐ̯fl̩ɛntˈvɔli, ˈzœrf...
Sẹrvela ˈzɛrvəla
Servela̱t... zɛrvəˈlaːt...
Servente̱se zɛrvɛnˈteːzə
Serventois zɛrvãˈto̯a, **des -** ...a[s], **die -** ...as
Servẹt *fr.* sɛrˈvɛ
Servẹtte *fr.* sɛrˈvɛt
Servia̱nisch zɛrˈvi̯aːnɪʃ
[1]**Servi̱ce** (Tafelgeschirr) zɛrˈviːs, **des -** ...viːs, **des -s** ...viːsəs, **die -** ...viːs, ...viːsə
[2]**Service** (Kundendienst) ˈzøːɐ̯vɪs, ˈzœrvɪs
servi̱eren zɛrˈviːrən
Serviẹtte zɛrˈvi̯ɛtə
servi̱l zɛrˈviːl
Servi̱lia zɛrˈviːli̯a
Servilịsmus zɛrviˈlɪsmʊs
Servilitä̱t zɛrviliˈtɛːt
Servi̱s zɛrˈviːs
Servi̱t[a] zɛrˈviːt[a]
Servite̱ur zɛrviˈtøːɐ̯
Servi̱tium zɛrˈviːtsi̯ʊm, **..ien** ...i̯ən
Servitu̱t zɛrviˈtuːt
Sẹrvius ˈzɛrvi̯ʊs
Sẹrvo... ˈzɛrvo...
Sẹrvranckx *niederl.* ˈsɛrvraŋks
sẹrvus! ˈzɛrvʊs
Sẹrvus Servo̱rum De̱i ˈzɛrvʊs zɛrˈvoːrʊm ˈdeːi
Sẹrwela ˈzɛrvəla
Se̱sam ˈzeːzam
Seschẹllen zeˈʃɛlən
Se̱sel ˈzeːzl̩
Se̱senheim ˈzeːzn̩hai̯m
Seshego *engl.* sɛˈʃeɪgoʊ
Se̱sia *it.* ˈsɛːzi̯a
Sesịmbra *port.* səˈzimbrə
Sẹsklo *neugr.* ˈsɛsklɔ
Seso̱sis zezoˈoːzɪs
Sesọstris zeˈzɔstrɪs
Sẹssa Aurụnca *it.* ˈsɛssa au̯ˈruŋka
Sẹsschu *jap.* ˈseˌʃʃuː
Sẹssel ˈzɛsl̩
sẹsshaft ˈzɛshaft

sessi̱l zɛˈsiːl
Sessilitä̱t zɛsiliˈtɛːt
[1]**Sessio̱n** (Sitzung) zɛˈsi̯oːn
[2]**Sẹssion** (Jazz) ˈzɛʃn̩
Sẹsson *jap.* ˈseˌsson
Sẹster ˈzɛstɐ
Sestẹrz zɛsˈtɛrts
Sestẹrzium zɛsˈtɛrtsi̯ʊm, **...ien** ...i̯ən
Sesti̱ne zɛsˈtiːnə
Sẹsto *it.* ˈsɛsto
Sẹstri *it.* ˈsɛstri
Sestrie̱re *it.* sestriˈɛːre
[1]**Sẹt** (Satz) zɛt,
[2]**Se̱t** (Name) zeːt
Se̱ta ˈzeːta
Sẹtälä *finn.* ˈsɛtælæ
Sète *fr.* sɛt
Sẹte Lagọas *bras.* ˈsɛti laˈgoas
Sẹte Quẹdas *bras.* ˈsɛti ˈkɛdas
Se̱tesdal *norw.* ˌseːtəsdaːl
Se̱th zeːt, *engl.* sɛθ
Se̱the ˈzeːtə
Sethia̱ner zeˈti̯aːnɐ
Sethi̱t zeˈtiːt
Sethnạcht zɛtˈnaxt
Se̱thos ˈzeːtɔs
Se̱thus ˈzeːtʊs
Sétịf *fr.* seˈtif
Sẹto *jap.* ˈseˌto
Seton *engl.* siːtn
Settạt *fr.* sɛtˈtat
Settecẹnto zɛteˈtʃɛnto
Sẹtte Comu̱ni *it.* ˈsette koˈmuːni
Sẹttegast ˈzɛtəgast
Settembri̱ni *it.* settemˈbriːni
Sẹtter ˈzɛtɐ
Settigna̱no *it.* settiɲˈɲaːno
Sẹtting ˈzɛtɪŋ
Sẹttle *engl.* sɛtl
Sẹttlement ˈzɛtl̩mənt
Sẹt-Top... ˈzɛtˈtɔp...
Setúbal *port.* səˈtuβal
Setup ˈzɛt|ap, –ˈ–
sẹtzen ˈzɛtsn̩
Setzere̱i zɛtsəˈrai̯
Sẹtzling ˈzɛtslɪŋ
Se̱uche ˈzɔyçə
se̱ufzen ˈzɔyftsn̩
Se̱ulingwald ˈzɔylɪŋvalt
Se̱ume ˈzɔymə
Seupho̱r *fr.* søˈfɔːr
Seurạt *fr.* sœˈra
Se̱uren ˈzɔyrən
Se̱use ˈzɔyzə
Seutho̱polis zɔyˈtoːpolɪs
Ševčík *tschech.* ˈʃɛftʃiːk
Se̱velingen ˈzeːvəlɪŋən

Sẹven Islands *engl.* ˈsɛvn ˈaɪləndz
Sẹvenoaks *engl.* ˈsɛvnoʊks
Seve̱rer zeˈveːrɐ
Seve̱ri *it.* seˈvɛːri
Severin zeveˈriːn, *auch:* ˈzeːveriːn; *rumän.* seveˈrin
Séverin *fr.* seˈvrɛ̃
Se̱vering ˈzeːvərɪŋ
Severi̱ni *it.* seveˈriːni
Severi̱nus zeveˈriːnʊs
Severitä̱t zeveriˈtɛːt
Sẹvern *engl.* ˈsɛvən
Severna Pa̱rk *engl.* səˈvəːnə ˈpɑːk
Severo̱lus zeveˈroːlʊs
Seve̱ros zeˈveːrɔs
Seve̱rus zeˈveːrʊs
Se̱veso *it.* ˈsɛːvezo
Sévigné *fr.* seviˈɲe
Sevịlla zeˈvɪlja, *span.* seˈβiʎa
Sevilla̱na zevɪlˈjaːna
Sevran *fr.* səˈvrã
Sèvre[s] *fr.* sɛːvr
Se̱wa ˈzeːva, *engl.* ˈsɛwɑː
Sewall *engl.* ˈsjuːəl
Sewạn *russ.* sɪˈvan
Seward *engl.* ˈsiːwəd, ˈsjuːəd
Sewạstopol zeˈvastopɔl, *russ.* sɪvasˈtɔpɐlj
Sewẹla *russ.* siˈvjɛlɐ
Sewerjạnin *russ.* sɪvɪˈrjanin
Sẹwernaja Semljạ *russ.* ˈsjevɪrnɐjɐ zɪmˈlja
Sewerodonẹzk *russ.* sɪvɪrɐdaˈnjɛtsk
Sewerodwịnsk *russ.* sɪvɪraˈdvinsk
Seweromọrsk *russ.* sɪvɪraˈmɔrsk
Sewerourạlsk *russ.* sjevɪrɐuˈraljsk
Sẹwerzow *russ.* ˈsjevɪrtsɐf
Sewlịewo *bulgar.* sɛvˈliɛvo
Sẹx zɛks
Sexage̱sima zɛksaˈgeːzima
Sexage̱simä zɛksaˈgeːzimɛ
sexagesima̱l zɛksageziˈmaːl
Sexago̱n zɛksaˈgoːn
Sẹx and Crime ˈzɛks ɛnt ˈkrai̯m
Sẹx-Appeal ˈzɛks|ɛˌpiːl
Sẹxau ˈzɛksau̯
Sẹxer ˈzɛksɐ
Sexịsmus zɛˈksɪsmʊs
Sexịst zɛˈksɪst
Sexlẹkt zɛksˈlɛkt
Sexolo̱ge zɛksoˈloːgə
Sexologi̱e zɛksoloˈgiː
Sẹxt[a] ˈzɛkst[a]

S

Sextakkord ˈzɛkstǀakɔrt
Sextaner zɛksˈtaːnɐ
Sextant zɛksˈtant
Sexte[ner] ˈzɛkstə[nɐ]
Sextett zɛksˈtɛt
Sextillion zɛkstɪˈli̯oːn
Sextole zɛksˈtoːlə
Sexton *engl.* ˈsɛkstən
Sextuor ˈzɛkstu̯oːɐ̯
Sextus ˈzɛkstʊs
sexual zɛˈksu̯aːl
sexualisieren zɛksu̯aliˈziːrən
Sexualität zɛksu̯aliˈtɛːt
sexuell zɛˈksu̯ɛl
Sexuologe zɛksu̯oˈloːgə
Sexuologie zɛksu̯oloˈgiː
sexuologisch zɛksu̯oˈloːgɪʃ
Sexus ˈzɛksʊs, **die -** ...suːs
sexy ˈzɛksi
Seybold ˈzai̯bɔlt
Seychellen zeˈʃɛlən
Seychelle[s] *engl.* seɪˈʃɛl[z]
Seydisehir *türk.* sɛi̯ˈdiʃɛˌhir
Seydlitz ˈzai̯dlɪts
Seyfer[t] ˈzai̯fɐ[t]
Seyfried ˈzai̯friːt
Seyhan *türk.* ˈsɛi̯hɑn
Şeyhî *türk.* ʃɛjˈhi
Seyðisfjörður *isl.* ˈsei̯ðɪsfjœr-ðʏr
Seyler ˈzai̯lɐ
Seymour *engl.* ˈsiːmɔː, ˈseɪmɔː
Seyne-sur-Mer *fr.* sɛnsyrˈmɛːr
Seyppel ˈzai̯pl̩
Seyß-Inquart ˈzai̯sˈǀɪnkvart
Sežana *serbokr.* sɛˌʒaːna
sezernieren zetsɛrˈniːrən
Sezession zetsɛˈsi̯oːn
Sezessionist zetsɛsi̯oˈnɪst
sezieren zeˈtsiːrən
Sezuan ˈzeːtsu̯an
Sfax *fr.* sfaks
Sfîntu Gheorghe *rumän.* ˈsfɨntu ˈge̯orge
Sfor, SFOR ˈɛsfoːɐ̯
s-förmig ˈɛsfœrmɪç, **-e** ...ɪgə
Sforza *it.* ˈsfɔrtsa
sforzando sfɔrˈtsando
Sforzando sfɔrˈtsando, **...di** ...di
sforzato sfɔrˈtsaːto
Sforzato sfɔrˈtsaːto, **...ti** ...ti
sfumato sfuˈmaːto
Sgambati *it.* zgamˈbaːti
Sganarelle *fr.* sganaˈrɛl
Sgraffiato sgraˈfi̯aːto, **...ti** ...ti
Sgraffito sgraˈfiːto, **...ti** ...ti
's Gravenhage *niederl.* sxraːvənˈhaːɣə
Shaanxi *chin.* ʃanɕi 31
Shaba *fr.* ʃaˈba
Shabani *engl.* ʃəˈbɑːnɪ
Shackleton *engl.* ˈʃækltən
Shadowing ˈʃɛdoɪŋ
Shadwell *engl.* ˈʃædwəl
Shaffer *engl.* ˈʃæfə
Shaftesbury *engl.* ˈʃɑːftsbərɪ
Shag ʃɛk
Shagamu *engl.* ʃɑːˈgɑːmuː
Shahar *hebr.* ʃaˈhar
Shahjahanpur *engl.* ʃɑːdʒə-ˈhɑːnpʊə
Shairp *engl.* ʃɛəp, ʃɑːp
Shaiva ˈʃai̯va
Shake ʃeːk
Shakehands ˈʃeːkhɛnts
Shaker ˈʃeːkɐ
shakern ˈʃeːkɐn
Shakers ˈʃeːkɐs
Shakespeare ˈʃeːkspiːɐ̯, *engl.* ˈʃeɪkspɪə
shakespearesch ˈʃeːkspiːɐ̯ʃ
shakespearisch ˈʃeːkspiːrɪʃ
Shakta ˈʃakta
Shakti ˈʃakti
Shalom *hebr.* ʃaˈlɔm
Shamokin *engl.* ʃəˈmoʊkɪn
Shampoo ˈʃampu, ˈʃɛmpu, ˈʃampo, ʃamˈpuː
Shampoon ʃamˈpoːn, *auch:* ʃɛmˈpuːn
shampoonieren ʃampoˈniːrən, ʃɛm...; ...pu...
Shamrock *engl.* ˈʃæmrɔk
Shandong *chin.* ʃandʊŋ 11
Shane *engl.* ʃeɪn, ʃɑːn, ʃɔːn
Shange *engl.* ˈʃɑːŋgɪ
Shanghai ˈʃaŋhai̯, *auch:* –ˈ–, *chin.* ʃaŋxai̯ 43
shanghaien ʃaŋˈhai̯ən, *auch:* ˈ–––
Shangqiu *chin.* ʃaŋtɕi̯ou̯ 11
Shankar *engl.* ˈʃɑːnkɑː
Shanklin *engl.* ˈʃæŋklɪn
Shannon *engl.* ˈʃænən
Shantou *chin.* ʃantou̯ 42
Shantung ˈʃantʊŋ
Shanty ˈʃɛnti, *auch:* ˈʃanti
Shanxi *chin.* ʃanɕi 11
Shaoguan *chin.* ʃau̯gu̯an 21
Shaoxing *chin.* ʃau̯ɕɪŋ 41
Shaoyang *chin.* ʃau̯-i̯aŋ 42
SHAPE *engl.* ʃeɪp
Shaping... ˈʃeːpɪŋ...
Shapiro *engl.* ʃəˈpɪəroʊ
Shapley *engl.* ˈʃæplɪ
Share ʃɛːɐ̯
Shareholder ˈʃɛːɐ̯hoːldɐ
Shareware ˈʃɛːɐ̯vɛːɐ̯
Sharif ʃaˈriːf
Shark[s] Bay *engl.* ˈʃɑːk[s] ˈbeɪ
Sharma[n] *engl.* ˈʃɑːmə[n]
Sharon *engl.* ˈʃærən, *hebr.* ʃaˈrɔn
Sharonville *engl.* ˈʃærənvɪl
sharp ʃarp
Sharp[e] *engl.* ʃɑːp
Sharpie ˈʃarpi
Sharpsburg *engl.* ˈʃɑːpsbəːg
Shashi *chin.* ʃaʃɨ 12
Shasta *engl.* ˈʃæstə
Shastri *engl.* ˈʃɑːstrɪ
Shavers *engl.* ˈʃeɪvəz
Shaw *engl.* ʃɔː
Shawcross *engl.* ˈʃɔːkrɔs
Shawinigan *engl.* ʃəˈwɪnɪgən
Shawl ʃaːl
Shawn *engl.* ʃɔːn
Shawnee *engl.* ʃɔːˈniː
Shays *engl.* ʃeɪz
Shear[er] *engl.* ˈʃɪə[rə]
Shearing *engl.* ˈʃɪərɪŋ
Sheboygan *engl.* ʃɪˈbɔɪgən
Shedbau ˈʃɛtbau̯
Sheddach ˈʃɛtdax
Sheehan *engl.* ˈʃiːhən
Sheeler *engl.* ˈʃiːlə
Sheen *engl.* ʃiːn
Sheffield *engl.* ˈʃɛfiːld
Shehu *alban.* ˈʃehu
Sheil[a] *engl.* ˈʃiːl[ə]
Shelburne *engl.* ˈʃɛlbən
Shelby[ville] *engl.* ˈʃɛlbɪ[vɪl]
Sheldon *engl.* ˈʃɛldən
Shelf ʃɛlf
Shell[ey] *engl.* ˈʃɛl[ɪ]
Shelton *engl.* ʃɛltn
Shemya *engl.* ˈʃɛmjə
Shenandoah *engl.* ʃɛnənˈdoʊə
Shenstone *engl.* ˈʃɛnstən
Shenyang *chin.* ʃən-i̯aŋ 32
Shen Zhou *chin.* ʃəndʒou̯ 31
Shepard, Shepherd, Sheppard *engl.* ˈʃɛpəd
Shepp[arton] *engl.* ˈʃɛp[ətn]
Sheraton *engl.* ˈʃɛrətn
Sherbrooke *engl.* ˈʃəːbrʊk
Sheridan *engl.* ˈʃɛrɪdn
Sheriff ˈʃɛrɪf
Sherley *engl.* ˈʃəːlɪ
Sherlock Holmes ˈʃɛrlɔk ˈhɔlms, *engl.* ˈʃəːlɔk ˈhoʊmz
Sherman ˈʃɛrman, *engl.* ˈʃəːmən
Sherpa[ni] ˈʃɛrpa[ni]
Sherriff *engl.* ˈʃɛrɪf
Sherrill *engl.* ˈʃɛrɪl

Sherrington *engl.* ˈʃɛrɪŋtən
Sherry *engl.* ˈʃɛrɪ
's Hertogenbosch *niederl.* s[h]ɛrto:ɣənˈbɔs
Sherwood *engl.* ˈʃə:wʊd
Shetland ˈʃɛtlant, *engl.* ˈʃɛtlənd
Shield[s] *engl.* ʃi:ld[z]
Shigelle ʃiˈgɛlə
Shijiazhuang *chin.* ʃɨdʑi̯adʒu̯aŋ 211
Shilling ˈʃɪlɪŋ
Shillong *engl.* ˈʃɪlɔŋ
Shimmy ˈʃɪmi
Shimose *span.* siˈmose
Shintoismus ʃɪntoˈɪsmʊs
Shinwell *engl.* ˈʃɪnwəl
Shinyanga *engl.* ʃi:nˈja:ŋga:
Shipley *engl.* ˈʃɪplɪ
Shire[r] *engl.* ˈʃaɪə[rə]
Shirley *engl.* ˈʃə:lɪ
Shirt ʃø:ɐ̯t, ʃœrt
Shit ʃɪt
Shively *engl.* ˈʃaɪvlɪ
Shkodër *alban.* ˈʃkodər
Shkodra *alban.* ˈʃkodra
Shkumbin *alban.* ʃkumˈbin
Shock ʃɔk
shocking ˈʃɔkɪŋ
Shockley *engl.* ˈʃɔklɪ
Shoddy ˈʃɔdi
Shogun ˈʃo:gun
Shogunat ʃoguˈna:t
Sholapur *engl.* ˈʃoʊləpʊə, ʃoʊˈla:pʊə
Shootingstar ˈʃu:tɪŋsta:ɐ̯
Shop[ping] ˈʃɔp[ɪŋ]
Shoppinggoods ˈʃɔpɪŋgʊt͜s
Shoreditch *engl.* ˈʃɔ:dɪtʃ
Shoreham-by-Sea *engl.* ˈʃɔ:rəmbaɪˈsi:
Shorehärte ˈʃo:ɐ̯hɛrtə
Shoreview *engl.* ˈʃɔ:vju:
Short[er] *engl.* ˈʃɔ:t[ə]
Shorthorn... ˈʃo:ɐ̯thɔrn..., ˈʃɔrt...
Shorthouse *engl.* ˈʃɔ:thaʊs
Shorts ʃo:ɐ̯t͜s, ʃɔrt͜s
Short Story ˈʃo:ɐ̯t ˈsto:ri, ˈʃɔrt -; - ˈstɔri
Shortton ˈʃo:ɐ̯tˈtan, ˈʃɔrt...
Shorttrack ˈʃo:ɐ̯tˈtrɛk, ˈʃɔrt...
Shorty ˈʃo:ɐ̯ti, ˈʃɔrti
Shoshone *engl.* ʃoʊˈʃoʊnɪ
Shotwell *engl.* ˈʃɔtwəl
Shout[er] ˈʃau̯t[ɐ]
Shouting ˈʃau̯tɪŋ
Shovell *engl.* ʃʌvl
Show ʃo:
Showbusiness ˈʃo:bɪznɪs, ...nɛs
Show-down ʃo:ˈdau̯n, ˈ--
Showman ˈʃo:mən, **...men** ...mən
Showmaster ˈʃo:ma:stɐ
Shqipëri *alban.* ʃkjipəˈri
Shredder ˈʃrɛdɐ
Shreveport *engl.* ˈʃri:vpɔ:t
Shrewsbury *engl.* ˈʃroʊzbərɪ, ˈʃru:z..., *USA* ˈʃru:z...
Shrimp ʃrɪmp
shrinken ˈʃrɪŋkn̩
Shropshire *engl.* ˈʃrɔpʃɪə
shrunken ˈʃrʊŋkn̩, ˈʃraŋkn̩
Shuangyashan *chin.* ʃu̯aŋi̯aʃan 111
Shudra ˈʃu:dra
Shuffleboard ˈʃafl̩bo:ɐ̯t, ...bɔrt
Shultz *engl.* ʃʊlts
Shunt ʃant
shunten ˈʃantn̩
Shute *engl.* ʃu:t
Shuteriqi *alban.* ʃuteˈrikji
Shuttle ˈʃatl̩
Shylock ˈʃai̯lɔk
si (Ton h) zi:
Sial ˈzi:al
Sialadenitis zi̯aladeˈni:tɪs, **...itiden** ...niˈti:dn̩
sialisch ˈzi̯a:lɪʃ
Sialkot *engl.* sɪˈælkoʊt
siallitisch zi̯aˈli:tɪʃ
Sialolith zi̯aloˈli:t
Sialorrhö, ...öe zi̯alɔˈrø:, **...rrhöen** ...ˈrø:ən
Siam ˈzi:am
Siamese zi̯aˈme:zə
siamesisch zi̯aˈme:zɪʃ
Siamosen zi̯aˈmo:zn̩
Šiauliai *lit.* ʃjæu̯.ljæi̯
Sibai *russ.* siˈbaj
Sibari *it.* ˈsi:bari
Sibelius ziˈbe:li̯ʊs, *schwed.* siˈbe:liʊs
Šibenik *serbokr.* ˈʃibɛni:k
Siberch ˈzi:bɛrç
Siberut *indon.* siˈberʊt
Sibich ˈzi:bɪç
Sibilant zibiˈlant
sibilieren zibiˈli:rən
Sibir *russ.* siˈbirj
Sibirer ziˈbi:rɐ
sibirid zibiˈri:t, **-e** ...i:də
Sibiride zibiˈri:də
Sibirien ziˈbi:ri̯ən
Sibirier ziˈbi:ri̯ɐ
sibirisch ziˈbi:rɪʃ
Sibiu *rumän.* siˈbiu̯
Sibley *engl.* ˈsɪblɪ
Sibljak ˈzɪbljak
Sibolga *indon.* siˈbɔlga
Sibu *indon.* ˈsibu
Sibut *fr.* siˈbyt
Sibyl *engl.* ˈsɪbəl
Sibylla ziˈbʏla
[1]**Sibylle** (Wahrsagerin) ziˈbʏlə
[2]**Sibylle** (Name) ziˈbɪl[ə], *fr.* siˈbil
Sibyllinen zibʏˈli:nən
sibyllinisch zibʏˈli:nɪʃ
sic! zi:k, *auch:* zɪk
Sica, de *it.* deˈsi:ka
Sicardo *it.* siˈkardo
sic et non ˈzi:k ɛt ˈno:n
sich zɪç
Sichard ˈzɪçart
Sichardus zɪˈçardʊs
Sichausweinen zɪçˈlau̯svai̯nən
Sichel ˈzɪçl̩
sicheln ˈzɪçl̩n
Sichem ˈzɪçɛm
sicher ˈzɪçɐ
sichern ˈzɪçɐn
Sichler ˈzɪçlɐ
Sicht zɪçt
sichten ˈzɪçtn̩
sichtig ˈzɪçtɪç, **-e** ...ɪgə
Sichuan *chin.* sɨtʃu̯an 41
Sichulski *poln.* ɕiˈxulski
Sicilia *it.* siˈtʃi:li̯a
Siciliano zitʃiˈli̯a:no, **...ni** ...ni
Sicilienne zisiˈli̯ɛn
Sicke ˈzɪkə
sicken ˈzɪkn̩
sickern ˈzɪkɐn
Sickert ˈzɪkɐt, *engl.* ˈsɪkət
Sickingen ˈzɪkɪŋən
Sickinger ˈzɪkɪŋɐ
Sickles *engl.* sɪklz
Sick-out zɪkˈlau̯t, ˈ--
sic transit gloria mundi! ˈzi:k ˈtranzɪt ˈglo:ri̯a ˈmʊndi, *auch:* ˈzɪk - - -
Sid *engl.* sɪd
Siddhanta ziˈdanta
Siddharta ziˈdarta
Siddons *engl.* sɪdnz
Siddur zɪˈdu:ɐ̯
Side ˈzi:də
Sideboard ˈzai̯tbo:ɐ̯t, ...bɔrt
sideral zideˈra:l
siderisch ziˈde:rɪʃ
Siderit zideˈri:t
Siderographie ziderograˈfi:, **-n** ...i:ən
Siderolith zideroˈli:t
Siderologie ziderologi:
Sideronym zideroˈny:m

Sideropenie ziderope'ni:
siderophil zidero'fi:l
Siderophilin ziderofi'li:n
sideropriv zidero'pri:f, **-e** ...i:və
Siderose zide'ro:zə
Siderosis zide'ro:zɪs
Sideroskop zidero'sko:p
Sideroasphäre zidero'sfɛ:rə
Siderozyt zidero'tsy:t
Siders 'zi:dɐs
Siderurgie ziderʊr'gi:
siderurgisch zide'rʊrgɪʃ
sidetisch zi'de:tɪʃ
Sidgwick *engl.* 'sɪdʒwɪk
Sidi-bel-Abbès *fr.* sidibɛla'bɛs
Sidi-Kacem *fr.* sidika'sɛm
Sidmouth *engl.* 'sɪdməθ
Sidney *engl.* 'sɪdnɪ
Sidon 'zi:dɔn
Sidonia zi'do:ni̯a, *span.* si'ðo-ni̯a
Sidonier zi'do:ni̯ɐ
sidonisch zi'do:nɪʃ
Sidonius zi'do:ni̯ʊs
Sidra zi'dra:
sie zi:
Sieb zi:p, **-e** 'zi:bə
Siebeck 'zi:bɛk
[1]**sieben, S...** 'zi:bn̩
[2]**sieben** 'zi:bn̩, **sieb!** zi:p, **siebt** zi:pt
Siebenbürgen zi:bn̩'bʏrgn̩
Siebenbürger zi:bn̩'bʏrgɐ
siebenbürgisch zi:bn̩'bʏrgɪʃ
Siebeneck 'zi:bn̩|ɛk
siebeneckig 'zi:bn̩|ɛkɪç
siebeneinhalb 'zi:bn̩|ain'halp
Siebener 'zi:bənɐ
siebenerlei 'zi:bənɐ'lai̯
siebenfach 'zi:bn̩fax
Siebengebirge 'zi:bn̩gəbɪrgə
siebenhundert 'zi:bn̩'hʊndɐt
siebenjährig 'zi:bn̩jɛ:rɪç
siebenmal 'zi:bn̩ma:l
siebenmalig 'zi:bn̩ma:lɪç, **-e** ...ɪgə
Siebenmeilenstiefel zi:bn̩'mai̯-lənʃti:fl̩
Siebenmeter zi:bn̩'me:tɐ
Siebenmonatskind zi:bn̩'mo:natskɪnt
Siebensachen 'zi:bn̩'zaxn̩
Siebenstromland zi:bn̩'ʃtro:mlant
siebent 'zi:bn̩t
Siebentagefieber zi:bn̩'ta:gə-fi:bɐ
siebentausend 'zi:bn̩'tauznt
siebente 'zi:bn̩tə
siebentel, S... 'zi:bn̩tl̩
siebentens 'zi:bn̩təns
siebenundeinhalb 'zi:bn̩|ʊnt-|ain'halp
siebenundsiebzig 'zi:bn̩-|ʊnt'zi:ptsɪç
Siebold 'zi:bɔlt
Siebs zi:ps
siebt[e] 'zi:pt[ə]
siebtel, S... 'zi:ptl̩
siebtens 'zi:ptn̩s
Sieburg 'zi:bʊrk
siebzehn 'zi:ptse:n
siebzig 'zi:ptsɪç
siech[en] 'zi:ç[n̩]
Siechling 'zi:çlɪŋ
Siede 'zi:də
siedeheiß 'zi:də'hais
siedeln 'zi:dl̩n, **siedle** 'zi:dlə
sieden 'zi:dn̩, **sied!** zi:t
Siederei zi:də'rai̯
Siedlce *poln.* 'ɕɛdltsɛ
Siedler 'zi:dlɐ
Siedlung 'zi:dlʊŋ
Siefkes 'zi:fkəs
Sieg zi:k, **-e** 'zi:gə
Siegbahn *schwed.* 'si:gbɑ:n
Siegbert 'zi:kbɛrt
Siegburg 'zi:kbʊrk
Siegel 'zi:gl̩
siegeln 'zi:gl̩n, **siegle** 'zi:glə
siegen 'zi:gn̩, **sieg!** zi:k, **siegt** zi:kt
Siegen 'zi:gn̩
Siegerland 'zi:gɐlant
Siegerländer 'zi:gɐlɛndɐ
Siegfried 'zi:kfri:t, *fr.* sig'frid
Sieghard 'zi:khart
Siegher 'zi:khɛr
Sieghild 'zi:khɪlt
Sieglind 'zi:klɪnt
Sieglinde zi:k'lɪndə
Sieglung 'zi:glʊŋ
Siegmund 'zi:kmʊnt
Siegrune 'zi:kru:nə
Siegwurz 'zi:kvʊrts
sieh[e]! 'zi:[ə]
sieht zi:t
Siek[e] 'zi:k[ə]
Siel[e] 'zi:l[ə]
sielen, S... 'zi:lən
Sielmann 'zi:lman
Siemens 'zi:məns, *engl.* 'si:mənz
Siemianowice *poln.* ɕɛmjanɔ-'vitsɛ
Siem Reap *Khmer* siəm'rɪəp
siena 'zi̯e:na
Siena 'zi̯e:na, *it.* 'si̯ɛ:na
Sienese zi̯e'ne:zə
Sieneser zi̯e'ne:zɐ
Sienkiewicz *poln.* ɕɛŋ'kjɛvitʃ
Siepi *it.* 'si̯ɛ:pi
Sieradz *poln.* 'ɕɛrats
Sierck zi:ɐ̯k
Sieroszewski *poln.* ɕɛrɔ'ʃɛfski
Sierra 'zi̯ɛra, *span.* 'si̯ɛrra
Sierra Leone 'zi̯ɛra le'o:nə, *engl.* 'sɪərəlɪ'oʊn
Sierra-Leoner zi̯ɛrale'o:nɐ
Sierra Nevada 'zi̯ɛra ne'va:da, *engl.* sɪ'ɛrə nə'vædə, *span.* 'si̯ɛrra ne'βaða
Sierre *fr.* sjɛ:r
Siesta 'zi̯ɛsta, *span.* 'si̯ɛsta
Siet... 'zi:t...
Sieur zi̯ø:ɐ̯
Sieveking 'zi:vəkɪŋ, *engl.* 'si:vkɪŋ
Sievers 'zi:vɐs, 'zi:f...
Sievert, Siewerth 'zi:vɐt
Sieyès *fr.* sje'jɛs
siezen 'zi:tsn̩
Sif[ema] 'zi:f[ema]
Sifflöte 'zɪflø:tə
Sifnos *neugr.* 'sifnɔs
Sig *fr.* sig
Sigebert 'zi:gəbɛrt, *fr.* siʒ'bɛ:r
Sigeher 'zi:gəhe:ɐ̯
Sigel (Zeichen) 'zi:gl̩
sigeln 'zi:gl̩n, **sigle** 'zi:glə
Sigenot 'zi:gəno:t
Siger 'zi:gɐ
Sigerist 'zi:gərɪst
Sigfrid 'zi:kfri:t
Sighet *rumän.* 'siget
Sighetul Marmației *rumän.* 'sigetul marma'tsiei̯
Sighișoara *rumän.* sigi'ʃo̯ara
Sightseeing 'zaitzi:ɪŋ
Sigi 'zɪgi, 'zi:gi
Sigibert 'zi:gibɛrt
Sigill zi'gɪl
Sigillarie zigɪ'la:ri̯ə
sigillieren zigɪ'li:rən
Sigillum zi'gɪlʊm, **...lla** ...la
Sigirya *engl.* 'sɪgɪrɪə
Sigismund 'zi:gɪsmʊnt
Sigl[e] 'zi:gl̩
Siglind 'zi:klɪnd
Siglo de Oro 'zi:glo de: 'o:ro
Siglufjörður *isl.* 'sɪglʏfjœrðʏr
Sigma 'zɪgma
Sigmaringen 'zi:kmarɪŋən
Sigmatiker zɪ'gma:tikɐ
Sigmatismus zɪgma'tɪsmʊs
Sigmoid zɪgmo'i:t, **-e** ...i:də
Sigmund 'zi:kmʊnt

S

Signa vgl. Signum
Signạc *fr.* siˈɲak
Signạchi *russ.* sigˈnaxi
Signa̲l zɪˈgna:l
Signalement zɪgnaləˈmã:
signalisie̲ren zɪgnaliˈzi:rən
Signata̲r zɪgnaˈta:ɐ̯
signa̲tum zɪˈgna:tʊm
Signatu̲r zɪgnaˈtu:ɐ̯
Si̲gnau ˈzi:gnau̯
Signe̲m zɪˈgne:m
Signet zɪˈgne:t, zɪˈgnɛt, zɪnˈje:, **-e** zɪˈgne:tə, zɪˈgnɛtə, **die -s** zɪnˈje:s
signie̲ren zɪˈgni:rən
Signifiant zɪnjiˈfi̯ã:
Signifié zɪnjiˈfi̯e:
signifikạnt, S... zɪgnifiˈkant
Signifikạnz zɪgnifiˈkant͡s
Signifika̲t zɪgnifiˈka:t
signifikati̲v zɪgnifikaˈti:f, **-e** ...i:və
signifizie̲ren zɪgnifiˈt͡si:rən
Signo̲r zɪnˈjo:ɐ̯, **-i** zɪnˈjo:ri
Signo̲ra zɪnˈjo:ra, **...re** ... rə
Signo̲re zɪnˈjo:rə, **...ri** ...ri
Signorẹlli *it.* siɲɲoˈrɛlli
Signorẹt *fr.* siɲɔˈrɛ
Signori̲a zɪnjoˈri:a, **...i̲en** ...i:ən
Signorie̲ zɪnjoˈri:, **-n** ...i:ən
Signori̲na zɪnjoˈri:na, **-e** zɪnjoˈri:nə, **-en** zɪnjoˈri:nən
Signori̲ni *it.* siɲɲoˈri:ni
Signori̲no zɪnjoˈri:no, **...ni** ...ni
Sịgnum ˈzɪgnʊm, **...na** ...na
Sigo̲nio *it.* siˈgɔ:ni̯o
Si̲grid ˈzi:grɪt, ...ri:t, *dän.* ˈsiɣrið, *norw.* ˌsigri, *schwed.* ˈsi:grid, ˌ--
Si̲grist ˈzi:grɪst, ziˈgrɪst
Si̲grun ˈzi:kru:n
Si̲grune ˈzi:kru:nə
Si̲gsfeld ˈzi:ksfɛlt
Sịgtuna *schwed.* ˌsigtʉ:na
Sigu̲ne ziˈgu:nə
Si̲gurðardóttir *isl.* ˈsɪ:ɣʏrðar-dou̯htɪr
Si̲gurd ˈzi:gʊrt, *schwed.* ˈsi:gʊrd, *norw.* ˌsigʉr
Siguri̲m ziguˈri:m, *alban.* siguˈrim
Si̲gurjónsson *isl.* ˈsɪ:ɣʏrjou̯n-sɔn
Si̲gurðsson *isl.* ˈsɪ:ɣʏrðsɔn
Si̲gurður *isl.* ˈsɪ:ɣʏrðʏr
Si̲gwart ˈzi:kvart
Si̲hanuk ˈzi:hanʊk
Si̲hl zi:l
Siịrt *türk.* siˈirt
Sija̲da ziˈja:da
Si̲k *ung.* ʃi:k
Šịk *tschech.* ʃik
Si̲kahirsch ˈzi:kahɪrʃ
Sika̲ner ziˈka:nɐ
Sikassọ *fr.* sikaˈso
Si̲keler ˈzi:kelɐ
Sikelianọs *neugr.* sikɛljaˈnɔs
Si̲keston *engl.* ˈsaɪkstən
Si̲kh zi:k
Si̲kiang ˈzi:ki̯aŋ
Sikkati̲v zɪkaˈti:f, **-e** ...i:və
sikkativie̲ren zɪkatiˈvi:rən
Sịkkim ˈzɪkɪm
Sịkkimer ˈzɪkɪmɐ
sikkime̲sisch zɪkiˈme:zɪʃ
sịkkimisch ˈzɪkɪmɪʃ
Sikọrski ziˈkɔrski, *poln.* ɕiˈkɔrski
Sikọrsky *engl.* sɪˈkɔ:skɪ
Šịkula *serbokr.* ˈʃikula
Si̲kuler ˈzi:kulɐ
Si̲kyon ˈzi:ky̆ɔn
Sịl *span.* sil
Si̲la *it.* ˈsi:la
Sila̲ge ziˈla:ʒə
Sila̲n ziˈla:n
Sila̲nion ziˈla:ni̯ɔn
Si̲las ˈzi:las, *engl.* ˈsaɪləs
Silạstik ziˈlastɪk
Silạy *span.* siˈlai̯
Si̲lba *serbokr.* ˈsi:lba
Sịlbe ˈzɪlbə
Sịlber ˈzɪlbɐ
sịlberig ˈzɪlbərɪç, **-e** ...ɪgə
Sịlberling ˈzɪlbɐlɪŋ
Sịlbermann ˈzɪlbɐman
sịlbern ˈzɪlbɐn
...silbig ...ˌzɪlbɪç, **-e** ...ɪgə
sịlbisch ˈzɪlbɪʃ
...silbler ...ˌzɪlplɐ
sịlbrig ˈzɪlbrɪç, **-e** ...ɪgə
Sịlcher ˈzɪlçɐ
Sịld zɪlt, **-e** ˈzɪldə
Sile̲n[os] ziˈle:n[ɔs]
Silẹntium [obsequio̲sum] ziˈlɛnt͡si̯ʊm [ɔpzekviˈo:zʊm]
Silent Meeting ˈzai̯lənt ˈmi:tɪŋ
Si̲les *span.* ˈsiles
Sile̲sius ziˈle:zi̯ʊs
Si̲lex ˈzi:lɛks
Sịlfverstolpe *schwed.* ˌsilvər-stɔlpə
Sịlge ˈzɪlgə
[1]**Silhouẹtte** ziˈlu̯ɛtə
[2]**Silhouẹtte** (Name) *fr.* siˈlwɛt
silhouettie̲ren zilu̯ɛˈti:rən
Silicage̲l® zilikaˈge:l
Silica̲t ziliˈka:t
Silici̲d ziliˈt͡si:t, **-e** ...i:də
Sili̲cium ziˈli:t͡si̯ʊm
Silico̲n ziliˈko:n, *engl.* ˈsɪlɪkən
silie̲ren ziˈli:rən
Silifikatio̲n zilifikaˈt͡si̯o:n
silifizie̲ren zilifiˈt͡si:rən
Silịfke *türk.* siˈlifkɛ
Sili̲guri *engl.* sɪˈli:gʊrɪ
Si̲likastein ˈzi:likaʃtai̯n
Silika̲t ziliˈka:t
Silikato̲se zilikaˈto:zə
Siliko̲n ziliˈko:n
Siliko̲se ziliˈko:zə
Si̲linge ˈzi:lɪŋə
Silịstra *bulgar.* siˈlistrɐ
Si̲lius ˈzi:li̯ʊs
Silịvri *türk.* siˈlivri
Sili̲zid ziliˈt͡si:t, **-e** ...i:də
Sili̲zium ziˈli:t͡si̯ʊm
Sịlja ˈzɪlja
Sịljan *schwed.* ˌsiljan
[1]**Sịlk** (Stoff) zɪlk
[2]**Sịlk** (Name) *engl.* sɪlk
Sịlke ˈzɪlkə
Sịlkeborg *dän.* ˈsɪlgəbɔɐ̯ʼ
Sịlkin *engl.* ˈsɪlkɪn
Sịlko *engl.* ˈsɪlkoʊ
Sịlkscreen ˈzɪlkskri:n
Sịlkworm ˈzɪlkvø:ɐ̯m, ...vœrm
[1]**Sịll** zɪl
[2]**Sịll** (Name) *engl.* sɪl
Sịllabub ˈzɪləbap
Sịllanpää *finn.* ˈsillɑmpæ:
Sillein zɪˈlai̯n, ˈzɪ...
Sịllen ˈzɪlən
Sịllery *fr.* sijˈri, *engl.* ˈsɪlərɪ
Sịlliman *engl.* ˈsɪlɪmən
Sịllito[e] *engl.* ˈsɪlɪtoʊ
Sillogra̲ph ziloˈgra:f
Sịlls *engl.* sɪlz
Sịllybos ˈzɪlybɔs, **...boi** ...bɔy̆
Si̲lo ˈzi:lo
Silo̲ah ziˈlo:a
Siloé *span.* siloˈe
Silo̲n® ziˈlo:n
Silo̲ne *it.* siˈlo:ne
Sịls zɪls
Sịlsbee *engl.* ˈsɪlzbɪ
Silumi̲n® ziluˈmi:n
Silu̲r ziˈlu:ɐ̯
Silu̲rer ziˈlu:rɐ
silu̲risch ziˈlu:rɪʃ
Šilụtė *lit.* ʃɪˈlʊte:
Sịlva ˈzɪlva, *span.* ˈsilβa, *port.* ˈsilvɐ, *bras.* ˈsilva
Sịlvae ˈzɪlvɛ
Silvain *fr.* silˈvɛ̃
Silva̲n zɪlˈva:n
Silva̲na zɪlˈva:na, *it.* silˈva:na

Silvaner zɪlˈva:nɐ
Silvanus zɪlˈva:nʊs
Silvaplana zɪlvaˈpla:na
Silverius zɪlˈve:ri̯ʊs
Silver[man] *engl.* ˈsɪlvə[mən]
Silves *port.* ˈsilvɪʃ, *bras.* ˈsilvis
Silvester zɪlˈvɛstɐ, *engl.* sɪl-ˈvɛstə
Silvestre *fr.* silˈvɛstr, *span.* sil-ˈβestre
Silvia ˈzɪlvi̯a, *engl.* ˈsɪlvɪə, *it.* ˈsilvi̯a
Silvio ˈzɪlvi̯o, *it.* ˈsilvi̯o
Sílvio *port., bras.* ˈsilvi̯u
Silvretta zɪlˈvrɛta
Sim *engl.* sɪm
[1]**Sima** (Sims, Kruste) ˈzi:ma
[2]**Sima** (Name) *serbokr.* ˌsi:ma, *rumän.* ˈsima, *fr.* siˈma, *russ.* ziˈma
Sima Guang *chin.* sɨmagu̯aŋ 131
Simandl ˈzi:mandl̩
Simandron ˈzi:mandrɔn, **...ren** ziˈmandrən
Simão *port., bras.* siˈmɐ̃u̯
Sima Qian *chin.* sɨmatɕi̯ɛn 131
Simarre ziˈmarə
simatisch ziˈma:tɪʃ
Sima Xiangru *chin.* sɨmaɕi̯aŋru 1312
Simbabwe zɪmˈbapvə
Simbabwer zɪmˈbapvɐ
simbabwisch zɪmˈbapvɪʃ
Simbach ˈzɪmbax
Simberg *schwed.* ˌsimbærj
Simbirsk *russ.* simˈbirsk
Simca ˈzɪmka, *fr.* simˈka
Simcoe *engl.* ˈsɪmkoʊ
Simenon *fr.* simˈnõ
Simeon ˈzi:meɔn, *russ.* simɪˈɔn, *bulgar.* simɛˈɔn, *engl.* ˈsɪmɪən
Siméon *fr.* simeˈõ
Simeria *rumän.* siˈmeria
Simferopol *russ.* simfɪˈrɔpɐlj
Simi *neugr.* ˈsimi
Simia ˈzi:mi̯a
Simias ˈzi:mi̯as
Simić *serbokr.* ˌsi:mitɕ
similär zimiˈlɛ:ɐ̯
Similarität zimilariˈtɛ:t
Similaun zimiˈlau̯n
simile, S... ˈzi:mile
Simili ˈzi:mili
similia similibus [curantur] ziˈmi:li̯a ziˈmi:libʊs [kuˈrantʊr]
Simion *bulgar.* simiˈɔn
Simionato *it.* simi̯oˈna:to
simisch ˈzi:mɪʃ
Simitis *neugr.* siˈmitis
Simi Valley *engl.* sɪˈmi: ˈvælɪ
Simla *engl.* ˈsɪmlə
Şimleu Silvaniei *rumän.* ʃim-ˈleusilˈvaniei̯
Simme ˈzɪmə
Simmel ˈzɪml̩
Simmental[er] ˈzɪmənta:l[ɐ]
Simmer ˈzɪmɐ
Simmering ˈzɪmərɪŋ
Simmern ˈzɪmɐn
Simmias ˈzɪmi̯as
Simmons *engl.* ˈsɪmənz
Simms *engl.* sɪmz
Simões *port.* siˈmõi̯ʃ, *bras.* siˈmõi̯s
Simon ˈzi:mɔn, *engl.* ˈsaɪmən, *fr.* siˈmõ, *schwed.* ˈsi:mɔn, *russ.* ˈsimɐn, *ung.* ˈʃimon
Simón *span.* siˈmɔn
Šimon *tschech.* ˈʃimɔn
Simonaitytė *lit.* sɪmo:nai̯ˈti:te:
Simond *engl.* ˈsaɪmənd, ˈsɪm...
Simonde *fr.* siˈmõ:d
Simone ziˈmo:nə, *fr.* siˈmɔn, *it.* siˈmo:ne
Simoneau *fr.* simɔˈno
Simonides ziˈmo:nidɛs
Simonie zimoˈni:, **-n** ...i:ən
Simonis ziˈmo:nɪs
simonisch ziˈmo:nɪʃ
simonistisch zimoˈnɪstɪʃ
Simonow *russ.* ˈsimɐnɐf
Simons ˈzi:mɔns, *niederl.* ˈsimɔns, *engl.* ˈsaɪmənz
Simonstown *engl.* ˈsaɪmənz-taʊn
Simonsz *niederl.* ˈsimɔns
simpel, S... ˈzɪmpl̩
simpeln ˈzɪmpl̩n
Simperl ˈzɪmpɐl
Simpla vgl. Simplum
Simplex ˈzɪmplɛks, **...lizia** ...ˈli:t͡si̯a
Simplicissimus zɪmpliˈt͡sɪsimʊs
simpliciter zɪmˈpli:t͡sitɐ
Simplicius zɪmˈpli:t͡si̯ʊs
Simplifikation zɪmplifika-ˈt͡si̯o:n
simplifizieren zɪmplifiˈt͡si:rən
Simplikios zɪmˈpli:ki̯ɔs
Simplizia vgl. Simplex
Simpliziade zɪmpliˈt͡si̯a:də
Simplizissimus zɪmpliˈt͡sɪsimʊs
Simplizität zɪmplit͡siˈtɛ:t
Simplon ˈzɪmplo:n
Simplum ˈzɪmplʊm, **...la** ...la
Simpson ˈzɪmpsɔn, *engl.* sɪmpsn
Simris *schwed.* ˈsimris
Simrishamn *schwed.* simris-ˈhamn
Simrock ˈzɪmrɔk
[1]**Sims** zɪms, **-e** ˈzɪmzə
[2]**Sims** (Name) *engl.* sɪmz
Simsalabim zɪmzalaˈbɪm, ˈ– – –ˈ–
Simsbury *engl.* ˈsɪmzbərɪ
Simse ˈzɪmzə
Simson ˈzɪmzɔn, *engl.* sɪmsn
Simulant zimuˈlant
Simulation zimulaˈt͡si̯o:n
Simulator zimuˈla:to̯ɐ, **-en** ...laˈto:rən
simulieren zimuˈli:rən
simultan zimʊlˈta:n
Simultan[e]ität zimʊl-tan[e]iˈtɛ:t
Simultaneous Engineering zɪml̩ˈte:ni̯əs ɛndʒiˈni:rɪŋ
Simultaneum zimʊlˈta:neʊm
Šimunović *serbokr.* ˈʃimu:nɔ-vitɕ
Sina (Vorname) ˈzi:na, *russ.* ˈzinɐ
Sinai ˈzi:nai
Sinaia *rumän.* siˈnai̯a
Sinalco® ziˈnalko
Sinaloa *span.* sinaˈloa
Sinan *türk.* siˈnɑn
Sinán *span.* siˈnan
Sinanthropus ziˈnantropʊs, **...pi** ...pi
Sinapis ziˈna:pɪs
Şinasi *türk.* ʃinɑˈsi
Sinatra *engl.* sɪˈnɑ:trə
Sinau ˈzi:nau̯
Sincelejo *span.* sinθeˈlɛxo
[1]**Sinclair** (England) *engl.* ˈsɪŋ-klɛə, ˈsɪŋklə
[2]**Sinclair** (USA) *engl.* sɪŋˈklɛə
sind zɪnt
Sind zɪnt, *engl.* sɪnd
Sindaco ˈzɪndako, **...ci** ...t͡ʃi
Sindbad zɪntˈba:t, ˈ– –, *pers.* sendˈbɑ:d
Sindelfingen ˈzɪndl̩fɪŋən
Sindermann ˈzɪndɐman
Sindfeld ˈzɪntfɛlt
Sindh zɪnt, *engl.* sɪnd
Sindhi ˈzɪndi
Sinding *norw.* ˈsindiŋ
Sindri *engl.* ˈsɪndrɪ
Siné *fr.* siˈne
sine anno [et loco] ˈzi:nə ˈano [ɛt ˈlo:ko]

sine ira et studio ˈzi:nə ˈi:ra ɛt ˈstu:di̯o
Sinekure zineˈku:rə
sine loco [et anno] ˈzi:nə ˈlo:ko [ɛt ˈano]
sine obligo ˈzi:nə ˈo:bligo
sine qua non ˈzi:nə ˈkva: ˈno:n
Sines *port.* ˈsiniʃ
sine tempore ˈzi:nə ˈtɛmpore
Sinfonia concertante zɪnfoˈni:a kɔntʃɛrˈtantə
Sinfonie zɪnfoˈni:, **-n** ...i:ən
Sinfonietta zɪnfoˈni̯ɛta
Sinfonik zɪnˈfo:nɪk
Sinfoniker zɪnˈfo:nikɐ
sinfonisch zɪnˈfo:nɪʃ
sing! zɪŋ
Singapore *engl.* sɪŋgəˈpɔ:
Singapur ˈzɪŋgapu:ɐ̯
Singapurer ˈzɪŋgapu:rɐ
singapurisch ˈzɪŋgapu:rɪʃ
Singaraja *indon.* siŋaˈradʒa
singen, S... ˈzɪŋən
Singenberg ˈzɪŋənbɛrk
Singer ˈzɪŋɐ, *engl.* ˈsɪŋə, ˈsɪŋgə
Singerei zɪŋəˈrai̯
Singh *engl.* sɪŋ
Singhalese zɪŋgaˈle:zə
singhalesisch zɪŋgaˈle:zɪʃ
Singier *fr.* sɛ̃ˈʒje
Singkep *indon.* ˈsɪŋkɛp
Single ˈzɪŋl̩
Singleton ˈzɪŋl̩tn̩
Sing-out ˈzɪŋ|aut, –ˈ–
Singrün ˈzɪngry:n
Singsang ˈzɪŋzaŋ
Sing Sing *engl.* ˈsɪŋsɪŋ
singulär zɪŋguˈlɛ:ɐ̯
Singular ˈzɪŋgula:ɐ̯
Singularetantum zɪŋgula:rəˈtantʊm, **Singulariatantum** ...ri̯aˈt...
Singularis zɪŋguˈla:rɪs, **...res** ...re:s
singularisch zɪŋguˈla:rɪʃ
Singularismus zɪŋgulaˈrɪsmʊs
Singularität zɪŋgulariˈtɛ:t
Singulett zɪŋguˈlɛt
Singultus zɪŋˈgʊltʊs, **die -** ...tu:s
Sinia ˈzi:ni̯a
Sinica ˈzi:nika
sinid ziˈni:t, **-e** ...i:də
Sinide ziˈni:də
Sinika ˈzi:nika
Sining ˈzi:nɪŋ
Sinisgalli *it.* sinizˈgalli
sinister ziˈnɪstɐ
sinistra mano ziˈnɪstra ˈma:no
Sinistrose zinɪsˈtro:zə
Sinj *serbokr.* si:nj
Sinjawski *russ.* siˈnjafskij
Sinjen ˈzɪnjən
Sinkel ˈzɪŋkl̩
sinken ˈzɪŋkn̩
Sinkiang ˈzɪŋki̯aŋ
Sinkó *ung.* ˈʃiŋko:
Sinn zɪn
sinnen ˈzɪnən
Sinn Fein *engl.* ˈʃɪn ˈfeɪn
Sînnicolau Marc *rumän.* sɨnnikoˈlau̯ ˈmark
sinnieren zɪˈni:rən
sinnig ˈzɪnɪç, **-e** ...ɪgə
Sinnuris zɪˈnu:rɪs
Sinologe zinoˈlo:gə
Sinologie zinoloˈgi:
sinologisch zinoˈlo:gɪʃ
Sinop *türk.* ˈsinɔp
Sinope ziˈno:pə
Sinopie ziˈno:pi̯ə
Sinopoli *it.* siˈnɔ:poli
sinotibetisch ˈzi:notiˈbe:tɪʃ
Sinowatz ˈzi:novat͡s
Sinowjew *russ.* ziˈnɔvjɪf
Sinsheim ˈzɪnshai̯m
Sint-Amandsberg *niederl.* sɪntɑˈmɑndzbɛrx
sintemal[en] ˈzɪntəˈma:l[ən]
Sintenis ˈzɪntənɪs
Sinter ˈzɪntɐ
sintern ˈzɪntɐn
Sint-Eustatius *niederl.* sɪntøsˈta:tsiʏs
Sintfeld ˈzɪntfɛlt
Sintflut ˈzɪntflu:t
Sint-Genesius-Rode *niederl.* sɪntxeˈne:siʏsˈro:də
Sint-Gillis *niederl.* sɪntˈxɪlɪs
Sinti vgl. Sinto
Sintiza ˈzɪntit͡sa
Sint-Joost-ten-Node *niederl.* sɪntjo:sttɛnˈno:də
Sint-Kruis *niederl.* sɪntˈkrœi̯s
Sint-Maarten *niederl.* sɪntˈma:rtə
Sint-Niklaas *niederl.* sɪntniˈkla:s
Sinto ˈzɪnto, **...ti** ...ti
Sint-Pieters-Leeuw *niederl.* sɪntˈpitərsˈle:u̯
Sint-Pieters-Woluwe *niederl.* sɪntˈpitərsˈwo:lywə
Sintra *port.* ˈsintrɐ
Sint-Truiden *niederl.* sɪntˈtrœi̯də
Sinuhe ziˈnu:he
Sinŭiju *korean.* sinɨi̯dʒu
Sinuitis zinuˈi:tɪs, **...itiden** ...uiˈti:dn̩
sinuös ziˈnu̯ø:s, **-e** ...ø:zə
Sinus ˈzi:nʊs, **-se** ...ʊsə, **die -** ...nu:s
Sinusitis zinuˈzi:tɪs, **...itiden** ...ziˈti:dn̩
Sinzig ˈzɪnt͡sɪç
Sió *ung.* ˈʃio:
Siodmak ˈzi:ɔtmak
Siófok *ung.* ˈʃio:fok
Sion *fr.* sjõ
Sioux ˈzi:ʊks, *engl.* su:
Sioux City, - Falls *engl.* ˈsu: ˈsɪtɪ, - ˈfɔ:lz
Šipan *serbokr.* ˌʃipan
Sipho ˈzi:fo, **-nen** ziˈfo:nən
Siphon ˈzi:fõ, ziˈfõ:, ziˈfo:n
Siphonophore zifonoˈfo:rə
Siping *chin.* sɨpɪŋ 42
Sipo ˈzi:po
Sippar ˈzɪpar
Sippe ˈzɪpə
Sipura *indon.* siˈpura
Siqueiros *span.* siˈkɛi̯ros
Sir zø:ɐ̯, *engl.* sə:
Sirach ˈzi:rax
Si Racha *Thai* si:ra:ˈtʃha: 511
Siracusa *it.* siraˈku:za
Sirdschan *pers.* sirˈdʒɑ:n
Sire zi:ɐ̯
Sirén *finn.* siˈre:n
Sirene ziˈre:nə
Sirenput ziˈrɛnpʊt
Siret *rumän.* siˈret
Siricius ziˈri:t͡si̯ʊs
Siriometer zirioˈme:tɐ
Sirius ˈzi:ri̯ʊs
Sirk *engl.* sə:k
Sirleto *it.* sirˈlɛ:to
Sirmien ˈzɪrmi̯ən
Sirmione *it.* sirˈmi̯o:ne
Sirmium ˈzɪrmi̯ʊm
Sirmond *fr.* sirˈmõ
Sirnach ˈzɪrnax
Široký *tschech.* ˈʃirɔki:
Sironi *it.* siˈro:ni
Siros *neugr.* ˈsirɔs
Sirrah ˈzɪra, *auch:* zɪˈra:
sirren ˈzɪrən
Sirtaki zɪrˈta:ki
Sirup ˈzi:rʊp
Sirven *fr.* sirˈvɛ̃
Sirventes zɪrvɛnˈte:s
Sisak *serbokr.* ˌsi:sak
Sisal ˈzi:zal
Sisenna ziˈzɛna
Sisinnius ziˈzɪni̯ʊs
Sisley *fr.* siˈslɛ

S

Sismondi *fr.* sismõ'di
Sissach 'zɪsax
Sissy 'zɪsi
Sistan *pers.* sis'ta:n
sistieren zɪs'ti:rən
Sistina *it.* sis'ti:na
Sistrum 'zɪstrʊm
Sisyphos 'zi:zyfɔs
Sisyphus 'zi:zyfʊs
Sitar zi'ta:ɐ̯
Sitcom 'zɪtkɔm
Sitges *span.* 'sitʃes
Sitieirgie zitiaiɐr'gi:, **-n** ...i:ən
Sit-in zɪt'|ɪn, '--
Sitiomanie zitioma'ni:, **-n** ...i:ən
Sitka *engl.* 'sɪtkə
Sitomanie zitoma'ni:, **-n** ...i:ən
Sitophobie zitofo'bi:, **-n** ...i:ən
Sitta[h] 'zɪta
Sittard *niederl.* 'sɪtart
Sitte 'zɪtə
Sitten[feld] 'zɪtn̩[fɛlt]
Sitter 'zɪtɐ, *niederl.* 'sɪtər
Sittewald 'zɪtəvalt
Sittich 'zɪtɪç
sittig 'zɪtɪç, **-e** ...ɪgə
sittigen 'zɪtɪgn̩, **sittig!** 'zɪtɪç, **sittigt** 'zɪtɪçt
Sittingbourne *engl.* 'sɪtɪŋbɔ:n
Sittling 'zɪtlɪŋ
Sittow 'zɪto
sittsam 'zɪtza:m
Situation zitu̯a'tsi̯o:n
situationell zitu̯atsi̯o'nɛl
Situationist zitu̯atsi̯o'nɪst
situativ zitu̯a'ti:f, **-e** ...i:və
situieren zitu'i:rən
Situla 'zi:tula, **...len** zi'tu:lən
Situmorang *indon.* situ'moraŋ
Situs 'zi:tʊs, **die -** ...tu:s
sit venia verbo 'zɪt 've:ni̯a 'vɛrbo
Sitwell *engl.* 'sɪtwəl
Sitz zɪts
sitzen 'zɪtsn̩
Siv *schwed.* si:v
Sivapithecus ziva'pi:tekʊs, **...ci** ...tsi
Sivas *türk.* 'sivas
Siverek *türk.* sivɛ'rɛk
Siviglia *it.* si'viʎʎa
Sivle *norw.* ˌsivlə
Siw zi:f
Siwa[h] 'zi:va
Siwasch *russ.* si'vaʃ
Siwertz *schwed.* 'si:vərts
Six! zɪks
Sixdays 'zɪksde:s
Sixpack 'zɪkspɛk
Sixpence 'zɪkspɛns
Sixt[a] 'zɪkst[a]
Sixtina zɪks'ti:na
sixtinisch zɪks'ti:nɪʃ
Sixtus 'zɪkstʊs
Sixty-nine 'zɪksti'nai̯n
Sizewell *engl.* 'saɪzwəl
Siziliane zitsi'li̯a:nə
Sizilianer zitsi'li̯a:nɐ
sizilianisch zitsi'li̯a:nɪʃ
Sizilien zi'tsi:li̯ən
Sizilienne zitsi'li̯ɛn
Sizilier zi'tsi:li̯ɐ
sizilisch zi'tsi:lɪʃ
Sjælland *dän.* 'sjelæn'
Sjöberg *schwed.* 'ʃø:bærj
Sjögren *schwed.* 'ʃø:gre:n
Sjöman *schwed.* 'ʃø:man
Sjöstrand *schwed.* ˌʃø:strand
Sjöström *norw.* ˌʃø:strœm
Sjöwall *schwed.* ˌʃø:val
Sjuganow *russ.* zju'ganɐf
Ska[bies] 'ska:[bi̯ɛs]
skabiös ska'bi̯ø:s, **-e** ...ø:zə
Skabiose ska'bi̯o:zə
skabrös ska'brø:s, **-e** ...ø:zə
Skácel *tschech.* 'ska:tsɛl
Skadenz ska'dɛnts
Skagastølstindane *norw.* ˌska:gastø:lstindanə
Skagen *dän.* 'sgɛ:'ən
Skagerack *schwed.* 'ska:gərak
Skagerrak 'ska:gərak, *dän.* 'sgɛ:ərag
Skagit *engl.* 'skægɪt
Skagway *engl.* 'skægweɪ
Skai® skai̯
skål! sko:l
Skala 'ska:la
skalar, S... ska'la:ɐ̯
Skalbe *lett.* 'skalbe
Skalde 'skaldə
skaldisch 'skaldɪʃ
Skale 'ska:lə
Skalenoeder skaleno'|e:dɐ
skalieren ska'li:rən
Skalkotas *neugr.* skal'kɔtas
Skallagrímsson *isl.* 'skadlagrimsɔn
Skalp skalp
Skalpell skal'pɛl
skalpieren skal'pi:rən
Skamander ska'mandɐ
Skandal skan'da:l
skandalieren skanda'li:rən
skandalisieren skandali'zi:rən
Skandalon 'skandalɔn
skandalös skanda'lø:s, **-e** ...ø:zə
Skanderbeg *alban.* 'skandərbeg, --'-
Skanderborg *dän.* 'sgænɐbɔɐ̯', --'-
skandieren skan'di:rən
Skandinave skandi'na:və
Skandinavien skandi'na:vi̯ən
Skandinavier skandi'na:vi̯ɐ
skandinavisch skandi'na:vɪʃ
Skandium 'skandi̯ʊm
Skåne *schwed.* ˌsko:nə
Skansen *schwed.* 'skansən
Skansion skan'zi̯o:n
Skapolith skapo'li:t
Skapulamantie skapulaman'ti:
Skapulamantik skapula'mantɪk
Skapulier skapu'li:ɐ̯
Skara *schwed.* ˌska:ra
Skarabäus skara'bɛ:ʊs, **...äen** ...'bɛ:ən
Skaraborg *schwed.* ˌska:rabɔrj
Skara Brae *engl.* 'skærə 'breɪ
Skaramuz skara'mʊts
Skarbek *poln.* 'skarbɛk
Skarbina skar'bi:na
Skarga *poln.* 'skarga
Skarifikation skarifika'tsi̯o:n
skarifizieren skarifi'tsi:rən
Skariol ska'ri̯o:l
Skármeta *span.* es'karmeta
Skarn skarn
skartieren skar'ti:rən
Skarżysko-Kamienna *poln.* skar'ʒɨskɔka'mjɛnna
Skat ska:t
Skateboard 'ske:tbo:ɐ̯t, ...bɔrt
Skateboarder 'ske:tbo:ɐ̯dɐ, ...bɔrdɐ
skaten 'ska:tn̩
[1]**Skater** (Skatspieler) 'ska:tɐ
[2]**Skater** (Rollschuhläufer) 'ske:tɐ
Skating... 'ske:tɪŋ...
Skatol ska'to:l
Skatologie skatolo'gi:
skatologisch skato'lo:gɪʃ
Skatophage skato'fa:gə
Skatophagie skatofa'gi:
Skatophilie skatofi'li:
Skautrup *dän.* 'sgau̯'trʊb
Skawina *poln.* ska'vina
Skazon 'ska:tsɔn, **-ten** ska'tsɔntn̩
Skeat[s] *engl.* ski:t[s]
Skeena *engl.* 'ski:nə
Skeet... 'ski:t...
Skegness *engl.* skɛg'nɛs

Skelet ske'lɛt
Skeleton 'skɛlətn̩, ...letɔn
skeletotopisch skeleto'to:pɪʃ
Skelett ske'lɛt
skelettieren skelɛ'ti:rən
Skellefte *schwed.* ʃɛ'lɛftə
Skellefteå *schwed.* ʃɛ'lɛftəo:
Skelmersdale *engl.* 'skɛlməzdeɪl
Skelton *engl.* skɛltn
Skene (Szene) ske'ne:, **Skenai** ske'nai̯
Skenographie skenogra'fi:
Skepsis 'skɛpsɪs
Skeptiker 'skɛptikɐ
skeptisch 'skɛptɪʃ
Skeptizismus skɛpti't͜sɪsmʊs
Sketch skɛtʃ
Sketsch skɛtʃ
Ski ʃi:, **-er** 'ʃi:ɐ
Skiagraphie skiagra'fi:, **-n** ...i:ən
Skiameter skia'me:tɐ
Skiaskopie skiasko'pi:, **-n** ...i:ən
Skiathos *neugr.* 'skiaθɔs
Skien *norw.* ˌʃe:ən
Skierniewice *poln.* skjɛrnjɛ'vitsɛ
Skiff skɪf
Skiffle *engl.* skɪfl
Skikda *fr.* skik'da
Skikjöring 'ʃi:jø:rɪŋ
Skin... 'skɪn...
Skinhead 'skɪnhɛt
Skink skɪŋk
Skinner *engl.* 'skɪnə
Skinoid® skino'i:t, **-es** ...i:dəs
Skioptikon ski'ɔptikɔn
Skip skɪp
Skipetar skipe'ta:ɐ̯
Skipper 'skɪpɐ
Skiros *neugr.* 'skirɔs
Skis ski:s
Skitalez *russ.* ski'talɪts
Skive *dän.* 'sgi:və
Skizze 'skɪt͜sə
skizzieren skɪ't͜si:rən
Skjoldborg *dän.* 'sgjɔlbɔɐ̯ʼ
Skladanowsky sklada'nɔfski
Sklave 'skla:və, *auch:* ...a:fə
Sklaverei skla:və'rai̯, *auch:* ...a:fə...
sklavisch 'skla:vɪʃ, *auch:* ...a:fɪʃ
Sklera 'skle:ra
Skleradenitis sklerade'ni:tɪs, **...itiden** ...ni'ti:dn̩
Sklereide sklere'i:də
Sklerem skle're:m
Sklerenchym sklerɛn'çy:m
Skleritis skle'ri:tɪs, **...itiden** ...ri'ti:dn̩
Sklerödem sklerø'de:m
Sklerodermie sklerodɛr'mi:
Sklerom skle'ro:m
Sklerometer sklero'me:tɐ
Sklerophyllen sklero'fʏlən
Sklerose skle'ro:zə
Skleroskop sklero'sko:p
sklerotisch skle'ro:tɪʃ
Sklerotium skle'ro:t͜si̯ʊm, **...ien** ...i̯ən
Skłodowska *poln.* sku̯ɔ'dɔfska
Skobelew *russ.* 'skɔbɪlɪf
Škocjan *slowen.* 'ʃko:tsjan
Skoczyłas *poln.* skɔ'tʃɨu̯as
Skoda 'sko:da
Škoda *tschech.* 'ʃkɔda
Škofja Loka *slowen.* 'ʃko:fja 'lo:ka
Skógafoss *isl.* 'skou̯ɣafɔs
Skogekär Bärgbo *schwed.* ˌsku:gəçær 'bærjbu
Skoghall *schwed.* ˌsku:ghal
Skokie *engl.* 'skoʊkɪ
Sköld *schwed.* ʃœld
Skole *russ.* 'skɔlɪ
Skolex 'sko:lɛks, **...lizes** ...lit͜se:s
Skolimowski *poln.* skɔli'mɔfski
Skolion 'sko:li̯ɔn, **...ien** ...i̯ən
Skoliose sko'li̯o:zə
Skolopender skolo'pɛndɐ
skontieren skɔn'ti:rən
Skonto 'skɔnto
Skontration skɔntra't͜si̯o:n
skontrieren skɔn'tri:rən
Skontro 'skɔntro
Skooter 'sku:tɐ
Skop skɔp
Skopas 'sko:pas
Skopelos *neugr.* 'skɔpɛlɔs
Skopje *mak.* 'skɔpjɛ
Skoplje *serbokr.* 'skɔpljɛ
Skopolamin skopola'mi:n
Skopophilie skopofi'li:, **-n** ...i:ən
Skopophobie skopofo'bi:, **-n** ...i:ən
Skopus 'sko:pʊs
Skopze 'skɔpt͜sə
Skorbut skɔr'bu:t
Skordatur skɔrda'tu:ɐ̯
skoren 'sko:rən
Skorpion skɔr'pi̯o:n
Skorzonere skɔrt͜so'ne:rə
Skot[e] 'sko:t[ə]
Skotodinie skotodi'ni:, **-n** ...i:ən
Skotom sko'to:m
Skotomisation skotomiza't͜si̯o:n
skotomisieren skotomi'zi:rən
Skotophobie skotofo'bi:, **-n** ..i:ən
Skou *dän.* sgɔu̯
Skövde *schwed.* ˌʃœvdə
Skovgaard *dän.* 'sgɔu̯gɔ:ʼɐ̯
Skoworoda *russ.* skɐvɐra'da
Skowroński *poln.* skɔ'vrɔi̯ski
Skradin *serbokr.* ˌskradi:n
Skräling 'skrɛ:lɪŋ
Skram *norw.* skram
Skraper 'skre:pɐ
Škréta *tschech.* 'ʃkrɛ:ta
Skribent skri'bɛnt
Skribifax 'skri:bifaks
Skribler 'skri:blɐ
Skrip[t] skrɪp[t]
Skriptor 'skrɪpto:ɐ̯, **-en** ...'to:rən
Skriptorium skrɪp'to:ri̯ʊm, **...ien** ...i̯ən
Skriptum 'skrɪptʊm, **...ta** ...ta
Skriptur skrɪp'tu:ɐ̯
skriptural skrɪptu'ra:l
Skrjabin *russ.* 'skrjabin
Skrofel 'skro:fl̩
skrofulös skrofu'lø:s, **-e** ...ø:zə
Skrofulose skrofu'lo:zə
skrotal skro'ta:l
Skrotum 'skro:tʊm, **...ta** ...ta
Skrowaczewski *poln.* skrɔva'tʃɛfski
Skrubber 'skrabɐ
Skrubs skraps
Skrupel 'skru:pl̩
skrupulös skrupu'lø:s, **-e** ...ø:zə
Skrupulosität skrupulozi'tɛ:t
Skrutator skru'ta:to:ɐ̯, **-en** ...ta'to:rən
Skrutinium skru'ti:ni̯ʊm, **...ien** ...i̯ən
Skua 'sku:a
Skubanken sku'baŋkn̩
Skubanki sku'baŋki
Skuld skʊlt
Skull skʊl
skullen 'skʊlən
Skuller 'skʊlɐ
Skulpteur skʊlp'tø:ɐ̯
skulptieren skʊlp'ti:rən
Skulptur skʊlp'tu:ɐ̯
skulptural skʊlptu'ra:l
skulpturieren skʊlptu'ri:rən

Skunk River *engl.* 'skʌŋk 'rɪvə
Skunk[s] skʊŋk[s]
Skupschtina 'skʊpʃtina
skurril skʊ'ri:l
Skurrilität skʊrili'tɛ:t
Skus sku:s
Skūs sky:s
Skutari 'sku:tari
Skutsch skʊtʃ
Skutskär *schwed.* 'skʉ:tʃæ:r
Škvorecký *tschech.* 'ʃkvɔrɛtski:
Skwierzyna *poln.* skfjɛ'ʒɨna
Sky... 'skai...
Skye *engl.* skaɪ
Skyjacker 'skaidʒɛkɐ
Skylab 'skailɛp
Skylax 'sky:laks
Skylight 'skailait
Skyline 'skailain
Skylla 'skʏla
Skymnos 'skʏmnɔs
Skyphos 'sky:fɔs, **...phoi** ...fɔy
Skythe 'sky:tə
Skythien 'sky:tiən
skythisch 'sky:tɪʃ
Slaby 'sla:bi
Slacks slɛks
Sládek *tschech.* 'sla:dɛk
Sládkovič *slowak.* 'sla:tkɔvitʃ
Slagelse *dän.* 'slɛ:əlsə
Slalom 'sla:lɔm
Slam slɛm
Slamet *indon.* 'slamɛt
Slampoetry 'slɛmpo:ətri
Slang slɛŋ
Slănic *rumän.* slə'nik
Slánský *tschech.* 'sla:nski:
Slaný *tschech.* 'slani:
Slanzy *russ.* 'slantsɨ
Slapstick 'slɛpstɪk
Slapy *tschech.* 'slapi
slargando slar'gando
Slash slɛʃ
Ślask *poln.* ɕlɔ̃sk
Slater *engl.* 'sleɪtə
Slatin 'slatɪn
Slatina *serbokr., rumän.* 'slatina
Slatoust *russ.* zlɐta'ust
Slauerhoff *niederl.* 'slɔu̯wərhɔf
[1]**Slave** (Slawe) 'sla:və
[2]**Slave** *engl.* sleɪv
Slavíček *tschech.* 'slavi:tʃɛk
Slavici *rumän.* 'slavitʃ
Slavkovský Les *tschech.* 'slafkɔfski: 'lɛs
Slavona sla'vo:na
Slavonija *serbokr.* ˌslavɔ:nija
Slavonski Brod *serbokr.* ˌslavɔ:nski: 'brɔ:d
Slawa! 'sla:va
Slawe 'sla:və
Slaweikow *bulgar.* slɐ'vɛjkof
Slawgorod *russ.* 'slavgɐrɐt
Slawine sla'vi:nə
slawisch 'sla:vɪʃ
slawisieren slavi'zi:rən
Slawismus sla'vɪsmʊs
Slawist[ik] sla'vɪst[ɪk]
Slawjansk *russ.* sla'vjansk
Slawkin *russ.* 'slafkin
Sławno *poln.* 'su̯avnɔ
Slawonien sla'vo:ni̯ən
Slawonier sla'vo:ni̯ɐ
slawonisch sla'vo:nɪʃ
slawophil slavo'fi:l
Sleeper 'sli:pɐ
Sleidanus slai'da:nʊs
Sleipnir 'slaipnɪr
Slendro 'slɛndro
slentando slɛn'tando
Slessor *engl.* 'slɛsə
Slesvig *dän.* 'slɪ:'svi
Slevogt 'sle:fo:kt
Ślewiński *poln.* ɕlɛ'vii̯ski
Slezak 'slɛzak
Slezák *tschech.* 'slɛza:k
Slibowitz 'sli:bovɪts
Slice slais
slicen 'slaisn̩
Slick slɪk
Slide[ll] *engl.* slaɪd[l]
Slidingtackling 'slaidɪŋ'tɛklɪŋ
Sliedrecht *niederl.* 'slidrɛxt
Sligo *engl.* 'slaɪgoʊ
slim slɪm
Slim *engl.* slɪm, *fr.* slim
Slimhemd 'slɪmhɛmt
Sling slɪŋ
Slingeland[t] *niederl.* 'slɪŋəlɑnt
Slink slɪŋk
Slip slɪp
Slipher *engl.* 'slaɪfə
Slipon 'slɪpɔn
slippen, S... 'slɪpn̩
Slipper 'slɪpɐ
Sliwen *bulgar.* 'slivɛn
Sliwowitz 'sli:vovɪts
Sloan[e] *engl.* sloʊn
Slobodan *serbokr.* 'slɔbɔdan
Slobodskoi *russ.* slɐbat'skɔj
Slobozia *rumän.* slobo'zia
Slochteren *niederl.* 'slɔxtərə
Slocum, ...combe *engl.* 'sloʊkəm
Slodtz *fr.* slɔts
Slogan 'slo:gn̩
Sloka 'slo:ka
Sloman 'slo:man
Slonimski *russ.* sla'nimskij
Słonimski *poln.* su̯ɔ'nimski
Sloop slu:p
Slop (Tanz) slɔp
Slotracing 'slɔtre:sɪŋ
Slough *engl.* slaʊ
Slovenija *slowen.* slɔ've:nija
Slovenski *serbokr.* slɔˌvɛnski:
Slovensko *slowak.* 'slɔvɛnskɔ
slow slo:
Słowacki *poln.* su̯ɔ'vatski
Slowake slo'va:kə
Slowakei slova'kai
slowakisch slo'va:kɪʃ
Slowene slo've:nə
Slowenien slo've:ni̯ən
Slowenier slo've:ni̯ɐ
slowenisch slo've:nɪʃ
Slowfox 'slo:fɔks
slowinzisch slo'vɪntsɪʃ
Słubice *poln.* su̯u'bitsɛ
Sluckis *lit.* 'slʊtskɪs
Slum slam
Slump slamp
Slup slu:p
Słupsk *poln.* su̯upsk
Sluter *niederl.* 'slytər, *fr.* sly'tɛ:r
Slutschewski *russ.* slu'tʃɛfskij
Sluzk[i] *russ.* 'slutsk[ij]
Småland *schwed.* 'smo:lan[d]
small smo:l
Smallband 'smo:lbɛnt
Small[ey] *engl.* 'smɔ:l[ɪ]
Smallingerland *niederl.* 'smɑlɪŋərlɑnt
Smalltalk 'smo:lto:k
Smalte 'smaltə
Smaltin smal'ti:n
Smaltit smal'ti:t
Smaragd sma'rakt, **-e** ...'rakdə
smaragden sma'rakdn̩
smart sma:ɐ̯t, *auch:* smart
Smart[t] *engl.* smɑ:t
Smash smɛʃ
Smeaton *engl.* smi:tn
Smederevo *serbokr.* 'smɛdɛrɛvɔ
Smedley *engl.* 'smɛdlɪ
Smegma 'smɛgma
Smeinogorsk *russ.* zmɪina'gɔrsk
Smekal 'smɛkal
Smela *russ.* 'smjɛlɐ
Smellie *engl.* 'smɛlɪ
Smend smɛnt
Smet *niederl.* smɛt
Smetáček *tschech.* 'smɛta:tʃɛk

S

Smetana *tschech.* ˈsmɛtana
Smethwick *engl.* ˈsmɛðɪk
Smidt smɪt
Śmigły *poln.* ˈɕmigu̯ɨ
Smirke *engl.* smə:k
Smirnenski *bulgar.* ˈsmirnɛnski
Smirnow *russ.* smirˈnɔf
Smit *niederl.* smɪt, *afr.* smət
Smith *engl.* smɪθ
Smithfield *engl.* ˈsmɪθfi:ld
Smithson *engl.* smɪθsn
Smithsonian Institution *engl.* smɪθˈsoʊnɪən ɪnstɪˈtju:ʃən
Smithsonit smɪts̮oˈni:t
Smithtown *engl.* ˈsmɪθtaʊn
Smits *niederl.* smɪts
Smog smɔk
Smögen *schwed.* ˈsmø:gən
Smoke-in ˈsmo:kˈǀɪn, ˈ--
smoken ˈsmo:kn̩
Smoking ˈsmo:kɪŋ
Smoky River, - Hill *engl.* ˈsmoʊkɪ ˈrɪvə, - ˈhɪl
Smolensk smoˈlɛnsk, *russ.* smaˈljɛnsk
Smolenskin *hebr.* smɔˈlɛnskin
Smoleŕ *obersorb.* ˈsmɔlɛr
Smoljan *bulgar.* ˈsmɔljɐn
Smollett *engl.* ˈsmɔlɪt
Smolny *russ.* ˈsmɔljnɨj
Smörgåsbord ˈsmø:ɐ̯go:sbɔrt
Smörrebröd ˈsmœrəbrø:t
smorzando smɔrˈts̮ando
Smorzando smɔrˈts̮ando, ...**di** ...di
Smrek *slowak.* smrɛk
Smrkovský *tschech.* ˈsmr̩kɔfski:
Smurde ˈsmʊrdə
Smutje ˈsmʊtjə
Smuts smʊts̮, *afr.* smœts, *engl.* smʌts
Smyrna ˈsmʏrna, *engl.* ˈsmə:nə
Smyrnaer ˈsmʏrnaɐ
Smyslow *russ.* smɨsˈlɔf
Smyth *engl.* smɪθ, smaɪθ, smaɪð
Smythe *engl.* smaɪð, smaɪθ
Snack snɛk
Snæfellsjökull *isl.* ˈsnai̯fɛls-jœ:kʏdl
Snæfellsnes *isl.* ˈsnai̯fɛlsnɛ:s
Snake Island, - River *engl.* ˈsneɪk ˈaɪlənd, - ˈrɪvə
Snåsavatn *norw.* ˈsno:savatn
Snayers *niederl.* ˈsna:i̯ərs
SNCF *fr.* ɛsɛnseˈɛf
Sneek *niederl.* sne:k
Sneewittchen sne:ˈvɪtçən
Snegur *rumän.* ˈsnegur
Snell *dt., engl.* snɛl
Snellaert *niederl.* ˈsnɛla:rt
Snellen *niederl.* ˈsnɛlə
Snellius *niederl.* ˈsnɛliʏs
Snellman *schwed.* ˈsnɛlman
Sneschnoje *russ.* snɪʒˈnɔjɐ
Snieders *niederl.* ˈsnidərs
sniefen ˈsni:fn̩
Sniff snɪf
sniffen ˈsnɪfn̩
Sniffing ˈsnɪfɪŋ
Snijders *niederl.* ˈsnɛi̯dərs
Snob snɔp
Snobappeal ˈsnɔpǀɛˌpi:l
Snobiety snoˈbai̯iti
Snobismus snoˈbɪsmʊs
snobistisch snoˈbɪstɪʃ
Snodgrass *engl.* ˈsnɔdgrɑ:s
Snoek *niederl.* snuk
Snofru ˈsno:fru
Snøhetta *norw.* ˌsnø:hɛta
Snoilsky *schwed.* ˈsnɔi̯lski
Snooker ˈsnu:kɐ
Snoqualmie *engl.* snoʊˈkwɔlmɪ
Snorri *isl.* ˈsnɔrɪ
[1]**Snow** (Name) *engl.* snoʊ
[2]**Snow** sno:
Snowboard ˈsno:bo:ɐ̯t, ...bɔrt
snowboarden ˈsno:bo:ɐ̯dn̩, ...bɔrdn̩, ...**d!** ...ɐ̯t, ...ɔrt
Snowboarding ˈsno:bo:ɐ̯dɪŋ, ...bɔr...
Snowden, Snowdon *engl.* snoʊdn
Snowdonia *engl.* snoʊˈdoʊnjə
Snowmobil ˈsno:mobi:l
Snowy Mountains, - River *engl.* ˈsnoʊɪ ˈmaʊntɪnz, - ˈrɪvə
Snyder *engl.* ˈsnaɪdə
Snyders *niederl.* ˈsnɛi̯dərs
so zo:
Soames *engl.* soʊmz
Soane[s] *engl.* soʊn[z]
Soap Lake *engl.* ˈsoʊp ˈleɪk
Soapopera ˈzo:pǀɔpəra
Soares *port.* ˈsu̯arɪʃ, *bras.* ˈsu̯a-ris
soave zoˈa:və
sobald zoˈbalt
Sobernheim ˈzo:bɐnhai̯m
Sobibór *poln.* sɔˈbibur
Sobieski *poln.* sɔˈbjɛski
Sobk-hoteps zɔpkˈho:tɛps
Sobolew *russ.* ˈsɔbɐlɪf
Sobor zoˈbo:ɐ̯, *russ.* saˈbɔr
Sobornost zoˈbo:ɐ̯nɔst, *russ.* saˈbɔrnɐstj
Sobral *port.* suˈβral, *bras.* soˈbral
Sobranje zoˈbranjə
Sobrietät zobrieˈtɛ:t
Soča *slowen.* ˈso:tʃa
Soccer ˈzɔkɐ
Soccus ˈzɔkʊs, **Socci** ˈzɔkts̮i
Sochaczew *poln.* sɔˈxatʃɛf
Sochaux *fr.* sɔˈʃo
Social Costs, - Engineering ˈzo:ʃl̩ˈkɔsts̮, - ǀɛndʒiˈni:rɪŋ
Societas Jesu, - Mariae, - Verbi Divini zoˈts̮i:etas ˈje:zu, - maˈri:ɛ, - ˈvɛrbi diˈvi:ni
Société, Îles de la *fr.* ildəla-sɔsjeˈte
Society zoˈsai̯iti
Söckchen ˈzœkçən
Socke ˈzɔkə
Sockel ˈzɔkl̩
socken, S... ˈzɔkn̩
Socorro *span.* soˈkɔrrɔ, *bras.* soˈkorru
Socotra zoˈko:tra, *engl.* sə-ˈkoʊtrə
Sod zo:t, **-e** ˈzo:də
Soda ˈzo:da
Sodale zoˈda:lə
Sodalität zodaliˈtɛ:t
Sodalith zodaˈli:t
sodann zoˈdan
sodass zoˈdas
Soddo *amh.* soddo
Soddy *engl.* ˈsɔdɪ
Sode ˈzo:də
Soden ˈzo:dn̩
Söderberg *schwed.* ˌsø:dərbærj
Söderblom *schwed.* ˌsø:dər-blum
Södergran *schwed.* ˌsø:dər-grɑ:n
Söderhamn *schwed.* sø:dər-ˈhamn
Södermanland *schwed.* ˌsø:dərmanlan[d]
Söderström *schwed.* ˌsø:dər-strœm
Södertälje *schwed.* sø:dərˌtɛljə
Sodium ˈzo:di̯ʊm
Sodoku ˈzo:doku
Sodom ˈzo:dɔm
Sodoma *it.* ˈsɔ:doma
Sodomie zodoˈmi:, **-n** ...i:ən
sodomisieren zodomiˈzi:rən
Sodomit zodoˈmi:t
soeben zoˈǀe:bn̩
Soennecken ˈzœnəkn̩
Soergel ˈzœrgl̩
Soest zo:st, *niederl.* sust
Soestdijk *niederl.* suzdˈdɛi̯k
Soester ˈzo:stɐ

S

Sofa ˈzo:fa
sofern zoˈfɛrn
soff, S... zɔf
söffe ˈzœfə
Söffel ˈzœfl̩
Söffer ˈzœfɐ
Sofficі *it.* ˈsɔffitʃi
Soffione zɔˈfi̯o:nə
Soffitte zɔˈfɪtə
[1]**Sofia** (Hptst. Bulgariens) ˈzɔfi̯a, *auch:* ˈzo:fi̯a
[2]**Sofia** (Vorname) *it.* soˈfi:a, *port.* suˈfiɐ
Sofiaer ˈzɔfi̯aɐ, *auch:* ˈzo:f...
Sofie zoˈfi:[ə], *auch:* ˈzɔfi
[1]**Sofija** (Hptst. Bulgariens) *bulgar.* ˈsɔfijɐ
[2]**Sofija** (Vorname) *russ.* saˈfijɐ
Sofioter zoˈfi̯o:tɐ
Sofiski Sobor *russ.* saˈfijskij saˈbɔr
Sofja *russ.* ˈsɔfjjɐ
sofort zoˈfɔrt
sofortig zoˈfɔrtɪç, **-e** ...ɪgə
Sofroni *bulgar.* soˈfrɔnij
soft zɔft
Softa ˈzɔfta
Softball ˈzɔftbo:l
Softcopy ˈzɔftkɔpi
Softdrug ˈzɔftdrak
Softeis ˈzɔft|ai̯s
soften ˈzɔftn̩
Softener ˈzɔftənɐ
Softie ˈzɔfti
Softrock ˈzɔftrɔk
Software ˈzɔftvɛ:ɐ̯
sog zo:k
Sog zo:k, **-e** ˈzo:gə
sogar zoˈga:ɐ̯
Sogde ˈzɔkdə
Sogdiana zɔkˈdi̯a:na
sogdisch ˈzɔkdɪʃ
söge ˈzø:gə
sogen ˈzo:gn̩
soggen ˈzɔgn̩, **sogg!** zɔk, **soggt** zɔkt
sogleich zoˈglai̯ç
Sogliani *it.* soʎˈʎa:ni
Sogn *norw.* sɔŋn
Sognefjord *norw.* ˌsɔŋnəfju:r
Sograf *bulgar.* zoˈgraf
sogt zo:kt
sögt zø:kt
Sohar ˈzo:har
sohin zoˈhɪn
Sohl[e] ˈzo:l[ə]
sohlen ˈzo:lən
söhlig ˈzø:lɪç, **-e** ...ɪgə
Sohm zo:m
Sohn zo:n, **Söhne** ˈzø:nə
Söhnchen ˈzø:nçən
Söhnker ˈzø:nkɐ
Sohnrey ˈzo:nrai̯
Soho *engl.* ˈsoʊhoʊ, -ˈ-
sohr, S... zo:ɐ̯
Sohrau ˈzo:rau̯
Söhre ˈzø:rə
söhren ˈzø:rən
Søiberg *dän.* ˈsɔi̯bɛɐ̯ˀu̯
soi-disant zo̯adiˈzã:
soignieren zo̯anˈji:rən
Soignies *fr.* swaˈɲi
Soilerosion ˈzɔyl|iˌro:ʒn̩
Soir, Le *fr.* ləˈswa:r
Soiree zo̯aˈre:
Soissons *fr.* swaˈsõ
Soixante-neuf zo̯asãtˈnœf
[1]**Soja** (Pflanze) ˈzo:ja
[2]**Soja** (Name) *russ.* ˈzɔjɐ
Sojus ˈzo:jʊs, zoˈju:s, *russ.* saˈjus
Sojus Sowetskich Sozialistitscheskich Respublik *russ.* saˈjus saˈvjɛtskix sɐtsɨɐlisˈtitʃɪskix rɪsˈpublik
Söke *türk.* ˈsœkɛ
Sokobanja *serbokr.* ˌsɔkɔbanja
Sokodé *fr.* sɔkɔˈde
[1]**Sokol** (Turnverband) ˈzɔkɔl
[2]**Sokol** (Name) *russ.* ˈsɔkɐl
Sokolist zokoˈlɪst
Sokółka *poln.* sɔˈkuu̯ka
Sokolov *tschech.* ˈsɔkɔlɔf
Sokolow *russ.* sɐkaˈlɔf
Sokolowski *russ.* sɐkaˈlɔfskij
Sokoto *engl.* ˈsoʊkətoʊ, soʊˈkoʊtoʊ, --ˈ-
Sokotra zoˈko:tra
Sokrates ˈzo:kratɛs
Sokratik zoˈkra:tɪk
Sokratiker zoˈkra:tikɐ
sokratisch zoˈkra:tɪʃ
sol zo:l
Sol zo:l
sola fide ˈzo:la ˈfi:də
Solana *span.* soˈlana
solang[e] zoˈlaŋ[ə]
Solanin zolaˈni:n
Solanismus zolaˈnɪsmʊs
Solanum zoˈla:nʊm
Solapur *engl.* soʊˈlɑ:pʊə
solar zoˈla:ɐ̯
Solari *it.* soˈla:ri
Solarimeter zolariˈme:tɐ
Solario *it.* soˈla:ri̯o
Solarisation zolarizaˈtsi̯o:n
solarisch zoˈla:rɪʃ
Solarium zoˈla:ri̯ʊm, **...ien** ...i̯ən
Solarte *span.* soˈlarte
Solawechsel ˈzo:lavɛksl̩
Solca *rumän.* ˈsolka
solch zɔlç
solcherart ˈzɔlçɐˈ|a:ɐ̯t
solchergestalt ˈzɔlçɐgəˈʃtalt
solcherlei ˈzɔlçɐˈlai̯
solchermaßen ˈzɔlçɐˈma:sn̩
solcherweise ˈzɔlçɐˈvai̯zə
Sold zɔlt, **-e** ˈzɔldə
Soldanella zɔldaˈnɛla
Soldanelle zɔldaˈnɛlə
Soldani *it.* solˈda:ni
Soldat zɔlˈda:t
Soldateska zɔldaˈtɛska
Soldati *it.* solˈda:ti
Sölden ˈzœldn̩
Soldi vgl. Soldo
Söldling ˈzœltlɪŋ
Söldner ˈzœldnɐ
Soldo ˈzɔldo, **Soldi** ˈzɔldi
Sole ˈzo:lə
Soleb ˈzo:lɛp
Soleil *fr.* sɔˈlɛj
solenn zoˈlɛn
solennisieren zolɛniˈzi:rən
Solennität zolɛniˈtɛ:t
Solenoid zolenoˈi:t, **-e** ...i:də
Soler *kat.* suˈle, *span.* soˈlɛr
Soleri *it.* soˈlɛ:ri
Solesmes *fr.* sɔˈlɛm
Solf zɔlf
[1]**Solfatara** (Dampf) zɔlfaˈta:ra
[2]**Solfatara** (Name) *it.* solfaˈta:ra
Solfatare zɔlfaˈta:rə
solfeggieren zɔlfɛˈdʒi:rən
Solfeggio zɔlˈfɛdʒo, **...ien** ...dʒn̩
Solferino *it.* solfeˈri:no
Soli vgl. Solo
Soli (Beitrag) ˈzo:li
Solicitor zoˈlɪsitɐ
solid zoˈli:t, **-e** ...i:də
Solidar... zoliˈda:ɐ̯...
solidarisch zoliˈda:rɪʃ
solidarisieren zolidariˈzi:rən
Solidarismus zolidaˈrɪsmʊs
Solidarität zolidariˈtɛ:t
Solidarność *poln.* sɔliˈdarnɔɕtɕ
solide zoˈli:də
Soli Deo ˈzo:li ˈde:o
soli Deo gloria! ˈzo:li ˈde:o ˈglo:ri̯a
solidieren zoliˈdi:rən
Solidität zolidiˈtɛ:t
Solidus ˈzo:lidʊs, **...di** ...di

solifluida̲l zoliflui'da:l
Solifluktio̲n zoliflʊk't͜si̯o:n
Solig̣orsk *russ.* sɐli'gɔrsk
Solihull *engl.* soʊlɪ'hʌl
Solikạmsk *russ.* sɐli'kamsk
Soliloquẹnt zolilo'kvɛnt
Soliloquịst zolilo'kvɪst
Solilo̲quium zoli'lo:kviʊm, **...ien** ...i̯ən
So̲liman 'zo:liman
Solime̲na *it.* soli'mɛ:na
Sọlin *serbokr.* ˌsɔli:n
So̲ling[en] 'zo:lɪŋ[ən]
Soli̲nus zo'li:nʊs
Solio̲n zo'li̯o:n
Solipsịsmus zolɪ'psɪsmʊs
Solipsịst zolɪ'psɪst
So̲lis 'zo:lɪs
Solís *span.* so'lis
Solịst zo'lɪst
solitä̲r, S... zoli'tɛ:ɐ̯
Solitạrio *span.* soli'tari̯o
Solitu̲de zoli'ty:t
Solitü̲de zoli'ty:də
Šo̲ljan *serbokr.* ˌʃɔ:ljan
Soljạnka zɔl'jaŋka
Sọll zɔl
Sọ̈ll[e] 'zœl[ə]
Sollẹfteå *schwed.* sɔ'lɛftəo:
sọllen 'zɔlən
Sọllentuna *schwed.* ˌsɔləntʉ:na
Sọ̈ller 'zœlɐ
Søllerød *dän.* 'sʏlərʏ:'ð
Sọllers *fr.* sɔ'lɛrs
Sọlling 'zɔlɪŋ
Sollizitạnt zɔlit͜si'tant
Sollizitatio̲n zɔlit͜sita't͜si̯o:n
Sollizita̲tor zɔlit͜si'ta:to:ɐ̯, **-en** ...ta'to:rən
sollizitie̲ren zɔlit͜si'ti:rən
Sọlln[itz] 'zɔln[ɪt͜s]
Sollogụb *russ.* sɐla'gup
Sọllux® 'zɔlʊks
Solmisatio̲n zɔlmiza't͜si̯o:n
solmisie̲ren zɔlmi'zi:rən
Sọlms zɔlms
So̲lna *schwed.* ˌso:lna
So̲lneß 'zo:lnɛs
Solnetschnogọrsk *russ.* sɐlnɪt͜ʃna'gɔrsk
So̲lnhofen 'zo:lnho:fn̩
So̲lnhofener 'zo:lnho:fənɐ
Sọlnzewo *russ.* 'sɔntsəvɐ
so̲lo 'zo:lo
¹**So̲lo** 'zo:lo, **So̲li** 'zo:li
²**Sọlo** (Name) *indon.* 'solo
Solọcha *russ.* sa'lɔxɐ
Solọgne *fr.* sɔ'lɔɲ
Sologụb *russ.* sɐla'gup

Sọlomon *engl.* 'sɔləmən
Solomọs *neugr.* sɔlɔ'mɔs
So̲lon 'zo:lɔn
solo̲nisch zo'lo:nɪʃ
Sọlor *indon.* 'solɔr
So̲lothurn 'zo:lotʊrn
Soloụchin *russ.* sɐla'uxin
Solowẹzki *russ.* sɐla'vjɛtskij
Solowjọw *russ.* sɐlavj'jɔf
Solözịsmus zolø't͜sɪsmʊs
Sọlper 'zɔlpɐ
Solschenịzyn zɔlʒe'nɪt͜si:n, *russ.* sɐlʒə'nitsɨn
Solstad *norw.* ˌsu:lsta
Solstitia̲l... zɔlsti't͜si̯a:l...
Solsti̲tium zɔl'sti:t͜si̯ʊm, **...ien** ...i̯ən
Solsti̲z zɔl'sti:t͜s
Sọlt *ung.* ʃolt
Šọlta *serbokr.* 'ʃɔlta
Sọltau 'zɔltau̯
Sọlti *ung.* 'ʃolti
solu̲bel zo'lu:bl̩, **...ble** ...blə
solu̲bile zo'lu:bilə
Solubilisatio̲n zolubiliza't͜si̯o:n
Solụntum zo'lʊntʊm
Solu̲tio zo'lu:t͜si̯o, **-nes** zolu't͜si̯o:ne:s
Solutio̲n zolu't͜si̯o:n
Solutré *fr.* soly'tre
Solutréen zolytre'ɛ̃:
solva̲bel zɔl'va:bl̩, **...ble** ...blə
Solva̲t zɔl'va:t
Solvatatio̲n zɔlvata't͜si̯o:n
Solvay *engl.* 'sɔlveɪ, *fr.* sɔl'vɛ
Solveig 'zɔlvai̯k, 'zo:l...
Solvejg 'zɔlvai̯k, 'zo:l...
Sọlvens 'zɔlvɛns, **...nzien** ...'vɛnt͜si̯ən, **...ntia** ...'vɛnt͜si̯a
solvẹnt zɔl'vɛnt
Solvẹnz zɔl'vɛnt͜s
Sölvesbọrg *schwed.* sœlvəs'bɔrj
solvie̲ren zɔl'vi:rən
Sọlway *engl.* 'sɔlweɪ
Solwẹzi *engl.* soʊl'wɛzi:
So̲m zo:m, *ung.* ʃom
¹**So̲ma** 'zo:ma, **-ta** -ta
²**Sọma** (Ort) *türk.* 'sɔma
³**So̲ma** (Opfertrank) 'zo:ma
Soma̲l zo'ma:l
Soma̲li zo'ma:li, *engl.* soʊ'mɑ:lɪ
Soma̲lia zo'ma:li̯a, *it.* so'ma:li̯a
Soma̲liland zo'ma:lilant
Soma̲tiker zo'ma:tikɐ
soma̲tisch zo'ma:tɪʃ
somatoge̲n zomato'ge:n
Somatogrạmm zomato'gram

Somatologie̲ zomatolo'gi:
Somatometrie̲ zomatome'tri:
Somatopsychologie̲ zomatɔpsyçolo'gi:
Somatoskopie̲ zomatosko'pi:, **-n** ...i:ən
Somatotropi̲n zomatotro'pi:n
Sọmbart 'zɔmbart
Sọmbor *serbokr.* ˌsɔmbɔr
Sombre̲ro zɔm'bre:ro
So̲mer *niederl.* 'so:mər
Somers *engl.* 'sʌməz
Somerset *engl.* 'sʌməsɪt, **-shire** -ʃɪə
Somervell, Somerville *engl.* 'sʌməvɪl
Sọmeș *rumän.* 'someʃ
somit zo'mɪt, *auch:* 'zo:mɪt
Sommatio̲n zɔma't͜si̯o:n
Sọmme *fr.* sɔm
Sommelie̲r zɔmə'li̯e:
Sommeliè̲re zɔmə'li̯ɛ:rə, **...i̯ɛ:rə**
Sọmmer 'zɔmɐ
Sọ̈mmerda 'zœmɐda
Sọmmerfeld 'zɔmɐfɛlt
sọmmern 'zɔmɐn
sọ̈mmern 'zœmɐn
Sọmmernacht 'zɔmɐnaxt
Sọmmernachtstraum 'zɔmɐnaxt͜sˌtrau̯m
Sọ̈mmerring 'zœmərɪŋ
sọmmersüber 'zɔmɐsly:bɐ
sọmmertags 'zɔmɐta:ks
Sommitä̲t zɔmi'tɛ:t
somnambu̲l zɔmnam'bu:l
somnambulie̲ren zɔmnambu'li:rən
Somnambulịsmus zɔmnambu'lɪsmʊs
somnolẹnt zɔmno'lɛnt
Somnolẹnz zɔmno'lɛnt͜s
Sọmogy *ung.* 'ʃomodj
Sọmow *russ.* 'sɔmɐf
Somọza *span.* so'moθa
Somport *span.* sɔm'pɔr, *fr.* sõ'pɔ:r
Son *engl.* sʌn, *niederl.* sɔn
sonach zo'na:x, *auch:* 'zo:...
Sonagrạmm zona'gram
Sonagraph zona'gra:f
Sonạnt zo'nant
Sonar zo'na:ɐ̯, 'zo:nar
Sona̲ta zo'na:ta, **...te** ...tə
Sona̲ta a tre̲ zo'na:ta a 'tre:
Sona̲ta da Ca̲mera zo'na:ta da 'ka:mera
Sona̲ta da Chie̲sa zo'na:ta da 'ki̯e:za
¹**Sona̲te** zo'na:tə

S

²Sonate vgl. Sonata
Sonatine zona'ti:nə
Soncino *it.* son'tʃi:no
Sond *russ.* zɔnt
Sonde 'zɔndə
sonder[bar] 'zɔndɐ[ba:ɐ̯]
Sonderborg 'zɔndɐbɔrk
Sønderborg *dän.* 'sʏnɐbɔɐ̯'
Sonderbündelei zɔndɐbʏn-də'lai̯
Sonderbündler 'zɔndɐbʏntlɐ
Sonderburg 'zɔndɐbʊrk
Sønderby *dän.* 'sʏnɐby:'
sondergleichen 'zɔndɐ'glai̯çn̩
Sønderjylland *dän.* 'sʏnɐjylæn'
sonderlich 'zɔndɐlɪç
Sonderling 'zɔndɐlɪŋ
¹sondern (Konjunktion) 'zɔn-dɐn
²sondern (Verb) 'zɔndɐn, **son-dre** 'zɔndrə
sonders 'zɔndɐs
Sondershausen 'zɔndɐshau̯zn̩
Sondershäuser 'zɔndɐshɔy̯zɐ
sondieren zɔn'di:rən
Sondrio *it.* 'sɔndrio
sone, S... 'zo:nə
Sonepat *engl.* soʊ'neɪpət
Sonett zo'nɛt
Song zɔŋ
Songbook 'zɔŋbʊk
Sŏngjin *korean.* sɔŋdʒin
Songwriter 'zɔŋrai̯tɐ
Sonja 'zɔnja, *russ.* 'sɔnjɐ
Sonnabend 'zɔn|a:bn̩t
Sonnambula *it.* son'nambula
sönne 'zœnə
Sonne 'zɔnə
Sonneberg 'zɔnəbɛrk
Sonnemann 'zɔnəman
sonnen 'zɔnən
Sonnenfels 'zɔnənfɛls
sonnenklar 'zɔnən'kla:ɐ̯
Sonnenthal 'zɔnənta:l
Sonnevi *schwed.* 'sɔnəvi
sonnig 'zɔnɪç, **-e** ...ɪgə
Sonnin zɔ'ni:n
Sonnino *it.* son'ni:no
Sonnleitner 'zɔnlai̯tnɐ
Sonntag 'zɔnta:k
Sonnwendfeier 'zɔnvɛntfai̯ɐ
Sonny *engl.* 'sʌnɪ
Sonnyboy 'zɔnibɔy̯, 'za...
Sonograph zono'gra:f
Sonographie zonogra'fi:, **-n** ...i:ən
Sonolumineszenz zonolumi-nɛs'tsɛnts
Sonoma *engl.* sə'noʊmə
Sonometer zono'me:tɐ
sonor, S... zo'no:ɐ̯
Sonora *engl.* soʊ'nɔ:rə, *span.* so'nora
Sonore zo'no:rə
sonorisch zo'no:rɪʃ
Sonorität zonori'tɛ:t
Sonsonate *span.* sɔnso'nate
sonst zɔnst
sonstig 'zɔnstɪç, **-e** ...ɪgə
Sonstorp *schwed.* 'sɔnstɔrp
Sontag 'zɔnta:k, *engl.* 'sɔntæg
Sontheim[er] 'zɔnthai̯m[ɐ]
Sonthofen zɔnt'ho:fn̩
Sontra 'zɔntra
Sony 'zo:ni, *engl.* 'soʊnɪ
Sonzogno *it.* son'dzoɲɲo
Sooden 'zo:dn̩
sooft zo'|ɔft
Soor zo:ɐ̯
Sophia zo'fi:a
Sophie zo'fi:[ə], 'zɔfi
Sophienkirche zo'fi:ənkɪrçə
Sophilos 'zo:filɔs
Sophisma zo'fɪsma
Sophismus zo'fɪsmʊs
Sophist zo'fɪst
Sophisterei zofɪstə'rai̯
sophisticated zo'fɪstike:tɪt
Sophistik zo'fɪstɪk
Sophistikation zofɪstika'tsi̯o:n
sophokleisch zofo'kle:ɪʃ
Sophokles 'zo:foklɛs
Sophonisbe zofo'nɪsbə
Sophron 'zo:frɔn
Sophronius zo'fro:ni̯ʊs
Sophrosyne zofro'zy:nə
Sophus 'zo:fʊs
Sopoćani *serbokr.* 'sɔpɔtɕa:ni
Sopor 'zo:po:ɐ̯
soporös zopo'rø:s, **-e** ...ø:zə
Sopot *poln.* 'sɔpɔt
sopra 'zo:pra
Sopran zo'pra:n
Sopranist[in] zopra'nɪst[ɪn]
Sopraporte zopra'pɔrtə
Sopron *ung.* 'ʃopron
Sor *port.* sor, *span.* sɔr
Sora 'zo:ra, *it.* 'sɔ:ra
Sorabist[ik] zora'bɪst[ɪk]
Sorabji *engl.* sɔ:'rɑ:bdʒɪ
Soracte zo'raktə
Soraja zo'ra:ja
Soran[us] zo'ra:n[ʊs]
Sorata *span.* so'rata
Sorau 'zo:rau̯
Soraya zo'ra:ja
Sorbe 'zɔrbə
Sorbet 'zɔrbɛt, zɔr'be:
Sorbett zɔr'bɛt
Sorbin... zɔr'bi:n...
sorbisch 'zɔrbɪʃ
Sorbit zɔr'bi:t
Sorbon *fr.* sɔr'bõ
Sorbonne *fr.* sɔr'bɔn
Sorbose zɔr'bo:zə
Sorby *engl.* 'sɔ:bɪ
Sordello *it.* sor'dɛllo
Sordine zɔr'di:nə
Sordino zɔr'di:no, **...ni** ...ni
sordo 'zɔrdo
Sordun zɔr'du:n
Sore 'zo:rə
Soredien zo're:di̯ən
Sorek 'zo:rɛk
Sorel *fr.* sɔ'rɛl
Sören 'zø:rən
Sørensen *dän.* 'sœɐ̯'nsn̩, *norw.* 'sø:rənsən
Sorescu *rumän.* so'resku
Soret *fr.* sɔ'rɛ
Sørfjord *norw.* ˌsø:rfju:r
Sorge 'zɔrgə
sorgen 'zɔrgn̩, **sorg!** zɔrk, **sorgt** zɔrkt
Sorgfalt 'zɔrkfalt
Sorgho 'zɔrgo
Sorghum 'zɔrgʊm
sorglich 'zɔrklɪç
sorglos 'zɔrklo:s
sorgsam 'zɔrkza:m
Sori vgl. Sorus
Soria *span.* 'sori̯a
Soriano *it.* so'ri̯a:no, *span.* so'ri̯ano, *port.* su'ri̯ɐnu
Sorin *russ.* 'zorin
Sorites zo'ri:tɛs
Sorø *dän.* 'sʊ:rʏ:'
Sorocaba *bras.* soro'kaba
Soroki[n] *russ.* sa'rɔki[n]
Sorolla *span.* so'roʎa
Sororat zoro'ra:t
Sørøy *norw.* ˌsø:rœi̯
Sorpe 'zɔrpə
Sorption zɔrp'tsi̯o:n
Sorrent zɔ'rɛnt
Sorrentino *engl.* sɔrən'ti:noʊ
Sorrento *it.* sor'rɛnto
Sorsa *finn.* 'sɔrsɑ
Sorski *russ.* 'sɔrskij
Sorte 'zɔrtə
Sorter 'zɔrtɐ, *auch:* 'zo:ɐ̯tɐ
Sortes 'zɔrte:s
sortieren zɔr'ti:rən
Sortilegium zɔrti'le:gi̯ʊm, **...ien** ...i̯ən
Sortiment[er] zɔrti'mɛnt[ɐ]
Sortita zɔr'ti:ta

S

Sør-Trøndelag *norw.* ˌsø:rtrœndəla:g
Sörup 'zø:rʊp
Sorus 'zo:rʊs, **Sori** 'zo:ri
SOS ɛs|o:'|ɛs
Sosa 'zo:za
Sosch *russ.* sɔʃ
Soschtschenko *russ.* 'zɔʃtʃɪnkɐ
Sösdala *schwed.* ˌsø:sdɑ:la
Söse 'zø:zə
sosehr zo'ze:ɐ̯
Sosein 'zo:zai̯n
Sosias zo'zi:as, 'zo:zi̯as
Sosigenes zo'zi:genɛs
Sositheos zo'zi:teɔs
Sosnowiec *poln.* sɔs'nɔvjɛts
Sosnowitz 'zɔsnovɪts
Sosnowy Bor *russ.* sas'nɔvɨj 'bɔr
soso zo'zo:
sospirando zɔspi'rando
sospirante zɔspi'rantə
Sospiro zɔs'pi:ro, **...ri** ...ri
Soße 'zo:sə
soßen 'zo:sn̩
Sossjura *ukr.* sɔ'sjura
sostenuto zɔste'nu:to
Sostenuto zɔste'nu:to, **...ti** ...ti
Sostratos 'zɔstratɔs
Sosulja *russ.* za'zuljɐ
Sotades 'zo:tadɛs
Sotadeus zota'de:ʊs, **...dei** ...'de:i
sotan zo'ta:n
Sotatsu *jap.* 'so.:tatsu̥
Sotelo *span.* so'telo
Soter zo'te:ɐ̯
Soteriologie zoteri̯olo'gi:
soteriologisch zoteri̯o'lo:gɪʃ
Sotheby *engl.* 'sʌðəbɪ
Sothis 'zo:tɪs
Sotho 'zo:to
Sotie zo'ti:
Sotin 'zo:ti:n
Sotnie 'zɔtni̯ə
Soto *span.* 'soto
Šotola *tschech.* 'ʃɔtɔla
Sotschi *russ.* 'sɔtʃi
sott, S... zɔt
sötte 'zœtə
Sottens *fr.* sɔ'tã
Sottie zɔ'ti:
sottig 'zɔtɪç, **-e** ...ɪgə
Sottise zɔ'ti:zə
sotto 'zɔto
sotto voce 'zɔto 'vo:tʃə
Sou, -s zu:
Soubirous *fr.* subi'ru
Soubise *fr.* su'bi:z
Soubrette zu'brɛtə
Souche 'zu:ʃə
Souchong 'zu:ʃɔŋ
Soudan *fr.* su'dã
Souf *fr.* suf
Soufflé, ...lee zu'fle:
Souffleur zu'flø:ɐ̯
Souffleuse zu'flø:zə
soufflieren zu'fli:rən
Soufflot *fr.* su'flo
Souflaki zu'flaki
Soufrière *fr.* sufri'ɛ:r
Souk zu:k
Souk-Ahras *fr.* suka'rɑ:s
Soul zo:l
Söul 'zø:ʊl, zø'u:l, *korean.* sɔul
Sŏul *korean.* sɔul
Soulac *fr.* su'lak
Soulagement zulaʒə'mã:
Soulages *fr.* su'la:ʒ
soulagieren zula'ʒi:rən
Soulouque *fr.* su'luk
Soult *fr.* sult
Soumet *fr.* su'mɛ
Sound zau̯nt
Soundcheck 'zau̯nttʃɛk
soundso 'zo:|ʊntzo:
Soundso, Herr 'hɛr 'zo:|ʊntzo:
soundsovielte 'zo:|ʊntzo'fi:ltə
Soundtrack 'zau̯nttrɛk
Soupault *fr.* su'po
Soupçon zʊ'psõ:
Souper zu'pe:
soupieren zu'pi:rən
Soupir zu'pi:ɐ̯
Sour 'zau̯ɐ
Sourdine zʊr'di:n[ə], **-n** ...'di:nən
Sour-el-Ghozlane *fr.* surɛl-gɔ'zlan
Sousa *engl.* 'su:zə, 'su:sə, *port.* 'sozɐ, *bras.* 'soza
Sousaphon zuza'fo:n
Souschef zu'ʃɛf
Sous-le-vent, Îles *fr.* ilsul'vã
Sousse *fr.* sus
Soustelle *fr.* sus'tɛl
Souster *engl.* 'su:stə
Soutache zu'taʃ[ə], **-n** ...ʃn̩
soutachieren zuta'ʃi:rən
Soutane zu'ta:nə
Soutanelle zuta'nɛlə
Soutar *engl.* 'su:tə
soutenieren zutə'ni:rən
Souterrain zutɛ'rɛ̃:, 'zu:tɛrɛ̃
Souterraine *fr.* sutɛ'rɛn
South[all] *engl.* 'saʊθ[ɔ:l]
Southampton *engl.* saʊ'θæmptən
South Bend *engl.* 'saʊθ 'bɛnd
Southbery *engl.* 'saʊθbərɪ
Southbridge *engl.* 'saʊθbrɪdʒ
Southcott *engl.* 'saʊθkət
Southend *engl.* 'saʊ'θɛnd
Southern[e] *engl.* 'sʌðən
Southern Uplands *engl.* 'sʌðən 'ʌpləndz
Southey *engl.* 'saʊðɪ, 'sʌðɪ
South Farmingdale *engl.* 'saʊθ 'fɑ:mɪŋdeɪl
Southfield *engl.* 'saʊθfi:ld
Southgate *engl.* 'saʊθgɪt, *USA* ...geɪt
Southington *engl.* 'sʌðɪŋtən
Southon *engl.* 'saʊðən
Southport *engl.* 'saʊθpɔ:t
Southwark *engl.* 'sʌðək
Southwell *engl.* 'saʊθwəl, 'sʌðəl
Soutien zu'ti̯ɛ̃:
Soutine *fr.* su'tin
Soutter *fr.* su'tɛ:r
Souvenir zuvə'ni:ɐ̯
souverän, S... zuvə'rɛ:n
Souveränität zuvərɛni'tɛ:t
Souza *bras.* 'soza
Souzay *fr.* su'zɛ
Sova *tschech.* 'sɔva
Sovata *rumän.* so'vata
Sovereign 'zɔvrɪn
soviel zo'fi:l
sovielmal zo'fi:lma:l
Sowchos 'zɔfxɔs, **-e** zɔf'xo:zə, ...'ço:zə
Sowchose zɔf'xo:zə, ...'ço:zə
soweit zo'vai̯t
sowenig zo've:nɪç
Sower[by] *engl.* 'saʊə[bɪ]
Soweto zo've:to, *engl.* sə'weɪtoʊ
Sowetsk *russ.* sa'vjɛtsk
Sowetskaja *russ.* sa'vjɛtskɐjɐ
Sowetskaja Gawan *russ.* sa'vjɛtskɐjɐ 'gavɐnj
Sowetski Sojus *russ.* sa'vjɛtskij sa'jus
sowie zo'vi:
sowieso zovi'zo:
Sowiński *poln.* sɔ'vĩi̯ski
Sowjet zɔ'vjɛt, *auch:* 'zɔvjɛt
sowjetisch zɔ'vjɛtɪʃ, *auch:* ...je:tɪʃ
sowjetisieren zɔvjɛti'zi:rən, *auch:* zɔvje...
sowjetrussisch zɔ'vjɛtrʊsɪʃ, *auch:* '----
Sowjetrussland zɔ'vjɛtrʊslant, *auch:* '----

Sowjetunion zɔ'vjɛt|uni̯o:n, *auch:* '----
sowohl zo'vo:l
Sowohl-als-auch zo'vo:l|als-'|au̯x
Soxhlet® 'zɔkslɛt
Soya *dän.* 'sɔi̯æ
Soyfer 'zɔyfɐ
Soyinka *engl.* sɔ:'jɪŋkə, ʃɔ:...
Soyka 'zɔyka
Soysal *türk.* sɔi̯'sɑl
Sozi 'zo:tsi
Sozia 'zo:tsi̯a
soziabel zo'tsi̯a:bl̩, **...ble** ...blə
Soziabilität zotsi̯abili'tɛ:t
sozial zo'tsi̯a:l
Sozialdemokrat zo'tsi̯a:ldemo-kra:t
Sozialdemokratie zo'tsi̯a:lde-mokrati:
Sozialisation zotsi̯aliza'tsi̯o:n
sozialisieren zotsi̯ali'zi:rən
Sozialismus zotsi̯a'lɪsmʊs
Sozialist zotsi̯a'lɪst
sozialistisch zotsi̯a'lɪstɪʃ
Soziativ 'zo:tsi̯ati:f, **-e** ...i:və
sozietär, S... zotsi̯e'tɛ:ɐ̯
Sozietät zotsi̯e'tɛ:t
soziieren zotsi'i:rən
Sozinianer zotsi'ni̯a:nɐ
Sozinianismus zotsini̯a'nɪsmʊs
sozio..., S... 'zo:tsi̯o...
Soziogramm zotsi̯o'gram
Soziographie zotsi̯ogra'fi:
Soziolekt zotsi̯o'lɛkt
Soziolinguistik zotsi̯olɪŋ'gu̯ɪs-tɪk
Soziologe zotsi̯o'lo:gə
Soziologie zotsi̯olo'gi:
soziologisch zotsi̯o'lo:gɪʃ
Soziologismus zotsi̯olo'gɪsmʊs
Soziometrie zotsi̯ome'tri:
soziometrisch zotsi̯o'me:trɪʃ
soziomorph zotsi̯o'mɔrf
Soziopathie zotsi̯opa'ti:, **-n** ...i:ən
Sozius 'zo:tsi̯ʊs, **-se** ...ʊsə
Sozomenos zo'tso:menɔs
sozusagen zo:tsu'za:gn̩, '----
Spa ʃpa:, spa:, *fr.* spa
Spaak *fr.* spak, *niederl.* spa:k
Spacelab 'spe:slɛp
Spaceshuttle 'spe:sʃatl̩
spachteln 'ʃpaxtl̩n
spacig 'spe:sɪç, **-e** ...ɪgə
spack ʃpak
Spada 'spa:da, 'ʃpa:da
Spadille spa'dɪljə, ʃpa'dɪlə
Spadix 'spa:dɪks, 'ʃp...
Spadolini *it.* spado'li:ni
Spaer 'ʃpa:ɐ, 'spa:ɐ
Spagat ʃpa'ga:t
Spaghetti ʃpa'gɛti
Spagirik spa'gi:rɪk, ʃp...
Spagiriker spa'gi:rikɐ, ʃp...
spagirisch spa'gi:rɪʃ, ʃp...
Spagna *it.* 'spaɲɲa
Spagnolett ʃpanjo'lɛt, sp...
Spagnoli *it.* spaɲ'ɲɔ:li
spähen 'ʃpɛ:ən
Späher 'ʃpɛ:ɐ
Späherei ʃpɛ:ə'rai̯
Spahi 'spa:hi, 'ʃp...
Spaichingen 'ʃpai̯çɪŋən
Spakat ʃpa'ka:t
Spake 'ʃpa:kə
spakig 'ʃpa:kɪç, **-e** ...ɪgə
Spal *it.* spal
Spalatin 'ʃpa:lati:n
Spalato *it.* 'spa:lato
Spalding 'ʃpaldɪŋ, *engl.* 'spɔ:ldɪŋ
Spalet[t] ʃpa'lɛt, sp...
Spalier ʃpa'li:ɐ̯
Spallanzani *it.* spallan'tsa:ni
Spalt ʃpalt
Spältchen 'ʃpɛltçən
Spalte 'ʃpaltə
spalten 'ʃpaltn̩
...spaltig ...ʃpaltɪç, **-e** ...ɪgə
Spam spɛm
spammen 'spɛmən
Span ʃpa:n, **Späne** 'ʃpɛ:nə
Spänchen 'ʃpɛ:nçən
Spandau 'ʃpandau̯
Spandrille ʃpan'drɪlə
spanen 'ʃpa:nən
spänen 'ʃpɛ:nən
Spanferkel 'ʃpa:nfɛrkl̩
Spängchen 'ʃpɛŋçən
Spange 'ʃpaŋə
Spängelchen 'ʃpɛŋl̩çən
Spangenberg 'ʃpaŋənbɛrk
Spaniel 'ʃpa:ni̯əl, *auch:* 'spɛn...
Spanien 'ʃpa:ni̯ən
Spanier 'ʃpa:ni̯ɐ
Spaniol[e] ʃpa'ni̯o:l[ə]
spanisch 'ʃpa:nɪʃ
Spanischfliegenpflaster ʃpa:nɪʃ'fli:gn̩pflastɐ
Spanish Town *engl.* 'spænɪʃ 'taʊn
spann, S... ʃpan
spänne 'ʃpɛnə
Spanne 'ʃpanə
spannen 'ʃpanən
spannenlang 'ʃpanənlaŋ
...spänner ...ʃpɛnɐ
...spännig ...ʃpɛnɪç, **-e** ...ɪgə
Spant ʃpant
Sparafucile *it.* sparafu'tʃi:le
sparen 'ʃpa:rən
Spargel 'ʃpargl̩
Spark ʃpark, *engl.* spɑ:k
Sparks *engl.* spɑ:ks
spärlich 'ʃpɛ:ɐ̯lɪç
Sparmannie ʃpar'mani̯ə, sp...
Sparre 'ʃparə
sparren, S... 'ʃparən
sparrig 'ʃparɪç, **-e** ...ɪgə
Sparring 'ʃparɪŋ
sparsam 'ʃpa:ɐ̯za:m
Spart ʃpart
Sparta 'ʃparta, 'spa..., *engl.* 'spɑ:tə, *türk.* 'spartɑ
Spartak *russ.* spar'tak, *tschech.* 'spartak
Spartakiade ʃparta'ki̯a:də, sp...
Spartakide ʃparta'ki:də, sp...
Spartakist ʃparta'kɪst, sp...
Spartakus 'ʃpartakʊs, 'sp...
Spartanburg *engl.* 'spɑ:tnbə:g
Spartaner ʃpar'ta:nɐ, sp...
spartanisch ʃpar'ta:nɪʃ, sp...
Sparte 'ʃpartə
Spartein ʃparte'i:n, sp...
Sparterie ʃpartə'ri:
Spartiat ʃpar'ti̯a:t, sp...
spartieren ʃpar'ti:rən, sp...
spasmatisch ʃpas'ma:tɪʃ, sp...
spasmisch 'ʃpasmɪʃ, 'sp...
spasmodisch ʃpas'mo:dɪʃ, sp...
spasmogen ʃpasmo'ge:n, sp...
Spasmolytikum ʃpasmo'ly:ti-kʊm, sp..., **...ka** ...ka
spasmolytisch ʃpasmo'ly:tɪʃ, sp...
spasmophil ʃpasmo'fi:l, sp...
Spasmophilie ʃpasmofi'li:, sp...
Spasmus 'ʃpasmʊs, 'sp...
Spaß ʃpa:s, **Späße** 'ʃpɛ:sə
Späßchen 'ʃpɛ:sçən
Spasse *alban.* 'spase
spaßen 'ʃpa:sn̩
Spaßerei ʃpa:sə'rai̯
spaßig 'ʃpa:sɪç, **-e** ...ɪgə
Spastiker 'ʃpastikɐ, 'sp...
spastisch 'ʃpastɪʃ, 'sp...
spat ʃpa:t
spät ʃpɛ:t
Spat ʃpa:t, **Späte** 'ʃpɛ:tə
spätabends ʃpɛ:t'|a:bn̩ts
Späte 'ʃpɛ:tə
Spatel 'ʃpa:tl̩
spaten, S... 'ʃpa:tn̩
später 'ʃpɛ:tɐ
späterhin 'ʃpɛ:tɐ'hɪn

S

spätestens ˈʃpɛːtəstn̩s
Späth ʃpɛːt
Spatha ˈspaːta, ˈʃp...
spatig ˈʃpaːtɪç, **-e** ...ɪɡə
spatiieren ʃpat͜si̯ˈiːrən, sp...
spationieren ʃpat͜si̯oˈniːrən, sp...
spatiös ʃpaˈt͜si̯øːs, sp..., **-e** ...øːzə
Spatium ˈʃpaːt͜si̯ʊm, ˈsp..., **...ien** ...i̯ən
Spätling ˈʃpɛːtlɪŋ
Spatz ʃpat͜s
Spätzchen ˈʃpɛt͜sçən
Spätzin ˈʃpɛt͜sɪn
Spätzle ˈʃpɛt͜slə
Spätzli ˈʃpɛt͜sli
spazieren ʃpaˈt͜siːrən
SPD ɛspeːˈdeː
Speaker ˈspiːkɐ
Specht ʃpɛçt
Special [Effect] ˈspɛʃl̩ [ɪˈfɛkt]
Species ˈʃpeːt͜si̯ɛs, ˈsp..., **die -** ...t͜si̯eːs
Speck ʃpɛk
Speckbacher ˈʃpɛkbaxɐ
speckig ˈʃpɛkɪç, **-e** ...ɪɡə
Speckter ˈʃpɛktɐ
Speculum ˈʃpeːkulʊm, ˈsp..., **...la** ...la
spedieren ʃpeˈdiːrən
Spediteur ʃpediˈtøːɐ̯
Spedition ʃpediˈt͜si̯oːn
speditiv ʃpediˈtiːf, **-e** ...iːvə
Spee ʃpeː
Speech spiːt͜ʃ
Speed spiːt
Speedball ˈspiːtbɔːl
Speedway ˈspiːtveː
Speer ʃpeːɐ̯
speiben ˈʃpa͜ibn̩, **speib!** ʃpa͜ip, **speibt** ʃpa͜ipt
Speiche ˈʃpa͜içə
Speichel ˈʃpa͜içl̩
Speichelleckerei ʃpa͜içl̩lɛkəˈra͜i
speicheln ˈʃpa͜içl̩n
Speicher ˈʃpa͜içɐ, *engl.* ˈspaɪkə
speichern ˈʃpa͜içɐn
speien ˈʃpa͜iən
Speigat[t] ˈʃpa͜iɡat
Speik ʃpa͜ik
Speil ʃpa͜il
speilen ˈʃpa͜ilən
Speinshart ˈʃpa͜inshart
[1]**Speis** (Speisekammer) ʃpa͜is, **-en** ˈʃpa͜izn̩
[2]**Speis** (Mörtel) ʃpa͜is, **-es** ˈʃpa͜izəs
Speise ˈʃpa͜izə
speisen ˈʃpa͜izn̩, **speis!** ʃpa͜is, **speist** ʃpa͜ist
Speiser ˈʃpa͜izɐ, *engl.* ˈspaɪzə
speiübel ˈʃpa͜iˈ|yːbl̩
Speke *engl.* spiːk
spektabel ʃpɛkˈtaːbl̩, sp..., **...ble** ...blə
Spektabilität ʃpɛktabiliˈtɛːt, sp...
[1]**Spektakel** (Lärm) ʃpɛkˈtaːkl̩
[2]**Spektakel** (Schauspiel) ʃpɛkˈtaːkl̩, sp...
spektakeln ʃpɛkˈtaːkl̩n
spektakulär ʃpɛktakuˈlɛːɐ̯, sp...
spektakulös ʃpɛktakuˈløːs, sp..., **-e** ...øːzə
Spektakulum ʃpɛkˈtaːkulʊm, sp..., **...la** ...la
Spektator ʃpɛkˈtaːtoːɐ̯, sp..., **-en** ...taˈtoːrən
Spektiv ʃpɛkˈtiːf, sp..., **-e** ...iːvə
Spektra vgl. Spektrum
spektral ʃpɛkˈtraːl, sp...
Spektrograph ʃpɛktroˈɡraːf, sp...
Spektrographie ʃpɛktroɡraˈfiː, sp..., **-n** ...iːən
Spektrophotometrie ʃpɛktrofotomeˈtriː, sp...
Spektroskop ʃpɛktroˈskoːp, sp...
Spektroskopie ʃpɛktroskoˈpiː, sp...
Spektrum ˈʃpɛktrʊm, ˈsp..., **...ra** ...ra
Spekula vgl. Spekulum
Spekulant ʃpekuˈlant
Spekulation ʃpekulaˈt͜si̯oːn
Spekulatius ʃpekuˈlaːt͜si̯ʊs
spekulativ ʃpekulaˈtiːf, **-e** ...iːvə
spekulieren ʃpekuˈliːrən
Spekulum ˈʃpeːkulʊm, ˈsp..., **...la** ...la
Speläologe ʃpelɛoˈloːɡə, sp...
Speläologie ʃpelɛoloˈɡiː, sp...
speläologisch ʃpelɛoˈloːɡɪʃ, sp...
Spel[l]man *engl.* ˈspɛlmən
Spelt ʃpɛlt
Spelunke ʃpeˈlʊŋkə
Spelz[e] ˈʃpɛlt͜s[ə]
spelzig ˈʃpɛlt͜sɪç, **-e** ...ɪɡə
Spemann ˈʃpeːman
Spenborough *engl.* ˈspɛnbərə
Spence[r] *engl.* ˈspɛns[ə]
spendabel ʃpɛnˈdaːbl̩, **...ble** ...blə
Spende ˈʃpɛndə
spenden ˈʃpɛndn̩, **spend!** ʃpɛnt
[1]**Spender** ˈʃpɛndɐ
[2]**Spender** (Name) *engl.* ˈspɛndə
spendieren ʃpɛnˈdiːrən
Spener ˈʃpeːnɐ
Spenge ˈʃpɛŋə
Spengler ˈʃpɛŋlɐ
Spenglerei ʃpɛŋləˈra͜i
Spennymoor *engl.* ˈspɛnɪmɔː
[1]**Spenser** (Name) *engl.* ˈspɛnsə
[2]**Spenser** (Jäckchen) ˈʃpɛnzɐ
Spenzer ˈʃpɛnt͜sɐ
Speos Artemidos ˈspeːɔs arˈteːmidɔs
Sperandio *it.* speranˈdiːo
Speranski *russ.* spɪˈranskij
Speratus speˈraːtʊs
Sperber ˈʃpɛrbɐ, *fr.* spɛrˈbɛːr
sperbern ˈʃpɛrbɐn, **sperbre** ˈʃpɛrbrə
Sperenzchen ʃpeˈrɛnt͜sçən
Sperenzien ʃpeˈrɛnt͜si̯ən
Spergel ˈʃpɛrɡl̩
Sperillen *norw.* ˌspɛrilən
Sperl[ing] ˈʃpɛrl[ɪŋ]
Sperlonga *it.* sperˈlɔŋɡa
Sperm... ˈʃpɛrm..., ˈspɛrm...
Sperma ˈʃpɛrma, ˈsp..., **-ta** -ta
Spermatide ʃpɛrmaˈtiːdə, sp...
Spermatitis ʃpɛrmaˈtiːtɪs, sp..., **...itiden** ...tiˈtiːdn̩
Spermatium ʃpɛrˈmaːt͜si̯ʊm, sp..., **...ien** ...i̯ən
spermatogen ʃpɛrmatoˈɡeːn, sp...
Spermatogenese ʃpɛrmatoɡeˈneːzə, sp...
Spermatogramm ʃpɛrmatoˈɡram, sp...
Spermatophore ʃpɛrmatoˈfoːrə, sp...
Spermatophyt ʃpɛrmatoˈfyːt, sp...
Spermatorrhö, ...öe ʃpɛrmatɔˈrøː, sp..., **...rrhöen** ...ˈrøːən
Spermatozoid ʃpɛrmatot͜soˈiːt, sp..., **-en** ...iːdn̩
Spermatozoon ʃpɛrmatoˈt͜soːɔn, sp..., **...oen** ...oːən
Spermazet[i] ʃpɛrmaˈt͜seːt[i], sp...
Spermin ʃpɛrˈmiːn, sp...
Spermiogenese ʃpɛrmi̯oɡeˈneːzə, sp...
Spermiogramm ʃpɛrmi̯oˈɡram, sp...
Spermium ˈʃpɛrmi̯ʊm, ˈsp..., **...ien** ...i̯ən

spermizid, S... ʃpɛrmiˈtsi:t, sp..., **-e** ...i:də
Spermogonien ʃpɛrmoˈgo:ni̯ən, sp...
Speroni *it.* speˈro:ni
Sperontes speˈrɔntɛs
Sperr ʃpɛr
sperrangelweit ˈʃpɛrˈ|aŋl̩ˈvai̯t
Sperre ˈʃpɛrə
sperren ˈʃpɛrən
sperrig ˈʃpɛrɪç, **-e** ...ɪgə
sperrweit ˈʃpɛrˈvai̯t
Sperry *engl.* ˈspɛrɪ
Spervogel ˈʃpe:rfo:gl̩
Spesen ˈʃpe:zn̩
Spessart ˈʃpɛsart
spetten ˈʃpɛtn̩
Speusippos spɔy̆ˈzɪpɔs
Spey *engl.* speɪ
Speyer ˈʃpai̯ɐ, *engl.* ˈspaɪə
Spey[e]rer ˈʃpai̯[ə]rɐ
spey[e]risch ˈʃpai̯[ə]rɪʃ
Spezerei ʃpe:tsəˈrai̯
Spezi ˈʃpe:tsi
Spezia *it.* ˈspɛttsi̯a
spezial, S... ʃpeˈtsi̯a:l
Spezialien ʃpeˈtsi̯a:li̯ən
Spezialisation ʃpetsi̯alizaˈtsi̯o:n
spezialisieren ʃpetsi̯aliˈzi:rən
Spezialist ʃpetsi̯aˈlɪst
Spezialität ʃpetsi̯aliˈtɛ:t
speziell ʃpeˈtsi̯ɛl
Spezies ˈʃpe:tsi̯ɛs, ˈsp..., **die -** ...tsi̯e:s
Spezifik ʃpeˈtsi:fɪk, sp...
Spezifikation ʃpetsifikaˈtsi̯o:n, sp...
Spezifikum ʃpeˈtsi:fikʊm, sp..., ...**ka** ...ka
spezifisch ʃpeˈtsi:fɪʃ, sp...
Spezifität ʃpetsifiˈtɛ:t, sp...
spezifizieren ʃpetsifiˈtsi:rən, sp...
Spezimen ˈʃpe:tsimən, ˈsp..., ...**mina** ʃpeˈtsi:mina, sp...
speziös ʃpeˈtsi̯ø:s, sp..., **-e** ...ø:zə
Sphagnum ˈsfagnʊm
Sphalerit sfaleˈri:t
Sphäre ˈsfɛ:rə
Sphärik ˈsfɛ:rɪk
sphärisch ˈsfɛ:rɪʃ
Sphäroid sfɛroˈi:t, **-e** ...i:də
sphäroidisch sfɛroˈi:dɪʃ
Sphärolith sfɛroˈli:t
Sphärologie sfɛroloˈgi:
Sphärometer sfɛroˈme:tɐ
Sphärosiderit sfɛrozideˈri:t
Sphen sfe:n
Sphenoid sfenoˈi:t, **-e** ...i:də
sphenoidal sfenoiˈda:l
Sphenozephalie sfenotsefaˈli:, **-n** ...i:ən
Sphinkter ˈsfɪŋktɐ, **-e** ...ˈte:rə
Sphinx sfɪŋks, **Sphingen** ˈsfɪŋən
Sphragistik sfraˈgɪstɪk
sphragistisch sfraˈgɪstɪʃ
Sphygmogramm sfʏgmoˈgram
Sphygmograph sfʏgmoˈgra:f
Sphygmographie sfʏgmograˈfi:, **-n** ...i:ən
Sphygmomanometer sfʏgmomanoˈme:tɐ
spianato spi̯aˈna:to
spiccato spɪˈka:to
Spiccato spɪˈka:to, ...**ti** ...ti
Spich[erer] ˈʃpɪç[ərɐ]
Spichern ˈʃpɪçɐn
Spicilegium ʃpitsiˈle:gi̯ʊm, sp..., ...**ia** ...i̯a
Spick ʃpɪk
Spickel ˈʃpɪkl̩
spicken ˈʃpɪkn̩
Spider ˈʃpai̯dɐ, ˈsp...
spie ʃpi:
spieb ʃpi:p
spieben ˈʃpi:bn̩
spieen ˈʃpi:ən
spieest ˈʃpi:əst
spieet ˈʃpi:ət
[1]**Spiegel** ˈʃpi:gl̩
[2]**Spiegel** (Name) ˈʃpi:gl̩, *engl.* ˈspi:gəl, *niederl.* ˈspiɣəl
Spiegelau ʃpi:gəˈlau̯
Spiegelberg ˈʃpi:gl̩bɛrk
spiegelblank ˈʃpi:gl̩ˈblaŋk
Spiegelfechterei ʃpi:gl̩fɛçtəˈrai̯
spiegelglatt ˈʃpi:gl̩ˈglat
spiegelig ˈʃpi:gəlɪç, **-e** ...ɪgə
spiegeln ˈʃpi:gl̩n, **spiegle** ˈʃpi:glə
Spieg[e]lung ˈʃpi:g[ə]lʊŋ
Spiegler ˈʃpi:glɐ
spieglig ˈʃpi:glɪç, **-e** ...ɪgə
Spieker ˈʃpi:kɐ
spiekern ˈʃpi:kɐn
Spiekeroog ˈʃpi:kɐ|o:k
Spiel ʃpi:l
Spielberg ˈʃpi:lbɛrk, *engl.* ˈspi:lbə:g
spielen ˈʃpi:lən
Spieler ˈʃpi:lɐ
Spielerei ʃpi:ləˈrai̯
Spielfeld ˈʃpi:lfɛlt
Spielhagen ˈspi:lha:gn̩
Spiel[i]othek ʃpil[i̯]oˈte:k
spien ʃpi:n
spienzeln ˈʃpi:ntsl̩n
Spier ʃpi:ɐ̯
Spiere ˈʃpi:rə
Spierling ˈʃpi:ɐ̯lɪŋ
Spies, Spieß ʃpi:s
Spiess ʃpi:s, *fr.* spjɛs
spießen ˈʃpi:sn̩
Spießer ˈʃpi:sɐ
spießig ˈʃpi:sɪç, **-e** ...ɪgə
spiest ʃpi:st
spiet ʃpi:t
Spiez ʃpi:ts
Spijkenisse *niederl.* spɛi̯kəˈnɪsə
Spika ˈʃpi:ka, ˈsp...
[1]**Spike** ˈʃpi:kə
[2]**Spike** (für Rennschuhe, Autoreifen) ʃpai̯k, spai̯k
Spilimbergo *it.* spilimˈbɛrgo
Spill ʃpɪl
Spillage ʃpɪˈla:ʒə, sp...
Spillane *engl.* spɪˈleɪn
Spille ˈʃpɪlə
Spillebeen *niederl.* ˈspɪləbe:n
spill[e]rig ˈʃpɪl[ə]rɪç, **-e** ...ɪgə
Spilliaert *niederl.* ˈspɪlia:rt
Spilling ˈʃpɪlɪŋ
Spillman ˈʃpɪlman, *engl.* ˈspɪlmən
Spilosit ʃpiloˈzi:t, sp...
Spin spɪn
[1]**Spina** (Stachel) ˈʃpi:na, ˈsp...
[2]**Spina** (Name) *dt., it.* ˈspi:na
spinal ʃpiˈna:l, sp...
Spinalgie ʃpinalˈgi:, sp..., **-n** ...i:ən
Spinaliom ʃpinaˈli̯o:m, sp...
Spinat ʃpiˈna:t
Spind ʃpɪnt, **-e** ˈʃpɪndə
Spindel ˈʃpɪndl̩
spindeldürr ˈʃpɪndl̩ˈdʏr
spindeln ˈʃpɪndl̩n, **spindle** ˈʃpɪndlə
Spindler ˈʃpɪndlɐ
Spinell ʃpiˈnɛl
Spinelli *it.* spiˈnɛlli
Spinello *it.* spiˈnɛllo
Spinett ʃpiˈnɛt
Spinettino ʃpinɛˈti:no
Spingarn *engl.* ˈspɪŋgɑ:n
Spinifex ˈʃpi:nifɛks, ˈsp...
Spinnaker ˈʃpɪnakɐ
Spinne ˈʃpɪnə
spinnefeind ˈʃpɪnəˈfai̯nt
spinnen ˈʃpɪnən
Spinner ˈʃpɪnɐ, *engl.* ˈspɪnə
Spinnerei ʃpɪnəˈrai̯
spinnert ˈʃpɪnɐt
spinnig ˈʃpɪnɪç, **-e** ...ɪgə
Spin-off ˈspɪn|ɔf, -ˈ-

Spinola *it.* ˈspiːnola
Spinola *port.* ɪʃˈpinulɐ, *span.* esˈpinola
Spinor ˈʃpiːnoːɐ̯, ˈsp..., **-en** ʃpiˈnoːrən, sp...
spinös ʃpiˈnøːs, sp..., **-e** ...øːzə
Spinoza ʃpiˈnoːt͡sa, spi..., *niederl.* spiˈnoːzɑ
spinozaisch ʃpiˈnoːt͡saɪʃ, sp...
Spinozismus ʃpinoˈt͡sɪsmʊs, sp...
Spinozist ʃpinoˈt͡sɪst, sp...
Spint ʃpɪnt
Spintherismus ʃpɪnteˈrɪsmʊs, sp...
spintig ˈʃpɪntɪç, **-e** ...ɪɡə
spintisieren ʃpɪntiˈziːrən
Spintisiererei ʃpɪntiziːrəˈra͜i
Spion ʃpi̯oːn
Spionage ʃpi̯oˈnaːʒə
spionieren ʃpi̯oˈniːrən
Spioniererei ʃpi̯oniːrəˈra͜i
Spiräe ʃpiˈrɛːə, sp...
spiral ʃpiˈraːl
Spirale ʃpiˈraːlə
spiralig ʃpiˈraːlɪç, **-e** ...ɪɡə
Spirans ˈʃpiːrans, ˈsp..., **Spiranten** ʃpiˈrantn̩, sp...
Spirant ʃpiˈrant, sp...
Spirdingsee ˈʃpɪrdɪŋzeː
Spire *fr.* spiːr
Spiridon *russ.* spiriˈdɔn
Spirifer ˈʃpiːrifɛr, ˈsp..., **-en** ʃpiriˈfeːrən, sp...
Spirille ʃpiˈrɪlə, sp...
spirillizid ʃpirɪliˈt͡siːt, sp..., **-e** ...iːdə
Spirit ˈspɪrɪt
Spiritaner ʃpiriˈtaːnɐ, sp...
Spiritismus ʃpiriˈtɪsmʊs, sp...
Spiritist ʃpiriˈtɪst, sp...
spiritual, ¹S... ʃpiriˈtu̯aːl, sp...
²Spiritual (Lied) ˈspɪrɪtʃu̯əl
Spirituale ʃpiriˈtu̯aːlə, sp...
Spiritualien ʃpiriˈtu̯aːli̯ən, sp...
spiritualisieren ʃpiritu̯aliˈziːrən, sp...
Spiritualismus ʃpiritu̯aˈlɪsmʊs, sp...
Spiritualist ʃpiritu̯aˈlɪst, sp...
Spiritualität ʃpiritu̯aliˈtɛːt, sp...
spirituell ʃpiriˈtu̯ɛl, sp...
spirituos ʃpiriˈtu̯oːs, sp..., **-e** ...oːzə
spirituös ʃpiriˈtu̯øːs, sp..., **-e** ...øːzə
Spirituose ʃpiriˈtu̯oːzə, sp...
spirituoso spiriˈtu̯oːzo
¹Spiritus (Atem, Hauch, Geist) ˈspiːritʊs, **die -** ...tuːs
²Spiritus (Weingeist) ˈʃpiːritʊs, **-se** ...ʊsə
Spiritus asper, - familiaris, - lenis, - Rector, - Sanctus ˈspiːritʊs ˈaspɐ, - famiˈli̯aːrɪs, - ˈleːnɪs, - ˈrɛktoːɐ̯, - ˈzaŋktʊs
Spirkel ˈʃpɪrkl̩
Spiro *engl.* ˈspaɪəroʊ
Spirochäte ʃpiroˈçɛːtə, sp...
Spiroergometer ʃpiro|ɛrgoˈmeːtɐ, sp...
Spiroergometrie ʃpiro|ɛrgomeˈtriː, sp..., **-n** ...iːən
Spirogyra ʃpiroˈɡyːra, sp...
Spirometer ʃpiroˈmeːtɐ, sp...
Spirometrie ʃpiromeˈtriː, sp...
Spirre ˈʃpɪrə
spissen ˈʃpɪsn̩
Spišská Nová Ves *slowak.* ˈspiʃskaː ˈnɔvaː ˈvɛs
Spišské Podhradie *slowak.* ˈspiʃskɛː ˈpɔdhradi̯ɛ
Spital ʃpiˈtaːl, **...täler** ...ˈtɛːlɐ
Spitfire *engl.* ˈspɪtfaɪə
Spithead *engl.* ˈspɪtˈhɛd
Spitta ˈʃpɪta
Spittal ʃpɪˈtaːl
Spittel ˈʃpɪtl̩
Spitt[e]ler ˈʃpɪt[ə]lɐ
spitz, S... ʃpɪt͡s
Spitzbergen ˈʃpɪt͡sbɛrɡn̩
Spitzbüberei ʃpɪt͡sbyːbəˈra͜i
spitze, S... ˈʃpɪt͡sə
Spitzel ˈʃpɪt͡sl̩
spitzeln ˈʃpɪt͡sl̩n
spitzen ˈʃpɪt͡sn̩
Spitzer ˈʃpɪt͡sɐ
spitzig ˈʃpɪt͡sɪç, **-e** ...ɪɡə
Spitzweg ˈʃpɪt͡sveːk
Spitzwegerich ˈʃpɪt͡sveːɡərɪç, –ˈ–––
Spix ʃpɪks
splanchnisch ˈsplançnɪʃ
Splanchnologie splançnoloˈɡiː
Splattermovie ˈsplɛtɐmuːvi
Spleen ʃpliːn, *auch:* sp...
spleenig ˈʃpliːnɪç, *auch:* ˈsp..., **-e** ...ɪɡə
Spleiße ˈʃpla͜isə
spleißen ˈʃpla͜isn̩
Splen spleːn, ʃpleːn
splendid ʃplɛnˈdiːt, sp..., **-e** ...iːdə
Splendid Isolation ˈsplɛndɪt a͜izoˈleːʃn̩
Splendidität ʃplɛndidiˈtɛːt, sp...
Splenektomie splenɛktoˈmiː, ʃp...
Splenitis spleˈniːtɪs, ʃp..., **...itiden** ...niˈtiːdn̩
splenogen splenoˈɡeːn, ʃp...
Splenohepatomegalie splenohepatomegaˈliː, ʃp..., **-n** ...iːən
Splenom spleˈnoːm, ʃp...
Splenomegalie splenomegaˈliː, ʃp..., **-n** ...iːən
Splenotomie splenotoˈmiː, ʃp..., **-n** ...iːən
Spließ ʃpliːs
Splint ʃplɪnt
spliss, S... ʃplɪs
Split ʃplɪt, *serbokr.* split
Splitt ʃplɪt
splitten ˈʃplɪtn̩, ˈsp...
Splitter ˈʃplɪtɐ
splitterfasernackt ˈʃplɪtɐˈfaːzɐˈnakt
splitt[e]rig ˈʃplɪt[ə]rɪç, **-e** ...ɪɡə
splittern ˈʃplɪtɐn
splitternackt ˈʃplɪtɐˈnakt
Splitting ˈʃplɪtɪŋ, ˈsp...
Spluga *it.* ˈspluːɡa
Splügen ˈʃplyːɡn̩
Spode *engl.* spoʊd
Spodium ˈʃpoːdi̯ʊm, ˈsp...
Spodumen ʃpoduˈmeːn, sp...
Spoerl ʃpœrl
Spoerri ˈʃpœri
Spofford *engl.* ˈspɔfəd
Spohn ʃpoːn
Spohr ʃpoːɐ̯
Spoiler ˈʃpɔ͜ylɐ, ˈsp...
Spoils... ˈspɔ͜yls...
Spokane *engl.* spoʊˈkæn
Spöke ˈʃpøːkə
Spökenkiekerei ʃpøːkn̩kiːkəˈra͜i
Spoleto *it.* spoˈleːto
Spoletta *it.* spoˈletta
Spoliant ʃpoˈli̯ant, sp...
Spoliation ʃpoli̯aˈt͡si̯oːn, sp...
spoliieren ʃpoliˈiːrən, sp...
Spolium ˈʃpoːli̯ʊm, ˈsp..., **...ien** ...i̯ən
Špoljar *serbokr.* ˈʃpɔljar
Spompanadeln ʃpɔmpaˈnaːdl̩n
Spompanaden ʃpɔmpaˈnaːdn̩
Sponde *fr.* spõːd
spondeisch ʃpɔnˈdeːɪʃ, sp...
Spondeus ʃpɔnˈdeːʊs, sp..., **...een** ...eːən
Spondiakus ʃpɔnˈdiːakʊs, sp..., **...zi** ...t͡si

spondieren ʃpɔnˈdiːrən, sp...
Spondylarthritis ʃpɔndylarˈtriːtɪs, sp..., **...itiden** ...riˈtiːdn̩
Spondylitis ʃpɔndyˈliːtɪs, sp..., **...itiden** ...liˈtiːdn̩
Spondylose ʃpɔndyˈloːzə, sp...
Spongia ˈʃpɔŋgi̯a, ˈsp..., **...ien** ...i̯ən
Spongin ʃpɔŋˈgiːn, sp...
Spongiologie ʃpɔŋgi̯ologi:, sp...
spongiös ʃpɔŋˈgi̯øːs, sp..., **-e** ...øːzə
Spongiosa ʃpɔŋˈgi̯oːza, sp...
Sponheim ˈʃpoːnhai̯m
spönne ˈʃpœnə
Sponsa ˈʃpɔnza, ˈsp..., **-e** ...zɛ
Sponsalien ʃpɔnˈzaːli̯ən, sp...
sponsern ˈʃpɔnzɐn, ˈsp..., **sponsre** ...nzrə
sponsieren ʃpɔnˈziːrən, sp...
Sponsion ʃpɔnˈzi̯oːn, sp...
Sponsor ˈʃpɔnzoːɐ̯, ˈʃpɔnzɐ, ˈsp..., **-en** ...ˈzoːrən
Sponsoring ˈʃpɔnzorɪŋ, ˈsp..., ˈʃpɔnzərɪŋ
Sponsorship ˈʃpɔnzoːɐ̯ʃɪp, ˈsp..., ˈʃpɔnzəʃɪp
Sponsus ˈʃpɔnzʊs, ˈsp..., **...si** ...zi
spontan ʃpɔnˈtaːn, sp...
Spontan[e]ität ʃpɔntan[e]iˈtɛːt, sp...
Sponti ˈʃpɔnti
Spontini *it.* sponˈtiːni
Sponton ʃpɔnˈtoːn, sp..., spõˈtõ:
Spoon spuːn, ʃpuːn
Spor ʃpoːɐ̯
Sporade ʃpoˈraːdə, sp...
sporadisch ʃpoˈraːdɪʃ, sp...
Sporangium ʃpoˈraŋgi̯ʊm, sp..., **...ien** ...i̯ən
sporco ˈʃpɔrko, ˈsp...
Spore ˈʃpoːrə
Spörgel ˈʃpœrgl̩
sporig ˈʃpoːrɪç, **-e** ...ɪgə
Sporko ˈʃpɔrko, ˈsp...
Sporn ʃpɔrn, **Sporen** ˈʃpoːrən
spornen ˈʃpɔrnən
spornstreichs ˈʃpɔrnʃtrai̯çs
sporogen ʃporoˈgeːn, sp...
Sporogon ʃporoˈgoːn, sp...
Sporogonie ʃporogoˈniː, sp...
Sporophyll ʃporoˈfʏl, sp...
Sporophyt ʃporoˈfyːt, sp...
Sporotrichose ʃporotrɪˈçoːzə, sp...
Sporozoit ʃporotso̯ˈiːt, sp...
Sporozoon ʃporoˈtsoːɔn, sp..., **...oen** ...oːən
Sporozyste ʃporoˈtsʏstə, sp...
Sport[el] ˈʃpɔrt[l̩]
sporteln ˈʃpɔrtl̩n
sportiv spɔrˈtiːf, ʃp..., **-e** ...iːvə
Sportler ˈʃpɔrtlɐ
sportlich ˈʃpɔrtlɪç
Sportswear ˈspoːɐ̯tsvɛːɐ̯, ˈʃpɔrts...
Sposalizio spozaˈliːtsi̯o, ʃp...
Spot spɔt, ʃpɔt
Spota *span.* esˈpota
Spotlight ˈspɔtlai̯t, ˈʃp...
Spott ʃpɔt
spottbillig ˈʃpɔtˈbɪlɪç
Spöttelei ʃpœtəˈlai̯
spötteln ˈʃpœtl̩n
spotten ˈʃpɔtn̩
Spötter ˈʃpœtɐ
Spötterei ʃpœtəˈrai̯
spöttisch ˈʃpœtɪʃ
sprach ʃpraːx
spräche ˈʃprɛːçə
Sprache ˈʃpraːxə
...sprachig ...ˌʃpraːxɪç, **-e** ...ɪgə
Sprague *engl.* spreɪg
sprang ʃpraŋ
spränge ˈʃprɛŋə
Spranger ˈʃpraŋɐ, *niederl.* ˈsprɑŋər
spratzen ˈʃpratsn̩
Spray ʃpreː, spreː
sprayen ˈʃpreːən, ˈsp...
Sprayer ˈʃpreːɐ, ˈsp...
Spreader ˈʃprɛdɐ, ˈsprɛdɐ
Spreche ˈʃprɛçə
sprechen ˈʃprɛçn̩
Spree-Athen ˈʃpreː|ateːn
Spreewald ˈʃpreːvalt
Spreewälder ˈʃpreːvɛldɐ
Spreewäldler ˈʃpreːvɛltlɐ
Sprehe ˈʃpreːə
Spreißel ˈʃprai̯sl̩
Spreite ˈʃprai̯tə
spreiten ˈʃprai̯tn̩
Spreize ˈʃprai̯tsə
spreizen ˈʃprai̯tsn̩
Spremberg ˈʃprɛmbɛrk
Sprendlingen ˈʃprɛndlɪŋən
Sprengel ˈʃprɛŋl̩
sprengen ˈʃprɛŋən
Sprengsel ˈʃprɛŋzl̩
Sprenkel ˈʃprɛŋkl̩
sprenk[e]lig ˈʃprɛŋk[ə]lɪç, **-e** ...ɪgə
sprenkeln ˈʃprɛŋkl̩n
sprenzen ˈʃprɛntsn̩
Spreu ʃprɔy̯
spreuig ˈʃprɔy̯ɪç, **-e** ...ɪgə
sprich! ʃprɪç
spricht ʃprɪçt
Sprichwort ˈʃprɪçvɔrt
Sprickmann ˈʃprɪkman
Spriegel ˈʃpriːgl̩
Sprieß[e] ˈʃpriːs[ə]
Sprießel ˈʃpriːsl̩
sprießen ˈʃpriːsn̩
Spriet ʃpriːt
Sprigg *engl.* sprɪg
[1]**Spring** ʃprɪŋ
[2]**Spring** (Name) *engl.* sprɪŋ
Springbok *afr.* ˈsprəŋbɔk
Springdale *engl.* ˈsprɪŋdeɪl
Springe ˈʃprɪŋə
springen, S... ˈʃprɪŋən
Springer ˈʃprɪŋɐ, *engl.* ˈsprɪŋə
Springerl[e] ˈʃprɪŋɐl[ə]
Springerli ˈʃprɪŋɐli
Springfield *engl.* ˈsprɪŋfiːld
Springinklee ˈʃprɪŋ|ɪnkleː
Springinsfeld ˈʃprɪŋ|ɪnsfɛlt
springlebendig ˈʃprɪŋleˈbɛndɪç
Springs *engl.* sprɪŋz
Springvale *engl.* ˈsprɪŋveɪl
Springville *engl.* ˈsprɪŋvɪl
Sprinkler ˈʃprɪŋklɐ
Sprint ʃprɪnt
sprinten ˈʃprɪntn̩
Sprit ʃprɪt
spritig ˈʃprɪtɪç, **-e** ...ɪgə
Spritze ˈʃprɪtsə
spritzen ˈʃprɪtsn̩
Spritzerei ʃprɪtsəˈrai̯
spritzig ˈʃprɪtsɪç, **-e** ...ɪgə
Sprockhövel ʃprɔkˈhøːfl̩, ˈ---
spröd ʃprøːt, **-e** ˈʃprøːdə
spröde, S... ˈʃprøːdə
Sprödigkeit ˈʃprøːdɪçkai̯t
spross, S... ʃprɔs
Sprösschen ˈʃprœsçən
sprösse ˈʃprœsə
Sprosse ˈʃprɔsə
Sprosser ˈʃprɔsɐ
Sprössling ˈʃprœslɪŋ
Sprottau ˈʃprɔtau̯
Sprotte ˈʃprɔtə
Spruch ʃprʊx, **Sprüche** ˈʃprʏçə
Sprücheklopferei ʃprʏçəklɔpf͡əˈrai̯
Sprüchelchen ˈʃprʏçl̩çən
Sprudel ˈʃpruːdl̩
sprudeln ˈʃpruːdl̩n, **sprudle** ˈʃpruːdlə
Sprudler ˈʃpruːdlɐ
Sprue spruː
sprühen ˈʃpryːən

S

Sprung ʃprʊŋ, **Sprünge** ˈʃprʏŋə
Spucht ʃpʊxt
spuchtig ˈʃpʊxtɪç, **-e** ...ɪgə
Spucke ˈʃpʊkə
spucken ˈʃpʊkn̩
Spui *niederl.* spœi̯
Spuk ʃpu:k
spuken ˈʃpu:kn̩
Spukerei ʃpu:kəˈrai̯
Spule ˈʃpu:lə
Spüle ˈʃpy:lə
spulen ˈʃpu:lən
spülen ˈʃpy:lən
Spülicht ˈʃpy:lɪçt
Spumante spuˈmantə, ʃp...
Spund ʃpʊnt, **-es** ˈʃpʊndəs, **Spünde** ˈʃpʏndə
Spunda ˈʃpʊnda
spunden ˈʃpʊndn̩, **spund!** ʃpʊnt
spundig ˈʃpʊndɪç, **-e** ...ɪgə
Spur ʃpu:ɐ̯
spuren ˈʃpu:rən
spüren ˈʃpy:rən
Spurgeon *engl.* ˈspə:dʒən
...spurig ...ʃpu:rɪç, **-e** ...ɪgə
Spurt ʃpʊrt
spurten ˈʃpʊrtn̩
sputen ˈʃpu:tn̩
Sputnik ˈʃpʊtnɪk, ˈsp...
Sputter... ˈspatɐ...
Sputum ˈʃpu:tʊm, ˈsp..., **...ta** ...ta
Sputze ˈʃpʊt͜sə
sputzen ˈʃpʊt͜sn̩
Spy *engl.* spaɪ, *fr.* spi
Spychalski *poln.* spɨˈxalski
Spyri ˈʃpi:ri
Squarcione *it.* sku̯arˈtʃo:ne
Square skvɛ:ɐ̯
Squaredance ˈskvɛ:ɐ̯da:ns
Squash skvɔʃ
Squatter ˈskvɔtɐ
Squaw skvo:
Squenz skvɛnt͜s
Squibb *engl.* skwɪb
Squire ˈskvai̯ɐ
Šrámek *tschech.* ˈʃra:mɛk
Srbija *serbokr.* ˌsr̩bija
Srbik ˈzɪrbɪk
Srbobran *serbokr.* ˈsr̩bɔbra:n
Srebrenica *serbokr.* ˈsrɛbrɛnitsa
Srem *serbokr.* srɛ:m
Sremac *serbokr.* ˌsrɛ:mats
Sremska Mitrovica *serbokr.* ˈsrɛ:mska: ˈmitrɔvitsa
Sremski Karlovci *serbokr.* ˈsrɛ:mski: ˈka:rlɔ:ftsi

Sri Lanka ˈsri: ˈlaŋka
Sri-Lanker sriˈlaŋkɐ
sri-lankisch sriˈlaŋkɪʃ
Srinagar *engl.* ˈsri:nəgə
Sruoga *lit.* ˈsrʊo̯ga
ß ɛsˈt͜sɛt
SSSR ɛs|ɛs|ɛs|ˈɛr
st! (mit silbischem [s])st
s.t. ɛsˈte:
Staab[s] ʃta:p[s]
Staat ʃta:t
Stab ʃta:p, **-es** ˈʃta:bəs, **Stäbe** ˈʃtɛ:bə
Stabat Mater ˈsta:bat ˈma:tɐ
Stäbchen ˈʃtɛ:pçən
Stabelle ʃtaˈbɛlə
stäbeln ˈʃtɛ:bl̩n, **stäble** ˈʃtɛ:blə
staben ˈʃta:bn̩, **stab!** ʃta:p, **stabt** ʃta:pt
Staberl[e] ˈʃta:bɐl[ə]
Stabiae ˈsta:bi̯ɛ
stabil ʃtaˈbi:l, st...
Stabile (Konstruktion) ˈʃta:bilə, ˈst...
Stabilisation ʃtabilizaˈtsi̯o:n, st...
Stabilisator ʃtabiliˈza:to:ɐ̯, st..., **-en** ...zaˈto:rən
stabilisieren ʃtabiliˈzi:rən, st...
Stabilität ʃtabiliˈtɛ:t, st...
Stablack ˈʃtablak
staccato ʃtaˈka:to, st...
Staccato ʃtaˈka:to, st..., **...ti** ...ti
stach ʃta:x
Stach ʃtax
Stachanow ʃtaˈxa:nɔf, *russ.* staˈxanɐf
stäche ˈʃtɛ:çə
Stachel ˈʃtaxl̩
stachelig ˈʃtaxəlɪç, **-e** ...ɪgə
stacheln ˈʃtaxl̩n
Staches ˈʃtaxəs
Stachiewicz *poln.* staˈxjɛvitʃ
Stachlerkopf ˈʃtaxlɐkɔp͜f
stachlig ˈʃtaxlɪç, **-e** ...ɪgə
Stachus ˈʃtaxʊs
[1]**Stack** ʃtak
[2]**Stack** (EDV) stɛk
Stacy *engl.* ˈsteɪsɪ
stad ʃta:t, **-e** ˈʃta:də
Stade ˈʃta:də
Stadel ˈʃta:dl̩
Städel ˈʃtɛ:dl̩
Stadelmann ˈʃta:dl̩man
Staden ˈʃta:dn̩, *niederl.* ˈsta:də
Stader ˈʃta:dɐ
stadial ʃtaˈdi̯a:l, st...
Stadialität ʃtadi̯aliˈtɛ:t, st...

Stadion ˈʃta:di̯ɔn, **...ien** ...i̯ən
Stadium ˈʃta:di̯ʊm, **...ien** ...i̯ən
Stadl ˈʃta:dl̩
Stadler ˈʃta:dlɐ
Stadlmayr ˈʃta:dl̩mai̯ɐ
Stadskanaal *niederl.* ˈstɑtskɑna:l
Stadt ʃtat; **Städte** ˈʃtɛ:tə, *auch:* ˈʃtɛtə
Stadtallendorf ʃtatˈ|aləndɔrf
Städtchen ˈʃtɛ:tçən, *auch:* ˈstɛt...
Städter ˈʃtɛ:tɐ, *auch:* ˈʃtɛtɐ
Stadthagen ʃtatˈha:gn̩
Stadtilm ʃtatˈ|ɪlm
städtisch ˈʃtɛ:tɪʃ, *auch:* ˈʃtɛtɪʃ
Stadtlohn ˈʃtatlo:n
Stadtoldendorf ʃtatˈ|ɔldn̩dɔrf
Stadtroda ʃtatˈro:da
Stadtsteinach ʃtatˈʃtai̯nax
Staeck ʃtɛ:k
Staehelin ˈʃtɛ:əli:n
Staël *fr.* stal
Stäfa ˈʃtɛ:fa
Stafel ˈʃta:fl̩, **Stäfel** ˈʃtɛ:fl̩
Stafette ʃtaˈfɛtə
Staff *poln.* staf
Staffa *engl.* ˈstæfə, *it.* ˈstaffa
Staffage ʃtaˈfa:ʒə
Staffel[berg] ˈʃtafl̩[bɛrk]
Staffeldt *dän.* ˈsdafelˀd
Staffelei ʃtafəˈlai̯
staff[e]lig ˈʃtaf[ə]lɪç, **-e** ...ɪgə
staffeln ˈʃtafl̩n
Staffelsee ˈʃtafl̩ze:
Staffelstein ˈʃtafl̩ʃtai̯n
staffieren ʃtaˈfi:rən
Stafford *engl.* ˈstæfəd, **-shire** -ʃɪə
Stag ʃta:k, **-e** ˈʃta:gə
Stage ˈsta:ʒə
Stageira staˈgai̯ra
Stagflation ʃtakflaˈt͜si̯o:n, st...
Stagiaire staˈʒi̯ɛ:ɐ̯
Stagione staˈdʒo:nə
Stagira staˈgi:ra
Stagirit stagiˈri:t
Stagnation ʃtagnaˈt͜si̯o:n, st...
Stagnelius *schwed.* staŋˈne:lɪʊs
stagnieren ʃtaˈgni:rən, st...
Stagoskopie ʃtagoskoˈpi:, st...
stahl ʃta:l
Stahl ʃta:l, **Stähle** ˈʃtɛ:lə
Stahlbrode ʃta:lˈbro:də
stähle ˈʃtɛ:lə
stählen ˈʃtɛ:lən
stählern ˈʃtɛ:lɐn
stahlhart ˈʃta:lˈhart

Stahlin 'ʃtɛ:li:n
Stahly 'ʃta:li
stahn ʃta:n
Stahr ʃta:ɐ̯
Staiger 'ʃtaigɐ
Stainer 'ʃtainɐ, *engl.* 'steɪnə
Staines *engl.* steɪnz
Stainless Steel 'ste:nlɛs 'sti:l
Stainow *bulgar.* 'stajnof
Stains *fr.* stɛ̃
stak ʃta:k
stäke 'ʃtɛ:kə
Stake 'ʃta:kə
staken, S... 'ʃta:kn̩
Stakes ste:ks, ʃte:ks
Staket[e] ʃta'ke:t[ə]
Stakkato ʃta'ka:to, sta..., **...ti** ...ti
staksen 'ʃta:ksn̩
staksig 'ʃta:ksɪç, **-e** ...ɪgə
Stalagmit ʃtala'gmi:t, st...
Stalagmometer ʃtalagmo'me:tɐ, st...
Stalaktit stalak'ti:t, ʃt...
Stalbemt *niederl.* 'stɑlbɛmt
Stalder 'ʃtaldɐ
Stalin 'ʃta:li:n, 'st..., *russ., rumän., bulgar.* 'stalin
Stalinabad *russ.* stɐlina'bat
Stalingrad 'ʃta:li:ngra:t, *russ.* stɐlin'grat
Stalingrader 'ʃta:li:ngra:dɐ
Staliniri *russ.* stɐli'niri
stalinisieren ʃtalini'zi:rən, st...
Stalinismus ʃtali'nɪsmʊs, st...
Stalinist ʃtali'nɪst, st...
Stalino *russ.* 'stalinɐ
Stalinogorsk *russ.* stɐlina'gɔrsk
Stalinogród *poln.* stali'nɔgrut
Stalinsk *russ.* 'stalinsk
Stalinstadt 'ʃta:li:nʃtat
Stall ʃtal, **Ställe** 'ʃtɛlə
Ställchen 'ʃtɛlçən
stallen 'ʃtalən
Stallone *engl.* sta'loʊn
Stallupönen ʃtalu'pø:nən
Stalowa Wola *poln.* sta'lɔva 'vɔla
Stalpart *niederl.* 'stɑlpɑrt
Stalski *russ.* 'staljskij
Staltach 'ʃtaltax
Stalybridge *engl.* 'steɪlɪbrɪdʒ
Stamatow *bulgar.* stɐ'matof
Stamatu *rumän.* sta'matu
Stamboliski *bulgar.* stɐmbo'lijski
Stambolow *bulgar.* stɐmbo'lɔf
Stambul 'ʃtambʊl, 'st...
Stamen 'ʃta:mən, 'st..., **Stamina** ...mina
Stamford *engl.* 'stæmfəd
Stamic *tschech.* 'stamits
Staminodium ʃtami'no:di̯ʊm, st..., **...ien** ...i̯ən
Stamitz 'ʃta:mɪts
Stamm ʃtam, **Stämme** 'ʃtɛmə
Stämmchen 'ʃtɛmçən
Stammel 'ʃtaml̩
stammeln, S... 'ʃtamln̩
stammen 'ʃtamən
stammern 'ʃtamɐn
Stammheim 'ʃtamhaim
stämmig 'ʃtɛmɪç, **-e** ...ɪgə
Stammler 'ʃtamlɐ
Stamokap 'ʃta:mokap
Stampa *it.* 'stampa
Stampe 'ʃtampə
Stampede ʃtam'pe:də, st..., stɛm'pi:t
Stamper[l] 'ʃtampɐ[l]
Stampfe 'ʃtampfə
stampfen, S... 'ʃtampfn̩
Stampiglie ʃtam'pɪljə
Stams ʃtams
Stan *engl.* stæn
Stancu *rumän.* 'staŋku
stand ʃtant
Stand ʃtant, **-es** 'ʃtandəs, **Stände** 'ʃtɛndə
[1]**Standard** 'ʃtandart, *auch:* 'st...
[2]**Standard** (Jazz) *engl.* 'stændəd
Standardisation ʃtandardiza'tsi̯o:n, *auch:* st...
standardisieren ʃtandardi'zi:rən, *auch:* st...
Standarte ʃtan'dartə
Stand-by ʃtɛnt'bai, st...; '--
Ständchen 'ʃtɛntçən
stände, S... 'ʃtɛndə
Stande 'ʃtandə
Ständel 'ʃtɛndl̩
standen 'ʃtandn̩
Stander 'ʃtandɐ
Ständer 'ʃtɛndɐ
Standerton *engl.* 'stændətn
Standfuß 'ʃtantfu:s
standhalten 'ʃtanthaltn̩
ständig 'ʃtɛndɪç, **-e** ...ɪgə
Standing Ovations 'stɛndɪŋ o've:ʃn̩s
ständisch 'ʃtɛndɪʃ
Standl 'ʃtandl̩
Stănescu *rumän.* stə'nesku
Stanew *bulgar.* 'stanɛf
Stanford *engl.* 'stænfəd
Stange 'ʃtaŋə
Stängel 'ʃtɛŋl̩
Stängelchen 'ʃtɛŋl̩çən
...stäng[e]lig ...ʃtɛŋ[ə]lɪç, **-e** ...ɪgə
stängeln 'ʃtɛŋl̩n
Stänglein 'ʃtɛŋlain
Stanhope *engl.* 'stænhoʊp
Stanislau[s] 'ʃta:nɪslau[s]
Stanislav *tschech.* 'stanjislaf
Stanislaw 'ʃta:nɪslaf, *russ.* stɐni'slaf
Stanisław *poln.* sta'nisu̯af
Stanislawski *russ.* stɐni'slafskij
Stanisławski *poln.* stani'su̯afski
Stanitz[e]l ʃta'nɪtsl̩
Stanjukowitsch *russ.* stɐnju'kɔvitʃ
stank, S... ʃtaŋk
stänke 'ʃtɛŋkə
Stanke Dimitrow *bulgar.* stɐŋ'kɛ dimi'trɔf
Stänkerei ʃtɛŋkə'rai
Stänk[er]er 'ʃtɛŋk[ər]ɐ
stänk[e]rig 'ʃtɛŋk[ə]rɪç, **-e** ...ɪgə
stänkern 'ʃtɛŋkɐn
Stanković *serbokr.* ˌsta:ŋkɔvitɕ
Stanley *engl.* 'stænlɪ
Stanleyville *fr.* stanlɛ'vil
Stannat ʃta'na:t, st...
Stannin ʃta'ni:n, st...
Stanniol ʃta'ni̯o:l, st...
stanniolieren ʃtani̯o'li:rən, st...
Stannum 'ʃtanʊm, 'st...
Stanowoi Chrebet *russ.* stɐna'vɔj xrɪ'bjɛt
Stans ʃtans
Stanser 'ʃtanzɐ
Stanske 'ʃtanskə
Stansstad ʃtans'ʃta:t
stantape ʃtanta'pe:
stante pede 'stantə 'pe:də, 'ʃt... -
Stanthorpe *engl.* 'stænθɔ:p
Stanton *engl.* 'stɑ:ntən, 'stæn...
Stanwyck *engl.* 'stænwɪk
Stanze 'ʃtantsə
stanzen 'ʃtantsn̩
Stanzi 'ʃtantsi
Stanzioni *it.* stan'tsi̯o:ni
Stapel 'ʃta:pl̩, *niederl.* 'sta:pəl
Stapelholm 'ʃta:pl̩hɔlm
Stapelia ʃta'pe:li̯a
Stapelie ʃta'pe:li̯ə
stapeln 'ʃta:pl̩n
Stapfe 'ʃtapfə
stapfen, S... 'ʃtapfn̩

S

Stapfer 'ʃtapfɐ
Staphyle ʃta'fy:lə, st...
Staphylinide ʃtafyli'ni:də, st...
Staphylitis ʃtafy'li:tɪs, st..., **...itiden** ...li'ti:dn̩
Staphylodermie ʃtafylodɛr'mi:, st..., **-n** ...i:ən
Staphylokokkus ʃtafylo'kɔkʊs, st...
Staphylolysin ʃtafyloly'zi:n, st...
Staphylom ʃtafy'lo:m, st...
Staphyloma ʃtafy'lo:ma, st..., **...ta** ...ta
Staphylomykose ʃtafylomy'ko:zə, st...
Stapledon *engl.* 'steɪpldən
Stappen *niederl.* 'stɑpə
Staps ʃtaps
[1]**Star** (Vogel, Krankheit) ʃta:ɐ̯
[2]**Star** (Berühmtheit) ʃta:ɐ̯, sta:ɐ̯
[3]**Star** (Name) *engl.* stɑ:
Stär ʃtɛ:ɐ̯
Stará Boleslav *tschech.* 'stara: 'bɔlɛslaf
Starachowice *poln.* staraxɔ'vitsɛ
Staraja Russa *russ.* 'starɐjɐ 'rusɐ
Stara Pazova *serbokr.* 'sta:ra: 'pazɔva
Stara planina *serbokr.* 'sta:ra: pla,nina, *bulgar.* 'starɐ plɐni'na
Stara Sagora *bulgar.* 'starɐ zɐ'gɔrɐ
starb ʃtarp
starben 'ʃtarbn̩
starbt ʃtarpt
Starčevo *serbokr.* 'sta:rtʃɛvɔ
Staré Město *tschech.* 'starɛ: 'mnjɛstɔ
stären 'ʃtɛ:rən
Starewitsch *russ.* sta'rjevitʃ
Starez 'sta:rɛts, 'ʃt..., **Starzen** 'startsn̩, 'ʃt...
Starfighter *engl.* 'stɑ:faɪtə
Stargard 'ʃta:ɐ̯gart
Stargard Szczeciński *poln.* 'stargart ʃtʃɛ'tɕiĩski
Starhemberg 'ʃta:rəmbɛrk
Starine sta'ri:nə, ʃt...
Staring *niederl.* 'sta:rɪŋ
stark ʃtark, **stärker** 'ʃtɛrkɐ
Stark ʃtark, *engl.* stɑ:k
Stärke 'ʃtɛrkə
stärken 'ʃtɛrkn̩
Starkenburg 'ʃtarkn̩bʊrk
stärker vgl. stark
Starkey, ...kie *engl.* 'stɑ:kɪ
Starking 'ʃtarkɪŋ
Starlet[t] 'ʃta:ɐ̯lɛt, 'st...
Starling *engl.* 'stɑ:lɪŋ
Starnberg 'ʃtarnbɛrk
Starnberger 'ʃtarnbɛrgɐ
Starnina *it.* star'ni:na
Starobinski *fr.* starɔbɛ̃s'ki
Starogard Gdański *poln.* sta'rɔgart 'gdai̯ski
Starost sta'rɔst, *auch:* ʃt...
Starostei starɔs'tai̯, *auch:* ʃt...
Starow *russ.* sta'rɔf
Starowerzen staro'vɛrtsn̩
starr ʃtar
Starre 'ʃtarə
starren 'ʃtarən
Stars and Stripes *engl.* 'stɑ:z ənd 'straɪps
Start ʃtart, *auch:* start
START sta:ɐ̯t, *engl.* stɑ:t
starten 'ʃtartn̩, *auch:* 'st...
[1]**Starter** 'ʃtartɐ, *auch:* 'st...
[2]**Starter** *niederl.* 'stɑrtər
Stary Oskol *russ.* 'starɨj as'kɔl
Staryzky *ukr.* sta'rɪtsjkɪj
Starzen vgl. Starez
Stase 'ʃta:zə, 'st...
Stašek *tschech.* 'staʃɛk
Stasi 'ʃta:zi
Stasimon 'ʃta:zimɔn, 'st..., **...ma** ...ma
Stasimorphie ʃtazimɔr'fi:, st..., **-n** ...i:ən
Stasis 'ʃta:zɪs, 'sta:zɪs, **Stasen** 'ʃta:zn̩, 'st...
Stassen 'ʃtasn̩, *engl.* stɑ:sn, stæsn
Staßfurt 'ʃtasfʊrt
Stassow *russ.* 'stasɐf
Staszic *poln.* 'staʃits
Stat ʃta:t, sta:t
statarisch ʃta'ta:rɪʃ, st...
State Department 'ste:t di'pa:ɐ̯tmənt
Statement 'ste:tmənt
Staten Island *engl.* 'stætn 'aɪlənd
Stater ʃta'te:ɐ̯, st...
Statesboro *engl.* 'steɪtsbərə
Statesville *engl.* 'steɪtsvɪl
Stathmograph ʃtatmo'gra:f, st...
statieren ʃta'ti:rən
stätig 'ʃtɛ:tɪç, **-e** ...ɪgə
Statik 'ʃta:tɪk, 'st...
Statiker 'ʃta:tikɐ, 'st...
Station ʃta'tsi̯o:n
stationär ʃtatsi̯o'nɛ:ɐ̯
stationieren ʃtatsi̯o'ni:rən
statiös ʃta'tsi̯ø:s, **-e** ...ø:zə
statisch 'ʃta:tɪʃ, 'st...
stätisch 'ʃtɛ:tɪʃ
Statist ʃta'tɪst
Statisterie ʃtatɪstə'ri:, **-n** ...i:ən
Statistik ʃta'tɪstɪk
Statistiker ʃta'tɪstikɐ
statistisch ʃta'tɪstɪʃ
Statius 'sta:tsi̯ʊs
[1]**Stativ** (Gestell) ʃta'ti:f, **-e** ...i:və
[2]**Stativ** (Grammatik) 'ʃta:ti:f, 'st...
Statler *engl.* 'stætlə
Statoblast ʃtato'blast, st...
Statolith ʃtato'li:t, st...
Stator 'ʃta:to:ɐ̯, 'st..., **-en** ʃta'to:rən, st...
Statoskop ʃtato'sko:p, st...
statt, S... ʃtat
Stätte 'ʃtɛtə
stattfinden 'ʃtatfɪndn̩
Statthalter 'ʃtathaltɐ
Statthalterei ʃtathaltə'rai̯
Stattler 'ʃtatlɐ
stattlich 'ʃtatlɪç
Statuarik ʃta'tu̯a:rɪk, st...
statuarisch ʃta'tu̯a:rɪʃ, st...
Statue 'ʃta:tu̯ə, 'st...
Statuette ʃta'tu̯ɛtə, st...
statuieren ʃtatu'i:rən, st...
Statur ʃta'tu:ɐ̯
Status 'ʃta:tʊs, 'st..., **die -** ...tu:s
Status [- Nascendi, - praesens, - quo, - quo ante] 'ʃta:tʊs, 'st... [- nas'tsɛndi, - 'prɛ:zɛns, - kvo:, - kvo: 'antə]
Statut ʃta'tu:t
statutarisch ʃtatu'ta:rɪʃ
Statute Law 'stɛtju:t 'lo:
Stau ʃtau̯
Staub ʃtau̯p, **-es** 'ʃtau̯bəs, **Stäube** 'ʃtɔy̯bə
Stäubchen 'ʃtɔy̯pçən
stauben 'ʃtau̯bn̩, **staub!** ʃtau̯p, **staubt** ʃtau̯pt
stäuben 'ʃtɔy̯bn̩, **stäub!** ʃtɔy̯p, **stäubt** ʃtɔy̯pt
stäubern 'ʃtɔy̯bɐn, **stäubre** 'ʃtɔy̯brə
staubig 'ʃtau̯bɪç, **-e** ...ɪgə
Stäubling 'ʃtɔy̯plɪŋ
[1]**staubtrocken** (sehr trocken) 'ʃtau̯p'trɔkn̩

[2]staubtrocken (Lack) ˈʃtau̯ptrɔkn̩
Stauche ˈʃtau̯xə
stauchen ˈʃtau̯xn̩
Staude ˈʃtau̯də
stauden ˈʃtau̯dn̩, **staud!** ʃtau̯t
staudig ˈʃtau̯dɪç, **-e** ...ɪgə
Staudinger ˈʃtau̯dɪŋɐ
Stäudlin ˈʃtɔy̯dli:n
Staudt[e] ˈʃtau̯t[ə]
stauen ˈʃtau̯ən
Stauf[e] ˈʃtau̯f[ə]
Staufen ˈʃtau̯fn̩
Staufenberg ˈʃtau̯fn̩bɛrk
Staufer ˈʃtau̯fɐ
Stauffacher ˈʃtau̯faxɐ
Stauffenberg ˈʃtau̯fn̩bɛrk
Stauffer ˈʃtau̯fɐ
staufisch ˈʃtau̯fɪʃ
staunen, S... ˈʃtau̯nən
Stauning *dän.* ˈsdau̯nɪŋ
[1]Staunton (Virginia) *engl.* ˈstæntən
[2]Staunton (Personenname) *engl.* ˈstɔ:ntən, ˈstɑ:ntən
Staupe ˈʃtau̯pə
stäupen ˈʃtɔy̯pn̩
Staupitz ˈʃtau̯pɪts
Staurolith ʃtau̯roˈli:t, st...
Staurothek ʃtau̯roˈte:k, st...
Stavanger *norw.* staˈvaŋər
Stavelot *fr.* staˈvlo
[1]Stavenhagen (Ort) ʃta:vn̩ˈha:gn̩
[2]Stavenhagen (Nachn.) ˈʃta:vn̩ha:gn̩
Staviski *fr.* stavisˈki
Stawropol *russ.* ˈstavrɐpɐlj
St. Clair *engl.* ˈsɪŋklɛə
Stead *engl.* stɛd, sti:d
Steadyseller ˈstɛdizɛlɐ
Steadystate ˈstɛdiste:t
Steak ste:k, ʃte:k
Steaklet ˈste:klət, ˈʃt...
Stealth *engl.* stɛlθ
Steam[er] ˈsti:m[ɐ], ˈʃt...
Steapsin ʃteaˈpsi:n, st...
Stearat ʃteaˈra:t, st...
Stearin ʃteaˈri:n, st...
Stearrhö, ...öe ʃteaˈrø:, st..., **...rrhöen** ...ˈrø:ən
Steatit ʃteaˈti:t
Steatom ʃteaˈto:m, st...
Steatopygie ʃteatopyˈgi:, st...
Steatose ʃteaˈto:zə, st...
Steatozele ʃteatoˈtse:lə, st...
Stębark *poln.* ˈstɛmbark
Stebbins *engl.* ˈstɛbɪnz
Steben ˈʃte:bn̩
Stebich ˈʃte:bɪç
Stecchetti *it.* stekˈketti
Stech ʃtɛç
stechen ˈʃtɛçn̩
Stechlin ʃtɛçˈli:n
Steckborn ˈʃtɛkbɔrn
Steckel ˈʃtɛkl̩
stecken, S... ˈʃtɛkn̩
Steckling ˈʃtɛklɪŋ
Stedingen ˈʃte:dɪŋən
Stedinger ˈʃte:dɪŋɐ
Stedman *engl.* ˈstɛdmən
Steeg ʃte:k
Steelband ˈsti:lbɛnt
Steele ˈʃte:lə, *engl.* sti:l
Steen *engl.* sti:n, *dän.* sdɪ:ˀn, *niederl.* ste:n
Steenbeck ˈʃte:nbɛk
Steenbergen *niederl.* ˈste:nbɛrɣə
Steenbock *engl.* ˈsti:nbɔk
Steenwij[c]k *niederl.* ˈste:nwɛi̯k
Steeplechase ˈsti:pl̩tʃe:s, ˈʃt..., **-n** ...tʃe:sn̩
Steepler ˈsti:plɐ, ˈʃt...
Steer[s] *engl.* stɪə[z]
Stefan ˈʃtɛfan, *russ.* stɪˈfan, *bulgar.* ˈstɛfɐn, *poln.* ˈstɛfan
Stefán *isl.* ˈstɛ:fau̯n
Ștefan *rumän.* ˈʃtefan
Stefani *it.* ˈste:fani, *poln.* stɛˈfani
Stefania ʃteˈfa:ni̯a
Stefanie ʃteˈfa:ni̯ə, ˈʃtɛfani, ʃtefaˈni:
Stefano *it.* ˈste:fano
Stefanopulos *neugr.* stɛfaˈnɔpulɔs
Stefanović *serbokr.* stɛˌfa:nɔvitɕ
Stefanson *engl.* stɛfnsn
Stefánsson *isl.* ˈstɛ:fau̯nsɔn
Steffani *it.* ˈstɛffani
Steffe[c]k ˈʃtɛfɛk
Steffen ˈʃtɛfn̩
Steffens ˈʃtɛfn̩s, *engl.* stɛfnz
Steffi ˈʃtɛfi
Steffisburg ˈʃtɛfɪsbʊrk
Steg ʃte:k, **-e** ˈʃte:gə
Steganographie ʃteganograˈfi:, st...
Steger[wald] ˈʃte:gɐ[valt]
Stegmann ˈʃte:kman
Stegmüller ˈʃte:kmʏlɐ
Stegner *engl.* ˈstɛgnə
Stegodon ˈʃte:godɔn, ˈst..., **-ten** ʃtegoˈdɔntn̩, st...
Stegosaurier ʃtegoˈzau̯ri̯ɐ, st...
Stegozephale ʃtegotseˈfa:lə, st...
Stegreif ˈʃte:krai̯f
Steguweit ˈʃte:guvai̯t
Stehauf ˈʃte:|au̯f
Stehaufmännchen ʃte:-ˈ|au̯fmɛnçən, ˈ--, ---
stehen ˈʃte:ən
stehlen ˈʃte:lən
Stehlík *tschech.* ˈstɛhli:k
Stehr ʃte:ɐ̯
Steidl ˈʃtai̯dl̩
Steierin ˈʃtai̯ərɪn
Steiermark ˈʃtai̯ɐmark
Steiermärker ˈʃtai̯ɐmɛrkɐ
steiermärkisch ˈʃtai̯ɐmɛrkɪʃ
steif ʃtai̯f
Steife ˈʃtai̯fə
steifen ˈʃtai̯fn̩
Steiff® ʃtai̯f
Steig ʃtai̯k, **-e** ˈʃtai̯gə
Steige ˈʃtai̯gə
steigen ˈʃtai̯gn̩, **steig!** ʃtai̯k, **steigt** ʃtai̯kt
Steigenberger ˈʃtai̯gn̩bɛrgɐ
Steigentesch ˈʃtai̯gn̩tɛʃ
Steiger ˈʃtai̯gɐ, *engl.* ˈstaɪgə
steigern ˈʃtai̯gɐn, **steigre** ˈʃtai̯grə
Steigerwald ˈʃtai̯gɐvalt
steil ʃtai̯l
Steile ˈʃtai̯lə
steilen ˈʃtai̯lən
[1]Stein ʃtai̯n
[2]Stein (Name) ʃtai̯n, *niederl.* stɛi̯n, *engl.* staɪn
Steinach ˈʃtai̯nax
steinalt ˈʃtai̯nˈ|alt
Steinamanger ʃtai̯naˈmaŋɐ
Steinarr *isl.* ˈstɛi̯nar
Steinau ˈʃtai̯nau̯
Steinbach ˈʃtai̯nbax
Steinbeck ˈʃtai̯nbɛk, *engl.* ˈstaɪnbɛk
Steinberg ˈʃtai̯nbɛrk, *engl.* ˈstaɪnbə:g
Steinberger *engl.* ˈstaɪnbə:gə
Steinbrück ˈʃtai̯nbrʏk
Steinbuch ˈʃtai̯nbu:x
Steinburg ˈʃtai̯nbʊrk
Steindl ˈʃtai̯ndl̩
steinen, S... ˈʃtai̯nən
Steiner ˈʃtai̯nɐ, *engl.* ˈstaɪnə
steinern ˈʃtai̯nɐn
Steinfeld ˈʃtai̯nfɛlt
Steinfurt[h] ˈʃtai̯nfʊrt
Steingaden ʃtai̯nˈga:dn̩
Steingruber ˈʃtai̯ngru:bɐ
steinguten ˈʃtai̯ngu:tn̩

S

Steinhagen ˈʃta͜inha:gn̩
Steinhäger® ˈʃta͜inhɛ:gɐ
steinhart ˈʃta͜inˈhart
Steinhaus ˈʃta͜inha͜us
[1]Steinhausen (Maler) ˈʃta͜inha͜uzn̩
[2]Steinhausen (Ort) ʃta͜inˈha͜uzn̩
Steinheil ˈʃta͜inha͜il
Steinheim ˈʃta͜inha͜im
Steinhöfel ˈʃta͜inhø:fl̩
Steinhöwel ˈʃta͜inhø:vl̩
Steinhude ˈʃta͜inhu:də
Steinhuder ˈʃta͜inhu:dɐ
steinig ˈʃta͜inɪç, **-e** ...ɪgə
steinigen ˈʃta͜inɪgn̩, **steinig!** ...ɪç, **steinigt** ...ɪçt
Steinitz ˈʃta͜inɪt͜s, *engl.* ˈstaɪnɪts
Steinke ˈʃta͜inkə
Steinkjer *norw.* ˌste͜inçæ:r
Steinl ˈʃta͜inəl
Steinle ˈʃta͜inlə
Steinlen ˈʃta͜inlən, *fr.* stɛ̃ˈlɛn, stɛnˈlɛn
Steinman *engl.* ˈstaɪnmən
Steinmar[k] ˈʃta͜inmar[k]
Steinmetz ˈʃta͜inmɛt͜s, *engl.* ˈstaɪnmɛts, *niederl.* ˈste͜in...
[1]steinreich (reich an Steinen) ˈʃta͜inra͜iç
[2]steinreich (sehr reich) ˈʃta͜inˈra͜iç
Steinsburg ˈʃta͜insbʊrk
Steinschneider ˈʃta͜inʃna͜idɐ
Steinstücken ˈʃta͜inʃtʏkn̩
Steint[h]al ˈʃta͜inta:l
Steinway ˈʃta͜invɛ, *engl.* ˈstaɪnweɪ
Steinweg ˈʃta͜inve:k
steipen ˈʃta͜ipn̩
Steiper ˈʃta͜ipɐ
steipern ˈʃta͜ipɐn
Steirer ˈʃta͜irɐ
steirisch ˈʃta͜irɪʃ
Steiß ʃta͜is
Stek ste:k, ʃte:k
Stele ˈste:lə, ˈʃte:lə
Stella ˈʃtɛla, *engl.* ˈstɛlə, *it.* ˈstɛlla, *fr.* stɛlˈla
Stellage ʃtɛˈla:ʒə
stellar ʃtɛˈla:ɐ̯, st...
Stellarator ʃtɛlaˈra:to:ɐ̯, **-en** ʃtɛlaraˈto:rən
Stellaris ʃtɛˈla:rɪs, st...
Stelldichein ˈʃtɛldɪç|a͜in
Stelle ˈʃtɛlə
stellen ˈʃtɛlən
Stellenbosch *afr.* stɛləmˈbɔs
Steller ˈʃtɛlɐ
Stellerator ʃtɛleˈra:to:ɐ̯, **-en** ...raˈto:rən
...stellig ...ʃtɛlɪç, **-e** ...ɪgə
Stelling ˈʃtɛlɪŋ
Stellmacherei ʃtɛlmaxəˈra͜i
St.-Elms-Feuer za͜ŋktˈ|ɛlmsfɔ͜yɐ
Stelvio *it.* ˈstelvi̯o, ˈstɛlvi̯o
Stelze ˈʃtɛlt͜sə
stelzen, S... ˈʃtɛlt͜sn̩
Stelzer ˈʃtɛlt͜sɐ
Stelzhamer ˈʃtɛlt͜shamɐ
stelzig ˈʃtɛlt͜sɪç, **-e** ...ɪgə
Stemma ˈʃtɛma, ˈst..., **-ta** -ta
stemmatologisch ʃtɛmatoˈlo:gɪʃ, st...
Stemme ˈʃtɛmə
stemmen, S... ˈʃtɛmən
Stemmle ˈʃtɛmlə
Stempel ˈʃtɛmpl̩
stempeln ˈʃtɛmpl̩n
Stempen ˈʃtɛmpn̩
Sten ʃte:n, *engl.* stɛn, *schwed.* ste:n, *dän.* sdɪ:ˀn
Stendal ˈʃtɛnda:l
Stenden ˈʃtɛndn̩
Stendhal *fr.* stɛ̃ˈdal
Stenge ˈʃtɛŋə
Stengel ˈʃtɛŋl̩
Stenhammar *schwed.* ˌste:nhamar
Stenius *schwed.* ˈste:niʊs
[1]Steno (Kurzschrift) ˈʃte:no
[2]Steno (Name) ˈʃte:no, ˈste:no
Stenodaktylo ʃtenoˈdaktylo
Stenodaktylographie ʃtenodaktylograˈfi:
Stenodaktylographin ʃtenodaktyloˈgra:fɪn
Stenograf ʃtenoˈgra:f
Stenografie ʃtenograˈfi:, **-n** ...i:ən
stenografieren ʃtenograˈfi:rən
Stenogramm ʃtenoˈgram
stenohalin ʃtenohaˈli:n, st...
stenök ʃteˈnø:k, st...
Stenokardie ʃtenokarˈdi:, st..., **-n** ...i:ən
Stenokorie ʃtenokoˈri:, st...
stenophag ʃtenoˈfa:k, st..., **-e** ...ˈfa:gə
Stenose ʃteˈno:zə, st...
Stenosis ʃteˈno:zɪs, st...
stenotherm ʃtenoˈtɛrm, st...
Stenothorax ʃtenoˈto:raks, st...
stenotop ʃtenoˈto:p, st...
Stenotypie ʃtenotyˈpi:, **-n** ...i:ən
stenotypieren ʃtenotyˈpi:rən
Stenotypist ʃtenotyˈpɪst
stenoxybiont ʃtenɔksyˈbi̯ɔnt, st...
Stensen *dän.* ˈsdensn̩
stentando stɛnˈtando
stentato stɛnˈta:to
Stentor ˈʃtɛnto:ɐ̯, ˈst...
Stentsch ʃtɛnt͜ʃ
Stenungsund *schwed.* ste:nʊŋˈsʊnd
Stenz ʃtɛnt͜s
Stepan *russ.* stɪˈpan, *serbokr.* ˈstɛpa:n
Stepanakert *russ.* stɪpɐnaˈkjɛrt
Štěpán[ov] *tschech.* ˈʃtjɛpa:n[ɔf]
Stepanow *russ.* stɪˈpanɐf
Stepanowitsch *russ.* stɪˈpanɐvitʃ
Stepanow[n]a *russ.* stɪˈpanɐv[n]ɐ
Stepaschin *russ.* stɪˈpaʃɨn
Stephan ˈʃtɛfan
Stephani ʃteˈfa:ni, ˈʃtɛfani
Stephanie ʃteˈfa:ni̯ə, ˈʃtɛfani, ʃtefaˈni:
Stephanit ʃtefaˈni:t
Stephanitag ʃteˈfa:nita:k
Stephano ˈstɛfano
Stephansson *engl.* stɛfnsn
Stephanus ˈʃtɛfanʊs, ˈst...
Stephen[s] *engl.* sti:vn[z]
Stephensen *dän.* ˈsdefn̩sn̩
Stephenson *engl.* sti:vnsn
Stepinac *serbokr.* stɛˈpi:nats
Stepney *engl.* ˈstɛpnɪ
Stepp ʃtɛp, stɛp
Steppe ˈʃtɛpə
[1]steppen (tanzen) ˈʃtɛpn̩, ˈst...
[2]steppen (nähen) ˈʃtɛpn̩
Stepper (Tänzer) ˈʃtɛpɐ, ˈst...
Stepperei (zu: [2]steppen) ʃtɛpəˈra͜i
Steppke ˈʃtɛpkə
Stepun ʃteˈpu:n
Ster ʃte:ɐ̯
Steradiant ʃteraˈdi̯ant
sterben ˈʃtɛrbn̩
Sterbensangst ˈʃtɛrbn̩sˈ|aŋst
sterbenselend ˈʃtɛrbn̩sˈ|e:lɛnt
sterbenskrank ˈʃtɛrbn̩sˈkraŋk
sterbenslangweilig ˈʃtɛrbn̩sˈlaŋva͜ilɪç
sterbensmatt ˈʃtɛrbn̩sˈmat
Sterbensseele ˈʃtɛrbn̩sˈze:lə
Sterbenswort ˈʃtɛrbn̩sˈvɔrt
Sterbenswörtchen ˈʃtɛrbn̩sˈvœrtçən
Sterbet ˈʃtɛrbət
sterblich ˈʃtɛrplɪç

Sterculia ʃtɛr'ku:li̯a, st...
Stere *rumän.* 'stere
stereo, S... 'ʃte:reo, 'st...
Stereoagnosie ʃtereo|agno'zi:, st...
Stereoautograph ʃtereo|au̯to'gra:f, st...
Stereobat ʃtereo'ba:t, st...
Stereochemie ʃtereoçe'mi:, st...
stereochemisch ʃtereo'çe:mɪʃ, st...
Stereochromie ʃtereokro'mi:, st..., **-n** ...i:ən
Stereofilm 'ʃte:reofɪlm, 'st...
Stereofotografie ʃtereofotogra'fi:, st...
Stereograph ʃtereo'gra:f, st...
Stereom ʃtere'o:m, st...
Stereometer ʃtereo'me:tɐ, st...
Stereometrie ʃtereome'tri:, st...
stereometrisch ʃtereo'me:trɪʃ, st...
stereophon ʃtereo'fo:n, st...
Stereophonie ʃtereofo'ni:, st...
Stereophotogrammmetrie ʃtereofotograme'tri:, st...
stereophotogrammmetrisch ʃtereofotogra'me:trɪʃ, st...
Stereoplanigraph ʃtereoplani'gra:f, st...
Stereoskop ʃtereo'sko:p, st...
Stereoskopie ʃtereosko'pi:, st...
stereotaktisch ʃtereo'taktɪʃ, st...
Stereotaxie ʃtereota'ksi:, st...
Stereotaxis ʃtereo'taksɪs, st...
Stereotomie ʃtereoto'mi:, st...
stereotyp, S... ʃtereo'ty:p, st...
Stereotypeur ʃtereoty'pø:ɐ̯, st...
Stereotypie ʃtereoty'pi:, st..., **-n** ...i:ən
stereotypieren ʃtereoty'pi:rən, st...
steril ʃte'ri:l, st...
Sterilisation ʃteriliza'tsi̯o:n, st...
Sterilisator ʃterili'za:to:ɐ̯, st..., **-en** ...za'to:rən
sterilisieren ʃterili'zi:rən, st...
Sterilität ʃterili'tɛ:t, st...
Sterin ʃte'ri:n, st...
Sterke 'ʃtɛrkə
Sterkfontein *afr.* 'stɛrkfɔntəi̯n
sterkoral ʃtɛrko'ra:l, st...
Sterkrade 'ʃtɛrkra:də
Sterlet[t] 'ʃtɛrlɛt
[1]**Sterling** 'ʃtɛrlɪŋ, 'st..., *auch:* 'stø:ɐ̯lɪŋ, 'stœrlɪŋ
[2]**Sterling** (Name) *engl.* 'stə:lɪŋ
Sterlitamak *russ.* stɪrlita'mak
[1]**Stern** ʃtɛrn
[2]**Stern** (Name) ʃtɛrn, *engl.* stə:n, *fr., poln.* stɛrn
sternal ʃtɛr'na:l, st...
Sternalgie ʃtɛrnal'gi:, st..., **-n** ...i:ən
Sternberg 'ʃtɛrnbɛrk, *engl.* 'stə:nbə:g
Sternberger 'ʃtɛrnbɛrgɐ
Sterndeuterei ʃtɛrndɔytə'rai̯
Sterne 'ʃtɛrnə, *engl.* stə:n
Sterneder 'ʃtɛrn|e:dɐ
sternenhell 'ʃtɛrnənhɛl
sternhagelvoll 'ʃtɛrn'ha:gl̩'fɔl
Sternheim 'ʃtɛrnhai̯m
sternklar 'ʃtɛrnkla:ɐ̯
Sternum 'ʃtɛrnʊm, 'st..., **...na** ...na
Steroid ʃtero'i:t, st..., **-e** ...i:də
Stert ʃte:ɐ̯t
Stertor 'ʃtɛrto:ɐ̯, 'st...
stertorös ʃtɛrto'rø:s, st..., **-e** ...ø:zə
Sterz ʃtɛrts
sterzeln 'ʃtɛrtsl̩n
Sterz[ing] 'ʃtɛrts[ɪŋ]
Stesichoros ste'zɪçorɔs
stet ʃte:t
Stete 'ʃte:tə
Stethaimer 'ʃtɛthai̯mɐ
Stethoskop ʃteto'sko:p, st...
stetig 'ʃte:tɪç, **-e** ...ɪgə
stets ʃte:ts
stetsfort 'ʃte:tsfɔrt
Stetson *engl.* stɛtsn
Stetten[heim] 'ʃtɛtn̩[hai̯m]
Stettheimer 'ʃtɛthai̯mɐ
Stettin[er] ʃtɛ'ti:n[ɐ]
Stettinius ʃtɛ'ti:ni̯ʊs, *engl.* stə'tɪnɪəs
Steuart *engl.* stjʊət
Steuben 'ʃtɔybn̩, *engl.* 'st[j]u:bən
Steubenville *engl.* 'st[j]u:bənvɪl
Steuer 'ʃtɔyɐ
steuerbord, S... 'ʃtɔyɐbɔrt
Steuermann 'ʃtɔyɐman
steuern 'ʃtɔyɐn
Stevan *serbokr.* 'stɛva:n
Steve *engl.* sti:v
[1]**Steven** 'ʃte:vn̩
[2]**Steven** (Name) *engl.* sti:vn
Stevenage *engl.* 'sti:vnɪdʒ
Stevens *engl.* sti:vnz, *niederl.* 'ste:vəns, *fr.* ste'vɛ̃:s
Stevenson *engl.* sti:vnsn
Stever 'ʃte:vɐ
Stevin *niederl.* 'ste:vɪn
Stevinus ste'vi:nʊs, ʃt...
Stevns *dän.* sdɛu̯'ns
[1]**Steward** 'stju:ɐt, 'ʃt[j]u:ɐt
[2]**Steward** (Name) *engl.* stjʊəd
Stewardess 'stju:ɐdɛs, 'ʃt[j]u:ɐdɛs, *auch:* stjuɐ'dɛs, ʃt[j]uɐ'dɛs
Stewardship 'stju:ɐtʃɪp, 'ʃt[j]u:...
Stewart *engl.* stjʊət
Steyler 'ʃtai̯lɐ
Steyr 'ʃtai̯ɐ
Sthenie ʃte'ni:, st...
sthenisch 'ʃte:nɪʃ, 'st...
stibitzen ʃti'bɪtsn̩
Stibium 'ʃti:bi̯ʊm, 'st...
stich!, Stich ʃtɪç
Sticharion stɪ'ça:ri̯ɔn, ʃt..., **...ia** ...i̯a
Stichel 'ʃtɪçl̩
Stichelei ʃtɪçə'lai̯
sticheln 'ʃtɪçl̩n
stichig 'ʃtɪçɪç, **-e** ...ɪgə
stichisch 'ʃtɪçɪʃ, 'st...
Stichler 'ʃtɪçlɐ
Stichling 'ʃtɪçlɪŋ
Stichomantie ʃtɪçoman'ti:, st..., **-n** ...i:ən
Stichometrie ʃtɪçome'tri:, st...
Stichomythie ʃtɪçomy'ti:, st..., **-n** ...i:ən
sticht ʃtɪçt
Stichwort 'ʃtɪçvɔrt
Stick stɪk, ʃtɪk
Stickel 'ʃtɪkl̩
Stickelberger 'ʃtɪkl̩bɛrgɐ
sticken 'ʃtɪkn̩
Sticker (Aufkleber) 'ʃtɪkɐ, 'st...
Stickerei ʃtɪkə'rai̯
stickig 'ʃtɪkɪç, **-e** ...ɪgə
Stickney *engl.* 'stɪknɪ
Stickstoff 'ʃtɪkʃtɔf
Stiebel 'ʃti:bl̩
stieben 'ʃti:bn̩, **stieb!** ʃti:p, **stiebt** ʃti:pt
Stief... 'ʃti:f...
Stief[el] 'ʃti:f[l̩]
Stiefelette ʃtifə'lɛtə
stiefeln 'ʃti:fl̩n
Stiefografie, ...aphie ʃtifogra'fi:
stieg ʃti:k
Stiege 'ʃti:gə
stiegen 'ʃti:gn̩

S

Stieglitz 'ʃti:glɪts, *engl.* 'sti:glɪts
stiegt ʃti:kt
stiehl!, Stiehl ʃti:l
stiehlt ʃti:lt
stiekum 'ʃti:kʊm
stielen 'ʃti:lən
Stiel[er] 'ʃti:l[ɐ]
Stieltjes *niederl.* 'stiltjəs
stiemen 'ʃti:mən
stier, S... ʃti:ɐ̯
stieren 'ʃti:rən
stierig 'ʃti:rɪç, **-e** ...ɪgə
Stiernhielm *schwed.* ˌʃæ:rnjɛlm
Stiernstedt *schwed.* ˌʃæ:rnstɛt
Stiesel 'ʃti:zl̩
sties[e]lig 'ʃti:z[ə]lɪç, **-e** ...ɪgə
stieß ʃti:s
Stießel 'ʃti:sl̩
stieß[e]lig 'ʃti:s[ə]lɪç, **-e** ...ɪgə
Stifel 'ʃti:fl̩
Stift ʃtɪft
stiften 'ʃtɪftn̩
Stifter 'ʃtɪftɐ
Stig *schwed.* sti:g, *dän.* sdi:
Stigand *engl.* 'stɪgənd
Stigel 'ʃti:gl̩
Stigen *norw.* ˌsti:gən
Stiglmaier 'ʃti:gl̩maiɐ
Stigma 'ʃtɪgma, 'st..., **-ta** -ta
Stigmarie ʃtɪ'gma:ri̯ə, st...
Stigmatisation ʃtɪgmatiza'tsi̯o:n, st...
stigmatisieren ʃtɪgmati'zi:rən, st...
Stigmator ʃtɪ'gma:to:ɐ̯, st..., **-en** ...ma'to:rən
Stigmonym ʃtɪgmo'ny:m, st...
Stignani *it.* stiɲ'ɲa:ni
Stijl *niederl.* stɛi̯l
Stikker *niederl.* 'stɪkər
Stil ʃti:l, *auch:* sti:l
Stilb ʃtɪlp, st...
Stile antico 'sti:lə an'ti:ko
Stile concitato 'sti:lə kontʃi'ta:to
Stile osservato 'sti:lə ɔsɛr'va:to
Stile rappresentativo 'sti:lə raprezɛnta'ti:vo
Stile recitativo 'sti:lə retʃita'ti:vo
Stilett ʃti'lɛt, st...
Stilfser Joch 'ʃtɪlfsɐ 'jɔx
Stili vgl. Stilus
Stilicho 'sti:lɪço
stilisieren ʃtili'zi:rən, *auch:* st...
Stilist[ik] ʃti'lɪst[ɪk], *auch:* st...
Stiljagi stɪl'ja:gi
still ʃtɪl
Still ʃtɪl, *engl.* stɪl
stille, S... 'ʃtɪlə
stillen 'ʃtɪlən
Stiller *schwed.* 'stilər
Stilling 'ʃtɪlɪŋ
Stillingfleet *engl.* 'stɪlɪŋfli:t
Stillleben 'ʃtɪlle:bn̩
Stillman *engl.* 'stɪlmən
stillschweigend 'ʃtɪlʃvaignt, **-e** ...ndə
Stillson *engl.* stɪlsn
Stillwater *engl.* 'stɪlwɔ:tə
Stilo 'sti:lo
Stilpnosiderit ʃtɪlpnozide'ri:t, st...
Stilton (Käse) 'stɪltn̩
Stilus 'ʃti:lʊs, 'st..., **...li** ...li
Stilwell *engl.* 'stɪlwəl
Stimme 'ʃtɪmə
stimmen 'ʃtɪmən
Stimmer 'ʃtɪmɐ
stimmig 'ʃtɪmɪç, **-e** ...ɪgə
Stimson *engl.* stɪmsn
Stimulans 'ʃti:mulans, 'st..., **...nzien** ʃtimu'lantsi̯ən, st..., **...ntia** ʃtimu'lantsi̯a, st...
Stimulation ʃtimula'tsi̯o:n, st...
Stimulator ʃtimu'la:to:ɐ̯, st..., **-en** ...la'to:rən
stimulieren ʃtimu'li:rən, st...
Stimulus 'ʃti:mulʊs, 'st..., **...li** ...li
Stina 'ʃti:na
Stinde 'ʃtɪndə
Stine 'ʃti:nə
Stinger 'stɪŋɐ, 'ʃt...
Stinkadores ʃtɪŋka'do:rɛs
stinkbesoffen 'ʃtɪŋkbə'zɔfn̩
stinken 'ʃtɪŋkn̩
stinkfaul 'ʃtɪŋk'faul
stinkfein 'ʃtɪŋk'fain
stinkig 'ʃtɪŋkɪç, **-e** ...ɪgə
stinknormal 'ʃtɪŋknɔr'ma:l
stinkreich 'ʃtɪŋk'raiç
stinksauer 'ʃtɪŋk'zauɐ
stinkvornehm 'ʃtɪŋk'fo:ɐ̯ne:m
Stinkwut 'ʃtɪŋk'vu:t
stinkwütend 'ʃtɪŋk'vy:tn̩t
Stinnes 'ʃtɪnəs
Stint ʃtɪnt
Štip *mak.* ʃtip
Stipel 'ʃti:pl̩, 'st...
Stipendiat ʃtipɛn'di̯a:t
Stipendist ʃtipɛn'dɪst
Stipendium ʃti'pɛndi̯ʊm, **...ien** ...i̯ən
Stipp[e] 'ʃtɪp[ə]
stippen 'ʃtɪpn̩
stippig 'ʃtɪpɪç, **-e** ...ɪgə
Stipulation ʃtipula'tsi̯o:n, st...
stipulieren ʃtipu'li:rən, st...
stirb! ʃtɪrp
stirbt ʃtɪrpt
Stirling *engl.* 'stə:lɪŋ
Stirn[e] 'ʃtɪrn[ə]
Stirner 'ʃtɪrnɐ
Štitný *tschech.* 'ʃtji:tni:
St. John (Nachname) *engl.* 'sɪndʒən, (Ort) *engl.* snt'dʒɔn
Stjørdal *norw.* ˌstjœ:rda:l
St. Laurent *fr.* sɛ̃lɔ'rɑ̃
St. Leger *engl.* snt'lɛdʒə, 'sɛlɪndʒə
St. Leonards *engl.* snt'lɛnədz
Stoa 'ʃto:a, 'sto:a
stob ʃto:p
Stobaeus sto'bɛ:ʊs
Stobaios sto'baiɔs
Stobbe 'ʃtɔbə
stöbe 'ʃtø:bə
stoben 'ʃto:bn̩
Stöber 'ʃtø:bɐ
Stöberei ʃtø:bə'rai
stöbern 'ʃtø:bɐn, **stöbre** 'ʃtø:brə
stobt ʃto:pt
stöbt ʃtø:pt
Stobwasser 'ʃto:pvasɐ
Stochastik ʃtɔ'xastɪk, st...
stochastisch ʃtɔ'xastɪʃ, st...
stochern 'ʃtɔxɐn
Stöchiometrie ʃtøçi̯ome'tri:, st...
stöchiometrisch ʃtøçi̯o'me:trɪʃ, st...
[1]**Stock** ʃtɔk, **Stöcke** 'ʃtœkə
[2]**Stock** (Warenvorrat) stɔk
[3]**Stock** (Name) ʃtɔk, *fr., engl.* stɔk
Stockach 'ʃtɔkax
stockbesoffen 'ʃtɔkbə'zɔfn̩
stockbetrunken 'ʃtɔkbə'trʊŋkn̩
stockblind 'ʃtɔk'blɪnt
Stockcar 'stɔkka:ɐ̯
Stöckchen 'ʃtœkçən
stockdumm 'ʃtɔk'dʊm
stockdunkel 'ʃtɔk'dʊŋkl̩
stockduster 'ʃtɔk'du:stɐ
Stöckel 'ʃtœkl̩
stöckeln 'ʃtœkl̩n
stocken 'ʃtɔkn̩
Stockenström *afr.* 'stɔkənstrœm
Stöcker 'ʃtœkɐ
Stockerau ʃtɔkə'rau
Stocker[l] 'ʃtɔkɐ[l]

Stock Exchange ˈstɔk ɪks-ˈtʃeːntʃ
stockfinster ˈʃtɔkˈfɪnstɐ
Stockhausen ˈʃtɔkhauzn̩
stockheiser ˈʃtɔkˈhaizɐ
Stockholm ˈʃtɔkhɔlm, *schwed.* ˌstɔkhɔlm
Stockholms-Tidningen *schwed.* ˌstɔkhɔlmstiːdniŋən
stockig ˈʃtɔkɪç, **-e** ...ɪgə
...stöckig ...ʃtœkɪç, **-e** ...ɪgə
Stockjobber ˈstɔkdʒɔbɐ
stockkonservativ ˈʃtɔkkɔnzɛr-vaˈtiːf
Stöckli ˈʃtœkli
Stockport *engl.* ˈstɔkpɔːt
stocksauer ˈʃtɔkˈzauɐ
stocksolide ˈʃtɔkzoˈliːdə
stocksteif ˈʃtɔkˈʃtaif
stocktaub ˈʃtɔkˈtaup
Stockton *engl.* ˈstɔktən
Stoddard *engl.* ˈstɔdəd
Stodertal ˈʃtoːdɐtaːl
Stodola *slowak.* ˈstɔdɔla
Stoecker ˈʃtœkɐ
Stoessl ˈʃtœsl̩
Stoff[el] ˈʃtɔf[l̩]
stoff[e]lig ˈʃtɔf[ə]lɪç, **-e** ...ɪgə
stofflich ˈʃtɔflɪç
Stöger[mayer] ˈʃtøːgɐ[maiɐ]
Stogumber (Shaw) *engl.* ˈstɔ-gəmbə
stöhle ˈʃtøːlə
stöhnen ˈʃtøːnən
stoi! stɔy
Stoiber ˈʃtɔybɐ
Stoica *rumän.* ˈstoika
Stoichedon stɔyçeˈdɔn
Stoiker ˈʃtoːikɐ, ˈst...
stoisch ˈʃtoːɪʃ, ˈst...
Stoizismus ʃtoiˈtsɪsmʊs, st...
Stojan *serbokr.* ˌstɔjan, *bulgar.* stoˈjan
Stojanow *bulgar.* stoˈjanof
Stoke [Poges] *engl.* ˈstoʊk [ˈpoʊdʒɪz]
Stoker *engl.* ˈstoʊkə
[1]**Stokes** (Name) *engl.* stoʊks
[2]**Stokes** (Maßeinheit) ʃtoːks, stoːks
Stokowski *poln.* stɔˈkɔfski, *engl.* stoʊˈkɔfskɪ
Stokowsky ʃtoˈkɔfski, st...
Stola ˈʃtoːla, ˈst...
Stolberg ˈʃtɔlbɛrk
Stolbowo *russ.* stalˈbɔvɐ
Stolgebühren ˈʃtoːlgəbyːrən
Stollberg ˈʃtɔlbɛrk
Stolle[n] ˈʃtɔlə[n]
Stolo ˈʃtoːlo, ˈst..., **-nen** ʃto-ˈloːnən, st...
Stolojan *rumän.* stoloˈʒan
Stolon ˈʃtoːlɔn, ˈst..., **-en** ʃto-ˈloːnən, st...
Stolowaja stoˈloːvaja
Stolp ʃtɔlp
Stolpe ˈʃtɔlpə, *schwed.* ˌstɔlpə
Stolpen ˈʃtɔlpn̩
Stolper ˈʃtɔlpɐ
stolp[e]rig ˈʃtɔlp[ə]rɪç, **-e** ...ɪgə
stolpern ˈʃtɔlpɐn
Stoltenberg ˈʃtɔltn̩bɛrk
Stoltze ˈʃtɔltsə
Stoltzer ˈʃtɔltsɐ
Stolypin *russ.* staˈlɨpin
stolz, S... ʃtɔlts
Stolze ˈʃtɔltsə
Stölzel ˈʃtœltsl̩
stolzieren ʃtɔlˈtsiːrən
Stoma ˈʃtoːma, ˈst..., **-ta** -ta
stomachal ʃtomaˈxaːl, st...
Stomachikum ʃtoˈmaxikʊm, st..., **...ka** ...ka
Stomakaze ʃtomaˈkaːtsə, st...
Stomata vgl. Stoma
Stomatitis ʃtomaˈtiːtɪs, st..., **...itiden** ...tiˈtiːdn̩
stomatogen ʃtomatoˈgeːn, st...
Stomatologe ʃtomatoˈloːgə, st...
Stomatologie ʃtomatoloˈgiː, st...
stomatologisch ʃtomatoˈloːgɪʃ, st...
Stomp stɔmp, ʃtɔmp
Stone *engl.* stoʊn
stoned stoːnt
Stoneham *engl.* ˈstoʊnəm
Stonehaven *engl.* stoʊnˈheɪvn
Stonehenge *engl.* ˈstoʊnˈhɛndʒ
stone-washed ˈstoːnvɔʃt
Stoney *engl.* ˈstoʊnɪ
Stonington *engl.* ˈstoʊnɪŋtən
Stony Point *engl.* ˈstoʊnɪ ˈpɔɪnt
Stooß ʃtoːs
stop! ʃtɔp, stɔp
Stop-and-go-... ˈstɔp|ɛntˈgoː...
Stopes *engl.* stoʊps
stopfen, S... ˈʃtɔpfn̩
Stoph ʃtoːf
Stop-over ˈʃtɔp|oːvɐ, ˈst...; –ˈ––
Stoppard *engl.* ˈstɔpəd
Stoppel ˈʃtɔpl̩
stopp[e]lig ˈʃtɔp[ə]lɪç, **-e** ...ɪgə
stoppeln ˈʃtɔpl̩n
stoppen ˈʃtɔpn̩
Stopper ˈʃtɔpɐ
Stopping ˈstɔpɪŋ, ˈʃt...
stopp! Stopp ʃtɔp
Stopsel ˈʃtɔpsl̩
Stöpsel ˈʃtœpsl̩
stöpseln ˈʃtœpsl̩n
Stoptime ˈstɔptaim
Stör ʃtøːɐ̯
Storå *dän.* ˈsdʊːroːˀ
Stora Sjöfallet *schwed.* ˌstuːra ˌʃøːfalət
Storavan *schwed.* ˌstuːrɑːvan
Storax ˈʃtoːraks, ˈst...
Storch ʃtɔrç, **Störche** ˈʃtœrçə
Störchelchen ˈʃtœrçl̩çən
storchen ˈʃtɔrçn̩
Störchin ˈʃtœrçɪn
Stord *norw.* stuːr, sturd
[1]**Store** (Vorhang) ʃtoːɐ̯, stoːɐ̯
[2]**Store** (Lager) stoːɐ̯
Store-Bælt *dän.* ˈsdʊːrəbelˀd
stören ˈʃtøːrən
Storen ˈʃtoːrən
Störerei ʃtøːrəˈraɪ
Storey *engl.* ˈstɔːrɪ
Storfjord *norw.* ˌstuːrfjuːr
storgen ˈʃtɔrgn̩, **storg!** ʃtɔrk, **storgt** ʃtɔrkt
Storm ʃtɔrm, *engl.* stɔːm
Stormarn ˈʃtɔrmarn
Stormont *engl.* ˈstɔːrmɔnt
Stornello stɔrˈnɛlo, **...lli** ...li
Storni *it.* ˈstorni, *span.* esˈtorni
stornieren ʃtɔrˈniːrən, st...
Storno ˈʃtɔrno, ˈst..., **...ni** ...ni
Stornoway *engl.* ˈstɔːnəweɪ
störrig ˈʃtœrɪç, **-e** ...ɪgə
störrisch ˈʃtœrɪʃ
Storstrøm *dän.* ˈsdʊːrsdrœm
Störtebecker ˈʃtœrtəbɛkɐ
Störtebeker ˈʃtœrtəbeːkɐ
Storting ˈʃtoːɐ̯tɪŋ, ˈst...
Storuman *schwed.* ˌstuːrʉːman
Story ˈstoːri, ˈstɔri; *auch:* ˈʃt...
Storyville *engl.* ˈstɔːrɪvɪl
Storz ʃtɔrts
Stoß ʃtoːs, **Stöße** ˈʃtøːsə
stoß! ʃtoːs
Stößchen ˈʃtøːsçən
Stößel ˈʃtøːsl̩
stoßen ˈʃtoːsn̩
Stoßerei ʃtoːsəˈrai
stößig ˈʃtøːsɪç, **-e** ...ɪgə
stößt ʃtøːst
Stoßtruppler ˈʃtoːstrʊplɐ
Stotinka stoˈtɪŋka, **...ki** ...ki
stott[e]rig ˈʃtɔt[ə]rɪç, **-e** ...ɪgə
stottern ˈʃtɔtɐn
Stotz[en] ˈʃtɔts[n]

S

stotzig ˈʃtɔt͜sɪç, **-e** ...ɪgə
Stouffville *engl.* ˈstoʊvɪl
Stoughton *engl.* stɔ:tn, staʊtn, stoʊtn
Stourbridge *engl.* ˈstaʊəbrɪdʒ
Stout sta͜ut
Stoutz *fr.* stuts
Stovchen ˈʃto:fçən
Stövchen ˈʃtø:fçən
Stove ˈʃto:və
Stöver ˈʃtø:vɐ
Stow[e] *engl.* stoʊ
Stowell *engl.* ˈstoʊəl
stowen ˈʃto:vn̩, **stow!** ʃto:f, **stowt** ʃto:ft
Strabane *engl.* strəˈbæn
strabanzen ʃtraˈbant͜sn̩
Strabismus ʃtraˈbɪsmʊs, st...
Strabo ˈstra:bo
Strabometer ʃtraboˈme:tɐ, st...
Strabometrie ʃtraboméˈtri:, st...
Strabon ˈstra:bɔn
strabonisch straˈbo:nɪʃ
Strabotomie ʃtrabotoˈmi:, st..., **-n** ...i:ən
Stracchino straˈki:no
Stracciatella stratʃaˈtɛla
Strachey *engl.* ˈstreɪtʃɪ
Strachwitz ˈʃtraxvɪt͜s
strack ʃtrak
Strack[e] ˈʃtrak[ə]
stracks ʃtraks
Straddle ˈstrɛdl̩, ˈʃt...
Stradella *it.* straˈdɛlla
Straden ˈʃtra:dn̩
Stradivari *it.* stradiˈva:ri
Stradivario *it.* stradiˈva:ri̯o
Stradivarius stradiˈva:ri̯ʊs, **...rii** ...rii
Straelen ˈʃtra:lən
Strafe ˈʃtra:fə
strafen ˈʃtra:fn̩
straff[en] ˈʃtraf[n̩]
Strafford *engl.* ˈstræfəd
sträflich ˈʃtrɛ:flɪç
Sträfling ˈʃtrɛ:flɪŋ
Stragula® ˈʃtra:gula, ˈst...
Strahl ʃtra:l
strahlen ˈʃtra:lən
strählen ˈʃtrɛ:lən
strahlig ˈʃtra:lɪç, **-e** ...ɪgə
Strähn[e] ˈʃtrɛ:n[ə]
strähnen ˈʃtrɛ:nən
strähnig ˈʃtrɛ:nɪç, **-e** ...ɪgə
Strahov *tschech.* ˈstrahɔf
straight, S... stre:t
Straightflush ˈstre:tflaʃ
Straits Settlements *engl.* ˈstreɪts ˈsɛtlmənts
Strak ʃtrak
straken ˈʃtrakn̩
Strakonice *tschech.* ˈstrakɔnjitsɛ
Strakonitz ˈʃtrakonɪt͜s
Stralsund ˈʃtra:lzʊnt, *auch:* –ˈ–
stralzieren ʃtralˈt͜si:rən, st...
Stralzio ˈʃtralt͜si̯o, ˈst...
Strambotto stramˈbɔto, **...tti** ...ti
Stramin ʃtraˈmi:n
stramm, S... ʃtram
strammen ˈʃtramən
strampeln ˈʃtrampl̩n
strampfen ˈʃtrampf̩n
[1]**Strand** ʃtrant, **-e** ˈʃtrandə, **Strände** ˈʃtrɛndə
[2]**Strand** *engl.* strænd, *afr.* strant, *norw.* stran
Strandberg *schwed.* ˌstrandbærj
stranden ˈʃtrandn̩, **strand!** ʃtrant
Strandscha *bulgar.* ˈstrandʒɐ
[1]**Strang** ʃtraŋ, **Stränge** ˈʃtrɛŋə
[2]**Strang** *engl.* stræŋ
[1]**Strange** ˈʃtraŋə
[2]**Strange** (Name) *engl.* streɪndʒ
strängen ˈʃtrɛŋən
Strangeness ˈstre:ntʃnɛs
Strangford *engl.* ˈstræŋfəd
Strängnäs *schwed.* ˌstrɛŋnɛ:s
Strangulation ʃtraŋgulaˈt͜si̯o:n, st...
strangulieren ʃtraŋguˈli:rən, st...
Strangurie ʃtraŋguˈri:, st..., **-n** ...i:ən
Stranitzky ʃtraˈnɪtski
Stranraer *engl.* strænˈrɑ:ə
Stranz ʃtrant͜s
Straparola *it.* strapaˈrɔ:la
Strapaze ʃtraˈpa:t͜sə
strapazieren ʃtrapaˈt͜si:rən
strapaziös ʃtrapaˈt͜si̯ø:s, **-e** ...ø:zə
Strappatura strapaˈtu:ra, ʃt...
Straps ʃtraps, st...; *auch:* ...rɛps
Strasberg *engl.* ˈstrɑ:sbə:g, ˈstræs...
Strasbourg *fr.* strasˈbu:r
Strasburg ˈʃtra:sbʊrk
Strasburger ˈʃtra:sbʊrgɐ
Straschimirow *bulgar.* streʃiˈmirof
strascinando straʃiˈnando
Strass ʃtras
straßab ʃtra:sˈ|ap
straßauf ʃtra:sˈ|a͜uf
[1]**Straßburg** ˈʃtra:sbʊrk
[2]**Straßburg** (Österr.) ˈʃtrasbʊrk
Straßburger (zu: [1]Straßburg) ˈʃtra:sbʊrgɐ
Sträßchen ˈʃtrɛ:sçən
Straße ˈʃtra:sə
Strasser ʃtrasɐ
Straßmann ˈʃtrasman
Strata vgl. Stratum
Stratagem ʃtrataˈge:m, st...
Stratameter ʃtrataˈme:tɐ, st...
Stratas *neugr.* ˈstratas, *engl.* ˈstrætəs
Stratege ʃtraˈte:gə, st...
Strategie ʃtrateˈgi:, st..., **-n** ...i:ən
strategisch ʃtraˈte:gɪʃ, st...
Stratford *engl.* ˈstrætfəd
Strathclyde *engl.* stræθˈklaɪd
Strati vgl. Stratus
Stratifikation ʃtratifikaˈt͜si̯o:n, st...
stratifikationell ʃtratifikat͜si̯oˈnɛl, st...
stratifizieren ʃtratifiˈt͜si:rən, st...
Stratigraphie ʃtratigraˈfi:, st...
stratigraphisch ʃtratiˈgra:fɪʃ, st...
Strato ˈstra:to
Stratokles ˈstra:toklɛs
Stratokumulus ʃtratoˈku:mulʊs, st..., **...li** ...li
Straton ˈstra:tɔn, *engl.* streɪtn
Stratonike stratoˈni:kə
Stratopause ʃtratoˈpa͜uzə, st...
Stratosphäre ʃtratoˈsfɛ:rə, st...
stratosphärisch ʃtratoˈsfɛ:rɪʃ, st...
Stratton *engl.* strætn
Stratum ˈʃtra:tʊm, ˈst..., **...ta** ...ta
Stratus ˈʃtra:tʊs, ˈst..., **...ti** ...ti
Stratz ʃtrat͜s
Straub ʃtra͜up, *fr.* stro:b
Straube ˈʃtra͜ubə
sträuben ˈʃtrɔ͜ybn̩, **sträub!** ʃtrɔ͜yp, **sträubt** ʃtrɔ͜ypt
straubig ˈʃtra͜ubɪç, **-e** ...ɪgə
Straubing[er] ˈʃtra͜ubɪŋ[ɐ]
Strauch ʃtra͜ux, **Sträucher** ˈʃtrɔ͜yçɐ
Sträuchelchen ˈʃtrɔ͜yçl̩çən
straucheln ˈʃtra͜uxl̩n
strauchig ˈʃtra͜uxɪç, **-e** ...ɪgə
Sträuchlein ˈʃtrɔ͜yçla͜in

Straus ʃtraus, *engl.* straʊs
Strausberg ˈʃtrausbɛrk
Strauß ʃtraus, **Sträuße** ˈʃtrɔysə
Strauss ʃtraus, *engl.* straʊs
Sträußchen ˈʃtrɔysçən
strawanzen ʃtraˈvantsn̩
Strawinski ʃtraˈvɪnski, st..., *russ.* straˈvinskij
Strawinsky ʃtraˈvɪnski, st...
Strayhorn *engl.* ˈstreɪhɔːn
Strazdas *lit.* ˌstraːzdas
Strazza ˈʃtratsa, ˈst...
Strazze ˈʃtratsə, ˈst...
streaken ˈstriːkn̩
Streaker ˈstriːkɐ
Streamer ˈstriːmɐ
Stream of Consciousness ˈstriːm ɔf ˈkɔnʃəsnɛs
Streamwood *engl.* ˈstriːmwʊd
Streator *engl.* ˈstriːtə
Streb ʃtreːp, **-e** ˈʃtreːbə
Strebe ˈʃtreːbə
streben ˈʃtreːbn̩, **streb!** ʃtreːp, **strebt** ʃtreːpt
Streber ˈʃtreːbɐ
strebsam ˈʃtreːpzaːm
Strecke ˈʃtrɛkə
strecken ˈʃtrɛkn̩
Streckfuß ˈʃtrɛkfuːs
Streep *engl.* striːp
Streetball ˈstriːtboːl
Street[er] *engl.* ˈstriːt[ə]
Streetwork[er] ˈstriːtvøːɐ̯k[ɐ], ...vœrk[ɐ]
Strehaia *rumän.* streˈhaia
Strehl[a] ˈʃtreːl[a]
Strehlen[au] ˈʃtreːlən[au]
Strehler ˈʃtreːlɐ
Streich[e] ˈʃtraiç[ə]
streicheln ˈʃtraiçl̩n
streichen ˈʃtraiçn̩
Streicher ˈʃtraiçɐ
Streicherei ʃtraiçəˈrai
Streif[e] ˈʃtraif[ə]
streifen, S... ˈʃtraifn̩
Streiferei ʃtraifəˈrai
streifig ˈʃtraifɪç, **-e** ...ɪgə
Streifling ˈʃtraiflɪŋ
Streik ʃtraik
streiken ˈʃtraikn̩
Streisand *engl.* ˈstraɪsænd
¹Streit ʃtrait
²Streit (Name) ʃtrait, *engl.* straɪt, streɪt
streiten ˈʃtraitn̩
Streiter ˈʃtraitɐ
Streiterei ʃtraitəˈrai
streitig ˈʃtraitɪç, **-e** ...ɪgə
Strela ˈʃtreːla
Strēlerte *lett.* ˈstreːlerte
Strelitz ˈʃtreːlɪts
Strelitze ʃtreˈlɪtsə
Strelna *russ.* ˈstrjeljnɐ
Stremel ˈʃtreːml̩
Stremma ˈʃtrɛma, ˈst..., **-ta** -ta
stremmen, S... ˈʃtrɛmən
streng, S... ʃtrɛŋ
Strenge ˈʃtrɛŋə
strengen ˈʃtrɛŋən
strengstens ˈʃtrɛŋstn̩s
Strenuität ʃtrenuiˈtɛːt, st...
Strenz[e] ˈʃtrɛnts[ə]
strenzen ˈʃtrɛntsn̩
strepit[u]oso strepiˈt[u̯]oːzo
Strepponi *it.* strepˈpoːni
Streptokinase ʃtrɛptokiˈnaːzə, st...
Streptokokke ʃtrɛptoˈkɔkə, st...
Streptokokkus ʃtrɛptoˈkɔkʊs, st...
Streptomycin, ...zin ʃtrɛptomyˈtsiːn, st...
Streptotrichose ʃtrɛptotrɪˈçoːzə, st...
Stresa *it.* ˈstrɛːza
Stresau ˈʃtreːzau
Stresemann ˈʃtreːzəman
Stress ʃtrɛs, st...
stressen ˈʃtrɛsn̩
stressig ˈʃtrɛsɪç, **-e** ...ɪgə
Stressor ˈʃtrɛsoːɐ̯, **-en** ...ˈsoːrən
Stretch strɛtʃ
Stretching ˈstrɛtʃɪŋ
Stretford *engl.* ˈstrɛtfəd
Stretta ˈstrɛta
stretto ˈstrɛto
Strettweg ˈʃtrɛtveːk
Streu[ben] ˈʃtrɔy[bn̩]
streu[n]en ˈʃtrɔy[n]ən
Streusel ˈʃtrɔyzl̩
Streuvels *niederl.* ˈstrøːvəls
Streymoy *fär.* ˈstrɛːi̯mɔːi̯
Stria ˈʃtriːa, ˈst..., **Striae** ˈʃtriːɛ, ˈst...
Strib *dän.* sdriːˀb
Stribling *engl.* ˈstrɪblɪŋ
strich, S... ʃtrɪç
Strichelchen ˈʃtrɪçl̩çən
stricheln ˈʃtrɪçl̩n
strichlieren ʃtrɪçˈliːrən
Strick ʃtrɪk
stricken ˈʃtrɪkn̩
Stricker ˈʃtrɪkɐ
Strickerei ʃtrɪkəˈrai
Strickland *engl.* ˈstrɪklənd
stricte ˈʃtrɪktə, ˈst...
strictissime ʃtrɪkˈtɪsime, st...
Stridor ˈʃtriːdoːɐ̯, ˈst...
Stridulation ʃtridulaˈtsi̯oːn, st...
Striegau ˈʃtriːgau
Striegel ˈʃtriːgl̩
striegeln ˈʃtriːgl̩n, **striegle** ˈʃtriːglə
Strieme[n] ˈʃtriːmə[n]
striemig ˈʃtriːmɪç, **-e** ...ɪgə
Striezel ˈʃtriːtsl̩
striezen ˈʃtriːtsn̩
Strigel ˈʃtriːgl̩
Striggio *it.* ˈstriddʒo
strigiliert ʃtrigiˈliːɐ̯t, st...
Strike straik, ʃtraik
strikt[e] ˈʃtrɪkt[ə], ˈst...
Striktion ʃtrɪkˈtsi̯oːn, st...
Striktur ʃtrɪkˈtuːɐ̯, st...
Strindberg ˈʃtrɪntbɛrk, *schwed.* ˌstrɪndbærj
String... ˈʃtrɪŋ..., ˈst...
stringendo strɪnˈdʒɛndo
Stringendo strɪnˈdʒɛndo, **...di** ...di
stringent ʃtrɪŋˈgɛnt, st...
Stringenz ʃtrɪŋˈgɛnts, st...
Stringer ˈʃtrɪŋɐ, ˈstrɪŋɐ
stringieren ʃtrɪŋˈgiːrən, st...
Strip ʃtrɪp, strɪp
Strippe ˈʃtrɪpə
strippen ˈʃtrɪpn̩, ˈstrɪpn̩
Stripper ˈʃtrɪpɐ, ˈst...
Stripping ˈʃtrɪpɪŋ, ˈst...
Strips ʃtrɪps, st...
Striptease ˈʃtrɪptiːs, ˈst...
Stripteaseuse ʃtrɪptiˈzøːzə, st...
Stripteuse ʃtrɪpˈtøːzə, st...
strisciando strɪˈʃando
Strisciando strɪˈʃando, **...di** ...di
Stritar *slowen.* ˈstriːtar
stritt, S... ʃtrɪt
strittig ˈʃtrɪtɪç, **-e** ...ɪgə
Strittmatter ˈʃtrɪtmatɐ
Strizzi ˈʃtrɪtsi
Strnad *tschech.* ˈstr̩nat
Strob[e]l ˈʃtroːbl̩
strob[e]lig ˈʃtroːb[ə]lɪç, **-e** ...ɪgə
strobeln ˈʃtroːbl̩n, **stroble** ˈʃtroːblə
Strobo ˈʃtroːbo
Strobolight ˈʃtroːbolait, ˈst...
Stroboskop ʃtroboˈskoːp, ˈst...
Stroessner ˈʃtrœʃnɐ, *span.* esˈtreznɛr
Stroganoff ˈstroːganɔf, ˈstrɔg...
Stroganow *russ.* ˈstrɔgɐnɐf

S

Stroh ʃtro:
strohdumm 'ʃtro:'dʊm
Stroheim 'ʃtro:haim
strohern 'ʃtro:ɐn
Strohgäu 'ʃtro:gɔy
strohig 'ʃtro:ɪç, **-e** ...ɪgə
Strolch ʃtrɔlç
strolchen 'ʃtrɔlçn̩
Strom ʃtro:m, **Ströme** 'ʃtrø:mə
Stroma 'ʃtro:ma, 'st...
stromab ʃtro:m'|ap
stromabwärts ʃtro:m'|apvɛrts
stroman ʃtro:m'|an
Stromatik ʃtro'ma:tɪk, st...
stromauf ʃtro:m'|auf
stromaufwärts ʃtro:m-'|aufvɛrts
Stromberg 'ʃtro:mbɛrk
Stromboli *it.* 'stromboli
Ströme vgl. Strom
strömen 'ʃtrø:mən
Stromer 'ʃtro:mɐ
stromern 'ʃtro:mɐn
Strömgren *schwed.* ˌstrœm-gre:n
Strömholm *schwed.* ˌstrœm-hɔlm
Strömling 'ʃtrø:mlɪŋ
Strömsund *schwed.* ˌstrœm-sʊnd
Strongsville *engl.* 'strɔŋzvɪl
Strontian *engl.* strɔn'ti:ən
Strontianit ʃtrɔntsi̯a'ni:t, st...
Strontium 'ʃtrɔntsi̯ʊm, 'st...
Strophanthin ʃtrofan'ti:n, st...
Strophanthus ʃtro'fantʊs, st...
Strophe 'ʃtro:fə
...strophig ...ʃtro:fɪç, **-e** ...ɪgə
Strophik 'ʃtro:fik, 'st...
strophisch 'ʃtro:fɪʃ
Strophoide ʃtrofo'i:də, st...
Stropp ʃtrɔp
Strosse 'ʃtrɔsə
strotzen 'ʃtrɔtsn̩
Stroud *engl.* straʊd
Štrougal *tschech.* 'ʃtroʊ̯gal
Stroupežnický *tschech.* 'stroʊ̯-pɛʒnjitski:
Stroux ʃtrʊks
Strozzi *it.* 'strɔttsi
strub, S... ʃtru:p
strubb[e]lig 'ʃtrʊb[ə]lɪç, **-e** ...ɪgə
Strubbelkopf 'ʃtrʊbl̩kɔpf
Strubberg 'ʃtrʊbɛrk
Struck ʃtrʊk, strak
Strudel 'ʃtru:dl̩
strudeln 'ʃtru:dl̩n, **strudle** 'ʃtru:dlə
Strudengau 'ʃtru:dn̩gau
Struensee 'ʃtru:ənze:, *dän.* 'sdru:ənsə
Struer *dän.* 'sdru:ɐ
Strug *poln.* struk
Struga *mak.* 'struga
Strugazki *russ.* stru'gatskij
struktiv ʃtrʊk'ti:f, st..., **-e** ...i:və
Struktogramm ʃtrʊkto'gram, st...
Struktur ʃtrʊk'tu:ɐ̯, st...
struktural ʃtrʊktu'ra:l, st...
Strukturalismus ʃtrʊktura'lɪs-mʊs, st...
Strukturalist ʃtruktura'lɪst, st...
strukturell ʃtrʊktu'rɛl, st...
strukturieren ʃtrʊktu'ri:rən, st...
strullen 'ʃtrʊlən
[1]**Struma** (Kropf) 'ʃtru:ma, 'st..., **-e** ...mɛ
[2]**Struma** (Name) *bulgar.* 'strumɐ
Strumektomie ʃtrumɛkto'mi:, st..., **-n** ...i:ən
Strumica *mak.* 'strumitsa
Strumień *poln.* 'strumjɛi̯n
Strumitis ʃtru'mi:tɪs, st..., **...itiden** ...mi'ti:dn̩
strumös ʃtru'mø:s, st..., **-e** ...ø:zə
Strümpell 'ʃtrʏmpl̩
Strumpf ʃtrʊmpf, **Strümpfe** 'ʃtrʏmpfə
Strümpfchen 'ʃtrʏmpfçən
Strungk ʃtrʊŋk
Strunk ʃtrʊŋk, **Strünke** 'ʃtrʏŋkə
Strünkchen 'ʃtrʏŋkçən
Strunze 'ʃtrʊntsə
strunzen 'ʃtrʊntsn̩
Strupfe 'ʃtrʊpfə
strupfen 'ʃtrʊpfn̩
Strupp[en] 'ʃtrʊp[n̩]
struppig 'ʃtrʊpɪç, **-e** ...ɪgə
Strusa 'ʃtru:za, 'st...
Strutt *engl.* strʌt
Strutz ʃtrʊts
Struve 'ʃtru:və
Struwe *russ.* 'struvɪ
Struwwelkopf 'ʃtrʊvl̩kɔpf
Struwwelpeter 'ʃtrʊvl̩pe:tɐ
Stry *russ.* strɨj
Strychnin ʃtrʏç'ni:n, st...
Stryjkowski *poln.* strɨj'kɔfski
Strzegom *poln.* 'ʃtʃʃɛgɔm
Stuart 'ʃtu:art, 'st..., *engl.* stjʊət
Stub *dän.* sdub
Stubach 'ʃtu:bax
Stubai 'ʃtu:bai
Stubben 'ʃtʊbn̩
Stubbenkammer 'ʃtʊbn̩kamɐ
Stubb[e]s *engl.* stʌbz
Stubbins *engl.* 'stʌbɪnz
Stübchen 'ʃty:pçən
Stube 'ʃtu:bə
Stubenhockerei ʃtu:bn̩hɔkə'rai
Stüber 'ʃty:bɐ
Stubsnase 'ʃtʊpsna:zə
[1]**Stuck** (Ornamentik) ʃtʊk
[2]**Stuck** (Name) ʃtʊk, *engl.* stʌk
Stück ʃtʏk
Stuckateur ʃtʊka'tø:ɐ̯
Stuckator ʃtʊ'ka:to:ɐ̯, **-en** ...ka'to:rən
Stuckatur ʃtʊka'tu:ɐ̯
Stückelberg 'ʃtʏkl̩bɛrk
stückeln 'ʃtʏkl̩n
stucken, S... 'ʃtʊkn̩
stücken 'ʃtʏkn̩
Stuckenberg *dän.* 'sdugn̩bɛɐ̯'u̯
stuckerig 'ʃtʊkərɪç, **-e** ...ɪgə
stuckern 'ʃtʊkɐn
stuckieren ʃtʊ'ki:rən
Stücklen 'ʃtʏklən
stud. ʃtu:t, ʃtʊt
Studebaker *engl.* 'stju:dəbeɪkə
Student ʃtu'dɛnt
Studentika ʃtu'dɛntika
Studie 'ʃtu:di̯ə
studieren ʃtu'di:rən
Studiker 'ʃtu:dikɐ
Studio 'ʃtu:di̯o
Studiolo ʃtu'di̯o:lo
Studiosus ʃtu'di̯o:zʊs, **...si** ...zi
Studium 'ʃtu:di̯ʊm, **...ien** ...i̯ən
Studium generale 'ʃtu:di̯ʊm genə'ra:lə, 'st... -
Study 'ʃtu:di
Stufata stu'fa:ta
Stufe 'ʃtu:fə
stufen 'ʃtu:fn̩
Stuffer *engl.* 'stʌfə
stufig 'ʃtu:fɪç, **-e** ...ɪgə
Stuhl ʃtu:l, **Stühle** 'ʃty:lə
Stühlchen 'ʃty:lçən
Stühlingen 'ʃty:lɪŋən
Stuhlweißenburg ʃtu:l'vaisn̩bʊrk
Stuka 'ʃtu:ka, *auch:* 'ʃtʊka
stuken 'ʃtu:kn̩
Stüler 'ʃty:lɐ
Stulle 'ʃtʊlə
Stulpe 'ʃtʊlpə

S

Stülpe 'ʃtʏlpə
stülpen 'ʃtʏlpn̩
Stülpnagel 'ʃtʏlpna:gl̩
stumm, S... ʃtʊm
Stummel 'ʃtʊml̩
Stümmelchen 'ʃtʏml̩çən
stümmeln 'ʃtʏml̩n
Stump ʃtʊmp
Stümpchen 'ʃtʏmpçən
Stump[e] 'ʃtʊmp[ə]
Stumpen 'ʃtʊmpn̩
Stümper 'ʃtʏmpɐ
Stümperei ʃtʏmpə'rai̯
stümpern 'ʃtʏmpɐn
stumpf ʃtʊmp͡f
Stumpf ʃtʊmp͡f, **Stümpfe** 'ʃtʏmp͡fə
Stümpfchen 'ʃtʏmp͡fçən
stumpfen 'ʃtʊmp͡fn̩
Stündchen 'ʃtʏntçən
stünde 'ʃtʏndə
Stunde 'ʃtʊndə
stunden 'ʃtʊndn̩, **stund!** ʃtʊnt
...stündig ...ʃtʏndɪç, **-e** ...ɪgə
Stundismus ʃtʊn'dɪsmʊs
Stundist ʃtʊn'dɪst
stündlich 'ʃtʏntlɪç
Stunk ʃtʊŋk
Stunt stant, *auch:* ʃtant
Stuntman, ...men 'stantmɛn; *auch:* 'ʃt...
Stuntwoman 'stantvʊmən, **...men** ...vɪmɪn; *auch:* 'ʃt...
Stupa 'ʃtu:pa, 'stu:pa
Stuparich *it.* 'stu:paritʃ
stupend ʃtu'pɛnt, st..., **-e** ...ndə
Stupf ʃtʊp͡f
stupfeln 'ʃtʊp͡fl̩n
stupfen 'ʃtʊp͡fn̩
stupid ʃtu'pi:t, st..., **-e** ...i:də
stupide ʃtu'pi:də, st...
Stupidität ʃtupidi'tɛ:t, st...
Stupino *russ.* 'stupinɐ
Stupor 'ʃtu:po:ɐ̯, 'st...
Stupp[ach] 'ʃtʊp[ax]
stuppen 'ʃtʊpn̩
stuprieren ʃtu'pri:rən, st...
Stuprum 'ʃtu:prʊm, 'st..., **...ra** ...ra
Stups ʃtʊps
stupsen 'ʃtʊpsn̩
Stupserei ʃtʊpsə'rai̯
stur ʃtu:ɐ̯
Štúr *slowak.* ʃtu:r
stürbe 'ʃtʏrbə
Sturbridge *engl.* 'stə:brɪdʒ
stürbt ʃtʏrpt
Sture *schwed.* ˌstʉ:rə

Sturgeon Bay, - Falls *engl.* 'stə:dʒən 'beɪ, - 'fɔ:lz
Sturgis *engl.* 'stə:dʒɪs
Stürgkh ʃtʏrk
Sturla *isl.* 'stʏrdla
Sturluson 'stʊrluzɔn, *isl.* 'stʏrdlʏsɔn
sturm ʃtʊrm
[1]**Sturm** ʃtʊrm, **Stürme** 'ʃtʏrmə
[2]**Sturm** (Name) ʃtʊrm, *fr.* styrm
stürmen 'ʃtʏrmən
Stürmer 'ʃtʏrmɐ
Stürmerei ʃtʏrmə'rai̯
Sturmi 'ʃtʊrmi
stürmisch 'ʃtʏrmɪʃ
Sturmius 'ʃtʊrmi̯ʊs
Sturt *engl.* stə:t
Sturz ʃtʊrt͡s, **Stürze** 'ʃtʏrt͡sə
sturzbetrunken 'ʃtʊrt͡sbə'trʊŋkn̩
Stürze 'ʃtʏrt͡sə
Sturzel 'ʃtʊrt͡sl̩
Stürzel 'ʃtʏrt͡sl̩
stürzen 'ʃtʏrt͡sn̩
Sturzen-Becker *schwed.* 'stʊrtsən'bɛkər
Sturzo *it.* 'sturtso
Stus *ukr.* stus
Stuss ʃtʊs
Stute 'ʃtu:tə
Stuten 'ʃtu:tn̩
Stuterei ʃtu:tə'rai̯
Stutterheim *afr.* 'stœtərhəi̯m
Stuttgart[er] 'ʃtʊtgart[ɐ]
Stutz ʃtʊt͡s, *engl.* stʌts
Stütz[e] 'ʃtʏt͡s[ə]
stutzen, S... 'ʃtʊt͡sn̩
stützen 'ʃtʏt͡sn̩
Stutzer 'ʃtʊt͡sɐ
stutzig 'ʃtʊt͡sɪç, **-e** ...ɪgə
stützig 'ʃtʏt͡sɪç, **-e** ...ɪgə
Stuyvesant 'ʃtɔyvəzant, *niederl.* 'stœi̯vəzɑnt
Stygal ʃty'ga:l, st...
stygisch 'ʃty:gɪʃ, 'st...
Stygobiont ʃtygo'bi̯ɔnt, st...
Style stai̯l
stylen 'stai̯lən
Styli vgl. Stylus
Styling 'stai̯lɪŋ
Stylist stai̯'lɪst
Stylit ʃty'li:t, st...
Stylobat ʃtylo'ba:t, st...
Stylographie ʃtylogra'fi:, st...
Stylolith ʃtylo'li:t
Stylus 'ʃty:lʊs, 'st..., **Styli** ...li
Stymphalide ʃtʏmfa'li:də, st...
Stymphalisch ʃtʏm'fa:lɪʃ, st...

Stypsis 'ʃtʏpsɪs, 'st...
Styptikum 'ʃtʏptikʊm, 'st..., **...ka** ...ka
Styrax 'ʃty:raks, 'st...
Styrol ʃty'ro:l, st...
Styron *engl.* 'staɪərən
Styropor® ʃtyro'po:ɐ̯, st...
Styrum 'ʃti:rʊm
Styx ʃtʏks, st...
Suada 'zu̯a:da
Suade 'zu̯a:də
Suaheli zu̯a'he:li
Suarès *fr.* sɥa'rɛs
Suárez *span.* 'su̯areθ
Suasorie zu̯a'zo:ri̯ə
suasorisch zu̯a'zo:rɪʃ
sua sponte 'zu:a 'spɔntə
Suassuna *bras.* su̯a'suna
suave 'zu̯a:və
[1]**Sub** zʊp
[2]**Sub** (subkultur. Lokalität oder Person) zap
Subacidität zʊp|at͡sidi'tɛ:t
subaerisch zʊp|a'e:rɪʃ
Subair zu'bai̯ɐ
subakut zʊp|a'ku:t
subalpin[isch] zʊp|al'pi:n[ɪʃ]
subaltern zʊp|al'tɛrn
Subalternation zʊp|altɛrna't͡si̯o:n
subalternieren zʊp|altɛr'ni:rən
Subalternität zʊp|altɛrni'tɛ:t
Subandrio *indon.* suban'drio
subantarktisch zʊp|ant'|arktɪʃ
subapenninisch zʊp|apɛ'ni:nɪʃ
Subappennini *it.* subappen'ni:ni
subaqual zʊp|a'kva:l
subaquatisch zʊp|a'kva:tɪʃ
Subaräer zuba'rɛ:ɐ
subarktisch zʊp'|arktɪʃ
Subarrendator zʊp|arɛn'da:to:ɐ̯, **-en** ...da'to:rən
subarrendieren zʊp|arɛn'di:rən
Subatlantikum zʊp|at'lantikʊm
subatlantisch zʊp|at'lantɪʃ
subatomar zʊp|ato'ma:ɐ̯
Subazidität zʊp|at͡sidi'tɛ:t
Subboreal zʊpbore'a:l
Subbotnik zʊ'bɔtnɪk
subdermal zʊpdɛr'ma:l
Subdiakon 'zʊpdiako:n
Subdiakonat 'zʊpdiakona:t
Subdivision zʊpdivi'zi̯o:n
Subdominante zʊpdomi'nantə, '-----
subdural zʊpdu'ra:l

S

Suberin zube'ri:n
subfebril zʊpfe'bri:l
subfossil zʊpfɔ'si:l
subglazial zʊpgla't͜si̯a:l
subglottal zʊpglɔ'ta:l
sub hasta zʊp 'hasta
Subhastation zʊphasta't͜si̯o:n
subhastieren zʊphas'ti:rən
Subiaco *it.* su'bi̯a:ko, *engl.* su:bɪ'ɑ:koʊ
Šubic *slowen.* 'ʃu:bits
Subimago zʊp|i'ma:go, **...gines** ...gine:s
Subitanei zubi'ta:n|ai̯
subito 'zu:bito
Subjekt zʊp'jɛkt, *auch:* '––
Subjektion zʊpjɛk't͜si̯o:n
subjektiv zʊpjɛk'ti:f, *auch:* '–––, **-e** ...i:və
subjektivieren zʊpjɛkti'vi:rən
Subjektivismus zʊpjɛkti'vɪsmʊs
Subjektivist zʊpjɛkti'vɪst
Subjektivität zʊpjɛktivi'tɛ:t
Subjunktiv 'zʊpjʊŋkti:f, **-e** ...i:və
Subkategorie 'zʊpkategori:
subkonszient zʊpkɔns't͜si̯ɛnt
Subkontinent 'zʊpkɔntinɛnt
Subkontra... zʊp'kɔntra...
subkrustal zʊpkrʊs'ta:l
Subkultur 'zʊpkʊltu:ɐ̯
subkulturell 'zʊpkʊlturɛl
subkutan zʊpku'ta:n
Subleyras *fr.* syblɛ'rɑ:s
sublim zu'bli:m
Sublimat zubli'ma:t
Sublimation zublima't͜si̯o:n
sublimieren zubli'mi:rən
subliminal zʊplimi'na:l
Sublimität zublimi'tɛ:t
sublingual zʊplɪŋ'gu̯a:l
Sublokation zʊploka't͜si̯o:n
sublunarisch zʊplu'na:rɪʃ
Subluxation zʊplʊksa't͜si̯o:n
submarin zʊpma'ri:n
submental zʊpmɛn'ta:l
Submergenz zʊpmɛr'gɛnt͜s
submers zʊp'mɛrs, **-e** ...rzə
Submersion zʊpmɛr'zi̯o:n
Submikronen zʊpmi'kro:nən
submikroskopisch zʊpmikro'sko:pɪʃ
Subministration zʊpmɪnɪstra't͜si̯o:n
subministrieren zʊpmɪnɪs'tri:rən
submiss zʊp'mɪs
Submission zʊpmɪ'si̯o:n

Submittent zʊpmɪ'tɛnt
submittieren zʊpmɪ'ti:rən
submukös zʊpmu'kø:s, **-e** ...ø:zə
subnival zʊpni'va:l
Subnormale zʊpnɔr'ma:lə, '––––
suborbital zʊp|ɔrbi'ta:l
Subordination zʊp|ɔrdina't͜si̯o:n
subordinativ zʊp|ɔrdina'ti:f, **-e** ...i:və
subordinieren zʊp|ɔrdi'ni:rən
Subotica *serbokr.* ˌsubɔtitsa
Subow *russ.* 'zubɐf
Suboxid 'zʊp|ɔksi:t
Suboxyd 'zʊp|ɔksy:t
subperiostal zʊpperi|ɔs'ta:l
subphrenisch zʊp'fre:nɪʃ
subpolar zʊppo'la:ɐ̯
Subreption zʊprɛp't͜si̯o:n
subrezent zʊpre't͜sɛnt
subrogieren zʊpro'gi:rən
sub rosa zʊp 'ro:za
Subrosion zʊpro'zi̯o:n
subsekutiv zʊpzeku'ti:f, **-e** ...i:və
Subsemitonium zʊpzemi'to:ni̯ʊm
subsequent zʊpze'kvɛnt
subsidiär zʊpzi'di̯ɛ:ɐ̯
subsidiarisch zʊpzi'di̯a:rɪʃ
Subsidiarismus zʊpzidi̯a'rɪsmʊs
Subsidiarität zʊpzidi̯ari'tɛ:t
Subsidium zʊp'zi:di̯ʊm, **...ien** ...i̯ən
sub sigillo [confessionis] zʊp zi'gɪlo [kɔnfɛ'si̯o:nɪs]
Subsistenz zʊpzɪs'tɛnt͜s
subsistieren zʊpzɪs'ti:rən
Subskribent zʊpskri'bɛnt
subskribieren zʊpskri'bi:rən
Subskription zʊpskrɪp't͜si̯o:n
subsonisch zʊp'zo:nɪʃ
sub specie aeternitatis zʊp 'spe:t͜si̯ə ɛtɛrni'ta:tɪs
Subspezies 'zʊpspe:t͜si̯ɛs, *Mehrzahl* ...i̯e:s
Substandard 'zʊpʃtandart
Substantiv 'zʊpstanti:f, **-e** ...i:və
substantivieren zʊpstanti'vi:rən
substantivisch 'zʊpstanti:vɪʃ, *auch:* ––'––
Substantivum 'zʊpstanti:vʊm, *auch:* ––'––, **...va** ...va
Substanz zʊp'stant͜s

substanzial zʊpstan't͜si̯a:l
Substanzialismus zʊpstant͜si̯a'lɪsmʊs
Substanzialität zʊpstant͜si̯ali'tɛ:t
substanziell zʊpstan't͜si̯ɛl
substanziieren zʊpstant͜si'i:rən
Substituent zʊpsti'tu̯ɛnt
substituieren zʊpstitu'i:rən
Substitut zʊpsti'tu:t
Substitution zʊpstitu't͜si̯o:n
Substrat zʊp'stra:t
Substruktion zʊpstrʊk't͜si̯o:n
subsumieren zʊpzu'mi:rən
Subsumption zʊpzʊmp't͜si̯o:n
subsumptiv zʊpzʊmp'ti:f, **-e** ...i:və
Subsumtion zʊpzʊm't͜si̯o:n
subsumtiv zʊpzʊm'ti:f, **-e** ...i:və
Subsystem 'zʊpzʏste:m
Subtangente 'zʊptaŋgɛntə
Subteen 'zapti:n
subtemporal zʊptɛmpo'ra:l
subterran zʊptɛ'ra:n
subtil zʊp'ti:l
Subtilität zʊptili'tɛ:t
Subtrahend zʊptra'hɛnt, **-en** ...ndn̩
subtrahieren zʊptra'hi:rən
Subtraktion zʊptrak't͜si̯o:n
subtraktiv zʊptrak'ti:f, **-e** ...i:və
Subtropen 'zʊptro:pn̩
subtropisch 'zʊptro:pɪʃ, *auch:* –'––
subungual zʊp|ʊŋ'gu̯a:l
Subunternehmer 'zʊp|ʊntɐne:mɐ
Suburb 'zabø:ɐ̯p, ...bœrp
Suburbia zə'bø:ɐ̯bi̯ə, zə'bœrbi̯ə
suburbikarisch zʊp|ʊrbi'ka:rɪʃ
Suburbisation zʊp|ʊrbiza't͜si̯o:n
Suburbium zʊp'|ʊrbi̯ʊm, **...ien** ...i̯ən
sub utraque specie zʊp u'tra:kvə 'spe:t͜si̯ə
subvenieren zʊpve'ni:rən
Subvention zʊpvɛn't͜si̯o:n
subventionieren zʊpvɛnt͜si̯o'ni:rən
Subversion zʊpvɛr'zi̯o:n
subversiv zʊpvɛr'zi:f, **-e** ...i:və
sub voce zʊp 'vo:t͜sə
Subvulkan 'zʊpvʊlka:n
Subway 'zapve:
Subwoofer 'zapvʊfɐ, ...u:...
Succase zʊ'ka:zə

Succotash ˈzakotɛʃ
Succus ˈzʊkʊs, **Succi** ˈzʊktsi
Suceava *rumän.* suˈtʃe̯ava
Suchard *fr.* syˈʃaːr
Suche ˈzuːxə
suchen ˈzuːxn̩
Suchensinn ˈzuːxn̩zɪn
Suchenwirt ˈzuːxn̩vɪrt
Sucherei zuːxəˈrai̯
Suchier *fr.* syˈʃje
Suchoň *slowak.* ˈsuxɔnj
Suchona *russ.* ˈsuxɐnɐ
Suchos ˈzuːxɔs
Suchowei zʊxoˈvai̯, ...ˈveːi
Suchowo-Kobylin *russ.* suxaˈvɔkaˈbɨlin
Sucht zʊxt, **Süchte** ˈzʏçtə
Suchtelen *niederl.* ˈsʏxtələ
Süchteln ˈzʏçtl̩n
süchtig ˈzʏçtɪç, **-e** ...ɪɡə
Suchumi *russ.* suˈxumi
Suci vgl. Sucus
suckeln ˈzʊkl̩n
Suckling *engl.* ˈsʌklɪŋ
[1]**Sucre** (Name) *span.* ˈsukre
[2]**Sucre** (Währung) ˈzʊkrə
Sucus ˈzuːkʊs, **...ci** ...tsi
[1]**Sud** zuːt, **-es** ˈzuːdəs
[2]**Sud** *it.* sud
Süd zyːt, **-e** ˈzyːdə
Suda ˈzuːda
Südafrika ˈzyːtǀaːfrika, *auch:* ...ˈǀaf...
südafrikanisch ˈzyːtǀafriˈkaːnɪʃ
Sudak *russ.* suˈdak
Sudamen zuˈdaːmən, **...mina** ...mina
Sudamérica *span.* suðaˈmerika
Südamerika ˈzyːtǀaˈmeːrika
Sudan zuˈdaːn, *auch:* ˈzuːdan
Sudaner zuˈdaːnɐ
Sudanese zudaˈneːzə
sudanesisch zudaˈneːzɪʃ
Südasien ˈzyːtˈǀaːzi̯ən
Sudation zudaˈtsi̯oːn
Sudatorium zudaˈtoːri̯ʊm, **...ien** ...i̯ən
Sudauer ˈzuːdau̯ɐ
Südaustralien ˈzyːtǀau̯sˈtraːli̯ən
Südbaden ˈzyːtˈbaːdn̩
Sudbury *engl.* ˈsʌdbərɪ
Süddakota ˈzyːtdaˈkoːta
Suddendeath *dt.-engl.* ˈzadn̩ˈdɛθ
süddeutsch ˈzyːtdɔy̯tʃ
Süddeutschland ˈzyːtdɔy̯tʃlant
Sudel ˈzuːdl̩
Sudelei zuːdəˈlai̯
Sudeler ˈzuːdəlɐ
sudelig ˈzuːdəlɪç, **-e** ...ɪɡə
sudeln ˈzuːdl̩n, **sudle** ˈzuːdlə
Süden ˈzyːdn̩
Sudermann ˈzuːdɐman
Suderode zuːdəˈroːdə
Süderoog ˈzyːdɐǀoːk
Sudeten zuˈdeːtn̩
sudetisch zuˈdeːtɪʃ
Südeuropa ˈzyːtǀɔy̯ˈroːpa
Südfall ˈzyːtfal
Südgeorgien ˈzyːtɡeˈɔrɡi̯ən
Südholland ˈzyːtˈhɔlant
Süditalien ˈzyːtǀiˈtaːli̯ən
Südkarolina ˈzyːtkaroˈliːna
Südkorea ˈzyːtkoˈreːa
Südländer ˈzyːtlɛndɐ
Sudler ˈzuːdlɐ
südlich ˈzyːtlɪç
sudlig ˈzuːdlɪç, **-e** ...ɪɡə
Su Dongpo *chin.* sudʊŋpɔ 111
Sudor ˈzuːdoːɐ̯
Sudoration zudoraˈtsi̯oːn
Sudoriferum zudoˈriːferʊm, **...ra** ...ra
Südost zyːtˈǀɔst
Südostasien zyːtǀɔstˈǀaːzi̯ən
Südosten zyːtˈǀɔstn̩
südöstlich zyːtˈǀœstlɪç
Südostwind zyːtˈǀɔstvɪnt
Südpol ˈzyːtpoːl
Sudra ˈzuːdra
Südsee ˈzyːtzeː
Südslawe ˈzyːtslaːvə
südslawisch ˈzyːtslaːvɪʃ
Südstaaten ˈzyːtʃtaːtn̩
Südsüdost[en] zyːtzyːtˈǀɔst[n̩]
Südsüdwest[en] zyːtzyːtˈvɛst[n̩]
Südtirol[er] ˈzyːttiroːl[ɐ]
südtirolisch ˈzyːttiroːlɪʃ
südwärts ˈzyːtvɛrts
Südwestafrika zyːtˈvɛstǀaːfrika, *auch:* ...ǀaf...
Südwest[en] zyːtˈvɛst[n̩]
Südwester zyːtˈvɛstɐ
südwestlich zyːtˈvɛstlɪç
Sue *fr.* sy
Suebe ˈzu̯eːbə, ˈsveːbə
Sues[kanal] ˈzuːɛs[kanaːl]
Sueß, Suess zyːs
Sueton[ius] zu̯eˈtoːn[i̯ʊs]
Sueve ˈzu̯eːvə, ˈsveːvə
Suez ˈzuːɛs, ˈzuːɛts
Suff zʊf
Süffel ˈzʏfl̩
suffeln ˈzʊfl̩n
süffeln ˈzʏfl̩n
Suffern *engl.* ˈsʌfən
sufficit ˈzʊfitsɪt
süffig ˈzʏfɪç, **-e** ...ɪɡə
suffigieren zʊfiˈɡiːrən
Suffimentum zʊfiˈmɛntʊm, **...ta** ...ta
Süffisance zʏfiˈzãːs
süffisant zʏfiˈzant
Süffisanz zʏfiˈzants
Suffitte zʊˈfɪtə
Suffix zʊˈfɪks, ˈzʊfɪks
suffixal zʊfɪˈksaːl
suffixoid, S... zʊfɪksoˈiːt **-e** ...iːdə
suffizient zʊfiˈtsi̯ɛnt
Suffizienz zʊfiˈtsi̯ɛnts
Süffling ˈzʏflɪŋ
suffocato zʊfoˈkaːto
Suffokation zʊfokaˈtsi̯oːn
Suffolk *engl.* ˈsʌfək
Suffragan zʊfraˈɡaːn
Suffragette zʊfraˈɡɛtə
Suffragium zʊˈfraːɡi̯ʊm, **...ien** ...i̯ən
Suffusion zʊfuˈzi̯oːn
Sufi ˈzuːfi
Sufismus zuˈfɪsmʊs
Sufist zuˈfɪst
Sugardaddy ˈʃʊɡɐdɛdi
Sugdidi *russ.* zugˈdidi
Suger ˈzuːɡɐ, *fr.* syˈʒe
Sugestopädie zʊɡɛstopɛˈdiː
suggerieren zʊɡeˈriːrən
suggestibel zʊɡɛsˈtiːbl̩, **...ble** ...blə
Suggestibilität zʊɡɛstibiliˈtɛːt
Suggestion zʊɡɛsˈti̯oːn
suggestiv zʊɡɛsˈtiːf, **-e** ...iːvə
Suggestivität zʊɡɛstiviˈtɛːt
Sugillation zuɡɪlaˈtsi̯oːn
Su Hanchen *chin.* suxantʃən 142
Suharto *indon.* suˈharto
Suhl[e] ˈzuːl[ə]
suhlen ˈzuːlən
Sühne ˈzyːnə
sühnen ˈzyːnən
Suhr[kamp] ˈzuːɐ̯[kamp]
Suicid zuiˈtsiːt, **-e** ...iːdə
sui generis ˈzuːi ˈɡeːnerɪs, *auch:* - ˈɡɛn...
Suisse *fr.* sɥis
Suisun City *engl.* səˈsuːn ˈsɪtɪ
Suita *jap.* suˈita
Suitbert ˈzuːɪtbɛrt, zuˈiːt...
Suitcase ˈsjuːtkeːs
Suite ˈsviːtə, *auch:* zuˈiːtə
Suitier sviˈti̯eː, *auch:* zui...
Suitland *engl.* ˈsuːtlənd
Suits *estn.* sui̯ːːts
suivez sviˈveː, zyiˈveː

S

Suizid zuiˈt͡siːt, **-e** ...iːdə
suizidal zuit͡siˈdaːl
Suizidalität zuit͡sidaliˈtɛːt
Suizidant zuit͡siˈdant
suizidär zuit͡siˈdɛːɐ̯
Suizident zuit͡siˈdɛnt
Suizidologie zuit͡sidoloˈgiː
Sujet zyˈʒeː, *fr.* syˈʒɛ
Suk zuːk, *tschech.* suk
Sukabumi *indon.* sukaˈbumi
Sukarno *indon.* suˈkarno
Sukenick *engl.* ˈsuːkənɪk
Sukhotai *Thai* suˈkhoːˈthai̯ 251
Sukijaki zukiˈjaːki
Sukkade zʊˈkaːdə
Sukkertopen *dän.* ˈsʊgɐtɔbn̩
Sukkoth zʊˈkoːt
Sukkubus ˈzʊkubʊs, **...ben** zʊˈkuːbn̩
sukkulent zʊkuˈlɛnt
Sukkulente zʊkuˈlɛntə
Sukkulenz zʊkuˈlɛntṡ
Sukkur *engl.* ˈsʌkə
Sukkurs zʊˈkʊrs, **-e** ...rzə
Sukkursale zʊkʊrˈzaːlə
Suktion zʊkˈt͡si̯oːn
Suktorien zʊkˈtoːri̯ən
sukzedan zʊkt͡seˈdaːn
sukzedieren zʊkt͡seˈdiːrən
Sukzess zʊkˈt͡sɛs
Sukzession zʊkt͡sɛˈsi̯oːn
sukzessiv zʊkt͡sɛˈsiːf, **-e** ...iːvə
Sukzessor zʊkˈt͡sɛsoːɐ̯, **-en** ...ˈsoːrən
Sukzinat zʊkt͡siˈnaːt
Sukzinit zʊkt͡siˈniːt
Sukzinyl... zʊkt͡siˈnyːl...
sul zʊl
Sul *port.* sul
[1]**Sula** (Vogel) ˈzuːla
[2]**Sula** *russ.* suˈla, *indon., span.* ˈsula
Sulaimanijja zulai̯maˈniːja
Sulak *russ.* suˈlak
[1]**Sulamith** (Vorn.) ˈzuːlamɪt, *auch:* zulaˈmiːt
[2]**Sulamith** (bibl. Name) ˈzuːlamɪt
Sulawesi *indon.* sulaˈwesi
Suleika zuˈlai̯ka
Suleiman zulai̯ˈmaːn
Süleiman zylai̯ˈmaːn
Süleyman *türk.* sylɛi̯ˈmɑn
Sulfat zʊlˈfaːt
Sulfid zʊlˈfiːt, **-e** ...iːdə
sulfidisch zʊlˈfiːdɪʃ
Sulfit zʊlˈfiːt
Sülfmeister ˈzʏlfmai̯stɐ
Sulfonamid zʊlfonaˈmiːt, **-e** ...iːdə
sulfonieren zʊlfoˈniːrən
Sulfur ˈzʊlfʊr
sulfurieren zʊlfuˈriːrən
Sulina *rumän.* suˈlina
Sulingen ˈzuːlɪŋən
Suliote zuˈli̯oːtə
Sulitjelma *norw.* sʉlitˈjɛlma
Sulky ˈzʊlki, ˈzalki
Süll zʏl
Sulla ˈzʊla
Sullana *span.* suˈʎana
sulla tastiera ˈzʊla tasˈti̯eːra
Sullivan[t] *engl.* ˈsʌlɪvən[t]
Sully *engl.* ˈsʌlɪ, *fr.* sylˈli
Sully Prudhomme *fr.* sylliprуˈdɔm
Sulmona *it.* sulˈmoːna
Sulpice *fr.* sylˈpis
Sulpicia zʊlˈpiːt͡si̯a
Sulpicio *span.* sulˈpiθi̯o
Sulpicius zʊlˈpiːt͡si̯ʊs
Sulpitius zʊlˈpiːt͡si̯ʊs
Sulpiz zʊlˈpiːt͡s
Sulpizianer zʊlpiˈt͡si̯aːnɐ
sul ponticello zʊl pɔntiˈt͡ʃɛlo
Sultan ˈzʊltaːn
Sultanat zʊltaˈnaːt
Sultanin ˈzʊltanɪn, *auch:* zʊlˈtaːnɪn
Sultanine zʊltaˈniːnə
Sultanow *russ.* sulˈtanɐf
Sulu *indon.* ˈsulu
Sulz[a] ˈzʊlt͡s[a]
Sulzbach ˈzʊlt͡sbax
Sulzberger *engl.* ˈsʌlzbəːgə
Sulzburg ˈzʊlt͡sbʊrk
Sulze ˈzʊlt͡sə
Sülze ˈzʏlt͡sə
sulzen ˈzʊlt͡sn̩
sülzen ˈzʏlt͡sn̩
Sulzer ˈzʊlt͡sɐ
sulzig ˈzʊlt͡sɪç, **-e** ...ɪgə
Sumac *span.* suˈmak
Sumach ˈzuːmax
Šumadija *serbokr.* ʃuˌmadija
Sumak zuˈmak
Sumarokow *russ.* sumaˈrɔkɐf
Sumatera *indon.* suˈmatra
Sumatra zuˈmaːtra, ˈzuːmatra
Sumba *indon.* ˈsʊmba
Sumbawa *indon.* sʊmˈbawa
Sumer ˈzuːmɐ
Sumerer zuˈmeːrɐ
sumerisch zuˈmeːrɪʃ
Sumgait *russ.* sumgaˈit
Sumiswald ˈzʊmɪsvalt
summ, summ! ˈzʊm ˈzʊm
summ! zʊm
Summa ˈzʊma
summa cum laude ˈzʊma kʊm ˈlau̯də
Summand zʊˈmant, **-en** ...ndn̩
summarisch zʊˈmaːrɪʃ
Summarium zʊˈmaːri̯ʊm, **...ien** ...i̯ən
Summary ˈzaməri
summa summarum ˈzʊma zʊˈmaːrʊm
Summation zʊmaˈt͡si̯oːn
summativ zʊmaˈtiːf, **-e** ...iːvə
Sümmchen ˈzʏmçən
Summe ˈzʊmə
summen ˈzʊmən
Summepiskopat zʊmepɪskoˈpaːt
Summer ˈzʊmɐ
Summerside *engl.* ˈsʌməsaɪd
summieren zʊˈmiːrən
Summist zʊˈmɪst
Summit *engl.* ˈsʌmɪt
Summum Bonum ˈzʊmʊm ˈboːnʊm
summum jus summa injuria ˈzʊmʊm ˈjuːs ˈzʊma ɪnˈjuːri̯a
Summus Episcopus ˈzʊmʊs eˈpɪskopʊs
Sumner *engl.* ˈsʌmnə
Sumo ˈzuːmo
Sumper ˈzʊmpɐ
Šumperk *tschech.* ˈʃumpɛrk
Sumpf zʊmp͡f, **Sümpfe** ˈzʏmp͡fə
Sümpfchen ˈzʏmp͡fçən
sumpfen ˈzʊmp͡fn̩
sümpfen ˈzʏmp͡fn̩
sumpfig ˈzʊmp͡fɪç, **-e** ...ɪgə
sumptuös zʊmpˈtu̯øːs, **-e** ...øːzə
Sums zʊms, **-es** ˈzʊmzəs
sumsen ˈzʊmzn̩, **sums!** zʊms, **sumst** zʊmst
Sumter *engl.* ˈsʌmtə
Sumy *russ.* ˈsumɨ
Sun *engl.* sʌn
Sunbury *engl.* ˈsʌnbərɪ
Sunch'ŏn *korean.* suːnt͡ʃhɔn
Sund zʊnt, **-e** ˈzʊndə
Sunda *indon.* ˈsʊnda
Sundainseln ˈzʊndaˌlɪnzl̩n
Sundanese zʊndaˈneːzə
Sunday [Review] *engl.* ˈsʌndɪ [rɪˈvjuː]
Sundbyberg *schwed.* sʊndbyˈbærj
Sünde ˈzʏndə
Sunderland *engl.* ˈsʌndələnd
Sundern ˈzʊndɐn

Sündflut ˈzʏntfluːt
Sundgau ˈzʊntgau̯
sündhaft ˈzʏnthaft
sündig ˈzʏndɪç, **-e** ...ɪgə
sündigen ˈzʏndɪgn̩, **sündig!** ...ɪç, **sündigt** ...ɪçt
sündlich ˈzʏntlɪç
sündlos ˈzʏntloːs
Sundman *schwed.* ˌsʊndman
Sundsvall *schwed.* ˌsʊndsval, sʊndsˈval
sündteuer ˈzʏntˈtɔy̯ɐ
Suñer *span.* suˈɲɛr
Sunesøn *dän.* ˈsuːnəsøn
Sunflower *engl.* ˈsʌnflaʊə
Sung zʊŋ
Sungir *russ.* sunˈgirj
Sunion ˈzuːni̯ɔn, *neugr.* ˈsunjɔn
Sunn zan
Sunna ˈzʊna
Sunndalsøra *norw.* ˌsʉn-daːlsøːra
Sunnit zʊˈniːt
Sunnyvale *engl.* ˈsʌnɪveɪl
Sun Prairie *engl.* ˈsʌn ˈprɛərɪ
Sun Ra *engl.* ˈsʌn ˈreɪ
Sunrise *engl.* ˈsʌnraɪz
Süntel ˈzʏntl̩
Sunyani *engl.* suːnˈjɑːniː
Sun Yat-sen zʊnjaˈt͡sɛn
Suomalaiset *finn.* ˈsu̯ɔmɑlɑi̯sɛt
Suomenlahti *finn.* ˈsu̯ɔmɛnlɑhti
Suomenmaa *finn.* ˈsu̯ɔmɛmmɑː
Suomenselkä *finn.* ˈsu̯ɔmɛnsɛlkæ
Suomi ˈzu̯oːmi, *finn.* ˈsu̯ɔmi
Suomusjärvi *finn.* ˈsu̯ɔmusjærvi
Suora ˈzu̯oːra
Suovetaurilia zu̯ovetau̯ˈriːli̯a
super, S... ˈzuːpɐ
Superacidität zupɐ|at͡sidiˈtɛːt
Superädifikat zupɐ|ɛdifiˈkaːt
superarbitrieren zupɐ|arbiˈtriːrən
Superarbitrium zupɐ|arˈbiːtri̯ʊm, **...ien** ...i̯ən
Superazidität zupɐ|at͡sidiˈtɛːt
superb zuˈpɛrp, *auch:* zyˈpɛrp, **-e** ...rbə
süperb zyˈpɛrp, **-e** ...rbə
Superbus zuˈpɛrbʊs
Supercup ˈzuːpɐkap
Supererogation zupɐ|erogaˈt͡si̯oːn
Superexlibris zupɐ|ɛksˈliːbriːs
superfein ˈzuːpɐfai̯n
Superfekundation zupɐfekʊndaˈt͡si̯oːn
Superfetation zupɐfetaˈt͡si̯oːn
superfiziarisch zupɐfiˈt͡si̯aːrɪʃ
superfiziell zupɐfiˈt͡si̯ɛl
Superfizies zupɐˈfiːt͡si̯ɛs, **die -** ...t͡si̯eːs
Super-G ˈzuːpɐd͡ʒiː
Superhet ˈzuːpɐhɛt
Superheterodyn... zupɐheteroˈdyːn...
superieren zupeˈriːrən
Superintendent zupɐ|ɪntɛnˈdɛnt, *auch:* ˈzuːp...
Superintendentur zupɐ|ɪntɛndɛnˈtuːɐ̯
Superinvolution zupɐ|ɪnvoluˈt͡si̯oːn
[1]**Superior** zuˈpeːri̯oːɐ̯, **-en** zupeˈri̯oːrən
[2]**Superior** *engl.* sjʊˈpɪərɪə
Superiorin zupeˈri̯oːrɪn
Superiorität zuperi̯oriˈtɛːt
Superkargo zupɐˈkargo, ˈzuːp...
superkrustal zupɐkrʊsˈtaːl
Superlativ ˈzuːpɐlatiːf, **-e** ...iːvə
superlativisch ˈzuːpɐlatiːvɪʃ
Superlativismus zupɐlatiˈvɪsmʊs
Superlearning ˈzuːpɐløːɐ̯nɪŋ, ...lœrnɪŋ
superleicht ˈzuːpɐlai̯çt
Supermarket ˈzuːpɐmaːɐ̯kət
Supermarkt ˈzuːpɐmarkt
Supernaturalismus zupɐnaturaˈlɪsmʊs
supernaturalistisch zupɐnaturaˈlɪstɪʃ
Supernova zupɐˈnoːva, **...vä** ...vɛ
Supernumerar zupɐnumeˈraːɐ̯
Supernumerariat zupɐnumeraˈri̯aːt
Supernumerarius zupɐnumeˈraːri̯ʊs, **...ien** ...i̯ən
Supernym zupɐˈnyːm
Supernymie zupɐnyˈmiː, **-n** ...iːən
Superonym zuperoˈnyːm
Superonymie zuperonyˈmiː, **-n** ...iːən
Superoxid ˈzuːpɐ|ɔksiːt
Superoxyd ˈzuːpɐ|ɔksyːt
Superpelliceum zupɐpɛˈliːt͡seʊm, **...cea** ...ea
superponieren zupɐpoˈniːren
Superposition zupɐpoziˈt͡si̯oːn
Superrevision zupɐreviˈzi̯oːn
Supersekretion zupɐzekreˈt͡si̯oːn
supersonisch zupɐˈzoːnɪʃ
Superstition zupɐstiˈt͡si̯oːn
superstitiös zupɐstiˈt͡si̯øːs, **-e** ...øːzə
Superstrat zupɐˈstraːt
Supervielle *fr.* sypɛrˈvjɛl
Supervision zupɐviˈzi̯oːn, *auch:* zupɐˈvɪʒn̩
Supervisor ˈzuːpɐvai̯zɐ
Supin zuˈpiːn
Supinum zuˈpiːnʊm, **...na** ...na
Süppchen ˈzʏpçən
Suppe ˈzʊpə
Suppé zʊˈpeː, *auch:* ˈzʊpe
Suppedaneum zʊpeˈdaːneʊm, **...nea** ...nea
suppen ˈzʊpn̩
[1]**Supper** (Abendessen) ˈzapɐ
[2]**Supper** (Name) ˈzʊpɐ
suppig ˈzʊpɪç, **-e** ...ɪgə
Suppleant zʊpleˈant
Supplement zʊpleˈmɛnt
supplementär zʊplemɛnˈtɛːɐ̯
Supplent zʊˈplɛnt
Suppletion zʊpleˈt͡si̯oːn
Suppletiv... zʊpleˈtiːf...
Suppletivismus zʊpletiˈvɪsmʊs
suppletorisch zʊpleˈtoːrɪʃ
supplieren zʊˈpliːrən
Supplik zʊˈpliːk
Supplikant zʊpliˈkant
Supplikation zʊplikaˈt͡si̯oːn
Supplinburg ˈzʊplɪnbʊrk
supplizieren zʊpliˈt͡siːrən
Supply zəˈplai̯
supponieren zʊpoˈniːrən
Support zʊˈpɔrt
Supposition zʊpoziˈt͡si̯oːn
Suppositorium zʊpoziˈtoːri̯ʊm, **...ien** ...i̯ən
Suppositum zʊˈpoːzitʊm, **...ta** ...ta
Suppression zʊprɛˈsi̯oːn
suppressiv zʊprɛˈsiːf, **-e** ...iːvə
Suppressor zʊˈprɛsoːɐ, **-en** ...ˈsoːrən
supprimieren zʊpriˈmiːrən
Suppuration zʊpuraˈt͡si̯oːn
suppurativ zʊpuraˈtiːf, **-e** ...iːvə
supra..., S... ˈzuːpra...
Supraexlibris zupra|ɛksˈliːbriːs
Suprafluidität zuprafluidiˈtɛːt
suprakrustal zuprakrʊsˈtaːl
Supraleiter ˈzuːpralai̯tɐ
Supralibros zupraˈliːbroːs

Supramid® zupraˈmi:t, **-es** ...i:dəs
supranational zupranatsi̯oˈna:l
Supranaturalismus zupranaturaˈlɪsmʊs
supranaturalistisch zupranaturaˈlɪstɪʃ
supraorbital zupra|ɔrbiˈta:l
Supraporte zupraˈpɔrtə
suprarenal zupraˈreˈna:l
Suprarenin® zupraˈreˈni:n
suprasegmental zuprazɛgmɛnˈta:l
Supraśl *poln.* ˈsupraɕl
suprasternal zuprastɛrˈna:l
Suprastrom ˈzu:praʃtro:m
supravaginal zupravagiˈna:l
Supremat zupreˈma:t
Suprematie zupremaˈti:, **-n** ...i:ən
Suprematismus zupremaˈtɪsmʊs
Suprematist zupremaˈtɪst
Sur zu:ɐ̯
Sura *russ.* suˈra
Surabaya *indon.* suraˈbaja
Surah zuˈra:
Surakarta *indon.* suraˈkarta
Surat *engl.* ˈsʊrət
Surat Thani *Thai* suˈra:d tha:ˈni: 1211
Surbiton *engl.* ˈsə:bɪtn
Surchandarja *russ.* surˈxandarjˈja
Surcot zʏrˈko:
Surdas ˈzu:ɐ̯da:s
Surditas ˈzʊrditas
Surdomutitas zʊrdoˈmu:titas
Sure ˈzu:rə
Sûre *fr.* sy:r
Surema zuˈre:ma
Suresnes *fr.* syˈrɛn
surfen ˈzø:ɐ̯fn̩, ˈzœrfn̩
Surfing ˈzø:ɐ̯fɪŋ, ˈzœrfɪŋ
Surfleisch ˈzu:ɐ̯flai̯ʃ
Surfriding ˈzø:ɐ̯frai̯dɪŋ, ˈzœrf...
Surgut *russ.* surˈgut
Suriano *it.* suˈri̯a:no
Surigao *span.* suriˈɣao
Surikate zuriˈka:tə
Surikow *russ.* ˈsurikɐf
Surilho zuˈrɪljo
Surimono zuriˈmo:no
Surinam zuriˈnam
Suriname *niederl.* syriˈna:mə
Surius ˈzu:ri̯ʊs
surjektiv zʊrjɛkˈti:f, **-e** ...i:və
Surkow *russ.* surˈkɔf
Surminski zʊrˈmɪnski
Surplus ˈzø:ɐ̯pləs, ˈzœrp...
Surprise-... zø:ɐ̯ˈprai̯s..., zœrˈ...
Surra ˈzʊra
Surre ˈzʊrə
surreal ˈzʊrea:l, *auch:* ˈzʏr...
Surrealismus zʊreaˈlɪsmʊs, *auch:* zʏr...
Surrealist zʊreaˈlɪst, *auch:* zʏr...
surren ˈzʊrən
Surrey *engl.* ˈsʌrɪ
Surrogat zʊroˈga:t
Surrogation zʊrogaˈtsi̯o:n
Sursee ˈzu:ɐ̯ze:
sursum corda! ˈzʊrzʊm ˈkɔrda
Surt zʊrt
Surtax ˈzø:ɐ̯tɛks, ˈzœrt...
Surtaxe zʏrˈtaks, **-n** ...ksn̩
Surtees *engl.* ˈsə:ti:z
Surtout zʏrˈtu:
Surtsey *isl.* ˈsʏrtsei̯
Survage *fr.* syrˈva:ʒ
Survey ˈzø:ɐ̯ve, ˈzœrve
Surveyor zø:ɐ̯ˈve:ɐ, zœrˈ...
Survival[s] zøɐ̯ˈvai̯vl̩[s], zœrˈ...
Susa ˈzu:za, *it.* ˈsu:za
Susak *serbokr.* ˌsu:sak
Susan *engl.* su:zn
Susana *span.* suˈsana
Susann *engl.* su:ˈzæn
Susanna zuˈzana, *engl.* su:ˈzænə
Susanne zuˈzanə
Susato zuˈza:to
Suschen ˈzu:sçən
Susdal *russ.* ˈsuzdɐlj
Suse ˈzu:zə
Sushi ˈzu:ʃi
Su Shi *chin.* suʃɨ14
Susi ˈzu:zi
Sušice *tschech.* ˈsuʃitsɛ
Susie *engl.* ˈsu:zɪ
Susine zuˈzi:nə
Süskind ˈzy:skɪnt
Suslik ˈzʊslɪk, ˈzu:slɪk
Suslow *russ.* ˈsuslɐf
Susman ˈzu:sman
Suso ˈzu:zo
suspekt zʊsˈpɛkt
suspendieren zʊspɛnˈdi:-rən
Suspension zʊspɛnˈzi̯o:n
suspensiv zʊspɛnˈzi:f, **-e** ...i:və
Suspensorium zʊspɛnˈzo:ri̯ʊm, ...ien ...i̯ən
Susquehanna *engl.* sʌskwɪˈhænə
süß, S... zy:s
Süss zy:s
Sussanin *russ.* suˈsanin
Süße ˈzy:sə
süßen, S... ˈzy:sn̩
Sussex *engl.* ˈsʌsɪks
Süßigkeit ˈzy:sɪçkai̯t
Süßkind ˈzy:skɪnt
Süßmayr ˈzy:smai̯ɐ
Süssmuth, Süßm... ˈzy:smu:t
süßsauer ˈzy:sˈzau̯ɐ
Sustain zəsˈte:n
Sust[en] ˈzʊst[n̩]
Sustentation zʊstɛntaˈtsi̯o:n
Süsterhenn ˈzʏstɐhɛn
Sustris *niederl.* ˈsʏstrɪs
Susuka *jap.* suˈzuka
Susuki *jap.* suˈzuki
Susy ˈzu:zi
suszeptibel zʊstsɛpˈti:bl̩, **...ble** ...blə
Suszeptibilität zʊstsɛptibiliˈtɛ:t
Suszeption zʊstsɛpˈtsi̯o:n
suszipieren zʊstsiˈpi:rən
Sutane zuˈta:nə
Sutanelle zutaˈnɛlə
Sutasch zuˈtaʃ, *auch:* ˈzu:taʃ
Sutcliff *engl.* ˈsʌtklɪf
Suter ˈzu:tɐ
Sutera *it.* suˈtɛ:ra
Sutermeister ˈzu:tɐmai̯stɐ
Sutherland *engl.* ˈsʌðələnd
Sutlej *engl.* ˈsʌtlɪdʒ
Sütő *ung.* ˈʃytø:
Sutra ˈzu:tra
Sutri *it.* ˈsu:tri
Sutro *engl.* ˈsu:troʊ
Sutsos *neugr.* ˈsutsɔs
Sutter ˈzʊtɐ, *engl.* ˈsu:tə, *niederl.* ˈsʏtər
Sütterlin ˈzʏtɐli:n
Sutterman[s] *niederl.* ˈsʏtərman[s]
Suttner ˈzʊtnɐ
Sutton [Hoo] *engl.* ˈsʌtn [ˈhu:]
Sutur zuˈtu:ɐ̯
suum cuique ˈzu:ʊm kuˈi:kvə, - ˈku:ikvə
Suðuroy *fär.* ˈsu:ʊrɔ:i̯
SUVA ˈzu:va
Suvanna Phuma zuˈvana ˈfu:ma
Suvannavong zuvanaˈvɔŋ
Süverkrüp ˈzy:vɐkrʏp
Süvern ˈzy:vɐn
Suwaida zuvai̯ˈda:
Suwałki *poln.* suˈvau̯ki
Suwannee *engl.* sʊˈwɔ:nɪ
Suwŏn *korean.* suwɔn
Suworow *russ.* suˈvɔrɐf
Suys ˈzu:ɪs, *niederl.* sœi̯s

Suzanne *fr.* sy'zan, *engl.* su:'zæn
suzerän, S... zutse're:n
Suzeränität zutsereni'tɛ:t
Suzhou *chin.* sudʒoʊ 11
Suzkewer 'zʊtskevɐ
Suzuki zu'tsu:ki
Svalbard *norw.* ˌsva:lbar[d]
Švantner *slowak.* 'ʃvantnɛr
Svappava[a]ra *schwed.* ˌsvapa-vɑ:ra
Svarabhakti svara'bakti
Svarez 'sva:rɛts
Svatopluk *tschech.* 'svatɔpluk
Svatoslav *tschech.* 'svatɔslaf
Svealand *schwed.* ˌsve:alan[d]
Svear *schwed.* ˌsve:ar
Svedberg *schwed.* ˌsve:dbærj
Sveg *schwed.* sve:g
svegliato svɛl'ja:to
Švejda *tschech.* 'ʃvɛjda
Švejk *tschech.* ʃvɛjk
Svekofenniden svekofɛ'ni:dn̩
Sven *schwed.* svɛn, *dän.* svenʼ
Svend *dän.* svenʼ
Svendborg *dän.* 'svenbɔɐ̯ʼ
Svendsen *norw.* 'svɛnsən
Svenska Dagbladet *schwed.* ˌsvɛnska ˌdɑ:gblɑ:dət
Svensson *schwed., isl.* 'svɛnsɔn
Svenstedt *schwed.* ˌsvɛnstɛt
Sverdrup *norw.* ˌsværdrʉp
Sverige *schwed.* 'sværjə
Sveti Stefan *serbokr.* 'svɛ:ti: 'stɛ:fa:n
Světlá *tschech.* 'svjɛtla:
Svetozarevo *serbokr.* 'svɛtɔza-rɛvɔ
Svevo *it.* 'zvɛ:vo
Svinhufvud *schwed.* ˌsvi:nhʉ:vʉd
Svitavy *tschech.* 'svitavi
Svizzera *it.* 'zvittsera
Svoboda *tschech.* 'svɔbɔda
Svobodová *tschech.* 'svɔbɔ-dɔva:
Svolvær *norw.* ˌsvɔlvæ:r
Swaanswijk *niederl.* 'swa:nswɛi̯k
Swahili sva'hi:li
Swain[s] *engl.* sweɪn[z]
Swakop 'svakɔp, *engl.* 'swɑ:kɔp
Swakopmund svakɔp'mʊnt
Swami 'sva:mi
Swammerdam *niederl.* swa-mər'dɑm
Swamps svɔmps
Swampscott *engl.* 'swɔmpskət
Swan[age] *engl.* 'swɔn[ɪdʒ]
Swanboy 'svɔnbɔy
Swane 'sva:nə
Swansea *engl.* 'swɔnzɪ
Swanskin *engl.* 'swɔnskɪn
Swanson *engl.* swɔnsn
Swante[wit] 'svantə[vɪt]
Swantje 'svantjə
Swap... 'svɔp...
SWAPO 'sva:po
Swapper 'svɔpɐ
Swarabhakti svara'bakti
Swarowsky sva'rɔfski
Swarth *niederl.* swɑrt
Swartka 'svartka
Swarzędz *poln.* 'sfaʒɛnts
Swasi 'sva:zi
Swasiland 'sva:zilant
Swastika 'svastika
Swatch® svɔtʃ
Swatopluk 'svatoplʊk
Swaziland *engl.* 'swɑ:zɪlænd
Sweat... 'svɛt...
Sweater 'sve:tɐ, 'svɛtɐ
Sweatshirt 'svɛtʃø:ɐ̯t, ...ʃœrt
Swebe 'sve:bə
swebisch 'sve:bɪʃ
Swedenborg 'sve:dn̩bɔrk, *schwed.* ˌsve:dənbɔrj
Swedenborgianer sve:dn̩bɔr-'gi̯a:nɐ
Sweelinck *niederl.* 'swe:lɪŋk
Sweepstake 'svi:pste:k
Sweerts *niederl.* swe:rts
[1]**Sweet** (Name) *engl.* swi:t
[2]**Sweet** (Tanz) svi:t
Sweetheart 'svi:tha:ɐ̯t
Swellendam *afr.* svɛlən'dam
Swen svɛn
Swenigorod *russ.* zvɪ'nigɐrɐt
Swerdlow[sk] *russ.* svɪr-'dlɔf[sk]
Swert *niederl.* swɛrt
Swertia 'svɛrtsi̯a, **...iae** ...i̯ɛ
Swete *engl.* swi:t
Swetlana *russ.* svɪt'lanɐ
Swetlanow *russ.* svɪt'lanɐf
Swetlogorsk *russ.* svɪtla'gɔrsk
Swetlow *russ.* svɪt'lɔf
Swetogorsk *russ.* svɪta'gɔrsk
Sweynheim 'svai̯nhai̯m
Swidbert 'svi:tbɛrt, 'svɪt...
Swidérien svide'ri̯ɛ̃:
Świdnica *poln.* ɕfid'nitsa
Świdry *poln.* 'ɕfidrɨ
Święcie *poln.* 'ɕfjɛtɕɛ
Świeradów Zdrój *poln.* ɕfjɛ'ra-duf 'zdruj
Swieten 'svi:tn̩
Świętochłowice *poln.* ɕfjɛntɔ-xu̯ɔ'vitsɛ
Świętochowski *poln.* ɕfjɛntɔ-'xɔfski
Swift svɪft, *engl.* swɪft
Swift Current *engl.* 'swɪft 'kʌrənt
Swilengrad *bulgar.* 'svilɛŋgrat
Swimmingpool 'svɪmɪŋpu:l
Swinarski *poln.* sfi'narski
Swinburne *engl.* 'swɪnbə:n
Swindon *engl.* 'swɪndən
Swine 'svi:nə
Swinegel 'svi:nǀe:gl̩
Swinemünde svi:nə'mʏndə
Swineshead *engl.* 'swaɪnzhɛd
[1]**Swing** (Tanz) svɪŋ
[2]**Swing** (Name) *engl.* swɪŋ
Swing-by 'svɪŋ'bai̯, '--
swingen 'svɪŋən
Swinger 'svɪŋɐ
Swingfox 'svɪŋfɔks
swinging, S... 'svɪŋɪŋ
Swinnerton *engl.* 'swɪnətn
Swinton *engl.* swɪntn
Swir *russ.* svirj
Swiridow *russ.* svi'ridɐf
Swiss *engl.* swɪs
Swissair 'svɪsɛ:ɐ̯
Swissvale *engl.* 'swɪsveɪl
switchen 'svɪtʃn̩
Switschtow *bulgar.* sviʃ'tɔf
Switzerland *engl.* 'swɪtsələnd
Swjatopolk *russ.* svɪta'pɔlk
Swjatoslaw *russ.* svɪta'slaf
Šwjela *niedersorb.* 'ʃvjɛla
Swoboda 'svɔboda
Swobodny *russ.* sva'bɔdnɨj
Syagrius zy'a:griʊs
Sybaris 'zy:barɪs
Sybarit zyba'ri:t
Sybaritismus zybari'tɪsmʊs
Sybel 'zy:bl̩
Syberberg 'zy:bɐbɛrk
Sycamore *engl.* 'sɪkəmɔ:
Sydenham *engl.* 'sɪdnəm
Sydney [Mines] *engl.* 'sɪdnɪ ['maɪnz]
Sydow 'zy:do
Syene 'zy̆e:nə
Syenit zy̆e'ni:t
Syke 'zi:kə
Sykes *engl.* saɪks
Sykomore zyko'mo:rə
Sykophant zyko'fant
Sykose zy'ko:zə
Sykosis zy'ko:zɪs
Syktywkar *russ.* sɨktɨf'kar
Sylacauga *engl.* sɪlə'kɔ:gə

S

Sylarna *schwed.* ˌsy:larna
Sylhet *engl.* ˈsɪlhɛt
Syllabar zʏlaˈba:ɐ̯
Syllabarium zʏlaˈba:ri̯ʊm, **...ien** ...i̯ən
Syllabem zʏlaˈbe:m
syllabieren zʏlaˈbi:rən
syllabisch zʏˈla:bɪʃ
Syllabus ˈzʏlabʊs, **...bi** ...bi
Syllepse zʏˈlɛpsə
Syllepsis ˈzʏlɛpsɪs, **...epsen** zʏˈlɛpsn̩
sylleptisch zʏˈlɛptɪʃ
Syllogismus zʏloˈgɪsmʊs
Syllogistik zʏloˈgɪstɪk
syllogistisch zʏloˈgɪstɪʃ
Sylphe ˈzʏlfə
Sylphide zʏlˈfi:də
Sylt zʏlt
Sylvania *engl.* sɪlˈveɪnɪə
Sylvanit zʏlvaˈni:t
Sylvanus zʏlˈva:nʊs
Sylvensteinsee ˈzʏlvn̩ʃtainze:
Sylvester zɪlˈvɛstɐ, zʏl..., *engl.* sɪlˈvɛstə
Sylvia ˈzɪlvi̯a, ˈzʏlvi̯a, *engl.* ˈsɪlvɪə
Sylvin zʏlˈvi:n
Sylvinit zʏlviˈni:t
Sylvius ˈzɪlvi̯us, ˈzʏlvi̯ʊs
Sylwa *russ.* ˈsɨlvɐ
Symbiont zʏmˈbi̯ɔnt
Symbiose zʏmˈbi̯o:zə
symbiotisch zʏmˈbi̯o:tɪʃ
Symblepharon zʏmˈble:farɔn
Symbol zʏmˈbo:l
Symbola vgl. Symbolum
Symbolik zʏmˈbo:lɪk
Symbolisation zʏmboliza-ˈtsi̯o:n
symbolisch zʏmˈbo:lɪʃ
symbolisieren zʏmboliˈzi:rən
Symbolismus zʏmboˈlɪsmʊs
Symbolist zʏmboˈlɪst
Symbolum ˈzʏmbolʊm, **...la** ...la
Symbolum apostolicum ˈzʏmbolʊm apɔsˈto:likʊm
Syme ˈzy:mə, *engl.* saɪm
Symeon ˈzy:meɔn
Symington *engl.* ˈsaɪmɪŋtən, ˈsɪm...
Symmachie zʏmaˈxi:, **-n** ...i:ən
Symmachus ˈzʏmaxʊs
Symmetrie zʏmeˈtri:, **-n** ...i:ən
symmetrisch zʏˈme:trɪʃ
Symonds *engl.* ˈsaɪməndz, ˈsɪm...
Symons *engl.* ˈsaɪmənz, ˈsɪm...
Sympathektomie zʏmpatɛk-toˈmi:, **-n** ...i:ən
sympathetisch zʏmpaˈte:tɪʃ
Sympathie zʏmpaˈti:, **-n** ...i:ən
Sympathikolytikum zʏmpati-koˈly:tikʊm, **...ka** ...ka
Sympathikomimetikum zʏmpa-tikomiˈme:tikʊm, **...ka** ...ka
Sympathikotonie zʏmpatiko-toˈni:, **-n** ...i:ən
Sympathikotonikum zʏmpati-koˈto:nikʊm, **...ka** ...ka
Sympathikus zʏmˈpa:tikʊs, **...izi** ...itsi
Sympathisant zʏmpatiˈzant
sympathisch zʏmˈpa:tɪʃ
sympathisieren zʏmpatiˈzi:rən
Sympatholytikum zʏmpato-ˈly:tikʊm, **...ka** ...ka
Sympetalen zʏmpeˈta:lən
Sympher ˈzʏmfɐ
Symphonie zʏmfoˈni:, **-n** ...i:ən
Symphonik zʏmˈfo:nɪk
Symphoniker zʏmˈfo:nikɐ
symphonisch zʏmˈfo:nɪʃ
Symphony *engl.* ˈsɪmfənɪ
symphronistisch zʏmfroˈnɪstɪʃ
Symphyse zʏmˈfy:zə
symphytisch zʏmˈfy:tɪʃ
Symplegaden zʏmpleˈga:dn̩
Symploke zʏmploˈke:, ˈzʏmploke, **-n** zʏmˈplo:kn̩
sympodial zʏmpoˈdi̯a:l
Sympodium zʏmˈpo:di̯ʊm, **...ien** ...i̯ən
Symposion zʏmˈpo:zi̯ɔn, ...pɔz..., **...ien** ...i̯ən
Symposium zʏmˈpo:zi̯ʊm, ...pɔz..., **...ien** ...i̯ən
Symptom zʏmpˈto:m
Symptomatik zʏmptoˈma:tɪk
symptomatisch zʏmptoˈma:tɪʃ
Symptomatologie zʏmptoma-toloˈgi:
synagogal zynagoˈga:l
Synagoge zynaˈgo:gə
Synalgie zynalˈgi:, zʏn|a..., **-n** ...i:ən
Synallage zyˈnalage, zʏnˈ|a..., **-n** ...ˈla:gn̩
Synallagma zyˈnalagma, zʏn-ˈ|a..., **...men** ...ˈlagmən
synallagmatisch zynala-ˈgma:tɪʃ, zʏn|a...
Synalöphe zynaˈlø:fə, zʏn|a...
synandrisch zyˈnandrɪʃ, zʏnˈ|...
Synandrium zyˈnandriʊm, zʏnˈ|a..., **...ien** ...iən
Synanthie zynanˈti:, zʏn|a..., **-n** ...i:ən
Synaphie zynaˈfi:, zʏn|a..., **-n** ...i:ən
synaphisch zyˈna:fɪʃ, zʏnˈ|a:...
Synapse zyˈnapsə, zʏnˈ|apsə
Synapte zyˈnaptə, zʏnˈ|a...
synaptisch zyˈnaptɪʃ, zʏnˈ|a...
Synärese zynɛˈre:zə, zʏn|ɛ...
Synäresis zyˈnɛ:rezɪs, zʏn-ˈ|ɛ:..., **...resen** zynɛˈre:zn̩, zʏn|ɛ...
Synarthrose zynarˈtro:zə, zʏn-|a...
Synästhesie zynɛsteˈzi:, zʏn-|ɛ..., **-n** ...i:ən
synästhetisch zynɛsˈte:tɪʃ, zʏn|ɛ...
Synaxarion zynaˈksa:ri̯ɔn, zʏn-|a..., **...ien** ...i̯ən
Synaxis ˈzy:naksɪs, ˈzʏn|a..., *auch:* zyˈnaksɪs, zʏnˈ|a..., **...xen** zyˈnaksn̩, zʏnˈ|a...
Synchorologie zʏnkoroloˈgi:
synchron zʏnˈkro:n
Synchronie zʏnkroˈni:
Synchronisation zʏnkroniza-ˈtsi̯o:n
synchronisieren zʏnkroni-ˈzi:rən
Synchronismus zʏnkroˈnɪsmʊs
synchronistisch zʏnkroˈnɪstɪʃ
Synchronopse zʏnkroˈnɔpsə
synchronoptisch zʏnkroˈnɔptɪʃ
Synchrotron ˈzʏnkrotro:n
Syncopated music ˈzɪŋkope:tɪt ˈmju:zɪk
Syndaktylie zʏndaktyˈli:, **-n** ...i:ən
Synderesis zʏnˈde:rezɪs
Syndesmologie zʏndɛsmo-loˈgi:
Syndesmose zyndɛsˈmo:zə
Syndet zʏnˈde:t
Syndetikon® zʏnˈde:tikɔn
syndetisch zʏnˈde:tɪʃ
Syndikalismus zʏndikaˈlɪsmʊs
Syndikalist zʏndikaˈlɪst
Syndikat zʏndiˈka:t
Syndikus ˈzʏndikʊs, **-se** ...ʊsə, **...dizi** ...ditsi
syndizieren zʏndiˈtsi:rən
Syndrom zʏnˈdro:m
Synechie zynɛˈçi:, zʏn|ɛ..., **-n** ...i:ən
Synechologie zynɛçoloˈgi:, zʏn|ɛ...
Synedrion zyˈne:driɔn, zʏn-ˈ|e:..., **...ien** ...iən

Synedrium zyˈneːdri̯ʊm, zʏnˈ|eː..., **...ien** ...i̯ən
Synekdoche zyˈnɛkdɔxe, zʏnˈ|ɛ..., **-n** ...ˈdɔxn̩
synekdochisch zynɛkˈdɔxɪʃ, zʏn|ɛ...
Synektik zyˈnɛktɪk, zʏnˈ|ɛ...
Synephebe zyneˈfeːbə, zʏn|e...
Synergeten zynɛrˈgeːtn̩, zʏn|ɛ...
synergetisch zynɛrˈgeːtɪʃ, zʏn|ɛ...
Synergiden zynɛrˈgiːdn̩, zʏn|ɛ...
Synergie zynɛrˈgiː, zʏn|ɛ...
Synergismus zynɛrˈgɪsmʊs, zʏn|ɛ...
Synergist zynɛrˈgɪst, zʏn|ɛ...
Synesios zyˈneːzi̯ɔs
Synesis ˈzyːnezɪs, **...esen** zyˈneːzn̩
Syng[e] *engl.* sɪŋ
syngenetisch zʏngeˈneːtɪʃ
Syngman Rhee *engl.* ˈsɪŋˈmɑːn ˈriː
Synhyperonym zʏnhypeˈroˈnyːm
Synhyponym zʏnhypoˈnyːm
Synizese zyniˈt͜seːzə, zʏn|i...
Synizesis zyˈniːt͜sezɪs, zʏnˈ|iː..., **...esen** zyniˈt͜seːzn̩, zʏn|i...
synkarp zʏnˈkarp
Synkarpie zʏnkarˈpiː
Synkaryon zʏnˈkaːry̆ɔn, **...ya** ...y̆a
Synkatathesis zʏnkaˈtaːtezɪs
Synkategorema zʏnkateˈgoːrema, **-ta** ...goˈreːmata
Synkinese zʏnkiˈneːzə
synklinal zʏnkliˈnaːl
Synklinale zʏnkliˈnaːlə
Synkline zʏnˈkliːnə
[1]**Synkope** (Sprach-, Verslehre; Medizin) ˈzʏnkope, **-n** ...ˈkoːpn̩
[2]**Synkope** (Musik) zʏnˈkoːpə
synkopieren zʏnkoˈpiːrən
synkopisch zʏnˈkoːpɪʃ
Synkotylie zʏnkotyˈliː
Synkretismus zʏnkreˈtɪsmʊs
Synkretist zʏnkreˈtɪst
Synkrise zʏnˈkriːzə
Synkrisis ˈzʏnkrizɪs, **...krisen** ...ˈkriːzn̩
synkritisch zʏnˈkriːtɪʃ
Synod zyˈnoːt, **-e** ...oːdə
synodal zynoˈdaːl
Synodale zynoˈdaːlə
Synode zyˈnoːdə
synodisch zyˈnoːdɪʃ
Synökie zynøˈkiː, zʏn|ø..., **-n** ...iːən
Synökologie zynøkoloˈgiː, zʏn|ø...
synonym zynoˈnyːm
Synonym zynoˈnyːm, **-a** zyˈnoːnyma
Synonymie zynonyˈmiː, **-n** ...iːən
Synonymik zynoˈnyːmɪk
Synophrys ˈzyːnofrʏs, ˈzʏn|o...
Synopse zyˈnɔpsə, zʏnˈ|ɔ...
Synopsis ˈzyːnɔpsɪs, ˈzʏn|ɔ..., **...opsen** zyˈnɔpsn̩, zʏnˈ|ɔ...
Synoptik zyˈnɔptɪk, zʏnˈ|ɔ...
Synoptiker zyˈnɔptikɐ, zʏnˈ|ɔ...
synoptisch zyˈnɔptɪʃ, zʏnˈ|ɔ...
synorogen zynoroˈgeːn, zʏn|o...
Synostose zynɔsˈtoːzə, zʏn|ɔ...
Synovia zyˈnoːvi̯a
Synovialom zynovi̯aˈloːm
Synovitis zynoˈviːtɪs, **...itiden** ...viˈtiːdn̩
Synözie zynøˈt͜siː, zʏn|ø..., **-n** ...iːən
synözisch zyˈnøːt͜sɪʃ, zʏnˈ|øː...
Synsemantikon zʏnzeˈmantikɔn, **...ka** ...ka
synsemantisch zʏnzeˈmantɪʃ
Syntagma zʏnˈtagma
syntagmatisch zʏntaˈgmaːtɪʃ
Syntaktik zʏnˈtaktɪk
Syntaktikum zʏnˈtaktikʊm, **...ka** ...ka
syntaktisch zʏnˈtaktɪʃ
Syntax ˈzʏntaks
Synteresis zʏnˈteːrezɪs
Synthese zʏnˈteːzə
Synthesis ˈzʏntezɪs, **...thesen** ...ˈteːzn̩
Synthesizer ˈzʏntəza͜izɐ, *auch: dt.-engl.* ˈzɪnθɪza͜izɐ
Synthetics zʏnˈteːtɪks
Synthetik[s] zʏnˈteːtɪk[s]
synthetisch zʏnˈteːtɪʃ
synthetisieren zʏntetiˈziːrən
Syntheton ˈzʏntetɔn, **...ta** ...ta
Synthi ˈzʏnti
Syntropie zʏntroˈpiː, **-n** ...iːən
Synurie zynuˈriː, zʏn|u..., **-n** ...iːən
Synzytium zʏnˈt͜syːt͜si̯ʊm, **...ien** ...i̯ən
Syph zʏf
Syphax ˈzyːfaks
Syphilis ˈzyːfilɪs
Syphilitiker zyfiˈliːtikɐ
syphilitisch zyfiˈliːtɪʃ
Syphiloderma zyfiloˈdɛrma, **-ta** -ta
Syphiloid zyfiloˈiːt, **-e** ...iːdə
Syphilom zyfiˈloːm
Syphilose zyfiˈloːzə
Syracuse *engl.* ˈsɪrəkjuːs
Syrakus zyraˈkuːs
Syrakusaner zyrakuˈzaːnɐ
Syrakuser zyraˈkuːzɐ
syrakusisch zyraˈkuːzɪʃ
Syr-Darja *russ.* sɨrdarjˈja
Syrer ˈzyːrɐ
Syrien ˈzyːri̯ən
Syrier ˈzyːri̯ɐ
Syringe zyˈrɪŋə
Syringitis zyrɪŋˈgiːtɪs, **...itiden** ...giˈtiːdn̩
Syringomyelie zyrɪŋgomy̆eˈliː, **-n** ...iːən
Syrinx ˈzyːrɪŋks, **Syringen** zyˈrɪŋən
syrisch ˈzyːrɪʃ
Syrjäne zʏrˈjɛːnə
Syrlin ˈzʏrliːn, ˈzyːɐ̯liːn
Syrmien ˈzʏrmi̯ən
Syrokomla *poln.* sɨrɔˈkɔmla
Syrologe zyroˈloːgə
Syrologie zyroloˈgiː
Syros ˈzyːrɔs
Syrte ˈzʏrtə
Syrus ˈzyːrʊs
Sysran *russ.* ˈsɨzrɐnj
systaltisch zʏsˈtaltɪʃ
System zʏsˈteːm
Systematik zʏsteˈmaːtɪk
Systematiker zʏsteˈmaːtikɐ
systematisch zʏsteˈmaːtɪʃ
systematisieren zʏstematiˈziːrən
systemisch zʏsˈteːmɪʃ
Systemoid zʏstemoˈiːt, **-e** ...iːdə
Systole ˈzʏstole, *auch:* ...ˈtoːlə, **-n** ...ˈtoːlən
systolisch zʏsˈtoːlɪʃ
Syzygie zyt͜syˈgiː, **-n** ...iːən
Syzygium zyˈt͜syːgi̯ʊm, **...ien** ...i̯ən
Szabo ˈsaːbo
Szabó ˈsaːbo, *ung.* ˈsɔboː
Szabolcs[i] *ung.* ˈsɔboltʃ[i]
Szakasits *ung.* ˈsɔkɔʃitʃ
Szálasi *ung.* ˈsaːlɔʃi
Szamos *ung.* ˈsɔmoʃ
Szaniąwski *poln.* ʃaˈnjafski
Szarvas *ung.* ˈsɔrvɔʃ
Szathmáry *ung.* ˈsɔtmaːri
Szatmár *ung.* ˈsɔtmaːr

S

Százhalombatta *ung.* 'sa:shɔlombɔttɔ
Szczạwno Zdrój *poln.* 'ʃtʃawnɔ 'zdruj
Szczẹcin *poln.* 'ʃtʃɛtɕin
Szczecịnek *poln.* ʃtʃɛ'tɕinɛk
Szczepạński *poln.* ʃtʃɛ'pai̯ski
Szczęsny 'tʃɛsni
Szczọdry *poln.* 'ʃtʃɔdrɨ
Szczypiọrski *poln.* ʃtʃɨ'pjɔrski
Szczỵtno *poln.* 'ʃtʃɨtnɔ
Széchenyi *ung.* 'se:tʃe:nji
Szẹged *ung.* 'sɛgɛd
Szegedin 'sɛgedi:n
Székely *ung.* 'se:kɛj
Székesfehérvár *ung.* 'se:kɛʃfɛhe:rva:r
Szẹkfű *ung.* 'sɛkfy:
Szekler 'se:klɐ, 'sɛk...
Szẹkszárd *ung.* 'sɛksa:rd
Szẹlburg *poln.* 'ʃɛlburk
Szẹll (George) *engl.* sɛl
Széll *ung.* se:ll
Szenar st͜se'na:ɐ̯
Szenario st͜se'na:ri̯o
Szenarịst st͜sena'rɪst
Szenarium st͜se'na:ri̯ʊm, ...**ien** ...i̯ən
Szẹnczi *ung.* 'sɛntsi
Szene 'st͜se:nə
Szenerie st͜senə'ri:, **-n** ...i:ən
Szẹnessy *ung.* 'sɛnɛʃi
szenisch 'st͜se:nɪʃ
Szenograph st͜seno'gra:f
Szenographie st͜senogra'fi:
Szenotest 'st͜se:notɛst
Szẹntendre *ung.* 'sɛntɛndrɛ
Szẹntes *ung.* 'sɛntɛʃ
Szẹntgotthárd *ung.* 'sɛndgotha:rd
Szẹnt-Györgyi *ung.* 'sɛndjørdji, *engl.* sɛnt'dʒɜ:dʒɪ
Szẹpter 'st͜sɛptɐ
Szẹrb *ung.* sɛrb
Szẹrém *ung.* 'sɛre:m
Szeryng 'ʃe:rɪŋ, *poln.* 'ʃɛrɨŋk
Szẹtschuan 'zɛtʃu̯an
szientifisch st͜si̯ɛn'ti:fɪʃ
Szientifịsmus st͜si̯ɛnti'fɪsmʊs
Szientịsmus st͜si̯ɛn'tɪsmʊs
Szientịst st͜si̯ɛn'tɪst
Szịgeti *ung.* 'sigeti
Szịgetköz *ung.* 'sigɛtkøz
Szịgetmonostor *ung.* 'sigɛtmonoʃtor
Szịgetvár *ung.* 'sigɛtva:r
Szịgligeti *ung.* 'sigligɛti
Szịlard *engl.* 'sɪlɑ:d
Szịlárd *ung.* 'sila:rd
Szịlla 'st͜sɪla
Szịnnyei *ung.* 'sinnjɛi
Szintigrạmm st͜sɪnti'gram
Szintigraph st͜sɪnti'gra:f
Szintigraphie st͜sɪntigra'fi:, **-n** ...i:ən
Szintillation st͜sɪntɪla't͜si̯o:n
szintillieren st͜sɪntɪ'li:rən
Szintillometer st͜sɪntɪlo'me:tɐ
Szịnyei Mẹrse *ung.* 'sinjɛi 'mɛrʃɛ
Szịrrhus 'st͜sɪrʊs
Szission st͜sɪ'si̯o:n
Szissur st͜sɪ'su:ɐ̯
Szlạchta *poln.* 'ʃlaxta
Szmaglẹwska *poln.* ʃma'glɛfska
Szọlnok *ung.* 'solnok
Szọmbathely *ung.* 'sombɔthɛj
Szọndi *ung.* 'sondi
Szprotạwa *poln.* ʃprɔ'tava
Sztálinváros *ung.* 'sta:linva:roʃ
Szụjski *poln.* 'ʃujski
Szűrös *ung.* 'sy:røʃ
Szỵlla 'st͜sʏla
Szymanọwski *poln.* ʃɨma'nɔfski
Szymạński *poln.* ʃɨ'mai̯ski
Szymbọrska *poln.* ʃɨm'bɔrska
Szỵmon *poln.* 'ʃɨmɔn
Szymonọwic *poln.* ʃɨmɔ'nɔvits
Szythe 'st͜sy:tə
Szythien 'st͜sy:ti̯ən
szythisch 'st͜sy:tɪʃ

T *t*

t, T te:, *engl.* ti:, *fr.*, *span.* te, *it.* ti
ϑ, Θ 'te:ta
τ, T tau̯
Taaffe 'ta:fə
Tab ta:p, *auch:* tɛp, **-e** 'ta:bə, **-s** tɛps
Tabagie taba'ʒi:, **-n** ...i:ən
Tabak 'ta:bak, 'tabak, *auch:* ta'bak
Tabakose taba'ko:zə
Tabarcạ *fr.* tabar'ka
Tabarz 'ta:barts
[1]Tabạsco® ta'basko
[2]Tabạsco (Name) *span.* ta'βasko
Tabatiere taba'ti̯e:rə
Tabbouleh tabu'le:
tabellarisch tabɛ'la:rɪʃ
tabellarisieren tabɛlari'zi:rən
Tabellarium tabɛ'la:ri̯ʊm, ...**ia** ...i̯a
Tabẹlle ta'bɛlə
tabellieren tabɛ'li:rən
Tabernakel tabɛr'na:kl̩
Tabẹrne ta'bɛrnə
Tabes 'ta:bɛs
Tabeszẹnz tabɛs't͜sɛnts
Tabetiker ta'be:tikɐ
tabetisch ta'be:tɪʃ
Tabgha 'ta:pga
Tabiker 'ta:bikɐ
tabisch 'ta:bɪʃ
Tạblar 'tabla:ɐ̯
Tạblas *span.* 'taβlas
Tableau, Tableau! ta'blo:
Tableau économịque ta'blo: ekono'mɪk, **-x -s** ta'blo: zekono'mɪk
Table d'Hôte 'ta:blə 'do:t
Tabletop 'te:bl̩tɔp
Tablẹtt[e] ta'blɛt[ə]
tablettieren tablɛ'ti:rən
Tạblic *slowak.* 'tabljits
tablieren ta'bli:rən
Tablịnum ta'bli:nʊm, ...**na** ...na
Taboparalyse tabopara'ly:zə
Tabor 'ta:bo:ɐ̯
Tábor *tschech.* 'ta:bɔr
Tabora *engl.* tə'bɔ:rə
Tabori *engl.* tə'bɔ:rɪ
Taborit tabo'ri:t
Taboulé tabu'le:
Täbris 'tɛ:brɪs, *auch:* tɛ'bri:s, *pers.* tæ'bri:z
tabu, T... ta'bu:
Tabụcchi *it.* ta'bukki
tabuieren tabu'i:rən
tabuisieren tabui'zi:rən
tabuịstisch ta'bu̯ɪstɪʃ
Tabula gratulatoria 'ta:bula gratula'to:ri̯a
Tabula rasa 'ta:bula 'ra:za
Tabulaten tabu'la:tn̩
Tabulator tabu'la:to:ɐ̯, **-en** ...la'to:rən
Tabulatur tabula'tu:ɐ̯
Tabulẹtt tabu'lɛt
Tabun ta'bu:n
Taburẹtt tabu'rɛt
Tacaná *span.* taka'na
Tạcca *it.* 'takka
tacet 'ta:t͜sɛt

Taché *fr.* ta'ʃe
Tạcheles 'taxələs
Tacheng *chin.* tatʃəŋ 32
Tacheome̲ter taxeo'me:tɐ
Tachi̲na ta'xi:na
tachini̲e̲ren taxi'ni:rən
Táchira *span.* 'tatʃira
Tachịsmus ta'ʃɪsmʊs
Tachịst ta'ʃɪst
Tachistosko̲p taxɪsto'sko:p
Tạcho 'taxo
Tachogra̲ph taxo'gra:f
Tachome̲ter taxo'me:tɐ
Tạchtel 'taxtl̩
Tacht e Solaima̲n *pers.* 'tæxte-solei̯'mɑ:n
Tachygra̲ph taxy'gra:f
Tachygraphi̲e̲ taxygra'fi:, **-n** ...i:ən
Tachykardi̲e̲ taxykar'di:, **-n** ...i:ən
Tachyme̲ter taxy'me:tɐ
Tachymetri̲e̲ taxyme'tri:
tachyme̲trisch taxy'me:trɪʃ
Tạchyon 'taxy̆ɔn, **-en** ta'xy̆o:nən
Tachyphagi̲e̲ taxyfa'gi:
Tachyphylaxi̲e̲ taxyfyla'ksi:, **-n** ...i:ən
Tachypno̲e taxy'pno:ə
tachyse̲i̲smisch taxy'zai̯smɪʃ
tacite̲isch, T... tatsi'te:ɪʃ
Ta̲citus 'ta:tsitʊs
tạcken 'takn̩
Tạcker 'takɐ
tạckern 'takɐn
Tackling 'tɛklɪŋ
Tacks, Tạcks tɛks
Taclobán *span.* taklo'βan
Tạcna *span.* 'takna
Tacoma *engl.* tə'koʊmə
Tạctus 'taktʊs
Tacuarembó *span.* taku̯a-rɛm'bo
Taddä̲us ta'dɛ:ʊs
Tadde̲i *it.* tad'dɛ:i̯
Tadde̲o *it.* tad'dɛ:o
Ta̲del 'ta:dl̩
ta̲deln 'ta:dl̩n, **ta̲dle** 'ta:dlə
Ta̲dema *niederl.* 'ta:dəmɑ
Tadẹo *span.* ta'ðeo
Tadẹusz *poln.* ta'dɛuʃ
Tadjourạh *fr.* tadʒu'ra
Ta̲dler 'ta:dlɐ
Tadschi̲ke ta'dʒi:kə
Tadschi̲kistan ta'dʒi:kɪsta[:]n, *russ.* tɐdʒɨkis'tan
Tadschịmi *jap.* ta'dʒimi
Ta̲dsch Maha̲l 'ta:tʃ ma'ha:l
Tadschri̲sch *pers.* tædʒ'ri:ʃ
Taegu *korean.* tɛgu
Taehan *korean.* tɛ:han
Taejŏn *korean.* tɛdʒɔn
Taekwọndo tɛ'kvɔndo
Tael tɛ:l, *auch:* te:l
Ta̲e̲nia 'tɛ:ni̯a
Taeuber 'tɔy̆bɐ
Ta̲f ta:f
Ta̲fel 'ta:fl̩
Tä̲felchen 'tɛ:fl̩çən
ta̲feln 'ta:fl̩n
tä̲feln 'tɛ:fl̩n
Tä̲fer 'tɛ:fɐ
tä̲fern 'tɛ:fɐn
Ta̲fers 'ta:fɐs
Tä̲f[e]rung 'tɛ:f[ə]rʊŋ
tạff taf
Taff *engl.* tæf
Tạffet 'tafət
Tafilalẹt *fr.* tafila'lɛt
Tä̲flein 'tɛ:flai̯n
Tafsi̲r taf'zi:ɐ̯
¹Tạft (Gewebe) taft
²Taft (Name) *engl.* tæft, tɑ:ft
tạften 'taftn̩
¹Ta̲g ta:k, **-e** 'ta:gə
²Tag (Anhängsel) tɛk
Taga̲le ta'ga:lə
Taga̲log ta'ga:lɔk
Taganrọg *russ.* tɐgan'rɔk
taga̲u̲s ta:k'|au̯s
Tage *schwed.* ˌtɑ:gə
tage̲i̲n ta:k'|ai̯n
Ta̲gelöhner 'ta:gəlø:nɐ
ta̲gelöhnern 'ta:gəlø:nɐn
ta̲gen 'ta:gn̩, **ta̲g!** ta:k, **ta̲gt** ta:kt
ta̲geshẹll 'ta:gəs'hɛl
Tage̲tes ta'ge:tɛs
Tạgger 'tagɐ
ta̲ghẹll 'ta:k'hɛl
...tä̲gig ...tɛ:gɪç, **-e** ...ɪgə
Tagịl *russ.* ta'gil
Tạgle *span.* 'taɣlə
Tagliamẹnto *it.* taʎʎa'mento
Taglia̲ta tal'ja:ta
Tagliatẹlle talja'tɛlə
Taglia̲ti tal'ja:ti
Tagliavi̲ni *it.* taʎʎa'vi:ni
tä̲glich 'tɛ:klɪç
Taglio̲ni *it.* taʎ'ʎo:ni
ta̲glöhnern 'ta:klø:nɐn
Tagme̲m[ik] ta'gme:m[ɪk]
Tago̲re ta'go:ɐ̯, ta'go:rə, *engl.* tə'gɔ:
ta̲gs ta:ks
ta̲gsüber 'ta:ks|y:bɐ
ta̲gtä̲glich 'ta:k'tɛ:klɪç
Ta̲guan 'ta:gu̯a:n
Ta̲gung 'ta:gʊŋ
Tahạrka ta'harka
Tahiri̲de tahi'ri:də
Tahi̲ti ta'hi:ti, *fr.* tai'ti
Tahouạ *fr.* ta'wa
Ta̲hr ta:ɐ̯
Tạhta 'taxta
Ta̲i̲ tai̯
Taibei *chin.* tai̯bei̯ 23
Tai-Chi̲ tai̯'tʃi:
Tai-Chi-Chuạn tai̯tʃi'tʃu̯an
Taidong *chin.* tai̯dʊŋ 21
Ta̲if 'ta:ɪf
Taifu̲n tai̯'fu:n
Ta̲i̲ga 'tai̯ga, *russ.* taj'ga
Taihu *chin.* tai̯xu 42
Ta̲i̲lfingen 'tai̯lfɪŋən
Tailgate 'te:lge:t
Tailhạde *fr.* ta'jad
Taille 'taljə
Taillefe̲rre *fr.* taj'fɛ:r
Tailleur ta'jø:ɐ̯
tailli̲e̲ren ta[l]'ji:rən
...taillig ...taljɪç, **-e** ...ɪgə
Tailor 'te:lɐ
Tailormade 'te:lɐme:t
Taimỵr[a] *russ.* taj'mɨr[ɐ]
Tain *fr.* tɛ̃
Tainan *chin.* tai̯nan 22
Taine *fr.* tɛn
¹Ta̲i̲pan (Schlange) 'tai̯pan
²Taipa̲n (Direktor) tai̯'pa:n
Taipeh 'tai̯pe, tai̯'pe:
Ta̲i̲ping 'tai̯pɪŋ, *indon.* 'tai̯pɪŋ
Taịrow *russ.* ta'irɐf
Taischẹt *russ.* taj'ʃɛt
Taịss ta'ɪs
Tait *engl.* teɪt
Taiwan 'tai̯van, tai̯'va[:]n, *chin.* tai̯-u̯an 21
Taiwa̲ner tai̯'va:nɐ
taiwa̲nisch tai̯'va:nɪʃ
Taiyuan *chin.* tai̯-y̆ɛn 42
Taizé *fr.* tɛ'ze
Taizhong *chin.* tai̯dʒʊŋ 21
Taizhou *chin.* tai̯dʒou̯ 41
Tajín, El *span.* ɛlta'xin
Ta̲jo *span.* 'taxo
Tajumụlco *span.* taxu'mulko
Takamahạk takama'hak
Takạmatsu *jap.* ta'kaˌmatsu̯
Takạnobu *jap.* ta'kaˌnobu
Takạoka *jap.* ta'kaˌoka
Takapu̲na *engl.* tækə'pu:nə
Takạrasuka *jap.* ta'karaˌzuka
Takạsaki *jap.* ta'kasaki
Takạtsuki *jap.* ta'kaˌtsu̯ki
Take te:k

Ta̲kel 'ta:kl̩
Takela̲ge takə'la:ʒə
ta̲keln 'ta:kl̩n
Take-off 'te:k|ɔf, -'-
Take-over 'te:k|o:vɐ, -'--
Tåkern *schwed.* 'to:kərn
Taki̩kawa *jap.* ta'ki̥kawa
Ta̲kin 'ta:kɪn
Taki̩sawa Baki̩n *jap.* ta'kizawa ba'kin
Ta̲kla-Maka̲n 'ta:klama'ka:n
Tä̩ks tɛks
Ta̩kt takt
Ta̩ktakischwili *georg.* 'thakthakiʃwili
ta̩kten 'taktn̩
takti̲eren tak'ti:rən
Ta̩ktik 'taktɪk
Ta̩ktiker 'taktikɐ
takti̲l tak'ti:l
ta̩ktisch 'taktɪʃ
Ta̲kyr 'ta:kʏr, **-e** ta'ky:rə
[1]**Ta̲l** ta:l, **Tä̲ler** 'tɛ:lɐ
[2]**Ta̲l** (Name) *hebr.* tal
tala̲bwärts ta:l'|apvɛrt͜s
Talalgi̲e talal'gi:, **-n** ...i:ən
Tala̲r ta'la:ɐ̯
Tala̩ra *span.* ta'lara
Tala̩s *russ.* ta'las
tala̲uf[wärts] ta:l'|au̯f[vɛrt͜s]
tala̲us ta:l'|au̯s
Talave̩ra de la Re̩ina *span.* tala'βera ðe la 'rrei̯na
Talayo̩ts tala'jɔt͜s
Ta̩lbot 'talbɔt, *engl.* 'tɔ:lbət, *fr.* tal'bo
Talbotypi̲e talboty'pi:
Ta̩lca *span.* 'talka
Talcahua̩no *span.* talka'u̯ano
Ta̩lcha (Ägypten) 'talça
Tä̲lchen 'tɛ:lçən
Taldy̩-Kurga̩n *russ.* tal'dɨkur'gan
tale̲in ta:l'|ai̯n
Talence *fr.* ta'lã:s
Tale̩nt ta'lɛnt
Tale̩nti *it.* ta'lɛnti
talenti̲ert talɛn'ti:ɐ̯t
ta̲le qua̲le 'ta:lə 'kva:lə
Ta̲ler 'ta:lɐ
Täler vgl. Tal
Ta̩lew *bulgar.* 'talɛf
Ta̩lg talk, **-e** 'talgə
Talga̩r *russ.* tal'gar
ta̩lgen 'talgn̩, **ta̩lg!** talk, **ta̩lgt** talkt
ta̩lgig 'talgɪç, **-e** ...ɪgə
Ta̩lhoff 'ta:lhɔf
Taliba̲n tali'ba:n
Ta̩lich *tschech.* 'talix
Tali̩esin *engl.* tælɪ'ɛsɪn
Talio̲n ta'li̯o:n
Ta̲lipes 'ta:lipe:s, **...edes** ta'li:pede:s, tali'pe:de:s
Talipoma̲nus talipo'ma:nʊs, **die -** ...nu:s
Ta̲lisman 'ta:lɪsman
Ta̩lje 'taljə
ta̩ljen 'taljən
[1]**Ta̩lk** (Stoff) talk
[2]**Talk** (Gespräch) to:k
talken 'to:kn̩
ta̩lkig 'talkɪç, **-e** ...ɪgə
Ta̩lkum 'talkʊm
talkumi̲eren talku'mi:rən
Talladega *engl.* tælə'di:gə
Tallahassee *engl.* tælə'hæsɪ
Tallemant des Réaux *fr.* talmãdere'o
Talleyrand *fr.* ta'lrã, talɛ'rã
Tallien *fr.* ta'ljɛ̃
Ta̩llinn 'talɪn, *estn.* 'tɑll:jinn:
[1]**Talli̩s** (Tallith) ta'lɪs
[2]**Tallis** (Name) *engl.* 'tælɪs
Talli̲th ta'li:t
Tallmadge *engl.* 'tælmɪdʒ
Ta̩llöl 'tal|ø:l
Tallu̲lah *engl.* tə'lu:lə
Ta̩llymann 'taliman
Tally[s] *engl.* 'tælɪ[s]
Talma̩ *fr.* tal'ma
ta̩lmi, T... 'talmi
ta̩lmin 'talmɪn
Ta̩lmud 'talmu:t, **-e** ...u:də
talmu̲disch tal'mu:dɪʃ
Talmudi̩smus talmu'dɪsmʊs
Talmudi̩st talmu'dɪst
Talon ta'lõ:
Talta̩l *span.* tal'tal
Taltama̲nu talta'ma:nu
Ta̩lvela *finn.* 'tɑlvɛlɑ
Ta̩lvio *finn.* 'tɑlviɔ
ta̲lwärts 'ta:lvɛrt͜s
Taly̩sch *russ.* ta'lɨʃ
Tama̲le *engl.* tə'mɑ:lɪ
Tama̩n *russ.* ta'man
Ta̩mano *jap.* 'tḁmano
Tamanrasse̩t *fr.* tamanra'sɛt
Tama̲ra ta'ma:ra, *russ.* ta'marɐ
Tamarac *engl.* 'tæməræk
Ta̩marak 'tamarak
Tamari̩nde tama'rɪndə
Tamari̩ske tama'rɪskə
Tamás[i] *ung.* 'tɔma:ʃ[i]
Tamata̲ve *fr.* tama'ta:v
Tamauli̩pas *span.* tamau̯'lipas
Tama̩yo *span.* ta'majo
Ta̩mbach 'tambax
Tambacounda̩ *fr.* tambakun'da
Tambour 'tambu:ɐ̯, *auch:* -'-, **-e[n]** tam'bu:rə[n]
Tambourin tãbu'rɛ̃:
Tambo̩w *russ.* tam'bɔf
Ta̩mbre *span.* 'tambre
Tambro̲ni *it.* tam'bro:ni
Ta̩mbur 'tambu:ɐ̯, *auch:* -'-, **-e** tam'bu:rə
tamburi̲eren tambu'ri:rən
Tamburi̲n tambu'ri:n, '---
Tamburi̩zza tambu'rɪt͜sa
Ta̲merlan 'ta:mɐla:n
Ta̲mil 'ta:mɪl
Tami̲le ta'mi:lə
tami̲lisch ta'mi:lɪʃ
Tamil Na̲du *engl.* 'tæməl 'nɑ:du:
Tami̲na ta'mi:na
Tami̲nes *fr.* ta'min
Tami̲no ta'mi:no
Ta̩mm *dt., russ.* tam
Ta̩mmann 'taman
Tammany *engl.* 'tæmənɪ
Tammerfo̩rs *schwed.* tamər'fɔrs
Ta̩mminga 'tamɪŋga
Ta̩mmisaari *finn.* 'tɑmmisɑ:ri
Tammu̩z *hebr.* ta'muz
Tamo̲ra ta'mo:ra
Tampa *engl.* 'tæmpə
Ta̩mp[en] 'tamp[n̩]
Ta̩mpere *finn.* 'tɑmpɛrɛ
Tampi̩co *span.* tam'piko
Tampi̲ko... tam'pi:ko...
Tampon 'tampɔn, *auch:* tam'po:n, tã'põ:
Tampona̲de tampo'na:də, *auch:* tãp...
Tampona̲ge tampo'na:ʒə, *auch:* tãp...
tamponi̲eren tampo'ni:rən, *auch:* tãp...
Ta̩msweg 'tamsve:k
Tamtam tam'tam, *auch:* '--
Tamuín *span.* ta'mu̯in
Tamu̲le ta'mu:lə
tamu̲lisch ta'mu:lɪʃ
Tamworth *engl.* 'tæmwə[:]θ
Ta̲na *dt., norw.* 'ta:na, *engl.* 'tɑ:nɑ:, *amh.* t'ana
Ta̲na[elv] *norw.* 'ta:na[ɛlv]
Tana̲ga *engl.* tə'nɑ:gə
Ta̲nagra 'ta:nagra
Ta̲nais 'ta:naɪs
Tana̩ka *jap.* ta'naka
Tanana *engl.* 'tænənɑ:
Tananari̲ve *fr.* tanana'ri:v
Tananari̲vo tanana'ri:vo
Ta̲naquil 'ta:nakvɪl

Tanaro *it.* ˈtaːnaro
Tänaron ˈtɛːnarɔn
Tanasee ˈtaːnazeː
Tanbur ˈtanbuːɐ̯, *auch:* –ˈ–, **-e** tanˈbuːrə
Tancredi *it.* taŋˈkreːdi
Tand tant, **-es** ˈtandəs
tandaradei! tandaraˈdai̯
Tändelei tɛndəˈlai̯
tändeln ˈtɛndl̩n, **tändle** ...dlə
Tandem ˈtandɛm
Tandil *span.* tanˈdil
Tandler ˈtandlɐ
Tändler ˈtɛndlɐ
Tandschur ˈtandʒʊr
Tanejew *russ.* taˈnjejɪf
Taner *türk.* tɑˈnɛr
Tanew *bulgar.* ˈtanɛf
Taney *engl.* ˈtɔːnɪ
Tang taŋ
[1]Tanga ˈtaŋga
[2]Tanga (Name) *engl.* ˈtæŋgə
Tanganjika taŋganˈjiːka
Tanganyika *engl.* tæŋgəˈnjiːkə
Tangare taŋˈgaːrə
Tange *jap.* ˈtaˌŋge
Tangens ˈtaŋgɛns
Tangente taŋˈgɛntə
tangential taŋgɛnˈt͡si̯aːl
Tanger ˈtaŋɐ, *auch:* ˈtandʒɐ, *fr.* tãˈʒe
Tánger *span.* ˈtaŋxɛr
Tangerhütte taŋɐˈhʏtə
Tangermünde taŋɐˈmʏndə
Tanggu *chin.* taŋgu 21
tangieren taŋˈgiːrən
Tango ˈtaŋgo
Tangorezeptoren taŋgoret͡sɛpˈtoːrən
Tangram ˈtaŋgram
Tangshan *chin.* taŋʃan 21
Tangute taŋˈguːtə
Tanguy *fr.* tãˈgi
Tang Yin *chin.* taŋ-i̯ɪn 22
Tänie ˈtɛːni̯ə
Tanimbar *indon.* taˈnɪmbar
Tanis ˈtaːnɪs
Tanja ˈtanja, *russ.* ˈtanjɐ
Tanjug *serbokr.* ˈtanjug
Tanjung *indon.* ˈtandʒʊŋ
Tanjungbalai *indon.* tandʒʊŋˈbalai̯
Tanjungpandan *indon.* tandʒʊŋˈpandan
Tanjungpinang *indon.* tandʒʊŋˈpinaŋ
Tanjungpriok *indon.* tandʒʊŋˈpri̯ɔk
[1]Tank taŋk
[2]Tank (Name) taŋk, *weißruss.* tank
Tanka ˈtaŋka
tanken ˈtaŋkn̩
Tanker ˈtaŋkɐ
Tankred ˈtaŋkreːt
Tann[a] ˈtan[a]
Tannat taˈnaːt
Tännchen ˈtɛnçən
Tanne ˈtanə
tannen ˈtanən
Tannenberg ˈtanənbɛrk
Tanner ˈtanɐ, *finn.* ˈtɑnnɛr, *engl.* ˈtænə, *fr.* taˈnɛːr
Tannhäuser ˈtanhɔy̯zɐ
Tannicht ˈtanɪçt
Tännicht ˈtɛnɪçt
tannieren taˈniːrən
Tannin taˈniːn
Tännling ˈtɛnlɪŋ
Tanrancón *span.* taraŋˈkɔn
Tanrek ˈtanrɛk
Tansania tanzaˈniːa, *auch:* tanˈzaːni̯a
Tansanier tanˈzaːni̯ɐ
tansanisch tanˈzaːnɪʃ
Tansanit tanzaˈniːt
Tanse ˈtanzə
Tansillo *it.* tanˈsillo
Tansman *fr.* tãsˈman
Tanta[l] ˈtanta[l]
Tantalit tantaˈliːt
Tantalus ˈtantalʊs
Tante[s] ˈtantə[s]
Tantieme tãˈti̯eːmə
tant mieux ˈtãː ˈmi̯øː
tanto ˈtanto
Tantra ˈtantra
Tantriker ˈtantrikɐ
tantrisch ˈtantrɪʃ
Tantrismus tanˈtrɪsmʊs
Tantum ergo ˈtantʊm ˈɛrgo
Tanum *schwed.* ˌtɑːnʊm
Tanya ˈtanja, *ung.* ˈtɔnjɔ
Tanz tant͡s, **Tänze** ˈtɛnt͡sə
Tänzchen ˈtɛnt͡sçən
tänzeln ˈtɛnt͡sl̩n
tanzen ˈtant͡sn̩
Tänzer ˈtɛnt͡sɐ
Tao ˈtaːo, tau̯
Taoismus taoˈɪsmʊs, tau̯ˈ...
Taoist taoˈɪst, tau̯ˈ...
Taormina *it.* taorˈmiːna
Taos *engl.* taʊs
Tao-Te-King taoteˈkɪŋ, tau̯t...
Taoyuan *chin.* tau̯-y̆ɛn 22
Tao Yuanming *chin.* tau̯-y̆ɛnmɪŋ 212
[1]Tapa (Stoff) ˈtaːpa
[2]Tapa (Speise) ˈtapa
Tapachula *span.* tapaˈtʃula
Tapajós *bras.* tapaˈʒɔs
Tape teːp
Tápé *ung.* ˈtaːpeː
Tapeinosis taˈpai̯nozɪs
tapen ˈteːpn̩
taperig ˈtaːpərɪç, **-e** ...ɪgə
tapern ˈtaːpɐn
Taperoá *bras.* tapeˈru̯a
Tapet[e] taˈpeːt[ə]
Tapezier tapeˈt͡siːɐ̯
tapezieren tapeˈt͡siːrən
Tapfe ˈtap͡fə
Tapfen ˈtap͡fn̩
tapfer ˈtap͡fɐ
Tapiau ˈtaːpi̯au̯
Tàpies *kat.* ˈtapi̯əs
Tapioka taˈpi̯oːka
Tapir ˈtaːpiːɐ̯
Tapisserie tapɪsəˈriː, **-n** ...iːən
Tapisseristin tapɪsəˈrɪstɪn
Tapotement tapotəˈmãː
tapp!, Tapp tap
Tappan *engl.* ˈtæpən
tappen ˈtapn̩
tappig ˈtapɪç, **-e** ...ɪgə
täppisch ˈtɛpɪʃ
tapprig ˈtaprɪç, **-e** ...ɪgə
taprig ˈtaːprɪç, **-e** ...ɪgə
Taps taps
tapsen ˈtapsn̩
tapsig ˈtapsɪç, **-e** ...ɪgə
Taquari *bras.* taku̯aˈri
[1]Tara ˈtaːra
[2]Tara (Name) *engl.* ˈtærə, *russ.* ˈtarɐ, *serbokr.* ˈtara
Tarafa ˈtarafa
Tarakan *indon.* taˈrakan
Tarancı *türk.* tɑrɑnˈdʒɨ
Tarantas taranˈtaːs, ...ˈtas
Tarantel taˈrantl̩
Tarantella taranˈtɛla
Taranto *it.* ˈtaːranto
Tarapacá *span.* tarapaˈka
Tarapoto *span.* taraˈpoto
Tarar taˈraːɐ̯
Taras *russ.* taˈras
Tarascon *fr.* tarasˈkõ
Taraske taˈraskə
Tarasp taˈrasp
Tarassow *russ.* taˈrasɐf
Tarawa *engl.* təˈrɑːwə
Tarazona *span.* taraˈθona
Tarbagatai tarbagaˈtai̯
Tarbell *engl.* ˈtɑːbəl
Tarbes *fr.* tarb
Tarbusch tarˈbuːʃ
tardando tarˈdando

Tardạndo tar'dando, **...di** ...di
Tạrde *fr.* tard
Tardenois *fr.* tardə'nwa
Tardenoisien tardəno̯a'zi̯ɛ̃:
Tardieu *fr.* tar'djø
tardi̱v tar'di:f, **-e** ...i:və
tạrdo 'tardo
Tarẹnt ta'rɛnt
Tarentaise *fr.* tarã'tɛ:z
Tarenti̱ner tarɛn'ti:nɐ
tarenti̱nisch tarɛn'ti:nɪʃ
Target 'ta:ɐ̯gət, 'targət
Tạrgi 'targi
Targọvischte *bulgar.* tər'gɔviʃtɛ
Targu̱m tar'gu:m, **-i̱m** ...gu'mi:m
Tạrhonya 'tarhɔnja
tari̱eren ta'ri:rən
Tari̱f ta'ri:f
Tari̱fa *span.* ta'rifa
tarifä̱r tari'fɛ:ɐ̯
tarifa̱risch tari'fa:rɪʃ
Tarifeur tari'fø:ɐ̯
tarifi̱eren tari'fi:rən
Tarija *span.* ta'rixa
Ta̱rik 'ta:rɪk
[1]**Tari̱m** (Fluss) ta'rɪm
[2]**Tari̱m** (Jemen) ta'ri:m
Ta̱rkington *engl.* 'tɑ:kɪŋtən
Tarkọwski *russ.* tar'kɔfskij
Ta̱rkwa *engl.* 'tɑ:kwɑ:
Tarlạc *span.* tar'lak
Tạrlatan 'tarlata:n
Tạrle *russ.* 'tarlɪ
Ta̱rl[e]ton *engl.* 'tɑ:ltən
Tarn *engl.* tɑ:n, *fr.* tarn
Tårnby *dän.* 'tɔɐ̯nby:'
tạrnen 'tarnən
Tarn-et-Garọnne *fr.* tarnega'rɔn
Tarnọbrzeg *poln.* tar'nɔbʒɛk
Tarnọpol *russ.* tar'nɔpəlj, *poln.* tar'nɔpɔl
Tạrnow 'tarno
Tạrnów *poln.* 'tarnuf
Tạrnowitz 'tarnovɪt͜s
Tarnowo *bulgar.* 'tərnovo
Tarnọwski *poln.* tar'nɔfski
Tarnọwskie Góry *poln.* tar'nɔfskjɛ 'gurɨ
[1]**Ta̱ro** (Frucht) 'ta:ro
[2]**Ta̱ro** (Name) *it.* 'ta:ro
Tarọck ta'rɔk
tarọcken ta'rɔkn̩
tarocki̱eren tarɔ'ki:rən
Tárogató 'ta:rogɔto
TARỌM *rumän.* ta'rom
Taro̱t ta'ro:
Taroudạnnt *fr.* taru'dant
Tarpa̱n tar'pa:n
Tarpaulin ta:ɐ̯'po:lɪn, 'ta:ɐ̯po-lɪn
Tarpẹjischer Fẹls tar'pe:jɪʃɐ 'fɛls
Tarpo̱n tar'po:n
Ta̱rpon Sprịngs *engl.* 'tɑ:pən 'sprɪŋz
Tarqui̱n tar'kvi:n
Tarqui̱nia *it.* tar'ku̯i:ni̯a
Tarqui̱nier tar'kvi:ni̯ɐ
Tarqui̱nius tar'kvi:ni̯ʊs
Ta̱rr *engl.* tɑ:
Tarrago̱na tara'go:na, *span.* tarra'ɣona
Tarragone̱se tarago'ne:zə
Tarrạsa *span.* ta'rrasa
Tárrega *span.* 'tarreɣa
tarsa̱l tar'za:l
Tarsalgi̱e tarzal'gi:, **-n** ...i:ən
Tarsektomi̱e tarzɛkto'mi:, **-n** ...i:ən
Tạrsis *russ.* 'tarsis
tạrsisch 'tarzɪʃ
Tarsi̱tis tar'zi:tɪs, **...iti̱den** ...zi'ti:dn̩
Tạrski *poln.* 'tarski
Tạrsos 'tarzɔs
[1]**Tạrsus** 'tarzʊs
[2]**Tạrsus** *türk.* 'tɑrsus
Tartạglia *it.* tar'taʎʎa
Tartan 'tartan, *auch:* 'ta:ɐ̯tn̩
Tarta̱ne tar'ta:nə
Tarta̱r tar'ta:ɐ̯
tartare̱isch tarta're:ɪʃ
Tartarin *fr.* tarta'rɛ̃
Tạrtaros 'tartarɔs
Tạrtarus 'tartarʊs
Tartelẹtte tartə'lɛtə
Tartẹssos tar'tɛsɔs
Tarti̱ni *it.* tar'ti:ni
Tartra̱t tar'tra:t
Tạrtsche 'tart͜ʃə
Tạrtu *estn.* 'tɑrr:tu
Tartụ̈ff tar'tʏf
Tartuffe *fr.* tar'tyf
Tartüfferi̱e tartʏfə'ri:, **-n** ...i:ən
Tạrzan 'tart͜sa:n
Tạs *russ.* tas
Tạschau 'taʃa̯u
Taschaus *russ.* tɐʃa'us
Tạ̈schchen 'tɛʃçən
Tạsche 'taʃə
Tạ̈schelkraut 'tɛʃl̩kra̯ut
Tạscherl 'taʃɐl
Tạschi-La̱ma 'taʃi'la:ma
Taschkẹnt taʃ'kɛnt, *russ.* taʃ-'kjɛnt
Tạschner 'taʃnɐ
Tạ̈schner 'tɛʃnɐ
Taschtagọl *russ.* tɐʃta'gɔl
Tåsinge *dän.* 'to:sɪŋə
Ta̱sk[force] 'ta:sk[fo:ɐ̯s, ...fɔrs]
Tạsman 'tasman, *engl.* 'tæzmən, *niederl.* 'tɑsmɑn
Tasma̱nia tas'ma:ni̯a, *engl.* tæz'meɪnɪə
Tasma̱nien tas'ma:ni̯ən
TẠSS tas, *russ.* tass
Tạssaert *niederl.* 'tɑsa:rt
Tạ̈sschen 'tɛsçən
Tạsse 'tasə
Tassẹjewa *russ.* ta'sjejɪvɐ
Tassẹl *fr.* ta'sɛl
Tassigny *fr.* tasi'ɲi
Tạssilo 'tasilo
Tạsso 'taso, *it.* 'tasso
Tasso̱ni *it.* tas'so:ni
Tastatu̱r tasta'tu:ɐ̯
Tạste 'tastə
tạsten 'tastn̩
Tạster 'tastɐ
Tasti̱era tas'ti̯e:ra
tạsto so̱lo 'tasto 'zo:lo
ta̱t, Ta̱t ta:t
Tát *ung.* ta:t
Tata[bánya] *ung.* 'tɔtɔ[ba:njɔ]
Tata̱r ta'ta:ɐ̯
Tătărăscu *rumän.* tətə'rəsku
Tatare̱i tata'ra̯i
Tata̱rien ta'ta:ri̯ən
tata̱risch ta'ta:rɪʃ
Tạtarka *slowak.* 'tatarka
Tatarstan 'ta[:]tarsta[:]n
tataui̱eren tata̯u'i:rən
tä̱te 'tɛ:tə
Tate [Gallery] *engl.* 'teɪt ['gælərɪ]
Tä̱ter 'tɛ:tɐ
Tatị *fr.* ta'ti
Tatia̱n ta't͜si̯a:n
tä̱tig 'tɛ:tɪç, **-e** ...ɪgə
tä̱tigen 'tɛ:tɪgn̩, **tä̱tig!** ...ɪç, **tä̱tigt** ...ɪçt
Tatịschtschew *russ.* ta'tiʃt͜ʃɪf
Ta̱tius 'ta:t͜si̯ʊs
Tatja̱na tat'ja:na, *russ.* tatj'janɐ
Tatler *engl.* 'tætlə
tä̱tlich 'tɛ:tlɪç
Tạtlin *russ.* 'tatlin
tätowi̱eren tɛto'vi:rən
Tạtra 'tatra
Tátrai *ung.* 'ta:trɔi
Tạtry *slowak.* 'tatri, *poln.* 'tatrɨ
Ta̱tsache 'ta:tzaxə
tatsä̱chlich 'ta:tzɛçlɪç, *auch:* -'--
Tạ̈tsch tɛt͜ʃ

Tatsche ˈtat͜ʃə
tätscheln ˈtɛt͜ʃl̩n
tatschen ˈtat͜ʃn̩
Tatschikawa *jap.* taˈt͜ʃi̯kaˌwa
Tatschkerl ˈtat͜ʃkɐl
Tattedl taˈteːdl̩
Tatterich ˈtatərɪç
tatt[e]rig ˈtat[ə]rɪç, **-e** ...ɪɡə
tattern ˈtatɐn
Tattersall ˈtatɐzal
Tattoo tɛˈtuː, *auch:* taˈtuː
tat twam asi ˈtat ˈtvam ˈazi
Tatum *engl.* ˈteɪtəm
tatütata!, T... taˈtyːtaˈtaː
Tatvan *türk.* ˈtɑtvɑn
Tätzchen ˈtɛt͜sçən
Tatze ˈtat͜sə
Tatzelwurm ˈtat͜sl̩vʊrm
Tau ta͜u
taub ta͜up, **-e** ˈta͜ubə
Täubchen ˈtɔ͜ypçən
[1]**Taube** ˈta͜ubə
[2]**Taube** (Name) ˈta͜ubə, *schwed.* toːb
Taubensuhl ta͜ubn̩ˈzuːl
Tauber ˈta͜ubɐ
Täuber ˈtɔ͜ybɐ
Tauberbischofsheim ta͜ubɐˈbɪʃɔfsha͜im
Tauberich ˈta͜ubərɪç
Täuberich ˈtɔ͜ybərɪç
Täubin ˈtɔ͜ybɪn
Täubling ˈtɔ͜yplɪŋ
Taucha ˈta͜uxa
tauchen ˈta͜uxn̩
Taucher ˈta͜uxɐ
Tauchnitz ˈta͜uxnɪt͜s
tauen ˈta͜uən
Tauentzien ˈta͜uənt͜siːn
Tauer[n] ˈta͜uɐ[n]
Taufe ˈta͜ufə
taufen ˈta͜ufn̩
Täufer ˈtɔ͜yfɐ
taugen ˈta͜uɡn̩, **taug!** ta͜uk, **taugt** ta͜ukt
Taugenichts ˈta͜uɡənɪçt͜s
tauglich ˈta͜uklɪç
tauig ˈta͜uɪç, **-e** ...ɪɡə
Tauler ˈta͜ulɐ
Taumel ˈta͜uml̩
taum[e]lig ˈta͜um[ə]lɪç, **-e** ...ɪɡə
taumeln ˈta͜umln̩
Taunay *bras.* toˈnɛ
Taunggyi *birm.* ta͜uŋd͜ʒi 23
Taungoo *birm.* ta͜uŋŋu 22
Taung[s] *engl.* taʊŋ[z]
Taunton *engl.* ˈtɔːntən
Taunus ˈta͜unʊs
Taunusstein ˈta͜unʊsʃta͜in
taupe toːp
Taupo *engl.* ˈtaʊpoʊ
Tauragė *lit.* ta͜uraˈɡeː
Tauranga *engl.* taʊˈrɑːŋɡə
Taurellus ta͜uˈrɛlʊs
Taurien ˈta͜uri̯ən
Taurier ˈta͜uri̯ɐ
Tauris ˈta͜urɪs
Taurisker ta͜uˈrɪskɐ
Taurobolium ta͜uroˈboːli̯ʊm, **...ien** ...i̯ən
Tauroggen ta͜uˈrɔɡn̩, ˈ‑‑‑
Tauromachie ta͜uromaˈxiː, **-n** ...iːən
Taurus ˈta͜urʊs
Tausch ta͜uʃ
tauschen ˈta͜uʃn̩
täuschen ˈtɔ͜yʃn̩
Tauscherei ta͜uʃəˈra͜i
Täuscherei tɔ͜yʃəˈra͜i
tauschieren ta͜uˈʃiːrən
Tauschinski ta͜uˈʃɪnski
Täuschung ˈtɔ͜yʃʊŋ
Tausen *dän.* ˈtau̯ˀsn̩
tausend ˈta͜uzn̩t
Tausend ˈta͜uzn̩t, **-e** ...n̩də
tausendeins ˈta͜uzn̩tˈ|a͜ins
Tausender ˈta͜uzn̩dɐ
tausenderlei ˈta͜uzn̩dɐˈla͜i
tausendfach ˈta͜uzn̩tfax
Tausendfuß ˈta͜uzn̩tfuːs
Tausendfüß[l]er ˈta͜uzn̩tfyːs[l]ɐ
Tausendguldenkraut ta͜uzn̩tˈɡʊldn̩kra͜ut
Tausendgüldenkraut ta͜uzn̩tˈɡʏldn̩kra͜ut
tausendjährig ˈta͜uzn̩tjɛːrɪç, **-e** ...ɪɡə
Tausendkünstler ˈta͜uzn̩tkʏnstlɐ
tausendmal ˈta͜uzn̩tmaːl
tausendmalig ˈta͜uzn̩tmaːlɪç, **-e** ...ɪɡə
tausendsackerment! ta͜uzn̩tzakɐˈmɛnt
Tausendsasa ˈta͜uzn̩tsasa
Tausendschön ˈta͜uzn̩tʃøːn
tausendste ˈta͜uzn̩tstə
tausendstel, T... ˈta͜uzn̩tstl̩
tausendstens ˈta͜uzn̩tstəns
tausendundeins ˈta͜uzn̩t|ʊntˈ|a͜ins
Tausig *poln.* ˈtau̯ɕik
Taussig *engl.* ˈtaʊsɪɡ
Taut ta͜ut
Tautazismus ta͜utaˈt͜sɪsmʊs
Tautenhayn ˈta͜utn̩ha͜in
Tautogramm ta͜utoˈɡram
Tautologie ta͜utoloˈɡiː, **-n** ...iːən
tautologisch ta͜utoˈloːɡɪʃ
tautomer ta͜utoˈmeːɐ̯
Tautomerie ta͜utomeˈriː, **-n** ...iːən
Tavannes *fr.* taˈvan
Tavas *türk.* ˈtɑvɑs
Tavastland *schwed.* ˌtavastlan[d]
Tavaststjerna *schwed.* ˌtavastʃæːrna
Tavčar *slowen.* ˈtaːu̯t͜ʃar
Tavel ˈtaːvɛl
Taverne taˈvɛrnə
Tavetsch taˈvɛt͜ʃ
Tavoy *engl.* təˈvɔɪ, *birm.* dɑwe 22
Tavşanlı *türk.* tɑvˈʃɑnlɨ
Tawau *indon.* ˈtawau̯
Tawda *russ.* tavˈda
Tawe ˈtaːvə
Tawney *engl.* ˈtɔːnɪ
Taxa vgl. Taxon
Taxameter taksaˈmeːtɐ
Taxation taksaˈt͜si̯oːn
Taxator taˈksaːtoːɐ̯, **-en** ...ksaˈtoːrən
Taxco *span.* ˈtasko
Taxe ˈtaksə
Taxem taˈkseːm
taxen ˈtaksn̩
Taxi ˈtaksi
Taxidermie taksidɛrˈmiː
Taxidermist taksidɛrˈmɪst
Taxie taˈksiː, **-n** ...iːən
taxieren taˈksiːrən
Taxila ˈtaksila
Taxis ˈtaksɪs, **Taxes** ˈtakseːs
Taxiway ˈtɛksiveː
Taxler ˈtakslɐ
Taxodie taˈksoːdi̯ə
Taxodium taˈksoːdi̯ʊm, **...ien** ...i̯ən
Taxon ˈtaksɔn, **Taxa** ˈtaksa
taxonom taksoˈnoːm
Taxonomie taksonoˈmiː
Taxus ˈtaksʊs
Tay *engl.* teɪ
Taygetos taˈyːɡetɔs
Tayler, Taylor *engl.* ˈteɪlə
Taylorismus teloˈrɪsmʊs
Taylorville *engl.* ˈteɪləvɪl
Tây Ninh *vietn.* təi̯ niɲ 11
Tayside *engl.* ˈteɪsaɪd
Taza *fr.* taˈza
Tazette taˈt͜sɛtə
Ťažký *slowak.* ˈtjaʃkiː
Tbc teːbeːˈt͜seː
Tbilissi *russ.* dbiˈlisi
T-Bone-... ˈtiːboːn...

Tchad *fr.* tʃad
Tcherina *fr.* tʃeri'na
Tchicaya U Tam'si *fr.* tʃikajay-tam'si
Tczew *poln.* ttʃɛf
Tea ti:
Teach *engl.* ti:tʃ
Teach-in ti:tʃ'|ɪn, '--
Teak ti:k
teaken 'ti:kn̩
Team ti:m
Teamster 'ti:mstɐ
Teamteaching 'ti:mti:tʃɪŋ
Teamwork 'ti:mvø:ɐ̯k, ...vœrk
Tearoom 'ti:ru:m
Teasdale *engl.* 'ti:zdeɪl
Teaser 'ti:zɐ
Tebaldeo *it.* tebal'dɛ:o
Tebaldi *it.* te'baldi
Teberda *russ.* tɪbɪr'da
Tébessa *fr.* tebɛ'sa
Tebingtinggi *indon.* təbɪŋ'tɪŋgi
Tecchi *it.* 'tekki
Tech *fr.* tɛʃ, tɛk
Techirghiol *rumän.* 'tekirgjol
Technetium tɛç'ne:tsi̯ʊm
Technicolor® tɛçniko'lo:ɐ̯
technifizieren tɛçnifi'tsi:rən
Technik 'tɛçnɪk
Techniker 'tɛçnikɐ
Technikum 'tɛçnikʊm, **...ka** ...ka
technisch 'tɛçnɪʃ
technisieren tɛçni'zi:rən
Technizismus tɛçni'tsɪsmʊs
Techno 'tɛkno
technoid tɛçno'i:t, **-e** ...i:də
Technokrat tɛçno'kra:t
Technokratie tɛçnokra'ti:
Technolekt tɛçno'lɛkt
Technologe tɛçno'lo:gə
Technologie tɛçnolo'gi:
technologisch tɛçno'lo:gɪʃ
technomorph tɛçno'mɔrf
Technopägnion tɛçno-'pɛ:gniɔn, **...ien** ...iən
Techtelmechtel tɛçtl̩'mɛçtl̩
Teck *dt., engl.* tɛk
Teckel 'tɛkl̩
Tecklenburg 'tɛklənbʊrk
Tecla *it.* 'tɛ:kla, *span.* 'tekla
Tecuci *rumän.* te'kutʃ
Tecumseh 'te:kʊmze, *engl.* tɪ'kʌmsɪ
Ted tɛt, *engl.* tɛd
TED tɛt
Tedder *engl.* 'tɛdə
Teddy 'tɛdi, *engl.* 'tɛdɪ
tedesca te'dɛska

Tedeum te'de:ʊm
Tedschen *russ.* tɛ'dʒɛn
[1]**Tee** te:
[2]**Tee** (Golf) ti:
Teen ti:n
Teenager 'ti:ne:dʒɐ
Teener 'ti:nɐ
Teenie, Teeny 'ti:ni
Teer te:ɐ̯
teeren 'te:rən
teerig 'te:rɪç, **-e** ...ɪgə
Tees *engl.* ti:z
Teeside *engl.* 'ti:saɪd
Tef te:f
Teff tɛf
Teffi *russ.* 'teffi
Tefilla tefɪ'la:
Tefillin tefɪ'li:n
Teflon® 'tɛflo:n, tɛf'lo:n
Tefnachte tɛf'naxtə
Tefnut 'tɛfnʊt
Tefsir tɛf'zi:ɐ̯
Tegal *indon.* tə'gal
Tegea te'ge:a
Tegel 'te:gl̩
Tegelen *niederl.* 'te:ɣələ
Tegernsee[r] 'te:gɐnze:[ɐ]
Tegetthoff 'te:gəthɔf
Tegment tɛ'gmɛnt
Tegnér *schwed.* tɛŋ'ne:r
Tegucigalpa *span.* teɣuθi'ɣalpa
Teheran 'te:həra:n, *auch:* tehə-'ra:n, *pers.* teh'rɑ:n
Tehuacán *span.* teu̯a'kan
Tehuantepec *span.* teu̯ante'pɛk
Tehuelche *span.* te'u̯eltʃe
Teich[a] 'taiç[a]
Teichmann 'taiçman
Teichmüller 'taiçmʏlɐ
Teichopsie taiçɔ'psi:, **-n** ...i:ən
Teichoskopie taiçosko'pi:, **-n** ...i:ən
Teide *span.* 'tɛiðe
teig, T... taik, **-e** 'taigə
Teige *tschech.* 'tajgɛ
teigig 'taigɪç, **-e** ...ɪgə
Teikowo *russ.* 'tjejkɐvɐ
Teil tail
teilen 'tailən
teilhaftig 'tailhaftɪç, –'––, **-e** ...ɪgə
Teilhard de Chardin *fr.* tɛjardə-ʃar'dɛ̃
...teilig ...tailɪç, **-e** ...ɪgə
Teilnahme 'tailna:mə
teilnehmen 'tailne:mən
teils tails
teilweise 'tailvaizə
Tein te'i:n

Teinach 'tainax
Teint tɛ̃:
Teiresias tai're:zi̯as, ...re'zi:as
Teirlinck *niederl.* 'te:rlɪŋk
Teisserenc de Bort *fr.* tɛsrɑ̃d-'bɔ:r
Teiste 'taistə
Teitgen *fr.* tɛd'ʒɛn
Teixeira *port.* tɐi̯'ʃɐi̯rɐ, *bras.* tei̯'ʃei̯ra
Teja[s] 'te:ja[s]
Tejo *port.* 'tɐʒu
Teju 'te:ju
Te Kanawa *engl.* 'teɪ kɑ:'nɑ:wɑ:, - 'kɑ:nəwə
Tekeli *russ.* tɪkɪ'li
Tekin *türk.* tɛ'kin
Tekirdağ *türk.* tɛ'kirdɑ:
tektieren tɛk'ti:rən
tektisch 'tɛktɪʃ
Tektit tɛk'ti:t
Tektogen tɛkto'ge:n
Tektogenese tɛktoge'ne:zə
Tektonik tɛk'to:nɪk
tektonisch tɛk'to:nɪʃ
Tektonosphäre tɛktono'sfɛ:rə
Tektur tɛk'tu:ɐ̯
Tela 'te:la, *span.* 'tela
Telamon 'te:lamo:n, *auch:* tela'mo:n, **-en** tela'mo:nən
Telanthropus te'lantropʊs, **...pi** ...pi
Telaribühne te'la:riby:nə
Tel Aviv tɛl|a'vi:f, *hebr.* tɛl'a'viv
Telchinen tɛl'çi:nən
tele..., T... 'te:lə...
Teleangiektasie tele-|aŋgi̯ɛkta'zi:, **-n** ...i:ən
Telebanking 'te:ləbɛŋkɪŋ
Telefax 'te:ləfaks
telefaxen 'te:ləfaksn̩
Telefon tele'fo:n, *auch:* 'te:lə-fo:n
Telefonat telefo'na:t
Telefonie telefo'ni:
telefonieren telefo'ni:rən
Telefoniererei telefoni:rə'rai
Telefonist telefo'nɪst
Telefoto 'te:ləfo:to
Telefunken® tele'fʊŋkn̩
telegen tele'ge:n
Telegonie telego'ni:
Telegonos te'le:gonɔs
Telegraaf *niederl.* telə'ɣra:f
Telegraf tele'gra:f
Telegrafie telegra'fi:
telegrafieren telegra'fi:rən
Telegrafist telegra'fɪst
Telegram *engl.* 'tɛlɪgræm

T

Telegramm tele'gram
Telegraph tele'gra:f, *engl.* 'tɛlɪgrɑ:f
Telegraphie telegra'fi:
telegraphieren telegra'fi:rən
Telegraphist telegra'fɪst
Teleki *ung.* 'tɛlɛki
Telekie te'le:ki̯ə
Telekinese teleki'ne:zə
Telekolleg 'te:ləkɔle:k
Telekom 'te:ləkɔm
telekopieren teleko'pi:rən
Telemach 'te:lemax
Telemachos te'le:maxɔs
Telemann 'te:ləman
Telemark 'te:ləmark, *norw.* ˌte:...
Telemeter tele'me:tɐ
Telemetrie teleme'tri:
telemetrisch tele'me:trɪʃ
Telencephalon, Telenze... telɛn'ts͜e:falɔn, **...la** ...la
Teleobjektiv 'te:lə|ɔpjɛkti:f, **-e** ...i:və
Teleologie teleolo'gi:
teleologisch teleo'lo:gɪʃ
Teleonomie teleono'mi:, **-n** ...i:ən
teleonomisch teleo'no:mɪʃ
Teleorman *rumän.* teleo̯r'man
Teleosaurus teleo'za̯urʊs, **...rier** ...ri̯ɐ
Teleostier tele'ɔsti̯ɐ
Telepath tele'pa:t
Telepathie telepa'ti:
Telephon tele'fo:n; *auch:* 'te:ləfo:n
Telephonat telefo'na:t
Telephonie telefo'ni:
telephonieren telefo'ni:rən
Telephonist telefo'nɪst
Telephos 'te:lefɔs
Teleplasma tele'plasma
Teleprocessing 'te:ləpro:sɛsɪŋ
Teleprompter 'te:ləprɔmptɐ
Teleshopping 'te:ləʃɔpɪŋ
Telesilla tele'zɪla
Telesilleion tele'zɪla̯iɔn, **...eia** ...a̯ia
Telesio *it.* te'lɛ:zi̯o
Teleskomat® telesko'ma:t
Teleskop tele'sko:p
Teleskopie telesko'pi:
Telesphorus te'lɛsforʊs
Telestichon te'lɛstɪçɔn, **...cha** ...ça
Teletype... 'te:lətaɪ̯p...
Teleutosporen telɔyto'spo:rən
Television televi'zi̯o:n
Telex 'te:lɛks
telexen 'te:lɛksn̩
Telexogramm telɛkso'gram
Telezker See te'lɛts͜kɐ 'ze:
Telford *engl.* 'tɛlfəd
Telfs tɛlfs
Telgte 'tɛlktə
Tell *dt., engl.* tɛl
Telle 'tɛlə
Tell el Amarna 'tɛl ɛl a'marna
Teller 'tɛlɐ
tellern 'tɛlɐn
Téllez *span.* 'teʎeθ
Telloh 'tɛlo
Tellskapelle 'tɛlskapɛlə
Tellur tɛ'lu:ɐ̯
tellurig tɛ'lu:rɪç, **-e** ...ɪgə
tellurisch tɛ'lu:rɪʃ
Tellurit tɛlu'ri:t
Tellurium tɛ'lu:ri̯ʊm, **...ien** ...i̯ən
Tellus 'tɛlʊs
Telodendron telo'dɛndrɔn
Telok Anson *indon.* tə'lɔk 'ansɔn
telolezithal teloletsi'ta:l
Telom te'lo:m
Telonisnym telonɪs'ny:m
Telophase telo'fa:zə
Telos 'te:lɔs, 'tɛlɔs
telquel, tel quel tɛl'kɛl
Telramund 'tɛlramʊnt
Telschow 'tɛlʃo
Telson 'tɛlzɔn, **...sa** ...za
Telstar 'tɛlsta:ɐ̯
Teltow[er] 'tɛlto[ɐ]
Teltsch tɛltʃ
Telugu 'te:lugu, te'lu:gu
Telukbetung *indon.* təlʊkbə'tʊŋ
Tema *engl.* 'teɪmə
Tema con Variazioni 'te:ma kɔn vari̯a'ts͜i̯o:ni
Tembe 'tɛmbə
Temenos 'te:menɔs, **...ne** ...ne
Temes *ung.* 'tɛmɛʃ
Temeschwar 'tɛmɛʃva:ɐ̯
Temesvár *ung.* 'tɛmɛʃva:r
Temeswar 'tɛmɛʃva:ɐ̯
Temex 'te:mɛks
Temin *engl.* 'tɛmɪn
Temir *russ.* tɪ'mir
Temirtau *russ.* tɪmir'tau
Temmoku 'tɛmoku
Temp tɛmp
Tempe 'tɛmpə, *engl.* 'tɛmpɪ
Tempel 'tɛmpl̩
Tempelhof 'tɛmpl̩ho:f
tempeln, T... 'tɛmpl̩n
Temper... 'tɛmpɐ...
Tempera 'tɛmpəra
Temperament tɛmpəra'mɛnt
Temperantium tɛmpə'rants͜i̯ʊm, **...ia** ...i̯a
Temperatur tɛmpəra'tu:ɐ̯
Temperenz tɛmpə'rɛnts͜
temperieren tɛmpə'ri:rən
Temperley *span.* tɛmpɛr'lɛi̯, *engl.* 'tɛmpəlɪ
tempern 'tɛmpɐn
Tempest 'tɛmpɪst
Tempesta *it.* tem'pɛsta
tempestoso tɛmpɛs'to:zo
Tempi vgl. Tempo
tempieren tɛm'pi:rən
Tempi passati! 'tɛmpi pa'sa:ti
Temple *engl.* tɛmpl, *fr.* tã:pl
Templeise tɛm'pla̯izə
Templer 'tɛmplɐ
Templewood *engl.* 'tɛmplwʊd
Templin tɛm'pli:n
tempo 'tɛmpo
Tempo 'tɛmpo, **...pi** ...pi
tempo di marcia, tempo giusto, tempo primo 'tɛmpo di 'martʃa, 'tɛmpo 'dʒʊsto, 'tɛmpo 'pri:mo
Tempora vgl. Tempus
temporal tɛmpo'ra:l
Temporalien tɛmpo'ra:li̯ən
Temporalis tɛmpo'ra:lɪs, **...les** ...le:s
tempora mutantur 'tɛmpora mu'tantʊr
temporär tɛmpo'rɛ:ɐ̯
temporell tɛmpo'rɛl
temporisieren tɛmpori'zi:rən
tempo rubato 'tɛmpo ru'ba:to
Tempranillo tɛmpra'nɪljo
Temps *fr.* tã
Tempus 'tɛmpʊs, **...pora** ...pora
Temrjuk *russ.* tɪm'rjuk
Temse *niederl.* 'tɛmsə
Temuco *span.* te'muko
Temulenz temu'lɛnts͜
Tenafly *engl.* 'tɛnəflaɪ
Tenaille tə'na:jə, te'naljə
Tenakel te'na:kl̩
Tenalgie tenal'gi:, **-n** ...i:ən
Tenayuca *span.* tena'juka
Tenazität tenats͜i'tɛ:t
ten Bruggencate *niederl.* tɛn 'brʏɣənka:tə
Tenda *it.* 'tɛnda
Tende *fr.* tã:d
Tendenz tɛn'dɛnts͜
tendenziell tɛndɛn'ts͜i̯ɛl

T

tendenziö̱s tɛndɛnˈt͜si̯øːs, **-e** ...øːzə
Tẹnder ˈtɛndɐ
tendie̱ren tɛnˈdiːrən
Tendini̱tis tɛndiˈniːtɪs, **...iti̱den** ...niˈtiːdn̩
Tendovagini̱tis tɛndovagiˈniːtɪs, **...iti̱den** ...niˈtiːdn̩
Tendre, -s ˈtãːdrə, ...dɐ
Tendrẹsse tãˈdrɛs, **-n** ...sn̩
Tendrjakọw *russ.* tɪndrɪˈkɔf
Tène, La *fr.* laˈtɛn
Te̱neber... ˈteːnebɐ...
Te̱nebrae ˈteːnebrɛ
Te̱nedos ˈteːnedɔs
teneramẹnte teneraˈmɛntə
Tenerịfe *span.* teneˈrife
Tenerịffa teneˈrɪfa
Tenẹsmus teˈnɛsmʊs
Tẹngler ˈtɛŋlɐ
Teniẹnte, El *span.* ɛlteˈni̯ente
Tenie̱rs *niederl.* təˈniːrs
Tenkodogọ *fr.* tɛŋkɔdɔˈgo
Tẹnkterer ˈtɛŋktərɐ
Tẹnn tɛn
Tẹnnant *engl.* ˈtɛnənt
Tẹnne ˈtɛnə
Tẹnnengebirge ˈtɛnəngəbɪrgə
Tẹnnent *engl.* ˈtɛnənt
Tennessee *engl.* tɛnɛˈsiː, ˈ–––
Tẹnniel *engl.* ˈtɛnɪəl
Tẹnnis ˈtɛnɪs
Tẹnno ˈtɛno
Tẹnnstedt ˈtɛnʃtɛt
Tẹnnyson *engl.* ˈtɛnɪsn
Tenochtitlán *span.* tenɔtʃtitˈlan
[1]**Teno̱r** (Männerstimme) teˈnoːɐ̯, **Tenö̱re** teˈnøːrə
[2]**Te̱nor** (Wortlaut) ˈteːnoːɐ̯
Teno̱ra teˈnoːra
tenora̱l tenoˈraːl
Tenọrio *span.* teˈnori̯o
Tenorịst tenoˈrɪst
Te̱nos ˈteːnɔs
Tenoto̱m tenoˈtoːm
Tenotomie̱ tenotoˈmiː
Tensi̱d tɛnˈziːt, **-e** ...iːdə
Tẹnsing ˈtɛnzɪŋ
Tensio̱n tɛnˈzi̯oːn
Tẹnsor ˈtɛnzoːɐ̯, **-en** tɛnˈzoːrən
Tenta̱kel tɛnˈtaːkl̩
Tentakuli̱t tɛntakuˈliːt
Tenta̱men tɛnˈtaːmən, **...mina** ...mina
tentati̱v tɛntaˈtiːf, **-e** ...iːvə
tentie̱ren tɛnˈtiːrən
Tenü̱, Tenue təˈnyː
te̱nuis ˈteːnu̯ɪs, **te̱nue** ˈteːnu̯ə
Te̱nuis ˈteːnu̯ɪs, **...ues** ...u̯eːs
tenu̱to teˈnuːto
Tenzo̱ne tɛnˈt͜soːnə
Te̱o ˈteːo, *it.* ˈtɛːo
Te̱obald ˈteːobalt
Teocạlli teoˈkali
Teo̱derich teˈoːdərɪç
Teodọr *russ.* tɪaˈdɔr
Teodoreạnu *rumän.* te̯odoˈre̯anu
Teodọro *span.* teoˈðoro
Teodu̱lo *it.* teoˈduːlo
Teófilo Otọni *bras.* ˈti̯ɔfilu oˈtoni
Te̱os ˈteːɔs
Teotihuacán *span.* teotiu̯aˈkan
Tepạche teˈpatʃə
Tepa̱len teˈpaːlən
Tepane̱ke tepaˈneːkə
Tepeạca *span.* tepeˈaka
Tepelẹnë *alban.* tepeˈlenə
Ţẹpeş *rumän.* ˈtsepeʃ
Tepexpán *span.* tepesˈpan
Tephigrạmm tefiˈgram
Tephri̱t teˈfriːt
Tephroi̱t tefroˈiːt
Tepịc *span.* teˈpik
Tepida̱rium tepiˈdaːri̯ʊm, **...ien** ...i̯ən
Te̱pl ˈteːpl̩
Tẹplice *tschech.* ˈtɛplitsɛ
Teplitz ˈtɛplɪt͜s, ˈteːplɪt͜s
Tepoztlán *span.* tepɔsˈtlan
Tẹpp tɛp
tẹppert ˈtɛpɐt
Tẹppich ˈtɛpɪç
Tẹques *span.* ˈtekes
Tequi̱la teˈkiːla
Ter *engl.* tɑː, *span.* tɛr
Te̱ra... ˈteːra...
Terame̱ter teraˈmeːtɐ
Te̱ramo *it.* ˈtɛːramo
teratoge̱n teratoˈgeːn
Teratologie̱ teratoloˈgiː
Terato̱m teraˈtoːm
Tẹrbium ˈtɛrbi̯ʊm
Terbọrch, ...rg *niederl.* tɛrˈbɔrx
Terbrugghen *niederl.* tɛrˈbrʏɣə
Terceira *port.* tərˈsɐi̯rɐ
Terebenjọw *russ.* tɪrɪbɪˈnjɔf
Terebịnthe tereˈbɪntə
Terebra̱tel tereˈbraːtl̩
Te̱rek ˈteːrɛk, *russ.* ˈtjerɪk
Tẹrence *engl.* ˈtɛrəns
Terenggạnu *indon.* tərəŋˈganu
Terẹntius teˈrɛnt͜si̯ʊs
Tẹrény *ung.* ˈtɛreːnj
Terẹnz teˈrɛnt͜s
Teresa *engl.* təˈriːzə, *span.* teˈresa, *it.* teˈrɛːza, *port.* təˈrezɐ, *bras.* teˈreza, *russ.* tɪˈrjezɐ
Tereschkọwa *russ.* tɪrɪʃˈkɔvɐ
Teresịna *bras.* tereˈzina
Teresópolis *bras.* tereˈzɔpulis
Tẹrezín *tschech.* ˈtɛrɛziːn
Terga̱l® tɛrˈgaːl
Tergniẹr *fr.* tɛrˈɲe
Terhu̱ne *engl.* təːˈhjuːn
Terjụng tɛrˈjʊŋ
Terla̱n[er] tɛrˈlaːn[ɐ]
Terlẹcki *poln.* tɛrˈlɛtski
Tẹrm[e] ˈtɛrm[ə]
Tẹrmer ˈtɛrmɐ
Termẹs *russ.* tɪrˈmjɛs
Termi̱n tɛrˈmiːn
termina̱l tɛrmiˈnaːl
Terminal ˈtøːɐ̯minl̩, ˈtœr...
Terminạnt tɛrmiˈnant
Terminatio̱n tɛrminaˈt͜si̯oːn
terminati̱v tɛrminaˈtiːf, **-e** ...iːvə
Termina̱tor tɛrmiˈnaːtoːɐ̯, **-en** ...naˈtoːrən
Termi̱ner tɛrˈmiːnɐ
[1]**Tẹrmini** *it.* ˈtɛrmini
[2]**Termini** vgl. Terminus
terminie̱ren tɛrmiˈniːrən
Terminịsmus tɛrmiˈnɪsmʊs
Terminolo̱ge tɛrminoˈloːgə
Terminologie̱ tɛrminoloˈgiː, **-n** ...iːən
terminolo̱gisch tɛrminoˈloːgɪʃ
Tẹrminus ˈtɛrminʊs, **...ni** ...ni
Tẹrminus ạd quẹm ˈtɛrminʊs ˈat ˈkvɛm
Tẹrminus ạnte quẹm ˈtɛrminʊs ˈantə ˈkvɛm
Tẹrminus a̱ quo̱ ˈtɛrminʊs ˈaː ˈkvoː
Tẹrminus ịnterminus ˈtɛrminʊs ˈɪntɛrminʊs
Tẹrminus pọst quẹm ˈtɛrminʊs ˈpɔst ˈkvɛm
Tẹrminus tẹchnicus ˈtɛrminʊs ˈtɛçnikʊs, **...ni ...ci** ...ni ...t͜si
Termi̱te tɛrˈmiːtə
Termo̱n tɛrˈmoːn
ternä̱r tɛrˈnɛːɐ̯
Ternạte *indon.* tərˈnate
Tẹrne ˈtɛrnə
Terneuzen *niederl.* tɛrˈnøːzə
Tẹrni *it.* ˈtɛrni
Ternifịne *fr.* tɛrniˈfin
Ternio̱n tɛrˈni̯oːn
Tẹrnitz ˈtɛrnɪt͜s
Tẹrno ˈtɛrno
Ternọpol *russ.* tɪrˈnɔpəlj

Ternova̱ner tɛrnoˈvaːnɐ
Tẹrp tɛrp
Terpạnder tɛrˈpandɐ
Terpandros ˈtɛrpandrɔs, -ˈ--
Terpe̱n tɛrˈpeːn
Terpenti̱n tɛrpɛnˈtiːn
Terpigọrew *russ.* tɪrpiˈgɔrɪf
Terpsịchore tɛrˈpsiːçore
¹**Tẹrra** (lat. = Erde) ˈtɛra
²**Tẹrra** (Name) *it.* ˈtɛrra
Tẹrrace *engl.* ˈtɛrəs
Terraci̱na *it.* terraˈtʃiːna
Terrain tɛˈrɛ̃ː
Tẹrra incọgnita ˈtɛra ɪnˈkɔgnita
Terrakọtta tɛraˈkɔta
Terrakọtte tɛraˈkɔtə
Terrama̱re tɛraˈmaːrə
Terramyci̱n® tɛramyˈtsiːn
Terranọva *it.* terraˈnɔːva
Terra̱rium tɛˈraːri̯ʊm, **...ien** ...i̯ən
Tẹrra rọssa ˈtɛra ˈrɔsa
Tẹrra sigilla̱ta ˈtɛra zigɪˈlaːta
Terrạsse tɛˈrasə
terrassie̱ren tɛraˈsiːrən
Terray *fr.* tɛˈrɛ
Terrạzzo tɛˈratso, **...zzi** ...tsi
Terrebọnne *fr.* tɛrˈbɔn
tẹrre des họmmes ˈtɛːɐ̯ de ˈzɔm
Tẹrre Haute *engl.* ˈtɛrə ˈhoʊt
Tẹrrell *engl.* ˈtɛrəl
terrẹstrisch tɛˈrɛstrɪʃ
terri̱bel tɛˈriːbl̩, **...ble** ...blə
Terri̱ble Simplificateur, -s -s tɛˈriːblə zɛ̃plifikaˈtøːɐ̯
Tẹrrier ˈtɛri̯ɐ
terrige̱n tɛriˈgeːn
Terri̱ne tɛˈriːnə
Territio̱n tɛriˈtsi̯oːn
territoria̱l tɛritoˈri̯aːl
Territorialitä̱t tɛritori̯aliˈtɛːt
Territo̱rium tɛriˈtoːri̯ʊm, **...ien** ...i̯ən
Tẹrror ˈtɛroːɐ̯
terrorisie̱ren tɛroriˈziːrən
Terrorịsmus tɛroˈrɪsmʊs
Terrorịst tɛroˈrɪst
Tẹrry *engl.* ˈtɛrɪ
Tersạkis *neugr.* tɛrˈzakis
Tẹrsánszky *ung.* ˈtɛrʃaːnski
Terschẹlling *niederl.* tɛrˈsxɛlɪŋ
Terson *engl.* təːsn
Terste̱egen tɛrˈsteːgn̩
Tẹrtia ˈtɛrtsi̯a
Tertia̱l tɛrˈtsi̯aːl
tertia̱n tɛrˈtsi̯aːn
Tertia̱n[a] tɛrˈtsi̯aːn[a]
Tertia̱ner tɛrˈtsi̯aːnɐ
tertiä̱r, T... tɛrˈtsi̯ɛːɐ̯
Tertia̱rier tɛrˈtsi̯aːri̯ɐ
Tẹrtie ˈtɛrtsi̯ə
Tẹrtium Comparatio̱nis ˈtɛrtsi̯ʊm kɔmparaˈtsi̯oːnɪs, **...ia -** ˈtɛrtsi̯a -
tẹrtium no̱n da̱tur ˈtɛrtsi̯ʊm ˈnoːn ˈdaːtʊr
Tẹrtius gau̱dens ˈtɛrtsi̯ʊs ˈgau̯dɛns
Tertullia̱n[us] tɛrtʊˈli̯aːn[ʊs]
Teruẹl *span.* teˈru̯ɛl
Tervuren *niederl.* tɛrˈvyːrə
Teryle̱n® teryˈleːn
Tẹrz tɛrts
Terza̱ghi tɛrˈtsaːgi
Tẹrzel ˈtɛrtsl̩
Terzero̱l tɛrtsəˈroːl
Terzero̱ne tɛrtsəˈroːnə
Terzẹtt tɛrˈtsɛt
Terzia̱r tɛrˈtsi̯aːɐ̯
Terzi̱ne tɛrˈtsiːnə
Tẹrzka ˈtɛrtska
Tẹrzky ˈtɛrtski
Tẹrzo *it.* ˈtɛrtso
Terzquạrtakkord tɛrtsˈkvartǀakɔrt
Te̱safilm® ˈteːzafɪlm
Tẹschemacher ˈtɛʃəmaxɐ
Tẹschen ˈtɛʃn̩
Tẹschik-Tasch *russ.* tɪˈʃɨkˈtaʃ
Tẹsching ˈtɛʃɪŋ
Tẹschner ˈtɛʃnɐ
Tẹshie *engl.* ˈtɛʃiː
Těšín *tschech.* ˈtjɛʃiːn
Tẹsla *serbokr.* ˈtɛsla, *engl.* ˈtɛslə
Tẹslić *serbokr.* ˈtɛslitɕ
Tẹsman ˈtɛsman
Tesnière *fr.* tɛˈnjɛːr
Těsnohlídek *tschech.* ˈtjɛsnɔhliːdɛk
Tessa̱r® tɛˈsaːɐ̯
Tessari̱ni *it.* tessaˈriːni
tessella̱risch tɛsɛˈlaːrɪʃ
tesselli̱eren tɛsɛˈliːrən
Tessẹnderlo *niederl.* tɛˈsɛndərlo
Tẹssenow ˈtɛsəno
tessera̱l tɛseˈraːl
Tessi̱n *dt., schwed.* tɛˈsiːn
Tẹst tɛst
Testamẹnt tɛstaˈmɛnt
testamenta̱risch tɛstamɛnˈtaːrɪʃ
Testa̱t tɛsˈtaːt
Testa̱tor tɛsˈtaːtoːɐ̯, **-en** ...taˈtoːrən
Testaze̱e tɛstaˈtseːə
Tẹste *fr.* tɛst
tẹsten ˈtɛstn̩
¹**Tẹsti** *it.* ˈtɛsti
²**Testi** vgl. Testo
testie̱ren tɛsˈtiːrən
Testifikatio̱n tɛstifikaˈtsi̯oːn
Testi̱kel tɛsˈtiːkl̩
Testimo̱nial tɛstiˈmoːni̯əl
Testimo̱nium tɛstiˈmoːni̯ʊm, **...ien** ...i̯ən
Testimo̱nium Paupertа̱tis tɛstiˈmoːni̯ʊm pau̯pɛrˈtaːtɪs, **...ia -** ...i̯a -
Tẹsto ˈtɛsto, **...ti** ...ti
Testo̱re *it.* tesˈtoːre
Testo̱ri *it.* tesˈtoːri
Testostero̱n tɛstosteˈroːn
Testu̱do tɛsˈtuːdo, **...dines** ...dineːs
Tetani̱e tetaˈniː, **-n** ...iːən
tetanifọrm tetaniˈfɔrm
teta̱nisch teˈtaːnɪʃ
Tetanus ˈteːtanʊs, *auch:* ˈtɛ...
Tetartoedri̱e tetartoǀeˈdriː
Te̱te ˈteːtə, ˈtɛːtə
tête-à-tête, Tete-a-Te̱te tɛtaˈtɛːt
Te̱tens ˈteːtn̩s
Te̱terow ˈteːtəro
Tẹtewen *bulgar.* ˈtɛtɛvɛn
Te̱thys ˈteːtʏs
Te̱ti ˈteːti
Tẹtka ˈtɛtka
Tetma̱jer *poln.* tɛtˈmajɛr
Teton *engl.* ˈtiːtən
Tétouan *fr.* teˈtwã
Tẹtovo *mak.* ˈtɛtɔvɔ
Te̱tra ˈteːtra
Tetrachlo̱r... tetraˈkloːɐ̯...
Tetrachọrd tetraˈkɔrt, **-e** ...rdə
Tetra̱de teˈtraːde
Tetrae̱der tetraˈǀeːdɐ
Tetraedri̱t tetraǀeˈdriːt
Tetrago̱n tetraˈgoːn
tetragona̱l tetragoˈnaːl
Tetragonọpterus tetragoˈnɔptərʊs, **...ri** ...ri
Tetragrạmm tetraˈgram
Tetragrạmmaton tetraˈgramatɔn, **...ta** ...ta
Tetrakishexae̱der tetrakɪshɛksaˈǀeːdɐ
Tetrakty̱s tetrakˈtyːs
Tetralẹmma tetraˈlɛma, **-ta** ...ta
Tetrali̱n® tetraˈliːn
Tetralogi̱e tetraloˈgiː, **-n** ...iːən
tetrame̱r tetraˈmeːɐ̯
Tetra̱meter teˈtraːmetɐ
Tetramọrph tetraˈmɔrf
Tetra̱panax teˈtraːpanaks

tetrapetalisch tetrape'ta:lɪʃ
Tetraplegie tetraple'gi:
Tetrapode tetra'po:də
Tetrapodie tetrapo'di:
Tetrarch te'trarç
Tetrarchie tetrar'çi:, **-n** ...i:ən
Tetrastichon te'trastɪçɔn, **...cha** ...ça
Tetrazzini *it.* tetrat'tsi:ni
Tetrode te'tro:də
Tetryl te'try:l
Tetschen 'te:tʃn̩
Tettnang 'tɛtnaŋ
Tetuán *span.* te'tu̯an
Tetz[el] 'tɛts[l̩]
Tetzner 'tɛtsnɐ
Teubner 'tɔybnɐ
Teuchel 'tɔyçl̩
Teuchern 'tɔyçɐn
Teucrium 'tɔykri̯ʊm
teuer 'tɔyɐ
Teuerdank 'tɔyɐdaŋk
Teuerung 'tɔyərʊŋ
Teufe 'tɔyfə
Teufel 'tɔyfl̩
Teufelei tɔyfə'lai̯
Teufelsmoor 'tɔyfl̩smo:ɐ̯
teufen, T... 'tɔyfn̩
teuflisch 'tɔyflɪʃ
Teuge *niederl.* 'tø:ɣə
Teukros 'tɔykrɔs
Teunz tɔynts
Teurnia te'ʊrni̯a
Teutoburger Wald 'tɔytobʊrgɐ 'valt
Teutone tɔy'to:nə
Teutonia tɔy'to:ni̯a
teutonisch tɔy'to:nɪʃ
Teutonismus tɔyto'nɪsmʊs
teutsch, T... tɔytʃ
Tevere *it.* 'te:vere
Tevfik *türk.* tɛv'fik
Tewkesbury *engl.* 'tju:ksbərɪ
Tews te:fs
tex, Tex tɛks
Texaco 'tɛksako, *engl.* 'tɛksəkoʊ
Texaner tɛ'ksa:nɐ
Texarkana *engl.* tɛksɑ:'kænə
Texas 'tɛksas, *engl.* 'tɛksəs
Texcoco *span.* tes'koko
Texel *niederl.* 'tɛsəl
Texoprint... tɛkso'prɪnt...
Text tɛkst
Textem tɛks'te:m
texten 'tɛkstn̩
textieren tɛks'ti:rən
textil tɛks'ti:l
Textilien tɛks'ti:li̯ən
Textor 'tɛksto:ɐ̯
Textur tɛks'tu:ɐ̯
texturieren tɛkstu'ri:rən
Tezett 'te:tsɛt, *auch:* te'tsɛt
T-förmig 'te:fœrmɪç, **-e...** ɪgə
TGV *fr.* teʒe've
Thackeray *engl.* 'θækərɪ
Thaddädl ta'dɛ:dl̩
Thaddäus ta'dɛ:ʊs
Thadden 'tadn̩
Thaer tɛ:ɐ̯
Thai tai̯
Thailand 'tai̯lant
Thailänder 'tai̯lɛndɐ
thailändisch 'tai̯lɛndɪʃ
Thais 'ta:ɪs
Thal ta:l
Thalamus 'ta:lamʊs, **...mi** ...mi
thalassogen talaso'ge:n
Thalassographie talasogra'fi:
thalassokrat talaso'kra:t
Thalassometer talaso'me:tɐ
Thalassophobie talasofo'bi:, **-n** ...i:ən
Thalassotherapie talasotera'pi:, **-n** ..i:ən
Thalatta! 'talata
Thalberg 'ta:lbɛrk, *engl.* 'θɔ:lbə:g
Thale 'ta:lə
Thalenser ta'lɛnzɐ
Thales 'ta:lɛs
Thalheim 'ta:lhai̯m
Thalia ta'li:a
Thaliarch ta'li̯arç
Thalidomid talido'mi:t, **-es** ...i:dəs
Thalleiochin talai̯o'xi:n
Thallium 'tali̯ʊm
Thallophyt talo'fy:t
Thallus 'talʊs, **...lli** 'tali
Thälmann 'tɛ:lman
Thalwil ta:l'vi:l
Thames *engl.* tɛmz
Than ta:n
Thana *engl.* 'tɑ:nə
Thanatologie tanatolo'gi:
Thanatomanie tanatoma'ni:, **-n** ...i:ən
Thanatophobie tanatofo'bi:, **-n** ...i:ən
Thanatos 'ta:natɔs
Thane *engl.* θeɪn
Thanet *engl.* 'θænɪt
Thanh Hoa *vietn.* θai̯ɲ hu̯a 12
Thanh Phô Hô Chi Minh *vietn.* θai̯ɲ fo ho tʃi mi̯ɲ 32321
Thanjavur *engl.* tændʒə'vʊə
Thankmar 'taŋkmar
Thanksgiving *dt.-engl.* 'θɛŋksgɪvɪŋ
Thann *dt., fr.* tan
Thaps[ak]os taps[ak]ɔs
Thapsus 'tapsʊs
Thar ta:ɐ̯
Tharandt 'ta:rant
Tharau 'ta:rau̯
Tharaud *fr.* ta'ro
Thargelien tar'ge:li̯ən
Tharsicius tar'zi:tsi̯ʊs
Thasos 'ta:zɔs, *neugr.* 'θasɔs
Thassilo 'tasilo
Thatcher *engl.* 'θætʃə
Thatcherismus *dt.-engl.* θɛtʃə'rɪsmʊs
Thau *fr.* to
Thaulow *norw.* 'tœy̆lɔv
Thaumatologie tau̯matolo'gi:
Thaumaturg tau̯ma'tʊrk, **-en** ...rgn̩
Thaya 'ta:ja
Thayer *engl.* 'θeɪə, θɛə
Thayngen 'ta:ɪŋən
Thea 'te:a
Theater te'a:tɐ
Theatiner tea'ti:nɐ
Theatralik tea'tra:lɪk
theatralisch tea'tra:lɪʃ
theatralisieren teatrali'zi:rən
Theatrum Mundi te'a:trʊm 'mʊndi
Thebais te'ba:ɪs
Thebaner te'ba:nɐ
thebanisch te'ba:nɪʃ
Theben 'te:bn̩
Theda 'te:da
Thé dansant, -s -s 'te: dã'sã:
Theer *tschech.* tɛ:r
Theile 'tai̯lə
Theiler 'tai̯lɐ, *engl.* 'taɪlə
Thein te'i:n
Theismus te'ɪsmʊs
Theiß tai̯s
Theist te'ɪst
Theka 'te:ka
Theke 'te:kə
Thekla 'te:kla
Thelalgie telal'gi:, **-n** ...i:ən
Thelema 'te:lema, **-ta** te'le:mata
Thelematismus telema'tɪsmʊs
Thelematologie telematolo'gi:
thelematologisch telemato'lo:gɪʃ
Thelen 'te:lən
Thelismus te'lɪsmʊs
thelistisch te'lɪstɪʃ

Thelitis te'li:tɪs, **...itiden** teli'ti:dn̩
Thelot 'te:lɔt
Thelygenie telyge'ni:, **-n** ...i:ən
Thelytokie telyto'ki:, **-n** ...i:ən
thelytokisch tely'to:kɪʃ
Thema 'te:ma, **-ta** ...ta
Thematik te'ma:tɪk
thematisch te'ma:tɪʃ
thematisieren temati'zi:rən
Themis 'te:mɪs
Themistios te'mɪsti̯ɔs
Themistokles te'mɪstoklɛs
Themse 'tɛmzə
Thenar 'te:nar, **-e** te'na:rə
Thenard, Thénard *fr.* te'na:r
Theo 'te:o, *engl.* 'θi:ʊʊ, *niederl.* 'te:o
Theobald 'te:obalt, *engl.* 'θɪə-bɔ:ld
Theobaldy teo'baldi
Theobroma teo'bro:ma
Theobromin teobro'mi:n
Theoda 'te:oda
Theodektes teo'dɛktɛs
Theodelinde teode'lɪndə
Theoderich te'o:dərɪç
Theodizee teodi'tse:, **-n** ...e:ən
Theodolit teodo'li:t
Theodor ' te:odo:ɐ̯, *schwed.* 'te:ɔdɔr
Theodora teo'do:ra
Theodorakis *neugr.* θɛɔðɔ'rakis
Theodore teo'do:rə, *engl.* 'θɪədɔ:
Theodoret teodo're:t
Theodoros teo'do:rɔs
Theodosia teo'do:zi̯a
Theodosianisch teodo'zi̯a:nɪʃ
Theodosius teo'do:zi̯ʊs
Theodotion teo'do:ti̯ɔn
Theodotos te'o:dotɔs
Theodotus te'o:dotʊs
Theodul teo'du:l
Theodulf 'te:odʊlf
Theodulus teo'du:lʊs
Theognis 'te:ɔgnɪs
Theognosie teogno'zi:
Theognosis teo'gno:zɪs
Theogonie teogo'ni:, **-n** ...i:ən
Theokathokles teo'ka:toklɛs
Theokrat teo'kra:t
Theokratie teokra'ti:, **-n** ...i:ən
Theokrit teo'kri:t
Theolatrie teola'tri:, **-n** ...i:ən
Theologe teo'lo:gə
Theologie teolo'gi:, **-n** ...i:ən
theologisch teo'lo:gɪʃ
theologisieren teologi'zi:rən
Theologumenon teolo'gu:me-nɔn, **...mena** ...mena
Theomanie teoma'ni:, **-n** ...i:ən
Theomantie teoman'ti:, **-n** ...i:ən
theomorph teo'mɔrf
theonom teo'no:m
Theonomie teono'mi:
Theophan teo'fa:n
Theophanes te'o:fanɛs
Theophanie teofa'ni:, **-n** ...i:ən
Theophano te'o:fano
Theophil 'te:ofi:l
Théophile *fr.* teɔ'fil
Theophilos te'o:filɔs
Theophilus te'o:filʊs
theophor teo'fo:ɐ̯
Theophrast[us] teo'frast[ʊs]
Theophylakt[os] teofy'lakt[ɔs]
Theophyllin teofʏ'li:n
Theopneustie teopnɔy̯s'ti:, **-n** ...i:ən
Theopomp[os] teo'pɔmp[ɔs]
Theorbe te'ɔrbə
Theorell *schwed.* teu'rɛl
Theorem teo're:m
Theoretiker teo're:tikɐ
theoretisch teo're:tɪʃ
theoretisieren teoreti'zi:rən
Theorie teo'ri:, **-n** ...i:ən
Theosoph teo'zo:f
Theosophie teozo'fi:, **-n** ...i:ən
Theotokas *neugr.* θɛɔtɔ'kas
Theotokis *neugr.* θɛɔ'tɔkis
Theotokopulos teoto'ko:pulɔs, *neugr.* θɛɔtɔ'kɔpulɔs
Theotokos te'o:tokɔs
Theoxenien teɔ'kse:ni̯ən
theozentrisch teo'tsɛntrɪʃ
The Pas *engl.* ðə 'pɑ:
Thera 'te:ra
Theramen tera'me:n
Therapeut[ik] tera'pɔy̯t[ɪk]
Therapeutikum tera'pɔy̯tikʊm, **...ka** ...ka
therapeutisch tera'pɔy̯tɪʃ
Therapie tera'pi:, **-n** ...i:ən
therapieren tera'pi:rən
Therbusch tɛr'bʊʃ
Theres 'te:rɛs
Theresa *engl.* tə'ri:zə
Thereschen te're:sçən
Therese te're:zə
Thérèse *fr.* te'rɛ:z
Theresia te're:zi̯a
theresianisch tere'zi̯a:nɪʃ
Theresienstadt te're:zi̯ənʃtat
Theriak 'te:ri̯ak
Thériault *fr.* te'rjo
theriomorph teri̯o'mɔrf
theriophor teri̯o'fo:ɐ̯
Thérive *fr.* te'ri:v
Therkel *dän.* 'tɛɐ̯gl̩
Therm[ä] 'tɛrm[ɛ]
thermaktin tɛrmak'ti:n
Thermal... tɛr'ma:l...
Thermanästhesie tɛrmanɛs-te'zi:, tɛrm|anɛ...
Therme 'tɛrmə
Thermi 'tɛrmi, *neugr.* 'θɛrmi
Thermidor tɛrmi'do:ɐ̯
Thermik 'tɛrmɪk
Thermionen tɛr'mi̯o:nən
thermionisch tɛr'mi̯o:nɪʃ
thermisch 'tɛrmɪʃ
Thermistor tɛr'mɪsto:ɐ̯, **-en** ...'to:rən
Thermit® tɛr'mi:t
Thermobarograph tɛrmobaro-'gra:f
Thermochemie tɛrmoçe'mi:
thermochemisch tɛrmo'çe:mɪʃ
Thermochromie tɛrmokro'mi:
Thermochrose tɛrmo'kro:zə
Thermodynamik tɛrmody-'na:mɪk
thermodynamisch tɛrmody-'na:mɪʃ
Thermoeffekt 'tɛrmo|ɛfɛkt
thermoelektrisch tɛrmo-|e'lɛktrɪʃ
Thermoelektrizität tɛrmo-|elɛktritsi'tɛ:t
Thermoelement 'tɛrmo-|elemɛnt
thermofixieren tɛrmofɪ'ksi:rən
Thermogramm tɛrmo'gram
Thermograph tɛrmo'gra:f
thermohalin tɛrmoha'li:n
Thermohygrograph tɛrmo-hygro'gra:f
Thermokaustik tɛrmo'kau̯stɪk
Thermokauter tɛrmo'kau̯tɐ
Thermokraft 'tɛrmokraft
thermolabil tɛrmola'bi:l
Thermolumineszenz tɛrmolu-minɛs'tsɛnts
Thermolyse tɛrmo'ly:zə
Thermometamorphose tɛrmo-metamɔr'fo:zə
Thermometer tɛrmo'me:tɐ
Thermometrie tɛrmome'tri:, **-n** ...i:ən
thermometrisch tɛrmo'me:trɪʃ
Thermomorphosen tɛrmomɔr-'fo:zn̩
thermonuklear tɛrmonukle'a:ɐ̯

thermooxidiert tɛrmo|ɔksi'di:ɐ̯t
Thermopane® tɛrmo'pe:n
thermophil tɛrmo'fi:l
Thermophilie tɛrmofi'li:
Thermophor tɛrmo'fo:ɐ̯
Thermoplast tɛrmo'plast
Thermopylae tɛr'mo:pylɛ
Thermopylen tɛrmo'py:lən
Thermosflasche® 'tɛrmɔsflaʃə
thermostabil tɛrmosta'bi:l
Thermostat tɛrmo'sta:t
Thermotherapie tɛrmotera'pi:, **-n** ...i:ən
Therophyt tero'fy:t
Theroux *engl.* θə'ru:
Thersites tɛr'zi:tɛs
thesaurieren tezau̯'ri:rən
Thesaurus te'zau̯rʊs, **...ri** ...ri
These 'te:zə
Theseion te'zai̯ɔn
Theseus 'te:zɔy̆s
Thesis 'te:zɪs, **Thesen** 'te:zn̩
Thesmophorien tɛsmo'fo:ri̯ən
Thespis 'tɛspɪs
Thessalien tɛ'sa:li̯ən
Thessalier tɛ'sa:li̯ɐ
thessalisch tɛ'sa:lɪʃ
Thessalonich tɛsa'lo:nɪç
Thessalonicher tɛsa'lo:nɪçɐ
Thessalonike tɛsalo'ni:kə
Thessaloniki *neugr.* θɛsalɔ'niki
thessalonisch tɛsa'lo:nɪʃ
Theta 'te:ta
Thetford [Mines] *engl.* 'θɛtfəd ['maɪnz]
Thetik 'te:tɪk
Thetis 'te:tɪs
thetisch 'te:tɪʃ
Theuerdank 'tɔy̆ɐdaŋk
Theun *niederl.* tø:n
Theurg te'ʊrk, **-en** ...rgn̩
Theurgie teʊr'gi:
Theuriet *fr.* tœ'rjɛ
Thiais *fr.* tjɛ
Thiamin ti̯a'mi:n
Thiaminase ti̯ami'na:zə
Thiazin... ti̯a't͜si:n...
Thibaud *fr.* ti'bo
Thibaudeau *fr.* tibo'do
Thibaudet *fr.* tibo'dɛ
Thibau[l]t *fr.* ti'bo
Thibodaux *engl.* tɪbə'doʊ
Thidrek 'ti:drɛk
Thiel[e] 'ti:l[ə]
Thielicke 'ti:lɪkə
Thiem[e] 'ti:m[ə]
Thiemo 'ti:mo
Thierry *fr.* tjɛ'ri
Thiers *fr.* tjɛ:r
Thierse 'ti:ɐ̯zə
Thierstein 'ti:ɐ̯ʃtai̯n
Thiès *fr.* tjɛs
Thieß[en] 'ti:s[n̩]
Thietmar 'ti:tmar
Thigmotaxis tɪgmo'taksɪs
Thijsen *niederl.* 'tɛi̯sə
Thika *engl.* 'ti:kɑ:
Thilde 'tɪldə
Thilenius ti'le:ni̯ʊs
Thilo 'ti:lo
Thimbu *engl.* tɪm'bu:
Thimig 'ti:mɪç
Thimphu *engl.* tɪm'pu:
Thing tɪŋ
Þingvellir *isl.* 'θiŋvɛdlɪr
Thiodolf 'ti:odɔlf
Thiokol® tio'ko:l
Thional... tio'na:l...
Thionville *fr.* tjõ'vil
Thiophen tio'fe:n
Thioplast tio'plast
Thiosalz 'ti:ozalt͜s
Thiosulfat tiozʊl'fa:t
Thiozyanat tiot͜sy̆a'na:t
Thira *neugr.* 'θira
Thisbe 'tɪsbə
Thisted *dän.* 'tisdeð
thixotrop tɪkso'tro:p
Thixotropie tɪksotro'pi:
Thoas 'to:as
Thohoyandou *engl.* toʊhɔɪ-æn'du:
Thököly *ung.* 'tøkøli
Tholen *niederl.* 'to:lə
Tholey 'to:lai̯
Tholos 'to:lɔs, **...loi** ...lɔy̆
Thom *engl., fr.* tɔm
Thoma 'to:ma
Thomalla to'mala
Thomaner to'ma:nɐ
Thoman[n] 'to:man
Thomas 'to:mas, *engl.* 'tɔməs, *fr.* tɔ'mɑ
Thomas a Kempis 'to:mas a 'kɛmpi:s
Thomasin 'to:mazi:n
Thomasius to'ma:zi̯ʊs
Thomason *engl.* 'tɔməsn
Thomasville *engl.* 'tɔməsvɪl
Thomismus to'mɪsmʊs
Thomist to'mɪst
Thomm[en] 'tɔm[ən]
Thompson[ville] *engl.* 'tɔmpsn[vɪl]
Thomsen *dän.* 'tɔmsn̩
Thomson *engl.* tɔmsn
Thon to:n
Thonburi *Thai* 'thonbu'ri: 111
Thonet 'tɔnɛt
Thonon-les-Bains *fr.* tɔnõle'bɛ̃
Thöny 'tø:ni
't Hooft *niederl.* ət'ho:ft
Thor to:ɐ̯
[1]**Thora** (Vorname) 'to:ra
[2]**Thora** (Bücher Mosis) to'ra:, *auch:* 'to:ra
thorakal tora'ka:l
Thorakoplastik torako'plastɪk
Thorakoskop torako'sko:p
Thorakoskopie torakosko'pi:, **-n** ...i:ən
Thorakotomie torakoto'mi:, **-n** ...i:ən
Thorakozentese torakot͜sɛn'te:zə
Thórarensen *isl.* 'θou̯rarɛnsɛn
Þórðarson *isl.* 'θou̯rðarsɔn
Thorax 'to:raks, **...aces** to'ra:t͜se:s
Thorbecke 'to:ɐ̯bɛkə
Thoreau *engl.* 'θɔ:roʊ, θə'roʊ
Thorén *schwed.* tɔ're:n
Thoret *fr.* tɔ'rɛ
Thorez *fr.* tɔ'rɛ:z
Thorild *schwed.* 'tu:rɪld
Thorium 'to:ri̯ʊm
Þorláksson *isl.* 'θɔrlau̯ksɔn
Thorn to:ɐ̯n, *fr., niederl.* tɔrn, *engl.* θɔ:n
Thornaby *engl.* 'θɔ:nəbɪ
Thorndike *engl.* 'θɔ:ndaɪk
Thorneycroft *engl.* 'θɔ:nɪkrɔft
Thornhill *engl.* 'θɔ:nhɪl
Thornton *engl.* 'θɔ:ntən
Thornycroft *engl.* 'θɔ:nɪkrɔft
Thorold *engl.* 'θɔ:rəld
Thorolf 'to:rɔlf
Thoron to'ro:n
Thorp[e] *engl.* θɔ:p
Thorsberg 'to:ɐ̯sbɛrk
Thorshavn *dän.* 'tɔ:ˀɐ̯shau̯ˀn
Thorsten 'tɔrstn̩
Thorup *dän.* 'tʊ:ˀrʊb
Thorvaldsen *dän.* 'tɔɐ̯vælsn̩
Thorwald 'to:ɐ̯valt
Thot to:t
Thouars *fr.* twa:r
Thouret *fr.* tu'rɛ
Thoursie *schwed.* 'tʊrsi
Thousand Islands *engl.* 'θaʊzənd 'aɪləndz
Thraker 'tra:kɐ
Thrakien 'tra:ki̯ən
thrakisch 'tra:kɪʃ
Thrale *engl.* θreɪl
Thrasolt 'tra:zɔlt

Thrasybul trazyˈbuːl
Thrasybulos traˈzyːbulɔs, trazyˈbuːlɔs
Thrax traks
Thrazien ˈtraːts̯i̯ən
Thrazier ˈtraːts̯i̯ɐ
thrazisch ˈtraːtsɪʃ
Three Mile Island *engl.* ˈθriːmaɪl ˈaɪlənd
Three Rivers *engl.* ˈθriː ˈrɪvəz
Threni ˈtreːni
Threnodie trenoˈdiː, **-n** ...iːən
Threnos ˈtreːnɔs, **...noi** ...nɔy̯
Thrill[er] *dt.-engl.* ˈθrɪl[ɐ]
Thrips trɪps
Throckmorton *engl.* θrɔkˈmɔːtn
Throgmorton *engl.* θrɔgˈmɔːtn
Thrombasthenie trɔmbasteˈniː, **-n** ...iːən
Thrombin trɔmˈbiːn
Thromboarteriitis trɔmbo|arteriˈiːtɪs, **...iitiden** ...riiˈtiːdn̩
Thrombogen trɔmboˈgeːn
Thrombolytikum trɔmboˈlyːtikʊm, **...ka** ...ka
Thrombopenie trɔmbopeˈniː, **-n** ...iːən
Thrombophlebitis trɔmbofleˈbiːtɪs, **...itiden** ...biˈtiːdn̩
Thrombose trɔmˈboːzə
thrombotisch trɔmˈboːtɪʃ
Thrombozyt trɔmboˈts̮yːt
Thrombozytolyse trɔmbots̮ytoˈlyːzə
Thrombozytose trɔmbots̮yˈtoːzə
Thrombus ˈtrɔmbʊs
Thron troːn
thronen ˈtroːnən
Thrym trʏm
thucydideisch, T... tuts̮ydiˈdeːɪʃ
Thucydides tuˈts̮yːdidɛs
Thugga ˈtʊga
Thugut ˈtuːguːt
Thuille ˈtu̯ɪlə
Thuin *fr.* tu̯ɛ̃
Thuja ˈtuːja
Thuje ˈtuːjə
thukydideisch, T... tukydiˈdeːɪʃ
Thukydides tuˈkyːdidɛs
Thulden *niederl.* ˈtʏldə
Thule *dt., dän.* ˈtuːlə
Thulin *schwed.* tʉˈliːn
Thulium ˈtuːli̯ʊm
Thum tuːm
Thumb tʊmp, *engl.* θʌm
Thumelicus tuˈmeːlikʊs
Thümmel ˈtʏml̩
Thun tuːn
Thunder Bay *engl.* ˈθʌndə ˈbeɪ
Thünen ˈtyːnən
Thunfisch ˈtuːnfɪʃ
Thur tuːɐ̯
Thurber *engl.* ˈθəːbə
Thureau-Dangin *fr.* tyrodɑ̃ˈʒɛ̃
Thurgau ˈtuːɐ̯ga̮u
Thurii ˈtuːrii
Thüring[en] ˈtyːrɪŋ[ən]
Thüringer ˈtyːrɪŋɐ
thüringisch ˈtyːrɪŋɪʃ
Thuringit turɪŋˈgiːt
Thurio ˈtuːri̯o
Thurloe, Thurlow *engl.* ˈθəːloʊ
Thurn tʊrn
Thurneysser ˈtʊrn|ai̯sɐ
Thurnwald ˈtʊrnvalt
Thurrock *engl.* ˈθʌrək
Thursday Island *engl.* ˈθəːzdɪ ˈaɪlənd
Thurstan, Thurston[e] *engl.* ˈθəːstən
Thusis ˈtuːzɪs
Thusnelda tʊsˈnɛlda
Thusnelde tʊsˈnɛldə
Thutmosis tʊtˈmoːzɪs
Thwaite[s] *engl.* θweɪt[s]
Thy *dän.* tyːˀ
Thyborøn *dän.* tyboˈrœnˀ
Thyestes ˈty̆ɛstɛs
Thylle ˈtʏlə
Thymian ˈtyːmi̯aːn
Thymitis tyˈmiːtɪs, **...itiden** ...miˈtiːdn̩
thymogen tymoˈgeːn
Thymol tyˈmoːl
Thymoleptikum tymoˈlɛptikʊm, **...ka** ...ka
Thymom tyˈmoːm
Thymopath tymoˈpaːt
Thymopathie tymopaˈtiː, **-n** ...iːən
Thymopsyche tymɔˈpsyːçə
Thymose tyˈmoːzə
Thymus ˈtyːmʊs
Thyratron ˈtyːratroːn
Thyräus tyˈrɛːʊs
thyreogen tyreoˈgeːn
Thyreoidea tyreoˈiːdea
Thyreoidektomie tyreoidɛktoˈmiː, **-n** ...iːən
Thyreoiditis tyreoiˈdiːtɪs, **...itiden** ...diˈtiːdn̩
Thyreojodin tyreojoˈdiːn
thyreopriv tyreoˈpriːf, **-e** ...iːvə
Thyreostatikum tyreoˈstaːtikʊm, **...ka** ...ka
Thyreotomie tyreotoˈmiː, **-n** ...iːən
Thyreotoxikose tyreotɔksiˈkoːzə
thyreotoxisch tyreoˈtɔksɪʃ
thyreotrop tyreoˈtroːp
Thyristor tyˈrɪstoːɐ̯, **-en** ...ˈtoːrən
Thyroxin tyrɔˈksiːn
Thyrsos ˈtʏrzɔs, **...soi** ...zɔy̯
Thyrsus ˈtʏrzʊs, **...si** ...zi
Thyssen ˈtʏsn̩
Tiahuanaco *span.* ti̯au̯aˈnako
Tian'anmen *chin.* ti̯ɛn-anmən 112
Tianjin *chin.* ti̯ɛndʑɪn 11
Tianshan *chin.* ti̯ɛnʃan 11
Tiara ˈti̯aːra
Tiaret *fr.* tjaˈrɛt
Tibaldi *it.* tiˈbaldi
Tiber ˈtiːbɐ
Tiberias tiˈbeːri̯as
Tiberius tiˈbeːri̯ʊs
Tibesti tiˈbɛsti, *fr.* tibɛsˈti
Tibet ˈtiːbɛt, *auch:* tiˈbeːt
tibetanisch tibeˈtaːnɪʃ
Tibeter tiˈbeːtɐ, *auch:* ˈtiːbɛtɐ
tibetisch tiˈbeːtɪʃ, *auch:* ˈtiːbɛtɪʃ
tibetoburmanisch tiˈbeːtobʊrˈmaːnɪʃ
Tibia ˈtiːbi̯a, **Tibiae** ...i̯ɛ
Tibor ˈtiːboːɐ̯, *ung.* ˈtibor
Tibull[us] tiˈbʊl[ʊs]
Tibur ˈtiːbʊr
Tiburón *span.* tiβuˈrɔn
Tic tɪk
Tichau ˈtɪça̮u
Tichon[ow] *russ.* ˈtixɐn[ɐf]
Tichorezk *russ.* tixaˈrjɛtsk
Tichwin *russ.* ˈtixvin
Ticino *it.* tiˈtʃiːno
Tick tɪk
Tickell *engl.* ˈtɪkəl
ticken ˈtɪkn̩
Ticker ˈtɪkɐ
tickern ˈtɪkɐn
Ticket ˈtɪkət
Tickfever ˈtɪkfiːvɐ
Ticknor *engl.* ˈtɪknə
ticktack!, Ticktack ˈtɪkˈtak
Ticonius tiˈkoːni̯ʊs
Tide ˈtiːdə
Tidemand *norw.* ˌtiːdəman
Tidore *indon.* tiˈdore
Tiebreak ˈta̮ibreːk
Tieck tiːk
Tiede[mann] ˈtiːdə[man]
Tiedge ˈtiːtgə

T

Tiedo 'ti:do
tief, Tief ti:f
Tiefe 'ti:fə
Tiefenbronn ti:fn̩'brɔn
Tiefencastel 'ti:fn̩kastl̩
tiefernst 'ti:f'|ɛrnst
Tieffenbrucker 'ti:fn̩brʊkɐ
Tiefland 'ti:flant
tieftraurig 'ti:f'traurɪç
Tiefurt 'ti:fʊrt
Tiegel 'ti:gl̩
Tiekholz 'ti:khɔlts
Tiel[e] *niederl.* 'til[ə]
Tielke 'ti:lkə
Tielt *niederl.* tilt
Tiemann 'ti:man
Tienen *niederl.* 'tinə
Tiengen 'tɪŋən
Tienschan 'ti̯ɛnʃan
Tientsin 'ti̯ɛntsɪn
Tiepolo *it.* 'ti̯ɛ:polo
Tier ti:ɐ̯
tierisch 'ti:rɪʃ
Tierp *schwed.* ˌti:ærp
Tierquälerei ti:ɐ̯kvɛ:lə'rai
Tierra caliente 'ti̯ɛra ka'li̯entə
Tierra del Fuego *span.* 'ti̯ɛrra ðɛl 'fu̯eɣo
Tierra fría 'ti̯ɛra 'fri:a
Tierra templada 'ti̯ɛra tɛm-'pla:da
Tiersétat *fr.* tjɛrze'ta
Tiessen 'ti:sn̩
Tiétar *span.* 'ti̯etar
Tietê *bras.* ti̯e'te
Tietjen 'ti:tjən
Tietmeyer 'ti:tmaiɐ
Tiffany *engl.* 'tɪfənɪ
Tiffin *engl.* 'tɪfɪn
Tiflis 'tɪflɪs, 'ti:flɪs
Tifoso ti'fo:zo, **...si** ...zi
Tifton *engl.* 'tɪftən
Tigard *engl.* 'taɪgəd
Tiger 'ti:gɐ
tigern 'ti:gɐn, **tigre** 'ti:grə
Tiger River *engl.* 'taɪgə 'rɪvə
Tighe *engl.* taɪ
Tighennif *fr.* tigɛ'nif
Tiglatpileser tiglatpi'le:zɐ
Tignes *fr.* tiɲ
Tigon 'ti:gɔn
Tigranes ti'gra:nɛs
Tigranokerta tigrano'kɛrta
[1]**Tigre** (Hispanoamerika) *span.* 'tiɣre
[2]**Tigre** (Äthiopien) ti'gre:, 'ti:grə
Tigriña, ...nja ti'grɪnja
Tigris 'ti:grɪs
tigroid tigro'i:t, **-e** ...i:də
Tihama (Arabien) ti'ha:ma
Tihany *ung.* 'tihɔnj
Tijuana *span.* ti'xu̯ana
Tikal 'ti:kal
Tiki 'ti:ki
Tikkanen *finn.* 'tikkɑnɛn
Tilapia ti'la:pi̯a
Tilburg *niederl.* 'tɪlbʏrx
Tilbury 'tɪlbəri
Tilde 'tɪldə
tilgen 'tɪlgn̩, **tilg!** tɪlk, **tilgt** tɪlkt
Tiliazeen tili̯a'tse:ən
Till[a] 'tɪl[a]
Tillandsie tɪ'lantsi̯ə
Tille *tschech.* 'tilɛ
Tillemont *fr.* tij'mõ
Tiller 'tɪlɐ
Tilli 'tɪli
Tillich 'tɪlɪç
Tillier *fr.* ti'lje
Tillit tɪ'li:t
Tilly 'tɪli
Tilmann 'tɪlman
Tilo 'ti:lo
Tilos *neugr.* 'tilɔs
Tilschová *tschech.* 'tilʃɔva:
Tilsit[er] 'tɪlzɪt[ɐ]
Tim tɪm
Timaios ti'maiɔs
Timan *russ.* ti'man
Timandra ti'mandra
Timarchie timar'çi:, **-n** ...i:ən
Timaru *engl.* 'tɪməru:
Timbal[e] tɪm'ba:l[ə]
Timbaúba *bras.* timba'uba
Timber 'tɪmbɐ
Timbre 'tɛ̃:brə, 'tɛ̃:bɐ
timbrieren tɛ̃'bri:rən
Timbuktu tɪm'bʊktu
time is money 'taim ɪs 'mani
Timelag 'taimlɛk
timen 'taimən
Time-out 'taim|aut, –'–
Timer 'taimɐ
Times *engl.* taɪmz
Timesampling 'taimzamplɪŋ
Timesharing 'taimʃɛ:rɪŋ
Timgad *fr.* tim'gad
timid ti'mi:t, **-e** ...i:də
timide ti'mi:də
Timidität timidi'tɛ:t
Timing 'taimɪŋ
Timirjasew *russ.* timi'rjazɪf
Timiș *rumän.* 'timiʃ
Timiskaming *engl.* tɪ'mɪskəmɪŋ
Timișoara *rumän.* timi'ʃo̯ara
Timm tɪm
Timmelsjoch 'tɪml̩sjɔx
Timmendorfer Strand 'tɪmən-dɔrfɐ 'ʃtrant
Timmermans *niederl.* 'tɪmər-mɑns
Timmins *engl.* 'tɪmɪnz
Timmo 'tɪmo
Timmons *engl.* 'tɪmənz
Timo 'ti:mo
Timofei *russ.* tima'fjej
Timofejew *russ.* tima'fjejɪf
Timofejewitsch *russ.* tima'fjejɪvitʃ
Timofejewna *russ.* tima'fjejɪvnɐ
Timok *serbokr.* ˌtimɔk, *bulgar.* 'timok
Timokratie timokra'ti:, **-n** ...i:ən
Timoleon ti'mo:leɔn
Timon 'ti:mɔn
Timoneda *span.* timo'neða
timonisch, T... ti'mo:nɪʃ
Timor 'ti:mo:ɐ̯, *indon.* 'timɔr, *port.* ti'mor
Timoschenko *russ.* tima'ʃɛnkɐ
Timotheegras timo'te:gra:s, 'ti:motegra:s
Timotheos ti'mo:teɔs
Timotheus ti'mo:teʊs
Timothy *engl.* 'tɪməθɪ
Timothygras ti'mo:tigra:s, *auch:* 'ti:motig...
Timpano 'tɪmpano, **...ni** ...ni
Timrå *schwed.* ˌtimro:
Timrava *slowak.* 'tjimrava
Timur 'ti:mʊr
Timuride timu'ri:də
Timur-Leng 'ti:mʊr'lɛŋ
Tina *dt., it.* 'ti:na
Tinbergen *niederl.* 'tɪnbɛrxə
Tinchen 'ti:nçən
Tinctoris *niederl.* tɪŋk'to:rɪs
Tindal[e] *engl.* tɪndl
Tindouf *fr.* tin'duf
Tine 'ti:nə
Ting *engl.* tɪŋ
tingeln 'tɪŋl̩n
Tingeltangel 'tɪŋl̩taŋl̩
tingieren tɪŋ'gi:rən
Tingo María *span.* 'tiŋgo ma'ria
Tinguely *fr.* tɛ̃'gli
Tini 'ti:ni
Tinker *engl.* 'tɪŋkə
Tinktion tɪŋk'tsi̯o:n
Tinktur tɪŋk'tu:ɐ
Tinnef 'tɪnəf
Tinnitus 'tɪnitʊs

Ti̱no *dt., it.* ˈtiːno, *fr.* tiˈno
Tịnos *neugr.* ˈtinɔs
Tịnseltown *engl.* ˈtɪnsəltaʊn
Tịntagel *engl.* tɪnˈtædʒəl
Tịnte ˈtɪntə
tịntig ˈtɪntɪç, **-e** ...ɪɡə
Tintome̱ter tɪntoˈmeːtɐ
Tintorẹtto *it.* tintoˈretto
Tịnwell *engl.* ˈtɪnwəl
Tiọrba ˈti̯ɔrba
Tipasạ *fr.* tipaˈza
Ti̱pi ˈtiːpi
tịpp, tạpp! ˈtɪp ˈtap
tịpp!, T... tɪp
Tippecanoe *engl.* tɪpɪkəˈnuː
Tịppel[chen] ˈtɪpl̩[çən]
Tippele̱i tɪpəˈlai̯
tịpp[e]lig ˈtɪp[ə]lɪç, **-e** ...ɪɡə
tịppeln ˈtɪpl̩n
tịppen, T... ˈtɪpn̩
Tipperary *engl.* tɪpəˈrɛərɪ
Tịppett *engl.* ˈtɪpɪt
Tịpp-Ex® ˈtɪpɛks
Tịppse ˈtɪpsə
tipptọpp ˈtɪpˈtɔp
Tịpster ˈtɪpstɐ
Tịptoft *engl.* ˈtɪptɔft
Tịpton *engl.* ˈtɪptən
Tirabọschi *it.* tiraˈbɔski
Tira̱de tiˈraːdə
Tiradẹntes *bras.* tiraˈdentis
Tirailleu̱r tira[l]ˈjøːɐ̯
tiraillie̱ren tira[l]ˈjiːrən
Tiramisu̱ tiramiˈzuː
Tira̱n tiˈraːn
Tira̱na tiˈraːna, *alban.* tiˈrana
Tirạnë *alban.* tiˈranə
Tirạspol *russ.* tiˈraspəlj
Ti̱rass ˈtiːras
tirassie̱ren tiraˈsiːrən
Tịre *türk.* ˈtirɛ
Tiree *engl.* taɪˈriː
Tire̱sias tiˈreːzi̯as
Tire̱t tiˈreː
Tîrgọvịște *rumän.* tɨrˈɡoviʃte
Tîrgu Jịu *rumän.* ˈtɨrɡu ˈʒiu̯
Tîrgu Mụreș *rumän.* ˈtɨrɡu ˈmureʃ
Tîrgu Neạmț *rumän.* ˈtɨrɡu ˈne̯amts
Tîrgu Ọcna *rumän.* ˈtɨrɡu ˈokna
Tîrgu Secuiẹsc *rumän.* ˈtɨrɡu sekuˈi̯esk
tirili̱!, Tirili̱ tiriˈliː
tirilie̱ren tiriˈliːrən
Tîrnava *rumän.* ˈtɨrnava
Tîrnăvẹni *rumän.* tɨrnəˈvenj
Ti̱ro (Rekrut, Anfänger) ˈtiːro, **...nen** tiˈroːnən
tiro̱! tiˈroː
Tiroci̱nium tiroˈt͡siːni̯ʊm
Tiro̱l[er] tiˈroːl[ɐ]
Tiroliẹnne tiroˈli̯ɛn, **-n** ...nən
Tirọlo *it.* tiˈrɔːlo
tiro̱nisch, T... tiˈroːnɪʃ
Ti̱ros ˈtiːrɔs, *engl.* ˈtaɪərɔs
Tịrpitz ˈtɪrpɪt͡s
Tirre̱no *it.* tirˈrɛːno
Tịrs tɪrs
Tirschenreu̱th tɪrʃn̩ˈrɔy̯t
Tịrso *span., it.* ˈtirso
Tịrso de Molịna *span.* ˈtirso ðe moˈlina
Tiruchirapalli *engl.* tɪrətʃɪrəˈpʌlɪ
Tirunẹlveli *engl.* tɪərʊˈnɛlvəlɪ
Tịrupati *engl.* ˈtɪrʊpətiː
Ti̱ryns ˈtiːrʏns
Tirỵnther tiˈrʏntɐ
tirỵnthisch tiˈrʏntɪʃ
Tịsa *serbokr., rumän.* ˈtisa
Tịsch tɪʃ
Tịschbein ˈtɪʃbai̯n
tịschen ˈtɪʃn̩
Tịschendorf ˈtɪʃn̩dɔrf
Tischleindẹckdich tɪʃlai̯nˈdɛkdɪç
Tịschler ˈtɪʃlɐ
Tischlere̱i tɪʃləˈrai̯
tịschlern ˈtɪʃlɐn
Tise̱lius *schwed.* tiˈseːli̯ʊs
Tisi̱phone tiˈziːfone
Tịso *slowak.* ˈtjisɔ
Tissandiẹr *fr.* tisãˈdje
Tissaphẹrnes tɪsaˈfɛrnɛs
Tisserand, ...nt *fr.* tiˈsrã
Tissọt *fr.* tiˈso
Tịsza *ung.* ˈtisɔ
Tịszántúl *ung.* ˈtisaːntuːl
Tịszapolgár *ung.* ˈtisɔpolɡaːr
Tịszavasvári *ung.* ˈtisɔvɔʃvaːri
Tịt *russ.* tit
Tita̱n[e] tiˈtaːn[ə]
Tita̱nia tiˈtaːni̯a
Tita̱nic tiˈtaːnɪk, *engl.* taɪˈtænɪk
Titani̱de titaˈniːdə
tita̱nisch tiˈtaːnɪʃ
Titani̱t titaˈniːt
Titanomachi̱e titanomaˈxiː
Tịtchener *engl.* ˈtɪtʃnə
Ti̱tel ˈtiːtl̩, *auch:* ˈtɪtl̩
Titele̱i tiːtəˈlai̯, *auch:* tɪt...
ti̱teln ˈtiːtl̩n, *auch:* ˈtɪtl̩n
Titelouze *fr.* tiˈtluːz
Ti̱ter ˈtiːtɐ
Titho̱n[os] tiˈtoːn[ɔs]
Titho̱nus tiˈtoːnʊs
Titicạca *span.* titiˈkaka
...titi̱den ...tiˈtiːdn̩
Titi̱nius tiˈtiːni̯ʊs
Tịtisee ˈtɪtizeː
Ti̱tius ˈtiːt͡si̯ʊs
Ti̱tlis ˈtiːtlɪs
Titlony̱m titloˈnyːm
Ti̱to *dt., it.* ˈtiːto, *serbokr.* ˈtitɔ
Tịtograd *serbokr.* ˈtitɔɡraːd
Titoịsmus titoˈɪsmʊs
Titoịst titoˈɪst
Tịtovo U̱žice *serbokr.* ˈtitɔvɔ ˈuːʒitsɛ
Tịtov Vẹles *mak.* ˈtitɔf ˈvɛlɛs
Titọw *russ.* tiˈtɔf
Titratio̱n titraˈt͡si̯oːn
Ti̱tre ˈtiːtɐ, ˈtiːtrə
titrie̱ren tiˈtriːrən
Titrimetri̱e titrimeˈtriː
tịtschen ˈtɪt͡ʃn̩
Tịtte ˈtɪtə
Tịtu *rumän.* ˈtitu
Titula̱r tituˈlaːɐ̯
Titulatu̱r titulaˈtuːɐ̯
Titulẹscu *rumän.* tituˈlesku
titulie̱ren tituˈliːrən
Ti̱tulus ˈtiːtulʊs, *auch:* ˈtɪt..., **...li** ...li
Ti̱turel ˈtiːturɛl
Ti̱tus ˈtiːtʊs
Titusville *engl.* ˈtaɪtəsvɪl
Ti̱tyos ˈtiːty̆ɔs
Tịtz tɪt͡s
Ti̱u ˈtiːu
Ti̱veden *schwed.* ˌtiːveːdən
Tịverton *engl.* ˈtɪvətn
Ti̱voli *dt., it.* ˈtiːvoli, *dän.* ˈtivʊli
Tixị *russ.* tikˈsi
Tizatlán *span.* tiθatˈlan
ti̱zian, T... ˈtiːt͡si̯aːn
tizia̱nisch, T... tiˈt͡si̯aːnɪʃ
Tizia̱no *it.* titˈt͡si̯aːno
Tizi-Ouzou *fr.* tiziuˈzu
Tiznịt *fr.* tizˈnit
tja! tja, *auch:* tjaː
Tjä̱le ˈtjɛːlə
Tjạlk tjalk
Tjạ̈llmo *schwed.* ˈçɛlmuː
Tjö̱rn *schwed.* çœːrn
Tjọst tjɔst
tjostie̱ren tjɔsˈtiːrən
Tjumẹn *russ.* tjuˈmenj
Tjust *schwed.* çʉːst
Tjụttschew *russ.* ˈtjuttʃɪf
Tkatschọw *russ.* tkaˈtʃɔf
Tkwartschẹli *russ.* tkvarˈtʃeli
Tlalnepantla *span.* tlalneˈpantla
Tlạlpan *span.* ˈtlalpan

Tlaquepaque *span.* tlake'pake
Tlatilco *span.* tla'tilco
Tlaxcala *span.* tlas'kala
Tlemcen *fr.* tlɛm'sɛn
Tlingit 'tlɪŋɡɪt
Tmesis 'tme:zɪs
Tmutarakan *russ.* tmutɐra'kanj
Toast to:st
toasten 'to:stn̩
Toba 'to:ba, *indon.* 'toba, *jap.* 'toˌba
Tobago to'ba:go, *engl.* tə'beɪgoʊ
Tobak 'to:bak
Tobaldi *it.* to'baldi
Tobar[ra] *span.* to'βar[ra]
Tobel 'to:bl̩
toben 'to:bn̩, **tob!** to:p, **tobt** to:pt
Toberei to:bə'rai̯
Tobey *engl.* 'toʊbɪ
Tobias to'bi:as, *engl.* tə'baɪəs
Tobiáš *tschech.* 'tɔbia:ʃ
Tobías *span.* to'βias
Tobie *engl.* 'toʊbɪ
Tobino *it.* to'bi:no
Toblach 'to:blax
Tobler 'to:blɐ
Toboggan to'bɔgan
Tobol[sk] *russ.* ta'bɔl[jsk]
Tobruk 'to:brʊk
Toby *engl.* 'toʊbɪ
Tocantins *bras.* tokɐn'tĩs
Toccata tɔ'ka:ta
Toce *it.* 'tɔ:tʃe
Toch tɔx
Tocharer tɔ'xa:rɐ
tocharisch, T... tɔ'xa:rɪʃ
Tochter 'tɔxtɐ, **Töchter** 'tœçtɐ
Töchterchen 'tœçtɐçən
töchterlich 'tœçtɐlɪç
tockieren tɔ'ki:rən
Tocopilla *span.* toko'piʎa
Tocqué *fr.* tɔ'ke
Tocqueville *fr.* tɔk'vil
Tocumen *span.* to'kumen
Tod to:t, **-es** 'to:dəs
todbang 'to:t'baŋ
todblass 'to:t'blas
todbleich 'to:t'blai̯ç
Todd *engl.* tɔd
Toddy 'tɔdi
todelend 'to:t'|e:lɛnt
todernst 'to:t'|ɛrnst
todfeind 'to:t'fai̯nt
Todfeind 'to:tfai̯nt
Todi *it.* 'tɔ:di
Tödi 'tø:di
todkrank 'to:t'kraŋk
todlangweilig 'to:t'laŋvai̯lɪç
tödlich 'tø:tlɪç
todmatt 'to:t'mat
Todmorden *engl.* 'tɔdmədn
todmüde 'to:t'my:də
Todor *bulgar.* 'tɔdor
Tódor *ung.* 'to:dor
Todorow *bulgar.* 'tɔdorof
Todos os Santos *bras.* 'toduz us 'sɐntus
todschick 'to:t'ʃɪk
todsicher 'to:t'zɪçɐ
todsterbenskrank 'to:t'ʃtɛrbn̩s-'kraŋk
Todt tɔt
Todtmoos 'tɔtmo:s, *auch:* –'–
Todtnau 'tɔtnau̯
todtraurig 'to:t'trau̯rɪç
todunglücklich 'to:t'|ʊnglʏklɪç
todwund 'to:t'vʊnt
Toeloop 'to:lu:p, 'tu:...
Toepffer 'tœpfɐ, *fr.* tœp'fɛ:r
Toepler 'tø:plɐ
Toeris to'e:rɪs
Toesca *it.* to'eska, *fr.* tɔɛs'ka
Toeschi *it.* to'eski
toff tɔf
töff, töff! 'tœf 'tœf
Töff tœf
Toffee 'tɔfi, 'tɔfe
Toffel 'tɔfl̩
Töffel 'tœfl̩
Töfftöff 'tœf'tœf
Tofu 'to:fu
Toga 'to:ga
Togal® to'ga:l
Togata to'ga:ta
Toggenburg 'tɔgn̩bʊrk
Togliatti *it.* toʎ'ʎatti
Togo 'to:go, *fr.* tɔ'go, *engl.* 'toʊgoʊ
Togoer 'to:goɐ
togoisch 'to:goɪʃ
Togolese togo'le:zə
togolesisch togo'le:zɪʃ
Tohuwabohu to:huva'bo:hu
toi, toi, toi! 'tɔy̯ 'tɔy̯ 'tɔy̯
Toile to̯a:l
Toilette to̯a'lɛtə
Toise to̯a:s, **-n** 'to̯a:zn̩
Tojama *jap.* 'toˌjama
Tojohaschi *jap.* to'johaʃi̥
Tojokuni *jap.* to'joˌkuni
Tojonaka *jap.* to'jonaka
Tojonobu *jap.* to'joˌnobu
Tojota *jap.* 'toˌjota
Tokadille toka'dɪljə
Tokai *jap.* to':kai
Tokaido *jap.* to':kaidoˌ:
Tokaier to'kai̯ɐ
Tokaj 'to:kai̯, *ung.* 'tokɔj
Tokajer 'to:kai̯ɐ
Tokat *türk.* 'tɔkɑt
Tokelau *engl.* toʊkɛ'laʊ
Token 'to:kn̩
Tokio 'to:ki̯o, *jap.* to':kjo:
Tokioer 'to:ki̯oɐ
Tokioter to'ki̯o:tɐ
Tokkata tɔ'ka:ta
tokkieren tɔ'ki:rən
Tokmak *russ.* tak'mak
Toko 'to:ko
Tokogonie tokogo'ni:, **-n** ...i:ən
Tokologie tokolo'gi:
Tokorosawa *jap.* to'korozawa
Tokugawa toku'ga:va
Tokujama *jap.* to'kuˌjama
Tokus 'to:kʊs, **-se** ...ʊsə
Tokuschima *jap.* to'ku̥ʃiˌma
Tola 'to:la
Toland *engl.* 'toʊlənd
Tolbuchin *russ.* tal'buxin, *bulgar.* tol...
Toldy *ung.* 'toldi
Töle 'tø:lə
Toledaner tole'da:nɐ
Toledo to'le:do, *span.* to'leðo, *engl.* tə'li:doʊ
Tolentino *it.* tolen'ti:no, *port.* tulen'tinu
tolerabel tole'ra:bl̩, **...ble** ...blə
tolerant tole'rant
Toleranz tole'rant͜s
tolerieren tole'ri:rən
Toletum to'le:tʊm
Toletus to'le:tʊs
Tolima *span.* to'lima
Tolita *span.* to'lita
Toljatti *russ.* talj'jatti
Tolkien *engl.* 'tɔlki:n, –'–
toll tɔl
Tolle 'tɔlə
tollen 'tɔlən
Tollens *niederl.* 'tɔləns
Tollense tɔ'lɛnzə
Toller 'tɔlɐ
Tollerei tɔlə'rai̯
Tollität tɔli'tɛ:t
tollkühn 'tɔlky:n
Tollpatsch 'tɔlpat͜ʃ
tollpatschig 'tɔlpat͜ʃɪç, **-e** ...ɪgə
Tolnau 'tɔlnau̯
Tolna[y] *ung.* 'tolnɔ[i]
Tolo *indon.* 'tolo
Tolosa to'lo:za, *span.* to'losa
tolosanisch tolo'za:nɪʃ
Tölpel 'tœlpl̩
Tölpelei tœlpə'lai̯

tölpeln ˈtœlpl̩n
tölpisch ˈtœlpɪʃ
Tolstoi tɔlˈstɔy̯, *russ.* talˈstɔj
Tölt tœlt
Tolteke tɔlˈteːkə
Tolú *span.* toˈlu
Tolubalsam ˈtoːlubalzam
Toluca *span.* toˈluka
Toluidin toluiˈdiːn
Toluol toˈlu̯oːl
Tölz tœlt͜s
Tom *engl.* tɔm
Toma *it.* ˈtɔːma
Tomahawk ˈtɔmahaːk, *auch:* ...hoːk
Tomakomai *jap.* toˈmakoˌmai
[1]**Toman** (Münze) toˈmaːn
[2]**Toman** (Name) ˈtoːman, *tschech.* ˈtɔman
Tomar *port.* tuˈmar
Tomas ˈtoːmas
Tomás *bras., span.* toˈmas, *port.* tuˈmaʃ
Tomáš *tschech.* ˈtɔmaːʃ
Tomášek *tschech.* ˈtɔmaːʃɛk
Tomasi *fr.* tɔmaˈzi, *it.* toˈmaːzi
Tomaso *it.* toˈmaːzo
Tomasz *poln.* ˈtɔmaʃ
Tomaszewski *poln.* tɔmaˈʃɛfski
Tomaszów *poln.* tɔˈmaʃuf
Tomate toˈmaːtə
tomatieren tomaˈtiːrən
tomatisieren tomatiˈziːrən
Tombak ˈtɔmbak
tombaken ˈtɔmbakn̩
Tombalbaye *fr.* tõbalˈbaj
Tombaugh *engl.* ˈtɔmbɔː
Tombigbee *engl.* tɔmˈbɪgbɪ
Tombola ˈtɔmbola
Tombouctou *fr.* tõbukˈtu
Tomé *span.* toˈme, *port.* tuˈmɛ, *bras.* toˈmɛ
Tomelloso *span.* tomeˈʎoso
Tomi vgl. Tomus
Tomizza *it.* toˈmittsa
Tomkins *engl.* ˈtɔmkɪnz
Tomlin[son] *engl.* ˈtɔmlɪn[sn]
Tommaseo *it.* tommaˈzɛːo
Tommasini *it.* tommaˈziːni
Tommaso *it.* tomˈmaːzo
Tommy ˈtɔmi, *engl.* ˈtɔmɪ
Tomographie tomograˈfiː
Tomomanie tomomaˈniː, **-n** ...iːən
Tomowa *bulgar.* ˈtɔmovɐ
Tomsk[i] *russ.* ˈtɔmsk[ij]
Tomtom tɔmˈtɔm
Tomus ˈtoːmʊs, **...mi** ...mi
Ton toːn, **Töne** ˈtøːnə

tonal toˈnaːl
Tonale *it.* toˈnaːle
Tonalität tonaliˈtɛːt
Tonawanda *engl.* tɔnəˈwɔndə
Tonbridge *engl.* ˈtʌnbrɪdʒ
Tønder *dän.* ˈtʏnˀɐ
Tondern ˈtɔndɐn
Tondo ˈtɔndo, **...di** ...di
Tôn Đu'c Thăng *vietn.* ton dɨk θai̯ŋ 122
Tone *engl.* toʊn
Töne vgl. Ton
Tonem toˈneːm
Tonemik toˈneːmɪk
tonen ˈtoːnən
tönen ˈtøːnən
Toner ˈtoːnɐ
tönern ˈtøːnɐn
Tonetik toˈneːtɪk
tonetisch toˈneːtɪʃ
Tonga (Insel) ˈtɔŋga, *engl.* ˈtɔŋə
Tongchuan *chin.* tʊŋtʃu̯an 21
Tongeren *niederl.* ˈtɔŋərə
Tongern ˈtɔŋɐn
Tonghua *chin.* tʊŋxu̯a 14
Tongking ˈtɔŋkɪŋ
Tongling *chin.* tʊŋlɪŋ 22
Tongres *fr.* tõːgr
Toni ˈtoːni, *it.* ˈtɔːni
Tonia ˈtoːni̯a, *it.* ˈtɔːni̯a
Tonic *engl.* ˈtɔnɪk
tonig ˈtoːnɪç, **-e** ...ɪgə
...tonig ...ˌtoːnɪç, **-e** ...ɪgə
Tonika ˈtoːnika
Tonika-Do ˈtoːnikaˈdoː
Tonikum ˈtoːnikʊm, **...ka** ...ka
Tonio ˈtoːni̯o, *it.* ˈtɔːni̯o
tonisch ˈtoːnɪʃ
tonisieren toniˈziːrən
Tönisvorst ˈtøːnɪsfɔrst
Tonja ˈtɔnja, *russ.* ˈtɔnjɐ
Tonka... ˈtɔŋka...
Tonkin *fr.* tõˈkɛ̃
Tonle Sap *Khmer* tu̯ɔnlɪˈsaːp
Tonnage tɔˈnaːʒə
Tönnchen ˈtœnçən
Tonne ˈtɔnə
Tonneau tɔˈnoː
Tönnies ˈtœni̯əs
Tönning ˈtœnɪŋ
tonnlägig ˈtɔnlɛːgɪç, **-e** ...ɪgə
Tonographie tonograˈfiː
Tonologie tonoloˈgiː
Tonometer tonoˈmeːtɐ
tonometrisch tonoˈmeːtrɪʃ
Tønsberg *norw.* ˈtœnsbær
tonsillar tɔnzɪˈlaːɐ̯
tonsillär tɔnzɪˈlɛːɐ̯

Tonsille tɔnˈzɪlə
Tonsillektomie tɔnzɪlɛktoˈmiː, **-n** ...iːən
Tonsillitis tɔnzɪˈliːtɪs, **...itiden** ...liˈtiːdn̩
Tonsillotom tɔnzɪloˈtoːm
Tonsillotomie tɔnzɪlotoˈmiː, **-n** ...iːən
Tonsur tɔnˈzuːɐ̯
tonsurieren tɔnzuˈriːrən
Tonus ˈtoːnʊs
Tony ˈtoːni, *engl.* ˈtoʊnɪ
Tooele *engl.* tʊˈɛlə
Tooke *engl.* tʊk
Tool tuːl
Toombs *engl.* tuːmz
Toomer *engl.* ˈtuːmə
Toonder *niederl.* ˈtoːndər
Toorop *niederl.* ˈtoːrɔp
Toowoomba *engl.* təˈwʊmbə
top, Top, TOP tɔp
Topalgie topalˈgiː, **-n** ...iːən
Topas toˈpaːs, **-e** ...aːzə
topasen toˈpaːzn̩, **...sne** ...znə
topasieren topaˈziːrən
Topaze *fr.* tɔˈpɑːz
Topazolith topat͜soˈliːt
Tope ˈtoːpə
Topeka *engl.* təˈpiːkə
Topelius *schwed.* tɔˈpeːliʊs
Topf tɔpf, **Töpfe** ˈtœpfə
Töpfchen ˈtœpfçən
Topfen ˈtɔpfn̩
Töpfer ˈtœpfɐ
Töpferei tœpfəˈrai̯
töpfern ˈtœpfɐn
topfit ˈtɔpˈfɪt
Tophus ˈtoːfʊs, **Tophi** ˈtoːfi
Tophus arthriticus ˈtoːfʊs arˈtriːtikʊs
Topik ˈtoːpɪk
Topika ˈtoːpika
topikal topiˈkaːl
topikalisieren topikaliˈziːrən
Topinambur topinamˈbuːɐ̯
Topîrceanu *rumän.* topɨrˈtʃe̯anu
topisch ˈtoːpɪʃ
Toplady ˈtɔpleːdi
topless ˈtɔplɛs
Toplice *slowen.* tɔˈpliːtsɛ
Toplița *rumän.* ˈtoplitsa
Topmanagement *engl.* ˈtɔpmɛnɪtʃmənt
Topoalgie topo|alˈgiː, **-n** ...iːən
topogen topoˈgeːn
Topograph topoˈgraːf
Topographie topograˈfiː, **-n** ...iːən

Topoi vgl. Topos

Tọpol *tschech.* ˈtɔpɔl

Topọla *serbokr.* tɔˌpɔla

Tọpol'čany *slowak.* ˈtɔpɔlj-tʃani

Topọlniza *bulgar.* toˈpɔlnitsɐ

Topologi̲e topoloˈgiː

topolo̲gisch topoˈloːgɪʃ

Toponomạstik toponoˈmastɪk

Toponymi̲e toponyˈmiː

Topony̲mik topoˈnyːmɪk

Topophobi̲e topofoˈbiː

Topos ˈtɔpɔs, *auch:* ˈtoːpɔs, **...oi** ...pɔy̆

topp!, Tọpp tɔp

Tọ̈ppel ˈtœpl̩

tọppen ˈtɔpn̩

Tọ̈pper ˈtœpɐ

topsecret ˈtɔpˈziːkrət

Tọpsøe *dän.* ˈtɔbsʏːˀ

Tọp Tẹn ˈtɔp ˈtɛn

Tọpusko *serbokr.* ˌtɔpuskɔː

Tọque tɔk

To̲r toːɐ̯

To̲raus ˈtoːɐ̯|au̯s

Torbay *engl.* ˈtɔːˈbeɪ

To̲rberg ˈtoːɐ̯bɛrk

Tọrd tɔrt

Tọrdalk ˈtɔrt|alk

Tordesịllas *span.* tɔrðeˈsiʎas

tordi̲eren tɔrˈdiːrən

Toreado̲r toreaˈdoːɐ̯

Torẹll *schwed.* tɔˈrɛl

Torẹlli *it.* toˈrɛlli

Tore̲ro toˈreːro

Torẹs *russ.* taˈrɛs

Toreu̲t[ik] toˈrɔyt[ɪk]

Tọrf tɔrf

Tọrga *port.* ˈtɔrgɐ

Tọrgau[er] ˈtɔrgau̯[ɐ]

tọrgauisch ˈtɔrgau̯ɪʃ

Tọrgelow ˈtɔrgəlo

tọ̈rggelen ˈtœrgələn, **tọ̈rggle** ˈtœrglə

Tọrgny *schwed.* ˈtɔrgny

Torgo̲te tɔrˈgoːtə

Tọrhout *niederl.* ˈtɔrhɔu̯t

To̲ri vgl. Torus

tö̲richt ˈtøːrɪçt

Tọries ˈtɔriːs

To̲rii ˈtoːrii

Tori̲no *it.* toˈriːno

to̲risch ˈtoːrɪʃ

tö̲risch ˈtøːrɪʃ

Tọrkel ˈtɔrkl̩

tọrk[e]lig ˈtɔrk[ə]lɪç, **-e** ...ɪgə

tọrkeln ˈtɔrkl̩n

torkreti̲eren tɔrkreˈtiːrən

Tö̲rl tøːɐ̯l

Torlo̲nia *it.* torˈlɔːni̯a

Tọrmay *ung.* ˈtormɔi

Tormentịll tɔrmɛnˈtɪl

Tọ̈rn tœrn

Torna̲do tɔrˈnaːdo

To̲rne *schwed.* ˌtoːrnə

Tọ̈rne ˈtœrnə

To̲rneå *schwed.* ˌtoːrnəoː

tọ̈rnen ˈtœrnən

Tornetrạ̈sk *schwed.* toːrnə-ˈtrɛsk

Tọrnio *finn.* ˈtɔrniɔ

Tornịster tɔrˈnɪstɐ

To̲ro ˈtoːro, *span.* ˈtoro

Tö̲rök *ung.* ˈtørøk

Tö̲rökszentmiklós *ung.* ˈtørøk-sɛntmikloːʃ

Torọnto toˈrɔnto, *engl.* təˈrɔn-toʊ

Toro̲ro *engl.* tɔˈrɔːroʊ

Torọss toˈrɔs

Tọrp *norw.* tɔrp

torpedi̲eren tɔrpeˈdiːrən

Torpe̲do tɔrˈpeːdo

torpi̲d tɔrˈpiːt, **-e** ...iːdə

Torpiditä̲t tɔrpidiˈtɛːt

Tọrpor ˈtɔrpoːɐ̯

Torqua̲to tɔrˈkvaːto, *it.* tor-ˈku̯aːto

Torqua̲tus tɔrˈkvaːtʊs

Torquay *engl.* tɔːˈkiː

Torquemạda *span.* tɔrkeˈmaða

Tọrques ˈtɔrkvɛs

torqui̲eren tɔrˈkviːrən

Tọrr tɔr

Torrạlba *span.* tɔˈrralβa

Tọrrance *engl.* ˈtɔrəns

Tọrras *span.* ˈtɔrras

Tọrre *it.* ˈtorre, *span.* ˈtɔrrɛ, *port.* ˈtorrə, *bras.* ˈtorri

Tọrre Annunzia̲ta *it.* ˈtorre annunˈtsi̯aːta

Tọrre del Gre̲co *it.* ˈtorre del ˈgrɛːko

Torremoli̲nos *span.* tɔrrɛmoˈli-nos

Tọrrence *engl.* ˈtɔrəns

Tọrrens *engl.* ˈtɔrənz

[1]**Torrẹnte** (Bach) tɔˈrɛntə

[2]**Torrẹnte** (Name) *span.* tɔˈrrɛnte

Torreón *span.* tɔrrɛˈɔn

Tọrres ˈtɔrɛs, *engl.* ˈtɔːrɪs, *span.* ˈtɔrrɛs, *port.* ˈtorrɪʃ, *bras.* ˈtorris

Tọrres Vẹdras *port.* ˈtorrɪʒ ˈveðrɐʃ

Tọrrey *engl.* ˈtɔrɪ

Torria̲ni *it.* torˈri̯aːni

Torricẹlli tɔriˈtʃɛli, *it.* torri-ˈtʃɛlli

Torri̲jos *span.* tɔˈrrixos

Tọ̈rring ˈtœrɪŋ

Tọrrington *engl.* ˈtɔrɪŋtən

Torschọk *russ.* tarˈʒɔk

Torselẹtt tɔrzəˈlɛt

Tórshavn *fär.* ˈtɔːu̯rshaːu̯n

Torsiogra̲ph tɔrzi̯oˈgraːf

Torsio̲n tɔrˈzi̯oːn

Tọrso ˈtɔrzo, **...si** ...zi

Tọrsten ˈtɔrstn̩, *dän.* ˈtɔɐ̯sdn̩, *schwed.* ˈtɔrstən, ˌ--

Tọrstenson *schwed.* ˌtɔrstən-sɔn

Tọrt tɔrt

Tọ̈rtchen ˈtœrtçən

Tọrte ˈtɔrtə

Tortelẹtt[e] tɔrtəˈlɛt[ə]

Tortelie̲r *fr.* tɔrtəˈlje

Tortelli̲no tɔrtɛˈliːno, **...ni** ...ni

Tọ̈rten ˈtœrtn̩

Tortikọllis tɔrtiˈkɔlɪs

Tortịlla tɔrˈtɪlja

Tọrtola ˈtɔrtola, *engl.* tɔːˈtoʊlə

Torto̲na *it.* torˈtoːna

Tortọsa *span.* tɔrˈtosa

Tortu̲ga *span.* tɔrˈtuɣa

Tortu̲r tɔrˈtuːɐ̯

Tọruń *poln.* ˈtɔrui̯n

To̲rus ˈtoːrʊs, **To̲ri** ˈtoːri

[1]**Tọry** (Konservativer) ˈtɔri

[2]**Tory** (Name) *fr.* tɔˈri

Torysmus toˈrɪsmʊs

torystisch toˈrɪstɪʃ

Tọsca *it.* ˈtoska

Tosca̲na *it.* tosˈkaːna

Toscani̲ni *it.* toskaˈniːni

Tosẹfta toˈzɛfta

Tosẹlli *it.* toˈzɛlli

to̲sen ˈtoːzn̩, **to̲s!** toːs, **to̲st** toːst

To̲si (Nachname) *dt.*, *it.* ˈtoːzi

to̲sisch ˈtoːzɪʃ

Tọska ˈtɔska

Toska̲na tɔsˈkaːna

Toska̲ner tɔsˈkaːnɐ

toska̲nisch tɔsˈkaːnɪʃ

To̲son ˈtoːzɔn

Tö̲ß tøːs

To̲st toːst

tọsto ˈtɔsto

to̲t toːt

To̲ta vgl. Totum

tota̲l, T... toˈtaːl

Totalisa̲tor totaliˈzaːtoːɐ̯, **-en** ...zaˈtoːrən

totalisi̲eren totaliˈziːrən

totalitä̲r totaliˈtɛːɐ̯

Totalitarismus totalita'rɪsmʊs
Totalität totali'tɛ:t
totaliter to'ta:litɐ
Tote 'to:tə
Totem 'to:tɛm
Totemismus tote'mɪsmʊs
totemistisch tote'mɪstɪʃ
töten 'tø:tn̩
totenblass 'to:tn̩'blas
totenbleich 'to:tn̩'blai̯ç
totenstill 'to:tn̩'ʃtɪl
Totenstille 'to:tn̩'ʃtɪlə
Tóth *ung.* to:t
Toties-quoties-Ablass 'to:tsi̯ɛs'kvo:tsi̯ɛs|aplas
Totila 'to:tila
totipotent totipo'tɛnt
Totis 'tɔtɪs
Tótkomlós *ung.* 'to:tkomlo:ʃ
Totnes *engl.* 'tɔtnɪs
Toto 'to:to
Totò *it.* to'tɔ
Totonake toto'na:kə
Totonicapán *span.* totonika'pan
Totschigi *jap.* 'to.tʃigi
Tottel *engl.* tɔtl
Totten[ham] *engl.* 'tɔtn[əm]
Tottington *engl.* 'tɔtɪŋtən
Tottori *jap.* to'ttori
Totum 'to:tʊm, **Tota** 'to:ta
Touamotou *fr.* twamɔ'tu
Touat *fr.* twat
Touch tatʃ
touchant tu'ʃã:, tʊ'..., **-e** ...ʃantə
touchieren tu'ʃi:rən, tʊ'...
Toucouleurs *fr.* tuku'lœ:r
Touggourt *fr.* tu'gurt
Tough *engl.* tʌf
Toul *fr.* tul
Toulet *fr.* tu'lɛ
Toullier *fr.* tu'lje
Toulon *fr.* tu'lõ
Toulouse *fr.* tu'lu:z
Toulouse-Lautrec *fr.* tuluzlo'trɛk
Toupet tu'pe:
toupieren tu'pi:rən
Touquet, Le *fr.* lətu'kɛ
[1]**Tour** tu:ɐ̯
[2]**Tour** (Name) *fr.* tu:r
Touraine *fr.* tu'rɛn
Tourangeau *fr.* turã'ʒo
Tourcoing *fr.* tur'kwɛ̃
Tour de Force, -s - - 'tu:ɐ̯ də 'fɔrs
Tour de France, -s - - 'tu:ɐ̯ də 'frã:s
Tour de Suisse, -s - - 'tu:ɐ̯ də 'svɪs
Tour d'Horizon, -s - 'tu:ɐ̯ dori'zõ:
Touré *fr.* tu're
touren 'tu:rən
Tourgée *engl.* tʊə'ʒeɪ
...tourig ...tu:rɪç, **-e** ...ɪgə
Tourill tu'rɪl
Tourismus tu'rɪsmʊs
Tourist[ik] tu'rɪst[ɪk]
Touristiker tu'rɪstikɐ
Tourmalet *fr.* turma'lɛ
Tournai *fr.* tur'nɛ
Tournant tʊr'nã:
Tourné tʊr'ne:
Tournedos tʊrnə'do:, **des -** ...o:[s], **die -** ...o:s
Tournee tʊr'ne:, **-n** ...'ne:ən
Tournefort *fr.* turnə'fɔ:r
Tourneur *engl.* 'tə:nə
Tournier *fr.* tur'nje
tournieren tʊr'ni:rən
Tourniquet tʊrni'ke:
Tournüre tʊr'ny:rə
Tournus *fr.* tur'ny
Touropa tu'ro:pa
tour-retour tu:ɐ̯re'tu:ɐ̯
Tours *fr.* tu:r
Toussain[t] *fr.* tu'sɛ̃
Toussidé *fr.* tusi'de
Tovey *engl.* 'toʊvɪ, 'tʌvɪ
Tovote to'vo:tə
Towarischtsch to'va:rɪʃtʃ
Tower[s] *engl.* 'taʊə[z]
Towgarn 'to:garn
Towiański *poln.* tɔ'vjai̯ski
Town *engl.* taʊn
Towne[s] *engl.* taʊn[z]
Towns[h]end *engl.* 'taʊnzɛnd
Township 'taʊnʃɪp
Townsville *engl.* 'taʊnzvɪl
Towson *engl.* taʊsn
Toxalbumin tɔksalbu'mi:n
Toxämie tɔksɛ'mi:, **-n** ...i:ən
Toxhämie tɔkshɛ'mi:, **-n** ...i:ən
Toxidermie tɔksidɛr'mi:, **-n** ...i:ən
Toxiferin tɔksife'ri:n
toxigen tɔksi'ge:n
Toxika vgl. Toxikum
Toxikämie tɔksikɛ'mi:, **-n** ...i:ən
Toxikodendron tɔksiko'dɛndrɔn, **...dra** ...dra
Toxikologe tɔksiko'lo:gə
Toxikologie tɔksikolo'gi:
toxikologisch tɔksiko'lo:gɪʃ
Toxikomanie tɔksikoma'ni:, **-n** ...i:ən
Toxikose tɔksi'ko:zə
Toxikum 'tɔksikʊm, **...ka** ...ka
Toxin tɔ'ksi:n
Toxinämie tɔksinɛ'mi:, **-n** ...i:ən
toxisch 'tɔksɪʃ
Toxizität tɔksitsi'tɛ:t
toxogen tɔkso'ge:n
Toxoid tɔkso'i:t, **-e** ...i:də
Toxon tɔ'kso:n
Toxonose tɔkso'no:zə
Toxophobie tɔksofo'bi:, **-n** ...i:ən
Toxoplasmose tɔksoplas'mo:zə
Toxoprotein tɔksoprote'i:n
Toy tɔy
Toynbee *engl.* 'tɔɪnbɪ
Toyota® to'jo:ta
Tozeur *fr.* to'zœ:r
Tozzi *it.* 'tɔttsi
Trab tra:p, **-es** 'tra:bəs
Trabakel tra'ba:kl̩
Trabant tra'bant
Trabbi 'trabi
Trabekel tra'be:kl̩
traben 'tra:bn̩, **trab!** tra:p, **trabt** tra:pt
Traben 'tra:bn̩
Trabert 'tra:bɐt, *engl.* 'treɪbət
Trabi 'trabi
Trabucchi *it.* tra'bukki
Trabuko tra'bu:ko
Trabzon *türk.* 'trɑbzɔn
Tracer 'tre:sɐ
Tracey *engl.* 'treɪsɪ
Trachea tra'xe:a, *auch:* 'traxea, **...een** ...'xe:ən
tracheal traxe'a:l
Trachee tra'xe:ə
Tracheide traxe'i:də
Tracheitis traxe'i:tɪs, **...itiden** ...ei'ti:dn̩
Tracheomalazie traxeomala'tsi:
Tracheoskop traxeo'sko:p
Tracheoskopie traxeosko'pi:, **-n** ...i:ən
tracheoskopieren traxeosko'pi:rən
Tracheostenose traxeoste'no:zə
Tracheotomie traxeoto'mi:, **-n** ...i:ən
tracheotomieren traxeoto'mi:rən
Tracheozele traxeo'tse:lə
Trachom tra'xo:m
Trachselwald 'trakslvalt

Tracht traxt
trachten ˈtraxtn̩
trächtig ˈtrɛçtɪç, **-e** ...ɪgə
Trachyt traˈxy:t
Track trɛk
Trackball ˈtrɛkbo:l
Tractus ˈtraktʊs, **die -** ...tu:s
Tracy *engl.* ˈtreɪsɪ, *fr.* traˈsi
Tradate *it.* traˈda:te
Trademark ˈtre:tmark, *auch:* ...ma:ɐ̯k
Tradescant *engl.* ˈtreɪdzkænt
Tradeskantie tradɛsˈkantsi̯ə
Trade Union ˈtre:t ˈju:ni̯ən
Tradeunionismus tre:tjuni̯oˈnɪsmʊs
tradieren traˈdi:rən
Tradition tradiˈtsi̯o:n
Traditionalismus traditsi̯onaˈlɪsmʊs
Traditionalist traditsi̯onaˈlɪst
Traditional Jazz trəˈdɪʃənl̩ ˈdʒɛs
traditionell traditsi̯oˈnɛl
Traduktion tradʊkˈtsi̯o:n
Traduktionym tradʊktsi̯oˈny:m
Traduzianismus tradutsi̯aˈnɪsmʊs
Traetta *it.* traˈetta
traf tra:f
träf trɛ:f
Trafalgar traˈfalgar, *engl.* trəˈfælgə, *span.* trafalˈɣar
träfe ˈtrɛ:fə
Trafik traˈfɪk
Trafikant trafiˈkant
Trafo ˈtra:fo
Traft traft
träg trɛ:k, **-e** ˈtrɛ:gə
Tragant traˈgant
Trage ˈtra:gə
Tragédie lyrique, -s -s traʒeˈdi: liˈrɪk
Tragelaph trageˈla:f
tragen ˈtra:gn̩, **trag!** tra:k, **tragt** tra:kt
tragieren traˈgi:rən
Tragik ˈtra:gɪk
Tragiker ˈtra:gikɐ
Tragikomik tragiˈko:mɪk, *auch:* ˈtra:giko:mɪk
tragikomisch tragiˈko:mɪʃ, *auch:* ˈtra:giko:mɪʃ
Tragikomödie tragikoˈmø:di̯ə, *auch:* ˈtra:gikomø:di̯ə
tragisch ˈtra:gɪʃ
Tragöde traˈgø:də
Tragödie traˈgø:di̯ə
trägt trɛ:kt
Traherne *engl.* trəˈhə:n

Traid... ˈtrai̯t...
Trailer ˈtre:lɐ
Trail[l] *engl.* treɪl
Traille ˈtra:jə, ˈtraljə
Train trɛ̃:
Trainee trɛˈni:, treˈni:
Trainer ˈtrɛ:nɐ, ˈtre:...
Traini *it.* traˈi:ni
trainieren trɛˈni:rən, treˈn...
Training ˈtrɛ:nɪŋ, ˈtre:n...
Traisen ˈtrai̯zn̩
Traiskirchen trai̯sˈkɪrçn̩
Traismauer trai̯sˈmau̯ɐ
Trait tre:t
Traité trɛˈte:
Traiteur trɛˈtø:ɐ̯
Trajanow *bulgar.* trɐˈjanof
Trajan[us] traˈja:n[ʊs]
Trajekt traˈjɛkt
Trajektorie trajɛkˈto:ri̯ə
Trakasserie trakasəˈri:, **-n** ...i:ən
trakassieren trakaˈsi:rən
Trakehnen traˈke:nən
Trakehner traˈke:nɐ
Trakl ˈtra:kl̩
Trakt trakt
traktabel trakˈta:bl̩, **...ble** ...blə
Traktament traktaˈmɛnt
Traktandum trakˈtandʊm
Traktarianismus traktari̯aˈnɪsmʊs
Traktat trakˈta:t
Traktätchen trakˈtɛ:tçən
traktieren trakˈti:rən
Traktion trakˈtsi̯o:n
Traktor ˈtrakto:ɐ̯, **-en** ...ˈto:rən
Traktorie trakˈto:ri̯ə
Traktorist traktoˈrɪst
Traktrix ˈtraktrɪks, **...izes** ...ˈtri:tse:s
Traktur trakˈtu:ɐ̯
Traktus ˈtraktʊs, **die -** ...tu:s
Tralee *engl.* trəˈli:
Tralje ˈtraljə
Trall *engl.* trɔ:l
tralla! traˈla:
tralla[la]la! trala[la]ˈla:, ˈ––[–]–
Tralleis ˈtralai̯s
trällern ˈtrɛlɐn
Tralles ˈtralɛs
Tralow ˈtra:lo
[1]Tram (Balken) tra:m, **Träme** ˈtrɛ:mə
[2]Tram (Straßenbahn) tram
Trame tra[:]m
Trämel ˈtrɛ:ml̩
Tramelogödie trameloˈgø:di̯ə

Tramen ˈtra:mən
Tramette traˈmɛtə
Tramin[er] traˈmi:n[ɐ]
Tramontana tramɔnˈta:na
Tramontane tramɔnˈta:nə
Tramp trɛmp, *auch:* tramp
Tramp... (Trampschiff usw.) ˈtramp..., *auch:* ˈtrɛmp...
Trampel ˈtrampl̩
trampeln ˈtrampl̩n
trampen ˈtrɛmpn̩, *auch:* ˈtram...
Tramper ˈtrɛmpɐ, *auch:* ˈtrampɐ
Trampolin trampoˈli:n, ˈ–––
Tramway ˈtramvai̯
Tran tra:n
Tranås *schwed.* ˌtrɑ:no:s
Trance ˈtrã:s[ə], *auch:* tra[:]ns, **-n** ...sn̩
Tranche ˈtrã:ʃ[ə], **-n** ˈtrã:ʃn̩
Trancheur trãˈʃø:ɐ̯
tranchieren trãˈʃi:rən
Träne ˈtrɛ:nə
tränen ˈtrɛ:nən
Trani *it.* ˈtra:ni
tranig ˈtra:nɪç, **-e** ...ɪgə
Tranio ˈtra:ni̯o
trank traŋk
Trank traŋk, **Tränke** ˈtrɛŋkə
Tränkchen ˈtrɛŋkçən
tränke, T... ˈtrɛŋkə
tränken ˈtrɛŋkn̩
Tranovský *slowak.* ˈtranɔu̯ski:
Tranquilizer ˈtrɛŋkvilai̯zɐ
tranquillamente traŋkvilaˈmɛntə
Tranquillität traŋkviliˈtɛ:t
tranquillo traŋˈkvilo
Tranquillo traŋˈkvɪlo, **...lli** ...ɪli
Transaktion trans|akˈtsi̯o:n
Transall transˈ|al, ˈ––
transalpin trans|alˈpi:n
Transamazônica *bras.* trɐ̃zɐmaˈzonika
Transaminase trans|amiˈna:zə
transatlantisch trans|atˈlantɪʃ
Transbaikalien transbai̯ˈka:li̯ən
transchieren tranˈʃi:rən
Transduktor transˈdʊkto:ɐ̯, **-en** ...ˈto:rən
Transept tranˈzɛpt
transeunt tranzeˈʊnt
Trans-Europ-... trans|ɔy̯ˈro:p...
Transfer transˈfe:ɐ̯
transferabel transfeˈra:bl̩, **...ble** ...blə
Transferenz transfeˈrɛnts
transferieren transfeˈri:rən

Transfiguration transfigura'tsi̯o:n
transfinit transfi'ni:t
Transfluxor trans'flʊkso:ɐ̯, **-en** ...'kso:rən
Transfokator transfo'ka:to:ɐ̯, **-en** ...ka'to:rən
Transformation transfɔrma'tsi̯o:n
transformationell transfɔrmatsi̯o'nɛl
Transformator transfɔr'ma:to:ɐ̯, **-en** ...ma'to:rən
transformieren transfɔr'mi:rən
Transformismus transfɔr'mɪsmʊs
transfundieren transfʊn'di:rən
Transfusion transfu'zi̯o:n
transgalaktisch transga'laktɪʃ
transgredient transgre'di̯ɛnt
transgredieren transgre'di:rən
Transgression transgrɛ'si̯o:n
Transhimalaja transhi'ma:laja, *auch:* ...ma'la:ja
transhumant transhu'mant
Transhumanz transhu'mants
transient tran'zi̯ɛnt
Transiente tran'zi̯ɛntə
transigieren tranzi'gi:rən
Transilvania *rumän.* transil'vania
Transistor tran'zɪsto:ɐ̯, **-en** ...'to:rən
transistorieren tranzɪsto'ri:rən
transistorisieren tranzɪstori'zi:rən
Transit tran'zi:t, *auch:* tran'zɪt, 'tranzɪt
transitieren tranzi'ti:rən
Transition tranzi'tsi̯o:n
transitiv 'tranziti:f, *auch:* --'-, **-e** ...i:və
Transitiv 'tranziti:f, **-e** ...i:və
transitivieren tranziti'vi:-rən
Transitivum tranzi'ti:vʊm, **...va** ...va
transitorisch tranzi'to:rɪʃ
Transitorium tranzi'to:ri̯ʊm, **...ien** ...i̯ən
Transitron 'tranzitro:n
Transjordanien transjɔr'da:ni̯ən
Transkaukasien transkau̯'ka:zi̯ən
transkaukasisch transkau̯'ka:zɪʃ
Transkei trans'kai̯, *engl.* træn'skaɪ, *afr.* trans'kəi̯
transkontinental transkɔntinɛn'ta:l
transkribieren transkri'bi:rən
Transkript tran'skrɪpt
Transkription transkrɪp'tsi̯o:n
transkristallin transkrɪsta'li:n
Transkristallisation transkrɪstaliza'tsi̯o:n
transkutan transku'ta:n
Translateur transla'tø:ɐ̯
Translation transla'tsi̯o:n
Translator trans'la:to:ɐ̯, **-en** ...la'to:rən
translatorisch transla'to:rɪʃ
Transleithanien translai̯'ta:ni̯ən
Transliteration translɪtera'tsi̯o:n
transliterieren translɪte'ri:rən
Translokation transloka'tsi̯o:n
translozieren translo'tsi:rən
translunar translu'na:ɐ̯
transluzent translu'tsɛnt
transluzid translu'tsi:t, **-e** ...i:də
transmarin transma'ri:n
Transmission transmɪ'si̯o:n
Transmitter trans'mɪtɐ
transmittieren transmɪ'ti:rən
transmontan transmɔn'ta:n
Transmutation transmuta'tsi̯o:n
transnational transnatsi̯o'na:l
transneuronal transnɔy̯ro'na:l
transobjektiv trans|ɔpjɛk'ti:f, **-e** ...i:və
Transozeandampfer trans'|o:tsea:ndampfɐ, *auch:* ---'---
transozeanisch trans|otse'a:nɪʃ
transpadanisch transpa'da:nɪʃ
transparent, T... transpa'rɛnt
Transparenz transpa'rɛnts
Transphrastik trans'frastɪk
transphrastisch trans'frastɪʃ
Transpiration transpira'tsi̯o:n
transpirieren transpi'ri:rən
Transplantat transplan'ta:t
Transplantation transplanta'tsi̯o:n
Transplanteur transplan'tø:ɐ̯
transplantieren transplan'ti:rən
Transponder trans'pɔndɐ
transponieren transpo'ni:-rən
Transport trans'pɔrt
transportabel transpɔr'ta:bl̩, **...ble** ...blə
Transportation transpɔrta'tsi̯o:n
Transporter trans'pɔrtɐ
Transporteur transpɔr'tø:ɐ̯
transportieren transpɔr'ti:rən
Transposition transpozi'tsi̯o:n
Transrapid® transra'pi:t
Transsexualismus transzɛksu̯a'lɪsmʊs
transsexuell transzɛ'ksu̯ɛl
transsibirisch transzi'bi:rɪʃ
Transsilvanien transzɪl'va:ni̯ən
transsilvanisch transzɪl'va:nɪʃ
transsonisch trans'zo:nɪʃ
transsubjektiv transzʊpjɛk'ti:f, **-e** ...i:və
Transsubstantiation transzʊpstantsi̯a'tsi̯o:n
Transsudat transzu'da:t
Transsudation transzuda'tsi̯o:n
transsumieren transzu'mi:rən
Transsylvanien transzʏl'va:ni̯ən
Tranströmer *schwed.* ˌtrɑ:nstrœmər
Transuran trans|u'ra:n
Transvaal trans'va:l, *engl.* 'trænzvɑ:l, *afr.* trans'fɑ:l
transversal transvɛr'za:l
Transversale transvɛr'za:lə
transvestieren transvɛs'ti:rən
Transvestismus transvɛs'tɪsmʊs
Transvestit transvɛs'ti:t
Transvestitismus transvɛsti'tɪsmʊs
transzendent transtsɛn'dɛnt
transzendental transtsɛndɛn'ta:l
Transzendentalien transtsɛndɛn'ta:li̯ən
Transzendentalismus transtsɛndɛnta'lɪsmʊs
Transzendenz transtsɛn'dɛnts
transzendieren transtsɛn'di:rən
Traoré *fr.* traɔ're
Trap trap
Trapa 'tra[:]pa
Trapani *it.* 'tra:pani
Trapez tra'pe:ts
Trapezoeder trapetso'|e:dɐ
Trapezoid trapetso'i:t, **-e** ...i:də
Trapezunt trape'tsʊnt
trapp!, Trapp trap
Trappe 'trapə
trappeln 'trapl̩n
trappen 'trapn̩
Trapper[t] 'trapɐ[t]

Trappes *fr.* trap
Trappist tra'pɪst
Trappstadt 'trapʃtat
Traps traps
trapsen 'trapsn̩
trara!, Trara tra'ra:
Trarbach 'tra:ɐ̯bax
trascinando traʃi'nando
Trascinando traʃi'nando, **...di** ...di
trasimenisch trazi'me:nɪʃ
Trasimeno *it.* trazi'mɛ:no
Trás-os-Montes *port.* 'trazuʒ'montɪʃ
Trass tras
Trassant tra'sant
Trassat tra'sa:t
Trasse 'trasə
Trassee 'trase
trassieren tra'si:rən
Trastámara *span.* tras'tamara
Trastevere *it.* tras'te:vere
Trasteveriner trasteve'ri:nɐ
trat tra:t
trätabel trɛ'ta:bl̩, **...ble** ...blə
träte 'trɛ:tə
Träteur trɛ'tø:ɐ̯
trätieren trɛ'ti:rən
Tratsch tra:tʃ
tratschen 'tra:tʃn̩
trätschen 'trɛ:tʃn̩
Tratscherei tra:tʃə'rai̯
Tratte 'tratə
Trattoria trato'ri:a
Trattorie trato'ri:, **-n** ...i:ən
Tratzberg 'tratsbɛrk
tratzen 'tratsn̩
trätzen 'trɛtsn̩
Traù *it.* tra'u
Traub trau̯p
Träubchen 'trɔy̯pçən
Traube 'trau̯bə
Trauberg *russ.* 'traubɪrk
traubig 'trau̯bɪç, **-e** ...ɪgə
Traudchen 'trau̯tçən
Traude 'trau̯də
Traudel 'trau̯dl̩
trauen, T... 'trau̯ən
Trauer 'trau̯ɐ
trauern 'trau̯ɐn
Trauf[e] 'trau̯f[ə]
träufeln 'trɔy̯fl̩n
träufen 'trɔy̯fn̩
Traugott 'traʊ̯gɔt
Traum trau̯m, **Träume** 'trɔy̯mə
Trauma 'trau̯ma, **-ta** ...ta
Traumatin trau̯ma'ti:n
traumatisch trau̯'ma:tɪʃ
Traumatizin trau̯mati'tsi:n
Traumatologe trau̯mato'lo:gə
Traumatologie trau̯matolo'gi:
träumen 'trɔy̯mən
Träumer 'trɔy̯mɐ
Träumerei trɔy̯mə'rai̯
Trauminet 'trau̯minɛt
traun!, Traun trau̯n
Trauner 'trau̯nɐ
Traunreut trau̯n'rɔy̯t
Traunsee 'trau̯nze:
Traunstein 'trau̯nʃtai̯n
traurig 'trau̯rɪç, **-e** ...ɪgə
Trausnitz 'trau̯snɪts
Trausti *isl.* 'trœy̌stɪ
traut, T... trau̯t
Trautchen 'trau̯tçən
Traute[nau] 'trau̯tə[nau̯]
Trautmann 'trau̯tman
Trautonium® trau̯'to:ni̯ʊm
Trauttmannsdorff 'trau̯tmansdɔrf
Trautwein 'trau̯tvai̯n
Trauung 'trau̯ʊŋ
Travancore *engl.* trævəŋ'kɔ:
Trave 'tra:və
Travée tra've:, **-n** ...e:ən
Traveller 'trɛvəlɐ
Travemünde tra:və'mʏndə
Traven 'tra:vn̩
travers tra'vɛrs, **-e** ...rzə
[1]**Travers** (Gangart) tra've:ɐ̯, ...vɛ:ɐ̯, tra'vɛrs, **des -** ...ve:ɐ̯s, ...vɛ:ɐ̯s, ...vɛrs
[2]**Travers** *engl.* 'trævəz, *fr.* tra'vɛ:r
Traverse tra'vɛrzə
traversieren travɛr'zi:rən
Travertin travɛr'ti:n
Travestie travɛs'ti:, **-n** ...i:ən
travestieren travɛs'ti:rən
Traviata *it.* travi'a:ta
Travis *engl.* 'trævɪs
Travnik *serbokr.* 'tra:vni:k
Travolta tra'vɔlta, *engl.* trə'voʊltə
Trawl[er] 'tro:l[ɐ]
Trawsfynydd *engl.* traʊs'vʌnɪð
Trax[el] 'traks[l̩]
Traz *fr.* trɑ
Trbovlje *slowen.* tər'bo:vljɛ
Treasure Island *engl.* 'trɛʒə 'aɪlənd
Treasury 'trɛʒəri
Treatment 'tri:tmənt
Trebbia *it.* 'trebbi̯a
Trebbin trɛ'bi:n
Trebe 'tre:bə
Treber 'tre:bɐ
Trebević *serbokr.* trɛˌbɛvitɕ
Trebia 'tre:bi̯a
Třebíč *tschech.* 'trʃɛbi:tʃ
Trebinje *serbokr.* ˌtrɛbinjɛ
Trebišov *slowak.* 'trɛbiʃɔu̯
Trebitsch 'tre:bɪtʃ
Treble 'trɛbl̩
Treblinka *poln.* trɛ'bliŋka
Trebnitz 'tre:bnɪts
Třeboň *tschech.* 'trʃɛbɔnj
Trebonianus trebo'ni̯a:nʊs
Trebonius tre'bo:ni̯ʊs
Trebur 'tre:bu:ɐ̯
Treccani *it.* trek'ka:ni
Trecentist tretʃɛn'tɪst
Trecento tre'tʃɛnto
Treck trɛk
trecken 'trɛkn̩
Trecking 'trɛkɪŋ
Tredegar *engl.* trɪ'di:gə
Trediakowski *russ.* trɪdia'kɔfskij
Tree[ce] *engl.* tri:[s]
Treene 'tre:nə
Treff trɛf
Treffas 'trɛf|as, *auch:* –'–
treffen, T... 'trɛfn̩
Treffnis 'trɛfnɪs, **-se** ...ɪsə
Treffurt 'trɛfʊrt
Treffulka *tschech.* 'trɛfulka
treiben 'trai̯bn̩, **treib!** trai̯p, **treibt** trai̯pt
Treiber 'trai̯bɐ
Treiberei trai̯bə'rai̯
Treidel 'trai̯dl̩
Treidelei trai̯də'lai̯
Treid[e]ler 'trai̯d[ə]lɐ
treideln 'trai̯dl̩n, **treidle** 'trai̯dlə
treife 'trai̯fə
Treille 'trɛ:jə
Treinta y Tres *span.* 'trɛi̯nta i 'tres
Treitschke 'trai̯tʃkə
Trekking 'trɛkɪŋ
Trelawny *engl.* trɪ'lɔ:nɪ
Trelew *span.* tre'leu̯
Trelleborg 'trɛləbɔrk, *schwed.* trɛlə'bɔrj, *dän.* 'treləbɔɐ̯'
Trelon® 'tre:lɔn
Trema 'tre:ma, **-ta** ...ta
Tremadock *engl.* trɪ'mædək
Trematode trema'to:də
Trembecki *poln.* trɛm'bɛtski
Tremblay *fr.* trɑ̃'blɛ
tremblieren trɑ̃'bli:rən
Tremiti *it.* 'trɛ:miti
tremolando tremo'lando
tremolieren tremo'li:rən
Tremolo 'tre:molo, **...li** ...li

Tremor ˈtre:mo:ɐ̯, **-es** treˈmo:re:s
Trémouille *fr.* treˈmuj
Tremse ˈtrɛmzə
Tremulant tremuˈlant
tremulieren tremuˈli:rən
Trench[ard] *engl.* ˈtrɛntʃ[ɑ:d]
Trenchcoat ˈtrɛntʃko:t
Trenčín *slowak.* ˈtrɛntʃi:n
Trenck trɛŋk
Trend trɛnt
Trendelenburg ˈtrɛndələnbʊrk
trendeln ˈtrɛndl̩n, **...dle** ...dlə
trendy ˈtrɛndi
Trénet *fr.* treˈnɛ
Trengganu *indon.* trəŋˈganu
Trenjow *russ.* trɪˈnjɔf
Trenker ˈtrɛŋkɐ
trennen ˈtrɛnən
Trennfurt ˈtrɛnfʊrt
Trense ˈtrɛnzə
Trent *dt., engl.* trɛnt
Trente-et-quarante trãtekaˈrã:t
Trente-et-un trãteˈœ̃:
Trentini trɛnˈti:ni
Trentino *it.* trɛnˈti:no
Trento *it.* ˈtrɛnto
Trenton *engl.* trɛntn
Trentschin ˈtrɛntʃi:n
trenzen ˈtrɛntsn̩
Trepan treˈpa:n
Trepanation trepanaˈtsi̯o:n
Trepang ˈtre:paŋ
trepanieren trepaˈni:rən
Trepča *serbokr.* ˈtrɛptʃa
Trephine treˈfi:nə
Tréport *fr.* treˈpɔ:r
treppab trɛpˈlap
treppauf trɛpˈlau̯f
Treppe ˈtrɛpə
Treppelweg ˈtrɛpl̩ve:k
Trepper *poln.* ˈtrɛpɛr
Treptow ˈtre:pto
Tresckow ˈtrɛsko
Tres Cruces *span.* ˈtres ˈkruθes
Tres de Febrero *span.* ˈtrez ðe feˈβrero
Tresen ˈtre:zn̩
Tresić *serbokr.* ˌtrɛ:sitɕ
Tresor treˈzo:ɐ̯
Trespe ˈtrɛspə
trespig ˈtrɛspɪç, **-e** ...ɪgə
Tresse ˈtrɛsə
tressieren trɛˈsi:rən
Trester ˈtrɛstɐ
très vite trɛˈvɪt
treten, T... ˈtre:tn̩
Treter ˈtre:tɐ
Treterei tre:təˈrai̯

Tretjakow *russ.* trɪtjɪˈkɔf
treu, T... trɔy̯
Treuchtlingen ˈtrɔy̯çtlɪŋən
treudoof ˈtrɔy̯ˈdo:f
Treue ˈtrɔy̯ə
Treuenbrietzen trɔy̯ənˈbri:tsn̩
Treuga Dei ˈtrɔy̯ga ˈde:i
Treuge ˈtrɔy̯gə
Treuhänder ˈtrɔy̯hɛndɐ
Trevelyan *engl.* trɪˈvɪljən, ...ˈvɛljən
Treverer ˈtre:vərɐ
Trevira® treˈvi:ra
Treviranus treviˈra:nʊs
Trevirer ˈtre:virɐ
Trevisan *bras.* treviˈzẽ
Trevisani *it.* treviˈza:ni
Treviso *it.* treˈvi:zo
Trevithick *engl.* ˈtrɛvɪθɪk
Trevor *engl.* ˈtrɛvə
Trevrizent ˈtrɛvritsɛnt
Treysa ˈtrai̯za
Trezzini *it.* tretˈtsi:ni
Tri tri:
Triade triˈa:də
triadisch triˈa:dɪʃ
Triage triˈa:ʒə
Triakisdodekaeder triakɪsdodekaˈ|e:dɐ
Triakisoktaeder triakɪs|ɔktaˈ|e:dɐ
[1]Trial (Dreizahl) ˈtri:a:l, triˈa:l
[2]Trial (Probe) ˈtrai̯əl
Trial-and-Error-... ˈtrai̯əl|ɛntˈ|ɛrɐ...
Trialeti *russ.* triaˈljeti
Trialismus triaˈlɪsmʊs
Triana *span.* ˈtri̯ana
Triangel ˈtri:aŋl̩
triangulär triaŋguˈlɛ:ɐ̯
Triangulation triaŋgulaˈtsi̯o:n
Triangulatur triaŋgulaˈtu:ɐ̯
triangulieren triaŋguˈli:rən
Trianon *fr.* triaˈnõ
Triarchie triarˈçi:, **-n** ...i:ən
Triarier triˈa:ri̯ɐ
Trias ˈtri:as
triassisch triˈasɪʃ
Triathlet ˈtri:atle:t
Triathlon ˈtri:atlɔn
Tribade triˈba:də
Tribadie tribaˈdi:
Tribadismus tribaˈdɪsmʊs
Tribalismus tribaˈlɪsmʊs
tribalistisch tribaˈlɪstɪʃ
Triberg ˈtri:bɛrk
Triboelektrizität tribo|elɛktritsiˈtɛ:t
Tribolo *it.* ˈtri:bolo

Tribologie triboloˈgi:
Tribolumineszenz tribolumineˈsˈtsɛnts
Tribometer triboˈme:tɐ
Tribonianus triboˈni̯a:nʊs
Tribrachys ˈtri:braxys
Tribsees tri:pˈze:s
Tribulation tribulaˈtsi̯o:n
tribulieren tribuˈli:rən
Tribun triˈbu:n
Tribunal tribuˈna:l
Tribunat tribuˈna:t
Tribune *engl.* ˈtrɪbju:n, *fr.* triˈbyn
Tribüne triˈby:nə
tribunizisch tribuˈni:tsɪʃ
Tribur ˈtri:bu:ɐ̯
Tribus ˈtri:bʊs, *Mehrzahl* ...bu:s
Tribut triˈbu:t
tributär tribuˈtɛ:ɐ̯
Tricase *it.* triˈka:se
Trichalgie trɪçalˈgi:, **-n** ...i:ən
Trichiasis trɪˈçi:azɪs, **...asen** trɪˈçi̯a:zn̩
Trichine trɪˈçi:nə
trichinös trɪçiˈnø:s, **-e** ...ø:zə
Trichinose trɪçiˈno:zə
Trichit trɪˈçi:t
Trichloräthen triklo:ɐ̯|ɛˈte:n
Trichloräthylen triklo:ɐ̯|ɛtyˈle:n
Trichom trɪˈço:m
Trichomonas trɪçoˈmo:nas, **...aden** trɪçomoˈna:dn̩
Trichomoniase trɪçomoˈni̯a:zə
Trichophytie trɪçofyˈti:, **-n** ...i:ən
Trichophytose trɪçofyˈto:zə
Trichoptilose trɪçɔptiˈlo:zə
Trichose trɪˈço:zə
Trichosis trɪˈço:zɪs
Trichosporie trɪçospoˈri:, **-n** ...i:ən
Trichotillomanie trɪçotɪlomaˈni:, **-n** ...i:ən
Trichotomie trɪçotoˈmi:, **-n** ...i:ən
trichotomisch trɪçoˈto:mɪʃ
Trichozephalus trɪçoˈtse:falʊs, **...li** ...li, **...len** ...tseˈfa:lən
Trichter ˈtrɪçtɐ
trichtern ˈtrɪçtɐn
Trichur *engl.* trɪˈtʃʊə
Trichuriasis trɪçuˈri:azɪs
Trichuris trɪˈçu:rɪs
Tricinium triˈtsi:ni̯ʊm, **...ia** ...i̯a, **...ien** ...i̯ən
Trick trɪk

T

tricksen ˈtrɪksn̩
Trickster ˈtrɪkstɐ
Tricktrack ˈtrɪktrak
tricky ˈtrɪki
Trident triˈdɛnt
Tridentiner tridɛnˈtiːnɐ
tridentinisch tridɛnˈtiːnɪʃ
Tridentinum tridɛnˈtiːnʊm
Triduum ˈtriːduʊm, **...duen** ...du̯ən
Tridymit tridyˈmiːt
trieb triːp
Trieb triːp, **-e** ˈtriːbə
trieben, T... ˈtriːbn̩
Triebes ˈtriːbəs
triebt triːpt
Trieder triˈ|eːdɐ
Triefel ˈtriːfl̩
triefen ˈtriːfn̩
Triefenstein ˈtriːfn̩ʃtai̯n
triefnass ˈtriːfˈnas
Trieglaff ˈtriːglaf
Triel triːl
trielen ˈtriːlən
triennal triɛˈnaːl
Triennale triɛˈnaːlə
Triennium triˈɛni̯ʊm, **...ien** ...i̯ən
Trient[er] triˈɛnt[ɐ]
Trier triːɐ̯
Triere triˈeːrə
Trierer ˈtriːrɐ
trierisch ˈtriːrɪʃ
Trier Mørch *dän.* ˈtriːˀ ɐ ˈmœɐ̯g
Triest triˈɛst
Trieste *it.* triˈɛste
Triester triˈɛstɐ
Triestino *it.* triesˈtiːno
Trieur triˈøːɐ̯
triezen ˈtriːtsn̩
Trifail triˈfai̯l
Trifels ˈtriːfɛls
triff! trɪf
trifft trɪft
Trifle ˈtrai̯fl̩
Trifokal... trifoˈkaːl...
Trifolium triˈfoːli̯ʊm, **...ien** ...i̯ən
Trifon[ow] *russ.* ˈtrifɐn[ɐf]
Triforium triˈfoːri̯ʊm, **...ien** ...i̯ən
Trift trɪft
triften ˈtrɪftn̩
triftig ˈtrɪftɪç, **-e** ...ɪgə
Triga ˈtriːga
Trigeminus triˈgeːminʊs
Trigger ˈtrɪgɐ
Triglav *slowen.* triˈglau̯, ˈtriːglau̯
Triglaw ˈtriːglaf
Triglotte triˈglɔtə
Triglyph[e] triˈglyːf[ə]
Trigo *span.* ˈtriɣo
Trigon triˈgoːn
trigonal trigoˈnaːl
Trigonometer trigonoˈmeːtɐ
Trigonometrie trigonomeˈtriː
trigonometrisch trigono-ˈmeːtrɪʃ
Trik[k]ala *neugr.* ˈtrikala
Triklinios triˈkliːni̯ɔs
triklin[isch] triˈkliːn[ɪʃ]
Triklinium triˈkliːni̯ʊm, **...ien** ...i̯ən
Trikoline trikoˈliːnə
Trikolon ˈtriːkolɔn, triˈkoːlɔn, **...la** ...la
trikolor ˈtriːkoloːɐ̯
Trikolore trikoˈloːrə
Trikompositum ˈtriːkɔmpoːzi-tʊm, trikɔmˈ..., **...ta** ...ta
Trikora *indon.* triˈkora
Trikot triˈkoː, *auch:* ˈtrɪko
Trikotage trikoˈtaːʒə
Trikotine trikoˈtiːn
Trikuspidal... trikʊspiˈdaːl...
trilateral trilateˈraːl
Trilemma triˈlɛma, **-ta** ...ta
trilinguisch triˈlɪŋgu̯ɪʃ
Trilith triˈliːt
Triller ˈtrɪlɐ
Trillhaase ˈtrɪlhaːzə
Trilliarde trɪˈli̯ardə
Trilling *engl.* ˈtrɪlɪŋ
Trillion trɪˈli̯oːn
Trilobit triloˈbiːt
Trilogie triloˈgiː, **-n** ...iːən
Trilussa *it.* triˈlussa
Trilysin® trilyˈziːn
Trimalchio triˈmalçi̯o
Trimaran trimaˈraːn
Trimbach ˈtrɪmbax
Trimberg ˈtrɪmbɛrk
trimer triˈmeːɐ̯
Trimester triˈmɛstɐ
Trimeter ˈtriːmetɐ
Trimm trɪm
trimmen ˈtrɪmən
Trimmer ˈtrɪmɐ
Trimorphie trimɔrˈfiː
trimorph[isch] triˈmɔrf[ɪʃ]
Trimorphismus trimɔrˈfɪsmʊs
Trimurti triˈmʊrti
trinär triˈnɛːɐ̯
Trination trinaˈtsi̯oːn
Trincomalee *engl.* trɪŋkoʊ-məˈliː
Trinculo ˈtrɪŋkulo
Trindade *bras.* trinˈdadi, *port.* trinˈdaðə
[1]**Trine** ˈtriːnə
[2]**Trine** (Name) ˈtriːnə, *engl.* traɪn
Třinec *tschech.* ˈtrʃinɛts
Trinidad ˈtrɪnidat, *engl.* ˈtrɪnɪdæd, *span.* triniˈðað
Trinitarier triniˈtaːri̯ɐ
trinitarisch triniˈtaːrɪʃ
Trinität triniˈtɛːt
Trinitatis triniˈtaːtɪs
Trinité *fr.* triniˈte
Trinitrophenol trinitrofeˈnoːl
Trinitrotoluol trinitrotoˈlu̯oːl
Trinity *engl.* ˈtrɪnətɪ
Trinius ˈtriːni̯ʊs
trinken ˈtrɪŋkn̩
Trinom triˈnoːm
Trintignant *fr.* trɛ̃tiˈɲɑ̃
Trinummus triˈnʊmʊs
Trio ˈtriːo
Triode triˈoːdə
Triole triˈoːlə
Triolet *fr.* triɔˈlɛ
Triolett trioˈlɛt
Triolismus trioˈlɪsmʊs
Triolist trioˈlɪst
Triotar® trioˈtaːɐ̯
Triözie triøˈtsiː
triözisch triˈøːtsɪʃ
Trip trɪp
Tripalmitin tripalmiˈtiːn
Tripartition tripartiˈtsi̯oːn
Tripel ˈtriːpl̩
Triphthong trɪfˈtɔŋ
Tripitaka triˈpiːtaka
Tripla vgl. Triplum
Triplé, ...let triˈpleː
Triplett[e] triˈplɛt[ə]
triplieren triˈpliːrən
Triplik triˈpliːk
Triplikat tripliˈkaːt
Triplikation triplikaˈtsi̯oːn
Triplit triˈpliːt
Triplizität triplitsiˈtɛːt
triploid triploˈiːt, **-e** ...iːdə
Triplum ˈtriːplʊm, **...pla** ...pla
Tripmadam ˈtrɪpmadam
Tripoden vgl. Tripus
Tripodie tripoˈdiː, **-n** ...iːən
Tripoli *it.* ˈtriːpoli
Tripolis ˈtriːpolɪs, *neugr.* ˈtripɔlis
Tripolitania *it.* tripoliˈtaːni̯a
Tripolitanien tripoliˈtaːni̯ən
tripolitanisch tripoliˈtaːnɪʃ
Tripolje *russ.* triˈpɔljɛ
Tripotage tripoˈtaːʒə

Tripp[el] ˈtrɪp[l̩]
trippeln ˈtrɪpl̩n
Tripper ˈtrɪpɐ
Triptik ˈtrɪptɪk
Triptis ˈtrɪptɪs
Triptolemos trɪpˈto:lemɔs
Tripton ˈtrɪptɔn
Triptychon ˈtrɪptʏçɔn, **...cha** ...ça
Triptyk ˈtrɪptʏk
Tripura *engl.* ˈtrɪpʊrə
Tripus ˈtri:pu:s, **...poden** tri-ˈpo:dn̩
Triquet *fr.* triˈkɛ
Trireme triˈre:mə
Trirotron ˈtri:rotro:n
trischacken trɪˈʃakn̩
Trisektion trizɛkˈt͡si̯o:n
Trisektrix triˈzɛktrɪks, **...rizen** ...ˈtri:t͡sn̩, **...rizes** ...ˈtri:t͡se:s
Triset ˈtri:zɛt
Trishagion trɪsˈha:gi̯ɔn, **...ien** ...i̯ən
Triskaidekaphobie trɪska͜ideka-foˈbi:
Trismegistos trɪsˈme:gɪstɔs
Trismus ˈtrɪsmʊs
Trissino *it.* ˈtrissino
Trissotin *fr.* trisɔˈtɛ̃
trist trɪst
Tristan ˈtrɪstan, *fr.* trisˈtã
Tristán *span.* trisˈtan
Tristan da Cunha *engl.* ˈtrɪstən də ˈku:nə
Tristan L'Hermite *fr.* tristãlɛr-ˈmit
Tristano *engl.* trɪsˈtænoʊ
Triste ˈtrɪstə
Tristesse trɪsˈtɛs, **-n** ...sn̩
tristich triˈstɪç
Tristichiasis tristɪˈçi:azɪs
Tristichon ˈtrɪstɪçɔn
Tristien ˈtrɪsti̯ən
Tristram *engl.* ˈtrɪstrəm
trisyllabisch trizʏˈla:bɪʃ
Trisyllabum triˈzʏlabʊm, **...ba** ...ba
Tritagonist tritagoˈnɪst
Tritanopie tritanoˈpi:, **-n** ...i:ən
Triterium triˈte:ri̯ʊm
Tritheismus triteˈɪsmʊs
Trithemimeres tritemimeˈre:s
Trithemius triˈte:mi̯ʊs
Triticum ˈtri:tikʊm
Tritium ˈtri:t͡si̯ʊm
Tritojesaja ˈtri:tojeza:ja
[1]**Triton** ˈtri:tɔn, **-en** triˈto:nən
[2]**Triton** (Name) ˈtri:tɔn, *engl.* traɪtn
Tritonus ˈtri:tonʊs
tritt!, Tritt trɪt
Trittin trɪˈti:n
Trituration trituraˈt͡si̯o:n
Triumph triˈʊmf
triumphal triʊmˈfa:l
triumphant triʊmˈfant
Triumphator triʊmˈfa:to:ɐ̯, **-en** ...faˈto:rən
triumphieren triʊmˈfi:rən
Triumvir triˈʊmvɪr
Triumvirat triʊmviˈra:t
trivalent trivaˈlɛnt
Trivandrum *engl.* trɪˈvændrəm
Trivet *engl.* ˈtrɪvɪt
trivial triˈvi̯a:l
trivialisieren trivi̯aliˈzi:rən
Trivialität trivi̯aliˈtɛ:t
Trivium ˈtri:vi̯ʊm
Trivulzio *it.* triˈvultsi̯o
Trix[i] ˈtrɪks[i]
Trizeps ˈtri:t͡sɛps
Trnava *slowak.* ˈtr̩nava
Trnka *tschech.* ˈtr̩ŋka
Troas ˈtro:as
Trobriand *engl.* ˈtroʊbrɪænd
Trocadero trokaˈde:ro, *span.* trokaˈðero
Trocadéro *fr.* trɔkadeˈro
Trocchi *engl.* ˈtrɔkɪ
trochäisch trɔˈxɛ:ɪʃ
Trochäus trɔˈxɛ:ʊs
Trochilus ˈtrɔxilʊs, **...len** ...ˈxi:lən
Trochit trɔˈxi:t
Trochoide trɔxoˈi:də
Trochophora trɔˈxo:fora, **...ren** ...xoˈfo:rən
Trochozephalie trɔxot͡sefaˈli:, **-n** ...i:ən
Trochtelfingen ˈtrɔxtl̩fɪŋən
trocken ˈtrɔkn̩
Tröckne ˈtrœknə
trocknen ˈtrɔknən
Tröddelchen ˈtrœdl̩çən
Troddel[chen] ˈtrɔdl̩[çən]
Trödel ˈtrø:dl̩
Trödelei trø:dəˈla͜i
trödeln ˈtrø:dl̩n, **trödle** ˈtrø:dlə
Trödler ˈtrø:dlɐ
Troelstra *niederl.* ˈtrulstra
Troeltsch trœlt͡ʃ
Troer ˈtro:ɐ
troff trɔf
tröffe ˈtrœfə
Trofim[ow] *russ.* traˈfim[ɐf]
trog tro:k
Trog tro:k, **Tröge** ˈtrø:gə
tröge ˈtrø:gə
trogen, T... ˈtro:gn̩
Troger ˈtro:gɐ
Trogir *serbokr.* ˌtrɔgi:r
Troglodyt trogloˈdy:t
Trogon ˈtro:gɔn, **-ten** troˈgɔntn̩
trogt tro:kt
trögt trø:kt
Trogus ˈtro:gʊs
Troia *it.* ˈtrɔ:i̯a
Troicart tro̯aˈka:ɐ̯
Troier ˈtrɔ͜yɐ
Troika ˈtrɔ͜yka, *auch:* ˈtro:ika
Troikart tro̯aˈka:ɐ̯
Troiler ˈtrɔ͜ylɐ
Troilos ˈtro:ilɔs
Troilus ˈtro:ilʊs
troisch ˈtro:ɪʃ
Troisdorf ˈtro:sdɔrf
Trois-Frères *fr.* trwaˈfrɛ:r
Trois-Rivières *fr.* trwariˈvjɛ:r
Troizen ˈtrɔ͜yt͡se:n
Troizk *russ.* ˈtrɔitsk
Troja ˈtro:ja
Trojahn ˈtro:ja:n
Trojan ˈtro:jan, *bulgar.* troˈjan
Trojaner troˈja:nɐ
trojanisch troˈja:nɪʃ
Trokar troˈka:ɐ̯
Trökes ˈtrø:kəs
Troki ˈtro:ki
trokieren troˈki:rən
trölen ˈtrø:lən
Trölerei trø:ləˈra͜i
Troll trɔl
trollen ˈtrɔlən
Trolleybus ˈtrɔlibʊs
Trollhättan *schwed.* ˌtrɔlhɛtan
Trollinger ˈtrɔlɪŋɐ
Trollope *engl.* ˈtrɔləp
Tromba [marina] ˈtrɔmba [maˈri:na]
Trombe ˈtrɔmbə
Trombidiose trɔmbiˈdi̯o:zə
Trombikulose trɔmbikuˈlo:zə
Trombonc ino *it.* trombon-ˈt͡ʃi:no
Trombone trɔmˈbo:nə, **...ni** ...ni
Tromm[el] ˈtrɔm[l̩]
Trommelei trɔməˈla͜i
trommeln ˈtrɔml̩n
Trommsdorff ˈtrɔmsdɔrf
Tromp *niederl.* trɔmp
Trompe ˈtrɔmpə
Trompe-l'Œil *fr.* trõpˈlœj
Trompete trɔmˈpe:tə
trompeten trɔmˈpe:tn̩
Trompeuse trõˈpø:zə
trompieren trɔmˈpi:rən

T

Troms *norw.* trums
Tromsø ˈtrɔmzø, *norw.* ˌtrumsø
Trondheim ˈtrɔnthai̯m, *norw.* ˌtrɔnhɛi̯m
Trondhjem *norw.* ˌtrɔnjɛm, ˌtrunjɛm
Troodos ˈtro:odɔs
Trooper ˈtru:pɐ
Troost *dt., niederl.* tro:st, *fr.* trɔst
[1]**Troostit** (Mineral) tru:sˈti:t
[2]**Troostit** (chemisch) trɔsˈti:t
Tropaeolum troˈpɛ:olʊm
Troparion troˈpa:ri̯ɔn, ...**ien** ...i̯ən
Troparium troˈpa:ri̯ʊm, ...**ien** ...i̯ən
Trope ˈtro:pə
Tropen ˈtro:pn̩
Tropf trɔpf, **Tröpfe** ˈtrœpfə
tropfbarflüssig ˈtrɔpfba:ɐ̯ˈflʏsɪç
Tröpfchen ˈtrœpfçən
tröpfeln ˈtrœpfl̩n
tropfen, T... ˈtrɔpfn̩
Tröpferlbad ˈtrœpfɐlba:t
Trophäe troˈfɛ:ə
trophisch ˈtro:fɪʃ
Trophobiose trofoˈbi̯o:zə
Trophoblast trofoˈblast
Trophologe trofoˈlo:gə
Trophologie trofoloˈgi:
trophologisch trofoˈlo:gɪʃ
Trophoneurose trofonɔy̆ˈro:zə
Trophophyll trofoˈfʏl
Tropical ˈtrɔpikl̩
Tropika ˈtro:pika
Tropikluft ˈtro:pɪklʊft
Tropinin *russ.* traˈpinin
tropisch ˈtro:pɪʃ
Tropismus troˈpɪsmʊs
Tropojë *alban.* troˈpojə
Tropopause tropoˈpau̯zə
Tropophyt tropoˈfy:t
Troposphäre tropoˈsfɛ:rə
Tropotaxis tropoˈtaksɪs
Troppau ˈtrɔpau̯
troppo ˈtrɔpo
Tropsch trɔpʃ
Tropus ˈtro:pʊs
tross!, Tross trɔs
Trossachs *engl.* ˈtrɔsəks
Trosse ˈtrɔsə
Trossingen ˈtrɔsɪŋən
Trost tro:st
Trostberg ˈtro:stbɛrk
trösten ˈtrø:stn̩
Tröte ˈtrø:tə
tröten ˈtrø:tn̩
trott!, Trott trɔt
Trotta ˈtrɔta
Trotte ˈtrɔtə
Trottel ˈtrɔtl̩
trott[e]lig ˈtrɔt[ə]lɪç, **-e** ...ɪgə
trotteln ˈtrɔtl̩n
trotten ˈtrɔtn̩
Trotteur... trɔˈtø:ɐ̯..., *fr.* trɔˈtœ:r...
trottieren trɔˈti:rən
Trottinett ˈtrɔtinɛt
Trottoir trɔˈto̯a:ɐ̯
Trotuş *rumän.* ˈtrotuʃ
Trotyl troˈty:l
trotz, T... trɔts
trotzdem ˈtrɔtsde:m, *auch:* ˈ-ˈ-
trotzen ˈtrɔtsn̩
trotzig ˈtrɔtsɪç, **-e** ...ɪgə
Trotzig *schwed.* ˌtrɔtsig
Trotzki ˈtrɔtski
Trotzkismus trɔtsˈkɪsmʊs
Trotzkist trɔtsˈkɪst
Troubadour ˈtru:badu:ɐ̯, *auch:* trubaˈdu:ɐ̯
Trouble[shooter] ˈtrabl̩[ʃu:tɐ]
Troupier truˈpi̯e:
[1]**Trousseau** trʊˈso:
[2]**Trousseau** (Name) *fr.* truˈso
Trouton *engl.* traʊtn
Trouvaille truˈva:jə
Trouvère *fr.* truˈvɛ:r
Trouville-sur-Mer *fr.* truvilsyrˈmɛ:r
Trovatore *it.* trovaˈto:re
Trowbridge *engl.* ˈtroʊbrɪdʒ
Troxler ˈtrɔkslɐ
Troy *engl.* trɔɪ, *fr.* trwa
Troyanos *engl.* trɔɪˈɑ:nɔs
Troyat *fr.* trwaˈja
Troyer ˈtrɔyɐ
Troyes tro̯a, *fr.* trwa
Troygewicht ˈtrɔy̆gəvɪçt
Troyler ˈtrɔylɐ
Troyon *fr.* trwaˈjõ
Trozki ˈtrɔtski, *russ.* ˈtrɔtskij
Trst *serbokr.* tr̩st
trüb try:p, **-e** ˈtry:bə
Trub tru:p, **-es** ˈtru:bəs
Trubar *slowen.* ˈtru:bar
trübe, T... ˈtry:bə
Trubel ˈtru:bl̩
trüben, T... ˈtry:bn̩, **trüb!** try:p, **trübt** try:pt
Trubezkoi *russ.* trubɪtsˈkɔj
Trübner ˈtry:bnɐ, *engl.* ˈtru:bnə
Trübnis ˈtry:pnɪs, **-se** ...ɪsə
Trübsal ˈtry:pza:l
Truchsess ˈtrʊxzɛs
Trucial Oman *engl.* ˈtru:sjəl oʊˈmɑ:n
Truck trak
Trucker ˈtrakɐ
Trud *russ., bulgar.* trut
Trudbert ˈtru:tbɛrt
Trudchen ˈtru:tçən
Trude ˈtru:də
Trudeau *engl.* ˈtru:doʊ, -ˈ-, *fr.* tryˈdo
Trudel ˈtru:dl̩
trudeln ˈtru:dl̩n, **trudle** ...dlə
Trudhild ˈtru:thɪlt
Trudi ˈtru:di
Trudpert ˈtru:tpɛrt
Trudwin ˈtru:tvi:n
Trudy ˈtru:di, *engl.* ˈtru:dɪ
Trueba *span.* ˈtru̯eβa
Truffaut *fr.* tryˈfo
Trüffel ˈtrʏfl̩
trüffeln ˈtrʏfl̩n
trug tru:k
Trug tru:k, **-es** ˈtru:gəs
trüge ˈtry:gə
trugen ˈtru:gn̩
trügen ˈtry:gn̩, **trüg!** try:k, **trügt** try:kt
trügerisch ˈtry:gərɪʃ
trugt tru:kt
trügt try:kt
Truhe ˈtru:ə
Truismus truˈɪsmʊs
Trujillo *span.* truˈxiʎo
Truk trʊk, *engl.* trʌk
Trulla ˈtrʊla
Trulle ˈtrʊlə
Trullo ˈtrʊlo, ...**lli** ...li
Trum trʊm
Truman *engl.* ˈtru:mən
Trumbull *engl.* ˈtrʌmbʊl
Trumeau tryˈmo:
Trumm trʊm
Trümmer ˈtrʏmɐ
Trumpf trʊmpf, **Trümpfe** ˈtrʏmpfə
Trumpfass ˈtrʊmpf|as, -ˈ-
trumpfen ˈtrʊmpfn̩
Trump[p] trʊmp
Trundholm *dän.* ˈtrʊnhɔlˀm
Trunk trʊŋk, **Trünke** ˈtrʏŋkə
Trünkchen ˈtrʏŋkçən
trunken ˈtrʊŋkn̩
Trunz trʊnts
Trupp trʊp
Trüppchen ˈtrʏpçən
Truppe ˈtrʊpə
Truro *engl.* ˈtrʊəroʊ
Trüsche ˈtrʏʃə, ˈtry:ʃə
Trust trast, *seltener:* trʊst

Trustee trasˈti:
Truthahn ˈtru:tha:n
Trutnov *tschech.* ˈtrutnɔf
Trutz trʊts
trutzen ˈtrʊtsn̩
trutzig ˈtrʊtsɪç, **-e** ...ɪɡə
Truyère *fr.* tryˈjɛ:r
Trybuna Ludu *poln.* trɨˈbuna ˈludu
Tryggve *norw., schwed.* ˌtrygvə
Trypanosoma trypanoˈzo:ma
Trypanosomiasis trypanozoˈmi:azɪs, **...asen** ...ˈmi̯a:zn̩
Trypsin trʏˈpsi:n
Tryptophan trʏptoˈfa:n
Trzcianka *poln.* ˈttʃtɕaŋka
Trzciniec *poln.* ˈttʃtɕinjɛts
Trzebinia *poln.* ttʃɛˈbinja
Trzebnica *poln.* ttʃɛbˈnitsa
Tržič *slowen.* tərˈʒitʃ
Trzynietz ˈtʃɪni̯ɛts
Tsaldaris *neugr.* tsalˈðaris
Tsantsa ˈtsantsa
Tsatsiki tsaˈtsi:ki
Tsavo *engl.* ˈtsɑ:voʊ
Tschaadajew *russ.* tʃɐaˈdajɪf
Tschad tʃat, tʃa:t
Tschader ˈtʃadɐ, ˈtʃa:dɐ
tschadisch ˈtʃadɪʃ, ˈtʃa:dɪʃ
Tschador tʃaˈdo:ɐ̯
Tschadyr tʃaˈdy:ɐ̯
Tschagatai tʃagaˈtai
Tschagoda *russ.* ˈtʃagɐdɐ
Tschagodoschtscha *russ.* tʃɐgaˈdɔʃtʃɐ
Tschaikowski, ...ky tʃaiˈkɔfski, *russ.* tʃɪjˈkɔfskij
Tschaja ˈtʃa:ja
Tschako ˈtʃako
Tschakowski *russ.* tʃɪˈkɔfskij
Tschakra ˈtʃa:kra
Tschamara tʃaˈma:ra
Tschandidas tʃanˈdi:das
Tschandragupta tʃandraˈgʊpta
Tschan[du] ˈtʃan[du]
Tschanoju ˈtʃa:noju
Tschapajewsk *russ.* tʃɪˈpajɪfsk
Tschapka ˈtʃapka
Tschaplitskij tʃaˈplɪtski
Tschaplygin *russ.* tʃɪpˈlɨgin
Tschapperl ˈtʃapɐl
Tschapygin *russ.* tʃɪˈpɨgin
Tscharda[sch] ˈtʃarda[ʃ]
Tschardschou *russ.* tʃɪrˈdʒɔu
Tscharka ˈtʃarka
Tscharot *weißruss.* tʃɐˈrɔt
Tschassow Jar *russ.* ˈtʃasɐf ˈjar
Tschatschot *weißruss.* tʃɐˈtʃɔt
tschau!, Tschau tʃau
Tschausch tʃaˈʊʃ
Tschawtschawadse *georg.* ˈtʃawtʃawadze
Tschebarkul *russ.* tʃɪbarˈkulj
Tscheboxary *russ.* tʃɪbakˈsarɨ
Tschebyschow *russ.* tʃɪbɨˈʃɔf
Tscheche ˈtʃɛçə
Tschecherl ˈtʃɛçɐl
Tschechien ˈtʃɛçi̯ən
tschechisch ˈtʃɛçɪʃ
tschechisieren tʃɛçiˈzi:rən
Tschechoslowake tʃɛçosloˈva:kə
Tschechoslowakei tʃɛçoslovaˈkai
tschechoslowakisch tʃɛçosloˈva:kɪʃ
Tschechow ˈtʃɛçɔf, *russ.* ˈtʃɛxɐf
Tscheka ˈtʃɛka
Tschekiang ˈtʃe:ki̯aŋ
Tschekist tʃeˈkɪst
Tschekko ˈtʃɛko
Tscheleken *russ.* tʃɪlɪˈkjɛn
Tscheljabinsk *russ.* tʃɪˈljabinsk
Tscheljuskin *russ.* tʃɪˈljuskin
Tschelkar *russ.* tʃɪlˈkar
Tschenstochau ˈtʃɛnstɔxau
Tscheremchowo *russ.* tʃɪrɪmˈxɔvɐ
Tscheremisse tʃereˈmɪsə
Tscheremschyna *ukr.* tʃɛrɛmˈʃɪna
Tscherenkow *russ.* tʃɪrɪnˈkɔf
Tscherepnin *russ.* tʃɪrɪpˈnin
Tscherepowez *russ.* tʃɪrɪpaˈvjɛts
Tscherkassy *russ.* tʃɪrˈkasɨ
Tscherkesse tʃɛrˈkɛsə
tscherkessisch tʃɛrˈkɛsɪʃ
Tscherkessk *russ.* tʃɪrˈkjɛsk
Tscherkesska tʃɛrˈkɛska
Tschermak ˈtʃɛrmak
Tschernenko *russ.* tʃɪrˈnjɛnkɐ
Tschernichowski tʃɛrnɪˈxɔfski
Tschernigow *russ.* tʃɪrˈnigɐf
Tscherning ˈtʃɛrnɪŋ
Tschernjachow[sk] *russ.* tʃɪrnɪˈxɔf[sk]
Tschernobyl tʃɛrˈno:bʏl, *russ.* tʃɪrˈnɔbɨlj
Tschernogorsk *russ.* tʃɪrnaˈgɔrsk
Tschernomyrdin *russ.* tʃɪrnaˈmɨrdin
Tschernosem, ...sjom tʃɛrnoˈzi̯ɔm
Tschernow *russ.* tʃɪrˈnɔf
Tschernowzy *russ.* tʃɪrnafˈtsɨ
Tschernyschewski *russ.* tʃɪrnɨˈʃɛfskij
Tschernyschow *russ.* tʃɪrnɨˈʃɔf
Tscherokese tʃeroˈke:zə
Tscheroki tʃeroˈki:
Tscherper ˈtʃɛrpɐ
Tscherskij *russ.* ˈtʃɛrskij
Tschertomlyk *russ.* tʃɪrtamˈlɨk
Tscherwen brjag *bulgar.* tʃɛrˈvɛm ˈbrjak
Tscherwenkow *bulgar.* tʃɛrˈvɛŋkof
Tscherwenopartisansk *russ.* tʃɪrvjɛnɐpɐrtiˈzansk
Tscherwonez tʃɛrˈvo:nɛts, **...onzen** ...ntsn̩
Tschetnik ˈtʃɛtnɪk
Tschetschene tʃeˈtʃe:nə
Tschetschenien tʃeˈtʃe:ni̯ən
Tschetschnja *russ.* tʃɪtʃˈnja
Tschi tʃi:
Tschiangkaischek tʃi̯aŋkaiˈʃɛk
Tschiatura *russ.* tʃiaˈturɐ
Tschiba *jap.* ˈtʃiˌba
Tschibuk tʃiˈbʊk, *auch:* ˈtʃi:bʊk
Tschichold ˈtʃɪçɔlt
Tschick tʃɪk
Tschiftlik tʃɪftˈlɪk
Tschigasaki *jap.* tʃiˈgaˌsaki
Tschigirin *russ.* tʃigiˈrin
Tschigorin *russ.* tʃiˈgɔrin
Tschikamatsu Monsaemon *jap.* tʃi̯ˈkamatsumon̩zaemon̩
Tschikoi *russ.* tʃiˈkɔj
Tschikosch ˈtʃi:ko:ʃ, *auch:* ˈtʃɪko:ʃ
Tschilingirow *bulgar.* tʃiliŋˈgirof
tschilpen ˈtʃɪlpn̩
Tschimkent *russ.* tʃimˈkjɛnt
Tschin tʃɪn
Tschinelle tʃiˈnɛlə
tsching! tʃɪŋ
tschingbum! tʃɪŋˈbʊm
tschingderassabum tʃɪŋdərasaˈbʊm
tschingderassassa ˈtʃɪŋdərasasa
Tschingis Chan ˈtʃɪŋgɪs ˈka:n
tschintschen ˈtʃɪntʃn̩
Tschintulow *bulgar.* tʃinˈtulof
Tschirikow *russ.* ˈtʃirikɐf
Tschirnhaus ˈtʃɪrnhaus
Tschirpan *bulgar.* tʃirˈpan
Tschirtschik *russ.* tʃirˈtʃik
Tschisma ˈtʃɪsma
Tschistjakow *russ.* tʃistɪˈkɔf
Tschistka ˈtʃɪstka

T

Tschịstopol *russ.* 'tʃistɐpɐlj

Tschitạ *russ.* tʃi'ta

Tschitọse *jap.* tʃi̯'tose

Tschi̱traka 'tʃi:traka

Tschitschẹrin *russ.* tʃi'tʃerin

Tschkạlow *russ.* 'tʃkalɐf

Tschọch[erl] 'tʃɔx[ɐl]

Tscho̱fu *jap.* tʃo':fu

Tschoi̱balsan 'tʃɔybalzan

Tschọkta 'tʃɔkta

Tschọmbe 'tʃɔmbə, *fr.* tʃõ'be

Tschomolụngma tʃomo'lʊŋma

Tschọna *russ.* 'tʃɔnɐ

Tschọrmos *russ.* 'tʃɔrmɐs

Tschọrny *weißruss.* 'tʃɔrnɨ

Tschọrten 'tʃɔrtn̩

Tscho̱schi *jap.* tʃo':ʃi

Tschou tʃau̯

Tschou En-la̱i tʃu|ɛn'lai̯

Tschụ *russ.* tʃu

Tschuạngtse 'tʃu̯aŋtsə

Tschuba̱is *russ.* tʃu'bajs

Tschubak *pers.* tʃu'bæk

Tschuchọnzew *russ.* tʃu'xɔntsəf

Tschu̱di 'tʃu:di, *norw.* 'tʃʉ:di

Tschudomịr *bulg.* tʃudo'mir

Tschu En-la̱i tʃu|ɛn'lai̯

Tschugụjew *russ.* tʃu'gujɪf

Tschugunọw *russ.* tʃugu'nɔf

Tschuikọw *russ.* tʃuj'kɔf

Tschụja *russ.* 'tʃujɐ

Tschukọwskaja *russ.* tʃu'kɔfskɐjɐ

Tschukọwski *russ.* tʃu'kɔfskij

Tschụktsche 'tʃʊktʃə

Tschulmạn *russ.* tʃul'man

Tschulỵm *russ.* tʃu'lɨm

Tschuma̱k tʃu'ma:k

Tschumandrịn *russ.* tʃuman'drin

Tschu̱mi 'tʃu:mi

Tschụngking 'tʃʊŋkɪŋ

Tschụn[j]a *russ.* 'tʃun[j]ɐ

Tschụrtsche 'tʃʊrtʃə

tschü̱s! tʃy:s

Tschu̱sch tʃu:ʃ

tschụ̈ss! tʃʏs

Tschussowạja *russ.* tʃusa'vajɐ

Tschussowọj *russ.* tʃusa'vɔj

Tschuwạsche tʃu'vaʃə

tschuwạschisch tʃu'vaʃɪʃ

Tsetse... 'tse:tse..., *auch:* 'tsɛtse...

Tsévié *fr.* tse'vje

Tshikapạ *fr.* tʃika'pa

T-Shirt 'ti:ʃø:ɐ̯t, ...ʃœrt

Tsịng[hai] 'tsɪŋ[hai̯]

Tsịngtau 'tsɪŋtau̯

Tsirạne *fr.* tsi'ran

Tsịtsikar 'tsɪtsikar

Tsja̱o 'tsja:o

Tsụ *jap.* 'tsu

Tsu̱ba 'tsu:ba

Tsubọutschi *jap.* tsu'bo,utʃi̯

Tsu̱ga 'tsu:ga

Tsu̱meb 'tsu:mɛp

Tsunami tsu'na:mi, 'tsu:nami

Tsụruga *jap.* 'tsu,ruga

Tsurụoka *jap.* tsu'ru,oka

Tsụschima *jap.* 'tsu,ʃima

Tuaillon tʏ̆a'jõ:

Tuamo̱tu tu̯a'mo:tu

Tuapsẹ *russ.* tuap'sɛ

Tuareg 'tu̯a:rɛk, 'tu:arɛk, tu̯a'rɛk

tu̱a re̱s a̱gitur 'tu:a 're:s 'a:gitʊr

Tub tap

Tu̱ba 'tu:ba

Tubarão *bras.* tuba'rɐ̃u̯

Tụ̈bbing 'tʏbɪŋ

Tu̱be 'tu:bə

tubeless 'tju:plɛs

Tubẹrkel tu'bɛrkl̩

tuberkula̱r tubɛrku'la:ɐ̯

Tuberkuli̱d tubɛrku'li:t, **-e** ...i:də

Tuberkuli̱n tubɛrku'li:n

Tuberkulo̱m tubɛrku'lo:m

tuberkulo̱s tubɛrku'lo:s, **-e** ...o:zə

tuberkulö̱s tubɛrku'lø:s, **-e** ...ø:zə

Tuberkulo̱se tubɛrku'lo:zə

tubero̱s tube'ro:s, **-e** ...o:zə

tuberö̱s tube'rø:s, **-e** ...ø:zə

Tubero̱se tube'ro:zə

Tü̱bingen 'ty:bɪŋən

Tubi̱ze *fr.* ty'bi:z

Tụ̈bke 'tʏpkə

Tubman *engl.* 'tʌbmən

Tụborg *dän.* 'tubɔɐ̯'

tubulä̱r tubu'lɛ:ɐ̯

tubulö̱s tubu'lø:s, **-e** ...ø:zə

Tu̱bus 'tu:bʊs, **-se** ...ʊsə

TUC *engl.* ti:ju:'si:

Tuca̱na tu'ka:na

Tụcci *it.* 'tuttʃi

Tuc d'Audoube̱rt *fr.* tykdodu'bɛ:r

Tụčepi *serbokr.* ˌtutʃɛpi

Tu̱ch tu:x, **Tü̱cher** 'ty:çɐ

Tuchatschẹwski *russ.* tuxa'tʃɛfskij

Tuchel 'tʊxl̩, 'tu:xl̩

Tü̱chelchen 'ty:çl̩çən

tu̱chen 'tu:xn̩

Tụchent 'tʊxn̩t

Tücher vgl. Tuch

Tuchman *engl.* 'tʌtʃmən

Tuchọla *poln.* tu'xɔla

Tuchọlsky tʊ'xɔlski

tụ̈chtig 'tʏçtɪç, **-e** ...ɪgə

Tụcić *serbokr.* 'tutsitɕ

Tụcke 'tʊkə

Tụ̈cke 'tʏkə

Tụcker[man] *engl.* 'tʌkə[mən]

tụckern 'tʊkɐn

tụ̈ckisch 'tʏkɪʃ

tụ̈cksch tʏkʃ

tụ̈ckschen 'tʏkʃn̩

tucktụck! tʊk'tʊk

Tucson *engl.* 'tu:sɔn

Tucumán *span.* tuku'man

Tucupịta *span.* tuku'pita

Tudẹ *pers.* tu'de

tü̱delig 'ty:dəlɪç, **-e** ...ɪgə

Tü̱der 'ty:dɐ

tü̱dern 'ty:dɐn, **tü̱dre** 'ty:drə

Tụđman *serbokr.* 'tudʑman

Tu̱dor 'tu:do:ɐ̯, *engl.* 'tju:də, *rumän.* 'tudor

Tuere̱i tu:ə'rai̯

Tụff tʊf

Tụ̈ffer 'tʏfɐ

Tüftele̱i tʏftə'lai̯

tụ̈ft[e]lig 'tʏft[ə]lɪç, **-e** ...ɪgə

tụ̈fteln 'tʏftl̩n

Tụftex® 'tʊftɛks

Tufting 'taftɪŋ

Tufts *engl.* tʌfts

Tugạn-Baranọwski *russ.* tu'gambɐra'nɔfskij

Tü̱gel 'ty:gl̩

Tuge̱la *afr.* tu:'ge:la

Tu̱gend 'tu:gn̩t, **-en** ...n̩dən

Tụggurt 'tʊgʊrt

Tụgh tʊk

Tughra̱ tu'gra:

Tụglas 'tʊglas

Tugwell *engl.* 'tʌgwəl

TU̱I 'tu:i

Tuilerie̱n tʏ̆ilə'ri:ən

Tuileries *fr.* tɥil'ri

Tuimasỵ *russ.* tujma'zɨ

Tuịsko 'tu̯ɪsko

Tuịsto 'tu̯ɪsto

Tukan 'tu:kan, *auch:* tu'ka:n

Tukulo̱r tuku'lo:ɐ̯

Tu̱la 'tu:la, *russ.* 'tulɐ, *span.* 'tula

Tulancịngo *span.* tulan'θiŋgo

Tularämie̱ tularɛ'mi:

Tulare *engl.* tu:'lɛərɪ, tu:'lɛə

Tulcán *span.* tul'kan

Tụlcea *rumän.* 'tultʃe̯a

Tuléa̱r *fr.* tyle'a:r

Tulifäntchen ˈtu:lifɛntçən
Tulipan ˈtu:lipa:n, tuliˈpa:n
Tulipane tuliˈpa:nə
Tulkarm tu:lˈkarm
Tüll tʏl
Tulla ˈtʊla
Tullahoma *engl.* tʌləˈhoʊmə
Tullamore *engl.* tʊləˈmɔ:
Tulle *fr.* tyl
Tülle ˈtʏlə
Tullia ˈtʊli̯a
Tullin *norw.* tʉˈli:n
Tullio *it.* ˈtulli̯o
Tullius ˈtʊli̯ʊs
Tulln tʊln
Tullus ˈtʊlʊs
Tuloma *russ.* tuˈlɔmɐ
Tulpe ˈtʊlpə
Tulsa *engl.* ˈtʌlsə
Tuluá *span.* tuˈlu̯a
Tulun *russ.* tuˈlun
Tulunide tuluˈni:də
Tumaco *span.* tuˈmako
tumb tʊmp, **-e** ˈtʊmbə
[1]Tumba ˈtʊmba
[2]Tumba (Name) *schwed.* ˌtʊmba, *fr.* tumˈba
Tumbes *span.* ˈtumbes
Tumbler ˈtamblɐ
Tumeszenz tumɛsˈt͡sɛnt͡s
Tumler ˈtʊmlɐ
Tummel ˈtʊml̩
tummeln ˈtʊml̩n
Tummler ˈtʊmlɐ
Tümmler ˈtʏmlɐ
Tumor ˈtu:mo:ɐ̯, *auch:* tuˈmo:ɐ̯, **-e[n]** tuˈmo:rə[n]
Tümpel ˈtʏmpl̩
Tumuli vgl. Tumulus
Tumult tuˈmʊlt
Tumultuant tumʊlˈtu̯ant
tumultuarisch tumʊlˈtu̯a:rɪʃ
tumultuieren tumʊltuˈi:rən
tumultuös tumʊlˈtu̯ø:s, **-e** ...ø:zə
tumultuoso tumʊlˈtu̯o:zo
Tumulus ˈtu:mulʊs, **...li** ...li
tun tu:n
Tun *dt., pers.* tu:n
Tuna *schwed.* ˌtʉ:na
Tunbridge *engl.* ˈtʌnbrɪdʒ
Tunceli *türk.* ˈtundʒɛli
Tünche ˈtʏnçə
tünchen ˈtʏnçn̩
Tunder ˈtʊndɐ
Tundra ˈtʊndra
Tundscha *bulgar.* ˈtundʒɐ
Tunell tuˈnɛl
tunen ˈtju:nən
Tuner ˈtju:nɐ
Tuneser tuˈne:zɐ
Tunesien tuˈne:zi̯ən
Tunesier tuˈne:zi̯ɐ
tunesisch tuˈne:zɪʃ
Tunfisch ˈtu:nfɪʃ
tungid tʊŋˈgi:t, **-e** ...i:də
Tungide tʊŋˈgi:də
Tungrer ˈtʊŋgrɐ
Tungurahua *span.* tuŋguˈrau̯a
Tunguse tʊŋˈgu:zə
Tunguska *russ.* tunˈguskɐ
Tunica ˈtu:nika, **...cae** ...t͡sɛ
Tunichtgut ˈtu:nɪçtgu:t
Tunika ˈtu:nika
Tunikate tuniˈka:tə
Tuning ˈtju:nɪŋ
Tunis ˈtu:nɪs, *fr.* tyˈnis
Tuniser ˈtu:nizɐ
Tunisie *fr.* tyniˈzi
tunisisch tuˈni:zɪʃ
Tunizella tuniˈt͡sɛla
Tunja *span.* ˈtuŋxa
Tunke ˈtʊŋkə
tunken ˈtʊŋkn̩
Tunnel ˈtʊnl̩
tunnelieren tʊnəˈli:rən
Tünnes ˈtʏnəs
Tunström *schwed.* ˌtʉ:nstrœm
Tunte ˈtʊntə
tuntig ˈtʊntɪç, **-e** ...ɪgə
Tuohy *engl.* ˈtu:ɪ
Tuonela *finn.* tu̯ɔnɛlɑ
Tuotilo ˈtu̯o:tilo
Túpac Amaru *span.* ˈtupak aˈmaru
Tupamaro tupaˈma:ro
Tupelo... tuˈpe:lo...
Tupf tʊp͡f
Tüpfchen ˈtʏp͡fçən
Tüpfel ˈtʏp͡fl̩
tüpf[e]lig ˈtʏp͡f[ə]lɪç, **-e** ...ɪgə
tüpfeln ˈtʏp͡fl̩n
tupfen, T... ˈtʊp͡fn̩
Tupi tuˈpi:
Tupí *span.* tuˈpi
Tupolew *russ.* ˈtupɐlɪf
Tupper *engl.* ˈtʌpə
Tupungato *span.* tupuŋˈgato
Tur tu:ɐ̯
Tür ty:ɐ̯
Tura *dt., it.* ˈtu:ra, *russ.* tuˈra, *ung.* ˈturɔ
Tur-Abdin ˈtu:ɐ̯|apˈdi:n
Turan tuˈra:n, *russ.* tuˈran
Turandot ˈtu:randɔt, *it.* turanˈdɔt
turanid turaˈni:t, **-e** ...i:də
Turanide turaˈni:də
Turanier tuˈra:ni̯ɐ
turanisch tuˈra:nɪʃ
Turas ˈtu:ras, **-se** ...asə
türaus ty:ɐ̯ˈ|au̯s
Turba ˈtʊrba, **...bae** ...bɛ
Turban ˈtʊrba:n
Turbation tʊrbaˈt͡si̯o:n
Turbator tʊrˈba:to:ɐ̯, **-en** ...baˈto:rən
Türbe ˈtʏrbə
Turbellarie tʊrbɛˈla:ri̯ə
turbieren tʊrˈbi:rən
turbinal tʊrbiˈna:l
Turbine tʊrˈbi:nə
[1]Turbo ˈtʊrbo
[2]Turbo *span.* ˈturβo
Turbogenerator ˈtʊrbogenəra:to:ɐ̯
Turbo-Prop-... ˈtʊrboˈprɔp...
turbulent tʊrbuˈlɛnt
Turbulenz tʊrbuˈlɛnt͡s
turca ˈtʊrka
Türchen ˈty:ɐ̯çən
Turchi *it.* ˈturki
Turck *engl.* tə:k
Turda *rumän.* ˈturda
Türe ˈty:rə
türein ty:ɐ̯ˈ|ai̯n
Turek ˈtu:rɛk, *poln.* ˈturɛk
Turèll *dän.* tuˈrel
Turenne *fr.* tyˈrɛn
Turf tʊrf, *auch:* tø:ɐ̯f, tœrf
Turfan tʊrˈfa:n
turfen ˈtø:ɐ̯fn̩, ˈtœrfn̩
Turgai *russ.* turˈgaj
Turgenew *russ.* turˈgjenɪf
Turgenjew tʊrˈgɛnjɛf
Turgeszenz tʊrgɛsˈt͡sɛnt͡s
turgeszieren tʊrgɛsˈt͡si:rən
Turgor ˈtʊrgo:ɐ̯
Turgot *fr.* tyrˈgo
Turgutlu *türk.* turˈgutlu
Turhal *türk.* ˈturhɑl
Türheim ˈty:ɐ̯hai̯m
Turiddu *it.* tuˈriddu
Turille tuˈrɪlə
Turin tuˈri:n
Turina *span.* tuˈrina
Turing *engl.* ˈtjʊərɪŋ
Turing... ˈtju:rɪŋ...
Turione tuˈri̯o:nə
Türje *ung.* ˈtyrjɛ
Turk... ˈtʊrk...
Turkana *engl.* tʊəˈkɑ:nə
Turkbaff ˈtʊrkbaf
Türk[e] ˈtʏrk[ə]
Türkei tʏrˈkai̯
türken ˈtʏrkn̩

Turkestan ˈtʊrkɛsta[ː]n, *russ.* turkɪsˈtan
Turkey ˈtøːɐ̯ki, ˈtœrki
türkis tʏrˈkiːs
Türkis tʏrˈkiːs, **-e** ...iːzə
türkisch ˈtʏrkɪʃ
turkisieren tʊrkiˈziːrən
Turkistan ˈtʊrkɪsta[ː]n
Türkiye Cumhuriyeti *türk.* ˈtyrkijɛ dʒumhuːrijɛˈti
Turkmene tʊrkˈmeːnə
Turkmenien tʊrkˈmeːni̯ən
turkmenisch tʊrkˈmeːnɪʃ
Turkmenistan tʊrkˈmeːnɪsta[ː]n, *russ.* turkmɪnisˈtan
Turko ˈtʊrko
Turkologe tʊrkoˈloːgə
Turkologie tʊrkoloˈgiː
Turks *engl.* təːks
Turksib *russ.* turkˈsip
Turku *finn.* ˈturku
Türlin ˈtyːɐ̯liːn
Turlock *engl.* ˈtəːlɔk
Turm tʊrm, **Türme** ˈtʏrmə
Turmalin tʊrmaˈliːn
Turmberg ˈtʊrmbɛrk
Türmchen ˈtʏrmçən
türmen ˈtʏrmən
Türmer ˈtʏrmɐ
turmhoch ˈtʊrmhoːx, *auch:* ˈ–ˈ–
[1]**Turn** tøːɐ̯n, tœrn
[2]**Turn** (Name) tʊrn
Turnau ˈtʊrnau̯
Turnbull *engl.* ˈtəːnbʊl
[1]**turnen, T...** ˈtʊrnən
[2]**turnen** (Rauschgift) ˈtøːɐ̯nən, ˈtœrnən
[1]**Turner** ˈtʊrnɐ
[2]**Turner** (Name) ˈtʊrnɐ, *engl.* ˈtəːnə
Turnerei tʊrnəˈrai̯
Turnhout *niederl.* ˈtʏrnhɔu̯t
Turnier tʊrˈniːɐ̯
turnieren tʊrˈniːrən
Turnitz ˈtʊrnɪts
Turnov *tschech.* ˈturnɔf
Turnpike ˈtøːɐ̯npai̯k, ˈtœrn...
Turnu Măgurele *rumän.* ˈturnu məguˈrele
Turnüre tʊrˈnyːrə
Turnus ˈtʊrnʊs, **-se** ...ʊsə
Turnu Severin *rumän.* ˈturnu seveˈrin
Turoldus tuˈrɔldʊs
Turon tuˈroːn
Turpin tʊrˈpiːn, *engl.* ˈtəːpɪn, *fr.* tyrˈpɛ̃
Turrach ˈtʊrax
Turrini tʊˈriːni
Turrizephalie tʊritsefaˈliː, **-n** ...iːən
turteln ˈtʊrtl̩n
Turteltaube ˈtʊrtl̩tau̯bə
Turtiainen *finn.* ˈturtiɑi̯nɛn
Turzismus tʊrˈtsɪsmʊs
TuS tʊs, tuːs
Tuscaloosa *engl.* tʌskəˈluːsə
Tuscarora tʊskaˈroːra
Tusch[e] ˈtʊʃ[ə]
Tuschelei tʊʃəˈlai̯
tuscheln ˈtʊʃl̩n
tuschen ˈtʊʃn̩
tuschieren tuˈʃiːrən, tʊˈ...
Tusculum ˈtʊskulʊm
Tuskulum ˈtʊskulʊm, **...la** ...la
Tusnelda tʊsˈnɛlda
Tussahseide ˈtʊsazai̯də
Tussaud *fr.* tyˈso, *engl.* tuːˈsoʊ, ˈtjuːsoʊ
Tussi ˈtʊsi
Tussis ˈtʊsɪs
Tustin *engl.* ˈtʌstɪn
Tuszien ˈtʊstsi̯ən
tut, tut! ˈtuːt ˈtuːt
tut! tuːt
Tutanchamun tutanˈçaːmʊn
Tutand tuˈtant, **-en** ...ndn̩
Tütchen ˈtyːtçən
Tute ˈtuːtə
Tüte ˈtyːtə
Tutel tuˈteːl
tutelarisch tuteˈlaːrɪʃ
tuten ˈtuːtn̩
Tutenchamun tutɛnˈçaːmʊn
tüterig ˈtyːtərɪç, **-e** ...ɪgə
tütern ˈtyːtɐn
Tuticorin *engl.* tuːtɪkɔˈrɪn
Tutilo ˈtuːtilo
Tuti-name *pers.* tutinɑˈme
Tutiorismus tutsi̯oˈrɪsmʊs
Tutor ˈtuːtoːɐ̯, **-en** tuˈtoːrən
Tutorium tuˈtoːri̯ʊm, **...ien** ...i̯ən
tutta la forza ˈtʊta la ˈfɔrtsa
Tüttel[chen] ˈtʏtl̩[çən]
tutte [le] corde ˈtʊtə [leː] ˈkɔrdə
tutti, T... ˈtʊti
Tuttifrutti tʊtiˈfrʊti
tutti quanti ˈtʊti ˈkvanti
Tuttist tʊˈtɪst
Tuttle *engl.* tʌtl
Tuttlingen ˈtʊtlɪŋən
[1]**Tutu** tyˈtyː
[2]**Tutu** *engl.* ˈtuːtuː
Tutuila *engl.* tuːtuːˈiːlɑː
Tutuola *engl.* tʊtʊˈoʊlə
Tutzing ˈtʊtsɪŋ
Tuuri *finn.* ˈtuːri
TÜV tʏf
Tuvalu tuˈvaːlu
Tuwa *russ.* tuˈva
Tuwhare *engl.* ˈtuːfɑːreɪ
Tuwim *poln.* ˈtuvim
Tuwiner tuˈviːnɐ
Tux tʊks
Tuxedo *engl.* tʌkˈsiːdoʊ
Tuxen *dän.* ˈtugsn̩
Tuxer ˈtʊksɐ
Tuxpan *span.* ˈtuspan
Tuxtla *span.* ˈtustla
Túy *span.* tu̯i
Tuz gölü *türk.* ˈtuz gœˈly
Tuzla *serbokr.* ˈtuzla
Tvedt *norw.* tvɛt
TWA *engl.* tiːdʌbljuːˈeɪ
Twain *engl.* tweɪn
Twardowski *poln.* tfarˈdɔfski, *russ.* tvarˈdɔfskij
Tweed tviːt, **-e** ...iːdə
Tweeddale *engl.* ˈtwiːddeɪl
Tweedsmuir *engl.* ˈtwiːdzmjʊə
Twen tvɛn
Twente *niederl.* ˈtwɛntə
Twenter ˈtvɛntɐ
Twer *russ.* tvjerj
Twerza *russ.* tvɪrˈtsa
Twi tviː
Twickenham *engl.* ˈtwɪknəm
Twiete ˈtviːtə
Twill tvɪl
Twinger ˈtvɪŋɐ
Twinset ˈtvɪnzɛt
Twist[e] ˈtvɪst[ə]
twisten ˈtvɪstn̩
Twistringen ˈtvɪstrɪŋən
Twobeat ˈtuːbiːt
Two Rivers *engl.* ˈtuː ˈrɪvəz
Twostepp ˈtuːstɛp
Ty *dän.* tyːˀ
Tyard *fr.* tjaːr
Tybalt ˈtiːbalt
Tyche ˈtyːçə
Tychismus tyˈçɪsmʊs
Tycho ˈtyːço
Tycho Brahe *dän.* tygʊˈbraːə
Tychon ˈtyːçɔn
Tychy *poln.* ˈtɨxɨ
Tyconius tyˈkoːni̯ʊs
Tycoon tai̯ˈkuːn
Tydeus ˈtyːdɔy̯s
Tyl *tschech.* tɪl
Tyler, Tylor *engl.* ˈtaɪlə
Tylom tyˈloːm
Tylose tyˈloːzə
Tylosis tyˈloːzɪs

Tympanal... tʏmpaˈnaːl...
Tympanie tʏmpaˈniː
Tympanitis tʏmpaˈniːtɪs
Tympanon ˈtʏmpanɔn, **...na** ...na
Tympanum ˈtʏmpanʊm, **...na** ...na
Tynan *engl.* ˈtaɪnən
Tynda *russ.* ˈtɨndɐ
Tyndale, ...all *engl.* tɪndl
Tyndareos tʏnˈdaːreɔs
Tyne *engl.* taɪn
Tynemouth *engl.* ˈtaɪnmaʊθ
Tynjanow *russ.* tɨˈnjanɐf
Tynni *finn.* ˈtynni
Typ[e] ˈtyːp[ə]
typen ˈtyːpn̩
Typhlitis tyˈfliːtɪs, **...itiden** ...liˈtiːdn̩
Typhlon ˈtyːflɔn, **...la** ...la
Typhlotomie tyflotoˈmiː, **-n** ...iːən
Typhoeus tyˈfoːɔy̯s
Typhoid tyfoˈiːt, **-e** ...iːdə
Typhomanie tyfomaˈniː
[1]Typhon (Schiffssirene) tyˈfoːn
[2]Typhon (Wasserhose) ˈtyːfɔn, **-e** tyˈfoːnə
[3]Typhon (Name) ˈtyːfoːn, ...fɔn
typhös tyˈføːs, **-e** ...øːzə
Typhus ˈtyːfʊs
Typik ˈtyːpɪk
Typikon typiˈkɔn, **...ka** ...ka
typisch ˈtyːpɪʃ
typisieren typiˈziːrən
Typizität typitsiˈtɛːt
Typogenese typogeˈneːzə
Typograph typoˈgraːf
Typographie typograˈfiː, **-n** ...iːən
typographisch typoˈgraːfɪʃ
Typologie typoloˈgiː, **-n** ...iːən
typologisch typoˈloːgɪʃ
Typometer typoˈmeːtɐ
Typoskript typoˈskrɪpt
Typus ˈtyːpʊs
Tyr tyːɐ̯
Tyrann tyˈran
Tyrannei tyraˈnai̯
Tyrannis tyˈranɪs
tyrannisch tyˈranɪʃ
tyrannisieren tyraniˈziːrən
Tyras ˈtyːras
Tyrer ˈtyːrɐ
Tyresö *schwed.* ˌtyːrəsøː
Tyrier ˈtyːri̯ɐ
Tyrifjord *norw.* ˌtyːrifjuːr
tyrisch ˈtyːrɪʃ
Tyrmand *poln.* ˈtɨrmant
Tyrnau ˈtʏrnau̯
Tyro ˈtyːro
Tyrolia tiˈroːli̯a
Tyrolienne tiroˈli̯ɛn
Tyrom tyˈroːm
Tyrone *engl.* tɪˈroʊn
Tyros ˈtyːrɔs
Tyrosin tyroˈziːn
Tyrosis tyˈroːzɪs
Tyrrell *engl.* ˈtɪrəl
Tyrrhener tʏˈreːnɐ
tyrrhenisch tʏˈreːnɪʃ
Tyrtaios tʏrˈtai̯ɔs
tyrtäisch, T... tʏrˈtɛːɪʃ
Tyrtäus tʏrˈtɛːʊs
Tyrus ˈtyːrʊs
Tyrwhitt *engl.* ˈtɪrɪt
Tyson *engl.* taɪsn
Tytschyna *ukr.* tɪˈtʃɪnɐ
Tzara *fr.* tsaˈra

u, U uː, *engl.* juː, *fr.* y, *it.*, *span.* u
ü, Ü yː
Uakari uaˈkaːri
Ubac *fr.* yˈbak
Übach ˈyːbax
Ubangi uˈbaŋgi
Ubbelohde ˈʊbəloːdə
Ube *jap.* ˈuˌbe
Úbeda *span.* ˈuβeða
übel ˈyːbl̩, **üble** ˈyːblə
Übel ˈyːbl̩
Übelhör ˈyːbl̩høːɐ̯
Übelnehmerei yːbl̩neːməˈrai̯
[1]üben ˈyːbn̩, **üb!** yːp, **übt** yːpt
[2]üben (drüben) ˈyːbn̩
über ˈyːbɐ
Uberaba *bras.* ubeˈraba
überall yːbɐˈ|al
überallher yːbɐ|alˈheːɐ̯, *auch:* --ˈ-ˈ-, --ˈ--
überallhin yːbɐ|alˈhɪn, *auch:* --ˈ-ˈ-, --ˈ--
überaltert yːbɐˈ|altɐt
Überalterung yːbɐˈ|altərʊŋ
überanstrengen yːbɐˈ|anʃtrɛŋən
überantworten yːbɐˈ|antvɔrtn̩
Überantwortung yːbɐˈ|antvɔrtʊŋ
überarbeiten 1. ˈyːbɐ|arbai̯tn̩ 2. --ˈ---
Überarbeitung yːbɐˈ|arbai̯tʊŋ
überaus ˈyːbɐ|au̯s, *auch:* --ˈ-, ˈ--ˈ-
überbacken yːbɐˈbakn̩
Überbau ˈyːbɐbau̯
überbauen 1. ˈyːbɐbau̯ən 2. --ˈ--
überbieten yːbɐˈbiːtn̩
überbinden 1. ˈyːbɐbɪndn̩ 2. --ˈ--
überblasen yːbɐˈblaːzn̩
überblatten yːbɐˈblatn̩
Überbleibsel ˈyːbɐblai̯psl̩
überblenden yːbɐˈblɛndn̩
Überblick ˈyːbɐblɪk
überblicken yːbɐˈblɪkn̩
überborden yːbɐˈbɔrdn̩, **überbord!** yːbɐˈbɔrt
Überborsäure ˈyːbɐboːɐ̯zɔy̯rə
Überbrettl ˈyːbɐbrɛtl̩
überbringen yːbɐˈbrɪŋən
überbrücken yːbɐˈbrʏkn̩
überbürden yːbɐˈbʏrdn̩, **überbürd!** yːbɐˈbʏrt
überdachen yːbɐˈdaxn̩
überdauern yːbɐˈdau̯ɐn
überdecken 1. ˈyːbɐdɛkn̩ 2. --ˈ--
überdehnen yːbɐˈdeːnən
überdenken yːbɐˈdɛŋkn̩
überdies yːbɐˈdiːs, ˈ---
überdrehen yːbɐˈdreːən
überdrucken yːbɐˈdrʊkn̩
Überdruss ˈyːbɐdrʊs
überdrüssig ˈyːbɐdrʏsɪç, **-e** ...ɪgə
überdüngen yːbɐˈdʏŋən
übereck yːbɐˈ|ɛk
Übereifer ˈyːbɐ|ai̯fɐ
übereignen yːbɐˈ|ai̯gnən
übereilen yːbɐˈ|ai̯lən
übereinander yːbɐ|ai̯ˈnandɐ
übereinfallen yːbɐˈ|ai̯nfalən
übereinkommen, Ü... yːbɐˈ|ai̯nkɔmən
Übereinkunft yːbɐˈ|ai̯nkʊnft, **...künfte** ...kʏnftə
übereinstimmen yːbɐˈ|ai̯nʃtɪmən
übereintreffen yːbɐˈ|ai̯ntrɛfn̩
übererfüllen ˈyːbɐ|ɛɐ̯fʏlən
überessen 1. ˈyːbɐ|ɛsn̩ 2. --ˈ--
überfahren 1. ˈyːbɐfaːrən 2. --ˈ--

überfallen 1. ˈy:bɐfalən
2. --ˈ--
überfärben y:bɐˈfɛrbn̩
überfeinern y:bɐˈfainɐn
überfirnissen y:bɐˈfɪrnɪsn̩
überfischen y:bɐˈfɪʃn̩
überfliegen 1. ˈy:bɐfli:gn̩
2. --ˈ--
überfließen 1. ˈy:bɐfli:sn̩
2. --ˈ--
überflügeln y:bɐˈfly:gl̩n, **...gle** ...glə
überfluten 1. ˈy:bɐflu:tn̩
2. --ˈ--
Überflutung y:bɐˈflu:tʊŋ
überfordern y:bɐˈfɔrdɐn
überfrachten y:bɐˈfraxtn̩
überfragen y:bɐˈfra:gn̩
überfremden y:bɐˈfrɛmdn̩
überfressen y:bɐˈfrɛsn̩
überfrieren y:bɐˈfri:rən
überführen 1. ˈy:bɐfy:rən, *auch:* --ˈ--; 2. --ˈ--
Überführung y:bɐˈfy:rʊŋ
überfüllen y:bɐˈfʏlən
überfüttern y:bɐˈfʏtɐn
übergeben 1. ˈy:bɐge:bn̩
2. --ˈ--
übergehen 1. ˈy:bɐge:ən
2. --ˈ--
übergießen 1. ˈy:bɐgi:sn̩
2. --ˈ--
Übergießung y:bɐˈgi:sʊŋ
übergipsen y:bɐˈgɪpsn̩
überglasen y:bɐˈgla:zn̩
übergolden y:bɐˈgɔldn̩, **übergold!** ...gɔlt
übergrünen y:bɐˈgry:nən
überhalten 1. ˈy:bɐhaltn̩
2. --ˈ--
überhand y:bɐˈhant
überhängen 1. ˈy:bɐhɛŋən
2. --ˈ--
überhapps y:bɐˈhaps
überhasten y:bɐˈhastn̩
überhäufen y:bɐˈhɔyfn̩
überhaupt y:bɐˈhaupt
überheben 1. ˈy:bɐhe:bn̩
2. --ˈ--
überheblich y:bɐˈhe:plɪç
überheizen y:bɐˈhaitsn̩
überhin y:bɐˈhɪn
überhitzen y:bɐˈhɪtsn̩
überhöhen y:bɐˈhø:ən
überholen 1. ˈy:bɐho:lən
2. --ˈ--
überhören 1. ˈy:bɐhø:rən
2. --ˈ--
Überich ˈy:bɐ|ɪç

überirdisch ˈy:bɐ|ɪrdɪʃ
überjährig ˈy:bɐjɛ:rɪç
überkandidelt ˈy:bɐkanˌdi:dl̩t
überkleben y:bɐˈkle:bn̩
überkleiden y:bɐˈklaidn̩
[1]**Überkleidung** (Überkleider) ˈy:bɐklaidʊŋ
[2]**Überkleidung** (Bedeckung) y:bɐˈklaidʊŋ
überklettern y:bɐˈklɛtɐn
überklug ˈy:bɐklu:k
überkochen 1. ˈy:bɐkɔxn̩
2. --ˈ--
überkommen 1. ˈy:bɐkɔmən
2. --ˈ--
überkreuzen y:bɐˈkrɔytsn̩
überkronen y:bɐˈkro:nən
überkrusten y:bɐˈkrʊstn̩
überkühlen y:bɐˈky:lən
überladen 1. ˈy:bɐla:dn̩
2. --ˈ--
überlagern y:bɐˈla:gɐn
Überlandbahn ˈy:bɐlantba:n, --ˈ--
Uberlândia *bras.* uberˈlɐndi̯a
überlappen y:bɐˈlapn̩
überlassen 1. ˈy:bɐlasn̩
2. --ˈ--
überlasten y:bɐˈlastn̩
überlastig ˈy:bɐlastɪç
überlaufen 1. ˈy:bɐlaufn̩
2. --ˈ--
überleben y:bɐˈle:bn̩
überlebensgroß ˈy:bɐˌle:bn̩sgro:s
[1]**überlegen** (Verb) 1. ˈy:bɐle:gn̩
2. --ˈ--
[2]**überlegen** (Adjektiv) y:bɐˈle:gn̩
überlegt y:bɐˈle:kt
Überlegung y:bɐˈle:gʊŋ
überlesen y:bɐˈle:zn̩
überliefern y:bɐˈli:fɐn
Überlingen ˈy:bɐlɪŋən
überlisten y:bɐˈlɪstn̩
überm ˈy:bɐm
übermachen y:bɐˈmaxn̩
übermalen 1. ˈy:bɐma:lən
2. --ˈ--
übermangansauer ˈy:bɐmaŋˌga:nzauɐ
übermannen y:bɐˈmanən
übermarchen y:bɐˈmarçn̩
übermästen y:bɐˈmɛstn̩
übermitteln y:bɐˈmɪtl̩n
übermorgen ˈy:bɐmɔrgn̩
übermüden y:bɐˈmy:dn̩, **übermüd!** ...my:t
übermütig ˈy:bɐmy:tɪç, **-e** ...ɪgə

übern ˈy:bɐn
übernächst ˈy:bɐnɛ:çst
übernachten y:bɐˈnaxtn̩
übernächtig ˈy:bɐnɛçtɪç, **-e** ...ɪgə
übernächtigt y:bɐˈnɛçtɪçt
Übernächtler y:bɐˈnɛçtlɐ
Überna[h]me ˈy:bɐna:mə
übernehmen 1. ˈy:bɐne:mən
2. --ˈ--
überpflanzen y:bɐˈpflantsn̩
überpinseln y:bɐˈpɪnzl̩n
überprüfen y:bɐˈpry:fn̩
überpudern y:bɐˈpu:dɐn
überquer y:bɐˈkve:ɐ̯
überqueren y:bɐˈkve:rən
überragen 1. ˈy:bɐra:gn̩
2. --ˈ--
überraschen y:bɐˈraʃn̩
überrechnen y:bɐˈrɛçnən
überreden y:bɐˈre:dn̩
überreichen y:bɐˈraiçn̩
überreißen y:bɐˈraisn̩
überreiten y:bɐˈraitn̩
überreizen y:bɐˈraitsn̩
überrennen y:bɐˈrɛnən
überrieseln 1. ˈy:bɐri:zl̩n
2. --ˈ--
Überries[e]lung y:bɐˈri:z[ə]lʊŋ
überrollen y:bɐˈrɔlən
überrumpeln y:bɐˈrʊmpl̩n
überrunden y:bɐˈrʊndn̩
übers ˈy:bɐs
übersäen y:bɐˈzɛ:ən
übersättigen y:bɐˈzɛtɪgn̩
übersäuern y:bɐˈzɔyɐn
überschatten y:bɐˈʃatn̩
überschätzen y:bɐˈʃɛtsn̩
überschauen y:bɐˈʃauən
überschäumen ˈy:bɐʃɔymən
überschießen 1. ˈy:bɐʃi:sn̩
2. --ˈ--
überschlächtig ˈy:bɐʃlɛçtɪç
überschlafen y:bɐˈʃla:fn̩
überschlagen 1. ˈy:bɐʃla:gn̩
2. --ˈ--
überschläglich ˈy:bɐʃlɛ:klɪç
überschneiden y:bɐˈʃnaidn̩
überschneien y:bɐˈʃnaiən
überschreiben y:bɐˈʃraibn̩
überschreien y:bɐˈʃraiən
überschreiten y:bɐˈʃraitn̩
überschuldet y:bɐˈʃʊldət
überschüssig ˈy:bɐʃʏsɪç, **-e** ...ɪgə
überschütten 1. ˈy:bɐʃʏtn̩
2. --ˈ--
überschwänglich ˈy:bɐʃvɛŋlɪç
überschwappen ˈy:bɐʃvapn̩

U

überschwemmen y:bɐˈʃvɛmən
Übersee ˈy:bɐze:
überseeisch ˈy:bɐze:ɪʃ
übersehbar y:bɐˈze:ba:ɐ̯
übersehen 1. ˈy:bɐze:ən 2. --ˈ--
übersenden y:bɐˈzɛndn̩
übersetzen 1. ˈy:bɐzɛt͜sn̩ 2. --ˈ--
übersiedeln ˈy:bɐzi:dl̩n, *auch:* --ˈ--
übersonnt y:bɐˈzɔnt
überspannen y:bɐˈʃpanən
überspielen y:bɐˈʃpi:lən
überspitzen y:bɐˈʃpɪt͜sn̩
überspönig ˈy:bɐʃpø:nɪç, **-e** ...ɪɡə
übersprechen y:bɐˈʃprɛçn̩
übersprenkeln y:bɐˈʃprɛŋkl̩n
überspringen 1. ˈy:bɐʃprɪŋən 2. --ˈ--
übersprühen 1. ˈy:bɐʃpry:ən 2. --ˈ--
überspülen y:bɐˈʃpy:lən
überstechen 1. ˈy:bɐʃtɛçn̩ 2. --ˈ--
überstehen 1. ˈy:bɐʃte:ən 2. --ˈ--
übersteigbar y:bɐˈʃtai̯kba:ɐ̯
übersteigen 1. ˈy:bɐʃtai̯ɡn̩ 2. --ˈ--
übersteigern y:bɐˈʃtai̯ɡɐn
Übersteigung y:bɐˈʃtai̯ɡʊŋ
überstellen y:bɐˈʃtɛlən
überstempeln y:bɐˈʃtɛmpl̩n
überstimmen y:bɐˈʃtɪmən
überstrahlen y:bɐˈʃtra:lən
überstreichen 1. ˈy:bɐʃtrai̯çn̩ 2. --ˈ--
überstreuen y:bɐˈʃtrɔyən
überströmen 1. ˈy:bɐʃtrø:mən 2. --ˈ--
überstürzen y:bɐˈʃtʏrt͜sn̩
übertäuben y:bɐˈtɔybn̩
übertauchen y:bɐˈtau̯xn̩
überteuern y:bɐˈtɔyɐn
übertippen y:bɐˈtɪpn̩
Uberti[s] *it.* uˈbɛrti[s]
Uberto *it.* uˈbɛrto
übertölpeln y:bɐˈtœlpl̩n
Übertrag ˈy:bɐtra:k, **-es** ...a:ɡəs, **...träge** ...trɛ:ɡə
übertragbar y:bɐˈtra:kba:ɐ̯
übertragen y:bɐˈtra:ɡn̩
Übertrager y:bɐˈtra:ɡɐ
Überträger y:bɐˈtrɛ:ɡɐ
übertreffen y:bɐˈtrɛfn̩
übertreiben y:bɐˈtrai̯bn̩
übertreten 1. ˈy:bɐtre:tn̩ 2. --ˈ--
Übertretung y:bɐˈtre:tʊŋ
übertrumpfen y:bɐˈtrʊmp͜fn̩
übertun 1. ˈy:bɐtu:n 2. --ˈ-
übertünchen y:bɐˈtʏnçn̩
überübermorgen ˈy:bɐ-ˌ|y:bɐmɔrɡn̩
übervölkern y:bɐˈfœlkɐn
Übervölkerung y:bɐˈfœlkərʊŋ
übervorteilen y:bɐˈfɔrtai̯lən
überwachen y:bɐˈvaxn̩
überwachsen y:bɐˈvaksn̩
überwallen 1. ˈy:bɐvalən 2. --ˈ--
überwältigen y:bɐˈvɛltɪɡn̩, **...ig!** ...ɪç, **...igt** ...ɪçt
überwalzen y:bɐˈvalt͜sn̩
überwälzen y:bɐˈvɛlt͜sn̩
überwechseln ˈy:bɐvɛksl̩n
überwechten ybɐˈvɛçtn̩
überweiden y:bɐˈvai̯dn̩
überweisen y:bɐˈvai̯zn̩
überweißen y:bɐˈvai̯sn̩
überwendlich y:bɐˈvɛntlɪç
überwendlings y:bɐˈvɛntlɪŋs
überwerfen 1. ˈy:bɐvɛrfn̩ 2. --ˈ--
Überwerfung y:bɐˈvɛrfʊŋ
überwerten y:bɐˈve:ɐ̯tn̩
überwiegen 1. ˈy:bɐvi:ɡn̩ 2. --ˈ--
überwiegend y:bɐˈvi:ɡn̩t, *auch:* ˈ----, **-e** ...n̩də
überwinden y:bɐˈvɪndn̩
überwintern y:bɐˈvɪntɐn
überwölben y:bɐˈvœlbn̩
überwuchern y:bɐˈvu:xɐn
überzahlen y:bɐˈt͜sa:lən
überzählen y:bɐˈt͜sɛ:lən
überzeichnen y:bɐˈt͜sai̯çnən
Überzeichnung y:bɐˈt͜sai̯çnʊŋ
überzeugen y:bɐˈt͜sɔyɡn̩
Überzeugung y:bɐˈt͜sɔyɡʊŋ
überziehen 1. ˈy:bɐt͜si:ən 2. --ˈ--
Überzieher ˈy:bɐt͜si:ɐ
überzüchtet y:bɐˈt͜sʏçtət
überzuckern y:bɐˈt͜sʊkɐn
überzwerch, Ü... ˈy:bɐt͜svɛrç
ubi bene, ibi patria ˈu:bi ˈbe:nə ˈi:bi ˈpa:tria
Ubier ˈu:bi̯ɐ
Übigau ˈy:bɪɡau̯
Ubikation ubikaˈt͜si̯o:n
Ubiquist ubiˈkvɪst
ubiquitär ubikviˈtɛ:ɐ̯
Ubiquität ubikviˈtɛ:t
üblich ˈy:plɪç
Ubon Ratchathani *Thai* uˈbon ra:dtʃhaˈtha:ˈni: 213111
U-Boot ˈu:bo:t
übrig ˈy:brɪç, **-e** ...ɪɡə
übrigens ˈy:brɪɡn̩s
Ubundu *fr.* ubunˈdu
Übung ˈy:bʊŋ
Ubyche uˈbʏçə
Ucayali *span.* ukaˈjali
Uccello *it.* utˈtʃɛllo
Uccle *fr.* ykl
Ucha ʊˈxa
Uchi-Mata ʊt͜ʃiˈma:ta
Ucht ʊxt
Uchta *russ.* uxˈta
Üchtland ˈʏçtlant
Ucicky uˈt͜sɪt͜ski
UÇK u:t͜ʃe:ˈka:
Učka *serbokr.* ˈutʃka
Uckermark ˈʊkɐmark
Uckermärker ˈʊkɐmɛrkɐ
uckermärkisch ˈʊkɐmɛrkɪʃ
Ud u:t
Udaeta *span.* uðaˈeta
Udaipur *engl.* u:ˈdaɪpʊə, ˈ---
Udall *engl.* ˈju:dəl
Udalrich ˈu:dalrɪç
Udalricus udalˈri:kʊs
Uddevalla *schwed.* ˌʊdəvala
Uden *niederl.* ˈydə
Udet ˈu:dɛt
Udine *it.* ˈu:dine
Uditore udiˈto:rə, **...ri** ...ri
Udmurte ʊtˈmʊrtə
Udo ˈu:do
Udometer udoˈme:tɐ
Udon Thani *Thai* uˈdɔ:n tha:ˈni: 2111
Udschaili uˈd͜ʒai̯li
Udschi *jap.* ˈuˌd͜ʒi
UdSSR u:de:|ɛs|ɛsˈ|ɛr
Udvar[i] *ung.* ˈudvɔr[i]
Ueberweg ˈy:bɐve:k
Uebigau ˈy:bɪɡau̯
Uechtland ˈy:ɛçtlant
Uechtritz ˈʏçtrɪt͜s
Uecker ˈʏkɐ
Ueckermünde ʏkɐˈmʏndə
UEFA uˈe:fa
Uelzen ˈʏlt͜sn̩
Uentrop ˈy:ntrɔp
Uerdingen ˈy:ɐ̯dɪŋən
Uetersen ˈy:tɐzn̩
Uetliberg ˈy:ɛtlibɛrk
Uexküll ˈʏkskʏl
[1]**Ufa®** ˈu:fa
[2]**Ufa** (Name) *russ.* uˈfa
Ufer ˈu:fɐ
uff! ʊf

U

Uffenbach ˈʊfn̩bax
Uffenheim ˈʊfn̩ha͜im
Uffizi *it.* ufˈfittsi
Uffizien ʊˈfiːt͜si̯ən
Ufo, UFO ˈuːfo
Ufologe ufoˈloːgə
Ufologie ufoloˈgiː
...ufrig ...ˌuːfrɪç, **-e** ...ɪgə
Uganda uˈganda, *engl.* jʊˈgændə
Ugander uˈgandɐ
ugandisch uˈgandɪʃ
Ugarit ugaˈriːt
Ugine *fr.* yˈʒin
Uglegorsk *russ.* uglɪˈgɔrsk
Uglitsch *russ.* ˈuglitʃ
Ugo *it.* ˈuːgo
Ugolini *it.* ugoˈliːni
Ugolino *it.* ugoˈliːno
Ugrier ˈuːgri̯ɐ
ugrisch ˈuːgrɪʃ
ugrofinnisch ˈuːgroˈfɪnɪʃ
uh! uː
Uhde ˈuːdə
Uhehe uˈheːhe
Uher ˈuːɐ
Uherské Hradiště *tschech.* ˈuhɛrskɛː ˈhradjiʃtjɛ
Uherský Brod *tschech.* ˈuhɛrskiː ˈbrɔt
Uhl[and] ˈuːl[ant]
Uhle ˈuːlə
Uhlenbeck *niederl.* ˈylənbɛk
Uhlmann ˈuːlman
Uhr uːɐ̯
Ührchen ˈyːɐ̯çən
Uhrmacherei uːɐ̯maxəˈra͜i
Uhse ˈuːzə
Uhu ˈuːhu
Uhuru Peak *engl.* uːˈhuːruː ˈpiːk
ui! u͜i
Uigure u͜iˈguːrə
Uinta *engl.* juːˈɪntə
Uist *engl.* ˈjuːɪst
Uitenhage *afr.* ˈœy̆tənhɑːxə
Uithoorn *niederl.* œi̯tˈhoːrn
Ujević *serbokr.* ˌuːjɛvitɕ
Ujiji *engl.* uːˈdʒiːdʒiː
Ujjain *engl.* ˈuːdʒaɪn
Újpest *ung.* ˈuːjpɛʃt
Ujung Pandang *indon.* ˈudʒʊŋ ˈpandaŋ
Ujvari ˈu͜ivari
Újvidék *ung.* ˈuːjvideːk
UK *engl.* juːˈkeɪ
Ukas ˈuːkas, **-se** ...asə
Ukelei ˈuːkəla͜i
Ukena ˈuːkena
Ukiah *engl.* juːˈkaɪə
Ukkel *niederl.* ˈʏkəl
Ukraine ukraˈiːnə, *auch:* uˈkra͜inə
Ukrainer ukraˈiːnɐ, *auch:* uˈkra͜inɐ
ukrainisch ukraˈiːnɪʃ, *auch:* uˈkra͜inɪʃ
Ukrajinka *ukr.* ukraˈjinka
Ukulele ukuˈleːlə
UKW uːkaːˈveː, *auch:* ˈ– – –
Ul uːl
Ulan uˈlaːn
Ulan Bator ˈuːlan ˈbaːtoːɐ̯
Ulanka uˈlaŋka
Ulanowa *russ.* uˈlanɐvɐ
Ulan-Ude *russ.* uˈlanuˈdɛ
Ulbrich[t] ˈʊlbrɪç[t]
Ulcinj *serbokr.* ˈultsinj
Ulcus ˈʊlkʊs, **Ulcera** ˈʊlt͜sera
Uleåborg *schwed.* ʉːləoːˈbɔrj
Ulema uleˈmaː
Ulenspiegel ˈuːlənʃpiːgl̩
Ulf ʊlf
Ulfilas ˈʊlfilas
Ulhasnagar *engl.* ʊlhɑːsˈnʌgə
Uli ˈuːli, *auch:* ˈʊli
Ulinger ˈuːlɪŋɐ
Ulitis uˈliːtɪs, **Ulitiden** uliˈtiːdn̩
Ulitz ˈuːlɪt͜s
Ulivo *it.* uˈliːvo
Ulixes uˈlɪksɛs
Uljanow[sk] *russ.* uljˈjanɐf[sk]
Ulk ʊlk
Ülk ʏlk
ulken ˈʊlkn̩
Ulkerei ʊlkəˈra͜i
ulkig ˈʊlkɪç, **-e** ...ɪgə
Ulkus ˈʊlkʊs, **Ulzera** ˈʊlt͜sera
Ull ʊl
Ulla ˈʊla, *dän.* ˈulæ, *span.* ˈuʎa
Uller ˈʊlɐ
Ullman ˈʊlman, *schwed.* ˌʊlman
Ullmann ˈʊlman
Ullsfjord *norw.* ˈʉlsfjuːr
Ullstein ˈʊlʃta͜in
Ullŭng-do *korean.* ullɨŋdo
Ulm ʊlm
Ulmanis *lett.* ˈʊlmanɪs
Ulmazeen ʊlmaˈt͜seːən
Ulme ˈʊlmə
Ulmer ˈʊlmɐ
Ulna ˈʊlna, **Ulnae** ˈʊlnɛ
ulnar ʊlˈnaːɐ̯
Ulnaris ʊlˈnaːrɪs
Ulose uˈloːzə
Ulothrix ˈuːlotrɪks, uˈloː...
Ulphilas ˈʊlfilas
Ulpianus ʊlˈpi̯aːnʊs
Ulricehamn *schwed.* ʊlriːsəˈhamn
Ulrich ˈʊlrɪç
Ulrike ʊlˈriːkə
Ulsan *korean.* ulssan
[1]**Ulster** (Name) ˈʊlstɐ, *engl.* ˈʌlstə
[2]**Ulster** (Mantel) ˈalstɐ, ˈʊl...
Ultima ˈʊltima, **...mä** ...mɛ
Ultima Ratio [Regum] ˈʊltima ˈraːt͜si̯o [ˈreːgʊm]
ultimativ ʊltimaˈtiːf, **-e** ...iːvə
Ultimatum ʊltiˈmaːtʊm
ultimo, U... ˈʊltimo
ultra, U... ˈʊltra
Ultrafax ˈʊltrafaks
Ultraismo ʊltraˈɪsmo
Ultraist ʊltraˈɪst
Ultrakurzwellen ʊltraˈkʊrt͜svɛlən, ˈ– – – – –
ultramarin, U... ʊltramaˈriːn
Ultramikroskop ˈʊltramikroskoːp
ultramontan ʊltramɔnˈtaːn
Ultramontanismus ʊltramɔntaˈnɪsmʊs
ultramundan ʊltramʊnˈdaːn
ultra posse nemo obligatur ˈʊltra ˈpɔsə ˈneːmo obliˈgaːtʊr
ultrarot, U... ˈʊltraroːt
Ultraschall ˈʊltraʃal
Ultraschalltherapie ˈʊltraʃalteraˌpiː, – –ˈ– – – –
Ultrasonographie ʊltrazonograˈfiː, **-n** ...iːən
Ultrasonoskop ʊltrazonoˈskoːp
ultraviolett, U... ˈʊltravi̯olɛt
Uludağ *türk.* uˈludɑː
Ulyss uˈlʏs
Ulysses uˈlʏsɛs, *engl.* jʊˈlɪsiːz
Ulzera vgl. Ulkus
Ulzeration ʊlt͜seraˈt͜si̯oːn
ulzerieren ʊlt͜seˈriːrən
ulzerös ʊlt͜seˈrøːs, **-e** ...øːzə
um ʊm
Umag *serbokr.* ˌumag
Uman *russ.* ˈumɐnj
Umar ˈʊmar
umarmen ʊmˈ|armən
Umbach ˈʊmbax
umbauen 1. ˈʊmba͜uən 2. –ˈ– –
Umbelliferen ʊmbɛliˈfeːrən
Umbellifloren ʊmbɛliˈfloːrən
Umber ˈʊmbɐ
Umberto *it.* umˈbɛrto
umbeschreiben ˈʊmbəʃra͜ibn̩
Umbilicus ʊmbiˈliːkʊs, **...ci** ...t͜si

U

umbinden 1. ˈʊmbɪndn̩ 2. -ˈ--
umblasen 1. ˈʊmbla:zn̩ 2. -ˈ--
Umbra ˈʊmbra
Umbrail *rät.* umˈbra͜il
Umbral... ʊmˈbra:l...
umbranden ʊmˈbrandn̩
umbrausen ʊmˈbra͜uzn̩
umbrechen 1. ˈʊmbrɛçn̩ 2. -ˈ--
Umbria *it.* ˈumbri̯a
Umbriel ˈʊmbri̯e:l, *auch:* ...iɛl
Umbrien ˈʊmbri̯ən
umbrisch ˈʊmbrɪʃ
Umbruch ˈʊmbrʊx, **Umbrüche** ˈʊmbrʏçə
umdrängen ʊmˈdrɛŋən
[1]**Umdrehung** (Rotation) ʊmˈdre:ʊŋ
[2]**Umdrehung** (Umkehrung) ˈʊmdre:ʊŋ
umdüstern ʊmˈdy:stɐn
Ume *schwed.* ˌʉ:mə
Umeå *schwed.* ˌʉ:məo:
umeinander ʊm|a͜iˈnandɐ
umerziehen ˈʊm|ɛɐ̯t͜si:ən
umfächeln ʊmˈfɛçl̩n
umfahren 1. ˈʊmfa:rən 2. -ˈ--
Umfahrung ʊmˈfa:rʊŋ
umfangen ʊmˈfaŋən
umfänglich ˈʊmfɛŋlɪç
umfassen 1. ˈʊmfasn̩ 2. -ˈ--
umfassend ʊmˈfasn̩t, **-e** ...n̩də
Umfassung ʊmˈfasʊŋ
umflechten ʊmˈflɛçtn̩
umfliegen 1. ˈʊmfli:gn̩ 2. -ˈ--
umfließen ʊmˈfli:sn̩
umfloren ʊmˈflo:rən
umfluten ʊmˈflu:tn̩
Umfors *schwed.* ˌʉ:mfɔrs
umfrieden ʊmˈfri:dn̩, **umfried!** ʊmˈfri:t
umfriedigen ʊmˈfri:dɪgn̩, **...ig!** ...ɪç, **...igt** ...ɪçt
umgänglich ˈʊmgɛŋlɪç
umgarnen ʊmˈgarnən
umgaukeln ʊmˈga͜ukl̩n
umgeben 1. ˈʊmge:bn̩ 2. -ˈ--
Umgebung ʊmˈge:bʊŋ
umgehen 1. ˈʊmge:ən 2. -ˈ--
umgehend ˈʊmge:ənt, **-e** ...ndə
Umgehung ʊmˈge:ʊŋ
umgießen ˈʊmgi:sn̩
umgittern ʊmˈgɪtɐn
umglänzen ʊmˈglɛnt͜sn̩
umgolden ʊmˈgɔldn̩, **umgold!** ʊmˈgɔlt
umgreifen 1. ˈʊmgra͜ifn̩ 2. -ˈ--
umgrenzen ʊmˈgrɛnt͜sn̩
umgürten 1. ˈʊmgʏrtn̩ 2. -ˈ--
umhäkeln ʊmˈhɛ:kl̩n
umhalsen ʊmˈhalzn̩
umhängen 1. ˈʊmhɛŋən 2. -ˈ--
umhauen 1. ˈʊmha͜uən 2. -ˈ--
umheben ʊmˈhe:bn̩
umhegen ʊmˈhe:gn̩
umher ʊmˈhe:ɐ̯
umherblicken ʊmˈhe:ɐ̯blɪkn̩
umhin ʊmˈhɪn
umhinkönnen ʊmˈhɪnkœnən
umhüllen ʊmˈhʏlən
Umiak ˈu:mi̯ak
umjubeln ʊmˈju:bl̩n
umkämpfen ʊmˈkɛmp͜fn̩
Umkehr ˈʊmke:ɐ̯
umklammern ʊmˈklamɐn
umkleiden 1. ˈʊmkla͜idn̩ 2. -ˈ--
umkränzen ʊmˈkrɛnt͜sn̩
umkreisen ʊmˈkra͜izn̩
umlagern 1. ˈʊmla:gɐn 2. -ˈ--
umlauern ʊmˈla͜uɐn
umlaufen 1. ˈʊmla͜ufn̩ 2. -ˈ--
Umlauf[f] ˈʊmla͜uf
Umlazi *engl.* ʊmˈlɑ:zɪ
umlegen 1. ˈʊmle:gn̩ 2. -ˈ--
umleuchten ʊmˈlɔ͜yçtn̩
umliegend ˈʊmli:gn̩t, **-e** ...n̩də
ummanteln ʊmˈmantl̩n
Umma[nz] ˈʊma[nt͜s]
ummauern ʊmˈma͜uɐn
Ummendorf ˈʊməndɔrf
umnachten ʊmˈnaxtn̩
Umnak *engl.* ˈu:mnæk
umnebeln ʊmˈne:bl̩n
umoristico umoˈrɪstiko
umpflanzen 1. ˈʊmp͜flant͜sn̩ 2. -ˈ--
umpflügen 1. ˈʊmp͜fly:gn̩ 2. -ˈ--
Umpire ˈampa͜iɐ
Umpqua *engl.* ˈʌmpkwə
umrahmen 1. ˈʊmra:mən 2. -ˈ--
umranden ʊmˈrandn̩
umrändert ʊmˈrɛndɐt
umranken ʊmˈraŋkn̩
umreisen ʊmˈra͜izn̩
umreißen 1. ˈʊmra͜isn̩ 2. -ˈ--
umreiten 1. ˈʊmra͜itn̩ 2. -ˈ--
umringen ʊmˈrɪŋən
Umru Al Kais ˈʊmru alˈka͜is
umrunden ʊmˈrʊndn̩
ums ʊms
umsäumen 1. ˈʊmzɔ͜ymən 2. -ˈ--
Umschalung ʊmˈʃa:lʊŋ
umschatten ʊmˈʃatn̩
umschiffen 1. ˈʊmʃɪfn̩ 2. -ˈ--
umschlagen 1. ˈʊmʃla:gn̩ 2. -ˈ--
umschleichen ʊmˈʃla͜içn̩
umschließen ʊmˈʃli:sn̩
umschlingen 1. ˈʊmʃlɪŋən 2. -ˈ--
umschmeicheln ʊmˈʃma͜içl̩n
umschnüren ʊmˈʃny:rən
umschreiben 1. ˈʊmʃra͜ibn̩ 2. -ˈ--
umschwärmen ʊmˈʃvɛrmən
umschweben ʊmˈʃve:bn̩
Umschweife ˈʊmʃva͜ifə
umschweifen ʊmˈʃva͜ifn̩
umsegeln 1. ˈʊmze:gl̩n 2. -ˈ--
umseitig ˈʊmza͜itɪç
umseits ˈʊmza͜it͜s
umsetzbar ˈʊmzɛt͜sba:ɐ̯
umsetzen 1. ˈʊmzɛt͜sn̩ 2. -ˈ--
Umsichgreifen ˈʊmzɪçgra͜ifn̩
umsonst ʊmˈzɔnst
umsorgen ʊmˈzɔrgn̩
umspannen 1. ˈʊmʃpanən 2. -ˈ--
Umspanner ˈʊmʃpanɐ
umspielen ʊmˈʃpi:lən
umspinnen ʊmˈʃpɪnən
umspringen 1. ˈʊmʃprɪŋən 2. -ˈ--
umspülen 1. ˈʊmʃpy:lən 2. -ˈ--
umständlich ˈʊmʃtɛntlɪç
umstechen 1. ˈʊmʃtɛçn̩ 2. -ˈ--
umstecken 1. ˈʊmʃtɛkn̩ 2. -ˈ--
umstehen 1. ˈʊmʃte:ən 2. -ˈ--
umstehend ˈʊmʃte:ənt, **-e** ...ndə
Umstellbahnhof ˈʊmʃtɛl-ˌba:nho:f
umstellen 1. ˈʊmʃtɛlən 2. -ˈ--
umstempeln 1. ˈʊmʃtɛmpl̩n 2. -ˈ--
umstrahlen ʊmˈʃtra:lən
umstricken 1. ˈʊmʃtrɪkn̩ 2. -ˈ--
umstritten ʊmˈʃtrɪtn̩
umströmen ʊmˈʃtrø:mən
umstülpen ˈʊmʃtʏlpn̩
Umstürzler ˈʊmʃtʏrt͜slɐ
Umtali *engl.* ʊmˈtɑ:lɪ
umtanzen ʊmˈtant͜sn̩
Umtata *engl.* ʊmˈtɑ:tə
umtosen ʊmˈto:zn̩
umwachsen ʊmˈvaksn̩
umwallen ʊmˈvalən
umwälzen ˈʊmvɛlt͜sn̩
umwandeln 1. ˈʊmvandl̩n 2. -ˈ--
umwehen 1. ˈʊmve:ən 2. -ˈ--
Umwelt ˈʊmvɛlt
umwerben ʊmˈvɛrbn̩
umwickeln 1. ˈʊmvɪkl̩n 2. -ˈ--

umwinden 1. ˈʊmvɪndn̩ 2. -ˈ--
umwittern ʊmˈvɪtɐn
umwoben ʊmˈvo:bn̩
umwogen ʊmˈvo:gn̩
umwohnend ˈʊmvo:nənt, **-e** ...ndə
Umwohner ˈʊmvo:nɐ
umwölken ʊmˈvœlkn̩
umzäunen ʊmˈt͜sɔ͜ynən
umziehen 1. ˈʊmt͜si:ən 2. -ˈ--
umzingeln ʊmˈt͜sɪŋl̩n
UN u:ˈlɛn, *engl.* ju:ˈɛn
unabänderlich ʊnlapˈlɛndɐlɪç, *auch:* ˈ-----
unabdingbar ʊnlapˈdɪŋba:ɐ̯, *auch:* ˈ----
unabdinglich ʊnlapˈdɪŋlɪç, *auch:* ˈ----
unabhängig ˈʊnlaphɛŋɪç
unabkömmlich ˈʊnlapkœmlɪç, *auch:* --ˈ--
unablässig ʊnlapˈlɛsɪç, *auch:* ˈ----
unabsehbar ʊnlapˈze:ba:ɐ̯, *auch:* ˈ----
unabsetzbar ʊnlapˈzɛt͜sba:ɐ̯, *auch:* ˈ----
unabsichtlich ˈʊnlapzɪçtlɪç
unabweisbar ʊnlapˈva͜isba:ɐ̯, *auch:* ˈ----
unabweislich ʊnlapˈva͜islɪç, *auch:* ˈ----
unabwendbar ʊnlapˈvɛntba:ɐ̯, *auch:* ˈ----
unachtsam ˈʊnlaxtza:m
una corda ˈu:na ˈkɔrda
unadlig ˈʊnla:dlɪç
unähnlich ˈʊnlɛ:nlɪç
Unalaska *engl.* u:nəˈlæskə, ʌn...
Unamuno *span.* unaˈmuno
unanbringlich ˈʊnlanbrɪŋlɪç
unanfechtbar ʊnlanˈfɛçtba:ɐ̯, *auch:* ˈ----
unangebracht ˈʊnlangəbraxt
unangefochten ˈʊnlangəfɔxtn̩
unangemeldet ˈʊnlangəmɛldət
unangemessen ˈʊnlangəmɛsn̩
unangenehm ˈʊnlangəne:m
unangepasst ˈʊnlangəpast
unangesehen ˈʊnlangəze:ən
unangetastet ˈʊnlangətastət
unangreifbar ˈʊnlangra͜ifba:ɐ̯, *auch:* --ˈ--
unanim unaˈni:m
Unanimismus unaniˈmɪsmʊs
Unanimität unanimiˈtɛ:t
unannehmbar ʊnlanˈne:mba:ɐ̯, *auch:* ˈ----
Unannehmlichkeit ˈʊnlanne:mlɪçka͜it
unansehnlich ˈʊnlanze:nlɪç
unanständig ˈʊnlanʃtɛndɪç
unanstößig ˈʊnlanʃtø:sɪç
unantastbar ʊnlanˈtastba:ɐ̯, *auch:* ˈ----
una poenitentium ˈu:na pøniˈtɛnt͜si̯ʊm
unappetitlich ˈʊnlapeti:tlɪç
Unart ˈʊnla:ɐ̯t
unartig ˈʊnla:ɐ̯tɪç
unartikuliert ˈʊnlartikuli:ɐ̯t
Unas ˈu:nas
Una Sancta ˈu:na ˈzaŋkta
unästhetisch ˈʊnlɛste:tɪʃ
Unau ˈu:naʊ
unaufdringlich ˈʊnla͜ufdrɪŋlɪç
unauffällig ˈʊnla͜uffɛlɪç
unauffindbar ʊnla͜ufˈfɪntba:ɐ̯, *auch:* ˈ----
unaufgefordert ˈʊnla͜ufgəfɔrdɐt
unaufgeklärt ˈʊnla͜ufgəklɛ:ɐ̯t
unaufhaltbar ʊnla͜ufˈhaltba:ɐ̯, *auch:* ˈ----
unaufhaltsam ʊnla͜ufˈhaltza:m, *auch:* ˈ----
unaufhörlich ʊnla͜ufˈhø:ɐ̯lɪç, *auch:* ˈ----
unauflösbar ʊnla͜ufˈlø:sba:ɐ̯, *auch:* ˈ----
unauflöslich ʊnla͜ufˈlø:slɪç, *auch:* ˈ----
unaufmerksam ˈʊnla͜ufmɛrkza:m
unaufrichtig ˈʊnla͜ufrɪçtɪç
unaufschiebbar ʊnla͜ufˈʃi:pba:ɐ̯, *auch:* ˈ----
unaufschieblich ʊnla͜ufˈʃi:plɪç, *auch:* ˈ----
unausbleiblich ʊnla͜usˈbla͜iplɪç, *auch:* ˈ----
unausdenkbar ʊnla͜usˈdɛŋkba:ɐ̯, *auch:* ˈ----
unausdenklich ʊnla͜usˈdɛŋklɪç, *auch:* ˈ----
unausführbar ʊnla͜usˈfy:ɐ̯ba:ɐ̯, *auch:* ˈ----
unausgefüllt ˈʊnla͜usgəfʏlt
unausgeglichen ˈʊnla͜usgəglɪçn̩
unausgegoren ˈʊnla͜usgəgo:rən
unausgeschlafen ˈʊnla͜usgəʃla:fn̩
unausgesetzt ˈʊnla͜usgəzɛt͜st
unauslöschlich ʊnla͜usˈlœʃlɪç, *auch:* ˈ----
unausrottbar ʊnla͜usˈrɔtba:ɐ̯, *auch:* ˈ----
unaussprechbar ʊnla͜usˈʃprɛçba:ɐ̯, *auch:* ˈ----
unaussprechlich ʊnla͜usˈʃprɛçlɪç, *auch:* ˈ----
unausstehlich ʊnla͜usˈʃte:lɪç, *auch:* ˈ----
unaustilgbar ʊnla͜usˈtɪlkba:ɐ̯, *auch:* ˈ----
unausweichlich ʊnla͜usˈva͜içlɪç, *auch:* ˈ----
Unband ˈʊnbant
unbändig ˈʊnbɛndɪç, **-e** ...ɪgə
unbar ˈʊnba:ɐ̯
unbarmherzig ˈʊnbarmhɛrt͜sɪç
unbeabsichtigt ˈʊnbəlapzɪçtɪçt
unbeachtet ˈʊnbəlaxtət
unbeanstandet ˈʊnbəlanʃtandət
unbeantwortbar ʊnbəˈlantvɔrtba:ɐ̯, *auch:* ˈ-----
unbeantwortet ˈʊnbəlantvɔrtət
unbearbeitet ˈʊnbəlarba͜itət
unbebaut ˈʊnbəba͜ut
unbedacht ˈʊnbədaxt
unbedachtsam ˈʊnbədaxtza:m
unbedacht[sam]erweise ˈʊnbədaxt[za:m]ɐˈva͜izə
unbedarft ˈʊnbədarft
unbedenklich ˈʊnbədɛŋklɪç
unbedeutend ˈʊnbədɔ͜ytn̩t
unbedingt ˈʊnbədɪŋt, *auch:* --ˈ-
unbeeindruckt ˈʊnbəla͜indrʊkt
unbeeinflussbar ʊnbəˈla͜inflʊsba:ɐ̯, *auch:* ˈ----
unbeeinflusst ˈʊnbəla͜inflʊst
unbefahrbar ˈʊnbəfa:ɐ̯ba:ɐ̯, *auch:* --ˈ--
unbefangen ˈʊnbəfaŋən
unbefleckt ˈʊnbəflɛkt
unbefriedigend ˈʊnbəfri:dɪgn̩t, **-e** ...n̩də
unbefriedigt ˈʊnbəfri:dɪçt
unbefristet ˈʊnbəfrɪstət
unbefugt ˈʊnbəfu:kt
unbegabt ˈʊnbəga:pt
unbegreiflich ˈʊnbəgra͜iflɪç, *auch:* --ˈ--
unbegrenzt ˈʊnbəgrɛnt͜st
unbegründet ˈʊnbəgrʏndət
unbehaart ˈʊnbəha:ɐ̯t

U

Ụnbehagen ˈʊnbəha:gn̩
ụnbehaglich ˈʊnbəha:klɪç
ụnbehauen ˈʊnbəhau̯ən
unbehelligt ˈʊnbəhɛlɪçt, *auch:* --ˈ--
ụnbeherrscht ˈʊnbəhɛrʃt
ụnbehilflich ˈʊnbəhɪlflɪç
unbehindert ʊnbəˈhɪndɐt, *auch:* ˈ----
ụnbeholfen ˈʊnbəhɔlfn̩
unbeirrbar ʊnbəˈ|ɪrba:ɐ̯, *auch:* ˈ----
unbeirrt ʊnbəˈ|ɪrt, *auch:* ˈ---
ụnbekannt ˈʊnbəkant
ụnbekleidet ˈʊnbəklai̯dət
unbekümmert ˈʊnbəkʏmɐt, *auch:* --ˈ--
ụnbelastet ˈʊnbəlastət
ụnbelebt ˈʊnbəle:pt
ụnbeleckt ˈʊnbəlɛkt
unbelehrbar ˈʊnbəle:ɐ̯ba:ɐ̯, *auch:* --ˈ--
ụnbeleuchtet ˈʊnbəlɔy̯çtət
ụnbelichtet ˈʊnbəlɪçtət
ụnbeliebt ˈʊnbəli:pt
ụnbemannt ˈʊnbəmant
ụnbemerkt ˈʊnbəmɛrkt
ụnbemittelt ˈʊnbəmɪtl̩t
unbenommen ʊnbəˈnɔmən, *auch:* ˈ----
unbenutzbar ˈʊnbənʊt͜sba:ɐ̯, *auch:* --ˈ--
ụnbenutzt ˈʊnbənʊt͜st
ụnbeobachtet ˈʊnbə|o:baxtət
ụnbequem ˈʊnbəkve:m
unberechenbar ʊnbəˈrɛçn̩ba:ɐ̯, *auch:* ˈ-----
ụnberechtigt ˈʊnbərɛçtɪçt
unberücksichtigt ˈʊnbərʏkzɪçtɪçt, *auch:* --ˈ---
unberufen ʊnbəˈru:fn̩, *auch:* ˈ----
unberührbar ʊnbəˈry:ɐ̯ba:ɐ̯, *auch:* ˈ----
ụnberührt ˈʊnbəry:ɐ̯t
unbeschadet ˈʊnbəʃa:dət, *auch:* --ˈ--
ụnbeschäftigt ˈʊnbəʃɛftɪçt
ụnbescheiden ˈʊnbəʃai̯dn̩
ụnbescholten ˈʊnbəʃɔltn̩
ụnbeschrankt ˈʊnbəʃraŋkt
unbeschränkt ˈʊnbəʃrɛŋkt, *auch:* --ˈ-
unbeschreiblich ʊnbəˈʃrai̯plɪç, *auch:* ˈ----
ụnbeschrieben ˈʊnbəʃri:bn̩
ụnbeschützt ˈʊnbəʃʏt͜st
ụnbeschwert ˈʊnbəʃve:ɐ̯t
ụnbeseelt ˈʊnbəze:lt
unbesehen ʊnbəˈze:ən, *auch:* ˈ----
unbesiegbar ʊnbəˈzi:kba:ɐ̯, *auch:* ˈ----
unbesieglich ʊnbəˈzi:klɪç, *auch:* ˈ----
ụnbesonnen ˈʊnbəzɔnən
ụnbesorgt ˈʊnbəzɔrkt
ụnbeständig ˈʊnbəʃtɛndɪç
unbestätigt ˈʊnbəʃtɛ:tɪçt, *auch:* --ˈ--
unbestechlich ˈʊnbəʃtɛçlɪç, *auch:* --ˈ--
unbestimmbar ˈʊnbəʃtɪmba:ɐ̯, *auch:* --ˈ--
ụnbestimmt ˈʊnbəʃtɪmt
unbestreitbar ʊnbəˈʃtrai̯tba:ɐ̯, *auch:* ˈ----
unbestritten ˈʊnbəʃtrɪtn̩, *auch:* --ˈ--
unbeteiligt ˈʊnbətai̯lɪçt, *auch:* --ˈ--
ụnbetont ˈʊnbəto:nt
unbeträchtlich ˈʊnbətrɛçtlɪç, *auch:* --ˈ--
ụnbetreten ˈʊnbətre:tn̩
unbeugbar ʊnˈbɔy̯kba:ɐ̯, *auch:* ˈ---
unbeugsam ʊnˈbɔy̯kza:m, *auch:* ˈ---
ụnbewacht ˈʊnbəvaxt
ụnbewaffnet ˈʊnbəvafnət
unbewältigt ˈʊnbəvɛltɪçt, *auch:* --ˈ--
unbeweglich ˈʊnbəve:klɪç, *auch:* --ˈ--
ụnbewegt ˈʊnbəve:kt
ụnbeweibt ˈʊnbəvai̯pt
ụnbewiesen ˈʊnbəvi:zn̩
unbewohnbar ʊnbəˈvo:nba:ɐ̯, *auch:* ˈ----
ụnbewusst ˈʊnbəvʊst
unbezahlbar ʊnbəˈt͜sa:lba:ɐ̯, *auch:* ˈ----
unbezähmbar ʊnbəˈt͜sɛ:mba:ɐ̯, *auch:* ˈ----
unbezweifelt ˈʊnbət͜svai̯fl̩t, *auch:* --ˈ--
unbezwingbar ʊnbəˈt͜svɪŋba:ɐ̯, *auch:* ˈ----
unbezwinglich ʊnbəˈt͜svɪŋlɪç, *auch:* ˈ----
Ụnbilden ˈʊnbɪldn̩
Ụnbill ˈʊnbɪl
ụnbillig ˈʊnbɪlɪç
ụnblutig ˈʊnblu:tɪç
ụnbotmäßig ˈʊnbo:tmɛ:sɪç
ụnbrauchbar ˈʊnbrau̯xba:ɐ̯
ụnbürokratisch ˈʊnbyrokra:tɪʃ
ụnbußfertig ˈʊnbu:sfɛrtɪç
Ụnchrist ˈʊnkrɪst
ụnchristlich ˈʊnkrɪstlɪç
Uncle Sam *engl.* ˈʌŋkl ˈsæm
ỤNCTAD ˈʊŋktat
ụnd ʊnt
Ụndank ˈʊndaŋk
ụndankbar ˈʊndaŋkba:ɐ̯
ụndatiert ˈʊndati:ɐ̯t
Undation ʊndaˈt͜si̯o:n
undefinierbar ˈʊndefini:ɐ̯ba:ɐ̯, *auch:* ---ˈ--
undeklinierbar ˈʊndeklini:ɐ̯ba:ɐ̯, *auch:* ---ˈ--
undemokratisch ˈʊndemokra:tɪʃ, *auch:* ---ˈ--
Undén *schwed.* ʊnˈde:n
undẹnkbar ʊnˈdɛŋkba:ɐ̯
undẹnklich ʊnˈdɛŋklɪç
Undercoveragent ˈandɐkavɐlaˌgɛnt
Underdog ˈandɐdɔk
Underflow ˈandɐflo:
Underground ˈandɐgrau̯nt
Underhill *engl.* ˈʌndəhɪl
Understatement ˈandɐste:tmənt
Underwriter ˈandɐrai̯tɐ
ụndeutlich ˈʊndɔy̯tlɪç
ụndeutsch, Ụ… ˈʊndɔy̯tʃ
Undezime ʊnˈde:t͜simə, *auch:* ʊndeˈt͜si:mə
ụndicht ˈʊndɪçt
ụndifferenziert ˈʊndɪfərɛnt͜si:ɐ̯t
Undine ʊnˈdi:nə
Ụnding ˈʊndɪŋ
ụndiplomatisch ˈʊndiploma:tɪʃ
undiskutabel ˈʊndɪskuta:bl̩, *auch:* ---ˈ--
ụndiszipliniert ˈʊndɪst͜siplini:ɐ̯t
ụndogmatisch ˈʊndɔgma:tɪʃ
Undograph ʊndoˈgra:f
Undset *norw.* ˌʉnsɛt
Undulation ʊndulaˈt͜si̯o:n
Undulator ʊnduˈla:to:ɐ̯, **-en** …laˈto:rən
undulatorisch ʊndulaˈto:rɪʃ
ụnduldsam ˈʊndʊltza:m
undulieren ʊnduˈli:rən
undurchdringbar ʊndʊrçˈdrɪŋba:ɐ̯, *auch:* ˈ----
undurchdringlich ʊndʊrçˈdrɪŋlɪç, *auch:* ˈ----
undurchführbar

ʊndʊrçˈfy:ɐ̯ba:ɐ̯, *auch:* ˈ----
ụndurchlässig ˈʊndʊrçlɛsɪç
undurchschaubar ʊndʊrçˈʃa͜uba:ɐ̯, *auch:* ˈ----
ụndurchsichtig ˈʊndʊrçzɪçtɪç
ụneben ˈʊn|e:bn̩
ụnecht ˈʊn|ɛçt
ụnedel ˈʊn|e:dl̩
ụnehelich ˈʊn|e:əlɪç
ụnehrenhaft ˈʊn|e:rənhaft
ụnehrerbietig ˈʊn|e:ɐ̯lɛɐ̯bi:tɪç
ụnehrlich ˈʊn|e:ɐ̯lɪç
ụneigennützig ˈʊn|a͜ign̩nʏt͜sɪç
ụneigentlich ˈʊn|a͜ign̩tlɪç
uneingeschränkt ˈʊn|a͜ingəʃrɛŋkt, *auch:* ---ˈ-
ụneingeweiht ˈʊn|a͜ingəva͜it
ụneinig ˈʊn|a͜inɪç
uneinnehmbar ʊn|a͜inˈne:mba:ɐ̯, *auch:* ˈ----
ụneins ˈʊn|a͜ins
ụneinsichtig ˈʊn|a͜inzɪçtɪç
ụnempfänglich ˈʊn|ɛmp͜fɛŋlɪç
ụnempfindlich ˈʊn|ɛmp͜fɪntlɪç
unẹndlich ʊnˈ|ɛntlɪç
unentbehrlich ˈʊn|ɛntbe:ɐ̯lɪç, *auch:* --ˈ--
ụnentdeckt ˈʊn|ɛntdɛkt
unentgeltlich ˈʊn|ɛntgɛltlɪç, *auch:* --ˈ--
unentrinnbar ʊn|ɛntˈrɪnba:ɐ̯, *auch:* ˈ----
ụnentschieden ˈʊn|ɛntʃi:dn̩
ụnentschlossen ˈʊn|ɛntʃlɔsn̩
unentschuldbar ʊn|ɛntˈʃʊltba:ɐ̯, *auch:* ˈ----
ụnentschuldigt ˈʊn|ɛntʃʊldɪçt
unentwegt ʊn|ɛntˈve:kt, *auch:* ˈ---
unentwirrbar ʊn|ɛntˈvɪrba:ɐ̯, *auch:* ˈ----
unerachtet ʊn|ɛɐ̯ˈ|axtət, *auch:* ˈ----
unerbittlich ʊn|ɛɐ̯ˈbɪtlɪç, *auch:* ˈ----
ụnerfahren ˈʊn|ɛɐ̯fa:rən
unerfindlich ˈʊn|ɛɐ̯fɪntlɪç, *auch:* --ˈ--
unerforschlich ˈʊn|ɛɐ̯fɔrʃlɪç, *auch:* --ˈ--
ụnerfreulich ˈʊn|ɛɐ̯frɔ͜ylɪç
unerfüllbar ʊn|ɛɐ̯ˈfʏlba:ɐ̯, *auch:* ˈ----
ụnerfüllt ˈʊn|ɛɐ̯fʏlt
ụnergiebig ˈʊn|ɛɐ̯gi:bɪç
unergründbar ʊn|ɛɐ̯ˈgrʏntba:ɐ̯, *auch:* ˈ----
unergründlich ʊn|ɛɐ̯ˈgrʏntlɪç, *auch:* ˈ----
ụnerheblich ˈʊn|ɛɐ̯he:plɪç
[1]**ụnerhört** (unglaublich) ˈʊn|ɛɐ̯ˈhø:ɐ̯t
[2]**ụnerhört** (nicht erhört) ˈʊn|ɛɐ̯hø:ɐ̯t
ụnerkannt ˈʊn|ɛɐ̯kant
unerkennbar ʊn|ɛɐ̯ˈkɛnba:ɐ̯, *auch:* ˈ----
unerklärbar ʊn|ɛɐ̯ˈklɛ:ɐ̯ba:ɐ̯, *auch:* ˈ----
unerklärlich ʊn|ɛɐ̯ˈklɛ:ɐ̯lɪç, *auch:* ˈ----
unerlässlich ʊn|ɛɐ̯ˈlɛslɪç, *auch:* ˈ----
ụnerlaubt ˈʊn|ɛɐ̯la͜upt
ụnerledigt ˈʊn|ɛɐ̯le:dɪçt
unermesslich ʊn|ɛɐ̯ˈmɛslɪç, *auch:* ˈ----
unermüdlich ʊn|ɛɐ̯ˈmy:tlɪç, *auch:* ˈ----
ụnernst ˈʊn|ɛrnst
ụnerquicklich ˈʊn|ɛɐ̯kvɪklɪç
unerreichbar ʊn|ɛɐ̯ˈra͜içba:ɐ̯, *auch:* ˈ----
unerreicht ʊn|ɛɐ̯ˈra͜içt, *auch:* ˈ---
unersättlich ʊn|ɛɐ̯ˈzɛtlɪç, *auch:* ˈ----
ụnerschlossen ˈʊn|ɛɐ̯ʃlɔsn̩
unerschöpflich ʊn|ɛɐ̯ˈʃœp͜flɪç, *auch:* ˈ----
ụnerschrocken ˈʊn|ɛɐ̯ʃrɔkn̩
unerschütterlich ʊn|ɛɐ̯ˈʃʏtɐlɪç, *auch:* ˈ-----
unerschwinglich ʊn|ɛɐ̯ˈʃvɪŋlɪç, *auch:* ˈ----
unersetzbar ʊn|ɛɐ̯ˈzɛt͜sba:ɐ̯, *auch:* ˈ----
unersetzlich ʊn|ɛɐ̯ˈzɛt͜slɪç, *auch:* ˈ----
unersprießlich ʊn|ɛɐ̯ˈʃpri:slɪç, *auch:* ˈ----
unerträglich ʊn|ɛɐ̯ˈtrɛ:klɪç, *auch:* ˈ----
ụnerwähnt ˈʊn|ɛɐ̯vɛ:nt
unerwartet ˈʊn|ɛɐ̯vartət, *auch:* --ˈ--
unerweisbar ʊn|ɛɐ̯ˈva͜isba:ɐ̯, *auch:* ˈ----
unerweislich ʊn|ɛɐ̯ˈva͜islɪç, *auch:* ˈ----
ụnerwidert ˈʊn|ɛɐ̯vi:dɐt
ụnerwünscht ˈʊn|ɛɐ̯vʏnʃt
ụnerzogen ˈʊn|ɛɐ̯t͜so:gn̩
UNẸSCO uˈnɛsko, *engl.* jʊˈnɛskoʊ
Únětice *tschech.* ˈu:njɛtjitsɛ
ụnfähig ˈʊnfɛ:ɪç
ụnfair ˈʊnfɛ:ɐ̯
Ụnfall ˈʊnfal
Ụnfäller ˈʊnfɛlɐ
unfassbar ʊnˈfasba:ɐ̯, *auch:* ˈ---
unfasslich ʊnˈfaslɪç, *auch:* ˈ---
unfehlbar ʊnˈfe:lba:ɐ̯, *auch:* ˈ---
ụnfein ˈʊnfa͜in
ụnfern ˈʊnfɛrn
ụnfertig ˈʊnfɛrtɪç
Ụnflat ˈʊnfla:t
ụnflätig ˈʊnflɛ:tɪç, **-e** ...ɪgə
ụnflektiert ˈʊnflɛkti:ɐ̯t
ụnflott ˈʊnflɔt
ụnfolgsam ˈʊnfɔlkza:m
Ụnform ˈʊnfɔrm
ụnförmig ˈʊnfœrmɪç, **-e** ...ɪgə
ụnförmlich ˈʊnfœrmlɪç
ụnfrankiert ˈʊnfraŋki:ɐ̯t
ụnfrei ˈʊnfra͜i
ụnfrei[willig] ˈʊnfra͜i[vɪlɪç]
ụnfreundlich ˈʊnfrɔ͜yntlɪç
Ụnfriede ˈʊnfri:də
Ụnfrieden ˈʊnfri:dn̩
ụnfrisiert ˈʊnfrizi:ɐ̯t
ụnfromm ˈʊnfrɔm
ụnfruchtbar ˈʊnfrʊxtba:ɐ̯
Ụnfug ˈʊnfu:k, **-es** ...u:gəs
ụnfundiert ˈʊnfʊndi:ɐ̯t
ụngalant ˈʊngalant
ungangbar ˈʊngaŋba:ɐ̯, *auch:* -ˈ--
ụngar ˈʊnga:ɐ̯
Ụngar ˈʊŋgar
Ungarẹtti *it.* uŋgaˈretti
ụngarisch, U... ˈʊŋgarɪʃ
ụngarländisch ˈʊŋgarlɛndɪʃ
Ụngarn ˈʊŋgarn
ụngastlich ˈʊngastlɪç
Ungạva *engl.* ʌnˈgɑ:və
ungeachtet ˈʊngə|axtət, *auch:* --ˈ--
ungeahndet ˈʊngə|a:ndət, *auch:* --ˈ--
ungeahnt ˈʊngə|a:nt, *auch:* --ˈ-
ụngebärdig ˈʊngəbɛ:ɐ̯dɪç, **-e** ...ɪgə
ụngebeten ˈʊngəbe:tn̩
ụngebeugt ˈʊngəbɔ͜ykt
ụngebildet ˈʊngəbɪldət
ụngeboren ˈʊngəbo:rən
ụngebräuchlich ˈʊngəbrɔ͜yçlɪç
ụngebrochen ˈʊngəbrɔxn̩
ụngebührend ˈʊngəby:rənt, **-e** ...ndə

ungebührlich ˈʊngəby:ɐ̯lɪç
ụngebunden ˈʊngəbʊndn̩
ụngedeckt ˈʊngədɛkt
ụngedient ˈʊngədi:nt
ụngedruckt ˈʊngədrʊkt
Ụngeduld ˈʊngədʊlt
ụngeduldig ˈʊngədʊldɪç
ụngeeignet ˈʊngə|ai̯gnət
ungefähr, U... ˈʊngəfɛ:ɐ̯, *auch:* --ˈ-
ungefährdet ˈʊngəfɛ:ɐ̯dət, *auch:* --ˈ--
ụngefährlich ˈʊngəfɛ:ɐ̯lɪç
ụngefällig ˈʊngəfɛlɪç
ụngefärbt ˈʊngəfɛrpt
ụngefragt ˈʊngəfra:kt
ụngefrühstückt ˈʊngə-fry:ʃtʏkt
ụngefüge ˈʊngəfy:gə
ụngefügig ˈʊngəfy:gɪç
ụngegessen ˈʊngəgɛsn̩
ụngegliedert ˈʊngəgli:dɐt
ụngehalten ˈʊngəhaltn̩
ụngeheißen ˈʊngəhai̯sn̩
ụngeheizt ˈʊngəhai̯t͜st
ụngehemmt ˈʊngəhɛmt
ungeheuer ˈʊngəhɔy̯ɐ, *auch:* --ˈ--
Ụngeheuer ˈʊngəhɔy̯ɐ
ungeheuerlich ʊngəˈhɔy̯ɐlɪç, *auch:* ˈ-----
ụngehindert ˈʊngəhɪndɐt
ungehobelt ˈʊngəho:bl̩t, *auch:* --ˈ--
ụngehörig ˈʊngəhø:rɪç
ụngehorsam, Ụ... ˈʊngə-ho:ɐ̯za:m
ụngehört ˈʊngəhø:ɐ̯t
ụngeklärt ˈʊngəklɛ:ɐ̯t
ụngekocht ˈʊngəkɔxt
ụngekrönt ˈʊngəkrø:nt
ụngekündigt ˈʊngəkʏndɪçt
ụngekünstelt ˈʊngəkʏnstl̩t
ụngekürzt ˈʊngəkʏrt͜st
ụngeladen ˈʊngəla:dn̩
ụngeläutert ˈʊngəlɔy̯tɐt
ụngelegen ˈʊngəle:gn̩
ụngelehrig ˈʊngəle:rɪç
ụngelehrt ˈʊngəle:ɐ̯t
ụngelenk[ig] ˈʊngəlɛŋk[ɪç]
ụngelernt ˈʊngəlɛrnt
ụngeliebt ˈʊngəli:pt
ụngelogen ˈʊngəlo:gn̩
ụngelöst ˈʊngəlø:st
Ụngemach ˈʊngəma:x
ụngemäß ˈʊngəmɛ:s
ungemein ˈʊngəmai̯n, *auch:* --ˈ-
ungemessen ˈʊngəmɛsn̩, *auch:* --ˈ--
ụngemindert ˈʊngəmɪndɐt
ụngemischt ˈʊngəmɪʃt
ụngemütlich ˈʊngəmy:tlɪç
ụngenannt ˈʊngənant
ụngenau ˈʊngənau̯
ungeniert ˈʊnʒeni:ɐ̯t, *auch:* --ˈ-
ungenießbar ˈʊngəni:sba:ɐ̯, *auch:* --ˈ--
ụngenügend ˈʊngəny:gn̩t
ụngenutzt ˈʊngənʊt͜st
ụngenützt ˈʊngənʏt͜st
Ungẹny *russ.* unˈgjɛnɨ
ụngeordnet ˈʊngə|ɔrdnət
ụngepflegt ˈʊngəp͜fle:kt
ụngeprüft ˈʊngəpry:ft
Ụnger ˈʊŋɐ
ụngerächt ˈʊngərɛçt
ụngerade ˈʊngəra:də
ụngeraten ˈʊngəra:tn̩
ụngerechnet ˈʊngərɛçnət
ụngerecht ˈʊngərɛçt
ụngerechtfertigt ˈʊngərɛçt-fɛrtɪçt
ụngeregelt ˈʊngəre:gl̩t
ụngereimt ˈʊngərai̯mt
Ụngerer ˈʊŋərɐ
ụngern ˈʊngɛrn
Ụngern ˈʊŋɐn
ụngerührt ˈʊngəry:ɐ̯t
ụngerupft ˈʊngərʊp͜ft
ụngesagt ˈʊngəza:kt
ụngesalzen ˈʊngəzalt͜sn̩
ụngesättigt ˈʊngəzɛtɪçt
ụngesäuert ˈʊngəzɔy̯ɐt
[1]**ungesäumt** (ohne Verzug) ˈʊngəzɔy̯mt, *auch:* --ˈ-
[2]**ụngesäumt** (ohne Saum) ˈʊngəzɔy̯mt
ụngeschält ˈʊngəʃɛ:lt
ụngeschehen ˈʊngəʃe:ən
ụngescheut ˈʊngəʃɔy̯t
Ụngeschick ˈʊngəʃɪk
ụngeschicklich ˈʊngəʃɪklɪç
ụngeschickt ˈʊngəʃɪkt
ụngeschlacht ˈʊngəʃlaxt
ụngeschlagen ˈʊngəʃla:gn̩
ụngeschliffen ˈʊngəʃlɪfn̩
ụngeschmälert ˈʊngəʃmɛ:lɐt
ụngeschmeidig ˈʊngəʃmai̯dɪç
ụngeschminkt ˈʊngəʃmɪŋkt
ụngeschoren ˈʊngəʃo:rən
ụngeschrieben ˈʊngəʃri:bn̩
ụngeschult ˈʊngəʃu:lt
ụngesehen ˈʊngəze:ən
ụngesellig ˈʊngəzɛlɪç
ụngesetzlich ˈʊngəzɛt͜slɪç
ụngesittet ˈʊngəzɪtət
ụngestalt[et] ˈʊngəʃtalt[ət]
ụngestempelt ˈʊngəʃtɛmpl̩t
ụngestielt ˈʊngəʃti:lt
ụngestillt ˈʊngəʃtɪlt
ụngestört ˈʊngəʃtø:ɐ̯t
ụngestraft ˈʊngəʃtra:ft
ụngestüm, Ụ... ˈʊngəʃty:m
ụngesühnt ˈʊngəzy:nt
ụngesund ˈʊngəzʊnt
ụngetan ˈʊngəta:n
ụngeteilt ˈʊngətai̯lt
ụngetreu ˈʊngətrɔy̯
ụngetrübt ˈʊngətry:pt
Ụngetüm ˈʊngəty:m
ụngeübt ˈʊngə|y:pt
ụngewandt ˈʊngəvant
ụngewaschen ˈʊngəvaʃn̩
ụngewiss ˈʊngəvɪs
Ụngewitter ˈʊngəvɪtɐ
ụngewöhnlich ˈʊngəvø:nlɪç
ụngewohnt ˈʊngəvo:nt
ụngewollt ˈʊngəvɔlt
ụngezählt ˈʊngət͜sɛ:lt
ụngezähmt ˈʊngət͜sɛ:mt
Ụngeziefer ˈʊngət͜si:fɐ
ụngeziemend ˈʊngət͜si:mənt, **-e** ...ndə
ụngezogen ˈʊngət͜so:gn̩
ụngezügelt ˈʊngət͜sy:gl̩t
ụngezwungen ˈʊngət͜svʊŋən
ungherẹse ʊŋgeˈre:zə
ụngiftig ˈʊŋgɪftɪç
Ụnglaube ˈʊnglau̯bə
ụnglaubhaft ˈʊnglau̯phaft
ụngläubig ˈʊnglɔy̯bɪç
unglaublich ʊnˈglau̯plɪç, *auch:* ˈ---
ụnglaubwürdig ˈʊnglau̯pvʏr-dɪç
ụngleich, Ụ... ˈʊnglai̯ç
ụngleichförmig ˈʊnglai̯çfœr-mɪç
ụngleichstoffig ˈʊnglai̯çʃtɔfɪç
Ụnglimpf ˈʊnglɪmp͜f
Ụnglück ˈʊnglʏk
ụnglücklich ˈʊnglʏklɪç
ụnglückselig ˈʊnglʏkze:lɪç
Ụngnad ˈʊngna:t
Ụngnade ˈʊngna:də
ụngnädig ˈʊngnɛ:dɪç
ụngrad ˈʊngra:t, **-e** ...a:də
ụngraziös ˈʊngrat͜si̯ø:s
Unguẹntum ʊŋˈgu̯ɛntʊm, **...ta** ...ta
Ungulạt ʊŋguˈla:t
ụngültig ˈʊngʏltɪç
ụngünstig ˈʊngʏnstɪç
ụngustiös ˈʊngʊsti̯ø:s

ungut ˈʊnguːt
Ungvár *ung.* ˈuŋgvaːr
unhaltbar ˈʊnhaltbaːɐ̯, *auch:* -ˈ--
unhaltig ˈʊnhaltɪç
unhandlich ˈʊnhantlɪç
unharmonisch ˈʊnharmoːnɪʃ
Unheil ˈʊnhai̯l
unheilbar ˈʊnhai̯lbaːɐ̯, *auch:* -ˈ--
unheilig ˈʊnhai̯lɪç
unheilvoll ˈʊnhai̯lfɔl
unheimisch ˈʊnhai̯mɪʃ
unheimlich ˈʊnhai̯mlɪç, *auch:* -ˈ--
unhöflich ˈʊnhøːflɪç
unhold ˈʊnhɔlt
Unhold ˈʊnhɔlt, **-es** ...ldəs
unhörbar ʊnˈhøːɐ̯baːɐ̯, *auch:* ˈ---
unhygienisch ˈʊnhygi̯eːnɪʃ
uni, Uni (einfarbig) ˈʏni, yˈniː
Uni ˈʊni, *auch:* ˈuːni
UNICEF ˈuːnit͜sɛf, *engl.* ˈjuːnɪsɛf
unieren uˈniːrən
Unifikation unifikaˈt͜si̯oːn
unifizieren unifiˈt͜siːrən
uniform uniˈfɔrm
Uniform uniˈfɔrm, ˈʊnifɔrm, ˈuːnifɔrm
uniformieren unifɔrˈmiːrən
uniformisieren unifɔrmiˈziːrən
Uniformismus unifɔrˈmɪsmʊs
Uniformist unifɔrˈmɪst
Uniformität unifɔrmiˈtɛːt
unikal uniˈkaːl
Unikat uniˈkaːt
Unikum ˈuːnikʊm, ...**ka** ...ka
unilateral unilateˈraːl
Unilever *engl.* ˈjuːnɪliːvə
unilokulär unilokuˈlɛːɐ̯
uninteressant ˈʊn|ɪntərɛsant
uninteressiert ˈʊn|ɪntərɛsiːɐ̯t
Unio mystica ˈuːni̯o ˈmʏstika
Union uˈni̯oːn, *engl.* ˈjuːnjən
Unión *span.* uˈni̯ɔn
Uniondale *engl.* ˈjuːnjəndeɪl
Union française *fr.* ynjõfrãˈsɛːz
Unionist uni̯oˈnɪst
Union Jack *engl.* ˈjuːnjən ˈd͜ʒæk
Uniontown *engl.* ˈjuːnjəntaʊn
unipetal unipeˈtaːl
unipolar unipoˈlaːɐ̯
unirdisch ˈʊn|ɪrdɪʃ
Unisex ˈuːnizɛks
unisexuell ˈuːnizɛksu̯ɛl
Unisono uniˈzoːno, ...**ni** ...ni
unison[o] uniˈzoːn[o]
Unit ˈjuːnɪt
Unità *it.* uniˈta
unitär uniˈtɛːɐ̯
Unitarier uniˈtaːri̯ɐ
unitarisch uniˈtaːrɪʃ
Unitarismus unitaˈrɪsmʊs
Unitarist unitaˈrɪst
Unität uniˈtɛːt
United [Kingdom] *engl.* jʊˈnaɪtɪd [ˈkɪŋdəm]
United Nations *engl.* jʊˈnaɪtɪd ˈneɪʃənz
United Press International *engl.* jʊˈnaɪtɪd ˈprɛs ɪntəˈnæʃənəl
United States [of America] *engl.* jʊˈnaɪtɪd ˈsteɪts [əv əˈmɛrɪkə]
unitonico uniˈtoːniko
univalent univaˈlɛnt
Univerbierung univɛrˈbiːrʊŋ
universal univɛrˈzaːl
[1]**Universal** (Sprache) univɛrˈzaːl
[2]**Universal** (Name) *span.* uniβɛrˈsal
Universal City *engl.* juːnɪˈvəːsl ˈsɪtɪ
Universale univɛrˈzaːlə, ...**lien** ...li̯ən
Universalie univɛrˈzaːli̯ə
Universalismus univɛrzaˈlɪsmʊs
Universalist univɛrzaˈlɪst
Universalität univɛrzaliˈtɛːt
universell univɛrˈzɛl
Universiade univɛrˈzi̯aːdə
Universismus univɛrˈzɪsmʊs
universitär univɛrziˈtɛːɐ̯
Universitas Litterarum uniˈvɛrzitas lɪteˈraːrʊm
Universität univɛrziˈtɛːt
University [City, Heights, Park] *engl.* juːnɪˈvəːsətɪ [ˈsɪtɪ, ˈhaɪts, ˈpɑːk]
Universum uniˈvɛrzʊm
univok uniˈvoːk
Univozität univot͜siˈtɛːt
UNIX ˈjuːnɪks
Unkair ˈʊnkaːr
unkameradschaftlich ˈʊnkaməraːtʃaftlɪç
unkanonisch ˈʊnkanoːnɪʃ
Unke ˈʊŋkə
Unkel ˈʊŋkl̩
unken ˈʊŋkn̩
unkenntlich ˈʊnkɛntlɪç
Unkenntnis ˈʊnkɛntnɪs
unkeusch ˈʊnkɔyʃ
unkindlich ˈʊnkɪntlɪç
unkirchlich ˈʊnkɪrçlɪç
unklar ˈʊnklaːɐ̯
unklug ˈʊnkluːk
unkollegial ˈʊnkɔlegi̯aːl
unkompliziert ˈʊnkɔmplit͜siːɐ̯t
unkontrollierbar ˈʊnkɔntrɔliːɐ̯baːɐ̯, *auch:* ---ˈ--
unkontrolliert ˈʊnkɔntrɔliːɐ̯t
unkonventionell ˈʊnkɔnvɛnt͜si̯onɛl
unkonzentriert ˈʊnkɔnt͜sɛntriːɐ̯t
unkorrekt ˈʊnkɔrɛkt
Unkosten ˈʊnkɔstn̩
Unkraut ˈʊnkrau̯t
unkritisch ˈʊnkriːtɪʃ
Unktion ʊŋkˈt͜si̯oːn
unkultiviert ˈʊnkʊltiviːɐ̯t
Unkultur ˈʊnkʊltuːɐ̯
unkündbar ˈʊnkʏntbaːɐ̯, *auch:* -ˈ--
unkundig ˈʊnkʊndɪç
unlängst ˈʊnlɛŋst
unlauter ˈʊnlau̯tɐ
unleidlich ˈʊnlai̯tlɪç
unlesbar ʊnˈleːsbaːɐ̯, *auch:* ˈ---
unleserlich ˈʊnleːzɐlɪç, *auch:* -ˈ---
unleugbar ˈʊnlɔykbaːɐ̯, *auch:* -ˈ--
unlieb ˈʊnliːp
unliebsam ˈʊnliːpzaːm
unlimitiert ˈʊnlimitiːɐ̯t
unlogisch ˈʊnloːgɪʃ
unlösbar ʊnˈløːsbaːɐ̯, *auch:* ˈ---
unlöslich ʊnˈløːslɪç *auch:* ˈ---
Unlust ˈʊnlʊst
unlustig ˈʊnlʊstɪç
unmanierlich ˈʊnmaniːɐ̯lɪç
unmännlich ˈʊnmɛnlɪç
Unmaß ˈʊnmaːs
Unmasse ˈʊnmasə
unmaßgeblich ˈʊnmaːsgeːplɪç, *auch:* --ˈ--
unmäßig ˈʊnmɛːsɪç
Unmenge ˈʊnmɛŋə
Unmensch ˈʊnmɛnʃ
unmenschlich ˈʊnmɛnʃlɪç, *auch:* -ˈ--
unmerkbar ʊnˈmɛrkbaːɐ̯, *auch:* ˈ---
unmerklich ʊnˈmɛrklɪç, *auch:* ˈ---
unmessbar ʊnˈmɛsbaːɐ̯, *auch:* ˈ---
unmilitärisch ˈʊnmilitɛːrɪʃ
unmissverständlich ˈʊnmɪsfɛɐ̯ʃtɛntlɪç, *auch:* ---ˈ--

U

ụnmittelbar ˈʊnmɪtl̩ba:ɐ̯
ụnmöbliert ˈʊnmøbli:ɐ̯t
ụnmodern ˈʊnmodɛrn
ụnmodisch ˈʊnmo:dɪʃ
unmöglich ˈʊnmø:klɪç, *auch:* –ˈ––
ụnmoralisch ˈʊnmora:lɪʃ
ụnmotiviert ˈʊnmotivi:ɐ̯t
ụnmündig ˈʊnmʏndɪç
ụnmusikalisch ˈʊnmuzika:lɪʃ
Ụnmut ˈʊnmu:t
ụnmutig ˈʊnmu:tɪç
Ụnna ˈʊna
unnachahmlich ˈʊnna:x|a:mlɪç, *auch:* ––ˈ––
ụnnachgiebig ˈʊnna:xgi:bɪç
ụnnachsichtig ˈʊnna:xzɪçtɪç
unnahbar ʊnˈna:ba:ɐ̯, *auch:* ˈ–––
Ụnnatur ˈʊnnatu:ɐ̯
ụnnatürlich ˈʊnnaty:ɐ̯lɪç
unnennbar ʊnˈnɛnba:ɐ̯, *auch:* ˈ–––
Ụnno ˈʊno
ụnnormal ˈʊnnɔrma:l
ụnnötig ˈʊnnø:tɪç
ụnnütz ˈʊnnʏts
UNO ˈu:no, *engl.* ˈju:noʊ
uno ạctu ˈu:no ˈaktu
ụnökonomisch ˈʊn|økono:mɪʃ
Unold ˈu:nɔlt
Unomig, UNOMIG ˈu:nomɪk
ụnordentlich ˈʊn|ɔrdn̩tlɪç
Ụnordnung ˈʊn|ɔrdnʊŋ
ụnorganisch ˈʊn|ɔrga:nɪʃ
ụnorthodox ˈʊn|ɔrtodɔks
ụnorthographisch ˈʊn|ɔrtogra:fɪʃ
ụnpaar ˈʊnpa:ɐ̯
Ụnpaarhufer ˈʊnpa:ɐ̯hu:fɐ
ụnpaarig ˈʊnpa:rɪç
Ụnpaarzeher ˈʊnpa:ɐ̯tse:ɐ
ụnpädagogisch ˈʊnpɛdago:gɪʃ
ụnparteiisch ˈʊnpartai̯ɪʃ
ụnparteilich ˈʊnpartai̯lɪç
ụnpass ˈʊnpas
ụnpassend ˈʊnpasn̩t, **-e** ...n̩də
unpassierbar ˈʊnpasi:ɐ̯ba:ɐ̯, *auch:* ––ˈ––
ụnpässlich ˈʊnpɛslɪç
ụnpathetisch ˈʊnpate:tɪʃ
Ụnperson ˈʊnpɛrzo:n
ụnpersönlich ˈʊnpɛrzø:nlɪç
unpfändbar ʊnˈpfɛntba:ɐ̯, *auch:* ˈ–––
unplugged ˈanplakt
un pochettino ʊn pokɛˈti:no
un poco ʊn ˈpɔko, ʊn ˈpo:ko
ụnpoliert ˈʊnpoli:ɐ̯t
ụnpolitisch ˈʊnpoli:tɪʃ
ụnpopulär ˈʊnpopulɛ:ɐ̯
ụnpraktisch ˈʊnpraktɪʃ
ụnproblematisch ˈʊnproblema:tɪʃ
ụnproduktiv ˈʊnprodʊkti:f
ụnproportioniert ˈʊnpropɔrtsi̯oni:ɐ̯t
ụnpünktlich ˈʊnpʏŋktlɪç
ụnqualifiziert ˈʊnkvalifitsi:ɐ̯t
ụnrasiert ˈʊnrazi:ɐ̯t
Ụnrast ˈʊnrast
Ụnrat ˈʊnra:t
ụnrationell ˈʊnratsi̯onɛl
ụnratsam ˈʊnra:tza:m
ụnreal ˈʊnrea:l
ụnrealistisch ˈʊnrealɪstɪʃ
ụnrecht, Ụ... ˈʊnrɛçt
ụnrechtmäßig ˈʊnrɛçtmɛ:sɪç
ụnredigiert ˈʊnredigi:ɐ̯t
ụnredlich ˈʊnre:tlɪç
ụnreell ˈʊnreɛl
ụnreflektiert ˈʊnreflɛkti:ɐ̯t
ụnregelmäßig ˈʊnre:gl̩mɛ:sɪç
unregierbar ˈʊnregi:ɐ̯ba:ɐ̯, *auch:* ––ˈ––
ụnreif ˈʊnrai̯f
ụnrein[lich] ˈʊnrai̯n[lɪç]
ụnrentabel ˈʊnrɛnta:bl̩
unrettbar ʊnˈrɛtba:ɐ̯, *auch:* ˈ–––
ụnrichtig ˈʊnrɪçtɪç
UNRRA ˈʊnra, *engl.* ˈʌnrə
Ụnruh[e] ˈʊnru:[ə]
ụnruhig ˈʊnru:ɪç
ụnrühmlich ˈʊnry:mlɪç
ụnrund ˈʊnrʊnt
ụns ʊns
ụnsachgemäß ˈʊnzaxgəmɛ:s
ụnsachlich ˈʊnzaxlɪç
unsagbar ʊnˈza:kba:ɐ̯, *auch:* ˈ–––
unsäglich ʊnˈzɛ:klɪç, *auch:* ˈ–––
ụnsanft ˈʊnzanft
ụnsauber ˈʊnzau̯bɐ
ụnschädlich ˈʊnʃɛ:tlɪç
ụnscharf ˈʊnʃarf
unschätzbar ʊnˈʃɛtsba:ɐ̯, *auch:* ˈ–––
ụnscheinbar ˈʊnʃai̯nba:ɐ̯
ụnschicklich ˈʊnʃɪklɪç
unschlagbar ʊnˈʃla:kba:ɐ̯, *auch:* ˈ–––
Ụnschlitt ˈʊnʃlɪt
ụnschlüssig ˈʊnʃlʏsɪç
unschmelzbar ʊnˈʃmɛltsba:ɐ̯, *auch:* ˈ–––
ụnschön ˈʊnʃø:n
Ụnschuld ˈʊnʃʊlt
ụnschuldig ˈʊnʃʊldɪç
ụnschwer ˈʊnʃve:ɐ̯
ụnselbständig ˈʊnzɛlpʃtɛndɪç
ụnselbstständig ˈʊnzɛlpstʃtɛndɪç
ụnselig ˈʊnze:lɪç
ụnser ˈʊnzɐ
ụnsere ˈʊnzərə
ụnsereiner ˈʊnzɐ|ai̯nɐ
ụnsereins ˈʊnzɐ|ai̯ns
ụnsererseits ˈʊnzərɐˈzai̯ts
ụnseresgleichen ˈʊnzərəsˈglai̯çn̩
ụnseresteils ˈʊnzərəsˈtai̯ls
ụnserethalben ˈʊnzərətˈhalbn̩
ụnseretwegen ˈʊnzərətˈve:gn̩
ụnseretwillen ˈʊnzərətˈvɪlən
ụnserige ˈʊnzərɪgə
ụnseriös ˈʊnzeri̯ø:s
ụnserseits ˈʊnzɐˈzai̯ts
ụnsersgleichen ˈʊnzɐsˈglai̯çn̩
ụnserthalben ˈʊnzɐtˈhalbn̩
ụnsertwegen ˈʊnzɐtˈve:gn̩
ụnsertwillen ˈʊnzɐtˈvɪlən
Ụnservater ˈunzɐfa:tɐ
ụnsicher ˈʊnzɪçɐ
ụnsichtbar ˈʊnzɪçtba:ɐ̯
unsinkbar ˈʊnzɪŋkba:ɐ̯, *auch:* –ˈ––
Ụnsinn ˈʊnzɪn
ụnsinnig ˈʊnzɪnɪç
Ụnsitte ˈʊnzɪtə
ụnsittlich ˈʊnzɪtlɪç
Ụnsöld ˈʊnzœlt
ụnsolid ˈʊnzoli:t, **-e** ...i:də
ụnsozial ˈʊnzotsi̯a:l
ụnspielbar ˈʊnʃpi:lba:ɐ̯, *auch:* –ˈ––
ụnsportlich ˈʊnʃpɔrtlɪç
ụnsre ˈʊnzrə
ụnsrerseits ˈʊnzrɐˈzai̯ts
ụnsresgleichen ˈʊnzrəsˈglai̯çn̩
ụnsresteils ˈʊnzrəsˈtai̯ls
ụnsrige ˈʊnzrɪgə
Unst *engl.* ʌnst
ụnstabil ˈʊnʃtabi:l
ụnstarr ˈʊnʃtar
Ụnstäte ˈʊnʃtɛ:tə
ụnstatthaft ˈʊnʃtathaft
unsterblich ˈʊnʃtɛrplɪç, *auch:* –ˈ––
Ụnstern ˈʊnʃtɛrn
ụnstet[ig] ˈʊnʃte:t[ɪç]
unstillbar ʊnˈʃtɪlba:ɐ̯, *auch:* ˈ–––
ụnstimmig ˈʊnʃtɪmɪç
unsträflich ˈʊnʃtrɛ:flɪç, *auch:* –ˈ––

U

unstreitig ˈʊnʃtra͜itɪç, *auch:* –ˈ––
unstrittig ˈʊnʃtrɪtɪç, *auch:* –ˈ––
Unstrut ˈʊnstruːt, ˈʊnʃtruːt
Unsumme ˈʊnzʊmə
unsymmetrisch ˈʊnzʏmeːtrɪʃ
unsympathisch ˈʊnzʏmpaːtɪʃ
unsystematisch ˈʊnzʏstemaːtɪʃ
untad[e]lig ˈʊntaːd[ə]lɪç, *auch:* –ˈ–[–]–
untalentiert ˈʊntalɛntiːɐ̯t
Untat ˈʊntaːt
Untätchen ˈʊntɛːtçən
untätig ˈʊntɛːtɪç
untauglich ˈʊnta͜uklɪç
unteilbar ʊnˈta͜ilbaːɐ̯, *auch:* ˈ–––
unteilhaft[ig] ˈʊnta͜ilhaft[ɪç]
unten ˈʊntn̩
untenan ˈʊntn̩ˈ|an
untendrunter ˈʊntn̩ˈdrʊntɐ
untendurch ˈʊntn̩ˈdʊrç
untenher ˈʊntn̩ˈheːɐ̯
untenherum ˈʊntn̩hɛˈrʊm
untenhin ˈʊntn̩ˈhɪn
untenrum ˈʊntn̩ˈrʊm
unter, U... ˈʊntɐ
Unterabteilung ˈʊntɐ|apˌta͜ilʊŋ
Unterarm ˈʊntɐ|arm
Unterbau ˈʊntɐba͜u
unterbauen ʊntɐˈba͜uən
Unterberger ˈʊntɐbɛrgɐ
Unterbewusstsein ˈʊntɐbəvʊstza͜in
unterbieten ʊntɐˈbiːtn̩
unterbinden 1. ˈʊntɐbɪndn̩ 2. ––ˈ––
Unterbindung ʊntɐˈbɪndʊŋ
unterbleiben ʊntɐˈbla͜ibn̩
unterbrechen ʊntɐˈbrɛçn̩
unterbreiten 1. ˈʊntɐbra͜itn̩ 2. ––ˈ––
Unterbruch ˈʊntɐbrʊx, **...brüche** ...brʏçə
unterchlorig ˈʊntɐkloːrɪç
unterdes[sen] ʊntɐˈdɛs[n̩]
unterdrücken ʊntɐˈdrʏkn̩
unterdurchschnittlich ˈʊntɐdʊrçʃnɪtlɪç
untere ˈʊntərə
untereinander ʊntɐ|a͜iˈnandɐ
Unterelsass ˈʊntɐ|ɛlzas
unterfahren ʊntɐˈfaːrən
unterfangen, U... ʊntɐˈfaŋən
unterfertigen ʊntɐˈfɛrtɪgn̩
Unterfeuerung ʊntɐˈfɔ͜yərʊŋ
unterfliegen ʊntɐˈfliːgn̩
unterflur ˈʊntɐfluːɐ̯
Unterflurstraße ʊntɐˈfluːɐ̯ʃtraːsə
Unterfranken ˈʊntɐfraŋkn̩
unterführen ʊntɐˈfyːrən
Unterführung ʊntɐˈfyːrʊŋ
unterfüttern ʊntɐˈfʏtɐn
untergärig ˈʊntɐgɛːrɪç, **-e** ...ɪgə
untergeben ʊntɐˈgeːbn̩
untergliedern ʊntɐˈgliːdɐn
untergraben 1. ˈʊntɐgraːbn̩ 2. ––ˈ––
Untergrund ˈʊntɐgrʊnt
untergründig ˈʊntɐgrʏndɪç
unterhalb ˈʊntɐhalp
Unterhalt ˈʊntɐhalt
unterhalten 1. ˈʊntɐhaltn̩ 2. ––ˈ––
unterhaltsam ʊntɐˈhaltzaːm
Unterhaltung ʊntɐˈhaltʊŋ
unterhandeln ʊntɐˈhandl̩n
Unterhändler ˈʊntɐhɛndlɐ
Unterhandlung ʊntɐˈhandlʊŋ
Unterhaus ˈʊntɐha͜us
Unterhemd ˈʊntɐhɛmt
unterhöhlen ʊntɐˈhøːlən
Unterhose ˈʊntɐhoːzə
unterirdisch ˈʊntɐ|ɪrdɪʃ
Unteritalien ˈʊntɐ|itaːli̯ən
unterjochen ʊntɐˈjɔxn̩
unterkant ˈʊntɐkant
unterkellern ʊntɐˈkɛlɐn
Unterkiefer ˈʊntɐkiːfɐ
Unterkleid ˈʊntɐkla͜it
Unterkleidung ˈʊntɐkla͜idʊŋ
unterkötig ˈʊntɐkøːtɪç, **-e** ...ɪgə
unterkühlen ʊntɐˈkyːlən
Unterkunft ˈʊntɐkʊnft, **...künfte** ...kʏnftə
Unterlage ˈʊntɐlaːgə
Unterland ˈʊntɐlant
Unterländer ˈʊntɐlɛndɐ
Unterlass ˈʊntɐlas
unterlassen ʊntɐˈlasn̩
Unterlassung ʊntɐˈlasʊŋ
Unterlauf ˈʊntɐla͜uf
unterlaufen 1. ˈʊntɐla͜ufn̩ 2. ––ˈ––
unterläufig ˈʊntɐlɔ͜yfɪç
Unterlaufung ʊntɐˈla͜ufʊŋ
unterlegen (Verb) 1. ˈʊntɐleːgn̩ 2. ––ˈ––
unterlegen (Adjektiv) ʊntɐˈleːgn̩
unterliegen 1. ˈʊntɐliːgn̩ 2. ––ˈ––
Unterliezheim ʊntɐˈliːtsha͜im
unterm ˈʊntɐm
untermalen ʊntɐˈmaːlən
untermauern ʊntɐˈma͜uɐn
untermeerisch ˈʊntɐmeːrɪʃ
untermengen 1. ˈʊntɐmɛŋən 2. ––ˈ––
Untermensch ˈʊntɐmɛnʃ
untermieten ˈʊntɐmiːtn̩
unterminieren ʊntɐmiˈniːrən
untermischen 1. ˈʊntɐmɪʃn̩ 2. ––ˈ––
untern ˈʊntɐn
unternehmen 1. ˈʊntɐneːmən 2. ––ˈ––
Unternehmen ʊntɐˈneːmən
unternehmend ʊntɐˈneːmənt, **-e** ...ndə
Unternehmer ʊntɐˈneːmɐ
unternehmerisch ʊntɐˈneːmərɪʃ
Unternehmung ʊntɐˈneːmʊŋ
Unteroffizier ˈʊntɐ|ɔfitsiːɐ̯
Unteröwisheim ˈʊntɐ|øːvɪsha͜im
Unterpflasterbahn ʊntɐˈpflastɐbaːn
unterprivilegiert ˈʊntɐprivilegiːɐ̯t
unterqueren ʊntɐˈkveːrən
unterreden ʊntɐˈreːdn̩
Unterricht ˈʊntɐrɪçt
unterrichten ʊntɐˈrɪçtn̩
unterrichtlich ˈʊntɐrɪçtlɪç
Unterrichtung ʊntɐˈrɪçtʊŋ
Unterrock ˈʊntɐrɔk
unters ˈʊntɐs
untersagen ʊntɐˈzaːgn̩
Untersatz ˈʊntɐzat͜s
unterschätzen ʊntɐˈʃɛt͜sn̩
unterscheiden ʊntɐˈʃa͜idn̩
unterschieben 1. ˈʊntɐʃiːbn̩ 2. ––ˈ––
Unterschied ˈʊntɐʃiːt, **-es** ...iːdəs
unterschieden ʊntɐˈʃiːdn̩
unterschiedlich ˈʊntɐʃiːtlɪç
unterschlächtig ˈʊntɐʃlɛçtɪç, **-e** ...ɪgə
Unterschlag ˈʊntɐʃlaːk
unterschlagen 1. ˈʊntɐʃlaːgn̩ 2. ––ˈ––
Unterschlagung ʊntɐˈʃlaːgʊŋ
Unterschleif ˈʊntɐʃla͜if
Unterschlupf ˈʊntɐʃlʊpf
unterschneiden ʊntɐˈʃna͜idn̩
unterschreiben ʊntɐˈʃra͜ibn̩
unterschreiten ʊntɐˈʃra͜itn̩
Unterschrift ˈʊntɐʃrɪft
unterschweflig ˈʊntɐʃveːflɪç

ụnterschwellig ˈʊntɐʃvɛlɪç, **-e** ...ɪɡə

Ụntersee ˈʊntɐzeː

Ụnterseeboot ˈʊntɐzeːˌboːt

ụnterseeisch ˈʊntɐzeːɪʃ

ụnterseits ˈʊntɐza͜its

Untersekunda ˈʊntɐzekʊnda, *auch:* ---ˈ--

untersetzen 1. ˈʊntɐzɛt͜sn̩ 2. --ˈ--

Ụntersetzer ˈʊntɐzɛt͜sɐ

untersẹtzt ʊntɐˈzɛt͜st

unterspịckt ʊntɐˈʃpɪkt

unterspielen ʊntɐˈʃpiːlən

unterspülen ʊntɐˈʃpyːlən

ụnterst ˈʊntɐst

Unterstaatssekretär ʊntɐˈʃtaːt͜szekretɛːɐ̯, ˈ--ˌ----

Ụnterstammheim ˈʊntɐʃtamha͜im

Ụnterstand ˈʊntɐʃtant

Ụnterständer ˈʊntɐʃtɛndɐ

ụnterständig ˈʊntɐʃtɛndɪç

ụnterste ˈʊntɐstə

unterstehen 1. ˈʊntɐʃteːən 2. --ˈ--

unterstẹllen 1. ˈʊntɐʃtɛlən 2. --ˈ--

untersteuern ʊntɐˈʃtɔ͜yɐn

unterstreichen ʊntɐˈʃtra͜içn̩

unterstützen 1. ˈʊntɐʃtʏt͜sn̩ 2. --ˈ--

Untersuch ʊntɐˈzuːx

untersuchen ʊntɐˈzuːxn̩

Untertagebau ʊntɐˈtaːɡəba͜u

untertags ʊntɐˈtaːks

ụntertan, Ụ... ˈʊntɐtaːn

ụntertänig ˈʊntɐtɛːnɪç, **-e** ...ɪɡə

untertauchen 1. ˈʊntɐta͜uxn̩ 2. --ˈ--

Ụnterteil ˈʊntɐta͜il

unterteilen ʊntɐˈta͜ilən

untertiteln ʊntɐˈtiːtl̩n, *auch:* ʊntɐˈtɪtl̩n

Ụnterton ˈʊntɐtoːn

untertreiben ʊntɐˈtra͜ibn̩

untertụnneln ʊntɐˈtʊnl̩n

Unteruhldingen ʊntɐˈ|uːldɪŋən

Ụnterwalden ˈʊntɐvaldn̩

Ụnterwaldner ˈʊntɐvaldnɐ

unterwandern ʊntɐˈvandɐn

ụnterwärts ˈʊntɐvɛrt͜s

Ụnterwäsche ˈʊntɐvɛʃə

unterwạschen ʊntɐˈvaʃn̩

Ụnterwasser ˈʊntɐvasɐ

Unterwạsserjagd ʊntɐˈvasɐjaːkt

unterwegs ʊntɐˈveːks

unterweilen ʊntɐˈva͜ilən

unterweisen ʊntɐˈva͜izn̩

Ụnterwelt ˈʊntɐvɛlt

ụnterweltlich ˈʊntɐvɛltlɪç

unterwẹrfen ʊntɐˈvɛrfn̩

Unterwẹrksbau ʊntɐˈvɛrksba͜u

ụnterwertig ˈʊntɐveːɐ̯tɪç

Ụnterweser ˈʊntɐveːzɐ

Unterwesterwaldkreis ʊntɐvɛstɐˈvaltkra͜is, --ˈ----

unterwịnden ʊntɐˈvɪndn̩

Unter-Wịsternitz ʊntɐˈvɪstɐnɪt͜s

unterwürfig ʊntɐˈvʏrfɪç, *auch:* ˈ----, **-e** ...ɪɡə

unterzeichnen ʊntɐˈt͜sa͜içnən

Unterzeichner ʊntɐˈt͜sa͜içnɐ

Unterzeichnete ʊntɐˈt͜sa͜içnətə

Ụnterzeug ˈʊntɐt͜sɔ͜yk

unterziehen 1. ˈʊntɐt͜siːən 2. --ˈ--

ụntief ˈʊntiːf

Ụntiefe ˈʊntiːfə

Ụntier ˈʊntiːɐ̯

untilgbar ʊnˈtɪlkbaːɐ̯, *auch:* ˈ---

untragbar ʊnˈtraːkbaːɐ̯, *auch:* ˈ---

untrennbar ʊnˈtrɛnbaːɐ̯, *auch:* ˈ---

ụntreu ˈʊntrɔ͜y

untröstlich ʊnˈtrøːstlɪç, *auch:* ˈ---

untrüglich ʊnˈtryːklɪç, *auch:* ˈ---

Ụntugend ˈʊntuːɡn̩t

ụntunlich ˈʊntuːnlɪç

unüberbietbar ʊn|yːbɐˈbiːtbaːɐ̯, *auch:* ˈ-----

unüberbrückbar ʊn|yːbɐˈbrʏkbaːɐ̯, *auch:* ˈ-----

unüberhörbar ʊn|yːbɐˈhøːɐ̯baːɐ̯, *auch:* ˈ-----

ụnüberlegt ˈʊn|yːbɐleːkt

unüberschaubar ʊn|yːbɐˈʃa͜ubaːɐ̯, *auch:* ˈ-----

unüberschreitbar ʊn|yːbɐˈʃra͜itbaːɐ̯, *auch:* ˈ-----

unübersehbar ʊn|yːbɐˈzeːbaːɐ̯, *auch:* ˈ-----

unübersetzbar ʊn|yːbɐˈzɛt͜sbaːɐ̯, *auch:* ˈ-----

ụnübersichtlich ˈʊn|yːbɐzɪçtlɪç

unübertragbar ʊn|yːbɐˈtraːkbaːɐ̯, *auch:* ˈ-----

unübertrefflich ʊn|yːbɐˈtrɛflɪç, *auch:* ˈ-----

unübertroffen ʊn|yːbɐˈtrɔfn̩, *auch:* ˈ-----

unüberwindbar ʊn|yːbɐˈvɪntbaːɐ̯, *auch:* ˈ-----

unüberwindlich ʊn|yːbɐˈvɪntlɪç, *auch:* ˈ-----

ụnüblich ˈʊn|yːplɪç

unumgänglich (unvermeidlich) ʊn|ʊmˈɡɛŋlɪç, *auch:* ˈ----

unumschränkt ʊn|ʊmˈʃrɛŋkt, *auch:* ˈ---

unumstößlich ʊn|ʊmˈʃtøːslɪç, *auch:* ˈ----

unumstritten ʊn|ʊmˈʃtrɪtn̩, *auch:* ˈ----

unumwunden ˈʊn|ʊmvʊndn̩, *auch:* --ˈ--

ununterbrochen ˈʊn|ʊntɐbrɔxn̩, *auch:* ---ˈ--

ununterscheidbar ʊn|ʊntɐˈʃa͜itbaːɐ̯, *auch:* ˈ-----

ụnus pro mụltis ˈuːnʊs proː ˈmʊltiːs

unveränderlich ʊnfɛɐ̯ˈ|ɛndɐlɪç, *auch:* ˈ-----

unverändert ˈʊnfɛɐ̯|ɛndɐt, *auch:* --ˈ--

unverantwortlich ʊnfɛɐ̯ˈ|antvɔrtlɪç, *auch:* ˈ-----

unverarbeitet ˈʊnfɛɐ̯|arba͜itət, *auch:* --ˈ---

unveräußerlich ʊnfɛɐ̯ˈ|ɔ͜ysɐlɪç, *auch:* ˈ-----

unverbaubar ʊnfɛɐ̯ˈba͜ubaːɐ̯, *auch:* ˈ----

unverbesserlich ʊnfɛɐ̯ˈbɛsɐlɪç, *auch:* ˈ-----

ụnverbildet ˈʊnfɛɐbɪldət

unverbindlich ˈʊnfɛɐ̯bɪntlɪç, *auch:* --ˈ--

ụnverbleit ˈʊnfɛɐ̯bla͜it

unverblümt ʊnfɛɐ̯ˈblyːmt, *auch:* ˈ---

ụnverbraucht ˈʊnfɛɐ̯bra͜uxt

unverbrüchlich ʊnfɛɐ̯ˈbrʏçlɪç, *auch:* ˈ----

unverbürgt ʊnfɛɐ̯ˈbʏrkt, *auch:* ˈ---

unverdächtig ˈʊnfɛɐ̯dɛçtɪç, *auch:* --ˈ--

unverdaulich 'ʊnfɛɐ̯da͜ulɪç, *auch:* --'--
unverdaut 'ʊnfɛɐ̯da͜ut, *auch:* --'-
unverdient 'ʊnfɛɐ̯di:nt, *auch:* --'-
ụnverdorben, Ụ... 'ʊnfɛɐ̯dɔrbn̩
unverdrossen 'ʊnfɛɐ̯drɔsn̩, *auch:* --'--
ụnverdünnt 'ʊnfɛɐ̯dʏnt
ụnverehelicht 'ʊnfɛɐ̯|e:əlɪçt
unvereinbar ʊnfɛɐ̯'|a͜inba:ɐ̯, *auch:* '----
unverfälscht 'ʊnfɛɐ̯fɛlʃt, *auch:* --'-
unverfänglich 'ʊnfɛɐ̯fɛŋlɪç, *auch:* --'--
unverfroren 'ʊnfɛɐ̯fro:rən, *auch:* --'--
unvergänglich 'ʊnfɛɐ̯gɛŋlɪç, *auch:* --'--
ụnvergessen 'ʊnfɛɐ̯gɛsn̩
unvergesslich ʊnfɛɐ̯'gɛslɪç, *auch:* '----
unvergleichbar ʊnfɛɐ̯'gla͜içba:ɐ̯, *auch:* '----
unvergleichlich ʊnfɛɐ̯'gla͜içlɪç, *auch:* '----
ụnvergoren 'ʊnfɛɐ̯go:rən
unverhältnismäßig 'ʊnfɛɐ̯hɛltnɪsmɛ:sɪç, *auch:* --'----
ụnverheiratet 'ʊnfɛɐ̯ha͜ira:tət
unverhofft 'ʊnfɛɐ̯hɔft, *auch:* --'-
unverhohlen 'ʊnfɛɐ̯ho:lən, *auch:* --'--
ụnverhüllt 'ʊnfɛɐ̯hʏlt
unverkäuflich 'ʊnfɛɐ̯kɔ͜yflɪç, *auch:* --'--
unverkennbar ʊnfɛɐ̯'kɛnba:ɐ̯, *auch:* '----
unverletzlich ʊnfɛɐ̯'lɛt͜slɪç, *auch:* '----
ụnverletzt 'ʊnfɛɐ̯lɛt͜st
unverlierbar ʊnfɛɐ̯'li:ɐ̯ba:ɐ̯, *auch:* '----
unverlöschlich ʊnfɛɐ̯'lœʃlɪç, *auch:* '----
ụnvermählt 'ʊnfɛɐ̯mɛ:lt
unvermeidbar ʊnfɛɐ̯'ma͜itba:ɐ̯, *auch:* '----
unvermeidlich ʊnfɛɐ̯'ma͜itlɪç, *auch:* '----
ụnvermerkt 'ʊnfɛɐ̯mɛrkt
ụnvermindert 'ʊnfɛɐ̯mɪndɐt
ụnvermittelt 'ʊnfɛɐ̯mɪtl̩t
Ụnvermögen 'ʊnfɛɐ̯mø:gn̩
ụnvermögend 'ʊnfɛɐ̯mø:gn̩t
ụnvermutet 'ʊnfɛɐ̯mu:tət
Ụnvernunft 'ʊnfɛɐ̯nʊnft
ụnvernünftig 'ʊnfɛɐ̯nʏnftɪç
ụnveröffentlicht 'ʊnfɛɐ̯|œfn̩tlɪçt
ụnverpackt 'ʊnfɛɐ̯pakt
ụnverputzt 'ʊnfɛɐ̯pʊt͜st
ụnverrichtet 'ʊnfɛɐ̯rɪçtət
unverrückbar ʊnfɛɐ̯'rʏkba:ɐ̯, *auch:* '----
ụnverschämt 'ʊnfɛɐ̯ʃɛ:mt
unverschlossen 'ʊnfɛɐ̯ʃlɔsn̩, *auch:* --'--
unverschuldet 'ʊnfɛɐ̯ʃʊldət, *auch:* --'--
unversehens 'ʊnfɛɐ̯ze:əns, *auch:* --'--
ụnversehrt 'ʊnfɛɐ̯ze:ɐ̯t
unversiegbar ʊnfɛɐ̯'zi:kba:ɐ̯, *auch:* '----
unversieglich ʊnfɛɐ̯'zi:klɪç, *auch:* '----
unversöhnbar 'ʊnfɛɐ̯zø:nba:ɐ̯, *auch:* --'--
unversöhnlich 'ʊnfɛɐ̯zø:nlɪç, *auch:* --'--
ụnversorgt 'ʊnfɛɐ̯zɔrkt
Ụnverstand 'ʊnfɛɐ̯ʃtant
ụnverstanden 'ʊnfɛɐ̯ʃtandn̩
ụnverständig 'ʊnfɛɐ̯ʃtɛndɪç
ụnverständlich 'ʊnfɛɐ̯ʃtɛntlɪç
unverstellt 'ʊnfɛɐ̯ʃtɛlt, *auch:* --'-
unversteuert 'ʊnfɛɐ̯ʃtɔ͜yɐt, *auch:* --'--
unversucht 'ʊnfɛɐ̯zu:xt, *auch:* --'-
unverträglich 'ʊnfɛɐ̯trɛ:klɪç, *auch:* --'--
unvertretbar ʊnfɛɐ̯'tre:tba:ɐ̯, *auch:* '----
unverwechselbar ʊnfɛɐ̯'vɛksl̩ba:ɐ̯, *auch:* '-----
unverwehrt 'ʊnfɛɐ̯ve:ɐ̯t, *auch:* --'-
unverweilt 'ʊnfɛɐ̯va͜ilt, *auch:* --'-
unverwertbar ʊnfɛɐ̯'ve:ɐ̯tba:ɐ̯, *auch:* '----
unverweslich 'ʊnfɛɐ̯ve:slɪç, *auch:* --'--
unverwischbar ʊnfɛɐ̯'vɪʃba:ɐ̯, *auch:* '----
unverwundbar ʊnfɛɐ̯'vʊntba:ɐ̯, *auch:* '----
unverwüstlich ʊnfɛɐ̯'vy:stlɪç, *auch:* '----
ụnverzagt 'ʊnfɛɐ̯t͜sa:kt
unverzeihbar ʊnfɛɐ̯'t͜sa͜iba:ɐ̯, *auch:* '----
unverzeihlich ʊnfɛɐ̯'t͜sa͜ilɪç, *auch:* '----
unverzichtbar ʊnfɛɐ̯'t͜sɪçtba:ɐ̯, *auch:* '----
unverzinslich ʊnfɛɐ̯'t͜sɪnslɪç, *auch:* '----
ụnverzollt 'ʊnfɛɐ̯t͜sɔlt
unverzüglich ʊnfɛɐ̯'t͜sy:klɪç, *auch:* '----
unvollendet 'ʊnfɔl|ɛndət, ...lɛ...; *auch:* --'--
unvollkommen 'ʊnfɔlkɔmən, *auch:* --'--
unvollständig 'ʊnfɔlʃtɛndɪç, *auch:* --'--
ụnvorbereitet 'ʊnfo:ɐ̯bəra͜itət
ụnvordenklich 'ʊnfo:ɐ̯dɛŋklɪç
ụnvoreingenommen 'ʊnfo:ɐ̯|a͜ingənɔmən
unvorgreiflich ʊnfo:ɐ̯'gra͜iflɪç, *auch:* '----
ụnvorhergesehen 'ʊnfo:ɐ̯he:ɐ̯gəze:ən
ụnvorsätzlich 'ʊnfo:ɐ̯zɛt͜slɪç
ụnvorschriftsmäßig 'ʊnfo:ɐ̯ʃrɪft͜smɛ:sɪç
ụnvorsichtig 'ʊnfo:ɐ̯zɪçtɪç
unvorstellbar ʊnfo:ɐ̯'ʃtɛlba:ɐ̯, *auch:* '----
ụnvorteilhaft 'ʊnfɔrta͜ilhaft
unwägbar ʊn'vɛ:kba:ɐ̯, *auch:* '---
ụnwahr 'ʊnva:ɐ̯
ụnwahrhaftig 'ʊnva:ɐ̯haftɪç
ụnwahrscheinlich 'ʊnva:ɐ̯ʃa͜inlɪç
unwandelbar ʊn'vandl̩ba:ɐ̯, *auch:* '----
ụnwegsam 'ʊnve:kza:m
unweigerlich ʊn'va͜igɐlɪç, *auch:* '----
ụnweit 'ʊnva͜it
ụnwert, Ụ... 'ʊnve:ɐ̯t
Ụnwesen 'ʊnve:zn̩
ụnwesentlich 'ʊnve:zn̩tlɪç
Ụnwetter 'ʊnvɛtɐ
ụnwichtig 'ʊnvɪçtɪç
unwiderlegbar ʊnvi:dɐ'le:kba:ɐ̯, *auch:* '-----
unwiderleglich ʊnvi:dɐ'le:klɪç, *auch:* '-----
unwiderruflich ʊnvi:dɐ'ru:flɪç, *auch:* '-----
unwidersprochen ʊnvi:dɐ'ʃprɔxn̩, *auch:* '-----
unwiderstehlich ʊnvi:dɐ'ʃte:lɪç, *auch:* '-----

unwiederbringlich ʊnviːdɐˈbrɪŋlɪç, *auch:* ˈ-----
Unwille[n] ˈʊnvɪlə[n]
unwillig ˈʊnvɪlɪç
unwillkommen ˈʊnvɪlkɔmən
unwillkürlich ˈʊnvɪlkyːɐ̯lɪç, *auch:* --ˈ--
Unwin *engl.* ˈʌnwɪn
unwirklich ˈʊnvɪrklɪç
unwirksam ˈʊnvɪrkzaːm
unwirsch ˈʊnvɪrʃ
unwirtlich ˈʊnvɪrtlɪç
unwirtsam ˈʊnvɪrtzaːm
unwirtschaftlich ˈʊnvɪrtʃaftlɪç
unwissend ˈʊnvɪsn̩t, **-e** ...n̩də
Unwissenheit ˈʊnvɪsn̩hai̯t
unwissenschaftlich ˈʊnvɪsn̩ʃaftlɪç
unwissentlich ˈʊnvɪsn̩tlɪç
unwohl ˈʊnvoːl
Unwohlsein ˈʊnvoːlzai̯n
Unwucht ˈʊnvʊxt
unwürdig ˈʊnvʏrdɪç
Ünye *türk.* ˈynjɛ
Unzahl ˈʊnt͜saːl
unzählbar ʊnˈt͜sɛːlbaːɐ̯, *auch:* ˈ---
unzählig ʊnˈt͜sɛːlɪç, *auch:* ˈ---
unzähmbar ʊnˈt͜sɛːmbaːɐ̯, *auch:* ˈ---
Unze ˈʊnt͜sə
Unzeit ˈʊnt͜sai̯t
unzeitgemäß ˈʊnt͜sai̯tgəmɛːs
unzeitig ˈʊnt͜sai̯tɪç
Unzelmann ˈʊnt͜sl̩man
unzensiert ˈʊnt͜sɛnziːɐ̯t
unzerbrechlich ˈʊnt͜sɛɐ̯brɛçlɪç, *auch:* --ˈ--
unzerreißbar ʊnt͜sɛɐ̯ˈrai̯sbaːɐ̯, *auch:* ˈ----
unzerstörbar ʊnt͜sɛɐ̯ˈʃtøːɐ̯baːɐ̯, *auch:* ˈ----
unzertrennbar ʊnt͜sɛɐ̯ˈtrɛnbaːɐ̯, *auch:* ˈ----
unzertrennlich ʊnt͜sɛɐ̯ˈtrɛnlɪç, *auch:* ˈ----
Unziale ʊnˈt͜si̯aːlə
Unzicker ˈʊnt͜sɪkɐ
unziemend ˈʊnt͜siːmənt, **-e** ...ndə
unziemlich ˈʊnt͜siːmlɪç
unzivilisiert ˈʊnt͜sivilizi:ɐ̯t
Unzucht ˈʊnt͜sʊxt
unzüchtig ˈʊnt͜sʏçtɪç
unzufrieden ˈʊnt͜sufriːdn̩
unzugänglich ˈʊnt͜suːgɛŋlɪç
unzukömmlich ˈʊnt͜suːkœmlɪç
unzulänglich ˈʊnt͜suːlɛŋlɪç
unzulässig ˈʊnt͜suːlɛsɪç
unzumutbar ˈʊnt͜suːmuːtbaːɐ̯, *auch:* --ˈ--
unzurechnungsfähig ˈʊnt͜suːrɛçnʊŋsfɛːɪç
unzureichend ˈʊnt͜suːrai̯çn̩t
unzusammenhängend ˈʊnt͜suzamənhɛŋənt, **-e** ...ndə
unzuständig ˈʊnt͜suːʃtɛndɪç
unzustellbar ˈʊnt͜suːʃtɛlbaːɐ̯
unzuträglich ˈʊnt͜suːtrɛːklɪç
unzutreffend ˈʊnt͜suːtrɛfn̩t, **-e** ...n̩də
unzuverlässig ˈʊnt͜suːfɛɐ̯lɛsɪç
unzweckmäßig ˈʊnt͜svɛkmɛːsɪç
unzweideutig ˈʊnt͜svai̯dɔytɪç
unzweifelhaft ˈʊnt͜svai̯fl̩haft, *auch:* -ˈ---
UP *engl.* juːˈpiː
Upanischad uˈpaːniʃat, **-en** upaniˈʃaːdn̩
Upas ˈuːpas
Update ˈapdeːt
Updike *engl.* ˈʌpdaɪk
Uperisation uperizaˈt͜si̯oːn
uperisieren uperiˈziːrən
upgrade ˈapgreːt
Upholland *engl.* ʌpˈhɔlənd
UPI *engl.* juːpiːˈaɪ
Úpice *tschech.* ˈuːpitsɛ
Upington *engl.* ˈʌpɪŋtən
Upjohn *engl.* ˈʌpdʒɔn
Upland ˈʊplant, *engl.* ˈʌplənd
Upload ˈaploːt
uploaden ˈaploːdn̩, **...d!** ...oːt
Upolu *engl.* uːˈpoʊluː
Uppdal *norw.* ˈʉpdaːl
Upperclass ˈapɐklaːs
Uppercut ˈapɐkat
Upper Hut *engl.* ˈʌpə ˈhʌt
Upperten ˈapɐˈtɛn
üppig ˈʏpɪç, **-e** ...ɪgə
Uppland *schwed.* ˈʊplan[d]
Uppsala ˈʊpsala, *schwed.* ˌupsɑːla
Upstallsboom ˈʊpstalsboːm
up to date ˈaptuˈdeːt
Upton *engl.* ˈʌptən
Upuaut uˈpu̯au̯t
Ur uːɐ̯
Urabá *span.* uraˈβa
Urach ˈuːrax
Urahn[e] ˈuːɐ̯|aːn[ə]
Ural uˈraːl, *russ.* uˈral
uralaltaisch uˈraːl|alˈtaːɪʃ
Uralsk *russ.* uˈraljsk
uralt ˈuːɐ̯|alt
Urämie urɛˈmiː, **-n** ...iːən
urämisch uˈrɛːmɪʃ
Uran uˈraːn
Urania uˈraːni̯a
Uranis *neugr.* uˈranis
Uranismus uraˈnɪsmʊs
Uranist uraˈnɪst
Uranium uˈraːni̯ʊm
Uranium City *engl.* jʊəˈreɪnɪəm ˈsɪtɪ
Uranographie uranograˈfiː
Uranolatrie uranolaˈtriː
Uranologie uranoloˈgiː
Uranometrie uranomeˈtriː
Uranos ˈuːranɔs
Uranoskop uranoˈskoːp
Uranoskopie uranoskoˈpiː
Uranus ˈuːranʊs
urartäisch urarˈtɛːɪʃ
Urartu uˈrartu
urassen ˈuːrasn̩
Urat uˈraːt
uraufführen ˈuːɐ̯ˌ|au̯ffyːrən
Uräus uˈrɛːʊs
Urawa *jap.* uˈrawa
Urbach ˈuːɐ̯bax
Urbain *fr.* yrˈbɛ̃
urban ʊrˈbaːn
Urban ˈʊrbaːn, *engl.* ˈəːbən, *slowak.* ˈurban
Urbana *engl.* əːˈbænə
Urbandale *engl.* ˈəːbəndeɪl
Urbanisation ʊrbanizaˈt͜si̯oːn
urbanisieren ʊrbaniˈziːrən
Urbanistik ʊrbaˈnɪstɪk
Urbanität ʊrbaniˈtɛːt
Urbanitzky ʊrbaˈnɪt͜ski
Urbanus ʊrˈbaːnʊs
urbar ˈuːɐ̯baːɐ̯
Urbar ʊrˈbaːɐ̯, *auch:* ˈuːɐ̯baːɐ̯
urbarial ʊrbaˈri̯aːl
urbarisieren ʊrbariˈziːrən
Urbarium ʊrˈbaːri̯ʊm, **...ien** ...i̯ən
urbi et orbi ˈʊrbi ɛt ˈɔrbi
Urbino *it.* urˈbiːno
Urbs aeterna ˈʊrps ɛˈtɛrna
urchig ˈʊrçɪç, **-e** ...ɪgə
Urd ʊrt
urdeutsch ˈuːɐ̯ˈdɔyt͜ʃ
Ürdinger ˈyːrdɪŋɐ
Urdorf ˈuːɐ̯dɔrf
Urdu ˈʊrdu
Urdunn ʊrˈdʊn
Ure *engl.* jʊə
Urea ˈuːrea
Urease ureˈaːzə
Ureat ureˈaːt
Ureche *rumän.* uˈreke
Uredosporen uˈreːdoʃpoːrən
Ureid ureˈiːt, **-e** ...iːdə

U

ureigen 'u:ɐ̯'|ai̯gn̩
ureigentümlich 'u:ɐ̯-'|ai̯gn̩ty:mlɪç
Ureltern 'u:ɐ̯|ɛltɐn
Urenkel 'u:ɐ̯|ɛŋkl̩
Ureometer ureo'me:tɐ
Urese u're:zə
Ureter u're:tɐ, **-en** ure'te:rən
Ureteritis urete'ri:tɪs, **...itiden** ...ri'ti:dn̩
Urethan ure'ta:n
Urethra u're:tra
urethral ure'tra:l
Urethralgie uretral'gi:, **-n** ...i:ən
Urethrismus ure'trɪsmʊs
Urethritis ure'tri:tɪs, **...itiden** ...ri'ti:dn̩
Urethrodynie uretrody'ni:, **-n** ...i:ən
Urethrorrhö, ...öe uretrɔ'rø:, **...rrhöen** ...'rø:ən
Urethroskop uretro'sko:p
Urethrotomie uretroto'mi:, **-n** ...i:ən
Urethrozele uretro'tse:lə
uretisch u're:tɪʃ
Urewe *engl.* ʊ'reɪweɪ
urewig 'u:ɐ̯'|e:vɪç
Urey *engl.* 'jʊərɪ
Urfa *türk.* 'urfɑ
Urfahr 'u:ɐ̯fa:ɐ̯
Urfé *fr.* yr'fe
Urfehde 'u:ɐ̯fe:də
Urfey, d' *engl.* 'də:fɪ
Urft ʊrft
Urga 'ʊrga
Urgel *span.* ur'xɛl
urgemütlich 'u:ɐ̯gə'my:tlɪç
urgent ʊr'gɛnt
Urgentsch *russ.* ur'gjentʃ
Urgenz ʊr'gɛnts
urgermanisch 'u:ɐ̯gɛrma:nɪʃ
Urgeschichte 'u:ɐ̯gəʃɪçtə
Urgeschichtler 'u:ɐ̯gəʃɪçtlɐ
urgieren ʊr'gi:rən
Urgroßeltern 'u:ɐ̯ˌgro:s|ɛltɐn
Urgroßmutter 'u:ɐ̯ˌgro:smʊtɐ
Ürgüp *türk.* 'yrgyp
Urheber 'u:ɐ̯he:bɐ
Urhidrose u:ɐ̯hi'dro:zə
Urho *finn.* 'urhɔ
Uri 'u:ri
Uria u'ri:a
Urian 'u:ri̯a:n
Urias u'ri:as
Uridrose uri'dro:zə
Uriel 'u:ri̯e:l, *auch:* ...i̯ɛl
urig 'u:rɪç, **-e** ...ɪgə
Urija u'ri:ja
Urikämie urikɛ'mi:
Urin u'ri:n
urinal, U... uri'na:l
urinieren uri'ni:rən
urinös uri'nø:s, **-e** ...ø:zə
Uris *engl.* 'jʊərɪs
Urjupinsk *russ.* u'rjupinsk
urkomisch 'u:ɐ̯'ko:mɪʃ
Urkunde 'u:ɐ̯kʊndə
urkundlich 'u:ɐ̯kʊntlɪç
Úrkút *ung.* 'u:rku:t
Urlaub 'u:ɐ̯lau̯p, **-e** 'u:ɐ̯lau̯bə
Urlinde ʊr'lɪndə
Urmia[see] 'ʊrmi̯a[ze:]
Urmston *engl.* 'ə:mstən
Urne 'ʊrnə
Urner 'ʊrnɐ
urnerisch 'ʊrnərɪʃ
Urnes *norw.* ˈʉ:rne:s
Urninde ʊr'nɪndə
Urning 'ʊrnɪŋ
urnisch 'ʊrnɪʃ
Urobilin urobi'li:n
Urobilinogen urobilino'ge:n
Urobilinurie urobilinu'ri:
Uroboros u'ro:borɔs
Urochesie uroçe'zi:, **-n** ...i:ən
Urochrom uro'kro:m
Urodynie urody'ni:, **-n** ...i:ən
urogenital urogeni'ta:l
Urohämatin urohɛma'ti:n
Urolalie urola'li:, **-n** ...i:ən
Urolith uro'li:t
Urolithiasis uroli'ti:azɪs, **...asen** ...'ti̯a:zn̩
Urologe uro'lo:gə
Urologie urolo'gi:
Uromelanin uromela'ni:n
Urometer uro'me:tɐ
Uromyzeten uromy'tse:tn̩
Urondo *span.* u'rɔndo
Uropenie urope'ni:, **-n** ...i:ən
Urophilie urofi'li:
Urophobie urofo'bi:, **-n** ...i:ən
Uropolemie uropole'mi:
Urosepsis uro'zɛpsɪs
Uroševac *serbokr.* u'rɔ:ʃɛvats
Uroskopie urosko'pi:, **-n** ...i:ən
urplötzlich 'u:ɐ̯'plœtslɪç
Urquhart *engl.* 'ə:kət
Urraca *span.* u'rraka, *port.* ...kɐ
Urs ʊrs
Ursache 'u:ɐ̯zaxə
ursächlich 'u:ɐ̯zɛçlɪç
Urschel 'ʊrʃl̩
urschen 'ʊrʃn̩
Urschweiz 'u:ɐ̯ʃvai̯ts
Ursel[mann] 'ʊrzl̩[man]
Urseren[tal] 'ʊrzərən[ta:l]
Ursina ʊr'zi:na
Ursinus ʊr'zi:nʊs
Ursner 'ʊrsnɐ
Ursprung 'u:ɐ̯ʃprʊŋ
ursprünglich 'u:ɐ̯ʃprʏŋlɪç, *auch:* -'--
urst u:ɐ̯st
Urständ 'u:ɐ̯ʃtɛnt
Ursula 'ʊrzula
Ursuleac *rumän.* ursu'le̯ak
Ursuline ʊrzu'li:nə
Ursulinerin ʊrzu'li:nərɪn
Ursus 'ʊrzʊs, *poln.* 'ursus
Urteil 'ʊrtai̯l
Ur-Teil 'u:ɐ̯tai̯l
Urteilchen (Physik) 'u:ɐ̯tai̯l-çən
urteilen 'ʊrtai̯lən
Urtika ʊr'ti:ka, **...kä** ...kɛ
Urtikaria ʊrti'ka:ri̯a
urtümlich 'u:ɐ̯ty:mlɪç
Uruapan *span.* u'ru̯apan
Urubamba *span.* uru'βamba
Uru[bu] 'u:ru[bu]
Uruguai *bras.* uru'gu̯ai̯
Uruguaiana *bras.* urugu̯a'i̯ena
Uruguay 'u:rugvai̯, 'ʊr..., uru-'gu̯ai̯, *span.* uru'ɣu̯ai̯
Uruguayer 'u:rugvai̯ɐ, 'ʊr..., uru'gu̯ai̯ɐ
uruguayisch 'u:rugvai̯ɪʃ, 'ʊr..., uru'gu̯ai̯ɪʃ
Uruk 'u:rʊk
Urumtschi u'rʊmtʃi, urʊm'tʃi:
Urahn 'u:ɐ̯|u:ɐ̯|a:n
Urvater 'u:ɐ̯fa:tɐ
urverwandt 'u:ɐ̯fɛɐ̯vant
Urville *fr.* yr'vil
Urwald 'u:ɐ̯valt
Urwelt 'u:ɐ̯vɛlt
Ury 'u:ri
Urzidil 'ʊrtsidɪl
US u:'|ɛs, *engl.* ju:'ɛs
USA u:|ɛs'|a:, *auch:* 'u:za, *engl.* ju:ɛs'eɪ
Uşak *türk.* 'uʃɑk
Usakos 'u:zakɔs
Usama u'za:ma
Usambara uzam'ba:ra
US-amerikanisch u:'|ɛs-|amerika:nɪʃ
Usance y'zã:s, **-n** ...sn̩
Usanz u'zants
Usbeke ʊs'be:kə
usbekisch ʊs'be:kɪʃ
Usbekistan ʊs'be:kista[:]n, *russ.* uzbɪkis'tan

U

Uschak ˈʊʃak
Uschakow *russ.* uʃaˈkɔf
Uschanka ʊˈʃaŋka
Uschebti ʊˈʃɛpti
Uschgorod *russ.* ˈuʒgɐrɐt
Usch[k]i ˈʊʃ[k]i, ʊʃˈki:
Usedom ˈu:zədɔm
Usen *russ.* uˈzjenj
User ˈju:zɐ
Userkare uzɛrkaˈre:
Usher *engl.* ˈʌʃə
Ushuaia *span.* uˈsu̯aja
Usie uˈzi:, **-n** ...i:ən
Usiel ˈu:zi̯e:l, *auch:* ...i̯ɛl
Usigli *span.* uˈsiɣli
Usingen ˈu:zɪŋən
Usinger ˈu:zɪŋɐ
Usipeter uˈzi:petɐ
Uskoke ʊsˈkɔkə
Üsküdar *türk.* ˈyskydɑr
Uslar ˈʊslar, *span.* uzˈlar
Uslowaja *russ.* uzlaˈvajɐ
Usnea barbata ˈʊsnea bar-ˈba:ta
Uso ˈu:zo
Uspallata *span.* uspaˈʎata
Uspenski *russ.* usˈpjɛnskij
Ussé *fr.* yˈse
Ussher *engl.* ˈʌʃə
Ussinsk *russ.* uˈsinsk
Ussolje *russ.* uˈsɔljɛ
USSR u:|ɛs|ɛsˈ|ɛr
Ussuri *russ.* usˈsuri
Ussurisk *russ.* ussuˈrijsk
Ustascha ˈʊstaʃa
Ustaw ʊsˈtaf
Uster ˈʊstɐ
Usteri ˈʊstəri
Ústí *tschech.* ˈu:stji:
Ustica *it.* ˈustika
Ustilago ʊstiˈla:go
Ust-Ilimsk *russ.* ustjiˈlimsk
Ustinov *engl.* ˈ[j]u:stɪnɔf
Ustin[ow] *russ.* usˈtin[ɐf]
Ust-Kamenogorsk *russ.* ustjkɐmɪnaˈgɔrsk
Ust-Ordynski *russ.* ustjarˈdɨnskij
U-Strab ˈu:ʃtra[:]p
Üstün *türk.* ysˈtyn
Ust-Urt *russ.* usˈtjurt
usuell uˈzu̯ɛl
Usukapion uzukaˈpi̯o:n
Usulután *span.* usuluˈtan
Usumacinta *span.* usumaˈθinta
Usumbura uzʊmˈbu:ra, *fr.* uzumbuˈra
Usur uˈzu:ɐ̯
Usurpation uzʊrpaˈt͜si̯o:n
Usurpator uzʊrˈpa:to:ɐ̯, **-en** ...paˈto:rən
usurpatorisch uzʊrpaˈto:rɪʃ
usurpieren uzʊrˈpi:rən
Usus ˈu:zʊs
Ususfruktus u:zʊsˈfrʊktʊs
ut ʊt, *fr.* yt
Uta ˈu:ta
Utah ˈju:ta, *engl.* ˈju:tɑ:
Utamaro *jap.* uˈtamaro
Ute ˈu:tə, *engl.* ˈju:t[ɪ]
Utensil utɛnˈzi:l, **-ien** .. i̯ən
uterin uteˈri:n
Uterus ˈu:terʊs, **...ri** ...ri
Utgard ˈu:tgart
U Thant uˈtant
Utica ˈu:tika, *engl.* ˈju:tɪkə
utilisieren utiliˈzi:rən
Utilismus utiˈlɪsmʊs
utilitär utiliˈtɛ:ɐ̯
Utilitarier utiliˈta:ri̯ɐ
Utilitarismus utilitaˈrɪsmʊs
Utilitarist utilitaˈrɪst
Utilität utiliˈtɛ:t
ut infra ʊt ˈɪnfra
Utlande ˈu:tlandə
Uto ˈu:to
Utopia uˈto:pi̯a
Utopie utoˈpi:, **-n** ...i:ən
Utopien uˈto:pi̯ən
utopisch uˈto:pɪʃ
Utopismus utoˈpɪsmʊs
Utopist utoˈpɪst
Utraquismus utraˈkvɪsmʊs
Utraquist utraˈkvɪst
Utrecht ˈu:trɛçt, *niederl.* ˈytrɛxt
Utrechter ˈu:trɛçtɐ
Utrera *span.* uˈtrera
Utricularia utrikuˈla:ri̯a
Utrillo uˈtrɪljo, *fr.* ytriˈjo
Utrum ˈu:trʊm, **...ra** ...ra
Utsjoki *finn.* ˈutsjɔki
Utsunomija *jap.* uˈtsunomija
ut supra ʊt ˈzu:pra
Utta ˈʊta
Uttar Pradesch *engl.* ˈʊtə prə-ˈdeɪʃ
Utterance *engl.* ˈʌtərəns
Uttmann ˈʊtman
Utuado *span.* uˈtu̯aðo
Utz ʊt͜s
Utzon *dän.* ˈudsɔn
Uusimaa *finn.* ˈu:simɑ:
Uvachromie uvakroˈmi:
Uvagras ˈu:vagra:s
Uvala uˈva:la
Uvalde *engl.* ju:ˈvældɪ
Uviolglas® uˈvi̯o:lgla:s
Uvula ˈu:vula, **...lae** ...lɛ
uvular, U... uvuˈla:ɐ̯
Uwarowit uvaroˈvi:t
Uwarowo *russ.* uˈvarɐvɐ
Uwe ˈu:və
Uxbridge *engl.* ˈʌksbrɪdʒ
Uxmal *span.* uzˈmal
Uyo *engl.* ˈu:jɔ:
Uys *afr.* œy̆s
Uyuni *span.* uˈjuni
Uz u:t͜s
uzen ˈu:t͜sn̩
Uzerei u:t͜səˈrai̯
Uzès *fr.* yˈzɛs
Užice *serbokr.* ˈuʒitsɛ
Uznach ˈʊt͜snax
Uzunköprü *türk.* uˈzunkœˌpry
Uzwil ˈʊt͜svi:l

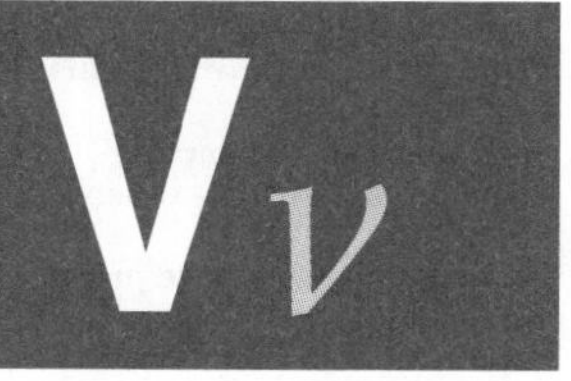

v, V fau̯, *engl.* vi:, *fr.* ve, *it.* vu, *span.* be, ˈuβe
Vaa *norw.* vo:
Vaal va:l, *engl.* vɑ:l, *afr.* fɑ:l
Vaals *niederl.* va:ls
Vaara *finn.* ˈvɑ:rɑ
Vaarandi *estn.* ˈvɑ:rɑndi
Vaasa *finn.* ˈvɑ:sɑ
va banque, Vabanque vaˈbã:k
Vác *ung.* va:ts
Văcărescu *rumän.* vəkəˈresku
Văcăroiu *rumän.* vəkəˈroi̯u
vacat ˈva:kat
Vacaville *engl.* ˈvækəvɪl
Vaccarès *fr.* vakaˈrɛs
Vaccination vakt͜sinaˈt͜si̯o:n
Vaccine vakˈt͜si:nə
Vacha ˈfaxa
Vachek *tschech.* ˈvaxɛk
Vacheleder ˈvaʃle:dɐ
Vacherin vaʃəˈrɛ̃:
Vachetten vaˈʃɛtn̩
vacillando vat͜ʃɪˈlando
Václav *tschech.* ˈva:tslaf
Vaculík *tschech.* ˈvatsuli:k
Vădastra *rumän.* vəˈdastra
Vadder *niederl.* ˈvɑdər
Vademekum vadeˈme:kʊm

Vadianus vaˈdi̯a:nʊs
Vadim *fr.* vaˈdim
Vadium ˈva:di̯ʊm, **...ien** ...i̯ən
Vadodara *engl.* vəˈdoʊdərə
vados vaˈdo:s, **-e** ...o:zə
Vadsø *norw.* ˌvatsø
Vaduz faˈdʊt͜s, *auch:* vaˈdu:t͜s
Vaet *niederl.* va:t
vae victis! ˈvɛ: ˈvɪkti:s
vag va:k, **-e** ˈva:gə
Vág *ung.* va:g
Vagabondage vagabɔnˈda:ʒə
Vagabund vagaˈbʊnt, **-en** ...ndn̩
vagabundieren vagabʊnˈdi:rən
Vagans ˈva:gans
Vagant vaˈgant
Vágar *fär.* ˈvɔ:ar
vage ˈva:gə
vagieren vaˈgi:rən
vagil vaˈgi:l
Vagilität vagiliˈtɛ:t
Vagina vaˈgi:na, *auch:* ˈva:gina
vaginal vagiˈna:l
Vaginismus vagiˈnɪsmʊs
Vaginitis vagiˈni:tɪs, **...itiden** ...niˈti:dn̩
Vaginoskopie vaginoskoˈpi:, **-n** ...i:ən
Vagotomie vagotoˈmi:, **-n** ...i:ən
Vagotonie vagotoˈni:, **-n** ...i:ən
Vagotoniker vagoˈto:nikɐ
Vagotonikum vagoˈto:nikʊm, **...ka** ...ka
vagotrop vagoˈtro:p
Vagus ˈva:gʊs
Váh *tschech., slowak.* va:x
Vahr fa:ɐ̯
Vaičiulaitis *lit.* vai̯tʃjʊˈla:i̯tɪs
Vaihingen ˈfai̯ɪŋən
Vaihinger (Philosoph) ˈfai̯ɪŋɐ, ˈvai̯...
Vailland, ...nt *fr.* vaˈjã
Vair *fr.* vɛ:r
Vaishnava ˈvai̯ʃnava
Vaishya ˈvai̯ʃja
Vaison-la-Romaine *fr.* vɛzõlaroˈmɛn
Vaižgantas *lit.* ˌvai̯ʒgantas
Vajanský *slowak.* ˈvai̯anski:
Vajda *ung.* ˈvɔjdɔ
Vajrayana vad͜ʒraˈja:na
vakant vaˈkant
Vakanz vaˈkant͜s
vakat, V... ˈva:kat
Vakuf *serbokr.* ˌvakuf
Vakuole vaˈku̯o:lə
Vakuum ˈva:kuʊm, **Vakua** ˈva:ku̯a
vakuumieren vakuuˈmi:rən
Vakuummeter ˈva:kuʊmme:tɐ, vakuʊmˈme:tɐ
Vakzin vakˈt͜si:n
Vakzination vakt͜sinaˈt͜si̯o:n
Vakzine vakˈt͜si:nə
vakzinieren vakt͜siˈni:rən
Val (Grammmenge) va:l
Vál *ung.* va:l
Vala *finn.* ˈvɑlɑ
Valadon *fr.* valaˈdõ
Valais *fr.* vaˈlɛ
Valand ˈfa:lant, **-es** ...ndəs
Valašské Meziříčí *tschech.* ˈvalaʃskɛ: ˈmɛzirʒi:tʃi:
Val-Bélair *fr.* valbeˈlɛ:r
Valckenborch, ...rgh *niederl.* ˈvɑlkənbɔrx
Valcour ˈvalku:ɐ̯, *engl.* vælˈkʊə
Val d'Aosta *it.* ˈval daˈɔsta
Val-de-Grâce *fr.* valdəˈgrɑ:s
Valdelomar *span.* baldeloˈmar
Valdepeñas *span.* baldeˈpeɲas
Valderrábano *span.* baldɛˈrraβano
Valdes *engl.* ˈvɑ:ldɛs
Valdés *span.* balˈdes
Valdez *engl.* vælˈdi:z
Val-d'Isère *fr.* valdiˈzɛ:r
Valdivia valˈdi:vi̯a, *span.* balˈdiβi̯a
Val-d'Oise *fr.* valˈdwa:z
Val d'Or *fr.* valˈdɔ:r
Valdosta *engl.* vælˈdɔstə
Valdres *norw.* ˈvaldrəs
Vale *engl.* veɪl, *port.* ˈvalə
vale! ˈva:le
Valediktion valedɪkˈt͜si̯o:n
valedizieren valediˈt͜si:rən
Válek *slowak.* ˈva:ljɛk
Valen *norw.* ˈva:lən
Valença *port.* vɐˈlẽsɐ, *bras.* vaˈlẽsa
Valençay *fr.* valãˈsɛ
Valence *fr.* vaˈlã:s
Valencia vaˈlɛnt͜si̯a, *auch:* vaˈlɛnsi̯a; *span.* baˈlenθi̯a, *engl.* vəˈlɛnʃɪə
Valenciennes *fr.* valãˈsjɛn
Valens ˈva:lɛns
Valente *it.* vaˈlɛnte, *span.* baˈlente
Valentia vaˈlɛnt͜si̯a, *it.* vaˈlɛntsi̯a, *engl.* vəˈlɛnʃɪə
Valentigney *fr.* valãtiˈɲɛ
[1]Valentin (Name) ˈva:lɛnti:n, *fr.* valãˈtɛ̃
[2]Valentin (Komiker) ˈfalɛnti:n
Valentine valɛnˈti:nə, *fr.* valãˈtin, *engl.* ˈvæləntaɪn, ...tɪn
Valentinian valɛntiˈni̯a:n
Valentino *it.* valenˈti:no
Valentinus valɛnˈti:nʊs
Valenz vaˈlɛnt͜s
Valera *span.* baˈlera
Valera, de *engl.* dəvəˈlɛərə
Valère *fr.* vaˈlɛ:r
Valeri *it.* vaˈlɛ:ri
Valeria vaˈle:ri̯a
Valerian valeˈri̯a:n, *auch:* vaˈle:ri̯a:n
Valeriana valeˈri̯a:na
Valeriane valeˈri̯a:nə
Valeriat valeˈri̯a:t
Valerie vaˈle:ri̯ə
Valérie *fr.* valeˈri
Valérien, Mont *fr.* mõvaleˈrjɛ̃
Valerio *it.* vaˈlɛ:ri̯o
Valerius vaˈle:ri̯ʊs, *niederl.* vɑˈle:rɪʏs
Valéry *fr.* valeˈri
Valeska vaˈlɛska
[1]Valet (Lebewohl) vaˈlɛt, vaˈle:t
[2]Valet (Kartenspiel) vaˈle:
valete! vaˈle:tə
valetieren valeˈti:rən
Valeur vaˈlø:ɐ̯
Vali *türk.* ˈva:li
Valiant *engl.* ˈvælɪənt
valid vaˈli:t, **-e** ...i:də
Validation validaˈt͜si̯o:n
validieren valiˈdi:rən
Validität validiˈtɛ:t
Valier vaˈli̯e:
valieren vaˈli:rən
Valin vaˈli:n
Valinda *engl.* vəˈlɪndə
Valium ˈva:li̯ʊm
Valjevo *serbokr.* ˈva:ljɛvɔ
Valkeakoski *finn.* ˈvɑlkɛakɔski
Valkenauer ˈfalkənau̯ɐ
Valkenburg *niederl.* ˈvɑlkənbʏrx
Valkenswaard *niederl.* vɑlkənsˈwa:rt
Valla *it.* ˈvalla
Valladolid *span.* baʎaðoˈlið
Vallauris *fr.* valɔˈris
Valle *it.* ˈvalle, *span.* ˈbaʎe
Valle d'Aosta *it.* ˈvalle daˈɔsta
Valle de la Pascua *span.* ˈbaʎe ðe la ˈpasku̯a
Valle del Cauca *span.* ˈbaʎe ðɛl ˈkau̯ka
Valledupar *span.* baʎeðuˈpar

V

Vallée *fr.* va'le
Valle-Inclán *span.* 'baʎeiŋ'klan
Vallejo *span.* ba'ʎɛxo, *engl.* və'leɪoʊ
Vallena̱r *span.* baʎe'nar
Vạllendar 'faləndar
Vạllentin 'valənti:n
Vạllentuna *schwed.* ˌvaləntʉ:na
vallera̱! falə'ra:, va...
valleri̱, vallera̱! falə'ri:, falə'ra:, *auch:* va... va...
Vallès *fr.* va'lɛs
Vallẹt *fr.* va'lɛ
Vallẹtta va'lɛta, *it.* val'letta, *engl.* və'lɛtə
Valley[field] *engl.* 'vælɪ[fi:ld]
Valley Stream *engl.* 'vælɪ 'stri:m
Vallisne̱ri *it.* valliz'nɛ:ri
Vallisne̱ria valɪs'ne:ri̯a, **...ien** ...i̯ən
Vallois *fr.* va'lwa
Vallombro̱sa *it.* vallom'bro:sa
Vallo̱ne *it.* val'lo:ne
Vallọrbe *fr.* va'lɔrb
Vallọt *fr.* va'lo
Vallot[t]on *fr.* valɔ'tõ
Valmo̱re *fr.* val'mɔ:r
Valmy *fr.* val'mi
Valnẹra *span.* bal'nera
Valois *fr.* va'lwa
Valo̱na *it.* va'lo:na
Va̱lor 'va:lo:ɐ̯, **-en** va'lo:rən
Valorisatio̱n valoriza'tsi̯o:n
valorisie̱ren valori'zi:rən
Valparai̱ser valpara'i:zɐ
Valparai̱so valpara'i:zo, *engl.* vælpə'raɪzoʊ
Valparaíso *span.* balpara'iso
Valpolicẹlla *it.* valpoli'tʃɛlla
Vạls (Schweiz) vals
Valsạlva *it.* val'salva
Vạlsgärde *schwed.* ˌvalsjæ:rdə
Valtelli̱na *it.* valtel'li:na
Valu̱ta va'lu:ta
valutie̱ren valu'ti:rən
Valvasso̱ren valva'so:rən
Valvatio̱n valva'tsi̯o:n
Valve *engl.* vælv
Valvẹrde *span.* bal'βerðe, *it.* val'verde
valvie̱ren val'vi:rən
Vámoš *slowak.* 'va:mɔʃ
Vamp vɛmp
Vampir 'vampi:ɐ̯, vam'pi:ɐ̯
Vampire *engl.* 'væmpaɪə
Vampirịsmus vampi'rɪsmʊs
vạn van, fan, *niederl.* vɑn
Van *engl.* væn, *türk.* vɑn

Vanada̱t vana'da:t
Vanadi̱n vana'di:n
Vanadini̱t vanadi'ni:t
Vana̱dium va'na:di̯ʊm
Van-Allen-... *engl.* væn'ælən...
Vanbrugh *engl.* 'vænbrə, væn'bru:
Van Buren *engl.* væn'bjʊərən
Vance *engl.* vɑ:ns, væns
Vancouver *engl.* væn'ku:və
Vạnčura *tschech.* 'vantʃura
Vanda̱le van'da:lə
Vandalia *engl.* væn'deɪlɪə
vanda̱lisch van'da:lɪʃ
Vandalịsmus vanda'lɪsmʊs
Vandenberg *engl.* 'vændənbə:g
Vạndenhoeck 'fandn̩hu:k
Vanderbijlpark *afr.* fandər'bɛi̯lpark
Vanderbilt *engl.* 'vændəbɪlt
Van der Meersch *fr.* vãdɛr'mɛrʃ
Vandermonde *fr.* vãdɛr'mõ:d
Vandervẹlde *niederl.* vɑndər'vɛldə
Van Diemen *niederl.* vɑn'dimə, *engl.* væn'di:mən
Vandœuvre-lès-Nancy *fr.* vãdœvrəlɛnã'si
Van Do̱ren *engl.* væn'dɔ:rən
Van Dru̱ten *engl.* væn'dru:tn
van Dyck fan 'dai̯k, van -; *niederl.* vɑn'dɛi̯k
Vane *engl.* veɪn
Va̱nen 'va:nən
Vänern *schwed.* ˌvɛ:nərn, '−−
Vänersbọrg *schwed.* vɛ:nərs'bɔrj
Vä̱nersee 'vɛ:nɐze:
Vanẹssa va'nɛsa, *engl.* və'nɛsə
Vangio̱ne vaŋ'gi̯o:nə
Vạn gölụ̈ *türk.* 'vɑn gœ'ly
Vanguard *engl.* 'vængɑ:d
Vạňhal *tschech.* 'vanjhal
Vanier *fr.* va'nje, *engl.* 'vænjeɪ
vanịlle, V... va'nɪljə, va'nɪlə
Vanilli̱n vanɪ'li:n
Van Ịtallie *engl.* væn'ɪtəlɪ
va̱nitas vanita̱tum 'va:nitas vani'ta:tʊm
Vanloo *fr.* vã'lo
Van Loon *engl.* væn'lu:n
Vạnne[s] *fr.* van
Vạnni *it.* vanni
Vannụcci *it.* van'nuttʃi
Vanoise *fr.* va'nwa:z
Van Rẹnsselaer *engl.* væn'rɛnsələ
Vạnsen 'fanzn̩
Vansịttart *engl.* væn'sɪtət

Vạntaa *finn.* 'vɑntɑ:
van't Họff *niederl.* vɑnət 'hɔf
Vantọngerloo *niederl.* vɑn'tɔŋərlo
Van Tyne *engl.* væn'taɪn
Vanu̱a La̱va, - Lẹvu *engl.* vɑ:'nu:ə 'lɑ:və, - 'lɛvu:
Vanua̱tu *engl.* vɑ:nʊ'ɑ:tu:
Van Vẹchten *engl.* væn'vɛktən
Vanves *fr.* vã:v
Vanvitẹlli *it.* vanvi'tɛlli
Van Vlẹck *engl.* væn'vlɛk
Van Wert *engl.* væn'wə:t
Vanzẹtti *it.* van'tsetti
Vapeurs va'pø:ɐ̯s
Vaporẹtto vapo'rɛto, **...tti** ..ti
Vaporime̱ter vapori'me:tɐ
Vaporisatio̱n vaporiza'tsi̯o:n
vaporisie̱ren vapori'zi:rən
[1]**Vaque̱ro** (Cowboy) va'ke:ro
[2]**Vaque̱ro[s]** *span.* ba'kero[s]
Var *fr.* va:r
Varady *ung.* 'vɔrɔdi
Vara̱nasi *engl.* və'rɑ:nəsɪ
Va̱rangerfjord 'va:raŋɐfjɔrt, *norw.* va'raŋərfju:r
Vara̱ždin *serbokr.* vaˌraʒdi:n
Va̱rberg *schwed.* ˌvɑ:rbærj
Vạrchi *it.* 'varki
Vardạ *fr.* var'da
Várda *ung.* 'va:rdɔ
Vạrdar *mak.* 'vardar
Vạrde *dän.* 'vaɐ̯də
Vạrdø *norw.* ˌvardø
Varè *it.* va'rɛ
Va̱rel 'fa:rəl
Varẹla *span.* ba'rela
Varende *fr.* va'rã:d
Vare̱nius va're:ni̯ʊs
Varẹnne[s] *fr.* va'rɛn
Vare̱se *it.* va're:se
Varèse *fr.* va'rɛ:z
Vạrgas *span.* 'barɣas, *bras.* 'vargas
Varg[h]a *ung.* 'vɔrgɔ
Vargi̱nha *bras.* var'ʒiɲa
Va̱ria 'va:ri̯a
varia̱bel va'ri̯a:bl̩, **...ble** ...blə
Variabilitä̱t vari̯abili'tɛ:t
Varia̱ble va'ri̯a:blə
variạnt va'ri̯ant
Variạnte va'ri̯antə
Variạnz va'ri̯ants
varia̱tio delẹctat va'ri̯a:tsi̯o de'lɛktat
Variatio̱n varia'tsi̯o:n
variati̱v vari̯a'ti:f, **-e** ...i:və
Varia̱tor va'ri̯a:to:ɐ̯, **-en** ...i̯a'to:rən

Varietät vari̯e'tɛ:t
Varietee, ...iété vari̯e'te:
Varignon *fr.* vari'ɲõ
variieren vari'i:rən
varikö꞉s vari'kø:s, **-e** ...ø:zə
Varikose vari'ko:zə
Varikosität varikozi'tɛ:t
Varikozele variko'tse:lə
Varin *fr.* va'rɛ̃
Varinas 'va:rinas, va'ri:nas
Väring *schwed.* ˌvæ:riŋ
Vario... 'va:ri̯o...
Variograph vari̯o'gra:f
Variola va'ri:ola; **...lä** ...lɛ, **...len** va'ri̯o:lən
Variolation vari̯ola'tsi̯o:n
Variole va'ri̯o:lə
Variometer vari̯o'me:tɐ
variskisch va'rɪskɪʃ
varistisch va'rɪstɪʃ
Varistor va'rɪsto:ɐ̯, **-en** ...'to:rən
variszisch va'rɪstsɪʃ
Variszit varɪs'tsi:t
Varityper 'vɛritai̯pɐ
Varius 'va:ri̯ʊs
Varix 'va:rɪks, **...izen** va'ri:tsn̩
Varize va'ri:tsə
Varizelle vari'tsɛlə
Varkaus *finn.* 'vɑrkau̯s
Varley *engl.* 'vɑ:lɪ
Varlin 'fa:ɐ̯li:n
Värmland *schwed.* 'værmlan[d]
Värnamo *schwed.* ˌvæ:rnamu:
Varnay 'varnai̯
Varnhagen 'farnha:gn̩
Värnlund *schwed.* ˌvæ:rnlʊnd
Varnsdorf *tschech.* 'varnzdɔrf
Varona *span.* ba'rona
Várpalota *ung.* 'va:rpɔlotɔ
Varro 'varo
Vars *fr.* va:r
Varsinais-Suomi *finn.* 'vɑrsinɑi̯ssu̯omi
Varsovienne varzo'vi̯ɛn, **-n** ...nən
Varta® 'varta
Vartio *finn.* 'vɑrtiɔ
Varuna 'va:runa
Varus 'va:rʊs
Varviso var'vi:zo
Varzin far'tsi:n
Vas *ung.* vɔʃ
Vasa *schwed.* ˌvɑ:sa
vasal va'za:l
Vasalis *niederl.* vɑ'za:lɪs
Vasall va'zal
Vasallität vazali'tɛ:t
Vasarély *fr.* vazare'li
Vasari *it.* va'za:ri
Väschen 'vɛ:sçən
Vasco da Gama 'vasko da 'ga:ma, *port.* 'vaʃku ðɐ 'ɣɐmɐ, *bras.* 'vasku da 'gɐma
Vasconcelos *port.* vɐʃkõ'sɛluʃ, *bras.* vaskõ'sɛlus, *span.* baskɔn'θelos
Vascongadas *span.* baskɔŋ'gaðas
Vascuence *span.* bas'ku̯enθe
Vase 'va:zə
Vasektomie vazɛkto'mi:, **-n** ...i:ən
Vaselin[e] vaze'li:n[ə]
Vasenol® vaze'no:l
Vasile *rumän.* va'sile
vaskular vasku'la:ɐ̯
vaskulär vasku'lɛ:ɐ̯
Vaskularisation vaskulariza'tsi̯o:n
vaskulös vasku'lø:s, **-e** ...ø:zə
Vaslui *rumän.* vas'lui̯
Vasmer 'fasmɐ
Vasodilatator vazodila'ta:to:ɐ̯, **-en** ...ta'to:rən
Vasokonstriktor vazokɔn'strɪkto:ɐ̯, **-en** ...'to:rən
Vasoligatur vazoliga'tu:ɐ̯
Vasomotion vazomo'tsi̯o:n
Vasomotoren vazomo'to:rən
vasomotorisch vazomo'to:rɪʃ
Vasoneurose vazonɔy'ro:zə
Vasoplegie vazople'gi:, **-n** ...i:ən
Vasopressin vazoprɛ'si:n
Vasotomie vazoto'mi:, **-n** ...i:ən
Vassar *engl.* 'væsə
Vassé *fr.* va'se
vast vast
Vastation vasta'tsi̯o:n
Västerås *schwed.* vɛstər'o:s
Västerbotten *schwed.* ˌvɛstərbɔtən
Västergötland *schwed.* ˌvɛstərjø:tlan[d]
Västernorrland *schwed.* ˌvɛstərnɔrlan[d]
Västervik *schwed.* ˌvɛstərvi:k
Västmanland *schwed.* 'vɛstmanlan[d]
Vasvár *ung.* ˌvɔʃva:r
Vaszar[y] *ung.* 'vɔsɔr[i]
Vatan *türk.* vɑ'tɑn
Vater 'fa:tɐ, **Väter** 'fɛ:tɐ
Väterchen 'fɛ:tɐçən
Vaterland 'fa:tɐlant
väterlich 'fɛ:tɐlɪç
Vatersbruder 'fa:tɐsbru:dɐ
Vaterunser fa:tɐ'|ʊnzɐ, *auch:* '--'--
Vati 'fa:ti
Vaticana *it.* vati'ka:na
Vaticano *it.* vati'ka:no
Vatikan vati'ka:n
Vatikanum vati'ka:nʊm
Vatizinium vati'tsi:ni̯ʊm, **...ien** ...i̯ən
Vatnajökull *isl.* 'vahtnajœ:kʏdl
Vatra Dornei *rumän.* 'vatra 'dornei̯
Vattel 'fatl̩
Vättern *schwed.* 'vɛtərn
Vättersee 'vɛtɐze:
Vattina *ung.* 'vɔttinɔ
Vauban *fr.* vo'bã
Vaucanson *fr.* vokã'sõ
Vaucluse *fr.* vo'kly:z
Vaud *fr.* vo
Vaudémont *fr.* vode'mõ
Vaudeville vodə'vi:l, vo:t'vɪl
Vaudreuil *fr.* vo'drœj
Vaugelas *fr.* vo'ʒlɑ
Vaughan *engl.* vɔ:n
Vaugoin *fr.* vo'gwɛ̃
Vaupés *span.* bau̯'pes
Vauquelin de la Fresnaye *fr.* voklɛ̃dlafrɛ'nɛ
Vaut[h]ier *fr.* vo'tje
Vauvenargues *fr.* vov'narg
Vaux *engl.* vɔ:z, vɔks, vɔ:ks, voʊks, *fr.* vo
Vauxhall *engl.* 'vɔks[h]ɔ:l
Vaux-le-Vicomte *fr.* volvi'kõ:t
Vavau *engl.* vɑ:'vaʊ
Vaxholm *schwed.* ˌvakshɔlm
Växjö *schwed.* ˌvɛkʃø:
Vaz *port.* vaʃ, *bras.* vas
vazieren va'tsi:rən
Vázquez *span.* 'baθkeθ
VEBA 'fe:ba
Veblen *engl.* 'vɛblən
Vecchi *it.* 'vɛkki
Vecchietta *it.* vek'ki̯etta
Vecchio *it.* 'vɛkki̯o
Vecelli *it.* ve'tʃɛlli
Vecellio *it.* ve'tʃɛlli̯o
Vechta 'fɛçta
Vechte 'fɛçtə
Veda 've:da
Vedette ve'dɛtə
vedisch 've:dɪʃ
Vedova *it.* 've:dova
Vedute ve'du:tə
[1]**Veen** fe:n
[2]**Veen** (Name) *niederl.* ve:n
Veendam *niederl.* ve:n'dɑm

V

Veenendaal *niederl.* 've:nən-da:l
Veere *niederl.* 've:rə
Veerhoff 'fe:ɐ̯hɔf
Vefsn *norw.* 'vɛfsən
Vega 've:ga, *span.* 'beɣa
Vega Alta, - Baja *span.* 'beɣa 'alta, - 'βaxa
vegan ve'ga:n
Veganer ve'ga:nɐ
Veganismus vega'nɪsmʊs
Vegesack 'fe:gəzak
Vegetabilien vegeta'bi:li̯ən
vegetabil[isch] vegeta'bi:l[ɪʃ]
Vegetarianer vegeta'ri̯a:nɐ
Vegetarianismus vegetari̯a'nɪs-mʊs
Vegetarier vege'ta:ri̯ɐ
vegetarisch vege'ta:rɪʃ
Vegetarismus vegeta'rɪsmʊs
Vegetation vegeta'tsi̯o:n
vegetativ vegeta'ti:f, **-e** ...i:və
vegetieren vege'ti:rən
Végh *ung.* ve:g
Veghe 'fe:gə
Veghel *niederl.* 've:ɣəl
Vegio *it.* 'vɛ:dʒo
Vegius 've:gi̯ʊs
Veglia *it.* 'veʎʎa
vehement vehe'mɛnt
Vehemenz vehe'mɛnts
Vehikel ve'hi:kl̩
Veidt fait
Veigelein 'faigəlain
Veigerl 'faigɐl
Veil *fr.* vɛj
Veilchen 'failçən
Veillon *fr.* vɛ'jõ
Veilsdorf 'failsdɔrf
Veit fait
Veitshöchheim faits'hø:çhaim
Veji 've:ji
Vejle *dän.* 'vailə
Vektor 'vɛkto:ɐ̯, **-en** ...'to:rən
vektoriell vɛkto'ri̯ɛl
[1]**Vela** *it.* 've:la, *span.* 'bela
[2]**Vela** vgl. Velum
Velamen ve'la:mən
Vela palatina vgl. Velum pala-tinum
velar, V... ve'la:ɐ̯
velarisieren velari'zi:rən
Velasco *span.* be'lasko
Velatice *tschech.* 'vɛlatjitsɛ
Velay *fr.* və'lɛ
Velazquez ve'laskɛs
Velázquez *span.* be'laθkeθ
Velber[t] 'fɛlbɐ[t]
Velde 'fɛldə, *niederl.* 'vɛldə
Veldeke 'fɛldəkə
Veldes 'fɛldəs
Veldhoven *niederl.* 'vɛltho:və
Velebit *serbokr.* vɛˌlɛbit
Velehrad *tschech.* 'vɛlɛhrat
Velen 'fe:lən
Velence[itó] *ung.* 'vɛlɛntsɛ[ito:]
Velencer 'vɛlɛntsɐ
Velenje *slowen.* vɛ'le:njɛ
Veles *serbokr.* ˌvɛlɛs
Vélez *span.* 'beleθ
Velhagen 'fɛlha:gn̩
Velin ve'li:n, *auch:* ve'lɛ̃:
Velké Losiny *tschech.* 'vɛlkɛ: 'lɔsini
Velké Meziříčí *tschech.* 'vɛlkɛ: 'mɛzirʒi:tʃi:
Vellberg 'fɛlbɛrk
Velleität vɛlei'tɛ:t
Velleius ve'le:jʊs
Velletri *it.* vel'le:tri
Vellin vɛ'li:n
Vellmar 'fɛlmar
Vellore *engl.* vɛ'lɔ:
Velo 've:lo
veloce ve'lo:tʃə
Velodrom velo'dro:m
Velour və'lu:ɐ̯, *auch:* ve'lu:ɐ̯
Velours və'lu:ɐ̯, *auch:* ve'lu:ɐ̯, **des -** ...lu:ɐ̯[s], **die -** ...lu:ɐ̯s
veloutieren valu'ti:rən, *auch:* vel...
Veloutine valu'ti:n, *auch:* vel...
Veloziped velotsi'pe:t, **-e** ...e:də
Velozipedist velotsipe'dɪst
Velpel 'fɛlpl̩
Velsen *niederl.* 'vɛlsə
Velten 'fɛltn̩
Veltheim 'fɛlthaim
Veltlin vɛlt'li:n, *auch:* fɛ...
Velum 've:lʊm, **Vela** 've:la
Velum palatinum 've:lʊm pala-'ti:nʊm, **Vela ...na** 've:la ...na
Velutus ve'lu:tʊs
Veluwe *niederl.* 've:lywə
Velvet 'vɛlvət
Ven *schwed.* ve:n
Venado *span.* be'naðo
venal ve'na:l
Venantius ve'nantsi̯ʊs
Vence *fr.* vɑ̃:s
Venda 'vɛnda
Vendee vɑ̃'de:
Vendée *fr.* vɑ̃'de
Vendeer vɑ̃'de:ɐ
Vendel *schwed.* 'vɛndəl
Vendemiaire vɑ̃de'mi̯ɛ:ɐ̯
Vendetta vɛn'dɛta
Vendôme *fr.* vɑ̃'do:m
Vendômois *fr.* vɑ̃do'mwa
Vendsyssel *dän.* 'vensysl̩
Vene 've:nə
Veneder 've:nedɐ
Venedig ve'ne:dɪç
Venediger ve'ne:dɪgɐ
Veneficium vene'fi:tsi̯ʊm, **...ia** ...i̯a
Venektasie venɛkta'zi:, **-n** ...i:ən
venenös vene'nø:s, **-e** ...ø:zə
Venenum ve'ne:nʊm, **...na** ...na
venerabel vene'ra:bl̩, **...ble** ...blə
Venerabile vene'ra:bile
venerabilis, V... vene'ra:bilɪs
Veneration venera'tsi̯o:n
venerieren vene'ri:rən
venerisch ve'ne:rɪʃ
Venerologe venero'lo:gə
Venerologie venerolo'gi:
venerologisch venero'lo:gɪʃ
Venerophobie venerofo'bi:, **-n** ...i:ən
Veneter 've:netɐ
Venetia ve'ne:tsi̯a
Venetien ve'ne:tsi̯ən
Veneto *it.* 'vɛ:neto
Venetus 've:netʊs
Venezia ve'ne:tsi̯a, *it.* ve'nɛt-tsi̯a
Venezianer vene'tsi̯a:nɐ
venezianisch vene'tsi̯a:nɪʃ
Veneziano *it.* venet'tsi̯a:no
Venezolaner venetso'la:nɐ
venezolanisch venetso'la:nɪʃ
Venezuela vene'tsu̯e:la, *span.* bene'θu̯ela
Venezueler vene'tsu̯e:lɐ
venezuelisch vene'tsu̯e:lɪʃ
veni, vidi, vici 've:ni 'vi:di 'vi:tsi
Veni, creator spiritus! 've:ni kre'a:to:ɐ̯ 'spi:ritʊs
Veni, sancte spiritus! 've:ni 'zaŋktə 'spi:ritʊs
Venia Legendi 've:ni̯a le'gɛndi
Venice *engl.* 'vɛnɪs
Vénissieux *fr.* veni'sjø
Venlo *niederl.* 'vɛnlo

[1]**Venn** fɛn
[2]**Venn** (Name) fɛn, *engl.* vɛn
Vennberg *schwed.* ˌvɛnbærj
Venne *niederl.* 'vɛnə
Venner 'fɛnɐ
Vennesla *norw.* ˌvɛnəsla

venös veˈnøːs, **-e** ...øːzə

Venosta *it.* veˈnɔsta

Venraij *niederl.* ˈvɛnraːi̯

Venta *span.* ˈbenta

Ventadour *fr.* vɑ̃taˈduːr

Ventana Cave *engl.* vɛnˈtænə ˈkeɪv

Ventidius vɛnˈtiːdi̯ʊs

Ventil vɛnˈtiːl

Ventilabro ventiˈlaːbro

Ventilation vɛntilaˈt͡si̯oːn

Ventilator vɛntiˈlaːtoːɐ̯, **-en** ...laˈtoːrən

ventilieren vɛntiˈliːrən

Ventimiglia *it.* ventiˈmiʎʎa

Ventnor *engl.* ˈvɛntnə

Vento ˈvɛnto

Ventose, -s vɑ̃ˈtoːs

Ventoux *fr.* vɑ̃ˈtu

ventral vɛnˈtraːl

ventre à terre ˈvɑ̃ːtrə a ˈtɛːɐ̯

Ventriculus vɛnˈtriːkulʊs, **...li** ...li

Ventrikel vɛnˈtriːkl̩

ventrikular vɛntrikuˈlaːɐ̯

ventrikulär vɛntrikuˈlɛːɐ̯

Ventriloquismus vɛntriloˈkvɪsmʊs

Ventriloquist vɛntriloˈkvɪst

Ventris *engl.* ˈvɛntrɪs

Ventspils *lett.* ˈvɛntspɪls

Ventura *it.* venˈtuːra, *engl.* vɛnˈtʊərə, *span.* benˈtura

Venturi *it.* venˈtuːri, *engl.* vɛnˈtʊərɪ

Venus ˈveːnʊs

Venuti *engl.* vəˈnuːtɪ

Vera *dt., it.* ˈveːra, *engl.* ˈvɪərə, *span.* ˈbera

verabfolgen fɛɐ̯ˈ|apfɔlgn̩

verabsolutieren fɛɐ̯|apzoluˈtiːrən

Verächter fɛɐ̯ˈ|ɛçtɐ

verächtlich fɛɐˈ|ɛçtlɪç

Veracini *it.* veraˈtʃiːni

Veracruz veraˈkruːs, *span.* beraˈkruθ

Verakruz veraˈkruːs

veralgen fɛɐ̯ˈ|algn̩, **...g!** ...lk, **...gt** ...lkt

verallgemeinern fɛɐ̯ˈ|algəˈmai̯nɐn

veralten fɛɐ̯ˈ|altn̩

Veranda veˈranda

veranlagen fɛɐ̯ˈ|anlaːgn̩, **...g!** ...aːk, **...gt** ...aːkt

veranschaulichen fɛɐ̯ˈ|anʃau̯lɪçn̩

veranstalten fɛɐ̯ˈ|anʃtaltn̩

Verapaz *span.* beraˈpaθ

veräppeln fɛɐ̯ˈ|ɛpl̩n

verargen fɛɐ̯ˈ|argn̩, **...g!** ...rk, **...gt** ...rkt

verarmen fɛɐ̯ˈ|armən

verarschen fɛɐ̯ˈ|arʃn̩, *auch:* ...aːɐ̯ʃn̩

verarzten fɛɐ̯ˈ|aːɐ̯t͡stn̩, *auch:* fɛɐ̯ˈ|art͡stn̩

veraschen fɛɐ̯ˈ|aʃn̩

verästeln fɛɐ̯ˈ|ɛstl̩n

Veratrin veraˈtriːn

verausgaben fɛɐ̯ˈ|au̯sgaːbn̩, **...b!** ...aːp, **...bt** ...aːpt

verauslagen fɛɐ̯ˈ|au̯slaːgn̩, **...g!** ...aːk, **...gt** ...aːkt

veräußerlichen fɛɐ̯ˈ|ɔy̯sɐlɪçn̩

Verazio veˈraːt͡si̯o

Verazität verat͡siˈtɛːt

Verb vɛrp, **-en** ˈvɛrbn̩

Verba vgl. Verbum

verbal vɛrˈbaːl

Verbale vɛrˈbaːlə, **...lien** ...li̯ən

verbalisieren vɛrbaliˈziːrən

Verbalismus vɛrbaˈlɪsmʊs

Verbalist vɛrbaˈlɪst

verbaliter vɛrˈbaːlitɐ

verballhornen fɛɐ̯ˈbalhɔrnən

Verband fɛɐ̯ˈbant

Verbania *it.* verˈbaːni̯a

Verbano *it.* verˈbaːno

verbaseln fɛɐ̯ˈbaːzl̩n, **verbasle** ...ˈbaːzlə

Verbaskum vɛrˈbaskʊm

verbauern fɛɐ̯ˈbau̯ɐn

verbeamten fɛɐ̯bəˈ|amtn̩

Verbene vɛrˈbeːnə

verbi causa ˈvɛrbi ˈkau̯za

Verbier *fr.* vɛrˈbje

Verbiest *niederl.* vərˈbist

verbiestern fɛɐ̯ˈbiːstɐn

Verbigeration vɛrbigeraˈt͡si̯oːn

verbi gratia ˈvɛrbi ˈgraːt͡si̯a

verbildlichen fɛɐ̯ˈbɪltlɪçn̩

verbindlich fɛɐ̯ˈbɪntlɪç

verbittern fɛɐ̯ˈbɪtɐn

Verbleib fɛɐ̯ˈblai̯p, **-es** ...ai̯bəs

verbleien fɛɐ̯ˈblai̯ən

verblichen fɛɐ̯ˈblɪçn̩

verblöden fɛɐ̯ˈbløːdn̩, **...d!** ...øːt

verblüffen fɛɐ̯ˈblʏfn̩

verblümt fɛɐ̯ˈblyːmt

verbodmen fɛɐ̯ˈboːdmən

verborgen fɛɐ̯ˈbɔrgn̩

verbos vɛrˈboːs, **-e** ...oːzə

verbösern fɛɐ̯ˈbøːzɐn, **...sre** ...zrə

Verbosität vɛrboziˈtɛːt

Verbot fɛɐ̯ˈboːt

verbotenus vɛrˈboːtenʊs

verbrämen fɛɐ̯ˈbrɛːmən

verbreitern fɛɐ̯ˈbrai̯tɐn

verbriefen fɛɐ̯ˈbriːfn̩

verbrüdern fɛɐ̯ˈbryːdɐn, **...dre** ...drə

Verbruggen *niederl.* vərˈbrʏɣə

Verbum ˈvɛrbʊm, **Verba** ˈvɛrba

Verbum [abstractum, attributivum, finitum, infinitum] ˈvɛrbʊm [apˈstraktʊm, atribuˈtiːvʊm, fiˈniːtʊm, ˈɪnfiniːtʊm]

verbumfeien fɛɐ̯ˈbʊmfai̯ən

verbumfiedeln fɛɐ̯ˈbʊmfiːdl̩n, **dle...** dlə

Verbund fɛɐ̯ˈbʊnt

verbünden fɛɐ̯ˈbʏndn̩, **...d!** ...nt

Verbunkos *ung.* ˈvɛrbuŋkoʃ

verbüxen fɛɐ̯ˈbʏksn̩

Vercammen *niederl.* vərˈkɑmə

Vercellä vɛrˈt͡sɛlɛ

Vercelli *it.* verˈtʃɛlli

verchristlichen fɛɐ̯ˈkrɪstlɪçn̩

verchromen fɛɐ̯ˈkroːmən

Vercingetorix vɛrt͡sɪŋˈgeːtorɪks

Vercors *fr.* vɛrˈkɔːr

Verdacht fɛɐ̯ˈdaxt

verdächtig fɛɐ̯ˈdɛçtɪç, **-e** ...ɪgə

verdächtigen fɛɐ̯ˈdɛçtɪgn̩, **...g!** ...ɪç, **...gt** ...ɪçt

Verdaguer *kat.* bərðəˈɣe

Verdal *norw.* ˌværːdaːl

verdammen fɛɐ̯ˈdamən

Verdammnis fɛɐ̯ˈdamnɪs

verdarb fɛɐ̯ˈdarp

verdarben fɛɐ̯ˈdarbn̩

verdarbt fɛɐ̯ˈdarpt

verdaten fɛɐ̯ˈdaːtn̩

verdattert fɛɐ̯ˈdatɐt

verdauen fɛɐ̯ˈdau̯ən

Verde *port.* ˈverdə

Verdelot *fr.* vɛrdəˈlo

Verden ˈfeːɐ̯dn̩

Verderb fɛɐ̯ˈdɛrp, **-es** ...rbəs

verderben fɛɐ̯ˈdɛrbn̩, **...bt** ...rpt

verderblich fɛɐ̯ˈdɛrplɪç

Verderbnis fɛɐ̯ˈdɛrpnɪs, **-se** ...ɪsə

verdeutlichen fɛɐ̯ˈdɔy̯tlɪçn̩

verdeutschen fɛɐ̯ˈdɔy̯t͡ʃn̩

[1]**Verdi** ˈvɛrdi, *it.* ˈverdi

[2]**Verdi, ver.di** ˈvɛrdi

Verdienst fɛɐ̯ˈdiːnst

verdient fɛɐ̯ˈdiːnt

Verdigris *engl.* ˈvəːdɪgriːs

Verdikt vɛrˈdɪkt

Verding fɛɐ̯ˈdɪŋ
verdinglichen fɛɐ̯ˈdɪŋlɪçn̩
verdirb! fɛɐ̯ˈdɪrp
verdirbt fɛɐ̯ˈdɪrpt
verdolen fɛɐ̯ˈdoːlən
Verdon *fr.* vɛrˈdõ
verdorben fɛɐ̯ˈdɔrbn̩
verdorren fɛɐ̯ˈdɔrən
verdreifachen fɛɐ̯ˈdraifaxn̩
verdrießen fɛɐ̯ˈdriːsn̩
verdrießlich fɛɐ̯ˈdriːslɪç
verdross fɛɐ̯ˈdrɔs
Verdross ˈfɛrdrɔs
verdrösse fɛɐ̯ˈdrœsə
verdrossen fɛɐ̯ˈdrɔsn̩
Verdruss fɛɐ̯ˈdrʊs
verdummen fɛɐ̯ˈdʊmən
verdumpfen fɛɐ̯ˈdʊmpfn̩
Verdun *fr.* vɛrˈdœ̃
verdünnen fɛɐ̯ˈdʏnən
verdünnisieren fɛɐ̯dʏniˈziːrən
verdürbe fɛɐ̯ˈdʏrbə
verdürbt fɛɐ̯ˈdʏrpt
Verdure vɛrˈdyːrə
verdutzt fɛɐ̯ˈdʊtst
Vere *engl.* vɪə
veredeln fɛɐ̯ˈ|eːdl̩n, **...dle** ...dlə
Vereeniging *afr.* fərˈeːnəxəŋ
vereiden fɛɐ̯ˈ|aidn̩, **...d!** ...ait
vereidigen fɛɐ̯ˈ|aidɪgn̩, **...g!** ...ɪç, **...gt** ...ɪçt
Verein fɛɐ̯ˈ|ain
vereinbaren fɛɐ̯ˈ|ainbaːrən
vereinfachen fɛɐ̯ˈ|ainfaxn̩
vereinheitlichen fɛɐ̯ˈ|ainhaitlɪçn̩
vereinnahmen fɛɐ̯ˈ|ainnaːmən
vereinsamen fɛɐ̯ˈ|ainzaːmən
vereinseitigen fɛɐ̯ˈ|ainzaitɪgn̩, **...g!** ...ɪç, **...gt** ...ɪçt
Vereinsmeierei fɛɐ̯|ainsmaiəˈrai
vereinzeln fɛɐ̯ˈ|aintsl̩n
vereiteln fɛɐ̯ˈ|aitl̩n
verelenden fɛɐ̯ˈ|eːlɛndn̩, **...d!** ...nt
Verena veˈreːna
verengen fɛɐ̯ˈ|ɛŋən
verengern fɛɐ̯ˈ|ɛŋɐn
Veres[s] *ung.* ˈvɛrɛʃ
verestern fɛɐ̯ˈ|ɛstɐn
verewigen fɛɐ̯ˈ|eːvɪgn̩, **...g!** ...ɪç, **...gt** ...ɪçt
Verfahren fɛɐ̯ˈfaːrən
Verfall fɛɐ̯ˈfal
verfänglich fɛɐ̯ˈfɛŋlɪç
Verfasser fɛɐ̯ˈfasɐ
verfeinden fɛɐ̯ˈfaindn̩, **...d!** ...nt
verfeinern fɛɐ̯ˈfainɐn
verfemen fɛɐ̯ˈfeːmən
verfinstern fɛɐ̯ˈfɪnstɐn
verflachen fɛɐ̯ˈflaxn̩
verflixt fɛɐ̯ˈflɪkst
verflüchtigen fɛɐ̯ˈflʏçtɪgn̩, **...g!** ...ɪç, **...gt** ...ɪçt
verflüssigen fɛɐ̯ˈflʏsɪgn̩, **...g!** ...ɪç, **...gt** ...ɪçt
Verfolg fɛɐ̯ˈfɔlk, **-es** ...lgəs
Verfolgte fɛɐ̯ˈfɔlktə
verfrachten fɛɐ̯ˈfraxtn̩
verfrühen fɛɐ̯ˈfryːən
verführerisch fɛɐ̯ˈfyːrərɪʃ
Verga *it.* ˈverga
Vergabe fɛɐ̯ˈgaːbə
vergaben fɛɐ̯ˈgaːbn̩, **...b!** ...aːp, **...bt** ...aːpt
vergackeiern fɛɐ̯ˈgak|aiɐn
vergagt fɛɐ̯ˈgɛkt
vergällen fɛɐ̯ˈgɛlən
Vergangenheit fɛɐ̯ˈgaŋənhait
vergänglich fɛɐ̯ˈgɛŋlɪç
verganten fɛɐ̯ˈgantn̩
vergaß fɛɐ̯ˈgaːs
vergäße fɛɐ̯ˈgɛːsə
vergebens fɛɐ̯ˈgeːbn̩s
vergeblich fɛɐ̯ˈgeːplɪç
vergegenständlichen fɛɐ̯ˈgeːgn̩ʃtɛntlɪçn̩
vergegenwärtigen fɛɐ̯ˈgeːgn̩vɛrtɪgn̩, ---ˈ---, **...g!** ...ɪç, **...gt** ...ɪçt
Vergehen fɛɐ̯ˈgeːən
vergeistigen fɛɐ̯ˈgaistɪgn̩, **...g!** ...ɪç, **...gt** ...ɪçt
Vergennes *fr.* vɛrˈʒɛn
vergent vɛrˈgɛnt
Vergenz vɛrˈgɛnts
Vergerio *it.* verˈdʒɛːrio
vergesellschaften fɛɐ̯gəˈzɛlʃaftn̩
vergessen fɛɐ̯ˈgɛsn̩
vergesslich fɛɐ̯ˈgɛslɪç
vergeuden fɛɐ̯ˈgɔydn̩, **...d!** ...ɔyt
vergewaltigen fɛɐ̯gəˈvaltɪgn̩, **...g!** ...ɪç, **...gt** ...ɪçt
vergewissern fɛɐ̯gəˈvɪsɐn
Vergil vɛrˈgiːl
Vergilius vɛrˈgiːliʊs
Vergine *it.* ˈverdʒine
vergiss! fɛɐ̯ˈgɪs
Vergissmeinnicht fɛɐ̯ˈgɪsmainnɪçt
vergisst fɛɐ̯ˈgɪst
Vergleich fɛɐ̯ˈglaiç
vergnatzt fɛɐ̯ˈgnatst
vergnügen fɛɐ̯ˈgnyːgn̩, **...g!** ...yːk, **...gt** ...yːkt
Vergnügen fɛɐ̯ˈgnyːgn̩
vergnüglich fɛɐ̯ˈgnyːklɪç
vergnügt fɛɐ̯ˈgnyːkt
vergolden fɛɐ̯ˈgɔldn̩, **...d!** ...lt
vergotten fɛɐ̯ˈgɔtn̩
vergöttern fɛɐ̯ˈgœtɐn
vergrätzen fɛɐ̯ˈgrɛtsn̩
vergreisen fɛɐ̯ˈgraizn̩, **...s!** ...ais, **...st** ...aist
vergrellen fɛɐ̯ˈgrɛlən
vergröbern fɛɐ̯ˈgrøːbɐn, **...bre** ...brə
vergrößern fɛɐ̯ˈgrøːsɐn
vergroßstädtern fɛɐ̯ˈgroːsʃtɛːtɐn, *auch:* ...ʃtɛtɐn
vergülden fɛɐ̯ˈgʏldn̩, **...d!** ...lt
Vergunst fɛɐ̯ˈgʊnst
vergünstigen fɛɐ̯ˈgʏnstɪgn̩, **...g!** ...ɪç, **...gt** ...ɪçt
vergüten fɛɐ̯ˈgyːtn̩
Verhack[ert] fɛɐ̯ˈhak[ɐt]
Verhaeren *fr.* vɛrɑˈrɛn
Verhalten fɛɐ̯ˈhaltn̩
Verhältnis fɛɐ̯ˈhɛltnɪs, **-se** ...ɪsə
Verhängnis fɛɐ̯ˈhɛŋnɪs, **-se** ...ɪsə
verharmlosen fɛɐ̯ˈharmloːzn̩, **...s!** ...oːs, **...st** ...oːst
verhärmt fɛɐ̯ˈhɛrmt
verharschen fɛɐ̯ˈharʃn̩
verhasst fɛɐ̯ˈhast
verhatscht fɛɐ̯ˈhaːtʃt
Verhau fɛɐ̯ˈhau
verheddern fɛɐ̯ˈhɛdɐn, **...ddre** ...drə
verheeren fɛɐ̯ˈheːrən
verheimlichen fɛɐ̯ˈhaimlɪçn̩
Verhelst fɛɐ̯ˈhɛlst, *niederl.* vərˈhɛlst
verherrlichen fɛɐ̯ˈhɛrlɪçn̩
verhochdeutschen fɛɐ̯ˈhoːxdɔytʃn̩
Verhoeven fɛɐ̯ˈhøːvn̩
verhohlen fɛɐ̯ˈhoːlən
verhohnepipeln fɛɐ̯ˈhoːnəpiːpl̩n
Verhör fɛɐ̯ˈhøːɐ̯
verhornen fɛɐ̯ˈhɔrnən
Verhulst *niederl.* vərˈhʏlst
verhundertfachen fɛɐ̯ˈhʊndɐtfaxn̩
Verhüterli fɛɐ̯ˈhyːtɐli
verhütten fɛɐ̯ˈhʏtn̩
verhutzelt fɛɐ̯ˈhʊtsl̩t
Verifikation verifikaˈtsioːn
verifizieren verifiˈtsiːrən
Veringenstadt ˈfeːrɪŋənʃtat

verinnerlichen fɛɐ̯ˈlɪnɐlɪçn̩

Verismo veˈrɪsmo

Verismus veˈrɪsmʊs

Verissimo *bras.* veˈrisimu

Verist veˈrɪst

veritabel veriˈta:bl̩, **...ble** ...blə

Verités de Fait veriˈte: də ˈfɛ:

Verités de Raison veriˈte də rɛˈzõ:

verjüngen fɛɐ̯ˈjʏŋən

Verkade *niederl.* vərˈka:də

verkadmen fɛɐ̯ˈkatmən

verkamisolen fɛɐ̯kamiˈzo:lən

verkapseln fɛɐ̯ˈkapsl̩n

verkarsten fɛɐ̯ˈkarstn̩

verkasematuckeln fɛɐ̯ka:zəmaˈtʊkl̩n

verkästen fɛɐ̯ˈkɛstn̩

verkatert fɛɐ̯ˈka:tɐt

Verkauf fɛɐ̯ˈkau̯f

Verkäufer fɛɐ̯ˈkɔy̯fɐ

Verkehr fɛɐ̯ˈke:ɐ̯

verkieseln fɛɐ̯ˈki:zl̩n, **...sle** ...zlə

verkitschen fɛɐ̯ˈkɪtʃn̩

verklammen fɛɐ̯ˈklamən

verklaren fɛɐ̯ˈkla:rən

verklauseln fɛɐ̯ˈklau̯zl̩n, **...sle** ...zlə

verklausulieren fɛɐ̯klau̯zuˈli:rən

verkleinern fɛɐ̯ˈklai̯nɐn

verklommen fɛɐ̯ˈklɔmən

verkloppen fɛɐ̯ˈklɔpn̩

verklüften fɛɐ̯ˈklʏftn̩

verknassen fɛɐ̯ˈknasn̩

verknasten fɛɐ̯ˈknastn̩

verknöchern fɛɐ̯ˈknœçɐn

verknorpeln fɛɐ̯ˈknɔrpl̩n

verknusen fɛɐ̯ˈknu:zn̩, **...s!** ...u:s, **...st** ...u:st

Verkolje *niederl.* vərˈkɔljə

verkorksen fɛɐ̯ˈkɔrksn̩

verkörpern fɛɐ̯ˈkœrpɐn

verköstigen fɛɐ̯ˈkœstɪgn̩, **...g!** ...ɪç, **...gt** ...ɪçt

verkraften fɛɐ̯ˈkraftn̩

verkrusten fɛɐ̯ˈkrʊstn̩

Verlag fɛɐ̯ˈla:k, **-es** ...a:gəs

Verlaine *fr.* vɛrˈlɛn

verlängern fɛɐ̯ˈlɛŋɐn

verlangsamen fɛɐ̯ˈlaŋza:mən

Verlass fɛɐ̯ˈlas

verlässigen fɛɐ̯ˈlɛsɪgn̩, **...g!** ...ɪç, **...gt** ...ɪçt

verlässlich fɛɐ̯ˈlɛslɪç

Verlaub fɛɐ̯ˈlau̯p

Verlauf fɛɐ̯ˈlau̯f

verlautbaren fɛɐ̯ˈlau̯tba:rən

verlebendigen fɛɐ̯leˈbɛndɪgn̩, **...g!** ...ɪç, **...gt** ...ɪçt

verlegen (Adjektiv) fɛɐ̯ˈle:gn̩

Verleih fɛɐ̯ˈlai̯

verleitgeben fɛɐ̯ˈlai̯tge:bn̩

verletzen fɛɐ̯ˈlɛtsn̩

verleumden fɛɐ̯ˈlɔy̯mdn̩, **...d!** ...mt

verleumderisch fɛɐ̯ˈlɔy̯mdərɪʃ

verlieren fɛɐ̯ˈli:rən

Verlies fɛɐ̯ˈli:s, **-e** ...i:zə

Verlöbnis fɛɐ̯ˈlø:pnɪs, **-se** ...ɪsə

verlogen fɛɐ̯ˈlo:gn̩, **...gne** ...gnə

verlor fɛɐ̯ˈlo:ɐ̯

verlöre fɛɐ̯ˈlø:rə

verloren fɛɐ̯ˈlo:rən

Verlust fɛɐ̯ˈlʊst

verlustieren fɛɐ̯lʊsˈti:rən

verlustig fɛɐ̯ˈlʊstɪç, **-e** ...ɪgə

Vermächtnis fɛɐ̯ˈmɛçtnɪs, **-se** ...ɪsə

vermählen fɛɐ̯ˈmɛ:lən

vermaledeien fɛɐ̯maleˈdai̯ən

vermannigfachen fɛɐ̯ˈmanɪçfaxn̩

vermännlichen fɛɐ̯ˈmɛnlɪçn̩

vermarken fɛɐ̯ˈmarkn̩

vermasseln fɛɐ̯ˈmasl̩n

vermassen fɛɐ̯ˈmasn̩

Vermeer *niederl.* vərˈme:r

vermeil, V... *fr.* vɛrˈmɛj

Vermeille vɛrˈmɛ:jə

vermeintlich fɛɐ̯ˈmai̯ntlɪç

vermenschlichen fɛɐ̯ˈmɛnʃlɪçn̩

Vermerk fɛɐ̯ˈmɛrk

vermessen (Adjektiv) fɛɐ̯ˈmɛsn̩

Vermey[l]en *niederl.* vərˈmɛi̯[l]ə

Vermicelli vɛrmiˈtʃɛli

vermickert fɛɐ̯ˈmɪkɐt

vermieft fɛɐ̯ˈmi:ft

vermiekert fɛɐ̯ˈmi:kɐt

vermiesen fɛɐ̯ˈmi:zn̩, **...s!** ...i:s, **...st** ...i:st

vermiform vɛrmiˈfɔrm

vermifug vɛrmiˈfu:k, **-e** ...ˈfu:gə

Vermifugum vɛrˈmi:fugʊm, **...ga** ...ga

Vermigli *it.* vɛrˈmiʎʎi

vermikular vɛrmikuˈla:ɐ̯

Vermillion *engl.* vəˈmɪljən

Vermillon vɛrmiˈjõ:

verminen fɛɐ̯ˈmi:nən

vermizid, V... vɛrmiˈtsi:t, **-e** ...i:də

vermöbeln fɛɐ̯ˈmø:bl̩n, **...ble** ...blə

vermöge fɛɐ̯ˈmø:gə

Vermögen fɛɐ̯ˈmø:gn̩

vermögend fɛɐ̯ˈmø:gn̩t, **-e** ...n̩də

Vermont vɛrˈmɔnt, *engl.* və:ˈmɔnt

vermooren fɛɐ̯ˈmo:rən

vermorschen fɛɐ̯ˈmɔrʃn̩

vermottet fɛɐ̯ˈmɔtət

vermückert fɛɐ̯ˈmʏkɐt

vermükert fɛɐ̯ˈmy:kɐt

vermummen fɛɐ̯ˈmʊmən

vermundarten fɛɐ̯ˈmʊntǀa:ɐ̯tn̩

vernachlässigen fɛɐ̯ˈna:xlɛsɪgn̩, **...g!** ...ɪç, **...gt** ...ɪçt

Vernakular... vɛrnakuˈla:ɐ̯...

Vernalisation vɛrnalizaˈtsi̯o:n

vernalisieren vɛrnaliˈzi:rən

Vernation vɛrnaˈtsi̯o:n

Vernatsch fɛrˈnatʃ

Verne *fr.* vɛrn

vernehmlich fɛɐ̯ˈne:mlɪç

verneinen fɛɐ̯ˈnai̯nən

Verner *dän.* ˈvɛɐ̯ˈnɐ

Vernet *fr.* vɛrˈnɛ

Verneuil *fr.* vɛrˈnœj

vernichten fɛɐ̯ˈnɪçtn̩

vernickeln fɛɐ̯ˈnɪkl̩n

verniedlichen fɛɐ̯ˈni:tlɪçn̩

Vernier *fr.* vɛrˈnje

Vernis mou vɛrˈni: ˈmu:

Vernissage vɛrnɪˈsa:ʒə

Vernon *engl.* ˈvə:nən, *fr.* vɛrˈnõ

Vernunft fɛɐ̯ˈnʊnft

Vernünftelei fɛɐ̯nʏnftəˈlai̯

vernünfteln fɛɐ̯ˈnʏnftl̩n

vernünftig fɛɐ̯ˈnʏnftɪç, **-e** ...ɪgə

Vernünftler fɛɐ̯ˈnʏnftlɐ

vernuten fɛɐ̯ˈnu:tn̩

Vero Beach *engl.* ˈvɪəroʊ ˈbi:tʃ

veröffentlichen fɛɐ̯ˈǀœfn̩tlɪçn̩

Verona *it.* veˈro:na, *engl.* vəˈroʊnə

Veronal® veroˈna:l

[1]**Veronese** (Bewohner von Verona) veroˈne:zə

[2]**Veronese** (Name) *it.* veroˈne:se

Veroneser veroˈne:zɐ

veronesisch veroˈne:zɪʃ

Veronica veˈro:nika, *it.* veˈrɔ:nika

Verónica *span.* beˈronika

Veronika veˈro:nika

Véronique *fr.* verɔˈnik

verpesten fɛɐ̯ˈpɛstn̩

verpflichten fɛɐ̯ˈpflɪçtn̩

verpfründen fɛɐ̯ˈpfrʏndn̩, **...d!** ...nt

verplomben fɛɐ̯ˈplɔmbn̩, **...b!** ...mp, **...bt** ...mpt

verpönen fɛɐ̯ˈpøːnən

verpoppen fɛɐ̯ˈpɔpn̩

verproletarisieren fɛɐ̯proletariˈziːrən

verproviantieren fɛɐ̯provi̯anˈtiːrən

verquer fɛɐ̯ˈkveːɐ̯

verquicken fɛɐ̯ˈkvɪkn̩

verquisten fɛɐ̯ˈkvɪstn̩

verquollen fɛɐ̯ˈkvɔlən

verrabbensacken fɛɐ̯ˈrabn̩zakn̩

verrabbesacken fɛɐ̯ˈrabəzakn̩

Verrall *engl.* ˈverɔːl

verrannt fɛɐ̯ˈrant

Verrat fɛɐ̯ˈraːt

Verräter fɛɐ̯ˈrɛːtɐ

Verräterei fɛɐ̯rɛːtəˈrai̯

verratzt fɛɐ̯ˈrat͡st

Verrazano *it.* verratˈtsaːno, *engl.* verəˈzɑːnoʊ

verrenten fɛɐ̯ˈrɛntn̩

Verres ˈvɛrɛs

Verri *it.* ˈvɛrri

Verriest *niederl.* vərˈrist

Verrillon veriˈjõː

Verrina vɛˈriːna

verringern fɛɐ̯ˈrɪŋɐn

Verrocchio *it.* verˈrɔkki̯o

verrohen fɛɐ̯ˈroːən

verrohren fɛɐ̯ˈroːrən

Verroterie cloisonnée vɛrotəˈriː klo̯azɔˈneː

Verroterien vɛrotəˈriːən

verrotten fɛɐ̯ˈrɔtn̩

Verruca *it.* verˈruːka

Verrucano vɛruˈkaːno

verrucht fɛɐ̯ˈruːxt

verrückt fɛɐ̯ˈrʏkt

Verrue *fr.* vɛˈry

verrukös vɛruˈkøːs, **-e** ...øːzə

verrunzelt fɛɐ̯ˈrʊnt͡sl̩t

Vers fɛrs, **-e** ˈfɛrzə

Versace *it.* verˈsaːt͡ʃe

versachlichen fɛɐ̯ˈzaxlɪçn̩

Ver sacrum ˈveːɐ̯ ˈzaːkrʊm

Versailler vɛrˈzai̯ɐ

Versailles vɛrˈzai̯, *fr.* vɛrˈsɑːj, *engl.* vəˈseɪlz

Versal vɛrˈzaːl, **-ien** ...i̯ən

Versand fɛɐ̯ˈzant, **-es** ...ndəs

versatil vɛrzaˈtiːl

Versatilität vɛrzatiliˈtɛːt

versaubeuteln fɛɐ̯ˈzau̯bɔy̯tl̩n

versauern fɛɐ̯ˈzau̯ɐn

Versäumnis fɛɐ̯ˈzɔy̯mnɪs, **-se** ...ɪsə

Vers blancs ˈvɛːɐ̯ ˈblãː

verschachtelt fɛɐ̯ˈʃaxtl̩t

Verschaeve *niederl.* vərˈsxaːvə

Verschaffelt fɛɐ̯ˈʃafl̩t, *niederl.* vərˈsxɑfəlt

verschämt fɛɐ̯ˈʃɛːmt

verschandeln fɛɐ̯ˈʃandl̩n, **...dle** ...dlə

verscheißern fɛɐ̯ˈʃai̯sɐn

verschieden fɛɐ̯ˈʃiːdn̩, **...dne** ...dnə

verschiedentlich fɛɐ̯ˈʃiːdn̩tlɪç

verschilfen fɛɐ̯ˈʃɪlfn̩

verschimpfieren fɛɐ̯ʃɪmˈp͡fiːrən

verschlanken fɛɐ̯ˈʃlaŋkn̩

verschlechtern fɛɐ̯ˈʃlɛçtɐn

verschleiern fɛɐ̯ˈʃlai̯ɐn

Verschleiß fɛɐ̯ˈʃlai̯s

verschlimmbessern fɛɐ̯ˈʃlɪmbɛsɐn

verschlossen fɛɐ̯ˈʃlɔsn̩

verschlüsseln fɛɐ̯ˈʃlʏsl̩n

verschmitzt fɛɐ̯ˈʃmɪt͡st

verschmockt fɛɐ̯ˈʃmɔkt

verschmust fɛɐ̯ˈʃmuːst

verschnupft fɛɐ̯ˈʃnʊp͡ft

verschollen fɛɐ̯ˈʃɔlən

verschönern fɛɐ̯ˈʃøːnɐn

verschorfen fɛɐ̯ˈʃɔrfn̩

verschrie[e]n fɛɐ̯ˈʃriː[ə]n

verschriften fɛɐ̯ˈʃrɪftn̩

verschroben fɛɐ̯ˈʃroːbn̩

verschüchtern fɛɐ̯ˈʃʏçtɐn

Verschuer fɛɐ̯ˈʃyːɐ̯

verschütt fɛɐ̯ˈʃʏt

verschwägern fɛɐ̯ˈʃvɛːgɐn, **...gre** ...grə

verschwägert fɛɐ̯ˈʃvɛːgɐt

verschwiegen fɛɐ̯ˈʃviːgn̩

verschwistern fɛɐ̯ˈʃvɪstɐn

Vers commun, - -s ˈvɛːɐ̯ kɔˈmœ̃ː

Verse ˈfɛrzə

Versehen fɛɐ̯ˈzeːən

versehentlich fɛɐ̯ˈzeːəntlɪç

versehren fɛɐ̯ˈzeːrən

verselbständigen fɛɐ̯ˈzɛlpʃtɛndɪgn̩, **...g!** ...ɪç, **...gt** ...ɪçt

verselbstständigen fɛɐ̯ˈzɛlpstʃtɛndɪgn̩, **...g!** ...ɪç, **...gt** ...ɪçt

versessen fɛɐ̯ˈzɛsn̩

Versetto vɛrˈzɛto, **...tti** ...ti

verseuchen fɛɐ̯ˈzɔy̯çn̩

Vershofen ˈfɛrshoːfn̩

versieren vɛrˈziːrən

Versifex ˈvɛrzifɛks

versifft fɛɐ̯ˈzɪft

Versifikation vɛrzifikaˈt͡si̯oːn

versifizieren vɛrzifiˈt͡siːrən

Versikel vɛrˈziːkl̩

versilbern fɛɐ̯ˈzɪlbɐn, **...bre** ...brə

Versi liberi ˈverzi ˈliːberi

versinnbilden fɛɐ̯ˈzɪnbɪldn̩

versinnbildlichen fɛɐ̯ˈzɪnbɪltlɪçn̩

versinnlichen fɛɐ̯ˈzɪnlɪçn̩

Version vɛrˈzi̯oːn

versippen fɛɐ̯ˈzɪpn̩

Versi sciolti ˈverzi ˈʃɔlti

versklaven fɛɐ̯ˈsklaːvn̩, *auch:* ...aːfn̩, **...v!** ...aːf, **...vt** ...aːft

Vers libres ˈvɛːɐ̯ ˈliːbrə

verslumen fɛɐ̯ˈslamən

Versmold ˈfɛrsmɔlt

versnoben fɛɐ̯ˈsnɔbn̩, **...b!** ...ɔp, **...bt** ...ɔpt

Verso ˈvɛrzo

versoffen fɛɐ̯ˈzɔfn̩

versöhnen fɛɐ̯ˈzøːnən

versöhnlich fɛɐ̯ˈzøːnlɪç

Versoix *fr.* vɛrˈswa

versonnen fɛɐ̯ˈzɔnən

versotten fɛɐ̯ˈzɔtn̩

verspakt fɛɐ̯ˈʃpaːkt

verspäten fɛɐ̯ˈʃpɛːtn̩

verspießern fɛɐ̯ˈʃpiːsɐn

verspillern fɛɐ̯ˈʃpɪlɐn

versponnen fɛɐ̯ˈʃpɔnən

Verspronck *niederl.* vərˈsprɔŋk

verspünden fɛɐ̯ˈʃpʏndn̩, **...d!** ...nt

verstaatlichen fɛɐ̯ˈʃtaːtlɪçn̩

verstädtern fɛɐ̯ˈʃtɛːtɐn, *auch:* ...ˈʃtɛtɐn

verstadtlichen fɛɐ̯ˈʃtatlɪçn̩

Verstand fɛɐ̯ˈʃtant

verständig fɛɐ̯ˈʃtɛndɪç

verständigen fɛɐ̯ˈʃtɛndɪgn̩, **...g!** ...ɪç, **...gt** ...ɪçt

verständlich fɛɐ̯ˈʃtɛntlɪç

Verständnis fɛɐ̯ˈʃtɛntnɪs, **-se** ...ɪsə

verstäten fɛɐ̯ˈʃtɛːtn̩

verstatten fɛɐ̯ˈʃtatn̩

Versteck fɛɐ̯ˈʃtɛk

Versteckenspielen fɛɐ̯ˈʃtɛkn̩ʃpiːlən

versteinern fɛɐ̯ˈʃtai̯nɐn

versteppen fɛɐ̯ˈʃtɛpn̩

verstetigen fɛɐ̯ˈʃteːtɪgn̩, **...g!** ...ɪç, **...gt** ...ɪçt

verstiegen fɛɐ̯ˈʃtiːgn̩

verstohlen fɛɐ̯ˈʃtoːlən

verstorben fɛɐ̯ˈʃtɔrbn̩

verstört fɛɐ̯ˈʃtøːɐ̯t

Verstoß fɛɐ̯ˈʃtoːs

verstromen fɛɐ̯ˈʃtroːmən

verstrubbeln fɛɐ̯ˈʃtrʊbl̩n, **...bble** ...blə
verstümmeln fɛɐ̯ˈʃtʏml̩n
verstummen fɛɐ̯ˈʃtʊmən
Versuch fɛɐ̯ˈzuːx
versunken fɛɐ̯ˈzʊŋkn̩
Versur vɛrˈzuːɐ̯
versus ˈvɛrzʊs
Versus memoriales ˈvɛrzuːs memoˈri̯aːleːs
Versus quadratus ˈvɛrzʊs kvaˈdraːtʊs, - **...ti** ...zuːs ...ti
Versus rapportati ˈvɛrzuːs rapɔrˈtaːti
Versus rhopalici ˈvɛrzuːs roˈpaːlit͜si
Vert *fr.* vɛːr
vertatur! vɛrˈtaːtʊr
vertauben fɛɐ̯ˈta͜ubn̩, **...b!** ...a͜up, **..bt** ...a͜upt
vertäuen fɛɐ̯ˈtɔyən
vertausendfachen fɛɐ̯ˈta͜uzn̩tfaxn̩
vertausendvielfältigen fɛɐ̯ˈta͜uzn̩tfiːlfɛltɪgn̩, **...g!** ...ɪç, **...gt** ...ɪçt
verte, si placet! ˈvɛrtə ziː ˈplaːt͜sɛt
verte! ˈvɛrtə
vertebragen vɛrtebraˈgeːn
vertebral vɛrteˈbraːl
Vertebrat[e] vɛrteˈbraːt[ə]
verteidigen fɛɐ̯ˈta͜idɪgn̩, **...g!** ...ɪç, **...gt** ...ɪçt
Vértes *ung.* ˈveːrtɛʃ
Vértesszőllős *ung.* ˈveːrtɛssøːløːʃ
verteuern fɛɐ̯ˈtɔyɐn
verteufeln fɛɐ̯ˈtɔyfl̩n
Vertex ˈvɛrtɛks, **...tices** ...tit͜seːs
vertiefen fɛɐ̯ˈtiːfn̩
[1]**vertieren** (zum Tier werden) fɛɐ̯ˈtiːrən
[2]**vertieren** (umwenden, übersetzen) vɛrˈtiːrən
vertiginös vɛrtigiˈnøːs, **-e** ...øːzə
vertikal vɛrtiˈkaːl
vertikalisieren vɛrtikaliˈziːrən
Vertikalismus vɛrtikaˈlɪsmʊs
Vertiko ˈvɛrtiko
vertikulieren vɛrtikuˈliːrən
vertikutieren vɛrtikuˈtiːrən
Vertizillaten vɛrtit͜sɪˈlaːtn̩
vertobaken fɛɐ̯ˈtoːbakn̩
vertorfen fɛɐ̯ˈtɔrfn̩
vertrackt fɛɐ̯ˈtrakt
Vertrag fɛɐ̯ˈtraːk, **-es** ...traːgəs, **...träge** ...trɛːgə
vertraglich fɛɐ̯ˈtraːklɪç
verträglich fɛɐ̯ˈtrɛːklɪç
vertrusten fɛɐ̯ˈtrastn̩, *seltener* ...rʊs...
Vertumnalien vɛrtʊmˈnaːli̯ən
Vertumnus vɛrˈtʊmnʊs
verübeln fɛɐ̯ˈ|yːbl̩n, **...ble** ...blə
Verulam *engl.* ˈvɛrʊləm
verunechten fɛɐ̯ˈ|ʊn|ɛçtn̩
verunedeln fɛɐ̯ˈ|ʊn|eːdl̩n, **...dle** ...dlə
verunehren fɛɐ̯ˈ|ʊn|eːrən
veruneinigen fɛɐ̯ˈ|ʊn|a͜inɪgn̩
verunfallen fɛɐ̯ˈ|ʊnfalən
verunglimpfen fɛɐ̯ˈ|ʊnglɪmp͜fn̩
verunglücken fɛɐ̯ˈ|ʊnglʏkn̩
verunheiligen fɛɐ̯ˈ|ʊnha͜ilɪgn̩
verunklaren fɛɐ̯ˈ|ʊnklaːrən
verunkrauten fɛɐ̯ˈ|ʊnkra͜utn̩
verunmöglichen fɛɐ̯ˈ|ʊnmøːklɪçn̩
verunsichern fɛɐ̯ˈ|ʊnzɪçɐn
verunstalten fɛɐ̯ˈ|ʊnʃtaltn̩
veruntreuen fɛɐ̯ˈ|ʊntrɔyən
verunzieren fɛɐ̯ˈ|ʊnt͜siːrən
verursachen fɛɐ̯ˈ|uːɐ̯zaxn̩
Verus ˈveːrʊs
Verve ˈvɛrvə
vervielfachen fɛɐ̯ˈfiːlfaxn̩
vervielfältigen fɛɐ̯ˈfiːlfɛltɪgn̩, **...g!** ...ɪç, **...gt** ...ɪçt
vervierfachen fɛɐ̯ˈfiːɐ̯faxn̩
Verviers *fr.* vɛrˈvje
Vervins *fr.* vɛrˈvɛ̃
vervollkommnen fɛɐ̯ˈfɔlkɔmnən
vervollständigen fɛɐ̯ˈfɔlʃtɛndɪgn̩, **...g!** ...ɪç, **...gt** ...ɪçt
Verwahr fɛɐ̯ˈvaːɐ̯
verwahrlosen fɛɐ̯ˈvaːɐ̯loːzn̩, **...s!** ...oːs, **...st** ...oːst
Verwahrsam fɛɐ̯ˈvaːɐ̯zaːm
verwaisen fɛɐ̯ˈva͜izn̩, **...s!** ...a͜is, **...st** ...a͜ist
Verwallgruppe fɛɐ̯ˈvalgrʊpə
verwandt fɛɐ̯ˈvant
verwanzen fɛɐ̯ˈvant͜sn̩
verwegen fɛɐ̯ˈveːgn̩
verweiblichen fɛɐ̯ˈva͜iplɪçn̩
verweichlichen fɛɐ̯ˈva͜içlɪçn̩
Verweis fɛɐ̯ˈva͜is, **-e** ...a͜izə
verweltlichen fɛɐ̯ˈvɛltlɪçn̩
verwesen fɛɐ̯ˈveːzn̩, **...s!** ...eːs, **...st** ...eːst
verweslich fɛɐ̯ˈveːslɪç
verwestlichen fɛɐ̯ˈvɛstlɪçn̩
Verwey *niederl.* vərˈwɛi̯
Verweyen fɛɐ̯ˈva͜iən
verwichen fɛɐ̯ˈvɪçn̩
verwinkelt fɛɐ̯ˈvɪŋkl̩t
verwirklichen fɛɐ̯ˈvɪrklɪçn̩
verwissenschaftlichen fɛɐ̯ˈvɪsn̩ʃaftlɪçn̩
verwitwet fɛɐ̯ˈvɪtvət
Verwoerd *afr.* fərˈvuːrt
verwöhnen fɛɐ̯ˈvøːnən
Verworn fɛɐ̯ˈvɔrn
verworren fɛɐ̯ˈvɔrən
verwunden fɛɐ̯ˈvʊndn̩, **...d!** ...nt
verwunschen fɛɐ̯ˈvʊnʃn̩
Very *engl.* ˈvɪərɪ, ˈvɛrɪ
verzehnfachen fɛɐ̯ˈt͜seːnfaxn̩
Verzehr fɛɐ̯ˈt͜seːɐ̯
Verzicht fɛɐ̯ˈt͜sɪçt
verzichten fɛɐ̯ˈt͜sɪçtn̩
verzinnen fɛɐ̯ˈt͜sɪnən
verzogen fɛɐ̯ˈt͜soːgn̩
verzopft fɛɐ̯ˈt͜sɔp͜ft
verzundern fɛɐ̯ˈt͜sʊndɐn, **...dre** ...drə
verzwackt fɛɐ̯ˈt͜svakt
verzweigen fɛɐ̯ˈt͜sva͜ign̩, **...g!** ...a͜ik, **...gt** ...a͜ikt
verzwergen fɛɐ̯ˈt͜svɛrgn̩, **...g!** ...rk, **...gt** ...rkt
verzwickt fɛɐ̯ˈt͜svɪkt
Vesaas *norw.* ˈveːsoːs
Vesal[ius] veˈzaːl[i̯ʊs]
Vesdre *fr.* vɛsdr
Veselinović *serbokr.* vɛsɛˌliːnɔvit͜ɕ
Vesey *engl.* ˈviːzɪ
Vesica veˈziːka, **...cae** ...t͜sɛ
vesikal veziˈkaːl
Vesikans veˈziːkans, **...ntia** veziˈkant͜si̯a, **...nzien** veziˈkant͜si̯ən
Vesikatorium vezikaˈtoːri̯ʊm, **...ien** ...i̯ən
vesikulär vezikuˈlɛːɐ̯
vesikulös vezikuˈløːs, **-e** ...øːzə
Vesoul *fr.* vəˈzul
Vespa® ˈvɛspa
Vespasian[us] vɛspaˈzi̯aːn[ʊs]
Vesper ˈfɛspɐ
vespern ˈfɛspɐn
Vespri Siciliani *it.* ˈvɛspri sitʃiˈli̯aːni
Vespucci vɛsˈpʊtʃi, *it.* vesˈputtʃi
Vesta ˈvɛsta
Vest-Agder *norw.* ˌvɛstagdər
Vestale *it.* vesˈtaːle
Vestalin vɛsˈtaːlɪn

Vestavia Hills *engl.* vɛsˈteɪvɪə ˈhɪlz
Vestdijk *niederl.* ˈvɛzddɛi̯k
Veste ˈfɛstə
Vesterålen *norw.* ˈvɛstəro:lən
Vestfjord *norw.* ˈvɛstfju:r
Vestfold *norw.* ˌvɛstfɔl
Vestibül vɛstiˈby:l
Vestibular... vɛstibuˈla:ɐ̯...
Vestibulum vɛsˈti:bulʊm, **...la** ...la
Vestitur vɛstiˈtu:ɐ̯
Vestmannaeyjar *isl.* ˈvɛstmanaɛi̯jar
Veston vɛsˈtõ:
Vestris *it.* ˈvɛstris
Vestvågøy *norw.* ˌvɛstvo:gœi̯
Vesuv veˈzu:f
Vesuvian vezuˈvi̯a:n
vesuvisch veˈzu:vɪʃ
Veszprém *ung.* ˈvɛspre:m
Veszprim ˈvɛsprɪm
Vetera ˈve:tera
Veteran veteˈra:n
veterinär, V... veteriˈnɛ:ɐ̯
Vetlanda *schwed.* ˌve:tlanda
Veto ˈve:to
Vetorin vetoˈri:n
Vetschau ˈfɛtʃau̯
Vetsera ˈvɛt͡sera
Vettel ˈfɛtl̩
Vetter ˈfɛtɐ
Vetterleswirtschaft ˈfɛtɐləsvɪrtʃaft
Vetterliwirtschaft ˈfɛtɐlivɪrtʃaft
Vettersfelde fɛtɐsˈfɛldə
Vettius ˈvɛti̯ʊs
Vetturino vɛtuˈri:no, **...ni** ...ni
Vetus Latina ˈve:tʊs laˈti:na
Veuillot *fr.* vœˈjo
Vevey *fr.* vəˈvɛ
Vexation vɛksaˈt͡si̯o:n
vexatorisch vɛksaˈto:rɪʃ
vexieren vɛˈksi:rən
Vexilla regis vɛˈksɪla ˈre:gɪs
Vexillologie vɛksɪloloˈgi:
Vexillum vɛˈksɪlʊm, **...lla** ...la
Vézelay *fr.* veˈzlɛ
Vézère *fr.* veˈzɛ:r
Vezier veˈzi:ɐ̯
vezzoso vɛˈt͡so:zo
via ˈvi:a
Via *dt., it.* ˈvi:a
Via Appia ˈvi:a ˈapi̯a
Viadana *it.* viaˈda:na
Viadukt vi̯aˈdʊkt
Via Eminentiae ˈvi:a emiˈnɛnt͡si̯ɛ
VIAG ˈfi:ak
Viagra® ˈvi̯a:gra
via il sordino ˈvi:a ɪl zɔrˈdi:no
Vialar *fr.* vjaˈla:r
Via Mala ˈvi:a ˈma:la
Via moderna ˈvi:a moˈdɛrna
Vian *fr.* vjã
Viana *port.* ˈvi̯ɐnɐ
Viana do Castelo *port.* ˈvi̯ɐnɐ ðu kɐʃˈtɛlu
Vianden ˈfi̯andn̩
Via Negationis ˈvi:a negaˈt͡si̯o:nɪs
Vianen *niederl.* viˈa:nə
Viani *it.* viˈa:ni
Vianna *port.* ˈvi̯ɐnɐ, *bras.* ˈvi̯ɐna
Vianney *fr.* vjaˈnɛ
Viarda ˈvi̯arda
Viardot *fr.* vjarˈdo
Viareggio *it.* viaˈreddʒo
Viața Românească *rumän.* viˈatsa romɨˈne̯askə
Viatikum ˈvi̯a:tikʊm, **...ka** ...ka
Viau[d] *fr.* vjo
Viborg *dän.* ˈvibɔɐ̯ˀ, *schwed.* ˈvi:bɔrj
Vibrant viˈbrant
Vibraphon vibraˈfo:n
Vibraphonist vibrafoˈnɪst
Vibration vibraˈt͡si̯o:n
vibrato viˈbra:to
Vibrato viˈbra:to, **...ti** ...ti
Vibrator viˈbra:to:ɐ̯, **-en** ...raˈto:rən
vibrieren viˈbri:rən
Vibrio ˈvi:brio, **-nen** vibriˈo:nən
Vibrogramm vibroˈgram
Vibrograph vibroˈgra:f
Vibromassage ˈvi:bromasa:ʒə
Vibrorezeptoren vibroret͡sɛpˈto:rən
Viburnum viˈbʊrnʊm
Vicari viˈka:ri
Vicelinus vit͡seˈli:nʊs
Vicente *span.* biˈθente, *port.* viˈsentə, *bras.* viˈsenti
vicentinisch vitʃɛnˈti:nɪʃ
Vicentino *it.* vitʃenˈti:no
Vicenza *it.* viˈtʃɛntsa
vice versa ˈvi:t͡sə ˈvɛrza
Vich *span.* bik
Vichada *span.* biˈtʃaða
Vichy viˈʃi:, *fr.* viˈʃi
Vicker[s] *engl.* ˈvɪkə[z]
Vicki ˈvɪki
Vicksburg *engl.* ˈvɪksbə:g
Vicky ˈvɪki
Vico *it.* ˈvi:ko
Vicomte viˈkõ:t
Vicomtesse vikõˈtɛs, **-n** ...sn̩
Vicosoprano *it.* vikosoˈpra:no
Vic-sur-Cère *fr.* viksyrˈsɛ:r
Vic-sur-Seille *fr.* viksyrˈsɛj
Victimologie vɪktimoloˈgi:
Victor ˈvɪkto:ɐ̯, *engl.* ˈvɪktə, *fr.* vikˈtɔ:r
Víctor *span.* ˈbiktɔr
Victoria vɪkˈto:ri̯a, *engl.* vɪkˈtɔ:rɪə, *fr.* viktɔˈrja, *rumän.* vikˈtoria, *span.* bikˈtori̯a, *schwed.* vikˈtu:rja
Victoria regia vɪkˈto:ri̯a ˈre:gi̯a
Victoriaville *engl.* vɪkˈtɔ:rɪəvɪl
Victorine vɪktoˈri:nə, *fr.* viktɔˈrin
Victorinus vɪktoˈri:nʊs
Victorius vɪkˈto:ri̯ʊs
Victors *niederl.* ˈvɪktɔrs
Victorville *engl.* ˈvɪktəvɪl
[1]**Vicuña** viˈkʊnja,
[2]**Vicuña** (Name) *span.* biˈkuɲa
Vicús *span.* biˈkus
Vida *it.* ˈvi:da, *serbokr.* ˌvi:da
Vidal *fr., bras.* viˈdal, *engl.* vi:ˈdɑ:l, vaɪdl
Vidal de la Blache *fr.* vidaldəlaˈblaʃ
vide! ˈvi:də
videatur videˈa:tʊr
Videm-Krško *slowen.* ˈvi:dəmˈkərʃkɔ
Video ˈvi:deo
Videograph videoˈgra:f
videographieren videograˈfi:rən
Videothek videoˈte:k
Videothekar videoteˈka:ɐ̯
vidi, V... ˈvi:di
Vidie *fr.* viˈdi
vidieren viˈdi:rən
Vidikon ˈvi:diko:n, **-e** ˈvi:diˈko:nə
Vidimation vidimaˈt͡si̯o:n
Vidimatum vidiˈma:tʊm, **...ta** ...ta
vidimieren vidiˈmi:rən
vidit ˈvi:dɪt
Vidmar *slowen.* ˈvidmar
Vidor *engl.* ˈvi:dɔ:
Vidrić *serbokr.* ˈvidritɕ
Viebahn ˈfi:ba:n
Viebig ˈfi:bɪç
Viech fi:ç
Viecherei fi:çəˈrai̯
Viechtach ˈfi:çtax
Viedma *span.* ˈbi̯eðma
Vieh fi:

viehisch ˈfi:ɪʃ
Vieira *port.* ˈvi̯ei̯rɐ, *bras.* ˈvi̯ei̯ra
viel fi:l
Vieleck ˈfi:l|ɛk
Vielé-Griffin *fr.* vjelegriˈfɛ̃
Vielehe ˈfi:l|e:ə
vielenorts ˈfi:lənˈ|ɔrt͜s
vielerlei ˈfi:lɐˈla͜i
vielerorten ˈfi:lɐˈ|ɔrtn̩
vielerorts ˈfi:lɐˈ|ɔrt͜s
vielfach ˈfi:lfax
Vielfalt ˈfi:lfalt
vielfältig ˈfi:lfɛltɪç, **-e** ...ɪgə
Vielfraß ˈfi:lfra:s
Vielgötterei fi:lgœtəˈra͜i
vielhundertmal fi:lˈhʊndɐtma:l
Viella (Instrument) ˈvi̯ɛla
Vielle ˈvi̯ɛlə
vielleicht fiˈla͜içt
viellieb fi:lˈli:p
Vielliebchen fi:lˈli:pçən
Vielling ˈfi:llɪŋ
vielmal ˈfi:lma:l
vielmalig ˈfi:lma:lɪç, **-e** ...ɪgə
vielmals ˈfi:lma:ls
Vielmännerei fi:lmɛnəˈra͜i
vielmehr fi:lˈme:ɐ̯, *auch:* ˈ--
vielseitig ˈfi:lza͜itɪç
Vielstaaterei fi:lʃta:təˈra͜i
vieltausendmal fi:lˈta͜uzn̩tma:l
vieltausendstimmig fi:lˈta͜uzn̩tʃtɪmɪç
Vielweiberei fi:lva͜ibəˈra͜i
Vien *fr.* vjɛ̃
Vienenburg ˈfi:nənbʊrk
Vienna ˈvi̯ɛna, *engl.* vɪˈɛnə
Vienne *fr.* vjɛn
Vientiane *fr.* vjɛnˈtjan
Vienuolis *lit.* vɪɛ̯ˌnu̯ɑlɪs
Vieques *span.* ˈbi̯ekes
vier fi:ɐ̯
Vierachteltakt fi:ɐ̯ˈ|axtl̩takt
Vieraugengespräch fi:ɐ̯ˈ|a͜ugn̩gəʃprɛ:ç
vierbeinig ˈfi:ɐ̯ba͜inɪç, **-e** ...ɪgə
Vierdanck ˈfi:ɐ̯daŋk
vierdimensional ˈfi:ɐ̯dimɛnzi̯ona:l
[1]**Viereck** ˈfi:ɐ̯|ɛk
[2]**Viereck** *engl.* ˈvɪərɛk
viereckig ˈfi:ɐ̯|ɛkɪç
viereinhalb ˈfi:ɐ̯|a͜inˈhalp
vieren ˈfi:rən
Vierer ˈfi:rɐ
viererlei ˈfi:rɐˈla͜i
vierfältig ˈfi:ɐ̯fɛltɪç, **-e** ...ɪgə
Vierfarbendruck fi:ɐ̯ˈfarbn̩drʊk
Vierflach ˈfi:ɐ̯flax
Vierflächner ˈfi:ɐ̯flɛçnɐ
Vierfürst ˈfi:ɐ̯fʏrst
vierfüßig ˈfi:ɐ̯fy:sɪç, **-e** ...ɪgə
Vierfüß[l]er ˈfi:ɐ̯fy:s[l]ɐ
Vierhänder ˈfi:ɐ̯hɛndɐ
vierhändig ˈfi:ɐ̯hɛndɪç, **-e** ...ɪgə
vierhundert ˈfi:ɐ̯ˈhʊndɐt
Vierkandt; vierkant, V... ˈfi:ɐ̯kant
Vierlande fi:ɐ̯ˈlandə
Vierling ˈfi:ɐ̯lɪŋ
Vierlingsbeek *niederl.* vi:rlɪŋzˈbe:k
Viermächtekonferenz fi:ɐ̯ˈmɛçtəkɔnferɛnt͜s
viermal ˈfi:ɐ̯ma:l
viermalig ˈfi:ɐ̯ma:lɪç, **-e** ...ɪgə
Vierne *fr.* vjɛrn
Viernheim ˈfi:ɐ̯nha͜im
vierschrötig ˈfi:ɐ̯ʃrø:tɪç, **-e** ...ɪgə
Viersen ˈfi:ɐ̯zn̩
Viersitzer ˈfi:ɐ̯zɪt͜sɐ
viersitzig ˈfi:ɐ̯zɪt͜sɪç, **-e** ...ɪgə
Vierspänner ˈfi:ɐ̯ʃpɛnɐ
viert fi:ɐ̯t
viertausend ˈfi:ɐ̯ˈta͜uzn̩t
vierte ˈfi:ɐ̯tə
vierteilen ˈfi:ɐ̯ta͜ilən
vierteilig ˈfi:ɐ̯ta͜ilɪç, **-e** ...ɪgə
viertel, V... ˈfɪrtl̩
Viertele ˈfɪrtələ
Viertelgeviert ˈfɪrtl̩gəfi:ɐ̯t
Vierteljahr fɪrtl̩ˈja:ɐ̯
Vierteljahrhundert fɪrtl̩ja:ɐ̯ˈhʊndɐt
vierteljährig ˈfɪrtl̩jɛ:rɪç, *auch:* --ˈ--
vierteljährlich ˈfɪrtl̩jɛ:ɐ̯lɪç, *auch:* --ˈ--
vierteln ˈfɪrtl̩n
Viertelpfund ˈfɪrtl̩pfʊnt, *auch:* --ˈ-
Viertelstunde fɪrtl̩ˈʃtʊndə
viertelstündig ˈfɪrtl̩ʃtʏndɪç, *auch:* --ˈ--, **-e** ...ɪgə
viertelstündlich ˈfɪrtl̩ʃtʏntlɪç, *auch:* --ˈ--
Viertelswendung ˈfɪrtl̩svɛndʊŋ
viertens ˈfi:ɐ̯tn̩s
viertletzt ˈfi:ɐ̯tˈlɛt͜st
Vieru *rumän.* ˈvjeru
vierundeinhalb ˈfi:ɐ̯|ʊnt|a͜inˈhalp
vierundzwanzig ˈfi:ɐ̯|ʊntˈt͜svant͜sɪç
Vierundzwanzigflach ˈfi:ɐ̯|ʊntˈt͜svant͜sɪçflax
Vierung ˈfi:rʊŋ
Vierwaldstätter See fi:ɐ̯ˈvaltʃtɛtɐ ˈze:
vierzehn ˈfɪrt͜se:n
Vierzehnheiligen fɪrt͜se:nˈha͜ilɪgn̩
Vierzeiler ˈfi:ɐ̯t͜sa͜ilɐ
vierzig ˈfɪrt͜sɪç
Vierzimmerwohnung fi:ɐ̯ˈt͜sɪmɐvo:nʊŋ
Vierzon *fr.* vjɛrˈzõ
Vierzylinder ˈfi:ɐ̯t͜silɪndɐ, *auch:* ...t͜syl...
Viesèr viˈzɛ:ɐ̯
Vietcong vi̯ɛtˈkɔŋ, ˈ--
Viète *fr.* vjɛt
Vieth fi:t
Vietmin[h] vi̯ɛtˈmɪn
Vietnam vi̯ɛtˈna[:]m, *auch:* ˈ--
Viêt-nam *vietn.* vi̯ɐtnam 61
Vietnamese vi̯ɛtnaˈme:zə
vietnamesisch vi̯ɛtnaˈme:zɪʃ
vietnamisch vi̯ɛtˈna[:]mɪʃ
Vietnamisierung vi̯ɛtnamiˈzi:rʊŋ
Viëtor ˈfi:eto:ɐ̯, ˈvi̯e:to:ɐ̯
Vietta ˈvi̯ɛta
Viêt Tri *vietn.* vi̯ɐt tri 63
Vieux Saxe *fr.* vjøˈsaks
Vieuxtemps *fr.* vjøˈtã
View *engl.* vju:
Vieweg ˈfi:ve:k
Viez fi:t͜s
vif vi:f
Vigan *fr.* viˈgã, span. ˈbiɣan
Viganò *it.* vigaˈnɔ
Vigantol® viganˈto:l
Vigarny *span.* biˈgarni
Vigée *fr.* viˈʒe
Vigeland *norw.* ˈvi:gəlan
Vigevano *it.* viˈdʒe:vano
vigil viˈgi:l
Vigil viˈgi:l, **-ien** -i̯ən
vigilant, V... vigiˈlant
Vigilanz vigiˈlant͜s
Vigilia viˈgi:li̯a
Vigilie viˈgi:li̯ə
vigilieren vigiˈli:rən
Vigilius viˈgi:li̯ʊs
Vigne ˈvɪnjə, ˈvi:njə
Vigneaud *engl.* ˈvi:njoʊ
Vignemale *fr.* viɲˈmal
Vignette vɪnˈjɛtə
Vignettierung vɪnjɛˈti:rʊŋ
Vignola *it.* viɲˈɲɔ:la
Vignon *fr.* viˈɲõ
Vigny *fr.* viˈɲi
Vigo *fr.* viˈgo, *span.* ˈbiɣo
Vigogne viˈgɔnjə
Vigone *it.* viˈgo:ne

Vigor 'vi:go:ɐ̯
Vigorelli *it.* vigo'rɛlli
vigorös vigo'rø:s, **-e** ...ø:zə
vigoroso vigo'ro:zo
Vigoureux vigu'rø:, **des -** ...'rø:[s]
Vihanti *finn.* 'vihɑnti
Vihorlat *slowak.* 'vihɔrlat
Viipuri *finn.* 'vi:puri
Viita *finn.* 'vi:tɑ
Vijayawada *engl.* vi:dʒəjə-'wɑ:də
Vik *norw.* vi:k
Vík *isl.* vi:k
Vikar vi'ka:ɐ̯
Vikarianten vika'ri̯antn̩
Vikariat vika'ri̯a:t
vikariieren vikari'i:rən
Viking *engl.* 'vaɪkɪŋ
Viklau *schwed.* ˌvi:klau̯
Viková-Kunětická *tschech.* 'vikɔva:'kunjɛtjitska:
Viksjö *schwed.* ˌvikʃø:
Viksten *schwed.* ˌvi:kste:n
Viktimologie vɪktimolo'gi:
Viktor 'vɪkto:ɐ̯, *ung.* 'viktor, *serbokr.* ˌviktɔ:r
Viktoria vɪk'to:ri̯a
viktorianisch vɪkto'ri̯a:nɪʃ
Viktorianismus vɪktori̯a'nɪsmʊs
Viktorin[e] vɪkto'ri:n[ə]
Viktorinus vɪkto'ri:nʊs
Viktring 'fɪktrɪŋ
Viktualien vɪk'tu̯a:li̯ən
Vikunja vi'kʊnja
Vila *port.* 'vilɐ, *bras.* 'vila, *engl.* 'vi:lə
Vila do Conde *port.* 'vilɐ ðu 'kondə
Vila Franca de Xira *port.* 'vilɐ 'frɐŋkɐ ðə 'ʃirɐ
Világos *ung.* 'vila:goʃ
Vilaine *fr.* vi'lɛn
Vilallonga *span.* bila'ʎɔŋga
Vila-Lobos *bras.* 'vila'lobus
Vila Nova *port.* 'vilɐ 'nɔvɐ, *bras.* 'vilɐ 'nɔva
Vila Nova de Gaia *port.* 'vilɐ 'nɔvɐ ðə 'ɣai̯ɐ
Vilar *fr.* vi'la:r
Vila Real *port.* 'vilɐ 'rri̯al
Vila Velha *bras.* 'vila 'vɛʎa
Vilâyet *türk.* vila:'jɛt
Vilbel 'fɪlbl̩
Vîlcea *rumän.* 'vɨltʃe̯a
Vilde *estn.* 'vildɛ
Vildrac *fr.* vil'drak
Vilhelmina *schwed.* vilhɛl-ˌmi:na
Vilhjálmsson *isl.* 'vilhjau̯lmsɔn
Vilich 'fi:lɪç
Viljandi *estn.* 'viljɑndi
Viljanen *finn.* 'viljɑnɛn
[1]**Villa** (Haus) 'vɪla
[2]**Villa** (Name) *span.* 'biʎa, *it.* 'villa, *engl.* 'vɪlə
Villach 'fɪlax
Villacoublay *fr.* vilaku'blɛ
Villaespesa *span.* biʎaes'pesa
Villafranca *span.* biʎa'fraŋka, *it.* villa'fraŋka
Villagarcía *span.* biʎaɣar'θia
Village *engl.* 'vɪlɪdʒ
Villahermosa *span.* biʎaɛr-'mosa
Villa-Lobos *bras.* 'vila'lobus
Villancico *span.* biʎan'θiko
Villandry *fr.* vilɑ̃'dri
Villanell[a] vɪla'nɛl[a]
Villanelle vɪla'nɛlə
Villani *it.* vil'la:ni
Villanova *it.* villa'nɔ:va, *engl.* vɪlə'noʊvə
Villanueva *span.* biʎa'nu̯eβa
Villány *ung.* 'villa:nj
Villar *fr.* vi'la:r
Villard *fr.* vi'la:r, *engl.* vɪ'lɑ:[d]
Villari *it.* 'villari
Villarreal *span.* biʎarrɛ'al
Villarrica *span.* biʎa'rrika
Villarrobledo *span.* biʎarrɔ-'βleðo
Villarroel *span.* biʎarrɔ'ɛl
Villars *fr.* vi'la:r
Villatte *fr.* vi'lat
Villaume vi'lo:m
Villaurrutia *span.* biʎau̯'rruti̯a
Villavicencio *span.* biʎaβi'θen-θi̯o
Ville 'vɪlə, *schwed.* ˌvilə
Villeda *span.* bi'ʎeða
Ville-de-Paris *fr.* vildəpa'ri
Villefranche *fr.* vil'frɑ̃:ʃ
Villegas *span.* bi'ʎeɣas
Villeggiatur vɪlɛdʒa'tu:ɐ̯
Villehardouin *fr.* viləar'dwɛ̃
Villejuif *fr.* vil'ʒɥif
Villem[a]in *fr.* vil'mɛ̃
Villena *span.* bi'ʎena
Villenave-d'Ornon *fr.* vilnɑv-dɔr'nõ
Villeneuve *fr.* vil'nœ:v
Villeroy *fr.* vilə'rwa
Villers *fr.* vi'lɛ:r
Villers-Cotterêts *fr.* vilɛrkɔ'trɛ
Villerupt *fr.* vil'ry
Villette *fr.* vi'lɛt
Villeurbanne *fr.* vilœr'ban
Villiers *fr.* vi'lje, *engl.* 'vɪl[j]əz
Villiers de l'Isle-Adam *fr.* vilje-dlila'dɑ̃
Villiger 'fɪligɐ
Villingen 'fɪlɪŋən
Villon *fr.* vi'jõ
villös vɪ'lø:s, **-e** ...ø:zə
Villot *fr.* vi'jo
Vilm fɪlm
Vilma 'vɪlma, *ung.* 'vilmɔ, *engl.* 'vɪlmə
Vilmar 'fɪlma:ɐ̯
Vilmorin *fr.* vilmɔ'rɛ̃
Vilmos *ung.* 'vilmoʃ
Vilnius *lit.* 'vɪlnjʊs
Vils fɪls
Vilsbiburg fɪls'bi:bʊrk
Vilshofen fɪls'ho:fn̩
Vilvoorde *niederl.* 'vɪlvo:rdə
Viminal vimi'na:l
Viminale *it.* vimi'na:le
Viminalis vimi'na:lɪs
Vimose *dän.* 'vi:mʊ:sə
Vina 'vi:na
Viña del Mar *span.* 'biɲa ðel 'mar
Vinaigrette vinɛ'grɛt[ə], **-n** ...tn̩
Viñas *span.* 'biɲas
Vinaver *serbokr.* vi'navɛr
Vincennes *fr.* vɛ̃'sɛn, *engl.* vɪn-'sɛnz
Vincent *engl.* 'vɪnsənt, *fr.* vɛ̃'sɑ̃, *niederl.* vɪn'sɛnt
Vincent de Paul *fr.* vɛ̃sɑ̃d'pɔl
Vincentio vɪn'tʃɛntsi̯o
Vincentius vɪn'tsɛntsi̯ʊs
Vincenzo *it.* vin'tʃɛntso
Vinci 'vɪntʃi, *it.* 'vintʃi
Vinckboons *niederl.* 'vɪŋgbo:ns
Vincke 'fɪŋkə
Vinckeboons *niederl.* 'vɪŋkə-bo:ns
Vindeliker vɪn'de:likɐ
Vindelizier vɪnde'li:tsi̯ɐ
vindelizisch vɪnde'li:tsɪʃ
Vindex 'vɪndɛks
Vindhya *engl.* 'vɪndjə
Vindikant vɪndi'kant
Vindikation vɪndika'tsi̯o:n
vindizieren vɪndi'tsi:rən
Vindobona vɪndo'bo:na
Vindonissa vɪndo'nɪsa
Vinea 'vi:nea
Vineland *engl.* 'vaɪnlənd
Vinet *fr.* vi'nɛ
Vineta vi'ne:ta
Vingboons *niederl.* 'vɪŋbo:ns

Vingt-et-un vɛ̃te'œ̃:
Vingt-un vɛ̃'tœ̃:
Vinh *vietn.* viɲ 1
Vinje *norw.* ˌvinjə
Vinkenoog *niederl.* 'vɪŋkəno:x
Vinkovci *serbokr.* 'vi:ŋkɔ:ftsi
Vinkulation vɪŋkula't͡si̯o:n
vinkulieren vɪŋku'li:rən
Vinland 'vi:nlant
Vinnie *engl.* 'vɪnɪ
Vinodol *serbokr.* 'vinɔdɔ:l
Vinothek vino'te:k
Vinson *engl.* vɪnsn
Vintimille *fr.* vɛ̃ti'mij
Vintler 'fɪntlɐ
Vintschgau 'fɪnt͡ʃgau̯
Vinyl vi'ny:l
Vinzentiner vɪnt͡sɛn'ti:nɐ
Vinzenz 'vɪnt͡sɛnt͡s
Vio, de de: 'vi:o
[1]**Viola** (Veilchen) 'vi:ola, **Violen** 'vi̯o:lən
[2]**Viola** (Instrument) 'vi̯o:la
[3]**Viola** (Name) 'vi:ola, 'vi̯o:la, *it.* vi'ɔ:la, *engl.* 'vaɪələ
Viola bastarda 'vi̯o:la bas'tarda, **Viole ...de** ...lə ...də
Viola da Braccio 'vi̯o:la da 'brat͡ʃo, **Viole - -** ...lə - -
Viola da Gamba 'vi̯o:la da 'gamba, **Viole - -** ...lə - -
Viola d'Amore 'vi̯o:la da'mo:rə, **Viole -** ...lə -
Violanta vi̯o'lanta
Viola pomposa 'vi̯o:la pɔm'po:za, **Viole ...se** ...lə ...zə
Violation vi̯ola't͡si̯o:n
Viola tricolor 'vi:ola 'tri:kolo:ɐ̯
Violazeen vi̯ola't͡se:ən
Viole 'vi̯o:lə
Viole d'Amour, -s - 'vi̯ɔl da'mu:ɐ̯
violent vi̯o'lɛnt
Violenta vi̯o'lɛnta
violento vi̯o'lɛnto
Violenz vi̯o'lɛnt͡s
Violet *engl.* 'vaɪəlɪt
violett, V... vi̯o'lɛt
Violetta vi̯o'lɛta, *it.* vio'letta
Violette *fr.* vjɔ'lɛt
Violinata vi̯oli'na:ta
Violine vi̯o'li:nə
Violinist vi̯oli'nɪst
Violino [piccolo, primo, secondo] vi̯o'li:no ['pɪkolo, 'pri:mo, ze'kɔndo]
Viollet-le-Duc *fr.* vjɔlɛl'dyk
Violoncell vi̯olɔn't͡ʃɛl
Violoncellist vi̯olɔnt͡ʃɛ'lɪst
Violoncello vi̯olɔn't͡ʃɛlo, **...lli** ...ɛli
Violone vi̯o'lo:nə, **...ni** ...ni
Violophon vi̯olo'fo:n
Vionville *fr.* vjõ'vil
Viotti *it.* vi'ɔtti
VIP, V. I. P. vɪp
Vipava *slowen.* vi'pa:va
Viper 'vi:pɐ
Vipiteno *it.* vipi'tɛ:no
Vira *it.* 'vi:ra
Viraginität viragini'tɛ:t
Virago vi'ra:go, **....gines** ...gine:s
viral vi'ra:l
Virchow 'fɪrço, *auch:* 'vɪ...
Virdung 'fɪrdʊŋ
Vire *fr.* vi:r
Virelai virə'lɛ:
Virement virə'mã:
Viret *fr.* vi'rɛ
Virgation vɪrga't͡si̯o:n
Virgel 'vɪrgl̩
Virgil vɪr'gi:l, *engl.* 'və:dʒɪl
Virgilia vɪr'gi:li̯a
Virginal vɪrgi'na:l
Virginalist vɪrgina'lɪst
Virgin Gorda *engl.* 'və:dʒɪn 'gɔ:də
[1]**Virginia** (Vorname) vɪr'gi:ni̯a, *it.* vir'dʒi:ni̯a, *engl.* və'dʒɪnjə
[2]**Virginia** (Staat; Zigarre) vɪr'gi:ni̯a, *auch:* vɪr'd͡ʒi:ni̯a, *engl.* və'dʒɪnjə
Virginier vɪr'gi:ni̯ɐ
virginisch vɪr'gi:nɪʃ
Virgin Islands *engl.* 'və:dʒɪn 'aɪləndz
Virginität vɪrgini'tɛ:t
Virginium vɪr'gi:ni̯ʊm
Virginius vɪr'gi:ni̯ʊs
Viriat[h]us vi'ri̯a:tʊs
viribus unitis 'vi:ribʊs u'ni:ti:s
Viridarium viri'da:ri̯ʊm, **...ien** ...i̯ən
viril vi'ri:l
Virilismus viri'lɪsmʊs
Virilität virili'tɛ:t
viritim vi'ri:tɪm
Virius *serbokr.* 'vi:rius
Virje *serbokr.* 'vi:rjɛ
Virologe viro'lo:gə
Virologie virolo'gi:
virologisch viro'lo:gɪʃ
virös vi'rø:s, **-e** ...ø:zə
Virose vi'ro:zə
Virovitica *serbokr.* viˌrɔvititsa
Virtanen *finn.* 'virtɑnɛn
virtual vɪr'tu̯a:l
Virtualität vɪrtu̯ali'tɛ:t
virtualiter vɪr'tu̯a:litɐ
virtuell vɪr'tu̯ɛl
virtuos vɪr'tu̯o:s, **-e** ...o:zə
Virtuose vɪr'tu̯o:zə
Virtuosität vɪrtu̯ozi'tɛ:t
Virtuoso vɪr'tu̯o:zo
Virtus 'vɪrtʊs
Virú *span.* bi'ru
virulent viru'lɛnt
Virulenz viru'lɛnt͡s
Virunga *fr.* viruŋ'ga
Virunum vi'ru:nʊm
Virus 'vi:rʊs
Viry *fr.* vi'ri
Virza *lett.* 'vɪrza
Vis *serbokr.* vi:s
Visa vgl. Visum
Visage vi'za:ʒə
Visagist viza'ʒɪst
Visakhapatnam *engl.* vɪ'sɑ:kə'pætnəm
Visalia *engl.* vɪ'seɪlɪə
Visavis viza'vi:, **des -** ...vi:[s], **die -** ...vi:s
vis-a-vis viza'vi:
Visayas *span.* bi'sajas
Visby *schwed.* 'vi:sby
Viscardi vɪs'kardi, *it.* vis...
Viscera 'vɪst͡sera
Vischer 'fɪʃɐ
Visconte vɪs'kɔntə, **...ti** ...ti
Viscontessa vɪskɔn'tɛsa, **...sse** ...ɛsə
Visconti *it.* vis'konti, *fr.* viskõ'ti
Viscount 'vai̯kau̯nt
Viscountess 'vai̯kau̯ntɪs
Visé[e] *fr.* vi'ze
Visegrád *ung.* 'viʃɛgra:d
Višegrad *serbokr.* 'viʃɛgra:d, viˌʃɛgrad
Viseu *port., bras.* vi'zeu̯
Vișeu de Sus *rumän.* vi'ʃeu de 'sus
visibel vi'zi:bl̩, **...ble** ...blə
Visible Speech 'vɪzɪbl̩ 'spi:t͡ʃ
Visier vi'zi:ɐ̯
visieren vi'zi:rən
Vis Inertiae 'vi:s i'nɛrt͡si̯ɛ
Visingsö *schwed.* vi:siŋs'ø:
Vision vi'zi̯o:n
visionär, V... vizi̯o'nɛ:ɐ̯
visionieren vizi̯o'ni:rən
Visitatio vizi'ta:t͡si̯o, **-nen** ...ta't͡si̯o:nən
Visitation vizita't͡si̯o:n
Visitator vizi'ta:to:ɐ̯, **-en** ...ta'to:rən
Visite vi'zi:tə

visitieren vizi'ti:rən
viskos vɪs'ko:s, **-e** ...o:zə
viskös vɪs'kø:s, **-e** ...ø:zə
Viskose vɪs'ko:zə
Viskosimeter vɪskozi'me:tɐ
Viskosimetrie vɪskozime'tri:
Viskosität vɪskozi'tɛ:t
Vis major 'vi:s 'ma:jo:ɐ̯
Visnapuu *estn.* 'visnɑpu::
Visp fɪsp
Viss[ch]er *niederl.* 'vɪsər
Visselhövede fɪsl̩'hø:vədə
Visser't Hooft *niederl.* 'vɪsərət'ho:ft
Vista 'vɪsta, *engl.* 'vɪstə
Vistra® 'vɪstra
visualisieren vizu̯ali'zi:rən
Visualizer 'vɪʒu̯əla͜izɐ
visuell vi'zu̯ɛl
Visum 'vi:zʊm, **...sa** 'vi:za
viszeral vɪst͜se'ra:l
Viszeroptose vɪst͜serɔp'to:zə
viszid vɪs't͜si:t, **-e** ...i:də
Vita 'vi:ta, **Vitae** 'vi:tɛ
Vita activa, - communis, - contemplativa 'vi:ta ak'ti:va, - kɔ'mu:nɪs, - kɔntɛmpla'ti:va
vitae, non scholae discimus 'vi:tɛ 'no:n 'sço:lɛ 'dɪst͜simʊs, - - 'sko:lɛ -
vital vi'ta:l
Vitale *it.* vi'ta:le
Vitali *it.* vi'ta:li
Vitalian vita'li̯a:n
Vitalianer vita'li̯a:nɐ
Vitalienbrüder vi'ta:li̯ənbry:dɐ
Vitalis vi'ta:lɪs
vitalisieren vitali'zi:rən
Vitalismus vita'lɪsmʊs
Vitalist vita'lɪst
Vitalität vitali'tɛ:t
Vitamin vita'mi:n
vitaminieren vitami'ni:rən
vitaminisieren vitamini'zi:rən
Vita reducta 'vi:ta re'dʊkta
vite vi:t, vɪt, *fr.* vit
Vitellia vi'tɛli̯a
Vitell[i]us vi'tɛl[i̯]ʊs
vitement vitə'mã:, vɪt'mã:
Viterbo *it.* vi'tɛrbo
Vitezović *serbokr.* 'vitɛ:zɔvitɕ
Vithkuq *alban.* viθ'kukj
Viti *it.* 'vi:ti
Vitia vgl. Vitium
Viti [Levu] *engl.* 'vi:ti: ['lɛvu:]
Vitiligo viti'li:go
vitiös vi't͜si̯ø:s, **-e** ...ø:zə
Vitis (Rebe) 'vi:tɪs
Vitium 'vi:t͜si̯ʊm, **...ia** ...i̯a
Vitium Cordis 'vi:t͜si̯ʊm 'kɔrdɪs
Vito *it.* 'vi:to
Vitoria *span.* bi'tori̯a
Vitória *bras.* vi'tɔri̯a
Vitra vgl. Vitrum
Vitrac *fr.* vi'trak
Vitrage vi'tra:ʒə
Vitré *fr.* vi'tre
Vitrine vi'tri:nə
Vitriol vitri'o:l
Vitrit vi'tri:t
Vitroid vitro'i:t, **-e** ...i:də
Vitrolles *fr.* vi'trɔl
Vitrophyr vitro'fy:ɐ̯
Vitrum 'vi:trʊm, **...ra** ...ra
Vitruv vi'tru:f
Vitruvius vi'tru:vi̯ʊs
Vitry *fr.* vi'tri
Vittel *fr.* vi'tɛl
Vittone *it.* vit'to:ne
Vittore *it.* vit'to:re
Vittoria *it.* vit'tɔ:ri̯a
Vittorini *it.* vitto'ri:ni
Vittorino *it.* vitto'ri:no
Vittorio *it.* vit'tɔ:ri̯o
Vittozzi *it.* vit'tɔttsi
Vitus 'vi:tʊs
Vitzliputzli vɪt͜sli'pʊt͜sli
Vitznau 'fɪt͜snau̯
Vitzt[h]um 'fɪt͜stu:m
viv vi:f
vivace, V... vi'va:t͜ʃə
vivacetto viva't͜ʃɛto
vivacissimo viva't͜ʃɪsimo
Vivacissimo viva't͜ʃɪsimo, **...mi** ...mi
Vivaldi *it.* vi'valdi
Vivanco[s] *span.* bi'βaŋko[s]
Vivanti *it.* vi'vanti
vivant [sequentes]! 'vi:vant [ze'kvɛnte:s]
Vivarais *fr.* viva'rɛ
Vivarini *it.* viva'ri:ni
Vivarium vi'va:ri̯ʊm, **...ien** ...i̯ən
vivat, crescat, floreat! 'vi:vat 'krɛskat 'flo:reat
vivat!, Vivat 'vi:vat
vivat sequens! 'vi:vat 'ze:kvɛns
Vivazität vivat͜si'tɛ:t
Vivero *span.* bi'βero
Vives *kat.* 'biβəs, *span.* 'biβes
Vivian *engl.* 'vɪvɪən
Viviane vi'vi̯a:nə, *fr.* vi'vjan
Viviani *fr.* vivja'ni, *it.* vi'vi̯a:ni
Vivianit vivi̯a'ni:t
Vivien *fr.* vi'vjɛ̃, *engl.* 'vɪvɪən
Vivin *fr.* vi'vɛ̃
vivipar vivi'pa:ɐ̯
Viviparie vivipa'ri:
Vivisektion vivizɛk't͜si̯o:n
vivisezieren vivize't͜si:rən
Vizcaya *span.* biθ'kaja
Vize... 'fi:t͜sə..., *auch:* 'vi:t͜sə...
Vizenor *engl.* 'vaɪzənə
Vizeu *port., bras.* vi'zeu̯
Vizille *fr.* vi'zij
vizinal vit͜si'na:l
Viztum 'fɪt͜stu:m, *auch:* 'vi:t͜s...
Vlaanderen *niederl.* 'vla:ndərə
Vlaardingen *niederl.* 'vla:rdɪŋə
Vlad *rumän.* vlad
Vladimír *tschech.* 'vladjimi:r
Vladimirescu *rumän.* vladimi'resku
Vladislav *tschech.* 'vladjislaf
Vlăhița *rumän.* vlə'hitsa
Vlahuță *rumän.* vla'hutsə
Vlame 'fla:mə
Vlaminck *fr.* vla'mɛ̃:k
Vlieger *niederl* 'vliɣər
Vlieland *niederl.* 'vlilɑnt
Vlies fli:s, **-e** 'fli:zə
Vlieseline® flizə'li:nə
Vliet *niederl.* vlit
Vlissingen 'flɪsɪŋən, *niederl.* 'vlɪsɪŋə
Vlorë *alban.* 'vlorə
Vlotho 'flo:to
Vltava *tschech.* 'vl̩tava
vocale vo'ka:lə
Voce 'vo:t͜ʃə, **Voci** 'vo:t͜ʃi
Voce alta, - bassa, - di Testa, - pastosa, - spiccata 'vo:t͜ʃə 'alta, - 'basa, - di 'tɛsta, - pas'to:za, - spɪ'ka:ta
Voces vgl. Vox
Voces aequales 'vo:t͜se:s ɛ'kva:le:s
Voci vgl. Voce
Vocke 'fɔkə
Vöcklabruck fœkla'brʊk
Vocoder vo'ko:dɐ
Vodafone® 'vo:dafo:n
Vodice *serbokr.* ˌvɔditsɛ
Vodnik *slowen.* 'vo:dnik
Voerde 'fø:ɐ̯də
Voerendaal *niederl.* 'vu:rənda:l
VÖEST-Alpine 'fø:st|al'pi:nə
Voet *niederl.* vut
Voetius vo'e:t͜si̯ʊs
Vogan *fr.* vɔ'gã
Vöge 'fø:gə
[1]**Vogel** 'fo:gl̩, **Vögel** 'fø:gl̩
[2]**Vogel** (Name) 'fo:gl̩, *niederl.* 'vo:ɣəl
Vogelaar *niederl.* 'vo:ɣəla:r

Vogelaere 'fo:gəlɛ:rə
Vögelchen 'fø:gl̩çən
Vögelei fø:gə'lai̯
Vögelein 'fø:gəlai̯n
Vogeler 'fo:gəlɐ
vögeln 'fø:gl̩n, **vögle** 'fø:glə
Vogels 'fo:gl̩s
Vogelsberg 'fo:gl̩sbɛrk
Vogel-Strauß-Politik fo:gl̩'ʃtrau̯spoliti:k
Vogelweide 'fo:gl̩vai̯də
Vogesen vo'ge:zn̩
Voghera *it.* vo'gɛ:ra
Vogl 'fo:gl̩
Vöglein 'fø:glai̯n
Vogler 'fo:glɐ
[1]**Vogt** fo:kt, **Vögte** 'fø:ktə
[2]**Vogt** (Name) fo:kt, *norw.* fukt
Vogtei fo:k'tai̯
Vögtin 'fø:ktɪn
Vogtland 'fo:ktlant
Vogtländer 'fo:ktlɛndɐ
vogtländisch 'fo:ktlɛndɪʃ
Vogtsburg 'fo:kt͜sbʊrk
Vogue vo:k, *fr.* vɔg
Vogüé *fr.* vɔ'gɥe
Vohburg 'fo:bʊrk
Vohenstrauß 'fo:ənʃtrau̯s
Vöhrenbach 'fø:rənbax
Vohrer 'fo:rɐ
Vöhringen 'fø:rɪŋən
Vohwinkel 'fo:vɪŋkl̩
Voicegramm vɔy̯s'gram, '– –
Voiculescu *rumän.* voi̯ku'lesku
Voigt fo:kt
Voigtländer® 'fo:ktlɛndɐ
voilà! vo̯a'la
Voile vo̯a:l
Voiron *fr.* vwa'rõ
Voisenon *fr.* vwaz'nõ
Voisin *fr.* vwa'zɛ̃
Voit[h] fɔyt
Voitsberg 'fɔyt͜sbɛrk
Voiture *fr.* vwa'ty:r
Voix mixte 'vo̯a 'mɪkst
Vojnović *serbokr.* ˌvɔjnɔvitɕ
Vojtěch *tschech.* 'vɔjtjɛx
Vojvodina *serbokr.* ˌvɔjvɔdina
Vokabel vo'ka:bl̩
Vokabular vokabu'la:ɐ̯
Vokabularium vokabu'la:ri̯ʊm, ...ien ...i̯ən
vokal, V... vo'ka:l
Vokalisation vokaliza't͜si̯o:n
vokalisch vo'ka:lɪʃ
Vokalise voka'li:zə
vokalisieren vokali'zi:rən
Vokalismus voka'lɪsmʊs
Vokalist voka'lɪst
Vokation voka't͜si̯o:n
Vokativ 'vo:kati:f, **-e** ...i:və
Vokativus voka'ti:vʊs
Voland 'fo:lant, **-es** ...ndəs
Volant vo'lã:
Volapük vola'py:k
volar vo'la:ɐ̯
Volata vo'la:ta, **...te** ...tə
volatil vola'ti:l
Vol-au-Vent, -s volo'vã:
Volcano vɔl'ka:no, *engl.* vɔl'keɪnoʊ
Volci 'vɔlt͜si
Vold *norw.* vɔld
Volendam *niederl.* vo:lən'dɑm
Volhard 'fɔlhart
Voliere vo'li̯e:rə
volitional volit͜si̯o'na:l
volitiv voli'ti:f, **-e** ...i:və
Volk fɔlk, **Völker** 'fœlkɐ
Volkach 'fɔlkax
Volkard 'fɔlkart
Völkchen 'fœlkçən
Volkelt 'fɔlkl̩t
Volker 'fɔlkɐ
[1]**Völker** vgl. Volk
[2]**Völker** (Name) 'fœlkɐ
Völkermarkt 'fœlkɐmarkt
Volkert 'fɔlkɐt
Volkhard 'fɔlkhart
völkisch 'fœlkɪʃ
Völklingen 'fœlklɪŋən
Volkmann 'fɔlkman
Volkmar 'fɔlkmar
Volkskundler 'fɔlkskʊntlɐ
volkskundlich 'fɔlkskʊntlɪç
Volksrust *afr.* 'fɔlksrœs
Volkstum 'fɔlkstu:m
Volkstümelei fɔlksty:mə'lai̯
volkstümeln 'fɔlksty:ml̩n
volkstümlich 'fɔlksty:mlɪç
voll fɔl
vollauf 'fɔl|au̯f, *auch:* –'–
vollbringen fɔl'brɪŋən
Völle 'fœlə
vollenden fɔl'|ɛndn̩, fɔ'lɛ..., **vollend!** ...nt
vollends 'fɔlɛnt͜s
Vollendung fɔl'|ɛndʊŋ, ...'lɛ...
Völlerei fœlə'rai̯
volley, V... 'vɔli
vollführen fɔl'fy:rən
vollgültig 'fɔlgʏltɪç
vollieren vɔ'li:rən
völlig 'fœlɪç, **-e** ...ɪgə
volljährig 'fɔljɛ:rɪç
vollkommen fɔl'kɔmən, *auch:* '– – –
Vollmacht 'fɔlmaxt
Vollmar 'fɔlmar
vollmast, V... 'fɔlmast
Vollmer 'fɔlmɐ
Vollmoeller 'fɔlmœlɐ
Vollon *fr.* vɔ'lõ
Vollrad 'fɔlra:t
vollständig 'fɔlʃtɛndɪç
vollstock 'fɔlʃtɔk
vollstrecken fɔl'ʃtrɛkn̩
vollzählig 'fɔlt͜sɛ:lɪç, **-e** ...ɪgə
vollziehen fɔl't͜si:ən
Vollzug fɔl't͜su:k
Volmar 'fɔlmar
Volmer 'fɔlmɐ, *dän.* 'vɔl'mɐ
Volney *fr.* vɔl'nɛ
Volontär volɔn'tɛ:ɐ̯, *auch:* volõ't...
Volontariat volɔnta'ri̯a:t, *auch:* ...lõt...
volontieren volɔn'ti:rən, *auch:* volõ't...
Volpato *it.* vol'pa:to
Volpi *it.* 'volpi
Volpone *it.* vol'po:ne
Volponi *it.* vol'po:ni
Volsinii vɔl'zi:nii
Volsker 'vɔlskɐ
volskisch 'vɔlskɪʃ
Volstead *engl.* 'vɔlstɛd
Völsunge 'vœlzʊŋə
Volt vɔlt
Volta (Name) *dt., it.* 'vɔlta, *engl.* 'vɔltə
Voltaire *fr.* vɔl'tɛ:r
Voltairianer vɔltɛ'ri̯a:nɐ
voltaisch, V... 'vɔltaɪʃ
Voltameter vɔlta'me:tɐ
Voltampere vɔlt|am'pe:ɐ̯
Volta Redonda *bras.* 'vɔlta rre'donda
Volte 'vɔltə
Volterra *it.* vol'tɛrra
voltieren vɔl'ti:rən
Voltige vɔl'ti:ʒə
Voltigeur vɔlti'ʒø:ɐ̯
voltigieren vɔlti'ʒi:rən
Voltimand 'vɔltimant
volti subito 'vɔlti 'zu:bito
Voltmeter 'vɔltme:tɐ
Volturno *it.* vol'turno
volubel vo'lu:bl̩, **...ble** ...blə
Volubilis vo'lu:bilɪs
Volubilität volubili'tɛ:t
Volum vo'lu:m
Volumen vo'lu:mən, **...mina** ...mina
Volumenometer volumeno'me:tɐ
Volumeter volu'me:tɐ

Volumetrie volume'tri:
voluminös volumi'nø:s, **-e** ...ø:zə
Volumnia vo'lʊmnia
Volumnius vo'lʊmniʊs
Voluntarismus volʊnta'rɪsmʊs
Voluntarist volʊnta'rɪst
voluntativ volʊnta'ti:f, **-e** ...i:və
Volunteers *engl.* vɔlən'tɪəz
voluptuös volʊp'tu̯ø:s, **-e** ...ø:zə
Völuspa 'vø:lʊspa
Volute vo'lu:tə
Volutin volu'ti:n
Volva 'vɔlva, **...vae** ...vɛ
Völva 'vœlva, **...vur** ...vʊr
volvieren vɔl'vi:rən
Volvo® 'vɔlvo
Volvox 'vɔlvɔks
Volvulus 'vɔlvulʊs, **...li** ...li
Volz fɔlts
vom fɔm
Vomhundertsatz fɔm'hʊndɐtzats
vomieren vo'mi:rən
Vomitio vo'mi:tsi̯o, **-nes** ...mi'tsi̯o:ne:s
Vomitiv vomi'ti:f, **-e** ...i:və
Vomitivum vomi'ti:vʊm, **...va** ...va
Vomitorium vomi'to:ri̯ʊm, **...ien** ...i̯ən
Vomitus 'vo:mitʊs
Vomtausendsatz fɔm'tau̯zn̩tzats
von fɔn
Vondel *niederl.* 'vɔndəl
voneinander fɔn|ai̯'nandɐ
Vonnegut *engl.* 'vɔnɪgət
vonnöten fɔn'nø:tn̩
vonstatten fɔn'ʃtatn̩
Voodoo 'vu:du, vu'du:
Voorburg *niederl.* 'vo:rbʏrx
Voorde *niederl.* 'vo:rdə
Voorne *niederl.* 'vo:rnə
Voorschoten *niederl.* 'vo:rsxo:tə
VOPO, Vopo 'fo:po
vor fo:ɐ̯
vorab fo:ɐ̯'|ap
Vorabend 'fo:ɐ̯|a:bn̩t
Voralpen 'fo:ɐ̯|alpn̩
voran fo'ran
voranbringen fo'ranbrɪŋən
voranmelden 'fo:ɐ̯|anmɛldn̩
Vorarlberg 'fo:ɐ̯|arlbɛrk, -'--
Vorarlberger 'fo:ɐ̯|arlbɛrgɐ, -'---
vorarlbergisch 'fo:ɐ̯|arlbɛrgɪʃ, -'---
Vorau 'fo:rau̯
vorauf fo'rau̯f
voraufgehen fo'rau̯fge:ən
voraus fo'rau̯s
Voraus fo'rau̯s
Voraus, im ɪm 'fo:rau̯s
voraus..., Voraus... fo'rau̯s...
vorausgehen fo'rau̯sge:ən
voraussichtlich fo'rau̯szɪçtlɪç
Vorauswahl (vorläufige Auswahl) 'fo:rau̯sva:l
Vorazität voratsi'tɛ:t
Vorbau 'fo:ɐ̯bau̯
Vorbeck 'fo:ɐ̯bɛk
vorbedacht, V... 'fo:ɐ̯bədaxt
Vorbehalt 'fo:ɐ̯bəhalt
vorbei fo:ɐ̯'bai̯
vorbeigehen fo:ɐ̯'bai̯ge:ən
Vorbild 'fo:ɐ̯bɪlt
vordatieren 'fo:ɐ̯dati:rən
vordem fo:ɐ̯'de:m, *auch:* '--
Vordemberge 'fo:ɐ̯de:mbɛrgə
Vörden 'fø:ɐ̯dn̩
Vorderasien 'fɔrdɐ|a:zi̯ən
vordere 'fɔrdərə
vorderhand 'fo:ɐ̯de:ɐ̯hant, 'fɔrde:ɐ̯hant, 'fɔrdɐhant; *auch:* --'-, '--'-
Vorderhand 'fɔrdɐhant
Vorderindien 'fɔrdɐ|ɪndi̯ən
Vorderösterreich 'fɔrdɐ|ø:stərai̯ç
Vorderpfalz 'fɔrdɐpfalts
Vorderrhein 'fɔrdɐrai̯n
vorderste 'fɔrdɐstə
Vorderteil 'fɔrdɐtai̯l
Vordingborg *dän.* vɔɐ̯dɪŋ'bɔɐ̯'
vordringlich 'fo:ɐ̯drɪŋlɪç
Vordtriede 'fo:ɐ̯ttri:də
voreilig 'fo:ɐ̯|ai̯lɪç
voreinander fo:ɐ̯|ai̯'nandɐ
voreingenommen 'fo:ɐ̯|ai̯ngənɔmən
voreinst fo:ɐ̯'|ai̯nst
Voremberg 'fo:rəmbɛrk
vorenthalten 'fo:ɐ̯|ɛnthaltn̩
vorerst 'fo:ɐ̯|e:ɐ̯st, *auch:* -'-
vorerwähnt 'fo:ɐ̯|ɛɐ̯vɛ:nt
Vorfahr[t] 'fo:ɐ̯fa:ɐ̯[t]
vorgeblich 'fo:ɐ̯ge:plɪç
vorgestern 'fo:ɐ̯gɛstɐn
vorhaben, V... 'fo:ɐ̯ha:bn̩
Vorhand 'fo:ɐ̯hant
vorhanden fo:ɐ̯'handn̩
Vorhang 'fo:ɐ̯haŋ
vorher fo:ɐ̯'he:ɐ̯, *auch:* '--
vorher..., V... fo:ɐ̯'he:ɐ̯...
vorhergehen fo:ɐ̯'he:ɐ̯ge:ən
vorherig fo:ɐ̯'he:rɪç, *auch:* '---, **-e** ...ɪgə
Vorhersage fo:ɐ̯'he:ɐ̯za:gə
vorhin fo:ɐ̯'hɪn, *auch:* '--
Vorhinein, im ɪm'fo:ɐ̯hɪnai̯n
vorig 'fo:rɪç, **-e** ...ɪgə
Vøringsfoss *norw.* ˌvø:rɪŋsfɔs
Voříšek *tschech.* 'vɔrʒi:ʃɛk
Vorkehrung 'fo:ɐ̯ke:rʊŋ
Vorkommnis 'fo:ɐ̯kɔmnɪs, **-se** ...ɪsə
vorkragen 'fo:ɐ̯kra:gn̩, **krag vor!** 'kra:k 'fo:ɐ̯, **vorkragt** 'fo:ɐ̯kra:kt
Vorkriegs... 'fo:ɐ̯kri:ks...
Vorland 'fo:ɐ̯lant
Vorländer 'fo:ɐ̯lɛndɐ
vorlängst 'fo:ɐ̯lɛŋst
vorläufig 'fo:ɐ̯lɔyfɪç
vorlaut 'fo:ɐ̯lau̯t
vorletzte 'fo:ɐ̯lɛtstə
vorlieb fo:ɐ̯'li:p
Vorliebe 'fo:ɐ̯li:bə
vorlings 'fo:ɐ̯lɪŋs
vorm fo:ɐ̯m
vormalig 'fo:ɐ̯ma:lɪç, **-e** ...ɪgə
vormals 'fo:ɐ̯ma:ls
vormärzlich 'fo:ɐ̯mɛrtslɪç
Vormittag 'fo:ɐ̯mɪta:k
vormittägig 'fo:ɐ̯mɪtɛ:gɪç
vormittäglich 'fo:ɐ̯mɪtɛ:klɪç
vormittags 'fo:ɐ̯mɪta:ks
Vormund 'fo:ɐ̯mʊnt, **-e** ...ndə, **...münder** ...mʏndɐ
Vormundschaft 'fo:ɐ̯mʊntʃaft
[1]**vorn** (vorne) fɔrn
[2]**vorn** (vor den) fo:ɐ̯n
Vorna[h]me 'fo:ɐ̯na:mə
vornan fɔrn'|an, *auch:* '--
vorne 'fɔrnə
vornehm 'fo:ɐ̯ne:m
Vornehmtuerei fo:ɐ̯ne:mtu:ə'rai̯
vorneweg 'fɔrnəvɛk, *auch:* --'-
vornherein 'fɔrnhɛrai̯n, *auch:* --'-
vornhin 'fɔrnhɪn, *auch:* -'-
vornüber fɔrn'|y:bɐ
vornüberbeugen fɔrn'|y:bɐbɔygn̩
vornweg 'fɔrnvɛk, *auch:* -'-
Voronca *rumän.* vo'roŋka
Voroneț *rumän.* voro'nets
Vorort 'fo:ɐ̯|ɔrt
Vörösmarty *ung.* 'vørøʃmɔrti
Vorpommern 'fo:ɐ̯pɔmɐn
Vorposten 'fo:ɐ̯pɔstn̩

V

Vorrat ˈfoːɐ̯raːt, **Vorräte** ˈfoːɐ̯rɛːtə
vorrätig ˈfoːɐ̯rɛːtɪç, **-e** ...ɪgə
vors foːɐ̯s
Vorsatz ˈfoːɐ̯zat͜s
vorsätzlich ˈfoːɐ̯zɛt͜slɪç
Vorschmack ˈfoːɐ̯ʃmak
Vorschoter ˈfoːɐ̯ʃoːtɐ
vorschuhen ˈfoːɐ̯ʃuːən
Vorschuss ˈfoːɐ̯ʃʊs
Vorsehung ˈfoːɐ̯zeːʊŋ
Vorsicht ˈfoːɐ̯zɪçt
vorsintflutlich ˈfoːɐ̯zɪntfluːtlɪç
Vorsitz ˈfoːɐ̯zɪt͜s
Vorspann ˈfoːɐ̯ʃpan
Vorst fɔrst, *niederl.* vɔrst
Vorsteher ˈfoːɐ̯ʃteːɐ
vorstellig ˈfoːɐ̯ʃtɛlɪç
Vorster *afr.* ˈfɔrstər
Vorsterman *niederl.* ˈvɔrstərmɑn
Vorstius ˈfɔrsti̯ʊs
vorsündflutlich ˈfoːɐ̯zʏntfluːtlɪç
Vorteil ˈfɔrta͜il, *auch:* ˈfoːɐ̯ta͜il
Vortizismus vɔrtiˈt͜sɪsmʊs
Vortrag ˈfoːɐ̯traːk, **-es** ...aːgəs, **Vorträge** ˈfoːɐ̯trɛːgə
vortrefflich foːɐ̯ˈtrɛflɪç
Vortumnalien vɔrtʊmˈnaːli̯ən
vorüber foˈryːbɐ
vorüberfahren foˈryːbɐfaːrən
Vor- und Nachteil ˈfoːɐ̯|ʊntˈnaːxta͜il
Vorurteil ˈfoːɐ̯|ʊrta͜il
vorvorgestern ˈfoːɐ̯ˌfoːɐ̯gɛstɐn
vorvorig ˈfoːɐ̯foːrɪç
Vorwand ˈfoːɐ̯vant, **-es** ...ndəs, **...wände** ...vɛndə
vorwärts ˈfoːɐ̯vɛrt͜s, ˈfɔrvɛrt͜s
vorweg foːɐ̯ˈvɛk
Vorwegnahme foːɐ̯ˈvɛknaːmə
vorwegnehmen foːɐ̯ˈvɛkneːmən
Vorweis ˈfoːɐ̯va͜is, **-es** ...va͜izəs
Vorwitz ˈfoːɐ̯vɪt͜s
Vorzeit ˈfoːɐ̯t͜sa͜it
vorzeiten foːɐ̯ˈt͜sa͜itn̩
vorzeitig ˈfoːɐ̯t͜sa͜itɪç
vorzeitlich ˈfoːɐ̯t͜sa͜itlɪç
vorzu ˈfoːɐ̯ˈt͜suː
Vorzug ˈfoːɐ̯t͜suːk
vorzüglich foːɐ̯ˈt͜syːklɪç, *auch:* ˈ‒ ‒ ‒
Vos *niederl.* vɔs
Voscherau ˈfɔʃəra͜u
Vosges *fr.* voːʒ
Vöslau fœsˈla͜u
Vosmaer *niederl.* ˈvɔsmaːr
Voß fɔs
Voss fɔs, *norw.* vɔs
vossisch ˈfɔsɪʃ
Vossius ˈfɔsi̯ʊs, *niederl.* ˈvɔsiʏs
Voßler ˈfɔslɐ
Vostell fɔsˈtɛl
Vostro... ˈvɔstro...
Vota vgl. Votum
Votant voˈtant
Votation votaˈt͜si̯oːn
votieren voˈtiːrən
Voting ˈvoːtɪŋ
Votiv voˈtiːf, **-e** ...iːvə
Votum ˈvoːtʊm, **...ta** ˈvoːta
Voucher ˈva͜ut͜ʃɐ
Voudou vuˈduː
Vouet *fr.* vwɛ
Voulliéme vʊlˈjeːm
Voute ˈvuːtə
Vox vɔks, **Voces** ˈvoːt͜seːs
Vox acuta, - celestis, - humana, - media ˈvɔks aˈkuːta, - t͜seˈlɛstɪs, - huˈmaːna, - ˈmeːdi̯a
Vox nihili ˈvɔks ˈniːhili
vox populi vox Dei ˈvɔks ˈpoːpuli ˈvɔks ˈdeːi
Vox virginea ˈvɔks vɪrˈgiːnea
Voyager *engl.* ˈvɔɪədʒə
Voyageur vo̯ajaˈʒøːɐ̯
Voyer d'Argenson *fr.* vwajedarʒãˈsõ
Voyeur vo̯aˈjøːɐ̯
Voyeurismus vo̯ajøˈrɪsmʊs
voyeuristisch vo̯ajøˈrɪstɪʃ
Voyeuse vo̯aˈjøːzə
Voynich *engl.* ˈvɔɪnɪt͜ʃ
voyons! vo̯aˈjõː
Voysey *engl.* ˈvɔɪzɪ
vozieren voˈt͜siːrən
Vrancea *rumän.* ˈvrant͜ʃe̯a
Vrancx *niederl.* vrɑŋks
Vrané *tschech.* ˈvranɛː
Vranitzky vraˈnɪt͜ski, fr...
Vranje *serbokr.* ˈvranjɛ
Vranjska Banja *serbokr.* ˈvranjskaː ˈbanja
Vraz *slowen.* vraːz
Vrbas *serbokr.* ˈvr̩baːs
Vrchlabí *tschech.* ˈvr̩xlabiː
Vrchlický *tschech.* ˈvr̩xlitskiː
Vrede *afr.* ˈfreːdə
Vredeman *niederl.* ˈvreːdəmɑn
Vreden ˈfreːdn̩
Vreneli ˈfreːnəli
Vreni ˈfreːni, *auch:* ˈvreːni
Vrîdanc ˈfriːdaŋk
Vridi *fr.* vriˈdi
Vries friːs, *niederl.* vris
Vriesland *niederl.* ˈvrislɑnt
Vring frɪŋ
Vrisea ˈfriːzea
Vrnjačka Banja *serbokr.* ˌvr̩njat͜ʃka: ˈbanja
Vroman *niederl.* ˈvroːmɑn
Vroni ˈfroːni, *auch:* ˈvroːni
Vroom *niederl.* vroːm
Vršac *serbokr.* ˈvr̩ʃats
Vrsar *serbokr.* ˌvr̩saːr
Vryburg *afr.* ˈfra͜ibœrx
Vryheid *afr.* ˈfra͜iha͜it
Všehrd *tschech.* ˈfʃɛhr̩t
Vsetín *tschech.* ˈfsɛtjiːn
Vučedol *serbokr.* vuˌt͜ʃɛdɔl
Vučetić *serbokr.* ˈvut͜ʃɛtitɕ
Vucht, Vught *niederl.* vʏxt
Vuillard *fr.* vɥiˈjaːr
Vuillaume *fr.* vɥiˈjoːm
Vuk *serbokr.* vuːk
Vukovar *serbokr.* vuˌkɔvaːr
Vulcan *engl.* ˈvʌlkən, *rumän.* vulˈkan
Vulcano *it.* vulˈkaːno
Vulcanus vʊlˈkaːnʊs
Vulci ˈvʊlt͜si
vulgär vʊlˈgɛːɐ̯
vulgarisieren vʊlgariˈziːrən
Vulgarismus vʊlgaˈrɪsmʊs
Vulgarität vʊlgariˈtɛːt
Vulgata vʊlˈgaːta
vulgivag vʊlgiˈvaːk, **-e** ...aːgə
Vulgivaga vʊlˈgiːvaga
vulgo ˈvʊlgo
Vulkan vʊlˈkaːn
Vulkanisat vʊlkaniˈzaːt
Vulkanisation vʊlkanizaˈt͜si̯oːn
vulkanisch vʊlˈkaːnɪʃ
Vulkaniseur vʊlkaniˈzøːɐ̯
vulkanisieren vʊlkaniˈziːrən
Vulkanismus vʊlkaˈnɪsmʊs
Vulkanit vʊlkaˈniːt
Vulkanologe vulkanoˈloːgə
Vulkanologie vʊlkanoloˈgiː
vulkanologisch vʊlkanoˈloːgɪʃ
Vulkazit vʊlkaˈt͜siːt
vulnerabel vʊlneˈraːbl̩, **...ble** ...blə
Vulnerabilität vʊlnerabiliˈtɛːt
Vulpius ˈvʊlpi̯ʊs
Vulture *it.* ˈvulture
Vulva ˈvʊlva
Vulvitis vʊlˈviːtɪs, **...itiden** ...viˈtiːdn̩
Vulvovaginitis vʊlvovagiˈniːtɪs, **...itiden** ...niˈtiːdn̩
Vuoksi *finn.* ˈvu̯ɔksi
vuota ˈvu̯oːta
Vuoto ˈvu̯oːto

VW fau̯'ve:, *auch:* '--
Vydūnas *lit.* vi:ˌdu:nas
Vyšehrad *tschech.* 'viʃɛhrat
Vyskočil *tschech.* 'viskɔtʃil
Výškov *tschech.* 'vi:ʃkɔf
Vysoké Mýto *tschech.* 'visɔkɛ: 'mi:tɔ
Vysoké Tatry *slowak.* 'visɔkɛ: 'tatri
Vyšší Brod *tschech.* 'viʃi: 'brɔt
Vytautas *lit.* 'vi:tau̯tas

w, W ve:, *engl.* 'dʌblju:, *fr.* dublə've, *it.* vud'doppi̯o, *span.* 'doβleβe, doβle'uβe
Wa *engl.* wɑ:
Waadt va[:]t
Waadtland 'va[:]tlant
Waadtländer 'va[:]tlɛndɐ
waadtländisch 'va[:]tlɛndɪʃ
Waag va:k
[1]**Waage** 'va:gə
[2]**Waage** (Name) *norw.* ˌvo:gə
waagerecht 'va:gərɛçt
waagrecht 'va:krɛçt
Waal va:l, *niederl.* wa:l
Waals *niederl.* wa:ls
Waalwijk *niederl.* 'wa:lwɛi̯k
Waart *niederl.* wa:rt
Waas *niederl.* wa:s
Waase 'va:zə
Waasen 'va:zn̩
Waasland 'va:slant
Wabana *engl.* wɔ:'bænə
Wabash *engl.* 'wɔ:bæʃ
wabb[e]lig 'vab[ə]lɪç, **-e** ...ɪgə
wabbeln 'vabl̩n, **wabble** ...blə
Wabe 'va:bə
Waber[lohe] 'va:bɐ[lo:ə]
wabern 'va:bɐn, **wabre** ...brə
Wąbrzeźno *poln.* vɔm'bʒɛʑnɔ
Wabush *engl.* 'wɔ:bʊʃ
Wace *engl.* weɪs, *fr.* vas
wach, Wach vax
Wachau va'xau̯
Wache 'vaxə
wachen 'vaxn̩
Wachler 'vaxlɐ
Wacholder va'xɔldɐ
Wachs vaks
wachsam 'vaxza:m
wachsbleich 'vaks'blai̯ç
Wachsch *russ.* vaxʃ
wachseln 'vaksl̩n
wachsen 'vaksn̩
wächsern 'vɛksɐn
wächst vɛkst
Wachstum 'vakstu:m
wachsweich 'vaks'vai̯ç
Wacht vaxt
Wachtangow *russ.* vax'tangɐf
Wachtel 'vaxtl̩
Wächter[sbach] 'vɛçtɐ[sbax]
Wacke 'vakə
Wackelei vakə'lai̯
wackelig 'vakəlɪç, **-e** ...ɪgə
wackeln 'vakl̩n
Wackenheim 'vakn̩hai̯m
Wackenroder 'vakn̩ro:dɐ
wacker 'vakɐ
Wackernagel 'vakɐna:gl̩
Wackersdorf 'vakɐsdɔrf
wacklig 'vaklɪç, **-e** ...ɪgə
Waco *engl.* 'weɪkoʊ
Wad vat
Wadai va'dai̯
Waddenzee *niederl.* 'wɑdənze:
Waddike 'vadɪkə
Wadding *engl.* 'wɔdɪŋ
Waddington *engl.* 'wɔdɪŋtən, *fr.* vadɛ̃'tõ
Wade 'va:də
Wädenswil 'vɛ:dn̩svi:l
Wader[sloh] 'va:dɐ[slo:]
Wadi 'va:di
Wadi-Halfa 'va:di'halfa
Wädli 'vɛ:tli
Wad Madani 'vat 'madani
Wadmann 'vatman
Wadschrajana vadʒra'ja:na
Wadsworth *engl.* 'wɔdzwə[:]θ
Waechter 'vɛçtɐ
Wael *niederl.* wa:l
Waerden *niederl.* 'wa:rdə
Waerland *schwed.* 'væ:rlan[d]
Waetzoldt 'vɛ:tsɔlt
Wafd vaft
Wafer 've:fɐ
Waffe 'vafə
Waffel 'vafl̩
waffnen 'vafnən
Wafio *neugr.* va'fiɔ
wäg vɛ:k, **-e** 'vɛ:gə
Waga *russ.* 'vagɐ
Wagadugu vaga'du:gu
wagehalsig 'va:gəhalzɪç, **-e** ...ɪgə
Wägelchen 'vɛ:gl̩çən
wagen 'va:gn̩, **wag!** va:k, **wagt** va:kt
wägen 'vɛ:gn̩, **wäg!** vɛ:k, **wägt** vɛ:kt
Wagen 'va:gn̩
Wagenbauer 'va:gn̩bau̯ɐ
Wagener 'va:gənɐ
Wagenfeld[t] 'va:gn̩fɛlt
Wageningen *niederl.* 'wa:ɣənɪŋə
Wagenseil 'va:gn̩zai̯l
Wagga Wagga *engl.* 'wɔgə 'wɔgə
Waggerl 'vagɐl
Waggon va'gõ:, va'gɔŋ, *auch:* va'go:n, **des -s** ...gõ:s, ...gɔŋs, *auch:* ...go:ns, **die -s** ...gõ:s, ...gɔŋs, **die -e** ...go:nə
waghalsig 'va:khalzɪç, **-e** ...ɪgə
Waging[er] 'va:gɪŋ[ɐ]
Wagner 'va:gnɐ, *engl.* 'wægnə
Wägner *schwed.* 'vɛ:gnər
Wagnerianer va:gnə'ri̯a:nɐ
Wagnis 'va:knɪs, **-se** ...ɪsə
Wagon-Lit, Wagons-Lits vagõ'li:
Wagram 'va:gram
Wagrien 'va:gri̯ən
Wągrowiec *poln.* vɔŋ'grɔvjɛts
Wähe 'vɛ:ə
Wahehe va'he:he
Wahhabit vaha'bi:t
Wahiawa *engl.* 'wɑ:hɪə'wɑ:
Wahl va:l
Wahlberg *schwed.* ˌvɑ:lbærj
wählen 'vɛ:lən
Wahle[n] 'va:lə[n]
wählerisch 'vɛ:lərɪʃ
wählig 'vɛ:lɪç, **-e** ...ɪgə
wahllos 'va:llo:s
Wahlöö *schwed.* ˌvɑ:lø:
Wahlstatt 'va:lʃtat
Wahlstedt 'va:lʃtɛt
Wahn va:n
wähnen 'vɛ:nən
Wahnfried 'va:nfri:t
Wahnsinn 'va:nzɪn
Wahnwitz 'va:nvɪts
wahr va:ɐ̯
wahren, W... 'va:rən
währen[d] 'vɛ:rən[t]
währenddem vɛ:rənt'de:m
währenddes[sen] vɛ:rənt'dɛs[n̩]
wahrhaft 'va:ɐ̯haft
wahrhaftig va:ɐ̯'haftɪç, *auch:* '---, **-e** ...ɪgə
Wahrheit 'va:ɐ̯hai̯t

Währing ˈvɛːrɪŋ
wahrlich ˈvaːɐ̯lɪç
Wahrmund ˈvaːɐ̯mʊnt
wahrnehmen ˈvaːɐ̯neːmən
wahrsagen ˈvaːɐ̯zaːgn̩
Wahrsager ˈvaːɐ̯zaːgɐ
Wahrsagerei vaːɐ̯zaːgəˈrai̯
wahrsagerisch ˈvaːɐ̯zaːgərɪʃ
währschaft, W... ˈvɛːa̯ʃaft
wahrschauen ˈvaːɐ̯ʃau̯ən
wahrscheinlich vaːɐ̯ˈʃai̯nlɪç, *auch:* ˈ– – –
Wahrung ˈvaːrʊŋ
Währung ˈvɛːrʊŋ
Wahrzeichen ˈvaːɐ̯tsai̯çn̩
Waiblingen ˈvai̯blɪŋən
Waiblinger ˈvai̯blɪŋɐ
Waibstadt ˈvai̯pʃtat
Waid vai̯t, -e ˈvai̯də
Waidhofen vai̯tˈhoːfn̩
Waigatsch *russ.* vajˈgatʃ
Waigel ˈvai̯gl̩
Waikato *engl.* waɪˈkaːtoʊ
Waikiki *engl.* waɪkɪˈkiː, ˈwaɪkɪkiː
Wailly *fr.* vaˈji
Wailuku *engl.* waɪˈluːkuː
Wain vai̯n, *engl.* weɪn
Wainonen *russ.* vajˈnɔnɛn
Wainwright *engl.* ˈweɪnraɪt
Waipahu *engl.* waɪˈpɑːhuː
Waischja ˈvai̯ʃja
Waischnawa ˈvai̯ʃnava
Waise ˈvai̯zə
Wait[e] *engl.* weɪt
Waitwell *engl.* ˈweɪtwəl
Waitz[en] ˈvai̯ts[n̩]
Wajang ˈvaːjaŋ
Wajda *poln.* ˈvajda
Wakajama *jap.* waˈkajama
Wakatipu *engl.* wɑːkɑːˈtiːpuː
[1]**Wake** (Eisloch) ˈvaːkə
[2]**Wake** (Name) *engl.* weɪk
Wakefield *engl.* ˈweɪkfiːld
Wakkanai *jap.* waˈkkaˌnai
Wakonda vaˈkɔnda
Wakoski *engl.* wəˈkɔskɪ
Waksman ˈvaksman, *engl.* ˈwæksmən
Wal vaːl, val
Wala ˈvaːla
Walache vaˈlaxə
Walachei valaˈxai̯
walachisch vaˈlaxɪʃ
Walahfrid ˈvaːlafriːt
Walaoritis *neugr.* valaɔˈritis
Walbaum ˈvalbau̯m
Wałbrzych *poln.* ˈvau̯bʒɨx
Walburg ˈvalbʊrk
Walburga valˈbʊrga
Walch[a] ˈvalç[a]
Walchen[see] ˈvalçn̩[zeː]
Walcheren *niederl.* ˈwɑlxərə
Walcker ˈvalkɐ
Wałcz *poln.* vau̯tʃ
[1]**Wald** valt, **-es** ˈvaldəs, **Wälder** ˈvɛldɐ
[2]**Wald** (Name) valt, *engl.* wɔːld
Waldai *russ.* valˈdaj
Waldau ˈvaldau̯
waldaus valtˈ|au̯s
Waldbröl valtˈbrøːl
Waldburg ˈvaltbʊrk
Waldburga valtˈbʊrga
Waldburger ˈvaltbʊrgɐ
Wäldchen ˈvɛltçən
Waldeck[er] ˈvaldɛk[ɐ]
waldeckisch ˈvaldɛkɪʃ
Waldeck-Rousseau *fr.* valdɛkruˈso
waldein valtˈ|ai̯n
Waldemar *dt., schwed.* ˈvaldəmar
Walden ˈvaldn̩, *engl.* ˈwɔːldən
Waldenbuch ˈvaldn̩buːx
Waldenburg ˈvaldn̩bʊrk
Waldenser valˈdɛnzɐ
Walderbach ˈvaldɐbax
Waldersee ˈvaldɐzeː
Waldes ˈvaldɛs
Waldfelden valtˈfɛldn̩
[1]**Waldhausen** (Prediger) ˈvalthau̯zn̩
[2]**Waldhausen** (Ort) valtˈhau̯zn̩
Waldhäuser ˈvalthɔy̯zɐ
Waldheim ˈvalthai̯m
Waldhof ˈvalthoːf
waldig ˈvaldɪç, **-e** ...ɪgə
Waldinger ˈvaldɪŋɐ
Waldis ˈvaldɪs
Waldkirch ˈvaltkɪrç
Waldkirchen valtˈkɪrçn̩
Waldkraiburg valtˈkrai̯bʊrk
Waldliesborn valtˈliːsbɔrn
Waldmann ˈvaltman
Waldmüller ˈvaltmʏlɐ
Waldmünchen valtˈmʏnçn̩
Waldo ˈvaldo, *engl.* ˈwɔːldoʊ
Waldoff ˈvaldɔf
Waldorf ˈvaldɔrf, *engl.* ˈwɔːldɔːf
Waldorp *niederl.* ˈwɑldɔrp
Waldsassen valtˈzasn̩
Waldschrat ˈvaltʃraːt
Waldsee ˈvaltzeː
Waldseemüller ˈvaltzeːmʏlɐ
Waldshut ˈvaltshuːt
Waldstädte ˈvaltʃtɛːtə, *auch:* ...ʃtɛtə
Waldstatt ˈvaltʃtat, **...stätte** ...ʃtɛtə
Waldstein ˈvaltʃtai̯n
Waldteufel ˈvalttɔy̯fl̩, *fr.* valtøˈfɛl
Waldtraut ˈvalttrau̯t
Waldung ˈvaldʊŋ
Waldus ˈvaldʊs
Waldviertel ˈvaltfɪrtl̩
waldwärts ˈvaltvɛrts
Waldwick *engl.* ˈwɔːldwɪk
Walensee ˈvalənzeː
Walenstadt ˈvalənʃtat
Walentin *russ.* vɐlɪnˈtin
Walentina *russ.* vɐlɪnˈtinɐ
Waleri *russ.* vaˈljerij
Walerian *russ.* vɐlɪriˈan
Walerija *russ.* vaˈljerijɐ
Walerjan *russ.* vɐlɪrjˈjan
Wales *engl.* weɪlz
Wałęsa *poln.* vaˈu̯ɛ̃sa
Walewein *niederl.* ˈwaːləwɛi̯n
Walewska *poln.* vaˈlɛfska
Walewski *poln.* vaˈlɛfski, *fr.* valɛvˈski
Walfang ˈvaːlfaŋ, ˈval...
Walfisch ˈvaːlfɪʃ, ˈval...
Walfrid ˈvalfriːt, *schwed.* ˈvɑːlfrid
Walgau ˈvaːlgau̯
wälgern ˈvɛlgɐn, **wälgre** ˈvɛlgrə
Walhall ˈvalhal, –ˈ–
Walhalla[straße] valˈhala[ʃtraːsə]
[1]**Wali** (Statthalter) ˈvaːli
[2]**Wali** (Heiliger) vaˈliː
Walid (Kalif) vaˈliːt
Walide valiˈdeː
Waliser vaˈliːzɐ
walisisch vaˈliːzɪʃ
Walk valk
Walke (Maschine) ˈvalkə
walken ˈvalkn̩
Walkenried valkn̩ˈriːt
Walker ˈvalkɐ, *engl.* ˈwɔːkə
Walkie-Talkie ˈvoːkiˈtoːki
Walkingbass ˈvoːkɪŋbeːs
Walkman, ...men® ˈvoːkmɛn
Walkocherei vaːlkɔxəˈrai̯
Walküre valˈkyːrə, *auch:* ˈval...
[1]**Wall** val, **Wälle** ˈvɛlə
[2]**Wall** (Name) *dt., schwed.* val, *engl.* wɔːl
Wallaby *engl.* ˈwɔləbɪ
Wallace[burg] *engl.* ˈwɔlɪs[bəːg]
Wallach ˈvalax

Wallant *engl.* ˈwɔlənt
Wallas[ey] *engl.* ˈwɔləs[ɪ]
Wạllat ˈvalat
Walla Walla *engl* ˈwɔlə ˈwɔlə
Wạllbaum ˈvalba͜um
Wạllberg ˈvalbɛrk
Wạlldorf ˈvaldɔrf
Walldụ̈rn valˈdʏrn
wạllen, W... ˈvalən
wạ̈llen ˈvɛlən
Wallenberg *schwed.* ˌvalənbærj
Wạllenstein ˈvalənʃta͜in
Wạller ˈvalɐ, *engl.* ˈwɔlə
Wạllerstein ˈvalɐʃta͜in
wạllfahren ˈvalfaːrən
Wạllfahrt ˈvalfaːɐ̯t
wạllfahrten ˈvalfaːɐ̯tn̩
Wạlli ˈvali
Wạllia ˈvali̯a
Walli̲n *schwed.* vaˈliːn
Wallingford *engl.* ˈwɔlɪŋfəd
Wallington *engl.* ˈwɔlɪŋtən
Wạllis ˈvalɪs, *engl.* ˈwɔlɪs, *fr.* waˈlis
Wạllisch ˈvalɪʃ
Wạllisellen ˈvalizɛlən
Wạlliser ˈvalizɐ
Wạllmann ˈvalman
Wạllner ˈvalnɐ
Wallo̲ne vaˈloːnə
Wallonie *fr.* walɔˈni, va...
Wallo̲nien vaˈloːni̯ən
wallo̲nisch vaˈloːnɪʃ
Wạllot[h] ˈvalɔt
Wạllquist *schwed.* ˌvalkvist
Wạllraf[f] ˈvalraf
Wallsend *engl.* ˈwɔːlzɛnd
Wallstreet, Wall Street ˈvoːlstriːt, *engl.* ˈwɔːlstriːt
Wạlly ˈvali
Wạlm valm
Walnuss ˈvalnʊs, ˈvaːl...
Walnut Creek *engl.* ˈwɔːlnʌt ˈkriːk
Walo̲ne vaˈloːnə
Wạlpertinger ˈvalpɐtɪŋɐ
Walplatz ˈvaːlplat͜s, ˈval...
Walpole *engl.* ˈwɔːlpoʊl
Walpụrga valˈpʊrga
Walpụrgis valˈpʊrgɪs
Walrạs *fr.* valˈra
Wạlrat ˈvalraːt
Walross ˈvaːlrɔs, ˈval...
Walsall *engl.* ˈwɔːlsɔːl
Wạlschap *niederl.* ˈwɑlsxɑp
Wạlser[tal] ˈvalzɐ[taːl]
Walsh *engl.* wɔːlʃ
Walsingham *engl.* ˈwɔːlsɪŋəm
Walsro̲de valsˈroːdə
Walstatt ˈvaːlʃtat, ˈval..., **...stätten** ...ʃtɛtn̩
Walsum ˈvalzʊm, ˈvaːl...
Wạ̈lsunge ˈvɛlzʊŋə
Walt *engl.* wɔːlt
Wạltari *finn.* ˈvɑltɑri
wạlten, W... ˈvaltn̩
Wạltensburg ˈvaltn̩sbʊrk
Wạlter ˈvaltɐ, *engl.* ˈwɔːltə, *fr.* valˈtɛːr, *it.* ˈvalter
Walterni̲enburg valtɐˈniːnbʊrk
Waltersha̲u̲sen (Ort) valtɐsˈha͜uzn̩
[1]**Waltham** (England) *engl.* ˈwɔːltəm, ...lθəm
[2]**Waltham** (USA) *engl.* ˈwɔːlθəm
Walthamstow *engl.* ˈwɔːlθəmstoʊ
Walthari[lied] ˈvaltari[liːt], *auch:* valˈtaː...
Walthạrius valˈtaːri̯ʊs
Wạlther ˈvaltɐ
Walton *engl.* ˈwɔːltən
Wạltraud, Wạltraut ˈvaltra͜ut
Wạltrop ˈvaltrɔp
Wạltrud ˈvaltruːt
Wạltrun ˈvaltruːn
Walvater ˈvaːlfaːtɐ, ˈval...
Walvis Bay *engl.* ˈwɔːlvɪs ˈbeɪ
Wạlze ˈvalt͜sə
wạlzen ˈvalt͜sn̩
wạ̈lzen ˈvɛlt͜sn̩
Wạlzer ˈvalt͜sɐ
Wạ̈lzer ˈvɛlt͜sɐ
wạlzig ˈvalt͜sɪç, **-e** ...ɪgə
Wạmme[n] ˈvamə[n]
Wạmmerl ˈvamɐl
Wạmpe ˈvampə
wạmpert ˈvampɐt
Wampịlow *russ.* vamˈpilɐf
Wampum ˈvampʊm, vamˈpuːm
Wạms vams, **-es** ˈvamzəs, **Wạ̈mser** ˈvɛmzɐ
Wạ̈mschen ˈvɛmsçən
wạmsen ˈvamzn̩, **wạms!** vams, **wạmst** vamst
Wanamaker *engl.* ˈwɔnəmeɪkə
Wanaque *engl.* ˈwɔnəkjuː, wəˈnɑːk[w]ɪ
wạnd vant
Wạnd vant, **Wạ̈nde** ˈvɛndə
Wạnda *dt., poln.* ˈvanda, *russ.* ˈvandɐ
Wanda̲le vanˈdaːlə
wanda̲lisch vanˈdaːlɪʃ
Wandalịsmus vandaˈlɪsmʊs
wạ̈nde ˈvɛndə
Wạndel ˈvandl̩
wạndeln ˈvandl̩n, **wạndle!** ...dlə
wạnden ˈvandn̩
Wạnder ˈvandɐ
Wạnderer ˈvandərɐ
wạndern ˈvandɐn, **wạndre** ...drə
Wạndersleben ˈvandɐsleːbn̩
Wạnderung ˈvandərʊŋ
Wạndler ˈvandlɐ
Wạndlung ˈvandlʊŋ
Wạndsbecker Bo̲te ˈvant͜sbeːkɐ ˈboːtə
Wạndsbek ˈvant͜sbeːk
Wandsworth *engl.* ˈwɔndzwə[ː]θ
wạndte ˈvantə
Wa̲ne ˈvaːnə
Wa̲nfried ˈvaːnfriːt
Wang Anshi *chin.* u̯aŋanʃɨ 212
Wanganu̲i *engl.* wɔŋəˈnuːɪ
Wang Chong *chin.* u̯aŋtʃʊŋ 21
Wang Chonghui *chin.* u̯aŋtʃʊŋxu̯ei̯ 234
Wạng[e] ˈvaŋ[ə]
Wạngen[heim] ˈvaŋən[ha͜im]
Wangeroog vaŋɐˈ|oːk, *auch:* ˈ–––
Wangerooge vaŋɐˈ|oːgə, *auch:* ˈ––––
Wang Fuzhi *chin.* u̯aŋfudʒɨ 221
Wang Hongwen *chin.* u̯aŋxʊŋu̯ən 222
Wang Hui *chin.* u̯aŋxu̯ei̯ 21
...wangig ...ˌvaŋɪç, **-e** ...ɪgə
Wangio̲nen vaŋˈgi̯oːnən
Wang Jingwei *chin.* u̯aŋdʑɪŋu̯ei̯ 214
Wạ̈nglein ˈvɛŋla͜in
Wang Meng *chin.* u̯aŋməŋ 22
Wang Shifu *chin.* u̯aŋʃɨfu 223
Wang Wei *chin.* u̯aŋu̯ei̯ 22
Wang Yangming *chin.* u̯aŋi̯aŋmɪŋ 222
Wang Yuanqi *chin.* u̯aŋy̆ɛntɕi 222
Wạnino *russ.* ˈvaninɐ
Wạnja *russ.* ˈvanjɐ
Wạnk vaŋk
Wạnkel[mut] ˈvaŋkl̩[muːt]
wạnkelmütig ˈvaŋkl̩myːtɪç, **-e** ...ɪgə
wạnken ˈvaŋkn̩
Wankie *engl.* ˈwɔŋkɪ
Wańkọwicz *poln.* vai̯ŋˈkɔvitʃ
wạnn van
Wạ̈nnchen ˈvɛnçən
Wạnne ˈvanə
wạnnen ˈvanən

Wạnnsee ˈvanze:
Wạnst vanst, **Wạ̈nste** ˈvɛnstə
Wạ̈nstchen ˈvɛnstçən
Wanstead *engl.* ˈwɔnstɪd
Wạnt vant
Wantagh *engl.* ˈwɔntɔ:
wanted ˈvɔntɪt
Wanxian *chin.* u̯ançi̯ɛn 44
Wạnze ˈvant͜sə
wạnzen ˈvant͜sn̩
Wạnzleben ˈvant͜sle:bn̩
Wapi̲ti vaˈpi:ti
Wạppen ˈvapn̩
Wạppers *niederl.* ˈwɑpərs
wạppnen ˈvapnən
Wapzạrow *bulgar.* vɐpˈtsarof
wa̲r va:ɐ̯
Warä̲ger vaˈrɛ:gɐ
Wara̲n vaˈra:n
Warangal *engl.* ˈwɔ:rəŋgəl
Wạrasdin ˈvaraʃdi:n, ...sdi:n
wạrb varp
Wạrbeck ˈvarbɛk, *engl.* ˈwɔ:bɛk
wạrben ˈvarbn̩
wạrbt varpt
Wa̲rburg ˈva:ɐ̯bʊrk, *engl.* ˈwɔ:bə:g, *schwed.* ˈvɑ:rbʊrj
Warburton *engl.* ˈwɔ:bətn
wạrd vart
Ward *engl.* wɔ:d
Wạrdar ˈvardar
Wardạris *neugr.* varˈðaris
Wardei̲n varˈdai̯n
Wạrdenburg ˈvardn̩bʊrk
wardi̲eren varˈdi:rən
wä̲re ˈvɛ:rə
Wa̲re ˈva:rə
Wa̲regem *niederl.* ˈwa:rəɣɛm
Warẹmme *fr.* waˈrɛm, va...
wa̲ren, W... ˈva:rən
wä̲ren ˈvɛ:rən
Wa̲rendorf ˈva:rəndɔrf
Ware̲niki vaˈre:niki
Warens *fr.* vaˈrã
wạrf, W... varf
Warfield *engl.* ˈwɔ:fi:ld
Wạrft varft
Wạrga *niederl.* ˈwarɣa, *russ.* ˈvargɐ
Warhol *engl.* ˈwɔ:hoʊl
Wari̲n vaˈri:n, *fr.* vaˈrɛ̃
Waring[ton] *engl.* ˈwɛərɪŋ[tən]
Wạrka *poln.* ˈvarka
Warlaạm *russ.* vɐrlaˈam
Warlạmow *russ.* varˈlamɐf
Warley *engl.* ˈwɔ:lɪ
Warlock *engl.* ˈwɔ:lɔk
Warlord ˈvo:ɐ̯lɔrt
wạrm varm, **wạ̈rmer** ˈvɛrmɐ
Wạrmbad ˈvarmba:t, *afr.* ...bat
Wạrmbrunn ˈvarmbrʊn
Wạ̈rme ˈvɛrmə
wạ̈rmen ˈvɛrmən
wärmer vgl. warm
Wạrmien ˈvarmi̯ən
Warminster *engl.* ˈwɔ:mɪnstə
Warm-up vo:ɐ̯mˈ|ap, vɔr...; ˈ--
Warmwạsserbereiter varm-ˈvasɐbərai̯tɐ
Wạrna ˈvarna, *bulgar.* ˈvarnɐ
Wạrnalis *neugr.* ˈvarnalis
Wạrndt varnt
Warnemụ̈nde varnəˈmʏndə
wạrnen ˈvarnən
Wạrner ˈvarnɐ, *engl.* ˈwɔ:nə
Wạrnke ˈvarnkə
Wạrnow ˈvarno
Wạrnsdorf ˈvarnsdɔrf
Wạrp varp
wạrpen ˈvarpn̩
Warrant vaˈrant, ˈvɔrənt
Warrego *engl.* ˈwɔrɪgoʊ
Warren *engl.* ˈwɔrɪn
Warrensburg *engl.* ˈwɔrɪnzbə:g
Warrensville *engl.* ˈwɔrɪnzvɪl
Warri *engl.* ˈwɔri:
Warrington *engl.* ˈwɔrɪŋtən
Warrnambool *engl.* ˈwɔ:nəm-bu:l
Wạrschau ˈvarʃau̯
Warstein ˈva:ɐ̯ʃtai̯n, ˈvar...
Warszạwa *poln.* varˈʃava
wä̲rt vɛ:ɐ̯t
Wạrt vart
Wạrta *poln.* ˈvarta
Wạrtburg ˈvartbʊrk
Wạrte ˈvartə
wạrten ˈvartn̩
Wạrtenberg ˈvartn̩bɛrk
Wạrtenburg ˈvartn̩bʊrk
Wạ̈rter ˈvɛrtɐ
Wartere̲i vartəˈrai̯
Wạrth[a] ˈvart[a]
Wạrthe ˈvartə
Wạrtislaw ˈvartɪslaf
Warton *engl.* wɔ:tn
warụm vaˈrʊm
Wạrve ˈvarvə
Warvi̲t varˈvi:t
Warwạra *russ.* varˈvarɐ
Warwick *engl.* ˈwɔrɪk, *USA* ˈwɔ:wɪk
Warwi̲t varˈvi:t
Wạ̈rzchen ˈvɛrt͜sçən
Wạrze ˈvart͜sə
wạrzig ˈvart͜sɪç, -e ...ɪgə
wạs vas
Wa̲sa ˈva:za
Wasatch Range *engl.* ˈwɔ:sætʃ ˈreɪndʒ
Wạscha-Pschạwela *georg.* ˈvaʒaˈphʃawela
wạschen ˈvaʃn̩
Wạ̈scher ˈvɛʃɐ
Wäschere̲i vɛʃəˈrai̯
wạ̈scht vɛʃt
Wa̲sen ˈva:zn̩
Wa̲ser[l] ˈva:zɐ[l]
Wạsgau ˈvasgau̯
Wạsgenwald ˈvasgn̩valt
Wash *engl.* wɔʃ
wash and wear ˈvɔʃ|ɛntˈvɛ:ɐ̯
Washboard ˈvɔʃbo:ɐ̯t, ...bɔrt
Washburn[e] *engl.* ˈwɔʃbən
Washington ˈvɔʃɪŋtn̩, *engl.* ˈwɔʃɪŋtən
Washingtọnia vɔʃɪŋˈto:ni̯a, **...ien** ...i̯ən
Washita *engl.* ˈwɔʃɪtɔ:
Washprimer ˈvɔʃprai̯mɐ
Wasielẹwski vaziˈlɛfski
Wa̲sigenstein ˈva:zɪgn̩ʃtai̯n
Wasilẹwska *poln.* vaɕiˈlɛfska
Wasilẹwski *poln.* vaɕiˈlɛfski
Wạsmann ˈvasman
Wạsmes *fr.* wam, vam
Wasnezọw *russ.* vɐsnɪˈtsɔf
Wạsow *bulgar.* ˈvazof
Wạssenaar *niederl.* ˈwɑsəna:r
Wạssenberg ˈvasn̩bɛrk
Wạssenhove *niederl.* ˈwɑsən-ho:və
Wạsser ˈvasɐ, **Wạ̈sser** ˈvɛsɐ
Wasserạlfingen vasɐˈ|alfɪŋən
Wạsserburg ˈvasɐbʊrk
Wạ̈sserchen ˈvɛsɐçən
wạ̈sserig ˈvɛsərɪç, -e ...ɪgə
Wạsserkuppe ˈvasɐkʊpə
Wạssermann ˈvasɐman
wạssern ˈvasɐn
wạ̈ssern ˈvɛsɐn
Wassịl *bulgar.* vɐˈsil
Wassilẹnko *russ.* vɐsiˈljɛnkɐ
Wassịlew *bulgar.* vɐˈsilɛf
Wassilẹwski *russ.* vɐsiˈljɛfskij
Wassi̲li vaˈsi:li, *russ.* vaˈsilij
Wassilikọs *neugr.* vasiliˈkɔs
Wassịljew *russ.* vaˈsiljɪf
Wassịljewitsch *russ.* vaˈsiljɪvitʃ
Wassịljewka *russ.* vaˈsiljɪfkɐ
Wassịljewna *russ.* vaˈsiljɪvnɐ
Wassịltschenko *russ.* vaˈsiljtʃɪnkɐ
Wạssing *schwed.* ˈvasɪŋ
Wassjugạn *russ.* vɐsjuˈgan
Wạssmo *norw.* ˈvasmu
wạ̈ssrig ˈvɛsrɪç, -e ...ɪgə

Wassyltschenko *ukr.* va'sɪljtʃɛnkɔ
Wästberg *schwed.* ˌvɛstbærj
Wastl 'vastl̩
Wasungen 'va:zʊŋən
Wasusa *russ.* va'zuzɐ
[1]**Wat** (Kloster) va:t
[2]**Wat** (Name) *engl.* wɔt, *poln.* vat
Watauga *engl.* wɔ'tɔ:gə
...watcher ...vɔtʃɐ
Wate 'va:tə
waten 'va:tn̩
Watenstedt 'va:tn̩ʃtɛt
Waterbury *engl.* 'wɔ:təbərɪ
Waterford *engl.* 'wɔ:təfəd
Watergate *engl.* 'wɔ:təgeɪt
Waterhouse *engl.* 'wɔ:təhaʊs
Waterjacket 'vo:tɐdʒɛkɪt
Waterkant 'va:tɐkant
Waterloo 'va:tɐlo, *fr.* vatɛr'lo, *niederl.* 'wa:tərlo, *engl.* wɔ:tə'lu:, '––'–, '–––
Watermaal-Bosvoorde *niederl.* 'wa:tərma:l'bɔsfo:rdə
Watermael-Boisfort *fr.* watɛrmalbwa'fɔ:r, va...
waterproof, W... 'vo:tɐpru:f
Waters *engl.* 'wɔ:təz
Waterton *engl.* 'wɔ:tətən
Watertown *engl.* 'wɔ:tətaʊn
Waterville *engl.* 'wɔ:təvɪl
Watervliet *engl.* 'wɔ:təvli:t
Watford *engl.* 'wɔtfəd
Wathi *neugr.* va'θi
Watkin[s] *engl.* 'wɔtkɪn[z]
Watling[s] *engl.* 'wɔtlɪŋ[z]
Watruschki va'trʊʃki
Watsa *fr.* wat'sa
Watsche 'va:tʃə, *auch:* 'vatʃə
watsch[e]lig 'va:tʃ[ə]lɪç, *auch:* 'vatʃ..., **-e** ...ɪgə
watscheln 'va:tʃl̩n, *auch:* 'vatʃl̩n
watschen, W... 'va:tʃn̩, *auch:* 'vatʃn̩
Watson[ville] *engl.* 'wɔtsn[vɪl]
[1]**Watt** (Maßeinheit) vat
[2]**Watt** (Name) vat, *engl.* wɔt
Watte 'vatə
Watteau *fr.* va'to
Watteline vatə'li:nə
Watten 'vatn̩
Wattens 'vatn̩s
Wattenscheid 'vatn̩ʃa̯it
Watterson *engl.* 'wɔtəsn
wattieren va'ti:rən
wattig 'vatɪç, **-e** ...ɪgə
Wattrelos *fr.* vatrə'lo
Watts[-Dunton] *engl.* 'wɔts['dʌntən]
Wattwil 'vatvi:l
Watussi va'tʊsi
Watwat *pers.* væt'vɑ:t
Watzlik 'vatslɪk
Watzmann 'vatsman
wau, wau! 'vau̯'vau̯, –'–, '––
wau!, Wau vau̯
Wauer 'vau̯ɐ
Waugh *engl.* wɔ:, wɔf, wɑ:f
Waukegan *engl.* wɔ:'ki:gən
Waukesha *engl.* 'wɔ:kɪʃɔ:
Wausau *engl.* 'wɔ:sɔ:
Wauters *niederl.* 'wɔu̯tərs
Wauwatosa *engl.* wɔ:wə'toʊsə
Wauwau 'vau̯vau̯
Wauwil 'vau̯vi:l, –'–
Wavell *engl.* 'weɪvəl
Wavellit vevə'li:t
Waverley *engl.* 'weɪvəlɪ
Wavre *fr.* wa:vr, vɑ:vr
Wawel *poln.* 'vavɛl
Wawila *russ.* va'vilɐ
Wawilow *russ.* va'vilɐf
Waxahachie *engl.* 'wɔ:ksəhætʃɪ
Waxenstein 'vaksn̩ʃta̯in
Waycross *engl.* 'weɪkrɔs
Wayland *engl.* 'weɪlənd
Wayne *engl.* weɪn
Waynesboro *engl.* 'weɪnzbərə
Waza *russ.* 'vatsɐ, *fr.* wa'za
Ważyk *poln.* 'vaʒɨk
WC ve:'tse:
Weald[en] 'vi:ld[ən]
Weatherford *engl.* 'wɛðəfəd
Weathers *engl.* 'wɛðəz
Weaver *engl.* 'wi:və
Web vɛp
Webb[e] *engl.* wɛb
Webcam 'vɛpkɛm
Webe 've:bə
weben 've:bn̩, **web!** ve:p, **webt** ve:pt
Weber 've:bɐ
Weberei ve:bə'ra̯i
Webern 've:bɐn
Webster *engl.* 'wɛbstə
Websterit vɛpstə'ri:t
Wechsel[burg] 'vɛksl̩[bʊrk]
wechseln 'vɛksl̩n
Wechselreiterei vɛksl̩ra̯itə'ra̯i
Wechsler 'vɛkslɐ
Wechte 'vɛçtə
Wechtlin 'vɛçtli:n
Weck (*auch:* ®) vɛk
Weckamin 'vɛk|ami:n
Wecke 'vɛkə
wecken, W... 'vɛkn̩
Wecker[l] 'vɛkɐ[l]
Weckherlin 'vɛkɐli:n
Weckmann 'vɛkman
Weda 've:da
Wedanta ve'danta
Wedda 'vɛda
Weddell *engl.* wɛdl
Wedderburn *engl.* 'wɛdəbə:n
Wedekind 've:dəkɪnt
Wedel 've:dl̩
wedeln 've:dl̩n, **wedle** ...dlə
Wedemeier 've:dəma̯iɐ
weder 've:dɐ
Wedge *engl.* wɛdʒ
Wedgwood 'vɛtʃvʊt
wedisch 've:dɪʃ
Wedismus ve'dɪsmʊs
Wednesday *engl.* 'wɛnzdɪ
Wedro ve'dro:
Weed *engl.* wi:d
Weekend 'vi:k|ɛnt
Weekl[e]y *engl.* 'wi:klɪ
Weeks *engl.* wi:ks
Weelkes *engl.* wi:lks
Weems *engl.* wi:mz
Weener 've:nɐ
Weenix *niederl.* 'we:nɪks
Weert ve:ɐ̯t, *niederl.* we:rt
Weerth ve:ɐ̯t
Weesp *niederl.* we:sp
Weft vɛft
weg vɛk
Weg ve:k, **-e** 've:gə
Wega 've:ga
wegarbeiten 'vɛk|arba̯itn̩
Wegberg 've:kbɛrk
Wegelagerei ve:gəla:gə'ra̯i
Wegeleben 've:gəle:bn̩
Wegelius *schwed.* ve'ge:liʊs
wegen 've:gn̩
Wegener 've:gənɐ
Weger 've:gɐ
Wegerich 've:gərɪç
wegern 've:gɐn, **wegre** 've:grə
Weggen 'vɛgn̩
Weggis 'vɛgɪs
Weggli 'vɛkli
Węgierski *poln.* vɛŋ'gjɛrski
Wegner 've:gnɐ
Węgorapa *poln.* vɛŋgɔ'rapa
Węgorzewo *poln.* vɛŋgɔ'ʒɛvɔ
wegsam 've:kza:m
Wegscheid 've:kʃa̯it, **-e** ...a̯idə
wegwärts 've:kvɛrts
weh, Weh ve:
wehe, W... 've:ə
wehen, W... 've:ən
Wehingen 've:ɪŋən
wehklagen 've:kla:gn̩

[1]**Wehl** (Bucht) ve:l
[2]**Wehl** (Name) ve:l, *niederl.* we:l
Wehlau 've:lau̯
Wehl[t]e 've:l[t]ə
Wehmut 've:mu:t
wehmütig 've:my:tɪç, **-e** ...ɪɡə
Wehne 've:nə
Wehnelt 've:nl̩t
Wehner 've:nɐ
Wehr ve:ɐ̯
wehren, W... 've:rən
Wehrli 've:ɐ̯li
Wehweh 've:ve:, *auch:* –'–
Wehwehchen ve:'ve:çən, *auch:* '–––
Wei *chin.* u̯ei̯ 4
Weib vai̯p, **-er** 'vai̯bɐ
Weibchen 'vai̯pçən
Weibel 'vai̯bl̩
weibeln 'vai̯bl̩n, **...ble** ...blə
weibisch 'vai̯bɪʃ
weiblich 'vai̯plɪç
Weibsen 'vai̯psn̩
weich vai̯ç
Weichbild 'vai̯çbɪlt
Weiche 'vai̯çə
weichen 'vai̯çn̩
Weichert 'vai̯çɐt
Weichling 'vai̯çlɪŋ
Weichsel[baum] 'vai̯ksl̩[bau̯m]
Weida 'vai̯da
Weide 'vai̯də
Weidelgras 'vai̯dl̩gra:s
Weidelsburg 'vai̯dl̩sbʊrk
weiden 'vai̯dn̩, **weid!** vai̯t
Weiden 'vai̯dn̩
Weiderich 'vai̯dərɪç
Weidicht 'vai̯dɪçt
Weiditz 'vai̯dɪts
weidlich 'vai̯tlɪç
Weidling 'vai̯tlɪŋ
Weidman *engl.* 'waɪdmən
Weidmann 'vai̯tman
Weidmannsdank! vai̯tmans'daŋk
Weidmannsheil! vai̯tmans'hai̯l
Weidwerk 'vai̯tvɛrk
Weierstraß 'vai̯ɐʃtra:s
Weifang *chin.* u̯ei̯faŋ 21
Weife 'vai̯fə
weifen 'vai̯fn̩
Weigand 'vai̯gant, **-e** ...ndə
Weigelie vai̯'ge:li̯ə
Weigel[t] 'vai̯gl̩[t]
weigern 'vai̯gɐn, **weigre** 'vai̯grə
Weih vai̯
Weihai *chin.* u̯ei̯xai̯ 13
[1]**Weihe** 'vai̯ə
[2]**Weihe** (Fluss) *chin.* wei̯xʌ 42
weihen 'vai̯ən
Weihenstephan vai̯ən'ʃtɛfan
Weiher 'vai̯ɐ
Weihling 'vai̯lɪŋ
Weihnacht 'vai̯naxt
weihnachten, W... 'vai̯naxtn̩
Weihrauch 'vai̯rau̯x
Weihtum 'vai̯tu:m
Weikersheim 'vai̯kɐshai̯m
Weikl 'vai̯kl̩
weil vai̯l
Weil vai̯l, *tschech.* vajl, *fr.* vɛj
weiland 'vai̯lant
Weilburg 'vai̯lbʊrk
Weile[n] 'vai̯lə[n]
Weiler 'vai̯lɐ
Weilheim 'vai̯lhai̯m
Weill vai̯l, *fr.* vɛj
Weimar[er] 'vai̯mar[ɐ]
weimarisch 'vai̯marɪʃ
Weimutskiefer 'vai̯mu:tski:fɐ
Wein vai̯n
Weinberg 'vai̯nbɛrk, *engl.* 'waɪnbə:g
Weinberger 'vai̯nbɛrgɐ, *tschech.* 'vajnbɛrgɛr, *engl.* 'waɪnbə:gə
Weinbrenner 'vai̯nbrɛnɐ
weinen 'vai̯nən
Weiner 'vai̯nɐ, *tschech.* 'vajnɛr
Weinert 'vai̯nɐt
Weinfelden 'vai̯nfɛldn̩
Weingarten 'vai̯ngartn̩
Weingartner 'vai̯ngartnɐ
Weinhandl 'vai̯nhandl̩
Weinheber 'vai̯nhe:bɐ
Weinheim 'vai̯nhai̯m
weinig 'vai̯nɪç, **-e** ...ɪɡə
Weininger 'vai̯nɪŋɐ
Weinreich 'vai̯nrai̯ç
Weinrich 'vai̯nrɪç
Weinsberg 'vai̯nsbɛrk
Weinstadt 'vai̯nʃtat
Weinstraße 'vai̯nʃtra:sə
Weinzierl 'vai̯ntsi:ɐ̯l
Weir[ton] *engl.* wɪə[tn]
weis, W... vai̯s
weise, W... 'vai̯zə
Weisel 'vai̯zl̩
weisen 'vai̯zn̩, **weis!** vai̯s, **weist** vai̯st
Weisenborn 'vai̯zn̩bɔrn
Weiser 'vai̯zɐ
Weisgerber 'vai̯sgɛrbɐ
Weisheit 'vai̯shai̯t
Weiskopf 'vai̯skɔpf
weislich 'vai̯slɪç
Weismann 'vai̯sman
Weismantel 'vai̯smantl̩
weiß, W... vai̯s
Weiss vai̯s, *fr.* va'is, vɛs, *tschech.* vajs
Weiße 'vai̯sə
weißeln 'vai̯sl̩n
weißen, W... 'vai̯sn̩
Weißenau 'vai̯sənau̯
Weißenberg 'vai̯sn̩bɛrk
Weißenborn 'vai̯sn̩bɔrn
Weißenburg 'vai̯sn̩bʊrk
Weißenburger 'vai̯sn̩bʊrgɐ
weißenburgisch 'vai̯sn̩bʊrgɪʃ
Weißenfels 'vai̯sn̩fɛls
Weißenhorn 'vai̯sn̩hɔrn
Weißenkirchen vai̯sn̩'kɪrçn̩
Weißenkirchner 'vai̯sn̩kɪrçnɐ
[1]**Weißensee** (Berlin) vai̯sn̩'ze:
[2]**Weißensee** (Erfurt, Kärnten) 'vai̯sn̩ze:
Weißenthurm 'vai̯sn̩tʊrm, ––'–
Weißer, ...sser 'vai̯sɐ
Weißeritz 'vai̯sərɪts
Weißfluhjoch vai̯sflu:'jɔx
Weißgerberei vai̯sgɛrbə'rai̯
weiß Gott! 'vai̯s 'gɔt
weißgrau 'vai̯s'grau̯
Weißkirchen vai̯s'kɪrçn
Weißkopf 'vai̯skɔpf
Weißling 'vai̯slɪŋ
Weissmuller *engl.* 'waɪsmʌlə
Weißrusse 'vai̯srʊsə
Weißrussland 'vai̯srʊslant
weißt vai̯st
Weißwasser 'vai̯svasɐ
Weistum 'vai̯stu:m, **Weistümer** ...ty:mɐ
Weisweiler 'vai̯svai̯lɐ
weit, W... vai̯t
weitab 'vai̯t'|ap
weitaus 'vai̯t'|au̯s
Weitbrecht 'vai̯tbrɛçt
Weite 'vai̯tə
weiten, W... 'vai̯tn̩
weiter 'vai̯tɐ
weiterarbeiten 'vai̯tɐ|arbai̯tn̩
weiterhin 'vai̯tɐ'hɪn
weitern 'vai̯tɐn
weiters 'vai̯tɐs
weither 'vai̯t'he:ɐ̯
weitherum 'vai̯thɛ'rʊm
weitherzig 'vai̯thɛrtsɪç
weithin 'vai̯t'hɪn
weithinaus 'vai̯thɪ'nau̯s
weitläufig 'vai̯tlɔyfɪç
Weitling 'vai̯tlɪŋ
weitmaschig 'vai̯tmaʃɪç, **-e** ...ɪɡə
Weitra 'vai̯tra

W

We̱i̱tsch vai̯t͜ʃ
we̱i̱tschichtig ˈvai̯tʃɪçtɪç
we̱i̱tschweifig ˈvai̯tʃvai̯fɪç, **-e** …ɪgə
We̱i̱tsicht ˈvai̯tzɪçt
we̱i̱tsichtig ˈvai̯tzɪçtɪç
we̱i̱tụm ˈvai̯tˈ|ʊm
Wei Yang *chin.* u̯ei̯-i̯aŋ 44
We̱i̱z vai̯ts
We̱i̱zacker ˈvai̯ts|akɐ
We̱i̱zen ˈvai̯tsn̩
We̱i̱zmann ˈvai̯tsman
We̱i̱zsäcker ˈvai̯tszɛkɐ
Wejherọwo *poln.* vɛjxɛˈrɔvɔ
Wẹkerle *ung.* ˈvɛkɛrlɛ
Wẹkhrlin ˈvɛkɐliːn
Weki̱l veˈkiːl, **Wukela̱** vukeˈlaː
Wẹkwerth ˈvɛkvɛrt
Welajati̱ *pers.* velɑjæˈtiː
wẹlch vɛlç
Wẹlch *engl.* wɛltʃ
Wẹlcker ˈvɛlkɐ
Wẹldon *engl.* ˈwɛldən
Welẹnsky *engl.* wɪˈlɛnskɪ
Wẹlf[e] ˈvɛlf[ə]
Wẹlhaven *norw.* ˈvɛlhaːvən
Weli̱ veˈliː
Welịkije Lụki *russ.* vɪˈlikijɪ ˈluki
Welịki Ụstjug, *russ.* vɪˈlikij ˈustjuk
Welịko Tarnowo *bulgar.* vɛˈliko ˈtərnovo
Weli̱n *schwed.* veˈliːn
Wẹlingrad *bulgar.* ˈvɛliŋgrat
We̱litsch ˈveːlɪtʃ
Welịtschkow *bulgar.* vɛˈlitʃkof
wẹlk, W… vɛlk
wẹlken ˈvɛlkn̩
Wẹlkom *afr.* ˈvɛlkɔm
Wẹlland *engl.* ˈwɛlənd
Wẹlle ˈvɛlə
Wẹllek ˈvɛlɛk
wẹllen, W… ˈvɛlən
Wẹller ˈvɛlɐ, *engl.* ˈwɛlə
Wẹller[shoff] ˈvɛlɐ[shɔf]
Wellerswạlde vɛlɐsˈvaldə
Wẹlles[ley] *engl.* ˈwɛlz[lɪ]
Wẹllesz ˈvɛlɛs
wẹllig ˈvɛlɪç, **-e** …ɪgə
Welliné veliˈneː
Wẹllingborough *engl.* ˈwɛlɪŋbərə
Wẹllington ˈvɛlɪŋtɔn, *engl.* ˈwɛlɪŋtən
Wellingto̱nia vɛlɪŋˈtoːni̯a, **…ien** …i̯ən
Wẹllman *engl.* ˈwɛlmən
Wẹllness ˈvɛlnɛs
Wẹlls *engl.* wɛlz
Wẹlpe ˈvɛlpə
Wẹls vɛls, **-e** ˈvɛlzə
wẹlsch, W… vɛlʃ
Wẹlschbillig ˈvɛlʃbɪlɪç
Wẹlsche ˈvɛlʃə
wẹlschen, W… ˈvɛlʃn̩
Welschere̱i̱ vɛlʃəˈrai̯
Wẹlser ˈvɛlzɐ
Wẹlsh vɛlʃ, *engl.* wɛlʃ
Wẹlshpool *engl.* ˈwɛlʃpuːl
Wẹlshrabbit ˈvɛlʃˈrɛbɪt
Wẹlshrarebit ˈvɛlʃˈrɛːɐ̯bɪt
Wẹlskopf-Hẹnrich ˈvɛlskɔp͜f-ˈhɛnrɪç
Wẹlsunge ˈvɛlzʊŋə
Wẹlt vɛlt
wẹltbest… ˈvɛltbɛst…
Wẹlte ˈvɛltə
Wẹltenburg ˈvɛltn̩bʊrk
Wẹlter ˈvɛltɐ
Wẹlti ˈvɛlti
wẹltlich ˈvɛltlɪç
Wẹltman *russ.* ˈvjeljtmɐn
Wẹlty ˈvɛlti, *engl.* ˈwɛltɪ
Wẹlwitsch ˈvɛlvɪtʃ
Welwịtschia vɛlˈvɪtʃi̯a
Wẹlwyn *engl.* ˈwɛlɪn
Wẹlzheim ˈvɛltshai̯m
Wẹlzow ˈvɛltso
we̱m veːm
Wẹmbley *engl.* ˈwɛmblɪ
Wemyss *engl.* wiːmz
we̱n veːn
We̱nau[er] ˈveːnau̯[ɐ]
Wẹncke ˈvɛŋkə
Wẹnde ˈvɛndə
Wẹndehals ˈvɛndəhals
Wẹndel ˈvɛndl̩
Wẹndelin ˈvɛndəliːn
Wẹndell *engl.* wɛndl
Wẹndelstein ˈvɛndl̩ʃtai̯n
Wẹndeltreppe ˈvɛndl̩trɛpə
wẹnden ˈvɛndn̩, **wẹnd!** vɛnt
Wẹnden ˈvɛndn̩
Wẹnders ˈvɛndɐs
Wẹndhausen ˈvɛnthau̯zn̩
wẹndig ˈvɛndɪç, **-e** …ɪgə
wẹndisch ˈvɛndɪʃ
Wẹndla ˈvɛndla
Wẹndland ˈvɛntlant
Wẹndler ˈvɛndlɐ
Wẹndlingen ˈvɛndlɪŋən
Wẹndy ˈvɛndi
Wenedịkt *russ.* vɪnɪˈdikt
Wenẹsis *neugr.* vɛˈnɛzis
Wenetwịnow *russ.* vɪnɪtˈvinɐf
Weneziạnow *russ.* vɪnɪtsɨˈanɐf
Wẹngen ˈvɛŋən
Wengernạlp vɛŋɐnˈ|alp
Wẹnglein ˈvɛŋlai̯n
Weniamịnow *russ.* vɪniaˈminɐf
we̱nig ˈveːnɪç, **-e** …ɪgə
We̱nig ˈveːnɪç
we̱nigstens ˈveːnɪçstn̩s
Wenisẹlos *neugr.* vɛniˈzɛlɔs
Wẹnker ˈvɛŋkɐ
Wẹnlock *engl.* ˈwɛnlɔk
wẹnn, W… vɛn
Wẹnnerberg *schwed.* ˌvɛnərbærj
Wẹnner-Gre̱n *schwed.* ˌvɛnərˈgreːn
wenngle̱i̱ch vɛnˈglai̯ç
Wẹnningstedt ˈvɛnɪŋʃtɛt
wennscho̱n vɛnˈʃoːn
wẹnnschon, dẹnnschon ˈvɛnʃoːn, ˈdɛnʃoːn
wẹnnschon! ˈvɛnʃoːn
Wẹnschow ˈvɛnʃo
Wẹnssler ˈvɛnslɐ
Wẹnter ˈvɛntɐ
Wen Tong *chin.* u̯əntʊŋ 22
Wẹntworth *engl.* ˈwɛntwə[ː]θ
Wẹnzel ˈvɛntsl̩
Wẹnzeslaus ˈvɛntsəslau̯s
Wen Zhengming *chin.* u̯əndʒəŋmɪŋ 212
Wenzhou *chin.* u̯əndʒou̯ 11
Wẹnzinger ˈvɛntsɪŋɐ
Weöres *ung.* ˈvørɛʃ
Wẹpse ˈvɛpsə
we̱r veːɐ̯
We̱ra ˈveːra, *russ.* ˈvjɛrɐ
Wẹrba[ch] ˈvɛrba[x]
Werbelli̱n vɛrbɛˈliːn
wẹrben ˈvɛrbn̩, **wẹrbt** vɛrpt
wẹrberisch ˈvɛrbərɪʃ
wẹrblich ˈvɛrplɪç
Wẹrchni Ufalẹi *russ.* ˈvjerxnij ufaˈljej
Wẹrchnjaja Pyschmạ *russ.* ˈvjerxnɪjɐ pɨʃˈma
Wẹrchnjaja Saldạ *russ.* ˈvjerxnɪjɐ salˈda
Werchojạnsk *russ.* vɪrxaˈjansk
Wẹrckmeister ˈvɛrkmai̯stɐ
We̱rda ˈveːɐ̯da
Wẹrdandi ˈvɛrdandi
We̱rdau ˈveːɐ̯dau̯
Wẹrdehaus ˈvɛrdəhau̯s
we̱rden ˈveːɐ̯dn̩, **we̱rd!** veːɐ̯t
Wẹrdenberg ˈvɛrdn̩bɛrk
We̱rdenfels ˈveːɐ̯dn̩fɛls
Wẹrder ˈvɛrdɐ
Werdo̱hl vɛrˈdoːl
Werẹfkin veˈrɛfkiːn
We̱renfels ˈveːrənfɛls
We̱renskiold *norw.* ˈveːrənʃɔld

Wereschtschagin *russ.* vırıʃˈtʃagin
Weressajew *russ.* vırıˈsajıf
Werfel ˈvɛrfl̩
werfen, W... ˈvɛrfn̩
Werff *niederl.* wɛrf
Werft vɛrft
Werg vɛrk, **-es** ˈvɛrgəs
Wergeland *norw.* ˈværgəlan
Wergeld ˈveːɐ̯gɛlt
wergen ˈvɛrgn̩
Weria *neugr.* ˈvɛrja
Werk vɛrk
werkeln ˈvɛrkl̩n
Werkel[tag] ˈvɛrkl̩[taːk]
werken, W... ˈvɛrkn̩
werktäglich ˈvɛrktɛːklɪç
werktätig ˈvɛrktɛːtɪç
Werl[a] ˈvɛrl[a]
Werle ˈvɛrlə
Werlhof ˈvɛrlhoːf
Wermelskirchen ˈvɛrml̩skɪrçn̩
Wermsdorf ˈvɛrmsdɔrf
Wermut ˈveːɐ̯muːt
Wernardakis *neugr.* vɛrnarˈðakis
Wernau ˈvɛrnau̯
Werne ˈvɛrnə
Werneck vɛrˈnɛk
Werner ˈvɛrnɐ, *engl.* ˈwəːnə, *schwed.* ˈvæːrnər
Wernhard ˈvɛrnhart
Wernher ˈvɛrnhɛr
Wernicke ˈvɛrnɪkə
Wernigerode vɛrnɪgəˈroːdə
Wernigeröder vɛrnɪgəˈrøːdɐ
Werra ˈvɛra
Werre[meier] ˈvɛrə[mai̯ɐ]
Werschetz ˈvɛrʃɛt͡s
Werst vɛrst
Werstowski *russ.* vɪrˈstɔfskij
wert, W... veːɐ̯t
Wertach ˈvɛrtax
Werth veːɐ̯t, *niederl.* vɛrt
Wertheim[er] ˈveːɐ̯thai̯m[ɐ]
Werthenstein ˈvɛrtn̩ʃtai̯n
Werther ˈveːɐ̯tɐ
Werthes ˈvɛrtəs
Werthmann ˈveːɐ̯tman
...wertig ...veːɐ̯tɪç, **-e** ...ɪgə
Wertingen ˈvɛrtɪŋən
Wertinger ˈvɛrtɪŋɐ
Wertmüller ˈveːɐ̯tmʏlɐ
Wertow *russ.* ˈvjɛrtɐf
Werumeus Buning *niederl.* weryˈmeːʏs ˈbynɪŋ
Werve ˈvɛrvə, *niederl.* ˈwɛrvə
Wervik *niederl.* ˈwɛrvɪk
werweißen ˈveːɐ̯vai̯sn̩
Werwolf ˈveːɐ̯vɔlf
wes vɛs
Weschinow *bulgar.* ˈvɛʒinof
Wescott *engl.* ˈwɛskət
Wesel[berg] ˈveːzl̩[bɛrk]
wesen ˈveːzn̩, **wes!** veːs, **west** veːst
Wesen[berg] ˈveːzn̩[bɛrk]
Wesendon[c]k ˈveːzn̩dɔŋk
wesentlich ˈveːzn̩tlɪç
Weser ˈveːzɐ
Weserbergland veːzɐˈbɛrklant
Wesermünde veːzɐˈmʏndə
weshalb vɛsˈhalp, *auch:* ˈ––
Wesir veˈziːɐ̯
Wesirat veziˈraːt
Wesker *engl.* ˈwɛskə
Weslaco *engl.* ˈwɛsləkoʊ
Wesley *engl.* ˈwɛzlɪ, ˈwɛslɪ
Wesleyaner vɛsliˈaːnɐ, ...leˈjaː...
Wespe ˈvɛspə
Wespel ˈvɛspl̩
Wessel ˈvɛsl̩, *norw.* ˈvɛsəl, *engl.* wɛsl
Wesselburen vɛsl̩ˈbuːrən
Wesselényi *ung.* ˈvɛʃɛleːnji
Wesseling ˈvɛsəlɪŋ
Wesselowski *russ.* vɪsɪˈlɔfskij
Wessely ˈvɛsəli
wessen, W... ˈvɛsn̩
Wessén *schwed.* vɛˈseːn
Wessenberg ˈvɛsn̩bɛrk
wessenthalben ˈvɛsn̩tˈhalbn̩
wessentwegen ˈvɛsn̩tˈveːgn̩
wessentwillen ˈvɛsn̩tˈvɪlən
Wessex *engl.* ˈwɛsɪks
Wessi ˈvɛsi
Wessjoly *russ.* vɪˈsjɔlɨj
Wessobrunn vɛsoˈbrʊn
Wessum ˈvɛsʊm
[1]**West** vɛst
[2]**West** (Name) vɛst, *engl.* wɛst
West Allis *engl.* ˈwɛst ˈælɪs
Westarp ˈvɛstarp
Westaustralien ˈvɛstl̩au̯sˈtraːli̯ən
West Babylon *engl.* ˈwɛst ˈbæbɪlən
West Bank *engl.* ˈwɛst ˈbæŋk
West Bend *engl.* ˈwɛst ˈbɛnd
Westberlin ˈvɛstbɛrliːn
Westberliner ˈvɛstbɛrliːnɐ
Westborough *engl.* ˈwɛstbəroʊ
West Bromwich *engl.* ˈwɛst ˈbrɔmɪdʒ
Westbrook *engl.* ˈwɛstbrʊk
Westbury *engl.* ˈwɛstbərɪ
West Carrolton *engl.* ˈwɛst ˈkærəltən
Westchester *engl.* ˈwɛsttʃɛstə
Westcoast... *engl.* ˈwɛstˈkoʊst...
Westcott *engl.* ˈwɛstkət
westdeutsch ˈvɛstdɔy̯tʃ
Westdeutschland ˈvɛstdɔy̯tʃlant
Weste ˈvɛstə
Westen ˈvɛstn̩
Westend ˈvɛstl̩ɛnt
West End *engl.* wɛst ˈɛnd
Westerberg *schwed.* ˌvɛstərbærj
Westerbork *niederl.* ˈwɛstərbɔrk
Westerburg ˈvɛstɐbʊrk
Westerholt vɛstɐˈhɔlt
Westerland ˈvɛstɐlant
Westerlinck *niederl.* ˈwɛstərlɪŋk
Westerly *engl.* ˈwɛstəlɪ
Westermann ˈvɛstɐman, *fr.* vɛstɛrˈman
Westermar[c]k *schwed.* ˌvɛstərmark
Western ˈvɛstɐn, *engl.* ˈwɛstən
Westerner ˈvɛstɐnɐ
Westerschelde *niederl.* ˈwɛstərsxɛldə
Westerstede vɛstɐˈʃteːdə
Westerville *engl.* ˈwɛstəvɪl
Westerwald ˈvɛstɐvalt, ––ˈ–
westerwäldisch ˈvɛstɐvɛldɪʃ, ––ˈ––
Westerwanna vɛstɐˈvana
Westerwinkel ˈvɛstɐvɪŋkl̩
Westeuropa ˈvɛstl̩ɔy̯ˈroːpa
westeuropäisch ˈvɛstl̩ɔy̯roˈpɛːɪʃ
Westfal ˈvɛstfaːl, –ˈ–
Westfale[n] vɛstˈfaːlə[n]
Westfalia vɛstˈfaːli̯a
Westfälin vɛstˈfɛːlɪn
westfälisch vɛstˈfɛːlɪʃ
Westfield *engl.* ˈwɛstfiːld
Westflandern ˈvɛstflandɐn
Westford *engl.* ˈwɛstfəd
West-Friesland *niederl.* wɛstˈfrislɑnt
Westgermane ˈvɛstgɛrmaːnə
Westgote ˈvɛstgoːtə
West Ham *engl.* ˈwɛst ˈhæm
West Helena *engl.* ˈwɛst ˈhɛlɪnə
Westhofen ˈvɛsthoːfn̩
Westhoughton *engl.* ˈwɛstˈhɔːtn
Westindien ˈvɛstˈl̩ɪndi̯ən
West Indies *engl.* ˈwɛst ˈɪndɪz

wẹstịndisch ˈvɛstˈ|ɪndɪʃ
Wẹstinghouse *engl.* ˈwɛstɪŋhaʊs
Wẹstinghousebremse® ˈvɛstɪŋhau̯sbrɛmzə
wẹstisch ˈvɛstɪʃ
Wẹstlake *engl.* ˈwɛstleɪk
Wẹstland *engl.* ˈwɛstlənd, *niederl.* ˈwɛstlɑnt
Wẹstler ˈvɛstlɐ
wẹstlerisch ˈvɛstlərɪʃ
wẹstlich ˈvɛstlɪç
West Lịnn *engl.* ˈwɛst ˈlɪn
Wẹstmacott *engl.* ˈwɛstməkət
Wẹstman *schwed.* ˈvɛstman
Wẹstmännerinseln ˈvɛstmɛnɐ|ɪnzl̩n
Westmeath *engl.* wɛstˈmi:ð, ˈ--
West Mịfflin *engl.* ˈwɛstˈmɪflɪn
Wẹstminster ˈvɛstmɪnstɐ, *engl.* ˈwɛstmɪnstə
Wẹstmont *engl.* ˈwɛstmɔnt
Wẹstmor[e]land *engl.* ˈwɛstmələnd
Wẹstmount *engl.* ˈwɛstmaʊnt
Westnordwẹst[en] vɛstnɔrtˈvɛst[n̩]
West Nọrriton *engl.* ˈwɛst ˈnɔrɪtn
Wẹston *engl.* ˈwɛstən
wẹstö̱stlich ˈvɛstˈ|œstlɪç
¹Westo̱ver (Kleidung) vɛstˈ|o:vɐ
²Wẹstover (Name) *engl.* ˈwɛstoʊvə
Wẹstphal ˈvɛstfa:l
West Pọint *engl.* ˈwɛst ˈpɔɪnt
Wẹstport *engl.* ˈwɛstpɔ:t
Wẹstpreußen ˈvɛstprɔysn̩
Wẹstray *engl.* ˈwɛstreɪ
Wẹstrich ˈvɛstrɪç
Wẹstrom ˈvɛstro:m
wẹströmisch ˈvɛstrø:mɪʃ
Westsamo̱a vɛstzaˈmo:a
Westsüdwẹst[en] vɛstzy:tˈvɛst[n̩]
West-Vla̱anderen *niederl.* wɛstˈfla:ndərə
wẹstwärts ˈvɛstvɛrts
Westwego *engl.* wɛstˈwi:goʊ
Wẹstwood *engl.* ˈwɛstwʊd
weswegen vɛsˈve:gn̩, *auch:* ˈ---
Wẹt *niederl.* wɛt
Wẹtar *indon.* ˈwetar
Wetaskiwin *engl.* wɛˈtæskɪwɪn
Wẹthersfield *engl.* ˈwɛðəzfi:ld
Wetlụga *russ.* vɪtˈlugɐ
wẹtt vɛt
Wẹttbewerb ˈvɛtbəvɛrp
Wẹtte ˈvɛtə
Wẹtteifer ˈvɛt|ai̯fɐ
wẹtten, W... ˈvɛtn̩
Wẹtter ˈvɛtɐ
Wẹtterau ˈvɛtərau̯
Wẹtteren *niederl.* ˈwɛtərə
Wẹtterhorn ˈvɛtɐhɔrn
wẹtterkundlich ˈvɛtɐkʊntlɪç
wẹtterleuchten ˈvɛtɐlɔyçtn̩
wẹttern, W... ˈvɛtɐn
Wẹttersteingebirge ˈvɛtɐʃtai̯ngəbɪrgə
wẹtterwendisch ˈvɛtɐvɛndɪʃ
Wetti̱n[er] vɛˈti:n[ɐ]
Wẹttingen ˈvɛtɪŋən
wetti̱nisch vɛˈti:nɪʃ
Wẹttling *engl.* ˈwɛtlɪŋ
wẹttmachen ˈvɛtmaxn̩
Wẹttstein ˈvɛtʃtai̯n
wẹttstreiten ˈvɛtʃtrai̯tn̩
Wẹtz[el] ˈvɛts[l̩]
wẹtzen, W... ˈvɛtsn̩
Wẹtzikon ˈvɛtsiko:n
Wẹtzlar ˈvɛtslar
Wẹtzstein ˈvɛtsʃtai̯n
Wẹvelgem *niederl.* ˈwe:vəlɣɛm
Wevelingho̱ven ve:vəlɪŋˈho:fn̩
Wẹwak *engl.* ˈweɪwɑ:k
Wẹxford *engl.* ˈwɛksfəd
Wẹyburn *engl.* ˈweɪbən
Wẹyden *niederl.* ˈwɛi̯də
Wey̱er ˈvai̯ɐ
Weyergans *fr.* vɛjɛrˈgã:s
Weygand *fr.* vɛˈgã
Wey̱l vai̯l
Wẹymouth *engl.* ˈweɪməθ
Wey̱mouth[s]kiefer ˈvai̯mu:tski:fɐ
Wey̱precht ˈvai̯prɛçt
Wey̱r ˈvai̯ɐ
Wey̱rauch ˈvai̯rau̯x
Wey̱se *dän.* ˈvai̯sə
Wẹyssenhoff *poln.* ˈvɛjsɛnxɔf
Wẹzel ˈvɛtsl̩
Whalsay, ...sey *engl.* ˈwɔ:lsɪ
Whangarẹi *engl.* wɑ:ŋɑ:ˈreɪ
Wharton *engl.* wɔ:tn
Wheatley *engl.* ˈwi:tlɪ
Wheaton *engl.* wi:tn
Wheat Rịdge *engl.* ˈwi:t ˈrɪdʒ
Wheatstone *engl.* ˈwi:tstən
Wheatstone... ˈvi:tstn̩...
Wheeler *engl.* ˈwi:lə
Wheeling *engl.* ˈwi:lɪŋ
Wheelock *engl.* ˈwi:lɔk
Wheelright *engl.* ˈwi:lraɪt
Whẹtstone *engl.* ˈwɛtstoʊn
Whewell *engl.* ˈhju:əl
Whịg vɪk
Whịp vɪp
Whịpcord ˈvɪpkɔrt
Whịpper ˈvɪpɐ
Whịpple *engl.* wɪpl
Whirlpool® ˈvø:ɐ̯lpu:l, ˈvœrl...
Whịsker ˈvɪskɐ
Whịsk[e]y ˈvɪski
Whịstler (Name) *engl.* ˈwɪslə
Whịst[ler] ˈvɪst[lɐ]
Whịt[aker] *engl.* ˈwɪt[əkə]
Whịtby *engl.* ˈwɪtbɪ
Whịtchurch *engl.* ˈwɪttʃə:tʃ
White[chapel] *engl.* ˈwaɪt[tʃæpəl]
Whitecoat *engl.* ˈwaɪtkout
White-Collar-... ˈvai̯tˈkɔlɐ...
Whitefield *engl.* ˈwaɪtfi:ld
Whitefish Bay *engl.* ˈwaɪtfɪʃ ˈbeɪ
Whitegate *engl.* ˈwaɪtgeɪt
Whitehall *engl.* ˈwaɪtˈhɔ:l
Whitehaven *engl.* ˈwaɪtheɪvn
Whitehead *engl.* ˈwaɪthɛd
Whitehill *engl.* ˈwaɪthɪl
Whitehorse *engl.* ˈwaɪthɔ:s
Whitehouse *engl.* ˈwaɪthaʊs
Whitelaw *engl.* ˈwaɪtlɔ:
Whiteman *engl.* ˈwaɪtmən
White Plains *engl.* ˈwaɪt ˈpleɪnz
Whitewater *engl.* ˈwaɪtwɔ:tə
Whịtgift *engl.* ˈwɪtgɪft
Whiting *engl.* ˈwaɪtɪŋ
Whịtlam *engl.* ˈwɪtləm
Whịtley *engl.* ˈwɪtlɪ
Whịtman *engl.* ˈwɪtmən
Whịtney *engl.* ˈwɪtnɪ
Whịtstable *engl.* ˈwɪtstəbl
Whịtta[c]ker *engl.* ˈwɪtəkə
Whịttier *engl.* ˈwɪtɪə
Whịttle *engl.* wɪtl
Whịtworth *engl.* ˈwɪtwə[:]θ
Whodunit hu:ˈdanɪt
Whọrf *engl.* wɔ:f
Who's who? ˈhu:s ˈhu:
Whyalla *engl.* waɪˈælə
Whyburn *engl.* ˈwaɪbən
Whyle *engl.* ˈwaɪlɪ
Whymper *engl.* ˈwɪmpə
Whyte, Whytt *engl.* waɪt
Wi̱bald ˈvi:balt
wịbbelig ˈvɪbəlɪç, -e ...ɪgə
Wịbbelt ˈvɪbl̩t
Wi̱bert ˈvi:bɛrt
Wi̱bke ˈvi:pkə
Wi̱bmer-Pe̱dit ˈvi:pmɐˈpe:dɪt
Wibora̱da viboˈra:da
Wi̱borg ˈvi:bɔrk
Wice̱lius viˈtse:li̯ʊs
wịch, W... vɪç

Wichern 'vi:çɐn
Wichert 'vi:çɐt
Wichita *engl.* 'wɪtʃɪtɔ:
Wichmann 'vi:çman
Wichren *bulgar.* 'vixrɛn
Wichs[e] 'vɪks[ə]
wichsen 'vɪksn̩
Wichstadtl 'vɪçʃtatl̩
Wicht[e] 'vɪçt[ə]
Wichtel[männchen] 'vɪçtl̩[mɛnçən]
wichtig 'vɪçtɪç, **-e** ...ɪgə
Wichtigtuer 'vɪçtɪçtu:ɐ
Wichtigtuerei vɪçtɪçtu:ə'rai̯
wichtigtuerisch 'vɪçtɪçtu:ərɪʃ
Wick *engl.* wɪk
Wicke[de] 'vɪkə[də]
Wickel 'vɪkl̩
wickeln 'vɪkl̩n
Wicker[t] 'vɪkɐ[t]
Wicki 'vɪki
Wickler 'vɪklɐ
Wickliffe *engl.* 'wɪklɪf
Wicklow *engl.* 'wɪkloʊ
Wicklung 'vɪklʊŋ
Wickram 'vɪkram
Wickrath 'vɪkra:t
Wicksell *schwed.* vik'sɛl
Wiclif *engl.* 'wɪklɪf
Widah 'vi:da
Widder 'vɪdɐ
Widenow *bulgar.* 'vidɛnof
wider 'vi:dɐ
Widerberg *schwed.* ˌvi:dərbærj
widerborstig 'vi:dɐbɔrstɪç
Widerchrist 'vi:dɐkrɪst
Widerdruck 'vi:dɐdrʊk
widereinander vi:dɐ|ai̯'nandɐ
widerfahren vi:dɐ'fa:rən
widerhaarig 'vi:dɐha:rɪç
Widerhall 'vi:dɐhal
widerhallen 'vi:dɐhalən
Widerhalt 'vi:dɐhalt
widerhalten 'vi:dɐhaltn̩
Widerklage 'vi:dɐkla:gə
widerklagen 'vi:dɐkla:gn̩
widerklingen 'vi:dɐklɪŋən
Widerlager 'vi:dɐla:gɐ
widerlegen vi:dɐ'le:gn̩
Widerlegung vi:dɐ'le:gʊŋ
widerlich 'vi:dɐlɪç
widern 'vi:dɐn, **widre** 'vi:drə
widernatürlich 'vi:dɐnaty:ɐ̯lɪç
Wideröe 'vi:dərø
Widerpart 'vi:dɐpart
widerraten vi:dɐ'ra:tn̩
Widerrede 'vi:dɐre:də
widerreden vi:dɐ're:dn̩
Widerrist 'vi:dɐrɪst
Widerruf 'vi:dɐru:f
widerrufen vi:dɐ'ru:fn̩
widerruflich 'vi:dɐru:flɪç, *auch:* --'--
Widerrufung vi:dɐ'ru:fʊŋ
Widersacher 'vi:dɐzaxɐ
widerschallen 'vi:dɐʃalən
Widerschein 'vi:dɐʃai̯n
widerscheinen 'vi:dɐʃai̯nən
widersetzen vi:dɐ'zɛtsn̩
widersetzlich vi:dɐ'zɛtslɪç, *auch:* '----
Widersinn 'vi:dɐzɪn
widerspenstig 'vi:dɐʃpɛnstɪç, **-e** ...ɪgə
widerspiegeln 'vi:dɐʃpi:gl̩n
Widerspiel 'vi:dɐspi:l
widersprechen vi:dɐ'ʃprɛçn̩
Widerspruch 'vi:dɐʃprʊx
widersprüchlich 'vi:dɐʃprʏçlɪç
Widerstand 'vi:dɐʃtant
widerstehen vi:dɐ'ʃte:ən
widerstrahlen 'vi:dɐʃtra:lən
widerstreben vi:dɐ'ʃtre:bn̩
Widerstreit 'vi:dɐʃtrai̯t
widerstreiten vi:dɐ'ʃtrai̯tn̩
Widerton 'vi:dɐto:n
widerwärtig 'vi:dɐvɛrtɪç, **-e** ...ɪgə
Widerwille 'vi:dɐvɪlə
Widin *bulgar.* 'vidin
Widmann 'vi:tman
Widmark *engl.* 'wɪdmɑ:k
widmen 'vɪtmən
Widmer 'vɪtmɐ
Widmung 'vɪtmʊŋ
Widnau 'vɪtnau̯
Widnes *engl.* 'wɪdnɪs
Wido 'vi:do
Widone vi'do:nə
Widor *fr.* vi'dɔ:r
widrig 'vi:drɪç, **-e** ...ɪgə
Widuchowa *poln.* vidu'xɔva
Widukind 'vi:dukɪnt
Widum 'vɪdʊm
wie vi:
Wiebe *engl.* 'wi:b[ɪ]
Wiebel 'vi:bl̩
wiebeln 'vi:bl̩n, **wieble** ...blə
Wiebelskirchen 'vi:bl̩skɪrçn̩
Wiebke 'vi:pkə
Wiechert 'vi:çɐt
Wieck vi:k
Wieczorek-Zeul 'vi:tʃɔrɛk'tsɔy̯l
Wied vi:t, *dän.* vi:'ð
Wiede[hopf] 'vi:də[hɔpf]
Wiedemann 'vi:dəman
Wieden 'vi:dn̩
Wiedenbrück vi:dn̩'brʏk
Wiedensahl 'vi:dn̩za:l
wieder 'vi:dɐ
Wiederabdruck vi:dɐ'|apdrʊk
Wiederanpfiff vi:dɐ'|anpfɪf
Wiederanstoß vi:dɐ'|anʃto:s
Wiederau 'vi:dərau̯
Wiederaufbau vi:dɐ'|au̯fbau̯
Wiederaufnahme vi:dɐ'|au̯fna:mə
Wiederaufrüstung vi:dɐ'|au̯frʏstʊŋ
wiederbringen 'vi:dɐbrɪŋən
Wiederdruck 'vi:dɐdrʊk
Wiedereinpflanzung vi:dɐ'|ai̯npflantsʊŋ
Wiedereinsetzung vi:dɐ'|ai̯nzɛtsʊŋ
Wiedereintritt 'vi:dɐ|ai̯ntrɪt
wiedererhalten 'vi:dɐ|ɛɐ̯haltn̩
wiedererlangen 'vi:dɐ|ɛɐ̯laŋən
wiederersetzen 'vi:dɐ|ɛɐ̯zɛtsn̩
wiedererstatten 'vi:dɐ|ɛɐ̯ʃtatn̩
wiederfordern 'vi:dɐfɔrdɐn
Wiedergabe 'vi:dɐga:bə
wiedergeben 'vi:dɐge:bn̩
Wiedergeburt 'vi:dɐgəbu:ɐ̯t
wiedergewinnen 'vi:dɐgəvɪnən
wiederhaben 'vi:dɐha:bn̩
wiederherstellen vi:dɐ'he:ɐ̯ʃtɛlən
wiederholen 1. 'vi:dɐho:lən 2. --'--
Wiederholung (zu: wiederholen 2) vi:dɐ'ho:lʊŋ
Wiederhören 'vi:dɐhø:rən
Wiederimpfung 'vi:dɐ|ɪmpfʊŋ
Wiederinbesitznahme vi:dɐ|ɪnbə'zɪtsna:mə
Wiederinstandsetzung vi:dɐ|ɪn'ʃtantzɛtsʊŋ
wiederkäuen 'vi:dɐkɔy̯ən
Wiederkäufer 'vi:dɐkɔy̯fɐ
Wiederkehr 'vi:dɐke:ɐ̯
wiederkehren 'vi:dɐke:rən
wiederkommen 'vi:dɐkɔmən
Wiederkunft 'vi:dɐkʊnft
Wiedernahme 'vi:dɐna:mə
Wiedersehen 'vi:dɐze:ən
Wiedertaufe 'vi:dɐtau̯fə
Wiedertäufer 'vi:dɐtɔy̯fɐ
wiederum 'vi:dərʊm
Wiedervereinigung 'vi:dɐfɛɐ̯|ai̯nɪgʊŋ
wiedervergelten 'vi:dɐfɛɐ̯gɛltn̩
Wiederverheiratung 'vi:dɐfɛɐ̯hai̯ra:tʊŋ
Wiedervorlage 'vi:dɐfo:ɐ̯la:gə
Wiederwahl 'vi:dɐva:l
Wiedewelt *dän.* 'vi:ðəvel'd

W

Wiedewitte ˈviːdəvɪtə
wiefeln ˈviːfl̩n
wiefern viˈfɛrn
Wiegand ˈviːgant
Wiege ˈviːgə
wiegeln ˈviːgl̩n, **...gle** ...glə
wiegen ˈviːgn̩, **wieg!** viːk, **wiegt** viːkt
Wiehengebirge ˈviːəngəbɪrgə
wiehern ˈviːɐn
Wiehl viːl
Wiek viːk
Wieland ˈviːlant
wielandisch ˈviːlandɪʃ
wielandsch ˈviːlantʃ
Wieliczka *poln.* vjɛˈlitʃka
Wieling ˈviːlɪŋ
Wieman ˈviːman
Wiemen ˈviːmən
Wiemer ˈviːmɐ
Wiemken ˈviːmkn̩
Wien viːn
Wienbarg ˈviːnbark
Wiene ˈviːnə
Wiener ˈviːnɐ, *engl.* ˈwiːnə
wienerisch ˈviːnərɪʃ
Wienerli ˈviːnɐli
wienern ˈviːnɐn
Wieners *engl.* ˈwiːnəz
Wienerstadt ˈviːnɐʃtat
Wienerwald ˈviːnɐvalt
Wienhausen ˈviːnhau̯zn̩
Wieniawski *poln.* vjɛˈnjafski
Wiens viːns
Wiepe ˈviːpə
Wieprz *poln.* vjɛpʃ
Wierden *niederl.* ˈwiːrdə
Wieringen *niederl.* ˈwiːrɪŋə
Wieringermeer *niederl.* wiːrɪŋərˈmeːr
Wiertz *fr.* wirts, virts
Wieruszów *poln.* vjɛˈruʃuf
Wierzyński *poln.* vjɛˈʒɨi̯ski
wies viːs
Wies viːs, *niederl.* wis
Wiesbaden ˈviːsbaːdn̩
Wiesbad[e]ner ˈviːsbaːd[ə]nɐ
wiesbadensch ˈviːsbaːdn̩ʃ
wiesbadisch ˈviːsbaːdɪʃ
Wiesbaum ˈviːsbau̯m
Wieschen ˈviːsçən
Wiese ˈviːzə
Wiesel ˈviːzl̩, *engl.* wɪˈzɛl
Wieselburg ˈviːzl̩bʊrk
wieselflink ˈviːzl̩ˈflɪŋk
wieseln ˈviːzl̩n, **wiesle** ˈviːzlə
wiesen, W... ˈviːzn̩
Wiesensteig ˈviːzn̩ʃtai̯k
Wiesent ˈviːzn̩t
Wiesent[h]al ˈviːzn̩taːl
Wieser ˈviːzɐ
Wiesloch ˈviːslɔx
Wiesmoor ˈviːsmoːɐ̯
wieso viˈzoː
Wiessee ˈviːszeː
wiest viːst
wieten ˈviːtn̩
Wietenberg ˈviːtn̩bɛrk
wie viel viˈfiːl, *auch:* ˈviːfiːl
wievielerlei viˈfiːlɐˈlai̯, *auch:* ˈviːfiːlɐˈlai̯
wievielmal viˈfiːlmaːl, *auch:* ˈviːfiːlmaːl
wievielte viˈfiːltə, *auch:* ˈviːfiːltə
wieweit viˈvai̯t
wiewohl viˈvoːl
Wieżyca *poln.* vjɛˈʒɨtsa
Wigalois ˈviːgalɔy̆s
Wigamur ˈviːgamuːɐ̯
Wigan *engl.* ˈwɪgən
Wigand ˈviːgant
Wigbert ˈviːkbɛrt
Wiggin[s] *engl.* ˈwɪgɪn[z]
Wigglesworth *engl.* ˈwɪglzwə[ː]θ
Wight, Isle of *engl.* ˈaɪl əv ˈwaɪt
Wigman ˈviːgman
Wigner *engl.* ˈwɪgnə
Wigry *poln.* ˈvigrɨ
Wigtown *engl.* ˈwɪgtən
Wigwam ˈvɪkvam
Wijchen *niederl.* ˈwixə
Wijnants *niederl.* ˈwɛi̯nɑnts
Wik viːk
Wiking[er] ˈviːkɪŋ[ɐ]
wikingisch ˈviːkɪŋɪʃ
Wiklif ˈvɪklɪf
Wiklifit vɪkliˈfiːt
Wiktor *poln.* ˈviktɔr, *russ.* ˈviktɐr
Wiktorowitsch *russ.* ˈviktɐrɐvitʃ
Wiktorowna *russ.* ˈviktɐrɐvnɐ
Wil viːl
Wilaja viˈlaːja
Wilajet vilaˈjɛt
Wilamowitz vilaˈmoːvɪts
Wilanów *poln.* viˈlanuf
Wilberforce *engl.* ˈwɪlbəfɔːs
Wilbert ˈvɪlbɛrt
Wilbraham *engl.* ˈwɪlbrəhæm
Wilbrandt ˈvɪlbrant
Wilbur *engl.* ˈwɪlbə
Wilbye *engl.* ˈwɪlbɪ
Wilcox *engl.* ˈwɪlkɔks
Wilczek ˈvɪltʃɛk
wild vɪlt, **-e** ˈvɪldə
Wild vɪlt, **-es** ˈvɪldəs
Wildau ˈvɪldau̯
Wildbad ˈvɪltbaːt
Wildberg ˈvɪltbɛrk
Wildberger ˈvɪltbɛrgɐ
Wildbret ˈvɪltbrɛt
Wildcard ˈvai̯ltkaːɐ̯t
wilddieben ˈvɪltdiːbn̩, **...b!** ...iːp, **...bt** ...iːpt
Wilddieberei vɪltdiːbəˈrai̯
[1]**Wilde** ˈvɪldə
[2]**Wilde** (Name) ˈvɪldə, *engl.* waɪld
wildeln ˈvɪldl̩n, **...dle** ...dlə
Wildemann ˈvɪldəman
Wildenbruch ˈvɪldn̩brʊx
Wildenburg ˈvɪldn̩bʊrk
Wildenhahn ˈvɪldn̩haːn
Wildens *niederl.* ˈwɪldəns
Wildenschwert ˈvɪldn̩ʃveːɐ̯t
Wildenstein ˈvɪldn̩ʃtai̯n
Wildenvey *norw.* ˈvildənvɛi̯
wildenzen ˈvɪldɛntsn̩
Wilder *engl.* ˈwaɪldə
Wilderei vɪldəˈrai̯
Wilderer ˈvɪldərɐ
Wildermuth ˈvɪldɐmuːt
wildern ˈvɪldɐn, **wildre** ˈvɪldrə
Wilderness *engl.* ˈwɪldənɪs
Wilderode *niederl.* ˈwɪldəroːdə
Wildervank *niederl.* ˈwɪldərvɑŋk
Wildeshausen vɪldəsˈhau̯zn̩
Wildfang ˈvɪltfaŋ
wildfremd ˈvɪltˈfrɛmt
Wildgans ˈvɪltgans
Wildhorn ˈvɪlthɔrn
Wilding ˈvɪldɪŋ, *engl.* ˈwaɪldɪŋ
Wildkirchli ˈvɪltkɪrçli, –ˈ––
Wildling ˈvɪltlɪŋ
Wildman *engl.* ˈwaɪldmən
Wildnis ˈvɪltnɪs, **-se** ...ɪsə
Wildon[ie] vɪlˈdoːn[i̯ə]
Wildonje vɪlˈdɔnjə
wildromantisch ˈvɪltroˈmantɪʃ
Wildschur ˈvɪltʃuːɐ̯
Wildschütz ˈvɪltʃʏts
Wildspitze ˈvɪltʃpɪtsə
Wildstrubel ˈvɪltʃtruːbl̩
Wildt vɪlt, *it.* vilt
Wildungen ˈvɪldʊŋən
Wildwest vɪltˈvɛst
Wilfred *engl.* ˈwɪlfrɪd, *fr.* vilˈfrɛd
Wilfrid *engl.* ˈwɪlfrɪd
Wilfried ˈvɪlfriːt
Wilge *afr.* ˈvəlxə
Wilhelm ˈvɪlhɛlm, *schwed.* ˈvilhɛlm, *engl.* ˈwɪlhɛlm
Wilhelma vɪlˈhɛlma

Wilhelmi, ...mj vɪl'hɛlmi
Wilhelmina vɪlhɛl'mi:na, *niederl.* wɪlhɛl'minɑ, *schwed.* vilhɛl'mi:na
Wilhelmine vɪlhɛl'mi:nə
wilhelminisch vɪlhɛl'mi:nɪʃ
Wilhelmsburg 'vɪlhɛlmsbʊrk
Wilhelmshaven vɪlhɛlms'ha:fn̩
Wilhelmson *schwed.* ˌvilhɛlmsɔn
Wilhelmst[h]al 'vɪlhɛlmsta:l
Wilhering 'vɪlherɪŋ, 'vɪlərɪŋ
Wilia 'vi:li̯a
Wiligelmus vili'gɛlmʊs
Wilija *russ.* 'vilijɐ
Wiljui *russ.* vi'ljuj
Wilkau 'vɪlkau̯
Wilke 'vɪlkə
Wilkes *engl.* wɪlks
Wilkes-Barre *engl.* 'wɪlksˌbærə
Wilkie *engl.* 'wɪlkɪ
Wilkins[burg] *engl.* 'wɪlkɪnz[bə:g]
Wilkinson *engl.* 'wɪlkɪnsn
Wilkizki *russ.* vilj'kitskij
will vɪl
Will vɪl, *engl.* wɪl
Willaert[s] *niederl.* 'wɪla:rt[s]
Willamette *engl.* wɪ'læmɪt
Willard *engl.* 'wɪləd
Willberg 'vɪlbɛrk
Wille 'vɪlə
Willebadessen 'vɪləba:tǀɛsn̩
Willebroek *niederl.* 'wɪləbruk
Willegis 'vɪləgɪs
Willehad 'vɪləha:t
Willehalm 'vɪləhalm
Willem *niederl.* 'wɪləm
Willemer 'vɪləmɐ
Willems *niederl.* 'wɪləms, *fr.* wi'lɛms, vi'lɛms
Willemstad *niederl.* 'wɪləmstɑt
willen, W... 'vɪlən
Willendorf 'vɪləndɔrf
willens 'vɪləns
willentlich 'vɪləntlɪç
Willes[den] *engl.* 'wɪlz[dən]
Willett *engl.* 'wɪlɪt
Willette *fr.* vi'lɛt
willfahren vɪl'fa:rən, *auch:* '–––
willfährig 'vɪlfɛ:rɪç, *auch:* –'––, -e ...ɪgə
Willi 'vɪli
William[s] *engl.* 'wɪljəm[z]
Williamsburg *engl.* 'wɪljəmzbə:g
Williams Christ 'vɪljams 'krɪst
Williamson *engl.* 'wɪljəmsn
Williamsport *engl.* 'wɪljəmzpɔ:t
Williamstown *engl.* 'wɪljəmztaʊn
Willibald 'vɪlibalt
Willibert 'vɪlibɛrt
Willibrord 'vɪlibrɔrt
Willich 'vɪlɪç
Willie[s] *engl.* 'wɪlɪ[z]
willig 'vɪlɪç, -e ...ɪgə
willigen 'vɪlɪgn̩, ...g! ...ɪç, ...gt ...ɪçt
Willigis 'vɪligɪs
Willimantic *engl.* wɪlɪ'mæntɪk
Willingdon *engl.* 'wɪlɪŋdən
Willingen 'vɪlɪŋən
Willingshausen vɪlɪŋs'hau̯zn̩
Williram 'vɪliram
Willis *engl.* 'wɪlɪs
Willisau 'vɪlizau̯
Williston *engl.* 'wɪlɪstən
Willkie *engl.* 'wɪlkɪ
Willkomm 'vɪlkɔm
willkommen, W... vɪl'kɔmən
Willkür 'vɪlky:ɐ̯
willkürlich 'vɪlky:ɐ̯lɪç
Willmann 'vɪlman
Willmar 'vɪlmar, *engl.* 'wɪlmɑ:
Willoch *norw.* 'vɪlɔk
Willoughby *engl.* 'wɪləbɪ
Willowbrook *engl.* 'wɪloʊbrʊk
Willowick *engl* 'wɪləwɪk
Willow Run *engl.* 'wɪloʊ 'rʌn
Wills *engl.* wɪlz
Willson *engl.* wɪlsn
Willstätter 'vɪlʃtɛtɐ
Willumsen *dän.* 'vilʊm'sn̩
Willy 'vɪli, *engl.* 'wɪlɪ
Willys *engl.* 'wɪlɪz
Wilma 'vɪlma, *engl.* 'wɪlmə
Wilmanns 'vɪlmans
Wilmar 'vɪlmar
Wilmette *engl.* wɪl'mɛt
Wilmington *engl.* 'wɪlmɪŋtən
Wilmot[t] *engl.* 'wɪlmət
Wilms vɪlms
Wilna 'vɪlna
Wilno *poln.* 'vilnɔ
Wilpert 'vɪlpɐt
Wilsdruff 'vɪlsdrʊf
Wilsede 'vɪlzədə
Wilsnack 'vɪlsnak
Wilson *engl.* wɪlsn, *fr.* vil'sɔn
Wilster[marsch] 'vɪlstɐ[marʃ]
Wilt[h]en 'vɪltn̩
Wilton *engl.* 'wɪltən
Wiltraud 'vɪltrau̯t
Wiltrud 'vɪltru:t
Wilts *engl.* wɪlts
Wiltshire *engl.* 'wɪltʃɪə
Wiltz vɪlts
Wilze 'vɪltsə
Wim vɪm, *niederl.* wɪm
Wimberger 'vɪmbɛrgɐ
Wimbledon *engl.* 'wɪmbldən
wimmeln 'vɪmln̩
wimmen 'vɪmən
Wimmer 'vɪmɐ
Wimmera *engl.* 'wɪmərə
wimmerig 'vɪmərɪç, -e ...ɪgə
Wimmerl 'vɪmɐl
wimmern, W... 'vɪmɐn
Wimmet 'vɪmət
Wimpel 'vɪmpl̩
wimpeln 'vɪmpl̩n
Wimper 'vɪmpɐ
Wimperg 'vɪmpɛrk, -e ...rgə
Wimpfeling 'vɪmpfəlɪŋ
Wimpfen 'vɪmpfn̩
Wimpheling 'vɪmfəlɪŋ
Wimpina 'vɪmpina
Wimsbach 'vɪmsbax
Wina 'vi:na
Winawer *poln.* vi'navɛr
Winberg *afr.* 'vənbœrx
Wincenty *poln.* vin'tsɛntɨ
Winchell *engl.* 'wɪntʃəl
Winchester *engl.* 'wɪntʃɪstə
Winckelmann 'vɪŋkl̩man
Winckler 'vɪŋklɐ
wind vɪnt
Wind vɪnt, -e 'vɪndə
Windau[s] 'vɪndau̯[s]
Windband 'vɪntbɛnt
Windber *engl.* 'wɪndbə
Windbeutelei vɪntbɔy̯tə'lai̯
Windchill 'vɪnttʃɪl
Winde 'vɪndə
Windeby[er] 'vɪndəby:[ɐ]
Windei 'vɪntǀai̯
Windel 'vɪndl̩
Windelband 'vɪndl̩bant
Windelen 'vɪndələn
windeln 'vɪndl̩n, **windle** 'vɪndlə
windelweich 'vɪndl̩'vai̯ç
winden 'vɪndn̩, **wind!** vɪnt
Windermere *engl.* 'wɪndəmɪə
Windesheim 'vɪndəshai̯m, *niederl.* 'wɪndəshɛi̯m
Windgälle 'vɪntgɛlə
Windgassen 'vɪntgasn̩
Windhager 'vɪntha:gɐ
Windham *engl.* 'wɪndəm
Windhoek 'vɪnthʊk, ...hu:k
Windhuk 'vɪnthʊk, ...hu:k
windig 'vɪndɪç, -e ...ɪgə
windisch, W... 'vɪndɪʃ
Windischgarsten 'vɪndɪʃ'garstn̩

W

Wịndischgrätz ˈvɪndɪʃgrɛːt͜s, ˈ‒‒ˈ‒
Wịndleite ˈvɪntlai̯tə
Wịndmacherei vɪntmaxəˈrai̯
Wịndmill *engl.* ˈwɪndmɪl
Wịndow[s] ˈvɪndo[ːs]
Wịndowshopping ˈvɪndoʃɔpɪŋ
Wịnd Rịver *engl.* ˈwɪnd ˈrɪvə
Wịnds vɪnt͜s
Wịndsbraut ˈvɪnt͜sbrau̯t
Wịndscale ˈvɪntskeːl
Wịndsheim ˈvɪnt͜shai̯m
Wịndsor ˈvɪnt͜soːɐ̯, *engl.* ˈwɪnzə
Wịndspiel ˈvɪntʃpiːl
wịndsurfen ˈvɪntzøːɐ̯fn̩, ...zœrfn̩
Wịndsurfing ˈvɪntzøːɐ̯fɪŋ, ...zœrfɪŋ
Wịndthorst ˈvɪnthɔrst
Wịndward Islands *engl.* ˈwɪndwəd ˈaɪləndz
Winesap ˈvai̯nzɛp
Wịnfred *engl.* ˈwɪnfrɪd
Wịnfri[e]d ˈvɪnfriːt
Winfrieda vɪnˈfriːda
Wịngert ˈvɪŋɐt
Wịngfield *engl.* ˈwɪŋfiːld
Wịngolf ˈvɪŋgɔlf
Wingolfit vɪŋgɔlˈfiːt
Wịngst vɪŋst
Wịnibert ˈviːnibɛrt
Wịnk vɪŋk
wịnke ˈvɪnkə
wịnke, wịnke ˈvɪŋkəˈvɪŋkə
Wịnkel ˈvɪŋkl̩
wịnkelig ˈvɪŋkəlɪç, **-e** ...ɪgə
Wịnkelried ˈvɪŋkl̩riːt
wịnken ˈvɪŋkn̩
Wịnkl ˈvɪŋkl̩
Wịnkler ˈvɪŋklɐ
wịnklig ˈvɪŋklɪç, **-e** ...ɪgə
Wịnnacker ˈvɪnakɐ
Wịnneba *engl.* ˈwɪniːbə
Wịnnebago *engl.* wɪnɪˈbeɪgoʊ
Wịnnenden ˈvɪnəndn̩
Wịnnent[h]al ˈvɪnəntaːl
Winnẹtka *engl.* wɪˈnɛtkə
Wịnnetou ˈvɪnətu
Wịnnie *engl.* ˈwɪnɪ
Wịnnig ˈvɪnɪç
Wịnnipeg *engl.* ˈwɪnɪpɛg
Winnipegosis *engl.* wɪnɪpɪˈgoʊsɪs
Winnipesaukee *engl.* wɪnəpəˈsɔːkɪ
Wịnniza *russ.* ˈvinnitsɐ
Winogrạdow *russ.* vinaˈgradɐf
Winokụrow *russ.* vinaˈkurɐf
Winona *engl.* wɪˈnoʊnə
Wịnrich ˈvɪnrɪç
Wịnsbeke ˈvɪnsbeːkə
Wịnsch vɪnʃ
Wịnschoten *niederl.* ˈwɪnsxoːtə
Winselei vɪnzəˈlai̯
Wịns[e]ler ˈvɪnz[ə]lɐ
wịnseln ˈvɪnzl̩n, **wịnsle** ˈvɪnzlə
Wịnsen ˈvɪnzn̩
Wịnsford *engl.* ˈwɪnzfəd
Wịnslow *engl.* ˈwɪnzloʊ
Wịnsor *engl.* ˈwɪnzə
Wịnston *engl.* ˈwɪnstən
[1]**Wịnter** ˈvɪntɐ
[2]**Wịnter** (Name) ˈvɪntɐ, *engl.* ˈwɪntə, *tschech.* ˈvintɛr
Wịnterberg ˈvɪntɐbɛrk
Wịnterburger ˈvɪntɐbʊrgɐ
Wịnterfeld[t] ˈvɪntɐfɛlt
Wịntergerst ˈvɪntɐgɛrst
Wịnterhalter ˈvɪntɐhaltɐ
wịnterlang ˈvɪntɐlaŋ
wịnterlich ˈvɪntɐlɪç
Wịnterling ˈvɪntɐlɪŋ
wịntern ˈvɪntɐn
wịnters ˈvɪntɐs
Wịnters *engl.* ˈwɪntəz
Wịntersberger ˈvɪntɐsbɛrgɐ
Wịnterstein ˈvɪntɐʃtai̯n
Wịnterstetten ˈvɪntɐʃtɛtn̩
wịntersüber ˈvɪntɐs|yːbɐ
Winterswijk *niederl.* wɪntərsˈwɛi̯k
Wịnterthur ˈvɪntɐtuːɐ̯
Wịnther *dän.* ˈvɪnˀdɐ
Wịnthrop *engl.* ˈwɪnθrəp
Wịnthuis ˈvɪnthɔy̯s
Win-wịn-Situation vɪnˈvɪnzitu̯at͜si̯oːn
Wịnzer ˈvɪnt͜sɐ
wịnzig ˈvɪnt͜sɪç, **-e** ...ɪgə
Wịnzling ˈvɪnt͜slɪŋ
Wịpfel ˈvɪp͜fl̩
wịpf[e]lig ˈvɪp͜f[ə]lɪç, **-e** ...ɪgə
Wịpfing ˈvɪp͜fɪŋ
Wịpo ˈviːpo
wịpp! vɪp
Wịppach ˈvɪpax
Wịppchen ˈvɪpçən
Wịppe ˈvɪpə
wịppen ˈvɪpn̩
Wịpper ˈvɪpɐ
Wipperfürth (Ort) vɪpɐˈfʏrt
wịppern ˈvɪpɐn
Wịpptal ˈvɪptaːl
Wịprecht ˈviːprɛçt
wịps! vɪps
wịr viːɐ̯
wịrb! vɪrp
Wịrbel ˈvɪrbl̩
wịrb[e]lig ˈvɪrb[ə]lɪç, **-e** ...ɪgə
wịrbeln ˈvɪrbl̩n, **wịrble** ˈvɪrblə
wịrbt vɪrpt
wịrd vɪrt
wịrf! vɪrf
wịrft vɪrft
wịrken ˈvɪrkn̩
Wịrker ˈvɪrkɐ
Wirkerei vɪrkəˈrai̯
wịrklich ˈvɪrklɪç
wịrksam ˈvɪrkzaːm
Wịrkung ˈvɪrkʊŋ
Wịrnt vɪrnt
Wịrpsza *poln.* ˈvirpʃa
wịrr vɪr
Wịrral *engl.* ˈwɪrəl
wịrren, W... ˈvɪrən
wịrrig ˈvɪrɪç, **-e** ...ɪgə
Wịrrnis ˈvɪrnɪs, **-e** ...ɪsə
Wịrrsal ˈvɪrzaːl
Wịrrwarr ˈvɪrvar
wịrsch vɪrʃ
Wirsén *schwed.* virˈseːn
Wịrsing ˈvɪrzɪŋ
Wịrt vɪrt
Wirtạ *russ.* virˈta
Wịrtel ˈvɪrtl̩
wịrt[e]lig ˈvɪrt[ə]lɪç, **-e** ...ɪgə
wịrten ˈvɪrtn̩
Wịrth vɪrt
Wịrtschaft ˈvɪrtʃaft
wịrtschaften ˈvɪrtʃaftn̩
wịrtschaftlich ˈvɪrtʃaftlɪç
Wịrz vɪrt͜s
Wịsbar ˈvɪsbaːɐ̯
Wịsbech *engl.* ˈwɪzbiːtʃ
Wịsby ˈvɪsbi
Wịsch[au] ˈvɪʃ[au̯]
Wịsche ˈvɪʃə
wịschen ˈvɪʃn̩
Wịschera *russ.* ˈviʃərɐ
wịschig ˈvɪʃɪç, **-e** ...ɪgə
Wischiwạschi vɪʃiˈvaʃi
Wischnẹwskaja *russ.* viʃˈnjɛfskɐjɐ
Wischnẹwski vɪʃˈnɛfski, *russ.* viʃˈnjɛfskij
Wịschnu ˈvɪʃnu
Wiscọnsin [Rapids] *engl.* wɪsˈkɔnsɪn [ˈræpɪdz]
Wise *engl.* waɪz, *russ.* ˈvizɛ
Wiseman *engl.* ˈwaɪzmən
Wịsent ˈviːzɛnt
Wịshart *engl.* ˈwɪʃət
Wịsła *poln.* ˈvisu̯a
Wislicenus vɪsliˈt͜seːnʊs
Wịsłok *poln.* ˈvisu̯ɔk
Wisłọka *poln.* viˈsu̯ɔka
Wịsmar ˈvɪsmar

Wismut ˈvɪsmu:t
wismuten ˈvɪsmu:tn̩
Wispelaere *niederl.* ˈwɪspəla:rə
wispeln ˈvɪspl̩n
Wisper ˈvɪspɐ
wispern ˈvɪspɐn
Wissarion *russ.* vissɐriˈɔn
Wissarionowitsch *russ.* vissɐriˈɔnɐvitʃ
Wissbegier[de] ˈvɪsbəgi:ɐ̯[də]
Wissembourg *fr.* visɑ̃ˈbu:r
wissen, W... ˈvɪsn̩
Wissenschaft ˈvɪsn̩ʃaft
wissenschaftlich ˈvɪsn̩ʃaftlɪç
wissentlich ˈvɪsn̩tlɪç
Wissler *engl.* ˈwɪslə
Wissmann, Wiß... ˈvɪsman
Wissowa vɪˈso:va
wisst, wist! vɪst
Wistar ˈvɪstar, *engl.* ˈwɪstə
Wistaria vɪsˈta:ri̯a
Wisten ˈvɪstn̩
Wister *engl.* ˈwɪstə
Wit *niederl.* wɪt, *bulgar.* vit
Witali *russ.* viˈtalij
Witasek ˈvɪtazɛk
Witbank *afr.* ˈvətbaŋk
Witberg *russ.* ˈvidbɪrk
Witebsk *russ.* ˈvitɪpsk
Witege ˈvi:tegə
Witelo ˈvi:təlo
Witfrau ˈvɪtfrau̯
Wither[ing] *engl.* ˈwɪðə[rɪŋ]
Witherspoon *engl.* ˈwɪðəspu:n
Witib ˈvɪtɪp, **-e** ...ɪbə
Witigis ˈvi:tigɪs
Witiko ˈvi:tiko
Witim *russ.* viˈtim
Witiza ˈvi:titsa
Witjas *russ.* ˈvitɪsj
Witkiewicz *poln.* vitˈkjɛvitʃ
Witkowski *poln.* vitˈkɔfski
Witmann ˈvɪtman
Witold ˈvi:tɔlt, *poln.* ˈvitɔlt
Witoscha *bulgar.* ˈvitoʃɐ
witschen ˈvɪtʃn̩
Witschuga *russ.* ˈvitʃugɐ
Witt vɪt, *niederl.* wɪt
Wittdün ˈvɪtdy:n
Witte ˈvɪtə, *niederl.* ˈwɪtə, *russ.* ˈvitɛ
Wittek ˈvɪtɛk
Wittekind ˈvɪtəkɪnt
Wittel *niederl.* ˈwɪtəl
Wittelsbach[er] ˈvɪtl̩sbax[ɐ]
Witten ˈvɪtn̩
Wittenberg ˈvɪtn̩bɛrk
Wittenberge vɪtn̩ˈbɛrgə
[1]**Wittenberger** (von Wittenberg) ˈvɪtn̩bɛrgɐ
[2]**Wittenberger** (von Wittenberge) vɪtn̩ˈbɛrgɐ
Wittenborn ˈvɪtn̩bɔrn
Wittenburg ˈvɪtn̩bʊrk
Wittenweiler ˈvɪtn̩vai̯lɐ
Wittenwiler ˈvɪtn̩vi:lɐ
wittern ˈvɪtɐn
Witterung ˈvɪtərʊŋ
Wittgenstein ˈvɪtgn̩ʃtai̯n
Wittib ˈvɪtɪp, **-er** ...ɪbɐ
Wittich, ...ig ˈvɪtɪç
Wittichenau vɪtɪçəˈnau̯
Wittig ˈvɪtɪç, *fr.* viˈtig, *poln.* ˈvitik
Wittingau ˈvɪtɪŋgau̯
Wittingen ˈvɪtɪŋən
Wittinger ˈvɪtɪŋɐ
Wittlich ˈvɪtlɪç
Wittlin *poln.* ˈvitlin
Wittling[er] ˈvɪtlɪŋ[ɐ]
Wittmaack ˈvɪtma:k
Wittmund ˈvɪtmʊnt
Wittrisch ˈvɪtrɪʃ
Wittstock ˈvɪtʃtɔk
Wittum ˈvɪtu:m, **Wittümer** ˈvɪty:mɐ
Witukind ˈvi:tukɪnt
Witwatersrand *afr.* vətvɑ:tərsˈrant
Witwe ˈvɪtvə
Witwer ˈvɪtvɐ
Witwicki *poln.* vitˈfitski
Witz vɪts
Witzbold ˈvɪtsbɔlt, **-e** ...ldə
Witzelei vɪtsəˈlai̯
witzeln ˈvɪtsl̩n
Witzenhausen vɪtsn̩ˈhau̯zn̩
witzig ˈvɪtsɪç, **-e** ...ɪgə
witzigen ˈvɪtsɪgn̩, **witzig!** ...ɪç, **witzigt** ...ɪçt
Witzleben ˈvɪtsle:bn̩
Witzling ˈvɪtslɪŋ
Wivel *dän.* ˈvi:ˀvl̩
Wiwallius *schwed.* viˈvaliʊs
Wixell *schwed.* vikˈsɛl
Wjasa ˈvja:za
Wjasemski *russ.* ˈvjazɪmskij
Wjasma *russ.* ˈvjazjmɐ
Wjasniki *russ.* ˈvjazniki
Wjatka *russ.* ˈvjatkɐ
Wjatscheslaw *russ.* vɪtʃɪˈslaf
Wkra *poln.* fkra
Wlache ˈvlaxə
wlachisch ˈvlaxɪʃ
Wladigerow *bulgar.* vlɐdiˈgɛrof
Wladika ˈvla:dika
Wladikawkas *russ.* vlɐdikafˈkas
Wladimir vlaˈdi:mi:ɐ̯, *auch:* ˈvla:dimi:ɐ̯, *russ.* vlaˈdimir, *bulgar.* vlɐdiˈmir
Wladimirowitsch *russ.* vlaˈdimirɐvitʃ
Wladimirowna *russ.* vlaˈdimirɐvnɐ
Wladimir-Wolynski *russ.* vlaˈdimirvaˈlɨnskij
Wladimov *russ.* vlaˈdimɐf
Wladislaus ˈvla:dɪslau̯s
Wladislaw ˈvla:dɪslaf, *russ.* vlɐdiˈslaf
Wladiwostok vladivɔsˈtɔk, *russ.* vlɐdivasˈtɔk
Władysław *poln.* vu̯aˈdɨsu̯af
Wlaikow *bulgar.* ˈvlai̯kof
Wlas *russ.* vlas
Wlassow ˈvlasɔf, *russ.* ˈvlasɐf
Wlasta ˈvlasta
Włocławek *poln.* vu̯ɔˈtsu̯avɛk
Włodzimierz *poln.* vu̯ɔˈdʑimjɛʃ
Wnukowo *russ.* ˈvnukɐvɐ
wo vo:
woanders voˈǀandɐs
woandershin voˈǀandɐsˈhɪn
wob vo:p
Wöbbelin vœbəˈli:n
wobbeln ˈvɔbl̩n, **wobble** ˈvɔblə
Wobbler ˈvɔblɐ
wöbe ˈvø:bə
wobei voˈbai̯
woben ˈvo:bn̩
wobt vo:pt
wöbt vø:pt
Woburn *engl.* ˈwoʊbən
Woche ˈvɔxə
Wochein[er] vɔˈxai̯n[ɐ]
Wochenende ˈvɔxn̩ǀɛndə
Wochenendhaus ˈvɔxn̩ǀɛnt̩hau̯s
Wochenendler ˈvɔxn̩ǀɛntlɐ
wochenlang ˈvɔxn̩laŋ
wochentags ˈvɔxn̩ta:ks
wöchentlich ˈvœçn̩tlɪç
Wochern ˈvɔxɐn
...wochig ...vɔxɪç, **-e** ...ɪgə
...wöchig ...vœçɪç, **-e** ...ɪgə
Wöchnerin ˈvœçnərɪn
Wocken ˈvɔkn̩
Wodan ˈvo:dan
Wodehouse *engl.* ˈwʊdhaʊs
Wodka ˈvɔtka
Wodla *russ.* ˈvɔdlɐ
Wodonga *engl.* wɔˈdɔŋgə
wodran voˈdran
wodrauf voˈdrau̯f
Wodu ˈvo:du
wodurch voˈdʊrç

Wodzịsław *poln.* vɔˈdʑisu̯af
Woensam ˈvoːnzam
Woerden *niederl.* ˈwuːrdə
Woe̲rmann ˈvøːɐ̯man
Woerner ˈvœrnɐ
Woestijne *niederl.* wusˈtɛi̯nə
Woëvre *fr.* vwaːvr
wofẹrn voˈfɛrn
wofü̲r voˈfyːɐ̯
wo̲g voːk
Wogạtzki voˈgatski
wö̲ge ˈvøːgə
Wo̲ge ˈvoːgə
woge̲gen voˈgeːgn̩
wo̲gen ˈvoːgn̩, **wo̲g!** voːk, **wo̲gt** voːkt
wo̲gig ˈvoːgɪç, **-e** ...ɪgə
wo̲gt voːkt
wö̲gt vøːkt
Wogu̲le voˈguːlə
wohe̲r voˈheːɐ̯
woherụm vohɛˈrʊm
wohịn voˈhɪn
wohina̲uf vohɪˈnau̯f
wohina̲us vohɪˈnau̯s
wohine̲in vohɪˈnai̯n
wohinge̲gen vohɪnˈgeːgn̩
wohịnter voˈhɪntɐ
wohinụnter vohɪˈnʊntɐ
wo̲hl, W... voːl
wo̲hlachtbar ˈvoːl|axtbaːɐ̯
wohlạn voˈlan, *auch:* voːlˈ|an
wo̲hlanständig ˈvoːl|anʃtɛndɪç
Wo̲hlau ˈvoːlau̯
wohla̲uf voːlˈ|au̯f, voˈlau̯f
Wo̲hlbrück ˈvoːlbrʏk
Wo̲hleb ˈvoːleːp
Wo̲hlen ˈvoːlən
Wö̲hler ˈvøːlɐ
Wo̲hlfahrt ˈvoːlfaːɐ̯t
wo̲hlfeil ˈvoːlfai̯l
Wo̲hlgeboren ˈvoːlgəboːrən
Wo̲hlgefallen ˈvoːlgəfalən
wohlgemerkt! ˈvoːlgəmɛrkt, *auch:* ˈ– –ˈ–
wo̲hlgemut ˈvoːlgəmuːt
wo̲hlgestalt[et] ˈvoːlgəʃtalt[ət]
wo̲hlgetan ˈvoːlgətaːn
wo̲hlig ˈvoːlɪç, **-e** ...ɪgə
Wo̲hlverleih ˈvoːlfɛɐ̯lai̯
wohlweislich ˈvoːlvai̯slɪç, *auch:* ˈ–ˈ– –
Wo̲hlwollen ˈvoːlvɔlən
Wo̲hmann ˈvoːman
wo̲hnen ˈvoːnən
wo̲hnhaft ˈvoːnhaft
wo̲hnlich ˈvoːnlɪç
Wö̲hrde ˈvøːɐ̯də
Wo̲ilach ˈvɔy̯lax
Woinịkow *bulgar.* vojˈnikof
Woinọwitsch *russ.* vajˈnɔvitʃ
Woiwo̲d vɔy̯ˈvoːt, **-en** ...oːdn̩
Woiwo̲de vɔy̯ˈvoːdə
Woiwo̲dschaft vɔy̯ˈvoːtʃaft
Wojạczek *poln.* vɔˈjatʃɛk
Wojciechọwski *poln.* vɔjtɕɛˈxɔfski
Wójcikọwski *poln.* vujtɕiˈkɔfski
Wojtyła *poln.* vɔjˈtɨu̯a
Wojwodina vɔy̯ˈvoːdina, vɔy̯voˈdiːna
Wọk vɔk
Woking[ham] *engl.* ˈwoʊkɪŋ[əm]
Wọla *poln.* ˈvɔla
wọ̈lben ˈvœlbn̩, **wọ̈lb!** vœlp, **wọ̈lbt** vœlpt
wọ̈lbig ˈvœlbɪç, **-e** ...ɪgə
Wọlchow *russ.* ˈvɔlxɐf
Wolcot[t] *engl.* ˈwʊlkət
Wọldegk ˈvɔldɛk
Wọldemar ˈvɔldəmar
Wọldenberg ˈvɔldn̩bɛrk
Wolds *engl.* woʊldz
Wọlen *bulgar.* ˈvɔlɛn
[1]**Wọlf** vɔlf, **Wọ̈lfe** ˈvœlfə
[2]**Wọlf** (Name) *dt., fr.* vɔlf, *engl.* wʊlf
Wọlfach ˈvɔlfax
Wọ̈lfchen ˈvœlfçən
Wolfdietrich vɔlfˈdiːtrɪç, *auch:* ˈ– – –
Wolfe *engl.* wʊlf
Wọ̈lfe vgl. [1]Wolf
Wọlfegg ˈvɔlfɛk
Wọ̈lfel ˈvœlfl̩
wọ̈lfen ˈvœlfn̩
Wọlfen ˈvɔlfn̩
Wolfenbüttel ˈvɔlfn̩bʏtl̩, – –ˈ– –
Wọlfenstein ˈvɔlfn̩ʃtai̯n
Wọlff *dt., it., fr.* vɔlf, *engl.* wʊlf, *niederl.* wɔlf
Wọ̈lffl ˈvœlfl̩
Wọ̈lfflin ˈvœlfliːn
Wọlfgang[see] ˈvɔlfgaŋ[zeː]
Wọlfgruber ˈvɔlfgruːbɐ
Wolfha̲gen vɔlfˈhaːgn̩
Wọlfhard, ...rt ˈvɔlfhart
Wọ̈lfin ˈvœlfɪn
wọ̈lfisch ˈvœlfɪʃ
Wọ̈lfl ˈvœlfl̩
Wọ̈lfling ˈvœlflɪŋ
Wọlfram ˈvɔlfram
Wolframa̲t vɔlfraˈmaːt
Wolframi̲t vɔlfraˈmiːt
Wolframs-Ẹschenbach vɔlframsˈ|ɛʃn̩bax
Wolfratsha̲usen vɔlfraːtsˈhau̯zn̩
Wọlfrum ˈvɔlfrʊm
Wọlfsberg ˈvɔlfsbɛrk
Wọlfsburg ˈvɔlfsbʊrk
Wọlfshụnger ˈvɔlfsˈhʊŋɐ
Wọlfskehl ˈvɔlfskeːl
Wọlga ˈvɔlga, *russ.* ˈvɔlgɐ
Wọlgast ˈvɔlgast
Wo̲lgemut ˈvoːlgəmuːt
Wolgodọnsk *russ.* vɐlgaˈdɔnsk
Wọlgograd ˈvɔlgograːt, *russ.* vɐlgaˈgrat
Wolhy̲nien voˈlyːni̯ən
Wọlin *poln.* ˈvɔlin
Wọ̈lkchen ˈvœlkçən
Wọlke ˈvɔlkə
wọ̈lken ˈvœlkn̩
Wọlken[burg] ˈvɔlkn̩[bʊrk]
Wolkenkụckucksheim vɔlkn̩ˈkʊkʊkshai̯m
Wọlken[stein] ˈvɔlkn̩[ʃtai̯n]
Wọlker ˈvɔlkɐ, *tschech.* ˈvɔlkɛr
Wolkers *niederl.* ˈwɔlkərs
Wọlkersdorf ˈvɔlkɐsdɔrf
wọlkig ˈvɔlkɪç, **-e** ...ɪgə
Wọlkow *russ.* ˈvɔlkɐf
Wollaston *engl.* ˈwʊləstən
Wollastoni̲t vɔlastoˈniːt
Wọlle ˈvɔlə
wọllen ˈvɔlən
wọ̈llen ˈvœlən
Wọllerau ˈvɔlərau̯
wọllig ˈvɔlɪç, **-e** ...ɪgə
Wollịn vɔˈliːn
Wọ̈llner ˈvœlnɐ
Wollongong *engl.* ˈwʊləngɔŋ
Wọllschläger ˈvɔlʃlɛːgɐ
Wollstonecraft *engl.* ˈwʊlstənkrɑːft
Wọllust ˈvɔlʊst
wọllüstig ˈvɔlʏstɪç, **-e** ...ɪgə
Wọllüstling ˈvɔlʏstlɪŋ
Wọllweber ˈvɔlveːbɐ
Wọlmirstedt ˈvɔlmɪrʃtɛt
Wolọdin *russ.* vaˈlɔdin
Wo̲lof ˈvoːlɔf
Wọlogda *russ.* ˈvɔlɐgdɐ
Wolokolạmsk *russ.* vɐlɐkaˈlamsk
Wołọmin *poln.* vɔˈu̯ɔmin
Wọlos *neugr.* ˈvɔlɔs
Wolọschin *russ.* vaˈlɔʃɨn
Wọlpe ˈvɔlpə
Wọlpertinger ˈvɔlpɐtɪŋɐ
Wọls vɔls
Wọlschsk[i] *russ.* ˈvɔlʃsk[ij]
Wolseley *engl.* ˈwʊlzlɪ
Wolsey *engl.* ˈwʊlzɪ

Wọlsk *russ.* vɔljsk
Wọlska *poln.* 'vɔlska
Wö̩lsunge 'vœlzʊŋə
Wọlter[s] 'vɔltɐ[s]
Wöltingero̲de vœltɪŋə'ro:də
Wọltman[n] 'vɔltman
Wolverhampton *engl.* 'wʊlvəhæmptən
Wolverines *engl.* 'wʊlvəri:nz
Wọlwi *neugr.* 'vɔlvi
Woly̲nien vo'ly:ni̯ən
woly̲nisch vo'ly:nɪʃ
Wọlzogen 'vɔlt͜so:gn̩
Wọmbat 'vɔmbat
Women's Lịb 'vɪmɪns 'lɪp
womịt vo'mɪt
womö̲glich vo'mø:klɪç
Wọn vɔn
wona̲ch vo'na:x
Wonder *engl.* 'wʌndə
Wọnderbra® 'vɔndɐbra:
Wọndratschek 'vɔndrat͜ʃɛk
Wọndreb 'vɔndrɛp
wone̲ben vo'ne:bn̩
Wọngrowitz 'vɔŋgrovɪt͜s
Wŏnju *korean.* wɔndʒu
Wọnne 'vɔnə
wọnnesam 'vɔnəza:m
wọnnig 'vɔnɪç, **-e** ...ɪgə
wọnniglich 'vɔnɪklɪç
Wŏnsan *korean.* wɔnsan
Wonse̲es vɔn'ze:s
Wonserade̲e̲l *niederl.* wɔnsərɑ'de:l
Wood (Golfschläger) vʊt
Wood[berry] *engl.* 'wʊd[bərɪ]
Woodbridge *engl.* 'wʊdbrɪdʒ
Woodburn *engl.* 'wʊdbən
Woodbury *engl.* 'wʊdbərɪ
Woodcock... 'vʊtkɔk...
Woodhaven *engl.* 'wʊdheɪvn
Woodhull *engl.* 'wʊdhʌl
Woodland *engl.* 'wʊdlənd
Woodmere *engl.* 'wʊdmɪə
Woodridge *engl.* 'wʊdrɪdʒ
Woodroffe *engl.* 'wʊdrɔf
Woodrow *engl.* 'wʊdroʊ
Woodruff *engl.* 'wʊdrʌf
Woods *engl.* wʊdz
Woodstock *engl.* 'wʊdstɔk
Woodville *engl.* 'wʊdvɪl
Woodward *engl.* 'wʊdwəd
Woody *engl.* 'wʊdɪ
Woofer 'vʊfɐ, ...u:...
Wo̲o̲g vo:k, **-e** 'vo:gə
Woolf *engl.* wʊlf
Woolha̲ra *engl.* wʊ'lɑ:rə
Woollcott *engl.* 'wʊlkət
Woollett *engl.* 'wʊlɪt
Woolley *engl.* 'wʊlɪ
Woolliams *engl.* 'wʊljəmz
Woolman *engl.* 'wʊlmən
Woolson *engl.* wʊlsn
Woolwich *engl.* 'wʊlɪdʒ
Wo̲o̲lworth 'vo:lvɔrt, *engl.* 'wʊlwə[:]θ
Woomera *engl.* 'wu:mərə
Woonsọcket *engl.* wu:n'sɔkɪt
Wooster *engl.* 'wʊstə
Wọpfner 'vɔp͜fnɐ
worạn vo'ran
wora̲u̲f vo'rau̯f
wora̲u̲s vo'rau̯s
Wọrb vɔrp, **Wö̩rbe** 'vœrbə
Wọrbe 'vɔrbə
Wọrbis 'vɔrbɪs
Wọrcell *poln.* 'vɔrtsɛl
Worcester *engl.* 'wʊstə, **-shire** -ʃɪə
Worcestersoße 'vʊstɐzo:sə
Wo̲rde *engl.* wɔ:d
Wordsworth *engl.* 'wə:dzwə[:]θ
wore̲i̲n vo'rai̯n
wọrfeln 'vɔrfl̩n
Wö̩rgl 'vœrgl̩
worịn vo'rɪn
Wo̲ringen 'vo:rɪŋən
Wö̲rishofen 'vø:rɪsho:fn̩
Workahọlic vø:ɐ̯kə'hɔlɪk, vœrk...
Work[ington] *engl.* 'wə:k[ɪŋtən]
Work-out 'vø:ɐ̯k|au̯t, 'vœrk..., –'–
Workshop 'vø:ɐ̯kʃɔp, 'vœrk...
Worksong 'vø:ɐ̯kzɔŋ, 'vœrk...
Worksop *engl.* 'wə:ksɔp
Workstation 'vø:ɐ̯kste:ʃn̩, 'vœrk...
Workutạ *russ.* vɐrku'ta
Worldcup 'vø:ɐ̯ltkap, 'vœrl...
World Wide Wẹb 'vø:ɐ̯lt 'vai̯t 'vɛp, 'vœrlt - -
Wö̩rlitz 'vœrlɪt͜s
Wọrm *dän.* vɔɐ̯'m
Worma̲tia vɔr'ma:t͜si̯a
Wormerve̲e̲r *niederl.* wɔrmər've:r
Wọrms *dt., fr.* vɔrms
Wọrmser 'vɔrmzɐ
wọrmsisch 'vɔrmzɪʃ
Wö̩rn[er] 'vœrn[ɐ]
Worobjọf *russ.* vɐrabj'jɔf
Worọnesch *russ.* va'rɔnɪʃ
Worọnicz *poln.* vɔ'rɔnit͜ʃ
Worọnin *russ.* va'rɔnin
Woronzọw *russ.* vɐran'tsɔf
Woroschilow *russ.* vɐra'ʃɨlɐf
Woroschilowgrạd *russ.* vɐrɐʃɨlaw'grat
Woroschilowsk *russ.* vɐra'ʃɨlɐfsk
Woroszỵlski *poln.* vɔrɔ'ʃɨlski
Wọrpe 'vɔrpə
Worpswe̲de vɔrps've:də
Wọrringen 'vɔrɪŋən
Worsley *engl.* 'wə:slɪ
Wọrt vɔrt, **Wö̩rter** 'vœrtɐ
Wö̩rt[chen] 'vœrt[çən]
Wortemachere̲i̲ vɔrtəmaxə'rai̯
Wọrth vɔrt, *engl.* wə:θ
Wö̩rth vœrt
Wö̩rthersee 'vœrtɐze:
Wö̩rther See 'vœrtɐ 'ze:
Worthing *engl.* 'wə:ðɪŋ
Wö̩rthsee 'vœrtze:
Wortklaubere̲i̲ vɔrtklau̯bə'rai̯
Wortley *engl.* 'wə:tlɪ
wö̩rtlich 'vœrtlɪç
wọrtwö̩rtlich 'vɔrt'vœrtlɪç
worü̲ber vo'ry:bɐ
worụm vo'rʊm
worụnter vo'rʊntɐ
Woschọd *russ.* vas'xɔt
wosẹlbst vo'zɛlpst
Woskressẹnsk[i] *russ.* vɐskrɪ'sjɛnsk[ij]
Wosnessẹnskaja *russ.* vɐznɪ'sjɛnskɐjɐ
Wosnessẹnsk[i] *russ.* vɐznɪ'sjɛnsk[ij]
Wostọk[ow] *russ.* vas'tɔk[ɐf]
Wostọtschny *russ.* vas'tɔtʃnɨj
Wo̲tan 'vo:tan
Wotja̲ke vɔt'ja:kə
Wọtkinsk *russ.* 'vɔtkinsk
Wotruba 'vɔtruba, 'vo:...
Wotton *engl.* wɔtn, wʊtn
Wọuk *engl.* woʊk
Woulfe *engl.* wʊlf
Wounded Knee *engl.* 'wu:ndɪd 'ni:
Wọuter[s] *niederl.* 'wɔu̯tər[s]
Wọuwerman[s] *niederl.* 'wɔu̯wərmɑn[s]
wovọn vo'fɔn
wovo̲r vo'fo:ɐ̯
Wo̲wereit 'vo:vərai̯t
Wowtschọk *ukr.* vɔu̯'tʃɔk
Wo̲y̲zeck 'vɔy̯t͜sɛk
wozu̲ vo't͜su:
wozwịschen vo't͜svɪʃn̩
Wọzzeck 'vɔt͜sɛk
wrạck, W... vrak
Wra̲n vra:n

wrạng vraŋ
wrạ̈nge ˈvrɛŋə
Wrạngel ˈvraŋl̩, *schwed.* ˈvraŋəl, *russ.* ˈvrangɪlj
Wrangell *engl.* ˈræŋgəl
Wranịtzky vraˈnɪtsk̮i
Wra̲sen ˈvra:zn̩
Wrạza *bulgar.* ˈvratsɐ
Wre̲de ˈvre:də, *schwed.* ˌvre:də
Wrẹn[ch] *engl.* rɛn[tʃ]
Wrẹschen ˈvrɛʃn̩
Wrẹstling ˈ[v]rɛslɪŋ
Wrettạkos *neugr.* vrɛˈtakɔs
Wrẹxham *engl.* ˈrɛksəm
wrịcken ˈvrɪkn̩
Wri̲ezen ˈvri:tsn̩
wrịggeln ˈvrɪgl̩n, **wrịggle** ˈvrɪglə
wrịggen ˈvrɪgn̩, **wrịgg!** vrɪk, **wrịggt** vrɪkt
Wright *engl.* raɪt
Wrigley *engl.* ˈrɪglɪ
wrịngen ˈvrɪŋən
Wrisberghọlzen vrɪsbɛrkˈhɔltsn̩
Wrịst vrɪst
Wrịt *engl.* rɪt
Wro̲bel ˈvro:bl̩
Wróblẹwski *poln.* vruˈblɛfski
Wrọcław *poln.* ˈvrɔtsu̯af
Wrọnke ˈvrɔŋkə
Wrọński *poln.* ˈvrɔĩski
Wrụbel *russ.* ˈvrubɪlj
Wru̲ke ˈvru:kə
Września *poln.* ˈvʒɛɕnja
Wsẹtin ˈfsɛti:n
Wsẹwolod *russ.* ˈfsjɛvɐlɐt
Wttewael *niederl.* ˈœi̯təwa:l
Wu̲ *engl.* wu:
Wu Cheng'en *chin.* u̯utʃəŋ-ən 221
Wu̲cher ˈvu:xɐ
Wucher<u>ei</u> vu:xəˈrai̯
Wu̲cherer ˈvu:xərɐ
wu̲cherisch ˈvu:xərɪʃ
wu̲chern ˈvu:xɐn
wu̲chs, W... vu:ks
wü̲chse ˈvy:ksə
...wü̲chsig ...vy:ksɪç, **-e** ...ɪgə
Wụcht vʊxt
wụchten ˈvʊxtn̩
wụchtig ˈvʊxtɪç, **-e** ...ɪgə
Wu Daozi *chin.* u̯udau̯dzɨ 243
Wu̲du ˈvu:du
Wụffinga ˈvʊfɪŋga
Wü̲ger ˈvy:gɐ
Wuhan *chin.* u̯uxan 34
wü̲hlen ˈvy:lən
Wü̲hler ˈvy:lɐ
Wühler<u>ei</u> vy:ləˈrai̯
wü̲hlerisch ˈvy:lərɪʃ
Wu̲hne ˈvu:nə
Wu̲hr vu:ɐ̯
Wü̲hr vy:ɐ̯
Wu̲hre ˈvu:rə
Wü̲hrer ˈvy:rɐ
Wuhu *chin.* u̯uxu 22
Wujiang *chin.* u̯udzi̯aŋ 21
Wu Jingzi *chin.* u̯udzɪŋdzɨ 223
Wukela vgl. Wekil
Wụlf vʊlf, *fr.* vylf
Wulfeni̲t vʊlfəˈni:t
Wụlff vʊlf, *dän.* vulˈf
Wụlfila ˈvʊlfila
Wụlfram ˈvʊlfram
Wü̲lfrath ˈvʏlfra:t
Wụlfstan *engl.* ˈwʊlfstən
Wụlkow ˈvʊlko
Wụllenwever ˈvʊlənve:vɐ
Wụ̈llner ˈvʏlnɐ
Wụ̈lpensand ˈvʏlpn̩zant
Wụlst vʊlst, **Wụ̈lste** ˈvʏlstə
Wụ̈lstchen ˈvʏlstçən
wụlsten ˈvʊlstn̩
wụlstig ˈvʊlstɪç, **-e** ...ɪgə
Wụlstling ˈvʊlstlɪŋ
Wulumuqi *chin.* u̯ulumutɕi 1342
wụmm! vʊm
wụ̈mmen ˈvʏmən
wụmmern ˈvʊmɐn
Wụ̈mmet ˈvʏmət
wụnd vʊnt, **-e** ˈvʊndə
Wụnde ˈvʊndə
wụnder, W... ˈvʊndɐ
wụnderbar ˈvʊndɐba:ɐ̯
wụnderhọld ˈvʊndɐˈhɔlt
wụnderlich, W... ˈvʊndɐlɪç
wụndermịld ˈvʊndɐˈmɪlt
wụndern ˈvʊndɐn, **wụndre** ...drə
wụndernehmen ˈvʊndɐne:mən
wụnders ˈvʊndɐs
wụndersam ˈvʊndɐza:m
wụnderschö̲n ˈvʊndɐˈʃø:n
Wụndt vʊnt
Wu̲ne ˈvu:nə
Wunibald ˈvʊnibalt, ˈvu:...
Wụ̈nnenberg ˈvʏnənbɛrk
Wụnnibald ˈvʊnibalt
Wụnsch vʊnʃ, **Wụ̈nsche** ˈvʏnʃə
Wụ̈nsche ˈvʏnʃə
Wụ̈nschelrute ˈvʏnʃl̩ru:tə
wụ̈nschen ˈvʏnʃn̩
Wü̲nsdorf ˈvy:nsdɔrf
Wụnsiedel ˈvʊnzi:dl̩
Wụnstorf ˈvʊnstɔrf
Wuọlijoki *finn.* ˈvu̯ɔlijɔki
Wu̲otan ˈvu:otan
Wuọxa *russ.* vuˈɔksɐ
wụpp! vʊp
wụppdich!, Wụppdich ˈvʊpdɪç
Wụpper[tal] ˈvʊpɐ[ta:l]
wụpps! vʊps
Wuqi *chin.* u̯utɕi 22
wụ̈rbe ˈvʏrbə
wụ̈rbt vʏrpt
wụrde ˈvʊrdə
wụ̈rde, W... ˈvʏrdə
wụ̈rdig ˈvʏrdɪç, **-e** ...ɪgə
wụ̈rdigen ˈvʏrdɪgn̩, **wụ̈rdig!** ...ɪç, **wụ̈rdigt** ...ɪçt
Wü̲renlingen ˈvy:rənlɪŋən
Wụrf vʊrf, **Wụ̈rfe** ˈvʏrfə
Wụ̈rfchen ˈvʏrfçən
wụ̈rfe ˈvʏrfə
Wụ̈rfel ˈvʏrfl̩
wụ̈rf[e]lig ˈvʏrf[ə]lɪç, **-e** ...ɪgə
wụ̈rfeln ˈvʏrfl̩n
wụ̈rgeln ˈvʏrgl̩n, **...gle** ...glə
wụ̈rgen ˈvʏrgn̩, **wụ̈rg!** vʏrk, **wụ̈rgt** vʏrkt
Wụ̈rger ˈvʏrgɐ
wụ̈rgerisch ˈvʏrgərɪʃ
wụrlen ˈvʊrlən
Wụrlitzer ˈvʊrlɪtsɐ
Wụrm vʊrm, **Wụ̈rmer** ˈvʏrmɐ
Wụ̈rm vʏrm
Wụrmb vʊrmp
Wụ̈rmchen ˈvʏrmçən
wụrmen ˈvʊrmən
Wụ̈rmer vgl. Wurm
wụrmig ˈvʊrmɪç, **-e** ...ɪgə
Wụ̈rmsee ˈvʏrmze:
Wụrmser ˈvʊrmzɐ, *fr.* vyrmˈsɛ:r
wụrmstichig ˈvʊrmʃtɪçɪç, **-e** ...ɪgə
Wụ̈rschtel ˈvʏrʃtl̩
Wụrscht[el] ˈvʊrʃt[l̩]
Wurschtel<u>ei</u> vʊrʃtəˈlai̯
wụrschteln ˈvʊrʃtl̩n
Wụ̈rselen ˈvʏrzələn
Wụrst vʊrst, **Wụ̈rste** ˈvʏrstə
Wụ̈rstchen ˈvʏrstçən
Wụrstel ˈvʊrstl̩
Wụ̈rstel ˈvʏrstl̩
Wurstel<u>ei</u> vʊrstəˈlai̯
wụrsteln ˈvʊrstl̩n
wụrsten, W... ˈvʊrstn̩
Wurster<u>ei</u> vʊrstəˈrai̯
wụrstig ˈvʊrstɪç, **-e** ...ɪgə

Wurstlerei vʊrstləˈrai̯
Wurt[e] ˈvʊrt[ə]
Würtenberger ˈvʏrtn̩bɛrgɐ
Württemberg ˈvʏrtəmbɛrk
Württemberger ˈvʏrtəmbɛrgɐ
württembergisch ˈvʏrtəmbɛrgɪʃ
Wurtz *fr.* vyrts
Wurtzit vʊrˈtsi:t
Wurz[ach] ˈvʊrts[ax]
Würzburg ˈvʏrtsbʊrk
Würzburger ˈvʏrtsbʊrgɐ
würzburgisch ˈvʏrtsbʊrgɪʃ
Würze ˈvʏrtsə
Wurzel ˈvʊrtsl̩
Wurzelbauer ˈvʊrtsl̩bau̯ɐ
Würzelchen ˈvʏrtsl̩çən
wurzelig ˈvʊrtsəlɪç, **-e** ...ɪgə
wurzeln ˈvʊrtsl̩n
wurzen, W... ˈvʊrtsn̩
würzen ˈvʏrtsn̩
Wurz[e]ner ˈvʊrts[ə]nɐ
würzig ˈvʏrtsɪç, **-e** ...ɪgə
wurzlig ˈvʊrtslɪç, **-e** ...ɪgə
Wu Sangui *chin.* u̯usangu̯ei̯ 214
wusch vu:ʃ
wüsche ˈvy:ʃə
Wusche ˈvu:ʃə
Wuschelhaar ˈvʊʃl̩ha:ɐ̯
wuschelig ˈvʊʃəlɪç, **-e** ...ɪgə
wuscheln ˈvʊʃl̩n
wuschig ˈvʊʃɪç, **-e** ...ɪgə
wuselig ˈvu:zəlɪç, **-e** ...ɪgə
wuseln ˈvu:zl̩n, **wusle** ˈvu:zlə
wusste ˈvʊstə
wüsste ˈvʏstə
wüst, W... vy:st
¹**Wust** (Schutt; Unrat; Familienname) vu:st
²**WUST, Wust** (Warenumsatzsteuer) vʊst
Wüste ˈvy:stə
wüsten ˈvy:stn̩
Wüstenei vy:stəˈnai̯
Wüstenfeld ˈvy:stn̩fɛlt
Wüstenhöfer ˈvy:stn̩hø:fɐ
Wüstenrot ˈvy:stn̩ro:t
Wusterhausen vʊstɐˈhau̯zn̩
Wüstling ˈvy:stlɪŋ
Wustrow ˈvʊstro
Wüstung ˈvy:stʊŋ
Wusulijiang *chin.* u̯usulidzi̯aŋ 1131
Wut[ach] ˈvu:t[ax]
Wutaishan *chin.* u̯utai̯ʃan 321
wüten ˈvy:tn̩
Wüterei vy:təˈrai̯
Wüterich ˈvy:tərɪç
Wuthenow ˈvu:təno
Wuthering Heights *engl.* ˈwʌðərɪŋ ˈhaɪts
wütig ˈvy:tɪç, **-e** ...ɪgə
Wutike ˈvu:tɪkə
wutsch! vʊtʃ
wutschen ˈvʊtʃn̩
Wutz vʊts
wutzen ˈvʊtsn̩
Wuwei *chin.* u̯u-u̯ei̯ 24
Wuxi *chin.* u̯uçi 22
Wuyishan *chin.* u̯u-i̯iʃan 321
wuzeln ˈvu:tsl̩n
Wuzerl ˈvu:tsɐl
Wuzhou *chin.* u̯udʒou̯ 21
Wwedenski *russ.* vvɪˈdjɛnskij
Wyandot ˈvai̯əndɔt
Wyandotte ˈvai̯əndɔt[ə], **-n** ...tn̩
Wyant *engl.* ˈwaɪənt
Wyat[t] *engl.* ˈwaɪət
Wyatville *engl.* ˈwaɪətvɪl
Wybicki *poln.* vɨˈbitski
Wyborg ˈvi:bɔrk, *russ.* ˈvɨbɐrk
Wyborny viˈbɔrni
Wycherley *engl.* ˈwɪtʃəlɪ
Wychuchol ˈvʏxʊxɔl
Wyckaert *niederl.* ˈwɛi̯ka:rt
Wyclif[fe] *engl.* ˈwɪklɪf
Wye *engl.* waɪ
Wyeth *engl.* ˈwaɪɪθ
Wyg *russ.* vɨk
Wygodzki *poln.* vɨˈgɔtski
Wyhl[en] ˈvi:l[n̩]
Wyk vi:k, *niederl.* wɛi̯k
Wyka *poln.* ˈvɨka
Wyld[e] *engl.* waɪld
Wyle ˈvi:lə
Wyler ˈvi:lɐ, *engl.* ˈwaɪlə
Wylfa *engl.* ˈwɪlvə
Wyl[l]ie *engl.* ˈwaɪlɪ
Wynants *niederl.* ˈwɛi̯nɑnts
Wyndham *engl.* ˈwɪndəm
Wyneken ˈvʏnəkn̩
Wynkyn *engl.* ˈwɪŋkɪn
Wynn[e] *engl.* wɪn
Wynnytschenko *ukr.* vɪnnɪˈtʃɛnkɔ
Wyntoun *engl.* wɪntn
Wyoming vai̯ˈo:mɪŋ, *engl.* waɪˈoʊmɪŋ
Wyrsch vɪrʃ
Wyschensky *ukr.* ˈvɪʃɛnsjkɪj
Wyschinski *russ.* vɨˈʃinskij
Wyschnegradski *russ.* vɨʃnɪˈgratskij
Wyschni Wolotschok *russ.* ˈvɨʃnij vɐlaˈtʃɔk
Wyspiański *poln.* vɨsˈpjai̯ski
Wyß vi:s
Wyssokaja, ...koje *russ.* vɨˈsɔkɐjɐ
Wyszyński *poln.* vɨˈʃii̯ski
Wytschegda *russ.* ˈvɨtʃɪgdɐ
Wyttenbach ˈvɪtn̩bax
Wyxa *russ.* ˈvɨksɐ
Wyżyna Małopolska *poln.* vɨˈʒɨna mau̯ɔˈpɔlska

x, X ɪks, *engl.* ɛks, *fr., it.* iks, *span.* ˈekis
χ, Χ çi:
ξ, Ξ ksi:
Xai-Xai *port.* ˈʃai̯ˈʃai̯
Xanten ˈksantn̩
Xanthalin ksantaˈli:n
Xanthat ksanˈta:t
Xanthe ˈksantə
Xanthelasma ksanteˈlasma, **-ta** ...ta
Xanthen ksanˈte:n
Xanthi *neugr.* ˈksanθi
Xanthin ksanˈti:n
Xanthinurie ksantinuˈri:
Xanthippe ksanˈtɪpə
xanthochrom ksantoˈkro:m
Xanthochromie ksantokroˈmi:, **-n** ...i:ən
xanthoderm ksantoˈdɛrm
Xanthodermie ksantodɛrˈmi:, **-n** ...i:ən
Xanthogen... ksantoˈge:n...
Xanthogenat ksantogeˈna:t
Xanthom ksanˈto:m
Xanthomatose ksantomaˈto:zə
Xanthophyll ksantoˈfʏl
Xanthophyllit ksantofʏˈli:t
Xanthopsie ksantɔˈpsi:, **-n** ...i:ən
Xanthorrhoea ksantɔˈrø:a
Xanthos ˈksantɔs
Xanthoxylum ksanˈtɔksylʊm
Xaver ˈksa:vɐ
Xaveria ksaˈve:ri̯a
Xaverius ksaˈve:ri̯ʊs

Xavier *span.* xaˈβi̯ɛr, *port.* ʃɐˈvi̯ɛr, *bras.* ʃaˈvi̯ɛr
X-Beine ˈɪksbai̯nə
x-beliebig ɪksbəˈliːbɪç, ˈ--ˈ--
Xenakis *neugr.* ksɛˈnakis, *fr.* gzenaˈkis
Xenia ˈkseːni̯a, *engl.* ˈziːnjə, ˈziːnɪ
Xenie ˈkseːni̯ə
Xenija *russ.* ˈksjenijɐ
Xenion ˈkseːni̯ɔn, **...ien** ...i̯ən
Xenios ˈkseːni̯ɔs
Xenizität ksenit͜siˈtɛːt
xenoblastisch ksenoˈblastɪʃ
Xenodochium ksenoˈdɔxi̯ʊm, **...ien** ...i̯ən
Xenogamie ksenogaˈmiː, **-n** ...iːən
Xenoglossie ksenoglɔˈsiː, **-n** ...iːən
Xenokrates kseˈnoːkratɛs
Xenokratie ksenokraˈtiː, **-n** ...iːən
Xenolith ksenoˈliːt
Xenologie ksenoloˈgiː
xenomorph ksenoˈmɔrf
Xenon ˈkseːnɔn
Xenophanes kseˈnoːfanɛs
xenophil ksenoˈfiːl
Xenophilie ksenofiˈliː
xenophob ksenoˈfoːp, **-e** ...oːbə
Xenophobie ksenofoˈbiː
Xenophon ˈkseːnofɔn
xenophontisch, X... ksenoˈfɔntɪʃ
Xenopulos *neugr.* ksɛˈnɔpulɔs
Xenotim ksenoˈtiːm
Xeranthemum kseˈrantemʊm, **...men** ...ˈteːmən
Xeres ˈçeːrɛs
Xérez *span.* ˈxereθ
Xeroderma kseroˈdɛrma, **-ta** ...ta
Xerodermie kserodɛrˈmiː, **-n** ...iːən
Xerographie kserograˈfiː, **-n** ...iːən
Xerokopie kserokoˈpiː, **-n** ...iːən
xerokopieren kserokoˈpiːrən
xeromorph kseroˈmɔrf
xerophil kseroˈfiːl
Xerophilie kserofiˈliː
Xerophthalmie kserɔftalˈmiː, **-n** ...iːən
Xerophthalmus kserɔfˈtalmʊs
Xerophyt kseroˈfyːt
Xerose kseˈroːzə
Xerostomie kserostoˈmiː, **-n** ...iːən
xerotherm kseroˈtɛrm
xerotisch kseˈroːtɪʃ
Xerox® ˈkseːrɔks, *engl.* ˈzɪərɔks
Xerxes ˈksɛrksɛs
x-fach ˈɪksfax
Xhosa ˈkoːza, *engl.* ˈkɔːsə
Xi ksiː
Xia Gui *chin.* çi̯agu̯ei̯ 41
Xiamen *chin.* çi̯amən 24
Xi'an *chin.* çian 11
Xianggang *chin.* çi̯aŋgaŋ 13
Xiangtan *chin.* çi̯aŋtan 12
Xianyang *chin.* çi̯ɛn-i̯aŋ 22
Xiaojiang *chin.* çi̯au̯dʑi̯aŋ 31
Xie Fuzhi *chin.* çi̯ɛfudʒɨ 444
Xijiang *chin.* çidʑi̯aŋ 12
Ximénez *span.* xiˈmeneθ
Xingu *bras.* ʃiŋˈgu
Xinhua *chin.* çɪnxu̯a 12
Xining *chin.* çinɪŋ 12
Xinjiang *chin.* çɪndʑi̯aŋ 11
Xinxiang *chin.* çɪnçi̯aŋ 11
Xinzhu *chin.* çɪndʒu 12
Xisuthros ksiˈzuːtrɔs
Xizang *chin.* çidzaŋ 14
x-mal ˈɪksmaːl
Xoanon ˈksoːanɔn, **Xoana** ...ana
Xochicalco *span.* xotʃiˈkalko
Xochimilco *span.* xotʃiˈmilko
Xosa ˈkoːza, *engl.* ˈkɔːsə
x-te ˈɪkstə
Xtowo *russ.* ˈkstɔvɐ
Xuanhua *chin.* çy̯ɛnxu̯a 14
Xuan Zang *chin.* çy̯ɛndzaŋ 24
Xu Beihong *chin.* çybei̯xʊŋ 212
Xu Zhimo *chin.* çydʒɨmɔ 242
Xuzhou *chin.* çydʒou̯ 21
Xylan ksyˈlaːn
Xylem ksyˈleːm
Xylenol ksyleˈnoːl
Xylidin ksyliˈdiːn
Xylit ksyˈliːt
Xylograph ksyloˈgraːf
Xylographie ksylograˈfiː, **-n** ...iːən
Xylol ksyˈloːl
Xylolith® ksyloˈliːt
Xylometer ksyloˈmeːtɐ
Xylophon ksyloˈfoːn
Xylorganum ksyˈlɔrganʊm
Xylose ksyˈloːzə
Xystos ˈksʏstɔs
Xystus ˈksʏstʊs, **...ti** ...ti

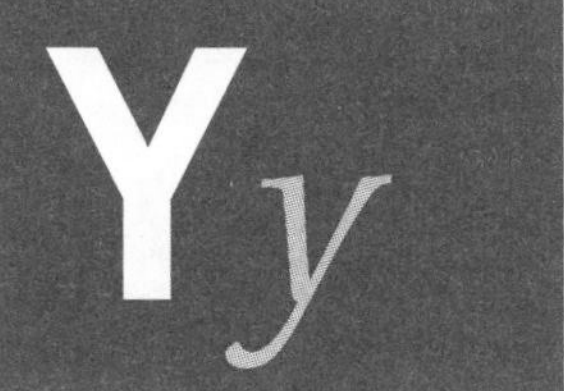

y *span.* i
y, Y ˈʏpsilɔn, *engl.* waɪ, *fr.* iˈgrɛk, *it.* igˈgrɛːko, ˈipsilon, *span.* iˈɣri̯eɣa
υ, Υ ˈʏpsilɔn
Ya *span.* ja
Yaan *chin.* i̯a-an 31
y-Achse ˈʏpsilɔn|aksə
Yacht jaxt
Yacine *fr.* jaˈsin
Yagiantenne ˈjaːgi|antɛnə
Yagul *span.* jaˈɣul
Yak jak
Yaki ˈjaːki
Yakima *engl.* ˈjækɪmɔː
Yakuza jaˈkuːt͜sa
Yale *engl.* jeɪl
Yalongjiang *chin.* i̯alʊŋdʑi̯aŋ 121
Yalow *engl.* ˈjæloʊ
Yalujiang *chin.* i̯aludʑi̯aŋ 141
Yamaha ˈjamaha, jaˈmaːha
Yamasaki *engl.* jɑːməˈsɑːkɪ
Yamashita jamaˈʃiːta
Yamen ˈjaːmɛn
Yamoussoukro *fr.* jamusuˈkro
Yamswurzel ˈjamsvʊrt͜sl̩
Yan'an *chin.* i̯ɛn-an 21
Yancey *engl.* ˈjænsɪ
Yáñez *span.* ˈjaɲeθ
Yang jaŋ, *engl.* jæŋ
Yang Hui *chin.* i̯aŋxu̯ei̯ 21
Yangquan *chin.* i̯aŋtçy̯ɛn 22
Yangshao *chin.* i̯aŋʃau̯ 32
Yangzhou *chin.* i̯aŋdʒou̯ 21
Yang Zhu *chin.* i̯aŋdʒu 21
Yanicki jaˈnɪt͜ski
Yanji *chin.* i̯ɛndʑi 22
Yank *engl.* jæŋk
Yankee ˈjɛŋki
Yankee Doodle ˈjɛŋkiduːdl̩
Yankeetum ˈjɛŋkituːm
Yankton *engl.* ˈjæŋktən
Yan Liben *chin.* i̯ɛnlibən 243
Yantai *chin.* i̯ɛntai̯ 12
Yan Yu *chin.* i̯ɛn-i̯y 23
Yaoundé *fr.* jaunˈde
Yap jap, *engl.* jɑːp, jæp

Yaqui *span.* 'jaki
Yard ja:ɐ̯t
Yare *engl.* jɛə
Yaren *engl.* 'jɑ:rən
Yarmouth *engl.* 'jɑ:məθ
Yarrell *engl.* 'jærəl
Yarrow *engl.* 'jæroʊ
Yaşar *türk.* jɑ'ʃɑr
Yastik 'jastɪk
Yavarí *span.* jaβa'ri
Yavuz *türk.* jɑ'vuz
Yawl jo:l
Yaxchilán *span.* jastʃi'lan
Yazoo *engl.* 'jæzu:
Ybbs ɪps
Yeadon *engl.* jeɪdn
Yeat[e]s *engl.* jeɪts
Yehudi je'hu:di
Ye Jianying *chin.* i̯ɛdzi̯ɛn-i̯ɪŋ 441
Yell[owknife] *engl.* 'jɛl[oʊnaɪf]
Yellowplush *engl.* 'jɛloʊplʌʃ
Yellowpress 'jɛlo'prɛs
Yellowstone *engl.* 'jɛloʊstoʊn
Yen jɛn
Yeoman, ...men 'jo:mɛn
Yeomanry 'jo:mɛnri
Yeovil *engl.* 'joʊvɪl
Yepes *span.* 'jepes
Yerba 'jɛrba
Yerba Buena *engl.* 'jə:bə 'bweɪnə
Yerby *engl.* 'jə:bɪ
Yerkes *engl.* 'jə:ki:z
Yerseke *niederl.* 'i:rsəkə
Yersin *fr.* jɛr'sɛ̃
Yeşilhisar *türk.* jɛ'ʃilhiˌsɑr
Yeşilırmak *türk.* jɛ'ʃilɪrˌmɑk
Yeşilköy *türk.* jɛ'ʃilˌkœi̯
Yeti 'je:ti
Yeu *fr.* jø
Yggdrasil 'ʏkdrazɪl
Yibin *chin.* i̯ibɪn 21
Yichang *chin.* i̯itʃaŋ 21
Yiewsley *engl.* 'ju:zlɪ
Yıldız *türk.* jɨl'dɨz
Yılmaz *türk.* jɨl'mɑz
Yin jɪn
Yinchuan *chin.* i̯ɪntʃu̯an 21
Yingkow *chin.* i̯ɪŋkou̯ 23
Yinshan *chin.* i̯ɪnʃan 11
Yippie 'jɪpi
Ylang-Ylang-... 'i:laŋ'li:laŋ...
Y. M. C. A., YMCA *engl.* waɪɛmsi:'eɪ
Ymir 'y:mɪr
Ynglingar *schwed.* ˌyŋliŋar
Yoga 'jo:ga
Yogi 'jo:gi
Yogin 'jo:gɪn
Yogyakarta *indon.* jɔgja'karta
Yohimbin johɪm'bi:n
Yohn *engl.* jɔn
Yola *engl.* 'joʊlɑ:
Yolanthe jo'lantə
Yoldia 'jɔldi̯a
Yomud 'jo:mʊt
Yoni 'jo:ni
Yonkers *engl.* 'jɔŋkəz
Yonne *fr.* jɔn
Yorba Linda *engl.* 'jɔ:bə 'lɪndə
Yorck jɔrk
Yorick *engl.* 'jɔrɪk, *it.* 'i̯ɔ:rik
York jɔrk, *engl.* jɔ:k
Yorkshire *engl.* 'jɔ:kʃə
Yorkton *engl.* 'jɔ:ktən
Yorktown *engl.* 'jɔ:ktaʊn
Yoruba 'jo:ruba, jo'ru:ba, *engl.* 'jɔrʊbə
Yosemite *engl.* joʊ'sɛmɪtɪ
Yŏsu *korean.* 'jɔ:su
Youghal *engl.* jɔ:l
Youghiogheny *engl.* jɔkə'geɪnɪ
Youlou *fr.* ju'lu
Youmans *engl.* 'ju:mənz
Young *engl.* jʌŋ
Younghusband *engl.* 'jʌŋhʌzbənd
Young Men's Christian Association *engl.* 'jʌŋ 'mɛnz 'krɪstʃən əsoʊsɪ'eɪʃən
Youngster *engl.* 'jʌŋstə
Youngstown *engl.* 'jʌŋztaʊn
Young Women's Christian Association *engl.* 'jʌŋ 'wɪmɪnz 'krɪstʃən əsoʊsɪ'eɪʃən
Yourcenar *fr.* jursə'na:r
Youssoufia *fr.* jusu'fja
Yo-Yo jo'jo:
Yozgat *türk.* 'jɔzgɑt
Ypacaraí *span.* ipakara'i
Ypenburg *niederl.* 'ipənbʏrx
Yperen *niederl.* 'ipərə
Ypern 'y:pɐn, 'i:p..., 'aip...
Ypres *fr.* ipr
Ypsilanti ɪpsi'lanti, *engl.* ɪpsɪ'læntɪ
Ypsilon 'ʏpsilɔn
Yrjö *finn.* 'yrjœ
Ysat y'za:t
Ysaye *fr.* iza'i
Yselin 'i:zəli:n
Ysenburg 'i:zn̩bʊrk
Yser *fr.* i'zɛ:r
Ysop 'i:zɔp
Ysopet *fr.* izɔ'pɛ
Yssel *niederl.* 'ɛi̯səl
Ystad *schwed.* 'y:sta:d
y-te 'ʏpsilɔntə
Ytong® 'y:tɔŋ
Ytterbium ʏ'tɛrbi̯ʊm
Yttererden 'ʏtɐle:ɐ̯dn̩
Yttrium 'ʏtriʊm
Yttrofluorit ʏtrofluo'ri:t
Yuan 'ju:an, *chin.* y̌ɛn 2
Yuanjiang *chin.* y̌ɛndzi̯aŋ 21
Yuan Mei *chin.* y̌ɛnmei̯ 22
Yuan Shikai *chin.* y̌ɛnʃɨkai̯ 243
Yuba City *engl.* 'ju:bə 'sɪtɪ
Yucaipa *engl.* ju:'kaɪpə
Yucatán *span.* juka'tan
Yucca (Pflanze) 'jʊka
Yukatan 'ju:katan
Yukawa *engl.* ju:'kɑ:wɑ:
Yukon *engl.* 'ju:kɔn
Yule *engl.* ju:l
Yuma *engl.* 'ju:mə
Yumen *chin.* i̯ymən 42
Yun *korean.* jun
Yunnan *chin.* i̯ynnan 22
Yuppie 'jʊpi, 'japi
Yurimaguas *span.* juri'maɣu̯as
Yuriria *span.* ju'riri̯a
Yuste *span.* 'juste
Yveline[s] *fr.* i'vlin
Yverdon *fr.* ivɛr'dõ
Yves *fr.* i:v
Yvetot *fr.* iv'to
Yvette *fr.* i'vɛt
Yvon *fr.* i'võ
Yvonne *fr.* i'vɔn
YWCA *engl.* waɪdʌblju:si:'eɪ

z, Z t͜sɛt, *engl.*, *fr.* zɛd, *it.* 'dzɛ:ta, *span.* 'θeða, 'θeta
ζ, Z 't͜se:ta
Zaan *niederl.* za:n
Zaandam *niederl.* za:n'dɑm
Zaanstad *niederl.* 'za:nstɑt
Zaanstreek *niederl.* 'za:nstre:k
Zabaglione t͜sabal'jo:nə
Zabaione t͜saba'jo:nə
Zabaleta *span.* θaβa'leta
Zabarella *it.* dzaba'rɛlla
Zabel 't͜sa:bl̩
Zabergäu 't͜sa:bɐgɔy̆

Zabern[er] ˈt͜saːbɐn[ɐ]
Ząbkowice *poln.* zɔmpkɔˈvitsɛ
Zabłocki *poln.* zaˈbu̯ɔtski
Záborský *slowak.* ˈzaːbɔrskiː
Zábřeh *tschech.* ˈzaːbrʒɛx
Zabrze *poln.* ˈzabʒɛ
Zacapa *span.* θaˈkapa
Zacatecas *span.* θakaˈtekas
Zacatecoluca *span.* θakatekoˈluka
Zaccagnini *it.* dzakkaɲˈɲiːni
Zaccaria *it.* dzakkaˈriːa
Zacconi *it.* dzakˈkoːni
zach, Zach t͜sax
Zachariae t͜saxaˈriːɛ
Zachariah *engl.* zækəˈraɪə
Zacharias t͜saxaˈriːas
Zachäus t͜saˈxɛːʊs
Zacher ˈt͜saxɐ
Zachow ˈt͜saxo
Zachun t͜saˈxuːn
zack!, Zack t͜sak
Zäckchen ˈt͜sɛkçən
Zacke ˈt͜sakə
zacken, Z... ˈt͜sakn̩
zackerieren t͜sakəˈriːrən
zackern ˈt͜sakɐn
zackig ˈt͜sakɪç, **-e** ...ɪɡə
Zadar *serbokr.* ˈzadar
Zadassa *russ.* tsɐdaˈsa
Zadder ˈt͜sadɐ
zadd[e]rig ˈt͜sad[ə]rɪç, **-e** ...ɪɡə
Zaddik ˈt͜sadɪk, t͜saˈdiːk, **-im** t͜sadiˈkiːm
Zadek ˈt͜saːdɛk, *auch:* ˈzadɛk
Zadkine *fr.* zadˈkin
Zadok t͜saˈdoːk, *engl.* ˈzeɪdɔk
zag t͜saːk, **-e** ˈt͜saːɡə
Zagajewski *poln.* zagaˈjɛfski
Żagań *poln.* ˈʒagai̯n
Zagel ˈt͜saːɡl̩
zagen ˈt͜saːɡn̩, **zag!** t͜saːk, **zagt** t͜saːkt
zaghaft ˈt͜saːkhaft
Zaghouan *fr.* zaˈgwã
Zagorien zaˈgoːri̯ən
Zagorje *serbokr.* ˌzagɔːrjɛ
Zagreb ˈzaːɡrɛp, *serbokr.* ˌzaːɡrɛb
Zagreus ˈt͜saːɡrɔys
Zagyva *ung.* ˈzɔdjvɔ
zäh t͜sɛː
Zaharoff *engl.* zəˈhɑːrɔːf
Zähheit ˈt͜sɛːhai̯t
Zähigkeit ˈt͜sɛːɪçkai̯t
Zahirit zahiˈriːt
Zahl t͜saːl
zahlen ˈt͜saːlən
zählen ˈt͜sɛːlən
zahm t͜saːm
zähmen ˈt͜sɛːmən
Zahn t͜saːn, **Zähne** ˈt͜sɛːnə
Zahna ˈt͜saːna
Zähnchen ˈt͜sɛːnçən
zähneln ˈt͜sɛːnl̩n
zahnen ˈt͜saːnən
zähnen ˈt͜sɛːnən
zahnig ˈt͜saːnɪç, **-e** ...ɪɡə
...zähnig ...t͜sɛːnɪç, **-e** ...ɪɡə
Zahnlücker ˈt͜saːnlʏkɐ
zahnlückig ˈt͜saːnlʏkɪç, **-e** ...ɪɡə
Zahradníček *tschech.* ˈzahradnjiːtʃɛk
Zähre ˈt͜sɛːrə
Zähringen ˈt͜sɛːrɪŋən
Zähringer ˈt͜sɛːrɪŋɐ
Zährte ˈt͜sɛːɐ̯tə
Zahrtmann *dän.* ˈsaɐ̯tmæn
Zaidit zaiˈdiːt
Zain[e] ˈt͜saɪn[ə]
zainen ˈt͜sai̯nən
Zainer ˈt͜sai̯nɐ
Zaire zaˈiːrə, zaˈiːɐ̯, *port.* ˈzai̯rə
Zaïre *fr.* zaˈiːr
Zairer zaˈiːrɐ
zairisch zaˈiːrɪʃ
Zaisser ˈt͜sai̯sɐ
Zaječar *serbokr.* ˈzajɛtʃaːr
Zakat zaˈkaːt
Zakopane *poln.* zakɔˈpanɛ
Zäkostomie t͜sɛkostoˈmiː, **-n** ...iːən
Zäkotomie t͜sɛkotoˈmiː, **-n** ...iːən
Zakrzów *poln.* ˈzakʃuf
Zäkum ˈt͜sɛːkʊm, **...ka** ...ka
Zakynthos t͜saˈkʏntɔs
Zala *ung.* ˈzɔlɔ
Zalaegerszeg *ung.* ˈzɔlɔɛgɛrsɛg
Zalamea salaˈmeːa, *span.* θalaˈmea
Zalău *rumän.* zaˈləu̯
Zaleski *poln.* zaˈlɛski
Zaleukos t͜saˈlɔykɔs, ˈt͜saːlɔykɔs
Zama ˈt͜saːma
Zamba ˈsamba, *auch:* ˈt͜samba
Zambales *span.* θamˈbales
Zambezi *engl.* zæmˈbiːzɪ
Zambia *engl.* ˈzæmbɪə
Zamblak *bulgar.* ˈtsamblɐk
Zambo ˈsambo, *auch:* ˈt͜sambo
Zamboanga *span.* θamboˈaŋga
Zambrów *poln.* ˈzambruf
Zambrowski *poln.* zamˈbrɔfski
Zamenhof *poln.* ˈzamɛnxɔf
Zamfir *rumän.* zamˈfir
Zamfirescu *rumän.* zamfiˈresku
Zamia ˈt͜saːmi̯a, **...ien** ...i̯ən
Zamie ˈt͜saːmi̯ə
Zámoly *ung.* ˈzaːmoj
Zamomętič *slowen.* zamɔˈmɛːtitʃ
Zamora *span.* θaˈmora
Zamość *poln.* ˈzamɔɕtɕ
Zamoyski *poln.* zaˈmɔjski
Zampa *it.* ˈtsampa
Zampano ˈt͜sampano
Zamperl ˈt͜sampɐl
Zampieri *it.* dzamˈpi̯ɛːri
Zanardelli *it.* dzanarˈdɛlli
Zanchi *it.* ˈdzaŋki
Zand t͜sant
[1]**Zander** (Fisch) ˈt͜sandɐ
[2]**Zander** (Name) *schwed.* ˈsandər
Zandonai *it.* dzandoˈnaːi̯
Zandvoort *niederl.* ˈzɑntfoːrt
Zane *engl.* zeɪn
Zanella (Stoff) t͜saˈnɛla
Zanesville *engl.* ˈzeɪnzvɪl
Zang[e] ˈt͜saŋ[ə]
Zangel ˈt͜saŋl̩
Zängelchen ˈt͜sɛŋl̩çən
Zangius ˈt͜saŋɡi̯ʊs
Zänglein ˈt͜sɛŋlai̯n
Zangwill *engl.* ˈzæŋgwɪl
Zank t͜saŋk
zanken ˈt͜saŋkn̩
Zänker ˈt͜sɛŋkɐ
Zankerei t͜saŋkəˈrai̯
Zänkerei t͜sɛŋkəˈrai̯
zänkisch ˈt͜sɛŋkɪʃ
Zankle ˈt͜saŋklə
Zankow *bulgar.* tsɐŋˈkɔf
Zanni *it.* ˈdzanni
Zänogenese t͜sɛnogeˈneːzə
Zänogenesis t͜sɛnoˈgeːnezɪs, *auch:* ...gen..., **...nesen** ...geˈneːzn̩
zänogenetisch t͜sɛnogeˈneːtɪʃ
Zänozoikum t͜sɛnoˈt͜soːikʊm
zänozoisch t͜sɛnoˈt͜soːɪʃ
Zante *it.* ˈdzante
Zantedeschi *it.* dzanteˈdeski
Zantedeschia t͜santeˈdɛski̯a, **...ien** ...i̯ən
ZANU *engl.* ˈzɑːnuː
Zanuck *engl.* ˈzænək
Zanussi *poln.* zaˈnuɕi
Zanza[los] ˈt͜sant͜sa[lɔs]
Zanzibar *engl.* zænzɪˈbɑː
Zapala *span.* θaˈpala
Zapata *span.* θaˈpata
Zapateado sapateˈaːdo, *auch:* t͜sa...
Zapatero *span.* θapaˈtero

Zapf t͡sapf
Zäpfchen ˈt͡sɛpfçən
zapfen, Z... ˈt͡sapfn̩
Zapolska *poln.* zaˈpɔlska
Zápolya *ung.* ˈzaːpojɔ
zaponieren t͡sapoˈniːrən
Zaponlack t͡saˈpoːnlak
Zapoteke t͡sapoˈteːkə, sa...
Zápotocký *tschech.* ˈzaːpɔtɔtskiː
Zappa *engl.* ˈzæpə
Zapp[e]ler ˈt͡sap[ə]lɐ
zapp[e]lig ˈt͡sap[ə]lɪç, **-e** ...ɪɡə
zappeln ˈt͡sapl̩n
zappen ˈt͡sapn̩, ˈzɛpn̩
zappenduster ˈt͡sapn̩ˈduːstɐ
Zapping ˈt͡sapɪŋ, ˈzɛpɪŋ
Zar t͡saːɐ̯
Zara *it.* ˈdzaːra
Zaragoza saraˈɡɔsa, za..., *span.* θaraˈɣoθa
Zarah ˈt͡saːra
Zarapkin *russ.* tsaˈrapkin
Zárate *span.* ˈθarate
Zarathustra t͡saraˈtʊstra
Zarcillo *span.* θarˈθiʎo
Zarewitsch t͡saˈreːvɪt͡ʃ
Zarewna t͡saˈrɛvna
Zarge ˈt͡sarɡə
Zaria *engl.* ˈzɑːrɪə
Zarin ˈt͡saːrɪn
Zarismus t͡saˈrɪsmʊs
zaristisch t͡saˈrɪstɪʃ
Zariza t͡saˈrɪt͡sa
Zarizyn *russ.* tsaˈritsɨn
Zarlino *it.* dzarˈliːno
Zărnești *rumän.* zərˈneʃtj
Žarnov *slowak.* ˈʒarnɔu̯
Zarskoje Selo *russ.* ˈtsarskɐjɐ sɪˈlɔ
zart t͡saːɐ̯t
[1]**Zärte** (Fisch) ˈt͡sɛrtə
[2]**Zärte** (Zartheit) ˈt͡sɛːɐ̯tə
Zärtelei t͡sɛːɐ̯təˈlai̯
zärteln ˈt͡sɛːɐ̯tl̩n
Zarten ˈt͡saːɐ̯tn̩
zärtlich ˈt͡sɛːɐ̯tlɪç
Zärtling ˈt͡sɛːɐ̯tlɪŋ
Zaruma *span.* θaˈruma
Żary *poln.* ˈʒarɨ
Žáry *slowak.* ˈʒaːri
Zarzis *fr.* zarˈzis
Zarzuela sarˈsu̯eːla
Zarzuelero sarsu̯eˈleːro
Zasel ˈt͡saːzl̩
Zaser ˈt͡saːzɐ
Zäserchen ˈt͡sɛːzɐçən
zaserig ˈt͡saːzərɪç, **-e** ...ɪɡə
zasern ˈt͡saːzɐn, **...sre** ...zrə

Zäsium ˈt͡sɛːzi̯ʊm
Zasius ˈt͡saːzi̯ʊs
Zaspel ˈt͡saspl̩
Zaster ˈt͡sastɐ
Zäsur t͡sɛˈzuːɐ̯
Žatec *tschech.* ˈʒatɛts
Zátopek *tschech.* ˈzaːtɔpɛk
zatschen ˈt͡saːt͡ʃn̩
zätschen ˈt͡sɛːt͡ʃn̩
Zatteltracht ˈt͡satl̩traxt
Zaturenska *engl.* zætəˈrɛnskə
Zatzikhoven ˈt͡sat͡sɪkhoːfn̩
Zauber ˈt͡sau̯bɐ
Zauberei t͡sau̯bəˈrai̯
Zaub[e]rer ˈt͡sau̯b[ə]rɐ
zauberisch ˈt͡sau̯bərɪʃ
zaubern ˈt͡sau̯bɐn, **zaubre** ...brə
Zauch[e] ˈt͡sau̯x[ə]
Zauderei t͡sau̯dəˈrai̯
Zaud[e]rer ˈt͡sau̯d[ə]rɐ
zaudern ˈt͡sau̯dɐn, **zaudre** ...drə
Zaum t͡sau̯m, **Zäume** ˈt͡sɔy̯mə
Zäumchen ˈt͡sɔy̯mçən
zäumen ˈt͡sɔy̯mən
Zaun t͡sau̯n, **Zäune** ˈt͡sɔy̯nə
Zäunchen ˈt͡sɔy̯nçən
zaundürr ˈt͡sau̯nˈdʏr
zäunen ˈt͡sɔy̯nən
Zauner ˈt͡sau̯nɐ
Zaupe ˈt͡sau̯pə
zausen ˈt͡sau̯zn̩, **zaus!** t͡sau̯s, **zaust** t͡sau̯st
zausig ˈt͡sau̯zɪç, **-e** ...ɪɡə
Závada *tschech.* ˈzaːvada
Zavattini *it.* dzavatˈtiːni
Závist *tschech.* ˈzaːvist
Zawadzki *poln.* zaˈvatski
Zawiercie *poln.* zaˈvjɛrtɕɛ
Zawieyski *poln.* zaˈvjɛjski
Zawija ˈzaːvija
Zay *fr.* zɛ
Zaziki t͡saˈt͡siːki
Zäzilia t͡sɛˈt͡siːli̯a
Zäzilie t͡sɛˈt͡siːli̯ə
Zazou zaˈzuː
Zbąszyń *poln.* ˈzbɔ̃ʃi̯n
Zbigniew *poln.* ˈzbiɡnjɛf
Zborowski t͡sboˈrɔfski
Zchaltubo *russ.* tsxalˈtubɐ
Zchinwali *russ.* tsxinˈvali
Žďár *tschech.* ʒdjaːr
Zdarsky ˈt͡sdarski
Zdeněk *tschech.* ˈzdɛnjɛk
Zdenka ˈsdɛŋka
Zdeňka *tschech.* ˈzdɛnjka
Zdenko ˈsdɛŋko
Zduńska Wola *poln.* ˈzdui̯ska ˈvɔla
Zduny *poln.* ˈzdunɨ

Zea (Mais) ˈt͡seːa
Zeani *it.* dzeˈaːni
Zeaxanthin t͡seaksanˈtiːn
Zebaot[h] ˈt͡seːbaɔt
Zebedäus t͡sebeˈdɛːʊs
Zebra ˈt͡seːbra
Zebrano t͡seˈbraːno
Zebrina t͡seˈbriːna
Zebroid t͡sebroˈiːt, **-e** ...iːdə
Zebu ˈt͡seːbu
Zecchi *it.* ˈtsekki, ˈdz...
Zech[e] ˈt͡sɛç[ə]
zechen ˈt͡sɛçn̩
Zecher ˈt͡sɛçɐ
Zecherei t͡sɛçəˈrai̯
Zechin[e] t͡sɛˈçiːn[ə]
Zechlin t͡sɛçˈliːn
Zechow ˈt͡sɛço
Zechprellerei t͡sɛçprɛləˈrai̯
Zechstein ˈt͡sɛçʃtai̯n
Zeck[e] ˈt͡sɛk[ə]
zecken ˈt͡sɛkn̩
Zédé *fr.* zeˈde
Zedekia t͡sedeˈkiːa
Zedenbal t͡sedɛnˈbal
Zedent t͡seˈdɛnt
Zeder ˈt͡seːdɐ
zedern ˈt͡seːdɐn
zedieren t͡seˈdiːrən
Zedillo *span.* θeˈðiʎo
Zedler ˈt͡seːdlɐ
Zedlitz ˈt͡seːdlɪt͡s
Zedrach... ˈt͡seːdrax...
Zedrat t͡seˈdraːt
Zedrelaholz t͡seˈdreːlahɔlt͡s
Zedrele t͡seˈdreːlə
Zeebrugge *niederl.* ˈzeːbrʏɣə
Zeeland *niederl.* ˈzeːlɑnt
Zeeman *niederl.* ˈzeːmɑn
Zeese ˈt͡seːzə
Zeesen ˈt͡seːzn̩
Zeeuwsch-Vlaanderen *niederl.* zeːwsˈflaːndərə
Zefanja t͡seˈfanja
Zefat *hebr.* tsəˈfat
Zeffirelli *it.* dzeffiˈrɛlli
Zegadłowicz *poln.* zɛɡaˈdu̯ɔvitʃ
Zeh[den] ˈt͡seː[dn̩]
Zehdenick ˈt͡seːdənɪk
Zehe ˈt͡seːə
...zehig ...t͡seːɪç, **-e** ...ɪɡə
zehn, Z... t͡seːn
Zehncentstück t͡seːnˈsɛntʃtʏk, *auch:* ...ˈt͡s...
zehneinhalb ˈt͡seːn|ai̯nˈhalp
Zehner ˈt͡seːnɐ
zehnerlei ˈt͡seːnɐˈlai̯
zehnfach ˈt͡seːnfax
zehnfältig ˈt͡seːnfɛltɪç, **-e** ...ɪɡə

Zehnfingersystem tse:nˈfɪŋɐzʏste:m
Zehnjahrfeier tse:nˈja:ɐ̯fai̯ɐ
Zehnkampf ˈtse:nkampf
zehnmal ˈtse:nma:l
zehnmalig ˈtse:nma:lɪç, **-e** ...ɪgə
Zehnpfennigstück tse:nˈpfɛnɪçʃtʏk
zehnt, Z... tse:nt
zehntausend ˈtse:nˈtauznt
zehnte, Z... ˈtse:ntə
zehntel, Z... ˈtse:ntl̩
zehnten[s] ˈtse:ntn̩[s]
zehnundeinhalb ˈtse:n|ʊnt|ai̯nˈhalp
zehren, Z... ˈtse:rən
Zehrer ˈtse:rɐ
Zehrfuss *fr.* zɛrˈfys
Zeichen ˈtsai̯çn̩
zeichnen ˈtsai̯çnən
zeideln ˈtsai̯dl̩n, **...dle** ...dlə
Zeidler ˈtsai̯dlɐ
Zeidlerei tsai̯dləˈrai̯
zeigen ˈtsai̯gn̩, **zeig!** tsai̯k, **zeigt** tsai̯kt
Zeiger ˈtsai̯gɐ
zeihen ˈtsai̯ən
Zeil[e] ˈtsai̯l[ə]
...zeilig ...ˌtsai̯lɪç, **-e** ...ɪgə
Zeiller ˈtsai̯lɐ
Zein tseˈi:n
Zeine ˈtsai̯nə
Zeischen ˈtsai̯sçən
Zeiselbär ˈtsai̯zl̩bɛ:ɐ̯
zeiseln ˈtsai̯zl̩n, **...sle** ...zlə
zeisen ˈtsai̯zn̩, **zeis!** tsai̯s, **zeist** tsai̯st
Zeisig ˈtsai̯zɪç, **-e** ...ɪgə
Zeising ˈtsai̯zɪŋ
Zeiß, Zeiss® tsai̯s
Zeist *niederl.* zɛi̯st
zeit, Z... tsai̯t
Zeitblom ˈtsai̯tblo:m
Zeitgenosse ˈtsai̯tgənɔsə
zeitgenössisch ˈtsai̯tgənœsɪʃ
zeither tsai̯tˈhe:ɐ̯
zeitherig tsai̯tˈhe:rɪç, **-e** ...ɪgə
zeitig ˈtsai̯tɪç, **-e** ...ɪgə
zeitigen ˈtsai̯tɪgn̩, **zeitig!** ...ɪç, **zeitigt** ...ɪçt
zeitlebens tsai̯tˈle:bn̩s
Zeitlin ˈtsai̯tli:n
Zeitlose ˈtsai̯tlo:zə
Zeitschrift ˈtsai̯tʃrɪft
Zeitung ˈtsai̯tʊŋ
zeitweilig ˈtsai̯tvai̯lɪç, **-e** ...ɪgə
Zeitz tsai̯ts
Zejler *obersorb.* ˈzɛjlɛr
Zelebrant tseleˈbrant
Zelebration tselebraˈtsi̯o:n
Zelebret ˈtse:lebrɛt
zelebrieren tseleˈbri:rən
Zelebrität tselebriˈtɛ:t
Zelenka tseˈlɛŋka, *tschech.* ˈzɛlɛŋka
Żeleński *poln.* ʒɛˈlɛĩ̯ski
Zelerität tseleriˈtɛ:t
Zeletin *rumän.* zeleˈtin
Zelge ˈtsɛlgə
Zelinograd *russ.* tsəlinaˈgrat
Zell[a] ˈtsɛl[a]
Zella-Mehlis ˈtsɛlaˈme:lɪs
Zelle ˈtsɛlə
Zeller ˈtsɛlɐ
zellig ˈtsɛlɪç, **-e** ...ɪgə
Zellit tsɛˈli:t
Zellobiose tseloˈbi̯o:zə
Zelloidin... tsɛloiˈdi:n...
Zellon tsɛˈlo:n
Zellophan tsɛloˈfa:n
Zellstoff ˈtsɛlʃtɔf
zellular tsɛluˈla:ɐ̯
zellulär tsɛluˈlɛ:ɐ̯
Zellulase tsɛluˈla:zə
Zellulitis tsɛluˈli:tɪs, **...litiden** ...liˈti:dn̩
Zelluloid tsɛluˈlɔyt, *auch:* ...loˈi:t, **-es** ...ˈlɔydəs, *auch:* ...loˈi:dəs
Zellulose tsɛluˈlo:zə
zelosamente tselozaˈmɛntə
zeloso tseˈlo:zo
Zelot tseˈlo:t
Zelotismus tseloˈtɪsmʊs
Zelt[e] ˈtsɛlt[ə]
zelten, Z... ˈtsɛltn̩
Zelter ˈtsɛltɐ
Zeltli ˈtsɛltli
Zeltweg ˈtsɛltve:k
Zelzate *niederl.* ˈzɛlza:tə
Žemaitė *lit.* ʒæˌmai̯te:
Zeman *tschech.* ˈzɛman
Zement tseˈmɛnt
Zementation tsementaˈtsi̯o:n
zementen tseˈmɛntn̩
zementieren tsemɛnˈti:rən
Zementit tsemɛnˈti:t
Zemlinsky tsɛmˈlɪnski
Zemplén *ung.* ˈzɛmple:n
Zempliner ˈtsɛmpli:nɐ
Zempoala *span.* θempoˈala
Zemun *serbokr.* ˈzɛmu:n
Zen zɛn, *auch:* tsɛn
Zenana zeˈna:na
Zendawesta tsɛndaˈvɛsta
Zender ˈtsɛndɐ
Zener... ˈtse:nɐ...
Zenger ˈtsɛŋɐ, *engl.* ˈzɛŋə
Zenica *serbokr.* ˈzɛnitsa
Zenit tseˈni:t
zenital tseniˈta:l
Zenker ˈtsɛŋkɐ
Zenne *niederl.* ˈzɛnə
Zeno ˈtse:no, *it.* ˈdzɛ:no
Zenobia tseˈno:bi̯a
Zenodot tsenoˈdo:t
Zenodotos tseˈno:dotɔs
Zenogenese tsenogeˈne:zə
zenogenetisch tsenogeˈne:tɪʃ
Zenon ˈtse:nɔn
Zenotaph tsenoˈta:f
Zenotaphion tsenoˈta:fi̯ɔn, **...ien** ...i̯ən
Zenotaphium tsenoˈta:fi̯ʊm, **...ien** ...i̯ən
zensieren tsɛnˈzi:rən
Zensor ˈtsɛnzo:ɐ̯, **-en** ...ˈzo:rən
zensorisch tsɛnˈzo:rɪʃ
Zensur tsɛnˈzu:ɐ̯
zensurieren tsɛnzuˈri:rən
Zensus ˈtsɛnzʊs, **die -** ...zu:s
Zent tsɛnt
Zenta *ung.* ˈzɛntɔ
Zentaur tsɛnˈtau̯ɐ
Zentenar tsɛnteˈna:ɐ̯
Zentenarium tsɛnteˈna:ri̯ʊm, **...ien** ...i̯ən
Zenter... ˈtsɛntɐ...
zentern ˈtsɛntɐn
zentesimal tsɛnteziˈma:l
Zentifolie tsɛntiˈfo:li̯ə
Zentigrad tsɛntiˈgra:t, *auch:* ˈ–––
Zentigramm tsɛntiˈgram, *auch:* ˈ–––
Zentiliter tsɛntiˈli:tɐ, *auch:* ˈ––––, *auch:* ...lɪtɐ
Zentimeter tsɛntiˈme:tɐ, *auch:* ˈ––––
Zenting ˈtsɛntɪŋ
Zentner ˈtsɛntnɐ
Zento ˈtsɛnto, **-nen** ...ˈto:nən
zentral tsɛnˈtra:l
Zentralasien tsɛnˈtra:l|a:zi̯ən
Zentrale tsɛnˈtra:lə
Zentralide tsɛntraˈli:də
Zentralisation tsɛntralizaˈtsi̯o:n
zentralisieren tsɛntraliˈzi:rən
Zentralismus tsɛntraˈlɪsmʊs
zentralistisch tsɛntraˈlɪstɪʃ
Zentralität tsɛntraliˈtɛ:t
zentrieren tsɛnˈtri:rən
zentrifugal tsɛntrifuˈga:l
Zentrifuge tsɛntriˈfu:gə
zentrifugieren tsɛntrifuˈgi:rən

Zentriol t͜sɛntriˈo:l
zentripetal t͜sɛntripeˈta:l
zentrisch ˈt͜sɛntrɪʃ
Zentrismus t͜sɛnˈtrɪsmʊs
Zentrist t͜sɛnˈtrɪst
Zentriwinkel ˈt͜sɛntrivɪŋkl̩
zentrolezithal t͜sɛntrolet͜siˈta:l
Zentromer t͜sɛntroˈme:ɐ̯
Zentrosom t͜sɛntroˈzo:m
zentrovertiert t͜sɛntrovɛrˈti:ɐ̯t
Zentrum ˈt͜sɛntrʊm
Zenturie t͜sɛnˈtu:ri̯ə
Zenturio t͜sɛnˈtu:ri̯o, **-nen** ...tuˈri̯o:nən
Zenturione t͜sɛntuˈri̯o:nə
Zenturium t͜sɛnˈtu:ri̯ʊm
Zenz[i] ˈt͜sɛnt͜s[i]
Zeolith t͜seoˈli:t
Zephalhämatom t͜sefalhɛmaˈto:m
Zephalopode t͜sefaloˈpo:də
Zephanja t͜seˈfanja
Zephat t͜seˈfa:t
Zephir ˈt͜se:fi:ɐ̯
zephirisch t͜seˈfi:rɪʃ
Zephyr ˈt͜se:fy:ɐ̯
Zephyrin[us] t͜sefyˈri:n[ʊs]
zephyrisch t͜seˈfy:rɪʃ
Zephyros ˈt͜se:fyrɔs
Zeppelin ˈt͜sɛpəli:n
Zepter ˈt͜sɛptɐ
Zer t͜se:ɐ̯
Zeraphanie t͜serafaˈni:, **-n** ...i:ən
Zerat t͜seˈra:t
Zerbe ˈt͜sɛrbə
zerbeißen t͜sɛɐ̯ˈbai̯sn̩
Zerberus ˈt͜sɛrberʊs
Zerbinetta t͜sɛrbiˈnɛta
Zerbst[er] ˈt͜sɛrpst[ɐ]
zerdeppern t͜sɛɐ̯ˈdɛpɐn
Zerealie t͜sereˈa:li̯ə, **-n** ...i̯ən
zerebellar t͜serebɛˈla:ɐ̯
Zerebellum t͜sereˈbɛlʊm, **...lla** ...bɛla
Zerebra vgl. Zerebrum
zerebral, Z... t͜sereˈbra:l
Zerebralisation t͜serebralizaˈt͜si̯o:n
zerebralisieren t͜serebraliˈzi:rən
Zerebrosid t͜serebroˈzi:t, **-e** ...i:də
zerebrospinal t͜serebrospiˈna:l
Zerebrum ˈt͜se:rebrʊm, **...ra** ...ra
Zeremoniale t͜seremoˈni̯a:lə, **...lien** ...li̯ən
Zeremoniar t͜seremoˈni̯a:ɐ̯
Zeremonie t͜seremoˈni:, *auch:* ...ˈmo:ni̯ə, **-n** ...moˈni:ən, *auch:* ...ˈmo:ni̯ən
zeremoniell, Z... t͜seremoˈni̯ɛl
Zeremonienmeister t͜sereˈmo:ni̯ənmai̯stɐ
zeremoniös t͜seremoˈni̯ø:s, **-e** ...ø:zə
Zeresin t͜sereˈzi:n
Zereteli *georg.* ˈtseretheli
Zerevis t͜sereˈvi:s
zerfledern t͜sɛɐ̯ˈfle:dɐn, **...dre** ...drə
zerfleischen t͜sɛɐ̯ˈflai̯ʃn̩
zergen ˈt͜sɛrgn̩, **zerg!** t͜sɛrk, **zergt** t͜sɛrkt
Zëri i Popullit *alban.* ˈzəri i ˈpopuɫit
Zerin t͜seˈri:n
Zerit t͜seˈri:t
Zerium ˈt͜se:ri̯ʊm
Zerkarie t͜sɛrˈka:ri̯ə
Zerkaulen t͜sɛɐ̯ˈkau̯lən
Zerklaere t͜sɛɐ̯ˈklɛ:rə
zerkleinern t͜sɛɐ̯ˈklai̯nɐn
zerklüftet t͜sɛɐ̯ˈklʏftət
Zerknall t͜sɛɐ̯ˈknal
zerknirscht t͜sɛɐ̯ˈknɪrʃt
Zerkowski *bulgar.* tsɛrˈkɔfski
Zerlina t͜sɛrˈli:na
Zerline t͜sɛrˈli:nə
Zermatt t͜sɛɐ̯ˈmat
Zermatten *fr.* zɛrmaˈtɛn
Zermelo t͜sɛrˈme:lo
zermürben t͜sɛɐ̯ˈmʏrbn̩, **zermürb!** ...rp, **zermürbt** ...rpt
Zernatto t͜sɛrˈnato
zernepft t͜sɛɐ̯ˈnɛpft
zernieren t͜sɛrˈni:rən
Zernike *niederl.* ˈzɛrnɪkə
Zero ˈze:ro
Zerograph t͜seroˈgra:f
Zerographie t͜serograˈfi:, **-n** ...i:ən
Żeromski *poln.* ʒɛˈrɔmski
Zerophanie t͜serofaˈni:, **-n** ...i:ən
Zeroplastik t͜seroˈplastɪk
Zerotin... t͜seroˈti:n...
Žerotín[a] *tschech.* ˈʒɛrɔtji:n[a]
zerren ˈt͜sɛrən
Zerrenthin t͜sɛrənˈti:n
zerrütten t͜sɛɐ̯ˈrʏtn̩
zerschrunden t͜sɛɐ̯ˈʃrʊndn̩
zerschründet t͜sɛɐ̯ˈʃrʏndət
zerspellen t͜sɛɐ̯ˈʃpɛlən
zertalt t͜sɛɐ̯ˈta:lt
Zertamen t͜sɛrˈta:mən, **...mina** ...ˈta:mina
zerteppern t͜sɛɐ̯ˈtɛpɐn
zertieren t͜sɛrˈti:rən
Zertifikat t͜sɛrtifiˈka:t
Zertifikation t͜sɛrtifikaˈt͜si̯o:n
zertifizieren t͜sɛrtifiˈt͜si:rən
zertrümmern t͜sɛɐ̯ˈtrʏmɐn
Zerumen t͜seˈru:mən
Zerussit t͜serʊˈsi:t
Zervelatwurst t͜sɛrvəˈla:tvʊrst, *auch:* zɛ...
zervikal t͜sɛrviˈka:l
Zervix ˈt͜sɛrvɪks, **...ices** t͜sɛrˈvi:t͜se:s
Zerwanismus t͜sɛrvaˈnɪsmʊs
Zerwürfnis t͜sɛɐ̯ˈvʏrfnɪs, **-se** ...ɪsə
Zerzer ˈt͜sɛrt͜sɐ
Zesarewitsch t͜sezaˈre:vɪt͜ʃ
Zesen ˈt͜se:zn̩
Zeska ˈt͜sɛska
Zessalien t͜sɛˈsa:li̯ən
Zessarewitsch t͜sɛsaˈre:vɪt͜ʃ
zessibel t͜sɛˈsi:bl̩, **...ble** ...blə
Zessibilität t͜sɛsibiliˈtɛ:t
zessieren t͜sɛˈsi:rən
Zession t͜sɛˈsi̯o:n
Zessionar t͜sɛsi̯oˈna:ɐ̯
Zestode t͜sɛsˈto:də
[1]**Zeta** (Buchstabe) ˈt͜se:ta
[2]**Zeta** (Name) *serbokr.* ˈzɛta
Zetazeen t͜setaˈt͜se:ən
Zetazismus t͜setaˈt͜sɪsmʊs
Zetel ˈt͜se:tl̩
Zeter ˈt͜se:tɐ
zetermordio!, Zetermordio t͜se:tɐˈmɔrdi̯o
zetern ˈt͜se:tɐn
Zetetiker t͜seˈte:tikɐ
Zetin t͜seˈti:n
Zetkin ˈt͜sɛtki:n
Zetland *engl.* ˈzɛtlənd
Zett[el] ˈt͜sɛt[l̩]
Zettelei t͜sɛtəˈlai̯
zetteln ˈt͜sɛtl̩n
Zetterholm *schwed.* ˌsɛtərhɔlm
Zetterling *schwed.* ˌsɛtərliŋ
Zetterström *schwed.* ˌsɛtərstrœm
Zettler ˈt͜sɛtlɐ
zeuch! t͜sɔy̯ç
zeuch[s]t t͜sɔy̯ç[s]t
Zeug t͜sɔy̯k, **-e** ˈt͜sɔy̯gə
zeugen ˈt͜sɔy̯gn̩, **zeug!** t͜sɔy̯k, **zeugt** t͜sɔy̯kt
Zeugit t͜sɔy̯ˈgi:t
Zeugma ˈt͜sɔy̯gma, **-ta** ...ta
Zeugnis ˈt͜sɔy̯knɪs, **-se** ...ɪsə
Zeugs t͜sɔy̯ks
Zeulenroda t͜sɔy̯lənˈro:da

Zeuner ˈt͜sɔynɐ
Zeus, Zeuss t͜sɔys
Zeute ˈt͜sɔytə
Zeuthen *dän.* ˈsɔi̯ˈdn̩
Zeuxis ˈt͜sɔyksɪs
Zeven ˈt͜se:vn̩
Zevenaar *niederl.* ˈze:vəna:r
Zeyer ˈt͜sai̯ɐ, *tschech.* ˈzɛjɛr
Zêzere *port.* ˈzezərə
Zezidie t͜seˈt͜si:di̯ə
Zezidiologie t͜set͜sidi̯oloˈgi:
Zgierz *poln.* zgjɛʃ
Zgorzelec *poln.* zgɔˈʒɛlɛts
Zhang Daoling *chin.* dʒaŋdau̯lɪŋ 142
Zhanghua *chin.* dʒaŋxu̯a 14
Zhangjiakou *chin.* dʒaŋdʑi̯akou̯ 113
Zhang Qian *chin.* dʒaŋtɕi̯ɛn 41
Zhang Xuan *chin.* dʒaŋɕy̯ɛn 11
Zhangye *chin.* dʒaŋi̯ɛ 11
Zhang Zai *chin.* dʒaŋdzai̯ 14
Zhang Zhongjing *chin.* dʒaŋdʒʊŋdʑɪŋ 143
Zhangzhou *chin.* dʒaŋdʒou̯ 11
Zhanjiang *chin.* dʒandʑi̯aŋ 41
Zhao Mengfu *chin.* dʒau̯məŋfu 443
Zhaotong *chin.* dʒau̯tʊŋ 11
Zhao Wuji *chin.* dʒau̯-u̯udʑi 422
Zhejiang *chin.* dʒʌdʑi̯aŋ 41
Zhengzhou *chin.* dʒəŋdʒou̯ 41
Zhenjiang *chin.* dʒəndʑi̯aŋ 41
Zhongguo *chin.* dʒʊŋgu̯ɔ 12
Zhonghua Renmin Gongheguo *chin.* dʒʊŋxu̯arənmɪngʊŋxʌgu̯ɔ 1222422
Zhongshan *chin.* dʒʊŋʃan 11
Zhou Chen *chin.* dʒou̯tʃən 12
Zhoucun *chin.* dʒou̯tsu̯ən 11
Zhou Dunyi *chin.* dʒou̯du̯ən-i̯i 112
Zhou Enlai *chin.* dʒou̯-ənlai̯ 112
Zhoukoudian *chin.* dʒou̯kou̯di̯ɛn 134
Zhou Yang *chin.* dʒou̯-i̯aŋ 12
Zhuang Zi *chin.* dʒu̯aŋdzɨ 13
Zhu De *chin.* dʒudʌ 12
Zhuhou *chin.* dʒuxou̯ 11
Zhu Xi *chin.* dʒuɕi 11
Ziani *it.* dziˈa:ni
Žiar nad Hronom *slowak.* ˈʒi̯ar ˈnadhrɔnɔm
Zia-ul-Haq *engl.* ˈzi:ɑ:ʊlˈhɑ:k
Zibbe ˈt͜sɪbə
Zibebe t͜siˈbe:bə
Zibeline t͜sibəˈli:nə
Zibet ˈt͜si:bɛt
Zibeton t͜sibeˈto:n
Zibo *chin.* dzɨbɔ 12
Ziborium t͜siˈbo:ri̯ʊm, **...ien** ...i̯ən
Zichorie t͜sɪˈço:ri̯ə
Zichow ˈt͜sɪço
Zichy *ung.* ˈzitʃi
Zick[e] ˈt͜sɪk[ə]
Zickel[chen] ˈt͜sɪkl̩[çən]
zickeln ˈt͜sɪkl̩n
zickig ˈt͜sɪkɪç, **-e** ...ɪgə
zickzack, Z... ˈt͜sɪkt͜sak
zickzacken ˈt͜sɪkt͜sakn̩
Zics *ung.* zitʃ
Zider ˈt͜si:dɐ
Zidkija t͜sɪtˈki:ja
Ziebland ˈt͜si:plant
Zieche ˈt͜si:çə
Ziechling ˈt͜si:çlɪŋ
Ziedonis *lett.* ˈzɪɛ̯du̯ɔnɪs
Ziefer ˈt͜si:fɐ
ziefern ˈt͜si:fɐn
Ziege ˈt͜si:gə
Ziegel ˈt͜si:gl̩
Ziegelbrennerei t͜si:gl̩brɛnəˈrai̯
Ziegelei t͜si:gəˈlai̯
ziegeln ˈt͜si:gl̩n, **ziegle** ˈt͜si:glə
ziegelrot ˈt͜si:gl̩ro:t
Ziegenbalg ˈt͜si:gn̩balk
Ziegenhain ˈt͜si:gn̩hai̯n
Ziegenhals ˈt͜si:gn̩hals
Ziegenpeter ˈt͜si:gn̩pe:tɐ
Ziegenrück ˈt͜si:gn̩rʏk
Zieger ˈt͜si:gɐ
Ziegler ˈt͜si:glɐ
Ziehe ˈt͜si:ə
ziehen, Z... ˈt͜si:ən
Ziehrer ˈt͜si:rɐ
Ziel t͜si:l
zielen ˈt͜si:lən
Zielens *niederl.* ˈziləns
Zielona Góra *poln.* ʑɛˈlɔna ˈgura
zielstrebig ˈt͜si:lʃtre:bɪç, **-e** ...ɪgə
Ziem t͜si:m
ziemen ˈt͜si:mən
Ziemer ˈt͜si:mɐ
ziemlich ˈt͜si:mlɪç
Ziepchen ˈt͜si:pçən
Ziepelchen ˈt͜si:pl̩çən
ziepen ˈt͜si:pn̩
Zier[de] ˈt͜si:ɐ̯[də]
zieren ˈt͜si:rən
Zierenberg ˈt͜si:rənbɛrk
Ziererei t͜si:rəˈrai̯
Zieritz ˈt͜si:rɪt͜s
zierlich ˈt͜si:ɐ̯lɪç
Zierotin ˈʒɛrɔti:n
Zierrat ˈt͜si:ra:t, *auch:* ˈt͜si:ɐ̯ra:t
Ziesel ˈt͜si:zl̩
Ziesenis ˈt͜si:zənɪs
Ziest t͜si:st
Ziet[h]en ˈt͜si:tn̩
Ziffer ˈt͜sɪfɐ
...ziff[e]rig ...t͜sɪf[ə]rɪç, **-e** ...ɪgə
zig t͜sɪç
Zigarette t͜sigaˈrɛtə
Zigarillo t͜sigaˈrɪlo, *auch:* ...ljo
Zigärrchen t͜siˈgɛrçən
Zigarre t͜siˈgarə
Ziger ˈt͜si:gɐ
Zigeuner t͜siˈgɔynɐ
zigeunern t͜siˈgɔynɐn
zigfach ˈt͜sɪçfax
Zigler ˈt͜si:glɐ
zigmal ˈt͜sɪçma:l
Zigong *chin.* dzɨgʊŋ 44
zigste ˈt͜sɪçstə
Ziguinchor *fr.* zigɛ̃ˈʃɔ:r
Zikade t͜siˈka:də
Zikkurat ˈt͜sɪkura:t, --ˈ-
Zilahy *ung.* ˈzilɔhi
Zilcher ˈt͜sɪlçɐ
ziliar t͜siˈli̯a:ɐ̯
Ziliate t͜siˈli̯a:tə
Zilie ˈt͜si:li̯ə
Zilies ˈt͜si:li̯əs
Žilina *slowak.* ˈʒilina
Zilizien t͜siˈli:t͜si̯ən
zilizisch t͜siˈli:t͜sɪʃ
Zille ˈt͜sɪlə
Ziller ˈt͜sɪlɐ
Zillertal[er] ˈt͜sɪlɐta:l[ɐ]
Zilli ˈt͜sɪli
Zilliacus *schwed.* siliˈakʊs
Zillich, ...ig ˈt͜sɪlɪç
Zillis ˈt͜sɪlɪs
Zillmer ˈt͜sɪlmɐ
Zilly ˈt͜sɪli
Zimarra t͜siˈmara
Zimbabwe t͜sɪmˈbapvə, *engl.* zɪmˈbɑ:bwɪ
Zimbal ˈt͜sɪmbal
Zimbalist *engl.* ˈzɪmbəlɪst
Zimbel ˈt͜sɪmbl̩
Zimber ˈt͜sɪmbɐ
zimbrisch ˈt͜sɪmbrɪʃ
Zimelie t͜siˈme:li̯ə
Zimelium t͜siˈme:li̯ʊm, **...ien** ...i̯ən
Ziment t͜siˈmɛnt
zimentieren t͜simɛnˈti:rən
Zimerman *poln.* ˈʑimɛrman
Zimier t͜siˈmi:ɐ̯
Zimljansk[i] *russ.* t͜sɨmˈljansk[ij]

Z

Zimmer ˈt͜sɪmɐ
Zimmerbude ˈt͜sɪmɐbu:də
Zimmerei t͜sɪməˈrai̯
...zimmerig ...t͜sɪmərɪç, **-e** ...ɪɡə
Zimmerling ˈt͜sɪmɐlɪŋ
Zimmerman[n] ˈt͜sɪmɐman
zimmern, Z... ˈt͜sɪmɐn
Zimmerwald ˈt͜sɪmɐvalt
Zimmet ˈt͜sɪmət
...zimmrig ...t͜sɪmrɪç, **-e** ...ɪɡə
Zimnicea *rumän.* ˈzimnit͜ʃe̯a
Zimnik ˈt͜sɪmnɪk
zimolisch t͜siˈmo:lɪʃ
Zimolit t͜simoˈli:t
Zimorowic *poln.* ʑimɔˈrɔvit͜s
zimperlich ˈt͜sɪmpɐlɪç
Zimperliese ˈt͜sɪmpɐli:zə
zimpern ˈt͜sɪmpɐn
Zimt t͜sɪmt
Zincgref ˈt͜sɪŋkɡre:f
Zincirli *türk.* zinˈd͜ʒirli
Zinckenit t͜sɪŋkəˈni:t
Zincum ˈt͜sɪŋkʊm
Zindel ˈt͜sɪndl̩
[1]**Zinder** (Kohle) ˈt͜sɪndɐ
[2]**Zinder** (Ort) *fr.* zɛ̃ˈdɛ:r
Zinellen t͜siˈnɛlən
Zineraria t͜sineˈra:ri̯a, **...ien** ...i̯ən
Zinerarie t͜sineˈra:ri̯ə
Zingarelli *it.* tsiŋɡaˈrɛlli
Zingaresca t͜sɪŋɡaˈrɛska
zingarese t͜sɪŋɡaˈre:zə
Zingel ˈt͜sɪŋl̩
Zingg t͜sɪŋk
Zingst t͜sɪŋst
Zingulum ˈt͜sɪŋɡulʊm, **...la** ...la
Zink[e] ˈt͜sɪŋk[ə]
zinken, Z... ˈt͜sɪŋkn̩
Zinkenist t͜sɪŋkəˈnɪst
...zinkig ...t͜sɪŋkɪç, **-e** ...ɪɡə
Zinkit t͜sɪŋˈki:t
Zinko ˈt͜sɪŋko
Zinkographie t͜sɪŋkoɡraˈfi:, **-n** ...i:ən
Zinkotypie t͜sɪŋkotyˈpi:, **-n** ...i:ən
Zinn[a] ˈt͜sɪn[a]
Zinnamom t͜sɪnaˈmo:m
Zinne ˈt͜sɪnə
Zinnemann ˈt͜sɪnəman, *engl.* ˈzɪnɪmən
zinnen ˈt͜sɪnən
Zinner ˈt͜sɪnɐ
zinnern ˈt͜sɪnɐn
Zinnie ˈt͜sɪni̯ə
Zinnik *niederl.* ˈzɪnɪk
Zinnober t͜sɪˈno:bɐ
Zinnwald ˈt͜sɪnvalt
Zinnwaldit t͜sɪnvalˈdi:t
Zino *fr.* ziˈno
Zins t͜sɪns, **-es** ...nzəs
zinsen ˈt͜sɪnzn̩, **zins!** t͜sɪns, **zinst** t͜sɪnst
Zinsen ˈt͜sɪnzn̩
Zinten ˈt͜sɪntn̩
Zinzare tsɪnˈt͜sa:rə
Zinzendorf ˈt͜sɪnt͜sn̩dɔrf
Žinzifov *mak.* ˈʒinzifɔf
Ziolkowski *russ.* tsi̯alˈkɔfskij
Zion ˈt͜si:ɔn, *engl.* ˈzaɪən
Zionismus t͜si̯oˈnɪsmʊs
Zionist t͜si̯oˈnɪst
Zionit t͜si̯oˈni:t
Zipaquirá *span.* θipakiˈra
Zipernowsky *ung.* ˈzipɛrnofski
Zipf[el] ˈt͜sɪp͜f[l̩]
zipf[e]lig ˈt͜sɪp͜f[ə]lɪç, **-e** ...ɪɡə
zipfeln ˈt͜sɪp͜fl̩n
Zipolle t͜siˈpɔlə
Zipp[e] ˈt͜sɪp[ə]
zippen ˈt͜sɪpn̩, *auch:* ˈzɪpn̩
Zipperlein ˈt͜sɪpɐlai̯n
Zippora t͜sɪˈpo:ra
Zippus ˈt͜sɪpʊs, **...pi** ...pi
Zips t͜sɪps
Zirbe ˈt͜sɪrbə
Zirbel ˈt͜sɪrbl̩
Zirc *ung.* zirt͜s
Zirconium t͜sɪrˈko:ni̯ʊm
zirka ˈt͜sɪrka
zirkadian t͜sɪrkaˈdi̯a:n
Zirkassien t͜sɪrˈkasi̯ən
Zirkassier t͜sɪrˈkasi̯ɐ
zirkassisch t͜sɪrˈkasɪʃ
Zirkel ˈt͜sɪrkl̩
zirkeln ˈt͜sɪrkl̩n
zirkelrund ˈt͜sɪrkl̩ˈrʊnt
Zirknitz ˈt͜sɪrknɪt͜s
Zirkon[ium] t͜sɪrˈko:n[i̯ʊm]
zirkular, Z... t͜sɪrkuˈla:ɐ̯
zirkulär t͜sɪrkuˈlɛ:ɐ̯
Zirkulation t͜sɪrkulaˈt͜si̯o:n
zirkulieren t͜sɪrkuˈli:rən
Zirkumferenz t͜sɪrkʊmfeˈrɛnt͜s
zirkumflektieren t͜sɪrkʊmflɛkˈti:rən
Zirkumflex ˈt͜sɪrkʊmflɛks, --ˈ-
Zirkummeridianhöhe t͜sɪrkʊmmeriˈdi̯a:nhø:ə
zirkumpazifisch t͜sɪrkʊmpaˈt͜si:fɪʃ
zirkumpolar t͜sɪrkʊmpoˈla:ɐ̯
zirkumskript t͜sɪrkʊmˈskrɪpt
Zirkumskription t͜sɪrkʊmskrɪpˈt͜si̯o:n
Zirkumstanz t͜sɪrkʊmˈstant͜s, **-ien** ...t͜si̯ən
zirkumstanziell t͜sɪrkʊmstanˈt͜si̯ɛl
zirkumterrestrisch t͜sɪrkʊmtɛˈrɛstrɪʃ
zirkumvenieren t͜sɪrkʊmveˈni:rən
Zirkumvention t͜sɪrkʊmvɛnˈt͜si̯o:n
Zirkumzision t͜sɪrkʊmt͜siˈzi̯o:n
Zirkus ˈt͜sɪrkʊs, **-se** ...ʊsə
Zirm t͜sɪrm
Zirndorf ˈt͜sɪrndɔrf
Zirpe ˈt͜sɪrpə
zirpen ˈt͜sɪrpn̩
Zirrhose t͜sɪˈro:zə
zirrhotisch t͜sɪˈro:tɪʃ
Zirrokumulus t͜sɪroˈku:mulʊs, **...li** ...li
Zirrostratus t͜sɪroˈstra:tʊs
Zirrus ˈt͜sɪrʊs
zirzensisch t͜sɪrˈt͜sɛnzɪʃ
zisalpin[isch] t͜sɪs|alˈpi:n[ɪʃ]
Zischelei t͜sɪʃəˈlai̯
zischeln ˈt͜sɪʃl̩n
zischen ˈt͜sɪʃn̩
Zischka ˈt͜sɪʃka
Ziseleur t͜sizəˈlø:ɐ̯
ziselieren t͜sizəˈli:rən
Ziska ˈt͜sɪska
Ziskaukasien t͜sɪskau̯ˈka:zi̯ən
Zislaweng t͜sɪslaˈvɛŋ
Zisleithanien t͜sɪslai̯ˈta:ni̯ən
zisleithanisch t͜sɪslai̯ˈta:nɪʃ
zispadanisch t͜sɪspaˈda:nɪʃ
zisrhenanisch t͜sɪsreˈna:nɪʃ
Zissalien t͜sɪˈsa:li̯ən
Zissi ˈt͜sɪsi
Zissoide t͜sɪsoˈi:də
Zista ˈt͜sɪsta
Ziste ˈt͜sɪstə
Zisterne t͜sɪsˈtɛrnə
Zistersdorf ˈt͜sɪstɐsdɔrf
Zisterzienser t͜sɪstɛrˈt͜si̯ɛnzɐ
Zistrose ˈt͜sɪstro:zə
Zita ˈt͜si:ta
Zitadelle t͜sitaˈdɛlə
Zitat t͜siˈta:t
Zitation t͜sitaˈt͜si̯o:n
Zítek *tschech.* ˈzi:tɛk
Zither ˈt͜sɪtɐ
zitieren t͜siˈti:rən
Zitral t͜siˈtra:l
Zitrat t͜siˈtra:t
Zitrin t͜siˈtri:n
Zitronat t͜sitroˈna:t
Zitrone t͜siˈtro:nə
Zitrulle t͜siˈtrʊlə

Z

Zitrus... ˈtsi:trʊs...
Zitscherling ˈtsɪtʃɐlɪŋ
Zittau ˈtsɪtau
zitt[e]rig ˈtsɪt[ə]rɪç, **-e** ...ɪgə
zittern ˈtsɪtɐn
Zitwer ˈtsɪtvɐ
Zitz[e] ˈtsɪts[ə]
Zitzewitz ˈtsɪtsəvɪts
Ziu ˈtsi:u
Zīverts *lett.* ˈzi:vɛrts
Zivette tsiˈvɛtə
Zivi ˈtsi:vi
zivil, Z... tsiˈvi:l
Zivilisation tsivilizaˈtsi̯o:n
zivilisatorisch tsivilizaˈto:rɪʃ
zivilisieren tsiviliˈzi:rən
Zivilist tsiviˈlɪst
Zivismus tsiˈvɪsmʊs
Ziya Gök Alp *türk.* ˈzijɑ ˈgœk ˈɑlp
zizerlweis ˈtsi:tsɐlvais
Zizit ˈtsi:tsɪt
Žižka *tschech.* ˈʒiʃka
Zlatá Koruna *tschech.* ˈzlata: ˈkɔruna
Zlatarić *serbokr.* ˌzlataritɕ
Zlatna *rumän.* ˈzlatna
Zlín *tschech.* zli:n
Zlobec *slowen.* ˈzlo:bɛts
Złotoryja *poln.* zu̯ɔtɔˈrɨja
Zloty ˈzlɔti, ˈslɔti, *auch:* ˈtslɔti
Złoty *poln.* ˈzu̯ɔtɨ
Zmaj *serbokr.* zma:j
Żmichowska *poln.* ʒmiˈxɔfska
Znaim tsnaim
Znojmo *tschech.* ˈznɔjmɔ
Znüni ˈtsny:ni
Zobel[titz] ˈtso:bl̩[tɪts]
Zöblitz ˈtsø:blɪts
Zobten ˈtsɔptn̩
Zoccoli ˈtsɔkoli
Zocha ˈtsɔxa
Zoche ˈtsɔxə
zockeln ˈtsɔkl̩n
zocken ˈtsɔkn̩
Zocker ˈtsɔkɐ
Zoderer ˈtso:dərɐ
zodiakal... tsodi̯aˈka:l...
Zodiakus tsoˈdi:akʊs
Zoe ˈtso:ə, *engl.* ˈzoʊɪ
Zoelly ˈtsœli
Zoetermeer *niederl.* zutərˈme:r
Zöfchen ˈtsø:fçən
Zofe ˈtso:fə
Zoff tsɔf
Zoffany *engl.* ˈzɔfənɪ
Zofia *poln.* ˈzɔfja
Zofingen ˈtso:fɪŋən
zog tso:k
zöge ˈtsø:gə
zogen ˈtso:gn̩
zögern ˈtsø:gɐn, **zögre** ...grə
Zögling ˈtsø:klɪŋ
zogt tso:kt
zögt tsø:kt
Zogu *alban.* ˈzogu
Zohe ˈtso:ə
Zoidiogamie tsoidi̯ogaˈmi:
Zoidiophilie tsoidi̯ofiˈli:
Zökostomie tsøkostoˈmi:
Zökotomie tsøkotoˈmi:
Zökum ˈtsø:kʊm, **...ka** ...ka
Zola *fr.* zɔˈla
Zölenterat tsølɛnteˈra:t
Zölestin[e] tsølɛsˈti:n[ə]
Zölestiner tsølɛsˈti:nɐ
Zölestinus tsølɛsˈti:nʊs
zölestisch tsøˈlɛstɪʃ
Zöliakie tsøli̯aˈki:, **-n** ...i:ən
Zölibat tsøliˈba:t
zölibatär, Z... tsølibaˈtɛ:ɐ̯
Zoll tsɔl, **Zölle** ˈtsœlə
zollen ˈtsɔlən
Zollfeld ˈtsɔlfɛlt
...zollig ...ˌtsɔlɪç, **-e** ...ɪgə
...zöllig ...ˌtsœlɪç, **-e** ...ɪgə
Zollikofer ˈtsɔliko:fɐ
Zollikon ˈtsɔliko:n
Zolling[er] ˈtsɔlɪŋ[ɐ]
Zöllner ˈtsœlnɐ
Zölom tsøˈlo:m
Zölostat tsøloˈsta:t
Zoltán *ung.* ˈzolta:n
Zomba *ung.* ˈzombɔ, *engl.* ˈzɔmbɑ:
Zombie ˈtsɔmbi
zombig ˈtsɔmbɪç, **-e** ...ɪgə
Zömeterium tsømeˈte:ri̯ʊm, **...ien** ...i̯ən
Zönakel tsøˈna:kl̩
zonal tsoˈna:l
zonar tsoˈna:ɐ̯
Zondek ˈtsɔndɛk
Zone ˈtso:nə
Zongo ˈzɔŋgo, *fr.* zɔŋˈgo
Zonguldak *türk.* ˈzɔŋguldɑk
zonieren tsoˈni:rən
Zönobit tsønoˈbi:t
Zönobium tsøˈno:bi̯ʊm, **...ien** ...i̯ən
Zönokarp tsønoˈkarp
Zons tsɔns, tso:ns
Zoo tso:, *auch:* ˈtso:o
Zoochlorelle tsookloˈrɛlə
Zoochorie tsookoˈri:
zoogen tsooˈge:n
Zoogeographie tsoogeograˈfi:
zoogeographisch tsoogeoˈgra:fɪʃ
Zooglöen tsooˈglø:ən
Zoographie tsoograˈfi:, **-n** ...i:ən
Zoolatrie tsoolaˈtri:, **-n** ...i:ən
Zoolith tsooˈli:t
Zoologe tsooˈlo:gə
Zoologie tsooloˈgi:
zoologisch tsooˈlo:gɪʃ
[1]**Zoom** (Foto) zu:m, *auch:* tso:m
[2]**Zoom** (Biom) tsoˈo:m
zoomen ˈzu:mən, *auch:* ˈtso:mən
Zoonose tsooˈno:zə
Zoon politikon ˈtso:ɔn politiˈkɔn
Zooparasit tsooparaˈzi:t
zoophag tsooˈfa:k, **-e** ...a:gə
Zoophage tsooˈfa:gə
Zoophilie tsoofiˈli:
Zoophobie tsoofoˈbi:
Zoophyt tsooˈfy:t
Zooplankton tsooˈplaŋktɔn
Zoosemantik tsoozeˈmantɪk
Zoospermie tsoospɛrˈmi:, **-n** ...i:ən
Zoospore tsooˈspo:rə
Zootechnik tsooˈtɛçnɪk
Zootechniker tsooˈtɛçnikɐ
Zootomie tsootoˈmi:
Zootoxin tsootɔˈksi:n
Zoozönologie tsootsønoloˈgi:
Zopf tsɔpf, **Zöpfe** ˈtsœpfə
Zöpfchen ˈtsœpfçən
Zopfi ˈtsɔpfi
zopfig ˈtsɔpfɪç, **-e** ...ɪgə
Zophoros tsoˈfo:rɔs
Zophorus ˈtso:forʊs, **...ren** tsoˈfo:rən
Zoppi *it.* ˈtsɔppi
zoppo ˈtsɔpo
Zoppot[er] ˈtsɔpɔt[ɐ]
Zorach *engl.* ˈzɔ:rɑ:k
Zoranić *serbokr.* ˌzɔranitɕ
Zörbig ˈtsœrbɪç
Zores ˈtso:rəs
Zorilla tsoˈrɪla
[1]**Zorn** tsɔrn
[2]**Zorn** (Name) tsɔrn, *schwed.* so:rn
Zorndorf ˈtsɔrndɔrf
zornig ˈtsɔrnɪç, **-e** ...ɪgə
Zoroaster tsoroˈastɐ
Zoroastrier tsoroˈastriɐ
zoroastrisch tsoroˈastrɪʃ
Zorrilla *span.* θɔˈrriʎa
Zortzico sɔrˈtsiko, tsɔ...

Zorụtti *it.* dzoˈrutti
Zo̲simos ˈt͡so:zimɔs
Zọsse ˈt͡sɔsə
Zọssen ˈt͡sɔsn̩
Zoster ˈt͡sɔstɐ, ˈt͡so:stɐ, **-es** t͡sɔsˈte:re:s
Zo̲te ˈt͡so:tə
zo̲ten ˈt͡so:tn̩
zo̲tig ˈt͡so:tɪç, **-e** ...ɪgə
Zọtte ˈt͡sɔtə
Zọttel ˈt͡sɔtl̩
Zottele̲i̲ t͡sɔtəˈla͜i
zọtt[e]lig ˈt͡sɔt[ə]lɪç, **-e** ...ɪgə
zọtteln ˈt͡sɔtl̩n
zọttig ˈt͡sɔtɪç, **-e** ...ɪgə
Zö̲tus ˈt͡sø:tʊs
Zrẹnjanin *serbokr.* ˌzrɛnjanin
Zri̲ny (Th. Körner) ˈt͡sri:ni
Zrínyi *ung.* ˈzri:nji
Zschọkke ˈt͡ʃɔkə
Zscho̲pau ˈt͡ʃo:pa͜u
Zschọrsch t͡ʃɔrʃ
Zsịgmond *ung.* ˈʒigmond
Zsịgmondy ˈʃɪgmɔndi, *ung.* ˈʒigmondi
Zsịvatorok *ung.* ˈʒivɔtorok
Zsófi[a] *ung.* ˈʒo:fi[ɔ]
Zsọlna *ung.* ˈʒolnɔ
Zsọlnay ˈʃɔlna͜i, *ung.* ˈʒolnɔi
Zsụzsanna *ung.* ˈʒuʒɔnnɔ
Zsụzsi *ung.* ˈʒuʒi
z-te ˈt͡sɛtə
zu̲ t͡su:
zuạllerạllerlẹtzt t͡suˈ|alɐˈ|alɐˈlɛt͡st
zuạllere̲rst t͡suˈ|alɐˈ|e:ɐ̯st
zuạllerlẹtzt t͡suˈ|alɐˈlɛt͡st
zuạllerme̲i̲st t͡suˈ|alɐˈma͜ist
zuä̲u̲ßerst t͡suˈ|ɔ͜ysɐst
Zua̲ve ˈt͡su̯a:və
Zu̲behör ˈt͡su:bəhø:ɐ̯
zu̲benamt ˈt͡su:bəna:mt
zu̲benannt ˈt͡su:bənant
Zu̲ber ˈt͡su:bɐ
Zubẹttgehen t͡suˈbɛtge:ən
Zubịri *span.* θuˈβiri
Zuccạlli *it.* tsukˈkalli
Zuccalmạglio t͡sʊkalˈmaljo
Zuccarẹlli *it.* tsukkaˈrɛlli
Zụccari *it.* ˈtsukkari
Zucchẹtto t͡suˈkɛto, **...tti** ...ti
Zucchi̲no t͡sʊˈki:no, **...ni** ...ni
Zü̲chen ˈt͡sy:çn̩
Zụchering ˈt͡sʊxərɪŋ
Zụcht t͡sʊxt
zụ̈chten ˈt͡sʏçtn̩
zụ̈chtig ˈt͡sʏçtɪç, **-e** ...ɪgə
zụ̈chtigen ˈt͡sʏçtɪgn̩, **zụ̈chtig!** ...ɪç, **zụ̈chtigt** ...ɪçt
Zuchwi̲l t͡sʊxˈvi:l
zụck, Zụck t͡sʊk
zụckeln ˈt͡sʊkl̩n
zụcken ˈt͡sʊkn̩
zụ̈cken ˈt͡sʏkn̩
Zụcker ˈt͡sʊkɐ
Zụckerhut ˈt͡sʊkɐhu:t
zụckerig ˈt͡sʊkərɪç, **-e** ...ɪgə
Zụckerkand ˈt͡sʊkɐkant, **-es** ...ndəs
Zụckerkandl ˈt͡sʊkɐkandl̩
zụckern ˈt͡sʊkɐn
zụckersüß ˈt͡sʊkɐˈzy:s
Zụckmayer ˈt͡sʊkma͜iɐ
zụckrig ˈt͡sʊkrɪç, **-e** ...ɪgə
zude̲m t͡suˈde:m
zu̲dringlich ˈt͡su:drɪŋlɪç
zueinạnder t͡su|a͜iˈnandɐ
zue̲rst t͡suˈ|e:ɐ̯st
Zu̲fahrt ˈt͡su:fa:ɐ̯t
zufle̲i̲ß t͡suˈfla͜is
Zu̲flucht ˈt͡su:flʊxt
zufọlge t͡suˈfɔlgə
Zu̲folo ˈt͡su:folo, **...li** ...li
zufri̲e̲den t͡suˈfri:dn̩
Zu̲fuhr ˈt͡su:fu:ɐ̯
Zufu̲ßgehen t͡suˈfu:sge:ən
Zu̲g t͡su:k, **Zü̲ge** ˈt͡sy:gə
Zu̲gabe ˈt͡su:ga:bə
Zu̲gang ˈt͡su:gaŋ
zugạnge t͡suˈgaŋə
zu̲gänglich ˈt͡su:gɛŋlɪç
Zü̲ge vgl. Zug
zu̲gedacht ˈt͡su:gədaxt
zuge̲gen t͡suˈge:gn̩
zu̲gehörig ˈt͡su:gəhø:rɪç
Zü̲gel ˈt͡sy:gl̩
zü̲geln ˈt͡sy:gl̩n, **zü̲gle** ...glə
Zu̲ger ˈt͡su:gɐ
zu̲gerisch ˈt͡su:gərɪʃ
zu̲gestanden ˈt͡su:gəʃtandn̩
Zu̲geständnis ˈt͡su:gəʃtɛntnɪs
zu̲getan ˈt͡su:gəta:n
zu̲gig ˈt͡su:gɪç, **-e** ...ɪgə
zü̲gig ˈt͡sy:gɪç, **-e** ...ɪgə
...zügig ...t͡sy:gɪç, **-e** ...ɪgə
zugle̲i̲ch t͡suˈgla͜iç
Zü̲glete ˈt͡sy:glətə
Zü̲glung ˈt͡sy:glʊŋ
zugrụnde t͡suˈgrʊndə
Zu̲gspitze ˈt͡su:kʃpɪt͡sə
zugụnsten t͡suˈgʊnstn̩
zugu̲t[e] t͡suˈgu:t[ə]
Zu̲hälter ˈt͡su:hɛltɐ
Zuhältere̲i̲ t͡su:hɛltəˈra͜i
zuhạnden t͡suˈhandn̩
zuha̲u̲f t͡suˈha͜uf
Zuha̲u̲se t͡suˈha͜uzə
Zuhịlfenahme t͡suˈhɪlfəna:mə
zuhịnterst t͡suˈhɪntɐst
zuhö̲chst t͡suˈhø:çst
Zuid-Be̲veland *niederl.* zœi̯dˈbe:vəlɑnt
Zuidersee ˈzɔ͜ydɐze:
Zuiderzee̲ *niederl.* zœi̯dərˈze:
Zuid-Họlland *niederl.* zœi̯tˈhɔlɑnt
zuịnnerst t͡suˈ|ɪnɐst
Zụkerman ˈt͡sʊkɐman
Zukọfsky *engl.* zʊˈkɔfskɪ
Zu̲kor *engl.* ˈzu:kə
Zu̲kost ˈt͡su:kɔst
Żukrọwski *poln.* ʒuˈkrɔfski
Zu̲kunft ˈt͡su:kʊnft
zu̲künftig ˈt͡su:kʏnftɪç
Zu̲lage ˈt͡su:la:gə
zu̲länglich ˈt͡su:lɛŋlɪç
zu̲lässig ˈt͡su:lɛsɪç
zulạsten t͡suˈlastn̩
Zu̲lauf ˈt͡su:la͜uf
Żułạwski *poln.* ʒuˈu̯afski
zule̲i̲d t͡suˈla͜it
zule̲i̲de t͡suˈla͜idə
zulẹtzt t͡suˈlɛt͡st
Zu̲lia *span.* ˈθuli̯a
zuli̲e̲b t͡suˈli:p
zuli̲e̲be t͡suˈli:bə
zụllen ˈt͡sʊlən
Zụlliger ˈt͡sʊlɪgɐ
Zuloa̲ga *span.* θuloˈaɣa
Zụlp t͡sʊlp
zụlpen ˈt͡sʊlpn̩
Zụ̈lpich ˈt͡sʏlpɪç
Zu̲lu ˈt͡su:lu, *engl.* ˈzu:lu:
Zụ̈lz t͡sʏlt͡s
zụm t͡sʊm
zuma̲l t͡suˈma:l
Zumárraga *span.* θuˈmarraɣa
Zumạya *span.* θuˈmaja
Zụmbusch ˈt͡sʊmbʊʃ
zume̲i̲st t͡suˈma͜ist
zumịndest t͡suˈmɪndəst
Zụmst[e]eg ˈt͡sʊmʃte:k
zumu̲t[e] t͡suˈmu:t[ə]
zu̲muten ˈt͡su:mu:tn̩
zunä̲chst t͡suˈnɛ:çst
Zu̲na[h]me ˈt͡su:na:mə
Zụ̈nd t͡sʏnt
Zụ̈ndapp® ˈt͡sʏndap
Zụndel ˈt͡sʊndl̩
zụ̈nden ˈt͡sʏndn̩, **zụ̈nd!** t͡sʏnt
Zụnder ˈt͡sʊndɐ
Zụ̈nder ˈt͡sʏndɐ
Zụnft t͡sʊnft, **Zụ̈nfte** ˈt͡sʏnftə
zụ̈nftig ˈt͡sʏnftɪç, **-e** ...ɪgə
Zụ̈nftler ˈt͡sʏnftlɐ
Zụnge ˈt͡sʊŋə
Zụ̈ngelchen ˈt͡sʏŋl̩çən

züngeln ˈt͜sʏŋl̩n
Zünglein ˈt͜sʏŋlai̯n
zunichte t͜suˈnɪçtə
zuniederst t͜suˈni:dɐst
Zúñiga *span.* ˈθuɲiɣa
Zünsler ˈt͜sʏnzlɐ
Zun[t]z t͜sʊnt͜s
zunutze t͜suˈnʊt͜sə
Zunyi *chin.* dzu̯ən-i̯i 14
Zunzunegui *span.* θunθuˈneɣi
zuoberst t͜suˈ|o:bɐst
zuordnen ˈt͜su:|ɔrdnən
Zuoz ˈt͜su:ɔt͜s, *rät.* tsu̯ɔts
Župan (Beamter) ˈʒʊpan, **-e** ʒuˈpa:nə
Župančič *slowen.* ʒuˈpa:ntʃitʃ
Županja *serbokr.* ˌʒupanja
zupass t͜suˈpas
zupasse t͜suˈpasə
zupfen ˈt͜sʊp͜fn̩
zur t͜su:ɐ̯, t͜sʊr
zurande t͜suˈrandə
zurate t͜suˈra:tə
zuraten ˈt͜su:ra:tn̩
Zurbarán *span.* θurβaˈran
Zurbriggen ˈt͜sʊrbrɪgn̩
Zürcher ˈt͜sʏrçɐ
Zurechnung ˈt͜su:rɛçnʊŋ
zurechtfinden t͜suˈrɛçtfɪndn̩
zureden, Z... ˈt͜su:re:dn̩
zureichen ˈt͜su:rai̯çn̩
Zurich *niederl.* ˈzy:rɪx
Zürich[er] ˈt͜sy:rɪç[ɐ]
zurichten ˈt͜su:rɪçtn̩
Zurichter ˈt͜su:rɪçtɐ
Zur Mühlen t͜sʊr ˈmy:lən
Zürn t͜sʏrn
zürnen ˈt͜sʏrnən
zurren ˈt͜sʊrən
Zurring ˈt͜sʊrɪŋ
Zurschaustellung t͜sʊrˈʃau̯ʃtɛlʊŋ
zurück, Z... t͜suˈrʏk
zurückblicken t͜suˈrʏkblɪkn̩
Zurücknahme t͜suˈrʏkna:mə
Zuruf ˈt͜su:ru:f
Zurzach ˈt͜sʊrt͜sax
zurzeit t͜sʊrˈt͜sai̯t
Zusage ˈt͜su:za:gə
zusammen t͜suˈzamən
zusammenblicken t͜suˈzamənblɪkn̩
Zusammenkunft t͜suˈzamənkʊnft, **...künfte** ...kʏnftə
zusamt t͜suˈzamt
Zusanek ˈt͜su:zanɛk
Zusatz ˈt͜su:zat͜s
zusätzlich ˈt͜su:zɛt͜slɪç
zuschanden t͜suˈʃandn̩
zuschulden t͜suˈʃʊldn̩
Zuschuss ˈt͜su:ʃʊs
Zuse ˈt͜su:zə
zusehends ˈt͜su:ze:ənt͜s
zuseiten t͜suˈzai̯tn̩
Zuspätkommende t͜suˈʃpɛ:tkɔməndə
Zustand ˈt͜su:ʃtant
zustande t͜suˈʃtandə
zuständig ˈt͜su:ʃtɛndɪç
zuständlich ˈt͜su:ʃtɛntlɪç
zustatten t͜suˈʃtatn̩
zutage t͜suˈta:gə
Zutaten ˈt͜su:ta:tn̩
zuteil t͜suˈtai̯l
zutiefst t͜suˈti:fst
Zutphen *niederl.* ˈzʏtfə
Zütphen ˈt͜sʏtfn̩
Zuträgerei t͜su:trɛ:gəˈrai̯
zuträglich ˈt͜su:trɛ:klɪç
zutraulich ˈt͜su:trau̯lɪç
zutschen ˈt͜su:t͜ʃn̩
zutu[n]lich ˈt͜su:tu:[n]lɪç
zuungunsten t͜suˈ|ʊngʊnstn̩
zuunterst t͜suˈ|ʊntɐst
zuverlässig ˈt͜su:fɛɐ̯lɛsɪç
Zuversicht ˈt͜su:fɛɐ̯zɪçt
zuversichtlich ˈt͜su:fɛɐ̯zɪçtlɪç
Zuviel t͜suˈfi:l
zuvor t͜suˈfo:ɐ̯
zuvorderst t͜suˈfɔrdɐst
zuvörderst t͜suˈfœrdɐst
zuvorkommen t͜suˈfo:ɐ̯kɔmən
zuvortun t͜suˈfo:ɐ̯tu:n
Zuwaage ˈt͜su:va:gə
Zuwachs ˈt͜su:vaks
zuwege t͜suˈve:gə
zuweilen t͜suˈvai̯lən
Zuwenig t͜suˈve:nɪç
zuwider t͜suˈvi:dɐ
zuwiderhandeln t͜suˈvi:dɐhandl̩n
Zuwuchs ˈt͜su:vu:ks
zuzeiten t͜suˈt͜sai̯tn̩
zuzeln ˈt͜su:t͜sl̩n
Zuzügler ˈt͜su:t͜sy:klɐ
zuzüglich ˈt͜su:t͜sy:klɪç
Zvieri ˈt͜sfi:ri
Zvolen *slowak.* ˈzvɔljɛn
Zvornik *serbokr.* ˌzvɔrni:k
zwacken ˈt͜svakn̩
zwang, Z... t͜svaŋ
zwänge[n] ˈt͜svɛŋə[n]
zwanzig, Z... ˈt͜svant͜sɪç
zwanziger, Z... ˈt͜svant͜sɪgɐ
zwanzigerlei ˈt͜svant͜sɪgɐˈlai̯
zwanzigste ˈt͜svant͜sɪçstə
zwanzigstel, Z... ˈt͜svant͜sɪçstl̩
zwar t͜sva:ɐ̯
zwatzelig ˈt͜svat͜səlɪç, **-e** ...ɪgə
zwatzeln ˈt͜svat͜sl̩n
Zweck[e] ˈt͜svɛk[ə]
zwecken ˈt͜svɛkn̩
zwecks t͜svɛks
zween t͜sve:n
Zwehle ˈt͜sve:lə
zwei, Z... t͜svai̯
Zweibrücken ˈt͜svai̯brʏkn̩
zweideutig ˈt͜svai̯dɔy̯tɪç
zweieiig ˈt͜svai̯|ai̯ɪç, **-e** ...ɪgə
zweieinhalb ˈt͜svai̯|ai̯nˈhalp
zweien ˈt͜svai̯ən
Zweier ˈt͜svai̯ɐ
zweierlei ˈt͜svai̯ɐˈlai̯
Zweieurostück t͜svai̯ˈ|ɔy̯roʃtʏk
zweifach ˈt͜svai̯fax
Zweifall ˈt͜svai̯fal
Zweifarbendruck t͜svai̯ˈfarbn̩drʊk
zweifarbig ˈt͜svai̯farbɪç
Zweifel ˈt͜svai̯fl̩
zweifellos ˈt͜svai̯fl̩lo:s
zweifeln ˈt͜svai̯fl̩n
zweifelsohne t͜svai̯fl̩sˈ|o:nə
Zweiflügler ˈt͜svai̯fly:glɐ
Zweig t͜svai̯k, **-e** ...ai̯gə
zweigestrichen ˈt͜svai̯gəʃtrɪçn̩
zweigleisig ˈt͜svai̯glai̯zɪç
Zweihänder ˈt͜svai̯hɛndɐ
zweihändig ˈt͜svai̯hɛndɪç
zweihäusig ˈt͜svai̯hɔy̯zɪç
Zweiheit ˈt͜svai̯hai̯t
zweihundert ˈt͜svai̯ˈhʊndɐt
Zweikammersystem t͜svai̯ˈkamɐzʏste:m
Zweilunger ˈt͜svai̯lʊŋɐ
zweimal ˈt͜svai̯ma:l
zweimalig ˈt͜svai̯ma:lɪç, **-e** ...ɪgə
Zweimannboot ˈt͜svai̯manbo:t
Zweimaster ˈt͜svai̯mastɐ
zweireihig ˈt͜svai̯rai̯ɪç
zweisam ˈt͜svai̯za:m
zweischläf[e]rig ˈt͜svai̯ʃlɛ:f[ə]rɪç
zweischneidig ˈt͜svai̯ʃnai̯dɪç
Zweisimmen ˈt͜svai̯zɪmən
Zweisitzer ˈt͜svai̯zɪt͜sɐ
Zweispänner ˈt͜svai̯ʃpɛnɐ
zweispännig ˈt͜svai̯ʃpɛnɪç
zweisprachig ˈt͜svai̯ʃpra:xɪç
zweistündig ˈt͜svai̯ʃtʏndɪç
zweistündlich ˈt͜svai̯ʃtʏntlɪç
zweit t͜svai̯t
zweitausend ˈt͜svai̯ˈtau̯zn̩t
zweitbest ˈt͜svai̯tˈbɛst
Zweitdruck ˈt͜svai̯tdrʊk
zweite ˈt͜svai̯tə

zweiteilig 'tsvai̯tai̯lɪç
zweitens 'tsvai̯tn̩s
zweitletzt 'tsvai̯t'lɛtst
Zweitligist 'tsvai̯tligɪst
Zweitourenmaschine tsvai̯-'tu:rənmaʃi:nə
zweitourig 'tsvai̯tu:rɪç
zweiundeinhalb 'tsvai̯|ʊnt-|ai̯n'halp
zweiundzwanzig 'tsvai̯-|ʊnt'tsvantsɪç
Zwelitsha *engl.* zweɪ'li:tʃɑ:
Zwenkau 'tsvɛŋkau̯
Zwenke 'tsvɛŋkə
Zwentendorf 'tsvɛntn̩dɔrf
zwerch tsvɛrç
Zwerchfell 'tsvɛrçfɛl
Zwerenz 'tsve:rɛnts
Zwerg tsvɛrk, **-e** ...rgə
zwerghaft 'tsvɛrkhaft
zwergig 'tsvɛrgɪç, **-e** ...ɪgə
Zwergin 'tsvɛrgɪn
Zwerndorf 'tsvɛrndɔrf
Zwetajewa *russ.* tsvɪ'tajɪvɐ
Zweter 'tsve:tɐ
Zwetsch[g]e 'tsvɛtʃ[g]ə
Zwetschke 'tsvɛtʃkə
Zwettl 'tsvɛtl̩
Zwevegem *niederl.* 'zwe:vəxɛm
Zwi tsvi:
Zwick tsvɪk
Zwickau[er] 'tsvɪkau̯[ɐ]
Zwickel 'tsvɪkl̩
zwicken 'tsvɪkn̩
Zwicker 'tsvɪkɐ
Zwicky 'tsvɪki, *engl.* 'tsvɪkɪ
Zwieback 'tsvi:bak
Zwiebel 'tsvi:bl̩
zwiebeln 'tsvi:bl̩n, **zwieble** ...blə
Zwiebrache 'tsvi:bra:xə
zwiebrachen 'tsvi:bra:xn̩
Zwiedineck 'tsvi:dinɛk
zwiefach 'tsvi:fax
Zwiefalten tsvi:'faltn̩
zwiefältig 'tsvi:fɛltɪç
Zwielicht 'tsvi:lɪçt
Zwiesel 'tsvi:zl̩
zwies[e]lig 'tsvi:z[ə]lɪç, **-e** ...ɪgə
zwieseln 'tsvi:zl̩n, **...sle** ...zlə
Zwiespalt 'tsvi:ʃpalt
zwiespältig 'tsvi:ʃpɛltɪç, **-e** ...ɪgə
Zwietracht 'tsvi:traxt
zwieträchtig 'tsvi:trɛçtɪç
Zwijndrecht *niederl.* 'zwɛi̯n-drɛxt
Zwilch tsvɪlç
zwilchen 'tsvɪlçn̩
Zwille 'tsvɪlə
Zwillich 'tsvɪlɪç
zwillichen 'tsvɪlɪçn̩
Zwilling[er] 'tsvɪlɪŋ[ɐ]
Zwinge 'tsvɪŋə
zwingen, Z... 'tsvɪŋən
Zwingenberg 'tsvɪŋənbɛrk
Zwinger 'tsvɪŋɐ
Zwingli 'tsvɪŋli
Zwinglianer tsvɪŋ'li̯a:nɐ
zwinken 'tsvɪŋkn̩
zwinkern 'tsvɪŋkɐn
zwirbeln 'tsvɪrbl̩n, **...ble** ...blə
Zwirn tsvɪrn
zwirnen 'tsvɪrnən
Zwirner 'tsvɪrnɐ
Zwirnerei tsvɪrnə'rai̯
zwischen 'tsvɪʃn̩
Zwischenahn tsvɪʃn̩|a:n
zwischendrein tsvɪʃn̩'drai̯n
zwischendrin tsvɪʃn̩'drɪn
zwischendurch tsvɪʃn̩'dʊrç
zwischenein tsvɪʃn̩'|ai̯n
zwischenher tsvɪʃn̩'he:ɐ̯
zwischenhin tsvɪʃn̩'hɪn
zwischenhinein tsvɪʃn̩hɪ'nai̯n
zwischeninne tsvɪʃn̩'|ɪnə
zwischenrein tsvɪʃn̩'rai̯n
Zwist tsvɪst
zwistig 'tsvɪstɪç, **-e** ...ɪgə
zwitschern 'tsvɪtʃɐn
Zwittau 'tsvɪtau̯
Zwitter 'tsvɪtɐ
zwitt[e]rig 'tsvɪt[ə]rɪç, **-e** ...ɪgə
zwo tsvo:
zwölf, Z... tsvœlf
zwölfeinhalb 'tsvœlf|ai̯n'halp
zwölferlei 'tsvœlfɐ'lai̯
zwölffach 'tsvœlffax
Zwölffingerdarm tsvœlf'fɪŋɐ-darm
zwölfmal 'tsvœlfma:l
zwölfmalig 'tsvœlfma:lɪç, **-e** ...ɪgə
Zwölfpfennigmarke tsvœlf-'pfɛnɪçmarkə
zwölft tsvœlft
Zwölftafelgesetze tsvœlf-'ta:fl̩gəzɛtsə
zwölftausend 'tsvœlf'tau̯zn̩t
zwölfte 'tsvœlftə
Zwölftel 'tsvœlftl̩
Zwölften 'tsvœlftn̩
zwölftens 'tsvœlftn̩s
Zwölftonmusik 'tsvœlfto:nmu-ˌzi:k
Zwolle *niederl.* 'zwɔlə
Zwönitz 'tsvø:nɪts
Zworykin *engl.* 'zwɔ:rɪkɪn
zwote 'tsvo:tə
Zyan tsy̆a:n
Zyanat tsy̆a'na:t
Zyane 'tsy̆a:nə
Zyanid tsy̆a'ni:t, **-e** ...i:də
Zyanisation tsy̆aniza'tsi̯o:n
Zyankali tsy̆a:n'ka:li
Zyanometer tsy̆ano'me:tɐ
Zyanophyzee tsy̆anofy'tse:ə
Zyanopsie tsy̆anɔ'psi:, **-n** ...i:ən
Zyanose tsy̆a'no:zə
zyanotisch tsy̆a'no:tɪʃ
Zyanotypie tsy̆anoty'pi:, **-n** ...i:ən
Zyathus 'tsy:atʊs
Życie Warszawy *poln.* 'ʒɨtɕɛ var'ʃavɨ
Zyfflich 'tsʏflɪç
Zygäne tsy'gɛ:nə
Zygmunt *poln.* 'zɨgmunt
Zygoma tsy'go:ma, 'tsy:goma, **-ta** tsy'go:mata
zygomatisch tsygo'ma:tɪʃ
zygomorph tsygo'mɔrf
Zygospore tsygo'spo:rə
Zygote tsy'go:tə
Zykadazeen tsykada'tse:ən
Zykadeen tsyka'de:ən
Zykas 'tsy:kas
Zyklade tsy'kla:də
zyklam tsy'kla:m
Zyklame tsy'kla:mə
Zyklamen tsy'kla:mən
Zyklide tsy'kli:də
Zykliker 'tsy:klikɐ
zyklisch 'tsy:klɪʃ
Zyklitis tsy'kli:tɪs, **...itiden** ...li'ti:dn̩
Zyklogenese tsykloge'ne:zə
Zyklogramm tsyklo'gram
zykloid tsyklo'i:t, **-e** ...i:də
Zykloide tsyklo'i:də
Zyklolyse tsyklo'ly:zə
Zyklometer tsyklo'me:tɐ
Zyklometrie tsyklome'tri:, **-n** ...i:ən
zyklometrisch tsyklo'me:trɪʃ
Zyklon (*auch:* ®) tsy'klo:n
Zyklone tsy'klo:nə
Zyklonopath tsyklono'pa:t
Zyklonopathie tsyklonopa'ti:, **-n** ...i:ən
Zyklonose tsyklo'no:zə
Zyklop tsy'klo:p
Zyklophorie tsyklofo'ri:, **-n** ...i:ən
Zyklopie tsyklo'pi:, **-n** ...i:ən
Zyklorama tsyklo'ra:ma
Zyklostome tsyklo'sto:mə

Zyklothem tsyklo'te:m
zyklothym tsyklo'ty:m
Zyklothyme tsyklo'ty:mə
Zyklothymie tsykloty'mi:
Zyklotron 'tsy:klotro:n
zyklotronisch tsyklo'tro:nɪʃ
Zyklus 'tsy:klʊs
Zylinder tsi'lɪndɐ, *auch:* tsy'l...
...zylindrig ...tsi.lɪndrɪç, *auch:* ...tsy.l..., **-e** ...ɪgə
zylindrisch tsi'lɪndrɪʃ, *auch:* tsy'...
Zylindrom tsylɪn'dro:m
Zylis-Gara *poln.* 'ziliz'gara
Zyma 'tsy:ma, **-ta** ...ta
Zymase tsy'ma:zə
Zymbal 'tsʏmbal
zymisch 'tsy:mɪʃ
Zymogen tsymo'ge:n
Zymologe tsymo'lo:gə
Zymologie tsymolo'gi:
zymös tsy'mø:s, **-e** ...ø:zə
Zymotechnik tsymo'tɛçnɪk
zymotisch tsy'mo:tɪʃ
Zynegetik tsyne'ge:tɪk
zynegetisch tsyne'ge:tɪʃ
Zyniker 'tsy:nikɐ
zynisch 'tsy:nɪʃ
Zynismus tsy'nɪsmʊs
Zypergras 'tsy:pɐgra:s
Zypern 'tsy:pɐn
Zyprer 'tsy:prɐ
Zypresse tsy'prɛsə
zypressen tsy'prɛsn̩
Zyprian[us] tsypri'a:n[ʊs]
Zypridinen... tsypri'di:nən...
Zyprier 'tsy:priɐ
Zypriot tsypri'o:t
zypriotisch tsypri'o:tɪʃ
zyprisch 'tsy:prɪʃ
Żyrardów *poln.* ʒɨ'rarduf
Zyriak 'tsy:ri̯ak
Zyriakus tsy'ri:akʊs
zyrillisch tsy'rɪlɪʃ
Zystalgie tsʏstal'gi:, **-n** ...i:ən
Zyste 'tsʏstə
Zystein tsʏste'i:n
Zystektomie tsʏstɛkto'mi:, **-n** ...i:ən
Zystin tsʏs'ti:n
Zystis 'tsʏstɪs
zystisch 'tsʏstɪʃ
Zystitis tsʏs'ti:tɪs, **...itiden** ...ti'ti:dn̩
Zystizerkose tsʏstitsɛr'ko:zə
Zystizerkus tsysti'tsɛrkʊs
Zystoblastom tsʏstoblas'to:m
Zystopyelitis tsʏstopy̆e'li:tɪs, **...itiden** ...li'ti:dn̩
Zystoskop tsʏsto'sko:p
Zystoskopie tsʏstosko'pi:, **-n** ...i:ən
Zystospasmus tsʏsto'spasmʊs
Zystostomie tsʏstosto'mi:, **-n** ...i:ən
Zystotomie tsʏstoto'mi:, **-n** ...i:ən
Zystozele tsʏsto'tse:lə
Zythera tsy'te:ra
Zytisin tsyti'zi:n
Zytisus 'tsy:tizʊs
Zytoarchitektonik tsyto-|arçitɛk'to:nɪk
Zytoblast tsyto'blast
Zytoblastom tsytoblas'to:m
Zytochrom tsyto'kro:m
Zytode tsy'to:də
Zytodiagnostik tsytodia'gnɔstɪk
zytogen tsyto'ge:n
Zytogenetik tsytoge'ne:tɪk
Zytologe tsyto'lo:gə
Zytologie tsytolo'gi:
zytologisch tsyto'lo:gɪʃ
Zytolyse tsyto'ly:zə
Zytolysin tsytoly'zi:n
Zytoplasma tsyto'plasma
Zytoskopie tsytosko'pi:, **-n** ...i:ən
Zytostatikum tsyto'sta:tikʊm, **...ka** ...ka
zytostatisch tsyto'sta:tɪʃ
Zytostom tsyto'sto:m
Zytostoma tsyto'sto:ma, **-ta** ...ta
Zytotoxin tsytotɔ'ksi:n
zytotoxisch tsyto'tɔksɪʃ
Zytotoxizität tsytotɔksitsi'tɛ:t
Zytozentrum tsyto'tsɛntrʊm
Żywiec *poln.* 'ʒɨvjɛts

Literaturverzeichnis

Ageenko, Florencija Leonidovna: Sobstvennye imena v russkom jazyke, Moskva, 2001
Ageenko, F. L./M. V. Zarva: Slovar' udarenij dlja rabotnikov radio i televidenija, Moskva, 1993
Anglizismen-Wörterbuch, Berlin, 1993–96
BBC Pronouncing Dictionary of British Names, Oxford, 1983
Berulfsen, Bjarne: Norsk uttaleordbok, Oslo, 1969
Blöndal, Sigfús: Íslensk-dönsk orðabók, Reykyavík, 1920–24
Bol'šoj ėnciklopedičeskij slovar', Moskva, 2003
Breu, Josef: Geographisches Namenbuch Österreichs, Wien, 1975
Bruguera i Talleda, Jordi: Diccionari ortogràfic i de pronúncia, Barcelona, 1990
Canepàri, Luciano: Dizionario di Pronuncia Italiana, Bologna, 1999
Cassell's German and English Dictionary, London, 1949
Ceplitis, L., Miķelsone, A., Porite, T., Raģe, S.: Latviešu Valodas Pareizrakstības un Pareizrunas Vārdnīca, Rīga, o. J.
Chŏn, Yŏng-u: Han-gugŏ parŭm sajŏn, Seoul, 1984
Collins Dictionary of the English Language, London & Glasgow, 1979
Danchev, Andrei/Michael Holman/Ekaterina Dimova/Milena Savova: An English Dictionary of Bulgarian Names – Spelling and Pronunciation, Sofia, 1989
De Coninck, R. H. B.: Groot uitspraakwoordenboek van de Nederlandse taal, Antwerpen, 1970
Den Store Danske Udtaleordbog, o. O., 1991
Der Brockhaus Literatur, Mannheim, 2003
Dicţionar ortografic cu elemente de ortoepie şi morfologie, Chişinău, 1991
Dicţionarul ortografic, ortoepic şi morfologic al limbii române, Bucureşti, 1989
Dictionnaire usuel illustré Quillet-Flammarion, Paris, 1980
Dizionario d'ortografia e di pronunzia, Torino, 1981
Duden, Band 1, Die deutsche Rechtschreibung, Mannheim, 2004
Duden, Band 4, Die Grammatik, 2005
Duden, Band 5, Das Fremdwörterbuch, Mannheim, 2005
Duden, Band 10, Das Bedeutungswörterbuch, 2002
Duden – Das große Fremdwörterbuch, Mannheim, 2003
Duden – Das große Wörterbuch der deutschen Sprache, Mannheim, 1999
Duden – Das Wörterbuch medizinischer Fachausdrücke, Mannheim, 2003
Duden – Deutsches Universalwörterbuch, Mannheim, 2003
Duden – Lexikon der Vornamen, Mannheim, 2004
Duden – Wörterbuch Deutsch als Fremdsprache, Mannheim, 2003
Duden – Wörterbuch geographischer Namen des Baltikums und der Gemeinschaft Unabhängiger Staaten (GUS), Mannheim, 2000

Duden – Wörterbuch geographischer Namen Europa (ohne Sowjetunion), Mannheim, 1966
Fjalor i shqipes së sotme, Tiranë, 1984
Forster, Klaus: A Pronouncing Dictionary of English Place-Names, London, 1981
Fouché, Pierre, Traité de Prononciation, Paris, 1956
Großes Wörterbuch der deutschen Aussprache, Leipzig, 1982
Hald, Kristian: Danske stednavne med udtaleangivelse, København, 1960
Hansen, Peter Molbæk: Udtaleordbog, København, 1990
Haugen, Norwegian-English Dictionary, Oslo, 1965
Hedelin, Per: Norstedts svenska uttalslexikon, Göteborg, 1997
Heemskerk, Josée/Wim Zonneveld: Uitspraakwoordenboek, Utrecht, 2000
Hiruyama, Teruo: Zenkoku akusento jiten, Tokio, 1965
Ilčev, Stefan: Rečnik na ličnite i familni imena u Bălgarite, Sofija, 1969
Jones, Daniel: English Pronouncing Dictionary, Cambridge, 2003
Jones, Daniel/A. C. Gimson/Susan Ramsaran: English Pronouncing Dictionary, London, 1988
Kenyon, John Samuel/Thomas Albert Knott: A pronouncing dictionary of American English, Springfield, Mass., 1953
Král', Ábel: Pravidlá slovenskej výslovnosti, Bratislava, 1988
Lerond, Alain: Dictionnaire de la prononciation, Paris, 1980
Le Roux, T. H. en De Villiers Pienaar: Uitspraakwoordeboek van Afrikaans, Pretoria, 1962
Lietuvių pavardžių žodynas, Vilnius, 1985 u. 1989
Mangold, Max: A Pronouncing Dictionary of Malagasy Place Names, Forum Phoneticum 25, Hamburg, 1982
Mangold, Max: A Swiss Pronouncing Gazetteer (Populated Places), Forum Phoneticum 56, Frankfurt am Main, 1994
Mangold, Max: Ausspracheiehre der bekannteren Fremdsprachen, Duden-Beiträge H. 13, Mannheim, 1964
Mangold, Max: Bibelnamen-Aussprachewörterbuch, Saarbrücken, 1998
Mangold, Max: Laut und Schrift im Deutschen, Duden-Beiträge H. 3, Mannheim, 1961
Meyers Enzyklopädisches Lexikon, Mannheim, 1971–1984
Meyers Großes Handlexikon A–Z, Mannheim, 2002
Meyers Lexikon Musikinstrumente, Mannheim, 1991
Meyers Taschenlexikon Musik, Mannheim, 1984
Muthmann, Gustav: Phonologisches Wörterbuch der deutschen Sprache, Tübingen, 1996
Muthmann, Gustav: Rückläufiges deutsches Wörterbuch, Tübingen, 2001
Nam, Kwang-woo/Lee, Chŏl-su/Yoo, Man-gŭn: Han-gugŏ p'yojun parŭm sajŏn, Seoul, 1984

Narumi, K.: Slovnik russkih imen i familij, Tokio, 1979
NBC Handbook of Pronunciation, New York, 1964
Ökumenisches Verzeichnis der biblischen Eigennamen nach den Loccumer Richtlinien, Stuttgart, 1971 u. 1981
Oxford Dictionary of English, Oxford, 2003
Pašov, Petăr/Christo Părvev: Pravogovoren i pravopisen rečnik na bălgarskija ezik, Sofija, 2004
Pravopis sprpskohrvatskoga književnog jezika, Novi Sad, 1960
Rybakin, A. I.: A Dictionary of English Surnames, Moscow, 1986
Sahlgren-Bergman, Svenska ortnamn med uttalsuppgifter, Stockholm, 1955
Siebs, Theodor: Deutsche Bühnenaussprache – Hochsprache, Köln, 1927
Siebs, Theodor: Rundfunkaussprache, Berlin, 1931
Siebs – Deutsche Hochsprache, Berlin, 1957
Siebs – Deutsche Aussprache, Berlin, 1969
Slovar' geografičeskih nazvanij SSSR, Moskva, 1983
Slovenska krajevna imena, Ljubljana, 1985
Slovenski pravopis, Ljubljana, 2001
Słownik wymowy polskiej PWN, Warszawa, 1977
Stavrou, Christopher, Brazilian-Portuguese Pronunciation, Philadelphia, 1947
Tătaru, Ana: Dicționar de pronunțare a limbii române, Cluj-Napoca, 1999
The Columbia Lippincott Gazetteer of the World, New York, 1952
The New Century Cyclopedia of Names, New York, 1954
The Random House Dictionary of the English Language, New York, 1987
Verschueren Groot Geillustreerd Woordenboek, Antwerpen, 1991
Viëtor, Wilhelm: Deutsches Aussprache-Wörterbuch, Leipzig, 1931
Vietovardžių žodynas, Vilnius, 2002
Vitkauskas, Vytautas: Lietuvių kalbos tarties žodynas, Vilnius, 2001
Warnant, Léon: Dictionnaire de la prononciation française dans sa norme actuelle, Paris-Gembloux, 1987
Webster's New Biographical Dictionary, Springfield, Mass., 1983
Webster's New Geographical Dictionary, Springfield, Mass., 1972
Wells, J. C.: Longman Pronunciation Dictionary, Harlow, Essex, 2000
Winkler Prins Woordenboek, Amsterdam/Brussel, 1958–59